U0920785

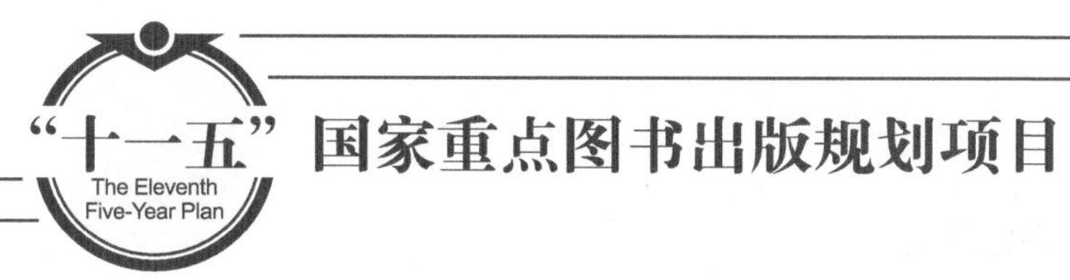

国家重点图书出版规划项目

TUNNELLING AND UNDERGROUND ENGINEERING TECHNOLOGY IN CHINA

中国隧道及地下工程修建技术

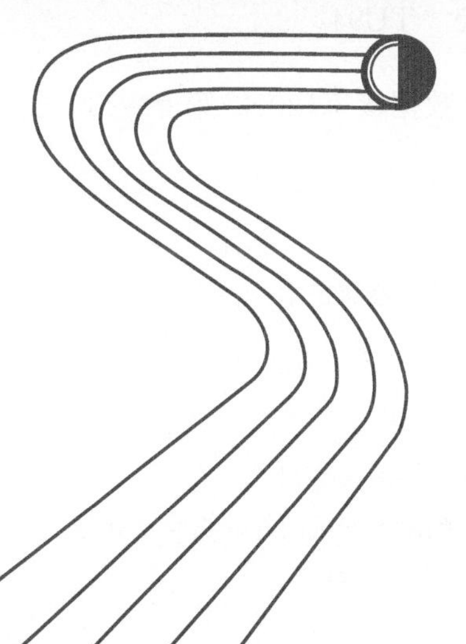

王梦恕 等 著

人民交通出版社股份有限公司

北 京

内 容 提 要

本书历时五年，在当前我国隧道及地下工程大发展的形势下，在建成的数千座隧道及地下工程的基础上，以大量工程建设中的数据、经验和教训为依托，全面客观地对我国隧道及地下工程修建技术进行疏理、总结和提升，并加以系统阐述。

全书共分十一章，涵盖了钻爆法、浅埋暗挖法、明挖法、盾构法、掘进机法、沉埋管段法等六大隧道施工方法以及相应的辅助工法，并包括特殊围岩隧道、水下隧道、风险管理等内容，内容全面、系统、创新，提出了诸多宝贵的理念、原则和要点，逐渐形成了较完整的中国隧道修建法。

本书将全面展现我国隧道建设的水平，并引领世界隧道建设的技术进步，在当下对我国规模庞大的隧道及地下工程建设将有极大的指导意义。

本书可供我国从事隧道及地下工程修建的设计、施工、科研技术人员以及广大师生使用和学习，亦可供国外同行参阅和交流。

图书在版编目(CIP)数据

中国隧道及地下工程修建技术/王梦恕等著.—北京：人民交通出版社，2010.5(2023.3 重印)

ISBN 978-7-114-08240-5

Ⅰ.中… Ⅱ.王… Ⅲ.①隧道工程—工程技术②地下工程—工程技术 Ⅳ.U45 TU94

中国版本图书馆 CIP 数据核字(2010)第 028230 号

书　　名：**中国隧道及地下工程修建技术**
著 作 者：王梦恕　等
责任编辑：陈志敏　刘彩云
责任印制：张　凯
出版发行：人民交通出版社股份有限公司
地　　址：(100011)北京市朝阳区安定门外外馆斜街 3 号
网　　址：http://www.ccpcl.com.cn
销售电话：(010)59757973
总 经 销：人民交通出版社股份有限公司发行部
经　　销：各地新华书店
印　　刷：北京交通印务有限公司
开　　本：880×1230　1/16
印　　张：59.75
字　　数：1827 千
版　　次：2010 年 5 月　第 1 版
印　　次：2023 年 3 月　第 3 次印刷
书　　号：ISBN 978-7-114-08240-5
定　　价：268.00 元
(有印刷、装订质量问题的图书，由本公司负责调换)

中国隧道及地下工程修建技术

作者简介

王梦恕(1938.12.24--),隧道及地下工程专家,1995 年当选中国工程院院士。中铁隧道集团副总工程师,北京交通大学土建工程学院教授、博士生导师,隧道及地下工程试验研究中心主任。兼任北京市、南京市、厦门市地下工程专业顾问、西南交大等 12 所大学的名誉教授和客座教授、4 个学会常务理事、副理事长、河南省政府参事等职。培养博士后、博士研究生 50 多名,已毕业的博士后、博士生有 26 名。

开拓了铁路隧道复合衬砌新型结构领域的理论研究,摸清了结构受力特点、机理,确定了施工要点及工艺;主持并参加大瑶山隧道深孔光面爆破、喷锚支护、监控量测、反馈信息指导施工、周边钻孔预注浆等关键技术成果的开发、研究和应用,实现了大断面、大型机械化快速施工,使长大隧道修建技术有了重大突破;主持双线铁路隧道不稳定地层信息化施工,首次系统地创新了超前支护稳定工作面支护体系的理论分析和应用,创造了新型网构钢拱架支护型式、小导管超前支护,并广泛应用于地下工程;主持创造了“浅埋暗挖法”修建城市地铁和车站的施工配套技术,为城市地铁及地下工程修建开辟了一条新路。主持国内多条山岭隧道、海底、江河水下隧道、地下铁道的设计、施工、科研,获国家科技进步特等奖 1 次,二等奖 1 次,三等奖 3 次;铁道部科技进步特等奖 1 次,二等奖 6 次;北京市科技进步一等奖 1 次,二等奖 3 次,广州市科技进步一等奖 1 次。结合研究成果,先后在国内外、省部级、国家级杂志上发表论文 90 余篇,主编并已出版的著作 6 本,其中专著《大瑶山隧道——二十世纪隧道修建新技术》120 万字,荣获 1997 年国家科技图书二等奖,广东省科技图书一等奖;专著《地下工程浅埋暗挖技术通论》100 万字,荣获 2006 年首届中华优秀出版物奖。

1998 年起被选为第九届、第十届、第十一届全国人大代表和全国第九届、第十届政协委员。1990 年获“国家有突出贡献中青年专家”并享受国家政府津贴;1993 年和 1998 年,分别荣获首届詹天佑成就奖和詹天佑大奖;1999 年荣获人事部“科技专业技术人才”一等功。

中国隧道及地下工程修建技术

编审委员会

主　编：王梦恕

副主编：洪开荣　干昆蓉　杨会军

编　委（按姓氏笔画顺序）：

丁　恒　干昆蓉　方俊波　王立川　刘东亮
孔　恒　孙　谋　肖广智　李治国　杨会军
卓　越　陈　智　赵运臣　郑爱元　洪开荣
姚　兰

审　稿（按姓氏笔画顺序）：

马锁柱　方维鹏　刘　春　刘建国　宋克志
吴鸣冈　吴鸿军　陈韶章　陈振林　张　炜
张顶立　张双亚　杨小林　谭忠盛　韩忠存
魏忠良

主要参编单位：

中国中铁隧道集团
北京交通大学
广州地铁建设集团

中国隧道及地下工程修建技术

自 序

《中国隧道及地下工程修建技术》这本专著是在建成的数千座隧道及地下工程的基础上,历时五年之久的文稿反复,在和许多从事隧道工程建设的各类专家、技师们,咨询、讨论、关心下写出来的;是在我国铁路、公路、地铁、城市地下空间、水利、地下储备库、军工等领域隧道大发展的形势下写出来的;是在穿越近18种特殊复杂地层,曾被视为隧道修建禁区的条件下成功建成的一批隧道及地下工程的背景下写出来的。

这本专著以大量工程建设过程中的数据、经验和血的教训为启迪、为依托,全面、客观地将地质复杂、工程浩大、技术高难、修建艰巨的大量建设难点、创新点,清晰、公正地进行了总结和分析,肯定正确的理念和做法,否定、更正错误的做法,以期避免错误的再现。

专著的许多作者都是主持、参与各种施工方法实践与研究的专家,本着尊重工程实践的精神,本书总结、提升了许多宝贵的理念、原则和要点,逐渐形成了中国隧道修建法。近年来,我国出现了许多超越国外隧道建设的做法,我们有责任和权力把这些可贵的成果解析出来,全面展示出我国隧道建设的水平,并引领世界隧道建设的技术进步。

20世纪80年代,作者参与、主持过多项应用新原理、新技术、新结构、新方法、新设备、新工艺修建的隧道及地下工程项目,创新性地首次采用深孔光面钻爆法、监控量测、复合式衬砌等十大配套技术,建成了我国当时最长的大瑶山双线铁路隧道,改变了我国旧的隧道建设理念,新方法与配套技术推动了我国隧道及地下工程建设的技术进步,将落后国外30多年的隧道修建水平提升到国际先进水平,其中,有三项配套技术达到国际领先水平,1992年成果被评为国家科技进步特等奖,并出版了一本有影响的专著。

在同一时期,作者主持、参与建成的军都山铁路双线隧道黄土试验段和北京地铁复兴门折返线工程,首创的浅埋暗挖法,给城市地铁软弱地层的修建开辟了一条新路,并很快在全国推广应用,取得了显著的环境、社会、经济效益,该方法整体上达到了国际领先水平,成果被评为国家科技进步二等奖。

可以自豪地讲,钻爆法和浅埋暗挖法是我国隧道建设的两大方法,是具有中国特色的施工方法。这两种修建方法,是我国最基本的、最重要的,也是每个建设者、设计者、施工单位必须了解、掌握的基本施工方法,也是最优选择的方法。

数千次的工程实践证明，它最灵活、应变能力最强、能穿过任何复杂地层进行隧道修建。就在写"序"的现在，仅铁路、公路两个领域，应用这两大方法正在施工的隧道总长达 5 000 公里以上，近三年，铁路、公路、部分地铁即将开工的隧道长度有 1 万公里以上仍采用这两大方法进行修建。这本书在当下出版，对已开工和即将开工的 1.5 万公里隧道及地下工程建设将有极大的借鉴和指导意义。

作者参与、主持研究过我国首次采用的开敞式硬岩掘进机(TBM)，完成了我国当时最长的特硬岩秦岭铁路单线隧道和软弱围岩的磨沟岭铁路隧道的施工，该工程荣获国家科技进步一等奖。这一工程实践首次否定了双护盾 TBM 掘进机在山岭隧道中的应用，肯定了开敞式掘进机是最适合硬岩又适合于软岩的最好机型。

作者在 20 世纪 60 年代参与和主持我国第一条北京地铁的建设，采用降水明挖法和开敞式网格压缩混凝土盾构设计、制造、试验、施工，整个工程未用国外任何技术和装备，独立自主，从土建到设备、机车车辆全部国产化，许多建设理念、技术至今都需要认真学习和反思。

作者参与的广州三元里至越秀公园二区间地铁隧道的创新活动，研制的首台复合式盾构，克服了穿越软、硬岩石、复杂地质、地面房屋、铁路站场等建设难题成功建成，开创了中国特色的盾构类型，为我国地铁盾构法施工开创了先例，成果被评为国家科技进步二等奖。

作者参与了我国内地第一座沉埋隧道工程修建技术的研究，参与了广州两座过珠江沉埋管段的设计与施工，在沉埋管段的制作，干坞的修建，管节浮运与沉放、对接、回填等领域进行了广泛、深入的研究。

作者还参与、主持了多条水下隧道采用不同施工方法修建的众多的工程实践。

总之，本书作者做了许多开创性的工作，从许多不同施工方法的建设过程中，提炼出许多可供借鉴的理念、方法和要点，而不是凭空想出来的，本书有着坚厚的工程背景和理论提升。全书用复杂问题简单化的思维方法，把工程分为十一章进行结论性的论述，而不是教科书式的写法，目的在于应用，希望在应用中去理解、回味、讨论和提高。

正如我们在总论中写的，书中任何珍贵的历史经验、理念、观点、内容，至今都是有价值的，是能经得起历史考验的。

这本专著是丝毫不带感情和私利的，我希望在今天以至明天的工程建设天平上，对其能进行公正的评价和认真地执行，将我们的工程建设好，将建设水平超越国外，对此，我充满信心，但在建设道路上应力戒被成功经验所束缚而固步自封，力戒重复过去的错误，自觉或不自觉地成为妨碍前进的桎梏。我们更怕对工程不实事求是，不尊重周边环境，不合理工期、不合理造价、不合理方案、不合理合同要求的做法，像癌症一样侵犯到工程建设中来，用错误的理念、方法在混淆着人们的耳目，这种现象应引起工程界的警惕。

我坚信，在 21 世纪隧道及地下工程大发展的今天，会随着浩大的工程建设出现更多、更好的理念和方法。

在"自序"中，我深切地感谢为该书提供许多宝贵的工程资料、数据的上千名建设者，也追念在建设中用血和泪甚至生命进行拼搏的广大技术人员和工人师傅们。

最后，我用1994年冬为《大瑶山隧道——二十世纪隧道修建新技术》一书中"跋"的一段话来结束这本专著的"序"。

"历史的脚步往往是毫不留情地把千千万万人筑起的一座座里程碑抛在后头，使它们很快就变得朦胧不清，年轻一代的神圣职责便是在新的跨越中去矗立更高的丰碑。"

不过，我相信，对于21世纪的初期、中期，《中国隧道及地下工程修建技术》这座里程碑毕竟还会清晰地屹立着。

中国工程院院士

2009年冬

前言

自1888年在台湾修建第一条狮球岭隧道之后，掀开了中国隧道修建史的序幕。经历了120多年艰难曲折的发展历程，隧道建设从20世纪80年代开始突飞猛进，在勘测设计、施工、运营、科研等方面都有许多重大成就和创新，中国的隧道修建技术得到飞速发展。我们可以自豪地说，我国已经是世界上隧道数量最多、技术发展最快，地质条件和隧道结构形式最复杂的国家，也是引领隧道修建技术的世界强国。

纵观中国隧道及地下工程发展历史，共经历了四个大的阶段：第一阶段为技术落后阶段，中华人民共和国成立前，隧道施工基本上是人力开挖、手工操作、机具简单、技术落后的时期，这一阶段，人们靠着勤劳的双手，在建设隧道工程中思索着上万年的地层特性；第二阶段为初步发展阶段，该阶段采用钻爆法施工，以人工和小型机械凿岩、装载为主，临时支护采用原木支架和扇形支撑，这一阶段，人们借助简单的机械设备，探索着如何治服隧道周边岩土体；第三阶段为快速发展阶段，隧道修建采用新技术、新设备、新工艺、新结构、新材料和新的施工方法，是我国隧道修建技术追赶世界先进水平的时期，以20世纪80年代衡广复线大瑶山隧道（全长14.29km，最大埋深910m）为代表，攻克了双线特长隧道设计施工的难题，解决了双线特长隧道施工大型机械化配套问题，大断面和全断面施工取得成功，是中国隧道建设史上的新突破，标志着双线特长隧道施工技术和设备达到国际先进水平，这一阶段，广大技术人员通过分析总结，提出了隧道的工程思维体系和工程方法，形成了驾驭隧道围岩的理念；第四阶段为引领世界隧道建设阶段，特长隧道、穿江越海隧道及岩溶、软弱破碎、高压水等复杂困难地层隧道的成功修建，标志着中国隧道及地下工程修建技术已达到国际先进水平，并在引领着世界隧道修建技术的新方向，这一阶段，广大隧道技术人员无论面对如何复杂的岩土结构，都能用创造性的思维和“艺术化”的手法，推动着隧道和地下空间的利用向着现实的需要和未来昂首前进。

中铁隧道集团（原铁道部隧道工程局）自成立以来，肩负着中国重大隧道及地下工程的修建任务，推动、引领了中国隧道修建技术的迅猛发展。作为中国隧道第一人的王梦恕院士，带领常年在施工一线的施工、设计、科研技术人员，不断创新、完善、总结多年来的设计施工经验，历时五年完成了《中国隧道及地下工程修建技术》这本专著，是我国本领域第一部全面系统并具有创新的学术专著！

本书共分十一章，涵盖了钻爆法、浅埋暗挖法、明挖法、盾构法、掘进机法、沉埋管段法等六大隧道施工方法以及相应的辅助工法，并包括特殊围岩隧道、水下隧道、风险管理等内容。第一章总论，开创性地提出中国隧道及地下工程设计施工的基本原则，形成较完整的中国隧道修建法；第二章钻爆法隧道施工技术，系统论述了钻爆法隧道施工的四条主要作业线（钻爆开挖、运输、初期支护、二次衬砌作业线）和三条辅助作业线（施工通风、防水、测量量测作业线）；第三章特殊围岩隧道施工及地质灾害防治要点，针对各种不良地质条件，提出针对性的施工措施，同时强调应开展综合超前地质预报；第四章浅埋暗挖施工技术，进一步完善并拓展了其应用范围，尤其是特殊条件下的浅埋暗挖隧道施工，包括邻近既有线、桩基托换、有水条件下等复杂环境；第五章明挖法设计与施工，针对近年来施工中出现的安全风险，对围护结构、支撑体系提出了优化设计理念，提出了开挖支护、主体结构施工的关键控制技术；第六章开敞式岩石掘进机与复合衬砌施工，明确了山岭隧道施工应优先采用开敞式掘进机，不宜采用双护盾掘进机和管片结构；第七章盾构法设计与施工，对盾构机选型及设计关键点、设计的主要理念和方法、施工关键技术进行全面论述；第八章沉埋管段隧道修建技术，论述了干坞工程，管节制作，基槽开挖与回填，管节浮运、沉放、对接，基础处理等施工关键技术；第九章辅助施工方法，对注浆法、降水法、岩溶地区释能降压法等进行论述，首次提出先注浆后冷冻法、释能降压法；第十章水下隧道，分析了选择水下隧道的优势，对各种条件下的水下隧道施工方法进行对比分析；第十一章隧道及地下工程建设风险管理，分析了建设工程各阶段的风险及现阶段风险管理存在的问题，提出隧道及地下工程安全风险管理需重点研究的内容，并明确指出隧道风险管理"重在规划、关键在勘测设计、动态管理在施工、安全监测在运营"的原则，明确指出不合理工期、不合理造价、不合理方案、不合理全同不是科学发展观。

这部历经五年经过反复总结、提炼完成的《中国隧道及地下工程修建技术》专著，主要阐释了隧道的工程思维与工程方法，我们期望其能够成为指导隧道建设规划、设计、施工、管理技术的宝典，成为引领隧道修建技术发展的明灯，成为促使隧道技术人员不断进步的动力，成为推动中国隧道修建技术更大发展的源泉！

本书在编写过程中得到了许多基层技术人员的支持与帮助，中铁隧道集团为本书的出版做了大量的组织和支持工作，在此一并向他们致以诚挚的感谢！

这本著作规模较大，参与人员较多，不可避免会有错漏，有些提法也可能需要大家一起讨论，敬请提出并指正。

洪开荣

2010年3月

中国隧道及地下工程修建技术

目　录

TUNNELLING AND UNDERGROUND ENGINEERING TECHNOLOGY IN CHINA

Contents

第一章 总 论

进入21世纪，人类也正在反思在20世纪活动中的得与失。可持续性发展的定义，就是符合当代人类利益，又不损害未来人类利益的发展。只有这样的发展才可能持续永久，才可能保障人类在地球上世世代代休养生息。

人类正面临着人口、土地、能源、水资源、环境、气候六大挑战 。我们必须把控制人口、节约能源、保护环境放在重要位置。为此，必须优化经济结构，合理利用资源，协调地区发展，提高人口素质，彻底清除贫困。地下工程建设是最符合上述可持续发展要求的建设领域之一。

随着城市规模的不断扩大，人口增多，有大量的交通、房屋要建，我们每天都看到大片良田被钢筋混凝土所取代，这种“摊煎饼”扩大城市的发展模式是与可持续发展目标相违背的落后的发展模式。能否把地面沃土多留点给农业生产和生活环境，把地下岩土多开发点给道路交通、工厂和仓库，从而将城市向地下空间发展，使其成为人类在地球上安全舒适生活的第二个空间，这个问题是值得我们重视的。

21世纪，地下工程建设任重而道远，树立正确的建设理念，开展经济、实用、高效、环保的隧道与地下工程建设，尚有许多问题需要研究，有许多技术与方法需要开拓，对以往建设历史的回顾与反省，对以往经验与教训的分析与总结，从建设理念上进行探索，在工程实践中创新，将有益于我国今后隧道与地下工程建设水平的提高，以更好地服务于我国及世界人民。

第一节 中国将是引领世界隧道及地下工程修建技术的国家

今天，中国已是世界上隧道及地下工程规模最大、数量最多、地质条件和结构形式最复杂、修建技术发展速度最快的国家，技术水平与建设成就已走在世界前列：首先，随着我国经济建设的高速发展，高速增长的资源流动性和速度需求，使得全国交通路网建设呈现迅猛的发展态势。路网设计中出现了大量的深埋长大山岭隧道和浅埋城市地下铁道，隧道穿越地层的复杂程度加剧，建设难度更大；大量高速路网的兴建，使隧道设计标准有了大幅提高，隧道修建技术面临新的挑战，需要大量的研究与创新；其次，改革开放政策使得国际交流广泛增长，我国与世界各国间的交通联系也在加强。拟建的欧亚大陆桥，将使我国西北、东北、西南三个地区与东南亚、中东、欧洲的交通运输距离大大缩短，促进这些地区边贸经济发展。这些连接邻国的国际大通道需要修建大量的隧道。

随着城市人口急剧膨胀所带来的生存空间拥挤、交通阻塞、环境恶化等问题的凸显，地下空间的开发、城市地铁的快速修建问题已摆在我们面前，我国城市化速度正以每年10%的速度增长，城市规模急剧扩大。大量地下停车场、地下商业街、人行地下通道、地铁车站、地下储库、城市地下管线共同沟等地下工程亟待修建。这些工程的建设均需要与保护自然环境、节约土地资源以及能源的合理利用等规划因素相结合。地下工程建设需考虑的因素更多，技术难度更大，隧道与地下工程建设的复杂性达到了空前的程度。铁路快速客运网、大运力货运网、现代化铁路枢纽网、城市轻轨及城际铁路网、城市地铁以及地下空间开发,使得我国隧道及地下工程建设在建设种类、施工方法、修建水平、技术标准、建设法规、机械装备、工程管理等诸多方面均呈现出快速发展的趋势。

隧道既是铁路、公路、城市地铁等交通路网的重要组成部分,也是地下空间利用的基本形式。由于其占地少,无污染,使用可再生能源等优点,隧道及地下工程被誉为“绿色工程”。1996 年 4 月在美国华盛顿召开的“国际隧道协会第 22 届年会和学术讨论会”,重点讨论了隧道及地下工程在可持续发展战略中的重要性。会上,确定了隧道及地下工程在国民经济发展中的重要地位,确定了 21 世纪是地下工程作为资源开发的世纪,地下空间是人类生存活动的第二个空间。一些有识之士已把对地下空间开发利用作为解决城市资源与环境危机的重要措施,作为解决我国可持续发展的重要途径。可以预测,21 世纪末将有 1/3 的世界人口工作、生活在地下空间中。

大量隧道及地下工程项目的建设,为多种施工方法的应用提供了广阔的舞台。建设过程将广泛吸纳世界各国先进的建设理念、方法与技术,引进大量先进的机械设备,并在此基础上实现自主创新、设计与制造。目前,我国隧道修建技术已有长足的发展,有许多大型隧道工程实例、业绩与成果,其中大部分成果已处于国际先进水平,部分成果已达到国际领先水平。今后通过工程实践不断创新,将逐步形成具有我国特色的隧道及地下工程修建方法与技术体系,使我国隧道及地下工程修建技术进入跨越性发展的轨道,成为引领世界隧道及地下工程修建技术的国家。

一、我国隧道及地下工程建设成就与发展

自 1888 年我国修建第一条隧道——狮球岭隧道以来,经过 120 余年艰难曲折的发展历程,中国隧道修建技术从衡广复线大瑶山双线铁路隧道开始采用新原理、新方法、新结构、新技术、新设备、新工艺全面建成开始,已步入了世界先进水平的行列,在勘测设计、施工、运营、科研等方面取得了许多重大的成就和创新。经济建设的快速发展为地下工程描绘了广阔的发展前景。随着城市人口密度的加大和工业化进程的加快,为缓解或从根本上解决由此带来的城市交通压力,修建公路、铁路、地下铁道等交通工程,已成为世界各国解决上述问题的主要途径。

秦岭隧道、乌鞘岭隧道、秦岭终南山隧道、太行山隧道等一批越岭特长交通隧道已经建成,跨越水域的武汉长江隧道、上海崇明岛隧道、南京长江隧道、厦门翔安海底隧道、青岛海底隧道等内陆水域及海域隧道也已建成,琼州海峡隧道、港珠澳桥隧大通道、渤海湾桥隧工程正在规划,北京、南京、西安、成都、深圳、广州、郑州、青岛等 30 多个城市的地铁正处在建设与规划的热潮中。辽宁省直径 8m 的大伙房水库输水隧道长度达到 85.32km,已建成投入使用,这条隧道已成为目前世界上已经建成的最长隧道。规模宏大的葛洲坝、三峡、溪洛渡等水电站的建成,说明我国在修建大型复杂地下工程中的技术水平已位居国际前列。可以自豪地说,中国已经跻身世界隧道大国的行列。而且,大量工程的修建已证明:我国已经成为世界上隧道数量最多、发展速度最快、地质条件与施工环境最复杂、隧道结构形式多样的国家。

1.我国隧道数量最多

截至 2007 年底,我国已营业线路的铁路隧道 5 941 座、3 750 271 延长米。其中,长度10 000m以上的特长隧道 7 座,长度 3 000～10 000m 的长隧道 169 座,长度 500～3 000m 的中长隧道 1 811 座,长度不足 500m 的短隧道 3 954 座。我国万米以上的特长隧道有京广线大瑶山隧道(14 295m)、西康线秦岭隧道(18 456m)、宁西线东秦岭隧道(12 268m)、兰新线乌鞘岭隧道(20 050m)、渝怀线圆梁山隧道(11 070m)。目前正在开工建设的铁路隧道已超过4 700km,2010 年以后开工建设的隧道将增加9 000 km 以上。截至 2002 年,公路隧道总数已达 1 782 座,总长度 704km,是世界上公路隧道最多的国家。表 1-1 为我国部分单隧长度在 10km 以上特长交通隧道简表。表 1-2 为截至 2007 年我国在建及规划的铁路隧道统计数据。

我国部分单隧长度在10km以上交通隧道简表 表1-1

序号	线 路	隧道名称	长度(m)	所在省份	线 洞
1	青藏铁路西格二线	新关角隧道	32 605	青海	单线双洞
2	兰渝铁路	西秦岭铁路隧道	28 236	甘肃	单线双洞
3	石太客专	太行山铁路隧道	27 839	山西	单线双洞
4	兰武铁路	乌鞘岭铁路隧道	20 050	甘肃	单线双洞
5	西康铁路	秦岭铁路隧道	18 456	陕西	单线双洞
6	石太铁路	东陵井隧道	14 820	山西	单线双洞
7	京广线	大瑶山铁路隧道	14 295	广东	双线单洞
8	宜万铁路	野三关隧道	13 841	湖北	单线双洞
9	精伊霍铁路	北天山隧道	13 610	新疆	单线单洞
10	合武铁路	大别山隧道	13 251	湖北	双线单洞
11	温福铁路	霞浦隧道	13 100	福建	双线单洞
12	朔黄铁路	长梁山铁路隧道	12 782	山西	双线单洞
13	西安南京线	东秦岭铁路隧道	12 268	陕西	双线单洞
14	宜万铁路	堡镇隧道	11 595	湖北	单线双洞
15	石太客专铁路	南梁隧道	11 526	山西	单线双洞～双线单洞
16	渝怀铁路	圆梁山铁路隧道	11 068	重庆	单线单洞
17	合武铁路	松阳寨隧道	10 682	安徽	双线单洞
18	宜万铁路	齐岳山隧道	10 528	湖北	双线单洞
19	京广客专铁路	武广新大瑶山铁路隧道	10 080	广东	双线单洞
20	西汉高速公路	秦岭终南山公路隧道	18 020	陕西	双洞单向两车道
21	锦屏电站对外交通专用线	锦屏电站交通隧道	17 000	四川	双洞单向一车道
22	台湾北宜高速公路	雪山隧道	12 900	台湾	双洞单向两车道
23	宝天高速公路	大坪里公路隧道	12 286	甘肃	双洞单向两车道
24	小康高速公路	包家山公路隧道	11 200	陕西	单洞双向四车道

注：此数据为不完全统计结果。

近年来，交通线路中隧道所占的比例也在不断增大：西康铁路全长267.8km，隧道97座，隧道总长123km，占线路总长的45.9%，其中秦岭隧道18.456km；朔黄铁路全长420.19km，隧道77座，隧道总长66.246km，占线路总长的15.7%；内昆铁路中段全长358km，隧道92座，隧道总长148.86km，占线路总长的41.6%；渝怀铁路全长624.523km，隧道190座，隧道总长241km，占线路总长的38.6%，其中7km以上隧道7座；温福铁路全长298.4km，隧道52座，隧道总长140.445km，占线路总长的47.1%；宜万铁路全长376.99km，隧道114座，隧道总长220km，占线路总长的55.7%。

截至2007年我国在建及规划的铁路隧道统计数据 表1-2

序号	线路名称	隧道数量(座)	隧道长度(m)	序号	线路名称	隧道数量(座)	隧道长度(m)
1	福厦线	35	40 168	40	黔贵线	149	121 185
2	广深港	26	32 945	41	太中银	108	159 040
3	合宁线	2	2 005	42	天德线	26	31 000
4	沈大线	8	9 929	43	铜九线	16	7 887
5	石太线	32	74 904	44	西格二线	25	62 348
6	温福线	65	160 723	45	襄渝线	245	329 483
7	武广线	164	172 954	46	宜万线	161	333 421
8	武合线	37	64 102	47	玉蒙线	35	56 939
9	厦深线	73	128 565	48	张集线	14	19 097
10	向莆线	114	290 045	49	张集线专线	1	9 593
11	新广州站	2	4 638	50	张双线	6	3 670
12	甬台温	59	88 116	51	成绵线	10	14 000
13	郑西线	39	77 302	52	赣韶线	29	23 000
14	巴颜乌拉至新邱	1	2 960	53	兰渝线	238	605 000
15	包神线	4	15 430	54	南广线	116	111 000
16	包西线	93	151 339	55	渝利线	63	165 000
17	北京地下直径线	1	7 200	56	汉宜线	7	2 000
18	滨洲线	1	870	57	宁安线	13	6 000
19	赤大白	1	2 524	58	杭宁线	15	25 000
20	达成线	112	54 190	59	杭甬线	23	21 000
21	大包线	6	4 192	60	京沪线	18	15 000
22	大丽线	47	78 545	61	长吉线	4	2 000
23	广昆线	22	62 780	62	大瑞线	57	223 000
24	贵阳枢纽	18	16 420	63	贵广线	230	480 000
25	海东线	18	25 192	64	衡茶吉	27	36 000
26	黄织线	27	23 171	65	集包四线	13	33 000
27	金窑线	1	1 390	66	靖松线	18	27 000
28	精伊霍线	37	56 150	67	拉日线	34	66 000
29	苛瓦线	8	10 261	68	柳南线	65	35 000
30	昆沾线	14	13 892	69	蒙河线	30	97 000
31	兰武二线	16	24 423	70	南涪线	17	24 000
32	两伊线	6	10 064	71	朔准线	25	60 000
33	林策线	2	8 080	72	通灌线	31	56 000
34	六沾线	44	71 492	73	西康二线	81	113 000
35	龙厦线	22	62 862	74	西乌线	11	25 000
36	洛湛线	153	103 934	75	湘桂线	76	62 000
37	南疆线	7	45 006	76	岫庄线	7	7 000
38	南坪支线专线	2	1 790	77	郑武线	42	40 000
39	迁曹线	2	460				

目前我国最长的铁路隧道是青藏铁路西格二线上的新关角隧道，全长 32.605km，而最长的公路隧道为 18.02km 长的终南山隧道，位居世界第二。

现代运输业建设的关键是用提速来增加运量和缩短时间，速度是非常重要的运营指标，线路选线标准的高低，在很大程度上取决于长大隧道的修建水平，线路标准越高，隧道就越长。

2. 我国隧道修建技术发展速度最快

我国是一个多山的国家，山地面积占 2/3 以上，高原起伏，群山连绵，崇山峻岭密布，水系发育，江河纵横，地质复杂。居住着 56 个民族，13 亿多人口，铁路、公路、城市地铁将是人们出行的主要交通方式。为了发展交通建设，需要修建大量隧道，而且有许多是长隧道和特长隧道，隧道修建过程中必然要遇到各种复杂地质条件，需要攻克许多技术难题。

纵观我国隧道修建史，其修建技术的发展大体上经历了三个阶段：中华人民共和国成立前，隧道修建技术落后的时期。这一时期基本上是靠人力开挖，手工操作，机具十分简单。中华人民共和国成立后的 20 世纪 50～70 年代，隧道技术有所发展时期，隧道施工由以人力为主转为普遍采用中、小型机械施工。20 世纪 80 年代以后，隧道技术进入大发展时期。这一时期，隧道修建由以传统木支撑为主的建设方法，转向大瑶山隧道修建模式：隧道修建技术以光面爆破、喷锚支护、监控量测信息反馈、复合式衬砌结构为特征，一系列新技术、新设备在工程实践中涌现，隧道施工形成了大型、配套的机械化施工，是隧道修建技术达到世界先进水平的时期。

20 世纪 50 年代以宝成铁路为代表，铁路隧道的极限长度确定为 2km 左右，原因在于当时的建设水平不高，施工速度太慢；20 世纪 60 年代以成昆铁路为代表，隧道极限长度已确定为 7km 左右；20 世纪 80 年代以衡广复线铁路大瑶山隧道为代表，隧道长度已达到 14.295km，建设速度可以达到月成洞 100m 的水平，取得了双线特长隧道设计施工中的十大配套技术，攻克了 42 项技术难点，解决了双线特长隧道施工大型机械化配套问题，是“新奥法”在我国指导长大隧道建设的成功实践，是中国隧道建设史上的新突破；20 世纪 90 年代，第一座采用开敞式 TBM 掘进机修建的秦岭铁路隧道，长度已达到 18.46km。隧道建设长度的快速增长不断刷新我国长隧道的修建记录，标志着我国铁路长隧道的修建技术达到了国际先进水平。

在公路隧道建设发展的早期，公路多以盘山的方式穿行于山区或半山区。“线路长、能耗大、道路通行受季节影响大、易产生交通事故”是早期公路运输的主要缺点。现在，山区公路规划已改变了盘山选线的方式，代之以修建越岭隧道的穿山方式。如建于高海拔地区的二郎山隧道，长度达 4.176km，缩短线路运营里程 254km，提高了线路标准，避免了公路在海拔 3km 的山区迂回，避免了急弯陡坡，降低了线路高程，线路在冷冻线以下，彻底告别了“车翻二郎山、行车大半天”的年代，实现了全天候通车的目标。同样，华蓥山隧道长 4.7km，是成都到上海高速公路中的咽喉工程，使盘山路下降了 500 多米的高程，缩短行车里程 20 多公里，改善了行车条件，节约了用地，保护了自然环境，降低了交通事故发生率。

公路建设选用穿山方式修建的优点可概括为：可提高线路标准，降低线路高程；可截弯取直，缩短运营里程；可减少耗油量，加大汽车机械效率；可减少大填大挖，保护自然环境。全长 18.02km 的秦岭终南山特长公路隧道的成功修建，即是该理念的具体实践，取得了很好的效果，标志着我国公路隧道修建技术也已经达到国际先进水平。

21 世纪，交通隧道建设技术又将在跨越江河大海上取得很大的发展。18～20 世纪是大桥发展的世纪，“遇水架桥天经地义”的观点已发生了变化。随着航运业及隧道修建技术的发展，环境保护问题日益凸显，跨越江河已存在桥、隧两种比选方案。穿越江河的隧道修建方法很多，如：日本用钻爆法修建的青函海底隧道；英、法两国用 TBM 掘进机建成的英吉利海峡跨海隧道；我国用盾构法修建了第一条跨越长江的武汉长江隧道，南京、上海也相继在长江中修建隧道，用沉管法修建的广州芳村隧道、浙江甬江隧道，用沉管法、盾构法修建的多条过黄浦江的公路隧道，厦门、青岛用钻爆法也已建成或即将建成跨海隧道等。

3. 我国隧道建设遇到的地质条件与施工环境最复杂，隧道结构形式多种多样

地质条件方面：我国是一个多山的国家，地质条件异常复杂，隧道修建过程中，必将遇到危及施工安全的特殊地质地段，如断层破碎带、软弱围岩、高地应力、岩爆、高地温、岩溶、黄土、松散地层、膨胀性围岩、泥石流、瓦斯地层、含放射性物质地层、高水压地层、富水地层、冻土地层等 18 多种不良地质条件。表 1-3为部分隧道不良地质条件简表。

部分隧道不良地质条件简表　　表 1-3

隧道名称	长度(m)	不良地质条件													
		断层破碎带	软岩	岩爆	高地温	岩溶	黄土	松散地层	膨胀岩	泥石流	瓦斯	放射物质	高水压	富水	冻土
新关角隧道	32 605	★	★			★							★	★	★
大瑶山铁路隧道	14 295	★	★			★				★			★	★	
长梁山铁路隧道	12 782	★	★											★	
军都山铁路隧道	8 460	★	★				★	★		★				★	
圆梁山铁路隧道	11 068	★				★				★			★	★	
乌鞘岭铁路隧道	20 050	★	★	★	★		★		★		★				
太行山隧道	27 839	★	★			★			★	★	★			★	
关角铁路隧道	4 010		★						★					★	★
风火山铁路隧道	1 338														★
昆仑山公路隧道	1 686														★
秦岭铁路隧道	18 456	★		★	★							★		★	
米花岭铁路隧道	9 392	★	★										★	★	
云台山铁路隧道	8 178	★	★						★		★			★	
武汉长江公路隧道	3 600							★					★	★	
厦门翔安公路隧道	5 900									★				★	
南京长江公路隧道	5 724							★					★	★	
狮子洋公路隧道	10 800												★	★	
终南山公路隧道	18 020	★		★				★						★	
华蓥山公路隧道	4 706	★	★			★					★	★			

施工环境方面：隧道工程特别是地铁隧道，在修建过程中往往要穿越城市繁华地区，密度大、种类多的地面建筑物、地下管线与构筑物、繁忙的交通、狭窄的场地、稠密的居民、古老的文化遗迹等，形成了复杂的施工环境。施工中不可避免地会对城市环境和居民生活产生一定的负面影响，表现为对城市道路交通、建筑物使用、居民日常生活、城市市容、景观、生态环境等方面的诸多限制或控制要求，加大了施工难度。如在一些老城区修建地铁时，通常地下管网的分布比较混乱，资料不全；地铁沿线的建筑物基础形式多样，地基处理难度越来越大，目前，隧道施工涉及的桩基托换已达到 1 800t。

隧道结构形式方面：由于隧道及地下工程的功能、施工方法以及地质条件的不同，使隧道结构形式多种多样，表 1-4 为部分隧道结构类型。

部分隧道结构类型表 表 1-4

顺序	分类标准	结构类型
1	按跨度分	单跨结构
		双跨联拱结构
		三跨联拱结构
		多跨联拱结构
		小间距隧道结构
2	按边墙形式分	直墙式
		曲墙式
3	按层数分	单层
		双层
		多层
4	按断面形状分	马蹄形断面
		蛋形断面
		圆形断面

由于隧道所处地理位置、地形、地貌条件的差异，我国隧道洞门的形式多种多样，根据地形特点分为基本、变化和特殊三大类十余种形式，主要有端墙式、翼式、柱式三种类型。目前，隧道洞门形式有了较大突破，除了具有支撑山体、稳定边坡并承受上覆地层推力的功能外，还兼备了建筑美学的功能，根据早进晚出确定洞口位置的建设理念，出现了削竹式(斜切式)、墨镜式、喇叭口式等多种不受力类型的洞门。

随着隧道及地下工程修建技术的发展，交通隧道的修建已摆脱了地域的限制，从山岭隧道到城市地铁，从穿越岩层内部的挖掘式隧道到预制隧道结构放置于水中的沉管隧道，人类的聪明才智得到了充分发挥。在穿越隧道地层内部的挖掘式隧道中，隧道的长度和埋深有了大幅度的提高，从埋深 2～3km 到不足 3m 的深、浅埋隧道，到长度逾 40km 的特长隧道，均得以成功修建；隧道的断面也从不足 $40m^2$ 的单线隧道扩大为断面逾 $270m^2$ 的特大隧道。

总之，交通路网建设必将修建大量铁路隧道、城市地铁、公路隧道、越海隧道，水利、水电、军工、城市地下空间开发等工程的建设，都将促进我国隧道及地下工程建设水平的快速、大幅提高，地下工程的前景是广阔的，有志于地下工程事业的人们，将会在 21 世纪大有作为。

(一)铁路隧道

铁路运输方式是今后交通运输的主要发展方向。据欧共体 1995 年发表的一项报告公布：在完成同样运输量的情况下，建设公路需占土地比建设铁路多 3.5 倍。另外，铁路选线多在山区进行，很少占用良田，可以带动铁路沿线山区经济的发展，如京九线、南昆线的建成对江西省、贵州省、云南省、广西壮族自治区经济面貌的改变起了很大的推动作用。铁路运输成本远远低于其他运输方式，人人可以公平地享受铁路资源，铁路运输所产生的社会效益更是无法估量。

21 世纪，世界铁路发展呈现出两大趋势和特点，即“客运高速”和“货运重载”。为此，带来隧道数量增多、单隧长度增长，铁路修建的方针和理念发生了改变，其要点如下：

(1)线路选线应多靠山区，少占良田，线路标准要提高。这样，势必产生许多长隧道，隧道数量也将大幅增加，平均线路隧道长度占有量是全线的 30%～60%，如兰州至重庆(兰渝线)隧道长度占全线总长约 60%。为了满足快速、重载需求，线路标准提高的办法是减少展线，以长大隧道取代。如关角隧道原展线至山顶用 3km 隧道通过，现截弯取直，降坡拉直用 32km 的新关角隧道取代。

(2)从保护环境的角度出发，铁路进入城市必须进入地下。修建地下联络线和地下车站，大大增加了铁路的修建难度。目前，石家庄正在施工的穿城铁路入地工程，深圳福田、天津正在修建的铁路地下车站及其与地铁实现垂直换乘的工程均是这一理念的具体实践。

(3)车站设计采用客货分离，客内货外。即客流车站设在市区，货运车站设在郊外，货流用地下支线进入市区，避免大量货运汽车进入城市，保护城市空气环境，节约了石油资源。

(4)铁路修建取消单线，应建成复线或多线，隧道复线应建成上、下行两个单洞分离式结构，有利安全运营，节约能源。

两个单洞线间距应尽量减小，以节约地下空间。采用巷道式射流方式进行施工通风，可实现堵头长距离无轨运输快速施工。若根据地形、地貌条件必须设置单洞双线隧道时，洞长以不超过 6km 为宜，因单线大洞施工多采用无轨运输方式，进、出口同时施工，堵头通风极限合理长度一般为 3km 左右，该长度为不设辅助洞的最大长度。

（5）长隧短打。采用增设斜、竖井分段施工，造价高、破坏环境，不如增设平导，可以加快正洞施工速度 1 倍以上。如终南山公路隧道全长 18.02km，是利用秦岭铁路隧道平导和 8 个横通道进行增设工作面，出渣进料，16 个月完成隧道开挖，又利用东线和西线横通道很快完成西线隧道开挖工作，整个工程在修建过程中未设任何斜、竖井，节约工程造价约 3.6 亿元。

（6）利用巷道式射流通风方式和技术，采用两条单线单洞隧道设计，可实现无轨运输方式施工，堵头通风长度可达数公里，彻底改变了特长隧道的设计理念，实现了不设任何辅助斜、竖井的长隧工程施工。如：四川锦屏水电枢纽工程，上、下行双洞特长隧道 17.5km，隧道断面 30～50m^2，无轨运输顺利建成，堵头通风长度 10km 以上；宜万线野三关岩溶铁路隧道也实现了堵头通风 7km 左右。

纵观国内外铁路发展历史可以看出，国家经济开发的历史也是铁路网络的发展史。尤其是我国，正面临着人口增加、环境污染增大、资源短缺、土地退化、水源不足、气候变暖等诸多问题。加快经济发展，加快西部的开发，加快海域的开发，加快与东南亚、中东、欧洲的陆地交往，铁路运输业就成了 21 世纪先行发展的行业，也是我国交通运输的主体，是可持续发展的产业。我国铁路网只有实现 20 万 km，才能和美国持平。因此，今后 30～50 年修建铁路是符合全国人民利益的。

（二）公路隧道

随着人们生活节奏的加快和科学技术的进步，安全、舒适、快速、方便、经济的公路运输方式要求已提到议事日程上来了。从实施可持续战略出发，长大公路隧道如雨后春笋般迅猛发展起来。有早期耗能大、半横向通风的深圳梧桐山隧道、板樟山隧道；有双向 6 车道、大跨度、扁平率为 0.6 的广州白云山隧道；有福州四联拱象山隧道（宽 3.5m，高 8.9m）；有小间距（0.5m）双洞南京九华山隧道；有设计最早、应用最多的五龙岭双连拱隧道；有首次采用竖井和经济适用的纵向射流通风技术的中梁山隧道；有逆光照明不在洞口设光过渡段的猫狸岭隧道；有处于 3 800m 高海拔、高寒（最冷月平均气温在－7℃，最低达－35℃）地区的青海大坂山隧道；有处于高应力区的川藏公路二郎山隧道；有穿越高浓度瓦斯、高压力煤层的华蓥山隧道（长 4 705m）；有双向分离式 4 车道、国内最长的终南山隧道（长 18.4km）和长度大于 6km 的包家山隧道、鹧鸪山隧道、泥巴山隧道、雪峰山隧道等。总之，随着隧道修建技术的不断发展和不断增长的经济需求，公路隧道的发展趋势是隧道越修越长，越修越宽，技术越来越难、越复杂。洞口丰富多彩的公路隧道洞门设计，比近 1 万 km 长的铁路隧道设计方案多样，思路开阔。虽然公路隧道建设历史短，但隧道建设发展很快。在内陆江河水下隧道、海底水下隧道修建技术的发展方面，公路隧道发展很快，技术含量也很高。

如采用矿山法修建的厦门翔安隧道、青岛至黄岛海底隧道，采用浅埋暗挖法修建的长沙浏阳河隧道、湘江隧道，在水下隧道内防水、堵水技术，围岩稳定技术，支护及衬砌结构技术等方面取得了许多成果，其中大部成果已处于世界先进水平，还有一些成果已达到国际领先水平。

采用盾构法修建的城市越江公路水下隧道，从减少施工和运营风险、减少两岸大量拆迁，降低工程造价、提高经济性指标，方便多处过江等因素综合考虑，采用双向 4 车道盾构法施工的武汉长江第一条水下隧道及杭州钱塘江水下隧道，建设方略符合安全、可靠、经济、适用的建设方针。港珠澳海上大隧道，在油船区采用沉埋管段法取代大直径盾构法的建设方略也是非常正确的。

公路隧道建设应改变运营期的通风、照明、防灾、监控设计理念，简化设计；应取消压入式通风，取消白炽灯照明，简化防灾监控系统，做到节约电能和减少运营成本，山岭隧道长度小于 1km 的可全部简化。

（三）地下铁道

城市地下铁道是城市轨道交通的一个重要组成部分。目前，轨道交通有地铁、轻轨、市郊铁路、有轨电车等多种类型，它们共同构成了城市交通的主动脉。

中国内地的地铁建设始于 20 世纪 60 年代。1965 年 7 月 1 日，我国第一条地铁——北京地铁一期

工程在西郊玉泉路动工兴建，1969 年 10 月 1 日建成通车，全长 23.6km，共设车站 17 个。继北京第一条地铁线建成通车以来，我国城市地铁建设已经在 30 多个城市取得了较快发展，中型城市也在修建或准备修建地铁，目前，全国地铁通车里程已达 500km。但与发达国家相比，地铁的数量还有很大差距，我国地铁通车里程还不及英国伦敦一个城市多。城市交通问题到今天已经是一个非常突出的社会问题，解决交通问题是一个长期的过程，而修建地下铁道则是解决城市公共交通拥挤现状的一个良好途径。

随着城市规模的迅速扩大，城市交通压力日趋严重，修建城市地铁，缓解城市交通紧张局面已成为大、中城市的首选。地铁给人们带来的不仅是快捷、便利、有序的交通和良好的乘车环境，还能使人们更多地感受到生活质量的提高。

根据中国城市公交协会的研究表明，地铁的运输能力要比地面公共汽车大 7～8 倍，单向每小时可运送 3 万～7 万人次，轻轨每小时可运送 1 万～3 万人次，而公共电、汽车的客运量每小时最多 1 万人次；轨道交通的运行速度最慢也在 30km/h 以上，地铁行驶的最高时速可达 100km/h。目前，我国已有 20 多个城市开始大规模修建地铁，共 50 多条地铁线路，到 2020 年，全国地铁总里程可达 3 000km。

中国地铁建设的原则是安全、可靠、适用、经济。应简化装修，简化车站规模，简化不必要的各种系统，节约电能，降低运营成本，提高行车密度，降低票价，与政府补贴相结合，服务方便市民。

(四)水利水电工程

我国自 20 世纪 70 年代中期以后，先后建成了一大批著名的由隧道群组成的水利水电工程，如二滩水电站、黄河小浪底、葛洲坝以及世界最大的水电工程——长江三峡工程等。

随着国民经济的发展和西部大开发的全面展开，水利水电工程正在迅猛发展，其发展趋势是不断地大型化与复杂化。继三峡工程之后，开发西部的大型、特大型水电站及水利设施都已进入施工或前期施工阶段。如乌江的洪家渡、构皮滩，雅砻江上的锦屏一、二级，澜沧江上的小湾、糯扎渡，金沙江上的溪洛渡、向家坝、虎跳峡及南水北调工程等，均是具有相当数量与规模的地下工程。20 世纪 90 年代，我国建成的一大批大型地下工程，如广蓄、二滩、太平驿、天荒坪、大朝山、三峡、棉花滩工程等，将把我国地下工程的设计与施工水平推上一个崭新的高度。

从 20 世纪 50 年代即提出"南水北调"的设想，南水北调工程分东、中、西三条调水线路，其中西线调水需要修建 120km 的输水隧洞，中线也有许多穿越黄河、穿越建筑物等的隧道工程。工程建成后，将使长江、淮河、黄河、海河相互连接，构成我国水资源"四横三纵、南北调配、东西互济"的总体水资源格局，将全国水系形成网络，互相调配，从根本上解决干旱、半干旱地区及众多城市缺水的局面。已建成大伙房 85km 的输水隧洞工程即是采用隧道进行远距离调水的一个建设实例。即将开工的引汉济渭水利工程，长 77km 左右；吉林省小丰满水库和其他湖泊相连的供水地下隧洞，长约 110km。

(五)城市地下空间利用

城市地下空间利用主要包括市政管线工程、地下仓储工程、地下停车场、地下商业街、人防工程等。随着现代化城市规模的迅速扩大及人口密度的大幅增加，城市地面空间已难以承受，需要开拓新的立体空间，以改善人民的生活水平，城市地下空间综合开发利用的领域正在不断扩大。

我国的城市地下空间开发利用始于 20 世纪 50 年代，目前还处于起步阶段。自 1994 年上海浦东建成我国第一条规模较大的张扬路地下管线共同沟以来。各种城市供给设施(如通信、电力、煤气、上下水管路等) 的需求量急剧增加，需要改造和增设的供应管线愈来愈多，解决这一问题的最好对策是进行统一规划与管理的城市地下共同沟(也称城市地下公用事业综合隧道)。目前，我国各大、中型城市均已广泛使用了地下共同沟，大量地面高架电缆也进入地下，使地面空间更加亮丽。图 1-1 为日本东京改造后的共同沟。

目前，城市地下空间利用较多的形式有高层建筑物的地下室、平战结合的人防工程(如上海人民广场地下商场，哈尔滨、长春的地下商业街等)。这些地下工程利用了地下恒温恒湿、受地面干扰小、防灾抗灾能力强等特点，既解决了地面空间紧张的问题，同时还具有较地面同类工程节约能源的优点。

图 1-1 日本东京改造后的共同沟

地下空间的开发，为人类增设第二生存空间的前景非常广阔。日本提出要通过开发地下空间，把国土面积扩大 10 倍的设想，并进行了地下 100m 内不同深度开发利用的规划与开发应用；美国提出 21 世纪要将 1/3 的人口居住在地下和半地下，以节约能源，做到冬天不用取暖、夏天不用空调。我国人口众多，为不减少耕种的土地，必须向地下开发，应加大这方面的研究和投入。

二、几个值得思考与探索的问题

虽然交通隧道的修建已取得了长足的进步，然而地下工程是多学科交融的科学，注定了在其发展过程中需要一批新理论的诞生。埋深大、隧道长、修建难度加大，是目前及今后较长时期隧道及地下工程建设普遍面临的问题，有众多的新难题需要攻克。

科学预测指出，21 世纪将是大力开发地下空间的世纪。开发和利用好地下空间是人类文明发展的需要，也是可持续发展战略的需要，更是作为资源开发利用的需要。在隧道与地下铁道的修建中，还有大量的难题需要解决。经济建设为隧道及地下工程建设提供了广阔的舞台，如何抓住机遇，大力发展我国隧道修建的基础理论与修建技术，是每一个有志于隧道及地下工程建设领域的科技人员应认真思考的问题。

隧道及地下工程作为一个学科，已由大量的工程实践奠定了其牢固的学科发展基础，在实践的基础上，目前已发展成为横跨多学科领域的大学科。“中国隧道及地下工程修建技术”的理论、技术和方法正在逐步形成。但是，在其发展的过程中，还需要解决一系列认识和实践中的问题。目前，在城市地下空间利用与交通隧道修建领域，有必要对以下问题进行研究与探索：

1. 城市地下空间利用的规划问题

在城市规划中一个重要的问题就是地下空间利用深度的合理划分和规划，这需要建立一定的法规来加以解决。例如，将地下空间按不同高程进行利用划分，如浅层（埋深小于10m）以地下公共管道、地下街等为主，而地下20～50m的空间则以地下铁道、道路等为主，都应有一个明确的划分基准。一些国家已开始进行地下50～100m深层空间利用的规划。因此，我国应尽快制定与地下空间开发利用有关的法规和条例。原建设部于1997年12月1日颁布实施的《城市地下空间开发利用管理规定》是我国第一部有关地下空间利用的法规。该法规明确指出：城市地下空间开发利用应贯彻统一规划、综合开发、合理利用、依法管理的原则，坚持社会效益、经济效益和环境效益相结合，考虑防灾和人民防空等需要。必须树立城市地下空间规划是城市规划的重要组成部分的理念，有关单位在编制城市总体规划时，应编制具体的城市地下空间建设规划。应采取城市立体化建设方式，将城市建设向地下发展，而不采用以"摊大饼"的方式占用土地向外扩张的建设方式和城市发展模式。

2. 城市地下空间规划的评价方法与评价标准问题

在城市规划阶段，一个难题是如何对地下空间规划方案进行评价。从评价方法上看，评价标准涉及三个方面的内容，即经济、技术和社会评价。在实践中，经济、技术评价指标往往能够由明确的货币化的经济数据反映，而社会价值的评价，则往往难以用货币化的指标加以客观反映，给规划方案的评价带来偏差。例如，把高压（大于22万V）电缆供电线引入地下管线共同沟（这也是一种地下利用），虽然成本提高了，但城市安全及景观得到了改善。把这种社会价值用经济价值的指标（如货币）作出定量评价，就是一个非常困难的问题，特别是公共的地下空间利用规划，由于社会效应的扩大，会促进国民经济和地区经济的发展，在这类规划方案的评价中应作更深入的研究与探索，以期取得更多更加符合民意，造福子孙后代的城市地下空间利用规划方案。因此，如果社会效果符合民意，有时可以不问经济性如何。当然，由于财力的限制，完全不考虑经济性也是不合适的。

各国对如何评价地下空间利用的社会价值极为重视。对城市来说，保证居民有一个完善、健康、舒适、有效率的生活空间是最低标准。对达到这一标准的评价，就是好的社会价值评价。所以，一个工程的评价要看三个效益：一是环境效益，二是社会效益，三才是工程本身的经济效益，三个效益的重要性次序不应颠倒。

3. 地质调查经费投入比例与地质调查技术研究问题

前期地质调查经费投入不足，难以满足施工要求是目前隧道及地下工程建设中普遍存在的现象。造成这一现象的原因，既有技术问题，同时也存在思想认识问题。地下空间开发和利用的大型化、深层化、长距离化及多样化，使隧道及地下工程建设的难度大幅增加，建设速度与技术进步处于同步发展的现状。一方面，勘察技术随着隧道埋深的增加面临着勘察手段与技术方法的新课题，勘察成本在增大；另一方面，在隧道施工中地质灾害的预防与施工控制技术研究均依赖于对地质条件的调查与分析。然而，隧道施工地质超前预报技术的发展历史较短，目前仍处于研究与应用并行的状态，对复杂地质体的探测与预报技术还不成熟。因此，经费投入不足，必然导致地质调查效果不好，技术方法的研究规模缩小，反过来加剧与应用需求的距离，制约隧道及地下工程修建技术的发展速度，这就是思想认识问题。此外，还需要尽快发展地质勘察、调查及施工地质预报技术，开展复杂地质条件施工地质灾害预测预报技术与设备研究，开展不良地质施工技术研究，加快研究与应用步伐，大量研究成果的工程应用才能满足我国高速发展的经济建设需要。

因此，在隧道及地下工程建设中，为了实现安全、经济、环保的建设目标，必须转变观念，研究合理的地质调查与预报投入比例，发展和完善针对不同地质调查内容的调查技术与预报系统。其中包括建设过程中为预测地下结构稳定性、突发涌水事故以及自然环境变化等而进行的试验、调查、量测与分析等内容。地下工程的发展与工程地质学科的发展息息相关。

4. 建设方案评价及动态设计理念问题

目前，在评价一个设计或施工方案好坏的标准上，存在一定程度的局限性。对于地下工程设计，应理解为一项为了最优地实现规划的设施而进行的安全性、使用性、经济性的研究，并将研究成果具体地转化为建设方案、支护结构设计、施工方法等内容。设计不应简单地局限在施工前对地下洞室结构(包括围岩)的应力、变形及地下水的影响分析与力学检算上,设计还必须考虑施工过程中在开挖、支护等工序过程中地下工程结构的稳定性问题、环境保护问题等多种因素,需进行施工过程的动态设计,以确定结构的整体刚度及可能出现的崩塌、围岩压力、结构变形、地层涌水等不确定因素的突发影响。动态设计是地下结构工程与地面结构工程在设计上的显著差别,由此可见,设计方案的评价应包含设计方案在施工过程中的动态设计效果的评价。

地下工程的设计不是简单地套图,而是一种凝聚着智慧的创造性劳动。一个优秀的高水平的设计作品,是特定工程在特定资源条件下的智慧结晶,很难在另一个工程中加以复制,其优秀之处仅属于被设计的工程。

隧道及地下工程设计要树立降低公害的观念,尤其是城市地下工程设计,要从专业的角度进行无公害设计,做到不干扰交通,少拆迁,因施工引发的地层变形不会危害地下管线和既有建筑使用安全,不引起环境恶化等问题。

目前,隧道及地下工程设计中尚有许多的问题有待研究。如:怎样确定深层的地应力场,怎样安全、优质、快速地修建地下工程,解析中怎样考虑岩土数据的离散性,怎样建立符合地下工程动态设计的计算模式及分析方法等。这些问题的解决,又有赖于隧道及地下工程理论的建立和完善。设计理念是把地下工程本身的复杂性简单化,要实现这一目标,设计、计算、施工技术的发展必须走信息化动态反馈的道路。

5.降低工程造价的途径问题

在当前及今后一段时期,降低工程造价对开发、利用地下空间具有十分重要的意义。研究降低工程造价的途径,对满足当前经济建设的需要具有积极作用。

目前,降低工程造价的途径主要为降低设备费及运营费,其次是采用合理的建设工期。为解决地下空间使用上的一些问题,如通风、照明、防灾、监控等,需要增加一些设施,这些设施使地下空间开发的造价相对较高,这对开发地下空间是一个不利的因素。从目前地下空间开发的造价构成上看,设备投资占据的比例很大,而土建投资的比例相对较小。因此,降低造价的主要途径是降低设备投资的标准。结合我国隧道数量很多的国情,应制定设备投资标准,对设备投资加以控制。

目前,在一些地铁的修建中,把简单问题复杂化,增加许多不必要的设备系统,如车站屏蔽门阻止了活塞风的利用,恶化了空气质量,尤其是 2～3min 的间隔时间会给乘客上、下车带来不安全感。追求先进、豪华之风造成设备投资费超过了土建费,此风不可长。研究成果表明,设备与土建的合理比例应该是4∶6,设备占 40%,土建占 60%,这样运营费也可以降低。

公路长隧道的设备费,尤其是不必要的通风、照明以及不合理的防火设施等投入太高,同时,这些设备在运营中还造成经久性的高运营费,也不可靠。研究表明,公路隧道设备与土建的投资比例应低于 0.5∶9.5,对长度在 1km 以下的隧道可不设通风、照明、防灾、监控设施,应开展无动力通风、照明的研究。

目前,造成高造价的另一原因是不合理工期。一些工程在建设过程中过分追求建设速度,采用多开工作面的方法,设立许多辅助工程。这种做法不仅大幅提高了建设费用,而且由于多增加的辅助工程的修建,扩大了对自然环境与资源的损害,给工程环境埋下隐患。应遵循地下工程建设规律,采用合理造价、合理工期,动态管理。

我国隧道及地下工程建设要根据我国国情,合理规划、合理投资;要转变发展模式,由以快为主转到以好为主,用“好”带动“快”。国内土木工程造价比国外低 5～10 倍,主要原因是我们的工人工资太低。合理的工资应占工程费的 30%以上,国外 GDP 中福利占 60%。

目前,一些人视大量浪费材料为应该,克扣工人工资,不尊重劳动者,不尊重劳动成果的错误做法值得深思。其次,方案论证缺乏深入细致的科学研究,决策错误造成建设与使用成本的增加。如:在不应该用盾构的短区间隧道采用高费用的复杂的盾构机进行施工;采用高于复合式衬砌一倍造价,不能保证百年寿命,且整体稳定性很差的管片衬砌(最多寿命 40 年)代替复合式衬砌的做法等都是不合理的。

第二节　隧道及地下工程的种类

地下工程的类型是多种多样的，依照地下工程的功能不同，可将地下工程分为交通运输、城市地下空间开发、能源开发与储藏、防御减灾四大类。又可根据所处地域位置及功用不同，归纳为以下 9 种：

一、山岭隧道

山岭隧道为连接各大城镇，穿越山脉的交通隧道，发挥客货两运的功能，分为铁路隧道和公路隧道。根据隧道长度的不同，可将其分为特长隧道（长度大于 10km）、长隧道（长度在 3～10km 之间）、短隧道（长度小于 3km）。横断面有圆形、马蹄形、蛋形等多种形状。随着经济建设需求的增长和隧道建设技术的提高，近年来大断面隧道日渐增多，横断面积已达 $270m^2$。

二、城市地下铁路

新建北京至石家庄铁路客运专线是铁路进城走向地下的试点工程，东西向的石太（德）既有铁路线及南北向的京广既有线将石家庄市分割为四个部分，地面交通十分不便，列车的噪声污染与高架接触网的安全隐患，给市民的生活带来诸多不便。因此，在进行新建京石线穿城方案时，对新建铁路和既有铁路均采用入地方案；正在建设的深圳福田地下铁路站、天津火车北站，均采用了将铁路入地的建设方案。铁路运输采用地下方式穿越城市已成为一种发展趋势，体现了还地面于人民，立体空间利用的可持续建设理念。图 1-2 为北京南站城际铁路地下车站图。

图 1-2　北京南站城际铁路地下车站图

三、城市地铁、城际铁路

城市地铁、城际铁路是一种用于客运的城市轨道交通，分布于城市中的主要交通干线上与相邻城市间。城市地铁由区间隧道和地下车站组成，其横断面尺寸变化很大，有单层和多层。地铁隧道的埋深多在地下管线共同沟的下部，以浅埋为主。当城市地层处于硬岩或地层水量不大时，应优先考虑深埋，因为深埋隧道具有选线自由，施工对地面建筑影响不大，今后运营也不会影响环境，不需要减振道床等优点。如我国的青岛、大连、厦门、重庆等城市应考虑深埋地铁的修建。当前，有的城市将线路纵断面选在软硬交界面上，这是错误的埋深选择，这样做会加大施工难度，对运营也不利。

城际铁路是介于大铁路和城市地铁之间的新兴轨道交通，是用最快速度实现城市之间运输的轨道方案，它是城际间节能、省地、经济运输的发展方向。

京津城际铁路是中国第一条高速城际铁路，它的开通使快速城际铁路的优势充分展现。采用公交化城际列车和跨线列车混合开行的运输组织模式，大量采用动车组列车，列车最高时速可达 200km，全程直达运行时间控制在 30～60min 以内，列车最小行车间隔可以达到 3min。图 1-3 为上海—南京城际铁路示意图。省会城市与省管城市之间应采用城际铁路。

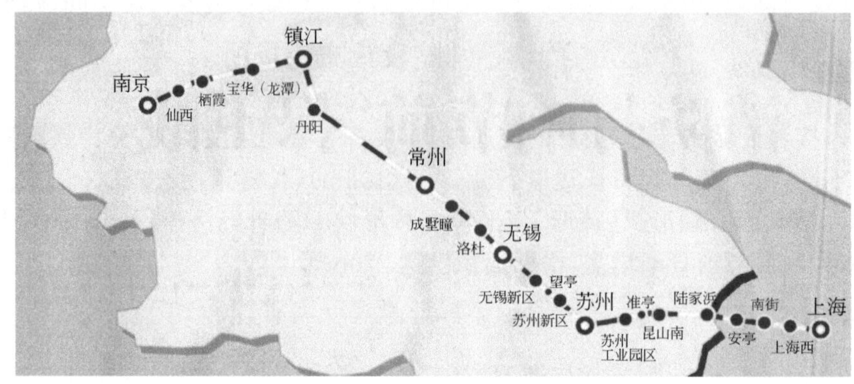

图 1-3　上海—南京城际铁路示意图

根据我国中远期铁路网规划和铁路“十一五”规划，要在主要通道实现客货分线，在京哈、京沪、京广、陇海、沪昆、哈大、胶济等主要通道全面开展客运高铁建设，建设标准按 350km/h，运营按 300km/h，再在环渤海、长三角、珠三角等大城市逐步建设城际铁路。我国主要建设的城际铁路有北京—天津（已运营）、上海—南京、南京—杭州、南京—芜湖—安庆、广州—珠海、九江—南昌、青岛—烟台—威海、绵阳—成都—峨眉、长春—吉林、柳州—南宁等。目前已经开工建设的客运专线、城际铁路总里程已达到 7 000km以上，其中多以隧道、下穿、高架为主要行进模式。

四、水下隧道

水下隧道是跨越江河湖海的交通隧道，隧道的位置可位于水下岩石地层中，也可位于水底泥沙中，亦可位于水体中。水下隧道施工方法有钻爆法（硬岩）、TBM 法、沉管法、盾构法。目前，世界上水下隧道的单隧长度已达 53.83km。由于修建技术的不同，水下隧道的横断面形状有圆形、马蹄形、蛋形、矩形等，断面积与山岭隧道无大差别。

以青函隧道的建成为契机，世界各国横穿海峡的热情空前高涨。许多被视为“梦想”的宏伟规划，都呈现出一片“现实”的曙光，尤其是欧亚两大洲的动向极为引人注目。在欧洲地区、环绕欧洲大陆的地中海、波罗的海、北海中，有许多岛屿与大陆隔绝，早在 18～19 世纪初，就产生了许多用桥梁和隧道渡海，把岛屿和大陆、大陆和大陆连接起来的种种构想。例如，被称为“2000 年梦幻”的英法海峡隧道，已建成投入运营。横断直布罗陀海峡的海峡隧道工程、连接意大利本土和西西里岛的墨西拿海峡隧道工程以及博斯普鲁斯海峡隧道工程等都在规划和调研之中。

我国跨越江河、湖海，打通水域阻断的交通道路的建设目标已进入实施阶段。近年来，我国曾先后对琼州海峡、甬江、珠江、青岛胶州湾、大连、福建台湾海峡、南通、天津塘沽等有关跨海、江、河通道工程进行了论证。在论证中可以发现，大家越来越重视隧道跨越海洋、江河方案的选择。因为其优越性是十分明显的：与桥梁相比，在同等条件下，隧道方案具有隐蔽、全天候运行、占地面积小、对环境景观无损害的优越性，在环境保护、社会效益、工程投资上也是经济的。这些研究和论证符合面向 21 世纪的技术发展趋势，采用隧道穿越江河湖海已成为地下空间利用的一个重要方面。如上海在穿越黄浦江的桥、隧方案比较时，肯定了隧道方案，近期将连续修建 5 条水下隧道。

规划中的我国跨越琼州海峡的 30km 铁路隧道工程、跨越台湾海峡的 150km 长铁路隧道工程、跨越渤海的 100km 铁路隧道工程等，均属于海峡通道工程。正在修建的港珠澳海上大通道，全长 36km，分别由 6km 沉埋隧道和大桥相连后，用 3.6km 盾构或浅埋暗挖法修建隧道，在珠海拱北上岸，再用桥和 6km

长的山岭隧道相连，并和太澳公路相连，为公路双向 6 车道。

水下隧道工程中，一类是海湾线工程，如日本的东京湾高速公路通道。我国穿越胶州湾、长江口、杭州湾等海湾线工程中，都需修建跨海通道工程，其中一些跨海的通道工程方案已开始研究。在建已建成的我国第一条海底隧道——厦门翔安隧道(图 1-4)、青岛胶州湾海底隧道，即是完全采用钻爆法和浅埋暗挖法修建的大断面双向 6 车道双洞海底公路隧道。其间攻克了隧道穿越花岗岩强风化槽高压涌水、结构防腐防裂、衬砌混凝土耐久性、建设过程环境保护、多工法作业施工组织等技术难题。

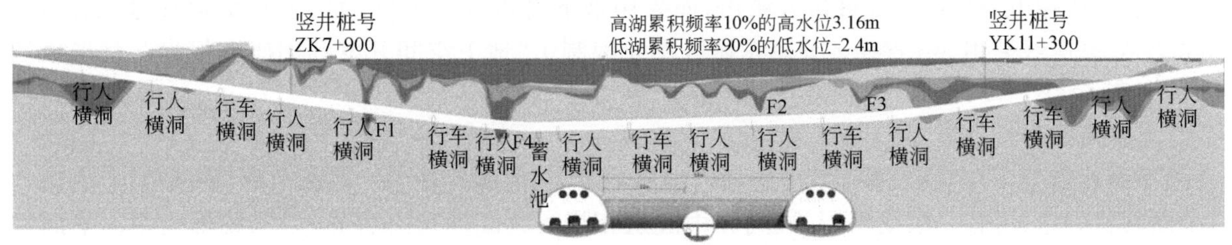

图 1-4 厦门翔安隧道纵剖面示意图

另外一类是内陆水下隧道工程，如甬江沉埋隧道，广深港狮子洋盾构铁路隧道，长沙跨越浏阳河采用钻爆法修建的浏阳河铁路、公路隧道，武汉长江隧道以及跨越湘江的湘江隧道等。已建成的跨越长江的我国长江第一隧——武汉长江隧道(图 1-5)，是采用盾构法与浅埋暗挖法两种方法修建的双向 4 车道公路隧道，工程中解决了高水压下盾构密封、刀盘刀具耐久性、上软下硬地层盾构掘进控制、隧道抗浮等技术难题。

这些采用多种施工方法修建的海底及内陆水下隧道的成功修建，标志着我国隧道修建技术已位居世界领先地位。

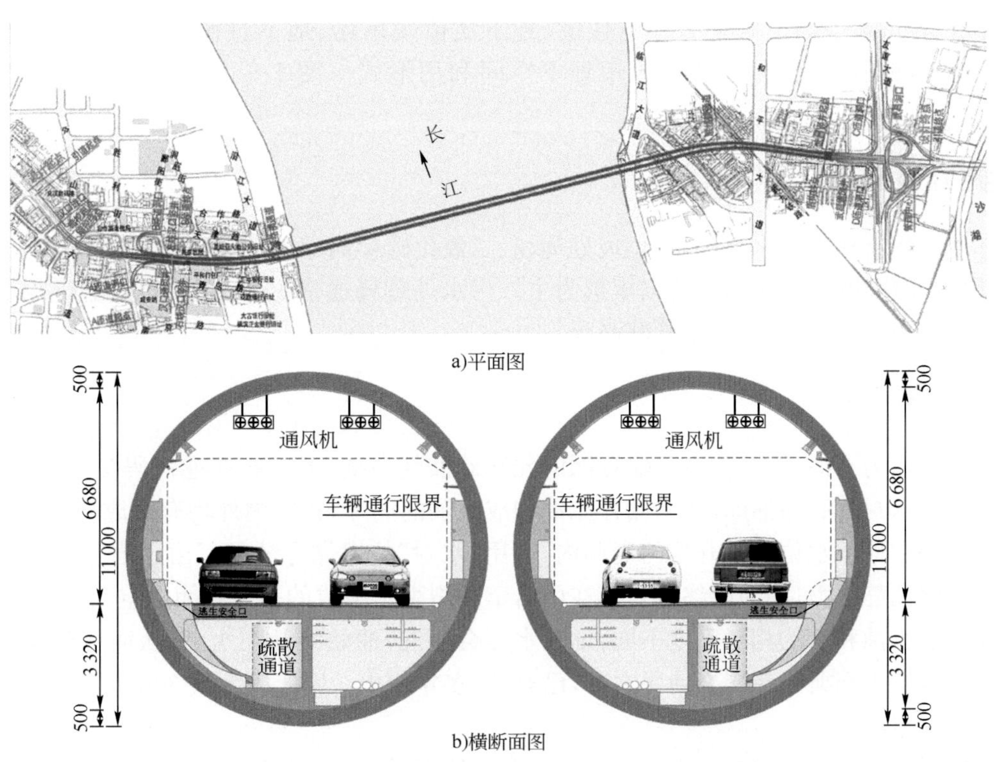

图 1-5 已建成通车的我国长江第一隧——武汉长江公路隧道(尺寸单位：mm)

五、城市地下空间利用

1. 地下管线共同沟

地下管线共同沟主要分布在城市，承担城市地下电力、通信、上(下)水、暖气、燃气等的输送。出于管理和地下空间利用规划上的考虑，将这类输送线路按照一定的行业规范布置于同一地下隧道中。这些隧道以圆形断面为主，通常处于地下较浅层，埋深一般不超过5～10m，隧道直径通常在3～5m。对于城市供电，高压输电塔架已不允许进入城市，而采用地下管道方式进城，如22万V高压线采用3m管径，44万V高压线采用5m管径。北京东城区率先编制了"地下空间开发利用研究报告"，已形成资料在全国交流。

2. 地下商业街

地下商业街分布在城市，承担缓解地面占地压力、节约能源等任务。以长条形(即隧道形)为基本形态，呈面网状分布，可有一层或多层，层间亦由隧道相连。其断面形态各异，以马蹄形为主。平面以矩形、方形为主，区域间以隧道相连。由人防工程改造而来的地下商业街埋深多在地表5m以下，新规划建设的商业街主要位于地表下5～10m。

3. 地下仓库

根据使用功能的不同，地下仓库可分布于港口、山区以及城市。地下仓库单体形态各异，断面以矩形或近似矩形为主，单体间以隧道相连，形成面状，许多仓库为多层结构，以储备物品为目的。根据用途不同，可置于地表下数百米不等。粮食、食品、饮用水、天然气等均可作为战备物资储备库将物资储存在地下仓库中。

4. 地下停车场

地下停车场主要分布在城市商业区、住宅区，为多层，横断面以矩形为主，埋深多在地表下5～20m。其净空高度尺寸多在3m以上，跨度可达数十米。占地少的圆形竖井式垂直电梯型停车场，也是今后发展方向。

城市地下空间利用的形式还有地下住宅、地下文体娱乐场、地下过街道等，随着社会经济的发展和技术进步，将还产生其他种类的城市地下空间利用形式。图1-6为城市地下空间利用的几种形态。

六、地下环境工程

地下环境工程有地下污水处理场、垃圾处理场、二氧化碳存储库等，主要分布于城市周边，发挥对城市废物的处理、净化功能，其断面形态以矩形为主。污水处理场通常由多个单体组成，埋深取决于城市地下污水系统的高程，通常低于污水管路高程。

七、地下储油气库

地下储油气库为石油、天然气及长输管网的配套储油气系统，多分布在港口码头，采用水封式技术存储。利用地下水封岩石储油库，作为储存原油和成品油的洞库，在国内外均有很成功的经验。地下水封岩洞油库就是在地下水位以下开凿的岩洞内，利用"水封"技术储存油品。由于岩壁中充满的地下水的静压力大于储油静压力，油品始终被封存在由岩壁和裂隙水组成的一个封闭的空间里，使油品不会渗漏出去。同时由于油和水的相对密度不同，油和水不会相混，油始终处在水上，从而达到长期储存油品的目的。该技术始于瑞典的花岗岩地层之中，已有50多年历史。图1-7为某300万t水封式地下油库工程洞库分布示意图。

截至1988年，在斯堪迪那维亚半岛已有200多座地下原油、石油产品及重燃料油库在使用。在韩国、日本、中东等地也建有很多地下水封岩洞油库。韩国建有4座地下洞库，总库容1 830万m^3。日本建有3座地下洞库，总库容500万m^3。

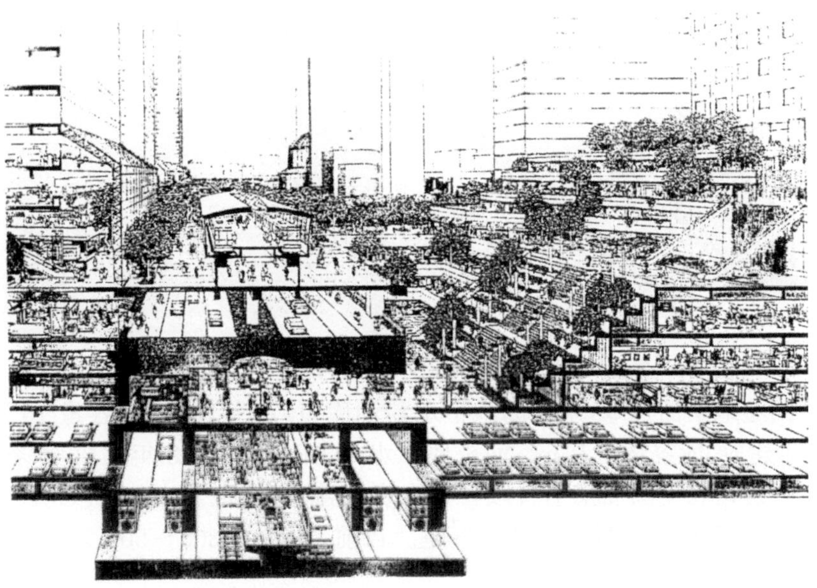

a)16m高、100m宽、600m长的两层地下车库、地下仓库

b)城市地下管线共同沟

c)日本5层的地铁车站

d)我国福田立体交叉的城市铁路车站

图 1-6 城市地下空间利用形态

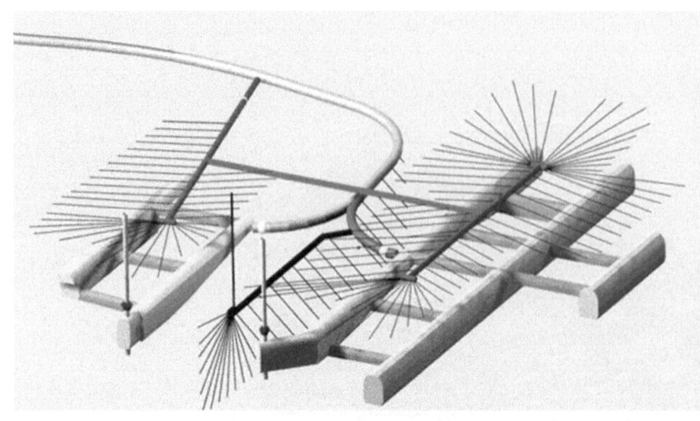

图 1-7　300 万 t 水封式地下油库工程洞库分布示意图

我国已修建了四座地下油气库：东黄岛地下水封油库，1976 年建成，库容量 15 万 m^3；浙江象山地下水封油库，1976 年建成，库容量 4 万 m^3；汕头地下水封 LPG 库，1998 年建成，库容量 20 万 m^3，为汕头海洋石油化工有限公司和美国加德士有限公司合资兴建；宁波地下水封 LPG 库，2002 年建成，库容量 50 万 m^3，为英国 BP 石油公司在中国投资兴建。目前，拟建的 300～500 万 m^3 原油库将分别在黄岛、锦州等地兴建。

八、水利工程

水利水电隧洞主要包括水工隧洞和地下厂房两大部分，水工隧洞主要包括引水隧洞、导流隧洞、泄洪隧洞等。地下厂房包括电站主副厂房洞室、开关站、闸门竖井等类型。

九、地下军工设施

地下潜艇、地下飞机库、地下导弹储存库、地下发射洞、地下各种工事等是现代战争必备的设施，已有大量修建。

第三节　隧道及地下工程的建设特点与研究方法

隧道及地下工程与地面建筑工程均属于土木工程的范畴，但隧道及地下工程建设从基础理论、勘察设计到工程施工、维护，与地面工程都有很大差别，是土木工程中一类特殊的建设领域；是与地面建筑工程相比更加复杂、建设风险更大、建设周期更长、单位造价更高、与地质环境关系更加密切的一类构筑工程。

一、隧道及地下工程的建设特点

隧道及地下工程的建设特点主要表现为建设工程构筑体处于地质体中，建筑基础理论研究尚不成熟，处于以经验设计和工程类比法为主的建筑现状，具有建设过程复杂，影响因素及不确定因素多，涉及学科范围广，建设过程需与建设环境相协调等特点。这些特点使得其对工程问题的研究方法涉及领域更广泛，方法更多、更复杂。

1. 建设工程处于地质体中

工程岩体(土体)是地下工程结构的一部分。这些地下工程埋设在不同的地层中，可能遇到各种各样的复杂地质问题。因此，地下工程的设计、施工均与建筑地区的地质条件有着密切的关系。

例如，在坚硬完整的岩层中修建隧道时，由于围岩稳定，开挖时坑道不易变形，暴露时间较长也不致失稳，结构设计较弱甚至不需设计二次衬砌，采用全断面的施工方法；而在软弱破碎的岩层中修建隧道时，由于围岩的稳定性差，大断面开挖则易发生坍塌，结构设计采用受力较好的圆形断面、支护结构强度较高，采用分部开挖、先支护后开挖、再支护的施工方法；当隧道或洞室通过断层破碎带、溶洞、流沙、涌

水、岩爆、瓦斯等复杂或不良地质地段时，则需要特殊的设计方法与施工措施相配合。

对于地下电站、国防工程、地下储气(油)库、核废料储存库等地下工程，设计时对工程所在地段的地质条件有特殊的要求；城市地铁与地下空间利用工程，设计时除了考虑地质条件外，还需考虑工程所经过地区的地下和地面建筑环境的影响。如地下管线、沟槽的跨越，地面建筑的防坍限沉，防环境污染，地下结构的稳定，工程防水等方面，需要对地质环境进行改造与利用。因此，地质环境与地下工程关系密切。地质环境对地下工程设计、施工的影响主要表现在以下 6 个方面：

(1)地貌与气候对地下工程的影响

地形地貌对隧道建设的影响主要表现在地应力特征上，隧道处于沟谷地带时隧道结构将承受较大的水平应力或偏压应力，在隧道设计时需要特殊考虑；气候的影响以温度和降雨量两因素最为显著，在特定的地质条件下可引起围岩工程特性的变化，产生新的工程地质问题。如：高原高寒地区的冻土会带来冻融、劳动力及机械降效等问题；温暖潮湿、雨量充沛的气候环境，则会使地层中储藏大量地下水，易出现隧道渗漏水、承载力不足等问题。气候及地貌特征还与岩性特征有着密切的联系，对隧道设计与施工都有着直接的影响。

(2)地质构造对地下工程的影响

地质构造是指在造山运动等大规模的地壳变动中，岩体产生变形、断裂、破碎后留下的痕迹，如褶皱、断层、挤压破碎带、节理裂隙带等。褶皱和断层对隧道建设的影响，前者主要表现在成为瓦斯和水的汇集场所，后者则主要表现在围岩力学性质发生巨大劣化，围岩破碎，易引起隧道坍塌等。

对地质构造形迹进行地质力学分析，可帮助我们确定隧道所处地区的地应力方向，宏观上有助于选线，微观上有助于推测掌子面前方岩体结构的变化，建立隧道围岩稳定分析的力学模型，进行地质灾害预测预报。对工程所处区域的地质构造进行分析，成为重大地下工程勘察设计和施工的一项重要内容。

(3)岩(土)体结构对地下工程的影响

岩(土)体结构是指岩(土)体中结构面和结构体的总称，它表达了结构面的发育程度及组合关系，反映了结构体的规模、形态及排列情况。

岩体结构面既然是分割岩体的裂面，则不论其是否有充填物，也不论其规模大小和形态如何，其力学性质均较“岩块”要差，这在坚硬岩体中更为明显。因此，隧道围岩分级中将结构面发育程度及相关描述作为度量围岩承载能力的一类指标。岩体结构对地下工程的影响主要表现在以下几个方面：

①降低围岩力学指标，增大力学性质的各向异性。结构面的存在，会降低围岩的整体力学指标(E、μ、c、φ)，且使其力学性质具有各向异性，影响程度取决于结构面的规模、数量、方向及固有的力学性质。

②结构面改变了围岩应力传导途径。隧道开挖后的二次应力场在结构面上产生应力集中或分散，使应力曲线发生转折、弯曲与不连续现象，使得隧道周边二次应力场发生变化。

③成为地下水的通道和储存场所。结构面的存在增大了岩体的透水性和蓄水性，加速了地下水对岩体的物理化学作用，从而劣化了岩体的力学性质。如在岩溶地区，处于向斜核部的隧道往往水量较大；在岩性变化的结合面上往往易产生较大的溶洞和涌水。

④成为剪切滑移面。隧道开挖时，洞室周边形成的临空面与结构面组合切割后形成具有向隧道空间滑动的剪切滑动体，导致隧道塌方。通常岩体中结构面的分布是有一定规律的，通过对隧道周边结构面空间分布与力学性质信息的收集，运用块体理论及静力平衡理论可确定其稳定状态，对不稳定块体可计算出所需的支护抗力。

⑤岩体结构是进行围岩质量评定与围岩分级的依据。

⑥岩体结构是进行岩(土)体力学分析时建立力学模型的基本依据。

(4)岩(土)体性质对地下工程的影响

按照地壳岩石的成因，岩石分为沉积岩、岩浆岩和变质岩三类。不同成因的岩体，其物质组成与成岩结构不同。岩性对隧道建设的影响最终表现在工程力学性质上。坚硬的岩浆岩、灰岩、砂岩等，由于其强度高，抵抗外力的能力强，因而稳定性好；千枚岩、片岩、泥岩等，强度较低，抵抗外力的能力差，稳定性较差;土质地层属软弱围岩,其力学性质与所含黏土矿物的种类与比例关系密切,对围岩的稳定性有特殊影响。如膨胀岩产生膨胀应力,放射性地层产生放射污染,瓦斯地层产生瓦斯溢出问题等。

由于围岩中的岩石(土)是地壳中由地质作用所形成的固态物质,主要是由造岩元素所构成的玻璃或矿物的天然集合体,地质作用的历史及性质使得这一作用的产物——岩(土)体呈现出复杂多变的承载特性。其矿物组成及结构不同,力学性质也不同。岩性反映了岩石的基本力学性质及物理化学性质的各向异性、不连续性。其对地下工程的影响主要表现在三个方面:

①力学性质的影响。大量岩石力学性质的试验研究表明,岩性与抗压强度呈现很好的对应关系,从而在隧道围岩分级中将岩石的抗压强度作为表征围岩在开挖后承载能力的度量指标之一。

②化学组分的影响。岩石中的特殊化学组分,在特定工程条件下其力学性质产生变化,从而导致隧道承载能力的变化。如膨胀岩遇水产生膨胀应力等情况。

③物理性质的影响。位于地下水中的各种岩体,其物理力学性质差别很大,给工程带来的风险和难度差别也很大。

④建立力学模型的依据。在隧道与地下工程各种数值计算中,岩(土)性质是建立力学模型的基本依据。

(5)地质体赋存环境对地下工程的影响

地质体赋存环境因素主要有三种:地应力、地下水、地温。它们对岩(土)体的变形、破坏和力学性质具有重要的控制作用。

①初始地应力对地下工程的影响。岩体中的初始地应力是指在工程开挖前岩体中存在的天然应力,是各种自然营力和人为活动综合作用的结果,主要由自重应力和构造应力组成。对初始地应力分布及规律的研究表明,岩体中的初始地应力会因自然或人为因素的影响而不断发生变化。当隧道埋深很大时(大于 1 000m),平均水平应力和垂直应力差值逐渐缩小直至趋于一致。而在浅层,水平应力和垂直应力的量值除与隧道埋深有关外,还取决于围岩 E、μ、c、φ 的物理力学特性,工程实践中发现,当隧道埋深大于隧道结构跨度的 3 倍以上时,支护结构上的垂直荷载不再随埋深增大而明显增大,因此,隧道结构荷载采用以普氏及太沙基为代表的平衡拱原理进行计算。

初始地应力对隧道建设的影响主要表现在决定隧道所处位置的应力状态(方向)及应力水平上,它决定着“平衡拱”的形状和尺度,因此,也直接决定着隧道支护结构的荷载。对岩石损伤强度理论的研究成果表明,围岩的“自承能力”在地应力为三维等压状态时达到最高,“自承能力”随三维压应力差值的增大而降低。

地形及构造应力均会对隧道地应力产生影响。图 1-8a)产生偏压,图 1-8c)为水平应力大于垂直应力时的情形。目前,设计中,当水平大主应力存在时,应考虑两个技术措施:一是在选线时,应选择隧道轴线方向与最大主应力方向平行的位置,以避免隧道侧墙内挤、底部隆起、溃屈等不稳定现象;另一个措施是对围岩级别的修正,采取当地应力评价指标 $R_c/\sigma_{max} \leqslant 4 \sim 7$ 时,降低围岩级别的方法加以体现。这两个技术措施对地应力的处理还处于粗放、定性、间接的状况。随着围岩变形破坏理论研究的深入,以及地应力量测技术和隧道设计理论的发展,初始地应力直接用于隧道设计的时代将有望到来。

值得一提的是,在隧道支护围岩压力的确定上,古典理论认为作用在支护结构上的压力是其上覆盖的重力,这一理论代表有海姆(A. Haim)理论、朗肯(W. J. M. Rankine)理论和金尼克(A. H. ДИНИК)理论。常采用地层平均重度 γ 乘以隧道埋深 h,即 γh 的方法计算垂直地应力分量。但通过近几十年对隧道所处位置地应力垂直分量的实测结果表明,实测地应力垂直分量常常并不等于用 γh 计算的量值,两者往往有很大差异,在我国两者的符合率不足 14%。因此,用 γh 的方法确定隧道所处位置的初始地应力垂直分量的做法是不妥的。另一个需要强调的是,地层的初始地应力值,并不等同于隧道所承受的荷载,这一点已被大量工程实践所证实。目前,隧道设计中,围岩垂直向荷载通常采用将 h 值取为坍落拱的高度,由统计经验式计算得出。即隧道结构荷载不应混同于上覆岩体的自重应力,简单采用 γh 进行计算。

初始地应力随着距地表距离的增加而加大,这一规律已被科学研究所证实,但当地层中产生一个孔洞时,孔洞周围岩石受力从三维变为二维,当周边岩体强度低于围压,由洞周向地层内发展的岩石损伤及破裂进行到一定程度时,岩体又处于三维应力状态,达到新的稳定,隧道周边的局部应力绕行而产生新的平衡,应力曲线不会断裂,而在洞周围形成高应力压密区,稳定了洞室而不是把洞室压坏。

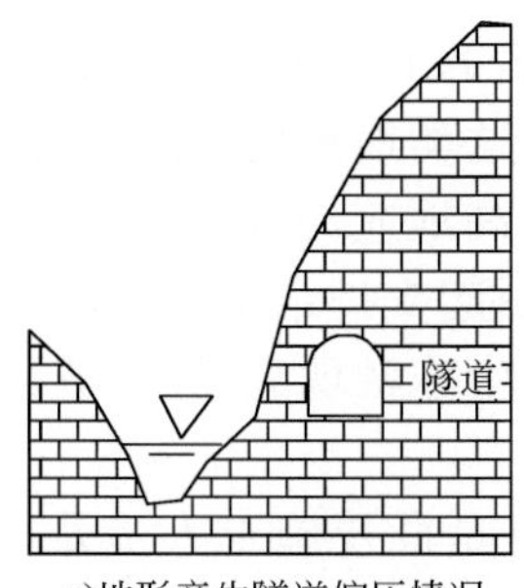

a)地形产生隧道偏压情况

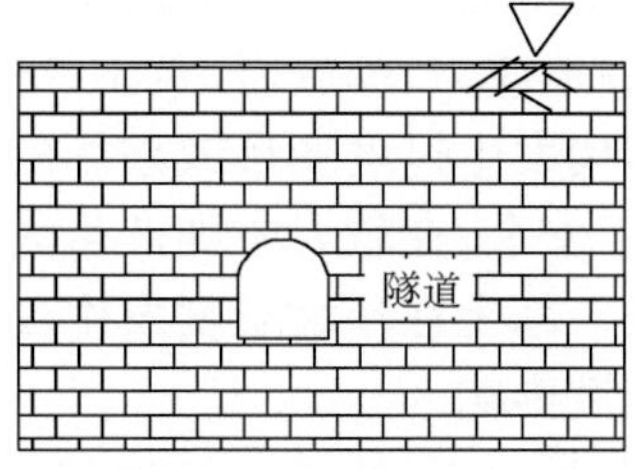

b)平坦地形产生对称地应力情况

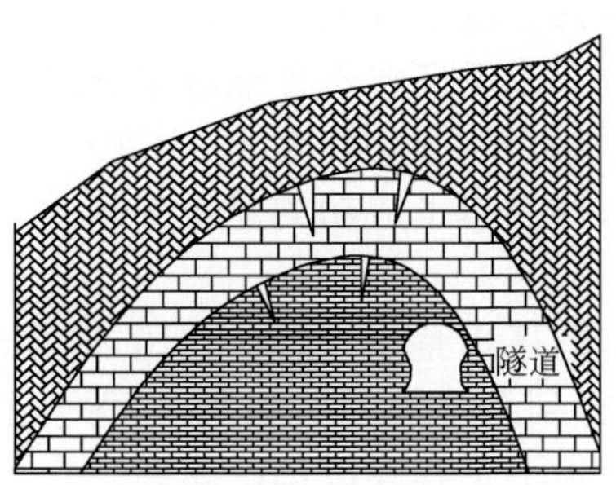

c)水平应力大于垂直应力情况

图 1-8 初始地应力场中的隧道示意图

②地下水对地下工程的影响。大量工程实践表明，水是造成洞室围岩失稳的一个重要原因。地下水对隧道建设的影响表现在两个方面：

第一，形成流体能量，产生隧道涌泥、涌石、涌水。地下水在特定的地质环境下可蓄和巨大能量，当隧道开挖使其平衡状态被打破时，水携带大量固体物质向隧道内奔涌，形成突水地质灾害，危及施工安全，造成地下水径流改变。

第二，弱化岩体的强度，降低围岩承载能力。地下水对围岩的软化、溶蚀和水化等作用加速了地下水对岩体的物理化学作用，从而劣化围岩的力学性质，改变了地层平衡拱的形态。

③地温对地下工程的影响。地温是指地面以下地中环境的温度，其量值具有沿深度增大而增加的变化规律，通常用每 1 000m 深度温度的增加值来度量，即地温梯度，又称地热梯度、地热增温率，指不受大气温度影响的地层温度随深度增加的增长率。地球近似的平均地热梯度是每千米 25℃。近地表处的地热梯度则因地而异，其大小与所在地区的大地热流量成正比，与热流所经岩体的热导率成反比。因此，地热梯度的区域性变化可能来源于热流量的变化，也可能来源于近地表岩体的热导率的变化。

在深埋地层中，地温常常是地下工程施工的一个重要控制因素，地温对地下工程的影响主要表现在温度增高会引起人员、设备工作效率的降低，不作特殊处理无法施工；另一方面，从能量转化的角度出发，温度升高，预示着地质环境中能量活动的增大，能量转化的概率增大，处理不当，可引起相应的工程问题。如，产生的附加温度应力可能引起衬砌开裂，对衬砌结构的安全及耐久性不利；隧道内的高温高湿将导致机械设备的工作条件恶化、效率降低、故障增多；隧道建成运营后，由于洞内温度过高，将造成隧道养护维修困难，从而可能导致运营成本大幅提高。

随着我国大规模交通隧道的修建，深埋、长隧道将大量出现，应对地温产生的问题给予充分重视，应对施工中通风降温难题早做研究。

(6)特殊地质与地下工程

所谓特殊地质，可定义为在承载特性及施工安全上需进行特殊设计和施工的地质条件。按其对隧道修建的影响特性，可分为结构突变型、应力时效型及有害物质型三类。

①结构突变型。如隧道穿越岩溶洞穴、断层带、岩堆体等。这类地质的特点是围岩的承载特性突然发生巨大的改变，导致隧道稳定性及施工安全性受到威胁，往往造成重大地质灾害，其共同特点是突发性和劣化

性。突发性是指这类地质由于勘探技术的局限性，施工前不能被准确探知，而在隧道掘进过程中在掌子面被突然揭露，致使工程陷于被动局面的特性。劣化性则是指围岩的工程性质发生劣化，自稳能力降低。

②应力时效型。如高地应力、膨胀岩、黄土、冻土等。这类地质的特点是隧道周边围岩压力随时间发生较大变化，使隧道结构发生过度变形或破坏的特性。高地应力在硬岩隧道中则表现为应力的快速释放，发生岩爆，危及施工安全；在软岩中则产生大变形，引起支护结构的破坏。膨胀岩遇水产生膨胀压力，大大增加了支护荷载。冻土在环境温度发生变化时产生冻融现象，导致隧道围岩应力发生周期性不均匀变化，带来结构稳定性影响。

③有害物质型。如瓦斯、放射线等。这类地质的特点是危及施工人员及机械设备的安全，需要进行特殊防护与施工控制。

因此，了解在不良地层中施工可能遇到的工程地质问题，以及这些问题的性质、特点及危害性，采取与其相适应的施工技术与方法加以控制，以保证在不良地层中隧道建设的顺利进行。目前，铁路隧道已施工及穿越的不良地层有岩溶、瓦斯、放射线、湿陷性黄土、大变形、岩爆、堆积体、偏压、高压富水、破碎带、膨胀岩(土)、冻土等多种不良地层，并拥有了成功的建设实例。

2. 基础理论体系尚未建成

中国是隧道及地下工程建设大国，但还不是建设理论强国，许多现代设计理论依据仍来自西方，我国原始创新的地下工程建设理论需要得到系统的总结与发扬，每一个隧道及地下工程的建设者都应肩负起这个重任，建立中国自己的隧道及地下工程建设理论体系。

地下工程建设涉及的学科范围很广，学科的科学思想体系、研究对象、服务领域及在工程技术上的广泛应用，使其具有地学、力学、技术学科的特征和显著的多学科交融的性质，既具有基础研究的内容，又带有强烈的实践性特点。地下工程的基础研究与应用研究几乎是同步进行的，且至今仍远未成熟。

地下工程属于地质工程的一种，地下工程建设是以地质体为改造与利用对象的工程活动，在地下工程的建设中，地质体既是建筑材料，也是建筑环境。因此，地下工程建设的基础理论必然属于地质工程的基础理论体系中的一部分。

地下工程设计施工理论在其理论体系结构中处于应用理论的层次，使用的一些基本理论来自于其他学科。近年来，工程地质学科的一个新分支——地质工程学，为隧道及地下工程的基础理论体系搭建了基本构架，如图 1-9 所示，可供相关研究人员参考、发展、完善。

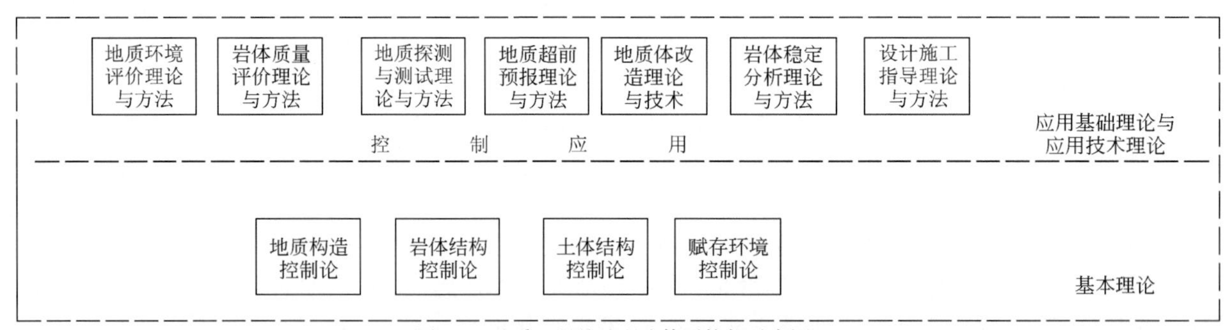

图 1-9　地质工程基础理论体系构架示意图

目前，由于对地下工程建设环境——地质体的变形、破坏力学机制的理论研究尚未取得突破，地质工程独立的理论体系尚未完全形成；地下工程设计施工应用层面的理论研究尚未取得成熟的成果，地下工程的设计仍处于采用以经验为主的工程类比方法。这就需要我们年轻的研究人员用系统的、复杂问题简单化的思维方法去探索，用一种没有约束的思维去思考、去实践，才能有所建树。

3. 建设过程具有复杂性

隧道力学在开挖技术中的应用，还停留在经典力学研究和地质体结构和强度的研究范畴，真正从物理、化学能量微观的研究却没有新的进展。岩石这种特殊的材料，其组成和结构的复杂性，人们对它的认识还远远不够，它远不像金属等均质材料那样简单。这种状况导致开挖技术的理论研究，至今只能停留在简单的结构分析和孤立的固体力学和数值分析等领域。

通常，岩体工程，特别是大型地下工程，其建设周期都较长，少则几个月，多则十多年，而采矿工程时间就更长。这些工程的施工通常都要破坏岩体原有的力学平衡，最终达到新的平衡和稳定状态。其间，岩体中的物理、力学诸因素要经过一个调整、转化的过程，而这些内部因素往往是互为联系、互为因果的。施工过程是一个时间和空间不断变化的过程。施工及运营期的稳定安全及与此有关的经济性等，都不仅和工程的最终状态有关，还与达到此状态所经历的途径和采用的方法有关。

地下工程受地理与地质环境、工程情况、经济水平、材料科学发展水平、施工过程控制水平以及地下工程在国民经济中的地位等因素的影响，其建设过程具有复杂性。地理与地质环境本身就是复杂的，它是天然的介质(涉及地应力、地下水、岩性、地质结构、地质构造……)，几乎没有地质条件完全相同的两个工程。工程情况则是指工程规模、断面形状与尺寸、施工技术、过程控制、环境控制、工程材料和人机料的协调水平等，这些因素又具有显著的历史特征与动态特征。工作面状态在时间和空间上的动态性、技术发展的历史性均增加了地下工程的复杂性。这也是我们特别强调的动态信息化施工、动态信息化设计、结合实际的动态信息化管理在地下工程建设中的重要性和特别性。

理论研究和工程实践表明，要想解决岩石力学在隧道工程设计与施工中的普及问题，单纯应用力学、数学的理论分析是行不通的，必须从隧道工程实际出发，以系统概念为指导，依靠原型观测的验证修改，走理论分析、经验分析、工程类比相结合的道路。

系统的概念由来已久，如都江堰水利工程的修建，李冰父子在前人治理岷江的成就和经验的基础上，经过访察水脉、统筹全局、因地制宜、因势利导，完成了这一伟大工程。地下工程更是如此，工程所处的地理与地质环境、投资水平、设计水平、承建者的技术与管理水平等诸多因素都与工程的成败有着千丝万缕的联系，它们相互作用、相互渗透、相互影响、相互制约。因此，必须用系统的方法来解决地下工程问题。

地下工程的开挖不仅仅是一道工序，而应将其视为一个系统。可比作外科动手术，各道子工序要紧密协作，才能快而准地完成。开挖系统是具有特定功能，既相互有机联系又相互制约的有序性的整体。系统研究有明确的预定功能与目标，使各组成之间以及单元与系统之间有机联系，配合协调，以使系统整体达到最优的控制目标。

根据开挖的复杂性，在整体系统之下，又分各种不同层次的系统、子系统、单元体，层层套接，形成整体。从开挖系统的环境看，既有地质问题，又有工程问题。这就在空间与时间上，既要从地质上考虑控制问题，又要从工程上考虑控制问题，它是一个较大的系统问题。开挖系统具有整体性、目的性、有序性、反馈性、动态性等特性。

(1)整体性。体现在系统中的能量、物质和信息三种流的集合。在系统控制中又加上了三者的反馈流。开挖系统不考虑反馈流就不会是最佳的系统。也就是我们所提出的动态设计、施工反馈系统。地下工程不同于地上工程，不确定因素很多，一成不变的做法是肯定要出问题的。

(2)目的性。系统必须要完成一种特定的功能，各种元素、子系统及分系统既协同作用，又相互制约地达到系统的目的。

(3)有序性。系统各层次结构有序地按工序工作、制约，即是为了保证更高质量的有序工作，调整“协同”中的问题。

(4)反馈性。系统从内部机制或外部因素来改变控制过程，以改善系统的稳态平衡。

(5)动态性。系统总是“相对”地处于稳态平衡，而“绝对”地处于动态过程，在时间与空间的改变中运动。不研究动态只考虑静态是不可能使系统得到优化的。

(6)时空性。地下工程各工序之间的系统快速作业，可减少对周边环境的干扰和影响，对此应突出“5个及时”，即及时量测、及时支护、及时反馈、及时决策、及时修正。

4. 体现人文、自然和谐性

隧道及地下工程建设应能顺应自然与人文环境，与自然和谐共存，而不是对自然的掠夺；应能为子孙后代留下一片绿荫，而不是一片灰白和荒漠。城市建设不能失掉风貌，欧洲一些城市就采用地下立交形式突出其城市特色。采用摩天大楼、大型高架立交桥、穿河跨海大桥等地面建筑的做法，在使用中已出现了污染城市环境，增加安全隐患等负面影响。美国城市基本放弃了高架高速路；波士顿从1999年开始拆除高架路，恢复地面，发展地下铁道和地下公共交通，让步行者拥有城市。

高密度的跨江大桥对环境、生态扰动大，受地震、战争、台风、雨雾影响大，而采用隧道穿越优势则很大，美国如纽约州跨哈德逊河有41座隧道，只有10座桥梁。而我国长江上有上百座大桥，而只有一座刚建成的隧道，这是什么理念和人文科学？应该说，一个方案确定的好坏反映了决策者的品德和水平，而品德在方案确定中又占70%的作用。

二、隧道及地下工程的研究方法

正确的方法是指引我们走向成功的前提和保障。方法论是一切科学技术的根本理论基础，是一切科学技术、一切实践活动的动力学；是一切发明创造的工具和“杠杆”；是理想通往现实的“桥梁”。因此，总结一切科学技术资料和一切发明创造所取得的成功经验，继承前人关于方法论研究的成果，建立起各门具体科学和工程技术的方法论系统，才能推进科学技术的发展。

方法包含了5个层次的内容，即：关于指明活动目的或方向的方法层次，关于达到目的或方向所必须通过的途径的方法层次，关于达到目的方向所必须采取的策略手段的方法层次，关于达到目的方向所必须运用的工具的方法层次，关于有效地运用工具所必须遵守的操作程序的方法层次。工程活动是否能够取得成效的关键，取决于这5个方法层次要素的有机系统的选择和运用。简言之，方法是关于认识世界、改造世界所必须采用的方法、途径、策略手段、工具及其操作程序五个层次的选择系统。

多年来，在隧道及地下工程建设的研究中，单纯强调试验和定量表述的岩石力学常规分析方法在隧道及地下工程中未能得到普及应用，那为什么又提不出有效的解决途径？这似乎应从科学方法论的高度来审视这个问题。这不能不引起我们的思考，并有所激励。当这些传统的方法、理论还指导不了复杂的现场时，我们突出“工程类比法”，作为新建工程的参考坐标，比模拟试验要强上百倍，可信度要高上百倍。

地下工程的研究方法包含了地理学、地质学、物理学、化学、数学、机械学、系统科学、复杂性科学的方法。各方法间依据具体问题的不同，处于不同的方法层次，在同一问题系统中是相互关联的有机整体。了解研究地下工程问题的方法及历史，有助于我们开阔思路，在解决实际工程问题时能灵活运用、合理选择、有效总结。

（一）基本研究方法

隧道及地下工程的研究可分为对地质体的研究和对工程技术的研究两类。对于具体的方法这里不作详细介绍，读者可参考有关书籍。这里仅就近几十年来该领域的一些基本方法进行简述。

1.直接获取法

直接获取法指采用与被测对象直接接触，获取其被测信息的方法，如观察法、物性测定法、化学成分分析法、地下水水力参数测定、围岩力学参数测定、支护结构受力监测等。

2.间接测量法

有些数据资料不能通过肉眼或仪器设备测试直接获得，而需要根据一定的理论、方法，经过推算、比较以后才能获取，这些资料并非原始数据，但它是工程研究中的重要根据。这类方法也称遥感法。应用遥感方法进行野外调查、制图和收集资料，可以从根本上改变传统的野外调查方法，而且还能对人所无法到达的区域和视力无法观察到的地下客体进行探测，从广度、时间、深度上扩大了人们的视野。当前，随着科技的发展，遥感技术应用最多的领域为航测图片在勘察中的应用。这类数据主要有各种比例尺的航空和卫星照片，各种地球物理方法得到的各种地球物理平、剖面图，各类、各种比例尺的工程结构图、地质图，各种理论计算的成果等。

3.分类、对比法

分类法是建立在比较法的基础上，以研究事物之间相似性和差异性，从而确定它们之间的联系和区别的方法。对比法也就是用工程类比法，将多个工程或一两个工程与新建工程进行详细的对比、分类，是人们认识客观事物最原始的方法，但也是一切科学研究的重要方法。至今，对比法在地下工程领域仍是一个重要的方法。

4. 信息系统法

由于地质体的复杂性，建立地下工程信息系统，并将信息数据与计算机技术结合起来，对数据进行存储、统计、分析、模拟等应用，可大大提高工作效率和分析水平。在地下工程施工领域，信息系统法已被广泛采用，如各种工程数据信息系统、专家系统、设计信息系统、管理信息系统等。

5. 模型试验模拟方法

进行试验模拟是工程科学研究的一种重要方法，根据研究目的，运用一定的物质手段及试验方法，人为地控制或模拟自然条件，以便进行观察、研究、探索。正确的试验设计是试验成功的关键。大比例尺的模拟和 1∶1 的现场试验法将会取代试验室的小比例模拟试验。

6. 计算机数值模拟方法

计算机数值模拟是地下工程研究中的另一重要方法，它可以减少试验模拟的成本，大大提高工作效率。计算机数值模拟的理论依据可以是热力学、动力学、流体力学、静力学和流变学，也可以是物理、化学的基本定律和规律。

计算机数值模拟的成败取决于边界条件是否正确，计算的理论依据是否正确、可靠，计算方法和程序是否无误，对自然过程的认识是否正确等。

计算机数值模拟方法与传统方法不同，它是用定量描述来代替定性描述，用数学模型来代替概念模型。这种方法的要点：根据实际存在的现象和研究目的，规定一个相对独立（或孤立）的系统，对系统用模型加以描述，用这种模型认识该系统形成、发展的历史过程。计算模拟的基本步骤：①确定系统；②建立适当的数学模型；③用计算机进行模拟计算；④对比检验。

7. 科学事实的解释、说明，理论模式建立的方法

科学研究的目的不仅是归纳实际资料和数据，建立描述性模式，而且要记录现象，总结规律、经验及教训，说明现象产生的原因，并据此进行科学的推断，这就是建立成因模式。尽管任何一个地质现象的成因模式中都或多或少地带有假说的性质，但对它的认识已经从局部转变为整体，从感性转变为理性。因此，认真地、真实地进行每个工程的全面总结，本身就是一份很好的研究报告。这种研究报告可以是动态的，也可以是静态的，可以是定量的，也可以是定性的，但往往都具有从定性的转变为定量的，从静态的转变为动态的规律，这种转变随研究对象的不同可以灵活对待，这种转变意味着对现象认识的深化。

8. 实践反馈方法

实践是检验理论是否正确的唯一标准，理论的目的是描述和解释可观察到的和已观察到的事件，并预测在某种具体条件下还会观察到什么。如果实践中观察到的事件是理论预测到的，那么它就向理论的正确性前进了一步；如果观察到的事件与理论预测相反，那么它就向理论的否定前进了一步。因此，对工程现象的认识是否正确，理论解释是否可靠，都需要实践检验，检验结果需要及时反馈，通过认识、实践，实践、再认识的多次反馈才能成功。

9. 物理、化学方法

处于基础自然科学领域的物理学和化学，如理论物理、实验物理、牛顿力学、物理模型、热力学、水力学、电磁学、光学、声学等，都是经典的科学方法，是一切新兴学科的基础，隧道与地下工程也不能例外。它贯穿于隧道与地下工程建设的各个环节，有着广泛的应用。如结构受力分析中用到的各种力学，挖掘设备用到的机电学、机械工程学，检测与监测仪器中涉及的电磁学、光学、声学、化学等，从事地下工程的建设者，应扩大自己的知识面，去努力发现和创新。

（二）系统科学方法

系统科学是关于系统及其演化规律的科学。它是一个大科学，包括一般系统论、控制论、信息论、系统工程、大系统理论、系统动力学、运筹学、博弈论、耗散结构理论、灰色系统理论等分支。

现代化的隧道与地下工程建设需要运用系统科学方法来进行设计、施工和管理，用系统的眼光看待地下工程研究问题。作为隧道与地下工程改造和利用对象的地质体，是自然环境中有能量交换、物质交换活动的研究对象，这些交换具有随时空发生动态变化的特征，其规律呈现出复杂的非线性、多层次、多子系统、时间不可逆、不对称的特征，它的研究与认识方法属于非确定性的，需要用系统的方法来解决。

开挖工程是系统工程，有两种性质的系统层次：一是工程平衡系统，一是地质控制系统。系统科学的发展结束了“现实世界简单性”信念阶段，看到了不断增加复杂性和多样性的进化过程。树木和森林的研究都很重要，不能只见树木，不见森林。因为森林是一个复杂的整体，不仅仅是许多树木的简单结合，更重要的是简单要素间存在着复杂的相互联系和作用。开挖系统正是这样一种结构和功能复杂、参数和变量众多的复杂系统。我们引入系统概念的观点来研究开挖技术科学并不排斥微观解剖，也不排斥古典物理科学，不走极端。开挖工程是大系统、多层次的科学工程，必须微观、宏观结合，才能使它进入现代科学研究领域。

开挖系统动态控制计算方法的实现，必须改革传统的力学计算方法，采用定量化、模糊化与经验化相结合的方法。经验虽然是基础，但毕竟是经验，有其局限性和不足之处，必须通过各种手段来补充它的不足，提高经验与大脑决策的精度。力学方法中的重要一环是提高理论水平，力图定量化。但完善的力学定量化是不可能的，任何决定性科学理论都有其致命的弱点——假设，何况开挖技术的初始条件是模糊的，这就必须采用模糊化来代替无法定量的问题。但纯粹的模糊方法又显得粗糙，解决实际的问题也有一定不足。较好的方法是采用定量化与模糊化相结合的方法，即在定量化中引入一些模糊分析的方法，用定量化的方法去归纳模糊法中的信息。具体到一点，就是根据“工程”岩石自然地质条件，从众多特点中，将岩石的本构关系从经典定量分析的框框中提取出来，使其具有能容纳更多材料信息、外部信息和工程信息的能力。而这些信息又由统计和模糊的方法进行处理，这样一来，就使这种结合具有更强的适应性，在一定的科技水平条件下，可以具有一定水平的能解决实际问题的能力。突出这一段的方法论，是希望地下工程能尽快实现这种方法，把宝贵的工程信息尽快系统总结出来，以满足地下工程大发展的需要。

(三)复杂性科学方法

从隧道与地下工程的实践历史中人们认识到，隧道与地下工程是一个非常复杂、未知数很多的系统工程，需要采用与问题相适应的理论与方法去研究。岩石具有“记忆”能力以及“自组织”特点，使研究开挖岩体运动行为的方法引入了复杂性科学方法。

复杂性科学是一个由众多分支理论组成的群体。其中，每个分支都在探索复杂性这个方向上齐头并进。经过几十年的量变积累和特定历史孕育，复杂性科学在 20 世纪 70 年代达到了一个起飞的临界点。其基本理论有普里高津的耗散结构理论、哈肯的协同学理论、艾根的超循环理论、托姆的突变理论。它们的重要性是把“有序”和“无序”辩证地统一起来，成为理解复杂性所进行的革命的一个新的组成部分。现在我们有理由相信，在复杂性进化后面有一种普遍的、基本不变的过程。只要条件得到满足，有序和结构都是可以预言的。

由于缺乏适合的方法，人们对复杂性的认识极为缓慢，复杂系统的数学描述要比简单系统复杂得多。现在，复杂性科学提供了一种发现秩序和结构的新方法。事物在时间和空间上汇集的方式，无不暗示着某种规律，并可用数学方法表述出它们的特性，由此揭示出事物内部的规律性，诞生出新的学说与理论。这是一种宏观意义上研究事物内部规律性的科学，复杂性科学正在编织着一部特别丰富的科学词典：分形、混沌、协同、耗散结构、吸引子……

近年来，复杂性研究方法已引入隧道及地下工程基础理论与施工应用研究中，如分形理论应用于岩溶形态的预测、隧道超欠挖曲线研究及围岩破裂面形态研究中，耗散结构理论应用于岩体损伤与破坏机制的研究中，协同学理论应用于隧道地质超前预报协同模型研究中等。本书就部分近年来引入隧道工程建设中的复杂性研究相关理论作一简单介绍，以期获得启发读者思路，开阔视野的效果。

1. 混沌学

混沌学是一门直接以复杂现象为研究对象的科学。自 20 世纪 60 年代以来，混沌学的兴起导致一系列在“紊乱”背后的惊人发现。用霍夫斯塔特(D. Hofstater)的话说“它证明，在表观的有序背后埋藏着一种奇异的混沌；而在混沌的深处又埋藏着一种更奇异的秩序”。

“混沌吸引子”被认为是 20 世纪物理学最重大的发现之一，“吸引子”给描述复杂系统的运动规律带来了重要简化。虽然复杂系统由极多的“元素”组成，可能发生的动力学状态也是不胜枚举，但由于系统具有寻找最适稳定态的“本性”，则至少系统演化的终态是可以预测的。吸引子表示系统行为的归宿，因

此，再复杂的系统，只要找到它的吸引子，就能把握它的发展趋势。混沌吸引子的奇特之处在于，它把表观的无序与内在的决定论机制巧妙地融为一体。20世纪60年代洛仑兹(E. Lorenz，美国麻省理工学院气象学家)发现，在区区三个因素的决定性系统中也会产生随机性行为，这种随机性不是起因于任何外界因素，而恰恰是从决定论系统内部产生的。“混沌”即是这种随机性的代名词。

“极小的影响可以招致极大的结果”，最早进行“混沌科学”研究的法国数学家彭加勒指出了这种可能性。他在《科学与方法》这部著作中写道：没有被我们注意到的一个非常小的原因，会确定出一个我们不可能视而不见的重要结果，而我们却说这个结果是偶然引起的。实际上，混沌是非线性现象的核心问题。正是由于非线性，差异的增长往往与其当前值成正比，即成指数型增长。而指数的增长会很快造成庞大的数字。只要增长是指数型的，那么无论多么小的影响都会迅速扩大到宏观规模而表现出来。这种认识与线性系统中的认识截然不同，线性系统中小的偏差永远是小的，小的影响不可能招致大的结果。

混沌态即是一种稳态，我们更关心通向混沌的道路。美国著名科学家费根鲍姆(M. Feigenhaum)研究表明：对截然不同的函数进行迭代，在迭代过程转向混沌时，它们竟然遵循同样的规律，并受同一个数字的支配(即费根鲍姆常数 $\sigma=4.660\ 201\ 609\cdots$)。混沌发生的机制告诉我们，导致变异的原因恰恰来自系统内部，每一次复制虽然是严格的，但它的积累都会意外地产生变异，最终还会丢失原有的特征，产生新的特征。

2. 分形理论

如果系统是混沌系统，那么它的混沌程度有多大？关于复杂性的一个量度是“熵”，另一个统计量就是吸引子的“维”。在经典几何学中，点是零维的，直线是一维的，平面是二维的，立体是三维的。这种维数只取整数值，是拓扑意义上的维数。能够量度复杂性的是一种新的分数维的概念，它来源于法国数学家曼德布罗特(B. Mandelbrot)所创建的分形理论。1975年《自然界的分形理论》一书出版，引起各个不同领域学者们的极大兴趣。如今“分形”一词在科学文献中几乎每天都可以读到，已成为人们描述“无规性”的一个有力工具。“分形”一词源于拉丁语形容词“fractus”，意为“不规则的或断裂的”。

曼德布罗特在0、1、2、3维之外提出了一种令人难以置信的分数维的概念，分数维成为一种新方法，用以量度舍此就无法定义的客体的性质，如粗糙度、破碎程度或不规则程度。他详述了构造形体的一些技巧或用数据计算客体的分数维的方法，从而对自然界中的不规则图形进行了成功描述。从中我们了解到，不规则程度在不同尺度上重复叠合，随着尺度的一次次变换，世界呈现出一种有规则的无规性。

分形论表明，任何真实曲线都是分数维的，真实的面都大于二维，真实的体都大于三维。因此，分数维的确是一个具有深刻物理意义的描述物体表面几何形貌的参数。对分数维研究的成果是“自相似性”，即如果在复杂的图形中取出一部分放大后，看起来仍然与原来的图形没有什么区别，即复杂图形有一套无穷嵌套的自相似的几何结构。自相似原理所赋予的洞察力帮助科学家研究事物融合、分离、散布的方式。一种新型的对称出现了，它不是上下、左右的对称，而是小尺度下的图案与大尺度下的图案间的对称。自相似原理是一种从局部把握整体的方法。系统中每一个元素都反映和含有整个系统的性质和信息，即所谓“全息”的观点，这是分形理论的方法论基础。例如金属微观表面的分数维数能够提供金属材料的成分和强度信息，这是一种物理手段，可以取代化学分析手段；同样，一块石头微观表面的分数维数，也提供了整个地质构造的重要线索。

然而，自然界里的分形，其自相似性并不是严格的，而是在统计意义上的自相似性，海岸线就是其中的一个例子。凡满足统计自相似性的分形，称之为无规分形，如云的形状、树枝形状、树叶形状、地貌形态、河流形态等。

3. 耗散结构与协同学理论

耗散结构理论是关于耗散结构的形成和演化的科学，1969年由比利时学者普里高津提出。耗散结构即指一个远离平衡态的开放系统，由于与外界不断地交换物质和能量，当达到一定阈值时，便由无序状态变为有序状态，形成新的结构。该理论认为，一个开放系统之所以会形成耗散结构，是因为其内部存在非线性的反常涨落，涨落导致耗散结构存在一系列分支点。在分支点之前，系统处于平衡状态；在分支点之后，系统出现新的结构；在分支点附近，系统有几种状态可以选择。当涨落呈现出宏观性并稳定下来时，就达到了有序，形成新的结构。耗散结构理论揭示了结构、功能与涨落之间的关系，具有重要的方法论意义。耗散结构理论指出，复杂系统的自组织只发生在"开放"、"远离平衡态"、系统各要素间呈"非线性"关系时才会发生。

协同学理论是研究许多子系统构成的系统如何协作，而形成宏观尺度上的空间结构、时间结构和功能结构的科学。1976 年由德国斯图加特大学理论物理学教授赫尔曼·哈肯（H. Haken）提出。"协同学"一词来源于希腊文，意思是协同作用的科学，即是研究系统中各个子系统之间相互协同的科学。我们经常可以观察到，许多系统的行为并不是其子系统行为的简单叠加，而是所有子系统相互配合对整个系统的贡献，就像是有指挥、有目的地组织起来的。协同学是指子系统之间的相干效应，植根于各子系统之间的非线性相互作用，较耗散结构理论有更大的普遍性，它不以远离平衡为条件，只要系统中的各个子系统之间具有非线性的相互作用，就能产生协同现象。

哈肯提出了协同学的基本原理——伺服原理。即在一个复杂系统中，并不是每一个自由度的作用都是等价的，而只有少数几个参量（慢变量）起着主导作用。哈肯认为，一个系统的稳定性受两种变量的影响，一种叫快弛预变量，总是使系统向稳定状态转化，一种叫慢弛预变量，总是使系统从稳定态向非稳定态转化。当系统从稳定态向非稳定态转化时，慢弛预变量起着决定性作用。伺服原理不仅通过消去大量自由度使方程易于求解，而且深刻地反映出子系统之间的协同作用是如何产生序参量，而序参量又是如何支配子系统运动，从而导致自组织和系统进化的。在耗散结构理论中，尽管已经提出了几个发展判据，但是从旧结构中产生新结构的难题仍未解决。通过对序参量方程的研究，该问题的解决已成为可能。从协同学的观点看，我们感兴趣的是系统从一个状态到另一个状态的变化，它的核心就是通过控制参量做一个全局性的变化，在自组织作用下使系统发生质变。协同学即是研究这种协作关系，以及控制系统产生质变的临界值及序参量的科学。

（四）复杂问题简单化的思维方法

将复杂问题简单化是解决实际工程问题的一个很有效的方法。复杂问题简单化的过程是一个多层次、充满智慧的脑力劳动过程，凝聚着众多学科的知识与实践经验。简化是建立在科学研究成果与经验的基础上进行的，简化的结果需要经过实践的验证才能获得适用性评价。

目前，隧道工程的设计与施工是建立在以工程类比、经验为主，经典强度理论为辅的应用现实中。简化是对复杂问题进行的略去次要因素，抓住主要矛盾，采用较简单的方法给出问题解答的过程。简化的方法涉及方法论的各个层次，需要灵活运用。问题的简化决不能离开隧道工程的建设目的与经济性评价。尽管地质条件复杂多变、施工方法与施工水平各异、基础理论的研究尚未达到实际应用的程度，但简化仍然是围绕揭示岩体变形与破坏规律，研究如何发挥和利用围岩的自承能力，从而简化支护结构设计、简化施工工艺和节约材料而进行的。工程技术人员在掌握传统方法的同时，需要及时了解理论研究的最新成果，针对不同层次、不同特点的问题，运用复杂问题简单化的思维方法解决工程中的实际问题，才能不被复杂性捆住手脚，才能开拓思路，有所突破。

科学始于实践，工程实践活动是促使学科发展与完善的唯一推动力，离开了生产实践，不可能有隧道与地下工程学科的发展。勇于实践，善于实践，在实践中领悟目前尚未揭示的内在规律性并提升到理论的高度，届时，隧道工程将有望像地面工程那样得以很好地把握。

第四节　围岩强度及压力理论研究

地下工程基础理论的发展历史，承载着其研究过程的印记。今天，对前人理论研究的回顾，有助于使我们的研究工作思路更清晰，实践中运用更灵活。因此，就地下工程中几个应用较广、历史较长的基础理论作简单陈述。

一、围岩强度理论研究

任何技术领域的发展水平和速度均与其基础理论的研究水平密切相关，与隧道及地下工程岩体相

关的基础理论的研究，在很大程度上制约着工程建设和地学研究的水平。在长期的工程实践中人们逐渐认识到，工程岩体的组成和结构的多变性、复杂性远没有被认识。关于围岩强度理论及围岩压力理论的研究可分为以下几个阶段：

(一)第一阶段：岩土基本力学特征研究阶段

这一时期可界定为20世纪60～80年代初。这一时期，普遍将岩土作为材料看待，取孤立的岩(土)块作为研究对象，采用连续介质力学方法进行力学分析，按照评价材料质量优劣的标准对其进行分类与评价。

1956年4月，美国的科罗拉多矿业学院(Colorado School of Mines)举行的讨论会上开始使用“岩石力学”这一名词。这次讨论会确定了这一学科的基础轮廓，“它是与土壤力学有着相似概念的学科，是研究岩石受力后的一系列力学行为的新兴学科”。故一切与岩石(体)受力有关，并随着这些岩石(体)的性质和变形而发生的各种问题的研究，都属于岩石力学研究的范畴。

在此以前，对于岩石的研究，有对其组成的矿物、晶体结构、化学成分等进行研究的岩石学、矿物学、晶体学、有机化学等分支学科的研究，有对岩石的成因、构造等在地质学、地震学、地球物理学等学科中进行的研究。而把在工程建设上有关岩石的一些问题从矿山学、土木工程学、建筑工程学、化学工程学等各自的立场出发，进行单独的研究。之后逐步认识到，岩石(体)的工程问题是一个复杂的、在地质体中进行的工程问题，必须将岩石的力学性质与工程的设计与施工，即工程全过程结合起来。于是，岩石力学这门学科诞生了。其基本思想：认为岩石是一种特殊的材料，对其力学性质、受力后的变形情况和破坏的机理作为研究的基本方向。它非常重视岩石在动、静应力作用下的力学性质研究，以解决破岩及地压方面的问题。此外，在岩石破损机理方面也进行了大量的研究。

与岩石力学关系较密切的学科有弹性力学、塑性力学、流变学、断裂力学等，其应用的领域涉及矿山工程、土木工程、破碎体工程、构造地质学、地形学、地震学等。

岩石力学的研究方法，在对岩石的研究上与对普通材料的研究方法相近，主要是通过室内岩石试验进行的。其基本轨迹是根据不同岩石的物理力学特性，用突出表现其力学特征的、经过抽象去掉了许多“非关键因素”的理想化模型去模拟，用较成熟的如材料力学等有关基础理论去评价、预测岩石在各种受力条件下的力学行为。关于岩石的破坏理论，目前还是借用材料力学中的固体破坏理论，这方面的理论有库仑理论、特雷斯卡理论、莫尔理论、剪应变能量理论、格里菲斯理论及联合强度理论等。这里仅就应用较多的几种理论进行简述。

1. *库仑理论*

库仑理论也称为内摩擦角理论，由18世纪末法国物理学家、工程师查里·奥古斯丁·库仑(1736～1806)从岩石和土的压缩试验中发现。图1-10为在纯压缩作用下的断裂面及其应力示意图。库仑发现剪应力τ和垂直应力σ之间存在下列关系：

$$|\tau| = \tau_0 - \mu\sigma \tag{1-1}$$

式中：τ_0——岩(土)体的抗剪强度，或称为黏结力常数；

μ——内摩擦系数($\mu=\tan\varphi$，其中φ为内摩擦角)，它取决于岩(土)体的固有性质；

σ——剪切面上的垂直压应力；

τ——剪切面上的剪应力。

这一发现认为，岩石剪切面上所受的剪应力与其上所受的垂直应力值及岩(土)体的内摩擦角有关，其关系见式(1-1)。

该结论的力学分析仍是基于牛顿静力学理论，即在纯压缩应力作用下，剪切面上的正应力与剪应力有如图1-10所示关系。

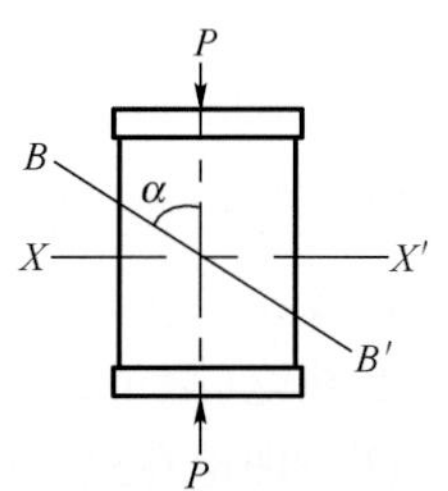

图1-10 在纯压缩作用下的断裂面及其应力示意图
P-主压力；BB'-剪力面；XX'-垂直于主应力P的截面

$$\sigma = \mu - \frac{P}{A}\sin^2\alpha; \tau = \frac{P}{A}\sin\alpha\cos\alpha$$

代入式(1-1)得：

$$\tau = \frac{P}{A}\sin\alpha\cos\alpha - \mu\frac{P}{A}\sin^2\alpha$$

当$\frac{\partial \tau}{\partial \alpha}=0$时，有$\mu=\cot 2\alpha$。

如上所述，内摩擦角理论说明了式(1-1)的物理意义，它常用于说明岩石和土的压缩试验的结果。但是，再深入一步的研究所谓内部摩擦这一概念的物理意义时，不但对砂石和土并不确切，对岩石也不甚明确。此外，式(1-1)并不适用于拉伸试验。

2. 特雷斯卡理论

特雷斯卡理论也称最大剪应力理论。1864年特雷斯卡在研究金属的塑性变形时发现，当金属材料中最大剪应力达到一个定值时，材料就发生屈服现象。他认为，当材料处于三轴应力状态，最大剪应力τ_{max}达到一个定值$\tau_{max}=\frac{\sigma_1-\sigma_3}{2}$时，就发生屈服现象；屈服只取决于最大主应力和最小主应力的差值，屈服与次主应力σ_2无关。即当$\sigma_1-\sigma_3$为常数时，就引起屈服或破坏。但是，从大量的工程实践和研究中发现，对于岩石(土)而言，其屈服的出现是与其所受的中间主应力值σ_2密切相关的，其抗压强度与抗拉强度在数量级上有着很大的差别($\sigma_{压} \geqslant \sigma_{拉}$)。因此，特雷斯卡屈服理论，不适用于岩石和土的屈服判别。

3. 莫尔理论

莫尔理论也称应力包络线理论(图1-11)，是1910年莫尔(Mohr)提出的。它包含了两个部分：一是关于应力圆的理论；二是关于破坏圆包络线的理论。

应力圆是由半径为$\frac{1}{2}(\sigma_1-\sigma_3)$，圆心为$\left\{\frac{1}{2}(\sigma_1+\sigma_3),0\right\}$所确定的圆。材料的破坏是剪切破坏，当任意平面上的剪应力等于材料的抗剪强度时该点就发生破坏，并提出在破坏面上的剪应力τ_f是该面上法向应力σ的函数，即$\tau_f=f(\sigma)$。

对于岩石和土，在迪卡儿坐标系中这个函数是一条曲线(图1-11)，称为莫尔包络线(或称为抗剪强度包线)，莫尔认为，物体内部任意一点的某个平面上，在剪应力达到该平面的抗剪强度时(应力圆处于图1-11中箭头所示位置)，即当莫尔圆I向左移动到II时，莫尔圆与包络线相切，则该点处在极限平衡状态。

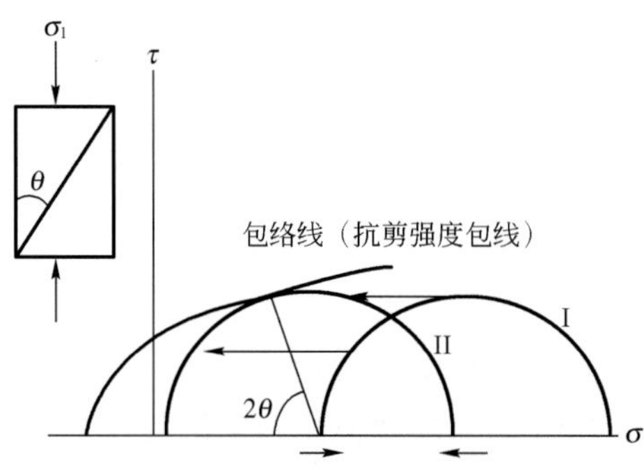

图1-11　应力包络线图

理论分析和试验都证明，莫尔理论对土比较合适，土的莫尔包络线通常可以近似地用直线代替，该直线方程就是库仑公式表示的方程：$\tau_f=\sigma\tan\varphi+c$。由库仑公式表示莫尔包线的强度理论称为莫尔—库仑强度理论(图1-12)。

这一理论在这一时期能够较好地反映岩石的强度条件，因此，在实际工作中得到了较广泛的应用。隧道开挖后不及时支护，莫尔圆就会向左移动，从稳定到不稳定，这也是强调支护时空效应的原因。

根据莫尔强度理论，软弱松散地层的超前支护不宜过长而提早扰动地层，应定为隧道高度加2～3m，以减少坍落体体积。图1-13中β为围岩的破裂角，采用$45°+\frac{\varphi}{2}$，φ为围岩的内摩擦角，b_1为平衡拱半宽。

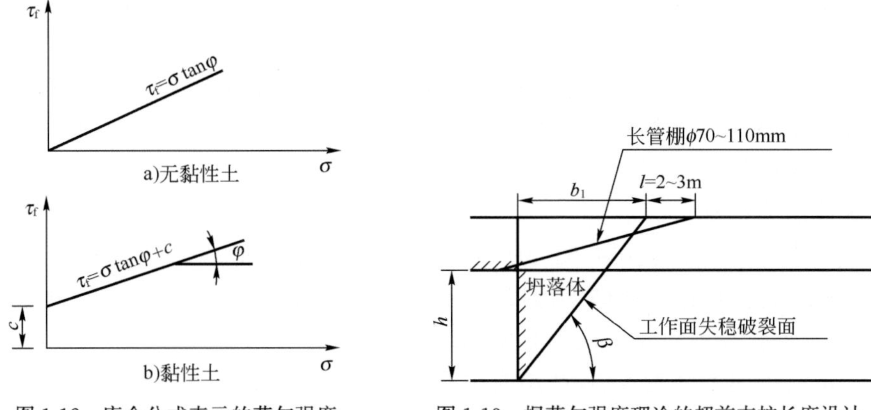

图 1-12 库仑公式表示的莫尔强度　　图 1-13 据莫尔强度理论的超前支护长度设计

4.格里菲斯理论

格里菲斯理论也称脆性材料强度理论，最早由格里菲斯提出，其基本假定是岩石内部存在着隐微裂隙或其组成颗粒中结合不牢的部位，当岩石受压后在裂隙的末端产生局部拉应力，裂纹周围将产生很大的应力集中，这个值可达到所加外力的 100 倍，且在裂纹边缘的拉应力会因裂纹的大小、形状及与外力的方向不同而不同，应力促使张性破裂的发生，次生裂隙的发展方向与最大主应力大致平行。具有隐裂隙岩石的抗压强度与原始裂隙长度有关。

这些理论为用岩石力学解决工程问题时评价岩石的最终破坏提供了标准。岩石力学在试验技术上的成就主要表现在：①岩样强度试验中刚性压力机、三轴剪切仪、三轴压缩仪的问世；②原位试验中的剪力仪、点荷载仪、斯密特锤、弹性波测定技术、钻孔引伸仪探测岩体内部位移技术等方面。1980 年，国际岩石力学试验室和现场试验标准化委员会编写了《岩石力学试验建议方法》一书，由煤炭工业出版社出版。

(二)第二阶段：岩体结构力学特征研究阶段——岩体力学学科建立

随着工程建设的普遍开展以及工程规模的扩大，自 20 世纪 70 年代以来，人们对工程岩体有了更广泛、更深入的认识。人们发现，将岩石当作一种材料，仅用材料力学的观点去研究工程地质体在工程活动过程中的力学问题是远远不够的。针对岩体力学性质的研究，引入了地质力学的方法进行岩体结构面与结构体的力学性质研究，主要对岩体结构面的力学性质、规模、空间分布及对洞室稳定性的影响与控制技术等方面进行研究，将岩体结构面发育程度、充填性质、张开程度等进行了量化与分级，据此确定了围岩分级的方法，提出了分级指标与分级方法，同时，提出了岩体质量评定的方法。这些研究成果在边坡稳定评价、滑坡治理、碎裂岩体洞室稳定性评价等领域的应用取得了成功。

围岩是含有许多不连续面、非均质、各向异性、处于环境应力场及各种环境因素中的岩体，对岩体力学性质的研究既包含有对岩石块体的研究，也包括对含有不连续结构面的岩体的研究。研究内容涉及岩体基本力学性质的研究，以及力学性质在不同环境条件(如应力状态、加载时间等)下其力学状态及力学性质变化过程的研究。如不同应力状态下的强度、流变特性、动力特性、大型地下和地表工程的稳定分析与计算方法、地质力学模型、破岩机制研究等理论及应用方面的研究；在工作中发展和建立了一批新的试验技术，新的试验原理，研制了新的仪器设备，改进了测试手段。

在计算技术上，由于计算机技术的发展使得大量纷繁复杂的模拟计算成为可能，出现了有限元、无限元、离散元、边界元等数值计算方法，并在工程设计与施工中获得一定的应用成果。而在基础理论方面，仍停留在变形固体力学分析与运用黏、弹、塑性力学及结构力学理论的数值方法上，至今没有突破性的进展。但是，在采用经验类比法设计和施工技术上却取得了很大的发展，修建了许多重大而复杂的工程，理论研究已远远落后于工程实践。

二、围岩压力理论研究

围岩压力理论是隧道及地下工程进行支护结构设计计算的基础理论之一，是确定支护结构荷载的理论依据。隧道及地下工程建设历史始终伴随着对围岩压力理论的研究，一些来源于工程实践与试验的经验公式，在以往的工程建设中发挥了重要的作用，有的经验公式至今仍在使用，但时至今日，对围岩压力的研究仍未达到理论的高度，需要深入研究，以建立隧道及地下工程建设围岩压力理论，完善其理论体系。这里就几个常用的确定围岩压力的方法进行简要陈述，便于在工程实践中合理运用，在理论研究中概念更加清晰并有所创新。

(一)软弱松散体压力理论

1903 年俄国普罗托季亚科诺夫(M. M. ЛРОТДЪЯ KOHOB)根据工程实践的经验将洞室围岩的山岩看成散粒体，提出"普氏理论"，也即平衡拱理论。同样理论的代表人物还有太沙基，只是太沙基认为坍落拱为矩形，而普罗托季亚科诺夫认为是抛物线。

普氏根据实际观察和模型试验认为，在山岩中开挖隧洞后，洞顶有一部分岩石将因松动而坍落，坍落之后形成一个抛物线形的平衡拱，然后才能稳定。拱的高度可用式(1-2)计算。这块拱形的坍落体，就是作用在衬砌顶上的山岩压力(图 1-14)。对松散体地层，这种平衡拱的计算是正确的。图 1-15 为隧道施工在围岩中形成的松动范围示意图。

$$h = \frac{b_1}{f} \tag{1-2}$$

式中：h——坍落拱高度，当岩石较好时，可用 $h=\frac{b}{f}$；

b_1——平衡拱宽度的 1/2；

f——普氏系数，对于一般岩石，f 值可按 $R_c/100$ 计算或查普氏坚固系数表确定，R_c 为岩石极限抗压强度。

b——洞室开挖宽度的 1/2。

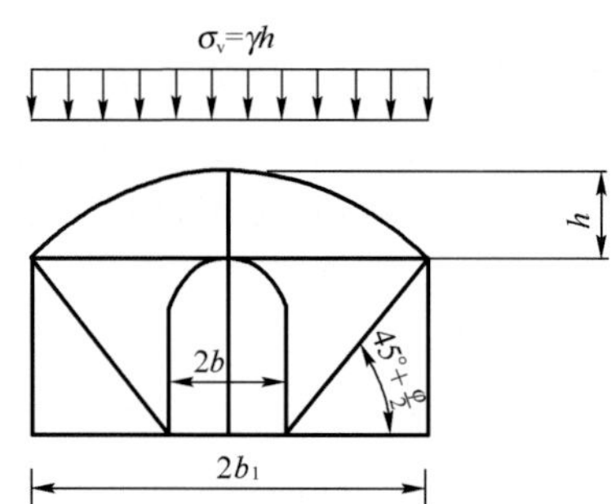

图 1-14 普氏平衡拱围岩压力计算

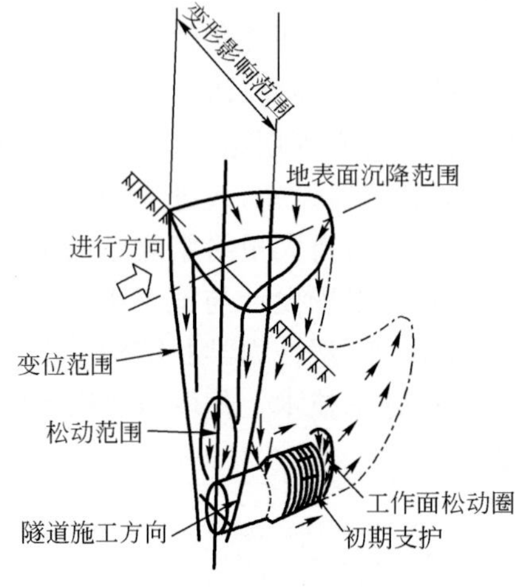

图 1-15 隧道施工在围岩中形成的松动范围

作用在支护结构上的压力等于拱内岩石的重力。上述公式中，普氏系数 f 是由有经验的地质人员根据围岩状况提供的。这种方法具有以下特点：

(1)围岩是荷载，作用在隧道衬砌上。因此，要使洞室保持稳定，应有衬砌支承。

(2)围岩越差，荷载越大；洞室越大，荷载也越大。因此，在较差地质条件下要建造大尺寸的洞室，就需要非常厚、非常坚固的衬砌。

(3)不考虑地层中原有地应力，只是粗略地考虑了洞室形状的因素。地层中构造弱面的影响由地质人员根据情况及经验加以考虑，反映在所给定的牢固系数或压力系数中。

(4)不考虑开挖洞室之后围岩中应力变化随时间的延续而变坏的因素是否会因应力过大而破坏，即没有考虑围岩变形与时间的关系。

根据这个理论，要保持洞室稳定，主要是靠衬砌，衬砌不允许有较大的变形。根据这个理论，发展了一整套的衬砌结构计算方法，计算方法本身是相当严密的，但有的方法相当麻烦费事。

以往国内外许多工程都是按照这一理论进行支护设计的。虽然理论本身存在某些缺点，但是由于地质系数给得比较慎重，因此衬砌发生事故的实例并不多，有些工程的衬砌发生了裂缝，也还能继续运行。但是人们也可以反过来思考一下，是否有很多工程能做得更节约一些呢？有没有必要花费这么多的人力、物力呢？

(二)围岩垂直压力理论

经过长期的实践检验，人们越来越感到上述普氏理论存在一些问题，不能很好地反映实际情况，表现在以下几方面：

(1)围岩不应单纯地被看成是外部荷载。很多天然洞室，跨度虽然很大，但也不坍塌。很多地下结构，虽然做了衬砌，但衬砌上并没有受到什么围岩压力。甚至衬砌与围岩之间是脱开的，围岩也没有坍塌。这些现象说明在某些情况下，围岩可以自身承担自己的重量，具有“自承”作用。但由于采用爆破法施工，必然产生爆破松动圈，松动圈厚度一般在 1～2m 之间，松动圈的岩石重量就是该岩洞的荷载。

在施工过程中及时初喷混凝土，将松动圈的裂隙堵死，加固了围岩表面，改善了洞周围岩应力状态，可使松动圈变成承载拱。实践说明这样处理后，即使较差的围岩，也常可不坍塌，这又证明了围岩有很大的“自承”能力。因为若根据结构计算，几厘米厚或几十厘米厚的喷层是绝对不能承受很大的围岩荷载的。然而，当采用这些初喷混凝土措施后，防止了局部坍塌，保持了洞室的完整轮廓后，围岩确实是稳定了。

因此，人们想到，若能部分发挥围岩的“自承”作用，就可省去非常厚重的衬砌，这样就可以减少开挖量、衬砌量，当然也就加快了施工进度。据此发展了不少新的隧道设计施工方法。有的学者统计对比新旧两种方法，认为可以减少开挖量，衬砌混凝土也可以减少。

(2)有些情况即使用普氏理论设计，衬砌也会产生裂缝甚至破坏。有不少工程，虽然衬砌做得很厚、很坚固，但仍然出现很大的裂缝。随着岩石力学的发展，人们了解到许多新的因素，例如岩石中原来就有地应力存在，洞室开挖后，这些应力释放，洞室围岩必将发生位移。由于岩块及岩石中弱面常具有流变性质，这些位移变形不是在开挖之后立刻完成的，而是逐步发生的。刚性衬砌做好之后，衬砌上的荷载可能越来越大，致使衬砌发生裂缝、破坏。若是做成柔性衬砌，它能适应较大的变形，因而衬砌上所受荷载反而不大，而不致发生裂缝、破坏。这样，洞室围岩经过应力重分布后，基本形成新的平衡，起了“自承”作用。若有需要，可以在洞内再做二次衬砌。

(3)普氏理论中对岩石性质的描述主要反映在“普氏系数”f 中，f 值由 1～15，共分 15 个等级。f 的取值常常是经验性的。有的认为，$f=R_{压}/100$，即岩块强度除 100 即为普氏系数。有的根据单位石方炸药消耗量、钻进速度、钻头消耗情况来确定 f 值。这些与实际情况都可能有较大出入。它没有考虑到地应力的大小和方向，而这对围岩是否稳定是很关键的。只考虑岩块强度是不够的，由于构造弱面的存在，岩体强度可以比岩块强度差很多倍，甚至十几倍。节理裂隙很发育的岩体，其岩块强度可能较高，但整个岩体强度很差，因而稳定性很差。相反，有的岩体完整性很好，岩块强度不一定很高，炸药消耗量不一定大，钻进速度也不低，但稳定性可以很好。

总之，岩体的性质是比较复杂的，很难用一个或几个理念和参数来概括全部特性。根据一个普氏系数来做设计，必然会和实际有很大出入。

(4)根据实践经验，在比较坚固完整的地层中，围岩压力实际上很小，用普氏理论设计常偏于保守。相反，在破碎严重、不稳定、地应力较大的地层中按普氏理论设计，若 f 值给得偏大些，就会偏于危险。由于普氏理论是将岩体看成松散体，因此，当围岩非常松散破碎时还是能用的。尤其对土质、砂质隧道及第四纪地层，摩擦拱是存在的，可以考虑应用该理论。若要考虑岩石的自承作用，一般认为应有一定的覆盖厚度，当覆盖厚度较薄，不够一倍洞径时，有人担心不能形成承载拱。因此，在这种情况下，还是宜将围岩作为荷载设计衬砌，取值为 γh，即全部土重。

在覆盖厚度不足 1/2 倍洞径的风化破碎岩石中也可采用该理论，实践中已取得了良好效果。荷载的计算是明确的，理论与实践还是有差别，但可以指导施工。

太沙基理论也将岩体视为散粒体，按 γh 垂直破裂面作用到衬砌上。这里需要说明的是，当土体内摩擦角较小时，计算较为准确；而当 $\varphi>30°$时，则应考虑岩体的黏结力 c 值。太沙基也认为当隧道埋深 $h\geqslant5$ 倍隧道跨度时，应按深埋隧道计算。

(三)围岩侧压力理论

库仑土压力理论可以作为分析水平侧压力的基本理论，有下述假定：挡土墙后填土为砂性土，当墙体产生微小位移(移动或转动)时，墙后土体中形成破裂棱体，并沿墙背和土中出现的破裂面滑动，土中的破裂面为一平面，破裂棱体的重力 G 为墙背反力 E 和土中不动部分的反力 R 所平衡。由于破裂棱体处于极限平衡状态，故 E 与墙背法线成 δ 角(墙背与填土间的摩擦角)，并均偏向阻止棱体滑动的一侧，挡土墙及破裂棱体均视为刚体，在外力作用下无压缩或膨胀变形。挡土墙后土体破裂面受力如图 1-16 所示。据正弦定律可得：

$$E_a=G\frac{\sin(90°-\theta-\varphi)}{\sin(\theta+\varphi+\delta-\alpha)}\tag{1-3}$$

但是，破裂角 θ 是未知的，由式(1-3)和图 1-17 可知，由于所假定的破裂面的位置不同(即 θ 不同)，G 和 E_a 都将随之改变。因此，E_a 是 θ 的函数。E_a 的最大值即为主动土压力，相应的破裂面即是土体的破裂面。因此，可得：

$$\frac{dE_a}{d\theta}=0\tag{1-4}$$

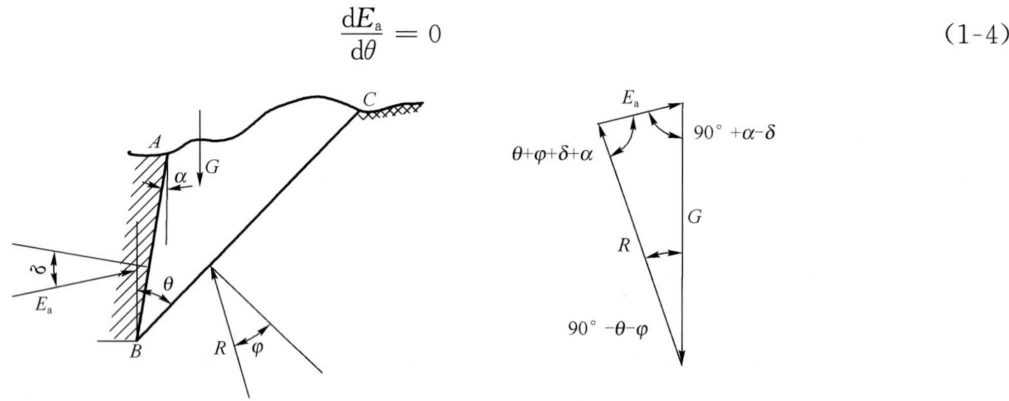

图 1-16　挡土墙后土体破裂面受力示意图

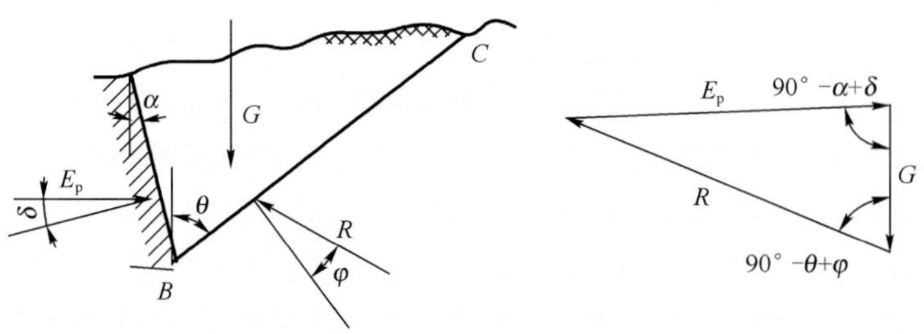

图 1-17　被动土压力极限状态示意图

据式(1-3)和式(1-4)即可解出θ与E_a。这便是库仑理论求算E_a的各种图解法和数解法的依据。

被动土压力:当隧道结构为圆形(如管片结构)时,在垂直压力作用下,两侧衬砌向地层方向位移,产生压向地层的水平力,必须由地层承载,这样的水平压力称为被动土压力E_p。

如图1-17所示BC为破裂面,则破裂棱体自重G为墙背对被动土压力的反力E_p和破裂面反力R所平衡。不过,这时棱体滑动的方向是被挤向上,因而E_p和R偏离法线的方向与主动极限状态相反。当破裂角θ确定后,依据力三角形即可求算E_p。θ值不同,求得的土压力值亦不同。在被动极限状态下,土压力的最小值即为被动土压力E_p。相应于土压力最小值时的破裂面是土体的破裂面。

E_p也应和地层所具有的弹性抗力在物理力学意义上是一致的,地层抗力可阻止结构侧向位移而增大结构稳定度,若管片两侧处在淤泥流塑地层时,地层提供不了抗力去阻止结构水平位移,管片本身又是不稳定结构(在对称荷载下是临时危险性结构),极易产生大面积失稳而损坏,这种工程实例很多,应引以为戒。

(四)现行设计围岩压力的计算

随着研究的深入与实践的积累,人们对围岩具有自承载能力有了普遍的共识,对平衡拱形成的条件有了进一步发现:一是在隧道埋深大于某一临界深度时,可以形成平衡拱;而小于这一临界值时,则不能形成平衡拱。二是平衡拱的高度与围岩的工程力学质量关系密切,质量越差,拱高就越大,围岩压力也就越大。围岩工程力学质量的好坏由围岩级别进行评价。三是平衡拱的形态由破裂角β决定,破裂角与围岩摩擦角φ呈一定的关系,即$\beta=45°\pm\frac{\varphi}{2}$。于是,通过对工程实践统计分析后得出隧道深、浅埋建议值,将隧道设计围岩压力的计算荷载分为深、浅埋两类,围岩压力仍按松散压力考虑,垂直均布压力采用不同的计算式进行计算[参见《铁路隧道设计规范》(TB 10003—2005)],水平均布压力由垂直均布压力乘以侧压力系数确定。根据围岩级别高低,侧压力系数在0～1之间取值计算。表1-5示出了采用喷锚支护技术修建隧道时,各级围岩隧道塌方荷载与设计荷载的对照值。从中亦可看出围岩具有自承能力,围岩压力可以通过及时支护得到有效控制。

单线深埋隧道围岩塌方荷载与设计荷载对照表 表1-5

围岩级别	塌方统计高度(m)	深、浅埋建议值(m)	塌方最大荷载Q_v(MPa)	单线深埋衬砌设计围岩压力q_v(MPa)
I	0.21D	(0.15～0.)3D	0.038	0.020
II	0.43D	(0.3～0.5)D	0.077	0.035
III	0.8D	(0.5～1.0)D	0.144	0.063
IV	1.35D	(1.5～2.5)D	0.243	0.114
V	3D	(2.5～3.5)D	0.540	0.203
VI	5.5D	(4～6)D	0.990	0.364

注:D=6m。

这种方法的特点是,围岩压力的确定方法仍采用松散压力理论,对于初始地应力、地下水及岩性、岩体结构等影响围岩力学性质的因素,采用围岩分级的方法加以考虑。该法较普氏方法有了一些进步,但围岩压力理论仍未脱离松散体压力理论的框架。值得注意的是,特殊地形和地应力条件下,围岩压力需进行特殊分析。如随着水平地应力的增大,侧压力系数λ有可能大于1;由于地形影响,有可能产生不对称的围岩压力等特殊情况,此时,隧道围岩压力采用特殊的方法计算。

关于围岩压力问题,随着对围岩变形破坏机制研究的深入和理论的成熟,随着隧道施工技术水平的提高,隧道围岩压力的计算也必将发生相应变化,关注岩土变形破坏机制的研究成果,开展围岩与支护共同作用理论与支护技术的研究,有助于开拓设计与施工思路,有助于技术进步与学科发展。

第五节　隧道及地下工程设计理论与方法

隧道及地下工程结构设计理论的发展至今已有百余年的历史，它与岩、土力学的发展有着密切关系。土力学的发展促使松散地层围岩稳定和围岩压力理论的发展，而岩石力学的发展促使围岩压力和地下工程结构设计理论的进一步飞跃。随着新型地下结构的出现，岩土力学、测试仪器及计算机技术和数值分析方法的发展，地下工程结构设计理论正在逐步形成一门完善的学科理论。到目前为止，地下工程结构设计理论的发展大体经历了以下三个阶段。

第一阶段：古典设计理论阶段。19世纪的地下建筑物大多是以砖石材料砌筑的拱形圬工结构，这类建筑材料的抗拉强度很低，且结构物中存在很多的接触缝，容易产生断裂。为了维护结构的稳定，当时的地下结构截面都拟定得很大，结构受力后产生的弹性变形较小，因而最先出现的计算理论是将地下结构视为刚性的压力线理论。

压力线理论认为，地下结构是由一些拱形结构组成的，所受的主动荷载是地层压力，当地下结构处于极限平衡状态时，它是由绝对刚体组成的三铰拱静定体系，铰的位置分别假设在墙底和拱顶，其内力可按静力学原理进行计算。

该理论认为，作用在支护结构上的压力是其上覆盖的重力。典型代表有海姆(A. Haim)理论、朗肯(W. J. M. Rankine)理论和金尼克(A. H. ДИНИК)理论。不同之处在于，他们对地层水平压力的侧压力系数有不同的理解。海姆认为侧压系数为1，朗肯根据松散体理论认为侧压力系数按式(1-5)计算，而金尼克根据弹性理论认为侧压力系数按式(1-6)计算。

$$\lambda = \tan^2\left(45° - \frac{\varphi}{2}\right) \tag{1-5}$$

式中：φ——岩体内摩擦角。

$$\lambda = \frac{\mu}{1-\mu} \tag{1-6}$$

式中：μ——岩体泊松比。

这种计算理论没有考虑围岩自身的承载能力。由于当时地下工程埋置深度不大，因而曾一度认为这些理论是正确的。

第二阶段：荷载结构理论(散体压力理论)阶段。随着地下工程开挖深度的增加，人们越来越多地发现，古典理论不符合实际情况，于是出现了散体压力理论，代表人物是太沙基(K. Terzaghi)和普罗托季亚科诺夫(M. M. ЛРОТДЪЯ KOHOB)。他们认为，当地下工程埋深较大时，作用在支护结构上的压力，不是上覆岩层的重力，而只是围岩坍落拱内松动岩体的重力，坍落拱的高度与地下工程的跨度及围岩的性质有关。太沙基认为坍落拱为矩形，而普罗托季亚科诺夫认为是抛物线。在确定了塌落荷载后，通过假定抗力的形式考虑围岩与结构的相互作用，采用荷载—结构法进行结构内力计算。普式理论把复杂的岩体之间的联系用一个普氏系数描写，显然过于粗糙，但由于这个方法比较简单，直到现在还在应用。

散体压力理论是基于当时的支护技术发展起来的。由于当时的掘进和支护所需的时间较长，支护与围岩之间不能及时紧密相贴，致使围岩最终有一部分破坏、塌落，形成松动围岩压力。但当时并没有认识到这种塌落并不是形成围岩压力的唯一来源，也不是所有的情况都会发生塌落，更没有认识到通过稳定围岩，可以发挥围岩的自身承载能力。

第三阶段：连续介质理论(共同作用理论)阶段。由于人们认识到地下结构与地层是一个受力整体，自20世纪中期以来，随着岩体力学开始形成一门独立的学科，用连续介质力学理论计算地下结构内力的方法也逐渐发展。围岩的弹性、弹塑性及黏弹性解答逐渐出现。

这种计算方法以岩体力学原理为基础，认为坑道开挖后向洞室内变形而释放的围岩压力将由支护结构与围岩组成的地下结构体系共同承受。一方面，围岩本身由于支护结构提供了一定的支护阻力，从

而引起它的应力调整达到新的平衡；另一方面，由于支护结构阻止围岩变形，它必然要受到围岩给予的反作用力而发生变形。这种反作用力和围岩的松动压力极不相同，它是支护结构与围岩共同变形过程中对支护结构施加的压力，称为变形压力。

这种计算方法的重要特征是把支护结构与岩体作为一个统一的力学体系来考虑。两者之间的相互作用则与岩体的初始应力状态、岩体的特性、支护结构的特性、支护结构与围岩的接触条件以及参与工作的时间等一系列因素有关，其中也包括施工技术的影响。

由连续介质力学建立地下结构的解析计算法是一个难题，目前仅对圆形衬砌有了较多的研究成果。典型的有史密德(H. Schmid)和温德尔斯(R. Windels)得出了有压水工隧道的弹性解，缪尔伍德(A. M. Muirwood)得出了圆形衬砌的简化弹性解析解；塔罗勃(J・Talobre)和卡斯特奈(H. Kastner)得出了圆形洞室的弹塑性解；塞拉格(S. Serata)柯蒂斯和樱井春辅采用岩土介质的各种流变模型进行了很多研究工作，利用地层与衬砌之间的位移协调条件，得出了圆形隧道的弹塑性解和黏弹性解。

20世纪60年代以来，随着计算机技术的推广和岩土介质本构关系研究的进步，地下结构的数值计算方法有了很大发展。有限元法、边界元法及离散元法等数值解法迅速发展，模拟围岩弹塑性、黏弹塑性及岩体节理面等大型程序出现。这些理论都是以支护—围岩共同作用并考虑地应力及施工条件为前提的，比较符合地下工程的力学原理。然而，计算参数还难以准确获得，如原始应力、岩体力学参数及施工因素等。另外，人们对岩土材料的本构模型与围岩的破坏失稳准则还认识不足。因此，目前根据共同作用获得的计算结果，一般也只能作为设计参考依据。

与此同时，网构拱架、喷射混凝土、复合式衬砌等新型支护技术的出现，使得与此相对应的，考虑支护与围岩共同作用的地下工程支护理论和隧道施工力学研究得以发展，并创新采用复合式支护衬砌，提出了计算方法和设计方法，同时包括对地下工程施工的安全量测和监控反馈设计方法，以优化工程设计和确保工程施工的安全性。

值得提出的是，在地下工程结构计算理论研究的发展过程中，后期提出的计算方法一般并不否定前期的研究成果。鉴于岩土介质的复杂多变性，这些计算方法一般都有各自的适用场合，但都带有一定的局限性。

目前，我国在地下工程的结构计算中，采用较多的仍是以散体压力理论为基础的荷载—结构法。原因是：一方面该理论发展时间较长，应用中有较多经验：另一方面，该计算理论形式简单，比较容易为工程设计人员所掌握。

隧道和地下工程是实践性、经验性很强的学科，它所处的环境和受力条件与地面工程有很大的不同，在原理上或计算参数的选用上都复杂得多，目前还没有一种与实际吻合的、非常精确的设计计算方法，一般做法是按工程类比法初步确定设计参数，再辅以理论计算，施工时再以监控量测信息反馈调整设计参数。

计算技术与数学方法的介入，使我们有可能对繁琐的地下工程的一些问题进行分析与研究。但是研究的方向、途径、策略手段、工具及其操作程序的选择，系统是否正确与适当，则是我们需要时刻保持清醒的问题。

围岩的工程特性是什么，如何描述，它与人工支护体系的相互作用特征怎样，这些基础性的问题至今仍然困扰着我们，未得到解决。诚然，计算技术与数学方法为我们提供了广阔的应用空间，其成熟程度远远大于地下工程基础理论的成熟程度，这种极大的反差本身就启示着我们研究工作的重点，这是我们不可回避的事实。因此，作为以应用技术为主的工程技术人员，在处理工程技术问题时，应调整好研究问题的重心，不必在繁琐的计算问题上纠缠不休，而忽视了简单且有效的方法。在地下工程稳定问题的分析中，如果不把岩体的地质特征搞清楚，那么任何精确的计算等于无用。

一、设计理论

目前，地下工程结构设计及计算方法中主要有两种理论体系：一是传统的结构—荷载理论，它是沿用地表工程建筑的成熟理论，主要观点是将围岩视为荷载，人工的建筑结构作为支撑体，用以承受围岩荷载，这种观点的典型代表有土压力理论、承载拱理论。二是围岩—结构理论，主要观点是视围岩为工程结构的一部分，具有承担部分荷载的能力。这种观点于20世纪70年代初传入我国，以米勒(Mulai)教授为代表的新奥地利施工方法，简称“新奥法”理论。两种理论体系由于其产生的社会基础不同，各自在特定的历史时期为我国的经济建设发挥了应有的作用，直到目前，工程界尚未对地下工程的设计理论有如地面建筑工程设计理论那样高的认同度，呈现出多种设计理论并存的地下工程结构设计格局。这一事实也从另一个角度说明了地下工程所处的复杂环境，促使设计理论仍处于培育与生长阶段，远未达到成熟的程度，处于多种理论和方法共存的局面。

随着大量地下工程的兴建，人们对地下工程的认识也在不断的深化，涌现出以岩体力学、工程地质力学、弹性力学等为基础的综合性的现代工程力学的重要分支，具有代表性的有地下结构力学、隧道围岩稳定分析理论、开挖系统控制论等。

(一)地下结构力学理论

地下结构力学理论是研究地下结构物在动、静应力作用下，其强度、刚度和稳定性的计算原理与方法的科学，兴起于20世纪80年代。它的使命，是利用地下结构在动、静荷载下采用计算方法来保证地下结构设计和施工的合理性。其目的是为了确定支护结构构件的内力和应力，确定其位移并判明其强度条件和稳定条件。根据计算结果，选择合理的支护结构及确定用料最少和满足结构工程可靠性所必要的构件截面尺寸。它的基础理论是利用弹塑性理论、破碎理论，流变理论及流体动力学、建筑力学、材料力学、理论力学的原理和方法进行力学模型的建立和计算。

(二)围岩稳定分析理论

通常意义上说，围岩稳定性分析是隧道设计理论研究的核心。围岩破坏或产生过大变形的现象，如不应有的顶板塌落、边墙挤入、底板隆起、围岩开裂、突发岩爆、支护折断等，都是围岩不稳定的显现。但从永久性地下建筑物及地下空间的对比来看，由于使用要求或标准的不同，稳定性的定义就会有差异。基础理论不成熟，失稳判据难以确定，思维方式禁锢，严重影响着围岩稳定性分析成果的价值。

围岩稳定性分析方法主要有：赤平极射投影方法，主要用于裂隙岩体的稳定分析；模型试验方法，多用于重要的难以用现场试验方法解决的复杂工程；数值分析法，是目前应用较广泛的一种稳定性分析方法。根据力学模型和分析思想的不同，它又分为有限元分析、边界元分析、位移反分析等。

20世纪70年代后期，基于围岩变形量测技术的成功应用而发展起来的位移反分析法，是指直接利用开挖隧道测得的围岩位移来反求岩体中的地应力参数和变形性质参数的一种方法。应用围岩稳定分析技术对围岩变形与破坏特性进行粗略的分析预测，在工程设计与施工安全性分析中取得了一定的成绩。

在近三十余年的实践中，依据围岩变形量测的可靠资料进行位移反分析的隧道工程所占的比例仍然很小，这一技术的应用受到了极大的挑战。数值分析专家主张在岩石力学数值分析方面需要发展，但绝不能离开力学原理与方法；而隧道工程师们则认为数值计算的理论假设与实际岩体相差很大，对围岩稳定性影响很大的施工条件计算中难以反映，进行大量原位测试以取得计算所需参数条件难以满足，计算误差的范围及可信度无法把握。希望能研制出适合隧道工程具体条件的、能够普及应用的、误差有明确范围的围岩稳定分析的方法和程序。工程应用的关键在于建立的力学模型是否能够充分体现模拟对象的特性，数值计算方法似乎走上了一条死胡同，似乎到了该反思研究方法的时候了。

随着岩石力学研究的深入以及工程实践的积累，隧道力学的发展似乎进入了思维方式转变的时代。在隧道力学与工程界引入系统科学的原理和方法，提高我们对隧道力学与隧道工程这一复杂系统从总体上的认识和控制能力，解决隧道围岩稳定分析的普及应用问题，这无疑是一个长期而又艰苦的过程，它需要几代人的努力。

20世纪70年代末，“新奥法”引入我国后，人们对隧道设计理论有了认识上的飞跃，大家认识到：支护结构和围岩是一个受力的整体，隧道支护设计需要考虑的问题已经不仅仅局限于支护结构体本身的强度和稳定性，而是要将眼光更多地投向围岩，要充分发挥围岩的自承能力，并将围岩与支护结构有机

地统一在结构稳定性与经济性的合理水平上。

概率极限状态和可靠度设计方法在地面结构中的成功应用,引起了隧道界的重视,自 20 世纪 80 年代中期就开始将可靠度方法引入隧道结构设计的研究中。到 20 世纪 90 年代中期,以"荷载—结构"模式为主的一般地区单线隧道整体式衬砌、单线隧道偏压衬砌和单线拱形明洞等结构的可靠度设计方法已达实用程度。

目前的围岩稳定数值计算方法主要有以下几种:概率极限状态法,荷载—结构模式计算法,经验类比法,岩石力学计算法。

对这些方法的进一步了解可知,前三种方法是以往及今后一段时间内的主流设计方法,它是以前人工程实践的经验为基础,通过统计分析的方法得出的荷载计算模式或经验式,在材料强度理论的基础上,经过赋予可靠性指标或安全系数得以实际应用。这些经验式是在成千的工程实例基础上得出的,从统计意义上来说具有一定的高概率特征,这些方法将成为今后相当长一段时间内的主流设计方法。这些方法具有简单、快速、易掌握的特点,已成为事实上地下工程支护设计与结构稳定分析的主流方法。但是,应该看到这些经验式的产生过程不可避免地存在着许多不严密之处,如样本采集的技术很大程度上不能完全满足概率抽样的要求,样本的统计数量也难以保证。因此,前提条件的不满足(采样过程)形成的严密的数值推论结果显然不能期望获得与实际工程的高符合度的结论,据此进行的稳定性预测其可靠性也就一般。另外,从揭示地下工程围岩变形的实质、探索其科学道理的角度看,必须进行岩土工程理论的研究,一个没有坚实理论支持的学科注定是没有前途的。目前的工作无疑将有利于基础理论的形成,在基础研究取得突破性进展时,围岩稳定性分析才能有一个坚实的理论基础,地下工程的设计及稳定性预测也才能期望像地面工程那样得以很好的把握。

第四类方法,即岩石力学计算法。这种方法已不再依靠任何一种荷载假定,而是依靠结构与岩体之间的相互作用,是围岩稳定分析的主要方法。在这类方法中目前得到应用的有特征曲线法(收敛—约束法)、剪切滑移破坏法、数值分析法(有限元法)。这种方法的一个重要特点是强调了围岩与支护共同作用的思想,并在支护结构设计与围岩稳定分析中加以体现。这一点也正是这种方法较前述方法的进步之处。其稳定分析过程:以经验为基础的初步设计,在施工中获取围岩及支护稳定信息,反馈设计这样一种螺旋上升的设计(稳定分析)优化过程。它与前述三种方法是不同的,但稍加分析后可知,其方法的基础均离不开建立工程问题模型,它是一切工作的关键所在。那么,如何建立模型,什么样的模型才是真正代表工程问题特性的模型,这些问题正是目前正在研究与探索的,陆续有一些这方面的成果出现,其中仍有许多基础性问题,甚至在方法论层次上的问题还没有解决,还远未达到广泛应用的程度。概括之,有以下三点:

1. 数值分析模型缺少基础理论支持

稳定分析的意义在于预测未来。目前,在施工阶段,围岩稳定性预测中广泛采用的是二元(时间与位移,或时间与应力)原型预测的方法,监测数据通过统计分析建立回归模型,根据回归模型进行稳定性预测。即采样、回归模型参数的统计推断、未来趋势预测的方法。对这种模式的进一步分析可以看出,这种方法的基本思路是建立在随机事件的概率统计基础上,而普遍采用的模型是一维(二维)、呈正态分布的概率模型,这样的简化也许是预测问题所不能接受的。主要表现在以下几方面:

(1)回归统计的概率模型过于简单。施工信息反馈中监控量测数据的处理方式通常是采用回归统计的方法。这种根据变形发展趋势预测围岩(支护结构)稳定性的方法中,隐含了简单整数维,呈正态分布(其参数随时间而变)的概率模型。这是以时间可逆性为前提的简单维的建模过程,它没有反映序的概念,这与地质体的不可逆时间序列是不吻合的,近似过程过于简单。每组量测数据是统计分析的一个样本,而这些样本的取样条件(如时间、空间、工程环境、施工方法等)是不相同的,将这种不同采用不恰当的方法(等同视之),用确定性的回归参数进行处理,这种取样策略及处理方法本身就隐藏着概率模型参数推断上的误差甚至错误。

(2)位移反分析力学模型的假设缺少理论支持。位移反分析是用某种固定的变形模式去推断岩体力学参数的方法。它按照一定的规则,逐次改变侧压力系数及等效弹性模量 E 的值,从而使断面特征点——收敛(位移)点的分析值相应改变,使其接近实测值,在一定的计算精度下确定出反分析结果,即围岩的视在力学参数。这是一种通过实测位移值进行试凑修正的过程。其力学模型是基于固体力学理论建立的(如弹性模型、弹—塑性模型、黏—弹—塑性模型等),它首先假设了围岩的变形规律。而这一规律的研究还处于尚未成功的时期,岩体的本构关系、喷锚支护的机理、开挖系统的控制理论等问题均未得到解决。在这样的条件下,而无视工程地质、施工条件的复杂多变及其难以准确描述的现实,纠缠于繁杂的计算及精确性的追求中,无异于取之小而弃之大,事倍而功半。

(3)模型试验尚难以实现时空模拟。地下工程围岩稳定性问题的研究始终与模型试验相伴随,模型与实际工程问题的相似性是模型试验解决问题的关键。从模型材料及其结构构造到模拟尺度、开挖步序、施工工艺等无不包含着诸多难以解决的问题。如:通过国家鉴定的"溪洛渡水电站厂房洞室群的高仿真度三维模型试验"研究成果虽然在模型材料、模拟尺度、加载与控制系统、高精度开挖及位移(变形)监测系统等方面集中体现了国际领先技术,为工程实施提供了参考,但仍然存在时间模拟尺度上的缺憾,而时间的模拟难度远较其他几项模拟内容难度更大。然而,地下工程围岩稳定性分析的一个很重要的内容即是与时间有关的岩体特性的分布与变化。

另外,模拟参数越多,模拟理论越精细,模拟试验的复杂程度就越高,实现的难度也越大。加之大尺度模拟试验耗资巨大,难以大量进行。这些都导致了模型试验至今仍只能作为重大工程决策的参考依据之一。

(4)围岩承载特征曲线的测量难以实现。特征曲线法也称收敛—约束法,其基本原理是利用岩体特征曲线和支护结构特征曲线交汇的办法来决定支护体系的最佳平衡条件。这种方法的关键是合理确定这两条曲线的基本性质及其相互作用时的变化。这种方法在概念上是明确的,但实践起来则涉及诸多的问题,有的甚至是目前还难以解决的问题。这些问题仍然来自于地下工程围岩稳定分析的诸多影响因素及其复杂性。

综上所述,基础理论的不成熟成为地下工程围岩稳定分析方法目前还难以摆脱经验与工程类比方法的主要原因。

2. 失稳判据难以确定

多年来,对地下工程围岩稳定性问题,失稳判据的确定始终没有得到很好的解决。现行的《铁路隧道设计规范》(TB 10003—2005)中围岩稳定性是以极限净空相对位移值或允许收敛速率的形式给出的,当实测的位移值超出此值时即视为不稳定。这些作为判定标准的"极限位移"是在"新奥法"施工中监控量测的实践基础上经分析得出的经验值。工况条件的差异、量测误差等必然使其带有显著的定性使用的特点,在实际使用中有悖上述标准的现象也时常出现:有的软弱围岩当变形值超出规范允许值数倍仍未发生失稳;有的尤其是在浅埋隧道中,变形尚未达到允许值却发生了坍塌。此外,由于统计分析的原因,用于稳定性分析的有效量测数据滞后,使不稳定地层的稳定性分析难以真正服务于实施量测的工程。

查阅国内外有关围岩稳定性判据的规范可以看出,大多数标准均是以定性的方式给出的,部分定量指标的给出,也通常是根据经验和统计资料得出。这一状况表明,在实际应用中,设定标准管理基准值时难以用数值方式表示。

3. 思维方式的禁锢

在岩石力学界对"新奥法"的理论意义和实用价值一直存在着两种不同的认识。一种倾向于肯定,即强调隧道工程的实际可能和需要;一种倾向于否定,坚持力学概念的清晰性与数学求解的严密性,认为"新"法缺乏明确的理论支持。

研究者们指出,地下工程问题是一个非确定性的问题,它从认识论的角度注解了以往诸多预测围岩稳定性的方法难以获得普及与理论上的突破性进展的原因,即存在一个对问题的认识与方法局限性甚至错误的问题。关于这一点,很值得认真思考,以尽可能使我们的工作有一个明确的方向和正确的方法。

目前,信息化施工与动态设计已广泛采用,但多采用常规确定性概率统计的方法处理,对大量信息

资料的分析成果只可用于短期的预测，这种时间尺度是难以达到预测应用的需求尺度的。出路在于对问题整体上的理解，从新的视角及更加广泛的领域去吸纳有益于地下工程稳定性预测的理论与方法，为我所用，相信在地下工程围岩稳定性预测方面将会有所发现。

(三)开挖系统控制理论

开挖系统控制理论兴起于20世纪90年代，主张“岩土工程不是人为现象工程(虽然它也是由人工开挖的)，而属于自然现象工程，它主要受到地质环境的控制，工程与地质是一个不可分割的系统”。它是一种建立在系统论、信息论、控制论基础上的新的思维方式，它使我们的研究有了更大、更广阔的空间。开挖系统控制理论的主要观点有：

1. *岩石具有“记忆”这一概念*

它包含两层意思：一是岩石材料受力后的力学效应不仅取决于现时的应力状态，也取决于全部过去的应力状态，即岩石材料在力的作用下对过去所有的应力状态都有“记忆”。换言之，现时的应力取决于变化的整个以往历史。另一是岩石变形的最后状态不仅取决于最后的应力状态，还和到达这一状态所经历的路径有关。

2. *开挖工程是系统工程*

系统，含有两个方面：一是结构，一是功能。开挖系统的结构是系统内部各种单元(地质的、工程的、空间的、时间的等)组成的组织规则、形式及其关系；是系统的中介，它是目前还不十分了解，认识不清的内容。开挖系统的功能是指系统在特定环境中发挥的作用或能力。结构与功能是开挖系统的两个方面。结构是系统的内在构成，是横向的、相对静态的方面；而功能是系统的外在行为，是纵向的、动态的因素。开挖过程具有能量积累与能量耗散特点；开挖系统是一个稳态平衡问题而不是静力学问题，它是一个开放系统，系统每时每刻都处于物质、能量、信息的交换流动中。

3. *开挖过程是这一系统工程的控制过程*

开挖过程是开挖系统自组织、稳态平衡过程和行为的控制过程，这种控制的基本特点是信息交换和反馈。系统的控制过程就是借助于不同形式、不同载体和信息运动去指挥各种物质运动和能量交换。开挖系统的巨大能量运动，可以通过带有信息的微小质量和能量的运动进行控制。控制过程的实现是有条件的，超过了一定限制条件，系统将会失去平衡。时空效应对地下工程在开挖过程中的稳定性影响很大，计算时应予考虑。

目前，这种理论尚处于探索与初步研究阶段，还未形成系统的可供应用的设计理论与方法，还需要进行长期、大量的研究。

二、设计方法

隧道及地下工程结构的设计方法主要有工程类比法、荷载—结构法、地层结构法、信息反馈法、综合设计法和针对地震荷载的抗震设计法6种类型。

国际隧道协会曾于1978年成立结构设计模型研究组(Working Group on Structural Design Models)，收集和汇总了各国会员目前采用的地下结构设计方法，见表1-6。经过总结，国际隧道协会认为，目前采用的地下结构设计方法可以归纳为以下4种设计模型：

一些国家采用的设计方法概况 表1-6

国名	隧道类型			
	盾构法软土隧道	钻爆喷锚法软土隧道	钻爆喷锚法中硬岩深埋隧道	明挖法框架结构
奥地利	荷载—结构法	荷载—结构法、连续介质模型、收敛—约束法	工程类比法	荷载—结构法
前西德	荷载—结构法、数值计算法	荷载—结构法、连续介质模型	荷载—结构法、连续介质模型、收敛—约束法	荷载—结构法(底压力分布简化)

续上表

国名	隧道类型			
	盾构法软土隧道	钻爆喷锚法软土隧道	钻爆喷锚法中硬岩深埋隧道	明挖法框架结构
法国	荷载—结构法、数值计算法	荷载—结构法、连续介质模型、经验法	荷载—结构法、连续介质模型、收敛—约束法、工程类比法	—
日本	局部荷载—结构法	局部荷载—结构法、连续介质模型、工程类比法、收敛—约束法	荷载—结构法、连续介质模型、收敛—约束法	荷载—结构法、连续介质模型
中国	荷载—结构法	初期支护:连续介质模型、收敛—约束法; 二期支护:结构—荷载法	初期支护:经验法; 永久支护:结构—荷载法; 大型洞室:数值计算法	结构—荷载法
瑞士	—	结构荷载法	连续介质模型、约束—收敛法	—
英国	结构—荷载法	收敛—约束法、工程类比法	数值计算法、收敛—约束法、工程类比法	结构—荷载法
美国	结构—荷载法	结构—荷载法	结构—荷载法	结构—荷载法

(1)工程类比法:以参照过去隧道工程实践经验进行工程类比设计的方法。

(2)收敛—约束法:也称特征曲线法,以现场量测和室内试验为主的实用设计方法。

(3)荷载—结构法:以作用、反作用模型,采用结构力学理论进行设计的方法。例如弹性地基圆环计算、弹性地基框架计算、温克尔假定的链杆法等计算方法。

(4)连续介质模型:包括解析法和数值法。数值计算法目前主要是有限单元法。

每种设计模型或方法各有其适用的场合,也各有自身的局限性。由于地下结构的设计受各种复杂因素的影响,围岩变形破坏机制与相应理论还不成熟,因此,工程类比法和链杆法是目前主要的设计方法。

(一)工程类比法

在隧道和地下工程的设计中,工程类比法比试验室小比例模拟试验法更合理,更可信,在目前以及将来相当长的一段时间内仍然是必不可少的一种设计方法。鉴于岩土材料和地下工程包含着很多随机因素,纯粹的理论分析目前尚难以全面计及这些因素,隧道的设计理论和工程实践之间还存在着不小的距离,因此经验和工程师的判断是完全必要的。事实上,工程类比的经验来自大量的工程实践,有一定的科学依据,正确的经验判断来自对隧道施工中遇到的诸如塌方、变形、衬砌裂缝和压酥、片帮、底鼓等现象的长期观测和处理。工程类比法本身也在不断的发展,除了日益增多的经验积累之外,还在使经验处理不断地科学化,如在经验设计法中引进统计数学、模糊数学及电算工具等现代手段。

在目前的工程类比法设计中,仍然存在工程师对工程本身认识的局限性、工程经验的片面性,致使有些工程设计不合理,技术措施不当,造成工程事故或安全隐患,特别是近年来不良地质隧道、浅埋隧道工程事故频发,除了自然原因和施工原因外,对隧道环境判断不准、经验类比不当、设计措施不当也是重要的原因。因此,各单位、各行业都应加强和重视隧道工程的经验积累,建立隧道数据库和专家判释系统。

(二)荷载—结构法

荷载—结构法(作用—反作用模型)在我国20世纪50～70年代曾占主导地位。这是仿效地面结构的计算模式,即将荷载作用在结构上,以一般结构力学的方法来进行计算。长期以来,因其理论明确、计算简便的特点,地下结构一直沿用这种计算方法。

目前在有关隧道设计规范中二次衬砌仍然按照荷载—结构模式来计算。采用这种模式设计和计算主要存在两类问题:一是合理确定地层弹性抗力系数;二是确定荷载的大小和分布规律。图1-18为隧

道设计计算采用的三种荷载。

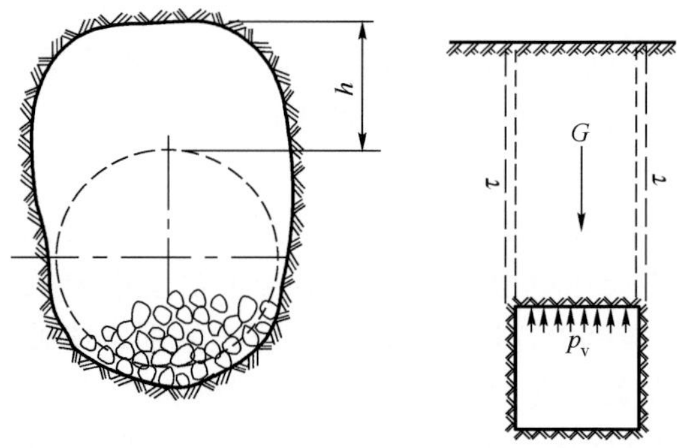

a)普氏理论采用的荷载　　b)太沙基理论采用的荷载

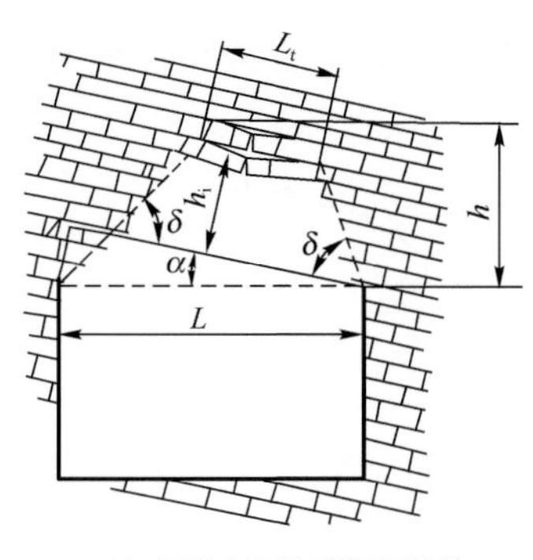

c)包里索夫理论采用的荷载

图 1-18　隧道荷载计算采用的三种荷载

深埋隧道的荷载计算采用普氏理论，即认为隧道开挖后会在隧道拱部上方形成一个塌落拱，坍塌体的重力为荷载值[图 1-18a)]，浅埋隧道按太沙基理论计算[图 1-18b)]。我国对单线深埋隧道塌方高度进行统计回归，得出荷载高度的经验公式：

$$h = 0.45 \times 2^{s-1}\omega \tag{1-7}$$

式中：ω——宽度影响系数，$\omega=1+i(B-5)$，其中 B 为坑道宽度(m)，i 为 B 每增减 1m 时的围岩压力增减率，当 $B<5$m 时，取 $i=0.2$，当 $B>5$m 时，取 $i=0.1$。

s——围岩级别。

太沙基公式：

$$p_v = G - \sum\tau \tag{1-8}$$

包里索夫公式：

$$h = 0.5\left[\left(L\cos\alpha - \zeta - \sqrt{\frac{0.04\sigma_n h_i}{nr_i\cos\alpha}}\right)\tan\delta + L\sin\alpha\right]\cos\alpha \tag{1-9}$$

概率极限状态和可靠度设计方法在地面结构中的成功应用，引起了隧道界的重视，自 20 世纪 80 年代中期就开始将可靠度方法引入隧道结构设计的研究中。各高校联合攻关，经过可行性研究阶段和基础性研究阶段，到 20 世纪 90 年代中期，以“荷载—结构”模式为主的一般地区单线隧道整体式衬砌、单线隧道偏压衬砌和单线拱形明洞等结构的可靠度设计方法已达实用程度。1999 年发布的《铁路隧道设计规范》(TB 10003—99)中已采用这一成果。在现行《铁路隧道设计规范》(TB 10003—2005)中仍在应用。深埋隧道垂直均布压力按下式计算确定。

$$q = \gamma h \tag{1-10}$$

$$h = 0.41 \times 1.79^{s} \tag{1-11}$$

由于目前基本上都是采用初期支护＋二次衬砌的复合式衬砌，采用现代支护手段设计和施工，尽量限制围岩的变形，维持围岩的稳定，使得松动围岩的荷载减小。但是，由于受施工方法、支护时机、施工质量等的影响，要准确地确定符合实际的围岩的松动荷载比较困难，目前按规范给出的经验公式计算对于完全按“新奥法”原则施工的隧道稍偏于保守。相反，对于那些对围岩条件不十分清楚、不尽量保护围岩、不及时支护和封闭的施工方法则不一定安全，以后应不断积累数据，结合施工水平的提高和施工技术的发展，进一步完善荷载—结构模式的计算方法和理论。

（三）地层—结构法

20 世纪 70 年代初以米勒（Mulai）教授为代表的新奥地利施工方法，简称“新奥法”理论传入我国。“新奥法”改变了传统隧道工程中应用厚壁混凝土结构支护松动围岩的理论，把岩体视为连续介质，在黏、弹、塑性理论指导下，根据在岩体中开挖隧道后从变位产生到岩体破坏要有一个时间效应的性质，适时地构筑柔性、薄壁、能与围岩贴紧的支护结构来保护围岩的天然承载力，变围岩本身为支护结构的一部分，使围岩与构筑的支护结构共同形成坚固的承载环，从而形成一个长期稳定的洞室。

按照支护结构体系与围岩共同作用模式，初期支护承受围岩的形变压力，见图 1-19。支护结构体系与围岩共同作用模式的计算方法，通常有数值解法和解析解法两类。

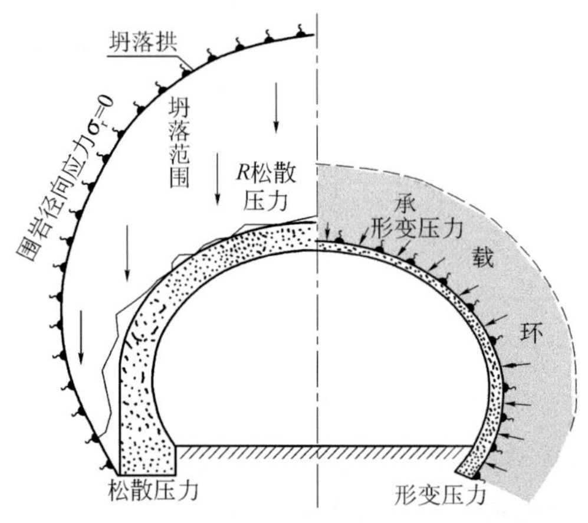

图 1-19　形变压力与松散压力对比图

数值解法是把围岩视作弹塑性体或黏弹塑性体，并与支护一起采用有限元或边界元数值法求解。这类解法可以直接算出围岩与支护的应力和变形状态，以判断围岩是否失稳和支护是否破坏。数值解法往往有多种功能，能考虑岩体中的节理裂隙、层面、地下水渗流、岩体膨胀性等影响。近年来，以有限元法为基础的数值分析方法得到了推广和应用。有限元法可以模拟地下工程的多种特点，例如分阶段开挖和衬砌，围岩的层面和结构面，衬砌的复杂外形，时间和空间效应等。因此，分析结果对于隧道设计和施工更具有指导作用。有限元与无限元耦合，有限元与边界元耦合，采用各种特殊单元（节理单元、夹层单元和接触单元等）的模型使得数值分析方法成为更加有效的工具。微型计算机的发展和普及，为数值分析方法的推进创造了条件。

应该指出，数值分析结果的可靠性取决于岩土本构关系的选择是否正确以及计算参数的可靠性。数值分析的技巧，如有限元网格的划分，求解非线性方程组所采用的方法和收敛的判断，数值离散化采用差分式的近似程度等也都对分析结果产生影响。

解析解法主要适用于一些简单情况下，以及某些简化情况下的近似计算，一般有收敛—约束法或特征曲线法、剪切滑移破坏法。

目前在软弱地层、浅埋或接近浅埋地层中施工时，初期支护发生大变形、破坏塌方的工程实例较多。究其原因，是初期支护的计算受力状态与实际受力状态不符，建议初期支护按支护—地层共同作用计算时要考虑地层是否能与支护共同形成承载环，地层是否需要加固、改良，还要考虑开挖的分部、封闭的时机等因素。

（四）收敛—约束法

收敛—约束法在我国曾广为采用，包括黄土隧道、浅埋暗挖的地下铁道区间和车站隧道以及大型洞库等。基于这些实践,我国已有相应的规范用于指导锚喷支护的设计和施工。应该指出,收敛基准点的设置、高精度的量测工具(如铟钢线尺)和量测技术的采用都是非常重要的。例如盾构法施工时,开挖后或盾尾离开后洞壁瞬时变形(占总变形很大的比例)的量测目前仍是没有解决的技术难题,需要认真对待并加以解决。以收敛量测数据为依据的反分析法,其结果的可靠程度完全依赖于测试数据的可靠程度。而基于正确测试数据的反分析,可以实现正确的信息反馈,用图像或数字显示各个施工阶段中围岩和衬砌中的变形及应力分布情况、强度发挥系数或安全系数,指出薄弱环节,以便及时采取措施,确保施工安全,或根据强度的多余量来修改设计,达到节约的目的。这应该是信息化设计和施工的目标。

(五)信息反馈法

在地下工程建设中,由于围岩自身属性及其受力条件十分复杂,初拟选的支护参数往往带有一定的盲目性,尤其不能完全适应地质和施工情况的变化。因此,通过对施工开挖和支护过程中的现场量测,以及对量测值进行动态的反演分析,监控围岩和支护结构的稳定与安全,修改设计,指导施工,这即是地下工程建设中集现场监测和设计于一体的信息化施工方法(图 1-20)。

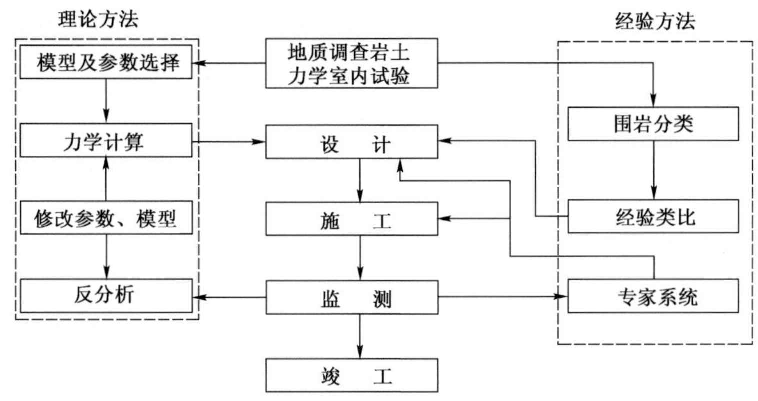

图 1-20 施工监测与信息化设计流程图

根据量测获得的各种量测资料绘制的各种曲线,可以做进一步分析处理,得出相关参数,用以验证或修改设计,指导施工。

1.洞室围岩净空位移

这里,以如图 1-21 所示的围岩压力—位移曲线(P-u 曲线)进行分析,若建立了围岩的径向应力、位移、时间的关系,就可以判断围岩的稳定性,确定适宜的支护方法与支护时间。

当支护特性曲线与围岩特性曲线在最大允许变形量处相交时,则所提供的支护抗力最小;当平衡点位于 P_m 点右侧曲线上时,则引起变形(位移)急剧增大;当出现曲线③的位移—时间曲线时,则围岩发生破坏,这是不允许的。因此,根据对位移—时间曲线的回归分析,若预计的变形量超过允许的变形量,则应迅速采取增长、加密锚杆,增厚混凝土喷层,设置仰拱等提高支护抗力的措施,使变形控制在允许范围内。

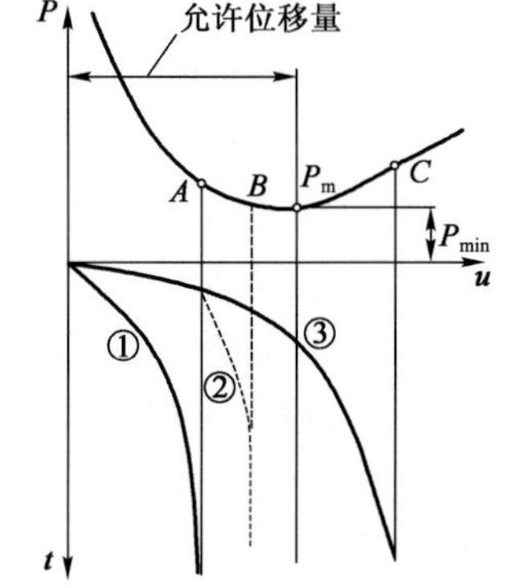

图 1-21 围岩压力—位移(P-u)关系曲线

围岩允许位移值通常是按经验确定的,该位移值取决于岩体性质、初始地应力的大小与方向、洞室尺寸及支护类型等因素。依照我国《锚杆喷射混凝土支护技术规范》(GB 50086—2001),监测数据应符合下列标准。

后期支护施工前,实测收敛速度与收敛值必须同时满足下列条件:

(1)隧道周边收敛速率明显下降;

(2)收敛量已达到总收敛量的 90%以上;

(3)水平收敛速度小于 0.2mm/d,或拱顶下沉速度小于 0.15mm/d。

出现下列情况之一，且收敛速率仍无明显下降时，必须立即采取措施，加强初期支护，并修改原支护设计参数：

(1)喷射混凝土出现大量的明显裂缝；

(2)隧道支护表面任何部位的实测收敛变形量已达到表 1-7 所列数值的 70%；

(3)用回归分析法计算出总相对收敛量已接近表 1-7 所列数值。

围岩允许收敛变形值 表 1-7

围岩分级＼洞室埋深(m)	<50	50～300	300～500
III	0.1～0.3	0.2～0.5	0.4～1.2
IV	0.15～0.5	0.4～1.2	0.8～2.0
V	0.2～0.8	0.6～1.6	1.0～3.0

法国工业部门对断面面积为 50～300m^2 的隧道，以拱顶处的绝对位移值为准，给出的控制施工标准如表 1-8。表 1-9 为日本新奥法设计指南提出的围岩位移最大允许值。

法国工业部门给出的洞壁允许位移值 表 1-8

洞室埋深(m)	拱顶最大允许位移值(mm)	
	硬质围岩	塑性围岩
10～50	10～20	20～50
50～500	20～60	100～200
>500	60～120	200～400

日本新奥法设计指南提出的围岩位移最大允许值(单位：mm) 表 1-9

围 岩 类 型	单线隧道	双线隧道
I_s～特$_s$	>75	>150
I_N	25～75	50～150
II_N～V_N	<25	<50

注：II_N～V_N 为一般围岩，I_s 为塑性围岩，特$_s$ 为膨胀性围岩。

2. 位移速率分析

位移速率也是判断围岩稳定性的一种指标。开挖通过量测断面时，位移速率最大，以后逐渐降低，直至为零，围岩趋于稳定。对于不稳定围岩，位移速率的变化规律类似于典型的蠕变曲线，即先减速，后等速，最后加速而至破坏(围岩失稳)。所以，围岩在稳定前出现等速变形过程，可能是围岩不稳定的预兆，出现明显的加速过程则预示围岩已出现明显的破坏，需要及时加强支护。

实际上，地下工程的现场监控量测，不仅是对收敛约束设计模型的最佳校核方法，同时也为指导地下工程施工提供了重要信息，为工程的运营安全稳定提供了必要保证。地下工程现场监控量测是收敛—约束法设计必不可少的重要组成部分，也是现代地下工程信息化施工的重要手段，因而在世界各国得到普遍重视。

由于量测技术和计算技术两方面的相互渗透，使得现场监控量测设计方法有了很大进展。

现场监控量测有测试的科学数据，又能适应多变的地质条件和各种不同的施工方法，同时，它能以现场测试数据反算出比较准确的技术参数，或者直接以测试数据为计算参数对围岩与支护的受力状态作出分析，这就克服了理论计算中计算参数的障碍。由此可见，它比理论设计法更能体现地下支护结构的特点，比工程类比法有更强的科学依据，这正是当前监控量测信息反馈设计法迅速发展的原因。

当然,监控设计法也存在一些问题,除需有较完备的测试仪器和做较多的量测工作外,量测数据的分析和反馈计算成果的判断,仍然依赖人们的经验。另外,目前还缺少比较完善的反馈理论和反馈计算方法,所以现场监测设计法还有待不断发展和完善。

(六)综合设计法

以上所列举的各种隧道结构设计模型或方法都有着各自适用的条件,但它们经常综合使用,来解决隧道设计问题。

地下工程从外表观之简单,但在物理模式上却是一个高度复杂的体系。影响结构与围岩相互作用的因素很多,且变化很大,没有粗略的简化就不可能用分析的方法反映它。加之地下结构的受力特性在很大程度上还与地下工程的施工方法、施工步骤直接相关。这些问题的存在使得一些地下结构的计算结果,在精度和可靠程度上都有可能与地下结构的实际工作状态存在很大的出入,很难作为确切设计的依据。

无论是采用理论分析的方法或是根据已有的工程经验对将建工程做相应的设计和施工决策,从目前发展水平来看,都不可能得到非常可靠的结论。其原因有二:一是围岩的性质太复杂,而且变化很大,现在尚无法将如此复杂的围岩性质考虑得十分周全,并且在施工前,甚至施工中都很难彻底地将围岩性质搞清楚;二是施工水平与管理水平存在差异,事先又无法估计。所有这些都将严重影响所做的设计和施工决策的可靠性。

这些问题的存在使得地下结构的设计不仅要进行结构计算分析,严格地说,还应该包括施工方法和施工参数的选择在内。同时,在施工过程中,还要根据地层的稳定情况对这些参数进行修正。所以,目前在进行地下结构设计时,广泛采用以经验类比判断、结构计算和实地测量反馈相结合的所谓“综合设计”方法。同时还要研究更完善的用于地下结构计算的力学模型,以便能更好地考虑结构与地层的共同作用,逐步减少“综合设计”中的反馈修改工作量。

从地下工程施工技术的应用情况来看,本章前面所讨论的设计计算方法,除设计—荷载模型主要适宜软土中荷载明确的地下工程的设计外,对于较大的工程基本上都是综合使用的,即用工程类比法预计初始的临时支护形式、二次衬砌的断面尺寸,用荷载—结构法按照深埋、浅埋、偏压等条件确定主动荷载,根据前期岩土工程勘察及试验数据进行结构计算,将分析所得结果用以指导整个过程的施工。约束—收敛法中的反分析也是利用连续介质模型的分析,首先进行洞室地层稳定性的数值计算,主要确定松动圈或承载环的范围,与工程类比法共同确定初期支护的参数,再用约束—收敛法进行监控量测,利用量测数据(如位移)进行信息反馈,反演分析,修改计算中的 E、μ、c、φ 参数,再正演分析确定量测数据和实测数据是否吻合,计算成果被确认,这是最合理的设计计算方法。

(七)抗震设计法

隧道和地下结构物受到地震破坏的实例不少。由于抗震要求,隧道设计时需进行结构动态分析。位于强震区内的交通隧道、水下隧道和重要的地下物(如核电站等)的抗震设计日益受到人们关注。

地震系数法,即将坍落拱内围岩和衬砌的自重乘以地震系数,并将侧向压力按修正的内摩擦角进行计算,得到相应的等效水平荷载,用以计算衬砌的地震应力。这种方法较为粗略,无法计算纵向地震力以及长时间的地震作用。

日本是多地震的国家。日本国有铁道土木结构物抗震设计规定采用地震系数法、修正地震系数法和动态解析法,后两种方法适用于柔性结构。日本深埋隧道抗震设计规范规定:隧道的稳定性应采用地震系数法检算,沉埋隧道的稳定性应采用地震变形法(即将隧道轴向水平面内的位移作为施加在沉埋隧道上的地震效应设计方法)予以检算。整个沉埋隧道系统尚应考虑隧址的地形、地质条件进行动态分析予以检算。在动态分析中最好同时进行地震反应分析和动态模型试验,后者可以校核前者所采用的数学模型的合理性。在地震反应分析中,建议采用日本田中弹簧质量和弹性地基梁模型,用以计算横向和纵向地震力引起的压缩和弯曲。横断面配筋设计按地震变形法进行。计算中考虑地层与结构的位移差、静止土压力、水压力、结构自重和上覆土重。

美国西部是地震多发区。加州、洛杉矶等地区都有相应的地下铁道设计规范,以及多种半解析、半经验的设计方法，如 St. John 法和 Shukla 法。

俄罗斯最新的建筑法规对隧道的抗震设计作了一些规定，例如：在 9 度地区埋深 50m 以内，且地层有可能移动和塌方的隧道；在 8、9 度地震区洞口段埋深小于 15m 的铁路隧道；在 9 度地震区内的公路隧道洞口段，均应采用钢筋混凝土衬砌。铁路隧道洞口必须采用钢筋混凝土结构。为了减小纵向变形，隧道衬砌必须设置抗震缝，其构造应保证衬砌构件的位移和防水。作用在隧道衬砌上的围岩压力仍按以往的方法计算。近年来，动态二维和三维有限元法应用于隧道及围岩的地震反分析在计算机上实现已无困难，只是计算工作量较大。分析结果的可靠性取决于一些因素，如地震加速度输入值，岩土动力特征值和动态本构关系的选定以及边界条件的处理等。近期隧道地震反应研究分析表明，在纵向和横向地震力作用下，沿隧道轴向的推力和横向的弯矩值均很大，但设置抗震缝后可降低一个数量级，这说明了设置抗震缝的必要性。

隧道地震损害情况调查资料表明，采用柔性衬砌较为有利，洞身伸出天然仰坡的洞也是较合理的形式。

交通隧道车辆振动对结构和环境影响的研究也是一个重要的研究课题，国内外也做过一些工作。数值分析和测试结合是研究解决这一问题的有效途径。国际标准化组织（ISO）对振动允许值有相应的规定，很多国家也有自己的标准，但我国在这方面还是空白。

（八）常用设计方法

1. 经验设计法

在大多数情况下，隧道支护体系还是依赖“经验设计”的，在实施过程中，需依据量测信息加以修改和验证。检验设计的前提是要正确地对围岩进行分级，然后在分级的基础上编制支护结构系统的基本图示。从近期实践中大致可以发现，在进行支护结构经验设计时，需要注意的几点原则是：

（1）首先要对围岩进行分级，这些分级大多是根据地质调查结果，为各种地下工程编制的。如目前在奥地利等国广泛采用的 Luffer 分级。但不管采用哪种分级方式，大体上都把围岩分为 4 个基本类型，即完整、稳定岩体，易破碎、剥离的块状岩体，有地压作用的破碎岩体，强烈挤压性岩体或有强大地压的岩体。其中某些类别还有些亚类。

（2）在各级围岩中，支护结构参数大体上是按下述原则选用的：

①完整、稳定的岩体。对于这类岩体，在力学计算上是不需要锚杆的，围岩自身的强度就可以支护坑道。喷射混凝土用于填平补齐，为确保洞内安全作业应设金属网，防止顶部岩石剥离。二次衬砌用能灌注的最小混凝土厚度，约为 30cm。

②易破碎、剥离的块状岩。这类岩体范围较广，还可细分为若干亚类。支护时采用锚杆长 1.5～3.5m，n=10 根/m 左右，多数情况是长、短锚杆配合使用。短锚杆有胀壳式，长锚杆用胶结式。喷层厚 5～10cm，稳定性好的用来填平补齐，在拱部喷射，设金属网防止顶部岩石剥离。特殊情况采用轻型格栅钢拱架，二次衬砌厚度约为 30cm。

③有地压作用的破碎岩体。对于这类岩体，可在边墙外设置长锚杆来处理，锚杆长度视围岩强度比确定，从控制变形的发展来看，锚杆必须用喷混凝土等来加强。拱部及侧壁喷层厚 15～20cm，视情况正面也要喷 3cm 左右的混凝土。开挖进度，必要时控制在 1m 以下。二次衬砌厚度为 40～50cm，尽可能薄些。

④强烈挤压性岩体或有强大地压的岩体。在这种地层中施工是很困难的，要分台阶施工，限制分部的面积。锚杆可不设，喷层厚 25～30cm，必须采用网构钢拱架支撑，间距 50～75cm。二次衬砌厚度 50cm，在 30d 内断面要闭合，即要修好仰拱。

（3）在施工中应尽量少振动围岩，使其尽量保持原有岩体的强度，因此，应采用控制光面爆破技术。

（4）预计有大变形和松弛的情况下，开挖面要全面防护，使其有充分的约束效应，在分台阶开挖时，上半断面进深不宜过长，以免影响整个断面的闭合时间。

（5）二次衬砌通常是现场灌注的，在修二次衬砌之前要做防水板层，仰拱处不允许设防水层，形成具

有剪力为零的复合式衬砌，这样可减少弯矩而使发生弯曲破坏的可能性最小。

(6)初期支护必须按承受全部土压力考虑，有水时采用排堵结合，以排为主。初期支护主要由喷混凝土、钢筋网、钢拱架、锁脚锚管组成，顶部锚杆取消。

(7)与此方法不可分割的是一个详细周密的量测计划。它系统地控制施工中的变形与应力情况，确定所建立的支护阻力是否和围岩类型相适应以及是否还需要加强措施。这些量测包括位移、接触应力、松弛范围等。根据现场量测，对结构不可避免地需要做些修正，经过修正，就可制订最经济的解决方案。这种确定支护尺寸的方法是不可缺少的。

(8)支护结构的施工顺序与正确掌握岩体的时间效应很有关系。因此，要严格按照预定的施工顺序进行施工，考虑时空效应对安全的影响。

由上述可知，支护结构的"类比设计"不仅包括支护结构的参数选取，还包括施工过程以及施工量测的设计。这是现代隧道支护结构设计的关键，必须予以高度重视。

2.结构力学设计方法

传统的结构力学模型也称为荷载—结构模型，它将支护结构和围岩(地层)分开来考虑，支护结构是承载主体，而围岩则作为荷载的来源和支护结构的支承体。图1-22为荷载的几种模型。在这类模型中，隧道支护结构与围岩的相互作用是通过弹性支承对支护结构施加约束来体现的。而围岩的支承能力则在确定围岩压力和弹性支承的约束能力时考虑。围岩的承载能力越高，它给予支护结构的压力越小，弹性支承约束支护结构变形的抗力越大，相对来说，支护结构所起的作用就变小了。

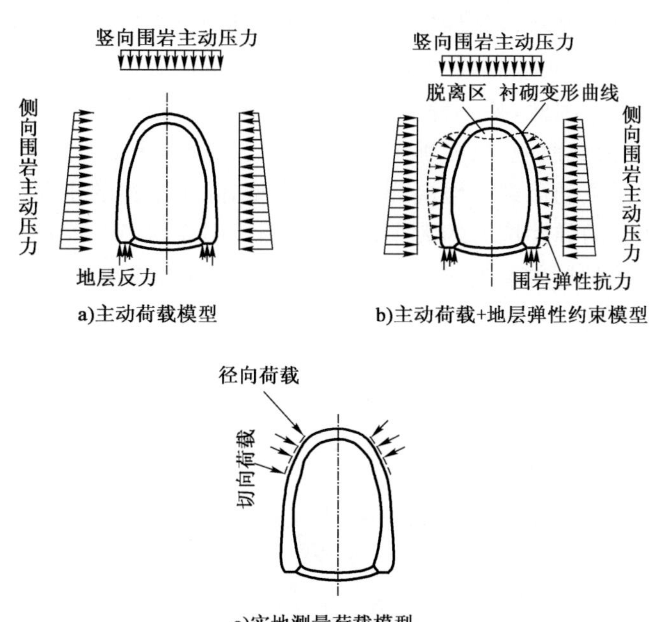

图1-22 荷载的几种模型

只要在施工过程中尽量使支护结构与围岩保持紧密接触，有效地制止周围岩体变形和产生松动压力，隧道的支护结构就应该按荷载—结构模型进行检算。一般来说，按此模型设计的隧道支护结构偏于保守。

这一类计算模型主要适用于围岩因过分变形而发生松弛和崩塌，支护结构主动承担地层"松动压力"的情况。例如浅埋的土质地下结构、隧道的洞口段以及采用明挖法修筑的地下结构等。所以说，利用这类模型进行隧道支护结构设计的关键问题是如何确定作用在支护结构上的主动荷载，其中最主要的是围岩所产生的松动压力，以及弹性支承给支护结构的支护抗力。一旦这两个问题解决了，剩下的就只是运用普通结构力学方法求出超静定体系的内力和位移了。

弹性连续框架法即为进行地面结构内力计算时的力法与变形法。假定抗力法和弹性地基梁法已形成了一些经典的计算方法，则这些经典的计算方法按所采用的围岩变形理论不同，又可将荷载结构法分为局部变形理论和共同变形理论两种。由于这个模型概念清晰，计算简便，宜于被工程师们所接受，故至今仍很通用，尤其是对模筑衬砌。

荷载—结构模型虽然都是以承受岩体松动、崩塌而产生的竖向和侧向主动压力为主要特征，但对围岩与支护结构相互作用的处理上却有几种不同的做法：

1）主动荷载模型［图 1-22a）］

它不考虑围岩与支护结构的相互作用，因此，支护结构在主动荷载作用下可以自由变形，与地面结构的计算原理没有什么不同。这种模型主要适用于围岩与支护结构的“刚度比”较小的情况，软弱的围岩没有“能力”去约束刚性衬砌的变形。

2）主动荷载＋地层弹性约束模型［图 1-22b）］

它认为围岩不仅对支护结构施加主动荷载，而且由于围岩与支护结构的相互作用，还对支护结构施加被动的弹性抗力。因为，在非均匀分布的主动荷载作用下，支护结构的一部分将发生沿地层方向的变形，只要围岩具有一定的刚度，就必然会对支护结构产生反作用力来抵抗它的变形，这种反作用力就称为弹性抗力。而支护结构的另一部分则背离围岩向隧道内变形，形成所谓“脱离区”。支护结构就是在主动荷载和围岩的被动弹性抗力同时作用下进行工作的。这种模型几乎能适应所有的围岩类型，只不过各类围岩所产生的弹性抗力的大小和范围不同而已。

3）当前正在发展一种以实地量测荷载代替主动荷载类型的模型

实地测量的荷载值是围岩与支护结构作用的综合反映，它既包含围岩的主动压力，也含有弹性抗力。在支护结构与围岩牢固接触时，不仅能测量径向荷载，而且还能测量切向荷载。否则，就只有径向荷载［图 1-22c）］。但应该指出，实地测量的荷载值除与围岩特性有关外，还取决于支护结构的刚度以及支护结构背后回填土的重力。因此，某一种实地量测的荷载只能适用于与测量条件相同的情况。

从上述可知，对于主动荷载模型，只要确定了作用在支护结构上的主动荷载，其余问题用结构力学的一般方法即可解决。对于主动荷载＋地层弹性约束模型，除了上述的主动荷载外，尚需解决围岩的弹性抗力问题。在围岩上产生的弹性抗力的大小，目前常用以温克尔（Winkler）假定为基础的局部变形理论（图 1-23）来确定。它认为地层的弹性抗力与围岩在该点的变形成正比，用公式表示为：

$$\sigma_i = K\delta_i \tag{1-12}$$

式中：δ_i——围岩表面上任意一点的压缩变形（mm）；

σ_i——围岩在同一点所产生的弹性抗力（MPa）；

K——比例系数，称为围岩的弹性抗力系数（MPa/mm）。

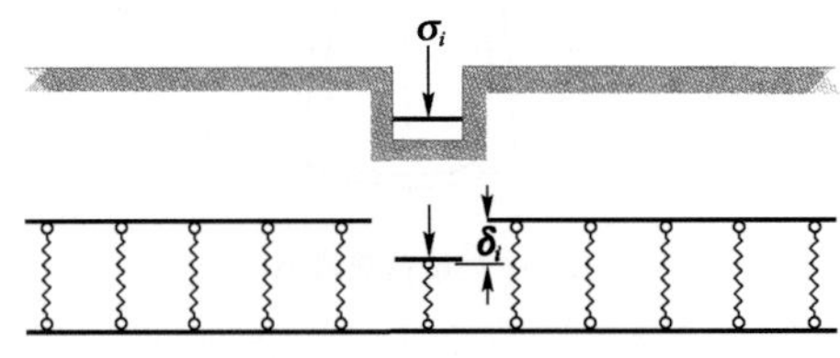

图 1-23　局部变形理论原理简图

温克尔假定相当于把围岩简化成一系列彼此独立的弹簧，某一弹簧受到压缩时所产生的反作用力只与该弹簧相关，而与其他弹簧无关。这个假定虽然与实际情况不同，但简单明了，而且也满足了一般工程设计的精度需要，因此应用较多。

弹性抗力的大小和分布形态取决于支护结构的变形，而支护结构的变形又和弹性抗力有关，所以，按主动荷载＋地层弹性约束模型计算支护结构的内力是个非线性问题，必须采用迭代法或某些线性化的假定。如弹性抗力分布形状为已知，即可采用弹性地基梁的理论或弹性支承代替弹性抗力等方法计算。

在荷载（围岩压力、土压力、水压力等）基本确定，周围介质与隧道刚度差别很大且不能结合成为整体的情况下（如浅埋隧道，用明挖法修筑的隧道，位于软土、淤泥、流沙中的隧道等），采用结构—荷载法设计模型是适宜的。

三、盾构管片衬砌设计计算方法的思考

盾构是一种挖掘隧道用的工程机械，盾构法已成为地下隧道工程施工的主要施工方法之一。迄今为止，全世界已累计生产了各种类型的盾构机 8 000 多台，包括从直径 15cm 的最小微型隧道盾构到直径 15.84m 的巨型盾构。

在国外，采用盾构法修建隧道与地下工程已有 170 多年的历史，至今已修建了大量的隧道与地下工程。盾构直径有大有小，穿越的地层也是多种多样的。在国内，自 20 世纪 50 年代开始采用盾构法修建小型隧道，几十年来，修建了大量的盾构隧道，直径 2.5～15m 不等。被誉为“万里长江第一隧”的长江隧道采用盾构直径 13.7m；南京长江隧道施工采用了两台目前世界上最先进的泥水平衡盾构机掘进，刀盘直径为 14.93m；长沙湘江隧道，设计盾构外径达 15.43m，风险太大而改用浅埋暗挖法。我国盾构法已涉及交通、水利、市政、油气等多个行业，技术逐步完善，工法逐渐成熟。

作为盾构隧道支护的管片衬砌，不管是在单层衬砌形式下作为唯一的永久结构承载或双层衬砌形式下与二次衬砌复合承载，都是隧道的唯一或主要承载结构，直接关系到结构的使用功能、安全性和耐久性，而且在整个工程造价中占有较大的比例，一般达到 25%～40%，与工程的经济性有很大的关系。现阶段国内已有大量工程实践经验，在此基础上，有必要对其受力形态和相关的计算方法进行一个全面的评述和思考。

首先，盾构隧道和常见的地下工程一样，也涉及结构本体和地层之间相互作用关系的拟合问题，常用的有两种模型：地层—结构模型(图 1-24)和荷载—结构模型(图 1-25)。

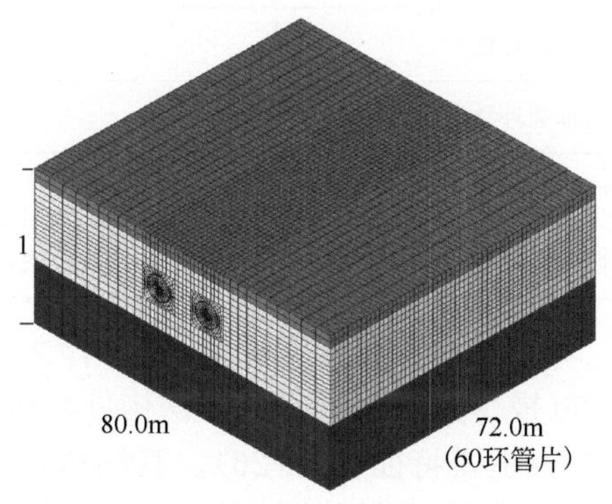

图 1-24 地层—结构模型

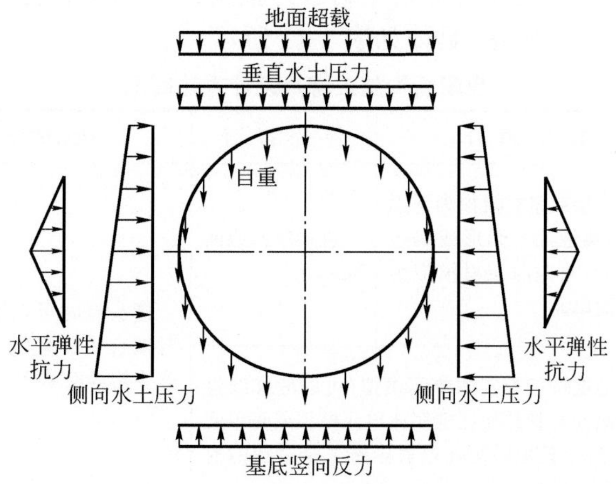

图 1-25 荷载—结构模型

地层—结构模型认为衬砌与地层一起构成受力变形的整体，把不同介质体划分为不同的单元，借助计算机进行计算分析。因此，可按连续介质力学原理来计算结构及周边地层的内力和变形。从架构上来说，该模型能够全面考虑结构和地层间的相互作用，十分合理，但由于土体本构关系拟合难度大，计算中造成参数取值、工况模拟存在一定的不确定性，因此，目前地层结构法多用于一些重要的或大型工程的研究和对比分析中。

荷载—结构模型把地层对结构的作用简化为隧道开挖后由松动岩土自重所产生的地层压力，在地层压力与其他荷载的组合作用下对地下结构进行分析。其中，地层与结构之间的相互作用通过假定地层抗力或受压弹簧（部分弹簧或全周弹簧）模拟来进行考虑，是目前最为常用的计算方法。

荷载—结构模型在国外也是常用方法，但对衬砌与地层相互作用的拟合方式稍有不同，具体如表1-10 所示。

结构荷载法在国外的使用简况 表 1-10

国　名	计 算 方 法	地层与结构间的相互作用
澳大利亚	弹性地基圆环法	按全周弹簧考虑
奥地利	弹性地基圆环法	按全周弹簧考虑
比利时	Schulze-Duddeck 法	按 Schulze-Duddeck 法考虑
德国	弹性地基圆环法 （双环梁弹簧模型法）	地层与结构间相互作用考虑隧道埋深的影响： 覆土厚度小于 2 倍隧道直径时，按部分弹簧考虑 覆土厚度大于 2 倍隧道直径时，按全周弹簧考虑
法国	弹性地基圆环法	按全周弹簧考虑
英国	弹性地基圆环法	按 Moir Wood 法进行分析
美国	弹性地基圆环法	按全周弹簧考虑
日本	修正惯用设计法	按假定三角形、假定抗力进行考虑

图 1-26　管片衬砌环

另外，在盾构隧道中，管片作为一个多接头的预制拼装混凝土构件（极少数为钢构件或铸铁构件），拼装是其施工工艺和结构受力的一个最主要特征（图 1-26）。其结构形式不同于常见的矿山法隧道或明挖法隧道，其结构既不是均质的，也不是连续体，这就造成计算模型和方法的复杂化。具体来说，管片衬砌环的不同分块、接头的不同构造、环与环间接头的不同分布都对结构的受力和变形产生不同的影响，因此实际分析中对管片接头的不同拟合方式就形成了多种不同的计算方法，具体如表 1-11 所示。

我国盾构施工管片设计方法简况 表 1-11

<table>
<tr><th colspan="2">计 算 方 法</th><th>地 层 拟 合</th><th>管 片 拟 合</th><th>接头的处理</th><th>计 算 手 段</th></tr>
<tr><td rowspan="2">地层—结构模型</td><td>二维</td><td>将土层或浆材模拟为平面材料，离散为三角形或四边形单元，有时将浆材模拟为接触面单元</td><td>直梁单元或曲梁单元</td><td rowspan="2">接头有时可以不考虑，有时拟合为接头单元，有时拟合为接触面单元</td><td rowspan="2">通过程序进行有限元分析</td></tr>
<tr><td>三维</td><td colspan="2">将地层按三维实体单元模拟（可以考虑线性或非线性），管片按三维实体单元模拟或壳单元模拟，建立模拟盾构隧道衬砌施工全过程的有限元分析模型</td></tr>
</table>

续上表

计算方法		地层拟合	管片拟合	接头的处理	计算手段
荷载—结构模型	修正惯用设计法	地层抗力按三角形荷载考虑	简化为匀质圆环	考虑接头存在对圆环进行刚度折减，考虑拼装方式引入弯矩传递系数	解析法
	梁—弹簧模型法	地层抗力按全周弹簧或局部弹簧进行模拟	直梁单元或曲梁单元	拟合为能够承受轴力、剪力和弯矩的线弹性铰单元（梁—接头连续单元）	通过程序进行平面有限元分析
	多铰环法	地层抗力按全周弹簧或局部弹簧进行模拟	直梁单元或曲梁单元	拟合为能够承受轴力、剪力的铰单元	
	梁—接头不连续模型	地层抗力按全周弹簧或局部弹簧进行模拟	直梁单元或曲梁单元	径向接头拟合为梁—接头不连续单元，环向接头拟合为传递剪力的接头单元	
	壳—弹簧模型	地层抗力按全周径向、切向弹簧或局部径向、切向弹簧进行模拟	矩形壳单元	径向接头拟合为梁—接头不连续单元，环向接头拟合为传递剪力的接头单元	通过程序进行三维有限元分析
	三维块体模型	地层抗力按全周径向、切向弹簧或局部径向、切向弹簧进行模拟	按三维实体单元模拟	接触面单元	

对于表 1-11 中的多种计算方法，地层—结构模型因地层参数取值困难以及计算建模的工作量较大，实际应用远不如荷载—结构模型广泛，因此这里主要针对荷载—结构模型进行论述。

（一）修正惯用设计法

这种方法由惯用设计法发展而来，惯用法在日本 1960 年就提出了，得到了广泛的应用，其假设管片环是弯曲刚度均匀的环，不考虑管片接头部分的弯曲刚度下降，管片环和管片主截面刚度相同，并且弯曲刚度均匀。其荷载形式见图 1-27。

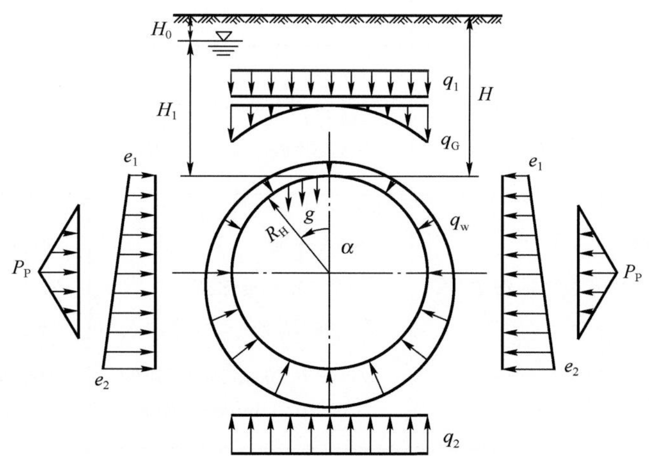

图 1-27 修正惯用法计算模型

工程实践中，为考虑管片接头造成的刚度下降和评价错缝拼装效应，通过对带有螺栓接头的管片环进行多次试验研究后，对惯用法进行修正，引入了刚度折减系数 η（$\eta \leqslant 1$）和弯矩传递系数 ζ 这两个参数，因此称为修正惯用法，而惯用法就成为修正惯用法的一个特例（$\eta=1,\zeta=0$）。

修正惯用法假设将接头部分弯曲刚度的下降评价为环整体的弯曲刚度的下降，管片环弯曲刚度由 EI 调整为 ηEI。同时考虑到错缝拼装的接头部分的弯矩的分配，在从具有均匀弯曲刚度 ηEI 的环计算截面内力中，对计算弯矩通过弯矩传递系数 ζ（$\zeta \leqslant 1$）进行调整。主截面设计弯矩由计算弯矩 M 调整为 $(1+\zeta)M$，接头的设计弯矩调整为 $(1-\zeta)M$。围岩条件不好时，即使改变弯曲刚度的有效率，在截面内力的计算上，差异也并不大。而围岩条件较好时，由于会产生伴随环变形而产生的地层抗力，所以 η 对截面内力的影响较大。计算模型如图 1-28 所示。

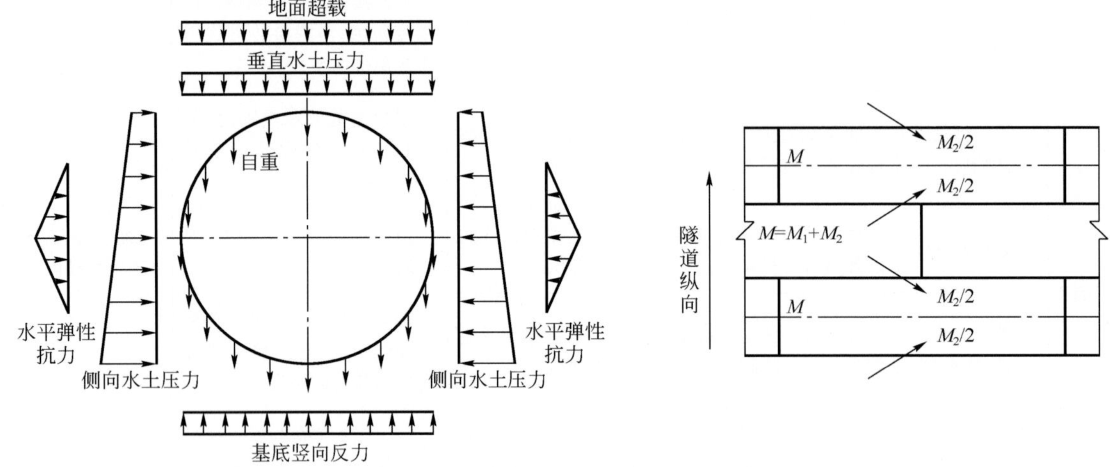

图 1-28　日本修正惯用设计法计算模型

该计算方法采用解析法计算，具体见表 1-12。

修正惯用设计法解析计算方法汇总表　　　　表 1-12

荷　载	弯　矩	轴　力	剪　力
垂直荷载 $(p_{e1}+p_{w1})$	$M=\frac{1}{4}(1-2\sin^2\theta)(p_{e1}+p_{w1})R_c^2$	$N=(p_{e1}+p_{w1})R_c\sin^2\theta$	$Q=-(p_{e1}+p_{w1})R_c\sin\theta\cos\theta$
水平荷载 $(q_{e1}+q_{w1})$	$M=\frac{1}{4}(1-2\cos^2\theta)(q_{e1}+q_{w1})R_c^2$	$N=(q_{e1}+q_{w1})R_c\cos^2\theta$	$Q=-(q_{e1}+q_{w1})R_c\sin\theta\cos\theta$
水平三角形荷载 $(q_{e2}+q_{w2}-$ $q_{e1}-q_{w1})$	$M=\frac{1}{48}(6-3\cos\theta-12\cos^2\theta+4\cos^3\theta)\times$ $(q_{e2}+q_{w2}-q_{e1}-q_{w1})R_c^2$	$N=\frac{1}{16}(\cos\theta+8\cos^2\theta-4\cos^3\theta)\times$ $(q_{e2}+q_{w2}-q_{e1}-q_{w1})R_c$	$Q=\frac{1}{16}(\sin\theta+8\sin\theta\cos\theta-4\sin\theta\cos^2\theta)\times$ $(q_{e2}+q_{w2}-q_{e1}-q_{w1})R_c$
地基抗力 $(q_r=K\delta)$	$0\leqslant\theta<\frac{\pi}{4}$时 $M=(0.2346-0.3536\cos\theta)K\delta R_c^2$ $\frac{\pi}{4}\leqslant\theta\leqslant\frac{\pi}{2}$时 $M=(-0.3487+0.5\sin^2\theta+$ $0.2357\cos^3\theta)K\delta R_c^2$	$0\leqslant\theta<\frac{\pi}{4}$时 $N=0.3536\cos\theta K\delta R_c$ $\frac{\pi}{4}\leqslant\theta\leqslant\frac{\pi}{2}$时 $N=(-0.7071\cos\theta+\cos^2\theta+$ $0.7071\sin^2\theta\cos\theta)K\delta R_c$	$0\leqslant 0<\frac{\pi}{4}$时 $Q=0.3536\sin\theta K\delta R_c$ $\frac{\pi}{4}\leqslant\theta\leqslant\frac{\pi}{2}$时 $Q=(\sin\theta\cos\theta-$ $0.7071\cos^2\theta\sin\theta)K\delta R_c$
自重 $P_{g1}=\pi g_1$	$0\leqslant\theta<\frac{\pi}{2}$时 $M=\left(\frac{3}{8}\pi-\theta\sin\theta-\frac{5}{6}\cos\theta\right)gR_c^2$ $\frac{\pi}{2}\leqslant\theta\leqslant\pi$时 $M=\left[-\frac{1}{8}\pi+(\pi-\theta)\sin\theta-\right.$ $\left.\frac{5}{6}\cos\theta-\frac{1}{2}\pi\sin^2\theta\right]gR_c^2$	$0\leqslant\theta<\frac{\pi}{2}$时 $N=\left(\theta\sin\theta-\frac{1}{6}\cos\theta\right)gR_c^2$ $\frac{\pi}{2}\leqslant\theta\leqslant\pi$时 $N=\left(-\pi\sin\theta+\theta\sin\theta+\right.$ $\left.\pi\sin^2\theta-\frac{1}{6}\cos\theta\right)gR_c$	$0\leqslant\theta<\frac{\pi}{2}$时 $Q=\left(\theta\cos\theta+\frac{1}{6}\sin\theta\right)gR_c$ $\frac{\pi}{2}\leqslant\theta\leqslant\pi$时 $Q=\left[(\pi-\theta)\cos\theta-\pi\sin\theta\cos\theta-\right.$ $\left.\frac{1}{6}\sin\theta\right]gR_c$

续上表

荷　　载	弯　　矩	轴　　力	剪　　力
管片环的水平直径点的水平方向变位 (δ)	不考虑衬砌自重引起的地基抗力：$\delta=\frac{[2(p_{e1}+p_{w1})-(q_{e1}+q_{w1})-(q_{e2}+q_{w2})]R_c^4}{24(\eta EI+0.0454KR_c^4)}$ 考虑衬砌自重引起的地基抗力：$\delta=\frac{[2(p_{e1}+p_{w1})-(q_{e1}+q_{w1})-(q_{e2}+q_{w2})\pi g]R_c^4}{24(\eta EI+0.0454KR_c^4)}$ 其中，EI 为单位宽度的弯曲刚度		

修正惯用设计法因为概念比较简单清晰，计算方式简单，计算结果常偏于保守，因此国内盾构隧道经常采用这种方法进行计算或按此方法对计算进行复核，但由于涉及几个参数的取值问题，处理不当经常造成管片配筋相对较大。

1. η、ζ 的取值问题

η、ζ 的取值对计算内力影响很大。刚度折减系数 η 与结构内力成反比，刚度折减越大，结算内力越小(主要是弯矩变化)，而且内力减小的幅度与地基弹性抗力系数 k 有直接关联，弹性抗力系数越大，则弯矩减小率就越大。当 $k=5$ 时，η 由 1 减小到 0.6 时，弯矩减小 6.5%；当 $k=10$ 时，η 由 1 减小到 0.6 时，弯矩减小 11%；当 $k=20$ 时，η 由 1 减小到 0.6 时，弯矩减小 15.6%；当 $k=50$ 时，η 由 1 减小到 0.6 时，弯矩减小 20%。因此，对于围岩较好的地层，η 的取值要慎重。相对而言，ζ 取值的影响就比较直接，它直接增大计算弯矩，加大结构的偏心受力程度，对结构钢筋用量影响更为严重、直接。

客观上，η、ζ 的取值除了受管片的种类、管片接头形式、衬砌环的拼装方式等影响外，还与围岩条件有关，一般应根据应用中测得的数据和地面试验结果等结合经验加以确定。

由于国内相关试验资料和长期监测资料的缺乏，取值多参考国外经验或参考梁—弹簧模型法进行修正，总体看来，具有一定的随意性。

根据日本相关试验研究，刚度折减系数 η 和弯矩传递系数 ζ 两个参数是互相关联的。据推算，η 接近 1 时，则 ζ 就为 0；η 变小，则 ζ 就接近 1。即接头的弯曲刚度和主截面的一样时，就没有弯矩传递给邻近的管片，两者近似具有一种模糊的概念关系：$\eta+\zeta\approx1$。根据地面上错缝拼装的管片荷载试验结果，大体是 $\eta=0.8\sim0.6$，$\zeta=0.3\sim0.5$。但对于隧道中的管片环，一般结构轴力大于地面上加载试验时的轴力，所以一般有 η 比试验值偏大、ζ 比试验值偏小的趋势。加之荷载的设定上也遗留一些不确定的因素，设 $\eta=1$、$\zeta=0$ 进行设计计算的实际事例较多。日本《盾构工程用标准管片》(1990 版)规定，平板型管片一般取 $\eta=1$、$\zeta=0$ 进行计算，作为参考举出了 $\eta=0.8$、$\zeta=0.3$ 的处理方法。

在国内工程实践中，对于通缝拼装的管片，一般采用 $\eta=1$、$\zeta=0$ 进行计算(相当于上海的自由变形圆环法)；对于错缝拼装的管片(基本都是平板型管片)，则很少按日本《盾构工程用标准管片》(1990 版)的规定取 $\eta=1$、$\zeta=0$ 进行计算，而多考虑刚度折减和弯矩传递，采用 $\eta=0.8\sim0.7$，$\zeta=0.2\sim0.3$ 进行结构计算分析。

对比国内外管片的钢筋用量，一般相似条件下国内的钢筋用量相对多 10%～20%，除了国内钢筋等级较低外，与 η、ζ 的取值也不无关系。

2. 地基抗力系数和侧向土压力系数的取值问题

地基抗力系数和侧向土压力系数越大，计算内力越小，在工程实践中必须充分考虑地基条件和隧道的用途之后，慎重地进行确定，避免出现配筋不足、结构不安全的情况发生。

国内工程设计一般采用工程勘察报告中的侧向土压力系数来进行结构分析，但实践中，不同地区、不同勘察单位给出的地层的地基弹性抗力系数和侧压力系数差别较大，而两者的计算取值对内力计算结果具有极大影响。因此，在采用数据时应结合区域经验进行充分的判定。一般来说，土的标贯击数能够直接反映土的工程特征，而且数据误差和人的主观误差相对较少，可作为判据。日本盾构隧道设计施工规程中也提出了一个经验表，工程实践中可作为参照，具体如表 1-13 所示。

日本盾构隧道设计规程中侧压力系数取值经验表　　表 1-13

水土压力计算	土的种类	λ	K	N 值的大致范围
水土分算	密实砂性土 中密砂性土 松散、稍密砂性土	0.35～0.45 0.45～0.55 0.50～0.60	30～50 10～30 0～10	N>30 15<N≤30 N≤15
	固结黏性土 坚硬、硬塑黏性土 可塑黏性土	0.35～0.45 0.45～0.55 0.50～0.65	30～50 10～30 0～10	N≥25 8≤N<25 4≤N<8
水土合算	可塑黏性土 软塑黏性土 流塑黏性土	0.55～0.65 0.65～0.75 0.70～0.85	5～10 0～5 0	4≤N<8 2≤N<4 N<2

注：λ 为侧向土压力系数，K 为地基抗力系数。

3. 管片接头弯矩计算结果偏大问题

按照修正惯用法进行结构计算，管片接头虽然考虑一定的弯矩折减[按$(1-\zeta)M$取值]，但其计算弯矩远远大于梁—弹簧模型法或梁—接头不连续模型法计算的弯矩，如果螺栓按计算受力配置，常发生螺栓级别较高的情况。但按照其他方法计算，螺栓配置一般不会受计算内力控制。根据实际的螺栓应力测试结果，螺栓的实际受力与加载拼装时的加载及二次复紧时所施加的应力关系较大。因此，建议螺栓按接头防水、防注浆压力下管片内凸等要求，结合梁—弹簧模型法或梁—接头不连续模型法的计算结果来进行配置。

(二)梁—弹簧模型法

将管片简化为曲梁(圆弧梁)或直梁，管片间的纵向接头按能够承受弯矩并传递剪力和轴力的旋转弹簧模拟，旋转刚度 K_θ 宜根据试验确定，并考虑偏心率的影响。

管片环间接头考虑错缝拼装的影响，按剪切弹簧模拟，其剪切刚度 K_s 宜根据接头构造、缓冲垫参数等，由试验确定。

地层抗力的确定宜在考虑围岩条件、隧道直径、埋深、荷载计算方法等因素后，采用局部弹簧模型或全周弹簧模型来拟合，拟合中一般按径向弹簧模拟，不考虑切向弹簧的影响。实际计算可取两环或多环管片利用电算程序进行分析。其计算简图见图 1-29。

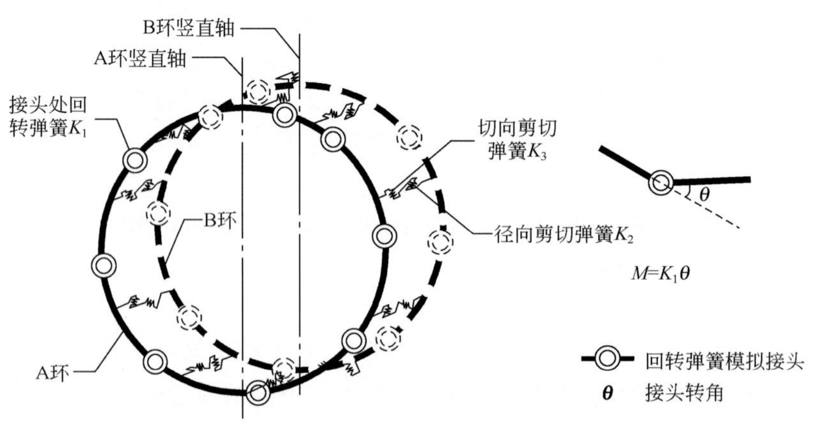

图 1-29　梁—弹簧模型法计算模型

该计算方法使用的荷载基本上与修正惯用法相同，但地基抗力全部或者部分转换成地基弹簧进行计算。梁—弹簧模型可以通过模拟衬砌环的拼装方式，对衬砌环在不同接头的位置进行拼装造成的受力和变形差异进行分析，可以计算出环接头上产生的剪力，也可以分析不同衬砌环间的变形差异。与修

正惯用法相比，更符合管片的实际受力情况，地基弹性抗力的拟合也取消了三角形荷载假定，以计算实际变形来分析计算。

但由于涉及多种参数，该计算方法在实际应用中也遇到很多问题。如对块间旋转刚度 K_θ 和环间剪切刚度的取值问题：

管片块与块之间接头的拟合假定为一个弹性铰(接头变形连续的弹簧)，它能够传递轴力、剪力和弯矩，以轴向刚度、剪切刚度和旋转刚度来表达它的接头特征，其中轴向刚度、剪切刚度对计算结果影响不大，而旋转刚度对计算结果有很大的直接影响。

旋转刚度一般根据地面模型试验得出，有时通过整环受力试验进行分析，有时通过接头试验进行分析，试验结果的离散性很大。

由于管片安装的要求，连接螺栓一般设置在管片截面的靠内侧，防水弹性密封垫常设置在管片截面的靠外侧，造成接头构造的非对称性，这样管片接头在内外侧受弯时其弯曲刚度具有较大的差异。

如果剪切弹簧常数取值偏小，则主截面的计算弯矩也会偏小，为了安全起见，也常采用将其设定为无穷大的方法。

本计算方法在欧洲较为常用，日本常用于大断面隧道设计或条件较为复杂的中小直径隧道，最近国内也常采用。

四、洞门及洞口段设计

洞门及洞口段设计，由洞门、明洞和洞口内浅埋段设计组成。洞门形式有端墙式、柱式、翼墙式、耳墙式、台阶式等。洞门的设计主要考虑功能的需要，从力学和安全的角度出发，按标准图模式，为适应地形变化做一些小修改，而在结构形式上创新少。几十年来，洞门的结构形式未发生多大变化，仍以端墙式和翼墙式为主，因此，需要修建一段路堑进洞，必要时还要加筑洞口挡墙、翼墙等挡土结构(图 1-30)，以保持边、仰坡的稳定。这种做法不可避免地对洞口山体稳定性和植被产生破坏，设计时要考虑生态和环保的有关要求。

(一)新型洞门形式与景观设计

随着人们环保意识的提高和隧道施工技术的进步，已出现一大批不开挖边、仰坡的洞口结构形式(图 1-31)。采用隧道早进晚出，设计了许多凸出式、无洞门的结构形式，极大地减少了施工对山体的扰动破坏，对保持洞口山体稳定和保护环境有重要意义。

洞门的设计，已不仅仅停留在结构的功能上，而是将环境、美学、力学融为一体，使洞门的设计与周围环境融为一体，形成一道美丽的风景。洞门设计力求达到建筑学、园林学、环境美学和力学的完美统一。我国近来陆续出现了许多新型的洞门，见图 1-32。特别是高速铁路的修建，使洞门的设计既要满足结构安全稳定、环保美观的要求，又要减少微气压波的影响，洞门设计成为隧道设计的一个重要内容。斜切式洞门结构成为高速铁路主导的洞门形式，见图 1-33。

铁路隧道新型洞门的基本类型包括直切、正切、倒切、弧形挡墙加切削几种(表 1-14)。根据洞门与山体的相交关系，又分为正交与斜交两类；根据隧道是否延伸出山体，又可分为贴壁式和凸出式两类。

隧道洞口的排水设计主要有加檐型和喇叭口形两种形式，取消了原来传统式洞口的天沟和洞门墙顶水沟。

目前，洞口设计方法还处于研究阶段，实用中的设计方法具有以下特点：

(1)摄影测绘技术进入景观设计。利用具有测量功能的数码相机进行多方位的摄影，并生成包括地形、地貌、植被、坡体形状的三维模拟数据，作为景观设计基础资料。

(2)建立一批经实践检验得到好评的国内外洞门形式实例数据库，作为洞门设计的参考源。

(3)设计已开发出一些洞门设计软件，为设计师提供一个良好、高效的创新平台。

图 1-30 传统挡墙式洞门

图 1-31 新型切削式洞门

a)直切式洞门

b)正切式洞门

c)倒切式洞门

d)弧形挡墙式洞门

图 1-32 几种新型洞门

图 1-33 德国某高铁隧道洞门

新型洞门的基本类型　　表 1-14

基本类型	正交	
	侧面	平面
直切		
正切		
倒切		
弧形挡墙		

(二)洞门设计需注意的几个问题

通过工程实践,在前人研究与实践的基础上,对涉及洞门设计的相关问题进行了归纳总结,提出以下观点供参考。

(1)不将洞口设置在滑坡中或易产生偏压的地段,避免洞门及洞口段产生结构偏压,给洞门及洞口段的施工带来极大困难。图 1-34 为一隧道洞口位置设置不当,产生偏压,从而需要对围岩进行特殊的加强设计。

(2)双洞设计中不应将洞口间距设置过大,而应采用小间距洞口设计,以利于节约土地。图 1-35 为一隧道洞口间距过大的设计案例。

图 1-34　偏压隧道

图 1-35　洞口间距过大

(3)洞门前不应设深路堑,路堑高度应小于 10m,以减少刷坡带来的环境破坏及隧道运营期的安全隐患。图 1-36 为一洞口深路堑图。

(4)洞门设计应优先选用切削式洞门,既美观又经济实用。图 1-37 为一切削式洞口。根据洞口地形，两洞口可不设置在一个平面上，既节约土方，又有利稳定。

(5)洞门支护结构设计的同时，要进行洞门景观设计，将洞门设计与周边环境融为一体，体现工程建设与自然环境和谐统一的设计理念。图1-38为洞口与其周边环境相协调的设计实例。

图1-36 洞口深路堑图

图1-37 经济美观的切削式洞口

图1 38 洞口与其周边环境相协调的设计

(6)临近并行的两个隧道，上、下行洞口里程宜错开设置，并在其间设计挡墙，防止废气进入另一洞内，造成气流短路，影响另一洞内的通风效果。

(7)洞口段、洞门、明洞之间应有一套合理的施工方法和工程统筹，当洞口悬空、地貌地质很差时，应从洞内向洞口施工，以确保安全。工程统筹方面应先做明洞隧道，后做洞口段(约40m)，最后做洞门。

第六节　我国隧道及地下工程建设理念与要点

中国是世界上隧道及地下工程数量最多、地质最复杂、发展最快、穿越各种水文地质最多、施工难度最大、施工水平最高的国家。我国隧道及地下工程建设者在经历了数十年的工程实践之后的今天，在隧道设计理论与施工技术上，均取得了很大的进步与科研成果。这些成果，在我国隧道及地下工程建设中正发挥着积极的作用。其中，在隧道设计理论和施工技术上也已形成了具有独立观点以及设计施工方法的隧道建设思想体系，及时总结并建立适应我国国情与技术发展水平的隧道修建方法很有必要，它将有助于推动我国隧道及地下工程建设各项研究工作的开展。

一、隧道及地下工程建设理念

(1)地下工程是不可逆工程，不具备拆除重建的条件，因此必须是遗产工程，而不允许是遗憾工程和灾害工程。

不合理工期、不合理造价、限额设计、轻方案研究是产生根本性遗憾之源；取消单洞建设，修建双洞、多洞或局部多洞，可实现长隧道设计施工和解决施工安全通风难题，实现快速开挖；用技术条件取代规范，多搞指南少搞规范，为创新构建平台。

(2)地下工程是风险性很大的工程，必须实事求是，科学地进行风险性评估。

在隧道及地下工程建设过程中，应对可行性研究阶段、初步设计阶段、施工阶段、运营阶段进行全过程、全方位的风险分析与评估。评估内容与顺序依次为施工安全评价，施工质量评估，环境评估，最后才是施工进度和施工成本评估。

(3)必须进行信息化动态反馈设计。通过对不同围岩的改进，进行支护参数的调整，确保施工安全。不改变设计的观点是违背地下工程特点的。

毛泽东主席在1965年对北京地铁建设的批示是"精心设计、精心施工，在建设过程中一定会有不少错误失败，随时注意修正"。隧道工程不定因素很多，设计者必须实事求是，及时修改图纸，这是衡量设计水平高低的标准。

(4)合理工期、合理造价、合理合同、合理施工方案，是检验隧道建设是否符合科学发展观的四条标准。

如兰渝线32km的关角隧道设计时，考虑了方案一：小TBM＋钻爆法施工新模式；方案二：利用二线导洞快速施工＋横通道模式，取消费工费时、造价高、向上运输的斜井设置方式。由此说明方案的研究非常重要。

(5)风险责任主体与风险转化。据国际隧道工程保险集团对施工现场发生安全的事故的原因的调查结果表明。将施工方作为工程安全的唯一主体是不对的。我国目前五个建设阶段的风险界定不清，而这些风险往往到施工时才反映出来，由施工方完全承担这些风险是不合理的。

(6)铁路线路选线。线路选线应多靠山区，少占良田。要提高线路标准，势必产生许多长隧道，隧道数量大幅增加，平均隧道长度占有量是全线的30%～60%，如兰州至重庆(渝兰线)隧道长度占全线总长约60%。为了满足快速、重载，线路标准提高的办法是减少展线，以长大隧道取代。如关角隧道原展线至山顶，原用3km隧道通过，后裁弯取直，降坡拉直，用32km的新关角隧道取代。

(7)从保护环境的角度出发，铁路进入城市必须进入地下，修建地下联络线和地下车站，大大增加了铁路的修建难度和成本。目前，正在石家庄、深圳福田、天津车站进行试验。铁路地下站和地铁实现垂直换乘，方便乘客。

(8)车站设计采用客货分离，"客内货外"，即客流车站设在市区，货运车站设在郊外，货流用地下支线进入市区，避免大量货运汽车进城，以保护城市环境，节约油资源。

(9)两个单洞线间距应尽量减小，以节约地下空间，采用巷道式射流通风方式进行施工通风，可实现堵头长距离无轨运输快速施工。

二、隧道及地下工程设计原则

1.两个单线隧道方案优于单洞双线隧道方案

长隧道的施工，通风是关键。钻爆法施工时，有轨运输堵头通风最大长度7～8km，无轨运输堵头通风最大长度3.5km。

采用平行双洞，施工通风可采用射流巷道式通风新模式，堵头通风长度可达10km以上，并且效率高、省电、经济性好。从设备投入和快速施工的角度考虑，有轨运输设备投入大，管理复杂，充电电池满足不了长距离运输；无轨运输设备投入小，配合洞内射流巷道通风，是快速施工的最好模式。

鉴于以上分析，建议长大隧道应优先选用两个单线隧道设计方案。可实现不需任何斜、竖井即可进行特长、长隧道的安全与快速施工。此方案不破坏山体环境，并大大方便建设过程和建成后的运营，尤其在软弱、岩溶、煤系、浅埋、大变形地层施工中，在减少施工风险和工程投资方面都将更加有益。这种方案也包括单洞双线加贯通平导的设计方案。

若必须要用单洞双线隧道，且不设平行导坑，采用无轨运输模式，则设计长度应小于或等于7km；不设平导，有轨运输模式，则设计极限长度应小于或等于15km，但设备投入比无轨运输多2.5亿元以上(以极限长度计算)。综合比较，该方案风险大，不经济。折中方案是单洞双线隧道加全贯通的平导方案，但该方案更贵。

2. 隧道纵坡设置问题

(1)应高位选线(如南昆线),可避免许多灾害。

(2)禁止在岩层交界面上选线,如福田车站上软下硬,很难施工。

(3)富水地区必须采用人字坡,以利于防灾和排水。富水是指水量大于2台抽水泵最大抽水量。

(4)铁路进城市应按深埋选线,以减少对环境和运营的破坏。如采用明挖法施工,则会对周围环境、运营安全影响很大;穿越城市交通路口,若采用盖挖逆作法施工,则会严重影响城市交通和环境,而应选用浅埋暗挖法。

3. 隧道辅助导洞设置问题

(1)利用平导增设工作面,不设斜、竖井施工。此外,增设多条平导和横洞,也是解决施工通风问题的最好方案。如我国的终南山特长隧道、瑞士的阿尔卑斯山隧道都是采用这种理念,没有设斜、竖井。

(2)深层岩溶及富水地区,应增设泄水洞并将其与原有大流量的溶洞相连,对高水压进行释能减压,以利施工、营运安全。

(3)采用平行双洞射流通风模式,可解决长大隧道不设斜、竖井施工通风难题。在采用无轨运输模式下,施工通风堵头可达10km以上。

(4)施工分标段应考虑施工通风的方式,从隧道中部分标段优点很多。不允许采用TBM施工中以单条隧道为一个标段的施工方法,人为造成单洞通风困难的做法。

4. 支护结构设计原则

(1)初期支护是保证施工安全的关键,要有足够的刚度和强度,以承受二次衬砌施作前施工期间的全部土压力荷载。不计水压力(以绕排降压),不存在二次衬砌紧跟的规定。

(2)深埋隧道IV、V、VI级围岩,按普式拱理论计算围岩压力;I～III级围岩,按2～2.5m厚爆破松动圈计算压力。

(3)初期支护由喷混凝土、钢筋网、钢拱架、纵向连接系及锁脚锚管组成,形成永久承载结构,二次混凝土衬砌作为安全储备。

(4)不同围岩支护结构的稳定性,由初期支护设计进行调整,可加强或减弱。当在开挖面后方5～6倍洞径处,量测数据证明围岩已稳定时,方可进行二次衬砌边、顶的混凝土灌注。二次衬砌分三次施工:首先进行底板和仰拱混凝土施工,距工作面长度以不影响开挖所需的长度为原则;其次进行边墙基础混凝土衬砌,须迟后2～4倍洞径底板和仰拱施工,目的是增加初期支护的安全系数;最后是采用模板台车进行边墙、拱顶的模筑混凝土衬砌。

(5)二次衬砌作为安全储备,从有利百年大计出发可不设钢筋(当断面轮廓为小偏心受压时),衬砌厚度一般定为30～40cm,不随围岩改变而改变。

(6)初期支护的设计。I～III级围岩可按III级围岩设计,有钢拱架的地方可不设锚杆,而在接头处设置锁脚锚管;V级围岩按VI级围岩设计;III级围岩局部破碎段设置锚杆和钢筋网,作为临时加固的手段。因为锚杆在设计计算中无法作为支护结构来考虑,及时施作锚杆的时空效应也很难实现。软岩中隧道拱部不设系统锚杆原理如图1-39所示。

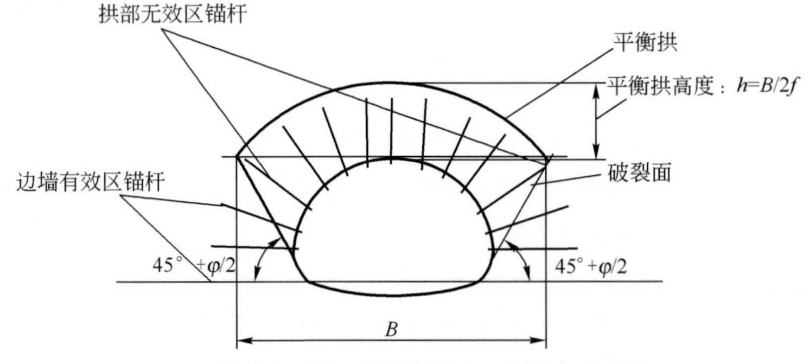

图1-39 软岩中隧道拱部不计系统锚杆原理示意图

B-平衡拱宽度(m);f-普氏系数;φ-围岩摩擦角

在围岩级别为IV级及以上的软弱围岩中，岩石抗压强度低（f值亦小），隧道开挖形成的平衡拱（摩擦拱）高度h很大，拱部需要设计很长的锚杆才能够深入到稳定围岩中起到锚固作用。然而，这个尺度对于隧道施工而言过大，难以施工，并且还会带来很大的安全风险。目前，3m、4m长度的系统锚杆设计存在以下问题：①没有锚固点，起不到锚固作用；②施工环境恶劣，作业不安全；③施作拱部锚杆时将产生对不稳定围岩的进一步破坏，不利于保护围岩承载能力。因此，在这种情况下不应设计拱部锚杆。在工程实践中建议，III级围岩可根据围岩状态现场确定锚杆，IV、V级围岩不设计拱部系统锚杆，VI级及以下围岩需进行特殊支护结构设计。

(7)结构防水设计。全隧道不设变形缝；防水隔离层设至边墙底基础上，不允许全包；隔离层背后设系统盲管，与两侧排水沟形成排水系统；取消止水带和中部排水沟，施工缝处设置BW防水条。

(8)在二衬及防水板铺设前应完成初期支护及背后充填灌浆的作业，确保二次衬砌在初期支护无渗漏水的条件下施工。应增设初期支护背后注浆的工序和费用。

(9)高地应力地段应采用圆形轮廓及衬砌的结构形式，这是高应力区隧道设计最简单、高效的方法。

三、隧道及地下工程施工方法

在隧道修建方法中，根据不同的结构用途、水文地质条件、周边环境要求、安全风险分析、成本投入、工程规模、我国国情等条件，根据支护结构设计理论的不同，诞生出不同设计、施工特点的中国隧道及地下工程修建方法，主要有钻爆法、浅埋暗挖法、明挖法、掘进机法、盾构法、沉埋管段法和辅助工法。

(1)钻爆法。该法是以钻孔、装药、爆破为开挖手段，以围岩—结构共同作用为支护设计理论，采用复合式衬砌结构，以钻爆开挖作业线、装渣运输作业线、初期支护与防排水作业线、二次模筑衬砌作业线、辅助施工作业线为特点的重要、应用极广、首选的隧道施工方法。

(2)浅埋暗挖法。该法是针对隧道埋深浅，多在软弱地层中穿过，环保要求高，施工难度大，强调保护、提高围岩的自承能力，按照“管超前、严注浆、短开挖、强支护、快封闭、勤量测”的“18字方针”，采用复合式衬砌和中小型机械开挖，应用多种辅助工法为特征的、重要的、首选施工方法。

(3)明挖法。该法以基坑开挖为特点，以支挡隧道侧向压力与基坑底部围岩抗滑涌为支护设计理论，进行围护结构作业、支撑体系作业、分层分段土方开挖作业，同时进行主体结构施作，回填覆盖作业的常用且影响环境的一种施工方法。

(4)掘进机法。该法以开敞式掘进机破岩，开挖、支护过程为一体的自动化为特征，以围岩自承为主的支护设计理论和复合式衬砌结构，适用于硬岩特长隧道的施工方法。

(5)盾构法。盾构机是进行流塑软弱、不能自稳围岩的开挖支护机械，该法以高度自动化为特征，以围岩—支护共同作用为支护设计理论，适用于不稳定地层的施工方法。该法适用于隧道长度不小于6km的隧道开挖，此条件下的开挖最经济合理。小于1～2km的隧道，使用该法需反复拆装、搬运，对盾构寿命和快速开挖不利。

(6)沉埋管段法。该法以预制的方法分段形成隧道主体结构，以水下基槽开挖、浮运、沉放、对接、回填及辅助作业为特征，是隧道施工安全性很高的方法，适用于水流平缓、基底软弱的水下隧道施工。

(7)辅助工法。在各种施工方法中，为满足安全、快速、环保等目的，而对软弱围岩和地下水进行处理，保证围岩稳定的一系列技术方法。其应用范围涉及前面6种主要施工方法。每种施工方法都需要辅助工法配套，隧道才能安全优质建成。

四、主要施工方法要点

(一)钻爆法

(1)洞门前不设路堑，必须早进晚出，不破坏山体环境。

(2)全隧道不设变形缝，特殊地段设置诱导缝，8级地震区在洞口段40～50m处设减震缝。

(3)必须重视岩溶地区的综合地质超前预报，长短结合以短为主，预报前方不小于30m的长度范围，横向预报隧道周边外1倍洞径，作为工序列入。

(4)初期支护要强，承受部分水压和全部土荷载，浅埋和海底隧道则承受全部水荷载和围岩荷载，二次模筑衬砌作为安全储备，应优化断面轮廓满足小偏心受压要求，取消二次衬砌钢筋，既节约，又能够提高结构百年寿命。

(5)采用网构钢拱架，取消型钢拱架，靠近工作面的第一、二排钢拱架不受力，由于受开挖面和隧洞拱效应的作用，工字钢背后的混凝土喷不上，易产生渗漏水，工字钢宽度小于高度造成强度、刚度、稳定度不等，极易扭曲剥离。

(6)初期支护由钢筋网、钢拱架、喷混凝土组成，钢拱架接头连接处设锁脚锚管(灌浆)。

(7)在软弱地层中取消系统锚杆；顶部锚杆施作危险，处于围岩脱离区，不论地层软硬，均应取消。

(8)软弱及有水地层应采用潮喷混凝土，不提倡湿喷混凝土。

(9)应采用复合式衬砌结构形式，初期支护和二次模筑衬砌之间必须设防水隔离层，防水板采用半包(仰拱不设防水板)，不采用全包(全断面设封闭的防水板)，以保证二次衬砌不受水压。采用无钉铺设防水板，无纺布后部必须设置系统排水盲管，将水排入边沟。

(10)取消中部排水沟。将水引入道床下的理念是错误的，实践证明，这样做施工难度大，破坏围岩严重，易堵塞，建成后翻浆冒泥，难维修，造成道床开裂，承载力下降。

(11)辅助坑道的设置，应首先考虑设置平行导坑，反对多设斜、竖井的长隧短打法。据统计，平导可使正洞开挖速度提高2倍，而斜井施工速度是正洞的1/2，竖井施工速度是正洞施工速度的1/10～3/10。平导设置更有利于射流巷道施工通风，可实现长距离隧道施工，堵头施工采用无轨可实现大于或等于10km的通风长度。

(12)软弱围岩宜采用正台阶法施工，台阶长度为1～1.5倍洞径，摒弃长、中、微台阶施工。考虑围岩稳定及施工工艺可行，第一个上台阶高度以2.5m为宜，小导管长度为台阶高度加1m。

(13)支护结构施工顺序应遵循初期支护从上向下施作，二次模筑衬砌则从下向上施作。

(14)隧道宜近不宜联。设计宜采用小间距隧道，两隧道结构外之间围岩的夹层厚度可小到0.5m左右。

(15)大断面硬岩隧道宜采用小导洞超前爆破，可提高后部扩大速度2倍以上，可减震30%，取消预裂爆破。

(16)长大双洞隧道宜采用巷道式射流通风技术，洞口压入式通风作为初期施工方案。

(17)坚持动态设计、动态施工、动态管理，设计人员应尊重施工信息，及时修改设计。

(18)设计人员应提高业务素质，在设计上应有新理念，采用新技术、新工艺、新材料、新设备、新仪器进行设计创新，反对抄袭图纸。

(19)要实事求是，确定合理工期，合理造价，合理施工方案，合理施工合同。

(20)要建立循环经济的理念，要有系统地下工程的理念，要有方便运营维修的理念，要有保护环境的理念。

(21)隧道顶部允许塌方空洞的存在，拱顶上方只需要有2m厚的土层保护即可。

(22)从钻爆法施工安全的要求出发，应采用双洞方案，分洞运行。尤其在困难特殊地层，双洞方案更利于避难、通风和无轨运输。

(23)洞内不宜设轨枕板道床，而应采用整体道床或短轨枕整体道床。

(二)浅埋暗挖法

(1)根据地层情况、地面建筑物特点及机械配备情况，选择对地层扰动小，经济、快速的开挖方法。若断面大或地层较差，可采用经济合理的辅助工法和相应的分部正台阶开挖法；若断面小或地层较好，可用全断面开挖法。

(2)应重视辅助工法的选择，当地层较差、开挖面不能自稳时，采取辅助施工措施后，仍应优先采用大断面开挖法。

(3)应选择能适应不同地层和不同断面的快速开挖方法，为快速施工创造条件。设备投入量一般不少于工程造价的10%～15%。

(4)施工过程的监控量测与反馈非常重要，必须作为重要的安全监控措施，认真推广。

(5)工序安排要突出及时性，应严格执行"18字方针"。

(6)提高职工素质，组织综合工班进行作业，施工全过程应严格纪律、严格工艺、严格管理。

(7)系统采用小导管超前支护技术，靠近工作面架设的第一、二排钢拱架，是不受土体压力的，压力增长速度小于网构拱架喷混凝土后承载力的增长速度，不存在工字钢承载快于网格拱架的论点。

(8)设计采用"8"字形格栅拱架，做到在 x、y 两个方向实现等强度、等刚度、等稳定度，取代工字钢。由加载破坏试验知，网格拱架喷射混凝土后承载力提高10倍，工字钢则提高4倍。

(9)开挖方法采用正台阶环形开挖留核心土，第一个台阶取2.5m高，小导管长度应是台阶高度加1m。

(10)采用监控量测技术控制地表下沉和防塌方是该法最可靠、最核心、最重要的组成内容。

(11)突出快速施工，考虑时空效应，做到4个及时，即及时支护、及时量测、及时反馈、及时修正。

(12)采用复合式衬砌结构，初期支护由喷射混凝土、钢筋网、网构钢拱架组成。钢拱架连接处设索脚锚管与钢拱架焊接，形成初期支护。设钢拱架的地段一般不设锚杆。

(13)浅埋暗挖法"18字方针"是施工的原则和要点的精辟总结，即管超前、严注浆、短进尺、强支护、早封闭、勤量测。

(14)二次模筑施作时间必须在初期支护系统稳定后方可进行，通过量测发现，不能收敛时必须采用辅助工法和加强初期支护法，稳定一次结构。不允许二次模筑衬砌紧跟。

(15)必须遵循信息化反馈设计、信息化施工、信息化动态原理。

(16)在有水、不稳定地层中应用浅埋暗挖法时，要采用以注浆堵水为主，以降水为辅的原则。采用劈裂注浆加固和堵住80%的水源，降掉20%的少量裂隙水，以达到减少地表下沉的目的。

(17)选择适宜的辅助施工工法。常用的辅助施工工法有环形开挖留核心土、喷射混凝土封闭开挖工作面、超前锚杆、超前小导管支护、超前小导管周边注浆支护、设置上台阶临时仰拱、跟踪注浆加固地层、水平旋喷超前支护、洞内真空泵降水、洞内超前降排水、洞内外深井泵降水、地面高压旋喷加固、先注浆后冻结法。

(18)大跨施工应选择变大跨为小跨的施工方法，如CD法、双CD法、柱洞法、中洞法、侧洞法等，禁止大跨中部拉槽施工。

(19)长管棚的直径要和地层刚度相匹配，当其直径超过150mm时，设置长管棚对控制地表下沉的作用很小。

(20)软弱地层有水地段，隧道宜近不宜联，双联拱、多联拱结构尽量少用。

(三)明挖法

(1)做好地下水的处理。以堵为主造价高、以排为主影响环境，要因地制宜，排、堵结合，综合考虑。

(2)合理选择围护结构的类型、设计参数及入土深度，这是确保基坑安全施工的重要内容。

(3)合理选择支撑体系，当基坑宽度大于20m时，尽量不设中间柱，同时第一道横撑应优先考虑采用混凝土支撑；在横撑支点部位应采用"八"字形斜撑，以提高水平横撑的稳定性，该支撑可实现40m左右宽基坑中不设中间柱；在有震动荷载影响及特殊净空要求时，应开发应用新型抗震锚索及可拆除锚索。

(4)重视基坑开挖与支护时空效应问题。合理进行开挖、横撑支护、结构三维空间尺度选择，缩短开挖和支护时间，减小时空效应对基坑稳定性的影响，分层、结构底板分段长度应随地层好坏而改变。

(5)重视对基坑周边地面及地中构筑物的保护，对高风险基坑段地面动、静荷载实施风险预警动态信息化管理，严防发生事故。

(6)重视软岩基坑底部围岩加固，提高基底围岩的承载力。

(7)结构底板施工应紧跟开挖面，及时分段开挖，分段施作底板，以稳定基坑。

(8)开展信息化设计与施工，以监控量测指导设计与施工。

(9)基坑外四周宽度应大于基坑围护结构的入土深度，施工期间不允许有动载车辆在该范围内运行，防止重大垮塌事件发生。

(四)掘进机法

(1)TBM 施工方法,机械购置、运输、组装、解体等费用高,机械设计制造时间长,初期投资高,因此很难用于短隧道;施工途中不能改变开挖直径,不适用于变截面和异形断面的地下工程开挖;对地质的适应性较差,多用于硬质、单一岩性围岩工程。对软弱围岩还存在不少问题;对硬岩,当强度超过200MPa 后,刀具成本急剧增加,开挖速度也降低。选择 TBM 施工方法时应考虑以上这些因素。

(2)TBM 的选用条件是隧道连续掘进长度应大于 20km,短于 6～10km 长的隧道掘进是不合理选择。

(3)TBM 直径选择不宜太大,从造价、运输、用电量、机械可靠度等因素考虑,直径应小于 12m。小直径 TBM(≤5m)超前施工,后部钻爆法扩大是最经济、快速的施工方法,月单口掘进可大于 600m。

(4)在 TBM 施工中,采用护盾式 TBM 时,是利用管片的反力来推进,当地层存在较大地压时,尤其在软弱破碎地层,将导致掘进刀盘和盾壳被卡住而无法脱困,因此应充分考虑地压的作用。

从目前的技术水平看,在断层破碎带、软弱泥岩及膨胀性地质中,地压作用很大,掌子面难于自稳的情况下,采用护盾式 TBM 法施工是极为困难的,工程失败的实例很多。由于该机型长径比大于 1,调节掘进方向困难,及时支护做不到,后部管片造价高,机型比开敞式贵 30%,经常出现卡死现象。为此,建议不采用护盾式 TBM。

(5)工程实践证明,开敞式 TBM 最适于软、硬围岩。它不怕地层变化,调方向容易,后部采用经济、支护参数调节灵活的喷网钢拱架衬砌,能做到及时支护,不会卡死,经济适用。建议采用开敞式机型。

(6)TBM 开挖时,刀具的磨耗问题是永远存在的。在岩石单轴抗压强度大于 100MPa 的地质条件下,刀具的消耗很大,在经济上不太有利。对于局部抗压强度超过 300MPa 的超硬岩,刀具和刀盘的消耗过大,不经济;适合的强度约在 50～150MPa 最快。大于 150MPa 的岩石地段,可用钻爆法施工,TBM 穿过的混合方法。

(7)节理、层理、片理对 TBM 开挖效率影响极大。裂隙适度发育的岩层,即使抗压强度大,也能进行有效率的开挖。

(8)由于 TBM 是集机、电、液于一体的高度机械化设备,要求技术、维修、管理人员各方面的素质要高。

(五)盾构法

(1)盾构法施工的关键是盾构机的选型,主要考虑地质条件、地下水压状况、周边环境及场地条件等,以确定盾构对地层的适应性,还应考虑连续掘进长度是否不小于 6km;盾构刀盘设计是合理掘进的重要条件。

(2)盾构分为无刀盘和有刀盘两大类。

无刀盘盾构称为开敞式简易盾构,人可以站在平台上采用小型机具或人工进行地层开挖。根据网格形态不同,可将其分为开敞网格式盾构、开敞正台盾构、CD 开敞格栅式盾构、双 CD 开敞格栅式盾构、插刀式盾构等。

有刀盘盾构则是安装了具有隧道掘进功能的刀盘,机械化程度和造价更高的一类盾构机。根据其稳定工作面方式的不同,分为土压平衡式盾构、泥水平衡式盾构、泥水加局部气压平衡式盾构。

(3)盾构类型的选择。

无刀盘盾构适用于:①无水或少水地层的隧道,地层自稳性较好;②降水后地表下沉不大的砂卵石地层、黄土地层。无刀盘盾构具有性价比好,易国产化,造价比有刀盘便宜一半以上的特点;各种辅助工法易于配合应用,可以适应北方不同地层和穿越各种地下障碍物的超前处理。

有刀盘盾构又分为盘形刀盘和辐条式刀盘两种。盘形刀盘适用于中硬岩有水的隧道,土压力、泥水压力仅部分稳定工作面;辐条式刀盘适用于有水软弱地层。土压、泥水压易平衡工作面,对刀盘刀具的磨耗也小,应优先采用辐条式。

(4)平衡式盾构施工要点。

①在软、稠的黏质粉土和粉砂的土层,最适合使用土压平衡式盾构机。根据土层的稠度,有时不需要水或只需要加很少量的水和泡沫剂。通过刀盘旋转在开挖室内的搅拌,使十分黏稠的土层变成塑性好的泥团,以利于平衡工作面和螺旋输送机出渣。

②大块(大于 20cm 的块石)砂卵石地层不适用泥水加压式盾构。

③泥水加压平衡盾构对于不稳定的软弱地层或地下水位高，含水砂层、冲积层、洪积层等流动性高的土质，使用效果较好。泥水加压盾构具有土层适应性强、对周围土体影响小、地面沉降小、施工机械化程度高、刀头磨损小、适应长距离推进等优点。实践证明，在砂层中进行大断面、长距离推进的盾构机，用泥水加压式盾构机效果较好，可实现长距离不换刀或少换刀，快速掘进的要求。

④泥水加压盾构存在盾尾漏水、难以确认开挖面状态，还需要较大的泥水处理场地、造价高等缺点。

⑤盾构机连续掘进应不小于 6km。短距离掘进时，拆吊对工程造价、盾构机效率的影响很大。

⑥水下隧道在软弱地层宜采用气垫式泥水盾构，安全、操作风险小。

(5)水底公路隧道盾构直径的确定。通过技术研究与经济性对比，结合我国经济实力与国情，提出以下看法：

①双向 4 车道直径 11.4m 左右的盾构安全风险小、经济(约合人民币 1.3 亿元/台)。国内外成功的水底公路隧道盾构直径多在 12m 左右。实践证明，该直径的盾构在制造、施工及运营方面的风险较小，较经济。

②双向 6 车道直径 15m 左右的盾构在制造、组装、调试、运输等方面的风险较大，制造成本很高，价格昂贵(约合人民币 3～3.5 亿元/台)。

大直径盾构掘进压力平衡操作不易控制，施工风险大，且采用大直径盾构需加大埋深，纵坡较长，上部空间浪费很大，另想别用，很困难。

(6)盾构机设计、制造必须以工程为依托，以施工单位为主体，机械制造必须符合工程特点，简单、可靠、适用、经济。

(7)盾构始发与到达的基本目标，是防止破除洞门过程中的地层失稳及防止地下水喷涌，因此考虑地层、地下水、盾构类型、覆土厚度、作业环境、洞门密封等条件来选择盾构始发与到达方法，尤其应重视进、出竖井前的地层加固和地层与竖井间的堵水注浆质量。

(8)盾构掘进过程中应做到“三有序、三平衡、三平稳”，即施工组织管理有序、机械保养有序、信息管理有序，泥水压力平衡、注浆压力平衡、注浆量与进尺平衡，盾构掘进姿态平稳、管片拼装平稳、推进速度平稳。

(9)为确保盾构法隧道的耐久性与降低施工、运营阶段的安全风险，一般应在管片衬砌内增加二次衬砌。盾构法隧道设计寿命周期一般为 100 年。根据日本的研究成果，管片保护层厚度应大于 5～7cm，而且管片接缝防水寿命周期一般不超过 40 年，同时考虑管片衬砌结构为非稳定结构，当软土地层失去局部抗力时会引起整体隧道失稳与破坏。基于以上因素考虑，从工程百年大计出发，应该增加二次混凝土衬砌，最少应预留增加二次衬砌的空间，为以后隧道补强提供有利条件。目前，地铁结构所采用的盾构直径应增大 0.6m，以确保二次衬砌的空间。

(六)沉埋管段法

在我国沉埋隧道的工程实践中，大量使用的是钢筋混凝土沉管法。对于该法，一些值得关注的问题如下。

(1)施工期沉管的抗浮系数不宜小于 1.05。沉管的抗浮与起浮是一对矛盾，处理不好将导致事故，国内外均有这方面的经验教训。过小的取值将可能招致沉管在施工中复浮(沉管上浮)的安全问题。

只有当沉埋管段的重力大于浮力时，沉管才能下沉。一般沉管重力应大于浮力的 10%。沉管真正压在地基上的荷载不大，这也是沉管法可以在较软弱地基上修建的原因，但要考虑液化的可能，不宜放在粉细砂层上。

(2)在有岩石基层的地层，不宜采用沉埋管段法。因水下爆破开挖基槽难度较大，造价很高，工期也不可控。

(3)钢筋混凝土沉埋管段的制作，是该法的关键技术难题。为从工艺方法上确保整个管段在施工、沉放、运营各阶段不渗、不漏、不裂、均质、耐久，则需要认真确定施工分段、流程、后浇带、底板钢筋混凝土是否采用钢板加截钉的混合结构，以消除 0.15～0.2mm 的裂缝存在。

(4)管段安装正确后，从底板向基底地层，认真做好基坑回填和注浆，确保管段下部没有空洞。

(5)管段之间的防水接头，应考虑采用刚柔接头，最终接头也称合拢接头，宜设在岸边或竖井壁连接处。

(6)管段之间的连接,管段和竖井的连接,以及管段内新增的压重、车辆荷载、管顶和管侧的回填重量等,所产生的纵向沉降曲线,应进行量测和调整到运营条件要求的程度。实施中,可通过基底注浆孔进行基底回填注浆,实现整条沉管的受力均匀和整体稳定。

(7)合理确定隧址处的地震烈度。地震烈度的确定是沉管隧道结构地震荷载计算的依据。地震烈度如何科学地确定,需要认真研究。目前,有的地区依据一千几百年来的实际观察记录中的最大值,作为未来 100 年的烈度计算值是否合理,是否有必要在设计荷载上层层加码值得商榷。

第二章　钻爆法隧道施工技术

大规模的地下工程建设促进了隧道修建技术的进步。大量的工程实践和岩石力学的迅速发展，使现代支护理论应运而生，并在此基础上又出现了新奥法、挪威法、浅埋暗挖法等更有效的施工方法；用现代技术装备的掘进机和盾构机，虽然能够适应从坚硬岩层到软弱含水地层的各种掘进条件，但其可靠性、耐久性、机动性、经济性、适应性较差，应用范围也会受到一定限制。冲击钻头改进及全液压钻孔台车的出现，大能力装渣、运渣设备的开发，新型爆破器材的研制及爆破技术的完善，围岩条件的改善及支护技术的进步等，极大地改良了钻爆法的施工环境，并提高了其掘进速度，从而使钻孔爆破法的掘进技术得到更新。

目前，我国拥有的铁路隧道数量已超过 5 000km，居世界第一位，公路隧道已超过 1 500km。同时，我国也是以钻爆法修建隧道座数最多的国家之一，如已建成的著名长大隧道有：国内最长的铁路双线隧道——衡广复线大瑶山隧道(14.295km)、国内最长的铁路单线隧道——兰武二线乌鞘岭隧道(20.05km)、国内首次采用 TBM 掘进机修建的隧道——西康秦岭特长隧道(18.456km)、国内最长的岩溶隧道——渝怀铁路圆梁山隧道(11.07km)、国内最长的瓦斯隧道——侯月铁路云台山隧道(8.178km)、国内最长的客运专线隧道——石太客专太行山隧道(27.839km)。正在建设中的著名的长大隧道有：南疆铁路中天山隧道(22.5km)、国内第一条长大水下盾构隧道——广深港铁路客专狮子洋隧道(10.8km)、国内铁路第二长隧——兰渝铁路 TBM 施工的西秦岭隧道(28.1km)、国内铁路第一长隧——青藏铁路西格二线关角隧道(32.605km)等。今后，随着我国铁路建设的发展，特别是客运专线在我国的兴起，我国铁路隧道在数量与规模上仍有很大发展空间。钻爆法是我国隧道及地下工程设计与施工的常用方法，它能实现快速修建，特别是在克服复杂环境条件的快速施工能力上，有很大优势。

隧道修建技术的进步为长大隧道工程的发展和开发利用地下空间奠定了基础。同时，大规模地下工程的建设也必将对隧道修建技术提出新的更高的要求。

第一节　钻爆法隧道施工综述

一、钻爆法隧道施工特点

在进行隧道施工时，必须充分考虑隧道工程的特点，才能在保证隧道安全的条件下，快速、优质、低成本地建成隧道建筑物。隧道工程的特点，可归纳如下：

(1)由于整个工程埋设于地下，因此工程地质和水文地质条件对隧道施工的成败起着重要甚至是决定性的作用。因此，不仅要在勘测阶段做好详细的地质调查和勘探，尽可能准确地掌握隧道工程范围内的岩层性质、岩体强度、完整程度、地应力场、自稳能力、地下水状态、有害气体和地温状况等资料，并根据这些原始材料，初步选定合适的施工方法，确定相应的施工措施和配套的施工机具；而且，由于地质条件的复杂性和勘探手段的局限性，在施工中出现无法预料的情况仍不可避免。因此，在长大隧道的施工中，还应采取试验导坑（如日本青函隧道）、水平超前钻孔、声波探测、导坑领先等技术措施，进一步查清掘进前方的地质条件，及时掌握变化情况，以便尽快修改施工方法和技术措施。

（2）正常情况下，隧道只有进、出口两个工作面，相对于桥梁、线路工程来说，隧道的施工速度比较慢，工期也比较长，往往使一些长大隧道成为关键控制工程。为此，需要附加开挖超前平导竖井、斜井、横洞等辅助工程来增加工作面，加快隧道施工速度。此外，隧道断面较小，工作场地狭长，一些施工工序只能顺序作业，而另一些工序又可以沿隧道纵向展开，平行作业。因此，要求施工中加强管理、合理组织，避免相互干扰。对洞内设备、管线路布置应进行周密考虑，妥善安排。

（3）地下施工环境较差，甚至在施工中还可能使之恶化，例如爆破产生有害气体等，因此必须采取有效措施加以改善，如加强人工通风、照明、防尘、消音、隔音、排水等，使施工场地符合卫生条件，并有足够的照度，以保证施工人员的身体健康，从而提高劳动效率。

当然，隧道工程也有很多有利的方面，例如，施工可以不受或少受昼夜更替、季节变换、气候变化等自然条件的影响，可以竟日终年、稳定地安排施工。

二、钻爆法施工选择原则

目前，隧道施工的方法很多，大体上分为明挖法、暗挖法、沉管法等几大类，其中暗挖法又可分为钻爆法、浅埋暗挖法、掘进机、掘进机辅以钻爆法等几种。

选择施工方法时，要考虑的因素有如下几方面：

（1）工程的重要性，一般由工程的规模、使用上的特殊要求，以及工期的缓急体现出来；

（2）隧道所处的工程地质和水文地质条件；

（3）施工技术条件和机械装备状况；

（4）施工中动力和原材料供应情况；

（5）工程投资与运营后的社会效益和经济效益；

（6）施工安全状况；

（7）有关污染、地面沉降等环境方面的要求和限制。

应该看到，隧道施工方法的选择是一项“模糊”的决策过程，它依赖于有关人员的学识、经验、毅力和创新精神；对于重要工程，则需汇集专家们的意见，广泛论证；必要时，应当开挖试验洞对理论方案进行实践验证。

21 世纪是人类向地下空间发展的重要时期，地下工程必将有大的发展，不同长度、不同类型的隧道将大量涌现，隧道施工技术也必将有重大突破。从目前的工程实际出发，在今后很长一段时期内，钻爆法仍然是修建隧道的主流方法。但在实际工程应用中还存在一些问题，如光面爆破技术未得到较好应用、锚杆作用未得到充分发挥、喷射混凝土施工质量不高、施工机具不配套、监测不及时甚至不监测等问题。因此，不断总结、改造和完善钻爆法及其相关施工技术，提高修建隧道的施工水平，是当前隧道及地下工程工作者的一个重要课题。

三、钻爆法开挖隧道的发展趋势

1. 隧道的长度越来越长

由于修建技术的不断提高，过去认为无法修建的隧道，已经变成事实。隧道越来越长，通行时间却大为缩短，技术条件也越来越好，从而改善了运输条件。国际隧道协会把大于 10km 的隧道划为特长隧道，目前，世界各国铁路上已建成的特长隧道有 50 多座，我国占 6 座，包括大瑶山隧道（14.295km）、长梁山双线隧道（12.782km）、秦岭特长隧道（18.456km）、兰武铁路乌鞘岭单线铁路隧道（左右线隧道各长 20.06km）、渝怀铁路圆梁山单线隧道（全长 11.07km）。世界上最长的隧道为日本青函海底隧道（53.85km），第二长的隧道为英法海底隧道（50.5km）。我国的终南山公路隧道（18.4km）位于世界公路隧道第二位。

近几年，由于客运专线的大量建设，超过10km的单双线铁路隧道迅速增加，如石太客运专线太行山隧道(左右线隧道各长27.839km)、武广客运专线大瑶山隧道群(大瑶山1号隧道10.08km，大瑶山2号隧道6.03km，大瑶山3号隧道8.39km)，同时我国还在"世界屋脊"上建成了青藏铁路，并建成了世界海拔最高的铁路隧道——风火山隧道(全长1 338m，海拔4 905m)。

隧道的单座长度的不断增加，在技术上则要解决一系列重大问题。因此，单座隧道长度的增加，是衡量隧道工程技术发展水平的重要标志之一。

2.勘察设计向综合化、现代化方向发展

隧道工程建设，与地质条件紧密相关，从隧道工程技术发展伊始，它就与地质勘察技术不可分离。地质学的发展，为隧道工程技术的进步奠定了坚实的基础。当前地质勘察综合化，隧道设计现代化，野外测量数据处理自动化，勘察设计一体化、智能化，已经成为隧道工程技术未来发展的趋势，并表现在以下几个方面：

(1)对长大隧道的建设，应越来越注意进行大面积地质调查、测绘及地质选线；由于陆地卫星照片分辨率的不断提高和普及应用，已能够在室内对隧道所在位置的区域进行大面积选线并做到充分优化比选；遥感技术的发展，使得工程技术人员已能在遥感图片上对诸多工程地质因素加以正确判释，从而将隧道选在地质条件较好的位置。GPS全球定位系统在隧道工程中的应用，确保了测量工作在极端困难条件下定位的准确性和正确性。

(2)地质勘察多手段、综合化。除了传统的、必要的地质现场测绘及钻探外，物理勘探技术发展迅速，多种物探方法相互补充印证，再有针对性地用钻探验证，大大提高了地质勘察资料的准确性。地质资料数据的处理广泛采用了计算机，大大加快了对地质数据的分析、判别、处理速度，为隧道设计提供了可靠条件。野外测量数据采集、处理、成图也用计算机来完成，加快了设计进程。

(3)隧道设计广泛采用CAD技术，可以迅速进行多方案比选；专家系统的建立和使用，使设计更加完善准确；特殊情况下的理论分析，用大型软件在计算机上进行，很快就能完成分析，得出结果，使过去人工计算无法办到的事变为事实。

(4)岩石力学的发展，逐步使理论和工程得到有机结合，形成岩土工程科学。由于岩石力学理论上的成就，近代对隧道及地下建筑物的围岩变形、结构受力状态、围岩内部应力分布等有了区别于普氏理论的全新概念，从而使设计出现了新的突破，新奥法原理应用于设计，使设计更加科学合理。

(5)对隧道设计，逐步开始注重功能要求。铁路长隧道的安全防灾设计、铁路长隧道的环保和维修作业特殊要求设计，公路隧道的通风自动控制、防灾报警抢险及监视系统设计，地铁及地下停车场的通风、照明、安全设计，已普遍进行详尽的施工图设计，在主体建筑设计中一次考虑，提出完善配套的设计。

(6)在一些地质复杂的长大隧道中，推行掌子面地质超前预报技术，采用地震波法、声波法等预报掌子面前方50～150m范围内的地质条件，一方面使施工有所准备，另一方面可以据以提前考虑作出修正设计，实现设计→施工→修正设计→修正施工的目的。

3.钻爆法施工适用范围不断扩大

钻爆法施工不仅适用于硬岩，也适用于软岩，尤其是在长大隧道施工中，具有其他施工方法所不具备的优势。目前，在我国，采用钻爆法施工的厦门东通道翔安海底隧道施工已经贯通，青岛胶州湾海底隧道正处于施工尾声，均为双向六车道大断面施工。

4.钻爆施工开挖不断向大断面少分部开挖转变，与之相适应的支护技术正飞速发展

由于施工技术的巨大进步，机械设备的现代化，使钻爆法施工的开挖方法有了根本性的变化。其总的趋势是趋向大断面少分部开挖，辅以简单易行且安全可靠的强有力的支护结构。诸如全断面开挖、台阶法开挖、中隔墙法(CD、CRD法)开挖，都是当前主要的开挖方法。开挖方法的转变，关键因素是要解决大能力施工机械和高效易行的支护技术。

5.施工新技术的应用

采用隧道施工新技术对施工质量的提高和施工进度的加快有着十分明显的作用。

(1)钻孔作业使用能力更强的凿岩机或钻孔台车，冲击钻头采用更优良的合金材料和改进钻头形状

以加快钻孔速度,开发更有效的爆破器材;研究优化爆破设计,经编程后由计算机控制钻孔;提高凿岩爆破能力。

(2)加强对喷混凝土及喷射钢纤维混凝土的应用研究,完善施工工艺,改善施工条件,提高支护质量、速度及效果。

(3)加强对衬砌混凝土的研究应用,使预制混凝土衬砌向高强度等级、尺寸误差小、密封条件好的方向发展。

(4)进一步完善辅助工法,特别是加强注浆技术(注浆设备、材料、工艺、检验)的研究,以提高应对不良地质的应变能力。

6.隧道施工设备向大型机械化发展

隧道施工设备的发展总趋势:一是能力越来越大,效率越来越高,无论是钻爆法的钻孔机械、装渣机械,还是钻爆法的运输机械,都朝着大能力、高效率,以及用现代技术注入工程机械的方向发展。二是20世纪30～40年代出现了隧道掘进机,改变了利用化学、物理能破碎岩石的传统方法,利用机械能挤压破碎岩石完成开挖。三是隧道施工的辅助作业机械,特别是通风机械,朝着大容量、高效率、节能、自动调速、可逆运转等方向发展,大大改善了施工作业环境。

在应用最广泛的钻爆法作业方面,建立以钻孔台车为先导的几条机械化作业线(开挖、出渣作业线,喷混凝土作业线,模筑混凝土衬砌作业线),可以使钻爆法适应性更强,投资效益更加明显;在特长隧道中采用以全断面掘进机为核心的技术综合机械化(开挖、出渣、衬砌),谋求长隧道施工中的高速、高效和高质量的突破;发展盾构和沉管施工的机械化、自动化施工,将使城市地下交通和越江隧道得到更快的发展。

7.加强隧道施工现代化管理

隧道施工采用现代化管理方式可最大限度地发挥机械效率,确保工程质量和施工安全。

8.建立风险评估机制,加强风险管理,对风险进行有效控制、规避,保证施工安全是当前隧道工程的发展方向

地下工程周边环境的复杂性和诸多不确定性因素,使地下工程建设成为高风险的行业,在隧道工程中进行风险管理的积极探索是必要和紧迫的。目前,住房和城乡建设部、铁道部已组织有关单位编制了风险评估的规范与指南,用以指导和规范隧道施工,提高隧道和地下工程的安全管理水平。

9.注重环境保护,减少环境污染

以人为本,创建和谐社会,已成为我国的基本国策,在山岭隧道施工中,应注重环境保护,尽量减少对环境的污染也已成为必然选择和发展趋势。

第二节　钻爆法隧道施工技术要点

为了适应今后隧道工程大规模发展的需要,采用钻爆法施工时,应注意以下几方面的工作。

一、进行综合性的超前预报,并将其纳入正常的施工工序

必须重视综合地质超前预报,长短结合,以短为主,准确预报不大于30m隧道前方及隧道周边外1倍洞径的地质情况,并需要将地质超前预报作为一道施工工序列入施工组织中。

在隧道施工中,最多亦较准确的是采用长短相结合的超前钻探辅以地质素描的方法进行地质超前预测预报,以较准确地判断掌子面前方30m和隧道开挖轮廓线外1倍洞径范围内岩溶和地下水的发育情况。

(一)地质素描

1.掌子面素描法

掌子面素描法,就是根据掌子面的地质情况,利用常规地质理论和几何作图法推测掌子面前方地质情况。地质素描的主要内容包括:地层岩性、地质构造、地下水特征、围岩稳定性特征及支护情况。

通过准确的掌子面素描,可以确定地质异常体岩性变化规律、发育规模及性质等地质情况。

2. 超前导洞预报法

平行导坑法是在隧道正洞左边或右边一定距离开挖一个平行的断面较小的导坑，以导坑中的地质情况通过地质理论和作图法预报正洞地质条件的方法。平行导坑的作用很多，地质预报只是其中的用途之一。

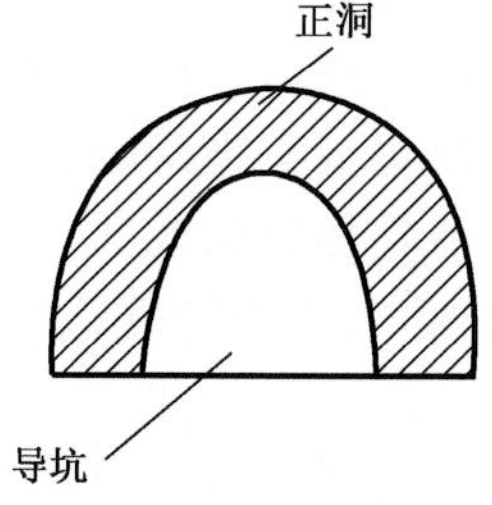

图 2-1 正洞导坑法

正洞导坑法(图 2-1)是在隧道正洞中某个部位开挖一个断面较小的超前导坑，以探明地质情况的方法。该方法较平行导坑法更直接、更准确。正洞导坑可作为隧道施工工法的一种，既开挖了隧道，又探明了地质。

3. 洞身地质素描法

对隧道拱顶、左右边墙进行地质素描，并通过地质展示图形式表现出来，可以直观地判定隧道前方、周边地质岩性及不良地质体的发育规模，以及在空间上对隧道的影响程度等。

(二)超前地质钻探

1. 地质钻机水平钻孔超前探测

超前地质钻孔是利用水平钻机在隧道掌子面进行水平地质钻探获取地质信息的一种地质超前预报方式。平导水平钻孔大多采用如图 2-2 所示方式布置，纳入施工工序，每 30m 一个循环。

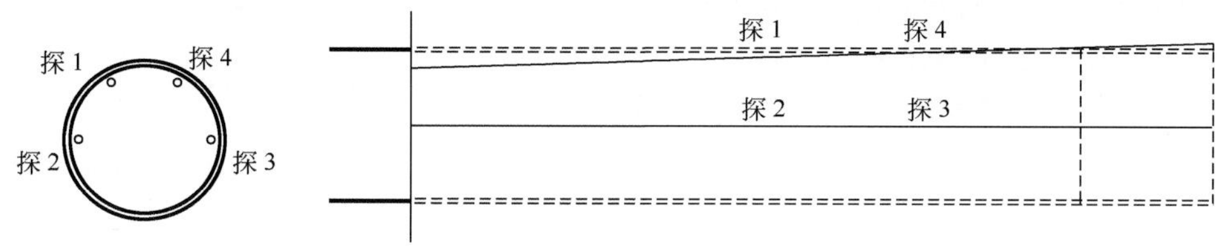

图 2-2 超前水平钻探钻孔布置图

超前钻孔探测的优点：

(1)可比较直观地展现钻孔所经过部位的地层岩性、岩体完整程度、裂隙度、溶洞大小、有没有水以及可测水压高低等。

(2)煤系地层可进行孔内煤与瓦斯参数的测定，采取适宜的防治措施，防治煤与瓦斯突出的危险性。

(3)与物探方法相比，它具有直观性、客观性，不存在物探手段经常发生的多解性、不确定性。

超前钻孔探测的缺点：费用高，占用隧道施工时间长，且资料只是一孔之见。

2. 风钻超前探测

该方法是利用风钻在隧道掌子面钻水平的小孔径浅孔获取地质信息的一种方法，它是岩溶发育区对超前地质钻孔的一种重要补充，因其数量较多，有时效果是非常明显的。与超前地质钻孔相比，它具有设备简单、操作方便、费用低、占用隧道施工时间短，可与爆破孔同时施作的特点，只不过其深度较爆破孔深 2～6m，这样，风钻探测深度总是超前每循环爆破进尺 2～6m，以保证施工安全。其缺点是孔浅，且不能取岩芯。

受技术发展水平的限制，目前还没有哪一种技术方法和手段能解决施工超前地质预报中的所有地质问题，因此施工阶段采用多种技术方法和手段进行综合超前地质预报十分必要。若采用综合地质预报方法，地质预报资料的综合判析就显得特别重要，它是对采用各种预报手段获得的资料进行归纳、分析、对比，从而提出最终预报结论和工程措施建议，以指导施工，并确定下一步预报的方案和各预报手段工作计划。

二、初期支护要强，承受全部荷载，二次衬砌作为安全储备

对于普通隧道而言，初期支护承受部分水和全部土荷载；而对于浅埋或海底隧道初期支护则需要承受全部水、土荷载，二次模筑初砌仅仅作为安全储备。

(一)隧道围岩变形与支护机理分析

在当前我国生产力水平条件下，隧道施工的核心就是“基本维持围岩原始状态”及“预防和严控特殊

地质隧道局部失稳引发整体失稳”，达到“合理而不是充分发挥围岩自承作用”的目的，并且“保持平衡稳定性”，在这一点上，各种设计理论和工法是一致的。“预支护原理的正确运用”是确保隧道围岩稳定的前提，“基本维持围岩原始状态”、“预防和严控特殊地质隧道局部失稳引发整体失稳”和“能量最小原理”三者是相辅相成的，“能量最小原理”是直接判断施工经济性优劣的原则，“基本维持围岩原始状态”和“预防和严控特殊地质隧道局部失稳引发整体失稳”是应遵循的技术原则，“保持平衡稳定性”是工程质量的保证。因此，在隧道建设实践中，重要的不是采用什么理论和工法，关键是建设过程中要遵循隧道工法合理性判别原则。

1. 隧道围岩变形与支护机理

隧道开挖前是处于三维应力状态的，隧道开挖后形成了新的空间，出现了临空面，围岩向洞内移动，应力进行重新调整，从而形成了二次应力。如果围岩的强度高于二次应力，则围岩是稳定的；如果围岩的强度低于二次应力，则必须进行支护，以保证围岩的稳定。

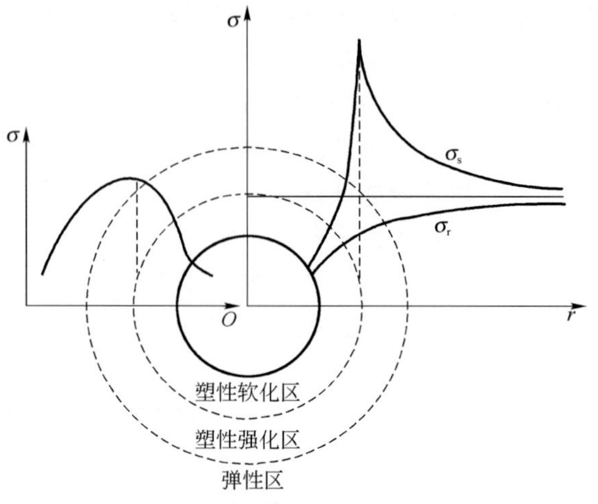

图 2-3　围岩分区与支护性示意图

如果不对围岩进行适时的支护，围岩就会发生破坏，围岩的破坏是从围岩表面开始的，逐渐向深部开展，依次形成塑性软化区、塑性强化区和弹性区，如图 2-3 所示。塑性强化区和弹性区是围岩承载的主体，塑性软化区是支护的对象。通过对软化区进行支护，一方面可以提高其强度，有利于其自身的稳定；另一方面软化区围岩再对塑性强化区的围岩实施作用，增大了强化区围压，使强化区围岩的承载力得到提高。所以，通过支护或加固软化区围岩，可以提高强化区围岩的强度，使围岩的自承能力得以部分发挥，实现深部围岩的稳定，并使其成为主要承载区。

2. 隧道围岩的平衡稳定

控制理论指出，“一般地说，任何一个力学系统、物理系统以及工程技术中的某些系统都有运动（平衡）稳定性的问题”。由于工程结构受到各种干扰作用，因此，在实际问题中，“稳定”运动（平衡）是可能长期实现的，而“不稳定”运动（平衡）是不能长期实现的。在结构平衡概念中介绍的球体平衡稳定性指出，当球体处于如图 2-4 所示状态时，外界给予少许干扰后球体偏离原始位置，但无法自行恢复原始状态，则处于不稳定平衡状态；反之，当球体处于如图 2-5 所示状态时，外界给予少许干扰后球体偏离原始位置并能自行恢复原始状态，则处于稳定平衡状态。

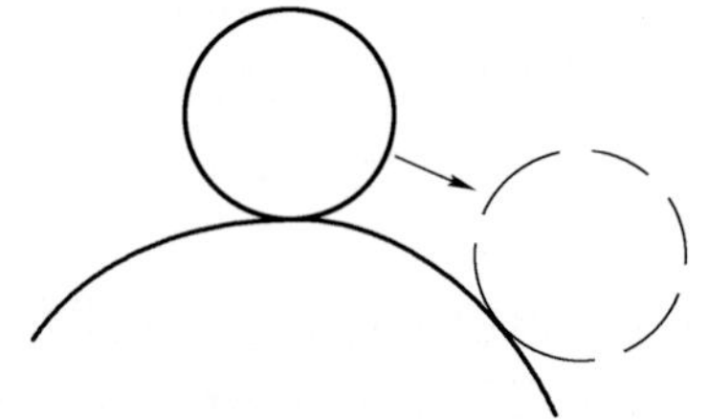
图 2-4　不稳定平衡

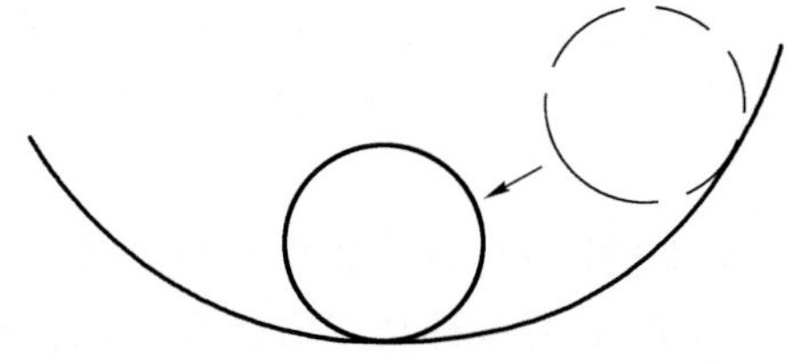
图 2-5　稳定平衡

根据经典力学分析，任一时刻作用于结构系统的力（惯性力、阻尼力、弹性力、干扰力等）都是相互平衡的，稳定的平衡结构系统是能够实现持久平衡的，如运动的火车、使用中的桥梁隧道结构等；如果结构平衡系统一旦丧失其稳定性，其平衡状态就经不起干扰，可能随即发生破坏，如火车脱轨、翻车，桥梁隧道结构破坏（如：1994 年美国塔科马悬索桥的动力失稳破坏，2007 年国内乌竹岭隧道初期支护后突然坍塌等），所以不稳定平衡系统是不能长期存在的。

隧道工程实践中如何应用平衡概念呢？如果周围相关环境处于稳定平衡状态，则隧道工程建设就较容易；如果周围相关环境处于不稳定平衡状态，则隧道工程建设就较难甚至非常难，这时可采用绕避不稳定平衡体或往里靠延长隧道的方法使之处于稳定平衡状态，否则只能采用工程措施使隧道与周围

相关环境共同作用符合力学规律(特别是施工与养护过程中每一步骤或使用过程中每一时段,隧道围岩和支护系统都必须满足三维力学平衡、三维力与变形协调、三维变形协调与稳定)。

3.洞室围岩稳定经典历史工程实例

并非隧道开挖就会引起围岩破坏。事实证明,许多已建的地下洞室开挖后,即使没有任何支护也保持了长期的稳定,这充分说明了围岩有一定的自承能力。从地道战时开挖的地道、黄土高原窑洞等大量历史地下工程建设实例中(图 2-6～图 2-8)不难看出,只要选择合适的围岩环境,采取适当的开挖工艺和开挖顺序,选取合适的开挖断面,就能保持地下洞室的安全与稳定。

图 2-6 战时地道开挖作业图

图 2-7 700 年前的攻城地道

图 2-8 黄土高原窑洞群

(二)隧道预支护原理

以前在介绍新奥法、浅埋暗挖法、矿山法等隧道设计理论和工法时,都是着重介绍各种隧道设计理论和工法的适用性和差异性,而较少介绍各种隧道设计理论和工法的内在联系和统一性,其实各种隧道设计理论和工法存在统一性,如围岩与支护系统共同作用理论是许多工法的共同理论基础,根据围岩实际情况进行设计与施工的理念对任何施工设计理论、工法都具有指导意义,这种统一性在实际应用中显得更为重要。

以不同的设计理论为基础的各种隧道工法,其核心都是一致的,即隧道围岩与支护共同作用要达到足够强大,即初期支护要强,以形成稳定平衡体系,实现“基本维持围岩原始状态”,从而达到“合理而不是充分发挥围岩的自承能力”的目的。

预支护原理是以现有设计理论为基础并结合各种工法的优点,阐述了隧道围岩极限自承载力 P_{max}、支护抗力 T 和围岩原始内力 P_0 三者之间的力学关系,真实反映隧道“围岩—衬砌”结构体系在开挖与支护(含预支护)过程中的互动过程和相互作用。预支护原理解释了各种设计理论及其工法的统一性和适用性问题,以便于实际应用。一些设计理论及其工法其实包含了预支护原理的部分内容,但没有作出系统的表述,因此产生了一些分歧和理解上的差异,影响了合理理论和工法在工程中的应用。建立初期支护原理的完整理论体系将有助于解决隧道设计计算方法的合理选用和施工方案的合理制订。

隧道施工开挖形成新的临空面,导致洞周围岩在径向上产生应力释放,而远离隧道地层的应力状态并不发生变化。不失一般性,考虑均匀初始地应力场,用 P_0 表示初始地应力,如图 2-9 所示。由静力学的原理可知，P_0 由"围岩—支护"结构体系的承载力来平衡。定义围岩预支护力 F 等于"围岩—支护"结构体系的承载力，即：

$$F=T+P_{max}$$

式中：F——预支护力；

T——支护抗力；

P_{max}——围岩极限自承载力。

因此，隧道预支护力不只是支护结构对围岩的作用力，它是由围岩结构的极限自承载力和支护结构直接对围岩提供的支护抗力共同组成的。围岩结构的自承载力可以通过预支护措施和采取合理开挖措施得到维持。

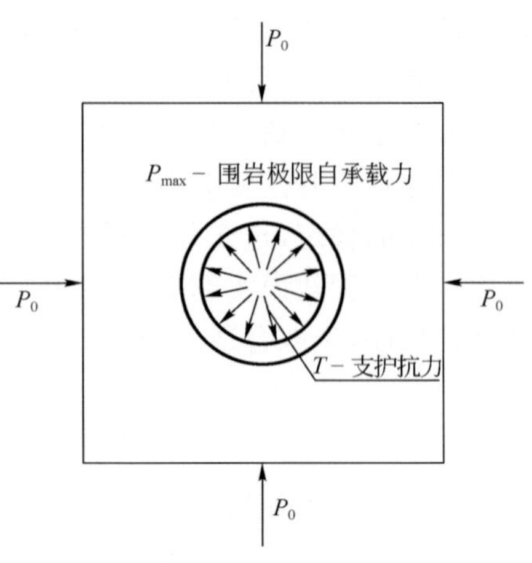

图 2-9　围岩与支护共同作用图

当预支护力大于使围岩发生过大变形或破坏的力时，隧道围岩是处于稳定平衡的，称之为隧道预支护原理。根据围岩稳定的一般原理，地应力是使围岩发生变形和破坏的根本动力，使围岩失稳的"力源"。因此，隧道预支护原理可进一步表述为：预支护力 F 要始终保持大于隧道施工前保持原始岩体稳定平衡的原始内力 P_0，使围岩处于稳定平衡状态。即：

$$F>P_0$$

隧道的核心就是动态平衡与保护中线，使围岩达到稳定平衡状态。

隧道在开挖前处于三维应力状态，围岩本身所具有的极限自承能力是大于原始内力的，围岩处于稳定平衡状态。隧道开挖后，由于临空面的出现，围岩的应力状态发生了调整，径向应力降低，重力、水作用力、膨胀力、构造应力和工程偏应力等使围岩向隧道断面内移动，与此同时，围岩内部结构趋于恶化，导致围岩极限自承能力降低，如图 2-10 所示。开挖的过程就是对围岩加载的过程，围岩发挥的自承力是二次应力状态所决定的，是导致围岩移动和破坏的荷载的反作用力。围岩的极限自承能力是围岩发挥自承力的上限值，它既是空间的函数，也是时间的函数。

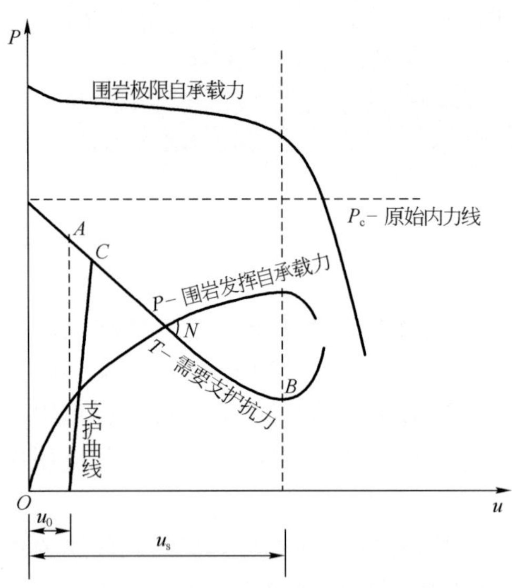

图 2-10　隧道预支护原理的力—位移曲线

对于围岩好的情况，隧道开挖后围岩发生了变形，极限承载能力下降，经过一段时间后，围岩内部结构调整完毕，变形收敛，围岩极限承载力虽然发生了下降但还是大于 P_0，预支护力也大于 P_0，即 $F>P_0$，围岩处于稳定平衡状态。

对于围岩差的隧道，开挖后围岩处于加速变形阶段，在较短时间内围岩极限自承能力就急剧下降并小于 P_0，如果来不及施加支护，预支护力等于极限自承能力，预支护力也小于 P_0，即 $F<P_0$，围岩处于不稳定平衡状态。

更具有广泛意义的是，处于这两种极端情况之间的围岩，隧道开挖后围岩变形过程可以分为两个阶段，一个是形变压力阶段，另一个是松弛压力阶段。在形变压力阶段，围岩极限自承能力下降，但还是大于 P_0，围岩发挥的自承力随变形的增加而增加，围岩的自承能力得到了发挥，所以隧道开挖完成初期，要允许围岩发生一定的变形，应及时采用柔性支护，若采用高刚度的支护结构限制围岩变形，支护结构将承受较大的荷载。如果支护刚度过小或支护时机过晚，围岩变形发展到松弛压力阶段时，围岩进入松弛状态，其极限自承能力迅速下降并小于 P_0，预支护力也小于 P_0，即$F<P_0$。

二次支护合理时机的选择使隧道开挖后允许围岩有一定的变形，再进行支护，促使围岩从非稳定平衡状态向稳定平衡状态转变。这样可以发挥围岩的自承能力，减小支护刚度，进而降低造价。允许围岩变形量的大小可根据围岩级别、断面大小、埋置深度、施工方法和支护情况等，采用工程类比法预测；当无法预测时,可依据《公路隧道设计规范》(JTG D70—2004)的规定选用,并根据现场监控量测结果进行调整。

为了说明问题,现结合图 2-10 作进一步解释。隧道刚开挖完成,对于隧道围岩自稳能力好,围岩有一定自承能力的情况,围岩和支护的刚度曲线交点 C(稳定点)应尽量靠近 N 点,使围岩所承受的荷载尽可能大,可采用柔性支护,释放部分原始应力,应该允许围岩发生少量的变形。对于隧道围岩自稳能力差、自承能力小的情况,则围岩和支护的刚度曲线交点 C(稳定点)应尽量靠近 A 点,要采用刚性支护,控制围岩变形,使支护所承受的荷载尽可能大,以保护围岩原始应力(对应浅埋暗挖法)。其他情况则介于两者之间,隧道结构设计与施工人员必须熟悉隧道预支护原理,通过理论计算和工程类比法初步确定支护结构,然后采用信息量测修正支护结构变形和受力,从而达到较好效果。为了保持围岩的自承能力,在隧道施工过程中,要尽可能防止岩体松动,防止产生不利的应力条件,尽最大可能保持原始岩体强度。总之,不论哪种情况,预支护力 F 都要足够大,才能使隧道达到"基本维持围岩原始状态",而达到隧道"充分发挥围岩的自承能力"的目的,这就是隧道预支护原理的核心。

(三)三种情况下的围岩预支护原理应用

为了更清楚地说明预支护原理,可将围岩分为完整能自稳围岩、有一定自承能力围岩和自承能力很差的破碎围岩。隧道开挖支护关系就像对应人体肌肉中弹创伤关系一样:体质好的,简单处理后能自行愈合;体质中等的,需要普通治疗可愈合;体质差的,需要手术和抢救才可以恢复健康。下面对这三种不同围岩分别说明。

1. 自承能力好的完整围岩

这种完整围岩自承能力比较大,可以提供维持围岩稳定所需要的承载力,如图 2-11 所示,即使不采取任何支护措施,围岩也能自稳。这类围岩隧道开挖要允许围岩有一定的变形,因为一定的变形有利于围岩自承力的发挥,就可以提供较小的支护力。在许多省道或县道,为了节约建设成本,采用开挖完毛洞或只初喷少量混凝土的方法,充分利用围岩的自承能力来维持洞室的稳定。另外,如西北黄土高原的窑洞、地道战时修建的地道等都属于这种情形,类似挪威法(硬岩+喷锚)等应用情况。

2. 有一定自稳能力的围岩

对有一定自稳能力的围岩,其预支护原理的曲线如图 2-12 所示,围岩的自承能力初期大于原始内力 P_0。隧道开挖后,围岩不会立即松弛垮塌,围岩压力还处于形变压力阶段,围岩处于非稳定平衡状态,随着变形的不断增大,围岩内部结构和应力状态在不断的调整,围岩的自承能力呈下降趋势,而承载力则不断增加,围岩的自承能力得到发挥。支护的目的就是要使围岩从非稳定平衡状态向稳定平衡状态转变。然而,支护时机的选择非常重要,从图 2-12 中可以看出,支护过早就不能充分发挥出围岩的自承能力,这时要使围岩从非稳定平衡状态向稳定平衡状态转变,则需要的支护抗力就比较大;如果支护过迟,围岩压力由形变压力转换为松弛压力,围岩从非稳定平衡状态转化为失稳状态,围岩发生松弛,容易引起大面积坍塌。

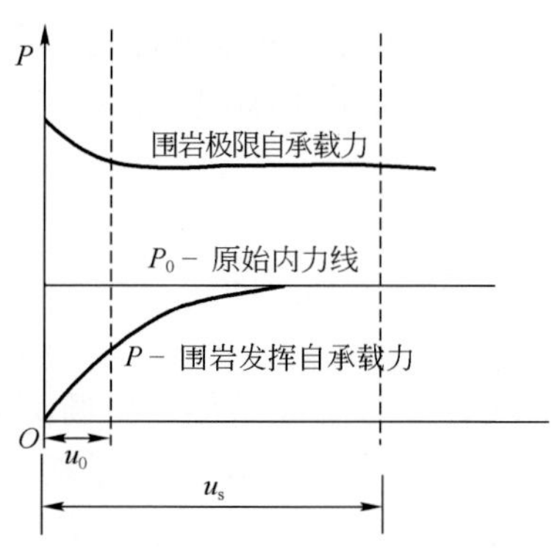

图 2-11 完整围岩的预支护原理曲线

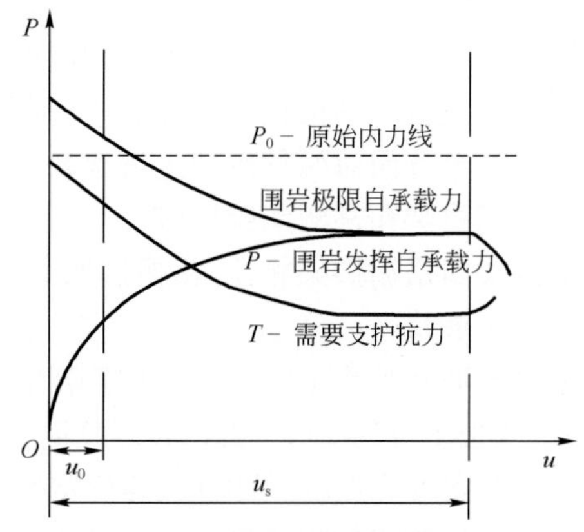

图 2-12 有一定自稳力围岩预支护原理曲线

3. 自承能力差的破碎围岩或软弱围岩

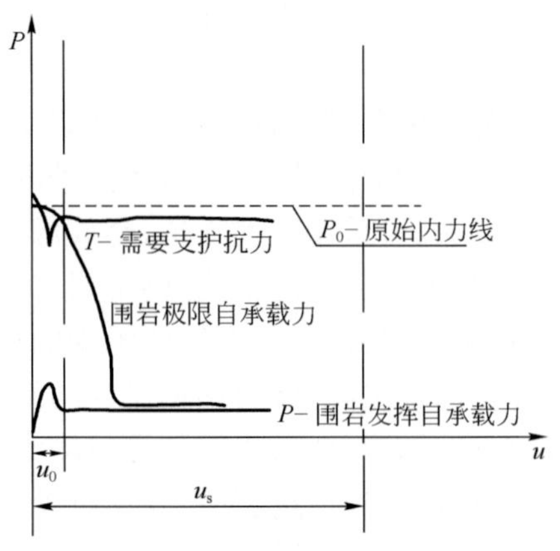

图 2-13 自稳能力差围岩的预支护原理曲线

从图 2-13 曲线上可以看出，这种破碎围岩的自承能力相对较小，而且在洞室开挖后会迅速下降，围岩形变压力迅速转化为松弛压力，围岩很快进入松弛状态，即很快从非稳定平衡状态向失稳状态转化，所以要求开挖前提供预支护或超前支护，以改善围岩的原始状态，提高自承能力。经过处理的隧道开挖后围岩仍处于非稳定平衡状态，但其自承能力有了较大提高，不会瞬时垮塌，这为进行初期支护赢得了时间。此类围岩初支必须采用刚性支护，而且必须及时。另外，隧道开挖后，由于此类围岩是处于比较敏感的非稳定平衡状态，或者说抗干扰能力较差的非稳定平衡状态，初支顺序对其状态的改变是非常敏感的，合理地选择支护顺序对其从非稳定平衡状态向稳定平衡状态的转变是非常重要的。

总之，根据预支护原理，在二次衬砌施加以前，初期支护与围岩共同组成承载体系，初期支护的承载力是预支护力的重要组成部分，起着重要作用。这是要求进行强初期支护的主要原因之一。如浅埋暗挖法要求初期支护是施工期间的承载结构，承受施工期间的主要荷载（土压力、部分水压力），二次衬砌仅作为一个安全储备。

保持破碎围岩的初期支护强度，同样十分重要，如某隧道 III 级围岩洞段坍塌事故的原因就是初次支护强度不足所致，该洞段采用了柔性支护结构形式，初期支护施加一段时间后喷射混凝土开裂，再过一段时间后突然坍塌。这一工程实例说明，在软弱围岩中修建隧道时，设计时应遵循"初期支护要强，承受部分水压和全部土荷载，而浅埋和海底隧道初期支护则承受全部水荷载和土荷载，二次模筑初砌仅作为安全储备"这一理念。

因此，初期支护是主要受力结构，应按永久结构设计，且必须在其基本稳定后开始进行防水层和二次模筑衬砌，在尚未稳定情况下，企图用模筑衬砌进行支护是不安全的，衬砌会产生开裂。二次衬砌为安全储备和承受部分流变荷载、地震作用等，有模筑混凝土、钢筋混凝土两种形式。

三、尽可能多采用网构钢拱架，少用型钢拱架

与型钢支护相比，网构钢拱架的主要优点是：靠近工作面的第一排型钢拱架不受力，喷混凝土后的网构拱架可承受 10 倍荷载，型钢则可承受 4 倍荷载，而型钢后部混凝土喷不上，易渗漏水。网构拱架则不存在这些缺点。

网构钢拱架设计、制造通过军都山隧道黄土段工程施工观察、现场试验及网构钢拱架 1∶1 的室内荷载试验，证明网构钢拱架不仅具有传统钢拱架的功能，而且克服了传统钢拱架的许多缺陷，其刚度随喷混凝土强度的增加而增大，它的刚度可通过调整喷层厚度和纵向拱架间距等方式来调整，以适应不同的地层要求，表现为先柔后刚，与围岩刚度匹配。该结构广泛应用于城市地铁及城市地下工程中，取得了明显的经济效益。网构钢拱架在推广应用中，还具有明显的可靠性和实用性，防塌、限沉效果突出。

以下从几个方面对两种拱架进行比较。

（一）型钢拱架和格栅钢架比较

型钢拱架与格栅拱架相比，格栅拱架具有明显的优点，主要表现在以下几方面。

1. 制作安装快

型钢拱架通常是将 I 14～I 20 工字钢在重型机械（如装载机）配合下弯制成拱形。格栅钢架一般为四弦杆式，四根主杆用 ϕ14～22mm 螺纹筋在操作台上人工弯制成拱形，主杆间设 8 字形斜杆，做到在 x、y 两个方向实现等强度、等刚度、等稳定度，组合焊接成栅形式，断面规格从 14～20cm 不等。

安装时由机械将数榀格栅拱架运至工作面附近，由于重量较轻，两个工人即可将其运至工作面上并拼装成拱，显得更轻便。型钢拱架一般则较重，需要机械及人工配合才能安装到位。前后两榀拱架间均

采用钢筋连接，以提高拱架联合受力的整体刚度。

两种钢拱架架立后，都要求及时进行喷混凝土覆盖。一是为了能使混凝土和拱架联合受力，提高支护强度，封闭围岩，防止不稳定岩体掉块；二是为了包裹钢筋，使其不受地下潮湿环境侵蚀，喷混凝土厚度要求将拱架完全覆盖，并具有5～10cm厚的保护层。施工中应特别注意，不能在拱架与围岩间的空隙填垫碎石，否则喷混凝土不能填充满石头间的空隙，出现“两层皮”现象，降低支护强度。拱架和围岩间的较大空隙可采用浇筑混凝土或喷混凝土或进行充填注浆填平，1.5m以上的空隙可以考虑在主拱上方设附拱。有很多隧道坍塌的实例都是与初支背后空洞有关，这方面有血的教训，施工中必须加强初期支护与围岩之间的充填及对此道工序的控制。

2. 节省成本

格栅钢架在经济方面远远优于型钢拱架，以开挖半径为5m的半圆形洞室为例，所用支护材料分别为工字钢I20和ϕ18mm的螺纹筋，拱架和横向支撑的排间距都按1m计算，不考虑喷锚网，由此得到两种拱架的成本，如表2-1所示。

每榀米拱架的成本估算(单位:元)　　表2-1

项目		型钢拱架——工字钢I20		格栅钢架——螺纹筋ϕ18mm	
		数量	合价(元)	数量	合价(元)
材料		50.49kg	176.72	19.10kg	46.00
人工	制作	0.36工时	10.76	0.22工时	6.37
	安装	0.30工时	8.82	0.11工时	3.18
机械使用	制作	0.38台班	7.59	0.04台班	2.33
	安装	0.44台班	8.75	0.01台班	0.59
合计		—	213	—	59

注：本表成本估算的时间为2005～2006年。

综上所述，格栅钢架每榀米成本仅为型钢拱架的28%，每榀米成本可节省154元。首先，节省了材料，格栅钢架的材料成本仅为型钢拱架的26%。这是因为单位长度钢筋的质量显然比型钢小很多，后者在接头处还要求采用附件，如夹板、钢楔等，增加了材料用量。其次，是人工和机械使用费用大大减少。工字钢的质量大、硬度大，制作时需要机械配合，安装时由于洞内场地狭小，造成施工不便，很费人力、物力、时间，增加了投入。相比较而言，格栅钢架轻便，可以人工制作，在洞内仅使用简单的辅助设备即可安装到位。所以，这里每榀米格栅钢架的人工和机械使用费比型钢拱架节省了65%。

3. 施工速度快

在表2-1中，格栅钢架安装4榀的时间大约仅相当于安装型钢拱架1榀的时间。后者在施工速度上的缓慢，一方面势必影响工程进度，另一方面也给开挖支护安全带来不利影响。首先，当隧洞工程量大、地质条件差的时候，特殊洞段的处理快慢对隧洞总工期的影响是很关键的。停工1～2个月，甚至更长时间后，需进行特殊洞段处理的事件屡见不鲜。如果采用格栅钢架，则能节约更多时间。其次，长时间暴露会使围岩产生有害变形，所以要求在对洞周进行初喷混凝土和架设钢筋网后要尽早进行刚性支护，使刚性支护和柔性支护共同作用，防止围岩失稳，而型钢拱架在施工速度上的缓慢可能错失“及时支护”的最佳时机。最后，型钢拱架使施工人员在危险洞段作业的时间较长，对人员、设备的安全不利。

4. 安全效果优

如果从材料特性上考虑支护的安全性，格栅钢架在横断面x、y两个方向上具有等强度、等刚度、等稳定度，并具有相对柔性，刚度适中，容许围岩适度变形的能力优于型钢拱架，能及时提供支护阻力，适用于岩层比较破碎、不稳定的地层。型钢拱架采用工字钢材料，其抵抗山岩压力的能力大于以螺纹筋为材料的格栅钢架，适用于岩层十分破碎、非常不稳定的地层。但在实际工程中，采用了型钢拱架支护仍然发生拱架变形、围岩坍塌的事故也不少。此外，如图2-14所示，型钢拱架的初始刚度较大，在A点就达到极限平衡状态，不仅不利于发挥围岩的自承能力，反而增加了支护结构的负担；相反，格栅钢架具有较强的适应变形的能力，使围岩应力得到了部分释放。

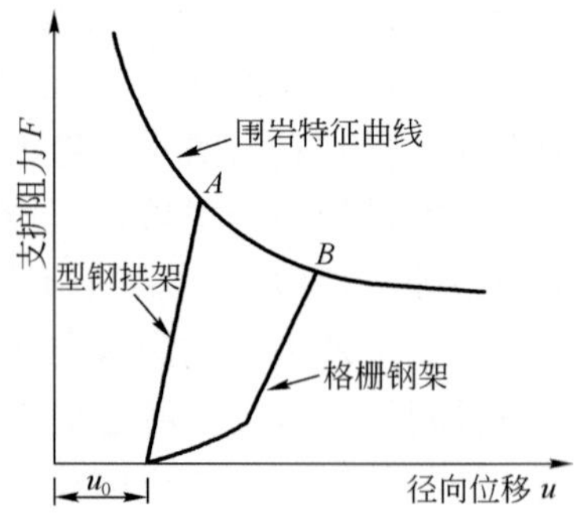

图 2-14 拱架支护曲线示意图

(二)选择原则

在对型钢拱架和格栅钢架的选择上，主要遵循以下两个原则：

(1)合理安全度。这里安全度指支护结构可承受的最大压力与该段围岩可能产生的山岩压力的比值。“合理安全度”即不一味、盲目地靠增加投入，采取重型支护手段来提高临时支护的安全度，而是在充分进行地质分析的基础上，在保证安全的前提下采取最节约投资的支护措施，是在投资和安全上寻找平衡点。

(2)柔性支护和刚性支护共同作用。一方面充分利用格栅钢架的柔性；另一方面无论采取哪种拱架，都必须认识到刚性支撑仅起着骨架作用，应该重视的是随之加固的喷混凝土或混凝土浇筑。喷锚网和拱架体系形成柔性支护和刚性支护共同作用、联合受力，形成整体结构，起到防止失稳的良好作用。

(三)基本结论

虽然在一定条件下，格栅钢架比型钢拱架具有很多优势，但在施工中也特别需要注意以下常见问题：

(1)制作和安装过程中焊接必须饱满。

(2)施工中，拱架两侧的固定锚杆必须按要求设置，锚杆要和拱架牢固焊接；注意保持隧洞顶部的拱架的拱形，防止架立拱架时随岩面起伏而弯曲，破坏拱架的受力特性。

(3)支护完成后要勤观察、监测围岩，掌握围岩变形的动态资料，特别是不良地质洞段和地质条件尚不很清楚以及临时支护已存在隐患的地段，一旦发现有不利变形，要迅速采取进一步的重型支护。

(4)型钢拱架只适用于地层条件极差的地段；当初始应力在 20h 内释放荷载大于 0.1MPa 时，应选用型钢拱架进行初期支护。

(5)当初始应力在 20h 内释放荷载小于 0.1MPa 时，应选用钢格栅初期支护形式。为了提高整体刚度，可以加密格栅之间的间距。格栅钢架的间距一般分为以下 3 种：50～70cm、70～100cm、100～120cm。

(6)网构格栅钢架在喷混凝土一段时间后才能承载受力，一般距工作面的第三榀格栅钢架才能真正受力。

总之，格栅钢架与型钢拱架相比具有施工便捷、节省投资的优势。因此，提倡在可能的情况下优先使用格栅钢筋拱架。

四、软弱地层取消系统锚杆，只在拱架接头处设锁脚锚管

对于 V、VI 级围岩不应设置系统锚杆。尤其顶部锚杆，在各类围岩均不应设置。若设置，则相当于在一块块豆腐中插入一根筷子，想用该筷子提起豆腐串是不可能的。特别是对于软弱围岩的拱部，由于采用台阶法施工高度所限，根本不可能垂直打设，水平打设的系统锚杆对于软弱围岩反而是一个负载。另外，对于拱部有水地段，垂直打设的系统锚杆相当于在拱部无洞的情况下要打出一个洞来，是有百害而无一利的。

要保证软弱围岩隧道施工安全，只需要在两榀格栅钢架之间用斜拉杆焊接，拱脚处采用纵向托梁、较长的注浆锁脚锚管(锚杆)或扩大拱脚等措施进行加强，这是保证下步开挖安全最重要的措施，必须认真落实；钢架落底接长时，应沿隧道两侧交错进行，根据围岩条件每次接长 1～3 榀，上下格栅钢架必须对接牢固；长锚杆或注浆锁脚锚管是施工时临时加固的手段。

但是，对于 III、IV 级围岩局部破碎地段，则必须设置边墙锚杆和钢筋网进行加固，以确保隧道结构及施工安全。顶部锚杆施工危险，也没有锚固点，故不宜设置。

为了检验系统锚杆在软弱围岩中的作用，特安排在某黄土隧道中设置有系统锚杆和无系统锚杆两个长为 30m 的试验段进行现场施工监控量测，对二者的初期支护效果进行分析对比，以检验锚杆在黄土隧道中能否起到应有的作用。监控量测项目有净空收敛、拱部下沉、围岩压力、钢架应力、喷射混凝土

应力、锚杆轴力和纵向连接筋应力等。现将该试验结果介绍如下：

(一)试验段依托工程情况介绍

某黄土隧道左线全长103m，右线全长187m，为双洞4车道隧道。隧道处在地貌形态属黄土梁茆区的茆状斜梁地区。洞身段为IV级围岩，土层为离石组老黄土，土质较均匀，结构紧密，中部夹含多层棕红色古土层和少量钙质结核，呈块状整体结构，柱状节理发育。

该隧道采用复合式衬砌，运用分部开挖法(拱部留核心土环形开挖法)施工，开挖半径为6.08m，每循环进尺1.8m。隧道初期支护无仰拱，采用喷射C25混凝土，厚度为20cm；格栅钢架纵向间距为90cm，ϕ6mm钢筋网尺寸为15cm×15cm，ϕ22mm药卷式锚杆长3m，各锚杆间的尺寸为100cm×100cm，在初期支护与二次衬砌之间铺设防水板和土工布。二次衬砌采用C25模筑混凝土，厚度为45cm；仰拱采用现浇C25混凝土，厚度为45cm。

根据该隧道的地质条件和工程条件，选择两个试验段进行围岩稳定性及支护效果的监测。

(二)试验结果分析

1. 净空收敛

净空收敛监测结果见表2-2，从表2-2中可以看出，两个试验段的净空收敛变形值相差不大，在同一个数量级上。

净空收敛监测结果 表2-2

监测段	监测断面桩号	最大收敛值(mm)	最终收敛速率(mm/d)
第1个(有系统锚杆)	YK50+104.2	12.23	0.07
	YK50+110.5	9.85	0.06
	YK50+116.5	21.95	0.14
第2个(无系统锚杆)	YK50+134.0	14.93	0.12
	YK50+436.0	12.12	0.13
	YK50+142.0	18.28	0.21

2. 拱顶下沉

拱顶下沉监测结果见表2-3，从表2-3中可以看出，各监测断面的下沉值除某一处相对来说稍大外，其他断面下沉值都较为接近。

拱顶下沉监测结果 表2-3

监测段	监测断面桩号	位置	最大下沉值(mm)	最终下沉速率(mm/d)
第1个(有系统锚杆)	YK50+104.2	拱顶	11	0.05
		右拱腰	11	0.05
	YK50+110.8	左拱腰	22	0.11
		拱顶	32	0.11
		右拱腰	23	0.16
第2个(无系统锚杆)	YK50+134.0	左拱腰	12	0.10
		拱顶	13	0.11
		右拱腰	20	0.15
	YK50+142.0	左拱腰	12	0.10
		拱顶	14	0.13
		右拱腰	15	0.13

3. 围岩压力监测

围岩压力监测结果见图2-15。从图2-15中可以看出，除某一处断面的围岩压力较大，且分布形式与其他断面相比有所不同外，其他3个断面的围岩压力大小相近，分布相对较均匀。

4. 喷混凝土应力监测

喷射混凝土外缘(靠近黄土层)的应力监测结果见图 2-16(图中应力为正表示受压,为负表示受拉)。从图 2-16 中可以看出,某两处监测断面的喷混凝土应力出现了拉应力,但从现场的观察来看,其对整体的稳定性无影响;其他两个断面的喷混凝土应力均为压应力且数值不大。

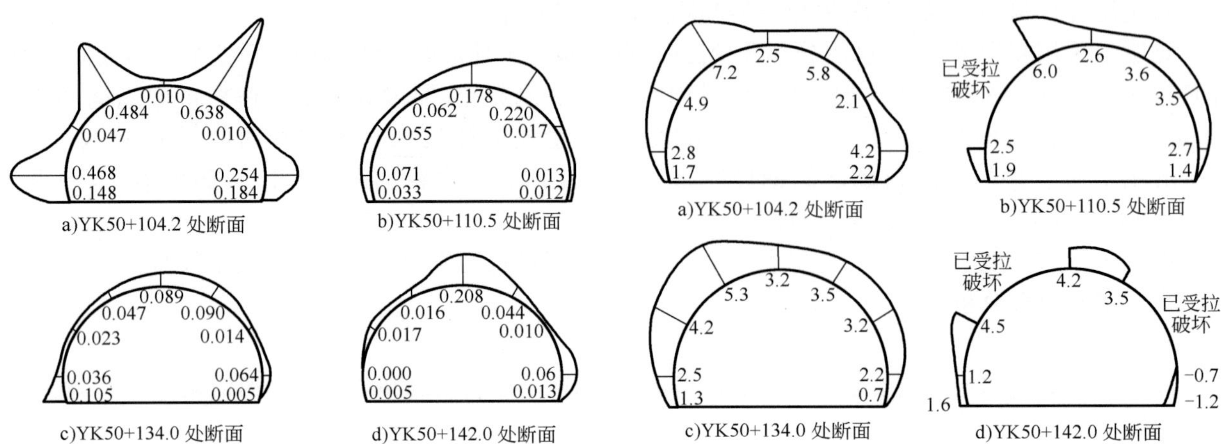

图 2-15 围岩压力分布图(单位:MPa)　　图 2-16 喷混凝土应力分布(单位:MPa)

5. 格栅钢架应力

格栅钢架应力监测结果见图 2-17、图 2-18。从图 2-17、图 2-18 中可以看出,各断面的格栅钢架应力多为压应力,应力值大小相近,处于同一量级,且分布较均匀。

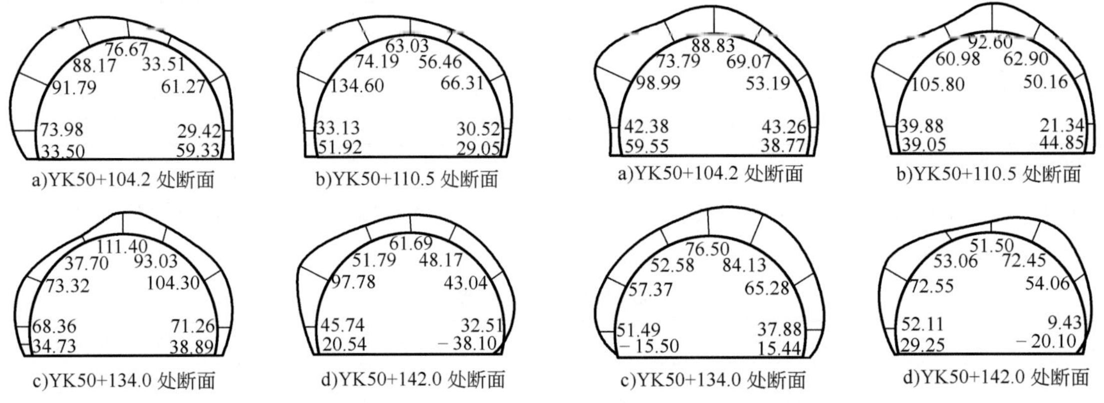

图 2-17 拱架内侧应力分布(单位:MPa)　　图 2-18 拱架外侧应力分布(单位:MPa)

6. 纵向连接筋应力

纵向连接筋应力监测结果见表 2-4。从表 2-4 中可以看出,纵向连接筋应力多为压应力,且数值不大,较为接近,最大应力值仅为钢材屈服极限的 22.1%。

纵向连接筋应力监测结果　　表 2-4

监测断面桩号	位　置	最大应力 σ_1(MPa)	$\|\sigma_1\|/E$(%)
YK50+104.2 (有系统锚杆)	拱顶	−22.60	6.7
	左拱腰 45°	33.40	10.0
	右拱腰 45°	32.20	9.6
	左最大开挖线	42.70	12.7
	右最大开挖线	43.60	13.0

续上表

监测断面桩号	位　置	最大应力 σ_1(MPa)	$\|\sigma_1\|/E$(%)
YK50+110.5（有系统锚杆）	拱顶	23.20	6.9
	左拱腰 45°	36.70	11.0
	右拱腰 45°	33.50	10.0
	左最大开挖线	23.40	7.0
	右最大开挖线	28.20	8.4
YK50+134.0（无系统锚杆）	拱顶	−12.30	3.7
	左拱腰 45°	25.50	7.9
	右拱腰 45°	11.40	3.4
	左最大开挖线	44.10	13.2
	右最大开挖线	67.70	20.2
YK50+142.0（无系统锚杆）	拱顶	18.50	5.5
	左拱腰 45°	38.90	11.6
	右拱腰 45°	−8.51	2.5
	左最大开挖线	74.10	22.1
	右最大开挖线	51.80	18.4

注：E 为钢筋屈服极限强度。

7. 锚杆轴力

隧道锚杆轴力监测结果见表 2-5。由于采用分部开挖法施工，施工空间狭小，拱部锚杆施工往往无法径向施作，致使拱部锚杆接近于水平状态，达不到设计的要求。从表 2-5 中可以看出，隧道的拱部系统锚杆和墙脚处锁脚锚杆轴力均为压应力，且受力不大，而拱脚处的锁脚锚杆所受轴力为拉应力，这与拱部的系统锚杆受力有很大区别。总的来看，锚杆轴力很小，且多数受压，这说明锚杆在 IV 级围岩（黄土）中，支护效果不明显。若取消系统锚杆，可以及时进行喷射混凝土施工，减少围岩暴露时间，有利于围岩稳定，还可缩短工期，降低工程造价。

锚杆应力监测结果　　表 2-5

监测断面桩号	围 岩 类 别	位　置	最大应力 σ_1(MPa)	$\|\sigma_1\|/E$(%)
YK50+104.2	IV 级	拱顶	37.76	11.3
		左拱腰	57.11	17.0
		右拱腰	53.16	15.9
		左拱脚处锁脚	−23.13	6.9
		右拱脚处锁脚	64.44	25.2
		墙脚处锁脚	64.44	25.2
YK50+110.5		拱顶	10.45	3.1
		左拱腰	52.96	15.8
		右拱腰	41.61	12.4
		左拱腰处锁脚	32.29	9.6
		右拱脚处锁脚	−35.41	10.5
		墙脚处锁脚	7.87	2.3

注：E 为钢筋屈服极限强度。

(三)试验结果

(1)通过对有、无系统锚杆的两个试验段的测试数据进行对比分析可知,无论是从变形来讲还是从受力上来讲,同类数据均处于同一量级,并且通过对多个隧道锚杆施工情况的了解,可认为系统锚杆对于黄土隧道的结构稳定性作用不大。网构钢架(钢格栅)、喷射混凝土、钢筋网共同组成的支护结构是合理的黄土隧道初期支护结构。

(2)通过对IV级围岩隧道施工各工序所需时间的统计,即使在4台风钻同时施工的工况下,每循环系统锚杆施作也至少需要2h,完成初期支护每循环所需总时间约16h。倘若取消系统锚杆,不但可以及时喷射混凝土,有利于围岩稳定,而且还可大大缩短工期。

(3)由于采用分部开挖法施工,施工空间狭小,拱部锚杆施工往往无法径向施作,致使拱部锚杆接近于水平状态,达不到设计的要求。

(4)按3m长锚杆46元/m的单价计,以IV级围岩为例,其拱部和边墙的系统锚杆布置为每延米23根,工程造价为3 174元,以隧道工程造价30 000元/m计,系统锚杆价格占工程造价的10.6%。可见,取消系统锚杆可显著降低工程造价。

同样,在III、IV级地层也做了有无系统锚杆的对比试验。厦门海底隧道、青岛海底隧道亦取消了顶部、边墙锚杆,效果安全、可靠。

五、软弱及有水地层采用潮喷混凝土,不提倡采用湿喷混凝土

采用喷射混凝土作为隧道工程II~V级围岩中临时或永久性支护,也可以与各种形式的喷混凝土、钢纤维、钢拱架、钢筋网等构成复合式支护结构。喷射混凝土时使用喷射机,按一定的混合程序,将掺有速凝剂的混合料与高压水混合,经过喷嘴喷射到岩壁表面上,并迅速凝固结成一层支护结构,从而对围岩起到支护作用。

(一)隧道喷混凝土支护的优点及种类

(1)能及时支护,施工安全;

(2)支护质量较好、强度高、密实度好、防水性能较好;

(3)省工,操作较简单,支护工作量少;

(4)省料,不需要对边墙后及拱背作回填压浆等;

(5)施工灵活性大,可以根据需要分次喷混凝土以追加厚度,以满足工程设计与使用要求。

按工艺流程,喷射混凝土可以分为干喷、潮喷、湿喷3种。它们的主要区别在于:各工艺流程的投料程序不同,尤其是加水和速凝剂的时机不同。其中湿喷混凝土按其输送方式的不同,可分为风送式、泵送式、抛甩式和混合式等。

(二)干、潮、湿喷射混凝土工艺对比

1.干喷混凝土

干喷混凝土工艺是把水泥、集料和速凝剂按比例拌匀,然后投入喷射机料斗,后用压缩空气使混合料在软管内呈悬浮状态,压送至喷枪,并高速推送到受喷工作面上的一种施工工艺。干喷工艺是喷射混凝土的原创工艺,是其他两种工艺的基础。

优点:干喷采用的速凝剂是粉状速凝剂,价格比较便宜;干喷设备比较简单,移动灵活;机械清洗和故障处理容易。

缺点:混凝土回弹量大(一般达到40%左右),材料浪费严重;在喷嘴处加水量主要靠施工人员经验控制,造成水灰比随意性大,混凝土强度不易控制;作业区粉尘含量大,对作业人员身体不利,环境污染严重。

目前,由于该种喷混凝土方式对隧道内环境污染较大,故已基本被禁止使用。

2.潮喷混凝土

潮喷混凝土工艺是将集料预加少量水,使之呈潮湿状,再加水泥用强式搅拌机拌和,形成水泥包砂小球,再加小碎石拌匀。之后将搅拌料(抓握成团,松手散开)投入喷射机料斗,同时加入速凝剂,利用高

压风动力将混合料输出，在喷头处加水喷出。

优点：由于砂石料在经过预湿后，再在喷头处第二次加水，水化较好，所以质量比干喷有很大提高；同时，在地面对集料进行预湿，粉尘、回弹量较干喷少；供料作业的空间限制也少；潮喷设备比较简单，价格便宜，移动灵活；能及时喷射，喷量可多可少。其安全、质量、环保、速度、经济等满足工程要求。

混凝土回弹量一般在20%左右，粉尘很少，小于10mg/m³，操作灵活方便，深受现场施工人员的欢迎。

目前，隧道施工现场使用较多的是该种喷射工艺。

3. 湿喷混凝土

混凝土湿喷工艺是用强式搅拌机将集料、水泥和水按设计比例拌和成坍落度为3～5cm的干硬性混凝土，而不是坍落度为18cm的泵送混凝土，类似潮喷混凝土，不出现易黏结泵、管的水泥浆，喷出后不需要清洗管泵。用湿式喷射机将拌和好的混合料压到喷嘴处，再在喷嘴处加液体速凝剂后喷出。

优点：能事先将包括水在内的各种材料准确计量，充分混合，质量控制均匀；粉尘少，回弹量接近潮喷，但在软弱地层反而大。

缺点：成本相对较高，堵管后处理较困难，清洗养护麻烦，每次喷射完成后需要清洗；湿喷设备比较复杂，价格较贵，移动需要另外配备动力协助。目前，国内外均未有适宜的湿喷机和相应的湿喷工艺。用泵送混凝土代替湿喷料是不合理的，也满足不了及时喷射及不同用量的要求。目前，用潮喷机及潮喷工艺是完全能满足工程要求的，城市地铁、水下隧道、软弱地层隧道采用潮喷混凝土施工非常成功。

对于喷层较厚的软岩和渗水隧道，不宜采用湿喷混凝土施工工艺。

以上三种隧道施工中常用的喷混凝土施工方式各有其特点，现归纳并加以比较，列于表2-6中。

三种喷混凝土施工方式的特点及粉尘、回弹量比较 表2-6

项　目	干　喷	潮　喷	湿　喷
喷混凝土质量	由于在喷嘴处将水与干拌和料混合，所以质量取决于作业人员的熟练程度和能力	由于砂、石料预湿后再在喷头处第二次加水，水化较好，质量好	能事先将包括水在内的各种材料正确计量，质量容易管理，但数量多少难以控制
作业条件	由于供应干混合料，所以供料作业的限制少	因在地面对集料进行预湿，所以供料作业的限制也少	供料困难，操作复杂，设备占用空间较大
一般采用的水平输送距离	40～60m	40m	20～40m
粉尘	多	较少	少
工艺及操作	能及时喷射，可人工操作喷头	能及时喷射，人工操作容易	不能及时喷射，需机械手操作
回弹量	较多	少	硬岩少、软岩多
故障处理	较容易	较容易	堵塞后处理困难
清洗养护	容易	容易	麻烦
对人体的伤害	损伤呼吸道	损伤呼吸道	损伤皮肤(有一定毒性)

(三)基本结论

从洞室稳定出发，喷射混凝土和洞室开挖要同步进行，喷射要及时。目前国内湿喷混凝土配比有误，满足不了及时性，不宜应用于中软岩地层。另外，由于湿喷混凝土所用液态速凝剂碱性大，后期强度降低且价格较昂贵，且液态速凝剂运输、存放不方便。湿喷混凝土施工中用的混凝土拌和物停放时间不能太长(不得超过30min)，若混凝土的拌和、运输和喷射这三个工作环节之间的配合不紧密，混凝土易凝结，造成堵管。此外，采用手动控制进行液态速凝剂的添加，随意性大，无法保证速凝剂掺量达到最佳。速凝剂掺量偏大或者偏小都会使混凝土质量产生相应的问题。速凝剂掺量偏大，会使混凝土初凝时间提前，在混凝土未到施工部位之前就进行初凝，致使混凝土黏结力下降，产生大量回弹料，同时对混凝土强度也会产生影响；速凝剂掺量偏小，会影响速凝效果，不能保证混凝土的凝固时间，当混凝土量增多时，会造成混凝土大面积脱落，致使重复施工，既影响混凝土质量，又影响施工进度。同时，由于液态速凝剂含有一定的毒性，在施工中容易发散进入空气中，对人的皮肤伤害较大，使得操作工人的头发易脱落。这也是施工单位不用液态速凝剂的原因。

特别是在含水率较大的软弱地段及渗水量较大的围岩处，湿喷混凝土操作困难，易脱落，起不到及时喷射及应有的支护作用。

故建议在软弱及有水不稳定地层采用潮喷混凝土，不提倡采用湿喷混凝土，但在硬岩地段可采用湿喷混凝土取代模筑衬砌，比用台车施工模筑衬砌便宜、方便，可大量、连续喷射，充分发挥湿喷机及工艺特点。

六、无钉铺设防水板，采用复合式衬砌形式

隧道衬砌必须采用复合式衬砌结构形式，初期支护和二次模筑衬砌之间设半包式防水隔离层，不允许全包，采用无钉铺设防水板，在两层支护之间设防水隔离薄膜层，可传递两层之间的径向力，消除两层之间的剪应力，防止二次衬砌模筑混凝土衬砌开裂。图 2-19 为防水层施工场景。

图 2-19　隧道防水层施工场景

（一）防水层

在山岭隧道建设中，隧道防水技术的核心是在复合式衬砌中设置防水层。防水层由防水板及其垫层组成。防水板的作用是将地层渗水拒于二次衬砌之外，以免水与二次衬砌接触并通过二次衬砌中的薄弱环节渗入隧道。垫层的主要作用是保护防水板，使防水板免遭尖锐物的刺伤，同时充当喷射混凝土与二次衬砌间的渗水下排通道。近年来，我国的隧道防水材料发展很快，尤其是防水板，种类繁多，其中以 PVC 用量最大，EVA 和 LDPE 次之。防水层的铺设工艺也在不断改进，其中以双缝焊接和免钉穿防水板铺设工艺最具代表性。这些新材料、新工艺的推广应用，使我国铁路隧道的防水技术有了长足的进步，并取得了较好的防水效果。但值得注意的是，由于隧道防水工程的复杂性，尽管新建隧道都采用了上述新材料、新工艺，但仍有不少隧道出现了一定程度的渗漏，并且随着时间的推移，渗漏量有不断增加的趋势。这表明，置于复合式衬砌中的防水板在其服务期间会受到一定程度的损伤，并使地下水经防水板损伤处与二次衬砌接触，导致隧道渗漏。

防水卷材在厚度和宽度上有不同的规格，使用时有环向铺设和纵向铺设两种。为了保证接茬处的密封质量，一般在两幅卷材接茬处都要搭接 10cm。卷材接茬有冷粘法和热合法两种。冷粘法主要用于 PVC 等防水卷材的胶合。使用时，将专用胶合剂用刷子涂刷于接缝边缘，待胶合剂稍干后将两幅卷材粘合在一起。其特点是施工方便，施工速度快。热合法主要用于 EVA 和 LDPE 等防水卷材的搭接。施工时将两幅卷材平行放好，压茬宽度为 10cm，然后用专门的热合焊缝机将两幅卷材边缘压合于一起。值得一提的是，目前工程上使用的焊缝机多为双缝焊机。其特点是便于在施工期间进行质量检测。洞壁上固定防水方法也有两种：一种是有钉铺设法，另一种是无钉铺设法。

（二）隧道防水的类型

目前隧道防水的类型主要有以下三种：

（1）水密型防水，从围岩、结构和附加防水层入手，体现以防为主的排水，又称全包式防水；造成二次衬砌长期在水压下受力，出现渗漏和寿命降低的现象。

（2）泄水型或引流自排型，从疏水、泄水着手，体现以排为主，又称半包式防水；效果好，应用广泛。

（3）防排结合的控制型防排水。

针对不同的衬砌类型，隧道防排水主要有复合式衬砌防排水结构、单层式衬砌防排水结构、联拱隧道中隔墙排水结构、明洞防排水结构几种类型。

(三)建议在铁路隧道施工中挂半包式防水板

由已建隧道渗漏水统计结果来看，一般的隧道采取防水板防水后，二次衬砌混凝土质量基本上不会出现裂纹和蜂窝麻面，防排水效果有很大的提高。因此，尽管防水板不能彻底解决结构的不渗不漏，但对提高防水等级有着十分重要的作用，应广泛采用。广州地铁一期工程设计采取全包式防水，但应用效果并不理想，因此，在后期改为半包式防水(拱墙设防水板，仰拱不设)，效果同全包式。因此，建议在铁路工程中采取半包式防水。

七、无纺布后部设置系统排水盲管，取消中部排水沟

二衬后水的处理有两个理念：一是以堵为主，限排为辅；二是全堵方案，但要使水有排出的通道。同时，在仰拱和围岩接触处设纵向排水盲管，这是防止路基翻浆冒泥的好办法。

(一)隧道排水系统

隧道防水结构及排水系统示意见图 2-20。

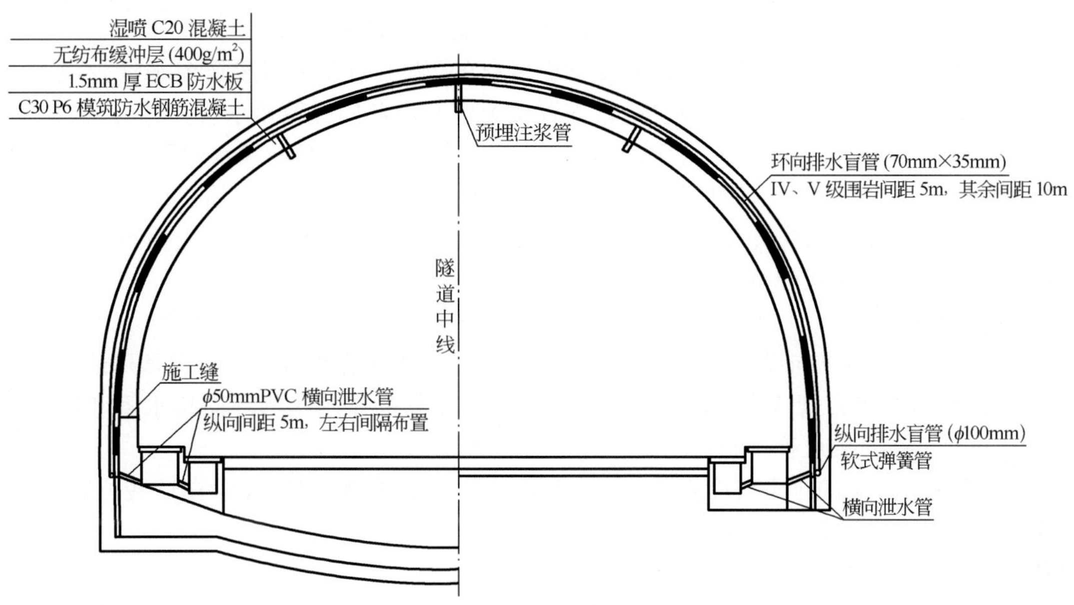

图 2-20 隧道防水结构及排水系统示意图

隧道的排水与隧道的防水具有同等重要的地位。对于已从围岩渗出的地下水，如果只堵不排，将造成水压升高，渗水会以两层防水构造的细微缺陷为通道渗至衬砌表面。现代的隧道排水都有一个完整的体系，一般由隧道衬砌外排水系统和隧道内排水系统两大部分组成。隧道衬砌外排水系统的作用是将围岩渗水、穿过初期支护被二次衬砌阻挡的渗水疏导、汇集并引排到排水管沟；隧道内排水系统的作用则是将衬砌外排水系汇集的地下渗水、路面运营清洗水、消防污水和其他废水引排到隧道外。

1. 隧道衬砌外排水系统

(1)应在衬砌两侧边墙基础背后的上部沿隧道的纵向设置排水盲管(沟)，其孔径不应小于 100mm。

(2)应沿衬砌背后环向设置导水盲管，其纵向间距不应大于 10m，遇水量较大时，环向盲管应加密。对有集中出水处应单独设竖向盲管。环向盲管、竖向盲管的直径不应小于 50mm。

(3)环向盲管、竖向盲管应与边墙底部的纵向排水盲管(沟)连通；纵向排水盲管(沟)应与横向导水盲管连通，流入边沟以形成完整的纵横向排水系统。环向盲管、竖向盲管、纵向排水盲管应用无纺布包裹。

2. 隧道内排水系统

从围岩渗出的地下水经疏导后进入隧道的纵向排水盲管，再经与纵向盲管相通的横向盲管流入路

面两侧的排水沟，最后经隧道出水口排出隧道。

(1)路面两侧应设纵向排水沟，引排营运清洗水、消防水和其他废水。

(2)隧道纵向排水坡宜与隧道纵坡一致。

(3)路侧边沟可设置为开口式明沟或暗沟。当边沟为暗沟时，应设沉沙池、滤水箅，其间距宜为20～30m。

(二)环向排水盲管

环向排水盲管的作用是在初期支护喷射混凝土与防水板之间提供过水通道，并使之下渗汇集到纵向排水管。环向排水管的设置视地下水施工渗漏情况而定，具有较大灵活性，表现为：

(1)当围岩渗水严重时，初期支护喷射混凝土与防水板之间应设置环向排水盲管；渗水较少时，只在初期支护喷射混凝土与防水板间设置；如果没有渗水或渗水极少，则可以不设。

(2)当围岩渗水严重时，环向排水盲管的纵向间距小；渗水量少时，其纵向间距加大。

目前，工程上使用的环向排水管通常由涂塑弹簧外裹玻璃纤维布或塑料滤布构成，称为弹簧排水管，直径为 5～8cm。检查弹簧管质量时，首先检查玻璃纤维布或塑料滤布是否套紧；其次检查弹簧涂塑层是否均匀，涂层有无老化；然后用直尺量测弹簧管的直径，检查其是否与设计尺寸一致；最后沿轴向和横向用力压弹簧管，观察其是否有较大的塑性变形，孔径是否有异常变化。

隧道围岩中的地下水是随季节与年份的变化而变化的，施工中经常因隧道渗水量少或无渗水而扩大弹簧排水管的间距。因此，在施工检查中，首先要按要求布设环向弹簧排水管，要保证其基本间距，局部涌水量大时还应适当加大其密度。其次，安装时弹簧排水管应尽量紧贴渗水岩壁，尽量减小地下水由围岩到弹簧排水管的阻力。再次，弹簧排水管布置时沿环向应尽量圆顺，尤其在拱顶部位不得起伏不平。第四，弹簧排水管安装时应先用钢卡等固定，再用喷射混凝土封闭。最后，应检查弹簧排水管与下部纵向排水盲管的连接，确保弹簧排水管下部排水畅通。

(三)纵向排水管

纵向排水管是沿隧道纵向设置在衬砌边墙基础的上部外侧的透水盲管。目前常用的纵向排水管是直径为 10cm 的弹簧排水盲管或带孔软式透水管。纵向排水管的作用是将环向排水管和防水板垫层排下的水汇集，并通过横向排水管排到边沟。

纵向排水管应按一定的排水坡度安装，中间不得有凹陷、扭曲等，以防泥沙在这些位置淤积、堵塞排水管。在安装前，应用素混凝土整平安装基面。

1. 纵向排水管施工前的检查事项

(1)排水管材质及规格检查。塑料制品若保存不当，极易发生老化，可目测管材的色泽和管身的变形；轻轻敲击观察管体是否变脆；用卡尺或钢尺量管径与管壁，检查其是否与设计要求相符。

(2)管身透水孔检查。纵向排水盲管主要有两个作用：一是将环向排水管下流之水经其排至横向排水管；二是将防水卷材阻挡之水经纵向盲管上部透水孔向管内疏导。为了实现其第二项功能，盲管上的透水孔必须有一定的规格，并保证有一定的间距。在纵向盲管安装前必须用直尺检查钻孔的孔径和孔间距。

2. 纵向排水管施工时的检查事项

(1)安装坡度检查。纵向排水盲管通常位于衬砌的两下角，需要从路面水平下挖一定深度才能达到设计高程。有时施工条件极为不利，施工较易出现管身高低起伏不定，平面上忽内忽外的现象。在这种情况下，隧道建成后，纵向盲管容易被淤沙封堵或被冰冻封堵，造成纵向引水不畅。因此，施工中一定要为纵向盲管打好基础，用坡度规检查、测定纵向盲管的坡度，使地下水进入纵向盲管后在一定的坡度下按指定的方向流动。

(2)包裹安装检查。纵向排水管在布设时必须注意其细部构造。首先，应用土工布将纵向排水管包裹，使泥沙不得进入纵向盲管。其次，应用防水卷材半裹纵向盲管，使从上部下流之水在纵向盲管位置尽量流入管内，而不让地下水在盲管位置纵横漫流。因此，施工时要认真检查纵向盲管的包裹安装情况，杜绝粗放施工，为隧道后期排水创造条件。

(3)与上下排水管的连接检查。纵向排水盲管在整个隧道排水系统中是一个中间环节，起着承上启下的作用，施工中应注意检查上部环向弹簧排水管与纵向排水盲管的连接。一般采用环向排水管出口与纵向盲管简单搭接的方式，避免两管之间被喷射混凝土隔断。其次，还应注意检查纵向排水盲管与横向盲管的连接。一般采用三通管连接，三通管留设位置应准确，接回头应牢靠，防止松动脱落。

(四)横向排水管

横向排水管位于衬砌基础和路面的下部，布设方向与隧道轴线垂直，是连接纵向排水管与中央排水管的水力通道。横向排水管通常为硬质塑料管，施工中先在纵向盲管上预留接头，然后在路面施工前接长至中央排水管。对横向盲管的检查，主要是接头应牢靠、密实，保证纵向盲管与中央排水管间水路畅通，严防接头处断裂，致使纵向盲管排出之水在路面下漫流，造成路面翻浆冒水，影响行车安全；其次是在横向盲管上部应有一定的缓冲层，以免路面荷载直接对横向盲管施压，造成横向盲管破裂或变形，影响其正常的排水能力。

(五)取消中部排水沟

中部排水沟一般设于隧道中部，该排水沟将水引至车道下部，经常堵塞，造成翻浆冒泥，纵向水沟和横向水沟使仰拱下部围岩破坏严重，保证不了工程质量，且严重影响隧道的正常施工，这是必须取消中间水沟的重要原因。

八、软弱围岩宜采用正台阶法施工，台阶长度为1～1.5倍洞径

(一)台阶法施工基本指导思想

隧道分台阶施工有两重含义：①对于较大的隧道断面，不能够进行全断面一次性施工的，可以将施工断面分块分部处置，预留接口，而后连成一体；②隧道施工的各个主要作业线都是沿隧道纵向安排施工工序，由前至后逐步完成工程构筑的。所以说，隧道分部分块施工是一个较为复杂的系统工程，它几乎体现出采用一般隧道施工方法的全部技术特点。

1. 隧道台阶法施工技术的发展

隧道台阶法施工是众多隧道建设者的经验和智慧的结晶。在20世纪的80年代以前，我国的隧道建设能力较低，隧道施工多使用手工操作的小型机具，断面分割一般在10m^2左右，隧道开挖一般采用上、下导坑法，正、反台阶法，漏斗棚架法、蘑菇形开挖法等；隧道衬砌采用先拱后墙法或先墙后拱法。80年代以后，由于从国外引进了隧道施工大型专用机械设备和先进技术，隧道施工能力有了较大的提高。在较好岩层中隧道钻爆掘进施工多采用全断面法、半断面法(台阶法)、中导洞法；在软弱地层中隧道开挖施工则采用台阶法(或加反拱)、CD法、CRD法、单侧洞法、双侧洞法(眼镜法)。进入90年代以来，我国广大工程技术人员充分发挥自主创新能力，隧道施工技术国产化配套有了较大的发展，隧道分部施工技术更加成熟，也更加全面，隧道施工能力大幅提高。其发展趋势是：掘进分部断面增大，以能更好地适应高效率的机械化施工；支护结构骨架的工厂化预制与现场实施相结合，以达到及早、快速的安全需求；尽可能实现全断面衬砌施工一次完成，以提高工程质量水平。

2. 隧道台阶法施工的基本特点、指导思想和施工分部原则

隧道施工现场以掘进、支护和构筑三大基本作业和人、机、渣、料、水、电、风、气8个资源要素组成了多个作业循环，多条物流线。其作业场面小、环境条件差、地质影响大、工序流程多是隧道施工的基本特点。因此，隧道施工的指导思想是树立全面的、动态的和科学的观念，它要求时间与空间的高度协调，建筑与自然(尤其是地层)的完美结合，人员和机具的合理搭配，组织与指挥的集中统一。在上述观念的指导下，隧道施工分部的一般原则是：

(1)应根据具体的工程对象和所处环境条件慎重选择隧道分部施工的实施方法，要弄清各种相关因素对隧道施工的影响程度。

(2)断面分割单元的几何形状和分部连接位置有利于开挖后的隧道围岩稳定，不至于形成破坏性的应力集中和应力变化。

(3)便于对开挖后的隧道围岩裸面进行及时、有效的支护，确保施工安全和隧道围岩的稳定。

(4)便于更多地采用先进机械和机具投入作业,最大限度地减轻工人劳动强度及提高工作效率。

(5)有利于整个隧道断面的支护和衬砌及时封闭成环,确有成效地控制围岩及结构的最终位移和变形。

(6)有利于前后施工工序的转换及衔接,尽量减少中间过程和中间环节,以节省工时、材料和能源。

(7)有利于隧道施工通风、排水、供电、供气和渣、料运输线的畅通。

(8)将前后或相邻工序的施工作业干扰减少到允许限度内,尤其要避免造成人员、设备和建造物的损伤。

(9)在隧道围岩和施工情形发生突然变化需要改变施工方法时,能够顺利转换,适应性好。

3.软弱围岩中不宜采用长台阶法施工

在隧道施工现场,由于分部施工的方式、方法选择不当而造成工程不能够顺利进行,甚至于酿成安全、质量事故或事故隐患的事例并不少见。从技术角度来分析,这是施工方法的制订者违背了上述隧道施工分部的一般原则。

在较为破碎或软弱围岩中使用长台阶法施工,有时上下台阶间拉开有数十米、上百米甚至更长距离,所谓的隧道“关门”塌方,多数是由于采用了这种施工方法,它对施工人员和施工设备的危害最大。究其原因,是由于隧道周边上下台阶结合部位围岩应力变化过大,局部边墙中部围岩失稳、支护破坏所致。如果上半断面底部两侧长时间遇水浸泡,更会加剧、加快坍塌发生的几率。如图 2-21 所示,采用台阶法施工时,上台阶开挖后底部围岩及支护结构处于受压状态,然而,在下台阶开挖通过后,此处围岩和支护已改变为隧道边墙的中间部位,应力调向,围岩和支护结构呈受拉状态。因此,要尽可能避免在破碎、软弱的地层中采用长台阶法进行隧道施工。若一定要用这种方法,则上台阶底部要做临时仰拱或架设底部横撑,并做好排水、疏干两侧。

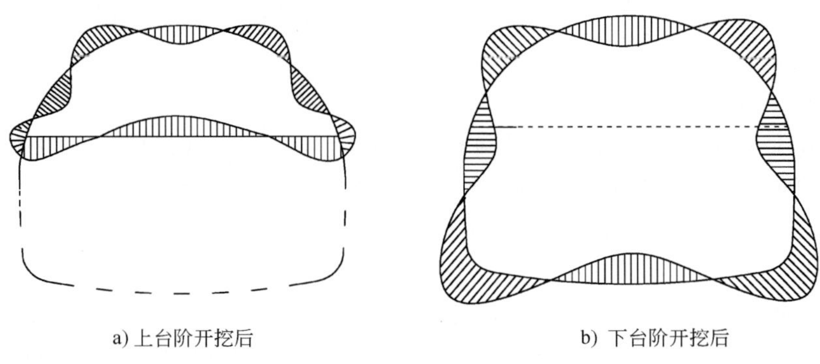

a) 上台阶开挖后　　b) 下台阶开挖后

图 2-21　长台阶法施工围岩及支护受力状况示意图

忽视具体工程对象的主要特点和环境条件,一味地使用所谓的“先进手段”施工,反而会造成较大的浪费和工程质量隐患。由此可见,隧道施工方法和施工工艺的选择有较强的针对性,不注意这一点,所谓“先进的”施工方法和施工工艺也不会有好的结果。而那些已经被人们认为是“落后了的”施工方法和施工工艺,只要运用得当,照样会有好的施工效果。

(二)台阶法开挖方法及其优缺点

1.台阶法开挖方法

台阶法施工就是将结构断面分成两个或几个部分,即分成上下两个断面或几个工作面,分步开挖。根据分部的多少,台阶法可分为上下两部分步开挖法和多部分步开挖留核心土开挖法。根据地层条件和机械配备情况,台阶法又可分为正台阶法、中隔墙台阶法等。本节将重点讨论正台阶法施工。

正台阶施工时,最佳台阶长度为 1～1.5 倍洞径(D),上台阶高度一般为 2.5m,超前支护小导管长度一般为台阶高度加 1m。

该法适用于软岩 IV、V 级围岩,洞口段、偏压段、浅埋段等地层。可将断面分成上下两个台阶开挖,台阶长度一般控制在 1～1.5 倍洞径左右,但必须在地层失去自稳能力之前尽快开挖下台阶,支护形成封闭结构;若地层较差,为了稳定工作面,也可辅以小导管超前支护等措施。普通的正台阶法开挖示意

如图 2-22 所示。

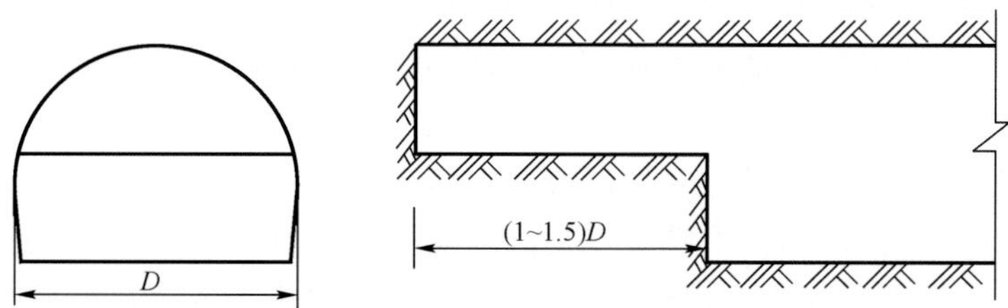

图 2-22　正台阶法开挖示意图

对于大断面的软弱围岩，采用台阶法施工时，还需要采用预留核心土环形开挖法进行施工，即上台阶环形开挖，留核心土，用系统小导管超前支护、预注浆稳定工作面；用网构钢拱架作初期支护；拱脚、墙脚设置锁脚锚杆。正台阶预留核心土环形开挖示意如图 2-23 所示，图中序号为开挖顺序。该法与正台阶法一样，核心土和下部开挖都是在拱部初次支护保护下进行的，施工安全性好。这种方法适用于一般土质或易坍塌的软弱围岩。

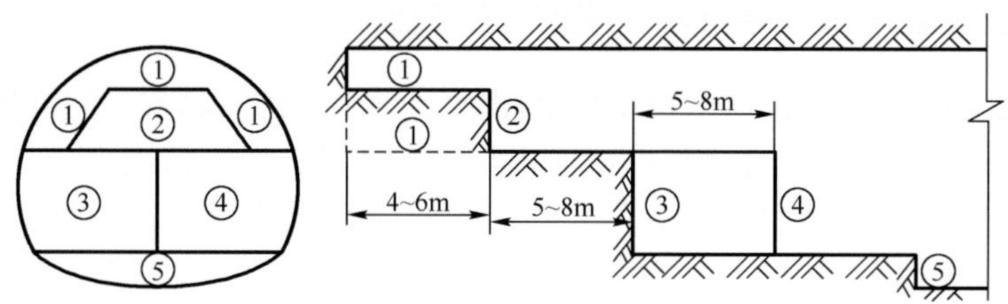

图 2-23　预留核心土环形开挖法示意图

台阶法开挖的台阶长度一般定为 1～1.5 倍洞径，主要是因为在 1～1.5 倍洞径区段周围地层产生横向和纵向两个承载拱的作用，这对开挖是有利的。台阶长度超过 1～1.5 倍洞径将失去纵向承载拱受力结构，仅有横向平面承载拱受力结构。台阶若选用大于 1.5 倍洞径的长台阶，在开挖时纵向变位大，台阶断面形状不利于受力，而且容易引起周围地层松动，塑性区增大，造成拱脚附近受力大而使其失去稳定性。台阶若过短，小于 1 倍洞径，对于软弱地层，因洞内纵向破裂面超过工作面，易造成洞顶土体下滑，引起工作面不稳定。软弱地层不能采用短台阶法施工。但是，若是硬岩地层，采用爆破法施工时，为了便于风钻打眼，可设置超短台阶。

从安全的角度考虑，无论是正台阶法还是预留核心土环形开挖法，台阶长度定为 1～1.5 倍洞径都是合理的，施工机械的配置也应遵守这个原则。在采用台阶法施工时，不应分长台阶、短台阶、微台阶，而是只有 1～1.5 倍洞径长度的台阶。

2. 台阶法开挖的优缺点

台阶法开挖的优点是：

(1)能较早地使支护闭合，有利于控制隧道变形及由此引起的地面沉降。

(2)灵活多变，适用性强。凡是软弱围岩地层，均可采用台阶法开挖，它是各种不同开挖方法中的基本方法。而且，当遇到地层变化(变好或变坏)时，可及时更改、变换成其他方法。

(3)具有足够的作业空间和较快的施工速度，台阶有利于开挖面的稳定，尤其是上部开挖支护后，下部作业则较为安全。当地层无水、洞跨小于 10m 时，可采用该方法。

台阶法开挖的缺点是上下部作业相互干扰，应注意下部作业时对上部稳定性的影响及台阶法开挖会增加围岩扰动的次数等。

(三)正台阶法施工技术要点及措施

(1)采用"正台阶法"施工，开挖循环进尺宜为每榀格栅间距。

(2)严格控制隧道开挖的中线和水平，开挖轮廓要圆顺，防止超挖，局部欠挖处应进行人工修凿，但要充分考虑施工误差及预留变形。

(3)隧道开挖时保留核心土,待拱部初支完成后再开挖核心部分土体。

(4)当隧道围岩自稳能力较差时,应尽快使初期支护闭合。

(5)在过房屋段时,为严格控制地表沉降,在上台阶架设临时抑拱,待下半段面初支封闭达到设计强度后拆除。

(6)钢格栅接头采用连接板和螺栓连接,以方便安装。

(7)为防止格栅承载下沉,钢格栅下端设在稳固地层上,或设在扩大钢板混凝土垫块上。

(8)为防止开挖下部引起格栅悬空出现下沉,可在上半断面格栅拱脚施作锁脚锚管,或在拱脚下设纵向托梁把几排格栅连成整体,下部开挖后及时拼接。

(9)格栅安装位置要准确,各节点要对齐,连接要牢固,确保格栅受力可靠。

(10)初支结束后及时回填注浆。

(11)做好开挖的施工记录和地质段面描述,加强对洞内外的观察。

(12)开挖过程中,必须加强监控量测,当发现拱顶、拱脚和边墙位移速率值超过设计允许值或出现突变时,应及时施工临时支撑或仰拱,形成封闭环,控制位移和变形,根据量测结果跟踪注浆。

九、大断面硬岩隧道宜采用小导坑超前爆破开挖法施工

目前,愈来愈多的大断面硬岩隧道采用小导坑超前、全断面光面爆破扩挖跟进的方法进行掘进,并取得了较好的效果。该小导坑断面尺寸和小导坑超前深度可根据地质情况选定,II、III、IV 级围岩断面尺寸一般取宽 3.5m、高 3.0m。掘进循环一次进尺 2.5m。采用五孔梅花形或楔形掏槽。当小导坑超前形成以后,小导坑与全断面同时钻孔、装药连线,一次起爆。小导坑超前的施工技术原理就是在没有辅助坑道的隧道中,开创一个平导,在有限的空间内再创一个空间,只不过在同一个坑道内平导在前,全断面扩孔光爆后它就不存在了。该方法具有适用围岩范围大、安全可靠、光面爆破质量高、施工进度快等优点,扩大了全断面开挖施工方法的适用范围。

(一)小导坑超前、全断面光面爆破扩挖跟进施工法技术优点

(1)小导坑超前掘进再创了空间,增加了钻孔工作面,施工中可多投入凿岩机作业,提高掘进速度。同时,由于超前小导坑已形成的“大掏槽区”作用,其为后续扩挖时的炮孔创造了良好的临空面,使得扩挖时的炮眼利用率为 100%,故能较大地提高掘进速度。采用此法,单线隧道平均月掘进速度可提高 1 倍以上,实现月掘进达 250m 以上。

(2)小导坑超前掘进可起到超前地质探测预报的作用。根据小导坑超前掘进遇到的地质情况,可提前安排后面跟进的全断面施工支护的准备工作。另外,可以根据地质情况判断围岩是否与设计地质相符,如不相符,应及时提请变更设计,根据实际围岩的物理力学指标调整结构的设计参数。

(3)有利于光爆效果,光面爆破效果好、质量高。可根据小导坑超前掘进遇到的地质情况,调整后面跟进的光面爆破钻爆参数。小导坑开挖断面也形成临空面,为全断面扩大光面爆破预留了光爆层,为提高光面爆破效果创造了有利条件,开挖轮廓整齐,围岩成拱形状好,岩面平整,岩石应力二次分布均匀,围岩自身稳定性好,可充分发挥围岩自承能力,保证安全、不塌方。爆破后不欠挖,超挖小,可控制在 10cm 内,这样不会发生二次补炮清理欠挖,节省了时间,加快了进度,同时衬砌回填混凝土量减少,降低了成本。另外,炮痕保存率高,超过 90%,炮台衔接尺寸小,炮眼痕迹均匀,纵向成线,外观轮廓整齐美观,给人以安全感,同时岩面平整,没有大的凹凸,为安装防水板创造了有利条件。

(4)有利于爆破减震。隧道最大爆破震动出现在掏槽时刻,但由于已有超前小导坑,其为扩挖炮孔创造了临空面,使其相当于露天台阶爆破,故后扩挖时爆破震动小。据实测,采用小导坑超前后续扩挖法施工时比全断面爆破时可减轻爆破震动量约 30%,炸药消耗量比全断面爆破减少约 5%~10%。

(5)有利于爆破渣堆、渣块均匀、集中,便于快速出渣。

(6)扩挖时纵向爆破冲击波小,对后部工序影响小。

(二)小导坑超前、全断面光面爆破扩挖跟进施工法技术要点

该施工法的关键技术有两方面,一是根据地质情况,选定小导坑断面尺寸和超前长度;二是全断面

扩大的循环进尺和光面爆破参数。

1. 施工准备

小导坑超前掘进采用导线法测设中线点，逐点引到小导坑掌子面，全断面扩大掌子面处并测设中线点。小导坑断面尺寸根据地质情况，I、II、III 级围岩一般取宽 4.0m，高 3.5m；IV、V 级围岩一般取宽 3m，高 3m。小导坑顶部按半径 5m 的圆弧成拱。全断面按五寸法画轮廓线。

2. 布点钻孔和装药

小导坑爆破布点时，应严格按轮廓线位置布孔，全断面扩大光面爆破周边眼更要严格布设孔位。主炮眼采用不耦合装药，反向起爆。周边眼采用间隔装药，导爆索串联引爆。小导坑和全断面扩大采用毫秒非电雷管连接。炮孔堵塞要用砂黏土，堵塞长度不小于 30cm。引爆时，小导坑和全断面扩大各用两个雷管引爆。

3. 循环进尺与爆破参数

根据地质情况，I、II、III 级围岩地段，小导坑每循环进尺 3m，全断面扩大每循环进尺 3.5m；IV 级围岩地段，小导坑每循环进尺 2.5m，全断面扩大每循环进尺 3.0m；V 级围岩地段，小导坑每循环进尺 2.0m，全断面扩大每循环进尺 2.5m。

以 III、IV 级围岩钻爆为例，爆破参数见表 2-7。

III、IV 级围岩钻爆参数 表 2-7

围岩级别	循环进尺(m)		钻孔直径(mm)	周边眼间距(cm)		周边眼抵抗线(cm)	药卷直径(mm)		周边眼单孔装药量(kg)			雷管段别				
												拱部		边墙		底眼
	小导坑	全断面		拱部	边墙		周边眼	辅助眼	孔底	中间	孔口	周边眼	辅助眼	周边眼	辅助眼	
III	3.0	3.5	42	50	60	70	22	32	0.07	0.12	0.07	15	13、11、9、7	7	5、3	1
IV	2.5	3.0	42	45	55	60	22	32	0.05	0.1	0.05	13	11、9	9	7、5、3	1

4. 合理调整钻爆参数

根据地质变化情况，合理调整钻爆参数，尤其是在层理与节理较多，溶洞、软弱夹层、风化带等不良地质处，应在现场及时调整。例如，在软弱夹层、风化带处钻孔时应往开挖轮廓线里移，爆破后再用风镐或撬棍人工排掉破碎的欠挖处，这样既可减少超欠挖，又能保证整体轮廓整齐平顺。

5. 加强钻孔技术，提高钻孔精度

钻孔前应用水准管标定出正确钻孔方向，先精确地钻出 1 个标准孔，然后在该孔内插入钢钎或直竹竿(或木杆)，其他各孔均以此为基准，按设计要求严格控制各孔的开孔位置、钻孔插角及深度。

6. 严格按设计要求装药

严格按设计要求装药并按段就位。

(三)效益对比分析

(1)光面爆破减少了对围岩的扰动，超欠挖也大大减少，较好地发挥了围岩的自承能力，节约了施工支护和超挖回填的工程量，降低了工程造价，缩短了支护工序时间，加快了工程进度。

据资料统计，每米隧道可节约施工支护喷射混凝土约 0.8m^3，价值约 400 元，其他支护方式(如挂网、锚杆等)平均可节约费用 120 元，每米隧道施工支护总计可节约费用 520 元左右；在超挖回填方面，按减少平均线性超挖 5cm 计算，每米隧道可少开挖岩石 1.1m^3，少回填混凝土 1.1m^3，减少超挖回填每米隧道可节约费用 460 元左右。

(2)小导坑超前掘进增加了一个工作面，可增加 3 台风枪施工，加快了掘进施工进度。某隧道 III、V 级围岩中，以往采用自制钻孔台车配风动凿岩机掘进，单口月掘进最高 140m，平均在 120m 左右。采用小导坑超前掘进以后，单口月掘进最高达到 175m，平均在 145m 左右，经济效益十分显著。

(3)隧道施工进度快，光面爆破效果好。

十、隧道不宜采用预裂爆破，而应采用光面爆破

隧道光面爆破是在掘进眼爆破后再进行周边眼爆破，即其是在掘进眼已爆破完、将岩石抛离一定距离并开创了一定临空面的情况下再起爆的，其爆破时具有两个临空面。而隧道预裂爆破是在掏槽孔爆破前对隧道周边区域先进行爆破，并依靠较小的眼间距、较大的药量将孔之间的岩石完全破碎而形成具有一定宽度的裂缝，其爆破是在只有一个临空面的情况下进行的。

在一般情况下，对于完整的围岩，完全可依靠光面爆破得到较好的光爆破效果，对于较破碎围岩，预裂爆破只会使得周边区域的围岩变得更破碎。故隧道在一般情况下不宜采用预裂爆破，而应采用光面爆破技术(特殊情况下除外)。

(一)隧道光面爆破

隧道光面爆破是沿开挖轮廓线布置间距减小的平行炮眼，在这些光面炮眼中进行药量减少的不耦合装药，然后同时起爆，达到超欠挖少、爆破扰动小的爆破效果。一般光爆效果应达到的技术指标，详见表 2-8。

光面爆破技术指标 表 2-8

序　号	项　目	硬　岩	中　硬　岩	软　岩
1	平均超挖量(cm)	10	15	10
2	炮眼痕迹保存率(%)	≥80	≥65	>50
3	局部欠挖(cm)	5	5	5
4	炮眼利用率(%)	90	90	90

1. 光面爆破机理

通过国内外试验研究及现场生产实践表明，光面爆破由于采用不耦合装药，药包爆炸后，与普通爆破相比炮眼壁上的压力显著降低，此时药包的爆破作用为准静压作用。当炮孔压力值低于岩石动抗压强度时，在炮眼壁上就不致造成“压碎”破坏。这样，爆轰波引起的应力波与凿岩时在炮孔壁上造成的应力状态相似，只能引起少量的径向细微裂隙。裂隙数目及其长度随不耦合系数和装药量的不同而不同。一般在药包直径一定时，不耦合系数值愈大，药量愈小，细微裂隙数愈少，且长度也愈短。光面炮眼组同时起爆时，由于起爆器材的起爆时间误差，不可能在同一时刻爆炸。先起爆药包的应力波作用在炮眼周围产生细微径向裂隙，而后起爆药包的导向作用，使沿相邻两炮眼连心线的那条径向裂隙得到优先发育。在爆生气体作用下，这条裂隙继续延伸和扩展。两炮眼中的爆炸气体产物的气楔作用将这些径向裂隙加以扩展，成为贯通裂隙，最后造成光面。

2. 光面爆破参数

为获得良好的光面效果，一般选用低密度、低爆速、高体积威力的炸药，以减少爆轰波的击碎作用和延长爆炸气体的膨胀作用时间，使爆破作用为准静压力作用，并尽可能应用光面爆破专用药卷，以获得预期的效果。

(1)不耦合系数 B。研究结果表明，不耦合系数的大小与炮壁上的最大切向应力之间呈指数关系。当炮眼直径为 32～45mm 时，取 $B=1.5\sim2.0$；当炮眼直径为 62～200mm 时，取 $B=2.0\sim4.0$。

(2)炮眼间距 a。一般取炮眼直径的 10～20 倍，在节理裂隙比较发育的岩石中取小值，整体性好的岩石可取大值。

(3)最小抵抗线 W。光面层厚度或周边眼到临近辅助眼间的距离，是光面眼起爆时的最小抵抗线，一般它大于或等于光面眼间距。

(4)临近系数 m 或相对距 E。这里 $m=E$。m 值过大时，爆后有可能在光面眼间的岩壁表面留下岩埂，造成欠挖；m 值过小时，则会在新壁面造成凹坑。实践表明，当 $m=0.75\sim1.0$ 时，爆破后的光面效果较好。临近系数 m 在硬岩中取大值，软岩中取小值。

(5)线装药密度 ρ。线装药密度又叫装药集中度，是指单位长度炮眼中装药量的多少。为了控制裂隙的发育以保持新壁面的完整稳固，在保证沿炮眼连心线贯通的前提下，应尽可能少装药，软岩中一般可用 70～120g/m，中硬岩石中为 100～150g/m，硬岩中为 150～250g/m。

(6)排间炮眼起爆间隔时间 t。试验研究表明，齐发起爆的裂隙表面最平整，微差延期起爆次之，秒差延期起爆最差。齐发起爆时，炮眼间贯通裂隙较长，抑制了其他方向裂隙的发育，有利于减少炮眼周围裂隙的产生，可形成完整的壁面。

(7)钻孔深度 H 和炮眼外插角 γ。对于隧道掘进爆破，一般取眼深 2.0～3.5m，并考虑 10%～15% 的超深；当采用较先进的凿岩台车时，每循环的炮眼深度可取到 3.5～4.5m。当凿岩机紧贴在已开出的轮廓面操作时，外插角 γ 取 2°～5°。

3. 光面爆破施工要求

(1)主要结构。隧道光面爆破时，应用小直径药卷连续装药，当用普通药卷(ϕ32mm 药卷)时，则采用将其纵向剖开并间隔绑扎在竹片＋导爆索上进行空气间隔不耦合装药结构，炮眼堵塞长度不应小于 20cm，松紧适宜。

(2)工艺要求。为保证光面爆破的良好效果，除了根据岩石性质、工程要求等条件选择光面爆破参数外，凿岩精度也极为重要。然而，炮眼的偏斜是很难避免的，为了控制炮眼底部的偏离，应选用要求工作空间较小的优良钻机。凿岩时，边眼口开在设计轮廓线上，并考虑一定的外插角，使眼底落在设计轮廓线外约 100～150mm 处，以便在钻凿下一循环炮眼组时，钻机有足够的工作空间。此外，炮眼间要尽量互相平行，眼底要落在同一平面上，这样，爆破后实际轮廓线才会呈缓接的阶梯状(台形差不超过15～20cm)。

(3)起爆顺序要求。全断面一次开挖时，掏槽眼、辅助眼等的参数按普通爆破来选用，周边眼则按光面爆破设计，用多段非电毫秒导爆管按顺序起爆。掏槽眼、辅助眼排间隔起爆时差最好在 50ms 左右，光面炮眼与相邻内圈眼的雷管应间隔 2 段(50ms)，光面爆破要求光面眼同时起爆，一般要求时差小于 10ms。两圈眼的药量要比其他炮眼的药量少，以控制围岩爆振裂隙的发展。

(二)隧道预裂爆破

隧道预裂爆破是由光面爆破演变而来的，主要用于露天边坡控制爆破或隧道某特殊地段且较好围岩开挖中(需要将爆源与地表建筑物进行隔离)。预裂爆破法是在开挖区内的炮眼(即主爆破炮眼)起爆以前，沿着设计轮廓线布置的炮眼(即预裂炮眼)首先起爆，形成有一定宽度的贯穿裂缝(即预裂缝)。将开挖区与保留区的岩体分离开，从而使保留区岩体在主爆破炮眼爆破时受到的破坏和振动大为减轻，留下光滑平整的开挖面。预裂爆破在隧道施工中的使用范围较窄，只适用于硬岩且需要减轻振动的地段。为达到隧道开挖成形良好而采用预裂爆破是得不偿失的，因为采用工艺简单、施工方便的光面爆破技术完全能达到相同的目的。

(三)光面爆破与预裂爆破对隧道周边围岩影响程度分析对比实例

业内专家依托武广客运专线天鹅岭隧道施工，采用爆破震动监测及超声波检测的方式，对光面爆破、预裂爆破扰动隧道围岩的程度及范围进行了深入了解，从而得出：预裂爆破的震动影响比光面爆破大1.27 倍，光面爆破区段围岩松动界面为 0.25m 深，而预裂爆破区段围岩松动界面为 2.25m 深。

1. 工程概况

天鹅岭隧道是武广客运专线穿越天鹅山岭山脉的铁路双线隧道。由于列车的设计时速达 350km/h，要求隧道面积加大，全断面面积为 155m^2，隧道跨度达 15m，比以往铁路隧道断面扩大了 2 倍。该隧道起止里程为 DK1 848＋095～DK1 850＋460，全长 2 365m。试验段隧道穿越 II、III 级围岩，选用台阶法钻爆施工。

2. 基本思路

研究思路如下：

(1)将爆破震动测试点布置在拱顶，先监测光面爆破数据。

(2)通过萨道夫斯基计算公式，运用最小二乘法回归一条拟合曲线，从而得到在这种环境下隧道爆

破的场地系数 K 和衰减指数 α。

(3)对比预裂爆破监测的数据和衰减规律，分析两种控制爆破技术的关系。

(4)根据预裂爆破实测数据，确定预裂爆破衰减的场地系数 K' 和衰减指数 α'，得到振速比值系数 β，进一步研究光面爆破和预裂爆破的数量关系。

(5)利用超声波检测隧道光面爆破区段和预裂爆破区段松动界面。

3. 振动测试结果

(1)光面爆破震动测试结果

为分析爆破振动波的传播规律，在试验区共布置了 5 个数据测试点，分 11 次，共采集到 53 幅振速波形图。图 2-24 给出了爆破时沿掘进方向较为典型的光面爆破振速波形图，爆破按照第一层孔→第二层孔→第三层孔→辅助孔→周边、底板孔的顺序分为 5 段起爆(雷管段别依次为 5ms，7ms，9ms，11ms，15ms)。总的装药量为 24～30.675kg，周边光面爆破单响药量为 9.45～12.375 kg。

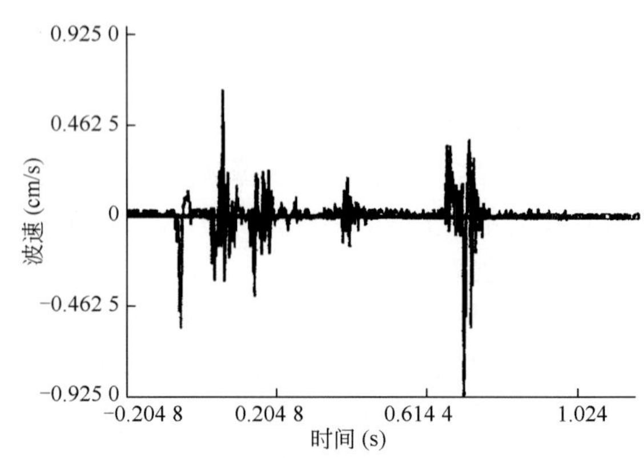

图 2-24 光面爆破震动波形图

由图 2-24 的波形可看出，各段爆破的振速波形都被完整地记录下来，没有出现削波和相互叠加的现象，各段间的延迟时间与其雷管段别相吻合。

鉴于掘进爆破要求控制围岩的最大质点振速，由图 2-24 可知，该点的最大振速出现在最大单段药量爆破时的段位上，本次爆破的其他测点的振速波形均与此类似，具有相同的规律。为便于正确分析爆破振动波传播特征，只统计分析周边光面爆破相对应的质点振速、距离和爆破装药，图 2-25 回归了有关的振动数据。回归分析得出 K、α 取值：$K=104.06$，$\alpha=1.81$。

(2)预裂爆破震动测试结果

预裂爆破 4 个测点分别布置在 6m、11m、12m、16m 处，设计总的装药量为 33.6kg，最大振速出现在周边孔爆破时，装药量为 2.4kg。表 2-9 为隧道实测点监测质点振动速度值。图 2-26 为典型的预裂爆破震动波形图。

预裂爆破振速实测结果 表 2-9

测点序号	监测点与爆破源的距离(m)	药量(kg)	实测振速(cm/s)
1	6	2.4	7.48
2	11	2.4	2.42
3	16	2.4	1.21
4	21	2.4	0.73

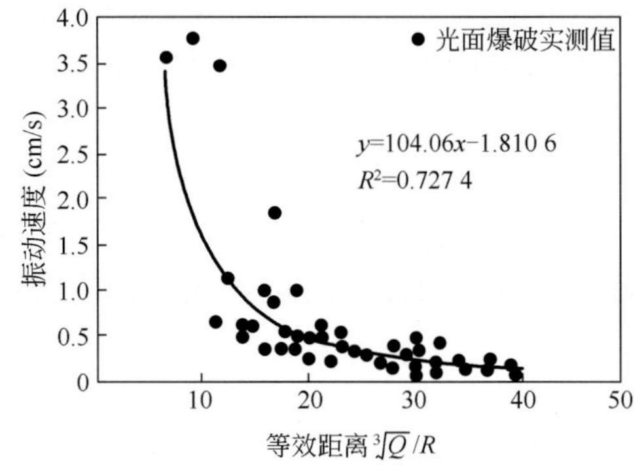

图 2-25 光面爆破衰减回归曲线

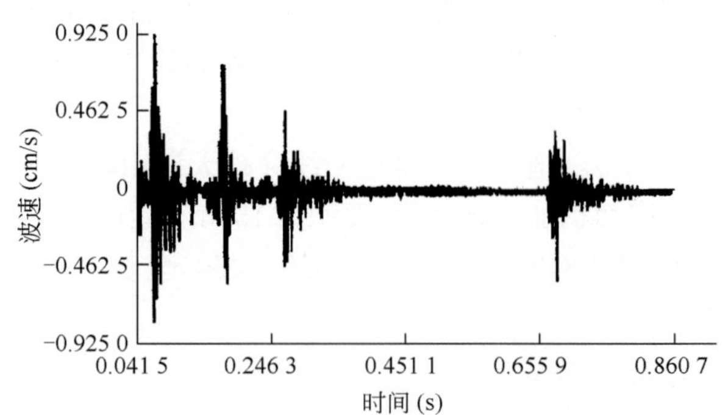

图 2-26 预裂爆破震动波形图

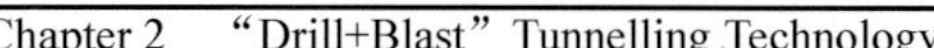

根据光面爆破测试数据和预裂爆破实测数据的对比结果可以看到，隧道中预裂爆破震动所有实测数据都大于光面爆破的振动量。

对实测数据进行回归分析，可得 K'、α' 值结果如下：$K'=121.83$，$\alpha'=1.86$。

(3)光面、预裂爆破振速比值系数

为了较准确地确定光面爆破和预裂爆破的数量关系，现将式(2-1)、式(2-2)所得结果进行对比，得到振动比值系数 β 为：

$$\beta = v'/v = K'(\sqrt[3]{Q}/R)^{\alpha'}/[K(\sqrt[3]{Q}/R)^{\alpha}] \tag{2-1}$$

$$\beta = v'/v = 1.27(\sqrt[3]{Q}/R)^{0.05} \tag{2-2}$$

从式(2-2)可知，预裂爆破和光面爆破 α 值相差很小，说明两种爆破方式对地质条件的影响区别不大；由于两种爆破方式起爆顺序不同，与爆破场地条件有关的参数 K 值变化较大，引起预裂爆破比光面爆破震动量大 1.3 倍左右。以上分析表明，在半无限介质中预裂爆破受到了较大的约束作用，其不如光面爆破有利，也充分说明了两个临空面的优点。

4. 声波检测结果

2007 年 11 月 23 日对天鹅岭隧道光面爆破区段和预裂爆破区段进行了超声波检测，共完成两组孔深为 3.75m 的跨孔法超声波检测工作，其结果见图 2-27 和图 2-28。

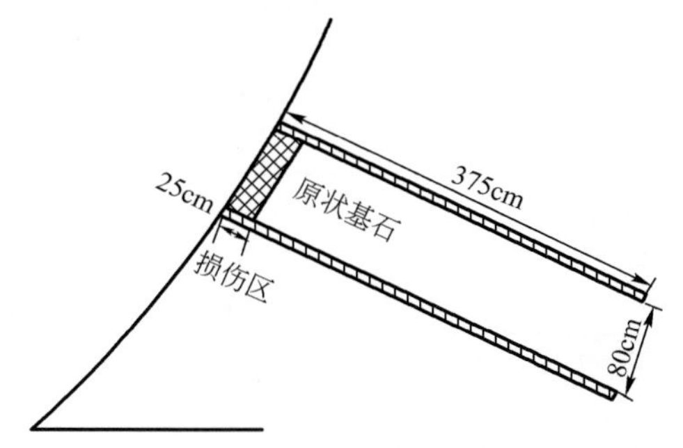

图 2-27 光面爆破检测结果剖面图

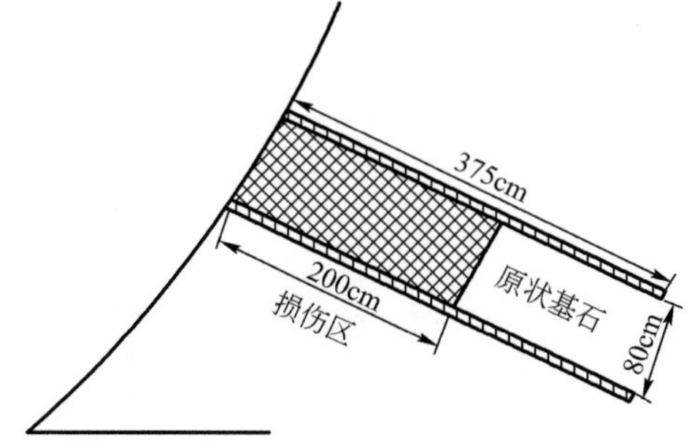

图 2-28 预裂爆破检测结果剖面

光面爆破区段：岩体声速变化不大，几乎接近原始状态围岩，统计标准差为 0.067km/s，岩体声幅除 0.25m 测点处较小外，其他测点声幅变化不大，统计标准差为 4.81dB，经光面爆破后，围岩几乎保持原有状态未变。

预裂爆破区段：岩体测点由 0.25m 测点至 2.00m 测点间声学参数不可判读，说明由岩石表面至 2.00m 深度范围内围岩破损严重；由 2.25m 测点开始可判读声学参数，2.50m 左右达到原状围岩声速值。

若以超声波检测声学参数可否判读为标准，推断爆破松动界面为：光面爆破区段围岩松动界面为 0.25m 深，预裂爆破区段围岩松动界面为 2.00m 深。

5. 光面爆破与预裂爆破对比结论

(1)振动监测结果表明，隧道施工中预裂爆破对围岩和衬砌所产生的振动影响大于光面爆破。

(2)超声波测试表明，光面爆破区段围岩松动界面明显小于预裂爆破区段围岩松动界面。

十一、长大双洞隧道宜采用巷道式射流通风技术

目前，在我国隧道工程建设中，长大隧道一般均需要修建平行导坑。在双洞情况下，经济合理地设计与有效地实施施工通风方案，无疑可以提高隧道施工水平。隧道施工通风方式按照风道的类型及通风机安装位置，可分为风管式通风和巷道式通风两种类型。早期较多地使用主扇长风管压入式通风方式，该通风方式有自身难以克服的缺点，如风机布置数量多、功率大，经常移拆风机，风流方向不易控制，存在污风循环，以及难以解决多工作面施工通风等问题。后期则较多地采用巷道式射流通风技术。巷道式射流通风技术适用于上下行、分离式双洞隧道。这是打破常规的新模式，取消了在洞口采用大功率主扇压入式向洞内输送新风的模式，而在洞内横通道之间设置射流风机(15～30kW/台)，风机本身产

生高速气流(30m/s)的卷吸作用,产生很大的压力差,从而强迫诱导大量新风,在U形风道中产生单向巨大风流,以达到换气目的。

(一)主扇长风管压入式通风技术

主扇长风管式通风风流由管道输送,该种通风方式又可分为压入式、抽出式、混合式3种。目前,隧道施工中使用较多的是压入式通风。

主扇压入式通风存在的不足:新风由正洞口进入,污风由平导口排出地面,因为正洞口进新风,向各掌子面送风的轴流风机要安装在已做混凝土模板台车后边,风流质量才有保障。但风管要多次穿越模板台车和挂防水板台架等,增大了管路的局部阻力,也加大了风管安装、拆卸工作量和通风管理难度等。轴流风机若靠前安装,检底放炮、内燃装渣机尾气、处理欠挖放炮时的烟气、补喷混凝土等有毒气体和粉尘进入风机,再由通风管路送到各掌子面,通风效果必然很差;同时,主扇长风管通风时需随着开挖面的推进而及时接长风管,通风阻力亦随之增大。另外,由于管路由一节一节组成,接头处或多或少有漏风,因而管路过长会使风量减少而达不到所要求的通风量。

主扇长风管式通风于平导口附近安装主风机,将污浊空气由平导抽出,新鲜空气由正洞流入,经局部风机送达不同工作面,形成完整的循环风流系统。双洞主扇长风管压入式通风系统布置示意如图2-29所示。

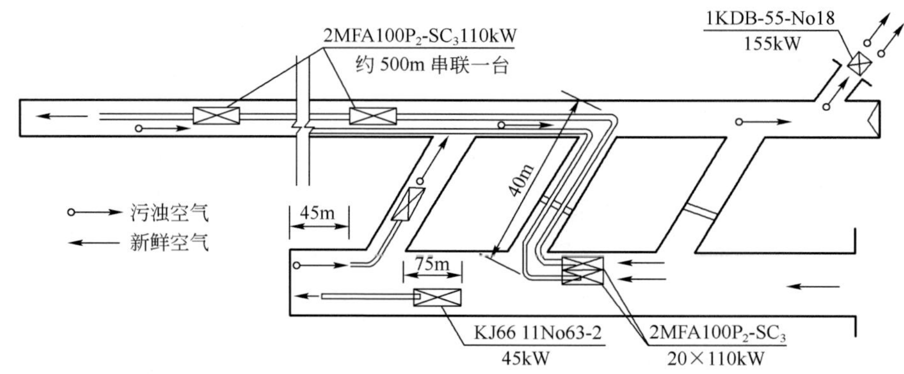

图2-29 双洞主扇长风管压入式通风系统布置示意图

(二)巷道式射流通风技术

巷道式通风适用于有平行导坑的长隧道,其特点是通过最前面的横通道使正洞和平导组成一个完整的风流循环系统。由于利用整个坑道作为风道,故这种通风方式由于断面大、阻力小,可供应较大的风量,而对平导和正洞导坑前面的独头巷道再辅以局部的风管式通风。巷道式通风是过去和现在解决长大隧道施工通风的一种有效方法,而且在将来也仍将是一种主要办法。

巷道式通风经历过两个发展阶段。

1.横通道设置风门的巷道式通风

对传统主扇长风管压入式通风方案进行有效改良,充分利用横通道安设风机,并设置风门,随着新的横通道的开挖,风机逐渐前移。横通道内的风机既是局扇,同时又是主扇。取消了平行导坑口设置的大型主扇。在洞口到设风机的通道间实施巷道式通风,在超前区段实施主扇长风管式通风。该种改进的通风方案与传统的主扇长风管通风方案相比,具有如下优点:

(1)因平行导坑口不设风门,提高了有效风量率;

(2)根据各工序对通风的要求,可利用横通道增减风机,合理分配风量,以降低整个隧道的污染程度;

(3)减小风机功率,节约通风电耗,具有明显的经济效益,尤其在用柴油车运输时效果更为明显。

该种在横通道内设置风门的巷道式通风方案在大秦线军都山隧道出口段双线长隧道施工中首次应用,取得了良好的效益,其通风布置如图2-30所示。

该种巷道式通风在有平行导坑的长大隧道施工中推广应用,均收到良好的效果。但仍有其自身难

以克服的缺点，如：要经常移动风机，存在污风循环，横通道（尤其最前面的横通道）需设风门，不能做到无障碍封堵，对隧道施工通行造成困难，以及平导拐入正洞创造工作面施工的有效通风问题难以解决等。为此，新型巷道式通风方式亟须总结、分析研究及推广应用，以适应我国铁路隧道长度增加的趋势和现实，提高隧道施工水平。

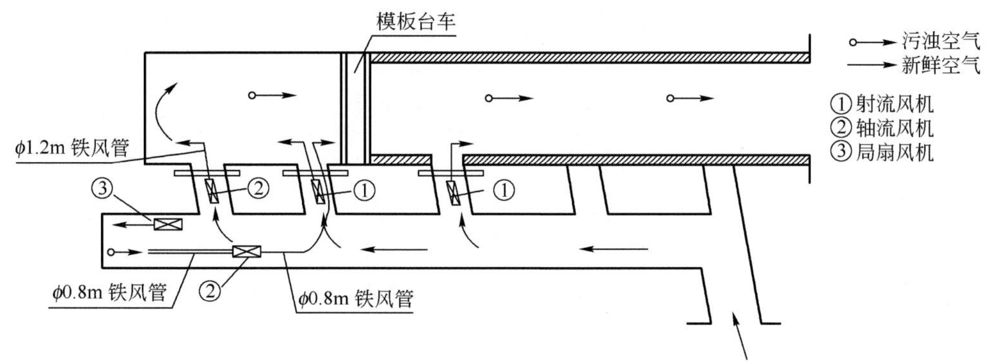

图 2-30 在横通道内设置风门的巷道式通风系统布置

2.巷道式射流通风

射流风机在隧道运营通风中应用较多，其原理为利用射流自身的卷吸升压作用和后部的真空作用，将新鲜风诱导到隧道内，空气纵向流动，来完成通风换气的目的。风机的出口动压引射风流，使巷道内的风量大于风机本身风量。利用射流风机的这一特性，可以做到无障碍封堵，达到控制风流方向的目的，从而为隧道内巷道式通风实现有效控制风流方向、多工作面施工等各种通风设计提供了可行性和广阔的思路。

利用射流风机，在有平行导坑的长大隧道及双洞施工中，把洞口到射流风机的区段变为真正意义上的巷道式通风（进风道全为新鲜风流），在射流风机到掘进面之间实现单一的压入式通风（轴流风机置于新鲜风带中）。该种巷道式射流通风与在横通道内设置风门的巷道式通风相比较，具有如下优点：避免了任何部位的污风循环；通风布置简单明了；能用一台小功率射流风机代替横通道内的所有大功率风机，减小了风机功率，节约了通风电耗，经济效益明显；最前面横通道不摆放风机，不封堵，没有通行障碍；移动风机次数相对减少；满足了平导沿途四处拐入正洞施工，实现长隧短打的多工作面施工通风的需要，通风效果良好。

当正洞和平导同时掘进，且每隔一定距离由横通道连通时，可运用射流通风技术，采用巷道式与压入式相结合的通风方式进行通风。风机安放在平导或正洞内，通过射流风机控制风向，使平导或正洞进新风、正洞或平导排污风，各掘进作业面的通风均采用压入式，风机安放在新鲜风流中，通过管路为其通风。这种通风方式和主扇通风方式比较起来，既可免设主扇和风门，减小风机的总功率，降低能耗与漏风，节省维修及管理费用，又利于快速运输及行车的安全。

敞开横通道连通平导与正洞段，采用射流风机升压的巷道通风；正洞下导坑与正洞扩挖面已贯通的，采用射流风机升压迎面送风到扩挖面；独头段辅以轴流风机配软风管压入通风。这种综合的通风方案可适应现场多个作业面同时施工，正洞和平导之间形成一进一出的单向行车，加快了行车速度，提高了运渣能力，进而加快了施工进度。巷道式射流通风系统布置如图 2-31 所示。

京九线五指山隧道及朔黄线寺铺尖隧道尝试把该项技术用于巷道式通风中，取得了成功，但当时是将小型轴流风机置于横通道内作为射流风机使用的。

广渝高速公路华蓥山隧道第一次采用射流风机介入巷道式通风中，通风系统布置见图 2-32。

华蓥山隧道东口全断面揭煤时的最大瓦斯涌出量为 11.04m^3/min，因此，工作面通风量不应小于 1 500m^3/min。利用射流升压迫使掘进工作面的污风经附近的横通道由右线进入左线，使含瓦斯的污风风速提高，避免了长距离内的瓦斯积聚，同时进一步稀释了回风流中的瓦斯。在揭煤过程中，实测工作面回风流风速为 0.58m/s，通风量达到 3 000m^3/min，总回风流风速达 2.27m/s，通风量达到

8 000m^3/min，风流中最大瓦斯浓度为 0.2%，各项指标均达到规范的要求，保证了揭煤工作的顺利进行。此外，由于射流通风把隧道分成新鲜风区（右线）和污风区（左线），新鲜风区为无瓦斯风区，可以不考虑防爆设备、器材问题。总之，射流风机的应用使巷道式通风迈入了一个崭新的阶段。

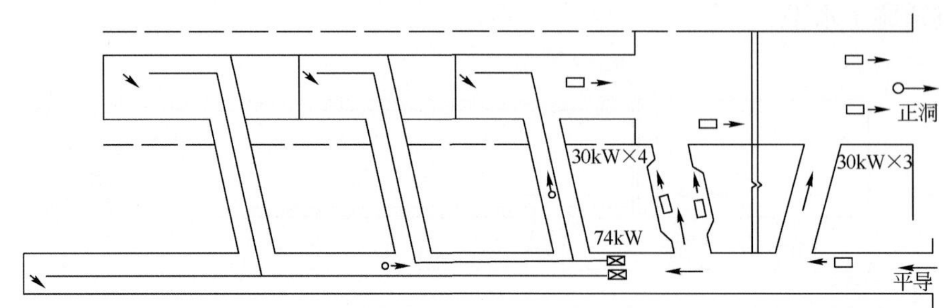

图 2-31　巷道式射流通风系统布置

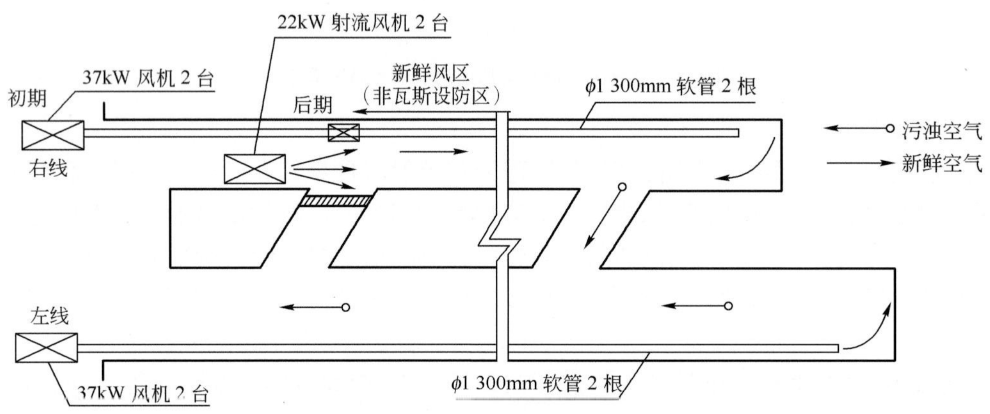

图 2-32　广渝高速公路华蓥山隧道巷道式射流通风方案布置图

（三）主扇压入式与巷道式射流通风方案经济比较

施工通风方案的经济效益的综合比较，可以从不同角度进行。现将巷道式射流风机升压通风方案与主扇压入式巷道通风方案进行经济分析和比较，结果如表 2-10 所示。

两种通风方案直接费用估算表　　表 2-10

项　　目	单　　位	单价(元)	主扇压入式巷道通风方案	射流风机升压通风方案
主扇(150kW)	台班	503.81	2 771	
轴流风机(110kW)	台班	381.20	3 257	3 257
轴流风机(160kW)	台班	528.13	5 543	
轴流风机(74kW)	台班	201.09		3 257
射流风机(30kW)	台班	129.03		13 097
风门	扇	10 000	2	
风门看守	工日	50.00	6 566	
风机安装	工日	50.00	378	882
风管吊挂	工日	50.00	16 416	16 416
风管修补	工日	22.26	2 189	2 189
ϕ1 200mm 软风管	m	118.30	2 000	2 000
ϕ1 000mm 软风管	m	98.5	4 260	4 260
通风直接费	万元		766.6	535.89
延米通风费	元		1 141	798
正洞风量	m^3/min		1 460	1 557
正洞平均风速	m/s		0.68	0.70

主扇压入式巷道通风方案与巷道射流风机升压通风方案相比较，后者具有灵活性大，适应现场施工变动大的特点，可满足多工作面同时作业的需求。空车从正洞口进，经敞开横通道进入平导，运渣车走平导，这样正洞与平导之间就形成单向行车，可加快运渣速度，缩短作业循环时间，加快施工进度，保证工期。而且射流风机升压通风的风量比主扇排出式巷道通风的风量大，经济上又比主扇通风节省343万元，其中可节省通风电费221.4万元。

通过对这两种通风方案的技术研究与分析，巷道式射流通风方案具有超前性和先进性，经济合理，方便施工。

第三节 钻爆法隧道施工

目前，山岭隧道钻爆法施工中主要存在7条施工作业线，其中包括4条主要作业线，3条辅助作业线，隧道施工机械均围绕该7条作业线配置。

一、钻爆开挖作业线

隧道开挖实际上是指在隧道所穿越的地层内开挖出一个符合设计要求的空间，是隧道施工中的关键作业，对隧道施工的进度和工程造价影响都比较大，根据统计，其工程量一般可占到隧道总工程量的25%～40%。

隧道开挖作业一般包括钻眼、装药、爆破等几项工作内容。进行隧道开挖前，必须先探明隧道工程地质和水文地质情况，然后结合设计开挖断面尺寸、埋深等情况综合确定开挖步骤和循环尺寸，开挖轮廓要考虑预留变形量、施工误差等因素。以下分别对开挖技术中涉及的开挖方法、爆破等技术进行介绍。

(一)开挖方法

隧道开挖方法实际上是指开挖成形方法。按照开挖断面分布情形，可分为：全断面开挖法——按设计开挖断面一次开挖成形；台阶开挖法——一般将设计断面分为上半断面和下半断面，分两次开挖成形；分部开挖法——将隧道断面分部开挖逐步成形，且一般将某部超前开挖，也可称为导坑超前开挖。常用的有上、下导坑超前开挖法，单、双侧壁导坑超前开挖法等。

1.选择隧道施工方法的指导思想与应遵循的原则

隧道施工应满足安全环保、工艺先进、质量优良、进度均衡、节能降耗的要求，本着"安全、有序、优质、高效"的指导思想，按照"保护围岩、内实外美、重视环境、动态施工"的原则组织施工。其施工方法的选择应遵循以下原则：

(1)确保施工安全，改善施工环境。

(2)应根据设计文件、施工调研情况、地质围岩级别，结合隧道长度、断面大小、纵坡情况、衬砌方法、工期要求、装备水平、队伍素质等综合因素决定。

(3)对于地质变换频繁的隧道，应考虑其适应性，便于工序调整转换。

(4)应尽量采用新技术、新工艺、新设备、新材料。

(5)掌握应用好光爆、初支、量测施工三要素。

(6)突出快速施工，考虑时空效应，做到"5个及时"，即及时支护、及时封闭、及时量测、及时反馈、及时修正。

2.选择隧道施工方法的基本要素

(1)施工条件。它包括一个施工队伍所具备的施工能力、素质及管理水平。目前，隧道施工队伍的素质和施工装备水平，有高有低，参差不齐，因此，在选择施工方法时，不能不考虑这个因素的影响。

(2)围岩条件。围岩条件也就是地质条件，其中包括围岩级别、地下水及不良地质现象等。围岩级别是对围岩工程性质的综合判定，对施工方法的选择起着重要甚至决定性的作用。

(3)隧道断面面积。隧道尺寸和形状，对施工方法的选择也有一定的影响。目前，隧道断面有向大断面方向发展的趋势，如公路隧道已开始修建3车道甚至4车道的大断面，水电工程中的大断面洞室，更是屡见不鲜。在这种情况下，施工方法必须适应其发展。在单线和双线的铁路隧道中，越来越多地采用了全断面法及台阶法；而在更大断面的隧道工程中，先采用各种方法修小断面的导坑，再扩大形成全断面的施工方法极为盛行。

(4)埋深。隧道埋深与围岩的初始应力场及多种因素有关，通常将埋深分为浅埋和深埋两类，有时将浅埋又分为超浅埋和浅埋两类。在同样地质条件下，由于埋深的不同，施工方法也将有很大差异。

(5)工期。作为设计条件之一的施工工期，在一定程度上会影响基本施工方法的选择。因为工期决定了在均衡生产的条件下，对开挖、运输等综合生产能力的基本要求，即对施工均衡速度、机械化水平和管理模式的要求。

(6)环境。当隧道施工对周围环境产生如爆破震动、地表下沉、噪声、地下水条件的变化等不良影响时，环境也应成为选择隧道施工方法的重要因素之一，在城市市区施工的条件下，甚至会成为选择施工方法的决定性因素。

3.隧道开挖方法的选择

隧道施工的过程和方法是多种多样的，但钻爆法仍然是我国目前应用最广、最成熟的隧道修建方法，山岭隧道开挖常用的方法为全断面法、台阶法、中隔壁法(CD法)、交叉中隔壁法(CRD法)、单侧壁导坑法、双侧壁导坑法等。

在当前的施工实践中，从工程造价和施工的速度考虑，施工方法的选择顺序应为：全断面法⟶正台阶法⟶台阶设临时仰拱法⟶中隔壁法(CD法)⟶交叉中隔壁法(CRD法)⟶双侧壁导坑法。如果仅仅从施工安全方面考虑，上述选择顺序应反过来。如何正确选择施工方法，应根据实际情况综合考虑，但必须符合快速、安全、质量及环境的要求，达到规避风险，加快施工进度与节约投资的目的。

此处主要介绍全断面法和正台阶法，其他开挖方法参见本书第四章浅埋暗挖施工技术。

4.各种施工方法在不同围岩和隧道中的适用情况

1)全断面法

全断面开挖法是按设计断面将整个隧道开挖断面一次钻孔、一次爆破成形、初期支护到位的隧道开挖方法。其主要适用于非浅埋Ⅰ～Ⅲ级硬岩地层。浅埋段、偏压段和洞口段不宜采用。如果地质条件确实较好，也可采取先开挖小导坑，然后再扩大的施工方法，这对保持围岩稳定是有利的。

该法有较大的作业空间，有利于采用大型配套机械化作业，钻爆施工效率较高，可采用深眼爆破，提高施工速度，且工序少、便于施工组织和管理，较分部开挖法减少了对围岩的振动次数。但由于该法开挖面积较大，围岩相对稳定性降低，且每循环工作量相对较大，深孔爆破用药量大，引起的振动大，因此要求进行精心的钻爆设计和严格控制爆破作业。

采用下导洞超前大断面法，利用凿岩台车开挖，导洞尺寸应满足装渣运输要求，超前长度以不超过10m为宜，除找顶外不需用任何支护，后部紧跟多功能风钻台架，以减少台车外插角，减少超挖，速度快，并节省成本。采用此法，朔黄线寺铺尖隧道获得了成功，并取得较好的经济和社会效益。

全断面开挖法是按设计断面将隧道一次开挖成形，再施作支护和衬砌的隧道开挖方法，一般适用在地质条件好的Ⅰ、Ⅱ级围岩，也可用在单线铁路隧道Ⅲ级围岩地段。

(1)施工工序流程图

隧道全断面开挖施工工序流程如图2-33所示。

(2)施工要点

①配备钻孔台车或多功能台架及高效率装运机械设备，缩短循环作业时间，合理采用平行交叉作业工序，提高施工进度。

②根据围岩条件和机具配备等施工组织情况，可利用深孔钻爆增加循环进尺。

③及时施作喷网支护，围岩条件变化时应及时调整施工方法。

④有条件时可采用导洞超前的开挖方法，增加临空面，控制周边眼角度，改善光面爆破效果，减少超

挖与欠挖，减少对围岩的扰动，保证隧道施工安全。

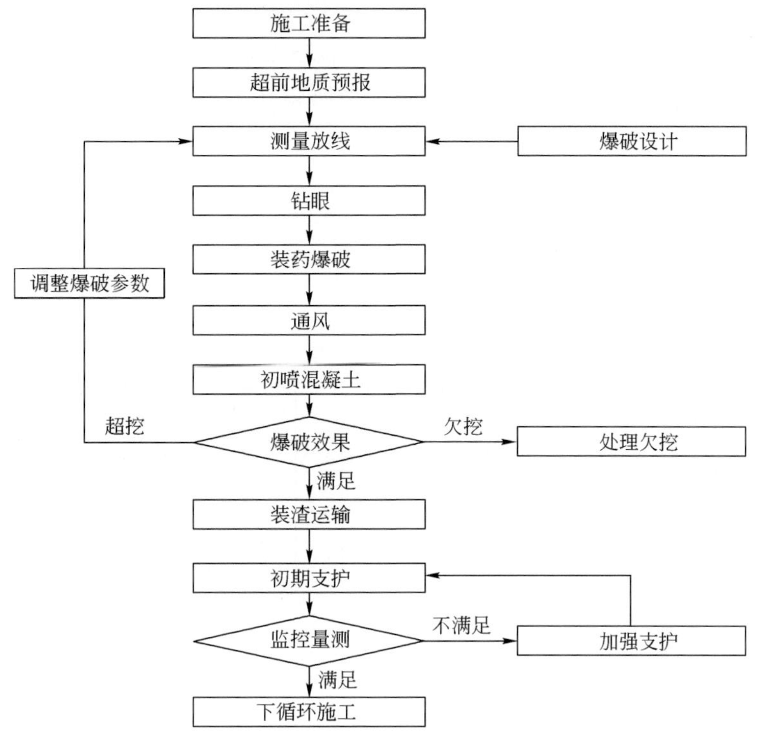

图 2-33 隧道全断面开挖施工工序流程图

⑤隧道开挖应根据地质条件、开挖断面、开挖方法、掘进循环进尺、钻眼机具和爆破材料等进行钻爆设计，并应根据爆破效果不断进行优化。

⑥钻爆设计的内容应包括炮眼的布置、数目、深度，钻爆器材、装药量和装药结构，起爆方法和起爆顺序，钻眼机具和钻眼要求等。钻爆设计图应包括炮眼布置图、周边眼装药结构图、钻爆参数表、主要技术经济指标及必要的说明。

⑦炮眼布置应符合规定：掏槽炮眼可采用直眼掏槽或斜眼掏槽；周边眼应沿隧道开挖轮廓线布置，保证开挖断面符合设计要求；辅助炮眼交错均匀布置在周边眼与掏槽眼之间，力求爆破效果达到石块块度适合装渣的需要；周边炮眼与辅助炮眼的眼底应在同一垂直面上，掏槽炮眼应加深 10cm。

⑧掘进眼、内圈眼、底板眼宜采用连续装药结构，周边眼一般情况下宜采用小直径连续装药或间隔装药结构。当岩石很软时，可采用导爆索装药结构；当眼深不大于 2m 时，可采用空气柱状装药结构。

⑨隧道爆破应选用适当的炸药品种和型号，并应采用导爆管起爆，不宜采用火花起爆。光面爆破宜采用低密度、低爆速、低猛度或高爆力的炸药。

⑩隧道的爆破作业，应采用光面爆破。光面爆破参数应通过试验确定。当无试验条件时，有关参数可参照表 2-11 选用。

光面爆破参数 表 2-11

岩石类别	周边眼间距 E(cm)	周边眼抵抗线 W(cm)	相对距离 E/W	装药集中度 q(kg/m)
极硬岩	50～60	55～75	0.8～0.85	0.25～0.30
硬岩	40～50	50～60	0.8～0.85	0.15～0.25
软质岩	35～45	45～60	0.75～0.8	0.07～0.12

注：1. 表中所列参数适用于炮眼深度 1.0～4.0m，炮眼直径 40～50mm，药卷直径 20～25mm。
2. 当断面较小或开挖成形要求较高时，周边眼间距 E 应取较小值。
3. 周边眼抵抗线 W 值在一般情况下均应大于周边眼间距 E 值。
4. E/W：软岩取小值，硬岩及断面小时取大值。
5. 表列装药集中度 q 为 2 号岩石硝铵炸药，选用其他类型炸药时应修正。

(3)钻爆设计

全断面开挖一般采用毫秒微差爆破,周边眼采用导爆索起爆。采用斜眼掏槽,以便减少钻眼数量。单线铁路隧道全断面钻爆图示设计如图 2-34 所示。采用凿岩台车钻孔,除周边孔外,其余孔均采用 40mm 直径炸药,周边孔采用 32mm 直径炸药。图中所附数字为起爆雷管段别,炮眼深度=爆破进尺+0.2m。

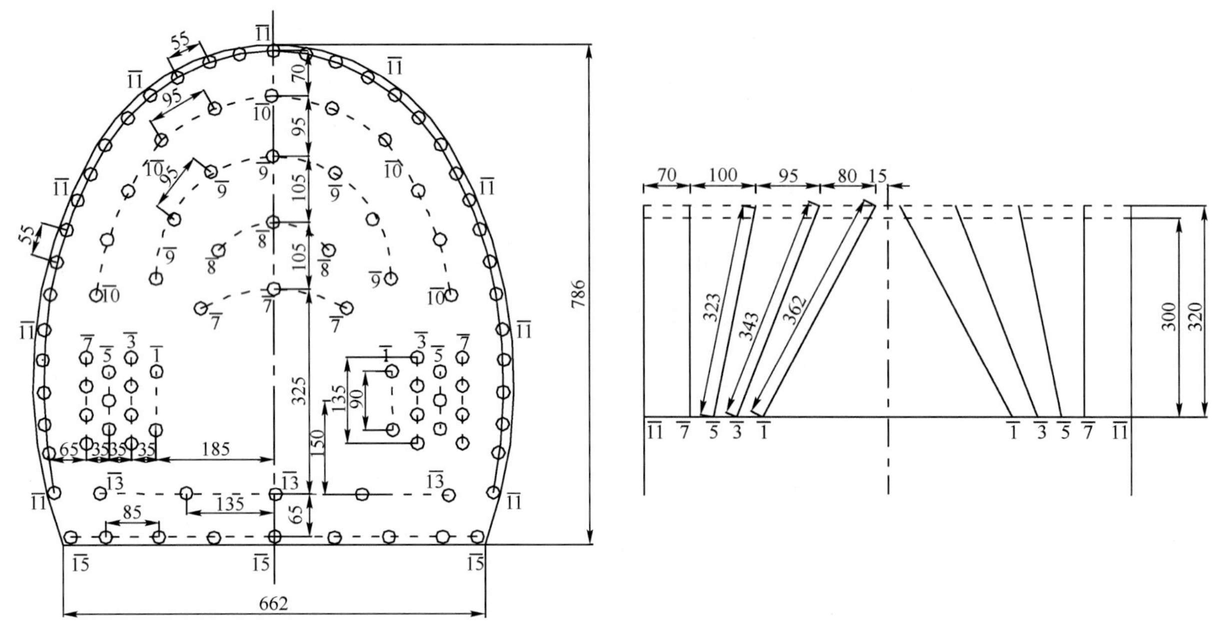

图 2-34 单线正洞全断面楔形掏槽钻爆图示(尺寸单位:cm)

单线全断面钻爆参数如表 2-12 所示,技术经济指标如表 2-13 所示。

正洞单线隧道全断面楔形掏槽钻爆参数 表 2-12

炮眼名称	段号	眼深(m)	眼数	炸药类型(kg/条)	单孔条数(条)	单孔药量(kg)	单段药量(kg)	装药长度(m)	装药结构
掏槽眼	1	3.62	4	0.3	12	3.6	14.4	2.4	集中
辅助眼	3	3.43	8	0.3	11	3.3	26.4	2.2	集中
扩槽眼	5	3.23	6	0.3	10	3	18	2	集中
掘进眼	7	3.2	11	0.3	8	2.4	26.4	1.6	集中
掘进眼	8	3.2	3	0.3	8	2.4	7.2	1.6	集中
掘进眼	9	3.2	7	0.3	7	2.1	14.7	1.4	集中
内圈眼	10	3.2	11	0.3	5	1.5	16.5	1	集中
周边眼	11	3.2	35	0.2	4	0.8	28	0.8	集中
二台眼	13	3.2	5	0.3	9	2.7	13.5	1.8	间隔
底板眼	15	3.2	9	0.3	10	3	27	2	集中

正洞单线隧道楔形掏槽全断面爆破技术经济指标 表 2-13

爆破断面(m^2)	总装药量(kg)	前几段各段装药量(kg)						最大单段药量(kg)	钻孔数量(个)
		1	3	5	7	8	9		
50	192.1	14.4	26.4	18	26.4	7.2	14.7	28	99

设计爆破进尺(m)	钻孔延米(m)	炮眼密度(个/m^2)	雷管单耗(个/m^3)	炸药单耗(kg/m^3)	装药箱数
3	320.5	1.98	0.66	1.28	5.34

(4)施工机械配置

①凿岩机具。主要有气腿式风动凿岩机、液压式电动凿岩机、凿岩台车等。

②装渣运输设备。铁路单线全断面所使用的装渣运输设备如表 2-14 所示。

铁路单线全断面施工所使用的装渣运输设备 表 2-14

项　目	装渣设备		辅助装渣设备		运输设备	
无轨运输	设备名称	型号	设备名称	型号	设备名称	型号
	装载机	ZLC50C	反铲	PC-200-6	自卸汽车	10t、15t
有轨运输	装载机	ZLC50C			电瓶车	XK15-7/192
					梭式矿车	S16

③运输线路。有轨运输线路轨道采用 38kg/m 轻轨,轨距 762mm;轨枕采用[14 槽钢,间距 70cm;道岔采用 6 号道岔,扳道器采用手动扳道器;前期开挖地段设单线,每 400m 设一错车道,仰供填充后设双线,每 500m 设一渡线道岔;轨道最小曲线半径不得小于 15m,安全净距、人行道宽度等应符合规范要求。

(5)施工图片

施工图片见图 2-35～图 2-38。

2)台阶法

台阶法施工是将隧道结构断面分成两个或几个部分,即分成上下两个断面或几个断面,分部进行开挖的隧道开挖方法。该法适用于铁路双线隧道 III、IV 级围岩,单线隧道 V 级围岩亦可采用,但支护条件应予以加强。该法具体可分为正台阶法、环形开挖预留核心土开挖法等。

(1)正台阶法

①施工方法。正台阶开挖法是将隧道设计断面自上而下分两台或三台开挖,台阶间控制一定距离,采用同时并进的隧道开挖施工方法,一般用在 III 级围岩,也可用在单线铁路隧道 IV 级围岩地段。其施工方法如图 2-39 所示。

图 2-35 台车钻眼施工

图 2-36 装药施工

图 2-37　隧道光面爆破效果

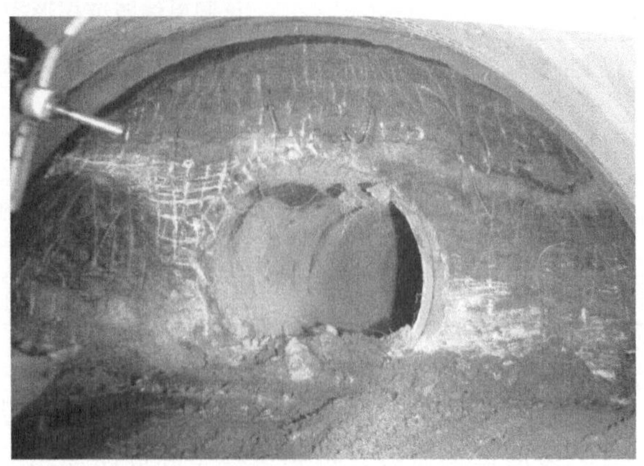
图 2-38　导洞超前

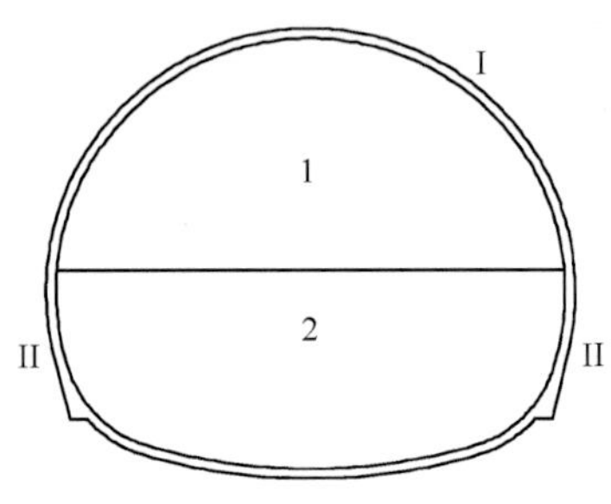

a) 台阶法开挖横断面示意图

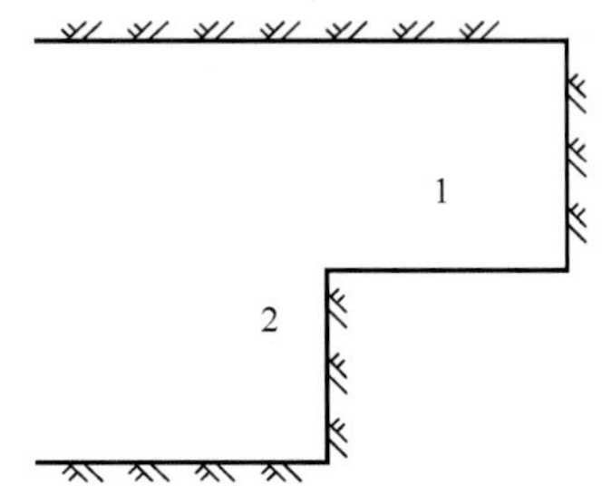

b) 台阶法开挖纵断面示意图

图 2-39　正台阶法施工示意图

该施工方法的优点是对地质变化的适应性较强，工序转换较容易，并能较早地使初期支护闭合，有利于控制沉降。台阶长度一般应控制在 1～1.5 倍洞径，为及早使初期支护封闭成环，也可适当缩短台阶长度，当围岩较稳定，短台阶能保持时，台阶长度亦可适当缩短至 3～5m，上下台阶同时钻眼爆破，以起到加快施工进度，减少设备配置量的目的。

下部断面(中、下层台阶)是开挖作业的重要环节。近年来，在下部开挖中，因方法欠妥、作业不慎，引起初期支护失稳造成的重大塌方事故已有多起，故必须引起高度重视。在开挖顺序上，宜采用先挖侧槽、左右错开向前推进的做法，不宜采用拉中槽挖马口的方法。侧槽一次开挖长度不宜太长，靠近边墙范围应采用风钻、风镐手工开挖，人工清壁扒渣，严禁使用重型机械开挖和装渣，以免对围岩产生过大扰动，破坏围岩和初期支护系统的整体稳定性。

②施工工序流程图。隧道台阶法开挖施工工序流程见图 2-40。

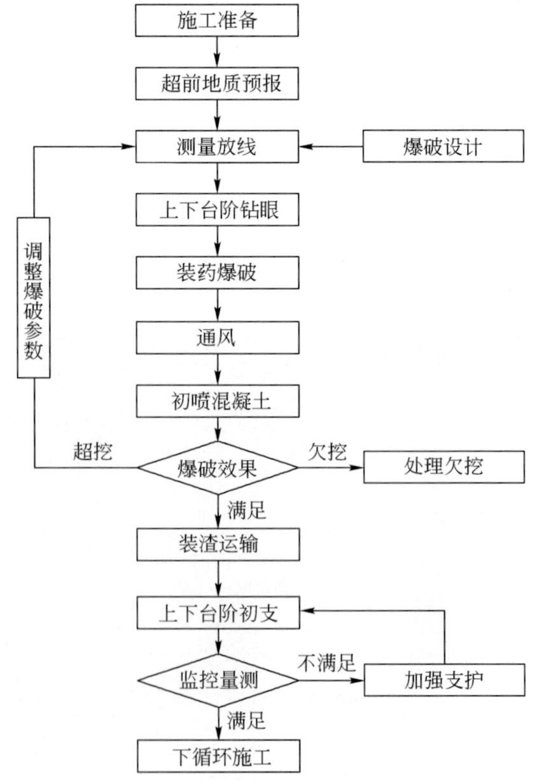

图 2-40　隧道台阶法开挖工序流程图

③施工要点：

a. 根据围岩条件合理确定台阶长度和台阶数量，台阶长度一般为 3～5m(或 5～7m)，且不宜超过 1 倍开挖洞径，台阶高度根据地质情况、隧道断面大小和施工机械设备情况确定，上台阶高度宜为 2.5m。

b. 上台阶施作钢拱架时，采用扩大拱脚和锁脚锚杆(管)等措施，控制围岩和初期支护变形，必要时应施作

临时仰拱。

c. 下台阶在上台阶喷射混凝土达到设计强度的70%以上时开挖，当岩体不稳定时需缩短进尺，必要时分左、右两部错开开挖。初期支护要紧跟下台阶及时封闭。

d. 施工中，应解决好上下台阶的施工干扰问题，下部施工应减少对上部围岩、支护的扰动。

e. 下台阶施工时，要保证初支钢架整体顺接平直，螺栓连接牢固。

f. 钢拱架必须落在实处，严禁悬空或落在虚渣上。

④钻爆设计。单线铁路隧道台阶法施工钻爆图示设计如图2-41所示。

单线Ⅳ级围岩采用微台阶法施工，上下台阶同时放炮，一次性起爆，循环进尺为2.2m，上台阶采用人工手持风钻钻眼，除周边眼外，其余孔采用32mm直径炸药；下台阶采用凿岩台车钻孔，除周边孔外，其余孔均采用40mm直径炸药，周边孔采用32mm直径炸药。图2-41中数字为起爆雷管段别，炮眼深度=爆破进尺+0.1m。台阶爆破装药参数如表2-15所示，爆破综合技术参数如表2-16所示。

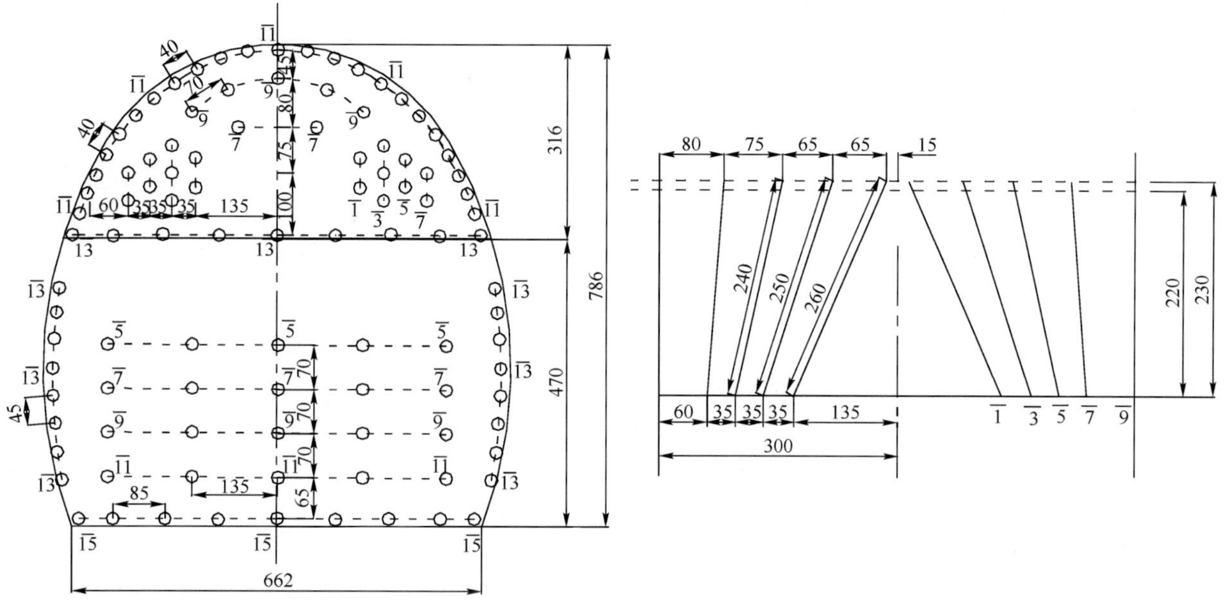

图2-41 单线正洞台阶法钻爆图示(尺寸单位:cm)

正洞Ⅳ级围岩钻爆参数表

表2-15

部位	炮眼名称	段号	眼深(m)	眼数	炸药类型(kg/条)	单孔条数(条)	单孔药量(kg)	单段药量(kg)	装药长度(m)	装药结构
上台阶	掏槽眼	1	2.6	4	0.2	7	1.4	5.6	1.4	集中
	扩槽眼	3	2.5	6	0.2	6	1.2	7.2	1.2	集中
	辅助眼	5	2.4	4	0.2	5	1	4	1	集中
	掘进眼	7	2.3	6	0.2	4	0.8	4.8	0.8	集中
	内圈眼	9	2.3	5	0.2	4	0.8	4	0.8	集中
	周边眼	11	2.3	23	0.1	3	0.3	6.9	0.6	间隔
	底板眼	13	2.3	9	0.2	6	1.2	10.8	1.2	集中
下台阶	上抬眼	5	2.3	5	0.3	5	1.5	7.5	1	集中
	中抬眼	7	2.3	5	0.3	5	1.5	7.5	1	集中
	下抬眼	9	2.3	5	0.3	5	1.5	7.5	1	集中
	二台眼	11	2.3	5	0.3	5	1.5	7.5	1	集中
	周边眼	13	2.3	16	0.2	3	0.6	9.6	0.6	间隔
	底板眼	15	2.3	9	0.3	6	1.8	16.2	1.2	集中

正洞 IV 级围岩爆破综合技术参数表 表 2-16

爆破断面(m^2)	总装药量(kg)	前几段各段装药量(kg)						最大单段药量(kg)	钻孔数量(个)
		1	3	5	7	9	11		
50	99.1	5.6	7.2	4	4.8	4	6.9	16.2	102

设计爆破进尺(m)	钻孔延米(m)	炮眼密度(个/m^2)	雷管单耗(个/m^3)	炸药单耗(kg/m^3)	装药箱数
2.2	237.4	2.04	0.93	0.90	4.13

除周边孔采用空气柱间隔装药外，其余炮孔均采用孔底药卷连续装药，并将雷管置于孔底倒数第二节药卷上，进行反向起爆。周边眼装药结构如图 2-42 所示。

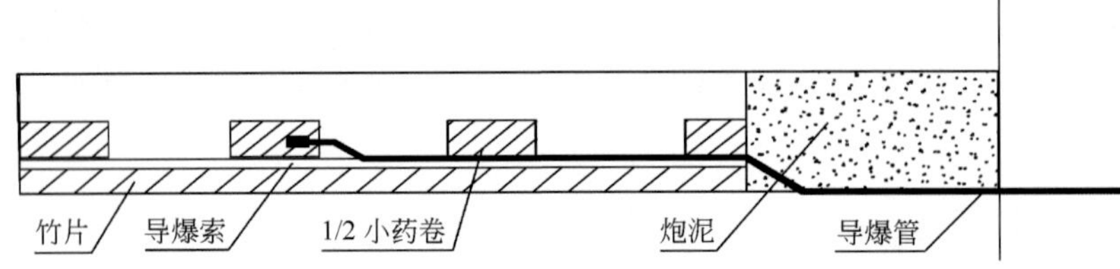

图 2-42 周边眼装药结构示意图

⑤施工机械配置。施工机械配置同全断面法。

⑥施工图。施工图见图 2-43。

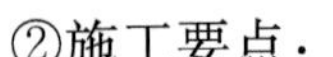

(2)环形开挖预留核心土法

环形开挖预留核心土法是先开挖上部导坑弧形断面留核心土平台，再开挖下部两侧边墙、中部核心土的隧道开挖方法，一般适用于双线隧道 III、IV 级围岩地段，单线隧道 IV、V 级围岩。

①施工工序流程图。环形开挖预留核心土施工工序流程见图 2-44。

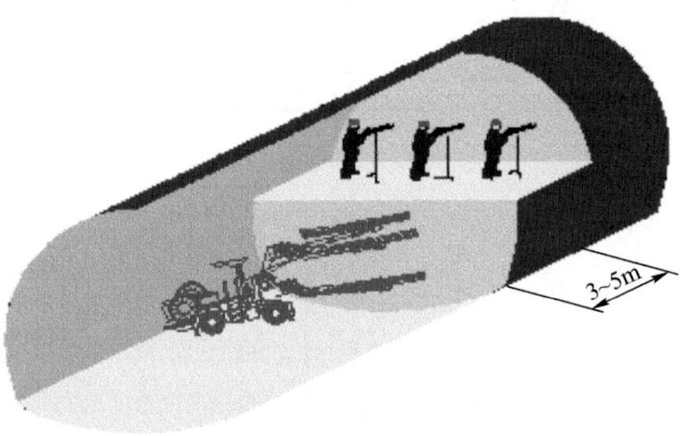

图 2-43 台阶法施工图示

②施工要点：

a. 开挖前，应在拱部进行超前支护，环形开挖每循环长度 0.5～1m，开挖后及时施作喷锚支护、安装钢架支撑。

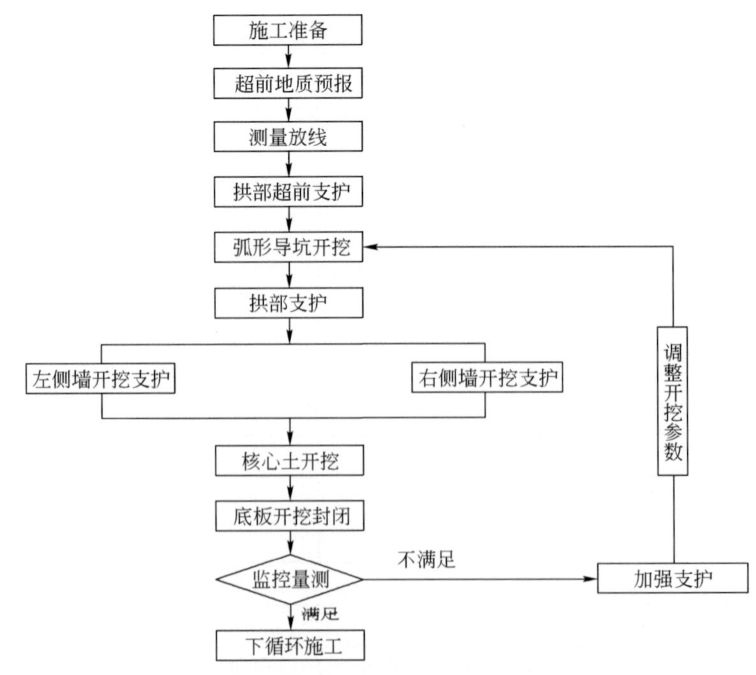

图 2-44 环形开挖预留核心土施工工序流程图

b. 每两榀钢架之间采用钢筋连接，并设置锁脚锚杆(管)，全断面初期支护封闭要紧跟下台阶核心土的开挖施作。

c. 预留核心土面积大小根据围岩地质情况确定，以便于施工和满足开挖面稳定的要求。

d. 上部弧形，左、右侧墙部，上部核心土开挖各错开3～5m，进行平行作业。

③施工图。环形开挖预留核心土施工示意图见图2-45。

图2-45 环形开挖预留核心土法图示

3)施工机械配置

(1)隧道开挖设备应根据隧道断面大小、围岩性质、施工方法等情况合理选择机械设备。

(2)单作业面长度大于等于3km的隧道，采用大断面开挖时，爆破钻孔应采用液压凿眼台车；小于3km的隧道可采用多功能台架配合钻爆设备进行开挖作业。

(3)土质隧道、不适宜爆破施工及需要开挖减振槽的隧道，可采用挖掘机、单臂掘进机、铣挖机等设备进行开挖施工。

(4)采用液压钻钻孔时，应设置液压站。

(5)采用风钻钻孔时，空压机宜配置螺杆式可移动空压机型。

总之，对于硬岩隧道宜采用全断面法与台阶法，分部开挖法适用于软岩隧道。采用台阶法施工时，不宜采用长台阶，因其不利于初期支护及早封闭成环。在采用分部开挖法的硬岩隧道中爆破作业将会严重破坏已成形的中隔壁，故应采取一定的保护措施。尤其在隧道洞口地段，一般地质条件差，且地表水汇集，施工难度较大，施工时要结合洞外场地和相邻工程的情况全面考虑，妥善安排，及早施工，制订完善的进洞方案，洞门端墙处的土石方，应视地层稳定程度、施工季节和隧道施工方法等选择合理的施工方法，为隧道洞身施工创造条件。洞口工程施工前，应进行工艺设计，对施工的各工序进行必要的力学分析，以确定隧道洞口边仰坡土石方开挖及防护、防排水工程、洞门及洞口段衬砌、背后回填的施工方法和施工顺序。

(二)钻爆开挖

钻爆开挖是隧道开挖的关键环节，是计划进度、工期、材料等的依据，其工作质量的好坏对隧道的成本、进度质量影响最大，因此，隧道开挖前应根据隧道工程地质条件、开挖断面、开挖方法、循环进尺、钻眼机具、爆破材料和出渣能力等因素进行钻爆设计，然后严格按照钻爆设计进行钻眼、装药、接线和引爆。

1. 钻眼装药设备及爆破器材

1)钻眼设备

凿岩设备是山岭隧道钻爆法施工的龙头设备，其配置是否合理将直接影响到工程进度和经济效益。目前，使用较为普遍的有三种配套设备。

(1)液压凿岩台车

将多台凿岩机安装在一个专门的移动设备上，实现多机同时作业，集中控制，称为凿岩台车。

液压凿岩台车多为国外引进，但目前国内也有制造，按凿岩钻机数量分为单臂、二臂、三臂和四臂，山岭隧道中多采用二臂、三臂和四臂。

其具有以下几个特点：钻机为液压钻，比风动钻机提高了电能利用率；钻进速度快，钻孔深；施工人员少，劳动强度低；对操作技术要求高，施工环境较好；工程成本高，维修要求高；软岩中不能充分发挥其优势。

凿岩台车按其走行方式，可分为轨道走行、轮胎走行式及履带走行式；按其结构形式，可分为实腹式、门架式两种。图2-46是工程中应用较多的实腹结构轮胎走行的全液压凿岩台车。

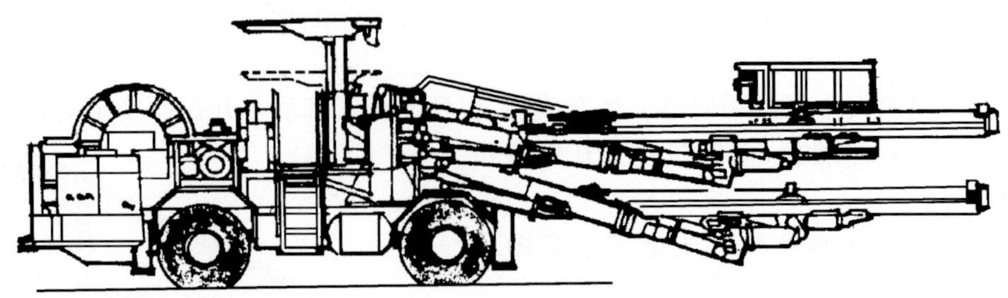

图 2-46　凿岩台车(实腹,轮行)

实腹式凿岩台车通常为轮胎走行,可以安装 1～4 台凿岩机及一支工作平台臂。其立定工作范围可以达到宽 10～15m,高 7～12m,分别可适用不同断面的隧道中。但实腹式凿岩台车占用坑道空间较大,需与出渣运输车辆交会避让,占用循环时间,尤其是在隧道断面不大时,机械避让占用的非工作时间就更长。故实腹式凿岩台车多应用于断面较大的隧道中。

门架式凿岩台车的腹部可以通行出渣运输车辆,可以大量减少机械避让时间。门架式凿岩台车通常为轨道走行,安装 2～3 台凿岩机。门架式凿岩台车多用于中等断面(20～80m^2)的隧道开挖,开挖断面过小或过大时,则多不采用。

在轮式和轨行式均可打 3.9m、5.15m 炮眼,眼径 48mm,大中空孔眼径 102mm。国外台车,也在不断发展,多臂有 5～6 个臂,炮孔直径为 48mm、63mm、76mm、102mm、152mm 不等,可在不同位置打起不同作用的炮眼,变得更先进。

若按其控制的自动化程度来分,凿岩车可以分为人工控制、电脑控制、电脑导向 3 种。

人工控制是由人工控制操纵杆来实现钻机的定位、定向和钻进的。钻眼位置由工程师标出,钻眼方向则由操作手按经验目测确定。

电脑控制凿岩台车的所有动作都在电脑的控制下进行,必要时可由操作手进行干预。

电脑导向凿岩台车不仅具有电脑控制功能,而且可以在隧道定位(导向)激光束的帮助下进行自动定位和定向,因此能进一步缩短钻眼作业时间,提高钻眼精度,减少超欠挖量。

隧道内使用全液压凿岩台车及多功能台架如图 2-47 所示。

图 2-47　隧道内双液压台车作业

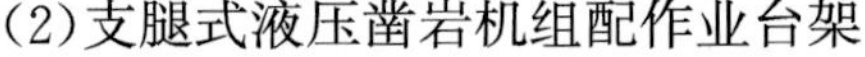

(2)支腿式液压凿岩机组配作业台架

液压凿岩机是以电力带动高压油泵,通过改变油路,使活塞往复运动,实现冲击作用。其工作原理见图 2-48。

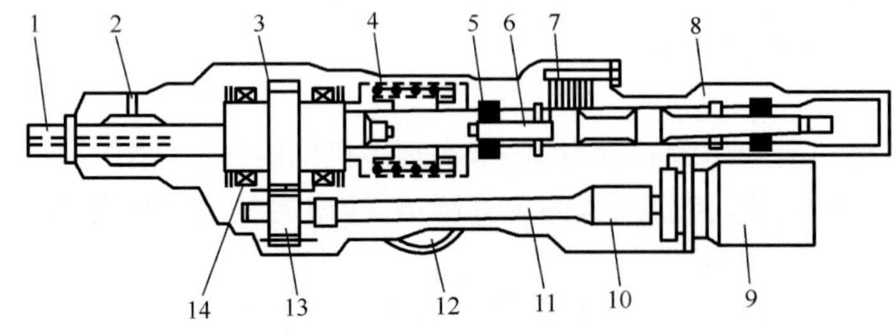

图 2-48　液压凿岩机工作原理

1-杆尾;2-旁侧供水口;3-转杆齿轮套;4-缓冲弹簧;5-密封;6-冲击活塞;7-油压流量调节器;8-流量调节螺钉;9-驱动油循环的电动机;10-花键联结套;11-传动轴;12-蓄能器;13-驱动齿轮;14-滚动轴承

液压凿岩机与风动凿岩机比较，具有以下主要特点：

①动力消耗少，能量利用率高。液压凿岩机动力消耗仅为风动凿岩机的1/3～1/2；液压的能量利用率可达30%～40%，风动的仅有15%。

②凿岩速度快。液压凿岩机比风动凿岩机的凿岩速度快50%～150%。在花岗岩中纯钻进速度可达170～200cm/min。

③液压凿岩机的液压系统设计配套合理，能自动调节冲击频率、扭矩、转速和推力等参数，适应不同性质的岩石，以提高凿岩功效，且润滑条件好，各主要零件使用寿命较长。

④环境保护较好。液压钻的噪声比风钻降低10～15dB；液压钻也没有像风钻那样的排气，工作面没有雾气，空气较清新。目前，液压钻已广泛应用于隧道工程中。

⑤液压凿岩机构造复杂，造价较高，重量大，附属装置较多，多安装在台车上使用。

最近，国内厂家研制成功一种支腿式液压凿岩机组，将多把液压钻机组合在一起，由移动式液压站提供动力，克服了风钻噪声大、能耗高的缺陷，弥补了液压凿岩台车价格昂贵之不足。其缺点是易损，故障率过高。图2-49为国内生产的支腿式液压凿岩机组。

图2-49 支腿式液压凿岩机组

(3)手持风钻配作业台架

多人多钻在作业台架上分层同时施钻，手持风钻需配备足够的空压设备为风钻提供动力。目前，空压设备有固定式空压机和移动式空压机两种配置。固定空压机需要在洞外建空压站，靠高压风管送风，电能损耗大；移动空压机紧随开挖面移动，减少了高压送风管，与固定空压机相比，提高了电能利用率。该配套设备特点为：钻机为风动，比液压钻耗电量大，能源浪费严重；钻进速度慢 ，钻孔浅；施工人员多，劳动强度高；操作简单，维修方便，成本低；多把风钻在台架上操作；作业面狭窄，施工环境差，粉尘噪声严重危害施工人员的身体健康；适用于各种围岩，可根据隧道断面大小配置风钻数量。

①多功能台架。我国山岭隧道修建数量虽然有大幅度增长，但使用大型施工机械，如多臂液压钻孔台车，进行隧道施工的还不多见，大多数隧道仍然采用自制多功能台架进行全断面循环作业。该多功能台架具有以下特点：

a. 台架高压合适，能以层为单位对施工人员、掌子面炮眼位置进行管理。

b. 满足大斜眼掏槽要求，第一层平台中间部分可以取消，只保留台架两侧活动平台，既减轻了台架自重，又不阻碍无轨装渣机在其下方通过，通行高度达4m左右，为快速装渣创造了条件。

c. 施工作业安全方便，全断面可同时进行钻眼、装药爆破和锚杆、钢筋网安装工作，方便顶部找顶、撬浮石等而不影响下层施工。

d. 两侧和前台均可设置活动平台，便于钻凿周边眼及在掌子面不平整时工人可靠近掌子面作业。

e. 台架既可在压渣松软时采用有轨、电动机驱动行走方式，又可在底渣较坚硬、洞内路面良好的情况下采用无轨轮胎式，利用洞内装载机使其快速定位。

f. 使用台架可简化施工工序，台架定位既可完成凿岩、装药、爆破等工序，又能完成找顶、锚杆、挂网等作业工序。

g. 可作为参照物，控制隧道断面开挖成形及超欠挖，特别是周边眼外插角容易得到控制。经验表明，使用4m长钻杆，仍可将开挖面线性超挖量控制在10cm以下，若使用台车施工，则其线性超挖量将是其一倍以上。

多功能台架结构示意图如图2-50所示，其实物如图2-51所示。

②风动凿岩机。目前，隧道工程中较常使用的凿岩机为风动凿岩机，另有电动凿岩机和内燃凿岩机，但较少采用。其工作原理都是利用镶嵌在钻头前端的凿刃反复冲击并转动破碎岩石而成孔的。有的可通过调节冲击功大小和转动速度以适应不同硬度的石质，达到最佳成孔效果。

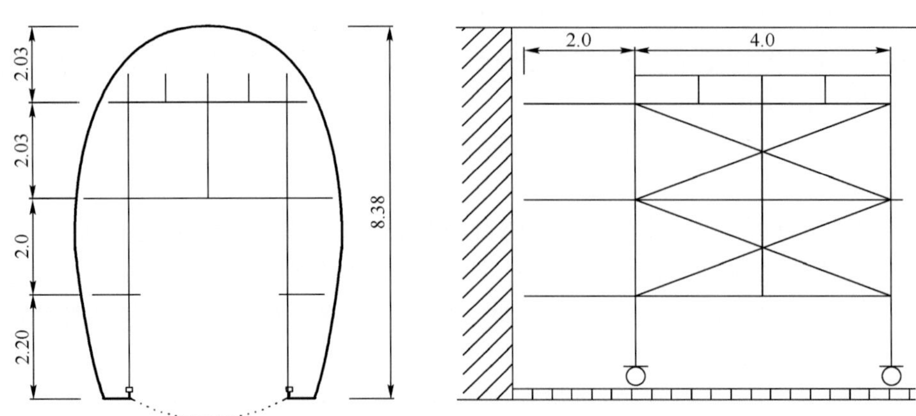

图 2-50　铁路单线山岭隧道施工多功能台架(尺寸单位:m)

风动凿岩机俗称风钻,以压缩空气为驱动力。它具有结构简单,制造维修简便,操作方便,使用安全等优点,见图2-52。但压缩空气的供应设备比较复杂,机械效率低,能耗大,噪声大,凿岩速度比液压凿岩机低。

图 2-51　隧道作业中的多功能台架

图 2-52　风动凿岩机

钻头直接连接在钻杆前端(整体式)或套装在钻杆前端(组合式),钻头前端则镶入硬质高强耐磨合金钢凿刃,钻杆尾则套装在凿岩机的机头上。

凿刃起着直接破碎岩石的作用,它的形状、结构、材质、加工工艺是否合理都直接影响凿岩效率及其本身的磨损。

凿刃的种类按其形状可分为片状连续刃和柱齿刃(不连续)两类。片状连续刃又有一字形、十字形等几种布置形式;柱齿刃又有球齿、锥形齿、楔形齿等形状之分。

一字形片状连续刃钻头的制造和修磨简单,对岩性的适应能力较强,适用于功率较小的风动凿岩机在中硬以下岩石中钻眼,但钻眼速度较慢,且在节理裂隙发育的岩石中容易卡钻。

十字形片状连续刃钻头和柱齿刃钻头的制造和修磨较复杂,适用于功率较大和冲击频率较高的重型风动或液压凿岩机在各种岩石中钻眼,尤其在高硬度岩石中或节理裂隙发育的岩石中钻眼效果良好,速度也快。

常用钻头的钻孔直径有 38mm、40mm、42mm、45mm、48mm 等,用于钻中空孔眼的钻头直径可达 102mm,甚至更大。钻头和钻杆均有射水孔,压力水即通过此孔清洗岩粉。钻头构造形式见图 2-53。

钻眼速度受冲击频率、冲击功、钻头形式、钻孔直径、钻孔深度及岩石质量等因素的影响。另外,钻头与钻杆、钻杆与机头的套装紧密程度和钻杆的质量、粗细则影响冲击功的传递。若套装不紧密、钻杆轴线与机头轴线重合不好或钻杆硬度小，钻杆较粗，都会损耗冲击功，从而降低钻眼速度。

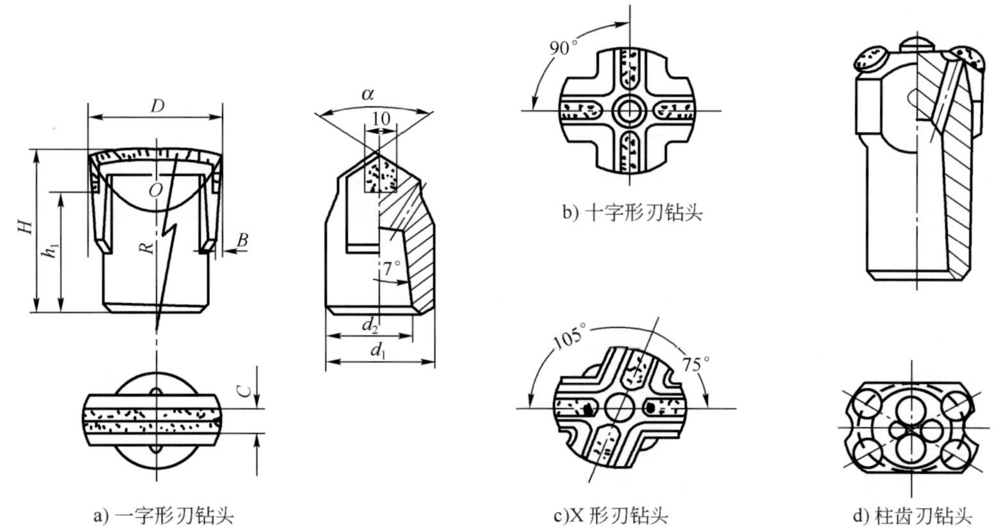

图 2-53 风动凿岩机钻头构造形式

2)炮眼布置设备

在掌子面布孔是钻爆作业的第一道工序，以前完全是靠已有的中线、水平点，采用人工操作，用红油漆画出隧道轮廓线。

采用激光指向仪控制隧道轮廓的方法较为先进，可以利用激光光斑画出炮眼位置，目前此法已得以广泛应用。采用断面仪布置炮眼的方法最为先进，现在已经在少数工点应用。

使用激光指向仪和断面仪布眼，控制轮廓线准确，为隧道爆破取得良好效果提供了第一项保证。

3)常用的隧道爆破器材

(1)炸药的性能

炸药爆炸是一种高速化学反应过程。在这个过程中，炸药物质成分发生改变，生成大量的气体物质，并释放大量的热能，表现为对周围介质的冲击、压缩、破坏和抛掷作用。炸药的性能取决于其所含化学成分。掌握炸药等爆破材料的性能，对正确使用、储存、运输，确保安全和提高爆破效果，具有重要意义。炸药的主要性能如下：

①敏感度。炸药的敏感度简称感度，是指炸药在外界起爆能作用下发生爆炸反应的难易程度，也就是炸药爆炸对外能的需要程度。根据外能形式的不同，炸药感度主要有：

a. 热敏感度　亦称爆发点，即使炸药爆炸的最低温度，它表示炸药对热的敏感度。工程中几种常用炸药的爆发点见表 2-17。

几种炸药的爆发点　　表 2-17

炸药名称	爆发点(℃)	炸药名称	爆发点(℃)	炸药名称	爆发点(℃)	炸药名称	爆发点(℃)
EL 系列乳化炸药	330	梯恩梯	290～295	2 号岩石硝铵炸药	186～230	硝化甘油	200
2 号煤矿硝铵炸药	180～188	黑索金	230	黑火药	290～310	特屈儿	195～200

b. 火焰感度　表示炸药对火焰(明火星)的敏感度。有些炸药虽然对温度的反应比较迟钝，但对火焰却很敏感，如黑火药一接触明火星便易燃爆炸。

c. 机械感度　是指炸药对机械能(撞击、摩擦)作用的敏感程度。一般来说，对于撞击比较敏感的炸药，对摩擦也比较敏感。一般以试验次数的爆炸百分率来表示，见表 2-18。

几种炸药的撞击、摩擦感度 表 2-18

炸 药 名 称	EL 系列乳化炸药	2 号岩石硝铵炸药	硝化甘油	黑索金	特屈儿	黑火药	梯恩梯
撞击感度(%)	≤8	20	100	70～75	50～60	50	4～8
摩擦感度(%)	0			90	24		0

d. 爆轰感度　是指炸药对爆炸能的敏感程度。通常在起爆作用下，炸药的爆炸是由冲击波、爆炸产物流或高速运动的介质颗粒的作用而激发的。不同炸药所需的起爆能也不同。爆轰感度一般用极限起爆药量表示。

②爆速。炸药爆炸时爆轰在炸药内部的传播速度称为爆速。不同成分的炸药有不同的爆速，但一般来说，密度越大的炸药其爆速越高。相同成分的炸药，其爆速还受装填密实程度、药量、含水率和包装材料等因素的影响，几种炸药的爆速见表 2-19。

几种炸药的爆速 表 2-19

炸 药 名 称	铵 梯 炸 药	硝 化 甘 油	梯 恩 梯	特 屈 儿	黑 索 金	泰 安
密度(g/cm^3)	1.40	1.60	1.60	1.59	1.76	1.72
爆速(m/s)	5 200	7 450	6 850	7 334	8 660	8 083

③爆力(威力)。炸药爆炸时对周围介质做功的能力称为爆力(或威力)。炸药的爆力越大，其破坏能力越强，破坏的范围及体积越大。一般地，爆炸产生的气体物质越多，或爆温越高，则其爆力越大。炸药的爆力通常用铅柱扩孔试验法测定。铅柱扩孔容积等于 $280cm^3$ 时的爆力称为标准爆力。几种炸药的爆力见表 2-20。

几种炸药的爆力 表 2-20

炸 药 名 称	2 号铵梯岩石炸药	硝 化 甘 油	梯 恩 梯	特 屈 儿	黑 索 金	泰 安
密度(g/cm^3)	1.0～1.1	1.60	1.50	1.60	1.70	
爆力(cm^3)	320	600	285	300	600	580

④猛度。炸药爆炸后对与之接触的固体介质的局部破坏能力称为猛度。这种局部破坏表现为固体介质的粉碎性破坏程度和范围大小。一般地，炸药的爆速越高，其猛度越大。炸药的猛度通常用铅柱压缩法测定，以铅柱被爆炸压缩的数值表示，见表 2-21。

几种炸药的猛度值 表 2-21

炸 药 名 称	2 号铵梯岩石炸药	EL 系列乳化炸药	RL 系列乳化炸药	硝化甘油	梯恩梯	特屈儿	黑索金	泰安
密度(g/cm^3)	0.9～1.0	1.1～1.2	1.1～1.25		1.0	1.6	1.7	
猛度(mm)	12～14	16～19	15～19	22.5～23.5	16～17	21～22	25	23～25

⑤爆炸稳定性和临界直径、最佳密度、管道效应。爆炸稳定性是指炸药经起爆后，能否连续、完全爆炸的能力。它主要受炸药的化学性质、爆轰感度以及装药密度、药包大小(或药卷直径)、起爆能量等因素的影响。

a. 临界直径　工程爆破采用柱状装药时，常用药卷的“临界直径”来表示炸药的爆炸稳定性。“临界直径”是指柱状装药时被动药卷能发生殉爆的最小直径。临界直径越小，则其爆炸稳定性越好。如铵梯炸药的爆炸稳定性较好，其临界直径为 15mm。浆状炸药的爆炸稳定性较差，其临界直径为 100mm，但加入敏化剂后其临界直径降为 32mm，也能稳定爆炸。

工程爆破中，为保证装药能稳定爆炸而不发生断爆，在选择药卷直径时应注意以下两点：第一，药卷直径应不小于炸药的临界直径。装药直径越大，其爆炸越稳定。但当药卷直径超过某值(极限直径)后，爆炸稳定性将不随药卷直径而变化。第二，若因需减少炸药用量而缩小装药(药卷)直径时，则应相应选

用爆轰感度较高的炸药或加入敏化剂以降低其临界直径。

b. 最佳密度 对于单质猛炸药，其装药密度越大，则其爆速越大，爆炸越稳定。对于工程用混合炸药，在一定密度范围内，也有以上关系。炸药爆炸稳定，且爆速最大时的装药密度称为“最佳密度”。如硝铵类炸药的最佳密度为 0.9～1.19g/cm³，乳化炸药一般为 1.05～1.30g/cm³。但随后爆速又随着装药密度的增加而下降，直至某一密度时，爆炸不稳定，甚至拒爆，这时炸药的密度称为“临界密度”。

c. 管道效应 工程爆破中，常采用钻孔柱状药卷装药，若药卷直径较钻孔直径小，则在药卷与孔壁之间有一个径向空气间隙。药卷起爆后，爆轰波使间隙中的空气产生强烈的空气冲击波，这股空气冲击波速度比爆轰波速度更高，它在爆轰波未到达之前，即将未爆炸的炸药压缩，当炸药被压缩到临界密度以上时，就会导致爆速下降，甚至断爆，这种现象称为管道效应。为减少管道效应，应减小间隙，或采用高感度、高爆速的炸药。

⑥殉爆距离。一个药包爆炸（主动药包）后，能引起与它不相接触的邻近药包（被动药包）爆炸，这种现象称为被动药包的“殉爆”。发生殉爆的原因是主动药包爆炸产生冲击波和高速气流，使邻近药包在其作用下而爆炸。是否会发生殉爆，则主要取决于主动药包的药量和爆力、被动药包的爆轰感度、主动与被动药包之间的距离和介质性质。当主动、被动药包采用同性质炸药的等直径药卷时，则用被动药包能发生殉爆的最大距离来表示被动药包的殉爆能力，称为“殉爆距离”，当然它也反映了主动药包的致爆能力。

工程爆破中，常采用柱状间隔（不连续）装药来减少炸药用量和调整装药集中度。但应注意使药卷间距不大于殉爆距离。实际殉爆距离应通过现场试验确定。

⑦安定性。炸药的安定性是指其物理化学性质的安定性，主要表现为吸湿、结块、挥发、渗油、老化、冻结和化学分解等。如硝铵炸药吸湿性很强，也容易结块。遇此需人工解潮和碾碎后再使用。胶质炸药易老化和冻结。老化的胶质炸药敏感度和爆速将降低，威力减小；冻结的胶质炸药感度高，使用危险，必须解冻后才允许使用。硝铵炸药的安定性差，易分解，在运输和存放中，应通风避光，不宜堆放过高。

(2)隧道工程常用的炸药

工程用炸药一般以某种或几种单质炸药为主要成分，另加一些外加剂混合而成。目前，在隧道爆破施工中使用最广的是硝铵类炸药。硝铵类炸药品种极多，但其主要成分是硝酸铵，占 60%以上，其次是梯恩梯或硝酸钠（钾），占 10%～15%。

①铵梯炸药。在无瓦斯坑道中使用的铵梯炸药，简称岩石炸药，其中 2 号岩石炸药是最常用的一种；在有瓦斯坑道中使用的铵梯炸药，简称煤矿炸药，它是在岩石炸药的基础上外加一定比例的食盐作为消焰剂的煤矿用安全炸药。

②浆状（水胶）炸药。它是近 10 年发展起来的新型安全炸药。由于这类炸药含水率较大，爆温较低，比较安全，因此发展前景良好。浆状炸药是由氧化剂水溶液、敏化剂和胶凝剂为基本成分组成的混合炸药。水胶炸药是在浆状炸药的基础上应用交联技术，使之形成塑性凝胶状态，进一步提高了炸药的化学稳定性和抗水性，炸药结构更均一，提高了传爆性能。浆状（水胶）炸药具有抗水性强、密度高、爆炸威力较大、原料广、成本低和安全等优点，常用在露天有水深孔爆破中。

③乳化炸药。通常是以硝酸铵、硝酸钠水溶液与碳质燃料通过乳化作用，形成的乳脂状混合炸药，亦称为乳胶炸药。其外观随制作工艺不同而呈白色、淡黄色、浅褐色或银灰色。乳化炸药具有爆炸性能好、抗水性能强、安全性能高、环境污染小、原料来源广和生产成本低、爆破效率比浆状及水胶炸药更高等优点。有资料表明，在地下开挖中保持原使用 2 号岩石炸药孔网参数不变的情况下，乳化炸药可使平均炮孔利用率稳定在 90%以上，平均炸药单耗较 2 号岩石炸药下降 1.359%。在露天爆破中，使用乳化炸药每立方米岩石炸药耗量比混合炸药（浆状炸药 70%～80%，铵油炸药 30%～20%）降低 23.1%，延米炮孔爆破量增加 18.2%，石渣大块率从 0.97%～1.0%下降到 0.6%～0.7%，尤其适用于硬岩爆破。隧道中常用的即是乳化炸药。

④硝化甘油炸药。它又称为胶质炸药，是一种高猛度炸药，它的主要成分是硝化甘油（或硝化甘油

与二硝基乙二醇的混合物）。硝化甘油炸药抗水性强、密度高、爆炸威力大，因此适用于有水和坚硬岩石的爆破。但它对撞击摩擦的敏感度高，安全性差，价格昂贵，保存期不能过长，容易老化而使性能降低甚至失去爆炸性能，一般只在水下爆破中使用。

隧道爆破使用的炸药一般均由厂制或现场加工成药卷，药卷直径有 22mm、25mm、32mm、35mm、40mm 等，长度为 165～500mm，可按爆破设计的装药结构和用药量来选择使用。隧道工程中常用的几种炸药成分性能见表 2-22。各系列炸药的成分、性能详见有关资料及产品说明书。

隧道工程中常用的几种炸药规格、性能及适用范围　　表 2-22

序号	炸药名称	药卷规格			药卷性能							适用范围	备注
		直径(mm)	长度(mm)	质量(g)	密度(g/cm³)	爆速(m/s)	猛度(mm)	爆力(mL)	殉爆距离(cm)	有害气体(L/kg)	保存期(月)		
1	2 号岩石硝铵炸药（标准型）	35	165	150	0.95	3 050	12	320	7	<43	6	适用于一般岩石隧道，孔径 40mm 以下的炮眼爆破；大孔径的光爆	属常用的标准炸药卷，且为铵梯炸药，韶关 309 厂产品
2	2 号岩石小药卷	22	270	105	0.84	2 200		320	3	<43	6	适用于一般岩石隧道的周边光爆	曾在大瑶山隧道使用过，309 厂产品
3	1 号抗水岩石硝铵（大直径）	42	500	450	0.95	3 850	14	320	12	<45	6	适用于一般有水的岩石隧道，孔径 42mm 的深孔炮眼爆破	专为大瑶山隧道爆破而研制的，309 厂产品
4	1 号抗水岩石硝铵（小直径）	25	165	80	0.96	2 400	12	320	6	<45	6	适用于一般有水岩石隧道的周边光面爆破	曾在大瑶山隧道使用过 309 厂产品
5	RJ-2 乳胶炸药（大直径）	40	330	490	1.20	4 100	13～16	340	13	<42	6	适用于坚硬岩石隧道，孔径 48mm 的深炮眼爆破；适用有水隧道	为 20 世纪 70 年代问世的一种新型乳胶状抗水炸药，南岭化工厂产品
6	RJ-2 乳胶炸药（标准型）	32	200	190	1.20	3 600	12	340	9	<42	6	适用于一般有水岩石隧道，孔径 40mm 以下的炮眼爆破，大孔径光爆	属新型乳胶抗水炸药，也属一般炮眼法爆破标准型的炸药，南岭化工厂产品
7	粉状硝化甘油炸药（标准型）	32	200	170	1.10	4 200	16	380～410	15	<40	8	适用有一定涌水量的隧道、竖井、斜井掘进爆破中	用得不多，原因是其有毒，避免皮肤直接接触，其次机械感度高一些，注意安全，庆阳化工厂产品
8	粉状硝化甘油炸药（2 号光爆）	22	500	152	1.10	2 300～2 700	13.7	410	10	<40	8	适用于岩石隧道的周边光面爆破	属庆阳化工厂专为光面爆破研制的光爆炸药

续上表

序号	炸药名称	药卷规格			药卷性能							适用范围	备注
		直径(mm)	长度(mm)	质量(g)	密度(g/cm³)	爆速(m/s)	猛度(mm)	爆力(mL)	殉爆距离(cm)	有害气体(L/kg)	保存期(月)		
9	SHJ-K 型水胶炸药	35	400	650	1.05～1.30	3 200～3 500		340	3～5			适用于岩石隧道，孔径 48mm 的深炮眼爆破，且属防水型炸药	国营兴安化学材料厂生产
10	EJ-102 乳化炸药(标准型)	32	200	170	1.15～1.35	4 000	15～19	88～143	10～12	22～29		适用于一般有水岩石隧道的炮眼爆破	龙烟铁矿 201 厂产品属新型抗水型炸药
11	EJ-102 乳化炸药(小直径)	20	500	190	1.15～1.35	4 000	15～19	88～143	2	22～29		适用于一般有水岩石隧道的周边光面爆破	龙烟铁矿 201 厂产品，属新型抗水型炸药

⑤煤矿许用炸药。对于瓦斯隧道，由于掘进工作面的空气中大部分都有瓦斯或煤尘，当其在空气中的含量达到一定浓度时，一旦遇到电火花、明火及爆破作业，就有可能引起爆炸。因此，用于瓦斯隧道掘进中的炸药应当具备一定的安全条件，对于不同瓦斯等级的煤矿所使用的炸药，也应具有相应的安全等级。瓦斯隧道引燃、引爆瓦斯煤尘的因素，除电气火花和明火外，主要来自爆破作业，爆破引燃、引爆瓦斯煤尘的原因主要有三方面，即空气冲击波的发火作用、炽热或燃烧的固体颗粒的发火作用和气态爆炸产物的发火作用，其中后两者的发火作用是主要因素。

瓦斯等级是按照煤矿平均日产 1t 煤的瓦斯涌出量和涌出形式来分级的。瓦斯等级越高，发生爆炸等灾害的危险性就越大。一般来说，空气中的瓦斯浓度在 4%～5%时，就有发生爆炸的危险。我国《爆破安全规程》(GB 6722—2003)规定，当爆破工作面瓦斯浓度达到 1%时，就应停止爆破作业，加强通风，以防止局部瓦斯浓度升高。

所谓煤尘，系指在热能作用下能够发生爆炸的细煤粉。我国通常把 0.75～1.0mm 以下的煤粉叫做煤尘。煤尘不仅可以单独爆炸，而且可参与瓦斯一起爆炸，其危害更大。

a. 煤矿许用炸药的要求　允许用于有瓦斯和煤尘爆炸危险工作面的炸药为煤矿许用炸药，它应该符合以下要求：

应对能量有一定的限制，其爆热、爆温、爆压和爆速都要求低一些，使爆炸后不致引起空气的局部高温，这就有可能使瓦斯、煤尘的发火率降低。

应有较高的起爆感度和较好的传爆能力，以保证其爆炸的完全性和传爆的稳定性，这样就使爆炸产物中未反应的炽热固体颗粒大大减少，从而提高其安全性。

其有毒气体生成量应符合国家规定，氧平衡应接近于零。一般来说，正氧平衡的炸药在爆炸时易生成氧化氮和初生态氧，容易引起瓦斯发火。而负氧平衡的炸药，爆炸反应不完全，会增加未反应的炽热固体颗粒，容易引起二次火焰，导致瓦斯发火。

其炸药组分中不能含有金属粉末，以防爆炸后生成炽热固体颗粒。

为使炸药具有上述特性，应在煤矿许用炸药组分中添加一定量的消焰剂，常用的消焰剂有食盐、氯化钠或其他类似的物质。

b. 煤矿许用炸药的常用种类　根据炸药的组成和性质，煤矿许用炸药可分为以下几类：

粉状硝酸铵类许用炸药：通常以梯恩梯为敏感剂，多为粉状，其中 1 号和 2 号煤矿铵锑炸药为一级，3 号煤矿铵锑炸药为二级。表 2-23 中列出的各品种均属此类。

煤矿硝铵炸药的组分与性能　　表 2-23

组成及性能		1号煤矿硝铵炸药	2号煤矿硝铵炸药	3号煤矿硝铵炸药	1号抗水煤矿硝铵炸药	2号抗水煤矿硝铵炸药	3号抗水煤矿硝铵炸药	2号煤矿铵油炸药
成分(%)	硝酸铵	68±1.5	71±1.5	67±1.5	68.6±1.5	72±1.5	67±1.5	78.2±1.5
	梯恩梯	15±0.5	10±0.5	10±0.5	15±0.5	10±0.5	10±0.5	
	木粉	2±0.5	4±0.5	3±0.5	1±0.5	2.2±0.5	2.6±0.5	3.4±0.5
	食盐	15±1.0	15±1.0	20±1.0	15±1.0	15±1.0	20±1.0	15±1.0
	沥青				0.2±0.05	0.4±0.1	0.2±0.05	
	石蜡				0.2±0.05	0.4±0.1	0.2±0.05	
	轻柴油							3.4±0.5
爆炸性能	水分(%)	0.3	0.3	0.3	0.3	0.3	0.3	0.3
	密度(g/cm^3)	0.95~1.1	0.95~1.1	0.95~1.1	0.95~1.1	0.95~1.1	0.95~1.1	0.85~0.95
	猛度(mm)	12	10	10	12	10	10	8
	爆力(mL)	290	250	240	290	250	240	230
	殉爆距离(cm)	6	5	4	6	4	4	3
	爆速(m/s)	3 509	3 600	3 262	3 675	3 600	3 397	3 269

许用含水炸药:这类炸药包括煤矿许用乳化炸药和许用水胶炸药,多数为是二、三级煤矿许用炸药,少数可达四级煤矿许用炸药的标准。

这类炸药是近30年来发展起来的新型许用炸药。由于其组分中含有较大量的水,爆温较低,有利于安全,同时调节余地较大,因此有极好的发展前景。

离子交换炸药:含有硝酸钠和氯化铵的混合物,称为交换盐或等效混合物。通常情况下,交换盐比较安定,不发生化学变化,但在炸药爆炸的高温高压条件下,交换盐就会发生反应,进行离子交换,生成氯化钠和硝酸铵:

$$NaNO_3+NH_4Cl \rightarrow NaCl+NH_4NO_3 \rightarrow 2H_2+N_2+\frac{1}{2}O_2$$

爆炸瞬间生成的氯化钠,作为高消焰剂弥散在爆炸点周围,可有效地降低爆温和抑制瓦斯燃烧;与此同时生成的硝酸铵,则作为氧化剂加入爆炸反应。离子交换炸药还具有一种"选择爆轰"的独特性质,在不同的爆破条件下,它会自动调节消焰剂的有效数量和作用。例如,在密封状态下,炸药爆炸强烈,交换盐的反应更完全,生成的氯化钠更多,其消焰降温的作用更强。反之,在裸露状态下,爆炸反应进行得较弱,交换盐的反应也不完全,生成的硝酸铵减少,爆炸释放的能量保持在较低的程度,甚至有可能造成爆轰的中断,而避免了裸露药包爆炸时引起瓦斯爆炸的事故。该炸药可达五级煤矿许用炸药的标准。

被筒炸药:用含消焰剂较少、爆轰性能较好的煤矿硝铵炸药作药芯,其外再包裹一个用消焰剂做成的"安全被筒",这样的复合装药结构,就是通常所说的"被筒炸药"。

被筒炸药整个炸药的消焰剂含量可高达50%。当被筒炸药的药芯爆炸时,安全被筒的食盐被炸碎,并在高温下形成一层食盐薄雾,笼罩着爆炸点,更好地发挥消焰作用。该炸药可达五级煤矿许用炸药的标准,因而可在瓦斯和煤尘突出的矿井中使用。

当量炸药:盐量分布均匀,而且安全性与被筒炸药相当的炸药称为当量炸药。当量炸药的含盐量要比被筒炸药高,爆力、猛度和爆热远比被筒炸药低。

由于矿井瓦斯等级不同,对煤矿许用炸药的要求也不同,矿井瓦斯等级高的,要求使用相应的高安全等级的煤矿许用炸药。煤矿许用炸药的安全等级是指在特定条件下,炸药爆破对瓦斯、煤尘的引爆能力而言的。在相同的条件下,炸药的安全等级越低,爆破时引爆瓦斯、煤尘的可能性就越大。

(3)起爆材料(系统)

设置传爆、起爆系统的目的是在装药(药包或药卷)以外的安全距离处通过发爆(点火、通电或激发枪)和传递,使安装在药包或药卷中的雷管起爆,并引发药包或药卷爆炸,从而爆破岩石。

①导火索与火雷管:

a. 导火索是用来传递火焰给火雷管,并使火雷管在火焰作用下爆炸的传爆材料之一。导火索的燃烧速度取决于索芯黑火药的成分和配比,一般在110~130s/m范围内,缓燃导火索则为180~210s/m或240~350s/m。导火索具有一定的防潮耐水能力,在1m深常温静水中浸2h后,其燃烧速度和燃烧性能不变。普通导火索不能在有瓦斯或有矿尘爆炸危险的场所使用。

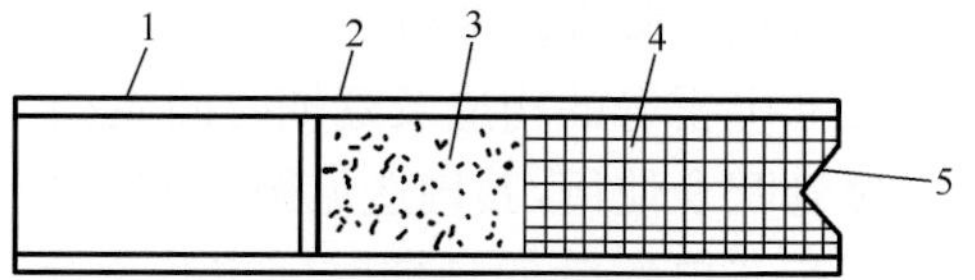

图 2-54 火雷管构造示意图

1-管壳;2-加强帽;3-正起爆药;4-副起爆药;5-聚能穴

b. 火雷管是最简单的一种雷管,见图2-54。火雷管成本低,使用比较简单灵活,不受杂散电流的影响,应用广泛,但受撞击、摩擦和火花等作用时能引起爆炸。火雷管全部是即发雷管(一点火,就爆炸)。

c. 雷管号数按其起爆能量的大小分为10个等级(号数)。号数愈大,起爆能力愈强。隧道工程中常用的是8号和6号雷管。其他雷管的号数亦同此划分。

目前,隧道施工中已基本上不再使用导火索+火雷管起爆系统,而使用非电起爆系统。

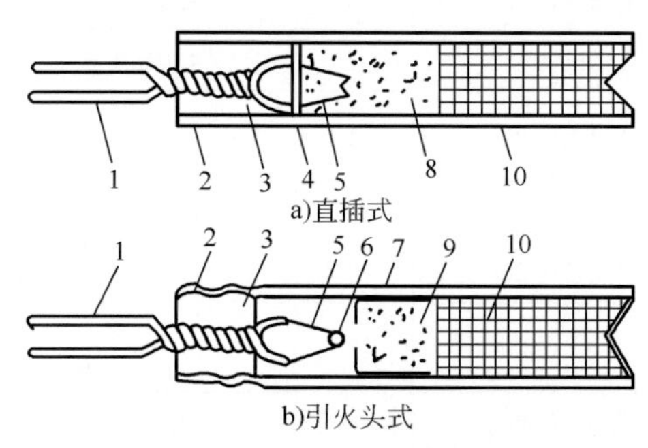

图 2-55 即发电雷管构造示意图

1-脚线;2-管壳;3-密封塞;4-纸垫;5-桥丝;6-引火头;7-加强帽;8-DDNP;9-正起爆药;10-副起爆药

②电雷管。电雷管是在火雷管中加设电发火装置而成的。它是用导电线传输电流使装在雷管中的电阻发热而引起雷管爆炸的。

a. 电雷管可分为即发电雷管和迟发电雷管。即发电雷管见图2-55。

为实现延期起爆,迟发电雷管的延期时间是在即发电雷管中加装延期药来实现的。延期时间的长短均用段数来表示。

b. 迟发电雷管按其延期时间差可分为秒迟发和毫秒迟发系列。

国产秒迟发电雷管按延期时间的长短分为7段,段数越大,延期时间越长。最长延期时间为(7.0+1.0)s,见表2-24。

秒迟发电雷管的延期时间 表 2-24

段　别	1	2	3	4	5	6	7
延期时间(s)	<0.1	1.0+0.5	2.0+0.6	3.1+0.7	4.3+0.8	5.6+0.9	7.0+1.0
脚线颜色	灰蓝	灰白	灰红	灰绿	灰黄	黑蓝	黑白

国产毫秒迟发电雷管,有5个系列。其中,第二系列是工程中常用的一个时间系列;第一、第五系列为高精度系列;第三、第四系列的延期时间间隔分别为100ms和300ms。

c. 发爆电源可用交、直流照明或动力电源,也可以用各种类型的专用电起爆器。对于康钢丝电雷管,一般要求在10ms的传导时间内,其发火冲量($K=I^2 \cdot t$)最小不得低于25A^2·ms,最大不得超过45A^2·ms。

在有杂散电流的条件下,应采用抗杂散电流电雷管。

③塑料导爆管与非电雷管:

a. 塑料导爆管的传爆原理及优点　塑料导爆管是用来传递微弱爆轰给非电雷管,使之爆炸的传爆材料之一,因其是由瑞典科学家诺雷尔(Nonel)首创的一种新型传爆材料,故又称诺雷尔管。它是在聚乙烯塑料管[外径(2.95 ± 0.15)mm,内径(1.4±0.10)mm]的内壁涂有一层高能炸药[主要成分是奥托金,(16±2)mg/m],管壁上的高能炸药在冲击波作用下可以沿着管道方向连续稳定爆轰,从而将爆轰传播到非电雷管使雷管起爆。弱爆轰在管内的传播速度为1 600~2 000m/s,但因其微弱,而不致炸坏塑料管。

塑料导爆管有以下优点:抗电、抗火、抗冲击性能好;起爆、传爆性能稳定,甚至在扭结、180°对折、局部断药、管端对接的情况下均能正常传爆。它不能直接起爆炸药，应与非电毫秒雷管配合使用。其在运输和使用过程中抗破坏能力强、安装简单、使用方便、价格便宜，且可作为非危险品运输，因而在隧道工程中被广泛应用，尤其是在有电条件和炮眼数较多时。

b. 非电雷管的构造及延期时间系列　非电雷管需与塑料导爆管配合使用，其构造见图 2-56。

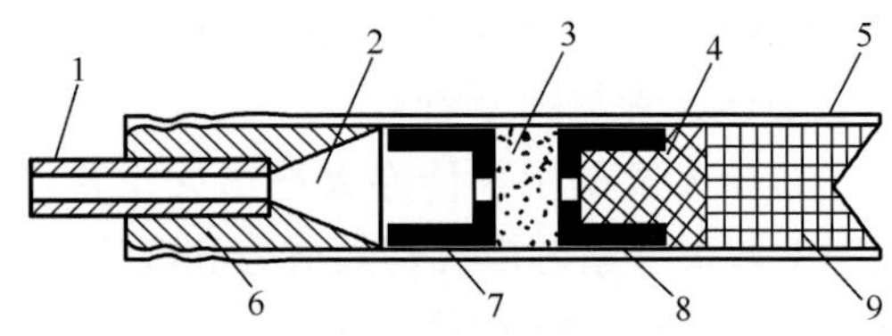

图 2-56　迟发非电雷管

1-塑料导爆管；2-消爆空腔；3-延期药；4-正起爆药；5-金属管壳；6-塑料联结套；7-空信帽；8-加强帽；9-副起爆药

国产非电雷管的延期时间也分为毫秒、半秒、秒迟发 3 个系列，见表 2-25。

迟发非电雷管的段别及延期时间　　表 2-25

毫秒迟发雷管(第二系列)				半秒迟发雷管		秒迟发雷管	
段别	延期时间(ms)	段别	延期时间(ms)	段别	延期时间(s)	段别	延期时间(s)
1	≥13	11	460±40	1	≤0.13	1	≤1.0
2	25±10	12	550±45	2	0.5±0.15	2	2.0±0.5
3	50±10	13	650±50	3	1.0±0.15	3	4.0±0.6
4	$75\pm^{15}_{10}$	14	760±55	4	1.5±0.20	4	6.0±0.8
5	110±15	15	880±60	5	2.0±0.20	5	8.0±0.9
6	150±20	16	1 020±70	6	2.5±0.20	6	10.0±1.0
7	$200\pm^{20}_{25}$	17	1 200±90	7	3.0±0.20	7	$14.0\pm^{2.0}_{1.0}$
8	250±25	18	1 400±100	8	3.5±0.20	8	19.0±2.0
9	310±30	19	1 700±130	9	3.8～4.5	9	25.0±2.5
10	380±35	20	2 000±150	10	4.6～5.3	10	32.0±3.0

c. 导爆管的发爆　导爆管可用 8 号火雷管、导爆索、击发枪、专用激发器发爆。其连接和分枝可集束捆扎雷管继爆，也可以用连通器连接继爆。

④导爆索与继爆管：

a. 导爆索是以单质猛炸药黑索金或泰安作为索芯的传爆材料。它经雷管起爆后，可以直接引爆其他炸药。根据适用条件不同，导爆索主要分为普通导爆索和安全导爆索两种。

普通导爆索是目前生产和使用较多的一种，它具有一定的防水性能和耐热性能，但在爆轰传播过程中火焰强烈，所以只能用于露天爆破和没有瓦斯的地下爆破作业。其爆速不小于 6 500m/s。

安全导爆索是在普通导爆索的药芯或外壳内加了适量的消焰剂，使爆轰过程中产生的火焰小，温度低，不会引爆瓦斯或矿尘，专供有瓦斯或矿尘爆炸危险的地下爆破作业使用。其爆速不小于 6 000m/s。

因导爆索能直接引爆炸药，故在隧道工程中，当采用小直径药卷间隔装药时，常用导爆索将各被动药卷与主动药卷相连接，以使被动药卷均能连续爆炸，从而减少雷管数量和简化装药结构，实现减少装药量，达到有控制的弱爆破目的。在装药量计算时，应将导爆索的爆力计入炸药用量中。

b. 继爆管是一种专门与导爆索配合使用的，具有毫秒延期作用的起爆器材(图 2-57)。

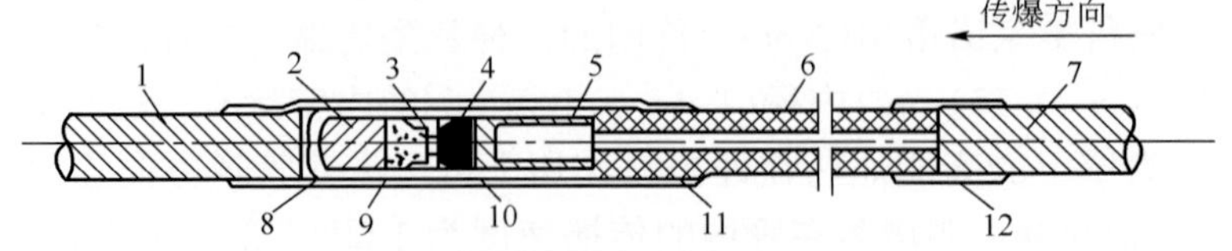

图 2-57　导爆索与继爆管

1-导爆索；2-副起爆药；3-加强帽；4-缓冲剂；5-大内管；6-消爆管；7-导爆索；8-雷管壳；9-正起爆药；10-纸垫；11-外套管；12-连接管

导爆索与继爆管具有抵抗杂散电流和静电引起爆炸危害的能力，装药时可不停电，增加了纯作业时间，所以导爆索—继爆管起爆系统在矿山和其他工程爆破中得到了应用。其缺点是成本比毫秒电雷管系统高，且在有瓦斯的环境中危险性高，网络中的导爆索不能交叉。

有些资料表明，以上三种起爆系统的费用比为：导爆管系统∶电力系统∶导爆索系统＝1.0∶1.2∶3.0。

(4)乳化炸药现场混装技术

①现场混装炸药技术的发展。现场混装炸药，也称散装炸药或无包装炸药。民用炸药现场混装技术的发展，大约开始于30年前。1970年中期，现场混装铵油炸药(bulk ANFO)及其装药车首先出现在一些工业与矿业技术发达国家的大型露天矿山，1980年前后，现场混装浆状炸药装药车投入工业应用，但由于乳化炸药随后的迅速崛起，现场混装浆状炸药很快就被混装乳化炸药技术所取代。

1980年中期，美国IRECO公司在世界上首次成功研究开发了露天现场混装乳化炸药技术，装药车装载硝酸铵水溶液(保温)等炸药原料，到爆破现场后制备可泵送乳化炸药，应用于露天矿山大直径炮孔装药爆破作业，成为第一代露天现场混装乳化炸药技术。在矿山爆破作业现场附近建设固定式地面站，制备乳化炸药的水相、油相原料溶液和其他添加剂，然后将这两相热溶液和添加剂分别泵入或装入装药车上相应的保温料仓，装药车驶入爆破作业现场后，在车上制备乳胶基质并装填炮孔。第一代现场混装乳化炸药技术的装药车上，车制乳胶基质的现场化学敏化必须在温度高于40℃时进行，低于此温度时，敏化速度太慢，满足不了现场混装使用要求。此外，车载乳胶基质制备系统的工况条件恶劣，制备出的乳胶基质质量波动较大，甚至达不到基本的技术要求，直接影响装药车的综合作业效率，因此，在一定程度上限制了现场混装乳化炸药技术优越性的发挥。

大约于1980年末，ICI炸药公司率先发展了新的第二代露天现场混装乳化炸药技术。1990年初，乳胶基质在40℃以下的化学敏化成药技术开发成功，可以在常温和低温下快速敏化成药。基于此项技术突破，以ICI炸药公司为代表的多家炸药公司，在整个20世纪90年代，先后致力于采用安全有效的化学敏化新技术，对非爆炸性乳胶基质在炮孔内快速敏化成为乳化型爆破剂，从而研究开发成功了全新的"地下现场混装乳化炸药技术及其装药车"。同样基于乳胶基质常温和低温下快速敏化成药技术，"乳胶基质远程配送" 技术概念的提出及其发展，更加值得关注。目前，现场混装铵油炸药及其装药车、露天现场混装乳化炸药及其装药车，已经得到广泛应用；第二代露天现场混装乳化炸药技术，在不同国家和地区已经或正在取代第一代技术；"地下现场混装乳化炸药技术及其装药车"、"乳胶基质远程配送"技术系统的应用与发展，更适用于地下和露天爆破装药作业，使乳化炸药获得了更加广泛的应用。

②现场混装乳化炸药技术的优越性。现场混装乳化炸药技术采用可泵送乳胶基质，80％～90％的组分是硝酸铵等硝酸盐，所泵送的乳胶体在泵送喷出过程中才与敏化剂混合，当乳胶混合体装填到炮孔内10～20min后，敏化反应才能完成，符合"本质安全"要求。乳胶体真正被敏化成乳化炸药后才具有可被起爆体引爆的爆炸性，在此前还不是炸药，不能被引爆，因此使装填炸药的安全性得到大大提高；同时，由于运输和储存过程中都是不能被引爆的乳胶体，也相应改善了炸药运输和储存的安全性。

现场混装乳化炸药技术的发展和应用，还可减少爆破作业对环境的不良影响，提高地下爆破作业效率。现代民用炸药组分中含有大量的硝酸铵、硝酸钠等硝酸盐，它们易溶于水，生成铵、硝酸根和钠离子(NH^{3+}、NO^{3-}、Na^{+})，而铵离子、硝酸根离子将释放出氮(N)，形成对某些植物或微生物生长不利的富营养物质。现场混装乳化炸药技术减少了乳胶基质半成品在运输、储存和使用过程中的泄漏，而乳胶基质本身的油包水(W/O)结构也可阻止硝酸盐溶于水，基本上消除了民用炸药对环境的直接污染。

与铵油、硝化甘油炸药比较，乳化炸药的有毒气体，特别是含氮炮烟排放量少得多。现场混装乳化炸药爆破炮烟中的CO和NO_x含量大幅度减少，NO_x生成量仅为粉状硝铵类炸药的1/4。此外，在隧道掘进中采用现场混装乳化炸药技术，整个断面所有炮孔都可以装填乳化炸药，改变以前在周边孔装填传统光面炸药的做法，最大限度地减少了爆破有毒气体生成量。

③乳化炸药现场混装技术与设备。研发和应用露天与地下现场混装乳化炸药技术，即由装药车装载炸药原料或半成品驶入爆破作业现场后，用车载系统将其连续制备成炸药，并完成炮孔装填，实现采

掘爆破的机械化、高效率作业，最大限度地提高炸药制备、运输和使用的安全性，已成为当前现场混装炸药的发展方向。

可泵送的乳化炸药现场装填设备包括地面供应站和泵送装药小泵组两部分。地面供应站由一个或多个储存料槽组成，提供乳胶体和敏化剂。泵送装药机上有乳胶体和敏化剂两个小型泵组料罐，由气动装药泵送系统按比例将乳胶体和敏化剂泵入装药软管中。其中，敏化剂由乳胶体泵带动的敏化剂小泵输送到装药软管内壁起到输送润滑作用，然后在喷嘴处使乳胶体和敏化剂进行充分混合，混合后的药剂以 15～20kg/min 的速度从炮孔底部往炮孔口装填，刚注入到炮孔内的药剂尚不是炸药，在 10～15min 内完成敏化反应后才能成为可被起爆体引爆的乳化炸药。在装填炸药前，先用装药软管把起爆体推送到炮孔底部，然后从孔底向外注入药剂，同时自动将输药管推出孔外。

现场混装乳化炸药流程如图 2-58 所示。

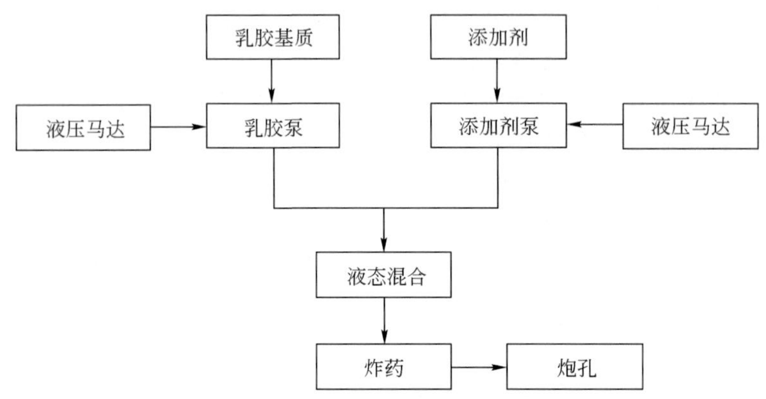

图 2-58　施工现场混装乳化炸药流程图

自 1997 年以来，澳大利亚 Orica 公司、德国 EPG 集团公司、挪威 Dyno Nobel 公司、南非 AECL 公司、中国北京矿冶研究总院，先后公开报道了他们的“现场混装乳化炸药装药车”。虽然这些“装药车”的外观、型号甚至名称各有不同，但它们的系统组成和核心技术是基本相同或相似的。该系统的主要组成包括：一个可储存非爆炸性乳胶基质的可移动式储箱，一台体积计量泵，发泡剂、润滑水输送泵及相应的储罐，两根将乳胶基质装入炮孔的软管，一台监控系统工作参数与运转安全的可编程控制器(PLC)。

针对矿山、隧道和其他地下工程中的主要爆破作业类型，可采用不同类型的自行式车辆底盘。目前，国际上主要研发了两种现场混装乳化炸药装药车。

现场混装系统，该系统无自行底盘，主要用于小断面巷道或隧道掘进。

澳大利亚 Orica 公司的 MiniPump® 现场混装系统的设备和技术参数如图 2-59 所示。

项　目	指　标
装药质量	650kg
总质量	1 350kg
单台泵装药速率	15kg/min
装药软管(内径×长)	15mm×80m
外形尺寸(长×宽×高)	1.2m×1.2m×1.6m
装填孔径	25～62mm
压气压力	600kPa
单台泵压气消耗量	20L/m
添加剂箱	3×20L

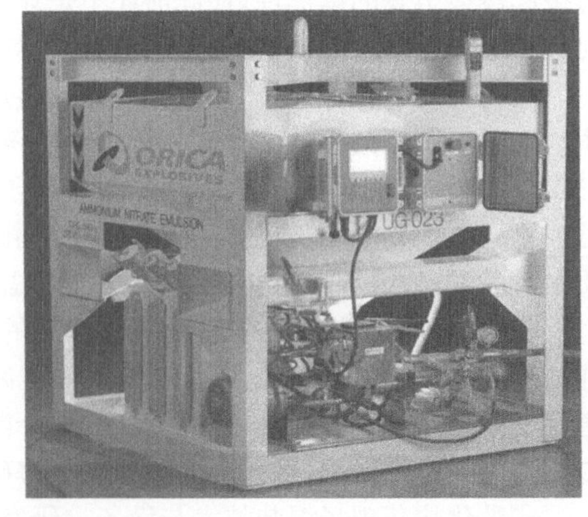

图 2-59　MiniPump® 现场混装系统

BCJ-1 型装药车选用工程系列汽车吊底盘，经改造后配置装药系统而成，如图 2-60 所示。作为一种专用工程车辆，它主要适用于铁路隧道、公路隧道、水工隧洞掘进爆破装药作业。该型装药车选用国产低污染柴油发动机驱动，装药作业设计配置了两套液压动力系统，一套是直接从发动机取力的柴油发动机—液压系统，另一套为电动机—液压系统。装药系统操作由 PLC 控制，根据爆破设计要求，可自动完成每个炮孔的装药作业循环。

图 2-60 BCJ-1 型装药车

BCJ-1 型装药车的技术参数为：

装药参数：乳胶基质料仓容积 600～1 000kg，装药速率 15～20kg/min，装填炮孔直径 35～90mm，现场混装乳化炸药密度 0.95～1.25g/cm^3；爆速 4 000～4 600m/s。

工作斗参数：最大作业高度 8～10m，最大作业半径 4～6m，最大荷载 300kg，回转角度 360°。

行驶参数：最高行驶速度为 30km/h，最大爬坡度为 120°，最小转弯半径为 6.2m。

2. 炮眼的种类和作用

钻眼爆破在掘进循环作业中是一个先行和主要的工序，其他后续工序都要围绕它来安排，爆破的质量将影响支护的效果和质量，也直接关系到掘进施工的安全。爆破后要求能够保持准确的断面，尽可能不损坏围岩，且岩石块度和爆堆有利于装载。为此，需在工作面上合理布置一定数量的炮眼，采用合理的爆破参数和起爆顺序等。

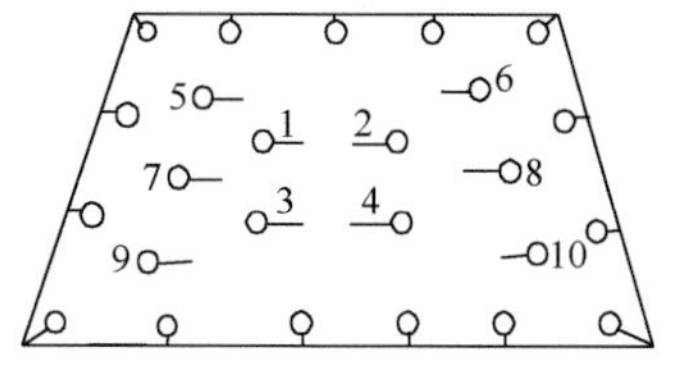

图 2-61 炮眼示意图

注：1～4 为掏槽眼，5～10 为辅助眼，其余为周边眼

隧道开挖爆破的炮眼数目与隧道断面、围岩级别、爆破方法等有关，多在几十至几百范围内。炮眼按其所在开挖断面的位置、爆破作用、布置方式和有关参数的不同，可大致分为如下几种（各个眼的位置见图 2-61）：

(1)掏槽眼。针对隧道爆破只有一个临空面的特点，为提高爆破效果，先在开挖断面的适当位置，布置一些装药量较多的炮眼，先行爆破，炸出一个槽腔，为后续炮眼的爆破创造新的"临空面"。

(2)辅助眼。位于掏槽眼与周边眼之间的炮眼，统称为辅助眼。其作用是扩大掏槽眼炸出的槽腔，为后续和周边眼爆破创造"临空面"。通常把靠近掏槽眼的炮眼并有扩大掏槽作用的炮眼，称为"辅助掏槽眼"或"扩槽眼"；把靠近周边眼的一排炮眼，称为"内圈眼"。

辅助眼的作用是进一步扩大掏槽体积和增大爆破量，并为周边眼创造有利的爆破条件。其布置主要是解决间距和最小抵抗线问题，这可以由工地经验决定。最小抵抗线约为炮眼间距的 60%～80%。

(3)周边眼。沿隧道周边布置的炮眼，称为周边眼。其作用是炸出较平整光滑的隧道断面轮廓。按其所在位置的不同，又可分为"帮眼"、"顶拱眼"、"底板眼"。

周边眼的作用是爆破后使坑道断面达到设计的形状和规格。周边眼原则上沿着设计轮廓均匀布置，间距和最小抵抗线应比辅助眼的小，以便爆出较为平顺的轮廓。眼口距设计轮廓线约 0.1～0.2m，便于钻眼。

周边眼的底端，对于松软岩层应放在设计轮廓线以内，对于中硬岩层可放在设计轮廓线上，对于坚硬岩层则应略超出设计轮廓线外。为了避免欠挖，底板眼底端一般都超出设计轮廓线。

炮眼的爆破顺序一般是掏槽眼先响，辅助眼、崩落眼次之，周边眼最后响。周边眼的爆破次序一般为顶眼、帮眼、底眼。有时为避免拉底现象，底眼间距应适当减小，药量要适当加大，可同时起到"翻渣"作用。

3. 常用炮眼直径与炮眼深度

(1)炮眼直径。工程中，炮眼直径常为 32～45mm，当采用液压台车、液压钻机时，钻孔直径一般为

48mm、63mm、76mm、102mm、152mm。

(2)炮眼深度及钻孔设备：

浅孔——1～3m,手持式风钻、液压钻。

深孔——3～5m,钻孔台车、液压钻。

超深孔——大于5m,钻孔台车、液压钻。

4.常用掏槽形式和主要参数

掘进爆破与一般的台阶爆破不同,它只有一个可供岩石移动的自由面,所以爆破岩石所受的夹制作用更大,这就要求必须开创一个可供岩石破碎并能使它从岩体中抛出的移动空间,即第二自由面,这通常要通过掏槽爆破来获取。掏槽爆破是在掘进过程中,首先在工作面上钻少量炮眼,装药起爆后,形成一个适当的空腔,作为新的临空面,使周围其余部分的岩石都顺序向这个空腔方向崩落,以获得较好的爆破效果。爆破形成的空腔,通常称为掏槽。掏槽眼爆破时,由于只有一个自由面,破碎岩石的条件非常困难,而掏槽的好坏又直接影响着其他炮眼的爆破效果,它是掘进爆破的关键。因此,必须合理选择掏槽形式和装药量,使岩石完全破碎形成槽腔并达到较高的槽眼利用率。

掏槽爆破炮眼布置有许多不同的形式,归纳起来可分为斜眼掏槽、直眼掏槽和混合掏槽。以下根据铁路隧道断面的大小,对常采用的掏槽形式进行论述。

1)小断面隧道掏槽技术

所谓小断面,一般是指断面面积在20m^{2}以下的平行导坑或超前大断面施工的上导坑、下导坑、分部开挖的局部断面等。

一般情况下,掏槽眼应布置在开挖面的中下部;但在岩质软硬不均的岩层中,应布置在岩层较为薄弱的位置。另外,掏槽眼必须比其他眼深0.15～0.25m,才能为扩槽眼创造出足够深度的临空面,以保证循环掘进进尺。

小断面隧道掏槽爆破主要有斜眼掏槽和直眼掏槽两种形式。

(1)斜眼掏槽

斜眼掏槽主要有两种形式:锥形掏槽和楔形掏槽。

①锥形掏槽。所谓锥形掏槽,是由数个共同向中心倾斜的炮眼组成,炮眼倾斜角度一般为60°～70°,岩石越硬,倾角越小。眼底距离为0.2～0.4m,石质越硬,距离越小。各掏槽眼均布设于同一段毫秒雷管,同时起爆,利用各方向上的炸药爆力将位于槽区的岩石“抓出”,爆破后的槽子呈角锥形,还需要设扩槽眼将之扩大成较大的临空面。

锥形掏槽具有以下几种炮眼布置形式:四角锥形(四门斗)、五角锥形或六角锥形。其中四角锥形掏槽,工地又称四门斗,适用于岩层整体均匀、节理不发育、层理不明显、石质较坚硬的岩层;五角锥形掏槽适用于较坚硬的倾斜岩层与整体岩层;六角锥形掏槽适用于坚硬且整体性良好的岩层。

各种锥形掏槽炮眼布置形式如图2-62所示。

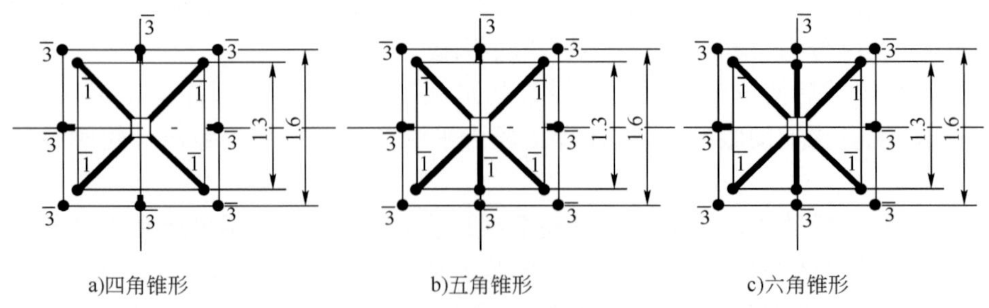

图2-62 常见锥形掏槽炮眼布置图(尺寸单位:m)

锥形掏槽一般用于较坚硬(f=4～10)的整体性岩层中,由于岩层坚硬,锥形掏槽眼深度均控制在2m以下,循环进尺在1.5m左右,整个断面上炸药单耗一般在2.5kg/m^{3}以上。

②楔形掏槽。楔形掏槽由数对(一般为2～4对)相对称且相向倾斜的炮眼组成,爆破后形成楔形的

槽子。

楔形掏槽的优点是爆力比较集中，爆破效果较好，掏出的槽子体积较大，可以适应各种不同坚硬程度的岩层。

楔形掏槽技术的关键是确定楔形炮眼口之间的距离。该距离视围岩类别及断面大小而定：断面宽度在 4～5m 时，为了减少钻眼量，可将楔形槽眼口距离放大至 2.2m 以上；断面宽度在 3～4m 时，槽眼口距离控制在 1.8～2.2m 之间；断面宽度在 2～3m 时，槽眼口距离控制在 1.4～1.8m 之间，但无论如何，槽眼口距离不宜小于 1.2m，否则将使掏槽效果欠佳，残眼率较高。另外，当石质坚硬时，亦可适量增加槽眼口距离，让炮眼更加倾斜，减少眼底距掌子面的垂直距离，牺牲掘进进尺，以得到更好的掏槽效果。楔形掏槽炮眼的对数，可视围岩类别而定，一般 III 类围岩，掏槽眼为 3 对；IV 类围岩，掏槽眼为 4 对；V 类围岩，掏槽眼为 5 对。另外，还必须注意岩石情况的变化及各对炮眼的倾斜角度、眼底距离及炮眼与另一对炮眼之间的距离。依据经验，以 3～4m 最大断面宽度、15m^2 左右断面面积的导坑为例，将围岩类别、眼口距离、眼底距离、每对楔形掏槽炮眼与另一对掏槽炮眼之间的距离、炮眼深度及最佳掘进进尺之间的关系列于表 2-26 中。

楔形掏槽眼炮孔布置参数(单位：m) 表 2-26

围岩类别	每对槽眼口之间的距离	眼底距离	每对炮眼与另一对炮眼之间的距离	炮眼深度	最佳进尺
III 类	2.2～2.5	0.4～0.5	0.5～0.6	2.8～3.0	2.5～2.7
IV 类	1.8～2.2	0.2～0.4	0.4～0.5	2.3～2.5	2.0～2.2
V 类	1.4～1.8	0.1～0.2	0.3～0.4	1.8～2.0	1.4～1.6

根据楔形方向的不同，楔形掏槽可分成垂直楔形和水平楔形两种。

a. 垂直楔形掏槽 即是成对的掏槽炮眼位于垂直于水平面的平面内，成对的炮孔口连线在掌子面上垂直于槽子中央的水平线。垂直楔形掏槽炮眼布置如图 2-63 所示。

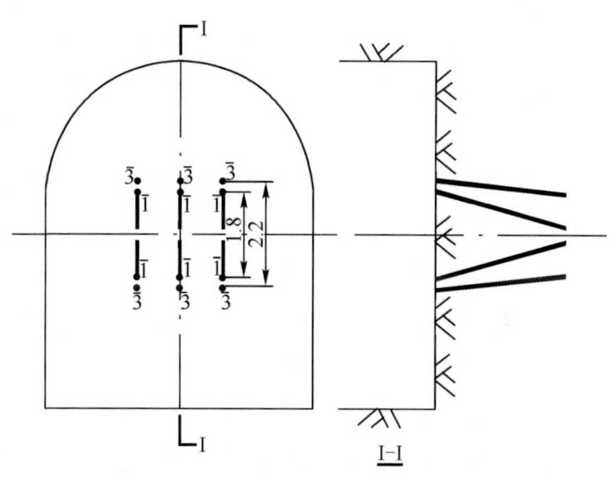

图 2-63 垂直楔形掏槽炮眼布置(尺寸单位：m)

垂直楔形掏槽适合于层理接近于水平或倾斜平缓的围岩，以及均匀整体性好的围岩。

近年来，随着隧道快速掘进技术的发展，在目前没有普遍实现用液压钻钻凿炮孔的情况下(台车例外)，使用气腿式风动凿岩机仍是隧道掘进的主要手段。而目前由于广泛使用装渣效率较高的挖装机，装渣速度愈来愈快，装渣工序耗时在循环时间中所占的比例愈来愈小，相对来说，钻眼工序耗时在小断面导坑循环时间中所占的比例愈来愈大，成为实现导坑快速掘进的“瓶颈”工序。在钻孔设备没有较大改变的情况下，配置较多的钻机进行凿岩是缩短钻眼时间的主要方法。水平楔形掏槽时，由于倾斜的掏槽眼施工会干扰其他炮眼的钻凿，所上钻机数量是有限的；而垂直楔形掏槽时，由于断面高度一般要大于宽度，掏槽时各钻机之间不会相互干扰，故可以多上钻机而缩短钻眼时间，并且槽眼口距离可以有较宽大的范围选择，可以取得较好的掏槽效果，从而达到快速掘进的目的。

垂直楔形由于可避免掏槽时各钻机之间的相互干扰而愈来愈受到施工单位的喜爱。

b. 水平楔形掏槽 是指成对的掏槽眼位于平行于水平面的平面内，成对的炮孔口连线在掌子面上，平行于槽中央的水平线。因为炮眼均接近于水平，钻凿方便，因此水平楔形掏槽在小断面掘进时使用比较广泛。其主要形式有普通和层状两种，层状炮眼布置的特点是把普通的水平槽眼每对上下交错布置，使其排列更加均匀，在中等硬度的岩层中可获得良好的爆破效果。两种类型的水平楔形掏槽炮眼布置如图 2-64 所示。

水平楔形掏槽适用于层理大致垂直或倾斜的各种岩层。

③锥形、楔形掏槽优缺点比较。锥形掏槽一般在4个方向上均有向中心倾斜的炮眼，眼底间距小(5～10cm)，孔口距离亦不大，一般在坚硬围岩中使用较多，特别是在压扭性较强的岩层中使用效果良好，掏得出，爆得开，但由于掏槽范围小，深度浅，故循环进尺一般控制在1.5m以下，掏槽范围在1.8m×1.8m以内，需要较多的扩槽眼，断面上炮眼数量较多。而楔形掏槽仅在一个方向上有成对且相向倾斜的炮孔，眼底间距较大(20～40cm)，孔口距离亦较大，断面上炮眼数量相对较少。楔形掏槽在中硬岩中使用较多，其突出优点是钻机操作容易，布眼方便，对钻眼精度要求不高，不需要布设空眼及严格控制掏槽眼装药量，一个钻爆工只需要经过几节课的理论学习及近几周的实际操作，就能掌握楔形掏槽技术，爆破进尺能达到炮眼深度的80%左右，循环进尺一般在2.0m以上。楔形掏槽的主要缺点是掏槽深度受到开挖面宽度或高度的限制，不易提高每一循环的进尺，如对一定宽度(如4m)的导坑进行水平楔形掏槽时，钻杆的长度会受到限制，过长就会碰到导坑侧壁而摆不开，要想摆得开，就必须将炮眼钻得陡一些，炮孔倾角过大，槽腔内的爆渣抛不出，槽腔炸不开，则整个掌子面就会出现较长的残眼，整茬炮掘进失败。有时为了提高循环进尺，可采用二级水平楔形掏槽或采用垂直楔形。所谓二级水平楔形掏槽，即是指第一层掏槽眼可用较小倾斜角度钻凿(约50°～60°)，其深度以等于第二层掏槽深度的1/2～7/10为宜；第二层掏槽眼可用较大的倾斜角度(70°～80°)钻凿。起爆时先行起爆第一级掏槽眼，然后再起爆第二级掏槽眼，利用第一级槽眼为第二级槽眼卸载，创造出更有利的掏槽条件，但这样就要求增加炮眼数量，使掏槽眼施工时相互干扰更大。而垂直楔形掏槽可在一定程度上解决上述问题，既不增加炮孔数量，又不相互干扰，且由于其断面大，在保证倾角的情况下，可使用较长的钻杆钻凿炮眼，从而得到较大的循环进尺。

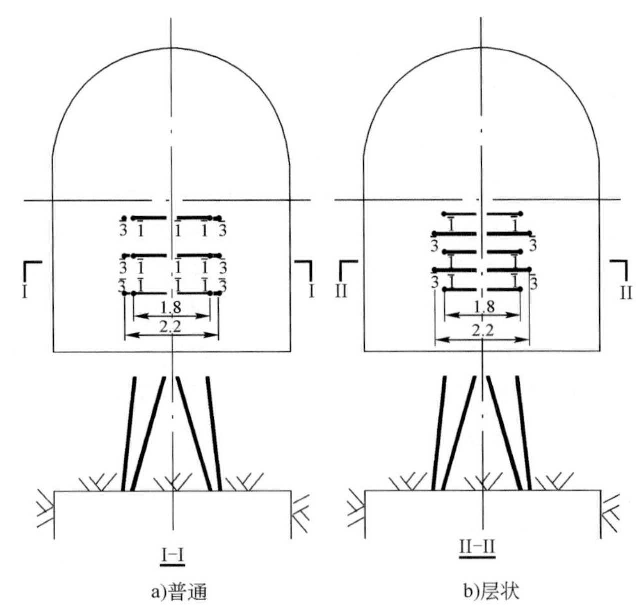

图2-64　水平楔形掏槽炮眼布置(尺寸单位:m)

斜眼掏槽的主要优点:适用于各种岩层，并能获得较好的掏槽效果；所需掏槽眼数目较少，单位耗药量小于直眼掏槽；槽眼位置和倾角的精确度对掏槽效果的影响较小。

斜眼掏槽具有以下缺点:炮眼深度受掘进断面的限制，尤其在小断面中更为突出；爆破时，岩石的抛掷距离较大，爆堆分散，容易损坏设备和支护。

(2)直眼掏槽

直眼掏槽是由若干个彼此距离很近、相互平行、垂直于开挖面的数个炮眼组成，其中有一个或几个不装药的炮眼(即空眼，其作用是给装药眼创造临空面)，保证掏槽眼范围内的岩石被破碎，所以，直眼掏槽就是利用一些相互平行、眼距不大的一组炮眼内的药包爆炸的巨大功能，爆破位于槽腔内部的岩石，并使之抛出槽腔外，从而形成一个设定的槽腔，为崩落眼提供一个平行的自由面，然后按照预定的顺序起爆崩落眼，对这个空洞逐渐扩大，直到设计的断面轮廓为止。故直眼掏槽时，空眼的作用非常巨大，其排列及布孔数量直接影响掏槽成功与否，以至于关系到整茬炮的成功与否，对空眼的正确使用是掏槽达到预期效果的重要手段。因此，必须根据岩层的具体情况对掏槽形式作出慎重选择。

①小断面直眼掏槽形式。目前，最常用的小断面直眼掏槽有五梅花小直径中空直眼掏槽、螺旋形掏槽、菱形掏槽等几种形式。

a.五梅花小直径中空直眼掏槽　掏槽眼布置如图2-65所示，在1号眼的周围设置4个距离很近的小直径空眼作1号眼的临空面，1号眼起爆后，在中央形成一个孔洞，作其他眼的临空面，这样逐步扩大形成槽腔，从而提高炮眼的利用率。其装药量至炮眼深度的90%左右。

b. 菱形掏槽　三空眼一字形排列、四槽眼对称空眼作"品"字形布置的菱形掏槽比较常用，且能取得良好掏槽效果。该掏槽眼布置如图 2-66 所示。

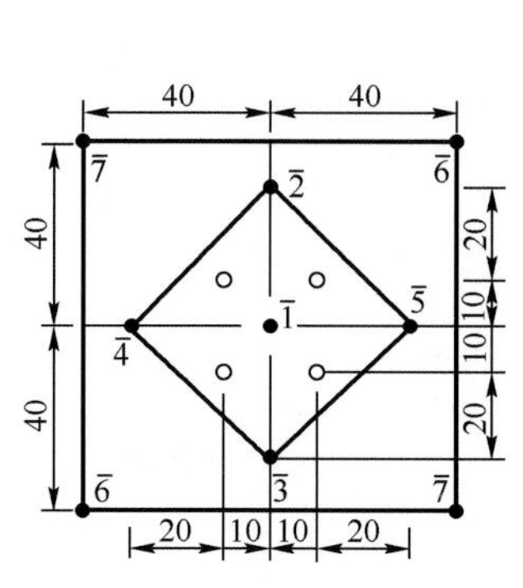

图 2-65　五梅花小直径中空直眼掏槽炮眼布置（尺寸单位：dm）

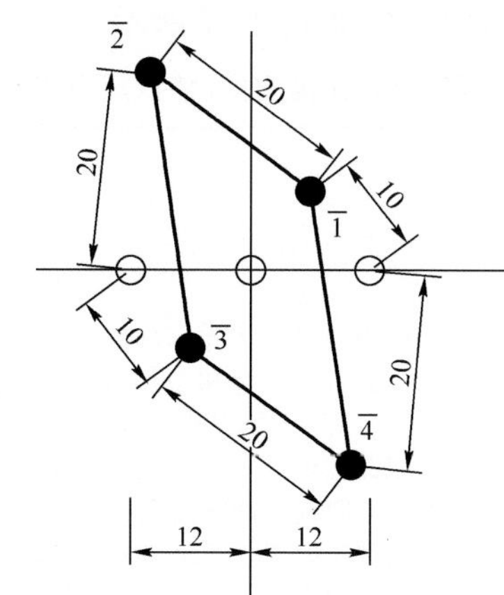

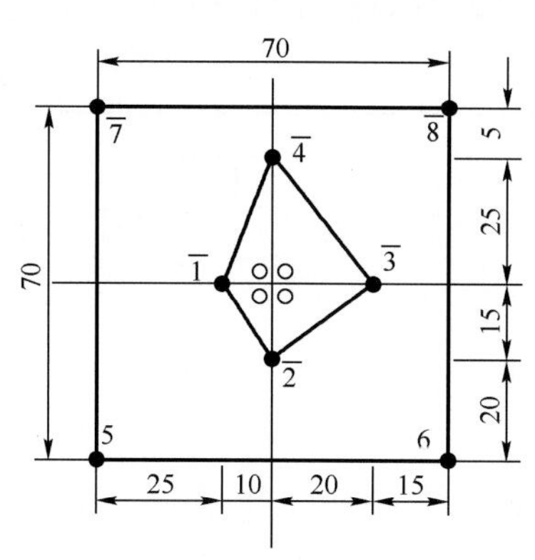

图 2-66　三空眼、四空眼菱形掏槽炮眼布置（尺寸单位：dm）

菱形掏槽中，空眼相距 12～15cm，1、2 号装药槽眼与空眼相距 10～12cm，3、4 号装药槽眼与 1、2 号装药槽眼和空眼相距 20～25cm，外围 5、6、7、8 号眼为扩槽眼，它们与槽眼相距 35～40cm。三空眼本为槽眼的初始自由面和爆破减压的补偿空间，但由于空眼本身距离太大，1、2 号槽眼虽与空眼呈品字的等腰三角形排列，但还是很难在硬岩中取得较好的爆破效果，炮眼的利用率只有 70%左右。遇到岩体节理较发育的岩层，其爆破效率可达到 80%～90%。由此可见，在掏槽中如何排列和利用空眼是提高硬岩爆破的重要技术问题。

c. 螺旋形掏槽　掏槽眼布置如图 2-67 所示。在中硬岩或硬岩中用得最多且最成功的是螺旋形掏槽。螺旋形掏槽一般均需要在掏槽中部布置数个空眼，岩层愈硬，整体性愈好，所需要的空眼数亦相对愈多。首爆眼距空眼最近，以空眼作为临空面，其他掏槽眼可视岩质、岩层条件决定是采用 4 眼还是 5 眼布置，各装药孔渐成螺旋线形远离空眼中心，依次起爆。三空眼螺旋形掏槽在中硬岩中能得到较好的爆破效果，炮眼的利用率可达 90%以上。

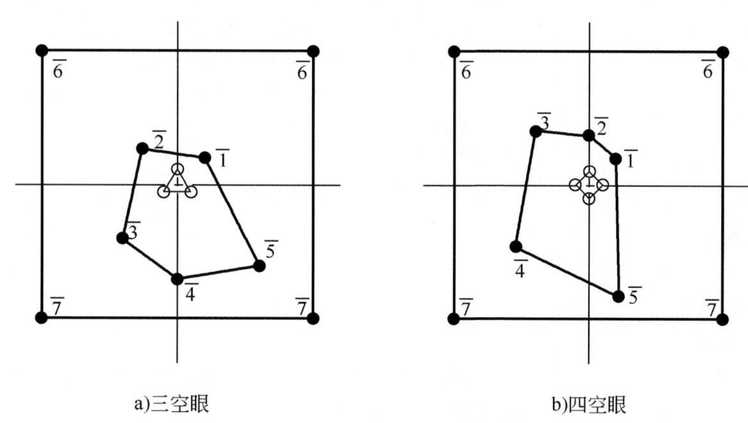

图 2-67　三空眼、四空眼螺旋形掏槽炮眼布置示意图

但在完整致密的硬岩中，三空眼组合的减压补偿空间则嫌不足(因为空眼仍是用普通 38～40mm 直径钎头钻孔而成)。纵使在某一空眼中投入助抛药包，爆后残眼仍占 20%～25%。在这种情况下，则需要采用四空眼螺旋形掏槽，增加空眼数量或槽眼数量，把品字形排列的空眼改为菱形排列，空眼距离缩小。

首先把空眼间距缩小到 4～5cm，首爆槽眼距空眼保持 5～7cm。螺旋形槽眼距依次递增 10cm、15cm、20cm、25cm。扩槽眼距槽眼 10～20cm。实践证明，四螺旋掏槽较三螺旋掏槽爆破效果有稳定提高，残眼一般只有 10～20cm，有时没有残眼，平均炮眼利用率达到 95%以上，整个掏槽区域宽达 50～

60cm，可深达 2m 以上，为后续起爆创造了宽阔的第二自由面，改善了爆破条件，为隧道快速掘进打下了良好的基础。

掘进爆破直眼掏槽方式、特点及适用条件如表 2-27 所示。

掘进爆破直眼掏槽方式、特点及适用条件 表 2-27

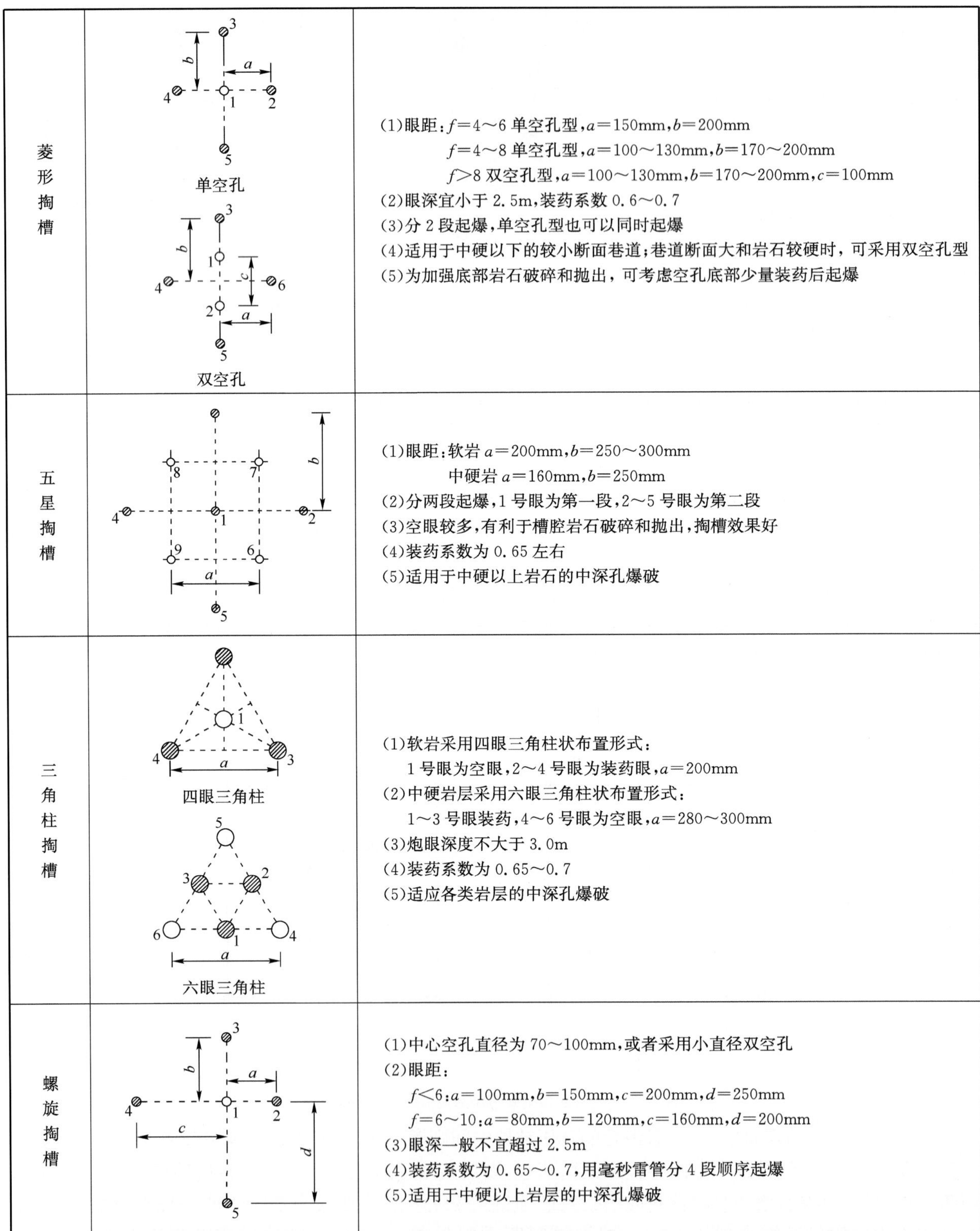

掏槽方式	图示	特点及适用条件
菱形掏槽	单空孔 双空孔	(1)眼距：f=4～6 单空孔型，a=150mm，b=200mm f=4～8 单空孔型，a=100～130mm，b=170～200mm f>8 双空孔型，a=100～130mm，b=170～200mm，c=100mm (2)眼深宜小于 2.5m，装药系数 0.6～0.7 (3)分 2 段起爆，单空孔型也可以同时起爆 (4)适用于中硬以下的较小断面巷道；巷道断面大和岩石较硬时，可采用双空孔型 (5)为加强底部岩石破碎和抛出，可考虑空孔底部少量装药后起爆
五星掏槽		(1)眼距：软岩 a=200mm，b=250～300mm 中硬岩 a=160mm，b=250mm (2)分两段起爆，1 号眼为第一段，2～5 号眼为第二段 (3)空眼较多，有利于槽腔岩石破碎和抛出，掏槽效果好 (4)装药系数为 0.65 左右 (5)适用于中硬以上岩石的中深孔爆破
三角柱掏槽	四眼三角柱 六眼三角柱	(1)软岩采用四眼三角柱状布置形式： 1 号眼为空眼，2～4 号眼为装药眼，a=200mm (2)中硬岩层采用六眼三角柱状布置形式： 1～3 号眼装药，4～6 号眼为空眼，a=280～300mm (3)炮眼深度不大于 3.0m (4)装药系数为 0.65～0.7 (5)适应各类岩层的中深孔爆破
螺旋掏槽		(1)中心空孔直径为 70～100mm，或者采用小直径双空孔 (2)眼距： f<6：a=100mm，b=150mm，c=200mm，d=250mm f=6～10：a=80mm，b=120mm，c=160mm，d=200mm (3)眼深一般不宜超过 2.5m (4)装药系数为 0.65～0.7，用毫秒雷管分 4 段顺序起爆 (5)适用于中硬以上岩层的中深孔爆破

②直眼掏槽的优缺点。直眼掏槽一般用于中硬岩或坚硬岩层，由于炮眼与掌子面垂直，所以炮眼深度不受开挖断面的宽度和高度的限制，适宜于钻凿较深的炮眼而提高每循环进尺，在小断面导坑掘进时

可达到 2.8～3.0m 的循环进尺；所有炮眼均垂直于掌子面钻进，容易控制；钻眼时，各凿岩机间相互干扰少，便于多台凿岩机同时作业，可提高凿眼效率；容易控制眼底深度，使眼底在同一垂直面上；炮眼利用率高，可达 90%～100%；石渣抛掷距离较近，不易打坏支护及机具设备等；在各种硬度的岩层中都可使用。直眼掏槽的缺点是需要较多的炮眼数目和较多的炸药，钻眼位置一定要精确，误差不能太大，表现在掏槽孔位较近时，一不小心，相邻的掏槽眼就容易被打穿，从而影响掏槽效果。另外，直眼掏槽对岩性的适应性不强，岩性变硬一点，就需要改变掏槽眼布置形式或增加空眼的数量，也就是说，直眼掏槽的技术含量相对较高，更多依赖于钻爆手的钻爆经验及熟练程度。

(3)斜眼与直眼掏槽适用条件对比

根据以上分析可以把两大类掏槽的适用条件加以对比，如表 2-28 所示。

直眼掏槽与斜眼掏槽的适用条件 表 2-28

序 号	直 眼 掏 槽	斜 眼 掏 槽
1	大小断面均可以	大断面较适用
2	韧性岩层不适用	对各种地质条件均适用
3	一次爆破深度可以较大	受隧道宽度限制，不宜太深(<5m)
4	技术要求高，钻眼精度影响大	相对来说可稍差些
5	炸药用量较多	相对较少
6	需用雷管段数多	需用雷管段数少
7	钻眼互相干扰少	钻眼时，钻机干扰大
8	渣堆较集中	抛渣远，易打坏设备

在实际应用中，应根据现场条件，特别是地质条件，因地制宜地选择恰当的掏槽方式。除考虑上述因素外，还应考虑经济及技术效果，而不应以不变应万变，死搬硬套。

2)中断面隧道掏槽技术

所谓中断面，本节主要是指单线铁路隧道断面等，或指断面面积大于 $20m^2$ 而小于 $60m^2$ 的地下工程。

在中断面爆破中，炮孔深度一般在 2.5m 以上，如果掏槽不成功，爆破残眼深，再次处理麻烦，还影响施工进度与效益，故中断面爆破更应重视掏槽技术。

目前，中断面掏槽主要有：使用人工手持风钻进行单级或复式楔形掏槽及使用凿岩台车进行大直径中空孔直眼掏槽。

(1)单级楔形掏槽

随着隧道施工技术的发展，越来越多的施工单位在掏槽上下工夫，要求掏槽既能掏得出、掏得深，其眼数又要求少，于是，单级楔形掏槽技术得到了越来越多的应用。单级楔形掏槽是在多级楔形掏槽的基础上取消了在主掏槽眼前方的两对小掏槽眼发展而来的，该掏槽方法仅仅依靠数对主掏槽眼进行拉槽爆破，后方的扩槽眼、辅助眼再将槽腔扩大，从而达到为其他炮眼创造临空面的目的。与小断面掏槽一样，只要将掏槽眼与掌子面的夹角控制在 60°左右，并按设计装药爆破，即能取得较好的爆破效果。该掏槽形式适合于各种不同的围岩，特别是在中硬岩中的应用较为广泛。而二级、三级楔形掏槽由于钻眼数量较多而逐渐有被淘汰的趋势。

现以铁路单线标准断面爆破为例，对单级楔形掏槽进行设计，设计指标为：循环进尺 3.2～3.5m，人工手持风钻凿岩，4.5m 钻杆掏槽，4.0m 钻杆掘进，全断面爆破。III 级围岩单级楔形掏槽设计如图 2-68 所示。

一般情况下，楔形掏槽眼均安排在人工多功能台架的第二层上钻凿，第二层台板中间部分可取消，以增加台架的下层空间，方便装载机进出；工人则站立在设于台架立柱上的短台板上操作钻机装药等；各对掏槽眼之间的上下排距取 0.4～0.6m，硬岩取小值，中硬岩取大值；大掏槽眼底间距控制在 0.2～0.4m 之间，同样，硬岩取小值，中硬岩取大值；掏槽眼布置采用 4+3+2 型，即 4 个掏槽眼，3 个扩槽眼，2 个辅助眼，后面的掘进眼可视围岩软硬度取 1～3 个；大掏槽眼排数通常只用 4 排即可，岩石软时可用

3 排,坚硬时可用 5 排或更多,或在大掏槽眼前加数对小掏槽,变为二级楔形掏槽。

单级楔形掏槽中值得注意的几个关键技术问题:

①楔形掏槽在断面较宽时,应当尽量缩小掏槽角,因而也要尽量加大主掏槽眼的水平间距。新手往往会忽略这一点。

②楔形掏槽在炮眼较深时(如大于 2.5m),其底部加强装药应保持炮眼全长的 1/3 长度,前部装药(柱状结构)集中度可以减为底部装药集中度的 40%~50%,不应把炸药装填到炮眼口中,而应大约留出 20%的炮眼长度不装药,并装填不少于 40cm 长的炮泥。

③楔形掏槽每对炮眼均应在同一水平线上,同时起爆。使用毫秒雷管时,级间时差不宜太短,以保证前段爆破的岩石破碎与抛掷。

单级楔形掏槽的主要优点是炮眼数量少,对炮眼钻进精度要求不是很高,容易控制和掌握;适用于各类岩层,不需大直径钻眼设备。其缺点是岩渣抛掷较远,易砸坏洞内施工设备。

(2)复式楔形掏槽

在遇到岩石坚硬或掘进断面较大时,可采用复式楔形掏槽。复式楔形掏槽也称为 V 形掏槽,是在浅眼楔形掏槽的基础上发展起来的,只要钻眼精确达到深度和角度要求,按设计装药,一般均能取得良好的效果,适用于单线铁路隧道全断面爆破开挖,以及中硬岩以上的中深眼隧道爆破。图 2-69a)为二级复式楔形掏槽,炮眼深度 2.5~3.0m;图 2-69b)为三级复式楔形掏槽,炮眼深度为 3.0~3.5m。上下排距50~90cm,硬岩取小值,软岩取大值;在硬岩中爆破时,最好采用高威力炸药(如乳化炸药等);排数通常只用上下两排即可,岩石十分坚硬时可用三排或四排。

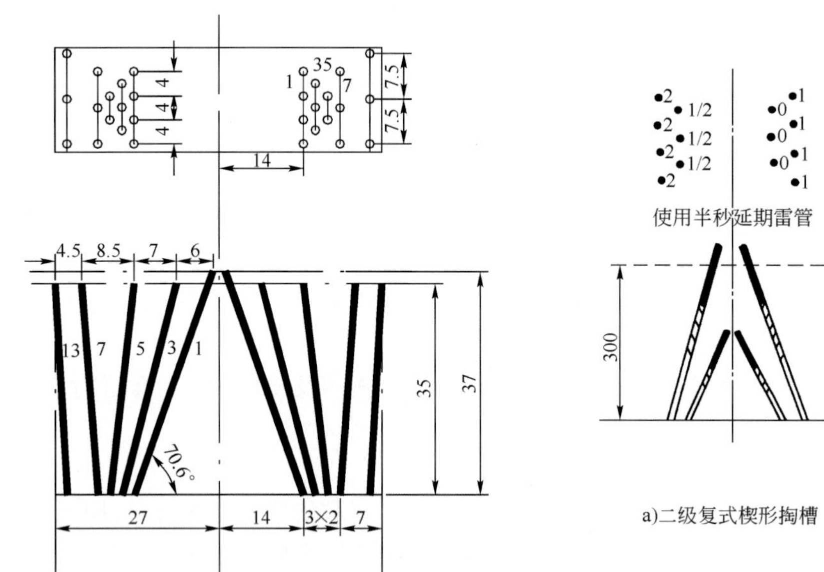

图 2-68 铁路单线隧道单级楔形掏槽(尺寸单位:dm)

a)二级复式楔形掏槽

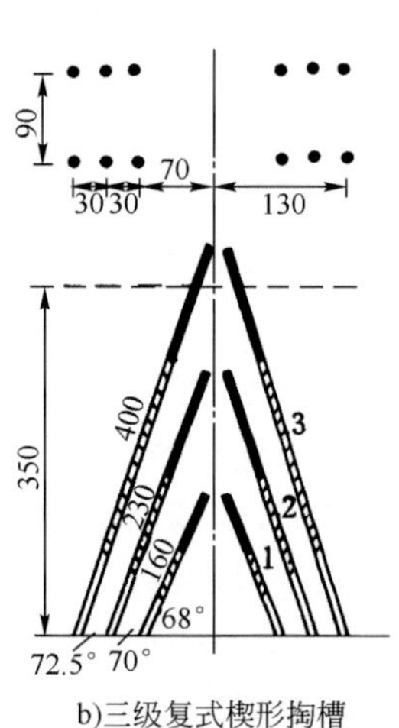

b)三级复式楔形掏槽

图 2-69 复式楔形掏槽(尺寸单位:cm)

在地下工程的爆破施工过程中,选择合理的掏槽形式应考虑以下几方面的因素:地质条件的适应性、施工技术的可行性、爆破效果的可靠性和经济合理性等,要根据具体情况进行具体分析,并结合爆破实践不断进行调整,选择最优的掏槽形式和掏槽眼爆破参数,从而获得最好的掏槽效果。

(3)大直径中空孔掏槽

大直径中空孔掏槽实际上是直眼掏槽的一种。大直径中空直眼掏槽是在掌子面中下部用大直径钻机钻凿一个或几个中空炮眼,通常采用大于 100mm 的炮眼作为掏槽炮眼的临空面,在大直径炮眼的周围配合一些小炮眼,以逐渐增大的距离布置掏槽炮眼进行掏槽,一般有菱形掏槽、螺旋形掏槽、对称掏槽等,炮眼利用率比小直径炮眼掏槽高,一般适用于中硬、硬岩的大断面深孔爆破。

大直径中空直眼掏槽其空眼的作用,首先是在空眼周围产生应力集中,因此最先也最容易从此发生破裂;其次是作为容纳破碎岩石的空间,所以空眼与装药眼的直径比例大一些较好。眼间距太大,可能发生炮眼与空眼之间的岩石虽已破裂，却仍然固结在炮眼中无法抛出的现象，如果再增大则可能留下炮窝，而空眼眼壁岩石却未受到破碎。

①大直径中空直眼掏槽的设计。大直径中空直眼掏槽设计应考虑以下因素：

a. 了解岩石的特性　影响直眼掏槽的最主要的因素为岩石的特性，这可从隧道设计的地质纵断面图及现场勘探和有关资料上了解到。首先判明所爆岩石是属于塑性岩石还是脆性岩石，其次要了解岩石的结构，岩石的结构也是设计空眼掏槽时必须考虑的因素，脆性岩石且完整性好，有利于大直径中空直眼掏槽的成功。

b. 空眼的直径与数量　各种不同的直眼掏槽方法的差别在于使空眼与装药眼之间的岩石破碎与自由地膨胀到空眼的容易性，空眼愈大，破碎与膨胀愈容易。空眼的直径和数量需要考虑各类岩石的岩石膨胀系数，至少满足膨胀余量的要求，应根据设备情况、钻眼技术水平、施工进度及经济效益综合考虑选定。我国采用的空眼直径为 75～100mm，空眼个数为 2～4 个。

c. 掏槽眼与空眼的距离　眼距是影响掏槽效果最敏感的参数，偏离最优眼距，将可能导致掏槽失败，见图 2-70。眼距过大，爆破后岩石仅产生塑性变形而出现“冲炮”现象；眼距过小，会将邻近炮眼内的炸药“挤死”，使之拒爆，或使岩石“再生”。设计眼间距时，必须考虑的因素之一是装药眼与空眼之间的岩石破碎类型。

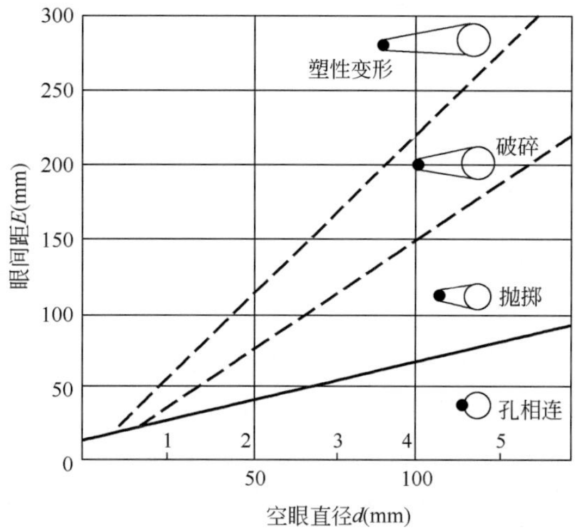

图 2-70　眼间距随空眼直径不同的破碎情况

理想的大直径中空眼掏槽的眼距必须在“完全抛出”带，这样就不仅使岩石破碎，并且抛出槽腔之外。在“破碎带”内的岩石将被破碎，但大部分仍然残留或挂在槽腔中。当发生塑性变形时，眼间岩石将剪切到空眼中，但并不增加槽口，大部分岩石都密实地固结或挤压在空眼位置处，这种现象称为“冻结”。

实践证明：空眼直径 102mm，装药眼直径 40mm，取空眼到装药眼眼壁的设计间距为 180～200mm。装药眼直径与空眼直径为 35～40mm 时，软岩装药炮眼距空眼的距离取 150～170mm，硬岩取 100～150mm。

d. 炸药性能与装药量　直眼掏槽的装药量，应当保证掏槽范围内的岩石充分破碎，并有足够的能量将破碎后的岩石尽可能地抛掷到槽腔以外。为使岩石从槽腔抛出而不固结，应选用与岩石性质相适宜的炸药。由于孔底部的抵抗线增大，夹制作用大，孔底部应采取加强装药措施，如耦合装药，或是选用高威力炸药等。

掏槽眼装药量应结合眼间距与空眼直径来考虑。兰格福斯提出的掏槽装药集中度计算公式如下：

$$q = 1.5 \times 10^{-3}\left(\frac{A}{d}\right)^{\frac{3}{2}}\left(A-\frac{d}{2}\right) \tag{2-3}$$

式中：q——直眼掏槽炮眼装药集中度(kg/m)；

A——装药炮眼距空眼的间距(mm)；

d——空眼直径(mm)。

该式的缺点是未考虑不同类型岩石与炸药的性质，故不能适用于所有条件。在中硬岩及硬岩中，使用硝铵类炸药进行掏槽爆破时，炸药单耗通常为 1.4～2.0kg/m³。

e. 起爆次序与段间隔时差　布置平行直眼掏槽炮眼时，除考虑装药眼与空眼的间距外，还应注意起爆次序和装药量。掏槽眼的起爆次序是，距空眼最近的炮眼最先起爆，一段起爆眼数视掏槽方式及空眼直径和个数而定，同时受现有雷管总段数的限制，一般先起爆 1～4 个炮眼。段间隔时差为 50～100ms，掏槽效果比较好。要想破碎效果好，应采取反向起爆，以便于破碎岩石，并将碎石抛出槽外。

在合理设计的基础上，保证深孔掏槽技术的关键是确保钻眼的准确性和合理的精确起爆顺序及延期时间，现代计算机控制的凿岩台车和 EDD 雷管技术的应用，为大断面深孔爆破技术的发展提供了保证。

②大直径中空直眼掏槽的典型形式。大直径中空直眼掏槽的基本类型，一般有菱形、螺旋形及对称形，如图 2-71 所示。

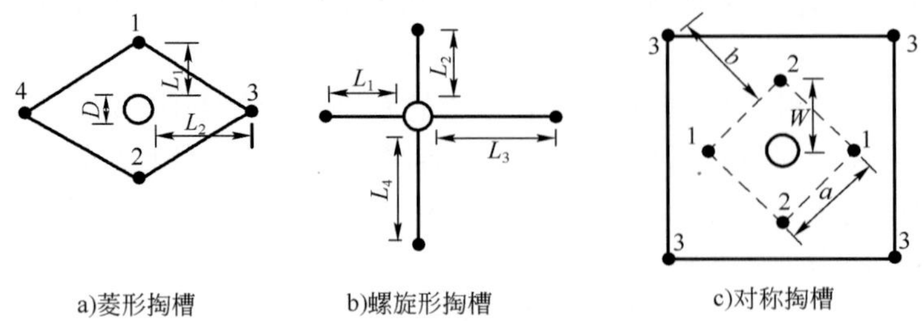

图 2-71 大直径中空直眼掏槽的基本类型

菱形掏槽：$L_1=(1\sim1.5)D$，$L_2=(1.5\sim1.8)D$。

螺旋形掏槽：$L_1=(1\sim1.5)D$，$L_2=(1.5\sim2.0)D$，$L_3=(2.5\sim3.0)D$，$L_4=(3.5\sim4.5)D$。

对称掏槽：$W=1.2D$(一个空眼)，$W=1.2\times2D$(两个空眼)，$b=0.7a$。

本类型适用于中硬岩石，图中 D 为大直径空眼的直径，大直径空眼可以是 1 个，也可以是 2～3 个，根据具体情况设定。装药系数一般取 0.85～0.9，起爆顺序如图 2-77 中数字所示。

③秦岭隧道大中空孔直眼掏槽深孔爆破。秦岭隧道是我国 20 世纪 90 年代施工的最长铁路隧道，I 线采用 TBM 双向掘进，II 线采用钻爆法先行掘进，在隧道中线位置开挖了 26～30m² 大断面平导贯通，待 I 线建成后，再扩建成形。秦岭隧道的主要困难在于：地质构造和地层岩性十分复杂，以花岗岩和混合片麻岩为主，抗压强度为 82～325MPa；独头掘进 9km，且大部分处于埋深 600m 以下，最大埋深为1 600m，地热、高地应力和岩爆问题严重。

在钻爆法快速掘进方面，采用高威力炸药、4 大空孔掏槽、长药卷装药、炮泥填塞和合理爆破参数，配合机械化和网络信息化管理模式，进口平均月掘进速度可达到了264m/月，出口236m/月，最高 456m/月的高速度。

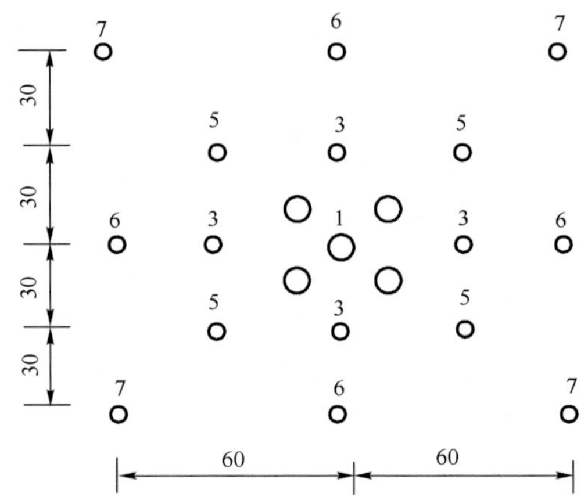

图 2-72 秦岭隧道掏槽形式(尺寸单位：cm)

掏槽采用了 4 大空孔掏槽模式，如图 2-72 所示，装药参数见表 2-29。

秦岭隧道掏槽装药参数表 表 2-29

炮孔编号	炮孔直径(mm)	炮孔深度(m)	炮眼数(个)	装药规格 直径(mm)×长度(mm)-卷	单孔药量(kg)	雷管段别	单段药量(kg)
中空眼	100	4.7	4	—	—		—
掏槽 1	100	4.7	1	40×320-52	23.4	1	23.4
掏槽 3	50	4.5	4	40×320-12	5.4	3	21.6
扩槽 5,6,7	50	4.5	4×3	40×320-12	5.4	5,6,7	21.6
合计			21				109.8

采用该掏槽方式，炮眼利用率达 90%，其特点是中心大孔装药，超深为 10～15cm，掏槽面积为 1.44m²，单耗 15.1kg/m³。针对特硬岩，采用了 K5 型水胶炸药，爆速 4 400m/s，炸药中加入了待销毁的军用发射药，有毒气体含量少；光面爆破采用了 SJ-YII-K6 型光爆专用炸药，规格 ϕ20mm×300mm，爆速3 100～3 400m/s，该炸药具有高传爆性、低沟槽效应、低成本等优点。在全断面一次爆破中，炸药单

耗为 2.6～2.8kg/m³，单位面积钻孔数 2.54 个/m²，炮泥填塞大于 40cm。

光爆参数：a=70～80cm，W=70～80cm，m=0.9～1，q=0.39kg/m。

针对高地应力，可采取了以下措施释放应力：①多空眼掏槽技术；②沿周边壁面钻放射性炮孔，孔内装微量炸药在主体爆破前进行弱爆破；③在掏槽爆破区，钻 3～5 个深炮眼，超过掏槽眼 2m 以上，内装微量炸药在掏槽爆破后、主体爆破前进行弱爆破。

3)大断面隧道掏槽技术

设计时速小于或等于 160km/h 的铁路双线隧道或目前的客专(设计时速大于 160km/h)的单(双)线隧道、公路隧道的断面均在 60m² 以上，由于施工操作空间较大，在中硬岩全断面或台阶法施工时，一般在施工中采用大楔形掏槽技术，以取得较好的经济效益。而类似于 20 世纪 80 年代大瑶山所采用的深孔直眼掏槽技术的使用已日渐减少。目前，即使在使用台车进行凿眼施工时，只要隧道空间足够，使用楔形掏槽亦能达到较好的爆破效果。

目前，大断面掏槽主要有：使用人工手持风钻或凿岩台车进行大楔形掏槽，以及使用凿岩台车进行大直径中空孔直眼掏槽。

(1)大楔形掏槽

大楔形掏槽是普通单级楔形掏槽技术在隧道全断面开挖中的扩展应用，其为目前国内使用较多的人工手持风钻＋台架模式提供的一种配套钻爆技术，该技术能满足大断面隧道快速、经济掘进的需求。

目前，国内人工手持风钻＋多功能凿岩台架全断面开挖模式在大断面隧道施工中越来越得到普及。人们急待快速掘进的可喜成果，除了在其他工序上采取了相应的措施，如缩短各工序之间的衔接时间，增强期中支护设备的配套，加强出渣系统的能力等，还在开挖爆破技术上也进行了很多摸索，特别是在掏槽方面做了大量的努力。大楔形掏槽技术即是近年来隧道工程界努力的结果。

大楔形掏槽与普通单级楔形掏槽的最大区别在于主掏槽眼之间的眼口间距增大了。普通单级楔形掏槽每对主掏槽眼眼口间距基本上在 3m 以内，掏槽区域高度约为 1.5m，即掏槽面积基本上不超过 5m²。而大楔形掏槽主掏槽眼眼口间距则拉大至 5m 左右，掏槽高度则可达到 4m，掏槽面积最大可达到 20m²。

某公路隧道采用全断面爆破开挖，其钻爆装药参数如下：孔深 3.5m，周边光爆孔孔网根据 a/W=0.8～1.0 原则确定，一般孔距 a=60cm，抵抗线 W=70cm。周边眼线装药密度 $q_{线}$=170g/m，单耗确定：开挖取 0.87kg/m³。楔形掏槽采用 8 孔掏槽，见图 2-73。钻爆设计详见图 2-74，药量计算见表 2-30，开挖面积为 76.9m²，比炮眼数 2 个/m²，开挖工程量 230.7m³，炮眼 152 个，总装药量 201.6kg，单位炸药消耗量 0.87kg/m³。

某公路隧道大楔形掏槽钻爆参数表 表 2-30

段　别	炮眼名称	眼深(m)	眼数(个)	药卷直径(mm)	数量(节)	药量(kg)
	掏槽眼	5.0	8	32	15	24.0
3	掘进眼	4.0	8	32	11	17.6
5	掘进眼	3.5	14	32	9	25.2
7	掘进眼	3.5	23	32	8	36.8
9	掘进眼	3.5	25	32	7	35.0
11	掘进眼	3.5	31	32	6	37.2
13	周边眼	3.5	31	25	4	18.6
15	周边眼	3.5	12	25	4	7.2
合计			152			201.6

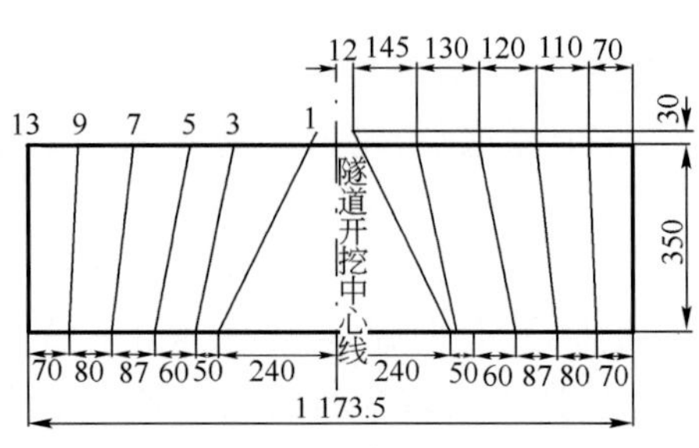

图 2-73 掏槽炮眼平面布置图(尺寸单位:cm)

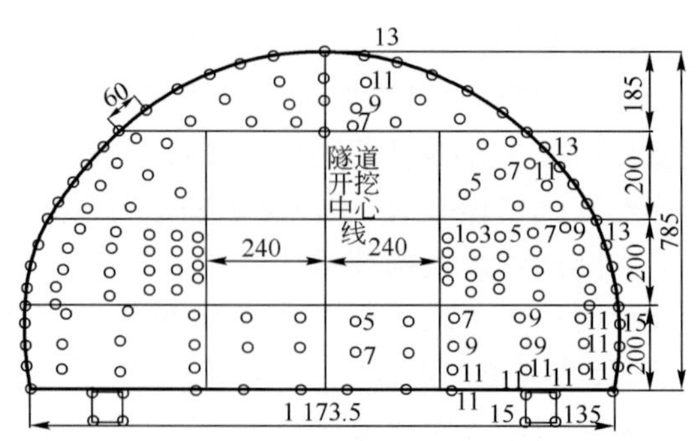

图 2-74 全断面爆破炮眼布置图(尺寸单位:cm)

根据围岩特点合理选择周边眼间距及周边眼的最小抵抗线,周边炮眼与辅助炮眼眼底在同一垂直面上,掏槽炮眼加深 30cm。钻爆隧道时,应严格控制周边眼的装药量。

在大断面隧道爆破施工中,亦常采用大锥形掏槽,该掏槽技术是对大楔形掏槽的改进,其从左、右、上三个方向掏槽,掏槽面积为 20m^2,掏槽眼总数 22 个,掏槽眼倾角为 30°,掏槽眼净深 3.8m,循环进尺 3.7m,掏槽体积为 60m^3 左右。其优点是掏槽面积大,夹制力小,成功率高;掏槽眼分布稀疏,较大程度地减少了炮孔数量。

某隧道 IV 类围岩,开挖断面面积为 87.02m^2,采用大锥形掏槽时炮孔在 150 个左右,雷管、炸药单耗控制在 0.63kg/m^3 左右,8 台风钻同时掏槽,以保证不会因掏槽眼较密而控制钻爆时间。该隧道掏槽部位在断面上的分布如图 2-75 所示,全断面光爆炮眼布置及大锥形掏槽眼三视图如图 2-76 所示。

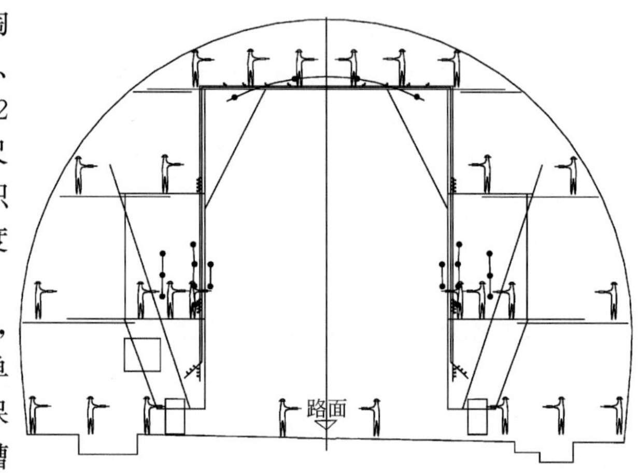

图 2-75 掏槽部位在断面上的布置图

(2)大中空孔直眼掏槽

大瑶山隧道采用直眼掏槽全断面深孔爆破开挖,其进口为砂岩夹板岩,局部板岩夹砂岩,构造发育,属 III 级围岩,个别地段为 IV 级围岩;震旦系长石英砂岩及砂岩与板岩互层,节理较发育,岩体较完整,为 II 级围岩。开挖断面为 85m^2,炮眼深度 5.15m。出口地质情况为震旦系之灰绿色板岩夹砂岩,中厚层夹薄层状节理发育,呈背斜褶曲,围岩为 III～V 级,开挖断面为 91.8～97.4m^2,炮眼深度 5.15m。

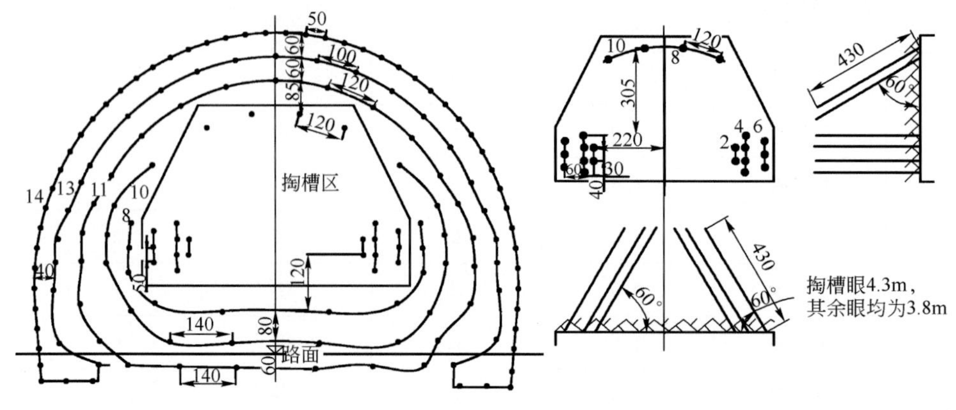

a)全断面光爆炮眼布置图

b)掏槽眼布置三视图

图 2-76 全断面光爆炮眼布置图及大锥形掏槽眼三视图(尺寸单位:cm)

掏槽炮眼布置及起爆顺序见图 2-77。图 a)与 d)由于雷管总段数不足,起爆顺序有所改变,即前面 1～5 段跳段使用,后面连续使用。大瑶山隧道绝大部分采用三中空孔和四中空孔的掏槽形式。深眼掏槽爆破装药参数见表 2-31。

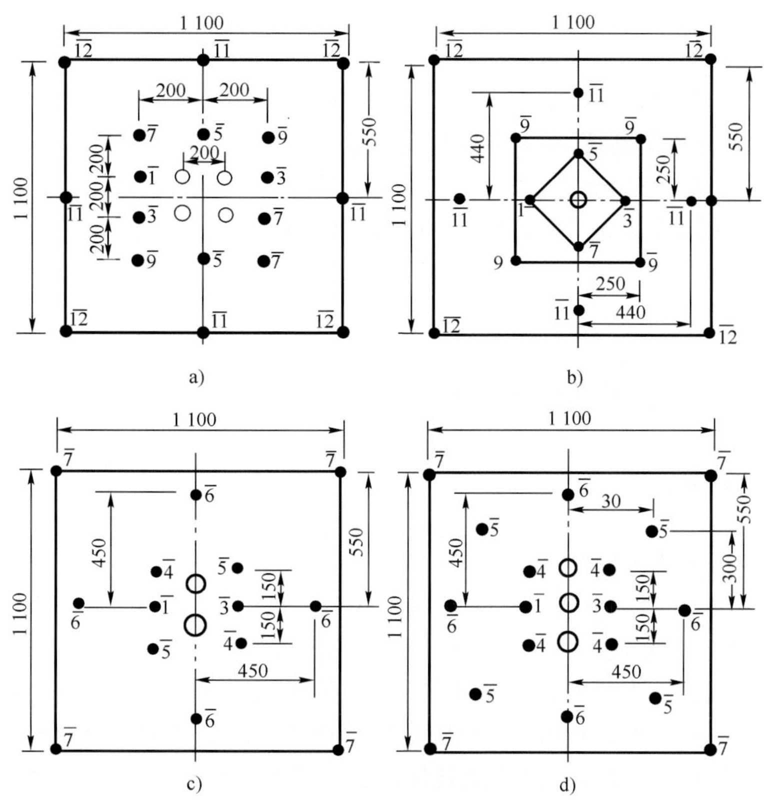

图 2-77 大瑶山隧道掏槽炮眼布置及起爆顺序

隧道深眼掏槽装药参数表

表 2-31

掏槽形式	钻孔深度(m)	临空孔数(个)	装药眼数(个)	单孔药量(kg)	装药密度(kg/m)	单位装药量(kg/m^3)	毫秒雷管段数
单中空孔	3.50	1	16	4.00	1.14	15.1	1～12
双中空孔	3.50,5.15	2	14	5.85	1.14	13.1	1～7
三中空孔	5.15	3	18	5.85	1.14	16.9	1～7
四中空孔	3.50	4	18	4.00	1.14	17.0	1～12

从进口爆破统计来看，57 个循环进尺 271.32m,平均循环进尺 4.76m,炮眼利用率 92.5%;出口爆破 80 个循环,进尺 374.2m,平均循环进尺 4.68m,炮眼利用率 91%,均取得了满意效果。

通过试验可得到如下结论:对于钻眼深度在 3m 以下的,可采用单中空孔形式;对于钻眼深度为 3.0～3.5m 的中深眼爆破,可采用双中空孔形式;对于钻眼深度为 3.5～5.15m 的深眼爆破,可采用三中空孔或者四中空孔形式。装药眼直径为 48mm,空眼直径为 102mm,装药直径为 42mm,线装药密度为0.9kg/m,炸药为高威力乳化炸药。

5.爆破设计

隧道爆破设计应做到“有图、有表、有计算、有说明”,并应绘制出大比例尺交底图,向作业工人交底,以付诸实施。

1)隧道爆破设计的依据

(1)工程地质条件、围岩级别;

(2)开挖方法;

(3)开挖断面;

(4)掘进循环进尺;

(5)钻眼机具;

(6)爆破器材;

(7)施工队伍的操作技术;

(8)周围环境,尤其是城市隧道,更要考虑环境因素。

2)隧道爆破设计的方法与内容

(1)利用经验参数及数理统计出来的参数,作为设计参数。

(2)工程类比方法:

①工程地质条件;

②断面大小;

③使用的爆破器材,尤其是炸药种类与药径;

④爆破效果。

(3)做一些简单的计算:

①炮眼个数;

②装药量与单耗、装药集中度等。

(4)要有炮眼布置图,包括掏槽眼、辅助眼、周边眼。掏槽眼较复杂时,应绘制大样图。图中要标明起爆先后顺序和雷管的安排布置。一般有正面图与剖面图即可。

(5)要有钻孔、装药表,标明和表达出钻孔名称、钻孔直径、钻孔深度、角度、装药量、延时雷管段数(段别)、开挖断面、开挖进尺、炮眼利用率、炸药总重、单耗(kg/m^3)、雷管单耗(个/m^3)。

(6)要有简单扼要的说明,包括工程地质条件、钻孔、装药、堵塞要求、安全技术措施及经济技术指标等。

3)爆破参数设计

炮眼参数包括炮眼直径、炮眼数目和炮眼长度。

(1)炮眼直径

炮眼直径对凿岩生产率、炮眼数目、单位炸药消耗量和平整度均有影响。炮眼直径及相应药径的增加可使炸药能量相对集中,使爆炸效果得以提高。但炮眼直径过大将导致凿岩速度显著下降,并影响岩石破碎质量、洞壁平整程度和围岩稳定性。因此,必须根据岩性、凿岩设备和工具、炸药性能等进行综合分析,合理选用孔径。药卷与炮眼壁之间的空隙通常为炮眼直径的10%~15%。一般隧道的炮眼直径在32~50mm之间,大型液压钻机可打直径102mm、75mm、63mm的炮眼,作为中空孔。

(2)炮眼数量

炮眼数量主要与开挖断面、炮眼直径、岩石性质和炸药品种(性能)有关,炮眼的多少直接影响凿岩工作量。

炮眼数量按照其能装完设计的炸药量来计算,通常按各炮眼平均分配炸药量的原则进行。

$$N=\frac{q\times S}{x\times m} \tag{2-4}$$

式中:N——炮眼数量(个),不包括不装药的空孔眼数。

q——单位炸药消耗量,按工程类比法,直接查找参考值表,或根据经验在1.2~2.4kg/m^3之间选取,硬岩取大值,软岩取小值;

S——开挖断面面积;

x——装药量系数(计算装药系数),即装药长度与炮眼全长的比值,可参考表2-32中所列数据;

m——每米药卷的炸药质量(kg/m),2号岩石铵梯炸药每米质量列于表2-33中。

装药系数 x 值(供参考用) 表 2-32

炮眼名称 \ 围岩级别	IV	III	II	I
掏槽眼	0.50	0.55	0.80	0.80～0.85
辅助眼	0.40	0.45	0.60	0.70～0.75
周边眼	0.40	0.45	0.50	0.60

2 号岩石铵梯炸药卷每米质量 m 值 表 2-33

药卷直径(mm)	32	35	38	40	44
m(kg/m)	0.78	0.96	1.10	1.25	1.52

按公式计算出的 N 值,还应根据光面爆破、预裂爆破需增加一些周边眼来作调整。表 2-34 列出了炮眼数量参考值。

炮眼数量参考值 表 2-34

围岩级别	开挖面积(m^2)				
	4～6	7～9	10～12	13～15	40～50
IV	10～13	15～16	17～19	20～24	
III	11～16	16～20	18～25	23～30	
II	12～18	17～24	21～30	27～35	75～90
I	18～25	28～33	37～42	43～48	80～100

表 2-34 也应考虑光爆与预裂爆破需要增加一些炮眼。

(3)炮眼深度

炮眼深度决定着每一掘进循环的钻眼工作量、出渣工作量、循环时间和次数及施工组织。它对掘进速度的影响很大,对围岩的稳定性和断面超欠挖也有重大影响。因此,合理的炮眼长度,应是在隧道施工优质、安全、节省投资的前提下,能够防止爆破面以外围岩过大的松动,减少繁重支护,避免过大的超欠挖,又能获得最好的掘进速度的炮眼长度。它一般根据下列因素确定:

①考虑围岩的稳定性,并避免过大的超欠挖;

②考虑凿岩机的允许钻眼长度、操作技术条件和钻眼技术水平;

③考虑掘进循环安排,保证充分利用作业时间。

在围岩稳定性良好的情况下,为了充分发挥凿岩机的性能,提高掘进循环的效率,可采用深眼掘进。但宜通过试验定出一个合理的炮眼长度,以避免引起过大超欠挖的不良后果。在围岩稳定性差的地段,为了防止对围岩的过大扰动,宜实行浅眼爆破,以免引起坍塌。

根据围岩性质及所拥有的掘进设备的能力,结合以往的实践经验,便可初步作出掘进循环安排,进而确定合理的炮眼长度(一般为导坑宽度或高度的 50％～85％)。

在隧道全断面开挖中,随着大型液压凿岩台车的使用和钻眼技术水平的提高,炮眼深度已由原来的 1.2～1.8m 逐渐增至 2.5m、3.0m、3.5m、4.0m,有不少的隧道已采用钻深 5.15m,钻孔直径 48mm(中空孔直径为 102mm)。总的说来,在每一掘进循环中,应考虑提高钻眼、出渣作业的效率,又使其他各项作业都能紧凑、顺利地完成这一原则,来确定合理的炮眼长度。

一个循环的时间 T,应事先初步规定,如每班 6h(或 8h)内完成一个或两个循环,则 T 为 6h 或 3h(8h 或 4h)。每一循环中各项作业的时间分析如下:

①钻眼时间 t_1：

$$t_1 = \frac{NL}{nv} \tag{2-5}$$

式中：N——炮眼数量(个)，不包括不装药的空孔眼数；

n——同时使用的凿岩机台数；

v——钻眼速度(m/min)，可先根据 L 的大致值近似决定；

L——平均炮眼长度(m)。

②装药时间 t_2：

$$t_2 = \frac{Nt'}{n'} \tag{2-6}$$

式中：t'——一个炮眼的装药时间(min)；

n'——同时装药的放炮工数目。

在有自动装药机的工地，装药时间可根据实测统计资料确定。

③起爆及通风时间 t_3：

$$t_3 = 15 \sim 30\text{min} \tag{2-7}$$

采用无轨运输的独头双线隧道，其通风时间长达 1h(如大瑶山隧道出口)。

④装渣时间 t_4：

$$t_4 = \frac{\eta LS\sin\theta}{\rho} \tag{2-8}$$

式中：η——炮眼利用系数，可估计为 0.75～0.95；

S——开挖断面面积(m^2)；

ρ——按实方计算的实际装渣生产率(m^3/min)；

θ——炮眼与开挖面所成的平均角度。

⑤其他时间 t_5：此时间应包括开挖面设置钻眼和装渣机械与清除危石的时间，以及其他时间损失等，按实际情况估算。

根据上列 5 项时间可得出：

$$T = t_1 + t_2 + t_3 + t_4 + t_5 \tag{2-9}$$

由此可推导出在规定循环时间完成各项作业的炮眼长度为：

$$L = \frac{T - \left(\frac{Nt'}{n'} + t_3 + t_5\right)}{\frac{N}{nv} + \frac{\eta S\sin\theta}{\rho}} \quad (\text{m}) \tag{2-10}$$

以上是传统施工中所采用的计算炮眼长度的方法。采用喷锚支护施工时，还应考虑增加喷锚(t_6)和位移量测(t_7)两项作业时间，仿照式(2-10)可得炮眼长度为：

$$L = \frac{T - \left(\frac{Nt'}{n'} + t_3 + t_5 + t_6 + t_7\right)}{\frac{N}{nv} + \frac{\eta S\sin\theta}{\rho}} \quad (\text{m}) \tag{2-11}$$

目前，较多采用的是浅孔 1.0～1.8m，中深孔 2.5～2.3m，深孔 3.5～5.15m，当岩石坚硬，断面大，又有深孔钻机时，在采用台阶法开挖时，下台阶可以采用超深孔爆破，深度可达 15m。

(4)装药量的计算及分配

炮眼装药量的多少是影响爆破效果的重要因素。药量不足，会炸不开，使炮眼利用率低和爆落石渣块度过大；装药量过多，则会破坏围岩稳定，崩坏支撑和抛渣过散、过远，对装渣不利，增加洞内有害气体，也会相应地增加排烟时间和供风量等。合理的药量应根据所使用的炸药的性能和质量、地质条件、开挖断面尺寸、临空面数目(如台阶法下台阶开挖临空面有 2 个)、炮眼直径和深度、爆破的质量与安全控制要求来确定。

目前，多采取先用体积公式计算出一个循环的总用药量，然后按各种类型炮眼的爆破特征进行分配，再在I点爆破实践中加以检验与修正，直到取得良好的爆破效果为止的方法。

计算总用药量Q的公式很简单，为下式：

$$Q = q'V \tag{2-12}$$

式中：Q——一个爆破循环的总用药量(kg)；

q'——爆破每立方米岩石所需炸药的消耗量，主要取决于围岩级别、临空面数目、断面大小，表2-35所列经验数据，可供选用，所用的炸药是2号岩石铵梯炸药；

V——一个循环进尺所爆落的岩石总体积("紧方")(m³)，其值为

$$V = L'S$$

L'——设计进尺，其值等于炮眼深度乘以炮眼利用率；

S——开挖断面面积(m²)。

爆破岩石所需单位耗药量(单位：kg/m³)　　表2-35

开挖部位和开挖面积(m²)		围岩级别			
		IV	III	II	I
一个自由面	4～6	1.5	1.8	2.3	2.9
	7～9	1.3	1.6	2.0	2.5
	10～12	1.2	1.5	1.8	2.25
	13～15	1.2	1.4	1.7	2.1
	16～20	1.1	1.3	1.6	2.0
	40～50			1.2	1.6
多个自由面	扩大挖底	0.6	0.7	0.9	1.1～1.2
		0.5	0.6	0.8	1.0

①当开挖断面大于50m²时，单位耗药量还要低一些。

②当单位长度药卷质量大时，药量也要适当增加，也即单位耗药量需适当增加。

(5)炮眼布置

按照围岩类别和开挖断面、掏槽形式等在断面图上作图布置炮眼。炮眼布置可按下列原则进行：

①先布置掏槽眼，其次是周边眼，最后是辅助眼。

掏槽眼一般应布置在断面中央偏下部位，其深度应比其他眼加深20～30cm。为爆出平整开挖面，除掏槽眼与底板眼外，所有掘进炮眼眼底应基本落在一个平面上。底部炮眼深度一般与掏槽眼相同。之所以要加深掏槽眼、底板眼深度，是因为要确保掏槽的掏槽效果和深度，要确保底板不留台阶(不留"门槛")。

②周边眼沿隧道轮廓布置，基本上取等距离布眼，断面拐角拐弯处应布眼，应考虑周边眼有一定的外插角，外插斜率宜为0.03～0.05，使前后两排(两槽)炮眼的衔接台阶为最小，一般在10～15cm，即以不影响风钻操作为宜。深孔爆破其台阶会大些，一般为25～35cm。应尽量控制超挖。

③施工经验证明，一般抵抗线约为炮眼间距的60％～80％。

④炮眼间距也同样取决于围岩级别、炮眼直径、炸药种类。一般在采用2号岩石铵梯药卷时，抵抗线(圈距或排距)W取0.8～1.0m，硬岩取小值，软岩取大值。这样炮眼间距约为1.0～1.2m。拱部范围的距离可取大一些，如1.2～1.4m。底板以上第一排炮眼与底板距离，即底板眼抵抗线W要取小些，取0.8m为宜。

⑤在图上按上述原则与参考值布置后，根据爆破方量核算总的炮眼数，计算出单耗炮眼数(个/m³)，并与计算公式计算结果相比较，然后可作适当调整。

⑥当炮眼深度超过2.5m时，靠近周边眼的内圈眼应与周边眼有相同的倾角(外插角角度)。

⑦当岩层层理明显时，炮眼方向应尽量垂直于层理面，这样爆破效果较好。

⑧隧道开挖面炮眼，在上述原则的基础上，有以下几种布置方式：

a. 直线形布眼，将炮眼按垂直方向或水平方向围绕掏槽开口呈直线形逐层排列。

b. 多边形布眼，围绕掏槽部位由里向外逐层布置成多边形。

c. 弧形布眼，顺着拱部轮廓线逐圈布眼。

d. 圆形布眼，当开挖面为圆形时，炮孔围绕断面中心逐层布置成圆形。

(6)起爆顺序安排

起爆顺序的正确设计是隧道实施光面爆破与预裂爆破的关键。爆破时，炮眼起爆的先后顺序正确才能达到理想的爆破效果。先爆破的炮眼可为后续爆破的炮眼减小岩石的夹制作用和增大临空面，创造更好的爆破条件。同时起爆的一组炮眼，能共同作用，爆炸力更强。

为了保证准确地按设计顺序起爆，应使用毫秒雷管和 1/4 秒级雷管起爆。这样，爆破就能由里向外，一层一层地准确剥离、破碎，达到较高的炮眼利用率和平整的开挖轮廓。

正确的起爆顺序是先掏槽，后辅助眼，由里向外分层起爆，然后是底板眼、侧壁眼和压顶眼。

根据现场已有和可能购进的毫秒雷管和 1/4 秒级雷管系列来设计起爆顺序和安排起爆雷管的段数。一般毫秒雷管有 1～15 段系列和 1～20 段系列。一般 1/4 秒级雷管有 1～10 段。

应根据雷管的延期时间(ms 或 1/4s)的长短来安排起爆雷管。

起爆延期时间：每一段雷管“内存”有“时间”(比喻)，起爆是同时点火起爆的，用不同段的雷管装在炮孔中，则起爆时间“有先有后”，只要正确安排，就可达到有顺序地起爆的目的。

起爆延期时间安排的主要原则：

①前后时间时隔最好为 50～100ms。

②预裂爆破和光面爆破周边和底板尽量使用“同段雷管”(同时起爆有共同作用效果)。

③掏槽炮起爆尽量安排逐一起爆，以掏出更好的槽腔，形成新的临空面。

④为了减少爆破震动，又要求每次同段雷管起爆总药量(同一段雷管引爆的装药量之和)控制在允许范围内，同一段雷管起爆的炮眼数目应控制在允许范围内。

(7)堵塞炮泥

隧道内所用的炮眼堵塞材料一般为砂子和黏土的混合物，比例大致为砂子 40%～50%，黏土 50%～60%，堵塞长度视炮眼直径和孔深而定。当炮眼直径为 32mm 和 45mm 时，堵塞长度不能小于 20cm 和 45cm。深孔爆破堵塞长度应在 45cm 以上。

(8)起爆网路

起爆网路是隧道爆破成败的关键，它直接影响爆破效果和爆破质量。起爆网路必须保证每个药卷按设计起爆顺序和起爆时间起爆。根据起爆的原理和使用器材的不同，通用的起爆方法大致可分为两种：非电起爆法和电起爆法。电起爆法则是应用电雷管起爆。

① 非电起爆。非电起爆法又可分为火雷管起爆、导爆索和导爆管起爆。

火雷管起爆是把火雷管和导火索结合在一起的一种起爆方法。用导火索的火花首先引爆火雷管，利用火雷管的爆炸能量使引爆药卷爆炸，进而使全部装药爆炸。

使用导火索起爆，器材较简单，操作容易，但不能使多个炮眼同时起爆，也不能进行准确的延期起爆，只适用于炮眼不多的场合。

导爆索起爆是不需要采用引爆炸药的雷管，而可直接引爆炸药的一种方法，故亦称为“无雷管起爆法”。导爆索的一端直接插入孔底炸药中，另一端用火雷管引爆导爆索本身，从而传爆至炮眼引爆炸药。

塑料导爆管起爆法自问世以来，已迅速取代了导火索火雷管起爆法。塑料导爆管非电起爆网络导爆管起爆法，由于其显示的优越性，目前在无瓦斯隧道爆破施工中越来越受到欢迎，并得到迅速推广。

导爆管起爆系统如图 2-78 所示。它包括三个组成部分：起爆元件、传爆元件和末端工作元件。

起爆系统的工作过程是：导火索点燃后引爆雷管；使传爆元件中的导爆管起爆、传爆，当导爆管传爆到连接块中的传爆雷管时，雷管起爆，再引起周围的导爆管起爆和传爆；这样连续传爆下去，使所有炮眼炸药起爆。

在隧道爆破中，炮眼比较密集，把各炮眼塑料导爆管联结在一起的常用方法，是集束联结法，见图 2-79。

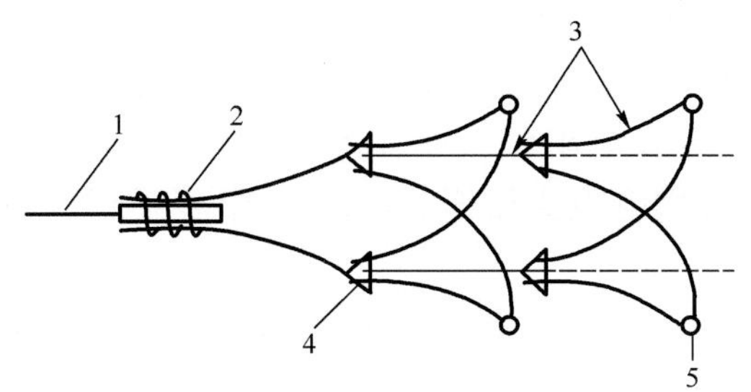

图 2-78 导爆管起爆系统

1-导火索；2-8 号雷管及胶布；3-导爆管；4-连接块；5-炮眼

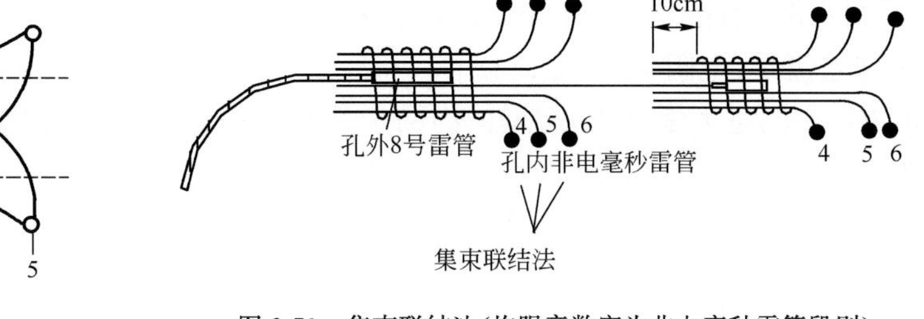

图 2-79 集束联结法（炮眼旁数字为非电毫秒雷管段别）

整个爆破网络的设计，采用串联、并联或串并联都很方便。但对于隧道爆破，实践证明，以并联网络较好。如图 2-80 所示即为弧导光面爆破采用并联网络的实例。网络联结应由里向外，并防止起爆雷管附近有其他联线交错，以避免传爆雷管击断导爆管。

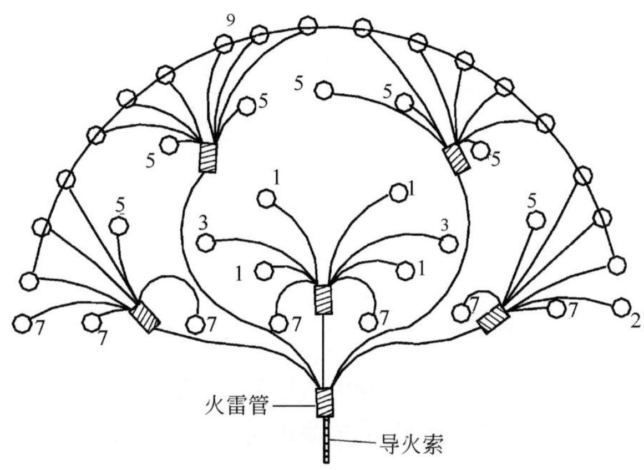

图 2-80 弧导光面爆破采用并联网络示意图

（炮眼旁数字为毫秒雷管段别）

利用导爆管起爆系统的起爆性能和用法，可以实行网络的孔外控制微差爆破。孔外控制微差爆破，是在各炮眼内装非电瞬发雷管，而在孔外装非电毫秒雷管作为传爆雷管来实现微差爆破，它操作简便，不易出错。对于大断面爆破，为了解决毫秒雷管段数不足的问题，可以进行孔内外延期相结合的控制微差爆破，以增加起爆段数。孔内控制微差爆破已是隧道爆破的常用方法，但其设计、操作都要求较严，且易出差错，影响效果。

导爆管非电起爆系统网络联结简单，操作方便，安全可靠，技术先进，但不能像电爆网络那样用仪表来检查网络，因此操作应仔细，网络联结好后，要做细致的直观检查，确认无误后方可起爆，以免产生瞎炮。

②电起爆。在隧道的一个工作面上，往往一次要起爆几十发至两百发左右的炮眼。为了准确起爆，最好采用电起爆。其最大特点是可以用仪表检查电雷管的质量和起爆网络的联结情况，从而保证起爆网络的正确性和可靠性。只要网络设计正确，计算无误，便能保证安全准爆。非电起爆在有瓦斯的环境下不准采用，而电起爆则可以，所以电起爆的适用范围较广。其主要缺点是准备工作比较复杂，需要一定的电力设备，网络设计计算较繁琐，相对于导爆管起爆而言，不易广泛推广使用。

采用电起爆法需要将电雷管联成电爆网络，以便从母线输入电流后，每一雷管都能接收足够的电流而起爆。电雷管中引火剂点火的热源，是桥丝通电后所放出的热量，如果不考虑热损失，则根据焦耳—楞次定律，桥丝产生的总热量为：

$$Q_1 = 1.004\,832RI^2t \quad (\mathrm{J}) \tag{2-13}$$

式中：I——电流强度（A）；

R——桥丝电阻（Ω）；

t——桥丝通电时间（s）。

根据热容量公式，将桥丝由初温（可略去不计）加热至某一温度所需的热量为：

$$Q_2 = 4.186\,8CmT \quad (\mathrm{J}) \tag{2-14}$$

式中：C——桥丝材料的比热容[4.186 8J/(g·℃)]；

m——桥丝的质量（g）；

T——引火药剂的反应温度(℃)。

为了使引火剂点燃，必须保证通过一定的电流，即保证达到引火剂反应温度 T 所需的热能 Q_2，使 $Q_1>Q_2$。

从式(2-14)中可看出，当 I 和 t 为定值时，若 R 不同，则所放出的热量也不同，这就会使成组电雷管爆破网络中有的电雷管早爆，有的拒爆。因此，对一组中各个电雷管的电阻值差数有一定要求，其极限允许差值是：电阻值在 1.25Ω 以下时，上下不得超过 0.25Ω；电阻值大于 1.25Ω 时，上下不得超过 0.3Ω。在洞室大爆破中，起爆体内两个并联的电雷管最好选用电阻值相等的，或相差最多不超过 0.1Ω 为宜。

一个电雷管的全电阻 R 是它的桥丝电阻和脚线电阻的总和。我国工业雷管的常用电阻值参见表 2-36。

工业雷管的常用电阻值 表 2-36

脚线材质	桥丝材质	电阻(Ω)		
		桥丝电阻	全电阻①	允许误差
铜丝	康铜	0.8	1.2	±0.15
	镍铬	3.0	3.4	±0.42②
铁丝	康铜	0.8	3.2	±0.13
	镍铬	3.0	5.4	±0.40③

注：①脚线长 2.0m。
②测全电阻误差。
③测桥丝电阻误差。

在一定的持续时间内，电雷管通以恒定的直流电，将桥丝加热到能点燃引火剂的温度的最低电流强度，称为电雷管的最低准爆电流。它表示电雷管对电流的敏感程度。康铜桥丝的电雷管最低准爆电流为 0.4～0.8A，镍铬合金桥丝的电雷管最低准爆电流约为 0.2～0.4A。成组电雷管的最低准爆电流应比单个电雷管的最低准爆电流大。提高成组电雷管的准爆电流，可保证电流回路中不出现拒爆的电雷管。

在较长时间内(5min)，电雷管通以恒定的、不致点燃引火剂的最大直流电流，称为最高安全电流。它是电雷管对于电流的一个安全指标，是选定测量电雷管仪表的重要依据。国产电雷管的最高安全电流：康铜丝的为 0.3A，镍铬丝的为 0.125A。根据《爆破安全规程》(GB 6722—2003)的规定，用于量测电雷管的仪器，其输出电流不得超过 30mA。

在爆破工程中，电爆网络可以设计成串联、并联、混合联三种形式。

a. 串联　其优点是：消耗电能少，接线简单，易于操作，便于检查，导线消耗少。缺点是：一个不通，会造成全部雷管拒爆；或因敏感度高的雷管先爆而使电路中断，造成其他雷管拒爆。为了提高这种网络的准爆可靠性，实际爆破中也常采用复式串联网络。

b. 并联　并联的优点是不致因为其中一个雷管断路而引起其余雷管拒爆。缺点是电爆网路中电流大，需要断面较大的母线，连接线消耗多，漏接雷管不易发现；此外，当各雷管电阻不同，通过电流就不同，可能产生拒爆现象。这种方法适用于导坑等小断面爆破。

c. 混合联　混合联可分为串并联和并串联两种。混合联是实际工作中采用较多的方法。它要求各支路的电阻基本平衡，否则会造成瞬发雷管发火时间的差异，更会造成毫秒雷管秒量的额外误差。

电雷管起爆的可靠程度与导线、电雷管、电源本身的质量及电爆网络连接是否正确有关。电雷管的选择及电爆网络设计已在前面作过介绍，对于导线、检测仪表和电源应满足以下要求：

a. 导线　要求电阻系数小，导电率高；绝缘耐压 250V 或 500V；有一定强度和韧性，不易断裂等。母线断面应不小于 0.75mm²，开挖面附近的联结线直径应不小于 0.6mm。

b. 检测仪表　为了保证起爆线路的质量，电雷管在使用前必须进行一定的检查，包括电阻检验、安全电流试验、延期秒量试验、雷管串联试验等项。还要用线路电桥测量整个网络的总电阻是否与计算数

值相符，如检测值小于计算值，或大于计算值的10%时，应找出原因，消除故障。

c.起爆电源　电起爆的电源，可根据网络所需准爆电流的大小，选用放炮器、干电池、蓄电池、移动式发电站、照明电力线、电力动力线等。移动式发电站、照明电力线、电力动力线是电起爆中最可靠的电源，但使用时不能将母线直接接到电力线上，必须设置爆破开关站。

在无瓦斯与煤尘爆炸危险的隧道中进行爆破时，一般都采用导爆管起爆系统起爆。其网路设计简单，一般不采用孔内延期方法起爆。只要求联结牢固，簇联时导爆管数不超过15根。

采用电雷管起爆网路则需要作详细计算与设计。

在隧道工地常使用的是并串联网路，把所有导爆管联结成网路后，用火雷管(即发雷管)引爆。注意，使用火雷管引爆时，设计导火索长度应大于5m，即点火作业人员能有足够时间撤离到安全地点躲避。

6.隧道掘进爆破设计典型实例

对于开挖断面为20m^{2}左右及断面为50m^{2}左右的单线铁路隧道，一般采用全断面法开挖；而开挖断面达60m^{2}以上的双线铁路隧道或客专隧道，有时采用全断面法掘进，如果具有超前平导且岩层较为稳定，亦可采用下导超前后续扩挖法施工。

1)小断面钻爆设计实例

超前下导设计成常见的直墙半圆拱形式，开挖断面尺寸一般为6.5m×5.5m，位于双线隧道下部。

隧道开挖施工工序为：测量→打眼→装药→起爆、通风→找顶→初喷→出渣→设置锚杆、挂网→复喷→下一循环。

常见的开挖施工方法有开挖台架、风钻钻孔打眼，光面爆破、楔形掏槽，装载机装渣，15t电瓶车牵引16m^{3}梭式矿车运输至洞口渣场。全断面施工中，采用多功能台架配合14～16台YT28风动凿岩机凿岩，下导超前施工台架配合7～9台风钻钻凿炮眼，洞内移动式空压机或洞外固定式空压机供风，多功能台架设计成轨行式，台架的移动和就位使用装载机托行，既方便又快捷，它具有轮胎式或轨行式台架的优点。台架各层两侧及前方均设有活页式工作平台，以方便钻凿周边眼及保证掏槽眼的钻凿角度。

(1)楔形掏槽技术

采用二级楔形掏槽方式，在施工中根据爆破效果适当调整掏槽眼布置形式，适当加深掏槽眼深度，二级槽眼比其他眼深约20cm，以保证掏槽效果。

(2)炮眼布置及爆破参数

①合理分布掘进眼，以达到炮眼数量最少、材料最省；同时渣块又不致过大，便于装卸，炮眼间距取0.8～1.0m，炮眼临近系数为0.9～1.0。

②合理选择循环进尺。根据工期要求及机械能力等因素综合考虑，对于超前下导的循环进尺取2m左右，炮眼深度2.2～2.3m；正洞单线循环进尺取3m左右，炮眼深度3.3～3.5m。

③炮眼利用率取90%。

(3)光面爆破设计

根据围岩特点，合理选择周边眼间距E及周边眼的最小抵抗线W，辅助炮眼交错均匀布置，周边炮眼与辅助炮眼眼底在同一垂直面上。严格控制周边眼的装药量，宜采用小直径低爆速炸药，并尽可能将药量沿炮眼全长均匀分布，实施时可借助导爆索进行间隔装药，以确保隧洞周边成形良好，并减少对围岩的扰动。隧道光面爆破参数如表2-37所示。

隧道光面爆破参数　　表2-37

岩石种类	眼间距E(cm)	最小抵抗线W(cm)	相对距离E/W	线装药密度(kg/m)
硬岩	60～70	60～80	0.9～1.0	0.25～0.3
中硬岩	50～65	60～80	0.8～1.0	0.2～0.3
软岩	45～60	60～80	0.6～0.8	0.1～0.15

(4)爆破材料的选择

采用安全性能好的塑料导爆管,防水乳化炸药。周边眼采用 ϕ25mm 专用光爆药卷,或者将 ϕ32mm 大药卷剖开后使用,导爆索传爆。引爆器材选用国产 15 段非电毫秒微差导爆管,起爆采用火雷管、导火线。

(5)装药结构及填塞方式

周边眼采用不耦合间隔装药,导爆索传爆,将炸药和导爆索用胶带固定在竹片上,非电毫秒雷管固定在顺数的第 2 节炸药上,用竹竿送入炮孔内;其他眼采用 ϕ32mm 药卷集中装药,非电毫秒雷管固定在倒数的第 2 节炸药上。所有的装药炮眼采用炮泥填塞,堵塞长度不小于 25cm。

IV 级围岩正洞超前下导钻爆设计如图 2-81 所示,其掏槽爆破参数见表 2-38。主要的爆破技术指标为:每循环进尺 2.0m,每循环钻孔总长度为 153.6m;每循环开挖量为 64.42m^3;IV 级围岩单位体积耗药量为 0.89kg,V 级围岩单位体积耗药量为 0.81kg。

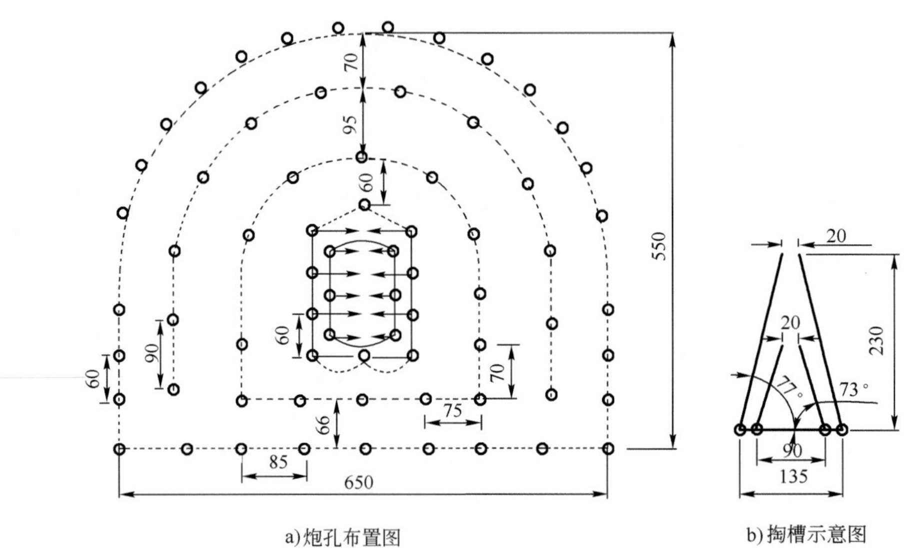

a)炮孔布置图　　b)掏槽示意图

图 2-81　正洞超前下导炮眼布置及掏槽示意图(尺寸单位:cm)

二级楔形掏槽爆破参数表　　表 2-38

序号	炮眼名称	雷管段别	炮眼个数	炮眼直径(mm)	眼深(m)	每孔装药量(kg) IV级/V级	单段装药量(kg) IV级/V级	装药结构
1	掏槽眼	1	6	48	1.04	0.54/0.49	3.24/2.94	连续
2		3	10	48	2.3	1.07/0.97	10.7/9.70	连续
3	崩落眼	5	26	48	2.0	0.86/0.78	22.36/20.28	连续
4	周边眼	7	22	48	2.0	0.53/0.48	11.66/10.56	间隔
5	底　眼	9	9	48	2.0	1.07/0.97	9.63/8.73	连续
合　计			53		153.6		57.59/52.21	

2)中断面钻爆设计实例

某铁路单线隧道,III 级灰岩,直墙半圆拱形式,开挖断面尺寸为 5.4m×7.8m。全断面爆破开挖,掏槽方式采用单级楔形掏槽。全断面开挖时,利用多功能台架作为工作平台。多功能台架一般分为 4 层,工作面上炮眼分区、分块,钻眼装药责任到人。在多功能台架上人工持 YT-28 凿岩机进行钻眼,眼钻完后吹眼即开始装药。基本上应做到工作面上所有炮眼钻凿完毕后半个小时内即可装完药,多功能台架撤离工作面,准备起爆。周边眼用小直径药卷间隔装药,岩石很软时采用导爆索。掏槽眼和辅助眼及其他炮眼均采用连续装药,反向起爆。所有装药炮眼用炮泥堵塞,周边眼堵塞长度不小于 30cm。

隧道单级楔形掏槽全断面钻爆图示设计如图 2-82 所示。

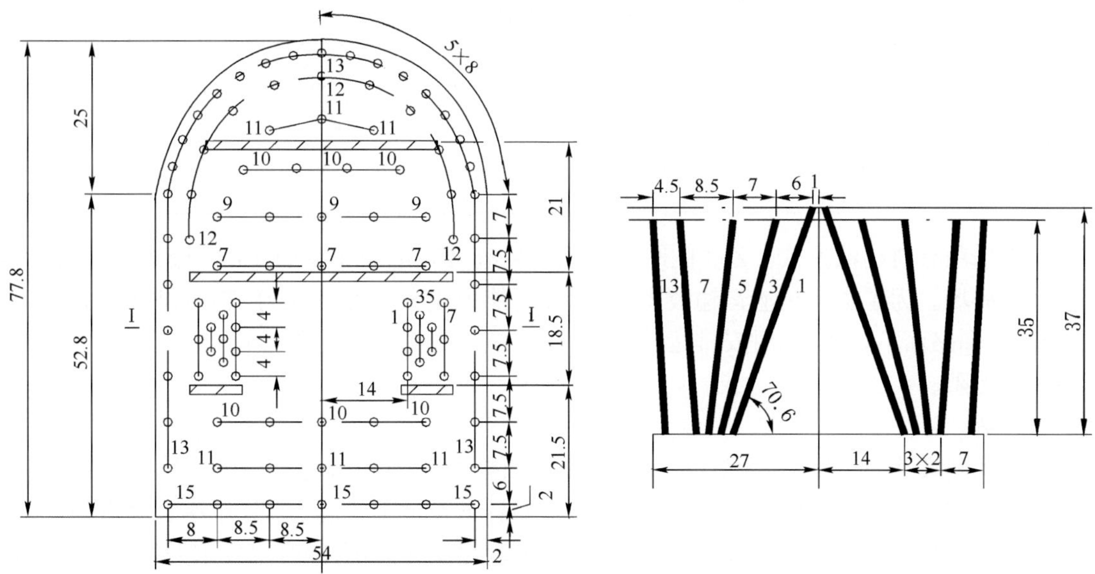

图 2-82 正洞单线全断面大间距单级楔形掏槽钻爆图示(尺寸单位:dm)

全断面钻爆参数如表 2-39 所示,技术经济指标如表 2-40 所示,光爆技术参数如表 2-41 所示。

正洞单线全断面大间距单级楔形掏槽钻爆参数 表 2-39

掏槽部位	炮眼名称	段号	炮眼深度(m)	炮眼角度		眼数	炮眼规格(kg/条)	装填系数	单孔条数(条)	单孔药量(kg)	单段药量(kg)	装药长度(m)	装药结构
				水平	垂直								
上部	掏槽眼	1	3.5	70.6	90	8	0.15	0.85	14	2.1	16.8	2.8	集中
	辅助眼	3	3.3	75.6	90	6	0.15	0.85	14	2.1	12.6	2.8	集中
	扩槽眼	5	3.3	83.5	90	4	0.15	0.85	14	2.1	8.4	2.8	集中
	掘进眼	7	3.3	94.3	90	6	0.15	0.7	11	1.65	9.9	2.2	集中
	掘进眼	7	3.3	90	90	5	0.15	0.7	11	1.65	8.25	2.2	集中
	掘进眼	9	3.3	90	90	5	0.15	0.7	11	1.65	8.25	2.2	集中
	掘进眼	10	3.3	90	90	4	0.15	0.7	11	1.65	6.6	2.2	集中
	掘进眼	11	3.3	90	90	3	0.15	0.7	11	1.65	4.95	2.2	集中
	内圈眼	12	3.3	90	90	11	0.15	0.7	11	1.65	18.15	2.2	集中
下部	掘进眼	10	3.3	90	90	5	0.15	0.7	11	1.65	8.25	2.2	集中
	二台眼	11	3.3	90	90	5	0.15	0.75	12	1.8	9	2.4	集中
周边	拱边眼	13	3.3	90	87	17	0.1	0.25	4	0.4	6.8	0.8	间隔
	墙边眼	13	3.3	93	90	12	0.1	0.3	4	0.4	4.8	0.8	间隔
	底板眼	15	3.3	90	93	7	0.15	0.85	14	2.1	14.7	2.8	集中

大间距单级楔形掏槽全断面爆破技术经济指标 表 2-40

项目	岩石类别	开挖断面(m^2)	钻机类型	钻机台数(台)	眼深(m)	炮眼数量(个)	炸药种类	炸药规格(mm)	雷管种类
数量	III	38.74	YT-28	15	3.3	98	2 号岩石乳化	ϕ32×200(150g)	非电毫秒雷管
项目	炸药单耗(kg/m^3)	炸药总耗(kg)	炮眼利用率	每炮进尺(m)	炮眼总长(m)	每机钻眼数(个/台)	每机钻眼长度(m/台)	掘进每米药量(kg/m)	掘进每米雷管(个/m)
数量	1.14	137.45	0.90	3.10	325.00	6.53	21.67	44.34	32.26

光面爆破参数表　　表 2-41

岩石种类	周边眼间距 E(cm)	周边眼最小抵抗线 W(cm)	相对距离 E/W	周边眼装药参数(kg/m)
硬岩	55～70	60～80	0.8～1.0	0.25～0.3
中硬岩	45～65	60～80	0.8～1.0	0.2～0.2
软岩	35～50	60～80	0.5～0.8	0.07～0.12

隧道出渣采用有轨出渣方式。Z50 侧卸式装载机装渣，15t 电瓶车牵引 16m^3 梭式矿车由横通道及平导运渣至弃渣场。为了提高出渣运输效率，实际装运能力应大于开挖能力，装运设备应有备用；疏通水沟，出渣轨道和路面不积水；同时安排运输调度值班，统一指挥各施工作业面，保证出渣、进料运输的干扰少和畅通无阻。

7. 光面爆破

炸药在炮孔内爆炸时，产生强大的冲击波和高压气体，并猛烈冲击炮孔周围岩体，使得周围岩体破碎或开裂。当在有限的轮廓范围内进行开挖爆破时，如隧道及地下工程、矿山井巷的掘进等，一方面要求爆破开挖的边界尽量与设计的轮廓线相符合，不要出现超挖和欠挖，同时也要求开挖边界上的岩体能尽量保持完整无损。光面和预裂爆破，就是为达到上述目标而采用的一种控制爆破技术。

控制开挖轮廓的爆破作业，可以在设计开挖断面内的岩体爆破之前进行，也可以在它之后进行。前一种情况，就是预先沿设计轮廓线用爆破方法形成一条裂缝，这种方法称为预裂爆破；后一种情况则是在设计断面内的岩体爆破塌落以后才爆破轮廓炮孔，通常称为光面爆破。显然，两者的爆破条件是不完全相同的，预裂爆破时，药包在受夹制的状态下爆破，只有一个自由面，而光面爆破则有两个自由面。由于有各种不同条件的限制，在隧道和巷道中不常用预裂爆破技术，因为爆炸冲击能量在直接作用于孔间并形成控制裂隙面的同时，也会影响围岩，但是预裂爆破在大断面的隧道和洞室中也有成功的实例。

光面爆破是沿着设计轮廓线布置一排平行的炮孔，孔内采用不耦合装药，使每个炮孔既是爆破孔，又是邻近孔的导向孔，不耦合装药可以减小作用在孔壁上的爆炸压力，目的是使爆破后留下的围岩具有光滑表面，符合设计要求，并尽量不受损伤，提高围岩的稳定性和自身的承载能力。光面爆破技术主要用于掘进断面周边的一圈岩石，重点是顶部炮眼和邦眼，所以又称为轮廓爆破或周边爆破。采用光面爆破既可以沿设计轮廓线爆破出规整的断面轮廓，又对周围岩体的损伤很小，因此得到了广泛的应用。

1)光面爆破原理

光面爆破的实质，是在掘进设计断面的轮廓线上布置间距较小、相互平行的炮眼，控制每个炮眼的装药量，选用低密度和低爆速的炸药，采用不耦合装药，同时起爆，使炸药的爆炸作用刚好能够在炮眼连线上产生贯穿裂缝，并沿各炮眼的连线将岩石崩落下来。但是，由于岩石爆破过程本身的复杂性和爆破理论研究的不成熟，各家观点并不一致，对于其成缝机理代表性的理论主要有：

(1)应力波叠加原理

该理论认为，当相邻两炮孔同时起爆时，各炮孔爆炸产生的压缩应力波，以柱面波的形式向四周传播，并在两孔连心线的中点相遇，产生应力波的叠加。在叠加处，应力波合力的方向垂直于连心线，并产生拉伸应力。当合成应力超过岩石的抗拉强度时，便会在两炮孔的中间点首先产生裂缝，然后，沿着连心线向两炮孔方向发展，最后形成一条断裂面。

应力波干涉作用理论指出了两个物理现象。一是相邻两孔应同时起爆，以保证应力波在两孔连线的中点产生叠加；二是应力波叠加后，相邻两孔中点产生的拉应力成倍增加，当叠加值超过岩石的极限抗拉强度时，裂缝首先从此中点产生，并向两孔方向发展。该成缝理论，必须保证相邻两炮孔同时起爆，才能使相邻炮孔的爆炸应力波在其连心线中点相遇，这在生产实践中是很难做到的，即使采用瞬发雷管或导爆索起爆，仍然会存在一些时差，因此也就难以保证上述应力波在连心线中点的叠加及其效应。

(2)以高压气体为主要作用的理论

该理论认为应力波在成缝方面的作用是微小的，裂缝的形成主要是爆炸生成的高压气体的准静态应力所致。该理论强调不耦合装药条件下的缓冲作用，由于空气间隙的存在，使得作用于孔壁的冲击波压力大大减小，压力与时间的关系曲线已不是冲击波的典型形式，而是呈台阶状，压力峰值下降，但压力的作用时间延长了，这主要是爆炸高压气体的准静态压力作用，使爆破气体在炮孔内的作用时间延长。此外，该理论还特别强调空孔的效应，炮孔爆破时，若附近有空孔存在，则沿爆破孔与空孔的连心线将产生应力集中。此时，首先在孔壁上应力集中最大的地方出现拉伸裂缝，然后这些裂隙沿着炮孔连心线方向延伸，当孔距合适时，相向延伸的裂缝互相贯通，形成一个光滑的断裂面。

该理论认为应力波不会形成孔间贯穿裂缝，仅能形成潜在的闭合裂缝。对于单孔而言，这些裂隙是无规则的；对于双孔而言，更易形成裂缝，两孔连线方向的裂缝最长；裂缝的贯穿是在气体作用下完成的；裂缝是由孔壁向中间发展的。

(3)应力波与爆炸气体共同作用理论

该理论将裂纹成缝机理分为两个过程，即应力波的作用过程和高压气体的作用过程，它们有先后，且是连续和不可分割的，裂缝面的形成是应力波和爆炸气体压力共同作用的结果。

第一个过程是应力波的作用。当相邻的两个炮孔爆炸时，应力波从孔壁向四周传开，产生的切向拉应力超过岩石的抗拉强度而使岩石破裂，由于应力集中，沿炮孔的连心线方向首先出现裂缝，并且发展也最快。如果应力波在两孔之间能够发生叠加，那么，在此区段内，合成拉应力也可能使岩石产生裂缝。这些裂缝给预裂面的形成创造了有利的条件，于是炮孔连线方向出现较长裂缝的可能性较其他方向大得多。

第二个过程是爆炸高压气体膨胀作用。爆炸高压气体紧接着应力波作用到孔壁上，它的作用时间比应力波要长得多，孔周围便形成类似于静态的应力场，使径向裂缝进一步扩展。在爆炸气体压力的作用下，炮孔连线方向产生很大的拉应力，孔壁两侧产生拉应力集中。由于最长的径向裂隙扩展所需的能量最小，所以该处的裂缝将首先得到扩展。因此，连心线方向也就成为裂缝继续扩展的最优方向，保证了裂缝沿着连心线将岩体裂开。

如果应力波产生了初始裂缝，高压气体渗入将使裂缝尖端产生"气刃效应"。由于气体作用的时间比应力波长得多，其总能量也大得多。因此，爆炸气体的作用不仅能保证形成贯通裂缝，还可以使裂缝有一定的宽度，对裂缝最终形成起着主导作用。其发展过程如图 2-83 所示。图 2-83a)表示两相邻装药炮孔，图 2-83b)表示两炮孔爆炸后形成的初始裂缝及向外扩展一定距离。由于岩石中的应力波在两炮孔连心线上叠加，则产生的切向应力使初始裂缝延长，即炮孔连心线上很容易出现长裂缝，为光面的形成提供了条件。图 2-83c)为其后的爆炸气体准静压作用，即沿初始裂缝产生"气楔作用"，使裂缝沿连心线进一步扩展贯通，形成贯穿裂缝。

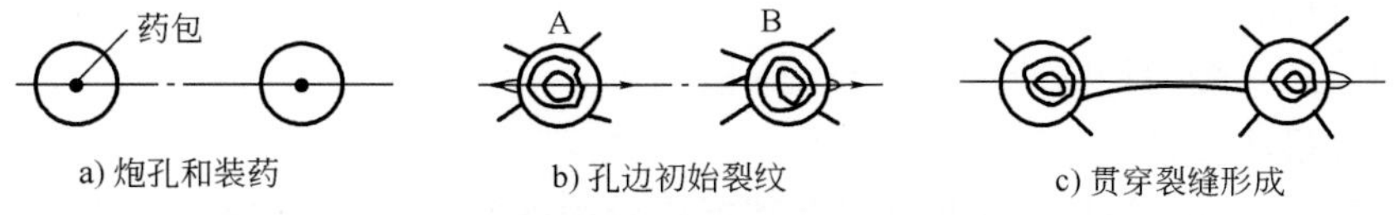

图 2-83　光面爆破贯穿裂缝的形成过程

2)光面爆破参数

光面爆破参数即周边眼的爆破参数，它决定了光面爆破的质量，因此，光面爆破技术的核心就是合理设计周边眼的装药结构、崩落厚度、眼间距和装药量，并尽量使各周边眼同时起爆。目前，光面爆破参数设计一般以理论计算为参考，主要通过工程类比和现场试验来调整确定。

(1)装药结构

为确保周边孔爆破后形成光面且对围岩不造成损伤，装药结构的设计是至关重要的。目前公认的是周边眼采用小直径、低猛度、爆轰稳定性好的低威力专用炸药，用不耦合装药或空气间隔装药结构来实现光爆。不耦合系数选取的原则是使作用在孔壁上的压力低于岩石的抗压强度，而高于抗拉强度。

已知在不耦合装药条件下，炮眼壁上产生的冲击压力为：

$$p_1 = \frac{\rho_0 v^2}{8}\left(\frac{d_c}{d_b}\right)^6 n \tag{2-15}$$

令 $p_1 \leqslant K_b\sigma_c$，可求得装药不耦合系数：

$$K_d = \frac{d_b}{d_c} \geqslant \left[\frac{n\rho_0 v^2}{8K_b\sigma_c}\right]^{\frac{1}{6}} \tag{2-16}$$

以上式中：d_b、d_c——炮孔直径和装药直径；

ρ_0、v——炸药的密度和爆速；

n——压力增大倍数，$n=8\sim10$；

K_b——体积应力状态下岩石强度增大系数；

σ_c——岩石单轴抗压强度。

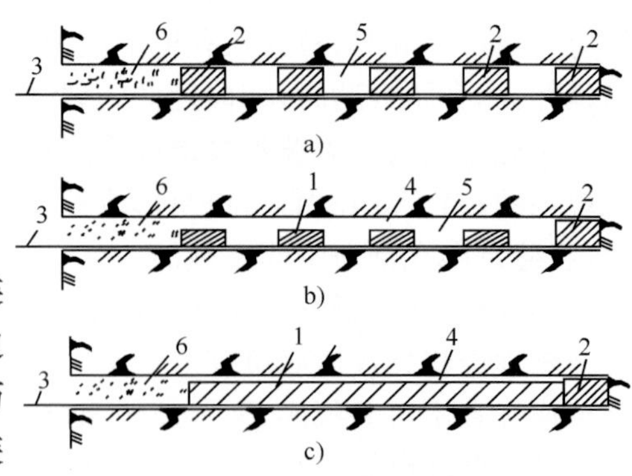

图 2-84　周边眼装药结构

1-ϕ25mm 药卷；2-ϕ32mm 药卷；3-导爆索（或脚线）4-径向空气间隔；5-空气间隔；6-堵塞

国外已有为光爆而专门生产的炸药，我国还未生产此类炸药，但有 25mm 小直径药卷，多采用不耦合装药来减小周边孔爆破对围岩的损伤。实践表明，不耦合系数的大小因炸药和岩层性质不同，一般取 1.5～2.5。在实际施工中，周边眼装药结构常采用几种不同的形式。图 2-84a)为标准药径的空气间隔装药结构；图 2-84b)为小直径药卷间隔装药结构；图 2-84c)为小直径药卷连续装药结构，这是一种典型的光面爆破装药结构形式。

(2)炮眼间距

合适的间距应使炮眼间形成贯穿裂缝。根据应力波干涉观点，得到合适的炮眼间距是以两眼在连线上叠加的切向应力大于岩石的抗拉强度为原则，若作用于炮眼壁上的初始应力峰值为 p_1，则在相邻装药连线中点上产生的最大拉应力为：

$$\sigma_\theta = \frac{2bp_1}{\bar{r}^\alpha} \tag{2-17}$$

将 $\bar{r}=\dfrac{E}{d_b}$、$\sigma_\theta=\sigma_t$ 代换后，由式(2-17)可求得炮眼间距 E：

$$E = \left(\frac{2bp_1}{\sigma_t}\right)^{\frac{1}{\alpha}} d_b \tag{2-18}$$

式中：α——应力波衰减系数，$\alpha=2-b$，$b=\dfrac{\mu}{1-\mu}$，μ 为泊松比；

σ_t——岩石抗拉强度。

根据实践经验，E 一般为炮眼直径的 10～20 倍。

(3)邻近系数和最小抵抗线

光面爆破炮眼的最小抵抗线是指周边眼至邻近崩落眼的垂直距离，或称光爆层厚度，是光面爆破主要的设计参数。光爆层厚度的理论计算很难，实际中多以现场试验和工程类比来确定。最小抵抗线过大，光爆层的岩石将得不到适当破碎；反之，则在反射波作用下，围岩内将产生较多的裂缝，影响围岩稳定。

光爆层厚度与周边眼间距有密切关系，通常可一起综合考虑。将周边眼间距与光爆层厚的比值称为周边眼密集系数 m，该比值应控制在 0.8～1.0 之间，即周边眼间距不宜大于光爆层厚度，以确保先在周边孔间形成贯通裂缝。实际中，根据岩层特性，光爆层厚度 W 取 500～700mm 为宜，也可以采用下列经验公式来确定：

$$W = \frac{q_b}{CEl_b} \tag{2-19}$$

式中：q_b——炮眼内的装药量；

l_b、E——炮眼长度和间距；

C——爆破系数，相当于炸药单耗值。

(4)装药量

周边眼合理的装药量应该是既能使孔间形成贯通裂缝,将光爆层岩石破坏,又不致造成炮眼壁或围岩的破坏,即通过不耦合空隙的作用,药包对炮眼壁的冲击压力小于岩石的动态抗压强度。目前还缺乏实用的光面爆破装药量计算公式,一般参照掘进爆破的单位耗药量,周边爆破应适当减少装药量。

实际应用中,周边眼常以单位炮眼长度的平均装药量,即线装药密度来表示,且采用线装药密度来控制爆炸作用对炮眼壁面的破坏程度。工程应用中,当岩石坚固性系数 $f=4\sim6$ 时,线装药密度为 100~140g/m;当 $f=8\sim10$ 时,线装药密度为 140~250g/m。也可按下式计算:

$$q = 0.33ekW_2 \tag{2-20}$$

式中:e——炸药换算系数,$e=320/P$,其中 P 为炸药的爆力(mL);

k——爆出标准漏斗时的单位体积耗药量(kg/m^3)。

(5)起爆时差

在掘进光面爆破中,起爆顺序分为正序起爆和反序起爆。反序起爆就是所谓的预裂爆破,先将周边孔起爆,而后再掏槽眼和崩落眼。由于周边孔不在一条直线上,预裂爆破效果不佳,目前掘进爆破中已很少采用反序起爆。通常,光面爆破采用周边孔后爆的正序起爆,分全断面一次爆破和预留光爆层爆破。一般预留光爆层的爆破效果好一些,但需要二次起爆,实际中也较少采用,只有在掘进断面大、雷管段数不足或起爆能力不够时才考虑采用。

试验和工程爆破表明:周边眼同时起爆时,贯穿裂缝平整,微差起爆次之,秒延期起爆最差。同时起爆时,炮眼间的贯穿裂缝形成得较早,一旦裂缝形成,使其周围岩体内的应力下降,从而抑制了其他方向裂缝的形成和扩展,爆破形成的壁面就较平整。若周边眼起爆时差超过 0.1s,各炮眼就如同单独起爆一样,炮眼周围将产生较多的裂缝,并形成凹凸不平的壁面。因此,在光面爆破中应尽可能减小周边眼的起爆时差,选用同段同批次的雷管。

周边眼与其相邻炮眼的起爆时差对爆破效果的影响也很大。如果起爆时差选择合理,则可获得良好的光爆效果。理想的起爆时差应该使先发爆破的岩石应力作用尚未完全消失,且岩体刚开始断裂移动时,后发爆破立即起爆。在这种状态下,既为后发爆破创造了自由面,又能造成应力叠加,发挥微差爆破的优势。实践证明,起爆时差随炮眼深度的不同而不同,炮眼愈深,起爆时差应愈大,一般在50~100ms。

3)光面爆破的施工和质量标准

(1)光面爆破施工

光面爆破掘进有两种施工方案,即全断面一次爆破和预留光爆层分次爆破。

全断面一次爆破时,按起爆顺序分别装入多段毫秒电雷管或非电塑料导爆管起爆系统起爆,起爆顺序:掏槽眼→辅助眼→崩落眼→周边眼,多用于掘进小断面单线隧道和巷道。

在大断面的隧道和洞室掘进时,可采用预留光爆层的分次爆破。采用超前掘进小断面导洞,然后刷大至全断面,这种方法又称为修边爆破。修边爆破的优点是可根据最后留下光爆层的具体情况调整爆破参数,节约爆破材料,提高光爆效果和质量。其缺点是施工工艺复杂,增加了辅助时间。

为保证光面爆破的良好效果,除根据岩层条件、工程要求正确选择光爆参数外,精确的钻眼也是极为重要的,它是保证光爆质量的前提。对钻眼的要求是:平、直、齐、准。

炮眼要按照以下要求施工:

①所有周边眼应彼此平行,并且其深度一般不应比其他炮眼深。

②各炮眼均应垂直于工作面。实际施工时,周边眼不可能完全与工作面垂直,必然有一个角度,根据炮眼深度一般此角度取 3°~5°。

③如果工作面不齐,应按实际情况调整炮眼深度及装药量,力求所有炮眼底落在同一个横断面上。

④开眼位置要准确,偏差值不大于 30mm。对于周边眼,开眼位置均应位于掘进断面的轮廓线上,不允许有偏向轮廓线里面的误差。

我国光面爆破常用参数见表 2-42。

光面爆破参数 表 2-42

围岩条件	隧道开挖跨度(m)		周边眼爆破参数				
			炮孔直径(mm)	炮孔间距(mm)	光爆层厚度(mm)	临近系数	线装药密度(kg/m)
整体稳定性好,中硬到坚硬	拱部	＜5	35～45	600～700	500～700	1.0～1.1	0.20～0.30
		＞5	35～45	700～800	700～900	0.9～1.0	0.20～0.25
	侧墙		35～45	600～700	600～700	0.9～1.0	0.20～0.25
整体稳定一般或欠佳,中硬到坚硬	拱部	＜5	35～45	600～700	600～800	0.9～1.0	0.20～0.25
		＞5	35～45	700～800	800～1 000	0.8～0.9	0.15～0.20
	侧墙		35～45	600～700	700～800	0.8～0.9	0.20～0.25
节理裂隙很发育,有破碎带,松软	拱部	＜5	35～45	400～600	700～900	0.6～0.8	0.12～0.18
		＞5	35～45	500～700	800～1 000	0.5～0.7	0.12～0.18
	侧墙		35～45	500～700	700～900	0.7～0.8	0.15～0.20

(2)光面爆破质量检验标准

隧道光面爆破的质量检验标准见表 2-43。

隧道光面爆破质量检验标准 表 2-43

爆破后的检测项目	软弱围岩隧道	中硬岩隧道	硬岩隧道
爆破后围岩情况	围岩稳定,无大的剥落或明塌	围岩稳定,基本无剥落现象	围岩稳定,无剥落现象
对围岩的扰动深度(m)	＜1	＜0.8	＜0.5
平均线性超挖(cm)	＜20	＜15	＜10
最大线性超挖(cm)	＜25	＜25	＜20
两炮衔接台阶最大尺寸(cm)	20	15	15
局部欠挖量(cm)	5	5	5
炮眼痕迹保存率(%)	≥50	≥70	≥80
炮眼利用率(%)	95	90	90
质点振动速度(cm/s)	＜5	＜8	＜12

注:关于质量标准的解释:

①围岩扰动深度指爆后从岩壁至岩体内部,受爆破影响的围岩扰动厚度。一般应尽快在开挖后用声波量测方法在现场量测确定。

②振动速度指距掌子面 1 倍洞径处的洞内拱顶质点垂直向振动速度。

③超欠挖的测量以爆破设计开挖线为准,正常的两炮衔接台阶不计为超挖。

④平均线性超挖等于超挖面积除以爆破设计开挖断面周长(不包括隧道底宽度)。

⑤最大线性超挖量指最大超挖处至爆破设计开挖轮廓切线的垂直线。

⑥炮眼痕迹保存率等于残留有痕迹的炮眼数除以周边炮眼总数,应在开挖轮廓线上均匀分布。欠挖范围每平方米内不大于 0.1m²。

原煤炭部对矿山巷道光面爆破质量的要求是:

①爆破后巷道围岩不破坏,肉眼观察无炮震裂缝;围岩破坏不超过炮眼直径大小。

②欠超挖量小于±5cm。

③两炮衔接台阶最大尺寸 15cm。

原冶金部对光面爆破质量的要求是:

①爆破振动轻微,无炮震裂缝;软岩爆破后无大浮石、硬岩无浮石。

②炮眼痕迹保存率大于 80%。

③欠超挖量小于±5cm。

④两炮衔接台阶尺寸 10～15cm。

4)影响光面爆破效果的因素

(1)地质条件的影响

工程地质状况对光面爆破效果的影响较大。采用光面爆破，在相同的爆破条件下，超欠挖量与岩石坚固性系数有较大的关系。岩石坚固性系数越大超欠挖量越小，越小则超欠挖量大；此外，断层、大而密的节理、裂隙、岩脉均易导致大的超挖。裂隙发育程度及倾角，对光面爆破后形成的平滑壁面有很大影响。当裂隙方向与要求爆出的岩面方向重合、垂直或岩体完整无裂隙时，效果最好；裂隙与光爆面斜交或几组裂隙相交，则易造成岩石沿节理面脱落。对裂隙少、整体性好、脆硬的岩体，光面爆破的参数可以适当加大，反之应适当减小。

不同的地质条件应采取不同的爆破方式及相应的钻爆参数。在硬岩、中硬岩且节理不发育、岩体较为完整的岩层中应采用中深眼进行爆破。反之，则采取浅眼光面爆破。在地质构造复杂、裂隙发育的部位，可适当减小炮眼间距，减小线装药密度等周边眼参数，以利于成形，减小爆破对围岩的扰动。

(2)钻眼精度的影响

钻眼精度对保证炮孔间距和最小抵抗线达到设计要求，保证爆破效果的影响很大。钻眼精度与开眼的准确度、钻进方向的准确性、钻具的选取是否恰当及测量放线的准确度等有很大的关系。

对于开眼产生的误差，可采用在掌子面上标出炮眼位置，或者设置炮眼排间距标尺，以减小或排除开眼误差。在同样的钻眼偏差角条件下，炮眼越深，眼底钻眼偏差越大，因此炮眼越深越应注意控制钻进方向。为保证钻眼精度，可对钻眼工进行专门的培训，达到人人能熟练操作的目的。在钻眼时，可采取先钻凿一个标准眼，插入炮棍，其他眼与之平行钻进的方法，或选用能控制钻眼角度的钻眼台车进行钻眼。钻机本身尺寸大小对钻眼精度也有影响，掘进爆破时，钻周边眼必须有一个外插角度，以保证凿岩机的操作净空(即两炮之间的衔接台阶宽度)，这与凿岩机的型号及本身尺寸的大小有关。另外，还需要减少测量放线的误差，采用仪器测量的正常误差一般较小，可以满足要求；若采用挂中线靠肉眼瞄准、水平方向同样用目测方法，则可能产生较大的误差；放线时间间隔太长造成的误差也很大。为减小或尽可能消除测量误差，尤其是半断面或全断面开挖爆破，应坚持每个循环都用仪器测量放线，并用五寸台式坐标法认真放出开挖轮廓。

(3)爆破技术本身的影响

①炸药品种和装药量的影响。光面爆破所采用的炸药与主体爆破所用的炸药相比，爆速要低一些，密度要小一些，爆力要大一些，这样有利于实现光面爆破。炸药的直径应根据炮眼的直径来选择，如前面所述不耦合系数一般为 1.25～2.0。若采用间隔装药，装药量以装药长度的平均线装药密度计，对岩石掘进爆破一般为 0.1～0.3kg/m，过大容易破坏光爆壁，过小则爆不下来，应根据岩体性质、钻孔参数、炸药类别综合考虑。

②起爆方法的影响。无论是采用电雷管起爆，还是非电雷管起爆都必须保证起爆成功。在不耦合系数较大的情况下，应绑扎一根导爆索，以免由于间隙效应导致爆轰中断。若起爆时差大于 0.1s，则可认为是逐个炮眼单独起爆，所以在光面爆破时，应选用高精度的毫秒雷管。

③装药结构与堵塞质量的影响。装药过于集中或者炸药沿炮眼全长分布不均匀都将影响光面爆破的质量。在有条件使用光爆专用炸药的情况下，应优先选用光爆炸药进行连续装药，眼底适当加大药量。若没有光爆专用炸药，通常选用导爆索和自制小药卷，绑扎在竹片上形成串状装药结构(眼底间隔应小一些)。在软岩中，还可以采用由导爆索束形成的装药结构。对光面爆破来说，炮眼的堵塞质量也很重要，应引起足够重视。

5)常用技术措施

为了获得良好的光面爆破效果，可采取以下技术措施：

(1)适当加密周边眼

适当缩小周边眼孔距，可以控制爆破轮廓，避免超欠挖，又不致过大地增加钻眼工作量。孔间距的大小与岩石性质、炸药种类、炮眼直径有关，一般 $E=(8\sim18)d$，E 为孔距，d 为炮眼直径。一般情况下，坚硬或破碎的岩石宜取小值，软质或完整的岩石宜取大值。在不耦合装药的前提下，光面爆破应满足“炮孔内静压力小于爆破体的极限抗压强度，而大于岩体的极限抗拉强度”的条件。据此理论，按以下公式确定 E 值：

$$E \leqslant [\sigma_c]/[\sigma_p] \leqslant K_i d \tag{2-21}$$

式中：E——周边眼间距(cm)；

$[\sigma_c]$——岩体极限抗压强度(MPa)；

$[\sigma_p]$——岩体极限抗拉强度(MPa)；

K_i——设计参数；

d——炮眼直径(cm)。

实际施工中，取得经验数据作为设计参数，一般 $K_i=10\sim18$，即 $E=(10\sim18)d$；当炮眼直径为 32～40mm 时，$E=35\sim70$cm。

也可以在两个炮眼间增加导向空眼，导向眼到装药眼间的距离一般应控制在 40 cm 以内，才能取得较好的效果。

(2)合理确定光面爆破层厚度

所谓光面爆破层，就是周边眼与最外层辅助眼之间的一圈岩石层。光面爆破层厚度就是周边眼的最小抵抗线(见图 2-85)。周边眼的间距 E 与光面爆破层厚度 W 有着密切关系，通常以周边眼密集系数 K 表示，即 $K=E/W$。必须使应力波在两相邻炮眼间的传播距离小于应力波至临空面的传播距离，即 $E<W$。所以 K 是小于 1 的变量，国内外大量工程实践的经验是取 $K=0.8$ 左右，光面爆破层厚度 W 一般取 50～90cm。

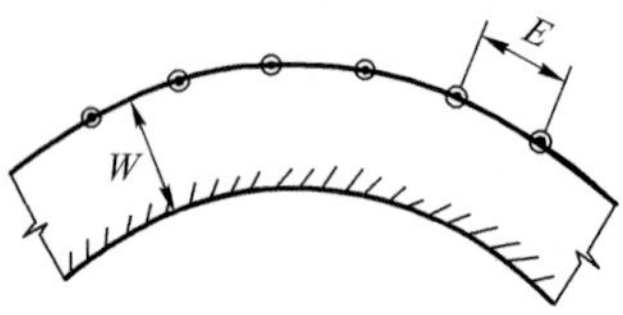

图 2-85　光面爆破层厚度示意图

(3)合理用药

用于光面爆破的炸药，既要求有较高的破岩应力能，又要消除或减轻爆破对围岩的扰动，所以宜采用低猛度、低爆速、传爆性能好的炸药。但在炮眼底部，为了克服眼底岩石的夹制作用，应改用高爆速炸药。

周边眼的装药量是光面爆破参数中最重要的一个参数，通常以线装药密度表示。线装药密度是指炮眼中间正常装药段每米长的装药量。恰当的装药量应是既要具有破岩所需的应力能，又不造成围岩的破坏，施工中应根据孔距、光面爆破厚度、石质及炸药种类等综合考虑确定装药量。设计选用时，可参考表 2-44 光面爆破参数表。

光面爆破参数表　　表 2-44

围岩级别	炮眼间距 E(cm)	抵抗线 W(cm)	密集系数 K	装药集中度 q(kg/m)
I～II	55～70	60～80	0.7～0.9	0.30～0.35
II～III	45～65	60～80	0.7～0.9	0.20～0.30
III～IV	35～50	40～60	0.6～0.8	0.07～0.12

(4)采用小直径药卷不耦合装药结构

在装药结构上，宜采用比炮眼直径小的小直径药卷连续或间隔装药，此时，药卷与炮眼壁间留有空隙，称之为不耦合装药结构。炮眼直径与药卷直径之比称为耦合系数。光面爆破的不耦合系数最好应大于 2，但药卷直径不应小于该炸药的临界直径，以保证稳定起爆。当采用间隔装药时，相邻炮眼所用药串的药卷位置应错开，以便充分利用炸药效能。

(5)保证光面爆破眼同时起爆

据测定，各炮眼的起爆时差超过 0.1s 时，就同于单个炮眼爆破。使用即发雷管与导爆索起爆是保证光面爆破眼同时起爆的好方法，同段毫秒雷管起爆次之。

(6)要为周边眼光面爆破创造临空面

这可以在开挖程序和起爆顺序上予以保证，并应注意不要使先爆落的石渣堵死周边眼的临空面。一个均匀的光面爆破层是有效实现光面爆破的重要一环，应对靠近光面爆破层的辅助眼的布置和装药量给予特殊注意。

8. *减震爆破*

在人口密集、建筑物林立的城区及重点文物区附近的隧道及地下工程的修建，部分单线铁路及公路隧道的改扩建、复杂地质条件下高应力场、高水压岩溶区段隧道的开挖施工中面临的一个首要问题是，如何在不影响地表居民生活、地表建筑物和文物安全的前提下，在确保隧道围岩稳定、隧道结构安全及施工安全的条件下进行隧道或地下空间开挖。要在上述地段安全且经济地进行施工，最可行的办法是减少隧道爆破震动、降低爆破噪声等，从而将隧道爆破施工对地表环境的影响，对围岩、结构的影响降至最低限度。

1)减震爆破的特点

(1)将爆破震动控制在要求范围之内，确保地表建筑物及相邻地下构筑物的安全。

(2)在软弱围岩中采用减震爆破开挖，可减少对保留围岩的扰动，避免掉块、塌方等。

(3)隧道光面爆破成形好，减少超挖量。

(4)对采用减震控制爆破技术开挖和机械开挖(含打眼装膨胀剂方法)的经济效益比较后发现，减震控制爆破技术显示了较大的优越性，月进尺提高了 4～7 倍，成本降低了 70%。

2)减震爆破适用范围

(1)城市闹市区中地下构筑物开挖。

(2)重点文物、古迹附近的地下工程修建。

(3)在已建结构物旁、结构物内进行地下工程开挖，如隧道扩建、改建等。

(4)富水区溶洞注浆体爆破开挖、高地应力软岩爆破开挖。

3)减震爆破工艺流程及关键技术

地下工程开挖需要控制爆破震动对地表建筑物、地下相邻构筑物、富水区溶洞注浆体的危害，并减少爆破震动对高地应力软岩松动圈的影响程度，故施工时应尽可能多地采用综合减震措施，降低振动速度，并利用测震仪进行安全震动监测。

(1)施工工艺流程(见图 2-86)

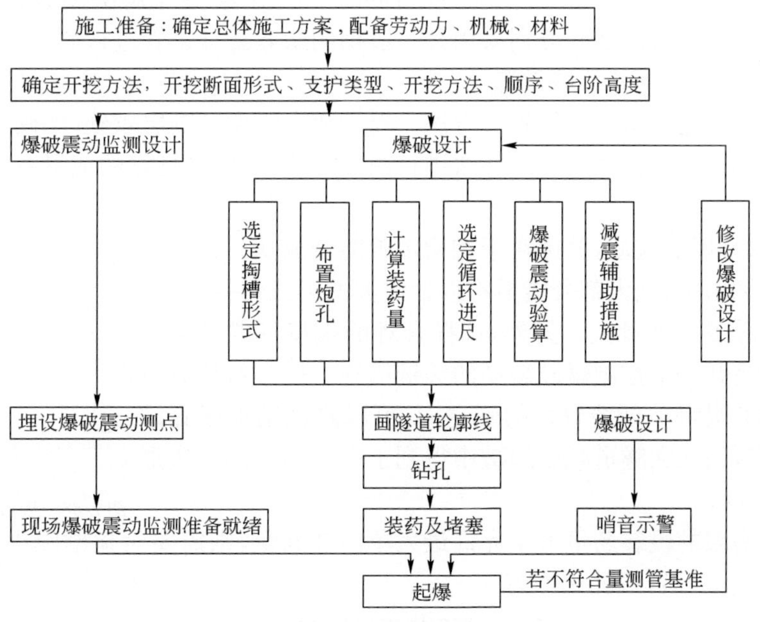

图 2-86 施工工艺流程

(2)关键技术

①采用分部、分台阶开挖、多次装药爆破技术。

②采用能最大限度减震的掏槽眼布置形式，合理的毫秒雷管段别进行微差爆破。

③控制单段药量，控制爆破规模，以达到控制质点振速的目的。

④掏槽区尽量远离被保护体，以加大爆心。

⑤周边光爆孔按设计间距布置，个别地段为减小对拱部围岩的震动破坏作用，在拱部部位钻密排

眼，以达到降低震动的目的。

⑥在施工中，视震动效果将循环进尺进行调整，少装药，短进尺，多循环。

⑦控制最大起爆药量。采用萨道夫斯基的经验公式 $V=K\left(\frac{\sqrt[3]{Q}}{R}\right)^{\alpha}$ 推算出最大一次起爆药量，并以此为依据来设计爆破网络。

⑧建立一套完整的爆破震动监测系统，进行信息化施工。

(3)操作要点

①正台阶法施工。对于软岩或需要及时支护的隧道可采用正台阶法进行减震爆破开挖，爆破开挖顺序见图 2-87。

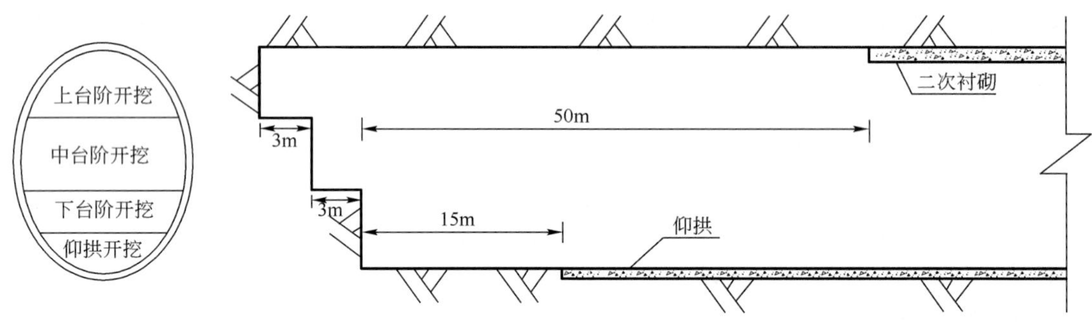

图 2-87　正台阶法爆破开挖施工顺序

由于采用短进尺，故可将台阶长度缩短至 3m 左右，进行微台阶开挖。开挖顺序依次是上、中、下台阶。上台阶爆破时将掏槽区尽量靠近台阶底部，以增大掏槽爆破时爆源至地表的距离，减轻掏槽爆破对地表建筑物、拱顶围岩的震动影响。

各台阶每炮循环进尺控制在 1.2m 左右，并可同时一次引爆，为了解决爆破震动问题，经过计算采用微差接力起爆技术，即三台阶之间分别采用某一段别的微差毫秒雷管进行联结，但是经过计算后得知先行起爆的台阶飞石并不会砸断传爆雷管。

②导坑先行、后续扩挖预留光爆层施工方法。对于较大断面且围岩较硬(中硬岩及以上)的隧道，亦可采用导坑先行、后续扩挖预留光爆层的办法进行减震爆破，以取得良好的成形及减少爆破规模。

4)掏槽爆破

隧道掘进能否减轻爆破震动，关键在于掏槽爆破能否成功。掏槽爆破若失败，爆渣未抛掷出去，绝大部分能量将以地震波的形式传播出去，则隧道掘进无进尺，爆破震动量大。另外，选择合理的掏槽形式及掏槽孔的合理位置，是隧道开挖中控制爆破震动的关键措施。楔形掏槽具有掏槽效果好，能为辅助眼爆破创造较好的临空面，可以降低辅助眼爆破时的振动强度等优点，因而在隧道减震爆破中得到了广泛的应用。楔形掏槽形式如图 2-88 所示。

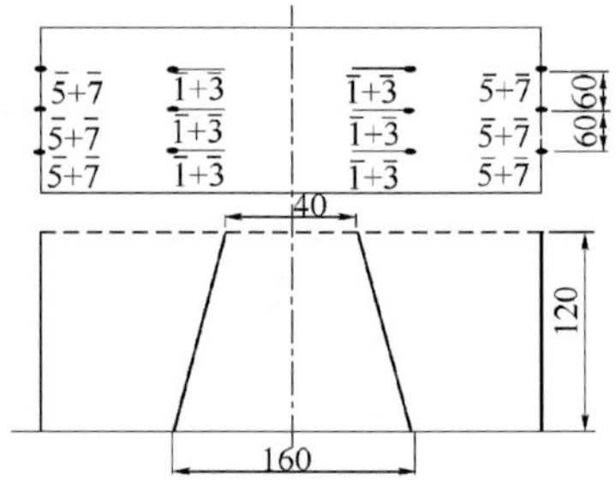

图 2-88　楔形掏槽形式(尺寸单位：cm)

经过计算，若掏槽眼的段装药量大于允许最大单段装药量，则需要对掏槽眼进行孔内分段装药，装药参数见表 2-45(使用 2 号岩石乳化炸药)。

楔形掏槽装药参数　　表 2-45

雷管段别	炮眼深(m)	炮眼数量	单孔药量(kg)	单段药量(kg)	装药形式
3+1	1.3	6	0.45+0.27	2.7+1.62	分层
7+5	1.2	6	0.45+0.18	2.7+1.08	分层

深 1.3m 主斜掏槽眼分层间隔装药：底部装药 2.5 条，上层装药 1.5 条，中间用炮泥堵塞，以分散最大单段装药量。深 1.2m 的扩掏槽眼亦实现分层间隔装药：底部装药 2.5 条，上层装药 1.0 条，中间用炮泥堵塞，以分散最大单段装药量。

如果最大单段允许药量满足要求，建议不进行孔内分段装药。

4)光面爆破

实施光面爆破，爆破参数：眼深 1～1.2m，眼间距 0.4～0.6m，装药集中度 0.15～0.19kg/m，半片普通药卷＋竹片＋导爆索空气间隔装药。周边眼装药结构示意如图 2-89 所示。

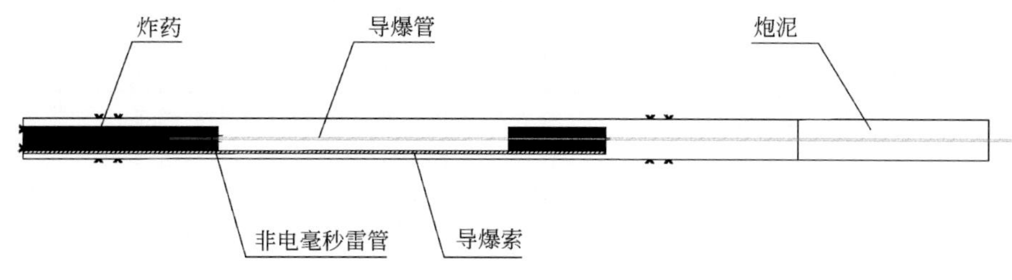

图 2-89 周边眼装药结构示意图

5)爆破震动监测

爆破震动监测是本工法的重要组成部分，是检验设计与施工正确与否、控制爆破震动危害的有效手段。爆破震动监测系统及过程为：CD-1 型检波器 → QL-001 测振仪 → 数据处理。

(1)测点布置

研究爆破震动波传播规律通常是沿爆破区径向或环向布置 1 条或几条地表测线或 1 条隧道内测线，径向测点按对数曲线布置，测点应放在同一地层或基础上，每一测点最好能同时测 3 个方向量。若观测爆破震动对建筑物的影响，则测点应布置在被测地表建筑物附近的地表、基础或建筑物上；若观测爆破震动对地下相邻建筑物的影响，则测点应布置在相邻建筑物上。

(2)量测数据的处理

应用公式 $V=K(Q^{\frac{1}{3}}/R)^{\alpha}$ 及一元回归法对所测得的数据进行回归分析，得到与介质、地形有关的系数 K、α，从而可得到质点振速的衰减规律，然后根据上式、允许最大振动速度、爆心距 R，反算出允许的一次起爆药量 Q。

将得到的振速与安全判据有关规程所规定的允许振动速度值相比较，可以判断地表建筑物、地下构筑物是否安全。若测得的振动速度值大于允许值，则应采取减震措施。

6)减震爆破设计实例

某隧道于 DK182＋955～DK183＋395 段 III 级围岩约 440m 下穿一个城镇，地表房屋密集，隧道埋深 24m 左右，需要采用减震爆破技术通过此段，设计院初步设计时要求地表爆破振速不大于 1.5m/s。

隧道正下穿该城镇共经过地表房屋 32 栋，其中砖混结构房屋约 19 栋，土木结构 13 栋，河流一条。该镇房屋均为私人房屋，属民房，地基均为浅层的条石基础，砖石结构房多为 18 墙体，一般建筑面积在 50m^2 左右，建筑年代多在 10 年左右，高达 4～5 层，属高耸建筑；而所经过的土木结构则建筑年代久远，多为单层，墙体已大多开裂，但部分房仍有人居住。

如此地表环境决定了本隧道施工一个重要特点是需要控制隧道爆破施工对位于其上方地表建筑物的影响，需要采用控制爆破技术，减弱隧道爆破的震动量，防止因震动过大而对地表建筑物产生破坏性影响。

(1)关键技术

①III 级围岩采用超前下导坑预留光爆层控制爆破开挖技术，IV 采用分部、分台阶开挖、多次装药爆破技术。

②采用减震掏槽眼布置形式，合理的毫秒雷管段别进行微差爆破。

③实施光面爆破。

④建立一套完整的爆破震动监测系统，进行信息化施工。

(2)设计依据

本方案依据《爆破安全规程》(GB 6722—2003)中建筑物允许振动速度的规定，确定本段隧道爆破时地表民房的安全允许振速标准。国标《爆破安全规程》(GB 6722—2003)中有关工程爆破时周围环境建筑物的安全允许振动标准见表2-46。

建筑物的安全允许振动标准 表2-46

序号	保护对象类别	安全允许振速(cm/s)		
		<10Hz	10～50Hz	50～100Hz
1	土窑洞、土坯房、毛石房屋	0.5～1.0	0.7～1.2	1.1～1.5
2	一般砖房、非抗震的大型砌块建筑物	2.0～2.5	2.3～2.8	2.7～3.0
3	钢筋混凝土结构房屋	3.0～4.0	3.5～4.5	4.2～5.0
4	水工隧道	7～15		
5	交通隧道	10～20		
6	矿山隧道	15～30		
7	水电站及发电厂中心控制设备	0.5		
8	新浇大体积混凝土： 龄期：初凝～3d 龄期：3～7d 龄期：7～28d	 2.0～3.0 3.0～7.0 7.0～12.0		

注：1.表列频率为主振频率，系指最大振幅所对应波的频率。
2.频率范围可根据类似工程或现场实测波形选取。选取频率时亦可参考下列数据：洞室爆破小于20Hz，深孔爆破10～60Hz，浅孔爆破40～100Hz。

隧道正下穿该城镇地表房屋既有建筑年代久远的土坯房，亦有一般砖房、非抗震的大型砌块建筑物，按表2-46，前者的最大允许振速为1.5cm/s以下，后者的允许振速范围为2.0～3.0cm/s。但考虑到该镇的砖混结构多为高耸建筑，且多为18墙体，将其允许振速降为土坯房更为安全，故本施工方案中将隧道经过该里程段时的爆破允许振速统一控制在1.5 cm/s以下。

(3)III级围岩控制爆破施工方法

隧道出口下穿城镇段围岩岩性主要为砂岩，层间夹泥岩，整体性较好，无较大的节理或构造面，但岩质较软，暴露后易风化，地下水不发育，无侵蚀性。

隧道在该段平均洞高在9.87m左右，宽达到了13.6m。

根据上述地质情况、隧道控制爆破要求及隧道边界条件，要求在施工采用下导超先行、后续预留扩挖层、光爆层的爆破施工方案，即将隧道分为三部分爆破施工，先行爆破位于隧道底部的超前下导坑(超前下导设计高度在3m左右)，然后再扩挖至拱顶约1m高度处，再扩挖预留光爆层。这样可再增加先行下导坑掏槽区爆破距地表近6～7m的高度，从而有利于减轻隧道爆破特别是掏槽爆破对地表民房的爆破震动影响(据多年施工经验，埋深对隧道爆破震动效应较为敏感)。采用此方案的条件是围岩要具有一定的自稳能力，而本里程段的III级围岩(砂岩)正好具有较强的自稳能力，对于超前下导而言，其不需要进行超前支护，只需要进行光面爆破并找好顶即能保证超前下导坑的施工安全。另外，要求先行导坑超前后续扩挖面约2～3m。此方案的另一个优点是：当隧道经过江池镇后不需要控制爆破规模时，能迅速变为全断面法施工。

由于掏槽爆破所引起的爆破震动量最大，其对地表建筑物影响亦最大，减震爆破主要考虑的是此部分药量及掏槽区距地表的最近距离。在隧道出口下穿城镇钻爆施工时，保守考虑，计算超前下导坑爆破振速限值时取最大爆心距(隧道掏槽区距地表建筑物最近距离)为30m。

根据施工经验，采用下导坑超前、后续扩挖法施工时，超前下导坑位于隧道断面的正下方，其超前后方的扩挖面长度约为2～3个循环进尺。先行导坑先行爆破后，预留的扩挖层、光爆层随后爆破，本段预留扩挖层的厚度控制在5～6m之间，预留光爆层的厚度控制在0.8～1.2m之间。由于超前的先行导坑断面设计高度在2～3m左右，其采用人工搭简易台墩即可进行钻爆破作业。后行的预留扩挖层、光爆层施工，采用现场的移动台架进行人工风动凿岩机钻孔、人工装药爆破、拱顶等。

采用预留扩挖层、光爆层施工，既能减少爆破对围岩的震动影响，又能较易地控制隧道成形。

由于本段隧道下穿城镇，其上民房(结构强度较差)密集，应采用更为谨慎的施工方法。减少爆破进尺能达到一定的减振效果。要求在施工时，将先行下导及后续扩挖爆破进尺均控制在1.5m左右，先行下导坑超前后行预留扩挖层、光爆层约2～3个循环，即2～4m左右。

采用该施工方法时工序转换较为方便，可将下导坑、扩挖层及光爆层分开施工，用装载机装渣。下导坑先行钻眼并爆破，待石渣出完后再施工预留扩挖层及光爆层。

仰拱距扩挖部约50m后施工，其不影响前方工作面施工。

隧道出口下穿城镇段III级围岩控制爆破施工方法示意如图2-90所示。

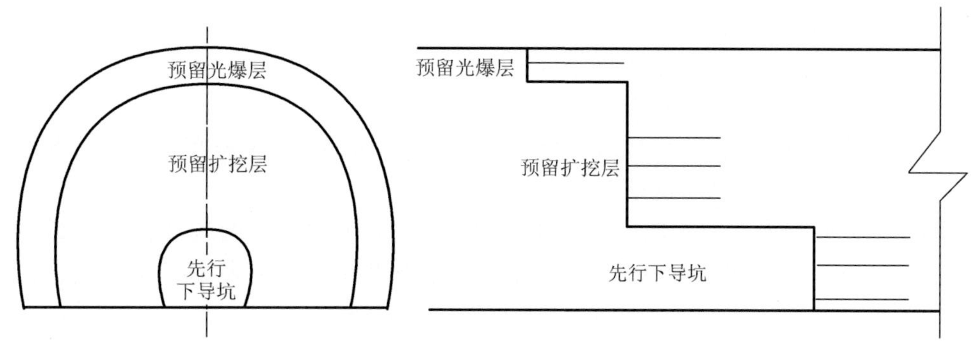

图2-90　III级围岩控制爆破施工方法示意图

(4)钻爆设计原则

根据隧道开挖技术特点，以及为使隧道开挖成形良好，减少超挖量，减少爆破对围岩的扰动深度，确保地表民房安全，开挖中采用以下主要施工措施。

①在确保高质量的隧道开挖断面的同时，将爆破震动控制在允许范围，以保证爆破对地表民房的无影响，并尽量减少对居民生活的干扰。

②采取有效的控制爆破技术，减少震动与降低噪声，同时要求成形效果好，采用光面爆破。根据地质条件、开挖断面、开挖进尺、爆破器材、振速要求等条件编制爆破设计。

③根据围岩特点，合理选择周边眼间距E及周边眼的最小抵抗线W，辅助炮眼应交错均匀布置，周边炮眼与辅助炮眼眼底应在同一垂直面上。

④根据《爆破安全规程》(GB 6722—2003)的规定，为保证地表建筑物的安全和减少对周围环境的影响，爆破施工时爆破振动波速控制在1～1.5cm/s较为合适。

⑤周边眼炸药选择低爆速、低猛度、高爆力的炸药。

⑥应选用微差毫秒雷管，跳段使用，相邻间隔大于50ms，避免地震波的叠加，减轻震动。

⑦严格控制周边眼的装药量，借助导爆索、竹片进行间隔装药，使药量沿炮眼均匀分布，以确保隧道周边成形良好，并减少对围岩的扰动。

⑧根据爆破效果，调整掏槽眼形式及爆破参数，并适当加深掏槽眼深度(比其他眼深约20～30cm)，以保证掏槽效果。合理分布辅助眼，以达到炮眼数量最少、材料最省，同时渣块又不致过大。

⑨合理选择循环进尺。应针对不同级别的围岩，根据结构安全要求及循环施工能力等因素来综合考虑循环进尺。

(5)最大单段控制药量计算

隧道爆破震量值与起爆方式、装药参数尤其主药包药量、地质情况、爆破点与测量点的距离及介质情况有关。但从有关隧道爆破开挖实测质点振动速度的波形图的观测中发现：一般情况下，掏槽爆破的振动强度比其他部位炮眼爆破时的振动强度都要大，也就是说，隧道爆破的最大震动量出现在单临空面，即掏槽区爆破时刻，以后的掘进眼、内圈眼、周边眼等在具有增多一个临空面的情况下，其爆破振动峰值将会较大幅度地减少。故控制掏槽眼爆破时的震动量，对于隧道爆破非常重要，一般计算最大单段允许药量均是指掏槽区爆破的段别。本段隧道下穿江池镇段采用了导洞先行、后续扩挖预留层的施工方法，其最大爆破振动时刻可能会出现在下导坑掏槽爆破时刻。故本次爆破振动强度只检算先行下导掏槽区爆破药量。

根据减震爆破理论：当边界条件相同时，爆破开挖的最大振动速度值不取决于一次起爆的总药量，而取决于某单段的最大用药量。

根据萨氏公式，最大单段装药量与爆破允许振速的计算公式如下：

$$Q_{max} = R^3 \left(\frac{v}{K}\right) \frac{3}{\alpha} \tag{2-22}$$

式中：Q_{max}——最大单段允许用药量；

R——爆源中心到振速控制点的距离，这里取 30m；

v——振速控制标准，这里采用 1.5cm/s；

K——与爆破技术、地震波传播途径介质的性质有关的系数，根据实际围岩情况取 150；

α——爆破振动衰减指数，这里取 1.7。

K、α 具体取值一般需要在同等地质条件下，对同类型结构做大量的现场振动测试，再通过数值回归方法才可确定，也可用数值模拟的方法估算，根据目前既有条件参考表 2-47 取上述值。

爆区不同岩性的 K、α 值范围表 表 2-47

岩　性	K	α	岩　性	K	α
中硬岩石	150～250	1.5～1.8	软岩石	250～350	1.8～2.0

按照既有边界条件对上述系数赋值，代入公式，可计算先行导坑掏槽区爆破时单段允许最大装药量，计算结果见表 2-48。

隧道先行下导坑掏槽区单段最大药量控制值 表 2-48

类　型	质点距爆源中心距离 R(m)	地震波衰减系数 α	与地质条件有关的系数 K	质点振动速度 v (cm/s)	延时爆破时为最大单段药量 Q(kg)
一般段	30	1.7	150	1.5	7.97

也就是说，按设计隧道爆破边界条件计算，长洪岭隧道出口下穿江池镇段爆破施工时，其最大单段药量应控制在 7.97kg 以下。

对于其他段装药量，根据多年隧道爆破及实测经验，其最大装药量可控制在最大单段允许药量的 1.5 倍以上，即 12kg 以下。

（6）掏槽形式的选定

根据隧道施工经验，当采用人工手持风钻钻眼时，一般较常见的是选用楔形掏槽。本施工方案中采用人工手持风钻楔形掏槽进行控制爆破。

但随着施工进展，如果地表振速过大，则要求配置能钻大直径中空孔的地质钻机，采用大直径中空孔直眼掏槽技术进行控制爆破。

（7）循环进尺确定

先行下导坑：本方案中确定循环进尺为 1.5m。如果在爆心距大于 30m 的情况下，其实测地表爆破振速大于规定值，则采用 1.0m 的循环进尺，各孔装药量应比 1.5m 进尺时相应减少。

后续扩挖面：本方案中确定循环进尺为 1.5m，要求先行下导坑超前后续扩挖面 2～3 个循环。

（8）爆破器材选择

隧道采用人工手持风钻钻孔，选用 ϕ32mm2 号岩石乳化炸药。周边眼选用高爆力、小直径、传爆性好的 ϕ25mm 乳化炸药或将 ϕ32mm 乳化炸药一剖为二进行周边眼光面控制爆破。起爆雷管选用较为常见的 15 段非电毫秒雷管。

(9)装药结构及堵塞方式

辅助眼、内圈眼、底板眼采用连续装药结构,周边眼采用小直径药卷间隔装药。所有装药炮眼均采用炮泥堵塞,堵塞长度不得小于30cm。

(10)光爆参数的选择

通过爆破试验确定光面爆破参数,试验时可参照表2-49选择爆破参数。

光面爆破参数表 表2-49

岩石种类	周边眼间距 E(cm)	周边眼最小抵抗线 W(cm)	相对距 E/W	周边眼装药集中度(kg/m)
中硬岩	40～45	40～50	0.8～1.0	0.20～0.30

①周边眼钻孔直径 D 为42mm。

②周边眼装药集中度 q。

③周边眼采用不耦合间隔装药。为实现间隔装药,使药卷居中在孔内,采取预先加工周边眼药串的办法,按设计将药卷用传爆线串联在竹片上,让药串架空居中于钻孔中心。

(11)III级围岩开挖减震爆破设计

①先行下导坑开挖减震爆破设计。先行下导坑开挖爆破设计见图2-91,楔形掏槽眼剖面如图2-92所示。先行下导坑开挖减震爆破参数如表2-50所示,综合技术参数如表2-51所示。

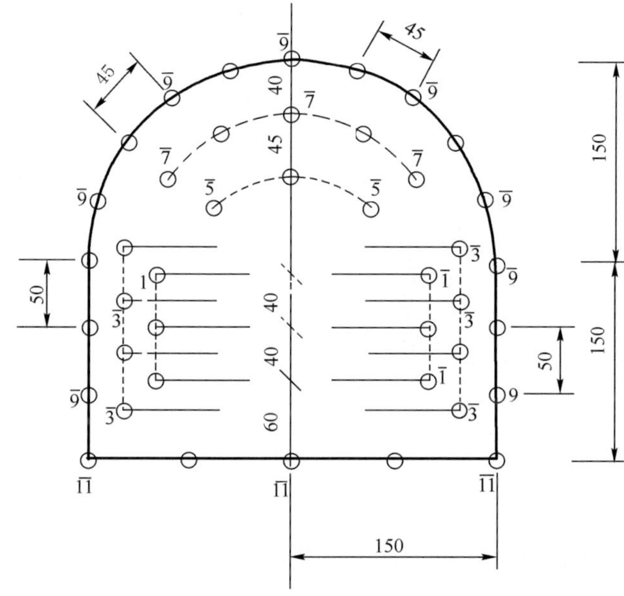

图2-91 隧道下穿房屋段先行下导减震爆破设计(尺寸单位:cm)

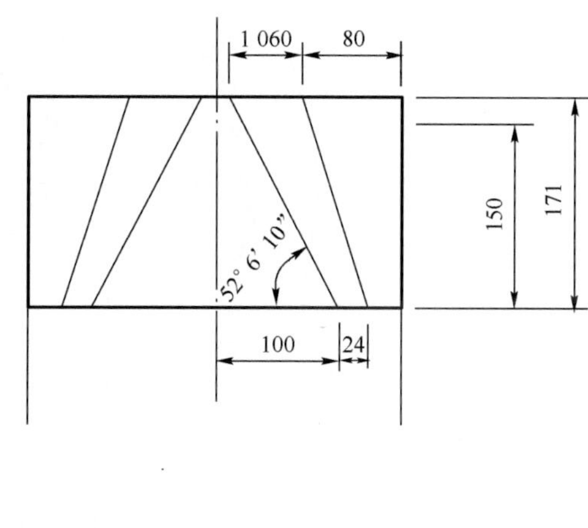

图2-92 隧道下穿房屋段先行下导减震爆破掏槽眼剖面图(尺寸单位:cm)

先行下导开挖减震爆破参数表 表2-50

部位	炮眼名称	段号	眼深(m)	眼数	炸药类型(kg/条)	单孔条数(条)	单孔药量(kg)	单段药量(kg)	装药长度(m)	装药结构
超前下导	掏槽眼	1	1.9	6	0.18	6	1.08	6.48	1.2	集中
	扩槽眼	3	1.8	8	0.18	5	0.9	7.2	1	集中
	掘进眼	5	1.7	3	0.18	4	0.72	2.16	0.8	集中
	内圈眼	7	1.7	5	0.18	4	0.72	3.6	0.8	集中
	周边眼	9	1.7	15	0.15	2.5	0.375	5.625	0.5	间隔
	底板眼	11	1.7	5	0.18	5	0.9	4.5	1	间隔

先行下导开挖震振爆破综合技术参数表　　表 2-51

爆破断面(m²)	总装药量(kg)	先行下导各段分装药量(kg)						最大单段药量(kg)	钻孔数量(个)
		1	3	5	7	9	11		
8.03	29.565	6.5	7.2	2.16	3.6	5.625	4.5	7.2	42

设计爆破进尺(m)	钻孔延米(m)	炮眼密度(个/m²)	雷管单耗(个/m³)	炸药单耗(kg/m³)	装药箱数
1.5	73.4	5.23	3.49	2.45	1.23

以上设计中，先行下导坑一次起爆总药量在 29.57kg 左右，共分为 6 个段别，其掏槽区最大单段起爆药量为 7.2kg，小于所计算出的最大单段允许药量 7.97kg，在允许范围之内。考虑先行下导断面较小，仅 8m²，其炸药单耗设计控制在 2.45kg/m³ 左右是合适的。

②预留扩挖层开挖减震爆破设计。预留光爆层爆破设计见图 2-93。预留扩挖层开挖减震爆破参数如表 2-52 所示，爆破综合技术参数如表 2-53 所示。

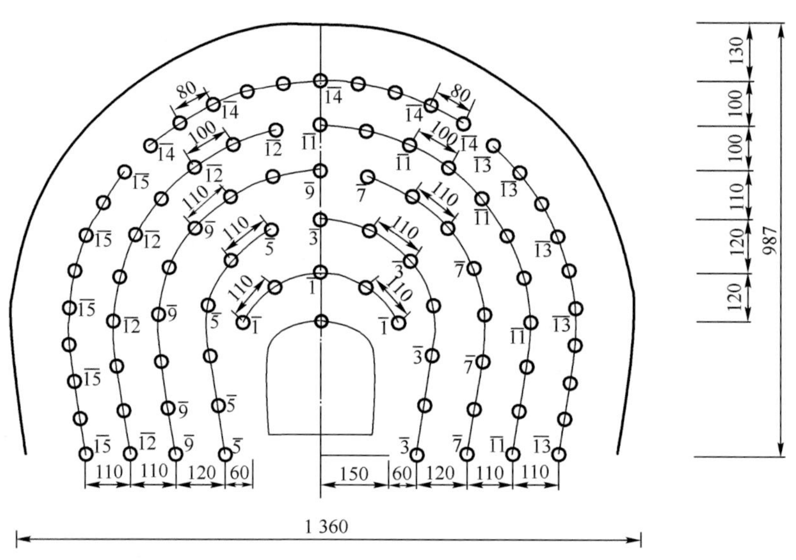

图 2-93　预留扩挖层减震爆破设计(尺寸单位：cm)

预留扩挖层开挖减震爆破参数表　　表 2-52

部　位	炮眼名称	段　号	眼深(m)	眼数	炸药类型(kg/条)	单孔条数(条)	单孔药量(kg)	单段药量(kg)	装药长度(m)	装 药 结 构
预留扩挖层	掘进眼	1	1.7	5	0.18	5	0.9	4.5	1	集中
	掘进眼	3	1.7	7	0.18	5	0.9	6.3	1	集中
	掘进眼	5	1.7	6	0.18	5	0.9	5.4	1	集中
	掘进眼	7	1.7	8	0.18	5	0.9	7.2	1	集中
	掘进眼	9	1.7	9	0.18	4	0.72	6.48	0.8	集中
	掘进眼	11	1.7	11	0.18	4	0.72	7.92	0.8	集中
	掘进眼	12	1.7	10	0.18	4	0.72	7.2	0.8	集中
	掘进眼	13	1.7	10	0.18	4	0.72	7.2	0.8	集中
	掘进眼	14	1.7	10	0.15	4	0.6	6	0.8	集中
	掘进眼	15	1.7	9	0.18	4	0.72	6.48	0.8	集中

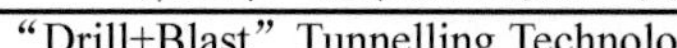

预留扩挖层开挖减震爆破综合技术参数表　　表 2-53

爆破断面（m^2）	总装药量（kg）	预留扩挖层各段分装药量（kg）						最大单段药量（kg）	钻孔数量（个）
		1	3	5	7	9	11		
72	64.68	4.5	6.3	5.4	7.2	6.48	7.92	7.92	85
设计爆破进尺（m）		钻孔延米（m）		炮眼密度（个/m^2）	雷管单耗（个/m^3）		炸药单耗（kg/m^3）		装药箱数
1.5		88.4		1.18	0.79		0.60		2.70

以上设计中，预留扩挖层一次起爆总药量在 64.68kg 左右，共分为 10 个段别，最大单段起爆药量为 7.92kg，小于在无新增临空面条件下所计算出的最大允许单段药量，更远小于在新增临空面条件下所计算出的允许最大单段药量，故爆破设计药量是满足安全要求的。

由于围岩的强度不高，并且断面较大，其炸药单耗控制在 0.6kg/m^3 左右是合适的。

在先行下导坑开创出向下临空面的情况下，后续扩挖部分再次单独起爆。

③预留光爆层开挖减震爆破设计。预留光爆层爆破设计见图 2-94。预留光爆层减震爆破参数如表 2-54 所示，爆破综合技术参数如表 2-55 所示。

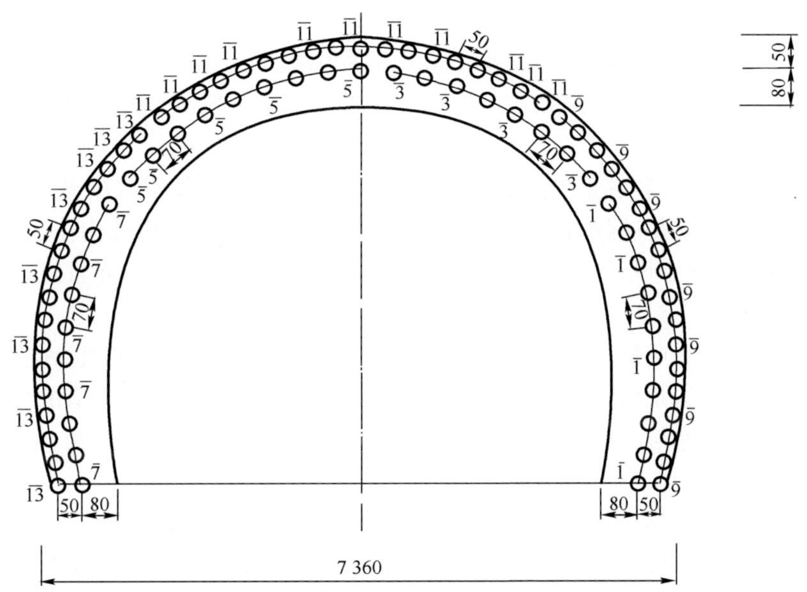

图 2-94　隧道预留光爆层减震爆破设计（尺寸单位：cm）

预留光爆层开挖减震爆破参数表　　表 2-54

部　位	炮眼名称	段　号	眼深（m）	眼数	炸药类型（kg/条）	单孔条数（条）	单孔药量（kg）	单段药量（kg）	装药长度（m）	装 药 结 构
预留光爆层	内圈眼	1	1.7	10	0.18	4	0.72	7.2	0.8	集中
	内圈眼	3	1.7	8	0.18	4	0.72	5.76	0.8	集中
	内圈眼	5	1.7	9	0.18	4	0.72	6.48	0.8	集中
	内圈眼	7	1.7	10	0.18	4	0.72	7.2	0.8	集中
	周边眼	9	1.7	18	0.15	2.5	0.375	6.75	0.5	间隔
	周边眼	11	1.7	18	0.15	2.5	0.375	6.75	0.5	间隔
	周边眼	13	1.7	17	0.18	2.5	0.45	7.65	0.5	间隔

预留光爆层开挖减震爆破综合技术参数表　　表 2-55

爆破断面 (m^2)	总装药量 (kg)	先行下导各段分装药量(kg)						最大单段药量 (kg)	钻孔数量 (个)
		1	3	5	7	9	11		
37	47.79	7.2	5.76	6.48	7.2	6.75	6.75	7.2	90
设计爆破进尺(m)		钻孔延米(m)		炮眼密度(个/m^2)		雷管单耗(个/m^3)		炸药单耗(kg/m^3)	装药箱数
1.5		153		2.43		1.62		0.86	1.99

以上设计中，预留光爆层一次起爆总药量在 47.79kg 左右，共分为 7 个段别，最大单段起爆药量为 7.65kg，小于在无新增临空面条件下所计算出的最大允许单段药量，更远小于在新增临空面条件下所计算出的允许最大单段药量，故爆破设计药量是满足安全要求的。

由于围岩的强度不高，并且断面较大，其炸药单耗控制在 0.86kg/m^3 左右是合适的。

在扩挖层开创出较大向下临空面的情况下，后续光爆层滞后扩挖 1～2 个循环再次单独起爆的条件会更好，其减震效果会更佳。在地面爆破震动监测数据较小的情况下，亦可将光爆层与扩挖一起起爆。

总之，折算成全断面时(116m^2，不算仰拱部分)，每爆破开挖 1 个循环(1.5m 左右)，需要消耗炸药共 142kg，炸药单耗即为 0.82kg/m^3。对于 III 级围岩，在断面较大时(大于 100m^2)，此炸药单耗是较为合适的。

仰拱可在滞后光爆层约 100m 后再施工(爆破进尺可适当增加)。由于有较好的临空面，根据多年施工及监测经验，仰拱爆破已不会对地表建筑物产生影响。故本次方案对其不作要求，按正常段施工即可。

9.钻爆施工

钻爆施工是把钻爆设计付诸实施的重要环节，包括钻孔、装药、堵塞和对爆破后可能出现的问题的处理等。隧道爆破通常都要求每一循环进尺尽可能大，但在很多情况下，往往由于过高地估计爆破效果而带来一些困难。因此，在施工设计中，不但要了解实际掘进速度的可能性，而且还要注意开挖方法。

1)钻眼

目前，在隧道开挖施工中，广泛采用的钻孔设备为凿岩机(手持式风钻、液压钻)和钻孔台车全液压钻机或风动钻机。原始的办法是台架打眼，也有采用“人机套打”开挖大断面隧道的。“人机套打”，在地质条件好的情况下，台车开挖与人工手持式风钻台架相配合，长短炮眼结合，可达到更好的光面爆破效果。

施钻前由专业测量人员根据设计在掌子面布孔，并标出掏槽眼和周边轮廓，严格按照炮眼的设计位置、深度、角度和孔径，分工定点、定位进行，多台钻机作业。应注意防止炮眼交叉打穿，炮眼总数不应小于设计的 90%，掏槽炮眼位置误差不得大于 5cm。如果出现大的偏差，应废弃重钻，切实保证钻孔质量。

注意掌握周边眼的外插角，太大超挖大，太小造成欠挖或造成下一循环“作业净空”不够。“作业净空”指无论是手持式风钻，还是液压重型钻机，其在作业时，打眼工具均要占的一定位置。还要注意，应平行打眼，同时注意掌子面明显不平整时，应调整炮眼的孔深，使炮眼底在一个平面上。

2)装药

装药及起爆工作的好坏与爆破效果和爆破工作的安全密切相关。装药前要检查炮眼位置和长度是否符合设计要求，并进行清渣排水。装药时要严格按照炮眼的设计装药量装填，可以按设计要求连续装药或间隔装药或不耦合装药，总的装药长度不宜超过炮眼深的 2/3；靠炮眼口的剩余长度用炮泥堵塞好。装药结构可分为三种方式：一是起爆药卷放在靠近眼口的第二个药卷位置，雷管聚能穴朝向眼底，称为正向起爆装药；二是起爆药卷放在靠近眼底的第二个药卷位置，雷管聚能穴朝向眼口，称为反向起爆装药；第三种方式为起爆药卷放在炮眼装药中部，称为双向起爆装药。图 2-95为常用的连续装药结构。

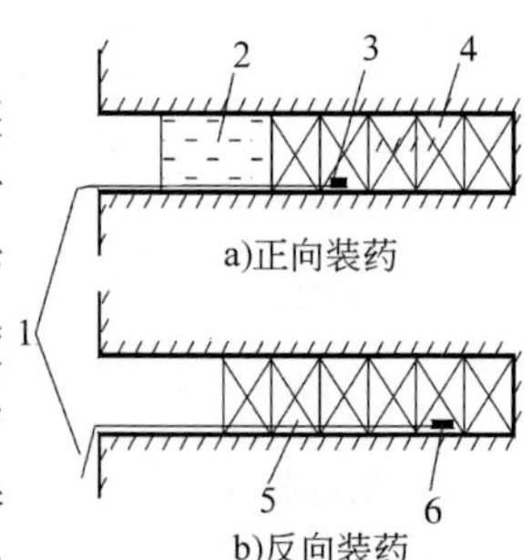

图 2-95　常用的连续装药结构
1-引线；2-炮泥；3、6-引爆药卷；4、5-普通药卷

过去多采用正向装药结构。但经多年来国内外实践证明，反向装药能提高炮眼利用率，减少瞎炮，减少岩石破碎块度，增大抛渣距离和降低炸药消耗量，炮眼愈深，效果愈好。但反向装药结构的雷管脚线长，装药麻烦；在有水炮眼中起爆易受潮拒爆；机械化装药时，易产生静电，从而引起早爆；也不宜于炮眼较浅（小于 1.5m）的场合。

间隔装药是在药卷之间留出一定的空隙，使药量分散以使爆力沿孔长分布均匀。药卷之间的距离由现场通过殉爆试验确定。不耦合装药时，药卷置于炮眼孔的中央，药卷与孔壁间留有空气间隙。为了保证药卷位置准确居中定位，可采用塑料扩张套管定位。

深眼爆破有利于提高掘进速度，但在使用中可能会产生所谓的“管道效应”现象。管道效应的现象有多种，其原因错综复杂。深眼爆破中产生的中途熄爆，药卷不能全部爆炸即是其现象的一种。为了克服管道效应所造成的熄爆，可采用合理的装药结构和增大装药直径，并选用合适的不耦合系数的方法。此外，采用新型炸药（如乳胶炸药）也有利于减弱管道效应。

在装药之前，应清孔，将炮眼残渣、积水清除，并检查炮眼位置、深度、角度是否满足操作要求（按设计与打眼误差一并考虑），装药时严格按照设计装药量进行，“起爆药卷”（装有起爆雷管的药卷）按设计起爆顺序和雷管段别安排，“对号入座”。

隧道爆破中，常采用的装药结构有：

（1）掏槽炮眼。连续装药，尽可能采用接近于 1 的不耦合系数，即耦合装药。

（2）辅助炮眼。连续装药，不耦合系数采用 1.3～1.5。

（3）周边炮眼。小直径药卷连续装药，不耦合系数宜为 2；间隔装药，不耦合装药系数在 1.5～2.0 之间。当岩石很软时，III～IV 级围岩需要爆破时，也可以用导爆索装药结构代替炸药药卷进行装药。

目前，一般以人工装药为主，机械装药、卷机装药正在推广。

连续装药结构按照雷管在炮孔中位置的不同，又可分为正向起爆、反向起爆和双向起爆三种起爆方式。

实践表明，将起爆雷管装在孔底部位，反向起爆，有利于克服岩石的夹制作用，能提高炮眼利用率，减小岩石破碎块度，减小大块率。现在一般都采取这种起爆方式。

隧道周边眼间隔装药时，往往采用正向起爆方式，即从孔口向孔底方向起爆。

3）堵塞

隧道爆破所使用的炮眼堵塞材料一般为沙子和黏土的混合物，其比例大致为沙子 50%～40%，黏土 50%～60%。堵塞长度视炮眼直径而定，一般不能小于 20cm，炮眼直径在 45cm 以上时，堵塞长度应不小于 45cm。堵塞可采用分层人工捣实法进行。应广泛使用炮泥机。国外，也有使用聚乙烯塑料块作堵塞材料的。

4）起爆

起爆网路必须保证每个药卷按设计的起爆顺序和起爆时间起爆。采用导爆管起爆法，联结必须正确，簇联每束不超过 15 根导爆管，为了“准爆”，可以使用双雷管起爆。所有联结雷管都必须使用即发雷段（即毫秒管 0ms）或用火雷管加装导爆管，联结必须牢靠。

起爆网路的雷管，可采用火雷管，引线（导火索）必须大于 5m，以确保点火人员有足够的时间撤离到安全地点（一般 300m 以远）。如采用电雷管引爆网路，电力起爆地点必须在安全地点（一般 300m 以远）。最安全的起爆方法是采用 300m 长的导爆管，用击发枪起爆网路。但此种方法太费导爆管，成本太高，一般不使用，只适合露天或洞室爆破。

5）爆破质量标准

隧道爆破质量直接影响隧道施工安全、掘进进度和经济与环境效益。爆破时，围岩的破坏范围过大，将造成塌方，威胁施工安全；石块块度过大，将影响装运速度，甚至还需二次爆破处理装运不走的巨石；眼底不平，炮眼利用率不高，会影响掘进速度；光爆效果不好，超挖过大，则是造成经济效果不好的直接原因。根据长期的经验，考虑到铁路隧道施工机械设备与施工技术和管理现状，一般采用如表 2-56 所示质量检验标准来检验隧道爆破效果。

隧道爆破质量检验标准　　表 2-56

项目＼围岩级别	III～IV	II～III	I～II
围岩扰动深度(m)	1.0	0.8	0.5
平均线性超挖值(cm)	15	15	10
最大线性超挖值(cm)	25	25	20
两炮衔接台阶最大值(cm)	15	15	15
局部欠挖(cm)	5	5	5
炮眼痕迹保存率(%)	≥50	≥70	≥80
炮眼利用率(%)	95	90	85
岩壁状态	爆后围岩稳定,无塌方,无剥落		
石渣块度	大块一般不超过 50cm,大型装渣机允许 60～80cm,渣堆集中,最大抛距 20m,深孔爆破为 30m		

注:以上标准系浅孔 1～3m 炮孔深的隧道爆破质量标准。对于 3～5m 炮孔深的深孔爆破,其质量标准要求有所不同,主要是平均和最大线性超挖允许大一些,两炮衔接台阶尺寸也允许大一些。如采用 5m 深孔爆破,两炮衔接台阶尺寸允许在 35cm 范围内。

6)瞎炮的预防

放炮时,炮眼内的装药未发生爆炸,雷管未爆炸,俗称"瞎炮"。预防瞎炮的措施有:

(1)爆破器材要妥善保管,严格检验,禁止使用技术性能不符合要求的爆破器材。

(2)不同燃速的导火索("引线")应分批使用,不应在同一循环中使用。

(3)防止导爆管破裂或拉断,防止油、水、泥沙进入导爆管口段。

(4)防止爆破器材在有水的工作面被水浸泡,避免爆破器材受潮。

(5)同一串联支路上使用的电雷管,其电阻差不应大于 0.8Ω,重要网路不超过 0.3Ω。

(6)提高爆破设计质量。设计内容包括炮孔布置、起爆方式、延期时间、网路敷设、起爆电流、网路检测。网路检测指电力起爆电雷管网路。

(7)提高操作质量。火雷管起爆要保证导火索与雷管紧密连接,雷管与药包不能脱离;电力起爆要防止漏接、错接和折断脚线,网路接地电阻不得小于 $1\times10^5\Omega$,并要经常检查开头和线路接头是否处于良好状态。要防止炸药卷连续装药时,药卷之间有泥沙、岩屑等堵塞;药卷之间要"紧接",其间隔超过殉爆距离时,会产生瞎炮。

7)瞎炮的处理

(1)经检查确认炮眼的起爆线路完好时,可重新起爆。

(2)打平行眼装药起爆,平行眼距瞎炮孔口不得小于 0.3m。为确保平行眼的方向,允许从瞎炮口取出长度不超过 20cm 的填塞物。深孔与超深孔,不宜采用此法处理瞎炮。

(3)用木制、竹制或其他不发生火星的材料制成的工具,轻轻将炮眼内大部分填塞物掏出,用聚能药包诱爆。

(4)瞎炮应在当班处理。当班不能处理或未处理完毕,应将瞎炮做上记号,在现场交接清楚,由下一班继续处理。

(5)若导爆管在孔外被打断,可以掏出仍在孔内的部分导爆管,长度为 25～30cm,接上导爆管重新起爆。

二、装运作业线

为了实现隧道的快速掘进,应重点抓好两项作业及开挖和运输,隧道内的运输工作量很大,包括在开挖面上装渣并运出洞外弃土场,即装渣、出渣与卸渣;另外,还要从洞外运进大量混凝土拌和料、钢筋网、钢拱架、模板及轨道等材料。根据统计分析,出渣作业在整个作业循环中所占的时间约为 40%～60%,因此,出渣运输能力的强弱在很大程度上影响着隧道的施工进度。

目前,国内隧道施工常用的运输作业线有三种模式:

(1)有轨装渣、有轨运输模式(简称 A 模式),适用小断面隧道,如平导。

(2)无轨装渣、有轨运输模式(简称 B 模式),适用中断面隧道,如普通铁路单线隧道,其比上述方式管理简单、快速。

(3)无轨装渣、无轨运输模式(简称 C 模式),适用大断面隧道,如普通铁路双线隧道及客运专线隧道。

但对于铁路隧道装运作业线而言,其发展趋势是以大功率装载机装渣、反铲配合,大容量运输车运输为主。运输分为有轨和无轨两种形式,无轨采用 25t 以上运输车,有轨采用 $16m^3$ 以上梭式矿车。双线隧道一般以无轨运输为主,两台装载机装渣,25t 以上运输车运输。目前,国产的运输车主要有红岩和北方奔驰,以及进口的有 VOLOV 工程车。单线隧道独头长度大于 1km 以上的,可进行有轨和无轨运输的经济比较后,再确定运输方式。一般而言,对于单线隧道独头长度超过 3km 的均应采用有轨运输。目前,有轨运输设备基本达到全面的国产化。但在前期,其一次性投入较大,且管理较无轨运输复杂。

(一)装运作业线机械设备选型配套原则

(1)设备的外形尺寸

机械设备的外形尺寸要保证其在单线隧道的作业空间内运转自如,交叉作业的机械设备应能满足相互之间安全距离的要求。

(2)机械动力性能、生产能力

每种机械设备的生产能力应与其他机械相匹配,并满足施工总工期的要求;机械动力性能要满足隧道的坡度、每循环工作量及施工环境的要求。

(3)机械适应能力强

所选的机械设备尽量适应不同的施工方案及多种环境的作业要求。

(4)机械选配的经济性

在保证工期要求的同时,应尽量降低总的设备投入成本,并选择节能型的设备。

(5)机械设备的防爆性能

隧道施工中有可能会遇到煤层及瓦斯,则机械设备应考虑采用防爆型电力设备,内燃机械不能进入工作面施工。

(6)机械的通用性、维修性好

同类机械设备应尽量采用同一厂家、同一型号的设备,以加强设备的通用、互换。国产设备质量能基本达到要求时,尽量选用国产设备,保证设备配件充足、维修方便快捷。

(7)选用低污染、低噪声设备

通风是长大隧道施工中的难题,洞内设备应选用低污染甚至无污染设备,以减少施工中的空气污染源,提供一个良好的施工环境。

(二)装渣作业机械

隧道施工中的装渣作业应根据隧道的断面大小、施工方法、机械设备及施工进度等要求综合考虑,装渣机械的选型应能满足在开挖面内高效装渣作业,装渣能力应与开挖能力及运输能力相匹配,并保证装运能力大于最大开挖能力。

装渣机械应具有移动方便,污染小,易于维修的特点。同时,应对装渣机械实行强制保养制度,装渣宜采用铲装机、隧道挖装机、立爪装岩机等电动装渣设备。当隧道长度小于 500m 时,也可采用轮式正铲侧卸装载机进行装渣。当采用立爪式轨行装岩机装渣时,应使轨道紧跟开挖面;在距开挖面 70～80m 范围内应铺设轨道,轨枕可采用 120 型槽钢代替,并应与钢轨连接成整体。

1. 出渣量计算

出渣量应为开挖后的松散渣体积,装渣数量可按下式计算:

$$Z = R \cdot \Delta \cdot L \cdot S \qquad (2\text{-}22)$$

式中：Z——单循环爆破后石渣数量(m^3)；

R——岩体膨胀系数，见表 2-57；

Δ——超挖系数，一般采用 1.15～1.25；

L——设计循环进尺(m)；

S——开挖断面面积。

岩体膨胀系数 R 值 表 2-57

岩体类别	VI		V		IV	III	II	I
土石名称	砂砾	黏性土	砂加软石	硬黏土	石质	石质	石质	石质
松膨系数	1.15	1.25	1.30	1.35	1.6	1.7	1.8	1.85

2. 装渣设备

装渣机械类型，按其装渣机构形式可分为铲斗式、蟹爪式、立爪式、耙斗式、挖斗式。铲斗式装渣机为间歇式装渣机，有前翻后卸、前卸和侧卸式 3 种卸渣方式。装渣机的行走方式有轨行式、轮胎式和履带式 3 种。

(1)挖掘装载机

采用电力和内燃两种驱动方式及全液压控制方式，配备轨道和履带两种行走机构，扒渣机构为臂式挖掘反铲，工作范围大(挖装宽度、铲斗前伸长度)，效率高，如德国夏夫 ITC312、日本夏夫 KL20ES 及国产 LW150 隧道挖掘装载机。

轨道式挖掘装载机的优点是装载完毕后，很容易随电瓶车在轨道上撤出洞外，有利于检修维护。履带式挖掘装载机的优点是在工作面移动时不受轨道的限制，有的机型还配有轨行装置，也可方便地撤出洞外。挖掘装载机一般用于单线铁路隧道或断面较小的隧道，当隧道断面大到足以使用装载机时，挖掘装载机就会让步于能力更强的装载机。

(2)立爪装岩机

立爪装岩机有轨行、履带和轮胎 3 种行走方式，采用电力驱动和液压控制，装渣能力较强，一般在 120～150m^3/h 之间，如 LZ120 等。但由于立爪装岩机的工作范围较窄，现已逐步被挖掘装载机替代。

(3)耙斗式装岩机

耙斗式装岩机适用于平巷及倾角不大于 30°的斜巷掘进装渣。按耙斗容积分类，分别适用于净断面 4.5m^2、6m^2、9m^2 的巷道掘进。其中 P30B、P60B 可增设风动推车系统，加快井下调车时间。耙斗式装岩机实际上有较强的装载能力，但要求操作十分熟练才能发挥其功能，操作劳动强度大，牵引钢丝绳容易磨损，需经常更换。

(4)钻掘装载机

钻掘装载机实际上是集开挖和装载为一体的一种设备，由于其价格较为昂贵，目前在国内使用较少。钻掘装载机与 TBM 一样，是连续开挖和装载的设备。随着国内隧道施工实力的增强，钻掘装载机也会得到逐步的应用。

(5)侧卸式装载机

侧卸式装载设备主要以各种轮胎式、履带式装载机为主，特别是轮胎式装载机以其行走快、机动灵活、技术成熟度较高、可以适应洞内外的多种工作等特点而在隧道施工中被广泛地应用。近年来，随着越来越多的国外厂家与国内厂家以合资、合作的方式生产这类产品，为我们利用国外先进的技术、设备为工程施工生产服务提供了很好的途径。

侧卸式装载机行走速度快，机动灵活，按行走方式的不同可分为轮胎式和履带式两种，如 ZL40C、ZL50C、CAT966G 轮胎式装载机，履带式有 CAT953、小浦电动装载机等。

装载机虽然有强大的功能，但其功率强大的内燃机是洞内主要的空气污染源之一，随着挖掘装载机逐步的大型化，将会与装载机在隧道施工中一争高下。

(6)挖掘机

斗容量 0.8～1.0m^3 的挖掘机可用于隧道找顶、清底作业，如 PC200、PC220 等。由于挖掘机的功能、灵活性及系列产品多，近年来扩大了其在隧道内的使用范围。例如，利用其本身的推土铲举升功能，小型挖掘机可在斜井中支平机身，从而实现挖装，在很多斜井工程施工中取代了耙斗式装岩机。由于小型挖掘机的自重在 3t 以下，可以方便地提升，在竖井施工中也经常将其用于装渣，取代靠壁式或中心回转式装岩机。

目前，铁路隧道的洞内装渣设备按行走方式分有轮胎式、轮轨式、履带式三种，按装载方式又可分为后卸式和侧卸式两种。后卸式装渣设备以各种扒渣机、挖掘装载机、耙斗机、铲斗机等为主，国产的这类设备大多生产效率在 150m^3/h 以下，有些厂家已经开始研究开发生产能力在 200m^3/h 以上的挖掘装载机。装载能力在 100m^3/h 以下的，由于作业效率不高，隧道施工中一般不考虑采用。

国外发达国家同类产品的质量、性能等多方面都较国内有很大提高，作业效率也很高，有代表性的德国产 ITC312H3 型挖掘装载机的装载能力可达到 250m^3/h 以上，可以很大程度上缩短隧道施工的出渣时间，提高隧道施工效率。但由于这类产品价格昂贵，虽然在国内隧道施工领域也有使用，但是并没有普及。国产的各种电动—液压型后卸式装载设备在质量方面与国外同类产品相比有一定差距，特别是在液压部件、动力性能方面差距尤为突出。但由于其价格相对低廉、维修方便快捷，因此在一些非重点工程或非控制作业面仍然有较多的应用。目前 ITC312H3 装载机在洛阳拖拉机厂已实现国产化，性能很好。

隧道施工中可选的有轨运输装载设备类型、主要型号及性能见表 2-58。

隧道施工中常用装渣机械类型、主要型号及性能 表 2-58

设备名称	外形尺寸：长(mm)×宽(mm)×高(mm)	功率(kW)	装载能力或斗容量	行走方式及价格(万元)	扒取高度或装载高度(m)	卸载高度(m)
LWL-150 挖掘装载机	10 180×2 130×3 120	55	150m^3/h	履带式(42)	4	1.24～2.685
LBZ-150 蟹立爪装载机	8 920×2 120×2 670	55	150m^3/h	轮轨式(32)	3.6	1.4～2.4
LZ-120 型立爪装载机	6 910×1 910×2 460	55	120m^3/h	轮轨式(26.3)	2.6	1.6～2.6
ITC312H3 挖掘装载机	12 000×2 300×3 300	90/112 电动机/内燃	250m^3/h	履带+轮轨牵引式(498.5)	6.4	2.5～3.5
WA320-3 侧卸装载机	7 250×2 900×3 335	114	2.0m^3	轮胎式(68.6)	2.8	2.8
ZL40F 侧卸装载机	7 170×2 700×3 340	118	1.8m^3	轮胎式(28.3)	2.76	3.86
ZLC40B 侧卸装载机	7 195×2 700×3 337	118	1.8m^3	轮胎式(32.3)	2.84	3.93

(三)运渣作业机械

隧道洞内运输方式分为有轨和无轨两种，应根据隧道长度、开挖方法、机具设备、运量大小等选用相应的运输方式。

有轨运输设备是铺设小型钢轨轨道，用轨道式运输车出渣进料。有轨运输大多数采用电瓶车或内燃机车牵引，有少量为人力推运，采用斗车或梭式矿车运送石渣，是一种适应性强且较为经济的运输方式。

无轨运输是采用无轨运输车出渣和进料。其优点是机动灵活，不需要铺设轨道，适用于弃渣场离洞口较远和道路纵坡度较大的场合。其缺点是由于大多采用内燃车辆，作业时在整个洞中排出废气污染洞内空气，故适用于大断面开挖和中等长度的隧道施工中，并应注意加强洞内通风。

运输设备的配套应首先考虑隧道施工环境的要求，根据技术条件与经济条件选择设备型号，在这一前提下应尽可能的选择运输量大的运输设备；在数量确定上应保证装渣设备随时保持装渣作业，不能出现装渣设备等车现象。运输设备数量的确定可以根据以下公式来计算确定：

$$t_{运} = t_{装}(N_c - 1) \tag{2-23}$$

式中：$t_{运}$——每台运输设备在运输途中（往返）所用时间(min)；

$t_{装}$——装渣设备装满一台运输设备所用时间(min)；

N_c——运输设备总台数。

$$t_{运} = t_1 + t_2 + t_3 + t_4 \tag{2-24}$$

式中：t_1——重车洞内行驶时间(min)；

t_2——重车洞外行驶时间(min)；

t_3——轻车空载洞外行驶时间(min)；

t_4——轻车空载洞内行驶时间(min)。

根据隧道施工隧道内行车安全要求，隧道内轻、重型车均应限速行驶，为计算方便，在隧道外可将轻型车与重型车视为同等速度行驶，故可得到下式：

$$t_{运} = 2t_1 + 2t_2 = 2\left(\frac{L_1}{v_1} + \frac{L_2}{v_2}\right) \tag{2-25}$$

式中：L_1——隧道开挖长度(m)；

L_2——隧道洞口至弃渣场距离(m)；

v_1——轻、重型车隧道内行驶速度(m/min)；

v_2——轻、重型车隧道外行驶速度(m/min)。

一般情况下，无轨运输汽车在隧道内行驶的速度为 15km/h，在隧道外为 30km/h；有轨运输方式下运输设备的正常行驶速度为 12km/h，过道岔的速度为 5km/h。合并公式(2-23)与公式(2-25)可以得到等式(2-26)。

$$2\left(\frac{L_1}{v_1} + \frac{L_2}{v_2}\right) = t_{装}(N_c - 1) \tag{2-26}$$

从式(2-26)中可以看出，L_1、L_2、$t_{装}$、v_1、v_2 都是确定的数，使运输设备的数量确定变得简单、合理，并且可以根据工程的进度情况实现运输设备的动态配置，从而使运输设备的配置更趋合理、经济。

1. 有轨运输

1)运输车辆

常用的轨道式运输车辆有斗车、梭式矿车等。

(1)斗车

斗车结构简单、使用方便、适应性强、经济性较好。按其容量大小可分为小型斗车（容量小于 3m^3）和大型斗车（单车容量可达 20m^3），采用动力机车牵引。

(2)梭式矿车

目前，国内长大隧道施工中有轨运输设备主要为梭式矿车，并正在向大容量重载运输的方向发展。国内的梭式矿车生产厂家不多，但已经形成了多个系列，各个系列的性能各不相同，容积从 4～20m^3 不等。虽然国内生产的梭式矿车质量比不上英、日等国家的产品，但也基本能够满足隧道施工的要求，综合考虑施工成本、生产能力、设备故障率及维修及时性等因素，仍以选择国产梭式矿车为宜。

梭式矿车主要由整体式车箱、传动机构和转向架等部分组成。输送机为刮板式，设有装渣移动挡板，由石渣推动挡板前移，卸车将挡板带间装渣端，可在轨道正前方或侧面卸渣。卸车处要求铺设岔道双线。

梭式矿车一般专用于单线隧道或小断面隧道的运输。其本身具有的在长车厢内输渣功能是专门为配合装岩机使用的。在小断面隧道内各装运设备串列式布置作业。梭式矿车还可串列转渣，由一辆机车牵引两辆梭式矿车。梭式矿车主要用于铁路隧道、水工涵洞、地下矿平巷和军事洞室等工程掘进施工，是一种高效的出渣运输设备。它由机车牵引，与凿岩台车、装岩机等配套使用，组成平巷掘进机械化作业线。由于梭式矿车本身具有自卸料功能，故在卸料场不需配置辅助卸料设备，但需在料堆的上方卸渣。随着渣堆的延伸不断前移卸渣点，非常灵活，特别适宜于中短隧道施工。用于长隧时，由于土石方量大，洞外需汽车转渣，则梭式矿车一般有固定的卸渣点。

近年来，梭式矿车正逐步向大型化发展，由过去 $8m^3$、$12m^3$ 发展到现在的 $16m^3$ 和 $20m^3$。采用大容量梭式矿车增大了运输量，可以减少设备数量，缩短出渣工序时间。

容积分别为 $14m^3$、$16m^3$、$20m^3$ 的三种梭式矿车的主要性能特点见表 2-59。

不同规格梭式矿车主要性能对比 表 2-59

型号	容积 (m^3)	载重 (t)	轨距 (mm)	装载高度 (mm)	卸载时间 (min)	功率 (kW)	最小转弯半径(m)	适应钢轨	适应断面 (m)	外形尺寸 (mm)
SS14B 单涡轮	14	26	900 762	1 080	2	18.5	15	P24 以上	3.5×3.5	11 255×1 710×2 275
SS16DB 双涡轮	16	30	900 762	1 220	2	2×22	15	P38 以上	4.3×4.3	12 840×1 580×2 490
S20B 双涡轮	20	40	900 762	1 410	3.2	2×22	20	P43 以上	5×5	16 000×1 750×2 500

(3)侧卸式矿车

小型($6m^3$ 以下)侧卸式矿车一般用于斜井施工，由提升机牵引，可与凿岩钻机、装岩机和矿石溜开闸门放料系统配套结合装料，矿石块度不超过 500mm，根据矿车的负载容积，装料后经牵引动力引至(运行速度不超过 1m/s)专用曲轨卸料机构。当车箱翻至水平成最大卸料角度时，车门也开到最大程度。这时矿车卸料已全部完成。返回时，矿车通过曲轨门又自动关闭到位。

大型侧卸式矿车一般用于盾构或 TBM 施工，5～10 节侧卸式矿车编组成列车，由大吨位的机车牵引。列车在盾构或 TBM 后配套内的带式输送机出料口下接料，在洞外由辅助设备协助侧卸。

(4)整体式矿车及翻车机

整体式矿车一般用于盾构或 TBM 施工，5～10 节侧卸式矿车编组成列车，由大吨位的机车牵引。列车在盾构或 TBM 后配套内的带式输送机出料口下接料，在洞外由翻车机整体翻转 180°卸渣。

2)牵引机车

常用的牵引机车有电瓶机车、内燃机车两种，主要用于纵坡度不大的隧道施工运输牵引。当采用小型斗车在坡度较缓的短隧道中施工时，还可以采用人力推运。

电瓶车牵引的优点是无废气污染，但电瓶需充电，能力有限，必要时可增加电瓶车台数，以保证行车速度和运输能力等。内燃机车牵引能力较大，但会增加洞内噪声和废气污染，故需加强隧道内通风。

为减小污染，长大隧道施工中的运输牵引设备通常选择电力机车(电瓶车)，目前国内常用的牵引机车规格有 8t、10t、12t、16t 等几种。电瓶车的情况与梭式矿车相似，虽然国内产品的质量与其他发达国家相比仍有一定差距，但已经能够满足隧道施工的基本要求，且维修方便、迅速，因而较多工程仍选择国产电瓶车作为隧道的牵引设备。

目前应用较多的牵引电动机车有直流蓄电池工矿机车、直交变频蓄电池工矿机车。直流蓄电池 Xk 系列电动机车，结构合理、防爆性能可靠、牵引力大、运载能力强、维修方便，是铁路隧道施工采用有轨运输方式，矿山平巷开采运输应用较多的牵引设备。

随着微电技术的发展，为了提高电瓶车的牵引能力，中铁隧道股份有限公司开发出直交流变频电动机车，克服了直流机车换挡时的扭矩波动较大、制动结构复杂、串激电动机碳刷与换向器日常维保工作量大等不足。直交流变频电动机车依靠变频器输出的可变频率进行调速，起动及调速过程不消耗额外的电能。直交流机车比直流机车节省能源(35%左右)，在长下坡道上重载下坡，其制动的可靠性尤显突出。机车的黏重吨位有 8t、12t、15t、18t、25t、35t、45t 等系列产品。每种黏重吨位的机车有 762mm 和 900mm 两种轨距规格。

3)过轨梁

过轨梁主要用于单线铁路隧道施工运输。在围岩较差的情况下，基础浇注的厚度在 1m 左右。

如果落底紧跟着开挖，而且为全断面落底，则轨道需要有一个坡度轨梁过渡，并把轨道托悬在浇注段上。过轨梁可以为自行式，由于其复杂且笨重，故很少采用。现场多用简易人工移动的过轨梁，虽然简单，甚至说不上是设备还是机具，但却是使单线铁路隧道施工工序最合理化的设备。

4)浮放轨及道岔

由于隧道不断地向前开挖，紧跟开挖面的道岔位置需要不断跟随前移，固定道岔十分不适用，因此发明了浮放道岔，不断跟随前移，用于有轨车辆调度，浮放道岔上直线轨长度一般大于矿车2倍轴距。

5)有轨运输作业的相关规定

(1)机动车牵引不得超载。

(2)车辆装渣的高度不超过斗车顶面40cm，装载宽度不超过车宽。

(3)列车连接必须良好。利用机车进行车辆的润车、编组和停留或人力推运斗车时，必须有可靠的制动装置，严禁溜放。

(4)车辆在同方向行驶时，两组列车间的距离不得小于60m；人力推斗车时，间距不得小于20m。

(5)在洞内施工地段、视线不良的弯道上或通过道岔和洞口平交道等处，机动车牵引的列车运行速度不宜超过5km/h；在其他地段，在采取有效的安全措施后，最大速度不应超过15km/h。

(6)轨道旁的料堆，距钢轨外缘不应小于50cm，高度不大于100cm。

(7)长隧道施工应有载人列车供工人上下班使用，并应制订保证安全的措施。

6)有轨式运输线路的铺设标准和要求

(1)钢轨人力推运时，采用单位长度钢轨质量不应小于8kg/m；机动车牵行时，钢轨不宜小于24kg/m。钢轨配件、夹板、螺栓必须按标准配齐。

(2)道岔型号应与钢轨类型相配。机动车宜选用较大的型号，并安装转辙器。

(3)轨枕的间距不宜大于70cm，长度为轨距加60cm。轨枕的上下面应平整。在道岔处应铺设长轨枕。道床的道砟厚度不宜小于15cm。

(4)平曲线半径在洞内不应小于机动车或车辆轴距的7倍，洞外不应小于10倍。

(5)线间距：双道线间距应保持两列车的净距大于20cm，错车道处应大于40cm。

(6)车辆距坑道壁或支撑边缘的净距应不小于20cm，单道一侧的人行道宽度不应小于70cm。

(7)轨道纵坡：洞内人力推车时不宜大于1.5%，机动车牵引时不宜大于2.5%，皮带运输时不宜大于25%。洞外卸渣线末端应设0.5%～1.0%的上坡段，有利于重型车减速停车和空车起动。

(8)线路铺设的轨距允许误差为：+6mm，-4mm。曲线地段应按规定加宽和设超高，必要时加设轨距拉杆；直线地段应两轨平整。钢轨接头处应并排铺设两根枕木，保持平顺，连接配件应齐全牢固。

(9)当采用新型轨式机械设备时，线路铺设标准应符合机械规格、性能要求，保证运输安全。

7)运输轨道和运输组织

隧道施工中，出渣和进料有赖于轨式运输能力的提高，也有赖于洞内与洞外轨道的合理布置，并保持轨道的良好质量，以及周密的运输管理和运输组织等。

(1)洞内轨道的布置形式

①单线运输(图2-96)。其运输能力较低，常用于地质条件较差或小断面开挖的隧道中。为调车方便和提高运输能力，在整个单线线路上，根据隧道的长短，合理地布设错车道、调车设备、加岔线和岔道等。会让车道的距离应根据装渣作业时间和行车速度计算确定。

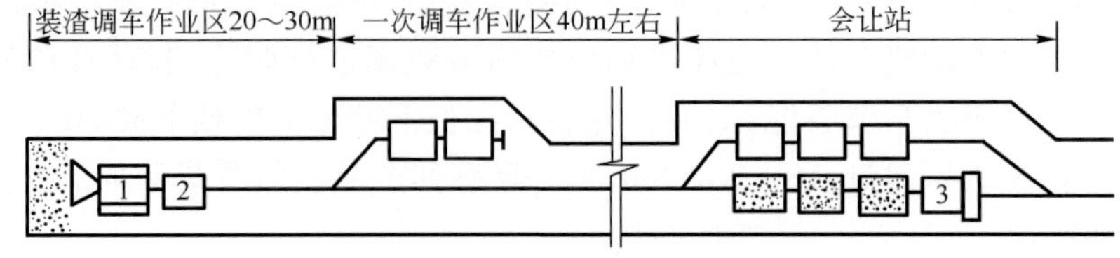

图2-96　单线运输示意图

1-装岩机；2-矿车；3-电瓶车(电力机车)

②双线轨道运输(图 2-97)。进出车分道行驶,不需要避让等待,运输能力比单线轨道大。为了调车方便,应在两线间合理布设渡线。渡线距离应很据工序安排及运输调车需要来确定,一般间距为 100～200m,或更长一些,并每隔 2～3 组渡线,设置一组反向渡线。

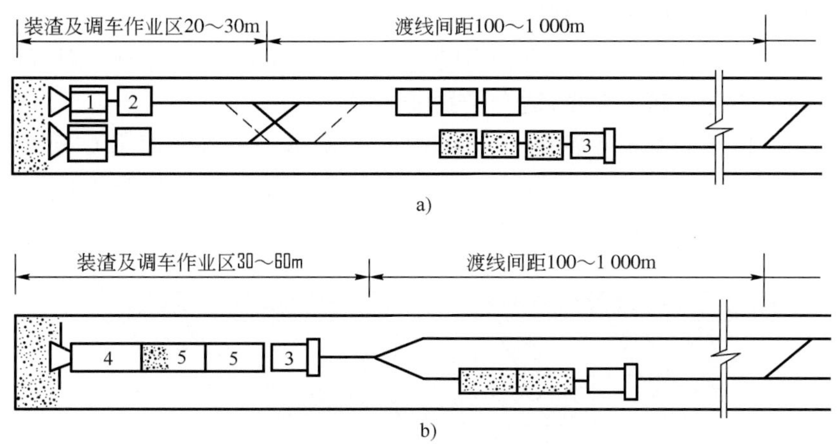

图 2-97 双线运输示意图

1-装岩机;2-矿车;3-电瓶车(电力机车);4-挖装机;5-梭式矿车

(2)洞口外轨道的布置

洞口外轨道的布置包括卸车线、错车线、上料线、修理线、机车整备线等专用线及调车场等。卸车线应搭设卸渣码头,其重型车方向应设置一段 0.5%～1.0%的上坡道,并在轨道端加设车挡,以保证卸渣列车安全等。其他各线均应满足施工使用要求。

(3)运输组织管理

隧道施工洞内各个工序都需要出渣与进料。若洞外、洞内运输工作组织管理不好,就必然会造成车辆积压、堵塞轨道等混乱现象,致使石渣运不出洞、材料运不进洞,直接影响各工序的正常施工。运输组织管理的重点是要抓好两个主要环节:一是要编制和优化列车运行图,以减少避让等待时间和提高运输能力;二是要建立健全行之有效的运输调度和管理制度,同时加强安全运输管理,并设专人养护运输线路。

2. 无轨运输

隧道用无轨运输车多为燃油式动力、自卸车,主要用于洞内无轨运输,载质量从 5～25t,还有铰接式双向驾驶车辆,与装载机或装渣机配合。一般要求选用级重自重比大、体形尺寸较小、机动灵活、自卸、配有废气净化器、能与装渣机能力相配套的运输车,可充分发挥各自的工作效率及提高整体作业能力,加快隧道施工掘进速度。

关于洞内转向,可以考虑局部扩大洞径、设置车辆转向站或设置机械式转向盘等处理措施。

洞内无轨自卸汽车运输道路,宜铺设简易路面,道路的宽度及行车速度应符合下列要求:

(1)单车道净宽不得小于车辆宽加 2m,并应相隔适当距离设置错车道;双车道净宽不得小于 2 倍车宽加 2.3m;会车视距宜为 40m。

(2)行车速度,在施工作业地段和错车时不应大于 10km/h,成洞地段不宜大于 20km/h。

(3)运输线路或道路应经常保持平整、畅通,道路两侧的废渣和余料应随时清除,以保证洞内洞外运输安全。

(四)三种装运渣机械配套模式

1. 装运渣机械配套模式分类

利用平导超前,进行长隧短打的施工方法修建长大山岭隧道已被广大的设计及施工人员所接受,在此种工程中,平导及超前导坑受断面及通风限制,只能采用有轨装渣、有轨运输模式(A 模式);对于独头掘进长度超 3km 的普通铁路单线隧道而言(中断面),由于断面的限制,常采用无轨装渣、有轨运输模式(B 模式);但对独头掘进长度小于 3km 的普通铁路单线隧道,目前亦可采用无轨装渣、无轨运输模式(C 模式)。对于大断面的普通双线隧道及客专隧道,则较多地采用无轨装渣、无轨运输模式(C 模式)。

有轨装渣、有轨运输模式(A 模式):轮轨式多功能台架+一台 LW-150 挖装机+电瓶车+梭式矿车+四轨双线(轨距 762mm)。

无轨装渣、有轨运输模式(B 模式):轮式或轮轨式多功能台架+轮式正装侧卸式装载机 +电瓶车+梭式矿车+四轨双线或两轨单线(轨距 762mm)。

以上两种模式均配以大风量风机、大直径风管进行压入式通风,并且上述三种模式均立足于国产定型设备,生产技术成熟,零配件较为充裕,适合于我国国情。

某长隧道进出口工区正洞及平导各设一个主攻面,正洞第一主攻面使用 C 模式进行全断面开挖,平导及超前导坑均使用 A 模式进行小断面开挖,超前导坑作为正洞的一个辅助工作面进行掘进。

进、出口工区各工作面装运渣模式示如图 2-98 所示。

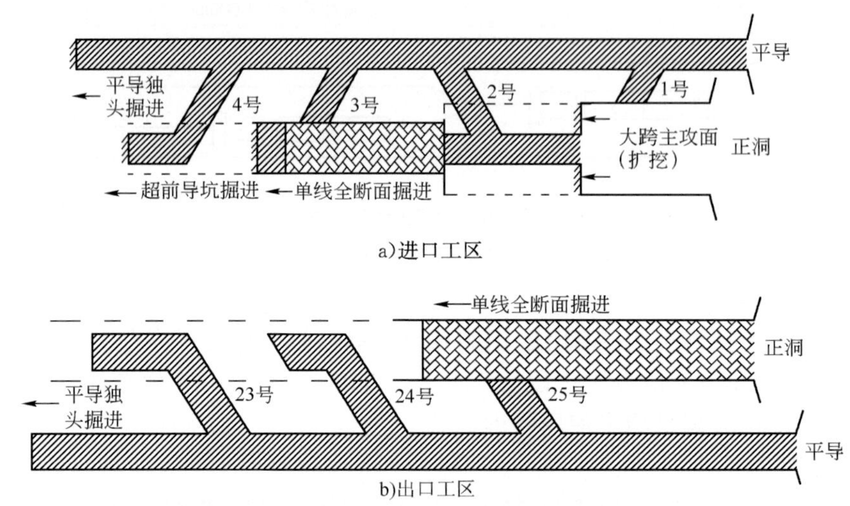

图 2-98 进、出口工区各工作面装运渣模式示意图

2.各装运渣机械配套模式掘进速度分析

1)A 模式——有轨装渣、有轨运输模式

A 模式机械配置一般为:轮轨式多功能台架或简易人工组合台架+一台 LW-150 挖装机+CDX-14 电瓶车+S16 梭式矿车+四轨双线(轨距 762mm),由于隧道断面较小,该模式主要是使用一台小型挖装机进行装渣,轨道布置在隧道的中央,A 模式洞内机械、轨道平面及剖面布置如图 2-99 所示。

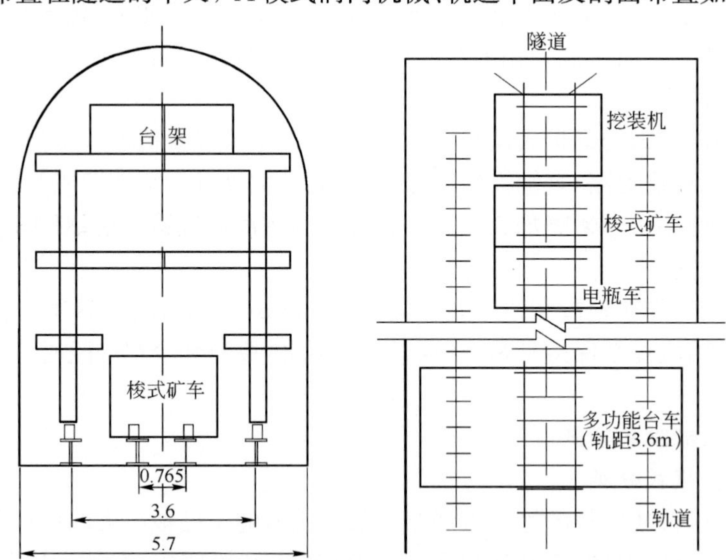

图 2-99 A 模式洞内机械、轨道平面及剖面布置示意图(尺寸单位:m)

根据观测结果,采用各种模式钻爆前的准备时间及钻爆过程时间基本相同,仅有的不同是装渣时间。无论是在平导或是在正洞施工中,一台挖装机装满体积为 16m^3 的梭式矿车将耗时 15min,与装载

机相比，装满一车所需时间要多 3min，可是由于装载机灵活机动，特别是能快速地移动装渣，这一优点是轮轨式挖装机所不能比的，因此装载机 4～5h 即可完成的装渣任务，挖装机耗时却达 8～10h，装渣时间延长，循环时间增加，致使日进尺不佳。

A 模式应用于小断面的平导中，由于所需装渣高度及宽度均不大，不需要左右大范围内移动装渣及清理较高处掌子面松渣，故其使用效果甚佳。但将 A 模式应用于中断面的单线隧道，由于其清理掌子面高度不够，需要待台架就位后，人工清理掌子面，台架再撤离后，才能清底渣，故而浪费了大量宝贵的循环时间。因此，与 B 模式相比，A 模式的主要缺点是工作高度及宽度不够，致使装渣时间延长；其优点是对洞内空气的污染较轻，适用于瓦斯地段，且机械设备的投入量亦不大。

仍以上述某隧道的平导施工为对象进行不同装运机械配套模式掘进分析。

上述某隧道的平导施工中均使用 A 模式，出口工区机械配置形式为：人工组合简易台架＋一台 LW-150 挖装机＋CDXT1-12 电瓶车＋S14B 梭式矿车＋两轨单线(24kg/m)。而进口工区平导机械配置为重型有轨运输系统：CDX-14 电瓶车＋S16 梭式矿车＋两轨单线(38kg/m)。因此，与进口工区相比，出口工区有轨运输系统配置要弱于进口工区，但出口工区平导后期的掘进速度并不慢，并不低于进口工区平导的掘进速度。两工区平导月掘进长度对比如图 2-100 所示。

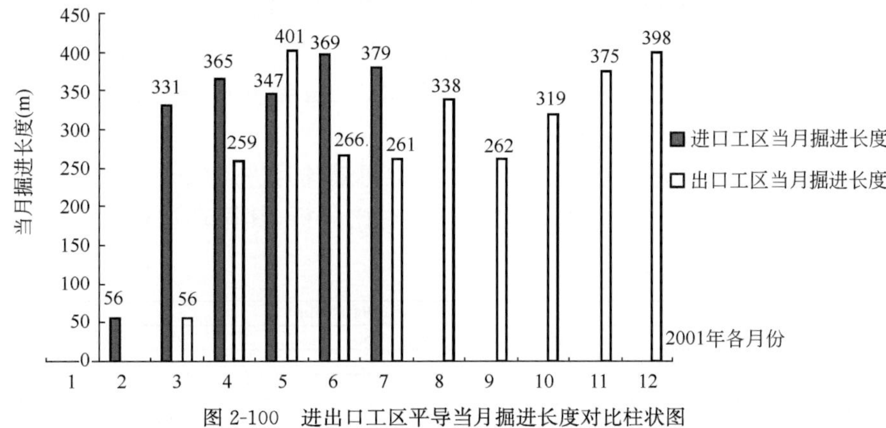

图 2-100 进出口工区平导当月掘进长度对比柱状图

从图 2-107 中可以看出，在前 2 000m 的平导掘进过程中，进口工区月平均掘进速度要高于出口工区，进口工区平导在前 6 个月中共掘进了 1 874m，月平均掘进速度在 312m/月以上，而出口工区平导在前 7 个月中总共掘进 1 843m，月平均掘进速度在 263m/月以上。但考虑到进口工区石质软，工人钻爆经验丰富，特别是其固有的高效管理模式发挥了作用，而出口工区石质坚硬、机械配置弱等，进口工区能在前 2 000m 的平导掘进中所取得的较高掘进速度就不足为奇了。

但是在独头掘进距离超过了 2 000m 后，出口工区平导的月掘进速度不降反升，在第 8～10(2001 年 8～10 月)三个月份中，月掘进长度均连续超过了 300m，平均月掘进速度达到了 364m/月，且还有向前发展的趋势。出口工区平导在独头掘进距离超过了 2 000m 后仍能取得如此好的成绩，课题组经分析认为，其主要采取了以下几个方面的措施：

①工序衔接紧密。该分队实行三班作业制，每班无论工作多长时间，均以钻爆完两个循环为限，两个循环的渣量出完后即完成当天的工作。各钻爆工班均需提前 1h 进洞，在爆渣未出完前，即开始钻爆前的准备工作。施工时，应尽量使各工序平行作业，以最大限度的压缩循环时间。

②采用上下楔形掏槽技术。在小断面平导掘进过程中，过去常常在断面的下部进行水平楔形掏槽，这样由于平导宽度的限制，使得长钻杆的角度很难摆开，例如在 3.6m 宽的平导中，若采用爆破效果较好的水平楔形掏槽，只能采用 2.5m 或 3m 的钻杆掏槽，爆破进尺最多能达到 2.5m；而采用上下楔形掏槽时，由于不存在掏槽时钻杆角度摆放问题，故可以突破开挖进尺 $L=(0.5\sim0.7)$ 的开挖断面最小宽度的传统做法，采用 3.5m 和 4.0m 的钻杆进行掏槽，从而取得循环进尺 3.0m 或 3.5m 的好成绩。因此，采用上下楔形掏槽技术，在小断面中实行中深孔(大于 3m)掘进是出口工区平导实施快速掘进的技术关键。若使用 3.5m 钻杆掏槽，3.0m 的钻杆掘进，每循环进尺可控制在 2.6～3.0m，使得日平均掘进速度

达到 14～16m，最大日掘进速度提高到 18.5m。

③能快速地根据石质变化调整钻爆参数，从而在较短的循环时间内，取得较好的循环进尺。当石质脆且节理裂隙较多时，可将平导全断面炮眼总数减少，个数控制在 40～50 个，掘进眼深增加到3.5m，从而使掘进进尺达到 3.2m，并且仍可将循环时间控制在 4h 左右；当石质较硬时，则马上恢复到 3.0m 钻杆掘进，炮眼总数增加到 50～60，将循环进尺控制在 2.4～2.8m，确保循环时间仍控制在 4h 左右，保证每天 5～6 个循环，日进尺超过 12m。

④使用两台移动式空压机，且将移动式空压机移进洞内，进行洞内供风。该两台空压机为上海英格索兰压缩机有限公司制造，额定排气压为 0.7MPa，能保证相距数百米外的工作面 10 台风钻用风量。

与出口工区采用 A 模式快速施工相比，进口工区主要在钻爆图示的选用、调整及空压机的选用等方面的工作做得不够，两个工区施工管理力度大致相同，并且进口工区在运输系统配置方面还占有一定的优势，但出口工区却以其主观能动性弥补运输系统配置的劣势，这主要表现在：在进出口工区平导前 2 000m 距离内，进口工区石质较软可钻爆性好，而出口工区则石质较硬，可钻爆性一般；进口工区机械配置好，特别是工人的熟练程度、钻爆经验及领导层的管理水平均在国内具有领先水平，使得其钻爆月掘进速度大于出口工区月均掘进速度。但随着平导掘进长度的增加(大于 2 000m)，出口工区石质的钻爆性发生了变化，再加上工人的钻爆技术水平逐渐提高，以及使用移动式空压机进行洞内供风等，使得出口工区的日均进尺超过了 12m，月均掘进速度达到了 364m/月。因此，在外部条件，即平导断面、石质的钻爆性、掘进距离等相同的情况下，进口工区若仍采用 2.5m 钻杆水平楔形掏槽，洞外采用固定式空压机供风，则其掘进速度将要低于出口工区。

为了证明以上观点，现选取进口工区 2001 年 7 月取得最佳月进尺(396m)的循环时间，与进口工区 2001 年 12 月取得最佳月进尺(400m)的循环时间进行对比分析，其循环过程时间曲线对比如图 2-101 所示。

时 段	工作内容	作业循环时间(min) 30 60 90 120 150 180 210 240 270	合计
开钻前准备	①接换轨	10	0.5h 0.5h
	②台车就位	10	
	③测量放线	10	
钻爆过程	①钻眼	60　95	2.1h 2.7h
	②吹孔	15　15	
	③装药	30　30	
	④爆破	10　10	
	⑤通风	10　10	
装渣过程	①纯装渣	40　49	0.9h 1.2h
	②待机	15　25	
备注	——	进口工区平导循环时间为3.5h，日循环数为6.9个；若循环进尺为2.1m，则日掘进速度为14.5m/d，月掘进速度为435m/月。若乘以循环时间影响系数0.9，则月平均掘进速度达到392m/月，这一结果与进口平导7月份实际掘进速度396m/月是相等的	
	——	出口工区平导循环时间为4.35h，日循环数为5.5个；若循环进尺为2.7m，则日掘进速度达到14.85m/d，月掘进速度为446m/月。若乘以循环时间影响系数0.9，则月平均掘进速度将达到401m/月，这一结果与12月份实际掘进速度398m/月是基本相同的	

图 2-101　进出口工区平导钻爆循环时间对比图

从图 2-101 中可以看出，进出口工区平导开钻前准备时间基本相同。钻爆过程时间则由于出口工区采用 3.5m 钻杆上下楔形掏槽，大多数孔深均达到了 3m，与进口工区相比，使得钻眼工序多用了半个小时。装渣过程时间由于出口工区每循环进尺大，使得爆渣方量亦比进口多，按 2.7m 的循环进尺计算，出口工区平导 2001 年 12 月份每循环松渣方量为 13.85×2.7×1.5＝56.09m^3，若梭式矿车装载量为 11m^3，则需装 5 车渣。实际上，由于出口工区采用的是 24kg/m 轻轨运输系统，为了确保梭式矿车不跳道，以及保证梭式矿车跳道后容易处理，14m^3 的梭式矿车基本上未装满，实际每循环爆渣需装 6～7 台梭式矿车才能完成，因此出口工区平导梭式矿车的满载率只有 57%～67%左右，远低于进口工区(重型有轨运输系统)约 90%的梭式矿车满载率；由于每台梭式矿车只能装渣 14×0.67＝9.4m^3，梭式矿车装渣时间短，实测装渣速度约为 7min/梭式矿车，则纯装渣过程需耗时为 7×7＝49min。进口工区平导 2001 年 7 月份每循环松渣方量为 13.85×2.1×1.5＝43.6m^3，若每 16m^3 梭式矿车装载实渣为 14m^3，则每循环爆渣需装 3～4 台梭式矿车，计算结果与实际运渣梭式矿车数相符，实测装渣速度约为 10min/梭式矿车，则纯装渣过程需耗时为 10×4＝40min。将两个工区平导的纯装渣时间相比(进口为 40min，出口为 49min)，两者基本相同，差别不大，这主要是由于两个平导均使用同型号、同功率挖装机。在装渣时间段，另一个区别在于装载机的待机时间不同，所谓待机，即是指梭式矿车离开掌子面到达错车道及下一梭式矿车由错车道至掌子面的时间之和，在此时间段，挖装机处于等待状态，出口工区需装载的梭式矿车数较多，使得挖装机待机时间延长，按每台梭式矿车均等机时间 3.5min 计算，则出口工区平导每循环将待机约 25min，进口工区平导每循环将待机约 15min，故出口工区每循环装渣比进口工区多用时约 20min。

综合比较可知，在地质条件基本相同的条件下，进口工区平导每米掘进需耗时约 100min，而出口工区每米掘进需耗时 97min，因此，出口工区 2001 年 12 月份的循环时间应该略优于进口工区同年 7 月份的循环时间。

但无论如何，在断面为 20m^2 左右的长大隧道，平导快速施工采用 A 模式进行装运渣机械配套，能达到较高的掘进速度，月平均掘进速度可达 260m/月以上。

2)B 模式——无轨装渣、有轨运输模式

在普通长大铁路单线隧道全断面施工中，由于隧道开挖宽度在 5.1～6.5m，ZLC-40B 轮胎正装侧卸式装载机宽度为 2.15m，运行宽度为 2.4m，16m^3 的梭式矿车及 14t 电瓶车运行宽度为 1.6m，并考虑到最小开挖宽度为 5.1m 这一因素，仍旧可以将轨道布置在隧道的一侧，另一侧则供装载机来回卸渣。也就是将无轨装渣与有轨运输的优点结合起来，应用于长大铁路单线隧道全断面法或微台阶法施工中，或导洞超前后续扩挖法施工中。B 模式洞内机械、轨道平面及剖面布置如图 2-102 所示。

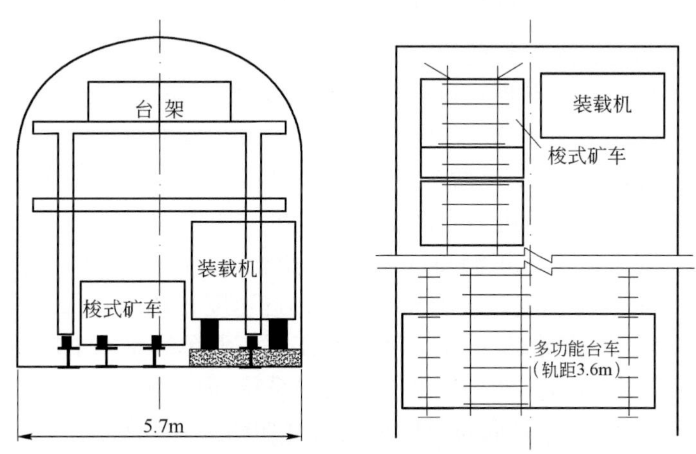

图 2-102 B 模式洞内机械、轨道平面及剖面布置示意图

近年来，B 模式应用得越来越广泛，其主要特点是：使用了高效率、机动灵活的正装侧卸式装渣机，其不仅装渣速度快，清理掌子面高度高，还能帮助多功能台架迅速就位等，同时结合使用有轨运输机械，还具有少污染环境、降低运输成本等优点。其循环时间如前所述，即采用 B 模式进行铁路单线隧道全断面掘进，在围岩稳定、不进行喷锚网支护的情况下，月掘进进尺可达 210～240m/月，在喷锚网支护的情况下，仍可达到 120m/月。B 模式仍可采用四轨二线制，轨轮式多功能台架与运输车辆各行其道，互不干扰，不需要道岔进行调度。并且，以当前的制造工艺及材质，进行计算机辅助设计，可以将多功能台架设计得更加坚固而轻便，使其仅依靠装载机的牵引，或利用装载机微托而行走，则在该模式中，可取消布置在隧道外侧、供多功能台架行走的两条轨道，并且取消了多功能台架自身的行走系统，而仅利用装载机使多功能台架撤离与快速定位。根据施工现场统计资料，多功能台架定位是每循环中最不稳定的耗时因素，而采用装载机牵引的轮式多功能台架，因其不会出现掉道等现象，台架定位耗时基本上能控制在 30min 以内，从而能达到快速施工的目的。

据实测数据，分别对A、B两种模式在单线施工中的循环参数进行综合统计分析，对比结果列于表2-60中。

A、B模式循环参数统计分析对比表 表2-60

配套模式	每循环均耗时(h)	日循环数	平均影响循环时间率(%)	最大影响因素	月均进尺(m/月)	优 缺 点
A	19.6	1.2	25.3	台架定位、清渣高度不够	93.6	污染小，适合煤层瓦斯地带；装渣高度、宽度均不够
B	12.4	1.95	10.1	台架定位	152.1	装渣速度快、彻底，不需要二次清渣；污染稍大，不适合于瓦斯隧道

A、B模式的循环耗时及掘进进尺，均是在施工喷锚网支护、人力资源基本相同的条件下进行对比的，具有较强的可比性。由表2-60可知，在中等断面条件下，B模式的装运渣速度要远大于A模式，故只要断面许可，应尽可能按B模式组织装运渣作业。

B模式在洞内的轨道布置如图2-103所示。铺设双轨单线，每300m设一组会车线，会车线长度80m；开挖工作面、衬砌工作面前各设一副道岔，随着施工长度的增加和前移，仰拱填充工作面设移动式栈桥。

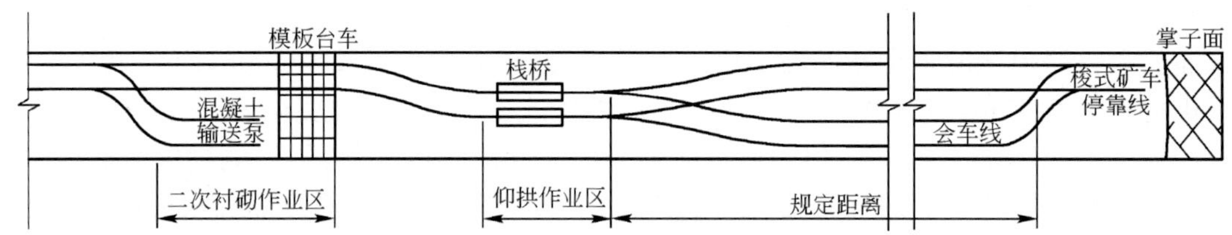

图2-103 B模式正洞轨道平面布置

仍以上述某隧道的正洞施工为对象进行不同装运机械配套模式掘进分析。

出口工区正洞第一主攻面使用B模式进行开挖，即轮轨式多功能台架＋ZLC-50C正装侧卸式装载机＋CDXT1-12电瓶车＋S14B梭式矿车＋4轨双线(24kg/m)，与进口工区正洞单线第一主攻面相比，其机械配置略有不同，主要区别仍在于运输系统，也就是进口工区正洞采用重型有轨运输系统，出口工区采用轻型有轨运输系统。前面已对进口工区正洞单线第一主攻面掘进速度进行了分析，得出的结论是：若不进行喷锚网支护，则进口工区正洞单线全断面钻爆施工每循环耗时为9.2h，日循环数将达到2.6个，每循环进尺为2.6m，则日掘进进尺为6.8m，月掘进速度将达到204m/月，乘以10%的循环时间影响系数，则实际月掘进速度将达到182m/月。而出口工区正洞单线第一主攻面，由于其围岩稳定，喷混凝土支护不占用掌子面循环时间，虽然使用轻型有轨运输系统，但其掘进速度仍达到或超过了183m/月。出口工区，自开工掘进至2001年12月底每月的掘进长度如图2-104所示。

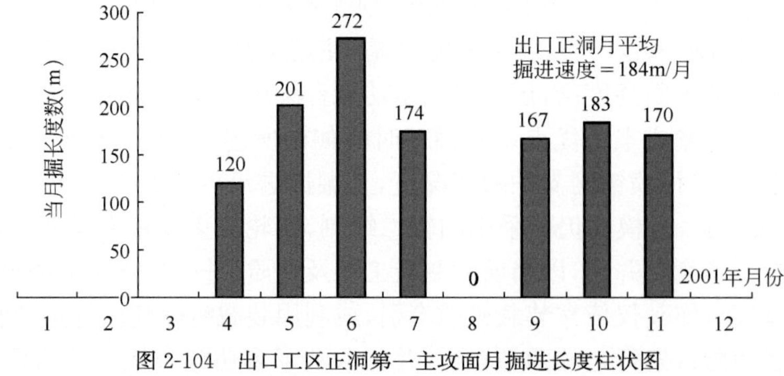

图2-104 出口工区正洞第一主攻面月掘进长度柱状图

从图2-104中可以得知，出口工区正洞第一主攻面掘进速度几乎与进口工区正洞单线第一主攻面在不需要支护的情况下的掘进速度相同，前者计算结果为182m/月(未考虑支护)，后者实际月掘进速度为183m/月，其原因何在？现对出口工区正洞第一主攻面的掘进时间分析如下：

①开钻前准备时间。该段时间基本上同进口工区，耗时在 90min 左右。同样，由于使用轮轨式多功能台架，该段时间的波动性与不确定性较大。

②钻爆时间与进口工区不同。出口工区正洞由于围岩稳定，采用 3.5m 钻杆钻凿掘进眼，4.0m 钻杆钻凿水平楔形掏槽眼，使得单孔钻眼时间延长至 22min，全断面共计 128 个炮眼，分配约 20 台风钻钻凿，则每风头需钻凿 6.4 个炮眼，耗时平均将达到 140.8min，即出口工区正洞单线全断面钻眼耗时约为 140.8min；而出口工区正洞单线第一主攻面由于石质软，全断面共计 104 个炮眼，分配 13 台风钻钻凿，钻眼工序耗时达到 180min，比出口工区多用时约 40min。进出口正洞单线第一主攻面吹眼、装药、起爆、通风的时间基本相同，约为 70min，也就是出口工区正洞第一主攻面全断面钻爆工程时间为 140.8＋70＝210.8min，约为 3.5h。

③装渣过程时间。出口工区使用 14m³ 梭式矿车装运渣，若满载率按 67％计算，则每台梭式矿车可装渣 10m³；装渣机械为 ZLC-50C 型装载机，其斗容量约为 2m³，平均 5～6 铲斗将梭式矿车装满，若装载机以 1.5min/斗的速度装渣，则将梭式矿车装满耗时约需 8min；同理，按 48.5m² 计算正洞断面面积，循环进尺为 2.9m，则每循环爆渣为 48.5×2.9＝140.7m³，再乘以松渣系数 1.5，则每循环需外运石渣方量约为 1.5×140.7＝211m³，按每台梭式矿车装渣 10m³ 计算，则需装渣约 211÷10＝21 车(基本上与实际相符)；若不计装载机待机时间，假设其能连续装渣，则 211m³ 的松渣外运需要 8×22＝176min；电瓶车以 7km/h 的速度行走，横通道间距以 350m 计，则从横通道至工作面平均距离为 350÷2＝175m，负载电瓶车从掌子面到达横通道，以及空载电瓶车从横通道至掌子面，需要 0.175÷5×2＝0.05h＝3min，也就是装载机在装渣过程中，需要待机 3×22＝66min。故整个装渣耗时总计为 66＋176＝242min，近 4h。

综上所述，出口工区正洞单线第一主攻面全断面钻爆施工时，每循环至少需时为 90＋210＋242＝542min，近 9h，则日循环数将达到 2.7 个；若按循环进尺 2.9m 计算，则采用全断面法施工的单线正洞最大日掘进速度将达到 7.8m/日，月掘进速度将达到 234m/月。

出口工区由于采用的是轻型有轨运输系统，循环时间影响系数取值要大于重型有轨运输系统，若取值为 20％，则出口工区正洞第一主攻面全断面钻爆月掘进速度会达到 234×0.8＝187m/月，与实际月平均掘进速度 184m/月基本一致。

采用 B 模式施工的进(无支护)出口工区正洞单线第一主攻面循环时间对比图表如图 2-105 所示。

时段	工作内容	作业循环时间(min) 60　120　180　240　300　360　420　480　540　600　660　720　780	合计
开钻前准备	①接换轨	20	1.5h 1.5h
	②台车就位	30	
	③测量放线	20	
	④找顶	20	
钻爆过程	①钻眼	140.8　180	3.5h 4.2h
	②吹孔	10　10	
	③装药	30　30	
	④爆破	10　10	
	⑤通风	20　20	
装渣过程	①纯装渣	176　168	4.0h 3.5h
	②待机	66　42	
支护过程	喷锚网		
备注	—	出口工区正洞单线第一主攻面全断面爆破掘进时，在所有机械工作正常、围岩稳定无支护的情况下，循环时间为9.0h，则日循环数达到2.7个，若循环进尺为2.9m，则日掘进速度达到7.8m/d，月掘进速度达到234m/月。若乘以轻轨运输系统循环时间影响系数0.8，则月平均掘进速度达到187m/月是正常的。这一结果与实际掘进速度是相符的	
	—	进口工区正洞单线第一主攻面全断面爆破掘进时，在所有机械工作正常、不考虑支护循环时间的情况下，则钻装运循环时间为9.2h，日循环数将达到2.6个，若循环进尺为2.6m，则日掘进速度达到6.8m/d，月掘进速度达到204m/月。若乘以重轨运输系统循环时间影响系数0.9，则月平均掘进速度将达到184m/月。这一结果基本上与出口工区实际掘进速度相同	

图 2-105　进出口工区单线全断面钻爆无支护循环时间对比图

从图 2-105 中可以看出，进口工区由于采用了重型有轨运输系统，使得装渣速度比出口工区提前了近 30min，但由于石质软，以及需要控制超挖量，采用 3.0m 钻杆钻凿掘进，且使用 13～14 台风钻，与出口工区全断面钻爆开挖使用 20 台风钻相比，其钻爆过程时间反而增加了 40min，使得采用重型有轨运输系统的进口工区循环耗时比出口工区多用 10min；再加上出口工区循环进尺要比进口工区循环进尺高 0.3m 左右，使得出口工区的掘进速度要高于进口工区。但是，另一方面，由于进出口工区使用的运输系统不同，使得循环时间影响系数亦不相同，进口配置重型有轨运输系统，循环时间的影响系数要小一些，而出口工区则稍大，从而再次使得进出口工区的月掘进速度基本相近(进口未考虑支护时间)。

总之，由于正洞单线爆破石渣方量较多，使得重型有轨运输系统在装渣过程中具有明显优势。但对于石渣方量较少的平导，重型有轨运输系统的优势未明显发挥出来。另外，装渣仅占循环时间的一部分，还可以采用多上风钻的办法来缩短钻爆过程时间，以弥补运输系统耗时量过大的不足。还有一个更重要的因素，是可以通过加强对轻型轨道系统的维护，确保轻轨运输系统的畅通无阻。例如，出口工区平导分队采用了以下几条措施，将轻型有轨运输系统对循环时间的影响系数控制在 10%以下，具体措施为：

①成立专门的轨道养护班，不间断对长约 3 000m 的轻型轨道进行维修及养护。

②将轨枕埋于地表下，仅使轨顶面露出地面且与地面平行，即使梭式矿车跳道，亦会在离轨顶面不远处且与轨顶面齐平的地面上。

③各电瓶车均随车携带两个钢板，在梭式矿车跳道后(离轨道不远且与轨顶面齐平)，可以很方便的将钢板置于车轮下作铺垫，较快地将梭式矿车牵引到轨道上来，从而达到快速复位的目的。

④轻载慢跑。由于 $14m^3$ 梭式矿车满载率不到 70%，即使发生跳道现象，由于实际荷载比设计荷载减少许多，仍可快速对梭式矿车进行复位。实践证明，将梭式矿车车速控制在 6km/h，能减少跳道现象的发生。

⑤配足平导每循环爆渣所需的梭式矿车数，不需要待某一梭式矿车卸渣后，再返回掌子面装渣，并且不急于让重车出洞，重车在会车道待空车进入掌子面且会车道处还有一空车后再驶入下一会车道等待，以确保掌子面有一梭式矿车装渣及离掌子面最近处的会车道处有一空车等待驶入掌子面，以此减少梭式矿车满载快跑的可能性，并且最大限度地发挥挖装机的工作效率。

3)C 模式——无轨装渣、无轨运输模式

单线铁路长大隧道一般多采用有轨运输施工，并形成了一整套成熟的有轨运输施工机械化配套技术，其最大的优点是适合于中、小断面施工，且无废气排放，能保证隧道内空气质量，其缺点在于一次性投入成本较高，人工组织费用大，维修费用高。而无轨运输施工则更加灵活，相对成本较低。对于独头掘进 3km 以内的单线铁路隧道，从工期和成本的角度考虑，可选用无轨运输方案。

在 C 模式断面隧道施工中，其装渣方式有两种，一种是采用侧卸式装载机进行装渣，另一种是采用德国产 ITC312H3 型挖掘装载机进行装渣。现对采用 C 模式中不同装渣方式组织施工的普通铁路单线隧道掘进速度分析如下：

(1)装载机装渣模式

某普通铁路单线隧道的断面在 $50m^2$ 左右，需要独头掘进约 2km。

①设备选型。施工机械配置与施工方法相配套，与施工工期相适应，施工机械配置的生产能力大于均衡施工的能力，均衡生产能力应大于施工进度指标要求，同时应注重经济合理，科学发挥机械的总体效率。

a.开挖设备　本隧道仍采用常规的多功能台架配合人工钻爆开挖的方法，开挖拟采用 YT28 风钻为主要施工机具。隧道 IV 级围岩断面面积为 $52m^2$，多功能台架设计为 3 层，可合理布置 15 台风钻，每个作业人员的工作空间平均为 $3.4m^2$，以保证作业效率最佳。每个口配置 5 台 $20m^3$ 空压机，保证开挖与喷射混凝土工序能平行作业。

b.装运设备　合理选择装运设备是快速施工的关键。装渣与运输机械选型应遵循挖、装、运机械能力协调配套的原则，其运输机械配置能力不应小于挖装能力的 1.2 倍。由于需要独头掘进长度在

2km左右，在项目策划时摒弃了有轨运输方案，而选择成本较低的无轨运输方案。根据现场配型试验，选用柳工ZL50C装载机装渣，东风5t自卸汽车运输，小松PC130短臂挖掘机配合。各装运设备的技术参数如表2-61所示。

装运设备技术参数表

表2-61

参数＼名称	柳工ZL50C装载机	东风5t自卸汽车	小松PC130短臂挖掘机
车长(m)	8.034	6.39	7.6
车宽(m)	2.75	2.3	2.5
车高(m)	3.483	2.7	2.8
斗宽(m)	2.976		
最大牵引力(kN)	160		
最大掘起力(kN)	167		
额定载质量(kg)	5 000	5 000	
铲斗额定容量(m^3)	3		0.53

经过对柳工ZL40C和柳工ZL50C两种型号装载机的比较可知，ZL50C装载机的力量、性能更佳，适合于隧道内出渣，因此选择柳工ZL50C装载机装渣。考虑到铁路单线隧道小断面的特点，小松PC130短臂挖掘机机身小巧，方便灵活，适于勾齐头和仰拱检底的需要。

对出渣车辆的选择需考虑以下几个因素：

由于本隧道断面宽度最小只有5.76m，而装载机斗宽为3m，为满足装渣需要，出渣车宽度受到限制，考虑出渣车与装载机之间，以及装载机、车辆与隧道边墙之间的最小空间后，出渣车辆的宽度不宜超过2.3m，否则将难以实现正常装渣。

隧道正洞最大坡度为1.31%，横洞最大坡度为5.3%，坡度均较小，对出渣车辆的爬坡能力要求不高。

隧道围岩以泥岩为主，局部夹砂岩，两种岩石均为软岩，尤其泥岩更甚，遇水成泥，强度大大低于花岗岩、石灰岩，装渣时不易砸坏车厢厢体，因此对出渣车辆的车厢强度要求不高。

机动灵活，能适应单线隧道小断面的特点。经比较，选择了东风5t自卸汽车(单桥)，它能满足上述要求。

②出渣耗时及最大配备车辆数量分析。选取典型的Ⅳ级围岩施工参数进行计算，单线隧道断面面积为$52m^2$，施工单循环进尺以2.7m计算，考虑泥岩松渣系数为1.3，则虚方为：$52\times2.7\times1.3=182.5m^3$。

5t出渣车辆每次装运量约为$2.5m^3$/车，则每循环共需装运车次为：$182.5\div2.5=73$车次。

洞内汽车行驶速度按10km/h计算，平均运距按1km计算(最大独头掘进距离为2km)。装载机单斗容量在$2m^3$左右，基本上1～2铲斗即可装满一渣车，故将装车时间计为2min。

工作面距最近的调头洞平均距离按100m计算(两调头洞间距约为150m)，洞口至距工作面最近的调头洞之间正向行驶，该调头洞至工作面之间车辆倒退行驶，倒退行驶时速度按5km/h计算，则车辆自调头洞至工作面倒退行驶时间约为$0.1\div5=0.02h=1.2min$。正向行驶时速度按10km/h计算，则车辆自工作面倒退行驶至调头洞时间约为$0.1\div10=0.02h=0.6min$。

a.每循环出渣耗时计算　工作面爆破后，要确保在最短的时间内将渣出完，则需要距工作面上最近的调头洞至工作面之间有一辆渣车在运行或正在接受装渣，该段时间由距工作面最近的调头洞至工作面耗时、装载机装渣耗时、工作面满载石渣车辆正向行驶至调头洞耗时组成。1号车离开距工作面最近的调头后，2号车应立即倒退至工作面装渣，如此循环至工作面上的石渣完全运出。调头洞可利用隧道内设计的大避车洞扩挖而成，间距 150m 左右。即 1 号车自调头洞倒退至正向离开该调头洞的时间为每循环装渣时间的控制时间，该时间愈长，则单循环出渣时间愈长。

由上述计算可知，车辆自调头洞倒退至工作面耗时约为 1.2min，装渣时间约为 2min，自工作面正向行驶至最近调头洞时间约为 0.6min，此段时间共需要约 3.8min。

假设有足够车辆，并能保证调头洞至工作面之间有车在运行或装渣，并由上述计算知每循环渣共需要约 73 车才能出完，则出渣耗时约为 73×3.8＝277.4min，共需耗时约 4.6h，即需要约 4.6h 才能将单循环石渣完全出完。

b. 所需运渣设备最大数量计算　由上述条件可计算运渣车自调头洞正向离开，至渣场距离按 2 500km计算，则其单程行走时间 t_1＝2 500÷166.7＝15min（行速 10km/h＝166.7m/min），途中过检底栈桥 3 次，t_2＝3min，卸渣按 2min 计，则其至最近工作面的调头洞往返一次需时为 $t_3=2(t_1+t_2)+2=2\times(15+3)+2=38$min，则平均出一车渣需时 38min。

由上述计算可知，1 号车自最抵近工作面的调头洞倒退至工作面装渣至离开该调头洞耗时约为 3.8min，然后其自调头洞正向行驶至渣场卸渣后返回至调头洞耗时约为 38min，则在该 38min 内可由 38/3.8＝10 辆车至工作面装渣才能不致窝工，才能让工作面上装载机不间断地工作，亦即至少需要 10＋1＝11 辆车才能满足装渣需要。另外，还需要考虑 1～2 辆备用车，故总数在 13 辆左右是合适的。

③运输组织。为达到快速施工的目的，必须保持运输通畅，减少相互干扰，因此，运输组织显得十分重要。它主要体现在以下 3 个方面：开挖面的出渣运输，仰拱填充、边墙施工的混凝土运输，二次衬砌拱墙施工的混凝土运输。

a. 隧道开挖宽度可满足双车道通行的要求，隧道内大避车洞设计为每间隔 150m 左右错开设置，利用大避车洞加宽 2m 加深 3m，作为车辆及挖装设备的调头洞室。出渣时，汽车在距开挖面最近的一个大避车洞内调头，倒退至掌子面附近完成装渣作业。后续出渣车辆从大避车洞调头后在掌子面附近等候，保证装渣连续作业。

b. 受单线铁路隧道开挖宽度的限制，洞内运输条件较差，采用仰拱栈桥全幅施工时必须保证开挖面与二次衬砌平行作业，不应影响运输车辆的通行，所以仰拱施工应错开掌子面出渣及喷浆的时间，尽量选择在打眼时浇筑仰拱混凝土。

c. 二次衬砌拱墙混凝土施工要保证与开挖面平行作业，由于衬砌后的净宽仅为 4.8m，且两侧有水沟，无法实现双车并行，将混凝土输送泵放置在二次衬砌往开挖面方向距离最近的大避车洞位置，保证二次衬砌混凝土浇注时出渣车辆能顺利通行。同时，每间隔 300m 的大避车洞位置预留一模（11.9m）不作衬砌，以便车辆会让及调头。二次衬砌施作完成后将模板台车倒退回来，对未衬砌的调头洞地段进行补衬。

洞内出渣运输组织示意如图 2-106 所示。

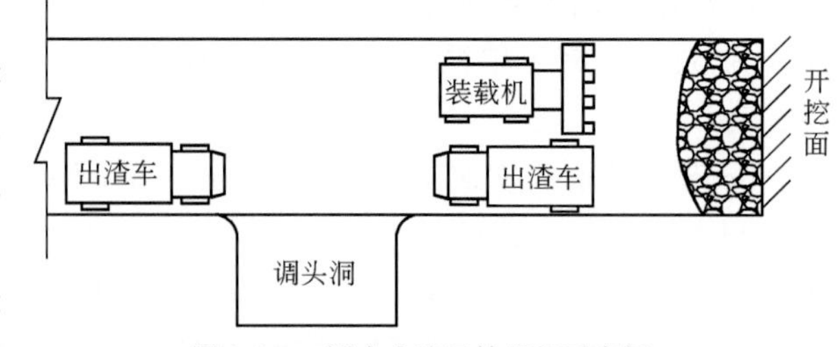

图 2-106　洞内出渣运输组织示意图

④基本结论。采用 B 模式进行普通单线隧道快速掘进时，其月掘进速度实际在 180m/月左右，其装渣耗时约为 4h。而采用 C 模式装渣机装渣组织施工时，其装渣耗时约为 4.6h，在其他工序耗时情况下，采用 C 模式装渣机装渣组织普通单线隧道快速掘进时，其月掘进速度可能仅在 150m/月左右。

但由于 B 模式中不可预见的影响因素较多，特别是有轨车辆跳道影响循环时间，其在施工中的月掘进速度亦常在 150m/月左右。相比可知，由于无轨运输时影响因素一般为可预见的，且较少，其实际进度指标与计算目标值相差不大。即与有轨运输相比，采用 C 模式（无轨运输）的月平均掘进速度约为 150m/月，与 B 模式实际进度相差不大，但由于其运营成本、管理成本、前期投入等较低，在中断面隧道施工中还是有一定的优势。

另外，对于断面较大、渣量较大的普通铁路双线及客专隧道，若采用 B 模式，则会大增加出渣时间，此时，采用 C 模式优势会更加明显。

(2)TC312 挖装机装渣模式

某普通铁路单线隧道的开挖断面在 52m² 左右,需要独头掘进约 2km。

①配套原则:

a. 配套设备的生产能力应满足快速掘进的要求。

b. 配套的设备数量应满足规定循环时间的需求。

c. 主要的设备按 100%备用,以保证有足够完好数量的设备供使用。

d. 配套设备外形尺寸要满足洞内最小限界——模板台车内净空 3.2m(宽)×3.7m(高)的要求。

②设备选型。按配套原则,主要装运渣设备选型如下:

a. 装渣设备　装渣设备选用德国产 ITC312 装渣机,该机性能稳定,理论产量 $A_S=250m^3/h$;具有内燃和电力两种工作方式,内燃功率为 112kW,电力功率为 90kW。

b. 运渣设备　运渣设备选用国产 8t 自卸汽车,每车装运松渣约 5m³。

装运设备按无轨运输模式进行配套:多功能平台+手风钻+ITC312 装渣机+8t 自卸汽车+错车道。

③出渣耗时及最大配备车辆数量分析。洞内运输距离 0~2km,平均运距 1km。

工作面距最近的调头洞平均距离按 100m 计算(两调头洞相距约为 150m),洞内汽车规定正向行驶速度为 10km/h,倒退行驶速度为 5km/h,则自调头洞至工作面倒退行驶时间约为 0.1÷5=0.02h=1.2min。车辆自工作面正向行驶至调头洞时间约为 0.1÷10=0.02h=0.6min。

ITC312 实际装渣能力按 200m³/h 计算,则约 5m³ 渣需要约 5÷200=0.025h=1.5min 装完,考虑定位等影响因素,装渣时间计为 2min。

由上述计算可知,车辆自调头洞倒退至工作面耗时约 1.2min,装渣时间约 2min,自工作面正向行驶至最近调头洞时间约 0.6min,此段时间共需要约 3.8min。

正洞 IV 级围岩设计开挖断面 55.39m²,全断面一次开挖约 52m²(底部仰拱未一次开挖到位),平均每循环进尺按 2.7m 计,取石渣的松散系数为 1.3,则每循环石渣的松方数量:$V=52\times2.7\times1.3=182.5m^3$。需要出渣约 182.5÷5=36.5 车次,约 37 车。

卸车时间按 2min 计算。

a. 每循环出渣耗时计算　同样需要距工作面上最近的调头洞至工作面之间有一辆渣车在运行或正在接受装渣。

由现场实测可知,车辆自调头洞倒退至工作面由 ITC312 装渣并驶离调头洞耗时约 3.8min。

而由上述计算可知,每循环渣共需要约 37 车才能出完,则出渣耗时约为 37×3.8=140.6min,共需耗时约 2.3h,即需要约 2.3h 才能将单循环石渣完全出完。

b. 装渣机械装渣能力校核　循环出渣时间约为 2.3h,均衡配套能力储备系数取 1.2,则单位时间出渣量:$A_0=1.2\times182.5\div2.3=95.2m^3/h$,选用 ITC312 装渣能力 $A_S=250m^3/h$,即 $A_S>A_0$,能满足快速装渣要求。

c. 所需运渣设备最大数量计算　由上述条件可计算运渣车自调头洞正向离开,其至渣场距离按 2 500km计算,则其单程行走时间 $t_1=2\,500/166.7=15min$(行速 10km/h=166.7m/min),途中过检底栈桥 3 次,$t_2=3min$,卸渣按 2min 计,则其至最近工作面的调头洞往返一次需时为 $t_3=2\times(t_1+t_2)+2=2\times(15+3)+2=38min$,则平均出一车渣需时 38min。

由上述计算可知,渣车自最抵近工作面的调头洞倒退至工作面装渣至离开该调头洞耗时约为 3.8min,然后其自调头洞正向行驶至渣场卸渣后返回至调头洞耗时约为 38min,则在该 38min 内需约 10 辆车(38÷3.8=10 辆)至工作面装渣才能不致窝工,才能让工作面上装载机不间断地工作。也就是至少需要 10+1=11 辆车才能满足装渣需要。另外,还需要考虑 1~2 辆备用车,故总数在 12 辆左右是合适的。

由以上计算可知,选用 ITC312 装渣机装渣,配 8t 自卸汽车,每班保证不少于 11 辆车出渣,方能满足2.3h完成一个循环(进尺 2.7m)的出渣要求。

④基本结论。同样是 C 模式,并且装载机与 ITC312 装渣速度基本相同,但由于不需要考虑出渣车

与装渣车平行作业所带来的宽度限制，可以对后者采用较大型的渣车进行出渣，一车出渣量较多，在相同渣量的情况下，其出渣时间减少是必然的，并且能减少车辆在洞内运行的总趟数，达到减少污染的目的。

该隧道进行C模式（ITC312挖装机装渣）配套后，所取得的主要经济技术指标如下：2001年5～11月共7个月内实际完成成洞1 394.3m，平均月成洞199.2m，最高月成洞270.74m；7个月实际完成开挖约1 577.6m，平均月开挖约225.4m，最高月独头全断面开挖273.2m。

3.结论

（1）隧道能否快速施工主要取决于装运渣设备的配置和管理。在设备配置上，不仅要体现设备的先进性和稳定性，更重要的是要体现配套的合理性，对于单线隧道无轨运输，ITC312装渣机是目前最理想的装渣设备。若条件允许，应尽量采用无轨运渣设备，其成本低、机动灵活、效率高。

（2）设备配置上不能一味地贪大求洋，在满足建设方工期、质量、安全要求的前提下，应尽量少投入、多产出，均衡生产。

（3）对小断面平导采用A模式（有轨装渣、有轨运输）组织装运施工具有较大的优势。对于大断面（如普通铁路双线、客专隧道）则应尽可能采用C模式（无轨装渣、无轨运输）。对于中断面且独头掘进长度超过3km的隧道，建议按B模式组织装运作业；对于独头掘进长度小3km的隧道，建议配合挖装机按C模式组织装运作业。

（五）皮带运输机出渣

在国内钻爆法施工的隧道中采用皮带运输机出渣方式，尚无成功先例，只是在大瑶山隧道中有过应用，当时由于爆破岩块较大，破岩没空间，影响作业面施工，故取消。而在煤炭行业中采用皮带运输机与轨道相结合的运输系统，经多年的使用与改进，已逐渐完善和成熟，但其应用于隧道施工尚有许多工作有待研究。目前，在欧美国家，皮带运输机出渣技术已趋于成熟，美国80%的工程项目采用皮带运输机出渣，欧洲长大隧道用TBM掘进机施工，渣块小而均匀，也大都采用皮带运输机出渣。国外在长大隧道中大多采用皮带运输机出渣系统与汽车运输作为辅助运输的运输方式，且单洞掘进居多，这种运输方式具有系统简单、便于维护的特点。

1.皮带机运输方案总体设计

隧道施工采用皮带机运输方案的大体流程是：爆破石渣→挖装机装渣→破碎机破碎→移动皮带机运输→连续皮带机运输→洞外。

皮带机出渣工作流程：由挖装机将渣土装到移动破碎站上，小于200mm的石渣漏入其下部的移动皮带机上，大于200mm的石渣向下输送到破碎机内，进行破碎，达到要求的粒径后也进入排料机，由排料机转到移动皮带机，穿过仰拱施工区、二次衬砌施工区到达连续皮带机，由连续皮带机将渣土直接输送到出口洞外。

2.TBM开挖用皮带机运输方式的优点

（1）出渣具有连续性，大大节约出渣时间。

（2）施工管理较为简单，劳动强度低，人员少。

（3）不会产生污染，降低了对通风机和风管的要求。

（4）由于具有对不同直径隧道工程的广泛适应性，皮带机运输系统具有较高的再利用价值。

（5）皮带运输机运转是连续不断的，出渣能力强。

（6）出渣任务由皮带运输机承担，轨道只承担进料和人员的运输任务，大大减轻轨道运输的负荷。

（7）皮带运输机采用电力作为能源，将电能直接转化为机械能，一方面能源效率高，另一方面电力供应要比燃油可靠，价格也较低。

（8）电能没有污染，能减轻长距离通风的负担。

（9）皮带机可以悬挂在隧道顶部，也可以悬挂在边墙上，占用的空间很小。

（10）从连续皮带运输机在TBM施工中的应用来看，对于长距离隧道施工其有较大的效益优势。

3. 移动式破碎站

移动式破碎站由棒条振动给料机、颚式破碎机、排料机、机架组成。将破碎机与喂料机、排料机做成一体机，如图 2-107 所示，安装在一个液压驱动的轨道自行式工作平台上，驱动液压马达具有停车制动功能。工作平台设 4 个液压支腿，行走时将支腿收起，操纵液压马达使平台行走，工作时将支腿放下撑于地面。

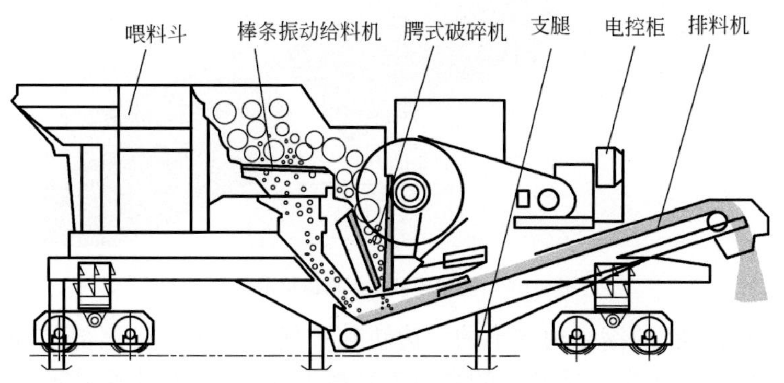

图 2-107 移动式破碎站

棒条振动给料机暂时按 1.5～2m 长度考虑，前端高，后端低，小倾角，在振动的作用下，使大于 300mm 的石渣滑入破碎机，小于 300mm 的石渣漏到下部的排料机上直接运到移动皮带机。

本系统要求的破碎机要达到以下几个目的：破碎机工作可靠，故障率低，维修方便；体积小、质量轻，以利于在隧道内的移动；破碎能力满足 150m³/h 以上的破碎量；破碎后颗粒不需要太细，基本达到 300mm 左右，适合皮带机运输即可，破碎太细将增大破碎成本，降低破碎效率。

一般颚式破碎机的体积大，质量大，振动大，不利于隧道内的使用。

但有一款中外合作新式腭式破碎机改变了传统腭式破碎机的这些缺点，可以满足要求，如洛阳大华重型机械厂生产的 ASJ-E 系列腭式破碎机（中日合作）。

破碎机的降尘、降噪方面：在破碎机的进料口和出料口设置高压水雾，在进料口设两道遮挡橡胶条，对破碎机进行降尘、降噪处理，确保破碎机工作区域的空气的清洁。

4. 皮带运输机

(1)皮带机安装

皮带机按额定运输能力 250m³/h、最大运输能力 330m³/h 进行设计，预计可在 2h 左右完成一个循环的出渣任务（循环进尺按 3m 计）。分别考虑 3km 和 5km 的长度进行动力设计，兼顾不同长度的隧道施工需求，节约电力和设备成本。皮带运行速度有两种，分别为低速和高速，低速为 1m/s，高速为 3～4m/s。

皮带机采用支架式安装，安装于隧道左侧地面上。前端的导向滚筒锚于地面，每 36m 向前延伸一次。延伸皮带机架时将皮带张紧松开，用 10t（厂家提供 5km 长连续皮带机的驱动力的 30%）的卷扬机将导向滚筒装置向前拖，拖到位后，再用地锚固定。由于移动皮带机与连续皮带机重叠 36m，因此每开挖 36m 后，重叠的皮带已经使用完，此时需要延伸皮带机机架，用卷扬机将连续皮带机的机尾向前拖动 36m，皮带储存仓中的皮带就放出 72m 皮带，在延伸的皮带中安装皮带机机架及支撑滚筒，完成后，把固定装置与预埋好的地锚相连。

皮带机的储存装置设置在皮带机尾部下方。储存容量为 500m，皮带硫化一次可供隧道开挖 250m。皮带机的驱动装置和张紧装置安装在洞外 100m 处，便于皮带的延伸硫化及设备的保养维修。

(2)皮带机的组成及主要功能

隧道连续皮带输送机由皮带输送机尾部、皮带存储及张紧机构、皮带输送机驱动装置、助力驱动装置、皮带托滚及支架、调心轮、皮带输送机卸载机构、输送带、变频控制系统、拉索、皮带硫化机等组成，其详细构造见图 2-108。

皮带输送机尾部：一是装渣功能，石渣由斜井底破碎后转载到斜井连续皮带机上；二是延伸功能，皮带机尾部通过油缸固定在硫化皮带机上并由其拖拉供修补皮带时使用，调整油缸可保证皮带机的对中，皮带机安装机架和托轮采用一次安装完成，支撑皮带。

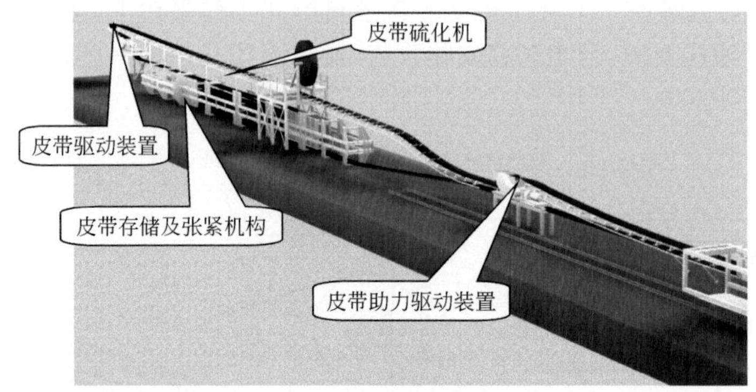

图 2-108　隧道连续皮带输送机示意图

皮带机是由被称为“边轨”的钢结构支承的。边轨和平托辊在皮带机尾部前面加入，当皮带机尾部被拉向前越过边轨后，再通过皮带机尾部上的窗口安装槽形托辊，在皮带机尾部就可以看到边轨和槽形托辊，由破碎后转载来的渣石下载到斜井中的连续皮带机上。

皮带存储及张紧机构：经过张拉的皮带穿过存储装置，这个装置使皮带前后进行搭接。可以存放的皮带量与整个存储装置长度成正比。电动张拉小车经由绳索和皮带轮系统使皮带处于恒定张紧状态。设计的皮带储存机构可以在皮带起动期间提高至要求的张紧度，在皮带达到一定速度时再降低张紧自动开关，使皮带张紧度降低以减小皮带磨损。

皮带输送机驱动装置是皮带输送机的动力机构，靠近皮带卸料端，功率为 315kW。

皮带输送机助力装置设置于斜井中部，目的是减少皮带张力，功率为 315kW。

皮带输送机控制系统是为了在起动时与驱动装置相协调，并自动调节皮带的张紧，由连续输送机系统 PLC 控制，PLC 位于皮带输送机驱动装置内。隧道皮带为抗磨损皮带，宽度为 800mm。

皮带硫化设备：斜井皮带因磨损而断裂时，需要在皮带储存机构内装入新的皮带，此时，需把原有皮带切开，加入新皮带，在新皮带的两端与旧皮带进行硫化连接，以保证皮带机继续延伸。

(3)皮带输送机机型选择

①皮带技术特征和主要技术参数：

a. 胶带宽度有 500mm、650mm、800mm、1 000mm、1 200mm、1 400mm 共 6 种。

b. 驱动功率有 1.5～200kW，共 12 种。

c. 带速有 0.8m/s、1.0m/s、1.25m/s、1.6m/s、2.0m/s、2.5m/s、3.15m/s、4.0m/s 共 8 种。

d. 输送量，参见表 2-62 皮带输送机带宽与输送量配置表(物料容量为 1.0t/s，输送机倾角 $\beta\leqslant6°$、物料堆积角为 30°)。

皮带输送机带宽与输送量配置表　　表 2-62

断面形式	带速(m/s)	带宽 B(mm)					
		500	650	800	1 000	1 200	1 400
		输送量 Q(t/h)					
槽形	0.8	78	131	—	—	—	—
	1	97	164	278	435	655	891
	1.25	122	206	348	544	819	1 115
	1.6	156	264	455	696	1 048	1 427
	2	191	323	546	853	1 284	1 748
	2.5	232	391	661	1 033	1 556	2 118
	3.15	—	—	824	1 233	1 858	2 528
	4	—	—	—	—	2 202	2 996

e. 输送最大倾角，参见表 2-63 皮带输送机向上输送最大限制倾角表(向下输送时允许最大角为表中之值的 80%)。

皮带输送机向上输送最大限制倾角表 表 2-63

物料名称	β	物料名称	β	物料名称	β
块煤	18°	20～40mm 油母页岩	20°	湿砂	23°
原煤	20°	0～1 200mm 油母页岩	22°	盐	20°
煤粉	21°	干松泥土	20°	型砂	24°
筛分后的焦炭	17°	湿土	20°～23°	废砂	20°
0～25mm 焦炭	18°	湿精矿(含水 12%)	20°	未筛分的石块	18°
0～3mm 焦炭	20°	干精矿	18°	水泥	20°
0～350mm 矿石	16°	筛分后的石灰石	12°	块状黏土	15°～18°
0～120mm 矿石	18°	干砂	15°	粉状黏土	22°
0～60mm 矿石	20°	混有踩石的砂	18°～20°		
0～80mm 矿石	18°	采石场的砂	20°		

②皮带输送机的选型。选用宽度为 800mm 的皮带，带速为 1m/s，工作能力为 100～278t/h。

洞内、外皮带机工作图片如图 2-109 所示。

图 2-109 洞外皮带输送机工作图片

(4)皮带运输机输送能力和破碎机的校核

一般正洞主要工作面进度指标至少要求在 150m/月以上，辅助工作面进度指标至少要求在 80m/月以上，换算日进度指标分别为 5.3m/d、2.8m/d(每月按 28d 计)，主皮带机运送渣量为 2 个主要工作面、1 个辅助工作面的总渣量，则共计需要日运送渣量约 $2\times5.3\times52\times1.5+2.8\times52\times1.5=1\,045.2m^3$，该渣量总重约 2 822t，皮带机按每天出渣时间 15h 计算，则每小时需要运渣约 188.1t，满足皮带输送机额定运输能力 $250m^3/h$ 的要求。

皮带输送机带宽一般为 800mm，输送能力在 100～278t/h 之间。

石渣的破碎能力也要达到 188t/h，一台 600×900 腭式破碎机的破碎能力为 80～250t/h，可以满足要求。但考虑到故障、维修、卡料等因素，需备用一台，也可同时使用。

(六)卸渣作业

卸渣作业的安排与卸渣场码头的设置，应能适应每个洞口出渣高峰期的需要，根据卸渣场地地形条件、弃渣利用情况、车辆类型，妥善布置卸渣线和卸渣设备，提高卸渣速度，尽量减少调车时间，做到安全、有效、快速卸渣。卸渣场应结合当地自然环境、水土保持、人文景观、运输条件、弃渣利用等因素综合考虑，卸渣场应做好挡墙护坡、排水系统、绿化覆盖等配套设施。

有轨运输进行卸渣时，卸渣线路应设安全线，并设置 1%～3%的上坡道，卸渣码头应搭设牢固，并设有挂钩、栏杆及车挡装置，防止溜车。

卸渣设备的选型应与运输机械相匹配。使用侧卸式矿车或大型矿车运渣时，应配置自动卸渣设备，以提高卸渣速度。

三、初期支护作业线

隧道开挖后，出现了岩石临空面，改变了围岩的应力状态，产生了趋向隧道内的变形位移。同时，由于开挖扰动及随时间推移的变形量的增长，又降低了围岩的强度。当围岩应力超过围岩强度时，围岩的变形发展过大，从而造成失稳。其表现通常为围岩向洞内的挤入、张裂、沿结构面滑动，最后甚至发生坍塌。围岩的变形是个动态过程。对于坚硬稳固的围岩，开挖成洞后其强度足以承受重分布后的应力，因而不致有失稳之虞。但对于破碎、软弱围岩，开挖后随着暴露时间的增加，变形也会随着发展，就会造成失稳。尤其是在隧道拱部、洞口、交岔洞及围岩呈大面积平板状且结构面发达的部位，更易失稳。

因此，为了有效地约束和控制围岩的变形，增强围岩的稳定性，防止塌方，保证施工和运营作业的安全，必须及时、可靠地进行临时支护和永久支护。临时支护的种类很多，按材料的不同和支护原理的不同，有木支撑、钢支撑、钢木混合支撑、钢筋混凝土支撑，锚杆支护、喷射混凝土支护、锚喷联合支护等。永久支护一般是采用混凝土衬砌。

隧道开挖后，在围岩稳定能力不足时，需加以支护才能使其进入稳定状态，称为初期支护。简而言之，初期支护是为了解决隧道在施工期间的稳定和安全的工程措施。各种临时支护的合理选用与围岩的稳固程度有关。一般来说，I 级围岩不需临时支护，II 级围岩采用锚杆支护，III、IV 级围岩采用喷射混凝土支护、锚杆喷混凝土联合支护、锚杆钢筋网喷混凝土联合支护，V、VI 级围岩采用喷射混凝土钢支撑联合支护或其他支撑支护。对于 II 级及其以上围岩，可以先挖后支，支护距开挖面距离一般不宜大于 5～10m；III、IV 级围岩随挖随支，支护需紧跟工作面；V～VI 级围岩先支后挖。如条件合适，应尽量将临时支护与永久支护结合采用。

（一）初期支护组成

初期支护一般指喷射混凝土支护，必要时可采用钢纤维喷射混凝土，配合使用钢筋网、钢架或采用辅助施工措施（如超前锚杆、超前小钢管、管棚、地面砂浆锚杆、超前小导管注浆、深孔预注浆）的支护。

1. 网喷支护

网喷支护是目前普遍采用的一种围岩支护手段。采用网喷支护可以充分发挥围岩的自承能力，并有效地利用洞内的净空，既提高了作业的安全性，又提高了作业效率；能适应软弱岩层和膨胀性岩层中隧道的开挖，能用于整治塌方和隧道衬砌的裂损。

网喷支护包括少量锚杆支护、喷射混凝土支护、喷射混凝土锚杆联合支护、喷射混凝土钢筋网联合支护、喷射混凝土与少量锚杆及钢筋网联合支护、喷钢纤维混凝土支护、喷钢纤维混凝土与少量锚杆联合支护，以及上述几种类型加设型钢（或钢拱架）而成的联合支护。前 5 种为常用的基本类型，后几种较少使用。网喷支护具有以下特点：

（1）灵活性。网喷支护是由喷射混凝土、少量锚杆、钢筋网等支护部件进行适当组合而成的支护形式，既可以单独使用，也可以组合使用。其组合形式和支护参数可以根据围岩的稳定状态、施工方法和进度、隧道形状和尺寸等加以选择和调整。网喷支护既可以用于局部加固，也可用于整体加固；既可一次完成，也可分次完成。

（2）及时性。网喷支护能在施作后迅速发挥作用。表现在时间上，喷射混凝土和锚杆都具有早强性能，需要时就能起作用；表现在空间上，喷射混凝土和锚杆挂网可以最大限度地紧跟开挖施工。

（3）密贴性。喷射混凝土能与坑道周边的围岩全面、紧密地黏结，因而可以抵抗岩块之间沿节理的剪切和张裂。

（4）深入性。喷混凝土能深入围岩体内部一定深度，对围岩起约束作用。

（5）柔性。网喷支护属于柔性支护，可以较便利地调节围岩变形，允许围岩产生有限的变形，允许围岩塑性区有适度的发展，以发挥围岩的自承能力。

（6）封闭性。喷射混凝土能全面及时地封闭围岩，不仅能阻止洞内潮气和水对围岩的侵蚀作用，减少膨胀性岩体的潮解软化和膨胀，而且能够及时有效地阻止围岩变形，使围岩较早地进入变形收敛状态。

2. 网喷支护的作用和效果

网喷支护的作用和效果参见表 2-64。

网喷支护的作用和效果 表 2-64

锚杆的作用和效果	支承围岩:限制约束围岩变形,向围岩施压,使洞室内表面附近围岩保持三轴应力状态,可制止围岩强度的恶化
	加固围岩:使围岩中,尤其是松动区中的节理裂隙、破裂面等得以连接,加大锚固区围岩强度,有助于裂隙岩体和松动区形成整体,形成“加固带”
	提高层间摩阻力,形成“组合梁”:对水平或缓倾斜的层状岩,用锚杆群可把数层岩层连在一起,增大层理间的摩阻力,形成“组合梁”
	“悬吊”作用:为防止个别危岩的掉落或滑落,用锚杆将其同稳定围岩连接起来
喷射混凝土的作用及其效果	支承围岩:喷层与围岩密贴,给围岩表面以抗力和剪力,防止围岩强度恶化;喷层本身的抗冲切能力阻止不稳定块体的滑塌
	“卸载”作用:喷层属柔性可有控制地使围岩在不出现有害变形的前提下,进行一定程度的变形,从而使围岩“卸载”
	填平补强围岩:喷射混凝土可射入围岩张开的裂隙,填充表面凹穴,有利于防止围岩松动,避免或缓和围岩应力集中
	覆盖围岩表面:喷层直接粘贴在岩面,形成风化和止水的防护层,并阻止节理裂隙中的充填物流失
	阻止围岩松动:喷层可紧跟掘进进程,早期强度较高,能及时向围岩提供抗力,阻止围岩松动
	分配外力:通过喷层把外力传给锚杆、钢拱架等,使支护结构受力均匀分担
钢筋网及钢纤维的作用及其效果	防止收缩裂隙或减少裂隙数量和限制裂缝宽度
	提高支护的抗震能力
	使喷层应力得到均匀分布,改善变形性能,增强网喷支护的整体性
	增强喷层的柔性
	提高喷层所承受的剪力和拉力
	加强限制围岩变形
	作为超前支护的后支点
	承受部分松弛荷载

网喷支护应配合光面爆破等控制爆破技术,使开挖断面轮廓平整、准确,便于网喷成形,并减少回弹量;减轻爆破对围岩的松动破坏,维护围岩强度和自承能力,使其受力良好。

(二)初期支护施工

初期支护应紧跟隧道开挖作业面及时施作,同时应按设计要求进行监控量测的相关作业,初期支护应及时封闭成环,保证施工安全。隧道支护施工前,应确定支护紧跟开挖的时间、距离及工序搭接要求;确定喷射混凝土前基面标准和设置喷混凝土厚度控制标志;选择基面出水点处理措施;确定锚杆、钢架、钢筋网的加工、运输、安装方案;确定改善作业环境的措施及人员防护方案;选择合格的材料供应方,对进场的原材料进行检验、试验并选定配合比;选择满足上述要求的施工组织和各项资源配置,并同时进行试运行确认其有效性。

初期支护施工的一般工序流程:开挖后初喷混凝土→系统支护施工(锚杆、钢筋网、钢架)→复喷混凝土至设计厚度。爆破后,应首先清除浮石,然后立即进行初喷混凝土封闭围岩,以期充分发挥围岩的自稳能力。出渣结束后,再根据围岩级别施作锚杆、挂网、拱架及复喷混凝土。在富水断层破碎段,支护施作前应及时排水,以预防塌方的发生。少量集中渗水、淋水地段,在将要通过的透水层部位,可采用排水孔法或排水管法,布置一定数量的排水孔或埋设排水管,将渗、淋水集中到排水孔内导出;也可采用金属网法,通过在钢筋网背后铺过滤层或隔水层,将其固定在围岩上,通过软管排水,随即喷射混凝土。如涌水较大,支护时对主要涌水出水口暂不进行封堵支护,待涌水减小或无水时,再进行支护或进行固结封堵,迫使水流改变流向。喷射混凝土厚度必须利用断面仪检测断面或凿孔检查,喷射混凝土的平均厚度应大于设计厚度,最小厚度不得小于设计厚度的 2/3。

岩爆地段隧道施工加强支护工作,支护的方法是在爆破后尽可能早地向拱部或侧壁进行喷射混凝土,再加设锚杆及钢丝网。衬砌工作要紧跟开挖工序进行,以尽可能减少岩层暴露时间,减少岩爆发生和确保人身安全。膨胀岩隧道的初期支护宜采用喷射混凝土、锚杆、钢筋网、钢架等,以提高初期支护的整体刚度,应优先考虑采用喷射钢纤维混凝土。强膨胀岩隧道应采用特殊支护形式,包括采用可压缩支护、可拉伸锚杆等。支护参数的大小，可根据设计计算或工程类比法确定。

1. 喷射混凝土施工

喷射混凝土是在地下工程施工中，为尽快使开挖土体面稳定的一种支护措施。它借助喷射机械，利用压缩空气作动力，将水泥、大砂、石子、水配合的拌和料，并掺加速凝剂，通过高压管高速喷射到受喷面上，依靠高速喷射时集料的反复连续撞击压密混凝土硬化而成，使喷射的混凝土能够在几分钟内终凝，且强度增长快，并与其他支护措施如锚杆、钢筋网联合形成支护整体共同承受拉应力和剪应力，大幅度地提高工作面土体的承载力，并快速稳定。喷射混凝土应采用自动计量拌和站生产，混凝土搅拌车运输，机械手配合喷射机施工。其施工流程可参照图 2-110。

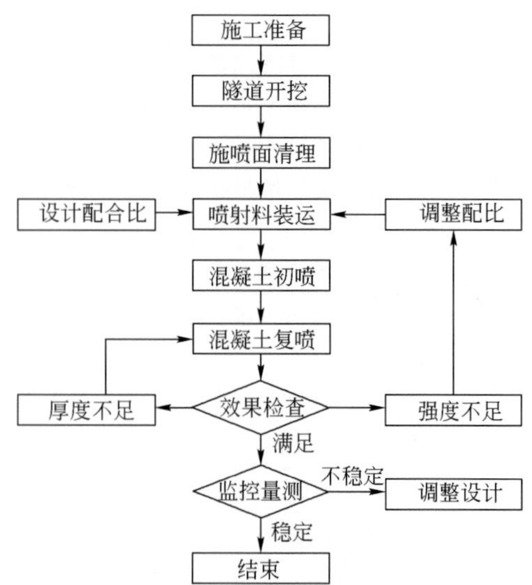

图 2-110　喷射混凝土施工流程图

1)喷射混凝土施工工艺

喷射混凝土有干喷、潮喷、湿喷和混合喷 4 种。它们之间的主要区别是：各工艺流程的投料程序不同，尤其是加水和速凝剂的时机不同，应优先选用潮喷。

(1)干喷

用搅拌机将集料和水泥拌和好，投入喷射机料头，同时加入速凝剂，用压缩空气使干混合料在软管内呈悬浮状态，压送到喷枪，在喷头处加入高压水混合，以较高速度喷射到岩面上，其工艺流程参见图2-111。

干喷的缺点是：产生水泥与砂粉尘量较大，回弹量亦较大，加水是由喷嘴处的阀门控制的，水灰比的控制程度与喷射手操作的熟练程度有直接关系。但该法使用的机械较简单，机械清洗和故障处理较容易。

(2)潮喷

潮喷是将集料预加少量水，使之呈潮湿状，首先用强式搅拌机将湿砂和水泥拌和，从而降低上料、拌和和喷射时的粉尘，但大量的水仍是在喷头处加入和从喷嘴射出的。潮喷工艺流程和使用机械同干喷工艺，它是目前隧道施工现场使用较多的一种工艺，类似于 SEC 工艺。

(3)湿喷

湿喷是将集料、水泥和水按设计的比例拌和均匀，用湿式喷射机压送拌和好的混凝土混合料到喷头处，再在喷头上添加速凝剂喷出，其工艺流程见图 2-112。

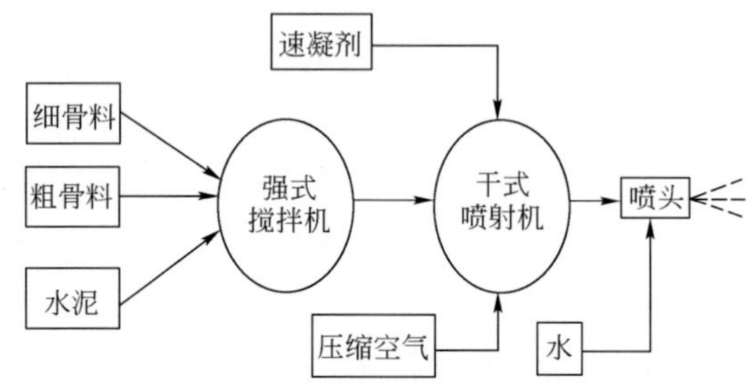

图 2-111　潮喷工艺流程

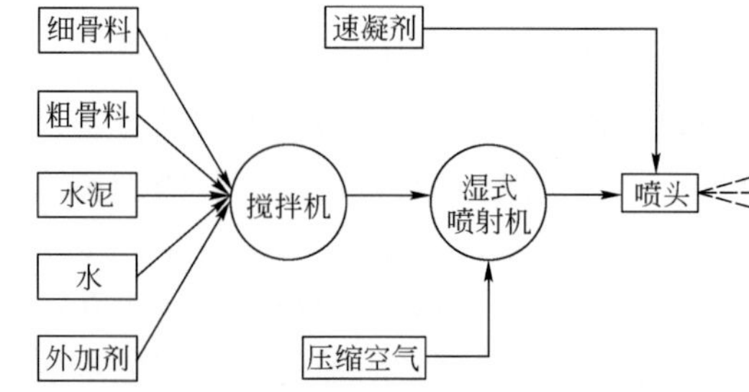

图 2-112　湿喷工艺流程

湿喷混凝土的质量较容易控制，喷射过程中的粉尘和回弹量较少，坍落度应控制在 5～6cm，做到喷射时不离析，水泥砂浆不粘管，以确保质量。但湿喷对湿喷机械要求高，机械清洗和故障处理较困难。对于喷层较厚的软岩和渗水隧道，不宜采用湿喷。

(4)混合喷射(SEC 式喷射)

此法又称水泥裹砂造壳喷射法，分别由泵送砂浆系统和风进混合料系统两套机具组成。其先是将一部分砂加第一次水拌湿，再投入全部水泥强制拌和成以砂为核心外裹水泥壳的球体；然后加第二次水和减水剂，拌和成 SEC 砂浆；再将另一部分砂与石、速凝剂按配合比配料，强制搅拌成均匀的干混合料；然后再分别通过砂浆泵和干式喷射机，将拌和成的砂浆及干混合料由高压胶管输送到混合管混合，最后由喷头喷出。其工艺流程见图 2-113。

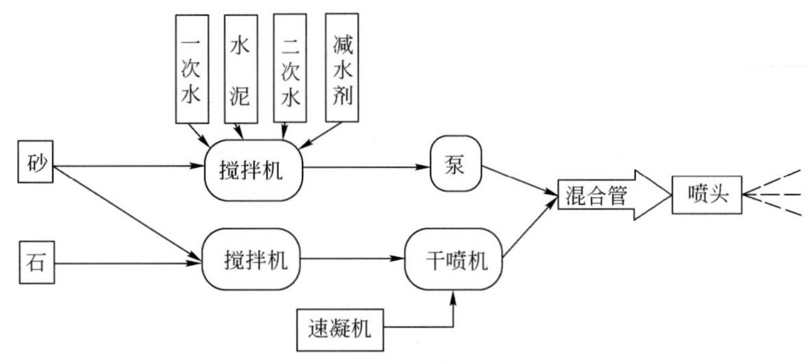

图 2-113 混合式喷射工艺流程

混合式喷射由分次投料搅拌工艺与喷射工艺相结合而成，其关键是水泥裹砂(或砂、碎石)造壳工艺技术。混合式喷射工艺使用的主要机械设备与干喷工艺基本相同，但混凝土的质量较干喷混凝土质量好，且粉尘和回弹量大幅度降低；混合式喷射使用机械数量较多，工艺技术较复杂，机械清洗和故障处理较麻烦。因此，混合式喷射工艺一般只在喷射混凝土量大和大断面隧道工程中使用。

混合喷射混凝土强度可达到 C30～ C35，而干喷和潮喷混凝土强度较低，一般只能达到 C20。以上几种喷射方式，各有其特点，在施工中应结合具体情况选用。

2)喷射混凝土原材料及配合比

(1)喷射混土原材料

喷射混凝土的原材料包括水泥、碎石或卵石(砾石)、砂、水和外加剂(速凝剂)等。

①水泥。为保证喷射混凝土的凝固时间，并与速凝剂有较好的相溶性，所用水泥应具有强度高、抗渗性和耐久性好等优点，应优先选用强度等级 42.5 以上的普通硅酸盐水泥，其次是矿渣硅酸盐水泥和火山灰质硅酸盐水泥；在地质条件复杂的隧道中应用早强水泥；使用前均应做强度鉴定试验。

②粗集料(碎石或卵石)。为防止喷射混凝土过程中管道堵塞，减少回弹量及保证混凝土支护结构的强度，应采用坚固耐久的碎石或细卵石(粒径不宜大于 15mm)。

③细集料(中、粗砂)。为保证喷射混凝土的强度和减少施工作业时的粉尘，以及减少混凝土硬化时的收缩裂纹，应采用坚硬耐久的中、粗砂，细度模数一般宜大于 2.5，含水率宜控制在 5%～7%(超过 7%，喷射时易造成堵管)。

④水。为保证喷射混凝土正常凝结和硬化，保证强度和稳定性，不得使用污水及 pH 值小于 4 的酸性水和含硫酸盐量(按 SO_4 计算)超过水量 1%的水，也不得使用含有影响水泥正常凝结与硬化的有害物质的其他水。

⑤外加剂。主要是速凝剂，应采用符合质量要求，并对人体危害性很小的外加剂。掺外加剂之前，应做与水泥的相溶性试验及水泥净浆速凝效果试验，初凝不应大于 5min，终凝不应大于 10min，速凝剂平时应保持干燥，勿受潮变质。在喷射混凝土中添加速凝剂的目的是使喷射混凝土速凝，以减少回弹及避免早强。因此，掺外加剂的喷射混凝土性能必须满足设计要求。一般速凝剂最佳掺量约为水泥质量的 2%～4%，实际使用时拱部可用 2%～4%，边部可用 2%，过多的掺量对喷射混凝土反而不利。

⑥集料成分和级配。喷射混凝土的集料级配，宜控制在表 2-65 所给的范围内。

喷射混凝土的集料级配表 表 2-65

集料粒径(mm) / 项目	0.15	0.30	0.60	1.20	2.50	5	10	15
优	5～7	10～15	17～22	23～31	35～43	50～60	73～82	100
良	4～8	5～22	13～31	18～41	26～54	40～70	62～90	100

若使用碱水性质速凝剂，砂、石(骨)料均不得含有活性二氧化硅，以免产生碱—集料反应，引起混凝土开裂，为使喷射混凝土输送管道中顺畅和喷射后密实性高，砂石集料级配应按国家标准控制在允许范围之内。

(2)喷射混凝土配合比

①干集料中水泥与砂石质量比。水泥与砂质量比一般为 1∶4.5～1∶4；每立方米干集料中，水泥用量约为 375～400kg。实践表明，这种配合比能满足喷射混凝土强度要求，回弹也较少。

②含砂率。含砂率一般为 45%～55%。实践表明，含砂率低于 45%或高于 55%，均容易造成堵管、回弹量大、强度低且收缩加大。应特别强调的是，不宜采用细砂，它会影响喷射混凝土强度，增加其收缩开裂等；宜用中砂或中粗混合砂，砂子含水率应控制在 5%～7%(按质量计)。

③水灰比。水灰比一般以 0.4～0.45 为宜。经验表明，水灰比太小，将导致粉尘大，回弹量多，黏结力低，喷层会产生干斑、砂窝等现象，并影响喷混凝土的密实性；水灰比太大，又会导致喷射混凝土的强度降低、速凝效果差，造成喷层流淌、滑移、坍落等。

④速凝剂和其他外加剂。速凝剂和其他外加剂的最佳掺量值，一定要由试验来确定，并要求达到各龄期的设计强度。工程实践证明，速凝剂效果因水灰比和施工温度的不同而有差异。水灰比愈大，速凝效果就愈差；施工温度愈高，速凝效果就会愈好。当施工温度低于 5℃时，即使加入速凝剂，喷混凝土也很难成形。

总之，合理适当的配合比，必须满足喷射混凝土工艺流程的基本要求，即易喷射，不易堵管，减少回弹量和粉尘；同时，要符合设计要求的质量好、强度高、密实度高、防水性能好及达到其他物理力学指标等。

3)喷射混凝土用机械设备

为保证喷射混凝土质量，减少粉尘和回弹量，施工中所使用的主要机具设备有：喷射机、喷射机械手、强制式搅拌机(拌和机)、压力水泵、压风机(压缩空气机)、上料机等。喷射混凝土施工机具应符合下列规定：

①密封性良好，不漏水、不漏气。

②生产能力(干混合料)为 3～5m^3/h。

③物送连续、均匀；允许输送的集料最大粒径为 2.5mm；输送距离(干混合料)：水平方向为 100m，垂直方向为 30m。

④喷射混凝土所选用的空压机，应满足喷射机作业风压和耗风量的要求，作业效率高。

⑤混合料的拌和应采用强制式拌和机。

⑥供水设施应保证喷头处的水压为 0.15～0.2MPa。喷射机应具有较大的混凝土流动性能，其施工布置应合理。可参见图 2-114。

⑦压风机要求风管不翻风，压力水泵要求水管不漏水，并应经过试运转，检查工作状态是否良好。机械及管路要求检修完好，管路和接头要保持良好；输料管在使用过程中应注意转向连接良好，以减少管道的磨损等。

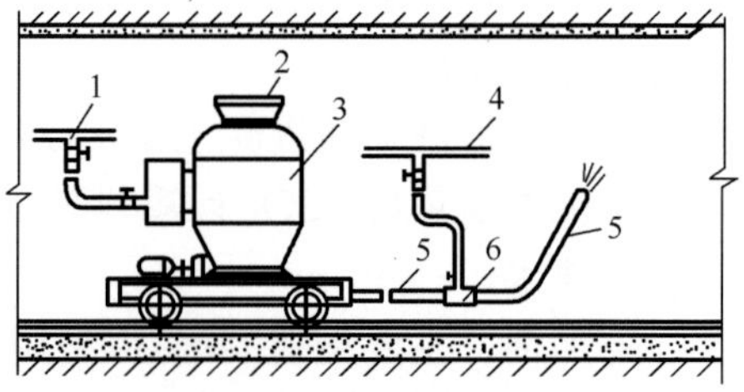

图 2-114 喷射机施工布置

1-压风管；2-筛子(25mm×25mm)；3-喷射机；4-排水管；5-胶皮输送管；6-混合器

4)喷射混凝土机械手

喷射混凝土机械操作是关系到喷射混凝土质量的重要环节，因此必须按有关施工技术要求及操作规定进行作业。喷头的移动和喷射方向与距离的控制，一般多采用机械手控制，只有用于少量的或局部的喷射才采用人力直接控制。人力直接控制，尽管可以近距离随时观察喷射情况，但劳动强度大，粉尘危害身体健康，劳保要求戴防尘面具，尤其对软弱破碎围岩，需紧跟开挖面及时施喷时，有可能因突发性坍塌而危及施工人员的人身安全；对于大跨度大断面隧道，还需搭设临时性喷射工作台架，费时费材且影响施工喷射效果及工期。

采用机械手控制(见图 2-115)，则可避免以上人力直接控制的不足，并且较方便灵活，作业范围大，一般可以覆盖 10m² 左右。

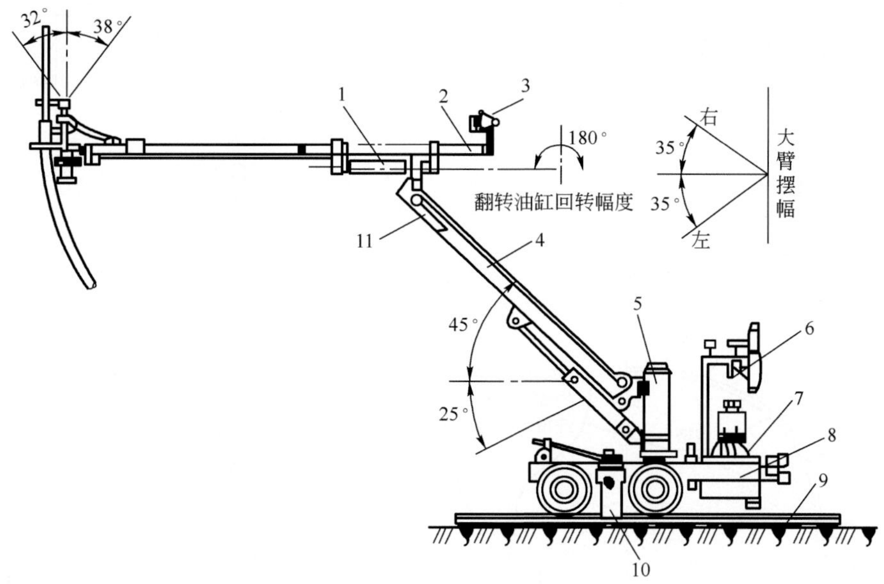

图 2-115 喷射机械手

1-翻转油缸；2-伸缩油缸；3-探照灯；4-大臂；5-转筒；6-风水系统；7-液压系统；8-车架；9-钢轨；10-卡轨器；11-拉杆

5)喷射混凝土的施工要点

喷射混凝土作业前，应做好以下准备工作：

(1)检查开挖断面净空尺寸。

(2)清除松动岩块和墙脚岩渣、堆积物，并向料斗加水冲洗受喷面(当岩面受水容易潮解、泥化时，只能用高压风清扫)。

(3)设置控制喷射混凝土厚度的标志。

(4)检查机具设备和风、水、电等管线路，并试运转，喷射机应具有良好的密封性能，输料连续、均匀，附属机具的技术条件应能满足喷射作业需要。

(5)岩面如有渗漏水，应予妥善处理。

①对于大股涌水，宜采用注浆堵水后再喷射混凝土，一般情况下，可顺涌水出露点打孔，压注速凝浆液(水泥—水玻璃浆液)进行封堵。

②对于小股水或裂隙渗漏水，视具体情况宜进行岩面注浆(布孔宜密，钻孔宜浅)，或采用小导管沿隧道周边环形注浆进行封堵。

③对于集中出水点，可顺水路(节理、裂隙)设排水半管或线形排水板，将水引到隧底水沟或纵向排水管。其施工示意可参照图 2-116。

(6)喷射混凝土配合比设计必须同时满足混凝土性能和喷射混凝土工作度(可喷性)要求，喷射混凝土配合比应通过试验确定，并应遵循下列原则：

①水胶比：根据喷射混凝土强度由试验确定，宜控制在 0.4～0.5 之间。

②用水量：根据混凝土坍落度要求确定(采用减水剂时可降低用水量)。

③胶凝材料用量：根据水胶比和用水量计算确定，但不宜小于 400mg/m³。

④砂率：宜为 45％～60％。

⑤和易性：喷射混凝土拌和物应无离析和泌水、黏聚性好，喷射混凝土最适宜的坍落度为 5～6cm。

⑥早期强度：按照《回弹法检测混凝土抗压强度技术规程》(JGJ/T 23—2001)测试喷射混凝土早期强度时，其 24h 抗压强度应不低于 10MPa。

(7)混凝土喷射作业可参照以下要求进行：

①喷射作业应分段分片依次进行，喷射顺序自下而上进行，可参见图 2-117。

②一次喷射厚度可根据喷射部位和设计厚度确定，且拱部不得超过 6cm，边墙不得超过 10cm。

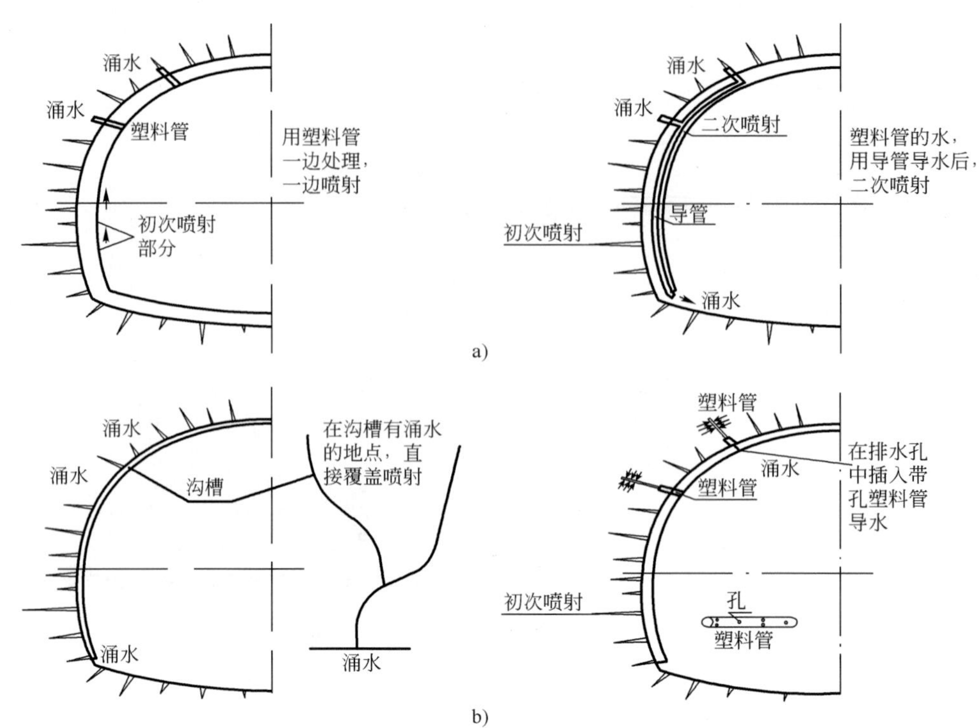

图 2-116 有涌水、渗水岩面喷射前的处理

③喷嘴与岩面保持垂直，且距受喷面 1.5～2.0m 为宜。

④喷混凝土时控制好风压和速凝剂掺量，减少回弹，喷射压力以控制在 0.15～0.2MPa 为宜。

⑤分层喷射时，后一层喷射应在前一层混凝土终凝后进行。若终凝 1h 后再喷射，应先用风水清洗喷射表面。

⑥对于较大的凹洼处，首先喷射填平。

⑦喷射作业紧跟开挖作业面时，下一循环爆破应在喷射混凝土终凝 3h 以后进行。

⑧对有渗水和大面积潮湿的岩面与喷混凝土不易黏结，为了增加其黏结性，初喷在岩面上的混凝土可适当增加水泥用量。

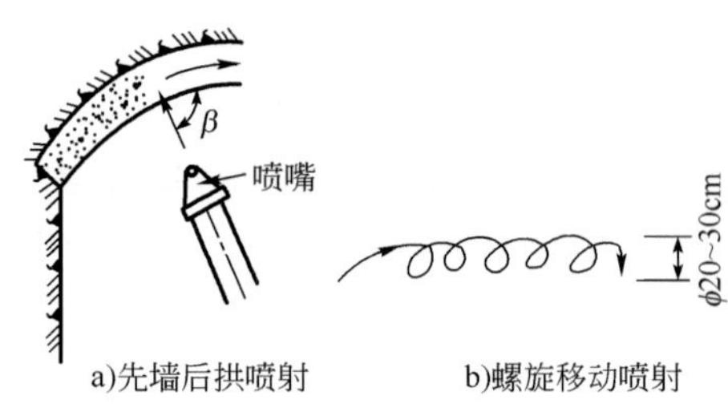

图 2-117 喷射操作

⑨喷射混凝土作业完成后应及时对机具进行清洗。

(8)喷射混凝土完成后，应及时进行养护，其养护应符合下列规定：

①混凝土喷射终凝 2h 后，应采用养护台架进行湿润养护，养护时间不得少于 14d；

②黄土或其他土质隧道，以喷雾养护为宜，以防止喷水过多软化下部土层；

③隧道内环境气温低于 5℃时，不得进行喷水养护。

(9)喷射混凝土在冬期施工时，应满足以下要求：

①喷射作业区的气温不应低于 5℃，在结冰的岩面上，不得喷射混凝土；

②混合料进入喷射机料斗前温度不应低于 5℃；

③对液体速凝剂进行加热处理，温度不应低于 10℃(最佳 20℃)；

④喷射混凝土强度未达到 6MPa 前，不应使其受冻。

(10)喷射混凝土施工作业中的安全与防护应符合下列要求：

①施工用作业台架应牢固可靠，并应设置安全栏杆；

②应定期检查电源线路和设备的电器部件，确保用电安全；

③施工中，应经常检查输料管、接头的磨损情况，当有磨损、击穿或松脱等现象时应及时处理；

④施工中，检修机械或设备故障时，必须在断电、停风条件下进行，检修完毕向机械设备送电送风前

必须事先通知有关人员；

⑤当采用加大风压处理堵管事故时，应先关机，将输料管顺直，紧按喷嘴，喷嘴前方不准站人，疏通管路的工作风压不得超过0.5MPa；

⑥非施工人员不得进入正在进行喷射的作业区，施工中喷嘴前严禁站人；

⑦喷射作业人员应带防尘口罩、防护帽、防护眼镜、防尘面具等防护用具，作业人员应避免直接接触碱性液体速凝剂，不慎接触后应立即用清水冲洗。

(11)喷射混凝土施工时应对其质量进行检查，混凝土表面应平整，无空鼓、裂缝、酥松，并用喷混凝土(或砂浆)对基面进行找平处理，平整度用2m靠尺检查，表面平整度允许偏差一般为10cm。

2.钢筋网施工

在喷射混凝土中增设钢筋网，可以防止受喷面由于承受喷射力而塌落，减少回弹量、喷射混凝土层的开裂，增强初期支护的整体作用，通常与锚杆或钢架焊接成一体。钢筋网材料宜采用HPB235钢筋，钢筋材质、规格、性能应满足设计要求。钢筋直径宜为6～12mm，网格边长尺寸宜采用200～250mm，搭接长度应为1～2个网格边长。钢筋网使用前要除锈，在洞外分片制作，用汽车运至洞内。钢筋网铺设应符合下列要求：

(1)钢筋网宜在初喷混凝土后铺挂，使其与喷射混凝土形成一体，底层喷射混凝土的厚度不宜小于4cm；

(2)砂土层地段应先铺挂钢筋网，沿环向压紧后再喷混凝土；

(3)采用双层钢筋网时，第二层钢筋网应在第一层钢筋网被混凝土覆盖后铺设，其覆盖厚度不应小于3cm；

(4)钢筋网可利用风钻气腿顶撑，以便贴近岩面，钢筋网应与锚杆或其他固定装置连接牢固，与钢架绑扎时，应绑在靠近岩面一侧；

(5)喷射混凝土时，应调整喷头与受喷面的距离、喷射角度，以减少钢筋振动，降低回弹，并保证钢筋网喷混凝土保护层厚度不小于4cm；

(6)喷射中如有脱落的石块或混凝土块被钢筋网卡住时，应及时清除。

3.钢拱架施工

钢架是在隧道开挖初期支护期间，为使围岩保持稳定而按照隧道开挖轮廓线布设的由钢格栅或型钢、钢轨等制成的支护骨架结构，钢架安装后可达到支撑围岩稳定、限制围岩变形的目的，它通常与钢筋网、喷射混凝土等结合共同受力。钢架应在初喷混凝土后及时架设。钢架所用钢材的规格、型号、材质，应满足设计要求和国家有关现有技术标准的规定。钢架不宜在受力较大的拱顶及其他受力较大的部位分节。格栅钢架的主筋直径不宜小于18mm，且焊接应符合设计要求。其常见结构如图2-118所示。

(1)钢架安装应符合下列条件：

①安装前应清除底脚的虚渣及杂物。

②安装允许偏差：横向和高程为±5cm，垂直度为±2°。

③各节钢架间应以螺栓连接，连接板应密切，连接板局部缝隙不得超过2mm。

④钢架外缘应与基面密贴，如有缝隙，应每隔2m用钢楔或混凝土预制块楔紧。

⑤钢架之间宜用直径为22mm的钢筋采用焊接方式连接，环向间距应符合设计要求。

(2)钢架施工工序流程参照图2-119。

(3)钢架的施工应符合下列要求：

①制作。钢架按设计尺寸在洞外下料分节焊接制作，制作时应严格按设计图纸进行，保证每节的弧度与尺寸均符合设计要求，每节两端均焊连接板，节点间通过连接板用螺栓连接牢靠，加工后必须进行试拼检查，严禁不合格品进场。

②安装。钢架应按设计要求安装，安装尺寸允许偏差应满足相关规定。当拱脚开挖超深时，加设钢板或混凝土垫块，安装后利用锁脚锚杆定位；超挖较大时，拱背喷填同级混凝土，以使支护与围岩密贴，控制围岩变形的进一步发展。两排钢架间用ϕ22mm钢筋拉杆纵向连接牢固，环向间距1m，以便形成

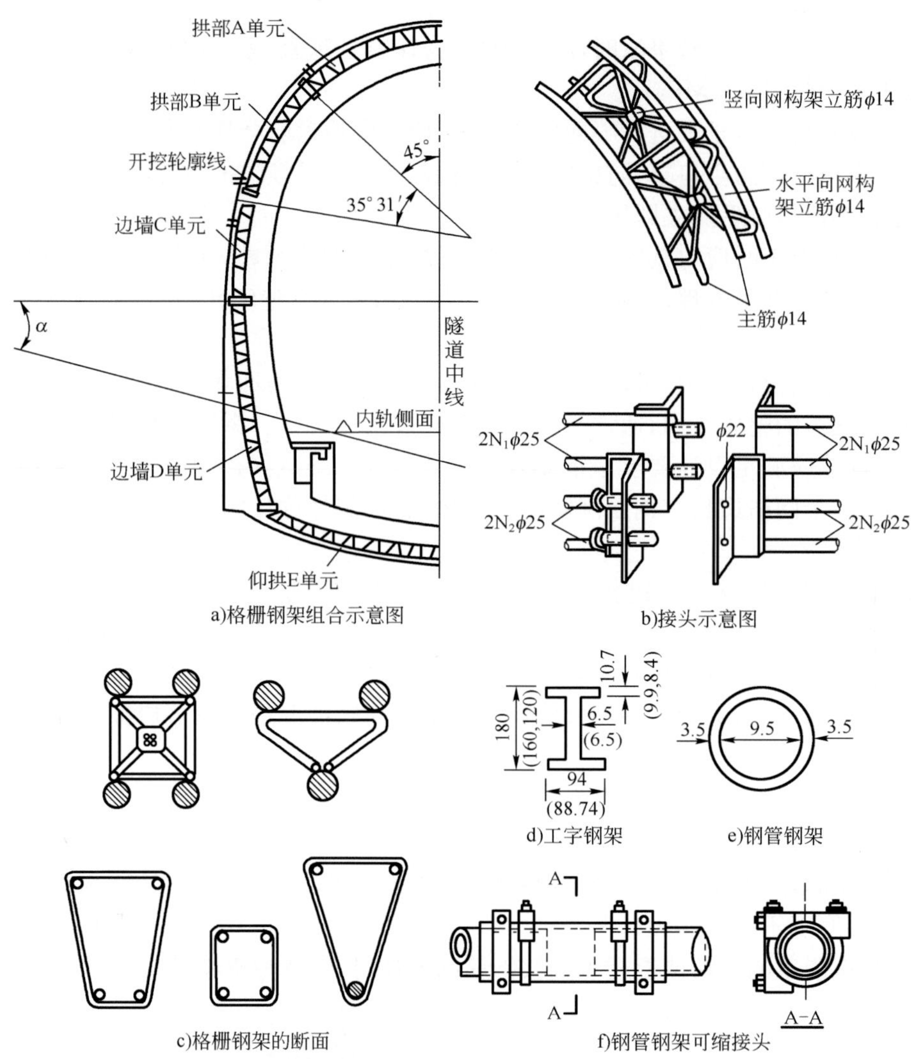

a)格栅钢架组合示意图　b)接头示意图
c)格栅钢架的断面　d)工字钢架　e)钢管钢架　f)钢管钢架可缩接头

图 2-118　钢拱架构造(尺寸单位:mm)

整体受力结构。

钢架安装时,应严格控制其内轮廓尺寸,且预留沉降量,防止侵入衬砌净空。钢架与围岩间的间隙必须用喷混凝土充填密实;钢架应全部被喷射混凝土覆盖,保护层厚度不得小于 40mm。

四、二次衬砌作业线

在隧道初期支护完成后,为防止围岩不致因暴露时间过长而风化、松动和坍落,降低围岩稳定性,需要开展二次衬砌。衬砌的结构类型和尺寸,应根据使用要求、工程地质条件、围岩类别、埋置位置及施工条件等,通过工程类比和结构计算分析确定。必要时,还应通过试验论证确定。

深埋隧道二次衬砌施作,一般情况下应在围岩和初期支护变形基本稳定后进行,变形基本稳定应符合:隧道周边变形速率明显下降并趋于缓和;或水平收敛(拱脚附近 7d 平均值)小于 0.2mm/d,拱部下沉速度小于 0.15mm/d;或施作二次衬砌前的累计位移值,已达到极

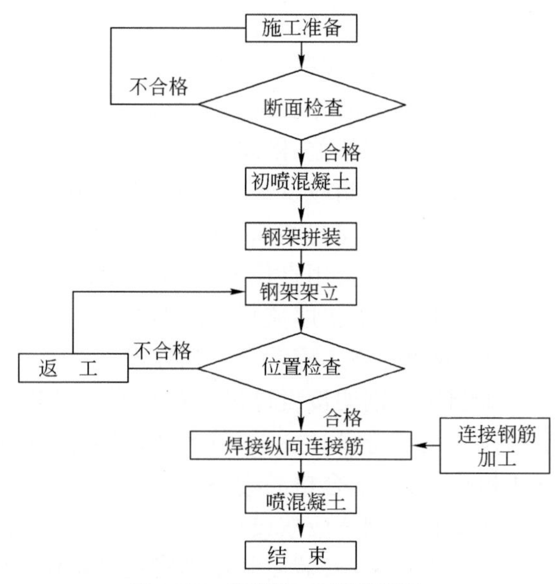

图 2-119　钢架施工工序流程图

限相对位移值的80%以上；或初期支护表面裂隙(观察)不再继续发展。

二次衬砌工程开工时，要认真研究设计文件和现行相关施工规范、指南和标准，选择拟使用的原材料，设计出满足工作性、强度和耐久性要求的混凝土配合比。同时，要按照计划安排，进行模板台车设计、制造、组装和调试，及时有效地组织二次衬砌工序的进展。在施工的过程中，要按照规范规定对混凝土生产、运输、浇筑和养护等环节进行质量控制。

二次衬砌施工的顺序是仰拱超前、边墙基础超前，最后是边墙、拱整体浇筑。采用矮边墙基础先行，后浇筑墙的施工方法，易保证衬砌尺寸的精度。拱标准断面应采用移动式模板台车，边墙基础高度的设置(水平施工缝)应避开剪应力最大的截面。

混凝土衬砌施工前应对水泥、细集料、粗集料、拌制和养护用水、外加剂、掺和料等原材料进行检验，确保各项技术指标符合有关规定。

混凝土生产应采用自动计量的拌和站、搅拌输送车运输、混凝土泵送入模的机械化流水作业线，以保证二次衬砌混凝土的质量。

(一)仰拱及填充超前施工

1. 施工方法

仰拱填充及铺底紧跟开挖，距开挖面不得大于60m，人工配合挖掘机检底，底部虚渣、杂物、积水要清理干净。为减少其与出渣运输的干扰，现在一般采用仰拱栈桥进行仰拱全幅施工，全幅灌注，仰拱、填充应分开浇筑，仰拱和底板混凝土强度达到5MPa后，行人方可通行，达到设计强度的100%后，车辆方可通行。

首先铺设仰拱栈桥，再进行仰拱石方开挖并处理欠挖，欠挖采用风钻钻孔，松动控制爆破，反铲配合清渣，高压风吹底；立模板(仰拱和填充层在施工缝处错开50cm，预埋接茬钢筋，拆模后施工缝进行凿毛处理)并浇注混凝土，混凝土从轨行式或轮式混凝土输送车直接输入，插入式振捣器捣固密实；待混凝土养护到设计强度后，将仰拱移至下一幅施工。仰拱填充及铺底超前拱墙衬砌台车20～40m，为拱墙衬砌台车轨道铺设提供条件，有利于文明施工，保证隧道底部的施工质量，从根本上消除隧底质量隐患，有利于结构稳定。

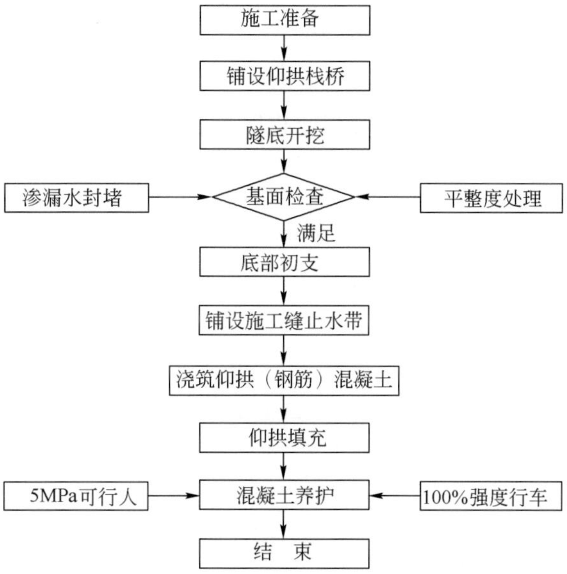

2. 施工工序

仰拱施工工序流程见图2-120。

图2-120　仰拱施工流程图

3. 施工技术措施及要点

(1)测量放线。根据设计图纸放出高程和中线控制线。

(2)基层质量验收合格后，方可进行下一道工序的施工。

(3)混凝土运送罐车到达浇筑地点后，利用梭槽或直接泵送进入安装好侧模和端模的仰拱内，人工用插入式振捣器振捣。

(4)振捣混凝土时，用插入式振捣器全面按顺序插振一次，同一位置的振捣持续时间，以混合料停止下沉，不再冒气泡并泛出砂浆为准，不能过振。插入式振捣器移动间距不得大于其作用半径的1.5倍，距底板混凝土边缘距离不得大于其作用半径的1/2。

(5)在表层混凝土振捣过程中，应经常拉线检查设计高程、用水平尺检查平整度。必要时，人工扒除高于设计高程的混凝土填补低于设计高程的低洼处，并振捣，使混凝土表面平整。

(6)接缝。每一循环拆模后应及时对施工缝凿毛，纵向施工缝应设置接茬筋(风钻钻孔，锚固剂固定，ϕ22mm，L=60cm)，使左右幅连为一个整体，增强受力效果。

(7)养护。底板混凝土施工完毕后应及时养生，养生用水泥袋将路面覆盖，每天洒水4次，保持水泥袋不干。

(8)仰拱应紧跟开挖面施作，尽快形成封闭环。Ⅳ、Ⅴ级软弱不稳定围岩施工时，仰拱距开挖面应不超过40m；仰拱应超前拱墙二次衬砌施作，其超前距离宜保持2倍以上衬砌循环作业长度。

(9)仰拱施作应一次成形，保证仰拱整体稳定。仰拱施工缝和变形缝处应做防水处理。

(10)底板施工前应清除虚渣、杂物和积水，坡面应平顺，确保排水畅通，应采用一次灌注混凝土成形工艺。

(11)仰拱填充严禁与仰拱同时施工，宜在仰拱混凝土终凝后施作。

(12)为减少其与出渣运输的干扰，采用仰拱栈桥跨过施工地段，以保证隧道底部的施工质量，消除隧底结构施工质量隐患。仰拱栈桥的长度和结构形式可根据施工需要来确定。

(二)边墙基础施工

根据衬砌台车就位要求，在拱墙衬砌前，应先施工边墙基础。浇筑前应挖够尺寸，满足设计高程要求，将浮渣、杂物、积水清理干净，经隐蔽检查合格后方可开始浇筑。

边墙基础落后于仰拱及填充层、先行于边拱墙衬砌，采用定型模板施工；混凝土运送罐车到达浇筑地点后，利用梭槽或直接泵送进入安装好的模板内，采用插入式振捣器人工振捣。

边墙基础施工工艺流程见图2-121。

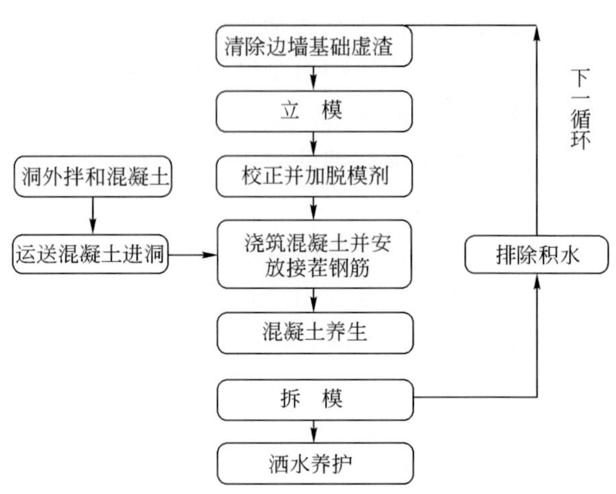

图2-121 边墙基础施工工艺流程图

(三)拱墙衬砌施工

1.拱墙施工工艺流程

隧道拱墙衬砌作业程序见图2-122。

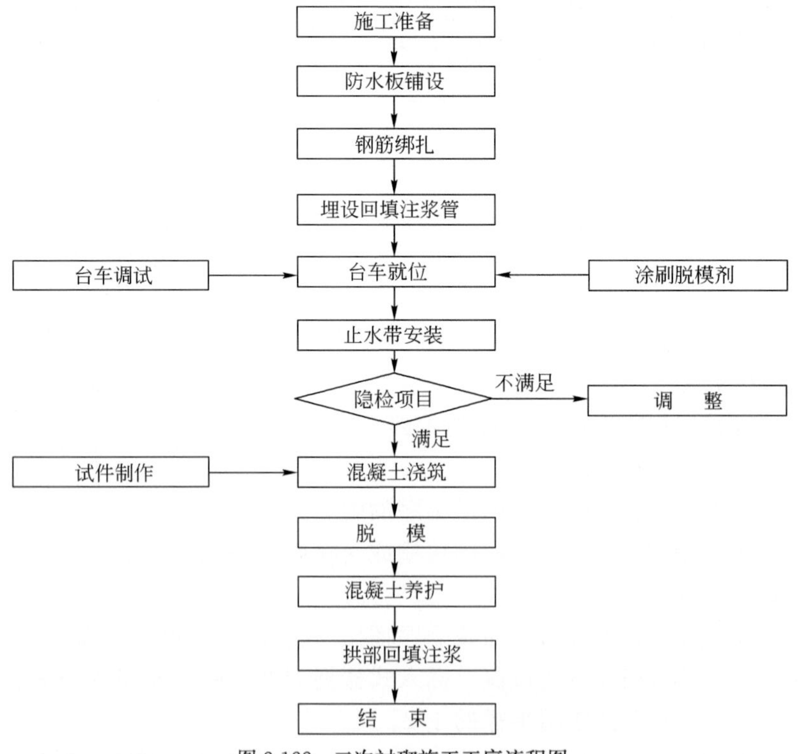

图2-122 二次衬砌施工工序流程图

2.拱墙衬砌施工准备

1)中线及水准基点测设

当初期支护和边墙基础混凝土完成之后，在衬砌混凝土开始之前应重新测设隧道中线、水准基点，

以检查初期支护断面，并准备衬砌模板台车就位。

(1)隧道中线控制桩每10m设一个，并引至两侧边墙基础混凝土顶面上，标出衬砌控制点；

(2)水准基点每50m设一个，布设在边墙基础混凝土台阶上。

2)衬砌混凝土之前隧道断面检查和修整

(1)对初期支护断面检查。直线段每20m、曲线地段每10m测一个断面，做好记录，绘制断面图。

(2)对初期支护侵限部位，在做好防止失稳措施后进行凿除，重做初期支护并达到设计要求。对超挖部分，如有坍塌范围较大者，应事先做好处理。

(3)当喷混凝土表面凹凸较大时，对凸出部分修凿喷平，凹进部分喷混凝土补平；外露锚杆头及钢筋头应切除并用砂浆抹平，以满足防水板铺设时对初期支护表面平顺度的要求。

3)边墙基础混凝土的检查与修整

(1)根据水准基点，核对边墙基础混凝土台阶设计高程，必要时应做修凿。

(2)根据隧道中心线，核对边墙基础混凝土台阶净空尺寸，必要时应做修凿。

4)模板台车轨道铺设

(1)根据隧道断面和结构形式，确定台车轨面高程。

(2)台车轨道中线应与隧道中心线重合，两轨间距允许误差为±5mm。

(3)左右两侧轨面水平允许误差为±5mm。

(4)台车轨道枕木间距不得大于500mm。

(5)为防止台车轨道位移，在钢轨和边墙之间每3m加一个水平撑。

铺轨材料：钢轨，43kg/m或以上；短枕木，20mm×16mm×60mm。

5)模板台车安装

在模板台车安装前，应详细了解台车性能，如强度、刚度、可承受的最大荷载、作用原理，熟悉其操作方法，并按设计图材料表详细清点构件，同时加以清洗涂油，并编号堆放。模板台车示意图如图2-123所示。

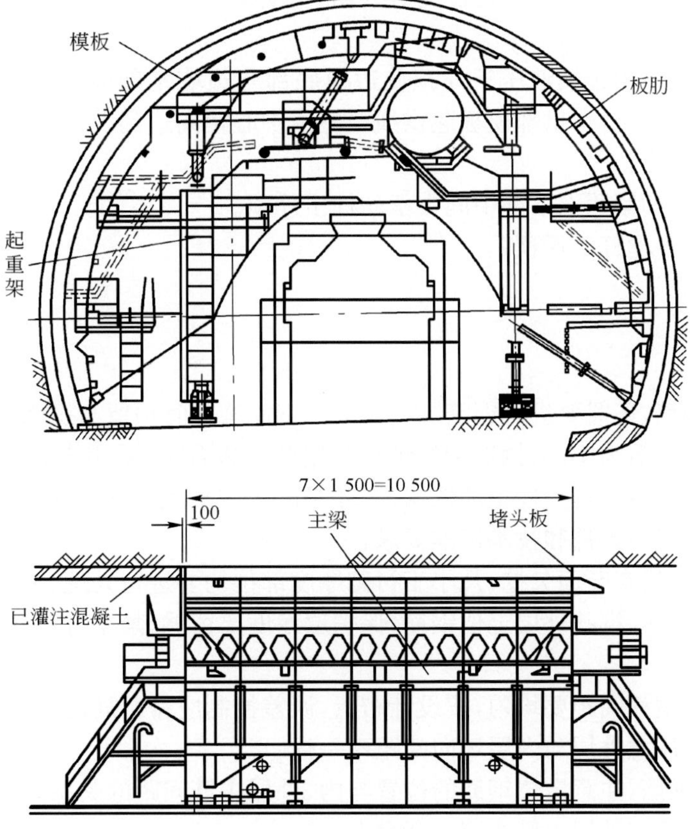

图2-123 模板台车(尺寸单位:mm)

模板台车的安装程序如下：

(1)模板台车轨道铺设；

(2)安装行走机构；

(3)安装门式框架；

(4)安装墙部模板；

(5)安装框架上部作业平台；

(6)安装拱部模板；

(7)安装液压动力系统；

(8)安装模板台车附件；

(9)调试；

(10)空载试车。

模板台车安装好后，应对各部件再检查一遍，然后做液压件检验、走行试验。模板调整量范围及台车各部尺寸检查，其误差应达到设计标准。

6)模板台车行走就位

(1)松开轨卡；

(2)开动走行装置，将台车移动到衬砌位置；

(3)紧固下部中间支承丝杆千斤顶；

(4)紧固轨卡；

(5)清除黏附在模板上的水泥浆等杂物，涂脱模剂。

7)模板台车定位立模

(1)根据水平定位测量数据，用轴颈液压千斤顶，将拱部模板上升或下降至隧道拱部设计高程(含预留净空)。

(2)拱部中线定位立模。根据中线定位测量数据，用横移千斤顶将拱部模板中心的铅垂线对准隧道中心线。

(3)边墙模板定位。使用边模液压千斤顶使边模底部与边墙基础混凝土顶面接缝相重合，并要密贴。底模至隧道中心距离及台车拱部模板起拱线至隧道中心距离达到设计净空要求(含预留量)。

(4)拱墙模板固定成形：

①以上程序完成后，即紧固上下部中间支承丝杆千斤顶。

②紧固边模上下部各丝杆千斤顶。

③安装挡头板。

3. 钢筋绑扎

1)绑扎

如果设置了全环钢筋，还需要进行钢筋绑扎。仰拱钢筋施工时预留与拱墙钢筋接头，并按规范错开接头(长短交错布置，错开值为 1m)，拱墙钢筋绑扎利用防水板台架，采用全站仪放线，先施作环向定位弧形钢筋圈，以此作钢筋绑扎定位、检查的依据，一环 9m 或 12m，完成并经检查合格后方可进入下一循环。钢筋施工均应达到以下条件和技术标准要求：

(1)防水板铺设前应检查断面欠挖，凡小于衬砌厚度部位均要进行处理。

(2)依据钢筋技术交底，绑扎外层定位钢筋，保护层厚度要留够；禁止打锚杆固定，以防损伤防水板，要利用台架固定。

(3)绑扎外层主筋，钢筋间距要均匀，按设计布置，误差控制应符合规范要求。

(4)绑扎外层纵筋，注意外层与内层环向间距不一样。

(5)绑扎内层定位钢筋，注意定位钢筋的位置与内、外层主筋间距的关系。

(6)绑扎内层主筋，要与外层主筋在同一断面上。

(7)绑扎内层纵筋，要与外层纵筋垂直在同一圆心上。

(8)绑扎箍筋(勾筋),注意层间距不要变小。

(9)用砂浆垫块垫在钢筋与模板之间,保证钢筋净保护层厚度,保护层厚度不得小于5cm。

(10)钢筋交叉处,用直径0.7~1.0mm铁丝,按“8”字形或“十”字形扎结,可采用间隔扎结的方法。注意纵筋固定时可间隔5个节点绑扎定位,待内、外层纵筋完毕,挂好箍筋(即勾筋,应注意不要挂错位),再对每个节点连同箍筋(勾筋)进行绑扎,可节约材料和提高工效。

2)接头焊接(以ϕ22mm钢筋为例)

(1)主筋接头如采用搭接焊,单面焊焊缝不得小于22cm,双面焊焊缝不得小于11cm,且搭头需弯折加工,确保接头两根钢筋的轴线在同一条直线上。

(2)主筋接头如采用帮焊,帮条电弧焊的帮条采用与被焊钢筋同级别、同直径的钢筋。帮条轴线与被焊钢筋的轴线应在同一平面,两主筋端头之间应留有2~5mm的空隙。每端每根帮条单面焊焊缝长不应小于11cm,双面焊焊缝长不应小于5cm。

(3)主筋如采用闪光对焊,外观应符合:接头四周缘有适当的墩粗部分,并呈均匀的毛刺外形;钢筋表面没有明显的烧伤和裂纹;接头弯折角不得大于4°(即7cm/m偏移量);接头轴线偏移不得大于2mm。施工前应与试验室联系做冷弯试验。

(4)所有电弧焊焊缝高度应大于$0.3d$,焊缝的宽度应大于$0.7d$。焊缝表面应平顺,无缺口、裂纹和较大金属焊瘤。

(5)相邻两接头应错开(施工时考虑错开50~100cm),同一截面接头数量不得大于该截面钢筋总根数的50%。钢筋间距均匀,同排钢筋目视整齐、平顺(施工时绷线绳控制)。

(6)钢筋安装的有关允许偏差:两排钢筋的排距为±5mm,同排受力钢筋及箍筋间距为±20mm,保护层厚度允许偏差为±10mm。

4.拱墙衬砌施工

拱墙二次衬砌混凝土浇筑前,应针对工程特点和施工条件,制订施工全过程和各个施工环节的质量控制与质量保证措施,以及相应的施工技术条例。委派专人负责记录混凝土运送到工地的时间和出机坍落度、浇筑时间和浇筑时的坍落度、浇筑时的气温与混凝土浇筑温度、施工缝的划分、混凝土浇筑高度的控制,以及混凝土的养护方式和养护过程,包括养护开始时间、混凝土养护中的表面温度与降温速率、拆模时间与拆模时气温,以及养护后对混凝土强度发展和防裂的防护措施等。对出现的裂缝,要记录裂缝出现的时间、部位、尺寸和处理等情况。

1)拱墙混凝土浇筑方法

当确认完成以下工作后,就可以开展拱墙的浇筑施工。

(1)施工模板台车走行轨道的中线和轨面设计高程误差应不大于±10mm,台车就位后启动微调机构,用仪器校正模板外轮廓与设计净空相吻合,并锁定台车。

(2)防水层表面灰粉已经清除并洒水润湿。

(3)钢筋混凝土二次衬砌地段,必须用与衬砌混凝土相同配合比的细石混凝土或砂浆制作垫块。钢筋保护层的厚度,主筋保护层尺寸应不小于30mm、迎水面主筋保护层不小于50mm。

(4)单线隧道使用模板台车时,由于台车宽度限制,在台车范围内只能铺设单线,在台车后面铺设双线。在浇筑混凝土时,一线停放混凝土输送车和混凝土泵,一线通行运输车辆,以免影响正常运输。

墙拱混凝土施工采用泵送混凝土,浇筑前先在输送主管的端部安装三岔管和控制阀,然后接输送支管,分岔插入台车两侧中部起拱线附近的浇筑窗内,控制阀控制两侧边墙浇筑速度,使两侧混凝土高差不大于1.0m。混凝土至浇筑窗时,拆除三岔管,将输送主管固定在拱顶第一浇筑口上,前段拱顶灌完后再移动至第二浇筑口,保证混凝土的流动性和混凝土泵的压力,将拱部灌满。

用模板台车、混凝土泵施工的混凝土,在拱顶上方出现空洞是经常发生的,不但影响支护受力,而且影响电化接触网在拱顶预埋件的质量,采取的措施:改进操作方法,采用“封拱顶工艺”进行施工,预埋排气孔,确保气体排出畅通;采用先进的衬砌背后密实度检测仪,对已衬砌段进行检查,有空洞的及时处理,并反馈改进浇筑的操作方法;在衬砌顶部预埋钢管,进行衬砌背后充填注浆。

2)拱墙施工流程

拱墙施工流程见图 2-124。

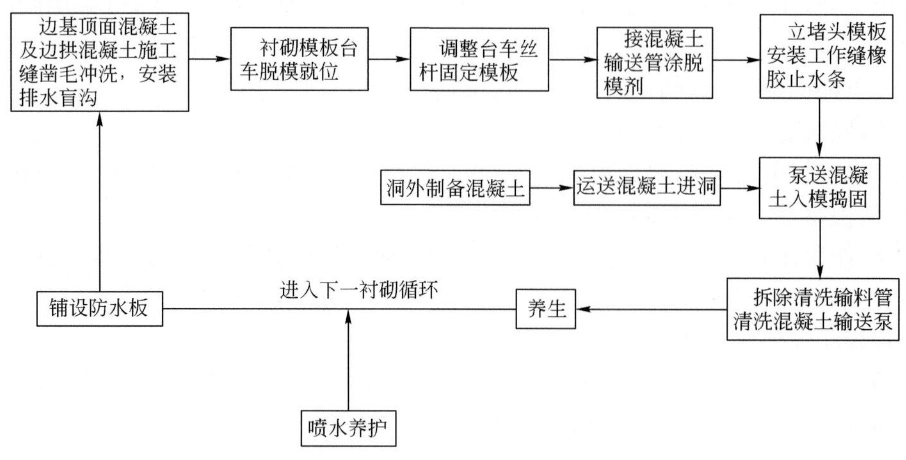

图 2-124　边拱衬砌工艺框图

3)混凝土浇筑与振捣

使用输送泵浇注混凝土前，应泵送与混凝土同强度等级的砂浆，以润滑管壁。一般 $1m^3$ 砂浆可润滑 300m 长的管道。采用高效减水剂时，混凝土运到场后应做坍落度检查，泵送混凝土一般以 15～18cm 为宜。

混凝土应对称、分层浇筑，分层捣固。振捣应采用插入式振动器，其振捣密实后的分层厚度，应根据拌制能力、运输条件、浇筑速度、振捣能力和结构要求等条件决定，也可参考表 2-66 的数值。

混凝土的浇筑层厚度　　表 2-66

振捣方法		浇筑层厚度(cm)
插入式振动		振捣器作用部分长度的 1.25 倍
表面振动	无筋或配筋稀疏的结构	25
	配筋较密的结构	15
附着式振动		30

泵送混凝土要连续进行，如有中断，则中断不宜超过 20min。当允许间歇时间已超过时，应按浇筑中断处理，同时应留置施工缝，并作记录。施工缝的平面与结构的轴线相垂直。施工缝处应埋置适量的钢筋或型钢，并使其体积露出前层混凝土外一半左右。

采用机械振捣混凝土时，应符合以下规定：

(1)插入式振捣器的移动间距不宜大于振捣器作用半径的 1.5 倍，且插入下层混凝土内的深度宜为 5～10cm。

(2)表面振捣器的移动距离应能覆盖已振捣部分的边缘。

(3)附着式振动器的设置间距和振动能量应通过试验确定，并与模板紧密连接。

(4)机械振捣时不得碰撞模板、钢筋和预埋件。

(5)每一振点的振捣延续时间宜为 20～30s，以混凝土不再沉落、不出现气泡，表面出现浮浆为准。

(6)模板台车左右侧混凝土面高差不得超过 50cm，防止偏压。

当使用模板台车灌注第一节混凝土拱墙时，混凝土输送管从中间喷灌嘴入模，让混凝土从中间向前后两端挤压以达到封顶的目的。当与旧混凝土搭接灌注时，混凝土输送管应先从旧混凝土一端入模挤压，逐步外移以达到封顶的目的。同时，每衬砌段拱顶部位应预留至少两个注浆孔，以便衬砌后进行回填注浆。

(7)在混凝土施工缝处接续浇筑新混凝土时，应符合下列规定：

①施工缝处的水泥砂浆薄膜、松动石子或松弱混凝土层应凿除，并应用水冲洗、湿润，但不得存有积水。

②新混凝土浇筑前，宜在横向施工缝处先铺一层厚约15mm并与混凝土灰砂比相同而水灰比略小的水泥砂浆(竖向施工缝处可刷一层水灰比为0.3左右的薄水泥浆)，或铺一层厚约30cm的混凝土，其粗集料宜比新浇筑混凝土少10%，然后再接续浇筑新层混凝土。

③施工缝处的混凝土应振捣密实。

4)混凝土温度控制

混凝土的入模温度应视洞内温度而调整。冬期施工时，混凝土的入模温度不得低于5℃；夏期施工时，混凝土的入模温度不宜高于洞内温度，且不宜超过30℃。施工中应估计混凝土温度与拉应力变化，提出混凝土温度的控制值，并在施工养护过程中实际测定关键截面的中部点和离表层约5cm深处的表层温度(包括仰拱和底板)，实行严格的温度控制。

二次衬砌结构任一截面在任一时间内的内部最高温度与表层温度之差一般不应大于20℃，新浇筑混凝土与上一区段二次衬砌混凝土或围岩之间的温差不应大于20℃，洒于混凝土表面的养护水温度低于混凝土表面温度的差值不应大于15℃，混凝土的降温速率最大不宜超过3℃/d。拆模时混凝土芯部与表层、表层与环境之间的温差不得大于20℃，结构内外侧表面温差不得大于15℃。混凝土内部降温前不得拆模。

混凝土养护期间，混凝土内部温度不宜超过60℃，最高不得大于65℃，混凝土内部与表面温度之差、表面温度与环境温度之差不宜大于20℃，养护用水与混凝土表面温度之差不得大于15℃。

5)二次衬砌拆模

二次衬砌拆模时间应符合以下规定：

(1)在初期支护变形稳定后施工的二次衬砌混凝土强度应达到8.0MPa以上。

(2)初期支护未稳定，二次衬砌提前施作时，混凝土强度应达到设计强度的100%以上。

(3)特殊情况下，应根据试验及监控量测结果确定拆模时间。

衬砌混凝土拆模前，应按照《回弹法检测混凝土抗压强度技术规程》(JCJ/T 23—2001)规定的检测和计算方法，对衬砌混凝土早期强度进行测定。当确认混凝土强度达到上述规定的强度后，才可拆模。

(4)台车脱模应按以下步骤进行：

①松开上部与下部边模丝杆千斤顶。

②松开上部与下部中间支承丝杆千斤顶。

③液压千斤顶开机前将液压马达空转10min，然后作业(与①、②项同步)。

④用边模液压千斤顶将边墙模板向隧道中心收缩15～20cm，使边墙模板脱离混凝土面。

⑤用轴颈液压千斤顶将拱部模板下降10～15cm，使拱模与拱部混凝土脱离。

6)混凝土养护

应采取措施控制养护过程中的环境湿度和混凝土温度，以保证衬砌混凝土的质量。新浇混凝土表面应及时浇水或覆盖湿麻袋、湿棉毡等进行养护。在条件许可时，宜采用蓄水或洒水养护，但在混凝土发热阶段，宜采用喷雾养护，避免混凝土表面温度产生骤然变化。当采用塑料薄膜或喷涂养护膜时，应确保薄膜搭接处的密封。此外，还应保证模板连接缝处不至于失水干燥。在整个潮湿养护过程中，应根据混凝土温度与气温的差别及变化，及时采取措施，控制混凝土的升温和降温速率。

二次衬砌混凝土浇筑完毕后，混凝土养护的最低期限应符合表2-67的规定，且不得中断。当使用养护剂养护时，养护剂应符合《水泥混凝土养护剂》(JC 901—2002)的规定。

7)二次衬砌混凝土外观质量标准及检查方法

混凝土外观质量的控制标准：混凝土结构表面应密实平整、颜色均匀，严禁露筋，不得有蜂窝、孔洞、疏松、麻面和缺棱掉角等缺陷。表面错台不应大于3mm，无渗漏水，达到一级防水要求，衬砌表面除施工缝外无裂缝，施工缝宽不得大于2mm。混凝土结构外形尺寸允许偏差和检验方法应符合表2-68的规定。

混凝土养护的最低期限 表 2-67

混凝土类型	水　胶　比	洞内平均气温 T(℃)	养护期限(d)
胶凝材料中掺有矿物掺和料	≥0.45	5≤T<10	28
		10≤T<20	21
		T≥20	14
	<0.45	5≤T<10	21
		10≤T<20	14
		T≥20	10
胶凝材料中未掺矿物掺和料	≥0.45	5≤T<10	21
		10≤T<20	14
		T≥20	10
	<0.45	5≤T<10	14
		10≤T<20	10
		T≥20	7

混凝土结构外形尺寸允许偏差和检验方法 表 2-68

序　号	项　目	边　墙	拱　部	隧　底	检 验 方 法
1	平面位置	+10mm			尺量
2	垂直度	±0.2%			尺量
3	设计高程		+30mm 0	0 −10mm	水准测量
4	结构表面平整度	±10mm	±10mm		2m 靠尺

8)二次衬砌混凝土完工质量检测

对完成的隧道衬砌,应对衬砌混凝土进行无损检测,检查衬砌质量和封顶效果,进行信息反馈,及时进行补强,并分析原因,采取纠正和预防措施。

(四)衬砌施工技术措施

1.保证衬砌外观质量的技术措施

1)混凝土输送泵

(1)为减短输送管路长度,优先选择输送泵与模板台车联动紧跟。

(2)混凝土输送泵管道的安装应符合下列规定:

①管道必须牢固,以保证管道不至于因振动造成接头漏浆;

②管道避免与刚浇注的混凝土接触;

③管道安装时按由近及远的顺序进行,拆时由远而近。

(3)混凝土输送泵管道的清洗应符合下列规定:

①可采用水洗或气洗两种方法;

②水洗和气洗两种工作不允许同时采用,在水洗时,如果水不够可转换为气洗,而气洗途中绝对不允许转换为水洗;

③清洗时所有人员必须远离管口,并在管口外加设防护装置,以防止混凝土从管中突然冲出伤人。

(4)选用液压活塞式 HBT60 泵,泵工作时,排量一般为 30m^3/h 以下,根据施工情况可在 30~60m^3/h 之间调节;液压缸工作时,油压一般为 15~22MPa,最大可达 120MPa,混凝土泵送压力一般为 2.0MPa,最大可达 4.5 MPa。配管内径为 125mm,泵应紧跟模板台车,配管越少越好,各管接头应密封,不可有泄漏现象。

2)混凝土入模工艺

(1)浇筑顺序

按规范要求，混凝土自由下落高度不应大于2m，从模板台车第一排窗口开始浇筑，配管前端应安有软管，先浇筑一层同强度等级砂浆，后浇筑混凝土，每层厚度不应大于0.5m，并振捣密实，模板台车两侧浇筑应对称，预防偏压造成跑模；窗口关闭要严，不能有凸出凹进现象，在浇筑过程中，注意检查各部位丝杆有无松动位移，要及时加固旋紧；从第一排窗口依次往上浇筑，关闭第三排窗口后，混凝土配管接入灌入口，混凝土封顶工艺开始。

(2)浇筑

①混凝土浇筑前1h，在台车模板上全面涂抹脱模剂。

②混凝土浇筑时，泵送混凝土应连续，对不喷涂或装饰的隧道，为避免色泽不均，形成斑马条纹，泵送管口应分别从两侧作业窗自下而上的浇筑，混凝土不应在模板表面长距离竖向流淌，并进行适当捣固，注意保持两侧混凝土浇筑高度基本一致，两侧混凝土高度差不应超过1m，以免造成偏压。

③混凝土浇筑过程中，应经常检查所有螺杆有无松动，如有松动应立即旋紧。

④封顶时应有专人观察拱顶混凝土灌筑情况，灌满后要及时停灌，以防泵送的混凝土对模板的挤压，造成严重变形。

⑤混凝土浇筑应在5～8h内完成，不能过快(指双线12m台车)。

(3)混凝土泵送相关规定

①泵送混凝土前，向料斗中加10～20L水湿润管道，随后按100m管以1m^{3}的数量泵水泥砂浆(配合比为1∶1或1∶2)润滑管道。

②交接班时不能停机，而应连续工作以免混凝土在管内离析或时间过长造成凝结。

③料斗中要保持有一定存料，存料不得低于20cm，不能吸空，否则将空气吸进泵缸内或进入管道，易引起堵塞事故，管道堵塞应及时停机处理。

④混凝土供应必须保证混凝土泵连续工作，尽量避免或减少泵送时中途停歇，如混凝土供应不上，宁可降低压送速度，以保证泵送连续进行。

⑤中途需要停机时，一般不得超过30min。停机过程中，要每隔4～5min进行泵送行程动作，使混凝土经常得以运动，以防管内混凝土自密，发生堵管。

⑥浇注程序一般先远后近，一边浇注，一边缩短管路。

⑦若必须停机较长时间，则必须用水或空气清洗管路，防止水泥在管壁结块。

⑧冲洗后再使用时一定要和初开泵送一样，重新泵入一定量的砂浆润滑管道。

⑨整个泵送系统承受力时，不得打开任何输送管道和液压管道。

⑩工作完毕后，应对泵机和管道进行全面清洗和认真的润滑保养工作，泵缸内和球阀均应注入润滑油膏，以防锈蚀。

(4)混凝土的振捣

采用附着式振捣，当采用插入式振捣器振捣混凝土时，应符合下列规定：

①移动间距不宜大于振捣器作用半径的1.5倍。

②插入下层混凝土内的深度宜为5～10cm，以保证上下层结合良好。

③振捣器应尽可能垂直地插入混凝土中。如条件困难，可略倾斜，但与水平面夹角不宜小于45°。

④振捣棒捣固时应快插、慢拔，在每一孔位的振捣时间，以混凝土不再显著下沉、水分和气泡不再溢出并开始泛浆为准，一般为20～30s。

⑤振捣时不得碰撞模板、钢筋和预埋管件，距模板的垂直距离，不应小于振捣器有效半径的1/2。

⑥混凝土必须振捣密实，不得出现漏振及过振现象。

⑦在混凝土浇筑振捣过程中，要有专人负责看模，防止跑模和漏浆现象发生。

(5)封顶操作

对隧道施工时，拱顶混凝土出现的空洞、强度欠缺或衬砌厚度不够等现象，可采用注浆补强、封堵填充，不仅费时费力，质量也难以达到设计要求，为了避免出现上述问题，可采取以下处理措施：

①配合比调整。在原配合比不变的情况下，增加高效减水剂的用量，一般增加0.1%～0.3%的掺

量，以增大混凝土坍落度，延长初凝时间，以利于封顶混凝土的连续灌满。

②调整配合比砂率。在保持砂石总量不变的情况下调整砂率，最大可达50%，使混凝土能很好地泵送。

③在保持配合比不变的情况下，提高粉煤灰掺量，一般为10%～20%，增大坍落度及混凝土黏度，保持混凝土不泌水。

上述方法也可相互同时使用，根据现场情况灵活调整。

④经试验，混凝土封顶时应连续泵入，避免由于运输故障，而长时间中断泵入混凝土；混凝土经时坍落度减少，给封顶造成困难，上述调整方法时间间隔应不超过两个半小时。

3)混凝土养护

(1)混凝土脱模后即开始进行洒水养护，养护时间一般不少于7d。

(2)当新浇筑的混凝土与流动的地表水或地下水相接触时，应采取临时防护措施，直至混凝土达到50%以上的设计强度为止，并不得小于7d。

(3)在新浇筑混凝土的强度未达到1.2MPa以前，不得在其表面来往行人或架设上层结构用的支撑和模板等设施。

4)质量通病防治

在施工过程中，为了实现"开工必优、一次成优"的目标，应对施工中经常出现的一些影响工程内在质量和外观质量的通病，进行及时有效的防治。

(1)蜂窝、麻面、孔洞、气泡的防治措施

①选用质量合格的原材料，混凝土配合比应准确，计量误差应在规定范围之内，搅拌均匀。

②投料顺序符合要求，其顺序为石子—砂子—水泥，且第一盘和封顶混凝土适当增加水泥用量或减少石子用量。

③减少引入气体含量，搅拌充分，满足最低搅拌保证时间，混凝土拌和均匀。

④严格按分层浇筑的方法施工，分层厚度不超出规定值，且振捣密实。

⑤混凝土自由倾落高度不得超过2m，超过2m时，必须采用串桶或溜槽。

⑥模板内表面要平整光滑，脱模剂涂刷应均匀，堵平、堵严模板缝隙，以防漏浆。

⑦严格按照操作规程的规定振捣，直到将气泡完全振出为止，振捣时要掌握好插点间距及振捣时间，并观察模板情况，发现问题及时处理。

⑧混凝土中严禁掉入或掺有杂物。

(2)混凝土裂缝的防治措施

混凝土裂缝类型主要有干缩裂缝、温度裂缝、外荷载作用产生的变形裂缝、施工缝处理不当引起的接茬缝等。混凝土裂缝表现及产生的原因分析如下：

①干缩裂缝。干缩裂缝多为表面性的，走向没有规律。影响混凝土干缩裂缝的因素主要有水泥品种、用量及水灰比，集料的大小和级配，外加剂品种和掺量。

②温度裂缝。温度裂缝宽度，冬季较宽，夏季较窄。温度裂缝的产生与二次衬砌混凝土的厚度及水泥的品种、用量有关。

③荷载变形裂缝。仰拱和边墙基础的虚渣未清理干净，混凝土浇筑后，基底产生不均匀沉降；模板台车或堵头板没有牢固固定，以及过早脱模，或脱模时混凝土受到较大的外力撞击等都容易产生变形裂缝。

④施工缝(接茬缝)。混凝土施工过程中由于停电、机械故障等原因迫使混凝土灌注作业中断时间超过混凝土的初凝时间，继续浇注时，原混凝土基面未进行凿毛处理，或凿毛后未用水冲洗干净，也没有铺水泥砂浆垫层，就在原混凝土表面浇筑混凝土，致使新旧混凝土接茬间出现裂缝。

对于出现的裂缝，在认真分析原因后，分清是有害裂缝还是无害裂缝，并对有害裂缝进行处理，防止裂缝的继续发展，影响衬砌结构的稳定。预防混凝土裂缝的措施：

①严把原材料关。

a.水泥　施工现场多使用普通硅酸盐水泥，但应尽量减少单位水泥用量，不同品牌、不同规格、不同批次的水泥不能混用。

b.碎石　根据泵送管路的内径，尽可能选用较大粒径的碎石。严格控制含泥量不大于1%，针、片状物含量不大于15%，粒径以5～31.5mm为宜，最大不超过40mm。

c.砂　严格控制砂中泥块及泥的含量，应采用级配好的中粗砂。

d.水　水灰比越大，混凝土的干燥收缩越大。严格控制泵送混凝土的用水量是减少裂缝的根本措施。施工中水灰比为0.45～0.55，混凝土入泵坍落度控制在(12±2)cm。

e.掺和料　推广掺加粉煤灰和膨胀剂的双掺技术，等量替代水泥，以减少水泥用量。对强度等级为C25以下的混凝土，粉煤灰掺量一般为水泥用量的10%～15%，膨胀剂掺量为水泥用量的8%～12%，具体掺量需经试验确定。

f.外加剂　高效减水剂能够有效减少拌和用水，降低水化热，延缓水化热释放速度，从而减少温度裂缝，但掺量过多，会引起混凝土的肿胀和开裂。

②严格相关施工工艺。

a.混凝土的拌和　严格按施工配料单计量，定期检查校正计量装置。加强砂石料含水率检测，及时调整拌和用水量。控制混凝土的入模温度。夏季施工，当气温高于32℃时，对砂石料、搅拌机搭设遮阳棚，用冷水冲洗碎石降温。尽量安排在夜间浇筑混凝土。

b.混凝土的灌注　混凝土在运输、泵送过程中严禁加水。适当放慢灌注速度，对称分层灌注，混凝土灌注过程中必须振捣，提高混凝土的密实度和均质性，减少内部微裂缝和气孔，提高抗裂性。

c.混凝土的脱模、养护　混凝土拆模时的强度必须符合设计或规范要求，严禁未经试验人员同意提前脱模，脱模时不得损伤混凝土。

(3)错台的预防措施

为保证模板台车模板的加工精度，设备、机具在硬件上要确保不出现大于2mm的错台。

模板台车定位操作应严格按操作规程进行，以确保定位质量；同时在混凝土灌注过程中，注意严格控制模板两侧混凝土高度，使模板两侧混凝土对称、连续灌注，并随时注意紧固松动的丝杆，彻底杜绝跑模、模板移位现象发生。

(4)保证衬砌表面颜色和光泽的措施

选用质量稳定的原材料，严禁将不同批次的原材料混用，规范操作，保证混凝土生产质量和均衡、稳定、连续生产。

加强模板清理，确保模板外表面平整、光滑、干净；脱模剂涂刷均匀，不出现漏刷、积聚成堆或流滴现象。

在混凝土运输和灌注过程中，加强封堵工作，杜绝发生漏浆现象。

加强捣固，保证衬砌混凝土密实度，消除漏捣和过捣现象，杜绝衬砌混凝土表面出现蜂窝麻面、流沙现象。

规范操作，杜绝模板跑模、移位，造成混凝土表面出现错台、麻面等质量通病。

2.防水板施工和质量保证措施

防水板在初期支护基本稳定后及二次衬砌之前进行铺设。

1)在防水卷材铺设前，要对喷射混凝土基面进行认真的处理，检查要点如下。

(1)喷射混凝土基面平整度：

$$边墙\ D/L \leqslant 1/6，拱顶\ D/L \leqslant 1/8$$

式中：L——喷射混凝土相邻两凸面间的距离；

D——喷射混凝土相邻两凸面间下凹的深度。

对检查不合格的地方进行修凿、补喷；对凹深过大处，用M10水泥砂浆抹平或重新补喷平顺；基面突变或转弯处的90°拐角，用M10水泥砂浆将阴角或阳角抹成$R \geqslant 5$cm的圆弧，以保证防水板能弯曲顺铺喷混凝土面。

(2)基面锚杆、钢筋、凸出的管件等尖锐凸出物必须进行割除处理。对于难于切断，且凸出小于1cm的钢筋头、锚杆头，用M10水泥砂浆覆盖，抹成圆台状，以防刺破防水层。

(3)防水层施工时，基面不得有明水。如基面上有出水点，应针对不同的情况，结合基面整平工序，采取不同的防排水措施，确保基面上无渗漏水现象发生：对片状渗水，补喷混凝土封闭；对点状漏水，沿漏水点设置透水软管引至水沟。

2)对防水板进行认真细致的检查，确保无孔洞、裂缝、破损现象，并画好搭接线。

3)在二次衬砌前安排单工序人工作业，脚手架为轨行式作业平台。超前衬砌一个循环，铺设前在拱顶画出隧道中线及垂直于隧道中线的横断面线。

4)固定防水板时，根据基面凹凸情况留有一定的弛度，同时要防止防水板与基面间出现不密贴的空洞。固定点间距：拱部为0.5～0.7m，边墙为1.0～1.2m，在凹凸处应适当增加固定点。防水板接缝与二次衬砌分段施工缝应错开，以防止防水板接缝不良而造成该处漏渗水。

5)隧道内洞室铺设防水板时，均必须从上向下、从外向洞内铺设，正洞的防水板均应搭接在各种洞室防水板里面，并在正洞和洞室边缘增加固定点。

防水板铺设完毕后，应认真检查有无破损，发现伤痕及时修补，并符合下列要求：补丁不得过小，离破坏孔边沿不得小于7cm；补丁要剪成圆角，不要有正方形、长方形、三角形等尖角；必须粘牢压平，确保无翘边漏粘现象。

6)在有钢筋地段进行钢筋焊接作业时，应用石棉瓦或其他阻燃材料将附近的防水板覆盖，以防将其烧坏。

7)铺设防水板地段距开挖工作面不应小于爆破安全距离，已铺设地段严禁爆破作业。

3.衬砌表面零错台控制技术

衬砌表面零错台控制技术主要包括以下内容：

(1)采用大刚度液压模板台车和钢枕，基本完全消除了衬砌混凝土灌注过程中灌注压力造成的模板变形，消除了因模板变形造成的衬砌不同循环间的错台和同一循环内不同模板间的错台。

(2)在模板台车前后两端合理设置端头辅助定位千斤顶。当模板台车定位后，端部与已完成衬砌表面不密贴时，采用端头辅助定位千斤顶顶住台车端部，使之表面与衬砌表面密贴。

(3)对拼装好的模板台车进行精调、打磨、抛光、除锈。采用3m长铝合金靠尺对模板表面进行验收，确认模板间无错台。采用激光断面仪对定位后的模板台车前后轮廓进行测量，确认前后轮廓同一部位误差小于1mm。模板台车经项目经理部模板台车验收小组验收合格形成验收手续后方能进洞施工。

(4)在衬砌施工前，施工隧道底板或找平层，给模板台车的行走、定位、承受混凝土灌注压力提供一个坚实的基础。同时，通过严格控制隧道底板或找平层的平整度，也可加快台车的定位速度。

(5)加密台车定位后行走轮所处位置的轨枕密度，将钢轨顺直地固定在轨枕上，用钢板垫实钢轨与轨枕间的空隙。台车支腿应撑在钢轨中间部位，落地撑应采用锚杆固定于底板上。

(6)对衬砌矮边墙进行精确定位，并在脱模后采用绷长线绳的方法对其位置进行检查。若有跑模或定位错误，应对其进行返工或用混凝土切割机及砂轮机进行修整，确保模板台车定位贴靠面在其设计位置。

(7)模板台车定位时与已完成衬砌搭接不宜过少或过多，搭接10～15cm比较合适。搭接过少时，因台车与已完成衬砌密贴需较大的力，易将已衬砌混凝土顶裂；搭接过多时，将难以使台车与已完成衬砌密贴。

(8)模板台车定位应从上至下，先两端再中间，对定位质量应设专人进行检查。定位质量检查包括模板台车前后两端设计高程和中线的检查、丝杠支撑方法和松紧检查、模板表面与已施工矮边墙表面和衬砌表面是否密贴检查。

(9)混凝土灌注过程中，应设专人观察模板的变形情况。当出现模板与已完成衬砌间漏浆时，表明可能由于模板台车变形或定位原因引起模板与已完成衬砌表面间不密贴，应及时采用端头辅助定位千斤顶顶住台车端部，使之表面与衬砌表面密贴，直到不再漏浆为止。

(10)每循环模板台车脱模后，均应对模板台车变形情况进行检查，若发现局部变形应立即进行修整。同时，对模板表面应进行清理、抛光、打油。

(11)若每次定位均发现模板台车同一部位与已完成衬砌表面不易密贴，则应立即对模板台车进行修整、调校，使不密贴消除。

(12)台车使用过程中，应加强对支腿、支撑、丝杠、油缸的检查，发现变形或不能正常使用应及时

修理。

(13)台车使用过程中,若发现较大变形,应立即退出洞外进行修正,修正完成经项目经理部模板台车验收小组验收合格后方能进洞继续施工。

4.衬砌混凝土封顶排气孔(回填注浆孔)的设置

衬砌拱顶与初期支护间有时会存在空隙,严重时甚至形成空洞。经分析,其中一个原因是衬砌混凝土封顶过程中部分空气无法排除,从而形成气囊,也即后来检测中经常发现的空隙或空洞。也曾有为了消除气囊而加大混凝土灌注压力,最终将模板台车压垮的情况。为解决这一问题,根据衬砌混凝土封顶顺序,在每一循环拱顶可能形成气囊处,均采用 ϕ20mm 硬塑料管设置两个排气孔。同时,排气孔也可作为后期对空隙或空洞进行注浆回填的注浆孔,且避免了后期钻设注浆孔对防水板的破坏。若采用单灌注孔封顶,在与已完成衬砌连接处一定范围内拱顶和拱顶超挖处易形成气囊。若采用两个灌注孔封顶,除在与已完成衬砌连接处一定范围内拱顶和拱顶超挖处易形成气囊外,两个灌注孔之间的拱顶也易形成气囊。在要设置排气孔对应的模板台车面板上钻设能将 ϕ20mm 硬塑料管穿过的孔,将 ϕ20mm 硬塑料管端头做成圆头,穿过模板台车面板,顶推防水板与初期支护密贴,对塑料管与模板台车面板间的空隙进行密封处理,使之不漏浆,将塑料管固定在模板台车上。衬砌封顶时,若排气管内有水泥浆流出,则认为混凝土已基本灌满。若需继续灌注混凝土,则应将排气管封堵,并在管内水泥浆终凝前将其清除干净。后期,经检测若发现拱顶仍存在空隙或空洞的情况,可将封顶排气孔作为回填注浆孔,通过其进行回填注浆。

(五)混凝土施工其他注意事项

1.混凝土冬期施工

混凝土冬期施工应符合下列规定:

(1)当工地昼夜平均气温(最高和最低气温的平均值或当地时间6时、14时及21时室气温的平均值)连续3d低于5℃或最低气温低于-3℃时,混凝土施工应符合有关规定。

(2)冬期施工期间,当用硅酸盐水泥或普通硅酸盐水泥配制混凝土,且其抗压强度达到设计强度的30%前,或用矿渣硅酸盐水泥配制混凝土,且其抗压强度达到设计强度的40%前,均不得受冻。

浸水冻融条件下的混凝土开始受冻时,不得小于设计强度的75%。

(3)进入冬期施工前,应预先做好下列准备工作:

①根据年度计划和施工组织设计,确定冬期施工的工程项目。对于隧道洞口附近及零星分散工程,不宜安排在冬期施工。

②收集工地气象台(站)历年气象资料,设置工地气象观测点,建立观测制度,及时掌握气象变化情况。

③落实有关工程材料、防寒物资、能源和机具设备。

④编制冬期施工方案及技术措施,对有关人员进行技术交底或培训。

(4)冬期施工应根据工程类别、气象资料、材料来源和工期等要求,通过热工计算及经济分析,选择下列两类施工方法:

①在养护期间不需对混凝土加热的蓄热法、掺外加剂法、负温早强混凝土法和综合法。

②在养护期间需利用外部热源对混凝土加热的暖棚法、蒸汽加热法、电热法和热综合法。

(5)冬期混凝土的配制和运输应符合下列规定:

①宜选用较小的水灰比和较小的坍落度。当混凝土掺用防冻剂时,其试配强度应较设计强度提高一个等级。

②水及集料应按热工计算和实际试拌,确定满足混凝土浇筑需要的加热温度。

首先应将水加热,其加热温度不宜高于80℃。当集料不加热时,水可加热至80℃以上,但应先投入集料和已加热的水,拌匀后再投入水泥。

当加热水尚不能满足要求时,可将集料均匀加热,其加热温度不应高于60℃。

水泥不得直接加热,宜在使用前运入暖棚内预热。

拌制的混凝土出现坍落度减小或发生速凝现象时,应重新调整拌和料的加热温度。

混凝土搅拌时间宜较常温施工延长50%。

③集料不得混有冰雪、冻块及易被冻裂的矿物质。

④拌制设备宜设在气温不低于10℃的厂房或暖棚内。拌制混凝土前及停止拌制后，应用热水冲洗搅拌机鼓筒。

⑤混凝土的运输容器应有保温设施。运输时间应缩短，并减少中间倒运。

(6)冬期混凝土的浇筑应符合下列规定：

①混凝土浇筑前，应清除模板及钢筋上的冰雪和污垢。当环境气温低于−10℃时，应将直径大于或等于25mm的钢筋和金属预埋件加热至正温。

②新、旧混凝土施工缝的清理工作应符合有关规范的规定。

当旧混凝土面和外露钢筋(预埋件)暴露在冷空气中时，应对距离新、旧混凝土施工缝1.5m范围内的旧混凝土和长度在1.0m范围内的外露钢筋(预埋件)，进行防寒保温。

当混凝土不需加热养护，且在规定的养护期内不致冻结时，对于非冻胀性地基或旧混凝土面，可直接浇筑混凝土。

当混凝土需加热养护时，混凝土和地基接触面的温度不得低于2℃。

当浇筑负温早强混凝土时，对于用冻结法开挖的地基，或在冻结线以上且气温低于−5℃的地基应做隔热层。

混凝土应采用机械振捣，并分层连续浇筑，分层厚度不得小于20cm。

采用加热养护的整体结构，当混凝土的养护温度高于40℃时，应预先安排混凝土的浇筑顺序和施工缝的位置。

2. 混凝土夏期施工

(1)当昼夜平均气温高于30℃时，混凝土应符合有关规定。

(2)混凝土宜选用水化热较低的水泥。当掺用缓凝型减水剂时，可根据气温适当增加坍落度。

(3)混凝土宜在棚内或在气温较低的早晚或夜间拌制。

(4)混凝土运输容器应设防晒设施，运输时间应缩短。

(5)混凝土浇筑前，应将模板或基底喷水润湿。浇筑宜连续进行。当因故间歇时，其允许间歇时间应符合有关的规定。

(6)混凝土浇筑速度应加快，入模温度不宜高于30℃。

3. 拱、墙背回填

初期支护应与二次衬砌密贴，拱、墙背回填应符合下列规定：

(1)隧道拱、墙背后的局部坍塌或塌落，必须回填密实，必要时回填注浆。

(2)拱部范围与墙脚以上1m范围内的超挖，应用与衬砌同级混凝土回填。

(3)隧底超挖部分应用与隧底结构同级的混凝土回填。

(4)其余部位的超挖、坍塌或塌落，可视围岩稳定情况、空隙大小，采用混凝土、片石混凝土回填。

(六)机械设备配置

(1)混凝土衬砌必须采用自动计量的混凝土搅拌站，混凝土搅拌输送车、混凝土输送泵、钢模板台车等配套机械设备。

(2)混凝土拌和站生产能力应根据高峰时作业面数量、运距、混凝土供应量等因素配置，应选用强制式拌和方式。自动计量装置应满足混凝土配合比计量精度要求。

(3)混凝土运输应配置可搅拌轮胎式汽车混凝土输送车，有轨运输时，应配置可搅拌轨行式混凝土输送车。

(4)混凝土输送泵配置能力应与搅拌站的生产能力、运输车的运送能力及浇筑结构相匹配。

(5)隧道衬砌应采用整体平移式全断面衬砌钢模板台车。

(6)隧道仰拱浇筑时应配置仰拱栈桥。

(七)施工图片

施工图片见图2-125～图2--131。

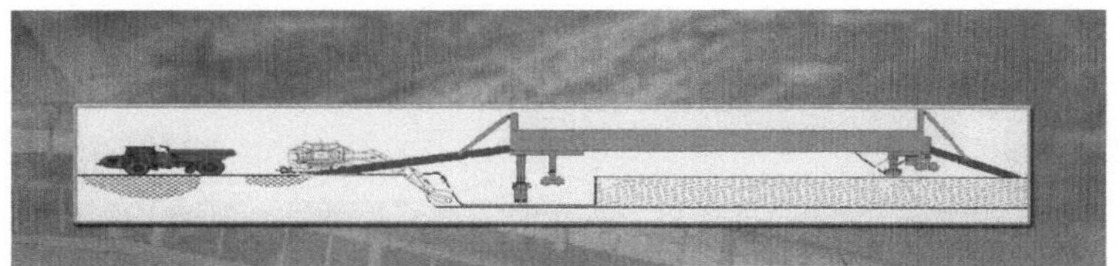

图 2-125 仰拱栈桥示意图

图 2-126 隧道内仰拱栈桥

图 2-127 仰拱钢筋绑扎

图 2-128 全自动拌和站

图 2-129 混凝土输送

图 2-130 二次衬砌钢筋绑扎

图 2-131 隧道衬砌台车

第四节 钻爆法隧道施工辅助作业线

一、防排水作业线

防排水施工作业系指在隧道初期支护完成，且隧道净空经检查满足设计要求后进行的有关结构防排水施工作业，一般包含基面检查处理，排水盲管(沟)安装，防水板铺设，施工缝、变形缝处理，混凝土灌注等工序，其工艺流程如图 2-132 所示。

(一)基面检查处理

1. 基面处理

基面处理主要是对初期支护表面的渗漏水、外露的凸出物及表面凸凹不平处进行处理。

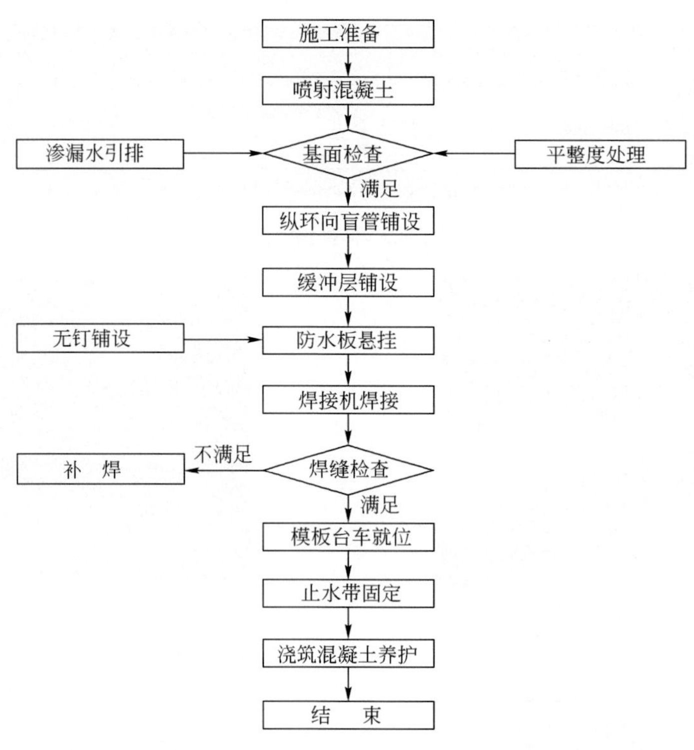

图 2-132 结构防排水施工工艺流程图

2. 基面处理质量检查

基面处理质量应满足下列要求：①初期支护表面无明显渗漏水，且无空鼓、裂缝、松酥等现象。②初期支护表面平整，用 2m 尺进行检查，其平整度不得大于 5cm。③初期支护表面无钢筋及凸出的管件等尖锐凸出物。

(二)排水盲管施工作业

排水盲管一般包括环向排水盲管、纵向集水盲管、横向排水管，三者采用变径三通连为一体，形成完整的排水系统。其中，纵向排水盲管在整个隧道排水系统中是一个中间环节，起着承上启下的作用，是关键环节。

环向、纵向排水盲管施工主要有钻定位孔、锚栓安装、盲管铺设、安装连接等环节，其施工流程见图2-133。

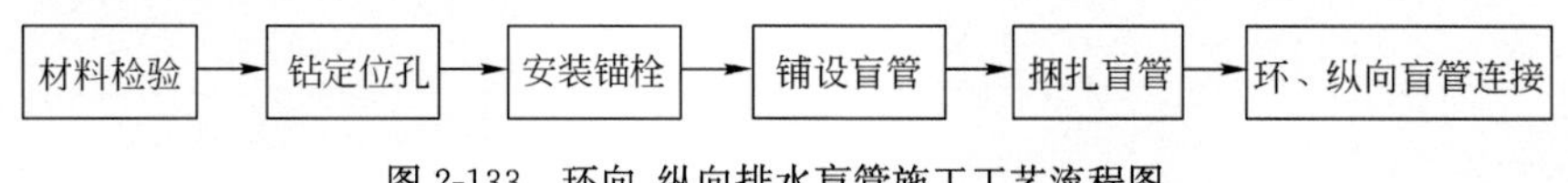

图 2-133 环向、纵向排水盲管施工工艺流程图

1. 排水盲管布置

环向排水盲管沿纵向设置的间距应根据设计要求进行布置，根据洞内渗、漏水的实际情况，在地下水较大的地段应加密设置排水盲管。

纵向盲管的设置及坡度应按设计要求安设，并与环向、横向盲管连成一体，形成一个完整的排水系统。

2. 施作步骤与方法

①按规定画线，以使盲管位置准确合理。②钻定位孔，定位孔间距不得大于 50cm。③将膨胀锚栓打入定位孔。④用无纺布包住盲管，扎丝捆好；用卡子卡住盲管，然后固定在膨胀螺栓上。⑤用三通将环、纵向排水盲管连接固定。

3. 横向排水盲管施工

横向排水盲管是连接纵向排水管与侧沟或中央排水管(沟)的水力通道，通常采用硬质塑料管，其设置应符合设计要求，施工中先在纵向盲管上预留拼接，然后在仰拱及填充混凝土施工前接长至中心排水管(沟)。

4. 施工控制要点

①画线时，注意盲管尽可能走基面的低凹处和易出现渗漏水的地方。

②盲管应用无纺布等渗水材料包裹，防止泥沙、喷混凝土料或杂物进入堵管。

③纵向盲管用防水卷材半裹，使下流之水在纵向盲管位置尽量流入管内。

5. 排水盲管施工质量检查

排水盲管施工质量应满足下列要求：

(1)排水盲管的材料质量、直径，透水孔的大小、间距应满足设计要求。

(2)纵向排水盲管的安装坡度应符合设计要求，通向水沟的横向排水管坡度应符合设计要求，且不应小于2%。

(3)盲管尽量与岩壁或初期支护的混凝土壁密贴，与支护的最大间距不得大于5cm，盲管与支护脱开的最大长度不得大于10cm。

(4)盲管应无泥沙、喷混凝土料或杂物堵塞，泄水孔通畅。

(5)施工中，三通管留设位置要准确，接头要牢固。

(三)防水板施工作业

在基面处理、排水盲管设置、水平施工缝止水条安装完成后，进行防水板施工作业，一般包括铺设准备、缓冲层铺设、防水板固定、防水板焊接、质量检查等环节，其施工工艺流程见图2-134。

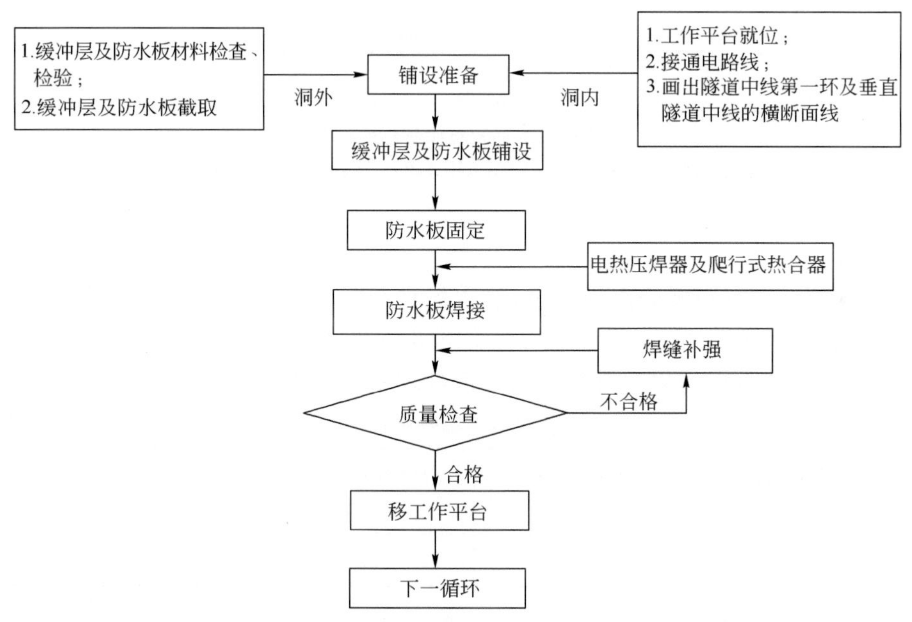

图2-134　防水板施工工艺流程图

1. 防水板铺设要求

防水板铺设宜采用专用台车铺设，台车应具备以下要求：

(1)防水板专用台车应与模板台车的行走轨道为同一轨道，轨道的中线和轨面设计高程误差应小于±10mm。

(2)台车前端应设有初期支护表面及衬砌内轮廓检查刚架，并有整体移动(上下、左右)的微调机构。

(3)台车上应配备能达到隧道周边任一部位的作业平台。

(4)台车上应配备辐射状的防水板支撑系统。

(5)台车上应配备提升(成卷)防水板的卷扬机和铺放防水板的设施。

防水板铺设专用台车可参考图2-135防水板作业台车示意图。

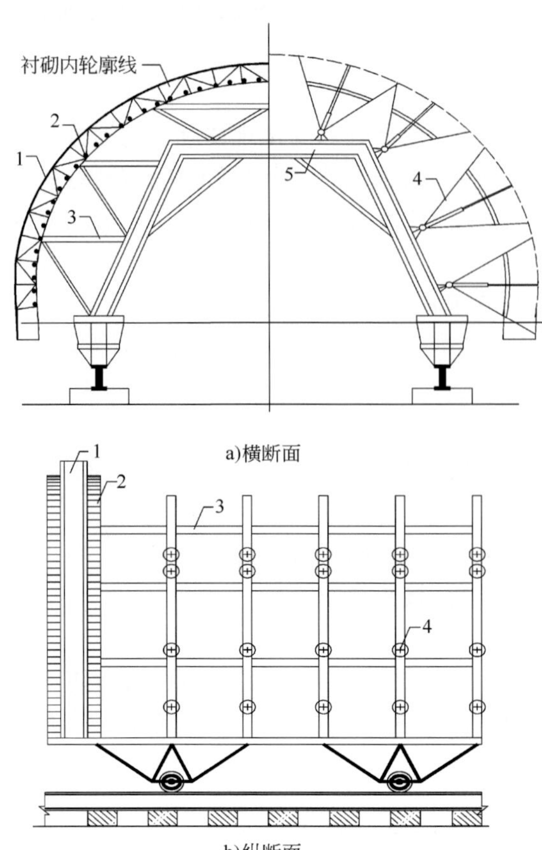

图 2-135　防水板作业台车示意图

1-衬砌内轮廓检测刚架；2-人梯；3-作业平台；4-防水板扇形支撑；5-门架

2.施作步骤与方法

1)铺设准备

洞外检查、检验缓冲层材料及防水板质量，防水板宜选用高分子材料，幅宽一般为 2～4m，其中客货共线隧道防水板厚度不得小于 1.2mm，客运专线防水板厚度不得小于 1.5mm，耐刺穿性、柔性、耐久性好且应符合设计要求。防水板的物理力学性能应符合表 2-69 的要求。

防水板主要物理性能　　表 2-69

项　目	抗拉强度(MPa)	断裂延伸率(%)	热处理时变化率(%)	低温弯折性	抗　渗　性
指标	≥12	≥200	≤2.5	−20℃，无裂纹	0.2MPa，24h 不透水

对检查合格的防水板，用特种铅笔画焊接线及拱顶分中线，并按每循环设计长度截取，对称卷起备用；洞内在铺设基面标出拱顶中线，画出隧道中线第一环及垂直隧道中线的横断面线。

2)缓冲层铺设

对于设计为分离式的防水板，先进行缓冲层铺设，缓冲层材料应根据设计选用，一般采用射钉固定。其铺设的具体步骤为：

(1)先在隧道拱部位标出纵向中线。

(2)使缓冲层垫衬基本与洞轴线直交，留足基面凹凸位的富余量，由两边墙向拱部铺设。

(3)用带圆垫圈的射钉将缓冲层平、顺、直地固定在基层上(见图 2-136)，固定点间距：一般拱部为 0.5～0.8m，边墙为 0.8～1.0m，底部为 1～1.5m，呈梅花形排列，并左右上下成行固定。

(4)缓冲层接缝搭接宽度不得小于 50mm，一般仅设环向接缝，当长度不够时，设轴向接缝应确保上部(靠近拱部的一张)由下部(靠近底部的一张)缓冲层压紧，并使缓冲层与喷混凝土表面密贴。

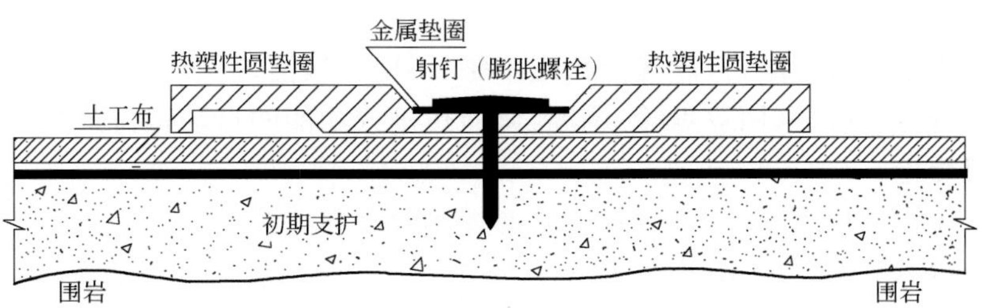

图 2-136　暗钉圈固定缓冲层示意图

3)缓冲层铺设质量检查

缓冲层铺设质量应满足下列要求：

(1)缓冲层材料的各项技术参数应满足设计要求。

(2)铺设范围、铺挂方式及搭接宽度应符合设计要求。

(3)固定点设置的数量合理，间距满足规定要求。

(4)铺设面平顺，无隆起，无皱折。

4)防水板铺设

(1)防水板铺设应超前二次衬砌施工 1～2 个衬砌施工段长度，并设临时挡板，防止机械损伤和电火花灼伤防水板，同时与开挖掌子面应保持一定的安全距离。

(2)对于初期支护为钢纤维混凝土的，防水板铺设前应补喷一层水泥砂浆保护层，以保护防水板。

(3)铺设前应进行精确放样，弹出标准线进行试铺后确定防水板一环的尺寸，尽量减少接头。

(4)防水板采用环向铺设，从拱部向两侧边墙展铺，下部防水板应压住上部防水板，松紧应适度，并留有余量(一般实铺长度与弧长的比值为 5∶4)，保证防水板全部面积均能抵到围岩。

(5)分段铺设的卷材的边缘部位应预留至少 60cm 的搭接余量，并且应对预留部分边缘部位进行有效的保护。

(6)附属洞室处铺设防水板时，先按照附属洞室的大小和形状加工防水板，并与边墙防水板焊接成一个整体。

(7)三层以上的塑料防水板的搭接形式必须是 T 形接头。

(8)两幅防水板的搭接宽度不应小于 150mm，如图 2-137 所示。

5)防水板固定

(1)对于设计为分离式的防水板，可用热风焊枪或热合器，使其防水板融化与塑料垫圈黏结牢固。

(2)对于设计为复合式的防水板，则按设计要求(一般拱部 0.5～0.8m，边墙 0.8～1.0m，底部 1～1.5m)在铺设基面打设膨胀锚栓，采用悬吊法牢固固定，膨胀锚栓帽宜采用圆弧形，锚栓顶面离喷射混凝土面距离不得大于 3mm。

(3)在凸凹较大的基面上，在断面变化处增加固定点，以保证与混凝土表面密贴。

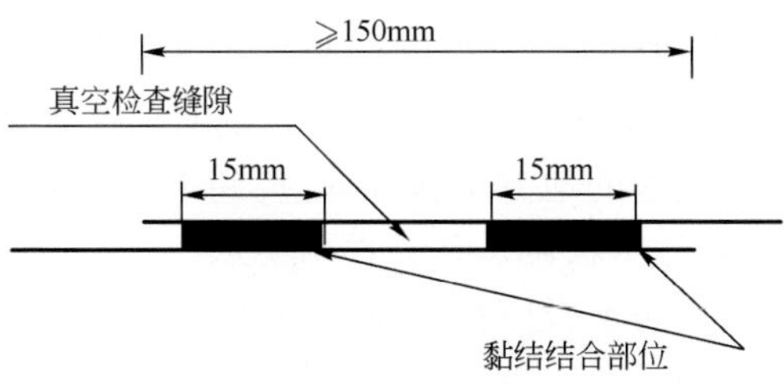

图 2-137　防水层搭接焊示意图

6)防水板铺设、固定质量检查

防水板铺设、固定质量应满足下列要求：

(1)铺设范围及铺挂方式应符合设计要求；

(2)搭接形式和宽度应满足规定要求；

(3)悬吊固定点设置的数量合理，间距应满足规定的要求；

(4)分段铺设的预留接头长度应满足规定要求；

(5)防水板与基层固定牢固，用手将已固定好的塑料板上托或挤压，检查其与喷射混凝土面的密贴程度及预留量，防水板没有绷紧和破损现象。

7)防水板焊接

(1)焊接时,接缝必须擦洗干净,且焊缝接头应平整,不得有气泡、折皱及空隙。

(2)防水板之间的搭接缝应采用双焊缝、调温、调速热楔式功能的自动爬行式热合机热熔焊接,细部处理或修补采用手持焊枪。

(3)开始焊接前,应在小块塑料片上试焊,以掌握焊接温度和焊接速度。

(4)单条焊缝的有效焊接宽度不应小于 15mm,见图 2-137 防水层搭接焊示意图。

(5)在焊缝搭接的部位,焊缝必须错开,不允许有三层以上的接缝重叠,参见图 2-138 防水板搭接焊缝示意图。焊缝搭接处必须用刀刮成缓角后拼接,使其不出现错台。

(6)防水板纵向搭接与环向搭接处,除按正常施工外,应再覆盖一层同类材料的防水板材,用热焊焊接。

(7)焊缝应无漏焊、假焊、烤焦、焊穿、外露的固定点等现象,若有应予以补焊,且用塑料片覆盖焊接。

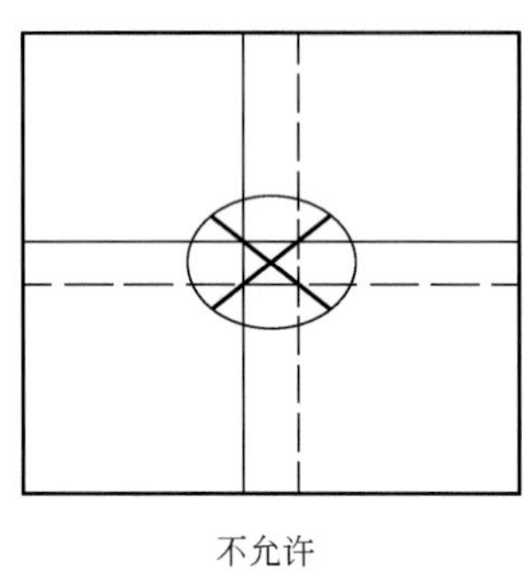

不允许

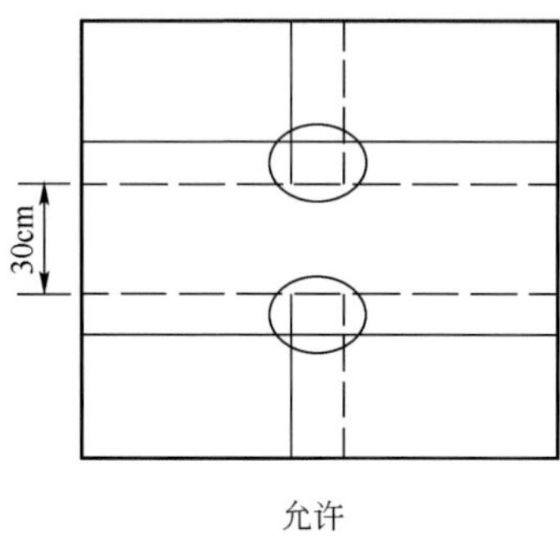

允许

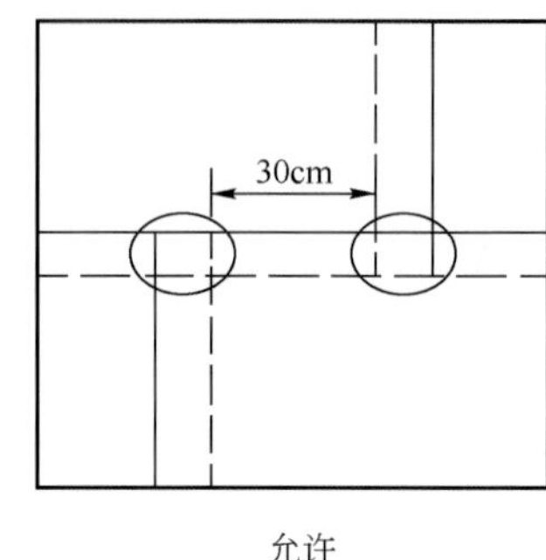

允许

图 2-138 防水层搭接焊缝示意图

8)防水板焊缝施工质量检查

防水板焊缝是防水板施工的薄弱环节,应重点检查,以满足相应要求。

(1)目测及尺量检查

检查防水板有无烤焦、焊穿、假焊和漏焊,焊缝宽度是否符合设计要求,焊缝是否均匀连续,表面是否平整光滑,有无波形断面。

(2)充气检查

检查采取随机抽样的原则,环向焊缝每衬砌循环抽试 1 条,纵向焊缝每衬砌循环抽试 2 条。具体检查要求为:将 5 号注射针与压力表相接,用打气筒充气,当压力表达到 0.25MPa 时,停止充气,保持 15min,压力下降在 10%以内,说明焊缝合格;如压力下降过快,则说明焊缝不严,可用肥皂水涂在焊缝上,有气泡的地方重新补焊,直到不漏气为止。

3. 防水板施工作业控制要点

(1)防水板应存放在室内,库房应整洁、干燥、无火源、自然通风要好,并应远离高温热源及油脂等污物,在搬运防水板时严禁在地面拖拉。

(2)防水板铺设前,应全部检查防水板是否有变色、波纹(厚薄不均)、斑点、刀痕、撕裂、小孔等缺陷,如果存在质量疑虑,要进行张拉试验、防水试验和焊缝抗拉强度试验,如发现防水板有裂纹、针孔等应立即修补好。

(3)膨胀螺栓安装孔位要严格控制方向和排列距离,避免安装时搭接困难,并且要尽量垂直岩壁。

(4)防水板接缝应与衬砌施工缝错开 0.5~1m。

(5)避车洞处防水板的铺设,如成形不好,须用浆砌片石或模筑混凝土使其外观平顺后,方可铺设防水板,对于热合器不易焊接的部位,应用热风枪手工焊接。

(6)工作台面板及人员上下用的梯子要稳固可靠,不得有裸露尖钉及锋利器物。

(7)操作人员严禁吸烟,热焊机操作手必须经过培训,并且人员应相对固定。

4. 防水层的保护

防水层施工完成后,必须严加保护,否则极易损坏,导致防水质量下降,乃至完全失效,故必须予以

重视。

(1)任何材料、工具,在铺设时应尽量远离已铺好的地段堆放,不得穿带钉子的鞋在防水层上走动,对现场施工人员应加强防水层保护意识教育,严禁损坏。

(2)在没设保护层处(如拱顶、侧墙)进行其他作业时不得破坏防水层,钢筋焊接作业时,防水板要用阻燃材料进行覆盖,避免焊火花损伤防水板。

(3)挡头板的支撑物在接触到塑料防水板处必须加设橡皮垫层。

(4)采用钢筋混凝土衬砌时,要对钢筋头部进行防护,避免损伤防水板。

(5)绑扎钢筋和安装模板及衬砌台车就位时,在钢筋保护层垫块外包土工布,防止碰撞和刮破塑料板。

(6)在灌注二次衬砌混凝土时,由振捣棒引起的对防水层的破坏不易被发现,故二次衬砌模筑混凝土施工时应特别注意,不得破坏防水层,浇筑时应有专人观察,发现损伤应立即修补。

(7)在灌注二次衬砌混凝土时,应在混凝土输送泵出口处设置防护板,防止混凝土直接冲击防水板。

(8)二次衬砌模筑混凝土捣固时,避免让捣固器与防水板接触;插入式振动棒需变换其在混凝土中的位置时,应竖向缓慢拔出,不得在混凝土浇筑仓内平拖。

(9)二衬中埋设的管料与防水板间距不应小于 5cm,以防止破损塑料防水板。

(四)止水条施工作业

止水条施工作业包括制作安装专用端头模板、混凝土浇筑、预留槽清理、固定止水条等环节,其施工流程见图 2-139 止水条施工工艺流程图,其构造位置见图 2-140 止水条构造位置图。

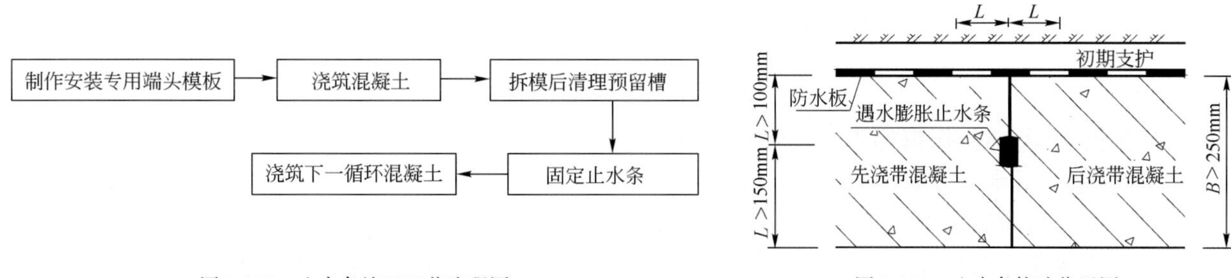

图 2-139 止水条施工工艺流程图

图 2-140 止水条构造位置图

1. 施作步骤与方法

1)水平施工缝

水平施工缝施工在先浇筑混凝土初凝后、终凝前,根据止水条的规格,在混凝土基面中间压磨出一条平直、光滑槽。拆除混凝土模板后,凿毛施工缝,用钢丝刷清除界面上的浮渣,并涂 2~5mm 厚的水泥浆,待其表面干燥后,用配套的胶黏剂或水泥钉固定止水条,再浇筑下一循环混凝土。

2)环向或竖向施工缝

环向或竖向施工缝采用在端头模板中间固定木条或金属构件等,混凝土浇筑后形成凹槽,槽的深度为止水条厚度的一半,宽度为止水条宽度。然后进行清洗,在浇筑下一循环混凝土之前,对预留槽进行清理,清除残渣,磨光槽壁,之后将止水条粘贴在槽中,定位模板台车,浇筑下一循环的混凝土。

2. 施工控制要点

(1)施工前,必须对止水条的宽度、厚度(直径)进行检查,确保其符合设计及标准要求。

(2)安放止水条前,必须对预留槽进行清理,清洗干净、排除杂物。

(3)止水条必须安装在预留槽内,安装时先在槽内涂抹一层氯丁胶黏剂,使其黏结牢固,并用水泥钉固定,水泥钉的间距不宜大于 60cm。

(4)止水条安装应尽量安排在混凝土浇筑前 3~5h,如有困难提前安装应采取缓膨措施,但最长时间不得超过 24h。

(5)止水条安装时应顺槽拉紧嵌入,确保止水条与槽底密贴,不得有空隙。

(6)止水条接头处应重叠搭接后再黏结固定,沿施工缝形成闭合环路,其间不得留断点,其安装见图 2-141。

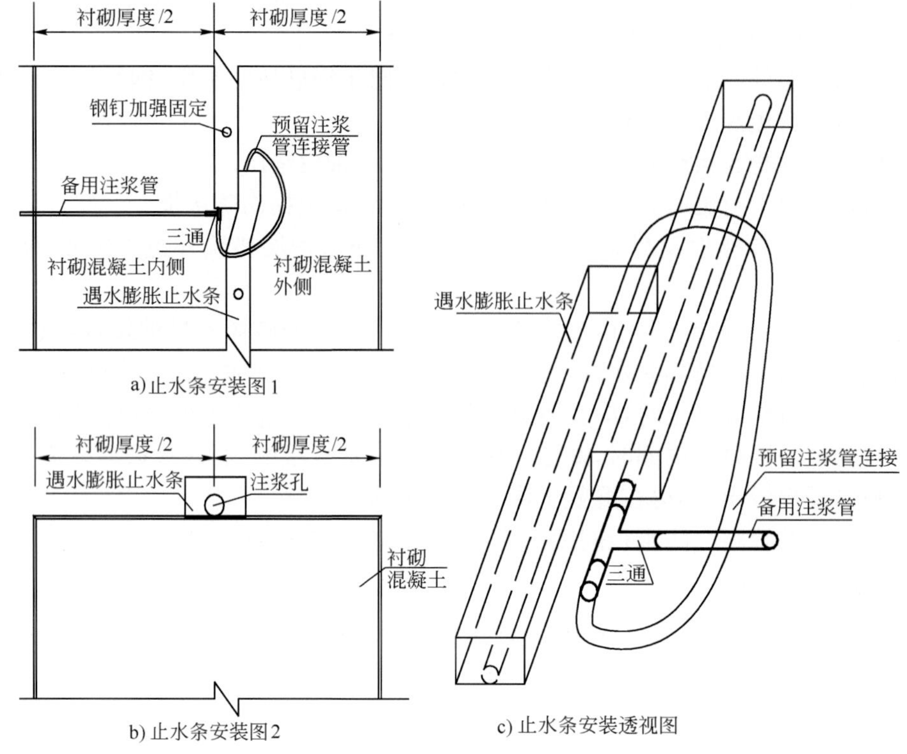

图 2-142　止水条安装示意图

(7)振捣混凝土时,振捣棒不得接触止水条。

3.带注浆孔遇水膨胀止水条施工

(1)安装止水条界面的处理及止水条的固定方法同上。

(2)将止水条上的预留注浆连接管套入搭接的另一条止水条上连接的三通上,见图 2-142。

(3)根据所安装止水条的长度,约在 30m 处安装三通一处,三通的直线两端有一头插入止水条内,另一头插入注浆连接管内。丁字端头插入备用注浆管内,以备缝隙渗漏水时注浆。

(4)注浆连接管与三通连接件应黏结牢固,以保证注浆管通畅。安装在三通上的备用注浆管,应引入衬砌内侧。

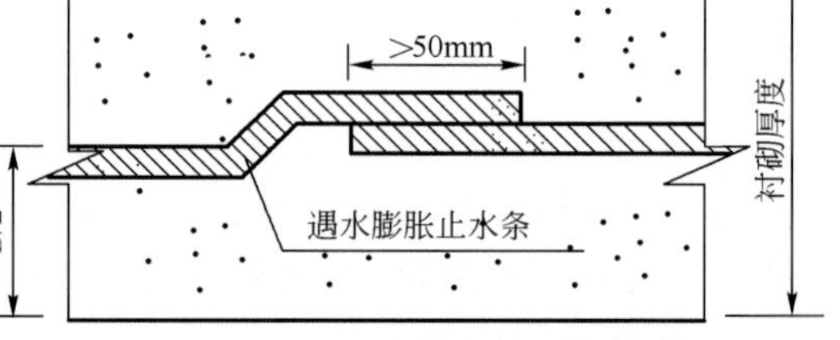

图 2-142　带注浆孔止水条安装示意图

4.止水条安装质量检查

止水条安装质量应满足下列要求:①止水条的材质、性能及技术参数必须满足设计要求;②止水条的安装位置、接头连接应符合设计要求;③止水条表面没有开裂、缺胶等缺陷,无受潮提前膨胀现象;④止水条与槽底密贴,没有空隙。

(五)外贴式止水带施工作业

1.施工工艺流程

外贴式止水带施工包括定位、基面处理、止水带固定等几个环节,其施工工艺流程如图 2-143 所示。

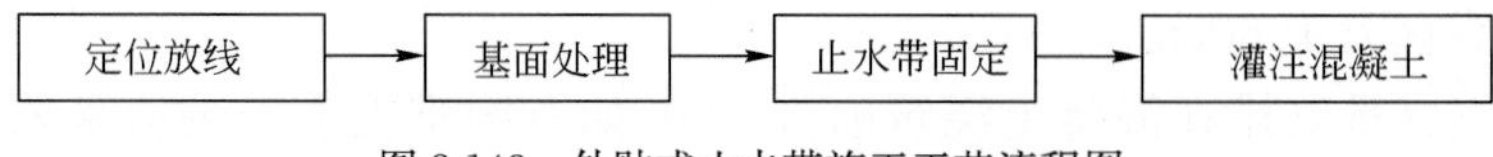

图 2-143　外贴式止水带施工工艺流程图

2.施工方法及步骤

1)位置确定

外贴式止水带设置在衬砌结构施工缝、变形缝的外侧，施工时按设计要求，先在需要安装止水带的位置放出安装线。

2)基面处理

对于直接设置在岩壁或初支找平层的外贴式止水带，设置的部位需预先用氯丁胶乳砂浆进行抹平处理，防水砂浆抹面的宽度应大于外止水带宽度 20cm 以上。

对于设计有防水板的，则需对接缝处擦洗干净。

3)止水带固定

施工缝处设计有防水板的，如止水带材质与防水板相同，则采用双焊缝热焊机将止水带固定在防水板上，对设计为橡胶止水带的，则采用黏结法与防水板连接。

施工缝处设计没有防水板的，止水带采用黏结法固定在岩壁或初支找平层上。

(六)施工机械配置

(1)隧道初支基面处理及防水板悬挂作业应在专用台架上进行，作业台架宜采用轮轨式。

(2)防水板焊接应采用调温、调速自爬式焊接机，局部处理可采用热塑焊枪焊接。有条件时，防水板铺设宜采用台架式自动铺设机。

(3)隧道内排水用抽水机应根据隧道长度、水量、水质及施工组织设计的要求选型，局部抽水宜选用潜水泵。

(七)施工图片

施工图片见图 2-144～图 2-146。

图 2-144　无纺布铺设

图 2-145　防水板铺设

二、施工通风作业线

隧道施工通风是为了送进新鲜空气，排出有害气体，降低粉尘浓度，改善工作环境，保证工人健康和施工安全，提高劳动生产率。有研究表明，当体温维持在 36.5～37℃并保持平衡时，人就会感觉到舒适。而保持平衡的条件是人体的生热和散热相同，影响人体散热的主要因素是空气的温度、湿度、风速三者的综合状况。

图 2-146　防水板自动铺设

1)温度

根据研究，隧道内最适宜作业人员的温度是 15～20℃，掌子面的温度不宜大于 26℃。

2)湿度

空气相对湿度低于 30%时，水分蒸发过快，会引起身体黏膜干裂；相对湿度大于 80%时，水分蒸发困难，使人烦闷。比较舒适的空气相对湿度应在 50%～60%。

3)风速

风速过高，尘土飞扬，对作业人员的健康不利；风速过低，易造成有害气体积聚，不利洞内施工设备散热，对安全生产不利。

因此，隧道施工过程中，空气温度、湿度、风速应调配得当，以形成良好的施工气候条件。一般施工过程中，湿度不易调节，主要从温度、风速两方面进行调节，即维持温度、风速有一个得当的对应关系。同时，通风还直接影响隧道方案的选择、辅助坑道的设置、施工速度的快慢及工程造价。因此，设计和施工隧道，尤其长大隧道时，必须进行施工通风设计。

(一)隧道施工通风常用方法

目前，隧道施工采用的通风方法有扩散通风、引射器通风、机械通风、利用辅助坑道通风等几种方式。

1.扩散通风

扩散通风不需要通风设备，利用新鲜风流的扩散作用与工作面的空气掺混，逐渐使洞内的污浊空气排出，从而达到通风换气的目的。扩散通风只在极短的隧道施工中才有效，且换气时间长，一般不宜采用。

2.引射器通风

1)压气引射器通风

压气引射器体积小、质量小、噪声小，结构简单，制造方便，无电气设备和运转部件，运行安全可靠，唯其以压气作动力，费用高，故未获得广泛应用。

压气引射器产生的风压、风量都较小，只适用于断面小、长度短的隧道通风。在通风不良的地点安装压气引射器作辅助通风，对改善局部通风有一定效果。

2)水力引射器通风

水力引射器具有与压气引射器相同的优点，并兼有消烟除尘的作用，它用高压水作动力，成本低廉，在安装通风机和风筒不太方便的工作地点，如超前导坑开挖工作面，上、下台阶小断面开挖，支护作业等，都适于采用。

3.机械通风

使用通风机和管道的机械通风是隧道施工中最普遍的通风方法，在掘进距离较长的隧道施工中都应采用机械通风。

通风系统的基本布置形式有压入式、抽出式(或压出式)、混合式(射流巷道式＋洞内压入式)三种。

1)压入式

压入式通风是指通风机或局部扇风机把新鲜空气经风管压入工作面，污浊空气沿隧道流出。新鲜风流从风管出口流出以后，由于空气分子的径向运动，在风流边界上与炮烟等污浊气体相互掺混，发生动量交换，使风速逐渐降低，而射流断面逐渐扩大，风流到一定距离后就反向流出工作面，如图 2-147 所示。

从风筒口到风流反向点的距离称为有效射程，如图 2-148 所示。

图 2-147　压入式　　　图 2-148　风流的有效射程

有效射程以外的炮烟及废气，呈涡流状态，不能迅速排出。有效射程可参考下式计算：

$$l_1=(4\sim5)\sqrt{A}$$

式中：l_1——有效射程；

A——隧道的断面面积(m^2)。

在通风过程中，炮烟随风流排出，当隧道出口处的炮烟浓度下降到允许浓度(此时隧道内各处的炮烟浓度均已降到允许浓度以下)时，即认为排烟过程结束。

压入式通风的优点是：有效射程大，冲淡和排出炮烟的作用比较强，工作面回风不通过风机和通风管，对设备污染小，在有瓦斯涌出的工作面用这种方式比较安全，可以用柔性风管，工作面的污浊空气沿

隧道流出，沿途就一并带走隧洞内的粉尘及有毒、有害气体，对改善工作面的环境有利。

压入式通风的缺点是：长距离掘进排出炮烟需要的风量大，通风排烟时间较长，回风流污染整条隧道。

在应用压入式通风时，需注意以下两点：

(1)通风机安装位置应与洞口保持一定距离，一般应大于 30m；

(2)风管出口应与工作面保持一定距离，对于小断面、小风量、小直径风管，该距离应控制在 15m 以内，对于大断面、大风量、大直径风管，该距离可控制在 45～60m 的范围内。

2)抽出式(压出式)

抽出式通风是利用通风机或局部扇风机经风管把工作面的污浊空气抽出，新鲜风流沿隧道流出。抽出式通风只采用硬质风管，若采用柔性风管，则系统布置应为如图 2-149 所示的压出式通风。这两种方式有类似的特点。

风流进入风筒(或风机)的速度场如图 2-150 所示。图中 d 为风筒直径，x 为某一点距风管口的距离，等速面速度是以风管口风速的百分数表示的。由此可知，随着离风管口距离的增加，风速急剧下降，故吸风的有效作用范围很小。

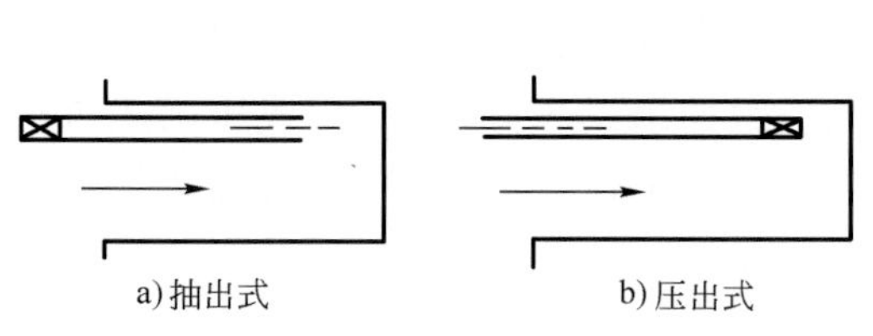

图 2-149 抽出式(压出式)

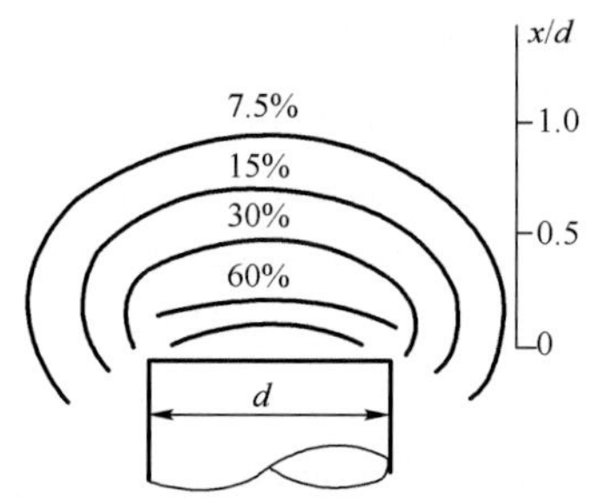

图 2-150 风筒入口处的风流速度场

在掘进通风中，由于隧道周壁的限制及风管吸入的空气只能单向供给，吸入口附近空气的流动情况与图 2-150 又有所不同，风流沿隧道流入工作面，然后反向进入风筒，风流的有效作用范围称为有效吸程，如图 2-151 所示。

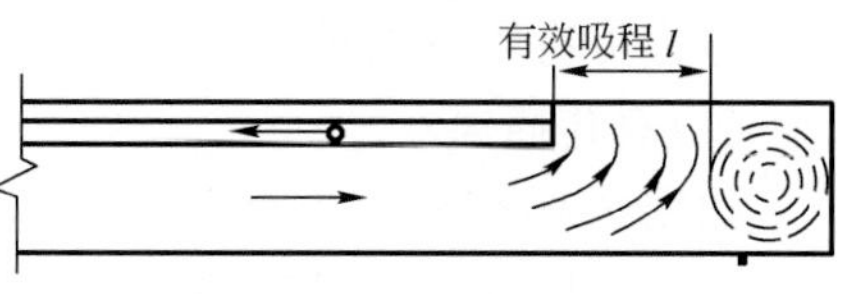

图 2-151 有效吸程示意图

有效吸程以外的炮烟呈涡流状态，排出较为困难。

有效吸程可按下式计算：

$$l=1.5\sqrt{A}$$

式中：l——有效吸程(m)；

A——隧道断面面积(m^2)。

在通风过程中，炮烟及有害气体渐渐经风管抽走，当炮烟抛掷区内的炮烟浓度降到允许浓度时，即认为排烟过程结束。抽出式通风的回风流不经过隧道，故排烟时间或排烟所需的风量与隧道长度无关，只与炮烟抛掷区的体积有关。

炮烟抛掷区是指放炮后炮烟弥漫的区城。炮烟抛掷区的长度可用下式计算：

$$l_0=15+\frac{G}{5}$$

式中：l_0——炮烟抛掷长度(m)；

G——同时爆破的炸药质量(kg)。

抽出式(或压出式)通风的优点：在有效吸程内排烟效果好，排除炮烟所需的风量小，回风流不污染隧道。但必须指出，抽出式(压出式)通风的有效吸程很短，只有当风管口离工作面很近时才能获得满意的结果。

当风机或风管距工作面很近时，往往造成工作面设备布置较困难，在全断面钻爆法开挖时，有通风设备被爆破飞石击坏的可能，因而许多工地将风机或风筒吸风口远离工作面设置，效果常不理想。

此外，抽出式通风回风流经过风机和输风管道，如果叶轮与外壳碰撞或其他原因产生火花，有引起煤尘及瓦斯爆炸的危险，因此不宜在有沼气涌出的隧道中采用(若风机叶枪用软金属制造不会产生扭击火花，且电动机是防爆型的，则另当别论)。

3)混合式(射流巷道式+洞内压入式)

混合式通风系统如图2-152所示。抽出式(在柔性风管系统中作压出式布置)风机的功率较大，是主风机。压入式风机是辅助风机，它的作用是利用有效射程长的特点，把炮烟搅混均匀并排离工作面，然后由抽出式或压出式风机吸走。这种方式综合了前两种方式的优点，适合于大断面长距离隧道通风，在机械化作业时更为有利。采用喷锚支护的隧道，喷浆地点的粉尘浓度很高，采用混合式通风的降尘效果十分明显。

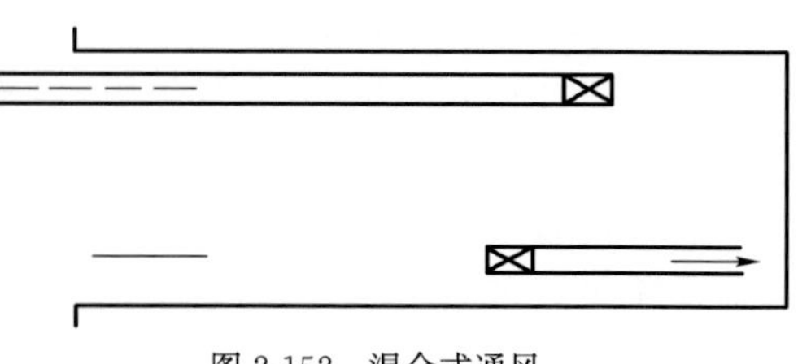
图2-152　混合式通风

混合式通风系统中压入风机的送风长度相对较短，需要的风量也较主风机系统小，有时可用压气引射器代替。

在大型隧道施工中，可采用单机混合式通风，爆破后风机先进行压入式工作，把炮烟搅匀并排至风管口附近，然后风机反转，将炮烟沿风管抽出，待装渣时，风机又做压入式运行。

为了避免循环风，混合式通风系统中压入式风机进风口距抽出式风筒吸风口(或压出式风机吸风口)的重合距离不得小于10m。两风管重合段内隧道平均风速不得小于该隧道的最低允许风速。吸风口距工作面的距离应大于炮烟抛掷长度，一般为30～50m。压入式风管口距工作面的距离应不大于风流的有效射程。

4)利用辅助坑道的通风方式

在开挖长隧道时，为了缩短通风距离，常利用平行导坑、斜井、竖井、钻孔等作为辅助通风坑道，系统布置方式可有以下两种：

(1)双巷通风

如图2-153所示，在两条平行隧道之间，每隔一段距离用联络横洞贯通，然后在两边工作面采用压入式通风。压入式风机安装在进风隧洞内，污浊空气沿另一条平行隧道流出。为避免循环风，必须将靠近洞口一端的联络通道内封闭。

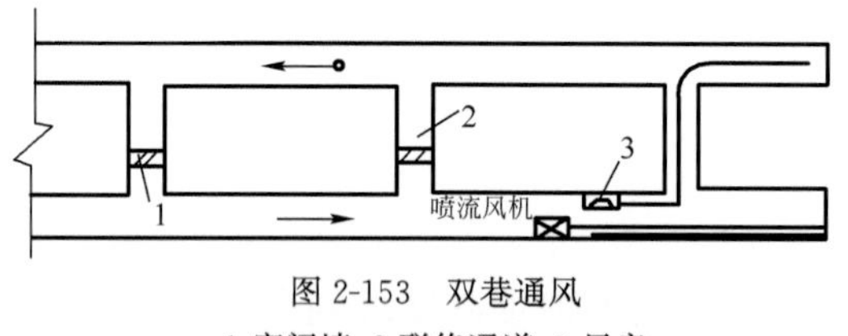

图2-153　双巷通风
1-密闭墙；2-联络通道；3-局扇

(2)混合式通风

在隧道进风流处安装喷流风机将空气引入洞内某横通道内，再安装压入式风机向工作面送入新鲜空气，使污浊空气沿另一平洞排出。当隧道与地面的高差较大时，有时也可以利用自然风压，不用抽出式风机。

但由于自然风压随季节和地面气候变化较大，多数情况下只安装抽出式风机，不需要定设压入式风机。这实际上是一种混合式通风系统。

(二)隧道施工通风的风量计算

隧道施工中，掘进工作面所需的风量与施工方法、施工作业的机械配套条件关系很大，且在一个作业循环中，不同作业工序对风量的要求也有较大差别。进行风量计算的目的是为正确选择通风设备和设计通风系统提供依据。通风系统的供风能力应能满足工作面对风量的最大要求。

掘进工作面所需风量可分别按下列方法计算，并取其最大者作为供风标准。

1.按排出炮烟计算风量

按排出炮烟计算风量的公式甚多，这些公式虽然都有其理论基础，但是由于实际情况复杂、影响因素众多，公式中不可避免地带有各种系数，而且系数的变动很大，使得这些公式仍然带有经验公式的特点，在用这些公式时应充分估计到这一点，考虑到这些公式的局限性，并在实践中予以修正。开挖面一

次爆破排烟所需风量按下式计算：

$$Q_0=\frac{7.8}{t}\times\sqrt[3]{m\times(F\times L)^2} \tag{2-27}$$

式中：Q_0——爆破排烟所需总风量(m^3/min)；

t——通风时间(min)；

m——一次爆破炸药消耗量(kg)；

F——隧道断面面积(m^2)；

L——通风换气长度(m)。

2. 按工作最多人数所需风量计算

每人按 $3m^3/min$ 计算，则：

$$Q_0=3\times N \tag{2-28}$$

式中：Q_0——爆破排烟所需总风量(m^3/min)；

N——洞内工作最多人数。

3. 按洞内最小风速所需风量计算

(1)全断面 $v>0.15m/s$。

(2)导坑中 $v>0.25m/s$，最大风速应不大于 6m/s。

$$Q_0=v\times S \tag{2-29}$$

式中：Q_0——爆破排烟所需总风量(m^3/min)；

v——洞内最小风速(m/s)；

S——隧道断面面积(m^2)。

4. 按内燃机械作业所需风量计算

$$Q\geqslant\frac{q\times c\times k}{y} \tag{2-30}$$

式中：Q——所需总通风量(m^3/min)；

q——排出有害气体量(m^3/min)；

c——排出有害气体浓度(%)；

k——安全系数；

y——有害气体最高允许浓度(%)。

无轨运输所需风量是以稀释柴油机尾气中的 CO 量计算的，但是由于内燃机产生的 CO 量与行车速度、路面好坏、内燃机性能、柴油质量、有无净化装置、运输距离远近诸因素有关，各个国家有不同的计算式，许多因素难以定量计算，多以经验式计算。

$$Q=Q_0\times\Sigma N \tag{2-31}$$

式中：Q——无轨运输所需的通风量(m^3/min)；

Q_0——单位功率的通风量[$m^3/(min\cdot kW)$]；

ΣN——洞内作业柴油机功率的总和(kW)。

Q_0 是一个统计数字，各国取值有很大出入，为 2.1～7.0$m^3/(min\cdot kW)$不等，目前我国采用$Q_0=3.0m^3/(min\cdot kW)$。

同时，在计算中还应考虑百米漏风率，一般取 1%。

以上计算取其中最大值加上漏风率影响作为控制风量标准，并据以选择风机及风管直径。

(三)通风设备的选择

选择施工通风设备的程序是：确定通风方式→计算风量→选择风管→计算通风阻力→选择通风机。

隧道通风方式应根据隧道长度、施工方法和设备确定。一般都是在施工方案确定了以后，才能确定独头掘进的长度和通风长度，然后才能计算工作面风量。

选择风管直径的主要依据是送风量与通风距离。送风量大，通风距离长，风管直径就应选大些。另外，还要考虑隧道断面大小，以免风管无法布置或易被机械或车辆撞坏、刮破。选择风管，除了考虑技术上可行之外，还要考虑在经济上合理。风管直径小，成本低，但耗电量比较大；风管直径大，成本高，但单机送风距离长，耗电量少。另外，选择价廉质次的风管，漏风多，易损坏，更换的次数也多；选择优质风管，一次投入多，但通风效果好，使用寿命长，综合经济性更优越。应根据工程实际情况进行全面分析，但一般通风量在满足洞内各项作业需要的最大风量的基础上，通风机还应有 50%的备用能量。

(四)通风管理

从目前的现状看，由于国内目前还没有一套系统的符合国情的隧道施工通风的设计理论和计算方法，也没有针对不同施工条件的通风系统设计规范和技术标准，多数施工单位和设计部门在考虑施工设计时，还没有把施工通风作为一个需要认真考虑的重要技术环节来对待，因此，在实际施工中还存在许多问题，针对以上问题应在加强管理、优化匹配、防漏降阻的基础上进行综合治理，具体应注意以下问题：

(1)一般压入式或吸出式风管距离掌子面不宜大于 20m 或 15m。采用混合式通风时，当一组风机向前移动，另一组风机管路即相应接长，始终保持两管道相邻端交错长度不小于 20～30m。

(2)局部通风中，吸出风管与出风口应引入主风流循环的回风流中。

(3)单独压入式风机应设在洞口并距洞口不小于 20m，有条件时风机尾接长风管，形成烟囱式，以免污浊空气进入洞内，形成恶性循环。

(4)采用平导作通风巷道，采用喷流巷道式通风方式，除最前一个横通道要行人或车辆外，其余应封闭或设风门，以免漏风和风流“短路”，如设风门应有专人管理。

(5)风机与风管应有专人管理，使之经常保持良好状态。风管安装应平顺，接头应严密，软风管改变方向时应用刚性连接，以减少接头漏风和降低局部阻力。

(6)注意通风软管管理，风机与风管的性能必须匹配，应采用优质软管，每根软管长度应尽量采用 20～30m 一节，以减少接头漏损。应重视软管的保护，避免锚杆头挂坏。爆破前应关闭通风机，炮响后再开启，避免冲击波对软管的破坏。发现软管破损，应立即修补。

(7)建立和稳定专业化通风技术队伍，实现隧道通风设计、设备配套、通风检测、通风管理等的专业化管理。

(8)推广柴油机车辆废气净化新技术。目前，隧道施工中的大多数设备配备了废气净化装置，应该加强维护保养，以在较大程度上减少废气和有害气体排放量。此外，还可尝试在柴油中加入少量添加剂，以降低 CO 和其他有害气体的排放量，减轻施工通风压力。

(9)推广综合防尘技术。应推广以通风除尘、湿式作业、喷雾降尘、个人防护为主要内容的综合防尘模式，优化洞内作业环境。

三、测量与量测

隧道施工测量是隧道工程建设中不可缺少的一个环节，它的主要任务是保证隧道开挖按规定的精度要求贯通，使衬砌结构符合设计要求。监控量测是隧道施工程序中不可缺少的内容，不仅监测各施工阶段围岩和支护动态情况，为施工日常管理提供信息，确保施工安全，还作为调整初期支护设计参数和施工方案，确定二次衬砌和仰拱的施作时间及变更设计的依据。因此，隧道施工中应做好这两项工作。

(一)隧道施工测量

隧道施工测量，主要包括洞外地表控制测量和洞内控制测量。地面控制测量的主要内容是：对设计单位所交付的洞外中线方向以及长度和水准基点高程等进行复核；洞内控制测量，依据经过校核过的隧道洞口投点，将其引伸入洞，作为隧道开挖和衬砌的依据。

隧道测量一般要求精度很高，其桩点必须稳固可靠，因为隧道在施工过程中很难用其他方法检验结果，而且测量的是否正确并达到必要的精度，只有在隧道贯通时才知道。因此，隧道施工测量必须以规定的精度认真、慎重地进行，必须重视控制点、基准点、水准点的交接和复核工作，并规定通过三角网或精密导线网对各点进行校核，避免产生严重后果，造成浪费和返工。

隧道测量应按照《建筑施工测量技术规程》(DB/T 446—2007)有关技术要求进行设计、作业和检测，埋设的各类桩点应利于保护与寻找、利于方便使用与点位确认，严禁一个桩上多个点位。平面控制点严禁在钢板上用钉子敲打作点，宜在钢板上钻孔镶铜芯制作，或钢筋钻孔制作。隧道长度大于1 500m时，应根据横向贯通精度要求进行隧道平面测量设计。当隧道两相邻开挖洞口间(包括横洞口、斜井口)高程线路长度大于12 000m时，应根据隧道高程贯通精度的要求，进行隧道高程测量设计。

长大隧道设置的精密三角网或精密导线网，应定期对其基准点和水准点进行校核；对隧道洞外的水准点、中线点，应根据隧道平纵面、隧道长度等定期进行复核，洞内控制点应根据施工进度设定。三角点、导线点布设在视野开阔、通视良好的地方，主要是为了减少由于大气折光及地面折光产生的仪器误差对导线角的影响。

经纬仪、水准仪及标尺、光电测距仪、全站仪、GPS全球定位系统都应按规定周期进行检测和校正。各类测量仪器设备在使用过程中应定期进行自检。

特长隧道、长隧道及采用大型掘进机械施工的隧道，宜用激光设备导向。

1.控制测量

为保证隧道工程在两个或多个开挖面的掘进中，施工中线在贯通面的横向及高程能满足贯通精度要求，符合线路及纵断面的技术条件，必须进行洞内外的控制测量。

1)控制测量应符合下列规定：

(1)控制测量必须在确认桩点稳固、可靠后进行。

(2)测量工作中的各项计算，均应分两组独立进行；计算过程中应及时校核，发现问题应及时检查，并找出原因。

(3)利用原控制点(含中线控制点)做第二次设站观测或根据原控制点增设新点时，必须对原控制点的相邻边和水平角进行检测。

(4)利用原水准点做引伸测量时，必须对其相邻已测段高差或相邻水准点间高差进行检测。

(5)隧道洞外控制测量应在隧道进洞施工前完成。

2)控制测量工作应按下列基本内容和要求进行：

(1)用于测量的图纸资料应认真研究核对，确认无误后方可使用，抄录数据资料必须核对。

(2)隧道施工前，应根据设计单位交付的测量资料进行核对和交接。

(3)平面控制测量布网形式应结合隧道长度、平面形状、线路通过地区的地形和环境等条件综合考虑。长隧道及隧道群的洞外平面控制测量宜采用GPS测量或GPS测量和导线测量综合使用，洞内平面控制测量宜使用全站仪、经纬仪及光电测距仪进行测量。

(4)长隧道平面控制宜建立独立坐标系统，三角锁或导线应沿隧道两洞口连线方向布设。

(5)每个洞口应测设不少于3个平面控制点(包括洞口投点及其相联系的三角点或导线点)和两个高程控制点。

(6)洞口投点的位置，应便于引测进洞，尽量避免施工干扰。各掘进洞口至少设1个投点，并尽量纳入控制网内。只有在条件不允许时，方可用插点形式与控制网联系。当洞口位于曲线上时，应在曲线上或曲线附近增设1个投点，以利于拨角进洞；当洞口位于直线上时，也可于洞口前后各设1个测点，其间距不宜小于200m，以便沿隧道中线延伸直线进洞。

2.平面测量

在洞外平面和高程控制测量完成后，就要进一步把相向开挖洞口附近的路线中线点(各洞口至少设两个中线点)，用平面和高程控制网精确求得它们的坐标和高程，同时计算洞内待定点的设计坐标。按坐标反算的方法，可求出洞内待定点和洞外控制点之间的距离和夹角关系；根据这些数据，可以用坐标法或其他施工测量方法指导进洞的开挖方向，并测设洞内待定点的准确位置，从而使隧道中线按设计位置在洞内延伸。

隧道平面测量应在洞外控制测量的基础上，结合洞内施工特点，布设洞内导线控制点，进行洞内导线测量、中线测量等平面测量。洞内导线宜沿中线布设，也可由中线侧移适当距离布设。洞内导线应布设成多边形闭合导线，其闭合环边数应小于7条。洞内导线边长，应根据测量设计要求，并考虑到实际通视条件，宜选择长边，导线最短边长不宜小于300m。

洞内导线，应根据洞口投点，向洞内作引伸测量；洞口投点应纳入控制网内，由洞口投点传递进洞方向的连接角测角中误差，不应超过测量等级的要求，后视方向的长度不宜小于300m。导线点应尽量沿路线中线布设，导线边长在直线地段不宜短于200m，曲线地段不宜短于70m。无闭合条件的单导线，应进行两组独立观测，相互校核。

施工中线控制桩应由洞内导线控制点，采用极坐标法以2测回测设。中线控制桩间距不应小于200m，宜尽量长。测设后视实际情况采用方向法、偏角法或极坐标法进行检核，相邻中线控制点的相对点位误差与边长的比值不得大于1/10 000。

用中线法进行洞内测量的隧道，中线点间距直线部分不宜短于100m，曲线部分不宜短于50m。当用正侧镜延长直线法或曲线拨角法检测延伸的中线点时，其点位横向偏差不得大于5mm。

隧道延伸和掘进用的临时点，可用串线法标定，其延伸长度在直线部分不应大于30m，曲线都分不宜大于20m。串线法的两吊线间距不宜小于5m；用串线法标定开挖面中线时，其距离可以用皮尺丈量。

直线隧道中线测量，采用的延伸方法有：①中线延伸法；②经纬仪延伸法；③激光导向法；④串线标定法。

曲线隧道导坑中线测量常用的方法有：①切线支距法（又称直角坐标法）；②偏角法（又称极坐标法）；③弦线偏距法（又称延长弦线法）；④延弦支距法。

由洞外引向洞内的测量工作，宜在晚上或阴天进行。洞内测角，宜在一半测回间采用仪器和觇标两次置中的方法及双照准法（两次照准、两次读数）观测。

较长的隧道，在已衬砌地段具备长边通视条件时，宜选择原导线点组成长边导线复测，同时与洞外控制联测，作为后续工序测量的基础。

3. 高程测量

隧道内高程测量应在洞外高程控制测量的基础上，结合洞内高程测量设计，分别采用水准测量、光电测距三角高程测量进行。

采用水准测量应进行往返观测。光电测距三角高程测量应进行对向观测，高程导线宜构成闭合环。

施工用高程点，应根据洞内已设高程控制点进行加密，加密高程测量应具有检核条件。洞内高程控制点、施工高程点应在使用中定期复测。

4. 断面测量

开挖前，应在开挖断面标出设计断面尺寸线；开挖工作完成后，应及时测量并绘出断面图。采用上下导坑法施工的隧道，上部导坑的中线每延伸一定的距离后，应与下导坑的中线联测一次，用以校核上部导坑的中线点或向上导坑引点。

隧道立模衬砌前，必须对所使用的永久中线点和临时中线点分别进行复测检查。检查中线点时，其点位横向较差不应大于5mm。超限时，应从相邻点逐点检测至合限的点位，再重新定正中线点位。当衬砌与开挖工序紧跟时，隧道两端开挖至预计贯通面各100m时，开挖断面宜按不超过贯通误差限差的一半进行适当加宽。

在开挖断面成形后，应及时进行断面测量，断面测量数据用于修正开挖参数，控制隧道超欠挖。断面测量宜使用无棱镜全站仪进行测量，也可采用断面支距法测绘。断面支距法测量时，应按中线和外拱顶高程从上至下每0.5m（拱部和曲墙）和1.0m（直墙）向左右量测支距。量支距时，应计入曲线隧道中心与线路中心的偏移值和施工预留宽度。

断面测量可利用洞内各等级控制点和永久性中线点进行。

5. 贯通测量

隧道贯通后，视隧道测量方法，分别采用中线法或导线法测定隧道横向和纵向贯通误差，并求算方位角贯通误差。由贯通面附近的高程控制点采用水准测量或三角高程测量测定高程贯通误差。

隧道贯通后，中线和高程贯通误差应在未衬砌地段（调线地段）调整，该地段的开挖和衬砌，应以调整后的中线（导线）和高程为依据进行放样。

直线隧道的贯通误差，其中线宜采用折线法调整，通过导线测定的贯通误差，在规定的贯通误差限差以内时，贯通误差的调整，应符合下列要求：

(1)方位角贯通误差应分配在未衬砌地段的导线角上；

(2)坐标闭合差应在未衬砌地段按边长比例分配，闭合差很小时，也可按坐标平差处理。

中线法贯通的隧道，当未衬砌地段全部位于圆曲线上时，贯通误差可由两端曲线向贯通面按长度比例调整中线。

当贯通面在曲线的起点或终点附近时，应按有关规定进行贯通误差调整。

6. 竣工测量

隧道竣工后，应在导线贯通测量调整后测设永久线路中线控制基桩(即中线外移桩)，并在隧道边墙上绘出标志。

洞内高程点应在高程贯通平差的基础上每千米测设一个，每座隧道至少要设一个高程点，并在隧道边墙上绘出标志，3 000m 以上长大隧道宜在洞口附近设有水准点以方便养护使用。隧道直线地段每 50m、曲线地段每 20m，以及其他需要的地方，均应按要求测量隧道净空断面。

(二)监控量测

隧道施工过程中，应使用专用的仪器和工具对围岩和支护结构的受力、变形以及它们之间的关系进行观测，并对其稳定性、安全性进行评价，统称为监控量测。

监控量测工作必须紧接开挖、支护作业，应按设计要求进行布点和监测，并根据现场施工情况及时调整量测项目和内容，量测数据应及时分析处理，将结果反馈给施工技术人员。监控量测应作为施工组织设计的一个重要组成部分，纳入施工工序，并贯穿于施工的全过程，为施工管理及时提供：围岩稳定性、支护结构承载能力和安全信息，以及二次衬砌合理的施作时间，为施工中验证和优化设计参数、调整施工方案提供依据。

开工前应根据隧道规模、地形、地质条件、施工方法、支护类型和参数、工期安排以及所确定的量测目的等编制量测计划。编制内容应包括量测项目、量测仪器选择、测点布置、量测频率、数据处理、反馈方法及组织机构、管理体系等。同时还应考虑量测方法的经济性，并注意与施工的进程相适应。

现场量测仪器应根据量测项目及测试精度来选用，一般应尽量选择简单适用、稳定可靠、操作方便、量程合理、便于进行结果处理和分析的测试仪器。

1. 监控量测项目

隧道监控量测的项目应根据工程特点、规模大小、地质条件、隧道埋深、开挖方法及其他特殊要求和设计要求综合选定。钻爆法隧道施工量测项目一般分为拱顶下沉、净空收敛、爆破震动监测等三类，如表 2-70 所示。净空收敛量测一般只进行水平收敛基线的量测；拱顶下沉可根据量测断面大小及开挖方法，布置 1～3 个测点。地表下沉量测可以反映隧道开挖对地表土体的影响，在浅埋地段应将地表下沉量测作为必测项目。

钻爆法隧道施工监控量测项目 表 2-70

序号	监测项目	常用量测仪器	备注
1	洞内、外观察	现场观察、数码相机、罗盘仪	
2	拱顶下沉	水准仪、钢挂尺或全站仪	
3	净空收敛	收敛计、全站仪	
4	爆破震动	爆破震动仪	

2. 监测断面及测点布置原则

量测断面间距和每个断面上的测点、类型、位置、个数，应根据隧道埋深、围岩级别、隧道断面大小、开挖方法、支护类型等确定。围岩差的地段，量测断面应布置得多一些；围岩好的地段，量测断面应相对布置得少一些。在不良地质体中，应考虑布置一定数量的选测项目。

1)拱顶下沉测点和净空收敛测点

拱顶下沉测点和净空收敛测点应布置在同一断面上。监测断面及测点可按表 2-71 布置。原则上，拱顶下沉测点设置在拱顶轴线附近。当隧道跨度较大时，应在拱顶部位设置3个测点。

拱顶下沉、净空收敛监测项目断面间距 表2-71

围岩级别	断面间距(m)	围岩级别	断面间距(m)
V～VI	5～10	III	30～50
IV	10～30		

注：II级围岩视具体情况确定间距。

2)净空收敛量测测线数

净空收敛量测测线数，可参照表2-72布置。

净空收敛量测测线数 表2-72

开挖方法＼地段	一般地段	特殊地段
全断面法	一条水平测线	—
台阶法	每台阶一条水平测线	每台阶一条水平测线，两条斜测线
分部开挖法	每分部一条水平测线	上部每分部一条水平测线，两条斜测线，其余分部一条水平测线

3.监控量测频率

监测频率应根据测点距开挖面的距离及位移速度分别按表2-73、表2-74确定。

按距开挖面距离确定的监测频率 表2-73

监测断面距开挖面距离(m)	监测频率	监测断面距开挖面距离(m)	监测频率
(0～1)B	2次/d	(2～5)B	1次/(2～3d)
(1～2)B	1次/d	>5B	1次/7d

注：1.B为隧道最大开挖宽度。
2.出现异常情况或不良地质时，应增大监测频率。
3.由位移速度决定的监测频率和由距开挖面距离决定的监测频率中，原则上用较高的频率值。

按位移速度确定的监测频率 表2-74

位移速度(mm/d)	监测频率	位移速度(mm/d)	监测频率
≥5	2次/d	0.5～1	1次/(2～3d)
1～5	1次/d	<0.5	1次/7d

开挖面地质素描、支护状态、影响范围内的建(构)筑物的描述，应每施工循环记录一次。必要时，对影响范围内的建(构)筑物的描述频率应加大。选测项目监测频率应根据设计和施工要求以及必测项目反馈信息的结果确定。

4.监控量测控制基准

监控量测控制基准包括隧道内位移、爆破震动等控制基准。爆破震动控制基准根据支护结构、边坡稳定性、周围建(构)筑物的安全性确定。

1)选择依据

具体管理基准值的选定可参考以下规定进行：

(1)设计文件规定的隧道监控量测管理标准，可作为施工初期阶段量测管理标准，也可作为施工初期的管理基准值，根据施工的进展，依据量测取得的数据与围岩的稳定性、支护效果的判断，适当修正。

(2)地表下沉基准值在浅埋隧道或洞口偏压地段，采用下沉量异常大或下沉量突然异常增大作为隧道稳定性的危险信息使用，其值可定为下沉曲线最大下沉值300mm，突然异常增大值100mm。

2)控制基准

一般情况下，监控量测控制基准可参考以下标准进行控制：

（1）隧道初期支护实测相对位移值或预测的总相对位移值均应小于表 2-75 所列极限相对位移值。

隧道初期支护极限相对位移 u_0（单位：%）　　表 2-75

围岩级别	埋　　深(m)		
	<50	50～300	>300
单线隧道			
V	0.30～1.00	0.80～3.50	3.00～5.00
IV	0.20～0.70	0.50～2.60	2.40～3.50
III	0.10～0.50	0.40～0.70	0.60～1.50
II			0.2～0.60
双线隧道			
V	0.20～0.50	0.40～2.00	1.80～3.00
IV	0.10～0.30	0.20～0.80	0.70～1.20
III	0.03～0.10	0.08～0.40	0.30～0.60
II		0.01～0.03	0.01～0.08

注：1. 相对收敛值系指收敛位移累计值与两测点间距离之比。
2. 硬质围岩隧道取表中较小值，软质围岩隧道取表中较大值。
3. 拱顶下沉允许值一般可按本表数值的 0.5～1.0 倍采用。
4. 本表所列数值在施工中可通过实测和积累资料作适当修正。
5. 墙腰水平相对净空变化极限值可按拱脚水平相对净空变化值乘以 1.2～1.3 后采用。

（2）位移控制基准根据测点距开挖面的距离，按表 2-76 中要求确定。

位 移 控 制 基 准　　表 2-76

类　　别	距开挖面 $B(u_{1B})$	距开挖面 $2B(u_{2B})$	距开挖面较远
允许值	$65\%u_0$	$90\%u_0$	$100\%u_0$

注：B 为隧道最大开挖宽度，u_0 为极限相对位移值。

（3）位移管理等级按三级管理，相应的位移管理等级见表 2-77。

位 移 管 理 等 级　　表 2-77

管 理 等 级	距 开 挖 面 B	距 开 挖 面 $2B$
III	$u<u_B/3$	$u<u_{2B}/3$
II	$u_B/3\leqslant u\leqslant 2u_B/3$	$u_{2B}/3\leqslant u\leqslant 2u_{2B}/3$
I	$u>2u_B/3$	$u>2u_{2B}/3$

注：u 为实测位移值。

（4）爆破震动控制基准。

选取建筑物安全允许振速时，应综合考虑建筑物的重要性、建筑质量、新旧程度、自振频率、地基条件等因素。省级以上（含省级）重点保护古建筑与古迹的安全允许振速，应经专家论证选取，并报相应文物管理部门批准。一般情况下可按表 2-46 控制。

选取隧道安全允许振速时，应综合考虑构筑物的重要性、围岩状况、断面大小、埋深、爆源方向、地震振动频率等因素。

非临水的新浇大体积混凝土的安全允许振速，亦可按表 2-46 给出的上限值选取。

对以上或其他根据确定的施工初期阶段的允许极限值、最大允许基准值、最大允许应力值等作为管理标准，把实测值与允许值的数量关系进行施工量测的动态管理。当3个连续量测断面的实测值小于或等于2/3允许值时，认定围岩与初期支护是稳定安全的；当3个连续量测断面的实测值在(2/3～1)允许值时，认定为“警告值”；当实测值超限时，认定为“危险值”，即可能发生塌方和存在不稳定因素。

条件许可时，宜采用位移速率变化趋势来判断围岩稳定性，即位移速率逐渐下降，表明围岩处于稳定状态；位移速率保持不变，表明围岩向不稳定状态发展，需发出警告，加强支护系统；位移速率逐渐增大，表明围岩进入危险状态，必须立即停止施工，采取有效手段，控制其变形。

采用分部开挖法施工的隧道应依据上述原则每分部分别建立位移控制基准，同时应考虑各分部的相互影响。地下水排放(渗漏)量应以环境要求为控制条件。

5. 监控量测系统及元器件的技术要求

监控量测系统应具有可靠性、稳定性、耐久性，确保系统能在服务期内正常运转。监控量测系统的测试精度应满足设计要求。具体测试仪器的精度应满足表2-78的要求，测试仪器的量程应满足设计要求，并具有良好的防振、防水、防腐性能。

监控量测必测项目测试精度 表2-78

序　号	监测项目	测试精度
1	拱顶下沉	0.5～1mm
2	净空收敛	0.5～1mm
3	爆破振动速度	1mm/s

6. 监控量测方法

现场监控量测应由施工单位或委托专业单位由专人负责组织实施。现场监测应根据设计文件的要求进行测点埋设、日常量测和数据处理，及时反馈信息，并根据地质条件的变化和施工异常情况，及时调整监控量测计划。现场测点读数应读3次，取其平均值，并作详细记录。

1)洞内、外观察

施工过程中应进行洞内、外观察，洞内观察可分开挖工作面观察和已施工地段观察两部分。开挖工作面观察应在每次开挖后进行，及时绘制开挖工作面地质素描图、数码成像，填写开挖工作面地质状况记录表和施工阶段围岩级别判定卡，并与勘查资料进行对比。

对已施工地段进行观察，记录喷射混凝土、锚杆和钢架等的工作状态，观察中发现初期支护恶化时，应立即采取相应处理措施。

洞外观察的重点应在洞口段和洞身浅埋段，记录地表开裂、地表塌陷、边坡及仰坡稳定状态、地表水渗漏情况、地表植被变化等。

2)变形监测方法

变形监控量测可采用接触量测或非接触量测方法。隧道净空收敛量测可采用收敛计或全站仪进行。测点应埋设在测线的两端。

(1)采用收敛计量测时，测点采用焊接或钻孔预埋。

(2)采用全站仪量测时，测点应采用膜片式回复反射器作为测点靶标，靶标黏附在预埋件上。量测方法包括自由设站和固定设站两种。

拱顶下沉量测可采用精密水准仪和钢挂尺或全站仪进行。在隧道拱顶轴线附近通过焊接或钻孔预埋测点。测点应与隧道外监测基点进行联测。采用全站仪量测时，测点及量测方法同变形监控量测。

当采用常规水准测量手段出现困难时，可采用全站仪量测。围岩内变形量测可采用多点位移计。多点位移计应钻孔埋设，通过专用设备读数。

3)爆破振速监测方法

爆破振速监测可采用振动速度传感器和相应的数据采集设备。传感器固定在预埋件上，通过爆破

振动仪自动记录振动速度，分析振动波形和振动衰减规律。

7.监控量测验收资料

1)监测总结

监控量测工作结束后，应及时总结并形成书面报告。报告应包括以下几部分内容：

(1)工程概况及监控量测目的；

(2)监控量测项目及测点布置；

(3)采用的仪器型号、精度及标定资料；

(4)监控量测资料的分析处理；

(5)监控量测数据的时态变化曲线；

(6)监控量测结论；

(7)信息反馈的实施效果评价。

2)竣工监测资料

工程竣工后，应提交监控量测验收资料。监控量测验收资料应包括以下内容：

(1)现场监控量测计划；

(2)现场监控量测实施细则；

(3)测点(实际)布置图；

(4)监控量测数据汇总表；

(5)监控量测的总结报告。

第五节 长大隧道快速施工

一、长大隧道快速施工难点

随着铁路的跨越式发展，大规模铁路建设全面展开，据不完全统计，未来几年将建设的铁路隧道工程总长度将超过 2 500km，其中特长隧道要占隧道总长度的 1/5。各条线的长大隧道均成为重点控制性工程。长大隧道施工主要包括 4 条主要作业线(钻爆作业线、装运作业线、初期支护作业线、二次衬砌作业线)，以及两条辅助作业线(通风作业线、防排水作业线)，在隧道开挖的工艺流程中，测量放线、爆破通风、找顶等工序较为简单，耗用时间较短，比较容易管理，且循环进尺的多少受这些工序的影响较少。而钻孔、装药、装运渣等在每开挖循环中所占的时间比例很大，是开挖工作中的关键工序，是最重要因素。而对于长大隧道，由于其具有工程量大、作业空间小、地质条件复杂等特点，装运作业线、通风作业线成为比一般隧道施工更难解决好的难题，也是直接影响长大隧道快速施工的主要因素。

(一)装运作业线

在隧道施工中，如何迅速将开挖的石渣运到洞外，是制约隧道施工进度的决定性因素之一，尤其是独头掘进的长大隧道，出渣往往是影响隧道掘进速度的关键因素。表 2-79 为不同地段自卸汽车每出渣一趟所需时间表。

不同地段自卸汽车每出渣一趟所需时间表 表 2-79

序号	里程段(m)	运距(掌子面至弃渣码头)(m)	出渣一趟所需时间(min)	序号	里程段(m)	运距(掌子面至弃渣码头)(m)	出渣一趟所需时间(min)
1	0～400	0～500	5～7	4	1 200～1 600	1 400～1 900	15～20
2	400～800	500～1 000	7～10	5	1 600～2 000	1 900～2 500	20～24
3	800～1 200	1 000～1 400	10～15	6	2 000～2 400	2 500～3 000	24～29

从表 2-79 可以看出，掘进距离越长，出渣一趟所需时间越长，其出渣时间也就越长。

长大隧道出渣应优先采用无轨运输，其特点是机动灵活，不需要铺设轨道，适应于弃渣场地离洞口较远和道路纵坡较大的场合。无轨运输多为燃油式动力、自卸车，一般要求选用级重自重比大、体形尺寸较小、机动灵活、自卸、配有废气净化器、能与装渣机能力相配套的运输车，可提高整体作业能力，达到长大隧道快速施工的目的。

(二)施工通风作业线

对于独头掘进的隧道，施工通风直接影响施工进度。目前，隧道施工钻爆掘进的能力很强，在一般中、硬岩层里隧道单口可以达到月进 150m 左右，掘进速度很少会成为隧道施工的制约因素，而通风则是影响掘进速度的重要因素。因为，随着隧道长度的不断增加，管道漏风系数增大，使供风量减小，工作面动态风压不足；管道安装不平顺，阻力增大，压力损失增多；风机布置数量多、功率大，经常移拆风机，风流方向不易控制；存在污风循环等问题。同时，由于洞内的各种作业台架、模板台车等机械形成通风障碍，检底和剥皮，放炮经常炸烂风管，这些地方造成了相当大的通风阻力和漏风，使得新鲜空气还没有送到工作面时大部分已在中途漏掉了，从而出现动态风压或动态供风量不足，供风质量较差，直接影响施工。

而设置平行导坑，采用以射流巷道式通风加轴流风机为主的巷道式通风方案，可实现隧道单洞 7 km 的长距离独头通风。如图 2-154 所示为采用洞口无主扇风机，利用横通道实现 U 形气流射流风机通风技术，该技术适用于上下行、分离式双洞隧道。这是打破常规的新模式，取消了在洞口采用大功率主扇压入式向洞内输送新风的模式。采用在横通道内设置射流风机(15～30kW/台)，风机本身产生的高速气流(30m/s)的卷吸作用，可产生很大的压力差，从而强迫诱导大量新风，在 U 形风道中产生单向巨大风流，达到换气目的。这种综合通风方案适应多个工作面同时施工，正洞和平导之间形成一进一出的单向行车，加快了行车速度，提高了运渣能力，进而加快了施工速度。

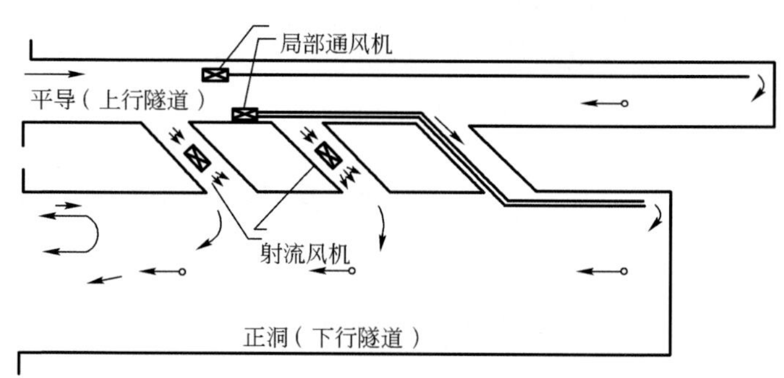

图 2-154　隧道通风示意图

因此，从效率和经济性的比较来看，在双线隧道进行单洞和双洞比较时，宜采用两个单洞方案，而不宜采用单洞双线大断面方案。

二、辅助坑道的设置原则

(一)辅助坑道的类型及其作用

为了加快隧道施工速度，实现多工作面平行交叉施工，改善通风条件、施工排水、不良地质地段等，隧道施工时，通常需要设置辅助坑道来满足这些需求。图 2-155 为某隧道工程辅助坑道布置平面图。一般辅助坑道包括：平行导坑、横洞、斜井(坡度 22°～24°)、斜坡道(坡度 6°～8°)、竖井等。

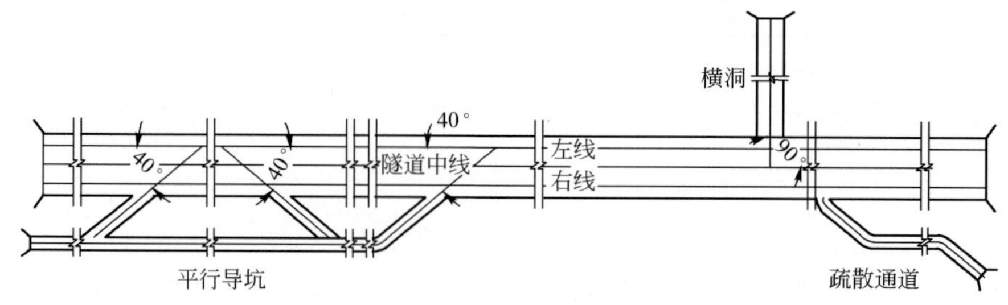

图 2-155　某隧道工程辅助坑道布置平面图

辅助坑道的断面尺寸应根据用途、运输要求、地质条件、支护类型、设备外形尺寸及技术条件、人行安全及管路布置等因素确定。辅助坑道的作用及设置原则如表2-80所示。

辅助坑道设计参数汇总表　　　　表2-80

类　型	横　洞	平行导坑	竖　井	斜　井	斜坡道
作用	增开工作面	改善通风、施工排水、增开工作面、地质超前预报	增开工作面、改善通风	增开工作面	
与隧道空间的关系	与隧道中线的交角40°～90°	坑底高程低于隧道底面高程0.2～0.6m,与隧道净距15～20m,平行导坑与隧道横洞的间距300～500m	隧道中线一侧,与隧道的净距15～20m	22°～24°,井底车场与隧道中线连接处的平面交角40°～45°	6°～8°
使用条件	傍山、沿河隧道	长度超过4 000m隧道	长隧道需要增开工作面		

(二)辅助坑道设置原则

1.反对长隧短打

"长隧短打"对地层自然状态的破坏是显而易见的,尤其对水文地质的改变,后果是相当严重的。隧道洞身穿越地层对围岩的受力状态和水文条件的影响沿隧道轴线在有限的范围内,但是设置斜、竖井等辅助坑道,这个影响的范围就有可能会向着平面和立体的方位扩展,后果就要严重得多。同时,"长隧短打"增加了隧道造价,相应增大了建设投资。

2.提倡设置平行导坑

提倡设置平行导坑,相对于设置斜、竖井,贯通式平导对地层的破坏程度要小得多,洞内的施工环境也远优于斜、竖井。同时,设置平导可以增开开挖工作面,在超前正洞一定距离后,以横通道的方式拐入正洞开创新的工作面,实现多工作面平行作业,空车从正洞进,经横通道进入平导,运渣车走平导,这样正洞和平导之间形成一进一出的单向行车,加快了行车速度,提高了运渣能力,大大缩短了正洞的掘进时间,加快了正洞的快速掘进速度。有平导可使正洞掘进速度提高2倍;斜井仅能提高正洞的开挖速度,不宜进行衬砌作业;竖井更少,一般不予提倡,尤其当竖井深度大于40m以后,速度更慢。斜坡道或横洞不同于斜井,等同于无轨运输,在有条件的地方可采用,但一般不提倡。

目前,国内已利用设置平导加快建成了总延长达数百公里的各种隧道和隧洞。多数情况下,采用平导快速掘进的施工成本要远少于斜、竖井法。

设置平导可以实现长大隧道的施工通风。1998年在西康铁路秦岭隧道II线大断面导坑施工中,实现了7.32km的长距离独头通风;2003年在渝怀铁路圆梁山隧道贯通性平导施工中,亦实现了7.65km的长距离独头通风。鉴于施工综合能力的提高,尤其是施工掘进通风能力的提高,《铁路隧道设计规范》(TB 10003—2005)中对4km及以下的隧道一般不再设置辅助坑道。从目前实际来看,这个限定标准低了。如果不是运营通风所需,采用钻爆法隧道施工不设辅助坑道的限界可以提高到6～7km。

平导快速掘进是关键,只有平导快速掘进才能实现正洞的快速掘进,只有在正常地段进行隧道快速施工,才能为隧道特殊地段施工争取时间,才能实现特殊地质地段稳扎稳打、步步为营、安全处理、稳中求快。本文通过工程实例,进一步论述设置平行导坑,实现长大隧道快速施工的方法。

三、设置平行导坑,实现长大隧道的快速施工

(一)工程概况

圆梁山隧道位于重庆市酉阳县境内,是渝怀线上最长的单线电气化铁路隧道和关键性控制工程,隧道进口位于细沙河东岸的蟾家坝,出口属麻旺河源头的炭厂河西岸。隧道通过二叠系、石灰系、泥盆系、志留系、奥陶系、寒武系地层,主要岩性为砂岩、泥岩、页岩、石灰岩、白云质灰岩,其中石灰岩、白云质灰

岩地段全长 6 960m，占全隧道长的 63%。隧道工程地质、水文地质条件异常复杂，集中了岩溶高水压大涌水、煤层瓦斯、石油天然气、岩爆、大变形、高地温及偏压顺层等多种不良地质现象。其中高压岩溶水和瓦斯、石油天然气对平导施工的影响最大。为保证隧道如期完工，在隧道右侧 30m 掘进平行导洞，全长 11 182m，平导一般地段开挖断面为 4.2m×4.7m，全隧贯通，充分发挥平导探地质，注浆效果试验，指导正洞施工，运输、排水、通风、救援、不良地质预处理及增开正洞工作面的多种功能。

根据施工进度安排，平导开挖支护进度速度一般地段定为 300m/月。

(二)进度情况

圆梁山隧道分为进、出口两个工区，其中进口工区因快速掘进 5 个月后即遇数处高压岩溶突水涌泥，平导快速施工受阻。出口工区遇到的岩溶突水涌泥情况要好于进口工区，其平导实施了快速掘进。

1.出口工区平导开挖支护工序循环时间

出口工区开挖支护工序平均循环时间如表 2-81 所示。也就是说，平导平均 5.83h 即可完成 1 个开挖支护循环，每天可完成 4 个循环，每循环进尺按 3.0m 计，则日平均进尺将达到 12m，如果月均按28d 计算，则月平均进度指标在 336m，这与实际的日进度情况是基本相符合的。

平导开挖支护工序平均循环时间表 表 2-81

围岩级别	循环进尺(m)	作业时间(min)						
		测量	钻孔	装药爆破	通风找顶	装渣运输	支护	合计
Ⅱ、Ⅲ、Ⅳ	3	20	100	20	30	140	20	330
Ⅴ、Ⅳ	1.5	20	100	40	30	100	80	370

2.出口工区平导开挖支护实际进度

出口工区平导开挖支护实际进度统计如表 2-82 所示。

出口工区平导开挖支护实际进度统计表 表 2-82

年　度	月　份	最高日进尺(m)	最低日进尺(m)	平均日进尺(m)	月进尺(m)
2001	3	8.2	1	2.2	66.9
	4	14.2	3	8.8	264.8
	5	17.4	8.2	13.1	406.8
	6	17.3	2.6	8.1	243.6(溶洞突水影响)
	7	16	8	9.6	299.5(溶洞突水影响)
	8	16	2.6	9.7	301.6(溶洞突水影响)
	9	15.1	2.7	8.7	261.2(溶洞突水影响)
	10	18.6	7	10.3	320
	11	17.8	2.3	12.5	374.7
	12	17.6	5	15.2	469.8
2002	1	16	2.6	10.36	321.2
	2	16.4	8.6	12.3	357.3
	3	17.7	2.7	7.8	240.8
	4	20.5	6.7	15.4	462
	5	17.4	6.9	12.1	374.1
	6	20.5	6.7	12.2	365.5
	7	18	4.5	12.9	400.8
	8	19.3	4.5	13.1	407.6
	9				0(与正洞相距太长停工)
	10				0(与正洞相距太长停工)
	11				0(与正洞相距太长停工)
	12	12	4.5	3.6	112.9(软岩变形段)

续上表

年　度	月　份	最高日进尺(m)	最低日进尺(m)	平均日进尺(m)	月进尺(m)
2003	1	7.7	4	6.5	202.9(软岩变形段)
	2	15	3	11.6	336.4
	3	12.5	3	9.5	293.7
	4	12	3	9.6	290
	5	7	0	5.5	172.1(进入瓦斯段)
	6	8	1	6.4	191.7(进入瓦斯段)
	7			0.38	11.7(进入高压富水段)
	8			0.66	20.5(进入高压富水段)
	9			2.65	79.5(进入高压富水段)
最高月进度		469.8m			
平均月进度		246.8m(31 个月)			

在平导正常一般地段,圆梁山出口工区做到连续 11 个月进尺在 300m 以上,月均掘进达 372.2m 的好成绩。

(三)平导钻爆开挖技术

1.平导施工方法

圆梁山平导由于断面较小,采用全断面光面爆破技术进行开挖。

其施工工序为:作业台架拼装→测量→钻孔→装药→撤卸作业台架→爆破→通风→找顶→出渣→初期支护→下一循环。

2.爆破循环进尺确定

采用有效的掏槽方式并经过多次的爆破试验,得出的经验为:II、III 级围岩及 IV 级围岩较好地段进尺 3m,IV 级围岩破碎地段、V 级围岩进尺 1.5m。

3.爆破器材

炸药采用 2 号乳化炸药,周边眼采用 ϕ25mm 小药卷,其他采用 ϕ32mm 药卷;引爆器材选用国产 II 系列15 段非电毫秒微差导爆管,周边眼采用传爆线;起爆采用火雷管、导火线。

4.掏槽方式

采用上下楔形掏槽,可以多上钻机而缩短钻眼时间,并且槽眼口距离有较大的选择范围,可以取得更好的掏槽效果,从而达到快速掘进的目的。所谓上下楔形掏槽,即是成对的掏槽炮眼位于垂直于水平面的平面内,且成对的炮孔口连线在掌子面上垂直于槽子中央的水平线。上下楔形掏槽炮眼布置如图 2-156 所示。

上下楔形掏槽适用于层理接近于水平、平缓的围岩或均匀整体性围岩。由于上下楔形可避免掏槽时各钻机之间的相互干扰,且能多上钻机而缩短钻眼时间,愈来愈受到施工单位的喜爱,特别是由于上下楔形掏槽可在施工中采用较长的钻杆而得到较高的循环进尺,故而应用于出口工区,从而实现超前平导快速掘进的目的。

5.装药结构及堵塞方式

周边眼采用 ϕ25mm 小直径药卷不耦合间隔装药,导爆索传爆,将炸药和导爆索用胶带固定竹片上,非电毫秒雷管固定在顺数的第二节炸药上,用竹竿送入炮孔内;其他眼采用 ϕ32mm 药卷集中装药,非电毫秒雷管固定在反数的第二节炸药上。所有的装药炮眼均采用炮泥堵塞,堵塞长度不小于 25cm。

6.钻爆设计

出口工区平导为直墙半圆拱形式,开挖面积在 15m^2 左右,采用简易人工拼装台架,配合 8～9 台风钻钻凿炮眼,有轨挖装机装渣,梭式矿车+电瓶车有轨运输。由于断面尺寸的限制,出口工区平导采用上下楔形掏槽,每循环进尺一般均在 3.0m 左右。平导洞身上下楔形掏槽钻爆图式设计如图 2-157 所示。

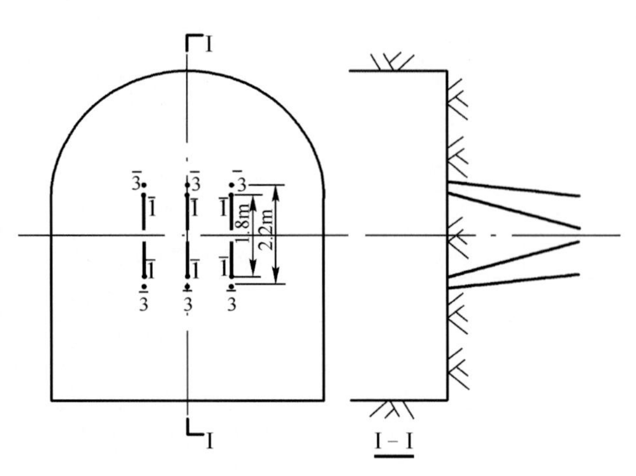

图 2-156　上下楔形掏槽炮眼布置

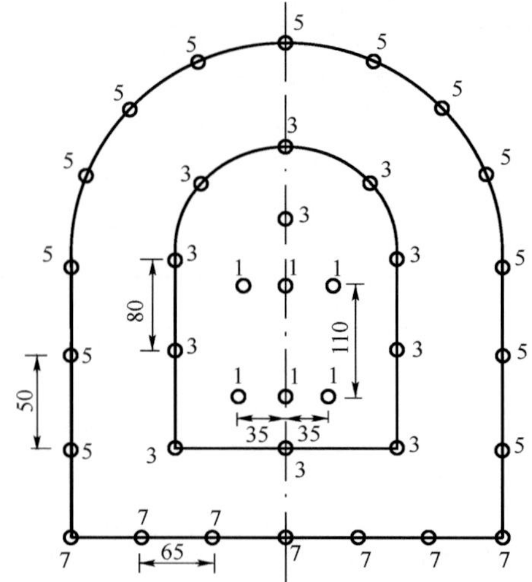

图 2-157　出口工区平导上下楔形掏槽钻爆图式(尺寸单位:m)

钻爆参数及技术经济指标如表 2-83 所示。

出口工区平导上下楔形掏槽钻爆参数及技术经济指标　　表 2-83

炮眼名称	眼数(个)	眼深(m)	药卷规格(mm)	每孔卷数(个)	每孔药重(kg)	共计药重(kg)	雷管段别	备注
空眼	1							
掏槽眼	1	1.7	$\phi32$　$L=200$	6	1.2	7.2	1	集中装药
掘进眼	11	1.5	$\phi32$　$L=200$	5.5	1.1	12.1	3	集中装药
周边眼	13	1.5	$\phi32$　$L=250$	2.3	0.46	10.4	5	间隔装药
底板眼	7	1.5	$\phi32$　$L=200$	5.5	1.1	7.7	7	集中装药
合计	38					37.4		

注:炮眼利用率 93%,每循环进尺 1.4m,每循环钻眼总长度 43.4m,每循环单位体积耗药量 1.49kg/m³。

7. 钻眼装药

由于平导断面不高,出口工区平导采用简易组合式小台架进行平导快速掘进。台架分为上、下两层,每层可上 4~5 台风钻。每次钻孔深为 3m 左右,根据岩石软硬程度,每孔耗时为 15~20min,每台风钻钻孔个数平均为 5~6 个,耗时在 100min 左右。装药亦在台架上进行,基本上实现了与钻孔平行作业,做到了钻眼完,装药亦基本上完毕。

(四)平导快速掘进机械设备配置

快速施工很关键的一个环节就是机械设备的合理配置。本工程中,设备配置遵循了以下原则:施工机械与开挖方法配套;机械设备要可靠、适用、经济、维修方便;各设备间要配套,设备外形与平导断面相适应,各设备间外形尺寸和生产能力要匹配。主要机械设备配置见表 2-84。

主要机械设备配置表　　表 2-84

序号	工　序	设 备 名 称	规　格	技 术 性 能	数　量	单　位	备　注
1	开挖	自制简易台架			2	台	
2		风枪	YT-28		18	台	备用 4 台
3	出渣运输	挖装机	WZ160B	106m³	4	台	
4		挖装机	WZG200	200m³	4	台	
5		电瓶车	15JXK	15t	10	台	
6		梭式矿车	16m³	16m³	10	台	

续上表

序号	工 序	设备名称	规 格	技术性能	数 量	单 位	备 注
7	初期支护	喷浆机	P2-50	5m³/h	6	台	喷浆用出渣列车
8		拌和站	PLD800	≥45m³/h	2台		
9	通风	通风机	SDF(C)-No10	1 500m³/min	10	台	与正洞共用
10		射流风机	SSF-No7.1	1 594m³/min	4	台	与正洞共用
11		射流风机	SSF-No10	1 782m³/min	5	台	与正洞共用
12	其他	变压器	多种型号	多种型号	11	台	与正洞共用
13		空压机	L3.5-20/8	20m³/0.8MPa	4	台	与正洞共用
14		空压机	LWJ-20/8	21.5m³/0.8MPa	4	台	与正洞共用
15		充电机	KCA100/380	100A/380V	6	台	与正洞共用
16		充电机	KCA01-100/300/380	100A/300V/380V	18	台	与正洞共用

1.装渣设备

装渣和运输设备是整个设备配置的重中之重，配置是否合理直接影响工程的施工进度，装渣设备的选择又直接影响循环时间，装渣设备必须具备装渣效率高，性能稳定，坚实耐用，与隧道断面相适应的特点。根据现场实际情况，配置了由贵州三环生产的WZ160B型挖装机4台及由中隧股份制造公司生产的WZG200型挖装机4台。

2.运输设备

用于运输的电瓶车和梭式矿车应相互匹配，为了缩短出渣的时间，选择大功率的电瓶车和大容量的梭式矿车是必然的，根据以往施工类似隧道的经验，由中隧股份制造公司生产的15JXK型电瓶车(15t)、梭式矿车(16m³)比较合适。电瓶车和梭式矿车数量确定如下：

$$N_e = A_s V_s / (\lambda_s V_c) \tag{2-32}$$

式中：N_e——梭式矿车数量(台)；

A_s——松方系数，一般取1.4；

V_s——理论开挖方量(m³)；

λ_s——满载系数，一般取0.9；

V_c——每列车有效容积(m³)。

Ⅳ级围岩断面15.34m²，每循环进尺3.0m，代入式(2-32)得4.5，即5台。一般1台挖装机装满1列矿车需要10min左右，对于长大隧道而言，如果一次不能将平导内的渣出完，出现挖装机等梭式矿车现象，会影响施工进度。另外，还应考虑备用车辆问题，但是圆梁山隧道正洞和平导均采用有轨运输，按照“平导优先”的原则，可与正洞进行协调，故不需考虑备用。所以，平导所需电瓶车5台，梭式矿车5台。

3.线路铺设

线路铺设质量的高低将直接影响出渣的快慢，轨道必须做到顺直、稳固，线路按照以下标准进行铺设：

钢轨类型：为了与设备配套，铺设38kg/m钢轨，经检算完全满足要求。

轨枕：采用14号槽钢，按照1 429根/km布设，槽钢与轨道间用螺栓连接，轨道不轻易变形，增加了轨道的稳固和顺直。

轨距：762m。

道床：采用洞内石渣，并做好排水。

道岔：采用4号、5号两种道岔。

(五)施工通风

圆梁山隧道平导施工通风采用射流巷道式通风技术，实现无轨运输堵头长度达7km，根据隧道内的施工环境和有害气体溢出量进行通风配置。

风机的选择主要根据所需供风量及风压来确定，并考虑节能效果，采用变极多速风机；风管的选择主要根据所需风量和送风长度确定，全部采用新型软风管。开工阶段前期，正洞、平导的通风各采用独立的压入式通风技术。在平导与正洞掘进的同时，要求平导超前，且每隔一定距离由横通道连通。因此，采用巷道式通风技术。射流风机安放在平导内，平导进新风，正洞排污。各独头作业面的通风均采用压入式，风机安放在新鲜风流中，这样可很好地解决多作业面平行施工时的通风问题，缩短压入式通风时管路的通风距离，提高通风效果。

(六)超前地质预测预报

圆梁山隧道经过地段地质条件非常复杂，地质预报等级确定为 A 级，采用地质分析、地震波反射、红外探水、超前水平钻探等手段进行综合预报。超前地质预报可准确预报不良地质情况，为施工方案的调整提供了重要的依据，确保了隧道的施工安全，为防止突发性的地质灾害提供了重要的安全保障。

(七)平导快速掘进体会与总结

(1)长大隧道平行导坑快速施工，配备合适的施工机械、设备是关键，可根据断面的大小、地质条件等合理配置钻孔、装渣、运输机械。为提高施工进度，应选择大功率、大容量的设备。加强设备的维修和保养，努力提高设备的完好率和利用率。

(2)加强施工通风和文明施工管理，创造良好的施工环境。隧道进出口均成立了专门的施工通风管理班组，文明施工采取分区制度，谁的区域谁负责，从而有效地保证了洞内空气质量和环境卫生，为工人创造了良好的施工环境。

(3)良好的调度指挥系统。通信和调度也是快速施工的一个重要因素，洞内多工序作业，人员、车辆等调动频繁，并且本隧道为岩溶隧道，随时有发生突泥涌水的可能，如若发出，要迅速通知人员撤离和抢险。所以，施工中采用了“有无结合，内外结合”的调度和通信方式：长距离采用有线通信，短距离采用无线通信。在平导内距离掌子面一个横通道的位置安调员现场值班，现场安调员与掌子面采用无线通信联系，在隧道洞口设置值班室，随时保持与洞内值班人员的联系。

(4)实施标准化作业及精细化管理。管理和现场施工不能是随意的，每个工序、每个工种都要有自己的标准，要做到事事有标准，人人懂标准。

综上所述可知：对于小断面平导($15m^2$ 左右)，其单口独头月掘进速度可达 370m/月以上(假设无不良地质影响，下同)，两个口则可达 700m/月以上，一年两个口可达到 7 000m 以上，两年即可完成 14km 长的隧道。也就是说，对于 14km 以内的隧道可考虑不设辅助坑道(斜、竖井)，只设贯通平导的施工方法进行快速掘进。

第三章　特殊围岩隧道施工及地质灾害防治要点

特殊围岩是指在隧道修建过程中在支护结构设计、辅助施工措施、安全保护措施以及自然环境保护等方面需进行特别处理的Ⅴ、Ⅵ级围岩。我国地域辽阔，2/3的国土由山脉、高原组成。国内分布有多条大江大河、湖泊、沼泽、湿地等水体，约3.2万km海岸线分布着多条海峡、港湾及5 000多个岛屿。南、北、东、西地区气候差异很大，施工自然环境极不相同。另外，我国地处地球两大地震带——环太平洋地震带与欧亚地震带之间，地震活动频繁，断裂带十分发育。从已建隧道的地质情况看，隧道穿越的特殊围岩主要有瓦斯、高地应力、岩溶及高水压围岩、湿陷性黄土、膨胀岩、断层破碎带及松散岩堆体、流沙、高原冻土等多种围岩，在隧道工程建设过程中需要采取特殊的设计与施工措施。

在钻爆法施工中，安全、优质、快速、不留后患地修建地下工程是隧道与地下工程建设追求的目标。在特殊围岩中，要达到这一目标，需要同时解决两方面的问题：一方面要摸清特殊围岩在隧道周边的分布及其水文地质与工程地质条件，对可能出现的地质灾害严重程度、灾害类型及性质进行预测；另一方面要进行针对性的结构与施工设计，制订切实有效的施工方案与技术措施，对建设过程加以控制，使其向有利于建设目标的方向发展，两者缺一不可。然而，要做到以上两点，尚有许多需要研究与攻克的问题，如超深埋隧道围岩变形破坏机理的研究，特殊围岩分级方法与标准研究，高压富水地层防排水设计的研究，围岩与支护间时空力学效应与监测技术的研究，特殊围岩加固与改良技术的研究，地质灾害预报评价技术与标准研究，瓦斯回收利用技术研究等。

特殊地质的隧道施工，必须重点在灾害性地质问题的超前预报以及施工防治技术上加大措施。鉴于目前对隧道掌子面前方进行地质条件探测的手段存在一定的局限性，以及施工过程与地质灾害事件密切相关的特点，在总结以往工程实践经验与理论研究成果基础上认为，隧道施工地质超前预报应采用多手段多因素的综合预报方法，进行短距离（30～50m）、洞周1～2倍洞径范围内的预报。

第一节　特殊围岩隧道施工概述

在特殊围岩隧道施工过程中，由于围岩自身工程特性原因而对工程产生特殊不利的影响，需进行特殊设计与施工，如膨胀岩（土）产生附加的围岩压力；断层破碎带增加了支护荷载；岩溶洞穴使围岩的工程性质发生巨大变化，产生工程灾难；高水压地层带来隧道涌水、突泥及生态环境损害；高地应力围岩产生岩爆与大变形问题；湿陷性黄土则在遇水条件下产生过度的沉降问题；煤层瓦斯地层产生瓦斯突出危及安全问题；流沙、岩堆体产生的围岩丧失整体稳定性；高原冻土产生冻胀热融问题等。这些特殊围岩在自然界中往往以复合形式出现，形成复杂多变的高风险隧道工程。主要特殊围岩的一般工程特性见表3-1。

主要特殊围岩的一般工程特性 表 3-1

序 号	特殊围岩	工程特性
1	膨胀岩	遇水体积膨胀，产生结构附加应力，易产生支护结构破坏，侵占净空
2	瓦斯	达到一定浓度及压力时，产生瓦斯爆炸，从而引发安全问题
3	岩溶及高水压	围岩整体连续性发生突变，地下水发育，易产生涌水、突泥地质灾害；涌水严重时，将引发自然环境危害、人员群死群伤重大安全事故
4	高地应力	在软岩中产生大变形，硬岩中产生岩爆问题
5	断层破碎带及岩堆	围岩结构松散，自稳能力很差，易产生塌方问题
6	高原冻土	产生围岩冻胀热融问题及施工机械与劳动效率降低等问题
7	湿陷性黄土	承载力遇水发生取向性劣化
8	流沙	含水率大，渗透性小，液化时承载能力发生突变，易产生塌方与结构失稳

一、特殊围岩的判别

特殊围岩涉及岩体与土体两大类型，其工程质量的判别需在基本围岩分级的基础上，针对其特殊性，采用相应的指标与标准来进行。目前，还没有形成专门针对特殊围岩（土体）的统一的判别方法与分级标准。表 3-2 为特殊围岩判别的部分指标及测定方法，可参考使用，原则上按高风险 0 级、一级风险隧道设计与施工。

部分特殊围岩判别指标与测定方法 表 3-2

序 号	安全威胁	特殊围岩	判别指标	测定方法
1	极大	瓦斯	瓦斯浓度、瓦斯压力	现场钻孔测定、洞内监测
2	大	高地应力	地应力方向与量值、岩性	钻孔应力解除法、现场应力应变监测
3	极大	岩溶及高压富水	地下水压力、隧道穿越区发育溶洞直径大于 2m 的可溶岩	钻孔水压、水量测定、水喷距计算法、地质勘察、施工过程现场探测
4	大	湿陷性黄土	湿陷系数、自重湿陷系数、溶滤湿陷系数	黄土湿陷试验
5	大	膨胀岩	膨胀率、膨胀力、自由膨胀率	膨胀率试验、原位膨胀力试验
6	极大	断层及破碎带	断距、宽度、产状、围岩结构、力学指标	现场观测与岩土试验
7	极大	流沙	平均粒径、初始地应力、动力作用特征	室内试验、现场标贯试验
8	大	高原冻土	冻融层上限深度、含水率等	调查与现场测试

二、高风险隧道施工必须进行地质超前预报

隧道施工地质超前预报工作受到了国内外的广泛关注。20 世纪 80 年代，许多国家都将施工地质预报与相关的问题列为重点研究课题，如日本研究开挖面前方地质预报，澳大利亚研究隧道前方地层状况预报，法国把不降低掘进速度的勘探方法作为重点研究课题。然而，这些研究并没有取得多少可供推广的成果。

我国在建设成昆铁路时提出开展施工超前地质预报工作，但由于当时选用的技术路线是研究超前探测技术，灾害性地质预报工作没有取得进展。直到施工大秦线军都山隧道，才正式开始采取以地质理论为预报基础，地质素描、钻孔速度为主要预测手段的方法，使隧道施工地质超前预报工作向前迈进了一步，收到了较好的效果。

施工地质预报工作在国外做得相对较好，如瑞士、日本等发达国家在隧道（尤其是公路、铁路隧道）修建过程中，地质勘测与预报已成为必需的工序，重视施工地质预报工作已成为管理部门和广大工程技

术人员的共识。地质超前预报工作要点如下：

(1)特殊围岩隧道必须进行地质超前预报。在特殊围岩隧道施工中，地质风险极大的工程必须进行地质超前预报，并采取地质灾害预防与治理措施，建立进行施工地质超前预报的工序和工艺。对少水、围岩自稳性较好的隧道施工可简化超前预报，但岩溶地区的所有隧道都必须建立具有针对性的详细地质超前预报的工序和工艺。这是进行地质灾害预防的重要措施。

(2)地质超前预报工作须由专业人员进行。施工单位必须配备有专门的地质人员进行施工地质预报工作，也可请社会专业人员进行。

(3)建设单位应拨出专款用于开展地质超前预报工作。由于地质预报工作能较大程度地减少塌方、突水、涌泥等地质灾害、人员伤亡，保证施工顺利进行，并能大大降低成本，建设单位和施工单位必须重视地质预报工作的落实。

(4)开展复杂地质的隧道施工地质超前预报理论与技术研究。随着地下工程建设速度的快速增长，大量长大深埋隧道被设计与修建在复杂地质中，隧道施工地质超前预报工作不能满足施工防灾需要，应加快地质预报相关理论与技术的研究。主要的研究方向有：

①深层次地质信息提取及高精度预测模型的建立；

②地质灾害数据库的建立及地质专家知识模型与系统的研究；

③灾害—环境联合预测及定量评价方面的研究；

④地质假说理论的可检验性方面的研究；

⑤地质预报成果的定量化、智能化、可视化的研究；

⑥高效率、高可信度的隧道地质探测与监测技术设备的研究。

三、地质灾害防治中应重视的问题

隧道施工中地质灾害的防治是施工风险控制的一个重要方面，地质预报与施工控制技术是防治工作的两大关键。目前，这两方面的研究虽已有了一些成果，但距离系统、全面、标准化的要求还有较大差距，需要从理念、方法、技术与管理多个层面去开展研究与实践。

(一)施工地质超前预报方面

近年来，采用基于多种探测手段的综合预报方法已成为施工地质超前预报的趋势。然而，各种探测手段的探测性能不同，对探测成果的地质解释存在较大差异，表现在不同手段对同一地质问题的解释差异上，这往往是造成实际施工过程中提交的地质探测报告在决策者手中难以决策的主要原因。因此，探测手段的选择以及整合探测资料、施工技术的灾害评估与分析方法研究，成为综合预报技术需要研究与探索的重要课题。

目前，隧道施工地质超前预报工作存在以下几方面的问题：一是预报工作主要仍局限于对地质条件的预报，对地质灾害的分析方法研究不够，没能将探测的方法和地质分析的方法进行合理结合，对地质灾害中成因机理较复杂的灾害研究甚少；二是对开挖后围岩的变形及稳定性一般未作进一步的分析和预报；三是分析预报的方法单一，对地质灾害的评估与灾害控制管理标准没有建立起一套较完整的技术方法体系。

在总结前人研究成果与工程实践的基础上，对隧道施工地质超前预报工作提出如下观点与建议：

(1)施工地质超前预报的范围应与工程影响范围一致，考虑的因素主要是施工方案的制订与措施落实所需时间及在施工准备上对应的空间尺度(长度、宽度)，不必追求远距离的预报，通常尺度在隧道周边1～2倍洞径，掌子面前方2～3倍洞径即可。

(2)探测的内容为围岩的岩性、结构、构造、水体、不良地质等的空间尺度、分布及力学特征，并进行量化，以便于分析处理。随着岩土工程力学基础研究的发展，可尝试新的探测内容。

(3)预报工作以突泥突水、大规模坍塌、岩溶、大变形、有害气体(瓦斯)等危及隧道稳定与施工安全的内容为中心。对探测结果的工程性质分析应以地质力学、岩体力学理论与方法为基础，并结合工程施工过程的动态力学特性进行分析，最终给出地质灾害的概率预报成果。

(4)提高地质编录效率，建立地质编录各类地质灾害数据库，采集现场实测的水量、水压、岩土力学指标、岩体结构构造等相关信息，为地质灾害预报提供伴随施工全过程的地质信息。这是地质超前预报的基础与前提。目前，零散的地质勘测预报仅为一个工程服务的思想以及未把共性的资料规律提供给新的工程的做法应予改进。

(5)加快研究我国自主设计制造的地质预报仪器。探测设备的研制应适应隧道空间环境狭小、黑暗、潮湿及施工干扰大等特点，同时考虑测线布置与探测范围的灵活性，使测点布置更加适应不同的探测需求，以完成各个探测方向的探测任务。探测对象的尺度宜进一步缩小，以满足围岩分级的需要，加强探测分辨率的研究及探测量敏感性研究，研究集探测多种地质对象于一体的多探测量、多功能的实用设备(系列)。

(6)地质预报方法应采用多源协同预报的理念，将围岩与施工过程的时空特性有效结合起来进行风险分析，综合预报，以达到降低施工风险、保证施工安全的目的。

(7)开展超前监测技术的试验研究，及时了解超前支护措施在掌子面前方围岩中的作用效果，为反馈施工提供依据。

(二)隧道涌突水治理方面

随着大量长大山岭隧道的兴建，隧道涌水引起局部环境问题日益突出，施工防治问题也是一个亟待解决的难题。过去“以排为主”的设计策略对山岭隧道的生态环境影响不大，因为隧道以排水为主，只改变了山系的地下水系，而地表的植被生存是由大气降雨所支持，属另外的水系，这两个水系相互补充的形式是地表水系补充到地下水系，反补充是不可能的。但将环境保护融入建设过程，研究相应的建设理论与施工技术十分迫切。

隧道施工对涌水的控制难度主要表现在预报难和治理难两个方面。施工地质超前预报技术对复杂地质体的探测精度还较低、预报内容还较少，不能满足施工要求。作为涌水治理的主要技术，围岩加固与注浆堵水技术也同样经历了长期的科学研究与实践，但深埋长隧道的大量兴建，使得治水技术面临许多新的理念和难题。因此，探索新的治水思路，研究经济、高效的涌水预报与综合治理技术十分迫切。

随着隧道排水引起的环境问题的逐步显现，隧道防水设计理念从只考虑隧道安全与功能性防水的“以排为主”向同时考虑环境保护的“以堵为主，限量排放”转变。目前，隧道设计大都给出了排水量的允许量值，即控制排水量(表 3-3)，并将其作为工程验收的一项重要内容。对这一控制值，需要加以调整、分析后再确定。

部分隧道控制排水量简表 表 3-3

隧 道 名 称	控制排水量[m^3/(d·m)]	工 程 环 境
渝怀圆梁山隧道	3	地面宽阔、山区无居民
歌乐山隧道	1	数万市民靠地下水供水
青涵隧道	0.274	海底隧道应堵死
武广大瑶山隧道	0.23	山区无居民

我国山岭隧道结构多采用排水型设计。这种设计可概括为围岩注浆减渗结构＋隧道衬砌模式(图 3-1)。从图 3-1 中可以看出，围岩减渗结构具有降低地下水渗透性、加固围岩形成承载圈的双重功能；隧道防排水系统则起到疏导穿过减渗结构、进入隧道初期支护的地下水的作用。由此可见，减渗结构是达到隧道控制排水量要求的关键实体。

通过大量工程实践及抗水压衬砌测试得出水压值小，大地水系很大，隧道只局部改变了流向，会自动调整到原来或新的动态；径向注浆实际上形不成永久减渗结构，只对施工过程起到安全作用；初期支护背后纵向是一个排水隧道，该隧道和岩体裂隙通道都是相通的，分段抗压设计是不必要的。以上事实证明，以堵为主、限量排放费用较高，没有必要，故改为以排为主，排堵结合，初期支护外和地层之间空隙及仰拱底部全部灌浆堵死水源。在这个施工过程中水压力并不大，如海底隧道最大水压达 0.7MPa，但所测压力多为 20%水压。二次衬砌与初期支护之间铺防水板排水系统盲管，将少量初期支护渗漏水排出，二次衬砌按不受水压设计，工程实践证明是安全可靠的。

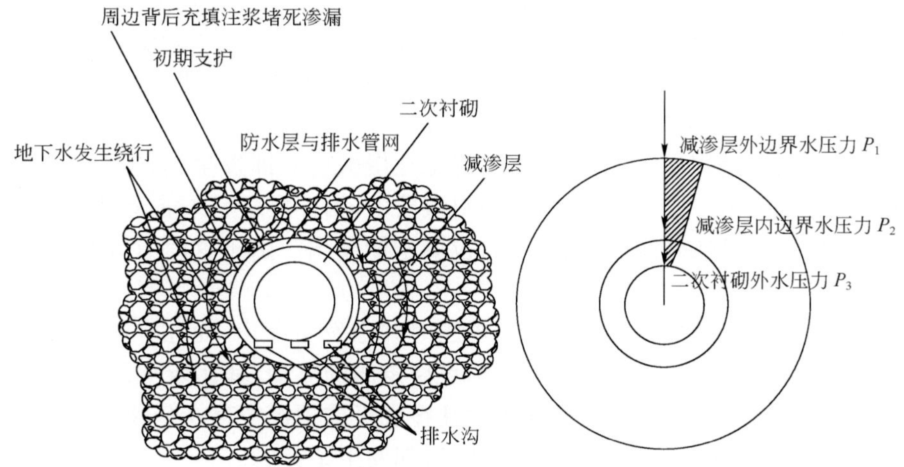

图 3-1 隧道抗渗设计模式及水压力分布示意图

在现行隧道衬砌结构的设计中，二次衬砌通常不承担水荷载或承担不大的水荷载。但当减渗层在地下水长期作用，经过水系调整后，在衬砌外的自然排水系统范围很大，在防水层不封闭（不全包）的情况下二次衬砌实际不承受水压。据研究资料介绍，在大于 4MPa 地层水压下，5m 减渗层厚度，当减渗层渗透系数降低至 8×10^{-7}cm/s 时，排水量可控制在 1m^3/(d·m)以下。此时，减渗层及二次衬砌外表面水压力作用系数分别为 1 和 0.78，二次衬砌仍要承担大于 3MPa 的水压力。只有当控制排水量大于 3.37m^3/(d·m)时，外水压力才会迅速降低直至小于 1MPa。这种封闭水系的研究方法和大自然的大地水系有很大区别，水从不同方向形成渗流场，并在隧道周围局部形成水流而消失，沿着隧道纵坡从两侧水沟及衬砌与围岩之间的空隙和裂隙流向隧道四方，逐渐消散。因此，控排量的设计需在环保与经济性、技术可行性间权衡。

目前，进行超前预注浆、围岩径向注浆的目的是施工需要。实践证明，建成后的复合衬砌隧道仍采用以排为主的理念是可行的。注浆对改善断层带围岩应力分布和控制变形都有着显著的效果。

第二节 几类特殊围岩施工技术要点

特殊围岩隧道施工的问题主要表现为工期延长、工程造价剧增以及可能出现的安全事故导致人员伤亡、设备损坏等。因此，有必要对特殊围岩隧道的施工技术进行全面、系统的研究和总结。特殊围岩地段隧道施工的一般原则是：

(1)充分利用多种地质调查技术和监测技术，尽可能及时、准确地掌握不利于施工安全与结构稳定的地质条件，并结合施工方法进行施工风险评估、预报和配合。

(2)根据风险预报成果，进行动态设计，制订相应的施工方案及处理措施。

(3)地质调查、施工监测、动态设计与施工动态管理是特殊围岩隧道灾害防治的基本程序，具有螺旋上升、不断优化的特点，必须贯穿隧道施工的全过程。

一、煤层瓦斯隧道

煤层瓦斯隧道是指煤系地层中含有可燃、易爆有害气体的隧道。有害气体的主要成分为甲烷、乙烷、丙烷、丁烷以及煤燃烧后产生的一氧化碳和氢气。这些有害气体对隧道施工的危害主要表现为高温爆炸、窒息、空气冲击波等，往往会造成重大灾难性工程事故。

(一)瓦斯突出类型及爆炸条件

根据揭煤时的条件不同，瓦斯突出可分为爆破时的突出、延期突出、过煤层时的突出和自行冲破岩柱的突出 4 类。

(1)爆破时的突出。在有突出危险的地点，围岩的透气性要比煤层本身小得多。在揭开煤层之前，煤层内瓦斯未经排放，保持着较高的原始瓦斯压力。在爆破揭开煤层的瞬间，具有突出危险的煤层压力状态遭到破坏，由于内外瓦斯压力梯度很大，受地应力破坏的软煤在此瓦斯压力差的作用下抛向巷道，同时又使内部的煤体暴露。暴露的煤体又受到地应力的破坏，而被瓦斯压力抛向巷道。这样连锁的破碎及煤体抛出使突出向煤体深部扩展，形成连续的突出。

(2)延期突出。在揭煤过程中，大部分的突出都是在爆破后立即发生的，但也有的是在爆破后延迟一段时间才发生，即延期突出。此外，在有些极倾斜煤层中，揭开煤层后未能及时进行支护，引起顶部冒落，致使有突出危险的煤体突然暴露而引起突出，也属延期突出。由于这时有人员施工，因而对安全生产造成很大的威胁。

(3)过煤层时的突出。有些地点在爆破揭开煤层时并未发生突出，而在穿越煤层时发生突出，即过煤层突出。在过煤层时，煤层内的瓦斯流动属于沿煤层走向的流动，其瓦斯压力梯度都较隧道工作面的单向流动高，有利于瓦斯突出的发生。有些煤层往往在底板或顶板中存在坚硬的岩石，从较软的岩石一方揭开时，不发生突出，但在工作面进入坚硬的岩石后却发生了突出。

(4)自行冲破岩柱的突出。在掘进爆破时未将煤层暴露，还留有一段岩柱，但由于地应力作用超过了安全岩柱的强度，从而导致煤体自行将这段岩柱破坏产生的突出。这类突出发生的较少，一般存在于揭开方向的岩石为硬岩且其煤体内部瓦斯压力较高(超过 2MPa)的情况。

煤尘瓦斯爆炸是在一定热源或高温条件下，空气中的氧气与煤尘急剧反应的过程，是一种非常复杂的链式反应。煤尘瓦斯爆炸的条件有二：一是巷道内瓦斯气体达到一定浓度；二是巷道内有一定的高温或热源条件。

瓦斯爆炸必须具备大量悬浮的可燃煤尘(通过试验确定)，且浓度达到 20～50g/m^3，同时有引起爆炸的高温热源(通常为 700～800℃)。煤尘爆炸的最小点火能为 4.5～40MJ。引起煤尘爆炸的主要因素及规律有以下几点：

(1)煤尘中的灰分及水分。爆炸性随煤尘中灰分及水分的增大而降低。

(2)煤尘的粒度。粒度小于 1mm 的煤尘均可产生爆炸。

(3)空气中氧气的含量。当空气中氧气含量小于 17%时，不会引起爆炸，氧气含量越低，爆炸性越小。

(4)煤的挥发成分含量。爆炸性随挥发成分含量的增加而增强。

了解影响煤尘爆炸的影响因素，以便于采取降低爆炸性的措施。

(二)瓦斯隧道地质预报

瓦斯隧道地质预报应采用以地质分析为基础，辅以防爆物探手段，结合超前钻探和瓦斯浓度检测的综合预报方法进行。表 3-4 为瓦斯隧道常用预测技术表。

瓦斯隧道常用预测技术表 表 3-4

序　号	预 测 技 术	预测目的及内容	优　缺　点
1	地质观察法	分析断层及水体存在的迹象	方便、快捷，对施工不构成影响；依赖人的判断
2	瓦斯浓度监测超前钻孔	监测隧道内空气中瓦斯成分及含量，超标时预警	简便、科学，是常规的监测技术

瓦斯预测的充分条件是瓦斯浓度的变化。因此，瓦斯监测是瓦斯预测的重要手段。施工中，需要对隧道开挖揭露的裂隙、断层破碎带、岩性变化及构造变化带等进行瓦斯浓度检测，根据瓦斯浓度分布特征进行前方瓦斯聚集情况的预报。

岩性及地质构造是瓦斯富集的两个重要条件。了解富集规律，有利于施工过程中对瓦斯情况的调查工作。

(1)岩性规律。瓦斯常伴生于有机黏土、油页岩、煤层、含炭及沥青质页岩、泥灰岩等岩类中，且集中分布于石油、天然气、褐煤分布地区及富含有机质的泥炭层、腐殖土等地区。

(2)煤层厚度规律。煤层厚度大，瓦斯突出危险性增强；煤层厚变化大，突出危险性也随之增强。

(3)煤岩层产状规律。在煤层、岩层产状发生突变的部位，多属于应力集中的区段，应力变化梯度大,这些部位突出危险性较大。

(4)渗透性规律。岩体的渗透性越低,则密封性越好。低渗透性围岩往往成为瓦斯富集带的良好隔离条件。一般情况下,渗透系数低于$(3\sim10)\times10^{-4}$cm/s、厚度大于3m的泥质岩,可成为中低压瓦斯的有效隔离层。

(5)构造规律。褶皱构造煤层顶、底板间,断裂带、节理密集带、火山活动带及活动性构造带等地区通常为瓦斯富集区。在褶皱的不同部位,瓦斯突出的危险性也有较大的差别。一般褶曲轴部的突出危险性大于翼部,有些矿区在断层两侧牵引褶曲的轴部突出点分布较为集中。

通常,在原生结构的煤中不发生突出,属非突出煤。受构造应力作用,煤的原生结构遭受破坏后所表现出的结构称为构造结构,突出煤层均具有构造结构特征。

据统计,在发生突出的地点及附近的煤层都具有层理紊乱、煤质松软的特点,该种煤层即为软煤。煤质变软是突出的一种预兆。所谓软分层煤或者软团块、软煤,是与正常煤层相比较而言的。这种煤层比正常煤分层的强度明显降低,具有极端的松软性和易脆性,用手捻搓易成毫米级碎粒,甚至煤粉。从地质角度分析,软分层煤属于构造煤,它是煤层在构造应力作用下形变的产物。在地质构造应力作用下,煤层比围岩更容易遭到破坏,极易破碎。煤的这种遭受破坏的构造结构特征,往往与煤和瓦斯突出的发生有密切关系。

构造煤呈层状、似层状、团块状、条带状等不同形态,以一层、多层或全层等多种形式位于突出煤层的一定层位或局部构造部位上。构造煤分层的显著特点是:与煤层顶、底板或正常煤分层呈明显的构造不协调接触现象,并表现出特殊的赋存形态,如发育密集的近于平行排列的劈理、强烈的层间揉皱等。

(6)覆盖层厚度。覆盖层厚度越大,密封性越好。因此,深埋长大瓦斯隧道往往具有很好的瓦斯储存条件。

(三)瓦斯隧道施工要点

瓦斯隧道施工时应进行地质超前探测。揭煤时,对预测有突出危险的区段应进行揭煤专门设计。要设置安全可靠的通风系统,制订揭煤全过程的安全防突应急预案。施工要点如下:

1)进行超前探孔

揭煤前必须进行超前探孔,探测煤层的空间展布及瓦斯压力,并预留一定厚度的安全岩墙,以便采取相应的施工防范措施。其主要程序为超前钻孔探煤、超前钻孔探瓦斯压力、采取防突措施。探测由超前探煤孔和超前探压孔组成。

(1)超前探煤孔。根据地质素描取得的隧道断面岩层产状,分析计算掌子面距离煤层的距离。当距煤层距离达到安全距离(L)时,开始打超前探测孔,探测煤层产状,测量瓦斯压力。根据经验,安全距离在完整岩层中约为10m,而在裂隙密集带及断层破碎带,安全距离需加长到20m。探测孔的布设应以能全面了解煤层空间分布、深度进入煤层不少于1m为宜。随后,应打穿煤层,确定厚度、压力及瓦斯量,钻孔的另一目的是放压、防灾。超前探孔深度及揭煤安全距离见图3-2。

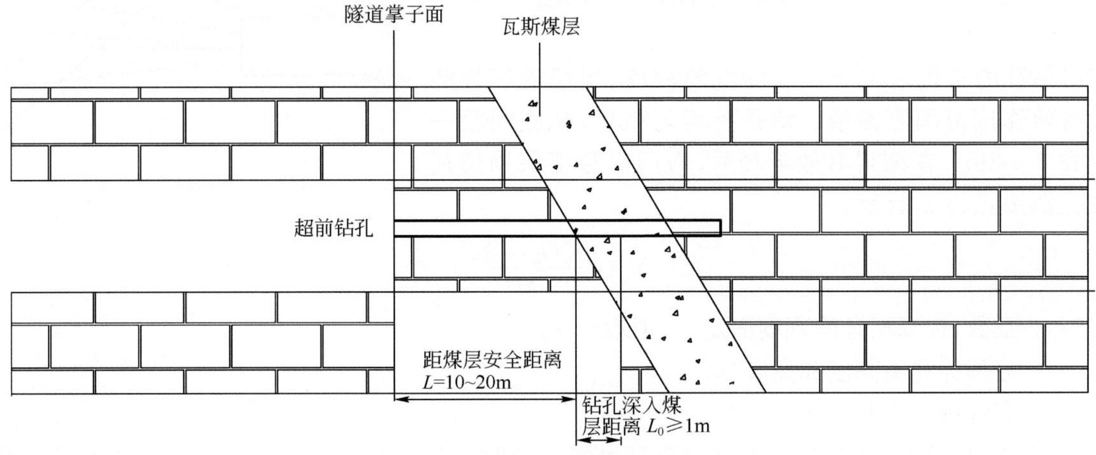

图3-2 超前探孔深度及揭煤安全距离

(2)超前探压孔。当距离煤层厚度不小于5m时,打不少于两个穿透煤层全厚的钻孔,测定钻屑量及钻屑瓦斯解吸指标、煤的瓦斯涌出初速度、瓦斯压力等指标。

2)采取防突措施

在揭穿突出煤层前,预测有突出危害性或瓦斯压力大于1MPa时,必须采取抽放瓦斯、水力冲孔、打排放钻孔、架设钢支撑等施工措施。揭煤防突施工流程如图3-3所示。

(1)钻孔抽放瓦斯。揭煤前,向有突出危险的煤层打钻,将煤层中的瓦斯经过钻孔自然排放出来,待瓦斯压力降到安全压力以下时,再进行开挖工作。

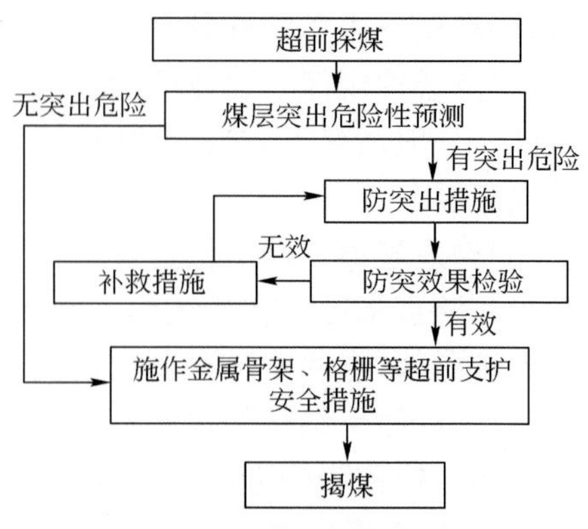

图3-3 揭煤防突施工流程

(2)水力冲孔。水力冲孔又称钻冲法,利用煤柱或岩柱作为安全屏障,向有自喷能力的危险煤层钻孔,通过钻头的切割和高压水射流冲击破碎煤体,激发煤层潜能释放,排出煤和瓦斯,使其周围的地应力降低、透气系数增加、瓦斯压力及含量减小、煤的强度增高、煤的弹性变形能与瓦斯能释放,从而使喷煤喷瓦斯钻孔周围一定范围内的煤丧失突出能力。图3-4为水力冲孔原理图。

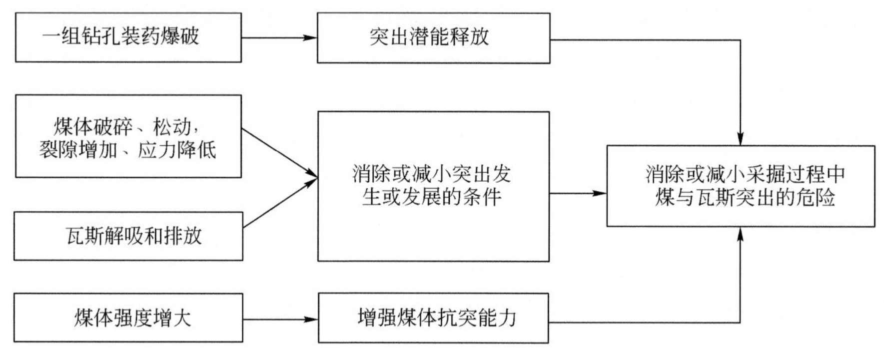

图3-4 水力冲孔原理图

水力冲孔的主要适用条件:煤质较软或有软分层,煤的坚固系数 $f<0.5$,具有自喷能力的煤层。实践表明,水力冲孔是用于严重突出危险煤层的一种有效防突措施,除用于揭煤外,还可用于开挖过程。

(3)打排放钻孔。排放钻孔又称多排钻孔,是揭煤常用的一种防突措施。其机理主要是在揭穿煤层的石门断面外均匀布置多排扇形钻孔,使石门周围一定范围内的煤体发生收缩变形,紧张状态得到缓和,煤的变形弹性能与瓦斯潜能得到释放,地应力值与地应力梯度减小,煤的透气性增大,瓦斯压力值与瓦斯压力梯度降低,煤的力学强度增加,从而消除揭穿煤层的突出危险性。排放钻孔布置图如图3-5所示。

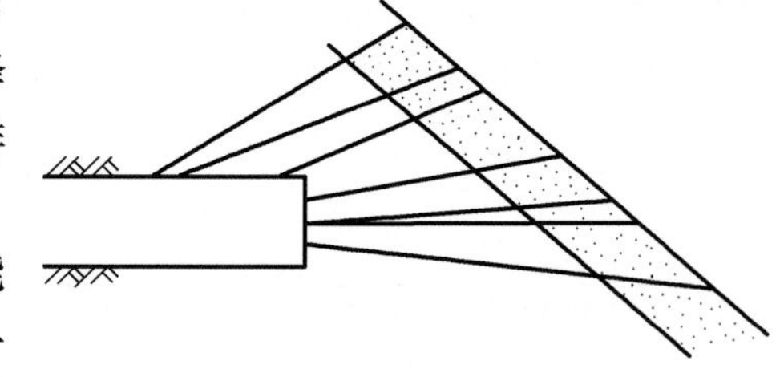

图3-5 瓦斯排放钻孔布置图

多排钻孔的布置取决于煤层的危险程度、煤层透气性能和钻孔有效作用范围等参数。钻孔要均匀布置,孔底间距一般控制在1~2m。在测得有效半径后,石门揭穿煤层预排瓦斯的钻孔数按式(3-1)计算。

$$N=\frac{K(h+2a)}{\pi r^2} \tag{3-1}$$

式中:K——系数,视煤层危险程度而定,一般取1.2;

h、a——分别为巷道高度和宽度(m);

r——有效排放半径(m)。

(4)超前施作长管棚预支护。当开挖至距煤层一定距离(5~10m)时,在掌子面的顶部及边墙顶部开始钻70~150mm孔径管棚孔,并穿透煤层全厚进入顶、侧壁围岩内0.5m以上。孔内插入钢管,形成

金属棚架，可排放一定数量的瓦斯，并使一定范围内的煤体得到卸压，同时还增加了煤体的坚固性和稳定性。在揭穿煤层过程中，钢支撑承受隧道上方煤体的重力，起到超前预支护作用，阻止煤体的突然破坏与离层，从而达到防突的目的，一般应用于厚度较薄的煤层中。

采用长管棚施工时，可与抽放瓦斯、水力冲孔等措施平行作业，管棚孔间距一般为0.2～0.4m，其管棚长度适当大于钻孔0.4～0.5m。

(5)爆破。揭穿危险性煤层前，当预测为突出危险工作面时，必须采取防突措施，并经效果检验有效后，方可用震动爆破揭穿煤层。震动爆破是一种石门揭煤时诱导突出的安全防护措施。国内外实践经验表明，在石门揭煤时无论选择哪种防突措施，都应该把爆破放炮作为最后揭开煤层的方法。因为强大的震动力有助于释放煤体内的弹性潜能，缓解压力。震动爆破主要用于石门(或竖井)揭煤。对于突出危险性小，煤层压力小于1MPa或煤厚小于0.3m的情况，可直接采用此措施，其效果的影响因素主要有岩柱尺寸、炮眼布置、炮眼数和装药量等参数。爆破分段数不宜过大，可多次爆破，每次爆破时间应小于130ms，过长会引起瓦斯爆炸。

(6)施工通风。在瓦斯隧道中，加强施工通风是防止瓦斯与煤层燃烧、爆炸的重要手段和行之有效的方法。在通风方案设计上，瓦斯隧道必须采用双洞平行施工，以保证通风效果和安全。

利用射流通风机形成巷道式通风。初始分别采用两台大功率压入式通风机，由洞外向正洞和平行导坑(也可是正洞)掌子面压入新鲜空气。待横通道打通后，采用射流巷道式通风，除靠近掌子面且贯通的横通道用于压入式通风巷道外，其余横通道均设置风门。在横通道靠近掌子面一侧放置1台射流风机，改变回风流方向，在平行导坑回风流中设置两台射流风机，通过向洞外压出式射流风机工作使风机到正洞掌子面段形成负压，从而改变回风方向，使回风全部从平导排出(巷道式通风加压入式通风方式)。巷道式通风方式风机布置见图3-6。这种通风可实现非防爆设备的应用，变瓦斯隧道按非瓦斯隧道施工。

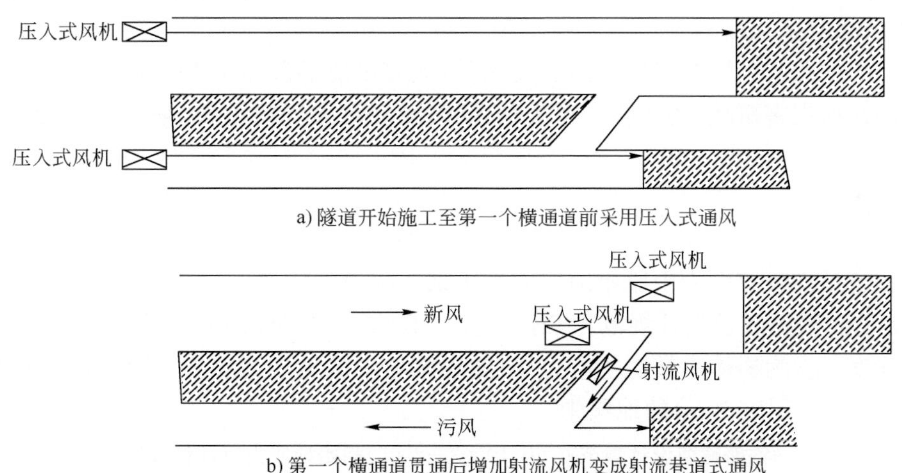

图3-6　巷道式通风方式风机布置

(7)瓦斯检测。瓦斯检测是瓦斯隧道施工中一项十分重要的工作。首先，每个工作人员射必须携带个人检测器，在一个施工循环中进行不同部位的检测，以确保安全。瓦斯含量增加幅度最大的工序是在凿眼过程中和放炮之后。这是因为炮眼可能成为与前方瓦斯层的连接通道，而放炮之后，由于突然揭露出大面积的新鲜岩层，有可能使封闭的瓦斯层完全暴露，致使瓦斯沿围岩裂隙大量涌出。因此，加强凿眼过程中及装药前和放炮后的瓦斯检测至关重要。抓住了这个环节，就抓住了检测瓦斯的"牛鼻子"。

①瓦斯检测的部位。由于瓦斯比空气轻，而且有很强的扩散性，当隧道风速小到一定程度(通常认为风速不应小于0.5m/s)时，瓦斯将游离出来，在隧道顶层和死角处聚集，局部甚至超限达到爆炸浓度。因此，隧道顶部及顶部超挖的空洞、盲巷、避车洞等是检测的重点。应特别注意的是，当瓦斯浓度达到0.5%时，禁止打眼、装药、放炮；当瓦斯浓度达到1.0%时，应立即撤人、加强通风。

②瓦斯监测的方法。通常以个人携带的检测仪为辅，以现场通风监测法为主对瓦斯进行实时监测。

主要方法有试验室分析法、现场实时监测法、现场非实时监测法。

a. 试验室分析法　从坑道中取出空气试样，送去试验室用气体分析器、气相色谱仪进行成分分析。这种方法测定精度高，但需要时间较长。

b. 现场实时监测法　用自动化遥测仪或监测系统远距离、定点、长期连续、自动记录显示其瓦斯浓度。如果某种气体超过规定时，可报警或自动断电。同时，建立风、声、光报警系统。这种方法适用于瓦斯突出概率较大，风险等级较高的重大工程。

c. 现场非实时监测法　采用光学瓦斯检测仪、便携式自动报警仪和气体检测仪对隧道内的有害气体进行检测。这种方法是瓦斯隧道瓦斯监测的基本方法，具有广泛适用性，对确保隧道安全具有很大意义，并增强了施工者的责任感。

(四)瓦斯利用

开展相应施工技术研究与利用技术研究，旨在降低隧道内的瓦斯浓度，将瓦斯隧道变为低瓦斯或非瓦斯隧道，并对其进行抽取利用，变废为宝。

每年我国煤矿向大气排放的瓦斯约 60 亿 m^3，抽出而未利用直接排入大气的高浓度瓦斯每年为 1.2 亿 m^3。现在煤炭开采中排放的甲烷量约占人类活动所排放甲烷量的 10%，因而排放的瓦斯也是引起全球气候变暖的原因之一。

瓦斯同时又是经济的可燃气体，是一种清洁、方便、高效的能源。甲烷的发热量为33.5～36.5MJ/m^3，且烧瓦斯比烧煤的热效率高，每 1m^3 甲烷相当于 1 千多克标准煤。瓦斯除用作民用燃料外，还可以作为化工原料生产氨气、化肥和炭黑等。瓦斯抽取与利用可以使人类减少向大气中的瓦斯排放量，能够有效地遏制由于温室效应引起的全球性气候变暖现象的发生，实现煤与瓦斯两种资源有效共采。这方面的研究已经在生产实际中获得了良好的社会与经济效益。

目前，针对煤矿的裂隙带内采取的矿井瓦斯抽取方法有：底板穿层钻孔抽放、顺层钻孔抽放、巷道抽放、顶板钻孔抽放采空区瓦斯等。

煤层内瓦斯的抽取与利用在煤矿中的实践表明，该方法能够取得良好的社会与经济效益。它不仅可以减少煤矿的瓦斯灾害事故，还能够变害为利，同时减轻对大气的污染，是一种值得大力提倡的思路与技术发展方向。

二、高地应力隧道

高地应力隧道是指隧道围岩中原始地应力大于某一限值的隧道。这一限值在《工程岩土分级标准》(GB 50218—94)与《铁路隧道设计规范》(TB 10003—2005)中的标准相同，即 $R_c/\sigma_{max} \leqslant 4 \sim 7$（$R_c$为岩石单轴饱和抗压强度，$\sigma_{max}$为岩体中最大主应力）时隧道围岩中的地应力状态，评估标准见表 3-5。通常发生在隧道埋深较大（大于 1 000m）的地层中。

《铁路隧道设计规范》(TB 10003—2005)初始地应力场评估标准　　表 3-5

应力状态	围岩属性	主要现象	评估标准(R_c/σ_{max})
极高应力	硬岩	开挖过程中时有岩爆发生，有岩块裂出，洞壁岩体发生剥离，新性裂隙多，成洞性差	<4
	软岩	岩芯常有饼化现象，开挖过程中洞壁岩体有剥离，位移极为显著，甚至发生大位移，持续时间长，不易成洞	
高应力	硬岩	开挖过程中可能出现岩爆，洞壁岩体有剥离和掉块现象，新性裂隙较多，成洞性较差	4～7
	软岩	岩芯时有饼化现象，开挖过程中洞壁岩体位移显著，持续时间较长，成洞性差	

引起高地应力的影响因素很多，如隧道埋深、地形地貌、地质构造运动史、主要构造线与隧道轴线夹角等。对于地应力评估标准，目前的方法还处于单指标粗略估计的水平。在工程实际应用中，采用降低

围岩级别，即进行围岩级别修正的方法，也存在与实际情况不符或难以确定的问题，因此需要对地应力实测技术、隧道围岩变形破坏理论、支护设计理论与施工技术等进行深入研究。

在高应力地层中修建隧道，将带来硬岩中的岩爆与软岩中的大变形问题。地质调查内容为岩性及其力学性质调查、围岩结构与构造调查、初始地应力调查和水文地质条件调查。

(1)岩性及其力学性质调查。通过采集岩石标本，进行磨片鉴定，以掌握岩石的组成、结构与构造。在试验室做岩石的常规物理力学性质试验，获取力学参数值，主要有确定岩石单轴抗压强度、抗拉强度、弹性模量、泊松比、重度等，用以判断岩石的致密性及坚硬程度；测量岩石的弹性能量指数 W_{et}，用以评估岩石的线弹性及储存弹性能的能力。弹性能量指数 W_{et} 是指岩石受力变形时，外力所做的功中以弹性应变能形式聚集在岩石中的能量与岩石产生塑性变形、裂隙产生扩展与能量转化(如声能、热能等)所消耗的能量之比。

$$W_{et} = \frac{E_2}{E_1} = \frac{\int f_2(\varepsilon)\mathrm{d}\varepsilon}{\int f_1(\varepsilon)\mathrm{d}\varepsilon - \int f_2(\varepsilon)\mathrm{d}\varepsilon} \tag{3-2}$$

式中：E_2——岩石中聚集的弹性应变能；

E_1——岩石变形后消耗的能量。

岩石的脆性指数：

$$k_u = \frac{R_c}{R_t} \tag{3-3}$$

式中：R_c——岩石单轴抗压强度；

R_t——岩石抗拉强度。

(2)围岩结构与构造调查。调查岩体中断裂构造发育的程度、岩体的完整性、节理裂隙发育程度、主要构造及裂隙空间展布方向等内容，调查测绘断层、节理裂隙发育情况。采用洞壁做节理统计和测量，计算岩体体积节理数 J_v 值。沿洞壁做岩体弹性波速度测量，同时取代表性岩石样本做岩石试件的弹性波速度测量，计算完整性系数。

$$K_v = \frac{v_{pm}}{v_{pr}} \tag{3-4}$$

式中：v_{pm}——岩体弹性波速度；

v_{pr}——岩石弹性波速度。

(3)初始地应力调查。对初始地应力场进行测量与分析，采用水压致裂法或应力解除法实测岩体的地力大小及方向。计算应力强度比：

$$k = \frac{\sigma_1}{R_c} \tag{3-5}$$

式中：σ_1——最大主应力值；

R_c——岩石单轴抗压强度。

(4)水文地质条件调查。根据地下水涌水量测量，对富水性进行分级，以判断岩体发生岩爆可能性。

(一)岩爆隧道施工

岩爆是在高地应力区硬岩隧道修建中的一种地质现象，是指围岩在高地应力作用下，储藏在岩体内的应变能突然释放造成的一种围岩破裂现象。岩爆发生时，破坏后的岩石被弹裂出来，有时伴有人耳可闻的响声，轻微的岩爆围岩呈片状剥离。

在我国铁路、公路、水电及矿山隧道的修建中，都曾发生过程度不同的岩爆灾害。如成昆铁路官村坝隧道、贵昆铁路梅花山隧道、天生桥水电工程、太平驿水电工程、秦岭铁路隧道工程等，在建设施工中都曾遇到岩爆灾害。国内外对岩爆问题都十分重视，从不同角度、不同深度对岩爆的发生、发展规律及防治做了大量研究，对岩爆发生的一般规律及防治措施已有一些成果。脆性硬质岩石及高地应力是岩爆发生的主要条件。研究成果表明，岩爆的形成与发展过程中，既有张性劈裂破坏，也有剪切破坏和以劈裂破坏为主的张剪复合破坏。岩爆形成的具体过程：在洞室开挖过程中，洞壁上逐渐集中的切向应力使局部岩体中与切向应力一致的原生微裂隙、微节理或软弱面（片麻理），沿切向应力方向劈裂扩展、分枝、联合，形成宏观张性破裂面，将洞壁附近岩体劈裂成板状。破裂面扩展到一定程度受到边界条件的限制，局部应力条件发生变化，产生形状各异的破坏效果，形成各种破坏形态。当破裂面扩展到洞壁时，破裂岩块自身积聚的应变能和稳定岩体释放的应变能转化为破裂岩块的动能，使破裂岩块获得一定的初速度向监察面方向释放出来。因此，岩爆的形成、发生需经历张性劈裂、破裂成块和岩块弹裂三个变形破坏阶段。隧道围岩发生岩爆的判别及围岩特征见表3-6。综合国内外岩爆活动研究成果，考虑便于工程应用的岩爆危害程度与危害方式的分级如表3-7所示。

岩爆判据及围岩特征 表3-6

指　　标	标　　准	围 岩 特 征
岩石饱和单轴抗压强度 R_c、岩石饱和单轴抗拉强度 R_t	$R_c \geqslant 1.5R_t$	隧道洞壁岩石发生破裂、剥落或弹射，并伴有明显的爆裂响声； 部分发生爆裂弹射，弹射距离为2～6m，常尾随有岩粉呈烟雾状喷出； 围岩呈片状、板状、透镜状、碎屑状及棱块状； 洞壁同一部位发生岩爆后，若不加支护，可再次发生岩爆； 发生岩爆后，在洞壁上留下岩爆坑
岩石弹性能量指数 W_{et}	$W_{et} \geqslant 2.0$	
隧道洞壁最大切向应力 σ_θ	$\sigma_\theta \geqslant 0.3R_c$	
岩体完整性系数 K_v	$K_v \geqslant 0.55$	

岩爆烈度等级划分标准表 表3-7

岩爆烈度名	岩 爆 烈 度	岩爆特征描述
无岩爆	0	无来自岩石的响声，无岩石应力引起的岩爆问题
轻微岩爆	I	轻微岩爆活动，新开挖岩壁有爆裂声，岩石壁裂成片板状，厚度一般小于10cm；洞壁表面岩石呈板状或透镜状坠落。岩爆坑深数厘米至数十厘米，爆坑沿隧道轴向长度小于10m
中等岩爆	II	中等强度岩爆活动，岩爆时发出清脆爆裂声，岩石劈裂成棱块状、板状或镜状，厚度5～20cm，个别达30～40cm，洞壁反复发生劈裂、剪断、弹射或坠落，形成横断面呈三角形、弧形或梯形的岩爆坑，有相当数量的岩石松动脱落，偶有小岩片弹裂。岩爆坑一般几十厘米深，沿隧道轴向延伸10～20m，呈片状分布
强烈岩爆	III	剧烈的岩爆活动，施工爆破后，洞壁、拱部立即发生剧烈的爆裂、崩落，发出巨大的响声，岩石劈裂成块状、板状、片状，厚度通常大于10cm，爆落岩石数量大，甚至形成大量超挖，洞形不规则。岩爆坑深数十厘米，沿隧道轴向延伸多大于20m，连续成片分布

1. 岩爆隧道地质预报

地质背景的调查与研究是岩爆区隧道施工地质超前预报的一项重要内容。岩爆的预报是指在施工过程中，在勘测设计阶段所作预测的基础上，采用某种方法预先获得岩爆发生的位置、强烈程度和时间等信息，用于指导施工的工作。

从国内外工程实践的应用情况分析，声发射监测预报法取得了一定的成果。然而，由于监测仪器的抗环境干扰性能较差，一般要求监测时要避开放炮、打眼、出渣等强噪声时间段。因此，该预报法在隧道施工中的应用受到限制。目前，施工地质预报主要采用以下方法进行：

（1）以超前探孔为主，辅以地震波法、电磁波、钻速测试等手段。

（2）采用工程地质类比法进行宏观预报。

（3）通过地质素描、施工监测，分析岩石的"动态特性"，主要包括岩体内发生的各种声响和局部岩体表面的剥落等。

根据研究成果，目前国内外可以用于岩爆的监测的方法主要有三种：声发射监测法、变形监测法、地震网监测法。根据各种方法的效果和适用性，隧道施工阶段岩爆预报建议采用声发射监测法。

声发射法预报岩爆的原理：在岩爆的形成期间，声发射活动由弱到强，当接近发生实质性岩爆时，声发射活动达到极限，随后开始减弱，经过短暂的声发射减弱或消失期后，就开始发生岩爆。声发射监测法预报岩爆正是利用岩爆形成中的这一声发射特征，在岩爆发生前用声发射监测仪监测岩体的声发射事件数，通过分析声发射事件数的变化预报岩爆情况。

采用声发射监测法预报岩爆要选择可能发生岩爆的位置布设监测点。监测流程图如图 3-7 所示。

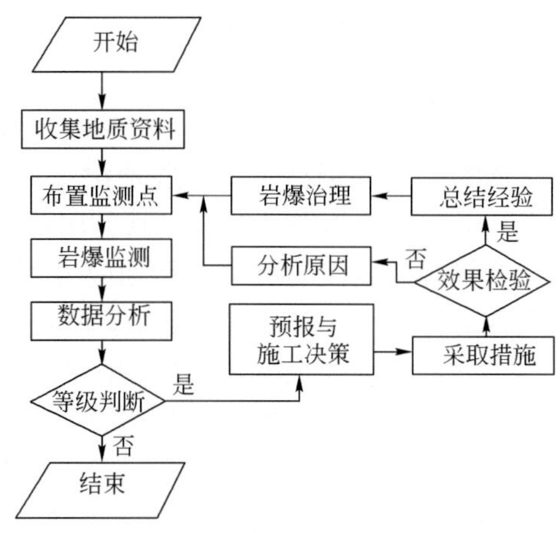

图 3-7　岩爆监测预报流程图

2. 岩爆隧道设计施工要点

岩爆的防治措施包括勘测设计阶段的预防措施和施工阶段的治理措施。根据勘测查明的岩性和地应力状态，判断是否会发生岩爆。如果可能发生岩爆，则在隧道的设计阶段要采取预防措施，而在施工中要有足够的准备和治理措施。

(1)在条件允许的情况下，隧道位置应避开高地应力区，尽量选择在初始地应力较低的区域。

(2)尽量使隧道轴线与最大主应力方向平行或使其夹角小于 30°，以减小隧道开挖时洞壁围岩的切向应力，减少岩爆的发生。

(3)选择圆形的隧道断面形状，以改善围岩受力状态；应避免高边墙设计；最大主应力方向与隧道轴向垂直或斜交时，可采用非对称断面或曲边墙设计。

(4)隧道开挖时对岩面进行洒水软化释能。一般轻微及中等岩爆地区，爆破后立即向工作面及其后 15m 范围内喷射高压水，以适当降低岩石的脆性，达到减弱岩爆烈度的目的。

(5)采用光面爆破并加强临时支护。采用光面爆破技术，保持洞壁的圆顺，避免应力集中。开挖后立即喷射高强度混凝土，改善围岩受力状态。工作面打设超前锚杆，稳定开挖面。岩爆严重的区段，采用加密锚杆、挂网、喷混凝土及增设拱架的方法，以提高结构的整体支护能力。

(6)布设超前钻孔进行围岩能量释放。预先在可能发生岩爆的部位有规则地打设空眼，以提前释放部分围岩应力；或在空眼中注入高压水，使水渗透到岩体内部的裂隙中，降低岩体强度和弹性模量，增强其塑性变形能力。

(7)采用浅孔弱爆技术。将深孔爆破改为浅孔爆破，缩短循环进尺，减少一次装药量，以减轻爆破对围岩的影响。

(8)采用分部开挖进行围岩释能。在岩爆严重的区段，采用分部开挖，将隧道断面分为多个开挖部，使围岩应力逐步得到释放，以达到降低岩爆危害程度的目的。

(9)加强岩爆监测。岩爆多发生在 1～2 倍洞径范围和掌子面处，一般在爆破后 1h 左右较激烈，以后则趋于缓和。岩爆严重区段，除在固定地点安设声发射监测点外，需组织专门人员全天候巡视警戒与监测。同时，加强隧道顶部监测，每次爆破后，作业人员及设备均应躲避一段时间，待岩爆平静后，再继续施工。

(10)增设临时防护措施。必要时，给施工人员发放防护背心，对主要施工设备安装防护棚架或防护网；掌子面架设移动防护网，防止岩块飞出，保护人员及设备安全。

岩爆是一个十分复杂的问题，影响因素众多，对岩爆的认识和研究至今没有形成统一的意见。现有的岩爆预测与防治方法及措施与生产实际的要求仍有很大差距。随着铁路建设的发展，在高地应力地区修建深埋长大隧道的数量逐渐增多，出现岩爆的机会也相应增多。因此，必须将岩爆的系统研究引向深入，不断提高对岩爆的认识水平，努力提高预报水平，提出切合工程实际、技术可行、经济合理的岩爆防治措施建议。

(二)软岩大变形隧道施工

软岩大变形隧道是指在高地应力地区软弱围岩隧道，在开挖过程中产生量值很大的位移、变形的一类隧道。软岩大变形隧道围岩具有岩石的单轴抗压强度低，应力强度比大，自然含水率大，有一定的膨胀性等特征。可通过岩性判别、地应力测试、结构构造分析、水文与力学参数测试对其产生大变形的程度与危害度加以确定。在片岩、千枚岩、软质黏土层、强风化的凝灰岩、泥岩、破碎带和矿化变质黏土等围岩中常发生大变形问题。

软岩大变形隧道的变形具有变形初期变形量值大、变形速度快的特征，若不加以控制或控制不及时，就会造成难以处理的后果。其主要工程问题是造成隧道断面缩小、拱脚下沉、拱腰开裂、基底鼓起。

尽管在已有的研究中，已经揭示了软弱围岩隧道在非静水应力场高地应力条件下的变形规律，但它所依赖的基础仍然是小变形理论，即采用的是线性几何微分方程。对于经典的小变形理论，Coker和 Filon 在其著作中已经指出其适用范围：不但要求形状改变微小，同时要求转动角也很小。这显然不适合描述软弱围岩隧道在高地应力条件下所发生的大变形行为。事实上，采用经典小变形理论来研究大变形，不仅几何方程不合适，而且也违反了能量守恒定律。

小变形破坏与大变形破坏的区别不仅仅是变形量值大小的差异，更重要的是在变形破坏机理上有本质差别。它们的差别是"包含几何方程差别"的力学上的差别，在破坏模式上是正应力作用下发生的破坏与由剪应力直接引起破坏的差别。从理论上可知，凡是几何方程表示的数学非线性一定是物理状态方程的非线性。因此，只有通过用数学非线性几何方程描述变形体的大变形行为，才能从本质上恰如其分地给出大变形的定义，并且揭示出软弱围岩隧道发生大变形的基本条件及破坏机理。

尽管对大变形的预测，国内外学者已做过不少的研究工作，但对高地应力理论的研究不尽成熟，加之地质岩体状况复杂多变，测试手段有限，到目前为止，对软岩大变形产生的机理、判别依据、分级标准以及治理方法等，都没有形成统一的认识。在软岩大变形隧道设计施工中，应树立以下观念，掌握施工技术要点：

(1)改善围岩应力状态有助于提高围岩"承载能力"。现行喷锚设计中，强调初期支护的及时性即是使尚未达到整体破坏的周边围岩及时得到径向抗力，使局部应力状态由二维向三维转变，从而提高承载能力；支护抗力量值应足以阻止围岩整体破坏进程。喷网、拱架、锁脚锚管(杆)即为提供不同量值抗力的支护措施，二次衬砌则作为安全储备和实现其他功能施作。

(2)改善围岩力学响应的非均质性和各向异性有助于减少整体破坏，提高"承载能力"。在施工过程中的超前预注浆措施，若运用得当，可填充围岩中张裂隙、孔隙等不连续空间，使围岩的连续性及力学性质的均匀性得到改善，从而减少岩体中不连续面尖端的局部应力集中，使以后的开挖过程中产生较小的整体破坏范围。

(3)围岩的承载能力是时间的函数，是可以加以利用和人工控制的。岩体破坏过程也是时间的函数。隧道施工过程中，每一时刻，在隧道周边产生的局部应力状态都在发生着遵循固有机制的变化。了解这种机制，就可以通过快速施工措施，快速封闭初期支护成环措施降低整体破坏的岩体比例，从而达到保护、提高围岩承载能力的目的。施工中，常用的初喷射混凝土、改良地层、台阶开挖断面、调整循环进尺、支护的及时性、合理的时空效应安排等措施均符合减少整体破坏，提高承载能力的原理。

(4)岩体的损伤是不可逆的。岩体具有耗散结构，损伤过程是一种能量耗散的不可逆过程。由这一特性得到的启示：无论施工中对地层施加的措施是否达到预期效果，这种作用是不会被"抹去"的。

由于理论与工艺技术等方面的原因，实际施加给地层的人工改造作用(如开挖、支护、地层改良等)，有的起了预期的作用，而有的则起了相反的作用。这些正、反作用的宏观表现即构成了措施成败的标尺。不恰当的技术方案也会造成围岩承载能力的极度破坏，从而导致事与愿违的后果。这类实例反映在不恰当的技术方案、开挖步序、支护技术、措施施作的时机所造成的塌方案例上。对于此类教训应该吸取。因此，应加强施工过程各步序对围岩承载能力的影响研究，加强施工控制技术的研究，从开挖步序、支护设计、支护时机控制、地层改良技术与工艺等方面重视对围岩承载能力的保护方案与技术的研究。

(5)开展超前探测技术研究。作为以信息化设计与施工为特点的隧道建设工程，开展针对未开挖段的超前探测技术研究十分必要。它是进行围岩局部应力与承载力分析、地质灾害预报、施工方案制订的

基础。在新理念及相关基础理论研究成果的指导下,尝试开展对未开挖段围岩内部能量变化、变形破坏特征及测试与计算技术研究,有助于围岩二次损伤演化过程中宏观变形机制的研究,对完善基础理论、加快应用步伐有深远意义。

(6)圆形断面形式能够很好地解决支护结构的均匀受力问题,是软岩大变形隧道设计的首选断面衬砌形式。断面优化合理,可以把大变形变为小变形,从而消除许多灾害。相反,不合理的断面轮廓会把小变形变成大变形,采用多余的支护,拖延及时加固围岩的时间,会越干越坏。

(7)不采用长锚索。因为实际上难以形成着力点,锚固是无效的。

(8)加强稳定掌子面的辅助措施。可采用打超前锚杆、掌子面正面喷混凝土和打锚管(杆)的方法稳定掌子面。

(9)加强控制底鼓和侧壁变形的措施。进行隧道底部地层注浆;隧道底部打锁脚锚管(杆);及时增设底部横撑或临时仰拱,尽快形成坚强、封闭的初期支护结构。

(10)网构钢拱架在 x、y 向具有等强度、等刚度、等稳定性的特点,承载能力比工字钢拱架强数倍。从大变形破坏机理看出,工字钢在沿隧道纵向扭曲实例中已被指出,工字钢支护在大变形地段不宜应用,必须改为网构钢拱架。

(11)缩短台阶长度,下半断面及仰拱同时施工,断面及早闭合。

(12)采取防止衬砌开裂的措施,如采用喷聚丙烯纤维混凝土,设加强钢筋网,在钢拱架间设纵向连接系。

(13)加强监控量测管理。加强初期位移速度监测,及时进行最终位移值的预测与反馈设计,建立施工控制管理基准值。

这些措施是综合的,也是相互补充的,应视具体情况采用。这些措施还是一般性的,当条件变化很大时,要采用注浆加固、改良岩体等特殊的辅助施工措施。

三、岩溶及高压富水隧道

岩溶是可溶岩在侵蚀性运动的水流及持续时间作用下形成的各种溶蚀形态的总称。岩溶区地下水往往十分丰富,施工中稍有不慎极易引起隧道涌水、突泥。另外,在非岩溶区,但地下水十分丰富,水压力较高的地区修建隧道,也容易发生涌水、突泥,造成严重的后果,且施工控制难度很大。因此,在此类围岩中修建隧道,涌水、突泥是主要的工程问题。隧道涌水危害主要表现在以下几个方面:

(1)地下水位下降。地下水的大量长时间排放将造成隧道沿线地下水位的大幅下降,形成沿隧道中线两侧各 300~500m,甚至更大范围的水位下降区,造成区内井泉等水资源枯竭,直接影响当地原始生态和居民的生产、生活。

(2)地面沉陷。涌出的大量沙石等固体物质和大量水流造成隧道穿越区的水土流失,引起地面沉陷、坍塌等因工程建设导致的环境问题。

(3)危及施工安全。隧道内突发的涌水、深泥,严重危及施工安全,因涌水、突泥导致的人员伤亡事故多有发生,岩溶区的防涌问题十分突出。

(4)产生次生地质问题。涌水的发生,改变了隧道围岩的局部地质及水文条件,破坏了原始平衡状态,在特定的工程地质、水文地质条件以及施工条件下,也会引发地层失稳,产生次生地质问题。

隧道涌水预报,尤其是岩溶隧道涌水预报是隧道施工地质预报中一个极为重要与迫切的问题,也是至今工程界尚未很好解决的地质预报问题。钻探方法成本高,范围小,信息量受到限制。物探方法虽具有快速无损、测试简便、可提供较大范围内地质体的几何性质和物理性质等优点,但要在狭小的隧道场地条件下进行长距离、高精度、快速准确的超前预报,现有的物探技术还难以满足。同时,大量使用大型物探手段费用较高,施工单位难以承受。因此,采用常规地质调查,运用地质理论进行分析后,选出重点区域,针对需要进行掌子面超前钻孔的直接探测方法,不失为一种低成本的高效方法。

根据前人的研究成果及隧道工程涌水实践可知,隧道产生涌水需具备三个条件:高水压(大于0.1MPa)、充足的物质流以及指向隧道内部的涌出口——薄弱岩墙。所以,水与物质的富集带是形成隧道施工涌水的地质前提。而保持隧道开挖面安全岩墙的厚度是防止隧道涌水的施工关键。因此，隧道发生涌水的条件归结为隧道开挖面前方具备携带有高能量的物质流，且隧道安全岩墙厚度小于允许值。这种高能量的物质流可表现为高压水流、高压泥沙流或两者的混合流。

隧道开挖揭露了岩体，并形成临空面，其开挖与支护的工程活动对围岩的影响有两方面：一是在隧道周边的围岩中形成了洞室界面和爆破裂隙；二是改变了原有水的径流途径，加速了径流循环。

通过研究与实践，尤其是宜昌至万县的铁路、公路在长距离290km岩溶区通过，取得了许多经验和教训，概括如下：在高压富水岩溶区进行隧道施工，必须进行综合地质超前预报，对涌水灾害进行风险评价及预报。施工防涌的基本思路：主动预防，避免揭水，以排为主，以堵为辅，限量排放，采用泄水洞和含水溶洞相连，释能降压，尽量不改变地下水的径流途径。采用同一地质单元堵水、不同地质段分区隔断，自然引排，自流封堵的技术路线。采用超前预注浆技术、围岩径向注浆技术及散水归股集中局部注浆技术为主要方法，对高压、富水岩溶区进行综合治理，以达到排水有效、防水可靠的目的。施工中应遵循以下原则：

(1)必须进行综合地质超前预报，查清掌子面前方地质情况，尤其是富水区、断层及破碎带、溶洞等，对发生涌水灾害的可能性进行预报，防止涌水。

(2)岩溶或富水带的规模、充填性质、水量、水压是地质探测的重点，采用钻探＋电法＋弹性波物探方法进行超前探测。

(3)岩溶区要采用高位选线，避开高压含水层，能搞双线的不搞单线。今后再修铁路应采用双线。

(4)高压富水岩溶区隧道应做人字坡，必须搞双洞，不能搞大跨单洞；岩溶区必须设置泄水洞，并与溶洞连起来；岩溶地区不宜设置斜、竖井，以免产生新的灾害。

(5)不提倡全断面帷幕注浆，采用周边超前预注浆，径向注浆。水量太大时，应增设迂回导洞排水降压，配合正洞注浆，带水作业，快速施工。

(6)在高水压大流量溶洞(直径大于2m)隧道，施工应以排水为主，开挖泄水洞，将岩溶水从泄水洞中排走。对能量极大的溶水，宜采用释能降压法，溶洞和泄水洞形成一个永久性结构，长期排水，以保证施工安全。坚持“排、堵结合，以排为主，上堵下排”的原则。

(7)对于溶隙和溶管(直径小于2m)的充水岩溶，采用以堵为主的原则。

(8)预留防涌岩墙，厚度视水压大小可选择为5～8m。当围岩极度破碎时，这一距离还将加大。

四、湿陷性黄土隧道

湿陷性黄土是一种非饱和的欠压密土，具有大孔和垂直节理，在天然湿度下，其压缩性较低，强度较高，但遇水浸湿时，土的强度显著降低。在附加压力或在附加压力与上覆土的自重压力下引起的湿陷变形是一种下沉量大、下沉速度快的失稳性变形，处理不当极易造成隧道塌方。湿陷性黄土属于特殊黏性土，粉土颗粒含量高，多孔隙，呈黄红色，土中含易溶盐类，并以碳酸盐含量最多，遇水易冲蚀、崩解、湿陷，主要分布在我国山西、陕西、甘肃的大部分地区，河南西部和宁夏、青海、河北的部分地区，面积达44万km^2。此外，新疆维吾尔自治区、内蒙古自治区和山东、辽宁、黑龙江等省的局部地区也分布有湿陷性黄土。

为了保证湿陷性黄土地区隧道施工的安全和正常使用，在黄土地区施工应做好防排水工作。防止黄土浸水产生湿陷是施工中的关键。湿陷性黄土的工程性质主要表现为含水率小、强度高、具有垂直节理三方面。

(1)含水率小。天然含水率一般为7%～23%，多数为11%～20%；密度为1.3～1.8g/cm^3，干密度为1.24～1.47g/cm^3；塑性较弱，液限一般为26%～34%，塑性指数多为8～12，多处于坚硬或硬塑状态；透水性较强。

(2)强度较高。尽管孔隙率高，但压缩性仍属中等，压缩系数$a_{1\text{-}2}$一般为0.1～0.4MPa^{-1}。抗剪强度较高，内摩擦角φ一般为15°～25°，黏聚力c为30～60kPa，具有较好的承载能力。

(3)具有垂直节理。由于存在大孔隙和垂直节理发育,故透水性比粒度成分相类似的一般黏性土要强得多,常具中等透水性,渗透系数一般为0.8～1.0m/d,而且具有明显的各向异性,垂直方向比水平方向的渗透系数可大数倍甚至数十倍。由于存在垂直节理,隧道开挖后时空效应十分明显,形成承载拱的时间不长,应加快初期支护的成环封闭时间。

为了防止隧道坍塌,湿陷性黄土隧道应采用台阶分部开挖法(又称环形开挖留核心土法),结合喷射混凝土及时封闭开挖面,用超前管棚支护、钢拱支撑、挂网、打锁脚锚管(杆)等,加强土体强度及限制围岩应力重新分布,实施短开挖、快循环来减少对土体的扰动,是目前湿陷性黄土隧道施工的较完整的方法。施工要点如下:

(1)做好湿陷性黄土中构造节理的产状与分布状况的调查。倾斜的构造节理多呈X形,施工时应加强支护措施,防止坍塌和片帮。同时,还应查明地层时代、成因,湿陷性土层厚度,湿陷性随深度变化的规律,地下水位变化幅度及工程地质条件。

(2)施工中应遵循"短开挖、少扰动、强支护、紧封闭、实回填、严治水、勤量测"的施工原则,紧凑施工工序,精心组织施工。

(3)开挖方法宜采用短台阶法或分部开挖法(留核心土法),初期支护应紧跟开挖面施作。

(4)支护措施采用钢拱架、喷网混凝土、地脚托梁及锁脚注浆锚杆联合支护。

(5)拱部不设置锚杆,设立拱架的区段不设锚杆,取消系统锚杆。

(6)不宜采用湿喷混凝土,喷不上,反而将黄土破坏剥离。喷射工艺宜采用机械手。

(7)采用复合式衬砌。黄土围岩开挖后暴露时间过长,围岩周壁风化至内部,围岩体松弛加快,进而发生塌方。因此,必须采用复合式衬砌,开挖后必须及时喷射混凝土、铺设钢筋网片和钢支撑作初期支护,以形成严密的支护体系。必要时,可采用超前小管棚支撑加固围岩。在初期支护基本稳定后,进行二次衬砌施工。衬砌背后回填要密实,尤其是拱顶回填。

(8)做好洞顶、洞门及洞口的防排水系统工程,并妥善处理好陷穴、裂缝,以免地面积水浸蚀洞体周围,造成土体坍塌。在含有地下水的黄土层中施工时,洞内应施作良好的排水设施。水量较大时,应采用井点降水等法将地下水位降至隧道衬砌底部以下,以改善施工条件加快施工速度。在干燥无水的黄土层中施工,应管理好施工用水,不使废水漫流。

五、膨胀岩隧道

膨胀岩是指遇水体积发生膨胀的一类岩石。这类围岩强度低,岩土中黏土矿物含量很高,沿隧道周边分布广泛,围岩与水作用强烈,吸水能力强,且具有很大塑性,围岩分级属于软岩类。我国膨胀岩土的黏土矿物成分主要是蒙脱石,伊利石居其次。膨胀岩分类见表3-8。

膨 胀 岩 分 类　　表3-8

指　　标	典型的膨胀性软岩	一般的膨胀性软岩
蒙脱石含量(%)	≥50	≥10
单轴抗压强度(MPa)	≤5	>5、≤30
软化系数	≤0.5	<6
膨胀压力(MPa)	≥0.15	≥0.1
体膨胀量(%)	≥3	≥2
自由膨胀率(%)	≥30	≥25
围岩强度比	≤1	≤2
小于2μm的黏粒含量(%)	>30	>15

膨胀岩土隧道的地质调查内容:

(1)研究微地貌、地形形态及其演变特征,划分地貌单元,查明天然斜坡是否有胀缩剥落现象。

(2)查明场地内岩土膨胀造成的滑坡、地裂、小冲沟等的分布。

(3)查明膨胀岩土的成因、年代、竖向与横向分布规律及岩土体膨胀性的各向异性程度。

(4)查明膨胀岩节理、裂隙构造及其空间分布规律。

(5)调查地表水排泄、积聚情况，地下水的类型、水位及其变化幅度，土层中含水率的变化规律。

(6)搜集历年降雨量、蒸发量、气温、地温等气象资料，调查当地大气影响深度及大气影响急剧层深度。

(7)调查当地建筑物的结构类型、基础形式和埋深，建筑物的损坏部位、破裂机制、破裂的发生发展过程及规律。

(8)调查当地胀缩活动带的空间展布规律。

(9)调查当地天然及人工植被的分布，破坏和种植的情况，浇灌方法等。

膨胀性围岩压力的致因目前仍有争议，主要观点有：①单纯吸水的物理膨胀；②化学变化结果的膨胀；③上覆荷载的塑性变形；④破坏以及地壳运动时潜在能量的释放等。

膨胀岩隧道的工程问题主要来源于因岩石中大量的膨胀矿物在围岩的破坏区吸收自由水引起膨胀压力，对支护结构产生附加的膨胀性地压，使隧道净空断面缩小，支护结构破坏。特别是在断层及裂隙发育带，当渗水难以控制时，膨胀压力将更为严重，岩石表层在开挖 3～4d 后即黏土化，丧失了大部分强度。同时，随着围岩内部应力调整的进行，围岩压力增大，进而导致隧道支护结构的稳定性恶化，出现隧道崩坍。这种围岩和隧道的相互作用问题，多采用扩大断面、释放膨胀力、注浆劈裂改变其结构来解决，用加固的地层承载其剩余膨胀力，当地层基本稳定后，用柔性衬砌稳定围岩。

围岩强度小的软岩易发生膨胀性地压。这些岩石有第三纪的泥岩、页岩、凝灰岩、火山砾凝灰岩等。此外，强风化岩也常发生膨胀性地压。这是由于强风化岩是在长期的地质年代中，因风化，使围岩中的黏土成分增加，从而使其强度显著降低，故发生膨胀性地压，如黑色和绿色片岩、板岩、千枚岩等细粒子成分多的结晶片岩等，沿破碎带会形成数 10m 厚的风化黏土带，一般多出现在洞口和埋深小的地段。

对于膨胀性围岩，多采用全断面、台阶法、CD 法等方法施工。施工中防止产生导致膨胀压力的条件，制订施工对策与风险防范预案是膨胀岩隧道施工的总体思路。施工要点如下：

(1)膨胀性围岩地段隧道除了承受较大的拱顶压力外，边墙和底部也承受很大的膨胀压力。为适应这种四周均受压的应力状态，避免应力集中，支护结构形式采用圆顺的近圆形断面，仰拱与拱墙的厚度尽量一致，并采用较大的曲率半径。

(2)控制好施工用水，减少水的漫流和积水浸泡，以达到“保湿防渗”，减少岩体湿胀干缩对隧道产生不利影响的目的。采用保持原岩湿度状态，阻隔施工用水及施工开挖引起的地下水流入隧道周边的膨胀性岩体中，引发围岩膨胀加力。

施工时，应首先做好防排水工作。洞外过沟地段，开挖前在地面将地表水引排至隧道一定范围以外，洞内做好排水系统，使水汇入集水坑。集水坑设在掌子面 50m 以外，并根据洞内水量大小定期抽排，开挖后立即喷浆封闭掌子面，较弱围岩辅以小导管注浆预加固，掌子面喷混凝土封闭岩面，以防隧道内渗水及施工用水浸泡岩体。

(3)在施工中体现“先柔后刚、先让后顶、分层支护”的思路。在膨胀性地层中采用强顶硬撑的方法，看起来似乎安全可靠，而实际上因没有适应地层变形的特点，支撑的刚度愈大，所受膨胀压力也愈大，结果往往使所设置的刚性支撑破坏，起不到对围岩支护的作用。

由于初期支护刚度不大，具有一定的变形能力，能够对围岩变形进行一定的约束，起到一定的“让压”作用。在大变形围岩地段，为了适应大变形的要求，可以在喷射混凝土中间预留一定宽度的纵向变形缝(10cm 左右)，具体的预留宽度可以根据监控量测结果得到。另外，为满足这种大变形的要求，底部的支撑采用可缩式钢架，每榀设置 3 个可缩接头。这样初衬混凝土就不会因受到大的变形压力而出现剥落、掉块、破坏等现象。当围岩变形趋于稳定时，预留的纵向变形缝已基本自行闭合。当围岩和初期支护变形到一定时，即在初期支护内部的应力达到极限应力之前，必须施作第二次初期衬砌。当监控量测基本稳定后，方可进行二次衬砌模筑施作。

(4)正确确定开挖尺寸。由于不同地段围岩膨胀程度各不相同，应根据具体情况，适当调整设计预

留变形量，确保设计净空尺寸，避免衬砌厚度不够。

（5）做好超前地质预报工作，制订施工技术预案。在膨胀岩地区的隧道施工中，地质预报的主要任务是进行膨胀岩沿隧道施工影响范围内膨胀压力预测与工程危害性评估。施工时，应制订相应的技术预案。

（6）加强围岩净空位移、围岩压力及地下水渗透性动态监测。根据监测反馈成果，进行围岩预加固，同时调整初期支护直至二次衬砌设计参数。

施工时，二衬的施作时间是关键。而对围岩的膨胀程度，凭感性认识是不科学的，应对围岩膨胀变形情况进行监测，根据量测结果将信息反馈给施工人员，以便及时调整支护参数，指导施工，以达到安全、高效的目的。

（7）在高应力地区，施工措施应尽量保护围岩的自承能力，避免剪裂膨胀压力的发生。在开挖爆破时，采用短进尺，弱爆破，尽量减少爆破对围岩的扰动。

六、断层及岩堆体隧道

（一）断层及断层带

断层是地层在长期的地质活动过程中形成的使岩层或地质界面产生不连续的一种构造痕迹，且沿断层面两侧的岩层发生显著位移。断层带则是受这一不连续构造影响波及的地层范围。断层有挤压型和非挤压型之分，挤压型断层对施工较为有利。断层一般分上盘与下盘，上盘地层一般较好，但在通过断层本身时易产生涌水、突泥，应特别注意。断层两个交接面之间的断层泥区是危害性最大的区域，应特别注意。

断层及断层带具有相近的工程特征，主要表现在围岩整体性降低、承载能力下降，在隧道施工过程中极易引起塌方。此外，断层带往往是地下水的富集带，易引起涌水、突泥地质灾害。断层及断层破碎带常用预测技术见表3-9。

断层破碎带常用预测技术表　　表3-9

序号	预测技术	预测原理	预测目的及内容	优缺点
1	地质观察	专业知识与经验	分析断层及水体存在的迹象	方便、快捷，对施工不构成影响；依赖人的判断
2	地质超前预报系统	弹性波速度在破碎带和完整围岩中有较大差异	确定破碎带位置、规模	准确，超前开挖面；需要大型探测设备，对施工有一定影响，多用于大型重点工程中
3	地质力学分析法	地质力学理论	分析结构面力学性质；判断水体存在的位置及规模	方便、快捷，对施工不构成影响；依赖人的判断
4	水平超前钻探法	钻取岩芯直接观察	确定断层在破碎带的规模、力学性质、岩性特征、水体存在的迹象等	准确，超前开挖面；对施工有一定影响，多用于重大工程中
5	转速测试	围岩力学性质的差异在转速上的反映	是否有断层带的出现及其位置	方便、快捷，对施工不构成影响；需配合其他探测手段
6	地震法和声波法	弹性波速度变低	常为探水或探测断层	技术较成熟，可靠，可超前掌子面；对施工有一定的影响

断层及断层破碎带隧道施工要点如下：

（1）进行有效的地质超前预报。可利用辅助坑道及其他地质预报手段，对断层参数及影响带范围、水文地质特征、围岩力学特征、地应力特征与量值、断层与隧道相对位置、危害程度及可能的塌方形式与规模等进行探测、分析与预测。

（2）除挤压性、无水、围岩自稳性良好的区段外，均需采用超前预支护技术。

（3）采用变大跨为小跨，正台阶开挖方法。开挖方法视围岩自稳能力状况灵活掌握，大断面自稳性较差，可采用双侧壁法，也可采用CD法。CRD法仅在特殊地段才可应用。

(4)尽量采用减少围岩扰动的开挖技术，如弱爆技术开挖、人工开挖、反铲开挖等方法。

(5)对围压大、存在偏压的情况，应采用高强度、大刚度的支护措施，同时做好纵向支护断面间的连接，以增强支护结构空间力学效应的支撑能力。

(6)对于富水及涌水地段，应采用"排"、"堵"结合的原则，处理好限排要求与实际施工安全与结构稳定的关系，因地制宜，制订专项设计与施工方案。

(7)采用"管超前、严注浆、短进尺、强支护、早封闭、勤量测"的施工基本原则。堆积破碎地层若有横洞条件，尽量从稳定的地层进洞，然后从隧道里往外打，避免造成伤亡。

(8)做好应急预案与物资准备，做好风险防治工作。

(二)岩堆体隧道

岩堆是岩石风化形成的碎块，无胶结，经重力或水流搬运至山坡或坡脚下的松散堆积体，常见于比较干旱、昼夜温差大，物理风化强、近期强烈抬升活动强烈的山区。沿大型断层带、背斜、向斜的核部的河岸常形成对称岩堆。

岩堆体的工程特征为岩体强度低，围岩遇水易崩解、软化。因此，这类岩体的自承能力都很差，常常引起隧道塌方，且规模较大，处理困难。隧道通过岩堆体时的施工要点如下：

(1)隧道早进晚出，坚决不刷坡、不破坏原岩堆体坡脚，并予以加强。对原边仰坡采用网喷混凝土，形成方格状框架，采用光面爆破修凿嵌入式进洞。

(2)进行地表注浆，将岩堆体胶结起来，达到一定强度后再进行开挖。

(3)采用台阶法(单线隧道)或CD法(双线隧道)开挖，台阶长度控制在3～5m，是否安设临时仰拱视监控量测结果确定。

(4)台阶法开挖中，上台阶开挖预留核心土，下台阶两侧错开开挖，以防止拱脚突发沉降引起坍拱。

(5)仰拱超前，二次衬砌紧跟，掌子面到二次衬砌的距离不大于30m，随挖随撑，及时封闭。

(6)在岩堆中打管棚振动大、施工也困难，应采用以地表注浆辅以小导管超前支护技术。

(7)由于垂直压力大，宜采用强度高、刚度大的支护结构。

(8)除常规量测外，应增加钢支撑应力量测，以监测钢支撑受力状况，及时采取施工措施。

七、流沙隧道

流沙为含水性很大，具有瞬变荷载下发生液化、流滑特征，自承能力很低的特殊围岩。这类围岩通常粒径很小，无塑性，在动力水压推动下会失去稳定，并随地下水一起涌入隧道内，即产生流沙现象。产生流沙的主要原因是围岩中动水压力的大小和方向，当动水压力方向压力足够大时，土颗粒被带出而形成流沙。在隧道施工中主要地质问题为造成掌子面失稳，洞壁坍塌。隧道开挖前的防治措施主要为降水释压与注浆加固流沙、封堵地下水两大辅助施工措施，以减少砂土含水率，达到增强承载性能的目的。开挖则采用台阶法分部开挖、预留核心土及利用长、短管棚注浆封堵隧道上部等辅助工法，以稳定工作面，增强围岩自承能力的辅助措施。设计施工要点如下：

(1)首先进行隧道沙层工程地质、水文地质特性的调查，掌握相关地层参数。

(2)根据工程工况特点进行施工方案及辅助施工措施设计。

(3)采用台阶法分部开挖，掌子面预留核心土，架设钢拱架，以稳定工作面。

(4)采用"短进尺、弱爆破"施工，及时支护，以减少开挖面显露时间，加快施工速度。

(5)洞内掌子面前方开挖轮廓线外2～3m范围进行围岩超前注浆，注浆孔采用长、短相间的方式布设，以加固围岩、封堵地下水。

(6)注浆孔应钻穿沙层不小于1m。当钻孔与注浆平行作业时，钻、注距离应不小于6m。

(7)为防止串浆，注浆应遵循一钻一注的原则。

(8)采用冻结法时，应根据断面尺寸、水文地质条件、冻结体强度等因素综合确定冻结深度，设计施工可参阅相关文献，但必须采用先注浆、后冻结的施工方法。这样可以实现融冻时沉降小、布管少、冻结快、造价低等优点。

八、高原冻土隧道

凡温度等于或低于0℃，且含有固态冰的土称为冻土。冻土按其冻结状态的时间长短分为三类，即瞬时冻土、季节性冻土、多年冻土。

(1)瞬时冻土。冻结时间小于1个月，一般为数天或数小时(夜间冻结)，冻结深度多为数毫米至数厘米。

(2)季节冻土。冻结时间等于或大于1个月，冻结深度为数厘米至1～2m，在多年冻土区外围可深达3m左右，它是每年冬季发生的周期性冻土。

(3)多年冻土。冻结时间连续3年或3年以上。多年冻土在剖面上的分布特征见图3-8。

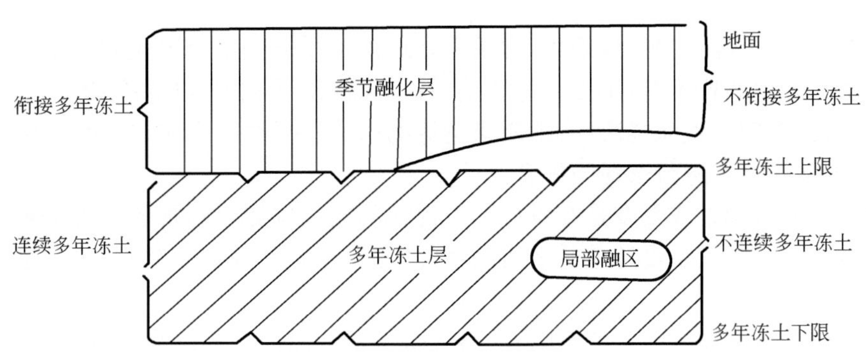

图3-8　多年冻土剖面示意图

多年冻土地质调查的内容：

(1)查明多年冻土的类别、冻土总含水率、冻土中含冰率的分布规律，冻土结构特征、厚度和冻土的物理力学性质，并进行融陷性分级及评价。

(2)查明地表水与地下水特征，研究多年冻土层上水、层间水、层下水的赋存形式、相互关系及其对工程的影响。

(3)查明多年冻土的分布范围，确定多年冻土上限深度的采用值。多年冻土上限深度及其变化值，是多年冻土地区各项工程设计的主要数据之一。

我国青藏高原和东北等高纬地区的多年冻土面积约占全国总面积的1/4。当隧道穿过冻土地区时，必须进行专门的设计与施工。青藏铁路的成功修建为高原冻土地区修建隧道积累了很多宝贵的经验。

在高原严寒地区修建隧道主要的问题：一是围岩随环境温度的改变而发生冻胀与热融，从而引发支护结构产生破坏；二是高寒地区因缺氧造成机械及人员劳动效率降低，需配备特殊的机械设备，进行施工组织设计；三是在施工技术上对开挖、支护、防排水以及冻害防治等采取的特殊设计与施工措施。设计施工中需重点注意以下几方面：

(1)由于特殊的地理环境造成施工机械功率下降，必须采用特殊的高原沙漠型风冷增压发动机，机械才能在该地区正常运转。同时，利用多级滤清器或湿式空气滤清器，以适应风沙气候。

(2)配置缺氧环境的低温启动装置。高原冻土区的低温启动装置须考虑缺氧条件。同时，还要考虑蓄电池、启动负荷等在高原低温条件下对启动的影响。

(3)高寒环境下机械长时间在低效区工作，产生的热量在高寒区不易迅速散去，需考虑增强机械液压系统的散热能力。

(4)采用高原机械专用油。采用具防冻性能的机械油，使机械各系统运行温度能够适应高寒地区的要求。

(5)人员容易产生疲劳，因此提高驾驶室的保温密封性及操作的舒适性是非常必要的。

(6)为适应缺氧、寒冷的环境特点,爆破设计时,单位耗药量应有所提高,具体量值通过试验确定。

(7)深孔爆破时,扩槽孔宜密、装药宜少。

(8)钻孔后,应及时装药爆破,防止钻孔在负温下的回冻,使钻孔变浅。

(9)做好排水系统的防冻保温,采取深埋或设置保温层的方法,确保排水系统排水畅通,不发生冻融。

(10)初期支护采用喷混凝土挂网、钢拱架,另防止热交换的产生,不设锚杆,在初期支护内铺设防水隔离层,再做二次模筑衬砌。隔离层有一定的弹性模量,可以吸收1MPa的膨胀力。这种结构形式在青藏铁路得到应用,效果很好。

第三节　地质超前预报综述

目前,隧道施工地质超前预报信息采集,常采用在地面地质调查的基础上进行洞内地质编录、钻探与物探这三种方法。采用的技术有:①摄影地质编录;②超前地质钻探;③钻孔摄影;④钻速仪;⑤隧道超前地质预报系统;⑥高密度直流电法;⑦地质雷达等物探法。每种手段和方法都有其使用的环境和条件,使用前需要根据探测目的进行选择与配套。

施工期间的地面地质调查或复查是在设计单位提交的隧道(隧洞)地质平纵断面图的基础上进一步开展的修改和完善工作。图纸是设计单位地质勘察的成果,也是具体施工单位进行隧道隧洞修建的主要依据。

由于受工程地质勘察精度等因素的影响,勘察成果常常会出现一些遗漏甚至错误,严重时会直接影响到设计质量和工程的投资。所以,隧道施工技术应对设计单位提交地质勘察报告进行地质调查或复查,并对其作进一步的修改、补充与完善。常用的地质调查技术有地质填图法、物探法、钻探法。物探法的优点是探测效率高、成本相对较低;其缺点是探测成果准确性不够理想。

一、地质超前预报目的及程序

特殊围岩隧道的施工地质超前预报工作重点在于对施工安全影响大、危害后果严重的灾害性地质的预报,应采用多种探测手段、多种风险因素评价的综合预报方法进行,预报的目的有二:一是探测未开挖段围岩产生灾害性地质问题的详细地质条件;二是结合采用的施工方案与技术措施,对产生地质灾害的可能性及灾害严重程度进行预报。前者是后者的基础,后者是对前者信息的提取、处理、分析与判断。在施工阶段,地质灾害的预报主要是针对施工安全和结构稳定性进行及时评估,指导施工,确保安全,同时确保施工前方用现有方法不会出现洞室坍塌、发生涌水突泥、有害气体突然涌入等地质灾害。预报工作不是研究工作,要紧密配合现场量测分析。例如,在岩溶涌水灾害预报中,由于隧道涌水机制的复杂性,预报中需要分不同的层次进行分析。对于岩溶隧道,按范围从大到小,依次可分为三个层次预报。

(1)宏观预报。主要确定区域性涌水控制特征及区段。以构造控涌、控稳理论为基础,采用构造地质理论方法进行区域应力场恢复,确定区内主应力方向、量值及与隧道位置的相互关系,确定区域径流特征、水量补给及建立水文监测点。本区段在勘察设计地勘资料的基础上进行。

(2)重点区段预报。主要确定隧道影响区大概率涌水且危害较大的区段,选择物探及灾害要素监测手段,制订探测与监测方案。在第一层次成果和补充调查成果的基础上,对隧道穿越区构造、富水性特征及分布进行确定(推定)。

(3)成灾性预报。根据控制目标与预报标准进行涌水可能性及危害性预报,是信息处理与灾害程度评估的重要层次。对重点区段采集的信息,根据协同预报要求,分别进入相关分析模块进行程序处理,得出预报分析成果。根据预报管理等级实施预报。图3-9为地质超前预报及反馈流程图。

二、地质超前探测作业特点

隧道施工地质预报的发展历史不长,探测理论、探测手段以及灾害评估与预报理论、方法的成熟程

度与施工决策的要求尚有很大差距。目前仍有许多问题没有得到很好解决，而施工过程中地质超前预报信息采集与分析的方法缺乏是主要问题。要解决这些问题，需要对隧道施工地质预报工作的作业环境特点有所了解，从而提高探测技术研究的实用性水平。隧道施工地质超前预报工作的作业特点为：

(1)隧道开挖揭露的围岩范围小，难以观其全貌。

(2)探测作业空间小，限制了探测手段的应用。这主要表现在探测手段选择和测线布置两方面。

(3)探测与施工难以并行。目前使用的探测手段，尤其是物探手段，为了避免干扰，常常需要停止施工作业，才能取得较好的探测结果。这使得探测与施工不能同时进行。

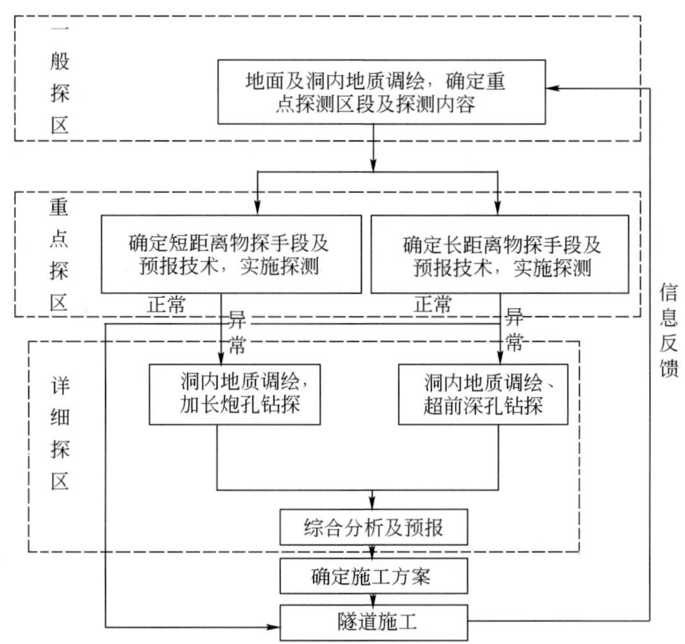

图 3-9　地质超前预报及反馈流程图

三、地质超前预报主要方法

施工地质超前预报工作包含两方面的内容：一是对地质条件的预测技术(探测与鉴别)；二是对地质条件产生地质灾害风险性的预报。目前，常用的探测技术可分为三类：

(1)常规地质分析类。主要应用手段有常规地质测绘、地质素描、抽(压)水试验、渗流测试、岩石力学试验、水力联系分析及水成分分析等。这类手段是根据地质工程师肉眼观察到的地质信息，结合测试信息进行的预报，主要依赖于运用地质理论和经验来判断隧道掌子面前方的地质情况或者对已开挖地段进行地质评价。其优点是结论可靠；缺点是对地质工程师专业知识与实践经验要求高，劳动强度大。

(2)超前水平钻探类。这是一种传统可靠的方法，可以探测隧道前方几米至百米距离，可通过岩芯观察和分析对隧道前方松散地质体、断层破碎带进行准确定位，可以直接采取岩芯进行各种强度试验以获取岩石的物理力学参数，探测距离可达数百米；但其缺点是一孔之见难以观其全貌，当出现大型水体时，极易打通含水层，从而引发突水事故。

工作面上浅孔钻，是利用工作面上炮孔、探水孔、声波测孔在钻进时的情况(钻速、出水量、岩屑等)，凭经验来进行短距离地质条件的判断，探测距离可达数十米，是今后倡导的主要方法。

钻孔探测类还可辅以钻孔摄影、钻速仪等方法改良探测性能。

(3)物探类。主要有隧道地质超前预报系统、高密度直流电法、地质雷达、红外探测、声波法等手段。

表 3-10 为用于隧道施工地质条件探测的主要方法及其特点分析。表 3-11 为几种物探技术探测性能简表。

表 3-10

用于隧道地质条件探测的主要方法及其特点分析

分类	方法	原理	适用条件	优点	缺点	预报距离(m)	影响因素
直接	常规地质素描综合判断法	地质工程师根据肉眼观察及结构面产状、地下水出露等地质信息，运用地质理论和自己的经验进行地质评价与预报	任何地质条件，是基础工作	结论可靠，不需要大型设备，人力与资金的投人较少，占用时间较少	需要专业地质工程师，劳动强度大，效率低，结论依赖经验	≤5	环境光线、断面积、经验、观察工具等
	数码成像技术	用可见光对开挖面进行摄影，通过对影像的处理与有用信息提取，在地质力学理论基础上进行预报分析	任何地层	信息采集效率高、过程可视化，数字信息便于计算机处理	目前尚不能对竖曲线坡度大于10°的隧道进行探测	15	环境光线、经验等
	水平地质钻探	用钻机钻取探测地岩芯编录	任何地层	结论直观、可靠	需大型钻探设备，占时多，一孔之见	150	岩芯采取率、探测距离等
	平行导坑法	与正洞开挖方向一致，平行超前开挖一个横断面较小的隧道，以探明正洞地质条件，以此推断正洞的地质条件	较完整的硬岩地层	结论直观、可靠	工程量及投资大，垂直钻进方向探测范围小，易揭穿水、气层	—	—
	钻速法	利用隧道开挖钻机钻进过程的钻速与岩质的关系判断地质条件	任何地层	快速、简便，不需另增设备	不能得到地质体结构等方面的信息	3～5	操作人员的经验
	断层参数法	根据地质力学理论与统计经验式，进行断层带分析预报	岩层倾角小于30°的近水平岩层	简便，不需设备	需要地质力学知识与丰富的实践经验，人才不易在短期内培养	—	经验与技术水平
间接	声波CT法	层析成像技术(Computer Tomography)采用声波探测射线走时和振幅来重构孔间岩土内部声速值及衰减系数的场分布，通过像素、色谱、立体网络的综合展示，达到直观反映岩土体内部结构目的	任何岩体	可反映围岩内部结构特征，有利于围岩分级	需占用施工时间，环境要求较高	15～30	测线布置、经验
	TGP、TSP系列	利用波动在界面产生反射波的原理，根据走时与波速确定结构面位置	块裂岩体	集探测、分析于一体，操作简单，成果直观，可获得围岩动力学参数值	不够灵活，探测成本高，对近隧道轴向及水平界面无效	约200	测线布置、装置参数、炸药爆速及经验
	地质雷达	根据电导率的差异性，利用回波原理进行不同介质边界的探测	任何岩体	分辨率高，可达厘米级，频带宽，探测成果直观	探测环境要求较高，需多次重复探测	30～50	测线布置、发射主频、经验
	红外探测	利用红外辐射场强的差异，进行不同地质体的探测	包含大型充水结构的地层	测线布置灵活，对水体较敏感，可对边墙及拱顶、隧底进行全方位探测	对经验的依赖性突出，需多次试测	30～50	测线布置、环境温度
	电法	利用电性差异，在地质体中产生全空间电场，通过岩体中电位检测，进行地质体边界探测	岩性差异显著及富水的地层	操作简单，无需钻孔，探测距离大	环境干扰要求高，需占用施工时间1～2h	＞100	测线布置

几种物探技术探测性能简表　　表 3-11

探测性能	地质超前预报系统	地质雷达	高密度直流电法
范围(m)	纵向 100～150;横向>(2～4)D	纵向<30;横向<D	纵向 100;横向<D
分辨率(m)	$d_h = n\frac{V}{f}(n>1)$ $d_v = \frac{\lambda}{4}$	$d_h = \sqrt{\frac{ch}{2f\sqrt{\varepsilon_r}}}$ $d_v \approx \frac{c}{4f\sqrt{\varepsilon_r}}$	d_v=测点间距
被测体与环境物的相对物性差异	≥20%	≥20%	≥20%
物理力学参数获取	可以	不能	不能
几何形态描述	反射点产状分布图、时间剖面图等	时间剖面图等	电阻率等值线分布图
岩洞形态成像	难确定	难确定	难以确定
探水性	可以	可以	良好
测线布置	沿隧道轴向布置	灵活	沿隧道轴向布置
配备人员(个)	2～3	2	2
现场用时(h)	1.5～2	1	1.5～2
分析用时(d)	2～3	1～2	1～2
停工范围(m)	>100	掌子面	>100

注:D-洞径;d_h-水平分辨率;d_v-垂直分辨率;λ-波长;f-频率;c-电磁波真空中的传播速度;ε_r-相对介电常数;h-探测深度。

由于地质灾害一般都是由多种地质条件组合而成,而且往往与施工工艺有关,单一的方法无法达到目的,必须把各种因素综合起来考虑,才可能取得满意的结果。因此,地质灾害的预报应采用综合分析方法进行。特殊围岩中较多见、防治难度较大的地质灾害为坍方和涌水、突泥问题。目前,这两方面的防治还需要更多的研究与实践。现将重、难点问题及常用预报方法简单归纳如下:

(1)坍方预报。坍方可普遍存在于各类特殊围岩的隧道修建过程中。其中,以断层破碎带、岩堆体及软弱围岩最为常见。根据坍方机理的不同,坍方可分为裂隙岩体坍方和软岩坍方。裂隙岩体坍方预报的方法多采用基于块体理论的围岩稳定分析法进行,也可根据结构面强度,计算块体的稳定性,从而指导施工。软岩坍方预报多采用净空位移量测信息特征进行。软岩坍方的原因:一方面在于围岩强度低、自稳能力差;另一方面则因施工措施不当、支护不及时等施工原因造成。坍方总体上可以通过地质分析、工程类比、监控量测等方法来加以预报。

(2)涌(突)水预报。目前,在我国隧道涌水预报所用的预报模型可分为非确定性模型、确定性模型和随机数学模型三大类。隧道涌水、突泥地质灾害预报是高压富水断层破碎带、流沙及岩溶隧道地质预报的重点。目前,涌水预报仍然是隧道地质超前预报中十分薄弱的环节,涌水量预测的准确性还很低。岩溶隧道的涌水预报已成为一个世界性难题,其难度主要表现在涌水条件的探测难以及涌突风险的评估难两方面。现有较成功的预报方法:电法+隧道地质超前预报系统(弹性波反射法)+超前钻探组合探测技术,多信息源协同预报模型进行风险评估与预报的方法。在高压富水隧道的防灾治理上,多采用释压降能法,通过钻孔放排的方式降低地下水压力,保证施工作业在低水压下进行,避免安全事故。

四、地质超前预报常用探测技术

(一)隧道摄影地质编录

地质编录是一切地质预报工作的基础,也是最简便、可靠的方法,只是需要专业地质理论与技能的支持。其特点是方法简单,结合地面调查与勘察资料,通过一定的分析可对前方不良地质体产生地质灾害的可能性进行预报。地质编录的内容由以下三部分组成:

(1)开挖面现场地质编录内容:记录围岩、地下水、有害气体与射线——固、液、气、线。其中,围岩包括岩性、岩体结构、构造形迹及附属体、地质体规模及空间展布;地下水包括出露状态、水压、水量、夹带物性质及含量；有害气体与射线包括种类、出露位置及状态、浓度等。

(2)岩石物理力学性质试验内容：岩石重度、岩石饱和抗压强度、弹性模量、泊松比、黏聚力、内摩擦角等。

(3)分析与判断内容：洞室稳定性、围岩级别等。

传统的地质编录方法是沿用地面露头编录的常规方法，即采用地质罗盘和皮尺对露头剖面进行人工测绘。但该法因工作效率低、采集受操作条件限制等因素影响，测量数据在质量和数量上均难以全面反映隧道开挖面的实际情况，在实践中往往难以达到地质编录的目标。

CCD(Charged Coupled Device)数码摄影地质编录是以近景摄影测量理论为基础，融入数字图像处理、GIS构建的一种技术方法体系，其突出的特点是地质编录工作可在室内进行。其基本原理是通过建立数码影像与实际物像间一一对应的坐标关系，来实现对编录对象的测量与空间形态描绘。工作过程包括影像获取、影像镶嵌及校正、地质编录及成果输出4个步骤。现场摄影时，采用装有数码相机的水准仪沿隧道中线设若干测站进行隧道周边及掌子面影像拍摄，测站间距为1～1.2倍隧道跨度，每测站周边通常由7张照片组成，掌子面由1张照片组成，拍摄速度通常每测站8～10min。影像照片在室内经影像校正、影像镶嵌及校正后即可进行编录。编录信息分为影像信息和非影像信息两类。前者主要为地层、节理裂隙、断层等影像信息的几何描述及产状自动测量；后者视应用需要，作为编录数据录入的窗口进行输入。通过该编录系统可获取施工段地质编录展示图，为预报涌水预报模型、洞室围岩稳定分析等应用提供基础数据。影像信息编录精度可达到5～20cm。

摄影地质编录方法可大大缩短现场编录时间，铁路双线条件(跨度14m)下，2人操作，1h可完成50～60m的现场拍摄工作，每测站用时8～10min，极大地缩短了现场作业时间，赢得了宝贵的施工时间。现场拍摄与编录工作可分开进行，因而对拍摄人员的地质专业知识要求不高，有利于现场组织实施。摄影地质编录过程中除影像获取需在现场进行拍摄外，其余工作均可在室内完成。

(1)影像获取。将装有普通数码相机的经纬仪置于隧道中线上整平、对中，读取测站外方位值，设定相机拍摄角度，从左侧向右依次旋转相应角度后拍摄，得到一个条带的原始影像(通常为7张照片)；搬动仪器至下一测站，重复上述测站操作内容，即可获得第二条带原始影像。拍摄照明采用隧道施工照明用碘钨灯1～2盏。图3-10为影像获取示意图。

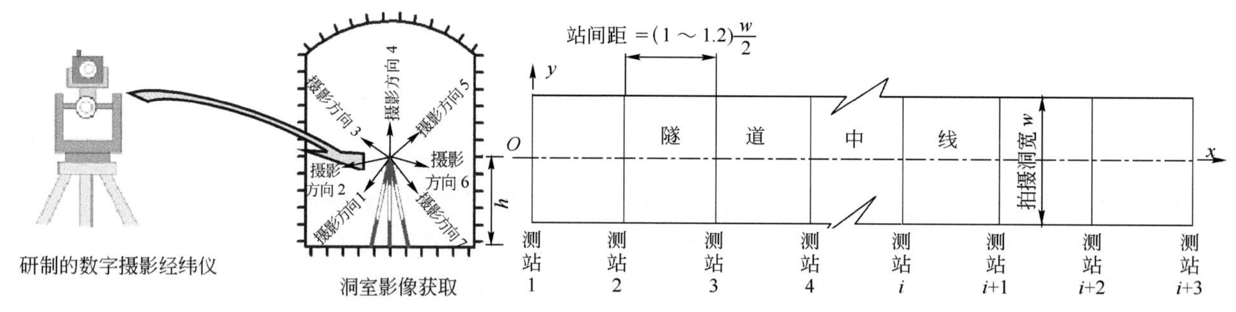

图3-10 影像获取示意图

(2)影像镶嵌及校正。影像镶嵌是将同一条带内所有单张正射影像按相对位置镶嵌成一整条正射影像图，形成宽度为照片覆盖范围隧道周边的影像条带，再将各桩段条带影像沿轴向镶嵌，即形成用于编录的隧道开挖表面的正射影像编录底图。影像校正包括几何校正和辐射校正。影像几何校正是为消除普通数码相机在成像时发生的轻微变形而进行的纠正。系统根据输入的相机参数、洞型参数及像片参数，对每张影像进行几何畸变校正。辐射校正是为了消除拍摄时因采用人工光源而产生的辐射差，使各张照片的色度和反差适度，以利于对地质要素的判读与量测。

(3)地质编录。在编录底图上目视判读描绘岩层、地质构造迹线、特征点等地质编录信息，系统自动获取相关结构面产状要素(走向、倾向、倾角)，并将编录对象的属性描述数据输入到相应的数据库中。属性描述数据可以是现场进行的各种方法获取的地质信息与工程信息，经过地质编录，即建立了施工现场的地质数据库，为后续分析应用提供分析数据。

(4)成果输出。成果输出包括图形和属性数据输出。系统将编录成果自动转换为 Auto CAD 可识别的格式,生成编录展示图,在 CAD 环境下编辑、出图。

(二)地质超前钻探

隧道地质超前钻探技术是利用预定钻孔方向的钻机在隧道掌子面前方钻孔进行施工地质调查,通过提取地层岩芯来直接观察,从而判断地下岩层性质及地质构造的探测方法。超前钻孔的深度已逾千米。钻探法的特点是:直接揭露地质体,观察掌子面前方钻孔穿越区域的岩性、结构构造及地下水情况等地质信息,属于接触式探测,是对其他预报方法预测结果的最后确认;可以获得地层、岩性、节理裂隙特征,记录出水位置,进行孔内水量、水压、水温、水质等测试;钻探还可以利用钻孔进行提水、注水、压水或抽水试验,以确定隧道岩体的渗透情况或可能的涌水预测。因此,钻探技术是迄今为止地质预报最为直接、可靠的方法。但是,一般钻探却不能直接观察到天然产状的岩层情况,且钻探所需的投资较大,施工干扰大,单孔探测范围小(一孔之见),需要进行较多的钻探工作才能完成调查。因此,这种方法较多用于需重点探测的灾害性地质区域。使用该法时需考虑当钻孔触及到大量水体及含气层时极易同时产生地质灾害的问题,需事前制订应急方案。图 3-11 为超前水平钻机结构示意图。

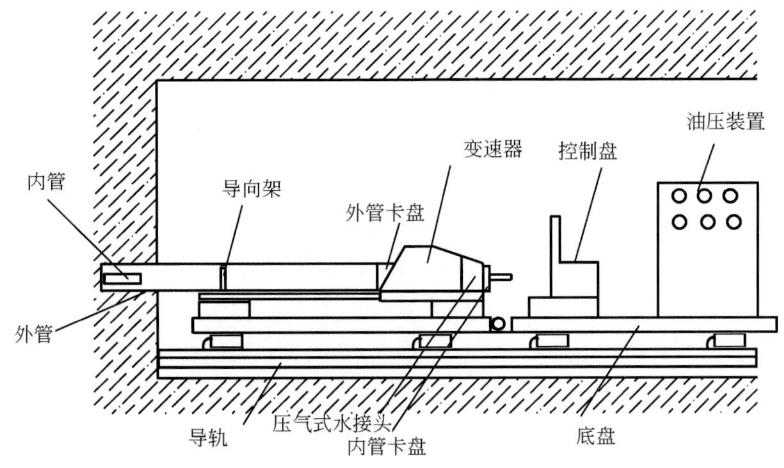

图 3-11　超前水平钻机结构示意图

(三)钻孔摄影技术

钻孔数字摄像又称数字式彩色钻孔电视,最大钻孔摄影深度可达 1 000m,目前主要用于工程地质、水文地质、岩土工程、矿山等地质勘测和工程质量检测,可直接观测钻孔中地质体的各种特征及细微现象,如地层岩性、岩石结构、断层、裂隙、夹层、岩溶等以及混凝土浇筑质量检测。

钻孔摄影图像采集的工作原理是将位于探头前部玻璃窗内的反射锥面和 CCD 摄像头等装置(图 3-12)送入围岩钻孔中,在摄像光源的照射下,孔壁图像经锥面反射镜变换后通过 CCD 摄像头形成钻孔壁全景环状图像,如图 3-13 所示。全景图像经过几何变换还原成平面展开图。然后,根据展开图与圆孔图的对应关系,可以生成三维虚拟岩芯图。其中,平面展开图将用来进一步处理和松动圈判别分析。

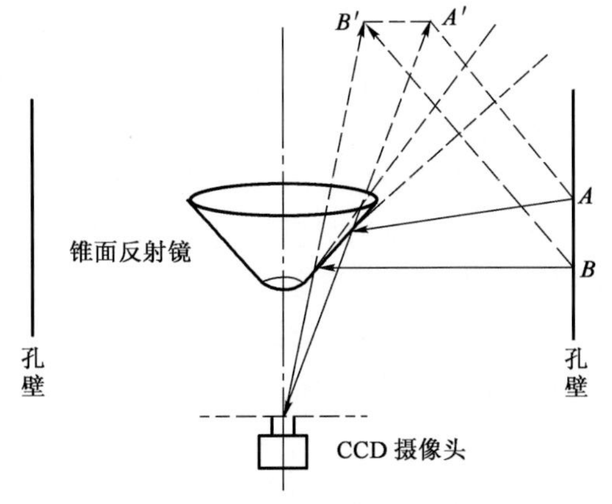

图 3-12　围岩钻孔摄像原理示意图

钻孔摄影方法对孔壁影像的辨识精度主要取决于影像的像素值,其精度很高,可达 0.1mm。实际中根据需要,可选择厘米或分米级。钻孔摄影法对地质条件的解释是基于影像信息的读取工作。由于获取的影像信息包含了空间坐标信息,因此,对钻孔壁的结构构造及地层信息,通过空间信息提取即可形成钻孔柱状图资料,采用数字成图技术,可进一步形成地层的三维影像图。钻孔摄影方法现场测试需 2～3 人,现场准备时间约 20min,测试速度为 2～3m/min。因此,单孔探测 50m,共需耗时 40～50min。

钻孔摄影法用于施工地质调查中还存在一些问题，主要有以下几点：

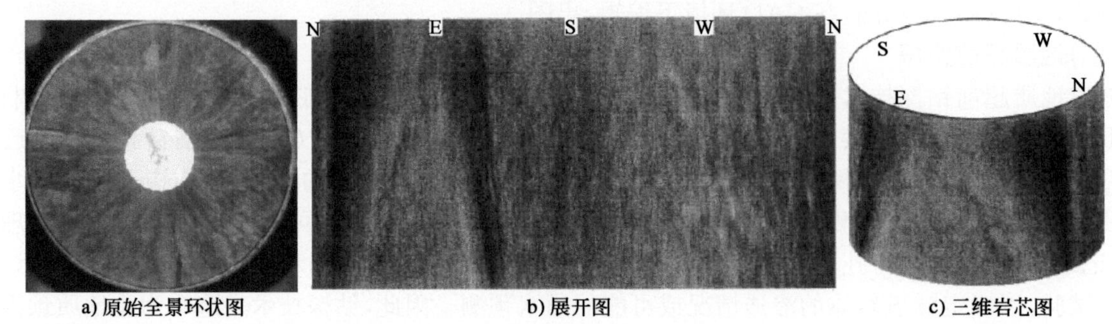

图 3-13 钻孔壁全景环状图像

(1)成孔问题。对于软弱破碎地层，由于钻具退出后孔壁容易坍塌，堵塞探头通道，使得探测工作无法进行。因此，只适用于孔壁不易坍塌的地层，通常在Ⅰ～Ⅳ级围岩中可以使用。

(2)地下水浑浊度。当钻孔中泥沙含量大于10%时，影像质量会受到很大影响，难以获取成图资料。

(3)探头密封性。目前，国产探头的密封性可以承受2MPa水压。当水压较大时，需采用密封性能更好的探头。

(四)钻速仪法

钻速仪法是利用钻机在不同的岩石中钻进时，由于被钻岩石的性质不同而产生钻速差异的原理进行掌子面前方不良地质判定的一种方法(图3-14)。这种方法被实践证明是有效的。它具有简单易行、对施工干扰小等特点。研究证明，凿岩机在岩石中钻进速度与岩石的特性可用下式描述：

$$v = k \times w \times F^{-\beta} \tag{3-6}$$

式中：v——钻进速度(cm/s)；

k——钻机推进压力(10^5Pa)；

w——换算系数；

F——与岩石硬度有关的质量系数；

β——经验系数。

钻速仪由传感器和检测器两部分组成。使用时，将传感器用螺栓固定在钻孔作业台车臂的后部，将传感器上弹簧钢尺连接到转杆部分的运转栓上，接通电源并启动开关。当钻杆向前推进时，钢尺随钻杆前进。在钢尺上每隔100mm有一条窄缝用于通过光线，以便计时。当狭缝通过光电器光源时，光电器发出一个脉冲启动计时器计时，当另一狭缝到来时，光电器又发出一个脉冲停止计时，同时将计时器恢复到初始位置(置零)。每两次脉冲间记录下的时间即为钻杆每前进200mm所用时间。这个时间可显示于计时器的液晶显示屏上，测试结果可由打印控制器打印出来。

根据钻速仪测试后的记录打印纸带，即可整理绘制钻速测试结果图进行预报。图3-15为钻速测试成果图。对于完整坚硬的岩石，单位长(200mm)的钻进时间大于6s，且变化较小；对于松软地层或断层带，单位长(200mm)的钻进时间小于4s，且变化较小；对于断层中夹软弱层，张裂隙或小断层等不均匀岩体，单位钻进时间有明显变化。

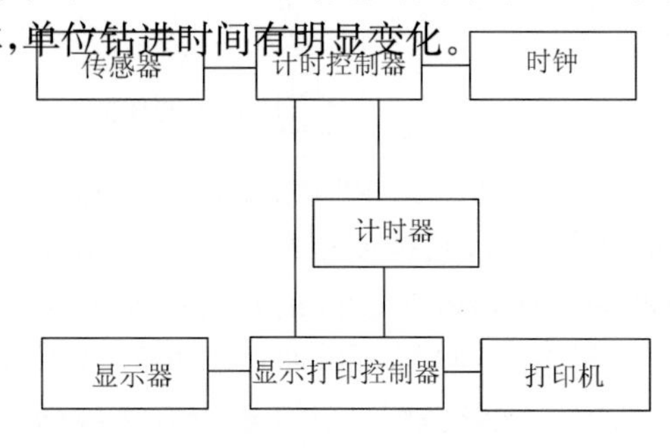

图 3-14 钻速仪工作原理图

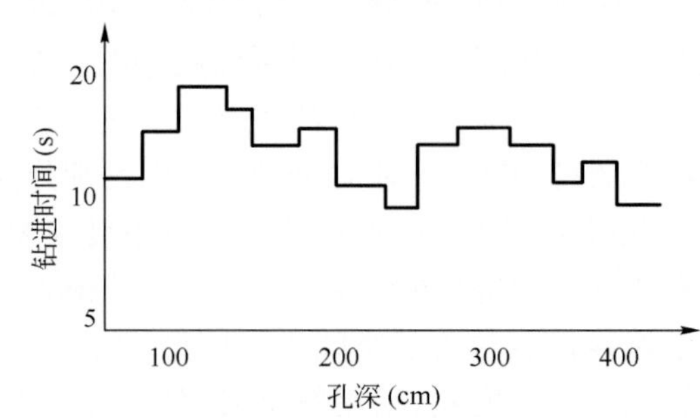

图 3-15 钻速测试成果图

(五)隧道地质超前预报系统

超前地质预报系统是专门为隧道和地下工程超前地质预报研制开发的一类设备。它为准确而方便快捷地预报掌子面前方100～200m范围内的地质情况提供了一种强有力的方法和工具。它不仅可以及时的为隧道施工变更施工工艺提供依据，而且大大减少了隧道施工坍方带来的危险性，保证了施工安全，减少了人员和机械的损伤，同时也带来了很大的经济效益。该系统的优点是预报距离长，结论相对可靠(准确率可达80%以上)；缺点是进行预报时将干扰施工1h，对溶洞(复杂构造)反映不明显，且对探测结果的解释需要一定的专业知识与经验。

隧道超前地质预报系统由测量设备和分析软件两部分组成。硬件部分主要由接收器、数据记录设备以及直爆设备三部分组成。接收器用于接收震波信号，数据记录设备用于接收信号放大、模数转换、测量过程控制、信号数据记录，起爆设备用于引爆电雷管和炸药。软件部分承担数据处理与成果输出的作用。图3-16为隧道超前地质预报系统测点布置及系统组成示意图。

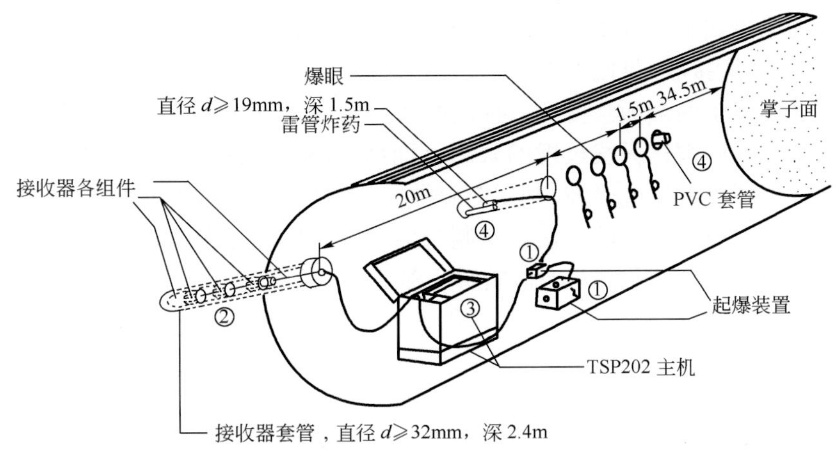

图3-16　隧道超前地质预报系统测点布置及系统组成示意图

(六)高密度直流电法

高密度直流电法对含水性的探测具有较好的效果，常用于涌水预报探测中。高密度直流电法的探测距离可达到100m，测线布置如图3-17所示。利用供电极A向隧道围岩输入稳定的直流电场，接收测量电极M、N所形成的感应电位等势线，采用三级交汇法推算视电阻率，从而反映掌子面前方电阻率异常的区域。

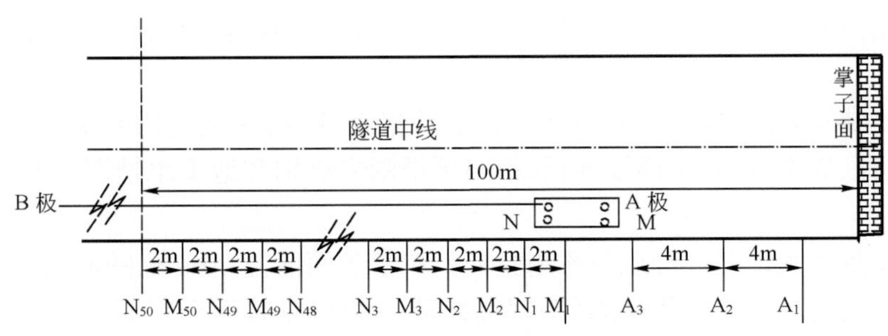

图3-17　高密度直流电法测线布置示意图

将B点置于远离测区的位置，布置供电极A_1、A_2、A_3的间距4m，接收极M、N的间距2m，距供电极A 16m开始跑极，观测记录各点视电阻率ρ，然后在计算机上绘制A_1、A_2、A_3点视电阻率曲线图。以各条曲线上距A_1供电点等距低阻点为依据，分别以A_1、A_2、A_3点为圆心绘圆，三圆相交点即为前方低阻异常点。图3-18为高密度直流电法原理图。

探测距离受电源功率和检测器件灵敏度控制。在额定输出电压条件下，探测分辨率取决于测点间距，测点间距越小，分辨率越高。通常采用2m测点间距。

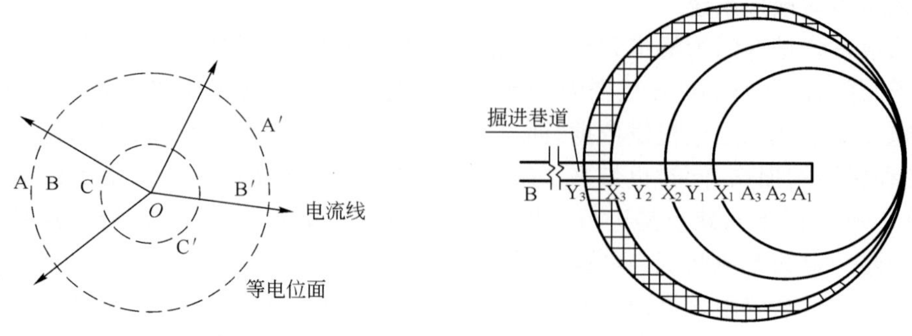

图 3-18 高密度直流电法原理图

(七)地质雷达

地质雷达是采用无线电波检测地下介质分布和对不可见目标体或地下界面进行扫描，以确定其内部结构形态或位置的电磁技术。其工作原理为：电磁波以宽频带脉冲形式通过发射天线发射，经目标体反射或透射，被接受天线所接收，见图 3-19。

地质雷达主要采用掌子面剖面法探测。探测距离与采用的频率有关，频率越低，探测距离越大，但探测精度越低。由于受地质雷达天线尺度的限制，目前地质雷达的探测距离约为 30m。探测时，通过人工在隧道掌子面前方地层中激发电磁波，利用电磁波的波动特性，接收反射电磁波空间和时间域信息，从而推断地质体电性界面空间分布的方法。实测时沿掌子面横向与纵向各布置 2～3 条测线，天线沿测线移动，连续记录反射波信息。图 3-20 为地质雷达测线布置示意图。

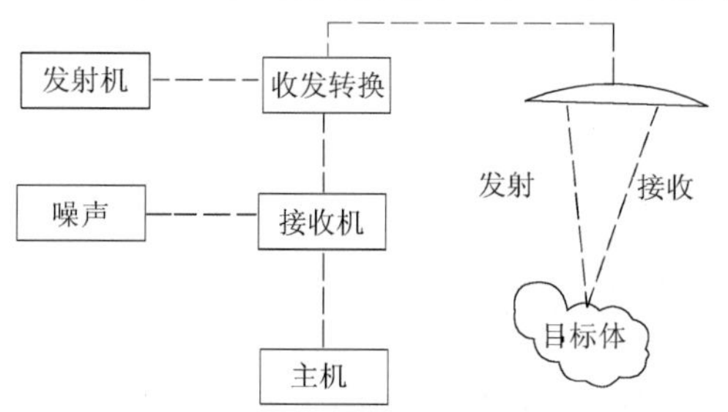

图 3-19 雷达工作原理及其基本组成

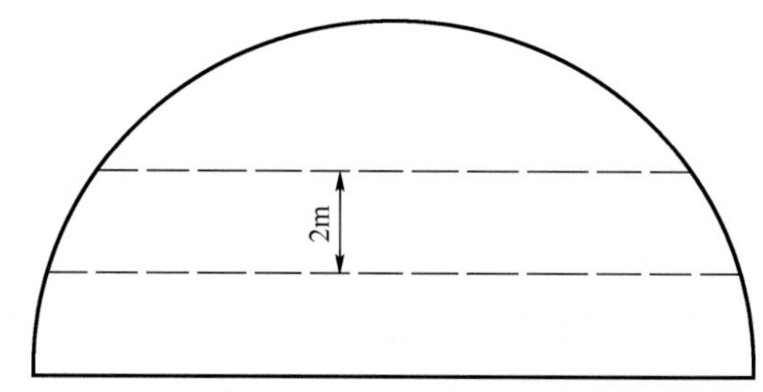

图 3-20 地质雷达测线布置示意图

五、高风险不良地质预报要点

在断层、岩溶、高地应力等高风险不良地质段进行隧道施工，地质超前预报应以防突涌、防坍塌预报为重点，采用综合超前地质预报方法和程序进行，以便采取有效的施工措施，避免施工突发灾害的发生。探测要点如下：

(1)在断层破碎带及岩溶富水区，采用隧道超前预报系统、高密度电法对掌子面前方 30～100m 范围不良地质体的位置、规模、性质作详细预报，粗略预报围岩级别和地下水情况。每 100m 施作一次，异常情况下适当加密。

(2)在地震波探测的基础上进行超前探测验证。对掌子面前方 30m 范围横向一倍洞径的地质情况作出更准确的预报，先进行红外超前探测(每掘进循环一次)，然后每个断面布设 5 个超前钻探探测孔(其中一个取芯)，对掌子面前方地下水、地温及围岩情况进行探测，探测孔 25m 一个循环，单孔长度约 30m，相邻探测孔间搭接距离为 5m。当有异常情况时，结合探测结果适当加密钻孔或加深爆破孔，钻孔布置视物探异常进行调整。

(3)对多种探测手段获得的探测资料进行综合分析与评判，相互印证，并结合掌子面揭示的地质条件、发展规律与趋势进行预测预报。根据预测预报结果，及时调整措施，确保施工与结构安全。

(4)采用综合预报的方法。探测手段的选择以及整合探测资料的灾害评估与分析方法研究，成为综合预报技术需要研究与探索的重要课题。近年来，这方面的研究已取得了一些成果。例如，多源信息协同地质预报法是将隧道围岩的多个方面，如对岩体应力场、渗流场、物探信息、模型试验信息、施工信息

等多因素，按一定的顺序组建起协同关系（模型），通过实测信息进行地质灾害预报的一种方法，是一次有益的尝试。综合预报常用探测技术与探测范围见表3-12。

综合超前地质预报常用探测技术与探测范围　　表3-12

种　类	探测技术	探测范围
地质素描	CCD摄影地质编录	隧道全长每循环进行
物探方法	高密度直流电法	重点探测区，每次100m，纵向搭接30m
	地质超前预报系统	重点探测区，每次100m，纵向搭接30m
	地质雷达	重点探测区，每次30m，纵向搭接5m
超前钻探	单孔水平钻(40～60m)、浅孔钻	断层破碎带每250m计划单孔水平钻孔一个，浅孔每循环设置
监测与试验	地面地质调绘及长期水文监测点	岩溶区、高压富水区、明洞及浅埋段
	地应力测试	深埋段
	水压力测试	涌水区段
	软岩物理力学、膨胀性试验	每50m取样一组
	地下水水质分析	重点探测区

(5)建立现场管理标准。在高风险不良地质隧道施工中，应加强现场灾害控制管理标准研究，建立科学的地质预报效果的评价方法、标准与反馈程序，对预报成果进行分级管理，建立相应的管理标准。某高压富水岩溶区预报等级划分与管理标准见表3-13。

某岩溶隧道防灾预报等级划分与管理标准　　表3-13

管理区段	管理等级	涌水量标准(m^3/h)	施工措施
一般	三级	<100	正常施工
重点	二级	100～800	增加物探、加强监测
危险	一级	>800	加固与防涌措施

六、涌水量预测方法

施工地质灾害监测和警报是隧道隧洞施工地质工作中的重要核心工作。其中，隧道施工涌水量的确定更为重要，有水与无水隧道施工有本质上的差别。

施工地质灾监测与报警采取的技术手段，主要是不良地质前兆预测法和地质灾害发生可能性判断法。监测的对象既包括塌方、突涌水、瓦斯爆炸、煤与瓦斯突出和岩爆等重大施工地质灾害，也包括拱顶掉块和侧壁片帮等一般施工地质灾害。当然，前者是重点，对于隧道涌水量也应给予足够重视。

正确估算和预测流入隧道内地下水的流量对编制施工组织、拟订排水方案等具有非常重要的意义。在进行涌水量估算之前，应查清隧道通过地段的区域地质及水文地质条件，并进行正确的分段。针对各段的具体情况，选择适当的方法和计算公式进行估算和预测。因此，查清隧道通过地段的地质条件、水文地质条件是正确估算和预测涌水量的前提。预测隧道可能的涌水量的方法主要有相似比拟法、水均衡法、水理统计法。

1. 相似比拟法

相似比拟法是建立在地质条件和水文条件具有相似性的基础上，通过已知地段的实测涌水量，对未开挖段地层的涌水量进行估算和预测的方法。它是建立在岩石裂隙较均匀、比拟地段的地质条件相似的基础上的一种涌水量估算与预测方法，具体又可分为相似比拟法和相似外推法。在施工阶段，通常使用相似比拟法。

相似比拟法是通过导洞开挖时的实测涌水量推算正洞涌水量或通过正洞已开挖段实测涌水量推算未开挖段涌水量的方法，适用于施工隧道。

1)实测导洞涌水量推算正洞涌水量

实测导洞涌水量推算正洞涌水量可采用式(3-7)计算。

$$q_0 = \frac{Q_0}{F_0 \times S_0} \tag{3-7}$$

式中：q_0——推算的正洞单位涌水量；

Q_0——导洞实测涌水量；

F_0——导洞的过水断面面积；

S_0——导洞地下水水位降低值。

正洞预测涌水量为：

$$Q = q_0 \times S \times F \tag{3-8}$$

式中：F——正洞过水断面积；

S——正洞地下水水位降低值。

2)实测正洞涌水量预测未开挖段涌水量

正洞已开挖段的涌水量为：

$$Q_0 = q_0 \times l_0 \tag{3-9}$$

$$q_0 = \frac{Q_0}{l_0} \tag{3-10}$$

式中：q_0——正洞实测单位涌水量；

l_0——正洞涌水段长度。

未开挖段涌水量为：

$$Q = q_0 \times l \tag{3-11}$$

式中：Q——未开挖段长度；

l——未开挖段预测长度。

2. 水理统计法

通常认为，河流在枯水期的流量，基本上是由地下水补给的。因此，河流枯水期单位流域汇水面积上的径流量，即枯水期河流的径流模量，可以视为隧道通过地区地下水的径流模量。在隧道开挖后，地下水向隧道汇集形成一个影响范围(或称集水范围)，在此范围内的地下水都注入隧道内。因此，隧道的总涌水量可近似等于隧道集水面积乘以枯水期地表水的径流模量。

设隧道的涌水量为：

$$Q = q_e \times B \times L \tag{3-12}$$

因

$$q_e = \frac{Q_e}{A}; B = n \times \frac{A}{l}$$

故

$$Q = n \times Q_e \times \frac{L}{l} \tag{3-13}$$

式中：Q——隧道的总涌水量(m^3/d)；

q_e——河流枯水期的径流模量[$m^3/(d \cdot km^2)$]；

Q_e——地表水枯水期流量(m^3/d)；

A——地表水汇水面积(km^2)，即流域面积；

B——流域面积计算宽度(km)；

L——隧道通过该流域面积内的长度(km)；

n——干流系数，一般为0.5～0.6；

l——地表水干流长度(km)。

3. 解析法

解析法也称地下水动力学公式法。它是根据水动力学理论与公式，对隧道涌水量的估算和预测的方法，其应用前提是在预测区域内有一个统一的地下水面。计算精度主要取决于对测区内水文地质条件的正确理解和合理选用水文地质计算参数及计算公式。

对于隧道工程，根据在水平方向上的分布和补给条件，含水层可分为无限补给和有限补给两种类型。有限补给含水层又可分为直线补给和直线隔水两种边界。考虑到隧道位置与含水层底板间的相互关系，又可分为完整型隧道和非完整型隧道。

地下水动力学公式法计算涌水量的方法很多，在实际工作中应结合具体的水文地质条件，选择适合应用条件的计算公式。

地下水动力学公式法只适用于有统一水面的涌水量预测。而脉状、不规则的地下水体，虽然也是一个统一的地下水体，但极不均匀。这种不均匀性除表现在岩溶化岩石富水性方面的差异外，还表现在含水层的埋藏情况等方面。因此，在岩溶地区采用地下水动力学方法进行涌水量预测往往与实际情况相差较大。

4. 水均衡法

经研究证明，采用水均衡法对岩溶地区隧道涌水量进行预测，其结果比较符合实际。

水均衡法的本质是质量守恒定律，即预测区域内潜水层储量的变化量等于流入区域内的水量与区域内水量的减少之差。

$$Q=(W_1+X_1+Y_1+Z_1+Q_1)-(W_2+Z_2+Q_2) \tag{3-14}$$

式中：Q——潜水储量的变化；

W_1——上游潜水流入量；

X_1——大气降水渗入补给潜水量；

Y_1——地表水渗入补给潜水量；

Z_1——水气凝结补给潜水量(常可忽略)；

Q_1——下伏承压含水层通过相对隔水层顶板补给潜水含水层的水量；

W_2——下游潜水流出量；

Z_2——潜水面或其邻接毛细水带的蒸发量；

Q_2——潜水以泉或其他形式向地表的排泄量。

研究发现，采用水均衡法计算隧道涌水量，其控制因素主要有大气降雨量、隧道吸引范围的集水面积、大气降雨渗入系数及大气降雨渗入地下并到达隧道涌水处所需的渗流时间。

根据水均衡原理，隧道涌水量可按下式计算：

$$Q=\frac{1\,000\times F\times\alpha\times A}{T} \tag{3-15}$$

式中：Q——隧道涌水量(m^3/d)；

F——集水面积(km^2)；

α——大气降雨渗入系数；

A——降雨量(mm)；

T——渗流时间(d)，可采用比拟法和钻孔曲线分析法。

比拟法：选择有代表性的岩溶出口，确定地表水对其可能的补给范围，建立大气降雨量、渗入量及泉出口处的流量观测，从而求出岩溶水单位渗流长度所需的渗流时间。单位渗流长度所需的渗流时间为：

$$t=\frac{T}{s} \tag{3-16}$$

式中：t——单位渗流长度所需渗流时间(d/m)；

T——渗流时间(d)；

s——渗入中心到出口处的距离(m)。

钻孔曲线分析法：当隧道处于季节循环水带中时，可根据野外日降雨量及钻孔水位的观测资料，分析研究降雨量与水位的动态相关关系，绘制钻孔水位与降雨量间的动态曲线。一般来说，动态曲线上峰值水位的出现时间应落后于最大降雨量出现的时间，两者的差值即为岩溶水自集水范围中心渗入到钻孔的渗流时间。

总之,对各项均衡要素的测定方法和所采用的数值、计算公式的选用不尽相同,在实际应用中应对各种方法作具体分析,结合隧道的工程地质、水文地质条件选用适合的方法。

5. 炮眼水喷距法

炮眼水喷距法是建立在试验经验公式之上的一种预测涌水量的计算方法。其原理是利用爆破后的出水量和爆破前炮眼水喷距的一定比例关系(图 3-20),用喷距的大小预报开挖后的涌水量。

$$L = v\sqrt{\frac{2y}{g}} \tag{3-17}$$

$$Q = 3.6vF \tag{3-18}$$

其中

$$v = 2\sqrt{gH}$$

$$F = \sqrt{\frac{1}{\frac{1}{S^2} + \frac{1}{F_1^2}}}$$

$$F_1 = \frac{S}{\sqrt{\frac{h}{H}}}$$

$$h = \lambda \frac{l}{d}$$

式中:L——喷距(m);

v——钻孔中水的理论流速(m/s);

y——钻孔距隧道底的高度(m);

g——重力加速度(m/s^2);

Q——隧道涌水量(m^3/h);

F——等效孔的面积(cm^2);

S——钻孔截面积(cm^2);

H——水头高度(m);

h——钻孔的摩擦损失水头;

λ——摩擦阻力系数,取 0.028;

l——钻孔长度(m);

d——钻孔直径(cm)。

各参数关系如图 3-21 所示。

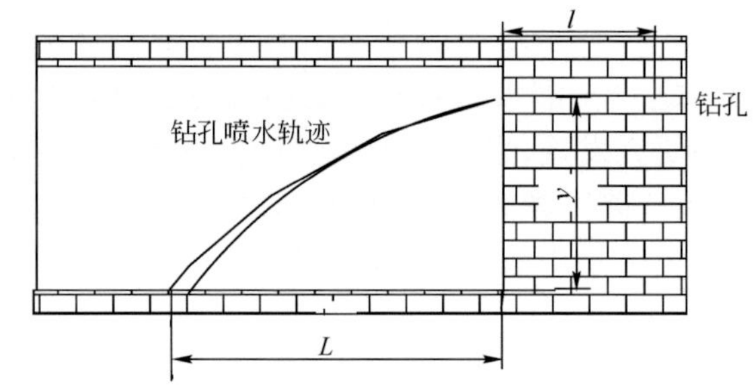

图 3-21 钻孔水喷距法参数示意图

在进行预报时,应暂封闭水量较小的钻孔,只留一个喷距最远的,量测其喷射距离,并换算为标准距离($y=1$m)作为计算用测量值。采用上述公式即可估算隧道涌水量。

七、块体理论与隧道围岩稳定预测

在结构面发育的岩体中修建隧道,这些结构面彼此交切而在洞室周围形成许多块体。这些块体有的不受相邻岩体的约束而向临空面移动。通过运动学分析这些移动块体,找出可能失稳的块体,对其规模、位置、移动方向等稳定性问题进行分析和预测,是块体理论围岩稳定分析的主要内容。

1. 理论的提出

在传统的隧道结构设计中,深埋隧道荷载计算高度以普氏理论为计算基础。它认为围岩压力与地层厚度无关,在松散介质中,隧道开挖后,在其上方形成一个抛物线形的平衡拱,拱高与洞室跨度成正比。

$$h = \frac{B}{f} \tag{3-19}$$

式中:f——岩石坚固性系数,$f=\frac{R}{100}$;

R——岩石单轴抗压强度；

B——隧道宽度的 1/2。

这就是说，围岩塌方的高度不会超出洞室跨度。然而，通过工程实践可以看到，一些深埋的隧道(如矿山中的巷道)发生塌方的高度远大于其洞室跨度的情况。这是为什么呢?

从块体理论的角度看，这是由于在裂隙岩体中，洞室周边第一个失稳岩块的移动改变了原来镶嵌结构岩体的临接关系，洞室临空面的出现使原来处于平衡状态的岩块失去了平衡而向自由空间移动，进而牵动更多的岩块产生连锁移动，导致一系列的冒落结果——塌方。因此，不必去探究复杂的冒落体系，只需研究首先失稳的第一个岩块，从而采取必要的工程措施，阻止冒落的发生。这种首先失稳的岩石块体被称为“关键块体”。对岩体结构关键块体的几何形状、运动状态、力学性质的分析方法组成了块体理论进行隧道围岩稳定分析的主体内容。

很显然，块体理论的方法不仅适用于地下工程围岩稳定性分析，而且对岩石边坡、基坑等围岩开挖工程的稳定性分析也有着广泛的应用。

2. 基本概念

块体理论研究中将组成岩块的空间平面(包括开挖面和结构面)平移，使之通过坐标原点，使各空间块体成为棱锥体(这样处理对块体的稳定性分析不会产生影响)。

(1)空间锥。仅以临空面为界，没有岩体一侧的半空间所构成的棱锥称为空间锥。它是开挖锥以外的空间，用 SP 表示。

(2)节理锥。当组成棱锥体的各侧面均是结构面时，称为节理锥(或节理块体)，用 JP 表示。

(3)开挖锥。当组成棱锥体的各侧面均是开挖面时，称为开挖锥，用 EP 表示。

(4)块体锥。当组成棱锥体的各侧面中既有结构面，又有开挖面时，称为块体锥(或块体)，用 BP 表示。

(5)关键块体。在不给予工程支撑力的条件下，仅在自重和工程荷载作用下即可滑坍的块体，称为关键块体。

(6)潜在关键块体。在自重和工程荷载作用下，仅由于滑动面的抗剪强度大于下滑力时，才能保持稳定的块体，称为潜在关键块体。

(7)稳定块体。即使滑动面上的抗剪强度为零也不会滑坍，仅有被抛出的可能性的块体，称为稳定块体。

根据以上各种棱锥的定义，可得到它们之间关系的两个定义：

定义一：空间锥为开挖锥的补集，即 $\mathrm{SP}=\overline{\mathrm{EP}}$；

定义二：块体锥为节理锥与开挖锥的交集，即 $\mathrm{BP}=\mathrm{JP}\cap\mathrm{EP}$。

3. 基本假设及定理

假设：围岩中结构面为平面，结构面贯穿所研究的岩体，结构体视为刚体(忽略其变形)，块体失稳形式为剪切滑移。

有限性定理：如果凸块体对应的棱锥体为空集(用 $\varnothing$ 表示)，则该凸块体为有限块体；反之，若棱锥体为非空集，则该凸块体为无限体。也可描述为：块体为有限的充要条件是节理锥与开挖锥的交集为空集，即 $\mathrm{JP}\cap\mathrm{EP}=\varnothing$。图 3-22 为有限、无限块体二维示意图。

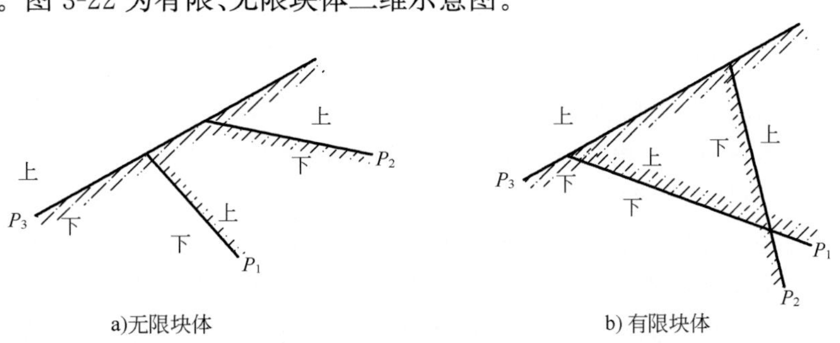

图 3-22　有限、无限块体二维示意图

可动性定理：块体产生移动的充要条件是节理锥为非空集，同时块体锥为空集，即 JP≠∅ 且 EP∩JP=∅。图 3-23 为块体可动性二维示意图。

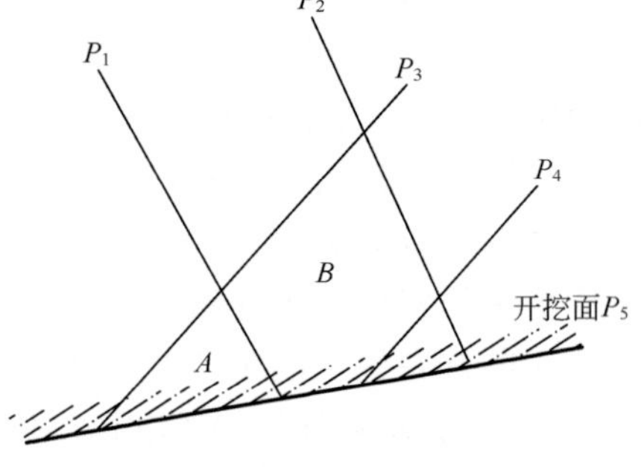

图 3-23 块体可动性二维示意图
A-可动块体；B-不可动块体

4. *方法及步骤*

采用块体理论进行隧道围岩稳定性预测的方法主要有：①块体有限性判别；②块体可动性判别；③可动块体受力分析；④关键块体的参数计算及稳定性预测。

1）块体的有限性判别

块体的有限性判别可采用空间解析几何法和赤平投影作图法判别。

（1）空间解析几何法。由空间解析几何可知，一平面可用方程表达为：

$$Ax+By+Cz=D$$

一个平面将全空间划分为两个半空间，半空间的数学表达式为：

$$Ax+By+Cz\geqslant D$$

若一块体是 n 个半空间的交集，则其应满足 n 个不等式：

$$A_ix+B_iy+C_iz\geqslant D \quad (i=1,2,\cdots,n)$$

又知，通过原点平面的方程为：

$$Ax+By+Cz=0$$

通过原点半空间的数学表达式为：

$$Ax+By+Cz\geqslant 0$$

平行移动组成块体 n 个半空间的各界面，使它们通过公共原点，构成棱锥。棱锥是界面通过原点的各半空间的交集，它可用下列不等式组表达：

$$A_ix+B_iy+C_iz\geqslant 0 \quad (i=1,2,\cdots,n)$$

当表达切割锥的一组不等式具有唯一的一组解为（0，0，0），则说明组成切割锥的各半空间仅交于坐标原点，即棱锥为空集，其相应的块体为有限。

用矢量法表述为：设有一平面，其向上的单位法线矢量为$\vec{n}=(A,B,C)$，则以该平面为界的上半空间（上盘），可表述为：

$$Ax+By+Cz\geqslant D$$

以该平面为界的下半空间（下盘）可表述为：

$$Ax+By+Cz\leqslant D$$

棱锥用下列不等式组表示（$C_i>0$，即法线矢量向上）：

$$A_ix+B_iy+C_iz\geqslant 0 \quad (i=1,2,\cdots,n;\text{棱锥在界面上盘})$$

$$A_ix+B_iy+C_iz\leqslant 0 \quad (i=1,2,\cdots,n;\text{棱锥在界面下盘})$$

若某平面通过原点，其倾角为 α，倾向为 β，该平面的向上单位法向矢量为$\vec{n}=(A,B,C)$，则有：

$$A=\sin\alpha\times\sin\beta$$

$$B=\sin\alpha\times\cos\beta$$

$$C=\cos\alpha$$

故得出用空间解析几何方法判断块体有限性的步骤为：①由所判断的块体，列出表示相应棱锥的不等式组。②解不等式，若仅有唯一解（0，0，0），则所判断的块体为有限；若不等式组有非零解，则相应的块体为无限。计算过程可采用预编的程序进行计算机处理。

（2）赤平投影作图法。赤平投影是将三维空间的几何要素，如点、线、面或空间矢量等表示在图上的一种投影方法，用以表示几何要素的产状和角距关系。它利用球体作为投影工具，球心是原点，通过球心的一个平面为投影面（赤道平面），通过球心并垂直于赤平面的直线与投影球面的交点称为球极，共有上、下两个球极。将空间的平面或射线平移，使之通过球心与球面相交，交线或交点便是球面投影。再

从球极向球面投影发出射线，各射线与赤平面交点的轨迹即为所求的赤平投影。通常赤平投影图采用下半球极发出射线。这样，一个平面的全空间赤平投影为一完整的大圆，圆内域对应于平面的上半空间，外域则对应于平面的下半空间。

根据以上原理，即可用全空间赤平投影将一个以原点为顶点的空间棱锥转换为一个平面投影图。若棱锥为空集，则各界面的赤平投影无公共域，相应的块体为有限块体；若棱锥为非空集，则各界面的赤平投影有公共域，相应的块体为无限。图3-24为赤平投影法判别块体的有限性示意图。

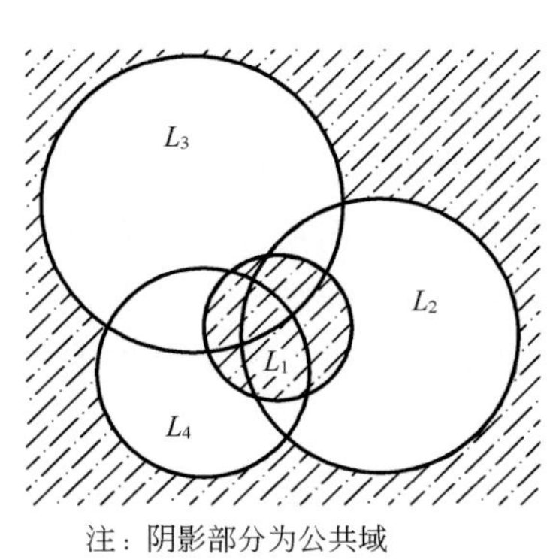

a)块体为空集，相应块体为有限体　　b)块体为非空集，相应块体为无限体

图3-24　赤平投影图判别块体的有限性

2)块体的可动性判别

根据可动性原理可知，若由结构面和洞室开挖面共同构成的块体为有限，而仅由结构面构成的块体(节理块体)为无限，则该块体为可动块体；若由结构面和洞室开挖面共同组成的棱锥体(块体)为有限，而仅由结构面组成的棱锥体(节理块体)也为有限，则该块体为不可动，块体为倒楔块体。

3)可动块体的受力分析

根据弹性力学平面应力问题求解的有关理论，研究对象必须满足应力平衡条件、相容条件和边界条件。

应力平衡方程：

$$\frac{\partial \sigma_x}{\partial x}+\frac{\partial \tau_{xy}}{\partial y}+X=0$$

$$\frac{\partial \sigma_y}{\partial y}+\frac{\partial \tau_{xy}}{\partial x}+Y=0$$

相容方程：

$$\left(\frac{\partial^2}{\partial x^2}+\frac{\partial^2}{\partial y^2}\right)(\sigma_x+\sigma_y)=-(1+\mu)\left(\frac{\partial X}{\partial x}+\frac{\partial Y}{\partial y}\right)$$

边界条件：

$$l\sigma_x+m\tau_{yx}=\overline{X}$$

$$m\sigma_y+l\tau_{xy}=\overline{Y}$$

式中：σ_x、σ_y——分别为块体内部主应力在x、y轴上的分应力；

τ_{xy}、τ_{yx}——分别为块体内剪应力在xy、yx平面上的分应力；

X、Y——分别为块体边界上外力在x、y方向上的分应力；

$\overline{X}$、$\overline{Y}$——分别为块体边界上外力在x、y方向上的平均分应力；

l、m——分别为块体边界上外力在x、y轴方向上的方向余弦。

由静力平衡条件可知，当滑动面的阻力小于可动块体的下滑力时，该块体为可动块体，成为“关键块体”；当滑动面的阻力大于可动块体的下滑力时，该块体为不可动块体，成为“稳定块体”。块体的滑动形式可分为直接坠落型、单面滑动型、双面滑动型及混合型，可根据具体的块体受力分析及相关边界条件确定。

4)关键块体的参数计算及隧道稳定性预测

对于“关键块体”，应确定其空间位置、尺寸大小、下滑力以及维持稳定所需的支护抗力(图 3-25)。空间位置的确定和尺寸大小的计算可根据赤平投影法或空间解析几何方法加以确定，支护抗力的计算则根据有关支护方法进行设计计算。根据计算结果即可对隧道稳定与否加以预测。

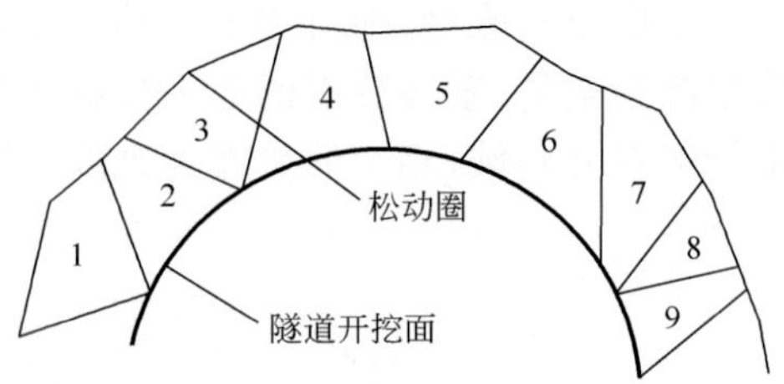

图 3-25 隧道周边松动块体示意图

从图 3-25 中可以看出，开挖会引起隧道周围产生围岩松动圈。一般爆破引出厚 1～2m 的松动圈。在松动圈范围内，有关键岩块是不允许撬动的，如 2、4、6、9 四块岩石必须加固。目前，施工规定隧道爆破后，一是不准找顶，二是要及时对暴露在拱顶至拱脚的围岩进行初喷，将岩块间的裂隙、不平用 3～5cm 厚混凝土喷护。这两个措施可以将块体组成的松动荷载拱变成能承受荷载的承载拱。这是保护围岩的实质。

第四章　浅埋暗挖施工技术

浅埋暗挖法是在距离地表较近的地下进行各种类型地下洞室暗挖施工的一种方法，继1984年王梦恕院士在军都山隧道黄土段试验成功的基础上，又于1986年在具有开拓性、风险性、复杂性的北京复兴门地铁折返线工程中应用，在拆迁少、不扰民、不破坏环境的条件下获得成功。同时，结合我国国情及水文地质条件，创造了小导管超前支护技术、"8"字形网构钢拱架设计和制造技术、正台阶环形开挖留核心土施工技术及变位进行反分析计算的方法，提出了"管超前、严注浆、短进尺、强支护、早封闭、勤量测"的"18字方针"，突出时空效应对防塌的重要作用，提出在软弱地层快速施工的理念，由此形成了浅埋暗挖法，创立了适用于软弱地层的地下工程设计、施工方法。

浅埋暗挖法施工的地下洞室具有埋深浅（最小覆跨比可达0.2）、地层岩性差（通常为第四纪软弱地层）、存在地下水（需降低地下水位）、周围环境复杂（邻近既有建、构筑物）等特点。

由于具有造价低、拆迁少、灵活多变、无需太多专用设备及不干扰地面交通和周围环境等特点，浅埋暗挖法在全国类似地层和各种地下工程中得到广泛应用。在北京地铁复—西区间、西单车站、原国家计委地下停车场、首钢地下运输廊道、城市地下热力、电力管道、长安街地下过街通道及地铁复—八线中推广应用；在深圳地下过街通道及广州地铁一号线等地下工程中推广应用，并已形成了一套完整的综合配套技术。

同时，经过在许多工程中的成功实施，其应用范围进一步扩大，由只适用于第四纪地层、无水、地面建筑物较少等简单条件，拓展到非第四纪地层、超浅埋（埋深已缩小到0.8m）、大跨度、上软下硬、高水位等复杂地层及环境条件下的地下工程中。

信息化技术的实施，实现了浅埋暗挖技术的全过程控制，有效地减小了由于地层损失而引起的地表移动变形等环境问题，不但使施工对周边环境的影响降到最低，而且由于及时调整、优化支护参数，提高了施工质量和速度，浅埋暗挖法特点得以更进一步的发挥，为城市地下工程设计、施工提供了一种非常好的方法，具有重大的社会效益和环境效益，该方法在总体上达到了国际领先水平。

第一节　概　　述

浅埋暗挖法提出新的设计理念，初期支护按承担全部基本荷载设计，二次模筑衬砌作为安全储备，初期支护和二次衬砌共同承担特殊荷载。应用浅埋暗挖法设计、施工时，同时采用多种辅助工法超前支护，改善加固围岩，调动部分围岩的自承能力；并采用不同的开挖方法，及时支护，封闭成环，使其与围岩共同作用形成联合支护体系；在施工过程中应用监控量测、信息反馈和优化设计方法，实现不塌方、少沉降、安全施工，并形成多种综合配套技术。

一、工程特点

与其他地下工程施工工法相比，浅埋暗挖法具有以下技术特点。

(一)埋深浅

1.隧道埋深的界定

所谓隧道深埋或浅埋,并非单纯指洞顶地层厚度,还应结合上覆地层的工程地质条件及水文地质条件综合判定,包括围岩结构构造特征,风化、破碎、断层影响的程度,结构强度,松散状况以及地下水等因素。通常情况下,深埋隧道荷载按塌落拱计算,浅埋隧道按松散荷载计算,超浅埋隧道则按全土柱加地面动、静换算荷载计算。根据工程类比,参照国内外工程实践和理论计算、现场试验、模型试验及有限元电算分析,并结合运营隧道衬砌裂缝调查及围岩测定和坍方的调查资料进行分析,提出深埋、浅埋、超浅埋隧道分界深度的界定方法及建议值。

1)应用埋深等于塌方统计平均高度 2 倍的方法

围岩变形过大时,隧道上方将形成塌落拱(压力拱),见图 4-1。而塌方是围岩失稳破坏最直观的形式,大量统计资料证明,当埋深大于 2 倍塌方高度时,才能用塌落拱公式进行计算。塌落拱高度与围岩级别有很大关系,根据我国铁路隧道调查资料,III 级以下围岩岩体强度较高,一般不出现由于浅埋而失稳破坏的情况,因此,通常在 III～IV 级围岩中才考虑浅埋隧道的设计问题。

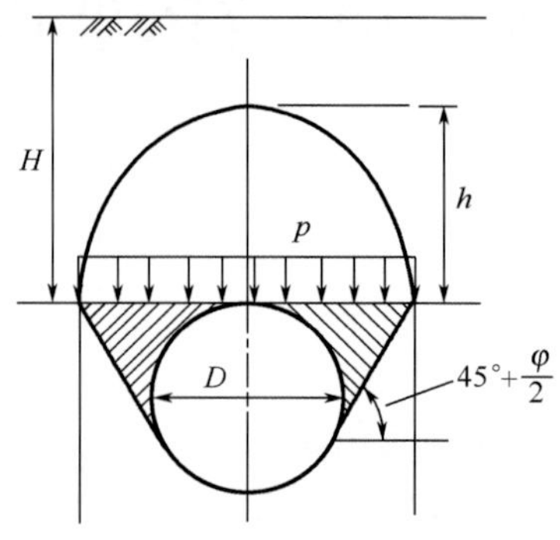

图 4-1 塌落拱模式图

表 4-1 是深、浅埋分界线深度的建议值,建议值与塌方统计高度和《铁路隧道设计规范》(TB 10003—2005)规定值接近,双线隧道与计算值相差较大。

深、浅埋分界深度的建议值和有关的计算值 表 4-1

线别	围岩级别		I	II	III	IV	V	VI
单线	2 倍塌方高度(m)		1.3	2.58	4.8	8.8	19.2	38.4
	"隧规"分界高度(m)		0.96	2.24	4.22	11.15	23.25	47.25
	"一院"分界深度(m)					16.9～20.3	17.5～24.5	35～42
	建议分界深度	按洞径	(0.15～0.3)D	(0.3～0.5)D	(0.5～1)D	(1.5～2.5)D	(2.5～3.5)D	(4～6)D
		按埋深(m)	0.9～1.8		10.5～17.5	10.5～17.5	17.5～24.5	28～42
双线	"隧规"分界深度(m)		0.88	3.46	6.8	18.3	36.3	72
	"一院"分界深度(m)					33.8～40.6	51～61.8	76～102.7
	建议分界深度	按洞径	(0.15～0.3)D	(0.3～0.5)D	(0.5～1)D	(1.5～2.5)D	(2.5～3.5)D	(4～6)D
		按埋深(m)	1.8～3.0	3.0～5.7	5.9～11.7	16.1～26.8	32～44.8	52～78

注:表中的"隧规"指《铁路隧道设计规范》(TB 10003—2005),"一院"指中铁第一勘察设计院集团有限公司。

故深、浅埋隧道分界深度建议采用下值:VI 级围岩为(4～6)D,V 级围岩为(2.5～3.5)D,IV 级为(1.5～2.5)D,III 级围岩为(0.5～1)D,II 级围岩为(0.3～0.5)D,I 级围岩为(0.15～0.3)D。同时,分界深度与施工方法和施工技术水平密切相关。

2)根据工程设计经验进行界定

根据工程设计实践经验,对于铁路单线、双线隧道,深、浅埋隧道分界以 2.5 倍的塌方高度确定。当地面水平或接近水平时,且隧道覆盖厚度小于表 4-2 所列数值时,可按浅埋隧道设计,表中的高限(上限)数值在水文及工程地质条件较差时采用,反之,用表中的低限(下限)数值。

浅埋隧道覆盖厚度值(单位:m) 表 4-2

围岩级别	III	IV	V
单线隧道覆盖厚度	5~7	10~14	18~25
双线隧道覆盖厚度	8~20	15~20	30~35

3)以不影响地表为限进行界定

另一种深、浅埋隧道分界深度以隧道开挖时对地表不产生影响为限进行区分,可按压力拱高度 h_1 和宽度影响系数 w_i 并参考表 4-3 进行界定。

深、浅埋隧道分界深度 表 4-3

围岩级别	I~III	IV	V	VI
深埋隧道	$>2h_1$	$>2.5h_1$	$>19w_i$	$>33w_i$
浅埋隧道	$\leqslant 2h_1$	$\leqslant 2.5h_1$	$\leqslant 19w_i$	$\leqslant 33w_i$

表 4-3 中压力拱高度 h_1 的计算方法为:

$$h_1 = \frac{b_1}{f} = \frac{b + a\tan\left(45^\circ - \frac{\varphi}{2}\right)}{f} \tag{4-1}$$

式中:b_1——压力拱跨度的 1/2(m);

f——岩体坚实系数(见表 4-4);

b——断面宽度的 1/2(m);

a——断面的高度(m);

φ——内摩擦角。

岩体坚实系数 表 4-4

序号	工程地质特征	代表性岩层	坚实系数	密度(t/m^3)	内摩擦角 φ(°)	岩层与衬砌间的摩擦系数(侧向)
1	很坚实、无节理和未风化的完全没有地层压力的岩层	如很坚实的花岗岩、石英斑岩、硅质叶岩,最坚实的砂岩及石灰岩	≥18	2.6~3.0		
2	坚实致密和风化的岩层,但在坑道顶有小的裂缝,可能有不大的局部垂直压力,无侧压力	如坚实的石灰岩,不坚实的花岗岩,坚实的砂岩及大理岩、白云岩、黄铁矿	≥8	2.5	80	0.4~0.5
3	尚坚实致密及风化轻微的岩层,有不大的垂直压力,无侧压力	如普通砂岩、铁矿	6	2.4~2.5	75	0.4~0.5
4	尚坚实致密及风化轻微的岩层,有不大的垂直压力,无侧压力	如砂质页岩、薄层砂岩	5	2.4~2.5	72.5	0.4~0.5
5	中等坚实的岩层,有不大的垂直压力,没有侧压力,或只有很小的侧压力,岩层块体可能沿着成层面和节理脱落,但地层压力不大,并已受到风化的岩层	如坚实的黏板岩,不坚实的砂岩和石灰岩、砂砾岩	4	2.4~2.8	70	0.3~0.4

续上表

序号	工程地质特征	代表性岩层	坚实系数	密度(t/m³)	内摩擦角 φ(°)	岩层与衬砌间的摩擦系数(侧向)
6	中等坚实的岩层,有不大的垂直压力和很小的侧压力	如不坚实的页岩、致密的泥灰岩、密实胶结的黏土	3	2.5	70	0.3～0.4
7	尚软的岩层,有不大的垂直压力和很小的侧压力	如软页岩及石灰岩、冻土、普通泥灰岩、胶结的卵石土和砾石土、块石土	2	2.4	65	0.3～0.4
8	尚软的或破碎的岩层,有大的垂直压力,有较大的侧压力	如碎石土、破碎页岩、黏结的卵石土和碎石土、硬化黏土、硬煤	1.5	1.8～2.0	60	0.2～0.3
9	软的或破碎的岩层,有很大的垂直压力和侧压力	密实黏土,普通煤(f=1.0～1.4),密实的冲积土、黏性土	1.0	1.8	45	0.2～0.3
10	粒状及松软的岩层,有很大的垂直压力及侧压力	如湿砂、黏砂土、种植土、泥炭、轻砂黏土	0.6	1.5～1.6	30	0.2～0.3

表 4-3 中宽度影响系数 w_i 的确定可参照下式:

$$w_i = 1 + i(B - 5) \tag{4-2}$$

式中:w_i——宽度影响系数;

B——隧道开挖宽度(m);

i——系数,当 $B<5$m 时,$i=0.2$,当 $B>5$m 时,$i=0.1$。

4)根据荷载等效高度界定

以荷载等效高度来判定深、浅埋隧道界限,其判定公式为:

$$H_p = (2 \sim 2.5)h_q \tag{4-3}$$

式中:H_p——深、浅埋隧道分界深度;

h_q——荷载等效高度

$$h_q = \frac{q}{\gamma} \tag{4-4}$$

γ——围岩重度(kN/m³);

q——深埋隧道垂直均布压力(kN/m²)。

$$q = 0.45 \times 2^{s-1}\gamma w_i \tag{4-5}$$

q——垂直匀布压力(kN/m²);

s——围岩级别;

w_i——宽度影响系数,计算方法同前。

应用式(4-5)时,应满足下列条件:

(1)$H/B<1.7$,H 为隧道开挖高度(m),B 为隧道开挖宽度(m);

(2)不产生膨胀力的围岩及偏压不显著的隧道;

(3)采用钻爆法施工的隧道在矿山法施工的条件下:

I～III 级围岩　　$H_p=2h_q$

IV～VI 级围岩　　$H_p=2.5h_q$

5)根据围岩类别和覆盖层的厚度来作为浅埋隧道的设计依据

根据《铁路隧道喷锚构筑法技术规范》(TB 10108—2002),表 4-5 所列情况可作为浅埋隧道设计时的依据。

浅埋隧道设计依据　　表 4-5

围岩级别	覆盖层厚度	围岩级别	覆盖层厚度
III	≤1.0 倍隧道开挖宽度	V	≤3.5 倍隧道开挖宽度
IV	≤2.0 倍隧道开挖宽度		

6)根据覆跨比确定隧道的深、浅埋

城市地铁等地下工程结构断面变化很大，仅用拱顶埋深多少来确定深、浅埋是不妥的，必须考虑地下工程的跨度大小。跨度大时，对覆土的影响范围也大。一般通过覆跨比确定隧道深、浅埋，覆跨比 H/D，即拱顶覆土厚度(H)与隧道跨度(D)之比，当 $0.4<H/D\leqslant 1$ 时，为浅埋隧道。

7)浅埋和超浅埋隧道的判定

浅埋和超浅埋隧道的区分目前尚无规范可依，常采用以下判别方法：

(1)用覆跨比来判别，$H/D\leqslant 0.4$ 为超浅埋隧道。

(2)覆盖层整体下沉时，即洞内拱顶变位值不大于地表下沉值时，可视为超浅埋隧道。

(3)隧道结构顶部进入地面以下 5m 范围的地层中时，统称超浅埋隧道。

(4)在具备试验条件的情况下，利用实测压力(p)与垂直土柱重力(γh)之比确定深、浅埋及超浅埋隧道。

当 $p/(\gamma h)\leqslant 0.4$ 时，为深埋隧道；$p/(\gamma h)>0.4$ 时，为浅埋隧道；$p/(\gamma h)>0.6$，为超浅埋隧道。

超浅埋隧道在初期支护作用下，围岩塑性区一般可达地表，覆盖层易发生整体位移下沉。

综上所述，确定深、浅埋隧道的判别方法较多，设计、施工时应结合工程实际条件和特征，综合判定。

2.埋深浅

对于浅埋地下工程而言，其显著特点是埋深浅，在施工过程中，地层承载力差，开挖引起的地层应力波迅速传到地表，从而引起明显的地表沉降，对周边环境的影响较大，超过一定限度，会导致整体失稳，发生塌方。因此，对地层预加固、开挖方法、支护衬砌等提出了更高的要求。所以，围绕如何有效控制浅埋地下工程施工扰动诱发的地表沉降变形，成为浅埋地下工程设计、施工、研究的重点、难点和热点问题。基于控制地表变形、减少对环境的不利影响、降低施工成本，形成了各种适用于浅埋地下工程的施工方法。

(二)地质条件差

浅埋暗挖法是在软弱围岩浅埋地层中修建山岭隧道洞口段、城区地下铁道及其他适于浅埋地下工程的施工方法。它主要适用于不宜明挖施工的土质或软弱无胶结的砂、卵石等第四纪地层。对于水位较高的地层，需采取堵水或降水、排水等措施。当前，该工法在北京、上海、广州、杭州、天津、沈阳、南京、深圳等大中城市修建地下工程时得到广泛应用。总结各地地质条件，得出该工法适用以下基本地质条件。

1.工程地质条件

基本属于 V～VI 级围岩，岩性软弱，大多为土质地层。开挖之前要采取超前支护措施，来改良加固地层，满足开挖的需要。超前支护的时机和强度视地层的岩体质量好坏而定，同时必须考虑其他因素的影响，如地下水情况、周边环境、地中管线等。而且，若开挖后稳定性差，需要及时设置具有足够强度的支撑体系，才能满足结构的稳定。

2.水文地质条件

采用浅埋暗挖法修建的隧道，特别是城市地下铁道，其地下水非常丰富，地下水位也很高，隧道通常位于地下水位以下，如果对地下水不采取措施，就无法进行开挖施工，而且容易引起地下水突涌，及因此而带来的塌方等重大事故。因此，开挖时必须采取降水措施，来降低地下水位。通过降水，达到以下两个目的：一是增加地层自身的稳定性；二是使隧道的施工在无水干燥条件下进行。但是，降水也会产生不利影响，如长时间降水将产生地表沉降，因此，应对降水方法进行优化。

(三)周边环境复杂

浅埋地下工程，特别是城市地铁施工具有结构埋置浅，地面建筑物密集，交通运输繁忙，地下管线密布,地表沉陷要求严格,周边环境复杂,交通疏解、拆迁改移费用高等特点。与其他方法相比,浅埋暗挖法在这些方面具有显著的优点。以城市地铁为例,浅埋暗挖法与明挖法(盖挖法)相比,具有拆迁占地少、不扰民、不干扰交通、节省大量拆迁投资等优点。同时,在对周边环境变形控制方面,浅埋暗挖法也具有明显优势。

中铁隧道集团(原铁道部隧道工程局)对风险性、复杂性很大的复兴门地铁折返线工程,进行浅埋暗挖法设计施工总承包,节约工程投资 1 700 万元,拆迁少用 8 000 万元,在不拆迁、不扰民、不破坏环境的条件下,精心设计、精心施工,圆满完成施工任务,创立了适用于软弱地层的地下工程设计、施工方法。

(四)辅助工法多样

由于浅埋暗挖法适用于软弱地层中,预先加固改良地层是一项必不可少的技术措施。地层预加固的主要目的是为开挖支护顺利实施,即保证在一定时间段内开挖面的稳定,同时考虑减小地表沉降,降低施工对周边环境的影响。这些地层预加固方法统称为辅助工法。浅埋暗挖隧道施工时提倡使用的辅助工法,包括注浆法、降水法、超前小导管法、长管棚法、水平旋喷法、注浆—冷冻法等。

1. 注浆法

注浆法是浅埋暗挖施工中使用最多的一种辅助工法。浆液在土体中固结并在注浆压力作用下扩散并挤密土体,起到加固地层、止水的作用,通常配合小导管、大管棚使用。注浆方式主要有小导管注浆、大管棚注浆、TSS 管注浆、帷幕注浆、全断面注浆等,注浆材料有普通水泥、超细水泥、水泥水玻璃、改性水玻璃、化学浆液等。

2. 降水法

采用降低地下水位的方法,为浅埋暗挖施工提供干燥的施工作业条件,尤其在北京、上海、深圳等地,地下水位较高,必须采取降水措施,才能实现暗挖法施工。降水法主要有井点降水、管井降水、真空降水、电渗降水等,北京及北方地区多采用地面深井降水法,也有采用洞内轻型井点降水法;上海及南方地区则多采用基坑内管井降水法,也有采用真空或电渗降水法。建议在砂卵石地层施工时,采用直接降水法;沙土地层施工时,采用注浆—降水法。

3. 超前小导管法

超前小导管支护是软弱地层浅埋暗挖法施工时,优先采用的一种地层预加固方法。通过超前小导管注浆,使地层得到固结改良,保证土方开挖时开挖面稳定,阻止过大沉降发生。浅埋暗挖法超前小导管长度3～5m,直径 30～50mm,环向间距 20～30cm,沿开挖轮廓线 120°范围内向掌子面前方土层,以一定外插角(10°～15°)打入带孔小导管,并注浆液。

4. 长管棚法

该法用于暗挖隧道的超前加固,布置在隧道的拱部周边。管棚一般都要进行注浆,以获得更好的地层加固效果。城市地铁多用于邻近施工,如下穿既有线等,多采用直径为 300mm 左右的长管棚,利用定向钻或夯管锤施作。

需要指出的是,管棚直径超过一定限度之后,并不能显著提高其防坍、控沉效果;相反,管棚直径越大,则施作时对地层的扰动就越大,可能引起更大的地层沉降。因此,仅在邻近既有线等特殊场合采用该法施工,一般情况下建议采用小导管注浆法。

5. 水平旋喷法

该法主要用于地层加固,如局部地层特别软弱需加固,或有重要建(构)筑物需要特殊保护时。在粉细沙层地层,低压渗透注浆难以形成连续致密的注浆体,不能有效地起到超前支护和防沉作用。为此,采用水平旋喷方式加固地层。水平旋喷具有刚度较大、止水防沉、有效减少土体位移等特点。在地表建筑物和管线密集地层施工中应用该法比其他方法经济。

6. 注浆—冷冻法

由于冷冻法易引起融沉,冷冻质量不易控制,故不适用于地下水流速度过大的地层。在南方地区,建议采用注浆—冷冻法。通过注浆,在地层中形成骨架,降低水流速度,再冷冻地层,可保证冷冻效果,减小解冻引起的地表沉降。

(五)开挖方法繁多

采用浅埋暗挖法施工时，常见的开挖方法有全断面法、正台阶法，以及适用于特殊地层条件的其他施工方法，如单侧壁导坑超前正台阶法、双侧壁导坑正台阶法(眼镜工法)、中隔墙法等。常用开挖方法见表4-6。

常用开挖方法一览表 表4-6

序 号	施 工 方 法	适 用 条 件
1	全断面法	地层好，跨度≤8m
2	正台阶法	地层较差，跨度≤12m
3	上半断面临时封闭正台阶法	地层差，跨度≤12m
4	正台阶环形开挖法	地层差，跨度≤12m
5	单侧壁导坑正台阶法	地层差，跨度≤14m
6	中隔墙法(CD法)	地层差，跨度≤18m
7	交叉中隔墙法(CRD法)	地层差，跨度≤20m
8	双侧壁导坑法(眼镜法)	小跨度，可扩成大跨
9	中洞法	小跨度，可扩成大跨
10	侧洞法	小跨度，可扩成大跨
11	柱洞法	多层多跨

选择开挖方法时，应根据具体地下工程的各方面条件综合考虑，选择最经济、最理想的设计和施工方案，甚至是多种方案的综合应用。因此，这是一个受多种因素影响的动态择优过程。

(六)风险管理难度大

浅埋暗挖工程通常具有工期长，规模大，技术复杂，地质条件不确定，不良地质多，施工中的意外事故和施工造成的环境影响对工程的进展产生的影响很大等特点。因此，有必要以科学的方法和手段研究风险发生和变化的规律，使之尽可能接近并反映实际的变化情况，防患于未然，把风险造成的损失降低到最低。建立合理的工程风险辨识、分析、处理、评估和监控系统，在国际上已成为惯例。欧美等国家早在20世纪80年代就引入了安全风险管理理念，90年代就大量应用于重大工程中。

风险管理包括辨识分析、风险评估和风险控制，内容分别涉及探明风险源、分析风险因素、根据事故发生的可能性和影响大小评估工程的风险等级，以及建立监测系统、采取预防措施规避或转移风险等。

工程风险因素大致可以分为立项决策风险、投资风险、设计风险、施工风险、运营风险、环境风险、社会风险7个大类。

施工风险的影响因素来源主要包括设计方案、地质勘察、环境调查、工期、造价、施工组织方案、施工管理等。

(七)施工影响小

浅埋暗挖法与明挖法相比，具有灵活多变，对地面建筑、道路和地下管网影响不大，拆迁占地少，不扰民，不干扰交通，节省大量拆迁投资，不污染城市环境等优点；与盾构法相比，它具有简单易行，不需太多专用设备，灵活方便，适用于不同地层、不同跨度、多种断面形式，可以多使用劳动力，解决就业，是适合我国国情的好方法，尤其对区间隧道是不控制工期的，其速度完全能满足总工期要求。明(盖)挖法、盾构法、暗挖法对比情况见表4-7。

三种施工方法对比 表4-7

对比指标 \ 方法	明(盖)挖法	盾 构 法	暗 挖 法
地质	各种地层均可	各种地层均可	有水地层需作特殊处理
场所	占用街道路面较大	占用街道路面较小	不占街道路面
断面变化	适用于不同断面	不行	适用于不同断面

续上表

对比指标＼方法	明（盖）挖法	盾 构 法	暗 挖 法
深度	浅埋	需要一定深度	需要一定深度，可比盾构浅
防水	较易	较难	有一定难度
地面下沉	小	较小	较小
交通障碍	影响很大	竖井影响大	不影响
地下管线	需拆迁、防护	不需拆迁、防护	不需拆迁、防护
振动噪声	大	小	小
地面拆迁	大	较大	小
水处理	降水、疏干	堵、降结合	堵、降或堵排结合
进度	受拆迁干扰大，总工期较快	前期工程复杂，总工期一般	开工快、总工期一般偏慢
造价	日本43～85亿日元/km	46亿日元/km	25亿日元/km （为其他方法的1/5～1/3）

注：造价仅是区间对比，这是日本1988年的工程总结。

二、浅埋暗挖法施工基本原则

根据浅埋暗挖法施工的特点、工艺流程、适用范围、特殊措施、辅助工法、监控量测等，总结形成了浅埋暗挖法施工的基本原则。

（1）选择适宜的辅助施工工法，优先采用小导管超前支护。

应重视辅助工法的选择，当地层较差、开挖面不能自稳时，采取辅助施工措施后，仍应优先采用大断面开挖法。浅埋暗挖法施工时，建议采用的辅助工法有：注浆法、降水法、超前小导管法、大管棚法、水平旋喷法、注浆—冷冻法等。应优先采用小导管超前支护。

小导管长度应为台阶高度加1m。所以，初期设置小导管长度3.5m是指台阶高度2.5m时的情况。

（2）拓宽浅埋暗挖法在有水、不稳定地层中的应用，要以注浆堵水为主，以降水为辅，采用劈裂注浆加固和堵住80%的水源，降掉20%的少量裂隙水，以达到减少地表下沉的目的。

（3）在地面动荷载作用下，在大跨度地段，长孔劈裂注浆预先加固地层，小导管配合进行超前支护，是安全可靠的重要手段。

（4）长管棚的直径要和地层刚度相匹配，当直径超过150mm时，对控制地表下沉作用很小。长管棚法一般在洞口段采用，在隧道内一般不宜采用，用双层小导管法是可以通过的。

（5）根据地层情况、地面建筑物特点及机械配备情况，选择对地层扰动小、经济、快速的开挖方法。若施工断面大或地层较差，可采用经济合理的辅助工法和相应的分部正台阶开挖法；若断面小或地层较好，可采用全断面开挖法。

（6）开挖方法为正台阶环形开挖留核心土，第一个台阶高度宜取2.5m，从防止工作面失稳的角度考虑，台阶应有一定长度，从减少地表下沉，尽快封闭成环的角度考虑，又不允许留过长的台阶，故定为（1.0～1.5）D 合适（D 为洞室开挖宽度）（见图4-2）。合理的初期支护必须从上向下施作，初期支护稳定后方可施作二次模筑衬砌。

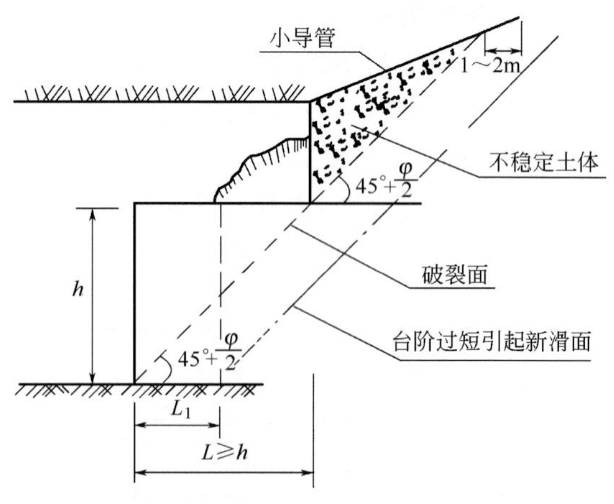

图4-2 开挖面稳定分析图

（7）严格控制每循环的进尺长度，进尺长度一般为0.5～0.75m，因拱部局部塌方高度一般是进尺长度的1/2。

（8）大跨施工应选择变大跨为小跨的施工方法，如CD法、CRD法、眼镜法、双立柱法、柱洞法、中洞法、侧洞法等，见图4-3。在确保安全、经济的前提下，开挖方法的选择次序应为：当开挖断面宽度大于10m以上时，应优先选用CD法，或者是双立柱法，在迫不得已的情况下，可考虑侧壁导坑法，或者CRD法；当开挖宽度小于10m时，应优先采用正台阶法；当下沉量控制不住时，再考虑采用CD法或CRD法。工程实践证明，如在北京地层浅埋情况下，当开挖宽度在12m以内时，采用正台阶法是成功的。

图4-3　CD法、CRD法、眼镜法及双立柱法分块次序

(9)全部采用网构钢拱架，取消型钢拱架。靠近工作面的第一排、第二排钢拱架是不受力的，由网构拱架和喷混凝土所组成的结构，承载能力远大于作用在结构上的荷载。因此，不存在网构拱架柔于型钢拱架的理念。喷混凝土后的网构拱架承受10倍荷载，型钢拱架则承受4倍荷载，型钢后部混凝土喷不上，形成空洞和渗漏水，型钢拱架背后经常和地层不能密贴，造成结构整体变位增大。

设计采用8字形格栅拱架，做到在x、y两个方向实现等强度、等刚度、等稳定度。拱架主要尺寸如图4-4所示。

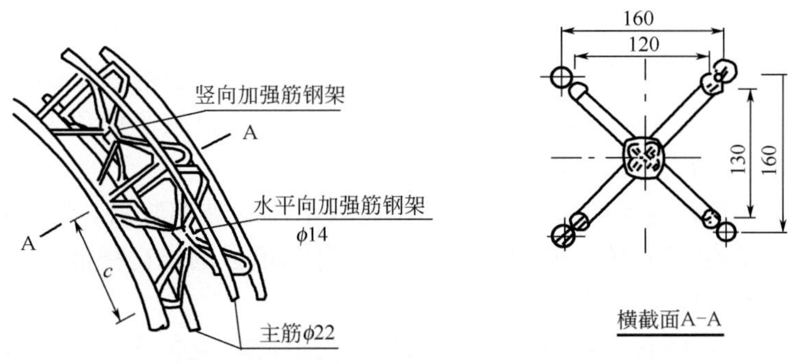

图4-4　拱架主要尺寸示意图(尺寸单位：mm)

(10)正台阶施工不允许分长、中、微台阶，双线台阶长度为1倍洞径，单线台阶长度控制在1.5倍洞径。第一个上台阶高度定为2.5m，便于快速将顶部网构钢架安装定位，有利于施工安全。

(11)由于地层条件很差，在喷层和地层间经常出现空隙，该空隙多发生在拱顶附近和拱脚处。所以，背后充填注浆非常重要，该工序应紧跟工作面进行。同时，应做好拱脚的处理，在拱脚处应打设能注浆的锁脚锚管，这是防止拱脚下沉的关键。

(12)浅埋软弱地层中，在暗挖隧道的拱部，蛋形断面的侧墙不设置锚杆，仅在拱脚和拱架接头处设置能注浆的锚管。

(13)地下工程的衬砌必须采用复合式衬砌结构形式(见图4-5)，要求衬砌厚度一般不能小于30cm，但也不宜随意将二次衬砌厚度增加太厚，甚至做两层模筑衬砌，加强初期支护的理念是正确的。初期支护和二次模筑衬砌之间必须设防水隔离层，采用无钉铺设防水板，无纺布后部必须设置系统排水盲管，并将纵向盲管的水排掉，在一定距离设置泄水孔，将水排入两侧边沟中。防水隔离层既起防水作用，又起防止二次模筑的开裂作用。

(14)为突出快速施工，考虑时空效应，应做到“5个及时”，即及时支护、及时封闭、及时量测、及时反馈、及时修正。

(15)浅埋暗挖法“18字方针”是施工的原则和要点的精辟总结，在采用浅埋暗挖法施工时必须坚持该方针。

(16)必须遵循信息化反馈设计、信息化施工、信息化动态原理。

(17)监控量测技术是监控地表下沉和防塌方的最可靠的方法，是施工的核心，必须认真、快速获取监控量测结果，掌握洞室的变化特点，尤其要重视1倍洞径处的稳定性，这往往是发生塌方、变形的最危险区段。

(18)严格纪律、严格工艺、严格管理。

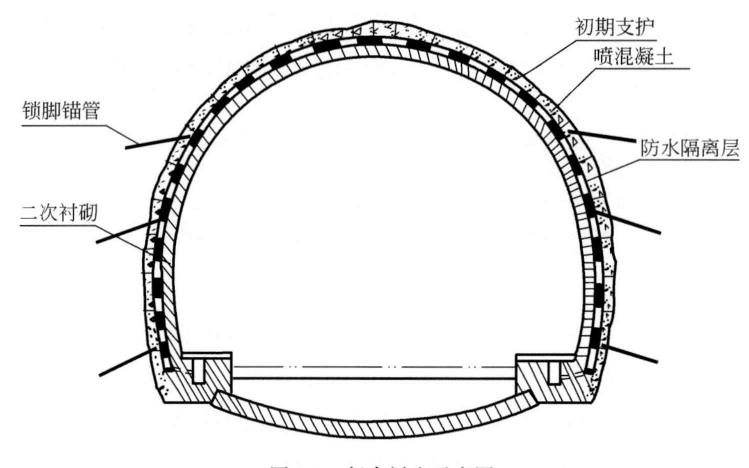

图 4-5 复合衬砌示意图

三、浅埋暗挖法"18 字方针"

浅埋暗挖法施工中必须坚持"管超前、严注浆、短开挖、强支护、快封闭、勤量测"的"18 字方针"，其具体内容如下：

"管超前"——利用钢拱架为支点，使用超前小导管注浆防护。先用风钻或高压风吹孔、扩孔、引孔。小导管间距为 20～30cm，仰角为 5°～10°。为避免管下土体松落，以较小仰角为宜。在开挖支护的过程中，要留出钢管在土体内作为支点的长度。

"严注浆"——在小导管超前支护后，立即压注水泥或水泥水玻璃浆液，填充沙层孔隙，凝固后将砂砾胶结成为具有一定强度的"结石体"，使周围形成一个壳体，增强围岩自稳能力。每次注浆前必须对工作面进行喷射混凝土封闭，以防浆液在压力作用下溢出。

严注浆的概念是广义的，既包含进行严格的拱部导管预注浆，也包含开挖下部及边墙支护前按规定预埋管注浆，还包括初期支护背后填充注浆。背后注浆是在低压力下（0.3～0.5MPa）对喷混凝土背后进行加固填充，下沉值明显减少。

"短开挖"——一次注浆多次开挖。当导管长 3.5m 时，每次开挖进尺 0.75m，每次环状开挖，预留核心土。这种非爆破作业，减少了对围岩的扰动，及时喷射 5～8cm 厚混凝土层，再架设网构拱架进行挂网喷射混凝土。

"强支护"——在松软地层和浅埋条件下进行地下大跨度结构施工，初期支护必须十分牢固，以确保万无一失。按照喷混凝土→网构拱架→钢筋网→喷混凝土的工序进行支护。浅埋暗挖法的网喷支护承载系数取较大值，一般不考虑二次衬砌承载力。

"快封闭"——正台阶开挖时，通过量测，当上台阶过长，变形增加较快时，必须考虑临时支撑，仰拱方能稳定。因此，要求台阶的长度为：双线不得大于 1 倍洞径，单线不得大于 1.5 倍洞径。下半断面紧跟，土体挖出一环、封闭一环，并及时封闭仰拱，使初期支护形成一个环状结构，此时变形曲线逐步趋于稳定。

"勤量测"——量测是对施工过程中围岩及结构变化情况进行动态跟踪的主要手段，量测信息及时而准确地反馈给设计施工，以便及时修改设计或采取特殊的施工措施。

四、浅埋暗挖法发展趋势

采用浅埋暗挖法设计、施工地下工程，已经成功应用于北京、沈阳、广州、南京、杭州、深圳地铁，及其他地区的铁路、公路浅埋隧道等工程中，社会效益显著。尽管浅埋暗挖法具有很多优点，但也有其缺点：应用范围有限、机械化程度较低、施工速度慢、地下施工风险大、施工工艺受施工队伍的技术水平限制、工法有待进一步改进等。

1. 拓宽浅埋暗挖法的应用范围

目前，浅埋暗挖法已经推广到北京、广州、深圳、杭州等地特殊的流沙、含水沙层，流塑、半流塑地层；埋深缩小到0.8m；暗挖施工的车站跨度达26m；穿越密集民房。随着建设项目的增多，还需进一步研究新的辅助工法和施工工艺，以适应各种地层条件、埋深、跨度等方面的要求。

2. 以信息化设计补充和丰富传统的经验类比设计法

根据地表建筑物条件，选择合理的沉降值和结构刚度，并通过监控量测资料，及时调整、优化支护参数。对于地面无建筑物、地下无管线，对地面沉降要求不高时，可采用刚度较小的支护结构，以发挥围岩的自承能力；对于地面沉降要求比较严格的区段，应采用刚度较大、先柔后刚的网构钢拱架支护结构，以防止围岩过度变形。

3. 选择适宜的辅助施工措施

在满足安全的条件下，应优先选择简单易行的方法或同时采用几种方法综合处理。其中，注浆加固地层和超前导管支护是最常用的辅助施工措施。实施时，应注意：

(1)注浆设计应以满足施工工序为主，以从开挖到喷混凝土的时差作为注浆设计原则，取消以增加围岩承载力进行注浆的设计原则。

(2)长管棚超前支护在穿越公路、铁路等相对较短的隧道施工中，防塌限沉作用明显，但在相对较长(多循环管棚)和含水隧道施工中，由于管棚施作形成水通道及多次扰动地层等原因，对限沉作用不大(实测结果已证实)，应多考虑小导管超前支护及其他辅助措施的综合应用，以提高施工速度，降低工程造价。目前，公路隧道设计中，洞口段长管棚应用太多，值得商讨。

降水法的设计施工应充分考虑地质条件，在南方地区宜先采用劈裂注浆的方法，形成地层骨架，再进行降水，这样可有效降低地表沉降。

4. 选择合理的支护参数和施工方法

(1)及时支护，不仅能减小支护结构的荷载，还能避免地层的过分变形。

(2)对浅埋软弱地层，锚杆作用降低，尤其顶部两侧30°范围内锚杆是承压的，可取消该区的锚杆。超前小导管是有效的，第一台阶高度一般为2.5～2.7m，小导管长3.5～3.7m，以确保导管有1～2m的长度插入破裂面以外的稳定地层中。

(3)作为初支的喷混凝土厚度要合理，太厚不利于混凝土材料力学性能的发挥，当厚度$d \leqslant D/40$(D为洞径)时，喷混凝土支护接近无弯矩状态，支护结构性能较好。因此，用增喷混凝土厚度的方法来加强支护效果较差，应在采用合理的喷射方法、材料、配合比、外加剂上想办法，比如用湿喷、潮喷法，加聚丙烯纤维等。

(4)采用正确的开挖方法，开挖中不宜考虑分块过多，以免地层反复扰动，不利于结构安全。应优先采用全断面或减少分部的开挖方法，以减少工序干扰，便于机械化施工，改善作业环境，利于施工安全。

5. 地表沉降控制基准值应视具体情况确定

地面沉降基准值随工程条件而变。目前，多数工程投标中笼统地要求地表沉降限值$^{+10mm}_{-30mm}$是不合理的，应针对具体工程、周边环境要求具体来定，通过类比和计算相结合的方法，找出相应的基准值。

实施时，应从两方面来综合考虑地面沉降基准值，取最小值。一是按环控要求，确定地面沉降的控制基准；二是按地层及结构稳定要求，确定沉降控制基准。

6. 加强施工风险评估管理

浅埋暗挖法隧道施工具有工作面多、安全风险源复杂、地质条件异常复杂、施工工序交叉等特点，而且，由于隧道工作面是施工最集中的地方，不确定因素很多，给安全施工带来隐患，其安全控制非常困难。因此，施工风险管理，尤其是隧道工作面的安全风险评估、管理非常重要。

隧道工作面安全风险的评估、管理主要包括：①工作面风险源识别、分级、评价；②工作面监控量测及其风险评估；③组织管理评估；④工作面安全风险源巡视评估；⑤风险管理。

7.提高机械化作业程度

浅埋暗挖法机械化程度较低，基本上靠手工操作，速度慢、工效差。应选择能适应不同地层和不同断面的开挖、通风、网喷、装运、防水、二次衬砌作业的配套机具，为快速施工创造条件。设备投入量一般不少于工程造价的10%。

应研究开发全过程机械化操作，包括超前支护、开挖、渣土外运、拱架安装、喷射混凝土等工序的机械化操作，同时采用计算机技术进行监控，从而保证施工安全、快速，保证优良的工程质量。

8.浅埋暗挖新型综合工法的开发

20世纪70年代中期，意大利的Pietro Lunardi教授开始对数百座隧道进行理论和现场试验研究，并逐步创立了岩土控制变形分析法(ADECO-RS法)，该方法用中文解释为“新意法”。ADECO-RS法是通过对隧道掌子面前方超前核心土的勘察、量测，预报围岩的应力—应变形态，并将其划分为A、B、C三种类型，在此基础上进行信息化隧道设计和施工，确保隧道安全穿越各种地层(尤其是复杂不良地层)和实现全断面开挖的一种隧道设计、施工指导原则。

采用新意法设计、施工地下工程，首先运用数学方法对地层的应力—应变状态进行深入分析，预测出掌子面超前核心土体系的稳定性，在此基础上把隧道分为三种基本变形形态(A类、B类和C类)。对于采用这种办法确定的具有相同变形特性的每一个隧道区段，确定采用作用的类型(超前约束作用或简单约束作用)以控制变形，并选择最适合于每个特定隧道区段的稳定措施，以及隧道的纵、横断面类型。对于每种地层类型及每种应力—应变条件，新意法都可以提供相应的断面类型。对于每一种断面类型，都可以自动计算出每延米隧道的造价和所需的施工时间。根据设计的隧道纵、横断面类型，进行隧道施工。施工期间，进行持续不断的监测，并根据监测结果，对原设计进行调整。

将新意法设计施工理念与浅埋暗挖法设计施工理念进行结合，可以形成适用于软弱地层的浅埋暗挖综合工法，不但进一步拓宽了浅埋暗挖法的适用范围，而且有效降低了施工对周边环境的影响，提高了施工的机械化程度，加快了施工进度。

第二节　浅埋暗挖隧道地质与环境调查

一、工程地质调查

(一)目的

查明工程区域内的工程地质条件，为新建、增建、改建地下工程的设计、施工提供可靠地质资料。

(二)内容

工程地质调查的内容包括：

1)研究地貌基本特征，划分地貌基本成因类型和成因形态，分析其与基底岩性和新构造运动的关系。

2)调查各类土的工程地质特征。

(1)土的堆积年代

土按堆积年代，可划分为以下三类：

①老堆积土：第四纪晚更新世Q_4及其以前堆积的土层。

②一般堆积土：第四纪全新世(文化期以前Q_4)堆积的土层。

③新近堆土：文化期以来新近堆积的土层Q_4，一般呈欠固结状态。

(2)土的成因类型

土根据地质成因可划分为残积土、坡积土、洪积土、冲积土、淤积土、冰积土和风积土。土根据有机质含量分类，应符合表4-8的规定。

土按有机质含量分类 表 4-8

分类名称	有机质含量 W_u(%)	现场鉴别特征	说明
无机土	$W_u<5\%$		
有机质土	$5\%\leqslant W_u\leqslant 10\%$	灰、黑色,有光泽,味臭,除腐殖质外尚含少量未完全分解的动植物体,浸水后水面出现气泡,干燥后体积收缩	①如现场能鉴别有机质土或有地区经验时,可不做有机质含量测定; ② $w>w_L$,$1.0\leqslant e<1.5$ 时为淤泥质土; ③ $w>w_L$,$e\geqslant 1.5$ 时为淤泥
泥炭质土	$10\%<W_u\leqslant 60\%$	深灰或黑色,有腥臭味,能看到未完全分解的动植物结构,浸水膨胀,易崩解,有植物残渣浮于水中,干缩现象明显	根据地区特点和需要,可按 W_u 细分为: 弱泥炭质土($10\%<W_u\leqslant 25\%$) 中泥炭质土($25\%<W_u\leqslant 40\%$) 强泥炭质土($40\%<W_u\leqslant 60\%$)
泥炭	$W_u>60\%$	除有泥炭质土特征外,结构松散,暗无光泽,干缩现象极为明显	

注:e 为孔隙比,w 为含水率,w_L 为液限。

(3)土的粒度和塑性指数分类

土按颗粒级配或塑性指数可划分为碎石土、砂土、粉土和黏性土。碎石土和砂土的划分应符合表 4-9、表 4-10 的规定。

碎 石 土 分 类 表 4-9

土 的 名 称	颗 粒 形 状	颗 粒 级 配
漂石	圆形及亚圆形为主	粒径大于 200mm 的颗粒超过全重的 50%
块石	棱角形为主	
卵石	圆形及亚圆形为主	粒径大于 20mm 的颗粒超过全重的 50%
碎石	棱角形为主	
圆砾	圆形及亚圆形为主	粒径大于 2mm 的颗粒超过全重的 50%
角砾	棱角形为主	

注:定名时,应根据颗粒级配由大到小,以最先符合者确定。

砂 土 分 类 表 4-10

土 的 名 称	颗 粒 级 配
砾砂	粒径大于 2mm 的颗粒质量占全重的 25%~50%
粗砂	粒径大于 0.5mm 的颗粒质量超过全重的 50%
中砂	粒径大于 0.25mm 的颗粒质量超过全重的 50%
细砂	粒径大于 0.075mm 的颗粒质量超过全重的 85%
粉砂	粒径大于 0.075mm 的颗粒质量超过全重的 50%

注:定名时,应根据颗粒级配由大到小,以最先符合者确定。

粒径大于 0.075mm 的颗粒含量不超过全重的 50%,且塑性指数等于或小于 10 的土,应定为粉土。塑性指数大于 10 的土为黏性土,根据塑性指数可分为粉质黏土和黏土。当塑性指数大于 10,且小于或等于 17 时,应定为粉质黏土;当塑性指数大于 17 时,应定为黏土。砂土是指粒径大于 2mm 的颗粒含量不超过全重的 50%,粒径大于 0.075mm 的颗粒含量不超过全重的 50%的土。粒径大于 2mm 的颗粒含量超过全重的 50%的土称为碎石土。

(4)土的鉴定

土的鉴定应在现场观察描述的基础上结合室内外试验,综合确定其工程地质特征。土的描述应符合下列规定:

①碎石土应描述颗粒级配、形状、母岩成分、风化程度、充填物的性质和充填程度、密实度及层理特征等。

②砂土应描述颜色、矿物组成、颗粒级配、颗粒形状、黏性土含量、湿度、密实度及层理特征等。

③粉土应描述颜色、颗粒级配、包含物、湿度、密实度及层理特征等。

④黏性土应描述颜色、包含物、土层结构、层理特征及状态等。

⑤特殊性土除应描述上述相应土类规定的内容外，尚应描述反映其特殊成分、状态和结构的特征。如对淤泥需描述臭味，对人工填土应描述其物质成分、密实度和厚度的均匀程度、堆积年代等。

⑥对具有夹层、互层、夹薄层特征的土层尚应描述各层的厚度及层理特征。

(5)土体洞室勘察与测试

土体洞室的勘探、测试应符合下列要求：

①详勘勘探线应沿洞轴线，距洞壁外侧 1～3m 交错布置。孔距宜取 50～100m，跨越河道部位宜小于 50m，洞口及地质条件复杂的洞段不宜少于 3 个孔。勘探孔深度应达到洞底设计高程以下 1 倍洞径；当遇暗浜等不良地质条件时，其深度可取 2～3 倍洞径。

②每一主要土层均应取样，有地下水时应采取水样，当遇有害气体时应采取措施，并进行成分分析。

③室内试验应包括土的颗粒级配、液塑限、含水量、重度、固结、抗剪强度等物理力学性质试验，膨胀土应进行膨胀性试验，黄土应进行湿陷性试验，原位测试可采用触探、旁压试验或十字板剪切试验。

④应查明地下水位、水量及含水层层位，并应测定各主要土层的渗透性、水压等。

⑤当需要时，可进行土体压力及衬砌变形的观测。

⑥位于市区的地下洞室施工时，应进行地面变形的监测。

3)常见土的地质调查。

(1)人工填土

人工填土是指人类活动在地表形成的任意堆积，其组成成分复杂，填筑的方法、时间和厚度都是随意的。

填土分素填土、杂填土和冲填土三类。素填土是由碎石、沙、粉土、黏性土等一种或多种材料组成的填土，不含、少含杂质；杂填土是由建筑垃圾、工业废料或生活垃圾组成，按其成分可以分为建筑垃圾填土和工业废料填土；冲填土是由水力冲填泥沙形成的填土，主要因整治河道，用泥浆泵和输砂管排送到需要填高地方，经排水沉淀后形成的大片充填土层。

人工填土调查要求：

①收集老地形图资料，了解场地历史、地形、地物变迁及填筑年代和方法。

②查明填土的分布范围、厚度、组成物质成分、均匀性、物理力学性质和湿陷性。

③对冲填土还应了解冲填期间的排水条件和填完后的固结条件及程度。

(2)软土

软土主要指由细粒土组成的孔隙比大($e>1.0$)、天然含水率高($w \geqslant w_L$)、压缩性高($a_{1\text{-}2}>0.5\text{MPa}^{-1}$)、强度低($c_u<20\text{kPa}$)和具有灵敏结构性的土层，包括淤泥、淤泥质黏性土、淤质粉土等。

按地质成因，我国的软土有滨海环境沉积、海陆过渡环境沉积(三角洲沉积)、河流环境沉积、湖泊环境沉积和沼泽环境沉积。

①软土的工程性质：

a.含水率大　含水率大于 35%(一般为 35%～80%)，饱和度大于 95%。

软土的天然含水率虽然大于液限，但只要不被破坏扰动，仍可处于软塑状态。而一经扰动，土的结构受到破坏，将变成流塑状态。

b.孔隙比大　软土的孔隙比大于 1，一般介于 1～2 之间，最大可超过 2，山区的软土可能还要大些。

c.透水性能低　软土的透水性能很低，渗透系数一般为 10^{-6}～10^{-8}cm/s，垂直方向的渗透系数通常比平行土层方向的渗透系数要小一些，对地基排水固结不利，常使建筑物沉降延续时间加长。同时，在加载初期，地基土中常出现较高的孔隙水压力，影响地基的强度。

d.压缩性高　软土属高压缩性土，压缩系数 $a_{1\text{-}2}$ 一般大于 0.5MPa^{-1}，介于 $0.5\sim1.5\text{MPa}^{-1}$ 之间；压缩指数约为 0.35～0.75，且其压缩变形大部分发生在垂直压力为 0.1MPa 左右时，对工程的直接影响

是使建筑地基沉降量变大。

e. 具有触变性　黏性土的抗剪强度随时间恢复的胶体化学性质称为触变性。软土一经扰动，其强度将被削弱、降低，但当扰动停止后，恢复絮凝结构，强度又可得到恢复。

触变性的大小，常用灵敏度 S_t 表示：

$$S_t = q_n / q'_n$$

式中：q_n——天然状态下的无侧限抗压强度(kPa)；

q'_n——保持含水率不变而结构破坏后的无侧限抗压强度(kPa)。

灵敏度划分界线见表 4-11。

灵敏度划分界线表　　表 4-11

灵敏度(S_t)	1	1～2	2～4	4～8	8～16	>16
灵敏程度	非灵敏土	低灵敏土	中灵敏土	高灵敏土	特别灵敏土	流动土

软土的灵敏度一般在 3～4 之间，个别可达 8～9。当软土地基受振动荷载作用后，易产生侧向滑动、沉降及基底面两侧挤出等现象。

f. 具有流变性(蠕变性)　软土在荷载持续作用下，压缩变形随时间延长而增长的特性叫流变性。一般流变速度很小，每年只移动几厘米，但持续时间很长，有的达数十年。在剪切力作用下，土体长期出现缓慢的剪切变形，这对建筑物地基的沉降有较大影响，对于斜坡、堤岸、码头等稳定性不利。

g. 具有不均匀性　由于沉积环境的变化，软土层中常局部夹有厚薄不等的黏土层，在平面和垂直方向上分布有明显差异，作为建筑物地基极易产生差异沉降。

h. 抗剪强度很低　抗剪强度的大小与施加荷载的速度和排水固结条件有关，软土的天然不排水抗剪强度一般小于 20kPa，其变化范围约为 5～25kPa。排水固结条件下，软土的抗剪强度将产生显著变化，固结速率越快，强度增加越大。

②有关软土的物理力学指标：

a. 软土分类及物理力学特征见表 4-12。

软土分类及物理力学特征　　表 4-12

指标 \ 分类	软黏性土	淤泥质土	淤　泥	泥炭质土	泥　炭
有机质含率(%)	<3	3～10		10～60	>60
天然孔隙比 e	>1.0	1.0～1.5	>1.5	>3	>10
天然含水率 w(%)	≥w_L 或接近 w_L				
渗透系数 k(cm/s)	<10^{-6}				
压缩系数 $a_{1\text{-}2}$(MPa^{-1})	≥0.5				
不排水抗剪强度 c_u(kPa)	<30			<10	
静力触探比贯入阻力 p_s(kPa)	<800				
标准贯入试验击数 N(击)	<2				

注：软土及其类型的划分，应以天然孔隙比、天然含水率及有机质含量为主，并结合其他指标综合判别。外业勘测时，可以 p_s 作为判别标准。

b. 黏性土的塑性指数和液性指数可通过计算求得，见表 4-12。

计算求得的指标 表 4-13

指标名称	符号	物理意义	计算公式
塑性指数	I_P	土呈可塑状态时含水率的变化范围，代表土的可塑程度	$I_P=w_L-w_P$
液性指数	I_L	天然含水率和塑限之差与塑性指数之比值，其值越小，表明越坚硬；反之，越大则越稀软	$I_L=\frac{w-w_P}{w_L-w_P}$
含水比	α_w	土的含水率与液限之比	$\alpha_w=\frac{w}{w_L}$

c. 我国有关地区软土物理力学指标可查阅相关文献资料。

③黏性土的界限含水率：

黏性土由一种状态转到另一种状态的分界含水率称为界限含水率，包括液限、塑限、缩限，可通过直接测定确定，见表 4-14。

直接测定的指标 表 4-14

指标名称	符号	单位	物理意义	试验方法
液限	w_L	%	土由可塑状态到流动状态的界限含水率	圆锥仪法、联合测定法、蝶式仪法
塑限	w_P	%	土由半固结状态到可塑状态的界限含水率	搓条法、联合测定法
缩限	w_S	%	土由半固结状态到固结状态的界限含水率	收缩皿测定法

④软土调查的内容：

a. 成因类型、成层条件、分布规律、薄层节理与夹沙特征、水平及垂直方向的均匀性、地表硬壳层的分布与厚度、地下硬土层或基岩的埋深与起伏。

b. 固结历史及水平，结构破坏对强度和变形的影响。

c. 微地貌形态，暗埋的塘、沟、坑穴的分布，埋深及填土的性质。

d. 开挖、回填、支护、工程降水、打桩、沉井等施工对软土的应力状态、强度和压缩性的影响。

e. 该地区的建筑经验。

(3)风化岩与残积土

风化岩与残积土都是新鲜岩层在风化作用下形成的物质，可统称为风化残留物(或残积物)。岩石受到风化作用的程度不同，其性状不同。风化岩是原岩受风化程度较轻，保存的原岩性质较多，而残积土则是原岩受到风化程度极重，基本上失去了原岩的性质。风化岩基本上可以作为岩石看待，而残积土则完全成为土状物。两者的共同特点是均保持其在原岩中的位置，没有受到水平搬运作用。

我国岩石按风化程度分类，可见表 4-15。

岩石按风化程度分类 表 4-15

岩石类别	风化程度	野外特征	风化程度参考指标		
			压缩波速度 v_p(m/s)	波速比 K_v	风化系数 K_f
硬质岩石	未风化	岩质新鲜，未见风化痕迹	>5 000	0.9～1.0	0.9～1.0
	微风化	组织结构基本未变，仅节理面有铁质渲染或矿物略有变色。有少量风化裂隙	4 000～5 000	0.8～0.9	0.8～0.9
	中等风化	组织结构部分破坏，矿物成分基本变化，仅沿节理面出现次生矿物，风化裂隙发育，岩体被切割成 20～50cm 的岩块。锤击声脆，且不易击碎，不能用镐挖掘，岩芯钻方可钻进	2 000～4 000	0.6～0.8	0.4～0.8
	强风化	组织结构已大部分破坏，矿物成分已显著变化，长石、云母已风化成次生矿物，裂隙很发育，岩体被切割成 2～20cm 的岩块，可用手折断。用镐可挖掘，干钻不易钻进	1 000～2 000	0.4～0.6	<0.4
	全风化	组织结构已大部分破坏，但尚可辨认，并且有微弱的残余结构强度，可用镐挖掘，干钻可钻进	500～1 000	0.2～0.4	—

续上表

岩石类别	风化程度	野外特征	风化程度参考指标		
			压缩波速度 v_p(m/s)	波速比 K_v	风化系数 K_f
残积土		组织结构已全部破坏。矿物成分除石英外，大部分已风化成土状，锹镐易挖掘，干钻易钻进，具有可塑性	<500	<0.2	—
软质岩层	未风化	岩质新鲜，未见风化痕迹	>4 000	0.9～1.0	0.9～1.0
	微风化	组织结构基本未变，仅节理面有铁锰质渲染或矿物略有变色。有少量风化裂隙	3 000～4 000	0.8～0.9	0.8～0.9
	中等风化	组织结构部分破坏，矿物成分发生变化，节理面附近的矿物已风化成土状，风化裂隙发育，岩体被切割成20～50cm的岩块。锤击易碎，用镐难挖掘，岩芯钻方可钻进	1 500～3 000	0.5～0.8	0.3～0.8
	强风化	组织结构已大部分破坏，矿物成分已显著变化，含大量的黏土质矿物，风化裂隙很发育，岩体被切割成碎块。干时可用手折断或捏碎，浸水或干湿交替时可较迅速地软化或崩解，用镐或锹可挖掘，干钻可钻进	700～1 500	0.3～0.5	<0.3
	全风化	组织结构已大部分破坏，但尚可辨认，并且有微弱的残余结构强度，可用镐挖掘，干钻可钻进	300～700	0.1～0.3	
残积土		组织结构已全部破坏，矿物成分全部改变，已风化成土状，锹镐易挖掘，干钻易钻进，具有可塑性	<300	<0.1	

注：1. 波速比（K_v）为风化岩石与新鲜岩石压缩波速度之比。

2. 风化系数（K_f）为风化岩石与新鲜岩石饱和单轴抗压强度之比。

3. 岩石风化程度除按表列野外特征和定量指标划分外，亦可根据地区经验，按点荷载试验资料划分。

4. 花岗岩类的强风化与全风化、全风化与残积土的划分，宜采用标准贯入试验。其划分标准 $N \geqslant 50$，为强风化；$50 > N \geqslant 30$，为全风化；$N < 30$，为残积土。

风化岩与残积土场地的工程地质调查与测绘应着重下列内容：

①调查残积土和风化岩的下伏新鲜基岩的类别、岩性、产状、岩溶（碳酸盐类岩石）发育特征，以及残积土和风化岩的水平厚度稳定性和垂直分带的完整性。

②调查当地地质构造、断裂、岩石的节理裂隙分布，以及各类岩石的接触情况。

③调查不同地貌单元的残积土和风化岩的分布厚度、物质组成、性质，注意调查岩脉、软弱夹层、透镜体、球状风化体，以及袋状风化带的分布、产状，分析其对地基的稳定性和均匀性的可能影响。

④查明有无各种自然地质现象，以及它们与风化岩及残积土的内在联系和产生的条件；调查残积土和风化岩是否具有特殊性质，如湿陷性、膨胀性、软化性以及开挖暴露后的性状。

⑤调查当地勘察、设计与施工经验，搜集当地有关残积土与风化岩的试验研究资料。

⑥调查已有建筑物的使用情况、地基处理措施。对于出现事故的建筑物，分析其原因；对于完好的建筑物，分析其对天然地基是否已得到了有效的利用。

⑦调查地下水的类型、补给条件以及水位变化情况。

二、水文地质调查

（一）目的

主要是通过水文地质调查、测绘、勘探及试验等，提出勘测区的水文地质条件，为工程设计提供合理的水文地质参数，以便采取措施，排除地下水或防止地下水造成病害。

(二)内容

1.地貌调查

地貌调查的重点是研究地貌形态与地下水的补给、径流与排泄条件,以及地下水的分布情况和埋藏条件的关系。

2.地层岩性调查

地层岩性调查是从水文地质的观点出发,研究地层岩性及地质现象与地下水的联系。重点调查各时代地层的含水特征。

1)松散地层

松散地层主要指第四纪沉积物和部分第三纪沉积物,其空隙间常常埋藏着丰富的地下水。

(1)研究松散地层的分布、岩性、结构、成因类型、堆积方式、物质成分、颗粒大小、形状、颗粒排列方式、分选性及地质时代等内容;

(2)研究地貌及地质构造运动的性质与幅度等特点,以及它们对该区松散层形成与分布的影响;

(3)调查周围山地和下部基岩层的埋深、岩性及地质构造条件,判断基岩含水层的含水特征及与松散含水层间的补排关系。

2)非可溶性岩石

地下水主要赋存在由构造作用、成岩作用和风化作用产生的各种裂隙中。应重点调查:

(1)裂隙的成因类型、宽度、方向及延伸性;

(2)裂隙充填物的性质及充填程度,裂隙密度以及不同方向裂隙在平、剖面上的组合情况;

(3)裂隙发育程度与岩石的结构、力学性质,以及与地质构造和地形之间的关系;

(4)裂隙含水层(体)的埋藏及分布特征;

(5)从基岩褶皱和断裂构造含水特征角度,分析裂隙水构造类型及其水文地质规律;

(6)调查区内地貌特征及其对地下水的控制作用;

(7)调查区内承压含水层的分布、水动力条件、富水性、水化学分布规律。

3)可溶性岩石

由于各地段影响岩溶发育的因素及其作用程度不同,导致形成的岩溶差异很大,因而,水文地质条件复杂。在可溶性岩层地区调查的,其基本调查内容应包括以下几方面:

(1)溶隙、溶洞的大小、形状、充填情况;

(2)岩溶的发育程度、分布规律及其与岩石化学成分、结构特征、地层组合、地质构造等之间的关系;

(3)地下水的循环条件和水质成分对岩溶发育状况的影响;

(4)岩溶产生的时代和岩溶的类型等。

3.地质构造调查

地质构造不但控制含水层和隔水层的分布规律,而且对地下水的形成、富集有很大影响。因此,地质构造调查也是水文地质调查中的基本工作之一。

(1)断裂构造应着重调查断裂带的产状、性质、规模、宽度、断裂带的充填情况,查明断裂带与地下水形成、分布及富集之间的内在联系,确定其水文地质条件以及可能的富水部位、深度和富水程度。

(2)褶皱构造应查明褶皱构造类型、规模形态,及其主要含水层与褶皱构造的关系。

(3)对构造体系应深入分析其形成时代,不同构造体系之间的复合、联合关系,阐明区域构造体系对区域地下水埋藏、分布和运动条件的控制作用,预测区域地下水的富集规律。

4.地下水露头调查

地下水露头包括泉、井、钻孔、既有坑道(隧道)等。泉是宝贵的地下水天然露头,它能综合地反映出泉水所在地点的地质构造、岩性和水文地质条件。井是了解浅层地下水最宝贵的人工露头,尤其在平原地区及缺少地下水天然露头的地方,它能帮助我们充分了解浅层地下水的水质、水量。钻孔能帮助我们查明较深处的地质剖面、深层水和承压水的埋藏情况及水质、水量等资料。既有坑道(隧道)的施工情况能直观地帮助我们较准确、迅速地用工程地质比拟法提供出同一地区,相近地质条件的地下工程的水文地质条件、涌水量和水质等资料。因此，做好地下水露头调查工作是进行水文地质调查的一项重要工作。

1)泉

(1)泉水的位置及高程。泉的高程一般可由地形图等高线查出，或用气压计测定，必要时用水准仪测得。描述时，应指出泉水出露位置与附近地下水面、谷底及地物相对高差及相对位置，并将泉水编号后标注在图上。

(2)查明泉与所在地区地层岩性、地质构造(断层、裂隙)之间的关系，确定补给泉水的含水层特征，选择典型部位作剖面图及泉水出露的平面图。

(3)描述泉水是一股，还是几股合流；是线状渗流，还是呈湿润的沼泽状态；是向上涌出，还是缓缓下流；有无气泡或涌沙现象，以及季节性流量变化情况。

(4)确定泉的类型，参表 4-16 确定。

泉的类型 表 4-16

类型		出露条件	类型		出露条件
下降泉	悬挂泉	常出露于上层滞水受切割处，随季节而变化。旱季有时消失	上升泉	自流斜地泉	常见于山前，这里常发育有单斜构造，或者由于相变，含水层向前方尖灭，而在山麓不透水覆盖层边缘出露，一般水量较小
	侵蚀泉	多分布在沟坡或坡脚处，因沟谷侵蚀下切至潜水面而形成。水量随季节而异		自流盆地泉	承压盆地中承压含水层被切割而成，水量较稳定
	接触泉	多分布在不同透水岩层的接触带上，水量随季节而异		断层泉	多呈线状出露于断层带上，因承压含水层被断层所切而成，水量较稳定
	溢出泉	隔水底板隆起，或受相对隔水层的阻挡，使潜水面抬高涌出地表而形成，水量随季节而异		接触上升泉	承压水受岩脉或侵入体的阻挡，沿接触带的裂隙上升涌出地表，呈线状分布于接触带，水量较稳定

(5)观测泉出露处有无沉淀物。如有沉淀物，应描述沉淀物的类型、成分、颜色、结构、厚度及分布范围。

(6)调查泉水的物理性质(味、嗅、色、浊度、水温等)，并根据设计需要，采取水样作化学成分分析。如泉水中有气体冒出，必要时可用排水法采集气体样品进行分析。

(7)测定泉水流量及其季节性变化。

2)井(钻孔)

(1)井(钻孔)的编号、位置及高程均应标在图上。

(2)描述井(钻孔)的形态、大小(圆形记录直径，方形记录边长)及井壁结构。

(3)测量井深、水位及水温。

(4)根据掘井时穿过的地层顺序、岩性、厚度、含水层分布情况、地层年代，绘出井(钻孔)地质剖面及平面示意图。

(5)描述水的物理性质(水温、味、嗅、色、浊度等)，选择代表性井(钻孔)，采取水样进行化学分析。

(6)搜集井(钻孔)出水量、水位降深、地下水位变化幅度有关资料。选择代表性的井做简易抽水或提水试验，以求得井的出水量、水位降深，计算含水层的渗透系数。

(7)描述井(钻孔)的取水方式、地下水位动态变化，以及被利用情况。

(8)调查井(钻孔)所揭示的松散含水层与基岩含水层的水力联系。

3)坑道(隧道)

(1)坑道的类型(竖井、斜井、水平巷道等)及所处的位置。

(2)开挖深度、开挖系统及开挖方式。

(3)掌子面大小及坑道加固情况。

(4)坑道的排水设备、排水系统及排水量。

(5)坑道突然涌水的原因及防止涌水采取的措施。

(6)坑道所揭露含水层的数目、位置、富水性及相互间的水力联系、地下水类型等。

(7)坑道所揭露的岩层产状、岩性、出水情况。

(8)坑道涌水量与坑道开采面、长度和深度之间的关系,以及涌水量的变化规律。

5.地表水调查

地表水包括河流、溪沟、渠道、湖泊、池塘、水库、沼泽等。它们对坑道渗漏水和建筑物的稳定往往起着很大的影响。地表水既是地下水的最终排泄归宿,也是地下水的补给来源,勘测中除查明地表水的一般特征外,还应着重查明地表水与地下水之间的相互补排关系。

6.水质调查

对代表性的地表水、地下水出露点,应根据使用目的,采取水样,分项进行水质分析。

在查明工程场地水文地质条件的基础上,必要时,应选择水文地质条件相似的既有工程,调查其受地下水的危害情况,既有取水、排水设施的运行情况,以及排出地下水对周边环境的影响,进行工程水文地质类比。

(三)地铁工程水文地质调查内容

调查历年最高水位、最低水位和回灌水位,且分层查明地下水位、水量及含水层层位、地下水与地表水的水力联系和补给条件,测定有关地层的渗透性,并应按下列内容评价地下水对工程的影响:

(1)评价施工采取降、排水措施可能引起的两侧建筑物变形,市政道路的下沉、塌陷,地下水动态的变化和地下管线及各种设施的变形等不利影响,并提出防治措施。

(2)基坑下有承压水含水层时,评价承压水头对基坑稳定性的影响。

(3)线路通过含水粉细砂、粉土层时,评价开挖引起潜蚀、流沙、涌土的可能性。

(4)评价地下水对岩土的软化、崩解、湿陷、潜蚀等有害作用,必要时建议进行抗浮验算。

(5)调查沿线人防工程、人工洞室的渗漏水情况,评价对基坑及隧道的影响。

(6)评价地下水对支挡构筑物、路堑、边坡及路基稳定性的影响。

采取水样进行水质分析,评价地下水水质对建筑物的腐蚀性影响。

(四)地下水参数的测定及水样的采取和测试

1.地下水参数的测定

1)地下水参数的测定项目,宜根据工程需要与岩土特性确定。

2)地下水水位,可在钻孔、探井中测得,并应符合下列规定:

(1)凡遇地下水的钻孔、探井,均应测定初见水位和静止水位。多层含水层的水位,应采取止水措施,分层测定。承压含水层应测定承压水头。

(2)抽水试验孔必须及时进行洗井。抽水试验前应测量自然静止水位。

(3)地下水的流向宜利用等水位线图,采用几何法确定。地下水真流速的测定,可采用指示剂法。

(4)含水层的渗透系数及导水系数宜采用钻孔或探井抽水试验、注水试验求得;含水层的透水性根据渗透系数 k 值,按表 4-17 划分。

含水层的透水性(单位:m/d)　　表 4-17

类别	特强透水	强透水	中等透水	弱透水	微透水	不透水
渗透系数 k	$k>200$	$1\leqslant k\leqslant 200$	$1\leqslant k<10$	$0.01\leqslant k<1$	$0.001\leqslant k<0.01$	$k<0.001$

(5)含水层的给水度宜采用抽水试验确定;松散岩类含水层的给水度,宜采用试验室法确定;岩石裂隙、岩溶的给水度,可用裂隙率、岩溶率代替。

(6)越流系数宜进行带观测孔的多孔抽水试验确定。影响半径可经计算法确定,当工程需要时,可用实测法求得。

(7)孔隙水压力的测定,在中等和中等以上渗透性的土层中可采用立管式测压计,在弱渗透性土层中宜采用孔隙水压力探头。

(8)布置抽水试验和注水试验应符合下列规定:

①试验孔应布置在不同地貌单元、不同含水层(组),且富水性较强的地段,并应距隧道外侧3～5m。

②人工降低地下水位施工的区间、车站。

③评价降水对环境产生影响的区段。

④评价含水层的渗透性,抽水试验的观测孔宜垂直或平行地下水流向。

⑤抽水试验孔的水位下降深度,应与施工降水状态接近。

⑥在含水构造复杂且富水性较强的地段,应分层或分段进行抽水试验;潜水与承压水、咸水与淡水应分别进行抽水试验。

⑦抽水试验和注水试验,应同时观测水位和水量。

⑧抽水稳定应根据出水量和水位降深与时间关系曲线在一定范围内微小波动,且没有持续上升或下降趋势的原则确定。稳定延续时间应不少于8h。

⑨抽水试验结束后,应进行恢复水位观测直至稳定。

⑩注水试验的注水稳定时间宜为4～6h。

⑪在含水构造简单,且富水性不强的区段,可采用提水试验。

⑫应在分析水文地质条件的基础上计算确定渗透系数。

2.水样的采取与试验

水质分析的水样,应代表天然条件下的客观水质情况,并应符合下列要求:

(1)地下水试样应在不同的地貌单元、不同含水层采取。

(2)采取水试样的钻孔,应无泥浆、无外界物质。

(3)盛水容器宜采用带磨口玻璃塞的玻璃瓶或塑料瓶,取水样时必须先彻底清洗盛水容器。

(4)采取水样深度宜在水面0.5m以下。

(5)水样采取数量不应少于750mL,其中一瓶为250～300mL的水样进行侵蚀性CO_2分析,应立即加入2～3g大理石粉。

(6)水样采取后应立即用蜡或火漆封口,并按有关规定填好水样标签和送样单。

(7)水样应避免阳光直接照射,且试样存放时间不应超过有关规定。

水质分析项目包括:pH值、酸度、碱度、游离CO_2、侵蚀性CO_2、矿化度、硬度、溶解氧、电导率、Na^+、K^+、Mg^{2+}、Ca^{2+}、Fe^{2+}、Fe^{3+}、NH_4^+、Cl^-、SO_4^{2-}、HCO_3^-、NO_3^-、CO_3^{2-}、OH^-及有机质。

有特殊用途的水样采取与分析,应按有关规定进行。

三、工程环境调查

环境调查以生态环境,社会环境,生活环境和施工用水、用电、用地,交通运输条件等为主要内容。由于工程施工会产生噪声、振动、枯水、地面沉降、大气和地下水污染等问题,而影响土地利用、交通运输、生态平衡、地上和地下建筑物及人民生活环境等,所以必须将施工中及工程使用后对环境的不利影响降到最低程度,通常要进行与周围环境协调的设计和施工。因此,要调查当地环境、文物和建筑物保护的限制和要求,生态环境现状和水土保持的要求,并预测工程施工和运营后周围环境可能产生的变化。

地下工程施工中水、电、材料用量及弃土量都很大,占地也很多。因此,必须查明水、电的供给来源和保证率,运输能力和限制条件,安置施工设备(包括城市地下工程施工竖井)和人员,以及堆放材料、弃土的可能地点，地亩价格，拆迁赔偿，生活条件，交通状况等。

查清工程所在地区的地震烈度也是环境调查的主要内容，一般可按国家地震局提供的1：3 000 000的《中国地震烈度区划图》进行沿线地震基本烈度区划，并结合地形、地貌、工程地质和水文地质条件确定烈度界线的具体里程及地点。

(一)对施工噪声的调查

施工噪声是指施工过程中所产生的噪声，诸如建筑工程机械噪声、爆破噪声等。对施工噪声调查，须查明工程项目名称、建筑物名称、建筑施工场所及施工期限，可能排放到建筑施工场地的环境噪声强度和所采取的防止噪声污染的措施。

(二)对环境污染的调查

1.对粉尘、有害气体、放射性污染的调查

作为地下工程施工特有的环境污染源大致有三类：一是粉尘污染，二是有害气体污染，三是放射性污染。

对上述三类污染的调查需了解其来源，粉尘及有害气体的种类，排放的时间、数量、浓度、规模，并对作业环境进行监测，提出防治、减轻有害气体排放及粉尘排放的措施。

2.对因施工造成水质和土壤污染的调查

水质污染是指被泥沙、化学浆液、机械设备的油渍污染的地下工程排水排入地下水道或河流等处，对水质造成不良影响。

对土壤、水质污染的调查，必须查明该地下工程建设中所具有的污染物排放设施、处理设施和正常作业条件下排放污染物的种类、数量、浓度，并了解有关防治土壤和水质污染方面的技术资料。

(三)对地面建筑及地下管线的调查

地下工程施工开挖引起地面沉降，危及地下管线的安全。地面沉降又和地下工程的埋深、跨度、地质状况(包括围岩级别)、支护种类、施工方法等因素有关。浅埋地下工程施工不可能不产生地面沉降，但可以使沉降控制在允许的范围内。为此，施工前必须对周围的施工环境做周密的调查。

(1)调查地面建筑物结构形式、基础形式及各种建筑物在不同沉降差下的反应。

(2)调查地下建筑物结构形式及使用功能要求。

(3)调查地下管线使用功能、结构特征及其与地下工程结构的相对位置。

(4)调查各种电缆线材规格型号、使用要求、保护装置、外径、地下埋深或地上架设电杆高度、荷载情况、基础类型。

(5)调查对地面沉降很敏感的建筑，如烟囱、变电站、气柜、锅炉、电视塔、化工装置、铁路、江堤防洪闸、桥基。

(6)调查重要公路、道路基础。

(7)调查地下障碍，如废旧管道的管径、长度、埋深、储水量、管道结构。

第三节 开挖方法

采用浅埋暗挖法施工时，常见的开挖方法见表4-18。

浅埋暗挖法修建隧道及地下工程主要开挖方法 表4-18

施工方法	示意图	重要指标比较					
		适用条件	沉降	工期	防水	初期支护拆除情况	造价
全断面法	1	地层好 跨度≤8m	一般	最短	好	没有拆除	低
正台阶法	1 2	地层较差 跨度≤12m	一般	短	好	没有拆除	低

续上表

施工方法	示意图	重要指标比较					
		适用条件	沉降	工期	防水	初期支护拆除情况	造价
上半断面临时封闭正台阶法	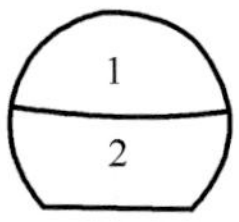	地层差 跨度≤12m	一般	短	好	少量拆除	低
正台阶环形开挖法	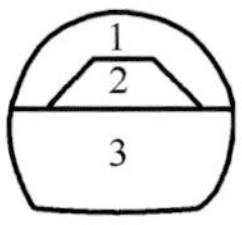	地层差 跨度≤12m	一般	短	好	没有拆除	低
单侧壁导坑正台阶法	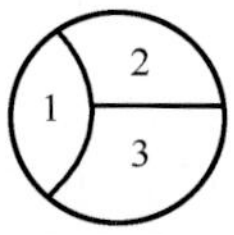	地层差 跨度≤14m	较大	较短	好	拆除少	低
中隔墙法(CD法)	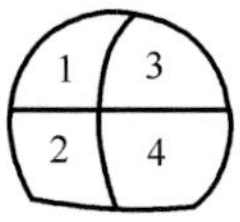	地层差 跨度≤18m	较大	较短	好	拆除少	偏高
交叉中隔墙法(CRD法)	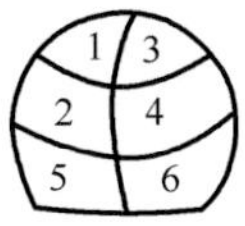	地层差 跨度≤20m	较小	长	好	拆除多	高
双侧壁导坑法(眼镜法)	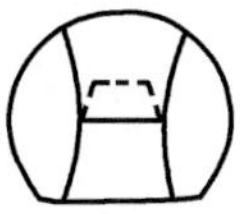	小跨度,连续使用可扩成大跨度	大	长	效果差	拆除多	高
中洞法	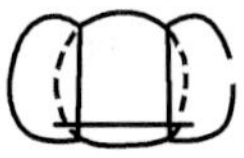	小跨度,连续使用可扩成大跨度	小	长	效果差	拆除多	较高
侧洞法	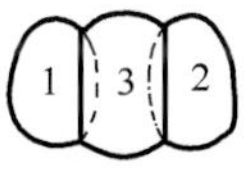	小跨度,连续使用可扩成大跨度	大	长	效果差	拆除多	高
柱洞法	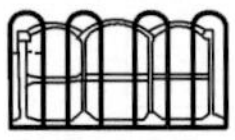	多层多跨	大	长	效果差	拆除多	高

一、开挖方法的选择

浅埋隧道开挖方法的选择,应以地质条件为主要依据,结合工期、隧道长度、断面大小、施工单位的机械设备能力和施工技术水平等因素综合考虑。同时,应尽量采用新技术、新工艺、新设备,以提高施工速度,保证施工质量,提高施工效率,改善劳动条件。还应考虑到围岩条件发生变化时,开挖方法的适应性和变更的可能性。所选的开挖方法应既能满足工程要求,又能降低成本。

(一)开挖方法比选原则

1. 可行性

隧道工程开挖方法是根据设计资料和设计文件要求确定的,或在施工过程中,有可能地质条件发生变化,随之开挖方法需要改变,无论哪一种情况,都必须考虑施工单位的现场具体施工条件、施工能力和资源状况、施工水平、技术人员及作业人员的综合素质、资金供应和周转状况。经全面考虑、选择的开挖方法才是切实可行的。

2. 安全性

由于提供的地质资料的精度不高、不全面,隧道工程在施工过程中若遇到地质条件变化较大的情况,难免发生由于地质条件突变等因素造成的安全事故。所以，在选择开挖方法时，必须从施工安全可靠的角度出发，减少地质灾害。

3. 工期可控性

采用先进的隧道开挖方法，可以加快隧道工程修建的速度，从而缩短工程的工期，降低成本。

4. 经济性

隧道开挖方法的经济性表现在不同开挖方法的施工成本上。施工单位承包隧道工程的目的是盈利，而不是亏损，隧道工程的经济性是决定选择开挖方法的重要条件和原则，是不可缺少的。

浅埋隧道开挖方法是由可行性、安全性、工期可控性、经济性四个子系统构成。从系统工程理论出发，应统筹兼顾，全面考虑，选择最优的开挖方法。

(二)开挖方法比选决策方法——层次权重决策分析法

层次权重决策分析法理论认为，研究大系统的第一步就是研究其层次性。这是由于任何系统都可以在空间和时间上进行逐级分解，形成一个金字塔式的层次结构，从而反映出系统的本质特征，以有利于分析和决策。层次权重决策分析法解决问题的基本思路是：

(1)把系统各因素之间的隶属关系由高到低排成若干个层次，建立不同层次因素之间的相互关系；

(2)根据判断，就每一层次的因素的相对重要程度给予定量表示；

(3)利用数学方法确定每一层次全部因素的相对重要程度的权值；

(4)通过排序对问题进行分析和决策。

这种方法把复杂系统进行整体分解，通过多层次单目标的两两对比，然后只需要进行简单的数学运算就能解决问题。因此，层次权重决策分析法是进行预测、比选、决策、规划的有效方法。

应用层次分析法进行方案比选决策时，其主要包括以下 5 个步骤。

1. 建立目标分层结构

根据隧道工程施工要求、特点，以及控制指标，建立多层次的目标结构，如图 4-6 所示为隧道工程开挖方法比选的层次分析法示意图。

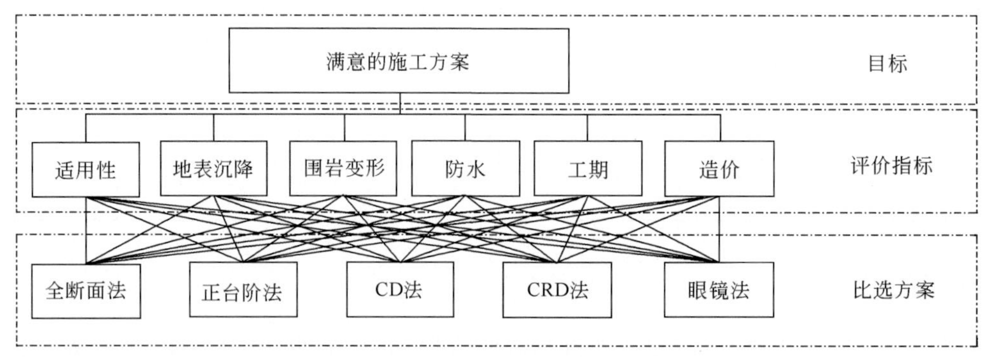

图 4-6　隧道工程开挖方法比选的层次分析法示意图

2. 两两比较建立判断矩阵

建立目标分层结构后，对各要素进行两两比较，利用评分法确定各自的优劣。根据每一个评价指标，将每一个施工方案两两比较，给出分值，形成判断矩阵 $\boldsymbol{B}$ 如下：

$$\boldsymbol{B}=\begin{bmatrix} b_{11} & b_{12} & \cdots & b_{1n} \\ b_{21} & b_{22} & \cdots & b_{2n} \\ \vdots & \vdots & \ddots & \vdots \\ b_{n1} & b_{n2} & \cdots & b_{nn} \end{bmatrix} \tag{4-6}$$

其中，元素 b_{ij} 的确定方法：如果方法 P_i 与 P_j 优劣相当，则取 $b_{ij}=1$；如果方法 P_i 略优于 P_j，则取 $b_{ij}=3$；如果方法 P_i 优于 P_j，则取 $b_{ij}=5$；如果方法 P_i 甚优于 P_j，则取 $b_{ij}=7$；如果方法 P_i 特优于 P_j，则取 $b_{ij}=9$。反过来，如果方法 P_i 稍劣于 P_j，则取 $b_{ij}=1/3$；如果方法 P_i 劣于 P_j，则取 $b_{ij}=1/5$；如果方法

P_i 甚劣于 P_j，则取 $b_{ij}=1/7$；如果方法 P_i 特劣于 P_j，则取 $b_{ij}=1/9$。

其中，$b_{ii}=1$，$b_{ij}=1/b_{ji}$。

3.进行一致性检验

运用多目标决策层次分析法对开挖方法进行比选决策时，要求在对每一种开挖方法两两进行对比时，对于不同的评价指标必须具有一致性。判断矩阵是根据某些原则人为确定的，应该通过一定的方法检验一致性差异是否在要求的范围以内。

判断矩阵一致性的检验步骤为：

(1)计算 n 阶方阵的最大特征值 λ_{max}；

(2)计算检验数 $CI\left(CI=\frac{\lambda_{max}-n}{n-1}\right)$。一般地，要求 $CI\leqslant 0.1$。

4.进行层次单排序

层次单排序，即从最底层开始，把各开挖方法对上一要素排出优劣顺序。主要通过对判断矩阵的运算实现。

其方法是先把判断矩阵的每一行相加，得到：$\sum b_{1j}=V_1$，$\sum b_{2j}=V_2$，…，$\sum b_{nj}=V_n$。再计算 V_i 的相对权重 $w_i=\frac{V_i}{\sum V_i}$，得到向量 $w=(w_1, w_2, \cdots, w_n)^{T}$。

5.进行层次总排序

利用单排序的结果，综合给出更上一层次的优劣顺序。其方法见表 4-19。

层次总排序法 表 4-19

评价指标 / 开挖方法	C_1	C_2	…	C_n	总排序结果
	a_1	a_2	…	a_n	
P_1	w_{11}	w_{12}	…	w_{1n}	$\sum a_j w_{1j}$
P_2	w_{21}	w_{22}	…	w_{2n}	$\sum a_j w_{2j}$
…	…	…	…	…	…
P_n	w_{n1}	w_{n2}	…	w_{nn}	$\sum a_j w_{nj}$

其中，a_j 即为按照评价指标 C 的单排序结果，w_{ij} 即第 i 个开挖方法按照第 j 个评价指标的单排序。所以，总排序实际上就是用每一个评价指标的排序对每一个开挖方法按照不同的评价指标的结果进行加权平均。

(三)开挖方法比选实例

1)工程概况

原国家计委办公大楼前庭广场下的超浅埋、双洞、双层、大跨、近距地下停车场由两个平行的双层停车主洞室和东、西两端的螺旋式环形通道与地下风机房等组成。每个停车主洞室长 104m，宽 12.9m，可容纳 150 辆小型车辆停放，洞室内设置有通风、照明、排水、消防、通信等设施。南、北两停车主洞室之间的净距为 4.7m，南洞距原国家计委办公大楼(9 层)12.0m，东西两端洞室结构外皮也与道路规划红线重合。停车主洞室拱部覆土厚 3m，洞室高 9.35m，宽 12.9m(见图 4-7)，高宽比为 0.72，覆跨比为 0.24，采用 CRD 法暗挖施工，这是一项风险性很大的工程。

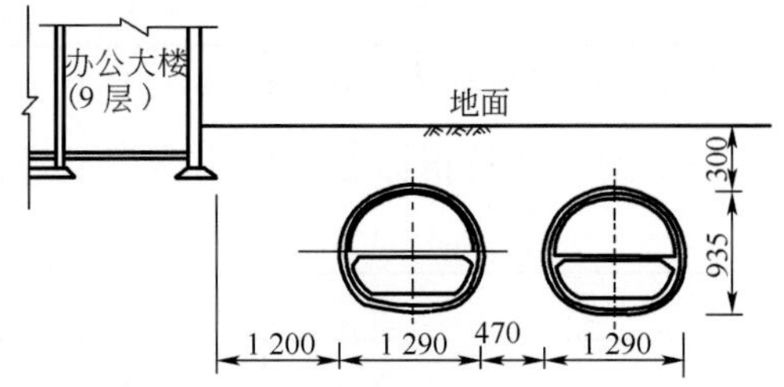

图 4-7 停车洞室与原国家计委办公大楼相关位置图(尺寸单位：cm)

为了确保施工过程中原国家计委大楼的安全，维护机关正常办公秩序，保证地面交通以及两洞间夹持土体的稳定，洞室在实施过程中严格控制地表最大下沉量不超过 30mm，土体水平位移不超过 10mm，选择合适的施工方法，是工程成败的关键。

2)明确比选方案及评价指标

对修建浅埋暗挖隧道的地下工程的 4 种主要开挖方法进行评价:①上半断面临时闭合法;②眼镜法;③CD 法(中隔墙法);④CRD 法(交叉中隔墙法)等。

确定采用通常的 4 个评价指标:①方案的施工难度;②地表最大累计沉降;③工期;④造价。

通过论证,各开挖方法比较,见表 4-20。

开挖方法对比表 表 4-20

工 法 名 称			上台阶临时仰拱法	眼 镜 法	CD 法	CRD 法
示意图						
评价指标	1	施工难度	较复杂	最复杂	一般	复杂
	2	预测地表沉降	较大	较小	小	最小
	3	施工速度	快	最慢	一般	慢
	4	工程造价	较低	最高	中等	高

按照评价指标,对上述 4 种开挖方法进行综合比选。

3)建立两两比较的判断矩阵

根据给定的评价指标,可得到判断矩阵如下:

(1)对于评价指标 C_1:施工难度(①②③④),见表 4-21。

表 4-21

C_1	P_1	P_2	P_3	P_4
P_1	1	5	0.333	3
P_2	0.2	1	0.125	0.2
P_3	3	8	1	5
P_4	0.333	5	0.2	1

注:C 表示评价指标,P 表示开挖方法。

(2)对于评价指标 C_2:地表最大累计沉降(②①③④),见表 4-22。

表 4-22

C_2	P_1	P_2	P_3	P_4
P_1	1	0.333	0.2	0.125
P_2	3	1	0.333	0.2
P_3	5	3	1	0.333
P_4	8	5	3	1

注:C 表示评价指标,P 表示开挖方法。

(3)对于评价指标 C_3:工期(③①②④),见表 4-23。

表 4-23

C_3	P_1	P_2	P_3	P_4
P_1	1	8	3	5
P_2	0.125	1	0.2	0.333
P_3	0.333	5	1	5
P_4	0.2	3	0.2	1

注:C 表示评价指标,P 表示开挖方法。

(4)对于评价指标 C_4:工程造价(④①②③),见表 4-24。

表 4-24

C_4	P_1	P_2	P_3	P_4
P_1	1	8	3	5
P_2	0.125	1	0.2	0.333
P_3	0.333	5	1	3
P_4	0.2	3	0.333	1

注:C 表示评价指标,P 表示开挖方法。

(5)目标指标。

①对于施工单位而言,修建浅埋暗挖地下工程,假设从控制地表沉降出发,首先要求地表最大累计沉降最小,其次造价(施工成本)要低,再次考虑工期要短,最后要求施工难度要小。因此,判断矩阵见表 4-25。

表 4-25

A	C_2	C_4	C_3	C_1
C_2	1	0.125	0.333	0.2
C_4	8	1	5	3
C_3	3	0.2	1	0.333
C_1	5	0.333	3	1

注:A 表示目标,C 表示评价指标。

②对于施工单位而言,修建浅埋暗挖地下工程,假设从控制工程造价(施工成本)出发,首先要求造价(施工成本)要低,其次地表最大累计沉降最小,再次考虑工期要短,最后要求施工难度要小。因此,判断矩阵见表 4-26。

表 4-26

A	C_4	C_2	C_3	C_1
C_4	1	0.2	0.333	0.125
C_2	5	1	3	0.333
C_3	3	0.333	1	0.2
C_1	8	3	5	1

注:A 表示目标,C 表示评价指标。

4)一致性检验

计算得到评价指标的 λ_{max},以及一致性指数 CI,见表 4-27。

表 4-27

评价指标 / 项目	C_1	C_2	C_3	C_4
λ_{max}	4.3	4.14	4.29	4.14
一致性指数 CI	0.1	0.047	0.097	0.047
检验结果	满足	满足	满足	满足

对于目标指标,从控制地表沉降出发,计算得到 CI 为 0.047,在控制范围之内;从控制工程造价出发,计算得到 CI 为 0.047,在控制范围之内。

所以,各判断矩阵层次单排序都有很好的一致性,开挖方法比选的总排序也有很好的一致性,说明运用多目标层次决策分析法进行开挖方法比选是正确可行的。

5)确定开挖方法总排序

(1)从控制地表沉降出发

根据相对权重系数计算公式可得到层次单排序结果，同时可以综合排出总的排序结果，其结果见表 4-28。

施工方案总的排序结果 表 4-28

评价指标 / 施工方案	C_1	C_2	C_3	C_4	总排序结果
	0.051	0.523	0.139	0.287	
P_1	0.271	0.051	0.494	0.523	0.260
P_2	0.045	0.139	0.048	0.051	0.096
P_3	0.494	0.287	0.330	0.287	0.304
P_4	0.190	0.523	0.128	0.139	0.341

从表 4-28 中可以明显看出，从控制地表最大沉降出发，开挖方法④CRD 工法(交叉中隔墙法)最优。

(2)从控制施工成本出发

如果从控制工程造价(施工成本)的角度出发，运用同样的比选方法，可以得到如表 4-29 所示开挖方法的另一种排序结果。

开挖方法总的排序结果 表 4-29

评价指标 / 施工方案	C_1	C_2	C_3	C_4	总排序结果
	0.051	0.287	0.139	0.523	
P_1	0.271	0.051	0.494	0.523	0.370
P_2	0.045	0.139	0.048	0.051	0.076
P_3	0.494	0.287	0.330	0.287	0.304
P_4	0.190	0.523	0.128	0.139	0.250

从表 4-29 中可以明显看出，从控制工程造价(施工成本)的角度出发，施工方案①上半断面临时闭合法最优。

由上面的比较也可以发现，考虑的角度不同，开挖方法的比选结果也不同。开挖方法的总排序结果为决策者提供了规划和选择策略的重要依据，按照不同评价指标完全可以作出有说服力的决策。

6)结论

实践已经证明，原国家计委办公大楼前庭广场下的超浅埋、双洞、双层、大跨、近距地下停车场停车洞室，从控制地表下沉、确保施工安全方面出发，采用 CRD 法(交叉中隔墙法)进行施工，这与通过多目标层次决策分析法计算得到的开挖方法排序比选结果一致。选择 CRD 法对控制地表下沉和确保施工安全方面是合适的，见图 4-8。

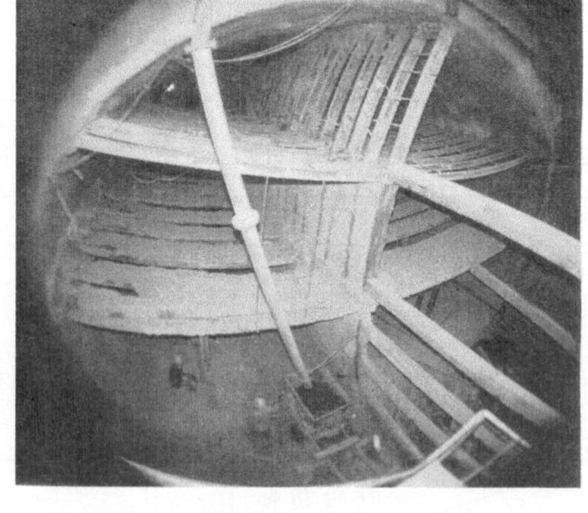

图 4-8 地下停车场工程 CRD 法施工

二、全断面开挖方法

按设计将整个隧道开挖断面采用一次开挖成形(主要是爆破或机械开挖)、初期支护一次到位的施工方法叫全断面开挖法。

(一)施工顺序

全断面开挖方法操作起来比较简单，主要工序是：使用移动式钻孔台车，首先全断面一次钻孔，并进行装药连线，然后将钻孔台车后退到 50m 以外的安全地点，再起爆，使一次爆破成形，出渣后钻孔台车再推移至开挖面就位，开始下一个钻爆作业循环，同时施作初期支护，铺设防水隔离层(或不铺设)，进行二次模筑衬砌。开挖顺序见图 4-9，作业流程见图 4-10。

(二)适用范围

全断面法主要适用于 I～III 级围岩；当断面在 $50m^2$ 以下，隧道又处于 IV 级围岩地层时，为了减少对地层的扰动次数，在进行局部注浆等辅助施工加固地层后，也可采用全断面法施工，但在第四纪地层中采用时，断面面积一般在 $20m^2$ 以下，施工中仍需特别注意。山岭隧道及小断面城市地下电力、热力、电信等管道多用此法。

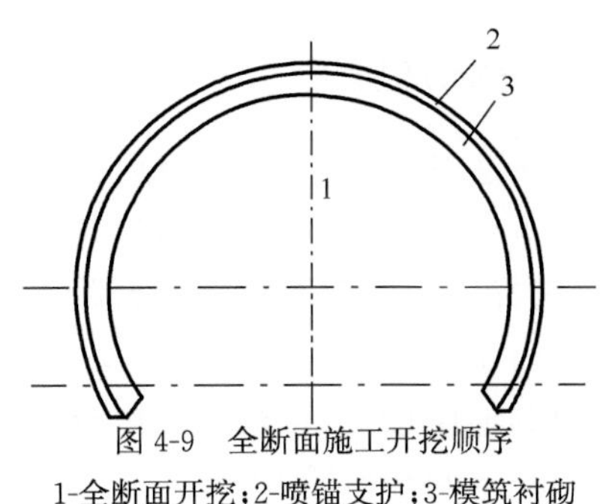

图 4-9 全断面施工开挖顺序

1-全断面开挖；2-喷锚支护；3-模筑衬砌

①钻孔 ②装药、爆破 ③初喷 ④装渣 ⑤量测，⑥局部挂网

⑦复喷 ⑧仰拱施工 ⑨铺防水板，⑩模筑初砌

图 4-10 全断面开挖法的工作流程

(三)评价

1. 优点

(1)可以减少开挖对围岩的扰动次数，有利于围岩天然承载拱的形成。

(2)全断面开挖法有较大的作业空间，有利于采用大型配套机械化作业，提高施工速度，防水处理简单，且工序少，便于施工组织和管理。

2. 缺点

(1)对地质条件要求严格，围岩必须有足够的自稳能力。

(2)由于开挖面较大，围岩相对稳定性降低，且每循环工作量相对较大。

(3)当采用钻爆法开挖时，每次深孔爆破震动较大，因此要求进行精心的钻爆设计和严格的控制爆破作业。

(四)注意事项

采用全断面开挖时应注意以下事项：

(1)加强对开挖面前方的工程地质和水文地质的调查。对不良地质情况，要及时预测预报、分析研究，随时准备好应急措施(包括改变施工方法)，以确保施工安全和工程进度。

(2)各工序机械设备要配套。如钻眼、装渣、运输、模筑、衬砌支护等主要机械和相应的辅助机具(钻杆、钻头、调车设备、气腿、凿岩钻架、注油器、集尘器等)，在尺寸、性能和生产能力上都要相互配合，工作方面能环环紧扣，不致彼此互受牵制而影响掘进，以充分发挥机械设备的使用效率和各工序之间的协调作用。并注意经常维修设备及备有足够的易损零部件，以确保各项工作的顺利进行。

(3)加强各种辅助作业和辅助施工方法的设计与施工检查。尤其在软弱破碎围岩中使用全断面法开挖时，应对支护后围岩的变形进行动态量测与监控，使各种辅助作业的三管两线(即高压风管、高压水管、通风管、电线和运输路线)保持良好状态。

(4)重视和加强对施工操作人员的技术培训，使其能熟练掌握各种机械的操作方法，并进一步推广新技术，不断提高工效，改进施工管理，加快施工速度。

(5)全断面法开挖选择支护类型时，应优先考虑锚杆和锚喷混凝土、挂网、撑梁等支护形式。

三、台阶法施工

台阶法开挖就是将开挖断面分成两步或多步开挖，具有上下两个工作面（多台阶时有多个工作面），可分为正台阶法、中隔墙台阶法等。该法在浅埋暗挖法中应用最广，可根据工程实际、地层条件及机械条件，选择适合的台阶方式。台阶法开挖顺序见图 4-11。

（一）正台阶法开挖

根据地层情况，正台阶法可分为两步或多步台阶法。

1）上下两步台阶开挖法

使用此方法，一般地层较好（III～IV 级），将断面分成上下两个台阶开挖，上台阶长度一般控制在 1～1.5倍洞径（D）以内，上台阶高度控制在 2.5m。必须在地层失去自稳能力之前尽快开挖下台阶，支护后形成封闭结构，见图 4-12。

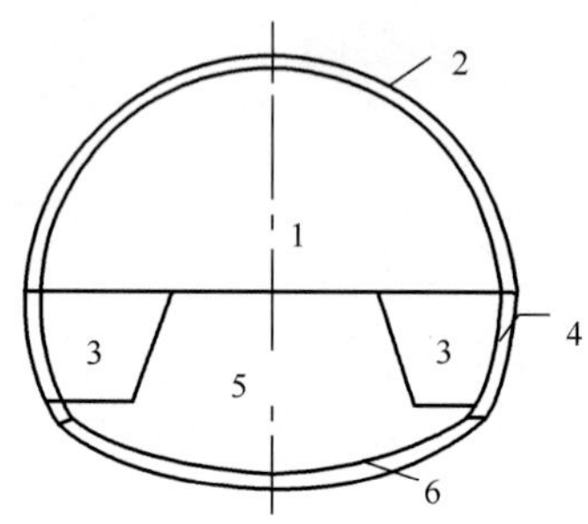

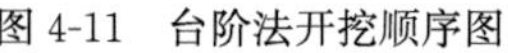

图 4-11 台阶法开挖顺序图

1-上半部开挖；2-拱部初期支护；3-边墙部开挖；4-边墙初期支护；5-下半部中央部开挖；6-仰拱封闭

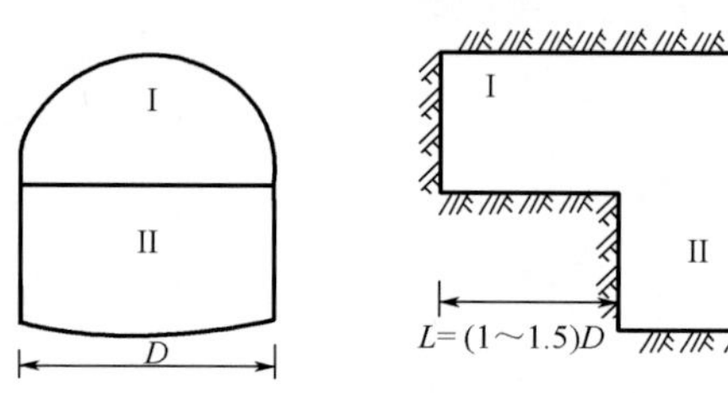

图 4-12 上下两步台阶法

一般采用人工和机械混合开挖法，即上半断面采用人工开挖、机械出渣，下半断面采用机械开挖、机械出渣。有时为解决上半断面出渣对下半断面的影响，可采用皮带输送机将上半断面的渣土送到下半断面的运输车中。

2）多步开挖留核心土

该法适用于地层较差，V～VI 级围岩的地质条件，上台阶取 1 倍洞径左右环形开挖留核心土；用系统小导管超前支护预注浆稳定工作面；用网构钢拱架做初期支护；拱脚、墙脚设置锁脚锚杆；从开挖到初期支护、仰拱封闭不能超过 10d，以控制地表沉陷。正台阶多步开挖施工流程见图 4-13。

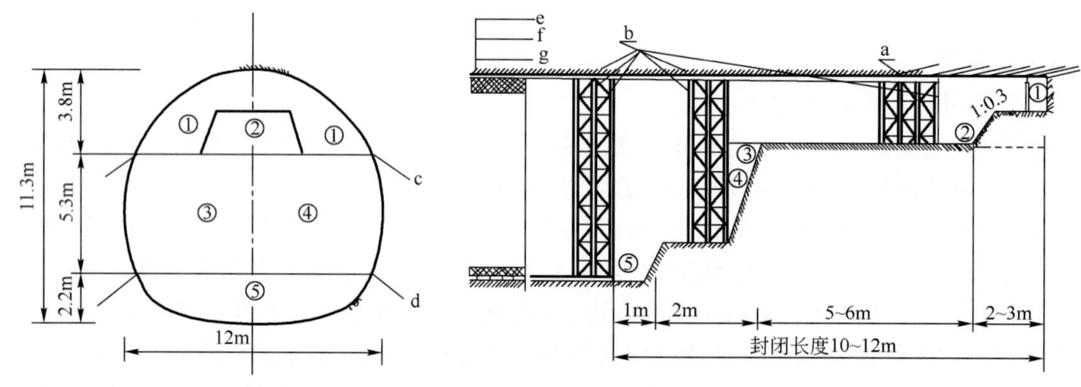

图 4-13 正台阶多步开挖施工流程图

①②③④⑤为开挖顺序；a-超前支护；b-网构钢拱架；c-拱脚注浆锁脚锚管；d-墙脚注浆锁脚锚管；e-初期支护；f-塑料薄板隔离层；g-泵送粉煤灰防水混凝土模筑（永久衬砌）

当隧道断面较高时，可以分多层台阶法开挖，但台阶长度不允许超过 1.5D。

3）环形开挖留核心土

采用环形开挖留核心土，可防止工作面的挤出。其开挖方法是上部导坑弧形断面留核心土平台，拱部初期支护,再开挖中部核心土。核心土的尺寸在纵向应大于 4m,核心土面积要大于上半断面的 1/2,见图 4-14。

4)三台阶七步开挖法

三台阶七步开挖法指隧道开挖过程中,在三个台阶上分 7 个工作面(见图 4-15),以前后 7 个不同位置相互错开同时开挖,然后分部及时支护,形成支护整体,以缩小作业循环时间,逐步向纵深推进的隧道开挖施工方法。该法一般适用于黄土地区隧道施工,也可用于其他 III~IV 级围岩地段。

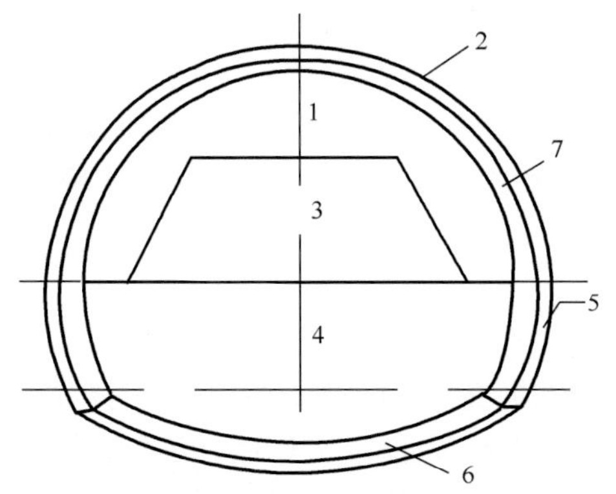

图 4-14 环形开挖留核心土

1-上导坑开挖;2-拱部网喷支护;3-中核开挖;4-下部开挖;5-边墙仰拱网喷支护;6-灌注二次衬砌仰拱;7-二次衬砌

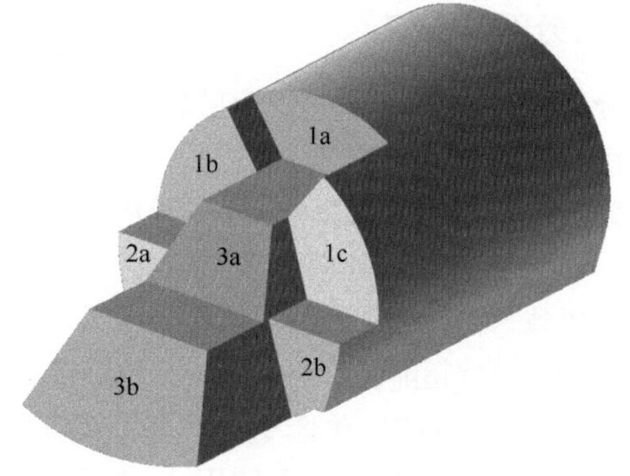

图 4-15 三台阶七步开挖施工示意图

(1)施工工序流程图

开挖施工流程见图 4-16。

(2)施工要点

①台阶长度控制在 3~5m,及时施作初期支护、锁脚锚杆(管),初期支护钢架背后严禁出现空洞。

②全断面初期支护要紧跟下台阶封闭成环,距拱部开挖面的距离尽量短,最长不超过 30m。

(二)台阶法评价

台阶法开挖的优点:

(1)灵活多变,适用性强,凡是软弱围岩、第四纪沉积地层,必须采用正台阶法,这是基本方法,无论地层变好还是变坏,都能及时更改、变换成其他方法。

(2)台阶法开挖具有足够的作业空间和较快的施工速度。台阶有利于开挖面的稳定性,尤其是上部开挖支护后,下部作业则较为安全。当地层无水、洞跨度小于 10m 时,均可采用该方法。

台阶法开挖的缺点:上下部作业有干扰,应注意下部作业时对上部稳定性的影响。另外,台阶开挖会增加对围岩的扰动次数等。

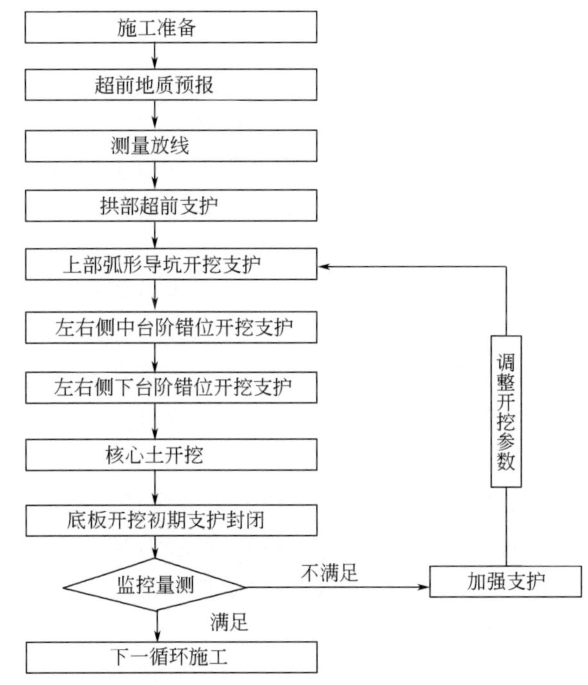

图 4-16 开挖施工工序流程图

(三)台阶法开挖注意事项

(1)台阶数不宜过多,台阶长度要适当,充分利用地层纵向承载拱的作用。上台阶高度宜为 2.5m,一般以一个台阶垂直开挖到底,保持平台长 2.5~3m,易于减少翻渣工作量。装渣机应紧跟开挖面,减少扒渣距离,以提高装渣运输效率。

(2)软弱地层施工时,单线台阶长度超过 1.5 倍洞径就要及时封闭,双线隧道台阶长度超过 1 倍洞径就要及时封闭,未封闭长度大于纵向承载拱跨,就会产生变位骤增现象。

(3)台阶法开挖宜采用轻型凿岩机打眼施作小导管,当进行深孔注浆或设管棚时多用跟管钻机,而不宜采用大型凿岩台车。

(4)上台阶架设拱架时，拱脚必须落在实处，采用锁脚锚管(灌浆)稳固拱脚，防止拱部下沉。

(5)个别破碎地段可配合喷锚支护和挂钢丝网施工，防止落石和崩塌。

(6)解决上下部半断面作业的相互干扰的问题，做好作业施工组织、质量监控及安全管理工作。

(7)采用钻爆法开挖石质隧道时，应采用光面爆破技术和振动量测控制振速，以减少对围岩的扰动。

四、分部开挖法

分部开挖法主要适用于地层较差的大断面地下工程，尤其是限制地表下沉的城市地下工程的施工，该法包括单侧壁导坑超前台阶法、双侧壁导坑超前台阶法、双侧壁导坑超前中间台阶法、中隔墙法(CD法)、交叉中隔墙法(CRD法)等多种形式。

(一)单侧壁导坑超前台阶法开挖

1. 概述

单侧壁导坑超前台阶法是指先开挖隧道一侧的导坑，并进行初期支护，再分部开挖剩余部分的施工方法。

采用该法开挖时，单侧壁导坑超前的距离一般在2倍洞径以上，为稳定工作面，经常和超前小导管预注浆等辅助施工措施配合使用，一般采用人工开挖、人工和机械混合出渣。

2. 工艺流程

单侧壁导坑超前台阶法开挖见图4-17。其工艺流程为：

(1)左导施作超前支护：小导管注浆。

(2)左导1部开挖支护：采用台阶法开挖，施作初期支护，及时封闭成环。

(3)待左导开挖15～20m以后，进行右导开挖，开挖3部，施作初期支护，及时封闭成环。

(4)开挖5部，在5部底部设一道I18型钢临时仰拱。

(5)开挖7部，使7部及时封闭成环。

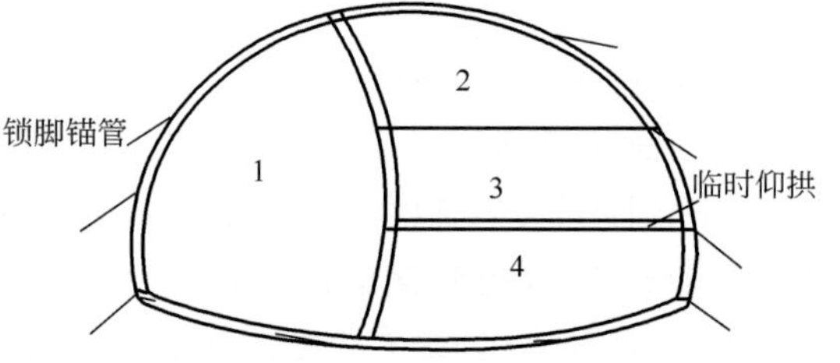

图4-17 单侧壁导坑超前台阶法开挖
(1～4表示开挖顺序)

3. 工法适应性评价

跨度大于10m的隧道，可采用单侧壁导坑法，将导坑跨度定为3～4m，这样就可将大跨变成3～4m跨和6～10m跨，这种施工方法简单、可靠。该法是将大跨度变为小跨度后进行正台阶施工的，它避免了采用双侧壁导坑超前台阶法所带来的工序复杂、造价增大、进度缓慢等缺点，也避免由于施工精度不高，引起网构拱架连接困难的缺点。

侧壁导洞尺寸，一般根据机械设备和施工条件确定，而侧壁导洞的正台阶高度，一般规定至起拱线的位置，主要是为施工方便而确定的，从2.5～3.5m不等，下台阶落底、封闭要及时，以减少沉降。

(二)双侧壁导坑超前台阶法开挖

1. 概述

双侧壁导坑超前台阶法也称眼镜工法，是指先开挖隧道两侧的导坑，并进行初期支护，再分部开挖剩余部分的施工方法。该法实质是将大跨度(大于20m)分成3个小跨进行作业。一般采用人工、机械混合开挖，人工、机械混合出渣。该法的开挖方式、流程见图4-18、图4-19。

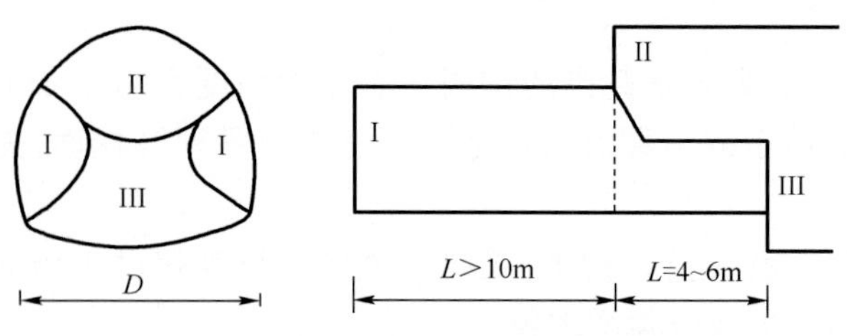

图4-18 双侧壁导坑超前中间台阶法开挖方式

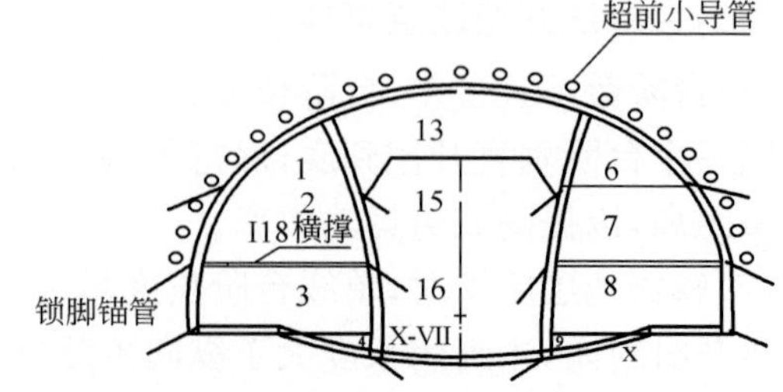

图4-19 双侧壁导坑超前中间台阶法开挖流程

双侧壁导洞法以台阶法为基础，将隧道断面分成 3 部分，即双侧壁导洞和中部，其双侧壁导洞尺寸以满足机械设备和施工条件为主确定。

施工时，应先开挖两侧的侧壁导洞，在导洞内按正台阶法施工，当隧道跨度大而地质条件较差时，上台阶也可采用中隔墙法或环形留核心土法开挖，开挖后及时施工初期支护结构，在初期支护的保护下，逐层开挖下台阶至基底，并施工仰拱或底板，见图 4-20。施工过程中，左右侧壁导洞错开不小于 15m，这是基于在开挖中引起导洞周边围岩应力重新分布不影响已成导洞而确定的。上、下台阶之间的距离，视具体情况，按台阶法确定。

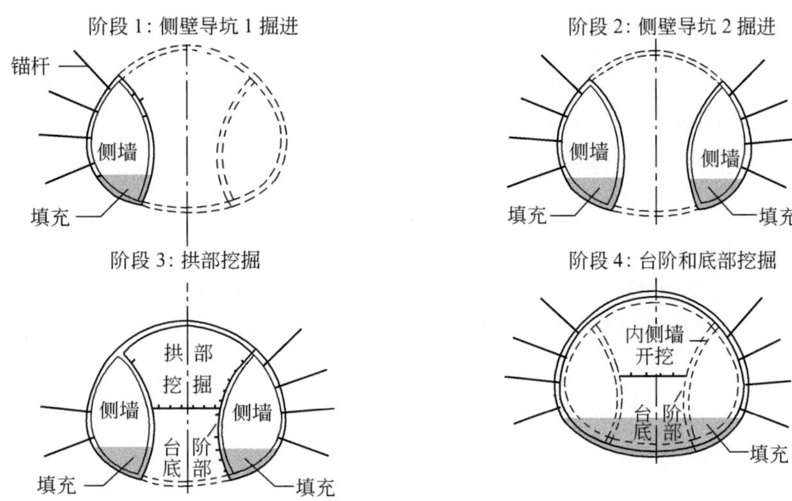

图 4-20　双侧壁导坑法断面分块开挖示意图

2. 工艺流程

双侧壁导坑施工工艺流程框图如图 4-21 所示。

3. 施工要点及相关注意事项

1)导坑施工

一侧导坑先施工，另一侧导坑滞后 15～20m 施工。侧壁应尽量拉直，导坑断面宽度一般为整个断面的 1/3。导坑开挖后应及时进行初期支护及临时支撑，设置锁脚锚管(灌浆)，并应尽早封闭成环。

(1)导坑上半断面施工

①沿开挖轮廓线打设超前小导管并注浆。

②采用正台阶法开挖，每次开挖进尺 0.5～0.75m。

③正洞周边初喷混凝土厚度 5cm。

④架立格栅钢架，挂网，焊上连接杆。格栅钢架 0.5～0.75m/榀。

⑤在拱架接头和拱脚位置钻孔，安装锁脚锚管并注浆。

⑥周边复喷混凝土至设计厚度。

⑦在底部横向挖槽，埋入横向临时支撑。

(2)导坑下半断面施工

导坑下半断面开挖面与上半断面开挖面前后错进 15～20m。

①开挖导坑下半断面，每次进尺 1.0～1.5m。

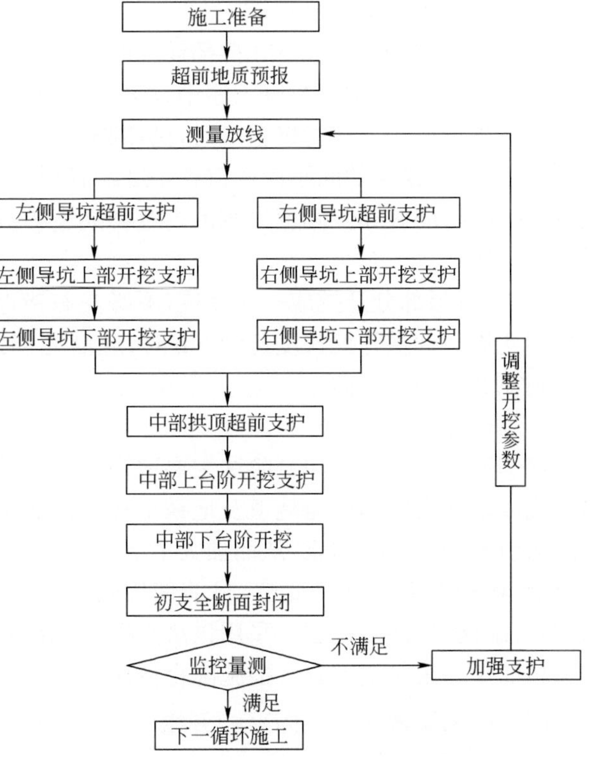

图 4-21　双侧壁导坑施工工艺流程图

②正洞周边初喷混凝土厚度 5cm。

③架立格栅支撑，挂网，焊上连接杆，格栅间距 0.5～0.75m/榀。

④在拱架接头和拱脚位置钻孔，安装锁脚锚管并注浆。

⑤周边复喷混凝土至设计厚度。

⑥灌注一侧导坑隧底部分仰拱，灌注边墙基础混凝土，衬砌前绑扎钢筋，并预留钢筋接头，每循环 6m。

⑦开挖另一侧导坑上、下半断面，同上。

(3)注意事项

①导坑施工应坚持“管超前，短进尺，弱爆破，强支护，勤量测，早封闭”的原则。

②导坑下部开挖后成瘦高形，根据软弱围岩特征，中部岩体经多次扰动后，出现大塑性区，通过及时施作仰拱和填充混凝土及内壁间对拉锚杆，能有效控制结构位移下沉。

③为保证两侧壁导坑内壁间土体稳定，可在内壁间施作对拉锚杆，并设围檩。

2)中洞施工

(1)施工步骤

①中洞拱部开挖前，先测量画出开挖轮廓线，沿开挖轮廓线打设超前小导管注浆加固，参数同导坑。

②人工利用风镐，局部控制爆破开挖，每循环进尺 0.5～0.75m。

③初喷混凝土 5cm。

④架设拱部格栅钢架，挂网，焊纵向连接筋。

⑤打设锁脚锚管，参数同导坑。

⑥喷射混凝土至设计厚度。

⑦架设临时竖撑，每排 3 根。

(2)注意事项

中洞施工将引起应力重分布，由于开挖的跨径大，顶部形状又过于扁平，可能产生较大的受力和下沉，因此，应注意以下事项：

①拱部施工应坚持“18 字方针”。

②拱部开挖支护完成后在拱部设临时竖撑，可以减少结构受力和拱顶下沉。在绑扎钢筋、立模、混凝土灌注、混凝土养护等衬砌工序中，尽可能对临时竖撑采取适宜的托换措施。

③在进行拱部二次衬砌施工时，拱顶临时支撑和侧壁导坑内壁临时支撑都要拆除，此时拱部二次衬砌应紧跟，与开挖面的间距应保持在 1/2 洞径以内，否则，初期支护的强度不可能保证围岩变形稳定，可导致支护结构的破坏。侧壁导坑的内壁初期支护拆除应配合拱部衬砌，拆一段衬砌一段，衬砌完一段，拆除下一段。

④中、下层部分开挖应一次完成，不必左右错进。仰拱每次开挖长度不超过 2～3 榀钢架间距，并及时初期支护。仰拱开挖长度达到 6m 时，应灌完仰拱模筑混凝土再开挖。从上层开挖到仰拱成环的距离控制在 2 倍洞径以内。

4.工法适应性评价

双侧壁导坑超前中间台阶法主要适用于地层较差、断面很大、单侧壁导坑超前台阶法无法满足要求的三线或多线大断面铁路隧道及地铁工程。该法工序较复杂，导坑的支护拆除困难，且有可能由于测量误差而引起钢架连接困难，从而加大了下沉值。此外，使用该法的成本较高、进度较慢。国内外 20 世纪 70 年代至 80 年代初多用此法，目前使用较少，但当断面很大时也经常采用。连续眼镜工法也是可行的，即三眼镜法、四眼镜法。采用该法开挖时，双侧壁导坑超前的距离相等或不等。为了稳定工作面，经常和超前预注浆等辅助施工措施配合使用。

(三)中隔墙法(CD、CRD 法)开挖

1.概述

中隔墙法(Center Diaphragm)，是指先开挖隧道一侧，并施作临时中隔壁墙，当先开挖一侧超前一

定距离后，再分部开挖隧道另一侧的隧道开挖方法。CD 法主要适用于地层较差和不稳定岩体，且地表下沉要求严格的地下工程施工，当 CD 法仍不能满足要求时，可在 CD 法的基础上加设临时仰拱，即所谓的 CRD 法(交叉中隔墙法，Center Cross Diaphragm)。

中隔墙法以台阶法为基础，将隧道断面从中间分成 4～6 个部分，使上、下台阶左右各分成 2～3 个部分，每一部分开挖并支护后形成独立的闭合单元。各部分开挖时，纵向间隔的距离根据具体情况，可按台阶法确定。

2. 工艺流程

采用中隔墙法施工时，每步的台阶长度都应控制，一般台阶长度为 5～7m。为稳定工作面，中隔墙法一般与预注浆等辅助施工措施配合使用，多采用人工开挖、人工出渣的开挖方式。CD 法开挖方式及施工流程见图 4-22、图 4-23，CRD 法开挖方式及工艺流程见图 4-24、图 4-25。

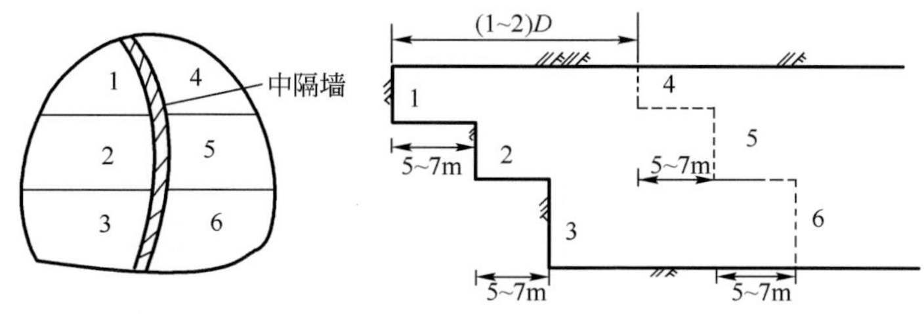

图 4-22 CD 法开挖方式

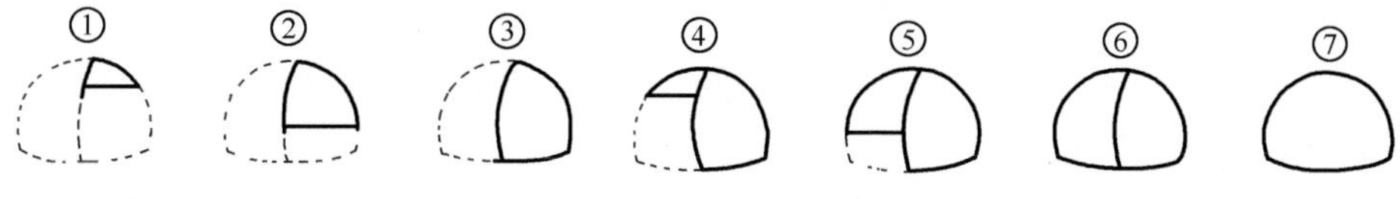

图 4-23 CD 法施工流程

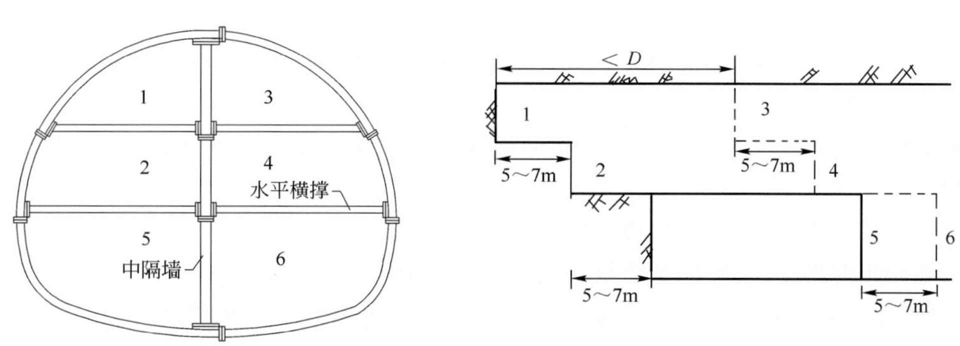

图 4-24 CRD 法开挖方式

CD 法和 CRD 法在地铁车站大跨度中的应用很普遍，将大跨可对分成两个小洞室，也是利用变大跨为小跨的指导思想。在施工中也应严格遵守正台阶法的施工要点，尤其要考虑时空效应，每一步开挖要快，必须及时步步成环，工作面留核心土或用喷混凝土封闭，消除因工作面的应力松弛引起的沉降值增大。地下工程工作面不宜同时多开，类似外科手术，开口越小越好，打开后应立即缝合，我们也应遵守这个原则。要注意当跨度小于 6～7m 时，不宜采用 CRD 法，这样可以避免因分块过多，空间过小，进度太慢而增大沉降值。由于时间加长，变位会增大，所以软弱不稳定地层，在超前支护的作用下，应快速施工。快速通过不良地层，是减少下沉量的最有利的方法，所以方法的选择必须因地制宜。

另外，可以考虑采用竖直的中隔墙，以改善受力状态。

3. 工法评价

(1)优点

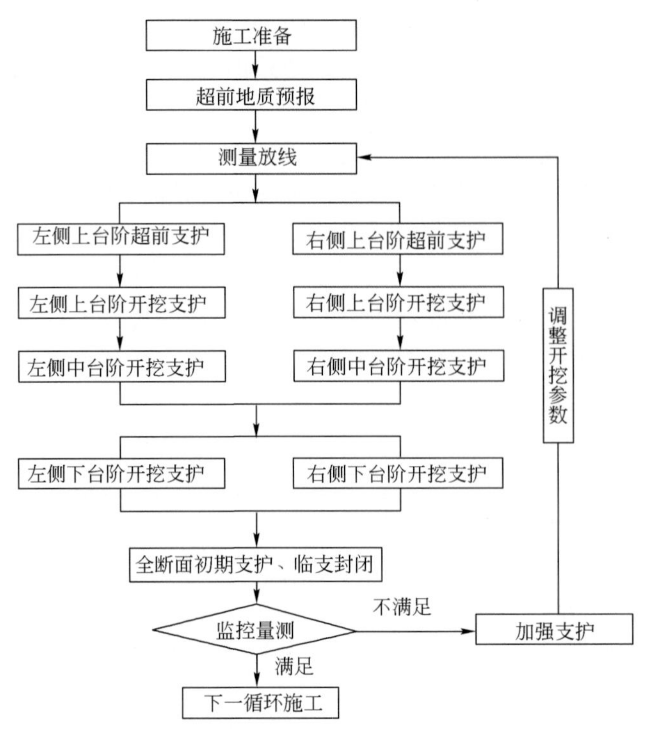

图 4-25　CRD 法工艺流程图

①各部封闭成环的时间短，结构受力均匀，形变小，且由于支护刚度大，施工时隧道整体下沉微弱，地层沉降量不大，而且容易控制。

②由于施工时化大跨为小跨，步步封闭，因此，每步开挖扰动土层的范围相对小得多，封闭时间短，结构很快就处于整体较好的受力状态。同时，临时仰拱和中隔墙也起到了增大结构刚度的作用，有效抑制了结构的变形。

③该法适用于较差地层，如采用人工或人工配合机械开挖的 IV～V 级围岩和浅埋、偏压及洞口段。

(2)缺点

①由于地层软弱，断面较小，只能采取小型机械或人工开挖及运输作业，且分块太多，工序繁多、复杂，进度较慢。

②临时支撑的施作和拆除困难、成本较高。

③有必要采用爆破时，必须控制药量，避免损坏中隔墙。

CD 法和 CRD 法中，中隔墙和水平横撑宜采用竖直隔墙和水平直撑形式。

五、特大断面施工

在修筑地下发电厂、地下储库、地下商业街及地铁车站时，经常出现地下大空间的施工问题。这些建筑物在埋深较浅、软弱不稳定的 III～V 级围岩中一般用浅埋暗挖法施工。

当地层条件差，断面特大时，一般设计成多跨结构，跨与跨之间一般用梁、柱连接。比如常见的三跨两柱大型地铁车站、地下商业街、地下停车场等，这种条件下，一般采用柱洞法、侧洞法、中洞法及洞桩墙法(地下盖挖法)等方法施工，其核心是变大断面为中、小断面，提高施工安全度，见图 4-26。

(1)施工准备。除按一般常规要求进行外，要特别强调对地质条件的调查分析和施工方法的选择，以确定合理的开挖方式、顺序、分段方式和支护方式，加快施工进度。

(2)开挖。一般采用分部开挖，通常初期支护从上向下施作，先挖拱部，形成网喷结构，然后再向下边开挖边网喷支护。拱部跨度在 20～30m 时，一般在拱脚水平位置上设两个侧壁导坑，在拱顶设一个顶部导坑，从两侧向顶端扩大开挖。开挖到设计尺寸，及时挂大钢筋网，喷混凝土形成初期支护，最后开挖中央核心部分，如图 4-27 所示。拱部扩大的宽度根据地质条件和施工方法不同，通常为 3～5m。各

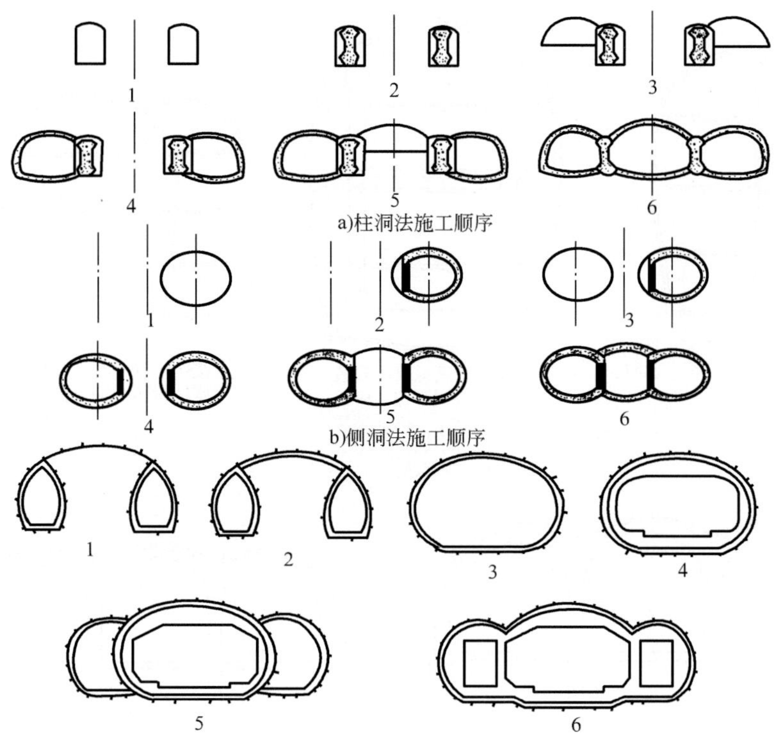

图 4-26 特大断面施工方法

导坑的断面，应根据施工方法确定。爆破时，尽量采用光面爆破或预裂爆破，以减少超挖、欠挖和对围岩的破坏。

为避免主洞与其他有关隧道（运输通道、通风洞、电缆洞、排水洞等）的交叉，以及因受到大规模爆破开挖造成围岩松动，各相关隧道应先于主洞开挖。在主洞与其他隧道连接处应预先用混凝土衬砌（或锚喷支护）加固。

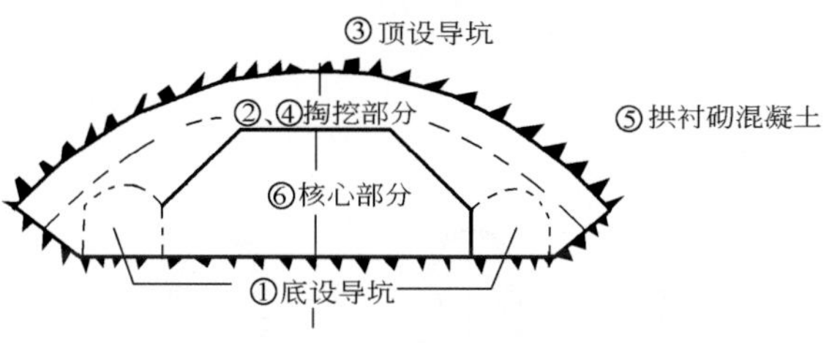

图 4-27 分部开挖断面图

开挖过程中，根据设计要求，对围岩的变形和松动影响进行必要的量测，并将结果反馈到施工中去，以指导工程顺利进行。

(3)支护。特大断面暗挖法施工支护的主要目的，是为了加固新产生临空面的围岩和防止围岩风化。因此，一次支撑和二次衬砌在开挖后应尽早施工。

(一)中洞法施工

中洞法施工就是先开挖中间部分（中洞），在中洞内施作梁、柱结构，然后再开挖两侧部分（侧洞），并逐渐将侧洞顶部荷载通过中洞初期支护转移到梁、柱结构上。这种施工方法，由于中洞的跨度较大，一般采用 CD 法、CRD 法或眼镜法等施工。中洞法施工工序复杂，但两侧洞对称施工，比较容易解决侧压力从中洞初期支护转移到梁柱上时产生的不平衡侧压力问题，施工引起的地表下沉较易控制。具体施工顺序见图 4-28。该方法在无水、地层相对较好时应用。因该法施工空间大，施工方便，混凝土施工质量也能保证，当施工队伍水平较高时，多利用该方法。地表沉降均匀，两侧洞的沉降曲线，不会在中洞施工的沉降曲线最大点叠加，此法应为优选方案。

(二)柱洞法施工

有两种柱洞法施工模式，分别见图 4-29、图 4-30。

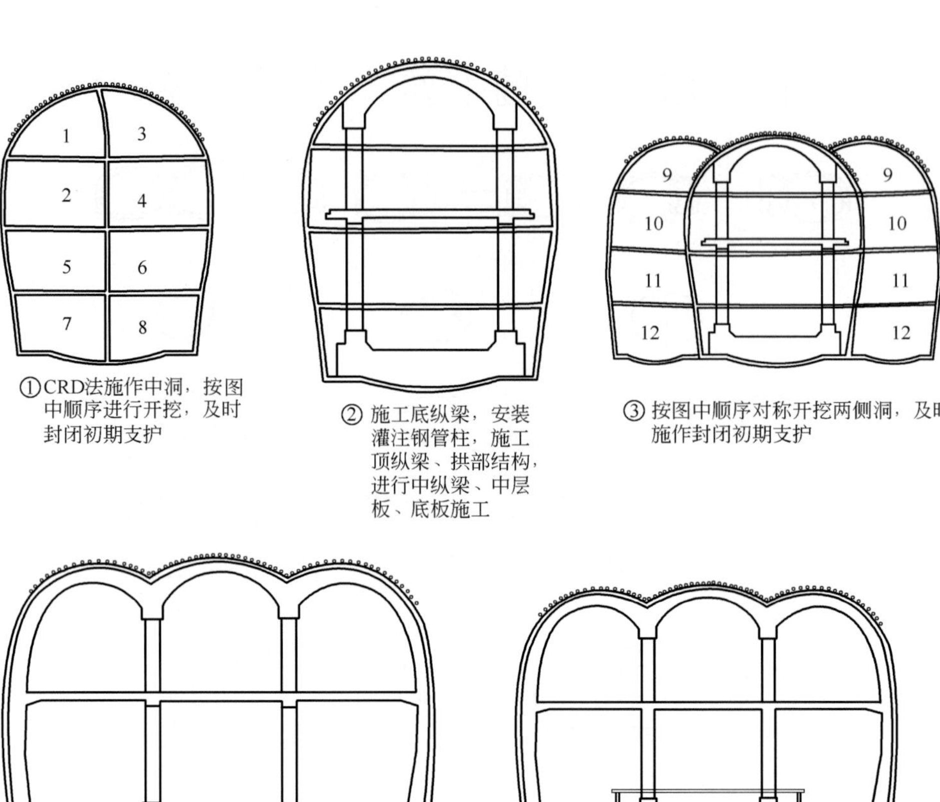

图 4-28　中洞法施工顺序

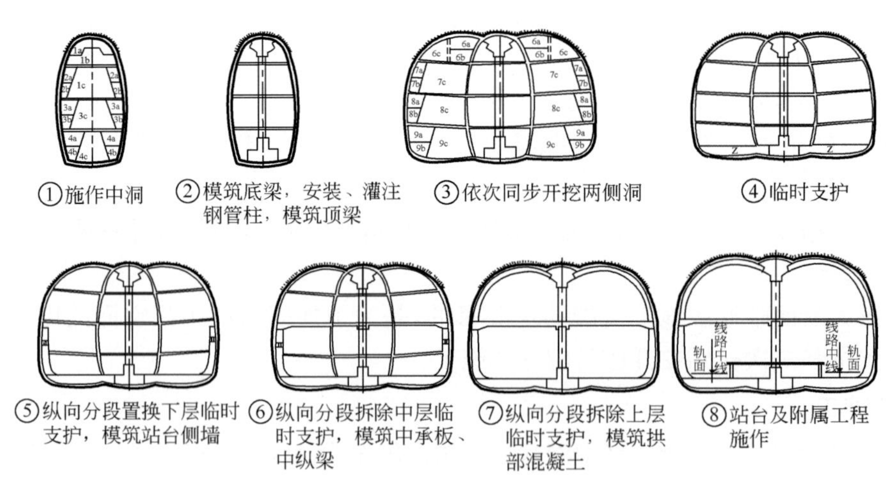

图 4-29　车站柱洞法施工工序

对双拱单柱的结构形式可按照如图 4-29 所示的顺序进行施工。在立柱位置先施作一个小导洞，可用台阶法开挖，当小导洞做好后，在洞内再做底梁、立柱和顶梁，形成一个细而高的纵向结构。该方法的关键是如何确保两侧开挖后初期支护同步作用在顶纵梁上，同时立柱要保持左右水平力相等且同时加上，这是力的平衡和力的转换交织在一起的施工难点。如图 4-29④步增设强有力的临时水平支撑是一个办法，但工程量大，不易控制。另一个方法是做好图 4-29②步的空间，用片石(间层用素混凝土或三合土)回填密实，使立柱在承受水平力时，靠回填物给予支持，以满足左边和右边施工可以不同步将水平

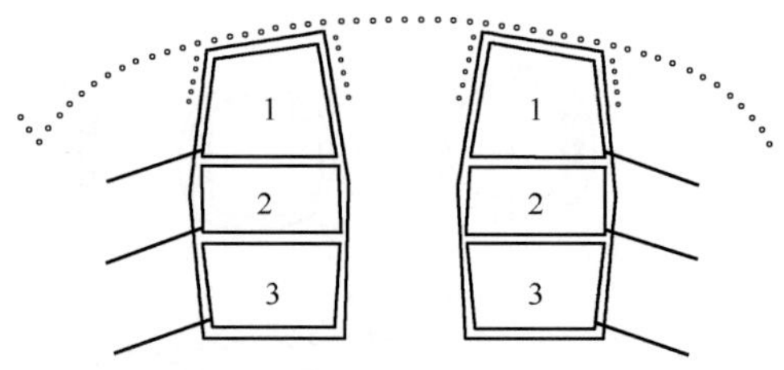

①开挖中部两侧，施作初期支护

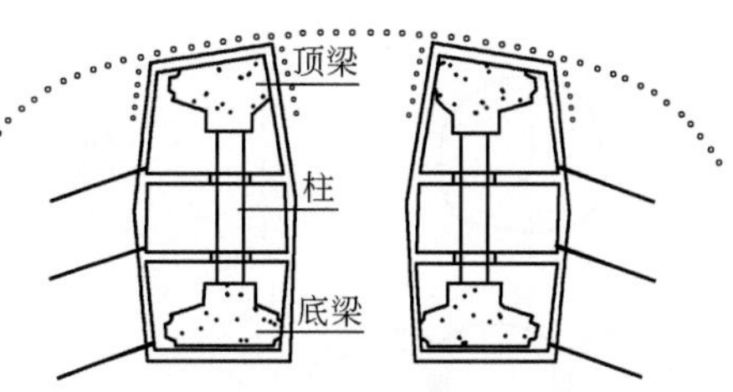

②局部地基注浆加固，施作地基底纵梁及防水，架设钢管柱，施作顶纵梁及防水。留好施工缝，临时支撑固定

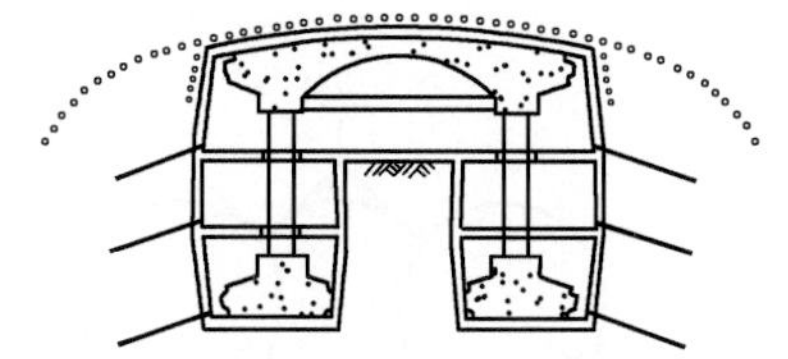

③中洞开挖，分段凿除顶部中隔壁并施作中拱顶板防水及二次衬砌

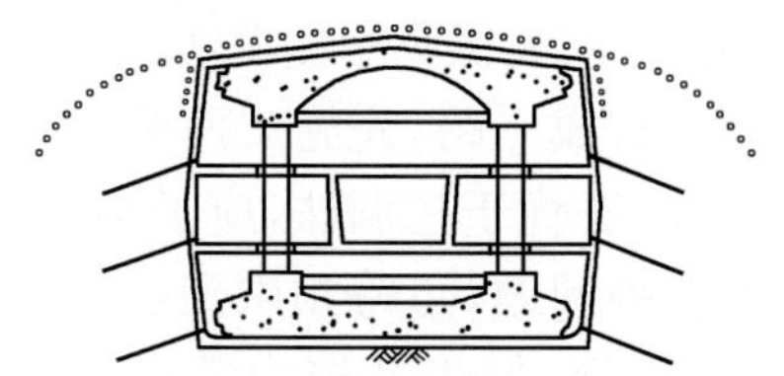

④开挖完成中洞，及时封闭底部初期支护，完成底板及防水层

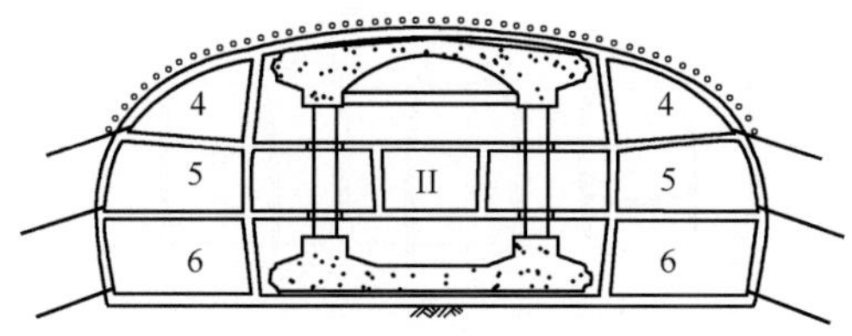

⑤依次同步开挖两侧洞室

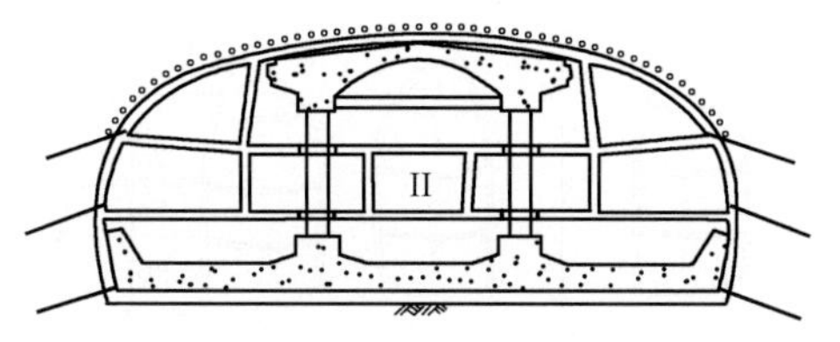

⑥根据监测情况纵向分段拆除中隔壁、临时支撑，逐步完成侧洞底板防水与二次衬砌；两侧导洞内作业应左右对称

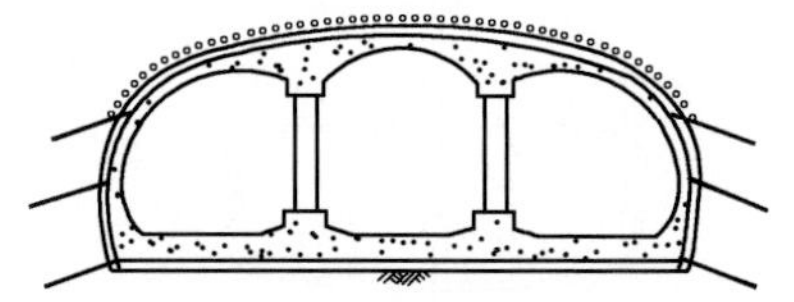

⑦全部完成防水层以及内衬结构

图 4-30　三跨双柱车站柱洞法施工顺序

荷载转移到立柱纵梁上。这样做能确保立柱的质量，但造价要高。

对三跨双柱的结构形式可按照图 4-30 的顺序进行施工。将整个断面开挖横向分为侧洞、有柱的柱洞和中洞。先对称施工柱洞，可用台阶法开挖，柱洞做好后，在洞内再做底梁、立柱和顶梁，建立起梁、柱支撑体系。然后，施工两个柱洞中间的中洞初期支护和二次衬砌，形成整个大中洞稳定体系。再对称自上而下施工两侧洞初期支护，最后纵向分段自下而上对称施作二次衬砌，完成结构闭合。

(三)侧洞法施工

侧洞法施工就是先开挖两侧部分(侧洞)，在侧洞内做梁、柱结构，然后再开挖中间部分(中洞)，并逐渐将中洞顶部荷载通过侧洞初期支护转移到梁、柱上，这种施工方法，在处理中洞顶部荷载转移时，相对中洞法要困难些，施工顺序见图 4-31。

但两侧洞施工时，中洞上方土体多次扰动，形成危及中洞上小下大的梯形或三角形楔形土体，该土体直接压在中洞上，中洞施工若不小心就能坍塌，见图 4-32，引起的地表下沉较大，而中洞法施工则不会出现这种情况。

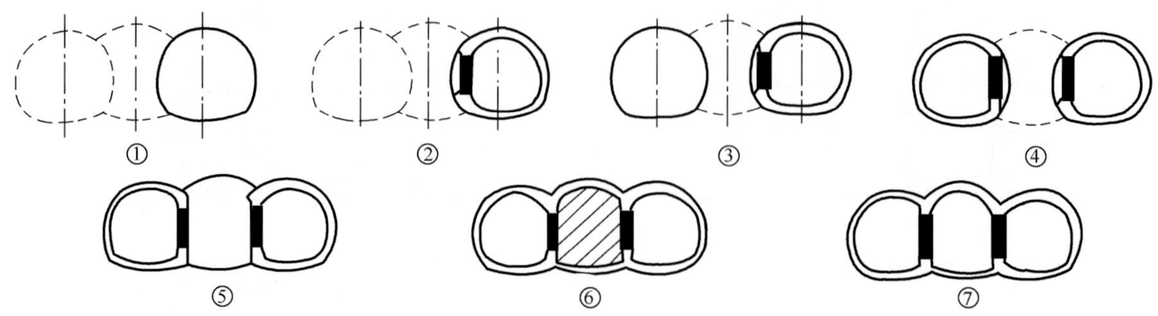

图 4-31 侧洞法施工顺序

图 4-33 为单柱、大拱车站侧洞法施工工序，该方法是将一个大拱分成三跨，先施工两侧，最后再做中间立柱和结构，该法优于柱洞法，应予提倡。该方法也存在着力的转换问题，边跨扣拱到柱顶时，中部未开挖，可以保持平衡，但当开挖中部时，支撑力没有了，必须在两边跨各设拉杆平衡拱的水平力，或在中洞设顶撑，平衡立柱水平力。

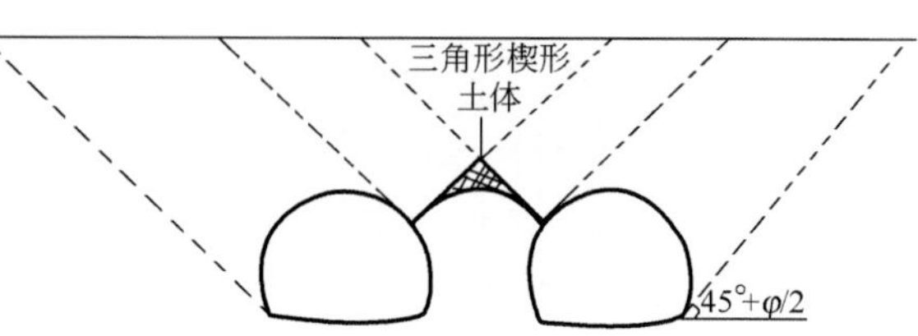

图 4-32 侧洞法施工土体变形示意图

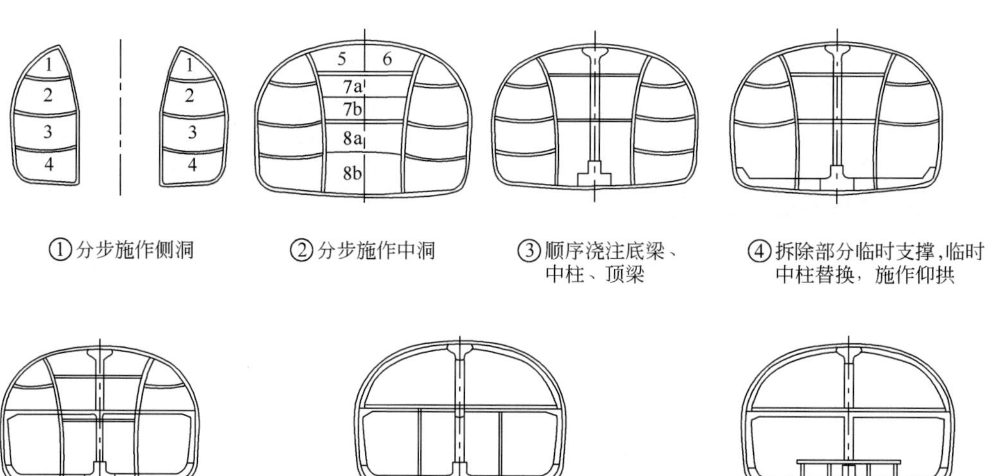

图 4-33 车站侧洞法施工工序图

(四)各种开挖方法的比较

各种开挖方法比较见表 4-30。

各种开挖方法比较 表 4-30

项目 \ 方法	中洞法	侧洞法	柱洞法
地面沉降	较大	较大	大
施工安全度	一般	较高	一般
断面利用率	一般	一般	一般
施工环境	较好	较好	导洞内稍差

续上表

项　目 \ 方　法	中　洞　法	侧　洞　法	柱　洞　法
受力条件	较好	较好	较差
废弃工程量	一般	较大	较少
造价	一般	大	较低

柱洞法虽施工安全度较高、废弃工程量较少，但导洞内作业条件差，施工质量较难保证，扣拱时跨度较大，安全性稍差；侧洞法地面沉降量较大，钢格栅连接难度较大；中洞法的特点是初期支护自上而下，每一步封闭成环，环环相扣，二次衬砌自下而上施作，施工质量易得到保证，施工环境和受力条件较好，地面沉降量、施工安全度、废弃工程量等均能满足工程要求，因此推荐中洞法。

第四节　复杂条件下的浅埋暗挖施工

一、有水条件下的浅埋暗挖施工

隧道通过的地层有含水、渗水、涌水和地下水水压，这些都是客观存在的。地下水对隧道的危害主要有：使软岩软化，土压增大；促使破碎带崩坍；使黏土、土质岩和膨胀岩膨胀，围岩发生流变；无胶结围岩流动化，围岩崩坍，丧失稳定等。总之，地下水的存在会对软岩、土、沙层造成不稳定，增大荷载。大量地下水与高水压常会酿成洞内突水、突泥、突沙及地面沉陷、地表水源枯竭等重大事故。

为了防止隧道施工中地下水引起灾害，必须根据隧道工点的实际地质与水文地质条件和施工方法对地下水进行调查和有效控制。

调查内容包括地下水水位、动态、大小、水压、水质及补给方式等。根据调查结果，结合围岩条件、隧道埋深及周边环境等综合因素来选择涌水处理方案，并作出具体的施工设计方案。

有效控制地下水主要有两种方法，即排水和止水。止水方法常常与围岩的加固相联系。可供选择的主要处理方案详见表4-31。

二、联拱、小间距隧道施工

当场地狭窄，使得双洞分开建造受到限制时，可考虑联拱隧道方案，一般设计为双跨联拱隧道。

由于存在联拱隧道施工工期较长、工序较多、繁琐，造价较高，施工中力学转换复杂，中隔墙混凝土容易开裂及顶部渗漏水等问题难以解决，目前已逐渐改为大拱或2～3个单洞结构。

（一）施工工艺及关键技术

1.联拱隧道施工工艺及关键技术

针对不同地质条件，双联拱隧道施工方法可归纳为4种：①中导洞施工法；②三导洞分步施工法；③单洞施工法；④双洞全断面平行施工法。V级及以下的围岩，应采用配合超前支护的三导洞施工法。IV级围岩条件下，从安全、经济等多方面综合考虑，宜采用中导洞半断面施工法。III级及以上围岩，从安全、经济等多方面综合考虑，宜采用中导洞全断面施工法。在双联拱隧道的修建中，主要采用三导洞施工方法。

（1）中导洞施工法

中导洞施工法就是首先在连接上、下行线隧道的中隔墙处贯通一条小断面导洞，并施工中隔墙混凝土，然后再开挖上、下行线正洞的施工方法。其施工步骤如图4-34所示。

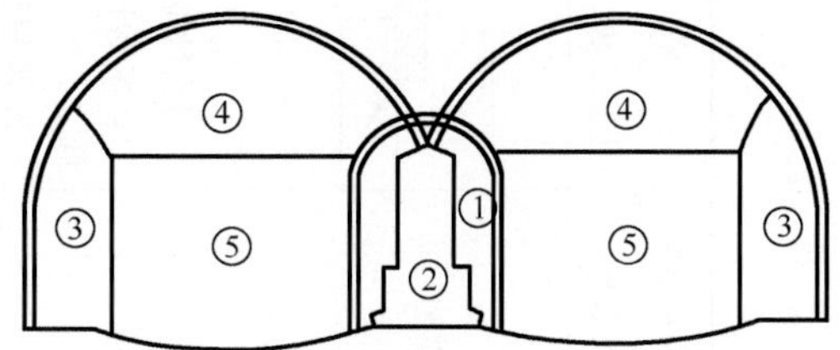

图4-34　中导洞施工法施工步骤示意图

中导洞开挖施工工序：

①中导洞开挖初期支护施工；

②中隔墙混凝土施工；

处理地下水对策表

表 4-31

处理涌水对策	堵水	冻结	排水			降水	
方法名称	注浆工法(单液、双液)	冻结法	导坑排水	底设导坑排水	排水钻孔	深井降水	洞内井点降水
简图							
适用条件	可注性地层： 1. 水量较小，水压较低。 2. 浅埋隧道地面注浆。 3. 深埋隧道掌子面深孔或浅孔预注浆。 4. 水量大、水压高时，与排水相结合进行注浆	1. 饱和土层、沙土、淤泥。 2. 城市地铁不允许地下水流失。 3. 当无法采用注浆堵水和保持掌子面稳定，而冻结法成为唯一选择时应用	1. 利用渣坑道作为排水坑道。 2. 水量较大、压力较高时，为处理涌水设置侧导坑，兼做地质调查	1. 涌水量很大。 2. 城市地铁不允许地下水流失。 3. 当无法采用注浆堵水和保持掌子面稳定，而冻结成为唯一选择时应用	1. 深埋隧道。 2. 地层透水系数较大	1. 深埋或浅埋隧道通过含水地层时，且围岩具有可降水性能。 2. 对埋深很大的隧道和复杂地质构造地层是否适用需经试验确定。 3. 埋深在 30m 以内较合适。 透水系数大的地层，井深小于 10m	
效果评价	1. 实用。 2. 效果好，起到堵水与固结围岩的作用。 3. 需要注意地层的可注性。根据具体情况采用单液或双液注浆	1. 有针对性地使用。 2. 较难达到预期效果。 3. 施工作业复杂	实用、有效	1. 实用、有效，能排除大量涌水，大大降低水压。 2. 有稳定掌子面作用。 3. 底部基本能达到无水作业条件	1. 实用、效果好。 2. 同时起到探查前方地质作用。 3. 有稳定掌子面作用	1. 实用、效果好。 2. 底部基本能达到无水作业条件	1. 实用、有效。一般透水系数越大，效果越好。 2. 底部基本能达到无水作业条件
工期	掌子面需停止施工	掌子面需停止施工，循环时间长，工期长	1. 掌子面与排水导坑可同时作业。 2. 对掌子面施工有一定影响	掌子面与排水导坑可同时施工，互不干扰	掌子面钻孔与排水钻孔同时进行，几乎无干扰	对掌子面施工无影响	对掌子面有一定影响
费用	较大	大	小	很大	小	中等	小

③正洞两侧开槽及初期支护；

④正洞拱部开挖及初期支护施工；

⑤中间部分开挖。

相对于三导洞分步施工法，采用中导洞施工法减少了两个边导洞的施工，拱墙采取整体初期支护，具有工序较简单、机械化程度较高、初期支护工作量小、施工进度较快、节约成本的特点。而且中导洞先施工，起到了超前探明隧道地质情况的作用，为左右正洞施工创造了条件。

(2)三导洞施工法

三导洞施工法是除在中隔墙处开挖一导洞外，还在上、下行隧道两侧分别开挖一条侧导洞，在中墙混凝土与边墙混凝土施工完后再开挖上、下行线正洞。

三导洞法开挖施工顺序如图 4-35 所示。

图 4-35　三导洞施工法

①中导洞开挖；②中导洞初期支护；③中隔墙混凝土浇筑；④左侧导洞开挖；⑤左侧导洞初期支护；⑥右侧导洞开挖；⑦右侧导洞初期支护；⑧左侧边墙衬砌；⑨右侧边墙衬砌；⑩-1 左线拱部开挖；⑪-1 左线拱部初期支护；⑩-2 右线拱部开挖；⑪-2 右线拱部初期支护；⑫-1 左线拱部二次衬砌；⑫-2 右线拱部二次衬砌；⑬-1 左线下部土体开挖；⑬-2 右线下部土体开挖；⑭-1 左线仰拱施作；⑭-2 右线仰拱施作

三导洞施工方法的优点：

①正洞支护封闭早，安全可靠；

②很好地处理了左右拱部施工由不对称性到左右洞拱部均施工完毕后的对称结构体系转换，保证了结构在施工过程中的安全。

三导洞施工方法的缺点：

①由于施工工序多，对围岩和已建结构存在多次扰动，不同部位衬砌间隔时间长，使得施工缝更加明显化；

②拱墙衬砌分步施工，防水系统施工质量难以保证，特别是中墙顶处易出现渗漏水现象；

③从经济上考虑，由于多导洞开挖和支护，加大了成本，隧道造价高；

④多导洞施工工序多，耗时长，施工断面小，不利于大型机械作业。

(3)单洞施工法

单洞施工法的工序流程：

①左(或右)洞开挖、初期支护及中墙浇筑；

②左(或右)洞二次衬砌施工；

③右(或左)洞开挖及初期支护；

④右(或左)洞二次衬砌。

单洞施工法的特点：

①减少了工序及对围岩的扰动，缩短了全断面结构建成时间；

②采取了单洞防水系统，保证防、排水施工质量；

③减少了导坑开挖支护工程量，降低了工程造价；

④工程进度快，工期较短。

单洞施工法施工工序如图 4-36 所示。

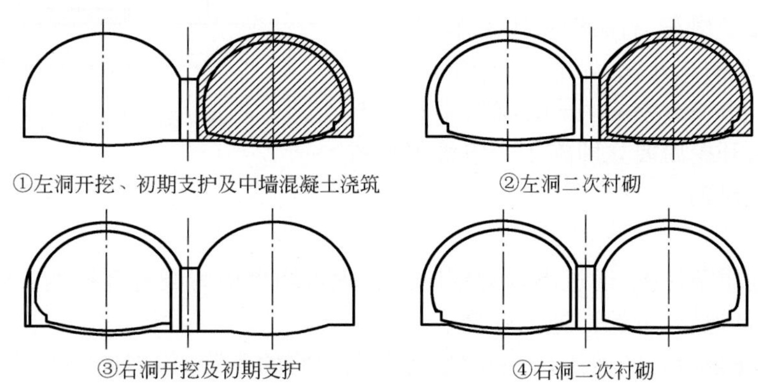

①左洞开挖、初期支护及中墙混凝土浇筑　②左洞二次衬砌

③右洞开挖及初期支护　④右洞二次衬砌

图 4-36　单洞施工法施工工序

由于单个隧道施工技术已很成熟，根据围岩情况，可采用全断面法、正台阶法和其他分步施工方法，如CRD法、眼镜法等，因此，单洞施工法适用范围比较大。施工中，左、右洞按单洞前后应错开施工。采用单洞施工法要注意的是：

①对于先施工的单洞，中墙部分也一并开挖支护和衬砌，中墙顶部围岩应根据具体情况加强支护；

②中墙顶部采用锚杆与围岩连接，给先施工的洞室提供支撑力，保持结构平衡；

③后施工的单洞则应特别注意不对称受力的影响。

后开挖的单洞，最好采用上、下台阶分步开挖，尤其要严格控制下台阶的开挖长度，下台阶开挖后要及时施作二次衬砌，最大限度地缩短不对称结构，确保结构在时间和空间上的安全性。原则上，后开挖的洞要在先开挖的洞施工完主体结构后才能进行，尤其是要在仰拱施工后，使之形成闭合受力结构后施工；后开挖的洞，在开挖靠中墙部分的围岩时，可以通过控制爆破，减少对中墙的破坏。下台阶开挖时可采取先施工远离中墙一侧围岩，增加靠中墙一侧围岩的爆破临空面。

(4)双洞平行施工法

双洞平行施工法工序流程：

①左、右洞开挖及初期支护；

②中墙开挖及中墙衬砌；

③中墙顶部开挖及支护；

④左、右洞衬砌。

双洞平行施工法施工工序如图4-37所示。

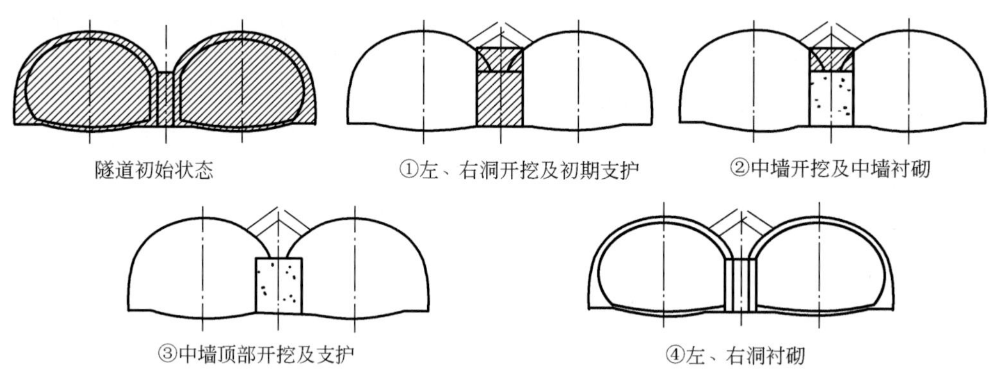

图4-37 双洞平行施工法施工工序

双洞平行施工法的特点是保留中墙岩柱，左、右正洞同步掘进。

这种方法适用于III级或II级以上围岩的硬岩隧道。

双洞平行施工法开挖左、右洞时，要特别注意中隔墙岩柱的稳定，使之能平衡左、右洞围岩传递来的应力。开挖中隔墙岩柱采取跳槽式开挖，如图4-38所示。

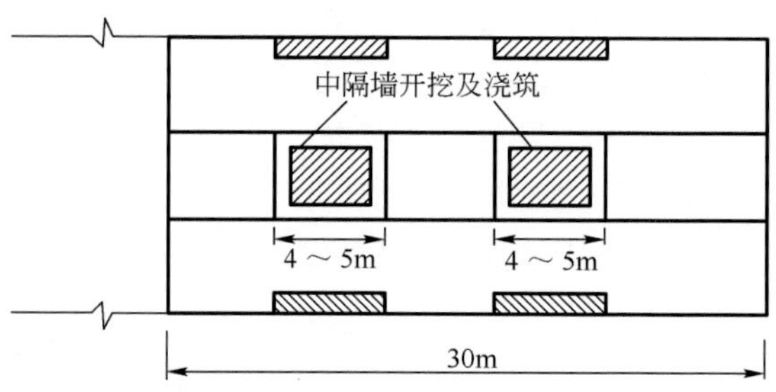

图4-38 中隔墙岩柱跳槽开挖示意图

开挖长度控制在4～5m左右，开挖前采用长锚杆加固中隔墙顶部围岩，开挖后要立即施工中隔墙衬砌并及时施工左、右洞二次衬砌。

(5)关键技术

①浅埋地层中，地质条件差，通过不良地层时防止围岩坍塌成为洞身开挖的关键，通过地面降水、洞内注浆等辅助措施改良地层，可保证施工安全。

②对于对地表沉降量敏感的地段，可采取地面动态注浆的手段，依据监测结果，动态调整敏感段的沉降量，使整个地段地表沉降处于可控状态，保证整个地段处于安全状态。

③中导坑开挖采用台阶法施工。开挖后及时施作网喷格栅拱架支护。土质地段采用人工开挖，石质地段采用控制爆破。为防止荷载转换造成中墙偏压倾斜及“群洞效应”对中导坑产生附加荷载，导致较大变形，中柱两侧与中导坑支护结构之间的空间用渣土回填夯实，上部回填 1.5m 厚 C10 混凝土。如图 4-39 所示。

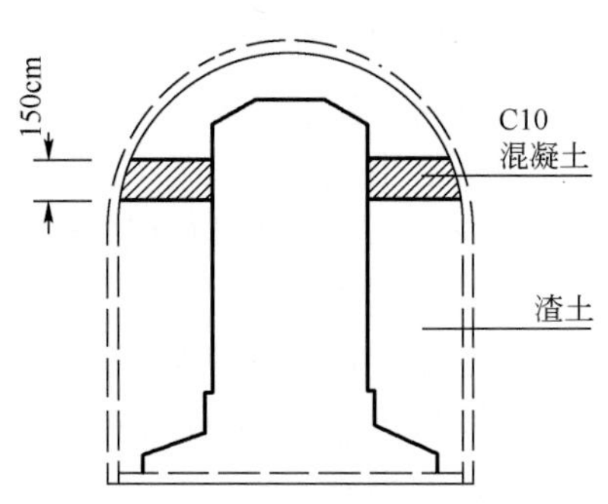

图 4-39　中导坑临时加固图

④正线隧道拱部开挖采用环形开挖法，并及时进行支护。一侧正洞先行开挖支护，另一侧正洞滞后 2 倍洞径。

⑤中洞施工时，结构为狭长型，保证拱腰处的支护体系能够及时提供足够的承载力，确保支护体系的稳定，从而保证整个隧道的安全。

⑥初期支护可采用锚网喷型钢拱架（或格栅拱架）支护，为使导坑封闭成环，结构受力闭合，设型钢（或格栅）喷混凝土仰拱。

⑦二次衬砌采用先墙后拱法施工。在导坑初期支护完成后进行中墙边墙衬砌，边墙衬砌预留工钢牛腿（便于拱部衬砌拱架架立和架立防止边墙受推力产生倾覆的横支撑）。拱部二次衬砌紧跟初期支护，距离控制在 1 倍洞径以内。导坑的初期支护钢拱架在正洞拱部二次衬砌的基面处理时，进行割除，并随衬砌施工向前逐段切断，下部开挖时进行临时支撑的拆除。

二次衬砌一般为钢筋混凝土结构，配筋率高，宜采用泵送混凝土衬砌。为控制混凝土质量，保证混凝土坍落度为 16～20cm，选用 1～3cm 级配优良的碎石。施工过程中，拱顶预埋注浆钢管，并用其检查拱部混凝土是否灌注密实。

⑧采用中洞法施作浅埋联拱隧道时，围岩经过多次扰动，变形多次叠加，易产生过大的地表变形。因此，城市中修建联拱隧道应注意选择合适的地层预加固方法及掌握正确施工工序。

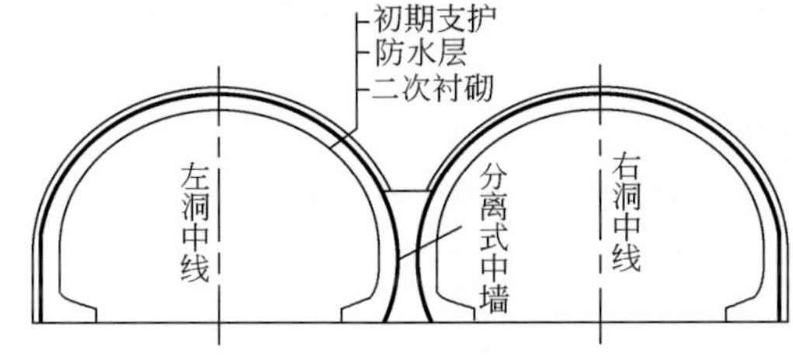

图 4-40　小间距隧道

2. 小间距隧道施工工艺及关键技术

小间距隧道采取二次衬砌双洞分离、各自独立的单洞结构，而中墙是夹在两洞相邻边墙之间的独立墙体，这就使得防水层能从拱圈至边墙底连续铺设下来，从而解决了中墙顶的漏水问题，能够实现良好的防水效果，如图 4-40 所示。

在小间距隧道中，中墙是完全独立于衬砌以外的墙体。它的主要作用是：①在施工阶段对边墙起支撑作用，一旦整个隧道结构完成，它就只是被挤压在两洞边墙之间的充填物；②在相邻洞室开挖时保护已完成的洞室靠中墙一侧的边墙不受爆破的直接冲击。与联拱隧道中隔墙相比，小间距隧道中墙的主要作用是在施工阶段、竣工后仅作为两洞之间的充填物起稳定隧道结构的作用，对它的强度要求不必太高。

（1）施工流程

小间距隧道施工，先行隧道按照单洞开挖支护方法进行，后行隧道施工要滞后 30m，以减少施工对邻近隧道的影响。其施工流程如图 4-41 所示。

（2）中墙预加固

当两隧道之间的小净距小于 1.5 倍洞径时，后行隧道在开挖的过程中，必然会出现塑性区贯通整个中墙岩柱，软弱地层可能导致坍塌，硬岩地层将出现裂隙，影响中墙的稳定性。必须通过对中墙岩土体进行预加固处理，以提高围岩的承载能力，减小其塑性区，达到中墙稳定的目的。

III 级和 IV 级围岩质量相对较好，可只在局部加固中墙岩柱即可。在开挖先行洞之初，对先行洞的中墙岩柱正面施作小于 50mm的小导管，并进行注浆。

由于 V 级围岩较为软弱，需对 V 级围岩中墙岩柱加固处理，一般采用 ϕ50mm 注浆导管，$L=$ 500cm，环向间距 0.5m，纵向间距 1.0m，左右洞交错布置，外插角 45°。钢管采用外径 50mm、壁厚 5mm 的热轧无缝钢管。注浆采用水泥浆液，水灰比为 0.5∶1，注浆压力为 0.5～1MPa。小净距隧道 V 级围岩洞身中墙岩柱施工示意如图 4-42 所示。

(3)后行隧道开挖

当两隧道之间的小净距小于 1.5 倍洞径时，考虑到单洞施工的地应力释放过程和对邻洞的施工影响，先行隧道开挖 30m 后开始后行隧道开挖。

①III 级和 IV 级围岩，采用爆破开挖，严格控制后行隧道的爆破开挖振动效应，确保先行隧道和中墙的稳定性。因此，应采取减震控制爆破措施。在隧道开挖过程中，为了减少同段雷管的装药量，控制爆破规模，可采用台阶法施工。

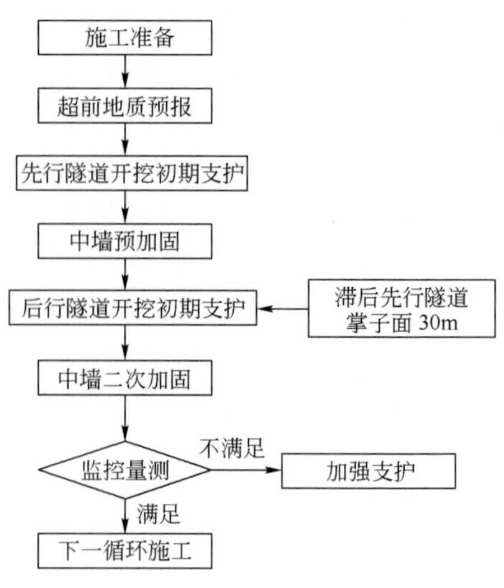

图 4-41　小间距隧道施工流程

爆破开挖参数设计施工要点：

减震控制爆破设计参数主要包括炮眼参数(炮眼直径、炮眼数目、炮眼长度等)、装药量计算、炮眼布置、起爆顺序、堵塞炮泥、起爆网络等内容。

掏槽形式的选择对减震控制爆破开挖至关重要，要使掏槽眼进行爆破时振速小于 10cm/s。而楔形掏槽爆力比较集中，爆破效果好，掏出的槽体积较大，且掏槽效果好，能为辅助眼爆破创造较好的临空面，可以适应多种级别的围岩，并能减少辅助眼爆破时的振动强度。

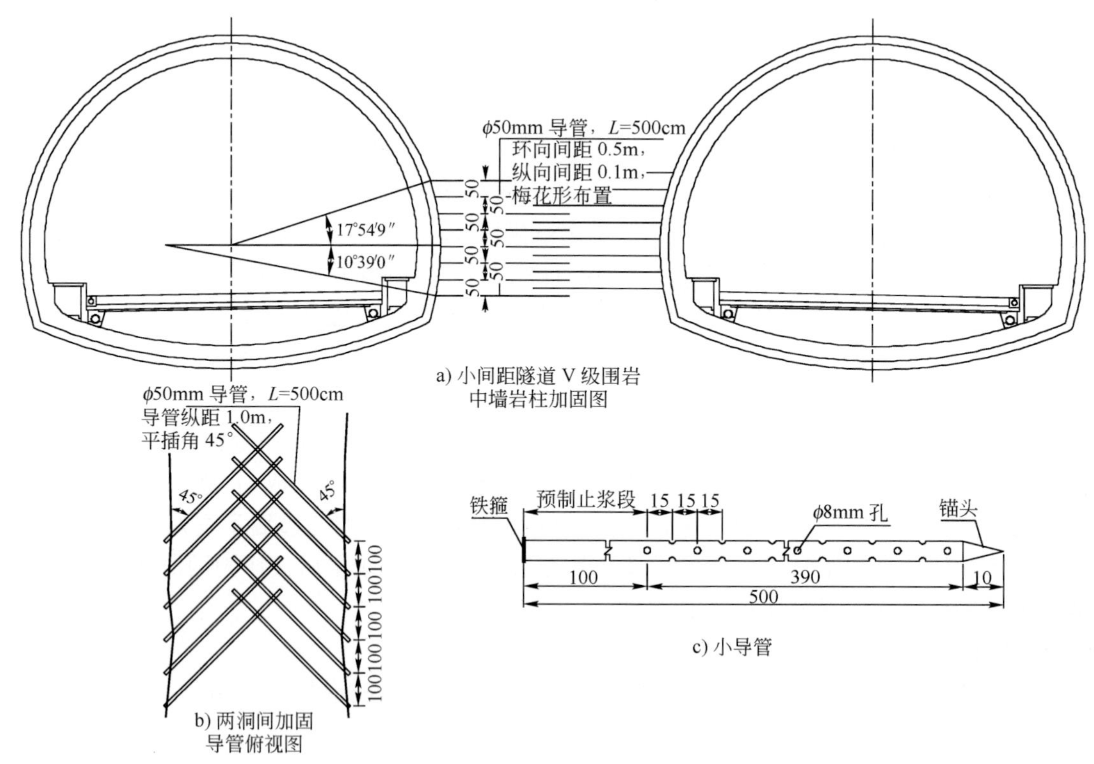

图 4-42　小净距隧道 V 级围岩洞身中墙岩柱施工示意图(尺寸单位：cm)

为了获得良好的减震控制爆破，可以适当加密周边眼，也可以在两个炮眼间增加导向空眼，宜采用低猛度、低爆速、低密度、传爆性能好的炸药。在装药结构上，宜采用比炮眼直径小的小直径药卷连续或间隔装药。

为避免振动波的叠加，必须采用微差控制爆破，充分利用毫秒雷管起爆间隔时间，尽量扩大开挖断面积。根据实测数据资料，其起爆顺序为 1、3、5、7 段时，爆破震动不叠加，其起爆间隔为 50～100ms，而 7 段之后，段与段间隔时间大于 50ms，爆破震动也不会叠加。软弱围岩时差间隔时间可在 100～200ms 之间取值。硬岩时差间隔时间取在 50～100ms 之间。

对于III级围岩，一般控制在1～2m的循环进尺；而对于IV级和V级软弱围岩地段，应当采用短进尺，其循环进尺一般选择在0.8～1.5m之间，实践表明控制在1.1m左右较为合适。

②软弱地层土方开挖施工要点：

V级软弱地层，土体松散、岩体破碎、裂隙发育，稳定性差，易发生坍塌，宜采用机械配合人工开挖。为施工安全稳妥起见，后行隧道采取环形开挖留核心土法，加强初支的施工方案。

开挖每循环进尺控制在0.8m以内，预留核心土，下部初支施工采取先外侧后内侧分次施工，同时也避免先内侧后外侧悬空一侧另一侧为中墙土柱的不利影响。仰拱填充每循环2～3.5m进行分侧施工，减少坑底暴露时间，尽量减少因底部卸载引起的初期支护下沉。

(4)后行隧道初期支护

为有效提高初期支护体系的整体受力，将初期支护每榀工字钢下设纵向[20槽钢底托梁。锁脚锚管采用ϕ50mm注浆小导管。施工开挖控制在每台阶拱脚上10～15cm，人工利用风镐凿除至立拱设计高程位置，确保拱架及槽钢底托梁作用在原状基岩上，提高初期支护承载力，减小下沉量。通过采取这些措施，有效地减小了初期支护下沉量，提高了初期支护体系与围岩的共同受力效果。

(5)后行隧道初期支护后，对中墙进行二次加固

为了进一步提高中墙岩柱的承载能力，后行隧道初期支护完成后，还可在中墙岩柱的横向上采用预应力对拉锚杆使其在该方向上也处于受压状态。

施作后行隧道初期支护后，再钻孔对双洞中墙岩柱施作贯穿两洞的水平预应力对拉锚杆，施作部位是从拱腰到拱脚位置。对拉锚杆采用ϕ22mm螺纹钢筋，长度随中间岩柱的厚度而定，对拉锚杆呈梅花形布置(70cm×50cm)。

(6)关键技术

①先行隧道与后行隧道掌子面之间的最小间距30m。

②先行隧道可按照单洞隧道进行施工，后行隧道开挖前必须超前支护，且对中墙进行预加固。

③后行隧道开挖严格按照“管超前、严注浆、弱爆破、短进尺、强支护、早封闭、勤量测”进行施工。

④后行隧道宜先开挖远离中墙一侧，以减小施工影响。

⑤加强后行隧道初期支护强度和刚度。

⑥先行隧道的二次衬砌施工作业面应距离后行隧道开挖掌子面的距离1倍洞径。

⑦后行隧道开挖初期支护后，对中墙进行二次加固，宜采用预应力对拉锚杆，增加中墙的稳定性。

⑧加强监控量测，包括拱顶下沉、水平收敛、中墙的变形、爆破震动测试等，及时采集数据，及时分析，及时反馈指导施工。

3.联拱隧道与小间距隧道过渡段施工

联拱隧道与小间距隧道的过渡段结构复杂，断面变化大，施工工法和工序转换频繁，开挖扰动易影响隧道的稳定，对联拱隧道及小间距隧道的结构也会带来不利影响。必须严格按照“18字方针”，合理确定施工开挖步序和循环进尺，降低对后续阶段施工的影响。

(1)只能在联拱隧道中墙施作完成并达到设计强度后才能进行小间距隧道的开挖支护；

(2)小间距隧道衬砌起始段10m可考虑降低一级围岩进行支护设计，施工开挖方法也应按降低后的围岩级别进行，以保证施工安全；

(3)开挖过程中应注意保护已施作的联拱隧道中墙以及需要保留的中墙岩柱；

(4)充分重视中墙岩柱上系统锚杆或对拉锚杆的施工质量。

(二)联拱隧道的缺陷

隧道宜近不宜联，可采用小间距隧道，不宜采用双联拱、多联拱隧道。与小间距隧道相比，联拱隧道的缺陷主要有以下几方面。

1.联拱隧道较小间距隧道造价较高、工程量较大、工程进度慢

用平均延米造价进行比较，普通分离式隧道、小间距隧道、联拱隧道主洞延米工程造价的比值平均约为：普通分离式隧道∶小间距隧道∶联拱隧道＝100∶130∶170。其对比结果见图4-43。

统计分析普通分离式隧道、联拱隧道、小间距隧道的设计中每延米工程数量，对比结果见图4-44。

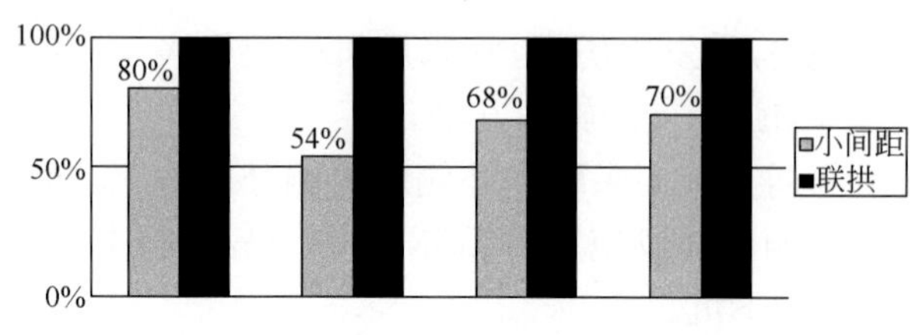

注：本图中延米造价为洞身土建总费用

图 4-43　小间距隧道与联拱隧道主体工程延米造价对比

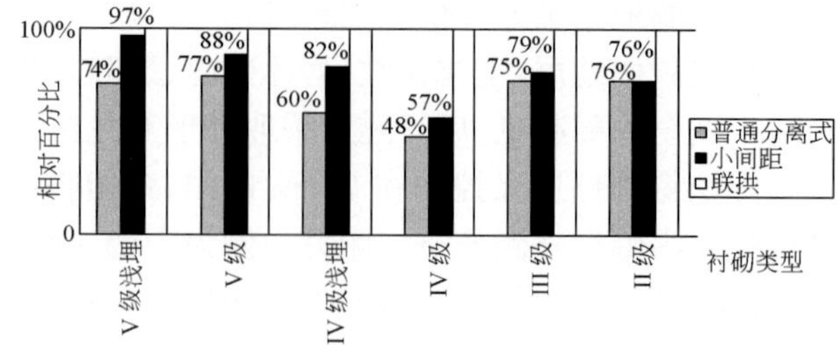

图 4-44　主体工程不同衬砌类型延米工程量的差异对比结果

通过工程进度对比分析，得到以下结论：

(1)在相同长度、相同地质条件下，普通隧道施工工期＜小间距隧道施工工期；

(2)联拱隧道施工工期≥小间距隧道施工工期＋中导洞和中隔墙施工工期。

2. 联拱隧道施工中力学转换复杂

上、下行线正洞在中导洞及中隔墙施工结束后开始开挖施工，但为减小开挖施工的相互影响，上、下行线开挖施工不能齐头并进，必须一前一后错开 20～40m 的距离，这样在上、下行线两个开挖面之间，一侧正洞的初期支护已支撑在中隔墙上，而另一侧初期支护还未施工，该段中隔墙必然要受到一个向未开挖一侧的水平推力(见图 4-45)。

因该水平推力的位置位于中隔墙顶部，它对中隔墙的危害很大，有可能造成中隔墙开裂，甚至导致重大事故，为平衡这种水平推力，在后开挖的一侧要提前给中隔墙打上临时支撑，支撑可用方木或钢管，纵向间距 2m 设置一排，必须支撑牢固，在另一侧正洞下部开挖后再拆除。

3. 联拱隧道中隔墙施工质量较难保证，顶部防水较难处理

中隔墙是联拱隧道最重要的部分，联拱隧道中隔墙施工的好坏常常决定隧道整体的工程质量。主要表现在中隔墙是联拱隧道的传力和承力部位，是维系结构整体稳定的中枢，也是联拱隧道防排水的重点设置部位，是联拱隧道中最为重要的结构。现有的国内外联拱隧道资料表明，联拱隧道裂缝、渗水 80％以上都出现在中隔墙部位，中隔墙顶部回填由于其施工质量较难控制，施工缝、变形缝不易处理，容易出现裂缝、渗水等情况。图 4-46 为中隔墙防排水设计图。

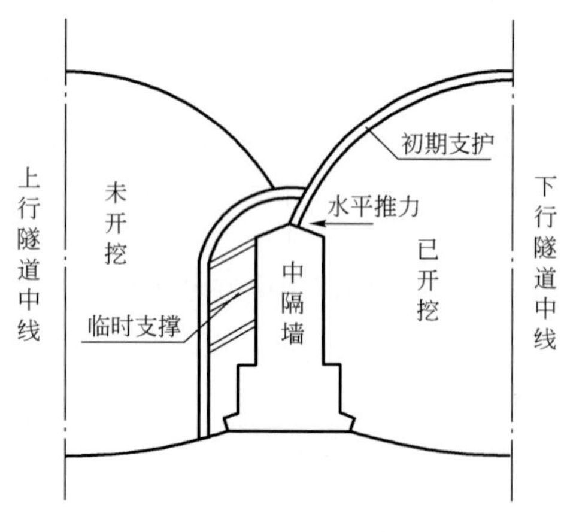

图 4-45　中隔墙水平推力示意图

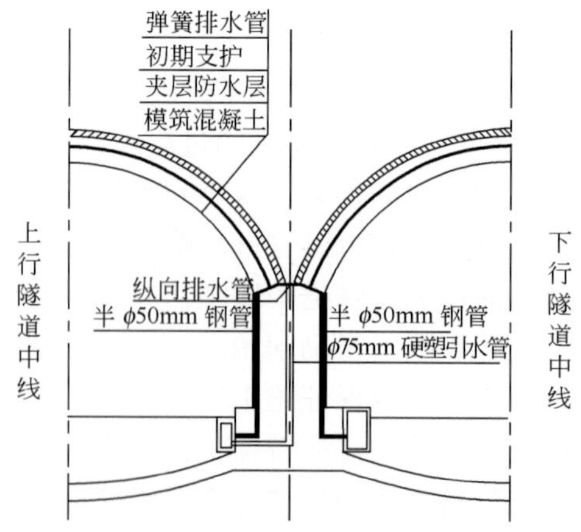

图 4-46　中隔墙防排水设计图

4. 中隔墙墙体易开裂及可能失稳

根据联拱隧道的结构特点，在中墙混凝土施作完成之后，将进行侧导洞和正洞的开挖支护。由于左、右两洞的不对称施工，以及爆破震动的影响，分步施工的反复扰动，通过侧导洞和正洞的初期支护将压力传递到中隔墙，易造成中隔墙受力的不平衡。当中隔墙不能抵抗这种单侧推力而发生较大位移时，

将会引起拱部支护开裂失稳，造成严重后果。

总之，联拱隧道相对于小间距分离隧道，施工中必然存在着对围岩的多次扰动，其施工有相当大的难度，特别是在左、右洞开挖与支护交错进行，导致围岩应力变化和衬砌荷载转换复杂，其中的中隔墙部位受力尤为复杂。除此而外，联拱隧道还具有施工工期长、防水施工技术要求高等缺陷，运营后常出现漏水、开裂，所以不宜推广，而用小间距分离式单孔隧道取代联拱隧道，技术政策应为宜近不宜联。

中墙厚度为 5m 左右的小净距隧道在工程造价、工程进度方面相对于联拱隧道而言，具有相当的优势。目前，有多条小间距隧道做到了在较好围岩条件下，采取加固中隔墙的措施，将最小净距控制在 2m 左右。

(三)小间距隧道工程施工实例

1. 工程概况

1)工程基本情况

杭州解放路隧道工程是杭州市解放路—新安江路连接线工程，线路始于建国路和解放路交叉口，在大学路以东约 30m 下挖，采用隧道形式穿越解放路和环城东路交叉口三角地，环城东路、沪杭铁路、贴沙河、杭州清泰水厂、凯旋路后出洞，走明线与新安江路相接，见图 4-47。

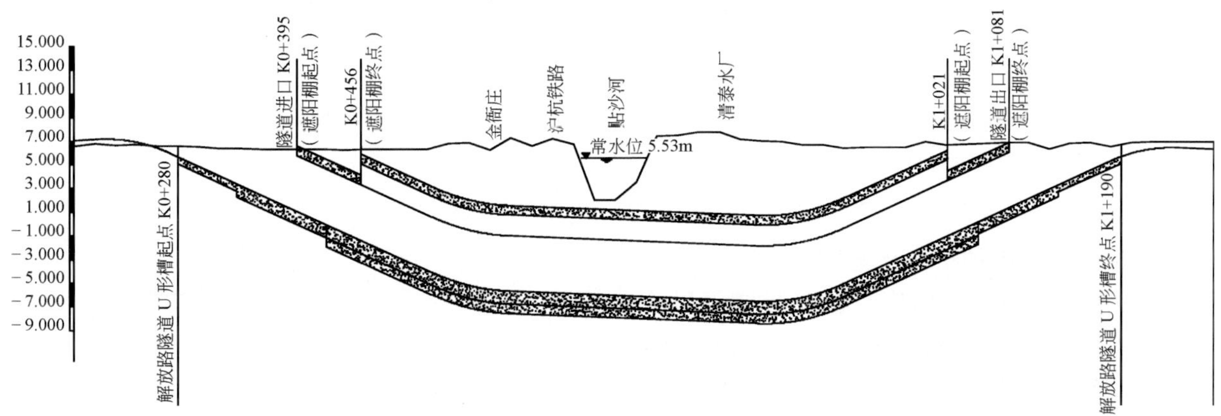

图 4-47　解放路隧道纵剖面图

隧道为双管双向四车道，采用浅埋暗挖与明挖相结合施工，分为 4 个暗挖段和 5 个明挖段，暗挖段总长 249.233m，明挖段总长 446.767m，隧道穿越的地层均为饱和砂质粉土层，地下水位在地面下 1.0～1.5m。

2)工程地质、水文情况

隧道区域在地貌上属于钱塘江冲积平原，沉积着较厚的砂质粉土层，在第四纪历史时期，场区曾经几度发生海侵和海退，沉积韵律发生明显，在以陆相沉积地层之间发育着海相淤泥质粉质黏土地层。

地下水属于潜水型，赋存于场区浅部人工填土及下部砂质粉土层内，其富水性和透水性具有各向异性，含水层厚度在 16.5～21.8m 之间。地下水位埋藏较浅，一般在 1.0～1.5m 之间。

3)工程主要特点及难点

(1)穿越富水砂质粉土地层，围岩稳定性极差。

(2)隧道超浅埋(覆土厚度 2.5～6.0m)，大跨度(12.528m×2，断面面积为 97.4m^2×2)，超近距(0.65～0.75m)双洞分修。

(3)暗挖隧道近距离下穿环城东路、古树群、沪杭铁路、清泰水厂高压配电房、凯旋路。

(4)CRD 工法在本工程中的适用性。

(5)重要管线、水厂供水方渠、清水池、滤水池等建(构)筑物的保护。

(6)双洞同时错步施工、双洞依次施工两种分修施工方案的选择。

(7)暗洞破除洞口咬合桩时的地层稳定控制措施。

(8)沿线高楼林立，地面交通繁忙，地下管线密布，周边环境十分复杂。

2. 明挖隧道施工技术

(1)正常段围护结构及支撑形式

针对砂质粉土层富水及流沙、管涌的特点，结合地层分层厚度，正常段围护结构采用具有良好防水帷幕作用的咬合桩；考虑隧道结构防水的整体性，确保隧道结构混凝土一次性施工，支撑形式采用上部钢筋混凝土圈梁，下部采用锚索的复合支撑形式(见图 4-48)。咬合桩的桩径为 1 000mm，桩间距 800mm，搭接长度 200mm，桩深为基坑深度的 1.8 倍。

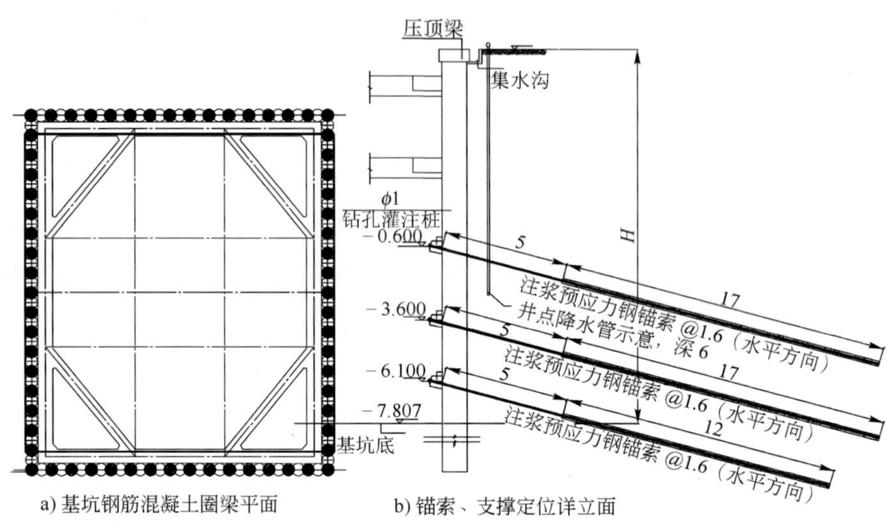

图 4-48 围护及支撑结构图(尺寸单位：m)

(2)贴沙河段围护结构及支撑形式

过贴沙河段由于在河底打孔安装锚索风险较大，采用两层排桩中间加旋喷桩的复合结构，实际上是重力挡墙的原理，可以省去锚索支护(见图 4-49)。

(3)近距离过贴沙河段围护结构及支撑形式

在 K1+000～063 近距离通过 7 层居民楼，距基坑边仅 2m。为了确保居民楼安全，限制建筑物变形，在咬合桩处设置两排旋喷桩。

3. 小间距暗挖隧道施工

1)辅助措施

针对富水砂质粉土层的管涌与液化特性，关键在于防止涌水、涌沙，其对应措施为全断面预注浆结合地表深井降水与洞内的轻型井点降水。在管棚超前强支护和周边小导管的联合保护下，采用 CRD 法将整个工作面分成 6 步开挖，即“化大为小，步步成环，加强支护，及时监测”，以控制地表沉降，减弱对敏感构筑物的影响。两洞按设计错开一定距离分别进行修建。如图 4-50 所示。

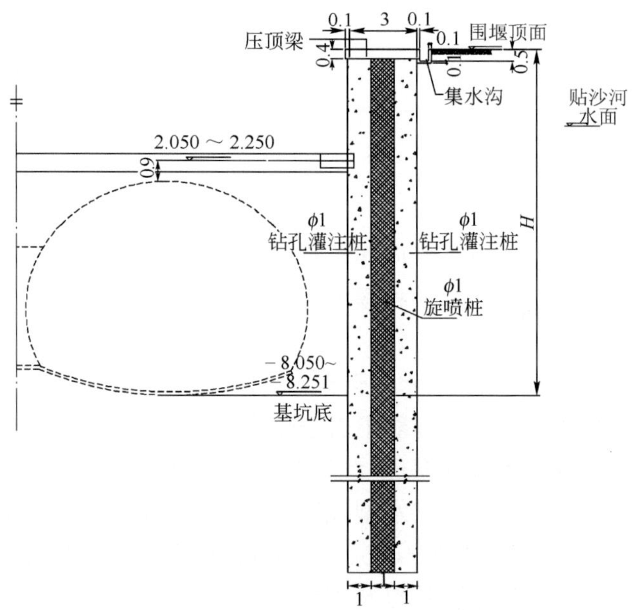

图 4-49 贴沙河段基坑围护及支撑示意图(尺寸单位：m)

(1)全断面预注浆技术

结合周边小导管形成有效的注浆加固体，达到控制涌水、涌沙，防止工作面坍陷与限制地层沉陷的目的。周边加固圈厚度根据管棚及地下水位与具体情况设定：

①通常地段采用超前管棚，降水后水头高度低于 4m 时，周边加固范围 1.5m。

②过古树群段，为减少对根系的影响，要求进行限量注浆，可采用密排管棚，周边加固圈厚度为 0.2～0.5m。

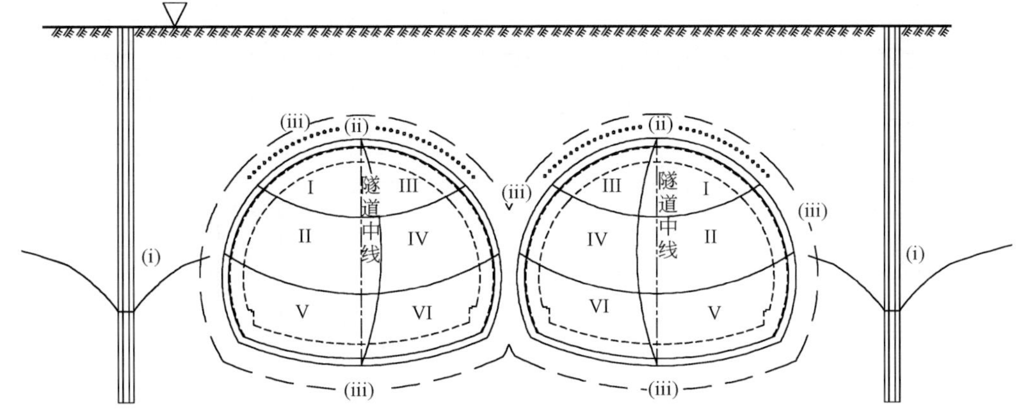

图 4-50　暗挖隧道辅助工法示意图

注浆段长 5m，注浆管采用 ϕ32mmTSS 注浆管。在注浆过程中，根据砂质粉土层在注浆时扩散的不均匀特点，采用双向膨胀式止浆塞，达到控制浆液扩散距离的目的，并探索出了一套分段限量控制注浆工艺。

(2)超前管棚支护技术

根据地表建筑物敏感程度，采用不同形式的超前管棚。如在过古树群段，由于主要目的是防止地层损失，采用常规的 108 管棚，密排布管；过沪杭铁路及过水厂配电房等敏感段，采用 ϕ299mm 夯管大管棚。

(3)分层降水技术

为防止出现注浆盲区而发生局部涌水、涌沙，对敏感构筑物产生危害，采用深井降水结合洞内轻型井点降水的分层降水技术。

2)开挖及初期支护

暗洞采用分层、分块开挖，将开挖断面分为三层、六块，按六步进行施工(图 4-51)，按照 1、2、…、6 的施工顺序进行每块的开挖、初期支护及临时支护。每块完成后均设置临时支撑，使其成为一闭合环。相邻施工台阶长度相差 2～4m，如图 4-52 所示。隧道采用自进式图强 SD 型注浆超前锚杆加固，锚杆长度为 3.5m，环向间距为 40cm，纵向间距为 2.5m，搭接长度不小于 1m，外插角 10°～15°。

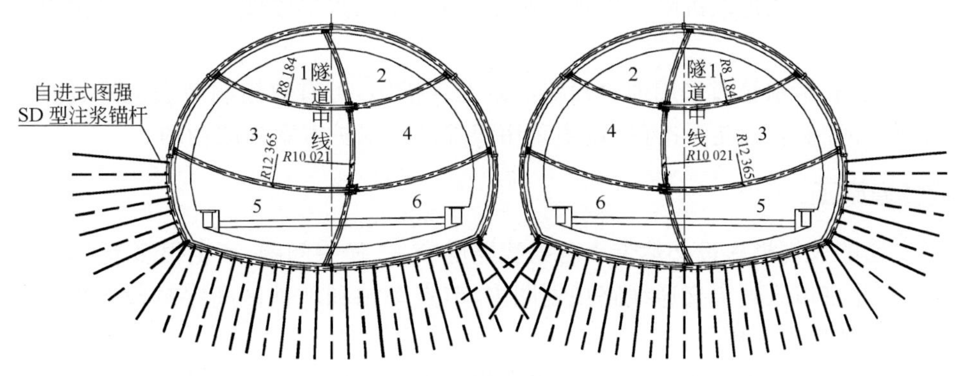

图 4-51　CRD 法施工步骤(尺寸单位：mm)

4. 监测分析

(1)图 4-53 为一个典型主断面的地表沉降曲线图，由图可以看出，左、右洞上方的沉降基本是对称的，这说明隧道的分步、步距及左、右洞的拉开间距是合理的。

(2)沉降槽曲线的一个特点是沉降范围较大，在隧道开挖线范围以外 30m 仍有约 10mm 的沉降，这显然与管井降水有关(地层水平向渗透系数也较大)，说明降水引起的沉降是不可忽视的，而且随时间在逐步增大，因此，隧道施工应“速战速决”。

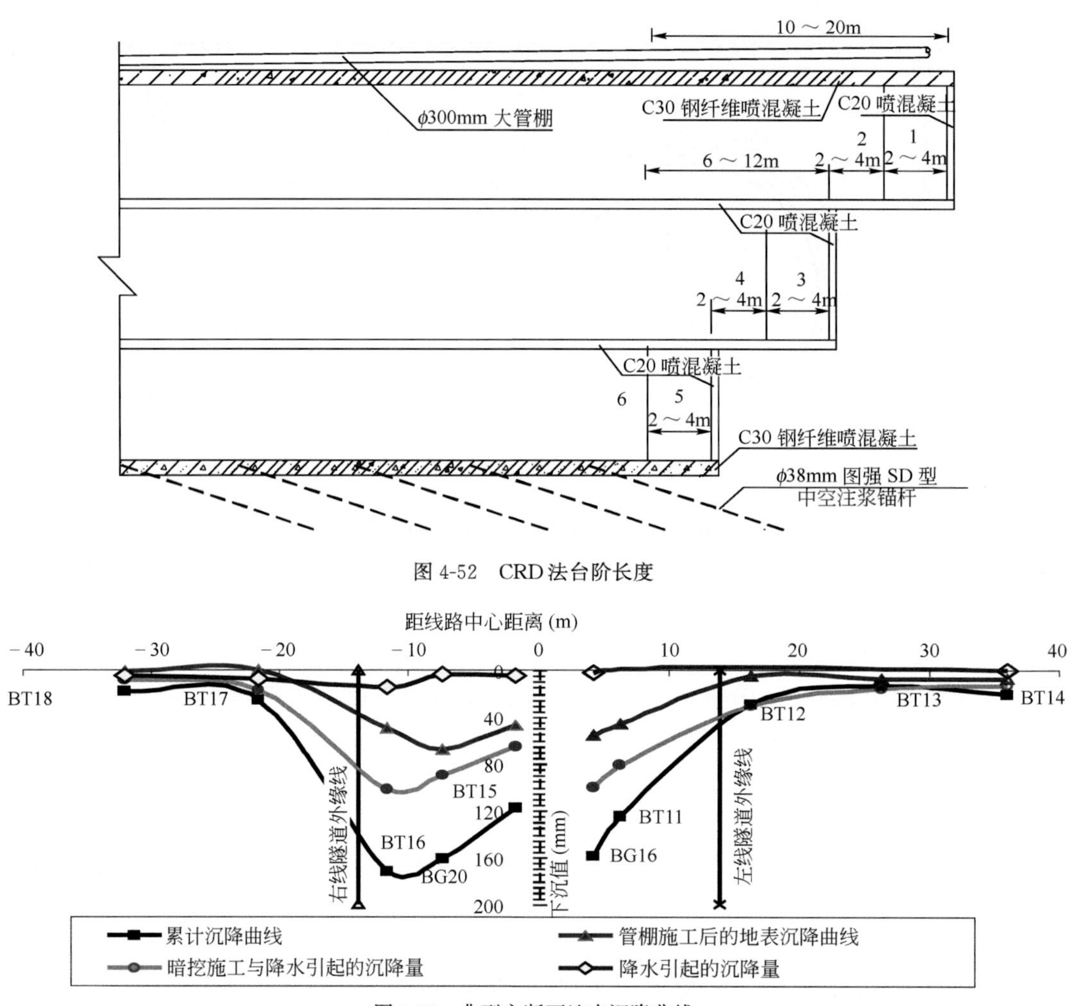

图 4-52　CRD 法台阶长度

图 4-53　典型主断面地表沉降曲线

(3)从沉降槽曲线上看,隧道外沉降曲线较为平缓,沉降主要发生在隧道范围内,说明砂质粉土的快速固结特性。

(4)暗挖隧道施工阶段地表沉降与拱顶下沉是一致的,而水平收敛远远小于拱顶下沉,说明整体沉降较为明显。

(5)对于水厂段和给水管段采用地表跟踪注浆处理措施,可有效控制地表沉降,使构筑物沉降远远小于拱顶沉降量,并控制在设定标准内,说明采用跟踪注浆保护方案是成功的。

三、邻近隧道施工

城市轨道交通的大规模建设必然带来各条线路的交叉、换乘问题,产生很多节点车站和区间隧道的穿越。在 2050 年北京市区轨道交通线路规划图中,节点车站和地铁区间穿越段的数目高达 118 处,这对地铁设计和施工都提出了挑战。

同时,随着我国铁路运输系统持续提速,很多地段平交道口要改为立体交叉道口。据不完全统计,在京沪线、京广线、京哈线和北京至西安铁路的大提速中,仅平交道口因铁路提速而需要改为立交道口(4m 跨度以上)的就有 3 800 多座,如何实现在不减速条件下安全地完成立交道口的建设,同样是新线穿越既有线的问题,其本质上与城市地铁穿越既有线是一致的。

在穿越既有线的工程中,如何维护既有线的安全运营是工程施工的出发点,也是问题的最终目标。要实现安全穿越,就应采取相应的措施,如加固既有结构、强化施工支护措施等。

(一)邻近隧道穿越方式

根据新线隧道与既有线隧道的相互关系,可以分为上穿、下穿、侧穿既有线三种穿越方式。在施工中,新线隧道与既有线之间要发生相互作用。这种作用取决于两隧道的间距、二者的空间位置关系、新建隧道的规模、施工方法、地质地形条件和既有隧道的结构健全度等因素。在隧道下穿、上穿、侧穿既有线的施工中，一般来讲，新线施工对既有结构的影响范围分别为3.5D、3.0D和2.5D(D为新建隧道的外径)，而应采取措施的范围分别为2.0D、1.5D和(1.0～1.5)D。可见，下穿施工对既有线的影响最大。

(二)邻近隧道施工关键技术

在隧道穿越既有线工程中应考虑的主要因素包括：新线结构与既有线结构的位置关系、影响程度、既有线重要程度等。根据新线工程的规模、设计施工方法与既有线结构的位置关系、地形地质条件，既有线结构的力学健全度和对策的可能性，将新线施工的影响范围划分为无影响范围、注意范围和需采取措施范围三类。除无影响范围外，都要根据对既有线结构的检查、测量结果等进行设计。根据邻近度的划分，采取措施的内容如表4-32所示。

邻近度的划分与措施的内容　　表4-32

邻近度划分	划分内容	措施内容
无影响范围	不考虑新线施工对既有线结构影响的范围	一般不需要采取措施
注意范围	通常不会产生有害影响，但有一定影响的范围	一般以采取合适的施工方法为对策，并根据既有线结构的位移、变形量等推定允许值，再决定是否采取其他措施。为施工安全，要对既有线结构物和新线进行量测管理
需采取措施范围	产生有害影响的范围	必须从施工方法上采取措施，并根据既有线结构的位移、变形量决定影响程度，而后采取相应措施。同时，对既有线结构物和新线进行量测管理

具体来说，邻近隧道施工尤其要在下面几个施工工序中采取相应措施，保证邻近隧道施工时既有结构的安全。

1.超前管棚支护

超前管棚是邻近隧道施工有效的超前支护方式，可以保证隧道开挖支护在有效的保护之下进行。但是管棚的管径应视支护需要选择，不宜太大，一般以小于150mm为好，可采用钻孔顶进法、夯管法、顶管法和套管(可作为管棚)施作。

1)夯管锤夯进技术

夯管施工工艺流程见图4-54，夯管锤夯管施工见图4-55。

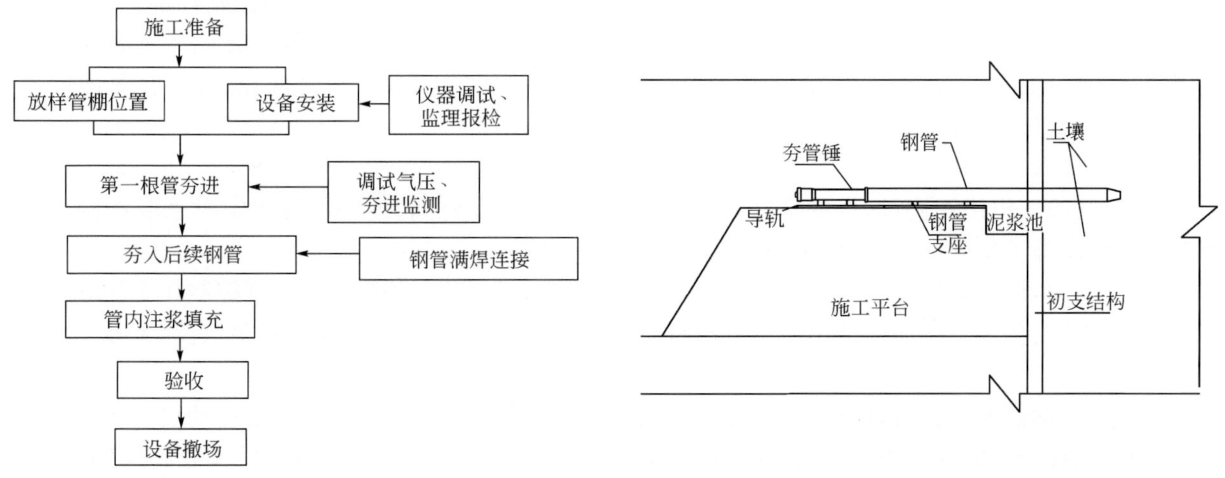

图4-54　夯管施工工艺流程图　　图4-55　夯管锤夯管施工示意图

2)顶管法技术

顶管法施工工艺能够有效地控制对地层的扰动，其主要施工设备为液压系统，施工中的振动和噪声较小。

为增加管棚自身的刚度及钢管之间的整体性，防止管棚钢管腐蚀后造成地层空洞，影响地铁结构安全，更好地起到承载作用，用无收缩的水泥浆＋膨胀剂，填充管棚及加固周边土体，注浆压力控制在0.5～1MPa之间。管棚施工完成后，再统一注浆，以确保管棚夯打精度。

注浆时，钢管尾部设止浆封堵钢板，并在钢板上设注浆孔，采用注浆泵向注浆孔内注无收缩水泥浆。注无收缩双液浆时，水灰比为0.4～0.5，水泥浆∶水玻璃为1∶1，注浆压力0.5～2MPa(根据注浆效果和监测情况调整)，浆液扩散半径一般为0.6～0.8m。管棚注浆采用注浆压力和注浆量双控标准，如有异常情况发生，必须停止注浆，待查明原因后再进行施工。

2. 土层加固

1)端头加固

在开挖接近既有线结构时，由洞内向既有线结构方向注浆加固前上方地层，使之形成竖向加固体，以限制掌子面接近既有线结构时造成的既有线结构水平位移。

注浆方法采用超前小导管进行全断面注浆，注浆管采用风钻直接将 ϕ32mm 钢管顶入土层。结合施工地段水文地质情况，在无水或经降水后的砂及砂砾层中，使用改性普通水泥浆液，注浆压力控制在0.5～2.0MPa。

2)全断面预注浆加固地层

(1)注浆目的

①弥补管棚施工过程中引起的地层变形；

②置换降水盲区的残余水，起到止水、防水的作用；

③改变土体的 c、μ、E、φ 值，减小开挖过程中土体的沉降变形，同时提高土体承载力，减小初期支护下沉；

④增加土体密实度，提高土体对长管棚的支撑作用，减小开挖过程中管棚的沉降变形。

(2)注浆原则

全断面预注浆的原则：多孔少注，严格控制注浆压力，加强既有线监控量测，避免结构隆起。

(3)注浆方式及注浆浆液

掌子面注浆采用常规导管注浆法，注浆材料在地层为粉细砂、粉砂质黏土或黏土时，用 MC 超细水泥浆，配合比 $W:C=(1.5\sim2.0):1$；地层为中粗砂或卵砾石时，用普通水泥浆，浆液中加入 XPM 无收缩添加剂，配合比 $W:C=(0.8\sim1.0):1$。注浆终压控制在1.2～1.5MPa。

3. 既有结构加固

根据既有结构的实际情况，确定是否需要加固，以及采取何种加固措施。

4. 开挖支护

考虑对既有结构的保护要求，对开挖引起的沉降应进行严格控制，制定沉降控制标准。因此，开挖方法一般采用易于控制沉降的 CRD 法。开挖过程中严格遵守“18 字方针”，停止开挖后及时对掌子面喷射混凝土封闭。二次衬砌采用“自下而上”浇筑，应在衬砌拆除临时支撑时加强观测，在每段衬砌成环，混凝土达到强度可以起支撑作用时方可进行下段衬砌施工。

5. 技术要点

(1)加强施工组织和协调，尽量缩短开挖掌子面的凌空暴露时间，地层不够稳定时采取挂网初喷的措施及时封闭施工暴露面，控制地层的塑性变形或松动坍塌。

(2)开挖时，由于地质和结构因素，每个小断面分上下台阶开挖，各层台阶长度控制在2～3m。

(3)开挖时，各步掌子面保持不小于一倍断面宽度的距离，避免群洞效应的产生，有利于减小对地层的扰动。

(4)左、右两侧洞开挖时，保持同步前进，以减少偏压引起结构变形而引起地层扰动沉降。

(5)严格控制每循环开挖进尺，拱部开挖采用环形开挖，并预留核心土，每步拱脚处施作锁脚锚管，注水泥—水玻璃双液浆，增加初期支护与地层结合力，减小沉降。

(6)加强施工监测力度，保证对施工过程的动态控制。要特别注意拱顶下沉及拱脚、边墙中部收敛变化情况，如果变形量和变形速率超过允许值，则应立即采取应急措施，包括加强初期支护、增设临时支撑、改变开挖步骤、修改施工方案等。

(7)背后回填注浆

背后回填注浆分两个阶段进行，第一阶段为初期支护背后回填注浆，第二阶段为二次衬砌背后回填

注浆。

初期支护背后回填注浆在每个开挖支护小断面封闭成环后立即进行，回填注浆每3m一个循环，施工时封闭掌子面，通过预留的回填注浆管在初期支护背后压入水泥砂浆，二次衬砌背后注入XPM无收缩水泥浆液，起到空隙填充和止水填充的目的。回填注浆不仅要在拱部，而且要在侧墙和底拱进行，即全方位回填注浆。

(8)仰拱注浆

注浆时要求先注仰拱部位，使结构处于稳固的基础上，以避免结构整体下沉。仰拱回填注浆管按间距1m梅花形布设，单长1.0m，根据量测信息进行注浆，以确保格栅钢筋底部的承载能力，防止格栅整体下沉。

(9)水平跟踪补偿注浆

为了弥补施工过程中地层的变形损失，采用水平跟踪注浆工艺及时对地层进行补偿性注浆加固，达到以下目的：

①通过补偿注浆可以及时对扰动土体进行填充加固，避免地层扰动范围随时间的扩大；

②通过对补偿注浆压力、注浆量和注浆次数的控制，可以对每个施工阶段的地层沉降有所抬升补偿，减小总体累计沉降，达到控制最终沉降的目的。

补偿注浆管采用袖阀管，施工时分段连接，固定在大管棚钢管上，随大管棚的施工同步到位。通过特殊的注浆工艺可以达到多次注浆的目的。

6.衬砌注意事项

衬砌拆除临时支撑时要求加强观测，在每段衬砌成环，混凝土达到强度可以起支撑作用时方可进行下段衬砌施工。

确保拱顶二次衬砌混凝土浇筑的饱满密实度。及时进行二次衬砌背后回填注浆，回填注浆液经过试配采取等强度浆液，并掺XPM添加剂，填充混凝土收缩产生的空隙，并减少浆液自身的收缩。

7.应急措施

(1)既有线结构沉降速率超限

在进行既有线段工程施工时，首先建立严密的既有线内部和拟建车站内结构受力、变形、沉降的监控量测体系，对施工过程进行全面的监控量测，随时反馈信息，指导施工生产。在发生既有线结构沉降速率超限时，立即启动抢险预案，采取下列措施：

①立即停止开挖施工，封闭所有施工掌子面，加强结构监控量测工作；

②组织专家讨论分析造成既有线结构沉降速率超限的原因和相应的控制措施；

③根据确定的控制措施重新制订或调整施工工艺和施工组织，进行施工交底，严格落实各项措施，进行开挖施工；

④若既有线结构沉降速率超限未得到有效控制，再次重复上述过程，直到完全解决既有线结构沉降速率超限问题。

(2)施工掌子面突发性塌方

在进行既有线段工程施工时，制订并严格落实各项防塌措施，同时施工掌子面储备好各种抢险物资。在发生施工掌子面突发性塌方时立即启动抢险预案，采取下列措施：

①立即使用抢险物资对塌方处进行封闭回填和加固处理，同时把有关信息上报相关各个单位和部门，各单位联合采取必要的抢险措施，加强对既有线结构和轨道的检查和量测工作；

②组织专家讨论分析造成掌子面突发性塌方的原因并制订相应的控制措施；

③根据确定的控制措施重新制订或调整施工工艺和施工组织，进行施工交底，严格落实各项措施，进行开挖施工。

(3)既有线结构出现裂缝

在进行既有线段施工前，首先对既有线结构强度和现状进行全面评估，根据检测结果确定施工控制标准，在施工过程中，要加强对既有线结构的检查，对结构裂缝进行跟踪观察，密切注意裂缝的发展情况，对结构使用和强度有影响的一些裂缝要及时进行处理。处理措施如下：

①首先组织权威部门评估裂缝对结构的耐久性和强度的影响程度。

②根据评估结果采取相应的处理措施，对于一般的结构裂缝采用注环氧树脂填充的措施进行处理；对于对结构耐久性和强度影响较大的裂缝除采用环氧树脂填充外，根据需要还应采取措施对结构进行补强处理。

(4)道床与结构发生分离

在进行既有线段施工前，首先对既有线道床和结构结合现状进行全面评估，在施工过程中，要加强对既有线结构和道床相对变形的监测和分析研究，及时发现道床和结构的分离趋势和分离状况，发现二者分离情况后启动抢险预案，立即进行处理。处理措施如下：

①在该地段对列车进行限速运行；

②组织专家讨论分析造成结构与道床分离的原因和相应的治理措施；

③根据确定的治理措施及时对道床和结构之间的空隙进行填充处理，采取一定的预防措施，防止类似问题的发生。

8. 监控量测技术

邻近隧道监控量测包括施工监测和对既有线结构的监测。施工对既有线结构的影响是整个监测工作的重中之重。现场监测拟采用远程监测与常规测量相结合的方法。

(三)邻近隧道施工实例

1. 工程概况

北京地铁五号线崇文门站位于北京市崇文门路口下，采用浅埋暗挖法施工。车站与既有地铁二号线崇文门站东端喇叭口式过渡段区间立交，并从其下方穿过。五号线崇文门车站结构为单拱双柱三跨岛式暗挖车站，车站两端为双层结构(地下一层为站厅层，地下二层为站台层)，中间为单层结构(系站台层)，车站总长度 208. 9m，总宽度 24. 2m，站台宽度 14m，见图 4-56。车站顶板覆土厚度：双层结构为 8～9. 3m，单层结构为 13. 5m。

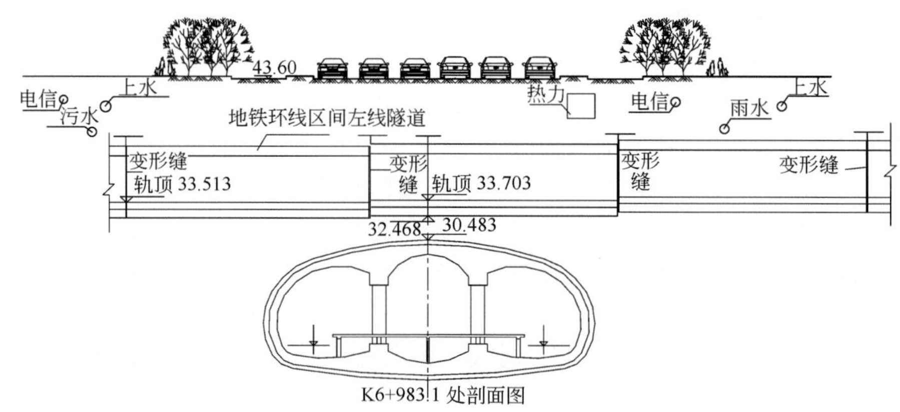

图 4-56　崇文门地铁站下穿既有环线结构立面图

车站共设置 4 个出入口，两条换乘通道，两座风道，其中北换乘通道增设了一条紧急疏散通道。车站与既有线平面位置关系见图 4-57。

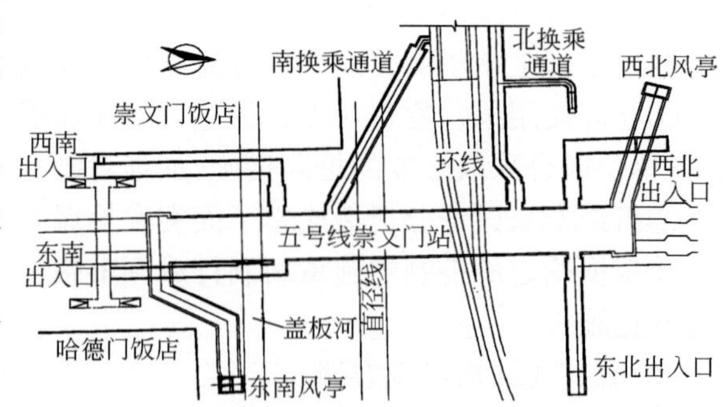

图 4-57　崇文门站与既有环线结构平面位置关系图

既有隧道结构施工时间为 1968 年，隧道自既有崇文门站到北京站之间由分体双洞单线隧道过渡成联体双洞单线隧道，单个隧道的断面尺寸为 5. 9m×5. 9m。五号线崇文门车站结构位于既有环线上，既有线两个隧道的外轮廓总宽度由 16. 5m 渐变为 13. 5m。

场区地层由既有线结构底板处自上而下地层依次为④3 粉细砂层、④4 中粗砂层、⑤卵石圆砾层、

⑤1 中粗砂层、⑥1 黏土层、⑥粉质黏土层、⑦1 中粗砂层、⑦3 黏土层、⑦1 中粗砂层。

2. 过既有线施工方案

(1)施工降水

施工降水应采用地面管井降水方法，疏干开挖范围内的地下水。

(2)超前管幕

采用咬合管幕，钢管管径 600mm，壁厚 16mm，长度为 36m。管幕布置在既有环线区间隧道和车站拱顶之间，距离车站初期支护 30cm，沿车站隧道单层断面拱部轮廓线外布设一环，钢管之间采用 10 号槽钢和工 10 相互咬合(双扣为槽钢，单扣为工钢)，环向间距中—中为 725mm。钢管内填充无收缩水泥砂浆，用来提高钢管刚度和防止管棚钢管腐蚀后造成地层空洞，影响地铁结构安全。

(3)全断面预注浆加固地层

①注浆方式及注浆浆液。采用前进式分段注浆，分段长度 0.5m。注浆材料在地层为粉细砂、粉砂质黏土或黏土时，用 MC 超细水泥浆，配合比 $W:C=(1.5\sim2.0):1$；地层为中粗砂或卵砾石时，用普通水泥浆，浆液中加入 XPM 无收缩添加剂，配合比 $W:C=(0.8\sim1.0):1$。全断面注浆根据开挖分部进行，注浆要对受开挖影响的范围以及初期支护结构基底的土体全面进行。

②注浆压力。注浆施工过程中严格控制注浆压力，根据经验，注浆终压控制在 1.2～1.5MPa，施工时密切注意施工现场情况和监控量测情况，适时进行调整，达到注浆目的。

(4)开挖、支护、二次衬砌

借鉴过去地下工程的施工经验和力学分析得出的各施工工序引起地层变形沉降的规律，结合本工程的施工设计和水文地质情况，对施工工艺和工序进行优化，合理地消减引起沉降的因素，减小地层沉降。崇文门站下穿既有线采用中洞法施工。

①中洞开挖支护。中洞采用 CRD 法施工，分三层六部开挖，每部之间用临时中隔壁及临时仰拱分割。

a. 初期支护采用钢格栅＋连接筋＋C20 网喷混凝土支护体系。

b. 临时中隔壁与临时仰拱采用工字钢＋纵向连接筋＋网喷混凝土支护体系。各层台阶长度 2～3m，掌子面保持 6～8m 距离。

c. 每循环开挖进尺 0.5m，拱部采用环形开挖留核心土法人工开挖。

d. 开挖时严格遵循“18 字方针”，即管超前、严注浆、短进尺、强支护、快封闭、勤量测。

②中洞二次衬砌施工。中洞开挖支护完成后，为保证中洞安全，纵向分段、竖向分层割除中间支撑，分段施作中洞二次衬砌。

③侧洞开挖支护。中洞二次衬砌施工完后，即可进行侧洞施工。侧洞采用台阶法施工，分三层对称施工，侧洞施工方法参见中洞施工方法。

(5)技术措施

①尽可能缩短台阶长度，及早使初期支护封闭成环。两侧洞开挖支护必须左右同步进行，以减少偏压。

②由于中洞法开挖步骤多，土体扰动次数多，在拱脚处施作锁脚锚杆，注水泥—水玻璃双液浆，增加初期支护与地层结合力，减小沉降。

③为减少拱脚下沉量，在拱脚处架设一道暗梁，暗梁处连接筋加密，用混凝土喷射密实。临时拱脚严禁置于虚土上，拱脚用木板、混凝土块垫牢固。

④加强施工中的监控量测，加大量测频率，保证对施工过程的动态控制。侧洞开挖后，要特别注意中洞、侧洞的拱顶下沉及拱脚、边墙中部收敛变化情况。如果变形量和变形速率超过允许值时，应立即采取应急措施，包括加强初期支护、增设临时支撑、改变开挖步骤、修改施工方案等。

⑤在中洞和侧洞的拱部预埋回填注浆管，每 3～5m 一组，及时注水泥浆液回填，填充初期支护背后空隙，减少拱顶下沉。

3.既有线结构的监测

为了及时掌握新线开挖引起的既有线结构的沉降、变形情况，对既有线结构、道床布设静力水准监测点，实施 24h 自动化远程监测。布点情况分别见图 4-58、图 4-59。

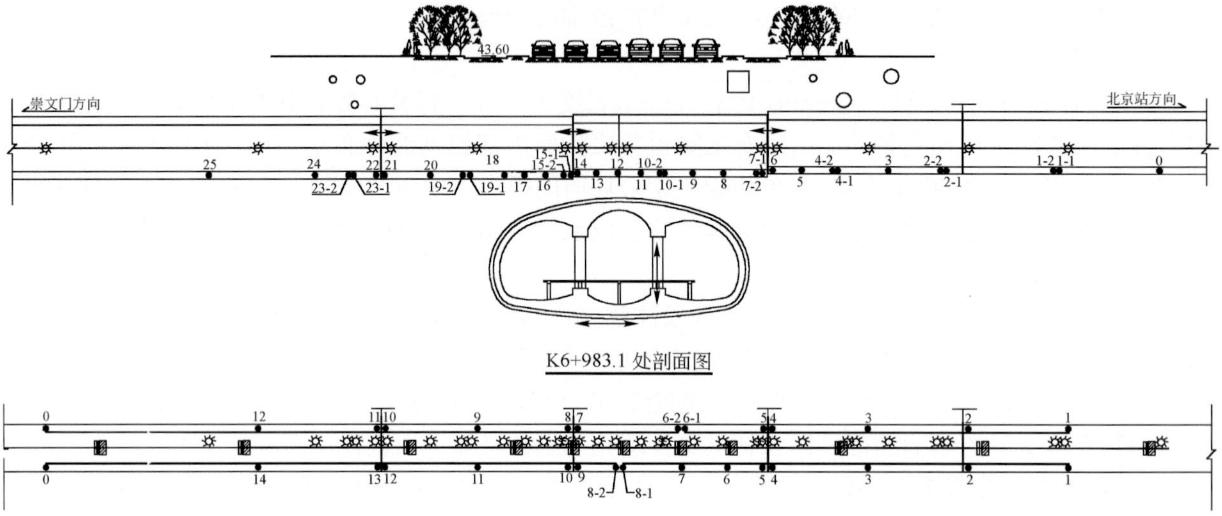

K6+983.1 处剖面图

说明：
1. 转点为同一桩号不同高程的点。
2. 基准点可为同一桩号不同高程的几个点。

图例：
• — 结构沉降测点（静力水准）
☼ — 轨道沉降测点（静力水准）
▮ — 轨道横向测点（梁式倾斜仪）
▨ — 轨道水平间距测点（变位计）
↔ — 电容式单向测缝计

图 4-58　既有环线右线结构变位观测点布置图

K6+983.1 处剖面图

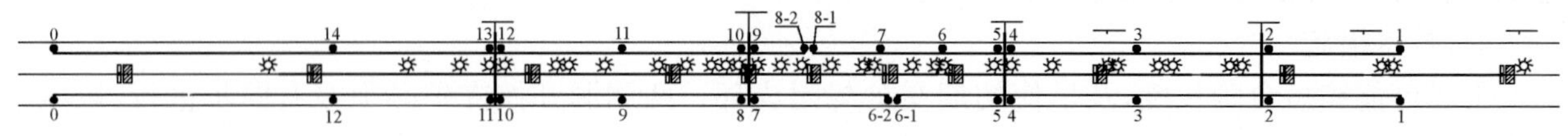

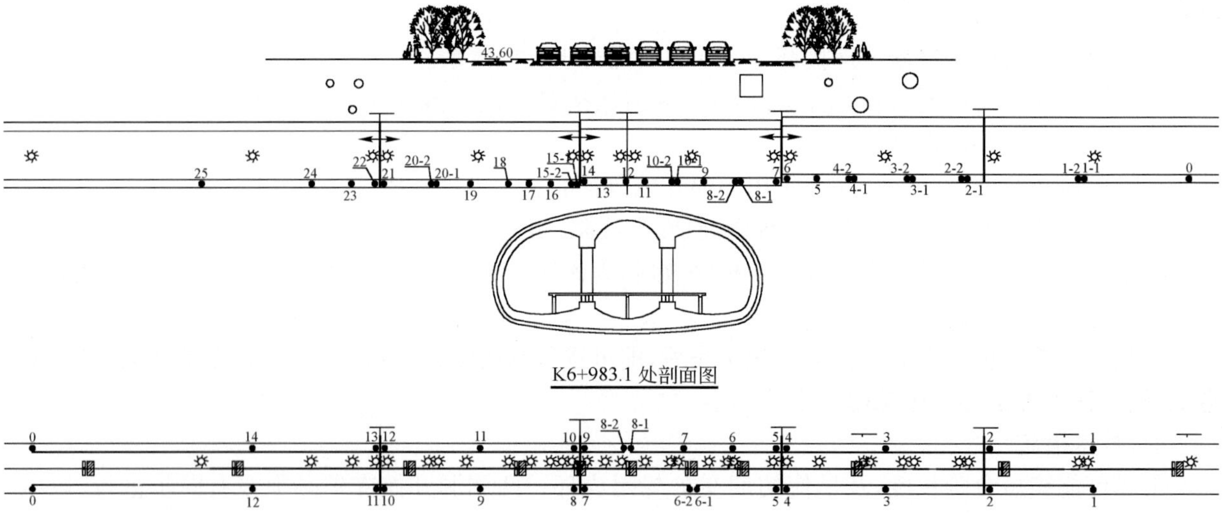

说明：
1. 转点为同一桩号不同高程的点。
2. 基准点可为同一桩号不同高程的几个点。

图例：
• — 结构沉降测点（静力水准）
☼ — 轨道沉降测点（静力水准）
▮ — 轨道横向测点（梁式倾斜仪）
▨ — 轨道水平间距测点（变位计）
↔ — 电容式单向测缝计

图 4-59　既有环线左线结构变位观测点布置图

对既有线结构的监测内容如下：

(1)隧道结构的沉降：在隧道结构两侧墙上分别布设静力水准测点。远程静力水准自动化监测系统见图 4-60。

图 4-60 远程静力水准自动化监测系统

(2)道床结构的沉降:在整体道床中间排水沟位置布设静力水准测点。

(3)轨道水平间距:量测两轨道水平间距。

(4)轨道横向断面的倾斜:量测两轨道的相对高差,即轨道横向的不平顺。

(5)变形缝张开情况的量测:用测缝计量测结构变形缝的张开情况。

1)既有线结构沉降、变形规律的描述

根据以上测点的监测数据,分别对结构、道床纵向和横向的变形规律绘制沉降曲线,以研究随下方新线隧道开挖过程中既有线隧道结构的变位规律。

(1)既有线结构纵向变形特点

①结构纵向整体沉降曲线。图 4-61 和图 4-62 分别是既有线隧道结构和道床随新线地铁车站开挖产生阶段性沉降的曲线图。图中错开处为结构变形缝位置。图 4-61 中显示,由于结构刚度大,纵向上呈整体沉降和抬升(因后期注浆恢复所致)。相比之下,道床的变形则表现出了柔性的特征。沉降最大段道床两端翘起,使得道床整体呈弧形,这是由于结构下沉过程中,道床为轨道所约束,在变形缝处不会与结构一起同步沉降。

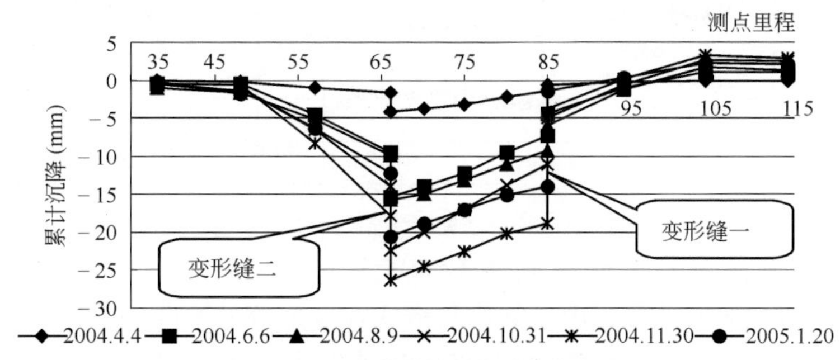

图 4-61 既有线结构纵向沉降曲线图

测点里程
累计沉降(mm)
2004.4.4 2004.6.6 2004.8.9 2004.10.31
2004.11.30 2005.1.20

图 4-62 道床纵向沉降曲线图

②变形缝处结构错距历时曲线。在结构变形缝一和变形缝二处,分别以中间结构体端部沉降减除相邻结构体端部沉降量,得到变形缝一与变形缝二的结构差异沉降历时曲线如图 4-63 所示。

图 4-63 中标示出了各主要施工阶段。由图可见,起初,变形缝一的差异沉降量一直小于变形缝二

处的差异沉降量，其差距约 2.5mm。这是由于缝一距中洞位置较缝二远的缘故。侧洞管幕的施作，使得缝一进入了强影响范围，其差异沉降急剧增加，一度达到了－16mm，而此时缝二则因先期中洞上方夹土的加固而所受的影响不大。后期的注浆抬升也主要作用于缝一，对缝二差异沉降的减小作用有限。

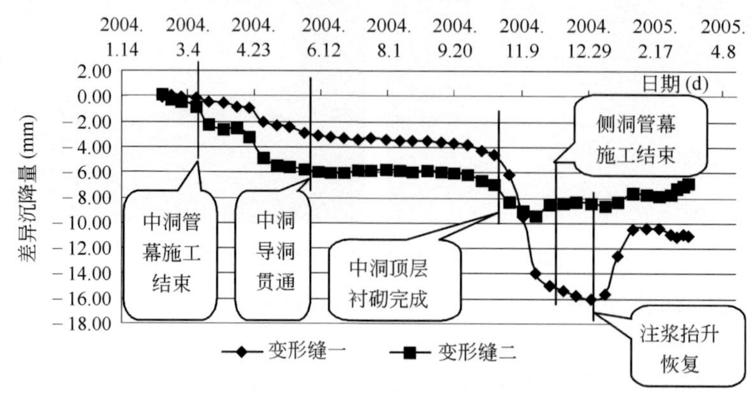

图 4-63　结构变形缝一、变形二处差异沉降历时曲线图

③变形缝处轨道错距历时曲线。图 4-64 给出了变形缝一、变形缝二处道床错开随施工进度变化趋势图。图中表明，道床的错开明显小于结构的错开。最大错距变形缝一处为 3.5mm，变形缝二处为 6.5mm。由图中标示的施工阶段可以看出，错距的发展明显受到施工的影响。缝一因距中洞位置较远，所以在中洞施工阶段错距发展很小，仅为±1mm，直到侧洞管幕施工才导致较大的扰动，且后期注浆恢复的效果很好，这一规律与结构错距一致。同理，缝二因恰在中洞之上，其错距的发展直接受到中洞导洞开挖和侧洞管幕施工的控制，且后期注浆恢复效果不好，基本停留在±5.5mm。

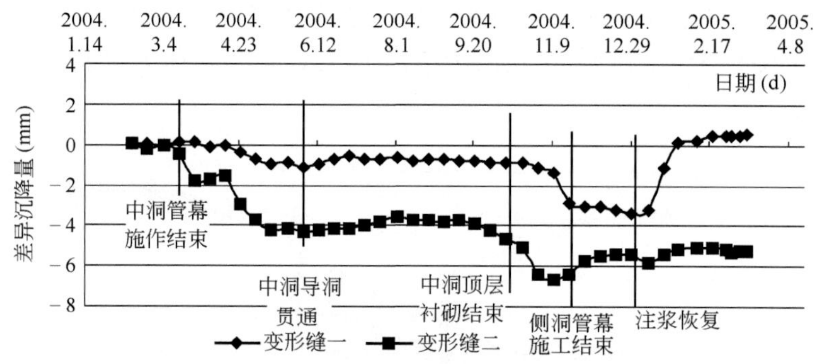

图 4-64　变形缝处道床错开历时曲线图

④隧道结构与道床纵向脱开曲线。由于结构与道床在变形缝处沉降的不同步，必然会导致道床与结构的脱开，为防止道床脱离结构底过大而可能导致的运营事故，根据结构与道床的沉降数据，适时地在轨道与道床间加设钢垫片，以消除道床沉降脱开对运营的影响。这样，便可以理解为什么道床间在发生较大的差异沉降后，仍然可以保证既有线的正常运营。图 4-65 显示了三个阶段道床与结构底的脱开情况。

由图 4-65 可见，2004 年 6 月 6 日，当中洞贯通时，左线变形缝二处道床与结构最大脱开 2.5mm，脱开范围约 4m；变形缝一处脱开 3mm，范围约 5m。2004 年 11 月 30 日侧洞管幕施作结束时，道床与结构脱开有所恶化，变形缝二处脱离 3.6mm，脱开范围约 6m；变形缝一处脱开 9.2mm，脱开范围约 7m。到 2005 年 1 月 20 日，由于采取在新老线间夹土注浆的措施，使得结构有所抬升，缓解了结构与道床的脱离，变形缝二处脱离 2.4mm，脱开范围约 4m；变形缝一处脱开 7mm，脱离范围约 5m。

(2)既有结构横向沉降变形特点

①隧道结构在横向的差异沉降。图 4-66 是选择结构两侧相对应两沉降最大点的结构横断面倾斜状态图。图中显示，随着中洞导洞的开挖，左线结构先是偏转，而后很快恢复到以前的状态。侧洞管幕的施工又造成近 1mm 的差异沉降。相比之下，右线受中洞施工扰动更大。但富有戏剧性的是，侧洞管幕的施工却促成了结构偏转的恢复，使得右线结构此时的差异沉降为 0。而后期的注浆恢复均造成了结构较大幅度偏转，其值均在 3mm 以上。

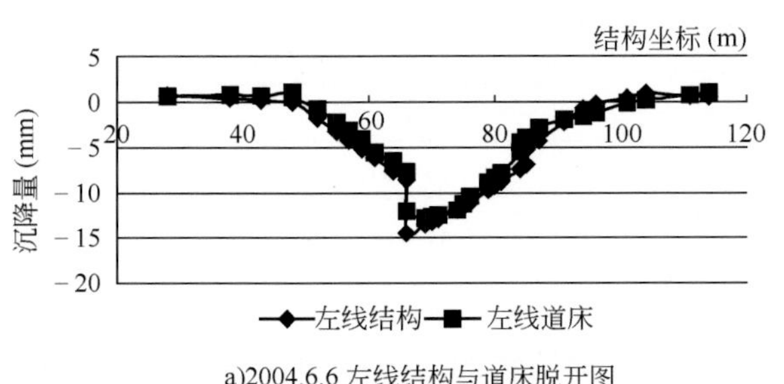

a)2004.6.6 左线结构与道床脱开图

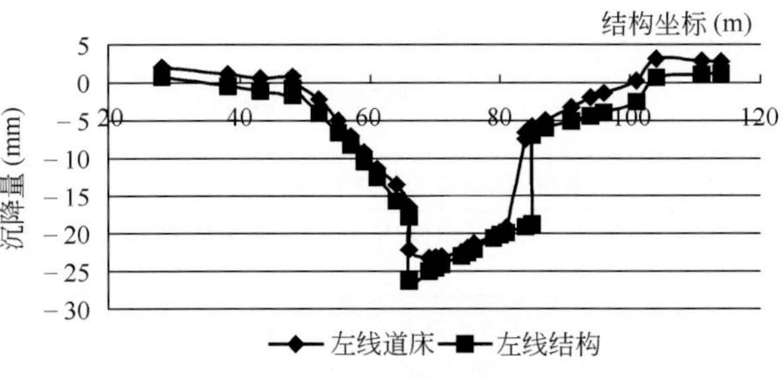

b)2004.11.30 左线道床与结构脱开图

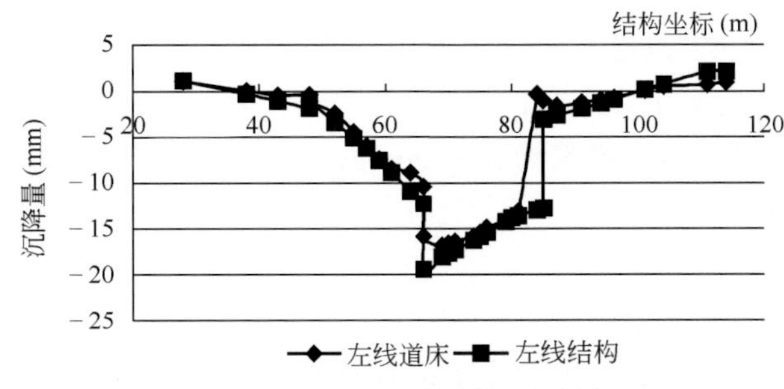

c)2005.1.20 左线结构与道床脱开图

图 4-65 隧道道床与结构底脱开情况图

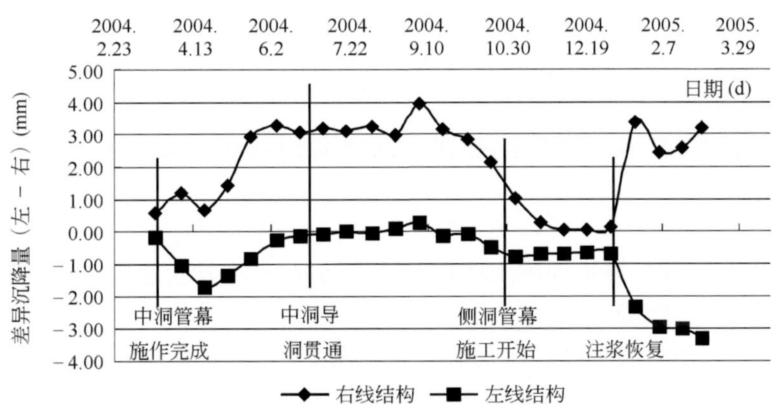

图 4-66 结构横断面倾斜状态图

四、软硬不均地层浅埋钻爆施工

(一)特殊要求

由于浅埋地下工程地处闹市区，它是地面交通运输、商业贸易、居民生活的集中地区，往往具有车流、人员密集，商务活动繁多等诸多特殊性。因此，为减小钻爆施工对周边环境的影响，应在遵守一般规定的基础上，严格满足下列特殊要求：

1.爆破震动安全要求

目前，国内外一般以爆破振动速度的大小来衡量震动影响程度，爆破时质点振动速度与建筑物破坏之间的关系，可参考表 4-33。

砖石建筑物和构筑物的破坏与振速的关系 表 4-33

建筑物和构筑物破坏状况	振速(cm/s)	
	I	II
抹灰中有细裂缝、掉白粉、原有裂缝有发展，掉小块抹灰	0.75～1.5	1.5～3.0
抹灰中有裂缝，抹灰成块掉落，墙和墙之间有裂缝	1.5～6.0	3.0～6.0
抹灰中有裂缝并有破坏现象，墙上有裂缝，墙之间的联系被破坏	2.5～6	6～12

续上表

建筑物和构筑物破坏状况	振速(cm/s)	
	I	II
墙壁上形成大裂缝,抹灰被大量破坏,砖体分离	25～37	12～24
建筑物严重破坏,构件联系破坏,支承墙间有裂缝,屋檐、墙壁可能倒塌,质量不太好的新老建筑物被破坏	37～60	24～48

注:I引自A. B. CaфOHOB等人的资料,II引自C. B. MeдBeB的资料。

我国主要以爆破振动速度(垂直向)作为安全判定标准,由于建筑物的多样性和自身强度的多变性,每个建筑物的抗振速度都不同,应根据具体情况而定。《爆破安全规程》(GB 6722—2003)对主要类型构筑物的抗振速度给出了参考值,以便在实际工作中对照。

(1)土窑洞、土坯房、毛石房屋1.0cm/s;

(2)一般砖房、非抗震的大型砌块建筑物2～3cm/s;

(3)钢筋混凝土框架房屋5cm/s;

(4)水工隧洞10cm/s;

(5)交通隧洞15cm/s;

(6)矿山巷道:围岩不稳定有良好支护10cm/s,围岩中等有良好支护20cm/s,围岩稳定无支护30cm/s;

(7)精密仪器设备:参照有关规定。

爆破振动频率与爆破参数、围岩性质、地质情况等有关。岩层越致密,频率越高;装药量越大,振动频率越低。频率越低,振动时间越长,振幅也越大,对围岩的振动危害越大,在城市地下工程钻爆开挖中,应重视爆破振动频率的危害性。

影响围岩稳定的振动效应有三种因素:振速、振动延续时间和振动频率,钻爆设计时应综合考虑三者对地面环境的影响。

2.地面沉降

浅埋地下工程钻爆开挖时,隧道周围土体在弥补地层损失中,发生地层移动,引起地表沉降,表现为地表均匀沉降和地表不均匀沉降。

考虑到钻爆开挖引起的地表沉降对建筑物的损害程度(见表4-34),对地表沉降及地下管网位移容许值作出了规定(见表4-35)。

建筑物在不同沉降差下的反应 表4-34

建筑结构类型	Δ/L(L为建筑物长度,Δ为差异沉降)	建筑物反应
一般砖墙承重结构	1/150	分隔墙及承重墙出现很多裂缝,可能发生结构性破坏
一般钢筋混凝土框架结构	1/150	严重变形
	1/500	开始出现裂缝
高层刚性建筑(箱形基础、桩基)	1/250	可观察到建筑物倾斜
有桥式行车的单层排架结构的厂房天然地基或桩基	1/300	桥式行车运转困难,分隔墙出现裂缝
有斜撑的框架结构	1/600	处于安全极限状态
一般对沉降差反应敏感的机器基础	1/850	机器使用可能会出现困难,处于可运行的极限状态

注:1.框架结构有多种基础形式,包括现浇单独基础、现浇片筏基础、装配式条形基础以及桩基。不同基础形式的框架对沉降差的反应也不同,上表只提出了一般框架结构对差异沉降的反应,因此,对重要框架结构在差异沉降下的反应,还要仔细调研其基础形式和使用要求,以确定允许的差异沉降量。

2.各种基础形式的高耸烟囱、化工塔罐、气柜、高炉、塔桅结构(如电视塔)、剧院、会场空旷结构等特别重要的建筑设施,要作专门调研,以明确允许差异沉降值。

3.内框架(特别是单排内框架)和底层框架(条形或单独基础)的多层砌体建筑结构,对不均匀沉降很敏感,也应专门调研。

变形容许值 表 4-35

类别		容许值
地表沉降及建筑物沉降		50mm
地下管线位移	一般管线	50mm
	上水、煤气	30mm
建筑物倾斜		0.3%

注：近几年工程实践证明的最小允许值未产生异常值。

3. 爆破噪声

爆破噪声主要是由于炸药爆炸时所产生的高温高压气体，通过裂缝和炮眼口喷射进入大气中，冲击和压缩周围的空气，使空气中的压力突跃上升而形成空气冲击波。这种空气冲击波在传播过程中，随着距离的增加而迅速衰减变为噪声。

爆破噪声虽然持续时间短，但产生的脉冲噪声峰压级却高达 170～190dB(峰压级比有效值高 20～27dB)，而且伴有强烈的冲击波，如果注意不够，就可能使耳膜破裂，造成爆震性耳聋。表 4-36 是我国于 1997 年颁布的噪声标准。

我国(建议)噪声标准(单位:等效声级 dB) 表 4-36

适用范围	理想值	极大值	适用范围	理想值	极大值
睡眠	35	50	听力保护	75	95
交谈、思考	45	60			

(二)施工要点

浅埋地下工程采用钻爆开挖时，须根据地质条件、钻孔机具及爆破器材现状等条件，在开挖前进行钻爆设计，选择钻爆方法及参数、主要安全技术措施等。

为减小爆破对工程本体及周围环境的建筑物和居民的影响，应采用控制爆破技术。为使开挖轮廓平整圆顺，尽量减少超欠挖、爆破对周围岩体的扰动破坏和对附近建筑物的振动影响，宜采用光面爆破技术，分部开挖时，也可采用预留光面层爆破。

1. 钻孔前的准备

钻孔前须先标出开挖断面中线、水平线和断面轮廓线，并按设计在断面上标出炮孔位置，经技术人员检验符合设计要求后，司钻人员方可钻眼。

2. 钻眼作业

钻眼精度直接影响爆破效果，因此，严格控制钻眼精度非常重要，司钻人员须严格按设计钻眼，钻眼应符合下列要求：

(1)掏槽眼的深度、角度均应按设计施工，眼口间距及眼底间距误差不大于 5cm。采用楔形掏槽时，严禁眼底穿孔。

(2)掘进眼、眼口排距、行距误差不得大于 10cm，炮眼保持平直状态。

(3)周边眼的炮眼间距误差不大于 5cm，外斜率不应大于 5cm/m，与二圈眼间最小抵抗线误差不应大于 10cm。周边眼的打眼精度直接影响周边的圆顺效果。经验表明，其间距误差大于 10cm 时，爆破效果明显不佳。采用大型液压凿岩台车钻孔时，一般采用 2°～3°的外插角，其外斜率可控制在 5cm/m 以内；采用国产支架式凿岩机，其外斜率也可控制在 3～5cm/m 以内。

(4)当开挖面凹凸不平时，应按实际情况调整炮眼深度，力求所有炮眼(除掏槽眼外)眼底在同一垂直面上，所有炮眼深度均严格按设计施工，杜绝任意加大炮眼深度的情况。

3. 装药作业

装药前应将炮眼内的泥浆、石粉吹洗干净，检查炮眼达到设计要求后，方可装药。装药时应严格按设计药量装药，特别是雷管段号一定要按设计放置，严格控制每段雷管的起爆药量，防止因单段药量过大产生过大震动危及周围建筑物的安全，装药后所有炮眼均应按设计堵塞炮泥。目前，施工中一般采用砂和黏土混合物作炮泥，堵塞长度不小于40cm，有条件时，也可采用塑料袋装水封堵，以降低爆破粉尘和噪声。为了改善周边的爆破效果，使其规整圆顺，周边眼应采用间隔装药，通常采用传爆线将药量均匀分布在炮孔全长并用竹片固定，当岩石较软时，也可直接用导爆索进行爆破。

4.起爆作业

对于杂散电流较大的城市地下工程，宜采用塑料导爆管非电起爆系统起爆。该系统操作简便，使用安全，施工中常采用簇联方式（俗称“一把抓”）联结，然后用一个8号火雷管引爆。电力起爆比较危险，因洞内机械设备多，浅埋时可能将其他电流引入，杂散电流大，易引起爆炸，所以通常要增加消流工艺。

（三）爆破安全监测

城市浅埋地下工程钻爆开挖时，为了确保工程本体及周围构筑物的安全，施工期间应进行爆破震动监测及爆破噪声监测。

1.爆破震动监测

（1）监测目的

在开挖施工中进行爆破震动监测，可即时评价居民楼结构的安全状况，同时监控施工质量，反馈设计，及时调整开挖方案并修正控爆参数，达到减震目的。

（2）监测系统

监测系统构造框图如图4-67所示。

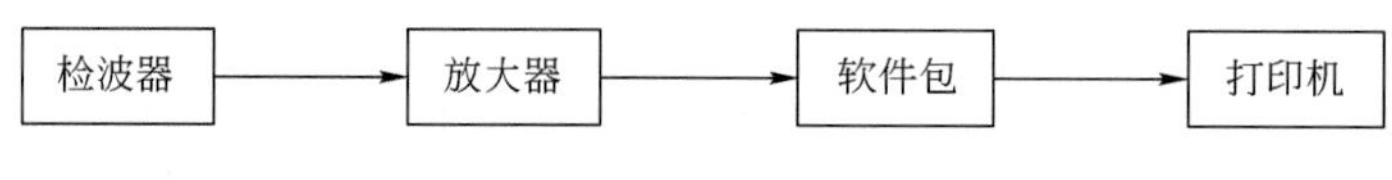

图4-67　监测系统构造框图

由传感器拾取地震动，转化为电信号，经放大器放大、滤波等处理后，输入至计算机CRAS系统软件包进行存储、分析，最后由打印机打印输出地震动波形。

（3）测点布置

爆破震动安全监测的测点有两种：一种是为保证浅埋地下工程结构本体的安全而设置的测点，一般沿结构纵向设置，即在靠近工作面已开挖并支护过的结构上按一定间距布设测点（通常在工作面后2～3倍洞径范围内，每隔3～5cm在结构拱顶、拱脚及边墙上各布设一组测点），通过监测其爆破振动速度来判定结构本体的稳定性；另一种是为保证地面建筑物安全而设置的测点，一般是在工程附近的建筑物的关键部位布设测点，重点监测地表与房屋上质点的振动情况。每测点上布置能测垂直、水平两个方向的传感器，其测点预埋件示意图如图4-68所示。

在隧道工作面上方的地表与房屋上布置测线，一般一次性布置4～6个测点形成一条测线，并随着工作面推进而在其前方增补测点，测点间距视现场情况而定，一般相距3～9m。

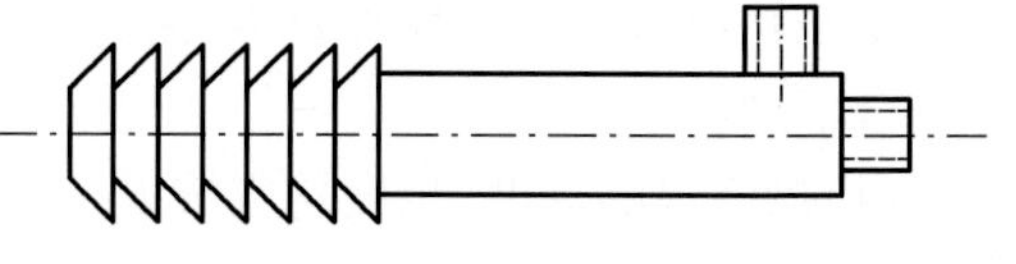

图4-68　爆破震动测点预埋件示意图

（4）监测结果的分析应用

①监测结果的处理。按上述要求布设测点后，即可对爆破进行监测，测试前须准确统计出本循环的总装药量、单段装药量，尤其是最大段装药量，以便找出各段起爆产生的跳高h值（工程上主要找出最大段装药对应的跳高h_{max}值），然后根据该系统的标定曲线或灵敏度F，求出对应的振动速度值$v=F\cdot h$。

②监测结果的应用。经过多次监测取得足够多的监测数据后，即可根据如下经验公式进行回归分析，找出K、α值。

$$v=K\left(\frac{\sqrt[3]{Q}}{R}\right)^{\alpha}$$

式中：v——爆破振动速度；

K——与爆破点地形、地质等条件有关的系数；

α——爆破作用指数；

Q——同时起爆的药量，即最大段装药量(kg)；

R——测点距爆源的距离(m)。

然后，根据建筑物的允许抗振速度$[v]$，求出最大允许装药量，即 $Q_{max}=R^3([v_{max}]/K)^{3/\alpha}$ 为最大段装药量，就可以进行钻爆设计。对于试验阶段的钻爆设计，K、α 值可参照表 4-37 选取。

不同岩性的 K、α 值 表 4-37

岩 性	K	α	岩 性	K	α
坚硬岩石	50～150	1.3～1.5	软弱岩石	250～350	1.8～2.0
中硬岩石	150～250	1.5～1.8			

2. 爆破噪声监测

(1)监测目的

研究爆破噪声的传播规律，评价爆破噪声对周围环境的影响程度，贯彻执行噪声安全标准，及时反馈设计，调整爆破参数，进行爆破噪声控制。

(2)监测系统

测定爆破噪声通常是指测定噪声的声压、频率和持续时间，通过话筒、声级计输入电信号，用示波器记录。

声级计是测定噪声常用的一种仪器，用以测定声压的大小，其构造框图如图 4-69 所示。

图 4-69 声级计构造框图

(3)测点布置

将爆破噪声测点选在竖井附近，离井口边缘约 5m，对地高度为 1.5m 的位置，尽量远离边墙，以减少反射。

(4)爆破噪声监测结果及其分析

根据实测资料统计，爆破噪声强度基本上与测点到爆源的距离成反比，即爆破噪声随着爆心距增大而衰减。这与露天爆破时爆破噪声与爆心距的平方成反比关系不相符合，分析认为这是由于隧道管道效应的结果。

另外，在爆破噪声测试中还发现，使用毫秒管段别越多，降噪效果越好，采用水封爆破可以减弱噪声，井口覆盖吸音材料也能减弱爆破噪声。

五、山岭隧道浅埋段施工

(一)山岭隧道浅埋段特点

山岭隧道浅埋段多出现在洞口段、傍山隧道与低山隧道，具有如下特点：

1. 埋深浅

由于埋深浅，开挖过程中难以形成承载拱，变形快，开挖引起的下沉直接达到地表，而且浅埋隧道掌子面前方的先行下沉很大，会造成很大的地表下沉，甚至塌穿地表。

2. 地质条件复杂

山岭隧道浅埋段所处位置决定了多数情况下会有地形偏压、表层软弱堆积物、风化带等对隧道开挖有很大影响的特殊问题，会出现下沉急剧增大、地表开裂等异常现象，有时也会出现掌子面不稳定等现象。

3. 开挖易引起塌方

浅埋隧道难以形成承载拱，偏压造成衬砌背后的围岩压力不对称，软弱堆积物在自然或人为因素作用下极易复活，最不稳定，而风化作用使岩土体裂隙增大，强度减弱，地表水易侵入，影响其稳定性，造成塌方等地质灾害。

本节主要针对洞口段、偏压隧道、软弱风化岩堆体隧道进行山岭隧道浅埋暗挖技术介绍。

(二)施工关键技术

1.超前地质预测预报技术

对山岭隧道浅埋段进行超前地质预测预报，是防止隧道塌方，保证施工安全的关键措施。

超前地质预测预报的方法主要有地面地质调查、掌子面地质素描、波速测定法、地质雷达、红外线探测、超前水平钻孔等。提倡采用超前水平钻孔、地质素描等方法，并结合地质勘察资料进行的综合地质超前预报技术。

2.洞口段施工关键技术

(1)隧道进洞位置的选定要根据洞口处的地形、地质状况而定，不要为了缩短隧道的长度而偏压、拉槽进洞，使洞口处挖深过大，破坏山体坡面的稳定和植被。根据地形的条件，因地制宜地选择隧道洞门形式，使其与周边的自然环境和景观相协调。实践中，一般优选切削式不受力洞门。洞口间距不宜过大，否则不利于管理和节约土地，应建立小间距的理念(见图 4-70)。上、下行洞口应错开，或设挡墙防止废气进入另一洞口造成气流短路；洞口变坡点应设置合理，防止雨水流入洞内。

(2)对浅埋、偏压、地质条件较差的隧道洞口，洞身段应先预加固后再开挖，视地质条件可采用地表砂浆锚杆、地面预注浆、地表旋喷桩等加固围岩方法，网喷混凝土或砂浆锚杆加固边仰坡，如为滑坡体，则应设置抗滑桩。并根据围岩情况设置大管棚(10～40m)、超前注浆小导管等超前支护措施。

(3)洞口段施工中最关键的工序是进洞开挖，应根据地质条件，选择合理的预加固方法，选择合理的开挖方式与开挖方法。

图 4-70　板樟山公路隧道洞门实景(洞距合理)

①采用钻爆法开挖，一定要坚持“短进尺，弱爆破”的光面爆破。进洞开口进尺不超过 1.5m。

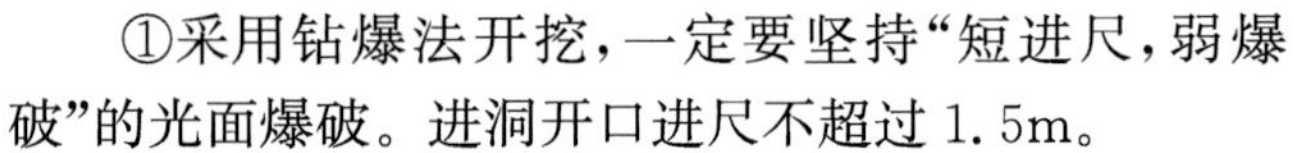

②洞口地段为Ⅳ～Ⅴ级围岩，地质条件较差，采用台阶法施工，上半断面尽量采用预留核心土环形开挖法。

③洞口地段为Ⅴ～Ⅵ级围岩，要采取提高围岩强度和加固围岩的施工方法施工，如采用台阶法开挖，并尽量采用机械开挖或人工开挖。

(4)台阶法开挖下部时，应采用跳槽马口开挖，且应开挖一榀接一榀钢架，随挖随支随喷混凝土和打设锚杆。

(5)开挖台阶不宜过长，做到尽早成环，先做仰拱，尽早封闭。同时，应尽早衬砌，首环衬砌长度不应小于 6m。

(6)隧道洞口衬砌不允许采用“先拱后墙”施工方法。

(7)尽早完成洞门工程，增强洞口段的稳定性。

3.偏压隧道施工关键技术

大多数偏压隧道常属于浅埋偏压，既有偏压问题，又有浅埋问题。因此，考虑施工技术时，应二者兼顾。

(1)采用锚杆或锚索加固外侧岩土体的措施以解决偏压隧道外侧岩土体失稳问题，应根据外侧岩土体的厚度以及表面破碎层、坡积层的厚度来考虑锚杆或锚索的施工参数。一般锚杆直径 22mm 或 25mm，锚杆长度控制在 3～6m，按 150cm×150cm～200cm×200cm 间距布置。长度大于 6m，可以考虑采用小锚索来代替。小锚索使用高强度低松弛钢绞线 4×15.24mm，深度在 6～12m 之间。长度超过 12m，可用抗滑桩代替。

(2)对于偏压隧道外侧岩土体有严重失稳且数量较大时，考虑采用抗滑桩方法来防止外侧岩土体失稳或坍塌，从而确保隧道不塌方。抗滑桩设计应按工程实际地形、地质条件和覆盖层厚度来决定。一般现场采用的抗滑桩截面为2m×3m和2m×2.5m矩形断面，间距6～8m，深度一定要嵌入基岩。

(3)反压土施工参数。采用反压土施工时，一定要注意做到稳定坡脚、平衡偏压力，不然适得其反，会增加支护与衬砌的荷载。一般使用在外侧岩土体厚度t较小的(外侧覆盖土)偏压隧道。回填反压土施工如图4-71所示。

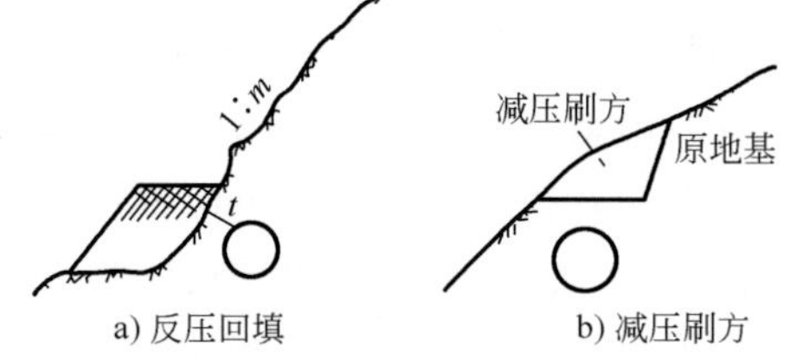

图4-71 偏压处理示意图

但是应注意，反压土工程数量较小时，可采用此法施工；反压土工程数量大时，不宜采用此法，而使用锚杆、锚索或抗滑桩代替。

(4)一般采用台阶法施工，上半断面尽量采用预留核心土环形开挖法；对于大跨度、大断面偏压隧道，采用双侧壁导坑法施工。

(5)开挖后钢支撑支护紧跟，开挖一榀支撑一榀钢架。台阶法开挖下半断面时，采用左右错开开挖马口接下部支撑。

(6)设立钢支撑横撑或上半断面临时仰拱。

需要在钢支撑增加起拱线和墙中横撑，其规格与型钢支撑相同，而且需预先设计加工好，才用螺栓连接。同时考虑伸缩式横撑，其位置不应在跨中，选择在靠近拱墙钢支撑位置。

上半断面临时仰拱，钢支撑规格与拱墙钢支撑相同，也可考虑伸缩机构。由于钢支撑施工误差较大，临时仰拱和横撑钢支撑已经预制好，在隧道内不应再进行加工，用电焊接长或切短。

(7)偏压隧道拱墙衬砌尽量靠近掌子面，采用人工开挖或机械开挖，拱墙衬砌与掌子面工序间距为6～12m。大跨度大断面开挖工序较多，拱墙衬砌与先进掌子面工序间距不超过18m。

4.软弱风化岩堆体隧道施工关键技术

软弱风化岩堆体通常由巨块、大块、小块或其中夹有泥沙堆积而成，无胶结，而且隧道深埋。

(1)采用地表压浆方法能起到很大固结作用，固结后可以减少垂直压力，提高围岩的整体性，以及围岩的承载能力。

(2)在岩堆巨石或大块石堆中打管棚较为困难，长管棚更难施作。因此，以地表注浆辅以小导管、短进尺开挖或周边注浆加上小导管，较为有效。隧道内周边压浆和洞外地表压浆，压力可选0.3～0.5MPa。周边注浆范围在周边轮廓外2.0m以上，注浆长度3.0m以上，搭接长度为注浆长度的1/2。

(3)开挖断面应控制小一些。单线隧道采用台阶法施工，双线隧道采用台阶法上半断面CD法开挖。上半断面是否采用临时仰拱视变形量测结果而定。

(4)必须采用光面爆破方法开挖时，为了及时支护围岩巨石或大石块，采用台阶法开挖。用光面爆破短进尺开挖，进尺须控制在1.2m以内，台阶长度控制在8m以内。光面爆破的主要参数：周边眼间距在0.45m内，周边孔单位装药量在0.15kg/m以内。掏槽眼应尽量布置在开挖断面下方。

(5)随挖随撑，开挖1.2m，钢支撑间距按0.5m一榀或1.0m一榀。型钢支撑选用I22以上工字钢或H型钢。钢支撑与围岩之间使用硬木或铁楔楔紧，并用喷混凝土喷满其空隙，使钢支撑能立即承受荷载。

(6)拱脚锁脚锚杆直径22mm或25.5mm，其长度应为2倍系统锚杆长以上，但最短不少于3.0m，其数量为每榀3根以上；拱脚锚桩的设置在有必要和有设备条件下采用，其直径一般采用钻机钻孔83mm或108mm，其长度为4～6m，其数量为每两榀拱架一组2～3根。采用无缝钢管花管注入水泥砂浆或纯水泥浆，其中可加钢筋来与水泥砂浆一起增加刚度，整体形成一个钢管桩承托上部拱架的上部荷载，作用十分明显。

(7)二次衬砌紧跟，掌子面到二次衬砌的间距不超过30m。在二次衬砌前，最好先做好仰拱，而后再灌注拱墙整体混凝土。

(8)除常规量测外，还应增加一项钢支撑应力量测，以监测钢支撑受力状况。

第五节　浅埋暗挖法防塌限沉技术

一、隧道防塌技术

隧道开挖时，由于卸载效应，使岩土体的三维平衡应力状态破坏，变为二维应力状态，同时，应力重新分布。在此过程中，由于支护不及时、强度不够或其他原因，如涌水、流沙等，造成掌子面岩土体发生坍落的现象，称之为塌方。隧道在开挖时、开挖后、施作支护后，甚至衬砌之后，都可能发生隧道塌方。

引起隧道塌方的原因可以概括为三个方面：一是自然因素，即工程地质条件和水文地质条件的变化；二是工程因素，即在平衡稳定或未平衡稳定的岩土体中修建隧道过程中，引起地质条件的变化；三是人为因素，即不合理、不适当的设计，不合理、不适当的施工方法。

对隧道是否发生塌方的可能性与规律进行分析判断，是防止隧道塌方，保证施工安全的重要措施。

（一）塌方的一般规律

1. 掌子面及其附近现象

(1)开挖后顶部未支护部位围岩掉块不停。

(2)使用喷混凝土支护围岩后，仍有掉块。

(3)掌子面可见出水点频繁变化位置。

(4)掌子面突然涌水，或涌水压力增大。

(5)掌子面正面坍塌并向里发展。

(6)岩层张开裂隙明显增大(肉眼可见明显增大)。

(7)岩层层间充填物被水冲掉，并且水量增大；松散地层开挖后不停地掉渣、掉砂。

(8)涌水由清变混浊。

(9)肉眼可见岩石出现岩粉。

(10)掌子面及其附近无故出现尘土飞扬。

(11)流沙地段塌方预兆：

①间隔涌流，逐渐形成连续涌流；

②封闭喷混凝土被不同位置的流沙冲破，或成股涌出。

(12)拱脚下沉显著增大，承载力不足，预兆可能塌方。

2. 支护变形或破坏

(1)喷层大面积开裂、脱离甚至塌落，随之有“噼啪”声响。

(2)锚杆垫板松脱。

(3)钢支撑扭曲变形，边墙支撑中间鼓出，连接节点明显变形。

(4)钢支撑之间的喷混凝土或土岩剥落。

(5)网格支撑中的喷混凝土明显开裂、剥裂，钢筋露筋并变形弯曲。

(6)拱顶喷混凝土对称开裂，并有被剪切下滑的现象；边墙喷混凝土开裂并有被剪切下滑的现象。

(7)钢支撑受压力大，发出响声。

(8)钢支撑之间的连接板错位，连接螺栓被剪断。

(9)钢支撑之间的沙土、岩层挤出，掉土块、岩块。

3. 洞口地段和浅埋地段塌方预兆

(1)洞口地段多处地表开裂不停，并且裂口数目逐步增加，裂口增大、加深。

(2)地表陡岩有崩塌现象发生。

(3)地表明显沉陷，由水平观测点判断，掌子面通过后，其上地表仍然下沉不停，且累计值超过300mm以上。

4. 使用仪器、仪表监测到的变形值显示塌方预兆

(1)变形量测表明变形长期不收敛且变形速率仍然较大。

(2)变形收敛量测曲线表明已收敛，但又出现变形值突然增大的现象。

(3)变形量测所表明的大的变形值，也是塌方预兆。

①大数值的拱顶下沉量：硬岩 50mm，软岩 100mm。

②大数值的拱脚下沉量：硬岩 100mm，软岩 200mm。

③大数值的墙中挤入变形量：硬岩 50mm，软岩 100mm。

(4)初期支护应力状态：

①钢支撑应力大于允许应力值。

②喷混凝土压应力大于 $100kgf/cm^2$（注：$1kgf/cm^2$ = 98 066.5Pa）。

③锚杆轴力大于 15tf（注：1tf = $9.806\ 65\times10^3$N）。

(二)防坍基本原则

根据几十年积累的工程防坍实践经验、教训、技术资料与防坍科研成果，工程人员总结出了以下防坍基本原则。

1. 防坍首先应从设计抓起

设计阶段在详细地质勘察的基础上，结合断面形式、规范、工程类比和必要的结构计算，提出结构设计；在采用 CD、CRD 和双侧壁导坑法等分块开挖的大断面和特殊断面时，检算各施工步骤的初期支护强度和变形；提出施工注意事项和要点；使设计尽可能符合实际并对施工真正起到指导作用。在施工阶段应根据实际开挖的地质条件和量测结果，实事求是地修正设计，使设计更完善。

2. 工程地质与水文地质预测预报

做到“先知”、“深知”、“细知”。尽量采用各种现场最直观的预测预报手段、仪器仪表，进行从地表地貌、地质到隧道可能坍塌地段地质的调查分析，并作出评估。

隧道工程实际上是地质工程，因为隧道施工和地质条件有密切的关系。设计阶段所掌握的地质条件和实际的地质条件有一定出入，施工阶段的地质工作和量测结果反馈能帮助设计人员更进一步了解地质条件，据此调整设计支护参数和施工方法，采取预防措施防止塌方。因此，须将施工阶段的地质预报列入隧道施工工序。

3. 预防塌方

做到提早防，提前防，未进入可能塌方地层之前就开始防。不是到了塌方临界状态时，才去防，更不是塌方之后才去“治坍”、“防坍”。

4. 早喷锚、强支护，尽快封闭成环

尽快进行喷锚，合理控制开挖速度，提高初期支护的刚度和承载力，在喷混凝土未形成强度前提供抗力；在 1～1.5 倍洞径内封闭成环。特别指出的是，采用钢架可加强初期支护，为小导管注浆、长管棚提供支点，对增加抗形变能力起着相当大的作用，是防坍的重要手段。

5. 重视开挖手段和开挖方法的选择

尽量选取减少扰动围岩、减小围岩松动范围的机械开挖、风镐开挖、手工开挖方式。采用钻爆法开挖时，必须实施光面爆破或预裂爆破方法，做到不破坏开挖面的稳定。

台阶法、CD 法、双侧壁导坑法等开挖方法采用的上下分层和竖向分块，有利于保证开挖掌子面和顶、帮的稳定性。为配合上述开挖方法，分别采用环形开挖，控制台阶长度，掌子面喷混凝土封闭，锁脚锚杆、拱墙脚加固注浆等辅助施工措施，能使上述开挖方法更加安全可靠。

6. 开挖控制时空效应

循环开挖进尺要短；关键工序间距要控制；有特别要求闭合成环时间的仰拱与开挖面距离要严格按规定控制，只能短，不能长。力争稳妥快速地进行施工，如断面小，分块开挖，快速支护和封闭反而有利。

7. 量测制度

建立结合实际的有目的的量测制度，通过监控量测，及时发现问题，正确判断量测结果和支护体系与围岩的受力和变形状态。采用量测成果检测防坍措施的效果，实现施工信息化。根据量测结果指导超前地质预报、设计和施工工作。

8.地下水处理

采用降、堵、泄等方法处理地下水，可以提高围岩的自稳能力，提高喷混凝土质量，起到防止流沙、突水、突泥、防坍的作用。一般采用以堵为主、以降为辅的处理原则，其在任何地层和环境下均是可行的。

9.地层预加固与改良

预加固地层与改良地层技术方案是稳定掌子面，提供开挖与开挖后支护条件的最合适的技术方案。注意技术方案的适用范围，才能做到施工可行、可靠、有效。

适用范围：松散、无胶结的岩层，低强度的岩层，开挖后会发生大变形的岩层；开挖后可能引起超过200mm下沉的岩层；有可能发生突泥、突水的岩层。

10.应急资源准备

除普通机械、机具、材料之外，现场要有应急资源准备，如配备一套地质钻探和防坍专用机械设备、仪器、仪表；要按计划准备一定数量的专用支护材料、注浆材料及其他专用器材，随时做到拿来就用，尤其对水下隧道及城市房屋密集之处，应及早准备，以防不策。

11.辅助工法的掌握与应用

工程师必须熟悉掌握与应用适用于对付各类可能塌方围岩的施工方法与辅助工法。重点工程，应配备地质工程师来处理工程地质问题。特殊地层，采取特殊措施，综合使用辅助工法。

12.特殊工程处理

对于特殊工程，浅埋、偏压、扁平断面、大跨断面、超大断面等，结合实际，专门研究，采取特殊方案与技术进行处理。

13.施工管理与工程质量

(1)把防坍列为隧道施工的重要内容。

(2)对防坍的施工方案和措施作出正确决策，宁强勿弱、稳扎稳打、步步为营、科学决策，不冒险施工。

(3)提高施工素质，严格按设计、规范和防坍措施施工，严格管理、严格工艺、严格纪律，保证施工质量符合要求。

(4)不要轻易改变已做了充分准备的防坍技术方案与方法，否则会增加防坍实施困难或导致防坍的失误。

14.加固措施

对应力、应变超限的初期支护和其他塌方预兆，应及时采取加固措施。根据情况，需要加固初期支护的，可采用以下加固措施：嵌钢架、加网喷(如果开挖净空有富余)、加锚、壁后注浆、提前施工模筑混凝土(必须时加钢筋)。必要时，先采用临时对口撑、顶柱、扇形支撑，再采取以上加固措施。

对于有可能塌方的地段，掌子面情况不清，掌子面不前进。变形量测显示有突变或大变形，变形原因未找出，掌子面不前进；变形原因已找出，加固措施未制订，掌子面不前进。加固措施未实施，掌子面不前进，加固措施实施后，再做量测信息反馈，以判断措施的可靠性。

15.支护原因与计算图表

以防坍支护原理与计算图表为基础，制订防坍技术方案。一切防坍技术方案与方法，都要做到“可靠”、“有效”和“可行”。优先选取实施快的方案和方法。

16.总结与创新

不断实践，不断总结，不断提高，不断创新，开发出更实用、更有效、更先进、更经济的防坍技术与防坍机械设备、防坍器材，真正做到隧道施工不塌方。

(三)防坍控制技术

1.流沙地层防坍技术

(1)隧道通过流沙地层地段，应根据工程实际条件，选择相应的开挖方式，如人工开挖、风镐开挖、机

械开挖。严禁采用钻爆法开挖。

开挖方法原则上采用台阶环形开挖法或其他分部开挖方法，分部断面要小，循环进尺要短，自上而下开挖。不应采用下导坑方法自下而上开挖。只有当决定采用排水方案时，才允许采用下导坑开挖方法。大跨和大断面可采取侧壁导坑或CD留核心土法开挖。

(2)根据超前地质预测预报判断的流沙特性、地质构成、粒径、相对密度、液塑性指数、地层滞水层分布、地下水透水系数与压力、地层承载力等制订先护后挖的预注浆和超前支护方案。

①预注浆方案：

a.对于流沙处于流塑流动状态，无强度的地层，必须采用全断面深孔或浅孔注浆。对于流沙规模大，地下水压力在1MPa以上的地层，应该采用高压深孔全断面预注浆；对于地下水压力较小，流沙范围较小的地层，可采用低压浅孔全断面预注浆。

b.砂层处于半固态或固态至可塑状态，强度极低或无强度地层，可考虑选择低压浅孔全断面或周边低压浅孔预注浆方案。

②超前支护方案：

a.对于有一定强度的半固态或固态沙层，采用超前小导管预注浆法加固围岩。

b.对上述预注浆方案的地层采用小导管超前支护或插板法超前支护。

(3)对掌子面喷15cm及以上厚度的混凝土进行密封(尤其对流动状态的流沙)，以防涌泥涌沙、突泥突水的事故发生。

(4)采用台阶法开挖，上半断面设置临时仰拱，初期支护用刚性支撑+喷混凝土。

(5)上半断面开挖后，为防止拱脚下沉造成坍塌，以便顺利地进行台阶下部开挖与支护，必须打设拱脚锁脚锚杆，必要时还考虑打设拱脚锚桩。

(6)做好相关试验工作。

①注浆后做压浆试验检查；

②注浆后做注浆效果试验检查，确认是否已达到开挖后不涌沙、涌泥的程度；

③必要时做岩芯强度试验或点荷载试验。

(7)台阶法开挖下半断面时，采用两侧交错开挖法，严禁对开马口，要挖一榀支护一榀，挖好一边，支护好一边，再挖对边，支护对边，并尽快挖、封闭和早做仰拱。

(8)对于大断面必须采用侧壁导坑或眼镜法开挖时，除按上述办法处理外，分部断面还要尽量小些，做到步步为营，封闭成环。

(9)初期支护形式：喷混凝土+钢筋网+系统注浆锚杆+钢架支撑。要求支护尽早闭合，连成整体。对于初期支护必须强调钢筋网设备的重要性，一是流沙地层挂网可增加喷混凝土与沙层的黏结力；二是保证喷混凝土厚度达到设计厚度，才能起到封堵流沙的作用。对于喷混凝土后发生剥落的地方，要随即补喷加以封闭，同时必须使用喷混凝土随时封闭掌子面。钢架刚度比一般地层要大，最好采用型钢支撑或刚度大的网构拱架，网构支撑往往在未喷上混凝土或喷混凝土强度未达到使用强度时，砂土压力可能会在支撑前发生变形、失稳。注浆锚杆必须加垫板，并随时拧紧螺栓。

(10)对于通过排水可以疏干流沙，增加强度，可以变流动状态为塑性固态的流沙地层，根据工程实际条件，选用以下排水方案。

①采用排水方案的原则是排水不会带走大量沙土，不会造成围岩空洞，发生坍塌。对排水方案要慎重，做可行性研究。采用真空泵吸水、深井泵扬水的方法，能保证粉砂不被抽水带走。

②对于可在地面进行井点降水的浅埋隧道、城市地铁隧道，可以采用地表井点降水法。

③采用平导方法施工的正洞，可采用平导先进排水方法。

④在隧道内可设中央下导坑、侧式导坑或其他辅助导坑进行排水。

⑤在掌子面使用钻机钻深孔，进行掌子面疏水。掌子面疏水与掌子面注浆结合在一起，起到排、堵地下水和加固围岩的作用。

⑥掌子面每次开挖之前，必须打超前探孔。一般可用风钻在掌子面打2个浅眼，超前2m探明地层

状态，以便决定是要开挖，还是要采取技术措施后再行开挖。

⑦在初期支护地段或掌子面发生流沙时，必须停止掌子面开挖，待找出原因，采取有效措施，并封堵完好后再行开挖。

2. 松散地层防坍技术

松散地层结构松散，胶结性弱或无胶结，自稳性极差，在施工中极易发生塌方。地层的范围大致是：极度风化破碎已失岩性的风化岩，漂卵石地层，砂夹砾石和含有少量黏土的土壤，无胶结松散的干砂和砂砾以及石屑岩等。

(1)松散地层的工程地质力学特点

①围岩无胶结松散，或胶结性弱，如不进行预加固或超前支护，开挖即塌。

②围岩强度低、刚性小、变形大。掌子面自稳性差或无自稳性，开挖后即塌方。

③在干砂砾层中，遇水会造成流沙。

④在只含饱和水，无补给水源的砂砾层中，使用滤管能部分疏干含水层。

(2)施工基本原则

隧道通过松散地层，应尽量减少对围岩的扰动，尽量采用人工开挖和机械开挖，应先加固围岩，而后开挖，密闭支撑，边挖边封闭。

对于松散地层的防坍可采用的技术方案和方法多种多样，但是由于此种地层情况多变、复杂，真正要选择快速、有效、可靠、经济的技术方案与施工方法比较困难。首先，必须做好地质超前预报，对于范围较大，施工长度长的松散地层，应进一步做岩土物理力学性质试验，准确判断其工程地质特征和围岩开挖后的稳定状态，以及地表水和地下水的活动状态。其次，必须选择合适的辅助工法和采用综合技术措施才能彻底防坍。第三，在施工过程中，加强变形测量，确认采用的预加固和超前支护手段的强度、刚度是否符合地层条件。如有不符，应改善和增加措施，并仔细观察围岩与支护的相互作用状况。

(3)防坍辅助工法

①改善地层法：

a. 预注浆法，如全断面注浆、周边注浆、浅埋地段地表注浆；

b. 小导管注浆法；

c. 水平搅拌桩法。

②先护后挖法：

a. 小导管法；

b. 小管棚和大管棚法；

c. 插板法。

③封闭松散体法：

a. 喷混凝土封闭、喷钢纤维混凝土封闭；

b. 插板法封闭。

④疏水、排水法：

对于层间水和裂隙水及饱和含水层均可采用钻孔套管疏水法。

3. 城市过街隧道防坍技术

1)开挖方式

应采用人工开挖或风镐开挖，不宜使用反铲或挖掘机开挖。遇岩层需要钻爆法开挖时，必须采用弱爆破切割法开挖。

2)选择开挖断面时应考虑的因素

(1)覆盖层地层状态；

(2)覆盖层厚度；

(3)过街隧道的设计高度和宽度；

(4)地面行车对过街隧道施工的要求；

(5)支护结构形式。

3)可供选择的分部开挖方法

(1)跨度在 6～8m,采用短台阶法开挖,见图 4-72。

(2)跨度在 8～12m,变大跨为小跨,采用 CD 法开挖或上半断面 CRD 法开挖,见图 4-73。

(3)跨度在 12～20m,变大跨为小跨,变大断面为小断面,采用侧壁导坑法开挖,见图 4-74。

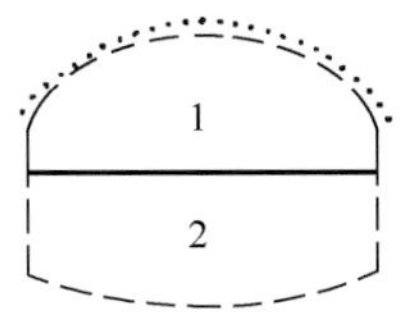

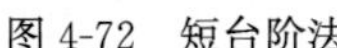
图 4-72 短台阶法

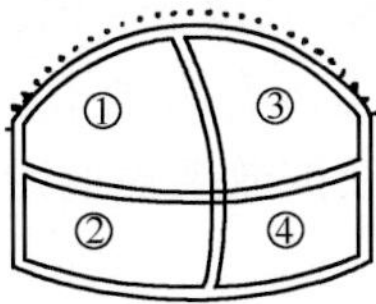

图 4-73 CRD 法

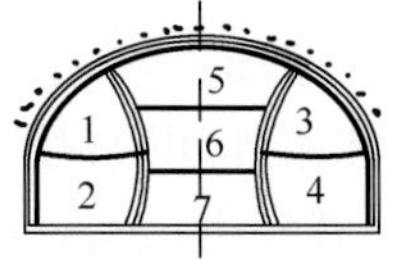

图 4-74 侧壁导坑法

4)预支护

(1)大管棚刚性预支护。对于大跨度、大断面、承重荷载大和管棚长度大的隧道采用 ϕ114.3mm 以上大管棚预支护。如果仅使用大管棚,开挖仍有塌方可能时,可辅以注浆小导管超前支护。

(2)一般管棚预支护。对于中跨,承重荷载较大,采用 ϕ89～108mm 钢管棚预支护。

(3)注浆小导管超前支护。对于小跨和承重荷载较小时,采用注浆小导管超前支护方法。同时,也作为周边或全断面注浆固结地层后的超前支护手段。

(4)为增强管棚钢管的强度与刚度,在钢管中插入钢筋束并注入水泥砂浆。

(5)在荷载特别大,又不能采用顶管法施工时,长度较短的过街隧道,可以采用水平顶进型钢或 ϕ300mm 以上大钢管一次顶进形成全程防护。型钢或钢管贯通后,型钢或管棚两头支撑在洞口型钢框架上,然后再选用上述开挖方法施工。

(6)对于含水或有地下水的地层,开挖时可能发生流泥、流沙。特别松散地层,即使采用管棚法加注浆小导管超前支护也不能防止坍塌时,应该采用预注浆方法固结地层,以防止塌方。预注浆方法(如周边预注浆法、全断面预注浆法;如有必要和可能,也可采用地表预注浆法),可采用较低压力(0.5～1.0MPa)注浆。

(7)边开挖边支护,短进尺,挖一榀支一榀,台阶长度尽量短,防止过大的地面下沉。

(8)必须进行地面下沉量测,并以此指导施工,防止塌方。

浅埋、超浅埋过街隧道开挖过程中发生地面下沉是必然的,地面下沉观测数据能真实地反映开挖、支护过程中的问题,而且非常敏感。地面下沉观测范围:预计沉陷槽范围及街道两侧的建筑物。

5)施工参数

(1)管棚预支护参数

①管棚设置范围:

a.圆拱直墙断面,管棚覆盖从拱顶到拱脚以下 1.0～2.0m;

b.矩形断面,管棚覆盖水平方向从顶部设计轮廓再向两侧延伸 1.0～1.5m,竖直方向向下延伸 1.0～1.5m。

②管棚选用无缝钢管尺寸如下:

a.跨度 12m 以上,管棚长度 20m 以上,钢管尺寸选择 ϕ114.3mm 以上,管壁厚 6mm 以上;

b.跨度 12m 以下,管棚长度 10m 以下,钢管尺寸选择 ϕ89～108mm,管壁厚 6mm;

c.钢管中插入 ϕ10mm 钢筋束,根数按钢管直径选择,并注入水泥砂浆。

③管棚钢管间距 35～40cm,仰角 1°～3°。采用大直径钢管其间距可增至 45～50cm。

④管棚搭接长度为管棚长度的 1/2 以上,但不少于 3m。

(2)注浆小导管选择

①注浆小导管长度 3～3.5m。

②注浆小导管直径 32～42mm。

③注浆小导管间距 40～35cm，外插角 5°～7°。如与大管棚配合，其设置位置与大管棚错开，位于相邻管棚之间。

(3)预注浆

①注浆材料：一般采用单液水泥注浆，必要时采用水泥—水玻璃双液注浆。

②注浆范围：开挖轮廓线周边外 2m，底板以下 1.0m。

③浅孔注浆管：ϕ32mm 或 ϕ42mm 花管，长度 5m 内。

④注浆压力：一般为 0.5MPa；可注性差或存在地下水时，可选择 0.5～1.0MPa。

⑤注浆孔间距：按地层渗透系数和浆液扩散半径而定。

(4)开挖进尺与台阶长度

短进尺 0.5～1.0m，挖一榀支一榀，台阶长或左右导坑相错距离不应超过 5m，以减小地面下沉。

(5)临时支护或初期支护

一般过街隧道不按复合式衬砌设计，施工开挖支护为临时支护；若按复合式衬砌设计，则开挖支护为初期支护，其支护强度和支护工艺要求则要高一些。

①钢支撑：

a.型钢　工字钢 I22，H 型钢 H200，当采用网构支撑时，主筋不小于 ϕ22mm，常使用 ϕ25mm，钢支撑节点连接采用螺栓连接，不采用焊接；

b.钢支撑间距　选择 0.5～1.0m；

c.底板钢支撑的设置　当开挖高度较大、地层松软时，应设置底板钢支撑，使用 I16 或 H150，间距 0.5～1.0m。

②钢筋网的设置。对于过街隧道设置钢筋网是必要的，采用 ϕ6mm 或 ϕ8mm 钢筋，网格为 100mm×100mm～150mm×150mm。

③喷混凝土强度等级为 C20，厚度一般与钢支撑横断面的高度相等。但根据具体地层，墙部喷混凝土可薄一些，或者采用背板(木板或钢板)代替喷混凝土。

④做好开挖轮廓应力集中处的支护，如起拱线处、矩形断面直角处。

⑤CD 法开挖，应注意拆除中壁支撑的时间与顺序。因为此时支护结构受力状态会有明显变化。

过街隧道施工时，可在其上路面开挖影响范围内设置厚钢板，以均布行车动荷载，采用厚度为 8～10mm的钢板。

6)贯通后的注意事项

过街隧道开挖、支护贯通后，应全面检查支护受力预变形情况，发现问题，及时加固，确保全程施工安全。

二、地表沉降控制技术

浅埋暗挖地下工程具有覆土薄、地质条件差、开挖面自稳能力差、承载小、变形快等特点，而且施工影响波及地表，常引起过大地表沉降，因此，必须对地表沉降进行控制。控制地表沉降的关键是减小对地层的扰动，提高地层强度，保持开挖面的稳定，进行及时、密贴、大刚度的支护等。

要保持开挖面的稳定，软土隧道一般都要采取分部开挖方法，这样既保证了开挖面的稳定，又保证了能及时、有效施作支护，同时对地层的扰动程度也减小了。

(一)地表沉降分析及其对环境的影响

对实地调研数据进行统计分析，统计数据主要有暗挖车站中洞上方、侧洞上方和区间隧道轴线上方的地表沉降值。车站结构形式包括三拱两柱、单拱单柱、三跨两柱等多种形式和大跨渡线，施工工法包括 CD、CRD 和柱洞法等多种工法，覆土厚度 5～15m，车站结构跨度 15.6～24.5m，地层结构多以人工杂填土、黏土、沙土和砂卵石地层为主。

从目前的调查资料统计分析情况来看，存在如下统计规律：

(1)由于地表沉降是受多种因素影响产生的,而且这些因素多是随工程建设地的不同而发生变化,且地表沉降的发生又是相对独立的,故以地表沉降值作为随机变量进行统计规律的分析是可行的;且其概率分布与正态分布吻合较好,实测数据的经验频率的累积频率曲线(大于某一沉降值时所发生的频率)和正态分布的累积频率曲线见图 4-75～图 4-78。

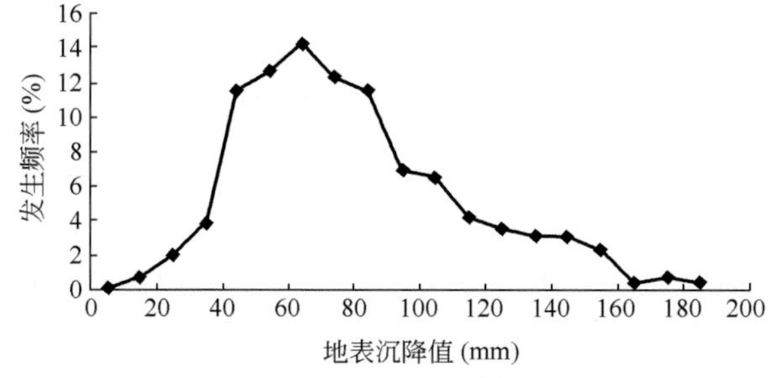

图 4-75 暗挖车站地表沉降累积频率统计图

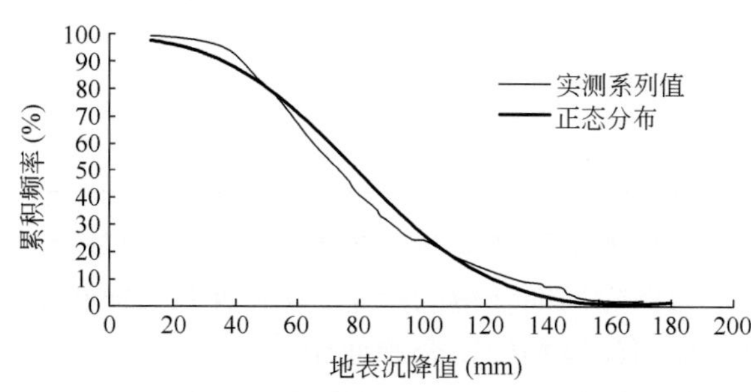

图 4-76 暗挖车站实测数据和正态分布的累积频率曲线

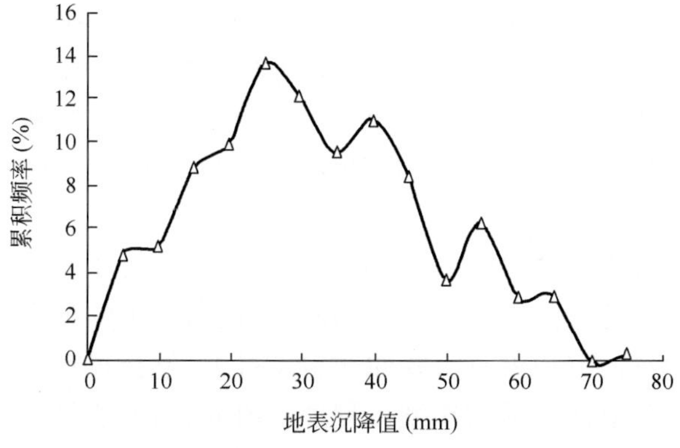

图 4-77 地铁暗挖区间隧道地表沉降累积频率统计图

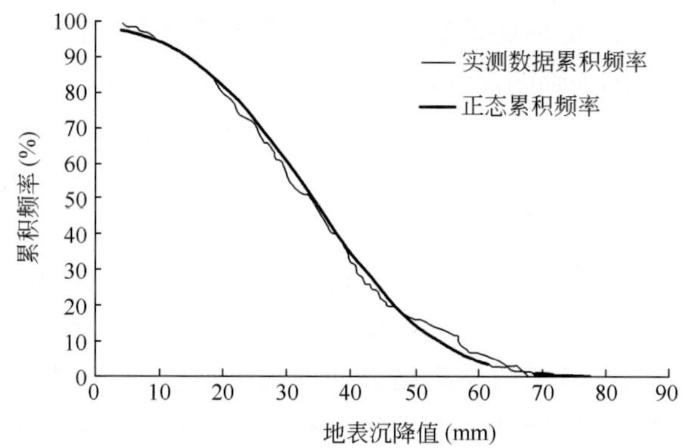

图 4-78 地铁暗挖区间施工地表沉降累积频率统计图

(2)大多数暗挖车站的地表沉降值的变动范围为 40～120mm,地表沉降值小于 40mm 和大于 120mm 的发生频率均不超过 10%,96.7%以上的地表沉降值均超过了 30mm 的控制标准。样本均值为 79.76mm,样本方差为 33.34mm。就目前的施工建设情况来看,在所有暗挖车站的地表沉降均超过标准控制值的情况下,无论是对工程结构自身,还是对周边环境的安全性都没有造成很大的影响。

(3)由于车站的开挖面积远大于区间,对土体的扰动较大或由于群洞效应等的作用,故车站的地表沉降要远大于区间的地表沉降,车站的地表沉降值约为区间的 2～3 倍。大多数暗挖区间隧道的地表沉降值的变动范围都在 20～60mm,地表沉降值小于 30mm 的发生频率不超过 42%,58%以上的地表沉降值均超过了 30mm 的控制标准。样本均值为 34.3mm,样本方差为 15.18mm。

(4)根据现有的统计资料分析可以确定:以样本均值 80mm、35mm 分别作为暗挖车站和区间的地表沉降的控制值,在一定程度上反映在目前的各种工程条件下,现有施工能力和水平的平均水平,较为经济合理,并且不会对地铁车站的施工和周边环境产生较大的影响。

(二)地表沉降控制标准

浅埋地下工程施工,需要确定地表下沉的控制标准。国内一些城市通常采取 30mm 的控制标准,这一标准是为了控制地下工程开挖对地面环境产生影响的最小控制值,不能千篇一律。

应针对每一具体工程给出相应的地表下沉控制量(或叫做地表下沉控制特征值)。它不仅是为了保证地面环境的稳定,还要保障在开挖过程中地层与结构的稳定。

表 4-38 中列出了一些地区的地表下沉控制标准,以供参考。

通常,投标文件中地表下沉的控制标准一般是按环控要求提出的,而施工中的控制标准则是根据当地实际条件按环控和地层稳定两方面的要求确定。

一些地区地表沉陷控制标准　表 4-38

地　区	国外闹市区按调查咨询得到	西单地铁车站实测值	西单地铁车站控制标准	上海地铁一号线盾构法施工控制标准
地表沉陷控制标准(mm)	45～60	70	50	施工期 隆起量:+10 沉降量:−30 施工后半年 隆起量:+20 沉降量:−50

1. 按地面环境要求分析地表下沉控制标准

为保障地面环境的稳定,要求地下工程施工不影响地面交通的正常使用,地下管网线路的正常运行以及地面建筑物的安全和使用。

(1)从保证地面交通正常通行考虑,由于地表下沉非局部突沉,而是按一定规律平顺下沉,不会导致阻塞汽车通行,故可不考虑其控制因素。

(2)地面建筑物对地表沉降的控制标准:《建筑地基基础设计规范》(GB 50007—2002)规定,砌体承重结构基础的局部倾斜在 0.2%～0.3%以内,多层及高层建筑基础随建筑物高度控制在 0.15%～0.4%以内。国外也有这方面的一些规定,如法国规定控制标准在 0.3%。重庆市地下通道排危抢险工程歌舞剧院段曾做过工程监测,对地面沉降的控制标准为:木结构 0.5%,框架结构 0.2%～0.3%,砖石结构 0.2%。

(3)地表下沉也会给地下各种管网线路的正常运行带来影响,通常应根据各管网线路的材质及可变形情况,结合地表沉陷槽分布规律进行综合考虑。在众多的管网线路中,对地表下沉最为敏感的是水泥污水管,从其材质到接缝处理均属刚性,如果地表下沉量过大(也就是沉降曲线斜率过大)就会导致管缝处漏水,影响地下工程施工和管网线路的正常使用。据北京西单地铁车站工程部门研究,当地表最大沉降值为 70mm 时,其地表最大斜率为 2.55mm/m(0.255%),这时不会导致水泥管漏水。如对小什子车站,也规定地表最大斜率为 2.55mm/m,则可按 Peck 公式算得地表的最大沉降值为 42～55mm。

根据上述分析,控制地面沉降的关键是保障地面建筑物的安全,而这方面最严的要求是控制地面沉降在 0.15%～0.2%以内。地面建筑楼层高出 20 层时,按 0.15%控制,其他按 0.2%控制。

2. 按地层与结构稳定要求分析地表下沉控制标准

从保障地层与结构的稳定出发,地表下沉控制标准必然与当地的地质条件、施工规模、埋置深度、结构尺寸和施工方法等有关,一般应根据模型试验、数值方法所提供的分析结果加以确定。实际上,地下工程设计中常具有较大的安全度,这种情况下,控制标准可适当放宽。然而,目前国内外尚没有这方面的明确规定和科学的确定方法。国家标准《锚杆喷射混凝土支护技术规范》(GB 50086—2001)中有些经验性规定可供设计人员参考。根据数值分析结果,控制轻轨工程地层稳定的主要指标是拱顶下沉值,而不是水平收敛值。再利用算得的拱顶下沉值与地表中线位移值的换算关系,即可将拱顶下沉控制标准换算成地表下沉控制标准。

3. 地表下沉容许值的确定

城市地下工程地表下沉容许值通常由建设单位(甲方)给定,但在许多情况下,设计、施工单位(乙方)有必要视实际情况提出总的地表下沉容许值。根据对大量工程实例数据的分析,可从以下两个方面研究地表下沉容许值。

(1)从隧道施工过程的安全稳定性出发推断可能的地表下沉容许值

北京地铁浅埋暗挖法施工经验及国内外的经验均表明,软弱地层浅埋隧道典型的地表下沉曲线可以用 Peck 公式描述:

$$u = S_{\max} e^{-\frac{x^2}{2i^2}} \tag{4-7}$$

式中:u——横断面地表下沉量;

S_{max}——隧道中线上地表下沉；

x——横断面上某点离中线的距离；

i——变曲点距中线的距离。

对公式(4-7)求导可得下沉曲线的最大斜率(发生在 $x=i$ 处)：

$$\eta=\frac{0.61}{i}S_{max}$$

如设定地层的极限剪应变 Y_p 与 η 相等，则：

$$Y_p=\frac{[\tau]}{G}=\eta=\frac{0.61}{i}S_{max}$$

于是：

$$[S_{max}]=\frac{i}{0.61}\frac{[\tau]}{G} \tag{4-8}$$

式中：$[\tau]$——地层抗剪强度；

G——地层剪切模量。

式(4-8)即为从隧道施工本身的安全稳定性推导求得的地表下沉最大值的容许值。

(2)从地表建筑物及地下管线的安全稳定性出发确定地表下沉容许值

市区地下工程施工时，在工程影响范围内，经常碰到有地面建筑物或地下管线的情况，施工过程引起的地层运动往往导致这些设施的损坏，如不采取措施，有时可能导致灾难性的破坏。处理这类问题通常有三种方法：一是主动去对建筑物或管线等设施进行加固处理，较多的是改良受影响设施周围的土层，以提高其抵抗不均匀下沉和倾斜的能力；二是采取措施，尽可能地控制隧道开挖引起的地表下沉；三是前两种方法同时采用。以下仅就既有建筑物等设施的允许倾斜率和不均匀沉降差来反求地表下沉容许值。

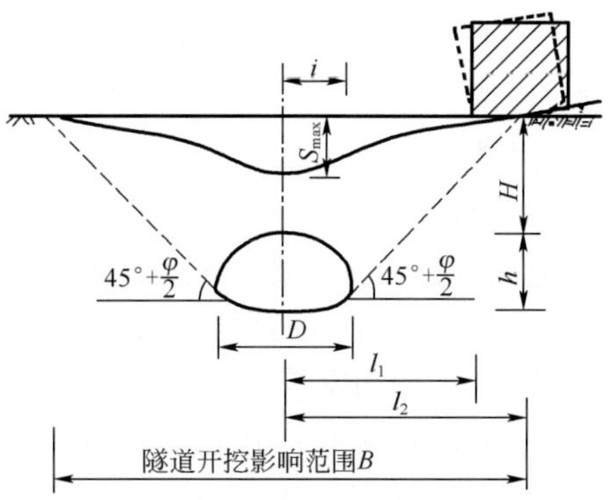

图 4-79 隧道施工对建筑物影响示意

如图4-79所示，一般来说，浅埋隧道施工时在两侧存在着可能的破裂面，如破裂面与地表交点位于建筑物内，则应考虑不均匀下沉倾斜对建筑物的影响。

如令建筑物的不均匀沉降的容许值为 Δu，而 i 通常位于边墙所在的铅直线内($i=D/2$)，于是，地表下沉最大容许值为：

$$\begin{aligned}[S_{max}]&=[\Delta u]/\mathrm{e}^{-\frac{l_1^2}{2(\frac{D}{2})^2}}-\mathrm{e}^{-\frac{(\frac{B}{2})^2}{2(\frac{D}{2})^2}}\\&=[\Delta u]/\mathrm{e}^{-\frac{2l_1^2}{D^2}}-\mathrm{e}^{-\frac{B^2}{2D^2}}\end{aligned} \tag{4-9}$$

式中：D——隧道洞径；

B——隧道开挖影响范围，$B=D+2(H+h)/\tan\left(45°+\frac{\varphi}{2}\right)$；

H——隧道上方覆土厚度；

h——隧道洞高。

根据建筑物的容许倾斜率$[\zeta]$，计算得地表下沉最大容许值为：

$$[S_{max}]=\frac{[\zeta]i^2}{l_1\mathrm{e}^{-\frac{l_1^2}{2i^2}}} \tag{4-10}$$

公式(4-10)为根据建筑物的容许不均匀沉降差反求的地表下沉容许值，公式(4-13)为根据建筑物的容许倾斜率反求的地表下沉容许值。

(三)地表沉降控制方法

为有效控制地表沉降，常采用地层预加固方法、开挖施工方法及各种支护措施。

1. 地层预加固方法

地层预加固的方法很多，常用的有预注浆、超前管棚、超前锚杆等。

(1)预注浆法

在隧道开挖之前,预先进行注浆,充塞岩土体裂隙、空隙或孔隙,加固地层,以利于施工的方法,称之为预注浆法。预注浆可从开挖面、地表或导洞内注浆。

①浅埋或松散地层,有必要采用地表预注浆。主要考虑选择单液注浆,按具体条件选择水泥砂浆或纯水泥浆,压力不宜过大,控制在加固范围内压浆即可。

②采用浅孔周边预注浆和浅孔或深孔全断面预注浆,进行工作面稳定加固。按可注性,选择两种浆液:如对于颗粒粗、孔隙大的松散地层、砂砾地层,可选择单液水泥砂浆或水泥浆注浆;如对于颗粒小孔隙小的地层,可选择纯水泥浆或采用水泥—水玻璃双液注浆方案。

③对于存在地下水、饱和水或含水松散地层,采用大孔径深孔全断面预注浆,一是为了堵水,二是为了固结加固围岩。应视附近或掌子面地下水活动和地层含水状态(水压、流量、含水率)来慎重制订注浆方案,注浆参数应考虑注浆范围、注浆深度、注浆材料、注浆压力、注浆量、止水墙厚度及布孔。

④注浆管材料的考虑。周边注浆采用钢管;全断面注浆,掌子面正面部位采用玻璃纤维管,以便掘进时能拆除注浆管。

北京地铁复兴门折返线位于永定河冲积扇中部,人工填土以下为第四纪冲、洪积层,拱部为粉细砂层,边墙为砾石、砾砂层。采用小导管超前预注浆法在开挖轮廓线外形成 0.6~1.2m 加固带(注浆体 7d 强度为 5~16MPa);部分双线及渡线采用 8m、17m 长管劈裂注浆,经量测比较,劈裂注浆较渗透注浆可减少 1/3~1/2 的地表沉降值(见图 4-80)。

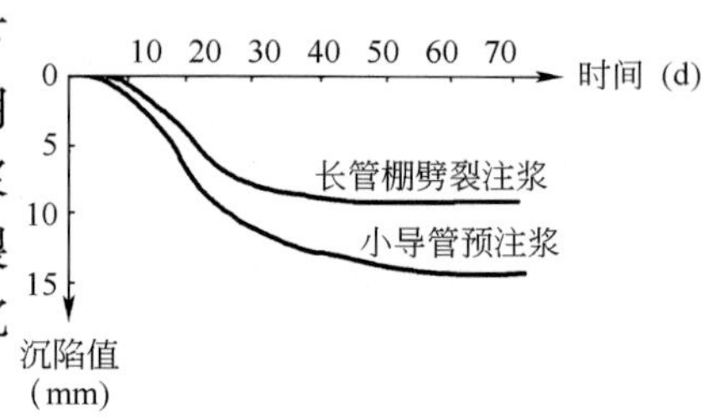

图 4-80 不同注浆方式地表沉陷值的比较

(2)超前管棚法

超前管棚有大管棚、小管棚、长管棚、短管棚之分。小管棚常用直径 50~150mm 的小钢管以一定间距(0.1~0.3m),沿开挖周边以某一角度(5°~10°)倾斜地打入地层。小钢管上常钻孔眼,同时作为注浆管用,注浆加固钢管附近的地层,将管棚和注浆结合起来。大管棚一般用专门的钻机将大直径(大于 200mm,有时达 700~800mm,甚至 1 000mm 以上)钢管在钻孔掘进的同时逐渐推进,大管棚的长度常在 20m 以上,有的工程已达百米。钢管内注入水泥浆,钢管之间空隙通常较小,常注浆充填,以增大整体刚度。长管棚长度一般大于 15m,直径一般大于 160mm。但是,长管棚的直径要和地层刚度相匹配,当直径超过 150mm 时,对地表沉降的控制作用很小。长管棚一般在洞口段采用,在隧道内一般不宜采用,用双层小导管法是可以通过的。管棚法应用灵活,钢管长度、直径可根据需要选择,管棚法通常与注浆法同时采用,以达到更有效地保持开挖面稳定的目的,一般大管棚、长管棚控制地表沉降的效果更佳。如:北京西单地铁车站施工采用 18m 的长管棚,对控制地表沉降,保持开挖面稳定起了很大作用;日本某城市隧道采用 ϕ700mm、长 100m 以上的大管棚,在浅埋、有地下水的不稳定地层中施工,地表仅沉降几毫米。

2. 开挖施工方法

(1)开挖方法选择

保持开挖面稳定、减少对地层的扰动,对于控制地表沉降是极其重要的,对大断面地下工程即使采取了各种地层预加固措施,软土隧道一般仍不宜全断面开挖。有效控制地表沉降,常用的方法有分部开挖法、压缩空气法、机械预切槽法等。

其中,分部开挖法可分为正台阶法、上半断面临时封闭正台阶法、正台阶环形开挖法、单侧壁导坑正台阶法、双侧壁导坑法(眼镜法)、中隔墙法(CD 法、CRD 法)、中洞法、侧洞法、柱洞法等。其总体思路是化大跨为小跨,变大断面为小断面,如 CD 法、双立柱法、柱洞法、中洞法、侧洞法等。在确保安全经济的前提下,开挖方法的选择次序应为:当开挖断面宽度大于 10m 时,应优先选用 CD 法,或者是双立柱法,在迫不得已时可考虑侧壁导坑法,或者 CRD 法;当开挖宽度小于 10m 时,应优先采用正台阶法,当下沉量控制不住时再考虑用 CD 法或 CRD 法。工程实践证明,如在北京地层浅埋情况下,当开挖宽度在 12m 以内时采用正台阶法是成功的。

但是分部过多，支护节点（连接点）过多，容易使结构与地层产生较大变形，施工过程也变得复杂，闭合时间过长。工程实践中，应对施工方法进行详细的综合比选。

(2)开挖参数控制

①分部开挖，各部开挖工序循环进尺与钢支撑间距一致，循环进尺根据地层条件，控制在0.5～1.0m。

②台阶长度不宜过长，每步台阶长度取3～5m，这样才能使阶段闭合时间尽量缩短。同时，尽量缩短闭合环与开挖面的距离。

(3)支护参数控制

①钢支撑为型钢I22或H200、H250，网构20b或25b(主筋ϕ25mm)，支护间距选取范围为0.5m、0.75m、1.0m。

②在钢支撑接头和拱脚处各设2～3根拱脚锁脚锚杆，长3～5mm，直径22～25mm。

④喷混凝土C20、C25和钢纤维混凝土C30，厚度为25～30cm，不应超过30cm。

3. 支护措施

城市大断面软土隧道施工控制地表沉降对支护的要求是及时、密贴、大刚度、早封闭。初期支护通常采用钢拱、网喷混凝土（软土隧道径向锚杆使用较少），二次衬砌采用模筑混凝土或网喷混凝土。及时支护要求开挖后立即架钢拱、挂网、喷混凝土（对自稳时间很短的地层需在架拱前先喷射一薄层混凝土）；密贴是要求喷混凝土与围岩密贴，不留空隙；大刚度要求支护刚度大，能控制地层变形，因此喷混凝土早期强度发展是控制地层变形、减小地表沉降的重要因素，现经常采用的格栅拱主要是为了提高支护刚度；早封闭是减小沉陷的重要因素，即使采用分步开挖也要尽量使各开挖步骤的支护是封闭的，必要时设临时仰拱，多余的支护不需要时再拆除，全部开挖完成后要及时封闭仰拱。

普通的喷混凝土难以满足上述对支护的要求，纤维喷混凝土具有一定的优越性，用来代替网喷混凝土，能更好地控制地表沉降。通过大型喷混凝土试验板的荷载—变形试验发现，纤维喷混凝土不仅表现出钢筋网喷混凝土相同的性能，且在第一次开裂后具有更高的残余承载能力。试验还表明，含有纤维的喷混凝土衬砌相当或优于通常的钢筋网喷混凝土衬砌，随着纤维长度的增加，其强度和延展性都有明显提高。

跟踪注浆是在开挖过程中，在拱顶预埋补偿注浆管，视其沉降情况，通过管棚预留的注浆管向地层注浆，通过控制注浆压力和注浆量，有效填充因土体沉降产生的空隙。跟踪注浆对控制地表沉降非常有效，通过沉降控制非常严格的区段时，应在开挖过程中及时进行跟踪注浆。

第六节　桩基托换及洞内桩基拆除

浅埋暗挖隧道施工时所遇到的桩基托换是指在既有建筑物之下进行隧道或其他地下建筑物施工时，为了保证建筑物的安全和正常使用功能，而对既有桩基进行托换。

欧洲、美国、日本和我国在建造城市地铁等地下工程时都曾采用了桩基托换技术。目前，我国进入城市地铁和轨道交通建设的高峰期，地铁不可避免地要从建筑物下面通过，为了保护地面建筑物（特别是高层建筑物的桩基），必然会遇到大量的桩基托换问题。

浅埋暗挖隧道的桩基托换是在不中断交通和保证建筑物正常使用条件下进行的，可以避免建（构）筑物拆除、动迁、交通疏改等，能大幅节省工程建设投资，而桩基托换技术的工程费用只占建构筑物拆除重建费用的18%左右。而且，地铁工程中，在难以实现地面托换的复杂条件下，采用地下托换方法，可以更灵活地布置站位和线路，适当抬高车站的轨面埋深，避免急曲线小半径线路出现，这对降低车站运营成本、提高乘客的舒适度有益。应大力推广采取桩基托换技术。

由于桩基托换具有施工技术难度大、施工工艺复杂、变形控制严格、施工风险大等特点，因此，桩基托换从设计、试验、施工的每一环节都应认真细致、分析合理、计算可靠、方案合理、工艺精细、监测严格、预案到位，以确保安全施工。

一、施工要点

(一)地面桩基托换

地面桩基托换一般在地面、建筑物的首层或地下室内进行，施工新桩及梁板，利用钢筋混凝土大梁作为转换层，通过千斤顶预加荷载，把上部荷载传递到托换桩基上，然后由桩基传递到隧道以外及其下的深部地层中，进行主体托换及恢复施工。该法受力明确可靠，对大梁施加预应力可控制其变形，同时施工环境相对较好，因基坑开挖规模较小，施工时对建筑物影响不大，工期相对较短，可降低工程造价，因而应用最广。但是，它也有很突出的缺点，主要表现在：①需对建筑的一层或地下室居民、设备进行搬迁、安置及补偿；②对高架桥等，要临时封闭道路、开挖基槽；③对地下管线要临时迁移及回迁。除此之外，还有施工噪声、粉尘等不利影响。

地面桩基托换方法如图 4-81、图 4-82 所示。

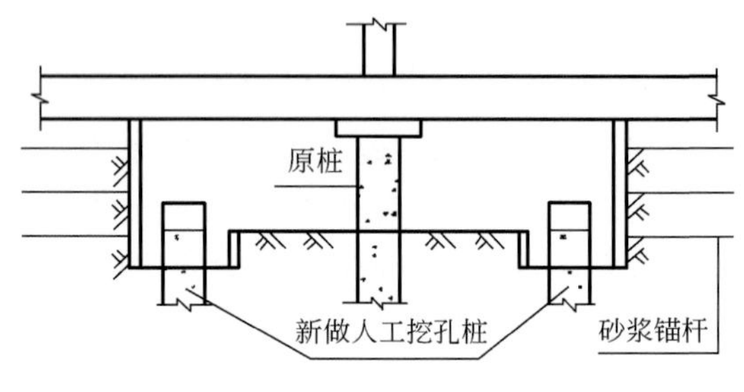

图 4-81 开挖基槽

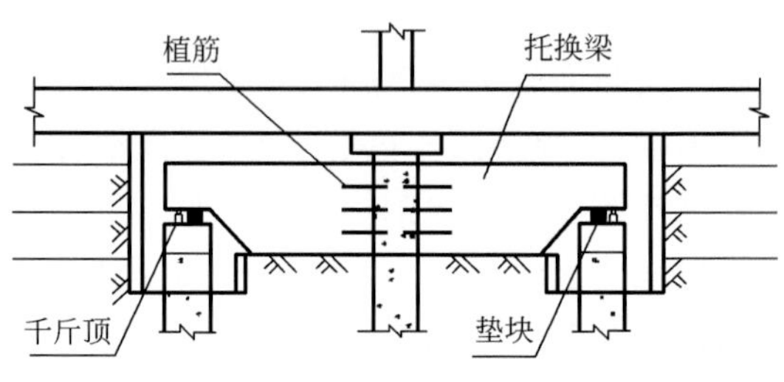

图 4-82 顶梁

1. 施工顺序

(1)托换桩施工。托换桩施工工艺与普通桩施工工艺相同。

(2)托换梁施工。绑扎钢筋梁钢筋，并预留与灌注桩连接的钢筋；采用植入技术，将短钢筋植入原桩基础中，并用短筋连接，与托换梁钢筋连成一体。原桩周围凿毛。

(3)千斤顶顶升。在桩顶用千斤顶顶紧托换梁。按既定方案分步进行，同步加压，均衡顶升。加力过程中应加强对桩及上部构筑物的监测，当托换荷载施加到 120％的实际轴力时，停止加力，并用钢板垫块加塞楔块顶紧，并于钢板焊接后置换千斤顶。

(4)桩头钢筋包在托换梁外测，桩周凿毛，用短筋与托换梁连接，灌注梁桩结合部的混凝土。

(5)截桩。待新桩沉降变形稳定后，开始截桩。

2. 施工流程

桩基托换施工流程见图 4-83。

3. 施工要点

由于桩基础具有承载大、深度大、桩—土相互作用复杂等特点，其技术难度和风险性较其他基础托换大。在地铁和地下工程建设中，桩基托换是一项技术含量较高的工程，具有综合性强、各专业结合要求高、环境和安全问题突出等特点。

桩基托换技术要点主要体现在以下几个方面：

1)托换梁施工

托换梁是托换施工的最关键结构，其具体的施工顺序见图 4-84。

为确保新旧混凝土的界面能够满足抗压、抗剪、抗裂等要求，在浇捣托换梁混凝土之前，应对托换所包的柱、承台进行界面处理，界面处理采用齿槽和锚筋。

既有桩体的植筋技术性较强，是托换梁体与既有桩体能否有效连接、力系能否有效传递的关键性因素。

(1)按设计要求，对被托换桩的大梁位置进行放样，画出植筋孔位置。

(2)用混凝土取芯机钻孔，孔径 50mm，植筋用 ϕ32mm 螺纹钢，单根长 80cm，植入深度不小于 20cm。

(3)钻孔必须跳钻，并应先钻好一面的钢筋孔，然后再钻第二面的钢筋孔。如此循环，直至植完所有的钢筋。

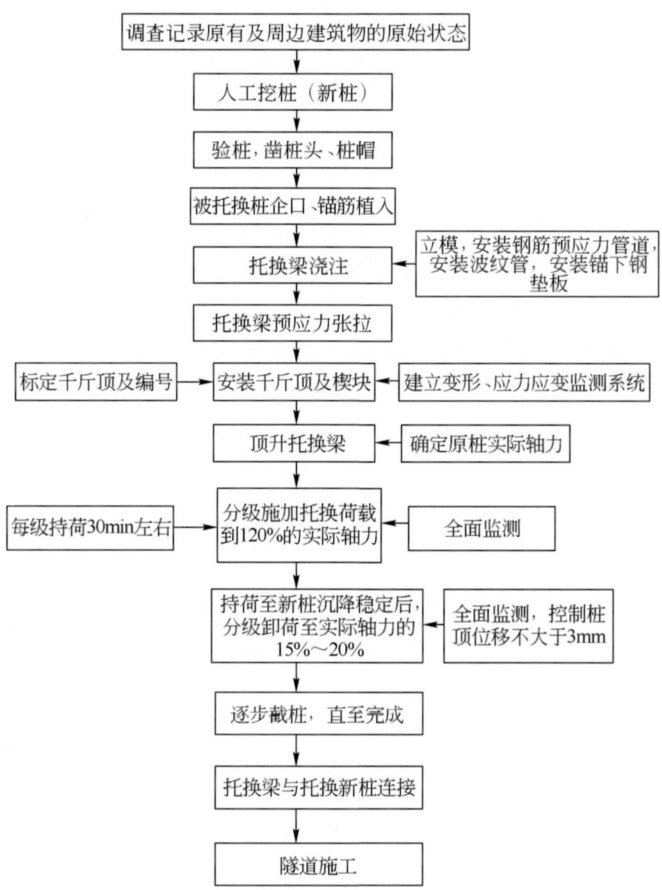

图 4-83 桩基托换施工流程图

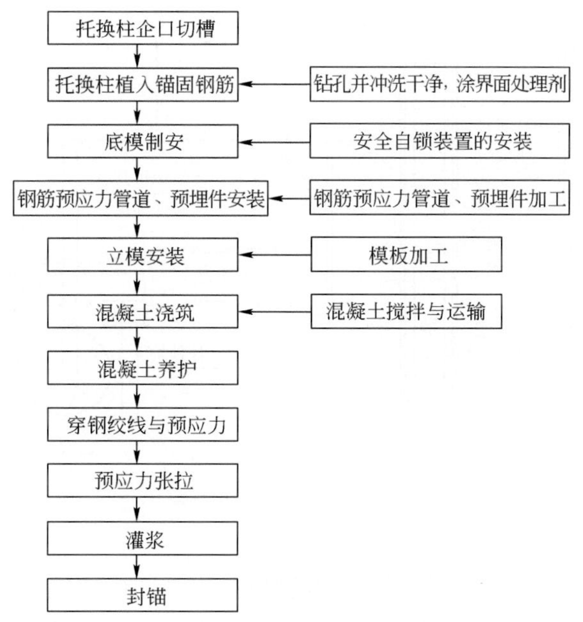

图 4-84 托换梁施工顺序

(4)钻孔深度不得小于 250mm。

(5)植筋前必须将孔内灰尘用高压风吹干净，然后用环氧水清洗孔壁。

(6)植筋材料采用环氧乳液胶泥，环氧乳液胶泥必须严格按配合比现场配制，其配比为：环氧乳液：聚酰胺：水泥＝4：1：(8～12)；其性能指标为：黏结强度不小于 35MPa，抗拉强度不小于 40MPa，抗折强度不小于 70MPa。

(7)钻孔清洗干净后，将环氧乳液胶泥搓成长条塞入孔内，要求孔内尽量填满环氧乳液胶泥，最后插入钢筋至孔底，同时压紧压实环氧胶泥，并做好保护，24h后可浇筑混凝土。

(8)在浇筑混凝土前，对新旧混凝土面涂刷环氧乳液水泥浆界面处理剂。

2)千斤顶顶升

(1)千斤顶预加托换荷载必须分级进行，两端千斤顶的顶力必须严格按照支反力原比例施加，降低荷载也应按照比例关系同步进行，以防止柱体受弯开裂。

(2)顶升系统的可靠性。在托换施工前，必须检查、调整好整个顶升系统，包括千斤顶、油压表、油泵和油管等，应做到万无一失。一旦顶升开始后，系统任何一个细微环节的失效或差错，轻则造成工序反复，工期延误，重则可能造成结构的破坏，酿成事故。应采用质量可靠的千斤顶和顶升系统，并在千斤顶上部安装压力传感器，以实现精确的托换荷载加载和卸载时的荷载控制，保证施工安全。

(3)托换梁纵向、横向采用后张法有黏结预应力钢筋。待横向预应力钢筋张拉完成后，才能开始纵向预应力钢筋的张拉。

(4)混凝土强度达到85%及7d龄期后，方可进行预应力钢筋张拉。

3)截桩

在托换柱预顶完成，卸荷至15%～20%的轴力，待新桩沉降变形稳定后，开始截桩。

(1)被托换桩采用分级切割，将桩水平方向切断，最后将两切口中间的桩身混凝土用手动葫芦(人工凿除)将其取出。

(2)逐级截桩过程中同时进行严密连续的监测，并根据监测信息，适时地调整顶升系统和锁定系统，保证接头处的竖向位移在设计值范围内，逐级完成截桩，实现荷载的可靠转换。

(3)有多根桩需托换时，截桩应按设计要求间隔有序地进行。

(二)洞内桩基拆除

利用地下导洞群构成地下托换空间，然后进行桩、梁托换体系作业，从而在地下拆除既有建(构)筑物的桩基础，如图4-85所示。洞内桩基拆除适用于小吨位、结构物对变形要求不很严格的情况。

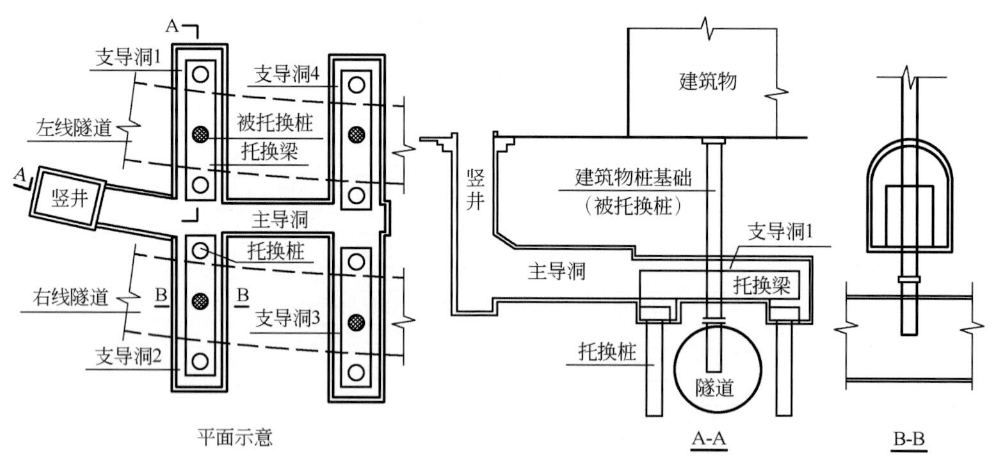

图4-85　桩基托换示意图

1.施工顺序

洞内桩基托换段隧道采用扩大断面四层支护的结构，由外向内依次为400mm初期支护、450mm厚钢筋混凝土衬砌、300mm厚钢筋混凝土衬砌、50mm防水层和300mm厚钢筋混凝土衬砌。桩基托换施工过程如图4-86所示，施工步骤如下：加固和开挖→植筋后施作初期支护→切桩后施作二次衬砌→断桩和施作第三层支护→做防水层和施作第四层支护。

2.施工要点

(1)施工前，调查影响范围内建筑物、各种地下管线的埋深、规格、材质、结构形式，与托换桩基之间的空间关系，然后制订专门的处理措施。对于影响施工的，可会同有关部门协调处理。

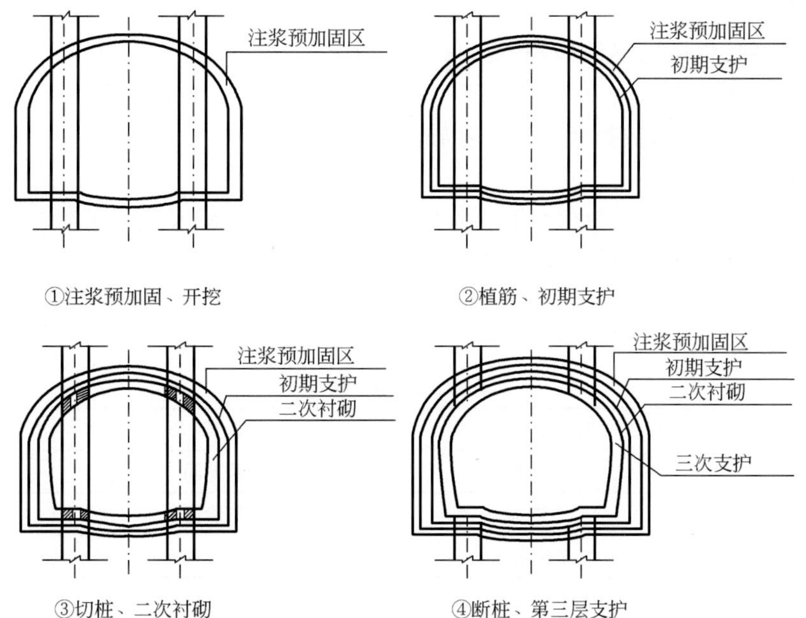

图 4-86　桩基托换施工过程示意图

(2)在原柱上穿孔和凿、锯除承台前，必须采用型钢或其他方法支顶上部横梁，待施工完毕后方可拆除。

(3)新旧混凝土结合要牢固，具体措施如下：

①为了让新旧结构协调作用，新旧混凝土界面均要求处理；

②将旧混凝土表面凿毛，深度宜为 10～20mm，对柱凿毛深度不宜超过 10mm；

③凿毛后用水清洗干净，在新加结构混凝土浇捣前 4h 内刷界面处理剂；

④凿毛时若发现裂缝等异常情况，应立即采取临时安全加固措施，并反馈给设计人员。

(4)严格按照“18 字方针”施工。

(5)加强监控量测，用加密测点盒监测频率，及时分析，及时反馈指导施工。

(三)桩基托换监测

桩基托换是风险性、技术性很高的工作，同时也是依赖信息化程度很高的工作。施工监测是决定工程成败的重要一环。

1. 监测内容

监测的内容包括建筑物的沉降、倾斜及裂缝观测，地面沉降及裂缝观测，地下水位观测，托换梁变位及裂缝观测，托换桩、托换梁(支座处)及既有桩、既有柱高程监测，分步液压参数监测等。

2. 测点布置

(1)新桩应力监测

每桩从桩底到桩头均布设 5 个测试断面，每个断面对称布置 4 个钢筋计。

(2)新桩的沉降监测

新桩的沉降采用精密式水准仪监测，新桩的测点布置在桩头。

(3)梁—柱接头的相对滑移监测

在接头主动端和被动端分别采用 4 个位移计监测。

(4)托换梁的应力、挠度监测

采用应变计测定梁体最大弯矩截面的纵向应力，1 个断面布置 10 个应变计。在钢梁与梁体之间布置 6 个百分表测定梁体挠度。

(5)被托换桩与其余柱相对沉降监测

采用精密水准仪对托换建筑物的所有柱进行沉降监测。

(6)结构裂缝监测

在裂缝上布置裂缝计，随时监测裂缝的发展变化情况。

(7)被托换桩实际轴力监测

一般采用应力释放法测试被托换桩的实际轴力。

3. 控制标准

桩基托换桩位移控制标准为柱间沉降差小于0.2%。既有桩最大允许沉降量－8mm，最大顶升值＋1mm，桩基沉降警戒值－6mm且沉降速率不大于0.2mm/d。

4. 监测频率

施工监测频率见表4-39。

施工监测频率　　表4-39

施工阶段	监测频率	施工阶段	监测频率
桩基托换施工阶段	1～2次/d	运营期间	1次/2个月
隧道开挖阶段	1次/d	切桩阶段	不间断
后续阶段	1次/5d		

二、工程实例

(一)工程概况

深圳地铁一期工程线路由于受走向及最小半径(R_{min}＝300m)等条件限制，必须从百货广场大厦裙楼下穿越，由此产生桩基础托换问题。百货广场主楼22层，裙楼9层，地下室3层，为框架—剪力墙结构，基础为独立桩基端承桩。桩端持力层(强风化层)承载力标准值2 700kPa，桩身直径最大的为2 000mm的人工挖孔桩(C25)，根据楼层估算托换桩最大设计轴力约为18 900kN。

区间隧道线路中心线距百货广场主楼最外角桩中心约4.423m，需托换裙楼桩6根(桩基持力层均在隧道结构面以下基岩)，桩基托换轴力大。托换位置工程地质条件复杂，地下水位高。另外，变形控制严，环境复杂，国内外无类似工程成功经验，施工难度大。为保证托换中建筑物结构安全，采用主动托换法。它可以将被托换桩的变形控制在安全范围内(＋1，－3)mm。通过多级加载、多次截桩，将被托换桩的轴力逐步转换到新桩上。采用这一方法时同时采取严密的监测控制措施，对桩基托换主要构件的应力和变形、桩柱沉降及环境状态进行跟踪检测。

被托换桩施工参数见表4-40。

被托换桩施工参数表　　表4-40

被托换桩号	TZ24	TZ38	TZ39	TZ58	TZ59	TZ77
原估算轴力标准值(kN)	10 000	9 680	13 200	12 400	15 120	9 600
原轴力设计估算值(kN)	12 500	12 100	16 500	15 500	18 900	12 000
托换期间最大轴力估算值(kN)	19 500	18 600	18 800	19 200	19 900	16 500
托换期间最小轴力估算值(kN)	5 612	5 741	7 416	7 066	8 126	5 176
预顶力控制值(kN)	6 500	6 500	8 500	8 000	10 000	6 500
预顶期间梁端位移值(mm)	2～3	3～4	3～4	2～3	2～3	2～3
预顶期间柱端位移值(mm)	1	1	1	1	1	1
预顶期间柱端沉降控制值(mm)	－3	－3	－3	－2.5	－2	－3

区间隧道通过百货广场、深南东路、华中酒店，由于暗挖隧道位置及其上部建筑物的影响，部分桩在隧道内或紧靠隧道，须托换百货广场9层裙楼桩6根(桩径2 000mm)，最大轴力18 900kN。设计托换形式：百货广场裙楼桩为主动托换，连廊排桩、华中酒店桩为被动托换。托换桩均地处断层带。暗挖区间位于人民路与深南路交汇处，地下各种管线纵横交错，施工环境相当复杂。

根据本工程地质勘察报告，托换桩区间隧道区域范围内上覆第四系全新统人工堆积层(Q_4^{ml})、海相沉积层(Q_4^{ml+al})及第四系残积层(Q_4^{el})，下伏侏罗纪中统J_2凝灰岩、震旦系花岗片麻岩，局部为燕山期r_5^3

花岗岩侵入体。

区间隧道所处地层主要为粉质黏土层(0～5.35m)、砂砾层(0～7.5m)、残积粉质黏土(0～12.8m)及基岩风化层。

托换区域正处于 F_4' 断层带,该组断层沿黄贝岭北侧延伸至区间,穿越深圳河进入香港,平面呈舒缓波状,并被 NW 向断裂错移。断层带为绿泥石化糜棱岩,由断层泥和断层角砾组成。视厚度 1.5～3.0m,真厚度 1.5～2.5m,断层发育在花岗片麻岩中。断层两侧岩体破碎,风化强烈,断层走向 NE32°,倾向 NW 倾角 60°～70°,为旋压扭性断层。

地下水位埋深为 1.2～3m,变幅为 1～1.5m,为第四系孔隙潜水、基岩裂隙水和断层带水,主要补给源为布吉河水、深圳河及大量降水。不同断层带及断层带的不同部位含水性、导水性差异大,地下水对混凝土结构、钢结构具有弱分解性腐蚀。

托换区段周边环境复杂,地面建筑物多,深南路主干道交通繁忙,地下管线众多,地处闹市区,人流密集,周边深贸大厦主要为商业办公区域,排污、地下水位变化等环保要求高。

(二)重难点分析

本托换工程托换轴力大,托换工程施工操作空间小,需在地下三层施工,托换位置处于断层破碎带,地质条件差,又处于闹市区,周边环境复杂,环境要求高,具体有以下难点:

(1)大轴力的转换过程复杂,施工操作即监控施工难度很大。

(2)地质差,需进行地基加固,并采取止水措施,桩基成孔和确保不影响旧桩的安全是本工程成功的关键。

(3)场地条件差,净空小,需对机械设备进行特殊改造。

(4)控制沉降和托换调控难度大,最大允许沉降值 3mm,顶升值 1mm,要求严格。

(5)施工全过程要实时监控量测,及时准确反馈,指导施工。

(三)施工情况

根据百货广场的结构、基础形式及操作空间,百货广场桩基托换采用梁式托换结构柱的形式,托换新桩采用人工挖孔桩,整个托换工程在地下三层室内进行。

根据高层结构变形要求,裙楼桩基采用主动托换。托换时,在托换梁和新桩之间设置加载千斤顶,利用千斤顶加载使上部结构有微量顶升位移,同时使新桩的大部分沉降位移在顶升时预压完成。从而通过主动加载实现作用在原结构桩上的荷载经托换大梁转移至新桩上,且原桩(柱)顶升值和新桩沉降也得到有效控制。截桩在开凿人工孔至托换梁底下,逐步截断旧桩。截桩后,待暗挖隧道开挖、衬砌变形稳定后(期间千斤顶装置及时调整),托换梁与新桩连接形成永久结构,托换完成。桩基托换及隧道施工全过程都实行了严格的全过程监控、量测,确保了结构安全。

(四)施工效果

中铁隧道集团 3C 项目部采用此工法,通过技术攻关,解决了软弱地层桩基开挖支护、托换梁以及截桩、力的转换等技术难题,保证了百货广场等高层建筑物、地下管线的安全和正常使用,安全、快速、高效地完成深圳地铁 3C 标段桩基托换的施工任务,受到社会各方的好评,工程项目施工获得了圆满成功。

第七节 监控量测技术

一、体系设计

(一)设计原则

施工监测是一项系统工程,监测工作的成败与监测方法的选取及测点的布置直接相关。根据监测工作经验,归纳以下 5 条原则。

(1)可靠性原则

可靠性原则是监测系统设计中所考虑的最重要的原则。为了确保其可靠性,必须做到:①系统需要采用可靠的仪器;②应在监测期间保护好测点。

(2)多层次监测原则

多层次监测原则的具体含义有以下4点:

①在监测对象上以位移为主,兼顾其他监测项目;

②在监测方法上以仪器监测为主,并辅以巡检的方法;

③在监测仪器选择上以机测仪器为主,辅以电测仪器;

④分别在地表及临近建筑物与地下管线上方布点,以形成具有一定测点覆盖率的监测网。

(3)重点监测关键区的原则

监测测点布置应合理,注意时空关系,控制关键部位。在具有不同地质条件和水文地质条件下,周围建筑物及地下管线段稳定的标准是不同的。稳定性差的地段应重点监测,以保证建筑物及地下管线的安全。

(4)方便实用原则

为减少监测与施工之间的干扰,监测系统的安装和测量应尽量做到方便实用。

(5)经济合理原则

系统设计时考虑实用的仪器,不必过分追求仪器的先进性,以降低监测费用。

(二)监测项目的确定

监控量测的项目主要根据工程的重要性及难易程度、监测目的、工程地质和水文地质、结构形式、施工方法、经济情况、工程周边环境等综合因素而定,力求在满足需要的前提下,少而精。

根据浅埋暗挖法的施工特点,本着结构和围岩共同作用的原则,首先确定施工监测项目,这是指导施工、确保安全、防塌防沉的重要量测。其内容为:①目测检查有无明显开裂和变形;②初期支护拱顶下沉量测;③拱脚、边墙处水平净空收敛量测;④洞顶地表下沉量测。

供以后设计、科研参考的量测或特殊周边环境要求而应增加的量测项目称为科研监测项目,其内容为:①隧道边墙两侧地层地中水平位移量测;②拱顶上部地层地中垂直多点位移量测;③结合工程的重要性、洞室跨度、周围环境条件等,选择围岩接触压力量测;④锚杆应力量测;⑤钢拱架应力量测;⑥爆破振动速度量测等。以这些量测项目作为施工中主要断面的特殊需要的辅助量测,对于一般工程可不进行。浅埋暗挖法施工监控量测见表4-41。

浅埋暗挖法施工监控量测表 表4-41

类别	量测项目	量测仪器及工具	测点布置	量测频率
施工监测项目	围岩及支护状态	地质描述及拱架支护状态观察	每一开挖环	开挖后立即进行,1次/d
	地表沉降	水平仪和水准尺	每50m或100m设一个断面	距开挖面<2B时,1~2次/d 距开挖面<5B时,1次/2d 距开挖面>5B时,1次/周
	地面建筑、地下管线及构筑物下沉		每10~50m设一个断面,每断面设7~11个测点	
	拱顶下沉	水准仪、钢尺、无尺量测等	每5~30m设一个断面,每断面设1~3个测点,对于暗挖车站,每个导洞均应布设断面	距开挖面<2B时,1~2次/d 距开挖面<5B时,1次/2d 距开挖面>5B时,1次/周
	周边净空收敛	收敛计、无尺量测等	每5~100m设一个断面,每断面设2~3根基线,对于暗挖车站,每个导洞均应布设断面	距开挖面<2B时,1~2次/d 距开挖面<5B时,1次/2d 距开挖面>5B时,1次/周
科研监测项目	地中水平位移	测斜仪、测斜管等	在代表性房屋断面两侧设置	距开挖面<5B时,1次/2d
	地中垂直多点位移	沉降仪、垂直多点位移计	在代表性断面的拱顶布置测点	距开挖面<2B时,1次/d 距开挖面<5B时,1次/2d
	围岩内部位移	地面钻孔安放位移计、测斜仪等	取代表性地面设一断面,每断面设2~3孔	距开挖面<2B时,1~2次/d 距开挖面<5B时,1次/2d 距开挖面>5B时,1次/周

续上表

类别	量测项目	量测仪器及工具	测点布置	量测频率
科研监测项目	围岩压力及支护间压力	压力传感器	取代表性地面设一断面，每断面设15～20个测点	距开挖面＜2B时，1～2次/d 距开挖面＜5B时，1次/2d 距开挖面＞5B时，1次/周
	钢筋格栅拱架内力	钢筋计	每10～30榀钢拱架设一对测力计	距开挖面＜2B时，1～2次/d 距开挖面＜5B时，1次/2d 距开挖面＞5B时，1次/周
	初期支护、二次衬砌内应力及表面应力	混凝土内的应变计及应力计	取代表性地面设一断面	距开挖面＜2B时，1～2次/d 距开挖面＜5B时，1次/2d 距开挖面＞5B时，1次/周
	锚杆内力、抗拔力及表面应力	锚杆测力计及拉拔器	必要时进行	距开挖面＜2B时，1～2次/d 距开挖面＜5B时，1次/2d 距开挖面＞5B时，1次/周
	衬砌间及背后空隙测试	地质雷达等物探仪器	拱部每隔5m设一个环向断面，每断面设5个测点，纵向沿中线每2.5m设一个测点	在初期支护和二次衬砌完成后各做一次测定，注浆后做一次检验
	钢管柱混凝土应力（暗挖车站）	压力盒、频率接收仪	选择有代表性钢管柱进行监测	距开挖面＜2B时，1～2次/d 距开挖面＜5B时，1次/2d 距开挖面＞5B时，1次/周
	地下水位	水位管、地下水位仪	取代表性地面设置	1次/2d
	岩体爆破地面质点振动速度和噪声	CD-1传感器、声波仪及测振仪等	质点振速根据结构要求设点，噪声根据规定的测距设置	随爆破随时进行

注：B为结构跨度。

二、监控量测实施

（一）目测

在施工过程中对开挖面附近围岩的岩石性质、状态进行目测，对开挖后初期支护的稳定状态进行目测，其内容包括：

（1）围岩类型及分布特征，结构面位置和产状，节理裂隙发育程度和几何特性，节理裂隙的填充物的性质和状态等；

（2）开挖工作面的围岩稳定状态，顶板有无剥落、掉块现象；

（3）是否有涌水，涌水量大小，涌水位置，地下水的物理性质（颜色、气味、色度等）。

开挖后已支护段的内容包括：

（1）有无锚杆被拉断或垫板陷入围岩内部的现象；

（2）喷混凝土是否产生裂隙或剥离，要特别注意喷混凝土是否产生剪切破坏；

（3）钢拱架有无被压屈现象；

（4）是否有底鼓现象。

（二）地面、建（构）筑物、管线监控量测

测点布设包括控制点（水准基点、工作基点）及监测点［地表点、建（构）筑物测点、管线测点等］的布设。

1. 控制点的布设

(1)水准基点的埋设

确定水准基点点位时,必须保证点位所在地的地基坚实稳定、安全可靠,并利于标石长期保存与观测。水准基点应尽可能远离工程施工影响范围。

根据工程沿线的地质条件,水准基点拟埋设于施工或降水造成的变形影响深度以下的地层内,采用深层金属管水准基点,埋深约 30～40m。地面开孔采用水井钻机施工,彻底清孔后下保护管,管与孔壁间回填黏土,然后在保护管内下基点底座和标杆。底座用水泥固牢(浇固厚度 2.0m);标杆上每隔 3.0m 设置导正器,且导正器与保护管接触部位涂抹润滑油,详见沉降监测水准基点结构大样图 4-87。

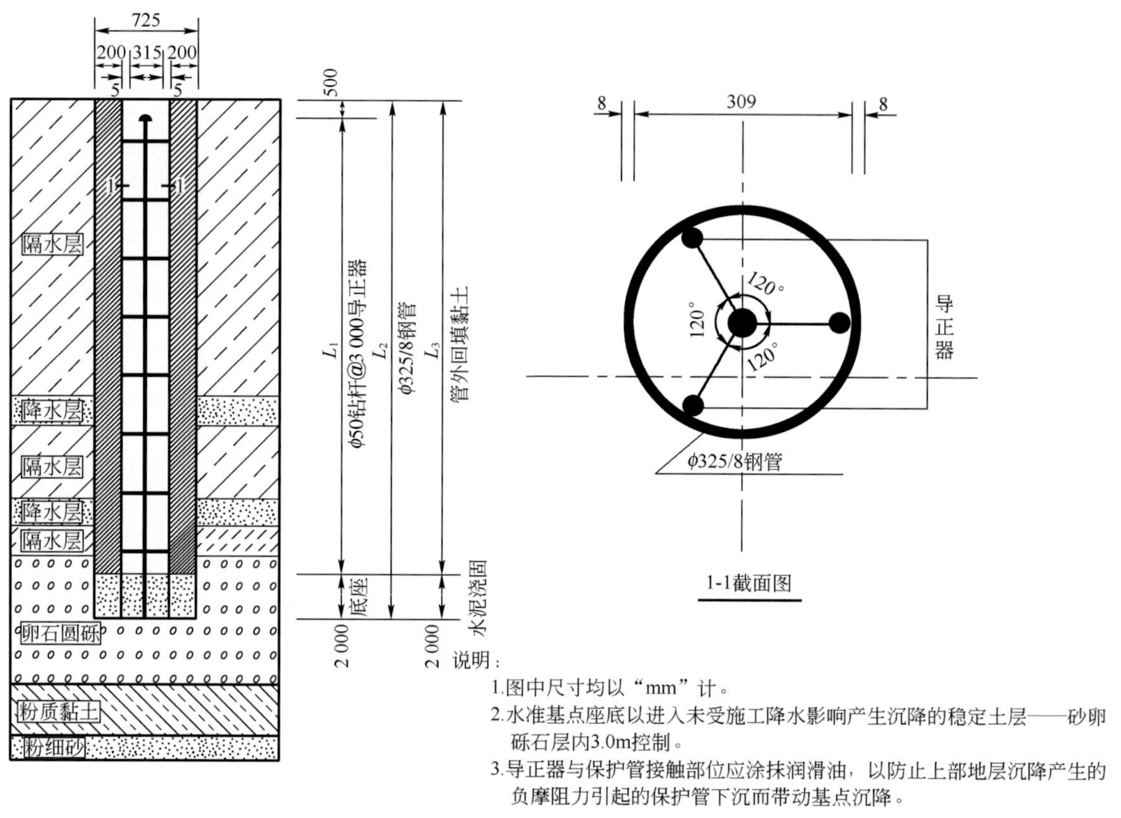

图 4-87 沉降监测水准基点结构大样图

(2)工作基点的埋设

工作基点应根据地层土质状况确定,一般采用混凝土普通水准标石,标石埋设在地表以下 1.5～2.0m左右的深度,位于靠近观测目标且便于联测观测点的稳定或相对稳定位置。

工作基点标石顶面的中央为圆球状不锈钢的金属水准标志。标志须安放正直,镶接牢固,其顶部应高出标石 1～2cm,详见沉降监测工作基点结构大样图 4-88。

(3)监测控制点的保护

标石埋设后,在点位四周砌筑规格不小于 1.5m×1.5m×1.0m 的砖石护墙,并围绕标志砌筑内径为 0.5m×0.5m×0.5m 的砖石方井或圆井,上加盖板,并设置醒目的保护指示牌,做好标记,以便长期观测。

2. 监测点的埋设

(1)建(构)筑物监测点

在工程施工影响范围内选取有代表性的高大建(构)筑物、民居危房、古建筑物及重要地下管线等结构上布设位移监测点,测点的布设必须根据观测目的、建筑物的大小、结构特点、荷载分布等因素综合确定。在建筑物的四角、大转角处及伸缩缝、沉降缝上布设沉降监测点。

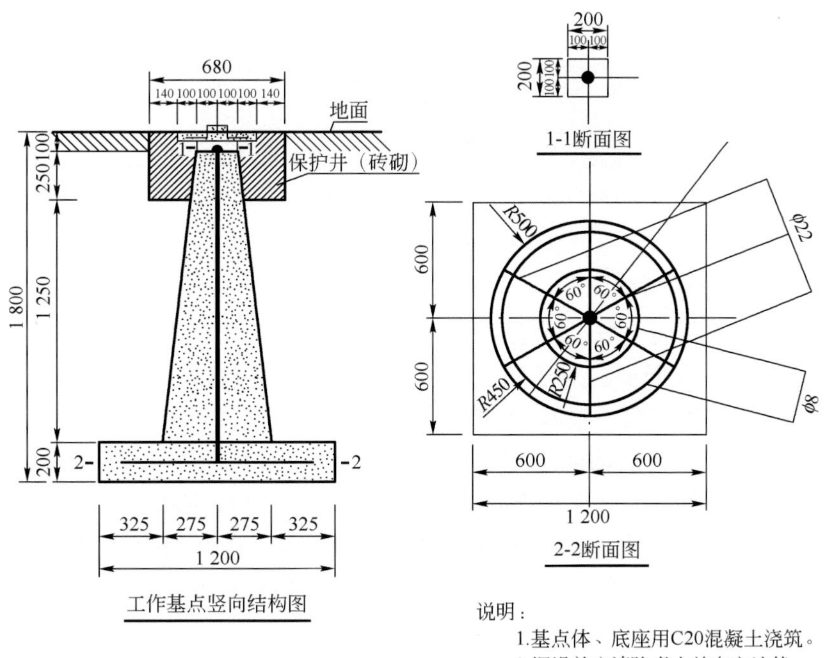

图 4-88　沉降监测工作基点结构大样图(尺寸单位:mm)

建筑物测点埋设时，先在建筑物的基础或墙上钻孔，然后将预埋件放入，孔与测点四周空隙用水泥砂浆填实。测点基本布设在被测建筑物的角点上，测点的埋设高度应方便观测，同时测点应采取保护措施，做好明显标志，并进行编号，避免在施工和使用期间受到破坏。每幢建筑物上一般至少在四个角部布置 4 个观测点，特别重要的建筑物布置 6 个或更多测点。建筑物沉降测点的埋设可参照图 4-89。

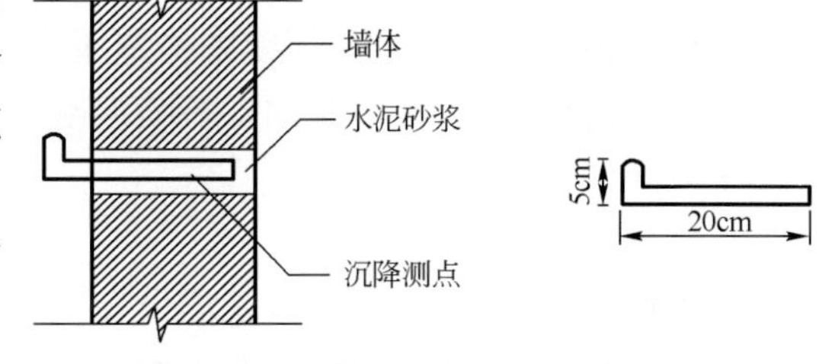

图 4-89　建筑物沉降测点示意图

建筑物倾斜测点通过在建筑物外表面上粘贴刻有十字刻度的贴片进行布设。

地下管线测点布设一般采用地层模拟法和抱箍法，即在管线位置上方钻 50～80cm 深的孔，然后将预埋件放入并用水泥砂浆固定，或结合管线的改移，用抱箍将测杆与管路紧密连接，伸至地面，地面处布置相应的窨井，保证道路交通和人员正常通行，管线测点布设见图 4-90。应对测点采取保护措施，避免在施工和使用期间受到破坏。

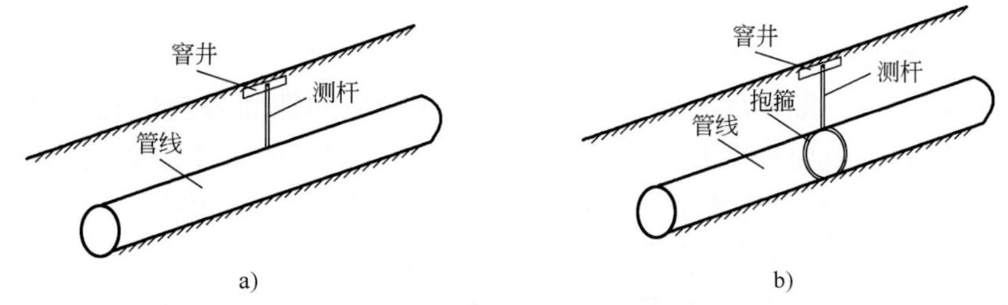

图 4-90　管线测点布设示意图

(2)地面监测点

地面监测点的埋设，应首先在地面开 ϕ100mm 的孔，打入顶部磨成椭圆形的 ϕ22mm 螺纹钢筋(如果是混凝土路面，钢筋底部至少应进入到路面下的路床上 20cm，并与路面分离)，然后在标志钢筋周围填入细砂夯实。为了防止因路面沉降导致测点沉降，影响监测成果，可用混凝土或水泥固牢。最后还应在监测点上部用铁盖加以保护。地面监测点布设示意图 4-91。

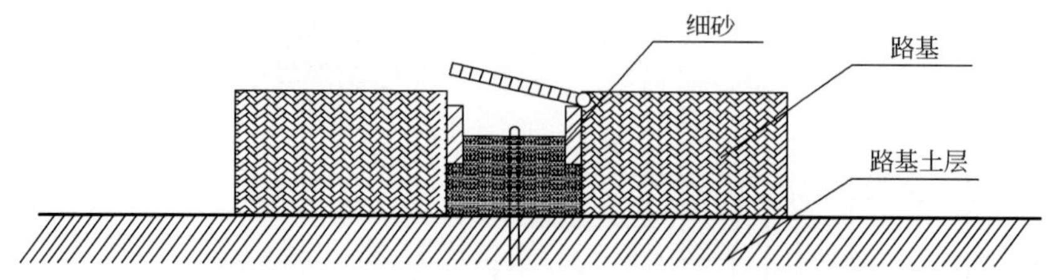

图 4-91 地面监测点布设示意图

(三) 水平净空收敛、拱顶下沉

(1)浅埋暗挖隧道测试断面一般沿隧道纵向间隔布设,测试断面间距根据量测项目的要求而有所不同,一般每 5~100m 布设一个断面。对于暗挖车站,每个导洞均应布设断面。

(2)水平净空收敛和拱顶下沉一般布设在同一断面,且尽可能靠近开挖面,一般要求不超过 2m。

(3)水平收敛测点是在被测结构面上用风钻或冲击钻成孔,孔径为 40~80mm,深 20cm,在孔中填塞水泥砂浆后插入收敛预埋件,上好保护帽,待砂浆凝固后即可进行监测。

(4)拱顶下沉测点一般用直径 6mm 的钢筋弯成三角形,固定在待测结构面上。监测时用一把长度适宜的(长度依据隧道高度而定)钢卷尺,尺端连一个挂钩,可以挂在测点上。

(四)其他监测项目

1. 初期支护与二次衬砌钢筋应力监测

将钢筋计串联焊接在被测主筋上,安装时应注意尽可能使钢筋计处于不受力状态,特别不应处于受弯状态,将钢筋计的导线逐段捆在临近钢筋上,引到测试匣中,喷混凝土或二次衬砌混凝土施作后,检查钢筋计的电阻值和绝缘情况,做好引出线和测试匣的保护措施。

2. 围岩压力、接触压力监测

先根据预测的压力变化幅度来确定压力盒量程。压力盒采用直接法埋设在初期支护与土体、初期支护与二次衬砌之间,采用初期支护喷混凝土或二次衬砌灌注混凝土后 12h 的三次读数的平均值作为接触压力测试初始值。

3. 土体水平位移监测

利用钻机钻孔,将测斜管直接埋设在土中进行监测。安装和埋设测斜管时,检查测斜管内的一对导槽,其指向应与欲测位移一致。在未确认导槽畅通时,不得放入真实的测头。埋设结束后,量测导槽方位、管口高程,及时做好孔口保护装置,并做好记录。

测试时,连接测头和测斜仪,检查密封装置、电池充电量、仪器是否工作正常。将测头放入测斜管,测试应从孔底开始,自下而上沿导管全长在每一个测段固定位置处测读一次。测段长度为 1m,每个测段测试一次读数后,将测头提转 180°,插入同一对导槽重复测试,两次读数应接近,符号相反,取数字平均值,作为该次监测值。

4. 土体分层垂直位移监测

土体分层垂直位移测点一般在地下结构中线(拱部)所对应的地面提前钻孔布设,以测试施工全过程的动态变化。根据工程的重要程度及结构跨度,可选择一个测点或多个测点,并在纵向选择 3~5 个有代表性的断面布设测点,相互对比验证。在每一测孔内沿深度方向每间隔一定距离设置一孔内测点,量测不同深度的变位情况,具体间隔长度视工程需要而定。

土体分层垂直位移量测方法有很多,常用分层沉降仪和钻孔多点位移计量测等进行量测。

使用分层沉降仪测量土体分层垂直位移时,应首先将分层沉降管通过钻孔埋入地层中,用水准仪测出管口的高程,并测出各道钢环的初始位置(深度)。在施工过程中,每次都要测定钢环的位置和管口高程。通过比较前后两次量测钢环相对位置,即可求出地层的沉降变化。测定钢环位置时须缓慢地上下移动电磁探头,当接收仪上的指针偏转最大时,从钢尺上读出钢环的相对深度位置。量测频率一般为每周两次,地表下沉较大时,应加密量测频率。

使用钻孔多点位移计测量土体分层垂直位移时,同样须预先在测孔位置处钻孔埋设测试元件,因测得的各点位移为相对孔口的位移，需用水准仪测出孔口高程，前后两次测得的变化值、量测频率同分层沉降量测。当有重要管道（如煤气管、高压水管）在隧道顶部地层通过时，应进行该项量测，以控制其沉降值，确保管线安全。

三、监测控制标准

监控量测管理基准值是根据有关规范、规程、计算资料及类似工程经验制定的。当监测数据达到管理基准值的70%时，定为警戒值，应加强监测频率。当监测数据达到或超过管理基准值时，应立即停止施工，修正支护参数后方能继续施工。

对于不同的监测对象和不同的监测内容，有不同的监测控制标准，分别如下：

（一）位移控制标准

位移控制标准见表4-42。

位移控制标准 表4-42

序号	监测项目	允许变形值	序号	监测项目	允许变形值
1	地表下沉	综合确定	3	洞内水平收敛	综合确定
2	拱顶下沉	综合确定			

（二）建筑物沉降控制标准

桩基础建筑物允许最大沉降值不应大于10mm，天然地基建筑物允许最大沉降值不应大于30mm。

（三）建筑物倾斜控制标准

建筑物允许沉降差控制标准如表4-43所示，多层和高层建筑物的地基倾斜变形允许值如表4-44所示。

建筑物允许沉降差控制标准 表4-43

变形特征	地基变形允许值	
	中、低压缩性土	高压缩性土
砌体承重结构基础的局部倾斜	0.002	0.003
工民建柱间沉降差： 1.框架结构 2.砖石墙填充的边排柱	 0.002L 0.000 7L	 0.003L 0.001L

注：L为相邻柱基的中心距离(m)。

多层和高层建筑物的地基倾斜变形允许值 表4-44

变形特征	变形允许值
多层和高层建筑基础的倾斜： $H\leqslant24$ $24<H\leqslant60$ $64<H\leqslant100$ $H>100$	 0.004 0 0.003 0 0.002 0 0.001 5

注：H为建筑物高度(m)。

（四）地下管线及地面控制标准

承插式接头的铸铁水管、钢筋混凝土水管，两个接头之间的局部倾斜值不应大于0.002 5；采用焊接接头的水管，两个接头之间的局部倾斜值不应大于0.006；采用焊接接头的煤气管，两个接头之间的局部倾斜值不大于0.002。相应的道路沉降按上述相应管线的标准进行控制。

对于重要建（构）筑物或建（构）筑物本身设计有缺陷、既有变形以及结构本身的附加应力等，应重点观测并提高控制标准。

(五)警戒值

在信息化施工中,监测后应及时对各种监测数据进行整理分析,判断监测对象的稳定性,并及时反馈到施工中去,指导施工。根据以往经验,以《铁路隧道喷锚构筑法技术规则》(TB 10108—2002)的 III 级管理制度作为监测管理方式,如表 4-45 所示。

监 测 管 理 表　　表 4-45

管理等级	管 理 位 移	施 工 状 态	管理等级	管 理 位 移	施 工 状 态
III	$u_0 < u_n/3$	可正常施工	I	$u_0 > 2u_n/3$	应采取加强支护等措施
II	$u_n/3 \leqslant u_0 \leqslant 2u_n/3$	应注意,并加强监测			

注:u_0 为实测位移值;u_n 为允许位移值,u_n 的取值,即监测控制标准。

根据上述监测管理基准,可选择的监测频率:一般在 III 级管理阶段,监测频率可适当放大一些;在 II 级管理阶段,则应注意加密监测次数;在 I 级管理阶段,则应密切关注,加强监测,监测频率可达1~2次/d 或更多。

(六)建筑变形测量的精度要求

建筑变形测量的精度要求如表 4-46 所示。表中,观测点测站高差中误差,是指几何水准测量测站高差中误差或静水力测量相邻观测点相邻高差中误差;观测点坐标中误差,是指观测点相对测站点的坐标中误差、坐标差中误差以及等价的观测点相对基准线的偏差值中误差、建筑物(或构件)相对于底部定点的水平位移分量中误差。

建筑变形测量的精度要求　　表 4-46

变形测量等级	沉 降 观 测	位 移 观 测	适 用 范 围
	观测点测站高差中误差(mm)	观测点坐标中误差(mm)	
特级	≤0.05	≤0.3	特高精度要求的特种精密工程变形观测
一级	≤0.15	≤1.0	高精度要求的大型建筑物变形观测
二级	≤0.50	≤3.0	中等精度要求的建筑物及重要建筑物主体倾斜、场地滑坡观测
三级	≤1.50	≤10.0	低精度要求的建筑物变形观测及一般建筑物主体倾斜观测、场地滑坡观测

位移管理基准值在地下工程安全监控中有广泛应用,但需要补充说明的是,对地下工程而言,位移指标本身的物理意义不够明确,主要是位移指标与洞径、埋深、支护、施工等影响因素的关系未能得到很好的解决,这方面的研究成果也不多见。因而,位移控制指标的制定和应用必须同时考虑以上各种因素,并尽可能同时配合使用位移速率控制指标。

与位移相比,位移速率控制指标有明确的物理意义,它反映了地层随时间变化的流变效应。在位移速率为 0 时,洞室围岩趋于稳定;反之,位移速率为常数或不断增大时,则说明地层处于等速或加速流变状态,洞室是不稳定的。因此,位移速率控制指标是洞室失稳的充分条件,在安全预报中,较位移指标有更直观和明确的控制意义。

四、监控量测反馈程序

监控量测资料采用计算机配合专业技术软件进行自动化初步分析、处理。根据实测数据分析、绘制各种表格及曲线图,当曲线趋于平衡时推算出最终值,并提示结构物的安全性。

监测人员按时向施工监理、设计单位提交监控量测周报和月报,同时对当月的施工情况进行评价并提出施工建议,及时反馈指导信息,调整施工参数,保证安全施工。

(一)监测资料的反馈管理流程

监测资料的反馈管理流程见图 4-92。

(二)监测信息的反馈管理流程

监测信息的反馈管理流程见图 4-93。

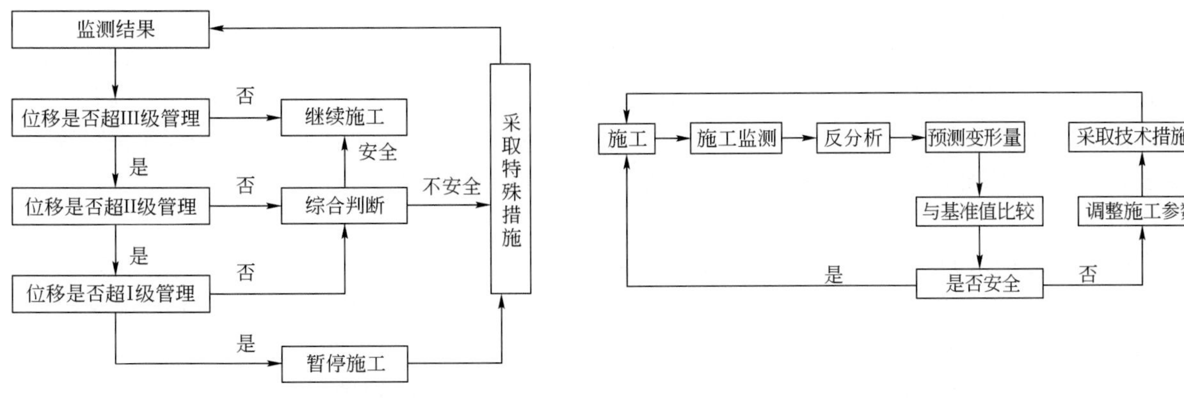

图 4-92　监测资料的反馈管理流程

图 4-93　监测信息的反馈管理流程

五、监控量测数据的采集、分析、预测

监测数据的整理、分析、反馈的方法和内容，通常包括监测资料的采集、整理、分析、反馈及评判决策等方面。

(一)数据采集

数据采集，即对通过现场监测取得的数据和与之相关的其他资料进行搜集、记录等。本监测项目采用的仪器，如水准仪，需人工读数、记录，然后将实测数据输入计算机；全站仪则自动采集数据，并将量测值自动传输到数据库管理系统。

(二)数据整理

每次观测后应立即对原始观测数据进行校核和整理，包括原始观测值的检验，物理量的计算，填表、制图，异常值的剔除、初步分析和整编等，并将检验过的数据输入计算机的数据库管理系统。

(三)数据分析

采用比较法、作图法和数学、物理模型，分析各监测物理量值的大小、变化规律、发展趋势，以便对工程的安全状态和应采取的措施进行评估决策。

绘制时间—位移曲线散点图和距离—位移曲线散点图，如图 4-94 所示。如果位移的变化随时间(或距开挖面的距离)而渐趋稳定，则说明围岩处于稳定状态，支护系统是有效、可靠的，如图中的正常曲线。在图中的反常曲线中，出现了反弯点，这说明位移出现反常的急骤增长现象，表明围岩和支护已呈不稳定状态，应立即采取相应的工程措施。

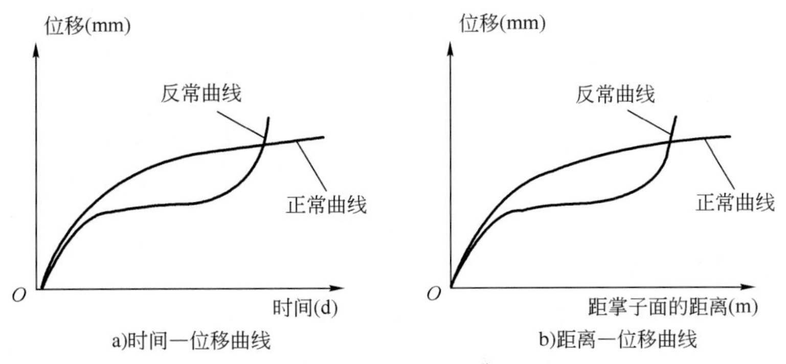

a)时间—位移曲线　　b)距离—位移曲线

图 4-94　时间—位移曲线和距离—位移曲线

(四)安全预测

在取得足够的数据后，还应根据散点图的数据分布状况，选择合适的函数，对监测结果进行回归分析，以预测该测点可能出现的最大位移值，预测结构和建筑物的安全状况。

1. 插值法

在实测数据的基础上，采用函数近似的方法，求得符合测量规律而又未实测到的数据。

2. 采用统计分析方法对监测结果进行回归分析

寻找一种能够较好反映监测数据变化规律和趋势的函数关系式，对下一阶段的监测物理量进行预测，防患于未然。如预测最终位移值，预测结构物的安全性，并据此确定工程技术措施等。因此，对每一测点的监测结果要根据管理基准和位移变化速率等综合判断结构和建筑物的安全状况，并编写周、月汇总报表，及时反馈指导施工，调整施工参数，达到安全、快速、高效施工的目的。

（五）反馈

为确保监测结果的质量，加快信息反馈速度，全部监测数据均由计算机管理，每次监测必须有监测结果，及时上报监测周报表，并按期向有关单位提交监测月报，同时附上相应的测点位移时态曲线图，对当月的施工情况进行评价并提出施工建议。监测资料的反馈管理流程见图 4-92。

当施工中出现下列情况之一时，应立即停止施工，采取措施，加以处理。

（1）初期支护结构有较大开裂。

（2）监测数据有不断增大的趋势。

（3）暗挖隧道支护结构变形过大，超过控制基准或出现明显的受力裂缝并不断发展。

（4）时态曲线长时间没有变缓的趋势等。

六、监测管理体系

针对监测项目的特点，建立专业组织机构，成立监控量测及信息反馈小组，监测小组根据监测项目分为地面和地下两个监测小组，施工监测组织机构见图 4-95。

监控量测管理流程如图 4-96 所示。

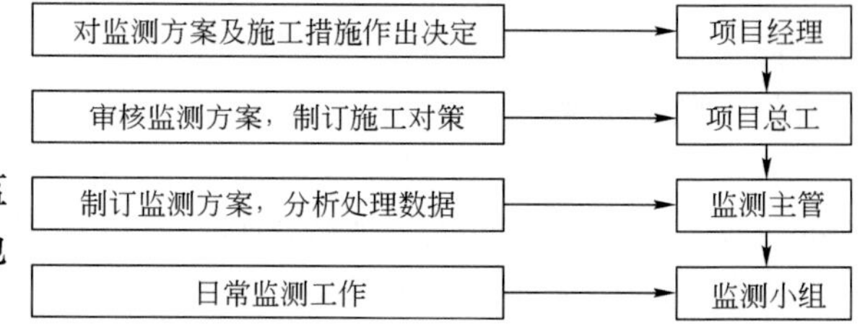

图 4-95　施工监测组织机构图

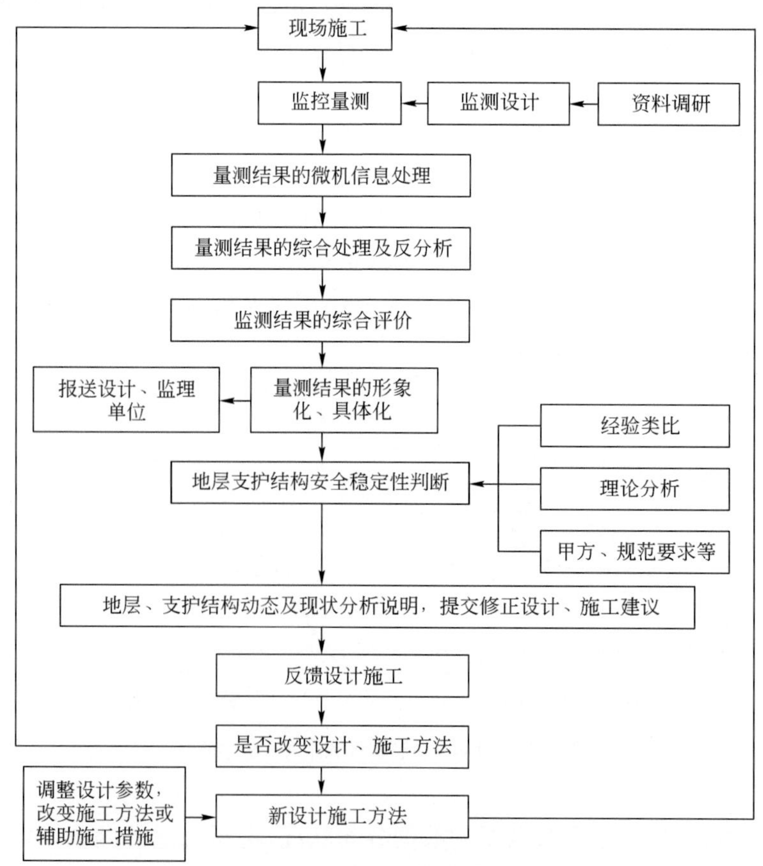

图 4-96　监控量测管理流程图

七、远程自动监测技术

新建地铁隧道的施工必然会引起既有线结构的变位，为保证既有线结构的安全和正常运营，在施工期间，必须对既有环线地铁的结构形态进行全天候的实时监控量测。传统监测技术在高密度的行车区间内无法实施，且不能满足对大量数据采集、分析以及及时准确反馈的要求，因此，必须采用远程自动化监测系统对既有线的结构和轨道变形进行24h实时监控量测。

(一)远程监测系统介绍

DAMS-IV型智能分布式工程安全监测系统由沉降观测的数据自动化采集系统和工程安全监控管理系统两部分组成，见图4-97。

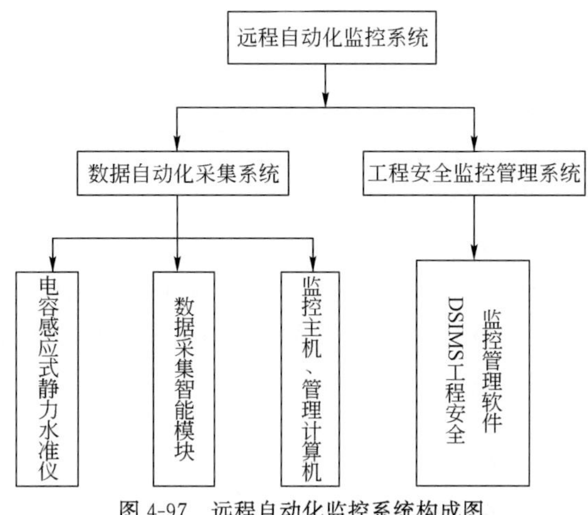

图4-97　远程自动化监控系统构成图

数据自动采集系统由电容感应式静力水准仪、数据采集智能模块、监控主机、管理计算机等构成。

1. 数据自动采集系统功能

(1)监测功能

监测功能包括对各类传感器的实测数据进行自动采集和对实测的信号作出越限报警。同时，为满足对地铁隧道安全监测的各种管理要求，本系统提供了5种不同的监测数据采集方式，以增加系统的灵活性，便于远程服务。

①数据采集单元(DAU)定时测量方式(即无人值班方式)。根据监控主机所设定的测量时间，DAU能自动定时地进行选测和巡测。该方式主要用于日常常规测量。

②人工干预测量方式。必要时，测试人员可通过监控主机任意进行测量。该测量方式的优先权高于其他任何方式，主要用于特殊情况下可任意加密测次及对重点监测部位实施任意频次的测量。

③网络化测量方式。本系统具备网络化的管理功能，任何一台计算机联入此网络后，均可在计算机终端上实施数据采集、资料查询等功能。

④人工测量方式。作为一种后备方式，当监控主机或通信线路发生故障时，在恢复通信之前，采用便携式计算机实施人工数据采集。DAU由于采用全模块化结构，更换模块非常方便，DAU不会因为模块故障而长期停测。

⑤远程控制测量方式。本系统提供了远程控制测量功能，通过远方办公室的计算机，可在任何地方自如地实现数据采集和通信。

(2)显示功能

显示监测系统的总貌、各监测子系统概貌、监测布置图、过程曲线、监控图、分布图、相关图及报警状态显示窗口等。

(3)操作功能

在监控主机或管理微机或网络终端上可实现多种操作功能。

①监视操作、输入/输出、显示打印、报告现在测值状态、调用历史数据、评估运行状态等。

②进行整个系统的运行管理，包括系统调度、过程信息文件的形成、进库、通信等。

③利用键盘调度各级显示画面及修改相应的参数等。

④修改系统配置，进行系统测试、系统维护等。

(4)数据存储功能

各采集单元(DAU)具有存储器和掉电保护模块，能暂存DAU采集来的数据，并在断电的情况下不丢失数据。

(5)综合信息管理功能

该功能包括在线监测、结构形态的离线分析、测值预报、报表制作、图文资料管理、数据库管理及安全评估等。

(6)系统自检功能

系统具有自检功能,可对数据存储器、程序存储器、中央处理器、实时时钟电路、供电状况、电池电压、测量电路及传感器线路等进行自检,能在监控主机和管理主机上显示故障部位及类型,为及时维修提供方便。

(7)远程控制功能

具有在后方监控主机上实现对布置在监测现场的数据采集单元(DAU)进行远程控制的功能。

(8)安全管理功能

系统具备功能强大、界面友好、操作方便的工程安全监控管理系统软件。该软件包括在线监控、离线分析、安全管理、系统管理、数据库管理等部分。包括数据的人工/自动采集、测值的离线性态分析、模型管理、工程文档资料和测值及图像管理、报表制作、图形制作、辅助工具、帮助系统、演示学习系统等日常工程安全管理的全部内容。

(9)防电、抗干扰能力强

运营地铁隧道内受强电影响大,本系统除要求对所有的信号电缆保护外,对 DAU 在供电系统的防强电、一次传感器到 DAU 入口的防强电、通信线路及通信接口的防强电等方面做了全面的考虑,保证系统在电源波动等情况下能正常工作。

(10)设备抗振动能力

由于本套设备在运营地铁内的应用时间较长,运营地铁内列车通过频繁,振动较大。本系统要求对所有现场设备进行抗振动设计,在设备的土建施工中考虑抗振动能力,并对该方面进行专项检测,以保证要求的设备测试精度。

(11)设备的防潮、防水能力

地铁区间内湿度较高,且空间有限,大部分设备需埋设在区间排水水沟内,本套设备又为电子设备,因此,防潮、防水能力至关重要,需对此进行防水设计,以保证设备在该环境内的正常运转。

(12)设备抗活塞风能力

因列车通过时,列车前部会产生正压,列车后部会产生负压,设备设计时应考虑此环境的特殊性,以保证设备的应用精度。

(13)轨距测量设备研制要求

由于本套设备需直接测量两轨间距,因此,设备需直接布设在地铁铁轨上。根据地铁运营要求,地铁铁轨不允许进行焊接作业,两轨之间的连接有较高的绝缘要求,否则会造成信号混乱而停运。因此,轨距测量设备应达到Ⅰ类绝缘能力,应保证变位计的测试精度。设备应用前应通过现场试验,检测合格后方可投入使用。

(14)设备小型化要求

由于运营地铁区间断面较小,限界要求严格,因此,可供安装设备的空间非常小,要求监测设备满足限界要求。

(15)冗余设计

对系统进行冗余设计的具体要求如下:

①要求系统模块化设计,如模块出现故障,将备用模块换上即可。

②要求 DAU 具有 10MB 以上不掉电存储能力。

③如监控主机出故障,可任意更换而不影响系统性能。

④如通信线路出故障,可采用便携式计算机直接与 DAU 连接,取出数据。

⑤如 DAU 出现故障,可采用人工观测仪表进行观测。

2. DSIMS 管理软件功能

DSIMS 是一套基于 Windows 2002/NT 网络环境下研制开发出来的新型工程安全监控管理系统软件,实现了管理的自动化,提高了工程安全管理的效率和质量。

DSIMS 主要由 6 方面的内容组成，即在线监控、离线分析、安全管理、数据库管理、网络系统管理、远程监测及远程辅助服务系统。

(1)采集软件

采集软件包括人工采集和自动化采集两部分。对于人工采集的数据，本软件提供了一个人机界面窗口，直接由键盘输入进库；Windows 2002/NT 环境下的自动化采集软件是一套图视化的窗口软件，所有测点均显示在布置图中，每一个测点都与数据库相联结。同时，布置图中的每一个测点又与现场 DAU 的对应仪器相通。因此，操纵和选择屏幕上的测点状态就可以完成对测点的采集(单点、选测、巡测、定时等)、换算、处理、入库等全部过程。自动采集软件可用于单机采集和网络采集，如果监控主机被设计为 Windows NT 局域网(网络工作组)的一个节点，则局域网(甚至广域网)上的任意一台计算机均可以控制监控主机进行数据采集，并把采集的数据传输到本地计算机上。

(2)分析处理软件

分析处理软件主要用于分析和评估结构的实际运行性态。本分析处理软件可对监测项目实测数据进行处理和计算分析；可将实测值换算成标准监测量，根据仪器特性对监测量进行误差检验(包括粗差、偶然误差、系统误差等)；提供丰富的图形功能，使整个分析过程窗口化，分析结果图形化。

(3)数据库管理软件

系统建有在线数据库、原始测值数据库、应用数据库和数据文件库，可实现各数据库之间数据的自动处理、转换、规化、添加等运行管理工作。

(4)模型库管理软件

该软件包括预报模型库、分析模型库、监控模型库等不同类型的模型库，存放由统计模型、混合模型、确定性模型、分布模型等经计算分析所得的模型参数，并对模型库创建、修改、调用等提供方便有效的管理和维护。

(5)工程安全管理软件

本系统工程安全管理软件的内容有工程文档管理、图形报表制作、中短期预测预报、人工巡查信息管理等。其中，图形制作主要有过程图、分布图、相关图、等值线图、直方图和饼图等；报表则主要有定制的综合月报表和月报、年报等，同时提供自定义格式的报表制作软件，以适应不同需求的报表形式。

(6)网络系统管理软件

网络系统管理软件的内容包括系统安装、系统初始化、系统配置、系统安全管理、系统监测子网管理、系统维护子系统管理、系统与局域网及远程网的连接、Windows NT 网与异域网的连接等。

(7)远程监控和远程服务软件

为了加强对自动化监测系统的管理和维护，本系统提供远程监控和远程服务功能。上级主管部门和移动用户可利用远程监控功能，在任何时间、任何地点对自动化监测系统进行远距离采集操作，以了解隧道的安全状况。管理和维护单位可以利用远程辅助服务功能监视系统的运行情况，及时发现问题，为现场维修提供在线帮助。

DSIMS 具有完善的系统配置、安全保密等系统管理功能，具备可供培训、学习用的演示系统。

(二)监测仪器工作原理及安装

1. RJ 型电容式静力水准仪

(1)原理及结构

该仪器依据连通管的原理，用电容传感器测量每个测点容器内液面的相对变化，再通过计算求得各点相对于基点的相对沉陷量。

如图 4-98 所示，设共布设有 n 个测点，1 号点为相对基准点，初始状态时各测量安装高程相对于(基准)参考高程面$\bigtriangledown H_0$ 间的距离为Y_{01}、Y_{02}、…、Y_{0i}、…、Y_{0n}(i 为测点代号，$i=0$、…、n)，各测点安装高程与液面间的距离则为 h_{01}、h_{02}、…、h_{0i}、…、h_{0n}，则有：

$$Y_{01}+h_{01}=Y_{02}+h_{02}=\cdots=Y_{0i}+h_{0i}=\cdots=Y_{0n}+h_{0n} \tag{4-11}$$

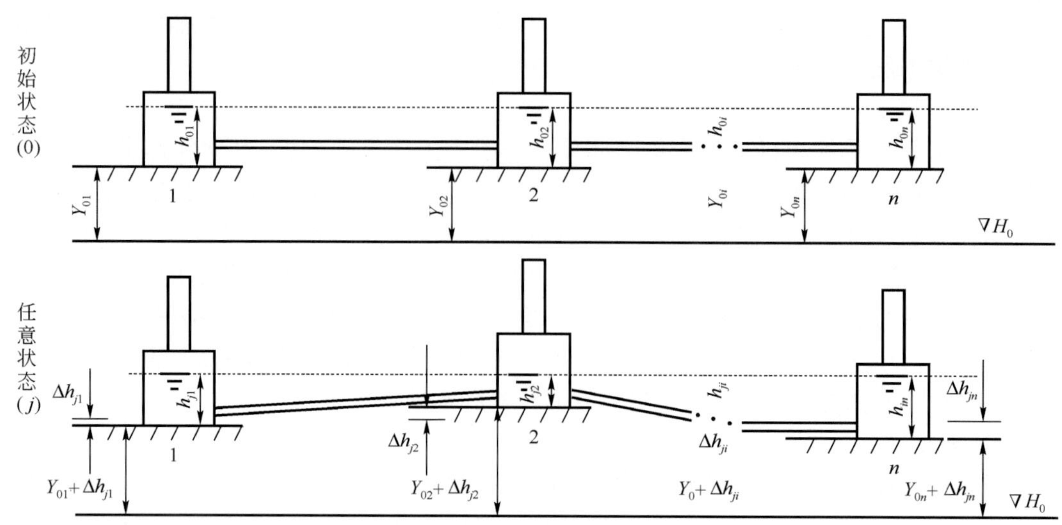

图 4-98　测量原理示意图

当发生不均匀沉陷后，设各测点安装高程相对于基准参考高程面∇H_0的变化量为Δh_{j1}、Δh_{j2}、…、Δh_{ji}、…、Δh_{jn}（j为测次代号，$j=1$、2、3、…），各测点容器内液面相对于安装高程的距离为h_{j1}、h_{j2}、…、h_{ji}、…、h_{jn}。由图可得：

$$(Y_{01}+\Delta h_{j1})+h_{j1}=(Y_{02}+\Delta h_{j2})+h_{j2}=(Y_{0i}+\Delta h_{ji})+h_{ji}=(Y_{0n}+\Delta h_{jn})+h_{jn}$$

则j次测量i点相对于基准点1的相对沉陷量H_{i1}：

$$H_{i1}=\Delta h_{ji}-h_{j1}$$

可得：

$$\Delta h_{j1}-\Delta h_{ji}=Y_{0i}+h_{ji}-(Y_{01}+h_{j1})=Y_{0i}-Y_{01}+h_{ji}-h_{j1}$$

由上式可得：$Y_{0i}-Y_{01}=-(h_{0i}-h_{01})$

带入得到：

$$H_{i1}=(h_{ji}-h_{j1})-(h_{0i}-h_{01})\tag{4-12}$$

即只要用电容传感器测得任意时刻各测点容器内液面相对于该点安装高程的距离h_{ji}（含h_{j1}及首次的h_{0i}），则可求得该时刻各点相对于基准点1的相对高程差。如把任意点g(1、2、…、i、…、n)作为相对基准点，将f测次作为参考测次，则按式(4-12)同样可求出任意测点相对于g测点（以f测次为基准值）的相对高程差H_{ij}：

$$H_{ig}=(h_{ij}-h_{ig})-(h_{fj}-h_{fg})\tag{4-13}$$

如图4-99所示，仪器由主体容器、连通管、电容传感器等部分组成。当仪器主体安装墩高程发生变化时，主体容器相对于位置产生液面变化，引起装有中间极的浮子与固定在容器顶的一组电容极板间的相对位置发生变化，通过测量装置测出电容比的变化，即可计算得出测点的相对沉陷。

(2)主要技术指标

测量范围：100mm；

最小分辨率：0.01mm；

测点误差：小于0.5%F・S；

使用环境温度：－20～70℃；

相对湿度：不大于100%。

(3)仪器的安装、调试

仪器的安装尺寸如图4-100所示，按要求在测点预埋3个直径为180mm的M8×40(伸出长度)均布螺杆。

①检查各测墩顶面水平及高程是否符合设计要求。

②检查测墩预埋钢板及三根安装仪器的螺杆是否符合设计要求。

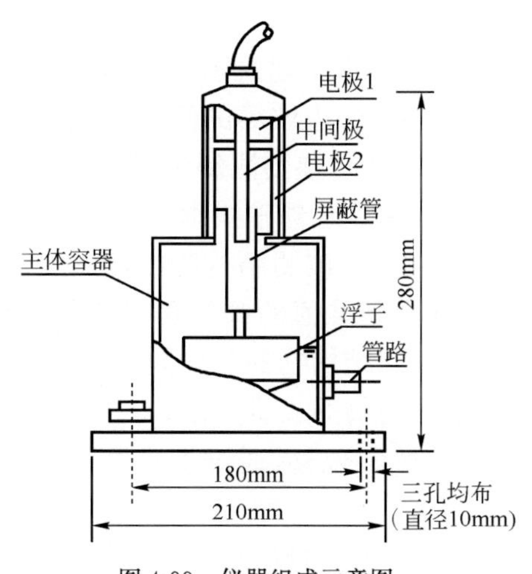

图 4-99 仪器组成示意图

图 4-100 仪器的安装尺寸(尺寸单位:mm)

③预先用水和蒸馏水冲洗仪器主体容器及塑料连通管。

④将仪器主体安装在测墩钢板上,用水准器在主体顶盖表面垂直交替放置,调节螺杆螺丝使仪器表面水平及高程满足要求。

⑤将仪器与连通管系统连接好,从未端仪器徐徐注入 SG 溶液,排除管中所有气泡。连通管需有槽架保护。

⑥将浮子放于主体容器内。

⑦将装有电容传感器的顶盖板装在主体容器上。

仪器及静力水准管路安装完毕后,用专用的 3 芯屏蔽电缆与电容传感器焊接,并进行绝缘处理。3 芯屏蔽电缆的红芯接测量模块的信号接线端口,白、黄芯接激励(桥压)接线端口。当容器液位上升时,电容比测值应变小,否则将白、黄芯接线位置互换。

2.测缝计工作原理

测缝计用以自动测量建筑物接缝的开合,在结构缝的两端安装夹具,沿水平或垂直方向安装 1 个 RW 型电容感应式位移计,将仪器电缆接入安装在现场的测量控制单元,并开始自动化测量。

测距仪用于监测走行轨水平间距的相对变形,安装在地铁轨道上。沿轨道水平两端安装夹具,将传递杆一端拧紧到其中的一端夹具上,用专用接头将 RW 型电容感应式位移计与传递杆连接在一起,将仪器电缆接入安装在现场的测量控制单元。

RW 型电容感应式位移计为变面积型,环形电极 1、电极 2 与中间极构成两个电容 C_1、C_2,电容量为:

$$C=\frac{2\pi\varepsilon_r\varepsilon_0 L}{\ln\frac{R_A}{R_B}} \tag{4-14}$$

式中:R_A——中心极的外径;

R_B——电极 1、2 的内径;

ε_0——真空介电常数;

ε_r——介质相对介电常数;

L——环形电极长度。

当仪器位置发生轴向位移时,采用屏蔽管接地方式改变电容 C_2 的感应长度。L_2 值的变化使电容 C_2 的值发生变化。C_1 为固定电容。测量电路采用比率测量方式测出测点位置沿轴向的位移量。

由 RW 型电容感应式位移计的测量原理可知,在位移计结构一定的情况下,R_A、R_B 为常数。当位移计处于同一环境时,用比率测量方式即可消除介质变化对测量的影响。C_2/C_1 与感应长度 L_2 呈线性关系,所以位移计测量精度高,可达万分之几,这是一般位移传感器很难达到的。

3.梁式测斜仪工作原理

NCX-1B 型梁式测斜仪广泛适用于混凝土大坝、面板坝、土石坝等水工建筑物倾斜角的长期变形量测，同样也适用于工业与民用建筑物、道路、桥梁、隧道、路基、土建基坑、边坡等的倾斜测量。该仪器配合安装底座可反复使用，亦可布设于结构物进行永久观测，通过安装架传递给测斜传感器。

测斜传感器的工作原理是基于伺服加速度计，测量重力矢量 $\boldsymbol{g}$ 在传感器轴线垂直面上的分量大小，当加速度计敏感轴与水平面存在一个 θ 角时，引起了输出电压的改变。被测结构物的倾斜变形量与测斜仪输出的电压呈对应关系，同时该电压测量值可显示出以零点为基准值的倾斜角变化的正负方向。测斜仪可布设为一个测量单元独立工作，亦可多支连续布设得到被测结构物的各段倾斜量，据此将结构物的变形曲线描述出来。若在被测物上安装成二维方向，可测量结构物的二维变形。

计算方法：当被测层发生沉降时，使得测斜仪安装面跟随产生倾斜位移，通过下式可以得到该测斜仪标距段的沉降位移 S_i。

$$\begin{gathered} S_i = L_i \times [\sin(\theta_i) - \sin(\theta_{i0})] = L_i \times [f(U_i) - f(U_{i0})] \\ \sin(\theta) = f(U) \end{gathered} \tag{4-15}$$

式中：L_i——测斜仪的标距(mm)；

$\sin(\theta)$——输出电压 U 的函数，该函数关系由测斜仪生产厂家提供。

4.数据采集单元

(1)主要功能和特点

①实时时钟管理。本模块自带实时时钟，可实现定时测量，自动存储。起始测量时间及定时测量周期可自由设置。

②参数及数据掉电保护。所有设置参数及自动定时测量数据都存储于专用的存储器内，可实现掉电后的可靠保存。

③电源备用系统。无论何时停电，本模块都会自动切换至备用电池供电，一节 6V、4Ah/3Ah 可充电的免维护蓄电池可连续工作 7d 以上。

④自诊断功能。本模块具有自诊断功能，可对数据存储器、程序存储器、中央处理器、实时时钟电路、供电状况、电池电压、测量电路以及电容传感器线路进行自检查，实现故障自诊断。

⑤抗电功能。本模块电源线、通信线、传感器引线的入口均采取了抗电击的措施。

⑥选测功能。根据需要，通过对传感器测点的选择设置，完成一次测量并可输出这些测点的测量数据。

⑦单测功能。通过对某一传感器测点的选择，可实现对此测点的连续多次测量，测量次数可设定。

(2)主要技术参数

①测点容量：8 通道。

②测量精度：0.1%F·S±1 个字±传感器精度。

③分辨率：0.02%。

④测量时间：每通道 2～4s。

⑤通信接口：EIA-485，屏蔽双绞线，1 200bit/s，大于 3km；光纤、无线和公用电话网通信方式备选。

⑥数据存储容量：大于 300 测次。

⑦电源系统：电池　6.0～7.0VDC，6V，4Ah/3Ah；
充电输入　7.4～7.6VDC，1A。
功耗：掉电 200μA；
休眠 10mA；
待机 60mA；
测量小于 250mA。

⑧工作温度：－10～50℃(－25～60℃可选)；
储藏温度：－20～70℃。

⑨尺寸：28cm×15.5cm×3.3cm。

(3)安装

现场安装前对数据采集模块进行拷机及相关试验，对模块进行筛选，确保其达到规定技术指标。数据采集单元DAU2000的安装位置按安装图施工，安装位置要考虑仪器接入，DAU维护方便，一般在观测站中高度不宜超过1.6m，用4个地脚螺栓连接，安装后机箱平整，仪器进线整齐、标志明确，信号线、通信线、电源线与DAU接线端子的接头均用镀银冷压接头，以保证可靠性。机箱的接地端子连接到观测站地线上。DAU2000安装如图4-101所示。

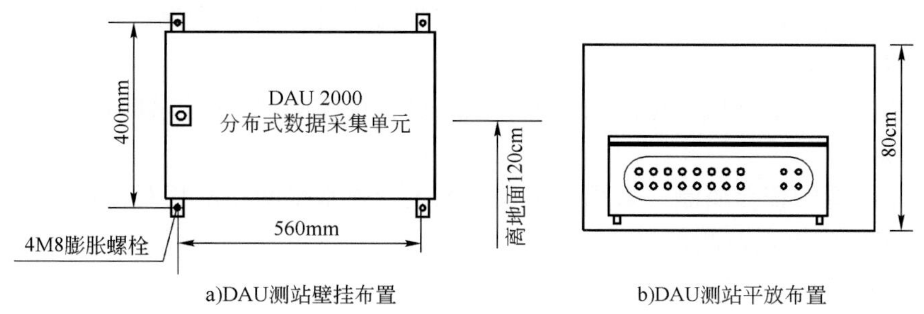

图4-101　DAU2000安装图

(三)监测项目及实施

1.监测项目

根据相关的施工监测经验，既有地铁线路的监测对象主要由既有线隧道主体结构的变化及裂缝和运营线路的几何状态两部分构成，见表7-47。

监测项目汇总表　　表7-47

序　号	监 测 项 目	监 测 仪 器	监 测 频 率	监 测 目 的
1	既有车站结构隆陷变形	静力水准	施工关键期：1次/20min 一般施工状态：1次/2h	掌握施工期间既有车站结构隆陷变形情况
2	既有车站变形缝差异沉降	静力水准	施工关键期：1次/20min 一般施工状态：1次/2h	掌握施工期间既有车站结构缝差异沉降变形情况
3	既有车站变形缝开合度	测缝计	施工关键期：1次/20min 一般施工状态：1次/2h	掌握施工期间既有车站结构缝水平变形情况
4	走行轨纵向变形	静力水准	施工关键期：1次/20min 一般施工状态：1次/2h	掌握施工期间既有车站轨道结构纵向变形情况
5	走行轨两轨高差变化	梁式测斜仪	施工关键期：1次/20min 一般施工状态：1次/2h	掌握施工期间既有车站轨道结构两轨高差变形情况
6	走行轨轨距变形	变位计	施工关键期：1次/20min 一般施工状态：1次/2h	掌握施工期间既有车站轨道水平距离变形情况

注：可根据施工情况和沉降情况调整监测频率，随时将监测信息通报监测领导小组。

2.测点布设原则

(1)既有结构监测

①结构沉降监测。结构沉降监测采用静力水准系统,根据理论分析及相关经验,既有车站内,新建车站中线两侧 30m 范围为重点监测部位,参照既有车站结构承力柱设置测点。

②结构缝沉降监测。结构缝沉降观测采用静力水准系统,沉降缝之间的胀缩测缝计进行测量,在选定的结构缝上的两侧沿缝水平方向布设 1 个测缝计,选择施工影响范围内的结构缝进行沉降监测。

(2)轨道结构变形监测

①走行轨结构纵向变形监测。轨道变形监测采用静力水准系统。为保证监测系统安全可靠,每条测线设 5 条静力水准系统。

②走行轨结构左右水平高低变化监测。采用梁式测斜仪监测,既有车站内,新建车站中线两侧 30m 范围为重点监测部位。

③走行轨水平距离的偏差监测。采用测距仪监测走行轨水平间距的相对变形,既有车站内,新建车站中线两侧 30m 范围为重点监测部位。

3.远程监测现场实施

(1)静力水准

地铁壁静力水准(管路)安装如图 4-102、图 4-103 所示。地铁基础静力水准(管路)安装如图 4-104、图 4-105 所示。

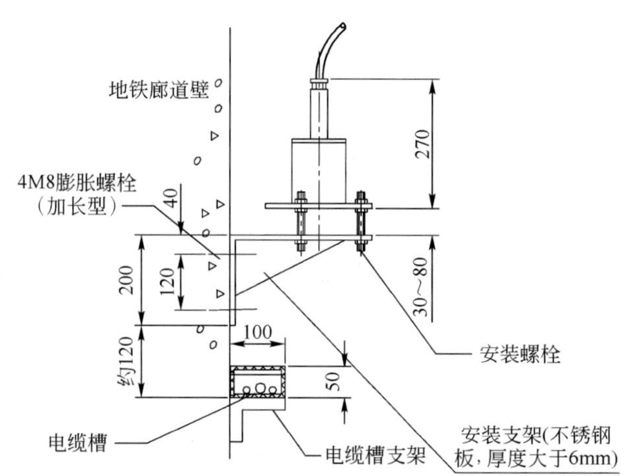

图 4-102 地铁壁静力水准安装示意图(尺寸单位:mm)

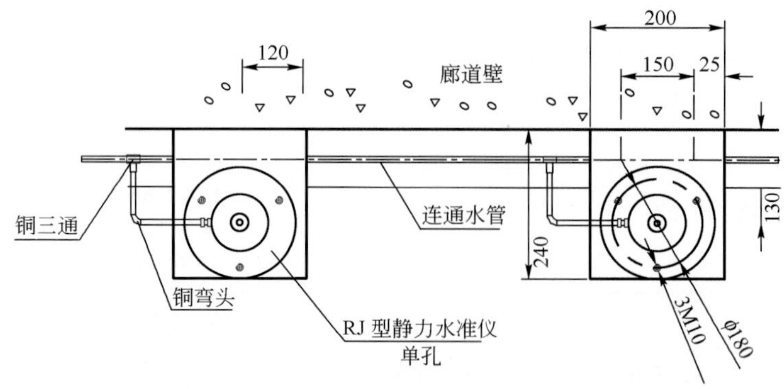

图 4-103 地铁壁静力水准管路安装示意图(尺寸单位:mm)

(2)电容式位移计

电容式位移计可用来对走行轨水平距离的偏差及结构缝的胀缩进行监测,在两轨之间安装测距仪即可,如图 4-106 所示;结构缝的胀缩监测,在缝的两测用膨胀螺栓固定测缝计的安装夹具,将测缝计固定在夹具上,结构缝测点埋设如图 4-107所示。

安装完毕后,按设置的通道接入 DAU2000 数据采集单元即可实现自动测量。

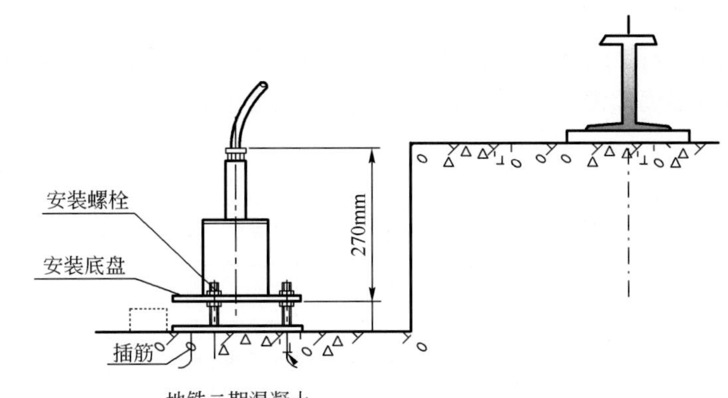

图 4-104 地铁基础静力水准安装示意图

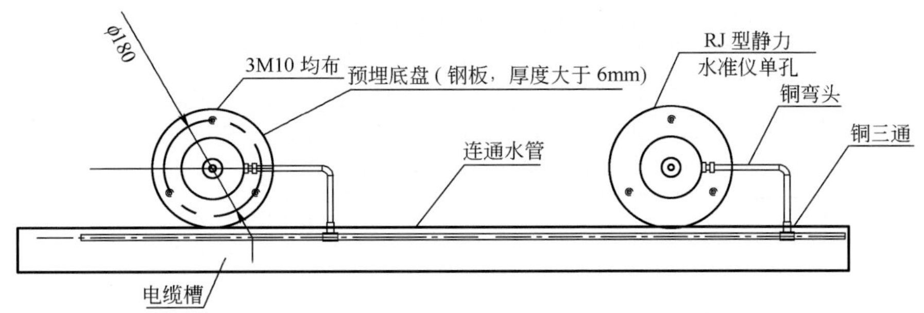

图 4-105 地铁基础静力水准管路安装示意图

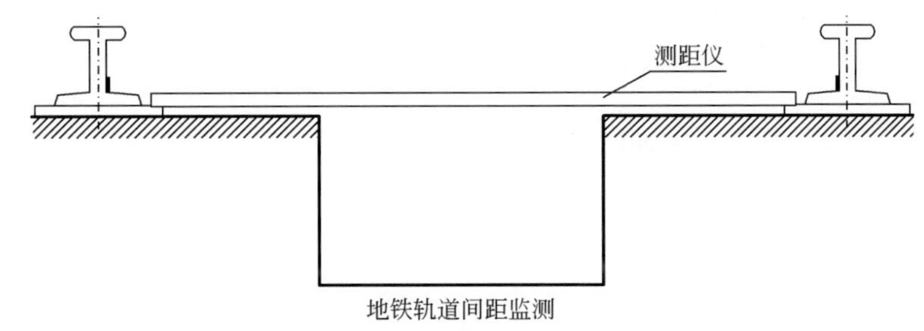

图 4-106 电容式位移计安装图

(3)梁式测斜仪

梁式测斜仪可用来对走行轨结构左右水平高低变化进行监测。在相邻两条铁轨处用膨胀螺栓固定测斜梁，调节初始位置，将电解液梁式测斜仪安装在传递梁上，如图 4-108 所示。

基本步骤:检验仪器是否完好、测量是否准确;按仪器的安装要求安装底梁，并使安装底座基本保持水平;按照仪器说明书进行安装和接线调试。安装完毕后按设置的通道接入 DAU2000 数据采集单元即可实现自动测量。

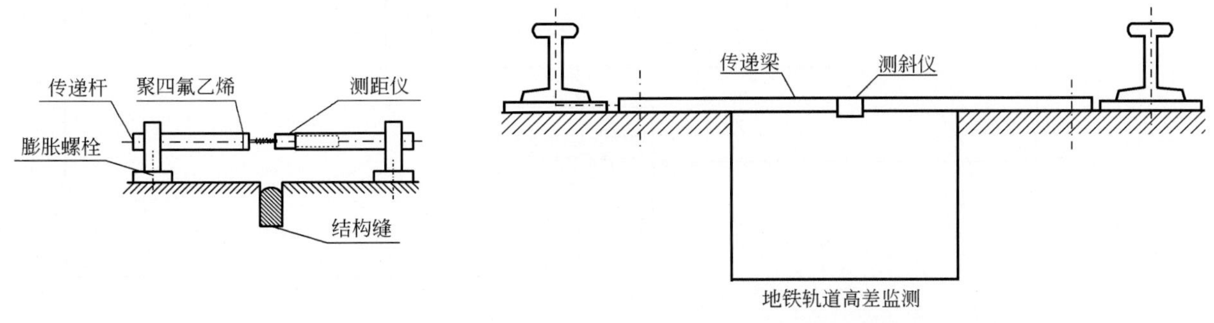

图 4-107 结构缝测点埋设示意图

图 4-108 梁式测斜仪安装示意图

4. 监测反馈及报警制度

施工过程中对既有线进行24h不间断监测，全部监测数据(数据采集及数据分析)均由计算机管理，日常监测汇报及报警程序根据监测信息反馈流程进行，如图4-109所示，以确保地铁安全运营。

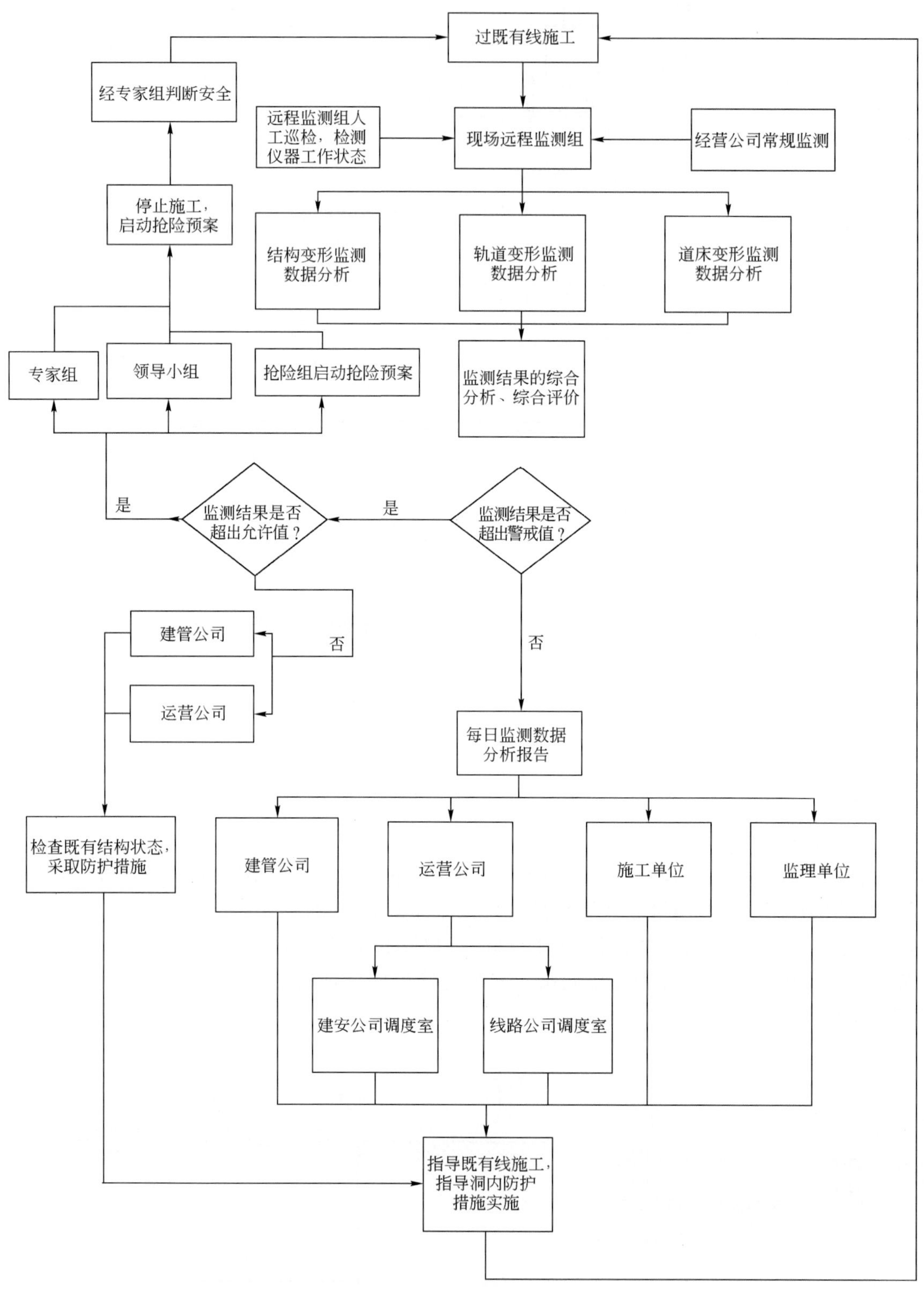

图4-109　监测信息反馈流程图

八、运营期间监控量测

目前，国内已经有很多条城市轨道交通线路建成运营，由于地铁运营时反复的振动，易引起区间隧道洞体的形变和隧道周围土体性质的变化，从而引起软弱地层线路不均匀沉降、硬岩地层的振动、轨道变形，严重时影响城轨的运营安全。此外，城市轨道交通列车的运行，还引起沿线建筑物振动与室内二次辐射噪声。因此，为及时掌握地铁主体结构的变形情况，及时消除安全隐患，在运营期间，应对主体结构采取适宜的变形监测，从以人为本、环境保护的角度出发，加强对运营期间的建筑物振动与二次辐射噪声的监测。

运营期间的监控量测项目主要包括：

(1)轨道线路沉降监测

对全线轨道线路进行沉降监测，掌握全线各地段线路道床的沉降值、沉降速率，以及不同地段的沉降差异值，进而分析主体结构的沉降情况、主体结构的倾斜，特别对软弱不均区段、不同结构衔接处、过渡段的差异沉降应加强监测。可沿轨道线路均匀布设测点，特殊区段加密，采用远程自动监测系统实时自动监测。

(2)建筑物振动监测

采用振动测量仪器监测建筑物的振动情况。在敏感区布设测点时，在建筑物一楼室内，应至少布置3个测点；当需要在室外测量时，可布设在建筑物的基础距外墙0.5m范围内的振动敏感处，并在建筑物靠近轨道一侧的基础上至少布设1个测点。

(3)二次辐射噪声监测

采用精密等级不低于1级的积分式声级计或其他相当的声学仪器进行二次辐射噪声监测。测点应布置在室内，各测点的传声器应安装在距地面1.2m的高度，距离墙壁的水平距离应在1m以上，并应密闭门窗。

第五章 明挖法设计与施工

第一节 概 述

一、前言

对于隧道及地下工程修建而言，明挖法是在无支护或支护体系的保护下开挖基坑或沟槽，然后在基坑或沟槽内施作地下工程主体结构的施工方法。按照隧道和地铁车站明挖法施工的基坑形状和施工顺序，明挖法主要分为敞口开挖和盖挖法，敞口开挖分为放坡开挖和垂直开挖，盖挖法可分为盖挖顺作、盖挖逆作、盖挖半逆作或多种支护形式、开挖方法组合的方法。

二、国内外发展概况

（一）国外发展情况

最早提出明挖基坑分析方法的是 Terzaghi(太沙基)和 Peck(派克)等人，他们早在 20 世纪 40 年代就提出了预估挖方稳定程度和支撑荷载大小的总应力法，这一理论一直沿用至今，随着工程实践的深入，许多学者对其进行了改进与修正。20 世纪 50 年代，Bjerrum 和 Eide 给出了分析深基坑底板隆起的方法，60 年代开始在奥斯陆和墨西哥城软黏土深基坑中使用了仪器进行监测，此后的大量实测资料提高了预测的准确性，并从 70 年代起，产生了相应的指导设计和施工的规范和规程。

地下连续墙技术起源于欧洲。1950 年，意大利 ICOS 公司成功地开发了排桩式地下连续墙的施工方法，使地下连续墙开始了工程应用。1975 年，在伦敦召开了欧洲地下连续墙及锚固技术专题会议，会议介绍了纽约世界贸易中心、维也纳城等数十个基坑地下连续墙施工的工程实例。预制式地下连续墙、地下连续墙作为竖向承重结构、预应力地下连续墙等先进技术在实际工程中的成功应用，表明欧洲的地下连续墙技术已经比较成熟。日本 1954 年从美国引进排桩式地下连续墙技术，后又从意大利 ICOS 公司引进壁板式地下连续墙技术，此后，经过几十年的发展，日本在地下连续墙的施工机械及工法改进方面取得了很大的成就。

注浆技术应用于建筑工程已经有二百多年的历史，最早是 1802 年由法国的查理士·伯利尼用木制冲击泵注入黏土和石灰浆液加固迪普港的砖石衬砌开始的。1826 年英国研制发明硅酸盐水泥后，灌浆材料发展以水泥浆液为主，1864 年注浆法首次应用于某煤矿的一个井筒里，此后在比利时、法国、前西德也使用水泥注浆法，1884 年化学浆液在印度问世，并用于加固桥基的砂体。自 20 世纪开始，注浆技术在国外明挖基坑和沟槽堵水及加固中得到大规模应用，并发挥了重要的作用。

钢板桩于 20 世纪初在欧洲开始生产，1903 年，日本通过进口将其应用于三井本馆的挡土施工。基于钢板桩特殊的使用性能，1923 年，日本在关东大震灾修复工程中大量进口使用钢板桩。由于钢板桩具有较大的市场潜力和发展前景，1931 年，日本国内开始生产。钢板桩起始有冷弯薄壁轻型和热轧型，

由于前者具有较大的加工、使用局限性，因而热轧钢板桩成为目前钢板桩产品发展的主流。

1935 年日本首次提出逆作法施工的概念，经历了 70 多年的研究与工程实践，目前已应用于高层建筑的多层地下室、大型地下商场、地下车库、地铁车站和大型变电站及污水处理池等构筑物。国际上采用逆作法建造的地下建筑，最大的是东京八重洲地下街，共 3 层，建筑面积 70 000m^2；最深的地下街是莫斯科切尔坦沃住宅小区地下街，深达 70～100m；最高的地下综合体是德国的慕尼黑卡尔斯广场综合体，共 6 层。1994 年日本新建的高层建筑中，地下结构有 18.2%采用逆作法施工。1965～1989 年，德国慕尼黑地铁共建 57 座中，20 座采用的是逆作法施工。

SMW(Soil Mixing Wall)工法于 1976 年在日本问世，继美国首先研制出水泥搅拌桩施工方法后，20 世纪 70 年代初经日本成幸株式会社改进，研制出多轴搅拌机，使得渗漏、流沙等问题得到极大程度的改观。因此，应用该工法的工程逐渐增多，成为日本国内基坑围护的主要方法，约占地下围护结构的 80%。该工法可适用于黏性土、砂性土以及砂砾石等地层中施工。

(二)国内发展情况

在我国，深基坑工程是最近 20 多年中迅速发展起来的一个领域。20 世纪 80 年代以前，由于建筑物的高度不高，基础的埋置深度很浅，一般为 3～4m 深，并且很少施作地下室。基坑的开挖一般采用常规的方法，以放坡开挖为主，最多用挖孔桩或重力式挡墙进行支护，没有专门的设计，也并没有引起工程界太多的关注。

20 世纪 80 年代以后，随着我国国民经济的发展，高层建筑、地下工程等基础设施建设规模不断扩大，深大基坑越来越多，事故的发生也比较频繁，给岩土工程界提出了许多技术难题。深基坑工程也是岩土工程中发展最为活跃的领域之一，成为岩土工程施工的技术热点和难点。

通过 20 多年的工程实践，我国在深基坑工程领域中取得了很大的进展。按照发展的过程，我国的深基坑工程技术的发展大致经历了三个阶段，成果主要体现在设计理念的进步、施工技术的进步、机械化水平的提高、管理制度的建立、完善和风险控制能力的增强等方面。

第一阶段为 20 世纪 80 年代。这一时期在一些大城市开始兴建高层建筑，深基坑工程问题逐渐出现。主要的围护结构形式是人工挖孔桩或水泥搅拌桩，对于比较深的基坑则采用排桩结构，如果有地下水，再加上水泥搅拌桩或旋喷注浆作为止水帷幕。地下连续墙用得比较少，SMW 工法开始研究和引进。

第二阶段为 20 世纪 90 年代。总结前期经验，制定了基坑规范、指南和标准，包括武汉、深圳、上海、广东等城市编制了地方规范、指南，当时的冶金工业部和建设部(现为住房和城乡建设部)分别发布了《建筑基坑支护技术规程》(JGJ 120—99)和《建筑基坑工程技术规范》(YB 9258—97)。一些地方政府建立了深基坑方案的审查制度，此时开始出现超深、超大的深基坑工程，基坑面积达到 2～3 万 m^2，深度达到 20m 左右。复合式土钉墙、SMW 工法开始推广使用，钻孔桩、地下连续墙、逆作法施工、支护结构与主体结构相结合的设计方法开始推广运用；深基坑设计软件大量使用；内支撑出现了大直径圆环的形式和锚桩组合的方案，最大限度地克服了支撑对施工的干扰。

第三阶段是进入 21 世纪以后。在更多的城市中，大规模兴建高层建筑和地下铁道，地下工程快速发展，出现了更深、更大的深基坑工程，基坑面积达到了 4～5 万 m^2，深度超过 30m，最深达 50m，深基坑工程施工与相邻环境的相互影响更加复杂，在一些城市里出现了危害较大的深基坑工程事故。逆作法施工、支护结构与主体结构相结合的设计方法在更多的工程中推广应用，并对基坑和边坡工程的有关规范进行了修订与补充完善。

近年来国内采用明挖法修建的深基坑工程很多，设计方案和施工技术不断创新，取得了很大进展。

润扬长江大桥 2000 年 10 月开工建设，2005 年 4 月建成通车，其北锚碇特深基坑位于长江岸边，设计长、宽、深为 69m×50m×(45～48)m。基坑所在场地地表以下 16m 为淤泥质土，地表以下 16～48m 为砂土，48m 以下为基岩，围护结构为 1.2m 厚的地下连续墙，高度 53m，内支撑为 12 道水平支撑和 32 根立柱桩。地下连续墙进入基岩深度平均为 3m。从地表以下 2m 开始，每隔 4m 设置一道内支撑，在基坑开挖前，先完成地下连续墙的施工，内支撑随挖随撑。由于该基坑工程尺寸大，环境复杂，基坑开挖受地下水影响明显，施工难度很大。

南京地铁一号线珠江路站2001年初开工建设，2005年5月建成通车，车站总长198.7m，主体净宽19.6m，为地下二层岛式车站，主体开挖深度为15.68m，南端头井开挖深度为17.5m。该车站周围有重要建筑物及管线，环境保护要求为一级。该工程所在区域的主要土层有素填土、粉质黏土等。在围护结构以下2m左右，含有中粗砂和粉质黏土混粗砂卵砾层，该层属深层微承压水层，地下水位为地表以下2～3m。本工程采用SMW工法作为基坑围护结构形式，基坑围护结构采用SMW工法搅拌桩，桩长为30.5m，直径为850mm，相互搭接250mm，水泥掺入量为20%，成桩后桩体水泥土28d龄期无侧限抗压强度达1.0MPa以上。型钢采用Q235-A.F，截面为700mm×300mm×12mm×24mm，采取“三插二”的形式布置。支撑采用ϕ609mm钢管撑，水平间距3m，转角处设置角撑。开挖深度为15.68m时设4道支撑，开挖深度为17.5m、19.45m时设5道支撑。

南水北调中线穿越黄河工程2005年9月年开工建设，采用盾构法施工，北岸盾构始发井采用明挖法施工，竖井围护结构为1.5m厚的地下连续墙，墙高76.6m，竖井开挖深度为50.5m，外径18.0m，内径16.4m，衬砌为C30钢筋混凝土，厚度0.8m。

广州生物岛—大学城沉管隧道2005年11月开工建设，2009年8月完成管段沉放，为双向四道公路隧道，采用岸上干坞方案，即先在隧道轴线上开挖基坑作为预制管段的干坞，管段预制完成并浮运沉放后，施工二次围堰，将基坑内水抽干，继续开挖基坑到设计高程并施作隧道主体结构。针对该基坑的地质条件和附近的构筑物情况、环境要求，采用了放坡开挖和垂直开挖，共分13个支护区间，分别采用了桩锚支护、喷锚支护、锚杆格梁＋喷锚支护、地下连续墙＋钢管桩＋内支撑等，放坡比例为1∶3～1∶0.5，接口段采用垂直开挖，长度为40m，宽度为31m，深度为16m。

天津东站综合枢纽工程后广场改造工程2006年3月开工建设，改造后的天津站将充分利用地下空间，实现普速铁路、高速铁路、京津城际铁路、城市地铁间的零距离换乘。天津站换乘交通枢纽地下部分共设四层：地下一层配合市政开发为交通层；地下二层为地铁2、3、9号线车站的站厅层；地下三层为地铁2、9号线的站台层和地铁3号线的设备层；地下四层为地铁3号线的站台层。地铁2号线车站为侧式站台车站，9号线采用一岛两侧式站台形式，3号线车站为岛式车站。地下四层采取“盖挖半逆作法”的方式修建，即在明挖顺作完成地下一层施工，再采用逆作的方法进行地下二层、三层和四层的施工。采用这种施工方法，既可以在不影响地面交通网络运行的情况下继续完成地下工程，又可立体式施工，加快工程进度。采用盖挖法施工的地下四层部分围护结构为1.2m厚的地下连续墙，墙高55m，基坑最大开挖深度为30m，最大宽度为40m。

深圳地铁3号线老街站综合换乘体工程2007年3月开工建设，换乘体为地下4层，3号线老街站为地下3层，有效站台长118m，站台宽5m，围护结构为1.0m厚的地下连续墙，深度32m，车站基坑深24.7～25.5m。1号线老街站东端站台扩建工程为地下2层单跨结构，需先采用暗挖法施作55m长的托换工作室，然后在工作室中对永新商业城6根ϕ1 400mm人工挖孔桩桩基进行主动托换。该工程处于繁华市区，以盖挖逆作法施工为主，局部采用盖挖顺作与明挖顺作法。

京石客运专线石家庄隧道地处石家庄市二环内，紧邻既有铁路，隧道全长4 980m，2008年12月开工建设，隧道为六线并行(局部七线)的三联拱隧道，线路从西至东依次为改建京广线、石青左线、京石客专线和石青右线，采用明挖暗埋法修建3跨联拱隧道。隧道除下穿既有石太直通线段42m采用双联拱暗挖法施工外，其余地段4 938m均采用明挖法和盖挖法进行施工，明挖段围护结构为直径1.0m的钻孔灌注桩和预应力锚索，基坑最大开挖宽度为28.2～52m，深度为8.5～22m。

目前正在施工的天津东站和西站综合枢纽工程、广深港客运专线深圳福田站综合枢纽工程、京石客运专线石家庄隧道工程均为深大基坑，采用明挖顺作和盖挖法施工，采用了多项新技术、新方法、新工艺、新材料，对类似工程具有很好的借鉴作用。

深基坑的主要技术难题：地质条件的变化及不良地质对设计和施工影响很大；地层及支护结构受力、变形和破坏机理十分复杂，难以用统一的理论进行解释；施工方法对基坑稳定性影响很大，各种破坏模式相互交叉，互为因果；在软弱地层中，地层和支护结构相互作用，时空效应对基坑稳定性影响很大；

环境条件对施工影响也很大，不同的环境条件，所采用的支护体系和施工方法是不同的。这些问题及其他技术难题都需要进一步研究和探讨。

三、明挖法的优缺点

（一）明挖法的优点

1. 便于设计

明挖法边坡支护结构、支撑和锚固体系受力比较明确，便于选择合理的设计方案和参数。

2. 便于快速施工

一般情况下，明挖法的施工场地比较开阔，工作面较多，可以组织大量人员、设备、材料、机具等进行快速施工。

3. 便于控制施工安全、质量和进度

明挖法的施工工序和作业面大部分可以直接观察和检查，施工项目便于检测，安全隐患便于发现，安全措施便于制订和落实，应急抢险救援场地条件比较好，因此施工的安全、质量和进度容易控制。

4. 在拆迁量小的情况下，工程造价较低

明挖法和矿山法、盾构法相比，人员投入相对较少，设备相对简单，施工效率相对较高，在拆迁量小的情况下，造价较低。

（二）明挖法的缺点

1. 拆迁工作量大，扰民大，影响交通

在城市采用明挖法施工，一般情况下，需要拆迁建筑物、改移管线和树木，必要时进行交通管制，因此拆迁工作量相对较大，扰民大。

2. 受气候、气象条件变化影响大

在寒冷地区或大风、大雾、雨、雪、冰冻天气，明挖法施工比较困难，容易出现险情。

3. 对环境影响较大

明挖法施工带来的噪声、粉尘、污水、振动等对环境影响比较大。此外，由于降水作业，可能引起地下水位下降、地面沉降、建筑物倾斜及地下管线破坏。

4. 易发生基坑整体失稳破坏

在不良地质和复杂环境中，一旦设计或施工不当，会发生边坡滑移或基坑整体失稳，可能造成重大人员伤亡和灾害。

四、明挖法种类及适用范围

明挖法根据主体结构施工顺序，又分为放坡明挖法、垂直明挖法、盖挖顺作法、盖挖逆作法和盖挖半逆作法。明挖法一般适用于周围环境比较开阔的施工场地，基坑规模一般较大，结构和形状比较复杂。明挖法在地铁车站和高层建筑的地下室使用较多，地铁区间隧道不宜采用。

明挖顺作法施工的优点：场地一般比较开阔，施工空间大，多作业面施工，施工速度快，工艺简单，经济性好。其缺点：占用场地大，拆迁量大，污染和噪声大，对交通和环境的影响较大。

盖挖法施工的优点：围护结构变形小，能够有效控制周围土体的变形和地表沉降，有利于保护邻近建筑物和构筑物；基坑底部土体稳定，隆起小，施工安全；盖挖逆作法施工基坑暴露时间短，拆迁量小，可尽快恢复路面，对道路交通和环境影响较小。其缺点：作业面少，相互干扰大，施工速度较慢，施工难度大，因此造价相对较高。此外，混凝土结构的施工缝较多，处理比较复杂，防水难度大。

明挖法一般适用于拆迁量不大和允许降水的环境条件，比较开阔的场地和稳定性较好的地层、宽大基坑和复杂的地下结构形式一般可考虑采用明挖法施工。不能降水的流沙地层不宜采用明挖法施工。如拆迁量太大，采用明挖法往往是不经济的；如在软弱含水地层中采用明挖法施工，基坑开挖深度很大，其施工的安全性应进行严格控制。

五、明挖法基坑破坏形式

(一)基坑的主要破坏形式分类

根据工程经验,明挖法施工基坑的破坏形式主要有围护结构的变形或破坏、支撑体系的变形或破坏、基坑周围地基或邻近建(构)筑物的变形或破坏、基坑地基的变形或破坏。

常见基坑工程破坏分类如图 5-1 所示,破坏的基本形式如图 5-2 所示。

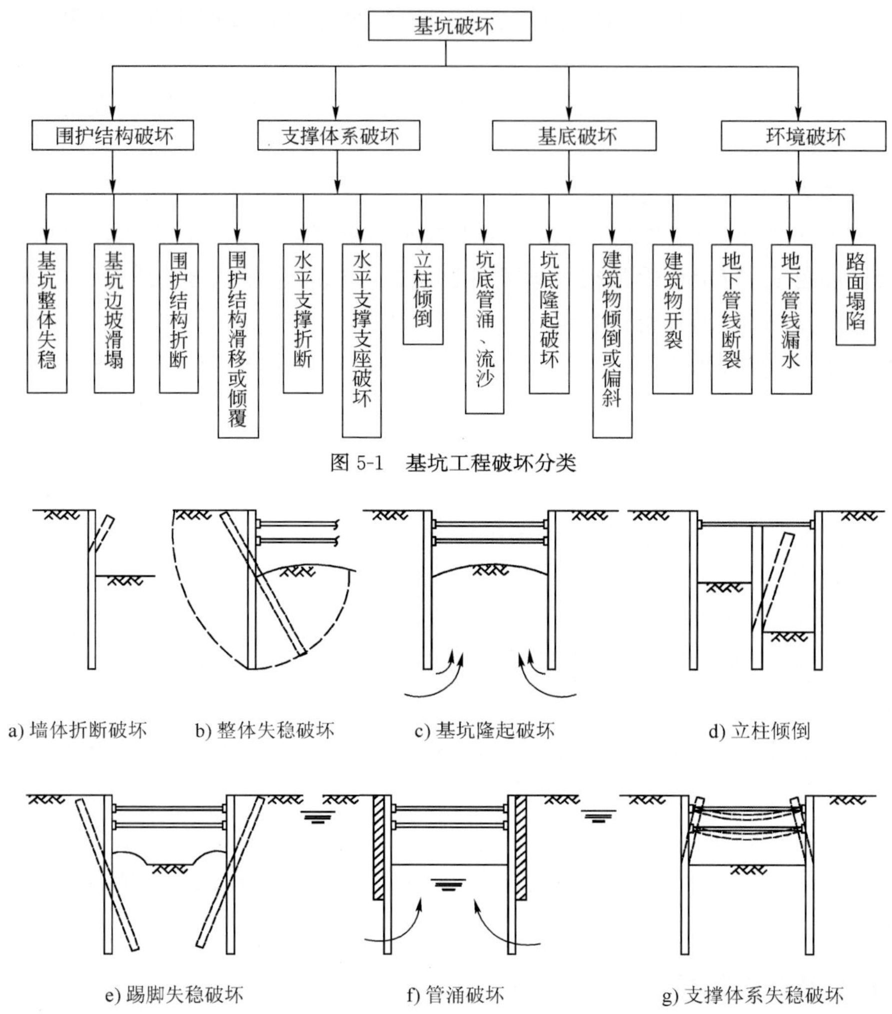

图 5-1　基坑工程破坏分类

图 5-2　基坑破坏的基本形式

(二)围护结构的破坏

(1)围护结构强度、刚度、稳定性不足,入土深入不够及开挖方法不当。

(2)围护墙(桩)存在薄弱部位,发生漏水,致使背后水土流失。

(3)围护墙(桩)超限变形或发生剪切破坏。

(4)围护桩墙超限沉降。

(5)邻近建筑物施工或地面超载引起的压力差导致基坑围护结构破坏。

(6)锚杆(索)失效,丧失承载能力。

(三)支撑体系有关的破坏

内支撑系统指承担围护墙(桩)所传递的侧压力而设置的围檩(又称腰梁、圈梁)、支撑、角撑、立柱及其他附属部件的总称。围檩是将挡土墙(桩)所承受的侧压力传递到支撑及角撑的受弯构件;支撑及角撑均属受压构件;立柱是承受水平支撑重量的构件,同时具有限制支撑弯曲的作用。支撑系统中某一构件或某一部件在设计上失误或在施工上失控,也会酿成事故。

(四)基底的破坏

基底破坏的形式:基底管涌、基底隆起、基底渗透破坏。

(五)环境的破坏

环境破坏主要表现在:地面隆起或沉陷破坏,建(构)筑物和地下管线倾斜、开裂、滑移或倒塌。

六、明挖法基坑施工原则

在选择基坑的施工方法时,应从技术、安全、经济、环境等方面进行综合对比分析。城市地铁工程及其他地下工程采用明挖法施工对环境影响较大,应慎重选用。能采用暗挖法施工,尽量不采用明挖法。

1. 做好地下水的处理

地下水对基坑的稳定影响很大,因此基坑施工,尤其对软弱含水地层的基坑施工,必须做好地下水的处理,对于围护结构,要防止接头、接缝部位渗漏水。如果条件允许,在基坑开挖过程中,应采取坑内或坑外降水、隔水措施,减少作用在围护结构上的水压力,防止侧壁涌突水和坍塌,抑制底板隆起和管涌破坏。应以堵排结合的原则进行地下水处理,这样做既可满足工程需要,又可减小施工对环境的影响,因此应根据工程特点及地质、环境条件等选择处理方法。

2. 合理选择围护结构形式

各种围护结构适应的地质条件不同,支护机理和作用效果也有区别,施工方法和成本相差较大,因此应根据设计要求和地质、环境条件进行选择。在地层含水量较大和变形要求严格的情况下,可采用连续墙、钻孔桩、SMW 桩等支护形式;在基本无水的情况下,可采用放坡开挖、土钉支护、喷锚支护、挖孔桩、挡土墙等形式;在开挖深度不大且有水的情况下,可考虑采用钢板桩、搅拌桩、旋喷桩等支护形式。

3. 合理选择围护结构入土深度

围护结构的入土深度对基坑的稳定性影响很大,主要和地质条件、基坑深度、形状、围护结构和支撑体系形式、周边环境条件、地下水控制等因素有关,目前常采用极限平衡法、弹性地基梁法、有限元法等进行计算,并结合工程经验进行确定。

4. 合理选择支撑体系

宽度小的基坑可选择水平横撑,宽度大的基坑应优先考虑采用桩(墙)+锚索(杆)支撑体系,尽量不设中间柱,如采用中间柱、纵梁和水平横撑,一定要做好各个构件之间的连接,以提高水平横撑的稳定性。在有震动作用的地区应研究和应用抗震锚索,为了减小对邻近地下构筑物的影响,可考虑采用可拆除锚索。此外,第一道横撑应优先考虑采用钢筋混凝土支撑,同时,各道水平横撑在支点部位应增加八字撑,以提高基坑的稳定性。

5. 控制开挖时空效应

采用分层、分区,分段、分块,对称开挖,化大为小,快挖快支,尽量缩短开挖和支护之间的时间间隔,并保证支护结构具有足够的刚度,减小时空效应对基坑稳定性的影响。

6. 严格控制基坑周围超载和动载的影响

在基坑周围可能产生破裂面的土体上,应严格限制超载。如确需堆载,一方面应重新进行基坑稳定性验算,严格控制堆载范围和高度;另一方面应采取措施加强基坑支护和堆载防护。受长期车辆动荷或机械振动作用的基坑,为确保基坑稳定性,应进行专项设计。

7. 基坑底部软弱地层的加固

如底板为软弱地层,应采用注浆、搅拌、旋喷等方法对局部或整个基坑底部的软弱土体进行超前预加固,或采用降水等措施提高坑底土体的强度和稳定性。

8. 底板快速封闭

在软弱含水地层中,土方开挖应分层、分段、分段长度应视地层好坏而定,一般稳定性较好的地层取 20~25m,稳定性较差的地层取 10~15m。开挖到底板设计高程后,应尽早分段进行底板混凝土施工,尽量缩短底板土体暴露时间,快速封闭,减少坑底回填,防止底板隆起和管涌。

9.监测量测和信息化施工

通过对地层、支护结构、建筑物和地下管线等的受力、变形监测及地下水位等变化实行跟踪观测，全面了解基坑的安全和稳定状况，并根据监测结果及时调整设计参数和施工方案、工艺，实行动态设计和信息化施工。对重要建筑物、构筑物及基坑的重要构件，应进行实时监测。

10.控制基坑整体失稳和破坏的风险

明挖施工一旦设计、施工不当或因自然、环境等因素影响，基坑容易发生整体失稳和破坏，引发重大工程事故和灾害，在施工中必须引起高度重视。因此应加强基坑安全风险管理，制订监控、抢险、应急、救援预案，并进行演练，防止危及安全的事故发生。

第二节　深基坑设计计算的主要内容

一、概述

深基坑的设计计算需要掌握有关地质、环境及气象资料、工程用途及功能、设计标准和要求等，以便进行围护结构、支撑体系、地下水控制和环境保护等方面的设计和计算。

二、支护结构的分类

基坑开挖过程中，用于撑护、围护、加固基坑周边的土体，抵抗外部荷载，阻止地下水流失，并使基坑周边的土体和水体及建筑物保持相对稳定的结构、构件和拉锚体系等统称为支护结构。支护结构的种类很多，不同的地层、不同的基坑或同一基坑的不同部位，可能采取不同的支护结构。

支护结构按用途划分，主要包括围护结构和支撑体系等。其分类如图 5-3 所示。

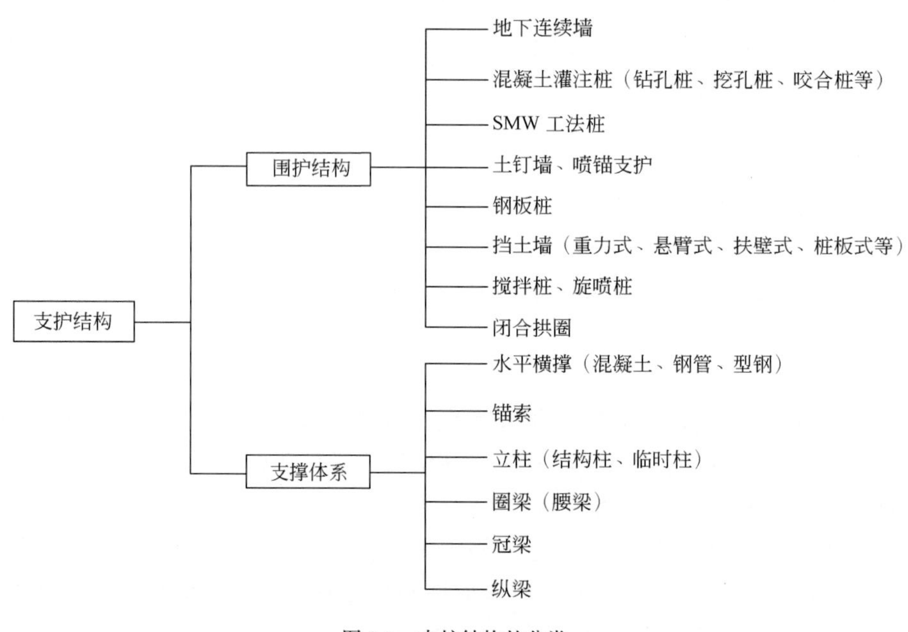

图 5-3　支护结构的分类

三、设计基础工作

（一）地质资料

(1)在进行基坑支护和地下水处理方案选择、设计时，岩土工程勘察报告是必不可少的资料，必要时应进行补充勘探。

(2)开挖和支护设计所需了解的地层范围：竖向至少要大于 2 倍开挖深度，基坑四周范围至少应大于 3 倍基坑开挖深度。

(3)对基坑支护设计所涉及的(大于基坑深度 2 倍)深度内的各层土,为取得设计所需的参数,需取足够数量的原状土样,进行土层的物理力学试验。在诸多的物理力学指标中,除了土的重度、基本承载力和压缩模量外,最为关键的指标是各层土的抗剪强度指标(c、φ)。一般情况下采用直接快剪(c、φ)或不固结不排水三轴剪(c_{uu}、φ_{uu})指标。当需采用水土分算土压力时,宜采用固结快剪指标。此外,在勘探阶段必须有足够数量的土样做强度试验,一般要求每种指标(每层土)不少于 6 个试样。

(4)为了准确、详细划分土层分布和综合判定土层性质,除了必要的室内试验外,应做足够的原位试验,如静力触探和标准贯入试验。原位试验能使土层划分更准确,P_s 和 N 的指标也是土层强度重要参数。

(5)地下水的埋藏情况、类型和含水层的渗透性是影响基坑稳定的最重要因素。查明场地地下水类型(上层滞水、潜水和承压水)、水位、水头、含水层厚度、含水层的渗透系数及水流方向、流速等是非常重要的。地勘阶段必须做专门的水文地质勘探和抽水试验工作。

(二)环境资料

查明基坑周围和内部的建(构)筑物类型、位置、基础形式和埋深,道路结构、上下水管线、煤气管线,供电、供热或通信线路的材质、与基坑的位置关系、埋深、接头形式、使用年代等,这些环境条件也是基坑设计必要的前提资料。

(三)用途和功能

根据隧道和地下工程的用途、功能,选择基坑形状、尺寸、围护结构、开挖深度等。

(四)设计标准及参数

基坑设计前必须取得建筑总平面图、用地红线图、建筑物基础平面图及基础结构图(含桩位图)、抗震等级、使用年限、上部结构和构造、技术和质量标准等相关资料。

(五)环境影响评价资料

了解工程施工可能对环境造成的不利影响,在进行方案设计时,应考虑环境保护问题。

四、支护结构的设计理论

(一)极限状态设计理论

基坑支护结构主要包括围护结构和支撑体系,根据有关规范,应采用以分项系数表示的极限状态设计表达式进行设计。整体结构或结构的一部分超过某一特定状态就不能满足设计规定的某一功能要求时,此特定状态为该功能的极限状态。极限状态是区别结构工作状态的可靠和失效的标志。

(二)基坑支护结构极限状态分类

1. 承载能力极限状态

支护结构达到最大承载能力或出现不适于继续承载的变形,导致支护结构或基坑周边环境破坏称为承载能力极限状态。

2. 正常使用极限状态

支护结构的变形、开裂、渗漏水等已影响地下结构施工、使用、耐久性,或影响基坑周边环境的正常使用称为正常使用极限状态。

五、基坑侧壁安全等级及重要性系数

依据《建筑基坑支护技术规程》(JGJ 120—99),基坑支护结构设计应按表 5-1 选用相应的侧壁安全等级及重要性系数(γ_0)。

基坑侧壁安全等级及重要性系数 表 5-1

安全等级	破坏后果	重要性系数 γ_0
一级	支护结构破坏,土体失稳或过大变形对基坑周边环境及地下结构施工影响很严重	1.10
二级	支护结构破坏,土体失稳或过大变形对基坑周边环境及地下结构施工影响一般	1.00

续上表

安全等级	破坏后果	重要性系数 γ_0
三级	支护结构破坏，土体失稳或过大变形对基坑周边环境及地下结构施工影响不严重	0.90

注：有特殊要求的建筑基坑侧壁安全等级可根据具体情况另行确定。

六、深基坑支护体系计算的主要内容

根据承载能力极限状态和正常使用极限状态的要求，基坑支护体系应按下列规定进行计算和验算：

(一)承载能力极限状态设计计算的主要内容

(1)根据基坑支护形式及其受力特点，进行抗滑移、抗倾覆、沉降等整体稳定性计算。

(2)基坑支护结构的受压、受弯、受剪、抗震等强度和承载力方面的计算。

(二)正常使用极限状态设计计算的主要内容

(1)支护体系变形和位移计算。

(2)对于安全等级为一级及对支护结构变形有限定的二级基坑侧壁，尚应对基坑周边环境(建筑物、地下管线、地下水等)及支护结构变形进行验算。

(三)地下水控制计算

(1)基坑底突涌稳定性验算。

(2)基坑底抗渗流稳定性验算。

当基坑底为隔水层且层底作用有承压水时，应进行坑底突涌验算，必要时可采取垂直注浆隔渗或钻孔减压措施保护坑底土层稳定。

(3)降水漏斗计算。

(4)根据支护结构设计要求进行地下水位控制计算。

绝大多数基坑变形破坏事故与水有关。因此，设计中应特别加强对地下水的控制，尤其是砂层水，必须设计可靠的止水帷幕或止水墙。

(四)周围环境控制计算

主要对基坑周围建(构)筑物、地下管线及其他重要设施的受力、变形和稳定性控制验算。

(五)其他方面设计计算

与基坑支护体系抗裂及构造要求等有关的设计计算。

七、围护结构的选型原则和适用条件

(一)围护结构的选型原则

应根据地质条件、环境条件及施工方法、主体结构形式等，合理选择基坑支护结构形式。无水、少水软土或岩石基坑宜选用挖孔桩、土钉墙或喷锚支护等支护形式；地下水位较高的软土地层宜选用排桩、地下连续墙或水泥土墙等支护形式；围护结构作为主体结构的承重结构应选择地下连续墙；深大和结构复杂基坑宜选择组合式支护结构。

(二)围护结构的适用条件

围护结构可根据基坑周边环境、开挖深度、地质条件、施工作业设备和施工季节等条件进行选择。可按表5-2选用排桩、地下连续墙、混凝土灌注桩、水泥土墙、土钉墙或上述形式的组合。

围护结构选型表 表5-2

结构形式	适用条件
排桩或地下连续墙	①适用于基坑侧壁安全等级为一、二、三级； ②悬壁式结构在软土场地中不宜大于5m； ③当地下水位高于基坑底面时，宜采用降水、排桩、加截水帷幕或地下连续墙

续上表

结构形式	适用条件
水泥土墙	①基坑侧壁安全等级宜为二、三级； ②水泥土桩施工范围内地基承载力不宜大于150kPa； ③基坑深度不宜大于6m
土钉墙	①基坑侧壁安全等级宜为二、三级的非软土场地； ②基坑深度不宜大于12m； ③当地下水位高于基坑底面时，应采取降水或截水措施
逆作拱墙	①基坑侧壁安全等级宜为二、三级； ②淤泥和淤泥质土场地不宜采用； ③拱墙轴线的矢跨比不宜小于1/8； ④基坑深度不宜大于12m； ⑤地下水位高于基坑底面时，应采取降水或截水措施
放坡	①基坑侧壁安全等级宜为三级； ②施工场地应满足放坡条件； ③可独立或与上述结构结合使用； ④当地下水位高于坡脚时，应采取降水措施

八、土压力理论及荷载计算方法

在进行支护结构设计计算时，首先必须根据支护结构的工作状态，建立力学模型，一方面确定支护结构的形状、几何尺寸、外部约束条件，另一方面要确定作用在支护结构上的荷载。对于基坑工程，它的荷载主要是由周围地层土压力和水压力及地面超载产生的。因此，土压力的性质、大小、方向及作用点对支护结构设计计算是至关重要的，土压力是土体和基坑支护结构相互作用的结果，不仅与土体的结构、物理力学性质、地下水位等因素有关，还与土体上方的外荷载、支护形式、形状、刚度、土体与支护结构的接触条件和相对位移、基坑开挖方法等因素有关。目前国内外土压力理论很多，但传统的库仑和朗肯土压力理论应用最为普遍，在此重点予以介绍。

（一）土压力种类

1. 静止土压力

当挡土墙静止不动时，墙后土体由于墙的侧限作用而处于静止状态，此时墙后土体作用在墙背上的土压力称为静止土压力，如图5-4a)所示，静止土压力用 E_0 表示。

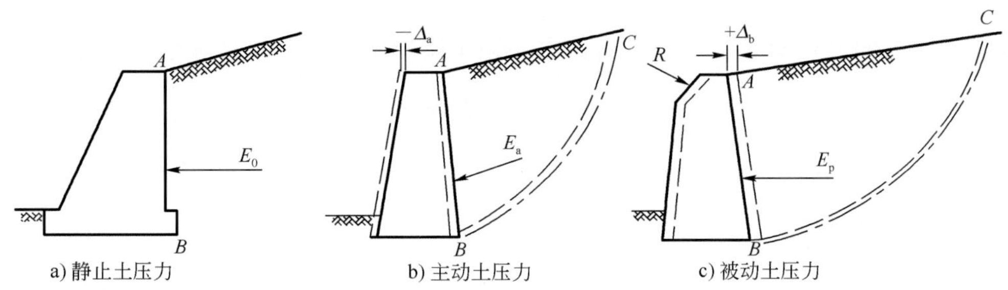

a) 静止土压力　　b) 主动土压力　　c) 被动土压力

图5-4 挡土墙上的三种土压力

2. 主动土压力

当挡土墙在墙后土体的推力作用下，向前移动，墙后土体随之向前移动，当移动距离达到 Δ_a 时（见图5-5），土体中产生滑动面，此时墙后土体达到主动极限平衡状态，墙背上作用的土压力减至最小。因土体主动推墙，称之为主动土压力，如图5-4b)所示，主动土压力用 E_a 表示。

3. 被动土压力

若挡土墙在外力作用下，向后移动推动填土，使作用在墙背上的土压力增大。当挡土墙向填土方向的位

移量达到 Δ_b 时(见图 5-5),墙后土体将被挤出,产生滑裂面,墙后土体达到被动极限平衡状态,墙背上作用的土压力增至最大,因土体被动地被墙推移,称之为被动土压力,如图 5-4c)所示,被动土压力用 E_p 表示。

(二)静止土压力的计算

1. 适用条件

挡土墙静止不动,墙体位移 $\Delta=0$,墙体转角 $\theta=0$。

2. 土压力强度计算

$$p = K_0\gamma z \tag{5-1}$$

式中:p——计算点的静止土压力强度(kPa);

γ——填土的重度(kN/m^3);

z——计算点距离围护结构顶面的距离(m);

K_0——静止土压力系数,根据工程经验,砂土 $K_0=0.35\sim0.5$,黏性土 $K_0=0.5\sim0.7$,也可根据 Jaky 在 1944 年提出的公式计算

$$K_0 = 1-\sin\varphi$$

φ——土的有效内摩擦角(°)。

3. 静止土压力分布

静止土压力呈三角形分布,如图 5-6 所示。

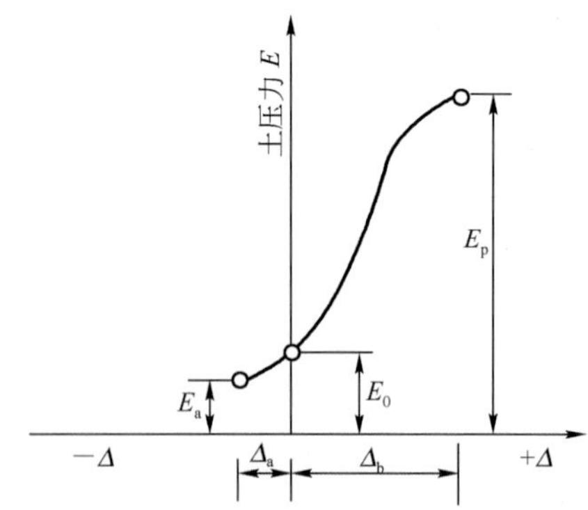

图 5-5 墙身位移和土压力

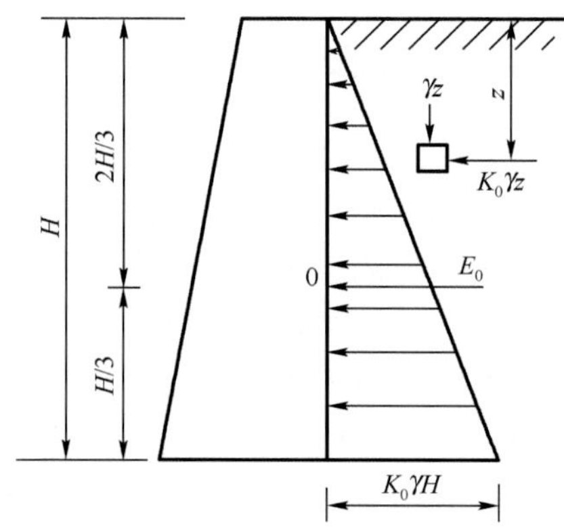

图 5-6 静止土压力分布图

墙顶部:$z=0$,$p_0=0$

墙底部:$z=H$,$p_H=K_0\gamma H$

4. 总静止土压力

根据静止土压力的分布图 5-6,可计算出作用在挡土墙单位长度上的总静止土压力,即:

$$E_0 = \frac{1}{2}\gamma H^2 K_0 \tag{5-2}$$

式中:E_0——静止土压力合力(kN);

H——挡土墙高度(m)。

5. 总静止土压力作用点及方向

总静止土压力作用点为距离墙顶 $\frac{2}{3}H$ 处,方向垂直于墙背。

(三)库仑土压力理论

法国库仑(C. A. Coulomb)分析了挡土墙后滑动楔体的极限平衡条件,1776 年提出了著名的库仑土压力理论,其实用性很强。

1. 适用条件

(1)墙后土体为理想散体材料,颗粒间黏聚力 c 为零。

(2)土体处于极限平衡(包括主动与被动)时,其滑动破坏面为一通过墙踵的平面。

2. 无黏性土主动土压力计算

(1)基本假定

如图 5-7 所示,挡土墙在墙后填土作用下,向前移动;墙后填土沿墙背 $\overline{AB}$ 和填土中的破裂面 $\overline{BC}$ 同时下滑,形成滑动楔体△ABC;楔体△ABC 处于极限平衡状态,不计本身压缩变形,楔体△ABC 对墙背的推力即主动土压力 E_a。

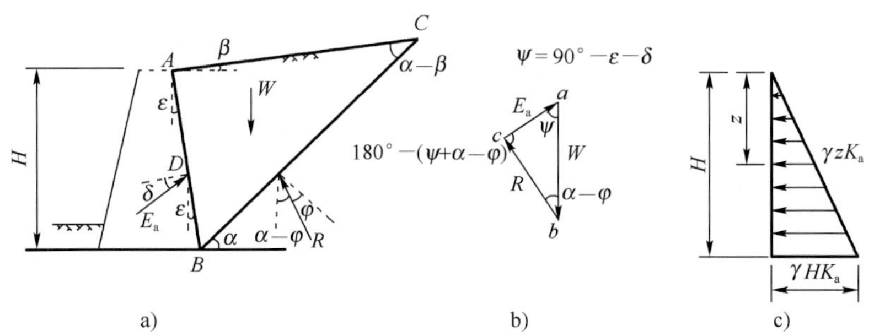

图 5-7 库仑主动土压力计算图

(2)土压力分布强度

$$p_a = \gamma z K_a \tag{5-3}$$

式中:p_a——计算点的主动土压力强度(kPa);

γ——填土的重度(kN/m³);

z——填土的高度(m);

K_a——主动土压力系数。

(3)土压力合力及作用点

根据滑动楔体△ABC 受力平衡原理,可求出挡土墙背后的土压力的合力。

$$E_a = \frac{1}{2}\gamma H^2 K_a \tag{5-4}$$

$$K_a = \frac{\cos^2(\varphi-\varepsilon)}{\cos^2\varepsilon\cos^2(\delta+\varepsilon)\left[1+\sqrt{\dfrac{\sin(\delta+\varphi)\sin(\varphi-\beta)}{\cos(\delta+\varepsilon)\cos(\varepsilon-\beta)}}\right]^2}$$

式中:E_a——主动土压力的合力(kN);

γ——填土的重度(kN/m³);

H——挡土墙的高度(m);

K_a——主动土压力系数;

φ——内摩擦角(°);

ε——墙背的倾斜角(°),即墙背与垂线的夹角,以垂线为准,逆时针为正(叫俯斜),顺时针为负(叫仰斜);

δ——墙背与填土间的摩擦角(°),它与填土性质、墙背粗糙程度、排水条件、填土表面轮廓和它上面有无超载等有关,应由试验确定,当无试验资料时,一般取为(1/3~2/3)φ;

β——墙后填土表面的倾斜角(°),即填土面与水平面之间的夹角,水平面以上为正,水平面以下为负。

土压力合力 E_a 的作用点及方向如图 5-8 所示,E_a 作用点在距离墙底 $H/3$ 处,其作用方向在墙背法线上方,并与水平面成 $\delta+\varepsilon$ 角。

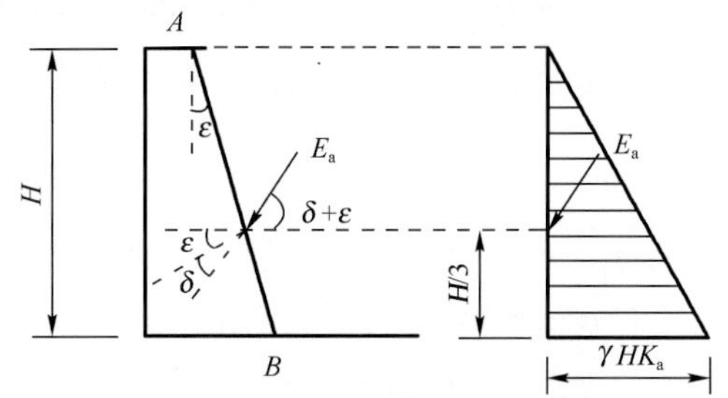

图 5-8 主动土压力合力作用点位置

3. 无黏土被动土压力计算

(1)基本假定

挡土墙在外力作用下向后移动,推向填土,土体达到被动极限平衡状态。

墙后填土产生滑动面 $\overline{BC}$ ，滑动土体△ ABC 沿墙背 $\overline{AB}$ 与填土中 $\overline{BC}$ 两个面向上滑动，形成滑动楔体△ ABC ；

楔体△ ABC 处于极限状态，不计本身压缩变形，墙背对滑动楔体的推力即为被动土压力 E_p ，如图 5-9 所示。

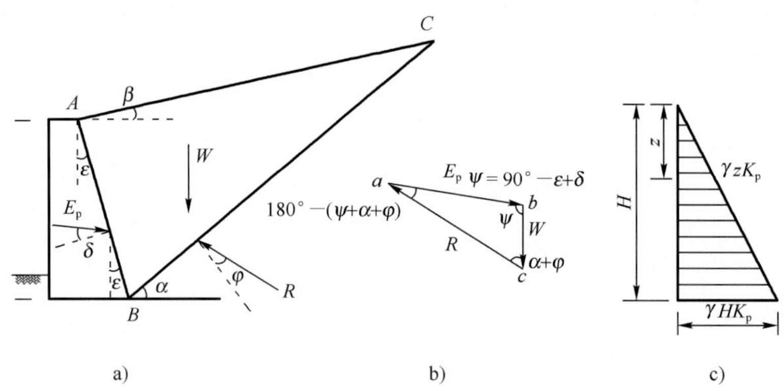

图 5-9 库仑被动土压力计算图

(2)土压力的强度

$$p_p = \gamma z K_p \tag{5-5}$$

(3)土压力的合力及作用点

$$E_p = \frac{1}{2}\gamma H^2 K_p \tag{5-6}$$

$$K_p = \frac{\cos^2(\varphi+\varepsilon)}{\cos^2\varepsilon\cos^2(\varepsilon-\delta)\left[1-\sqrt{\dfrac{\sin(\varphi+\delta)\sin(\varphi+\beta)}{\cos(\varepsilon-\delta)\cos(\varepsilon-\beta)}}\right]^2}$$

式中：E_p ——被动土压力的合力(kN)；

γ——填土的重度(kN/m^3)；

H——挡土墙的高度(m)；

K_p ——被动土压力系数；

ε——墙背的倾斜角，即墙背与垂线的夹角(°)；

β——墙后填土表面的倾斜角(°)；

δ——墙背与填土间的摩擦角(°)。

φ——内摩擦角(°)。

如图 5-10 所示，土压力合力 E_p 的作用点在距离墙底 $H/3$ 处，作用方向在墙背法线下方，并与水平面成 $\delta-\varepsilon$ 角。

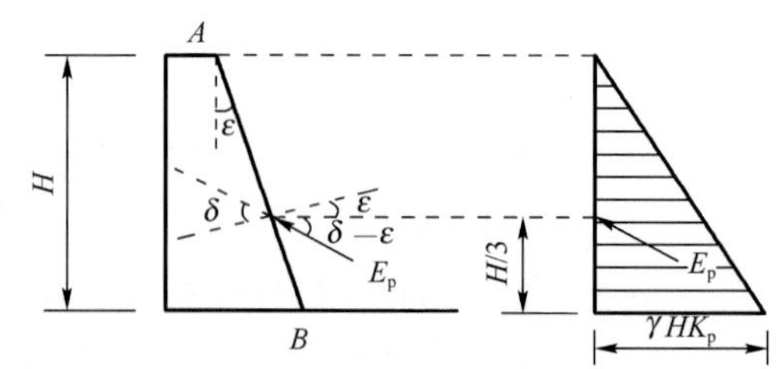

图 5-10 主动土压力合力作用点位置

4. 墙后填土为黏性土时库仑土压力公式的应用

库仑土压力理论假设墙后填土是理想的散体，从理论上说只适用于无黏性填土，没有考虑黏性土的黏聚力 c。但在实际工程中常用黏性土作为填料，为了考虑黏性土的黏聚力对土压力的影响，在应用库仑理论时，常用等值内摩擦角法，根据抗剪强度相等原理，将填土的黏聚力 c 和内摩擦角 φ 折算成等值内摩擦角，再用库仑土压力理论进行计算。等值内摩擦角，计算如下：

$$\varphi_D = \arctan\left(\tan\varphi + \frac{c}{\sigma}\right) \tag{5-7}$$

式中：φ_D ——等值内摩擦角(°)；

φ——填土的内摩擦角(°)；

c——土的黏聚力(kPa)；

σ——滑动面上的平均法向应力，实际上，常以土压力合力作用点处的自重应力来代替，即 $\sigma_1=$

$\frac{2}{3}\gamma H$，因而产生了一定的误差，当滑动面上的平均法向应力 σ 大于 $\sigma_1=\frac{2}{3}\gamma H$ 时，计算出的 φ_D 偏大，相应的计算出的土压力也偏大，计算结果偏于保守，反之，计算结果偏于不安全。

(四)朗肯土压力理论

朗肯(W. J. M. Rankine)，研究了半无限土体在自重作用下，处于极限平衡状态的应力条件，1875年推导出具有光滑垂直墙背挡土墙的主动与被动土压力，如图 5-11 所示。

1. 适用条件

(1)挡土墙的墙背垂直、光滑。

(2)挡土墙后填土表面水平。

2. 无黏性土的主动土压力计算

(1)无黏性土的主动土压力强度

$$p_a=\gamma z K_a \tag{5-8}$$

式中：p_a——主动土压力强度(kPa)；

K_a——主动土压力系数(kN)，$K_a=\tan^2\left(45°-\frac{\varphi}{2}\right)$；

γ——墙后填土的重度(kN/m³)；

z——计算点距墙顶的距离(m)。

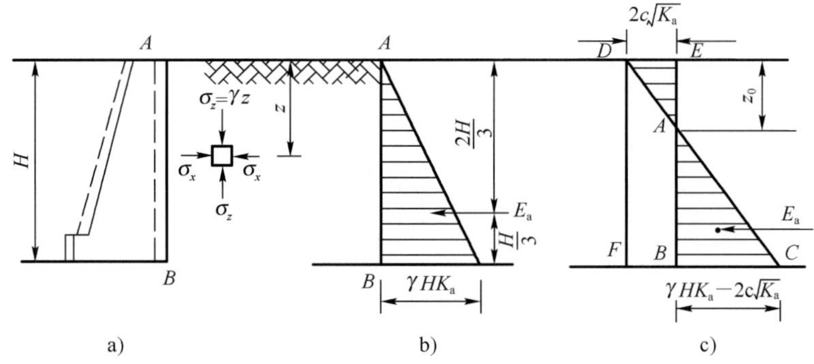

图 5-11 无黏性土和黏性土主动土压力分布

(2)无黏性土主动土压力的合力

$$E_a=\frac{1}{2}\gamma H^2 K_a \tag{5-9}$$

式中：E_a——主动土压力的合力(kN)；

H——墙高(m)。

其他符号含义同式(5-8)。

(3)无黏性土主动土压力的分布图及合力作用点

无黏性土的主动土压力呈三角形分布，合力作用点为三角形重心，距离墙底 $H/3$ 处，方向垂直于墙背，如图 5-11b)所示。

3. 黏性土的主动土压力计算

(1)黏性土的主动土压力强度

主动土压力分布如图 5-11c)所示，主动土压力强度为：

$$p_a=\gamma z K_a-2c\sqrt{K_a} \tag{5-10}$$

式中：p_a——主动土压力强度(kPa)；

γ——墙后填土的重度(kN/m³)；

z——计算点距墙顶的距离(m)；

K_a——主动土压力系数，$K_a=\tan^2\left(45°-\frac{\varphi}{2}\right)$；

c——黏性土的黏聚力(kPa)。

当 $z=0$ 时，$p_a=-2c\sqrt{K_a}$。

(2)黏性土主动土压力的合力

不计 z_0 以上部分的拉应力,则有：

$$E_a=\frac{1}{2}\gamma H^2K_a-2cH\sqrt{K_a}+\frac{2c^2}{\gamma} \tag{5-11}$$

式中：E_a——主动土压力的合力(kN)；

H——墙高(m)。

其他符号含义同式(5-10)。

(3)黏性土主动土压力分布及合力作用点

黏性土主动土压力的分布为两个对顶的三角形,两个合力的作用点均为三角形的重心,上面力三角形分布图合力作用点距离墙顶 $H/3$,下面力三角形分布图合力作用点距离墙底为 $H/3$,方向垂直于墙背,方向相反,如图 5-11c)所示。

4. 无黏性土的被动土压力计算

(1)无黏性土被动土压力强度

$$p_p=\gamma zK_p \tag{5-12}$$

式中：p_p——被动土压力强度(kPa)；

K_p——墙后填土的被动土压力系数，$K_p=\tan^2\left(45°+\frac{\varphi}{2}\right)$；

γ——墙后填土的重度(kN/m³)；

z——计算点距墙顶的距离(m)。

(2)无黏性土被动土压力的合力

$$E_p=\frac{1}{2}\gamma H^2K_p \tag{5-13}$$

式中：E_p——被动土压力的合力(kN)；

H——墙高(m)。

其他符号含义同式(5-12)。

(3)无黏性土被动土压力的分布图及合力作用点

无黏性土被动土压力呈三角形分布,合力作用点为三角形的重心,距墙底 $H/3$ 处,方向垂直于墙背,如图 5-12b)所示。

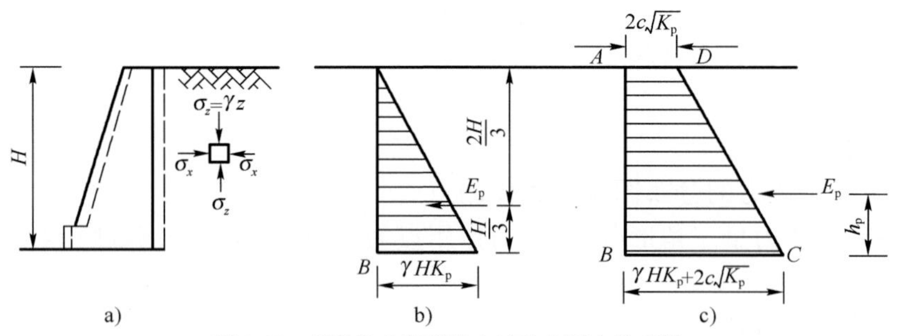

图 5-12　无黏性土和黏性土被动土压力分布图

5. 黏性土的被动土压力计算

(1)黏性土被动土压力强度

$$p_p=\gamma zK_p+2c\sqrt{K_p} \tag{5-14}$$

式中：p_p——被动土压力强度(kPa)；

γ——墙后填土的重度(kN/m³)；

z——计算点距墙顶的距离(m)；

K_p——墙后填土的被动土压力系数，$K_p=\tan^2\left(45°+\frac{\varphi}{2}\right)$；

c——黏性土的黏聚力(kPa)。

(2)黏性土被动土压力的合力

$$E_p=\frac{1}{2}\gamma H^2K_p+2cH\sqrt{K_p} \tag{5-15}$$

式中：E_p——被动土压力的合力(kN)；

H——墙高(m)。

其他符号含义同式(5-14)。

(3)黏性土被动土压力的分布图及合力作用点

黏性土被动土压力的分布为梯形，其合力作用点为梯形重心，方向垂直于墙背，如图5-12c)所示。被动土强度E_p沿墙呈梯形分布，合力作用方向在墙背法线上，即为水平，合力作用点距墙底距离为h_p：

$$h_p=\frac{\gamma H^2K_p+6Hc\sqrt{K_p}}{3\gamma HK_p+12c\sqrt{K_p}} \tag{5-16}$$

(五)地下水对土压力的影响

在地下水位较高的地区，基坑内外存在着水位差，如果围护墙下端插入不透水的土层中，并且围护墙表面也不发生渗漏，可以认为基坑内外的地下水不会发生渗流，则可不考虑渗流的影响，反之应考虑地下水渗流对侧压力的影响。

1.水土分算原则及计算模式

对于砂土、粉土、粉质黏土等渗透性较好的土层，可以认为其内部的自由水是连续的，可传递压力，应该采用水土分算的原则来确定围护墙的侧向压力。

1)水土分算原则

按水土分算原则，则作用在地下结构的侧向压力为侧向土压力和水压力之和，应分别计算土压力和水压力，然后相加。即：

$$p=p_a+p_w \tag{5-17}$$

$$E_{aw}=E_a+E_w \tag{5-18}$$

式中：p——总的水土压力强度(kPa)；

p_a——土压力强度(kPa)；

p_w——水压力强度(kPa)；

E_{aw}——总的水土压力合力(kN)；

E_a——土压力合力(kN)；

E_w——水压力合力(kN)。

侧向土压力强度p_a可按朗肯或库仑理论计算，但要注意，计算地下水位以下的土压力时，土的重度应采用浮重度进行计算。即：

$$\gamma_1=\gamma_{sat}-\gamma_w$$

式中：γ_1——土的浮重度(kN/m³)；

γ_{sat}——土的饱和重度(kN/m³)；

γ_w——水的重度(kN/m³)。

2)水压力计算模式

挡土墙侧向水压力的计算一般分三种模式，分别为梯形模式、三角形模式、不规则四边形模式，如图5-13所示。

3)无地下水渗流时，水、土压力计算

图5-13a)为地下水分布的梯形计算模式，当基坑处于渗透性很小的黏性土层时，尽管基坑内外存在很大的地下水位差，但不考虑地下水渗流的影响，于是基坑内、外侧按静水压力考虑，基坑内外侧的水压力分布均为三角形，在BC段，考虑围护墙左右两侧水压力一部分相互抵消，因此，在此高程以下，水压力按矩形分布计算，但不再考虑作用于基坑内侧的水压力，如图5-13a)中的阴影部分。基坑地下水位以下无黏性土的主动水土压力强度和合力计算如下：

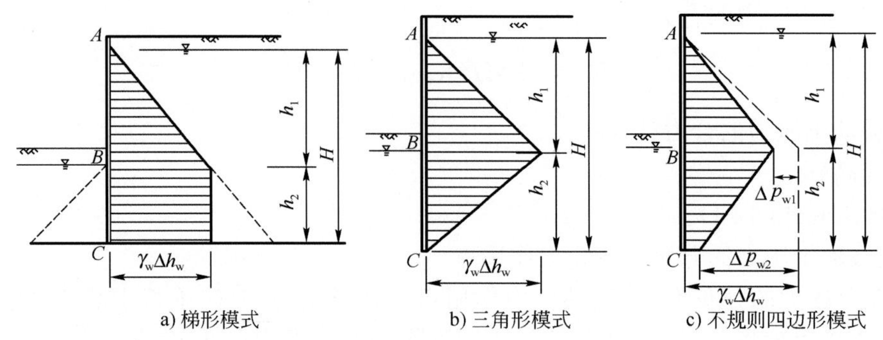

图 5-13 挡土墙侧向水压力计算图式

(1)当 $z \leqslant h_1$ 时，水、土压力的强度分别为：

$$p_a = \gamma_1 z K_a \tag{5-19}$$

$$p_w = \gamma_w z K_w \tag{5-20}$$

式中：p_a ——B 点以上主动土压力强度(kPa)；

p_w ——B 点以上水压力的强度(kPa)；

γ_1——墙后填土的浮重度(kN/m³)；

γ_w——水的重度(kN/m³)；

z——计算点距墙顶的距离(m)；

K_a——主动土压力系数；

K_w——水压力系数，$K_w=1$。

(2)当 $z>h_1$ 时，水、土压力的强度和总合力为：

$$p_a = \gamma_1 z K_a \tag{5-21}$$

$$p_w = \gamma_w h_1 K_w \tag{5-22}$$

$$E_{aw} = \frac{1}{2}\gamma_1 H^2 K_a + \frac{1}{2}\gamma_w h_1^2 K_w + \gamma_w h_1 h_2 K_w \tag{5-23}$$

式中：E_{aw} ——水、土压力的合力(kN)；

H——填土高度(m)；

h_1——基坑内外地下水位差(m)；

h_2——基坑内地下水位距离围护结构底面的距离(m)。

其他符号含义同式(5-19)和式(5-20)。

4)地下水稳定渗流、围护结构底面水压力为零时的水、土压力计算

图 5-13b)为地下水稳定渗流时，围护墙上的水压力三角形分布模式。由于渗流的影响，挡土结构底部 C 点处左右两侧水压力平衡，应为零，因此整个水压力的分布为三角形，从内侧水位 B 点开始，水压力由大到小按线性减至零值。

(1)当 $z \leqslant h_1$ 时，水、土压力的强度分别为：

$$p_a = \gamma_1 z K_a \tag{5-24}$$

$$p_w = \gamma_w z K_w \tag{5-25}$$

上式中的符号含义同式(5-19)和式(5-20)。

(2)当 $z>h_1$ 时，水、土压力的强度和总合力为：

$$p_a = \gamma_1 z K_a \tag{5-26}$$

$$p_w = \frac{\gamma_w h_1 (H-z) K_w}{h_2} \tag{5-27}$$

$$E_{aw} = \frac{1}{2}\gamma_1 H^2 K_a + \frac{1}{2}\gamma_w h_1 H K_w \tag{5-28}$$

以上三式符号含义同式(5-19)～式(5-23)。

5)地下水稳定渗流而围护结构底面水压力不为零时的水、土压力计算

根据上海市《基坑工程设计规程》(DBJ 08-61—97),图 5-13c)为地下水稳定渗流时,水压力的不规则四边形分布图式。相比图 5-13b)有两点不同,一是考虑到挡土墙的隔水作用,挡土墙底部 C 点处,仍有水压差;二是考虑到渗流效应,B 点高程的水压力小于静水压力。具体计算方法如下:

(1)B 点处水压力强度计算

B 点处水压力强度 p_{Bw} 等于该处的静水压力 $\gamma_w h_1$ 减去 Δp_{w1},即:

$$p_{Bw} = \gamma_w h_1 - \Delta p_{w1} \tag{5-29}$$

式中:p_{Bw}——B 点处水压力强度;

Δp_{w1}——考虑到渗流作用,为基坑开挖面处水压力强度修正值(kN/m²),$\Delta p_{w1} = i_a \gamma_w h_1$;

i_a——基坑外的近似水力坡降,$i_a = \dfrac{0.7h_1}{H+\sqrt{Hh_2}}$;

h_1——基坑内、外侧地下水位之差(m),$h_1 = H - h_2$;

h_2——基坑内侧地下水位至围护结构底面的高度(m);

γ_w——水的重度(kN/m³);

H——基坑外侧地下水位至围护结构底面的高度(m)。

(2)C 点处水压力强度计算

挡土结构底端处的水压力强度 p_{Cw} 由基坑开挖深度处的静水压力强度 $\gamma_w h_1$ 减去 Δp_{w2} 计算,即:

$$p_{Cw} = \gamma_w h_1 - \Delta p_{w2} \tag{5-30}$$

式中:p_{Cw}——C 点处的水压力强度(kPa);

Δp_{w2}——挡土结构底端 C 处水压力强度的修正值(kPa),$\Delta p_{w2} = i_a \gamma_w H + i_p \gamma_w h_2$;

i_p——基坑内被动区的近似水力坡降,$i_p = \dfrac{0.7h_1}{h_2+\sqrt{Hh_2}}$。

根据 B、C 两点的水压力强度并依据库仑和朗肯土压力理论,可计算出水、土压力分布和合力。

2.水土合算侧压力计算方法

对于黏性土,由于其渗透系数小,水压力在地层中会发生衰减,通过现场测试结果表明:实测的水压力往往达不到静水压力值,如按水土分算,总的水土压力可能偏大。因此,可根据工程经验,对某些类型的围护墙也可采用水土合算的原则。与水土分算不同,水土合算的原则是不再单独计算水压力,围护墙的侧向压力即为土压力。计算公式不直接反映地下水的影响。当然,由于地下水的存在,使土层的物性参数发生变化,会间接影响土压力值的大小。具体计算方法有两种。

(1)经典理论模式

依据朗肯理论,如不考虑地面超载影响,水土合算的主动土压力和被动土压力计算公式,如式(5-8)~式(5-15)所示。值得注意的是,这些计算公式中各层土的重度应为天然重度,即使在地下水位以下,也不采用浮重度。

(2)经验系数法

对某一地区而言,其施工场地内的土层类别、性质虽有差异,但也有共性,在大量工程实践经验基础上,根据测试资料进行统计分析,直接给出某一地区土压力计算的经验公式成为可能。上海市《基坑工程设计规程》(DBJ 08-61—97)给出了水土合算的主动土压力经验公式:

$$p_a = \eta_a (q + \sum \gamma_i h_i) \tag{5-31}$$

式中:p_a——主动土压力强度(kPa);

η_a——经验的主动土压力系数,$\eta_a = 0.55 \sim 0.75$;

q——地面均布超载(以单位水平投影面上荷载强度计算)(kN/m²);

γ_i——第 i 层土的天然重度(kN/m³);

h_i——第 i 层土的高度(m)。

值得注意的是，经验系数 η_a 应根据工程经验选用，对于上海地区的黏土和淤泥质黏土，可根据土的天然孔隙比 e_0，建议按下列两式计算：

黏性土（褐黄色）： $$\eta_a = 0.37 + 0.26e_0 \tag{5-32}$$

淤泥质黏土： $$\eta_a = 0.50 + 0.15e_0 \tag{5-33}$$

（六）动水压力计算

板桩护壁等围护结构如果在流水中，还应计算动水压力的影响，动水压力的计算公式如下：

$$E_d = Kh\frac{\gamma v^2}{2g} \tag{5-34}$$

式中：E_d——每延米板桩护壁上的动水压力总值（kN/m）；

K——系数，矩形木板桩护壁 $K=1.33$，正方形 $K=1.47$，圆形 $K=0.73$，槽形钢板桩护壁 $K=1.8\sim2.0$；

h——水深度（m）；

γ——水的重度（kN/m^3）；

v——水的流速（m/s）；

g——重力加速度，取 $9.8m/s^2$。

动水压力可假定为作用于水面以下 1/3 水深处的集中力，动水压力由板桩的一定入土深度所得的被动土压力来平衡。

（七）地面超载引起的附加土压力

在挡土墙和围护结构设计和施工过程中，通常要考虑基坑附近地面上作用的荷载，如车辆重量、建筑材料和渣土堆载、门吊或吊车起吊荷载等，这些活荷载称为地面超载，它的存在增加了挡土结构主动土压力。分析地面超载的影响，可以用弹性力学的解析法，其假设是墙体不发生位移，所得到的侧压力分布一般偏大，在具体的工程中，应根据经验或监测结果进行修正。

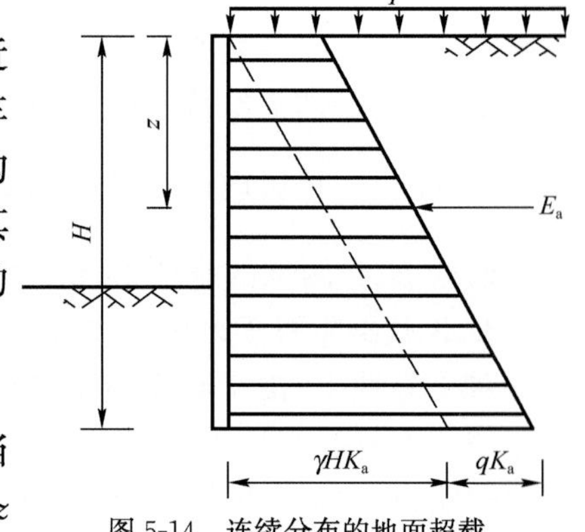

图 5-14 连续分布的地面超载产生的主动土压力

1. 地表满布的均布超载的附加土压力

用朗肯理论计算，假定土的黏聚力 $c=0$，地面超载 q 换算成当量土重，主动土压力分布如图 5-14 中的阴影部分，则距地表深度 z 处的主动土压力强度 p_a 及土压力合力 E_a 为：

$$p_a = (q + \gamma z)K_a \tag{5-35}$$

$$E_a = \frac{1}{2}\gamma H^2 K_a + qHK_a \tag{5-36}$$

式中：p_a——附加土压力强度（kPa）；

q——地表超载（kN/m^2）；

γ——墙后填土的重度（kN/m^3）；

z——计算点距墙顶的距离（m）；

K_a——主动土压力系数。

土压力合力作用点距墙底的距离：$\dfrac{3qHK_a + \gamma H^2 K_a}{6qK_a + 3\gamma HK_a}$，方向水平。

2. 距墙顶一定距离的均布地面超载的附加土压力

当地面均布超载距基坑边缘有一段距离时，其主动土压力计算方法近似为：在超载起点 A 处作两条辅助线 AD 和 AE，AD 和 AE 与地面的夹角分别为 φ、$\theta\left(\theta = 45° + \dfrac{\varphi}{2}\right)$，与挡土结构的墙背交于 D、E 两点，可近似认为 D 点以上的土压力不受地面超载的影响，而 E 点以下的土压力完全受地面超载的影响，D 点和 E 点之间的土压力按直线分布，整个挡土墙墙背的土压力分布如图 5-15 所示的阴影部分。

D、E、F 三点主动土压力强度计算如下：

$$p_D = \gamma H_D K_a \tag{5-37}$$

$$p_E = \gamma H_E K_a + qK_a \tag{5-38}$$

$$p_F = \gamma H K_a + qK_a \tag{5-39}$$

土压力合力 E_a 为：

$$E_a = \frac{1}{2}\gamma H^2 K_a + \frac{1}{2}(H_E - H_D)qK_a + (H - H_E)qK_a \tag{5-40}$$

式中：p_D、p_E、p_F——分别为 D、E、F 三点的附加土压力强度(kPa)；

E_a——土压力合力(kN)。

合力距挡墙底的距离：$\dfrac{\gamma H^3 + q(H_E - H_D)^2 + 3q(H - H_E)^2}{3\gamma H^2 + 3q(H_E - H_D) + 6q(H - H_E)}$，方向为水平。

其他符合含义见图 5-15。

3. 地表有条形均布荷载作用时附加土压力计算

当条形地面超载只作用于距墙顶一定距离处的一定宽度范围内时，可以用弹性力学的方法计算此条形荷载作用下附加土压力的分布，如图 5-16 所示。

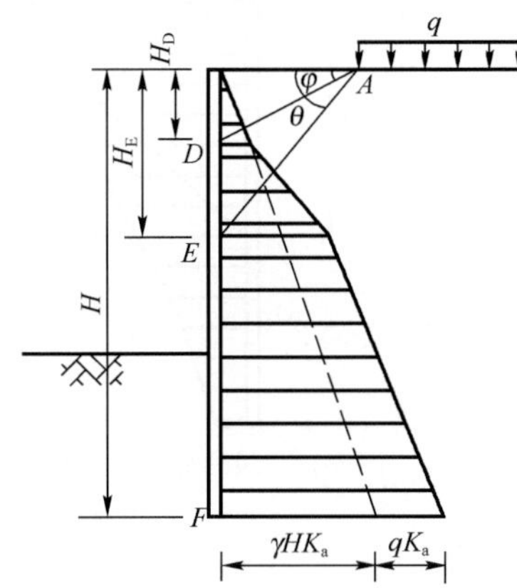

图 5-15　距墙顶一段距离的均布超载产生的土压力

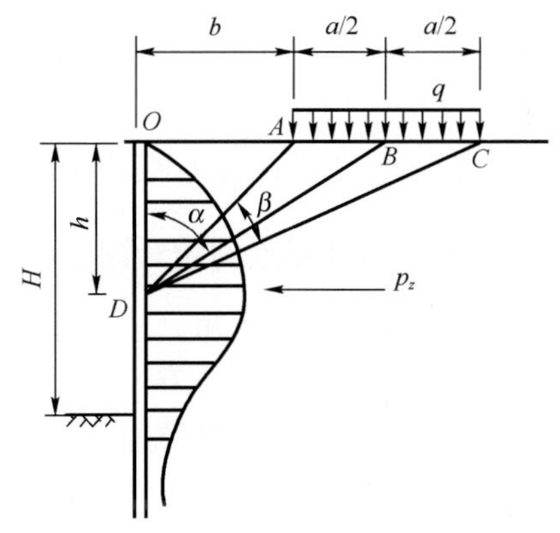

图 5-16　地表均布条形荷载产生的土压力

地面超载在 D 点引起的附加土压力强度为：

$$p_h = \frac{2q}{\pi}(\beta - \sin\beta\cos2\alpha) \tag{5-41}$$

式中：p_h——地面超载引起的附加土压力强度(kPa)；

q——地面条形分布荷载(kPa)；

α、β——如图 5-16 所示，单位以弧度计。

4. 集中荷载引起的主动土压力

集中荷载引起的侧向附加土压力可按弹性理论计算，由点式集中荷载引起的主动土压力强度沿挡土墙的分布为图 5-17 中的阴影部分，其附加土压力强度计算如下：

当 $m \leqslant 0.4$ 时

$$p_n = \frac{Q}{H^2} \times \frac{0.28n^2}{(0.16 + n^2)^3} \tag{5-42}$$

当 $m > 0.4$ 时

$$p_n = \frac{Q}{H^2} \times \frac{1.77m^2n^2}{(m^2 + n^2)^3} \tag{5-43}$$

$$p'_n = p_n \cos^2(1.1\theta) \tag{5-44}$$

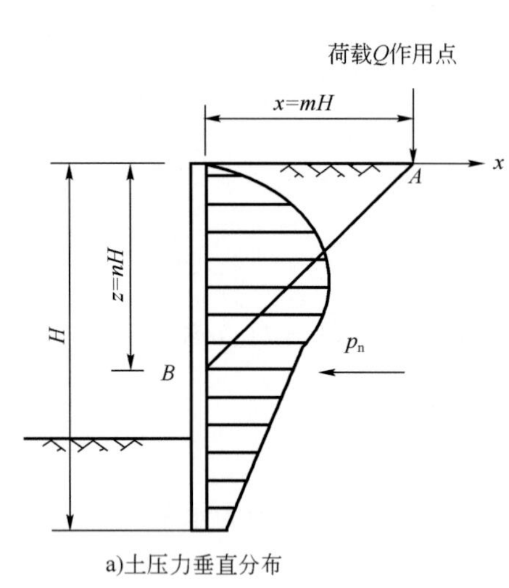

a)土压力垂直分布

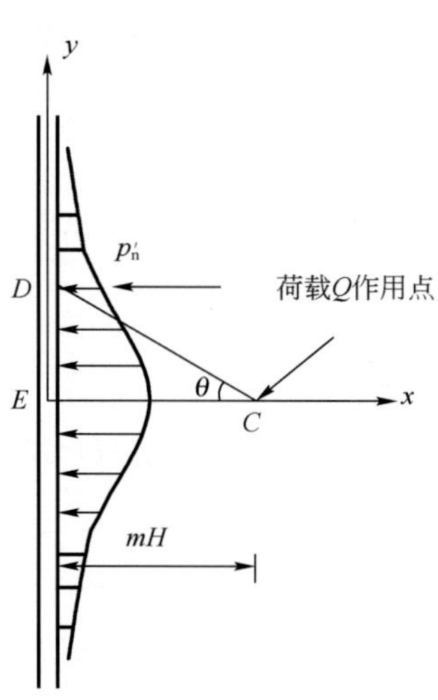

b)土压力平面分布

图 5-17 点式集中荷载产生的侧压力

式中：p_n——沿挡土结构竖向分布的附加土压力强度(kPa)；

p_n'——深度 z 处，沿挡土结构纵向分布的附加土压力强度(kPa)；

Q——集中荷载(kN)；

H——支挡结构高度(m)；

m——荷载作用点的相对距离(m)，$m=\frac{x}{H}$；

n——土压力计算点的相对深度(m)，$n=\frac{z}{H}$；

θ——CD 与 CE 的夹角。

5. 线荷载引起的附加土压力

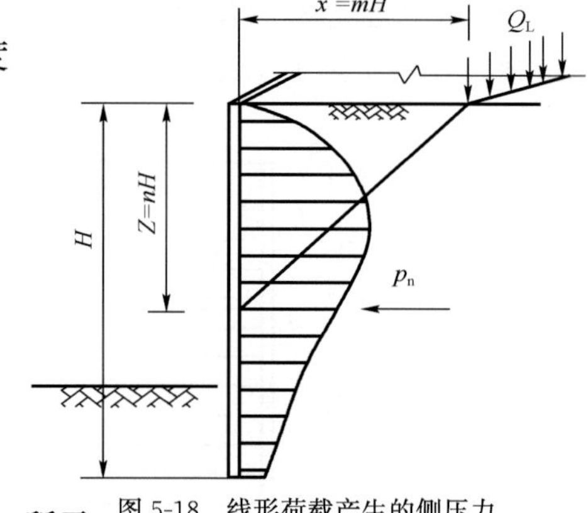

图 5-18 线形荷载产生的侧压力

当地面超载为一平行于基坑边线的线条形荷载时，如图 5-18所示。

作用于挡土墙墙背的附加土压力计算如下：

当 $m\leqslant 0.4$ 时

$$p_n=\frac{Q_L}{H}\times\frac{0.203n}{(0.16+n^2)^2} \tag{5-45}$$

当 $m>0.4$ 时

$$p_n=\frac{4}{\pi}\times\frac{Q_L}{H}\times\frac{m^2n}{(m^2+n^2)^2} \tag{5-46}$$

式中：p_n——竖向附加土压力强度(kPa)；

Q_L——线荷载(kN/m)；

H——支挡结构高度(m)；

m——荷载作用点的相对距离(m)，$m=\frac{x}{H}$；

n——土压力计算点的相对深度(m)，$n=\frac{z}{H}$。

(八)冰荷载计算

在寒冷地区，当基坑形成以后，围护墙后积水有结冰的可能时，应考虑坑内冰层因温度变化而产生的膨胀力对坑壁的影响。特别对接头连接较差的地下连续墙结构，更应注意这方面的作用。

目前，在工程设计中常采用极限冰压力作为计算冰荷载，即无论什么原因，当有大面积冰层推挤坑壁时，最大冰压力发生在冰被挤碎时，这时冰作用在建筑物上的作用力称为极限冰压力，作用坑壁上的水平极限冰压力 P_i 可按下式计算：

$$P_i=mAK_1K_2bhR_y \tag{5-47}$$

式中：m——基坑形状系数，可近似取 1.0；

A——温度系数（考虑冰结冻或解冰时的温度不同对极限冰压力的影响），气温在零上解冻且冰温为 0℃时采用 1.0，−10℃及以下时采用 2.0，−10～0℃之间时，按内插法确定；

K_1——局部挤压系数，即局部挤压强度与标准试块受压强度的比值，一般为 2.0～3.0；

K_2——冰层与坑壁面之间的接触系数，一般为 0.2～0.4，当冰层坚硬或坑壁接触不平整时取小值；

h——冰层厚度（m）；

b——冰与坑壁的接触宽度（m）；

R_y——冰的抗压极限强度（kPa）。

第三节 深基坑设计计算理论和方法

一、概述

深基坑的设计计算主要包括围护结构计算、支撑体系计算、地下水控制计算及环境影响等方面的设计计算。其计算的具体内容应包括结构内力、变形、强度、刚度、稳定性、地下水位等方面的内容。

二、围护结构主要计算方法

围护结构的计算主要有三种方法：极限平衡法、弹性地基梁法、有限元法。

（一）极限平衡法

极限平衡法是假定作用在围护结构前后墙上的土压力分别达到了主动和被动土压力，从而计算出作用在围护结构上的荷载，并根据力的平衡原理，分段或整体计算围护结构的内力和稳定性。等值梁法、静力平衡法、太沙基法、二分之一条分法等都属于此类。该法力学概念明确，比较简单、实用。国内使用较多的是等值梁法和静力平衡法。

1. 等值梁法

如图 5-19 所示，等值梁法是将计算宽度的围护桩（墙）视为竖梁，即 AD 梁，并在开挖面下 AD 梁的反弯点 C（开挖面以下 AD 梁第一个弯矩为零的位置）处将梁断开成两段梁，即 AC 和 CD，AC 为简支梁，CD 为超静定梁，则 AC 简支梁的弯矩与原整梁上 AC 段的弯矩一样，AC 即是原整梁 AD 上 AC 段的等值梁。等值梁法一般适用于单层撑、锚的围护桩（墙）受力计算。

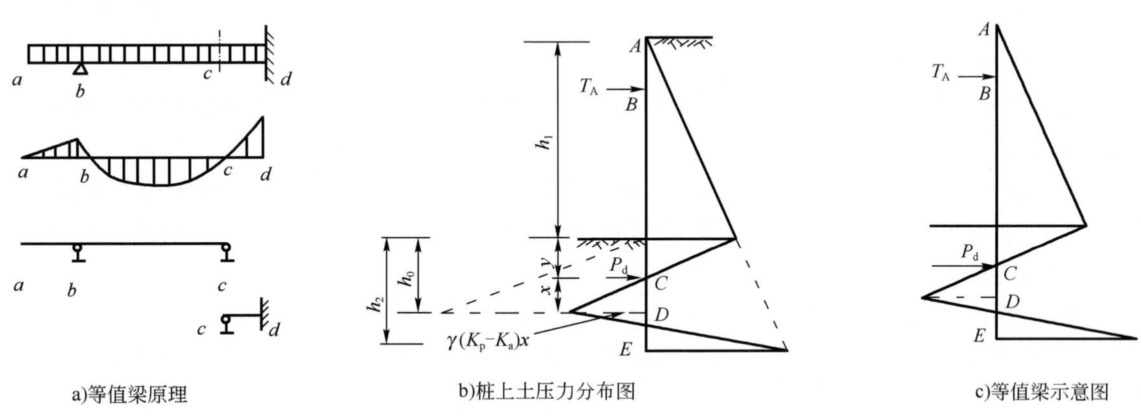

图 5-19 围护结构等值梁法计算示意图

2. 静力平衡法

主要采用理论力学中静力平衡的原理进行计算和分析。假定梁为刚体，将土压力、水压力、地面超载等作用的侧压力计算出来，直接作用在梁上，并认为梁达到了极限平衡状态，利用结构力学的有限元理论，可计算出梁各个截面上的轴力、剪力和弯曲，再利用材料力学的有关理论计算出梁的内力和稳定性。

极限平衡法难以反映基坑开挖过程中的各种复杂因素，如预加压力、墙体和土体变形对内力的影响，无法反映围护结构的位移变化，因此和实际情况有一定的出入。极限平衡法一般用于三级基坑和地层条件与环境条件较好的二级基坑，多层锚、撑结构尽量不用。

（二）弹性地基梁法

弹性地基梁法是对极限平衡计算方法的改进，它假定围护结构为一竖向放置的弹性地基梁受侧向土压力作用，更接近基坑的开挖。其概念是由于挡墙位移有控制要求，内侧土体不可能达到完全的被动状态，实际上仍处于弹性阶段，因此计算中引用承受水平荷载桩的横向抗力的概念，将外侧土压力作为施加在墙体上的水平荷载，按弹性地基梁的方法计算挡墙的位移与内力。图 5-20a）假定桩背后的土压力达到了主动土压力，可用库仑或朗肯土压力进行计算。图 5-20b）假定开挖面两侧的土压力均随开挖过程而变化，因此围护结构的内力和位移也随着开挖过程而变化。

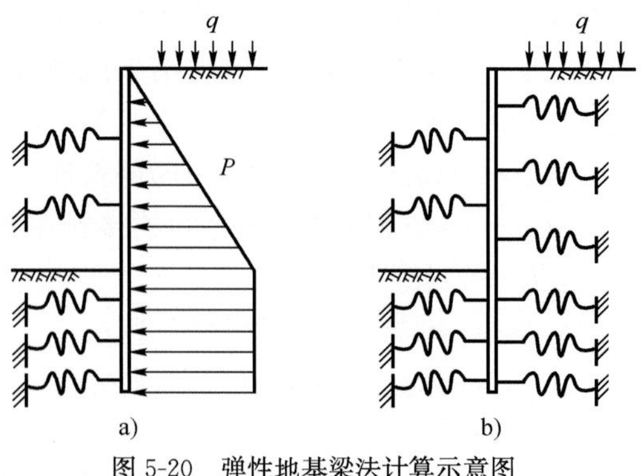

图 5-20　弹性地基梁法计算示意图

弹性地基梁法中土对围护桩（墙）的地基反力用土弹簧来模拟，地基反力的大小与围护桩（墙）的位移有关，即地基反力由水平地基反力系数同该深度围护桩（墙）位移的乘积确定。即该方法假定地基土是服从虎克定律的弹性体，按梁的弯曲理论求解桩的横向抗力。地基反力 P 与桩（墙）的挠度（横向相对位移）y 的 m 次方成比例。

$$P = K_h y^m \tag{5-48}$$

式中：P——地基反力（kN）；

K_h——地基反力系数（kN/m），与地层条件、承压面积、构件形状和位移量等有关；

y——桩（墙）某一点的水平位移（m）；

m——比例系数。

当 $m=1$ 时，$P=K_h y$，即 P 与 y 呈线性关系，是线弹性地基法；当 $m \neq 1$ 时，为非线性弹性地基法。

（三）有限元法

有限元分析法的基本原理是把计算域划分为有限个互不重叠的单元，在每个单元内，选择一些合适的节点作为求解函数的插值点，将微分方程中的变量改写成由各变量或其导数的节点值与所选用的插值函数组成的线性表达式，借助于变分原理或加权余量法，将微分方程离散求解。采用不同的权函数和插值函数形式，便构成不同的有限元方法。常见的有限元计算方法是由变分法和加权余量法发展而来的里兹法和伽辽金法、最小二乘法等。

有限元分析法的求解过程为：

（1）建立积分方程。根据变分原理或方程余量与权函数正交化原理，建立与微分方程初始值问题等价的积分表达式。

（2）单元划分。根据求解区域的形状及实际问题的物理特点，将区域剖分为若干相互连接、不重叠的单元，主要包括：给计算单元和节点进行编号和确定相互之间的关系，表示节点的位置坐标，列出自然边界和本质边界的节点序号和相应的边界值。

（3）确定单元基函数。根据单元中节点数目及对近似解精度的要求，选择满足一定插值条件的插值函数作为单元基函数。有限元方法中的基函数是在单元中选取的，由于各单元具有规则的几何形状，在选取基函数时可遵循一定的法则。

（4）单元矩阵方程。将各个单元中的求解函数用单元基函数的线性组合表达式进行逼近，再将近似函数代入积分方程，并对单元区域进行积分，可获得含有待定系数（即单元中各节点的参数值）的代数方程组，称为单元矩阵方程，用矩阵表示，见下式。

$$[\boldsymbol{F}]^e = [\boldsymbol{K}]^e[\boldsymbol{\delta}]^e \tag{5-49}$$

式中：$[\boldsymbol{F}]^e$ ——节点力矩阵；

$[\boldsymbol{K}]^e$ ——节点刚度矩阵；

$[\boldsymbol{\delta}]^e$ ——节点位移矩阵。

(5)总体矩阵方程。在得出所有单元矩阵方程之后,将单元矩阵方程按一定法则进行累加,形成总体矩阵方程。

(6)边界条件的处理。一般边界条件有三种形式,分为本质边界条件(狄里克雷边界条件)、自然边界条件(黎曼边界条件)、混合边界条件(柯西边界条件)。对于自然边界条件,一般在积分表达式中可自动得到满足;对于本质边界条件和混合边界条件,需按一定法则对总体有限元方程进行修正。

(7)求解矩阵方程。根据边界条件修正的总体矩阵方程组是含所有待定未知量的封闭方程组,采用适当的数值计算方法求解,可求得各节点的函数值。

与其他计算方法相比,有限单元法能处理复杂的平面和空间问题,如施工工况、土的非线性、弹塑性和固结效应、土与结构的相互作用等,并能直接计算分析开挖对围护结构内力、位移及周围地层变位的影响,再加上有限元的前、后处理技术具有强大的数据分析和图形显示功能,因此适用性强,应用范围广。目前有限单元法已成为基坑开挖与支护计算分析的强有力工具。

三、放坡开挖

(一)概述

在基坑周围的环境允许放坡开挖的情况下,可以将基坑边壁开挖成具有一定坡度的、能够在基坑回填前的施工阶段保持稳定的斜坡,这样既可以省去边坡支护结构,又可以较好地满足施工要求,但放坡开挖挖方量大,产生的粉尘多,对环境影响大,在空旷的场地可以考虑采用,在建筑物密集的繁华城区和环保、水保要求严格的地区不宜采用。

放坡开挖是最简单的基坑开挖方法,与支护状态下的垂直开挖相比较,放坡开挖具有施工速度快、技术比较简单、施工效率高和工程质量容易控制等多种优势。

采用放坡开挖时必须保证边坡的稳定性,所以要根据边坡的地质条件选择合适的坡度,同时根据实际情况采用必要的防护措施。

边坡分为土质边坡和岩石边坡。

(二)边坡种类

依据《建筑边坡工程技术规范》(GB 50330—2002),根据边坡工程损坏后可能造成的破坏后果的严重性、边坡类型和坡高等因素,通过表5-3确定安全等级。

边坡工程安全等级 表5-3

边坡类型		边坡高度 H(m)	破坏后果	安全等级
岩质边坡	岩体类型为I或II类	$H\leqslant 30$	很严重	一级
			严重	二级
			不严重	三级
	岩体类型为III或IV类	$15<H\leqslant 30$	很严重	一级
			严重	二级
		$H\leqslant 15$	很严重	一级
			严重	二级
			不严重	三级
土质边坡		$10<H\leqslant 15$	很严重	一级
			严重	二级
		$H\leqslant 10$	很严重	一级
			严重	二级
			不严重	三级

注:1.一个边坡工程的各段,可根据实际情况采用不同的安全等级。
2.对危害性极严重,环境和地质条件复杂的特殊边坡工程,其安全等级应根据工程情况适当提高。

(三)边坡稳定性分析和计算

1. 计算原则

(1)土质边坡和较大规模的碎裂结构岩石宜采用圆弧滑动法进行计算;

(2)对可能产生平面滑动的边坡宜按平面滑动法进行计算;

(3)对可能产生折线滑动的边坡宜按折线滑动法进行计算;

(4)当边坡破坏机理复杂时,应采用有限元、边界元等数值分析法进行计算。

2. 主要计算内容

主要计算边坡稳定性系数,对于土质较软,地面荷载较大,高度较大的边坡,还应对其坡底面进行抗隆起、抗渗流稳定性、边坡变形等分析和评价。

3. 边坡稳定性系数计算

当采用圆弧滑动法时,边坡稳定性可按下式计算:

$$K_s=\frac{\sum R_i}{\sum T_i} \tag{5-50}$$

式中:K_s ——边坡稳定安全系数,一般情况下,其取值见表 5-4;

R_i——第 i 计算条块滑动面上的抗滑力(kN/m);

T_i——第 i 计算条块滑体在滑动面切线上的反力(kN/m)。

对存在多个滑动面的边坡,应分别对各种可能的滑动面组合进行稳定性分析计算,并取最小稳定性系数作为边坡的稳定性系数。对多级滑动面的边坡,应对各级滑动面进行稳定性分析计算。

4. 坡底面抗隆起计算

根据《建筑基坑工程技术规范》(YB 9258—97),由于边坡外的地面均布荷载及土方开挖造成坡脚内外的压力差,使坡脚内侧的土体向上隆起,坡脚土体隆起抗力分项系数可按下式验算:

$$\gamma_D=\frac{N_c\tau_0}{\gamma h+q} \tag{5-51}$$

式中:γ_D ——坡脚土体隆起抗力分项系数,$\gamma_D \geqslant 1.4$;

N_c——地基承载力系数,可由试验和经验确定;

τ_0 ——由十字板试验确定的地基抗剪强度(kPa);

γ——土的重度(kN/m^3);

h——边坡开挖高度(m);

q——地面均布荷载(kN)。

5. 抗渗流稳定性计算

参照《建筑基坑工程技术规范》(YB 9258—97),如图 5-21所示,当坡底面附近为不透水地层,其下某深度有承压水层时,应按下式验算抗渗流稳定性。

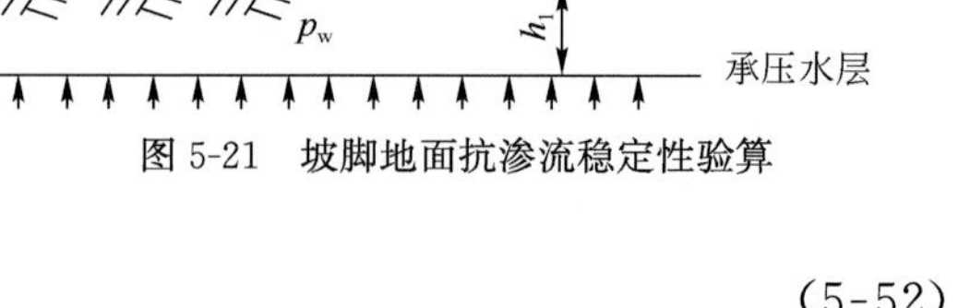

图 5-21 坡脚地面抗渗流稳定性验算

$$\gamma_{Rw}=\frac{\gamma_m h_1}{p_w} \tag{5-52}$$

式中:γ_{Rw} ——坡底面土层渗流稳定抗力分项系数,$\gamma_{Rw} \geqslant 1.2$;

γ_m ——承压水层以上土的饱和重度(kN/m^3);

h_1——坡底面到承压水层的高度(m);

p_w——承压水层的水压力强度(kPa)。

6. 边坡变形验算

由于地面超载和动荷影响以及建筑物及管线变形的限制,可能对边坡变形有特殊要求,应对边坡的变形进行验算,由于地质条件、边坡形状和受力变形比较复杂,因此其验算应采用数值分析法。例如可采用有限元法、边界元法等。

7. 边坡稳定安全系数

根据《建筑边坡工程技术规范》(GB 50330—2002)，边坡稳定安全系数应不小于表 5-4 中规定的数值，否则应进行边坡处理。

边坡稳定安全系数　　表 5-4

稳定安全系数 \ 边坡工程安全等级	一级边坡	二级边坡	三级边坡
平面滑动法、折线滑动法	1.35	1.3	1.25
瑞典法	1.3	1.25	1.20

注：对地质条件很复杂或破坏后果极严重的边坡工程，其稳定安全系数宜适当提高。

对存在多个滑动面的边坡，应分别对各种可能的滑动面组合进行稳定性计算分析，并取最小稳定安全系数作为边坡稳定安全系数。对多级滑动面的边坡，应分别对各级滑动面进行稳定性分析计算。

四、土钉支护

(一)概述

土钉支护是利用土钉及其面板对土体进行加固的技术，土钉支护也被称为土钉墙。土钉墙是近年来发展起来用于土体开挖和边坡稳定的一种新的挡土结构。它由被加固土、放置于原位土体中的细长金属杆件(土钉)及附着于坡面的混凝土面板组成，形成一个类似重力式墙的挡土墙。

(二)计算内容

一般土钉支护的结构设计与计算内容包括：土钉直径、土钉的间距、土钉的长度、土钉内力、支护整体稳定性验算。

(三)计算方法及有关规定

1. 土钉直径

土钉钢筋一般采用 III 级或 II 级热轧钢筋，直径一般为 20～35mm。

2. 土钉的间距

土钉的水平间距一般为(10～15)D，一般为 0.8～1.2m；垂直间距，土钉的竖向间距应与每步开挖深度相对应，一般为 0.8～1.2m，当遇到局部软弱土层，间距可低于 0.8m，沿面层布置的土钉密度不应低于每 6m^{2}一根。

3. 土钉承受的内力

根据《基坑土钉支护技术规范》(CECS 96:97)提出了土钉计算方法和有关规定，主要内容如下：

在土体自重和地表均布荷载作用下，每一土钉中所受的最大拉力，可按如图 5-22 所示的侧压力强度分布图形进行计算：

$$N = \frac{1}{\cos\theta} p S_v S_h \tag{5-53}$$

$$p = p_1 + p_q \tag{5-54}$$

式中：N——土钉的内力(kN)；

θ——土钉的倾角(°)；

p——土钉长度中点所处深度位置上的侧压力强度(kPa)；

S_v——土钉竖向间距(m)；

S_h——土钉水平间距(m)；

p_1——土钉长度中点所处深度位置上由支护土体自重引起的侧压力强度(kPa)，据图 5-22 求出；

p_q——地表均布荷载引起的侧压力强度(kPa)。

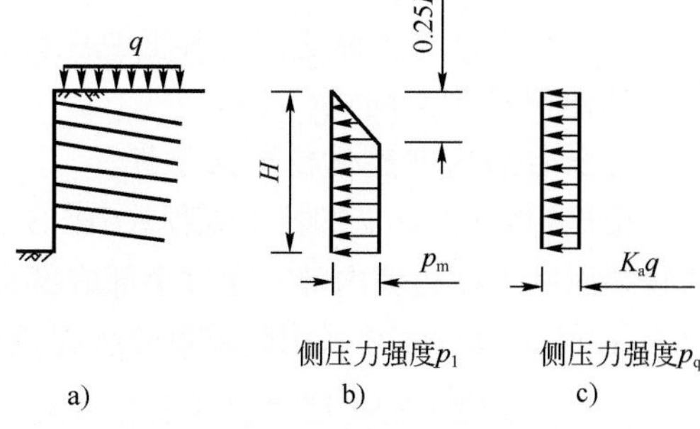

图 5-22　侧压力强度的分布

图 5-22 中，自重引起的侧压力强度峰值 p_m 计算如下：

对于 $\frac{c}{\gamma H} \leqslant 0.05$ 的砂土和粉土：

$$p_m = 0.55K_a\gamma H \tag{5-55}$$

对于 $\frac{c}{\gamma H} > 0.05$ 的一般黏性土：

$$p_m = K_a\left(1-\frac{2c}{\gamma H}\frac{1}{\sqrt{K_a}}\right)\gamma H \leqslant 0.55K_a\gamma H \tag{5-56}$$

黏性土 p_m 的取值应不小于 $0.2\gamma H$ 。

图 5-22 中，地表均布荷载引起的侧压力为：

$$p_q = K_a q \tag{5-57}$$

以上式中：p_m——侧压力强度峰值(kPa)；

K_a——主动土压力系数，$K_a = \tan^2\left(45° - \frac{\varphi}{2}\right)$；

γ——土的重度(kN/m^3)；

H——基坑深度(m)；

c——土的黏聚力(kPa)；

q——地表均布荷载(kPa)。

对性质相差不远的分层土体，上式中的 φ、c 及 γ 值可取各层土的参数 φ_i、c_i 及 γ_i 按其厚度 h_i 加权的平均值求出。

对于流塑黏性土，侧压力强度 p_1 的大小及其分布需根据相关测试数据专门确定。

当有地下水及其他地面、地下荷载作用时，应考虑由此产生的侧向压力，并在确定土钉设计内力 N 时，在侧压力强度 p 的计算时考虑其影响。

4. 土钉内力的设计值

各层土钉在设计内力应满足下式：

$$F_{s,d}N \leqslant 1.1\frac{\pi d^2}{4}f_{yk} \tag{5-58}$$

式中：$F_{s,d}$——土钉的局部稳定性安全系数，取 1.2～1.4，基坑深度较大时取大值，反之，取小值；

N——土钉设计内力(kN)；

d——土钉钢筋直径(m)；

f_{yk}——钢筋抗拉强度标准值(kPa)，按《混凝土结构设计规范》(GB 50010—2002)选用。

5. 土钉长度

各层土钉的长度宜满足下列条件：

$$l \geqslant l_1 + \frac{F_{s,d}N}{\pi d_0 \tau} \tag{5-59}$$

式中：l——土钉的总长度(m)；

l_1——土钉轴线与破裂面的交点至土钉外端点的距离(m)，如图 5-23 所示；

d_0——土钉孔径(m)；

τ——土钉与土体之间的界面黏结强度(kPa)。

其他符号含义同式(5-58)。

6. 土钉墙内部整体稳定性分析

根据《基坑土钉支护技术规程》(CECS 96:97)，土钉墙内部整体稳定性分析是指边坡土体中可能出现的破裂面发生在边坡内部并穿过全部或部分土钉，假定破裂面上的土钉只承受拉力且达到了极限抗拉能力 R，按圆弧滑裂面并采用简单条分法进行计算，可求出临界滑裂面上的内部稳定性系数，如图 5-24 所示。

$$F_s = \frac{\sum[(W_i+Q_i)\cos\alpha_i\tan\varphi_j + (R_k/S_{hk})\sin\beta_k\tan\varphi_j + c_j(\Delta_i/\cos\alpha_i) + (R_k/S_{hk})\cos\beta_k]}{\sum[(W_i+Q_i)\sin\alpha_i]} \tag{5-60}$$

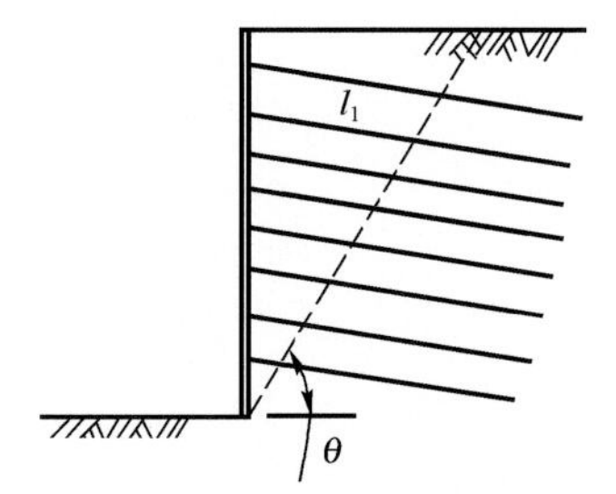

图 5-23　土钉长度的确定

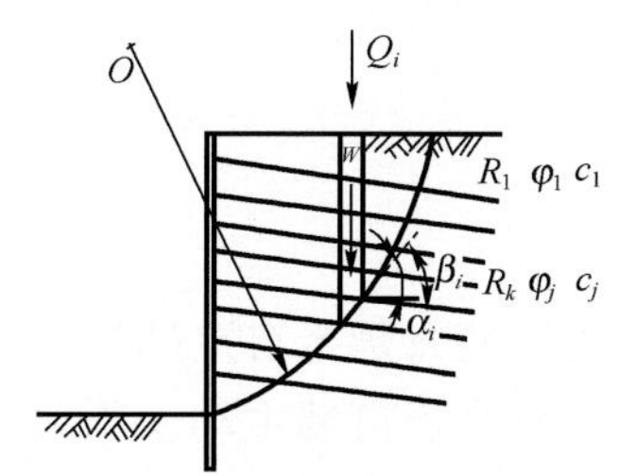

图 5-24　内部稳定性分析计算简图

式中：F_s——土钉墙内部稳定性系数；

W_i、Q_i——作用于土条 i 的自重和地面荷载(kN)；

α_i——土条 i 圆弧破坏面切线方向与水平面的夹角(°)；

φ_j——土条 i 圆弧破坏面所处第 j 层土的内摩擦角(°)；

c_j——土条 i 圆弧破坏面所处第 j 层土的黏聚力(kPa)；

Δ_i——土条 i 的宽度(m)；

β_k——第 k 排土钉轴线与该处破坏面切线方向之间的夹角(°)；

S_{hk}——第 k 排土钉的水平间距(m)；

R_k——破坏面上第 k 排土钉的最大抗力，取下列两式中的较小值：

按土钉受拔条件　　$R_{1k}=\pi d_0 l_a \tau$

按土钉受拉屈服条件　　$R_{2k}=1.1\dfrac{\pi d^2}{4}f_{yk}$

以上式中：d_0——土钉孔径(m)；

l_a——土钉在破坏面一侧伸入稳定土体中的长度(m)；

τ——土钉与土体之间的界面黏结强度(kPa)；

d——土钉钢筋直径(m)；

f_{yk}——钢筋抗拉强度标准值(kPa)，按《混凝土结构设计规范》(GB 50010—2002)选用。

临界破坏面位置需根据试算确定，与其相应的稳定性安全系数在各种可能的破坏面中为最小值，并不低于表 5-5 中规定的数值。

边坡内部整体稳定性安全系数　　表 5-5

基坑深度(m)	≤6	6～12	≥12
安全系数最小值	1.2	1.3	1.4

7. 土钉支护外部土体整体稳定性计算

土钉支护的外部土体整体稳定性分析计算与重力式挡土墙的稳定性分析相同，可将有土钉加固的整个土体视作重力式挡土墙，分别计算，如图 5-25 所示。

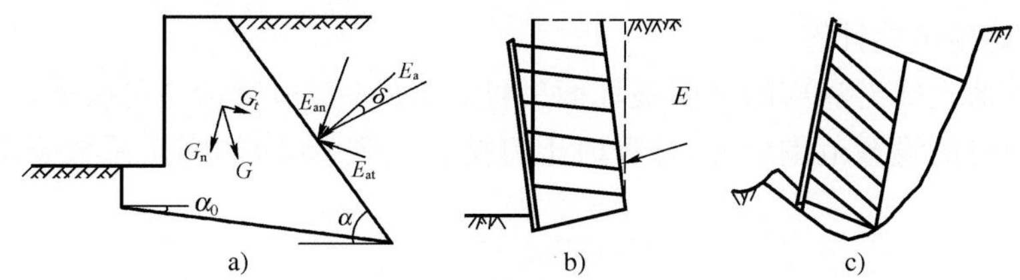

图 5-25　土钉支护外部稳定性分析

(1)土钉墙整体滑移稳定性计算

整个支护沿底面水平滑动见图 5-25a)，土钉墙沿基底的抗滑动稳定系数 K_c 可按重力式挡墙进行计算，计算公式如下：

$$K_c=\frac{(G_n+E_{an})\mu}{E_{at}-G_t}$$

$$G_n = G\cos\alpha_0$$
$$G_t = G\sin\alpha_0$$
$$E_{an} = E_a\cos(\alpha - \alpha_0 - \delta)$$
$$E_{at} = E_a\sin(\alpha - \alpha_0 - \delta) \tag{5-61}$$

式中：G——土钉墙每延米自重(kN/m)；

E_a——每延米土钉墙主动土压力合力(kN/m)；

α_0——土钉墙基底倾角(°)；

α——土钉墙墙背倾角(°)；

δ——岩土对墙背的摩擦角(°)；

μ——岩土对土钉墙基底的摩擦系数，宜由试验确定，也可按表 5-6 选用。

根据《建筑边坡工程技术规范》(GB 50330—2002)，岩土对挡墙基底的摩擦系数 μ 可按表 5-6 选取。

岩土对挡墙基底的摩擦系数 μ 表 5-6

岩土类别		摩擦系数 μ
黏性土	可塑	0.2～0.25
	硬塑	0.25～0.3
	坚硬	0.3～0.4
粉土		0.25～0.35
中砂、粗砂、砾砂		0.35～0.45
碎石土		0.4～0.5
极软岩、软岩、较软岩		0.4～0.6
表面粗糙的坚硬岩、较硬岩		0.65～0.75

当为倾斜基底时，应检算沿地基水平方向的滑动稳定性。基底下有软弱土层时，应检算该土层的滑动稳定性。

挡土墙抗滑动稳定系数 K_c 不应小于 1.3，计入附加力时，K_c 不应小于 1.2，架桥机等运架设备临时荷载作用下，K_c 不应小于 1.05。

(2)土钉墙抗倾覆稳定性计算

如图 5-25b)所示，土钉墙抗绕底角倾覆稳定系数 K_0 应按下式计算：

$$K_0 = \frac{\sum M_y}{\sum M_0} \tag{5-62}$$

式中：$\sum M_y$——稳定力系对墙趾的总力矩(kN·m)；

$\sum M_0$——倾覆力系对墙趾的总力矩(kN·m)。

土钉墙抗倾覆稳定系数 K_0 不应小于 1.6，计入附加力时，K_0 不应小于 1.4，架桥机等运架设备临时荷载作用下，K_0 不应小于 1.1。

(3)土体深部滑动稳定性计算

整个支护连同外部土体沿深部的圆弧破坏面失稳，如图 5-25c)所示。可按式(5-60)进行验算，但此时的可能破坏面在土钉的设置范围以外，计算时土钉抗力为零，相应的安全系数要求同表 5-5。

五、锚索支护

(一)概述

预应力锚索支护主要由预应力钢绞线、锚固段、承载体、自由段和锚头等组成。适用于基本无地下水的软岩、软土地层。预应力锚索根据单根锚固段的受力特点，主要分拉力型和压力型，其结构原理如图 5-26 和图 5-27 所示。预应力锚索根据锚固段的荷载分配，分为荷载集中型和荷载分散型，如图 5-28、图 5-29 所示。荷载集中型为所有钢绞线长度一致，同时张拉，共同受力；荷载分散型由各个承载体组成不同的锚固单元，各单元长短不一，进行张拉时，应采用差异分步张拉，根据设计荷载和锚索长度计算出差异荷载，分单元进行张拉。

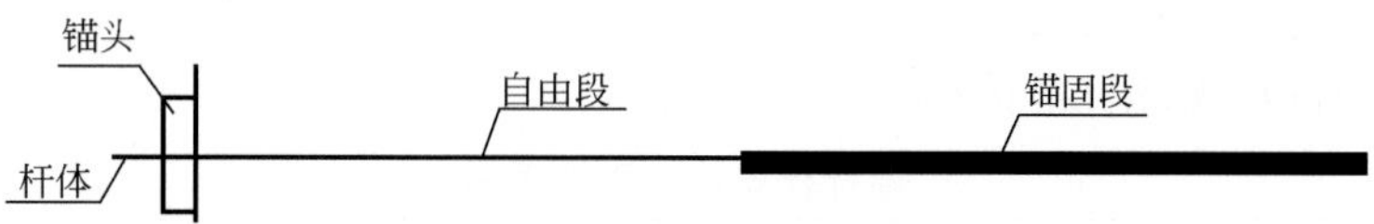

图 5-26 拉力型预应力锚索结构原理图

图 5-27 压力型预应力锚索结构原理图

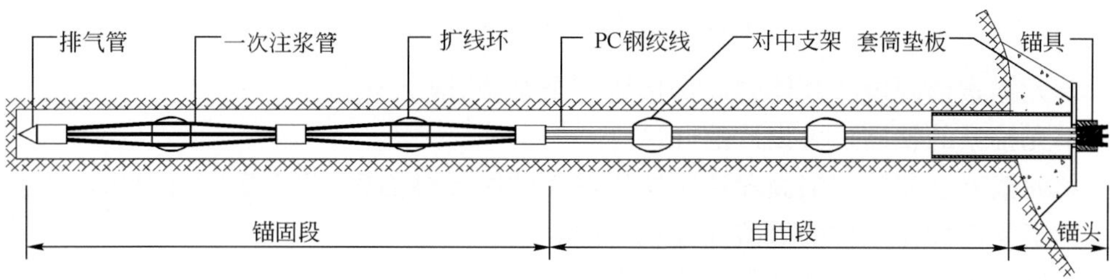

图 5-28 荷载集中型预应力锚索结构原理图

(二)主要计算内容

锚索计算主要包括以下内容：

(1)锚索轴向拉力的设计值和标准值；

(2)锚索钢绞线截面面积；

(3)锚索锚固体在地层的锚固段长度。

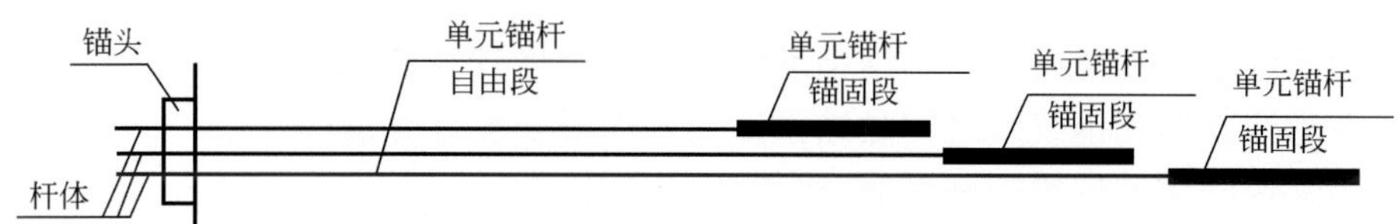

图 5-29 荷载分散型预应力锚索结构原理图

(三)主要计算方法

1. 锚索的轴向拉力标准值和设计值计算

根据《建筑边坡工程技术规范》(GB 50330—2002)，锚索的轴向拉力标准值和设计值计算如下：

$$N_{ak}=\frac{H_{tk}}{\cos\alpha} \tag{5-63}$$

$$N_a=\gamma_q N_{ak} \tag{5-64}$$

式中：N_{ak}——锚索轴向拉力标准值(kN)；

N_a——锚索轴向拉力设计值(kN)；

H_{tk}——锚索所受水平拉力标准值(kN)；

α——锚索倾角(°)；

γ_q——荷载分项系数，可取 1.30，当可变荷载较大时应按现行荷载规范确定。

2. 杆体和锚固体截面面积

根据《岩土锚杆(索)技术规程》(CECS 22:2005)，钢锚杆杆体的截面面积应按下式确定：

$$A_s\geqslant\frac{K_t N_t}{f_{ptk}} \tag{5-65}$$

式中：K_t——锚杆杆体的抗拉安全系数，按表 5-7 选用；

N_t——锚杆杆体的轴向拉力设计值(kN)；

f_{ptk}——钢绞线的抗拉强度标准值(kPa)。

锚杆杆体抗拉安全系数 表 5-7

杆体材料	最小安全系数	
	临时锚杆	永久锚杆
钢绞线精轧螺纹钢筋	1.6	1.8
HRB335、HRB400 钢筋	1.4	1.6

压力分散型锚杆锚固段注浆体的承压面积应按下式验算：

$$K_p N_t \leqslant 1.35 A_p \left(\frac{A_m}{A_p}\right)^{0.5} \eta f_c \tag{5-66}$$

式中：K_p——单元锚索锚固段注浆体的局部抗压安全系数，取 2.0；

N_t——单元锚索的轴向拉力设计值(kN)；

A_p——单元锚索承载体与锚固段注浆体横截面的净接触面积，即毛受压面积扣除孔道面积(m^2)；

A_m——锚索锚固段注浆体的横截面面积(m^2)；

η——有侧限锚固段注浆体的强度增大系数，由试验确定；

f_c——锚固段注浆体的轴心抗压强度标准值(kPa)。

3. 锚固段长度

单元锚索的锚固段长度可按以下两式估算，并取其中的较大值：

$$L_{a1} > \frac{KN_t}{\pi D f_{mg} \psi} \tag{5-67}$$

$$L_{a2} > \frac{KN_t}{n\pi d \xi f_{ms} \psi} \tag{5-68}$$

式中：L_{a1}——考虑注浆体和地层之间黏结强度的锚固段长度计算值(m)；

L_{a2}——考虑注浆体和钢绞线之间黏结强度的锚固段长度计算值(m)；

K——锚索锚固体的抗拔安全系数，按表 5-8 选用。

N_t——单元锚索的轴向拉力设计值(kN)；

D——锚索锚固段的钻孔直径(m)；

d——钢绞线的直径(m)；

f_{mg}——锚固段注浆体与地层之间的黏结强度标准值(kPa)，通过试验确定，当无试验资料时，可参考有关经验数据；

f_{ms}——锚固段注浆体与钢绞线之间的黏结强度标准值(kPa)，通过试验确定，当无试验资料时，可参考有关经验数据；

n——钢绞线根数；

ξ——采用 2 根或 2 根以上钢绞线时，界面的黏结强度降低系数，取 0.6～0.85；

ψ——锚固长度对黏结强度的影响系数，通过试验确定，当无试验资料时，可参考有关经验数据。

岩土锚杆锚固体抗拔安全系数 表 5-8

安全等级	锚杆损坏的危害程度	最小安全系数	
		临时锚杆	永久锚杆
I	危害大，会构成公共安全问题	1.8	2.2
II	危害较大，但不致出现公共安全问题	1.6	2.0
III	危害较轻，不构成公共安全问题	1.4	2.0

注：对蠕变明显地层中的永久性锚杆锚固体，最小抗拔安全系数取 2.5。

六、桩(墙)支护

(一)悬壁式桩(墙)计算

1.《建筑基坑支护技术规程》中嵌固深度计算

根据《建筑基坑支护技术规程》(JGJ 120—99),如图 5-30 所示,悬臂式支护结构嵌固深度设计值 t 可采用静力平衡法进行计算,假定桩(墙)结构两侧主动土压力和被动土压力对墙底的力矩数值相等,方向相反,达到平衡,宜按下式确定:

图 5-30　悬臂式支护结构嵌固深度计算简图

$$h_p \sum E_{pj} - 1.2\gamma_0 h_a \sum E_{ai} \geqslant 0 \tag{5-69}$$

式中:h_p——合力 $\sum E_{pj}$ 作用点至桩、墙底的距离(m);

$\sum E_{pj}$——桩、墙底以上基坑内侧各土层水平抗力标准值的合力之和(kN);

h_a——合力 $\sum E_{ai}$ 作用点至桩、墙底的距离(m);

$\sum E_{ai}$——桩、墙底以上基坑外侧各土层水平荷载标准值的合力之和(kN);

γ_0——工程重要性系数,对于安全等级为一级、二级、三级的基坑围护结构,分别取 1.1、1.0、0.9。

当按上述方法确定的悬臂式桩、墙结构嵌固深度设计值 $t<0.3h$ 时,宜取 $t=0.3h$。

当基坑底为碎石土及砂土、基坑内排水且作用有渗透水压力时,侧向截水的排桩、地下连续墙除应满足上述规定外,嵌固深度设计值尚应满足下式抗渗稳定条件,计算简图如图 5-31 所示。

$$t \geqslant 1.2\gamma_0(h - h_{wa}) \tag{5-70}$$

式中:t——围护结构入土深度(m);

γ_0——工程重要性系数,对于安全等级为一级、二级、三级的基坑围护结构,分别取 1.1、1.0、0.9;

h——基坑开挖深度(m);

h_{wa}——底下水位距离地表的距离(m)。

2. Blum 法求桩(墙)的嵌固深度和最大弯矩

Blum 法计算简图如图 5-32 所示。

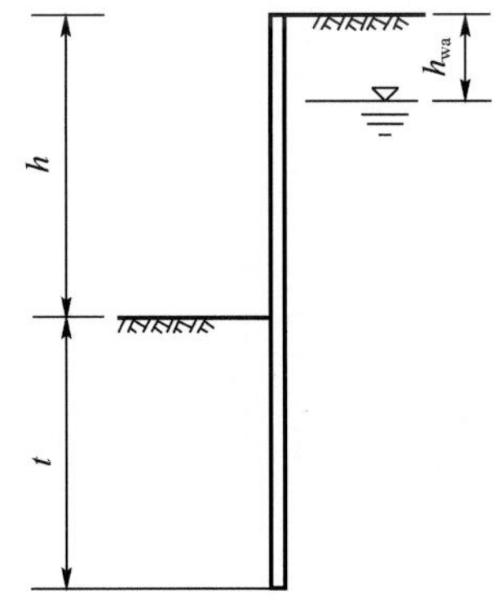

图 5-31　渗透稳定计算简图

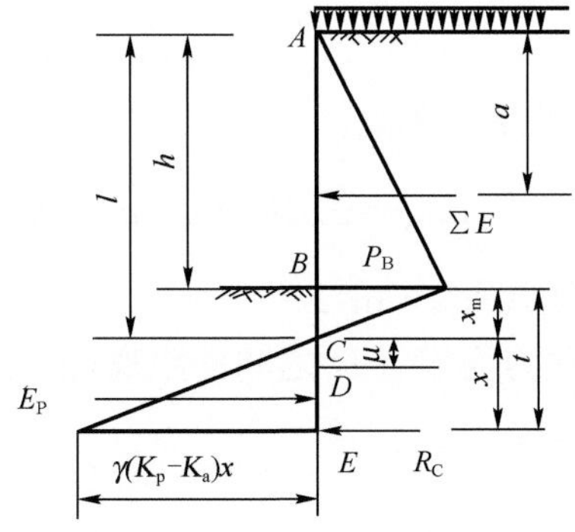

图 5-32　Blum 法计算简图

(1)嵌固深度

所有外力对 E 点取矩,根据 $\sum M_e=0$,可得到下列方程:

$$\sum E \times (l + x - a) - E_p \times \frac{x}{3} = 0$$

将 $E_p = \dfrac{\gamma(K_p - K_a)x^2}{2} = 0$ 带入上式,可得:

$$x^3 - \frac{6\sum E}{\gamma(K_p - K_a)}x - \frac{6(l-a)\sum E}{\gamma(K_p - K_a)} = 0 \tag{5-71}$$

式中:x——反弯点距离桩(墙)底角的距离(m);

$\sum E$——A 点处主动土压力、水压力及其他外力产生的合力(kN);

l——基坑顶面到反弯点的距离(m)；

a——$\sum E$ 作用点到基坑顶面的距离(m)；

γ——土的重度(kN/m^3)；

K_p——被动土压力系数；

K_a——主动土压力系数。

解方程(5-71)可得到 x。

根据三角形相似原理，可计算出 x_m 如下：

$$x_m = \frac{p_B}{\gamma(K_p - K_a)} \tag{5-72}$$

式中：x_m ——反弯点距离基坑底部的距离(m)；

p_B ——B 点处的土压力强度(kPa)；

γ——土的重度(kN/m^3)；

K_p ——被动土压力系数；

K_a ——主动土压力系数。

考虑到土体阻力是逐渐向桩脚下增加的，被动土压力 E_p 简化后，较实际情况偏大，在采用$\sum M_e=0$时，会有一个较小的深度误差，因此 Blum 建议，计算出的 t 增加 20%，即嵌固深度为：

$$t = 1.2x + x_m \tag{5-73}$$

式中：t——桩(墙)嵌固深度(m)；

x——反弯点 C 距墙底角 E 点的距离(m)。

(2)最大弯矩

根据 Blum 计算方法，最大弯矩应发生在土体以下桩(墙)上剪力为零处，假设从距 C 点距离 μ 的 D 点处上剪力$\sum Q_D=0$，此处被动土压力合力$\sum E$ 应和主动土压力合力$\sum E_p$相等，即：

$$\sum E=\frac{\gamma(K_p-K_a)\mu^2}{2} \tag{5-74}$$

解此方程可得到：

$$\mu=\sqrt{\frac{2\sum E}{\gamma(K_p-K_a)}} \tag{5-75}$$

由此可计算出桩(墙)上的最大弯矩：

$$M_{max}=\sum E(l+\mu-a)-\frac{\gamma(K_p-K_a)\mu^3}{6} \tag{5-76}$$

式中：M_{max}——桩(墙)最大弯矩(kN·m)；

μ——反弯点 C 和剪力为零点 D 之间的距离(m)。

其他符号含义同式(5-71)。

3. 结构内力设计值

(1)截面弯矩设计值

$$M = 1.25\gamma_0 M_C \tag{5-77}$$

式中：M——截面弯矩设计值(kN·m)；

γ_0 ——工程重要性系数，对于安全等级为一级、二级、三级的基坑围护结构，分别取 1.1、1.0、0.9；

M_C ——截面弯矩计算值(kN·m)。

(2)截面剪力设计值

$$V = 1.25\gamma_0 V_C \tag{5-78}$$

式中：V——截面剪力设计值(kN)；

γ_0 ——工程重要性系数，对于安全等级为一级、二级、三级的基坑围护结构，分别取 1.1、1.0、0.9；

V_C ——截面剪力计算值(kN)。

4. 桩(墙)截面承载力计算

桩(墙)正截面的受弯、受压、受拉承载力和斜截面抗剪承载力可根据《混凝土结构设计规范》(GB 50010—2002)进行计算。对于圆形截面受弯承载力宜按《建筑基坑支护技术规程》(JGJ 120—99)的有关规定进行计算。

(二)多层锚(撑)围护结构计算

1. 多层锚(撑)围护结构的主要计算方法

多层锚(撑)围护结构的计算方法主要有等值梁法、静力平衡法、竖向弹性地基梁基床系数法、数值分析计算方法等,比较常用的为等值梁法、静力平衡法、弹性地基梁法等,应根据围护结构嵌固段端点的支承条件合理选定计算方法。当嵌固端地基土体强度较高或为岩石时,一般认为墙底角不动,可将围护桩(墙)视为多支点简支梁,按等值梁法进行计算,或将墙角视为固定端、锚撑支点为简支的超静定梁,按结构力学方法进行计算;当嵌固段土体特别软弱或入土较浅时,可视为自由端,按静力平衡法计算。当需要考虑支撑和土体的相互作用时,可采用弹性地基梁法,将支撑、土体视为弹性支撑,和围护桩(墙)共同作用、共同变形。上海市《基坑工程设计规程》(DBJ 08-61—97)推荐采用的"竖向弹性地基梁基床系数法"就是弹性地基梁法的一种;当计算围护桩(墙)受力、变形比较复杂时,可采用数值分析方法进行计算。

多层锚(撑)围护结构计算应包括以下主要内容:

(1)围护结构的嵌固深度;

(2)基坑逐层开挖过程中每层支撑设置前围护结构的内力、变形和稳定性;

(3)当基坑回筑过程需要拆除或替换支撑时,应计算相应状态下围护结构的内力、变形和稳定性。

2. 等值梁法

根据《建筑基坑工程技术规范》(YB 9258—97),多层锚(撑)围护结构等值梁法计算简图如图 5-33 所示。

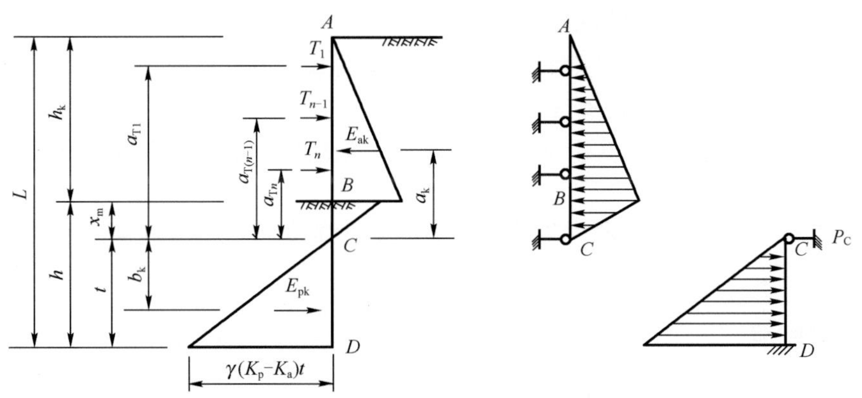

图 5-33 多层锚(撑)式结构等值梁法计算简图

(1)假设基坑面以下围护结构的 C 点的土压力为零,并假定该点为反弯点,弯矩也为零,可将该点视为等值梁的一个铰支点,因此可以将 AD 梁划分成两段梁,即 AC 梁和 CD 梁,AC 梁可看成多支点简支梁的连续梁,CD 梁可看成一端简支、一段固定的超静定梁。

(2)第一层支撑设置后的围护结构计算。基坑深度 h_1 取第二层支撑设置时的开挖深度,按下式计算第一层支撑的支撑力 T_1:

$$T_1 = \frac{E_{a1} \times a_1}{a_{T1}} \tag{5-79}$$

式中:E_{a1}——基坑开挖至 h_1 深度时,主动侧土压力的合力(kN);

a_1——E_{a1} 对反弯点的力臂(m);

a_{T1}——第一层支撑的支撑力对反弯点的力臂(m)。

(3)第 n 层支撑设置后的围护结构计算,基坑深度 h_k 取第 n 层支撑设置时的开挖深度,第一层至第 $n-1$ 层支撑的支撑力为已知;第 n 层支撑的支撑力 T_n 按下式计算:

$$T_n=\frac{E_{ak}\times a_k-\sum(T_a\times a_{Ta})}{a_{Tn}} \tag{5-80}$$

式中：T_n——第 n 层支撑的支撑力(kN)；

E_{ak}——基坑开挖至 h_k 深度时，主动侧土压力的合力(kN)；

a_k——E_{ak} 对反弯点的力臂(m)；

T_a——第一层至第 $n-1$ 层支撑的支撑力(m)；

a_{Ta}——第一层至第 $n-1$ 层支撑的支撑力对反弯点的力臂(m)；

a_{Tn}——第 n 层支撑的支撑力对反弯点的力臂(m)。

(4)计算反弯点位置。参考式(5-72)可知：

$$x_m=\frac{p_B}{\gamma(K_p-K_a)} \tag{5-81}$$

式中：x_m——反弯点距坑底面的距离(m)；

p_B——B 点处主动土压力强度值(kPa)；

γ——土体的重度(kN/m^3)；

K_p——被动土压力系数；

K_a——主动土压力系数。

(5)嵌固深度计算。根据下端梁 CD 的静力平衡条件，可计算出 $t=\sqrt{\frac{10P_C}{\gamma(K_p-K_a)}}$(其中，$P_C$ 为 C 点的支座反力，可由上段梁 AC 的静力平衡条件计算得出)，考虑计算模型偏差及安全系数 k 的取值，从安全性考虑，桩(墙)的嵌固深度如下：

$$h=x_m+kt \tag{5-82}$$

式中：h——嵌固深度(m)；

x_m——反弯点到基坑底部的距离(m)；

k——嵌入深度增大系数，对安全等级为一、二、三级的基坑可分别取 1.4、1.3、1.2；

t——反弯点距桩(墙)底角的距离(m)。

依据《建筑基坑支护技术规程》(JGJ 120—99)规定，当多支点支护结构嵌固深度设计值小于 $0.2h$ 时，宜取嵌固深度 $h_d=0.2h$。

(6)各施工阶段桩(墙)结构的最大弯曲、内力、截面强度可根据《混凝土结构设计规范》(GB 50010—2002)进行验算。

七、基坑稳定性验算

(一)桩(墙)结构抗倾覆稳定性验算

根据《建筑地基基础设计规范》(GB 50007—2002)，桩(墙)锚撑支护结构抗整体倾覆稳定性应满足以下条件：

$$\frac{E_{pk}\times b_k+\sum(T_i\times a_{Ti})}{E_{ak}\times a_k}\geqslant 1.3 \tag{5-83}$$

式中：E_{pk}、b_k——分别为被动侧土压力的合力及合力对反弯点的力臂(m)；

E_{ak}、a_k——分别为主动侧土压力的合力及合力对反弯点的力臂(m)；

T_i、a_{Ti}——分别为支撑力及支撑力对反弯点的力臂(m)。

(二)桩(墙)结构抗滑移稳定性验算

桩(墙)结构抗滑移稳定性主要包括内部滑动稳定性和整体滑动稳定性，在设计中应进行验算和校核。

内部滑动稳定性是指桩墙背后土体发生破坏，出现一个或多个滑动面，并沿着某一滑动面滑动，发生破坏，通常采用简单条分法进行计算，可求出临界滑裂面上的滑动稳定性系数。当墙底以下地基土有软弱层时，应考虑可能发生的非圆弧滑动面情况；当有地下水渗流时，应考虑渗流力的作用。

整体滑动稳定性指桩(墙)和其背后一定范围内的土体沿某一滑动面整体滑动，造成整个桩(墙)结

构的推移和破坏。

对于桩(墙)滑动稳定性进行计算,可参考土钉墙的计算方法,其抗滑稳定性系数应根据设计和规范要求确定。

(三)桩(墙)结构抗隆起稳定性验算

根据《建筑地基基础设计规范》(GB 50007—2002),当基坑底为软土时,由于基坑内外压力可能引起基底土向上隆起,应验算坑底抗隆起稳定性。支护桩、墙端以下土体向上隆起,计算简图如图5-34所示,可按下式验算:

$$\frac{N_C \times \tau_0 + \gamma \times t}{\gamma(h+t)+q} \geqslant 1.6 \tag{5-84}$$

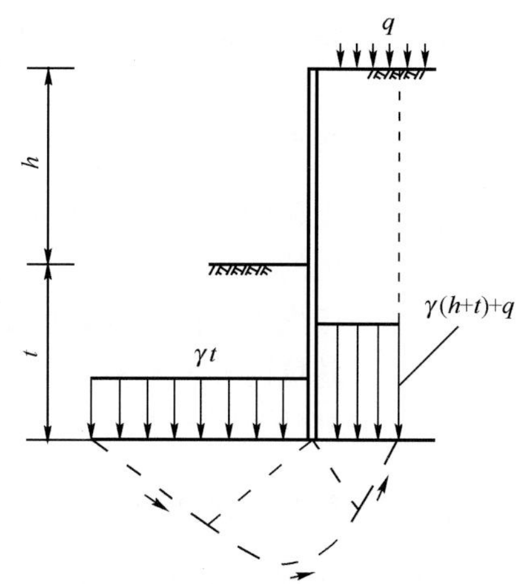

图 5-34 基坑底抗隆起稳定性验算示意图

式中:N_C——承载力系数,条形基础时取 $N_C=5.14$;

τ_0——抗剪强度,由十字板试验或三轴不固结不排水试验确定(kPa);

γ——土的重度(kN/m^3);

t——围护结构入土深度(m);

h——基坑开挖深度(m);

q——地面荷载(kPa)。

(四)不透水基底抗渗流稳定性验算

基坑底抗渗流稳定性验算示意图如图5-35所示。当上部为不透水层,坑底下某深度处有承压水时,基坑底抗渗流稳定性可按下式验算:

$$\frac{\gamma_m(t+\Delta t)}{p_w} \geqslant 1.1 \tag{5-85}$$

式中:γ_m——透水层以上土的饱和重度(kN/m^3);

$t+\Delta t$——透水层顶面距基坑底面的深度(m);

p_w——含水层水压力强度(kPa)。

(五)透水性基底抗管涌验算

当基底地层为透水性良好的砂土层时,如地下水向上渗透的动水坡度大于砂土层保持稳定的临界水力坡度,砂土颗粒就会向上涌起,造成基坑破坏,这种现象称为管涌。抗管涌计算简图如图5-36所示,基坑不发生管涌的条件为:

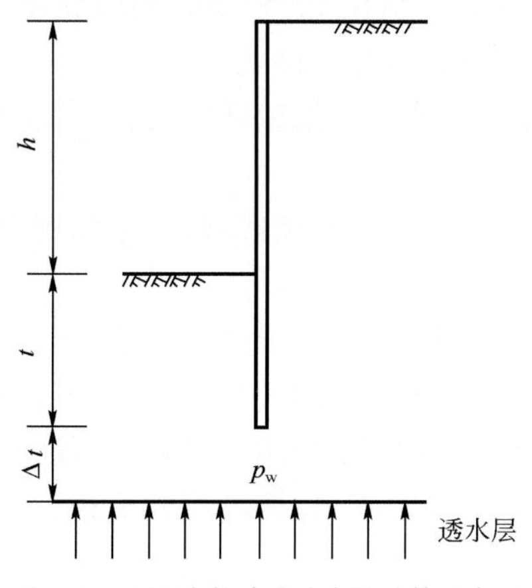

图 5-35 基坑底抗渗流稳定性验算示意图

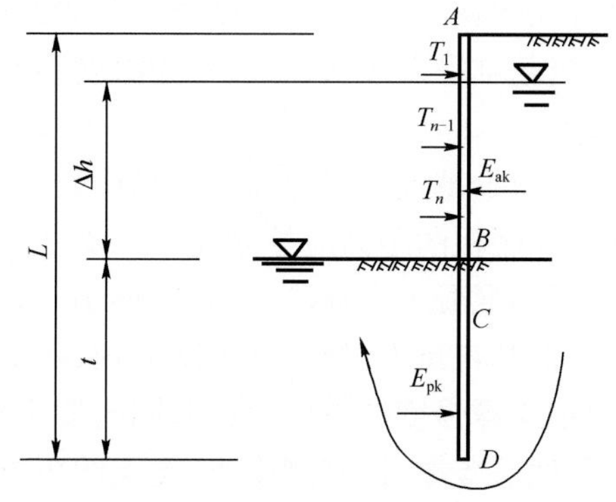

图 5-36 抗管涌计算简图

$$k_s = \frac{i_c}{i} \tag{5-86}$$

式中:k_s——管涌稳定性系数,一般取1.5~2.0;

i_c——临界动水坡度，$i_c = \dfrac{\gamma_s - 1}{1+e}$；

i——动水坡度，$i = \dfrac{\Delta h}{l}$；

γ_s——土粒的重度（kN/m^3）；

e——土的孔隙比；

l——产生水头损失的最短流线长度（m），$l \approx \Delta h + 2t$；

Δh——基坑内外水头差（m）；

t——桩（墙）嵌入深度（m）。

八、支撑体系设计计算

支撑体系主要包括内支撑和外支撑，外支撑主要为锚索（杆）、土钉墙等，其设计计算方法前面已经进行了介绍。内支撑体系是由腰梁（围檩、圈梁）、支撑和立柱、纵梁等构成。它的荷载传递路径是：围护墙→腰梁→横撑→立柱和纵梁。现场腰梁、横撑及立柱、纵梁多以钢结构和钢筋混凝土结构为主，其计算一般采用结构力学、材料力学、钢结构和钢筋混凝土结构的计算方法；如考虑地层变形的作用，可采用弹性地基梁法，如考虑内支撑的相互影响和时空效应，应采用平面结构或空间结构进行整体计算，计算过程比较复杂，一般采用有限元法。

（一）支撑体系设计的主要内容

（1）支撑体系形式的选择和布置；

（2）支撑体系的材料选择；

（3）构件的内力和变形计算；

（4）构件的强度和稳定性验算；

（5）构件的节点设计；

（6）支撑体系的安装和拆除设计。

（二）支撑体系形式的选择和布置

（1）一般情况下，支撑体系应选择平面支撑体系和锚撑结构形式，如采用空间桁架体系，应考虑空间效应对支撑体系稳定性的影响。平面支撑一般由腰梁、环梁、水平支撑、立柱、纵梁等构件组成，空间桁架一般由钢构件、钢筋混凝土构件、节点连接板（或型钢）及连接螺栓等组成。

（2）如基坑形状为比较规则的长条形，且宽度在 25m 以下时，内支撑宜采用平面对撑形式，其主要由腰梁、水平横撑、角撑、立柱、纵梁等组成。水平横撑的间距一般控制在 10～12m，两层支撑的竖向间距一般宜控制在 3～4m，对于地质条件和结构复杂的深大基坑，应通过计算确定。

（3）当基坑平面形状复杂、开挖深度和面积较大，内支撑宜采用平面桁架或环梁结构，外支撑宜选择锚撑结构。

（4）为减少基坑封底之前围护结构的变形，最下一道支撑应尽量靠近基坑底板，一般情况下，最下面一道支撑和底板的距离应控制在 50～100cm。

（5）钢筋混凝土支撑刚度大、变形小，承载能力强，稳定性好。因此，第一道支撑一般选用钢筋混凝土支撑。但其自重大、架设和拆除麻烦，不能重复利用，混凝土强度增长时间长，影响基坑开挖速度。

（6）钢支撑强度高、轴力可调，同时架设和拆除方便，布置灵活，可重复利用，一般用于除第一层支撑以外的其他层支撑，但其刚度小，支点约束能力差，变形较大，一旦施工不当，容易引起失稳。

（三）腰梁的计算

1. 内力及挠度

如果不考虑横撑作用点腰梁的位移，工程常将腰梁视作单跨或多跨连续梁分析，腰梁（单跨连续梁）计算简图如图 5-37 所示，腰梁两端为固定端，其计算长度取相邻两道横撑作用点之间的距离，桩（墙）的作用力以均布荷载 q 的形式施加在腰梁上。

采用结构力学方法进行计算，可得 A、B 两点之间的截面弯矩、剪力及最大挠度：

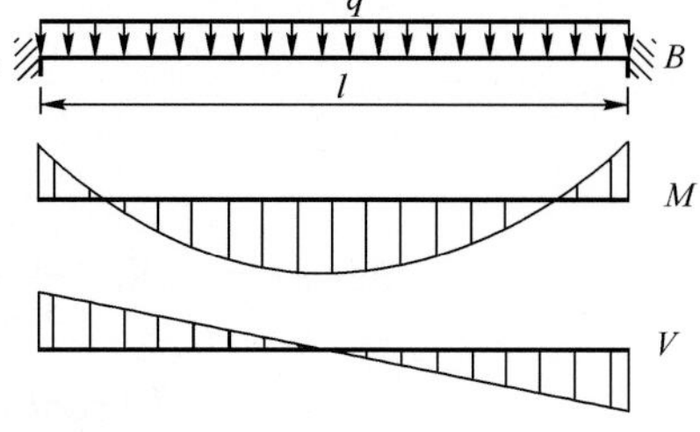

图 5-37　腰梁计算简图

$$M_A = M_B = -\frac{ql^2}{12}$$

$$M_{max} = \frac{ql^2}{24} \tag{5-87}$$

$$R_A = R_B = \frac{ql}{2}$$

$$f_{max} = \frac{ql^4}{384EI} \tag{5-88}$$

如考虑横撑支点处腰梁的位移，可按弹性地基梁计算。假定在 m 法适用范围内，腰梁是绝对刚性的，支护结构满足温克尔假设，腰梁承载力计算亦可用 m 法计算。基坑外侧土体压力作用于桩（墙）上，桩（墙）以均布荷载形式作用于腰梁，内支撑以弹簧形式作用于腰梁。

2. 截面强度及挠度验算

利用材料力学的应力计算公式 $\sigma_{max} = \frac{M_{max}}{W_z}$（其中，$W_z$ 为抗弯截面模量）来计算腰梁最大弯曲应力，应根据有关规范和规定，进行应力和挠度验算：

$$\sigma_{max} \leqslant [\sigma] \tag{5-89}$$

$$f_{max} \leqslant [f] \tag{5-90}$$

式中：σ_{max} ——最大应力（kPa）；

$[\sigma]$ ——允许应力（kPa）；

f_{max} ——最大挠度（m）；

$[f]$ ——允许挠度（m）。

（四）钢支撑的计算

1. 单跨压弯杆件

（1）自重和轴向力作用计算

对于单跨钢支撑，可近似看成单跨压弯杆件进行计算，其计算见图 5-38。

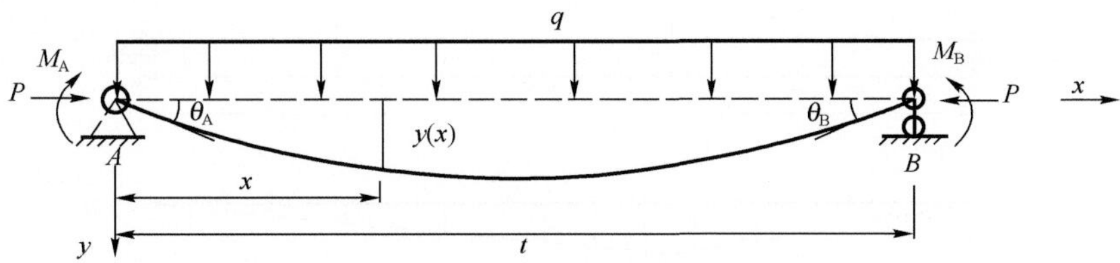

图 5-38　钢支撑计算简图

根据结构力学和材料力学的有关理论，支座反力、转角及弯矩计算如下：

$$V_A = \frac{ql}{2} - \frac{M_A - M_B}{l} \tag{5-91}$$

$$V_B = \frac{ql}{2} - \frac{M_B - M_A}{l} \tag{5-92}$$

$$y(x) = A\cos kx - B\sin kx + \frac{q}{2P}x(x-l) - \frac{q}{k^2P} + \frac{M_A - M_B}{Pl}x - \frac{M_A}{P} \tag{5-93}$$

$$\theta_A = \left.\frac{dy(x)}{dx}\right|_{x=0} = \alpha M_A - \beta M_B + \gamma \tag{5-94}$$

$$\theta_B = \left.\frac{dy(x)}{dx}\right|_{x=l} = -\beta M_A + \alpha M_B + \gamma \tag{5-95}$$

$$\alpha = \frac{1 - kl\cot kl}{Pl}$$

$$\beta = \frac{1 - kl\csc kl}{Pl}$$

$$\gamma = \frac{q}{kP}\tan\frac{kl}{2} - \frac{ql}{2P}$$

$$M(x) = -EI\frac{\mathrm{d}^2 y(x)}{\mathrm{d}x^2} = M_A(\cos kx - \cot kl \cdot \sin kx) + M_B\csc kl \cdot \sin kx + \frac{q}{k^2}(\cos kx + \tan\frac{kl}{2} \cdot \sin kx - 1) \tag{5-96}$$

以上式中：P——轴向力；

q——均布力；

V_A、V_B——分别为支座 A、B 的支座反力；

M_A、M_B——分别为支座 A、B 处梁的弯矩；

θ_A、θ_B——分别为支座 A、B 处梁的转角；

$y(x)$——梁上距离支座 A 为 x 的梁的挠度；

$M(x)$——梁上距离支座 A 为 x 的梁的弯矩；

k——系数，$k^2 = \dfrac{P}{EI}$；

A——系数，$A = \dfrac{q}{k^2 P} + \dfrac{M_A}{P}$；

B——系数，$B = \dfrac{q}{k^2 P}\tan\dfrac{kl}{2} - \dfrac{M_A}{P}\cot kl + \dfrac{M_B}{P}\csc kl$；

E——弹性模量；

I——惯性矩。

根据梁的内力和材料力学有关知识，并结合有关规范和规定，进行强度验算。

(2)受竖向集中力作用计算

如将水平横撑视作简支梁，立柱作用在横撑上的力如图 5-39 所示，不考虑结构自重，在竖向集中力 P 作用下，梁的挠度计算如下：

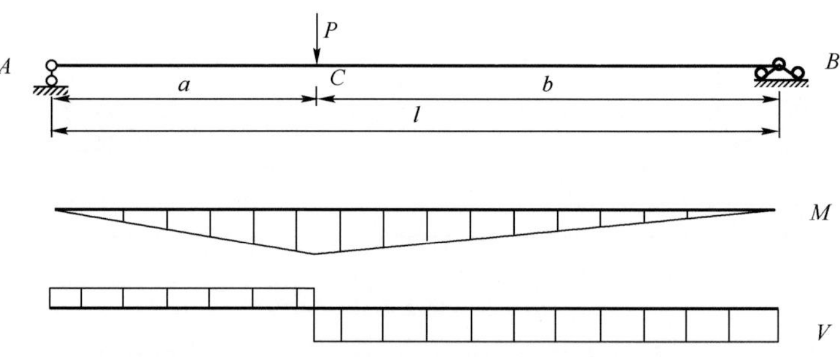

图 5-39 横撑受竖向力作用计算简图

$$R_A = \frac{Pb}{l}; R_B = \frac{Pa}{l}$$

$$M_C = \frac{Pab}{l} \tag{5-97}$$

$$f_C = \frac{Pa^2b^2}{3EIl} \tag{5-98}$$

立柱竖向力产生的弯矩及挠度和自重应力及轴向力产生的弯矩和挠度进行叠加，计算出最大值，然后进行强度校核。

(3)温度应力

温度应力指因温度的变化而引起的结构变形和附加应力。对静定结构，温度变化通常只会导致结

构的伸长或缩短；在超静定结构中，由于气温变化引起的变形受到约束，导致结构中产生相应的附加应力。

当考虑结构挠度因温度变化而引起的变形，利用结构力学可进行简单计算。

对于梁、柱、杆及钢架，在计算由于温度变化而引起的位移时，采用下列公式：

$$\Delta_{kt}=\sum\alpha t\int\overline{N}ds+\sum\alpha\Delta t\int\frac{\overline{M}}{h}ds \tag{5-99}$$

式中：α——材料的线膨胀系数（℃$^{-1}$）；

t——材料内外温差和的1/2（℃）；

Δt——材料内外温差（℃）；

h——材料截面高度（m）；

$\overline{N}$、$\overline{M}$——分别为单位荷载引起某微段上的轴力（kN）和弯矩（kN·m）。

当考虑结构轴向因温度变化而引起的变形，可建立如下方程式：

$$\delta_1 k_1=\delta_2 k_2$$

$$P_1=\delta_1 k_1 A$$

$$\sigma_t=\frac{L\alpha\Delta t-(\delta_1+\delta_2)}{L}\times E \tag{5-100}$$

式中：P_1——支撑第一个端点的弹性抗力（kN）；

σ_t——支撑应力（kPa）；

L——杆件的长度；

δ_1、δ_2——分别为支撑体两端变形量（m）；

A——杆的横截面面积（m^2）；

k_1、k_2——支撑体两侧基床系数（kN/m^3）；

Δt——温度差（°）；

α——材料的线膨胀系数（℃$^{-1}$）；

E——材料的弹性模量（kPa）。

建议在设计时考虑由于温度产生的附加应力影响。在缺乏测试资料时，对钢筋混凝土结构支撑，可考虑暂加20%轴力，对钢结构还应适当增加。

（4）单跨压杆受压稳定性验算

单跨压杆受压稳定计算简图如图5-40、图5-41所示。

图5-40　横撑（角撑）无竖向支撑

图5-41　横撑有竖向支撑

横撑和角撑在没有竖向支撑时，均视作简支梁的压杆稳定进行分析。当有竖向支撑时，仍以竖向约束来近似计算。腰梁传递来的外力N，以轴力的形式施加在横撑上。

如图5-40所示，根据欧拉公式，对于横撑上无竖向支撑，压杆所能承受的临界荷载为：

$$P_{cr}=\frac{\pi^2 EI}{l^2} \tag{5-101}$$

如图5-41所示，根据欧拉公式，对于横撑上有竖向支撑，压杆所能承受的临界荷载为：

$$P_{cr}=\frac{\pi^2 EI}{x^2} \tag{5-102}$$

对于八字形支撑，计算简图如图5-42所示，支撑AB全长L，角撑轴长a，$L_2=a\sin\theta$，$L_1=L-2L_2$。由于角撑分担CD传来的轴力，使之有效地减小了AC及BD两段的内力，增加了水平横撑A、B两端点的稳定性，所以在验算带八字撑的水平支撑稳定性时，水平支撑的计算长度可选择CD段。

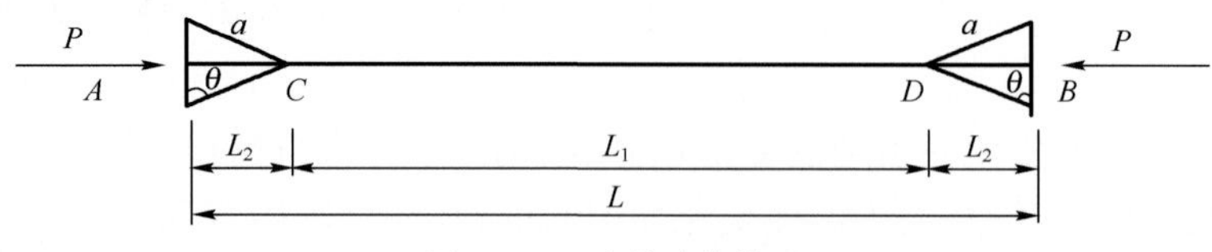

图 5-42　八字撑计算简图

(五)多跨钢支撑计算

1. 等跨连续压杆

对于等跨压弯杆件组成的多跨连续压杆，其竖向荷载可采用超静定结构和变形协调条件进行计算。待计算出内力和挠度后，再进行强度和变形验算。对于轴向荷载，如果各跨的强度和刚度相同，各跨受压的稳定性计算仍可采用欧拉公式。

2. 不等跨连续压杆

对于不等跨压弯杆件组成的多跨连续压杆，其竖向荷载，仍可采用超静定结构和变形协调条件进行计算。计算出内力和挠度后，进行强度和变形验算。

对于轴向荷载，应进行受压稳定校核和截面强度校核，其极限承载力应是临界荷载 P_{cr}和截面强度极限 P_y的较小者。

(六)钢筋混凝土支撑的计算

1. 框架计算模式

钢筋混凝土支撑和围护桩(墙)、腰梁组成了框架结构，因此可按平面封闭框架结构进行设计计算，其外荷载由围护结构直接作用在封闭框架的周边，封闭框架的周边约束条件视基坑形状、地基土性质和围护体系的刚度而定。对这个封闭框架结构，要计算它在最不利荷载作用下，产生的最不利内力组合和最大水平位移，因此依据基坑的挖土方式及挖土的不同阶段考虑多种不同工况，对每一种工况的最不利荷载组合，分别计算围护结构和钢筋混凝土支撑体系的内力及位移。由于此计算过程比较复杂，一般用有限元程序完成。

2. 构件计算模式

参照钢支撑计算方法，可将钢筋混凝土支撑作为构件，其重力作为均布荷载，围檩传递到两端点的作用力可作为轴向力，中间立柱作为简支支座，按两端固定的单跨或多跨连续梁进行计算。主要进行强度、挠度和稳定性验算。

(七)立柱的计算

1. 立柱受水平力、侧向土压力作用

根据立柱和横撑及梁、板的连接方式，确定计算模型，如按上端铰支、下端固定进行计算，横撑的作用作为一个横向力考虑，横向力作用处可看成铰支，温度应力单独计算，如图 5-43 所示。土体开挖过程中，立柱将受到侧向土压力的作用，其计算简图见图 5-44。

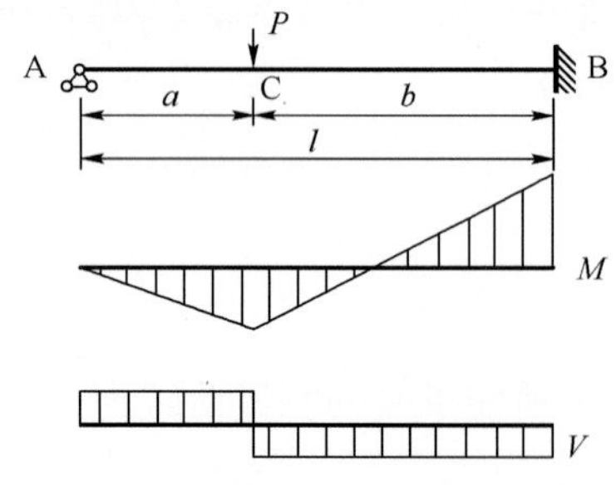

图 5-43　立柱受水平力作用计算简图

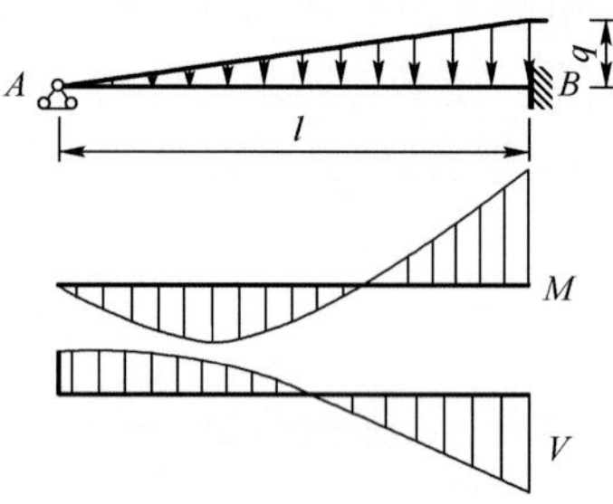

图 5-44　立柱受侧向土压力计算简图

立柱受集中荷载作用计算如下：

$$R_A=\frac{Pb^2\left(3-\frac{b}{l}\right)}{2l^2};R_B=\frac{Pa\left(3-\frac{a^2}{l^2}\right)}{2l};\tag{5-103}$$

$$M_{\mathrm{B}}=-\frac{Pab\left(1+\frac{a}{l}\right)}{2l};M_{\mathrm{C}}=\frac{Pab^2\left(3-\frac{b}{l}\right)}{2l^2} \tag{5-104}$$

距 A 点 $x=\frac{l}{2}$ 处的挠度计算如下：

当 $x=\frac{l}{2}\leqslant a$ 时

$$f_1=\frac{Pb^2(9a-2b)}{96EI} \tag{5-105}$$

当 $x=\frac{l}{2}>a$ 时

$$f_2=f_1+\frac{P(b-a)^3}{48EI} \tag{5-106}$$

立柱受分布荷载作用计算如下：

$$R_{\mathrm{A}}=\frac{ql}{10};R_{\mathrm{B}}=\frac{2ql}{5}$$

$$M_{\mathrm{B}}=-\frac{ql^2}{15}$$

距 A 点 $x=0.447l$ 处的弯矩、挠度计算如下：

$$M=0.029\,8ql^2 \tag{5-107}$$

$$f=0.002\,39\frac{ql^4}{EI} \tag{5-108}$$

2. 立柱上端受弯矩作用

如图 5-45 所示，如果立柱上端受到弯矩作用，其截面弯矩计算如下：

$$R_{\mathrm{A}}=-R_{\mathrm{B}}=-\frac{3M}{2l}$$

$$M_{\mathrm{B}}=-\frac{M}{2};M_{\max}=M_{\mathrm{A}}=M$$

距 A 点 $x-\frac{l}{3}$ 处的挠度计算如下：

$$f_{\max}=\frac{Ml^2}{27EI} \tag{5-109}$$

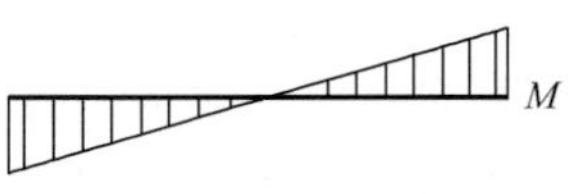

图 5-45　立柱简支端受弯矩作用计算简图

(八)构件强度和抗裂验算

各施工阶段腰梁、水平支撑、立柱、纵梁等的截面强度及抗裂验算可根据《混凝土结构设计规范》(GB 50010—2002)和《钢结构设计规范》(GB 50017—2003)等规范、标准的有关规定进行。

第四节　围护结构和支撑体系施工

一、围护结构施工

(一)土钉墙施工

1. 概述

土钉墙是利用土钉及其喷射混凝土面板对土体进行加固的技术。土体通过土钉的加固并与喷射混凝土面板相结合，形成一个挡土墙，以此来抵抗墙后传来的土压力和其他荷载，从而使开挖坡面稳定。土钉一般是通过钻孔、插筋、注浆、喷射混凝土面板来实现，也可以直接在地层中打入钢筋或钢管形成土钉，对地层进行加固。

2. 适用条件

一般情况下，土钉支护适用于地下水以上或经降水处理后的杂填土、普通黏土或非松散性的砂土，一般认为可用于 N 值在 5 以上的砂质土及 N 值在 3 以上的黏性土。

国内外通过许多工程试验及理论分析得出适用土钉支护的土体大致有如下三类：

(1)有一定毛细水黏聚力的中细砂土(含水率不小于5%～6%);

(2)具有一定天然胶结力的砂土黏土;

(3)具有天然黏聚力的粉土及低塑黏土等。

这些土体能够保持开挖过程中边坡面的短时间稳定,为土钉支护提供条件。法国和美国的一些设计资料指出,塑性指数 I_P 大于20的黏土不宜采用永久土钉结构。塑限 w_P 大于20,液限 w_L 大于50的黏性土在没有深入测定其徐变性能时不能采用土钉结构。对于无黏性土,如颗粒级配累积曲线上的有效粒径 d_{60} 和 d_{10}(小于该粒径的土粒量累计百分数分别为60%和10%)之比小于2,说明级配很差,土体松散,不宜采用土钉结构。

国外有的规程规定如砂土的标准贯入击数 N 小于10,或黏土的无侧限抗压强度小于5kPa时,不宜设置土锚杆,这样一个限制现在也用到土钉支护上。

在软土中或高地下水位土体中,设置临时性土钉支护必须与其他的土体加固措施或其他支护方法联合使用。

3.施工工艺

土钉施工工艺如图5-46所示。

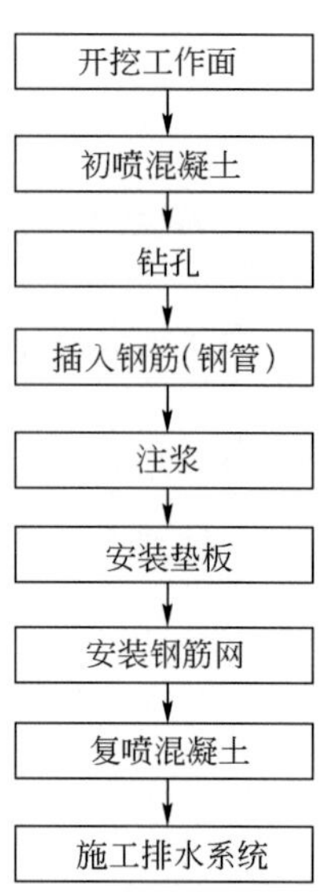

图5-46 土钉施工工艺

4.施工要点

(1)土体开挖

土钉是随着边坡开挖分层施工的,开挖面暴露的土体能在设置土钉支护之前的短时间内保持稳定,这对于限制边坡的变形至关重要。每步的开挖深度一般与土钉的竖向间距相应,通常为1～2m。对于粒状砂土,能够保持开挖面直立稳定的高度取决于土体的密度和黏聚力,包括毛细水黏聚力和天然黏聚力;仅具有毛细水黏聚力时,砾砂、中密砂和密实砂土的直立高度分别约为0.5m、1.2m、1.5m。黏性土的直立高度与含水率有很大关系,对于松散低密砂、无天然黏聚力的干砂(含水率不小于1%),或有渗流压力的含水层时,可在开挖后立即喷上2～3cm厚的砂浆。对于软土,需预先沿开挖面插入钢筋、钢管或通过注浆加固土体。在不良地层中施工,还可以采取跳槽间隔开挖,以及暂时开挖成斜坡,待设置土钉后再清坡的办法。每层开挖的纵向长度,取决于土体维持不变形的最长时间和施工流程的相互衔接,一般为6～15m,开挖用的机具应对土的扰动破坏最小,最后必须形成一个光滑规则的坡面,在用挖土机挖土时,应辅以人工修整。开挖过程中必须遵循在完成上步支护前不得继续往下开挖的原则。

(2)钻孔和土钉安设

由于土钉是群体起作用,因此应严格控制施工误差,钻孔的孔位允许偏差不大于15mm,倾角允许偏差不大于3°,孔径允许偏差为+20mm和－5mm,孔深的允许偏差为+200mm和－50mm。钻孔遇到坍塌孔、地下水等异常情况时,应进行处理。土钉钢筋送入孔中之前应设置支架,保证钢筋处于钻孔的中心位置,支架沿钉长一般为2～3m。

(3)注浆

注浆材料一般为水泥砂浆或水泥浆,水泥砂浆的水灰比不宜超过0.45,水泥浆的水灰比不应超过0.5,并可加入一定数量的外加剂,以改善浆液性能。常用的注浆方法:将塑料管与土钉钢筋捆绑在一起送入孔底,出浆口距孔底不大于0.3m,孔口用止浆塞或黏土封堵并预留排气孔,边注浆,边拔管。土钉注浆可采用重力、低压(0.4～0.6MPa)、高压(1.0～2.0MPa)方式,压力注浆达到设计压力时应保持压力3～5min,重力注浆以孔满为止,但在初凝前需要补浆1～2次。浆液的充盈系数必须大于1.0。

(4)支护面层

土钉一般分为临时性土钉和永久性土钉,临时性土钉支护的面层通常用50～80mm厚的网喷混凝土做成,一般用一层钢筋网,钢筋直径为6～8mm,网格为正方形,边长150～200mm。土钉端部与面层的连接宜使用螺母、垫板,高度不大的临时性支护且无水压或地面超载作用时,也可将土钉伸出孔口的一端折弯到钢筋网上,和附加的加强筋焊接,或者紧贴土钉钢筋侧面,沿纵向对称焊上短段钢筋,再将后者与钢筋网上附加的加强筋焊接。上述连接处的喷混凝土层内均宜加设局部短钢筋网,以增加混凝土的局部承压强度。非饱和土中的土钉面层不是主要受力部件,并不需要很厚,也可以用预制混凝土板拼起来作为面层。

对于永久性土钉支护,面层喷混凝土的厚度至少取 150～250mm,设两层钢筋网,分两次喷成。为了改善建筑外观,也可在第一次网喷混凝土的基础上,现浇一层钢筋混凝土面层或贴上一层预制钢筋混凝土板,永久性土钉需要安装垫板和螺母。

喷射混凝土性能一般为:初凝时间在 3min 左右,不得超过 5min;终凝时间在 10min 以内;8h 后的强度不小于 0.3MPa;28d 龄期极限强度应不低于加速凝剂的 70%。

近年来,国外有用土工织物作用土钉支护面层的,土工织物覆盖在土坡上,用土钉锚在土坡内,拧紧土钉时将织物拽向土体并使面层形成拉膜,同时使受约束的表层土受压。

如果土体的自立稳定性不良,也可以在挖土后先做初喷混凝土封闭开挖面,然后再钻孔安设土钉。

(5)排水系统

为了防止地表水渗透对喷混凝土面层产生压力,并降低土体强度和土体与土钉之间的界面黏结力,土钉支护在一般情况下都必须有良好的排水系统。施工开挖前要先做好地面排水工作,设置地面排水沟将地表水引走,或设置不透水的混凝土地面,防止近处的地表水向下渗透。沿基坑边缘地面要设置挡水墙,防止地表水流入基坑内。随着向下开挖和支护,可从上到下设置浅层排水管,即用直径 60～100mm、长 300～400mm 的短塑料管插入坡面,以便将喷混凝土面层背后的水排走,其间距和数量随水量而定。在基坑底部应设排水沟和集水井,排水沟需防渗漏,并宜离开面层一定距离。

在永久性支护中,可以采用深部排水系统,埋设带孔的长管(直径 50～80mm),其长度超过土钉,向外倾斜 5°～10°排水,$3m^2$ 的面积上宜设置一根。这些排水管都要向内填滤料。此外,还可在混凝土面层后设置用土工织物做成的宽 20～30cm 的竖向排水通道,或设置带孔的竖向排水管,间距 5m 左右,这些排水通道在每步施工的开挖面喷射混凝土面层之前铺设,在支护底部横向连通,并将水引走。

(二)预应力锚索施工

1.概述

锚索是一种受拉支护体系,主要由承载体、钢绞线、灌浆体、外锚头等组成,它依靠锚固在稳定土层中的钢绞线提高的抗拔力平衡围护结构受到的土压力及其他荷载,锚索支护结构是围护结构与外拉系统相结合的一种深基坑组合式支护结构。锚索根据锚固形式,主要分为荷载集中型和荷载分散型锚索,根据受力特点,荷载分散型锚索又分为拉力分散型和压力分散型锚索。

拉力分散型锚索由若干拉力型单元锚杆组合而成,各拉力型单元锚索的锚固段应位于锚索总锚固段的不同部位。拉力分散型锚索适用于锚索承载力要求较高的软岩或土层。其锚索体一般采用无黏结钢绞线,较简单的拉力型锚索是将处于锚固段中不同长度的无黏结钢绞线末端按一定长度(视土体承载力,一般剥除 2～3m)剥除高密度聚乙烯(PE)套管,即变为黏结段,当注浆固结后,锚索预应力通过钢绞线与浆体的黏结力传递给被加固体,从而提供锚固力。

压力分散型锚索由若干压力型单元锚索组合而成,各压力型单元锚索的锚固段应位于锚索总锚固段的不同部位。压力分散型锚索适用于锚杆承载力要求较高或防腐等级要求较高的软岩或土层。其锚固体应采用无黏结钢绞线,较简单的压力分散型锚索结构,是在不同长度的无黏结钢绞线末端套以承载体和挤压套。当锚索体被浆体固结后,以一定荷载张拉对应于承载体的钢绞线时,设置在不同深度部位的数个承载体将压力通过浆体传递给被加固体,这样可改善锚索的受力性能,提高锚索的承载能力。

2.适用条件

锚索适用于较密实的砂土、粉土、硬塑到坚硬的黏性土层或岩层中的深、大基坑。对于形状复杂、开挖面积较大而设置内支撑比较困难的基坑,应考虑采用;对存在地下埋设物而不允许损坏的场地不宜采用。永久性锚索的锚固段不宜设置在下列未经处理的地层:

(1)有机质土;

(2)液限 w_L>50%的地层;

(3)相对密实度 D_r>0.3 的土层。

3. 施工工艺

锚索施工工艺如图 5-47 所示。

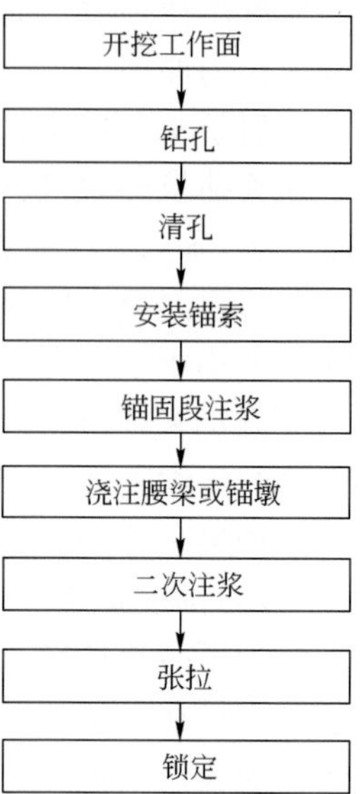

图 5-47 锚索施工工艺

4. 施工要点

(1)锚索体制作

荷载集中型锚索体制作:钢绞线应清除油污、锈斑,严格按设计尺寸下料,每根钢绞线下料的长度误差不应大于 50mm;在组装锚索体时,钢绞线应平直排列,沿轴线方向每隔 1.0~1.5m 应设置一个隔离架,注浆管和排气管应和锚索绑扎牢固,绑扎材料不宜采用镀锌材料。

荷载分散型锚索体制作:荷载分散型锚索一般采用无黏结钢绞线,压力或拉力分散型锚索应先制成单元锚索,再由 2 个或 2 个以上的单元锚索组成复合型锚索。当荷载分散型锚索中单元锚索的端部采用聚酯纤维承载体时,无黏结钢绞线应绕承载体弯曲成 U 形,并用钢带与承载体捆绑牢固,并不得损坏钢绞线的防腐油脂和外包塑料套管。

二次注浆管的出浆口和端头应密封,以保证一次注浆时,浆液不进入二次注浆管内。

(2)钻孔

锚索钻孔可采用冲击、回转钻进,应尽量不扰动地层。在软弱、松散、破碎的不稳定地层中钻孔,应采用套管护壁,不宜采用泥浆护壁。

钻孔精度要求:开孔孔位误差不应大于 5cm,钻头直径不应小于设计钻孔直径 3mm;水平、垂直孔距误差不应大于±10cm;钻孔长度不应大于设计长度 50cm,钻孔偏斜率不应大于 2%;安装锚索前,宜将孔内岩粉和碎屑用风吹出。

压力分散型锚杆和可重复高压注浆型锚杆施工宜采用套管护壁钻孔。

(3)下锚

在下锚之前,在防护管与内锚固段钢绞线的交界处必须用胶布将端口密封牢固,防止水泥浆渗入管内,注浆管应和锚索体一同放入孔内,下锚方向应和钻孔方向一致,应防止锚索扭曲。如果钻孔容易坍塌,应在套管中下锚,边注浆,边拔套管。

(4)注浆

浆液材料、配合比、强度、注浆管的插入深度、注浆压力等必须符合有关规范要求。在砂浆未完全固化前,不得拉拔和移动锚索。向上倾斜的钻孔内注浆时,应在孔口设置密封装置,将排气管端口置于孔底,注浆管排浆口应设置在孔口密封塞内侧附近,自下而上注浆。永久性锚索张拉后,应对锚头和锚索自由段间的空隙进行补充注浆。

可重复高压注浆锚索对锚固体的二次高压注浆,应在一次注浆形成的水泥结实体强度达到5.0MPa后进行,注浆压力和注浆时间根据锚固段的体积确定,并分段依次由下至上进行。

(5)张拉和锁定

浆体和台座混凝土强度达到规定强度后,才能进行张拉。锚索张拉可采用整体张拉、先单根张拉然后整体张拉、单根—对称—分级循环张拉方法。锚索张拉前,应取轴向拉力设计值 N_t 的 1/10~1/5 对锚索张拉 1~2 次,使锚索完全平直。分级张拉前要计算锚索钢绞线的理论伸长值,张拉需分级加载,应记录每一级荷载钢绞线的伸长值和稳定过程的伸长值,且与理论伸长值进行比较。实测伸长值不得大于理论伸长值的 10%,也不得小于理论伸长值的 5%,否则应查明原因并作相应处理。锚索张拉至(1.05~1.10)N_t时,对岩层、砂性土层保持 10min,对黏性土层保持 15min,然后卸载至设计值进行锁定。

荷载分散型锚索张拉可按设计要求先张拉单元锚索,以消除自由段长度不同引起的伸长差,再同时张拉并锁定,也可按设计要求由远至近对各单元锚索顺序张拉锁定。

(三)人工挖孔灌注桩施工

1.概述

挖孔桩是通过人工向下垂直开挖形成一定直径的桩孔,并在桩孔中吊装钢筋笼(如果为素桩,则不放置钢筋笼),最后浇注混凝土的施工方法,它由多个桩组成桩墙而起承载作用。

2.适用条件

(1)人工挖孔桩一般适用于无地下水或地下水较少的黏土、粉质黏土,含少量的砂、砂卵石、砾石的黏土层和全、强风化地层,特别适合于黄土层使用,深度一般控制在20m左右。

(2)人工挖孔桩适应建筑物、构筑物拥挤,作业场地狭小,而且大型施工机械无法到达和无法施工的场地。

(3)人工挖孔桩不适用于地下水位较高和水压力较大,可能发生流沙、涌水的冲积地带及近代沉积的含水量丰富的淤泥、淤泥质土层。

(4)孔深超过25m或孔径小于1.2m时不宜采用人工挖孔桩。

3.施工工艺

挖孔桩施工工艺流程见图5-48。

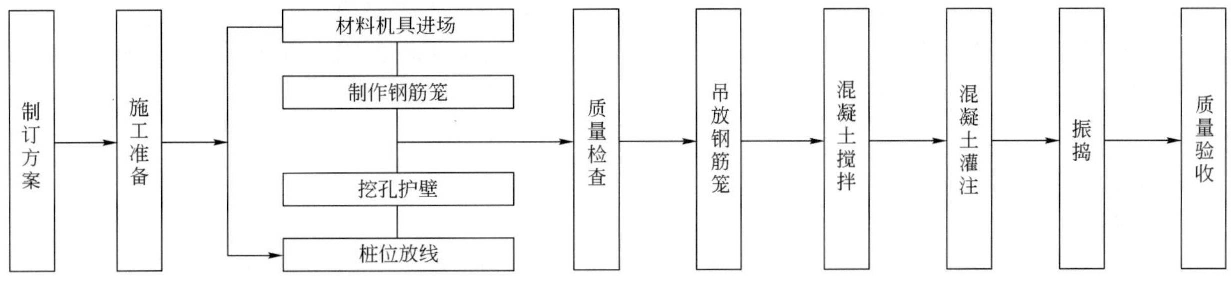

图5-48　挖孔桩施工工艺流程图

4.施工要点

(1)挖孔桩在施工过程中,操作人员的人身安全是要特别注意的问题,应采取强有力的管理措施并加强安全教育,防止如漏电、流沙、塌方、孔下缺氧、中毒等事故的发生。如挖孔桩孔内岩石需要爆破时,应采取浅眼爆破法,严格控制循环进尺和炸药用量,并选用合适的起爆方式,并按国家现行的《爆破安全规程》(GB 6722—2003)等规程、规定施工。

(2)防止有害气体窒息中毒。某些地区的土壤中掩埋的物质产生的一些异常气体导致桩孔中氧气不足而导致作业人员窒息,或吸入有害气体而发生中毒。为了预防窒息中毒,应对下孔作业人员应进行相关知识的培训,并配备防毒面具等防护用品,在下孔前和施工过程中应对孔下的有毒有害气体进行经常性测试,超标时,必须进行处理,桩孔内的空气质量符合有关标准,才能下人作业。同时,还应预防施工过程中突然产生的有毒有害气体。因此,应保持孔下空气流通,一般采用机械送风或排风的方式。在实践中,当孔深超过15m时,如采用排风方式,从吸风口强制吸走孔底气体时,吸风口附近便形成负压,周围的空气从四面八方向吸风口流动,有利于孔下有毒有害气体的排出和孔上新鲜气体的补充。

(3)孔内施工照明采用电压不超过12V的安全灯,不仅光线不足而且不便移动,不利于施工。可采用安全矿灯,既保证照明光线,又能促使作业人员佩戴好安全帽。

(4)当孔深超过10m时,孔上、孔下作业人员通过喊话联系十分困难且不清晰,易产生配合失误,导致事故的发生。可在孔上、孔下安装电铃,使用预先约定的信号,有条件的,最好采用对讲机等简单的对讲系统,便于及时联系和沟通,避免发生误操作。

(5)孔底地层含水破碎或岩溶发育,承载力达不到设计要求。其防治措施:依据地质条件制订有效措施,必要时进行超挖、换填、夯实或注浆处理,完孔后,孔底承载力必须达到设计要求。如孔底部遇到砂层或岩溶发育地层时,应采取加强支护措施。

(6)桩孔倾斜及桩顶位移偏差大。在施工过程中,应严格按图定位,并有复检制度。轴线桩与边桩钢筋笼应用颜色区分,不得混淆。开始挖孔前,要在孔口用定位圆环固定刻度十字架放挖孔桩中线,或在桩位外定位龙门桩;安装护壁模板必须用桩中心点校正模板位置,并由专人负责。定位圈中心线与设计轴线偏差不得大于 20mm。挖孔过程中，应随时用线坠吊放中心线，发现偏差过大立即纠偏。要求每次支护壁模板都要吊线一次(以顶部中心的十字圆环为准)。扩底时，应从孔口中心点吊线放扩底中心桩。应均匀环状开挖，每次进尺以 100mm 为宜，以防局部开挖过多造成塌壁。成孔完毕后，应立即检查验收，紧随下一工序，吊放钢筋笼，浇筑混凝土，避免晾孔时间过长，造成不必要的塌孔，特别是雨季或有渗水的情况下，成孔不得过夜。在挖孔过程中，应经常检查桩孔尺寸和平面位置，一般情况下，群桩桩位误差不大于 100mm，排架桩桩位误差不大于 50mm；直桩倾斜度不超过±1%，斜桩倾斜度不超过±2.5%。

(7)吊放钢筋笼与浇筑混凝土不当。成孔验收后，应立即吊放钢筋笼，发现长度不够时，应测孔深，清除孔底虚土、回落土。吊放钢筋笼要选择好吊点位置。吊立时，要速度均匀地慢起，若起吊较长的钢筋笼，要采取加固措施，避免变形。遇到卡笼时，要找出原因，排除故障，正常放入。吊放钢筋笼前，对欠挖的混凝土护壁进行处理，以保证钢筋笼顺利吊入，混凝土配合比要计算准确，保证坍落度均匀。浇筑混凝土前，要放孔口漏斗，当浇筑扩底混凝土时，第一次应灌到扩底部位的顶面，随即振捣密实，特别是浇筑桩顶以下 5m 范围内混凝土时，应随浇随振捣，每次浇捣高度不得大于 1.5m。当渗水量过大时，应采取有效措施，保证混凝土的浇筑质量。浇筑混凝土要连续进行，不得过夜。

(8)桩身混凝土产生离析处理。对离析位置距桩顶距离小的，采取凿除上部混凝土及离析层重新浇筑混凝土接桩；对离析位置距桩顶距离较大的，用风钻沿桩身垂直钻孔，穿过离析层，然后以高压注浆填补离析层的空间。

(四)干法钻孔灌注桩施工

1.概述

干法钻孔灌注桩是用螺旋钻机或旋挖钻机钻孔，钻至设计深度后进行孔底清理，吊装钢筋笼(如果为素桩，则不放置钢筋笼)，灌注混凝土成柱。其特点是成孔不用泥浆或套管护壁，施工无噪声、无振动，对环境无泥浆污染；机具设备简单，装卸移动快速，施工准备工作少，工效高，成本较低等。

2.适用条件

该方法主要适用于地下水位以上的黏性土、砂土、人工填土等软土地层。

3.施工工艺

干法钻孔灌注桩施工工艺流程见图 5-49。

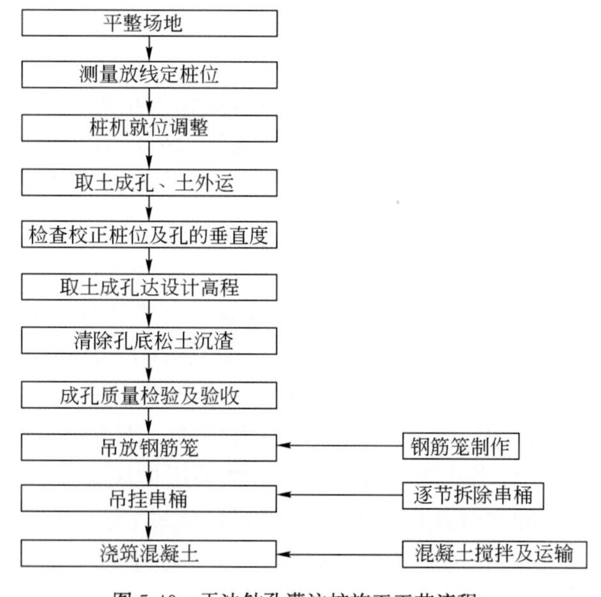

图 5-49 干法钻孔灌注桩施工工艺流程

4.施工要点

(1)应根据地层情况，合理选择钻进速度和扭矩。当通过不稳定地层时，应采用低钻速钻进，并可投入适量的黏土球，以稳定地层。

(2)在软硬不均或含水量较大的软土地层中钻进时，应控制钻杆晃动和偏斜，防止扩孔，影响成桩质量。

(3)钢筋笼骨架应一次绑好，并绑好砂浆垫块，对准孔位吊直扶稳或用导向钢筋，缓慢送入孔内，注意勿碰孔壁。下放到设计位置后，应立即固定。保护层应符合要求。钢筋笼过长时，可分多段吊放，接头应采用搭接焊方式连接牢固。

(4)成孔内放入钢筋笼后，要尽快开始浇筑混凝土，在浇筑过程中，应有不使钢筋笼上浮和防止泥浆污染的措施。桩头混凝土强度，在没有达到实际设计强度前，不得碾压，以防桩头损坏。

(五)泥浆护壁钻孔灌注桩施工

1.概述

泥浆护壁钻孔灌注桩主要原理是利用泥浆循环，保证孔壁稳定和携带渣土，冷却、润滑钻具，成孔后，使用水下混凝土浇筑的方法将泥浆置换出来。根据泥浆循环及出渣方式的不同，可分为正循环钻进和反循环钻进。泥浆护壁钻孔灌注桩施工通常也称为湿法钻孔灌注桩施工。

2. 适用条件

泥浆护壁法钻孔灌注桩和套管护壁法钻孔灌注桩一般适用于地下水位较高的土层、砂砾石地层及软岩。

3. 施工工艺

泥浆护壁钻孔灌注桩施工工艺：施工准备→泥浆制备→埋设护筒→铺设工作平台→安装钻机并定位→钻进成孔→成孔检查和清孔→下放钢筋笼→灌注水下混凝土→拔出护筒→检查质量。如图5-50所示。

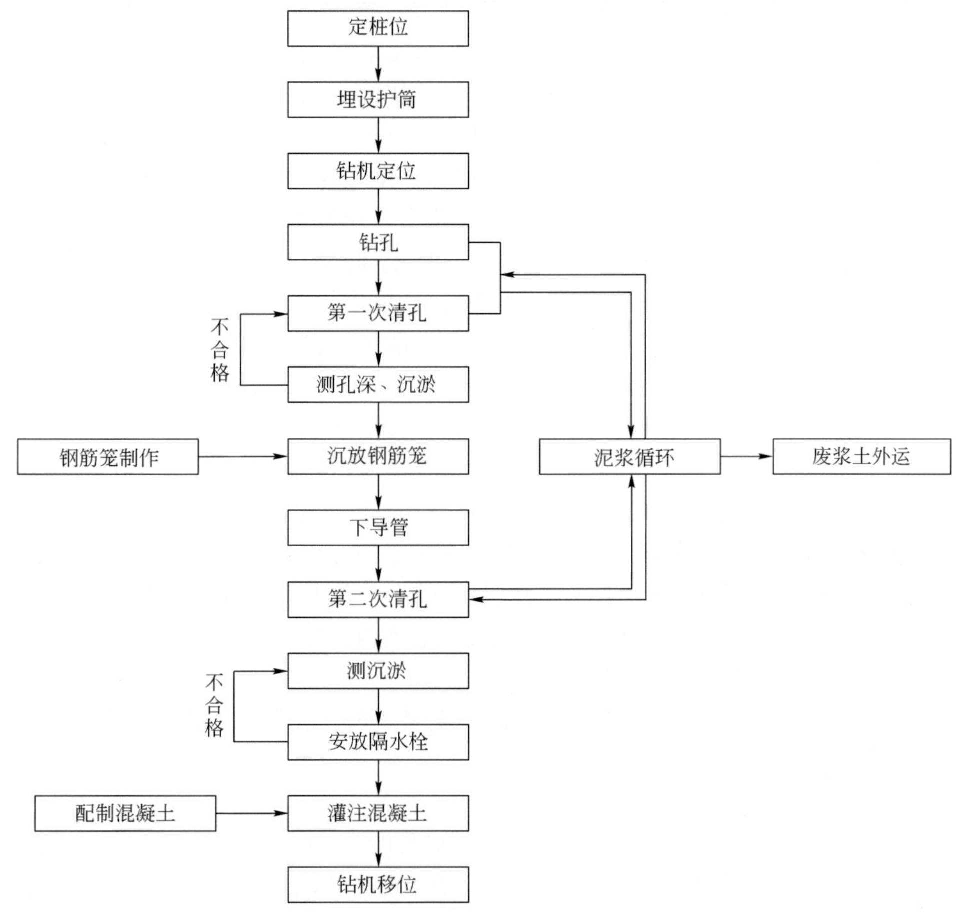

图 5-50 泥浆护壁钻孔灌注桩施工工艺流程图

4. 施工要点

(1)埋设护筒

为了防止孔口坍塌，当钻孔较深时，地下水位以下的孔壁土在静水压力下会向孔内坍塌，甚至发生流沙现象。钻孔内若能保持比地下水位高的水头，增加孔内静水压力，能防止坍孔。护筒除起到防止坍孔作用外，同时又有隔离地表水、保护孔口地面、固定桩孔位置和钻头导向等作用。一般情况下，采用钢护筒，并要求坚固耐用，不漏水，其内径应比钻孔直径大 20(旋转钻)～40cm(潜水钻、冲击锥或冲抓头)，每节长度约 2～3m。

(2)泥浆制备

钻孔泥浆由水、黏土(膨润土)和添加剂组成，具有浮悬钻渣、冷却钻头、润滑钻具、增大静水压力，在孔壁形成泥皮，隔断孔内外渗流，防止坍孔的作用。调制的钻孔泥浆及经过循环净化的泥浆，应根据钻孔方法和地层情况来确定泥浆稠度，泥浆稠度应视地层变化或操作要求机动掌握，泥浆太稀，排渣能力小、护壁效果差；泥浆太稠，会削弱钻头冲击功能，降低钻进速度。一般作业情况下，膨润土泥浆性能技术指标见表 5-9。一般要求泥浆漏斗黏度 10～25s，含砂率小于 4%，密度 11～12.5kN/m^3，胶体率大于 95%，泥皮厚度 1～3mm，pH 值为 7～9。如对护壁有特殊要求，可采用聚合物泥浆等。

膨润土泥浆性能技术指标 表 5-9

<table>
<tr><th>项　次</th><th colspan="2">项　目</th><th>技 术 指 标</th><th>排出泥浆指标</th></tr>
<tr><td rowspan="2">1</td><td>正循环成孔</td><td rowspan="2">泥浆密度(g/cm³)</td><td><1.15</td><td><1.30</td></tr>
<tr><td>反循环成孔</td><td><1.10</td><td><1.15</td></tr>
<tr><td rowspan="2">2</td><td>正循环成孔</td><td rowspan="2">漏斗黏度(s)</td><td>18～22</td><td>20～25</td></tr>
<tr><td>反循环成孔</td><td>16～18</td><td>18～22</td></tr>
</table>

(3)钻孔

地质条件复杂和用作挡墙的灌注桩施工前必须试成孔，数量不得少于 2 个，以便核对地质资料，检验所选的方案、设备、机具、施工工艺以及技术措施是否合适。如孔径、垂直度、孔壁稳定和沉淤等检测指标不能满足设计要求时，应分析原因，调整施工方案，优化施工工艺。

①正循环成孔。正循环成孔即是从地面向钻管内注入一定压力的泥浆水(孔壁稳定液)，泥浆水压送至孔底后，与钻孔产生的泥渣搅拌混合，然后经钻管与孔壁之间的空腔上升并排出地面。混有大量泥渣的泥浆水经沉淀、过滤并作适当处理后，可再次重复使用。泥浆水经沉淀、过滤并作适当处理后，可再次重复使用，称泥浆循环。沉淀后的废液或废土应及时运走，防止地面超载。正循环法是国内常用的一种成孔方法，这种方法由于泥浆水在空腔内的流速不大，所以出土效率较低。正循环法的泥浆循环系统由泥浆池、沉淀池、循环槽、泥浆泵等设备组成，并有排水、清洗、排废等设施。

②反循环成孔。反循环法是将钻孔时孔底混有大量泥渣的泥浆水通过钻管的内孔抽吸到地面，新鲜泥浆水则由地面直接注入桩孔。反循环法吸泥有两种方式，即反循环泵方式和空气升液方式。反循环泵方式是钻管上端用软管与离心泵连接，吸泥时先用真空泵排出软管和钻管中的空气，再启动离心泵抽吸泥水。空气升液方式是向钻管底端附近喷吹压缩空气，产生相对密度较小的空气和泥水的混合体，形成管内外的相对密度差值，由此在管内产生向上的水流。空气升液方式装置简单，成孔深度大，排泥和清孔的效果好，但钻孔较浅时，能喷出空气，所以最初的 7m 需用其他方式排泥。此外，这种方式抽水效率比反循环泵方式低 30%～50%。反循环法的泥浆循环也是由泥浆池、沉淀池、循环槽、砂石泵、除渣设备等组成，并设有排水、排废浆等设施。

地面循环系统一般分为自流回灌式和泵送回灌式两种，循环方式可根据施工场地、地层和设备情况合理选择。

(4)成孔检查和清孔

钻孔到设计深度后，应进行孔深、孔径、垂直度、沉浆浓度、沉渣深度等测试检查。在钻孔检查符合设计要求时，应立即进行孔底清理，避免隔时过长，以致泥浆沉淀，引起钻孔坍塌。清孔应分两次进行。第一次清孔在成孔完毕后，立即进行；第二次在下放钢筋笼和灌注混凝土导管安装完毕后进行。常用的清孔方式有正循环清孔、泵吸反循环清孔和空气升液反循环清孔，通常随成孔时采用的循环方式而定。清孔时先使钻头稍作提升，然后通过不同的循环方式排除孔底沉淤，与此同时，不断注入洁净的泥浆水，用以降低桩孔泥浆水中的泥渣含量。清孔过程中应测定沉浆指标。清孔后的泥浆密度应小于 1.15。清孔结束时应测定孔底沉淤，孔底沉淤厚度一般应大于 30cm。第二次清孔结束后孔内应保持水头高度，并应在 30min 内灌注混凝土；若超过 30min，灌注混凝土前应重新测定孔底沉淤厚度。对于摩擦桩，当孔壁容易坍塌时，要求在灌注水下混凝土前沉渣厚度不大于 30cm；当孔壁不易坍塌时，沉渣厚度不大于 20cm。对于柱桩，要求在射水或射风前，沉渣厚度不大于 5cm。

(5)钢筋笼吊装

钢筋笼宜分段制作，分段长度应按钢筋笼的整体刚度、来料钢的长度及起重设备的有效高度等因素确定，一般不超过 10m。

钢筋笼在起吊、运输和安装中应采取措施，防止变形。起吊吊点宜设在加强箍筋部位。钢筋笼采用分段沉放法时，纵筋的连接须用焊接，要特别注意焊接质量，同一底面上的接头数量不得大于纵筋数量的 50%，相邻接头的间距不小于 500mm。

(6)水下混凝土灌注

配制混凝土必须保证满足设计强度以及施工工艺要求。配合设计方法应按建设部标准《普通混凝土配合比设计技术规程》(JGJ 55—2000)执行，混凝土的强度指标和抗渗性能应满足设计要求，并具有良好的和易性和流动度。坍落度损失应满足灌注要求，混凝土初凝时间应为正常灌注时间的2倍。一般情况下配比应通过试验确定，坍落度宜为180～220mm，混凝土的水泥和矿物掺和料的总量不宜小于360kg/m^3，含砂率宜为40%～45%，选用中粗砂，粗集料(碎石)最大粒径为5～20mm。

混凝土灌注是确保成桩质量的关键工序，灌注前应做好一切准备工作，保证混凝土灌注连续紧凑地进行。单桩混凝土灌注时间不宜超过8h。混凝土灌注的充盈系数不得小于1，也不宜大于1.3。

混凝土灌注用的导管内径应按桩径和每小时灌注量确定，一般为200～250mm，壁厚不小于3mm。导管第一节底管长度应大于4.0m，导管标准长度以3.0m为宜。浇灌水下混凝土所用的隔水塞可采用混凝土浇制，混凝土强度不低于C20，外形应光滑并配用橡胶片。

混凝土浇灌时，导管应全部安装放孔，安装位置应居中。隔水塞采用铁丝悬挂于导管内。混凝土灌入前应先在灌斗内灌入0.1～0.2m^{3}的1∶1.5水泥砂浆，然后再灌入混凝土。等初灌混凝土足量后，方可截断隔水塞的系结铁丝，将混凝土灌至孔底。混凝土初灌量应能保证混凝土灌放后，导管埋放混凝土深度不小于0.8～1.3m，保持导管内混凝土柱和管外泥浆桩压力平衡。混凝土初灌量可用下式计算：

$$V \geqslant \frac{1}{4}\pi h_1 d^2 + \frac{1}{4}\pi K D^2 h_2 \tag{5-110}$$

$$h_1 = (h - h_2)\frac{\rho_w}{\rho_c} \tag{5-111}$$

以上式中：V——混凝土初灌量(m^3)；
h_1——导管内混凝土高度(m)；
d——导管内径(m)；
K——混凝土充盈系数，取1.3；
D——桩孔直径(m)；
h——桩孔深度(m)；
h_2——导管外混凝土面高度(m)，取1.3～1.8m；
ρ_w——泥浆密度，1.1～1.2g/cm^3；
ρ_c——混凝土密度，2.3～2.4g/cm^3。

为防堵管，必须保持导管埋入混凝土内不得过深或过浅，一般以2～6m为宜；严格控制混凝土配合比和搅拌质量，不合格的混凝土不能进入导管；混凝土灌注达到规定高度后，必须拆管，导管应勤提勤拆，一次提留拆管不得超过6m。混凝土灌制中应防止钢筋上拱。防止埋管过深，每次拆管前应测定混凝土面的高度，并与理论值进行比较，按偏于保守的数值确定埋管深度。

控制钢筋笼上浮的措施：混凝土由漏斗顺导管向下灌注时，产生一种顶托力，使钢筋笼上浮。具体措施：钢筋骨架上端在孔口处与护筒连接固定，当混凝土灌注接近钢筋笼底时，应放慢混凝土灌注速度，并应使导管保持较大埋深，以便减小对钢筋笼的冲击。

混凝土灌注中如遇停水、停电或机械故障而无法正常灌注时，须采取应急措施尽快恢复灌注，如预计1h可恢复灌注，应将导管尽量浅埋至1m左右，并每隔10min左右上下晃动导管，以免混凝土在导管内凝固；如预计1h内无法恢复灌注，应启动应急措施，采用备用水源、电源和机械设备。

(六)钻孔咬合桩施工

1.概述

钻孔咬合桩是采用钻孔机械成孔，套管护壁，灌注混凝土并拔除套管，桩与桩之间通过切割相互咬合排列的一种基坑围护结构形式。为便于切割，桩的排列方式一般设计为一个素混凝土桩(A桩)和一个钢筋混凝土桩(B桩)间隔布置，施工时先施工A桩，后施工B桩，A桩混凝土采用超缓凝型混凝土，要求必须在A桩混凝土初凝之前完成B桩的施工，B桩施工时，利用套管钻机的切割能力切割掉相邻A桩相交部分的混凝土，则实现了咬合。钻孔咬合桩施工原理如图5-51所示。

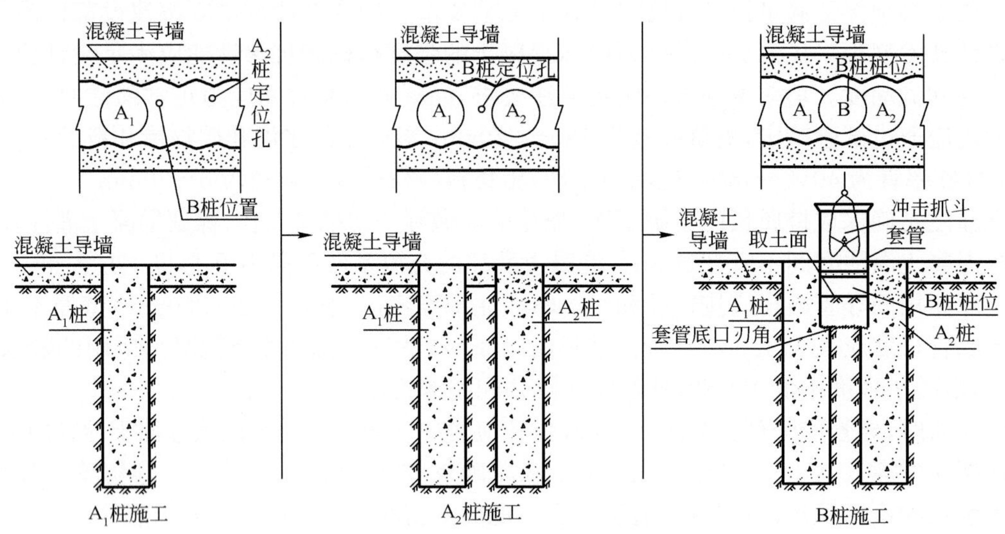

图 5-51　钻孔咬合桩施工原理图

2. 适用条件

钻孔咬合桩一般适用于地下水位较高的黏土、粉质黏土、砂黏土、砂砾石地层。

3. 施工工艺

钻孔咬合桩施工总的施工原则：一般将整个桩分成三个一组进行施工，即先施工 B 序桩两侧的 A 序桩，后施工 B 序桩，A 序桩一般为缓凝型的素混凝土桩或异型钢筋混凝土桩，B 序桩一般为钢筋混凝土桩。具体施工顺序：$A_1 \rightarrow A_2 \rightarrow B_1 \rightarrow A_3 \rightarrow B_2 \rightarrow A_4 \rightarrow B_3$……，施工顺序如图 5-52 所示，施工工艺流程如图 5-53 所示。

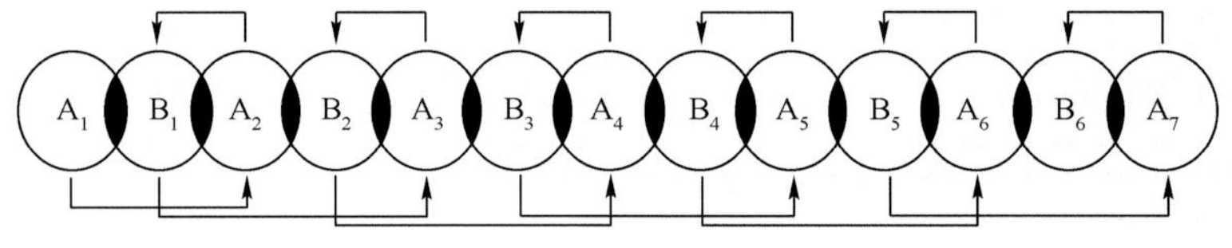

图 5-52　钻孔咬合桩施工顺序图

4. 施工要点

(1)钻孔

钻孔咬合桩一般采用套管钻机钻孔，边取土，边压管，每节套管长度约 7～8m，在护筒内先压入第一节套管，压入深度约 2.5～3.0m，然后用抓斗从套管内取土，一边抓土，一边继续下压套管，要始终保持套管底面深度超前取土面 2.5m 以上。每节套管压入土中后，检测垂直度，如不合格则进行纠偏调整，如合格则连接第二节套管继续下压取土，如此继续直至达到孔底设计高程。每节套管地面以上要留 1.2～1.5m，以便和下一节套管连接。

(2)钻孔误差的控制

为了保证钻孔咬合桩底部有足够厚度的咬合量，应对其孔口的定位误差进行严格的控制，孔口定位误差的允许值可按表 5-10 来进行选择。

为了保证钻孔咬合桩底部有足够厚度的咬合量，除对其孔口定位误差严格控制外，还应对其垂直度进行严格的控制，桩的垂直度误差应小于 0.3%。成孔过程中要控制好桩的垂直度，必须抓好以下三个环节的工作。

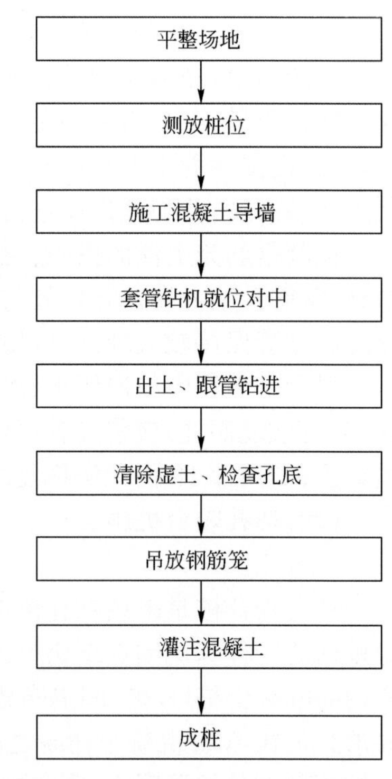

图 5-53　钻孔咬合桩的施工工艺流程图

①套管的顺直度检查和校正。钻孔咬合桩施工前应在平整地面上进行套管顺直度的检查和校正。首先检查和校正单节套管的顺直度，然后将按照桩长配置的套管全部连接起来，进行整根套管的顺直度检查和校正。单节套管(8m)的顺直度偏差宜小于5mm，整根套管(15～30mm)的顺直度偏差宜小于10mm。检测方法：可在地面上测放出两条相互平行的直线，将套管置于两条直线之间，然后用线锤和直尺进行检测。

孔口定位误差允许值 表5-10

咬合厚度(mm) \ 桩长(m)	<10	10～15	15～20	20～30
100	±10	±10	±10	
150	±15	±10	±10	±5
200	±20	±15	±10	±5

注：表中孔口定位误差允许值单位以mm计。

②成孔过程中桩的垂直度监测和检查。

a. 地面测量 在地面选择两个相互垂直的方向采用经纬仪或线锤，测量地面以上部分的套管的垂直度，发现偏差，随时纠正。这项监测在每根桩的成孔过程中应自始至终坚持，不能中断。

b. 孔内检查 每节套管压完后安装下一节套管之前，都要停下来用测斜仪或"测环"进行孔内垂直度检查，不合格时需进行纠偏，直至合格才能进行下一节套管施工。

③纠偏。成孔过程中如发现垂直度偏差过大，必须及时进行纠偏调整，如采用套管钻机，利用钻机油缸进行纠偏。如果偏差不大或套管入土不深(5m以下)，可直接利用钻机的两个顶升油缸和两个推拉油缸调节套管的垂直度，即可达到纠偏的目的。

A桩的纠偏方法：如果A桩在入土5m以下发生较大偏移，可先利用钻机油缸直接纠偏，如达不到要求，可向套管内填砂或黏土，一边填土，一边拔起套管，直至将套管提升到上一次检查合格的地方，然后调直套管，检查其垂直度合格后再重新下压。

B桩的纠偏方法：B桩的纠偏方法与A桩基本相同，其不同之处是不能向套管内填土，而应填入与A桩相同的混凝土，否则有可能在桩间留下土夹层，从而影响排桩的防水效果。

(3)咬合厚度的选择

相邻桩之间的咬合厚度d应根据桩长来选取，桩越短，咬合厚度应越小(但最小不宜小于100mm)，桩越长咬合厚度应越大。可按式(5-112)进行计算，必须保证桩底的最小咬合厚度不小于0.05m。

$$d-2(kl+q)\geqslant 0.05 \tag{5-112}$$

式中：d——钻孔咬合桩的设计咬合厚度(m)；

k——桩的垂直度(m)；

q——孔口定位误差容许值(m)；

l——桩长(m)。

(4)A桩混凝土缓凝时间的确定

A桩混凝土缓凝时间应根据单桩成桩时间来确定，单桩成桩时间又与地质条件、桩长、桩径和钻机能力等有直接联系。因此，A桩混凝土缓凝时间可根据以下方法来确定。

①测定单桩成桩所需时间t。应根据工程的具体情况和所选钻机的类型在现场作成桩试验来测定单桩成桩所需时间，在软土中钻进，长度20m左右的桩，钻孔时间一般为8～12h，混凝土灌注时间一般为1.5～2.5h。

②A桩混凝土的缓凝时间，可根据下式计算。

$$T=3t+K \tag{5-113}$$

式中：T——A桩混凝土的缓凝时间(h)；

t——单桩成桩所需时间(h)；

K——储备时间(h),一般取(1.0～1.5)t。

一般情况下,A 桩混凝土的初凝时间应控制在 50～60h。

(5)防止 A 桩混凝土的侧向流动

如图 5-54 所示,在 B 桩成孔过程中,由于 A 桩混凝土未凝固,还处于流动状态,因此 A 桩混凝土有可能从 A、B 桩相交处流入 B 桩孔内。为防止发生这种现象,应采取以下主要措施:

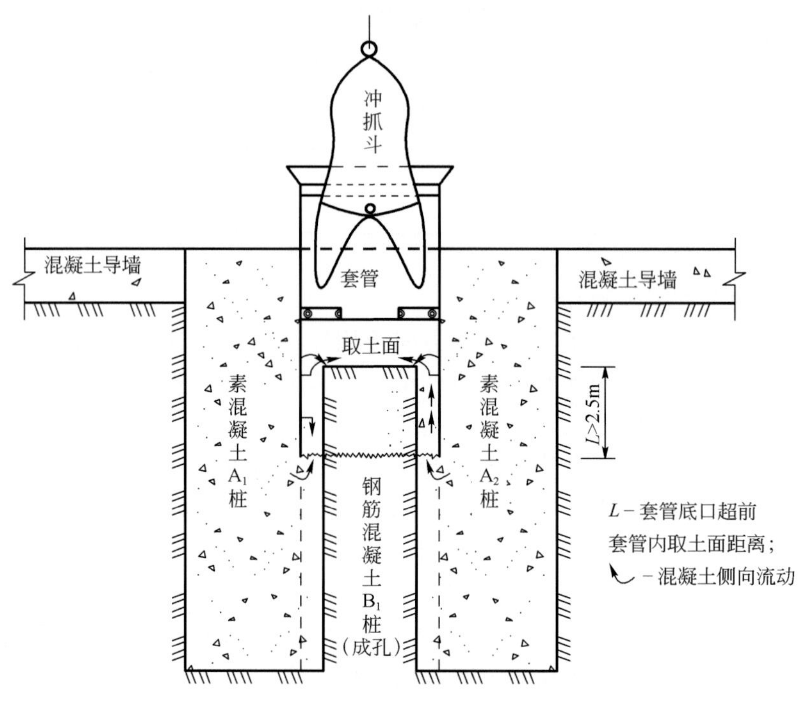

图 5-54 B 桩施工过程中的混凝土管涌现象示意图

①套管底口应始终保持超前于取土面一定距离,以便在孔内保持一定的土压力,阻止砂水向上流动,如果钻机能力许可,这个距离越大越好,一般不应小于 2.5m。

②A 桩混凝土的坍落度应尽量小一些,不宜超过 14cm,以便降低混凝土的流动性和垂直土压力。

③如有必要,可向 B 序桩的套管内注入一定量的水,使其保持一定的反压来平衡 A 桩混凝土在 B 序桩孔底产生的向上挤出力。

④B 桩成孔过程中应注意观察相邻两侧 A 桩混凝土顶面及 B 桩取土面的变化,如发现 A 混凝土下陷,B 桩取土面上升,说明已经发生了 A 桩混凝土侧向流动现象,应立即停止 B 桩开挖,并一边将套管尽量下压,一边向 B 桩内填土或注水,直到完全控制 A 桩混凝土的侧向流动。

(6)遇地下障碍物的处理方法

一般情况下,套管钻机施工过程中如遇地下障碍物,处理起来会比较困难,特别是施工钻孔咬合桩还要受时间的限制。因此,施工钻孔咬合桩时必须对地质情况十分清楚,否则将可能导致工程失败。但对于一些比较小的障碍物还是容易处理的,如卵石层,体积较小的孤石等,可以先抽干套管内积水,然后再吊放作业人员下去将其清除即可。如有可能,尽量采用旋挖钻机,遇到障碍物时处理的难度要小一些。

(7)克服钢筋笼上浮的方法

由于套管内壁与钢筋笼外缘之间的空隙较小,因此在上拔套管的时候,钢筋笼将有可能被套管带着一起上浮。其主要预防措施:①B 桩混凝土的集料粒径应尽量小一些,不宜大于 20mm;②在钢筋笼底部焊上一块比钢筋笼直径略小的薄钢板,以增加其抗浮能力。

(8)分段施工接头的处理方法

往往一台钻机施工无法满足工程进度,需多台钻机分段施工,这就存在一个段与段之间的接头问题。采用砂桩接头是一个比较好的方法,如图 5-55 所示。在先施工段的端头设置一个砂桩(成孔后用砂灌满），待后施工段到此接头时挖出砂，灌上混凝土即可。

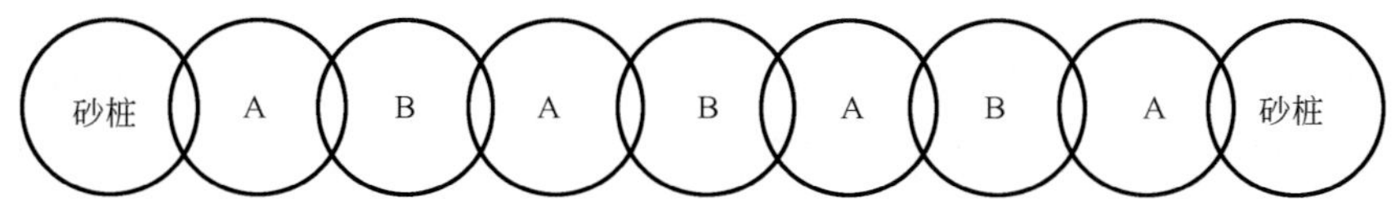

图 5-55 分段施工预设砂桩接头示意图

（9）入岩的处理方法

采用套管比较适合软土钻进，但施工中难免遇到局部区域套管下沉过程中碰到岩石，钻孔咬合桩入岩可采取"二阶段成孔法"施工：第一阶段，破除岩石，不论 A 桩还是 B 桩，先钻进取土至岩面，然后卸下抓斗改换冲击锤，从套管内用冲击锤冲钻至桩底设计高程，成孔后向套管内填土，一边填土，一边拔出套管，即第一阶段所成的孔用土填满；第二阶段，按钻孔咬合桩正常施工方法施工。

（10）事故桩的处理方法

在钻孔咬合桩施工过程中，因 A 桩超缓凝混凝土的质量不稳定，可能会出现早凝现象或机械设备故障等，造成钻孔咬合桩的施工未能按正常要求进行而形成事故桩，事故桩的处理主要分以下几种情况：

①平移桩位单侧咬合。如图 5-56 所示，如果 B_1 桩成孔施工时，其一侧 A_1 桩的混凝土已经凝固，使套管钻机不能按正常要求切割咬合 A_1、A_2 桩。在这种情况下，宜向 A_2 桩方向平移 B_1 桩桩位，使套管钻机单侧切割 A_2 桩，进行咬合，并在 A_1 与 B_1 桩外侧另增加 1～3 根旋喷桩作为补强桩。

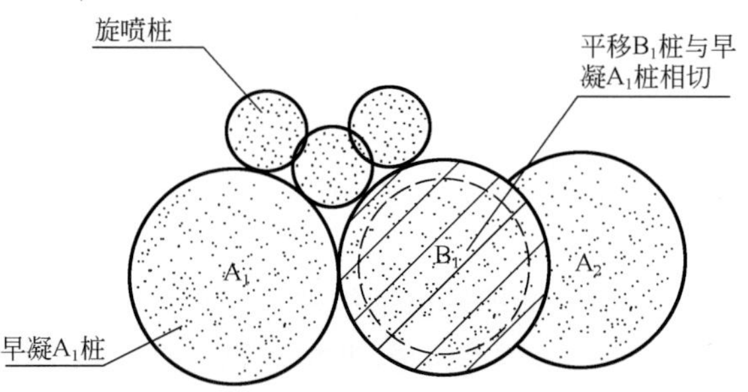

图 5-56 B_1 桩施工示意图

②背桩补强。如图 5-57 所示，如果 B_1 桩成孔施工时，其两侧 A_1、A_2 桩的混凝土均已凝固，在这种情况下，则放弃 B_1 桩施工，调整桩序继续后面咬合桩的施工，以后在 B_1 桩外侧增加 3 根咬合桩及 2 根旋喷桩作为补强、防水处理。在基坑开挖过程中将 A_1 和 A_2 桩之间的夹土清除，喷射混凝土即可。

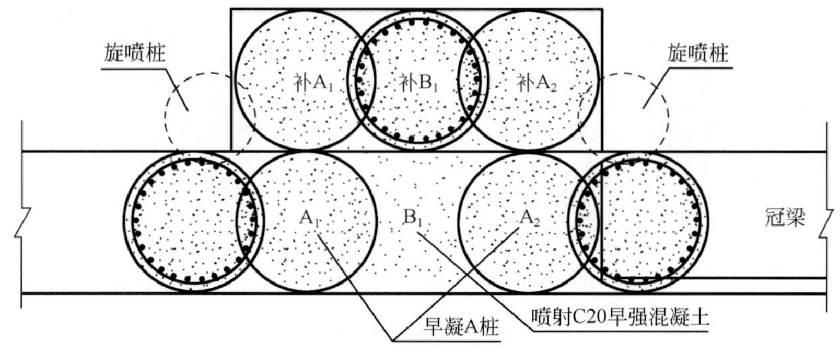

图 5-57 背桩补强示意图

③预留咬合企口。如图 5-58 所示，在 B_1 桩成孔施工中发现 A_1 桩混凝土已有早凝倾向，但还未完全凝固，此时为避免继续按正常顺序施工造成事故桩，可及时在 A_1 桩右侧施工一砂桩，以预留出咬合企口，待调整完成后再继续后面桩的施工。

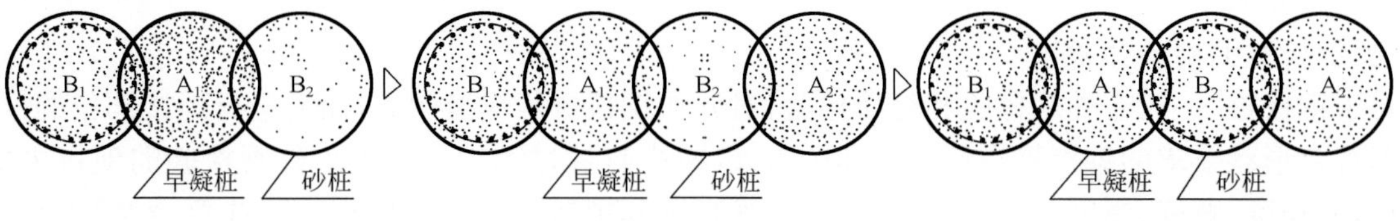

图 5-58 咬合企口示意图

(七)钢板桩施工

1. 概述

钢板桩围护结构是将预制的钢板桩打入土层，并设置必要的支撑或拉锚，以抵抗土压和水压，并保持周围地层的稳定，以确保基坑和沟槽施工安全。钢板桩常见的断面形式有U形、Z形、直腹板式等多种形式。需要连接的时候，钢板桩通过边缘的锁口或钳口相互咬合而形成连续的钢板墙，起到支护的作用，如图5-59所示。直腹板式板桩容易打入，但侧向抗弯能力较小，受力后变形较大，因此在建筑工程上施工较少。波浪形板桩(如U形、Z形)的抗弯性能优于直腹板式板桩，防水性能也较好，一般用于开挖深度为5～10m的基坑。与其他桩型相比，钢板桩的抗弯刚度较小，采用U形或Z形之后，可增加抗弯能力，但悬臂的钢板桩仍会有较大的变形，使用中应预先对基坑可能发生的位移量进行估算。

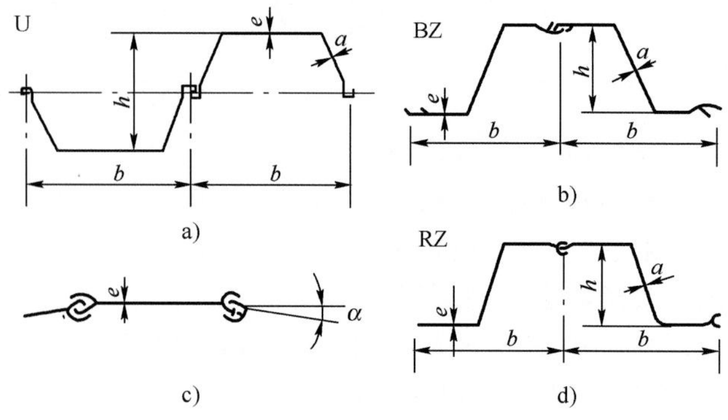

图5-59 常见钢板桩截面形式

钢板桩可采用锤击打入法、振动打入法、静力压入法及振动锤击打入法等多种方法。目前采用振动打入法较多，该方法既可以打桩，又可以拔桩，适应性强。根据不同的施打方法应采用相应的打桩机械。同时在选择打桩机械型号时，应考虑工程地质，现场作业环境，钢板桩形式、重量、长度、总数量、作业效率、成本等具体条件，以使选用机械适用、经济、安全。

2. 适用条件

钢板桩围护是由钢板桩挡墙和钢板桩支撑结构(或拉锚结构)组成的。支撑结构一般由纵向围檩、水平横撑、角撑等组成，基槽较宽时需在基槽中加设中间桩和横梁支撑构件，甚至还需增加水平及垂直联系杆件，如图5-60所示。钢板桩还有一定的挡水能力，其挡水效果取决于板桩锁口或钳口咬合的紧密程度。在高水位地区用板桩作挡墙时，应选择咬合紧密、不易漏水的波浪形板桩，必要时应在桩后设置止水帷幕，基坑或沟槽施工完毕后，可以将桩拔出，重复利用。

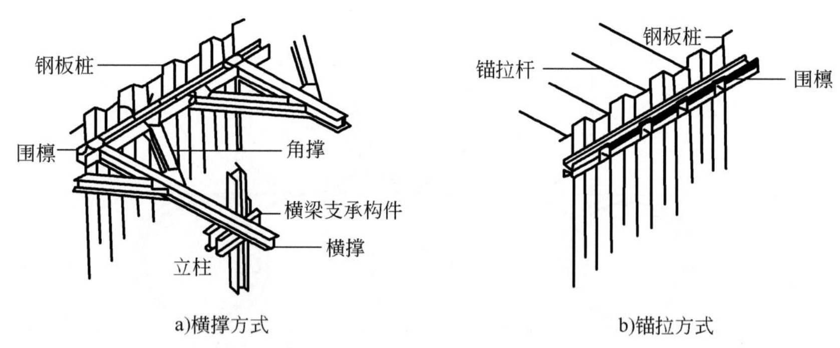

图5-60 钢板桩支护结构形式

钢板桩适用于含水量较大的填土层、粉土、黏土、砂土等软土层。

3. 施工工艺流程

钢板桩施工工艺：施工准备→钢板桩检验和矫正→钢板桩的吊运和堆放→测量放线→钻机就位→导架安装→打桩→检查质量→拔桩。工艺流程如图5-61所示。

4. 施工要点

(1)钢板桩的检验和矫正

对于钢板桩，一般有外观检验和材质检验，对异形钢板桩等焊接制品，尚需进行焊接部位的检验，以便对不符合形状要求的钢板桩进行更换和矫正，以减少打桩过程中的困难。外观检验的项目主要包括表面缺陷、长度、宽度、厚度、高度、端头矩形比、平直度和锁口形状等。检查中应注意：对桩上影响打设的焊接件应割除；如有割孔、断面缺损应补焊；若有严重锈蚀，应量测断面实际厚度，以便计算时予以折减。经过检验，如误差超过质量标准规定时，则在打设前予以矫正。具体方法如下：

①表面缺陷矫正。通常是预先清洗缺陷附近表面的锈蚀和油污，然后用焊接修补的方法补平，再用砂轮磨平。

②端部矩形比矫正。一般是用氧乙炔切割桩端，使其与轴线保持垂直，然后再用砂轮对切割面进行磨平修整。当修整量不大时，也可直接采用砂轮打磨。

③桩体弯曲和扭曲矫正。腹向弯曲矫正是将钢板桩弯曲段的两端固定在支承点上，用设置在龙门式顶梁架上的千斤顶顶在钢板桩凸处进行冷弯矫正；侧向弯曲矫正通常在专门的矫正平台上进行，将钢板桩弯曲段的两端固定在矫正平台的支座上，设置在钢板桩弯曲段侧面的矫正平台上间隔一定距离设置千斤顶，用千斤顶顶压钢板桩弯凸处进行冷弯矫正。扭曲矫正应根据桩形，合理设置固定支点，采用千斤顶顶压。

④桩体截面局部变形矫正。对局部变形处用千斤顶顶压、大锤敲击与氧乙炔焰热烘相结合的方法进行矫正。

⑤锁口变形矫正。用标准钢板桩作为锁口整形模具，采用慢速卷扬机牵拉调整处理，或采用氧乙炔焰热烘和大锤敲击模具推进的方法进行调直处理。

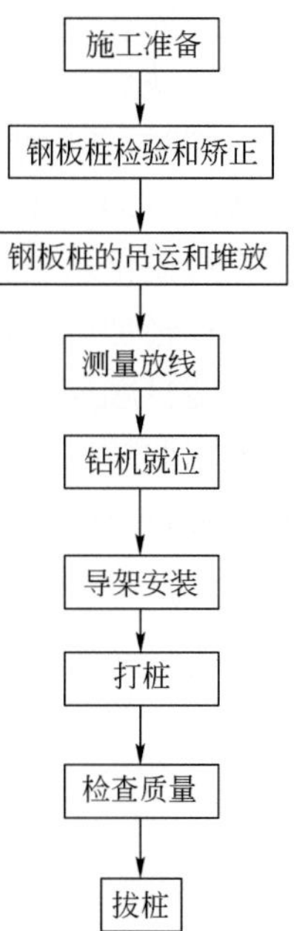

图 5-61 钢板桩施工工艺流程图

(2)导架的安装

导架的作用是保证沉桩轴线位置的正确和桩的垂直，控制桩的打入精度，防止板桩的屈曲变形和提高桩的贯入能力。

导架通常由导梁和围檩桩等组成。它的形式，在平面上有单面和双面之分，在高度上有单层和双层之分。一般常用的是单层双面导架。围檩桩的间距一般为 2.5～3.5m，双面围檩之间的间距一般比板桩墙厚度大 8～15mm。图 5-62 为单层双面导架示意图。安装导架时应注意：导架不能与钢板桩相碰，围檩桩不能随着钢板桩的打设而产生下沉和变形，导梁的高度要有利于控制钢板桩的施工高度和提高施工工效，采用精度较高的测量仪器控制导梁的位置和设计高程。

(3)钢板桩的打设

钢板桩的打设方式通常分为单独打入法和屏风式打入法两种。

单独打入法是将 1～3 根钢板桩一次同时打入至设计高程。这种方法虽施工效率较高，但打设时钢板桩容易倾斜且不易纠正，难以控制板桩墙的平直度。因此，在深基坑工程中，不宜采用该种打设方式。

屏风式打入法是将 10～20 根钢板桩成排插入导架内，呈屏风状，然后再分批施打。施打时先将屏风墙两端的钢板桩打至设计高程或一定深度，成为定位板桩，然后在中间按顺序分 1/3 或 1/2 板桩高度呈阶梯状打入，如图 5-63 所示。

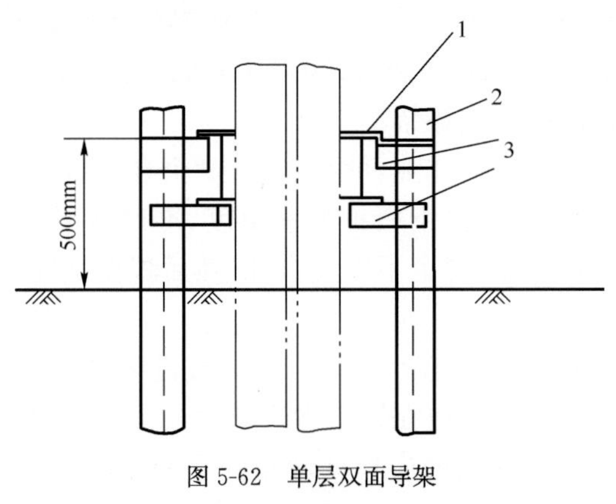

图 5-62 单层双面导架
1-导梁；2-围檩桩；3-牛腿

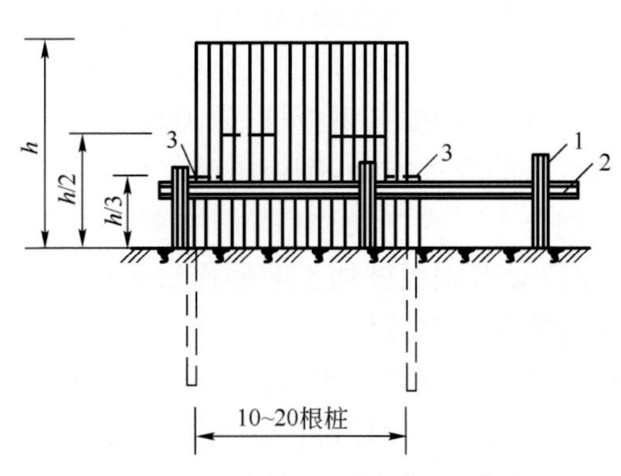

图 5-63 导架及屏风式打入法示意图
1-围檩桩；2-导梁；3-两端先打入的定位钢板桩

屏风式打入法的优点：打设时钢板桩不易发生屈曲、扭转、倾斜，减少倾斜误差积累，易于实现封闭合拢。缺点：插桩的自立高度较大，选用的打桩机架相对较高；在施打顺序上往返次数多，影响施工效率。同时，还应慎重考虑屏风墙的稳定性和操作安全。由于屏风式打入法能够保证沉桩质量，因此，一般情况下多采用这种打设方式施工板桩墙。

打设钢板桩前，先用吊车将钢板桩吊至插桩点处进行插桩，插桩时锁口要对准，每插入一块即套上桩帽轻轻加以锤击。

施打顺序是板桩施工工艺的关键之一，它对板桩的垂直度、位移、凹凸和打桩效率有直接影响。当屏风墙两端已打设的板桩呈逆向倾斜时，应正向施打；反之，逆向施打。当屏风墙两端的定位板桩保持垂直时，可往复施打，当板桩墙很长时，也可复合施打，如图 5-64 所示。

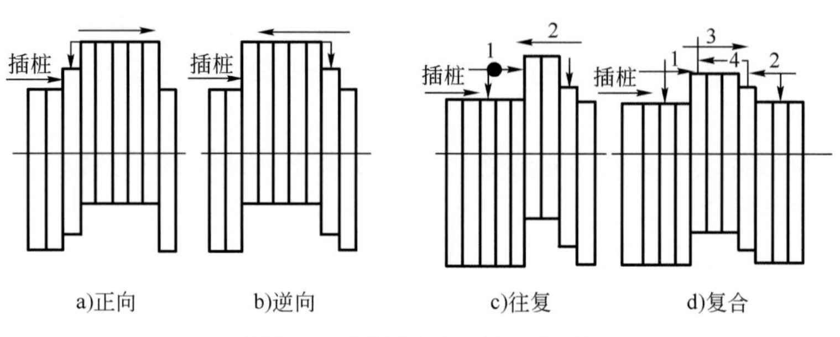

图 5-64　屏风式打入法的施打顺序

1、2、3、4-施打顺序及方向

打桩时，开始打设的第一块、第二块钢板桩可以起导向作用，其打入位置和方向要确保精度，一般每打入 1.0m 应测量一次。钢板桩分几次打入，如第一次由 20m 高打至 15m，第二次则打至 10m，第三次打至导梁高度，待导架拆除后第四次打至设计高程。在打桩过程中，要用全站仪器或经纬仪在两个方向控制钢板桩的垂直度。同时在导梁上预先算出每块板桩的位置，以便随时检查校正。

打桩过程中遇到障碍物时，导致钢板桩打入深度不够或无法打入，可采用转角桩或弧形桩绕过障碍物。

钢板桩在杂填土地段下行过程中受到石块等侧向挤压作用容易发生偏斜，采取的纠偏办法为在发生偏斜位置将钢板桩往上拔 1.0～2.0m，再往下锤击，如此上下往复振拔数次，可使大的块石被振碎或使其发生位移，让钢板桩的位置得到纠正，减少钢板桩的倾斜度。

钢板桩沿轴线倾斜度较大时，可采用异形桩来纠正，异形桩一般为上宽下窄或宽度大于或等于标准宽度的板桩，异形桩可根据实际倾斜度进行焊接加工；倾斜度较小时也可用卷扬机或电动葫芦和钢索将桩反向拉出再锤击。

在基础较软处，有时会发生施工时将邻桩带入现象，采取的处理措施是将相邻的数根桩焊接在一起，并且在施打桩的连接锁口上涂以黄油等润滑剂，减少与临近桩之间的摩擦阻力。

钢板桩振动频率控制：对不同地层，例如砂性土或黏性土，其阻力是不一样的，黏性土阻力较大，砂性土阻力较小。若钢板桩进入黏性土深度较大，要保证钢板桩顺利插入，须使用高频冲击，要增大振动频率；在砂性土中插打钢板桩，阻力较小，为提高插入速度须增大振幅。

钢板桩的合拢方法：钢板桩施工中，大多是 2～3 台机组同时作业，就存在 1～2 个合拢口，合拢口控制不好则合不了拢，形成渗漏缺口，要控制合拢口附近 10～20 根钢板桩的垂直度，准确测量合拢口宽度，合拢口异形钢板桩加工前要作试焊试插，保证试插特形钢板桩上下滑动自如，然后根据试插情况，正式焊接合拢异形钢板桩。

板桩围护的基坑采用墙体自防渗时，板桩挡墙的抗渗等级不宜小于 P6，并在板桩接缝处设置可靠的防渗止水构造。钢板桩挡墙当采用锁口式防水构造时，沉桩前应在锁口内嵌填黄油、沥青或其他密封止水材料，必要时可在沉桩后坑外锁口处注浆防渗。在基坑转角处应根据转角的平面形状做成相应的异形转角板桩，且转角桩宜适当加长，通常比围护桩长 0.5～1.0m。

(4)钢板桩的拔出

基坑和沟槽主体结构施工完毕后，可将钢板桩拔出，根据所用机械的不同，拔桩方法分为静力拔桩、振动拔桩和冲击拔桩 3 种。

静力拔桩所用的设备较简单，主要为卷扬机或液压千斤顶，受设备及能力所限，这种方法往往效率较低，有时不能将桩顺利拔出，但成本较低。

振动拔桩是利用机械的振动，引起钢板桩的振动，以克服板桩的阻力，将桩拔出。这种方法的效率较高，由于大功率振动拔桩机的出现，使多根板桩一起拔出有了可能。

冲击拔桩是以蒸汽、高压空气为动力，利用打桩机的原理，给予板桩向上的冲击力，同时利用卷扬机将板桩拔出，这类机械国内不多，工程中不常应用。

①静力拔桩。用卷扬机与滑轮组拔桩：先架设立柱或台架，可以用型钢、钢管甚至钢桁架等，只要能承受轴向压力并移动方便即可。有时也可用打桩架，立柱的长度需考虑到板桩的长度，立柱或台架要承受较大的拔力，应进行结构检算，安全系数应符合有关规范规定。由于拔桩过程中，总起拔力很大，对地面的接地压力较高，要防止桩架或板桩设备的沉降，宜在桩架或拔桩设备下设置钢板或路基箱，以扩散荷载。静力拔桩不同于振动或冲击拔桩，在拔桩初期因桩周阻力从静止到破坏需要一段过程，不能操之过急。宜将卷扬机间歇启动，渐渐地将桩拔出，切忌一次性启动卷扬机，否则会因冲击荷载太大，导致钢索崩断，设备损坏，甚至伤人。

②振动拔桩。振动拔桩，效率高，操作简便，是施工人员优先考虑的一种方法。振动拔桩产生的振动为纵向振动，这种振动传至土层后，对砂性土层，颗粒间的排列被破坏，使强度降低；对黏性土由于振动使土的天然结构破坏，密度发生变化，黏着力减小，土的强度降低，最终大幅度减少桩与土间的阻力，板桩被轻易拔出。

振动频率：在某一振动频率时，土对板桩的阻力会被破坏，从而使板桩能容易拔出，这一频率对不同的土质是不一样的。粗砂在 5Hz 时，产生液化；坚硬的黏土在 50Hz 时，出现松动现象，工程中的土层由各类土质分层构成，常用的振动频率为 8.3～25Hz。

振幅：要使砂层产生液化或使黏土、粉土减少黏着力，而使用强制振动的最小振幅值（当振动频率为 16.7Hz 时），对砂土需达到 3mm 以上，对粉土、黏土要达到 4mm 以上。

激振力：强制振动的激振力必须超过已被振动减弱后的土的阻力。

选用振动拔桩机：目前市场上振动拔桩机型号较多，有国产的也有进口的，功率从几千瓦至几百千瓦，甚至达到 1 000kW，机种选择的合适与否，直接影响到工程的成败。应尽可能使拔桩机在机器限定的范围内作业。

（八）SMW 水泥劲性搅拌桩施工

1. 概述

SMW 工法也叫柱列式土壤水泥墙工法，即利用多轴型长螺旋钻机在土壤中钻孔，达到预定深度后，边提钻边从钻头端部注入水泥浆，将其与地基土反复混合搅拌，在原位置上建成一段土壤水泥墙。然后再进行第二段墙施工，使相邻的土壤水泥墙彼此连续重叠搭接即可做成连续的桩墙。同时根据不同需要，插入工字钢，在水泥土混合体未结硬前插入 H 型钢或钢板作为其补强材料，至水泥结硬，便形成一道具有一定强度和刚度的连续完整的无接缝的地下墙体，作为深基坑或沟槽开挖的支护结构。SMW 工法最常用的是三轴型钻掘搅拌机，其中钻杆和钻头对于在黏性土、砂砾土、岩层中施工是有区别的。

2. 适用条件

它可在含水量不大的黏性土、粉土、砂土、砂砾土等软土地层中应用。

3. 施工工艺

SMW 工法施工工艺流程如图 5-65 所示。

4. 施工要点

（1）开挖导沟，设置导向架

采用挖掘机开挖沟槽，人工清理沟槽内土体，为确保桩位以及为安装 H 型钢提供导向装置，在沟槽边沿纵向打入 5m 长型钢作为固定支点，垂直沟槽方向放置两根工字钢与支点焊接，平行沟槽方向放置两根工字钢与下面的定位工字钢焊接，定位型钢上设桩位标志，导向架如图 5-66 所示。

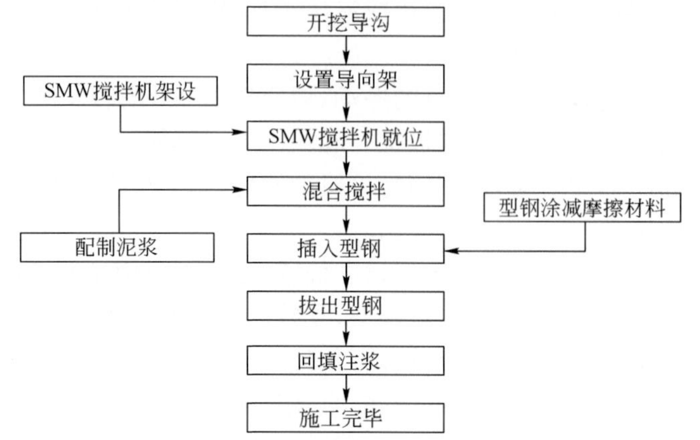

图 5-65　SMW 工法施工工艺流程图

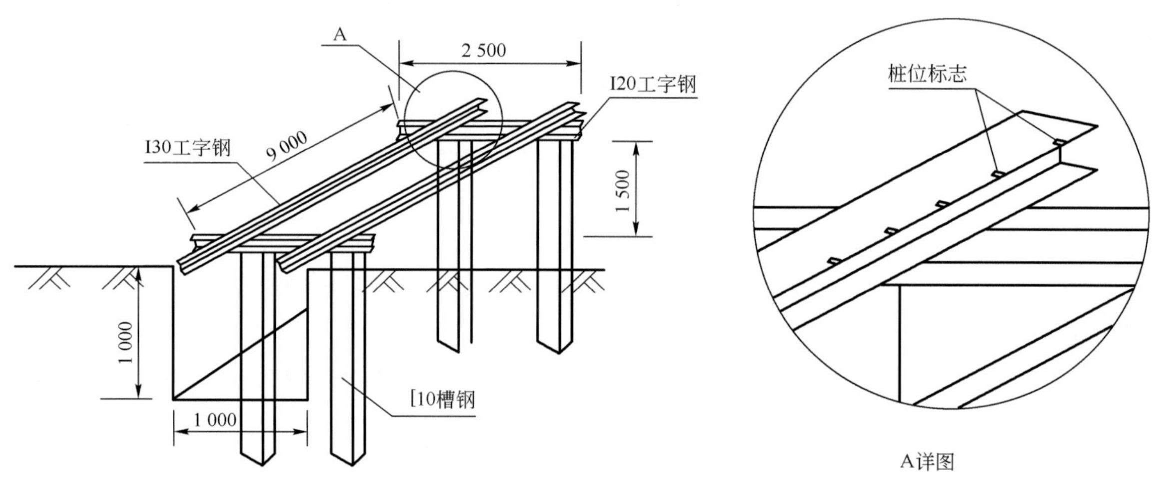

图 5-66　导向架示意图(尺寸单位:mm)

(2)SMW 搅拌桩机就位

施工中一般采用履带型三轴搅拌桩机。在桩机机头前端焊接两根 ϕ20mm 钢筋，钢筋与钻机钻杆垂直，钢筋端部距钻杆中心 1.0m，两根钢筋的距离为 1.2m，在钢筋端部悬挂垂球。相邻两桩位控制点拉线，沿直线放置桩位定位型钢，根据桩位，在型钢上做好标记。当垂球与桩位标记对齐，就确定了桩机位置，然后用经纬仪检查钻杆的垂直度。

(3)成桩

搅拌桩施工成桩过程与深层水泥土搅拌桩相同。搅拌机在下沉过程中和提升过程中注入水泥浆液，同时严格控制下沉和提升速度，下沉速度不大于 1.0m/min，提升速度不大于 2.0m/min。严格控制水灰比、搅拌时间、浆液质量，注浆时控制注浆压力和注浆速度，根据现场情况，及时调整水灰比和外加剂，一般情况下，应注意以下几点：

①配合比应进行试验确定，各种材料应按比例和顺序混合，并严格计量，为使浆液泵送减少堵管，应改善水泥的和易性，增加水泥浆的稠度，可适量加入减水剂(如木质素磺酸钙，一般为水泥用量的 0.2%)。

②水泥浆从砂浆搅拌机倒入储浆筒前，须经筛过滤，以防出浆口堵塞，并控制储浆桶内储浆量，以防浆液供应不足而断桩。储浆桶内的水泥浆应经常搅动，以防沉淀结块。水泥浆液必须充分拌和均匀，每次投料后拌和时间不得少于 3min，分次拌和必须连续进行，确保供浆不断。

③制备好的水泥浆液不得停置时间过长，一般应在 2h 之内用完。

④必须待水泥浆从喷浆口喷出并具有一定压力后,方可开始钻进喷浆搅拌操作,钻进喷浆必须到设计深度,误差不超过 5.0cm,并做好记录。

⑤按成桩试验确定的压力档次操作高压泵,并随时观察送浆管的送浆情况。桩机操作者应与制浆施工人员保持密切联系,保证搅拌机喷浆时供浆连续。因故停机时,须立即通知桩机操作者,并从地面重新开始钻进喷浆,不得留一定长度搭接后从中途开始工作。送浆异常时应迅速查明原因,妥善处理并记录。

⑥若施工过程中因停电或设备故障停工 1h 以上,则必须立即进行全面冲洗,防止水泥在设备用管中结块,影响施工。

⑦尽量采用沿挡墙纵向走机。桩排之间的搭接时间不应超过 24h。如因故超过上述时间,出现施工缝时,需采用搭接套钻或在后排加做一定数量的水泥土搅拌桩或旋喷桩,以防止因为时间过长造成新老搅拌桩接触面的缝隙渗水。

⑧若成桩过程中,出现反土或冒浆现象,必须在一定深度内增加一次搅拌。若出现注浆阻塞或断浆现象,应及时停泵,排除故障后,再采取有效措施进行复喷浆,严防断桩、空桩。

(4)插 H 型钢

深搅桩成桩后,SMW 桩机移到下根桩的位置继续施工。SMW 桩机移位后紧接着在型钢插入位置安放型钢定位卡,用吊机起吊 H 型钢放入定位卡,靠型钢的重力自动下沉到设计高程,当下沉困难时可以用振动锤辅助下沉至设计高程。为了拔出顺利,可在型钢上涂抹减磨材料,以减小拔出的阻力。

(5)围护结构成形

为确保桩身强度和止水效果,施工过程中要求做到:严格按设计要求配置浆液,土体应充分搅拌,严格控制下沉速度,使原状土充分破碎,有利于同水泥浆均匀拌和;浆液不能发生离析,水泥浆液严格按预定配合比制作,为防止灰浆离析,注浆前必须搅拌 30s 再倒入储浆桶,存浆桶内设置搅拌机,不停搅拌;压浆阶段不允许发生断浆现象,输浆管道不能堵塞,全桩须注浆均匀,不得发生夹心层;如发生管道堵塞,立即停泵处理,待处理结束后立即把搅拌钻具上提或下沉 1.0m 后方能注浆,等注浆 10～20s 恢复向上提升搅拌,以防断桩。所有 SMW 桩施工完毕后,就形成了连续完整的支护结构,可以进行基坑或沟槽开挖。

(6)H 型钢拔出

如条件允许,施工完毕后可进行 H 型钢回收,在施工前应进行型钢抗拔验算与拉拔试验,以确保型钢顺利拔出,并在型钢上涂刷减磨剂,使 H 型钢的抗拔力降低。由于围护结构变形会导致型钢扭曲,使型钢很难拔出,因此应确保搅拌桩水泥土强度,围护钢支撑按设计要求施加预加应力且各钢支撑受力均匀,使围护结构变形量减小,是提高 H 型钢回收率的有效手段。型钢拔出采用组合拔桩机施工。

(7)注浆填充

主体结构施工完毕后,在 H 型钢拔除留下的孔隙中注入水泥浆,进行填充。注浆材料采用水泥浆或水泥砂浆,可以通过高效减水剂及膨润土调整浆液的流动性。

(九)地下连续墙的施工

1.概述

地下连续墙是利用挖槽机械沿着基坑的周边,在泥浆护壁的条件下开挖一条狭长的深槽,在槽内放置钢筋笼,然后用导管法在泥浆中浇注混凝土,如此逐段进行施工,在地下构成一道连续的钢筋混凝土墙壁。

地下连续墙按其填筑的材料,分为土质墙、混凝土墙、钢筋混凝土墙(又有现浇和预制之分)和组合墙(预制钢筋混凝土墙板和现浇混凝土的组合,或预制钢筋混凝土墙板和自凝水泥膨润土泥浆的组合);按其成墙方式,分为桩排式、壁板式、桩壁组合式;按其用途,分为临时挡土墙、防渗墙,作为临时挡土墙并成为主体结构的地下连续墙。

地下连续墙具有结构刚度大、强度高、整体性、抗渗性和耐久性好的特点,可作为永久性的支护结构和承重结构;能适应比较复杂的施工环境和地质条件,可紧靠已有建筑物施工,施工时基本无噪声、无振动，对环境影响较小。

2. 适用条件

通常条件下，基坑工程中地下连续墙适用条件归纳起来有以下几点：

(1)基坑开挖深度大于10m；

(2)软土地基或砂土地基；

(3)基坑周围有重要的建筑物、地下构筑物或管线，地面沉降、建筑物的沉降要求严格时，宜用地下连续墙；

(4)围护结构与主体结构相结合，并作为主体结构的一部分共同承受上部荷载，且对抗渗有严格要求时，宜用地下连续墙；

(5)采用盖挖逆作法施工，围护结构和内衬形成复合结构的工程。

3. 施工工艺

如为接头管接头，地下连续墙的施工工艺：施工准备→测量放线→施工导墙→泥浆制备→钻机就位→开挖槽段→清槽→吊放接头管→吊放钢筋笼→灌注混凝土→拔出接头管→开始下一槽段施工。施工工艺流程如图5-67所示。

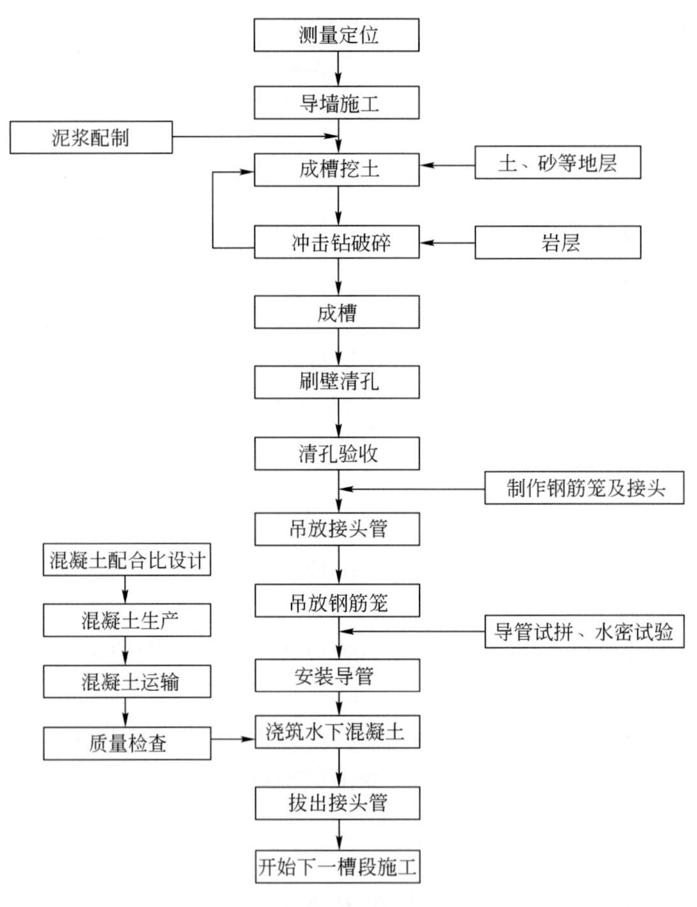

图5-67 地下连续墙法施工工艺流程图

4. 施工要点

(1)槽段划分

地下连续墙施工时，预先沿墙体长度方向把地下墙划分为许多某种长度的施工单元，这种施工单元称为“单元槽段”，地下连续墙的挖槽是按一个个单元槽段进行挖掘，在一个单元槽段内，机械挖土时可以是一个或几个挖掘段。单元槽段的最小长度不得小于一个挖掘段(挖槽机械的挖土工作装置的一次挖土长度)。从理论上讲，单元槽段越长越好，因为这样可以减少槽段的接头数量，增加地下连续墙的整体性，还可提高其防水性能和施工效率，但是单元槽段长度受许多因素限制，在确定其长度时应综合考虑下述各因素：地质条件、地面荷载、起重机的起重能力、混凝土的供应能力和储浆能力等。此外，划分单元槽段时尚应考虑单元槽段之间的接头位置。一般情况下，接头应避免设在转角处及地下连续墙与内部结构的连接处，以保证地下连续墙有较好的整体性，单元槽段划分还与接头形式有关，有时要考虑接头布置与内衬墙体结构的变形缝相协调。单元槽段的长度多取 3～8m，但也有取 10m 甚至更长的情况。

(2)泥浆配置

地下连续墙常用的泥浆为膨润土泥浆、聚合物泥浆、CMC(羧甲基纤维素)泥浆及盐水泥浆等，膨润土泥浆的主要成分为膨润土、水和外加剂。

地下连续墙施工时泥浆护壁对于保持槽壁的稳定性，防止槽壁塌方是十分重要的。泥浆护壁的功能见表 5-11。

泥浆护壁的功能 表 5-11

<table>
<tr><th colspan="2">主要因素</th><th>性质和机能</th><th>影响稳定的因素</th><th>所起的作用</th></tr>
<tr><td rowspan="8">泥浆</td><td rowspan="4">泥皮与泥膜</td><td rowspan="2">薄膜功能</td><td>不透水薄膜</td><td>把泥浆和地下水隔开，使泥浆压力作用在槽壁上</td></tr>
<tr><td>半透水薄膜</td><td>由于薄膜特性产生电渗作用，而存在抵抗渗透的力</td></tr>
<tr><td rowspan="2">薄壁功能</td><td>裱糊效果</td><td>覆盖在槽壁上防止土颗粒坍落</td></tr>
<tr><td>紧束效果</td><td>减少土体变形，增加壁面强度</td></tr>
<tr><td rowspan="4">泥浆</td><td rowspan="2">密度</td><td>泥浆本身密度(新浆)</td><td>泥浆静水压力</td></tr>
<tr><td>槽内泥浆密度(混进土渣后)</td><td>密度增加 10%～20%</td></tr>
<tr><td>被动抵抗力</td><td>由泥浆的抗剪强度产生的被动抵抗力</td><td>在槽壁之间的泥浆产生被动抵抗力</td></tr>
<tr><td>浓度差</td><td>因电动势使泥浆产生电渗透的渗透作用</td><td>具有反渗透压力</td></tr>
</table>

泥浆的主要作用是护壁，其次是携沙、冷却和润滑，泥浆具有一定的密度，在槽内对槽壁产生一定的静水压力，相当于一种液体支撑，槽内泥浆面如高出地下水位 0.5～1.0m，能防止槽壁坍塌。关于地下连续墙的槽壁稳定性问题可以通过计算公式确定，如梅耶霍夫的沟槽稳定临界高度公式。

应根据地质情况、成槽方法和用途，试验和选择泥浆配比，膨润土泥浆可参考表 5-12 选用。在地下连续墙成槽中，泥浆液柱压力作用在开挖槽段墙壁上，除平衡土压力、水压力外，由于泥浆在槽壁内的压差作用，部分水渗入土层，从而在槽壁表面形成一层固体颗粒状的胶结物——泥皮。性能良好的泥浆失水量少，泥皮薄而密，具有较高的黏结力，这对于维护槽壁稳定，防止塌方起到很大的作用。泥浆每次拌制需要控制在合适的范围内，一般情况，以拌制理论方量的 1.5 倍左右是比较合适的。有时由于地层原因，实际用量也可能达到理论值的 2 倍。

膨润土泥浆的性能和技术指标 表 5-12

项目	性能指标		试验方法
	一般地层	软弱地层	
密度(g/cm^3)	1.04～1.25	1.05～1.25	泥浆密度秤
黏度(s)	18～22	19～25	500～700mL 漏斗法
胶体率(%)	>95	>98	100mL 量杯法
稳定性(g/cm^3)	<0.05	<0.02	500mL 量筒或稳定计
失水量(mL/30min)	<30	<20	失水量仪
pH 值	<10	7～9	pH 试纸
泥皮厚度(mm/30min)	1.5～3.0	1.0～1.5	失水量仪
静切力($\mu N/cm^2$) 1min 10min	100～200 300～500	200～500 600～1 000	静切力计
含砂率(%)	4～8	<4	含砂率测定器

表5-12中上限为新制泥浆，下限为循环泥浆。一般采用膨润土泥浆时，新浆密度控制在1.04～1.05g/cm³，循环过程中的泥浆密度控制在1.25～1.30g/cm³；松散易塌的地层，泥浆密度可适当加大。浇灌混凝土前，槽内泥浆密度控制在1.15～1.25g/cm³，应视土质情况而定。成槽时，泥浆主要起护壁作用，在一般情况下可只考虑密度、黏度、胶体率三项指标。当存在易塌方土层(如砂层或地下水位下的粉砂层等)或采用产生冲击、冲刷的掘削机械时，应适当考虑提高泥浆黏度，宜用20～25s。

(3)地下水位控制

地下水位的相对高度，对槽壁稳定的影响很大，同时它也影响着液面高度和泥浆相对密度。如果由于降雨使地下水位急剧上升，地面水再绕过导墙流入槽段，这样就使泥浆对地下水的压力减小，极易产生槽壁塌方。故采用泥浆护壁开挖深度大的地下连续墙时，要重视地下水的影响，如果必要时可部分或全部降低地下水位，或提高槽段内泥浆液位和相对密度，对保证槽壁稳定会起很大的作用。

当挖槽出现坍塌迹象时，如泥浆大量漏失、液位明显下降，泥浆内有大量泡沫上冒或出现异常的扰动，导墙及附近地面出现沉降，排土量超过设计断面的土方量，多头钻或蚌式抓斗升降困难等，应首先及时将挖槽机械提至地面，避免发生挖槽机械因塌方埋入地下的事故，然后迅速采取措施避免坍塌进一步扩大。常用的措施是迅速补浆以提高泥浆液面和回填土，待所填的回填土稳定后再重新开挖。

(4)挖槽

由于地基的工程地质条件、环境条件、地下连续墙的作用、施工机械技术性能的不同，地下连续墙的成槽机械设备也各不相同。在选择地下连续墙的成槽设备时必须考虑地层特性、开挖深度和墙体厚度、机械设备的特性等因素。连续墙成槽机械主要有抓斗式、冲击式、回转式、铣挖式等几类，根据地质条件，通常采用下列方法：

①对于存在孤石、砾石、局部硬岩和中硬岩的地层，宜采用冲击钻机。

②对于中等硬度的粉土、粉砂和砾石、卵石地层及软岩，宜采用回转式钻机。

③抓斗对地层的适应性很强，从软黏土到含有大漂石的冲积层，均可进行挖槽。当大漂石含量很多时，使用特制的钢丝绳机械抓斗，配以80～100kN重的冲击锤，往往可以取得很好的效果。

④铣槽钻机对地层适应性强，淤泥、砂、砾石地层和软岩均可掘削，效率比较高。

每个槽段开挖完毕，必须检查槽位、槽深、槽宽及槽壁垂直度，合格后方可进行清槽换浆工作，槽壁垂直度偏差必须小于0.5%。

(5)清底

槽段挖至设计高程后，用超声波等方法测量槽段断面，如误差超过设计和规范要求，则需修槽，修槽可用冲击钻或锁口管并联冲击。对于槽段接头处亦需清理，可用刷子清刷或用压缩空气压吹。此后应进行第一次清底，根据需要，在吊放钢筋笼后、浇筑混凝土前，可再进行二次清底。

挖槽结束后，悬浮在泥浆中的土壤颗粒将逐渐沉淀到槽底。此外，在挖槽过程中未被排出而残留在槽内的土渣，以及吊放钢筋笼时从槽壁上刮落的泥皮等都堆积在槽底。在挖槽结束后清除以沉渣为主的槽底沉淀物的工作称为清底。

清底的方法，一般有沉淀法和置换法两种。沉淀法是在土渣基本都沉淀到槽底之后再进行清底；置换法是在挖槽结束之后，对槽底进行认真清理，然后在土渣还没有再沉淀之前就用新泥浆把槽内的泥浆置换出来，使槽内泥浆的相对密度在1.15g/cm³以下。

清除沉渣的方法，常用的有：

①砂石吸力泵排泥法；

②压缩空气升液排泥法；

③带搅动翼的潜水泥浆泵排泥法；

④抓斗直接排泥法。

前三种应用较多，其工作原理如图5-68所示。

不同的方法清底的时间亦不同。置换法是在挖槽之后立即进行。对于以泥浆反循环法进行挖槽的施工，可在挖槽后紧接着进行清底工作。沉淀法一般在插入钢筋笼之前进行清底，如插入钢筋笼的时间

较长，也可在浇筑混凝土之前进行清底。

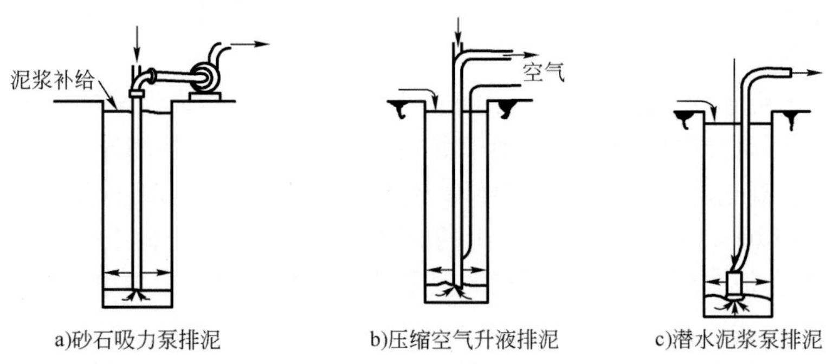

图 5-68 清底方法

单元槽段接头部位的土渣会显著降低接头处的防渗性能。这些土渣的来源，一方面是在混凝土浇筑过程中，由于混凝土的流动将土渣推挤到单元槽段的接头处；另一方面是在先施工的槽段接头面上附有泥皮和土渣。因此，宜用刷子刷除或用水枪喷射高压水流进行冲洗。

(6)钢筋笼加工和吊放

①钢筋笼加工。根据地下连续墙墙体配筋图和单元槽段的划分来制作钢筋笼。钢筋笼最好按单元槽段做成一个整体。如果地下连续墙很深或受起重设备起重能力的限制，需要分段制作，在吊放时再连接，接头宜用绑条焊接，纵向受力钢筋的搭接长度，如无明确规定时可采用 60 倍的钢筋直径。

制作钢筋笼时，要根据配筋图，确保钢筋的位置、间距及根数正确。纵向钢筋接长宜采用气压焊接、搭接焊等。钢筋连接除四周两道钢筋的交点需全部点焊外，其余的可采用 50％交叉点焊。成形用的临时扎结铁丝焊后应全部拆除。

地下连续墙与基础底板以及内部结构板、梁、柱、墙的连接，如采用预留锚固钢筋的方式，锚固筋一般用光圆钢筋，直径不宜超过 20mm。锚固筋的布置还要确保混凝土自由流动，以充满锚固筋周围的空间；如采用预埋钢筋连接器则宜用直径较大钢筋。

钢筋笼应在型钢或钢筋制作的平台上成形，平台应有一定的尺寸(应大于最大钢筋笼尺寸)和平整度。为便于纵向钢筋笼定位，宜在平台上设置带凹槽的钢筋定位条。加工钢筋所用设备通常为弧焊机、气压焊机、点焊机、钢筋切断机、钢筋弯曲机等。

②钢筋笼吊放。钢筋笼的起吊应用横吊梁或吊架。吊点布置和起吊方式要防止起吊时引起钢筋笼变形。起吊时不能使钢筋笼下端在地面上拖引，以防造成下端钢筋弯曲变形。为防止钢筋笼吊起后在空中摆动，应在钢筋笼下端系上拽引绳，用人力操纵。

插入钢筋笼时，最重要的是使钢筋笼对准单元槽段的中心，垂直而又准确地插入槽内。钢筋笼进入槽内时，吊点中心必须对准槽段中心，然后缓慢下降，必须注意不要因起重臂摆动或其他影响而使钢筋笼产生横向摆动，造成槽壁坍塌。

如果钢筋笼是分段制作，吊放时需接长，下段钢筋笼要垂直悬挂在导墙上，然后将上段钢筋笼垂直吊起，上下两段钢筋笼成直线连接。

如果钢筋笼不能顺利插入槽内，应重新吊出，查明原因，加以解决，如果需要则在修槽之后再吊放。不能强行插放，否则会引起钢筋笼变形或使槽壁坍塌，产生大量沉渣。

(7)地下连续墙混凝土浇筑

在确定地下连续墙工程中所用混凝土的配合比时，应考虑到混凝土采用导管法在泥浆中浇筑的特点。地下连续墙施工所用的混凝土，除满足一般水工混凝土的要求外，尚应考虑泥浆中浇筑的混凝土强度随施工条件变化较大，同时在整个墙面上的强度分散性亦大。实际浇灌的混凝土强度等级应高出设计强度等级一级。

混凝土原材料的选择：为避免分层离析，要求采用粒度良好的河砂，粗集料宜用粒径为 5～25mm 的卵石，水泥应采用强度等级为 42.5 或 52.5 的普通硅酸盐水泥和矿渣硅酸盐水泥。单位水泥用量：粗集料如为卵石应在 360kg/m³ 以上，如采用碎石并掺加优良的减水剂应在 400kg/m³ 以上，如采用碎石而未掺加减水剂时应在 420kg/m³ 以上。水灰比不大于 0.60。混凝土的坍落度宜为 18～20cm。混凝土配合比应通过试验确定。

地下连续墙混凝土用导管法进行浇筑。由于导管内混凝土和槽内泥浆的压力不同，在导管下口处存在压力差，使混凝土可从导管内流出。为便于混凝土向料斗供料和装卸导管，我国多用混凝土浇筑机架进行地下连续墙的混凝土浇筑。机架跨在导墙上沿轨道行驶。在混凝土浇筑过程中，导管下口一般应埋在混凝土内 2.0m 以上，使从导管下口流出的混凝土将表层混凝土向上推动，而避免与泥浆直接接触，否则混凝土流出时会把混凝土上升面附近的泥浆卷入混凝土内。但导管插入太深会使混凝土在导管内流动不畅，有时还可能产生钢筋笼上浮，因此无论何种情况，导管最大插入深度不宜超过 6.0m。当混凝土浇筑到地下连续墙顶部附近时，导管内混凝土不易流出，一方面要降低浇筑速度，另一方面可将导管的最小埋入深度减为 1.0m 左右，如果混凝土还浇筑不下去，可将导管上下抽动，但上下抽动范围不得超过 30cm。

浇筑混凝土置换出来的泥浆，要送入沉淀池进行处理，勿使泥浆溢出在地面上。导管的间距一般为 3～4m，其长短取决于导管直径。单元槽段端部易渗水，导管距槽段端部的距离不得超过 2m。如管距过大，易使导管中间部位的混凝土面低，泥浆易卷入，如一个单元槽段内使用 2 根或 2 根以上导管同时进行浇筑，应使各导管处的混凝土面大致处在同一设计高程上。浇筑时宜尽量加快单元槽段混凝土的浇筑速度，一般情况下槽内混凝土面的上升速度不宜小于 2.0m/h。

在混凝土顶面存在一层浮浆层，需要凿去，因此混凝土需要超浇 30～50cm，以使在混凝土硬化后查明强度情况，将设计高程以上部分用风镐凿去。

(8)相临单元槽之间接头形式

止水和传递应力是地下连续墙结构稳定的主要因素，而槽段的接头形式是关键。因此必须研究接头形式，选择合理的连接方式、增大两单元槽段间重叠长度并保证密封性能，是保证地下连续墙具有止漏防渗、传递应力的前提。地下连续墙主要的接头形式有锁口管、预制桩、工字钢、十字板等。

①锁口管接头。施工时，一个单元槽段挖好后，在槽段的接头部位用吊车放入接头管，然后吊放钢筋笼并浇筑混凝土，待混凝土浇筑后强度达到 0.10～0.20MPa(一般在混凝土浇筑开始后 3～5h，视气温而定)，开始提拔接头管，开始时约每隔 20～30min 提拔一次，每次上拔 30～100cm，上拔速度应与混凝土浇筑速度、混凝土强度增长速度相适应，一般为 2～4m/h，应在混凝土浇筑结束后 8h 内将接头管全部拔出，接头管拔起后在墙端留下半圆混凝土凹槽，用来与相邻后浇筑槽段钢筋混凝土连接，如图 5-69所示。在浇筑下段混凝土前，应用特制的钢丝刷沿接头上下往复移动多次，刷去接头上残留的泥浆，以利于新旧混凝土的结合。

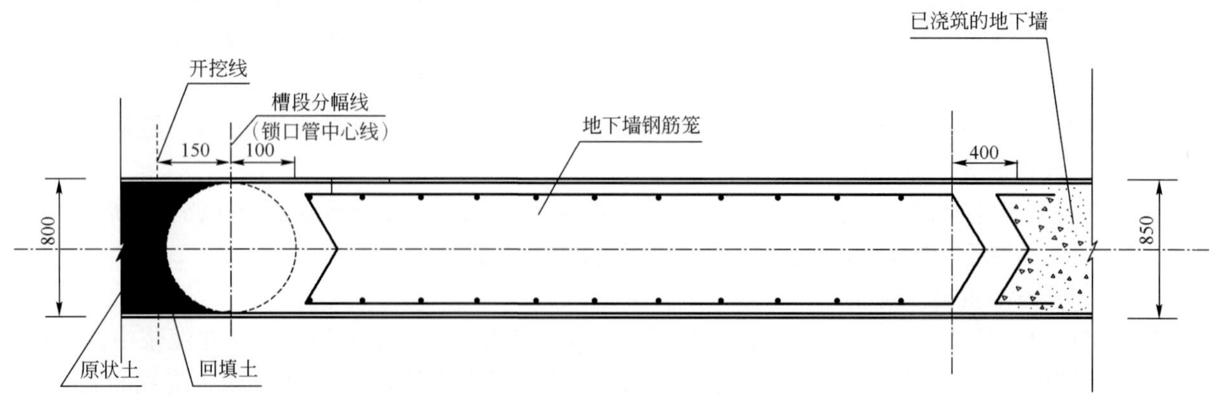

图 5-69　锁口管接头示意图(尺寸单位：mm)

接头管一般用 10mm 厚钢板卷成，槽孔较深时，做成分节拼装式组合管，各节长度 2～6m，外径比槽宽小于 10～20mm，直径偏差应控制在±30mm 以内。接头管表面应平整光滑，连接应紧密可靠，一般用成插式销接。

②接头箱接头。接头箱接头可以使地下连续墙形成整体接头，接头的刚度较好。接头箱接头的施工方法与接头管接头相似，只是接头管旁再连接一个接头箱，同时先浇注槽段的钢筋笼。在吊装钢筋笼之前，需要在侧面端头附近焊接一块竖向钢封板。前一个单元槽段挖土结束后，先吊放接头箱和接头管，并将位置固定好，然后吊放钢筋笼。由于接头箱在靠近先浇筑槽段的一面是开口的，所以钢筋笼端部的水平钢筋可插入接头箱内。浇筑混凝土时，由于接头箱的内部空间被焊在钢筋笼端部的竖向钢板封住，因而浇筑的混凝土不能进入接头箱。混凝土初凝后，逐步拔出接头箱和接头管，在后一个单元槽内放入钢筋笼，占据接头箱和接头管位置，使两相邻单元槽段的水平钢筋交错搭接，浇筑混凝土后，形成整体接头。

③钢筋混凝土预制桩接头。当先浇注的槽段下入钢筋笼后，在槽端下入与槽宽相等或略小的预制接头桩，接头桩应比成槽深度高出约 20cm，以阻挡混凝土浇灌时漏浆，混凝土浇灌后与接头桩成为一体，依靠桩上的异形混凝土槽，用来与相邻后施工槽段衔接，如图 5-70 所示。

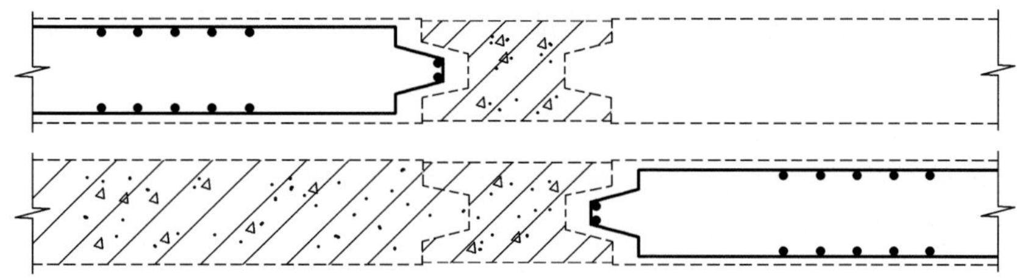

图 5-70　钢筋混凝土预制桩接头示意图

④工字形接头。采用工字钢型钢或用钢板焊接成工字形，并在现场与先施工墙段钢筋笼端部横向钢筋焊接连成整体，待槽段挖掘完成后，吊入钢筋笼并浇灌混凝土。工字钢接头可阻挡混凝土漏浆，后浇注墙段钢筋笼端部横向钢筋向内侧弯曲伸入接头中，浇灌混凝土后与先施工墙段成为一体，如图 5-71所示。

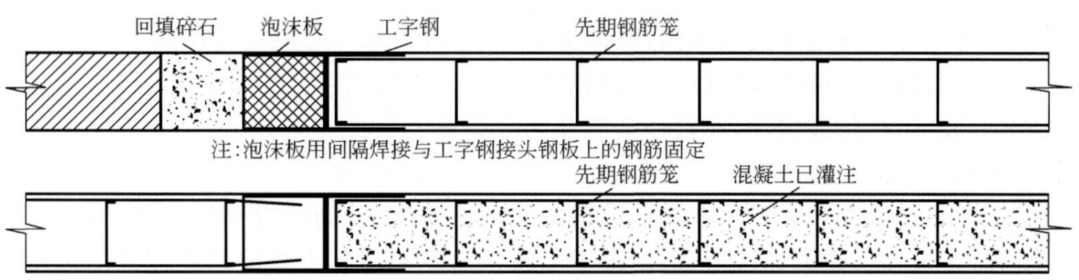

图 5-71　工字钢接头示意图

⑤十字形接头。十字形接头如图 5-72 所示，其和工字形接头类似，在先浇注混凝土槽段的钢筋笼端头上预埋十字钢板作为连接接头，后浇注槽段钢筋伸入接头两侧。

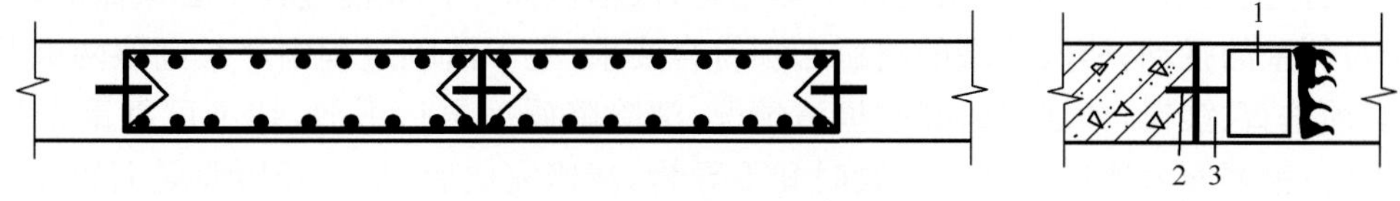

图 5-72　十字钢板接头示意图

1-锁口管；2-十字钢板；3-充气塑料管

⑥隔板式接头。隔板式接头按隔板的形状分为平隔板、榫形隔板和 V 形隔板。由于隔板与槽壁之间难免有缝隙，为防止前一槽段浇筑的混凝土渗入，要在钢筋笼的两端铺化纤布。化纤布可把单元槽段钢筋笼全部或部分罩住，要注意吊入钢筋笼时不要损坏化纤布。

带有接头钢筋的榫形隔板式接头，能使各单元墙段连成一个整体，是一种较好的接头方式，但插入钢筋笼较困难，且接头处混凝土的流动亦受到阻碍，施工时质量控制比较困难。

⑦接头特点比较。地下连续墙接头形式很多，各种接头形式的优缺点不同，接头管接头的成本相对较低，施工简单，可重复使用，但如果混凝土初凝时间控制不好，拔出会比较困难，早拔则混凝土仍处于

流动状态，尚未成形，晚拔则难以拔出，且易损伤墙体。钢筋混凝土预制桩接头自重较大，一般需分节制作，制作时占用场地较大，混凝土需要养护，施工周期长，接桩时精度要求较高，需采取有效措施防止混凝土侧压。接头管接头和钢筋混凝土预制桩接头因与接头部位无钢筋连接，传力效果稍差，同时因流水线路直且短，阻力小，易出现渗漏水现象。

工字钢接头和十字板接头可以使相邻两槽段钢筋笼连接良好，具有较强的抗剪和抗弯能力，接头渗水线路长，线路凹凸多，阻力大，不易出现渗漏水现象，止水效果较好，但加工和安装较为复杂，精度要求高，成本相对较高，在后注槽段吊放钢筋笼过程中，一旦发生偏斜，连接质量很难保证，很容易出现渗漏。

当发生混凝土绕流后，锁口管接头的处理相对简单，有空间用抓斗直接进行清理，或冲击钻直接靠近接口部位处理，接头中的泥土及夹泥水泥浆处理容易、干净，而工字形和十字板接头因空间小，处理难度大。

地下连续墙的接头形式和种类繁多，各有其优缺点。接头管接头工艺比较成熟，施工简单可靠，刷壁方便，后期槽段下放钢筋笼方便，造价较低，是目前软土地层中常用的形式，但在施工中要控制好接头管的拔出时机。

(9)结构接头

地下连续墙与内部结构的楼板，柱、梁连接的结构接头，常用的有下列几种：

①预埋连接钢筋法。预埋连接钢筋是应用最多的一种方法，它是在浇筑墙体混凝土之前将设计的连接钢筋固定在钢筋笼上之后，进行弯折，预埋在地下连续墙内，待内部土体开挖后露出地下连续墙时，凿开预埋连接钢筋处的墙面，将露出的预埋连接钢筋弯成设计形状，与后浇结构的受力钢筋连接。

②预埋连接钢板法。在浇筑地下连续墙的混凝土之前，将预埋连接钢板放入并与钢筋笼固定。浇筑混凝土后凿开墙面，使预埋连接钢板外露，用焊接方式将后浇结构中的受力钢筋与预埋连接钢板焊接。施工时要注意保证预埋连接钢板后面的混凝土饱满密实。

③预埋剪力连接件法。剪力连接件的形式有多种，但以不妨碍浇筑混凝土、承压面大且形状简单的为好。剪力连接件先预埋在地下连续墙内，墙体暴露后，弯折出来与后浇结构连接。

地下连续墙内有时有其他的预埋件或预留孔洞等，可利用泡沫苯乙烯塑料、木箱等覆盖，但要注意不要因泥浆浮力而产生移位或损坏，而且在基坑开挖时要易于从混凝土中取下。

(10)施工中防止渗漏水的措施

地下连续墙的局部渗漏水多发生在连续墙槽段之间的连接处，为改进槽段连接点的刚度和抗渗能力，人们提出过很多连接节点的连接形式，但由于吊放钢筋笼和混凝土灌注是在泥浆中进行，要将先行施工的槽段连接面上泥浆清刷干净，并使后浇槽段的混凝土能很好地与它黏结。在泥浆中浇筑混凝土，只要施工中对先浇槽段接触面的清刷效果不好，或因为泥浆护壁效果不佳，清刷和下笼过程中不小心碰塌了侧壁的土体，都会使槽段连接节点产生局部夹泥露筋和渗漏水。避免出现这种质量问题的措施：精心配制槽段内的护壁泥浆，确保槽壁两侧的土体稳定；成槽机抓斗在成槽过程中必须保证垂直匀速地上下，尽量减少对侧壁的扰动；槽段两端的清刷必须符合要求，上下清刷过程中严禁刮擦两侧壁土体，钢筋笼下放过程必须垂直、缓慢，如遇障碍必须摸清情况，清除障碍后再行下放，切不可靠重力强行插入，导致侧壁土体塌落；钢筋笼入槽以后必须抓紧时间下导管，清槽完成后，马上开始混凝土的浇筑，不要将清过槽后的槽段空置时间过长，以防止发生新的土体坍落。

(十)水泥搅拌桩施工

1.概述

水泥搅拌桩是利用水泥干粉或水泥浆作为固化剂的主剂，并加入一定量的外加剂，通过深层搅拌机械上带有叶片的搅拌头在地基深部就地将软土和固化剂强制拌和，使软土硬化固结而提高地基强度。搅拌机一般分喷浆和喷粉两种，喷浆一般称为搅拌桩湿法施工，喷粉一般称为搅拌桩干法施工，而喷浆又分为中心管喷浆方式和叶片喷浆方式。喷粉特别适用于含水率达到80%以上的软黏土，可提高桩体强度2～3MPa，尤其是提高早期强度。深层搅拌机械一般分为单轴、双轴和三轴。

2. 适用条件

适用于软弱地基的处理，对于淤泥、淤泥质土、粉质黏土、粉土及饱和素填土等地基承载力标准值不大于 140kPa 地层，搅拌桩的强度也较低，适合地层加固和止水，不适合作为挡土结构，一般需要和其他挡土结构配合使用。

土的含水率在 30%以下或地下水位以上的土层不适合进行粉喷搅拌。

3. 施工工艺

搅拌桩湿法施工工艺：施工准备→钻机就位→预搅下沉→提升喷浆搅拌→重复下沉喷浆搅拌→重复提升喷浆搅拌→清洗设备和管路→成桩。考虑到搅拌桩顶部受力和变形较大，因此通常对桩顶3.0m范围内重复搅拌，以提高其强度和稳定性。施工工艺如图 5-73 所示。

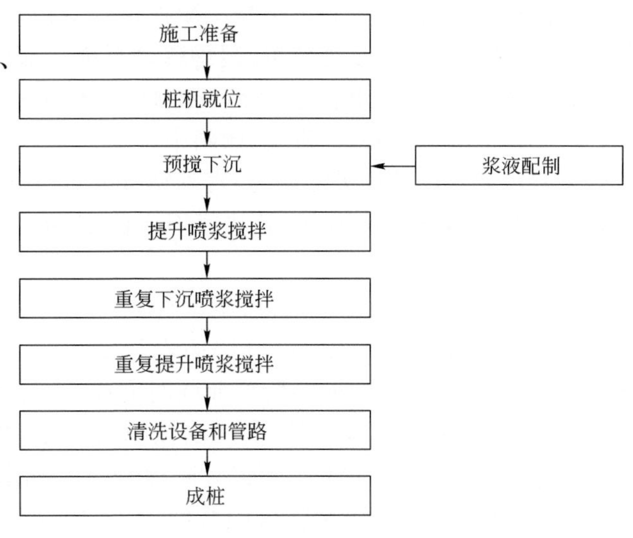

图 5-73 水泥土搅拌桩湿法施工工艺流程图

4. 施工要点

(1)搅拌桩正式施工前应通过现场工艺性能试验，获得该场地的成桩经验及各种操作技术参数，试验桩不得少于 2 根，当桩周为成层土时，应对相对软弱土层增加搅拌次数和增加水泥掺量。水泥土的 28d 无侧限抗压强度不宜小于 1.0MPa。

(2)施工时应定期检查机械的成桩直径及搅拌均匀程度，对使用的钻头应定期复核检查，其直径磨耗量不得大于 20mm。

(3)使用水泥一般为硅酸盐水泥、普通硅酸盐水泥、矿渣硅酸盐水泥，强度不应低于 32.5MPa。根据拌和土强度要求，水泥土中水泥掺量不宜小于 15%，一般为 150～200kg/m^3，水灰比一般为 0.45～0.5，拌和时，所使用的水泥都应过筛，制备好的浆液不得离析，应连续泵送，如有异常情况，停止时间不应大于 2h，如超过 2h，应进行补桩。

(4)一般预搅下沉的速度应控制在 1.0m/min，重复搅拌升降速度应控制在 0.5～0.8m/min，喷浆速度一般为 0.6～1.6m^3/min，喷浆压力不应小于 0.4MPa。

(5)施工时因故停浆，应将搅拌叶下沉至停浆点以下 0.5m 处，待恢复供浆时再喷浆搅拌提升，接桩间隔时间不宜大于 24h，否则施工新桩。

(6)当水泥浆液到达出浆口时，应喷浆搅拌 30s，在水泥浆与桩端土充分搅拌后，再开始提升搅拌头。

(十一)旋喷桩施工

1. 概述

旋喷桩是利用钻机钻孔后，将旋喷喷头钻置孔底，将预先配制好的浆液通过高压注浆泵使液流获得巨大能量后，从喷嘴中高速喷射出来，形成一股能量高度集中的液流，直接破坏土体，喷射过程中，钻杆边旋转边提升，使浆液与土体充分搅拌混合，在土中形成一定直径的柱状固结体，从而使地基加固。施工中一般分为两个工作流程，即先钻后喷，再下钻喷射，然后提升搅拌，保证每米桩浆液的含量和质量。旋喷桩一般有单管旋喷、双管旋喷和三管旋喷。

2. 适用条件

旋喷桩主要适用于淤泥、砂性土、黏性土、粉质黏土、粉土等软弱底层，在土层硬度 $N=0\sim30$ 的淤泥、砂性土、黏性土等含水层中，效果尤其显著，对于卵砾石层、地下水流速过大的地层及岩溶发育地层不应采用旋喷法。

3. 施工工艺

旋喷桩的施工工艺流程如图 5-74 所示。

(1)钻机就位。采用起重机悬吊搅拌机到达指定桩位附近,利用桩机底部步履装置,缓慢移动至施工部位,由专人指挥,用水平尺和定位测锤校准桩机,使桩机水平,导向架和钻杆应与地面垂直,倾斜率小于1%。对不符合垂直度要求的钻杆进行调整,直到钻杆的垂直度达到要求。为了保证桩位准确,必须使用定位卡,桩位对中误差不大于5cm。

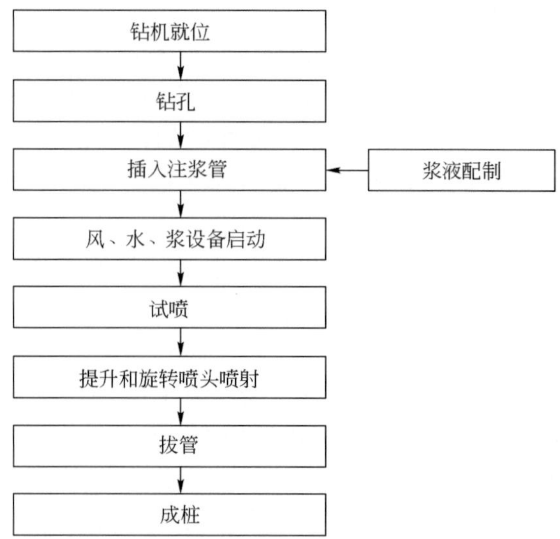

图5-74 旋喷桩施工工艺流程图

(2)启动钻机边旋转边钻进,至设计高程后停止钻进。采用单管旋喷法施工。该方法插管与钻孔两道工序合二为一,即钻孔完成时插管作业同时完成。在插管过程中,为防止泥沙堵塞喷嘴,高压水喷嘴边射水边插管,水压力一般不超过1MPa,至设计高程后停止钻进。

(3)浆液配置。高压旋喷桩的浆液,可采用硅酸盐水泥、普通硅酸盐水泥、矿渣硅酸盐水泥,强度不应低于32.5MPa,水泥浆液配制严格按设计要求控制,水灰比一般为0.6∶1～1.2∶1。搅拌灰浆时,先加水,然后加水泥,每次灰浆搅拌时间不得少于2min,水泥浆应在使用前1小时制备,浆液在灰浆拌和机中要不断搅拌,防止结块。

(4)旋喷作业系统的各项工艺参数都必须按照预先设定的要求加以控制,并随时做好关于旋喷时间、用浆量、冒浆情况、压力变化等的记录。如采用单管旋喷,浆液压强应大于20MPa,浆液流量一般为60～80L/min;如采用双管旋喷,空气压强应大于0.7MPa,浆液压强应大于20MPa,浆液流量一般为80～120L/min;如采用三管旋喷,水压强一般大于25MPa,供水量一般为50～100L/min,空气压强应大于0.7MPa,浆液压强应大于1.0MPa,浆液流量一般为120～150L/min。

(5)喷射浆液。在插入旋喷管前先检查高压设备和管路系统,设备的压力和排量必须满足设计要求。各部位密封圈必须良好,各通道和喷嘴内不得有杂物,并做高压水射水试验,合格后方可喷射浆液。喷浆时,水泥浆从拌和机倒入集料斗时,用过滤筛剔出水泥硬块。最后,水泥浆通过胶管送到旋喷钻机的喷头喷出。

喷射时,先应达到预定的喷射压力,喷浆旋转30s,水泥浆与桩端土充分搅拌后,再边喷浆边反向匀速旋转提升注浆管,旋转速度一般为7～15r/min,提升速度一般为12～25cm/min,直至加固设计高程时停止喷浆,在桩顶原位转动2min,保证桩顶密实均匀。中间发生故障时,应停止提升和旋喷,以防桩体中断,同时立即检查,排除故障,重新开始喷射注浆的孔段与前段搭接不小于1m,防止固结体脱节。

(6)冲洗。喷射施工完成后,应把注浆管等机具设备用清水冲洗干净,防止凝固堵塞。管内、机内不得残存水泥浆,通常把浆液换成清水在地面上喷射,以便把泥浆泵、注浆管和软管内的浆液全部排除。

4. *施工要点*

(1)对于软硬不均的地层,可以先进行钻孔,然后沿钻孔方向将喷射管插到孔底进行旋喷;对于软弱地层,可直接压入喷射管进行喷射。

(2)施工过程中按设计参数操作,对桩的个别部位进行复喷,可满足桩径的要求。

(3)钻孔钻至设计深度以下0.2m,喷浆管要插到设计层位。在插管过程中,为防止泥沙堵塞喷嘴,可边射水边插管,射水压强一般不超过1.0MPa,防止射塌孔壁。喷浆管提升总长度要大于设计桩长的0.2m以上。

(4)严格按设计配合比控制浆液,保证喷浆量,随时观察返浆情况,对返浆量超过规定或仅有少量返浆或无返浆时,应立刻停止喷浆,做好记录,取返浆试块做抗压试验。随时调整浆液的配比,使施工质量满足工程的设计要求。

(5)为了避免出现断桩、缩径等问题,喷嘴的搭接长度应大于10cm,同时,旋喷速度要均匀,泵压要稳定,成桩长度应大于设计长度0.2m以上。

二、内支撑体系施工

(一)概述

对于地质条件和环境条件复杂，开挖宽度和深度比较大，且对变形要求严格的基坑，为了保证基坑稳定和环境安全，还需要在基坑内部设置内支撑体系，以保证施工安全，抑制基坑变形，减小施工对周边环境的影响。基坑支护体系主要包括：冠梁、腰梁、水平横撑、角撑、立柱、纵梁等。

(二)内支撑体系形式

内支撑可做成水平式、斜撑式及复合式。复合式即为水平与斜撑相结合的形式。水平式和斜撑式内支撑如图 5-75 所示。水平式内支撑根据基坑平面形状和施工要求，可以设计成多种形状。常用的有孔字形、角撑形、圆环形、连环形、水平桁架形及椭圆形等，如图 5-76 所示。竖向斜撑式内支撑可以设计成单杆形、桁架形、立体格构形等，应根据基坑高度、支承条件、材料供应及施工要求等因素确定。

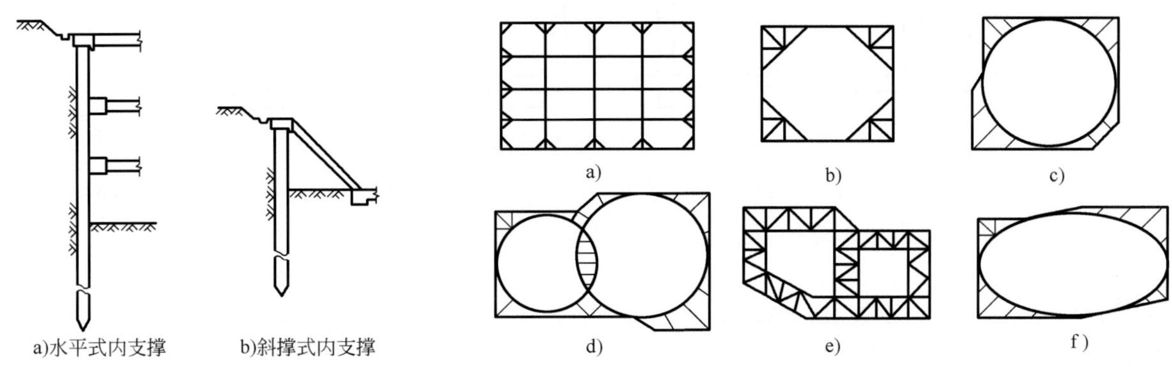

图 5-75　支撑形式示意图

图 5-76　内支撑形式平面示意图

无论采用何种形式，都要结合具体工程实际情况，充分利用有利条件，做出受力明确、构造合理、施工方便、经济安全的设计，不受形式的约束，因为内支撑毕竟是临时性结构。

如狭窄的长条形基坑可采用水平对撑，当长条形基坑的短边也较长时则做成十字形或分段桁架形或连环形、桁架形，如图 5-77 所示。

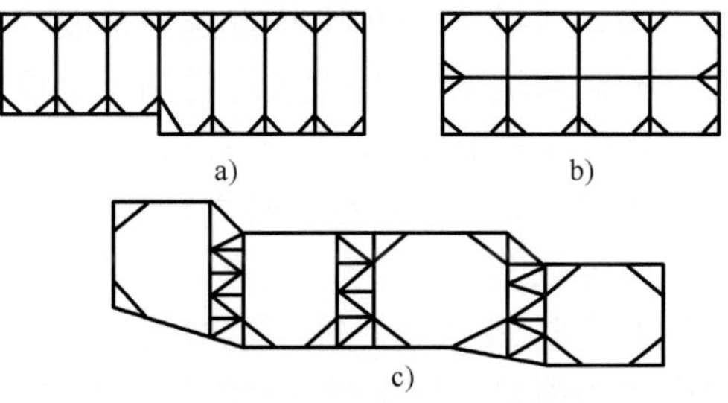

图 5-77　长条形基坑内支撑形式示意图

如方形或接近方形的基坑则可设计成桁架式角撑形或圆环形、连环形。实际遇到的基坑平面是多种多样的，因此支撑的平面设计常富有创造性。但在一些特定条件下必须注意以下问题：在水平支撑布置中特别要注意支撑内力的对称平衡和整体稳定。如当基坑有一侧靠近河岸或路堤时就要充分注意平衡问题，这时就不能完全按对称原则来布置支撑。在靠近河岸或路堤一边必须采取一些措施，如加固河堤结构；垂直河堤两边加对撑；在基坑靠近河岸或路堤一侧加一个平行于河岸或路堤的桁架式支撑，在河岸或路堤对边设置水平撑与斜撑相结合的复合式支撑等，使垂直河岸或路堤方向传来的水平力尽量自相平衡，从而减少对路堤或河岸的威胁，保证了基坑支护结构本身的安全。

内支撑布置时一般应注意以下几点：

(1)水平支撑的层数根据基坑开挖深度、地质条件、层数、设计高程等条件，结合选用的支护构件和支撑系统酌情决定，另外还应满足支护结构的变形控制要求，以控制对周围环境的影响。

(2)设置的各层支撑设计高程以不妨碍主体工程地下结构各层构件的施工为标准。一般情况下，支撑构件底与主体结构面之间的净距不宜小于 50cm，或与施工单位配合商定。

(3)各层支撑的走向应尽量一致。即上、下层水平支撑轴线在投影上应尽量接近，并力求避开主体结构的柱、墙位置。

(4)支撑形成的水平净空以大为好，方便施工。

(5)立柱布置在纵横向支撑的交点处或桁架式支撑的节点位置上，并力求避开主体工程梁、柱及结构墙的位置；立柱的间距尽量拉大，但必须保证水平支撑的稳定且足以承担水平支撑传来的竖向荷载；立柱下端应支承在较好的土层中。

(三)内支撑体系施工方法

1. 腰梁的施工

腰梁也称为围檩，常用围檩有钢筋混凝土围檩和钢围檩，钢筋混凝土围檩整体性和稳定性好，抗变形能力强，在深大基坑施用较多。钢筋混凝土围檩的具体施工步骤：当基坑开挖到围檩安装位置，在围护结构上植入钢筋，作为定位连接钢筋和定位钢筋，然后按设计要求绑扎钢筋和灌注混凝土，混凝土接头施工缝部位按要求进行处理。

钢围檩的截面形式如图 5-78 所示，截面宽度一般不小于 300mm。

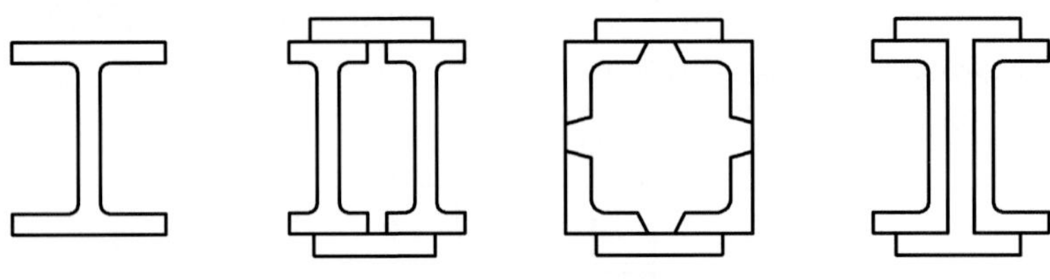

图 5-78　常用的钢围檩截面形式

基坑两侧先开挖到围檩设计高程位置后，准确定位钢围檩的设计高程，将牛腿焊接在围护结构钢筋或型钢上，钢围檩采用履带吊车就位，而后进行焊接和固定。

2. 水平支撑施工

作为水平支撑的材料主要有钢筋混凝土结构、钢管、型钢、组合空间桁架和木材等，一般采用人工配合吊机安装，连接及接头按有关规范和规定处理。

钢管和型钢是工厂定型生产的规格化的现成材料，施工时根据受力大小和长度要求可以直接选购，然后截割或拼接后使用，因此施工速度快。由于材料本身重量轻、强度高，稳定性好，并可施加预应力以合理控制基坑变形，因此被广泛用于支撑构件中。但钢材价格高，必须多次重复利用才能降低成本。常用的钢管支撑有 ϕ609/16mm、ϕ609/14mm 及 ϕ580/16mm、ϕ580/12mm 及直径仅为 406mm 的钢管等。其优点是单根支撑承载力较大，安装拆除周期较短，无需养护期，钢管可以重复回收；其缺点是支撑体系的整体性较差，安装与连接施工要求高，现场拼装尺寸不易精确，施工质量难以保证。H 型钢有焊接 H 型钢及轧制 H 型钢。H 型钢节点处理较为灵活，可用螺栓连接，现场装配简单，在支撑杆件上安装检测仪器较为简单。钢支撑一般均为标准节段，在安装时根据钢支撑长度再辅以非标准节段，非标准节段通常在工地上切割加工。标准节段长度为 6m 左右，节段间连接多为法兰(钢板)高强螺栓连接，也可采用焊接的方式，螺栓连接施工方便，尤其是坑内的拼装，但整体性不如焊接的好，为减小节点变形，宜采用高强螺栓。钢支撑安装工艺流程如图 5-79 所示。

钢支撑的优点是安装和拆除速度较快，能尽快发挥支撑的作用，减小时间效应，能使围护墙因时间效应增加的变形减小；可以重复利用，多为租赁方式，便于专业化施工；可以施加预紧力，还可根据围护墙变形发展情况，多次调整预紧力值以限制围护墙变形发展。其缺点是整体刚度相对较弱，支撑的间距相对较小；由于在两个方向施加预紧力，使纵、横向支撑的连接处处于铰接状态。不过作为一种工具式支撑要考虑能适应多种情况。在纵、横向支撑的交叉部位，可用上下叠交固定；亦可用专门加工的“十”字形定型接头，以便连接纵、横向支撑构件。前者纵、横向支撑不在一个平面上，整体刚度差；后者则在一个平面上，刚度大，受力性能好。

钢筋混凝土水平支撑一般作为大型基坑的第一道支撑。钢筋混凝土支撑是随着基坑挖土的加深，达到设计规定的位置时，现场绑扎钢筋，支模浇筑混凝土。其优点是形状多样性，由于是现浇而成，可浇筑成直线、曲线构件；可根据基坑平面形状，浇筑成最优化的布置形式；整体刚度大、安全可靠，可使围护墙的变形小，有利于保护周围环境；可方便地变化构件的截面和配筋，以适应其内力的变化。其缺点是支撑成形和发挥作用时间长，现场浇筑需时较长，再加上养护达到规定的强度，时间更长，且一般不施加预应力，为此基坑变形时空效应大，可能使围护结构产生的变形增大；属一次性的支撑结构，一般不能重复利用(做成装配式的例外);拆除相对困难,如利用控制爆破拆除,有时周围环境不允许;如用人工拆除,时间较长、劳动强度大。

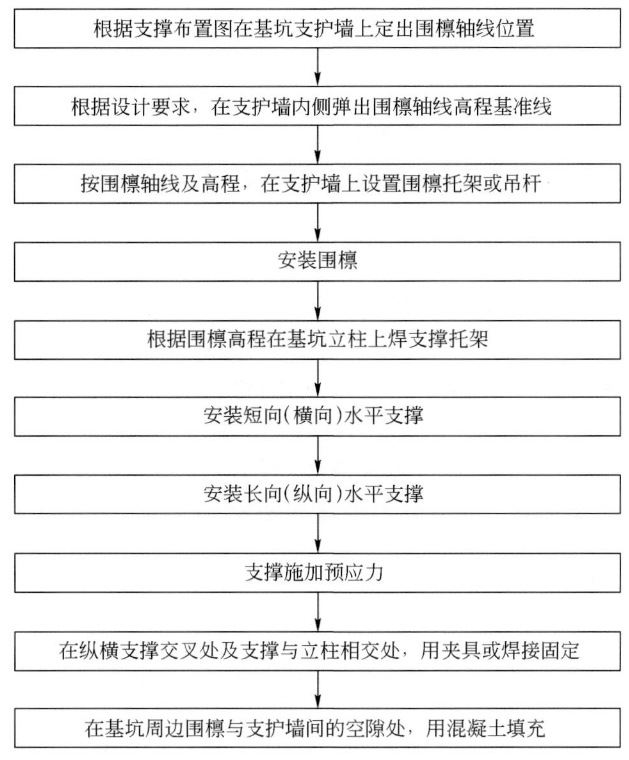

图 5-79 钢支撑安装工艺流程

从目前我国工程应用的情况来看,在软土地区施工,有时在同一个基坑工程中,钢支撑和钢筋混凝土支撑同时应用。如为了较好地保护环境、控制地面变形,上层支撑用钢筋混凝土支撑,增加支护结构整体性和稳定性;基坑下部为了加快支撑的装拆,加快施工速度,下层支撑采用钢支撑。还有少数情况,采用钢和钢筋混凝土的组合支撑,如在桁架式斜撑中,弦杆用钢筋混凝土材料,而腹杆用钢管或型钢。

钢筋混凝土支撑在我国软土地区和沿海一带应用较广泛,虽然有其优点,但从支撑的发展方向看,应继续完善和推广应用钢支撑,使钢支撑实现标准化、工具化,建立钢支撑制作、装拆、使用、维修一体化的专业队伍是发展方向。支护结构的支撑在平面上的布置形式有角撑、对撑、桁架式、框架式、环形等。有时在同一基坑中混合使用,如对撑加角撑、环梁加边桁(框)架、环梁加角撑等多种形式,主要是因地制宜,根据基坑平面形状和尺寸设置最适合的支撑形式。

3.控制水平横撑变形的措施

(1)在横撑节点处加八字形斜撑

横撑节点处在受力上来看,属于薄弱环节,横撑在制作安装时存在一定误差,在横撑节点处加斜撑形成八字撑形式能有效增加横撑节点处的刚度,可以提高横撑承载能力和稳定性及各项力学性能。

(2)横撑两端头栓钢丝绳固定

在采用钢支撑形式时,为了防止钢支撑因轴力变化而产生不稳定的现象,可用钢丝绳拴住钢支撑,钢丝绳固定在基坑边上,防止其掉落或倾覆。

(3)在横撑节点处加钢托盘

为了保证支撑尤其是钢支撑的稳定性,在横撑节点与围檩的连接处,采用架设托盘钢板等措施,限制钢支撑横向位移,并防止掉落。

(4)增加纵向连系梁

为了提高内支撑的纵向稳定性,可在水平支撑下安装纵向连系梁和水平支撑及立柱,连成空间桁架结构,以提高整个内支撑系统的稳定性。

第五节　土方开挖与主体结构施工

一、放坡明挖法施工

放坡明挖法施工是指在地面上以一定角度(一般情况下小于90°)向地面以下开挖,挖至设计高程后,从基底开始,由下向上顺序施作主体结构,待主体结构施工完毕后回填土方,恢复路面和管线。

(一)适用条件

放坡开挖一般适用于场地条件比较开阔的基坑或沟槽,且基坑底位于地下水位以上50cm,或经过降水以后边坡和基底具有良好自稳能力的地层。

(二)施工原则

垂直分层,纵向分段,横向分区和分块,边挖边支,对称均衡开挖,快速封闭底板,做好主体结构。

(三)施工步骤

放坡开挖的主要施工步骤:施工准备→测量放线→围挡和排水→降水施工→土方开挖和支护→主体结构施工→回填土方→恢复路面。放坡开挖示意如图5-80所示。

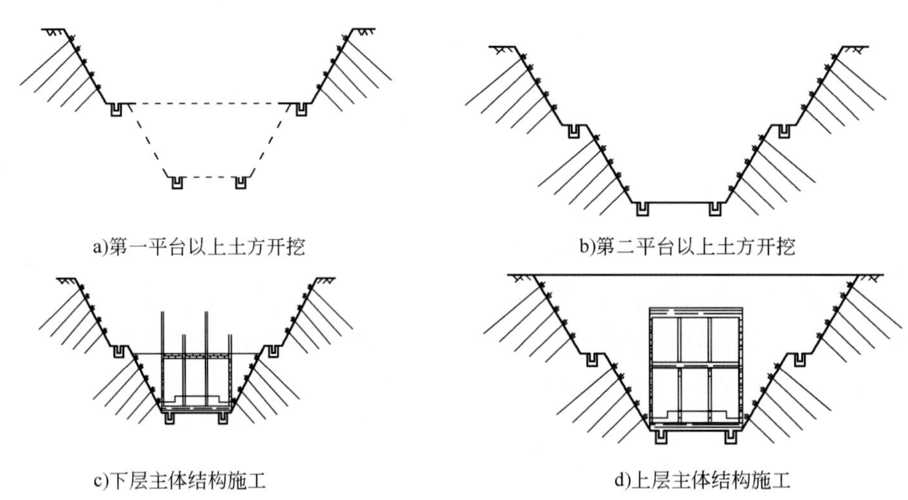

图5-80　放坡开挖示意图

(四)施工要点

1.围挡、排水及防护栏杆

为了保证施工安全,基坑周围应进行围挡,并设置标志牌。基坑围挡一般距离基坑边线不小于1.5m。为了减少地表水渗入边坡土体内,应在边坡滑动面外设置地表截水沟。截水沟断面尺寸宜为30cm×30cm,转角处集水井断面宜为100cm×100cm×100cm。边坡坡面土体应设置泄水管,表面应设置排水系统,边坡平台、坡脚应设置排水沟和集水井,排除渗入土体中的雨水和坡面水,排水沟边缘离坡脚不小于0.3m,坡度宜为0.1%~0.5%,并应比地面低30~50cm,集水井比排水沟低50~100cm,井壁应进行加固,集水井内水应及时排出。基坑边应设置防护栏杆并加挂安全网,栏杆高度应不小于1.5m,上杆距地高度宜为1.0~1.2m,下杆距地高度宜为0.5~0.6m,横杆长度大于2.0m,必须架立立柱,立柱打入地面以下不应小于70cm,距离基坑边沿不应小于50cm,防护栏杆整体结构应使防护栏杆上杆在任何处能够承受任何方向1 000N的外力,当栏杆所处位置有发生人群拥挤、车辆冲击或物体碰撞的可能时,应加大横杆截面面积或加密立柱。

2.地下水处理

(1)地下水处理的原则

根据国内外施工经验及有关规范规定,明挖法地下水处理的原则应为“堵降结合,以降为主,以堵为

辅，因地制宜，综合治理"。

(2)降水方法的适用条件

开挖基底低于地下水位的基坑、沟槽时，如环境条件允许，应根据基坑地质条件及工程特点，采取措施，降低地下水位，一般要降至低于开挖底面下 50～100cm，然后才能开挖。降水的方法主要有管井降水、轻型井点降水、喷射井点降水、电渗井点降水。电渗井点降水一般用于淤泥或淤泥质黏土等渗透系数非常小的地层；喷射井点降水深度大，但需要双层井点管，安装工艺比较复杂，造价较高；轻型井点设备简单，安装快捷，是降水中常用的方法，但降水速度慢，影响半径小；管井降水深度大，降水速度快，影响半径大，但费用较高，常和其他方法联合使用。

管井降水井一般布置在基坑开挖范围外或基坑内部，管井一般分为疏干井和降压井，用于降低潜水位的降水井一般称为疏干井，用于降低承压含水层水头的降水井一般称为降压井，疏干井一般较浅，降压井一般较深。井点降水的井点管可布置在基坑开挖范围外、基坑边坡平台上或基坑内部，并可做成辐射状，如基坑深度较大，可采用分层接力降水。各种降水方法的适用条件见表 5-13。

各种降水方法的适用条件 表 5-13

降水类型 \ 适用条件	地层类型	渗透系数 (cm/s)	可能降低的水位深度 (m)
集中明排	人工填土、砂土、粉土、黏性土	10^{-3}～10^{-1}	<5
真空井点 多级真空井点	人工填土、粉土、砂土、粉质黏土、粉土	10^{-4}～10^{-3}	3～6 6～12
喷射井点		10^{-4}～10^{-3}	8～20
电渗井点	淤泥、淤泥质黏土、粉质黏土	10^{-6}～10^{-4}	宜配合其他形式降水使用
深井井管	人工填土、粉土、砂土、砂黏土	10^{-3}～10^{-1}	>10

(3)管井降水施工注意事项

①钻孔过程中为防止孔壁坍塌，应采用泥浆护壁，终孔后应彻底清孔，直到返回泥浆内不含泥块，泥浆的相对密度控制在 1.05 左右，返出的泥浆含砂量小于 8%后可终孔提钻，成孔孔径不宜小于 650mm，管直径一般不小于 350mm，钻孔垂直度最大允许偏差为±1%。

②管井井管一般采用无砂混凝土滤水管，井管长度根据井沉确定，井管口应高出地面 30～50cm。井管应平稳入孔，每节井管的两端口要找平，确保焊接垂直，完整无隙，保证焊接强度，避免脱落。

③填砾粒径必须按抽水含水层的颗粒分析资料确定。填砾进入现场后，应经筛分试验确定是否合格。降水井的填砾施工均应按设计要求进行。

④对于疏干井，井管底部为沉淀管，长度 1.0m 左右，管周围可填充砾石滤料，沉淀管上方的滤水管周围一般填充粗砂滤料，其 d_{50} 一般为 1mm 左右。对于降压井，为了防止上部土层中的潜水沿砾料进入抽水井内，宜在降压井滤水管段上部填一定厚度的黏土止水。

⑤泵体安装完毕应进行试抽水，测定抽水井和观测井的水位变化，水位恢复后再进行试验性抽水。

⑥基坑降水时，对于疏干井应给予充分的预抽水时间，一般不少于 20d，尽量多抽水，将水位控制在基坑开挖面以下 0.5～1.0m；对于减压井，为减少降水对周围环境的影响，应按需降水，水位控制应通过对基底的抗隆起、抗管涌稳定性分析确定。

⑦降水运行期间，观测井应每天至少监测一次；降压井在条件许可的情况下，可采用自动监测，便于及时了解坑外的水位变化情况。

⑧地下水位观测井的位置和间距应按设计要求布置，可用井点管作为观测井；在开始抽水时，应每隔 2h 观测一次，以了解地下水位下降规律；当地下水位降到预期高程前，可每天观测 2 次；当地下水位降到预期高程后，可 3～7d 观测一次，直至降水结束；当遇到下雨或有异常情况时，应加密观测。

⑨应对抽水量进行监测，若发现流量过小且水位降低缓慢甚至降不下去时，可考虑改用流量较大的水泵，若是流量较大而水位降低较快则可改用小流量泵，以免出现水泵无水发热。流量观测次数应与地

下水位观测同步。

⑩应对降水影响范围以内的地下水位、降水漏斗半径、空隙水压力、地面沉降、地层分层沉降、建筑物和地下管线进行沉降监测，严格控制总沉降和差异沉降。沉降观测的基准点应设置在降水漏斗影响范围之外。正常情况下，应每天监测一次；异常情况下应加密观测，每天不应少于 2～3 次。通过监测，及时掌握降水对基坑稳定性和周围环境的影响，以便采取施工对策。

(4)真空井点降水施工注意事项

①宜根据现场条件及地质情况选用合适钻机成孔，并进行井点埋设。

②井点间距宜为 0.8～1.5m。

③滤管顶端应埋设在开挖基底面以下 1.0～1.2m，或根据计算确定，每组井点管埋设深度必须保持一致。

④井点管的方向可竖直或根据具体情况倾斜 50°～55°。

⑤钻孔深度必须比滤管底端深 0.5m，孔壁与井管之间应及时用粗砂填实，粗砂 50％的粒径 D_{50} 一般为地层 50％的粒径 d_{50} 的 6～7 倍，孔口下至少 0.5m 的深度内应用黏土填塞密实，以防漏气。

⑥井点埋设后，应进行试验，埋管合格后再装上弯联管，并与总管连接。

⑦总管与泵的位置应按设计安装，各部连接应严密，防止漏气。井点系统安装完毕后，应进行试验性运转，检查系统的真空度。正式运转后，应根据泥沙含量及降水速度判断排水管开启的大小及泵的流量，并及时进行调整。

⑧抽水过程中，应经常检查管路有无漏气及堵塞，如发生堵塞，应进行疏通或重新埋设井点管。

⑨洞内轻型井点降水后水位线应低于底板开挖线 0.5m 以下。

3. 开挖和支护

1)合理确定台阶高度和宽度

对于开挖深度较大的基坑，宜分台阶进行开挖和支护，确定每级台阶高度要考虑地质、环境条件和设计要求，每级边坡的高度一般不超过 12m；平台宽度不但影响开挖的方量、施工条件，也影响边坡的稳定，一般情况下，土质边坡不宜小于 1.5m，岩石边坡一般不宜小于 1.0m。

2)土方开挖方法

土方开挖必须自上而下分层分段进行，边开挖，边支护，尽量缩短开挖和支护之间以及和结构底板施作之间的时间间隔，减小空间效应，严禁超挖。放坡开挖的边坡如果地层稳定性很好，不进行支护；如无自稳能力或自稳能力差，常用土钉墙、喷锚支护、预应力锚杆(索)等支护方式。考虑边坡的稳定和支护时机，一般情况下，一次垂直开挖高度要求：对于土质边坡不宜超过 1.5m，对于岩石边坡不宜大于 2.5m。

如基坑的长度、宽度不大，可采用分层横挖方法，即从基坑的一端或两端按横断面全宽逐渐向前开挖，基坑深度不大时可以一次挖到设计高程，基坑深度较大时可分成几层开挖，每层应有独立的出土便道和临时排水设施。分层横挖使工作面纵向展开，多层多向出土，可以使用较多的施工机械，但相互干扰大。

如基坑的长度、宽度及深度都比较大，可采用分段纵挖法，即分段、分层、分块对称、均衡开挖，每层可沿基坑两侧或一侧纵向先挖出一条或两条通道，然后开挖通道旁土体。如果基坑很长，可采用多个工作面，把基坑分成几段，各段再采用纵向开挖，以加快施工速度和方便出渣、排水，这种开挖方法，相互干扰比较小，施工效率高。分层分段开挖时，基底以上每段的长度不宜大于 20m；基底开挖时，为了快速封底，每段的长度不宜大于 15m。对于深大基坑也可采用中心岛法或盆边预留核心土法进行开挖。

(1)中心岛法挖土

中心岛式法挖土，宜用于面积较大的基坑，内支撑形式一般为角撑、环梁式或边桁(框)架式。此时可利用中间的土墩作为支点搭设栈桥。挖土机可利用栈桥下到基坑内挖土，运土的汽车亦可利用栈桥进入基坑内运土，这样可以加快挖土和运土的速度。

中心岛式法挖土时，中间土墩的留土高度、边坡的坡度、挖土层次与高差都要经过稳定性验算确定。若遇大雨，中间土墩边坡易滑坡，必要时应对坡进行临时加固，如图 5-81 所示。

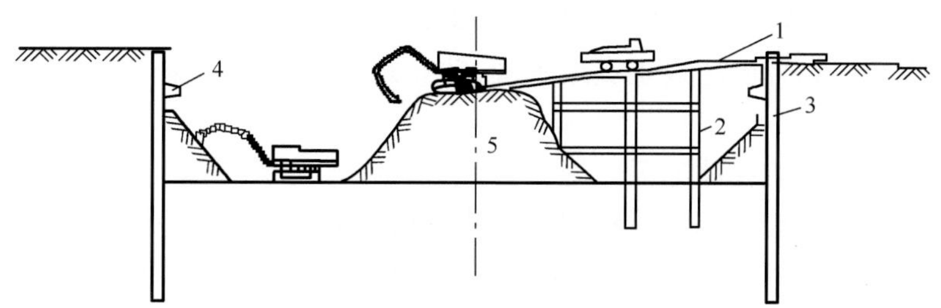

图 5-81 中心岛法开挖示意图

1-栈桥;2-支架;3-围护墙;4-腰梁;5-土墩

(2)盆式挖土法

盆式挖土法是先开挖基坑中间部分的土,周围四边留土坡,土坡最后挖除。这种挖土方式的优点是周边的土坡对围护墙有支撑作用,有利于减少围护墙的变形。其缺点是大量的土方不能直接外运,需集中提升后装车外运。

盆式挖土周边留置的土坡,其宽度、高度和坡度大小均应通过稳定性验算确定。如坡度过小,对围护墙支撑作用不明显,失去盆式挖土的意义;如坡度太陡,边坡不稳定,在挖土过程中可能失稳滑动,不但失去对围护墙的支撑作用,影响施工,而且影响围护墙的稳定。盆式挖土需设法提高土方上运的速度,以加快基坑开挖。如图 5-82 所示。

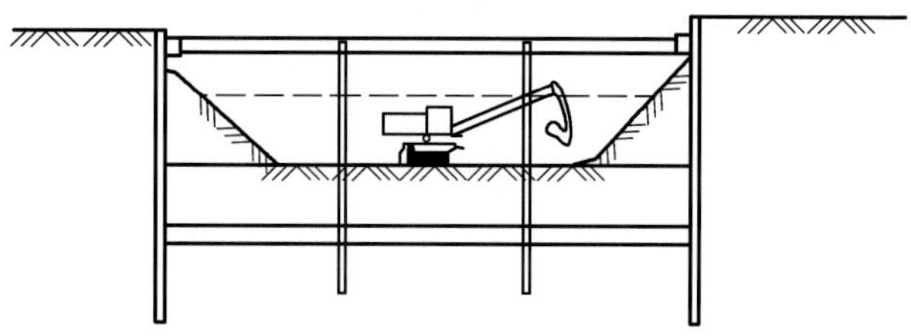

图 5-82 盆式开挖示意图

基坑开挖距离底板 30~50cm 时,应核对设计高程、中线及开挖断面,当确认无误,向下继续开挖时,对于土质地层,一般不宜挖至设计高程,应留 30~50mm 厚的土进行人工开挖,并整平和夯实。

3)支护

对于地层条件较好,边坡较缓,边坡稳定性较好,放坡开挖可采用无支护开挖;如地层较差,边坡无自稳能力,可采用土钉支护、喷锚支护、挡土墙支护等多种形式。如采用土钉支护或喷锚支护,应边开挖、边支护,确保边坡稳定。

4)相邻作业安全距离

人工挖土方时,操作人员之间要保持一定的安全距离,一般应大于 2~3m;多台机械开挖,挖土机械间距应大于 10m,在上层边坡土钉墙及喷锚网支护施工完毕一天后,下层土才可继续开挖。

5)基坑边堆载

在坑边堆放弃土、材料和移动机械时,应与坑边保持一定的距离。当土质良好时,距坑边距离应大于 1.0m,堆方高度不能超过 1.5m,堆放模板高度不应超过 1.0m,基坑边外部荷载一般不得大于 15kPa,当土质不好时,应根据计算确定。

6)爆破开挖

如果基坑需要进行爆破开挖,作业方法应按照设计要求和《爆破安全规程》(GB 6722—2003)及有关规范、标准进行。一般情况下应采用光面爆破技术,严格控制爆破震动、飞石、冲击波和有害气体。

7)底板快速封闭

基坑开挖施工至底板设计高程时,必须快速封闭,在 24h 内必须完成混凝土底板施工,在前一区块完成底板混凝土施工,并具有一定强度后,才能进行下一相邻区块的土方开挖。

8)监测及异常情况处理

边坡施工中应做好监测工作,如发现边坡、支护结构、建筑物和管线变形超标,必须立即停止开挖,进行处理,待稳定后继续开挖。如施工过程中发现边坡或基底涌水量增大,应立即停止施工,进行降水、堵水、隔断或排水处理。

9)雨期和冬期施工

一般情况下,土方开挖最好避开雨期、大雨(日降水量在 25mm 以上),以上恶劣天气严禁开挖土方，如需要在雨期开挖基坑(槽)或管沟时，应注意降雨量对边坡稳定的影响，必要时可适当放缓边坡或设置支撑。同时，应在坑(槽)外围增设土堤或水沟，防止地面水流入。施工时，应加强对边坡、支撑、土堤等的观察和监测。

一般情况下，土方开挖不宜在冰冻天气施工。如必须在冰冻天气施工时，应制订专项方案，采取措施，防止土体冻结。可在冻结前用保温材料覆盖或将表层土翻耕耙松，其翻耕深度应根据当地气候条件确定，一般不小于 0.3m。必须防止基础下的土层遭受冻结。如基坑(槽)开挖完毕后，有较长的停歇时间，应在基底高程以上预留适当厚度的松土，或用其他保温材料覆盖，地基土不得受冻。如遇开挖土方引起邻近建筑物(构筑物)的地基和基础暴露时，应采取防冻措施，以防产生冻结破坏。

4.主体结构施工工艺流程

主体结构施工工艺如图 5-83 所示。

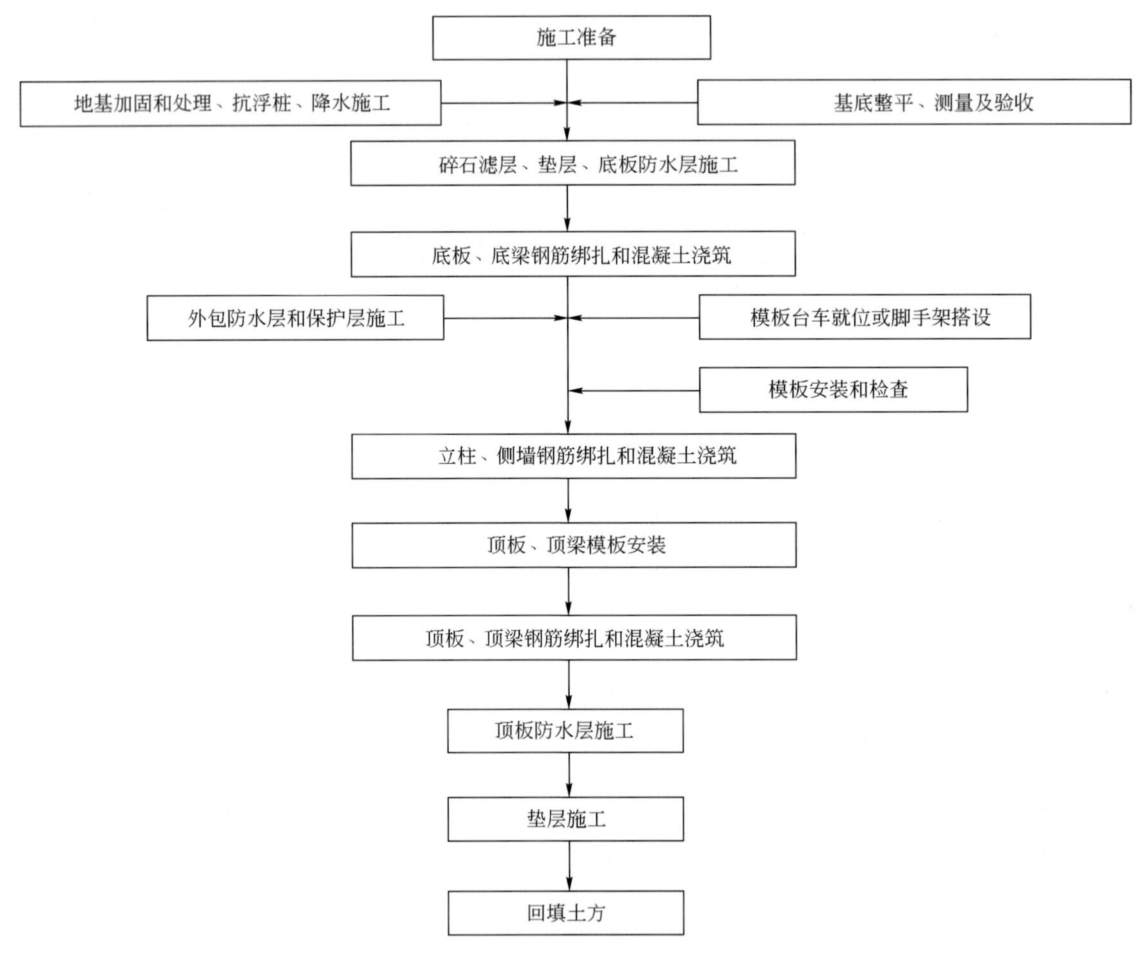

图 5-83　主体结构施工工艺流程图

主要施工步骤如下：

(1)施工准备。主体结构施工前，应进行基底承载力试验，如不符合要求，应进行夯实、换填或注浆加固等；如地下水比较丰富，应进行降水，将地下水位降低到基底以下 0.5～1.0m；如主体结构不符合抗浮要求，应按设计做抗浮桩。

(2)基坑验收合格后，按设计要求，做好基础碎石滤层和垫层混凝土，垫层混凝土强度达到 2.5MPa 后，进行外包保护层及防水层施工。碎石垫层应铺设平整、均匀，钢筋混凝土封底垫层应分段浇筑，并应超过主体结构施工节段端头 2m。基坑开挖完成后，如不能及时浇筑垫层，应预留 10～20cm 厚的土层，在下一道工序施工前开挖至设计高程。

(3)主体结构施工过程中应遵循“纵向分段，竖向分层，由下至上”的原则，纵向将整个结构分成若干段施作；竖向从底板开始，自下而上施工底板、基础、立柱、侧墙、中板、顶板，每一纵向混凝土浇筑段长不

宜大于 15m。

(4)混凝土节段间的环向施工缝应设在纵梁受力较小部位，即设在纵梁跨度(纵向柱与柱之间)的 1/4～1/3 处。

(5)钢筋工程：

①钢筋检验。钢筋的型号、种类、数量、直径、材质等必须符合设计要求，并经试验和检验合格，方可使用。

②钢筋加工。钢筋应按设计图纸进行加工，钢筋弯曲成形应在常温下进行，严禁热弯曲，产生颈缩现象，也不允许用锤击或尖角弯折。加工好的钢筋分批堆放，储存、运输过程中要有标志牌，不得碰撞和在地面上拖拉。钢筋堆放及加工场地的防雨、防冻、排水设施应达到有关规范的要求，避免雨水浸泡。

③钢筋绑扎。钢筋绑扎、焊接、搭接长度应符合设计、规范和标准要求。受力钢筋的接头位置应设在受力较小处，接头相互错开。采用非焊接的搭接接头时，从任一接头中心向外 $55d$(d 为钢筋直径)且大于或等于 500mm 区域范围内均属同一连接接头。纵向钢筋接头应优先采用焊接接头，钢筋直径 $d\geqslant$ 25mm 时应采用焊接或机械连接，焊缝长度不得小于 $10d$；钢筋直径 $d<$25mm 时，除有特别要求以外，均采用绑扎接头，搭接长度均为 $42d$。钢筋绑扎搭接，受力钢筋受拉时，同一断面搭接数量不超过总钢筋数量的 25%；受压时，同一断面搭接数量不超过总钢筋数量的 50%受力。钢筋接长一般采用对焊，受拉时同一截面焊接接头数量不大于钢筋总量的 50%；受压焊接接头数量不受限制。钢筋安装采取在钢筋和模板之间设置足够数量的预制混凝土垫块，以确保钢筋保护层厚度满足设计要求。绑扎双层钢筋网时，设置足够强度的钢筋撑脚，以保证钢筋的定位准确。

(6)脚手架搭设：

①我国目前常用的钢管材料制作的脚手架主要有扣件式钢管脚手架、碗扣式钢管脚手架、承插式钢管脚手架、门式脚手架等。如果使用扣件式钢管脚手架，立杆、纵向和横向水平杆、扣件、脚手板、剪刀撑、横向倾撑、连墙件、纵向和横向扫地杆、底座等连接方法等应符合《建筑施工扣件式钢管脚手架安全技术规范》(JGJ 130—2001)等规范和标准的要求。

②作业层脚手板应铺满、铺稳，离开墙面 12～15cm。

③脚手板探头应用钢丝固定在支承杆件上，作业面端部脚手板探头长度一般为 15cm，其板长两端均应与支承杆可靠固定。在拐角处的脚手板，应与横向水平杆可靠连接，防止滑动。

④脚手板一般设置在 3 根横向水平杆上。当脚手板长度小于 2m 时，可采用 2 根横向水平杆支撑，但必须将脚手板两端与其可靠固定，严防倾翻。

⑤脚手板对接平铺时，接头处必须设 2 根横向水平杆，脚手板外伸长度一般为 13～15cm，两块脚手板外伸长度之和不大于 30cm。

⑥脚手板搭接铺设时，接头必须支在横向水平面杆上，搭接长度大于 20cm，其伸出横向水平杆的长度不小于 10cm。

⑦栏杆、挡脚板及安全网设置：栏杆和挡脚板均应搭设在外层立杆的内侧；上栏杆顶端应高出混凝土顶板上皮 1.2m；中栏杆应居中设置；挡脚板高度不小于 18cm。距底板顶面 4m 处设置防坠安全网，安全网应满足强度要求。

⑧脚手架的拆除应按照自上而下的顺序依次进行，确保安全。

(7)模板工程：

①模板台车就位或满堂支架搭设时，要根据有关规定，预留沉降量，以确保净空和限界要求。

②模板应尽量采用大型组合钢模板，可利用内拉和外撑方式固定，模板应具有足够的刚度和强度，防止混凝土浇筑过程中跑模漏浆。

③根据设计图纸，在施工缝、变形缝、后浇带接缝位置应设置防排水材料，并安装挡头板和止水带，止水条应固定稳固、不变形、不跑浆。

④模板拆卸按照后支先拆、先支后拆，先拆非承重模板、后拆承重模板的顺序进行。拆除跨度较大的梁底模时，先从跨中开始，分别向两端对称拆卸。

(8)混凝土工程:

①原材料检验和验收:水泥、砂子、石子、搅和用水、外加剂等应按设计和规范要求严格进行检验,在入库时应做好标记,防止混用,不合格材料不能使用。

②根据混凝土强度等级,结合以往类似工程施工经验,并通过室内配比试验和现场混凝土原材料性能检验,选择符合设计要求的施工配合比。

③混凝土灌注之前,脚手架、支架、模板等安装应自检合格,并经监理工程师验收和签认后才能进行混凝土浇筑,一次浇注长度一般不宜超过15m。

④商品混凝土由搅拌车从搅拌站运输至施工现场,在浇注之前,应进行坍落度试验。

⑤混凝土浇筑应从低处向高处分层、对称、均匀、连续浇注,防止偏压过大,一次浇筑厚度不宜超过3.0m,以便振捣。如浇筑中断,则应尽量缩短间歇时间,一般应在前一层混凝土初凝前,将下一层混凝土浇筑完毕。如果间歇时间超过2h,应将原浇注面凿毛,冲洗干净后,并涂刷净浆后,才能继续浇筑。底板混凝土沿线路方向分层留台阶灌注,混凝土灌注至设计高程后,在初凝前,用表面振捣器振一遍后再压实、收浆、抹面。柱子混凝土单独施工,水平、分层灌注。墙体混凝土左右对称、水平、分层灌注,至顶板交界处间歇1～1.5h,然后再灌注顶板混凝土。顶板混凝土应连续、水平、分台阶从边墙向中线方向进行灌注,混凝土达到设计强度后,一般应在顶板施作20mm水泥砂浆找平层,以满足铺设防水层的要求。

⑥根据部位不同,混凝土振捣分别采用插入式振捣器和表面振捣器两种类型。采用插入式振捣器时,混凝土浇筑分层厚度不超过振捣器作用部分长的1.25倍;采用表面振捣器时不超过20cm。振捣时间一般为10～30s,不得漏振,但也不能过振,以混凝土开始泛浆和不冒气泡为准。插入式振捣器移动距离不大于作用半径的1倍,且插入下层混凝土深度在5cm以上,振捣时注意不得碰撞钢筋、模板、预埋件和止水带等;表面振捣器移距与已振捣混凝土搭接宽度不小于10cm。结构预埋件和预留孔洞、钢筋密集地段以及其他特殊部位,为保证混凝土密实,必须加强振捣,避免出现孔洞或蜂窝麻面等缺陷。

⑦为确保结构质量,混凝土浇筑每隔50m左右宜设宽度为1.5m的后浇带。后浇带处钢筋不切断。结构施工缝应留置在受剪力或弯矩最小处,并符合下列规定:柱子施工缝留置在与顶、底板或梁的交界处约30cm;板的施工缝留在柱跨1/4～1/3处。墙体施工缝留置位置:水平施工缝不应留在剪力最大处或底板与侧墙的交接处,应设在高于底板表面不小于30cm处的墙体上;拱(板)结合的水平施工缝,宜留在拱(板)接缝线以下15～30cm;墙体有预留孔时,施工缝设置距预留孔边缘应不小于30cm。变形缝的宽度一般为20cm,变形缝处止水带一般应设置双道止水带,应特别注意变形缝止水带处混凝土一定要振捣密实,以防变形缝处的渗漏水。

⑧混凝土浇筑完毕终凝后及时养护,采用湿麻袋、草袋、砂覆盖以及洒水养护的方式,一般情况下,养护时间不少于14d。

⑨边墙模板达到设计要求的拆模强度后,才能拆模,防止拆模过早,混凝土结构破坏。顶板以下的模板在顶板混凝土达到设计强度后方可拆卸。

5.基坑回填

基坑回填工艺:施工准备→检验土质→分层摊铺→分层夯击和碾压→检验密实度→修整找平→验收。

回填土应分层摊铺,每层摊铺土厚度应根据土质、密实度要求和机具性能确定,一般情况下不应超过30cm。摊铺应从低处向高处进行,从侧面向中间进行。对于外形比较复杂的结构,应均匀、对称进行,防止偏压和应力集中,引起主体结构破坏。结构的侧、顶板必须用黏土回填,一般情况下厚度不小于1.0m,如主体结构顶板回填后需要承受上部荷载作用,回填厚度应根据设计确定。在主体结构顶板没有回填覆盖之前,不允许车辆通过和直接承受荷载。

二、垂直明挖法施工

垂直明挖施工是地下工程常用的一种施工方法,它是指在围护结构和支撑体系的保护下,自地面向下垂直开挖，挖至设计高程后，在基坑底部由下向上施作主体结构，待主体结构施工完毕后回填土方，恢复路面和管线。

(一)适用条件

垂直明挖法施工一般适用于建筑物比较密集，场地条件比较狭窄的基坑或沟槽，如基坑深度较大，地下水位高，地层基本无自稳能力，环境保护要求较高，采用放坡开挖难以保证基坑的安全和稳定，可施工围护桩、墙，采用垂直明挖法施工。

(二)施工原则

垂直分层，纵向分段，横向分块，快挖快支，对称均衡开挖，严禁超挖，快速封闭底板，合理拆撑和换撑，做好主体结构。

(三)施工步骤

垂直明挖的主要施工步骤：施工准备→测量放线→围挡和排水→围护结构施工→降水施工→土方开挖和设置内支撑体系→主体结构施工→回填土方→恢复路面。垂直明挖示意图如图 5-84 所示。

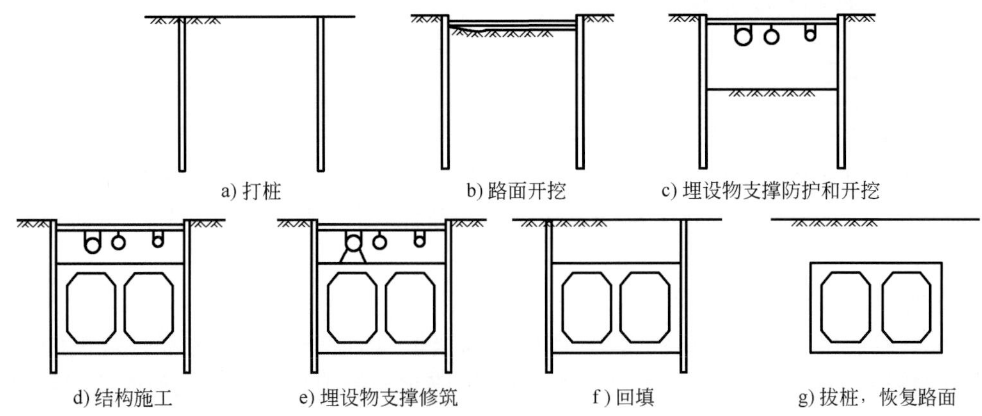

图 5-84 垂直明挖示意图

(四)施工要点

对于垂直明挖，在施工准备、测量放线、围挡和排水、降水施工、土方开挖、回填土方等方面和放坡明挖施工类似。但在围护结构和支撑体系施工方面和放坡明挖明显不同，同时在主体结构施工方面也有一定的差别。

在垂直明挖施工方面，应注意以下几个方面：

(1)应根据地质条件、基坑规模、环境条件及设计要求，选择合理的围护结构形式及施工方法，达到合理、安全、经济、环保的目的。

(2)如围护结构和主体结构组成复合承载结构，围护结构宜选择地下连续墙。

(3)围护结构一般在降水之前施工，如果围护结构施工后，止水效果比较好，可不进行基坑外的降水施工，如开挖过程中围护结构出现变形超限、渗漏水、开裂、涌水流沙，应停止施工进行处理，防止围护结构破坏失稳。

(4)在基坑施工过程中，如果地面沉降过大、开裂或建筑物及管线变形超标，危及施工和环境安全，则要立即停止施工，采取措施，必要时向基坑内倒土或灌水，进行反压。

(5)为保证基坑的安全，基坑的第一层横撑宜为钢筋混凝土支撑，其他横撑可选择钢管支撑或型钢组合支撑。第一层钢筋混凝土支撑一般应高于结构顶板 0.5～1.0m，基坑最下面一层的钢管支撑一般应高于基底 1.0～1.5m。

(6)如没有出土斜坡道，基坑土方应采用后退式分台阶反铲接力进行开挖，每个开挖面应分台阶放坡开挖，纵、横向宜按 1∶1.5～1∶1 的坡度进行控制，每层台阶宽度 4～5m。竖向分层高度应根据基坑横断面上水平支撑的道数确定，一般控制在该层底面支撑下 50cm 左右，以便进行腰梁施工和支撑架设。

(7)基坑底面开挖应控制其开挖长度和宽度。一般情况下,宽度不超过 20m,长度不超过 15m。如果基坑宽度太大,基底地质条件又很差,为确保基底稳定,可在基坑中间施作临时混凝土或型钢纵梁,以便底板混凝土能够临时封闭。

(8)主体结构施工前,围护结构桩或墙上凹凸不平的部位应用水泥砂浆抹平,必要时,可在桩之间加砖块抹平,围护结构欠挖的部位一定要进行处理。

(9)主体结构混凝土应分段施工,分段拆除水平横撑,并且在同一横断面上,如果结构顶板或中板在水平横撑的下方,当结构顶板或中板混凝土达到设计强度后,可拆除上面一道支撑。如主体结构为上端不封口的 U 形结构,应在主体结构边墙混凝土强度达到设计强度后,在主体结构上架设临时横撑并施加预应力后,才能拆除上面的一道支撑。

(10)如围护结构旁边需要堆载,应按有关规范、标准、规定办理。如围护结构上需要安装龙门吊等提升设备,则必须进行设计计算和验算,承载能力和安全系数应符合有关要求。如由于种种原因,主体结构施工在未形成封闭结构之前发生了停工,则基坑横撑不能拆除,如有必要还要增加横撑,以确保基坑稳定,同时应做好基坑的防淹处理。

三、盖挖顺作法施工

盖挖顺作法是由地面向下开挖至一定深度后,先施作围护结构、中间柱、临时路面,然后在临时路面覆盖板的保护下自上而下开挖土体、架设临时支撑,开挖到底后,自下而上施作主体结构的底板、侧墙、中板、纵梁、横梁、立柱、顶板等。如覆盖板为永久结构的顶板,则回填土施工完成后,才能恢复交通和开始基坑内部施工。

(一)适用条件

盖挖顺作法一般适用于建筑物比较密集、地面交通繁忙、场地条件比较狭窄且规模较大的基坑工程,对于开挖范围较大,地下水位高,地层自稳能力较差,降水比较困难的地下工程或采用敞口开挖难以保证施工和环境安全时,可考虑采用盖挖顺作法。

(二)施工原则

做好临时路面,分区、分层、分段、分块,对称均衡开挖土体,快挖快支,严禁超挖,快速封闭底板,合理拆撑和换撑,施作主体结构,拆除覆盖板,回填土方,恢复路面。

(三)施工步骤

主要施工步骤:施工准备→测量放线→围护结构施工→中间桩、柱结构施工→架设临时路面→施工顶板→架设第一道水平支撑→自上而下挖土→依次架设水平支撑→主体结构自下而上施工→结构施作完毕→拆除临时路面系统→恢复路面。盖挖顺作法施工步骤示意图如图 5-85 所示。

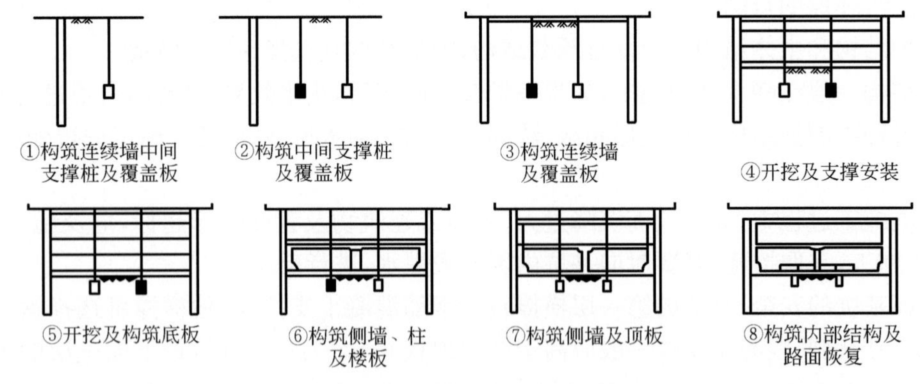

图 5-85 盖挖顺作法施工步骤示意图

(四)施工要点

1. 临时路面

临时路面支撑体系也称盖板梁,可采用军便梁、钢桁架、钢筋混凝土梁等形式。在支撑体系上固定钢盖板,以便临时通行车辆。基坑宽度较小,支撑体系可单跨横跨基坑;如基坑宽度较大,支撑体系可放

在中间立柱上，形成两跨或多跨结构，提高稳定性。盖板梁采用钢筋混凝土结构可兼作支撑，不但能增强盖板体系的稳定性和安全性，而且对于控制深基坑变形也比较有利。

盖板梁与第一道支撑有分离设置、结合设置两种处理方法。在地质较好的地区进行盖挖法施工时，往往将盖板梁和第一道支撑分离设置。由于土体自立性好，盖板梁不承受或承受很小的水平方向的荷载，仅承受路面上的竖向荷载，同时将该荷载传递给中间立柱。根据施工所需空间要求，第一道支撑一般设置在地表以下 2.5m 左右深处。

在软弱含水地层中，如果不考虑盖板梁兼作支撑，类似于悬臂 2.5m 开挖，将会导致土体侧向变形超出范围，对于控制基坑变形非常不利。盖板梁兼作第一道支撑时，必须使该构件能同时承受上部传来的竖向荷载及基坑挡墙传来的水平荷载，约束挡墙的水平变形。该构件承受拉、压、弯、剪组合作用，因此对其强度、刚度和稳定性要求较高。

为保证路面车辆行驶的平稳性，盖板梁的平整度宜小于 0.5mm，挠度宜小于 1/400，铺设时相邻盖板高差宜控制在 1.0mm 之内。同时，还应采取减震降噪和抗渗、防漏等措施。

2. 出土口

出土口的主要功能是出土、下料和调运设备，应根据地质情况、基坑大小、施工工期等布置出土口。为了便于安装提升设备(龙门吊、电动葫芦、汽车吊)和堆土等，出土口一般靠近地面运输道路，布置在基坑端头或侧边。出土口出层板应预留钢筋，出土完成后封闭。

3. 上下人口

在施工初期，由于各个工作面还没有连通，一般出土口兼作上下人口，当各个工作面扩大连通之后，应设置专门的上下人口，深基坑的上下人口应安装步梯，一般情况下，根据上下人的多少，确定步梯的宽度，一般不宜小于 3.0m，对于深度超过 20m 的基坑除安装步梯以外，应安装电梯。一般情况下，一个出土口宜对应一个上下人口，上下人口可同时兼作消防口、通风口、排水口等。

4. 通风口

在逆作法施工前期，各个作业面独立作业，空气难以自然流通，为了提供地下作业人员需要的新鲜空气，应设置通风口，通过风机向地下各个作业面输送新鲜空气，并经排风口、施工口、上下人口等排出，通风口的直径和数量难以准确计算，一般情况下直径不宜小于 600mm。

5. 排水口

对于地下水比较丰富的基坑，一般需要进行基坑内降水作业，因此需要设置排水口，排水口可单独设置，也可和其他施工口合并设置。

6. 中间桩、柱施工

盖挖法中间柱主要包括临时柱和结构柱。对于宽度较大的基坑一般要设置中间立柱结构，与两侧围护结构共同构成路面系统的竖向支承体系，并作为主体结构的承载体系。根据使用功能不同，中间立柱结构可分为临时立柱结构与永久立柱结构两种类型，临时立柱结构指的是只在施工期间作为临时的支撑构件，施工完成后即拆除，而永久立柱在竣工之后作为主体结构的承载结构。

中间立柱结构施工时，必须注意根据立柱的支承方式，合理选择其结构类型及其基础形式，做到既保证立柱的强度、刚度、稳定性，又保证荷载能有效地传递给柱下基础。立柱在上部荷载及土压力、水压力作用下，会发生沉降、抬升、倾斜，同时立柱桩底地层的差异、受荷大小的不同及温度应力的影响，可能使相邻立柱之间及立柱与围护结构之间产生较大差异沉降，若差异沉降过大，将会对路面体系产生较大的附加应力，严重时会影响安全，一般情况下，立柱之间及立柱与围护结构之间的差异沉降不宜大于 20mm，且不宜大于 1/400 桩距。

中间柱下端的立柱桩一般为混凝土灌注桩，根据地质条件及施工机具的不同，可采用人工挖孔桩、钻孔灌注桩、挤扩桩等施工方法。中间柱一般采用钢管柱、H 型钢、混凝土灌注桩、预制柱等。为了保证中间立柱结构的稳定，中间柱的安装精度较高，施工难度较大。中间立柱结构的施工方法：在泥浆护壁成孔条件下，钢管柱的安装一般采用先插法或后插法，在没有地下水的情况下，一般采用人工挖桩孔内定位法。先插法是指在立柱桩孔完成后，下入钢筋笼，然后将钢立柱插入，将位置调整准确后，进行固定，最后灌注混凝土，先插法中间立柱结构如图 5-86 所示。后插法是当立柱桩的混凝土灌注完毕后，将钢立柱柱脚插入桩的混凝土土中，然后固定，后插法中间立柱结构如图 5-87 所示。如果地层条件较好，或者经过降水后，钻孔内比较干燥，具有良好的自稳能力，可采用人工桩孔内定位法，中间柱下部的灌注混凝土桩施工完毕后，可由人直接进入桩孔，进行桩顶处理，并安装定位器，然后吊放钢管柱进行连接和精确定位固定，最后可在钢管柱内插入钢筋和灌注混凝土，并在钢管柱周围回填砂子或黏土，如图 5-88 所示。

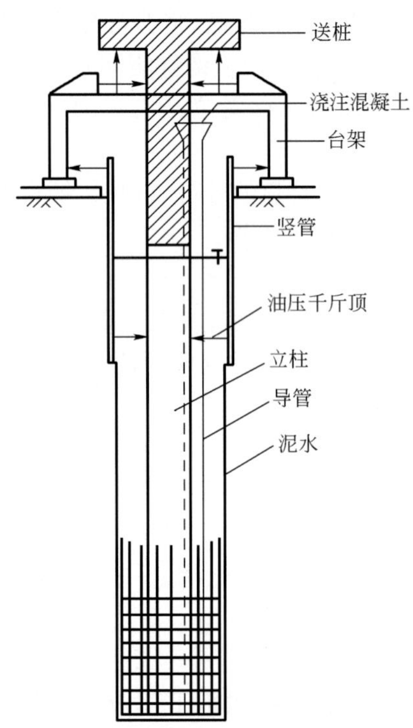

图 5-86　先插法中间立柱结构示意图

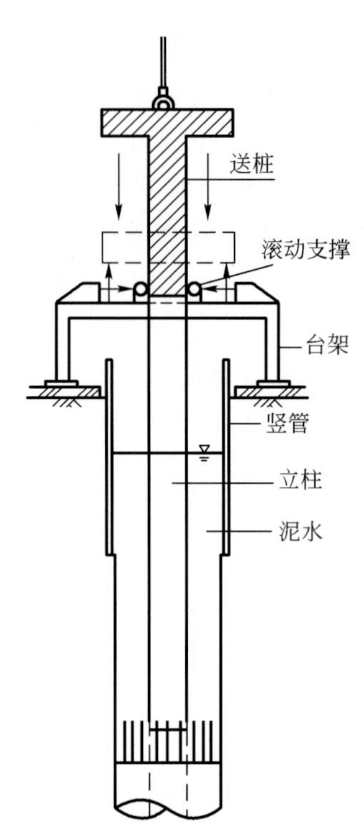

图 5-87　后插法中间立柱结构示意图

a)中间柱下端定位器

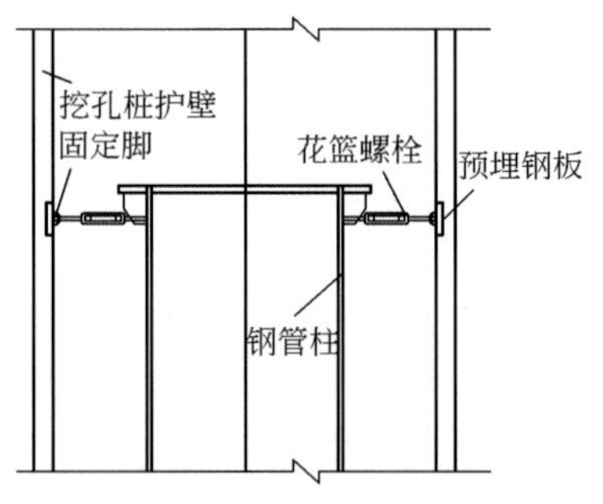

b)中间柱上端定位器

图 5-88　中间柱人工桩孔内定位示意图

在逆作法施工中，中间支承柱的施工精度要求很高，一般情况下，人工挖孔桩中间支承柱的垂直度要求为 1/1 000，钻孔灌注桩中间支承柱的垂直度要求为 1/300，型钢中间支承柱垂直度要求为 1/600。

7. 中间柱的约束

随着基坑的开挖，中间柱自由段长度会增加，侧向变形会增大，可能会发生失稳。因此，为增加立柱的稳定性，在基坑向下开挖过程中，在每一道支撑高程处，应设置纵向连系梁，该梁与支撑、立柱形成稳定的超静定结构，减小开挖阶段立柱的长细比，以保持立柱稳定。

8. 中间支承立柱和纵、横梁连接节点

中间柱和纵、横梁节点形式较多，一般采用传力钢板法、植筋法等。

9. 地下连续墙和纵、横梁连接节点

地下连续墙和纵、横梁连接节点形式也比较多，一般采用预埋连接钢筋法、预埋连接钢板法或植筋法等。

四、盖挖逆作法施工

盖挖逆作法是由地面向下开挖至一定深度后，先施作围护结构、中间桩和柱、主体结构顶板，然后在顶板的保护下从上向下开挖土体，并从上至下施作主体结构的侧墙、中板、横梁、纵梁、底板等。在地质条件较差的密集建筑区修建深、大基坑时，为了减少施工对地面交通和环境的影响可选用盖挖逆作法。盖挖逆作法的主要优点：临时支撑架设少，墙体水平位移小，地层沉降小，坑底隆起小，土压力和水压力小，主体结构稳定性好。

(一)适用条件

盖挖顺作法一般适用于建筑物比较密集，地面交通繁忙，场地条件比较狭窄的深、大基坑或平面形状比较复杂的基坑施工。

(二)施工原则

分区、分层、分段、分块，对称均衡开挖，边挖快支，严禁超挖，快速封闭底板，做好防水。

(三)施工步骤

主要施工步骤：施工准备→测量放线→围护结构施工→中间柱施工→架设临时路面→顶板施工→自上而下挖土→自上而下施工主体结构→拆除临时路面系统→恢复路面。盖挖逆作法施工步骤如图 5-89 所示。

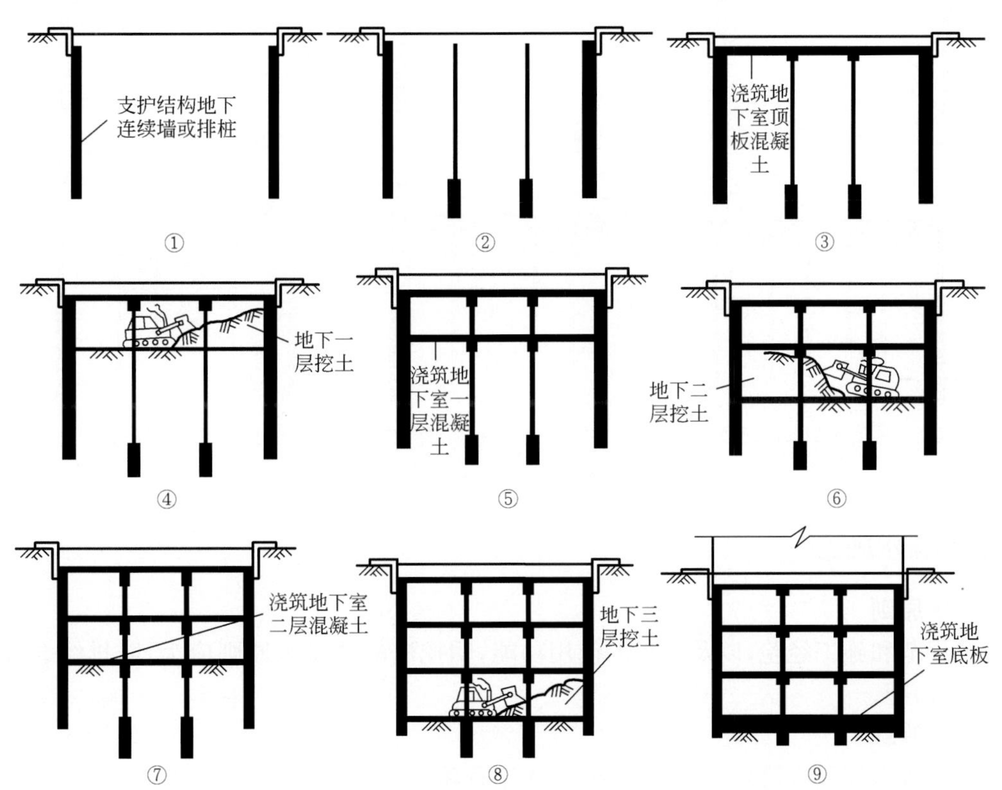

图 5-89　盖挖逆作法施工步骤示意图

(四)施工要点

(1)施工精度控制

采用盖挖逆作法施工，围护结构和中间桩、柱、梁、板在主体结构完成之前是重要的承载构件，关系到施工安全，因此必须严格控制施工精度，尽量减小施工误差。

(2)地层沉降控制

自上而下施工过程中，地层产生的不均匀沉降对围护结构和主体结构的不利影响比顺作法要大，开挖过程中应严格控制地层失水、管涌和围护结构渗漏及侧向位移，因此每层结构开挖到设计高程后，应尽快施工纵横梁和层板，严格控制地层沉降，防止上部结构拉裂。

(3)防水及节点施工质量

主体结构体自上向下施作，施工缝比较多，同时，由于混凝土硬化过程中的收缩与下沉的影响，可能出现裂缝，对结构的强度、刚度、承载能力、防水性、耐久性均产生不利影响；多数交汇于同一节点的构件非同步施工，其连接精度控制难度较大；层板一般采用土模施工，混凝土的质量控制难度较大。因此必须保证墙、梁、板、柱节点的连接精度和施工质量。

五、盖挖半逆作法施工

盖挖半逆作法与逆作法的区别仅在于，盖挖半逆作法在结构的第一层或第二层顺作完成后，再采用逆作法施工下部结构。该方法可以上部下部同时施工，施工效率高。在半逆作法施工中，上部开挖基坑顺作时一般需要设置临时横撑并施加预应力。盖挖半逆作法施工步骤示意图如图 5-90 所示。盖挖逆作法除采用上面顺作，下部逆作的方式外，还包括中间逆作、四周顺作或四周逆作、中间顺作及其他顺作和逆作结合的形式。盖挖半逆作法一般用于深、大基坑，需要上下同时施工，需要注意的是，必须严格控制下部施工对上部结构的影响。

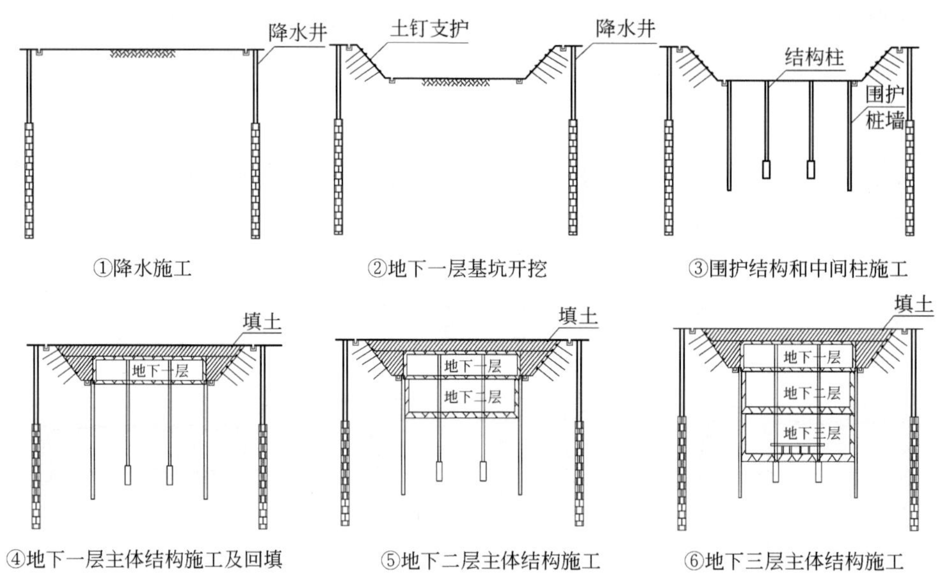

图 5-90　盖挖半逆作法施工步骤示意图

六、结构防排水施工

(一)防排水原则

根据有关规范和施工经验，以及工程的使用功能，明挖法的防排水原则应为：防排结合、刚柔相济、因地制宜、综合治理。

(二)防排水等级

主体结构防排水等级应符合设计要求和《地下工程防水技术规范》(GB 50108—2008)等规范、标准的有关规定。

(三)排水系统

对于明挖法施工，主体结构背后一般不设置排水系统，在有条件的情况下，地铁车站底板可设置排水盲管，解决主体结构的防水和抗浮问题。对于盖挖法，排水系统一般由纵横向排水盲管组成，衬砌背后的地下水通过墙脚的泄水管排到主体结构内部的边墙水沟，再汇集到集水井抽出地面。

(四)防水层

对于明挖法施工，主体结构侧墙，一般采用沥青油毡防水层或喷涂防水涂料、防水砂浆等。如采用柔性防水层，结构底板和顶板一般采用无纺布作为缓冲层，铺设塑料防水板或橡胶防水板，防水层厚度一般不小于 1.2mm，防水板之间一般采用热熔焊接，搭接宽度一般不小于 10cm，焊缝宽度一般不小于

2cm。防水板一般采用无钉铺设，对于区间隧道宜采用半包(隧道底部不设防水板)形式，以减小隧道结构承受的水压力，对于地铁车站则宜采用全包形式。

(五)后浇带

后浇带宜用于不允许留设变形缝的工程部位，后浇带应在其两侧混凝土龄期达到42d后再施工，后浇带应采取补偿收缩混凝土浇筑，其力学性能及抗渗性能不应低于两侧混凝土。后浇带应设在受力和变形较小的部位，其间距和位置应按结构设计要求确定，宽度宜为70～100cm。后浇带可做成平直缝或阶梯缝，其防水构造形式宜采用图5-91和图5-92的形式，混凝土中添加微收缩剂，以减小温度应力。

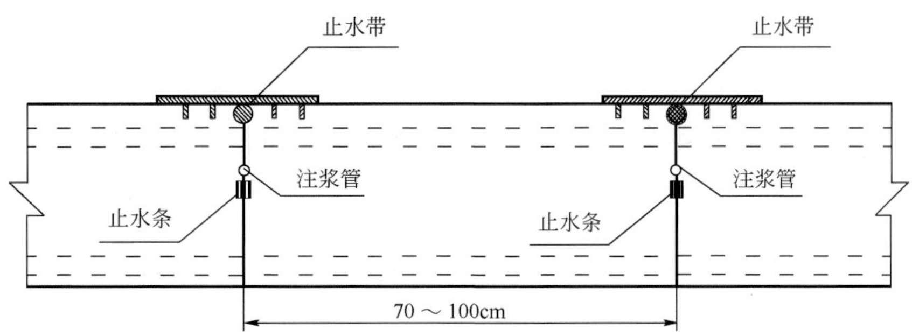

图5-91　后浇带平直缝防水构造形式

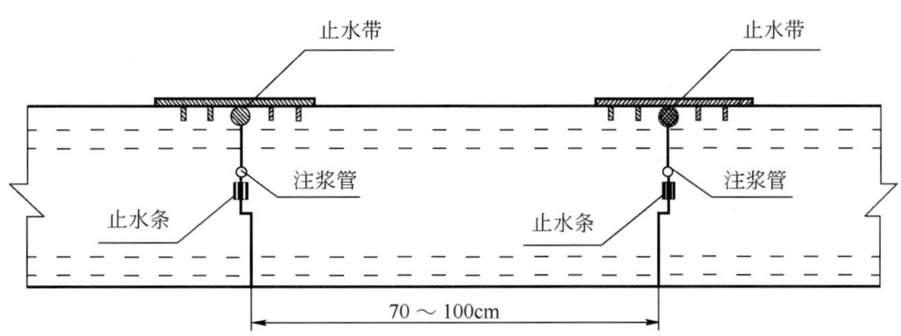

图5-92　后浇带阶梯缝防水构造形式

(六)防水混凝土

防水混凝土应根据强度、防水等级、耐久性等要求，原材料性质，施工工艺，环境条件等进行配合比设计。混凝土配合比应通过理论计算、试验室试配、现场调整后确定。配制的混凝土拌和物应满足设计和施工要求。

防水混凝土的抗渗等级一般不应小于P8，胶凝材料用量一般不应少于320kg/m^3；砂率宜为40%左右，泵送时可增加至45%；水胶比不宜大于0.55，对于P12以上的防水混凝土，水胶比不得大于0.5。泵送防水混凝土入泵坍落度宜控制在10～14cm，入泵前坍落度每小时损失值不应大于30mm，坍落度总损失值不应大于60mm。掺加引气剂或引气型减水剂时，混凝土含气量应控制在3%～5%。防水混凝土采用预拌混凝土时，缓凝时间宜为6～8h。

碱集料反应问题是影响混凝土耐久性的重要因素，引起混凝土工程碱集料反应的主要因素有3个：反应性集料(亦称为碱活性集料)、混凝土中总的碱含量、水(即潮湿的环境)。预防碱集料反应破坏有以下6个方面的措施：控制水泥含碱量；控制混凝土中总的含碱量；控制使用碱活性集料；用火山灰质掺和料及水淬矿渣抑制碱集料反应；掺用引气剂使混凝土保持4%～5%的含气量，可容纳一定数量的反应产物，从而缓解碱集料反应膨胀压力；改善混凝土防水性能，隔绝水源。

混凝土结构的裂缝可以引起渗漏和钢筋锈蚀，加剧碳化作用，导致混凝土结构破坏。因此，混凝土中裂缝的产生和发展，是降低混凝土防水性能和影响结构耐久性的重要原因。抑制混凝土裂缝应采取的主要措施：通过合理选用原材料，优化配合比，尽可能控制水泥的用量，降低水热；添加具有一定膨胀性的外加剂，对混凝土可产生收缩补偿作用，因而对防止混凝土开裂有明显作用，但应考虑其和混凝土之间的相容性，避免不良反应。钢纤维和微纤维也是有效抑制混凝土裂缝产生和发展的材料，必要时可以采用。要加强养护，控制混凝土内外产生的温差，若使用普通硅酸盐水泥，应至少洒水养护14d以上，以防止混凝土干缩。在水化热高峰期，要控制混凝土中心与外表面的温差不高于20℃。夏季施工时宜掺缓凝剂，并及早采取养护措施。

混凝土的碳化问题与钢筋锈蚀密切相关，碳化是引发钢筋锈蚀的重要诱因之一。钢筋锈蚀将影响混凝土的防水性能和耐久性，因为混凝土中的钢筋一旦锈蚀，其体积要发生膨胀，造成混凝土保护层逐渐崩裂，致使钢筋暴露于空气当中，进一步更加快了钢筋的锈蚀，逐渐丧失其承载能力，如此恶性循环，使混凝土结构的耐久性和安全性受到极大的影响。主要预防措施：在原材料方面，应选用适宜的水泥品种（慎重使用掺各种混合材料的水泥）和符合要求的砂、石子、水和外加剂等，亦可掺入优质拌和料（如硅粉、高质量粉煤灰等），并避免使用含氯离子的外加剂。在施工方面，采用合理的配合比，严格控制钢筋保护层的厚度，拌和、运输、浇筑、振捣、养护应符合有关要求。如环境侵蚀性比较严重，使用以上预防措施不足以防止钢筋锈蚀时，有必要另外增加保护措施，可采用具有抗腐蚀性能的钢筋、在混凝土拌和物中掺阻锈剂、采取阴极保护措施、在混凝土表面喷涂覆盖层等保护措施。

盖挖逆作法与明挖顺作法相比，纵向和环向施工缝的数量较多，故保证防水质量显得极为重要。根据盖挖逆作法的工艺特点，板梁结构为先浇混凝土，其下的内衬墙结构为后浇混凝土，由于混凝土收缩、下沉等原因，两者之间的水平施工缝易产生微裂缝而难以密实，此处可采用浇注假牛腿及二次振捣工艺，设置特制的斜向模板，以保证假牛腿顶面高出施工缝。车站顶板上可采用与结构黏结较好的防水涂料，防水层向上连续铺设至地下连续墙上一定的宽度，并且在拐角增设一层同材质的防水层；在地下连续墙与各层板结构交接部位进行凿毛处理，并涂刷一道水泥基渗透结晶型防水层，利用其遇水渗透结晶作用，提高混凝土的抗渗性能。

特殊部位的防水技术要点：施工缝部位，在条件允许的情况下，采用带注浆管的钢板腻子止水带进行防水密封处理，若不采用钢板腻子止水带，可采用遇水膨胀橡胶条进行防水密封处理，并预埋注浆管，混凝土浇筑后，进行注浆以补偿混凝土的收缩。在层板与边墙间的水平施工缝部位，采用预埋注浆管进行后注浆等方式进行加强防水处理；变形缝可采用两道止水带进行防水，变形缝中间可填充弹性密封材料进行防水。

第六节　施工监控量测

一、概述

现场监控量测作为信息化施工的重要组成部分，不仅能够及时了解地层、支护体系的受力和变形规律及周围环境变化信息，而且能够掌握地层、支护结构及周围环境的相互作用、时空效应、安全和稳定状况，有针对性地制订施工方案和应急措施，对施工过程进行有效控制和管理，防止灾害事故的发生。通过监测数据还可以判断设计方案、参数及施工方法、工艺、措施是否合理，及时优化和调整设计参数和施工方法，实现动态设计和信息化施工。此外，通过监测资料积累数据，可为类似工程施工提供经验和参考。

对于深大基坑，施工过程中建立全面、严密、完整的监测体系是十分必要的，通过监测成果反馈指导施工，不仅可保证施工和结构的安全，还可对周边环境影响进行有效控制，减少施工对周边建（构）筑物、路面及地下管线等的不利影响，确保环境安全。监测内容主要包括地面沉降、地层内部变位、围护结构和支撑体系的受力和变形、主体结构受力和变形、建筑物及地下管线变位、地下水位变化等。

二、施工监测的目的

（1）监控施工过程中周围地层的变位情况，掌握施工中地层的变位和破坏规律，选择合理的施工方法和工艺，采取有效的措施进行控制，确保施工质量和安全。

（2）掌握支护体系的受力和变形规律，并对其合理性、安全性、稳定性和经济性进行评价，以便优化

设计方案和参数。

(3)根据地质条件和施工方法，对基坑附近的建(构)筑物、地下管线及其他重要设施的影响作出定量评价，并根据其受力和变形特点，提出加固和保护方案，确保环境的安全。

(4)通过现场监测成果反馈和信息化施工，及时调整施工组织，优化资源配置，选择较佳的施工时机，达到安全、优质、高效施工的目的，并为今后类似工程提供借鉴。

(5)通过监测信息反馈，进行安全和经济评价。在确保质量和安全的前提下，降低工程成本和造价，使工程投资得到有效的控制。

三、监测范围和控制点

根据基坑的重要程度、地质条件和环境条件，确定基坑监测范围。一般情况下，一级基坑监测范围为基坑边线外3～5倍的开挖深度，二级基坑监测范围为基坑边线外2～3倍的开挖深度，三级基坑监测范围为基坑边线外1～2倍的开挖深度，遇到特殊情况，应进行调整。根据基坑可能的影响范围，确定监测控制点的布置，控制点一般包括基准点和工作基准点。水准基准点一般应布置在距离基坑开挖边线外一定距离，该距离一般应大于3～5倍基坑开挖深度，为方便校核，水准基准点个数不应少于3个，水准基准点和测点之间可设置工作基准点，组成监测控制网。

四、主要监测项目

根据基坑的重要性、地质条件、基坑形状和规模以及周边环境条件，确定基坑重要程度，而后根据基坑的重要程度确定监测项目、测点布置。明挖法施工监测项目和测点布置见表5-14、表5-15。

明挖法施工围护结构、支撑体系、主体结构监测项目　　表5-14

序号	测试对象	测试内容	测试方法及精度	测点布置
一	围护结构			
1	地下连续墙/SMW工法桩/重力挡墙	墙(桩)顶沉降	精密水准仪、铟钢尺、全站仪，监测精度为0.5mm	布置于围护墙(桩)顶，纵向间距约为15～20m，监测的桩数一般不少于总桩数的10%～20%
2		墙(桩)体倾斜	测斜管、测斜仪，精度为0.1mm	沿基坑周边墙(桩)体内布设观测孔，纵向间距约为15～20m，监测的桩数一般不少于总桩数的10%～20%
3		墙(桩)体内力	钢筋计、应变计、频率接收仪，精度为5/1 000(F·S)	布置于墙(桩)体内竖向主筋上，竖向间距为5～10m
4		墙(桩)侧土压力	土压计、频率接收仪，精度为5/1 000(F·S)	沿墙(桩)体外侧布设于土体内，竖向间距为5～10m
5		桩侧水压力	渗压计、频率计，精度为5/1 000(F·S)	沿墙(桩)体外侧布设于土体内，竖向间距为5～10m
二	支撑体系			
1	支撑	支撑轴力	钢筋计、应变计(混凝土支撑)轴力计、频率接收仪，精度为5/1 000(F·S)	布设在支撑一端或中间，纵向间距为10～20 m，监测的支撑数一般不少于总数的20%
2	中间柱	中间柱轴力	钢筋计、频率接收仪，精度为5/1 000(F·S)	选取典型柱和断面布设，一般不少于总数的10%
3		中柱隆起、下沉	精密水准仪、铟钢尺，精度为0.5mm	
4	锚索(杆)	内力	钢筋计、测力计、频率接收仪，精度为5/1 000(F·S)	一般情况下，对永久性锚索(杆)，应不少于总数的5%～10%；对临时性锚索(杆)，应不少于总数的3%，且不少于3根
		位移	全站仪，精度为0.5mm	一般情况下，应不少于总数的5%，应布置在监测主断面对应位置

续上表

序号	测 试 对 象	测 试 内 容	测试方法及精度	测 点 布 置
三	主 体 结 构			
1	主体结构	层板沉降	精密水准仪、铟钢尺，精度为0.5mm	布置在层板上，横断面间距一般为30～50m，每个断面测点间距为5～10m
2		层板内力	钢筋计、频率接收仪，精度为1/100(F·S)	布置在层板上下面主筋上，横断面间距一般为30～50m
3		结构侧墙立柱水平收敛	收敛计，精度为0.1mm	布设于柱与柱，柱与侧墙之间，监测断面间距为30～50m

明挖法施工地层、周边环境及地下水位监测项目 表5-15

序号	监测对象	监测内容	测试方法及精度	测点布置
一	地 层			
1	地层	地表沉降	精密水准仪、铟钢尺，精度为0.5mm	沿基坑周边布设，一般应在垂直于基坑长边方向布设监测主断面，测线应从基坑边线向外延伸至3～5倍的基坑深度，相邻点间距为2～5m
2		地层垂直位移	分层沉降管、沉降仪，精度为1.0mm	一般布设于基坑外，距围护结构外3～5m处
3		地层水平位移	测斜管、测斜仪，精度为0.1mm	
4		坑底回弹	分层沉降管、沉降仪，精度为1.0mm	一般应布置在基坑中间，间距为10～15m
二	周 边 环 境			
1	地下管线	地下管线沉降	精密水准仪、铟钢尺、全站仪，精度为0.5mm	根据管线状况并与管线管理单位协调后布置，间距一般为2～5m
2	相邻建筑物	垂直沉降	精密水准仪、铟钢尺，精度为0.5mm	沉降测点设在建筑物的四角(拐角)上，高低悬殊或新旧建筑物衔接处，变形缝两侧，埋深不同的基础两侧或桩、柱上；每栋建筑物不少于4个沉降测点和四组(每组2个)倾斜测点。对于规模较大的建筑物，应根据实际情况布置测点。爆破震动测点根据需要布设
3		倾斜	全站仪、经纬仪，精度为2.0″	
4		爆破震动	爆破震动测试仪，A/D精度：12bit分辨率，量化精度为1/4 096	
5		裂缝观察	目测、测缝仪精度为0.1mm	
6	既有线	沉降和倾斜	静力式水准系统，精度为0.5/100(F·S)	布置在既有线道床或隧道主体结构上，间距一般为10～20m
三	地 下 水			
1	基坑外地下水	潜水	水位计，精度为1.0mm	沿基坑四周布设，间距一般为30～50m，一般不应少于4个测点。承压水位观测孔要设置在需测承压水层中
2		承压水		

五、监测频率

监测频率应根据基坑的规模、重要程度、环境条件、施工阶段等因素确定，并根据监测结果进行调整，当出现异常情况时，应适当加密监测频率。根据《建筑基坑工程监测技术规范》(GB 50497—2009)的有关规定进行监测，明挖法施工的监测频率见表5-16。

明挖法施工的监测频率 表 5-16

基坑类别	施工进度		基坑设计开挖深度及监测频率			
			≤5m	5～10m	10～15m	>15m
一级	开挖深度（m）	≤5	1次/d	1次/2d	1次/2d	1次/2d
		5～10		1次/d	1次/d	1次/d
		>10			2次/d	2次/d
	底板浇筑后时间（d）	≤7	1次/d	1次/d	2次/d	2次/d
		7～14	1次/3d	1次/2d	1次/d	1次/d
		14～28	1次/5d	1次/3d	1次/2d	1次/d
		>28	1次/7d	1次/5d	1次/3d	1次/3d
二级	开挖深度（m）	≤5	1次/2d	1次/2d		
		5～10		1次/d		
	底板浇筑后时间（d）	≤7	1次/2d	1次/2d		
		7～14	1次/3d	1次/3d		
		14～28	1次/7d	1次/5d		
		>28	1次/10d	1次/10d		

注：1. 当基坑等级为三级时，监测频率可视具体情况适当降低。
2. 基坑工程开挖前的监测频率视具体情况确定。
3. 宜测、可测项目的监测频率可视具体情况适当降低。
4. 有支撑的支护结构各道支撑开始拆除到拆除完成后的监测频率应为1次/d。

六、测点埋设方法

（一）控制点埋设方法

控制点主要包括基准点和工作基准点。

1. 沉降基准点的埋设方法

沉降监测是根据监测点相对于基准点的高程变化进行。可以利用永久基准点或工程施工时使用的临时基准点，作为监测基准点，也可根据现场的具体条件和沉降监测的时间要求埋设专用基准点，如图5-93所示。其数目应不少于3个，以便组成水准控制网，对基准点定期进行校核，防止其本身发生变化，以保证沉降监测结果的正确性。基准点应在沉降监测的初次观测前一个月埋设好，待其自身沉降稳定后，基准点间进行联网观测。变形监测应按照二、三级变形测量的等级及精度要求进行。沉降基准点埋设方法如下：

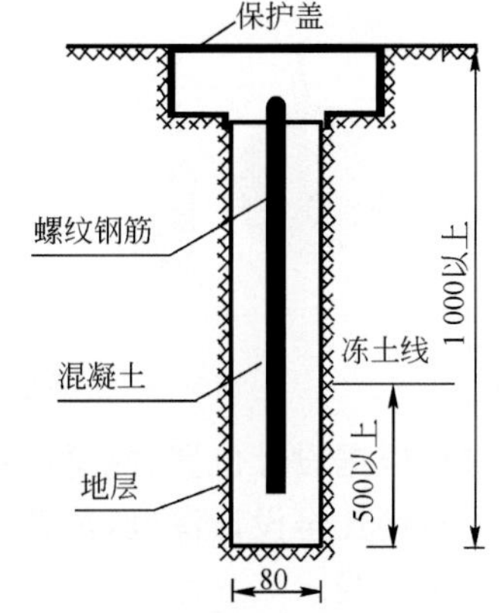

图5-93 沉降观测水准基点埋设示意图（尺寸单位：mm）

（1）一般采用钻机成孔或人工挖孔，直径不应小于100mm，根据地质情况，钻孔应进入比较稳定的地层，尽量穿过人工填土层，钻孔深度不应小于1.0m。

（2）夯实孔洞底部并清除渣土。

（3）浇注C20以上混凝土，并振捣密实，混凝土顶面距地表约5cm。

（4）在孔中心位置插入螺纹钢筋，直径一般不应小于22mm，长度不小于1.0m，露出混凝土表面1～2cm；上部加装保护盖，养护14d

以上。

埋设基准点应注意的问题:基准点应布置在施工的沉降影响范围以外,保证其坚固稳定;尽量远离道路、铁路、空压机房等,以防受到碾压和振动的影响;力求通视良好,与工作基点之间的距离不宜超过100m,以保证监测精度;避免将基准点埋设在低洼易积水处,同时为防止土层冻胀的影响,基准点的埋设深度至少要在冰冻线以下0.5m。

2.水平位移基准点的埋设方法

根据施工现场及周边情况,在距基坑开挖深度3~5倍范围以外的稳定位置埋设水平位移基准点。基准点埋设时用冲击钻钻孔,清水冲洗干净,并灌入水泥浆,插入直径不小于22mm的螺纹钢筋,埋设深度不应小于1.0m,钢筋顶部锯十字小槽并涂防锈漆做标记,以便仪器对中。

3.工作基点和工作基站点的埋设方法

工作基点埋设方法:人工挖坑,直径不应小于100mm,深度不应小于50cm,在坑中先灌入混凝土,然后插入钢筋,钢筋直径不应小于22mm。一般情况下,工作基点和基准点相比,其距基坑更近,受施工影响,可能会产生沉降和水平位移,因此每次监测,均应测试其位置坐标。工作基站点选择合适位置用钢筋混凝土浇筑成200mm×200mm×1200mm的墩台,墩台顶部埋设强制对中器,如图5-94所示。

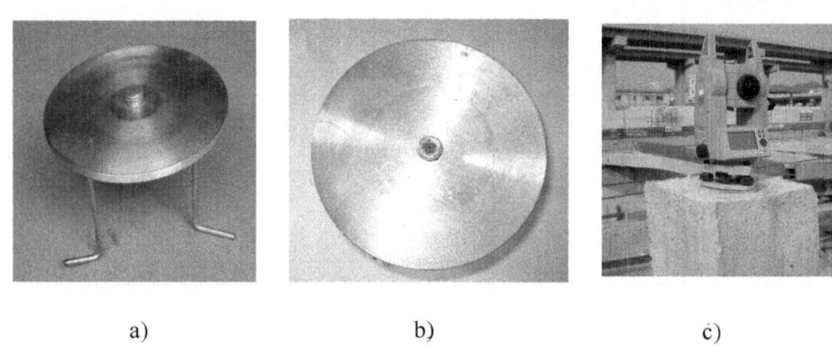

a) b) c)

图5-94 桩顶位移强制对中器图片

(二)监测点埋设方法

1.墙(桩)侧土压力和水压力测点

土压力测试一般用压力盒,水压力测试一般用渗压计,如图5-95所示,压力盒安装采取挂布法、顶入法、弹入法、钻孔法等,一般情况下在围护桩(墙)外侧土体中钻孔埋设,如图5-96所示。具体步骤如下:

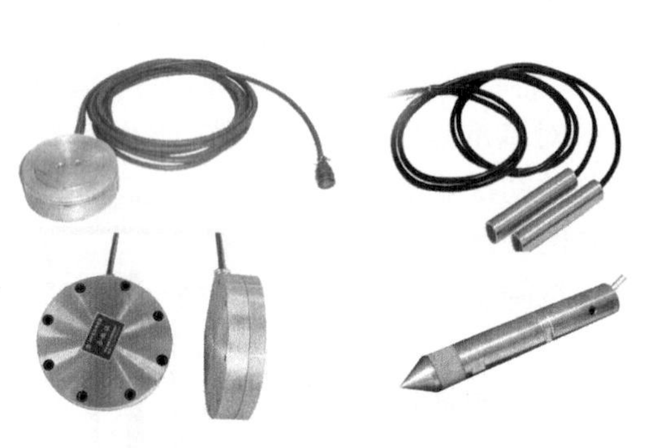

图5-95 土压力盒和渗压计

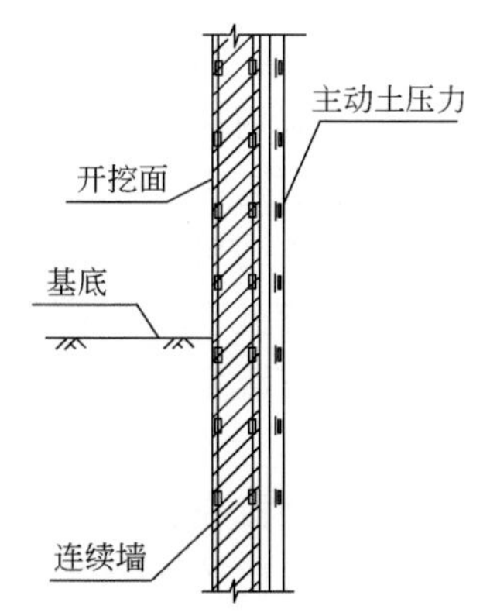

图5-96 钻孔埋设方法

(1)根据设计位置,测量放线,确定孔位。开钻之前,应进行管线探测,确保钻孔位置没有任何管线。

(2)钻孔至设计深度,清槽提杆,进行土压力盒的安装固定,将土压力盒绑扎在之前焊好的钢筋梯上,理顺导线。

(3)逐节下放已安装土压力盒的钢筋梯,两钢筋梯之间采用钢丝绑扎或焊接,下放时保证土压力盒受力面朝向基坑外侧。

(4)用黏土球或细砂填充土压力盒与孔壁间隙至地面,做好端部保护装置。

渗压计的埋设方法和压力盒类似,但渗压计和钻孔壁之间应填充中粗砂,如有多层承压水层,应填充黏土,将上下含水层隔开。

2. 地表沉降测点

在较为松软的地基上埋设地表点可直接钻或挖 30~100cm 深的孔,竖直放入直径 12~22mm 的钢筋,钢筋和孔壁之间填充水泥砂浆,使其与地层黏结紧密。考虑到施工场地条件复杂,钢筋头不要露出地面,以免受外界因素干扰破坏。另外,最好在钢筋头上点焊一圆弧点,以减小每次立放尺子的误差。在混凝土路面上,地表测点应用冲击钻在路面上钻孔,穿透混凝土路面,并进入地层不少于 30cm,然后插入钢筋,在土层中的钻孔部分用水泥砂浆回填密实;路面范围内的钻孔用黏土回填,保证钢筋与下部土体固结而与上部路面分离,并在路面处做保护盖,如图 5-97 所示。

3. 土体水平位移测点

在需要监测位置钻垂直孔,直径不应小于 100mm,孔深一般应和围护结构长度相等,逐节接入测斜管。测斜管与钻孔间的空隙回填细砂或黏土球。安装和埋设时,检查测斜管内的一对导槽,其指向应与欲测位移方向一致。埋设结束后,及时做好孔口保护装置。钻孔过程中应特别注意地下管线及构筑物安全,应先挖探孔,准确探明管线和构筑物位置后,再开始钻孔,应严格控制钻孔速度,遇到异常,应立即停钻,查明原因,防止对地下管线和构筑物造成破坏。测斜管钻孔埋设如图 5-98 所示。

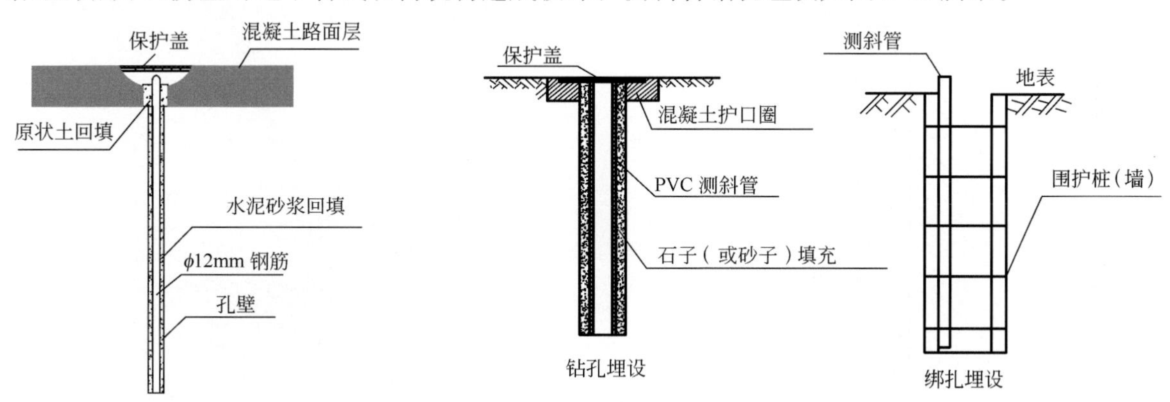

图 5-97 地表测点埋设示意图

图 5-98 测斜管钻孔埋设示意图

4. 土体分层沉降测点

用钻机在预定孔位上钻孔,用纸绳将磁环的三脚爪捆套在管外各预定部位,然后逐节放入沉降导管。纸绳受水浸泡断开后,磁环的三脚爪即张开,使磁环牢固地嵌入土体中。

5. 水位观测孔

采用钻机钻孔,孔深根据现场条件及水位管的直径而定,应确保测出施工期间水位的变化。对于潜水层,钻孔直径一般不小于 89mm,水位孔的深度一般应低于需要监测的水位。成孔后,放入裹有滤网的水位管,管壁与孔壁之间用中砂回填至离地表 1.0~2.0m 处,再用黏土进行封填,以防地表水流入。水位管用 ϕ55mm 的 PVC 塑料管作滤管,管底加盖密封,防止泥沙进入管中。下部留出 0.5~1.0m 深的沉淀管,管上不开孔,用来沉积水中的泥沙,滤水管壁周围应带有直径 6mm 透水孔,透水孔纵向间距 5~10cm,相邻两列孔交错排列,呈梅花形布置。管壁外包扎滤网或土工布作为过滤层。水位孔布设如图 5-99 所示。

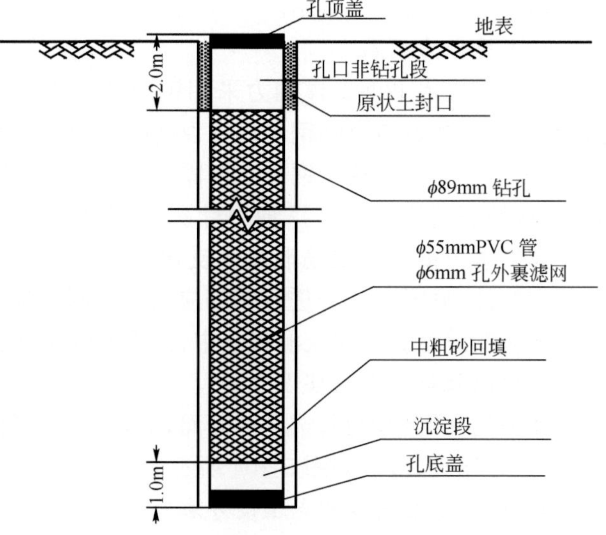

图 5-99 水位孔布设示意图

对承压水水位进行观测时，则需埋设深层承压水位孔，承压水位孔的钻孔设备基本上与上述普通水位孔的钻孔设备相同，其深度必须进入承压水层，滤水段位于承压水层内，其外部用中细砂充填，而其余段直至地面均不设渗水孔。管外采用黏土球或水泥土等不透水材料密封，以切断地层内承压水与上部地层的水力联系。

6. 墙(桩)水平位移测点

将 PVC 测斜管逐节绑扎在墙体钢筋笼骨架上或型钢上，管间用套管连接，接头用自攻螺钉拧紧，并用防水胶带密封。管壁内有两组互为 90°的导向槽，固定时使其中一组导向槽与围护结构的位置方向基本一致，并在管内注满清水，防止其上浮。测斜管管底及管顶用布料堵塞，盖好管盖。下钢筋笼和浇混凝土时应注意保护测斜管，并保证测斜管位于钢筋笼内远离基坑一侧，如图 5-100 所示。

7. 墙体内力测点

围护结构墙(桩)钢筋笼制作前，在钢筋计预埋位置将主筋切断，焊接钢筋计拉杆，连接上钢筋计，如图 5-101 所示。如钢筋主筋采取螺纹套管连接，则在钢筋计预定埋设位置断开钢筋后，将两端钢筋接头车丝，直接将钢筋计拉杆拧在钢筋接头上，然后绑扎钢筋笼。钢筋计在钢筋笼竖向主筋上的间距一般为 5～10m。

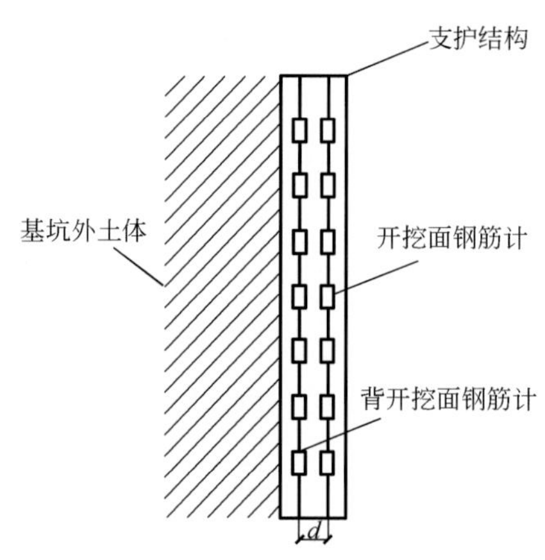

图 5-100　测斜管绑扎埋设示意图

图 5-101　钢筋计焊接示意图

在钢筋笼焊接过程中，应注意保护钢筋计及导线，避免它们被烧坏、烫坏。所有导线均应引至接近钢筋笼或型钢顶端，并进行标号标记，外加保护管或保护箱。为防止破除桩头混凝土的过程中损坏导线，应在导线端头 1.0～2.0m 位置上用不同颜色防水胶带缠绕，并记录编号与颜色的对应关系，以备导线破坏后，再次编号时备用。

8. 支撑轴力测点

明挖结构水平钢支撑轴力采用钢弦式轴力计(又称反力计)测试。测点布设随钢支撑安设同时进行，架设钢支撑时，将轴力计支架焊接于钢管支撑固定端，轴力计放入支架内，并保护好引线。钢支撑轴力计测点布设如图 5-102 所示。如果水平横撑为钢筋混凝土支撑，则可用钢筋计和混凝土应变计(见图 5-103)进行钢筋应力和混凝土应变测试。混凝土应变计可直接埋入混凝土中，并将测线引出。

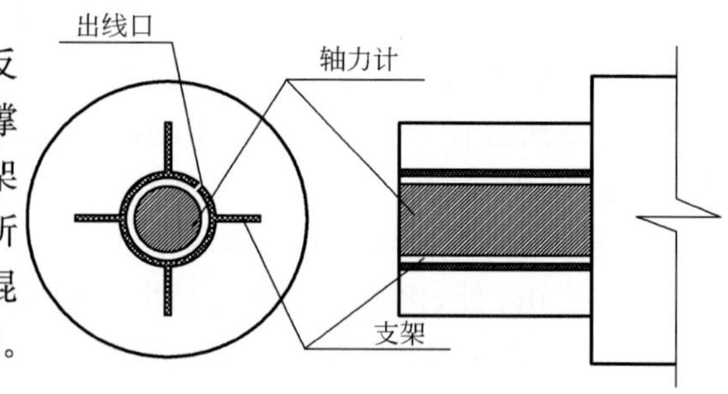

图 5-102　钢支撑轴力计测点布设示意图

9. 中间柱轴力测点埋设方法

在中间柱钢管内侧，选取一断面，沿着管壁一周均布 4 个应变计，分别用 4 根细导管将导线引至端头，并做好端头处理，如图 5-104 所示。

10. 静力水准沉降测点埋设方法

静力水准沉降测点主要用于基坑附近临近既有地铁结构和重要建筑物的沉降观测。静力水准仪应安设在建筑物基础、结构侧墙、梁、柱或既有线道床上等。静力水准沉降测点布设、管路安装、现场安装如图 5-105～图 5-107 所示。具体安装步骤如下：

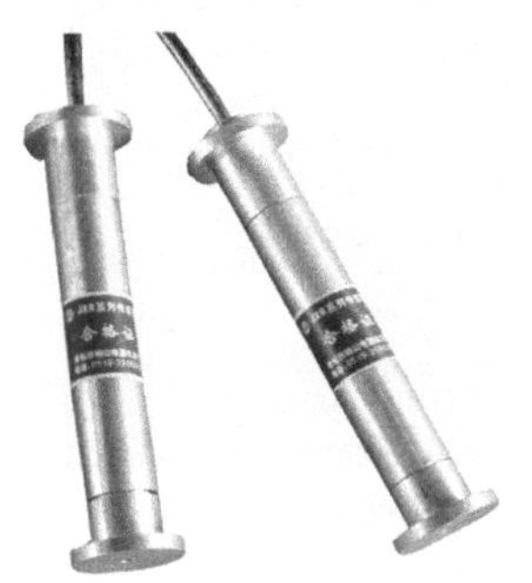

图 5-103 混凝土应变计

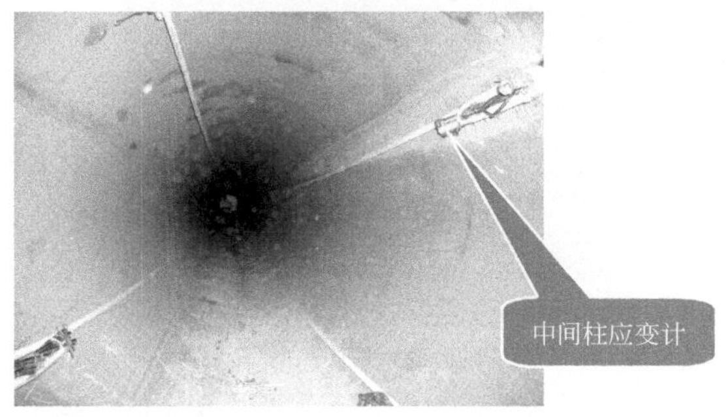

图 5-104 中间柱钢管混凝土应变计现场安装

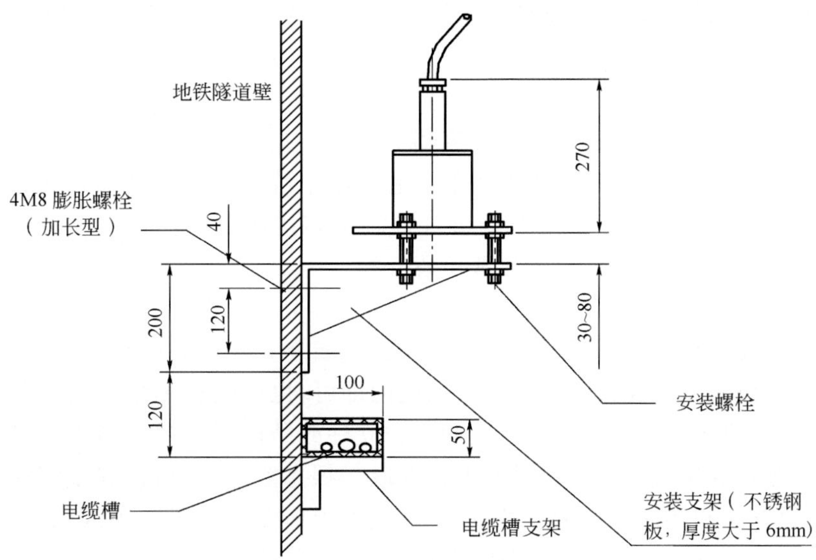

图 5-105 静力水准沉降测点布设示意图(尺寸单位:mm)

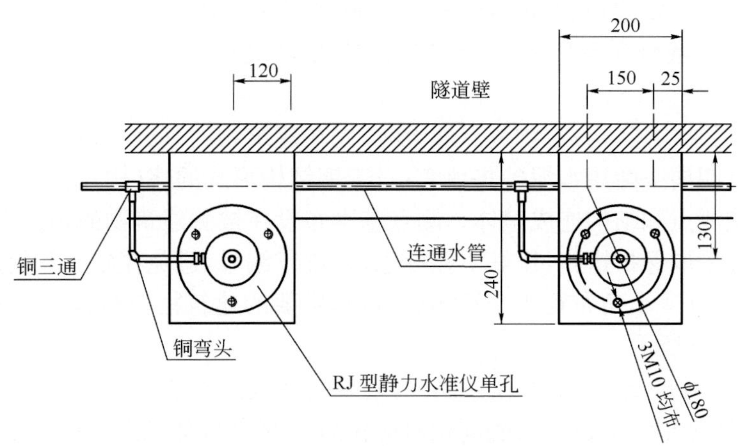

图 5-106 静力水准沉降测点管路安装示意图(尺寸单位:mm)

(1)按要求在测点处安设支架，并在支架上布设 3 个均布的螺杆。

(2)检查各测墩顶面水平及高程是否符合设计要求。

(3)检查支架上预先安装的钢板及 3 根安装仪器螺杆是否符合设计要求。

(4)预先用水和蒸馏水冲洗仪器主体容器及塑料连通管。

(5)将仪器主体安装在支架钢板上，用水准器在主体顶盖表面垂直交替放置，调节螺杆螺丝使仪器

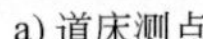
a) 道床测点

b) 边墙测点

图 5-107　静力水准仪现场安装

表面水平及高程满足要求。

(6)将仪器及连通管系统连接好，从仪器末端徐徐注入特种溶液，排除管中所有气泡，连通管需有槽架保护。

(7)将浮子放于主体容器内。

(8)将装有电容传感器的顶盖板装在主体容器上。

仪器及静力水准管路安装完毕后，用专用的 3 芯屏蔽电缆与电容传感器焊接，并进行绝缘处理。3 芯屏蔽电缆的红芯接测量模块的信号接线端口，白芯、黄芯接激励(桥压)接线端口。当容器液位上升时，电容比测值应变小，否则将白芯、黄芯接线位置互换。

11. 主体结构测点

主体结构测点主要包括层板下沉、层板内力、结构侧墙及立柱水平收敛等。具体埋设方法如下：

层板下沉测点布设时用水泥钉或射钉打入层板内即可，也可以直接在层板上喷漆做点；收敛测点埋设时，分别在钢管柱外侧用带钩的抱箍将测点固定在立柱或结构上，注意调整好两点的水平高度。层板内力测点在埋设时分别在层板钢筋绑扎时上下各选取一根主筋，采用搭接焊或螺纹套筒形式将钢筋计固定在主筋上，埋设方法和墙体内力测点埋设相似；混凝土应变测试可采用混凝土应变计，直接将混凝土应变计埋入混凝土土中待测位置，并将测线引出、编号和保护。

12. 建(构)筑物沉降测点

工程影响范围内的重要建(构)筑物应布设沉降监测点，测点的布设必须根据建筑物的位置、基础形式、结构特点、荷载分布等因素综合确定。应在建筑物的四角、基础、立柱等重要部位布置测点。

对于混凝土或砖混结构建(构)筑物测点埋设时，先在建筑物的基础或墙上钻孔，然后将"L"形钢筋预埋件放入，孔与测点四周空隙用水泥砂浆填实；对于钢结构形式的建(构)筑物，无法在上面钻孔埋设，可采用焊接的形式，使测点和结构连成整体。测点基本布设在被测建筑物的角点上，测点的埋设高度应方便观测，同时测点应采取保护措施，作好明显标志，并进行编号，避免在施工和使用期间受到破坏。每幢建筑物上一般至少应在 4 个角布置 4 个观测点，特别重要的建筑物应布置 8 个或更多测点。测点的埋设如图 5-108、图 5-109 所示。

建筑物倾斜测点采用 8cm×8cm 的反射膜片，埋设时将基面处理干净，将膜片牢固贴在基面上。测点埋设在建(构)物主体竖轴线的顶部及底部相对应位置。测点与基准点之间应通视良好，旁边无遮挡物和反光物。建筑物倾斜观测点现场安设示意图如图 5-110 所示。

13. 地下管线测点

地下管线观测可根据现场环境以及管线的重要性，选择不同的埋设方式。对于周边环境空旷，可将管线挖出或管线进行改移的情况，可采取抱箍法埋设；对于管线埋深较浅或观察范围内有管线检查井的情况，可采取直接法埋设；对于无法采取抱箍法和直接法观测的管线，可以采取模拟法埋设测点。

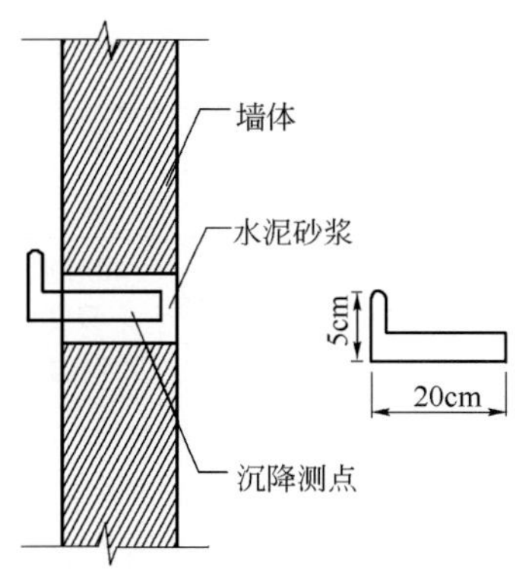

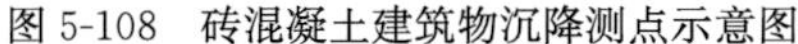
图 5-108 砖混凝土建筑物沉降测点示意图

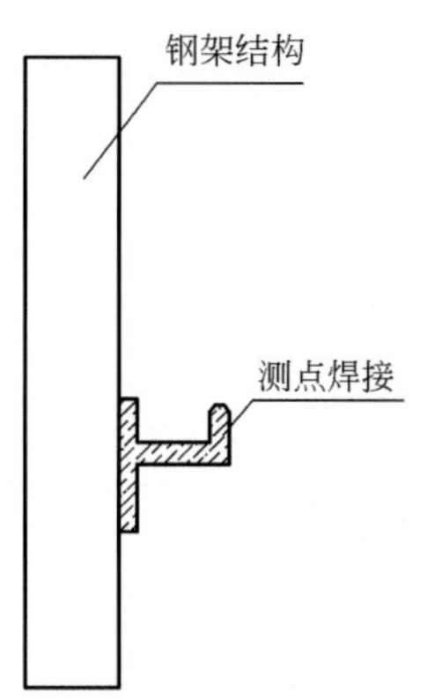

图 5-109 钢结构建筑物沉降测点示意图

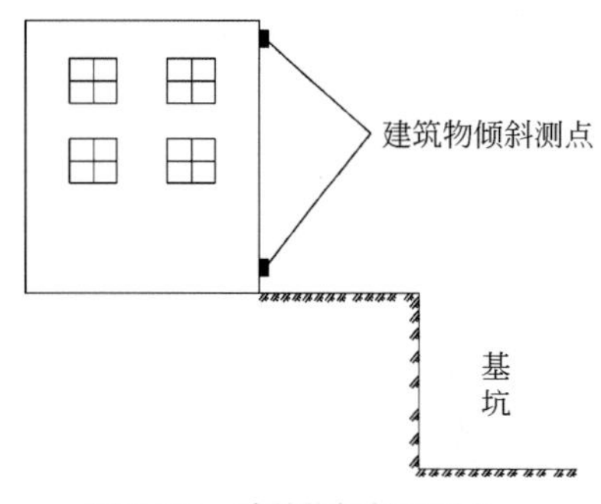

图 5-110 建筑物倾斜观测点安设示意图

(1)抱箍法

在准确探明管线埋深的情况下，先在管线位置上方钻 50～80cm 深的孔，结合管线的改移，用抱箍将管线抱住，并将包箍和测杆紧密连接，测杆沿钻孔伸向路面，在路面处加盖保护，以保证道路交通和人员正常通行，并防止钻孔中进入水和杂物，如图 5-111 所示。抱箍法主要用于十分重要的管道，如煤气管、压力水管等。

(2)直接法

观测范围内有检查井的管线，直接打开检查井，将监测点布设到管线上或者管线承载体上，利用凸出部位涂上红漆或粘贴金属物(如螺帽等)作为测点。

(3)模拟法

对于地下管线排列密集且管底高程相差不大，或因各种因素无法开挖的情况，可采用模拟法测点。即在管线周围的地面上钻孔，直径不应小于 100mm，孔深至管底高程附近，取出浮土后用砂铺平孔底，先放入一块不小于 ϕ50mm 的钢板，然后放入 ϕ20mm 的一根钢筋作为测杆，周围用细砂填实，如图 5-112所示。

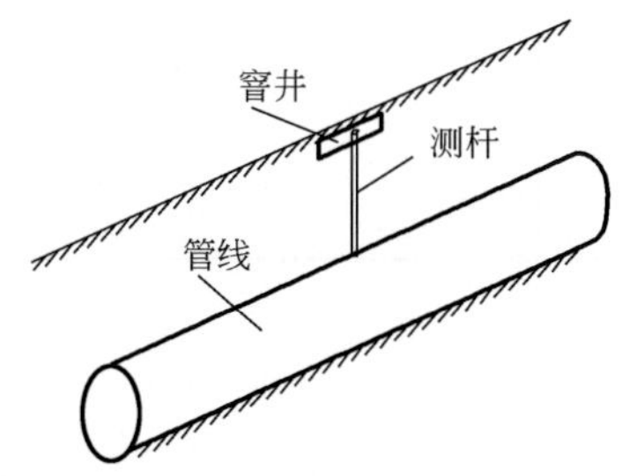

图 5-111 抱箍法管线测点埋设示意图

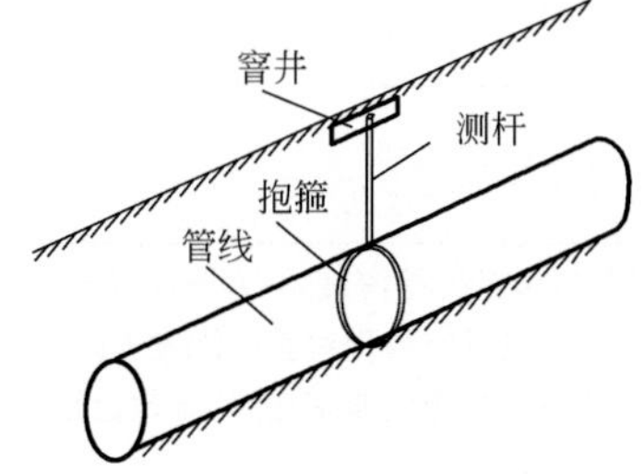

图 5-112 模拟法管线测点埋设示意图

七、监测控制标准

对于不同的地区、不同类型的工程及工程的不同部位，其地质条件、设计方案、施工方法、环境条件等可能不同，因此很难建立统一的监测控制标准，一般应根据各个工程的具体情况，单独制定控制标准，这里介绍一些规范所规定的控制标准，可供监测时参考。

1.《建筑基坑工程监测技术规范》(GB 50497—2009)的有关规定

根据《建筑基坑工程监测技术规范》(GB 50497—2009)的有关规定，一、二、三级基坑，地表、桩、柱位移，坑底回弹及支护结构内力等控制值如表 5-17 所示，环境控制值如表 5-18 所示。

基坑及支护结构监测报警值 表 5-17

<table>
<tr><th rowspan="4">序号</th><th rowspan="4">监测项目</th><th rowspan="4">支护结构类型</th><th colspan="9">基 坑 类 别</th></tr>
<tr><th colspan="3">一 级</th><th colspan="3">二 级</th><th colspan="3">三 级</th></tr>
<tr><th colspan="2">累计值</th><th rowspan="2">变化速率(mm/d)</th><th colspan="2">累计值</th><th rowspan="2">变化速率(mm/d)</th><th colspan="2">累计值</th><th rowspan="2">变化速率(mm/d)</th></tr>
<tr><th>绝对值(mm)</th><th>相对基坑深度 h 控制值(%)</th><th>绝对值(mm)</th><th>相对基坑深度 h 控制值(%)</th><th>绝对值(mm)</th><th>相对基坑深度 h 控制值(%)</th></tr>
<tr><td rowspan="2">1</td><td rowspan="2">墙(坡)顶水平位移</td><td>放坡、土钉墙、喷锚支护、水泥土墙</td><td>30~35</td><td>0.3~0.4</td><td>5~10</td><td>50~60</td><td>0.6~0.8</td><td>10~15</td><td>70~80</td><td>0.8~1.0</td><td>15~20</td></tr>
<tr><td>钢板桩、灌注桩、型钢水泥土墙、地下连续墙</td><td>25~30</td><td>0.2~0.3</td><td>2~3</td><td>40~50</td><td>0.5~0.7</td><td>4~6</td><td>60~70</td><td>0.6~0.8</td><td>8~10</td></tr>
<tr><td rowspan="4">3</td><td rowspan="4">围护墙深层水平位移</td><td>水泥土墙</td><td>30~35</td><td>0.3~0.4</td><td>5~10</td><td>50~60</td><td>0.6~0.8</td><td>10~15</td><td>70~80</td><td>0.8~1.0</td><td>15~20</td></tr>
<tr><td>钢板桩</td><td>50~60</td><td>0.6~0.7</td><td rowspan="3">2~3</td><td>80~85</td><td>0.7~0.8</td><td rowspan="3">4~6</td><td>90~100</td><td>0.9~1.0</td><td rowspan="3">8~10</td></tr>
<tr><td>灌注桩、型钢水泥土墙</td><td>45~55</td><td>0.5~0.6</td><td>75~80</td><td>0.7~0.8</td><td>90~100</td><td>0.9~1.0</td></tr>
<tr><td>地下连续墙</td><td>40~50</td><td>0.4~0.5</td><td>70~75</td><td>0.7~0.8</td><td>80~90</td><td>0.9~1.0</td></tr>
<tr><td>4</td><td colspan="2">立柱竖向位移</td><td>25~35</td><td></td><td>2~3</td><td>35~45</td><td></td><td>4~6</td><td>55~65</td><td></td><td>8~10</td></tr>
<tr><td>5</td><td colspan="2">基坑周边地表竖向位移</td><td>25~35</td><td></td><td>2~3</td><td>50~60</td><td></td><td>4~6</td><td>60~80</td><td></td><td>8~10</td></tr>
<tr><td>6</td><td colspan="2">坑底回弹</td><td>25~35</td><td></td><td>2~3</td><td>50~60</td><td></td><td>4~6</td><td>60~80</td><td></td><td>8~10</td></tr>
<tr><td>7</td><td colspan="2">支撑内力</td><td colspan="2" rowspan="5">(60%~70%)f</td><td rowspan="5"></td><td colspan="2" rowspan="5">(70%~80%)f</td><td rowspan="5"></td><td colspan="2" rowspan="5">(80%~90%)f</td><td rowspan="5"></td></tr>
<tr><td>8</td><td colspan="2">墙体内力</td></tr>
<tr><td>9</td><td colspan="2">锚杆拉力</td></tr>
<tr><td>10</td><td colspan="2">土压力</td></tr>
<tr><td>11</td><td colspan="2">孔隙水压力</td></tr>
</table>

注:1. h 为基坑设计开挖深度,f 为设计极限值。
2. 累计值取绝对值和相对基坑深度 h 控制值两者的较小值。
3. 当监测项目的变化速率连续 3d 超过报警值的 50%,应报警。

建筑基坑工程周边环境监测报警值 表 5-18

<table>
<tr><th colspan="4" rowspan="2">项 目
监 测 对 象</th><th colspan="2">累 计 值</th><th rowspan="2">变化速率(mm/d)</th><th rowspan="2">备 注</th></tr>
<tr><th>绝对值(mm)</th><th>倾 斜</th></tr>
<tr><td>1</td><td colspan="3">地下水位变化</td><td>1 000</td><td>—</td><td>500</td><td></td></tr>
<tr><td rowspan="3">2</td><td rowspan="3">管线位移</td><td rowspan="2">刚性管道</td><td>压力</td><td>10~30</td><td>—</td><td>1~3</td><td rowspan="3">直接观察点数据</td></tr>
<tr><td>非压力</td><td>10~40</td><td>—</td><td>3~5</td></tr>
<tr><td colspan="2">柔性管线</td><td>10~40</td><td>—</td><td>3~5</td></tr>
<tr><td rowspan="2">3</td><td rowspan="2">邻近建(构)筑物</td><td colspan="2">最大沉降</td><td>10~60</td><td>—</td><td>—</td><td>—</td></tr>
<tr><td colspan="2">差异沉降</td><td>—</td><td>2/1 000</td><td>0.1H/1 000</td><td>—</td></tr>
</table>

注:1. H 为建(构)筑物承重结构高度(m)。
2. 第 3 项累计值取最大沉降和差异沉降两者的较小值。

2.《建筑地基基础设计规范》(GB 50007—2002)的有关规定

根据《建筑地基基础设计规范》(GB 50007—2002)的规定，建筑物的地基变形允许值如表 5-19 所示。

建筑物的地基变形允许值 表 5-19

<table>
<tr><th rowspan="2">变 形 特 征</th><th colspan="2">地基土类别</th></tr>
<tr><th>中、低压缩性土</th><th>高压缩性土</th></tr>
<tr><td>砌体承重结构基础的局部倾斜</td><td>0.002</td><td>0.003</td></tr>
<tr><td>工业与民用建筑相邻柱基的沉降差(mm)
(1)框架结构
(2)砌体墙填充的边排柱
(3)当基础不均匀沉降时不产生附加应力的结构</td><td>
0.002L
0.000 7L
0.005L</td><td>
0.003L
0.001 1L
0.005 1L</td></tr>
<tr><td>单层排架结构(柱距为 6m)柱基的沉降量(mm)</td><td>(120)</td><td>200</td></tr>
<tr><td>桥式吊车轨面的倾斜(按不调整轨道考虑)
纵向
横向</td><td colspan="2">
0.004
0.003</td></tr>
<tr><td>自室外地面起算的建筑物高度 H_g(m)
$H_g \leqslant 24$
$24 < H_g \leqslant 60$
$60 < H_g \leqslant 100$
$H_g > 100$</td><td colspan="2">多层和高层建筑的整体倾斜
0.004
0.003
0.002 5
0.002</td></tr>
<tr><td>体型简单的高层建筑基础的平均沉降量(mm)</td><td colspan="2">200</td></tr>
<tr><td>自室外地面起算的建筑物高度 H_g(m)
$H_g \leqslant 20$
$20 < H_g \leqslant 50$
$50 < H_g \leqslant 100$
$100 < H_g \leqslant 150$
$150 < H_g \leqslant 200$
$200 < H_g \leqslant 250$</td><td colspan="2">高耸结构基础的倾斜
0.008
0.006
0.005
0.004
0.003
0.002</td></tr>
<tr><td>自室外地面起算的建筑物高度 H_g(m)
$H_g \leqslant 100$
$100 < H_g \leqslant 200$
$200 < H_g \leqslant 250$</td><td colspan="2">高耸结构基础的沉降量(mm)
400
300
200</td></tr>
</table>

注：1. 本表数值为建筑物地基实际最终变形允许值。
2. 有括号者仅适用于中压缩性土。
3. L 为相邻柱基的中心距离(mm)。
4. 倾斜指基础倾斜方向两点的沉降差与其距离的比值。
5. 局部倾斜指砌体承重结构沿纵向 6～10m 内基础两点的沉降差与其距离的比值。

3.《地铁工程监控量测技术规程》(DB 11/490—2007)的有关规定

根据《地铁工程监控量测技术规程》(DB 11/490—2007)的有关规定，地铁明(盖)挖法施工监控量测值控制标准见表 5-20。

地铁明(盖)挖法施工监控量测值控制标准 表 5-20

<table>
<tr><th rowspan="2">序 号</th><th rowspan="2">监测项目及范围</th><th colspan="3">允许位移控制值 U_0(mm)</th><th rowspan="2">位移平均速率控制值(mm/d)</th><th rowspan="2">位移最大速率控制值(mm/d)</th></tr>
<tr><th>一级基坑</th><th>二级基坑</th><th>三级基坑</th></tr>
<tr><td>1</td><td>桩顶沉降</td><td colspan="3">10</td><td>1</td><td>1</td></tr>
<tr><td>2</td><td>地表沉降</td><td>≤0.1%H 或≤30，两者取小值</td><td>≤0.3%H 或≤40，两者取小值</td><td>≤0.5%H 或≤50，两者取小值</td><td>2</td><td>2</td></tr>
<tr><td>3</td><td>桩体水平位移</td><td>≤0.25%H 或≤30，两者取小值</td><td>≤0.5%H 或≤50，两者取小值</td><td>≤0.5%H 或≤50，两者取小值</td><td>2</td><td>3</td></tr>
<tr><td>4</td><td>竖井水平收敛</td><td colspan="3">50</td><td>2</td><td>5</td></tr>
<tr><td>5</td><td>基坑底部土体隆起</td><td>20</td><td>25</td><td>30</td><td>2</td><td>3</td></tr>
</table>

注：H 为基坑开挖深度(m)。

八、监控量测实施过程

监控量测和信息反馈主要包括监测数据的采集、整理、分析、反馈等多个环节，其对于保证施工安全和环境安全是非常重要的。因此，对于重要程度和风险程度较高的深基坑工程施工，监控量测必须贯穿于整个施工过程中。

(一)监测数据采集

通过人工现场监测或仪器自动监测及远程传输，可取得实测资料，可人工记录或直接传输到计算机管理软件。同时，也应将现场巡视资料及相关的地勘、设计、施工、监理等资料输入计算机软件，以便进行对比分析。

(二)监测资料整理

每次观测后应立即对原始观测资料进行校核和整理，主要包括原始观测值的检验、物理量的计算、填表制图、异常值的剔除、初步分析和整编等，并将检验过的数据输入计算机的数据库管理系统之中。

(三)监测资料分析

采用比较法、作图法或数值计算方法，分析各监测值大小、变化规律、发展趋势，反分析地层物理力学性质指标，以便对工程和环境的安全状况进行评价，并对措施的实施效果进行预测。此外，还预测地层、支护和环境变化趋势。

大部分明挖法施工的深大基坑工程，监测项目和数据很多，数据处理工作量很大，为了快速处理，及时反馈，监控量测资料应由计算机处理与管理。当取得各种监测资料后，应及时输入计算机管理软件，进行快速分析和处理，绘制相应图表、曲线，分析监测值变化规律，并形成监测日报、周报、季报、年报和预警快报，报送相关单位。

监测资料分析方法很多，各种分析方法的作用不同，其中回归分析是一种最直接、最简单、最有效的方法，也是一种常用的方法，常用的回归函数如下：

1. 对数函数

$$U = A\lg(1+t)+B \tag{5-114}$$

$$U = A\ln\left(\frac{B+t}{B+t_0}\right) \tag{5-115}$$

2. 指数函数

$$U = Ae^{-B/t} \tag{5-116}$$

$$U = A(e^{-Bt}-e^{-Bt_0}) \tag{5-117}$$

$$U = \frac{t}{A+Bt} \tag{5-118}$$

3. 双曲函数

$$U = A\left[\left(\frac{1}{1+Bt_0}\right)^2-\left(\frac{1}{1+Bt}\right)^2\right] \tag{5-119}$$

以上式中：U——监测值；

A、B——回归系数；

t_0——测点初读数距基坑开挖时的时间；

t——测点的观测时间。

(四)信息反馈

通过对监测资料的整理和分析，掌握监测值对应的施工工况、变化规律、最终变化量及其是否超过警戒标准，分析和评价地层、结构、环境的稳定性和安全状况，判断设计方案、参数和施工方法、工艺的合理性，优化设计方案和施工方法及有关参数，确定预警级别和工程对策。同时，对设计、施工情况进行分析和评价，并提出建议，必要时进行专家论证。通过信息反馈，指导施工，确保施工安全。常见分析方法如下：

(1)根据监测结果,画出实测值—时间散点图、实测值变化速率—时间散点图、实测值—空间坐标图,并进行回归分析,掌握地层、结构和环境变化规律,预测发展趋势和最终变化值,以便判断设计方案、参数和施工方法、工艺的合理性,并不断优化和调整,以提高施工质量和效率,保证施工和环境安全,降低工程成本。

(2)当实测值小于允许值,且实测值—时间散点图趋于收敛,变化速率趋于零,可以正常施工;当变化速率无明显下降趋势,而此时实测值已接近允许值时,应采取加强措施,并调整设计参数和施工方法,提高基坑稳定性。

(3)实测值—时间曲线出现反弯点或实测值变化速率持续增大,即实测值加速增大,出现反常的急剧增长现象,表明地层、支护体系或环境已成不稳定状态,应加密监视,查明原因,并采取措施进行处理,必要时停止施工,进行处理和抢险。

(4)当实测值—时间曲线趋于收敛,空间分布也比较稳定,且变化速率趋于零,可推断地层、结构、环境已处于稳定状态,可以适当减少监测次数。

监控量测和信息反馈是实现深基坑施工动态设计和信息化施工的重要手段,也是实现合理组织,科学高效管理的核心内容,对于保证施工安全和质量,提高施工效率,控制环境影响,降低工程成本具有十分重要的意义,必须高度重视。监控量测信息化施工流程可以编制成计算机软件,人工输入或自动采集数据,进行自动处理、分析和报警,并提出反馈和处理意见,指导现场施工。当现场采取措施和对策后,可以分析和验证实施效果,同时可以通过网络进行视频传输和管理,实现远程控制。

九、监测管理基准四级控制和预警

为了有效地利用监测数据进行施工控制和管理,应针对不同地区和不同类型的工程及工程的不同部位,结合地质条件、工程特点、环境状况等建立不同的监测管理基准,进行控制和预警,通常情况下,分四级进行控制和预警:

(1)当监测值小于一级管理基准时,预警级别为蓝色,可以正常施工,可不采取任何加固或处理措施。

(2)当监测值大于一级管理基准,但小于二级管理基准时,预警级别为黄色。施工时应引起注意,局部可采取加固或处理措施。

(3)当监测值大于二级管理基准,但小于三级管理基准时,预警级别为橙色。此时应提高警惕,边施工,边采取加固或处理措施,提高围护结构和支撑体系的稳定性和安全性。

(4)当监测值大于三级管理基准时,预警级别为红色。对此应高度关注,并停止施工,采取措施,进行处理,必要时进行抢险。

对于沉降或变形监测,一级管理基准一般为设计或规范允许值的 1/3;二级管理基准一般为设计或规范允许值的 2/3;三级管理基准一般为设计或规范允许值;四级管理基准一般为超过设计或规范允许值,且围护结构、支撑体系或环境出现安全隐患。

第六章　开敞式岩石掘进机与复合衬砌施工

第一节　概　　述

掘进机法是利用岩石隧道掘进机在岩石地层挖掘隧道的一种施工方法。隧道掘进机是一种集掘进、出渣、支护和通风、防尘等多功能为一体的高效隧道施工机械。全断面隧道掘进机的英文名称是Full Rock Tunnel Boring Machine，简称掘进机(TBM)。

掘进机问世于1952年，由美国Robbins公司生产，发展至今，技术上已经很成熟。根据工程对象的变化，其类型也呈现出系列化和多样化的特点。实践证明：当隧道长度与直径之比大于600时，采用掘进机进行隧道施工比较经济。国外3km以上的隧道，使用掘进机开挖已相当普遍。掘进机直径随工程对象的需要而变化，一般来说，水工隧洞直径为3～10m；铁路隧道直径为6～10m；公路隧道，一般断面较大，采用的施工方法有两种，一种是采用直径8～12m的掘进机一次成洞，另一种是采用小直径的掘进机进行导洞施工，然后进行钻爆法扩挖成形。截至21世纪初，国外采用掘进机施工的隧道长度达4 000km以上，掘进机施工技术已逐渐成为一种成熟并具高竞争力的隧道施工技术。

一、掘进机施工的特点

在隧道施工技术中，目前广泛应用钻爆法和掘进机法。在钻爆法施工中，由于采用新奥法支护技术、喷锚支护技术、控制爆破技术、监控量测技术，使全断面、大断面掘进方法得到安全、快速发展，从而促进钻爆法施工机械向着大型化、高效率方向发展。钻爆法开挖虽然有喷锚网支护作安全保证，但由于工序多，造成支护作业条件差，衬砌工序与装运作业、通风作业干扰大，文明施工条件差。但钻爆法适应性强、机动灵活、造价低，因此在隧道施工中，90%左右的隧道仍采用钻爆法。与钻爆法相比，掘进机施工具有以下特点：

(一)掘进机施工的优点

掘进机是山岭隧道高度机械化的开挖设备。与钻爆法相比，掘进机法虽然投资多，但具有施工快速、优质、安全、经济、环保等突出优点。

1.快速

掘进机掘进效率高。其掘进速度为常规钻爆法的3～5倍。掘进机开挖时，可实现连续作业，从而可保证破岩、出渣、支护流水化作业。而钻爆法施工，钻眼、爆破、通风、出渣等作业是间断性的，因而开挖速度慢、效率低。

2.优质

掘进机开挖施工质量好。采用掘进机开挖的隧道内壁光滑，从而可以减少支护工程量，降低工程费用。而钻爆法开挖的隧道内壁粗糙、凹凸不平，且超欠挖量大，衬砌时处理困难，支护费用高。

掘进机开挖隧道的洞壁粗糙率一般为0.019，比钻爆法光面爆破的粗糙率还小17%。

掘进机开挖洞径尺寸精确、误差小,可控制在±2cm 范围内。

3. 安全

对岩石的扰动小。影响范围一般小于 50cm,可大大改善开挖面的施工条件,且周围岩层稳定性较好,从而得到安全的边界环境。

掘进机自身带有局部护盾或整体护盾,有利于施工人员的安全。同时,机器上配置一系列的支护设备,在不良地质处可及时支护,确保施工安全。

自动化程度高,并配置电视监控和通信系统,作业人员少,便于安全管理。

4. 环保

开挖时采用机械进行破岩,无钻爆法用的炸药等化学物质爆炸及污染,人员劳动强度低、数量少,作业环境好,有利于作业人员的健康。

另外,掘进机采用了计算机控制、传感器、激光导向、测量、超前地质探测、通信技术,是集机、光、电、气、液、传感、信息技术于一体的隧道施工成套设备,具有自动化程度高的优点。掘进机具有施工数据采集功能、姿态管理功能、施工数据管理功能、施工数据实时远传功能,实现了信息化施工。

(二)掘进机施工的局限性

掘进机施工法与钻爆法相比,目前尚具有如下局限性的掘进机:

(1)掘进机的经济性问题。由于掘进机结构复杂,对零部件的耐久性要求较高,因而制造的价格较高,前期一次性投资成本费用较高,工程建设投资高。

(2)设计制造周期长。根据目前市场情况,采购周期一般需要 12～15 个月,主要是关键部件,如主轴承、大排量液压泵,目前只有少数生产厂商生产。

(3)掘进机针对性强,对多变的地质条件(如断层、破碎带、溶洞、挤压带、涌水及坚硬岩石等)的适应性较差。不同地质条件需要不同种类的掘进机及相应的配置,因此其适应性没有钻爆法灵活。

(4)开挖断面只限于圆形,每台掘进机只能用于一种开挖断面。

(5)要求施工人员的技术水平和管理水平高,施工短隧道时不能发挥其优越性。

(6)运输困难,对施工场地有特殊要求。

(三)掘进机与盾构的区别

全断面岩石掘进机主要是通过盘形滚刀破碎岩石,用于岩石隧道开挖,主要采用皮带机出渣。盾构主要用于软岩隧道开挖。盾构在刀盘上除切刀外还布置一定数量的滚刀,以适应遇到的短距离岩石段。盾构采用螺旋输送机或泥浆管路出渣。

(四)掘进机的使用范围

掘进机和辅助施工技术日臻完善以及现代高科技成果的应用(液压新技术、电子技术和材料科学技术等),大大提高了岩石掘进机对各种复杂地质条件的适应性。掘进机的适用范围,如果简单地从开挖可能性上看,是不全面的,必须根据岩石的抗压强度,裂隙、节理发育状态,涌水状态等地层岩性条件的实际状况,机械构造,以及隧道的断面、长度、埋深、选址条件等进行判断,综合考虑。

(1)采用掘进机施工时,应明确地质条件及必要预处理措施。隧道长度 6～7km 以上,围岩的单轴抗压强度在 50～200MPa 之间。

从地层岩性条件来看,掘进机一般只适用于圆形断面隧道,隧道开挖直径在 3.0～12m 之间,一次性连续开挖隧道长度不宜短于 6km,6～15km 比较经济。隧道施工太短,掘进机的折旧费用和待机准备时间占工程的总费用和时间的比例必然增加。如果一次性连续开挖施工的隧道太长,掘进机维修及辅助工序时间长,自然要增加费用和延长施工时间。

掘进机适用于中硬岩层。需注意的是,岩层的地质情况对掘进机进尺影响很大。在良好岩层中,月进尺可达 500～600m,而在破碎岩层中,月进尺只有 100m 左右。在塌陷、涌水、暗河、溶洞地段甚至要通过安全停机处理故障后才能掘进,鉴于掘进机对不良地质条件十分敏感,选用掘进机开挖施工隧道时应尽量避免复杂地层,或增加较多的辅助设备,才能处理不良地质段,但增加辅助设备会增加设备的成本。

(2)从机械条件看适用范围,合理选型及完善后配套系统。

掘进机的适用性还受机械条件的限制，如使用刀盘旋转掘削时有开挖直径的问题。直径加大，会产生因切削刀盘周边的线速度加大而影响开挖，以及没有完善的承受巨大推力的轴承等问题。挖掘机械是采用压碎方式，还是切削方式，对实际应用的适用范围也有差别。

(3)对作业场地和运输方案有特殊要求。掘进机属大型专用设备，全套设备重达几千吨，最大部件的质量达上百吨，拼装长度最长达200多米。同时，洞外配套设施多，主要有混凝土搅拌系统、管片预制厂、修理车间、配件库、材料库、供水、供电、供风系统、装卸调运系统、进场场区道路、掘进机组装场地等。这些对隧道的施工场地和运输方案等都提出了很高的要求，有些隧道虽然长度和地质条件较适合掘进机施工，但运输道路难以满足要求，或者现场不具备布置掘进机施工场地的条件。

当掘进机开挖直径过大时，会带来运输困难、造价昂贵、电能不足等一系列问题，因此可采用小直径掘进机先行，后部钻爆法扩大到设计断面的混合套打法。由于掘进机开挖小直径的洞室，形成临空面，使钻爆法开挖速度提高2～3倍。

(4)企业自身的实际能力。如制造维修能力，经济能力，施工队伍的技术、管理水平以及传统的施工习惯等。

二、掘进机分类和衬砌方式

(一)掘进机的类型

根据掘进机的结构形式，可将其分为开敞式掘进机、单护盾式掘进机、双护盾式掘进机。

1. 开敞式掘进机

开敞式掘进机利用支撑机构撑紧洞壁，以承受向前推进的反作用力和扭矩的全断面岩石掘进机，见图6-1。典型机型有德国Wirth公司生产的双排支撑靴结构方式和美国Robbins公司生产的单排支撑靴结构方式两种。

图6-1 开敞式掘进机

开敞式掘进机适用于岩石不易坍塌和地层比较稳定的软硬岩隧道。在较为破碎的地层中掘进时，需要在刀盘护盾后及时进行喷网支护。由掘进机刀盘后的指形条格栅板支撑，在安装有喷网格栅拱架的保护下进行，必要时贴近指形条格栅板支撑下部安装钢拱架，指形条格栅板支撑随掘进机推进前移后，即进行喷射混凝土初期支护。

开敞式掘进机掘进隧道的最终支护方式是模筑混凝土，或钢纤维喷射混凝土。

2. 单护盾式掘进机

与开敞式掘进机不同的是，单护盾式掘进机配置有完整的圆形护盾，推进则依靠推进缸支撑在安装好的管片获得支反力，见图6-2。单护盾式掘进机由于掘进和安装管片不能同时

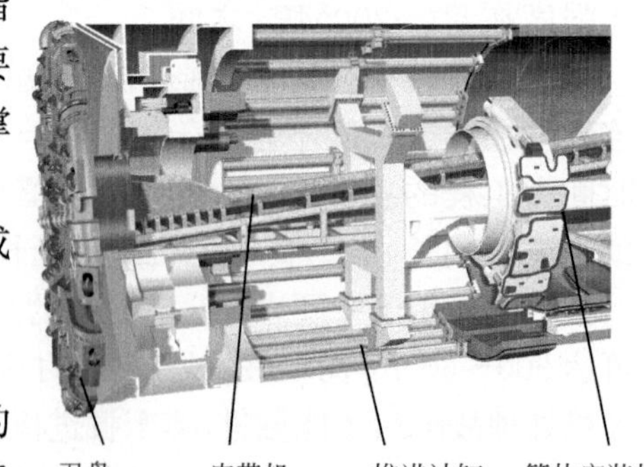

图6-2 单护盾式掘进机结构示意图

进行，进度较慢。单护盾式掘进机适用于中等长度隧道。

与开敞式掘进机相比，单护盾掘进机最终衬砌方式为管片。

3. 双护盾式掘进机

双护盾式掘进机配置有前后护盾，在前后护盾之间有伸缩护盾，后护盾配置有一套支撑靴，见图6-3。在地质条件良好时，双护盾式掘进机掘进和安装管片可同时进行，有较快的进度。在地质条件较差时，双护盾式掘进机采用单护盾模式推进。

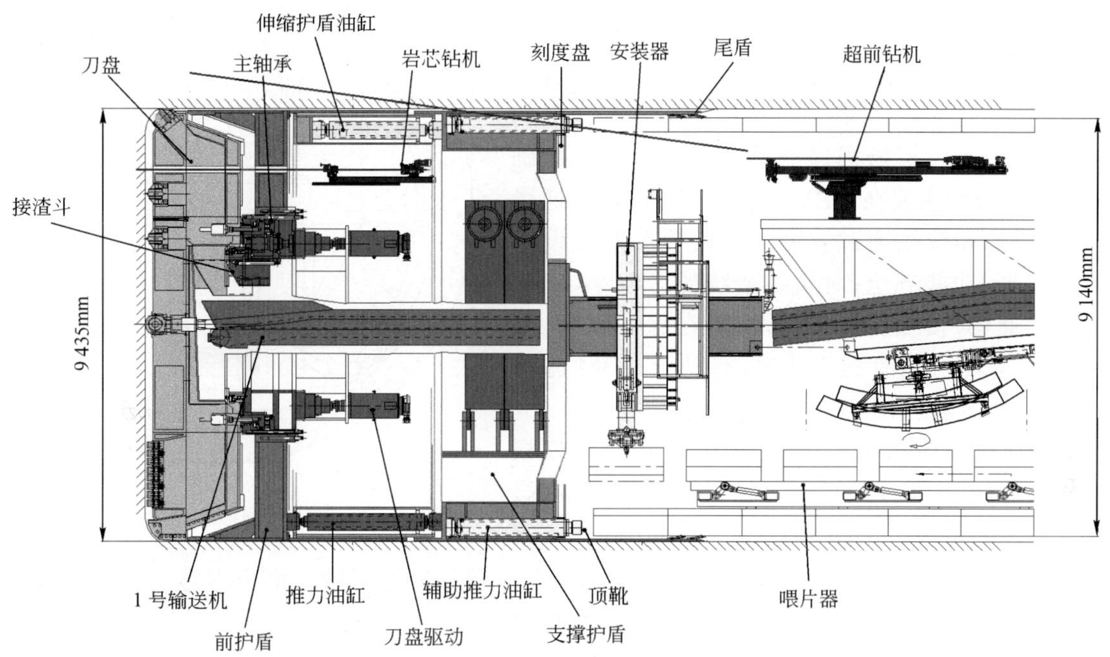

图6-3 双护盾式掘进机结构示意图

与开敞式掘进机相比，双护盾式掘进机必须采用管片，由于管片造价比模筑混凝土衬砌高，导致工程造价增加。双护盾盾体长度：直径 $d \geqslant 1 \sim 3$m，调方向困难，常因不能及时支护而被卡死，发生塌方；管片不能承受过高水压力，对岩层多变、水压过大、埋深变化的山岭隧道不宜用管片衬砌；机型造价高，管片衬砌费用又高于复合式衬砌2倍以上，寿命也不能保证百年。工程实践证明，隧道施工不宜采用单护盾、双护盾掘进机。

(二)开敞式掘进机的优点

开敞式掘进机与单护盾掘进机、双护盾掘进机相比，具有如下优点：

(1)由于山岭隧道较长，地质变化较大，采用开敞式掘进机施工，衬砌结构可根据地层变化调整；单护盾、双护盾掘进机由于采用管片衬砌，衬砌结构不能调整；采用管片衬砌结构较弱，不能满足百年寿命。

(2)开敞式掘进机长径比小于1，易于调整掘进机姿态。双护盾掘进机长径比大于1，因此灵敏性较差。

(3)开敞式掘进机可以进行及时支护，即适应于硬岩，也适应于软岩，可随地层变化及时调整支护方式，如磨沟岭隧道在软弱地层施工平均月进度达230m。双护盾掘进机对于软弱围岩和收敛较大的地层适应性较差，护盾易于被卡死，发生塌方。

(4)双护盾掘进机造价较开敞式掘进机高20%～30%。

根据以上分析，在掘进机施工中应采用开敞式掘进机。

(三)衬砌方式

开敞式TBM的衬砌，可根据地质情况和施工条件进行改动，TBM上主要进行初期支护——喷网锚、调拱架初期支护,然后再进行二次衬砌。

采用TBM施工对围岩的扰动相对钻爆法小,围岩稳定的前提条件相对较好,但由于TBM系统支护设备位置的限制,其初期支护不能像钻爆法施工那样及时。针对TBM施工的特点,在实际施工中,对II、III级围岩上半圆部分采用挂网、喷混凝土联合支护,对IV、V级围岩采用挂网和喷混凝土、钢拱架联合支护。

为了缩短隧道建造的总工期,目前开敞式TBM施工隧道采用二次同步衬砌技术。如中天山隧道进口端的开挖、初期支护和二次衬砌同步进行,开挖和初期支护由TBM及掘进系统设备完成,二次衬砌由模板台车衬砌系统完成,见图6-4。在以隧道掘进为首要任务的前提下,衬砌施工应不给掘进造成过多的影响。衬砌施工对掘进的影响主要在TBM出渣和供料运输、通风效果、电力保障和管线通过方面。模板台车系统设计上要尽量体现:功能齐全;对轨线系统的影响小,确保运输线路的通畅;模板台车结构设计,在保证强度、刚度的条件下,应尽可能有利于通风,有利于TBM施工用的风管、高低压电缆、水管的安全通过。

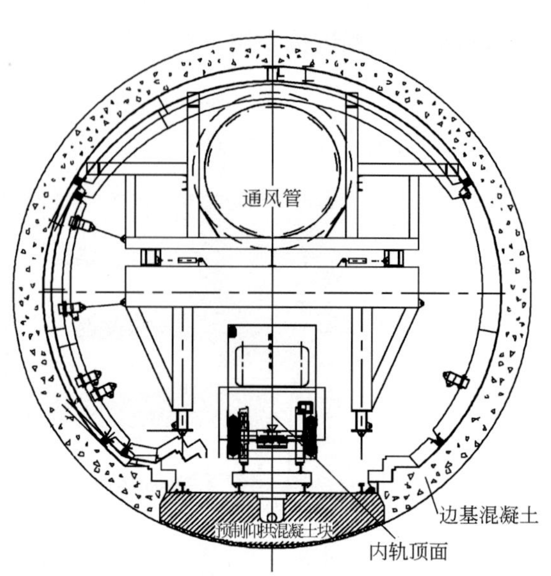

图6-4 TBM施工同步衬砌模板台车系统示意

如采用连续皮带机出渣,输送带装置穿过钢模板台车,同时又留出汽车或轨道的运输通道的施工技术,可实现输送带向隧洞外连续输送渣土的同时,在隧洞内跟随不断向前开挖掌子面进行衬砌作业的钢模板台车及其工作区域。由于本施工技术,不再受穿越该衬砌区域的连续输送带的影响而能正常进行衬砌工作。

采用同步衬砌主要为了提高隧道衬砌速度,但存在施工组织难度大,材料运输、通风管路、高压电缆布置干扰及安全管理等问题,因此为保证二次衬砌质量和施工安全,开敞式掘进机应完成全隧道施工后,采取多台圆形穿行式模板台车进行二次衬砌,以加快衬砌施工进度,缩短工期,不易采用同步衬砌。

第二节　开敞式掘进机的结构及适用性分析

一、开敞式岩石掘进机的结构

以秦岭隧道使用的德国维尔特公司制造的直径8.8m的TB880E型掘进机为例,介绍开敞式掘进机的结构。

TB880E掘进机是在我国铁路隧道施工中首次成功应用的大型成套设备,该机主要适用于硬岩隧道掘进施工,对局部断层地带也具有一定的通过能力。该机主要由主机、后配套系统及辅助施工设备三大部分组成。

TB880E掘进机具有以下特点:

(1)主机采用内外凯氏机架,X形四角主支撑结构,刀盘主驱动位于前后两排四角支撑的中间,机体重力前后均匀分配,工作稳定性好。

(2)刀盘后方主轴承箱外围设有分块式护盾,有助于不良地质条件下的施工安全,同时还能减小主机在硬岩掘进中的振动。

(3)采用大直径背装式刀具,刀座和部分刀体嵌入刀盘,有利于防止刀具意外受损和刀具更换。

(4)后配套采用滚动式平台拖车和皮带桥排渣转运系统,四轨双线出渣及进料运输轨道,运输方式

可靠，掘进作业的连续性有保障。

(5)配置了较为完善的支护机具，可使掘进、支护同时进行。

(6)刀盘双向驱动，当遇到不良地质条件而使刀盘旋转受阻时，可反向旋转脱困。

表 6-1 列出了 TB880E 掘进机的一些主要技术参数。

TB880E 掘进机主要技术参数　　表 6-1

	参数名称	技术参数
主机	掘进直径	8 800mm
	外形尺寸/质量	22m×8.8m×8.8m/780×10^3kg
	最大部件/质量(刀盘对分 2 件)	2×(4.26×4.35×2.1)m/2×65×10^3kg
	最大重量部件尺寸/质量(主驱动组件)	ϕ5.2m×1.55m/8×10^4kg
	掘进速度	(饱和抗压强度 260MPa)　1.0m/h (饱和抗压强度 100～120MPa)　3.5m/h
	刀盘功率	8×430/220kW
	滚刀直径	432mm
	刀盘转速	2.7/5.4r/min
	扭矩效率 95%时	5 500kN·m
	脱困扭矩	8 700 kN·m
	掘进循环行程	1 800mm
	支撑系统最大支举力	60 000kN
	支撑接地压力	1.9MPa
	刀具数量	6 把中心刀，62 把正滚刀，3 把边刀，2 把扩孔刀
	刀具承载力	25t/把
	最大推进力	21 000kN
	输送机输送能力	780m^3/h
后配套系统	拖车轨距	隧道支架轨距 2 980mm
	轨距	后配套轨道系统 900mm
	后配套长度	210m
	曲线最小半径	500m
	皮带机输送能力	770m^3/h
	变压器容量	2 700×2kVA
TBM 辅助设备	仰拱块吊机起吊能力	13t
	超前钻机工作范围角	顶部范围 80°～90°
	仰角	仰角 10°
	钻孔直径/孔深	64mm/30m
		102mm/20m
	锚杆钻机钻孔直径	38mm
	钻孔深度	最大 3.5m
	作业范围	TBM 前端的拱部 0°～150°
		TBM 后端的拱以下
	钻机数量	2 台
		2 台 18m 后端

续上表

	参数名称	技术参数
TBM后配套辅助设备	1.注浆系统	
	①连续搅拌机	6m³/h
	②搅拌器	160L
	③注浆泵	160L/min　压力0.1～5MPa
	④涡轮拌和机	5.5m³/h
	⑤注浆杆孔直径	54～120mm
	2.喷射系统	
	①潮式喷射机	3～14m³/h
	②机械手系统	2只
	③前后移动/回转移动	5m/±150°
	④水平伸缩	2m
	3.应急发电机功率	200kVA/160kW
	4.空压机	20m³/min,风压0.85MPa,动力132kW

(一)主机结构

TB880E型掘进机的主机结构见图6-5。掘进机主机主要由刀盘、刀盘护盾、刀盘主轴承与刀盘驱动器、辅助液压驱动、主轴承密封与润滑、内部凯氏、外部凯氏与支撑靴、推进油缸、后支撑、液压系统、电气系统、操作室、变压器、行走装置等组成。

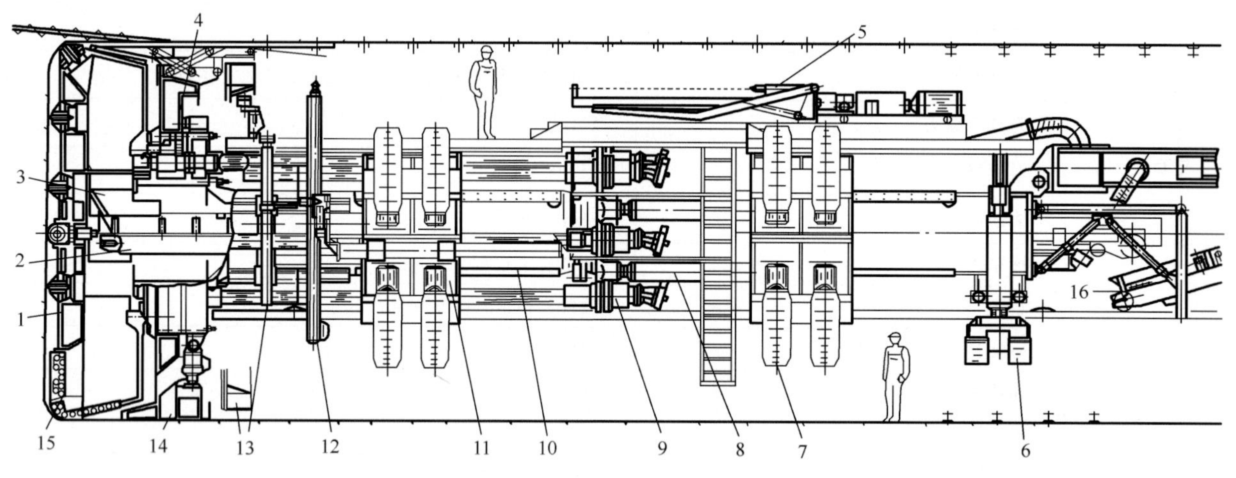

图6-5　TB880E型掘进机主机结构

1-刀盘;2-1号皮带输送机;3-石渣漏斗;4-主轴承;5-钢架输送机构;6-后支撑;7-支撑靴;8-推进油缸;9-主驱动;10-内凯架;11-外凯架;12-锚杆钻机;13-钢拱架安装器;14-刀盘护盾;15-刮渣板

外凯氏机架上装有X形支撑靴;内凯氏机架前面安装主轴承与刀盘驱动,后面安装后支撑。刀盘与刀盘驱动由可浮动的下护盾、可伸缩的顶部护盾、侧护盾包围并支承。刀盘驱动安装于前后支撑靴之间,以便在刀盘护盾的后面提供尽量大的空间,来安装锚杆钻机和钢拱架安装器。刀盘是中空的,其上装有盘形滚刀、刮刀和铲斗,将石渣送到置于内凯氏机架中的皮带输送机上。

掘进及换步循环如下:

撑靴外伸,撑紧在洞壁上,后支撑油缸缩回,准备开挖→推进油缸推进,刀盘旋转开挖[见图6-6a)和b)]→推进油缸推进一个行程后,掘进停止→换步行程[见图6-6c)和d)],后支撑伸出,支撑在洞底侧,撑靴缩回,外凯向前滑移一个行程长度→前后外凯撑靴重新撑紧在洞壁上,后支撑缩回,开始新的掘进循环。

1.刀盘

TB880E掘进机刀盘结构见图6-7，刀盘为焊接的钢结构件，由两半圆通过键和液压预紧螺栓连接成一体，以便于分成两块运输，也便于在隧道内吊运，在工地组装时进行焊接。其前端加强双层壁，通过溜渣槽与后隔板相连，刀盘后隔板用液压预紧螺栓与刀盘轴承的内齿圈连接。

刀盘面板为平面式，这种结构的刀盘安装刀具方便，并且刀盘与掌子面的距离保持最小，能有效防止在断层破碎地质条件下刀盘被卡住。刀盘上的73把滚刀，其中中心刀6把，正滚刀62把，边滚刀3把，由液压油缸控制的2把扩孔刀，并用机械锁固定在使用位置上。扩孔刀可将掘进直径增大100mm，用来补偿刀具磨损后更换刀具所需的空间。滚刀为背装式。

刀盘配备有一套喷水设备，用于对掌子面除尘，也用于滚刀冷却。水经一个在切削头中心的旋转接头供到喷嘴。

沿着刀盘圆周安装的8个刮板和铲斗将切削石渣从底部输送到顶部，然后沿着渣槽、漏斗落到输送机上。铲斗口与刮板向刀盘中心延伸一定距离，使得大量的石渣在落到底部之前进入到铲斗，减少了石渣的二次挤压和铲斗与刮板的额外磨损，刮板是用螺栓连接的可更换的耐磨钢板。

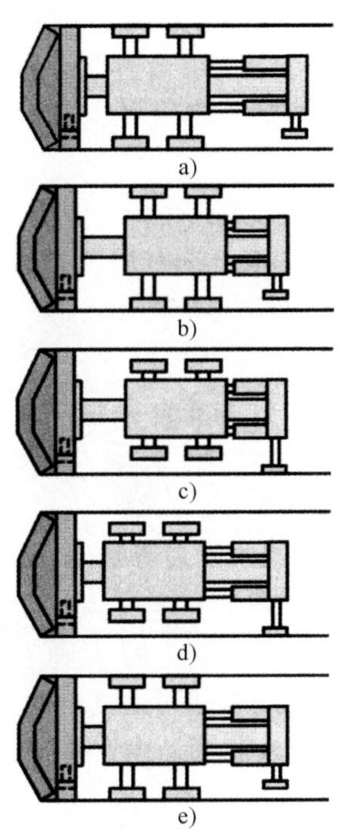

图6-6 掘进循环

刀盘支承在主轴承上，用液压预紧螺栓与主轴承相连。刀盘支撑在刚性定位的内凯氏机架与液压预载的下护盾上，在岩层变化时，刀盘不会下落和摆动，从而保持刀盘的轴线位置不变，确保滚刀在各自的轨迹上，减少作业时的振动和滚刀的磨损。通过内凯氏机架上的人孔可以进入刀盘的内部，直至进入掌子面。

1)刀盘的结构形式

刀盘结构形式分为平面、球面和锥面三种形式。平面刀盘得到广泛应用，它接触破岩的面积小，受到的阻力小，减小了对围岩的扰动，适合开挖围岩不太稳定的地层；球面刀盘可增加设备的定向性和稳定性，对不良地质条件适应性差；锥形刀盘介于平面与球面之间。刀盘的直径应根据开挖洞径来确定，要求其有一定的扩挖能力。掘进机直径一般在2.5～12m之间，目前有向大直径和微型掘进机方向发展的趋势。刀盘一般设计成背装式换刀的刀盘，以保护作业人员的安全。刀盘设计的强度、刚度和耐磨性是需要重点考虑的性能指标。

掘进机刀盘分为三种，结构形式见图6-8。

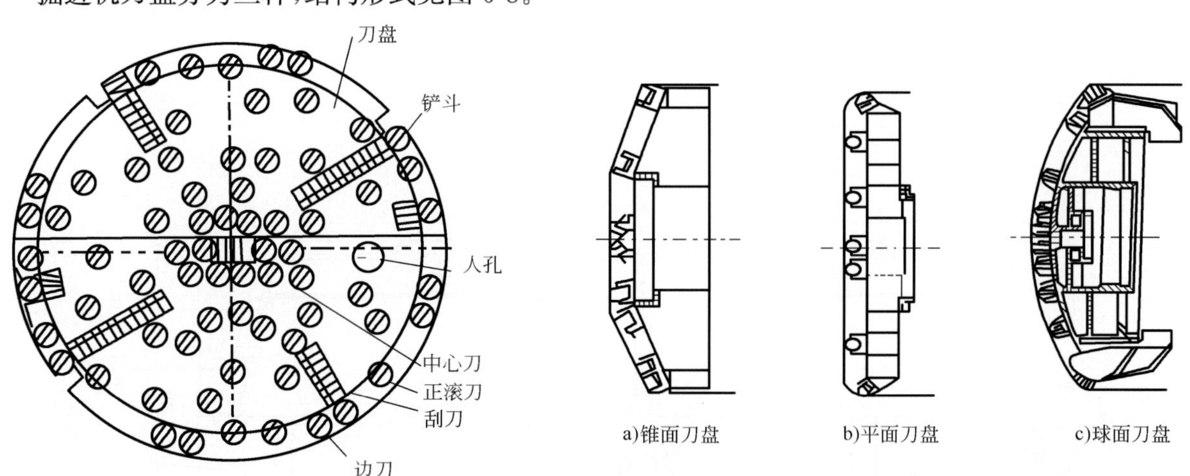

图6-7 刀盘结构

图6-8 掘进机刀盘结构形式示意图

(1)锥面刀盘——正滚刀和刃口包络面成锥面的刀盘。

(2)平面刀盘——正滚刀和刃口包络面成平面的刀盘。

(3)球面刀盘——正滚刀和刃口包络面成球面的刀盘。

ϕ5 930mm平面刀盘结构示意图如图6-9所示。

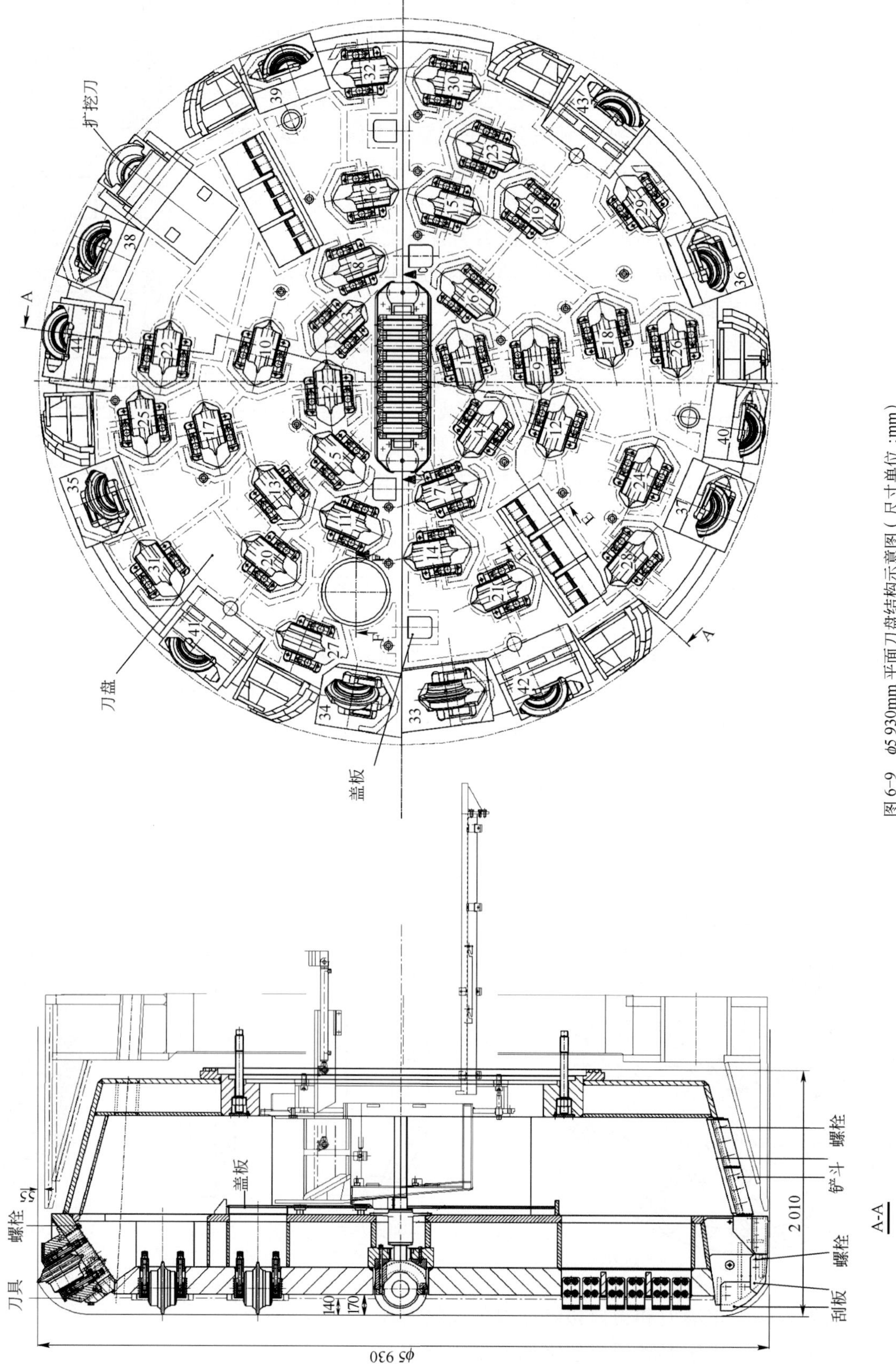

图 6-9 φ5 930mm 平面刀盘结构示意图（尺寸单位：mm）

掘进机刀盘的结构形式及其特点见表 6-2。

掘进机刀盘的结构形式及特点　　表 6-2

刀盘结构形式	锥面刀盘	平面刀盘	球面刀盘
特点	大锥角刀盘可以充分形成破岩的自由面，破岩效率高，工作稳定	①平面刀盘接触破岩面积小，机身支撑稳定性好； ②受到阻力小，刀盘径向平衡性好，减小了对围岩的扰动，岩石工作面稳定； ③刀盘制造容易，刀具的轴向力小； ④刀盘推力的利用效率高，适合开挖围岩不太稳定的地层	一般在硬岩时采用，刀盘工作稳定。对不良地质条件的适应性差

掘进机理论开挖直径：

$$D_{理} = D_{通} + 2\delta_{衬max} \tag{6-1}$$

式中：$D_{理}$——理论开挖直径(m)；

$D_{通}$——成洞的直径(m)；

$\delta_{衬max}$——最大衬砌厚度(m)。

在掘进过程中，掘进机刀盘转速按公式(6-2)计算：

$$n = \frac{60v_{max}}{D_{理}} \tag{6-2}$$

式中：n——刀盘转速(r/min)；

$D_{理}$——理论开挖直径(m)；

v_{max}——刀盘回转最大线速度，小于 2.5m/s。

2)盘形滚刀

滚刀分为单刃、双刃和三刃滚刀，见图 6-10。单刃滚刀效果好、寿命长，对刀体破坏不大，不推荐双刃、三刃滚刀。

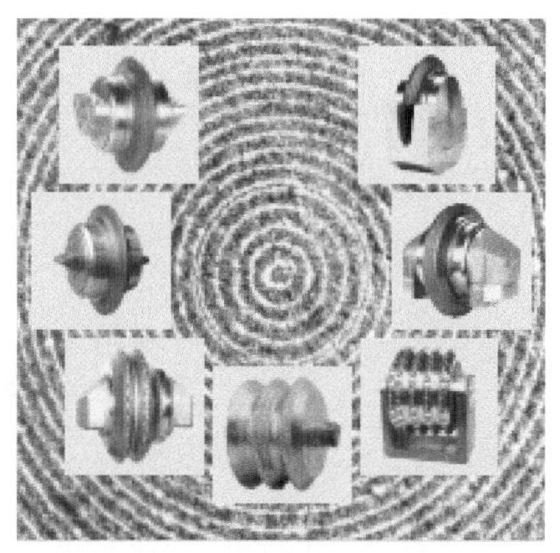

图 6-10　各种刀具照片图

盘形滚刀的结构主要由刀圈、刀体、轴承和心轴组成，刀圈是可拆卸的，磨损后可更换。单刃滚刀结构见图 6-11。

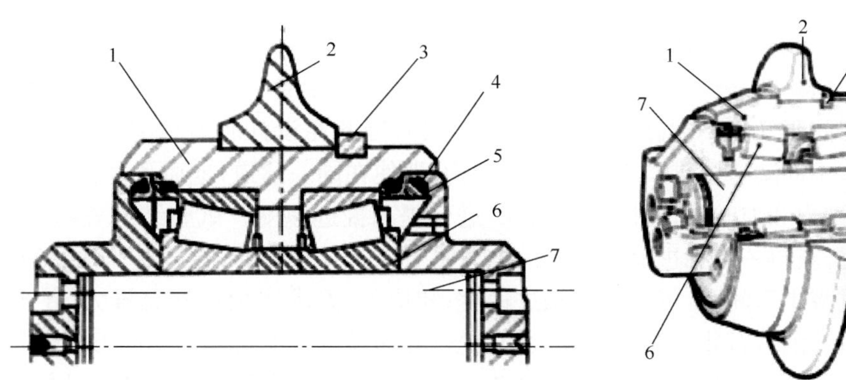

图 6-11　单刃滚刀结构图

1-刀体；2-刀圈；3-刀圈卡环；4-密封；5-浮动环；6-轴承；7-心轴

(1)盘形滚刀的破岩机理。全断面岩石掘进机的破岩刀具均采用滚刀(简称盘刀)，盘刀在岩面上并非切割破岩，而是在推力的作用下，盘形滚刀将楔刃压入岩面，随着刀盘的旋转，盘形滚刀绕刀盘中心轴公转，并绕自身轴线自转。在强大的推力、扭矩作用下，滚刀在掌子面上滚动，当推力超过岩石的强度时，滚刀将岩石直接破碎，滚刀贯入岩石，掌子面被滚刀挤压碎裂而形成同心圆沟槽，随着沟槽深度的增加，岩体表面裂纹加深扩大，当超过岩石剪切和拉伸强度时，相邻同心圆沟槽间的岩石成片剥落，形成石渣。岩渣靠自重掉入底部，由刀盘上的铲斗旋转铲起岩渣，卸入皮带输送机。

盘刀受力是掘进机设计的重要参数。盘刀楔入岩体破岩目前有三种争论：一是由楔块作用引起剪切破坏；二是岩体在刀刃楔入的作用下产生径向裂纹，然后扩展到岩石表面而破岩；三是刀刃楔入并滚压岩石时，岩石破坏有裂纹扩展的张拉破坏、剪切破坏及挤压破坏。以上三种理论均是建立在岩石是均质且同向的假设情况下。实际上，掌子面岩石情况是复杂的，岩石内存在着微裂纹、节理发育、破碎等，对岩石的破坏起着重要作用，参见图 6-12。

(2)刀具布置。刀具及其在刀盘上的布置，与破岩效果、掘进速度和刀具的消耗密切相关。盘形滚刀在刀盘上的布置，不同厂家有不同的设计经验，主要考虑盘形滚刀的类型、径向布置与周向布置。径向布置主要考虑相邻滚刀之间刀间距，力求取得最佳的破岩效果；周向布置主要考虑各滚刀的相位角，力求使每把滚刀所负担的破岩量大致平衡，以减少振动，改善刀盘结构件受力和延长刀具的使用寿命。通常大直径刀盘(直径大于 7m)周边边刀由多把滚刀沿同一轨迹布置，周边上刀与正面滚刀之间由2～3把滚刀组成过渡刀，切在同一轨迹上。滚刀数与孔径之间的关系见图 6-13。

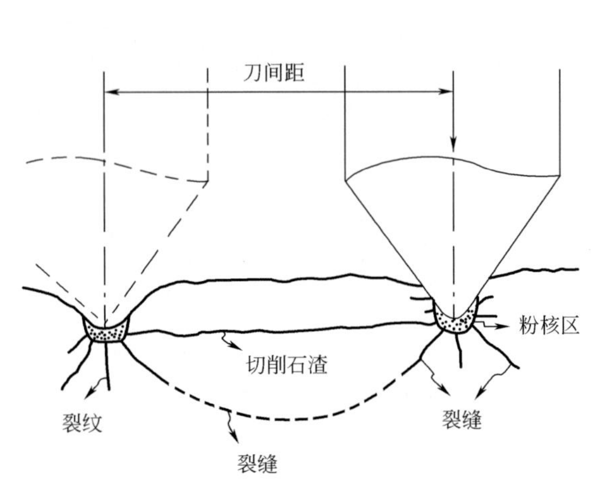

图 6-12　刀具破岩机理图

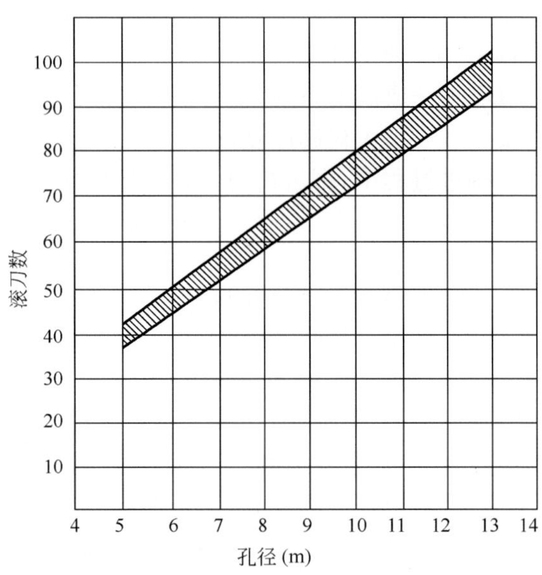

图 6-13　滚刀数与孔径之间的关系

(3)刀间距的确定。掘进机在切割不同硬度的岩石时贯入度不同。当岩石硬度较软时，贯入度大，过小的刀间距，会形成粉碎状岩渣，开挖效率减小，造成机械能耗浪费；当岩石硬度较高时，同样的推力下贯入度小，过大的刀间距又达不到破岩效果(见图 6-14)，因此在设计时希望刀间距最能符合所切削的岩石贯入度。但是，不同隧道很难同为一种地层结构，即使在同一隧道，地质条件也不可能完全一致。对每把刀选择合适的推力和刀间距，可以提高切深，进而提高掘进速度。试验结果表明，在给定地质条件下，当减少刀间距时，获得一定掘进速度所需的推力将下降。这意味着，在岩石非常硬的情况下，维持每把刀推力不变，通过减少刀间距，可以增加掘进速度；相应的，要求增加机器总推力，并产生更小的碎石屑。而碎石屑越小，切削岩石要求的能耗越大，开挖过程的经济性就越差。不同刀间距开挖岩石所消耗的能量表明，每种岩石有一个最佳的刀间距，这个最佳的刀间距主要是地质条件的函数。在硬岩情况下，它大约是切深的 10～20 倍，在 65～90mm 之间；软岩大约是 100mm。

刀间距应由中心向外逐渐减小布置。刀具直径不同，对正面刀具荷载、允许线速度是不同的，例如 19in 滚刀，刀具荷载 314kN，刀间距在 90～100mm，允许线速度 180m/min，而 15.5in 刀具荷载 125kN，刀间距 75～85mm，允许线速度 130m/min。盘形滚刀直径及推力见表 6-3。

盘形滚刀直径及推力表　　表 6-3

直径	(in)	11	12	13	14	$15^1/_2$	$16^3/_8$	17	18	19
	(mm)	279	305	330	356	394	416	432	483	534
额定推力(kN)			100	100	150	200	200	200	260	300
最大推力(kN)				130	190	250	250	250	310	

注：1in＝0.025 4m。

在给定地质条件和刀间距下，刀具数与开挖直径成正比，适当增加刀具数，有利于避免瞬间岩石物理特性太高，而造成单个刀具及其相邻刀具的加速损坏。而且，较多刀具与岩石接触，还可降低掘进机的振动，并减小破碎岩层断面岩块洞穴的尺寸，从而可减少阻塞刀盘转动故障的发生次数。

当地质条件和与之相匹配的切痕间距给定后，随着孔径的增加，滚刀数目也呈线性增加。近年来，掘进机施工过程中，为了适应坚硬岩石，提高掘进速度，减少刀具磨损，采用 19in 大型重载滚刀，在相同的转速下，大大提高了掘进速度。另外，切深增加，加大滚刀之间的刀间距，使刀具数量减少，降低刀具消耗。

(4)贯入度指标。贯入度即刀盘每转动一周刀具切入岩石的深度。贯入度指标与岩石类别、岩石单轴抗压强度、岩石裂隙发育、岩石可钻性、岩石耐磨度、岩石孔隙率等有关。

(5)盘形滚刀受力分析。盘刀受力是掘进机设计的重要参数。盘形滚刀受力如图 6-15 所示，有垂直力 V_f 及滚动力 R_f。V_f 是设计及校核掘进机推进液压缸和液压系统的依据，R_f 是掘进机刀盘驱动电动机及传动系的设计及校核依据。

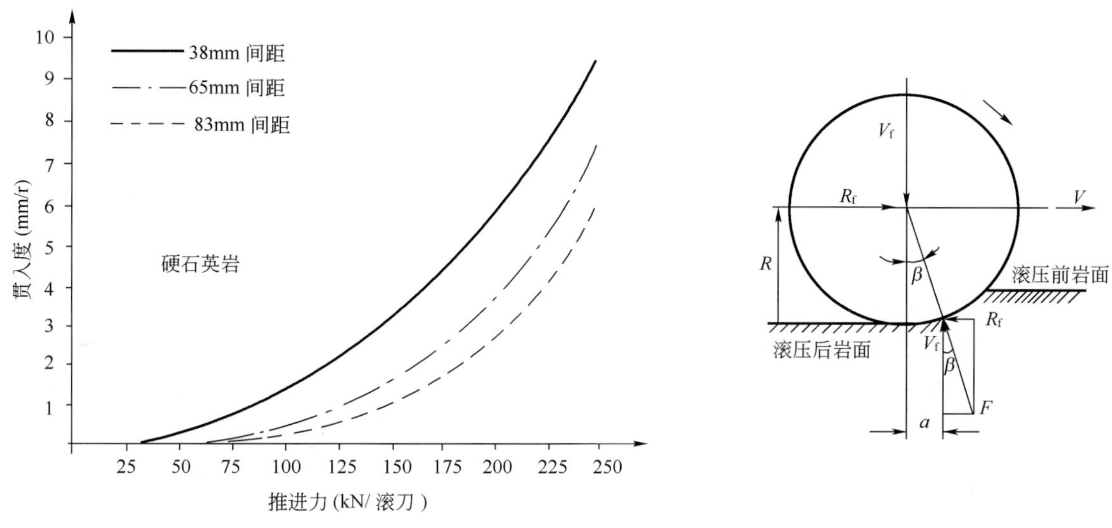

图 6-14 滚刀切痕间距对贯入度的影响

图 6-15 滚刀受力图

有关盘形滚刀破岩机理及受力分析，普遍采用由美国科罗拉多矿业学院在室内进行大量试验的基础上建立的两类预测公式，一类是由盘形滚刀线性切割试验建立，另一类是由压头压痕试验建立。

①垂直力。垂直力 V_f 是下列各种变量的函数，如图 6-16 所示。

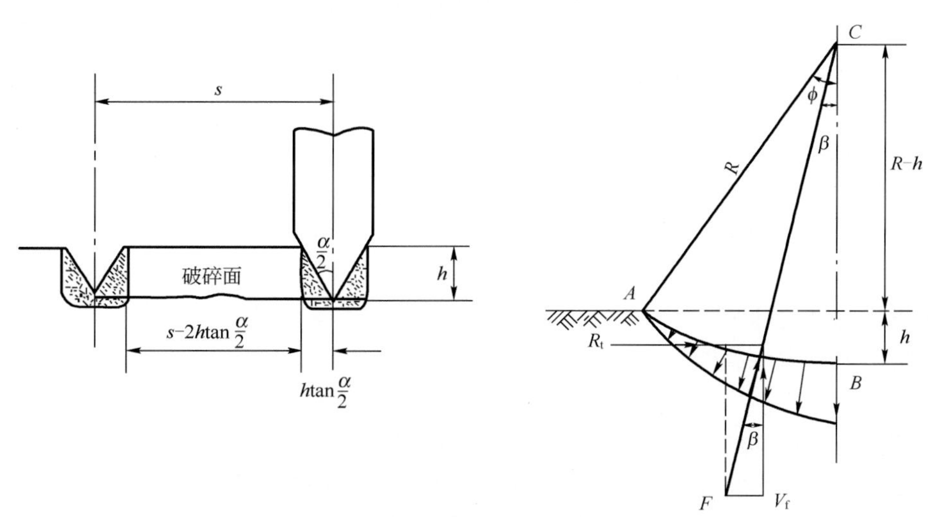

图 6-16 刀具受力分解图

$$V_f = f(D,\alpha,\sigma,\tau,s,h)$$

$$V_f = D^{\frac{1}{2}} h^{\frac{3}{2}} \left[\frac{4}{3}\sigma + 2\tau(s - 2h\tan\frac{\alpha}{2})\right]\tan\frac{\alpha}{2} \tag{6-3}$$

式中：σ——岩石单轴抗压强度；

τ——岩石无侧限抗剪强度；

D——刀具外径；

α——刀具刃角；

s——切槽间距；

h——切深。

②滚动力。滚动力(切向力)计算公式为：

$$R_f = V_f \tan\beta = V_f C$$

式中：C——岩石切割系数；

β——合力夹角。

$$C = \tan\beta = \frac{(1-\cos\phi)^2}{\phi - \sin\phi\cos\phi}$$

$$R_f = \left[\sigma h^2 + \frac{4\tau\phi h^2\left(s - 2h\tan\frac{\alpha}{2}\right)}{D(\phi - \sin\phi\cos\phi)}\right]\tan\frac{\alpha}{2} \tag{6-4}$$

式中：ϕ——刀具与岩石面压痕包角。

上述公式是建立在假设岩石是均质且各向同性基础上的，这与自然界的岩石特性出入较大；又假设岩石破碎是剪切破坏，这是个有争议的问题。但两公式包括了6个符合实际的变量函数，即σ、τ、D、α、s、h，采用拉丁方阵进行试验设计，用两类岩石试样进行线性切割试验，并将影响岩石破碎的6个参数进行因次分析，得到了V_f与多种变量之间无因次比例关系，揭示了预测公式正确的函数关系。上述公式虽然还不尽完善，但仍被国内外掘进机设计与校核掘进机盘形滚刀受力时普遍参考采用。

3)刀盘推力

推进系统主要由液压推进缸等构成。推进系统应根据岩石情况、开挖直径、刀具直径和刀具数，提供足够的推力，以在较硬岩石情况下获得一定的切深。一般根据总刀具推力、刀盘护盾摩擦阻力、后配套系统的牵引阻力等来考虑所需推力。

(1)滚刀数量的确定。滚刀数量按式(6-5)计算：

$$N = \frac{D_{理}}{2\lambda} \tag{6-5}$$

式中：N——滚刀数；

$D_{理}$——理论开挖直径(m)；

λ——刀间距。

(2)掘进机总推力。其计算公式为：

$$F = NF_i + \sum F_m \tag{6-6}$$

式中：F——掘进机总推力(kN)；

F_i——每把滚刀最大承载能力(kN)；

N——滚刀数；

F_m——摩擦阻力(kN)，在不能确定时按$0.3NF_i$选取。

刀盘的最大推力取决于盘形刀的结构和数量，当盘形刀数量确定后，每把盘形刀的承载力越大，所形成的总推力也越大；盘形滚刀所能达到的承载力，受刀圈断面形状、材质、热处理、轴承、安装空间和重量等方面因素的约束，目前17in(432mm)刀具承受最大推力250kN/把，19in刀具承受最大推力

300kN/把。若轴承能适应相应的工况和荷载，则进刀量和刀间距都可以相应增加，因此可以获得较高的破岩效果，并降低开挖费用。

掘进机最大推力是由推进油缸数量、油压、油缸与掘进机轴线的交角、缸筒内径决定。

4)刀盘额定扭矩

刀盘上所有刀具总滚动阻力决定扭矩大小。计算滚动阻力系数，即滚动力与推力的关系，主要由刀圈直径和切深来决定。刀盘实际的扭矩是受地质条件影响而变化的。在硬岩中掘进，需较大的推力，相应扭矩小，在软岩中掘进，滚动阻力大，此时刀盘能提供足够的扭矩。

$$T=\sum(fF_iR_i)+\sum T_m \tag{6-7}$$

式中：T——掘进机刀盘总回转扭矩(kN·m)；

f——滚动阻力系数，可取0.15～0.2；

F_i——每把滚刀最大承载能力(kN)；

R_i——每把滚刀回转半径(m)；

T_m——摩擦转矩(kN·m)，当T_m无法确定时，可取$0.2fF_iR_i$。

用户可采用经验公式和统计图来验算所提供刀盘扭矩是否合理。

测算扭矩与刀盘直径关系的经验公式：

$$M=SD^2 \tag{6-8}$$

式中：M——扭矩；

D——刀盘直径；

S——扭矩系数，一般选定为50～60。

5)刀盘回转功率

$$P=\frac{Tn}{0.975\eta} \tag{6-9}$$

式中：P——刀盘回转功率(kW)；

T——刀盘回转总扭矩(kN·m)；

n——刀盘转速(r/min)；

η——机械回转效率，取0.9～0.95。

6)掘进速度

掘进机的掘进速度受到多种因素影响，包括掘进机性能、开挖直径、地质条件的自然情况，尤其是发生过扰动或高应力地层，以及地下水的情况。不同岩石条件下掘进机直径与掘进速度的关系见图6-17。掘进机理论最大掘进速度由推进油缸数量、缸径、进油量等确定，实际月进尺可按式(6-10)计算。

$$v_{月}=24v_{max}d\mu \tag{6-10}$$

式中：$v_{月}$——月进尺(m/月)；

v_{max}——最大设计每小时掘进速度(m/h)；

d——每月工作天数；

μ——掘进机作业效率，一般取0.4～0.6，计算方法为

$$\mu=\frac{T_{总}}{t_{总}} \tag{6-11}$$

$T_{总}$——实际掘进循环作业时间(min)；

$t_{总}$——从掘进开工到隧洞工程结束时间(min)，含故障维修等停机时间。

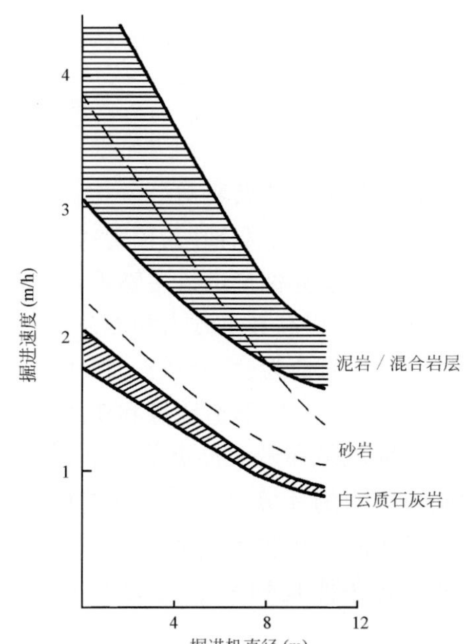

图6-17　不同岩石条件下掘进机直径与掘进速度的关系

7)切深

刀具切深是刀盘每转一圈,刀圈切入掌子面岩石深度。

$$h = \frac{v}{n} \tag{6-12}$$

式中:h——切深(mm/r);

v——掘进速度(mm/min);

n——刀盘回转速度(r/min)。

2. *刀盘护盾*

刀盘护盾见图6-18。刀盘护盾由液压预载的下护盾和顶部护盾、两块侧护盾组成。刀盘护盾从刮板至隔板遮盖着刀盘,刀盘护盾保护刀盘,并在其后部作为钢拱架安装设备的护顶,防止大块岩石堵塞刀盘。在掘进时或掘进终了换步时,支撑掘进机的前部。顶部护盾用螺栓安装格栅式防护栅,在护盾托住顶部时可安装锚杆。护盾通过油缸连接到隔板,护盾随刀盘浮动。底部护盾上的预载油缸承受刀盘及驱动装置的重量,在掘进时与隧道仰拱相接触,对底部石渣起到刮移集渣的作用。

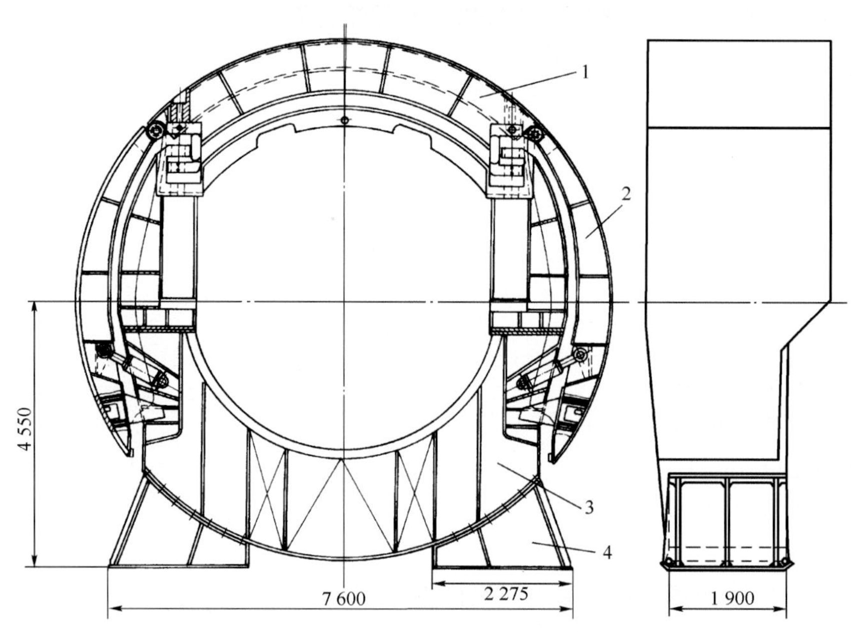

图6-18 掘进机刀盘护盾示意图(尺寸单位:mm)

1-顶部护盾;2-侧护盾;3-下护盾;4-临时支承(机械组装和步进时使用)

3. *主轴承与刀盘驱动*

主轴承是一个双轴向、径向式三列滚珠轴承,轴向预加荷载,内圈旋转。主轴承的组成见图6-19。

刀盘轴承亦称掘进机主轴承,主要发展方向是采用三轴式滚子轴承(两排推力,一排径向)替代圆锥滚子轴承,以提高其承载力和寿命,特别是对大直径掘进机的设计更是如此。在目前的技术水平下,刀盘轴承设计寿命为$(1.5\sim2)\times10^4$h。由于刀盘轴承制造周期长,成本高,且施工中洞内难以拆换,在选型时,其设计尺寸、制造质量和使用寿命、润滑和密封及其监控均应成为重要的考核因素。

主轴承是在最大推进荷载下,并在曲线段或纠偏,以及通过不稳定围岩或断层带时所产生的较大倾覆力矩的环境下工作。它的标称寿命(如1.2×10^4h)是按国际轴承质量标准L10理论,即在10个轴承中有一个轴承的寿命达到1.2×10^4h,其余9个达到4×10^4h。1.2×10^4h轴承寿命的受力计算的假定条件是轴承承受力的90%荷载作用在轴承中心、10%荷载作用于轴承的1/3半径的位置。

刀盘驱动方式对掘进机施工非常重要。目前,常见的刀盘驱动方式有变频电驱动、液压驱动、双速电驱动。不同驱动方式各有利弊,其特点见表6-4。

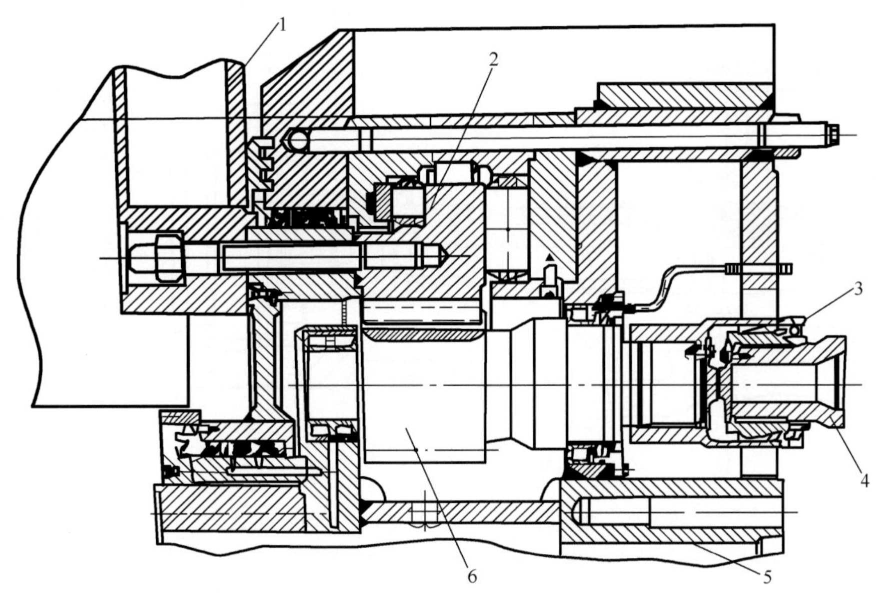

图 6-19 主轴承及密封示意图

1-刀盘;2-主轴承;3-联轴器;4-驱动轴;5-齿轮箱;6-小齿轮

刀盘驱动方式对比 表 6-4

驱动方式	变频电动机驱动	液压驱动	双速电动机驱动
体积:驱动部分 附属部分	大 中	小 大	大 小
传动效率	高	低	高
维修保养	好	差	好
调速性能	好	好	差
地层使用性	好	一般	差
隧道温度	低	高	低
过载能力	强	强	弱

双速交流电动机驱动,其技术成熟、功率大、体积小、成本低,如果要求掘进机转矩变化平稳,同时考虑设备价格,可采用双速电动机驱动。

变频电动机驱动可随岩石变化,获得最佳的适应性,能够控制过载与振动,调速范围大,启动力矩可达额定力矩的 150%,使掘进机获得更高的利用效率;电路无需功率补偿,较低能源消耗,可节约岩石开挖的电力费用,但发热量大。随着技术进步和发展,变频电动机驱动的应用越来越多。

液压马达驱动能进行无级变速,能适应岩石硬软变化工况,工作可靠,但传动效率低,维修复杂,应用较少。

TB880E 掘进机采用双速电动机驱动,刀盘驱动有两套动力系统,见图 6-20。轴承内圈上的内齿圈是轴承的组成部分,刀盘用液压预紧螺栓与内齿圈相连接。刀盘由 8 套相同的驱动装置共同由内齿圈驱动。驱动小齿轮由两个轴承支承,小齿轮的传动轴 2 通过齿形联轴节 3 与双级水冷行星减速器 8 相连,然后通过摩擦式离合器 6 与驱动电动机 7 相连。正常作业时,刀盘由双速水冷电动机 7 驱动,电动机装于两外凯氏机架之间,双速可逆式电动机允许刀盘在不稳定的软弱围岩地质条件下半速驱动,在不利的地质条件下为了刀盘脱困,允许电动机反转。微动时由液压马达 4 驱动,使刀盘旋转到换刀位置,以便更换滚刀或进行维修保养作业。

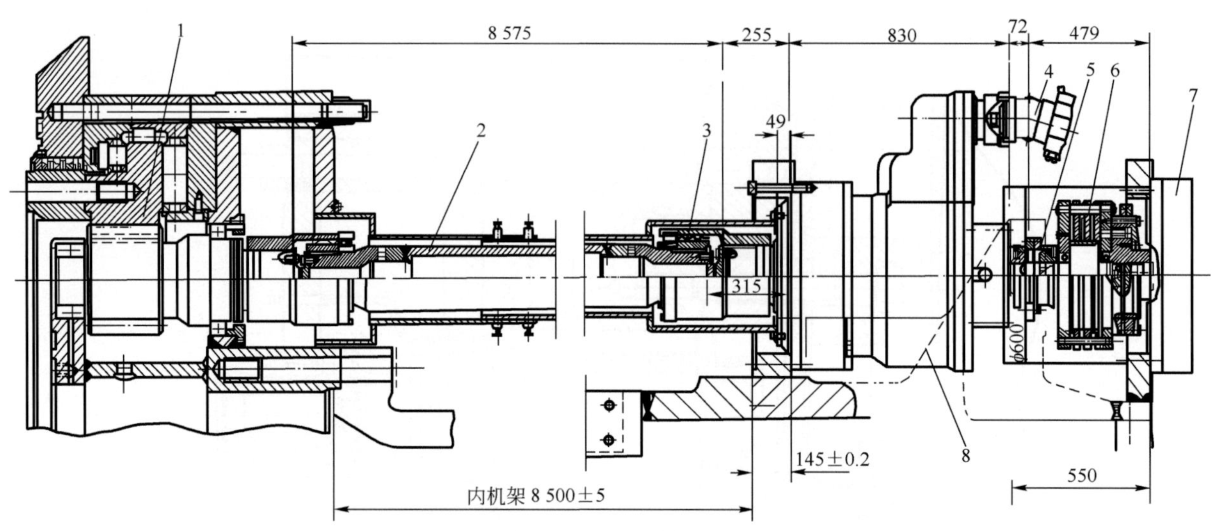

图 6-20　掘进机刀盘驱动示意图(尺寸单位:mm)

1-内齿圈;2-传动轴;3-齿形联轴节;4-液压马达;5-齿形联轴节;6-摩擦式离合器;7-双速水冷驱动电动机;8-双级水冷行星减速器

4. 主轴承密封与润滑

主轴承密封见图 6-21。主轴承外密封。由三道唇形密封构成,此密封又用迷宫式密封保护。迷宫式密封由自动润滑脂系统进行清洗净化。主轴承齿圈和驱动小齿轮为强制式机械润滑,装备有润滑泵、滤清器、电子监测系统。脂润滑系统、机油润滑系统与刀盘驱动系统相互联锁,当润滑系统失效时,刀盘自动停止转动。行星减速器注入部分润滑油,为飞溅式润滑。

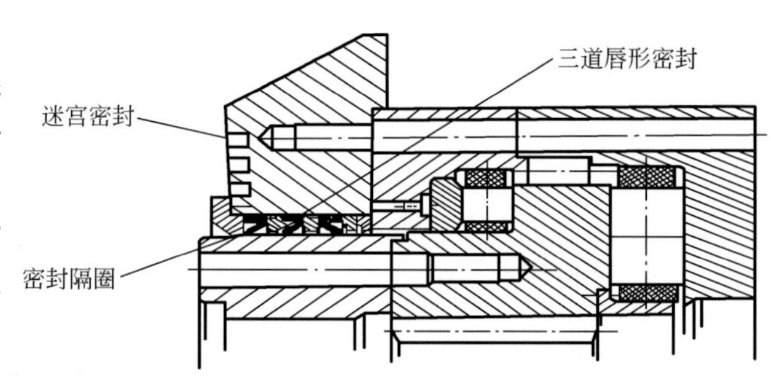

图 6-21　主轴承密封

5. 支撑系统

支撑系统的支撑缸应能抵抗刀盘传递过来的推力和扭矩,支撑靴要有足够强度和面积,还应核算与洞壁的接触比压值大小。按照支撑的布置方式分为水平支撑和 X 形支撑两种方式。

1)水平支撑式

如罗宾斯、NFM、海瑞克公司生产的掘进机,在主梁的中部有一马蹄形鞍架,鞍架的前端与推进缸相连,在鞍架的两侧各有滑块,鞍架通过滑块与大梁连接并通过滑块沿着大梁滑动。

刀盘的推力由推进缸提供,推进的反作用力被传递到水平撑靴板上,并由支撑油缸紧紧地撑到洞壁。刀盘驱动系统驱动刀盘旋转,由此产生的反扭矩由水平撑靴板通过机头架、大梁、鞍架和斜缸传递到洞壁。在推进行程结束时,水平支撑油缸缩进,开始一个新的推进行程。换步时,大梁固定,后支撑放下,收回水平支撑靴,水平支撑油缸和鞍架沿着滑块向前滑动。水平支撑油缸与鞍架成浮动支撑设计,斜油缸和水平撑紧油缸可使 TBM 连续控制方向,保证直线度和坡度(见图 6-22)。

水平支撑的优点:

(1)结构简单,快速灵活。因只有一对水平浮动支撑,结构简单,换步快,提高了掘进速度;转弯半径小,转向灵活。对岩质均匀,单轴抗压强度 40~100MPa,洞内转向,此型结构有突出优势。

(2)利用水平浮动支撑、推进油缸、斜油缸、侧支撑,进行水平、垂直调向,操作方便并可在掘进中调向。

(3)支护用钢丝网安装机,方便快捷。

(4)刀盘表面焊接耐磨合金板,提高耐磨性,海瑞克机型装刀凹槽作了特殊处理,防止产生裂缝。

(5)罗宾斯机型采用 19in 滚刀,承受推力大,破岩量大,增大了进尺。

(6)罗宾斯机型配连续皮带机出渣,并已积累了经验。

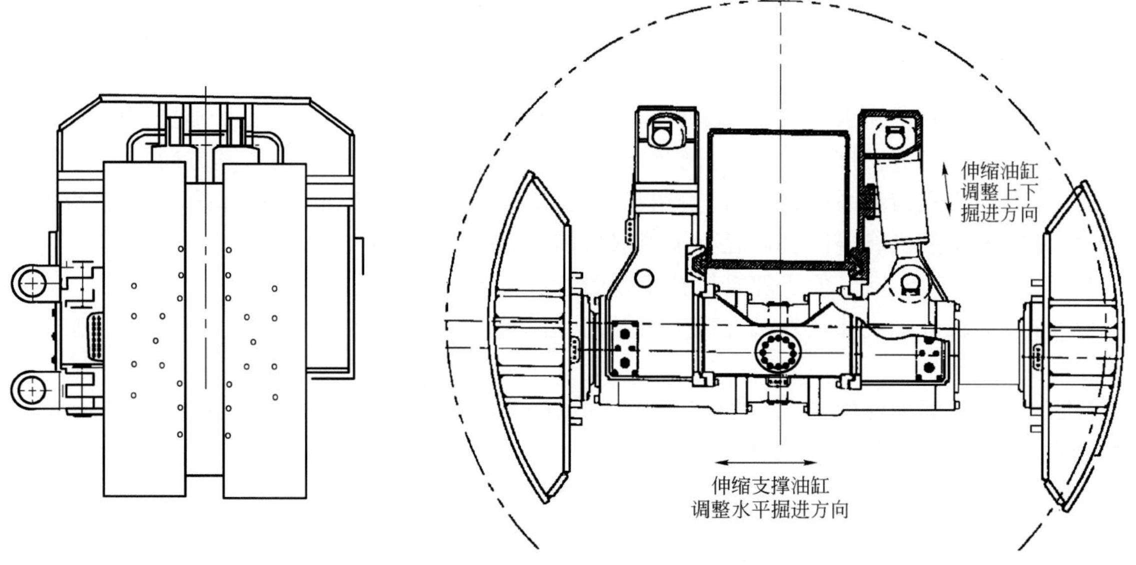

图 6-22　支撑靴结构示意图

水平支撑存在的不足：

(1)定向性与稳定性较差。单对水平浮动支撑，电动机与回转传动系前置，使整机重心靠前，远离水平支撑，掘进时机头振动大、噪声大。罗宾斯公司对中小型支撑式掘进机采用了球面刀盘定心、增加前支撑两项措施来弥补上述不足。对大直径掘进机，罗宾斯公司也采用平面刀盘，因前支撑不是基准点，前支撑落洞底后将随洞底岩石破碎、松软而下沉，整机又是悬臂支撑，所以定向性、稳定性差，一旦机头下沉，纠正较难。

(2)单对水平支撑，支撑力不足，抗转矩小，易侧滚，虽可用扭力缸纠偏，如经常纠偏，盘形滚刀及大梁会因受力过大而受损。

(3)遇软岩时，由于单对水平支撑板与岩石接触面积所限，使接触比压大，岩壁易塌陷，TBM 在洞中进退两难。

(4)掘进时，水平浮动支撑撑紧洞壁，前支撑落洞底分担机头部分重量，与洞底摩擦前进，侧支撑撑紧洞壁，随导向壳体与洞壁摩擦前进，掘进时要克服前支撑和侧支撑与洞壁摩擦阻力，所以消耗推进力大。

(5)推进油缸支撑在水平支撑板与大梁之间，水平面内有一夹角，产生侧向分力，推力受一定损失。

2)X 形支撑式

X 形支撑示意图见图 6-23。

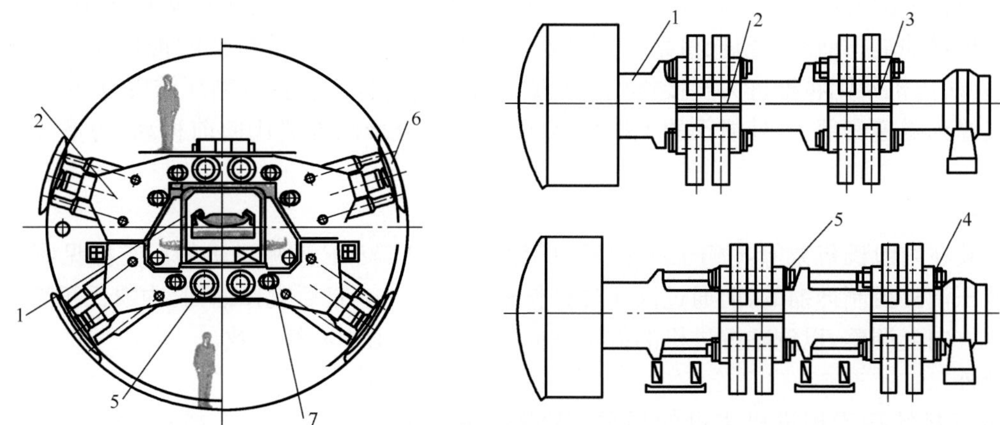

图 6-23　X 形支撑示意图

1-内凯氏机架；2-前外凯氏机架；3-后外凯氏机架；4-后推进油缸；5-前推进油缸；6-支撑；7-刀盘驱动轴

X形支撑的特点(维尔特机型):

(1)回转电动机及传动系中置或后置,整机重心在两对X形支撑之间,定向性、稳定性好,避免了侧滚与机头下沉现象。

(2)维尔特机型的两对X形支撑,如TB880E掘进机有8块支撑板,每板4个油缸,共32油缸,针对岩石软硬情况,可以调节支撑力的大小;调节支撑油缸的压力和行程,可以调整其方向。

(3)回转电动机及传动系中置或后置,留出刀盘后部空间,使前X形支撑前置,增加整机的定向性与稳定性;使圈梁安装机、锚杆钻机、混凝土喷射机前置,能起到及时支护的作用。

(4)安装扩孔刀2~3把,便于随机扩孔及预防意外卡紧时自身脱困。

(5)后推进油缸分别支撑在外凯氏机架与导向壳体及内凯氏机架突盘上,位置平等,无侧向分力,推力集中。

(6)维尔特刀具润滑油内含1%的异味剂(Molyvon),一旦滚刀轴承损坏、密封失效,异味剂溢出,带刺激性的奇臭,预警刀具损坏,应及时更换。

(7)维尔特机型随机带有一套步进装置,步进方便灵活。

X形支撑存在的不足:

(1)两对X形支撑,结构复杂,一旦遇故障,维护较困难;转弯半径较大,转向欠灵活。

(2)多轴驱动,占空间大,直径4m以下的掘进机此问题更为突出。

(3)掘进中不能调向,只能换步时调向。

(4)上述优点中存在X形支撑液压缸活塞杆受弯矩的不利影响。

3)TB880E掘进机内凯氏机架

内凯氏机架见图6-24,内凯氏机架是一个箱型截面焊接结构,其上有淬火硬化的滑道,以供外凯氏机架的轴承座在其上滑行。前后外凯氏机架由推进油缸使之滑动。

内凯氏机架为刀盘导向,将掘进机作业时的推进力和力矩传递给外凯氏机架。内凯氏机架连接刀盘轴承、驱动装置与后支撑,内凯氏的前部连接着主轴承座。机架前端设有一人孔,可由此通道进入刀盘,内凯氏的尾部与后支撑相连,内凯氏机架内有足够的空间,用以安置皮带机。

4)TB880E掘进机外凯氏机架与支撑靴

外凯氏机架与支撑靴结构见图6-25。外凯氏机架连同支撑靴一起沿内凯氏机架纵向滑动,支撑靴由32个液压油缸操纵,16个支撑靴分为两组,每组由8个支撑靴组成,在外凯氏机架上呈X形分布,前后外凯氏机架上各有一组支撑靴。16个支撑靴将外凯氏机架牢牢地固定在掘进后的隧道内壁上,以承受刀盘的扭矩和掘进机推进力的反力。前后支撑靴能够独立移动,以适应不同的钢拱架间距,或地质破碎时可随意调节掘进行程。

5)TB880E掘进机推进油缸

作用在刀盘上的推进力,经内凯氏机架、外凯氏机架传到围岩。外凯氏机架是两个独立的总成,各有其独立的推进油缸。前后外凯氏机架分别设4个推进油缸,后外凯氏机架的推进油缸将力传到内凯氏机架,前外凯氏机架则将推进力直接传到刀盘驱动装置的壳体上。掘进循环结束时,内凯氏机架的后支撑伸出支撑到隧道底部上,外凯氏的支撑靴缩回,推进油缸推动外凯氏向前移动,为下一循环的掘进准备。

6)后支撑

后支撑装在内凯氏机架上,位于后外凯氏机架的后面,TB880E型掘进机的后支撑见图6-26。后支撑是通过液压油缸控制伸缩的,能通过液压油缸作横向调整。一旦后支撑缩回,内凯氏机架的位置能在水平和垂直方向上调整,以调整掘进机的掘进方向,使之与隧道中心线一致。

6.皮带桥

皮带桥直接铰接于掘进机主机的后面,支设在平台拖车上。它向上搭桥,加大下面的作业空间,以便安装仰拱块和铺设钢轨。皮带桥内装有皮带机系统和通风系统、仰拱块吊机、材料提升系统等。

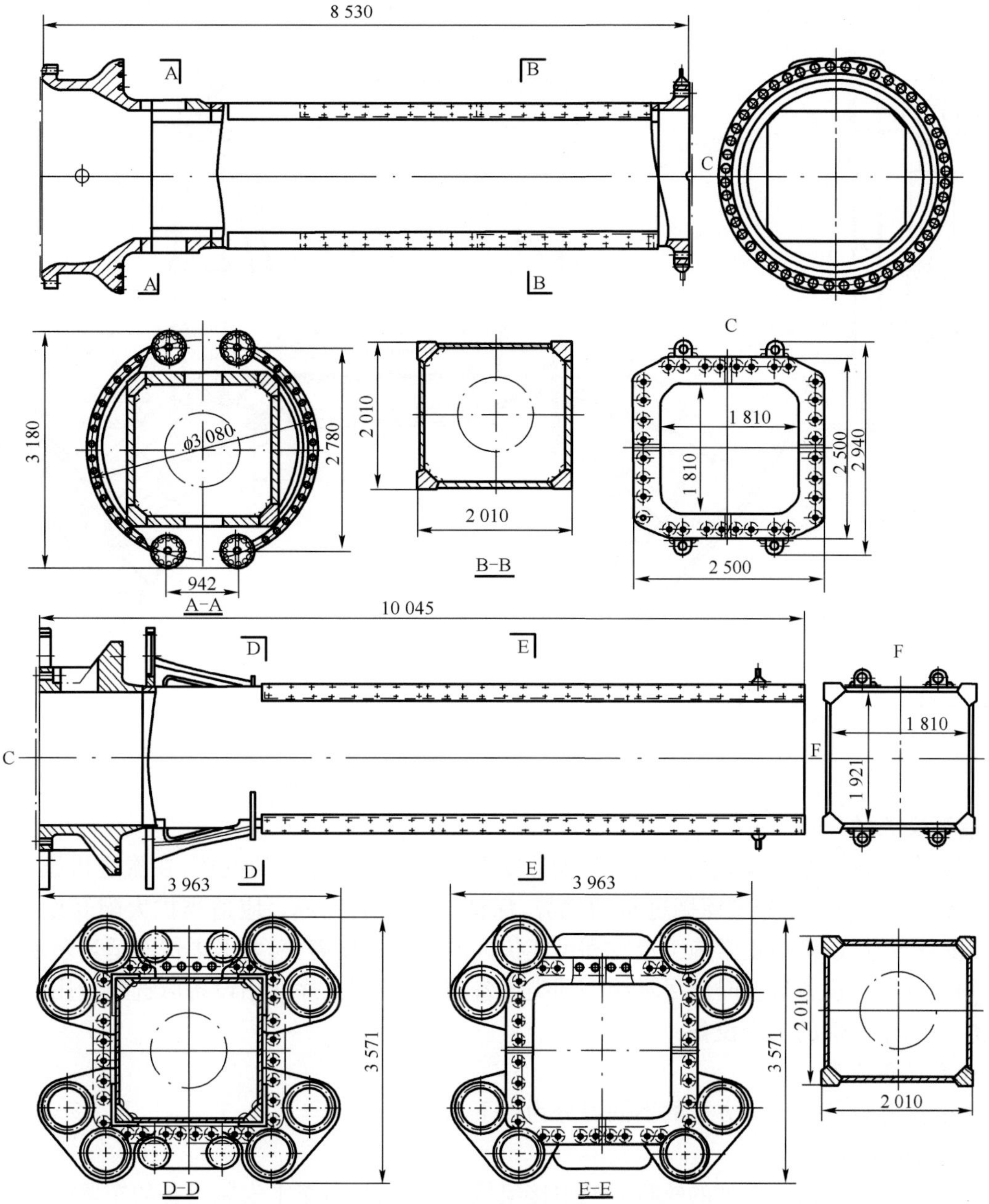

图 6-24 掘进机内凯氏机架结构(尺寸单位:mm)

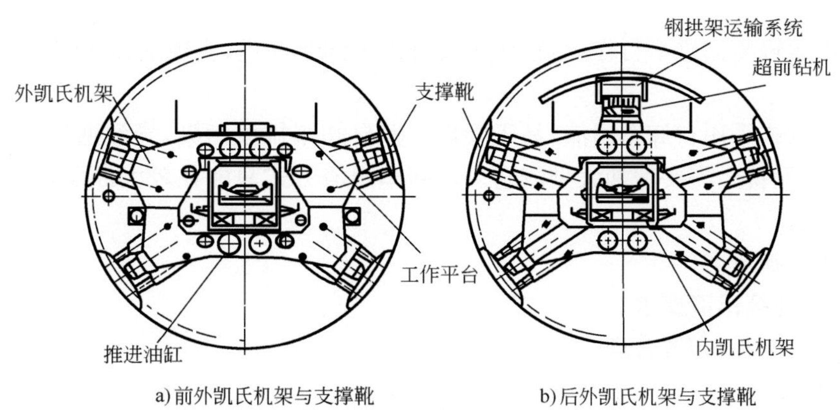

a) 前外凯氏机架与支撑靴　　b) 后外凯氏机架与支撑靴

图 6-25 外凯氏机架与支撑靴结构

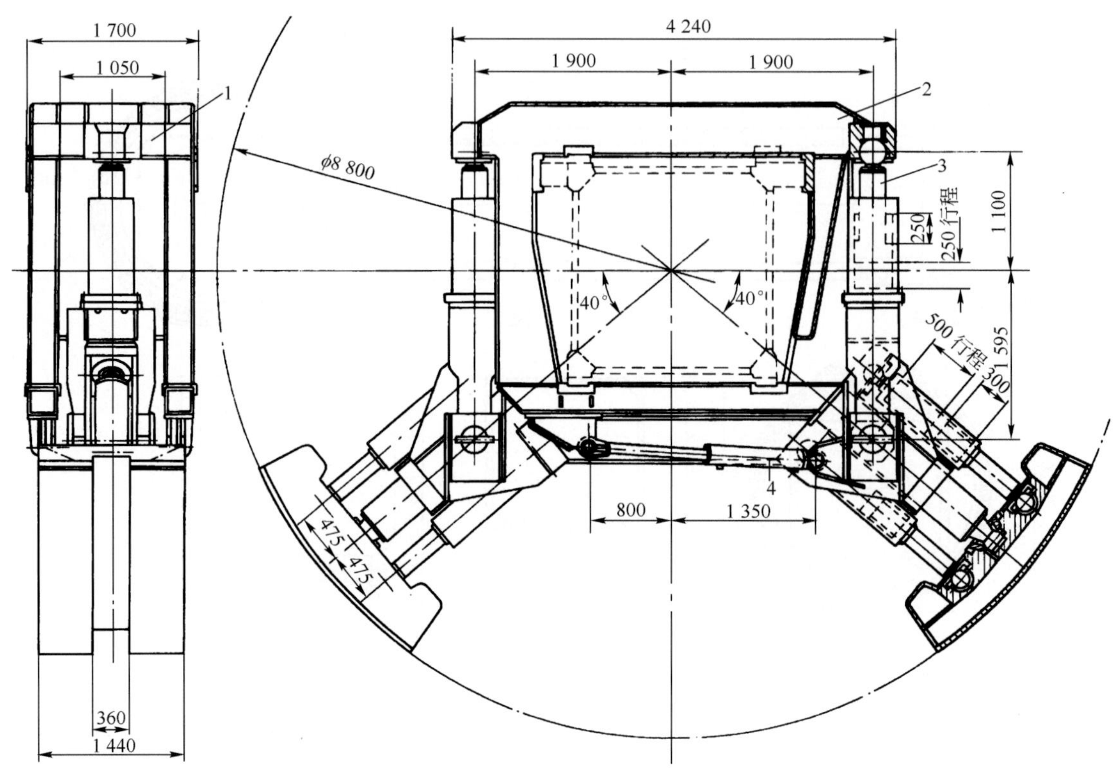

图 6-26　后支撑结构(尺寸单位:mm)

1-滑动机架;2-带支撑靴的支架;3-支撑缸;4-调向缸

(二)后配套系统

后配套设备的技术参数、功能、形式在很大程度上影响着主机能力的发挥,在掘进机施工中与其他设备的匹配组合,是为了充分发挥掘进机的优势,保证工程顺利完成。应适当扩大配套设备的生产能力,核算其设备数量,以满足正常施工进度和可能扩大的施工进度需要,要考虑留有适当余地,即允许有一定的不均衡状况。设备选型时应尽量统一同类设备型号,特定工序所用设备应选用专用设备,为发挥出群机效应应选用质优的匹配设备。

1.后配套设备分类

掘进机后配套设备按出渣方式的不同可分为以下三类:

(1)轨行门架型

该形式后配套设备由一系列的轨行门架串接组成,根据门架台车上安装设备的布置以及出渣、材料列车的长度,确定后配套列车长度。

(2)连续皮带型

该形式为出渣运输与掘进平行作业,输送机与掘进机同步前进,实现最佳匹配的一种出渣方式。

(3)无轨轮胎型

该形式的出渣方式采用自卸车出渣,易于管理。但自卸车排放污染,导致通风成本增加,同时设备占用空间大,后配套设备上需要增加大型渣仓。自卸车出渣方式只能在较大断面的隧道且有特殊要求的场合中使用。

2.后配套系统选择原则

(1)满足掘进机连续出渣要求。

(2)结构简单,体积小,布置合理。

(3)运行安全可靠。

(4)易于维修保养,造价相对较低。

(5)根据地质条件,为保证掘进机安全施工,应配置必要的支护设备,如锚杆钻机、超前钻机、喷射机及机械手、注浆机、岩芯钻机等辅助施工设备。

3. 出渣方式的选择

根据工程和设备特点，可采用皮带输送机和矿车运输方式。这两种运输方式性能特点对比见表6-5。

皮带输送机与矿车出渣运输方案对比表 表 6-5

运输方式	皮带输送机	矿车
运输过程	掘进机皮带机→隧洞皮带机→斜井皮带机→装载机装渣→自卸汽车	掘进机皮带机→矿车→洞内转运→斜井皮带机→装载机装渣→自卸汽车
运输能力	高、连续输送	较低、间断输送
掘进机后配套	短	要求有较长的装渣长度，后配套较长
洞内转运	简单	复杂
轨道系统	只进行材料的运输供应，可以采用单线轨道。轴重小，轨道要求低	需要进行出渣和材料的运输供应，采用双线轨道。轴重大，轨道要求高
维护性	除对轨道系统设备进行维护外，还要对皮带系统进行维护，且维护要求高	除对轨道系统设备进行维护，还需要对运渣设备、支洞皮带机进行维护
运输管理	需要进行皮带的延伸，管理较简单	需要进行列车编组管理，管理复杂
施工安全性	好	差
设备可靠性	要求高	要求高
通风系统要求	低	内燃机车多需加强通风，如采用蓄电池变频机车，需要较多的充电设备，也需要加强通风。对通风要求高
隧道断面要求	要求洞径大于6m，洞径过小，皮带机与材料运输车、通风管道相互干扰	不受限制
设备投资成本	较高	较低

1)轨行式后配套平台车

轨行式平台车可分为门架式和台车式两种形式，台车式又分为双线和单线布置形式。

(1)双线台车式平台车

隧洞轨道采用双线布置，轨距多用900mm，两线间距符合洞内轨道运输安全距离要求，平台车上也布置了同样轨距的双线轨道，运输列车由洞内运输轨道通过掘进机后配套后部的斜坡轨，进入平台车上轨道，完成装渣和材料装卸，平台车的车轮走隧洞轨道的两根外轨。

后配套台车上并列布置双线轨线及相应的道岔系统，运输列车在后配套台车上可并列，一列在接渣状态，另一列在等待状态。输送带出口下方设有渣土分流器，分别向左右两列列车分流。列车调度时，渣车组始终位于分流器下方，输送带的渣土运送原则上不中断。

采用大容量(20m^3/辆)的渣车。根据掘进断面大小，确定每列车装载1或2个掘进循环的弃渣。配置进口内燃牵引机车或直交流变频机车。

后配套台车在两条外轨上行走，轨长6～8m。后方轨向前方轨倒换。两条内轨为900mm轨距的正线运输轨，轨长12.5m，为长期固定轨。4根轨均在后配套台车前方续接。后配套台车系统由主机牵引，随主机前进。

优点：后配套系统整体性较好。列车在后配套台车内的调度与TBM掘进可同步进行，可允许较长的列车调度时间而不影响输送带的连续出渣。

缺点：后配套结构的总重量较大，进入后配套台车的斜坡轨较长。后配套台车承受较大的偏载，行走轮缘易磨损，由于采用封闭结构，拖车万一脱轨后不易处理。供后配套设备安装的两侧空间略少。

(2)单线台车式平台车

台车的平台布置为单线轨道，台车的轨距与矿车的轨距相同。单线台车式平台车适用于较小的圆形隧洞施工，虽然在后配套上只能停留一列矿车，但一般在后配套的尾部拖拉一个加利福尼亚道岔，列车在这里等候，所以它仍具有较高的运输能力。

后配套台车为中间下部开口结构，后配套台车内只能驶入单列列车。列车直接行驶在900mm轨距的正线运输轨上。后配套台车后部紧跟一双线浮放轨总成，供等待的另一列列车停放，并留出供第一列列车驶出的轨线。列车的调度利用TBM换步的时间间隔进行。输送带的渣土运送原则上不中断。

采用大容量(20m^3/辆)的渣车。根据开挖断面大小和隧道开挖长度等综合考虑，确定每列列车装载1或2个掘进循环的弃渣。配置进口内燃牵引机车或直交流变频机车。

后配套台车在两条外轨上行走，轨长6～8m。后方轨向前方轨倒换。两条内轨为900mm轨距的正线运输轨，轨长12.5m，为长期固定轨。4根轨均在后配套台车前方续接。后配套台车系统由主机牵引，随主机前进。浮放轨总成由后配套台车拖行，随后配套台车前进。

后配套台车所有拖车两侧均可留有相应的位置，供后配套设备安装。

优点：后配套结构的总重量较轻，包括浮放轨总成。后配套台车承受的偏载较小，由于为开式结构，拖车万一脱轨后容易处理。浮放轨的斜坡轨较短，利于列车爬轨。供后配套设备安装的两侧空间和上部空间十分充足。浮放轨的轨面设计高程较低，列车在斜坡轨上脱轨不会造成大的损坏，而且相对容易处理。

缺点：后配套系统分为拖车及浮放轨两大部分，总长度较长。列车在后配套台车内的调度利用TBM换步时间间隔进行，对工序的要求较严格。当工序不能按时完成时，有可能影响掘进。

单列布置技术上的复杂程度，比双列布置低。因此，就这点来说，单列布置的可靠性要高。根据经验，技术复杂、技术级别高并不意味着最好，技术级别与项目的最佳匹配才是最好的。另外，对于有时间和工期要求的项目，可靠性是至关重要的因素。单列布置最不利的是列车的调度必须利用TBM换步的时间进行，但即使每次调车时间都长于换步时间(最多不会超过2～3min)，由于系统可靠，仍然可以按照施工计划实现目标。

2)连续皮带输送机

(1)掘进机使用连续皮带输送机的条件

连续皮带输送机因其结构简单、运输效率高、便于管理，以及可以减少洞内空气污染、减少在洞内的占用空间，在隧道施工中应用较多。采用连续皮带机可缩短掘进机后配套的长度，减少洞内运输车辆和空气污染，有利于组织施工，形成快速连续出渣系统。

掘进机使用连续皮带输送机的关键：皮带输送可随掘进机每次步进得到延长，具有储存足够长胶带的能力，以发挥掘进机快速掘进的优势。

(2)连续皮带输送机的组成

隧洞内长距离连续皮带输送机主要由储带仓、主驱动装置、辅助驱动装置(根据输送长度决定是否需要)、被动轮、胶带、托辊几部分构成。连续皮带输送机尾部安装在后配套上(见第二章图2-101)。当后配套前进时，胶带逐段从储带仓中被拉出，使连续皮带输送机不间断地完成石渣输送。

随着掘进机每次掘进完成一个循环行程步进时，后配套系统被向前拉动一个行程，此时连续皮带输送机也随之延伸，为此需要在连续皮带输送机尾部的前方，将皮带机架、托辊、槽形托辊进行安装，为胶带运输提供条件。

为了满足掘进机在一定距离内不断向前延伸而不用随时延长胶带，设置了一个储带装置。由后配套皮带机运来的石渣卸到连续皮带输送机上。当储存仓中的胶带用尽时，连续皮带输送机需停止工作，进行接长胶带的硫化处理工作。

连续皮带机主驱动装置由电动机、减速器、驱动轮组成，变频调速电动机经过减速器减速，皮带在0～2.5m/s的线速度内无级调速。驱动轮与胶带的传动为摩擦传动，驱动轮转动时，在摩擦力的作用下，胶带绕驱动轮前进，连续皮带机根据情况可以采用整体或者分体驱动方式。采用分体驱动时，为协调主、辅驱动装置的运行和在启动时能够自动调整皮带的张拉，连续皮带输送机驱动由 PLC 进行控制，此控制系统与掘进机的控制相匹配，以保证掘进机控制启动和停止的次序。

为了保持胶带的对中性，连续皮带输送机应具有液压驱动的纠偏能力，在液压缸的作用下，连续皮带输送机尾部可以在巷道断面的 X 轴和 Y 轴两个方向移动，并可沿 Z 轴旋转，这些运动跟随着皮带的摆动，它受安装在皮带机尾部的操作控制台控制。

4. TB880E 掘进机后配套系统

后配套系统由 17 个平台拖车和一个连接皮带桥组成，皮带桥用来连接平台拖车与主机，平台拖车摆放在仰拱的轨道上。前进时皮带桥被掘进机后端拉着，在掘进过程中后配套平台拖车是固定的，在掘进结束时被两个液压油缸牵引。在后配套系统上，装有掘进机液压动力系统、配电盘、变压器、总断电开关、电缆卷筒、除尘器、通风系统、操作室、皮带输送系统、混凝土喷射系统、注浆系统、供水系统等。

(1)拖车

TB880E 型掘进机的后配套门架式拖车每节长约 10m，在轨距为 2 980mm 的仰拱块钢轨上拖行。在拖车上，装有掘进机液压动力系统、配电盘、变压器、总断电开关、电缆卷筒、除尘器、通风系统、操纵台、皮带输送系统、混凝土喷射系统、注浆系统、供水系统及其他辅助设备。门架式拖车的下层空间，通行矿车、载人客车、材料车、牵引机车等。装渣台为双轨装渣系统，拖车尾部设有加利福尼亚道岔，可容两列车装渣，每个列车一般由 10 节矿车、1 节材料车、1 节砂浆车、1 节仰拱块车、1 节人车和 1 节机车组成，列车总长约 117m。

(2)电气控制系统

高压供配电：由于掘进机整机负荷较大，因此掘进机采用高压 10kV 或 20kV 供电。为保证掘进机连续掘进，采用高压软电缆和高压电缆卷筒实现连续不间断供电。

变压器：掘进机常用的变压器有波纹密封油浸式和干式变压器两种。油浸式变压器具有体积小、价格低等优点，但其维护不便；而干式变压器维护方便，过载能力强，但体积大、价格贵。目前，常见的盾构机采用的是全密封油浸式变压器，它使变压器内部与大气隔离，防止油的劣化和绝缘受潮，增强了运行的可靠性。TBM 采用的是干式变压器。

软启动器：功率较大的电动机直接启动时有较大的冲击电流，为了避免启动电流对电网的冲击，对大功率的电动机采用软启动器启动，中小功率的电动机采用星三角启动或采用直接启动方式。

无功功率补偿：采用补偿电容器在低压端集中补偿的方法，利用无功功率自动补偿控制器对无功功率进行自动补偿，它实时监测系统的功率因数，通过控制接触器切换电容组达到动态补偿功率因数的目的。补偿后的功率因数不低于 0.9。

(三)辅助施工设备

开敞式掘进机的特点在于既可以通过硬岩，也可以不借助其他外界因素，自行通过软弱围岩，为此在开敞式掘进机上安装了一些辅助设备，如超前钻机、锚杆钻机等。

1. 超前钻机

超前钻机是用来对掘进机刀盘前部较差地质段提前进行加固或处理的设备，参见图 6-27。刀盘护盾上有导向圆锥孔，用于引导和稳定钻杆。超前钻机工作时，掘进机必须停止运转；不工作时，可移动到合适的位置摆放。超前钻机由独立的液压装置操作，钻孔后与配套注浆装置配合可完成注浆作业。

进行超前钻孔、探水钻孔和注浆钻孔，选用冲击回转钻机，连同推进梁安装在一个圆弧形的机座上，需要最大的钻孔范围拱部可达 120°。

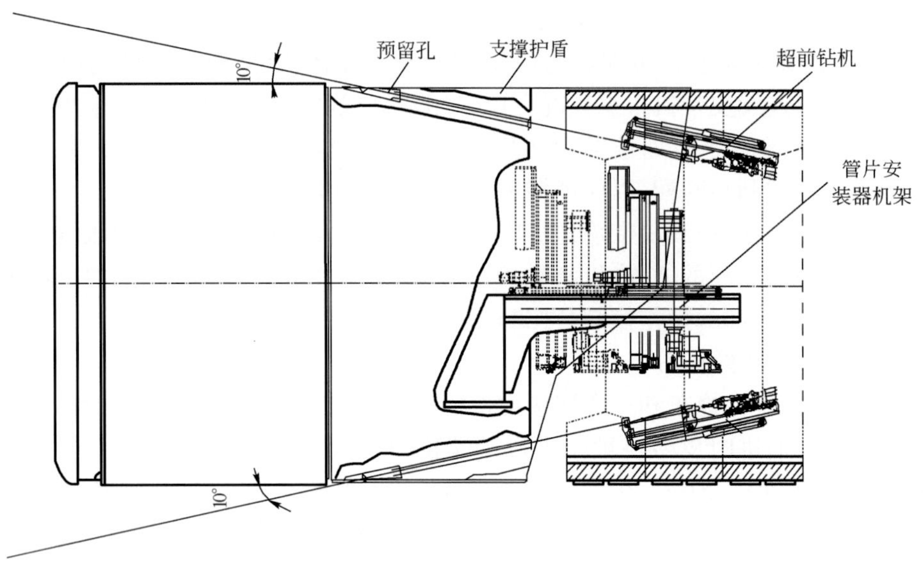

图 6-27　超前钻机示意图

2. 锚杆钻机

在利用开敞式掘进机进行施工时，为了及时进行初期支护，锚杆钻机是不可缺少的辅助设备。锚杆钻机位于刀盘护盾后内机架的两侧，它可以在掘进机掘进过程中钻孔并安装岩石锚杆(见图 6-28)。锚杆钻机能覆盖隧洞 270°的区域，并且可以移动相当于掘进机一个掘进行程的距离。它配备单独的动力装置和控制台。

图 6-28　锚杆钻机

旋转冲击式锚杆钻机以及注浆装置，可伸长，可纵向和径向移动进行钻孔、注浆。钻孔和注浆均有独立液压泵站。每台钻机可单独操作，进行定位、钻孔、安装锚杆、注浆、返回等作业；锚杆钻机除具有注砂浆功能外，还可以与手工放置药卷相配合安装锚杆。

由于锚杆只能安装在主机架两侧，故锚杆孔位为非法向方向，这与通常在钻爆法施工中，锚杆处于法向位置有所不同。

3. 圈梁安装器

开敞式掘进机在掘进过程中，可以通过圈梁安装器(见图 6-29)在刀盘后面预组装圈梁，并将其安装在需架设的软弱围岩地段。圈梁安装器可以安装分成几段的环形钢拱片，进行提起、旋转、就位、纵向移动和径向收缩运动。分段的拱片可以安装成为一环的环形圈梁。所有圈梁的安装均在指形护盾的保护下进行，安装器提供旋转和轴向运动。安装器通过刀盘护盾后面的控制台操作，由液压系统驱动。

4. 喷射混凝土设备

在开敞式掘进机设备中，喷射混凝土设备也是重要的、不可缺少的辅助设备。混凝土喷射装置安装在后配套台车中的喷锚作业桥上进行作业，喷浆机械手可以沿机架纵向进行移动，移动距离不少于10m，与此相匹配的有混凝土泵、混凝土罐及吊运等设备，喷射机见图 6-30。

图 6-29　圈梁安装器及安装效果

5. 渣土分流装置

当采用双列布置、2 循环 1 列车运出方案时，必须使用分流装置。渣土分流装置如图 6-31 所示。其由分流箱体、分流板和气动部件组成。所有分流板斜面角度均大于 53°，以保证渣土不在斜面上滞留。分流装置能够在输送带工作状态下实现操作，分流时间不大于 2s，分流过程没有渣土流出车厢外面。此类型分流装置结构简单，工作可靠，耐冲击，使用寿命长。

图 6-30　喷射机

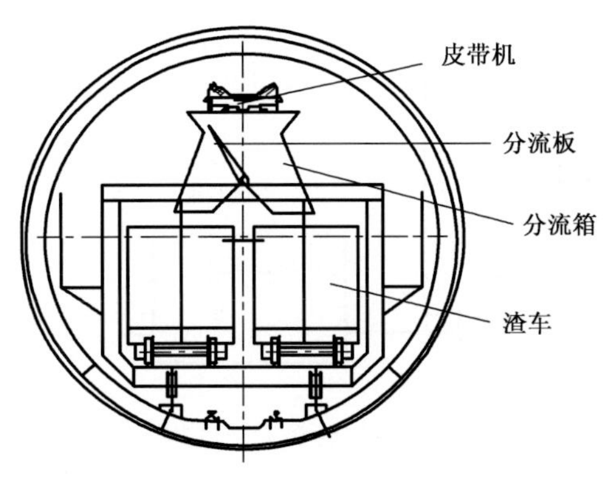

图 6-31　渣土分离装置

6. 掘进机通风系统

隧洞通风系统的终端位于后配套上的风管存放箱，存放箱后面是带有进风管和消音器的后配套风机。存放箱和后配套风机之间的间距使新鲜空气不会因为风机作用而通过隧洞返回。后配套风机把新鲜空气输送至主机的后面，部分空气在除尘系统的作用下形成负压进入刀盘和主梁内部，剩余空气由此处返回。两套风管存放箱各储存 100m 的软风管，小型吊机可以把风管存放箱从材料车吊至合适的位置。

7. 除尘系统

干式除尘系统位于后配套台车上，通风管与机头架相连。除尘器在刀盘开挖室产生负压，迫使部分新鲜空气向掘进机前面流动，阻止粉尘气体泄漏到隧洞里。位于除尘器出口的增压风机帮助推动空气向后流动。

8. 机器通信系统

通信系统使驾驶室可以与 5 处固定位置进行通信。5 处固定位置，1 处在刀盘护盾的后面，1 处在轨道安装处，1 处在卸料站，2 处在后配套上的岩渣转运站。

9. 数据记录系统

数据录入系统记录以下参数：时间及日期、开挖总距离、每班开挖距离、实际切深、刀盘实际运行数据（转速、扭矩、功率）、推进油缸（速度、压力、位置）、辅助驱动（速度、扭矩）、掘进速率、行程持续时间及长度、驱动电动机电流强度、投入运行的电动机数量、推进油缸压力、撑靴油缸压力。驾驶员通过指定菜单记录刀具更换及设备停机的次数。

记录的数据受到监控并储存，任何时候都可以获取和打印。通过与掘进有关的记录数据，可以生成柱状图或饼状图。

监视器和打印机可以置于隧洞内或隧洞外，隧洞外设有固定的显示器。如果发生故障，警示灯就会发出警告信号，提醒驾驶员打开显示器，显示故障类型及来源。

10. 机器导向系统

目前掘进机采用导向系统有 X 型号 ZED、PPS、VMT 导向系统。

机器导向系统采用的是 ZED26 导向系统（见图 6-32），该系统以固定参考点激光发出的光束为基准，计算机器的位置。知道机器的位置后，就可以计算出与预计隧洞路线的偏差。信息会显示在控制单元前面的一个易读显示器上。显示器放在驾驶员控制台附近，以便驾驶员可以利用这些信息进行掘进机的导向。控制单元可以存储数据并允许输入系统需要的信息。

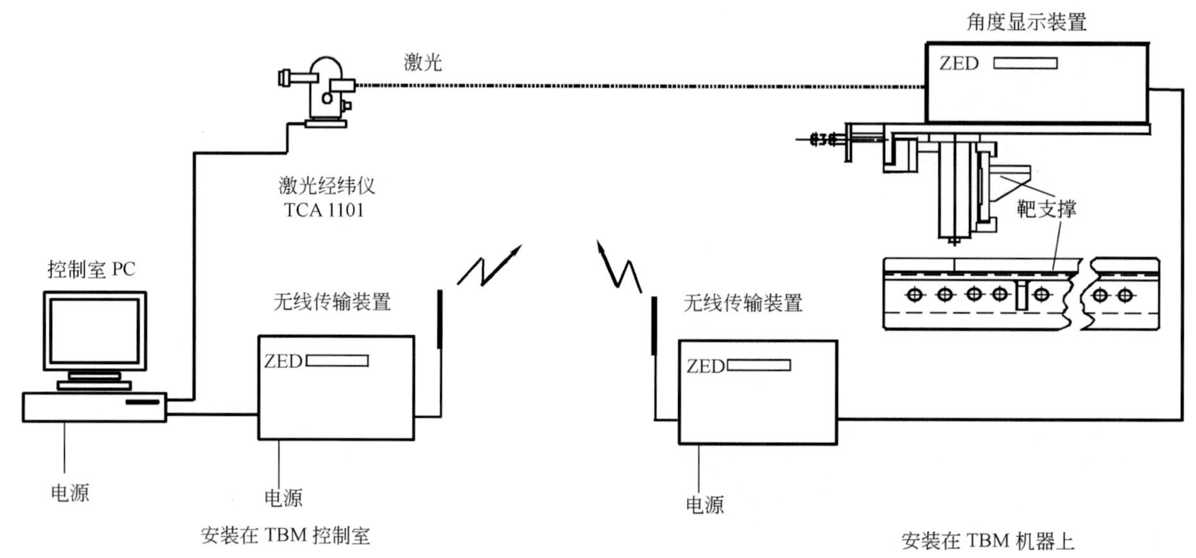

图 6-32　ZED26 激光导向示意图

为了测量机器的位置，需要使用两个包含传感器的装置，即目标靶和倾斜仪。这两个装置通过电缆及配电箱与控制单元相连，配电箱为传感器提供电源。目标靶测量激光束击中的位置及其入射角；倾斜仪测量机器两个方向的旋转角度。

便携终端与控制单元相连，给系统提供激光束的位置信息；便携终端还可以用来编程设计隧洞路线写入控制单元，并将显示器文字改换成外国语言。

VMT 导向系统：由经纬仪、ELS 靶、后视棱镜、计算机等组成，能连续不断地提供关于掘进机姿态的最新信息。通过适当的转向控制，可将掘进机控制在设计隧道线路允许公差范围内。

PPS 系统：由标准硬件激光全站仪和标准棱镜组成。该系统的可靠性非常高。

为了测量掘进机的位置和开挖方向，至少要测量掘进机的两个确定点位置及倾斜和转动角度，这两个点就是安装在掘进机前部的两块棱镜，其相对于掘进机轴心线的精确位置和局部坐标系统必须在组装掘进机时就确定下来。

由于掘进机可能转动和倾斜，掘进机局部坐标系通常不与地球坐标系平行，因此掘进机转动和倾斜的角度必须通过安装在掘进机内部的双轴倾斜仪精确测量出来。

11. 安全控制系统

(1)紧急停止按钮安装在驾驶员控制台和刀盘护盾附近，用来切断掘进机的电力供应。

(2)对主电气线路开关加装防护装置。

(3)对照明及输出线路开关加装防护装置。

(4)安装瓦斯监测及报警装置。

(5)掘进机安全保护。

(6)掘进机联锁：

①主轴承润滑油流量；

②减速齿轮箱输出齿轮润滑油流量；

③电动机冷却水流量；

④电动机超负荷警报；

⑤皮带输送机运行；

⑥皮带输送机液压马达油压力；

⑦刀盘转速；

⑧密封润滑油流量；

⑨支撑油缸压力；

⑩后下支撑和撑靴机构的同步保护。

掘进机信息。显示以上①～⑩项、电动机温度、齿轮减速箱温度、润滑油箱油位、液压油位及温度、牵引油缸压力等信息。

12.瓦斯检测器

瓦斯检测器一般配置有3个传感器用于检测瓦斯和氧气。如果瓦斯浓度超过临界值，检测器就会发出警报并/或使机器停机。

3个传感器，1个位于机头架后，1个靠近主机室，1个监测除尘器。

举例来说，瓦斯浓度达到0.5％时，检测器就会发出警报，如果达到0.7％，除应急照明灯、增压风机和新鲜风机照常工作外，掘进机系统停止工作。

警报/停机标准可根据当地标准设置。

二、开敞式掘进机适应性分析

(一)技术上的适应性

1.地质因素分析

主要从工程的地质条件是否适宜掘进机和影响开挖效率的因素来加以考虑，并根据不同地质条件选择掘进机的参数。

(1)掘进机对地质条件的适应性

以下地质条件一般不适宜掘进机的施工：塑性地压大的软弱围岩；类沙性土构成的软弱围岩和具有中等以下膨胀性的围岩；断层破碎带，岩溶发育带，严重涌水地段，岩石单轴抗压强度超过250MPa的极硬岩，且节理不发育、高硬度或高拉伸强度及高磨蚀性岩石。

(2)影响掘进效率的主要地质因素

岩石的单轴抗压强度是影响掘进效率的关键因素之一，一般掘进机最适合掘进抗压强度为30～150MPa的硬岩。根据统计，大多数已建工程的岩石平均单轴抗压强度为75～175MPa。岩石的硬度和耐磨性越高，刀具消耗和施工成本就越高，造成停机换刀次数增加，影响掘进速度。岩体的结构面发育程度，即岩体的裂隙化程度或岩体的完整程度与掘进效率有很大的关系。抗压强度、硬度、耐磨性相同或相近的岩体，若结构面发育程度不同，掘进机的纯掘进速度的差异明显。

开敞式掘进机通常用于围岩稳定隧道(洞)的开挖。若岩体质量指数为50％～100％、节理裂隙间距大于60cm，则首选开敞式。软弱围岩用开敞式掘进机施工时支护量大，并限制了撑靴的支撑能力，影响掘进进度，因此，一般软弱围岩所占长度的比例较大时，可考虑选用护盾式掘进机。对于地质勘察不够准确的工程，用开敞式掘进机更易及时探明前方地质情况，及时处理不良地质段。

2.工程施工对掘进机的工期要求

掘进机的工期应包括掘进机的前期准备、掘进衬砌、拆卸转场全过程的工期。掘进机的工期应满足工程施工要求：

(1)掘进机前期工作：设计、制造、运输、场地、安装、调试、步进等应满足预定的隧道掘进工期要求。

(2)掘进机掘进工期满足预定的隧道开挖所需的工期。

(3)对于隧道衬砌，成洞总工期应满足预定工期要求。

(4)掘进机的拆卸转场应满足预定的后续工期要求。

3. 掘进性能的要求

选用掘进机时，需要根据工期、工程地质、工程设计和施工工艺等多种因素，对掘进性能提出相应的要求。衡量掘进性能的指标主要为纯掘进速度、设备完好率、设备利用率和刀具的消耗等。

(1)掘进速度

掘进速度为刀盘每转进尺毫米数(贯入率)乘以刀盘转速。在此基础上，可以进一步预计出小时进尺、日进尺、周进尺、月进尺等。掘进速度主要受设备设计参数和地质参数的影响。因此，根据工程地质和工期要求，提出合理的设备特性要求，并评判其设计参数是否满足掘进速度，或进行掘进速度预测。

(2)设备完好率

完好率系指掘进机的系统可靠度和维修度。在正确使用和维护前提下，完好率主要取决于设备的性能参数。

(3)设备利用率

利用率是掘进时间占总施工时间的比例，其一方面取决于设备的完好率，另一方面取决于工程地质和现场组织管理水平。常常会因为岩石支护作业、出渣作业、材料运输等原因延误，造成停机，从而使利用率降低。

(4)刀具的消耗

一定的岩石条件下，刀具的消耗一方面取决于刀具的质量和刀具在刀盘上的总体布置，另一方面也与刀具的使用和维护技术水平有关。

(二)经济上的适应性

采用掘进机一次性连续开挖隧道长度不宜小于6～7km，以 8km 以上为最佳。隧道施工太短，掘进机的制造费用和待机准备时间占工程的总费用和时间的比例必然增加。如果一次性连续开挖施工的隧道太长，超出掘进机大修期限(一般 8～10km)，则会增加费用和延长施工时间。

掘进机成洞总费用由系统运行费、衬砌止水费、掘进机等设备折旧费三部分组成。

就目前国内掘进机使用测算情况看，掘进机施工的成洞费用一般高于钻爆法成洞的总费用，主要由以下原因造成：

(1)掘进机系统的折旧费，从理论上分析一般应按 20km 的掘进长度分摊，而实际操作时，隧道承包人比较现实地将掘进机系统的折旧费分摊到现有的承包长度上，因为后续工程无法确定。这样就造成每延米设备的折旧成本的提高，大大地增加了掘进机成洞的总费用。

(2)与钻爆法相比，掘进机开挖对隧道围岩的扰动小，因此掘进机开挖隧洞时，其钢筋混凝土衬砌厚度可较钻爆法薄。根据新奥法原理，有的可以不衬砌。这样可以大大降低衬砌费用，从而降低掘进机的成洞费用。但由于目前我国尚无掘进机成洞混凝土衬砌规范，所以隧道衬砌仍然沿用钻爆法施工的衬砌，造成掘进机施工成洞成本的增加。

(3)掘进机系统运行费的组成：

掘进机系统运行费＝电耗费＋水气费＋刀具、备件费＋人工费＋管理费＋利润＋税金

掘进机系统运行费与掘进成洞速度直接相关联，工程管理好，掘进速度快的工程，每延米掘进机运行费用就相应降低。因此，掘进机施工需要高素质的管理人员和熟练的技术工人，确保掘进机的完好率，提高掘进速度。

综上所述，正确的选型、合理使用、优化衬砌以及设备的合理摊销，是降低掘进机成洞费用的主要措施。对于长度大于 8km 以上的隧道使用掘进机，施工成洞总费用小于或等于钻爆法总费用是完全可

以的。

另外，采用掘进机开挖与钻爆法相比，隧道总体设计时常用洞线裁弯取直的方法，而大量节约工程费用，掘进机施工比钻爆法进尺速度快，而使工程提前完工产生可观的社会、经济效益。这些效益的收益方是工程业主和当地社会，而承包商不能分享益处。

钻爆法开挖与掘进机开挖成本比较见表 6-6。成洞成本是开挖成本和衬砌费用的总和。尽管使用掘进机的成本比采用钻爆法高 10%～25%，但由于掘进机的超挖量要比钻爆法少 3%～10%，可以节约 50%的混凝土衬砌费用，所以成洞成本并不高于钻爆法。

钻爆法和掘进机法技术经济比较表　　表 6-6

项　目			钻　爆　法	掘　进　机
适用范围	隧道	形状	一般适用	圆形及门洞形
		直径		1.8～12m，以 5～8m 为佳
		长度		3～20km 为佳
		坡度		≤10‰
	岩石抗压强度			≤250MPa，以 50～150MPa 为佳
	地层情况		对复杂地层须做预处理	通过长破碎带、大断层、溶洞、岩爆、涌水段较困难
	环境要求		名胜古迹、城市地下、河道、水库等下部不易使用	考虑最大部件和最重部件运输问题
掘进速度(m/月)	平均	破碎围岩	80～100	100～200
		一般	200	350～500
		良好地质	200～300	500～1 000
人员配备	全员人数		120～200	100～120
一次性设备投资			为掘进机法 1/3	开敞式掘进机每米直径 200 万美元；双护盾掘进机每米直径 220 万美元
装备工作	运输搬迁		方便	困难
	洞口场地		1～2 周	4～6 周
	主机安装		要求较低	要有 2 倍以上洞径的出发基地
	安装用设备			150t/75t/40t 起吊设备，应根据掘进机最大部件的质量确定
支护衬砌	对围岩影响		损伤大，超挖 10%左右	小于 3%
	混凝土用量		100%	50%
	费用		100%	25%～50%
主机大修周期(h)			4 000	10 000
安全程度			较差，噪声大、粉尘多	好，噪声低、粉尘小

(三)掘进机配置选择

正确选择掘进机配置的关键因素：一是地质条件、使用要求；二是设备配套。

1. 地质条件

掘进机与地质条件的相关性很强，针对不同的地质条件，设计出不同的掘进机，如果实际工程地质条件和设计掘进机时地质条件相差较大,则掘进机的使用效率将大大降低。因此,必须根据具体的工程条件去设计、选择掘进机。地质条件主要是指围岩类别、抗压强度、石英含量、围岩构造及破碎程度,还有断层构造、地下水量等。当一条隧道不是单一的地质条件时,需区分主次,根据各种围岩所占比例大小,首先满足主要的、比例大的地质条件,遇到次要的比例小的地质地段时,增大辅助施工措施,降低开挖速度,以满足施工。

2.设备配套

掘进机机械化程度高,要求工序间相互匹配严密。所谓设备配套,是以开挖为"龙头",相应的把施工临时支护、出渣运输、衬砌等与"龙头"相匹配,高效率地优化组合;否则,掘进机便不能发挥最佳效率。

掘进机断面适应性较差。断面直径过小时,后配套系统不易布置,施工较困难;而断面过大时,又会带来电能不足、运输困难、造价昂贵等种种问题。一般较适宜采用掘进机施工的隧道断面直径为3~12m;对直径为12~15m的隧道,应根据围岩情况和掘进长度、外界条件等因素综合比较;对于直径大于15m的隧道,则不宜采用掘进机施工。变断面隧道也不能采用TBM施工。

选提掘进机时,还要考虑设备的运输条件、场地条件和供电条件。

对于全断面大直径的掘进机(洞径大于8m),掘进机最大部件质量超过100t,另考虑超宽、超高部件中途比较困难。在地质条件未完全掌握的情况下,其风险加大,可考虑采用导扩法开挖大断面隧道。

导扩法有两种:一是先用小直径掘进机,然后再用扩孔掘进机扩孔或钻爆法扩孔;二是用掘进机一边开挖导洞,一边尾随扩孔。

大断面隧道掌子面稳定对工程进度、施工成本等有很大影响,大断面隧道采用超前导洞,然后扩挖的方法能够准确判断地质情况,排除能够引起塌方的地下水,并利用导洞进行地质加固,由于导洞先行贯通,可有效地改善长大隧道的通风条件。采用钻爆法扩挖,具有不需要掏槽眼,可减少对岩体的扰动,节约爆破费用等优点。

综上所述,掘进机应具有以下功能:

(1)刀盘:针对不同地质条件,具有良好的破岩开挖能力。

(2)刀盘驱动:驱动转速根据地质情况随时可调。

(3)盘形滚刀:寿命长,以减少换刀时间。

(4)掘进机:具有足够的推力、扭矩、功率储备,满足掘进速度需要。

(5)激光自动导向系统:及时显示掘进机的方位、姿态。

(6)掘进方向控制性能:满足掘进方向控制水平误差和竖向误差的要求。

(7)出渣、运输等系统:做到出渣连续输送,完善的材料供应系统及起吊设备。

(8)开敞式掘进机具有快速完成初期支护能力:配置钢拱架安装机构、锚杆安装设备、挂网机构、高效的喷射混凝土系统,使支护能力与掘进速度相匹配,刀盘护盾处可应急喷射混凝土。双护盾掘进机具有快速安装管片、豆砾石充填功能。

(9)具有管棚、小导管钻孔及注浆施工功能。

(10)设有超前地质勘探钻机,必要时对地质情况进行预报。

(11)PLC自动控制功能,各掘进参数显示功能。

(12)数据采集处理和故障自动显示功能。

(13)具有良好的除尘系统、二次通风设备及隧洞主风管的自动延伸机构。

(14)隧洞底部清渣功能。

(15)设有修理间、休息室、办公室。

(16)轨道延伸功能。

(17)风、水、电供应管路自动延伸功能。

(18)安全性能好,保证人员及设备的安全。

(19)具有瓦斯检测、消防、通信、闭路电视监视系统。

(20)主轴承及驱动组件寿命长及密封系统可靠。

(21)主要部件重量和尺寸应满足公路及支洞运输要求。

(四)地质条件对 TBM 施工的影响

1.地质条件与勘察对 TBM 选型与施工的影响

在隧道工程施工中,由于 TBM 施工速度快、对围岩扰动小、安全,以及在大于一定掘进长度后施工经济等特点,而越来越受到隧道(洞)建设单位的重视。但与钻爆法相比,因其对地质地层状况较敏感,而使其在隧道建设中的应用受到较大限制。

在隧道设计阶段存在许多如地质条件、掘进机类型、施工工艺等方面的不确定因素,因此,有必要根据某一隧道工程现场的地质情况与岩土情况预报的精确程度,决定是否需要对施工方法和掘进机选型进行优化。另一方面,由于存在大量相关的地质、技术、环境、经济等方面的不确定因素,对隧道施工进行全方位优化是相当复杂的。

TBM 隧道施工的根本问题,通常是由隧道开挖通过地层的物理性质及岩土的不均匀性引起的。对于全断面、机械化开挖,由于这种开挖方式很不灵活,所以开挖岩体强度的不均匀性更为重要。对于 TBM 施工来讲,事先掌握施工现场的地质条件和岩土条件对地下工程的施工极为重要。目前,许多设计单位用在前期勘察上的资金太少,导致地质勘察资料不准确,给 TBM 选型及以后的施工带来很大的风险。建设单位应该考虑综合效应,在前期勘察上的资金会因施工费用降低与工期缩短得到补偿。

2.限制 TBM 施工性能的典型因素

困难地层是指全断面岩石掘进机通过比较困难或对其施工速度有较大影响的地层。这种地层的具体表现形式是软弱地层、断层破碎带、岩爆、涌水、围岩变形、剥落与坍塌及古暗河道等。困难地层对 TBM 施工产生影响,施工时应采取一系列应对措施。

(1)岩体地应力问题

地应力和岩爆关系密切,对于深埋隧洞而言,其洞室的稳定不可避免受到高地应力和岩爆的威胁。隧洞大部分洞段上覆岩体厚度 500～800m,隧洞的围岩主要为浅变质砂板岩、花岗岩、花岗闪长岩,这些坚硬脆性岩体具备了储存高能量的条件。因此,应以岩爆与岩性和围岩应力的关系、围岩中原始应力状态为重点,进行长隧洞灾害发生洞段预报系统研究,为隧洞衬砌结构的选择、合理选择洞线、走向、洞室断面形式及施工程序的选择等提供地质依据,也为预防和减轻岩爆提供准确的预报。

护盾式 TBM 对隧道快速收敛十分敏感,有可能被收敛的地层卡住。对于开敞式 TBM,隧道在短时间内发生严重的收敛,如果收敛与隧道稳定相关,那么施作的隧道支护和 TBM 撑靴的支撑可能会出现严重问题,从而影响隧道的掘进速度。

为了克服上述问题,对大多数 TBM 来说可以适当超挖,把盾壳与开挖轮廓面之间的间隙从通常的 6～8cm 调整到 14～20cm。然而,开敞式 TBM 在收敛严重的不稳定地层中掘进的主要问题,在于施作钢支撑、钢筋网和喷混凝土等支护困难重重,且刚施作的支护不能立即有效抵制地层变形与挤压。

如果由于机械故障等原因,TBM 被迫在挤压地层区段停滞了相当长一段时间,那么 TBM 被困住的可能性相当大。

(2)岩层破碎带

对于埋深大、活动性断裂,断裂带宽度常达数百米,这类围岩尽管因强度低而对 TBM 刀具的磨损较小,但其完整性差,断层节理裂隙发育,自稳性差,易产生塌方,从而加大了 TBM 施工的难度。TBM 隧道掘进中穿越大的断层带时,如果刀盘被卡住,会影响 TBM 的正常掘进,对工期造成大的拖延,导致 TBM 掘进速度下降。尽管断层带沿隧道长度呈局部分布,但由于在开挖期间预报不足,或事先对困难估计不足或了解不够,仍可能造成意外事故。这就需要准确预测和研究断层和破碎带的特点,合理选择和配置刀盘转速和贯入度等掘进参数。否则,会使坍塌程度加剧或造成掘进机损坏事故,大量的塌方也会影响掘进机的通过性能而无法正常掘进。因此，应及早做出准确预报，根据断层带的地质及水文地质状况，进行超前支护，预固结处理。

(3)开挖面不稳定

如果拟开挖岩体破碎或风化严重，导致开挖面发生重大不稳定现象，大的岩块和粉碎石块从开挖面塌落，且这种不稳定现象一直持续不停，直至达到新的平衡，造成大的超挖，那么这种情况可能会影响 TBM 的正常工作，即使是硬岩护盾式 TBM。在这种情况下，TBM 掘进可能由于以下两个基本原因而受阻：由于塌落、积聚的石块作用于刀盘或卡住了刀盘，造成刀盘不能旋转；因开挖面不稳定，造成超挖严重，在 TBM 前方形成空洞，需要在空洞扩大、最终发展到不可控制之前停止 TBM 掘进，进行空洞处理，这是限制 TBM 正常掘进的一个典型因素，台湾坪林隧道施工就是最典型的例证。

(4)TBM 通过溶洞的施工技术

TBM 在隧洞的施工中遇到天然大溶洞，必须对溶洞底部松散岩体进行回填封堵和灌浆，用钢筋混凝土做 TBM 通过的基础，同时要考虑到溶洞与隧洞轴线的交叉问题，TBM 在一边无支撑、无法掘进的情况下通过。

(5)能有效处理大量涌水

地下水是影响围岩和洞室施工安全的重要因素，隧洞的涌水更是常见的工程地质灾害，而且，深埋长隧洞的涌水还具有涌水量大、水头压力高、补给丰富的特点。隧道岩体的突水、涌水是影响施工进度和安全的一个重要因素，如何尽早、准确预测涌水，适时处理涌水对 TBM 施工非常重要。目前，国内外对岩体裂隙水涌水预测预报的研究有一定进展，但准确性有待进一步提高。施工期间，遇到涌水时，通常根据具体情况，用堵、排或两者结合的方法进行处理。

(五)复合衬砌

1. 喷射混凝土施工

(1)混凝土喷射：秦岭 I 线隧道的喷射混凝土施工由位于 TBM2 号平台车上的湿喷系统完成。喷射系统由 2 台混凝土输送泵、2 台液体速凝剂泵、2 台远控喷射机械手及一个手动喷头组成。输送泵的输送能力为 8～13m^3/h。喷射机械手可以完成纵向水平移动 5m、机械手臂杆可以水平伸缩 2m、拱顶 300°范围内的混凝土喷射。

(2)原材料的选择：水泥，采用 52.5 散装水泥；砂，选用细度模数为 2.5～3.0 的中砂，并要求洁净质硬，含水率 5%～7%；碎石，采用 5～10mm 的碎石；外加剂，采用稳定剂、稠度剂、速凝剂等控制整体稠度。

(3)配合比的选择：根据试喷阶段的施工经验和 TBM 喷射系统要求，湿喷混凝土的坍落度为 13～15cm，施工配合比为水泥：砂：石：水＝1：2.58：1.4：0.50，外加剂掺量为速凝剂 5%、稠度剂 1%、稳定剂 0.2%。

(4)施工工艺流程：混凝土在拌和站拌和后，灌入 6m^3 的混凝土罐车，然后编组进 TBM 运输列车，由内燃机车牵引至洞内，再由 TBM 上的湿喷系统完成喷射作业，见图 6-33。

(5)混凝土喷射工艺：混凝土喷射前，首先指派专人对受喷工作面用高压水全面冲洗岩面，对出水点先埋设导水盲沟，同时埋设喷层厚度检查标志；水泥浆润滑混凝土输送泵及送料管；喷射时从最底处开始，分片按由下而上顺序进行，喷嘴与岩面保持 1～2m 距离并垂直岩面喷射，初喷层相对薄一些(一般 3cm 厚)，过 15～20min 后再喷至设计厚度。

2. 锚杆和挂网施工

(1)锚杆施工。TB880E 型掘进机在刀盘后和主机尾部各有 2 台锚杆钻机，分别完成顶部两边 75°和仰拱块两侧以上 75°范围内的钻孔。

(2)挂网施工。钢筋网采用 ϕ8mm 钢筋焊成 20cm×20cm 的网格。在洞外加工成形后，随材料车运入洞内，由人工随岩面的起伏铺设，并与锚杆连接牢固。网片一般与岩面保持 3cm 的间隙。

3. 闭合钢架施工

(1)钢拱架安装设备。TB880E 型 TBM 上的钢拱架安装设备由材料吊机、顶层吊机和转运链轨车、拼装轮等组成。

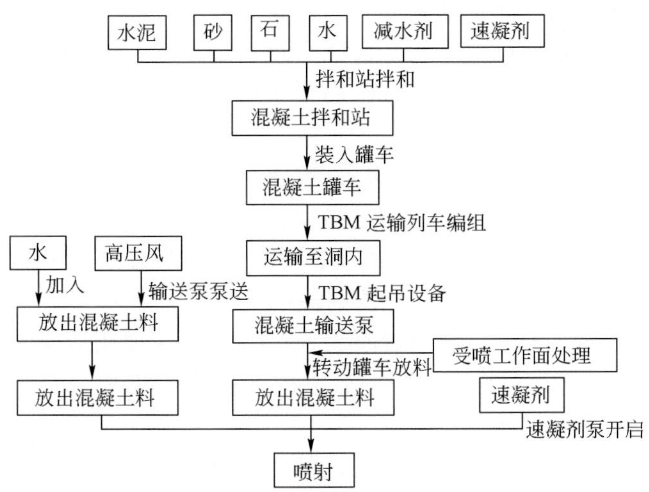

图 6-33　湿喷施工工艺流程框图

(2)钢拱架的制作。钢拱架选用 I16 型工字钢制成,加工前除去油污和锈斑。钢拱架要求弯制平顺,并使其在设计半径的圆弧上,每节的两端焊接螺栓连接板。

(3)钢拱架的运输。钢拱架加工完成后,由运输列车运至掘进机后配套系统的相应位置,由材料升降平台和材料吊机将拱节转运到运输小车上。

(4)钢拱架的安装。闭合钢架由 5 节组成。通过举升系统将运输小车上的第 1 节转到拼装轮上,操作举升装置,取下第 2 节并放入拼装轮,使用 M24 螺栓将第 2 节与第 1 节的自由端连接,挂上保持钩。重复上述步骤,安装第 3 节和第 4 节。借助举开装置,把第 5 节送入拼装轮上的托架,使之与第 4 节和第 1 节连接闭合,并用 G 型夹板夹持。转动拼装轮 180°,并用钢拱架移动装置,把钢拱架水平移出拼装轮到预定位置。

两榀钢拱架间,除支撑靴位置外,施焊 ϕ22mm 纵向连接筋,最后喷混凝土至设计厚度,钢拱架处加厚喷层以包裹钢拱架,确保钢架稳定。

4. 围岩坍塌、掉块的地质不良地段支护

1)TBM 施工不良地质地段的特点

作为 TBM 施工,切削岩石对围岩的扰动相对钻爆法较小,其围岩稳定的前提条件相对优越,但由于 TBM 上支护设备位置限制,其初期支护一般不能像钻爆法施工那样及时、灵活。针对秦岭隧道采用的 TB880E 型掘进机而言,按 1.80m/h 速度掘进,拱部及边墙锚杆分别需在开挖后 3～13h 才能施作;按 15m/d 速度掘进,在正常情况下,喷射混凝土需在开挖后 5d 才能施作。对于岩石特别破碎地段,利用人工手持式喷头(对机器污染特别严重),在开挖后 3h 方可施作。因此,在系统初期支护完成以前,围岩要暴露 5d 以上,暴露长度 75m,出现围岩松弛变形、落石的概率极大,对围岩受力和 TBM 设备的安全非常不利。由此可见,TBM 施工不良地质地段有其自身特点:

(1)TBM 施工初期支护不如钻爆法施工及时。TBM 初期支护的各个工序在开挖后的不同位置平行作业,互不干扰,不像钻爆法施工能很快形成系统支护。

(2)TBM 施工初期支护设备位置固定,其支护必须一次成功,自身无法进行补强,远没有钻爆法施工时机动灵活。

(3)TBM 施工初期支护的目的除为围岩提供支护抗力外,还要确保在初期支护全部完成前(喷混凝土前),围岩不塌陷、掉块损坏机器。

(4)危石处理困难。由于 TBM 设备庞大,占据隧道大部分空间,初期支护前岩石暴露时间较长,极易出现危石损坏设备，这就需要根据设备分布位置，选择合适时机，进行找顶、取石，远不如钻爆法方便。

2)围岩坍塌、掉块的特点

(1)断层破碎带引起的坍塌。如秦岭Ⅰ线隧道进口段区域性断层和一般断层累计有28条之多，这是造成围岩产生塌方的主要原因。如果断层面方向与隧道轴线方向夹角较小，而且倾角又较小，就会使断层带出露范围较大，当开挖通过以后，围岩平衡状态被破坏，导致应力重新分布，围岩承载力降低，断层破碎带受力不平衡，但在围岩出露刀盘护盾前，尚很难进行必要的支护(只有超前处理)，会产生围岩不同程度的塌方。

(2)节理密集带及挤压软弱结构面产生的坍塌、掉块。节理较密集地带、节理间距较小，岩石的抗压强度受到节理面的影响。节理面的填充物质抗压强度较低，隧道开挖后，原始应力平衡状态被破坏，应力二次重分布，围岩承载力降低，易造成塌方，而且节理发育，节理多在2～3组，或3组以上，呈X形或米字形交叉布置，更易造成受力不平衡，引起坍塌、掉块。

挤压软弱结构面在断层附近较发育，一般厚为5～100cm，主要由碎裂岩、构造挤压岩或糜棱岩组成，岩面有滴水或股状、线状出水，这类岩石开挖后立即产生很大坍塌，但由于水的破坏作用及时间推移，围岩变形将逐渐增大，易产生坍塌、掉块。

(3)岩爆造成坍塌、掉块。岩爆是隧道开挖后，围岩应力超过其强度，围岩失稳、爆落。在埋深较大、陡坡地段，石质坚硬，岩体完整性较好的情况下，受高地应力及斜坡应力的影响，经常出现岩爆现象，持续时间平均4d左右。岩爆部位大部分出现在隧道右侧1/4圆范围内(与地形有关)。如秦岭隧道埋深较大，最深达1 600m，Ⅰ、Ⅱ级围岩较多，岩爆发生非常频繁。

(4)水造成坍塌。水是造成隧道工程“病害”的重要因素，水将对构造角砾石、碎裂岩、糜棱岩、断层泥及各种充填物起破坏作用，降低其强度，使其承载能力显著降低，遇到断层破碎带、节理密集带、软弱结构面带，有水的出现等，都会加剧塌方的发展，对二次衬砌的混凝土侵蚀和破坏作用，也将是永久的隐患，所以治塌必先治水。

(5)撑靴影响。掘进需要的推力由撑靴来提供，当撑靴处岩石破碎，不能满足撑靴压力时，即造成坍塌，特别当刀盘处在坚硬岩石中，当掘进通过断层而撑靴处在破碎带位置时，掘进所需推力较大，此时更易出现由于撑靴影响而引发坍塌事故。

3)支护措施

TB880E开敞式硬岩掘进机比较适合硬岩的开挖掘进，对于不良地质段适应性较差，但有必要根据机器的性能及现场实际情况制定可行的办法，使TBM安全、快速通过不良地质段。

(1)通过断层破碎带

掘进机通过断层破碎带时，因石质较软，掘进速度快，每循环1.8m掘进时间不多于1h。在掘进过程中，拱部不断有石块滑落，为确保施工人员安全，底部虚渣按常规只有等停机找顶安全后方可清除，才能开始I16全圆拱架立设，立设一榀拱架一般需要1h，两榀需2h，未考虑底部清渣影响，因此掘进每一循环1.8m，至少需3h，其中至少2h耽误在支护上。另外，滑落的大石块会砸坏前部锚杆钻机及操作平台，将影响正常的掘进。要确保TBM安全、快速通过断层破碎带，可以从以下两个方面采取措施：一是防止石渣大量掉落，减少清渣量；二是采取其他支护措施，不立I16全圆拱架或少立I16拱架。

①在刀盘护盾下面(即环形拱架安装器上面)间隔15cm焊上一根长100cm、内径40mm钢管。坍落较严重时，预先插上ϕ22mm螺纹筋，长度一般为3m，可根据需要而定。同时预先在钢筋上安好网片，再立好拱架，打好锁脚锚杆，将大量落石兜在网片上，减少清渣量，确保人员安全。工程实践表明，这对控制落石量、减少清渣量、确保清渣人员安全非常重要。

②在I16全圆拱架立设方面，根据预测提前做好各种准备，准备好各种使用工具和拱架及配件。在断层破碎带，对于没有地下水影响、断层面与隧道轴向夹角较大、倾角较大地段，可采取以下支护措施，以减少支护对掘进的影响。

a.把I16全圆拱架设计间距变为1.8m或2.7m，中间辅以槽钢拱架、格栅拱架加固，减少停机支护

时间；

b. 根据现场实际情况，把 I16 全圆拱架立设时间改在保养维修班人工立设，但这要当班的技术人员和施工人员有良好的判断力和经验，以确保隧道的安全；

c. 由于喷射混凝土机械手位置偏后，要求前部人工手持式喷射系统随时准备好，根据反馈来的量测数据随时快速封闭岩面；

d. 锚杆按设计采用系统锚杆外，还要求每班下班前，再紧固一次所有锚杆螺栓，施加预应力；

e. 除确保喷浆厚度 8～10cm 外，坍穴内机械手喷嘴必须接长，封闭好坍穴面，而且钢拱架要求喷严密，特别强调钢拱架两侧要喷平顺，以利挂设下步防水板，避免防水板的损坏。

采用这种方法通过断层破碎带，可大量减少停机支护时间，充分提高掘进速度，发挥 TBM 功效，同时可确保人员和机器的安全，以及隧道初期支护质量。

如在施工秦岭隧道时遇到 fsn11、fsn12 断层，fsn11、fsn12 两断层均为压性逆断层，断层带主要由碎裂混合片麻岩和断层泥砾组成，岩体极为破碎，呈碎石状压碎松散结构，无水。此断层为秦岭隧道 TBM 掘进遇到的最为严重的一个断层。岩体稳定性极差，坍塌极为严重。至 1998 年 11 月 15 日处理完时为止，拱部最大坍塌深达 7～8m，塌方总量达 500m^3，属大型塌方。1998 年 11 月 3 日至 8 日掘进通过时，共安装钢拱架九榀，清渣近 200m^3，喷灌混凝土、注浆回填 80m^3，但仍不能有效控制坍塌发展。其后因塌方继续发展，致使拱架变形过大，个别拱架已侵入衬砌净空。1998 年 11 月 9 日至 11 月 15 日停机对变形拱架进行卸载、拱架归位、喷射混凝土封闭岩面、注浆回填等处理，共处理拱架六榀，清渣 200m^3，注浆回填 150m^3。

(2)通过节理密集带及软弱结构面带

秦岭 I 线隧道进口段 II、III 类围岩约 1 206m，节理密集及软弱结构面地段较多，如果仅考虑如何快速掘进，不重视初期支护质量，将是隧道施工安全的一大隐患。对于节理密集带及软弱结构面带采取以下措施：

①按设计采取系统锚杆、挂网、喷浆，另外采用槽钢拱架或格栅拱架加固；

②根据量测结果，对于变形速度超过要求的，人工架立 I16 全圆拱架，加强钢性支护；

③严格按初喷、复喷要求喷浆，确保喷浆混凝土厚度 10cm 以上。

(3) 通过岩爆地段

岩爆按其规模分轻微岩爆、中等岩爆、强裂岩爆三种。其具体表现如下：

①轻微岩爆。岩爆坑成片连续分布，规模小，坑径几十厘米，且较浅，爆落数量小，这对正常施工影响较小。处理办法为钻浅孔、喷水、释放应力、挂网、喷浆封闭。

②中等岩爆。岩爆坑成片连续分布，岩爆坑明显，规模较大，坑径可达数米，坑深小于 2m，爆落岩片尺寸较大，数量多，直接威胁施工人员与设备的安全。处理办法：钻浅孔、喷水释放应力；及时“锚、网、喷”，格栅拱架、槽钢拱架支护，控制落石；现场确定立设 I16 全圆钢拱架。

③强裂岩爆。岩爆坑连续分布，坑深可达 2m 以上，爆落岩片尺寸大、数量多，且造成围岩大面积开裂失稳，严重威胁施工人员及设备安全，处理办法为架设 I16 全圆钢拱架，再辅以格栅、槽钢拱架，及时模筑混凝土支护。另外，岩爆有时并不是开挖后立即发生，而是在开挖后“潜伏”一段时间后发生，因此，有必要组织专门人员进行安全常规检查，确保过往车辆及人员的安全。

(4)TBM 通过有水地段

对于围岩渗水地段，有必要采取加强支护措施，确保初期支护的质量。有水地段须加密环向透水管，同时须用草绳等引流排水，防止岩面被大面积淋湿，造成喷浆困难。

5. 二次衬砌

秦岭隧道二次衬砌采用穿行式模板台车，其特点是施工速度快。如图 6-34 所示，内侧模板为穿行状态模板位置，外侧模板为灌注状态模板位置，在穿行架上配置的各油缸动作，完成模板收缩、整体下降等功能。达到穿行条件时，由穿行架背载着该组处于收模状态的模板从另一组处于立模的模板下穿行通过，从而实现穿行目的。

根据模板总成的结构条件，在穿行架与模板分离后能够自稳的条件为混凝土已达到初凝状态。当此组模板的混凝土达到初凝时，上一组模板已达到脱模强度。此时穿行架与此组模板分离，后退至上组模板处与之连接、脱模，然后收模，穿行至下一循环处进行连续衬砌施工。这样大大节省了混凝土脱模等待时间，提高了衬砌速度。

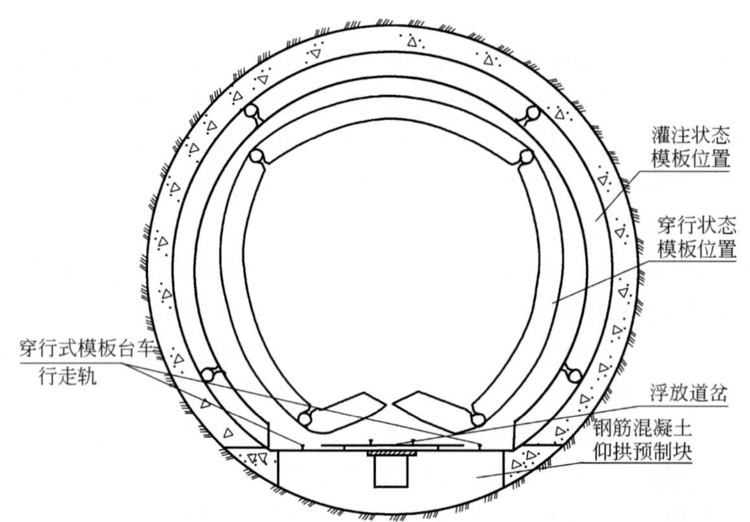

图 6-34　穿行式模板台车穿行原理示意图

每一套穿行式模板台车，前面配一组防水板铺设工作架，而在穿行式模板台车的后面配一组修整工作架，中间核心部分是穿行式模板台车。穿行式模板台车由 2～3 组模板总成、一台穿行架组成，每组模板长 16.5m，它是集“机、电、液”于一体的大型设备。

第三节　TBM 施工组织与管理

一、TBM 施工作业系统分析

隧道施工的基本目标，是以合适的费用获得最好的进度、工期和施工质量。为达到此目标，必须研究 TBM 各个施工作业工序及它们之间的关系。

掘进机的推进过程就是施工的掘进过程。“掘进—装运—支护—掘进”是隧道施工的基本作业流程。施工作业的保障系统包括直接和间接两大部分，即由物料的组织、运输和 TBM 的维护保养构成。

由于破岩机理的不同，掘进机的掘进与运渣是同步的。开敞式 TBM 只有在支护时，人们才会像钻爆法一样同岩石打交道。

隧道掘进机施工的基本过程和关系可以用图 6-35 表示。从图中可以看出，隧道施工是以掘进、支护、出渣三项工作为基础进行的，并有供电、风、水系统支持。环保系统应满足施工所要求的基本环境，监控系统用来保证自动化(生产)施工的顺利进行。下面分别对各个作业系统加以介绍。

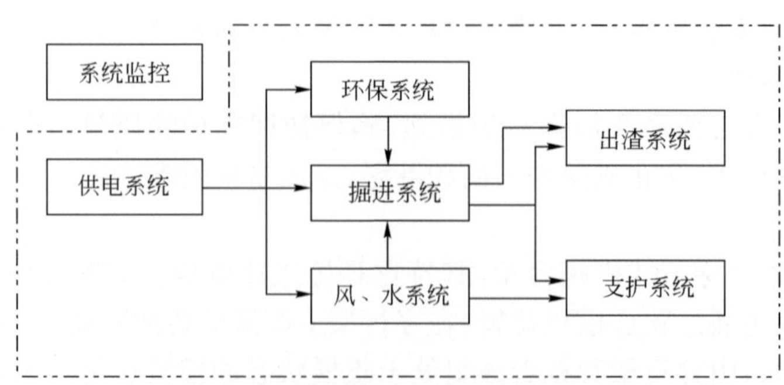

图 6-35　隧道掘进机施工基本过程和关系

(一)掘进与出渣运输作业系统

掘进机掘进是刀盘推进—旋转—切削的过程。切削下来的岩石通过刀盘上的铲斗和刮板进入刀盘的空腔内,再通过皮带机倒运出去。

隧道掘进系统与排运系统作业过程,如图6-36所示。这一工作过程是掘进机的核心作业过程,它决定着工程的掘进速度,以及与之相适应的各个配套工序的衔接和工作质量要求。

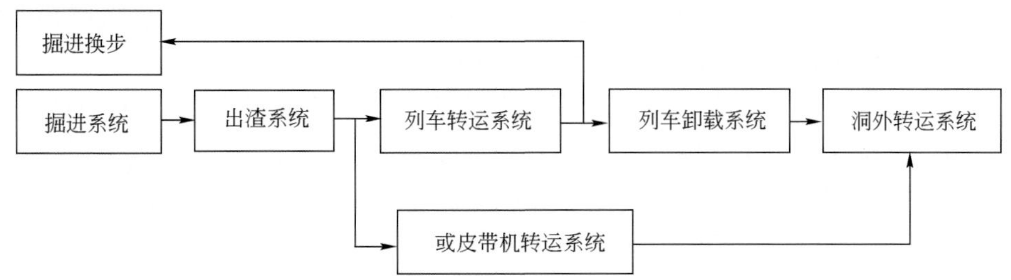

图6-36　隧道掘进系统与排运系统作业过程

(二)隧道掘进支护作业系统

众所周知,地质情况是千变万化的。因此,在隧道施工中,必然会遇到各种地层稳定问题需要解决。围岩的稳定与否不但与人身和设备的安全密切相关,同时也关系到工程的成败。

支护方式是由工程水文地质状况决定的。其支护结构、参数与措施等也是由地质情况决定的。支护除应满足工程质量要求、相应的设备及人工作业质量要求外,还应根据掘进速度和时间顺序进行规划设计。这对于避免和减少工作干扰及等待支护时间,提高纯掘进时间的比率和工程进度都是非常重要的。

隧道掘进支护包括挂网支护、锚杆加固、钢拱支护、异形支护。其中,异形支护方式包括弧形槽钢,由ϕ22mm钢筋加工而成的单层简易格栅,插板压浆回填加固。

隧道掘进支护作业过程见图6-37。

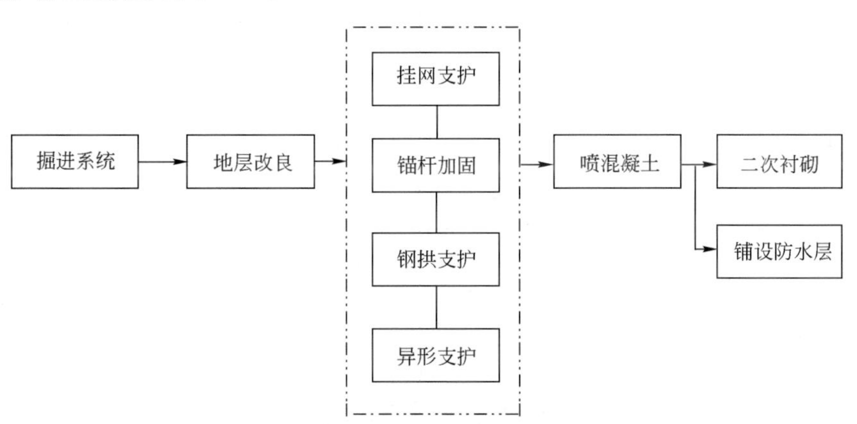

图6-37　隧道掘进支护作业过程

(三)运输系统

运输主要指出渣转载与仰拱块等材料的运输。材料主要包括工程用材及设备维护用材。图6-38表示的是隧道掘进与运输作业过程之间的关系。

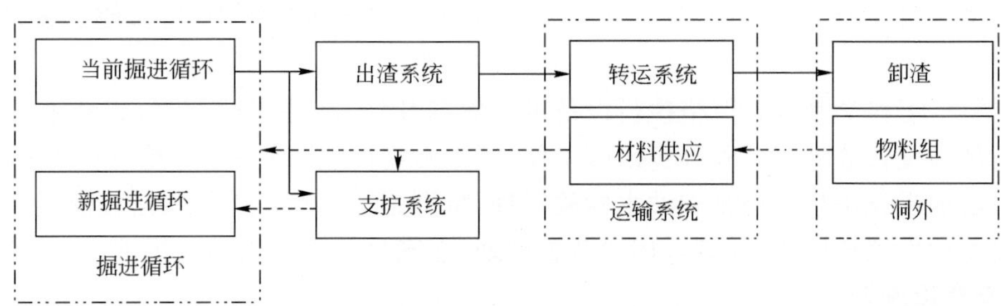

图6-38　隧道掘进与运输作业过程之间的关系

(四)能源供应与劳动环境系统

电力是掘进机的重要能量来源。因此,供电质量的好坏与配电系统的优劣直接关系到掘进机系统能否正常运转。根据用电设备的配电标准,以及掘进系统的各种工况要求,进行配电设置。

风、水、电是进行隧道施工消耗的基本能源,采用掘进机施工也如此。因此,保证风、水、电的供应,是正常有效施工的基本条件。

在隧道施工过程中,会伴随产生危害人体、设备及周边环境的粉尘、有害气体、噪声、潮湿、地热、岩爆等。因此,劳动环境保护,对于避免人身伤害及设备故障,是必须的。

掘进机工厂化施工生产管理,表现在对宏观大系统的作业序列进行协调组织,对微观单项作业的时间、质量进行控制。系统作业及工序管理包括对硬件系统的监控、生产系统的施工组织、保障系统运作组织、异常状态下故障处理等。TBM 施工与传统钻爆法不同,它的工效以机器的工作时间来决定,而钻爆法是以全工序的循环时间来决定。图 6-39 表示了掘进机施工系统的关系。

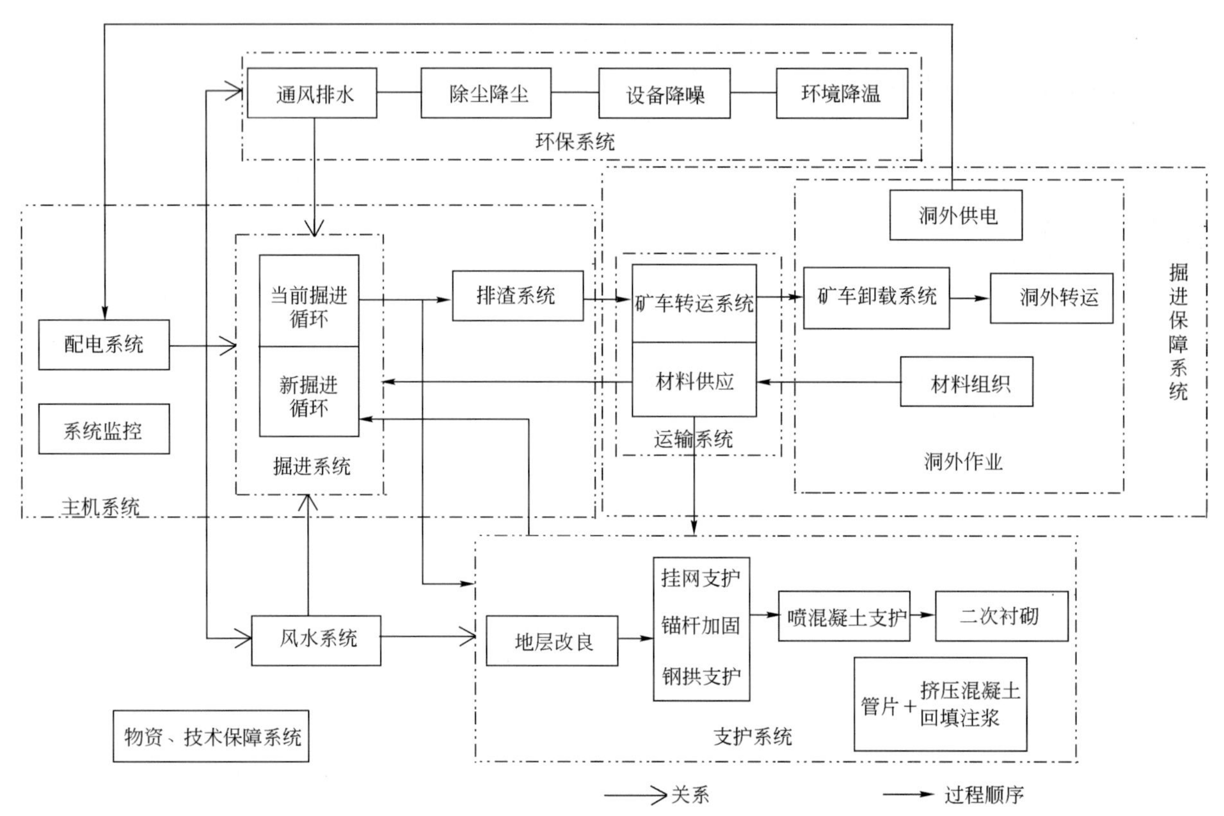

图 6-39　掘进机施工系统关系示意图

二、TBM 配套设施、人员、设备管理

TBM 设备管理与单机设备管理不一样,它是一个联合体,设备管理的始发点是"预防为主,计划管理",管理的主要措施是采取每天强制保养制度和通过 TBM 故障检测系统及配套其他检测方法,提前发现问题,在故障停机之前,选择适当时机采取措施,确保不在掘进过程中停机,使设备完好率达到计划管理的目标。

设备管理要点:①科学制订并严格执行设备维修保养计划,坚持定期保养、定期维护,形成制度化、规范化管理;②加强设备故障统计和分析研究工作,减少常规性故障的发生,提高故障诊断能力,发生故障能及时排除;③加强设备状态检测和油水检验管理,特别是主电动机工作状态检测及主轴承润滑油的检验;④根据设备配件消耗规律,制订合理的购置计划,在满足使用要求的前提下,考虑使用国产配件。

(一)洞外配套设施管理

根据 TBM 施工特点,将列车编组顺序和运输方式与刀具修理车间、混凝土工厂、仰拱块预制厂、机

修车间、翻车机等配套设施沿运输轨线成条形布置，达到各工序协调动作，保证出渣运输及材料供应的连续。洞外配套设施管理的重点是仰拱块预制厂的生产管理。

仰拱块预制厂的生产能力必须满足 TBM 掘进的需要。预制厂生产管理的重点是钢筋骨架的制作，混凝土的生产、运输、灌注、蒸汽养生温控工艺。难点是钢骨架制作，把整个钢筋分解成易加工的多个单元，并形成胎膜，最后组装为成品，流水化作业，制作精度高、效率高。以上工序均编制了作业指导书，制定了质量控制措施。

(二)洞内施工设备人员管理

为使 TBM 施工管理模式适应 TBM 施工的特点，建立健全 TBM 的施工模式，成立专门的掘进施工队伍，按职责分工，设两个掘进班，一个保养班，一个运输班，在每个班内，进一步明确分工。如保养班分主机组和后配套组，掘进班分支护组，仰拱铺设、注浆、轨道延伸组等，形成一个既分工，又合作的集体。对于关键位置配置的操作人员，保持固定不变，以求其在岗位上能掌握设备性能，成为该岗位的技术骨干，满足 TBM 施工生产的需要。

在 TBM 施工中，应保证机电技术人员到位，确保各设备上随时有机械和电气工程师，指导并参与故障诊断与维修。采取以上措施，不仅可快速解决设备故障，为 TBM 掘进赢得时间，而且在很大程度上，避免了故障的进一步恶化而造成重大事故。

对于 TBM 主驾驶员，始终坚持由机电技术人员担任，并基本保持不变，使他们在施工中积累丰富的经验，不仅能根据现象判断故障，并尽快排除，而且能根据岩渣的变化、振动等现象判断地质的变化，从而合理地选择掘进参数。可以说，秦岭隧道Ⅰ线的施工，初步培养了第一代掘进主驾驶员。

(三)TBM 维修保养管理

TBM 设备的维护工作，应将其作为一个由机、电(电子)、液压控制各系统组成的系统工程来考虑。因为掘进能否成功，除地质因素外，一个至关重要的因素是设备的可靠程度，即取决于设备维修保养的质量。

针对 TBM 上不同的系统、不同的设备，维修保养工作必须结合各自的特点，确定不同的保养项目。

(1)根据设备不同的特点，制定详细的作业指导书，规定维修保养的内容，方法及预防措施。

(2)根据作业指导书，科学地组织，确保维修保养工作体系的正常运行。

(3)加强技术培训和职业道德培训，提高技术素质和敬业精神。

(4)制订严格的施工纪律和奖罚措施，最大限度地调动职工的积极性。

(5)采用先进的监测手段，对关键设备进行监控。

施工过程中必须对设备进行全面规范化的维修保养。每天固定 6h 的维修保养时间，并应着重注意以下几点：

1. 主轴承的维护

主轴承是 TBM 最主要的部件之一，润滑条件对其使用寿命影响极大。主轴承润滑分三个独立的回路，油箱和油泵分离，因此必须经常检查其密封情况，以防串油。注意定期检查气动油脂泵、齿轮泵的工作状况，定期更换润滑油。主轴承的维护是 TBM 设备维护的重点，由液压工程师负责实施。

2. 刀具检查及更换

TBM 的刀具管理是 TBM 施工中重中之重，这是决定 TBM 施工是否可控的一个关键因素。刀具状态的可控性，是保证隧道顺利贯通的一个关键因素。

刀具是 TBM 的主要部件，必须定期检查、更换，以延长其使用寿命。每掘进班应检查一次刀盘，发现金属构件或刀盘区域有异常的噪声、异味时，应立即停机检查刀盘，检查重点是中心刀和边刀。

根据刀具磨耗规律，刀具组负责人制订详尽的刀具更换及调位计划，及时更换达到磨损量或损坏的刀具，避免在掘进中更换刀具。刀具修理人员应及时修复损坏的刀具，并保证装配质量。

秦岭隧道统计资料表明，刀具更换占总工作时间的比值变化范围在 4%～26%之间，要让刀具更换时间达到最短，在保证刀具质量的前提下，一是要尽可能地延长刀具的使用寿命，让其使用寿命达到或基本达到设计值，降低换刀频率；二是要尽可能地缩短每把刀的换刀时间。

刀具的寿命除和岩石对其磨损有关外，还与刀具的尺寸、能够承受的荷载、刀盘上的排列方式、结构形式、刀具材质有关系，但上述都是由生产厂家决定的。使用中，则需考虑与刀具寿命有关系的另外两个参数，即刀具的推力和刀具每转的切深。刀具在巨大推力作用下挤入岩层并随刀盘一起旋转切割岩石，正常情况下，刀具每转的切深值越大，刀具的荷载也越大，刀具常在重载下工作，势必影响刀具的使用寿命。所以，应合理地选择刀具的推力及切深。

刀具推力取决于岩石硬度，而切深则决定了刀盘的推力、旋转速度和单位时间的进尺。由表 6-7 可以看出，在一定的地质条件下，刀盘转速一定时，切深值越大，施工速度越大，刀具的负载越大。因此，要在施工中总结各种岩石类型下，刀具的合理切深值，使之既满足施工进尺，又使刀具的荷载不致过大，提高刀具寿命，降低换刀频率。

刀具切深与刀盘转速和施工速度的关系 表 6-7

切深(mm) \ 施工速度(m/h) \ 刀盘转速(r/min)	1	1.5	2	2.5
2.7	6.17	9.26	12.35	18.52
5.4	3.09	4.63	6.17	9.26

如果说刀具更换在 TBM 施工中在所难免，那么提高操作工人的技术素质，减少每把刀的换刀时间也是非常重要的。有资料显示，罗宾斯提供的每把刀的换刀时分别为中心刀 120min/把、正滚刀 45min/把、边刀 45min/把，而维尔特提供的换刀时间为平均每把 35min。生产厂商提供的换刀时间应该是在对刀具的结构特点和换刀操作方法十分熟悉的情况下能够做到的。而在实际施工中，每把刀的换刀时间很大程度上取决于操作人员，从这个意义上说，减少换刀时间实际就是要求操作人员具有较强的工作能力。

按照维尔特提供的有关数据，整个秦岭隧道的刀具消耗为 2 266 把，即使按照每把刀换刀时间为 35min 来计算，那么仅换刀一项也将耗费 1 322h，也就是说，整个秦岭隧道施工过程中，TBM 必须停机 1 322h用于换刀。如果由于操作不当，每把刀换刀时间增加 10min，则 TBM 就要停机 1 700h。由此可见，每把刀的换刀时间对 TBM 工时利用率的影响是不容忽视的。

3. 除尘风机维修保养

除尘风机故障对施工影响很大。由于粉尘增多，激光穿透能力减弱，影响仰拱块的铺设和掘进方向的调整。洞内能见度降低，支护工作无法与掘进同时进行，延长了停机等待时间，同时对施工人员的身体健康造成危害。

应将除尘风机列入重点维修保养范围之内，定期检查除尘电动机的工况，及时清洗、更换滤网。

4. 其他部位维修保养

维修保养中，应将锚杆钻机油管及链条，仰拱吊机链条转向轮、皮带机的纠偏及修补、电气设备的绝缘防护等作为重点保养对象，并对其他设备做一般预防性保养。

5. 油水分析，故障判断及处理方案

为有效控制 TBM 设备故障，对 TBM 实施状态维护和预防维护。秦岭北口工地建立了 TBM 故障诊断和状态监测站，采用了油水、振动、噪声、温度、压力、流量、污染度、铁谱、光谱等十多种手段、二十多种仪器对 TBM 十多个关键系统进行了状态监测与监控，开发出了“TBM 故障诊断与预报专家系统”。

如在 6 号主变速箱损坏前，监测站在监测过程中发现了 6 号变速箱的故障信息，初步判断为一级行星机构轴承类零件故障。监测站立即通报 WIRTH 现场专家组及德国总部，并提出拆机检查，换上备用变速箱的处理意见。拆机鉴定发现，一级行星机构轴承开始跑外圈，轴承挡圈磨损。该现象为已损坏的 5 号、3 号、4 号主变速箱的原因和故障先兆。由于预报准确，更换变速箱及时，避免了该变速箱的损坏。

TBM 监测站成立以来至 TBM 掘进施工结束，成功地诊断出四十多次 TBM 设备的重大故障，成功地预报了三十多次较大和特大的故障，为 TBM 维修管理、配件提前准备、故障控制、技术保护措施的制定提供了依据。

在油水管理方面，监测站运用铁谱、光谱、污染度以及润滑油各种理化性能的检测，对 TBM 所有系统设备全面实施油水检测控制和按质换油管理，在检测出润滑油达到换油极限指标时，监测站填写“换油通知单”，由机械总工签发到作业班组实施。

三、TBM 主要施工工艺组织管理

(一)施工组织

实施性施工组织设计应按工期要求和中标费用，做好施工准备，安排好工期、施工方法、掘进机选型及配套设备，组织好掘进机大件的进场运输、安装、调试、掘进准备工作，并编制好人员、材料、机具的需求量。编制施工组织进度图、计划进度、掘进指标、人员动态等，要充分考虑掘进机通过特殊地质区段的设计方案和应急预案，场地及水电情况，进度指标、施工管理及质量、安全、环保等内容。

1. 不良地质区段的支护

隧道地质条件不确定因素众多，地质变化各异，采用掘进机施工处理不良地质区段的能力，是保证安全施工和工期的关键，施工组织设计中应针对不良地质区段，制订超前钻探等可能采取的方案、手段和应急预案。

2. 施工中的关键技术和重难点

针对工程施工特点、地质条件、工期要求以及设备状况，找出可能存在的关键技术和重难点，进行分析研究，制订对策。加强超前地质预报，对于承压水、塌方、断层、岩爆、溶洞等，与现有的地质资料进行对比分析，总结施工中的难点，进行针对性的预防和制定解决方案。

3. 掘进机施工配套设备

掘进机施工的配套设备，要与掘进机主机能力、进度指标相匹配。为充分发挥掘进机优势，保证工程施工顺利完成，应适当扩大配套设备的生产能力。核算设备数量时，要满足正常施工进度和可能扩大施工进度的需要。

4. 主要临时设施

主要临时设施有施工道路、卸渣场、变电站、材料厂、管片预制厂、场地硬化、施工生产设备的维保、办公、员工生活设施等，要特别做好排水工作，通过水文气象调查，做好防洪设施，保证洪水期安全。

5. 施工用风、水、电

掘进机施工用电应按照一级负荷可靠性要求，由变电站向洞内供电，采用 10kV 或 20kV、凯装式高压电缆。确定洞口变电站容量应考虑掘进机变压器容量、风机功率、混凝土拌和厂、管片预制等生产、生活用电量，以及功率因数、利用系数及线损。

施工用电估算(含照明)：

$$S_{总} = 1.1S_{动} \tag{6-13}$$

动力用电估算：

$$S_{动} = \frac{\sum P}{\cos\phi}K_1K_2$$

式中：$S_{动}$——施工总用电量(kVA)；

$\sum P$——全部设备的输出功率总和(kW)；

$\cos\phi$——功率因数，一般取 0.7；

K_1——动力设备同时利用系数，在掘进机中可取 0.7～0.9；

K_2——动力负荷系数，在掘进机中可取 0.7～0.9。

变压器容量：

$$S_{变} = \frac{\sum PK_1}{\xi\cos\phi} \tag{6-14}$$

式中：ξ——动力设备的平均利用效率，一般取 0.7～0.85。

备用发电动机是为了必要时向洞口风机、混凝土生产、照明及场外生活设施供电。

掘进机用水量应考率刀盘除尘、冷却，锚杆钻机、喷射机、设备降温等因素。

隧道通风是施工中的重要环节，但在掘进机通风系统中除按风速、风量要求在洞口配备压入式风机外，在掘进机尾部还应有接力风机、除尘系统等。

6. 施工场地布置

掘进机洞外施工场地布置应考虑满足掘进机组装要求的足够大的场地，场地应进行硬化，并能承载掘进机重量，组装中大型门吊。掘进机施工是一个集开挖、运输、支护多工序统一协调的快速作业过程，场地应有完备的交通系统，场外生产设施要满足掘进机不同施工时期的进度要求，永临结合以及防灾等。

（二）施工准备

1. 地质调查

由于地质条件对掘进机施工影响较大，若想充分了解并掌握隧道沿线的地质、岩体特性及地下水状况，就必须进行充分的地质调查，尤其是对不良地层的调查，它不仅影响对掘进机基本形式的选定，而且还是决定能否适应掘进机工法的主要因素。

影响掘进机适用的地层条件，有隧道通过的主要断层及软弱破碎带的性质、规模、分布范围、主要破碎物质、破碎程度、富水程度，膨胀性围岩等。应掌握隧道的水文地质条件，判明地下水类型及补给来源，预测洞身分段涌水量和可能最大涌水量，以及可能出现的严重突、涌水点(段)。在岩溶地区，应查明隧道区岩溶发育的范围、深度、规模及有无岩溶水或充填物突然涌出的危险，以确定掘进机能否安全通过。

影响掘进机效率的地质因素有岩石的抗压强度、硬度，围岩节理裂隙发育程度。

(1)岩石的抗压强度

掘进机开挖是利用滚刀沿开挖岩面滚动，刀盘均匀地用每把滚刀对岩面施加压力，当推力超过岩石强度时，滚刀贯入岩石，岩石表面的裂纹加深扩大，当超过岩石的剪切和拉伸强度时，破碎围岩。岩石的抗拉强度和抗剪强度与抗压强度相比明显小许多，一般抗拉强度是抗压强度的 1/20～1/10 左右。所以开挖的难易是以抗压强度为基础加以判断的。但对于主要影响开挖经济性的滚刀消耗，只以抗压强度来判断是不恰当的，还必须根据岩石中含有的石英颗粒的大小、数量和抗压强度等进行综合判断。对单轴抗压强度 300MPa 左右的超硬岩，滚刀刀圈和轴承损耗严重，选用掘进机施工很不经济。

(2)岩体的裂隙

岩体的裂隙(节理、层理、片理)与开挖效率有很大的相关性，一般裂隙发达的岩体，其抗压强度不高，掘进机能比较有效地掘进。

(3)岩石硬度

在进行掘进时，滚刀的磨耗不断发生，因此在进行硬度试验和矿物含量分析前，应将刀具磨耗问题反映到刀具消耗计划中。除岩石硬度外，岩石矿物成分的种类、含量不同，滚刀磨耗也会发生很大变化。

根据岩石的饱和单轴抗压强度、岩体的完整程度(裂隙化程度)、岩石的耐磨性和岩石凿碎比功这四个影响掘进机工作条件(工作效率)的主要地质参数指标，将掘进机工作条件由好到差分成 A(工作条件好)、B(工作条件一般)、C(工作条件差)三级，见表 6-8。

掘进机工作条件分级表 表 6-8

工程岩体分级	分级评判主要因素				围岩掘进机工作条件等级
	岩石单轴抗压强度 R_c (MPa)	岩体完整性系数 K_v	岩石耐磨性 A_b (1/10mm)	岩石凿碎比功 a (kg·m/cm³)	
I	80～150	0.75～0.85	＜6	＜70	I_B
		＞0.85	＞6	≥70	I_C
	≥150	＞0.75	—	—	

续上表

工程岩体分级	分级评判主要因素				围岩掘进机工作条件等级
	岩石单轴抗压强度 R_c (MPa)	岩体完整性系数 K_v	岩石耐磨性 A_b (1/10mm)	岩石凿碎比功 a (kg·m/cm³)	
II	80～150	0.55～0.75	＜5	＜60	II_A
			5～6	60～70	II_B
			≥6	≥70	II_C
	≥150		—	—	
III	60～120	0.45～0.65	＜5	＜60	III_A
			5～6	60～70	III_B
			≥6	≥70	III_C
	≥80	≤0.45			
IV	30～60	0.45～0.65	＜6	＜70	IV_B
	15～60	0.25～0.40	—	—	IV_C
V	＜15	＜0.25	—	—	TBM 不宜使用

注：K_v 值也可用 J_v 值代替。

(4)其他地质因素

当围岩处于高地应力状态时，脆性岩体和完整的岩石极可能发生岩爆；对软弱岩体，则可能产生大的围岩变形。在掘进机掘进中应采取措施，例如加大喷水，及时喷射混凝土以降低可能的岩爆；或采取相应的措施加强支护，防止围岩变形带来的影响。

水对岩石的抗压强度有很大影响，水在裂隙中使岩石自由面受到浸润，削弱矿物颗粒间的结合强度，各类岩石的饱和抗压强度都低于该岩石的干抗压强度。

2.技术准备

1)施工调查

工程投标前和中标后，都应进行施工调查，调查内容大致相同，但深度有所区别，侧重点不同。中标后调查应考虑在具体工作安排上，如：掘进机运输方案、大件运输的道路条件，安全措施；水源是否满足施工需要，供电情况；掘进机到场后的存放、混凝土拌和、管片预制等；出渣场的位置、容量；当地材料供应、水文及气象资料、通信、环保以及进场设计文件的核对，都是施工调查的内容。

2)设计文件的核对

对设计文件进行核对的过程也是掌握文件、消化文件的过程，核对文件的目的是防止文件出现差错或短缺。核对内容包括工程施工合同文件、分包合同文件、监理合同文件，相关技术标准，主要技术条件，隧道纵、横断面资料，勘测资料，通过不良地段的设计方案、施工方法、技术措施和工期等。

3)编制实施性施工组织设计

实施性施工组织设计要体现先进性、经济性和可靠性，实施性施工组织设计的编制，应遵循下列原则：

(1)满足合同要求；

(2)应在详细调研的基础上，进行技术方案的比选，选择最优的方案进行编制；

(3)应完善施工工艺，积极采用新技术、新工艺；

(4)因地制宜，就地取材，达到环境保护的要求。

实施性施工组织设计的主要内容：工程概况及技术标准，工程地质条件及重难点分析，掘进机组装、调试、掘进、拆机施工组织，施工场地平面布置、临时设施布置，施工进度指标及进度计划，组织机构与资源配置，质量保证措施和环保措施，复杂地质条件处理措施和应急预案，工程重点技术和攻关研究内容。

4)人员培训

对参加掘进机施工所有人员进行培训是主要基础工作,技术力量的配备与培训是施工准备阶段的任务之一。通过培训,使相关岗位人员熟悉设备结构原理,掌握设备性能,正确操作、维护设备。隧道施工前必须制定工艺实施细则,编制作业指导书,完成关键工艺技术交底,进行岗前技术培训。

3.施工现场准备

以秦岭隧道TB880E掘进机为例,介绍掘进机施工现场准备。

1)洞外场地布置

掘进机施工主要洞外配套设施有混凝土拌和站,仰拱预制场,修理车间,配件材料库,变电站,洞外运渣、翻渣系统,场区道路,组装场地等。为满足庞大系统的组装和初始运行条件,需要有较大的场地。与掘进机相配套的临时设施也必须满足不同时期掘进机施工的要求。科学合理的统筹布置,是确保掘进机顺利施工的前提。

如秦岭隧道Ⅰ线(进口)洞外场地布置,重点考虑:设计能力满足TBM最高效率要求、TBM施工进度指标(最高日进尺45m,平均月进尺350m)要求;临时设施兼顾掘进与衬砌要求,考虑以后不同工点重复使用需要,形成系列化、标准化;永临结合,减少废弃;临时设施具备足够的防灾能力;充分利用地形条件,尽量少占耕地,保护土地资源;充分考虑了环境保护。

根据掘进机施工的特点和要求,秦岭隧道Ⅰ线进口处洞外临时设施的布置以运输轨道为主线,根据出渣列车编组顺序和运输方式,相应的将其沿运输线路条形布置。设施设置满足掘进机施工(出渣、进料、维修)需要,达到各工序协调动作、合理有序,保证了TBM连续、快速掘进。

掘进机部件较重,体积庞大,运输、吊装要求较高,为满足快速组装及初始运行要求,组装场地长度起控制作用。组装场地的长度至少等于掘进机主机长度+连接桥长度+第一节拖车长度+拖拉油缸长度+主轴承存放长度+刀盘存放长度+机动长度,宽度至少能满足TBM组装和大件进出。

TB880E掘进机,洞口场地宽度要求大于26m,最小长度不小于70m,以满足运输和快速组装的要求。组装场地除了长、宽要求外,还要求地面压实和平整,满足场地上安装75t×2+15t门吊安全运行和掘进机步进要求。

2)预备洞与始发洞

由于一般隧道洞口处覆盖层薄(30~40m),石质可能风化,不适合掘进机施工,为使掘进机早日投入正常施工,一般采取钻爆法开挖至围岩较好的洞段,称为预备洞。秦岭隧道北口预备洞长300m,南口长190m。

始发洞是指掘进机步进至预备洞工作面开始掘进时,由于掘进机掘进时撑靴要撑紧洞壁,以克服刀盘破岩的反扭矩和反推力,因此修建一定长度的始发洞,用来作为掘进机始发掘进的辅助洞室。始发洞长度由选用的掘进机自身结构尺寸而定。

预备洞取决于组装现场和组装条件,对于组装场地能够满足TBM主机及后配套组装条件的现场,即组装现场具有足够的长度,可以容纳TBM主机及后配套长度的现场,可以考虑取消预备洞的施工,而仅施作掘进机始发洞,对于组装现场不能够满足掘进主机及后配套组装条件的现场,即组装现场没有足够的长度,仅容纳掘进机主机或部分后配套的长度的现场,则必须事先同时做好预备洞及始发洞的施工,使得洞外具有足够的场地来组装后配套。预备洞的施工长度取决于组装工作的需要。

作为掘进由步进状态转入掘进状态的始发洞,不仅要求能保证掘进机的顺利通过,使刀盘的撑靴进入始发洞室,而且要求能保证撑靴能撑到洞壁,并且衬砌后的混凝土洞壁具有足够的强度,能为掘进机的掘进提供足够的反力,推动掘进机刀盘掘进。因此,对于始发洞的要求相对较高。预备洞及始发洞结构尺寸相互关系详见图6-40,支护参数见表6-9。

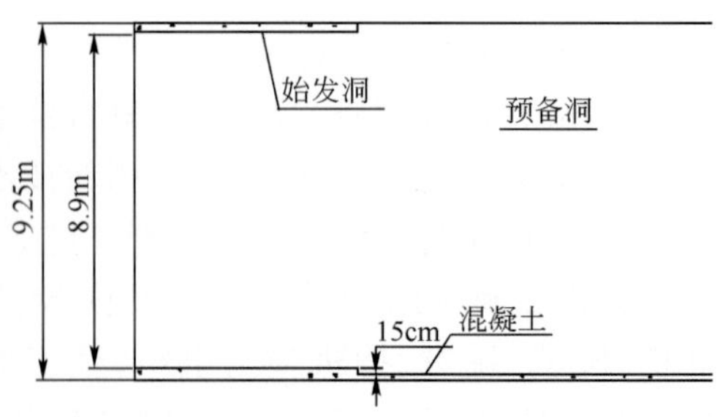

图6-40　预备洞及始发洞结构尺寸相互关系

秦岭隧道预备洞和始发洞支护参数表　　表 6-9

洞　别	围岩级别	施工支护				模筑衬砌	铺底
		钢架	喷混凝土	网	锚杆		
预备洞	II	0.5m/榀	20cm	250mm×250mm(ϕ8)拱墙	3m@1.0m×1.0m	50cm	50cm
	IV		20cm	250mm×250mm(ϕ8)拱墙	3m@1.0m×1.0m	40cm	30cm
始发洞	IV					45cm	

在组装掘进机时，对于组装场地和预备洞的地面要求比较高，即要确保地面平整，相对高差应控制在 3mm 以内(步进机构通过的区域)。因为组装场地，特别是步进机构的布置，是整个组装工作的基础，预备洞地面的不平整，将给掘进机的步进带来极大的影响，造成下护盾上的步进装置的连接螺栓被剪断。

组装场地和预备洞的地面要求有足够的强度，否则将造成组装和步进时地面开裂或下陷，此情况应引起高度重视。组装时，步进机构的接触面积和强度见表 6-10。

步进机构的接触面积和强度　　表 6-10

部　　位	面积(cm^2)	强度(N/mm^2)	强度(N/mm^2)(含设备桥)
护盾步进机构	76 760	72.5	71.5
K_1 步进机构	82 100	94	103
K_2 步进机构	23 452	10	53
后支撑步进机构	32 400	71.5	93

3)临时电力的设计与施工(以出口段为例)

秦岭 I 线隧道施工所需的临时电力由 35/10kV 变电所提供，变电所内装有两台容量各为5 000kVA 的变压器，两台变压器并联运行，变压器二次侧 10kV 经高压配电后分为三路馈出，其中一路为掘进机专线，另外两路进入洞口开闭所，经分配后供给洞外的其他辅助设备。因此，掘进机配套电力的设计与施工可分为两部分：

(1)TBM 专线的设计与施工。经 35/10kV 变电站馈出后，为了方便停送电和满足掘进机的技术要求，在洞口开闭所内装置一台高压开关柜。TBM 高压开关柜具备过流、速断、接地保护、电缆接头脱开或电缆拉断自动停电功能，采用零序电流互感器监测零序电流，进行接地保护。

高压开关柜将 10kV 高压供给 TBM 上的两台容量各为 2 700kVA 的变压器，保证掘进机的安全可靠供电。

(2)洞外辅助设备的供电。经 35/10kV 变电所另外两路馈出后，通过电缆进入洞内的开闭所，一路作为备用，另外一路进入高压配电系统，还有一路是自备的发电动机供电。在发电动机房装有两台容量各为 256kW 并联运行的发电动机。当网电停电时，发电动机开始工作，经过升压变压器将 400V 变为 10kV 的高压，然后将 10kV 送至整个高压配电系统，以保证网电停电后洞内的通风和照明，以及其他用电等级比较高的设备的供电。高压配电系统经分配后分为四路馈出，以解决洞外辅助设备比较分散的问题，详见图 6-41 高压配电系统电路图。

洞口两台变压器距离开闭所较近，所以采用电缆供电至洞口的变压器，预制厂和存放场采用电缆馈出后架空至变压器。低压部分采用低压配电屏进行就地配电，以适应用电设备分散的状况。

4)掘进机供水系统

生活用水：用于员工饮用、餐厅、医疗机构等方面。生产用水：用于混凝土生产、碎石场、仰拱预制厂、隧道施工等。

供水系统采用两个泵站，一个泵站用 2 台 250J100-26/7 水泵，流量 100m^3/h，扬程 126m，功率 55kW。另一个泵站用 2 台 DA150×5 多级泵。1 个 200m^3 和 1 个 100m^3 的钢筋混凝土水池建于洞口附近的山上，洞内施工用水用直径 150mm 水管，自 200m^3 水池引进洞内，洞外的生产和生活用水用直径 100mm 的水管，自 100m^3 的水池引进用水地点。将洞外水引至掘进机后配套拖车上 20m^3 的水箱。

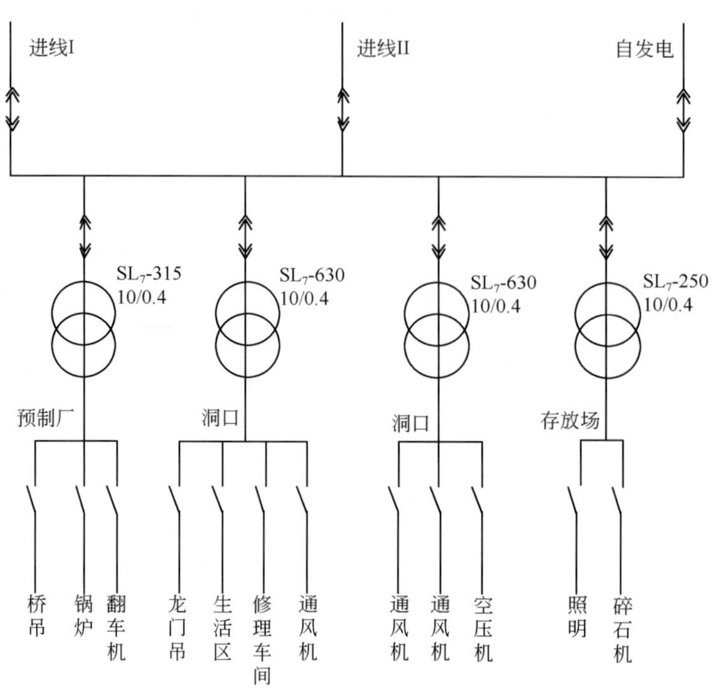

图 6-41 高压配电系统电路图

5)通风系统

通风系统为掘进机进行长大隧道掘进所不可缺少的部分，具有至关重要的作用。其主要完成 TBM 掘进、保养期间向隧道内通入新鲜的自然空气，由洞外通风管延伸，与掘进机设备上的风管相连，将新鲜的空气压入主机尾部，而将含有岩尘等混浊的空气排出洞外。通风形式为压入式通风。通风系统的主要构成设备为洞外 250kW 的风机，共 3 台。使用分配情况：1～3km 隧道长度，由 1 台风机完成；3～6km 的隧道长度，由 2 台风机完成；6～9km 隧道长度，由 3 台风机完成。掘进机尾部由接力风机、风管组成。

6)仰拱预制块生产系统

一般在开挖后，随即安装预制的钢筋混凝土管片，全断面的衬砌即告完成。将隧道衬砌提前进行工厂化预制生产，使工序简化，施工干扰大大减少，进度加快。衬砌预制块(管片)制作及安装是掘进机开挖的重要后配套技术。洞内掘进机掘进，洞外预制块生产，都同等重要。

采用 TB880E 开敞式掘进机掘进后，只做底部衬砌预制块安装，隧道横断面预仰拱块设计见图 6-42，秦岭 I 线隧道衬砌按复合式衬砌结构设计。在全隧开挖全部完成后，要拆除掘进机，再完成全圆衬砌。随着掘进机每一循环的掘进，仰拱预制块与底部回填作业同步完成，成为衬砌结构的一部分，也是整体道床的基础部分。在掘进机施工中，安装仰拱预制块则是为了便于快速铺设满足掘进机施工运输要求的施工轨道，起支承轨线(四轨两线)的作用；同时，仰拱的快速铺设，对掘进成形后的围岩稳定也起很大作用。

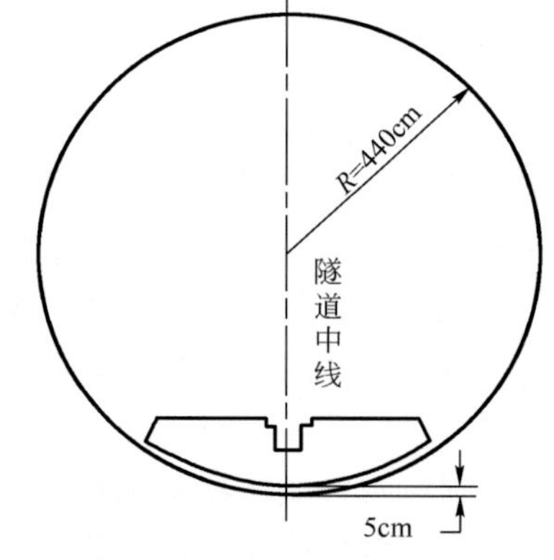

图 6-42 隧道横断面预仰拱块

施工准备阶段，设计、施工、组建仰拱预制工厂。它主要包括一座长 60m、宽 24m、高 13.2m 的钢结构厂房，厂房内布置有 17 套固定模具组成的两条生产线，一条室内存放线，一条钢结构加工车间，以及混凝土运输轨线、吊装、养生、脱模等设施；厂房外有热源、拌和站、室外存放场等配套设施。该预制工厂设计生产能力为每天 17 块，能满足 TBM 最高月进度要求。

秦岭 I 线隧道仰拱预制块设计为钢筋混凝土结构，其混凝土强度等级为 C40，每块用量为 4.42m^3(用于架设钢支撑地段的仰拱块每块为 4.31 m^3，因仰拱块留有弧形槽，确保在不良岩层地段架设的钢

支撑能形成封闭环，在架设钢支撑时，其位置应准确确定，达到铺设凹槽的仰拱块正确落入钢支撑)，每块重约 12.5t。

掘进机循环进尺 1.8m，仰拱预制块的长度为 1.8m；横截面尺寸圆心角 55°06′20″，弦长 3.6m，弧长 4.232m，顶面至仰拱底厚 0.9m，预制块上设有承轨槽和螺栓预留孔，用于快速铺设 43kg/m 钢轨，轨距为 900mm 的双股道。中心水沟和预留泄水孔便于施工排水。设有顶部吊杆和底部吊杆，以便预制、翻转、安装时吊运。

7)翻渣台设计与施工

秦岭隧道出渣配套的 ROTARYII 型翻车机，由一个滚筒、一个动力站和 5 个外部控制站组成。滚筒直接和两个滚筒支架相连接，滚筒支架和翻渣台基础通过 40 个地锚螺栓栓接在一起，使滚筒、支座、基础形成稳定的整体结构。滚筒为梁式结构，它允许装满岩渣的两节 20m^3 渣车同时翻转，且倾卸时不必脱钩，为了支承滚筒转动，每个滚筒支架由 4 个带滚子的双支承座支承，转动驱动由两个液压动力驱动装置组成，并通过滚链传递扭矩。翻转时，渣车由 6 个夹臂固定，当夹臂闭合时，渣车能在滚筒内沿轴向移动。

运渣系统由一台机车和最多 10 节的渣车组成。渣车由机车定位，误差±0.5m，精确位置由安装在滚筒上的定位机构确定，并由起动器自动控制。

翻车机总质量约 60t，最大载质量为 103t，滚筒长 14.6m，直径约 5m。

翻渣台是由倾卸坑、滚筒基坑、滚筒支座基础等组成。

8)掘进机运输

掘进机大部分部件采用集装箱运输，可优先选用铁路运输方式解决长途运输费用高的问题，降低运输费用。对于铁路运输超限的大件可委托大件运输公司来完成。大件运输中采用临时加固措施，改善或加固运输道路，并办理运输保险。

(三)掘进机的组装与调试

掘进机组装前期，编制 TBM 组装及调试的技术方案。如何合理地组织掘进机的组装，首先取决于对掘进机组装和调试工作的正确分析，通过全面的分析，对掘进机的组成构造进行整体性了解，以便在组装中，使局部服从于整体，从而提高工效。其次是合理地组织，保证劳动力的最优化组合，协调各个工作面之间的配合，在确保正确组装的同时，加快组装工作的进度。下面以秦岭工地 TB880E 掘进机的组装工作进行分析。

1. TBM 组装工作特点

TBM 主要由主机、主机辅助设备、后配套、后配套辅助设备等四大部分组成。

(1) TBM 组成部分简介

主机的主要组成部分：刀盘、刀盘护盾、主轴承及驱动组件(主电动机、离合器、变速箱、传动轴)、前后内凯、前后外凯及 X 形撑靴、推进缸、后支撑、主机皮带机及主机液压系统、电器系统、步进机构等。

主机辅助设备主要组成部分：钢拱架运输及安装设备、前后锚杆钻机及地质超前钻机、底部清渣皮带机等。

后配套主要组成部分：1～18 号拖车及后斜坡轨，其上装有双线轨道系统及组合道岔和车辆拖拉装置，用于出渣和材料运输。

后配套辅助设备主要组成部分：液压泵站、混凝土喷射设备、冷却设备和助推风机及通风管道、空压机、应急发电动机、电缆卷筒、水管卷筒、储风管筒、通信电缆卷筒、变压器及各类电器柜、各类吊机，及 2 号、3 号皮带机等。

主机与后配套通过设备桥相连，其上布置有主控制室、除尘风机、仰拱块吊机、材料吊机、升降平台、钢拱架运输设备等。主控制室内有操作控制及显示系统、数据记录系统、导向系统、PLC 控制系统、通信系统及电视监测系统等。

(2)组装工作特点

掘进机作为隧道施工的大型综合机械设备，具有设备庞大、系统复杂、技术先进、机械化程度高等特点，决定了其组装工作具有工艺新、要求高、计划性强、组装时间长、劳动组织严密等特点。并且，在不同的组装时期，对不同的组装对象，又有各自不同的组装特点。

2. 组装准备工作

组装前，根据组装现场和组装条件，编制组装施工设计。优化组装施工设计，将对组装工作具有重大的指导意义，并可避免组装过程中的失误，保证组装工作的顺利进行。

(1)门吊安装

完成用于 TBM 主机组装的 75t×2＋15t 门吊的安装调试及轨道铺设，如场地允许，可安装一台用于 TBM 后配套安装的辅助吊机(16t 以上)，以便加快 TBM 后配套的组装速度。

(2)轨道铺设

完成 TBM 主组装场内，用于组装后配套的道床施工及轨道铺设，道床施工要保证道床具有足够的强度，即道床要有一定的宽度，并保证一定的密实度，确保 TBM 后配套的顺利通过。

(3)风、水、电安装

完成组装期间所需的风、水、电供应设施的安装工作。同时，还应做好人、材、物、机的准备工作。

(4)组装时的零部件供应

掘进机组装时的零部件供应工作对于组装十分重要，它直接影响着组装进度。组装前，做好零部件的完整性检查，零部件的运输和堆放有计划性，合理有序，零部件的清洁和功能完好。

大件进入场地前，根据 TBM 组装顺序，将大型部件按顺序卸车、摆放，以避免二次倒运造成不必要的损失。

3. 组装工作的工艺流程

因组装工作具有工艺新、要求高、计划性强、组装时间长、劳动组织严密等特点，且不同的组装时期和不同的组装对象，又有各自不同的组装特点。同时，主机、后配套、设备桥的组装相互独立，又相互联系。图 6-43 是工艺流程部件示意图。

(1)主机的组装

组装前，首先要规划好步进机构的布置，其场地要求平整，平整度要求控制在 3mm 以内，其中线基本对准隧道中线，1～6 测点和 7～12 测点用仪器测量，并相对调平，确保组装基础的平整，详见图 6-44 步进机构布置图。

主机组装要求严格按照组装程序进行；否则，将会给下一步组装工作带来困难，甚至有可能造成返工。因这一时期的组装工作是下一步快速组装的基础，所以要求必须将所有的连接螺栓紧固到规定的紧固力矩，确保组装工作万无一失，形成 TBM 主机的基本骨架，主机的组装程序见图 6-45，主要组装部件外形尺寸、质量见表 6-11。

主要组装部件的外形尺寸及质量 表 6-11

序号	名称	数量	质量(t)	长(mm)×宽(mm)×高(mm)
1	刀盘	2	65	4 350×1 920×8 520
2	驱动组件	1	86	5 200×1 550×5 200
3	前内凯	1	63.5	8 530×3 080×3 180
4	后内凯	1	64.5	10 050×3 965×3 675
5	外凯下部	2	52	7 600×2 150×2 850
6	外凯上部	2	55	8 000×2 150×2 750
7	后支撑	1	20	7 700×1 800×3 190
8	护盾隔板	1	12	7 340×3 750×800
9	上护盾	1	16	6 550×2 670×3 100
10	侧护盾	2	10	5 700×3 200×1 800

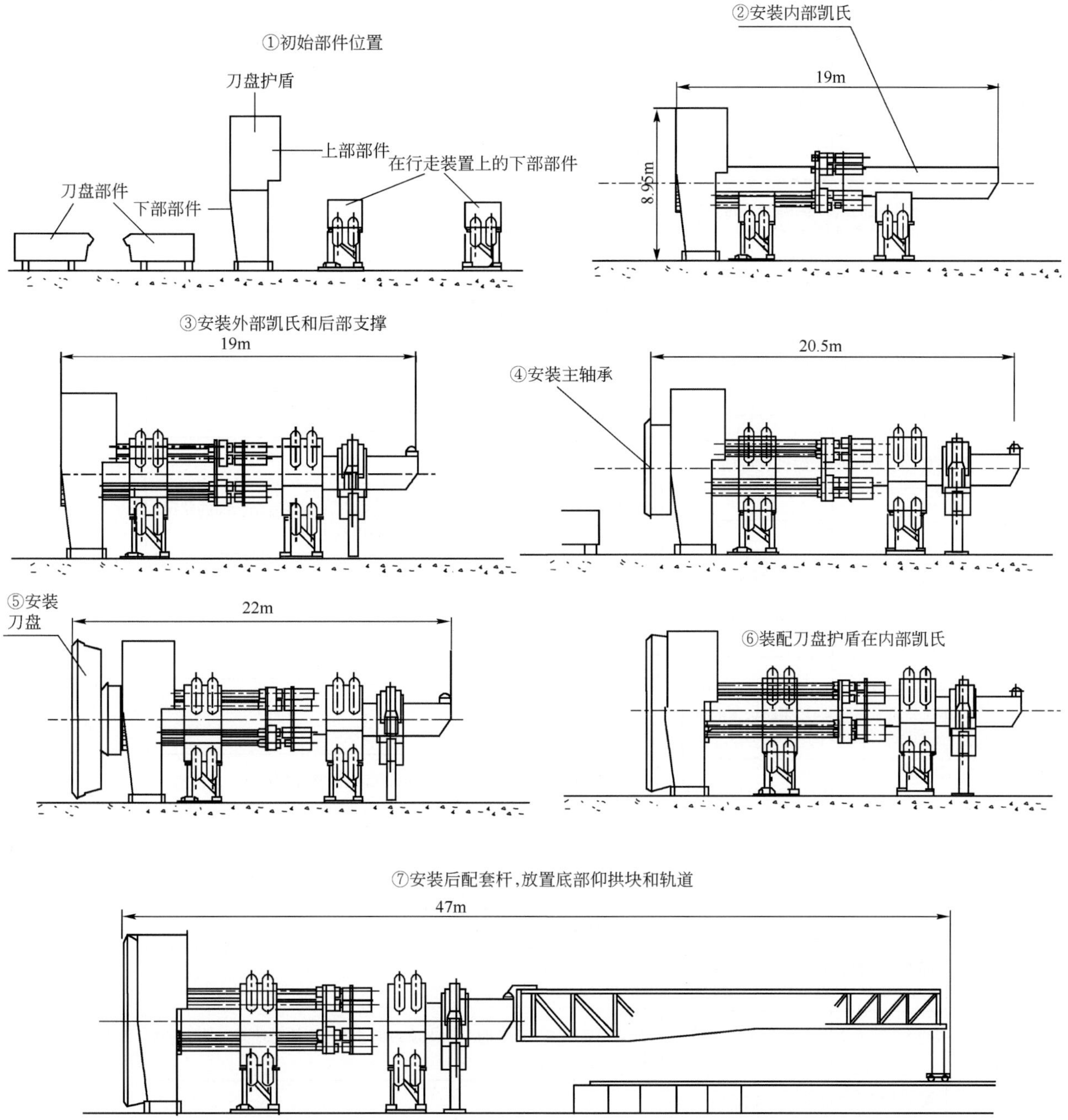

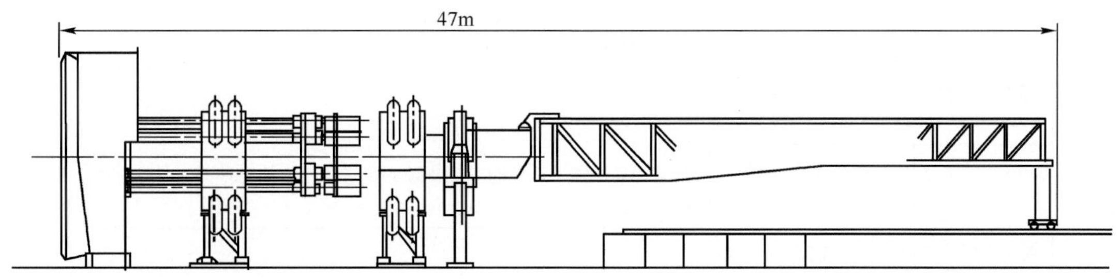

图 6-43　工艺流程部件示意图

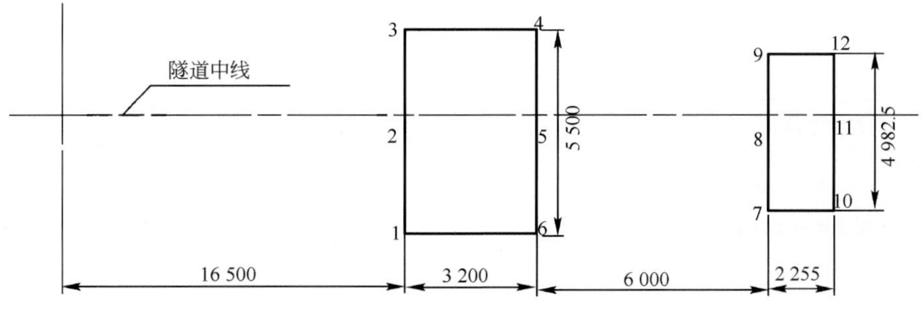

图 6-44　步进机构布置图(尺寸单位:mm)

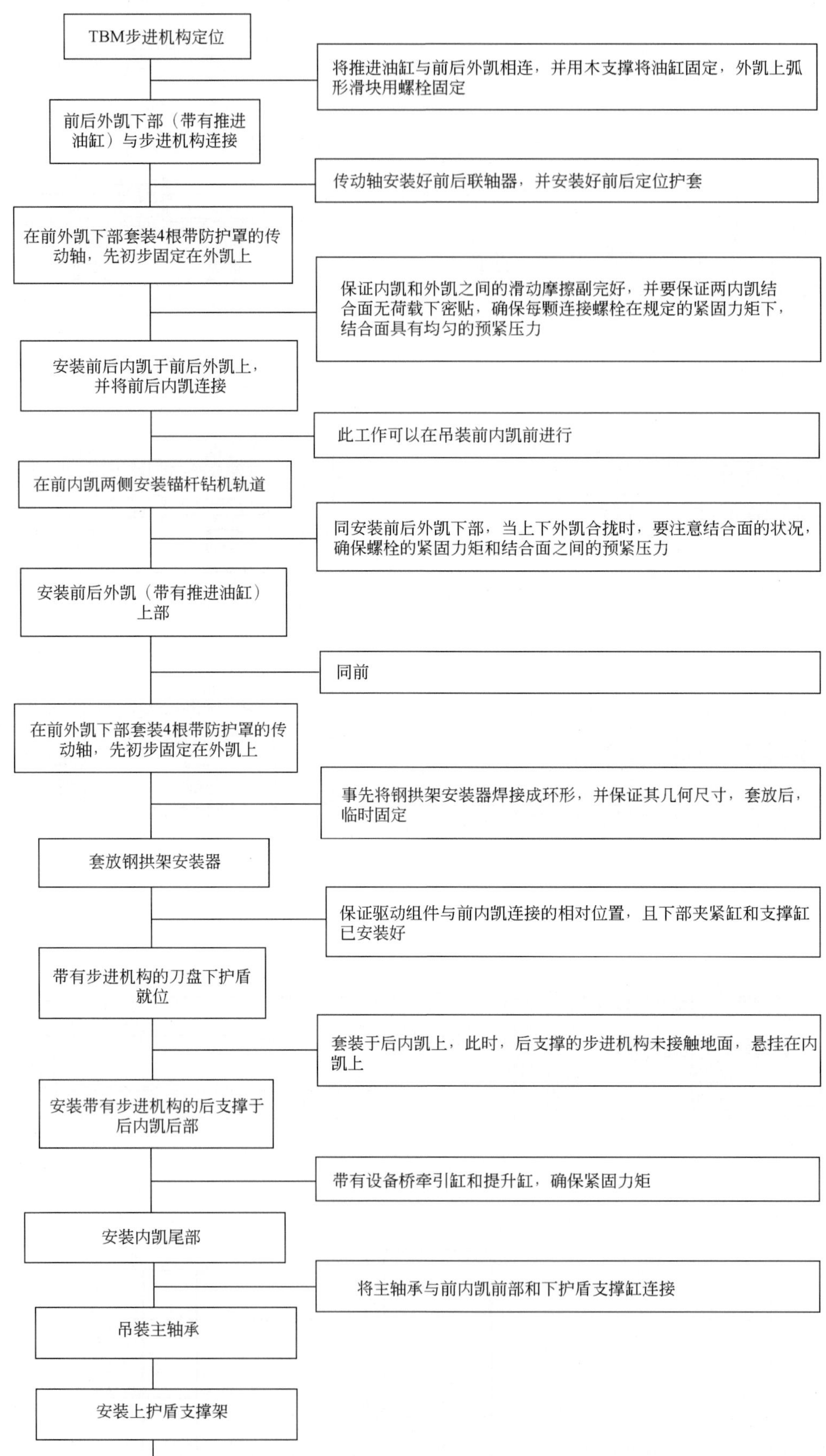
TBM步进机构定位
将推进油缸与前后外凯相连，并用木支撑将油缸固定，外凯上弧形滑块用螺栓固定
前后外凯下部（带有推进油缸）与步进机构连接
传动轴安装好前后联轴器，并安装好前后定位护套
在前外凯下部套装4根带防护罩的传动轴，先初步固定在外凯上
保证内凯和外凯之间的滑动摩擦副完好，并要保证两内凯结合面无荷载下密贴，确保每颗连接螺栓在规定的紧固力矩下，结合面具有均匀的预紧压力
安装前后内凯于前后外凯上，并将前后内凯连接
此工作可以在吊装前内凯前进行
在前内凯两侧安装锚杆钻机轨道
同安装前后外凯下部，当上下外凯合拢时，要注意结合面的状况，确保螺栓的紧固力矩和结合面之间的预紧压力
安装前后外凯（带有推进油缸）上部
同前
在前外凯下部套装4根带防护罩的传动轴，先初步固定在外凯上
事先将钢拱架安装器焊接成环形，并保证其几何尺寸，套放后，临时固定
套放钢拱架安装器
保证驱动组件与前内凯连接的相对位置，且下部夹紧缸和支撑缸已安装好
带有步进机构的刀盘下护盾就位
套装于后内凯上，此时，后支撑的步进机构未接触地面，悬挂在内凯上
安装带有步进机构的后支撑于后内凯后部
带有设备桥牵引缸和提升缸，确保紧固力矩
安装内凯尾部
将主轴承与前内凯前部和下护盾支撑缸连接
吊装主轴承
安装上护盾支撑架

图 6-45

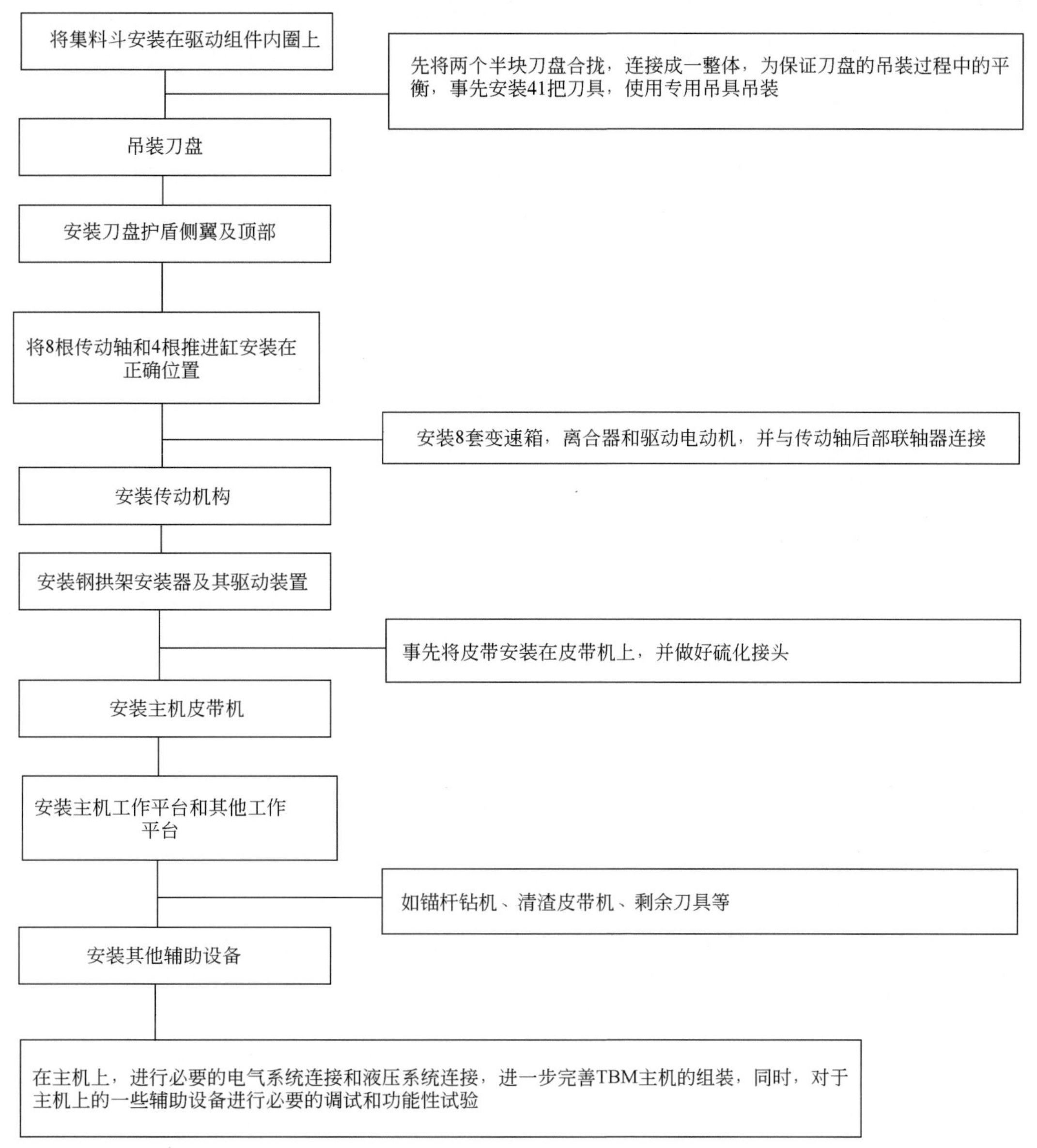

图 6-45 主机的组装程序

工作重点是吊装作业，要求有丰富经验的组装人员配合起重工和信号工进行组装，确保各大型部件选择合理的吊点，以正确的方式进行吊装，并缓慢、准确地将部件组装到设备上，确保安全吊装，否则将带来不可想象的后果。随着 TBM 主机大件的安装，TBM 主机的基本骨架已初具规模，随之而来的是大量辅助设备的安装和主机液压及电气系统连接。随着主机组装工作的全面展开，零部件的供应工作量变大，劳动组织管理的难度也相应增加，人员的调配也显得频繁。这一时期，随着组装工作量的增大，技术含量的提高，要求组装人员的技术素质相对较高，对于系统要有足够的了解，熟悉管路和线路的走向，工作时要特别仔细。

(2)设备桥的组装

设备桥是连接主机与后配套的桥梁，它是由两段框形结构的桁形梁连接而成。其上主要布置仰拱块吊机、材料吊机、升降平台、除尘风机、主控室、注浆设备和皮带输送机等。设备桥的组装程序见图6-46。

设备桥的组装重点是连接与吊装，因设备桥长达 26m 以上，由两段组成，如组装场地不合适，极易造成装配上的困难或设备桥组装后的翘曲，为将来的使用带来不便或危险。另外，在吊装过程中，因设备桥较长，必须选择合适的吊点，才能保证设备桥的安全吊装。对于仰拱块吊机的安装，要注意其运行轨道的顺直，并牢固地吊挂在设备桥的下弦梁上，以保证在施工中的安全运行。主控制室的安装较为简单，但其后的液压与电气连接工作量较大，要求工作极为细心，并且一定要标注清楚。

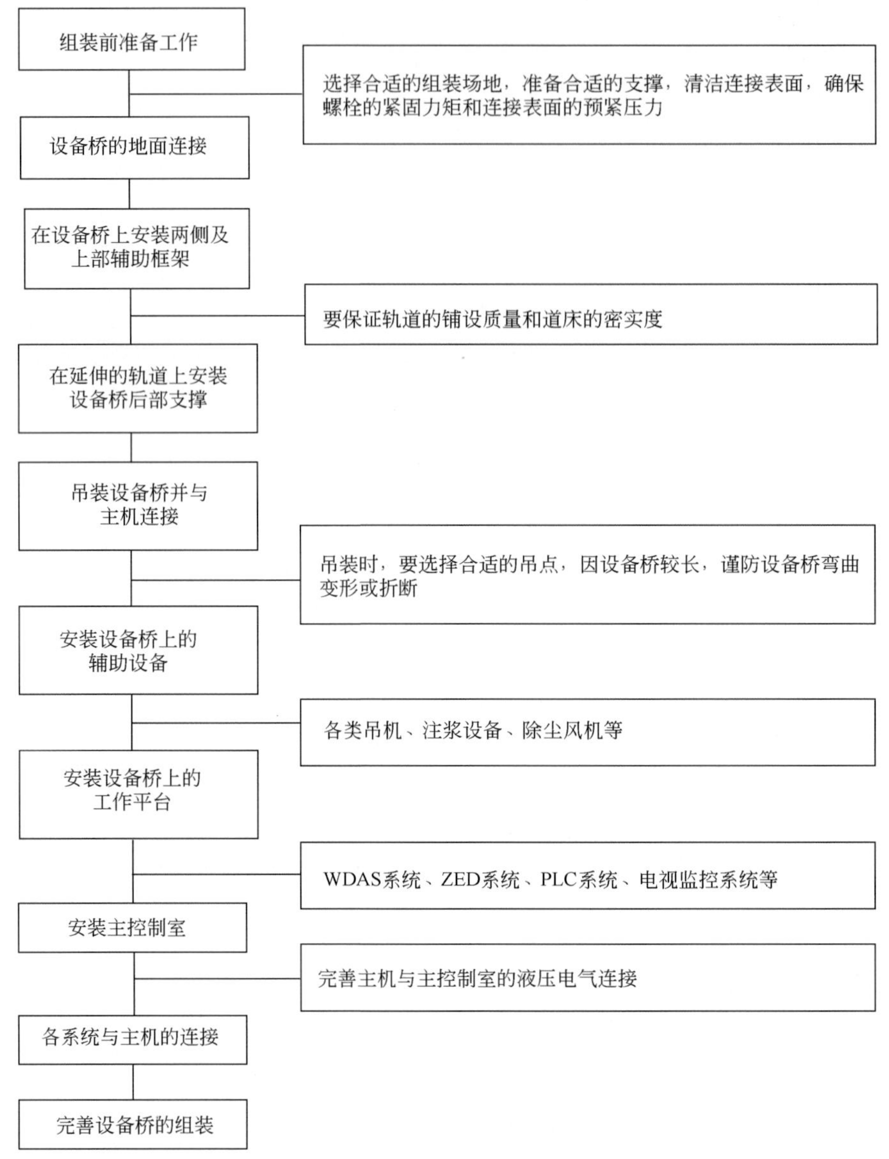

图 6-46　设备桥的组装程序

(3)后配套的组装程序

后配套的组装工作较为简单，它由 1～18 号拖车组成。根据不同的组装条件，有不同的组装方法。合理的组装方法，能加快组装速度。组装工作的前期，主要是拖车框架的组装和定型设备的安装，后期进入液压与电气系统的连接。

(4)组装工作后期

组装工作的后期，主要是进行液压与电气系统的连接，并进行各单台设备的功能调试，最后进行 TBM 整机的各联锁功能调试，必须在确保机器的各项性能指标完全符合 TBM 技术要求，确认各设备安装无误的前提下，TBM 才能开始步进，进入预备洞和始发洞，准备施工。

4. 检测调试

为保证掘进机组装后，各系统、各设备能正常运转，必须进行系统检查、调试。TBM 作为一个庞大的系统设备，要求进行的检测项目很多，总体可分为外观检查、功能测试、技术性能测试和调试调整等。不同的项目又有各自不同的指令。

为加快TBM的组装进度，有些检测调试项目在组装期同步进行，主要是外观检查、功能测试，技术性能测试等一些项目，工地上主要使用的仪器、仪表有压力表、压力测试仪、油质检测仪、秒表、卷尺等，上述项目较为简单，主要是单一的测试和检查。检测调试项目的重点是调试调整工作，主要是对液压系统、电气系统、PLC控制系统（又可分为程序运行调试和互锁、联锁功能调试）调试。

液压系统调试主要是对各系统压力进行设定，对系统中的泵、阀等控制元件及信号测试元件匹配性进行调整。

电气系统调试主要是对输入、输出电压等级的确认，对各控制元件动作时间的调定，对液压电磁阀动作同步性的测试，对用电设备安全性的测试，对传感器安装位置的检查等。

PLC控制系统调试，在保证程序正常进行的前提下，主要是对互锁、联锁功能的调试。此项内容是TBM调试工作的重点，对于TBM能否正常掘进，确保设备安全，起至关重要的作用。特别是主机的动作互锁、联锁功能，刀盘、推进缸、撑靴前后支撑等，掘进状态与换步状态的动作互锁、联锁功能，刀盘、推进缸等与皮带机进行互锁、联锁功能。上述项目主要取决于信号传感器的正确与否。

5. 步进

步进施工，即是掘进机不掘进时移动过程中的施工。不同条件下，步进有不同的方式，基本上可分为以下两种情况：

第一种情况，当掘进机在组装场地组装完成后，要进洞施工，需要步进，这时掘进机在步进架的支撑下，走一步支一步的前进。场地空出后，铺设道砟、枕木。

第二种情况，进洞后（即进了预备洞），形成了铺设钢筋混凝土仰拱支撑块的步进，采用在仰拱块上接轨的方式，这种步进也是在步进架的帮助下进行的。

步进施工准备：

(1)预备洞铺底

预备洞铺底要求同TBM拼装场，并提前一个月进行，强度、平整度满足TBM步进要求。

(2)楔形块预制

因预备洞铺底低于TBM掘进施工断面仰拱15cm，需要较大的楔形块，楔形块预制也应提前进行。为便于仰拱块快速铺设施工，楔形块提前摆放在预备洞两侧（不影响TBM主机步进通过）。

(3)测量准备

为便于TBM步进导向仰拱块铺设施工，在TBM步进前，必须先在预备洞铺底顶面提前测设出隧道设计中线。

(4)TBM步进施工

①拼装场段步进施工。在TBM通过拼装场时，主要是施工轨道延伸，轨下为枕木、碎石路基（1.0m厚），TBM每步进12.5m，延伸一次长轨道。在洞口进入预备洞前，为满足排水需要，铺设一块中心水沟过渡至后面的钢筋混凝土仰拱块。

②预备洞段步进施工。进入预备洞后，TBM每步进1.8m，铺设一块仰拱预制块，每铺3～5块仰拱块进行一次仰拱块底部注浆；每铺7块仰拱预制块延伸一次轨道；每前进50m，延伸一次水管路；每前进100m，延伸一次风管。

③TBM步进期间材料供应。当TBM后配套不能完全满足材料运输时，利用洞口门吊从后配套间隙将仰拱块等材料吊装至平板车上，运至施工现场。

(四)掘进作业

1. 掘进机操作

主控室是TBM的心脏，设备上90%的指令是来自主控室，其内部安装有操作盘、显示仪（包括参数显示、仪表显示、故障显示、视屏显示及指示等）、PLC系统、调向显示等。其中最重要的是操作盘，大约有一百多个按钮和手柄。

1)上机前操作要点

上机前操作要点是指当班主驾驶员接班后，操作机器前的作业要点。

(1)观察各仪表显示是否正常。

(2)检查风、水、润滑系统的供给是否正常。

(3)分析围岩类别，选择合理的掘进参数，而不是直接操作设备。

2)掘进时的操作要点

经过上机前的检查，设备一切正常，可以进行掘进作业，操作步骤如下：

(1)起动主泵站，包括供水系统。

(2)起动通风除尘系统。

(3)选择电动机的高、低速或辅助驱动(只能选择一项)。

(4)依次起动皮带输送机。

(5)待主电动机全部运转正常后，转动刀盘。

(6)选择合理的掘进速度，进行掘进。

上述操作顺序不能随意更改，否则会损坏设备，造成不必要的后果。

3)停机时的操作要点

正常情况下的停机，应与掘进时的操作相对应，先停止掘进，后退刀盘2～3cm，让刀盘空转1min，停止刀盘转动，停止电动机转动，停止皮带机输送等，调整掘进方向，换步进行下一个循环作业。

4)紧急情况下的操作要点

掌握了正常的掘进、停机、换步等操作要点，还应了解在紧急情况下的操作。

紧急情况一般指有刀具损坏从皮带机上输出，卸渣斗出现故障，液压系统出现故障等情况发生时，要马上停止掘进，后退刀盘2～3cm，立即停止刀盘转动，依次停止各系统，对故障部位进行检查，最好不要去按紧急停机按钮，以免损坏设备部件。若遇非常特殊的情况，危及工作者的人身安全，必须按紧急按钮，减少不必要的经济损失和人员伤亡。

5)TBM操作

(1)换步及调向作业。停止一个循环的掘进作业后，放松K_1、K_2的支撑力，调整掘进方向，根据设计要求，刀盘位移与上个循环的相对位置不能超过3cm，其是为防止调向过多，损坏边刀。如何实现调向的平滑过渡，首先应确保前支撑的压力在10MPa左右，K_1、K_2放松，调整后支撑，等前后支撑保持稳定后(调整夹角不再变化)，先撑紧K_1，后撑紧K_2，同时回收前后支撑，可满足每循环间的平滑过渡，进行下一个循环的掘进。

(2)掘进时的始发操作。无论在何种围岩条件下掘进，始发作业都是很重要的。始发作业必须在低速下进行，一般是等掘进10cm后，再慢慢以10%的幅度增加，直到达到推力或扭矩的额定要求。尤其是新换边刀后的起步操作，否则极易损坏边刀。

(3)皮带输送机运转速度的可调性。TBM的渣料运送是由3台长大皮带机通过接力来实现，总功率200多千瓦，所以选择合理的运送速度，将有利于降低成本。应根据渣料的输出量和掘进速度来选择，当掘进速度大于50%时，皮带机输送速度应调整在85%～90%之间；当掘进速度在30%～50%之间时，皮带机输送速度调整在25%～85%之间。

2. 掘进模式的选择

掘进机主控室有三种模式可供选择，即自动推进模式、自动扭矩模式和手动掘进模式。选择何种工作模式，由操作人员根据围岩的状况而定。

在均质硬岩条件下，应选择自动控制推进模式，此时既不会过载，又能保证有最高的掘进速度，选择此种工作模式的判断依据：如果在掘进时，推力先达到最大值，而扭矩未达到额定值时，则可判断为硬岩状态，可选择自动控制推进模式。

在均质软岩的条件下，一般推力不会太大，刀盘扭矩变化是主要的，此时应选择自动扭矩模式。选择此种模式的判断依据：如果掘进时，扭矩先达到额定值，而推力未达到额定值或同时达到额定值，则可判断为软岩状态，加之地质较均匀，则可选择自动扭矩控制模式。

如果不能肯定围岩状态，或围岩硬度变化不均匀，或围岩节理发育，存在破碎带、断层或裂隙较多时，必须选择手动控制模式。

在手动控制模式作业过程中，如围岩较硬，推进力先达到额定值，且围岩较完整，此时应依据推进力操作模式操作，应限制推进压力不超过额定值。如果围岩节理较发育，裂隙较多或存在破碎带、断层等，此时应依据扭矩模式操作，主要以扭矩变化并结合推进力参数来选择掘进参数。

3. 掘进参数的选择

掘进中涉及的掘进参数主要有以下几个参数：刀盘转速、刀盘扭矩、电动机电流值、推进力、推进缸压力、贯入度(每转进尺)和推进速度。其中，电动机电流值与刀盘扭矩、推进缸压力与推进力成正比。实际掘进速度为：

掘进速度＝刀盘转速×贯入度

在已选定刀盘转速后，作为主驾驶员唯一能直接控制的就是选择推进速度。由于不同的围岩情况，而表现出不同的扭矩和推力，实际达到的掘进速度也不尽相同，主驾驶员根据扭矩、推力、刀盘振动、出渣情况，选择推进速度的大小。

掘进机从硬岩进入软弱破碎围岩时，相应的掘进主参数和皮带输送机的渣量、渣粒会出现明显的变化。据此可判断刀盘工作面围岩状况，及时调整掘进参数。

推进速度：在硬岩的情况下，贯入度一般为 9～12mm；当进入软弱围岩过渡段时，贯入度微小上升；当完全进入软弱围岩时，贯入度一般在 3～6mm。

推力：在硬岩情况下，推进速度一般为额定值的 75%左右，推进压力也成相应比例；当进入软岩过渡段时，推进压力成反抛物线形态下降，推进速度随推进压力的下降而适当降低；当完全进入软岩时，压力趋于相对稳定，推进速度一般维系在 40%左右。

扭矩：在硬岩情况下，一般为额定值的 50%左右；当进入软岩过渡段时，扭矩缓慢上升；当完全进入软岩时，由于推进速度的下降，而力矩一般维系在 80%左右。

刀盘转速：在硬岩情况下，一般为 5.4r/min 左右；当进入软岩过渡段时，进行调整；当完全进入软岩时，一般维系在 2.7r/min 左右。

撑靴支撑力：在硬岩情况下，一般为额定值；当进入软岩过渡段时，调整为额定值的 90%左右；当完全进入软岩时，撑靴的支撑力调整为最低限定值。

在掌子面围岩硬度不均匀时，即使扭矩和推力均未达到额定值，部分刀具也可能遇到局部硬岩，而过载失效，同时也对主轴承和内凯产生偏载，此时应根据扭矩和推力的变化情况和刀盘的振动，来判断并采取降低掘进速度的措施，尤其是在掌子面局部坍塌时，刀盘振动加剧，应停机进入掌子面确认围岩情况，必要时采用低速掘进模式，将刀盘转速由 5.4r/min 降为 2.7r/min，减小对周围岩石的扰动，但此时应注意掘进速度也应减半，否则贯入度增一倍，更易导致刀具的过载和刀盘的偏载。

此外，除了合理换步和正确地选择掘进参数外，换步完毕到开始正常掘进的过渡时间内的提速过程也是节约时间、快速掘进的一个因素。在这里有一个误区，即认为在换步以后应以很低速度掘进至每把刀与掌子面均匀接触，否则一开始就以高速掘进会造成很大推进力，而全部由先接触掌子面的部分刀具承受而导致过载。如果这样缓慢提速的话，这个过程会长达 10～15min，严重影响掘进速度，经过仔细分析，完全可以找出解决的办法，可称之为“最硬岩”提速原则。如果能知道掌子面上最硬岩石的硬度，那么以小于它对应的最大掘进速度来掘进，不会引起刀具过载。由于无法准确知道岩石最大硬度，通常在掌子面完整的情况下，换步后采用上一循环结束时的掘进速度档位减小 10 个百分点进行推进，这样不仅节省宝贵的掘进时间，而且其可能导致部分刀具切削局部硬岩而过载的概率也较小，从而寻求到一个在提速和防止过载之间的最佳点。另外，为避免刀盘接触掌子面瞬间推进速度过高，而对电动机传动系统冲击及刀盘的偏载，可在刀盘接触掌子面前(可由刀盘位移传感器判断)，再适当降低速度，待推力上升后逐步提速进入正常掘进操作，如此操作一般耗时在 3～5min，实际掘进中因此导致刀具过载、漏油的事例极少，而得到的好处却是显而易见的，每个掘进循环时间可缩短近 10min。

4.秦岭隧道不良地质条件的处理

秦岭隧道地质主要为混合花岗岩和混合片麻岩，除局部断层或断层破碎带外，围岩的稳定性都很好，但针对TB880E型掘进机而言，仍存在着各种各样的掘进"障碍"。

1)断层及断层破碎带

掘进通过断层及断层破碎带时，在掌子面及岩面没出露护盾之前，就出现掌子面以及开挖面岩石坍塌、从护盾后部向外落石的现象，其主要特征为：

(1)掌子面垮塌。大量的石块堵塞皮带机，需停止掘进，只转动皮带机输渣。

(2)开挖面坍塌。开挖面出露护盾后，出现大量落石，砸坏锚杆钻机，且引起刀盘后面无法清渣，需停止掘进，处理后方可继续施工。

(3)撑靴位置垮塌。岩石松软，无法承受撑靴压力($4kg/cm^2$)。撑靴工作时，在隧道侧壁处引起大量的围岩脱离岩壁。

2)主结构面产状

主结构面的产状对围岩稳定影响特别大，结构面走向与隧道轴向夹角越小，越容易发生围岩坍塌剥落现象，根据自掘进以来情况的总结，当断层主结构面走向与隧道轴向夹角小于45°、倾角小于45°时，在结构面附近，极易出现坍塌。

3)高地应力

在埋深较大和陡坡地段，石质坚硬、岩体完整性较好的情况下，受高地应力及斜坡应力的影响，在隧道右上侧1/4圆范围内，出现岩爆现象。

4)节理发育程度

在秦岭隧道进口标段，存在着相当长的岩石不发育段，且岩石强度高、岩石耐磨性好、硬度高，致使每循环掘进时间达到5.0h，严重制约了掘进进度。

针对秦岭隧道的各种不良地质条件，在施工过程中采取不同的处理方法。

1)F_4区域性断层处理

F_4断层由碎裂岩和断层泥砾组成，为逆断层，通过隧道长度为130m，伴有4条次生小断层。断层岩体多呈碎石状压碎结构，局部为松散结构，有滴水。在II线施工时，出现过大坍塌。

为保证TBM顺利通过，由II线平导进入I线，用钻爆法进行开挖，并完成衬砌，TBM到达后直接步进通过。

2)掉块落石处理

掘进过程中，由于节理裂隙或岩爆造成的掉块落石，施工中主要通过各种不同的支护形式，支顶岩石、限制落石或对可能坍塌岩石进行预加固，主要支护形式有：

(1)I16全圆钢支撑体系支护，辅助网片和ϕ22mm格栅钢架。

(2)混凝土喷射支护体系，辅助ϕ22mm格栅钢架和[12槽钢钢架。

3)掘进坍塌处理

掘进过程中，由于断层造成坍塌，形成空洞，施工中，一方面采用I16全圆钢支撑体系支护；另一方面，及时在空洞中穿入钢板形成喷灌模，并喷灌速凝混凝土，防止岩石继续坍塌。

4)撑靴悬空处理

由于节理发育或围岩破碎，造成撑靴处岩石坍塌，引起撑靴悬空无法提供掘进反力，此时需调整撑靴纵向位置，也可在撑靴没到达前灌注速凝混凝土或用背材填塞牢固，在允许的情况下，也可放弃一个支撑进行掘进，但必须控制掘进推力。

5)岩爆处理

针对岩爆地段，采取掘进出露后钻孔、喷水等方式，减少岩爆发生，同时增加部分短锚杆，以备岩爆发生时挂网用。

5.进料与出渣

掘进机在正常地质条件下的生产能力，取决于其与出渣能力的匹配。对运输方案的选择(有轨运

输、无轨运输或胶带输送方式)依据开挖洞径、隧道长度、隧道坡度,以及通风和投资费用综合考虑。在秦岭隧道 TB880E 型掘进机施工中,皮带输送机在掘进机施工中,将掘进中的岩渣输送到矿车中,完成 TBM 掘进施工,是在 TBM 施工中起关键作用的设备。皮带机一旦出现故障将使掘进无法进行。皮带机分为 1、2、3 三级皮带机,都是由液压马达驱动,PLC 程序控制的,其中 1 号、2 号皮带机是由同一液压泵站驱动控制,3 号皮带机是由另一液压泵站供油驱动、控制。可实现无级调速、自动测速、自动控制功能。

1)洞内轨线布置

洞内运输轨道和 TBM 后配套轨线相一致,采用四轨双线制,轨距 900mm,左、右线对称线路中线,直接铺设在仰拱预制块上。轨道左线、右线之间的两内侧轨距离 1 110mm,穿行式衬砌模板台车的轨距为 2 980mm。结合运输的块件大小,TBM 的出渣量以及设备的配备等情况,采用 43kg/m 的钢轨。洞内轨线设计为直线,纵坡同线路纵坡设计,为 11‰的上坡,左线为重车线(出渣),右线为空车线(进料)。

2)洞外轨线及道岔布置

为满足 TBM 快速出渣进料的要求,洞外轨线也采用 43kg/m 的钢轨、碎石道床、木枕、6 号道岔,轨枕布置为 1 760 根/km。

洞外轨道单线总长 3km,轨道从洞口至翻渣台铺设双线。由于场地地形条件限制,仅在 DK63+627 翻渣台处重车线设 160m 平直道,以满足卸渣要求,其余地段根据场地布置。

3)轨线铺设标准

轨距允许误差为+6mm、−2mm,曲线地段设加宽和超高,必要时加轨距拉杆;直线地段两轨水平允许误差±4mm,钢轨接头处上夹板并铺加枕木。轨枕间距小于 0.7m,轨枕长为 1.5m,道岔处铺设长枕。

4)运输设备的配置

(1)牵引机车配置。根据 TBM 施工技术参数,每台 TBM 各配备 5 台德国 SCHOMA 公司生产的 CFL-200DCL 型内燃牵引机车。由于出口段在出渣时有一段 15%的上坡,故配置的机车为 45t 牵引力。机车具体技术参数见表 6-12。

机车具体技术参数 表 6-12

机车(CFL-200DCL)		发动机(F12L413FW)	
工作质量	35t(1%~5%)	输出	216kW
轨距	900mm	额定转速	2 500r/min
轴载	17.5t(1%~5%)	缸径	125mm
车架长	6 500mm	行程	130mm
车架宽	1 700mm	排量	19.14L
轨面以上高	2 400mm	燃油消耗	242g/(kW·h)
车钩至轨面高	420mm	工作电压	24V
轴距	2 600mm		
一挡速度	0~18km/h		
二挡速度	0~32km/h		
直接挡	37km/h		

(2)车辆配置。车辆由德国 MUHLHAUSER 公司生产,车辆主要参数见表 6-13。

车辆主要参数 表 6-13

车型参数	渣车	混凝土车	钢拱架/钢轨	仰拱块车	人车
载质量(t)	45		16	13	乘 18 人
载体积(m^3)	20	6			
数量(节)	36	4	4	4	4

5)TBM掘进中出渣运输车辆的编组

(1)掘进长度在1km以内时,因运输距离短,可投入两组列车交替使用,每组列车编组依次为1节人车,1节35t机车、10节矿车,1节砂浆罐车,1节仰拱块车,1节材料车。其中,砂浆罐车可根据需要编组,因TBM注浆设备不能满足实际使用要求,改用混凝土输送泵注浆后,列车中已不需专门编入注浆料车而改用砂浆罐车送料(实践证明,这种方法已完全满足施工需要)。初期掘进可投入3台牵引机车,其中2台负责牵引列车,1台负责调车。

(2)掘进长度在1～3km时,随着掘进长度的延伸,应根据运输距离适时投入使用第3列渣车,以轮流装渣,此时机车应3台牵引,1台调车。

(3)掘进里程超过3km,由于运输距离的延长,再加上渣车制动系统密封储气性能的降低,此时应3台机车牵引,减少挂车倒车,洞外1台作调车作业,直至隧道贯通。

6.仰拱块的预制、安装和底部处理

1)仰拱块制作及加热养护工艺流程

仰拱块制作及加热养护工艺流程见图6-47。

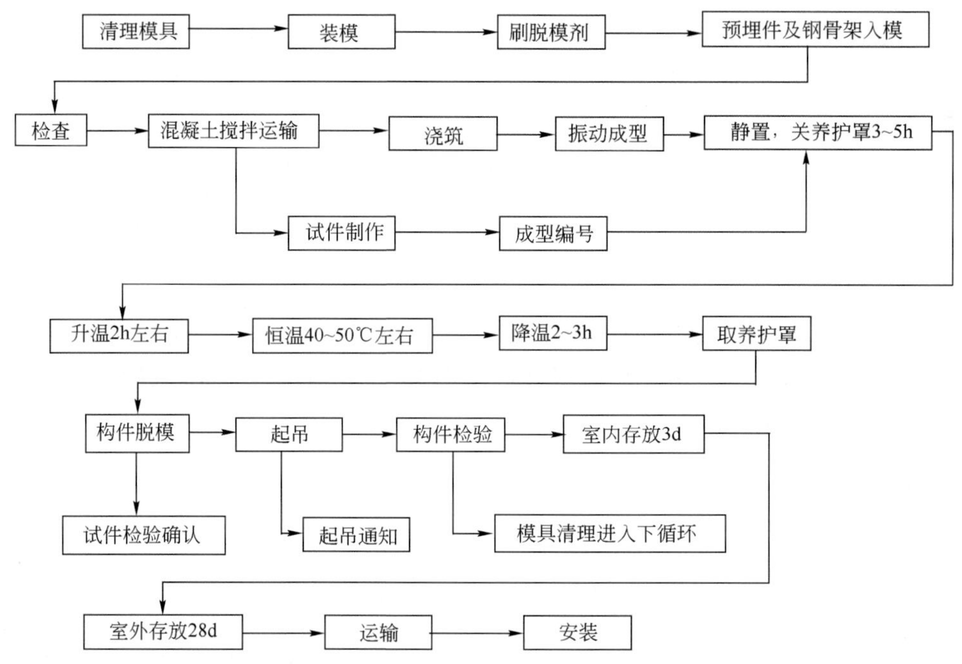

图6-47　仰拱块制作及加热养护工艺流程图

2)加热养护工艺操作要点

(1)仰拱块混凝土由HZS50型搅拌站生产,搅拌站实现计量自动控制;轨道平板车负载料斗运至入模地点,16t桥吊起吊料斗混凝土自流入模(后加一附着振动器),模具上附着式气动振捣器振捣成形,经养生脱模在室内存放3d后,用轨行仰拱运输平板车运至仰拱块翻转台,将仰拱块翻转后用16t门吊吊至存放地点。

(2)17套模具供热、供风为并联形式,各套模具养生温度、湿度实行集中及分点监测。

(3)预制块养生采用加盖养生罩,蒸汽锅炉供热给模具下暖气片加热升温,使环境温度保持在40℃左右,经恒温养生约18h,逐渐降温至室温,拆除养生罩。

(4)养护恒温确定为40～50℃,恒温时间为10～12h,静停时间为3～5h,升降温时间均为2～4h,升降温速度不大于15℃/h。

(5)脱模时,罩内温度与混凝土内部温度及室内温度之差不大于25℃。

(6)脱模强度达到预制块设计强度的50%以上,即不低于20MPa。

(7)罩内湿度保持在90%以上,随时通过补充罩内蒸汽(开关逸汽阀),调控湿度。

3)仰拱块铺设及精确定位

(1)仰拱块车进入连接桥下装卸区后,在回转台上人工回转90°,然后由TBM下的13t仰拱块吊机,用3个链式吊钩把仰拱块从车上吊起,向前运至所需要安装的位置。

(2)仰拱块底部的岩渣及废料由人工清理至渣斗内,通过单轨吊斗卸到刀盘后的皮带机上,由皮带机送到刀盘前面。

(3)利用安装在仰拱块中心水沟的激光指向仪和水平道尺,控制仰拱块的位置(用激光光线检查放在需铺的仰拱块中心水沟中靶的位置,用道尺检测仰拱块的水平)。

(4)利用TBM上的ZED260导向系统确定、校核、调整激光指向仪的激光方向。

4)仰拱块回填密实度检查

(1)回填混凝土粗集料最大粒径10mm,坍落度及15～18cm。

(2)利用仰拱块上的注浆孔进行注浆,注浆压力0.3～0.4MPa。

在注浆14d后用物探技术对仰拱块底部密实度进行检查,对不密实处再次进行压浆。

7. TBM的换步操作和掘进偏差调整

秦岭隧道洞外平面和高程控制测量首次采用GPS定位系统和国家一等水准施测。洞内采用适应于TBM快速掘进的ZED测量导向系统。保证了在长大隧道中TBM快速、准确、高精度地掘进。

秦岭Ⅰ线隧道控制测量和施工测量取得了成功。贯通测量成果表明,横向贯通误差10mm,纵向贯通误差13mm,高程贯通误差4mm,TBM掘进偏差±30mm。

1)控制测量

(1)以导线点及高程点为准进行施工测量。隧道掘进每500m由工程处精测队复核,每掘进1 000m对测点位进行复核。

(2)洞内控制测量施测精度,平面控制测量按二等导线要求和精度施测,洞内高程控制测量按二等水准仪加GM_3光学测微器和GPL_3铟钢尺,定期进行仪器检测,每年一次。

2)施工测量

因TBM掘进快,要求精度高,TBM配备了ZED260测量导向系统,其配备了T_2经纬仪、S_3级水准仪及配套仪器。施测时用常规导线测量方法为ZED系统提供坐标参数,由ZED260导向系统为TBM提供掘进参数,指导掘进。

3)ZED260系统

ZED260导向系统可快速、连续、准确地为TBM提供其轴线与隧道设计轴线的相对关系,并将刀盘中心位置偏离设计位置的偏差值自动数字化地显示给TBM操作人员,使他们随时知道掘进机的空间位置并及时调向,保证了TBM高精度地掘进。

(1)ZED系统以激光为基准进行工作,激光由带激光目镜的电子经纬仪提供。

组合式目标/倾斜靶单元:此单元用来测量以激光为参照物的TBM垂直和水平位移,同时测量激光入射水平角及TBM滚动角和仰视角。

控制单元:操作人员的主显示屏及微机。

(2)ZED导向系统的安装。仪器检定及设备配备;各种支架加工和安装,目标靶组合单元安装;控制单元安装及电缆连接;激光/经纬仪/EDM及接口单元总成的安装和连接;洞内外计算联网。隧道设计轴线DTA表的计算和输入:将隧道设计轴线以空间点形成轨迹的形式,计算出DTA表列;用常规测量方法测出TBM的轴线参数(仰视角、滚动角、导向角),并用参数修正目标靶单元轴线与TBM轴线的关系,同时输入目标靶单元中心相对于TBM轴的坐标(X,Y),将激光/经纬仪/EDM组合单元的经纬仪坐标用常规导线测量方法提供其位置(X,Y,H),将系统检验后进入自动联机状态,系统正常工作,每掘进100m,则经纬仪接口单元总成前移,并重测经纬仪位置(X,Y,H)。

4)ZED260系统导向原理及调向原理

ZED260测量导向系统以安装在隧道内的激光/经纬仪、测距仪发出的激光为基准,接口单元将参数输送给控制单元。目标单元接收激光束，测出光点位置及激光入射角、轴线与靶单元轴线的关系，测出TBM的轴线，并输送给控制单元。控制单元中的计算机系统在考虑了修正参数后能求出靶平面处TBM轴线相对于设计轴线的当前位置（X，Y）偏差，通过TBM与设计轴线的夹角关系计算出TBM刀盘中心位置（X，Y）的偏差，这些数据显示在ZED操作屏上，TBM操作人员可随时调节TBM方向。TBM操作驾驶员主要观测显示屏第一屏页和第四屏页，第一屏页表示TBM靶平面处轴线点的偏差，第四屏页可得到TBM刀盘位置偏差，通过得知TBM轴向与设计轴的夹角（单位用mm/m表示），可以调向。如TBM仰角15mm/m，当前位置偏低50mm，刀盘偏低10mm。

将后支撑油缸调整，使主机轴线继续按15‰掘进，则下循环刀盘中线更接近于设计位置。掘进每循环换步都要观测屏页，随时调向，使刀盘中心始终调整在设计偏差之内。

5）掘进偏差控制

ZED260导向系统是一套适用于TBM快速掘进的测量导向系统。但由于影响TBM掘进偏差的因素很多，建立TBM掘进偏差控制制度尤其必要。当遇特殊情况时，应及时采取措施，严格控制驾驶员调向，确保掘进质量。影响TBM偏差因素有以下几点：

（1）测量精度。由于TBM开挖断面为圆形，所以系统无法控制测量与施工测量的偏差，直接影响掘进和仰拱块铺设的精度。

（2）灰尘大将直接导致发射的激光束无效，由于系统无法接收到光信号，系统无法正常工作，故通风系统必须确保工作正常，尤其是除尘风机的正常运行，遇特殊情况时需停机通风。

（3）高温、水气大将使空气变得不均匀，使激光束折射，这是导致ZED系统出现误差的主要原因。

（4）地质条件差，将导致TBM支撑系统减弱，主机无法按设定的方向掘进，围岩坍落时应有相应的处理对策。

（5）由于TBM刀盘自重及旋转对围岩的反作用力，刀盘有偏低、偏左的趋势，掘进时应有意识地向右、向上掘进。

（6）必须确保没有灯光直射到目标屏上，此外要保证激光光路畅通。

（7）驾驶员调向技术水平有待进一步提高，通过学习、培训及加强管理，操作人员业务水平能明显提高。

6）TBM掘进中换步要点

在完成一个掘进循环后转入下一个循环换步，换步方式对刀具及掘进速度有较大影响。换步要点是：

（1）刀盘退后2～3cm；

（2）刀盘空转10～20s，停止刀盘旋转，停电动机，停皮带机；

（3）撑出护盾下支撑，使油缸压力升至18MPa；

（4）松夹紧油缸，此时护盾下支撑压力下降，应继续升压至14～16MPa，期间若感觉边刀刮擦洞顶，可停止撑出；

（5）撑出后支撑，并使后支撑竖直缸压力升至15MPa左右；

（6）放松外凯Ⅰ和外凯Ⅱ；

（7）向前移动外凯，同时进行外凯偏转调整及主机姿态调整；

（8）外凯就位后，调整主机滚动；

（9）撑紧外凯Ⅰ和外凯Ⅱ至27MPa左右；

（10）将所有护盾支撑收回；

（11）撑出护盾下支撑至外凯Ⅰ，撑靴压力升高0.2～0.4MPa，将其余护盾撑出至贴近洞壁；

（12）夹紧油缸夹紧；

（13）拖后配套，并向前移动后支撑；

（14）拖后配套同时，启动皮带机，并顺次启动主电动机；

(15)启动刀盘旋转，此时护盾下支撑油缸压力约为12MPa，并可升至14MPa；

(16)开始掘进。

另外，在软岩或破碎地质条件下掘进时，推力较小，扭矩较大，振动较大，掘进时可将顶护盾及侧护盾撑出至5MPa左右，使之与洞壁保持浮动支撑，可大大减小振动，降低扭矩峰值，对刀具受力、电动机寿命及主机寿命均有好处。

8.通风、除尘和其他配套辅助设备的应用

(1)通风系统

该系统为TBM长大隧道掘进所不可缺少的部分，其功用至关重要。其主要完成TBM掘进、保养期间向隧道内通入新鲜的自然空气。由洞外通风管延伸，与TBM设备上风管相连，将新鲜的空气压入主机尾部，将含有岩尘等混浊的空气排出洞外，通风形式为压入式通风。其系统主要构成设备：洞外每台250kW的风机共3台。TBM尾部由接力风机、风管组成，洞外3台风机的使用分配：1～3km隧道长度，由1台风机完成；3～6km的隧道长度由2台风机完成；6～9km隧道长度由3台风机完成。

(2)除尘系统

除尘系统在TBM掘进期间使用。因TBM破岩时会产生大量极细的粉尘，若不经过除尘，对操作人员和其他设备会构成致命危害。除尘系统的工作机理是吸入式旋流水除尘。TBM掘进期间，吸入风管将刀盘前部和主机前部的粉尘吸入除尘器，通过过滤、旋水喷射除尘，将除过尘的空气排出，含有岩尘的过滤水经沉淀后循环使用。其系统主要由吸风管、除尘风机、消音设备、水除尘器、沉淀水箱、循环水泵等构成。

(3)锚杆钻机、钢拱架安装系统

这两个系统主要完成TBM掘进期间在围岩比较破碎情况下，对岩面的锚固和支护工作。锚杆钻机在主机前、后各2台，分别对上部和下部作业区岩面进行锚固。钢拱架安装器在刀盘后部，在破碎岩面自护盾上部刚刚露出时，对其实施拱架支护。

(4)喷浆系统

该系统在设备桥后部20m左右区域，主要完成破碎岩面在锚固、支护后的二次喷浆加固。采用输送泵泵送混凝土浆液，输入到喷浆机械手，对岩面进行垂直喷浆。

(5)吊机

为完成TBM各部位大小件的起重要求，还设有多个吊机。如：仰拱吊机，主要完成主机后部设备桥下部仰拱块的铺设；下部材料吊机，主要完成自洞外运进的除仰拱块外的其他辅助料，如钢轨、拱架、网片、锚杆等的起吊；上部材料吊机，主要完成对由起升平台倒运到设备桥上部的材料的二次吊运、摆放。起升平台，主要用于设备桥处上下材料的起升运输，像主机上部使用的材料均可由该设备起运到设备桥上部平台。

(6)空压机

配有英格索兰20m^3/mm电动螺杆式空压机，其主要产生额定压力0.8MPa的压缩空气。TBM上主要有三类设备使用压缩空气：一是主轴承，K氏油脂润滑系统；二是喷浆系统；三是风动工具的使用。

(7)备用发电动机

备用发电动机属应急备用电源。仅作照明、通风、除尘等系统的供电使用，在网电突然停电时备用，属自动切换。

以上是通风、除尘和其他辅助设备在TBM上的功用。掘进期间，在硬岩与软岩情况下使用时，以上各设备的使用保养是不尽相同的。

在硬岩情况下，由于岩石较硬，TBM破岩需消耗更大的能量，转换成热量的那部分能量自然就多，洞内温度增高，就要求通风系统的制冷器增大功率，以降低洞内温度。洞内温度的增高，有可能使电动空压机吸入外部空气温度增高，从而导致螺杆温度增高，造成自动停机。硬岩所造成的洞内温度增高的负面影响，对通风、除尘和其他辅助设备来说，仅对空压机有影响；此外，由于硬岩掘进，岩面成形较好，对锚杆钻机、钢拱安装系统、喷浆机、吊机、备用发电动机来讲，温度增高并无特殊影响。对支护、喷护设备来讲，其工作量和使用频率会相对减小。

在软岩情况，由于岩石较软，或较破碎，刀盘破岩后，容易形成许多小块岩石，这些小岩石在吸入除尘风机后，容易造成除尘叶片因撞击而发生裂缝损坏，造成除尘能力下降。由于除尘能力降低，洞内空气会较硬岩更差。恶劣的洞内空气，要求增加通风量，此时可以增开洞外通风机，增加风量，使洞内粉尘含量较高的空气及时排出洞外。洞内空气的恶化，对空压机也有影响，由于吸入空气粉尘含量高，螺杆工作时容易产生摩擦热而使空压机由于温度高而自动停机。在软岩中掘进，岩面成形较差，支护、喷浆工作量很大，此时锚杆钻机、拱架安装系统、喷浆系统的工作量会增大，用于倒运材料的各吊机工作量和使用频率也会增加。

四、质量与安全管理

(一)质量管理

由于施工方法的改变，施工质量管理的内容也发生了变化，其包括掘进方向控制、支护质量、地质预报、不良地质的处理等。

根据施工特点，TBM 施工质量管理必须做到全过程控制，特别是针对仰拱块铺设注浆这一隐蔽工程，由于其贯穿于施工全过程，更需要实行质量控制，并需对每一块作好质量记录，以达到质量的可追溯性。相对钻爆法来讲，TBM 施工质量管理“化整为零”，投入的人力相对钻爆法要多。

TBM 施工质量管理的基础是良好的设备性能和高素质人员。作为机械化的隧道开挖，设备完好直接影响着质量控制。如除尘风机除尘效果差，将导致 ZED 激光折射，引起掘进方向偏差；喷射机性能影响喷射效果等。施工人员素质对质量管理的影响比钻爆法大。

由于质量控制贯穿于施工的全过程，因此对施工人员的素质要求相应提高。施工人员包括相关的机械修理、操作人员、施工人员、技术人员、管理人员等。

(二)安全管理

TBM 施工安全管理的主要内容：运输安全管理、设备安全管理和人员安全管理。

除因车辆运行速度快，隧道内空间不充足外，进行运输安全管理另一个原因是，运输车辆为多个矿车(料车)串联一起，由于各种因素影响，容易造成脱钩、溜车现象，直接威胁着设备、人员的安全。

设备安全管理：TBM 占据了隧道的大部分空间，所有施工人员，施工车辆及材料都聚集在 TBM 上，因此，设备受损的概率较大，一方面可能有落石砸坏设备，另一方面可能会发生因人员操作不当造成设备的损坏。

科学的技术支持、严谨的组织管理、高素质的维修保养人员、严格的施工纪律奖罚措施、先进的监测手段，将 TBM 维修保养工作组成一个有机的整体，这极大地提高了 TBM 维修保养质量和时间利用率，保证了 TBM 高效率发挥作用。

第四节　施　工　实　例

一、大伙房引水隧洞

大伙房输水工程位于辽宁省东部山区的本溪市桓仁县和新宾县两个县级行政区域内。主体工程长 85.32km，隧洞洞底坡度 1∶2 380，埋深大多在 100～300m，沿主洞线布置了 14 条施工支洞。隧洞前 24.58km 采用钻爆法施工，后 60.73km 采用 3 台掘进机为主、钻爆法为辅的施工方法，开挖直径 8.0m，成洞直径 7.16m。

本工程掘进机施工共分三个标段：

TBM 1 标段包括 10 号、11 号、12 号支洞、主隧洞及临建工程，全长 22 651.35m，见图 6-48。

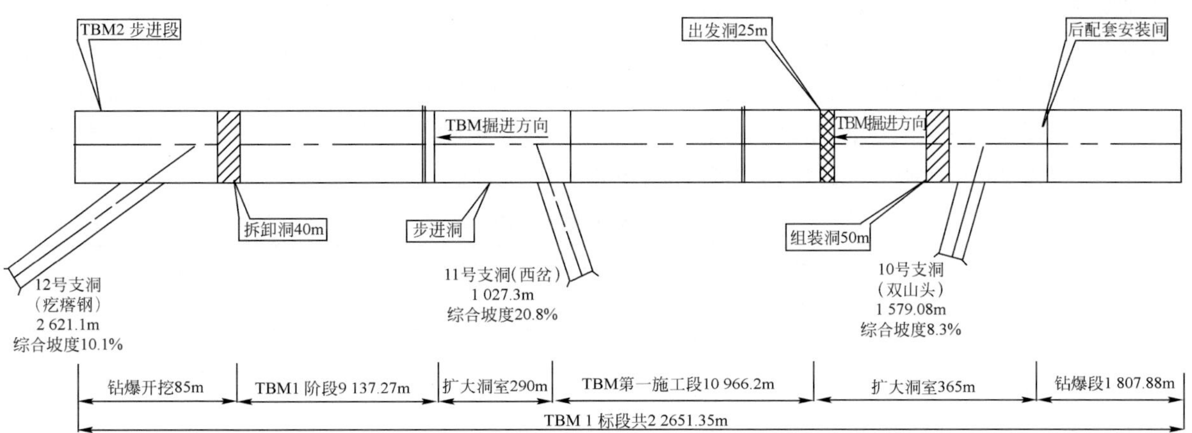

图 6-48　TBM 1 标段示意图

TBM 2 标段包括主隧洞和 13 号、14 号、15 号支洞及临建工程，全长 22 464.25m，见图 6-49。

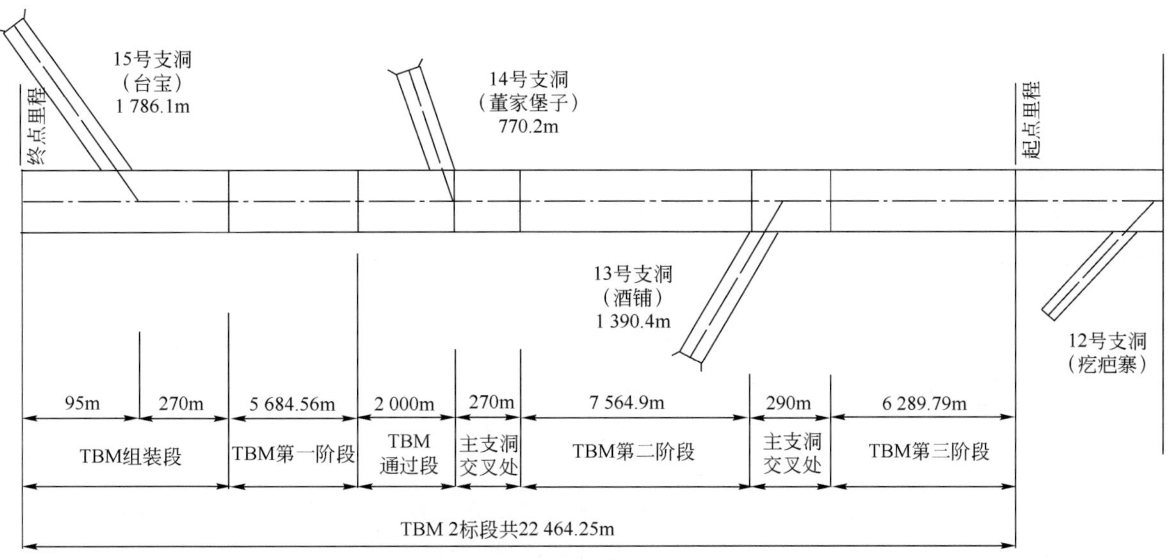

图 6-49　TBM 2 标段示意图

TBM 3 标段包括 16 号支洞、主隧洞、出口建筑物及临建工程，全长 18 594.156m，见图 6-50。

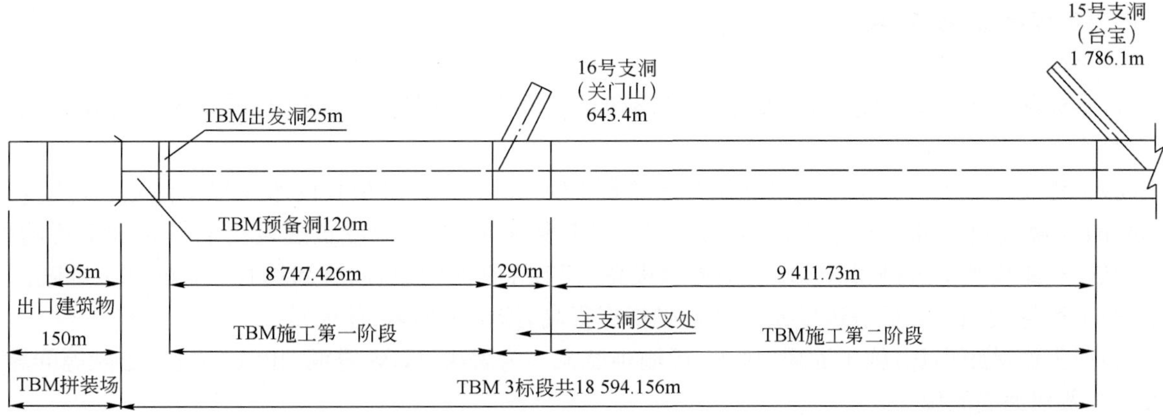

图 6-50　TBM 3 标段示意图

(一)地质概况

隧洞穿越的太古代、元古代、中生代等地层，多为中硬岩，围岩稳定性、整体性较好，强度一般较高，主要有混合岩、混合花岗岩、白云石大理石、大理石夹变砾岩、浅砾岩、石英砂岩、砂岩、页岩、火山角砾岩、安山岩、凝灰岩等。掘进机通过地段洞室的主要岩性为角闪斜长片麻岩、花岗片麻岩、二云斜长片麻岩等，饱和抗压强度为 45～109MPa；角砾熔岩、流纹岩的饱和单轴抗压强度为 50～75MPa；砂岩为30～50MPa；凝灰岩为 25～50MPa。表 6-14 为各标段围岩长度统计。

各标段围岩长度统计表 表 6-14

标　　段	掘进长度各段围岩类别及长度(m)				
	II	IIIa	IIIb	IV	V
掘进机 1 标段	9 365	7 697.17	4 909.18	680	60
掘进机 2 标段	8 700	5 122.83	7 011.42	1 505	125
掘进机 3 标段	1 800	2 940	11 693.6	2 110.58	50

掘进机 1 标段：

采用钻爆法进行 10 号施工支洞 1 579.08、11 号施工支洞 1 027.3m、12 号施工支洞 2 621.1m 及主洞钻爆段 1 807.88m、扩大洞室 TBM 组装段 365m、11 号主支洞交叉段 290m、扩大洞室 TBM 拆卸段 85m 的开挖、支护及衬砌，钻爆法施工支洞共计 5 227.48m，主洞钻爆段共计2 547.88m。

采用 TBM 施工的主洞，共分两个阶段：

第一阶段 10 966.2m；

第二阶段 9 137.27m。

TBM 掘进合计总长 20 103.47m。采用维尔特 TB803E 开敞式掘进机施工。

掘进机 2 标段：

采用钻爆法进行 13 号施工支洞长 1 390.4m、14 号施工支洞长 770.2m、15 号施工支洞长 1 786.1m 及主洞 TBM 通过段 2 000m、TBM 安装段 365、13 号主支洞交叉处 290m、14 号主支洞交叉处 270m 的开挖、支护及衬砌，合计开挖支洞 3 946.7m，合计开挖正洞 2 925m。

采用 TBM 施工第一阶段 5 684.56m，第二阶段 7 564.9m。

掘进机 3 标段：

采用钻爆法进行 16 号施工支洞 643.4m 及主洞 TBM 施工预备洞 120m、TBM 出发洞 25m、16 号支洞与主洞交叉处扩大洞室 290m 的开挖、支护及衬砌，合计开挖支洞 643.6m，合计开挖主洞 435m。

采用 TBM 进行施工共分为两阶段：

第一阶段为 8 747.426m，第二阶段为 9 411.73m，合计掘进 18 159.156m。

掘进机 2 标段采用罗宾斯 MB264-310 及 MB264-311 开敞式掘进机施工。

(二)工程特点、重点、难点

本工程具有以下特点：

(1)本标段工程地质、水文地质复杂，分布有断层、涌水、岩爆等不良地质，需要采取有效的施工措施，克服不良地质的影响。

(2)工程规模巨大。大伙房输水隧洞全隧总长 85.32km，为我国最长的水工输水隧道，采用直径为 8.03m 的开敞式硬岩掘进机施工，隧道断面大，施工要求高，在我国隧道建设史上具有很重要的影响力。TBM 长距离独头掘进对 TBM 设备要求很高。TBM 在洞内组装、拆卸具有一定的施工难度。

(3)工程量大，TBM 掘进进度及正洞衬砌指标很高，施工工期紧，任务重。

(4)独头掘进距离长，施工通风、排水、运输难度大。为解决 TBM 进洞、出渣、进料、通风等问题，施工采用 3 条辅助支洞施工。

(5)输水工程施工对环保、水保、文明施工要求高。

(6)工程区域属于温带季风型大陆性气候，冬季严寒、干燥，夏季温热、多雨，多年平均气温为4.8℃，

最高气温为38.9℃，最低气温为－40.5℃，冻土深度1.39m，冬季施工时间长。

下面以掘进机2标段为例分析本工程重点、难点及对策见表6-15。

工程重点、难点及对策表　　表6-15

序　号	工程重点	施工对策
1	工期安排的合理性及保证措施	1. 发挥专业优势，配备机械化作业线，加快15号支洞施工。 2. 做好TBM选型，用新奥法原理完善支护体系，配备处理不良地质的各种辅助设备。 3. 加强管理，减少支护时间，做好工序衔接，提高TBM设备利用率。 4. 应用穿行式全圆模板台车新技术，加快衬砌施工进度。 5. 根据最佳的资源配置原则，优化施工组织设计，加大科技投入，选择最佳的施工方案。 6. 确定分阶段工期目标，加强关键线路工期的管理
2	TBM在软弱围岩中的施工技术及防塌措施	1. 采用信息化施工，TBM施工段做好超前地质预报、超前固结灌浆加固工作。 2. 开挖采用软岩掘进模式，软弱围岩地段加强施工支护，选择合理的掘进参数。 3. 加强断层、涌水等不良地质地段的施工
3	TBM设备管理及机况保证措施	1. 健全和规范TBM设备管理机构和管理制度，进一步完善和规范机械设备管理制度和技术细则。 2. 做好TBM配件使用计划，保证配件供应
5	运输系统的高效运转	1. 正洞出渣采用皮带机运输方案连续出渣。 2. 15号、14号、13号支洞设皮带机出渣，加强对皮带机运输的管理。 3. 注重有轨运输系统的维护。 4. 加强斜井提升运输系统的安全管理及洞内出渣管理。 5. 加强无轨运输施工管理
6	洞内组装及拆卸	1. 根据工期要求，选择最佳的组装方案，依据经济、满足工期的原则布置施工洞室。 2. 精心编制TBM组装、TBM拆卸措施，严格做好洞内组装、拆机施工安全管理工作
7	模筑混凝土衬砌	1. 15号支洞与14号支洞之间使用1台穿行式全圆模板台车和一台普通模板台车衬砌。 2. 14号支洞与13号支洞之间使用1台穿行式全圆模板台车衬砌。 3. 13号支洞与12号支洞之间使用2台穿行式全圆模板台车衬砌

三个标段工程TBM掘进过程中TBM 3标段曾遇到塌方，TBM 2标段曾遇到更换大轴承，TBM 1、TBM 2标段均曾遇到涌水等困难，都被成功解决，工程总体进展顺利，TBM 1标段平均月进尺618m，最高月进尺达1 058m；TBM 2标段平均月进尺522m，最高月进尺达750m；TBM 3标段平均月进尺500m，最高月进尺达1 111m。

（三）TBM简介

TBM 1、TBM 3标段分别采用罗宾斯MB264-310及MB264-311TBM掘进机，TBM 2标段采用维尔特TB803E开敞式掘进机。TBM的主要技术性能见表6-16。

TBM主要技术性能　　表6-16

项　目	内　容	维尔特TBM	罗宾斯TBM
掘进机型号		TB803E	MB260
开挖尺寸(mm)	直径	8 000～8 030	8 000～8 030
扭矩(kN·m)	额定扭矩	7 670kN·m，3.55r/min	6 805kN·m，4.2r/min
		4 540kN·m，6r/min	4 533kN·m，6.32r/min
	脱困扭矩	9 600	10 000
		最大7 670	

续上表

项　　目	内　　容	维尔特 TBM	罗宾斯 TBM
推进力(kN)	最大推进力	21 000	19 000
	额定推进力	14 750	17 105kN(19in) 13 750kN(17in)
掘进速度(m/h)	平均速度	平均 4.3	平均 5.3～6.1
	混合岩	3.2～4.7	4.1～4.7
	正长斑岩	5.0～5.2	5.4～6.3
	火山凝灰岩	4.95	5.9～6.7
	砂岩	4.95	5.9～6.7
掘进行程(mm)		1 800	1 870
刀盘功率(kW)		3 000	3 000
总功率(kW)		～3 940	～4 000
总质量(t)		主机 780	主机 650
外形尺寸(m)	主机长度	22	31
	掘进机总长	155	161
刀盘及刀具	滚刀直径	432mm(17in)	483mm (19in)
	最大刀具荷载 中心数量	250kN	311kN
		6 把	8 把
	单刃刀数量(把)	59	47
	刀圈总数量(个)	59	55
	扩孔刀	3 把	调整边刀
	刀具安装	背装式	背装式
刀盘驱动	类型	变频驱动	变频驱动
	功率	3 000kW、8×375kW	3 000kW、10×300kW
	主轴承形式	三滚柱	三滚柱
		(轴向—径向—轴向)	(轴向—径向—轴向)
	主轴承密封	唇形密封	唇形密封
	刀盘转速(r/min)	0～7.1	0～6.32
TBM 皮带机	能力(m^3/h)	780	1 104
	长度(m)×宽度(mm)	25×1 000	26×1 067

罗宾斯 TBM、维尔特 TBM 及后配套都具有现代先进结构特征。

(1)刀盘回转动力都采用变频电动机(VFD)驱动，这在国内 TBM 上首次应用，TBM 掘进过程中岩性变化大，遇软岩时要求 TBM 小推力、低转速、大扭矩掘进，遇硬岩时则要求 TBM 大推力、高转速、低扭矩掘进，VFD 驱动能无级变速，能自动适应上述要求，提高了进尺速度。

(2)控制系统均采用可编程控制器(PLC)，系统与 VFD 匹配，方便可靠地控制 TBM 掘进，控制液压、电气、激光导向和监控系统等。

(3)大轴承均用三轴式(二轴向，一径向)，其承载能力大，使用寿命较长。

(4)采用激光导向系统，在操纵室屏幕上显示 TBM 偏离方向，用数字(cm)表示上下左右偏离值，偏离及时得到纠正。

(5)维尔特 TBM 采用 17in(432mm)盘形滚刀，罗宾斯 TBM 采用 19in(483mm)盘形滚刀，换刀都可在 TBM 刀盘背后进行，减轻了劳动强度，增加了安全性。19in 滚刀在国内首次应用，承受推力大，使用寿命长，破岩量大，增加了进尺，但自重大，换刀难度大。

(6)都有一套数据收集系统，经计算机把收集到的信息、数据随时可以显示分析，可以画出饼状、柱状图，如掘进进度、时间利用、刀盘推力、刀盘扭矩、液压、电压、电流等。

(7)都有一套机上支护系统，如锚杆钻机、圈梁安装机、超前钻机、喷射混凝土机、仰拱安装机等。罗宾斯 TBM 上还安装钢丝网安装机。

(8)出渣都采用连续皮带机，在国内首次应用。

TBM 1、TBM 3 标段采用的 TBM，结构简单、机动灵活、换步快、转弯半径小、转向灵活，掘进中能调向，对岩质均匀，单轴抗压强度为 25～119MPa 的岩层，此 TBM 结构有突出优势，能达到快速掘进；又 TBM 是单对水平浮动支撑，电动机与回转传动系前置，使整机重心靠前，远离水平支撑，形成悬臂支撑，而前支撑又不是基准点，前支撑落洞底将随洞底岩石破碎、松软而下沉，如操作不当时，则机头将随之下沉，一旦机头下沉，纠正较难；TBM 3 标段 IIIb、IV、V 类不良岩石占 74.5%，特别注意经过松软岩石、破碎带及断层时要精心操作，避免 TBM 机头下沉；TBM 掘进涌水地段，尤其是顺坡掘进，排水问题应高度重视；材料运输及人员进出全靠单轨内燃机车牵引运送，当隧洞掘进延伸较长时，急需器材和人员的进出就显得不便，一旦遭遇突发事件，运输则更加困难，应考虑应急措施、方案；隧洞掘进长距离通风除尘应引起高度重视，应定期监测空气中岩粉含量。

二、台湾雪山(坪林)隧道

(一)工程简介

北宜高速公路穿越崎岖山区，共 5 座隧道，隧道总长度达 20.1km，其中最长的坪林(原坪林)隧道长约 12.9km，是完成北宜高速公路建设计划的关键工程，雪山隧道示意图见图 6-51。该条隧道由东行线和西行线两条主隧道和一条“导坑”隧道组成，中间有三对通风用的竖井，最深的超过 500m；两条主隧道之间，有 28 座人行联络隧道和 8 座车行联络隧道。发生紧急情况时，人员可从联络隧道向导坑隧道撤离，这也是当时世界上独一无二的设计。

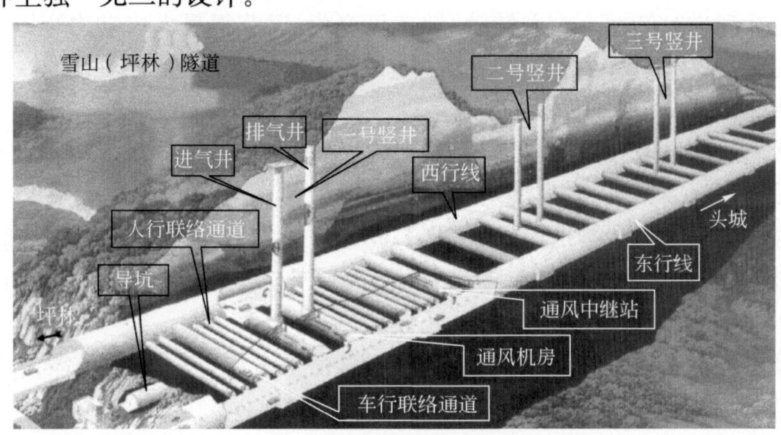

图 6-51　雪山隧道示意图

沿线通过的地层由东而西大致为枋脚层、妈冈层、大桶山层、粗窟层、干沟层及四棱砂岩层。本隧道西半段路段，岩性主要为砂岩、页岩、硬页岩及砂页岩互层，岩性较佳；东半段路段主要为硬页岩及四凌砂岩，岩质较为破碎，只有四凌砂岩的单轴抗压强度达 148～167MPa。

隧道最大埋深 720m，通过石槽、石牌、大金面、巴凌、上新与金盈等 6 条主要断层(其中最大断层带预计宽达 50m 以上)及莺子濑与倒吊子两处向斜构造，地下水丰富。

为缩短工期，减少环境污染，降低劳工需求压力，主隧道采用 2 台当时技术装备最先进的双护盾掘进机施工。TBM 的开挖断面直径约为 11.74m，开挖后岩壁支撑以混凝土管片为主，隧道洞口段先行以钻炸法施工。导洞采用直径 4.8m 双护盾掘进机施工。

(二)隧道开挖

对于这座长 12.9km 的坪林隧道，原来设想会以较快速度掘进。因为现代化的掘进机技术具备掘进速度快这一优点，同时还具备劳动力要求少的特点。

该隧道计划用 3 台护盾式硬岩 TBM 施工：1 台直径为 4.8m 的罗宾斯 TBM 用于平导掘进，TBM

总长(含后配套系统)约188m,采用电驱动;2台直径为11.74m的维尔特TBM用于主洞掘进,TBM总长(含后配套系统)约237m,由液压驱动,它是当时世界最大尺寸,也是功能最齐全的双护盾掘进机。3台TBM均由宜兰往坪林方向(1.255%上坡)施工。

对于主洞,预计一台TBM平均掘进进度达360m/月,而采用钻爆法平均进度为50m/(月·工作面)。长12.9km的坪林隧道,采用TBM法工期为4.5a,比采用钻爆法15a的工期短得多。

而当时只掌握有很少的地质资料(见图6-52),风化岩层和茂密的植被使得探测钻孔和勘测工作开展非常困难。沿12.9km长的隧道定线施作的10个岩芯钻孔(计2 271m)的大部分和其他辅助调查都是在东线洞口段范围内进行的,而且只有很少的岩芯钻孔穿过了大于750m的覆盖层,到达隧道高程。

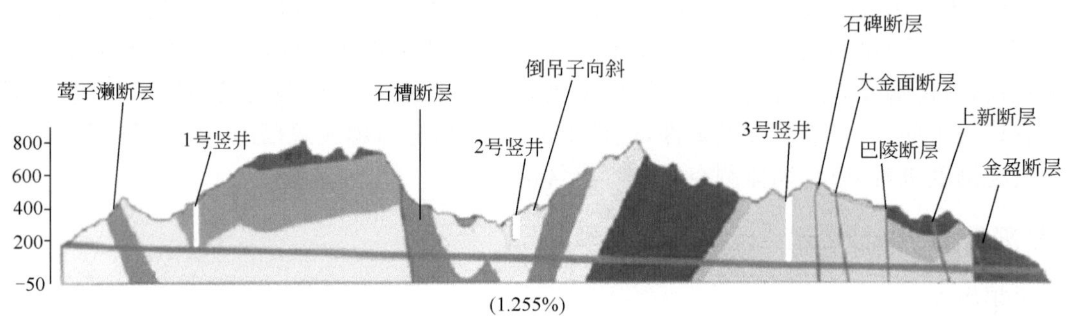

图6-52 雪山隧道地质剖面图

施工前,对2台主洞双护盾掘进机进行了多方面的改进:

(1)安装了扩孔刀,以便可在有压地层中扩大掘进直径。

(2)刀盘可以相对于护盾抬升,以扩大护盾上方的间隙。

(3)刀盘可顺时针和逆时针两个方向转动,转速可变化,以获得最大启动力矩。

(4)在刀盘上安装盘式滚刀和掏槽滚刀。

(5)刀盘上进渣孔口可部分关闭,以控制岩渣进入。

(6)关闭刀盘圆周上的进渣孔口和辅助液压控制的闸板,关闭运渣槽,以阻止水和稀泥进入盾壳内。

(7)在盾尾后面安装超前钻机,以方便进行支护。

(8)设置链式输送机取代皮带输送机,以便将一同输送的水排入设置在盾壳底部的抽水坑内。

在坪林隧道开挖中遇到的主要问题与隧道东口最初2~3km极为复杂的地质状况有关。然而,在设计阶段没有对这一极为复杂的地质状况进行充分评估。

岩体由极硬的砂岩(石英含量达98%)组成,为有薄黏土夹层的层状构造体。由于存在黏土夹层,该岩体有时为松散岩层,有时为挤压地层。

岩体中的孤立带、断层带和破碎带(地下水库)有大量地下水突然涌入。

小直径TBM是专门用来在良好岩体中开挖平导的,并且预计施工进度很高。但这台TBM在不良地质条件下遇到了严重问题(在1km多一点儿的隧道掘进中,掌子面坍塌多达10次,造成TBM受阻)。

由于岩体的强度和耐磨性很高,已经证明,在平导掘进中钻勘探孔和防排水孔很困难,且耗时费钱;同样,为了改善岩体性质,以便以后大直径TBM进行正洞开挖,需沿平导断面圆周钻注浆孔也很困难,且耗时费钱。

以预测的不良地质情况为基础,2台大直径TBM是以当时最先进的技术制造的。但是,这两台TBM却是在极为不利的岩层中掘进,且这种极为不利的岩层不能像当初预计的那样从平导内进行注浆改良。

考虑到上述因素,可能会出现以下问题:

(1)由于岩石的耐磨性极高,对整个刀盘的磨损很快,因此,不能给刀盘施加足够的推力,从而造成掌子面不稳定,且难以控制。

(2)隧道拱顶和边墙不稳定,从而造成对混凝土衬砌和隧道开挖断面之间的环形间隙进行的日常注浆难以实施。

(3)由于盾壳与围岩之间可能的相互作用(如岩块对盾壳造成的摩擦),盾壳可能会被卡住,且由于不能对较薄的混凝土衬砌施加足够高的轴向推力,因此盾壳脱困困难。

主洞(东线)于 1993 年 7 月 23 日开工(计划于 1999 年完工),先在洞口以钻爆法开挖 732m,1996 年5 月采用 TBM 施工,东线 TBM 共掘进 3 925m,处理和故障停机 5 次,计 374d。1997 年 7 月 10 日 TBM 在掘进中,掌子面发生顶拱及侧壁岩体连续坍塌 80m,深度达 3.5m 以上,且涌水量增加,TBM 无法掘进,见图 6-53。于是决定暂停 TBM 全断面开挖,改以在顶部进行导坑钻爆方式先行支撑补强及前方地质处理工作,而后用 TBM 来挖掘下台阶并安装管片衬砌。采用这种"混合"方法完成了近 1 935m长度隧道后,才恢复 TBM 全断面开挖。

图 6-53 掌子面塌方

TBM 在东线的施工中,下述问题严重影响了 TBM 的正常掘进:

(1)由于盾壳周围围岩的变形,盾壳常被卡住,当加大油缸推力使护盾前移时,管片的强度又不能提供足够的反力。

(2)刀盘没有足够的推力顶住掌子面,造成掌子面的坍塌而无法控制。

(3)拱顶和边墙的变形使管片和隧道开挖间隙的注浆充填无法进行。

(4)超前支护也受干扰。

主洞(西线)于 1993 年 7 月 23 日开工(计划于 1999 年完工),先在洞口以钻爆法开挖 881m,1996 年8 月改以 TBM 施工,西线 TBM 施工期间共掘进 456m,处理和故障停机总计 10 次,计 961d。

TBM 于 1997 年 12 月在开挖 456m 时,通过上新断层带的剪裂带交错区时,位于隧道截面左上方,未被探测到的地下蓄水突然爆出,冲毁无螺栓连接的管片衬砌,此时 TBM 刀盘后方约 30m 处也出现 750L/s、水压达 1.8MPa 的涌水,涌水及岩渣造成已安装的管片断裂,其上方有约 7 000m^3 岩块等掩埋了 TBM 主机和它后面 90m 长的后配套系统。

经厂家确认,修复西线受损的 TBM 总代价比买一台新 TBM 还要贵,因此这台 TBM 被放弃,并于 1999 年底而完成拆除作业。主洞(西)全线改钻爆法施作至 2003 年 4 月贯通。

导洞位于主隧道两个行车孔洞之间的较低位置。开挖导洞的目的不仅仅是为了探测基岩的结构状况,也是为了超前排出山体涌水以降低山体地下水位和水压。除此而外,也可在必要的时候由探洞处理两台主洞掘进机前方的岩层。导洞工程完成之后即可作为避难洞和排水洞使用。1991 年 11 月,订购了一台直径为 4.8m 的罗宾斯掘进,施工计划是长 12.9km 的导洞工程应于 1995 年 3 月结束。

导洞自 1991 年 7 月开工,先以钻爆法开挖 525m,导洞 TBM 于 1992 年 12 月 22 日开始掘进,到 2003 年 10 月 20 日全线贯通时,共掘进 5 169m。TBM 受困停机的总天数达 1 228d。其中,前八次受困,平均耗时 1~3 个月进行处理,第九次用了 10 个月、第十次用了 7.5 个月、第十一次用了 4.3 个月、第十二次用了 2.5 个月、第十三次用了 2.4 个月时间处理。此外,更换大齿圈用了 2.8 个月。

在掘进过程中,由于掌子面崩塌而卡住切削头的状况已经发生有 10 次之多。每次崩塌发生后,都需要人工开挖绕行洞绕过掘进机盾壳,以清出被卡住的刀头。最初施工人员认为掘进机的功率及扭矩过小而不足以使切削头切削钻进，并且在切削头被岩块卡住时不能使切削头转动。

以导洞 IBM 第十次受困为例：1996 年 2 月 5 日开挖面上方发生坍塌后，地下水随即涌出，最大出水量达 143L/s。地质状况是：坚硬而破碎石英砂岩，并夹有厚度十至数十厘米的薄层页岩及碳质页岩，层面走向大致和隧道纵轴方向一致，还有两组断层通过导洞，断层破碎含泥带的宽度达 10m，形成不透水的阻水带，挡住了前方的高压含水层，当 TBM 开挖靠近时，巨大的水压将断层破碎带冲破、大量涌出，后续长期观测涌水量仍维持在 100L/s，地下水涌入 TBM 内、机头前方崩坍，此时被迫停机 221d，对 TBM 进行抢救。

导洞 IBM 受困停机之后，需要从机尾处另行挖掘迂回导洞，绕行至 TBM 机头处，挖掘的同时还需要灌浆止水，然后将机头位置坍塌的渣料挖除，检查修复 TBM 受损的部分。

导洞 TBM 受困的主要原因是页岩受地质构造作用后，剪裂带多呈破碎且部分含“剪磨泥”，TBM 一旦开挖至此地质软弱带时，开挖面围岩容易崩塌，大量土石渣料挤入刀盘及盾体内，造成 TBM 刀盘受阻，且渣料输送系统来不及处理而受困。在遭遇涌水地点，属于页岩中的较透水的破碎带，其汇集的水量较大，当开挖此软弱带时，开挖面先发生坍塌，水也随即由松动的破碎带中涌出。

经过组织者长时间的论证，为减少工期压力，决定增加 6 个工作面，采用爆破法从北洞口及竖洞进行，即通过直径 7m、深 250m 的 2 号工作井来实施。

隧道挖掘总量的 1/3 以上是从北洞口用爆破法完工的。从 2 号竖井挖掘隧道长度总数达 5 454m，图 6-54 为该隧道各工法施工长度示意图。

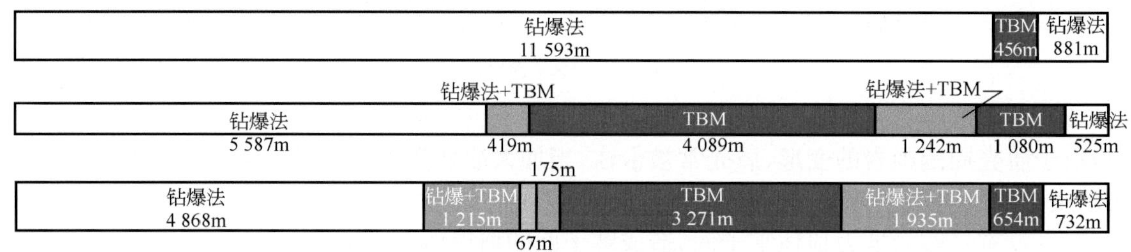

图 6-54　雪山隧道各工法施工长度示意图

因此，为了克服沿隧道方向的不良地质条件带来的不利影响，拟采用向掌子面前方进行系统、持续的预处理方案，但由于该方案预计费用较高、需用时间较长而排除在外。最后决定采用钻爆法穿过这一石英岩层区，然后回过头来在地质情况良好的地段再使用两台大直径 TBM 进行机械化开挖。

第七章　盾构法设计与施工

第一节　综　　述

与盾构法相对应的隧道施工方法是浅埋暗挖法。浅埋暗挖法施工灵活，适合各种地层，应用广，开工所需设备简单，尤其在城市隧道中，竖井可放在街道外，不破坏交通，不大量扰民，是符合国情的主要隧道施工方法。盾构法是机械投入大、设备周期长的快速施工方法，在均质地层，沿隧道纵向地层变化不大的流沙、软弱富水，周边要求沉降值很小的区段应用最好。在城市地铁工程中，应以浅埋暗挖法为主，盾构法为辅进行规划，这样才能实现安全、快速、经济的要求。盾构连续掘进距离不超过 1.5km 是很不合理、不经济的筹划。本章对盾构设备、技术进行全面介绍，应正确选择盾构的类型，简化盾构形式，重视各部衬砌管片的寿命等问题。

一、盾构分类

盾构的分类方法很多，可按盾构切削断面的形状、盾构自身构造的特征、尺寸的大小、功能、挖掘土体的方式、开挖面的挡土形式、稳定开挖面的加压方式、施工方法、适用土质的状况等多种方式分类，但根本区别是其应用的设计原理。根据稳定开挖面的原理不同进行分类，盾构分为开敞式盾构、气压盾构、泥水盾构、土压平衡盾构和复合式盾构，如图 7-1 所示。

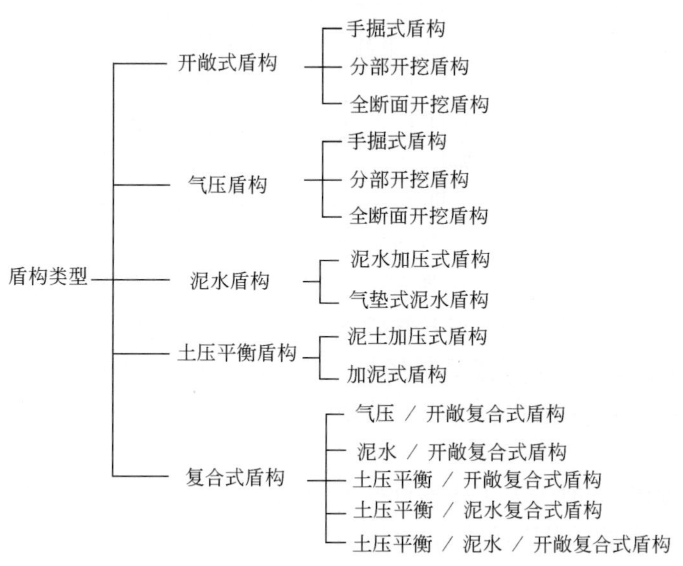

图 7-1　盾构分类

(一)开敞式盾构

开敞式盾构是没有密闭的压力舱以平衡地层压力与地下水压力的盾构。开敞式盾构适用于开挖面能够自稳或通过机械支护可以稳定，且没有地下水的地层，对自稳性差的冲积地层应辅以压气、降水、注浆加固等确保开挖面的稳定。通常隧道开挖面被分成几部分(可以进入密闭刀盘的盾构除外)。开敞式盾构的优点是技术相对简单、灵活性大、机械设备投资相对较少，特别是手掘式盾构和半机械开敞式盾构，适合各种非黏结或黏结地层开挖隧道，甚至隧道开挖面部分或全部是岩石或漂石，对于短距离施工比较经济。开敞式盾构另外一个优点是稳定性好，采用手掘式盾构或半机械式盾构可以开挖非圆形断面(无刀盘)。

根据开挖方法，开敞式盾构分为三种盾构类型:手掘式盾构、半机械式盾构、全断面开挖盾构。全断面开挖盾构采用切削刀盘进行开挖。在我国北方地区，地下水位低(或通过降水可以有效降低地下水位)，地层自稳能力较强，采用无刀盘的开敞式盾构可以大大降低盾构机制造与使用费用。

1. 手掘式盾构

直到 1886 年 Greathead 首次应用压缩空气与盾构施工方法相结合，此前所有的盾构都是开敞手掘式盾构。由于劳动力成本高和掘进速度低，手掘式盾构仅仅局限于短距离掘进。短距离掘进采用机械式或半机械式盾构不经济。

Nuremberg 地铁 1 号线，从 1973 年 8 月到 1976 年 6 月采用 1 台开敞式盾构，盾构直径是 6.04m，长 5.77m，每天进度达到 8～10m。开挖地层在稳定的砂岩和非黏结的砂层之间变化，砂层掘进超过 2 000m。为了减小沉降，在盾构上安装了工作搁板，盾构中部和上部的搁板可以相对后面的结构向前移动。

手掘式盾构顶部装有防止开挖面顶部坍落的活动前檐和能使其伸缩的千斤顶，如图 7-2 所示。开挖面上每隔 2～3m 设一道工作平台，即分割间隔为 2～3m。另外，在支承环柱上安装有正面支承千斤顶。从上往下开挖，开挖时按顺序调换正面支承千斤顶，开挖下来的土沙从下部通过皮带输送机输送至渣土运输设备。

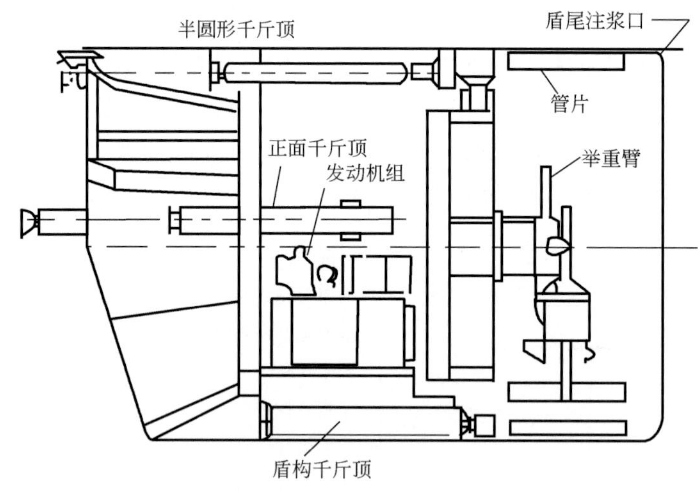

图 7-2　手掘式盾构

这种盾构对于地下存在障碍物、断面形状特殊及短距离等情形比较适合。而且手掘式盾构没有必要都采用圆形断面，断面可以采用矩形或马蹄形等。与封闭式盾构相比，手掘式盾构的价格便宜 20%～40%。图 7-3 为有障碍物时，手掘式盾构施工示意图。

2. 半机械式盾构

手掘式盾构施工速度慢，同时工人工作条件非常恶劣。为了提高掘进速度，改善工作条件，在盾构上装备挖掘机等机械开挖地层。半机械式盾构就是在开敞式手掘式盾构的基础上安装掘土机械和出土装置，以替代人工作业。具体盾构形式可根据土质状况、开挖面的自立程度、保证操作人员安全等条件进行选择。

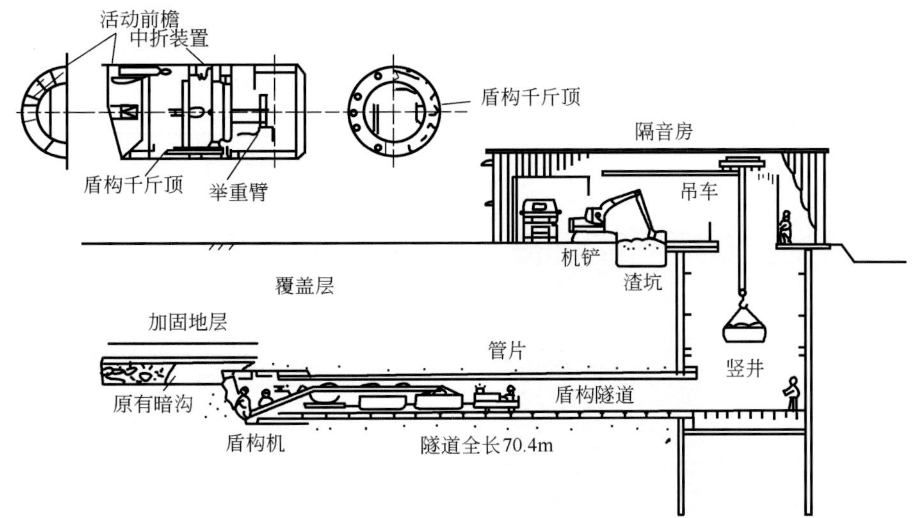

图 7-3　手掘式盾构遇到障碍物施工实例示意图

1988 年，Herrenknecht 生产了一种新的模块化系统设计的开敞式盾构，根据地层条件对开挖设备进行互换。

通常，开敞式半机械化盾构的应用局限于小直径隧道，有时也用于直径大于 10m 的大直径隧道。盾构通常在前面分成几个单元，安装很多开挖工具。

对于半机械式盾构，采用液压控制的胸板增加隧道开挖面支护，胸板安装在拱顶或盾壳周边加强隧道开挖面的支撑。装备有不同开挖设备的开敞式半机械化盾构也有利于非圆形断面的开挖。这种盾构的另一个显著特征是机械化程度较高，而且随着盾构掘进同时施工挤压混凝土衬砌。

3. 全断面开挖盾构

为了有利于通过坚固地层和加快松散地层的施工速度，采用开敞式机械式盾构，采用切削刀盘与刀具进行全断面开挖。盾构的前端装有旋转刀盘，故开挖能力大增。开挖下来的土砂由装在开挖刀盘上的旋转铲斗，经过斜槽送到螺旋输送机。由于开挖和排土连续进行，故施工速度快，作业人员减少。辐条式刀盘辐条之间布置可闭合的开口有利于减小地表沉降，而且可以控制土进入刀盘的速度。这种盾构可以用于黏结性差的地层和黏结性地层。

4. 插刀盾构

特殊的盾壳设计是插刀盾构的特征，盾构由很多独立扇形箱组成。与一般盾构相比，插刀盾构被分成一排箭头形的刀。它们可以单独或成组向前移动。这种设计原理适合各种开挖断面形式。目前插刀盾构已发展非常成熟。插刀盾构设想可追溯到 1806 年 Brunel 的专利，如图 7-4 所示。这种施工方法在城市供水工程被应用很多年。

插刀盾构的工作原理是基于盾壳与地层的摩擦，如图 7-5 所示。单独的插刀或插刀组，也就是部分盾壳，可以同时前进。静止插刀与地层之间的摩擦力可以形成支撑面，因此需要相对较小的推力。如果所有插刀成组前进，基本框架可以前进一个循环。

插刀盾构具有以下优点：不仅仅用于圆形断面；当盾壳遇到障碍物时具有很好的适应性；在前进插刀的保护下取出障碍物；从竖井始发不需要昂贵的始发台；为了适应断面的变化，插刀盾构可以扩大，适用和消除由于地层收敛引起的断面变形；大量设备部件可以重复利用，例如改变隧道盾面尺寸或形状时，需要的投资少。

(二)气压盾构

气压盾构是通过压缩空气平衡地下水压力，地层自身或机械支护平衡土压力的盾构。气压盾构可以用于地下水位以下或含水地层。压缩空气可以用于手掘式盾构、半机械式盾构或机械式盾构。由于压缩空气相关的健康与安全预防等问题，目前气压盾构很少采用（这里不做详细介绍），只是压缩空气作为辅助工法用于其他类型盾构。如在泥水或土压平衡的盾构中，都可能需要进入渣土舱清除障碍物或进行维修，采用压气辅助工法，但根据相应法规需要配量压缩空气设备。

图 7-4　法兰克福地铁插刀盾构(1975)

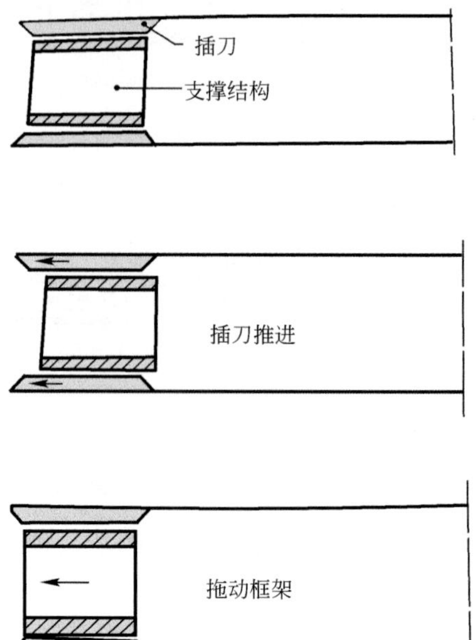

图 7-5　插刀盾构工作原理

世界上大多数国家的有关压缩空气法规规定，最大压力超过 0.36MPa 压力时，不允许工人从事工作；压力超过 0.4MPa，需要对压气工作人员延长减压时间和减少工作时间，采用传统的方法已经不适合采用压气工法，这种情况下需要使用潜水员。对于潜水工作没有压力限制，采用压缩空气作为呼吸空气，最大潜水深度是 50m(0.5MPa 附加压力)，可呼吸混合气体允许潜水深度大于 100m，采用潜水工作的方法可以工作几天或几个星期。因此出现潜水与压缩空气相结合的工法。目前通常在以下两种情况下采用该方法。

(1)大断面隧道埋深浅时，如果采用压气工法，由于气压在开挖面分布是均匀的，气压设定很难既保证开挖面稳定，又避免气体发生泄漏，同时在地表覆盖过滤层比较困难或不经济时，可以在盾构开挖面上部充入压缩空气，然后通过潜水作业对盾构下部的设备进行维修或刀具更换。如武汉长江隧道工程，盾构始发掘进过程中，发现泥浆门不能正常工作。该段隧道覆土厚度只有 7m 左右，因此采用压气与潜水相结合的方法，完成了对泥浆门的修复。

(2)隧道埋深大，地下水压力超过 0.4MPa。该工法成功用于易北河第四条隧道(工作压力超过 0.5MPa)、Weser 河隧道工程(工作压力超过 0.55MPa)以及 Westerschelde 隧道工程(工作压力最大 0.85MPa)等。工作压力超过 0.85MPa，压缩空气就不能再使用了，因为随着深度的增加会引起氮中毒，此时应采用混合气体，用氦气代替空气中的氮气。

在极端复杂高水压条件下，进行潜水作业与压缩空气作业技术含量很高，在盾构隧道工程中经过训练合格的专业潜水员是日常作业中不可缺少的。潜水员经常处于充满危险的加压与减压环境中，应采用技术最先进的设备，根据施工与潜水作业的最新技术，满足潜水员身体健康与安全要求。即使训练有素的潜水员和压缩空气工作人员，也应进行长期的训练，以适应盾构施工的需要。

(三)泥水盾构

泥水盾构是通过泥水舱内泥水压力平衡开挖面的土压力和水压力，以保持开挖面稳定的盾构。通过进浆管将泥水送入刀盘与隔板之间的泥水舱，通过调节进、排浆流量或气垫压力，使泥水压力平衡开挖面的水土压力，以保持开挖面的稳定；同时，控制开挖面变形和地基沉降。泥水在开挖面形成弱透水性泥膜，保持泥水压力有效作用于开挖面。因此，在泥水盾构施工中，控制泥水压力和控制泥水质量是两个重要的课题。盾构推进时，由刀盘切削下来的渣土搅拌后形成高浓度泥水，经排浆管输送至地面的泥水分离系统进行泥水分离，再将经过泥水分离的泥水重新压送回泥水舱，如此循环完成掘进与排土。根据控制泥水压力方式的不同，泥水盾构可分为泥水加压式盾构和气垫式泥水盾构。泥水加压式盾构通过进、排泥管流量的调节直接控制泥水压力；而气垫式泥水盾构是通过气垫舱压力的调节间接控制泥水压力，对泥水压力的控制精度高，泥水压力稳定性好。

泥水盾构适用于冲积形成的砂砾、沙、粉砂、黏土层、弱固结的互层地层以及含水率高、开挖面不稳定的地层，洪积形成的砂砾、沙、粉砂、黏土层以及含水率很高、固结松散、易于发生涌水破坏的地层。但是对于难以维持开挖面稳定的高透水性地层、砾石地层，有时也要考虑采用辅助施工方法。

采用泥水盾构修建隧道，已经被证明是一种引起地表沉降小、安全的施工方法，在含水或不含水的各种松散地层都可采用。泥水盾构具有安全性高和施工环境好，对周围地层的扰动小，有利于控制地面沉降的优点，而且特别适合在河底、海底等高水压力条件下施工。泥水盾构最大的缺点是需要泥水分离设备（占用空间大，耗能大，引起环境灾害）。与其他施工方法相比，其经济性主要取决于泥水分离要求是否严格、地层的渗透性以及泥浆的质量。

泥水盾构可以区分为三条发展路线：日本路线、英国路线、德国路线。日本路线发展到现在的泥水盾构，1967 年日本三菱公司首次制造采用泥水支护开挖面的试验盾构。英国路线已经消失。德国路线发展开始于 1972 年，德国式的泥水盾构在泥水舱中设置了气垫舱，便于控制泥水压力，构造简单。

1. 日本式泥水盾构（直接控制型）

日本沿海城市的地质特征是地层为水平层理，并由江河及大海沉积物形成。泥水盾构是为在砂土及淤泥中应用而设计的，但在很黏的黏土中应用受到限制，会导致孔口的堵塞；在密实的卵石层中，则需要增加扭矩克服作用于刀盘上的摩擦力。在小直径盾构机中，由于增加扭矩而考虑设置相应的驱动装置非常困难。日本式泥水盾构的泥水密封舱中全是泥水（图 7-6），要有一套自动控制泥水平衡的装置。

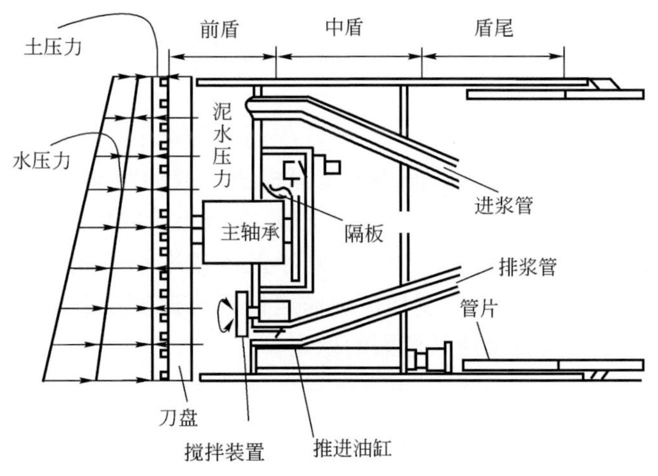

图 7-6　日本式泥水盾构工作原理（直接控制型）

对于泥水盾构主要需要考虑的是泥浆的类型（正常时是黏土悬浮液）、刀盘设计及控制泥水压力的方法。

日本式泥水盾构的刀盘设计为扁平状，而且几乎是封闭的，这样一来也能提供机械的开挖面支撑。为排除障碍物等，通往隧道开挖面的通道只能经过几个开口，它们在运行时是被封闭的。通常，刀具均为双排辐射布置，刀盘可在任一方向转动。渣土经过窄长而平行的刀盘面开口进入泥水舱，这些开口被调整到既能通过尽可能大的土石块，又能限制泥水所不能通过的块体。

根据所需的扭矩，切削刀盘采用中心轴型、鼓型或中心锥型。

泥浆从泥水舱的上部添加，渣土与悬浮液的混合液由底部靠近搅拌器的地方排出。安装搅拌器是为了防止沉淀以产生均匀的输送介质。

在泥水盾构中，隧道开挖面支护压力直接受泥水舱中添加或排出泥水的影响。对于支护压力，在泥水舱及进泥水管中用压力传感器测量，并与计算出的支护压力的理论值相比较。进排泥浆管路中的泵与阀也用同样的方法予以控制。

因为不可能看到隧道开挖面的变化，通常通过理论开挖量与实际开挖量的比较判断开挖面的稳定性。实际开挖量由进排泥浆的密度计算，理论开挖量则根据地层相对密度、密实度及孔隙率等得出。

盾构掘进时的所有调控功能都取决于地面的中央处理装置。虽然在中央处理装置中可收集、测定并看到大量的数据，但盾构中仍需要操作人员，以便在特殊情况下进行人工干预。

2. 气垫式泥水盾构

与日本式泥水盾构相比，气垫式泥水盾构的优点是通过气垫调节泥浆支护压力，可以适应相对较大的压力波动范围，以及突然泥浆流失过大的情况。即使通过断层破碎带，也可以保持开挖面泥浆压力的相对稳定。通过安装在盾构上部的人闸进入气垫舱(图 7-7)。

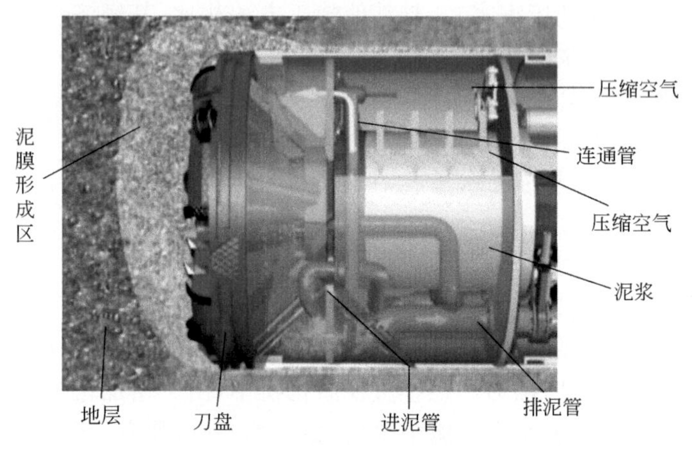

图 7-7　气垫式泥水盾构

与日本式泥水盾构相比，气垫式泥水盾构的地层应用范围更广，可以适应多变地层。

(四)土压平衡盾构

土压平衡盾构是通过渣土舱内的泥土压力平衡开挖面处的地下水压和土压，以保持开挖面稳定的盾构。如图 7-8 所示，盾构刀盘切削面与后面的承压隔板所形成的空间为渣土舱。刀盘切削下来的渣土通过刀盘上的开口进入刀盘与压力隔板之间的渣土舱，在渣土舱内搅拌混合或与添加材料(泡沫剂或塑性泥浆)混合，形成具有良好塑性、流动性、内摩擦角小及渗透率小的泥土，螺旋输送机从压力隔板的底部开口进行排土。通过调整盾构推进速度和螺旋输送机排土速度控制渣土舱内泥土压力，由泥土压力平衡开挖面地下水压和土压，从而保持开挖面的稳定。

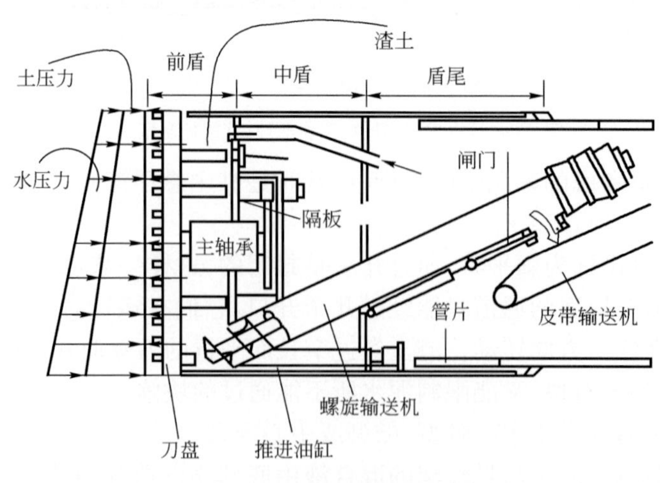

图 7-8　土压平衡盾构工作原理图

土压平衡盾构适用于含水率和粒度组成比较适中的地层；通过添加水、泥土、泡沫等材料，控制泥土压力，以保持开挖面的稳定性，减少对周围地层的影响，控制地面沉降效果较好。

1974 年，日本东京首先应用土压平衡盾构。该盾构用于 1 900m 长管道隧道的施工，盾构外径 3.72m，由日本制造商 IHI 设计。之后，土压平衡盾构日益增多。泥水盾构机在非黏土层中广泛应用，但随细颗粒土砂百分比的增加，其分离越来越复杂，代价越来越高，泥浆也需频繁更换，还存在环保问题；特别是在城市施工时，由于空间有限使得安装分离设备较困难，这些都促进了土压平衡盾构机的发展。与泥水盾构机相比，土压平衡盾构机没有分离装置，施工时的覆土可以相对较浅。根据日本对不同盾构机型的统计资料，在 1980～1985 年的 6 年间，密闭型盾构机从 1980 年占各种类型盾构机总数的 60%急增至 86%，特别是土压平衡盾构机从 19%增加到 60%。

通过改良地层，土压平衡盾构适用范围逐渐扩大。从开挖面切削下来并用作支撑介质的渣土应具有良好的塑性、黏～软的稠度、内部摩擦低、透水性低等特征。一般情况下，渣土不一定具有这些特性，所以在开挖前对地层进行改良或开挖后对渣土进行改良，使之具有这些特性。根据地层类型对渣土进行改良，地层参数包括颗粒尺寸、含水率(w)、液限(w_L)、塑性指数(I_P)和稠度指数(I_C)。

1)加膨润土、黏土或淤泥

为了使开挖渣土具有良好的塑性、流动性和止水性，需要有 30%左右的微细颗粒。如开挖渣土中微细颗粒不足，则需注入膨润土、黏土等制泥材料，以补充微细颗粒的不足。制泥材料的浓度和注入量根据开挖土的级配、不均匀系数等确定。

2)添加泡沫剂

向开挖面或土舱内注入用特殊气泡剂制成的剃齿状气泡，以使开挖渣土获得良好的塑性、流动性和止水性。在砂性土和砂砾土地层中，由于气泡发挥了支承作用，增加了开挖土的流动性；而在黏性土地层中，气泡起着界面活性剂的作用，防止了开挖渣土附着于土舱内壁。另一方面，由于微细气泡置换了土颗粒中的孔隙水，因而可提高其止水性。气泡的注入量与制泥材料一样，也是根据开挖土的级配、不均匀系数确定的。

3)加水

向高黏性的开挖渣土中注水，可在增加其流动性的同时，降低其黏着性，防止开挖渣土附着于刀盘。在施工方法选择过程中，确定预计添加剂的类型和比例。

黏土～淤泥和淤泥～砂地层尤其适合使用土压平衡盾构。根据地层组成，决定不加水或加少量的水。通过在渣土舱内安装喷嘴和搅拌棒，非常黏的地层也能变成塑性泥浆。如图 7-9 所示为皮带输送机上经机械处理的淤泥质黏土($w=32\%$，$w_L=38\%$，$w_P=23\%$)。

随着砂的比例增加，仅添加水不再满足要求，因为水不可能减小砂的内摩擦角，有泥水离析的危险。若细颗粒缺失，则应该通过添加黏土和膨润土来补充，使开挖渣土变成流动性非常好和渗透性低的塑性泥浆，通过注入吸水性聚合物悬浮液，也能达到非常好的结果。土压平衡盾构的刀盘和渣土舱带有注入孔。

为了使土压平衡盾构能用于渗透性非常高的砂～砾石地层，发展了带加泥装置的土压平衡盾构。在采用泥浆压力给渣土舱加压时，通过减小有效张力来减小颗粒骨架间的内摩擦力(增加孔隙水压力)。

(五)复合式盾构

根据开挖面稳定情况以及开挖、出渣方式等的不同，盾构可分为开敞式、气压式、土压平衡式、泥水式等，它们都适用于相应的地质条件。当某一段隧道洞线穿越不同地层时，用以上任一形式的盾构都不适于单独将此段隧道掘进贯通，而根据相应地层情况要用两台或多台盾构，在隧道段掘进长度较短时很不经济，或由于条件限制使布置多台盾构非常困难。此时，需将以上不同形式的盾构进行组合，在结构空间允许的情况下，将不同形式盾构的功能部件同时布置在一台盾构上，掘进过程中可根据地质情况进行功能或工作方式的切换和调整；或对不同形式盾构的功能部件进行类似模块化设计，掘进时根据土层情况进行部件调整和更换。这样，一台盾构在不同的地层经转换后可以以不同的工作原理和方式运行，这类盾构即复合式盾构。但盾构选型与设计时，应考虑其转换能力、时间和造价等因素。如图7-10所示为不同盾构施工方法的组合。

图7-9 土压平衡盾构开挖渣土

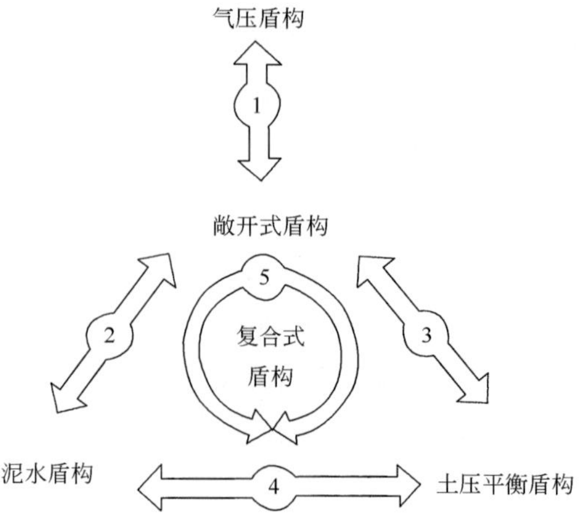

图7-10 盾构施工方法可能的组合方式

由于所有技术领域（机械制造、施工方法、电器、信息技术、控制、测量系统）的进步扩大了前面已经介绍的不同类型盾构的应用范围。但由于地质和经济性等原因，所有的施工方法均受限于其特定的应用条件，例如在泥水盾构中泥水与渣土的分离，土压平衡盾构中化学改良渣土的堆放。

复合式盾构能根据地层的地质与水文地质条件进行调整，这种调整主要涉及开挖面支护方法，以及开挖工具、运输系统和其他设备。

除组合1（气压盾构/开敞式盾构）外，只有组合2（泥水盾构/开敞式盾构）和组合3（土压平衡盾构/开敞式盾构）进行过大量的试验。泥水盾构/开敞式盾构的组合最重要的例子是瑞士的Grauholz隧道；土压平衡盾构/开敞式盾构的组合最重要的例子是海峡隧道工程。组合5（开敞式盾构/泥水盾构/土压平衡盾构）称为通用盾构。本文提到的泥水以及土压平衡盾构都有压缩空气系统，当需要进入渣土舱内时需要压缩空气支护，例如维修刀盘或清除障碍物。

当设计一台复合式盾构时，客户、承包人及盾构制造商面临同样的矛盾冲突。因为，除盾构的转换能力外，时间和造价是评估项目成败的决定性因素。

在过去几年，主驱动系统技术的发展已经带动了复合式盾构技术的进步，许多盾构采用周边支撑式主驱动，有利于在中心安装出渣系统。通用盾构设计最终需要组合泥水盾构和土压平衡盾构，取决于客户和承包人准备接受的风险程度。在日本，通常是在客户、承包人和盾构制造商之间组成发展协会，对新技术有相当大的影响。但多数情况下，让建设单位分担新技术风险似乎不太可能，因此对于制造适合所有地层的通用盾构而且承担所有的风险，承包人和盾构制造商异常小心是可以理解的。

（六）微型盾构

通常把直径小于3m的盾构称为微型盾构。微型盾构包括各种类型的盾构，由于它的直径太小，在开挖过程中人员无法进入到开挖面。微型盾构多用于铺设管道。

经过多年的发展，微型隧道施工已发展到很高的水平，隧道施工机械安全水平不断提高。同时，施工长度不断增加，在地下水位以下和几乎所有的地层都可以采用微型盾构。其特殊的控制与驱动设备、精确的导向仪器、遥控驱动设备等可以快速安装，在整个系统中实现模块化，使工程项目的施工更容易。

最近，在微型隧道施工技术方面的发展证明，采用非挖槽技术铺设管道得到广泛的应用，而且比较经济，特别是当采用明挖法导致交通混乱损失巨大时。一些城市政策要求只能采用非挖槽施工方法。

目前使用最广泛的微型隧道施工法，通常采用泥水式微型盾构：切削下来的土以浆液的形式排出，输送介质（膨润土泥浆或水）同时可用来平衡工作面的压力，如图 7-11 所示。

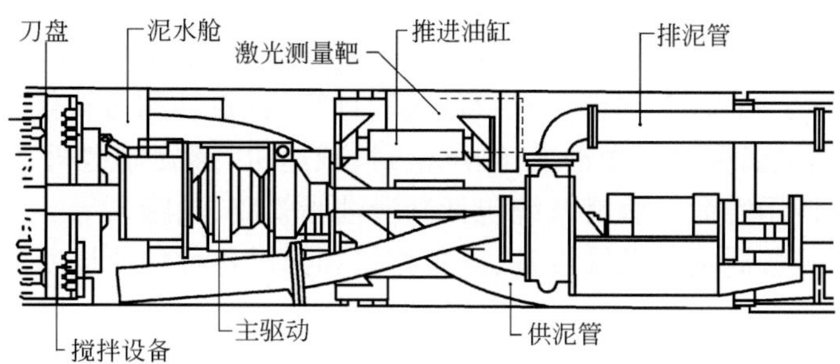

图 7-11　泥水式微型盾构

二、盾构主要系统简介

盾构法施工所采用的盾构机及配套设备因围岩条件、施工环境及施工方法的不同而不同。施工设备的基本配置原则是按照隧道的开挖断面、长度来进行主要施工设备的配置。具体的配套原则如下：施工设备应与盾构法施工相配套，与进度目标相适应；施工设备应有能够适应不同围岩的能力；施工设备应与员工的素质、管理水平相适应。

配备施工附属设备时，要考虑提高施工安全性和施工效率并改善工作环境；在市中心施工时由于用地困难，可充分利用竖井或地铁车站的空间，设备安装时需设置防振和防噪声设备，以满足环境保护的要求。

制订施工设备的进场计划时，首先要考虑盾构推进作业的能力，以组成各种作业的工作循环，使每道工序相互配合，紧密衔接，安全施工，并配置备用设备。盾构由承受外荷载的盾壳，以及在盾壳保护下的开挖、推进、衬砌（管片安装）、液压、控制、电器、注浆、导向等系统设备和附属设备构成。盾构各系统须保证盾构能充分发挥其功能。

(1)盾壳：由壳板及其加固部件组成，如图 7-12、图 7-13 所示。一般盾壳分为前、中、后三部分，通常将这三部分分别称为前盾（切口环）、中盾（支撑环）、盾尾。

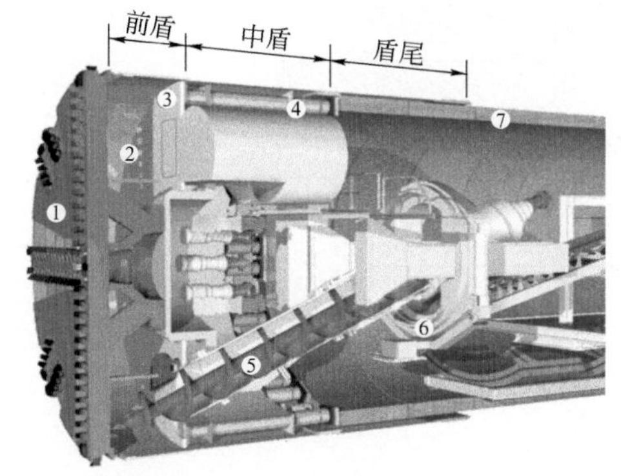

图 7-12　土压平衡盾构构成

1-刀盘；2-渣土舱；3-压力隔墙；4-推进油缸；5-螺旋输送机；6-管片安装机；7-管片

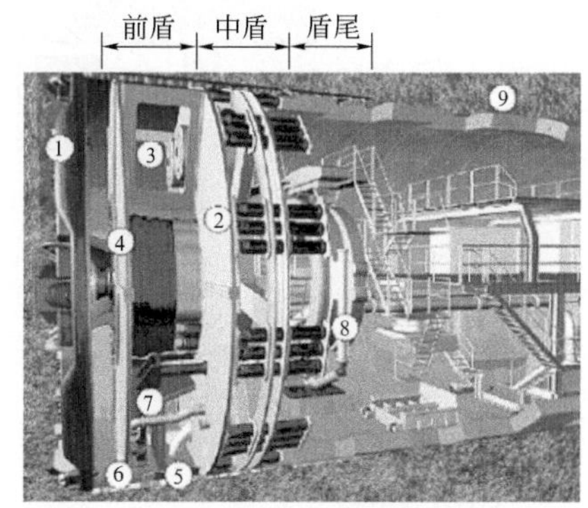

图 7-13　泥水盾构构成

1-刀盘；2-压力隔板；3-气垫；4-泥水舱；5-进浆管；6-碎石机；7-排浆管；8-管片安装机；9-管片

(2)开挖系统：主要由刀盘、刀具、主轴承及其驱动系统组成。

(3)推进系统：主要由推进油缸组成。

(4)管片安装系统：主要由管片安装机、管片吊机、管片输送机、螺栓紧固工具（棘轮扳手、套筒扳手、电动或风动扳手、扭矩扳手）、吊篮作业架以及真圆度保持设备等组成。

(5)液压系统：由盾构推进系统、刀盘驱动系统、管片安装机系统等各系统的液压回路与液压泵站等构成。

(6)电器系统:包括供配电系统、可编程控制系统、计算机控制及数据采集分析系统。

(7)注浆系统:是向盾尾间隙注浆的机械设备,包括注浆泵、注浆管路、储浆管以及浆液拌制与运输设备。

(8)导向系统:为了能控制盾构的姿态与管片安装,盾构上配备自动导向系统。自动导向系统(SLS-T、PPS)一般由自动全站仪、测斜仪、前后视棱镜、计算机(自动测量软件)及数据传输电缆组成。

(9)润滑系统:其作用是确保对刀盘轴承、轴承密封、减速机、螺旋输送机、铰接装置提供润滑油,维持其正常使用功能,保证使用寿命。润滑系统包括润滑油脂管路、油脂泵等。

(10)后配套拖车:是装备盾构各系统设备、放置材料和提供各种作业场所的设备。

(一)盾壳

1. 前盾

前盾是保持开挖面稳定,将开挖面的渣土向后输送的通道。前盾的形状、尺寸应适合围岩条件和盾构形式,其结构应有足够的强度。考虑能充分搅拌渣土,舱内设置有搅拌装置(卵砾石地层或岩石地层中,往往在土舱内安装碎石装置),舱底部设置有排土(泥)口。为了在气压条件下能更换刀具、除去障碍物,有的前盾在隔板部分或前部支承环上设置供人进出的气闸。

对于气垫式泥水盾构,在泥水舱内设置潜水墙,将泥水舱前后分成两部分,一般前面称为泥水舱,后面称为气垫舱。

2. 中盾

中盾是承受作用于盾构上全部荷载的骨架。中盾内部装有刀盘驱动装置、排土(泥)装置、推进油缸、铰接装置、管片安装机等。所以中盾的长度应根据安装上述设备的空间确定。其结构应有足够的刚度。

3. 盾尾与盾尾密封

(1)盾尾长度根据管片的宽度、拼装方式、形状和盾尾密封的形状及其层数确定,有时需要考虑施工过程更换盾尾密封等。另外,考虑到隧道的曲线施工等因素,要有一定的盾尾间隙。

盾尾长度如图 7-14 所示,一般可用式(7-1)计算:

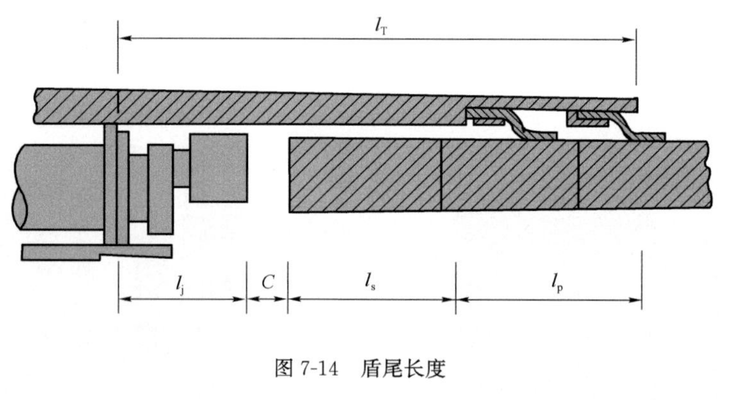

图 7-14 盾尾长度

$$l_T = l_j + C + l_s + l_p \tag{7-1}$$

式中:l_T——盾尾长度;

l_j——盾构推进油缸安装长度;

l_s——管片宽度;

l_p——盾尾密封安装长度;

C——管片组装富余量,一般为 100～150mm。

(2)盾尾壳板厚度应满足足够的强度与刚度,并尽可能薄一些,但须确保密封止水装置安装所需的厚度。

(3)盾尾要确保一定的作业空间,以便能安全、高效地进行管片组装、壁后注浆及测量等作业,并根据需要设置作业平台、扶手等。

(4)为了防止地下水和壁后注浆材料(泥水盾构的泥浆)渗入盾构内,所以设置盾尾密封装置。盾尾密封装置应考虑管片拼装误差、轴线误差。管片往往与盾尾存在偏心,或管片呈椭圆形。特别是曲线段施工时,盾尾操作间隙一般是不均匀的。因此至少在盾尾间隙达到设计值的2倍时,盾尾密封也能够保证承受注浆压力、地下水压力、泥浆压力等。

盾尾密封的材料有橡胶、树脂、钢材、不锈钢或几种材料的组合体。盾尾密封的形状有刷状和板状等。选用时考虑这些条件,认真研究,特别是在进行长距离、小半径曲线施工时,针对其与管片之间出现摩擦的情况,应认真考虑材料、层数、填充料的补充方法等问题。

盾尾端部防水用的盾尾密封具备耐压性、耐久性,以及对拼装管片间错缝的追从性和破损时的易更换性。由此开发出了以钢丝刷为材料的密封。现在盾构基本都采用此类密封。钢丝刷盾尾密封,由钢丝刷与钢丝刷之间的钢丝网所构成。

为了提高防水性,有时要安装几层盾尾密封材料。对于安装层数的问题,根据盾构的外径、地质条件、施工过程中是否需更换盾尾密封材料等条件决定。为了做成可更换的结构,有时采用螺栓、螺母进行连接。考虑到管片可能使密封材料遭到破损,其连接方法须充分注意。

密封的寿命主要依其材质、构造而定,并与所用管片的材质及组装精度有关。选择密封时,需对这些因素进行仔细研究。

4. 盾构外径

盾构的外径根据管片外径、盾尾操作间隙和盾尾壳板厚度确定。盾尾操作间隙是指盾尾壳板内表面与管片外表面之间的间隙。确定盾尾操作间隙时应考虑管片的形状尺寸、隧道的平面线路、蛇形修正、盾构密封安装等因素。

盾构外径如图7-15所示,可用式(7-2)计算:

$$D = D_0 + 2(X + t) \tag{7-2}$$

式中:D——盾构外径;

D_0——管片外径;

X——盾尾操作间隙;

t——盾尾壳板厚度。

盾尾操作间隙可根据下列因素确定:

1)盾构在曲线上施工和修正蛇形时的最小富余量 x_1(见图7-16)

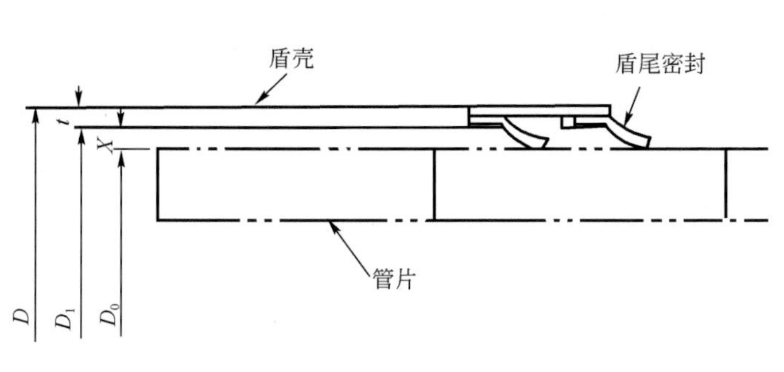

图7-15 盾构外径

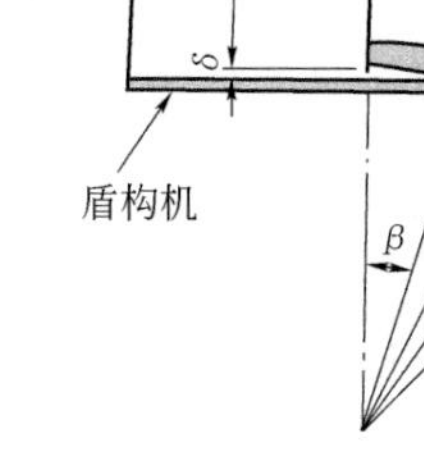

图7-16 曲线施工和蛇形修正时的最小富余量

最小富余量一般可用式(7-3)表示:

$$x_1 = \delta/2 = (R - D_0/2)(1 - \cos\beta) \approx \frac{l^2}{2(R - D_0/2)} \tag{7-3}$$

式中: R——曲线上施工半径;

$R - D_0/2$——管片的曲线内半径;

l——管片长度(衬砌在盾尾内的最大长度)。

2)管片组装的富余量

盾尾操作间隙的大小取决于管片宽度、拼装精度、最小曲线半径、蛇形修正、盾壳制作误差及管片的制作误差。目前盾构的盾尾操作间隙一般为 20～40mm。通常盾构直径越大，盾尾操作间隙越大。日本设计的盾构，其盾尾操作间隙较小，欧洲设计的盾构，盾尾操作间隙较大，各有优缺点。盾尾操作间隙小，可以减小地表沉降和回填注浆量，但对盾构操作要求较高，盾尾操作间隙大则相反，但有利于管片拼装。

同时，应对下面两个问题进行充分的研究：一是当在盾尾设置保护盾尾密封装置或设置管片轴心对齐的管片导轨时，盾尾操作间隙会变小；二是盾构推进后，盾尾操作间隙与盾尾壳板的厚度之和将作为盾尾操作间隙保留下来。

盾构操作间隙是为在盾构内更精确地拼装管片而留出的空间裕量，其大小取决于以下几种因素：

(1)盾尾变形量；

(2)管片环外径误差及管片环的变形量；

(3)管片宽度；

(4)最小曲线半径。

如表 7-1 所示为相对于不同的盾构外径盾尾操作间隙的实例值。当由于采用轴向插入式封顶块、管片宽度增大或盾尾密封层数增加等而导致盾构长度增大时，设计时就不能只依据实例值，而要从几何学的角度对盾尾操作间隙的大小进行研究，以便使盾构能顺畅地通过设计曲线。

盾尾操作间隙实例(单位：%)　　表 7-1

盾构外径 D(m)	盾尾操作间隙实例		
	25mm	30mm	40mm
$D \leqslant 3$	93	7	0
$3 < D \leqslant 5$	63	34	2
$5 < D \leqslant 7$	89	11	0
$D > 7$	25	25	50

盾尾壳板的厚度一般根据其所承受的土压设计，但因要求在盾尾内将管片拼装到正确的位置，所以就不能仅考虑其强度，其所需的刚性也是需认真考虑的一个重要因素。

5. *盾构长度*

盾构长度应根据围岩条件、隧道路线、盾构类型、有无铰接装置、管片宽度、盾尾密封层数、K 型管片的插入形式等因素确定。盾构的长度(主机长度)是影响盾构掘进操作的重要因素。盾构的长度是前盾长度、中盾长度、盾尾长度以及刀盘长度的总和，见式(7-4)。

$$L = l_C + l_H + l_G + l_T \tag{7-4}$$

式中：L——盾构长度；

l_C——刀盘长度；

l_H——前盾长度；

l_G——中盾长度；

l_T——盾尾长度。

盾构长度考虑与外径的匹配，宜尽量短一些。盾构长度的评价指数是长径比(长度与外径的比值)，长径比的大小关系到盾构推进时蛇行的发生情况。长径比越大，就越不易发生蛇行；但相反，如果万一施工时偏离了设计线路，那么修正起来也是很困难的。因此，设计时尽可能缩小这一比值，以便于曲线部分施工。为保证隧道曲线施工时的线路，通常需要设置铰接装置。单节铰接的情况下分前部和后部两部分，双节铰接的情况下分前部、中部、后部三部分，它们都是用油缸连接起来。铰接装置应根据隧道线路、地层条件、盾构形式等选择。采用铰接装置时，应注意铰接装置的防水性。其密封装置多采用唇型密封、气囊密封装置。盾构的长度取决于以下几种因素：

(1)掌子面的开挖与稳定机构;

(2)刀盘支撑机构及驱动装置;

(3)管片宽度;

(4)封顶块插入方向;

(5)盾尾密封层数;

(6)有无铰接装置。

增大盾构外径而不增加盾构长度,这样口径越小的盾构其长径比就越大。从以往实例看,盾构的长径比大致有以下几种情况:大型盾构(外径 6～12m),$L=0.75D$;中型盾构(外径 3～6m),$L=1.0D$;小型盾构(外径 2～3m),$L=1.5D$。

6. *盾构的重量*

盾构重量是盾构施工中相当重要的因素,包括结构各部分的重量,应始终明确其重量。重量越大,对分块、运输、竖井内吊装等计划影响越大。在软土层中施工时,盾构的重量与重心位置会影响其运行性能。盾构重量一般分成下列几部分进行计算:

(1)盾构外壳:壳板、中盾、加强肋;

(2)加固部件:工作平台、隔板;

(3)千斤顶:支护千斤顶、盾构千斤顶;

(4)组装机、真圆保持器;

(5)切削机构:土压平衡式、泥水加压式、机械式盾构的切削刀盘和驱动装置或半机械盾构的切削装置;

(6)螺旋输送机、出泥口搅拌翼;

(7)动力设备及其他:油压泵配管、阀门、动力设备台车。

(二)开挖系统

盾构开挖系统根据能否提高掘进速度、减轻劳动强度、保持开挖面稳定、确保施工安全的原则来选型。开挖系统选型时,应充分考虑盾构形式、刀盘形式、刀盘支承方式、刀盘装配扭矩、刀盘开口、装配推力以及组合方式等因素。

1. *刀盘*

1)刀盘形式

通常刀盘都是直接与地层接触在恶劣的环境下工作,一旦开始施工就不能再对其进行改造了,所以设计时应对其结构强度、耐久性、功能进行充分研究。因此,通常在刀盘外围做表面硬化处理,以防磨损。刀盘的形状分类及适用范围如表 7-2 所示。

刀盘的形状分类及适用范围　　表 7-2

刀　盘	种　类	适 用 土 质	适用的盾构种类
断面形状	平面型	细粒土、小砾石	土压平衡式
	抽芯型	大砾石、卵石、硬岩	
	弓型	大砾石、卵石、硬岩	
正面形状	平面型	细粒土、小砾石、卵石、硬岩	土压平衡式
	辐条型	细粒土、小砾石、卵石	泥水式、土压平衡式

刀盘形式按能适合地层条件、切实发挥其功能的原则选定。

(1)切削方式。一般使用旋转切削方式,其特点是结构紧凑。另外,还有摆动切削、行星切削等。

(2)结构形式有辐条式和面板式两种,如图 7-17 所示。不同的结构形式刀盘适应性见表 7-3,结构形式根据施工条件、地层条件决定。在我国,土质地层隧道最好采用辐条刀盘,一般辐条数量 3～6 条,根据地层条

a) 辐条式

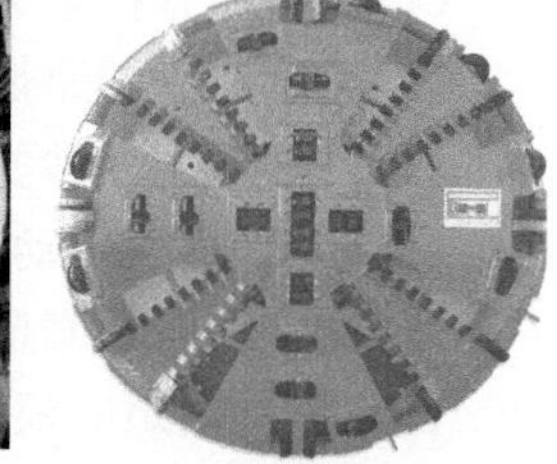
b) 面板式

图 7-17　刀盘结构形式

件进行设计，地层越软弱需要的辐条数量越少。对于岩石与土组成的复合地层，一般采用面板式。

刀盘结构形式比较　　表 7-3

刀盘结构形式 / 比较项目	面　板　式	幅　条　式
砂、土适应性(粒径＜15cm)	由于开挖面土体受面板开口影响，渣土进入渣舱不顺畅，易黏结，易堵塞	仅有几根辐条，同时辐条后均设有搅拌叶片，土、砂流动顺畅，不易堵塞
砂卵石适应性(粒径＞15cm)	适应性强，必要时可加滚刀	不能加滚刀，刀具形式及数量较少
刀盘扭矩	刀盘扭矩阻力大，需增加设备能力，造价高，适用于硬土与岩石地层	刀盘扭矩阻力小，设备造价低，适用于淤泥质地层与砂层
隧道内刀具更换安全性	由于有面板，在隧道内更换刀具时安全，可靠性相对较好	在隧道内更换刀具时安全性差，加固土体费用高

(3)形状。作为顶端形状，有平板形、仅中心部分凸出形、全部凸出形。刀盘形状，可根据开挖面的稳定要求来选取。在特殊情况下，需配置多个刀盘时，在结构上有前后配置。另外，在含有砾石的地层中，注意其耐磨性会因形状而异。根据隧道的用途，刀盘的形状主要是圆形，也有其他形状。

2)刀盘支承方式

刀盘支承方式应符合口径、地层条件等要求，同时应考虑与排土机构的组合方式等因素。

刀盘支承方式主要有三种，如图 7-18 所示。各种刀盘功能上的特点因盾构直径而异，相对来说，各自特点如下：

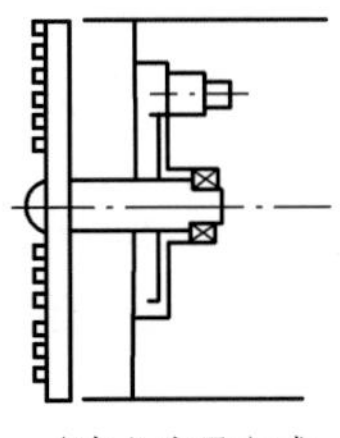

a)中心支承方式　　b)中间支承方式

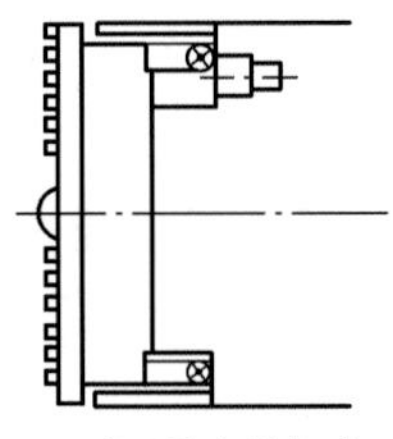

c)四周支承方式

图 7-18　刀盘支承方式

(1)中心支承方式：结构简单，多用于中小直径的盾构。该方式由于结构简单，黏性土附着的可能性小。另外，当刀盘设置错开结构时，与其他方式相比较为容易。但是，由于所构成的机内空间较小，处理大块石、卵石等比较困难。

(2)中间支承方式：结构上较为平衡，主要用于大中直径的盾构。用于小直径盾构时，要认真考虑砾石处理、防止黏性土在中心部的附着等问题。

(3)四周支承方式：机内空间较大，用于小直径盾构时，砾石处理较为容易。刀盘的支承形状可采用环状和方柱形两种。使用该方式时，易在刀盘周围部分黏附土砂，在黏性土中使用时，应充分考虑如何防止黏附的问题。

3)刀盘装配扭矩

切削掌子面所需的刀盘旋转力(刀盘扭矩)，应是以下阻力力矩的总和加上余量。

(1)切刀的开挖阻力力矩；

(2)刀盘与土的摩擦阻力力矩；

(3)刀盘搅动土砂所产生的阻力力矩；

(4)轴承、动力传动齿轮等的机械阻力力矩；

(5)轴承密封的摩擦阻力力矩。

刀盘装配扭矩应根据地层条件、盾构形式、盾构直径及盾构结构确定。一般刀盘扭矩主要构成要素，以及刀盘扭矩的计算公式见式(7-5)。

$$T_N = T_1 + T_2 + T_3 + T_4 + T_5 + T_6 \tag{7-5}$$

式中：T_N——刀盘所需扭矩；

T_1——切削土阻力扭矩；

T_2——与土的摩擦阻力扭矩；

T_3——土的搅拌阻力扭矩；

T_4——轴承阻力扭矩；

T_5——轴承密封阻力扭矩；

T_6——减速装置的机械损失扭矩。

相对于所需扭矩，装配扭矩有一定的富余量，包括额定扭矩和脱困扭矩。

根据实际使用情况，装配扭矩可用式(7-6)进行简便计算。

$$T = \alpha \cdot D^3 \tag{7-6}$$

式中：T——装配扭矩(kN·m)；

D——盾构外径(m)；

α——扭矩系数，开敞式盾构 $\alpha=8\sim14$，土压平衡盾构 $\alpha=8\sim23$，泥水盾构 $\alpha=9\sim15$。

扭矩系数因盾构直径、地层等而异。

若刀盘转数太小，掘进速度会很低；若刀盘转数太大，会使掌子面紊乱，刀具、刀盘磨损过快。因此，通常将刀盘外周线速度设计为 15～20m/min 左右。

外径越大的盾构，其中心附近的旋转速度就越低，因此，要对切刀的切入深度进行认真研究。

刀盘的驱动方式有以下几种：

(1)液压电动机驱动方式。其特点是转速控制、扭矩管理、微调容易。

(2)电动电动机驱动方式。其特点是效率高、洞内环境好(噪声小，洞内温度上升小)。此外通过变频器等，便于控制转速，可简化刀盘驱动用动力设备台车。

(3)液压千斤顶驱动方式。主要在采用摆动切削等间断驱动方式时使用。

变频电动机具有功率大、噪声小、散热量少等优点，所以多被采用。但一旦产生太大的负荷，扭矩就会高出常定扭矩的数倍，从而导致动力传递系统出现故障。鉴于此种原因，安装离合器等装置，用该装置切断电动机前面的超负荷。使用变频电动机，当刀盘转数采用无级控制时，采用变频器来控制频率变化。

液压电动机具有易于应付超负荷及变化转数的优点。另外，因液压电动机较变频电动机的轴向长度较短，因此它还具有可使盾构长度缩短的优点。相同功率时，液压电动机体积小，因此一般多用于直径小于 6m 的盾构，直径超过 6m 的盾构，多采用变频电动机驱动。

通常情况下，选择哪一种电动机都可以，但是对于卵石地层或软硬不均地层等，预测有可能发生撞击负荷时或因急弯道施工需缩短盾构长度时，多选择液压电动机。

4)刀盘开口

(1)刀盘开口位置与形状根据不同地质条件确定，一般沿刀具支座取直线形。需要取出大的砾石时，可根据需要采用适宜的形状。

(2)刀盘开口尺寸。对于砾石层，一般都按假设地层中出现的砾石的最大直径，结合排土设备(泥水盾构为排泥管，土压平衡盾构为螺旋输送机)的尺寸，设置轮式刀具，破碎开挖面上的砾石，限制刀盘开口尺寸。对于黏性地层，易在刀盘中心发生黏结堵塞，应适当增加刀盘开口。评价刀盘开口情况，通常采用刀盘开口率。刀盘开口率用式(7-7)表示。

$$\omega_0 = \frac{A_s}{A_r} \tag{7-7}$$

式中：ω_0——开口率；

A_s——面板开口部分的总面积(刀具的投影面积忽略不计)；

A_r——刀盘面积。

对于土压平衡盾构，开口率的范围较宽。对于胶结黏土之类的高黏附性地层，最好加大开口率。对于易坍塌地层，因会产生过量开挖，开口率需慎重选择。另外，盾构掘进过程中临时停机时，开口处的地层容易坍塌，可根据需要设置刀盘开口开关装置。

5)主轴承

刀盘主轴所使用的轴承分滑动轴承和滚轮轴承两种。滚轮轴承中最常用的就是如图 7-19 所示的三列组合轴承，在轴承的外轮或内轮中进行啮合，这样就可直接接受来自电动机的动力。

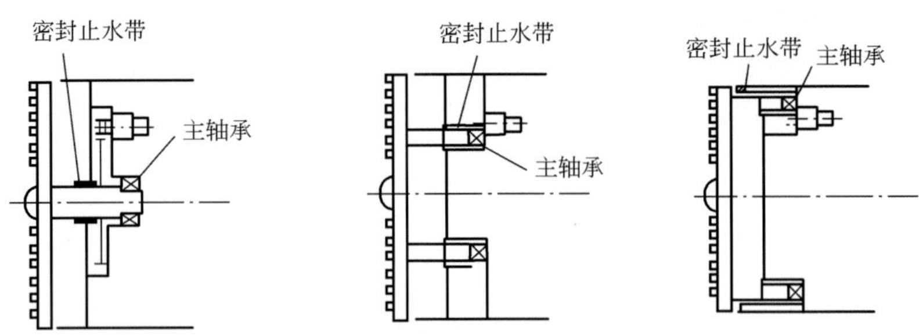

图 7-19　轴承止水带的安装位置

轴承密封的目的是保护主轴承，以承受压力舱内的泥土压力、地下水压力、泥水压力、添加材料注入压力和压气压力。

对主轴承密封，要求其具有耐压性、耐磨损性、耐油性、耐热性等，且使用条件是在承受土压和水压的苛刻环境下，一般使用氯丁橡胶、聚氨酯橡胶等。

根据覆土厚度、地下水位、添加材料注入压力、施工总长度等，考虑主轴承密封的安装位置、层数、滑动速度、润滑油量和压力等。

轴承的密封形式分为唇形、迷宫式与指形密封等。根据密封压力要求确定其形式、密封数等。轴承的密封有如图 7-20 所示的几种形状与尺寸。

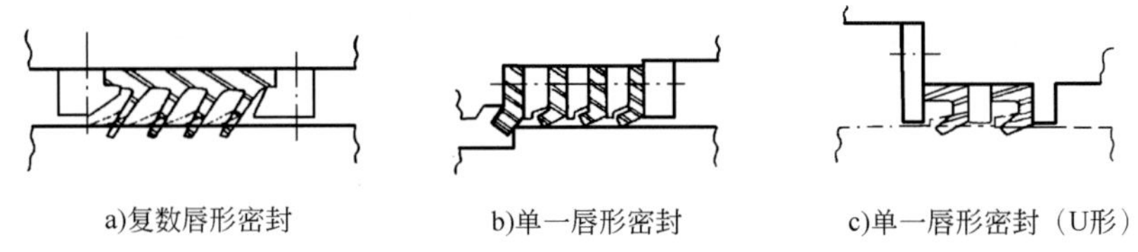

a)复数唇形密封　　b)单一唇形密封　　c)单一唇形密封（U形）

图 7-20　轴承的防土密封形状

主轴承密封的形状有单唇和多唇形。不管哪一种，都是多层组合配置。应供给润滑油或润滑脂，防止密封滑动面磨损和砂土侵入。另外，在高水压条件下，要考虑密封的面压上升引起的发热问题，以及为了降低密封的负担，施加背压等问题。对于长距离施工，则要考虑密封和滑动面的磨损性。在这些严酷条件下施工，为了确保耐久性，需要进行良好的管理，包括润滑油脂注入压和注入量管理、渗出物取样管理、温度传感器管理等。

2. 刀具

1)刀具类型

根据刀具破岩机理与作用，目前盾构配置的主要刀具如图 7-21 所示。

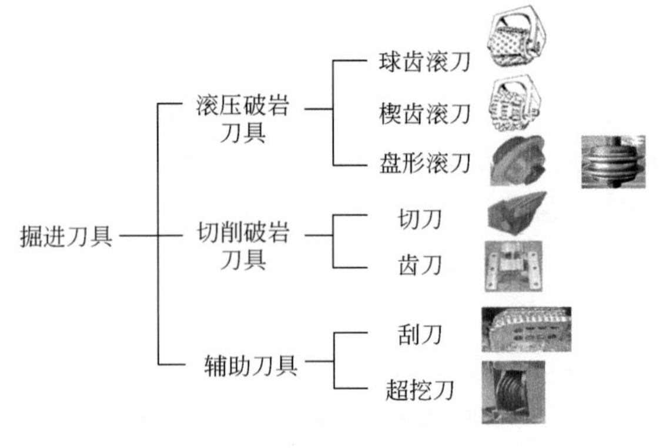

图 7-21　主要刀具类型

(1)滚刀

滚刀是指不仅随刀盘转动，还同时做自转运动的破岩刀具。根据刀刃的形状，滚刀可分为球齿滚刀（钢齿和球齿）、盘形滚刀（钢刀圈滚刀和球齿刀圈滚刀）。根据安装位置，滚刀可分为正滚刀、中心滚刀、边滚刀、扩孔滚刀。目前，盾构掘进机上的滚刀主要是盘形滚刀，盘形滚刀又有单刃、双刃和多刃等几种。围岩单轴抗压强度大于 60MPa 时，多采用单刃滚刀；当只有很少的可利用空间时，双刃或三刃滚刀更容易安装，但是会降低开挖效果。根据岩石特性，滚刀直径在 70～100mm 之间变化，目前国内多采用 17in 滚刀，岩石强度高时也可选择 19in 滚刀。滚刀是具有剪切效应的旋转硬岩刀具，可承受很高的冲击力。随着滚刀设计与材料的发展，甚至在非常硬的岩石条件下也可采用滚刀，使盾构法成为一种经济上可供选择的施工方法。

滚刀对地层变化的反应敏感。作用于滚刀周边的小切线力或由于轴承超载导致的破坏能阻塞刀轴，这样将加速刀具偏磨。根据特殊的应用要求，滚刀发展出很多特殊的刀面形式（齿形碾、碳化表面滚刀、纽扣块）。

在硬岩中掘进时，采用滚刀破岩。滚刀破岩的特点是依靠刀具滚动产生冲击压碎和剪切碾碎的作用达到破碎岩石的目的。滚刀的类型、数量、布置方式、位置、超前量根据岩层的强度和整体性、掘进距离、含砂量等特点确定。滚刀刀圈的材质是滚刀能否胜任掘进硬岩的关键。一般有以下 4 种类型的刀圈：①耐磨层表面刀圈，适用于掘进强度 40MPa 的紧密地层，强度 80～100MPa 的砾岩、砂岩、凝灰岩及砂黏土等地层；②标准钢刀圈，适用于掘进强度 50～150MPa 的砾岩、大理石、砂岩、灰岩及有石块的地层；③重型钢刀圈，适用于掘进强度 120～250MPa 的硬岩，强度 80～150MPa 的高磨损岩层，如花岗岩、闪长岩、斑岩、大理石、蛇纹石及玄武岩等地层；④镶齿硬质合金刀圈，适用于掘进强度高达 150～250MPa 的花岗岩、玄武岩、斑岩及石英岩等地层。

（2）切刀和齿刀

齿刀与刀头铸造在一起，通常刀座的前面松动坚固的地层结构，通过切削地层来分离渣土，最终切削的渣土碎片从刀前面通过。目前，大量不同的齿刀，可以用于多变的地层条件，甚至硬岩地层。切刀布置在刀盘开口槽的两侧，其切削原理是盾构向前推进的同时，切刀随刀盘旋转对开挖面土体产生轴向（沿隧道前进方向）剪切力和径向（刀盘旋转切线方向）切削力，在刀盘的转动下，通过刀刃和刀头部分插入到地层内部，像犁犁地一样切削地层。

（3）辅助刀具

①鱼尾刀。在软土地层中掘进时，因刀盘中心部位不能布置切刀，为改善中心部位土体的切削和搅拌效果，可在中心部位设计一把尺寸较大的鱼尾刀，如图 7-22 所示。鱼尾刀的设计和布置：一是让盾构分两步切削土体，利用鱼尾刀先切削中心部位小圆断面土体，而后扩大到全断面切削土体，将鱼尾刀与其他切刀设计在不同平面上，即鱼尾刀超前切刀布置，保证鱼尾刀最先切削土体；二是将鱼尾刀根部设计成锥形，在刀盘旋转时鱼尾刀切削下来的土体，在切向、径向运动的基础上，又增加一项翻转运动，这样既可解决中心部分土体的切削问题和改善切削土体的流动性，又可大大提高盾构整体掘进效果。

②钻头刀。钻头刀是适用于坚硬地层的细刀具，与可更换的平板固定在一起，在采矿机械上经常用于压碎机，作为炸开工具，带有合金头（直柄凿子），如图 7-23 所示。

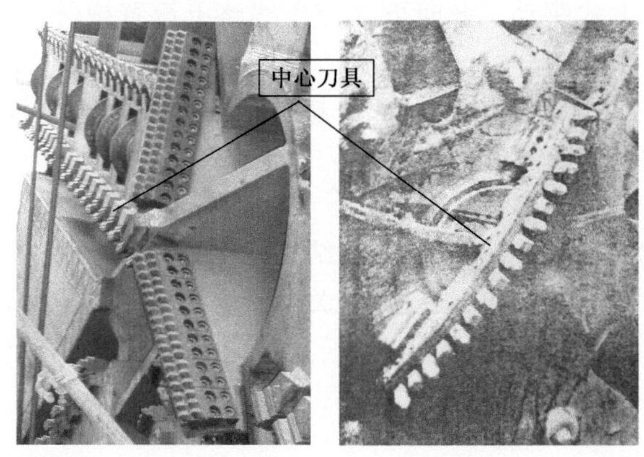

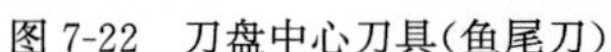

图 7-22　刀盘中心刀具（鱼尾刀）

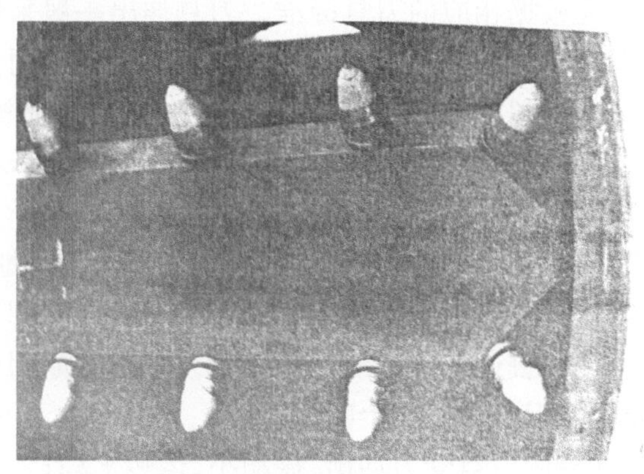

图 7-23　带硬化核的钻头刀

③撕裂刀。撕裂刀垂直隧道开挖面安装，由方形或圆形杆组成。图 7-24 中是安装在锥形中心刀盘上的方形撕裂刀。在淤泥、砂和砾石地层中，撕裂刀破坏地层结构并撕裂地层；在黏性土地层中，撕裂刀有捏制作用。

由于撕裂刀的位置垂直于隧道开挖面，撕裂工作与刀盘旋转方向无关。为了增加刀具寿命，撕裂刀经常进行表面硬化处理或碳化处理。

④保护刀和仿形刀。保护刀安装在刀盘外缘的周边，可以用来校准盾构的开挖直径与保护刀盘。仿形刀是为曲线推进、转弯或纠偏而设计的。仿形刀安装在刀盘的边缘上，通过一个液压油缸来控制仿形刀的伸出量，从而控制超挖范围。仿形刀如图 7-25 所示。

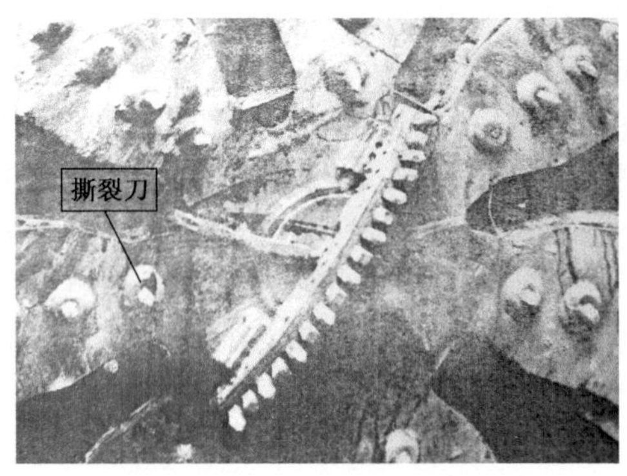

图 7-24　用于石灰岩地层的撕裂刀

图 7-25　仿形刀

盾构在曲线部分施工或紧急校正姿势时，为了减少土压阻力以便调整盾构的方向，并提高盾构的操作性，通常安装超挖装置在开挖外径以外进行超挖。超挖装置分全周超挖装置（全周超挖刀）和部分超挖装置（局部超挖刀），如图 7-26 所示。设计时，根据地质条件、施工条件（特别是曲线施工等）和盾构外径与盾构本体长度的关系，决定超挖装置的规格。

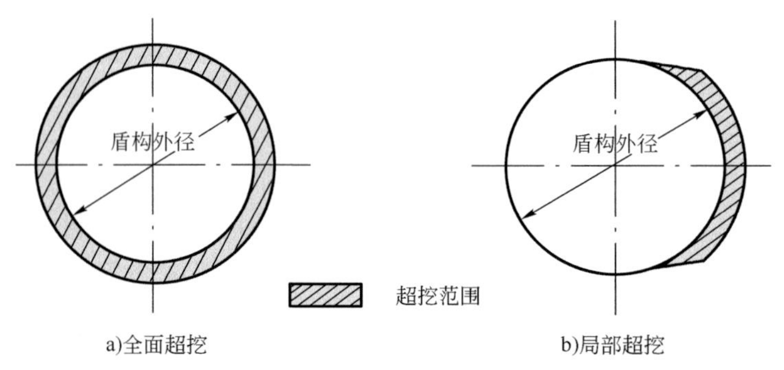

图 7-26　超挖范围

超挖装置通常装在刀盘内，因此应注意结构简单、动作可靠。另外，为了满足超挖能力，切削围岩的刀具应根据相应的刀具标准。刀具伸出一般采用液压方式驱动。此时要在液压线路上设置旋转把手，选择时应注意其形状、设置结构、气密性和牢固性。

部分超挖的超挖量、超挖范围应当很容易被操作人员确认和调节，部分超挖行程和切削扭矩较大时，有很大的挖掘抗力作用于部分超挖刀具上，所以对强度应认真研究。

2）刀具布置

刀盘是盾构的主要工作部件，不同的工程地质条件下应采用不同的刀盘结构形式、刀具布置方式及刀具形状。刀盘及刀具的好坏直接影响盾构掘进机的切削效果和掘进速度，关系到盾构施工的成败，影响盾构的掘进速度和效益。刀盘刀具布置原则如下：

（1）刀具覆盖整个断面；

（2）使刀盘受力均衡、振动小、运转平稳；

（3）尽量使各刀具磨损均匀，尽量使滚刀纯滚动，即刀具母线过刀盘中心；

(4)有利于保证掘进直径；

(5)方便排除岩土；

(6)便于装拆和检查修理。

根据地层的不同，对刀盘的结构及其刀具的组合布置、刀具性能的要求也不同。刀具的磨损和损伤受施工方法、地层条件、刀具形式、材料、安装个数、刀具布置形式等因素影响。但是决定磨损量的主要因素是刀具材料、地层条件与刀具的切削滑动距离。在一个项目确定以后，施工方法、地层条件成为不变因素，为提高刀具耐磨性，通常需进行盾构刀具磨损量估算，并采取提高耐磨性的措施。

刀具形式按适合地层条件的原则加以选择。对于砾石层，要采取防止缺损和剥落的措施。有时也需要同时采用轮式刀具和特殊刀具。刀具的高度需要根据地层条件和旋转距离推算出来的磨损量，以及根据掘进速度和切削速度、刀具布置位置求出的切入深度等决定。

材料：刀具的刀口材质通常选用矿山工具使用的超硬烧结合金。

配置：刀具的配置根据地层条件、盾构外径、掘进速度、施工总长度等决定。

目前，刀具存在的主要问题是，对于砂卵石地层长距离掘进的情形来说，刀具的磨耗、破损、脱落等事故较多。为避免上述事故，显然提高刀具的耐久性(寿命)是实现长距离掘进的关键，然而提高耐久性的根本在于降低刀具的磨耗系数(mm/km)。显然，磨耗量一定时，磨耗系数越小，可掘进的距离越长。

目前，降低刀具磨耗系数的措施大致有以下几种：

(1)选用硬度大的、抗剪强度好的超硬钢材制作刀刃，以提高刀具的耐磨性，如图 7-27 所示。

(2)增加刀具的数量，即增加刀具的行数及每一行的刀具布置数量。

(3)采用长短刀具并用法，即长刀具磨损后，短刀具开始接替长刀具开挖，并增加刀刃厚度。其长刀具与短刀具的高低差一般选定在 20～30mm，如图 7-28 所示为武汉长江隧道盾构刀具布置形式。

图 7-27 碳化钨镶嵌型的特殊滚刀

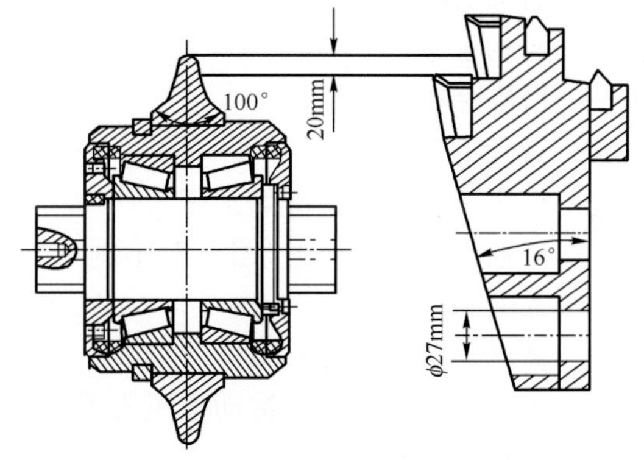

图 7-28 长短刀具相结合布置(武汉长江隧道)

刮刀刀齿有两排碳化镶嵌物，形成两层切割层。在掘进第一段沙和黏土时，第一排碳化物刀齿开挖土壤，此排碳化物保护盘刀不磨损。待磨掉了刮刀上部的 40mm，直至滚刀可以正常作业，此时刮刀只是刮削岩石。当盾构到达第二段软土时，滚刀会很快磨损，第二排碳化物刀齿可以正常开挖沙和黏土，直至掘进结束。

(4)采用超硬重型刀具，刀具背面实施硬化堆焊。

(三)推进系统

1. 总推力

盾构的推进阻力由下列阻力组成：

1)盾构四周外表面和土之间的摩擦阻力或黏结阻力(F_1)。

2)推进时，切口环刃口前端产生的贯入阻力(F_2)。

3)开挖面前方阻力(F_3)：

(1)闭胸式盾构上，为压力舱压力；

(2)机械式盾构上，为作用于刀具上的推进阻力；

(3)手掘式、半机械式盾构上，为开挖面支护反力。

4)变向阻力(曲线施工、蛇形修正、变向用稳定翼、挡板阻力等)(F_4)。

5)盾尾内的管片和壳板之间的摩擦阻力(F_5)。

6)后配套拖车的牵引阻力(F_6)。

以上各种推进阻力的总和可以用式(7-8)表示，但对所使用的机械形式的各种影响因素应仔细考虑，要有一定的富余量。

$$\sum F = F_1 + F_2 + F_3 + F_4 + F_5 + F_6 \tag{7-8}$$

$$F_1 = \begin{cases} \mu_1 \cdot (\pi D_0 \cdot L \cdot P_m + W) & \text{(砂性土)} \\ c \cdot \pi D_0 \cdot L & \text{(黏性土)} \end{cases}$$

$$F_2 = l \cdot t \cdot K_p \cdot P_m$$

$$F_3 = P_f \cdot \frac{\pi}{4} D_0^2$$

$$F_4 = R \cdot S$$

$$F_5 = \mu_2 \cdot G_1$$

$$F_6 = \mu_3 \cdot G_2$$

式中：μ_1——钢与土之间的摩擦系数；

μ_2——钢与钢或混凝土之间的摩擦系数；

μ_3——车轮和钢轨之间的摩擦系数；

D_0——盾构外径；

l——盾构长度；

W——盾构重量；

G_1——后配套拖车重量；

G_2——管片重量；

P_m——作用于盾构上的平均土压力；

P_f——开挖面前方的压力(挡土千斤顶反力，作用于隔墙上的土压、泥浆压力等)；

c——黏聚力；

K_p——被动土压力系数；

R——土的抗力(承载力、被动土压力等)；

L——开挖面的周长；

t——刀刃切入深度(贯入度)；

S——挡土板在推进方向上的投影面积。

2. 盾构推进油缸

1)盾构推进油缸的选型与配置

盾构推进油缸的选型和配置应根据盾构的操作性、管片组装施工的方便性等确定。

(1)选型。选型时应注意以下事项：

①应选用重量轻、耐久性好、易于维修和更换的推进油缸。

②推进油缸选型时应充分考虑其运行性能。

(2)推进千斤顶配置。配置时应考虑下列要求：

①推进油缸等间距配置在盾构壳板内侧附近，在管片全周施加均等荷载。但是，由于地质的关系，有时也采用不等间距配置。

②推进油缸配置时，应使推进轴线平行于盾构轴线。

③推进油缸的台数和推力应根据盾构外径、总推力、管片结构和隧道路线等因素确定。

(3)压力垫

①在盾构推进千斤顶的活塞杆顶端,设置压力垫。盾构推进油缸的压力垫能保证推力通过铰接头、球面接头等均匀分布在管片的端面上。

②为了尽量减小作用于管片的偏心力,也有的让支座中心偏离推进油缸中心线,如图 7-29 所示。在同一座隧道区间内,使用高度差异较大的管片时,为了适应管片,往往更换压力垫。

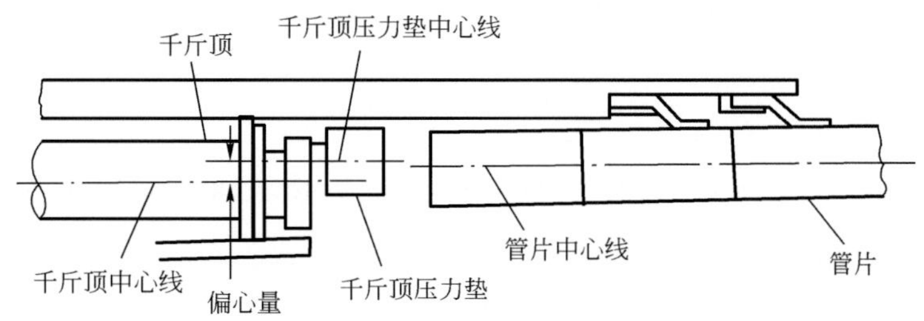

图 7-29 千斤顶压力点的偏心设置

③要以不会有过大的力局部地作用在管片上为原则决定压力垫的大小。尤其是采用钢管片和中子型管片时,要注意压力垫和纵肋的关系。

④根据管片的材料,有时需要在压力垫接触面上覆盖橡胶板等,以保护管片端面。

2)盾构推进油缸行程

一般来说,盾构推进油缸的行程需要的长度为管片宽度加上 100～150mm。对于轴向插入型封顶块管片,根据管片高度、管片宽度、封顶块管片圆周方向长度、插入角度,需要更大的推进油缸行程。采用轴向插入型封顶块时,具备插入管片所需的空间。这一空间的大小根据封顶块插入角度的不同而异,因此事先应对此认真考虑研究。决定推进油缸行程的因素有管片的宽度、空压行程的余量、紧压行程余量、封顶块的插入方向。

在决定以上余量时,需考虑盾构与管片的倾斜角度。外径 7m 以下的盾构,其余量在 150mm 左右就足够了;但对于外径 7m 以上的盾构,外径越大余量就应越大。

3)盾构推进油缸的工作速度

盾构推进油缸的工作速度根据推进速度和施工效率确定。当采用普通全装备千斤顶时,为 50～100mm/min 左右。千斤顶回程速度,从提高施工效率方面考虑,要尽可能快一点。

(四)管片安装系统

管片安装机是在盾尾将管片组装成指定形式的机械。安装机应根据盾构形式和规模、管片、渣土处理方法、工作循环等选择,以保证能准确、高效地组装管片。安装机除了可以回转外,夹具应具有前后移动和伸缩等功能。回转与伸缩均采用液压式。管片安装机有的装在盾构主体支承环上,有的则装在后配套拖车上。

管片安装机有环式、中空轴式两种。在日本,环式用得最多。

(1)环式。在支承环后部或在盾构千斤顶压力垫附近的盾尾设置滚轴,在用该滚轴支承的中空环上装上自由伸缩的臂。

(2)中空轴式。旋转轴为中空式,其内可设置渣土的搬出装置。

管片安装机抓取方式一般分为机械抓取式、真空吸盘式等。大直径盾构多采用真空吸盘式,如图 7-30 所示。

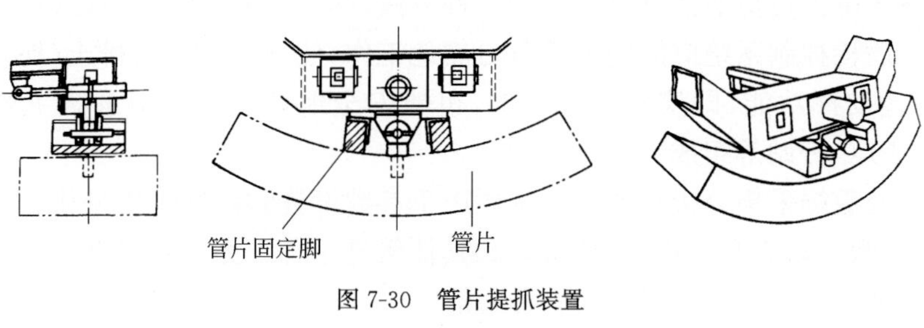

图 7-30 管片提抓装置

管片安装机总共有 6 个自由度：

(1)拖架梁上的移动功能(平行移动到中心线)；

(2)垂直于中心线旋转±200°的功能；

(3)垂直于中心线的伸缩臂的伸缩功能；

(4)夹紧头的倾斜功能；

(5)夹紧头的翻转功能；

(6)夹紧头的旋转功能。

管片安装机的工作能力：

(1)推压力：管片组装时，将夹持的管片推向外侧，或将封顶块插入其内，将组装好的管片矫正形状所需的推压能力。一般宜采用最大管片重量 5 倍以上的力。

(2)起吊力：一般取最大管片重量的 1.5～2 倍。

(3)旋转力：使安装机能夹住最大管片，在最大行程条件下轻松旋转，并能锁定。

(4)旋转速度：旋转速度最好要有微调和高速两挡。

(5)伸缩速度：是指沿液压缸半径方向伸缩的速度，一般取 50～200mm/s。

(6)前后滑动距离：是指组装管片时，使管片沿隧道轴向移动的距离，一般取 150～300mm。如果是轴向插入型封顶块，则要将插入富余量加在滑动距离上。

(五)液压、电气系统

1. 液压系统

液压系统回路按盾构推进油缸系统、刀盘系统、管片安装机系统等各系统分别构成。其动力源既可按系统分别配备，也可一起共用，液压选型、质量、密封性能应可靠。液压设备属高压大容量型设备，工作环境差，液压回路应能使各设备可靠地工作，一旦停机，应能使各工作部分安全地保持停止位置。液压系统按适合使用条件的原则加以选择，选择设置时应充分注意下列事项：

(1)应考虑使各工作部分能按控制指令可靠地工作，受到外力作用的工作部分即使在停止时也能保持其位置。电源断开和紧急停止时也能安全保持在停止位置。

(2)所用的液压设备应按高温、潮湿、土砂、粉尘等工作条件，以及高效、低噪声、高耐久性等要求选择。

(3)液压工作油洁净度对液压设备保持性能有极大的影响，所以对配管系统应考虑防止污染措施。

(4)对于需要遵循消防法的场合，按照相关法律办理油箱静水压试验等手续。

2. 电气系统

电气系统包括供配电系统、可编程控制系统、计算机控制及数据采集分析系统。隧道内湿度大，可能会有漏水，所以要求采用的电气设备具有良好的防水、防湿、防尘和防振性能，或采用能对这些影响进行防护的结构，尽量做到结构紧凑，并设置在便于操作、检修、保养的地方。

对各电气设备，根据使用环境采用 IP55 或 IP67 防护等。如果存在甲烷等可燃性气体时，则根据隧道内危险地段的条件，采取防爆措施。

(1)供配电系统。供配电系统的主要功能是为盾构提供动力和电气保护，控制电动机运转。供配电系统设备主要包括高压电缆、高压电缆卷筒、高压开关柜、变压器、低压开关柜、低压断路器，软启动器、变频器等；供配电系统电力负荷的计算可以采用三种方法，即需要系数法、二项式法、利用系数法。

(2)控制系统。盾构控制系统应能使各设备可靠地工作，使开挖、推进、排土(泥)等相互关联的设备和其他设备能平衡地发挥功能，即使发生异常时，也能安全地控制。控制系统主要由网卡、PC 网卡、TCP/IP、PLC 主站、PLC 分站等组成。

(3)计算机控制及数据采集分析系统。它主要用于参数设置和数据采集分析，对盾构运行情况进行远程监视、故障诊断、数据采集及分析、打印报表和其他管理工作。系统由盾构主控制工控电脑和洞外办公室的电脑组成，通过 TCP/IP 协议联网进行通信。

(六)导向系统

为了能控制盾构的姿态与管片安装,盾构上需配备自动导向系统,其性能应可靠,即使在高温、潮湿、压气施工等环境条件恶劣的隧道内也应有足够的精度。

自动导向系统(SLS-T、PPS)一般由自动全站仪、测斜仪、前后视棱镜、计算机(自动测量软件)及数据传输电缆组成,如图7-31所示。自动全站仪、测斜仪等设备根据测量精度选用。

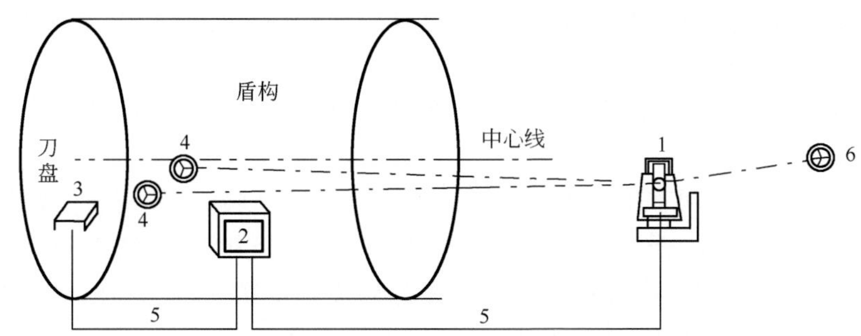

图7-31 自动导向系统组成与工作原理

1-自动全站仪;2-计算机;3-测斜仪(滚动与倾斜);4-前视棱镜;5-数据传输电缆;6-后视棱镜

首先通过人工测量的方法确定全站仪与后视棱镜的坐标,然后自动全站仪自动测量前视棱镜(相对于盾构轴线位置是确定的)的位置。由于前视棱镜与盾构轴线相对位置关系是确定的,即可确定盾构轴线的位置。隧道中线在坐标系统中也是已知的,并已经被输入到电脑中,因此,盾构相对于中线的位置及方位就可以很容易地计算出来。在掘进过程中,由于盾构的滚动和倾斜发生变化,由安装在盾构内部的两轴向倾斜仪测量。

(七)壁后注浆系统

同步注浆设备采用能够连续向盾尾间隙注浆的机械装置。根据注浆材料、注浆方法、注浆量等,选用能够将注浆材料充分填充到盾尾建筑间隙,并且容易维护管理的设备。壁后注浆设备配置在盾构的后配套拖车上,在盾构推进的同时向管片背后进行同步注浆。对于大直径隧道,需要有大容量的注浆设备,需考虑围岩条件、注浆时间、注浆地点,计划好注浆泵的数量、拌和设备、传送泵等,使之能够提高注浆效率。

(1)注浆管。注浆管有内置式、外置式。考虑采用一种不破坏地层,同时在盾构出发时,其入口处的止水密封带性能又不会遭到破坏的结构。

(2)注浆泵。注浆泵有活塞式、螺旋式、挤压式。运输砂浆多用活塞式,有时也选用适合定压注浆、注浆量、注浆压力无级变更的脉动少的螺旋式注浆泵。注浆作业时,为了防止土砂、水从注浆材料的排出口倒流,应设法连续注浆。如果注浆管路内注浆材料凝固,应及时疏通。

(3)注浆材料运输。随着注浆长度的增加,从设置在竖井附近或隧道外的拌和设备向隧道内注浆装置输送浆液,多数采用管道压送的方法,从而避开与管片运输等的干扰。从提高安全性和施工效率方面考虑,也很少采用材料运输车进行砂浆运送。

(4)砂浆拌和设备。砂浆拌和设备设置在隧道外或竖井口附近,为管片壁后注浆设备提供同步注浆浆液。拌和装置包括各种集料、水泥、添加剂、水等的储存槽及计量器,搅拌机和防止分离沉淀的旋转搅拌罐等。这些装置应避免雨淋。此外,注浆设计还需考虑便于注浆材料的投放、维护、管理等操作。

(八)润滑系统

润滑系统应确保刀盘轴承、轴承密封、减速机、螺旋输送机、铰接装置等维持正常功能。采取适合其用途的润滑方法。润滑设备按规定的方法定期、定量加注指定质量的润滑油脂,使各部分的机构、装置能保持正常功能,其运行方法应编入通常的操作规程中。

(九)排渣系统

盾构排渣设备应适合围岩条件,具有将渣土顺利排出的能力。

1)土压平衡盾构上的排土装置是能够保持渣土和土压力、地下水压力的平衡,并具有按盾构推进量调节排土量的控制设备。

考虑排土装置时，应根据地层性质、砾石直径、地下水等围岩条件和盾构直径、隧道内外条件，选择最为合适的设备。

螺旋输送机的形式大致分为有轴螺旋输送机和无轴螺旋输送机。开挖砾石地层时，须按排土能力研究输送机类型和尺寸大小，尤其在透水性好的地层条件下使用无轴螺旋输送机时，需要认真研究止水性等压力保持能力。

2)泥水盾构排渣系统应具有足够的能力，以满足开挖面的稳定控制和渣土的流体输送。泥水盾构排渣系统应根据盾构推进速度、地层条件等确定。

泥水盾构排渣设备包括送、排泥管，旁通管线，送、排泥泵，各种闸阀与控制系统，以及出泥口搅拌装置与砾石处理设备等。

(1)送、排泥管。应根据有利于压力舱内对流、土砂吸入的原则确定其安装位置及其方向。选择送、排泥管时，应事先掌握盾构直径、开挖面的地层条件、施工距离、竖井深度(覆土厚度)、最大掘进速度、开挖面水土压控制范围、输送泥浆密度等资料。根据经验初步选定送、排泥管径，然后采用经验公式计算临界流速、送排泥流量、管阻等，经综合分析选定送、排泥管直径。

排泥管直径根据盾构外径、开挖面的地层性质决定，通常采用表 7-4 内的值。由于固体颗粒(砾石、泥块等)的缘故需要设置循环管线，盾构直径大于 8m 时，排泥管往往要排成两行。此时排泥管直径往往不在表中所示范围内。对于直径超过 12m 的盾构，要根据设计条件等研究决定管径和行数。

如果是黏性土，为防止压力舱内发生黏附和堵塞，则往往要加大排泥管直径，同时加大排泥流量。

送、排泥管直径与盾构外径关系 表 7-4

盾构外径(m)	排泥管直径(mm)	送泥管直径(mm)	盾构外径(m)	排泥管直径(mm)	送泥管直径(mm)
<2	50～100	50～100	6～8	150～200	200～250
2～4	80～150	100～200	8～10	200～250	250～300
4～6	100～150	150～200	10～12	250～300	300～350

保证输送渣土时管内不发生淤积的最小泥水输送速度，称为临界流速。影响浆体管道临界流速的因素包括固体颗粒的粒径、密度、形状和粒度级配，以及浆体浓度、输送管径、外界温度等。但主要因素是固体物料密度、浆体浓度、输送管径以及颗粒组成。计算临界流速经常采用 Bechtel 公司经验公式、Durand经验公式等。

在砂砾石地层中长距离掘进时，有时管道会出现明显的磨损。为此，在管路弯曲部位、盾构内不可更换的部位，应事先采取措施，例如使用厚壁管等。

(2)辅助管线。推进停止期间和管线延伸等条件下使用旁通管线。

(3)送、排泥泵。根据送、排泥管径选择所需尺寸的泵，其能力应确保所需的流量和扬程。排泥泵还需确保渣土中固体物质顺利通过。

应根据需要在送、排泥管线上设置一定数量的泵和阀门。依据管路上设置的压力计、流量计、密度计的测量值，稳定地控制、调节开挖面的泥浆压力，保证输送过程中无渣土沉淀在管线内。设置在排泥管线上时，往往要加大压力舱和砾石处理设备之间的配管直径。为了确保流速，应研究设置循环泵。

(4)设置其他装置。最后设置盾构停止推进时能够自动地向旁路管道切换的旁路阀自动转换装置、开挖面水压失控时异常紧急排出阀、水锤作用防止装置等。

(5)出泥口搅拌器。为防止出泥口、吸泥口堵塞，以及为在压力舱内进行搅拌而设置出泥口搅拌器。有时也可利用刮板代替。

(6)砾石处理设备。从刀盘出来的土砂中存在巨大砾石时，需要根据排泥泵、排泥管的能力设置砾石处理设备。砾石处理设备可设置在压力舱内，也可设置在排泥管线上。按其功能分类，可分为破碎法和分级法，选用时应考虑砾石大小、砾石量、盾构直径、砾石处理能力等因素。对从刀盘开口进入的砾石，需通过破碎等手段进行处理。需制订详细计划，以防止在管道或泵内发生堵塞。当泥水中混有大直径砾石时，一般在盾构泥水室内设置破碎机，或在泥水室外排泥泵的前方设置破碎机，对大砾石进行破

碎处理。

根据砾石的直径、砾石量、设置位置(机内、机外)选择砾石处理设备。大直径砾石的破碎有三种方式:工作面破碎方式、机内破碎方式和机外破碎方式。大直径砾石不能进入盾构的压力舱。采取工作面破碎方式,在刀盘上安装齿刀或滚刀进行破碎,不仅可以减少刀盘开口率和开口宽度,而且可以尽量减小切削大砾石引起的松动,对稳定掌子面有利。应该讲,在大直径砾石地段,不宜采用带刀盘盾构,而采用开敞式盾构是合理的。

(十)配套设备

1.后配套拖车

后配套拖车是设置主控室、液压、电气、注浆设备等(由于盾构直径、形式、容量等原因无法设置在盾构内)的台车,具备装备盾构各系统设备用的机械装置、放置材料和进行各种场所作业的能力。

隧道断面和后配套拖车的配备根据下列因素考虑:

(1)设备的维护管理;

(2)满足材料运输;

(3)轨道铺设、管线延伸等各种作业场所施工。

应制订计划以确保各项作业顺利进行。在小断面盾构中,由于难以保证设置避车道,需要采取相应的安全管理措施。在大断面盾构中,需要设置防止坠落的扶手等设施。后配套拖车根据形状可分为门形拖车、单侧配置拖车等,可根据隧道直径、工程特点适当选择。

一般都铺设后配套拖车专用轨道或在管片上安装托架,使后配套拖车在上面行驶。拖车行驶方式有两种:一种是用连杆等将后配套拖车与盾构本体连接在一起,在推进盾构的同时进行牵引的方式;另一种是台车自身跟随盾构机械的自行式。制订后配套拖车结构计划时,应根据急曲线施工区间后配套拖车行驶需确保拖车与隧道间的间隙,牵引时需防止拖车倾覆、脱轨,陡坡施工区段需防止拖车失控等需求,采取足够的安全措施。

2.泥水处理设备

由排泥管输送到地面的泥水中混有大量的土颗粒或砾石时,需经水土分离处理后才能循环使用。将泥水中的水和土渣分离的过程称为泥水处理。调节泥浆特性的制浆设备属于泥水处理设备的一部分。泥水处理设备能有效地分离排出泥浆中的渣土,具有与掘进速度相适应的处理能力,满足使用环境要求,且经济合理。

泥水处理设备一般分为一级处理设备、二级处理设备和三级处理设备。通常砂性土主要采用一级处理,用于分离泥水中 75μm 以上的砂和砾石;黏性土一般采用二级处理,用于分离 75μm 以下的微小土颗粒。

1)一级处理设备

一级处理设备是通过物理分级法将开挖面送出的所排泥水中的砾石、砂,以及 75μm 以上的黏土—粉砂块进行分离的设备。一般多采用振动筛和旋流器等离心机设备的组合。为提高分离效率,多数采用振动筛对砾石、凝结黏土块进行预处理。

在泥水式盾构施工过程中,泥水分离是必不可少的工艺过程。分离效率也影响着盾构的掘进效率。一般分离设备有振动筛、旋转分离器、离心机、压滤机等。

(1)振动筛。对于不同粒径和级配的物质分离,振动筛是最基本的设备。振动筛由一个或多个筛板组成,如图 7-32 所示,每个筛板的筛孔逐级减小。振动筛一般用于粗糙材料的筛分,其孔眼小至 60μm。

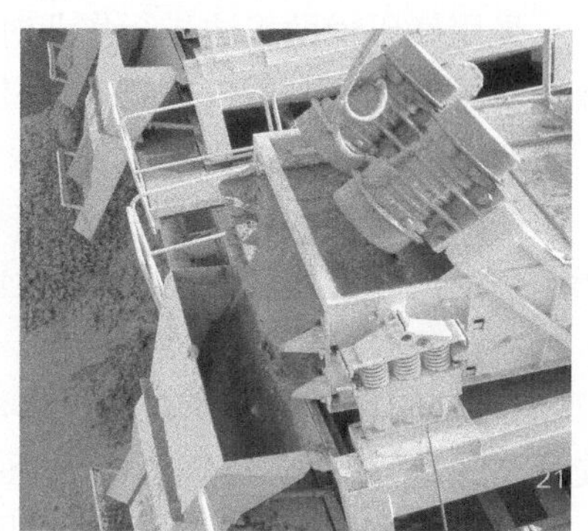

图 7-32 振动筛

(2)旋流器。即旋转分离器(图 7-33),由一固定的锥体组成,它的进料口紧挨其壳体,在圆锥体的顶部设有一上溢流出口,底部设一下溢流出口,泥浆以较大速度抽入旋转的锥体中,使之产生涡流作用。尺寸大、重量大的粒状物通过离心作用，以一定速度分离出来，集中到锥体的内壁上，最后通过底部出口排出；细小的颗粒，保留在泥水中，经螺旋体从上溢口排出。

(3)离心机。通常使用的离心机是由两个围绕一静止室旋转的同轴部件组成。

2)二级处理设备

二级处理设备是将残余泥水 75μm 以下颗粒中较细的粉砂、黏土、胶质土等难以直接分离的排出物用絮凝剂等凝结，待其呈絮状物(团粒)后，再采用凝结沉淀或压缩等方法脱水，使泥与水分离。一般多采用压滤机，其形状和容量应根据盾构直径、土质等进行选择，常用的泥块压滤设备有板框压滤机、离心脱水机、滚轴式压榨机和履带式压榨机等。

压滤机分为两种类型：①连续型，如带状压滤机，如图 7-34所示；②定量调节型，如盘状压滤机。它们将废弃的泥浆压滤，以适于运输处置。

图 7-33　旋流器

图 7-34　带状压滤机

也可局部使用凝结沉淀装置(增稠器)、离心分离脱水装置等。絮凝剂有无机和有机两个系列。有机絮凝剂的絮凝效果较为理想，常用的是聚丙烯酰胺和聚乙醇基二胺、十二烷胺。有机絮凝剂的缺点是弃土中存在有害物质，污染环境。无机絮凝剂主要有硫酸铝、硫酸亚铁、硫酸铁、氯化亚铁、硫酸铝铵、明矾、聚氯化铝、铝酸钠、活性硅酸、石灰、氧化镁等。

3)三级处理设备

经过二级处理分离出的水 pH 值一般较高，不能直接排放。三级处理设备是将这些水进行中和及浓度管理的设备。pH 中和装置有分批处理和连续处理两种方式，处理量大时，多数通过连续处理的自动控制进行中和处理。此外，也使用与二次处理相同的增稠器进行清除污物。

国外泥水处理设备及处理技术发展比较成熟，设备分离效率高、运行能耗低、振动小、噪声低，如国外 SCHAUENBURGMAB，但设备一次性投资大，约为国内处理设备的 4 倍。应根据使用环境要求，经技术经济分析后选用。

3. 空压设备

1)可呼吸空气压气设备

采用气压辅助工法进行作业时，需要设置达到容量要求的空压机，并配置气闸设备、驱动电力设备、冷却设备、储气罐、送气管道，以提供满足带压作业所需要的清洁的、温度和湿度适中的可呼吸空气。

2)工业气体压缩空气设备

在开挖面、泥水盾构气垫舱或其他地方[如气动设备、气动工具、铰接(盾尾)紧急充气密封、密封注脂、气垫等]需要使用压缩气体，设置所需容量的空压机及其他附属设备提供工业气体。

3)设备容量

一般，采用压气施工法的气体消耗量为从隧道开挖面的漏气和开关气闸时的消耗量等的总和，主要受地层的透气性、盾构直径、压气压力、覆土情况等影响。

Hewett/Johannesson 公式可用于粗略计算需要的空气消耗量，从而确定装机功率。

$$Q = a \cdot D^2 \tag{7-9}$$

式中：Q——空气消耗量(m^3/min)；

D——盾构直径(m)；

a——地层系数，a=3.66～7.32。

通常对含水地层(如中砂)a=3.66，对渗透性好的地层(如砾石或砂砾)a=7.32。

但实际上，空气消耗量为计算值的1/2左右。

空气压缩设备能够提供所需要的最高压力和压气量。根据需要的最高压力和压气量，并在考虑安全性、经济性的基础上决定设备容量和数量。同时需要配备所需容量的内燃空压机在停电时使用。一般直径6m左右的土压平衡盾构空压设备工作压力不低于0.75MPa，工作能力不小于20m^3/min。

4)气闸设备

气闸设备应根据劳动安全卫生条例、劳动安全卫生管理条例、高压作业安全卫生条例、锅炉和压力设备安全卫生规则以及压力结构规则进行设置和管理。气闸是承受高压设备，应使用经规定手续检验合格的产品，在设计、制造、检查时遵守国家安全生产法关于压力容器的有关规定。

根据用途，气闸分为人员出入闸、材料闸、应急事故闸、医疗闸等几类。人员出入闸和材料闸应尽可能分开设置。两者共用时，应遵守高压作业安全卫生条例。

为了减小空气压力的脉动，除去分馏水、油分，提高散热效果，应保证储气罐有足够的容量，空气通过吸气清洁器吸入。吸气清洁器的滤芯需定期清洗或更换。此外，还需安装自动报警装置，一旦排出气体温度异常上升时，可立即通知操作人员，同时设置监测温度变化的传感器等。

送排气管敷设时，送出的空气应不受大气温度的影响，同时选择不易损坏的位置敷设，并根据需要采取防护措施。管道、接头采用强度高的安全结构。

需配置两根送气管路的送气管，且每根管路上均安装止回阀。根据所需压力，设置管理可供气体的自动压力调节阀。排气速度不超过减压表规定的减压速度。

4.材料与渣土运输设备

材料与渣土运输设备配置需考虑作业循环和施工场地的布局条件，并满足工程进度。

1)材料运输设备

材料运输设备是在不影响弃渣的同时，及时运送施工所需材料的设备。

(1)隧道内运输设备。隧道内材料的运输一般采用有轨运输方式。大直径隧道也有采用无轨运输的。运输车的选用适应合运送材料的重量、大小和形状，并且在运输中要有防止货物倒塌的措施。

(2)竖井运输设备。在竖井内运输施工材料的设备，一般采用门吊和塔吊。

2)渣土运输设备

根据弃渣的性质、向隧道外出渣的方法、向弃渣场运渣的方法，以及向隧道内运送材料的方法，来选择具有足够运送能力的出渣设备。

隧道内渣土水平运输设备有轨道运输方式、输送带运输方式、自卸汽车运输方式和流体管道运输方式等。

(1)轨道运输方式

①牵引机车。宜使用电瓶车。

②渣车。渣车的尺寸及数量由隧道断面的大小、每循环掘进长度、地质条件(开挖后的松散系数)、隧道内运输循环及竖井设备等决定；渣车的形状根据隧道外卸渣的方法而定，一般有箱型、活底型和侧卸型。

③轨道铺设方式。轨道的铺设和布置应确保隧道内运输循环畅通和重型车辆的行驶安全，一般采用单线制、局部双线制、复线制或四轨三线制，如图7-35所示。采用四轨三线制时，一般设置浮动道

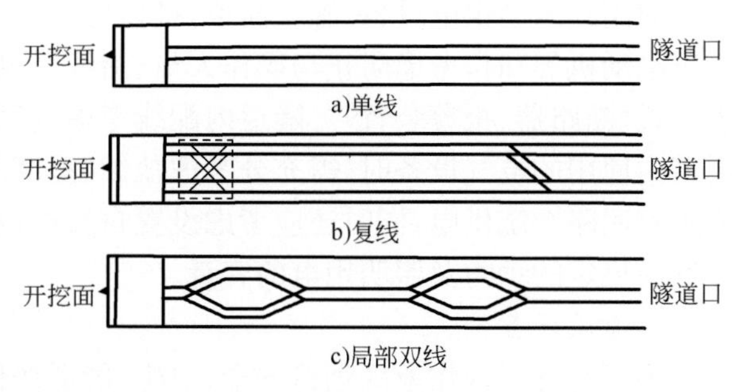

图7-35 轨道布置形式

岔。当隧道内空间狭小，难以满足变更运输轨道时，可使用回转台、转车台等设备。

④安全运行保护装置。采用有轨运输时，为防止发生溜车等交通事故，应设置车辆制动装置及运行所需安全装置、挂钩防脱装置、失控停车装置、驾驶室、确保人员与车辆安全的设备、安全通道、躲避场所、信号装置等各种设备。当车辆运行时，应遵守隧道内的运行速度，确保安全停车。不得已倒车时，应准备好安全装置。施工人员应熟悉运行信号、指挥信号等。

⑤充电设备。为满足隧道内水平运输牵引机车的充电需要，设置充电设备。在隧道内进行充电时，需加强通风。

(2)皮带运输

隧道断面小使用有轨运输困难时，使用皮带运输更有利。

竖井出渣设备有门吊式、抓斗式、吊斗提升塔架式、垂直输送带式以及管道等。应根据运输作业的循环时间、周围环境和环保要求进行选择。

(3)连续出渣设备

连续出渣设备采用皮带运输方式、管道运输方式，有流体输送式、泵压送式、空气输送式、筒体集尘输送式等。连续出渣设备可与掘进进程并行运出废渣，隧道内运输和竖井运输可同时进行，有利于提高工作效率，并且减少隧道内运输车辆，安全性高，实现运输自动化。

流体输送式连续出渣设备：适用于泥水盾构，通过泥浆泵将隧道内的渣土通过管道输送到地面上的泥水处理设备。

泵压送式连续出渣设备：用于土压平衡盾构开挖软质地基时较为有效。采用泵压送时，需认真研究高压泵的能力、配管阻力、压送距离等因素，由于管道振动较大，需注意管道的固定和接头的强度。

土压平衡盾构施工时，在地面上应设置料斗或弃渣坑；其容量应能储存不会影响施工进度的弃渣量。在城市作业时，一般只能在夜间进行渣土外运，料斗或弃渣坑的容量应相应加大。

5.电力设备

根据盾构及后配套设备的用电负荷及施工辅助设备的用电负荷，再考虑一定的备用量来确定变电设备的容量。电力设备中的变电设备应设置于大容量的机械设备较集中的始发竖井附近。根据所使用的电气机械的输出及各种类别的负荷算出最大负荷容量，来决定变电设备的容量。确定供电设备计划时，向电力公司、消防部门申请办理设置自用电气设备手续。采用压气施工法时，电气设备故障会引发重大事故，除应进行细心的维护管理外，还必须进行大部分设备的防护和必要的维护检查，做到万无一失，有条件时可采用双电源。

隧道内电缆采用沿墙挂钩敷设。隧道内设置高压电力设备时，应设置安全警示标志。在适当的地方设置安全保护装置。电力设备采取以下安全保护措施：

(1)防雷保护。高低压侧都设避雷器。

(2)单相接地保护。通过高压开关柜装设零序电流互感器进行单相接地保护。

(3)漏电保护。在用电设备前加设漏电开关，保证漏电时自动跳开。

(4)重复接地保护。各用电点周围用角钢打入地下作为接地极，用镀锌扁钢与接地极焊接后，引到配电箱接地排上，接地排与低压零线相接。各用电设备的外壳用接地线与接地排相接，构成重复接地保护。

使用封闭型供电设备，施工简单，维修检查容易且安全。隧道内设置高压电器设备(变压器、开关、高压电动机等)时，考虑防止与操作人员、沿线运输车等接触而发生事故，还应在适当的地方设置安全保护装置(断路器、报警装置)。隧道内配线考虑选用防止触电、电压较低、绝缘好且足够粗的电缆。选定隧道内使用的电气设备时，需充分考虑盐蚀、湿度等隧道内环境。预计因停电会发生重大事故时，需要采用双回路系统供电，同时还应考虑设置自发电设备。自发电设备至少应能满足停电时排水用电、维持开挖面稳定的动力及照明用电的容量。

6.通风设备

为了给隧道内作业区创造安全、卫生、舒适的作业环境，设置通风设备，提供隧道内所需的空气。一般要求施工区域的风速不低于 0.3m/s。

7.给排水设备

给排水设备应具有足够的处理给水及涌水的能力，在施工期间，应能够保证设备正常运行及维持正常给、排水处理。

1)给水设备

给水泵、管线等设备的能力应满足设备冷却、清扫用水等所需水量。对于各种用途水的质量也应充分注意。在计划配管时，采取防止回流的措施。

盾构的冷却水用软水，冷却水池大小与冷却塔能力应满足要求，保证水温不超过30℃。必要时可设置冷却设备。

2)排水设备

排水设备包括隧道内排水、竖井排水、排水处理及防洪备用设备。配置时应满足以下要求：

(1)隧道内排水。隧道内排水是将隧道内漏水、作业用水排出。隧道内排水设备的能力应能满足隧道内漏水和作业用水的排出。

(2)竖井排水。排水设备的能力除应满足从隧道内排出的水量外，还应考虑周围漏水等水量。

(3)备用设备。为防止意外灾害，特别是在水底隧道施工中，为确保排水能力，应备配足够容量的排水设备。

(4)排水处理。在城市中施工时，废水应经沉淀池沉淀后排入污水管道，排水标准遵守环境保护法的相关规定。排到污水管道的水，根据排水标准，多数需要进行化学处理。因此，在排水时应遵守相关法律的规定。

(5)排水能力。制订排水计划时，需要研究排水前方的容纳能力。

8.照明设施

照明设备与电力设备一样按照相应的技术标准和规范进行设置。开挖面的照明应与盾构内装配的设备一样，局部需要照明时，可采用投光器。隧道内作业区照明亮度需要达到70lx，其他地方需要20lx左右。隧道内有阶梯的地方不能使用亮度大的照明器具。这些固定式照明设备由于需要长期使用，还应经常进行维修检查。

当隧道内停电时，作业人员应能够安全退到安全地段，因此在通道出入口、阶梯等必要处设置应急照明设备。

9.通信联络设施

为了掌握隧道内施工进度，确保隧道内作业安全、各作业场所及各种设备间的紧密联系，设置通信设备和发生紧急事故时可立即通知的报警装置。

在遵守劳动安全法规、高压作业安全法规及考虑操作安全性能的基础上选定合适的通信设备。

隧道外与隧道内的联系：在隧道内与隧道外之间设置可通话的电话机、对讲机等通话装置。

竖井升降设备通信联系：门吊驾驶员与井下挂钩员采用无线对讲机进行联系。门吊操作室内装有监视器，竖井下安装固定式摄像头，以便驾驶员监视摘挂钩情况。

报警装置：在预料可能会发生危险的隧道中，在必要之处设置能通知发生紧急事态的汽笛、紧急响铃等报警装置。当报警装置、通话装置的电源发生异常时，可紧急使用备用电源。

采用压气工法的设备，在高压区作业人员和空压机操作人员之间设置通话装置。考虑到这些装置会发生故障，所以需设置双系统。

10.消防设施

遵照劳动安全条例、消防法、高气压作业规程等相关条例法规，进行消防设备的配置和管理。在施工期间，为防止火灾，配置消防、防火设施和设备。

三、盾构法的特点、适用范围与选用原则

(一)盾构法的特点

隧道的主要施工方法有浅埋暗挖法、盾构法及明挖法。地下工程施工方法选择是多目标函数，因此

在隧道工程勘测、规划与设计阶段，在选择施工方法时，根据各种施工方法对地质条件及环境条件的适用性、经济性、安全、质量、工期等进行充分的论证和比较分析，选择合适的隧道施工方法。这对于安全而且经济地建设隧道极其重要。隧道施工主要方法比较见表 7-5。

隧道施工主要方法比较表 表 7-5

项目	浅埋暗挖法	盾构法	明挖法
方法概要	利用隧道周围围岩自有的稳定性，开挖后通过喷射混凝土钢筋网支护等方法确保围岩的稳定性而进行开挖，以周围围岩中形成自然拱效应、开挖时开挖面可以自立作为前提，不能满足这一前提时需要采用辅助措施	用盾构稳定工作面，进行开挖、推进，并在盾尾进行衬砌施工隧道的方法。闭胸式盾构是用泥土加压或泥水加压来抵抗开挖面的土压力和水压力以维持开挖面的稳定性	从地面向下开挖，在所定的位置建造隧道，通过回填恢复地表面的原状
适用地质(过去经验中的标准条件，对地质条件变化的适应性)	一般适用于软弱围岩，更适用于第四纪洪积层(未胶结强度 $q_u \geqslant 0.1$MPa，变形模量 $E_s \geqslant 10$MPa 的围岩。也有用于更加软弱围岩的个别实例)。对于地质条件的变化，通过支护的结构刚度、开挖方法、变化辅助措施来适应	主要适用于不稳定土层、砂层。对于复杂的地质条件或特殊地质条件，当区间内存在如整体性较好的硬岩地层、岩溶、膨胀岩、含坚硬大块石的土层、卵砾石层、高黏性土层或可能存在不明地下障碍物的地层等时，应进行认真的论证并选型	一般来说不受地质条件的限制。根据各种地质条件选择对应的挡土结构和辅助措施进行施工
排水措施(开挖面及围岩的稳定性)	开挖时产生影响开挖面及围岩稳定性的涌水问题时，需要采用注浆进行止水、井点降水、排水等辅助措施进行堵、排水	闭胸式盾构一般不需要辅助措施，开敞式盾构需要辅助措施	作为涌沙、基底隆起的防止措施，一般需要采取增加挡土结构的入土深度，降低地下水以及实施基底加固等辅助措施
隧道埋深(最小、最大覆盖深度)	对于未胶结的围岩，覆盖深度/隧道直径(H/D)为 0.5～2.5，需要采取能有效控制顶部沉降的辅助措施	最小覆盖深度一般大于 1 倍隧道直径，压气施工、泥水加压施工要注意地表的喷涌；最大覆盖深度多取决于地下水压的大小	最小深度在施工上没有限制，有最大深度达到 40m 的施工实例
断面形状	以隧道顶部取拱形断面为原则，其他部分可以允许相当自由的断面形状，施工中间可以进行断面的变化	以圆形为标准，特殊盾构可以采用半圆形、复圆形、椭圆形等形状。施工中难以变化断面，灵活性差	一般为矩形，可以适用于复杂的形状
断面大小(最大面积，断面变化)	一般在 150m² 以内，也有达到 200m² 以上的实例。通过变化支护和开挖方法可以在施工中变化断面大小	在施工实例中，最大直径达到15.38m。随着断面的增大，断面利用率降低，且盾构设备制造费用较高，根据使用目的进行详细的论证直径，一般不宜超过 12m	对于断面大小和断面变化从施工上没有限制，但是在断面变化的拐角部要采取充分的加固措施
平面布置(急转弯施工)	没有施工上的限制	目前，对于 $\phi 6.3$m 的地铁盾构，最小转弯半径 250m。特殊条件下，有曲线半径/盾构外径＝3 的急转弯隧道的施工实例	没有施工上的限制
对周围的影响(近接施工、噪声、振动)	接近既有建筑物(或结构物)施工时需要辅助措施。但是，在市区内进行降水时会引起其他问题，很难满足施工中的降水要求。竖井在道路外，不影响交通。噪声、振动只发生在竖井口，可采用防音墙等措施	接近既有建筑物(或结构物)施工时，必要时需要辅助措施。竖井在道路内，影响交通。噪声、振动只发生在竖井口，可用防音墙处理	接近既有建筑物(或结构物)施工时，在增加挡土结构刚度的同时，根据近接程度适当采用辅助措施。施工段需要设置施工带，对路上交通的影响很大。在各施工阶段都要采用相应的防噪声、振动等措施

(二)适用范围与选用原则

盾构法一般主要适用土层,特别适合浅覆土、不稳定地层和有地下水情况,同时对周围环境及建(构)筑物的影响小。在非常松散的地层或没有胶结的松散土层、塑性或流塑的软土地层也可以应用盾构。因此,盾构应用范围较广。

不同施工方法具有各自的特点,盾构法不能完全替代其他施工方法。但是对于地质条件差、长距离施工,要求施工速度快,或严格限制地表沉降时,与其他施工方法相比,盾构法是技术合理但经济性较差的选择。例如隧道直径小于 3m、长度大于 2 000m,直径大于 6m、施工长度大于 6 000m 时,盾构法相对经济合理。由于受盾构主轴承密封、盾尾密封、螺旋输送机、泥水循环系统等耐水压限制,盾构隧道埋深受到限制,一般盾构隧道埋深不超过 60m。

作为地下工程重要的施工方法之一,与其他施工方法相比,盾构法的优点有:机械化程度高,施工速度快;隧道断面准确;对环境影响时间较短;施工人员安全程度高;防水工程施工方便,质量较好。其缺点有:盾构设计、制造、安装等准备期长,前期投资大;操作要求高;施工场地大,只适合较长的隧道;对隧道埋深有一定的要求;当地层条件多变时,施工风险大;一般只适合圆形断面,缺少变化,通常只适合事先确定的断面,改变断面代价大,如扩大断面。作为交通隧道时,圆形断面利用率较低,随着隧道断面的增大利用率降低;隧道直径大于 12m 时,非常不经济。在计划阶段应有效地利用盾构法的优点,同时充分考虑其缺点,根据实际情况合理地应用盾构。

选用盾构法的基本原则如下:

(1)从隧道修建技术发展历史来看,对于无水地层或稳定性较好的地层,从施工的灵活性、经济性方面考虑,优先选择浅埋暗挖法或明挖法。如果采用盾构法,也最好是选用开敞式盾构,并优先选择无刀盘盾构。

(2)从盾构法隧道发展历史来看,充分了解不同盾构法适用范围及优缺点,应根据地质条件、地下水状况、隧道埋深、隧道长度、隧道直径及周边环境条件等,选用不同类型刀盘和刀具的盾构机。

(3)目前施工中主要采用泥水盾构、土压平衡盾构,由于其投资大,一般只适合较长的隧道。对于地铁隧道施工,为避免频繁拆机装机,最好采用过站方法,但应根据车站规模,从车站土建增加费用、工期等方面进行论证。

(4)采用大直径盾构应进行充分经济评价。

四、盾构法施工的基本原则

(1)盾构机选型是决定盾构法施工是否能成功的关键因素之一。盾构机选型主要考虑地质条件、地形水压状况、周边环境条件及场地条件等。而盾构对地层的适应性,基本取决于刀盘设计是否合理。

(2)盾构机设计原则根据围岩条件、隧道断面大小形状、施工方法进行。设计首先应使盾构能承受围岩压力,确保安全施工;其次应综合考虑施工的经济性。盾构在其施工的区间通常会遇到各种复杂多变的条件,因此,根据对这些条件的调查,选用结构强度和刚度足以适应这种变化的、耐久性、施工方便、安全性和经济性优异的盾构。对盾构来说,砂卵石地层、软硬不均地层、泥质粉砂岩泥岩地层等属于不良地层,盾构机设计应从刀盘、驱动系统、渣土改良系统、刀盘冲洗系统等细节方面进行充分考虑。

(3)盾构法施工始终应贯彻确保开挖面稳定的原则,针对不同地层合理设定压力优化掘进参数,特殊地质条件采用相应的辅助措施。

(4)盾构始发与到达的基本目标是防止破除洞门过程中的地层失稳及防止地下水喷涌,因此考虑地层、地下水、盾构类型、覆土厚度、作业环境、洞门密封等条件来选择始发与到达方法。

(5)盾构法施工贯彻的基本方针为“盾构掘进过程中做到三有序、三平衡、三平稳”:施工组织管理有序、机械保养有序、信息管理有序;土(泥水)压力平衡、注浆压力平衡、注浆量与进尺平衡;盾构掘进姿态平稳、管片拼装平稳、推进速度平稳。

(6)根据地质条件、隧道断面大小、线路条件、施工技术水平选择合适的管片分块、宽度、接头形式。

(7)为确保盾构法隧道的耐久性与降低施工、运营阶段安全风险,一般应在管片衬砌基础上增加二次衬砌。盾构法隧道设计寿命周期一般要求为100年(根据日本的研究成果,管片保护层厚度应大于7cm),而管片接缝防水寿命周期一般不超过50年,同时考虑管片衬砌结构为非稳定结构,软土地层失去局部抗力会引起隧道整体失稳与破坏。基于以上因素考虑,从工程百年大计出发,应该增加二次衬砌,最少预留增加二次衬砌的空间,为以后隧道补强提供有利条件。

第二节　盾构的选型与设计要点

一、影响盾构选型的主要地质因素

隧道工程的难易,围岩地层条件多起到决定性的作用。盾构选型设计时,应特别需要注意的地质条件是:

(1)灵敏度高的软弱地层;

(2)透水性强的松散地层;

(3)高塑性地层;

(4)含水率高的地层;

(5)含有大砾石的地层;

(6)预计有朽木和其他夹杂物的地层;

(7)软硬不均地层。

在土质地层中,影响盾构设计的主要参数为颗粒级配、密度、内摩擦角、黏聚力、渗透系数、地下水位、黏土矿物成分、液限、塑限、含水率、石英含量、弹性模量、侧压力系数、钻孔取芯率。

在岩石地层中,影响盾构设计的主要参数为:单轴抗压强度、抗拉强度、岩石质量(节理、断层、风化情况)、矿物成分(石英成分、膨胀性)、磨损系数、钻孔取芯率、刀具磨损系数。

此外,施工距离长时,应对盾构及各部位耐磨损和耐久性认真研究,考虑加油、更换等维护措施;隧道线形如果是曲线半径小急转弯,要论证能确保线形的施工方法,做到尽可能采用少量超挖而能保证隧道线形的施工方法;隧道埋深大时,必然是高水压下施工,应认真考虑各部位的强度与各系统的密封性能。

在盾构选型时,最为重要的是要以保持开挖面稳定为基本原则。为了选择合适的盾构类型,除对地层条件、地下水进行调查以外,还要对用地环境、竖井周围环境(特别是城市中施工场地条件)、安全性、经济性等作充分考虑。近几年,由竖井或渣土处理而影响盾构选型的实例不断增加。另外,在一些实例中,施工经验也会成为盾构选型的重要因素。

开敞式盾构一般适用于无(少)水地层、稳定地层及降水后能稳定的砂卵石地层。在水下隧道应选用气垫式泥水盾构。因此,带刀盘的盾构机选型多是在泥水盾构与土压平衡盾构之间选择。

根据德国海瑞克的经验,Herrenknecht提供的德国常用的土压与泥水盾构选择应考虑的地层条件及颗粒尺寸因素如图7-36所示。

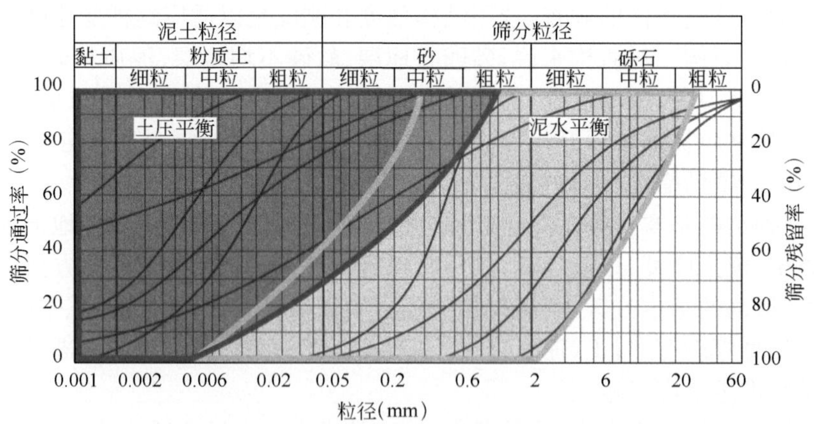

图7-36　盾构对地层的适应性(各种松散土壤粒径筛分曲线)

土压平衡和泥水盾构所适应的地层条件不同,根据日本的经验,不同类型盾构对地层的适应性见表7-6。

不同类型盾构对地层的适应性 表7-6

地质条件＼盾构类型			土压平衡盾构				泥水盾构	
			土压式		泥土压式			
土质		N值	适应性	注意点	适应性	注意点	适应性	注意点
冲积黏土	腐殖土	0	×	—	△	地基变形	△	地基变形
	粉土、黏土	0~2	○	—	○	—	○	—
	砂质粉土	0~5	○	—	○	—	○	—
	砂质黏土	5~10	○	—	○	—	○	—
洪积黏土	粉土、黏土	10~20	△	切削砂土引起阻塞	○	—	○	—
	砂质粉土	15~25	△	切削砂土引起阻塞	○	—	○	—
	砂质黏土	25以上	△	切削砂土引起阻塞	○	—	○	—
泥岩		50以上	△	切削砂土引起阻塞	△	刀具磨损	△	刀具磨损
砂质土	混砂粉质黏土	10~15	○	—	○	—	○	—
	松砂	10~30	△	细粒成分含有量	○	—	○	—
	密实砂	30以上	△	细粒成分含有量	○	—	○	—
砂砾与卵石	松砂砾	10~40	△	细粒成分含有量	○	—	○	—
	固结砂砾	40以上	△	细粒成分含有量	○	刀具磨损	○	刀具磨损
	混卵石砂砾	—	△	螺旋输送带规格	○		○	刀具规格
	巨砾或卵石	—	△	刀具规格	△	刀具规格	△	砾石破碎

注:1. ○指适合,△指使用时需要考虑辅助施工方法、辅助机械,×指一般不适用。
2. 所谓泥岩,是强度比较低的风化泥岩。

地层渗透系数对于盾构的选型是一个很重要的因素。根据欧美和日本的施工经验,土压平衡盾构与泥水盾构两种盾构能够适应的地层渗透系数范围如图7-37所示。当地层的渗透系数小于10^{-7}m/s时,可以选用土压平衡盾构;当地层的渗透系数在10^{-7}~10^{-4}m/s之间时,既可以选用土压平衡盾构,也可以选用泥水盾构;当地层的渗透系数大于10^{-4}m/s时,宜选用泥水盾构。

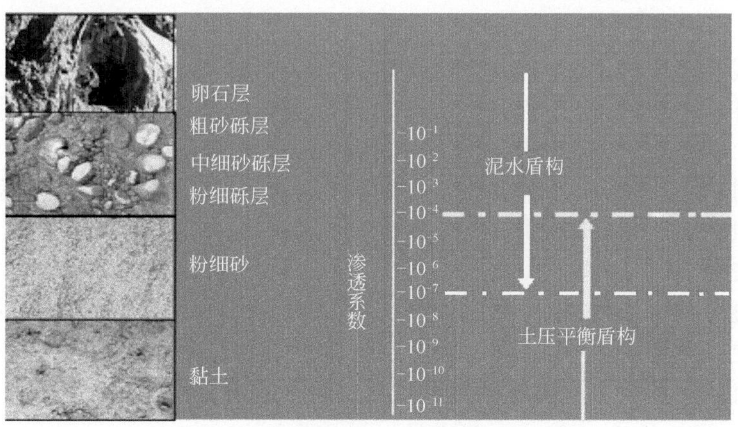

图7-37 地层渗透系数与盾构选型关系示意图

对于无水地层或能通过降水将地下水位降到隧道以下的情况,可以考虑采用开敞式盾构;土压平衡盾构一般在地下水位30~50m时采用,主要受螺旋输送机耐水压大小限制,过高地下水压时采用,应考虑相应的措施。泥水盾构适应最大水压比土压平衡盾构高,其适应的最大水压力主要受主轴承密封性能控制,但一般不超过100m,因此泥水盾构比较适用于在河底、海底等高水压条件下隧道的施工,具有较高的安全性。高水压条件下施工,应认真考虑各部位的强度与各系统的密封性能。

二、工程环境因素对盾构选型的影响

盾构选型除主要考虑工程地质条件外，盾构的外径、覆土厚度、线形(曲线施工时的曲线半径等)、掘进距离、工期、竖井用地、路线附近的重要构造物、障碍物等工程地域环境因素的考虑也至关重要。当然还应考虑安全性和成本，通常要求按上述综合考虑选定合适的盾构。

(1)盾构直径对盾构选型的影响。一般情况下，对于直径大于10m的盾构机，从驱动系统能力及节能方面多考虑采用泥水盾构。同时对直径小于3m的微型盾构，主要从渣土运输方面考虑多采用泥水管道运输方式，也多采用泥水盾构。

(2)盾构法施工需要场地较大，同时泥水盾构需要较大泥水分离场地，盾构始发与到达井位置一般布置在线路上。在城市中心区施工由于受周边环境条件的限制，多采用土压平衡盾构。

(3)在隧道线路周边有重要建(构)筑物、地下管线等时，为了减小施工对周边环境的影响，一般选择闭胸式盾构，盾构机设计时应考虑充分的辅助设备。

三、盾构设计要点

盾构机设计应根据工程的围岩条件、隧道断面大小、隧道长度、隧道线路、隧道埋深等条件进行。但盾构在其施工区间可能会遇到各种复杂多变条件，因此，事先应对这些条件进行详细的调查，设计安全性、耐久性好、施工方便和经济性优异的盾构机。

盾构机发展到现在，设计方法、制造水平日趋成熟与完善。盾构机设计最重要的是根据不同适用条件，对各系统进行有针对性的设计。根据经验，影响盾构机适应性的关键环节有：

1.刀盘设计

盾构对地层的适应性，基本取决于刀盘设计是否合理。如何选择安全、经济的刀盘是摆在设计人员面前的重要课题。

2.刀具选择与布置

刀具形式按适合地层条件的原则选择。刀具的高度需要根据地层条件和旋转距离推算出来的磨损量、掘进速度和切削速度、刀具布置位置求出的切入深度等决定。

3.推进系统与刀盘驱动系统设计优化

盾构总推力根据各种推进阻力的总和及其所需要的富余量决定。充分了解不同盾构类型阻力组成及计算方法，同时根据实际经验分析。盾构千斤顶的选型和配置应根据盾构的操作性、管片组装施工的方便性等确定。

刀盘的驱动方式有液压马达驱动方式和电动机驱动方式两种。选择时，应充分考虑两种驱动方式的优缺点及适用条件。一般，盾构直径小于6m的，多采用液压马达驱动方式；直径大于6m的盾构，多采用变频电机驱动。但是对于卵石地层或软硬不均地层等，预测有可能发生撞击负荷时或因急弯道施工需缩短盾构长度时，多选择液压马达驱动。切削掌子面所需的刀盘旋转力(刀盘扭矩)，应考虑阻力力矩的总和加上富余量。对于易坍塌地层，应有足够的脱困扭矩。

4.盾尾与盾尾密封

盾尾长度根据隧道覆土厚度、管片宽度、管片拼装方式和形状、盾尾密封的形状及其层数决定，有时需要考虑施工过程更换盾尾密封等。另外，考虑到隧道的曲线施工等因素，要有一定的盾尾间隙。对于长距离、高水压等条件，应慎重考虑盾尾密封层数与密封刷的可更换性。

5.排渣系统

盾构排渣设备应具备适合围岩条件，具有将渣土顺利排出的能力。

螺旋输送机的形式大致分为有轴螺旋输送机和无轴螺旋输送机。开挖砾石地层时，须按排土能力研究输送机类型和尺寸大小，尤其在透水性好的地层条件下使用无轴螺旋输送机，需要认真研究止水性等压力保持能力。

泥水盾构排渣应系统应具有足够的能力以满足开挖面的稳定控制和渣土的流体输送，需考虑适合于盾构推进速度、地层条件等确定。

四、主要经验与教训

(1)刀盘设计强度不够、刀具配置不合理。深圳地铁1号线某盾构区间,采用日本三菱盾构,由于对深圳复合地层认识不足,造成刀具、刀盘磨损严重。广州地铁4号线某地铁区间,采用日本小松盾构,在复合地层同样遇到类似问题。

(2)砂卵石地层盾构装配扭矩不够。如成都地铁1号某盾构区间,应采用开敞式盾构,但设计采用海瑞克泥水盾构掘进,由于开挖面失稳,盾构装配扭矩不足,盾构难以脱困,被迫进行地面加固,开舱清除渣土。

(3)盾尾间隙设计过小。如广州地铁4号线某地铁区间,采用日本小松盾构,盾尾间隙只有2.5cm,难以适应1.5m管片长度、400m小曲线半径掘进,造成管片破损,盾尾密封刷严重磨损。

(4)刀盘形式选择不合适。根据北京地铁盾构施工经验,采用辐条式刀盘,刀具磨损较小,而采用面板式刀盘,刀具磨损较严重。除与施工方法不当有关外,应该说主要是由于刀盘设计不合理的原因。

(5)泥水循环系统设计不合理,没有考虑刀盘冲洗设计。在黏土颗粒含量高地层中施工易糊刀盘,应进行针对性设计。如广深铁路某隧道采用泥水盾构,风化泥岩、泥质粉砂岩地层中掘进,刀盘经常被糊,加剧了刀具磨损。

第三节　盾构法隧道设计

一、勘察

进行有针对性的勘察是安全、快速、经济地进行盾构施工的前提。勘察是为了获取规划、设计、施工及运营维护管理各阶段所需要的基础资料,选定隧道位置及线路走向,对工法和相关的环境保护措施进行论证,决定工程规模,而且勘察资料在竣工后作为维护管理资料,因此,勘察工作应充分考虑这些内容实施。勘测工作可分为总体调查、障碍物调查、地形及地质勘察、环境保护调查等。

(一)总体调查

总体调查指主要对土地的现状和规划、道路交通现状及规划、环境和文物保护、地表水体、工程用地、用电和供水等控制性工程环境条件进行调查。

土地的现状和规划调查是指根据各种地图和实地踏勘,调查农地、山林、河海等的利用和规划情况。在市区内,还要特别对该地区的土地规划(住宅、商业、工业)、现状、产权、开发的规模、工期和限制条件等进行调查,充分掌握隧道周围的地上、地下的各种制约因素,在选线、设计和施工中进行充分考虑。

在道路下使用盾构法时,应该进行道路类别、重要程度、路面开挖和回填时的限制,以及路面交通量以及道路红线等调查。

在施工中,竖井位置对道路交通影响最大,选址时应综合考虑竖井功能、道路交通疏解、场地布置、渣土处理和运输、机械和材料搬运等条件。

地表水体调查主要指对地面的河流和湖泊等较大的地表水体的河道断面、堤防结构、地质条件和桥梁、规划红线、航运等进行调查。

盾构法隧道对施工用地、用电,用水都有较高的要求,应对周边供应条件进行调查。

环境保护调查就是针对盾构施工会对周围环境可能产生的各种影响,在施工前和施工中进行各种调查,作为设计及施工管理的资料使用。根据需要,有些项目在施工后仍要继续调查,以掌握对周围环境的影响,具体包括噪声和振动、地基变形、地下水、缺氧气体和沼气等有害气体、化学注浆、渣土处理及运输等。

(二)障碍物调查

障碍物调查包含以下内容:地上、地下结构物,埋设物,水井和旧井,建筑物和临时建筑物遗迹等。

在选定线路前,对直接障碍物的有无以及位于施工影响范围内的各种设施进行详细调查。这种调查具有保护隧道周围各种设施和确保盾构施工安全的双重目的，主要是对结构物变形、水井枯水、水体污染、喷发、漏气、溢泥等施工影响，以及隧道作用土压力、上覆载荷重等荷载条件进行论证。

对于地上结构物，应调查其结构形式（如房屋，应调查是木造或钢筋混凝土造；如桥梁，应调查是静定结构或超静定结构等）、基础形式、有无地下室及基础埋深。对于地下结构物（地下停车场、地下商店、地铁等），应调查结构形式、结构物底面的埋深等。同时，对这些建筑的使用情况进行调查也是非常重要的，尤其是对备有精密仪器的建筑物更要进行细致的调查。

对于煤气管、给排水管、电力管线、通信管线等埋设物，有必要预先进行沿线调查，对设置竖井的地点尤其要作充分的调查。

除查阅产权单位所有的技术档案等书面资料之外，还要在现场通过探坑或利用地质雷达等物探设备对地下状况进行探查，对埋设物的实际位置、规模、深度、老朽程度等情况进行确认。

对于水井和枯井，主要是调查在盾构施工或采用压气辅助工法施工时是否会引起喷发、溢泥、缺氧空气的喷出等危险性。与其他盾构形式相比，在使用压气盾构时此项调查的范围应更为广泛。调查内容包括水井位置、深度、使用情况；缺氧空气的存在与否、缺氧程度等。存在引起污染的可能时，还应调查测试一年间的水位变化及水质情况。对于枯井，应以产权单位提供的信息为基础通过与现场实际情况的对照进行确认。

一般来说，对建筑物和临时建筑遗迹的调查比较困难。但为了避免盾构推进过程中遇到意外障碍和旧建筑对周围地层产生显著的扰动而引起危险，应尽可能地向规划部门和建设管理部门了解情况。另外，还应对残留物、回填情况、土壤和地下水的污染情况进行调查。

如正在计划修建结构物、埋设物时，应该对其规模、深度等进行跟踪了解。为了使其与盾构隧道不相互影响，应进行充分的协商，决定其结构、施工方法和工期。

（三）地形和地质勘察

地形和地质勘察的目的是为了获取规划、设计、施工及维护管理各阶段所需要的基础资料。盾构法隧道地质勘察结果用来选定隧道线路平面位置，确定可否采用盾构法施工，进行环境保护措施的论证，决定工程的规模、性质，隧道竣工后还将成为维护管理的资料。一般包含下列各项内容：地形、地层构成、地质、地下水及缺氧空气、有害气体。

由于地形和地质条件是影响盾构法隧道设计以及施工难易的决定性因素，应对该项勘察详细进行。一般的盾构工程所要进行的地形和地质勘察的主要项目见表 7-7，但可根据工程内容和规模进行调整。

由于地形往往反映地下的围岩条件，故调查的第一步从观察掌握地形开始。如果调查地点为丘陵和台地，其地下一般不会有冲积层存在，所以软弱地层较少。另外，即使是在冲积平原地区，也可通过对地形条件和环境条件的详尽调查，在某种程度上推断出地层构成。

在有些地质条件下，当隧道线路与台地和平地的交界线平行或斜交时，会产生明显的偏土压状态。

首先，应该配合地形调查进行收集资料和踏勘，掌握包括比较线路在内、广阔范围内的地层构成。在进行盾构施工的地区，已有资料一般都较丰富，可收集到非常多的有用资料，如地质图及土地利用图等。

其次，通过标准贯入试验的钻孔进行基本勘察，绘制标明地层构成的地层断面图。根据这一结果，可以明确盾构施工时的土质问题。

一般来说，使用闭胸式盾构对任何围岩都可以进行盾构施工。但当采用泥水盾构时，黏性土会附着在刀盘及压力舱中，造成堵塞而影响推进；在松散砂层内，由于较难形成完整的泥膜会出现开挖面坍塌从而造成地基下沉和地面下陷；在砾石层则有可能出现砾石的脱落使开挖面坍塌，使刀具磨损、折断或堵塞排泥管造成停工。因此，要对颗粒组成、渗透系数等进行调查（砾石地层时，尤其要调查砾石的形状、大小、含量、硬度及不均匀系数）。采用土压平衡式盾构时，同样为了满足压力舱内的渣土塑性流动性的条件，刀具的材料、形状，刀盘开口的形状，螺旋输送机等参数，需要对粗大砾石的形状、大小、硬度及颗粒组成（尤其是细粒的含量）、渗透系数等进行调查。

盾构工程的地形和地质勘察　　表 7-7

勘察种类	可行性研究阶段勘察	初步设计阶段勘察	施工图阶段勘察
勘察目的	①把握地形、土质、地层构成的概略情况； ②预测将成为问题的不良土质，为以后的调查积累资料	①全线路的地层构成及地质条件的掌握； ②岩土工程性质的掌握； ③地质纵断面图的绘制	①地质勘察的补充； ②对于设计施工中成为问题的土质进行详细调查； ③收集地震及其他特殊条件下的设计资料
勘察方法	①收集整理既有资料； ②文献调查； ③根据现场踏勘进行观察	①钻孔调查； ②标准贯入试验； ③试样采集； ④地下水位调查； ⑤孔隙水压测定； ⑥土工试验(土的物理、力学性质试验)	①钻孔调查； ②标准贯入试验； ③试样采集； ④孔隙水压测定； ⑤透水试验； ⑥土工试验； ⑦孔内水平载荷试验； ⑧缺氧空气、有毒气体、可燃气体的调查； ⑨深基础的开挖调查
勘察内容	①地图等资料调查(地形、地质、地层断面图)； ②土质调查记录； ③已有结构物的施工记录； ④水井、地下水； ⑤通过现场踏勘对地形、地质、周围状况进行观察； ⑥地基下沉	①地层构成； ②N值； ③渗透系数； ④地下水位、孔隙水压； ⑤试样； ⑥粒度分布； ⑦含水率； ⑧土的相对密度； ⑨密度； ⑩无侧限抗压强度； ⑪液限、塑限； ⑫黏聚力； ⑬内摩擦角； ⑭固结特性； ⑮压缩系数； ⑯压缩模量	①N值； ②渗透系数； ③地下水位、孔隙水压； ④试样； ⑤粒度分布； ⑥含水率； ⑦土的相对密度； ⑧密度； ⑨无侧限抗压强度； ⑩液限、塑限； ⑪压缩系数； ⑫压缩模量； ⑬黏聚力； ⑭内摩擦角； ⑮固结特性； ⑯地下水的流速、流量； ⑰砾石、卵石的大小； ⑱地基抗力系数； ⑲弹性波速度； ⑳抗震设计的基础资料

通常在钻孔调查时需测定地下水位的位置，但由于这些含水层中的地下水压力并不一定是通常的静水压力，因此需要分别测定各含水层中孔隙水压。在山区、台地附近或在洪积扇的砂砾层中往往具有超过静水压力的承压水头。

相反，在市区等往往由于过去曾用深井进行过度抽水，有时地层内的水头会低于静水压力，甚至出现没有水头的情况。

这种地下水位和承压地下水头多随季节的变化或人为因素的影响而变动，故需确认测定的水头是在什么条件下的水头。尤其要加以注意的是，在某些地形条件下，因季节变化作用，虽然根据颗粒组成也可得到渗透系数的大致范围，但最好还是通过现场抽水试验来实测。另外，在调查地下水及承压水头的同时调查地下水的水质(有无含盐及含盐量)也很重要。

由于深井、过度抽水等原因而使地下水下降的砂砾层和砂层，在其孔隙中往往充满着缺氧空气和有害气体。缺氧空气是在不饱和土层中，由土颗粒中的铁和有机物与孔隙中的空气产生氧化作用消耗氧气而形成。由于外界的新鲜空气很难流入，土层内的孔隙中变为以氮气为主的缺氧状态。

另外，因沼气的涌出、爆炸而发生的危险也时常发生。为确保施工环境的安全，也应调查是否有有害气体的泄漏。

其他种类的有害气体，还包括硫化氢、氧化氮气体等。当确认有硫化氢气体时，需留意衬砌的腐蚀问题。

所以，当预计有上述气体存在时，应对孔隙中有害气体的成分进行调查。如果确有缺氧气体或有害气体存在时，有必要考虑通风措施，甚至防爆措施。

地形和地质勘察可分为可行性研究阶段勘察、初步设计阶段勘察、施工图设计阶段勘察和施工前补充勘察。可行性研究阶段勘察主要通过收集既有资料以及踏勘、调查并配合少量的钻探或物探等手段来掌握全线地形、地质情况，了解地层构成及有无不良地质现象，以确定盾构法施工的可能性。初步设计阶段勘察以钻探为主，配合原位测试、土工试验和物探工作来大致确定盾构通过段的地层地质情况，大致确定各地层单元的主要物理力学性质。施工图设计阶段地质勘察要进一步详细查明盾构法隧道开挖面地层岩性及其物理力学参数，为施工图设计和盾构选型提供依据。施工前补充勘察为施工实施方根据工程勘察中需要细化或补充的部位或项目有针对性实施的局部勘查。

(四)环境保护调查

为了在隧道施工过程中保护周围环境，根据需要应对以下各项内容进行调查：噪声、振动、地基变形、地下水、缺氧气体和沼气等有害气体、化学注浆等、施工副产物等。

环境保护调查就是针对盾构施工会对周围环境可能产生的各种影响，在施工前和施工中进行各种调查，作为设计及施工管理的资料进行使用。根据需要，有些项目在施工后仍要继续调查，以掌握对周围环境的影响。

为了正确掌握伴随隧道施工所产生的噪声及振动的影响，不但要测定施工中的噪声和振动，对施工前的本底噪声及本底振动也应进行测定。为了满足法律、法规的要求，应熟悉有关法律和法规。特别是对需要保持安静的医院、学校等设施，在开工前必须进行调查。

为了正确地把握伴随隧道施工而产生的地基隆起、下沉等变形的程度，以及变形对附近房屋、结构物所产生的影响，应对施工前及施工中、施工后的地基变形以及房屋状况进行监测，作为判断是否需要采取措施的依据。

地下水位的变化，除对地基产生影响外，还会造成居民生活的问题。因此，在预计影响范围内要对水井、观测井及涌泉的水位、水质进行监测。

由于深井、过度抽水等原因使不透水层下部存在的砂砾层和沙层中地下水低，在孔隙中，由于土颗粒中的铁和有机物与空气产生氧化作用消耗了氧气而形成缺氧空气，而盾构采用压气施工时，缺氧空气可能会突出。因此，在开工之前调查预计影响范围内是否有缺氧空气漏出的现象以及沼气等有害气体的有无、储存情况和浓度，在施工前还应通过钻孔测定沼气等有害气体的有无、储存情况和浓度，在施工过程中测定隧道内有害气体的浓度。

由于化学注浆可能引起浆液泄漏，泥水盾构还可能引起溢泥，因此对预计影响范围内的水井、河川要进行水质调查，并在施工过程中对其变化进行监测。

在盾构的规划、设计、施工中，为了能够顺利地施工和保证生活环境卫生，应努力减少施工垃圾的产生和促进其再生资源化。因此有必有对运输路线和最终处理地进行调查。

为了考虑工程车辆的通行对竖井附近道路交通的影响，选定工程车辆的走行路线时，应进行交通量调查。另外，在有些情况下，法律还规定了以保护环境为目的进行环境影响评价的义务，应熟悉了解相关法律。

(五)勘察方法

盾构法隧道的地质勘察应采用综合勘察方法，详细查明盾构通过区段的地质情况。而综合勘察方法中又以钻探为主要勘察手段。

1. 钻探勘察

钻孔布置应根据地质复杂程度确定。盾构法隧道区间钻孔宜在隧道两侧交叉布孔，钻孔位置宜布置在隧道外侧 2～5m。所有钻孔均不得布置在隧道、联络通道等永久结构的空间范围内。钻探、试验完毕，应及时回填封孔。钻孔间距可按表 7-8 确定。

钻孔间距(单位:m) 表 7-8

类 别	区 间	竖 井
简单场地	100～200	50～30
中等复杂场地	50～100	30～20
复杂场地	＜50	＜20

一般性钻孔深度 $H_1=H+D+5\text{m}$,控制性钻孔深度 $H_2=H+D+2D$。其中,H 为隧道覆土厚度(m),D 为隧道外径(m)。

2. 物理勘探

在地形、地质条件适宜的地方,应充分发挥多种物探的作用,进行综合勘探。由于物探的局限性和资料成果的多解性,应结合钻探、槽探或坑探、调绘等地质资料,进行物理力学指标的测定、岩土层次划分和地下管线、构筑物的探测论证。

3. 地质勘察试验工作

(1)取样试验及原位测试孔数量不应少于钻孔总数的 1/2。

(2)对控制和影响盾构线路方案地段,要根据具体工程的性质、要求,采集岩、土、水样进行分析试验。

(3)试验内容应根据具体地质条件及设计所需岩、土、水参数要求确定。

(六)勘测资料编制

根据国家标准《地下铁道、轻轨交通岩土工程勘察规范》(GB 50307—1999),并考虑盾构施工的要求编制勘测资料。

二、总体设计

(一)隧道选线

在进行隧道的平面布置时,应从使用目的、设计条件、盾构施工等方面考虑,尽可能选用直线,在不得不采用曲线时,应尽可能采用大半径曲线。

由于盾构法多在市区内采用,盾构通过位置会受到竖井位置、地面规划、邻近建筑物等的制约,应尽可能选择对开挖作业、涌水处理、环境保护等有利的地层中穿越,还要考虑到竣工后的维护管理问题,同时避免对隧道上方土地的后续开发影响过大。

从保证结构的安全性和耐久性考虑,隧道应避免穿越活动断层、岩溶、具有害气体、含放射性等地层;为保证盾构顺利掘进,盾构穿越下述地层时应结合盾构性能进行深入的分析和论证:整体性较好的硬岩地层、岩溶、含坚硬大块石的土层、卵砾石层、高黏性土层或可能存在不明地下障碍物的地层等。

对于盾构下穿重要建(构)筑物,由于保护要求严格,隧道的埋深、盾构的选型应从沉降控制重点考虑,必要时需要采取注浆、旋喷、搅拌等地层加固措施。大面积穿越既有建(构)筑物会加大工程风险和造价,因此线路设计应综合比较,多方面论证。

盾构隧道的线路应根据隧道的使用目的、使用条件等因素进行规划,应结合地面规划、障碍物、围岩等环境条件尽可能选用直线或大半径曲线。

当采用小半径曲线时,设计、施工要进行充分的技术经济比较和论证。

在曲线段进行盾构施工时,影响施工的主要因素为盾构所通过位置的地质条件、开挖断面的大小、隧道坡度、盾构长度、盾构形式、盾构结构、管片的种类、管片环的宽度及楔形量等。

(1)通常的曲率半径。在不采用中折装置及辅助施工法时,施工可能的最小曲线半径受到各种因素影响,设计时应进行充分的考虑。

(2)急曲线的场合。在进行急曲线施工时,考虑采取相应的措施。比如,加固围岩、盾构结构措施(采用中折装置等)、管片的种类以及结构措施等。

(3)急角度的场合。盾构法用于修建上下水道及电力通信用的隧道时,会遇到在道路交叉点不得不采用非常小的曲线半径，或进行地下连接的情况。此时，应根据道路情况和障碍物等条件，除用(2)所述的措施进行盾构隧道施工外，必要时可采用修建方向转换竖井，以竖井进行盾构隧道的相互连接或盾构和盾构在地中的连接。

两条平行设置的盾构隧道之间的净距宜不小于一倍洞径，并采取相应的加固措施。当两条盾构隧道平行设置时，由于后施工隧道的推进所发生的荷载及壁后注浆压力，会使先施工的隧道承受与单独隧道所不同的土压力。为了防止邻近隧道的变形和地基下沉，保证后继隧道的施工安全，在两隧道之间应设置适当的间隔距离。间隔距离根据通过地点的地质条件、隧道断面的大小、两盾构开挖面之间的距离等的不同而不同，虽然没有统一规定，但一般均取大于盾构外径。但是在盾构始发或到达段，或受道路宽度、障碍物制约处，相互间距不能保证大于盾构外径的实例很多，这时多采用注浆、旋喷、搅拌等辅助方法加固地层。

(二)隧道坡度

隧道的坡度本应根据其使用功能来决定，但往往受河流、地下结构物、埋设物等障碍以及规划设施限制，由边界条件来决定。

在铁路、地铁等隧道中，最小坡度应能够保证自然排水，一般不宜小于 0.2%；最大坡度一般根据使用功能确定，但考虑施工运输要求，不宜大于 5%。

对于排水隧道，其坡度应根据设计流量、流速等来决定。

对于排水隧道，其坡度应考虑到管内排水和排气问题，为了不在中间部位出现凹凸，相邻两竖井间的排水隧道应采用单向坡。

(三)隧道覆土厚度

盾构隧道的覆土厚度不宜小于(1.0～1.5)D(D 为开挖外径)。当小于 1.0D 时，应采取适当的辅助措施。确定隧道的覆土厚度时，考虑地面和地下结构物的状况、围岩条件、开挖断面的大小、施工方法等，在综合比较后确定。

在一般情况下，为提高施工作业效率(利于设备材料的搬运和渣土运出、人员的上下)，降低竖井施工的难度，利于竣工后对结构物的维护管理，降低运营费用等，隧道埋深小一些为好，但应对所述的各种因素进行慎重研究，以不影响周围环境为原则，选用必要的覆土厚度。

从盾构施工安全角度考虑，必要的最小覆土厚度一般取(1.0～1.5)D(D 为开挖外径)，但隧道纵断面布置一般多根据隧道的使用目的和已有建筑物的障碍等情况来决定，所以覆土厚度小于 1.0D 的施工实例越来越多。

在通过河海底部时，尤其要对溢泥、漏气、喷发和隧道浮上问题进行研究。

近几年，由于大城市的铁路、公路、给排水隧道等地下空间的利用发展，为了避开这些构筑物，在道路下部的公共用地修建隧道时有越来越深的倾向。当隧道的覆土厚度很大时，要对管片及盾构进行特别的研究。

(四)隧道净空与尺寸

隧道净空应具有与其用途相适应的形状和断面的大小，应根据其用途和施工需要加以决定。在日本，对于外径 1.8～8.3m 的隧道，可依据《盾构工程用标准管片》(1990 版)选定。我国在盾构隧道工程方面起步较晚，多根据隧道用途与施工需要，参考国外断面的大小，经过论证确定。

盾构施工误差应根据开挖断面的大小、围岩条件、盾构的操作性能、线路曲线和坡度、有无二次衬砌等施工条件经过充分研究后确定，常与结构变形、后期沉降合并考虑，一般从中心向上下左右各取 50～150mm 的富余量。

位于曲线地段的铁路或地铁隧道，可通过偏移隧道中线的方式代替隧道加宽来满足行车要求。在曲线地段，为满足行车需要，轨道应设置超高。矿山法隧道一般采用曲线加宽来满足限界要求；对于盾构隧道，改变断面尺寸难度很大，通常采用偏移隧道中线方式来满足限界要求。盾构隧道的净空尺寸除满足建筑限界要求外，还应考虑施工误差、结构变形、后期沉降等因素。

盾构隧道的标准断面形状为圆形，根据实际需要也可以为异形，如矩形、椭圆形、双圆形等。

盾构的断面形状一般多为圆形，主要原因有三点：

(1)圆形断面受力最优。

(2)盾构推进、管片制作及组装等施工比较便利。

(3)即使盾构产生旋转，也不妨碍其断面的利用。

但是，由于圆形断面利用率较低，或在线路受规划、邻近建筑物限制时，也会出现圆形断面不适用的场合，可以考虑采用半圆形、矩形、马蹄形断面，或采用双圆、三圆断面，但对盾构和管片的强度、形状以及施工上的问题应进行充分的论证。

(五)隧道运营设备

根据隧道使用目的和维护管理方面的需要，进行隧道附属设施设计，如排水、通风、防灾等设备，以及人员出入口等的规划。其相应设计参考有关设计规范。

(六)施工竖井与施工场地

竖井分为始发竖井、中间竖井、转向竖井和到达竖井。盾构竖井的作用是用于盾构机械的搬进、组装，衬砌材料及各种机械的运入，出渣和工作人员的出入等。另外，为了盾构掘进方向的转换或盾构机械的解体等目的，有时需要在隧道中间或终点设置竖井。

为了使盾构工程能够安全、高效地进行施工，需要考虑盾构通过地区的场地条件和施工条件，根据功能需要在合适的位置对施工竖井和施工场地进行规划。竖井的位置根据隧道工程的规模(隧道长度和断面大小)、盾构通过地区的土地利用程度、征地的难易程度、渣土和材料的运输、竖井施工的难易程度等条件确定。竖井的大小一般根据盾构断面、盾构机械结构以及使用目的来综合考虑。但最小限界尺寸，应能满足盾构运入、现场组装及有效地运出渣土、运入衬砌材料及作业人员的出入等要求。

施工竖井一般在竣工后作为隧道附属设备的设置空间加以利用，设计时应综合考虑。

(七)环境保护措施

虽然盾构施工对周围环境的影响较小，但在市区或靠近居民区施工的情况很多，盾构施工还是会引起地下水位降低，产生地基下沉和隆起、水井枯竭、水质污染，对地下及地上各种设备造成影响；压气施工由于缺氧、漏气喷发、有害气体泄漏等对环境产生影响。对上述问题，在规划阶段应进行充分的论证，采取适当的措施，努力做好环境保护工作。

三、衬砌设计

(一)衬砌设计主要术语与符号

1. 术语

对于下列术语进行定义，以便在设计中统一使用。

(1)管片——盾构隧道初期支护的弧形结构件，这里指的是预制混凝土隧道管片，如图 7-38 所示。

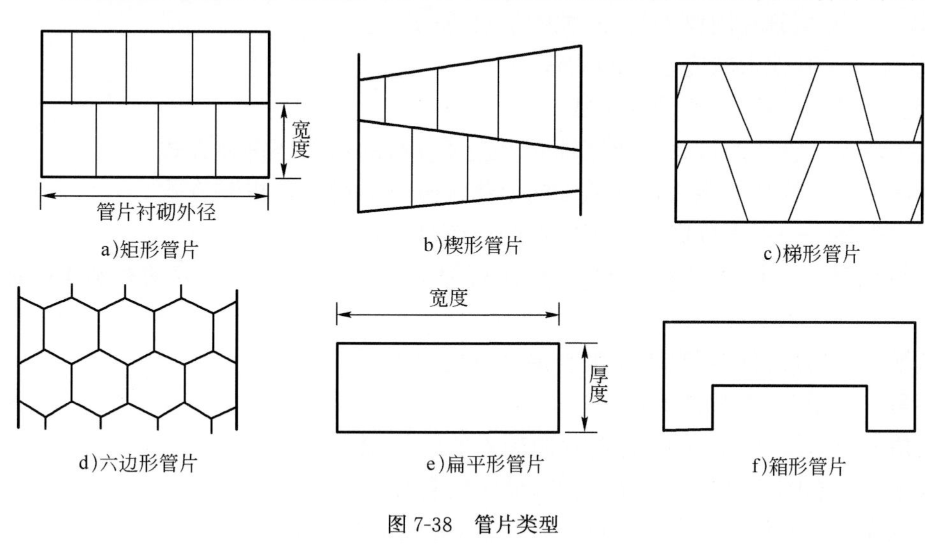

图 7-38 管片类型

(2)管片衬砌——用管片施作的隧道衬砌,一环管片衬砌由数块管片组成,如图 7-39 所示。

(3)衬砌厚度——在隧道横断面上的衬砌厚度,如图 7-40 所示。

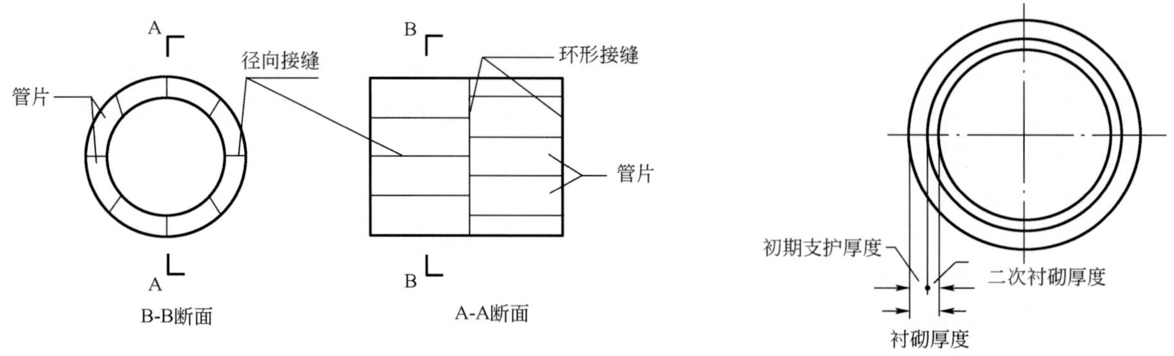

图 7-39 管片衬砌

图 7-40 隧道衬砌厚度

(4)箱形管片——具有由主肋和接头板或纵向肋构成的凹形管片的总称,钢筋混凝土箱形管片又称为中子型管片。

(5)平板形管片——具有实心断面的平板管片,一般由钢筋混凝土制作。有时会对管片的表面用钢板覆盖包裹或用钢材代替钢筋进行制作。

(6)K 型管片——如图 7-41 所示,衬砌环中最后拼装的管片,又称为封顶块,分为半径方向插入型、纵向插入型和径向搭接后纵向插入型三种。

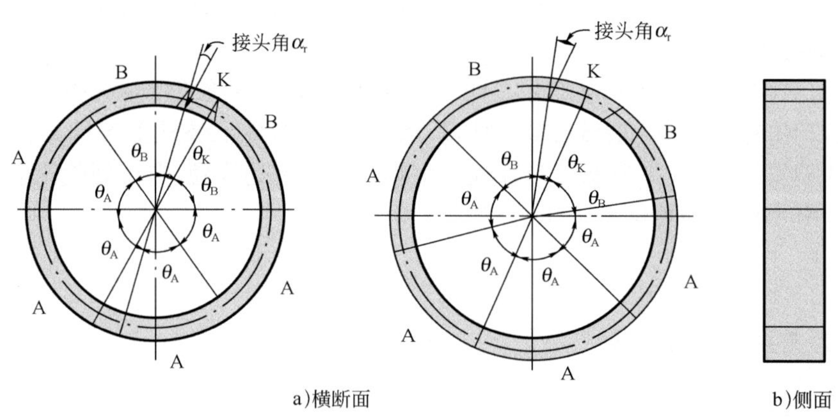

图 7-41 管片环的构成

(7)邻接块——K 型管片两侧的管片,如图 7-42 所示。

(8)标准管片——其他形状完全相同的管片。

(9)分块数——构成一环管片的管片数。

(10)通缝拼装——管片的接头在隧道轴向上连续分布的衬砌环拼装方式。

(11)错缝拼装——管片的接头在隧道轴向上错开分布的衬砌环拼装方式。

(12)标准衬砌环——平面投影为等宽矩形的衬砌环。

(13)楔形衬砌环——用在曲线段施工和蛇行修正,平面投影不等宽的衬砌环,有时也称之为转弯环。

(14)楔形量——楔形衬砌环最大宽度与最小宽度之差。

(15)楔形角——图 7-43 中的 β 角。

(16)接头角——如图 7-44 所示,针对径向插入的管片使用。

(17)插入角——如图 7-42 所示,针对轴向插入的管片使用。

(18)管片宽度——沿隧道纵向测量的管片尺寸,如图 7-45 所示。

(19)管片厚度——在隧道纵断面的径向测得的管片侧壁的高度。对于平板形管片,称之为管片厚度。

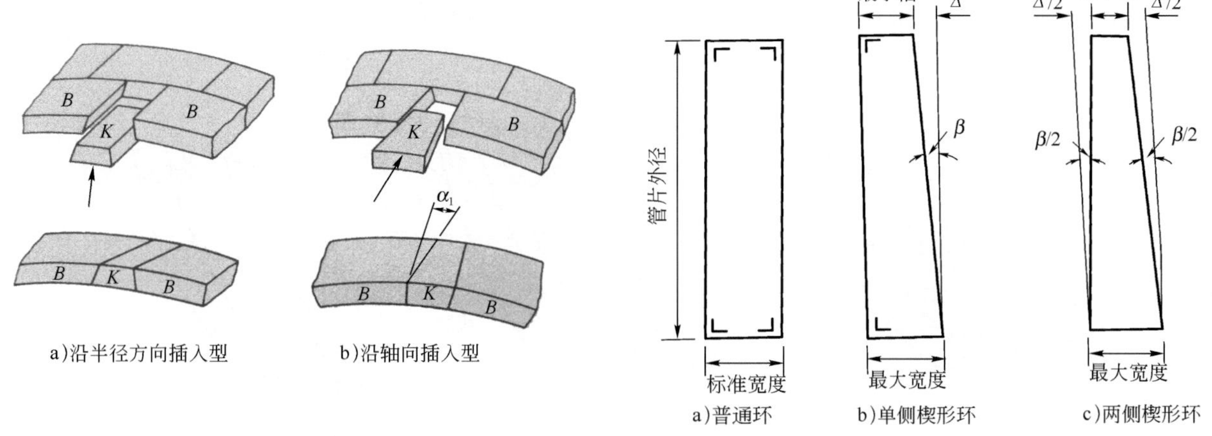

图 7-42　K 型管片的邻接块种类　　图 7-43　楔形管片环

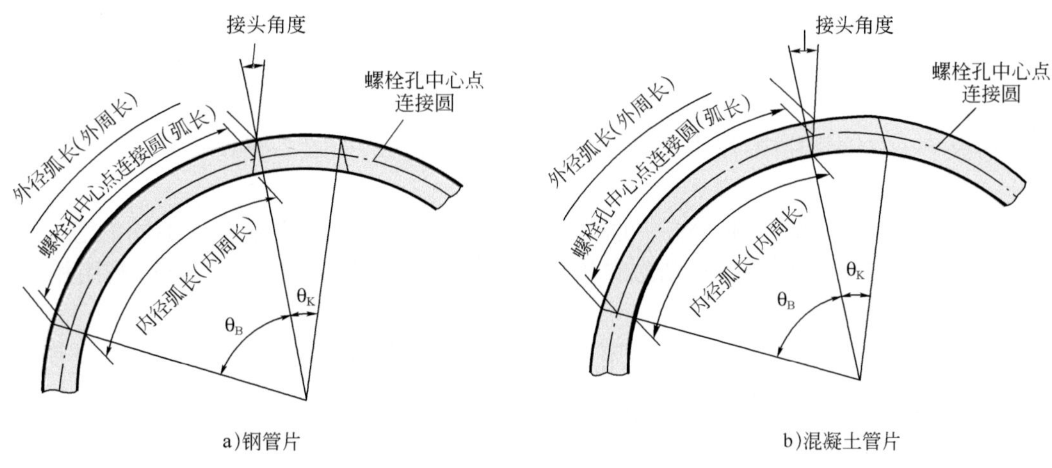

图 7-44　管片的断面

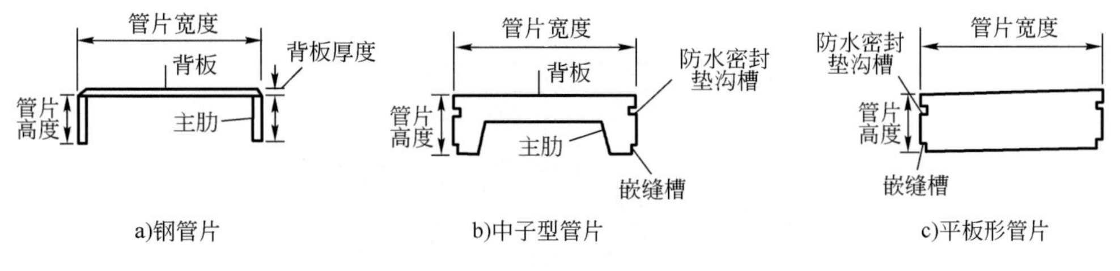

图 7-45　管片断面

(20)管片环向接头——在隧道横断面上连接管片形成管片环的部分。

(21)管片纵向接头——在隧道纵断面上连接管片环形成隧道的部分。

(22)接头板——用于接头连接的板或板状结构。

(23)主肋——在隧道横断面上的箱形管片侧壁(如果是钢管片时要除去背板部分),是承受作用于隧道上荷载的主要部分,如图 7-46 所示。

(24)面板和背板——在箱形管片中指由管片主肋和接头板支承的面板。在钢管片中则称其为面板,中子型管片称为背板。

(25)纵肋——是指箱形管片中沿隧道纵断面方向设置的构件,同时起承受盾构推进油缸的推力的作用和将作用在面板上的力传递给主肋。

(26)管片环向接头螺栓——为构成管片环、连接管片用的螺栓。

(27)管片纵向接头螺栓——管片环之间相互连接的螺栓。

(28)防水密封垫沟槽——为设置防水密封垫而沿管片侧壁预留的沟槽,如图 7-45 所示。

(29)嵌缝槽——为了进行嵌缝防水,沿管片内侧壁预留的沟槽,如图 7-45 所示。

(30)二次注浆孔——为了进行壁后二次注浆而在管片上预留的孔,如图 7-46 所示。

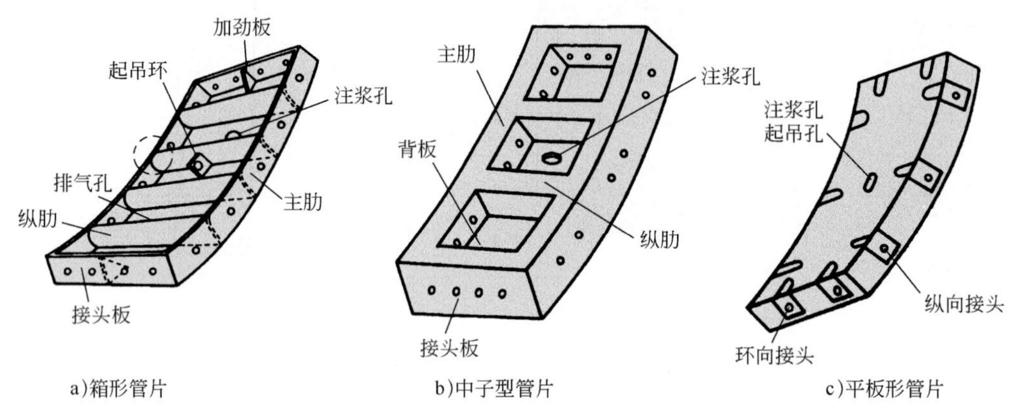

图 7-46　管片各部位的名称

(31)起吊孔——为管片安装机抓握管片而在管片上预埋的配件。在钢筋混凝土管片中往往与二次注浆孔兼用。

(32)加劲板——在钢管片中,用来加强接头板的三角形衬板,如图 7-46a)所示。

2. 符号

为了便于结构计算而对符号进行统一的规定,避免由于用相同的符号表示不同的意义引起混乱。但是对所有的符号进行统一非常困难,所以只把常用的符号进行统一的表示。因此,当用相同的符号表示其他意义时应进行说明。

为了便于理解,以惯用计算法和修正惯用计算法为例说明符号的使用实例,如图 7-47 所示。

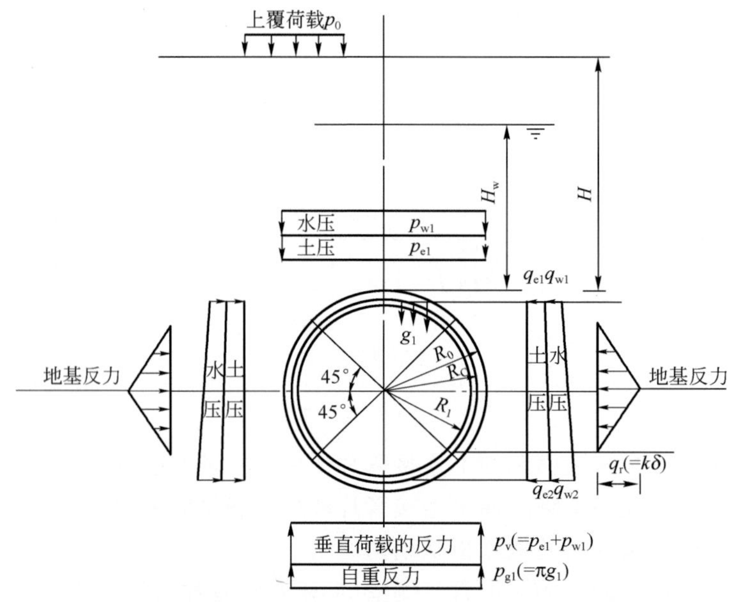

图 7-47　弹性公式法(惯用计算法和修正惯用计算法)中使用的符号

f_{ck}——混凝土轴心抗压强度标准值;

f_{tk}——混凝土轴心抗拉强度标准值;

f_c——混凝土轴心抗压强度设计值;

f_t——混凝土轴心抗拉强度设计值;

E_c——混凝土的受压和受拉弹性模量；
f_{yk}——钢筋强度标准值；
f_y——钢筋抗拉强度设计值；
f'_y——钢筋抗压强度设计值；
E_s——钢筋弹性模量；
f——Q235 钢材抗拉、抗压和抗弯强度设计值；
f_v——Q235 钢材抗剪强度设计值；
f_{ce}——Q235 钢材承压强度设计值；
f_c^w——焊缝抗压强度设计值；
f_t^w——焊缝抗拉强度设计值；
f_v^w——焊缝抗剪强度设计值；
f_t^b——连接螺栓抗拉强度设计值；
f_v^b——连接螺栓抗剪强度设计值；
f_c^b——连接螺栓承压强度设计值；
f_{cr}——混凝土的容许应力；
η——衬砌环刚度折减系数；
ξ——弯矩传递系数；
K_0——地基抗力系数；
K——侧向土压力系数；
δ——衬砌的变形(向围岩一侧的位移为正)；
t——厚度；
A——面积；
E——弹性模量；
I——面积惯性矩；
EI——抗弯刚度；
M——力矩(见图 7-48)；
N——轴力(见图 7-48)；
Q——剪力(见图 7-48)；
D——衬砌直径；
D_c——矩心直径；

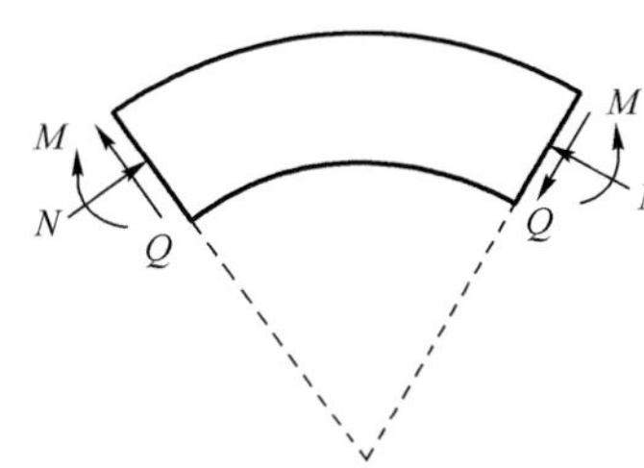

图 7-48　管片内力示意图

R_0、R_c、R_i——分别为衬砌的外径、矩心半径和内半径；
γ、γ'、γ_w、γ_c——分别为土的重度、土的水下重度、水的重度和混凝土的重度；
H——埋深；
$\gamma_w \times H_w$——衬砌拱顶处地下水压力；
p_0——附加荷载；
W——衬砌纵向每米重力；
p_q——静止荷载；
p_{e1}——衬砌拱顶处垂直土压力；
p_{w1}——运用弹性公式法的衬砌拱顶处垂直水压力；
q_{e1}——衬砌拱顶处的水平土压力；
q_{w1}——运用弹性公式法的衬砌拱顶处水平水压力；
p_{e2}——衬砌底部垂直土压；
p_{w2}——运用弹性公式法的衬砌底部垂直水压力；

Q_{e2}——衬砌底部水平土压；

Q_{w2}——运用弹性公式法的衬砌底部水平水压力；

p_w——水压；

F_w——浮力；

p_k——地基反作用力；

c——土的黏聚力；

φ——土的内摩擦角。

(二)设计流程

盾构隧道衬砌设计的流程图，如图 7-49 所示。

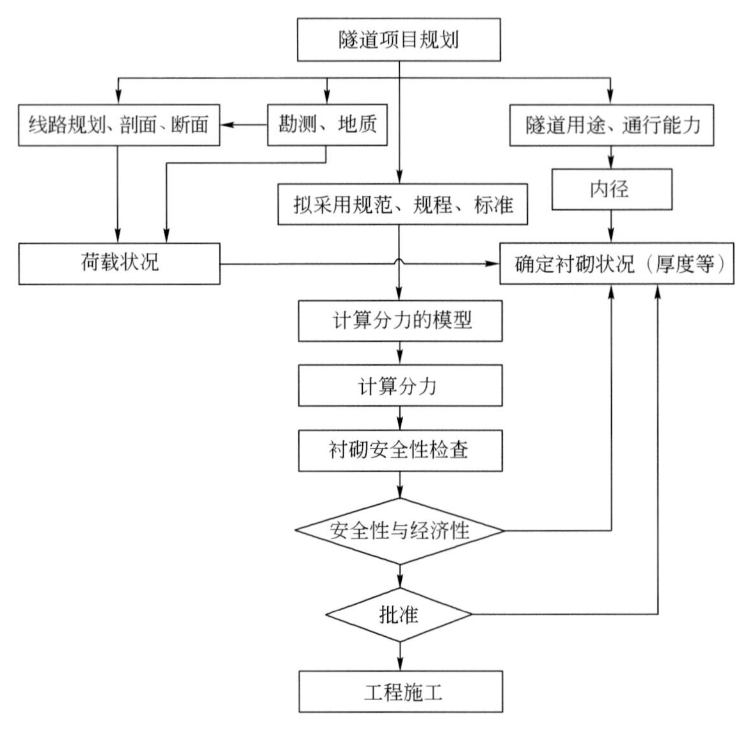

图 7-49 盾构隧道衬砌设计流程图

1. 坚持规范、规程和标准

拟建的隧道应按适当的规范、规程或标准进行设计，而这些规范、规程或标准应由主管该项目的人员确定，或由项目负责人员与设计人员讨论确定。

2. 确定隧道内部尺寸

确定拟建隧道的内径应考虑隧道用途、所需空间尺寸的大小。隧道的空间尺寸由下列因素决定：

(1)对于铁路隧道，由施工尺寸和车辆尺寸决定；

(2)对于公路隧道，由车流量和车道数目决定；

(3)对于输水洞和排水洞，由排水量决定；

(4)对于普通管线隧道，由管线设施的种类及其尺寸决定。

3. 确定荷载状况

作用于衬砌的荷载包括土压力和水压力、静止荷载、反作用力、附加荷载和盾构千斤顶推力等。设计人员应选择对衬砌设计起关键作用的荷载。

4. 确定衬砌状况

设计人员应确定衬砌状况，如衬砌尺寸(厚度)、材料强度、钢筋布置等。

5. 结构计算

设计人员应运用适当的模型和设计方法来计算衬砌分力，如弯矩、轴力和剪力等。

6. 安全性检验

设计人员应对衬砌承受所计算分力的安全性进行检验。

7. 审核

如果设计的衬砌在设计荷载方面是不安全的，那么设计人员应改变衬砌的状况和设计衬砌；如果设计的衬砌是安全的，但不经济，那么设计人员应改变衬砌状况并重新设计衬砌。

8. 批准设计

设计人员所设计的衬砌如果是安全的、经济的且是最佳设计，主管此项目的人员应批准设计文件。

(三)设计原则

盾构隧道的衬砌设计以与其使用目的相适应的安全性为基础，以使用合格材料、合理施工为前提。应根据施工过程中的每个阶段和正常使用阶段的受力情况，选择最不利受力工况，根据不同的荷载组合，按承载能力极限状态和正常使用极限状态，对整体或局部进行受力分析，对结构强度、刚度、抗浮或抗裂进行验算。

管片结构计算虽然根据经验和理论来假定荷载和选择结构模型，但对实际问题应给予足够的说明。因为隧道的力学机理非常复杂，应以保证其结构的安全性为基础。

衬砌设计计算以确认隧道竣工后的安全使用为目的，但也应满足施工过程中的结构安全性。隧道结构设计以使用设计所指定的材料、按设计方案进行施工为前提。一般要满足材料、管片预制、施工等规定，始终在良好管理下进行施工。

现在国内的建筑工程多采用以概率理论为基础的极限状态设计法。对于隧道结构，由于荷载的正确确定(包括荷载的大小和传力路径等)非常困难，过去一直采用有丰富工程经验的容许应力法设计，但近几年铁路、公路、地铁隧道设计中已经进行了大量的尝试，部分规范也基于极限状态设计法制定。

盾构法隧道结构的极限状态分为下列两类：

(1)承载能力极限状态：盾构隧道结构或结构构件达到最大承载能力或出现不适于继续承载的变形，具体为管片和二次衬砌的主截面、纵向接头的强度破坏(包括压屈失稳计算)，衬砌变形过大使结构丧失稳定，或结构整体上浮。

按承载能力极限状态设计时，应考虑荷载效应的基本组合，必要时应考虑荷载效应的偶然组合，计算荷载和材料性能指标可取设计值。

(2)正常使用极限状态：盾构隧道结构变形或裂缝开展影响其正常使用功能、防水性能或耐久性，并达到了规定限值。

按正常使用极限状态设计时，一般只考虑荷载效应的标准组合，计算荷载和材料性能指标可取标准值。

承载能力极限状态和正常使用极限状态的设计表达式、结构或结构构件的设计使用年限、安全等级、重要性系数应符合现行国家标准《建筑结构可靠度设计统一标准》(GB 50068—2001)的规定。

按正常使用极限状态要求，结构的裂缝控制等级和最大裂缝宽度限值应按现行国家标准《混凝土结构设计规范》(GB 50010—2002)的规定采用。

如果不能准确地掌握隧道的工作机理，就不可能对隧道衬砌进行合理且经济的设计计算，因此应不断地进行研究，并将研究成果用于设计中。

(四)荷载

1. 荷载的种类

衬砌设计时应考虑的荷载见表 7-9。根据隧道使用目的的不同，采用不同的荷载组合。

衬砌设计应满足隧道竣工后及施工过程中的安全性和功能性要求。表 7-9 列举了设计时应考虑的荷载种类。永久荷载是设计时所考虑的基本荷载。可变荷载与偶然荷载可根据隧道的使用目的、施工条件以及周边环境进行考虑。

设计荷载 表 7-9

<table>
<tr><th>序号</th><th colspan="2">荷载分类</th><th colspan="2">荷载名称</th></tr>
<tr><td>1</td><td colspan="2" rowspan="8">永久荷载(恒载)</td><td colspan="2">结构自重</td></tr>
<tr><td>2</td><td colspan="2">内部恒载</td></tr>
<tr><td>3</td><td colspan="2">上覆荷载</td></tr>
<tr><td>4</td><td colspan="2">地层压力</td></tr>
<tr><td>5</td><td colspan="2">水压力</td></tr>
<tr><td>6</td><td colspan="2">地层抗力</td></tr>
<tr><td>7</td><td colspan="2">地基沉降的影响</td></tr>
<tr><td>8</td><td colspan="2">混凝土收缩和徐变的影响</td></tr>
<tr><td>9</td><td rowspan="8">可变荷载</td><td rowspan="4">基本可变荷载</td><td colspan="2">地面活载产生的土压</td></tr>
<tr><td>10</td><td rowspan="3">内部活载</td><td>列车活载及其动力作用</td></tr>
<tr><td>11</td><td>公路车辆活载及其动力作用</td></tr>
<tr><td>12</td><td>人群荷载</td></tr>
<tr><td>13</td><td rowspan="4">其他可变荷载</td><td colspan="2">温度变化影响</td></tr>
<tr><td>14</td><td colspan="2">盾构施工荷载</td></tr>
<tr><td>15</td><td colspan="2">平行或交叉隧道设置的影响</td></tr>
<tr><td>16</td><td colspan="2">近接施工的影响</td></tr>
<tr><td>17</td><td colspan="2" rowspan="2">偶然荷载</td><td colspan="2">地震影响</td></tr>
<tr><td>18</td><td colspan="2">落石、沉船、抛锚或河道疏浚等产生的撞击力</td></tr>
</table>

但是设计时所考虑的荷载由于隧道使用目的不同可能产生各种组合。根据隧道使用过程中隧道可能同时出现的荷载,按承载能力极限状态和正常使用极限状态分别进行荷载(效应)组合,并应取各自的最不利的效应组合进行设计。

表 7-9 所列的荷载中,推进油缸推力、壁后注浆压力等施工荷载以及地震的影响等属于瞬时荷载。不仅是这类荷载,就是永久荷载也会由于施工过程的不同而使其作用于衬砌上的状态发生变化,因此假定设计荷载时,应充分注意。

2. 围岩压力

作用于衬砌上的土压力非常复杂,对其进行准确的计算比较困难。本书规定采用一般通用的方法计算设计土压力。在作用于隧道上的土压力中,不考虑与隧道变形的关系确定设计计算用的土压力。例如作用于隧道底部的土压力,与隧道变形有关的土压力按地基抗力来计算。

采用适当方法来确定围岩压力,例如对围岩压力分为垂直围岩压力和水平围岩压力。目前,通常采用全覆土重理论、普氏土压力理论、村山氏公式、太沙基公式和藤井氏公式进行隧道上覆土压力的计算。

长期作用于隧道上的覆土土压力,其大小宜根据隧道的覆土厚度、隧道的断面形状、外径和围岩条件等来决定。如果覆土厚度小于隧道直径,一般不考虑地基的拱效应。但当覆土厚度大于隧道的外径时,地基产生拱效应的可能性比较高,计算时采用松弛土压力。

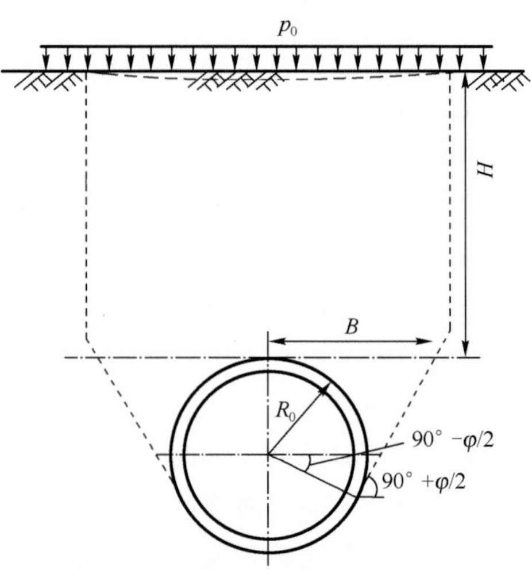

图 7-50 用太沙基公式计算松弛土压力

松弛土压力的计算一般采用太沙基公式[式(7-10)],如图 7-50 所示。计算松弛土压力时,如果考虑土的黏聚力,松弛土压力可能很小或为负值,所以在公式的应用方面要加以注意。一般来说,当垂直土压力采用松弛土压力时,考虑施工时的荷载以及隧道竣工后荷载的变化，设定一个土压力的下限值。垂直荷载的下限值根据隧道的使用目的会有所不同，但在排水、电力及通信隧道中一般将其作为相当于隧道外径2倍的覆土厚度的土压力值，铁路隧道则采用隧道外径的1.0～1.5倍的覆土厚度的土压力值或采用200kN/m^2。

$$\sigma_v = \frac{B(\gamma - c/B)}{K_0 \tan\varphi} \cdot (1 - e^{-K_0 \tan\varphi \cdot H/B}) + p_0 \cdot e^{-K_0 \tan\varphi \cdot H/B} \tag{7-10}$$

$$B = R_0 \cdot \cot\left(\frac{45° + \varphi/2}{2}\right)$$

$$= R_0[\tan(45° - \varphi/2) + 1/\cos(45° - \varphi/2)]$$

式中：σ_v——太沙基松弛土压力；

H——松弛层的换算高度(σ_v/γ)；

K_0——侧压力系数，一般取$k_0=1$；

φ——内摩擦角；

p_0——地面附加荷载；

γ——土的重度；

c——土的黏聚力；

R_0——隧道外径。

但是，p_0/γ远小于h_0时，可使用下式：

$$\sigma_v = \frac{B(\gamma - c/B)}{K_0 \tan\varphi} \times (1 - e^{-K_0 \tan\varphi \cdot H/B}) \tag{7-11}$$

在砂性土中，当覆土厚度大于(1～2)D_0(D_0为管片外径)时，多采用松弛土压力。在黏性土中，如果为硬质黏土(稳定系数$N \geqslant 8$)，当覆土厚度大于(1～2)D_0时，多采用松弛土压力。对于中等固结的黏土($4 \leqslant N < 8$)或软黏土($2 \leqslant N < 4$)，将隧道的全覆土作为土压力考虑。

当地层为互层分布时，以地层构成中的主要地层为基础，将地层假设为单一地层进行计算，或就以互层的状态进行松弛土压力的计算，这两种都是常用的方法。但是，互层地基的松弛土压力会随各层土的性质、厚度以及隧道的相对位置关系发生变化，计算比较困难，尤其是隧道上部存在软黏土或松散砂层时，要特别注意松弛土压力的评价问题。

对于非圆形断面的隧道，只要合理评价松动带的宽度，也可以采用太沙基公式计算松弛土压力。但是由于荷载的分布形状等条件随隧道的断面而发生变化，应慎重地进行分析判断。另外，在这种情况下现场实测值是评价土压力的重要参考，希望能够根据类似条件时土压力和水压力的实际情况进行判断。

水平围岩压力与垂直围岩压力的情况相同，要准确地进行计算也比较困难。设计时，应主要从结构安全性的角度出发。但应注意，与侧向土压力系数相乘的垂直土压力并不是开挖隧道之前原来地层的垂直土压力，而是根据公式计算所得到的土压力作为作用在通过隧道顶点的水平面上的土压力，并加上以隧道顶点为基点所计算的与深度成正比的土体自重作为垂直土压力。水平围岩压力应为从拱顶至底板作用于衬砌矩心的均匀变化的荷载，水平围岩压力的大小确定为垂直土压乘以侧压力系数，如图7-51所示，其值可以确定为均布荷载或五角模型均匀变化荷载。设计计算中拟采用的侧压力系数的值应介于静止侧压力系数与主动土压力系数之间。设计人员应根据松弛和施工状况确定侧压力系数的值，侧压力系数可采用垂直或水平荷载板试验求得。

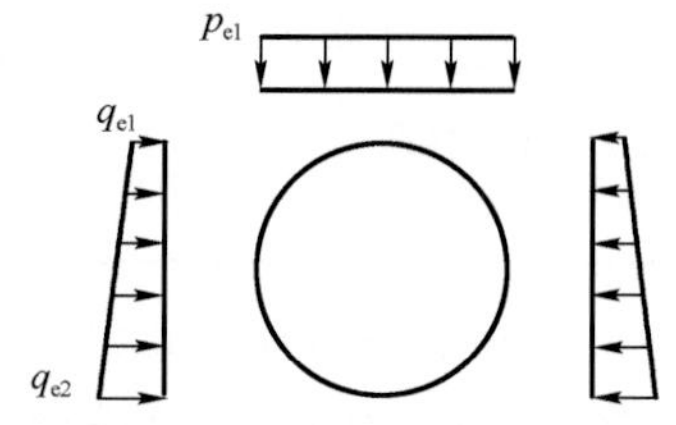

图7-51 作用于衬砌的围岩压力

图7-51中：

$$q_{e1} = \lambda(p_{el} + \gamma \times t/2) \quad (隧道处于地下水位以上) \tag{7-12}$$

$$q_{e1} = \lambda(p_{el} + \gamma' \times t/2) \quad (隧道处于地下水位以下) \tag{7-13}$$

$$q_{e2} = \lambda[p_{el} + \gamma \times (2R_0 - t/2)] \quad (隧道处于地下水位以上) \tag{7-14}$$

$$q_{e2} = \lambda[p_{el} + \gamma' \times (2R_0 - t/2)] \quad (隧道处于地下水位以下) \tag{7-15}$$

在计算土压力时，地下水位以上的土，采用天然重度；地下水位以下的土，采用浮重度。

$$p_{el}=p_0+\sum\gamma_i H_i+\sum\gamma_j H_j \tag{7-16}$$

式中：p_0——附加荷载；

γ_i——位于地下水位以上的第 i 层土的重度；

H_i——位于地下水位以上的第 i 层土的厚度；

γ_j——位于地下水位以下的第 j 层土的重度；

H_j——位于地下水位以下的第 j 层土的厚度。

$$H=\sum H_i+\sum H_j$$

$$h_0=\frac{B_l\left(1-\dfrac{c}{B_l\gamma}\right)(1-\mathrm{e}^{-K_0\tan\varphi\cdot H/B_l})}{K_0\tan\varphi+p_0\mathrm{e}^{-K_0\tan\varphi\cdot H/B_l}/\gamma}$$

$$B_l=R_0\cot(\pi/8+\varphi/4)$$

$$p_{e1}=\gamma h_0\quad（隧道处于地下水位以上）$$

$$p_{e1}=\gamma' h_0\quad(h_0\leqslant H_w)$$

式中：h_0——由土的重度划分的减少土压；

K_0——侧向土压与垂直土压的比值，一般 $K_0=1$。

在难以得到地基抗力的条件下，可以选择考虑施工条件的静止土压力作为侧向土压力。在可以得到地基反力的条件下，使用主动土压力系数作为侧向土压力系数，或者对静止土压力系数适当折减进行计算。侧向土压力系数不但应该考虑到土的性质，也要考虑与设计计算方法和施工方法的关系进行决定。但是要进行恰如其分地设定是非常困难的，一般可在如表 7-10 所示的范围内取值，根据与地基反力系数的关系来进行确定。管片的设计断面会由于垂直方向荷载和水平方向荷载之间微妙的平衡关系而发生变化，侧向土压力系数(K_0)、地基反力系数(K)要在充分考虑地基条件和隧道的用途之后，慎重地确定。

侧向土压力系数(K_0)地基反力系数(K) 表 7-10

水土压力计算	土 的 种 类	K_0	K(kN/m³)	N 值的大致范围
水土分算	密实砂性土	0.35～0.45	30～50	$30<N$
	中密砂性土	0.45～0.55	10～30	$15<N\leqslant30$
	松散、稍密砂性土	0.50～0.60	0～10	$N\leqslant15$
	固结黏性土	0.35～0.45	30～50	$25\leqslant N$
	坚硬、硬塑黏性土	0.45～0.55	10～30	$8\leqslant N<25$
	可塑黏性土	0.50～0.65	0～10	$4\leqslant N<8$
水土合算	可塑黏性土	0.55～0.65	5～10	$4\leqslant N<8$
	软塑黏性土	0.65～0.75	0～5	$2\leqslant N<4$
	流塑黏性土	0.70～0.85	0	$N<2$

计算土压力有两种方法：一种是将土压力与水压力分开计算的方法，即水土分算；另一种是将水压力作为土压力的一部分进行计算的方法，即水土合算。一般情况下，砂性土多以水土分算计算土压力。对于水土分算的情况，从安全角度考虑应取最低水位进行计算。黏性土多以水土合算计算土压力，但对于岩质隧道、自立性好的硬质黏土及固结粉土也多采用土水分算。

由于正确地掌握土中水的变化、地下水位等是非常困难的，即使根据围岩条件、隧道的使用目的慎重地进行分析也难以做出判断时，可以按两种方法同时进行计算，然后采用偏于安全的计算结果。

对于土的重度，水土分算时，地下水位以上取土的天然重度，地下水位以下取土的浮重度；水土合算时，地下水位以上仍取土的天然重度，地下水位以下取土的饱和重度。

3. 水压力

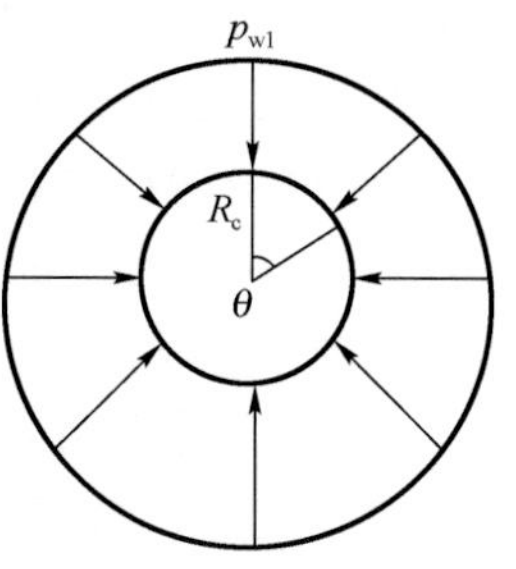

图 7-52　静水压力

通常情况下，作用于衬砌的水压力为静水压力，如图 7-52 所示。

p_w由式(7-17)求出：

$$p_w = p_{w1} + \gamma_w R_c(1-\cos\theta) \tag{7-17}$$

$$p_{w1} = \gamma_w H_w \quad \text{(隧道拱顶处水压)} \tag{7-18}$$

作用于衬砌上的水压力，由于隧道施工过程中的施工条件不同，与原地层中水位大不相同。另外由于隧道施工后，在很长的时期内由于自然或人为的影响地下水位会发生变动，预计水压力作用非常困难。在圆形隧道设计计算中，采用较高的水位并不等于偏于安全的设计。因此，选择用于计算水压力的地下水位应进行充分的论证。

如果地下水位以下的土体采用浮重度计算，采用静水压力作为水压力是适当的。但是有时为了简化设计计算，对水压力的分布形式及其大小，按土压力那样加以确定。

由于作用于衬砌的水压力的合力是浮力，相当于隧道开挖去掉的水的重量作为浮力作用在隧道上。如果拱顶处合成垂直土压和静止荷载比浮力大，其差值以垂直土压力的形式作用于衬砌底部(地基反作用力)；如果浮力大于拱顶处的合成垂直土压力与静止荷载，隧道将会上浮。一般来说，考虑设计的安全性，将垂直方向的水压力差作为浮力处理。当作用于衬砌顶部的垂直荷载(除去水压力)与衬砌自重的和小于浮力时，在衬砌顶部的地层中由于抗力产生土压力，以抵抗浮力的作用，这种现象出现在覆土厚度小、地下水位高以及地震时容易发生液化的地层中，容易引起问题，要加以注意。如果顶部地层难以产生与浮力相当的抗力，隧道会上浮，这时有必要通过二次衬砌增加隧道的重量，或在上部地面进行覆土压重处理。

4. 静止荷载(自重)

自重是沿隧道轴线分布的垂直荷载，作用于隧道横截面矩心。初期支护的静止荷载(自重)按式(7-19)计算。

$$\left.\begin{aligned} g_1 &= W_1/(2\pi R_c) \\ g_1 &= \gamma_c \cdot t \end{aligned}\right\} \tag{7-19}$$

式中：γ_c——管片衬砌的相对密度；

t——管片厚度。

箱形管片如果自重沿衬砌轴线的分布变化不同的话，可以采用平均重量。

二次衬砌的施工时间，一般在管片衬砌具有一定程度稳定后进行，而且二次衬砌本身也是环形或拱形，因此二次衬砌的自重由二次衬砌自身来承担，在初期支护设计时可不考虑二次衬砌的自重。但是，当二次衬砌与初期支护共同作用承受荷载时，根据二次衬砌的施工时间，考虑二次衬砌的自重进行计算。

计算衬砌自重时，实际重量明确时按实际重量计算，如果没有标明应按表 7-11 确定。对于采用挤压混凝土施工的衬砌，也可参考表 7-11 确定，或由设计人员讨论确定。

材料的重度(单位：kN/m³)　　表 7-11

项　目	初 期 支 护			二 次 衬 砌	
	混凝土类	钢管片	铸铁管片	素混凝土	钢筋混凝土
重度	26.0	78.5	72.5	23.5	25.0

5. 附加荷载

作用于地表面上的荷载或建筑物基础的抗力等对土中应力的影响随深度的增加而减小，可以认为这些荷载对作用在衬砌上的土压力的影响也随着距荷载作用点距离的加大而减小。但是，这些上覆荷载对隧道衬砌的影响程度会因荷载大小、基础形式、基础底以上的覆土厚度、地层特征等而变化，由于复杂多变，难以对其影响做出明确的规定。本书仅给出上覆荷载影响的基本思路。

在计算地基中应力传播时，可采用布辛耐斯克(Boussinesg)和威士特卡德(Westerzaard)等公式进行计算，也可采用数值有限元进行分析，其具体计算方法由设计负责人决定。

另外，无论是在道路下方或道路的边界附近，均应考虑地上建筑物的影响。一般重点考虑下列荷载作用为地面附加荷载作用于衬砌：

(1)公路交通车辆荷载；

(2)铁路交通车辆荷载；

(3)建筑物重力。

6. 地基反力

所谓地基反力是指在作用于隧道衬砌的全部荷载中，独立设计计算的地基反力的总称。计算衬砌的分力时，确定地基反力的作用范围、大小和方向。地基反力分为以下两类：

(1)与围岩位移无关的反作用力，如图 7-53 所示。这是一种与作用荷载相平衡的反作用力，一般预先对其分布形状进行假定。

(2)取决于围岩位移的反作用力，如图 7-54 所示。认为地层抗力与地层变形(位移)有关，从属于地基的位移，将管片环与地基间的相互作用通过地基弹簧模型来考虑，在荷载作用下，衬砌结构的一部分会发生向着围岩方向的变形，由于隧道周边围岩具有一定的刚度，必然会对衬砌结构产生反作用力来抵制它的变形，这种反作用力即为地基反力。目前多以温克尔(Winkler)假定为基础的局部变形理论确定地基反力。地基反力与围岩位移成正比，且其比例系数定义为地基反力系数。此比例系数的值取决于围岩韧度和衬砌尺寸(衬砌半径)。地基反力是地基反力系数与衬砌位移的产物，由围岩韧度和管片的刚度决定。管片衬砌的刚度取决于管片的刚度及接缝的数目和类型。

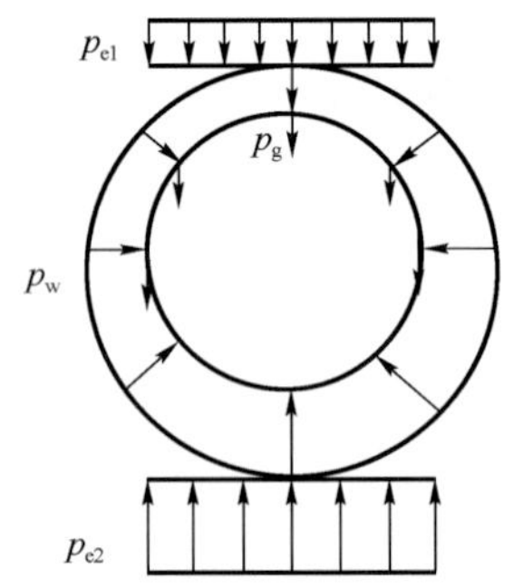

图 7-53　与围岩位移无关的地基反力

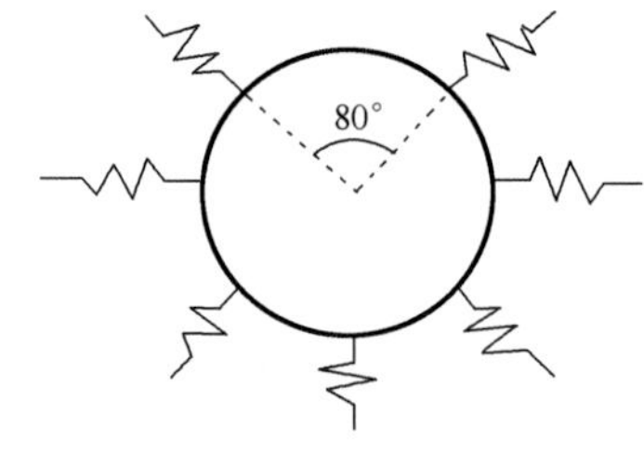

图 7-54　地基反力模型

地基反力会随着所采用的计算模型及计算方法的不同而不同，常采用以下几种计算方法：

1)日本惯用计算法

垂直方向的地基反力按与地基位移无关考虑，取与垂直荷载相平衡的均布反力作为地基反力。

水平方向的地基反力考虑衬砌向围岩方向的变形，作用在衬砌水平直径上下各 45°中心角的范围内。假定以水平直径处为顶点，三角形分布，其中水平直径处的地基反力最大，其大小可根据与衬砌向着围岩方向的水平变形成正比关系进行计算确定。地基反力系数可根据地层条件，参考表 7-10 进行取值。

2)弹簧模型法

弹簧模型法与惯用计算方法不同，作为伴随地基的位移确定地基反力的一种方法，是假定地基反力沿衬砌环、径向分布，将衬砌与地层间的相互作用通过弹簧来模拟，地基反力考虑为管片向地基方向变形时所产生的反力。

欧美各国多采用全周地基弹簧模型，多适用于地质条件较好的围岩；日本多采用部分地基弹簧模型，多适用于软弱围岩，如图 7-55 和图 7-56 所示。而且多不考虑切线方向弹簧，只将半径方向弹簧作为有效弹簧，地基弹簧系数大多参考惯用计算法的地基反力系数进行确定。

3)多铰圆环法

采用多铰圆环系统的管片,由于自身为非静定结构,只能通过纵向接头的变形所产生的地基反力而形成静定结构。因此,随着管片环向地基方向所产生的位移发生的地基反力的假定看上去比较合理。但根据地基情况,也可以将一部分视为与地基的变形无关而进行决定。在这种情况下,只要确定地基反力发生的范围、分布形状及大小,就可与土压力采用相同的处理方法。

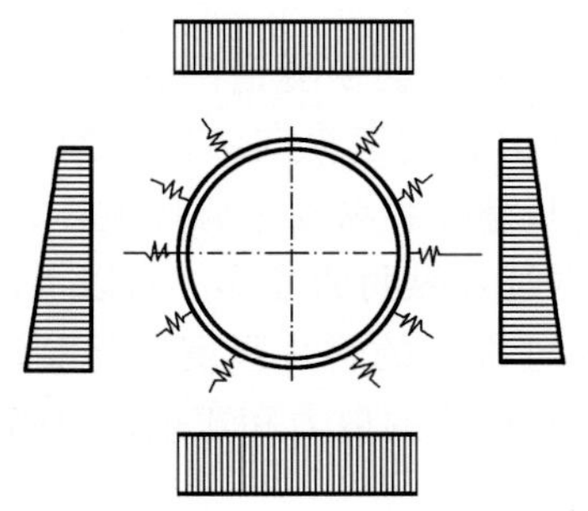

图 7-55 全周地基弹簧模型

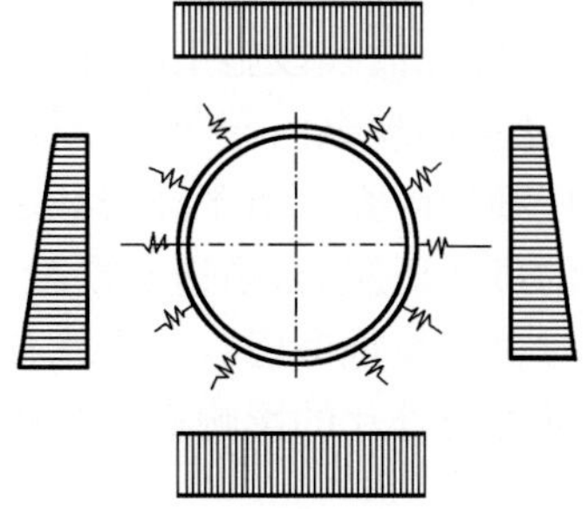

图 7-56 部分地基弹簧模型

对于管片自重变形所产生的地基反力,宜根据施工方式确定是否考虑。若壁后注浆材料有较好的早期强度,或管片脱出盾尾后真圆度保持较好,可以考虑由管片自重变形所产生的地基反力。尤其是隧道外径较大时,与水土压力所产生的断面应力相比,自重所引起的断面应力要大得多($D \geqslant 12$m 时,占60%~80%)。因此,采用能够在自重引起变形时产生地基反力的施工方法是非常有效的。

基础刚性框架模型可以把地基反力评定为弹力。如果用有限元来计算分力,那么模拟围岩的简易应变要素评定为地基反力。

弹性公式法进行衬砌设计,其荷载状况如图 7-57 所示。

7. 来自内部的荷载

内部荷载指隧道竣工后作用于隧道衬砌内侧的荷载,应根据实际情况确定。内部荷载随隧道使用功能的不同而异,作用于隧道衬砌上的荷载保证隧道结构的安全。车辆等作用于隧道衬砌底部的内部荷载,由于壁后注浆材料已经硬化,可以认为是由隧道周边的地基直接承受的(特别软弱的地层除外),在进行荷载计算时可不考虑。但是,对于底板的支点、隧道内的集中荷载及隧道内的悬挂荷载等会对隧道衬砌强度和变形产生影响的内部荷载,应根据实际情况进行计算。

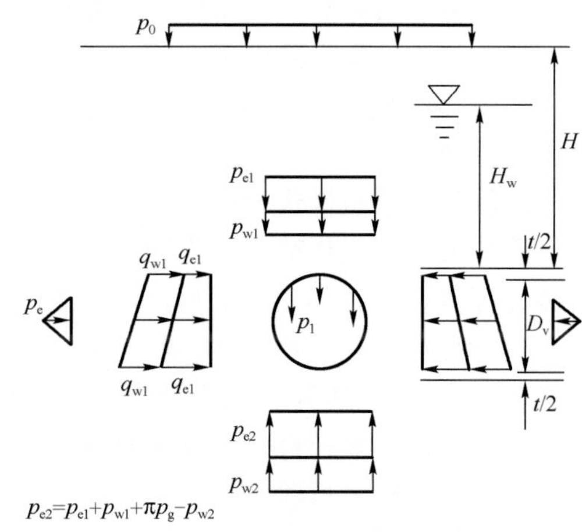

图 7-57 弹性公式法的荷载状况

承受内部水压力的隧道,根据结构在不同阶段的受力特征,选择合理的受力模型进行分析。对作用于管片的土压力和内、外水压力,应根据最不利工况慎重地选择。

8. 施工荷载

盾构施工荷载是指从管片组装开始到盾尾建筑间隙中的壁后注浆材料硬化为止,作用在隧道衬砌上临时荷载的统称。设计管片时,要根据施工时的情况进行考虑设定。

施工荷载因围岩条件和施工条件的不同而异,从数值上进行准确计算比较困难。最近一些施工新技术,可以将施工荷载对管片的影响控制到最小限度。但是,要合理地对施工荷载进行评价,并反映到设计中去,明确管片的使用条件和保证良好的施工,即施工技术水平的高低对隧道衬砌的设计也是一个重要的影响因素。

1)盾构推进油缸的推力

在盾构掘进过程中,作用于隧道衬砌上的盾构推进油缸推力,是所有施工荷载中,对管片影响最大的作用力。

推进油缸推力的偏心距应根据盾构曲线掘进(平曲线掘进、竖曲线掘进、蛇行修正等)进行确定,并考虑适当的富余量。推进油缸推力的偏心量在设计上一般考虑10mm。但是,对于外径为2~3m左右的中小直径盾构,实际上发生30~40mm偏心量的实例也很多。如果推进油缸的偏心距过大,由推进油缸推力所形成的偏心弯矩会使管片衬砌环部分产生拉应力,管片容易开裂。当推进油缸推力与盾构实际装备的推进油缸推力不同时应特别注意。由于管片单片的推力试验很难反映管片整体的工作状况,因此在设计时应加以注意。

另外,盾构在急曲线段施工时,由于盾构推进油缸产生的偏心荷载,会使隧道两侧的压力出现暂时性的不平衡,从而出现纵向弯曲应力状态,这时要综合考虑地基反力和隧道纵向结构模型等因素,对设计荷载进行仔细地研究。由于环与环之间的弯曲应力由螺栓承担,螺栓容易发生剪切破坏;而且作用在管片衬砌上的过大压应力,易造成混凝土类管片发生局部破坏,钢管片纵肋的变形。对以上出现的施工荷载在设计时也需慎重考虑。生产管片时,应对承受盾构推进油缸推力的管片强度进行测试。关于盾构推进油缸推力对管片的影响进行分析,设计人员应检验可靠偏心造成的剪力和弯矩,包括管片拼装公差极限的情况。

2)壁后注浆压力

在向盾尾建筑间隙注浆时,由于注浆压力在管片注浆孔周边形成一个临时作用的偏心荷载,在此荷载作用下容易使管片发生变形甚至破坏现象,如半径方向插入型封顶块(K块)的错台、接头螺栓的破坏、衬砌环的变形等。

设计管片时,除考虑围岩条件外,还要考虑施工时实际情况来确定注浆压力,并在这一压力下对管片的各部分进行验算。注浆压力一般是根据开挖面的围岩及埋深情况计算的水、土压力来确定,但还需根据盾构施工的实际条件来确定注浆压力。施工时的注浆压力一般为0.1~0.3MPa。有时为了减少地表沉降,采取较高的注浆压力,对此要特别加以注意,并应考虑对隧道周边的软弱围岩扰动从而产生的固结沉降。

3)管片安装机操作荷载

管片安装机操作荷载是作用在管片上的装配荷载,除用此荷载计算起吊环之外,还要用来计算管片拼装过程对管片各部分的影响。此荷载的数值可根据管片安装机的额定能力与动态效应进行推算。

对于混凝土类管片,常将螺栓孔或注浆孔预埋件作为管片起吊环使用,其抗拔承载力应根据装配器的性能而定,一般达到1.5倍管片环重量以上,施工中对起吊环的抗拔承载力进行验证。另外,若螺栓孔或注浆孔内安装拉杆作为反力座,在施工时进行设备材料吊装或防止管片环变形用,应对预埋件和其抗拔承载力进行分析验证。

4)其他荷载

作为施工荷载,除上述内容外,还应考虑其他荷载,例如后配套拖车自重的影响、整圆器等推进油缸荷载、刀盘旋转力的影响、盾构形式及开挖面的各种设备等,有时渣车及管片运输车的荷载也会对管片产生影响。另外,在软黏土及松散的砂层中,随着管片从盾尾脱出,上部围岩塌落至管片环顶部形成偏心荷载。如果这些荷载对结构影响较大,应根据施工情况设定合适的荷载,对结构受力进行分析。

9.地震的影响

1)抗震设计方法

当考虑地震的影响时,应根据隧道的重要程度,考虑隧道的周围环境、围岩条件、所在地区的地震烈度、隧道的结构、形状等进行慎重研究,采取必要的抗震措施。应采用静态分析(如地震变形法、地震系数法)或动态分析来进行抗震设计。通常采用变形法来调查地震对隧道的影响。

2)抗震设计特殊问题

地震对地下结构物的影响一般按下述方法考虑。隧道重量与隧道置换地层的重量相比,隧道一般比较轻。因此,当地震力作用时,与作用在周围围岩上的惯性力相比较,作用在隧道上的惯性力比较小。如果隧道上的覆土达到一定厚度的话,可以认为隧道和地基基本产生相同的振动。因此,当隧道位于良好均质的地基中,而且覆土厚度比较大时,可以认为地震对隧道的影响很小。而且盾构隧道与其他隧道

相比，由于接头的存在使隧道的刚度有所减小，有利于抗震。但是，在以下条件下，地震对隧道的影响较大，需要进行慎重研究。

(1)地下连接部位以及与竖井的连接部位等衬砌结构发生变化时，隧道的结构发生变化，在结构变化部位发生断面应力。

(2)隧道位于软弱地基中时，由于在隧道纵向地基的变形不同在隧道纵向上发生断面应力，在地震或其他反复荷载作用下可能会因其强度降低和基底土的侧向流动产生显著的沉降，即所谓"震陷"。须结合具体的场地条件对"震陷"问题进行专门分析。

(3)地质、覆盖层厚度、基岩深度等地基条件发生突变时，由于在隧道纵向地基的变形不同在隧道纵向上发生断面应力。

(4)急转弯的曲线部，地震波的入射方向与隧道轴向之间的方向急剧变化而在轴向上发生断面应力。

(5)在松散的饱和砂质地基中，有发生液化的可能性时，液化会引起隧道的上浮，此时地震的影响不能忽视。

尤其对于隧道结构与竖井结构连接部位，地震时，由于结构完全不同，相对于隧道的其他部位，难免会产生较大的断面应力。因此，为了降低这一部分隧道纵向的刚度，最好设置可挠性管片或在管片环间使用橡胶垫片或弹性垫片使其成为柔性接头。另外，在软弱地基中的隧道，如果预计到二次衬砌会出现一些有害的裂缝时，作为处理措施在二次衬砌的配筋方面进行考虑。

3)抗震性能论证

盾构隧道一般采用在静力作用下比较稳定的圆形断面，荷载的平衡是其最基本的条件。但在由地震引起的局部外力及非平衡外力作用下，很难断定其是否属于高稳定性的结构物。非圆形断面的盾构将有所增加，以复圆形盾构为代表，这种盾构隧道的荷载平衡状态更加微妙，在抗震设计时需要慎重地进行论证。

盾构隧道的抗震性能论证一般包括以下三个方面：①隧道及周围地基的稳定性；②隧道横断面方向的力学论证；③隧道纵断面方向的力学论证。对于中小直径的隧道来说，以①和③为重点进行论证；而对于大直径隧道，除此之外还要根据需要对②进行论证。以下对这几种论证方法进行概要说明。

(1)隧道以及隧道周围地基的稳定性论证

隧道若位于有发生液化危险的地基中，液化后土体失去强度，或由瞬时性超静孔隙水压力形成由下向上的渗流场，使得隧道上方作用土荷载出现减少，隧道对于所承受的浮力失去抵抗力，产生隧道上浮的可能性。因此对隧道周围地基是否发生液化应进行充分的讨论，当有发生液化的危险存在时，有必要采用地基改良的措施进行处理。

隧道周围地基抗震稳定性的判断流程如图7-58所示。

判别土层液化的方法很多，如我国《建筑抗震设计规范》(GB 50011—2001)和日本港口设计规范基于标准贯入试验和颗粒粒径累加的方法，我国《岩土工程勘察规范》(GB 50021—2001)推荐的用静力触探判别的方法，以及国外依据土层的剪切波速或剪应力比较的判别方法等。由于液化处理费用高昂，所以对其周边土层的液化判别应谨慎从事，采用多种方法相互印证，并结合室内动三轴试验和地区工程经验进行专门的分析。而对于所采取措施的可靠性，也宜通过室内试验加以确认。

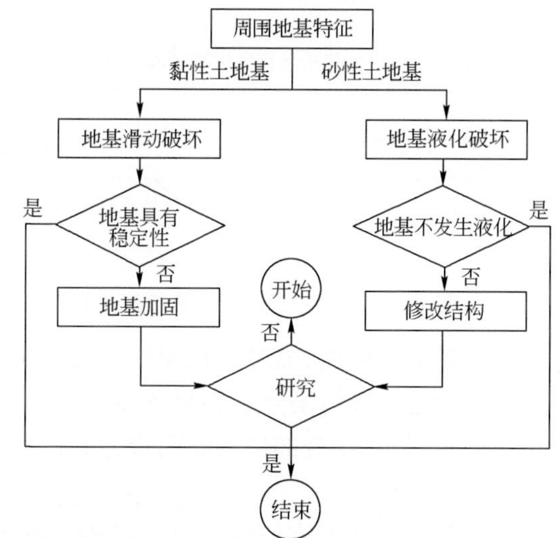

图7-58 隧道周围地基抗震稳定性的判断流程图

(2)隧道横断面方向的力学论证

当前我国地下隧道横断面的抗震分析多按地震系数法进行。这一方法的基本出发点是，认为地震对地下结构的作用主要包括两部分：一是结构及其覆盖层重量产生的与地表地震加速度成比例的惯性力；二是地震引起的主动侧压力增量。

由于隧道的表观重度(隧道 1m 延长的重量/隧道断面积)与围岩的重度相比比较小，或者基本相同，所以一般作为地震的影响，伴随地震动在周围地基中产生的变形、位移等是很重要的，惯性力的影响则可忽略不计。以这一概念建立起来的抗震分析方法称为“反应位移法”或“地震变形法”。其特点是以地下结构所在位置的地层位移作为地震对结构作用的输入。

反应位移法是对隧道位置的地基位移量进行计算，将所有的位移或部分位移作用于隧道，对隧道的断面应力和变形量进行计算的方法。关于隧道位置的地基位移量的计算方法，主要有：

①假定地基表层发生剪切振动，只根据其一次形态求出位移振幅，这是最简单也是最常用的方法。

②假定地基表层发生剪切振动，通过最坏分析求出位移振幅。

③从基底入射的地震波在地基的各层面重复反射，考虑由此所产生的增幅现象求出位移振幅(重复反射法)。

④将地基置换为弹簧—质点模型，计算求出位移振幅。

⑤通过 FEM 反应分析求出位移振幅。

其中，最简单也最常用的方法是①。该计算方法如图 7-59 所示。

(3)隧道纵断面方向的力学论证

隧道纵断面方向的抗震计算多采用反应位移法。计算时，根据隧道所在位置地基的情况确定波长，假定通过反应位移法所得到的地基位移为正弦波，如图 7-60 所示，将其作用于隧道而求得隧道纵向上的断面应力和变形量，这也是一般常用的计算方法。使用反应位移法进行抗震验算的流程如图 7-61 所示。

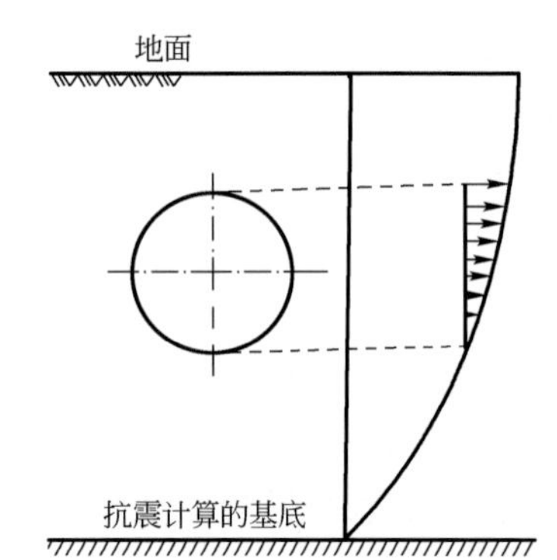

图 7-59 反应位移法计算隧道横断面方向的相对位移

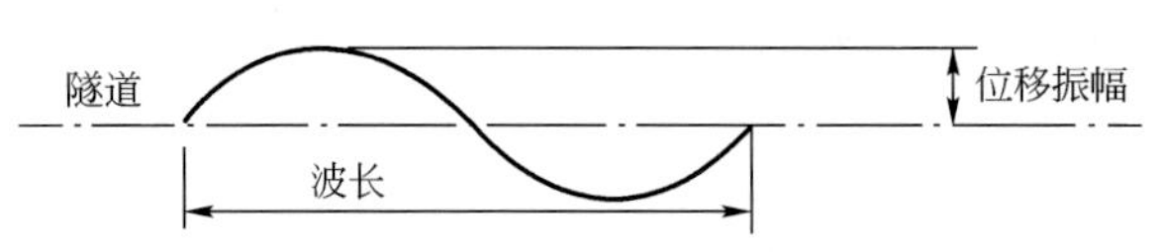

图 7-60 反应位移法隧道纵断面的地基变位

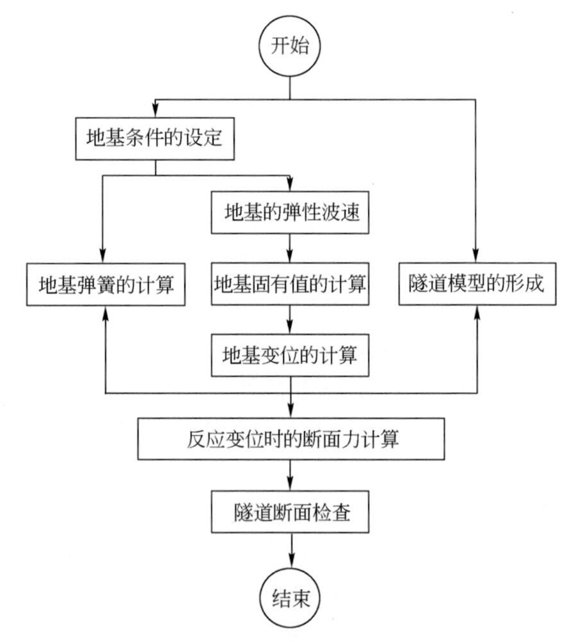

图 7-61 反应位移法的流程图

对于隧道的刚度，要考虑初期支护的接头引起的刚度降低，有二次衬砌时也要考虑其影响，充分考虑隧道结构之后进行决定。验算的项目主要有初期支护的接头部位以及接头部位的二次衬砌的断面应力和变形量、竖井接合部位的断面应力和位移量。

4)动力分析方法

地震系数法和反应位移法都是将随时间变化的地震作用，等代的静力荷载或静位移代替，然后再用静力计算模型求解结构的反应。

近年来，使用结构物和地基共同作用的计算模型进行动力计算的例子逐渐增多。如果能够确切地假定结构材料和结构杆件的非线性特性，就可以用动力计算求出结构物各部分在地震时的动态。但由于计算模型、输入的地震波的合理性、对计算结果的解释等都较复杂，所以目前还没有一个公认的计算方法，故尚未达到全面采用的程度。

由于动力计算法是捕捉地震时的自然现象的有力手段，故对于大型地下结构，用动力分析方法与静力法的计算结果相互对照印证也是必要的。

当然，在隧道规划阶段就应进行详细周密的工程地质勘探，进行线路选择时考虑抗震问题。另外，在发生地震破坏后，为了在进行某种程度的修补后，仍能确保必需的断面，故将净空断面扩大一些也是有效的办法。

10. 临近施工的影响

在施工中或已施工完成的隧道附近修建其他结构物时，隧道将会受到临近施工对周围的围岩扰动影响，作用于隧道上的荷载发生变化，因此应根据需要采取相应的衬砌加固、地基加固等适当的防护措施。若具备条件，应尽可能根据规划情况在进行隧道设计时加以考虑，采取相应措施。

尤其是在以下的情况下，其他工程的临近施工影响比较大，因此在合理评价荷载的同时，有必要使用能够考虑荷载随时间变化的计算方法(荷载历史及衬砌的应力历史)。另外，如果对于将来发生的荷载变化将二次衬砌作为结构组成部分来考虑的话，有必要对结构模型进行充分的论证。

(1)隧道的顶部或顶部附近建造新的结构物，上部荷载发生大的变化。

(2)隧道的下部或下部附近进行开挖工程，垂直土压力和水平土压力等荷载条件以及地基反力系数等围岩的性质发生大的变化。

(3)隧道的侧向地基受到扰动，侧向土压力及地基反力发生大的变化。

(4)作用于隧道的水压力发生大的变化。

上述情况中，其影响有暂时性的和长期性之分，进行论证时对此应进行慎重区分。

11. 平行设置隧道间的相互影响

当隧道近距离平行设置时，应根据相互间的位置关系、地质条件、隧道外径、盾构形式、后建隧道的施工时序等条件，对施工和运营期间的相互干扰和相互影响进行论证，必要时应采取保护措施。

在一定区域内，若两条以上的隧道在空间上近距离平行设置，应对多条隧道相互干扰而产生的地基松弛或施工荷载的影响进行分析，必要时采取衬砌、地基加固或其他防止隧道变形的措施。

近年来，多条隧道平行小间距设置的实例越来越多。平行设置的隧道在横断面方向或纵断面方向的位移及应力与单条隧道显著不同，严重时会影响到隧道衬砌的安全性，应进行详细的调查和充分的论证。

一般来说，对平行设置隧道进行论证时应考虑以下几个方面：

1)隧道之间的相互位置关系

平行设置隧道的位置无论是在水平方向还是垂直方向，只要其相隔距离小于后续隧道外径(D)的话，就有必要进行分析，而且相隔距离越小其影响就会越大。尤其是相隔距离小于 $0.5D$ 时，应进行详细的论证。隧道在上下方向平行设置时，后续盾构的施工荷载、土体开挖所伴随的卸载对先行隧道影响较大；尤其是后续隧道在下部施工时，上部的隧道会由于开挖时的地基松弛导致垂直荷载的增加，并产生不均匀沉降。这时有必要对先行隧道横向和纵向受力及变形进行论证。

2)地质条件

平行设置隧道的相互干扰以及施工荷载的影响随围岩条件不同而不同。在敏感性高的黏性地层或自立性差的松散砂性地层中，其影响最为显著。这时有必要对地基松弛引起的荷载变化进行慎重研究。即使地层比较好或已经过地层加固处理，但是若隧道间隔距离较小，施工荷载的影响仍是很大的，尤其当采用闭胸式盾构时影响更为显著。

3)隧道外径

平行设置隧道施工时，与先期施工隧道的外径相比，后续施工隧道的外径的影响较大，后续施工隧道的外径越大其影响也越大。

4)盾构形式

平行设置隧道进行施工时,后续盾构对先期施工隧道的影响由于盾构形式的不同而发生很大差异。隧道在水平方向上平行设置时,闭胸式盾构对隧道的影响是开挖面通过时盾构推力所产生的偏心压力,而开敞式盾构一般不产生推力的影响,多由于开挖面敞开出现暂时性的侧向土压力及地基反力的减小。因此,闭胸式盾构隧道一般表现为后续隧道对先期施工隧道产生一个外推的效应,而开敞式盾构隧道一般表现为后续隧道对先期施工隧道产生一个近似内拉的效应。另外,闭胸式盾构推力的影响要比其他施工荷载大得多,尤其是地基软弱、隧道间隔距离较小时,推力将成为控制性的因素。因此,在考虑平行设置隧道施工的影响时,对地质条件、隧道之间的位置关系以及盾构形式所引起的差异都要进行详细慎重的分析。

5)后建隧道的施工时序

一般后建隧道宜等到先行施工隧道围岩稳定后再行施工,但实际施工时很难做到。在先期施工隧道的影响还未消失就进行后续隧道的施工时,隧道施工相互间的影响更为显著,此时有必要对隧道相互间的施工时序进行充分的研究。

6)施工时的荷载

对先期施工隧道产生影响的因素主要为后建隧道施工时的荷载,包括推力、壁后注浆压力、泥水压力或泥土压力等,这些荷载通过两隧道之间的土体作用于先行隧道上。在偏心压力作用下,先行隧道横断面及纵断面方向上产生异常的位移和应力。虽然施工荷载为临时荷载,但是盾构掘进时推力对隧道之间土体所产生的荷载即使在盾构通过以后也很难急速地减小,有时会在长时期内残留,因此在考虑施工荷载时要充分加以注意。

12.地基沉降的影响

在软弱地层中或地层变化剧烈时,应考虑地基下沉对盾构隧道的影响,并采取相应措施。在软弱地层或地层变化较大的地层修建隧道时,除考虑隧道施工原因造成的地基下沉外,还须考虑原有地层自身原因产生的沉降。地基下沉主要表现在对隧道本身及隧道与其他结构物的连接部位的影响,因此应对其影响进行充分研究。

1)隧道本身

在处于固结过程中的地基中修筑隧道,隧道所在位置与周围的地基相比,相当于隧道断面高度的部分土的固结沉降量不同,因此隧道会发生相当于这一差异沉降的强制位移。

另一方面,隧道纵向的刚度变化部位、地基软硬交界部位,甚至在正处于固结沉降过程中或将来会发生固结沉降的软弱地基中,隧道下部软弱地基层厚变化较大的部位,不均匀沉降对隧道的影响皆应加以考虑。

在上述情况下,隧道的力学机理尚不明确,一般采用隧道横向结构模型,通过增加垂直土压或对地基弹簧强制位移来加以考虑,对衬砌的强度进行验证。对于隧道纵向不均匀沉降,通过将隧道所在位置的地基沉降量采用地基弹簧加以考虑,模拟地基不均匀沉降时隧道的追随过程,并根据需要采取降低隧道纵向刚度、通过地基加固减少沉降量、扩大隧道净空断面等措施。

2)隧道和竖井连接部分

在隧道与竖井连接处,由于是两种不同的结构相接,所以易于产生相对位移,应根据需要将连接部做成可挠性结构,以防止应力集中;或者对竖井基础进行处理,以减小不均匀沉降的影响。另外,为保证净空,将断面加大也是有效的方法。

13.其他荷载

已规定的荷载虽为衬砌设计计算时的主要荷载,但并未包括全部荷载在内。作为其他荷载,管片的储存、运输及采用特殊的拼装方法所产生的临时荷载,因地形、地层性质等因素而对隧道产生的偏心荷载等,这些荷载在设计时应引起注意,可根据需要研究符合实际情况的荷载设定。

(五)材料

1.原材料

衬砌使用的材料应符合《预制混凝土衬砌管片》(GB/T 22082—2008)的相关要求,对于混凝土或钢筋混凝土使用的材料还应满足《混凝土结构设计规范》(GB 50010—2002)的要求。

1)水泥

目前,我国水泥品种主要有普通硅酸盐水泥、矿渣硅酸盐水泥、火山灰质硅酸盐水泥、粉煤灰硅酸盐水泥、复合硅酸盐水泥等及其他特种水泥(中热硅酸盐水泥和低热矿渣硅酸盐水泥、早强硅酸盐水泥、快硬铝酸盐水泥和硫铝酸盐水泥,及抗硫酸盐硅酸盐水泥等)。设计人员应了解这几种通用水泥及一些特种水泥的性能特点及选用原则。

对于抗硫酸盐硅酸盐水泥,作为一种耐酸特种水泥,由于它的耐化学腐蚀性强,根据条件考虑用来制造管片。但需明确其使用条件,而且由设计负责人确认。随着化学外加剂和矿物外加剂技术的发展,不用抗硫酸盐硅酸盐水泥完全能满足抗腐蚀性的要求。

2)矿物外加剂

矿物外加剂主要有粉煤灰、高炉矿渣、天然火山灰、硅粉等,可以代替一定比例的水泥。取代水泥的用量取决于特定矿物外加剂的种类,取代方法通常有等量取代和超量取代,具体取代量应通过配合比试验确定。对于掺矿物外加剂的混凝土,其早期强度一般偏低,其强度评价一般以 56d 的强度为标准。化学外加剂对于高强度混凝土的制备是不可少的,其主要作用是增加工作性、减少水胶比以及减少水泥用量。

3)钢材

衬砌所用钢材的形状、尺寸及重量均应符合国家标准。目前,钢管片多采用 Q235 钢。

4)铸铁制品

我国盾构隧道衬砌采用铸铁管片的实例很少,应在借鉴国外经验的基础上,考虑国产铸铁制品性能,在满足抗拉强度、极限强度及延展性等性能指标的基础上选用。

5)对于钢筋

生产管片用的钢筋应符合《混凝土结构设计规范》(GB 50010—2002)的要求。混凝土用的钢筋一般采用 HPB235、HRB335、HRB400。

6)螺栓、螺母及垫圈

连接螺栓和螺母加工程度为普通等级。由于管片中的螺栓主要承受拉力,一般选择 4.6～12.9 级螺栓。对于强度种类 12.9 的螺栓,有发生后期破坏的可能性,使用时要给予充分的注意。选择的垫圈应适合螺栓的强度。

7)管片壁后注浆孔以及作为吊装孔兼用的注浆孔所采用的钢管或铸铁制品

我国没有定型材料,使用前应进行充分的论证。采用合成塑料时,应选用紧固力强的制品。

8)焊条及焊丝

选择能够使焊接部分具有良好的机械性能,不产生焊接缺陷,易于焊接作业的焊接材料。

2.混凝土

混凝土的原材料和配合比、最低强度等级、最大水胶比和单方混凝土的胶凝材料最小用量应符合耐久性要求,满足抗裂、抗渗、抗冻和抗侵蚀的需要。混凝土结构的耐久性应根据隧道所处的环境类别和设计使用年限进行设计,相关规定参见《混凝土结构设计规范》(GB 50010—2002)。盾构隧道常用的各类建筑材料,可选用下列强度等级:

预制钢筋混凝土管片用混凝土:C40、C50、C55、C60;

现浇结构用混凝土:C20、C25、C30、C40;

钢筋:HPB235、HRB335、HRB400;

钢材:Q235 钢;

连接螺栓:4.6～8.8 级;

喷射混凝土:C20、C25。

预制钢筋混凝土管片的混凝土强度等级不应低于 C40。钢与混凝土复合管片内填充混凝土强度等级不应低于 C20。与地层直接接触的现浇承载结构混凝土强度等级不宜低于 C30。

3. 材料试验

为了确认材料的质量,应进行各种材料试验。原材料及混凝土的试验方法参考国家有关检验与验收规范。

4. 容许应力

关于混凝土和钢筋的相关性能指标参考《混凝土结构设计规范》(GB 50010—2002)。混凝土轴心抗压强度、轴心抗拉强度标准值和设计值见表 7-12、表 7-13。

混凝土强度标准值(单位:N/mm²)　　表 7-12

强度种类	混凝土强度等级													
	C15	C20	C25	C30	C35	C40	C45	C50	C55	C60	C65	C70	C75	C80
f_{ck}	10.0	13.4	16.7	20.1	23.4	26.8	29.6	32.4	35.5	38.5	41.5	44.5	47.4	50.2
f_{tk}	1.27	1.54	1.78	2.01	2.20	2.39	2.51	2.64	2.74	2.85	2.93	2.99	3.05	3.11

混凝土强度设计值(单位:N/mm²)　　表 7-13

强度种类	混凝土强度等级													
	C15	C20	C25	C30	C35	C40	C45	C50	C55	C60	C65	C70	C75	C80
f_c	7.2	9.6	11.9	14.3	16.7	19.1	21.1	23.1	25.3	27.5	29.7	31.8	33.8	35.9
f_t	0.91	1.10	1.27	1.43	1.57	1.71	1.80	1.89	1.96	2.04	2.09	2.14	2.18	2.22

钢筋的强度标准值 f_{yk} 和抗拉强度设计值 f_y、抗压强度设计值 f'_y 应按表 7-14 选用。

钢筋强度标准值和抗拉与抗压强度设计值、弹性模量(单位:N/mm²)　　表 7-14

钢筋种类	HPB235(Q235)	HRB335(20MnSi)	HRB400
钢筋强度标准值 f_{yk}	235	335	400
钢筋抗拉强度设计值 f_y	210	300	360
钢筋抗压强度设计值 f'_y	210	300	360

Q235 钢材强度设计值应根据厚度按表 7-15 采用,焊缝和螺栓连接的强度设计值按表 7-16、表 7-17 采用。

Q235 号钢钢板强度设计值(单位:N/mm²)　　表 7-15

牌号	钢板厚度(mm)	抗拉、抗压和抗弯 f	抗剪 f_v	端面承压(刨平顶紧)f_{ce}
Q235 钢	≤16	215	125	320
	>16～40	205	120	320
	>40～60	200	115	320
	>60～100	190	110	—

焊缝强度设计值(单位:N/mm²)　　表 7-16

焊接方法和焊条型号	构件钢材		对接焊缝				角焊缝
	牌号	厚度	抗压 f_c^w	焊缝质量为下列等级时,抗拉 f_t^w		抗剪 f_v^w	抗拉、抗压和抗剪 f_f^w
				一级、二级	三级		
自动焊、半自动焊和 E43 型焊条的手工焊	Q235 钢	≤16	215	215	185	125	160
		>16～40	205	205	175	120	
		>40～60	200	200	170	115	
		>60～100	190	190	160	110	

螺栓连接强度设计值(单位:N/mm²)　　表 7-17

螺栓的性能等级		普通螺栓						承压型连接高强度螺栓		
		C级螺栓			A、B级螺栓					
		抗拉 f_t^b	抗剪 f_v^b	承压 f_c^b	抗拉 f_t^b	抗剪 f_v^b	承压 f_c^b	抗拉 f_t^b	抗剪 f_v^b	承压 f_c^b
普通螺栓	4.6级、4.8级	170	140	—	—	—	—	—	—	—
	5.6级	—	—	—	210	190	—	—	—	—
	8.8级	—	—	—	400	320	—	—	—	—
承压型连接高强度螺栓	8.8级	—	—	—	—	—	—	400	250	—
	10.9级	—	—	—	—	—	—	500	310	—

钢材的物理性能指标应按表 7-18 采用。

钢材的物理性能指标　　表 7-18

弹性模量 E(N/mm²)	剪变模量 G(N/mm²)	线膨胀系数 α(℃⁻¹)	质量密度 ρ(kg/m³)
2.06×10^5	7.9×10^4	1.2×10^{-5}	7.85×10^3

(1)混凝土和钢筋的相关性能指标取自《混凝土结构设计规范》(GB 50010—2002)。该规范的轴心抗压强度标准值与设计值分别按式(7-20)、式(7-21)计算:

$$f_{ck}=0.88\alpha_{c1}\alpha_{c2}f_{cu,k} \tag{7-20}$$

$$f_c=f_{ck}/\gamma_c=f_{ck}/1.4 \tag{7-21}$$

棱柱体抗压强度与立方体抗压强度的比值为 α_{c1}:对于 C50 及以下的混凝土,$\alpha_{c1}=0.76$;对于 C80,$\alpha_{c1}=0.82$;中间按线性规律变化。

脆性折减系数为 α_{c2}:对于 C40 及以下的混凝土,$\alpha_{c2}=1.0$;对于 C80,$\alpha_{c2}=0.87$;中间按线性规律变化。

该规范的轴心抗拉强度标准值与设计值分别按式(7-22)、式(7-23)计算:

$$f_{tk}=0.88\times0.395f_{cu,k}^{0.55}(1-1.645\delta)^{0.45}\times\alpha_{c2} \tag{7-22}$$

$$f_t=f_{tk}/\gamma_c=f_{tk}/1.4 \tag{7-23}$$

由于该规范取消了弯曲抗压强度,所以混凝土疲劳抗压强度修正系数 γ_β提高 10%。

(2)采用《混凝土结构设计规范》(GB 50010—2002),对处于具有明显腐蚀性环境中的隧道,考虑耐久性,应采取有效措施,其耐久性要求应符合有关规定。如其受力钢筋宜采用环氧树脂涂层带肋钢筋。对于预应力钢筋、锚具及连接器,应采取专门防护措施。

(3)关于钢材、焊缝、螺栓的相关性能指标取自《钢结构设计规范》(GB 50017—2003)。这是由于隧道属于地下结构物,一般不会直接承受活荷载的作用,通常疲劳强度修正系数 $\gamma_\beta=1.0$。

对于现场焊接的焊接部位,考虑到焊接作业的可靠性不高和环境影响较大等因素,原则上其设计强度取工厂焊接值的 90%。如果能够确保施工管理达到或超过工厂水平,或者进行与现场同样的施工条件下的施工试验,确认其质量可以达到工厂焊接的水平,可以不降低焊接部位的设计强度。

(4)盾构隧道出于防水上的考虑,管片之间的接头部分最好不出现缝隙。管片间螺栓的紧固效应,保证即使由于弯曲而产生拉力的作用,接头部分也不至于张开。因此可以在螺栓的紧固效应的有效范围内确定螺栓的设计强度。但是目前实际情况是,很难将每个螺栓的紧固力都管理准确,加上施工因素的制约,螺栓设计强度以螺栓的屈服点或弹性极限强度为基础加以确定,而与计算轴力无关。

5. 弹性模量与泊松比

管片中所使用混凝土的弹性模量对应的设计基本强度参考表 7-19。当设计基本强度超过表中所给定的数值时,应根据压缩试验确定弹性模量的数值。这些弹性模量可以用来计算超静定力或弹性变形。

混凝土的抗压和抗拉弹性模量 E_c 应按表 7-19 采用，抗剪弹性模量按表 7-20 数值的 0.4 倍采用，线膨胀系数 α_c 可采用 1×10^{-5}℃$^{-1}$。

混凝土弹性模量（单位：$\times10^4$ N/mm^2）　　表 7-19

强度等级	C15	C20	C25	C30	C35	C40	C45	C50	C55	C60	C65	C70	C75	C80
混凝土弹性模量 E_c	2.20	2.55	2.80	3.00	3.15	3.25	3.35	3.45	3.55	3.60	3.65	3.70	3.75	3.80

钢筋弹性模量（单位：N/mm^2）　　表 7-20

钢 筋 种 类	HPB235(Q235)	HRB335(20MnSi)	HRB400
钢筋弹性模量 E_s	2.1×10^5	2.0×10^5	2.0×10^5

虽然管片中所用混凝土的泊松比随压缩强度的变化而变化，但一般均考虑泊松比为 0.14～0.2。

6. 可靠性分项系数

可靠性分项系数应依据工程重要程度、围岩荷载情况，并根据每项工程的结构要求和《混凝土结构设计规范》(GB 50010—2002)来确定。工程重要性、施工程序、施工情况与可靠性分项系数相关。如果隧道设计为临时构造物，其可靠性分项系数可以改变。

（六）结构计算

1. 计算模型

国际隧道协会(ITA)于 1978 年成立了隧道结构设计模型研究组，并于当年对各会员国的隧道设计模型进行了收集整理，那些模型均反映了当时国内外的隧道设计主流方向和设计水平。国内外盾构法隧道管片设计模型统计结果见表 7-21。

由表 7-21 可以看出，各国盾构法隧道衬砌结构设计计算模型使用最多的还是弹性地基圆环法。国际隧道协会科研与开发工作组副组长高野佳博于 1997 年提出了研究报告"盾构隧道衬砌设计指南"，该草案推荐使用修正惯用法、弹性地基梁法和有限元法。

国内外盾构法隧道管片设计模型统计　　表 7-21

国　家	管片结构设计模型	设计土水压(σ_v 和 σ_h 分别为垂直和水平土水压力)
澳大利亚	全周弹簧模型	σ_v＝全上覆土重 $\sigma_h=\lambda\sigma_v$＋静水压力
奥地利	全周弹簧模型	浅埋隧道：σ_v＝全上覆土重 $\sigma_h=\lambda\sigma_v$ 深埋隧道按太沙基土压力公式计算
德国	局部弹簧模型(覆土深≤2d) 全周弹簧模型(覆土深≥2d)	σ_v＝全上覆土重 $\sigma_h=\lambda\sigma_v$　($\lambda=0.5$)
法国	全周弹簧模型或有限元法	σ_v＝全上覆土重或太沙基土压力 $\sigma_h=\lambda\sigma_v$　(λ 取经验值)
中国	均质圆环法或弹性铰模型	σ_v＝全上覆土重 $\sigma_h=\lambda\sigma_v$　(λ 取经验值)
日本	惯用设计法、梁—弹簧模型	σ_v＝全上覆土重 $\sigma_h=\lambda\sigma_v$
西班牙	考虑地层与结构相互作用的 Buqera 法	不计黏着力的太沙基土压力
英国	全周弹簧模型法或 MuirWood 法	σ_v＝全上覆土重(＋水压) $\sigma_h=(1+\lambda)\sigma_v/2$(＋水压)
美国	弹性地基圆环法	σ_v＝全上覆土重 $\sigma_h=\lambda\sigma_v$(＋水压)　($\lambda=0.4\sim0.5$)

随着国际技术合作和交流的不断增加，盾构法隧道衬砌结构设计模型和管片计算方法渐趋一致，但现有大量研究成果揭示出不同设计计算模型均存在不同程度的缺陷，其相关计算结果往往易受各种因素的作用和影响。目前，世界范围内盾构法施工技术最为先进的日本在工程设计中所采用的梁—弹簧模型计算法，通过使用各种不同的弹簧来模拟纵向接头和环向接头而成为目前国内外盾构界最为广泛的盾构法隧道结构计算模式。

2.基本原则

衬砌结构计算中应使用国际标准单位制。盾构隧道应根据施工过程中的每个阶段和正常使用阶段的受力情况，选择最不利受力工况，根据不同的荷载组合，按承载能力极限状态和正常使用极限状态，对整体或局部进行受力分析，对结构强度、刚度、抗浮或抗裂进行验算。

在管片设计时，除了要考虑隧道竣工后长期作用的荷载外，还要考虑下列事项：

(1)管片组装到壁后注浆材料硬化为止的期间内，管片环的稳定性、截面内力和变形；

(2)千斤顶推力作用下管片的截面内力和变形；

(3)壁后注浆的压力作用下管片的截面内力和变形；

(4)急曲线地段的施工；

(5)地基的急剧变化；

(6)隧道与竖井连接部分；

(7)可以预期的未来荷载变动的影响、邻近地区施工的影响等各种状况。

施工过程中每个阶段和竣工后的状态中考虑的荷载及荷载组合，在规定的主荷载、附加荷载和特殊荷载中选择。按照承载能力极限状态和正常使用极限状态分别对结构整体和局部进行验算。

计算工况的选择应根据其工程地质和水文地质情况、覆土厚度、上覆荷载等边界条件加以确定。如果隧道的受力条件沿纵向变化较大，所有区段采用相同的衬砌设计则经济性较差，可以将隧道进行分段设计。应对下列关键断面进行隧道横截面设计计算，如图 7-62 所示。

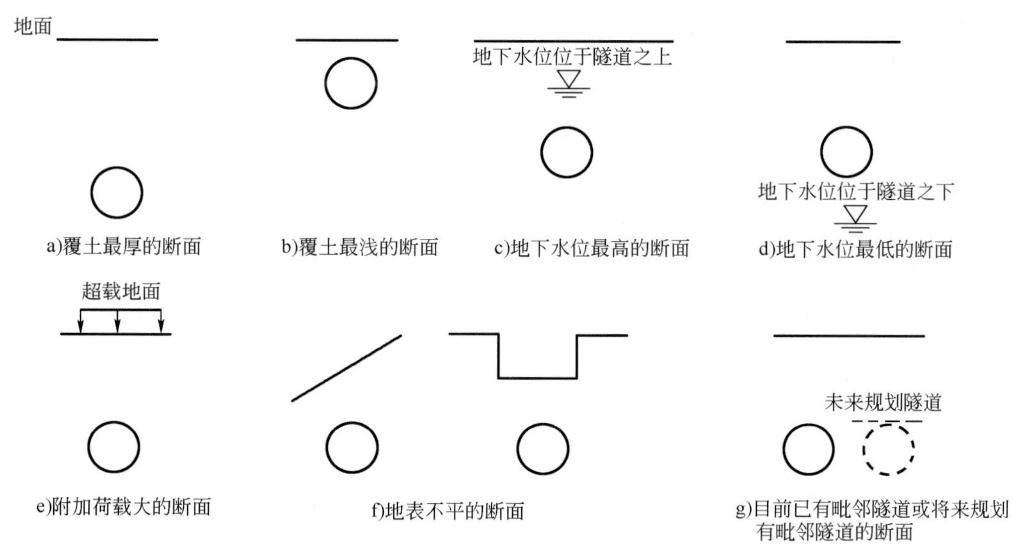

图 7-62 衬砌设计应检验的关键断面

混凝土类型的管片的非静定力或弹性变形计算时，一般不考虑钢筋，而将混凝土全截面视为有效截面进行计算。因为计算非静定力或弹性变形所采用的截面惯性矩产生的误差很小。

3.内力计算

运用各种模型进行内力计算时，应考虑其结构特点。结构计算用管片环的半径应取隧道横断面的形心半径。截面内力当然因管片环结构模型的不同而不同，也因荷载假定的方法，特别是对地基反力考虑的不同而有所差异，故在结构计算时需要首先明确这些条件。

盾构隧道的计算模型应符合结构的构造特点和具体的工作条件，应反映围岩对结构的约束作用。当采用双层衬砌时，应根据两层衬砌的构造形式和接触面的结合情况，选用与其传力特征相符合的计算模型。

构成盾构隧道的管片环一般都是通过螺栓将几个管片连接而成的，所以具有和管片主截面同样的截面，但与具有均匀刚度的环相比更容易变形，这是由管片的接头部分的刚度（尤其是弯曲刚度）小于管片主截面的刚度而引起的。因此，如何评价接头部分的刚度降低问题，对计算管片的截面内力非常重要。在日本，隧道的轴向一般也用螺栓连接，其变形更大，因此如何根据周围地层情况评价错缝拼装的接头效应，在管片设计中也很重要。盾构隧道的计算简图应考虑衬砌环因多接缝而不均质的特征，并考虑拼装方式的影响。

地层抗力有利于地下结构承载力的提高，但其大小及分布规律与地下结构的形式及其在荷载作用下的变形、结构与地层的刚度、施工方法、回填压浆情况、土层的变形性质有关，在设计中应慎重确定。

纵向接头的力学处理方法，根据管片环的计算结构模型进行分类，主要包括以下几种方法：

(1)假设管片环是弯曲刚度均匀的环的方法。

①不考虑纵向接头部分的弯曲刚度降低，管片环具有和管片主截面同样的刚度 EI，且弯曲刚度均匀的环（完全均匀刚性环）的方法。该方法比较简单，根据荷载的处理方法，产生了很多种计算方法。在日本，采用惯用的荷载系统的方法叫惯用计算方法。

②将接头部分弯曲刚度的降低评价为管片环整体弯曲刚度的降低，管片环是具有 ηEI（弯曲刚度的有效率 $\eta \leqslant 1$）弯曲刚度均匀的环（平均刚度均匀环）的方法。进一步考虑到错缝拼装的接头部分弯矩的分配，在从根据 ηEI 均匀弯曲刚度环计算出来的截面内力中，对弯矩考虑增加或减去一个弯矩传递系数（$\xi \leqslant 1$），$(1+\xi)M$ 为主截面的设计弯矩，$(1-\xi)M$ 为接头的设计弯矩。

方法②是对方法①的合理修订，如果与①一样采用惯用的荷载系统，使用 η、ξ 进行截面内力计算的方法叫修订惯用计算法。

(2)假设管片环是多铰环的方法。该方法是英国和前苏联所使用的方法，多以比较好的围岩为对象。为了得到由于隧道变形而产生的地基反力，管片多采用顺接头。

(3)假设管片环为具有旋转弹簧的环，以剪切弹簧评价错缝接头的拼装效应。该方法是根据日本的实际情况，考虑错接头的拼装效应而采用的方法（以下简称为梁—弹簧模型计算方法）。

采用哪种方法计算管片环上出现的截面内力，因隧道的用途、围岩状况、目标荷载、管片结构、要求计算的精度等各种条件而异，因此需要认真研究。图 7-63 为各种计算方法的结构特征，图 7-64 为这些计算方法的荷载系统。

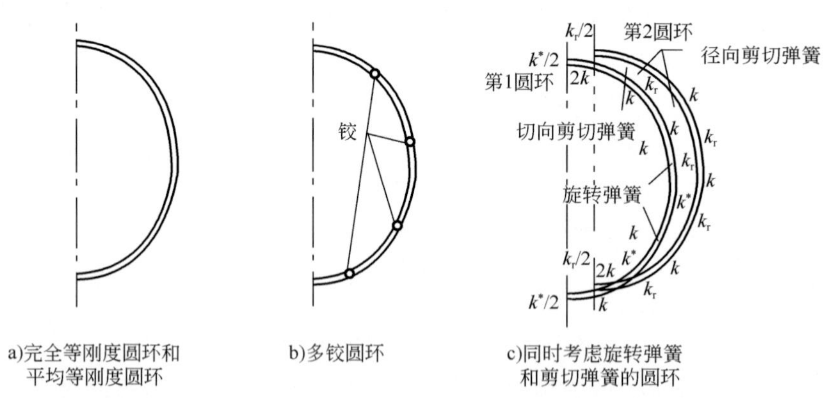

图 7-63　管片环的结构特征

梁—弹簧模型计算方法除了给出图 7-64 中的荷载外，还有对垂直方向的地基反力也以地基弹簧进行评价的方法和对自重的抗力也以非常小的系数的地基弹簧进行评价。在这些方法中，对地基弹簧，一般根据温克尔（Winkler）的假定进行收敛计算。

下面概要介绍几种截面内力计算方法。

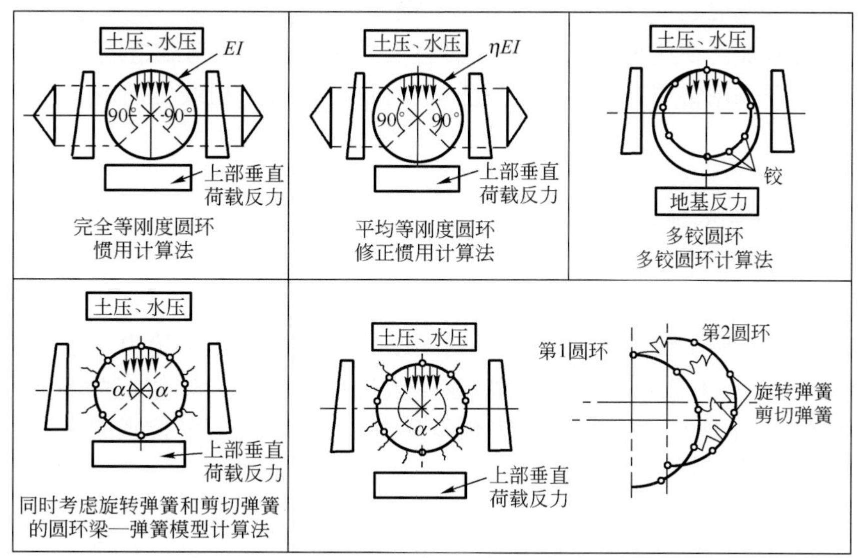

图 7-64 作用于管片环上的荷载

α-地基反力的作用范围

1)基础框架模型法(见图 7-65～图 7-67)

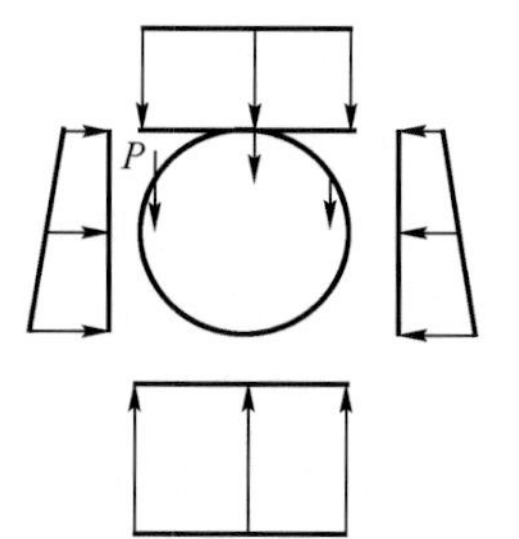

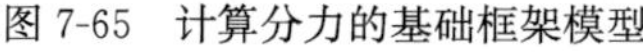

图 7-65 计算分力的基础框架模型

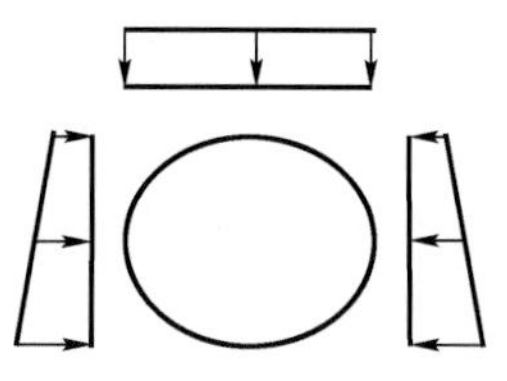

图 7-66 基础框架模型的可适用荷载模型

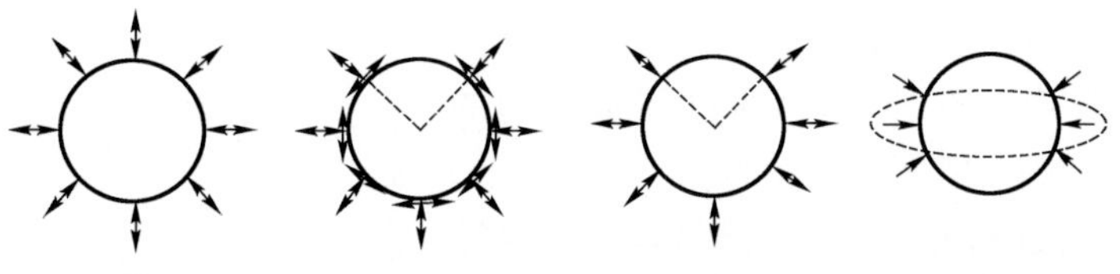

模型	基础范围	基础方向	基础压缩 / 张拉
a	全圆型	常规方向	压缩与张拉
b	无拱顶型	常规和切线方向	压缩与张拉
c	无拱顶型	常规方向	压缩与张拉
d	取决于位移	常规方向	仅压缩

图 7-67 基础框架模型的地基反作用力的范围和方向

承受因静止荷载造成的位移的地基反作用力可以用如图 7-66 所示模型模拟。

基础框架模型是超静定结构，因此这种方法是一种利用计算机采用矩阵法进行分力计算的方法。这种方法可以评估下列状况：

(1)由于围岩状况变化而造成的不均匀变化荷载；

(2)偏心荷载；

(3)静水压力；

(4)模拟地基反作用的弹力；

(5)把接缝模拟为铰接或旋转弹力(半铰接)来评估接缝的影响。

如果承受静止荷载造成的位移的地基反力不可预计，那么单独计算静止荷载造成的分力，并使之与其他荷载造成的分力叠加。在这种情况下，可用弹性公式法计算静止荷载造成的分力。

这种方法不仅可以采用常规方向的地基反力，而且还可以采用切线方向的地基反力。地基反力作用范围的类型如下：

(1)全圆基础模型；

(2)拱顶无地基反作用的地基模型；

(3)全圆非张拉地基模型。

2)惯用计算法

惯用计算法于1960年前后提出，在日本得到广泛的应用。图7-47给出了惯用计算法所使用的荷载系统，垂直方向的地基反力假定为均布荷载，水平方向的地基反力则假定为自环顶部向左右45°～135°区间的分布荷载(三角形)。决定水平方向地基反力大小的水平直径位置的变形会因是否考虑衬砌的自重所产生的地基反力而异。

3)修正惯用计算法

为考虑纵向接头存在造成的刚度下降和评价错缝拼装效应，通过对带有螺栓接头的管片环进行多次试验研究后，对惯用计算法进行修正，引入了刚度折减系数η($\eta \leqslant 1$)和弯矩传递系数ξ两个参数，因此称为修正惯用计算法，而惯用计算法就成为修正惯用计算法的一个特例($\eta=1,\xi=0$)。

如果采用错缝接头的话，可以弥补由于接头的存在而造成的管片刚度的降低。但是从开始使用惯用计算法的1960年开始，怎样评价错接头的拼装效应就成为一个问题。于是为了研究带有螺栓接头管片环的变形特征进行了很多的荷载试验，通过对试验结果和计算结果的对比研究，首次引入了弯曲刚度有效率η这一概念。考虑由于纵向接头部位弯曲刚度的降低导致整个圆环的刚度降低，引入刚度折减系数η($\eta \leqslant 1$)，整个圆环的刚度变为ηEI。即使采用错接头的管片环，其变形仍然大于刚度完全均匀的管片环。围岩条件不好时，即使改变弯曲刚度的有效率，所计算的截面内力仍然不会出现大的差异。但是围岩条件较好时，由于伴随管片环变形而产生地基抗力，所以η对截面内力的影响较大。采用修正惯用计算法计算截面内力，过小地评价η就是过大地评价围岩的地基反力，管片环上产生的截面内力的计算结果就会偏小，应加以注意。

另外，由于管片接头存在一些铰的功能，所以弯矩并不是全部由接头传递，其中一部分(M_2)通过环接头间的剪切阻力传递给有错接头的相邻管片，如图7-68所示。考虑错缝拼装环间剪力传递对管片受力的影响，对计算结果中的弯矩M、轴力N进行调整，引入弯矩传递系数ξ。主截面的计算内力调整为$(1+\xi)M$、N($0 \leqslant \xi \leqslant 1$)，纵向接头部位的计算内力调整为$(1-\xi)M$、$N$。

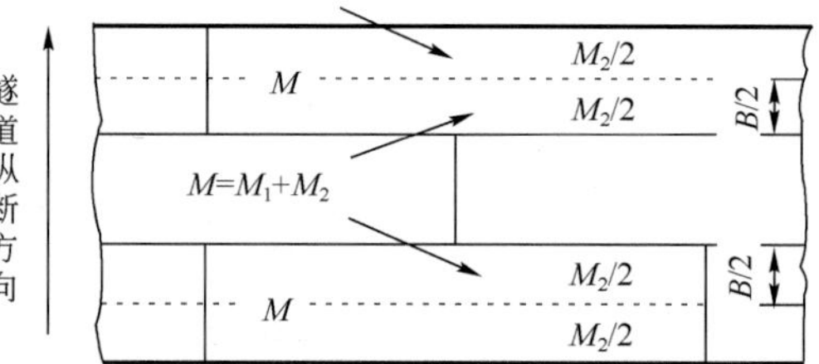

图7-68 弯矩在接头处的传递(M_1不传递)

η、ξ的取值除了受管片的种类、纵向接头形式、衬砌环的拼装方式等影响外，还与围岩条件有关，因此，一般根据应用中测得的数据和试验结果等结合经验加以确定。

根据日本相关试验研究，刚度折减系数η和弯矩传递系数ξ两个参数是互相关联的。据推算，η接近1时，则ξ就为0；η变小，则ξ就接近1。即接头的弯曲刚度和主截面的一样时，就没有弯矩传递给邻近的管片。两者近似具有一种模糊的概念关系：$\eta+\xi \approx 1$。但需要注意的是，比如$\eta=0.8$，ξ会是0～1之间的任何一个数。

对于隧道中的管片环，一般结构轴力大于加载试验时的轴力，所以一般有η比试验值偏大、ξ比试验值偏小的趋势。加之荷载的设定上也遗留一些不确定的因素，设$\eta=1$、$\xi=0$进行设计计算的实际事例较多。日本《盾构工程用标准管片》(1990版)规定，平板型管片一般取$\eta=1$、$\xi=0$进行计算，作为参考举出了$\eta=0.8$，$\xi=0.3$的处理方法。这是由于地面上错缝拼装的管片荷载试验的结果大体是$\eta=0.8$～0.6，$\xi=0.3$～0.5。

弯矩的提高率ξ是传递给相邻管片上的M_2与具有ηEI均匀弯曲刚度环上产生的弯矩M之比M_2/M。该值和η一样，是以试验结果等为基础，凭经验进行确定。

4)多铰环计算法

多铰环计算法是隧道周围围岩状况良好时,将纵向接头作为铰结构来计算的计算方法。

多铰环自身是个非静定结构,只有在隧道周围的围岩作用下才会成为静定结构。因此,对作用于环的荷载分布以及围岩地基反力的评价极为重要。同时,由于是以隧道周围围岩普遍具有抗力为前提,要注意其适用地基的局限性。以主动土压力方式作用于管片环上的荷载,可以采用前面所述的惯用荷载系统,而伴随环的变形和变位而产生的地基反力,一般根据温克尔(Winkler)的假定进行计算。

另外,也有一种假定多铰环具有自由静定结构来求解,此后进行变形计算,确认其安全性的方法。最近,又有一种计算方法,就是后面要叙述的,将其作为具有旋转弹簧的环进行计算,通过将旋转弹簧的常数设定为零的方法进行数值求解。

采用该计算方法,求得的截面内力中弯矩会有相当大的减少。在成为比较经济的设计的同时,由于周围围岩的好坏会给隧道的安全性以决定性的影响,所以对隧道竣工后会不会由于近接施工等因素引起围岩扰动,以及隧道渗漏等问题都要进行认真的论证。

在许多国家,当地基良好时,首先使用螺栓接头进行管片组装,在荷载稳定以后便拆除螺栓,使管片更加接近于铰结构而进行使用。

5)梁—弹簧模型法

将管片主截面简化为圆弧梁或直线梁,对于弯矩将纵向接头考虑为旋转弹簧,旋转刚度 K_θ 宜根据试验确定,并考虑偏心率的影响。将纵向接头考虑为剪切弹簧,使用这样的模型在计算中考虑由接头引起管片环的刚度降低和接头的拼装效应,其剪切刚度 K_s 考虑接头构造、缓冲垫的参数等宜根据试验确定。

该计算方法,如将剪切弹簧常数与旋转弹簧常数同时设定为零时,则基本上与多铰环计算法相同;如将剪切弹簧常数设置为零,则将旋转弹簧常数设定为无限大时,则与刚度均匀环的计算方法相同。所以可以认为这一方法不但包含上述两个方法,同时还可以根据纵向接头的剪切刚度的大小表现接头的拼装效应。所以从力学机理上讲,梁—弹簧模型法是解释管片环承载机制的有效方法。

该方法使用的地层抗力考虑隧道围岩情况、隧道直径、埋深、荷载计算方法等因素,采用局部弹簧模型或全周弹簧模型,一般按径向弹簧模拟,不考虑切向弹簧的影响。

用梁—弹簧模型可以对任意一种管片环的拼装方法以及接头的位置进行考虑,也可以计算出纵向接头上产生的剪力。旋转弹簧常数和剪切弹簧常数除了用试验求得外,对于一般的纵向接头,也提出了计算方法。

如果对剪切弹簧取值偏小,则主截面的计算弯矩会偏小,为了安全起见,也常采用将其假定为无穷大的方法。

这种计算方法不仅用于铁路隧道和公路隧道等大断面隧道的设计中,对于设计条件较复杂的中小直径的隧道也经常采用,作为与惯用计算法或修正惯用计算法的比较验证。

计算可取两环或多环管片利用计算机程序进行分析。该计算法使用的荷载基本上与修正惯用法相同,但地基反力全部或者部分转换成地基弹簧进行计算,用梁—弹簧模型可以对任意一种管片环的组装法以及接头的位置进行考虑,也可以计算出环接头上产生的剪力。其计算简图如图 7-69 所示。

本计算方法在欧洲较常用,日本常用于大断面隧道设计或条件较为复杂的中小直径隧道,最近国内也常采用。

6)有限元法(FEM)(见图 7-70)

有限元法的基础是连续体理论。在有限元法中,土的杨氏模量和泊松比是确定的参数。在有限元法计算中,管片衬砌为束状元件,不仅可以计算隧道衬砌的分力,而且可以计算围岩的位移和应力—应变状态,以及隧道施工时对上方和毗邻构造物的影响。

有限元法模型可以逼真地描述衬砌和围岩之间的相互作用,并有以下优点:

(1)可以在考虑围岩初始应力状态、围岩参数(相对密度、杨氏模量和泊松比)、隧道断面尺寸和形状以及施工方法(包括施工程序)的情况下对围岩状态进行评估。

(2)抵抗荷载的衬砌的性能取决于衬砌结构(管片数目、管片形状和接缝类型)、回填注浆的特性与效率及围岩施加的荷载。这些因素都可以评估。

(3)松弛程度取决于围岩状况、施工方法(如盾构法的类型)以及回填注浆的方法(包括盾尾间隙的大小)。这些因素也可以评估。

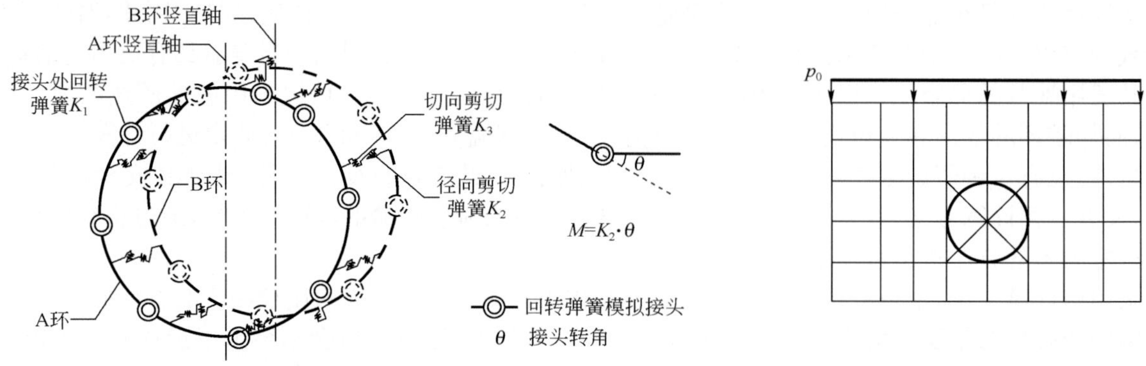

图 7-69 梁—弹簧模型法计算模型

图 7-70 有限元法网格布局

但是,由于有限元等数值计算方法所需要的参数较多,而且参数取值难度很大,对其计算的准确性应进行分析,一般常用于定性分析。

如上所述,计算管片的截面内力的方法有多种,无论采用哪种计算方法,对于管片环变形时可以得到的地基反力的地层,应考虑隧道与地基相互作用,计算截面内力。因此截面内力会因隧道刚度和地基刚度的相对关系而变化。于是,计算这些截面内力时,既要求得管片的主截面的弯曲刚度和轴向刚度,也要通过截面内力的计算方法求出接头的刚度。

根据分力计算结果,采用极限状态法或允许应力法对关键断面进行检验。

(1)承载能力极限状态计算。盾构隧道钢筋混凝土衬砌正截面受弯和偏心受压计算、斜截面受剪承载力计算以及纵向钢筋和箍筋的构造要求,应符合现行国家标准《混凝土结构设计规范》(GB 50010—2002)的有关规定。

这些关键的断面有正弯矩最大的截面、负弯矩最大的截面、轴力最大的截面、剪力最大的截面。

衬砌承受盾构推进油缸推力的安全性也应进行检验。

修正惯用计算法认为作用于纵向接头的弯矩,其一部分经由管片环向接头传递给相邻的管片,所以计算主截面应力所采用的弯矩应考虑一定的弯矩传递系数 ξ。

管片是弯曲梁,管片高度与曲率半径之比通常为 1/10,另外箱形管片的主肋一般采用纵肋加固,所以计算主截面应力时,可以看作单纯承受弯矩和轴力、剪力的线性梁来计算。不过若管片高度与曲率半径之比变大,则线性梁和弯曲梁之间的应力计算结果差别很大,对此应注意。

钢管片的主截面由主肋和面板组成,弯矩和轴力有效截面如图 7-71 所示,确定主肋的板厚时,需要研究局部屈服的影响。而对于剪切来说,有效截面仅限于主肋,考虑弯矩和轴力所设计的截面有足够的抗剪强度,所以一般不作抗剪检算。

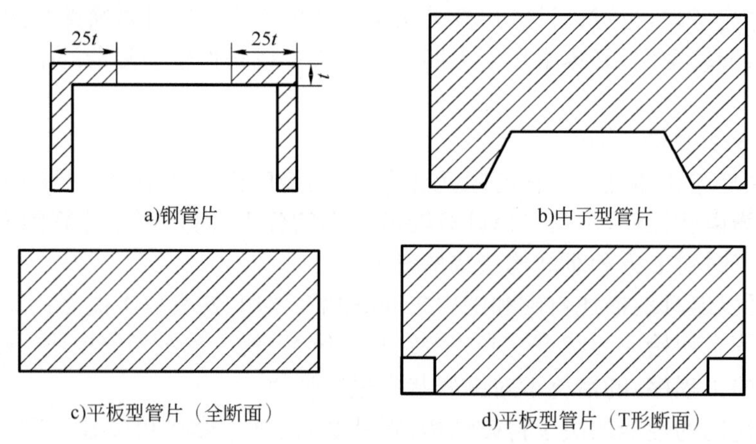

图 7-71 管片的有效截面

混凝土管片的主截面中，中子型管片是由主肋和背板组成的T形截面，平板型管片则为矩形截面。对于平板型管片，如果接头的截面缺损较大时也可视为T形截面。针对弯矩和轴力进行应力计算时，对混凝土的抗拉应力一般忽略不计，应变以与截面中心轴的距离成正比进行考虑。

管片衬砌受力的极限状态如图7-72所示。由轴向荷载和弯曲力矩决定的各断面的设计轴向承载能力和设计弯曲承载能力之间的关系如图7-73所示的曲线。因此，通常情况下确认点(M_d，N_d)处于曲线(M_{ud}，N_{ud})的内侧(即处于原点侧)来检验合成的轴向荷载和弯曲力矩的安全性，见图7-72。

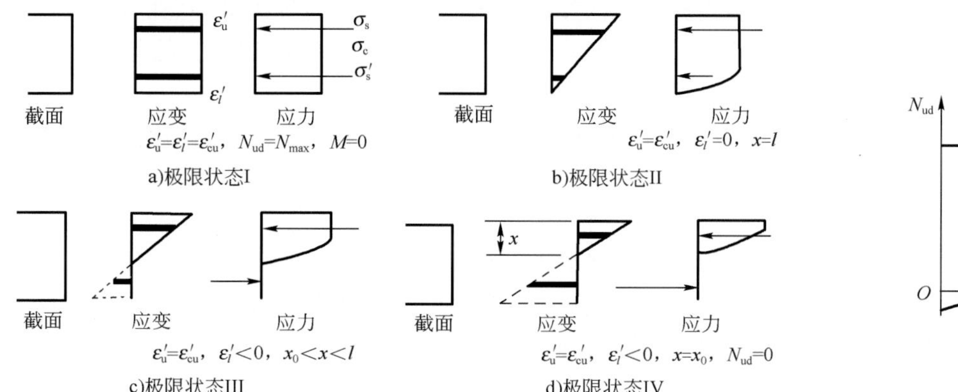

图7-72　管片衬砌受力的极限状态

σ_c-混凝土屈服应力；ε'_{cu}-屈服应变；ε'_u-顶部应变；σ_s-上部钢筋应力；σ'_s-下部钢筋应力；x-顶部至中性轴的距离

N_{ud}
O
M_{ud}

图7-73　极限状态的过渡和M_{ud}-N_{ud}曲线

(2)正常使用极限状态计算。盾构隧道钢筋混凝土衬砌的抗裂及裂缝宽度计算应符合现行国家标准《混凝土结构设计规范》(GB 50010—2002)的有关规定。衬砌环的容许变形量不大于$R_0/200$。纵向接头的张开量应考虑盾构隧道地质情况、隧道直径、施工工艺、管片拼装错位、后期变形等因素，结合防水弹性密封垫的设计参数综合确定，但不宜大于2mm。

4. 接缝设计与安全性检验

管片的接头按照管片环的截面内力计算方式进行计算。

(1)纵向接头。作为刚度均匀管片环，计算管片环的截面内力时，纵向接头和管片主截面具有同等程度的强度和刚度。因此，在惯用计算法中，纵向接头的设计截面内力变为管片环上产生的正或负的最大弯矩、轴力及最大剪力。但是现在所用的接头形式，实际上难以满足和管片主截面具有同等程度的强度和刚度这一要求，一般通过错缝组装管片环，用邻近管片的拼接效应进行弥补。这时，通过纵向接头传递的截面内力只能减轻邻近管片所分担的那一部分。因此，采用修正惯用计算法计算接头的截面内力时，对于弯矩可参照弯矩提高率进行折减。另外，对于直径较大的管片，为了提高纵向接头的抗剪能力，通常设置凸凹榫或剪力销。

一般来说，钢管片的螺栓接头弯矩在接头断面上的分布如图7-74所示，采用以管片边沿为回转中心的模型计算出螺栓的应力；而混凝土管片，则按螺栓被视为受拉钢筋的钢筋混凝土截面来设计。

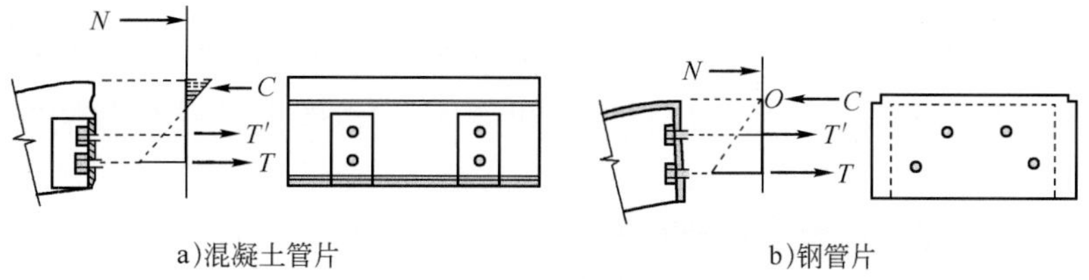

图7-74　弯矩在接头断面上的分布

当作为多铰环计算管片环的截面内力时，纵向接头便视为铰结构，只要能传递剪力和轴力即可。但从便于施工出发，设计人员应设法保证能抵抗管片拼装过程中的弯矩，而对设计荷载，则保证其作为铰支承。

当作为具有旋转弹簧的环推算截面内力时，采用梁—弹簧模型进行计算能直接得到纵向接头位置的截面内力，可以选择其中最大的内力，将弯矩、轴力和剪力进行适当的组合进行设计。此时，所设计的纵向接头能满足设计截面内力所采用的旋转弹簧常数。

(2)当管片环采用错缝拼装时，由此产生的拼装效应，管片环向接头要具有能将纵向接头上折减弯矩部分传递给邻近管片的刚度和强度，还要对其配置进行仔细考虑。设计管片环向接头时，除了梁—弹簧模型外，没有其他能计算截面内力的方法，因此，利用惯用计算法和修正惯用计算法确定的纵向连接螺栓，大多采用和环向连接螺栓同等性能的螺栓，有时取直径略小一点、强度等级低一点的螺栓。

纵向连接螺栓最好能够考虑地震的影响、地基沉降而引起的隧道纵向错位和施工的影响而采取相应的措施。另外考虑与隧道防水性和施工性的关系进行接头设计。

(3)安全性检验。在接缝处，接缝螺栓被评估为加强筋。应当用与检验管片安全性相同的方法来检验接缝的安全性。由于管片拼装之前接缝位置还不确定，因此应对正弯矩最大、负弯矩最大和轴向力最大的三个最为关键的断面进行检验。

如果接缝螺栓仅用于管片拼装，且在管片拼装之后拆下螺栓，那么接缝应传递由跨越接缝的法向力限定的力矩。在衬砌管片环之间，从一个管片环传到另一个管片环的力由几何咬合决定，且盾构推进油缸推力会扩大管片的微小裂纹。这些裂纹影响管片衬砌的寿命。应当考虑管片混凝土抗拉强度的质量控制，以防止生产管片时微小裂纹增多。

5. 检验衬砌承受盾构推进油缸推力的安全性

盾构隧道管片在推进油缸推力作用下的承载力计算按局部受压构件进行安全性检验，宜考虑推进油缸偏心的影响。应用式(7-24)对衬砌承受盾构推进油缸推力的安全性进行检验：

$$f_{ck}/F_c \leqslant F_s/A \tag{7-24}$$

式中：f_{ck}——混凝土特征抗压强度(额定强度)；

F_c——混凝土安全系数；

F_s——盾构推进油缸总推力；

A——衬砌横截面面积。

如果由于选用旧盾构推进油缸预计会出现更危险的情况，那么应对这些危险情况进行检验，这是因为选用旧盾构推进油缸会造成弯矩。

(七)管片尺寸与形状设计

管片的形状及尺寸根据使用目的，以及便于施工和节约成本来确定。组成一个管片环所需要管片的数目越少，生产与拼装管片的效率越高。但是，应根据管片运输和装卸情况来确定一块管片的弧长和重量。决定管片形状、尺寸的主要因素和决定这些因素的一般方法如下：

1. 管片环的外径

管片环的外径取决于根据使用功能所要求的隧道净空和衬砌厚度(管片厚度、二次衬砌厚度等)，并应考虑施工误差、后期变形等综合考虑后决定。

2. 管片的厚度

管片的厚度取决于隧道断面大小、地质条件、覆土厚度等，主要是由荷载条件决定，但有时隧道的使用目的和管片的施工条件也起支配作用。应根据地质条件、埋深等所承受荷载情况，结合既有设备、功能等综合考虑确定。

根据施工经验，管片厚度一般为管片外径的4%～5%，但对于大直径管片，尤其是中子型管片(钢筋混凝土箱型管片)时，约为5.5%。对于同一条隧道，一般采用统一厚度，通过调整配筋数量来满足受力要求，有时也采用不同厚度的管片。

3. 管片的宽度

管片的宽度应与盾构和后配套系统相协调，在满足管片搬运、组装和曲线施工的前提下，尽可能采取宽度较大的管片。

为便于搬运、组装以及在隧道曲线段上的施工，减短盾构长度等条件，管片宽度小一些为好。但是，从降低工程成本，减少接头，提高防水性能，加快施工速度等方面考虑，则宽度大一些为好。但管片宽度增加，一次出渣量增大，隧道的后配套运输和提升系统宜相应匹配。

因此应根据隧道的断面，结合实际施工经验和机械情况，选择在经济、施工方面均较合理的尺寸。

根据国内经验，管片宽度视隧道断面大小而异，一般在 1 000mm 以内。中等直径隧道一般在 1 000～1 500mm范围内，大直径隧道一般在 1 200～2 000mm。

4.管片的分块

管片分块应与管片的拼装和连接方式相协调，并满足管片吊装、运输和拼装的要求。管片分块应考虑螺栓的个数、布置和形式以及封顶块的拼装方式等，结合盾构性能，满足吊装、运输和拼装全过程的工艺要求。

管片环一般由数块 A 型管片、两块 B 型管片和一块最后拼装的 K 型管片组成。从经验及实际运用情况来看，根据管片的外径，小直径隧道一般分为 5～7 块，中等直径隧道一般分为 6～8 块，大直径隧道一般分为 8～11 块。

5.衬砌拼装方式

衬砌环的拼装方式有两种：通缝拼装和错缝拼装。在国内，上海的盾构隧道一般采用通缝拼装；广州地铁、深圳地铁、北京地铁五号线试验段和南京地铁一号线皆采用错缝拼装。在国外，不管是欧美，还是日本，一般皆采用错缝拼装。错缝拼装可提高管片接头刚度，加强结构的整体性。从施工管理的角度看，错缝拼装相对复杂一些，管片的排布需要按三维进行；环面的平整度以及千斤顶的行程控制相对难一些。若施工中部分环节控制不当，管片错台会大一些，开裂也相对多一些。但现在管片生产一般采用高精度钢模，盾构系统配备也很先进，施工技术也日趋完善，错缝拼装的经验越来越丰富。因此衬砌环宜采用错缝拼装。若机械条件制约或为小直径盾构隧道，也可采取通缝拼装。

6.封顶管片(K 型管片)接头角度和插入角度

K 型管片分为两类：径向插入的 K 型管片(K_r 型管片)和纵向插入的 K 型管片(K_l 型管片)。

K 型管片最后拼装，其拼装需要考虑施工和受力条件，并与盾构性能相匹配。其形式按拼装方式分为三种：半径方向插入型、纵向插入型和纵向搭接后径向插入型。半径方向插入型管片拼装，盾构千斤顶的行程可以短一些，但衬砌环受力不好。纵向插入型管片拼装时，盾构千斤顶的行程要长一些，衬砌环受力较好。

半径方向插入型管片拼装时，对于其中的 K 型管片的接头角度(θ_r)按式(7-25)计算，如图 7-75 所示。

$$\theta_r = \frac{\theta_k}{2} + \theta_{环} \tag{7-25}$$

上式中的 $\theta_{环}$ 是为便于 K 型管片的插入所需要的富余角度，一般采用 2°～5°，在不妨碍操作的前提下，小一些为好，多采用 3°左右的富余角度。如果 K 型管片的接头角度较大，则接头面易滑动，管片接头上的轴向力和剪力难以传递。因此，K 型管片的中心角要取得小些。尤其在小断面隧道上，由于接头角度往往偏大，故需特别注意。

如果是纵向插入型管片拼装(图 7-76)，理论上，K 型管片不需要接头角度(α_l)，但是考虑到包括盾构长度在内的施工条件和管片接头与管片环之间的干扰，一般还是要考虑一个小的接头角度(α_l)。管片的插入角度多取决于施工条件，但是取 17°～24°的实例居多。另外，当 K 型管片的中心角和管片厚度取值大时，插入角度会变得过大，或盾构长度会变大。因此，即使是纵向插入型管片，也往往设置一定的接头角度。

纵向搭接后径向插入型管片介于两者之间，国内的管片设计全部采用此种形式。设计中应结合盾构千斤顶行程和拼装工艺确定合理的搭接长度、接头角度以及插入角度。

7.楔形管片环

衬砌环应根据隧道线路、围岩条件、盾构性能、化学注浆等辅助工法、衬砌环拼装形式、管片制作难易程度、施工富余量等确定其宽度、楔形量及组合形式。

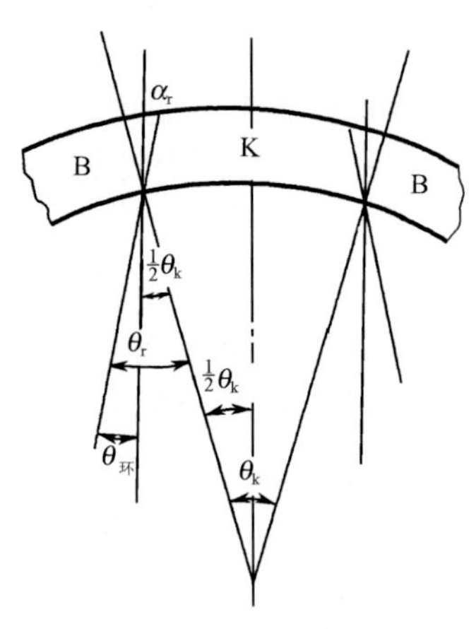

图 7-75　沿半径方向插入型管片

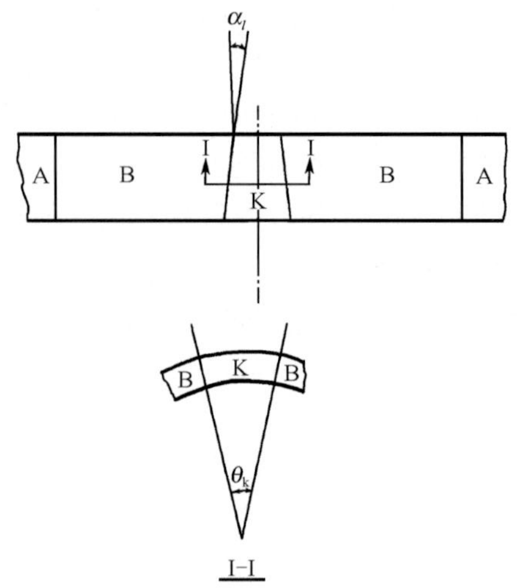

图 7-76　沿纵向插入型管片

楔形衬砌环用于曲线拟合和蛇行修正，一般两者采用同一种楔形环，以减少楔形管片环的种类。

蛇行修正用楔形管片环需要的数量，会因工程区域所包含的缓和曲线和急曲线区段的比例、有无 S 形曲线等隧道的线路、影响盾构操作稳定性的围岩的情况而不同。通常，蛇行修正用楔形管片环数量大概是直线区间所准备的管片环数量的 3%～5%。

如果可以将蛇行修正楔形环作为缓和曲线用楔形管片环使用，而且可以使用的缓和曲线较长，楔形环的数量应考虑为直线区间和曲线区间所准备的环数的 3%～5%。

曲线区间的楔形环与普通环的组合，根据以往的经验多以 2∶1 最多。其次为 3∶1、4∶1、1∶1、3∶2。其中，采用 2∶1 以上的使用比例时，应事先考虑不使管片接头方式成为顺接式。在曲线半径较大的公路和铁路隧道中，楔形管片环所占比例在 1∶1 以下的实例较多。

蛇行修正用和曲线用的楔形管片环的最大宽度，对于钢管片，通常应等于标准管片的宽度或略小。对于铸铁管片或钢筋混凝中子型管片，多取标准管片宽度增加楔形量的 1/2 作为楔形环的宽度。对于平板型管片，虽然过去一直采用楔形量的最大宽度略小于标准管片，但最近采用标准管片宽度增加楔形量的 1/2 作为楔形管片宽度的做法比较常见。

缓和曲线用楔形管片环的最大宽度，对于钢管片，按曲线的程度最大可采用 250mm。混凝土管片，由于受到制作上的限制，最大可采用 750mm。

隧道线路的拟合可以全部采用楔形衬砌环(通用楔形管片)，也可以采用标准衬砌环(无楔形)与楔形衬砌环的组合。

楔形量除应根据管片种类、管片宽度、管片环外径、曲线半径、线路拟合方式、管片制作的方便性确定外，还应根据盾尾操作间隙，并考虑使用经验确定。

楔形管片用于曲线段施工或盾构方向控制。楔形管片最大宽度与最小宽度的差值可用式(7-26)计算。

$$\delta=[(m/n)S+S']D(R+D/2) \tag{7-26}$$

式中：δ——楔形管片环最大宽度与最小宽度的差值；

m——曲线段标准管片环数目；

n——曲线段楔形管片环数目；

S——标准管片环的宽度；

S'——楔形管片环的最大宽度；

D——隧道直径；

R——至隧道中心处的隧道曲线半径。

按照日本的统计资料，楔形量与楔形角见表 7-22。

日本衬砌环楔形量与楔形角统计表 表 7-22

管片环外径 D_0	$D_0 \leqslant 4$m	4m$<D_0\leqslant$6m	6m$<D_0\leqslant$8m	8m$<D_0\leqslant$10m	10m$<D_0$
楔形量(mm)	15～75	30～80	30～90	40～90	40～70
楔形角(′)	20～115	20～70	15～50	15～35	10～25

但是，由于配筋上的制约，绝大多数混凝土类管片的楔形量在 75mm 以内。

对于直径大于 10m 的大直径隧道或特殊形状的隧道，应能事先进行充分的研究，按照上述影响因素确定楔形量和楔形角。

(八)管片细节设计

1. 接头结构

管片的接头结构应根据需要的强度、组装准确性要求和防水性能，以及方便施工作业确定。管片接头分为将管片沿圆周方向连接起来的管片纵向接头和沿隧道轴向连接起来的管片环向接头。接头结构形式有螺栓接头、铰接头、销插入式接头、楔接头、榫接头等。管片之间的不同连接方式如图7-77所示。

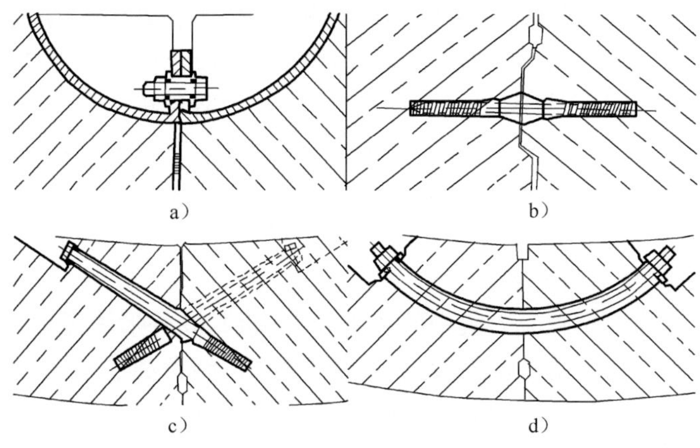

图 7-77 管片接头形式

接头结构形式的选择应慎重。接头结构一旦误选，不仅难以指望管片环的组装有很好的可靠性，而且作业效率会下降，施工上还会出漏洞，甚至会损坏接头功能，形成衬砌结构上的缺陷。因此，在决定接头结构时，要从所有方面进行研究，以便使接头能充分发挥其作用，尤其对组装的准确性和作业方便性尤其重要。

(1)螺栓接头。这是管片纵向接头和环向接头上最为常用的接头结构，是一种利用螺栓将将管片环组装起来的抗拉连接结构。螺栓按形状和安装后位置分为直螺栓、斜螺栓和弯螺栓。考虑拼装操作，螺栓孔径一般比螺栓大 3～6mm，但余量过大，管片拼装可能会出现较大的错位，施工荷载的影响会加大，应该加以注意。螺栓、螺栓孔直径见表 7-23。

钢管片与混凝土平板型管片螺栓、螺栓孔直径 表 7-23

螺栓直径(mm)	16	18	20	22	24	27	30	33	36
螺栓孔直径(mm)	19	21～23	23～25	25～27	27～29	30～32	33～36	36～39	39～41

(2)铰接头。作为多铰环的纵向接头进行使用，一般为转向接头结构，在地基条件良好的英国和俄国得到广泛应用。由于几乎不产生弯矩，轴向压力占主导地位，在良好地基条件下是一种合理的结构。但在地基软弱，地下水位又高的日本几乎未被采用。为了防止从管片组装到壁后注浆硬化为止这段时间内的变形，最好在采用不损坏其结构特性的接头的同时，也采取防止变形的辅助手段。另外，此类接头一般不能指望紧固力，所以对于地下水位以下的隧道，对防水要作特殊的考虑。

(3)销插入式接头。主要是作为管片环向接头使用的接头结构。管片环向接头的主要功能是确保错缝组装时的拼接效应(从相邻管片上传递剪力),但从确保隧道轴向的连续性和防水考虑,大多还需要有锁销功能和紧固力。销插入式接头结构作业效率高,对自动化施工的适应性强。

(4)楔接头。这是管片纵向接头和环向接头都可使用的接头结构形式,是利用楔作用将管片拉合紧固的接头,以混凝土平板型管片为对象开发使用。由于其难以变形的结构特征,所以在可能发生强制变位的隧道中,作为管片环向接头时应特别注意。

(5)榫接头。主要是作为管片环向接头使用的接头结构形式,接头部分设有凹凸榫,通过凹凸部位的啮合作用进行力的传递。用于环接头时,环的组装精度高,但需要有很好的施工管理。从确保隧道轴向的连续性和防水的观点出发,一般要同时使用有紧固力的接头结构。

2.管片接头承压传力衬垫(板)与缓冲垫

管片环向接头应设置承压传力衬垫(板),纵向接头可设置缓冲垫。若不设置,则应采取措施防止接头部位的开裂。

1)承压传力衬垫(板)

管片环向接头承压传力衬垫(板)阻止两环管片之间混凝土直接硬接触,通过塑性流动特性补偿推进油缸推力的传递。为了促进相邻两环管片间径向接触力,传力衬垫(板)横向粘贴在横断面上的某一位置。通过这些垫层,在环与环之间传递剪力。在国内的管片设计中为控制管片开裂,环缝一般设置承压传力衬垫(板)。传力衬垫(板)在衬砌中有三种用法:一是为避免集中应力,在整条隧道衬砌纵缝或环缝设置;二是拼装的衬砌圆环环面不平整,需要纠偏,这时使用于环面;三是用于变形缝(环缝),以此作为垫片充填。注意纠偏用传力衬垫(板)要能充分传递纵向顶力,压缩率应小,硬度要远超过纵缝传力衬垫(板)。

承压传力衬垫(板)应符合下列要求:

(1)用以克服纵缝面内外沿衬砌应力集中的传力衬垫(板),其外形为弧形。

(2)传力衬垫(板)材料宜在丁腈软木橡胶板、石棉橡胶板、沥青油毡、乳胶水泥板等中选用。

承压传力衬垫(板)的主要技术要求是:满足特定的压缩条件下应力—应变特性(呈强化模式)、泊松比小、防霉、防油、特定的硬度、弹性复原好、耐久性好,应通过硬度、压缩永久变形、伸长率、应力—应变特性等技术性能指标检验。

2)缓冲垫

在国内的管片设计中为控制管片开裂,纵缝一般设置缓冲垫。纵缝的缓冲垫结合现在的施工工艺水平是可以考虑取消的。根据欧洲的设计施工经验,纵缝接触面采取一定的抗边角开裂措施情况下可不设置缓冲垫。这对节约造价和减少施工环节都是有利的。

3)泡沫材料防护条

管片接缝外侧应设置泡沫材料防护条。防护条的厚度与高度应与管片接缝相适应。泡沫材料防护条是管片的边沿保护衬垫,防止固体物质进入或防止同步注浆浆液渗漏,同时可以减少油脂消耗量。另外,对“十”字接头提供无接头表面,具有保护盾尾密封的功能。

3.螺栓配置

纵向接头部位的螺栓配置一定要求确保衬砌结构所需要的强度和刚度,同时考虑管片制作、组装的方便性和防水性能进行确定。

管片组装用的螺栓可分为管片环向螺栓和管片纵向连接螺栓。接头通常是将数个螺栓配置为1排或两排。组装时应注意不造成螺栓的紧固作业困难,同时还要考虑其配置不会损坏管片的可制作性、强度、刚度和防水性。

不管管片的种类如何,当管片厚度不大时,管片环向螺栓可设置1排以上。当管片厚度较大时,为确保强度和刚度,一般配置2排。对于钢制或铸铁管片,虽然管片宽度方向(隧道轴向)螺栓配置的自由度较高,但在确定螺栓配置时,应考虑强度和刚度,还有防水性,以便能均衡紧固。对于混凝土平板型管片,尤其需要考虑接头部位的应力传递和配筋上的制约,与楔型管片的匹配等可制作性和截面缺损部分

的平衡等因素，确定管片宽度方向的螺栓配置。如果是混凝土中子型管片，一般情况下，管片厚度较小时，沿宽度方向1排均匀配置3根螺栓，管片厚度较大时，通常配置两排，外侧2根，内侧3根，均匀交错配置。如果是与一般的混凝土中子型管片相比，加大了主肋厚度的重荷载中子型管片，则在其主肋上也和混凝土平板型管片一样配置螺栓，确保接头的强度和刚度。

不管管片的类型和管片的厚度如何，管片纵向连接螺栓多为1排，配置在离管片内侧管片厚度1/4～1/2的位置上。如果是钢管片和铸铁管片，一般从环接头面的防水上考虑，沿圆周方向，配置在各纵肋之间间距的中间。对于混凝土平板型管片，实际情况是一方面考虑刚度大、减少截面缺损、避免管片环向接头和纵向接头的锚固钢筋碰撞等要求，另一方面根据经验确定圆周方向上的间隔。对于中子型管片，一般在1个空格内使用2个螺栓。不管是哪种类型的管片，都要考虑接头组装和曲线施工。管片环连接螺栓在圆周方向上要采用等间距布置。

4.管片运输和注浆的结构细节

1)定位孔

用管片拼装机拼装管片时，应提供一定的装置来运输和抬举管片。最近开发的真空吸盘机可以在没有上述管片举抬装置的情况下搬运管片，在管片设置定位孔。

2)注浆孔

如果要通过管片进行回填注浆，那么每块管片都应具有一个内径约为50mm的注浆孔，以便均匀注浆。不过注浆孔数量的增多会引起漏水量的增加。

注浆孔的孔径根据使用的材料确定。一般内径采用50mm左右。

注浆孔可用于所用管片拼装设备抬举管片。考虑作业方便性和安全性确定其形状和尺寸、材料和位置。

3)起吊环

混凝土管片或铸铁管片大多将壁后注浆孔同时兼作起吊环使用。而钢管片则另行设置起吊用的配件。不管是哪种情况，其设计应保证对搬运和施工时的荷载等来说是安全的。还有，当采用自动组装管片方式时，要求将管片牢固地固定在组装机上，为此管片上所设置的特殊把手就会增加。

5.管片防蚀与防锈

钢管片和铸铁管片等使用的钢材和铸铁会直接接触到围岩和地下水，此时应按需要对该部分进行防蚀、防锈处理。防蚀、防锈处理一般采用油漆的方法。油漆时，先要清扫掉油漆面上的残渣、油、灰尘等，之后涂上一般用防腐油漆即可。需要特别防蚀时，其油漆可采用焦油环氧树脂和沥青等。

另外，在海底隧道中，为了提高管片的防水性和耐久性，在混凝土中添加混合材料(高炉矿渣、粉煤灰、二氧化硅泡沫陶瓷)，为了控制裂隙的宽度，设计时降低钢筋允许应力的做法比较常见。

随着盾构方向控制技术的提高，蛇行量变得很小，止水材料的性能又有飞跃性的改进。最近，在主要采用混凝土管片的隧道内，多省去二次衬砌。隧道内一般处于湿度很大的环境下，而且干湿交替频繁。因此省去二次衬砌时，不仅管片背面需要进行防蚀、防锈处理，隧道内表面也同样需要进行处理，尤其对接头铁件和螺栓更需要防蚀、防锈处理。在采用钢制或铸铁制的接头时，可见到在接头部分涂敷树脂系列材料等。在接头凹槽内，有填充膨胀砂浆或泡沫尿烷树脂的处理实例。此外，也有在螺栓上进行锌粉铬氧化物薄膜处理和氟化乙烯树脂涂敷处理的实例。

6.配筋设计

1)钢筋弯钩

钢筋的弯曲形状应能充分发挥钢筋的性能，充分考虑弯曲可加工性，混凝土填充的可靠性和配筋收口等要求来确定。

《混凝土结构设计规范》(GB 50010—2002)对从钢筋的弯钩的弯曲段延伸出来的长度，根据弯钩有效地发挥作用，弯曲钢筋的作业能很容易地进行等进行确定。弯钩的弯曲半径则按混凝土充分流入、不损坏钢筋材质、弯钩的功能能充分发挥作用等要求确定。其中，由于配筋和加工上的原因，不得已不能执行规范时，可以参考类似工程实例，经试验在确认弯曲加工性、施工方便性等基础上确定。

2)钢筋净间距

为了保证使混凝土充分流入到主筋四周所需要的最小尺寸,管片主筋的水平最小间距应大于粗集料最大尺寸的 1.25 倍和钢筋直径。不使用振动台或者与振捣器一并振捣混凝土时,应确保钢筋间有足够的净空,让振捣器插入。

3)钢筋接头

管片的钢筋,除主筋、箍筋、分布钢筋、组装钢筋之外,还有锚固筋和加固筋等,一般难以充分保证钢筋间的最小净空要求,因此钢筋接头原则上不设置。由于钢筋相互之间的接头大多为搭接接头,且接头附近的钢筋量比其他部分多,混凝土填充有受阻的可能。所以接头部分和邻接的钢筋之间的最小净空,或接头部分之间的最小净空,根据混凝土的填充性进行确定。一般规定在集料的最大尺寸之上。

另外,有时也会将主筋直接焊接在管片的接头配件上,进行直接连接,此时可焊接性、应力传递性等切实可靠。所以,应根据钢筋的种类、接头形式选用适当的方式。当主筋采用钢板或平钢时,要使用剪切连接管或连接杆,以便使其和混凝土成为一体。

4)钢筋的锚固长度

在管片上,为锚固所用的钢筋有管片环锚固钢筋和起吊环配件锚固钢筋。为了切实发挥这些钢筋的强度,应取足够的锚固长度,或装上弯钩或锚固配件,切实锚固在混凝土中,以使钢筋端部不会从混凝土中脱出来。管片接头的锚固钢筋本来应该当做和主筋搭接的接头来设计,但为了方便起见,大多看做锚固用钢筋设计。按异型钢筋设计锚固钢筋时,其锚固长度,根据试验结果,可以取大于 12 倍的钢筋直径,使用时钢筋端部可以不装弯钩。

7. 保护层厚度

对于钢筋混凝土管片,混凝土包裹钢筋是确保钢筋有足够的黏着强度、防止钢筋锈蚀所必要的。因此,钢筋保护层的厚度根据混凝土的品质、钢筋直径、环境条件、构件尺寸、制造精度、结构物的重要性和耐久性等条件判断确定。

管片一般采用工厂预制,考虑到与一般混凝土结构物相比,其水灰比小,振捣充分,模板尺寸精度高,对配筋管理严格仔细等,日本《盾构工程用标准管片》(1990 版)原则上规定保护层大于 13mm,仅限于楔型管片的环接头面大于 10mm。

混凝土保护层厚度应符合现行国家标准《混凝土结构设计规范》(GB 50010—2002)的有关规定,并考虑耐久性的要求。

混凝土保护层厚度与环境类别、设计使用年限、混凝土等级等有关。按照《混凝土结构设计规范》(GB 50010—20027)规定,二类环境下,设计使用年限为 50 年时,保护层厚度为 20~25mm,与国外规范相当。若考虑 100 年的设计使用年限下的耐久性要求,保护层厚度要求为 50mm,对部分厚度较小的管片,此要求偏大。按照《地铁设计规范》(GB 50157—2003)的规定,管片外侧取 40mm,内侧取 30mm,较合适。一般管片所用主筋的直径和保护层厚度,按实际使用情况确定,可参考表 7-24 中经验值。

主筋直径和保护层厚度经验值(单位:mm) 表 7-24

主 筋 直 径	箍 筋 直 径	从混凝土表面到钢筋中心的距离	保护层厚度
≥16	≥10	≥35	≥17
19~22	10~13	35~45	16~21
25	13	≥45	≥20

根据实践经验,目前采用的保护层厚度,很难满足设计寿命 100 年的要求,因此对于设计寿命 100 年的重要工程,通常增加二次衬砌,以及当处于特别严重的腐蚀性环境条件下时,保护层厚度应大于这些值。

8. 管片标记

在混凝土类管片上,为了便于管片拼装时调整位置和识别管片,或管片出现误差时对模具进行追溯,常直接在模具上加工相应标记。管片内弧面标记的内容应包括生产模具编号、管片类型、拼装定位、生产日期等。如果标记较深,则应事先考虑,以保证钢筋的保护层厚度。

(九)二次衬砌设计

1.概述

盾构法隧道设计寿命周期一般要求100年。日本研究成果认为,管片保护层厚度应大于50mm,而且管片接缝防水寿命周期一般不超过50年,同时考虑管片衬砌结构为非稳定结构,如果地层失去局部抗力,可引起整体隧道失稳与破坏。基于以上因素考虑,从工程百年大计出发,应该增加二次衬砌,最少预留增加二次衬砌的空间,为以后隧道补强提供有利条件。

采用二次衬砌时,应根据初期支护的类型和特征、初期支护与二次衬砌的接触面情况、围岩和环境条件、防水要求、施工方法等设计满足使用目的的二次衬砌。

盾构隧道多采用现场浇注混凝土的方法修筑二次衬砌。二次衬砌一般有下列3种设计方法:

1)以初期支护为隧道的主体结构

二次衬砌一般是用来加固初期支护,并进行防蚀、修正蛇行、防水、装饰和防震等而施行的,多采用素混凝土,但为了能适应将来荷载的变化,有时也进行配筋。

铁路、公路隧道中,为了防止耐久性下降,减小混凝土表面龟裂,防止因龟裂而发生的剥落,大多以最小配筋率进行配置钢筋。

日本也曾采用钢管、球墨铸铁管或FRPM管片等内插管代替现浇混凝土进行二次衬砌的做法。此时在初期支护内插管之间放入填充材料,形成对漏水引起的外水压有耐压的结构。因此,二次衬砌厚度较小,在日本大多为150~300mm。

2)将二次衬砌和初期支护合并在一起作为隧道的主体结构

局部作用荷载大、因周边施工开挖引起荷载发生变化、土压等荷载的时效变化明显、隧道轴向刚度需要提高等情况下,可采用二次衬砌与初期支护一起作为主体结构。此时的设计可分为全部考虑从临时结构到最终状态的荷载变化的设计方法和只考虑最终状态的荷载进行设计的方法。

3)单独以二次衬砌为隧道的主体结构

在良好的围岩条件下,也有将初期支护的管片作为临时结构,将二次衬砌作为主体结构设计的做法。该方法随着从盾构施工法适宜的围岩扩大到自立性好的良好围岩,有时在经济上显得更为有利。

2.内力计算

二次衬砌是初期支护的安全储备,是改善管片不稳定结构的主要措施。关于二次衬砌设计的具体工作,根据以前的实际经验、研究成果和现场量测等,应以安全为原则进行认真研究。

1)初期支护为隧道的主体结构

一般可以不进行结构内力计算,但有根据外水压和自重进行设计的实例。

2)二次衬砌与初期支护共同作为隧道的主体结构

将二次衬砌作为主体结构的一部分使用时,根据作用于隧道上的荷载种类、性质、历史等,以及初期支护和二次衬砌的结合面情况进行设计。

对于在二次衬砌发挥承载性能后开始作用的荷载或卸载,以及其他结构物近接施工的影响等,可以考虑为由初期支护和二次衬砌共同支承。试验证明,这种情况下的两衬砌的荷载分担、应力作用可根据初期支护和二次衬砌的结合面情况,表现为重叠结构、合成结构或中间性结构。

对于平板型管片和合成管片,如果与二次衬砌的结合面处于平滑状态,则近似于重叠结构,也有采用让初期支护和二次衬砌按其刚度分担荷载的方法。试验、研究等结果证明,盾构隧道的衬砌为闭合结构,其工作原理不同于单纯梁的重叠结构。因此,使用两层环模型进行结构计算的方法是根据初期支护和二次衬砌对变形的适应性,评价两者荷载之间的荷载传递。

在钢管片和中子型管片等箱型管片上施工二次衬砌荷载,平板型管片上配置当量的抗剪销时,衬砌比较接近于合成结构的工作原理,所以也可假定为整体结构进行计算。使用抗剪销时,其配置密度应按能足以传递作用于结合面的剪力的要求来决定。

结合面上具有凸凹时,结构似乎表现为两者中间性的工作机理。此时也出现对结合面剪力的约束作用,因此需对剪力做一些研究,设置适当的凸凹进行各种试验研究。作为整体结构设计的做法也采用过。

根据二次衬砌竣工后增加的荷载设计衬砌时，初期支护由于已承受土压力、水压力等荷载，所以计算初期支护的截面内力和应变应考虑荷载的历史。在设计衬砌过程中，考虑作用于隧道的水、土压力的历史，一定要特别注意二次衬砌是在初期支护施工之后相当长一段时间后才进行施工。

3)二次衬砌作为隧道的主体结构

将初期支护作为临时支护，二次衬砌作为主体结构时，一般二次衬砌要单独设计，荷载评价与确定方法与初期支护相同。

3. 检验断面的安全性

应采取极限状态法或允许应力法进行断面安全性检验，这些检验方法与检验管片衬砌的方法相同。

四、防水设计

(一)概述

1. 防水设计原则

盾构隧道的防水宜以“以防为主，多道防线，因地制宜，综合治理”的原则进行。“以防为主”重点是管片自防水、接缝防水。“多道防线”包含接缝防水(必要时设两道)、嵌缝防水、螺栓孔防水等。“因地制宜”是根据防水要求及地下水环境条件，做到针对性设防，如防水外涂层及牺牲阳极保护等。“综合治理”是指盾构法隧道能达到防水要求实际是综合效果的体现。因此，在结构设计、管片拼装、盾构掘进等环节上，都应与防水一起综合治理。对盾构隧道与明挖盾构井、矿山法隧道的接口防水应予以重视。

应根据隧道类型及使用目的进行防水设计，同时应考虑气候条件、工程地质和水文地质状况等因素，以确保隧道满足防水要求，且施工简便、经济合理。在海水、地层有腐蚀性侵蚀性介质时，采用相应的耐侵蚀混凝土或耐侵蚀的防水涂层，可以提高自防水的可靠性和结构的耐久性。

盾构隧道的防水设计内容应包括：防水等级和设防要求；防水混凝土的防水等级和其他技术指标，质量保证措施；防水材料及其技术指标，质量保证措施；接缝防水材料的断面细部构造等。

2. 防水等级与防水标准

盾构隧道的防水等级与防水标准应按《地下工程防水技术规范》(GB 50108—2001)执行。隧道的防水等级，应根据工程的重要性和使用中对防水的要求确定。盾构隧道的防水等级分为四级，各级标准应符合表 7-25 的规定。

隧道防水等级标准 表 7-25

防水等级	标准
一级	不允许渗水，管片表面无湿渍
二级	不允许漏水，管片表面有少量湿渍 湿渍面积不应大于总防水面积的 6/1 000；任意 100m² 防水面积上的湿渍不超过 4 处，单个湿渍的最大面积不大于 0.2m²
三级	有少量漏水点，不得有线流和漏泥沙； 任意 100m² 防水面积上的湿渍不超过 7 处，单个漏水点的最大漏水量不大于 2.5L/d，单个湿渍的最大面积不大于 0.3m²
四级	有漏水点，不得有线流和漏泥沙； 整个工程平均漏水量不大于 2.5L/(m²·d)，任意 100m² 防水面积上的平均漏水量不大于 4L/(m²·d)

防水等级除有定性的规定外，还有定量的要求，以便施工和验收执行。对同一工程应根据使用功能要求的不同采用不同的防水等级。

3. 防水措施

根据工程的防水等级、使用功能、环境条件采取相应的措施。各种防水措施及选用主要依据国内多年盾构隧道防水的实践总结，同时参照国外规定，如《日本最新隧道技术手册》(盾构法隧道一章中)，德国 STUVA(德国地下交通设施研究协会)的《隧道漏水分级标准》，英国 CIRIA(建筑工业研究和情报协会)的报告，《上海市政工程施工与验收规程》(盾构篇)的有关规定，美国《施工工程研究和情报协会技术规定》等。隧道防水措施见表 7-26。

隧 道 防 水 措 施 表 7-26

防水措施 / 防水等级	防水混凝土	高精度管片	接缝防水				管片外涂层	金属外漏件防腐	阴极保护	内 衬
			弹性密封垫	嵌缝	注入密封剂	螺孔密封圈				
一级	应选	必选	应选	应选	可选	必选	可选	应选	应选	宜选
二级	应选	必选	应选	宜选	可选	应选	可选	应选	应选	可选
三级	应选	必选	应选	宜选	—	宜选	可选	应选	可选	—
四级	可选	可选	应选	可选	—	—	—	应选	可选	—

注:1. 盾构法隧道衬砌接缝,一般设置传力衬垫片,虽然它与接缝防水也有一定关系,但并不直接影响防水等级;同时,也不完全属防水措施,所以不予列入。

2. 高精度管片的精度要求,与防水等级有很大关系,由于不宜对管片精度作硬性规定,故未提出管片具体精度与防水等级的对应关系。

3. 早期的铸铁管片接缝防水,有只用嵌缝密封而不设弹性密封垫的,但目前已极少再如此处理。因此,弹性密封垫是防水等级为 1~3 级必选防水措施。

4. 盾构法回填注浆,只要采用"水泥—粉煤灰系或其他具有抗渗功能的注浆材料,加上完善的注浆工艺",在衬砌环外壁形成环形灌浆材料固结圈,可看作是"隧道防水屏障",也是隧道防水的第一道防线。这一点国内外均有共识,但考虑到此项工艺主要用于控制地面沉降,故未作为防水措施列入。

5. 管片外涂层主要作为防腐措施,在地下水有腐蚀的地层,应根据腐蚀程度选择。

(二)管片自防水

1. 防护等级

当隧道处于侵蚀性介质的地层时,应采用相应的耐侵蚀混凝土或耐侵蚀的防水涂层。处于侵蚀性介质中的防水混凝土的耐侵蚀系数,不应小于 0.8,并根据腐蚀程度确定相应的防护等级和相应的措施。

2. 混凝土抗渗等级

对于混凝土管片,根据地下水压力确定抗渗等级,一般不应小于 2~3 倍的隧道埋深水压力,且不低于 0.8MPa。一般管片的抗渗等级与隧道埋深之间的关系,见表 7-27 的规定。

防水混凝土设计抗渗等级(适用含水、富水地层) 表 7-27

工程埋置深度(m)	设计抗渗等级	工程埋置深度(m)	设计抗渗等级
<20	P8	30~40	P12
20~30	P10		

目前,盾构法隧道管片防水混凝土的强度等级大于或等于 C30 时,混凝土试块的抗渗等级都大于 P8,通常大于 P10。管片接缝防水材料的防水等级按照实际水头的 2~3 倍设计,考虑到防水性能的匹配,混凝土也应按 2~3 倍设计。

3. 材料

混凝土管片宜采用高性能防水混凝土,所用的材料(水泥品种、砂石料、添加剂以及掺料等)应符合《地下工程防水技术规范》(GB 50108—2001)的要求。防水混凝土生产的主要要求与措施是:保证强度,生产时不允许产生裂缝,限制水泥用量,控制水灰比、坍落度,控制砂石含泥量,添加高效减水剂和活性磨细粉煤灰、高炉矿渣粉、硅粉等外掺剂;管片宜采用蒸汽养护、浸水养护和喷淋养护等。

4. 混凝土管片的厚度

(1)管片厚度不宜小于 200mm。管片最小厚度 200mm 是考虑到预制混凝土管片的质量有保证;

(2)管片迎水面的裂缝宽度一般不得大于 0.2mm,裂缝不得贯通。在地下水严重腐蚀地段,由于钢筋腐蚀导致结构耐久性降低,使用寿命缩短,且不易维修,因此该地段裂缝宽度不应大于 0.15mm,裂缝不得贯通。

5. 抗渗试验与检验

管片、试块按设计要求经抗渗检验合格后方可使用，检漏应按设计抗渗压力，恒压时间大于或等于2h，渗水最大深度不得超过管片厚度的1/5。对处于腐蚀介质中或容易造成衬砌开裂的地层中的管片，其渗透系数 $k \leqslant 10^{-12} \sim 10^{-14}$ m/s。

管片单块检漏，按照设计的抗渗压力，传统的恒压时间是24h，在管片内侧（或肋腔）不渗水为合格。通过大量试验，用缩短恒压时间，限制允许渗水深度（只允许渗入管片厚度1/5）的方法，达到相应要求。

上海地铁一号线工程、上海延安东路隧道复线工程规定，衬砌检漏允许渗入管片深度的1/5。

关于混凝土的渗透系数这项指标，对处于腐蚀介质中的混凝土衬砌是有必要引入的。丹麦大海峡盾构法隧道设计规定"混凝土管片的渗透系数应小于 2.5×10^{-14} cm/s"。由于该隧道所处地层 Cl^- 含量为0.19，SO_4^{2-} 含量为0.019，属高侵蚀性环境，其地下水压力高达0.8MPa，故其规定较严。新加坡地铁衬砌涂刷沥青外防水涂料后，要求其衬砌的渗透系数不大于 10^{-13} cm/s。香港地铁的侵蚀性区段，对衬砌的渗透系数也有类似要求，所涂涂料为环氧沥青。日本东京湾隧道衬砌渗透系数为 $(0.4 \sim 3.9) \times 10^{-11}$ cm/s，上海地铁一号线工程，要求衬砌的渗透系数不大于 4×10^{-12} cm/s，而涂有外防水涂料的衬砌的渗透系数不大于 10^{-12} cm/s。上海市建筑科学研究院通过试验证明，加有高效减水剂和活性填料的衬砌，其渗透系数可达到 6.4×10^{-14} cm/s。综上所述，混凝土渗透系数应不大于 10^{-12} cm/s，高水压、高侵蚀性地层则相应提高到 10^{-14} cm/s。

6. 管片外防水涂层

管片外防水涂层应符合下列要求：

(1)耐化学腐蚀性、抗微生物侵蚀性、耐水性、耐磨性良好，且无毒或低毒；

(2)在管片外弧面混凝土裂缝宽度达到0.3mm时，仍能抗最大埋深处水压，不渗漏；

(3)具有防杂散电流的功能，体积电阻率高；

(4)施工简便，且能在冬季操作。

涂刷保护层可有效降低混凝土的渗透系数与氯离子扩散系数，渗透系数通常可达到原值的1/10。外涂层有两大类：①环氧沥青是常用的，也有环氧—聚氨酯、环氧—氯磺化聚乙烯涂料，它们对适应混凝土开裂下的防水、防腐蚀、耐盾尾钢丝刷摩擦也较合适，厚度在0.3～0.8mm，但在雨季有难以涂刷及场地受限的突出问题。②水泥基渗透结晶型防水涂料，其用量为 $1 \sim 1.5\text{kg/m}^2$，以干撒或涂刷形式施作于管片背面的防水。因结晶深入内部，越在地下或渗水环境中越利于晶体增殖，也适宜雨季施工，可克服因搬运等造成管片背面缺角损伤时防水层破坏的问题，虽然其封闭特性会略逊于有机涂层。这两类涂层各有所长，可作为管片外防水防腐蚀涂层。

上海地铁一号线、新加坡地铁、香港地铁分别采用环氧—氯磺化聚乙烯、环氧—聚氨酯、环氧—焦油、改性沥青类。委内瑞拉加拉加斯地铁采用水泥基渗透结晶型防水涂料。

7. 阴极保护

盾构法隧道钢管片、钢与混凝土复合管片，以及垂直顶升的钢管片节，可通过采用阴极保护设计进行防腐蚀处理。

(三)接缝防水

1. 接缝防水设计

隧道防水的关键是管片接缝防水。进行管片接缝防水密封垫设计时，应重点考虑以下因素确定防水密封垫的材料、断面形式(断面形状、尺寸)：

(1)对止水所需的接触面压力，设计时应考虑接缝的张开量和错台量；

(2)在设计确定的耐水压力条件下，接缝处不允许出现渗漏；

(3)在推进油缸推力和管片拼装的作用力下，不致发生管片端面和角部损伤等弊病发生；

(4)要考虑远期的应力松弛和永久变形量。

1)接缝设防水压

盾构法隧道防水应满足管片接缝在预定张开量和管片错台量下在规定压力等于隧道实际承受的最大水压下不渗漏。环缝变形量应按式(7-27)计算。

$$\delta \geqslant \frac{B \times D}{\rho_{\min} - \frac{D}{2}} + \delta_0 + \delta_s \tag{7-27}$$

式中：δ——接缝弹性密封垫在设计水压力作用下的允许张开量；

B——隧道外径(mm)；

D——管片环宽(mm)；

$\rho_{\min}$——隧道纵向曲线最小半径(mm)；

δ_0——生产及施工误差造成的环缝间隙(mm)；

δ_s——隧道后期变形等引起的接缝张开量。

由于管片制作误差、拼装误差、受力变形的存在，盾构法隧道的管片环、纵缝实际存在一定的张开量和错台。为确保防水质量，应根据地层条件、管片构造形式、施工水平假定张开量和管片错台量下的防水能力。

接缝设防水压应等于实际承受最大水压的2～3倍。如日本东京湾隧道是以2倍最大水压力(即实际埋深50余米)为设防水压，要求接缝密封材料抗1MPa水压。丹麦大海峡隧道设计中，"密封垫片按双倍工作压力设计"。日本东洋大学工学部、早稻田大学土木系几家的研究报告以及多项盾构法隧道工程设计实例，设计抗水压能力均是按安全系数为3考虑实际作用水压。上海地铁一号工程、上海延安东路隧道和上海延安东路复线隧道、上海合流污水治理工程(一期)盾构隧道等工程的接缝密封材料大多以埋深水头的3倍计。埃及艾哈密迈德·哈姆迪隧道所处位置的水头为0.4MPa，其接缝密封材料的抗水压能力也为0.4MPa，即不强调安全系数。

在高水压环境下，防水压如采用实际承受最大水压的3倍，则偏大，而采用实际承受最大水压的2倍会比较合适。

2)材料老化引起的应力损失

密封材料压缩后，产生的压应力应大于水压力。由于应力松弛及材料老化，密封材料的切向应力逐渐减小。

短期止水条件：
$$\sigma_r > a\sigma_w \tag{7-28}$$

长期止水条件：
$$\sigma_r = \sigma_w \tag{7-29}$$

式中：σ_r——切向应力；

σ_w——水压力；

a——安全系数。

考虑以上因素确定密封垫的断面、尺寸等，沟槽形式、截面形式(齿槽型、中空型等)、截面尺寸应与弹性密封垫形式和尺寸相匹配。弹性密封垫沟槽深度与密封垫的高度按式(7-30)、式(7-31)并参照图7-78计算。接缝弹性密封垫应沿环、纵面兜绕成框形，也可设计成门形或L形。

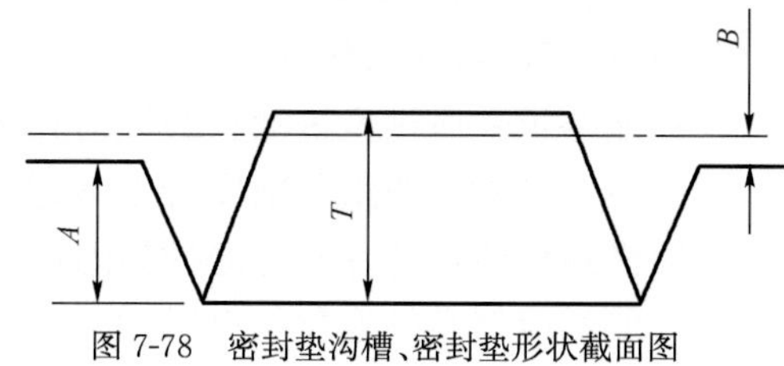

图7-78　密封垫沟槽、密封垫形状截面图

$$a = (T - A)/T \tag{7-30}$$

$$a' = (T - A - B)/T \tag{7-31}$$

式中：a——弹性密封垫的最大压缩率，即接缝压至0mm时的压缩率，为设计所定；

a'——弹性密封垫最小止水压缩率，为设计所设定；

T——要求的弹性密封垫高度；

A——要求的密封垫沟槽深度；

B——设计中的接缝允许张开量的 1/2。

式中的 a 和 a' 分别为弹性密封垫最大压缩率和最小止水压缩率。超过最大压缩率，材料老化加快、应力松弛加大，显然是影响使用寿命的。低于最小止水压缩率，不足以抵抗设计的水压，造成渗漏。不同的材质、不同的构造形成的弹性密封垫的 a 和 a' 是有差异的。

管片接缝密封垫应满足在设计水压和接缝最大张开量和最大错台时不渗漏的要求。密封垫沟槽的截面积应大于或等于密封垫的截面积，当环缝张开量为 0 时，密封垫可完全压入储于密封沟槽内。其关系符合式(7-32)规定：

$$A = (1 \sim 1.1)A_0 \tag{7-32}$$

式中：A——密封垫沟槽体积；

A_0——密封垫体积。

接缝张开量为零时的密封沟槽体积(A)与密封材料体积(A_0)之比 $A/A_0 = 1.0 \sim 1.1$，尽量减小密封材料凸出管片的部分。如果 $A_0/A > 1.0$，压缩到接缝张开量为零时，必然需要过大的压缩力，密封垫发生“挤隙”现象，密封材料会发生塑性变形而溢出，同时对管片拼装精度不利。

接缝至少应设置一道密封垫，对于在含水砂层中的重要工程，有时可设 2～3 道密封垫。如日本的东京湾隧道、东京地铁 13 号线，德国汉堡易北河 4 线隧道采用两道密封垫。

为了确保变形缝防水效果，应对防水密封垫的结构、材料进行针对性的设计，以满足防水要求。

3)变形缝防水设计

竖井及横通道与盾构隧道结合处，可用刚性接头，但接缝宜采用柔性材料密封处理，并宜加固竖井洞圈周围土体。在软土地层距竖井结合处一定范围内的衬砌段，宜增设变形缝。变形缝环面应贴设垫片，同时采用适应变形量大的弹性密封垫。

一般变形缝中应设置垫片，变形缝前环与变形缝后环面间的弹性密封垫随垫片相应加厚。变形缝用的密封材料应比普通接缝用的能适应更大的变形量。尤其是弹性密封垫，可采用加大厚度或增加膨胀橡胶的比例来满足设计要求。按预计的沉降曲率设置有足够厚度的(比通常密封垫加厚)环缝密封垫是可以满足纵向变形后的防水要求的。从经济方面考虑，不宜制作生产变形缝密封垫的专用模具，而应通过加大材料中遇水膨胀橡胶的比例来解决。另外，也可现场加贴橡胶薄片来解决。

2. 防水材料

接缝密封垫材料可选择氯丁橡胶、三元乙丙橡胶、遇水膨胀橡胶密封垫，或后者与前两者的复合型密封垫。防水材料的耐久性设计寿命一般为 50 年，对设计寿命为 100 年的重要隧道工程，应充分考虑这一点，一般采用增加二次衬砌提高隧道的耐久性。

管片密封材料需要具有以下特征：

(1)具有弹性，在盾构推进油缸的反复推力作用下和管片变形时，保证防水性能；

(2)能够承受盾构推进油缸的推力和螺栓的紧固力；

(3)不会给管片的组装精度带来不好的影响；

(4)密封材料对管片有充分的黏附性；

(5)能适应气候的变化，有良好的化学稳定性，耐久性好；

(6)易于施工，具有均匀性等。

管片密封材料有三大类：第一类是单一密封材料，以未硫化的异丁橡胶为代表，最初应用较多，目前已基本不采用。第二类是复合密封材料，早期主要为加硫的异丁橡胶和氯丁橡胶的合成材料，近年来以三元乙丙橡胶应用较多，其主要成分为乙烯、丙烯和少量非共轭二烯烃第三单体的共聚物，代号为 EPDM；目前，三元乙丙橡胶以优异的耐久性逐渐取代氯丁橡胶，成为国内外盾构隧道防水的主流产品之一。第三类是遇水膨胀性材料，主要是吸水性聚合物与氯丁橡胶和聚氨酯橡胶的混合材料，目前在国内外应用较普遍。

弹性密封橡胶密封垫与遇水膨胀橡胶密封垫的性能应符合表 7-28、表 7-29 的规定。

弹性橡胶密封垫材料物理性能 表 7-28

序号	项目		指标	
			氯丁橡胶	三元乙丙橡胶
1	硬度(邵氏)		45±5～60±5	55±5～70±5
2	伸长率(%)		≥350	≥330
3	拉伸强度(MPa)		≥10.5	≥9.5
4	热空气老化(70℃×96h)	硬度变化值(邵氏)	≤+8	≤+6
		拉伸强度变化率(%)	≥−20	≥−15
		扯断伸长率变化率(%)	≥−30	≥−30
5	压缩永久变形(70℃×96h)(%)		≤35	≤28
6	防霉等级		达到与优于2级	达到与优于2级

注:以上指标均为成品切片测试的数据,若只能以橡胶料制成试样测试,则其伸长率、拉伸强度的性能指标应达到本规定的120%。

遇水橡胶密封垫胶物理性能 表 7-29

序号	项目		指标			
			PZ-150	PZ-250	PZ-400	PZ-600
1	硬度(邵氏)*		42±7	42±7	45±7	48±7
2	拉伸强度(MPa)≥		3.5	3.5	3	3
3	扯断伸长率(%)≥		450	450	350	350
4	体积膨胀倍率(%)≥		150	250	400	600
5	反复浸水试验	拉伸强度(MPa)≥	3	3	2	2
		扯断伸长率(%)≥	350	350	250	250
		体积膨胀倍率(%)≥	150	250	500	500
6	低温弯折(−20℃×24h)		无裂纹	无裂纹	无裂纹	无裂纹
7	缓膨时间(h)		≥2			
8	防霉等级		达到与优于2级			

注:1. *硬度为推荐项目。
2. 成品切片测试应达到标准的80%。
3. 接头部位的拉伸强度不得低于表中标准性能的50%。
4. 体积膨胀倍率=膨胀后的体积/膨胀前的体积×100%。

3. 防水试验与检验

防水密封垫防水性能与装配性能一般应通过耐水压试验、装配应力试验等进行验证,确定是否满足设计工况条件下(错台、接缝张开量)的防水要求和管片拼装工艺要求。

鉴于接缝防水的重要性,为了验证防水密封垫的防水性能和拼装性能,应采用合理的试验方法进行验证。耐水压试验主要采用"T"形试验模型和"一"形试验模型试验,装配应力试验采用弹性体力学测试系统检测。

(四)螺栓孔、注浆孔防水

螺栓孔、注浆孔防水根据螺栓孔或注浆孔防水要求、原理、施工性能综合考虑。从防水原理来看,螺栓孔密封圈直接设在环纵向螺栓孔,不仅有助于防水,也有利于螺栓防腐蚀。但是,螺栓孔密封圈设在环纵向螺栓孔时,固定非常困难,容易在管片运送与拼装过程中跌落、移位,影响防水功效。而在管片肋腔螺栓孔口成锥形的螺栓孔密封圈沟槽加工比较方便,也能使螺栓孔密封圈固定牢靠。近二十年,国内的盾构法隧道的管片螺栓孔密封圈都是这样设置的。

有时为了在螺栓和螺栓孔之间增加填料,增强防水效果,而把螺栓孔的上下两端做成漏斗状以增大孔径。防水材料需要具有以下特性:

(1)伸缩性好,而且不失水密性;

(2)能承受螺栓紧固力；

(3)耐久性好，不易老化。

一般螺栓孔密封圈应是合成橡胶、遇水膨胀橡胶制品。有时在螺栓紧固后，随着时间的增加会发生紧固力的松弛，是防水材料发生蠕变的主要影响因素之一。因此，从防水的角度也要求对螺栓进行二次紧固。

螺栓孔、注浆孔防水应满足下列要求：

(1)管片肋腔的螺栓孔口应设置锥形倒角的螺栓孔密封圈沟槽。

(2)螺栓孔密封圈的外形应与沟槽相匹配，并有利于压密止水或膨胀止水。在满足止水的要求下，其断面宜小。

(3)螺栓孔密封圈应是合成橡胶、遇水膨胀橡胶制品。若采用遇水膨胀橡胶，其膨胀率宜控制在150%～200%。

(五)嵌缝防水

管片环纵缝应设嵌缝槽，是否采取嵌缝防水措施应视工程使用需要而定。嵌缝作业区的范围与嵌缝槽的部位，除了根据防水等级要求设计外，还应视工程的特点与要求而定。

与地面建筑、道路变形缝嵌缝不同，隧道衬砌嵌缝槽槽深应大于槽宽，而前者是槽宽大于槽深，不论是美国《接缝密封膏应用的标准指南》，还是《建筑接缝设计的基本原则》(ISO 2445—72)、《密构密封膏选择指南》(BS 6213—82)、《建筑接缝设计规范》(BS 6093—93)、日本《建筑防水工程标准说明书及解释》(JASS 8—93)(第四节密封工程)对防水工程均如此规定。这是由于盾构法隧道衬砌接缝变形量小，又要承受较大水压，不同于一般建筑接缝；又因为要确保足够的接缝受力面，隧道衬砌嵌缝不用背衬材料。地铁对拱顶与拱底的防水要求都很严格，既要防止顶部供电接触网受损，更要防止底部渗漏造成沉陷、路轨不平。因此，拱底的嵌缝也是必不可少的。电缆隧道、公路隧道对拱顶的防漏要求严，一般要求拱顶嵌缝密封。

隧道嵌缝，既可以整条隧道嵌填，更可在隧道变形集中的地段，如隧道与竖井、隧道与旁通道相邻段嵌填。嵌缝作业应在接缝堵漏和无明显渗水后进行。嵌缝槽表面混凝土如有缺损，应采用聚合物水泥砂浆或特种水泥修补牢固。嵌填嵌缝材料时，应先涂刷基层处理剂。嵌填应密实、平整。

1. 嵌缝槽设计

在管片内侧环纵向边沿设置嵌缝槽，其深宽比应大于2.5，槽深宜为25～55mm，单面槽宽宜为3～10mm。嵌缝槽断面构造形状宜根据嵌缝材料的特点选定，可根据需要采用如图7-79所示的形式。图7-79a)适用于嵌缝材料采用定形类的，图7-79b)适用于嵌缝材料采用未定形类的。

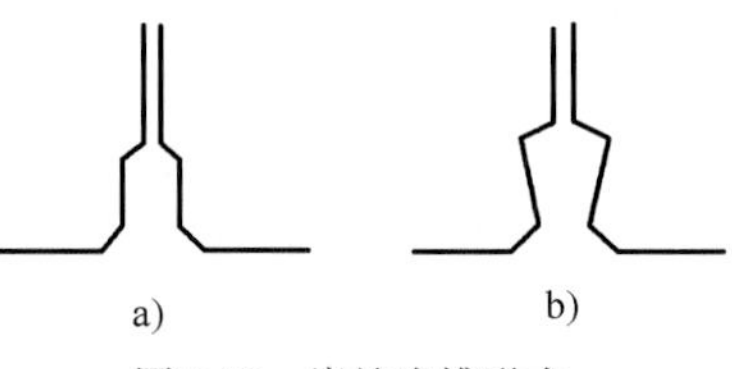

图7-79　嵌缝沟槽形式

不定形嵌缝材料应有良好的不透水性、潮湿面黏结性、耐久性、弹性和抗下坠性；定形嵌缝材料应有与嵌缝槽能紧贴密封的特殊构造，有良好的可卸换性、耐久性。

嵌缝槽不宜过宽，而按CIRIA的建议，混凝土衬砌接缝嵌缝槽全宽为6mm，而STUVA提出全宽1.2cm，深4cm。考虑到我国用两种类型(不定形型与定形型)嵌缝密封材料，而6mm不便于定型材料施工，故为单面槽宽3～8mm。

预留沟槽宜设在弹性密封垫沟与嵌缝槽之间，沟槽应设计成2～3mm深，宽20～30mm；预留灌浆孔也可以用来灌注堵水止水材料，作为堵漏措施。设计“注入密封剂沟槽”和注入密封剂，在埃及艾哈迈德·哈姆迪隧道中是作为一道防水线，在东京地铁部分区段中是作为渗漏水治理时堵水用的；在上海延安东路两条越江隧道中实际上也是作为堵水用的，属于治水措施。

2. 嵌缝材料

嵌缝材料需要具有下列性质：

(1)不仅要有水密性，而且要有良好的化学稳定性，适应气候的变化；

(2)潮湿状态下易于施工；

(3)伸缩及复原性好；

(4)硬化时不受水的影响；

(5)完全硬化时间短，施工后能很快变得非黏结；

(6)伸缩小。

嵌缝材料以环氧树脂、聚硫橡胶类、尿素树脂类为主材。

(六)其他防水设计

采用复合式衬砌的隧道，防水按如下要求设计：

外层装配式衬砌已趋于基本稳定后，在隧道内部整环浇捣钢筋混凝土或素混凝土内衬，或仅在外层装配式衬砌的下半部浇捣内衬以成为复合式(或称双层)衬砌。

复合式(双层)衬砌的防水等级，应较其第一层衬砌的防水等级提高1～2级。内衬混凝土应是满足抗渗压力大于0.8MPa的防水混凝土。复合式衬砌的混凝土内衬，沿隧道结构纵向，应每隔10m左右设置伸缩缝，此内衬伸缩缝设置防水带。双层衬砌的内层衬砌混凝土浇筑前，应将外层衬砌的渗漏水引排或封堵。采用复合式衬砌时，应根据隧道排水情况选用相应的缓冲层和防水板材料，并按《地下工程防水技术规范》(GB 50108—2001)的有关附加防水层的规定执行。

伸缩缝防水应按下列方式设计：

(1)嵌缝式：于内衬伸缩缝内侧所设嵌缝槽，选用弹性密封胶嵌填。

(2)贴附式：将宽度60～80mm的橡胶止水带(片)固定于衬砌结构上再浇内衬混凝土(收缩缝中设防水垫片)。

(3)埋入式：将特制橡胶或塑料止水带设在内衬混凝土中间，以适应内衬伸缩缝收缩时的防水。

双层衬砌中内衬变形缝应与装配式衬砌的变形缝相对应，变形前后都应能防水。至于变形缝设置的密度，主要根据地层情况确定。如日本东京港铁路盾构法隧道通过极软弱的灵敏度很高的淤泥质黏土地层(灵敏度达4～60，含水率60%以上)，为防止纵向变形引起环缝开裂，在430m中设置86条变形缝，且采用特殊的、适应大变形量的橡胶带。

竖井及横通道与盾构隧道结合处可能会产生比较大的差异沉降，通常用刚性接头处理，但接缝宜采用柔性材料密封处理，并宜加固竖井洞圈周围土体。在软土地层距竖井结合处一定范围内的衬砌段，宜增设变形缝。

第四节 盾构法隧道施工

一、施工准备

(一)前期调查

为确保盾构施工的正常进行，施工前在原设计调查资料的基础上对工程地质及水文地质、地表环境及建(构)筑物、地下管线和地下构筑物、工程用地及施工用电和给排水条件等进行补充调查，为制订施工组织设计提供足够的依据。

(1)工程地质及水文地质调查。根据已有的工程勘察资料，详细了解施工段的工程地质和水文地质情况，对盾构施工有重大影响的地质应重点进行补充地质勘察。

(2)地表建(构)筑物调查。隧道施工前对地表环境及地面建(构)筑物进行现场踏勘和调查，根据报告和附图，实地踏勘调查各种建筑物的使用功能、结构形式、基础类型及其与隧道的相对位置等；调查道路种类和路面交通情况。调查范围视具体工程情况而定，必要时可对施工影响范围内的重要建(构)筑物进行详细调查和鉴定。

(3)地下管线和地下构筑物调查。隧道施工前对地下管线和地下构筑物进行调查，调查地下障碍物、地下构筑物及地下管线等。调查范围视具体工程情况而定，必要时可进行物探和施工详勘。

(4)环境保护调查。隧道施工前对工程环境保护进行调查,做好环境保护工作。熟悉有关环境保护的法律和法规。

(5)工程用地情况调查。主要对施工场地及材料堆放场地、弃土场地、运输路线等做必要的调查。

(6)施工用电和给排水设施条件调查等。

(二)技术准备

盾构施工前应进行充分的技术准备工作,重点工作包括:

(1)盾构掘进施工前,应编制实施性施工组织设计,并按程序审批。

(2)根据工程及盾构性能特点,对相关人员进行上岗前的技术培训。

(3)隧道施工前进行技术交底。

(4)特殊地段的施工方案准备。

(5)根据工程特点和环境条件做好测量及监测的准备工作。

在盾构掘进施工前,应根据工程特点、隧道结构、环境条件及其保护等级、施工设备的性能、工程所处地质条件编制好施工组织设计,经审批后作为指导施工的依据。

施工组织设计的主要内容包括:工程地质概况,盾构掘进的施工方法和程序,盾构始发、接收和特殊段的施工技术措施,隧道沿线环境保护技术,主要质量标准及质保措施,安全和文明施工要求,材料用量与使用计划,劳动力组织和使用计划,施工进度网络计划,施工的主要辅助设备及其使用计划等。

在施工前详细查阅工程设计文件、图纸,将工程地质、水文地质、地下管线、暗浜、古河道以及邻近建筑等调查清楚,并将上述内容汇总表示在工程纵剖面图上,然后提出有针对性的技术措施,以确保工程进展顺利和邻近范围内建筑物的安全,特别是在建筑密集、交通繁忙、地下管线众多而复杂的城区更应加倍注意。

根据工程特点、施工设备的技术性能及操作要领,对盾构司机及各类设备操作人员进行上岗前的技术培训并做到持证上岗。

(三)施工计划

盾构工程的特点是开工后难以改变施工方法。故在施工前,应充分了解工程规模和工期,按照设计图、说明书,仔细调查围岩条件、环境条件等,编制安全且经济的施工计划。

按照提供的工程路线、隧道结构等设计图,详细调查围岩条件(地形、地层、成因、地下水等)、环境条件(障碍物、邻近结构物、地面交通、周围环境等)。在此基础上,选择与之相应的盾构施工法,制订关于竖井、临时设备、环境保护对策、辅助施工法、施工顺序、进度等的安全且经济的施工计划编制。

施工组织设计是施工准备工作的重要组成部分。隧道施工的施工组织设计编写,要求根据隧道施工的特点,确定各个关键工序的施工技术,合理布置施工场地,科学制订施工方案。在隧道施工组织设计中,明确以下工序:

(1)施工现场总平面布置;

(2)盾构基座及后靠布置形式;

(3)盾构出洞时洞门密封的方式;

(4)盾构出洞地基加固方式;

(5)材料垂直、水平运输的方式及隧道断面布置;

(6)盾构推进的方案、工艺流程;

(7)隧道注浆方法及控制地面沉降的技术措施;

(8)经过特殊路段的施工技术措施;

(9)盾构进洞方案;

(10)测量方法等。

规范的施工组织设计还应包括以下内容:

(1)组织管理体系;

(2)质量标准及质量保证措施;

(3)安全生产措施;

(4)文明施工措施;

(5)工程用料及施工用料使用计划;

(6)劳动力使用计划;

(7)施工进度计划。

(四)施工场地布置

施工场地布置应统筹考虑场地大小、形状、周边环境,及现场需要的设备、设施等情况。充分利用施工场地,以达到满足现场施工需要,提高作业效率的目的。为了提高施工的安全性、施工效率,合理布置施工场地。特别是在市区,由于用地困难,往往很难得到充足的场地。当不能利用地面场地或防止噪声和振动时,可以考虑利用竖井或已施工的车站结构等。

为了不影响施工进度,材料堆置和仓库应具有可储存管片等衬砌材料、临时设备、施工用具配件等所需要的面积。材料堆放场地的四周应以防护栏或隔墙进行防护。为了便于材料、砂土运输车辆进入,可修筑施工便道。为了防止粉尘,应铺上碎石或简易路面,做好排水设施等,以改善工作条件。

管片的临时放置场地应与盾构计划进度相适应,储存必要的环数,所存管片环数至少应满足 3d 左右的需要量。根据需要,当临时堆放管片时需要搭设防雨防晒棚,并用罩布覆盖,避免遇水膨胀式止水条受潮,或管片钢材部分生锈。

临时堆放材料,如钢轨、枕木、管材等虽可直接露天堆放,但不应直接与地面接触,应在下面设置角钢,并排列整齐,妥善存放。

对于机械器具类、电器用品、禁止受潮的产品、铁器类以及容易丢失的小件物品等,均要在仓库中分类妥善保管。

(五)施工设备与物资

生产物资与设备主要包括材料、构件、施工机械。材料的准备主要是根据图纸和施工组织设计的有关要求,并按施工进度、材料名称、规格、数量、使用时间、消耗量编制出材料需要量计划,组织货源、运输、仓储、现场堆放及运输,保证施工顺利进行。构件的准备主要指管片的预生产,并落实运输、堆放,保证按时按量供应。施工机械的准备,根据所采用的施工方案、施工进度,确定施工机械的类型、数量、进场时间、运输安装方式、放置的位置等,编制施工机械的进场计划,保证施工顺利进行。

(六)劳动力的准备

根据施工组织设计中所确定的劳动力使用计划,组织劳动力进场。根据需要对施工人员进行相关的技术培训,同时进行安全、消防和文明施工等方面的教育,安排好职工的生活,向施工人员进行技术交底和安全、质量交底,保证施工安全、质量和进度。

二、盾构组装及调试

(一)盾构组装

1. 工厂预组装

工厂预组装时,按组装顺序进行,检查合格后,清扫干净,涂上规定的油漆。为了方便运输和现场组装,需要分块时,应准备现场组装所需要的工具和做好对合标记。为了确保现场组装结束后具有规定的质量、性能,选择必要的项目进行检查。组装后,应检查外观、尺寸、作业情况,发现有不妥之处,采取相应的措施。

盾构运输到竖井时,应对有可能产生残余应变和发生损伤的部位进行加固或采取其他保护措施。

2. 现场组装

现场组装时,在有足够强度的始发架(台)上,准确地组装在正确的位置上,临时拧紧或临时点焊定位后,进行尺寸检查,然后再进行焊接或螺栓拧紧。现场组装时,确保再现工厂预组装时确认的质量、性能。现场组装应特别注意安全。

3.检查

1)主要检查项目

盾构制造商应进行下列检查:

(1)材料检查:对盾构本体外壳(壳板、盾尾板),应将钢厂检查合格证(产品出厂检验纪录)和实际材料进行核对,确认所用材料。

(2)设备检查:

①液压设备(液压千斤顶、液压泵、液压电动机、液压软管):液压设备按国家标准和制造企业规格进行性能试验,并通过组装后的运转试验,检验外观、漏油、异音、发热等情况,确认有无异常。

②油箱:按消防法,容量超过一定值的油箱要进行静水压试验,并取得政府主管部门的认可。

③压力容器:压力容器及与其相当的容器应接受政府主管部门的检查,并取得认可。

(3)焊接检查:现场焊接时,其焊接质量等级应达到设计标准。

(4)外观检查:现场对焊部分,板厚在 40mm 以下的,大多采用外观目视检查;厚度大于 40mm 的,有时要进行非破损试验。

(5)主要尺寸检查:盾构组装时放在底座上,在装上各设备的状态下,对盾构真圆度、本体轴向弯曲和本体长度进行检查。

(6)空载运行试验:对每个设备都要进行运转试验,检查漏油、异音、发热等情况,确认有无异常。

(7)电器绝缘电阻试验:对每个回路,在导电部分与大地之间,进行绝缘电阻试验。试验结果在如表 7-30 所示值以上为合格。

绝 缘 电 阻 表 7-30

电路工作电压分类	绝 缘 电 阻	
300V 以下	对地电压 150V 以下	0.1MΩ
	其他场合	0.2MΩ
300V 以上	0.4MΩ	

2)组装前检查

工厂预组装和现场组装应实施焊接、外观、主要尺寸、空载运行及电气绝缘电阻等各项检查,认为有必要的项目,盾构制造商应与施工企业共同检查。

(二)盾构调试

盾构调试包括各系统调试及整机调试(空载运行),是盾构试掘进(负载运行)前的一项重要工作。应制订详细的调试方案,确定合格验收标准,按规范与合同要求进行,确保各系统正常运行及盾构正常运行。

盾构组装完毕并确定无误后,即可进行空载调试。主要调试内容为液压系统、润滑系统、冷却系统、配电系统、注浆系统,以及各种仪表、传感器的校正。

(1)空载调试证明盾构具有工作能力后,即可进行负载调试。负载调试的主要目的是检查各种管线及密封的负载能力,使盾构的各个工作系统和辅助系统达到满足正常生产要求的工作状态。通常试掘进时间即为对设备进行负载调试的时间。

(2)负载调试时采取严格的技术和管理措施保证工程安全、质量和工作精度,调试按系统进行,即对电气、液压、机械三大部分进行调试。

(3)各系统调试完成后,应进行整机联机运转调试。

(4)盾构试掘进 100m 调试。在试掘进过程中,对各参数进行调整。

(三)盾构维护与管理

为了充分发挥盾构的性能,防患故障、事故于未然,定期和随时进行维护、检查和维修是一项重要的工作。

维护与检查通常按下列分类实施:①日常检查、维护;②定期检查、维护——1 个月检查、维护,6 个

月检查、维护；③长期停止运行的维修与管理。

根据各盾构形式的特点、现场实际状况设立细目，根据检查表切实进行，不要发生漏项。盾构功能的复杂化使得故障部位的确定比较困难，为了能迅速处理故障，有时需要建立故障诊断系统。

1)日常检查、维护

(1)各部位的螺栓、螺母松动检查；

(2)异常声音、发热检查；

(3)工作油、润滑油、润滑脂、水、空气的异常泄露检查；

(4)各部位的供油、脂情况确认、检查、补充；

(5)工作油箱油位检查；

(6)电源电压正常确认；

(7)操作盘开关类、指示灯、仪表类正常动作确认；

(8)盾构本体至后配套拖车之间的软管、电线有无异常；

(9)安全阀设定压力检查；

(10)液压设备维护、过滤器清扫后的回路内排气确认。

2)定期检查

(1)1个月维修、维护

①油箱排水；

②电动机类的精密检查(轴承供油、绝缘电阻测量、滴水检查等)；

③控制盘和配电器具检查(接点磨损状况、绝缘电阻测量、配线管、管道损伤等)。

(2)6个月维修、维护

启动油、润滑油定期检查(2次/年，工作油生产厂家检查)。

(3)长期停止运行的维护与管理

长期停止运行时，应进行下列作业：

①每个设备空载运行10～15d；

②缸头、阀槽等滑动面露出部分涂油；

③空间加热器引起的动力盘内结露的作业。

三、施工测量与方向控制

施工测量的目的是确保盾构按设计轴线掘进，管片拼装成型后满足隧道轴线误差控制要求。盾构施工测量应根据隧道长度、地形、竖井深度、盾构直径等条件，选择合适的测量仪器和测量方法。主要内容应包括地面控制测量、联系测量、地下控制测量、掘进施工测量、贯通测量和竣工测量。

(一)地面控制测量

1)了解全线已有控制网的现状、坐标和高程系统、布网方法、布网层次和精度等状况，并对本施工段测量控制点分布的合理性、可靠性等通过踏勘和检测作出评价，选择适宜的坐标、高程起算控制点。在施工前，通常设计单位已经进行了测量，但是为了确认设计阶段时的测量结果，需要重新测量。应对施工现场进行踏勘，接受和收集相关测量资料，办理测量资料交接手续，并对既有测量控制点进行复测和保护。采用盾构法施工时，不仅要复测施工区间内的控制点，也要复测与施工区间前后相关联的控制点，特别是铁路隧道，要对邻接施工区间进行基准点的相互确认。因此，应对原控制网的现状进行评估。地面控制测量是隧道内控制测量的基础，同时又可作为地基和地表建筑物等变形监测的基础。

因施工现场条件限制，可布设独立施工平面控制网和高程控制网。有条件时，该网应与当地控制网联测，建立明确的数据转换关系。盾构施工平面控制网一般分两级布设，首级为GPS控制网、二级为精密导线网。在满足精度要求的情况下可采用其他方法布网。施工路线长度较短时，可一次布网；盾构施工高程控制网可采用精密水准等测量方法，一次布设控制网。

2)按照隧道长度、地形条件，制订合理的控制测量方案。选用导线测量、三角测量、三边测量等适当的方法来设定基准点，基准点设置在不会移动的地点，并注意保护，而且根据需要设置护桩等以易于检测和复原。在市区因为受地形、地面建筑的制约而采用导线测量的居多，所以需要进行基准点的设定以及测点复测，以确保需要的精度。随着全站仪测量精度的不断提高与普及，可以采用三边测量、三角测量或长几公里的导线测量。盾构施工控制网测量技术要求见表 7-31 和表 7-32。在盾构始发井和接收井间建立统一的施工控制测量系统，控制点应分布在两个井口便于使用的地方，每个井口应布设不少于 3 个控制点。

(1)GPS 测量主要技术要求应符合表 7-31 的规定。

GPS 测量主要技术要求 表 7-31

平均边长(km)	最弱点的点位中误差(mm)	相邻点的相对点位中误差(mm)	最弱边的相对中误差	与原有控制点的坐标误差(mm)
2	±12	±10	1/90 000	<50

(2)精密导线测量的主要技术要求应符合表 7-32 的规定。

精密导线测量的主要技术要求 表 7-32

平均边长(m)	导线长度(km)	每边测距中误差(mm)	测距相对中误差	测角中误差(″)	测 回 数		方位角闭合差(″)	全长相对闭合差	相邻点的相对点位中误差(mm)
					DJ_1	DJ_2			
350	3～5	±6	1/60 000	±2.5	4	6	$5\sqrt{n}$	1/35 000	±8

不论是基准点还是施工需要的测点，均应设置在稳定和不易丢失的地方。另外，由于盾构法施工或其他施工的影响等，基准点和测点有可能移动，因此应设置参考点，最好能做到使用两种以上的方法恢复原基准点或测点。

(3)应以国家一等水准点或相当于一等水准点的水准点作为高程起算控制点，一般采用闭合水准路线或附合水准路线方法设置水准基点。水准基点设置在牢固的地方，并且要定期进行检测。设置水准基点以一等水准点作为高程控制点，其测量精度应满足精密水准测量的主要技术要求，见表 7-33 的规定。

精密水准测量的主要技术要求 表 7-33

每千米高差中数中误差(mm)		线长度(km)	水准仪的型号	水准尺	观 测 次 数		往返较差、附合或环线闭合差	
偶然中误差(mm)	全中误差(mm)				与已知点联测	附合或环线	平地(mm)	山地(mm)
±2	±4	2～4	DS_1	铟钢尺	往返各一次	往返各一次	$\pm 8\sqrt{L}$	$\pm 2\sqrt{n}$

注：L 为往返测段、附合或环线的路线长度(以 km 计)，n 为单程的测站数。

当水准路线跨越江、河、湖塘视线长度小于 100m 时，可采用一般方法进行观测；大于 100m 时，应进行跨河水准测量。跨河水准测量可采用光学测微法、倾斜螺旋法、经纬仪倾角法和测距三角高程法等，其技术要求应执行国家一、二等水准测量规范。

水准基点除作为隧道施工需要的水准测量的基点外，同时也是在工程竣工后，观测地面和原有结构物变化的基点。考虑到需要长期使用，除注意其位置和构造等外，还应定期进行检测，经常进行修正。

(二)联系测量

联系测量内容应包括工作井定向测量和导入高程测量。在一个贯通区间，始发井联系测量应不少于 3 次，在隧道初始掘进 50～100m 及贯通前 200m 应进行联系测量。

1. 方向导入

将方向传递到工作井，一般可采用联系三角形法，要采用测锤、经纬仪、垂直器等进行。在竖井较深时，用普通经纬仪不能视准。因此，为了把地表的基准线导入地下，要充分研究其方法并精密地进行测量，多采用陀螺仪与垂准仪组合定向法等。但是，最好是使用两个以上不同的方法进行检测。

1)联系三角形法

采用联系三角形法进行工作井定向时应满足下列条件：

(1)每次应独立定向 3 次。

(2)悬吊钢丝间距 c 应尽量最大。

(3)联系三角形一般成直角形。

(4)a/c(或 a_1/c)的值一般应不超过 1.5。a 和 a_1 分别为地面和地下连接点与其最近钢丝的距离。

(5)地上、地下同一边测量较差应小于 2mm。

(6)测角中误差应在±2″之内。

(7)各测回测定的地下起始边方位角较差应小于 20″,方位角平均值误差应小于±12″。

2)陀螺经纬仪和垂准仪组合定向

采用陀螺经纬仪和垂准仪组合定向时应满足下列条件：

(1)全站仪标称精度不应低于 2″,$2mm+2\times10^{-6}\times D$,其中 D 为全站仪实际测量的距离(km)。

(2)陀螺经纬仪一次定向精度应在 20″以内。

(3)垂准仪投点中误差应在±3mm 之内。

(4)同一边应定向 3 次,每测回间陀螺方位角较差应小于 20″,独立 3 次定向陀螺方位角平均值中误差应在±12″之内。

2. 高程导入

高程导入测量应满足下列条件：

(1)在工作井内悬吊钢尺进行高程传递测量时,地上、地下的两台水准仪应同时读数,并在钢尺上悬吊与检定钢尺时相同质量的重锤。

(2)传递高程时应独立进行 3 次测量,高程较差应小于 3mm。

(3)高差应进行温度、尺长改正。

通过联系测量在井下埋设永久近井点。近井导线点不应少于 3 个,点间边长宜大于 50m。近井高程点不应少于两个,各类点之间应具有检核条件。

(三)地下控制测量

1)地下控制测量包括地下施工导线测量、施工控制导线测量和地下施工水准测量、施工控制水准测量。隧道线路在施工后再进行修正基本上是不可能的,所以尽早掌握与中心线偏离的距离,立即修正盾构掘进的方向。因此,需要进行频繁而详细的测量。另外,隧道内的基准点的设置、复测,需要定期精密地进行。

2)基准点应设在不发生移动的地方,而且设置牢靠,以免在施工中发生移动和破损。隧道内的基准点,虽然随着盾构的推进,逐次增加移设到前方,但是有时因盾构推力、壁后注浆的影响以及采用泥水盾构施工时组装好的管片受到泥浆的浮力影响等而发生移动。因此,应避免将基准点设置在紧靠开挖面的地方。根据测量实践,盾构施工 60m 以后,隧道结构趋于稳定。平行设置的隧道,如果隧道间距小于 D,应充分考虑后施工隧道对先施工隧道的影响。控制点应埋设在稳定的隧道结构上,一般位于隧道两侧或顶、底板便于观测的位置,并应埋设强制对中装置。

3)考虑隧道的断面大小和线路等来决定测点的间隔,随着盾构的推进,以适当的方法和测量频率进行检测。测点间隔的设置除应考虑隧道盾构大小、线路外,还要综合考虑与各种作业设备的关系、隧道内空气的清洁程度和所使用的测量仪器等后作出判断,一般曲线部分 30～50m,直线部分 120m 左右。

直线隧道掘进大于 200m 或到达曲线段时,应布设施工导线点和施工水准点,同时宜选择稳固的施工导线点组成施工控制导线。

每次延伸地下控制导线点和控制水准点,应对已有施工控制点进行检测。检测点如有变动应剔除,并选择其他稳定点进行延伸测量。尽早检测与地面基准点和另外的隧道内的测点的关系。一般在隧道贯通前,地下控制导线和控制水准测量应不少于 3 次。重合点坐标较差应小于 10mm,且应采用各次的加权平均值作为测量结果。采用支导线的方法布设地下控制网不能满足隧道贯通误差精度要求时,应选择直接布设导线网等方法,也可采用特殊的高精度测量仪器提高施工测量精度,以满足施工要求。

(1)地下高程测量与地下高程控制测量，一般采用支水准路线，有条件时形成闭合路线。施工控制水准应满足下列技术要求：

①水准点宜按每200m间距设置一个；

②水准点可利用导线点标石，也可埋设墙上标志；

③水准测量技术要求见表7-33。

(2)施工导线测量、施工控制导线测量，一般采用支导线，有条件时应采用闭合导线。施工控制导线应满足下列技术要求：

①一般直线隧道平均边长150m，曲线隧道平均边长60m；

②采用DJ_2全站仪施测，左、右角各测二测回，左、右角平均值之和与360°较差应小于6″。

(3)导线点横向中误差应满足式(7-33)的要求：

$$m_{横} \leqslant m_{中} \times 4l/(5L) \tag{7-33}$$

式中：$m_{横}$——导线点横向中误差；

$m_{中}$——贯通中误差；

l——导线长度(m)；

L——贯通距离(m)。

(四)掘进测量

在盾构掘进时，进行掘进测量。掘进测量要根据规定的测量方法，采用适当仪器、方法，以提高作业效率。为了使隧道线路控制在施工容许误差以内，在盾构掘进过程中需根据地下控制测量进行盾构掘进测量。

在掘进时，为了尽早掌握盾构姿态、装配的管片与设计线路之间的偏差，应立即修正盾构掘进方向，要频繁仔细地进行掘进测量，通常采用自动测量系统实时进行测量。相对于已组装的管片，测定盾构的相对位置，或者测量盾构的纵向偏差、横向偏差和转动偏差等，以掌握盾构的姿态和位置。

为了提高作业效率，应能迅速地掌握必要而且充分的数据，且需要考虑和其他作业的关系，力求简单合理。关于管片与盾构的相对位置，通过测量油缸行程差、盾尾间隙，就能大致确定。盾构的横向偏差、纵向偏差和转动偏差，通过在盾构上设置的测锤、倾斜仪、陀螺仪等来测量。

目前，多采用自动测量系统。应根据使用环境和使用目的，采用适当的自动测量系统。盾构配置的导向系统宜具有实时测量功能。人工辅助测量时，测量频率应根据其导向系统精度确定。盾构始发10环内、到达接收井前50环内，应增加人工测量频率。盾构就位后应利用人工测量方法准确测定盾构的初始位置和姿态。盾构自身导向系统测得的成果应与人工测量结果一致。

掘进测量系统的技术要求如下：

1)盾构上所设置的测量标志应满足下列要求：

(1)盾构测量标志应不少于两个。测量标志应牢固设置在盾构纵向或横向截面上。标志点间距尽量大，前标志点应靠近切口位置，标志可粘贴反射片或安置棱镜。测量标志点间三维坐标系统应和盾构几何坐标系统一致，或建立明确的换算关系。

(2)以地下控制导线点和水准点测定盾构测量标志点，测量误差应在±3mm以内。

2)盾构姿态测量内容包括平面偏差、高程偏差、俯仰角、方位角、滚转角及切口里程。盾构姿态计算数据取位精度要求见表7-34。

盾构姿态计算数据取位精度 表7-34

名称	单位	取位精度	名称	单位	取位精度
平面偏差	mm	1	方位角	′	1
高程偏差	mm	1	滚转角	′	1
俯仰角	′	1	切口里程	m	0.01

3)衬砌环测量应满足下列要求：

(1)衬砌环测量应在盾尾内管片拼装和衬砌环壁后注浆两个阶段进行。

(2)在盾尾内管片拼装成环后应测量盾尾间隙，并结合盾构姿态测量数据，为管片选型提供依据。

(3)衬砌环完成壁后注浆后，在管片进入后配套拖车后进行测量，内容宜包括衬砌环中心坐标、底部高程、水平直径、垂直直径和前端面里程。测量误差应在±3mm以内。

(五)贯通测量

隧道贯通前为了保证隧道贯通的精度满足设计要求，应确定选择合理的测量方案和测量方法，并分析贯通误差。隧道贯通后应进行贯通测量。贯通测量包括隧道的纵、横向贯通误差、方位角和高程贯通误差。测定贯通误差时，一般在盾构接收井的贯通面设置贯通相遇点。对于中间对接的隧道，应将贯通面设置在对接中心面上。

(1)隧道的纵、横向贯通误差，可利用隧道贯通面两侧平面控制点测定贯通相遇点的坐标闭合差确定，也可利用隧道贯通面两侧中线在贯通相遇点的间距测定。方位角贯通误差可利用两侧平面控制点测定邻近贯通面同一导线边方位角较差确定。隧道的纵、横向贯通误差应投影到线路的法线方向上。

(2)隧道高程贯通误差，可利用隧道贯通面两侧高程控制点测定与贯通面邻近的(贯通面上同一)水准点的高程较差确定。

贯通测量根据隧道长度、地形条件布置平面导线控制网和高程控制网，采用适当精度的仪器进行。详细内容参考《工程测量规范》(GB 50026—2007)。

(六)竣工测量

为了检查主要结构物和建筑物以及路线位置是否符合设计要求，并提供竣工文件所要资料，也为将来运营中的工程维修等提供测量控制点，应进行竣工测量。隧道贯通后应以始发井和接收井内的控制点为起算点，对隧道内的导线点和水准点分别重新组成附合路线或附合网，施测后的成果作为以后建设工作的测量依据。

隧道竣工测量内容应包括隧道平面偏差值、高程偏差值、椭圆度以及纵、横断面测量等。在进行竣工测量时，首先进行中线测量，从隧道一端测至另一端。在测量时，直线地段每50m测一点，曲线地段每20m测一点。

地铁、铁路隧道一般直线段每12m、曲线段每5m测量一个净空断面，断面上的测点位置、数量应按设计要求确定。公路、水工隧道应按设计要求确定断面间距和测点位置。断面测量可采用断面仪或全站仪极坐标等测量方法，断面点测量误差在±10mm以内。

竣工测量成果应按要求整理归档，并作为隧道验收的依据。

四、衬砌

(一)衬砌的类型

盾构法隧道衬砌通常分管片衬砌、现浇混凝土衬砌两类。管片衬砌在盾尾的保护下进行安装，一环衬砌由几块管片组成，衬砌管片是预制管片，然后运送到安装位置；现浇混凝土衬砌不需要提前预制，混凝土在压力下浇注。

1.现浇混凝土衬砌

以下提到的几种衬砌，除挤压混凝土衬砌外，所有其他衬砌施工方法，例如，现场浇注混凝土或喷射混凝土，都不足以满足高效率的盾构隧道施工的急迫要求，或仍然处于发展阶段。

1)现浇混凝土

现浇混凝土衬砌是在盾构之后整环浇注混凝土隧道衬砌。在稳定地层中，现浇混凝土能抵抗周围地层压力，否则，应在盾尾部分的薄板保护下进行浇筑。为了前进，盾构可以推在已硬化的混凝土上，混凝土达到要求的强度后，每段混凝土通过混凝土接头与其他段混凝土分开。这种施工方法掘进速度低。

2)挤压混凝土

城市隧道主流的盾构施工法，长期以来主要是以确保开挖面稳定为目的的开挖技术。ECL施工法在密闭型盾构施工工法的基础上更进一步，将包括衬砌在内的全部工程系统化，其概念如图 7-80 所示。

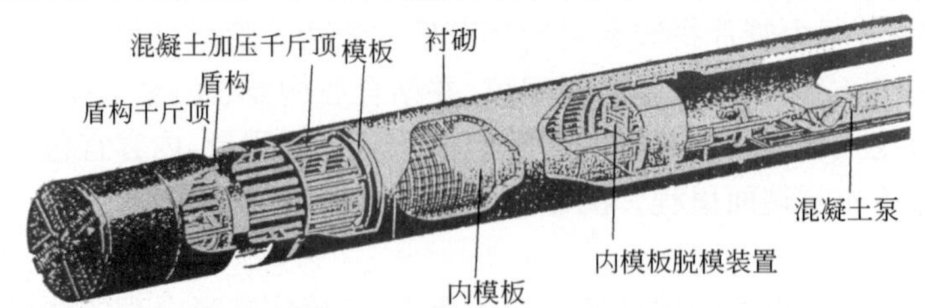

图 7-80　挤压混凝土(ECL)施工概念

ECL 称为挤压混凝土衬砌，是指不采用常规管片而通过在盾尾现场浇注混凝土来进行衬砌的施工工法，是开挖与衬砌同时进行的施工法总称。因该施工法是在盾构推进的同时对新拌混凝土加压，构成与地层紧密结合的衬砌体，所以可以得到密实、质量高的衬砌体，能控制对周围围岩的影响，降低造价，缩短工期。

在米兰应用了一种新的挤压混凝土方法，长 3 853m 的 Passante Ferroviario Milano 隧道施工采用双层衬砌，也就是内层衬砌由钢筋混凝土管片组成(厚度 30cm，外径 7.5m)，外层衬砌为挤压混凝土(名义厚度 25mm)，这样隧道的名义外径达到 8m。

该系统的主要优点如下：

(1)可以连续进行双层衬砌施工；

(2)在挤压混凝土外层衬砌的保护下，不需要辅助措施维修内层衬砌(如火灾后)。

该系统的主要缺点如下：

(1)需要很多高技术设备；

(2)后配套系统长，混凝土生产方面有问题。应当指出的是，目前还没有能良好控制挤压混凝土外层衬砌质量的方法。

3)喷射混凝土

喷射混凝土衬砌要求地层具有一定程度的自稳能力，因为在盾构之后混凝土施喷在已开挖隧道的拱腹线上。必须考虑锥形盾壳引起地层中的应力变化。在不太稳定的地层中，拖动部件内的叶片允许部分敞开已开挖的拱腹线。可以应用现行的适合喷射混凝土衬砌的一切混凝土质量和施工方法，也可使用压缩空气的方法，防止地下水的侵入。喷射混凝土的使用应注意简化程序，至于质量的控制应采用适当的观念，在计划阶段就应当考虑。对于单层衬砌，可以考虑提高其防水施工质量。

2.管片衬砌

管片可以采用不同的方法进行分类。按材料分类，目前制作管片使用的材料大致有铸铁、钢材以及混凝土等；此外，使用符合要求的其他材料制作的管片也日益凸显其不可比拟的优越性，在隧道防水、受力合理和经济性等方面起着重要的作用。按形状分类，根据施工条件和设计方法的不同，钢筋混凝土管片具有不同的形式。按照管片手孔成型大小，可以大致将管片分为箱形、平板形等几类。此外，还根据具体的结构要求，开发出各种异型的管片。其他分类：管片还有其他形式，楔形管片用于曲线段的施工和修正蛇行；具有锥度的管片环，当其宽度特别小呈窄板状时，成为楔形垫板环。

1)铸铁管片

球墨铸铁管片强度高，易铸成薄壁结构，管片质量轻，搬运安装方便，管片精度高，外形准确，防水性能好，但是设备要求高，造价高，特别是具有脆性破坏的特性，不宜承受冲击荷载，因此现在已较少采用(图 7-81)。该管片需翻砂成型后用金属切削机械加工。

传统的铸铁管片采用砂模生产，每次浇注后砂模被破坏。由于生产砂模和加工法兰费用很高，生产铸铁管片非常昂贵。除浇注之外，引进自动模具，生产尺寸大小为 700mm×700mm 的单元，预拼装更大的管片，以及真空铸件，可以避免加工，但也不能改变费用高昂的情况。随着人工橡胶密封的引进，法兰连接的形式不断改变。圆形凹槽代替内侧或外侧填充防止渗漏的填充凹槽。采用螺栓塞的方法密封注浆孔，通过保持未经处理的内混凝土壳保护管片的表面，通过在内表面涂上厚柏油保护另外一面。法

兰的连接面不进行处理或采用油脂作为防侵蚀保护。

2)钢管片

钢管片的材料均匀,强度易于保证,具有良好的焊接性,由于其重量比较轻,易于施工,现场进行加工和维修也比较容易。但与混凝土管片相比,钢管片易变形,当千斤顶推力或壁后注浆压力过大时,需要考虑其屈服问题。此外,当不修筑二次衬砌时,需对钢管片采取防腐措施。钢管片如图 7-82 所示。

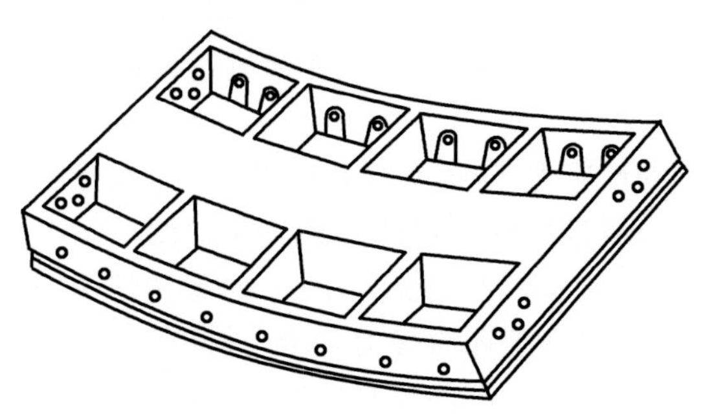

图 7-81 铸铁管片

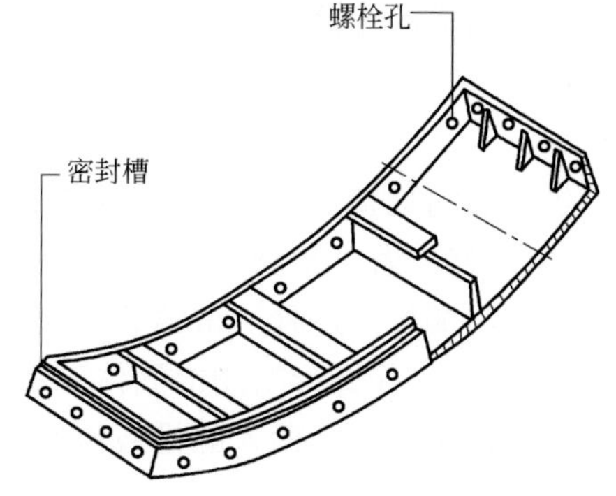

图 7-82 钢管片

3)复合管片

全钢管片的强度高,延性好,质量轻,但是其刚度比较小,耐腐蚀性差,造价也不低,所以采用的也不多,仅在某些特殊场合(如平行隧道的联络通道口部的临时衬砌)使用。复合管片,外层用钢板制成,在钢壳内浇注钢筋混凝土组成复合结构。其质量比钢筋混凝土轻,刚度比钢管片大,金属消耗比钢管片少,但是钢板的耐蚀性差,加工复杂,实际上是折中的方案。复合管片属于平板形管片的一种,一般是由钢材和钢筋混凝土或者钢材与素混凝土复合而成。在相同断面的情况下,复合管片可以设计出比较高的强度与刚度,虽然比钢筋混凝土管片要昂贵一些,但是具有可以减小管片厚度的优点。

4)混凝土管片

混凝土管片由于具有良好的耐久性和耐压性,在土压力和千斤顶推力作用下,很少被压坏。而且这种构件的刚度大,只要在施工时加以注意就可以保持良好的防水性能。但是混凝土管片重量大,抗拉强度低,构件端部容易破损,故在脱模、运输和施工时需特别小心。

目前混凝土管片应用广泛。在英国和美国,混凝土管片有素混凝土和钢筋混凝土之分。

最初在工程中采用简单矩形管片,之后尝试在隧道掘进过程中安装管片,采用两组相反的油缸推进一台开敞式盾构一直向前走。同时在推进油缸间安装菱形管片。为了实现连续的管片安装,发展了螺旋形衬砌,其被多次成功地应用。

在管片安装过程中得到经验:管片制造误差对安装速度有不可忽视的影响。1974 年,由高精度制造的管片组成的衬砌首次成功用于慕尼黑地铁。

其他类型的管片设计,如平行四边形管片和呈螺旋形安装或者复合式管片,证明不是很成功。

影响管片设计的因素包括结构和安装。一般一环至少需要 4 块管片,否则管片太大将不能移动。正常情况是用 5 块以上。

管片宽度对盾构长度有重大影响(推进油缸行程和长度)。管片宽度的增加,每米隧道长度的接头长度增加,可以提高掘进速度。目前,大直径隧道管片宽度已达到 2m。

5)钢纤维混凝土管片

考虑混凝土技术和投资效果,应用预制混凝土管片生产的经验,随着最近几年对混凝土防侵蚀重视程度的提高,钢纤维混凝土管片越来越普遍,应用钢纤维混凝土管片的工程也越来越多。

如果结构需要,可通过钢纤维来满足管片结构强度等要求。钢纤维混凝土管片不必进行钢筋笼的安装与加工。如果生产大量的管片,钢纤维与集料一起加入到混合设备,大规模生产非常经济。

同时,钢纤维混凝土管片边角很少破损且防火性能好。

6)特殊混凝土管片及施工方法

现在广泛应用钢筋混凝土管片，管片生产与安装已经发展到很高的水平。钢筋混凝土管片应用于不同类型的断面，也包括非圆形断面，如多圆盾构。在下列情况下，衬砌局部或整体需要满足特殊的要求，全部采用钢管片比采用混凝土管片更容易。

(1)小半径曲线隧道，隧道一侧会产生应力，并且这种情况下经常引起混凝土管片边沿破损。

(2)衬砌中的壁龛采用埋入式钢结构作为框架，管片安装后除去贫混凝土，框架用作加固边。

(3)联络通道的连接。采用混凝土管片施工防水隧道衬砌之后，施工带有紧急出口的通风坑道是必要的。包括几环管片接头有一个钢框架，在组装过程中锚固，之后进行焊接。在通过过程中去除贫混凝土。

(4)隧道洞门处管片连接。为了保持管片接缝密封垫的预应力，隧道洞口处两倍隧道直径范围内的管片应牢固连接。若由于隧道施工暂停引起螺栓移动，则应通过注浆对防腐蚀螺栓加强保护。

(5)肋条与横板。这种所谓的北美“肋条与横板”(钢环和横木)方法，被证明是一种经济的初期支护系统。衬砌看起来像圆形封闭的固体桩和横板衬砌。肋间距取决于环向静力要求。衬砌环(包括几部分)抵抗周围地层。人工插入的横板传递推力。这种衬砌不防水，它们保留在地层中，壳板内部浇注混凝土。

(6)采矿沉陷区柔性衬砌。在1980年修建的Gelsenkirchen地铁中的一座隧道，位于采矿沉陷区，采用防水铸铁管片衬砌，采用弹性法兰满足给定的1%的纵向变形。横向地层水平位移通过Belleville弹性垫圈来平衡。采用橡胶罩，并固定在管片的外侧保护弹性垫圈，防止腐蚀。

另外，还研制了GS14Mn4品种的铸铁管片。这种管片现场预制、安装及焊接，采用喷射混凝土的方法进行隧道支护。一种具有补偿单元的六角形管片作为抵抗采矿沉陷的永久支护。由于费用原因，铸铁螺纹采用ST52-3品种的热轧螺纹代替。取消带Belleville弹性密封垫圈的补偿单元，填充盾构后面塑性衬砌的空隙，不需要盾尾密封系统，采用弯曲软管。

(7)膨胀地层隧道衬砌。为了在膨胀地层中修建隧道，人们做了很多努力。为了控制作用在衬砌上的荷载，采用安装预应力管片的方法。应用限定强度的材料可以控制荷载，当超过一定的抗力极限时，这种材料就会倒塌。这种材料既可装在管片的外侧也可添加到注浆材料中。

(二)钢筋混凝土管片生产

1.制作管片的材料

1)钢筋

钢筋、焊条和预埋件等的品种、规格和质量，应符合设计要求和现行有关规范的规定。钢筋焊接制品的机械性能(拉力试件：屈服强度、弯拉强度、伸长率，冷弯试件，可焊性试件)的试验结果应符合现行钢筋焊接及验收规程的有关规定。钢筋骨架是由成型钢筋制作而成，因此成型钢筋的直径和尺寸应与设计图相符；钢筋长度允许偏差应为±10mm，弯起钢筋弯折点位置允许偏差为±10mm，箍筋允许偏差为±5mm。应严格保证成型钢筋外形，注意钢筋弯制的直角质量，内、外弧钢筋的弧度要随时与样板校对，形状不合格的成型钢筋应及时校正直到符合要求。钢筋各焊接点要焊接牢固，防止“咬肉”、漏焊。

2)混凝土

混凝土由砂、石子、水泥、水、外加剂等组成。为了保证混凝土管片的质量，应严格控制各种材料的质量及其配合比。

水泥应首选硅酸盐水泥。混凝土内的水泥含量不得超过450kg/m^3，含碱量应小于0.6%，以满足管片规定的强度、抗渗、外观要求，以及最大密实度及干燥时最小收缩率的要求。石子应保持干净，含泥量超过要求时应适当冲洗。石子粒径为15～25mm。砂应采用洁净的中粗砂，细度模数2.6～2.8。如砂中含贝壳类材料，应进行过筛处理。

混凝土的配制强度应大于设计要求的强度标准值，以满足强度保证率的要求，超出的数值应根据混凝土强度标准确定。其抗渗等级应满足设计要求。配制混凝土所用的水胶比应采用0.25～0.4，强度等级越高，水胶比越低。混凝土坍落度应控制在(5±2)cm。配制混凝土时，应考虑其寿命(100年)的要求。

2. 管片生产

1)管片生产流程图

钢筋混凝土管片的质量直接关系到隧道的使用要求及耐久性。而钢筋混凝土管片的制作包括以下多个工序,只有狠抓每道工序的质量才能保证管片质量,保证隧道的质量。图7-83为管片生产流程图。

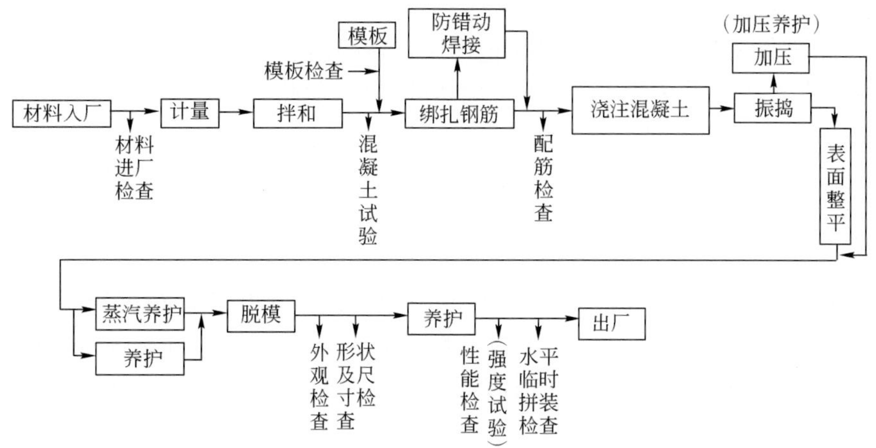

图7-83 管片生产流程图

2)管片钢模

(1)钢筋混凝土管片精度是以钢模加工和合龙振捣后的精度作保证的,因此钢模在正式投入管片制作前需经过四阶段检测,即加工装配精度检测、运输到厂钢模定位后的精度复测、试生产后的钢模精度同实物精度对比检测,以及管片三环水平拼装精度的综合检测。

(2)在正常的生产状态下,对钢模实施两种检查的管理,即浇捣前的快速检查和钢模定期检查。浇捣前的快速检查:用专用的快速测量工具对钢模中心宽度和能显示钢模正确合龙的项目进行测试。测试工具保持完好,并要妥善置放在可靠的地方。钢模定期检查其目的是保证钢模在允许公差之内进行管片制作。在常规情况下,以每制作100环管片作为暂定检查周期;如有特殊情况,可缩短其检查周期或作针对性检查。

(3)对管片脱模和起吊后的钢模,在不损伤钢模本体的前提下进行彻底清理。确保钢模内表面和拼接缝不留有残浆和微小颗粒,以保证钢模合龙的精度。

(4)脱模剂应用专门工具均匀喷刷在混凝土所有接触面上,要不留有影响管片质量的隐患,确保脱模剂喷刷质量。

3)管片钢骨架制作和入模

(1)钢筋笼加工

钢筋笼采用电弧焊接成型,主筋节点间采用J506焊条或采用焊缝强度与钢筋相当的焊条,构造筋间或构造筋与主筋间可采用J422焊条。焊点不得有损伤主筋的“咬肉”现象。除接点外,任何钢筋的长度方向均不得采用焊接。钢筋笼应按先成片(由焊接台生产)后成笼(由焊接台车生产)的生产顺序做流水作业。

钢筋网片圆弧方向的定位精度应控制在1.5mm以内;焊接台车的控制限位板应严格按钢模尺寸制作;钢筋笼的整体制作精度控制在2mm以内;整个生产过程中,钢筋笼不得粘有任何油渍。

①钢筋原材料检验:

a. 根据采购程序控制对钢筋供应商进行严格评审,选择信誉好、质量优、价格合理的钢筋供应商。

b. 每批钢筋进场要有该批钢筋的质量保证书,且具有相同钢筋等级、相同直径、相同铸造号码、相同批号(堆号)方可称为同一批。

c. 钢筋原材料复检频率以每不大于60t为一单位,样本从不同堆按检验要求取相应的尺寸和数量,按国家规范规定项目和要求进行测试。

d. 由有资质的第三方进行测试，并出具有效的测试报告。经确认后，该批钢筋挂牌标记进入待用状态。

②钢筋材料运输和堆放。钢筋吊运不得损伤钢筋，严禁钢筋自落卸车和运输途中被污染。钢筋进场后，要分类、整齐堆放在水平支架上，标记状态，确保钢筋不发生畸变。

③钢筋断料和弯曲成型：

a. 进入断料和弯曲成型阶段的钢筋是标记可用状态的钢筋。

b. 断料、弯曲成型之前要有经过详细翻样确认的尺寸、形状明细表，并准备好准确的样棒和校核基模，以保证在断料、弯曲成型过程中快速检测。

c. 切断、弯曲工序的操作和公差控制应遵从有关规定。切断和弯曲成型后的钢筋应分类存放在支架上，并标记状态。

④钢筋骨架总装：

a. 根据管片钢筋骨架制作的精度特殊性，要求各单体部件制作成型精度满足总装精度要求。为此根据各单体部件总装工艺的精度，专门加工相应的制作靠模，来达到各自要求和总装的精度要求。

b. 各单体部件和总装工序中，钢筋连接均采用低温焊接工艺。焊接操作工应经过培训、考核合格后凭证上岗。

c. 按照设计和规定的要求对总装完成的钢筋骨架严格进行质量检查，主要内容包括外观、焊接和精度(公差)三个方面。检查合格确认后可挂牌标记进入成品堆放区内待用。

⑤成品堆放和运输：

a. 钢筋骨架成品应按照经批准的施工平面布置图分类整齐堆放，并呈拱形堆放在指定区域内。堆放高度不允许超过规定的高度。

b. 钢筋骨架吊装采用横担式专用工具，确保骨架在吊装过程中不产生变形。

(2)钢筋骨架入模

①钢筋骨架的隔离器采用专用塑料支架。选用标准：应符合厚度、承受力和稳定性要求，承载力和耐久性不低于管片混凝土，支架颜色同管片混凝土保持一致。

②隔离器根据不同部位分别选用齿轮形和支架形两种。隔离器设垫应位置正确、布设均匀。

③钢筋骨架入模条件。应是经检验合格认可的骨架，形状同钢模相符，钢筋骨架表面符合要求(一直要保持到混凝土浇捣前)。

④钢筋骨架入模位置应保持正确，骨架任何部分不得同钢模、模芯等相接触，并应留有规定的间隙。入模工序全部完成后，经检查认可，方能进行混凝土浇注工序。

4)管片混凝土浇注

(1)管片混凝土浇注条件

钢模合龙精度和钢筋骨架入模均符合要求并已认可；混凝土搅拌系统处于正常状态，振捣器工作正常。

(2)混凝土供料和运输

①搅拌上料系统和搅拌系统及试验室等辅助设施均应经确认能满足管片制作的要求。

②管片混凝土搅拌配合比经模拟对比试验后，确定管片混凝土的基本配合比。每天混凝土开拌前，根据气候、气温和集料的含水率变化，出具当日搅拌的混凝土配合比。

③根据当日混凝土配合比单，调整好计量系统。计量系统应定期校核，把计量公差控制在允许公差之内，以保证上料计量系统始终在受控状态下工作。

④混凝土搅拌要充分、均匀，现场测试混凝土坍落度公差应小于±10mm。

⑤混凝土试块留置：每次浇捣不少于 3 组，其中 2 组进行标养室标养，做 28d 强度试验(其中 1 组备用)；另 1 组同管片同条件养护，得到起吊时的抗压强度。

5)混凝土布料、振捣和成型

管片浇捣宜采用插入式振捣器。若采用振动台或附着式振捣器生产，因管片表面的气泡直径及气

泡量难以满足要求，因此应采用插入式振捣器在钢模侧壁部进行复振。

生产管片的混凝土坍落度应控制在(5±2)cm(外掺减水剂)。考虑到冬期施工收水慢等因素，需做真空吸水时，在标准真空条件下的吸水时间宜控制在8min以内。管片生产采用插入式振捣，控制振捣时间。混凝土不宜过振，也不能漏振。

(1)开始阶段混凝土由储料斗从钢模一侧均匀进行布料。当盖板封上后，混凝土从钢模中间下料。下料速度应同振动效果相匹配，尤其是每块钢模即将布满时，更要控制布料速度，防止混凝土溢出钢模外。

(2)振捣是管片成型质量的关键工序。振捣时间、混凝土坍落度、布料速度和振捣器的效率等是构成振捣效果的四大要素。因此，在管片正式生产之前，需经过模拟试验和试生产来确定有关制作工艺参数。

(3)成型后的管片外弧面的混凝土收面应根据气温间隔一定时间后进行，间隔时间一般以管片外弧面混凝土表面已达到初凝来控制。收面的目的是使混凝土表面压实抹光，保证外弧面的平整和顺，因此该工序应由熟练的抹面工来操作。

(4)钢模内侧面和端面的螺孔芯棒，严禁向外抽动。当混凝土初凝后，对芯棒再次松动，直到混凝土达到自立强度后方可拆下螺孔芯棒(混凝土自立强度一般根据气温凭经验控制)。

通常管片生产采用内弧面朝地平躺的方式，格纹状或螺栓孔等结构允许一次脱模。模具一般有两种：静止模具和循环模具。对于前者，应将材料运输到模具；对于后者，可将模具移动到不同的生产地点。

采用真空吸盘方法可以尽早脱模，加快管片生产速度。管片运送到室外之前，室内养护28d，检查螺栓孔，如果需要修补则应立即进行。将经检测的橡胶垫安装在模具内，并与混凝土一起浇注管片内，有助于省去修正螺栓孔的费用。对大直径管片或非常大的荷载，应采用双垫圈。

管片宜采用蒸汽养护方式生产。一般采用如图7-84所示温度曲线进行养护。蒸汽养护除需要满足一般蒸养操作规程外，还应注意以下几点：

①振捣结束后，宜静养2～3h，然后实施蒸汽养护。

②升温速率宜控制在15℃/h以内。

③降温速率宜控制在10℃/h以内。

④蒸养温度宜控制在60～80℃。

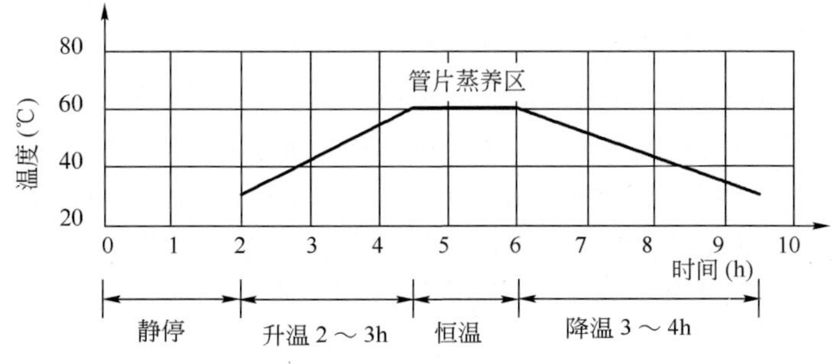

图7-84　混凝土管片蒸汽养护温度曲线图

⑤车间温度高于30℃时，静养阶段的管片宜采用养护罩保温，使管片核心部的温度与外侧温度差缩小。

⑥脱模时的管片温度不宜超过室温10℃。

⑦管片脱模强度高于设计强度的50%。

整个蒸养过程中，蒸养控制室值班人员应加强责任心，如实记录各温度测点的温度变化，确保同一蒸养室内的温度的同一性，使管片均匀升温或降温。管片蒸养后达到规定的强度便可脱模。脱模应注意如下事项：

①先拆卸侧板，再卸端头板。在脱模时严禁硬撬硬敲，以免损坏管片和钢模。

②管片脱模要用专门吊具，平稳起吊，不允许单侧或强行起吊。起吊时吊具和钢丝绳垂直。

③起吊的管片应在专用翻身架上翻成侧立状态。

④管片在翻身架上拆除螺栓手孔活络模芯及其他附件，并清除管片外露构件表面的砂浆。拆除时应按规定进行，不得硬撬硬敲，以防止损坏活络模芯、附件及管片。

⑤翻身架与管片接触部位应有柔性材料予以保护。

⑥管片在内弧面醒目处应注明管片型号、生产日期和钢模编号。

⑦在脱模过程中如遇到管片混凝土剥落、缺损、大缺角，应用混凝土黏结剂修补，密封垫沟槽两侧、底面的大麻点应用107号胶结剂加水泥腻子填平，并经认可后方可出厂。

管片脱模后吊运至养护水池进行7d水养护，注意管片与水的温度差不得大于20℃。

每天生产的管片至少应随机抽出一块标准块做抗渗试验。水压的施加应满足式(7-34)、式(7-35)的要求。

$$p_{水} = W_{i} + 0.1\text{MPa}(稳压\ 8\text{h}) \tag{7-34}$$

$$p_{水} = W_{i} + 0.2\text{MPa}(稳压\ 4\text{h}) \tag{7-35}$$

式中：W_{i}——抗渗强度指标。

抗渗试验完成后，判断管片的抗渗指标是否满足需求。

若管片厚度方向的渗水高度$h_{水} \leqslant h/3$，则说明抗渗合格，反之不合格。若管片的腔格背板发现有渗水或击穿现象，则该管片为抗渗不合格。与不合格的管片同日生产的每一块管片都需做抗渗试验。

6)管片堆放

(1)管片应按生产日期及型号排列堆放整齐，并搁置在柔性垫条上。垫条厚度应一致，搁置部位上下也应一致。

(2)管片堆场应坚实平整。严格控制堆放高度。

7)管片运输

(1)管片出厂运输到工地时，管片应内弧面向上平稳地放于有专用支架的运输车辆的车斗内。

(2)在同一车上装运两块以上管片时，管片之间应附有柔性材料的垫料。

(3)配备能满足盾构施工需要的管片运输车辆，确保盾构推进的连续性。

3. 管片精度测试及其保证体系

管片精度的测试标准：尺寸测量为面与面的测量；弧长和弦长测量为面与面交点的测量。通常管片的宽度可以通过直接测量而得，而弧长、弦长、直径、孔距等常需拼装成环后测试得出。为了保证管片各要素的测试精度，常需借助高精度测试平台，把需测试的管片拼装成环(三环以上，并且须采用错缝拼装)，然后在缝隙中用塞尺测得实际间隙，由最大间隙换算成管片处的随机正负公差值。管片的测试频率为每100环测试一环。管片的尺寸误差不应大于公差。最大限度地减少管片的误差，可以防止漏水，且有利于方便、准确地拼装管片。关于管片的质量控制，应进行下列项目的检验：①材料检验；②外观检验；③形状、尺寸检验；④对临时拼装起的管片环进行的临时拼装检查；⑤性能试验(强度试验)；⑥其他试验。

定期(初生产3个月，以后半年一次)对预制钢筋混凝土管片厂或车间按规范和有关规定进行质量评定。

每阶段对原材料、成品、半成品进行检测，对模具、设备检查的检查结果，应及时做好原始记录并形成书面记录，资料收集编制齐全。为确保管片生产质量，应建立完善的质量保证体系和质量标准。

1)质量保证体系的内容

(1)质量管理网络；

(2)质量标准；

(3)管片制作质量预控措施；

(4)执行标准、规范；

(5)质量控制要点及岗位责任明细表；

(6)质保资料检查记录表。

2)质量标准

钢筋骨架、单块管片的质量标准见表 7-35 和表 7-36。

钢筋骨架质量标准 表 7-35

序 号	项 目	允许偏差(mm)	检验频率	检验方法
			点数	
1	主筋长度	±10	4	钢尺量
2	辅筋长度	±10	4	钢尺量
3	钢筋间距	±5	4	钢尺量
4	骨架外形尺寸(长、宽、高)	±10	3	钢尺量
5	主筋保护层	+5,−3	4	钢尺量

单块管片质量标准 表 7-36

序号	项 目		允许偏差(mm)	检验频率		检验方法
				范围	点数	
1	外形尺寸	宽度	±0.5	每块	内外侧各 3 点	卡尺量
		弦长、弧长	±1	每块	3	
		厚度	+3,−1	每块	3	卡尺量
2	螺孔直径及位置		±1	每块	3	卡尺量
3	混凝土强度		>设计强度等级			
4	混凝土抗渗等级		>设计抗渗等级			

(三)管片试拼装

管片试拼装分精度测试拼装与模拟拼装两种。管片试拼装在高精度平台上实施。完整圆的高精度平台加工费用昂贵,通常可采用多点可调试平台代替。可调试平台的数量可根据圆环的直径而定。以 6～10m 直径的圆环为例,可调试平台的数量宜控制在 10～18 座,有时也可以按管片的分块数来定,例如 6 块分割的圆环可取 12 个平台。精度测试拼装时的环向螺栓(M27～M36,成环螺栓)预应力宜按拧紧力矩来控制,拧紧力矩可控制在 200～250kN・m 之间。纵向螺栓(环间螺栓)的预应力拧紧力矩可控制在 150～200kN・m 之间。模拟拼装也可以在高精度平台上实施。模拟拼装与精度测试拼装的区别在于:精度测试拼装时,管片的缝间为硬接触,无任何材料夹衬在缝间,随后做精度测试;而模拟拼装为管片试生产后按隧道内的实际情况做工艺拼装,因此,管片的缝间常按实际情况粘贴有橡胶条和衬垫材料。模拟拼装时预应力拧紧力矩:环向螺栓(M27～M36)为 250～350kN・m(涂减磨剂),纵向螺栓的预应力可以适当减小。拧紧力矩 T 可与螺栓预应力 F_0 近似建立一个经验关系,见式(7-36)。

$$T = KF_0 d \quad (\text{kN}\cdot\text{m}) \tag{7-36}$$

式中:K——换算摩擦系数,当螺栓与垫圈(板)之间涂有减磨剂时,拟近似按 0.1 考虑;

F_0——预应力(kN);

d——公称直径(m)。

当钢模设计有多次成功的经验时,有时也可以省略模拟试拼装工作,但是精度测试拼装绝对不能省略。

1. 力学性能检验

管片正式投入生产前,应将试生产出来的管片进行一系列的力学性能检验。

1)混凝土强度试验

测定混凝土抗压强度的试件,应尽可能采用边长 150mm 的标准立方体。当采用边长 100mm 的立方体试件时,其抗压强度 $f_{cu,10}$ 应按规定的折算系数 K 调整为边长 150mm 标准试件的抗压强度。在前期试验生产现场,对混凝土进行抽样,做 1d、3d、7d、28d 和蒸汽养护后的强度试验,并出具试验报告。

2)混凝土抗渗试验

在前期试验生产场地,对混凝土抽样制作抗渗试件,满 28d 后按国家标准进行抗渗试验,并出具试验报告。

3)管片抗弯强度试验

随机抽样3块标准管片，对其进行抗弯强度试验，并出具试验报告。随机抽样，进行单环、3环加载模拟试验，检查管片强度、裂缝开裂的状态。

4)管片起重螺母抗拔试验

随机抽取5块管片，进行起重螺母抗拔试验，并出具试验报告。

5)管片抗渗试验

具体按规范或设计要求进行，正常生产中按有关设计指令进行抗渗试验。

2. 成品最终检验方法

(1)外观检验、尺寸检验为全数检验。

(2)成品检验填写有关记录，字迹要清晰，并有检验员和复核员签名，整理后由相关部门存档备查，保存期为整个工程结束后2年。

(3)如成品出现不可返修的不合格项，应立即在产品上做标记，并通知有关单位，同时填写不合格通知单。

(4)如生产出现不合格，在不影响质量的前提下能返工修理的，待返修后，再由质检员重新检验，并做出标记，同时将情况以书面形式及时通知有关人员备案。

3. 管片质量评定

每块管片经过严格质量检验，并须逐块填写好检验表。检验合格后的管片应该在统一部位盖上合格章以及检验人员代号。管片出厂检验要求如下：

(1)生产日期达到28d，管片强度达到设计强度的100%才能出厂。

(2)管片无缺角掉边，无麻面露筋。

(3)管片预埋件完好，位置正确。

(4)管片型号和生产日期的标记醒目、无误。

与金属管片相比，混凝土管片的模具能修复和重复利用。考虑管片误差，宜采用高精度重型模具生产管片，使误差控制在±0.2mm之内，带橡胶垫的混凝土管片误差控制在±0.5mm之内。

五、盾构施工过程

(一)始发与到达

1. 盾构始发

盾构始发是指使用安装在竖井内的临时负环管片、反力架、始发架等设备，把盾构沿着设计轴线推进，从洞门贯入围岩，沿着设计线路开始掘进的一系列作业。盾构始发前，采用合适的始发方法；制订洞门围护结构拆除方案，采取合适的洞门密封措施，保证始发安全。

1)始发架安装

盾构始发架安装在设定的位置，设定位置由设计线路中心位置和高程决定，同时考虑盾构贯入软弱地层时的下沉量及盾构安装后始发架的变形，应事先抬高一定的富余量(根据经验一般在2cm左右)进行定位。由于始发架在盾构始发时要承受纵向、横向的推力以及约束盾构旋转的扭矩，所以在盾构始发之前，对始发架两侧进行必要的加固，并对盾构姿态作复核、检查。

盾构始发架有如下三种形式：

(1)钢筋混凝土始发架：通常是多块钢筋混凝土构造物的组合体，有现浇式和预制件拼接式两种，其优点是结构稳定、抗压性能好。

(2)钢结构始发架：有现场拼接式和平底整体安装式两种。整体安装式钢结构始发架如图7-85所示，其优点是加工周期短、适应性强，使用较多。

(3)钢筋混凝土与钢结构组合始发架。

2)反力架设备

反力架设备包括反力架和负环管片，如图 7-86 所示。该设备主要由临时组装的钢管片和型钢拼装而成，保证其承受盾构推力时具有足够的强度和刚度，临时拼装的负环管片需要保证临时安装时的形状、负环管片的安装精度，特别是真圆度应控制在允许范围内，定位时管片横断面应与隧道轴线垂直。

图 7-85 整体安装式钢结构始发架

图 7-86 反力架与负环管片

反力架的位置主要根据洞口第一环管片的起始位置、盾构的长度，以及盾构刀盘在始发前所能到达的最远位置确定。

(1)负环管片环数的确定

假定盾构长度 L_{tbm}，始发井长度 L_{as}，中间竖井长 L_{cs}，洞口围护结构在完成第一次凿除后的里程 D_f，设计第一环管片起始里程 D_{1s}，管片环宽 W_s，反力架与负环管片长 W_r。D_r 为反力架端部里程，N 为负环管片环数。

①在始发井内始发时，最少负环管片环数采用式(7-37)计算确定。

$$N = \frac{L_{as} - W_r}{W_s} \tag{7-37}$$

②在中间竖井内始发时，最少负环管片环数采用式(7-38)确定。

$$N = \frac{L_{tbm} - (D_f - D_{1s})}{W_s} \tag{7-38}$$

(2)反力架、负环管片位置的确定

在确定完始发最少负环管片环数后，即可直接定出反力架及负环管片的位置。反力架端部里程 $D_r = D_{1s} - N \times W_s$。

(3)反力架、始发架的定位与安装

在盾构主机与后配套拖车连接之前，开始进行反力架的安装。安装时反力架与土建结构连接部位的间隙要垫实，以保证反力架脚板有足够的抗压强度。由于反力架为盾构始发时提供初始的推力，所以，在安装反力架时反力架左右偏差控制在±10mm 之内，高程偏差控制在±5mm 之内。始发台水平轴线的垂直方向与反力架的夹角小于±0.2%，盾构姿态与设计轴线竖直趋势偏差小于 0.2%，水平趋势偏差小于±0.3%。

(4)负环管片安装

一般情况下，负环管片在盾壳内的正常安装位置进行拼装。在安装负环管片之前，为保证负环管片不破坏盾尾尾刷，保证负环管片在拼装好以后能顺利向后推进，在盾壳内安设厚度不小于盾尾间隙的方木(或型钢)，如图 7-87 所示，以使管片在盾壳内的位置得到保证。

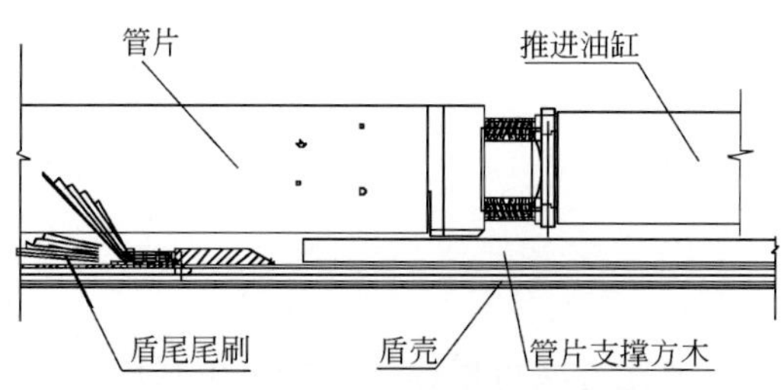

图 7-87 盾尾间隙内设置方木(或型钢)

第一环负环管片拼装成圆后，用 4 或 5 组油缸完成管片的后移。管片在后移过程中，要严格控制每组推进油缸的行程，保证每组推进油缸的行程差小于 10mm。在管片的后移过程中，注意不要使管片从盾壳内的方木(或型钢)上滑落。第一环负环管片定位时，应先保证管片横断面与路线中线垂直，待管片定位后，将管片与反力架之间的空隙填实。

在安装井内，负环管片一般采取通缝拼装，主要优点是保证能及时、快速地拆除负环管片。在施工过程中要利用此井进行出渣、运输管片。在中间竖井内，一般采取错缝拼装，以提高管片拼装的真圆度和管片拼装施工的安全。

①洞门破除。因为盾构始发时，破除洞门作业引起围岩坍塌的危险较大，所以按合理的分块、顺序破除临时挡土墙体，在盾构前面进行及时支护等，施工要迅速而慎重地进行。

②洞门密封。通常在洞门设置密封圈或浇注洞门混凝土，以确保施工的可靠性和安全性。在设置洞门密封时，需要充分注意其材质、形状和尺寸。目前，洞门密封多采用扇形折叶板帘布橡胶（一道或两道，采用两道时可在两道密封之间注入防水密封材料，如油脂、膨润土等），如图 7-88 所示。在地下水非常丰富的情况下，也有采用钢丝刷洞门密封的实例，如图 7-89 所示。

图 7-88　扇形折叶板帘布橡胶洞门密封

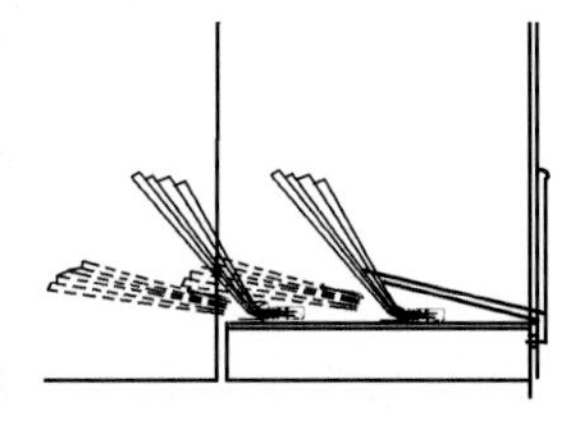

图 7-89　钢丝刷洞门密封

③始发方法。盾构始发方法的选取，要考虑地层、地下水、盾构类型、覆土厚度、作业环境、洞门密封等条件来决定。盾构始发方法如图 7-90 所示，始发方法示意如图 7-91 所示。

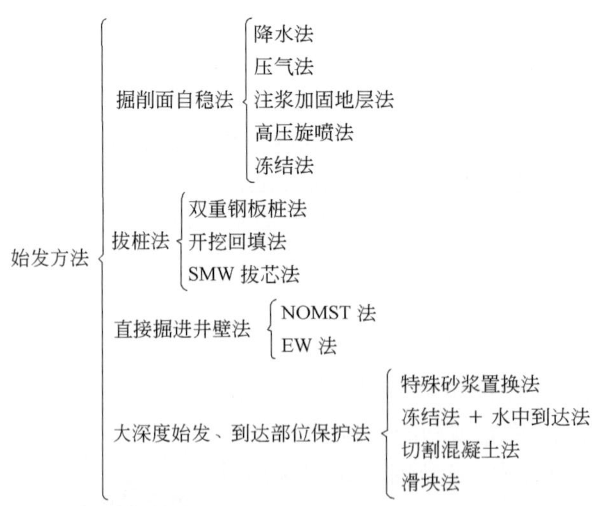

图 7-90　盾构始发方法

上述方法可根据实际情况单独使用或联合使用，但都以实际工程条件为基础，根据安全性、经济性、工程进度等来决定。在盾构始发时，因盾构类型、始发方法等不同，遇到的问题也有所不同。

对于开挖面自稳法等始发方法，遇到的主要问题是破除洞门时发生坍塌和从洞门密封处发生涌水、涌沙。应选择合适的地层加固方法，确定合理的加固长度，并确保加固质量。选择加固方法时，主要考虑地质条件、加固地层的深度，同时严格控制施工工艺，确保加固地层的强度、渗透性等满足设计要求，确保破除洞门时的稳定与防止渗水、涌水。根据盾构类型、地层透水性、洞门密封形式等确定合理的土体加固长度。土体加固长度见表7-37。加固体宽度及厚度根据采用的加固方法，考虑稳定性与止水性进行确定。对地下水位比较高、透水性强的地层，为确保安全，同时采取降水措施。

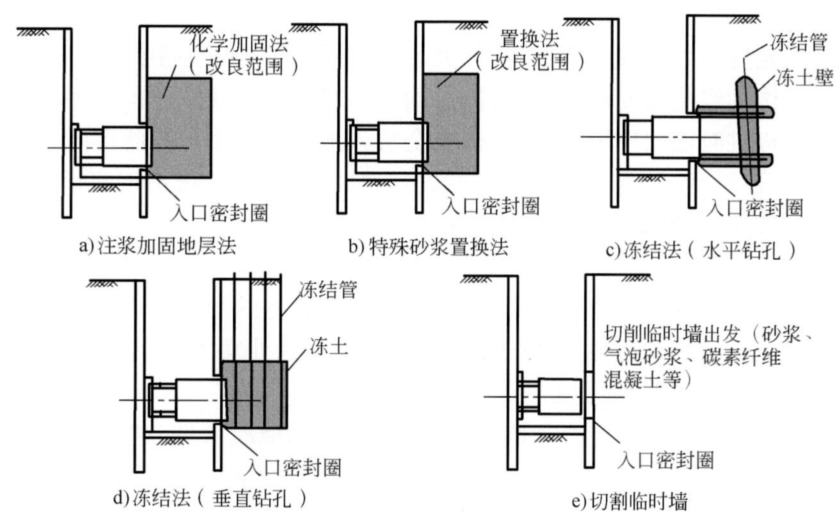

图7-91　盾构始发方法示意图

盾构始发端头合理加固长度的确定　　表7-37

盾构类型	地层透水性	洞门密封	加固长度
泥水盾构	透水	帘布橡胶	盾构长度+(1～2)倍环管片长度
	不透水	帘布橡胶	盾构长度+(1～2)倍环管片长度
	透水	钢丝刷	满足稳定性要求
	不透水	钢丝刷	满足稳定性要求
土压平衡盾构	透水	帘布橡胶	盾构长度+(1～2)倍环管片长度
	不透水	帘布橡胶	满足稳定性要求
	透水	钢丝刷	满足稳定性要求

确定满足稳定性的加固体长度时，若是砂质地层，将加固层看作是挡土墙支承的圆板来进行结构计算；若是黏土地层，则可假定为拆除临时挡土墙时形成的圆弧滑动面来确定加固长度。

根据隧道开挖周围产生的塑性区确定加固范围R，由式(7-39)计算。

$$\ln R+\frac{R\gamma}{20c}=\frac{H\gamma}{20c}+\ln a \tag{7-39}$$

式中：R——隧道中心到塑性范围外沿的距离(m)；

γ——土体的重度，取10kN/m^3；

c——改良土的黏聚力(kPa)；

H——到隧道中心的换算覆盖层厚度(m)；

a——开挖半径(m)。

对于切削临时墙法，遇到的主要问题是从洞门密封处发生涌水、涌沙，同时应考虑盾构刀具切削临时墙的能力。一般根据洞门密封的形式，确定是否联合使用其他地层加固措施或降低地下水位的措施。NOMST工法和EW工法，可以用盾构刀具直接开挖始发墙体。NOMST工法的特点是始发井墙体的材料特殊，可以用盾构刀具直接开挖，但不损破刀具。该工法始发作业简单，无需辅助工法，安全性可靠性好。EW工法的原理是盾构始发前，通过电蚀手段，把挡土墙中的芯材工字钢腐蚀掉，给盾构直接始发开挖带来方便，优点与NOMST工法相同。

拔桩法主要是解决破除洞门时开挖面的稳定问题，但如果是透水性大的含水地层，则应与其他方法联合使用。

双重钢板桩法是把始发竖井的钢板桩挡土墙做成两层，拔除内层钢板桩后盾构掘进。由于外层钢板桩的挡土作用，可以确保外侧土体不会坍塌，即确保盾构稳定掘进。当盾构推进到外层钢板桩前面时，停机拔除外侧钢板桩，由于内、外钢板桩间的加固土体的自稳作用，完全可以维持到外侧钢板桩拔除后的盾构的继续推进。

开挖回填法是把始发竖井做成长方形（长度大于2倍盾构长度），井中间设置隔墙（或者构筑两个并列竖井），一半作为盾构的组装始发用，当盾构推进到另一半井内时回填。由于回填土的隔离作用，可以确保拔除终边井壁钢板桩时地层不坍塌，为盾构安全贯入地层提供了可靠的保障。

SMW拔芯法，是用SMW法挡土墙作竖井始发墙体，盾构始发前拔出工字钢。

大深度盾构始发方法，根据施工情况经慎重论证后选用。

2.盾构到达

盾构到达是指盾构掘进到竖井的到达面位置，从事先准备好的洞门推进到到达井内。图7-92为目前采用的主要到达方法。盾构到达最重要的是防止从洞门密封处发生涌水。如果采用地层改良的到达方法，则需确定合适的加固方法与加固范围。

1）确定合理的地层加固方法。选择加固方法时，主要考虑地质条件、加固地层的深度、地层是否透水等，同时严格控制施工工艺，确保加固地层渗透性等满足设计要求，防止破除洞门时渗水、涌水。

2）确定合理的地层加固长度。如果地层不透水，则可以只考虑简单的加固措施，加固长度2～3m，满足盾构切口上方一定范围内地层的稳定即可。如果为透水性含水地层，则土体加固长度为“盾构长度+（1～2）倍环管片长度”，加固体宽度及厚度根据采用的加固方法，考虑稳定性与止水性进行确定。对地下水位比较高、透水性强的地层，为确保安全，宜同时采取降水措施。

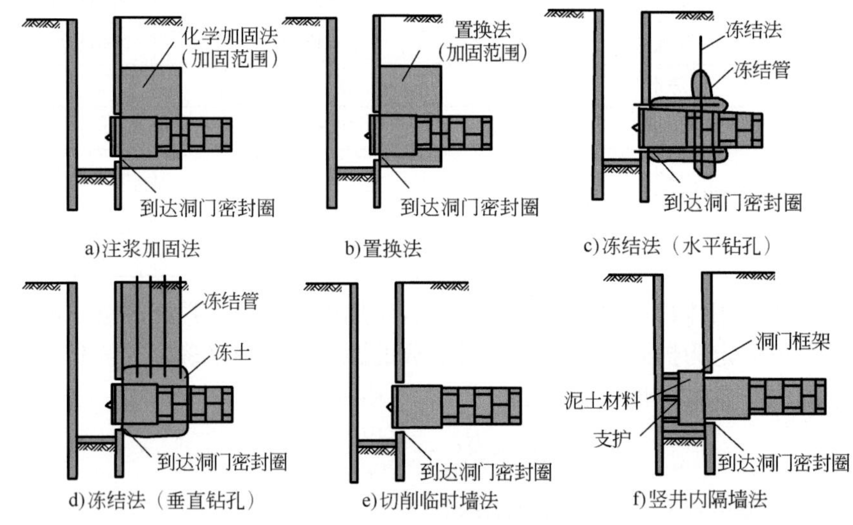

图7-92　盾构到达方法示意图

隧道埋深大、水压高、透水强的地层，为确保到达安全，水下到达是一种比较好的方法。但要合理确定加固体长度，同时确保同步注浆质量。

3）盾构到达时应事先充分研究如下事项：

（1）是否需要事先加固到达部分附近的地层及设置洞门密封。

（2）为了盾构能沿设计线路顺利到达预定位置，需要确定盾构贯通测量方法。一般在盾构到达前100m，对盾构轴线进行测量、调整。

（3）减小盾构掘进速度，确定采用低速推进的开始位置。一般盾构刀盘离到达接收井距离小于10m时，控制盾构推进速度、开挖面压力、排土量，以减小洞门地表变形。

（4）采用泥水盾构施工时，确定泥水减压的开始位置。

（5）盾构掘进到到达面时，由于推力的影响需要考虑是否在竖井内采取临时支护措施及其相应的对策。

(6)竖井到达面的开挖方法及其开始时间。

(7)防止从盾构和到达面的空隙流入或涌入土沙的对策。

(8)到达部分壁后注浆方法。

(9)盾构到达竖井时,对盾构接收井进行验收并做好接收盾构的准备工作。盾构接收时,应按预定的拆除方法与步骤拆除洞门。当盾构全部进入接收井内基座上后,应及时做好管片与洞门间隙的密封。

(二)盾构掘进

根据隧道地质条件、埋深、周边环境等条件,确定盾构掘进参数,确保开挖面稳定。根据盾构掘进测量随时调整盾构姿态,使盾构沿着设计线路掘进。

1.盾构姿态控制

盾构姿态控制的基本原则:以隧道设计轴线为目标,偏差控制在设计范围内,同时在掘进过程进行盾构姿态调整,确保不破坏管片。盾构推进过程中,依靠千斤顶不断向前推进,为便于轴线控制,将千斤顶设置分成不同区域。应严格控制各区域油压,同时控制千斤顶的行程,合理纠偏,做到勤纠,减小单次纠偏量,实现盾构沿设计轴线方向推进。

1)掘进时,正确使用盾构推进油缸,确保所需要的推力,控制盾构姿态。

盾构推进在盾构推进油缸的推力作用下进行。合理地使用盾构推进油缸,对正确地沿规定的计划线路进行推进是至关重要的。在曲线、坡度、蛇行修正等场所,合理使用不同分区油缸推力和油缸行程。具有交接装置的盾构,可根据需要使用交接油缸。

推进时所需的推力会由于围岩条件(粒度组成、围岩强度、密实度、地下水压)、盾构形式、超挖量、有无蛇行修正、隧道曲线半径、坡度等情况而有所不同。考虑不对管片产生不良影响情况下,注意始终使用适当的推力。

2)控制盾构姿态,防止姿态偏差过大,使盾构在规定的设计线路上正确地推进。

在盾构推进时,根据测量的盾构轴线与隧道轴线关系确定盾构姿态调整的方向;根据盾构长度、管片长度、楔形量、管片与盾构的位置关系(盾尾间隙、油缸行程差)等,确定每一环的允许纠偏量。盾构姿态调整应尽早进行,急剧的方向修正往往会增加相反一侧的蛇行量,造成管片组装困难,甚至已拼装管片破损。因此,最好考虑在较长的区间内逐渐地进行修正。在推进过程中,应注意地质条件的变化,如在软硬不均地层、软弱地层中,盾构姿态往往不易控制,应采用相应的措施进行控制。盾构姿态控制标准见表7-38。

盾构姿态控制标准 表7-38

水平偏差	竖向偏差	椭圆度	滚动	上下倾斜	左右倾斜	每环的最大纠偏量
允许偏差75%	允许偏差75%	2‰	1%	1%	1%	10mm

3)合理控制推进油缸推力,避免盾构姿态变化过大,确保不损坏管片。

推进时,最好在考虑管片强度的基础上,尽量减小推进油缸推力。在曲线部分、坡度变化部分、蛇行修正部分等使用部分推进油缸时,也要注意尽量控制推进油缸推力。

4)盾构掘进方向控制方法。

(1)采用隧道自动导向系统和人工测量辅助进行盾构姿态监测。

该系统配置了导向、自动定位、掘进程序软件和显示器等,能够全天候在盾构主控室动态显示盾构当前位置与隧道设计轴线的偏差以及趋势。据此调整控制盾构掘进方向,使其始终保持在允许的偏差范围内。

随着盾构推进,导向系统后视基准点需要前移。后视基准点通过人工测量来进行精确定位。为保证推进方向的准确可靠性,每周进行两次人工测量,以校核自动导向系统的测量数据并复核盾构的位置、姿态,确保盾构掘进方向正确。

(2)采用分区操作盾构推进油缸控制盾构掘进方向。

根据线路条件所做的分段轴线拟合控制计划、导向系统反映的盾构姿态信息,结合隧道地层情况,通过分区操作盾构的推进油缸来控制掘进方向。在上坡段掘进时，适当加大盾构下部油缸的推力；在下坡段掘进时，则适当加大上部油缸的推力；在左转弯曲线段掘进时，则适当加大右侧油缸推力；在右转弯曲线掘进时，则适当加大左侧油缸的推力；在直线平坡段掘进时，则应尽量使所有油缸的推力保持一致。在均匀的地质条件下，保持所有油缸推力一致；在软硬不均的地层中掘进时，则应根据不同地层在断面的具体分布情况，遵循硬地层一侧推进油缸的推力适当加大，软地层一侧油缸的推力适当减小的原则来操作。

5)盾构掘进姿态调整与纠偏。

在实际施工中，由于地质突变等原因，盾构推进方向可能会偏离设计轴线并达到管理警戒值；在稳定地层中掘进，因地层提供的滚动阻力小，可能会产生盾体滚动偏差；在线路变坡段或急弯段掘进，有可能产生较大的偏差。因此应及时调整盾构姿态，纠正偏差。参照上述方法分区操作推进油缸来调整盾构姿态，纠正偏差，将盾构的方向控制调整到符合要求的范围内。

(1)滚动纠偏。当滚动超限时，盾构会自动报警。此时，应采用盾构刀盘反转的方法纠正滚动偏差。

(2)竖直方向纠偏与水平方向纠偏。控制盾构方向的主要因素是千斤顶的单侧推力。当盾构出现下俯时，可加大下侧千斤顶的推力；当盾构出现上仰时，可加大上侧千斤顶的推力来进行纠偏。盾构纠偏的基本原则：以盾构与设计轴线水平，与竖向偏差控制在允许范围内为目标；避免纠偏过猛；保证管片拼装所需的最小盾尾间隙；确定每环的最大纠偏量。

2.开挖面的稳定

闭胸式盾构，同时进行开挖和推进。要确保开挖面的稳定，避免发生过量取土和压力舱内堵塞，就得使开挖和推进速度相协调。开敞式盾构要根据围岩条件，开挖后立即推进或开挖的同时进行推进，避免开挖面发生破坏。管片拼装完成后，要尽快地进行开挖、推进，尽量减少开挖面的暴露时间。

1)开敞式盾构

开敞式盾构根据开挖方式(手掘式、半机械式、机械式)的不同，要考虑围岩条件、隧道断面大小等，以尽量不发生围岩松动为原则来选定适当的支护方式，一边确保开挖面的稳定，一边进行推进。

(1)手掘式盾构施工法适用于开挖面能保持自立稳定的围岩。盾构推进时，先使盾构切口环贯入围岩，在盾构切口环的下面，根据围岩的条件分块进行开挖围岩，并立即用支护千斤顶等进行挡土。一边依次倒替，一边进行，以免使开挖面围岩松散。

(2)半机械式盾构施工法适用于围岩自立性好而且开挖断面比较大的隧道。需要根据开挖距离、开挖断面、围岩的抗压强度来选定适合各自条件的机械。另外，由于装备开挖机械而使支护千斤顶的设置困难，以及由于开挖面的暴露范围大时，需要对防止开挖面坍塌的措施进行充分研究。

(3)机械式盾构施工法，从开挖到排土都由机械进行。因此，它比半机械式盾构的效率更高。该施工法，有时因过多开挖或开挖面的局部坍塌引起地表面发生下沉、陷落，所以需要掌握开挖量和监视开挖面情况。对硬质地层，如泥岩层或很密实的砂砾层进行开挖时，需要对刀盘或刀头的磨损所引起的开挖效率的降低做充分的研究。

渣土通过皮带式输送机或螺旋输送机等，被渣车或压送泵运到隧道外。渣土的运输及处理能力影响到全工程的进度，因此，要特别慎重地制订计划，在考虑开挖方法、隧道断面大小、长度、推进时的排土量、周期时间、有无压气施工、渣土的性质和渣土的临时堆放场地等基础上，来决定能实现计划工期的方法。

2)土压平衡盾构

(1)土压平衡盾构是通过渣土舱内的泥土压力平衡开挖面处的地下水压和土压，以保持开挖面的稳定的盾构。刀盘切削下来的渣土通过刀盘上的开口进入刀盘与压力隔板之间的渣土舱，在渣土舱内搅拌混合或与添加材料(泡沫剂或塑性泥浆)混合形成具有良好塑性、流动性、稠度及内摩擦角小及渗透率小的泥土，螺旋输送机从压力隔板的底部开口进行排土。通过调整盾构推进速度和螺旋输送机排土量速度，控制渣土舱内泥土压力，由泥土压力平衡开挖面地下水压和土压，以保持开挖面的稳定。为了获得合适的土压力，通过螺旋输送机转速和盾构推进速度的调整实现对排土量和开挖量的控制，同时还要

掌握刀盘的扭矩和推力等，进行正确的控制管理，以防止开挖面的松动和破坏。

(2)为了保持开挖面稳定所需的土压力，维持与盾构推进量相平衡的排土量，应使土舱内的砂土具有适宜的流动性，并能防止地下水的流出。对于内摩擦角小的黏质土和粉质土构成的土层，由于刀盘的切削作用，可以维持开挖土的流动性。对于内摩擦角大的砂层、砾层构成的土层，开挖土流动性差，而且难以防止地下水的流出。对此，需要注入添加剂，进行强制性地搅拌，将其改良为具有流动性的开挖土，同时减小其透水性，以满足施工要求。

①在土压平衡盾构中，添加材料具有如下作用：

a. 提高压力舱内充满的开挖土砂的塑性流动性；

b. 和开挖土砂搅拌混合以提高不透水性；

c. 防止开挖土砂在盾构内的黏附等；

d. 减少刀具、刀盘和螺旋输送机等的磨损。

②需要选定最适合于围岩地层性质和渣土运出方式的添加剂材料。一般添加剂应具有如下性质：

a. 具有流动性；

b. 易和开挖土混合；

c. 不发生材料分离；

d. 无公害等。

③一般使用的添加剂材料可以大致分为4类。这些材料有时各自单独使用，有时组合使用。各类材料的特征可归纳如下：

a. 矿物类最常用的是黏土、蒙脱土等，与其他添加剂相比，需要采用制泥设备和储泥槽等大规模的设备。另外，有时渣土由于呈泥状而需要将其作为工业废弃物进行处理。

b. 水溶性高分子类具有可使开挖土的黏性增大的效果，泵压送性好。

c. 高吸水性树脂类可以吸收自重几百倍的地下水成为凝胶状态，由地下水导致的稀释减少，而且对防止高水压地基的喷涌有很好的效果。但在盐分浓度高的海水或大量含铁、铜等金属离子的地基中，以及强酸性、强碱性地基和化学加固区间等地基中，其吸水能力会大大降低。

d. 界面活性材料类是用特殊发泡剂和压缩空气制作的气泡剂。不但能提高土的流动性和不透水性，而且有防止开挖土黏附的效果。另外，气泡剂本身的消泡等后处理较为容易。但是在采用泵压送渣土时要加以注意。

(3)压力舱的压力管理。为了确保开挖的稳定，需要适当地维持压力舱压力。一般如果压力舱的压力不足，发生开挖面涌水或坍塌的危险性就会增大。如果压力过大，又会引起刀盘扭矩或推力的增大而发生推进速度的下降或喷涌等问题。

关于压力舱压力的管理，有采用主动土压和静止土压，或者松弛土压的方法等。但是最基本的思路是：作为上限值，以尽量控制地表沉降为目的而使用静止土压力；作为下限值，可以允许产生少量的地表沉降，但以确保开挖面的稳定为目的而使用主动土压力。施工过程中需要根据地基的变形、刀盘扭矩以及其变化情况，及时在推进中调整压力舱的压力。

(4)掌握开挖面的稳定状态。一般通过压力计测量压力舱的压力，以掌握开挖面的稳定状态。另外，还可对开挖面状态进行探查，此时使用机械触探法或非接触性电磁波、超声波调查法。但是，两者都是用来探查开挖面的前方或上方的局部空洞，为判断开挖面稳定状态提供辅助信息。

(5)排土量管理。为了在盾构掘进过程中保持开挖面的稳定，需保持排土量和推进量相平衡。但由于围岩的土量或渣土的重度会有一定的变化，又因有添加剂种类、添加量或排土方式等因素的影响，渣土的重度也会发生变化，所以要准确掌握排土量比较困难。另外，排土状态可在半固体状态到流体状态之间变化，其性状是各种各样的。因此，仅根据排土量的管理来控制开挖面坍塌或地基沉降比较困难，最好是根据压力舱的压力和开挖土量同时进行管理。

排土量管理的方法可大致分为容积管理法和重量管理法。容积管理法，一般是测量渣车内渣土体积，或根据螺旋输送机转速、压送泵转数进行推算。重量管理法，一般是称量渣车内渣土的重量。

3)泥水盾构

泥水加压式盾构施工的特征是循环泥浆,一边用泥浆维持开挖面的稳定,一边用机械开挖方式来开挖。开挖土作为泥浆,用液体输送方式运到地面。该施工方法是将开挖设备、开挖面稳定系统、渣土处理设备作为一个整体系统来进行使用的。因此,应充分掌握构成系统的各部分设备的各自特征、能力等来制订计划。系统运行要充分考虑到排土量、泥浆质量、开挖面状态、壁后注浆、送排泥流量、排泥流速等条件的设定和管理。对于泥水盾构施工,开挖面稳定由以下两个因素综合作用而维持:

①泥水压力平衡地层的水土压力。

②泥浆在开挖面形成不透水的泥膜,让泥水压力有效地发挥作用;同时泥浆从开挖面渗透到一定范围的地层中,使开挖面地层增加黏聚力。

因此,一般根据围岩条件、隧道埋深、地下水位等设定合理的泥水压力来平衡开挖面土水压力,以确保开挖面的稳定。同时为了向开挖面传送和维持泥浆压力,需要形成充分的泥膜。粒度均匀的砂性地基或砾质地基,往往由于逸泥等难以充分形成泥膜。因此,对泥浆的相对密度或黏性、屈服值、过滤特性等泥浆指标的管理尤为重要。

(1)泥浆压力管理

在泥水加压式盾构施工过程中,为了确保开挖面的稳定,需要根据开挖面的地层性质及水土压力适当地设定泥浆压力。一般,如果泥浆压力不足,发生开挖面坍塌的危险性就会增大;如果压力过大,又会出现泥浆喷发的可能。根据泥水盾构平衡开挖面的基本原理,泥水压力控制值一般采用式(7-40)计算。

$$P_{s(泥水压)} = P_{w(地下水压)} + P_{e(土压)} + P_{预压} \tag{7-40}$$

①水压力。水压力指开挖面的孔隙水压力,根据事前的地质勘探,可准确得到。但有些地区的地下水位随季节变幅较大,因此,在研究泥水压力时,需考虑施工季节这一因素。

②土压力。关于在设定泥水压力时如何考虑土压力,目前尚无固定的方法,主要靠现场技术人员的判断。以下介绍几种实际施工中常用的考虑土压力的方法:

a.采用静止土压力　为了将开挖面保持在最稳定的状态,且把开挖变形控制到最小限度,并防止地表沉降,最好是在计算泥水压力时用静止土压力。但是这样做需要相当大的泥浆泵,所以在决定泥水压力时,应从经济性和允许沉降量两个方面来考虑。

b.采用主动土压力　如果开挖变形在弹性范围内,即使土体中有变形,但仍能保持开挖面稳定,因此,也可用主动土压力。而当采用主动土压力时,虽然由于开挖面松动,有利于出渣,但应注意开挖面变形引起的前部地表沉降。

c.采用太沙基的松弛土压力　当上覆土层的厚度远大于盾构外径时,在良好的地基中可望获得一定的拱效应,因而可将太沙基的松弛土压力作为铅直土压力考虑。此松弛土压力是指假定开挖时洞顶出现松动,当这部分土体产生微小沉降时,作用于洞顶的铅直土压力。因此,应用太沙基理论时,应求出开挖面的松弛范围。用于计算的松弛范围比隧道断面的松弛范围小,当用太沙基理论设计泥水压力时,所得值偏于安全。

d.采用村山的松弛土压力　村山等人将太沙基的松弛土压力观点用于计算盾构前进方向开挖面前方土压力松弛而产生的水平力。即假定盾构前方因为开挖面释放应力而形成滑动面,由洞顶的滑动宽度求出盾构前进方向的松弛范围,并算出松弛土压力。这是一种考虑了实际崩塌的合理的评价方法,在研究泥水压力时也是有用的。但由于无法考虑开挖面变形,所以应注意地基沉降。

如果开挖面可以自稳,如岩石地层,泥水压力设定可以不考虑土压力。但在大断面盾构中,开挖崩塌和大的变形极有可能引起地基下沉,如果不考虑土压力则应作充分论证。

对于城市盾构隧道,由于覆土厚度一般较浅,往往遵循以下原则设定压力值:以尽量控制地表沉降为目的而使用静止土压作为上限值;在允许一定沉降时,以保持开挖面稳定为目的而使用主动土压作为下限值。

③预留压力。为了在开挖面形成泥膜，应使泥水压力高于地下水压力，以使泥水向土体渗透，并填堵土体中的孔隙。但如果开挖面泥水流入土体，则可能引起泥水压力降低，以致引起开挖面失稳。因此，在决定泥水压力时，一般还需要在水压力、土压力的基础上再加一部分预留压力。此预留压力多采用 10～20kPa。

(2)盾构推进时的开挖面泥水压力控制

盾构推进时通过泥水压力传感器测出泥水压力，并通过调整进排泥流量或气垫舱的压力自动控制泥水压力。

①掌握开挖面的稳定状态。根据地表沉降、泥水压力变化及掘进参数(推力、扭矩)的变化、开挖面探查装置等，来判断开挖面的稳定状态。

②排土量的管理。为了在盾构掘进过程中保持开挖面的稳定，则需要开挖时使排出和推进的土量相平衡。根据从设置在送泥管和排泥管上的流量计和密度计取得的数据，通过计算求出偏差流量和开挖干砂量，用它检查围岩的开挖量，把握开挖面的状态。这一方法也可用来推断围岩的地质变化，此时要对前几环的偏差流量和开挖干砂量进行统计计算。

(3)泥水质量管理

①泥水密度。为了保持开挖面的稳定，即把开挖面的变形控制到最小，应采用较高的泥水密度。从理论上讲，泥水密度最好能达到开挖面土体的密度。但是，大密度的泥水会引起泥浆泵超负荷运转及泥水处理困难，而小密度的泥水虽可减轻泥浆泵的负荷，但因泥粒渗走量增加，泥膜形成慢，对开挖面稳定不利。因此，在选定泥水密度时，应充分考虑土体的地层结构，在考虑开挖面稳定的同时，也要考虑设备能力。一般情况下，泥水密度为 1.05～1.30g/cm^3。

②含砂量。Muller 等人将开挖面的过滤状态分为三类，如图 7-93 所示。

类型 1：泥水几乎不产生渗透，只形成泥膜。

类型 2：土体孔隙大，泥水全部渗走不产生泥膜。

类型 3：介于类型 1 和类型 2 之间，即泥水渗走的同时也形成泥膜。

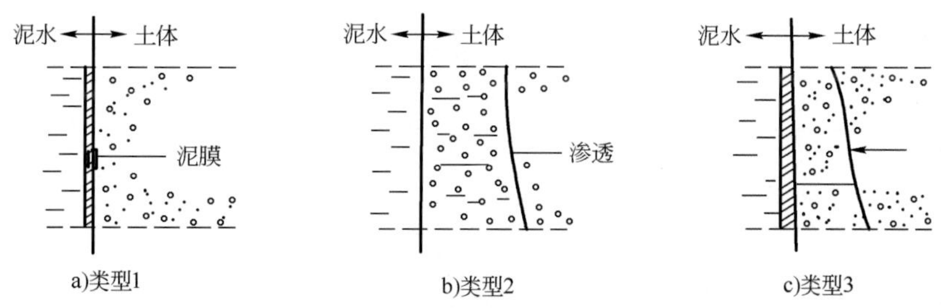

图 7-93 泥水在土体壁面的贯入过滤

类型 1 的过滤形态多发生在渗透系数小的黏土层；类型 2 多出现在渗透系数大的砂砾层中；类型 3 多在砂质地层中发生。如果泥水向土体过量渗透，不仅泥水压力不能有效作用于开挖面，而且会引起土体孔隙水压力上升，有效应力下降，对开挖面稳定是不利的。因此，对渗透系数大的砂质土、砂砾石层，需采取有效措施以加速泥膜的形成。

在强透水性土体中，泥膜形成的快慢与渗入泥水中砂粒的最大粒径以及含砂量(砂粒质量/黏土颗粒质量)有很大关系。这是因为砂粒具有堵塞土体孔隙的作用。为了充分发挥这一作用，砂粒的粒径应比土体孔隙大且其含量应适中。决定泥浆的最佳特性时，应兼顾连续掘进时开挖面稳定和流体输送顺畅两个方面，可以说泥浆的最佳状态在很大程度上取决于开挖地层的土质条件，即选择的泥浆颗粒级配与地层的颗粒级配符合可渗比 $n=15$ 的条件。

③流动性指标。在国外，随着对泥水盾构泥浆作用的研究，泥浆的特性指标要求增加塑性黏度、屈服值、滤失量等。针对不同地质条件提出各项性能指标的参考值，见表 7-39。满足上述条件的泥水不仅能使开挖面稳定，同时还具有溢泥量少的优点。从相对密度、黏度两个方面看，携带渣土的流体输送也处于最佳状态。

泥浆的特性要求 表 7-39

地质条件	遭遇的困难	泥浆功能	泥浆特性要求			
			AV 表观黏度 (10^{-3}Pa·s)	PV 塑性黏度 (10^{-3}Pa·s)	YP 屈服值 (Pa)	API 滤失量 (mL)
水敏性黏土层：塑性黏土、泥岩($k<10^{-8}$m/s)	黏度升高，黏滞堵塞的风险	维持黏度，控制滤失量、密度	10～20	5～15	1～5	<20
黏土层、石灰石、砂岩($k<10^{-7}$m/s)	密度升高，黏度升高	维持黏度，控制滤失量、密度	10～20	5～15	1～5	<25
中渗透性地层：细砂，含砂淤泥质黏土($k=10^{-6}$m/s)	泥饼性能变差，密度升高	控制滤失量和黏度	15～20	5～15	5～10	<25
砂质地层($k=10^{-4}$～10^{-5}m/s)	漏失泥浆，泥饼变差	控制滤失量和黏度	20～30	5～15	10～20	<25
高渗透性地层：冲积层、砂砾层($k>10^{-3}$m/s)	漏失泥浆，泥饼变差	提高黏度，控制滤失量	>40	5～20	>25	<25

根据试验，采用上述泥浆流动性指标来衡量泥浆的黏度是否适当。但现场施工时为了简化测定，在漏斗黏度不太大的范围内(20～60s)，通常采用与屈服相关的漏斗黏度值。通常所用的保持开挖面稳定所必需的范内尔漏斗黏度见表 7-40。

不同地层需要的范内尔漏斗黏度 表 7-40

开 挖 土 质	漏斗黏度(500mL/500mL)(s)	
	地下水影响小	地下水影响大
加砂黏土	25～30	28～34
砂质黏土	25～30	28～37
砂质粉土	27～34	30～40
砂	30～38	33～40
砂砾	35～44	50～60

必要的泥浆黏度可以保证地层的稳定。从地层方面看，砂性土需要的泥浆黏度应大于黏性地层，用于地下水丰富地层的泥浆黏度应大于没有地下水的地层。根据经验，为保证地层稳定所需要的泥浆黏度见表 7-41。

保持地层稳定所需要的泥浆黏度 表 7-41

地 层 条 件	泥 浆 性 质	漏斗黏度的经验值(500mL/500mL)(s)	漏斗黏度的经验值(500mL/750mL)(s)	泥浆配合比
$N>0$～2 的软弱的黏土粉土层	泥浆效果不能充分发挥，需增加水不能侵入的性能	100 以上	64 以上	用高浓度、高黏性的泥浆
2～$5<N$ 的黏土层	一般不需要特别的泥浆，也可用清水	20～30	18～27	膨润土浓度 4%～5%；掺少量的 CMC
N 值较高，全部是黏土或粉土	保持最低的黏度和脱水量，而黏土或粉土不会被冲洗的程度	25～33	23～29	膨润土浓度 5%～6%；掺少量的 CMC

续上表

地层条件	泥浆性质	漏斗黏度的经验值(500mL/500mL)(s)	漏斗黏度的经验值(500mL/750mL)(s)	泥浆配合比
黏土层中含有较多的砾石层,含砂量较多,但坍塌的可能性小	黏度可以低些,但要有较小的脱水量和较大的屈服值	28～35	25～31	膨润土浓度6%～8%;掺稍多量的CMC
全部是N值较高的砂层和粉土的互层	黏度不用过高,但使用CMC调节脱水量,使屈服值稍大一些	28～35	25～31	膨润土浓度6%～8%;掺较少量的CMC
一般的粉土层,含砂粉土层	黏度、胶凝强度和脱水量都不用过高	30～38	27～33	膨润土浓度7%～8%;掺加CMC
全部是N值较高的细砂～粗砂层	胶凝强度和脱水量都不用过高,黏度不要过低	32～38	29～33	膨润土浓度7%～9%;掺加CMC
一般砂层	黏度、胶凝强度和脱水量都用标准值,泥膜既薄又结实	35～50	31～40	膨润土浓度8%～10%;掺加CMC
N值略低的砂层	黏度稍高,使地层不被冲刷。使用高黏度的泥浆,降低脱水量	40～60	34～45	膨润土浓度8%～10%;掺加CMC
全部地层N值较低,黏土质粉土较多	膨润土浓度较低,增多CMC,防止地层被冲刷	40～50	34～40	膨润土浓度7%～9%;掺加CMC
砂砾层	膨润土浓度较高,用CMC降低脱水量	45～80	37～54	膨润土浓度8%～10%;掺加稍多的CMC
有地下水流出(承压地下水,漏失泥浆),预计地层有坍塌	增大泥浆的相对密度和掺加防漏剂,以提高其黏度	80以上	54以上	膨润土浓度10%～12%;掺加稍多的CMC、堵漏剂等

(三)管片拼装

一般管片拼装在掘进完成后及时进行,根据盾尾间隙与油缸行程差等,选择合适的封顶块拼装位置,按照正确的拼装方式、合理的拼装顺序进行管片拼装,确保管片拼装质量,避免管片破损。

1.拼装前的准备

对将要拼装的管片及其防水密封条进行验收,并按拼装顺序堆放;清除已拼装管片环面和盾尾内的杂物,并检查防水密封条是否完好,如有损坏应及时修补;对管片安装机具和材料进行检查,全面检查拼装机是否正常,操作是否灵活、安全可靠;根据设计管片类型、楔形量、盾尾间隙、油缸行程差、交接油缸的长度等确定管片封顶块拼装位置。管片选型应与盾构姿态相适应,兼顾隧道轴线。

2.拼装作业

根据管片设计类型与拼装质量要求,如左右转弯环、通用楔形环等,采用合适的拼装顺序与拼装方法。

在管片拼装过程中,根据管片的拼装顺序,逐次收回油缸,防止盾构后退。应严格控制盾构推进油缸的压力和伸缩量,使盾构位置保持不变。按各块管片位置,缩回相应位置的推进油缸,形成拼装空间使管片到位,然后伸出推进油缸完成管片的拼装作业。盾构司机在反复伸缩推进油缸时应做到保持盾构不后退、不变坡、不变向。

每块管片应控制环面平整度、错台、接缝宽度，最后插入封顶(K)块封闭成环。封顶块的装配要用微动装置正确拼装，切勿使邻接管片损坏。封顶成环后，进行测量，并按测得数据作圆环校正，再次测量并做好记录。最后使用规定的扭矩，对接头螺栓等进行充分的紧固；管片脱出盾尾后及时进行复紧；当管片远离开挖面不再受到推力影响时，再次使用规定的扭矩进行紧固。推进油缸推力对管片的影响程度，因管片的种类、地层、推力大小、隧道线路、壁后注浆等有所不同，需要根据不同接头的特性进行管理。必要时对隧道的所有连接螺栓进行检查和复紧。

拼装过程中，拼装管片时应防止管片及防水密封条的损坏，遇有管片损坏，应及时使用规定材料修补。管片损坏超过标准时，应调换。在拼装过程中，应保持成环管片的清洁。如后期发现损坏的管片，也需修补。

对已拼装成环的管片环作椭圆度的抽查，确保拼装精度。平曲线段管片拼装时，应注意使各种管片在环向定位准确，保证隧道轴线符合设计要求。

特殊位置管片拼装时，应根据特殊管片的设计位置，预先调整好盾构姿态和盾尾间隙，确保按设计拼装管片。

3. 管片拼装精度

管片拼装精度对确保隧道断面、施工速度，防止管片破损，提高止水效果及减少地层沉降等方面，都极其重要。因此，在拼装管片时，要充分注意管片拼装的形状，充分紧固接头螺栓等以防止松动。管片脱出盾尾时，由于土压力、壁后注浆压力而易于发生变形。对已拼装成环的管片环作椭圆度的抽查，确保拼装精度。管片拼装精度要求见表7-42。

管片拼装精度要求 表7-42

序号	项目	允许偏差(mm)	检验方法
1	衬砌环直径椭圆度	±0.4%D	尺量后计算
2	相邻管片径向错台	10	用尺量
3	相邻管片环向错台	10	用尺量
4	端面平整度	3	用尺量
5	纵缝	4	塞尺
6	环缝	2	塞尺

注：D为衬砌环直径。

4. 管片拼装常见的问题及解决措施

1)管片环端面不平整，衬砌环接头面没有处在同一平面上，并在管片结构中发生了较大弯矩值，从而产生间隙、裂缝；同一环管片在拼装完成后迎千斤顶一侧环面不在同一平面上，不同块之间有凹凸现象存在，如图7-94所示。这些给下一环的拼装带来影响，导致环向螺栓穿进困难、管片碎裂等问题。

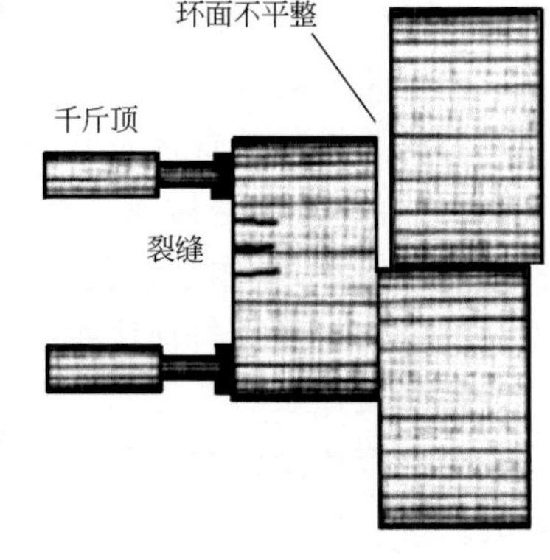

图7-94 管片背面的裂缝

(1)主要原因

①管片制作尺寸误差累计；

②拼装时前后两环管片间夹有杂物；

③千斤顶的推力不均匀，使环缝间的止水条压缩量不相同；

④纠偏楔子的粘贴部位、厚度不符合要求；

⑤止水条粘贴不牢，拼装时翻到槽外，使与前一环的环面不密贴，引起该块管片凸出；

⑥成环管片的环、纵向螺栓没有及时拧紧及复紧。

(2)主要预防措施

①拼装前检测前一环管片的环面情况，决定本环拼装时纠偏量及纠偏措施；

②清除环面和盾尾内的各种杂物；

③控制千斤顶推力均匀；

④提高纠偏楔子的粘贴质量；

⑤检查止水条的粘贴情况，保证止水条粘贴可靠；

⑥盾构推进时骑缝千斤顶应开启，保证环面平整。

(3)治理方法

对于已形成环面不平的管片，在下一环及时加贴楔子纠正环面，使环面平整。

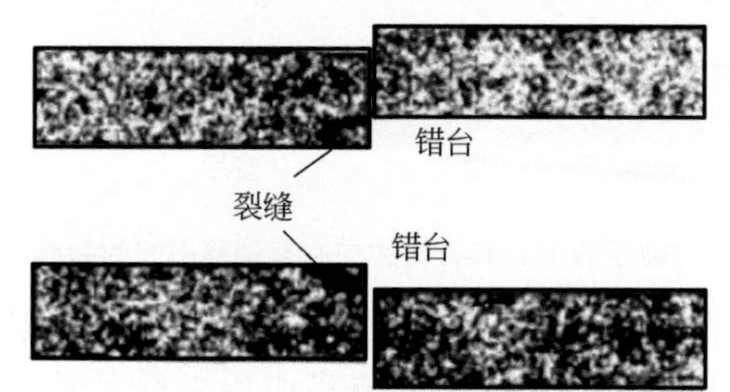

图 7-95 错台引起的裂缝

2)邻环面中心有偏移，K 型块等管片的部分管片体落入隧道的内部空间一侧时，隧道内侧或者邻接管片的土层一侧的隅角处便产生了裂缝现象，如图 7-95 所示。

纵缝质量差表现为同环相邻的管片相互位置发生变动，致使纵缝出现了前后喇叭、内外张角、内弧面产生踏步、纵缝过宽、两块管片相对旋转等质量问题，对于隧道的防水、管片的受力都造成严重的危害。

(1)主要原因

①拼装时管片没有放正，盾壳内有杂物，使落底块管片放不到位或产生上翘、下翻，环面有杂物夹入环缝，也会使纵缝产生前后喇叭；

②拼装时管片未能形成正圆，造成内外张角；

③前一环管片的基准不准，造成新拼装的管片位置亦不准；

④隧道轴线与盾构的实际中心线不一致，使管片与盾壳相碰，无法拼成正圆，只能拼成椭圆，纵缝质量也就无法保证。

(2)预防措施

①拼装前做好盾壳与管片各面的清理工作，防止杂物夹入管片之间；

②推进时勤纠偏，使盾构的轴线与设计轴线的偏差尽量减少，保证管片能够居中拼装，管片周围有足够的建筑空隙使管片能拼装成正圆；

③环面的偏差及时进行纠正，使拼装完成的管片中心线与设计轴线误差减少，管片始终能够在盾尾内居中拼装；

④管片正确就位，千斤顶靠拢时要加力均匀，除封顶块外，每块管片至少要有 2 台千斤顶顶住；

⑤盾构推进时骑缝的千斤顶应开启，保证环面平整。

(3)治理方法

①用整圆器进行整圆，通过整圆来改善纵缝的偏差。

②管片出盾尾，环向螺栓再进行一次复紧，可改善纵缝的变形；管片被周围土体包裹住以后，椭圆度会相应地减小，纵缝压密程度提高，此时对螺栓进行复紧可取得较好的效果。

③采用局部加贴楔子的办法，作纵缝质量的纠正。

3)接头面和倾斜的邻接管片接头面相接触，隅角部位悬空，受力不好，从而产生裂缝，如图 7-96 所示。形成这些损伤是由于在管片拼装时的精度很差，不能保证平整性、正圆度而产生裂缝。

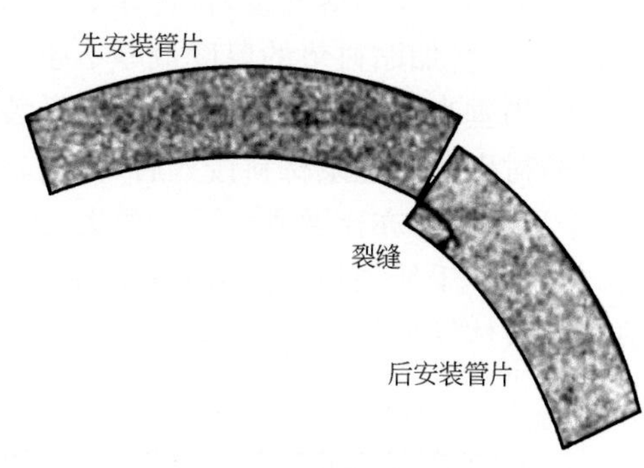

图 7-96 环向错台产生的裂缝

4)千斤顶靴板倾斜地作用在管片的接头面上，造成对管片块体的损伤，如图 7-97 所示。这种类型的损伤，多半发生在小半径曲线的施工场合下，和在千斤顶的作用处不能弯曲时的场合下。此外，在多数的情况下，这种损伤是在千斤顶安装和调整不充分时形成的，而在管片衬砌环的平整性不良时亦有可能产生类似的损伤。造成这类损伤的原因是盾尾密封的约束、千斤顶加载的偏移，而作为主要的因素，还是归结于盾构的位置控制和盾构隧道线形管理的问题。

5)管片衬砌环的中心和盾构的中心有偏移,以及由于盾构方向和隧道的方向存在着偏离,无法充分保障盾尾的空隙,产生了隧道轴向的弯矩,如图 7-98 所示。

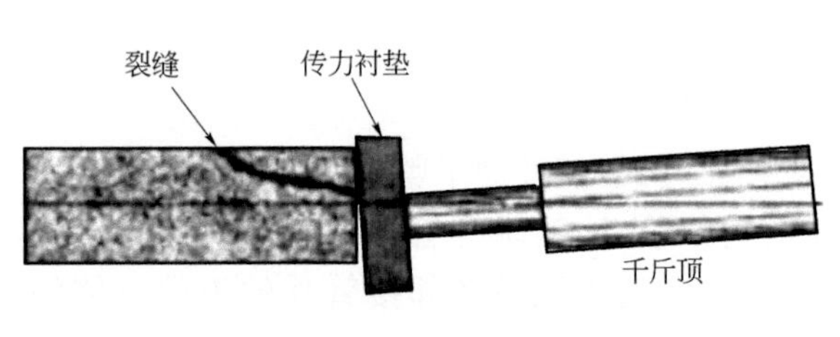

图 7-97　千斤顶不良顶力引起的裂缝

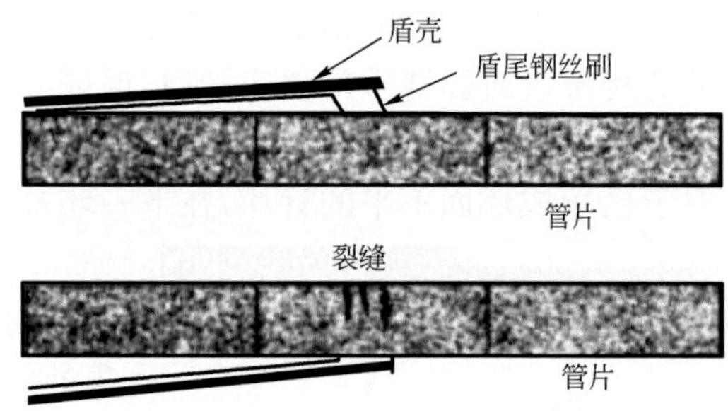

图 7-98　管片衬砌环的中心和盾构的中心有偏移引起的裂缝

此外,由于盾尾和管片衬砌之间的摩擦力,在隧道轴向作用着较大的张拉荷载而发生裂缝。这种现象的存在,使得拼装管片的条件恶化,从而助长了形成扁平形状衬砌环的趋势。拼装完成后的管片迎千斤顶的一侧整环环面与盾构推进轴线垂直度偏差超出允许范围,造成下一环管片拼装困难,并影响到盾构推进轴线的控制。

(1)主要原因

①拼装时前后两环管片间夹有杂物,使相邻块管片间的环缝张开量不均匀;

②千斤顶的顶力不均匀,使止水条压缩量不相同,累计后使环面与轴线不垂直;

③纠偏楔子的粘贴部位、厚度不符合要求;

④前一环环面与设计轴线不垂直,没有及时地用楔子环纠正;

⑤盾构推进单向纠偏过多,使管片环缝压密量不均匀而使环面竖直度差。

(2)预防措施

①拼装时做好清理工作,防止杂物夹杂在管片环缝间;

②尽量多开启千斤顶,使盾构纠偏的力变化均匀;

③在施工中经常测量管片环面的垂直度,并与轴线相比较,发现误差,及早安排制作楔子环纠正;

④检查止水条的粘贴情况,保证止水条粘贴可靠;

⑤盾构推进时骑缝千斤顶应开启,保证环面平整。

(3)治理方法

①合理地修改管片的排列顺序,利用增减楔型环(曲线管片)来进行纠偏;

②根据需要纠偏的量,在管片上适当的部位加贴厚度渐变的传力衬垫,形成楔型环,对环面进行纠正,一般一次加贴衬垫的厚度最厚不超过 6mm,偏差大时,可连续多环纠偏以达到目的;

③当垂直度偏差较大,造成管片拼装极困难,盾壳卡管片严重时,可采用纠偏量较大的刚性楔子。

6)衬砌壁后注浆材料侵入盾尾部位处,由于注浆材料结硬而产生了约束。这种场合下,摩擦力变大,千斤顶顶力亦比通常情况下要大,影响程度也变大,如图 7-99 所示。

7)由于千斤顶顶力的加载中心和管片块体的中心存在偏离,使得管片衬砌产生了轴向弯矩,从而造成管片块体结构的损伤,如图 7-100 所示。

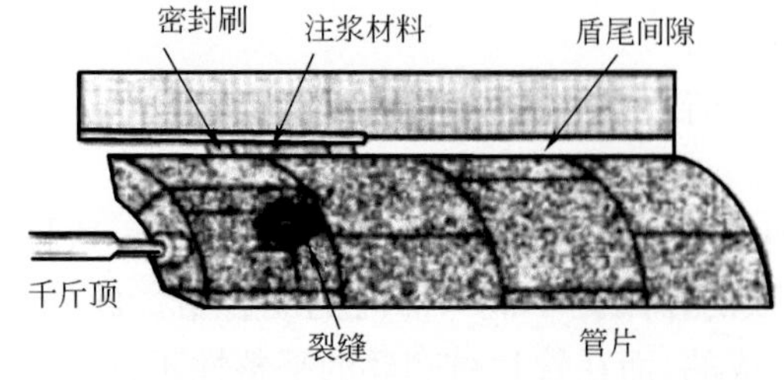

图 7-99　壁后注浆材料侵入盾尾引起摩擦力过大产生的裂缝

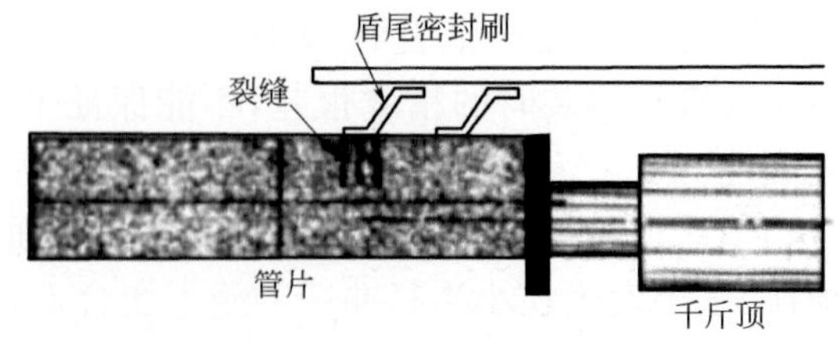

图 7-100　千斤顶顶力的加载中心和管片块体的中心存在偏离引起的裂缝

8)圆环整环旋转。拼装成环的管片与设计要求的拼装位置相比较,旋转了一定的角度,使盾构的后续车架及电动机车轨道的铺设不平整,影响设备的运行,也增加了封顶成环的拼装难度。

(1)主要原因

①千斤顶编组不合理,使管片受力不均匀,管片产生相对转动。

②管片环面不正,千斤顶的顶力方向与环面不垂直,盾构推进时就会产生使管片转动的力矩,导致管片旋转。

③拼装时管片的位置安放不准确,导致拼装时形成旋转。

④管片上的螺栓孔和螺栓之间由于拼装需要,一般留有 5～8mm 的间隙,这样就给两环管片之间相互错动留有了条件,如果在管片就位时随意操作,就会引起旋转偏差;或管片螺栓未足够紧固,故无法有效地传递力矩。

⑤拼装时后拼装的管片与已就位的管片发生碰撞,使已拼装的管片发生移位,如果长时间采用相同的顺序拼装管片,管片向同一方向发生旋转偏差,累积的偏差量就较大。

⑥盾构刀盘左右旋转方向不均衡,刀盘总朝一个方向旋转。

⑦同步注浆效果不理想,造成围岩无法提供足够的摩擦阻力以约束管片的扭转。

(2)预防措施

①控制好盾构推进的姿态,千斤顶编组情况要使推力的变化均匀,调整好管片环面的角度,减少推进过程中产生的转动力矩;

②拼装管片时管片要放置正确,千斤顶靠拢时要有足够的顶力使管片不发生相对滑动;

③拼装机操作时要动作平缓,旋转缓慢,这样有利于拼装的准确性;

④对已成环的管片的旋转情况要经常进行测量,并及时纠正;

⑤经常变换管片拼装的顺序;

⑥尽量缩短单个方向的旋转时间,使正反转时间和扭矩趋于均衡;

⑦尽量缩短同步注浆液的初凝时间,以增强管片的自稳性和及时给予管片足够的摩阻力;

⑧每一块管片就位拼装时,应将每个螺栓初步扭紧,在拼装成完整环后再次紧固,此外,在推进过程中推进压力远大于管片拼装时的千斤顶压力,故此时应对管片螺栓再次紧固,以达到较好的紧固效果,使管片整体性良好以抵抗扭转的趋势;

⑨掘进时推进千斤顶上下部压力差应尽可能小,避免较大的压力差使管片产生漂浮现象,从而减弱管片的自稳性。

(3)治理方法

利用管片之间可相互错动的余地,在落底块管片拼装时,管片纵向螺栓穿进后,利用拼装机钳着管片向需要纠正的方向旋转一个角度,然后靠拢千斤顶,并拧紧纵向螺栓。以落底块管片为基准,正确拼装其余管片,就可使整环管片向相反的方向旋转一个角度。连续数环管片拼装时采用这种方法,可使旋转误差得到纠正。在发现管片产生扭转时,可将刀盘与管片同向旋转,并适当延长旋转时间,以防止管片继续扭转并使管片恢复正常位置。在管片扭转过大时,可合理利用管片螺栓孔与螺栓间的公差进行调整,管片拼装时将管片向扭转的反方向进行拼装。

9)连接螺栓没达到标准要求。螺栓的拧紧力矩未达到要求,有些螺母用手就能拧动;双头螺柱一头超出螺母,另一头缩入螺母,使螺纹的有效连接长度不能保证,严重时个别的螺栓没有穿进。

(1)主要原因

①拼装质量不好,导致相邻管片之间错位严重,有的螺栓无法穿进;

②螺栓加工质量不好,螺纹的尺寸超差,造成螺母松动或无法拧紧;

③施工过程中只注意进度,忽视了拧紧螺栓的工作,有时甚至出现螺栓上未套螺母的情况;

④未及时进行复紧,尤其是底部、两肩部位的螺栓,复紧难度大,往往漏拧。

(2)预防措施

①提高管片拼装质量,及时纠正环面不平或环面与隧道轴线不垂直度等,使每个螺栓都能正确地穿

过手孔；

②严格控制螺栓的加工质量，定期抽查，发现问题及时更换，不符合质量要求的螺栓应退换；

③加强施工管理，做好自检、互检、抽检工作，确保螺栓穿进及拧紧的质量。

(3)治理方法

①未穿入螺栓的管片，可采用特殊工具对螺栓孔进行扩孔，使螺栓穿过；

②对不能穿过的孔换用小直径等强度的螺栓；

③加工专用平台，对隧道的所有连接螺栓进行检查和复紧。

10)管片环错台过大。拼装完成的两环管片间内弧面不平，环错台过大。

(1)主要原因

①管片拼装的中心与盾尾中心不同心，管片与盾尾相碰，为了将管片拼装在盾尾内，将管片径向内移，造成过大的环错台；

②管片拼装的椭圆度较大，造成环错台过大；

③管片的环面与隧道轴线不垂直，如继续上一环的方向拼装将会与盾尾相碰，将管片向相反方向位移，造成过大的环高差；

④管片在脱出盾尾后建筑空隙没有及时填充，管片在自重的作用下落低，造成环错台过大。

(2)预防措施

①将管片在盾构内居中拼装，使管片不与盾构相碰；

②保证管片拼装的真圆度；

③纠正管片环面与隧道轴线的不垂直度；

④及时、充足地进行同步注浆，用同步注浆的浆液将管片托住，减少环错台；

⑤严格控制盾构推进轴线和盾构姿态，确保管片能拼于理想的位置上。

(3)治理方法

拼装过程中发现新拼装的管片与前一环管片的环错台过大时，可拧松连接螺栓，逐块调整管片的位置。

11)管片椭圆度过大。拼装完成的管片的水平直径和垂直直径相差过大，导致椭圆度超过标准。

(1)主要原因

①管片的拼装位置中心与盾尾的中心不同心，管片无法在盾尾内拼装成正圆，只能拼装成椭圆形；

②管片的环面与盾构轴线不垂直，使管片与盾构的中心不同心；

③单边注浆使管片受力不均匀。

(2)预防措施

①经常纠正盾构的轴线，使盾构沿着设计轴线前进，管片能居中拼装；

②经常纠正管片的环面，使环面与盾构轴线垂直，管片始终跟随着盾构的轴线，使管片与盾尾的建筑空隙保持均匀；

③注浆时注意注浆管的布置位置，使管片均匀受力。

(3)治理方法

①采用楔子环管片借隧道的轴线，使管片的拼装位置处在盾尾的中心；

②控制盾构纠偏，使管片能在盾尾内居中拼装；

③待管片脱出盾尾后，由于四周泥土的挤压力近似相等，使椭圆形管片逐渐恢复圆形，此时对管片的环向螺栓进行复紧，使各块管片的连接可靠。

(4)质量保证措施

①对进场管片进行严格检查，破损、裂缝的管片不用；下井吊装管片和运送管片时注意保护管片和止水条，以免损坏。

②止水条及软木衬垫粘贴前，将管片进行彻底清洁，以确保其粘贴稳定牢固；施工现场管片堆放区

设有防雨淋设施。

③管片安装前对管片安装区进行清理，清除如污泥、污水，保证安装区及管片相接面的清洁。

④严禁非管片安装位置的推进油缸与管片安装位置的推进油缸同时收缩。

⑤管片安装时运用管片安装的微调装置将待装的管片与已安装管片块的内弧面纵面调整到平顺相接以减小错台；调整时动作要平稳，避免管片碰撞破损。

⑥同步注浆压力得到有效控制，注浆压力不得超过限值。

⑦管片安装质量以满足设计要求的隧道轴线偏差和有关规范要求的椭圆度及环、纵缝错台标准进行控制。

12)管片上浮过大。

(1)上浮原因分析

在盾构隧道施工过程中，管片上浮是比较普遍的现象。根据国内研究，引起管片上浮的原因包括：地质条件、衬背注浆、管片接头形式、盾构姿态、隧道坡度、盾构直径、隧道覆土厚度等。

根据国内外盾构施工的实践经验，在淤泥质地层中，隧道上浮相对较大；而在粉砂土或砂土层中，隧道上浮相对较小。岩石地层，如果裂隙发育，地层含水量、渗透性高，往往管片上浮较大。对于强度低的软弱地层，如果隧道覆土厚小于 D，在盾构掘进过程中，由于注浆压力大于隧道所承受的上覆水土压力，地层整体抗浮不足，引起地表隆起，从而加剧隧道整体上浮。某客运专线隧道盾构在流塑性淤泥质地层掘进时存在这种情况。不同的管片接头形式，其管片接头纵向刚度、抗剪强度不同。如果管片纵向接头刚度大，则纵向变形小；如果管片环向接头抗剪强度低，在施工荷载作用下，则管片环向错台较大，错台加剧管片上浮。武汉长江隧道管片接头设凸凹榫，管片错台很小，管片上浮一般控制在 2～3cm；而狮子洋隧道管片环向接头采用剪力销，在软弱地层中抗剪强度明显不足，施工中错台较大。隧道下坡比上坡上浮大，特别是隧道变坡点处。随着隧道直径增大，管片所受浮力与管片自重之间的差值也增大，因此大直径隧道管片更容易上浮。例如客运专线隧道，管片外径 10.8m，厚 50cm，宽 2.0m，每环管片在水中的浮力是 1 830kN，管片自重约为 800kN，与浮力相差约 1 000kN；地铁隧道管片外径 6.0m，厚 30cm，宽 1.5m，一环管片自重 192kN(按每环管片混凝土体积为 8m^3 计算)，一环管片所受浮力为 424kN(每环管片排开水的体积为 42.4m^3)。盾构掘进过程中，由于盾构姿态与管片姿态不一致，在盾构推进过程中，管片环面与推进油缸的推力方向不垂直，同时管片底部作用力比上部大得多，所以管片承受较大的偏心荷载，从而引起管片向上位移。而且管片在脱出盾尾的过程中承受较大盾尾侧向压力，使管片产生上浮或错台。盾构姿态控制与地层性质、司机操作水平等有很大关系。在软弱地层中，由于盾构刀盘较重，盾构机可能始终处于“栽头”状态，或在软硬不均地层中，盾构姿态控制难度较大。盾构沿设计轴线下坡掘进，隧道上浮的现象比较普遍，主要是由于下坡施工隧道渗水及施工用水聚集在隧道下部，同步注浆浆液被稀释，其胶凝时间增加。在坡度发生变化的竖曲线段，隧道上浮特别严重，同样是由于盾构姿态在掘进过程中不断调整，盾构轴线与隧道轴线之间的偏差较大，同时管片承受较大的偏心荷载所致。

可见管片上浮的原因极其复杂，具体到不同的工程，由于边界条件千差万别，引起管片上浮的主要原因往往不同。国内对管片上浮的认识多是根据经验得到定性认识，或具体工程中管片上浮的原因分析，对管片上浮的原因认识深度不够，且缺乏系统性。根据国内管片上浮现象，建立管片施工阶段受力模型，分析其上浮的主要原因，并提出相应的对策。

简化结构力学模型如图 7-101 所示。其主要影响因素包括：盾构与管片姿态、推进油缸推力、同步注浆压力及性质、管片接头特征等。

①盾构姿态。盾构轴线相对隧道轴线下倾，管片承受较大的偏心荷载及盾尾向上的作用力，主要受地层性质、盾构操作水平、隧道纵向坡度等影响。

②隧道纵向刚度。管片纵向刚度与管片接头形式、管片拼装方式等有关。

③浆液未凝固段长度及浆液对管片的浮力。浆液未凝固段长度与浆液凝固时间、施工速度有关，浆液对管片的浮力主要受浆液性质(黏度、坍落度等)、地下水状况影响。根据实际情况，确定浆液凝固时间及浆液对管片浮力的大小非常困难。

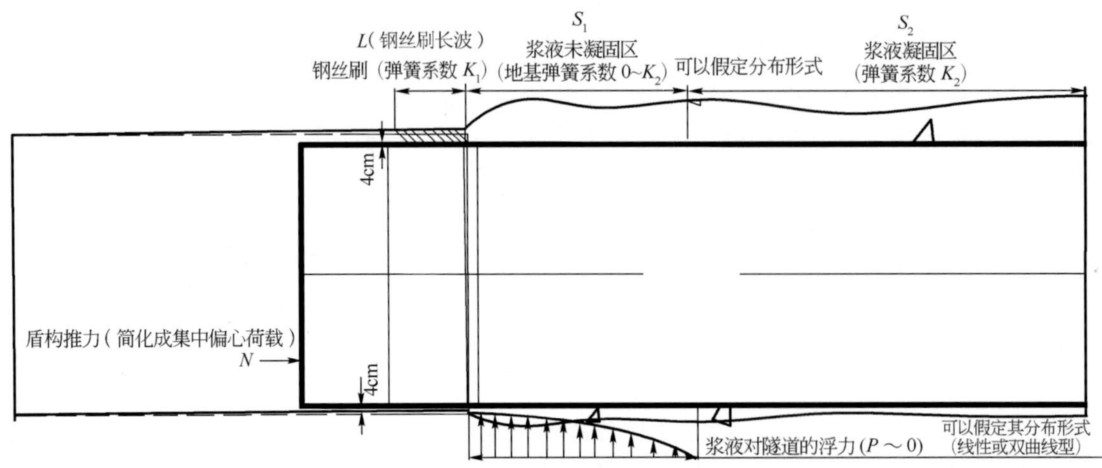

图 7-101 管片上浮分析模型

④地层性质与地下水状况。如果地层越软弱，地层抗力系数越小，管片越容易变形；同时软弱地层透水性差，易产生超孔隙水压力，管片降承受较大浮力；富含水的岩层地层透水性强，地下水将稀释浆液，影响其胶凝时间及浆液性质。

(2)控制盾构上浮的措施

①采用胶凝时间可调的塑性浆液。浆液胶凝时间与施工速度相匹配，同时应具有抗地下水的稀释性，采用稠度 9～11cm，坍落度 3～4cm 的塑性浆液减小浮力。

单液浆主要原材料有水泥、膨润土、工业废渣(粉煤灰、硅灰)及添加剂(减水剂、增塑剂、缓凝剂等)，比较理想的单液浆性能指标见表 7-43。单液浆胶凝时间小于 4h，工作性能变差，可能经常堵管。因此，液浆胶凝时间小于 4h 时应采用双液浆，可以有效减小管片上浮与地表沉降。

比较理想的单液浆性能指标 表 7-43

编号	材 料 性 能	指 标 范 围	编号	材 料 性 能	指 标 范 围
1	稠度(cm)	9～10.5	6	凝结时间(h)	4～11
2	坍落度(cm)	3～4	7	28d 强度(MPa)	3～6
3	pH 值	7～9	8	抗渗等级	≥P4
4	28d 水陆强度比(%)	80～100	9	90d 自由膨胀率	$(2.0\sim5.0)\times10^{-4}$
5	流动度(cm)	18～20	10	Ca^{2+}浓度(mg/L)	0～60

②根据地层采用适当的接头形式，采用纵向刚度与抗剪强度大的接头，增加剪力销、剪力键、凸凹榫等，采用错缝拼装(比通缝拼装纵向刚度大)。

③控制盾构姿态。首先提高盾构操作水平，控制盾构"栽头"，盾构倾斜与隧道坡度差控制在 0.2% 以内。但是对于流塑性淤泥质地层，采用刀盘很重的复合盾构施工时，有必要进行地基加固或掘进前将待安装管片堆放在盾尾内作为临时压重措施，以减小由于盾构"栽头"引起的上浮。

④根据测量到的隧道上浮情况，在推进过程中，为了保证隧道轴线偏差控制在设计允许范围内，盾构掘进轴线宜低于隧道中线。

⑤盾尾后 3 环管片进行二次壁后注浆(每 3～5 环注 1 次双液浆)，以减小隧道上浮。

(四)壁后注浆

根据地层条件、地层含水情况、盾构类型、隧道埋深及周边环境条件，选择合适的注浆材料和注浆方法。壁后注浆最好在盾构掘进的同时进行，应有效填充盾尾间隙，以防止地层松弛和地表沉降。

壁后注浆是为了在防止地层松动和下沉的同时防止管片漏水，并达到管片环的早期稳定和防止隧道的蛇行等目的，所以应及时实施，同时须进行充分的填充。

1. 注浆材料

根据地层性质、盾构形式、工程和周边环境等条件选择单液浆或双液浆。一般来说，对于稳定性好的

地层，多采用单液浆；对于难以稳定的黏土层或易坍塌的砂层，一般使用同步注浆的双液浆。浆液应具有不离析、流动性好、体积收缩小、强度达到原地层强度、防水性好等性质。在满足注浆要求的前提下，选择浆液原材料时需考虑经济性，应选择货源广、价格低廉，且易于运输、配制方便、配比操作容易的注浆材料。

1）单液浆

单液浆注浆性能指标最好能达到表 7-43 的要求。使用前通过试验确定浆液配合比，通常以胶凝材料组分、水胶比、胶砂比为基准配合比参数，通过加入添加剂进行同步注浆材料配合比设计。根据胶凝材料组分，基本配制方法有：

（1）水泥＋粉煤灰（钢渣＋矿渣）＋膨润土＋砂＋水＋外加剂；

（2）粉煤灰（钢渣＋矿渣）＋膨润土＋砂＋水＋外加剂；

（3）石灰＋粉煤灰（钢渣＋矿渣）＋膨润土＋砂＋水＋外加剂。

2）双液浆

目前主要采用水玻璃系双液注浆材料。双液浆应具有下列基本性质：浆液稳定性、流动性好，可注性能易控制；胶凝时间可在几秒到几十分钟范围内自由调控，可根据实际工程的需要选择相应的胶凝时间；浆液结石体强度不低于原地层强度；结石率要高，不低于 95％；结石体化学结构稳定、耐久性能好、抗水分散性能好；节能环保；原料来源丰富，价格低廉；对环境及地下水无毒性污染。

根据配置 A 液粉料的不同，其基本配制方法有：

（1）水泥浆（A）＋水玻璃（B）体系；

（2）水泥—粉煤灰—水玻璃体系；

（3）钢渣—矿渣—粉煤灰—水玻璃体系。

根据采用的粉料种类、水玻璃性能等，通过试验确定满足不同性能要求的浆液配合比。

2. 注浆时间

一般壁后注浆施工分为同步注浆和即时注浆。

所谓同步注浆，是在盾构推进的同时，从安装在盾构上的注浆管和管片的注浆孔进行壁后注浆的方法。在地层难以稳定的黏土层或易坍塌的砂层，需要采用同步注浆。

所谓即时注浆，是在盾构推进后迅速进行壁后注浆的方法。对于稳定地层，往往没有必要在掘进的同时进行同步注浆，多采用即时注浆的方法。

3. 注浆方法

注浆施工从设置在管片上的注浆孔或设置在盾构上的注浆管进行。一般是用砂浆车将注浆材料运入隧道内，然后用设在后配套拖车上的注浆泵进行注浆，或利用设在隧道外的拌和设备，用注浆泵进行压送。为了防止注浆材料或地下水流入盾尾密封内，作为盾尾填充材料而把润滑脂注入盾尾密封刷之间。为防止盾尾密封损坏，造成注入材料流入盾尾，也需要将盾尾密封设计为可以更换的结构。注浆时，随时观察注浆状况，控制好注浆压力并记录注浆点位置、压力、注浆量。当注浆设备发生故障时，应立即通知停止盾构掘进施工，及时排除故障。注浆结束后，应在一定压力下关闭浆液分配系统，同时打开回路管停止注浆。注浆管路内压力降至零后，拆下管路并清洗干净。清洗注浆设备（注浆泵、注浆管道等）时，要设置旁通阀等，以免在下一次注浆时将冲洗水混入注浆材料中注入。

4. 注浆压力

注浆压力一般指注入口处的压力，需要在考虑管片强度、土压、水压及泥土压等基础上，设定充分填充盾尾间隙所需要的压力，使压力均匀地作用于整个管片上。一般注浆压力应大于静止水土压力，注浆压力小于盾尾密封油脂压力0.2MPa，如图 7-102 所示。

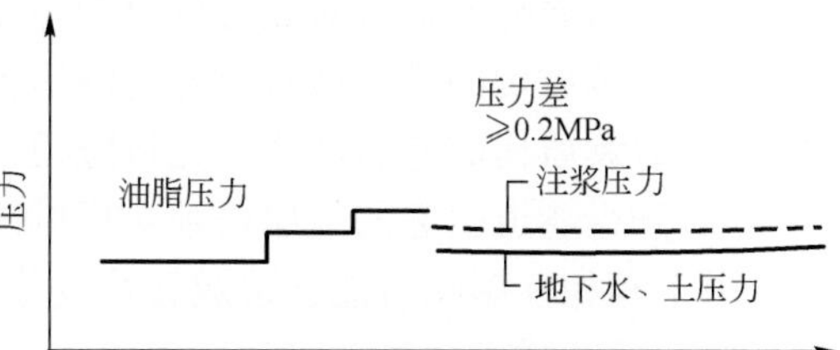

图 7-102　注浆压力设定

5. 注浆量

根据注浆材料与围岩的渗透性、加压导致向围岩内的压入、排水固结、超挖等因素，同步或即时注浆的注浆量宜按式（7-41）计算。

$$Q = V \times \lambda \tag{7-41}$$

式中：Q——注浆量（m^3）；

V——充填体积（m^3）

$$V = \pi(D^2 - d^2)L/4$$

λ——充填系数，根据地质情况、施工情况和环境要求确定；

D——盾构切削外径（m）；

d——预制管片外径（m）；

L——每次充填长度（m）。

施工中按注浆效果对充填系数作调整，一般情况下充填系数取 1.3～1.8；在裂隙比较发育或地下水量大的岩层地段，充填系数一般取 1.5～2.5。

同步注浆的注浆速度应根据注浆量和掘进速度确定。

壁后注浆的施工管理方法，一般有注浆压力管理方法和注浆量管理方法。注浆压力管理方法是始终保持上述设定压力的方法，此时注浆量不定。注浆量管理方法是始终灌入一定注浆量的方法，因此注浆压力是变化的。事实上，单纯地只用其中的一种方法是不够的，最好是用这两种方法进行综合管理。

注浆量、注浆压力都要通过一定程度的试验后，在确认注浆结果和对周围影响的基础上来决定。在施工中也要按每个固定的区间进行注浆效果的确认，并将其结果反馈到施工中。

6. 二次注浆

这是对壁后注浆的补充注浆。其目的是：

(1)填补一次注浆的未填充部分；

(2)补充注浆材料的体积减少部分；

(3)对盾构推力导致的，在管片、注浆材料、围岩之间产生的剥离状态进行填充并使其一体化，提高止水效果。

7. 质量管理

从壁后注浆的重要性来看，注浆所使用的材料，应符合有关质量规定，同时要定期地验收以确保其质量。为了保证注浆材料的质量，需要定期测定流量值、黏性、析出率、胶凝时间、抗压强度等。利用管片的注浆孔等，对已注浆的壁后注浆材料进行取样，检查其注浆厚度、情况、强度等。这在质量管理上非常有效。但是，对采样时地下水的流入等问题，应充分加以注意。

(五)特殊地段施工

1. 平行隧道施工

平行设置两条以上的盾构隧道时，应考虑地层条件、盾构形式、盾构隧道断面大小和距离等，研究其相互影响，采取安全的施工方法。在施工时，要实施信息化施工，如使用各种监测仪器等，监测掌握地层及隧道的变形规律，并将信息及时反馈到施工中；并且，应根据需要采用适当的辅助施工方法以防止地层松动和隧道变形等。

1)相互影响

关于平行盾构隧道间的相互影响，因施工条件不同而异，但一般要考虑：

(1)后续盾构的推进对先行隧道的挤压和松动；

(2)后续盾构的盾尾通过对先行隧道的松动；

(3)后续盾构的壁后注浆对先行隧道的挤压；

(4)先行隧道引起的地层松弛对后续隧道的偏移等。

由于其相互影响可能会造成管片变形、接头螺栓的变形和断裂、漏水、地表沉降的增大等，因此需要充分研究后续隧道的施工时间。

2)地层与隧道监测

地表沉降及隧道的变形、沉降、蛇形等，因地质条件和施工方法等不同，往往与预测值不一致，所以需要经常监测，确保施工安全。变形异常时，应分析原因，同时要根据情况改变施工方法或采取相应的

辅助施工方法等。

2.穿越河流施工

穿越河流施工时，在不影响河流或周围结构物的前提下，需制订相应的对策，确保施工安全可靠。穿越河流施工应注意如下几点：

(1)地质、地下水调查。一般河流部分，地质情况急剧变化，而且地下水的流动较快，所以要详细地进行地质、地下水调查。

(2)开挖面的稳定。由于地层和地下水状况往往很复杂，特别是水底部分，水压力比土压力更大，因此，应根据围岩的水土压力设定适当的开挖面压力，确保开挖面的稳定，防止泥浆泄漏或喷涌，还需特别考虑隧道上浮问题和管片的变形问题。同步注浆应采用具有一定早期强度的壁后注浆材料，确保管片的早期稳定性。

(3)减小对堤防、周围结构物的影响。需要预测盾构施工对堤防、周围结构的影响，根据需要考虑使用辅助施工方法；另外，根据地质条件按需要采取辅助施工法，或采用在河床上填筑黏土的方法等。

(4)在穿越河流时，因为有时受施工工期的制约或者需要一些特别的设备如防水设备，所以需要事先与河道管理单位协商。

3.浅覆土施工

一般盾构隧道需要最小覆土为(1.0～1.5)D(D为隧道开挖直径)。但是，有时由于受到隧道使用目的、地质条件、原有结构物的妨碍等制约，在设计线路纵断面时不得不采用浅覆土。这样的实例越来越多。浅覆土施工时，应注意如下几点：

1)开挖面压力的管理

施工进行到最小覆土段时，由于覆土荷载减小，而且开挖面压力所允许的管理幅度缩小，即使是很小的管理误差也会给开挖面带来很大的影响。因此在掘进时，应准确计算开挖面支护压力上下限值，并控制压力波动。对于泥水盾构，为了提高对开挖面的支护能力，防止地面冒浆，应适当增加泥浆相对密度，必要时添加堵漏材料，以尽量减小对地表的影响或地下埋设物的影响。

2)壁后注浆

在浅覆土段，如果盾尾间隙不能及时进行充分的填充，会立即影响到地表或地下埋设物。所以，为了控制地基变形，最好使用具有早期强度的壁后注浆材料进行同步注浆施工，同步注浆填充系数不小于1.8，必要时进行二次注浆。

另外，开挖面压力管理或壁后注浆管理可通过试验施工等决定管理值，并根据地表沉降监测情况不断进行优化。

3)特殊条件浅覆土施工

(1)对于穿越河流等水底浅覆土施工，除应对开挖面的压力、泥浆或添加材料的泄漏或喷涌进行研究外，还需要注意隧道的上浮及管片的变形。

(2)在靠近居民区的地方进行浅覆土施工时，需要充分注意盾构掘进的振动、噪声，有时需要根据情况停止夜间施工。另外，有时根据周边建筑物地基条件或围岩条件，必要时适当采取辅助施工法。

4.大覆土施工

随着地下空间开发利用逐渐向深度发展，盾构工程的施工深度日益增加。随着施工深度的增加，部分工程水压很高，并已有水压0.6MPa左右的施工实绩。在如此高的水压条件下进行施工时，需要考虑地基条件、盾构形式、施工条件等进行仔细研究，并采取如下相应措施：

1)盾构

在进行大覆土施工时，对刀盘轴承密封、盾尾密封、排土装置、推进装置等进行研究。

(1)轴承密封。使用能耐高水压的密封材料，增加密封层数等。另外，随着刀盘转动，垫圈滑动部分发热，要考虑冷却装置等。

(2)盾尾密封。使用能耐高水压的盾尾密封(钢丝刷、钢板束等)，增加盾尾密封的层数，采用质量优良的油脂，必要时考虑配置紧急止水装置等。

(3)排土装置。为了在高水压下进行连续稳定的排土,需要研究泥水盾构的送排泥泵上的高水压轴承密封带等,以及需要研究土压平衡盾构的螺旋输送机上的排土压力保持装置、紧急止水装置等。

(4)推进机构。随着推力的增大,需要研究大推力的推进油缸等。

2)管片

在大覆土情况下施工,就覆土荷载对管片、防水密封材料、螺栓孔、注浆孔的止水、推进油缸推力、壁后注浆等施工荷载的影响进行研究。

3)竖井设备

由于垂直运输距离增加,所以要制订合理、安全的设备计划及满足要求的工期计划。

4)其他

为了确保大覆土施工安全顺利进行,根据需要对壁后注浆、地基改良、联络通信设备、给排水设备、通风设备等进行研究。

5.小半径曲线施工

进行小半径曲线施工时,应综合判断围岩条件、隧道线路、盾构、管片、超挖量、辅助施工法、壁后注浆等,制订切实可行的对策,以便施工顺利进行。另外,还要注意防止推进反力引起的隧道变形、移动等。

一般情况下,施工时的曲线半径往往比理论上可能推进的曲线半径要大,所以计划时要留有充分的富余量。小半径曲线施工的有效措施举例如下:

1)盾构设计

(1)盾构长度尽量短;

(2)装备中折装置;

(3)装备部分外扩的超挖刀;

(4)由于有时采用半边推进,所以要使推力和刀盘扭矩有充分的富余量。

2)管片设计

(1)使用大楔形量的管片;

(2)减小管片的宽度;

(3)由于承受大的偏心荷载,所以要对肋板、壳板、接头螺栓等进行加强。

对于曲线半径特别小的曲线,也有采取缩小的管片外径、扩大盾尾操作间隙的方法。但是,地下水位高时,应注意来自盾尾的涌水。

3)超挖量

用部分外扩超挖刀进行开挖时,超挖量越大,小半径曲线施工越容易。但是,另一方面,会产生由于围岩的松动、壁后注浆材料绕到开挖面、推进反力的下降使隧道变形大等问题。因此,要考虑到围岩的自立性,把超挖量控制在允许范围的最小限度内。但是,为了应付施工上的意外,最好使盾构具有较大的超挖能力。

4)辅助施工方法

在进行小半径曲线施工,而且已知围岩的自立性差时,为了防止由于转弯部分的超挖引起的地基松动和增大地基的抗力,可以考虑采用注浆加固或高压喷射注浆加固等辅助施工。另外,曲线内侧的管片接合部有开裂危险时,在衬砌管片之间直接或使用钢棒等进行固定,以防止开裂。

5)壁后注浆

小半径曲线施工时,管片从盾尾脱出后,如果不能立即与围岩形成一体,盾构推进就不能充分取得反力,导致产生管片变形、隧道位移的危险性,从而得不到规定的线路。小半径曲线施工,最好的注入材料是注入后的体积变化小、早期强度很快就能达到围岩强度以上的材料。另外,考虑到超挖量,注入量也需要适当增加。为了防止注入材料绕到开挖面等,在管片背面安装填充袋采取向该袋内注浆的方法。

6)线路测量

为了维持隧道的设计线路,应根据需要增加测量频率,进行充分的线路管理。另外,隧道线路有时

随着小半径曲线施工而移动，所以应定期监测隧道内基准点的变动。

6. 大坡度施工

大坡度施工时，采取的一些特别措施包括：使用与通常的施工不同的隧道运输设备、安全设备，增强盾构能力，变更、加固管片。大坡度施工的有效对策及应注意的事项如下：

1)开挖面的稳定

大坡度区段，围岩的水土压力随着推进而时刻变化，因此开挖面压力也应根据水土压进行适当的调整。另外，特别时下坡时，由于压力舱内开挖的土砂有可能出现滞留而不能充分取土，所以应慎重管理开挖土量。

2)盾构

一般来说盾构的前部较重，因此具有向前倾斜的倾向，所以在上坡推进时，往往需加大下部盾构千斤顶推进能力。另外，对于后配套拖车也要采用防脱车自走的措施。同时，也要进一步探讨盾构牵引的方法。

3)管片

在大坡度区段上组装管片，向起重机供应管片时，易受到空间的制约，所以事前应对其供应方法进行充分的研究。

4)壁后注浆

作为大坡度施工中的壁后注浆材料，最好是注入后的体积变化小、强度很快就能超过围岩强度的瞬凝结材料。下坡施工时，壁后注浆材料绕到开挖面的可能性很大，所以对注浆的材料的选择、质量管理等要充分注意。

5)隧道内运输设备

采用通常的轨道形式时，在大坡度区段，由于蓄电池车等动力车的脱车自走、器材掉下等引起的施工事故的危险性加大，所以采用不依靠通常轨道的运输设备，如齿条和齿轮式、链条方式、橡胶轮式、卷扬机方式、升降机方式。

采用动力车时，应进行充分的研究。运输设备的安全装置中除了通常的制动器以外，还要装配电磁制动器等多重安全装置。

6)始发与到达

在大下坡段出发时，盾构有滑出始发架的危险，应采取相应的对策。另外，在大上坡段达到时，盾构的刀盘处于倾斜状态，下端先行到达，上部滞后到达，此时在到达竖井的开口部容易出现围岩坍塌和涌水现象，对此应事前研究充分的防止措施。

7)在坡度变化部分的施工

坡度变化点纵向曲线半径小时，需在盾构上安装竖向的中折装置。另外，也要根据曲线半径使用楔形管片。同时还要充分考虑在坡度变化部分进行壁后注浆等，以防止管片变形、移动等。

8)隧道内排水

在大下坡区段，隧道内排水会滞留在开挖部，所以要采取排水对策。

9)安全通道

在大坡度区段，应根据需要在安全通道上设置阶梯。

7. 长距离掘进

城市中心区的盾构工程，由于工程用地难以确保，地下结构物的存在使得在施工深度加大，同时也有长距离化的倾向。

一般盾构掘进距离超过 1.5km 左右时，需要作为长距离施工来进行考虑。另外，在提高施工设备效率的同时，为了确保施工的安全，有必要加强施工管理，提高管理效率。

盾构进行长距离施工时，需注意以下几点：

1)盾构耐久性

进行长距离施工时，根据地层条件、盾构形式、施工条件等，尤其是针对以下几点充分研究盾构的耐久性。

(1)刀盘。切削刀盘的磨损受地层、推进速度、刀盘转速、切削土的流动性等因素影响。从以往施工经验看,刀盘的外周环和轮辐的外周部磨损比较多,对此应采取加焊硬面法、焊接耐磨损钢材、埋入超硬刀刃等措施。

(2)刀具。刀具的磨损受施工方法、地层条件、刀具形状、材质、安装个数等因素影响。但是决定磨耗量的主要因素是地层与刀具的滑动距离。为了减小磨耗,选用硬度大的、抗剪强度好的超硬钢材制作刀刃,以提高刀具的耐磨性。增加刀具的数量,即增加刀具的行数及每一行的刀具布置数量。采用长短刀具并用法,增加刀刃厚度,即长刀具磨损后,短刀具开始接替长刀具开挖,其长刀具与短刀具的高低差一般选定在 20～30mm。根据地质条件配置相应的刀具,并优化刀具结构,提高刀具的耐久性。

(3)轴承密封。提高轴承密封的耐久性,在滑动发热部位采用硬质材料,配置多道密封以提高密封性,并通过自动注入油脂等措施减小磨损。

(4)盾尾密封。盾尾密封对于土压、水压、回填注浆压力的密封性特别重要,要求具有耐磨损性、耐腐蚀性,因此设置多层钢刷或钢板束制成的耐磨耗密封以提高防水性,并采用自动供给特殊润滑油脂装置,及时足量注入油脂,减小密封磨损。

(5)送排泥输送管。如果是砂砾地层的话,输送管的曲管部后面的磨耗量比较大,因此根据地层情况考虑增加管道的厚度。

2)关于维护保养

为了确保盾构的耐久性,防患于未然,应进行适当的维护保养。对于刀具磨耗进行管理,一般是通过预测刀具或探测磨耗量来进行保养。轴承密封和盾尾密封应具有能够进行检测填充润滑油脂的压力及轴承密封温度的管理系统。

在长距离施工中,经常会遇到更换刀具或盾尾密封的情况。刀具应在预先计划的地点或中间竖井进行检查、更换,并采用易于更换的结构。对于盾尾密封,要考虑意外事件。除了最外侧的密封外,其他几层应采用在施工中易于更换的结构。

3)施工设备

长距离施工时,由于渣土的运出往往制约掘进的速度,因此应对运出能力等进行充分的考虑。

4)安全卫生

长距离施工会增加实际作业时间,应确保有洗手间、休息场所等安全卫生设施。

8. 刀具的更换

刀具往往因磨耗而使刀刃脱落、缺损,需进行更换。刀具的磨耗量受施工方法、地层条件、掘进距离(滑动距离)、刀具结构、材料、刀具在刀盘上的配置等因素影响。因此应充分分析刀具的耐磨性能,事先预测磨耗量,确定刀具更换的位置,制订切实可行的对策,以便施工能顺利进行。

刀具更换作业包括事前的准备在内需要很长的时间,因此应进行充分的研究。

1)磨耗量探测

一般根据记录的掘进参数的变化,从地层和机械方面综合判断刀具的磨损程度。另外,有时并用辅助性磨耗探测装置。磨耗探测装置有油压式、电器式、超声波式等。

2)刀具的更换

刀具的安装方法有销、螺栓及焊接等方法。预测到需要换刀时,最好采用装卸的背装式刀具。在竖井进行刀具更换时,应考虑周全以便能安全且高效率地实施作业。

另外,更换作业在隧道内进行时,根据地层与地下水情况,一般应考虑采用辅助施工措施,以确保地层的稳定。在需要带压进舱换刀时,应制订详细的带压作业方案,确保施工安全,避免工作人员出现减压病。为确保施工安全,应准备好充分的措施。作业顺序是除去压力舱内的泥水和积土,清扫刀具上黏附的砂土,设置作业平台,确认需要更换的刀具,运入工具、器材等,进行更换作业,并对刀具磨损情况进行详细记录,作为以后的参考。

9. 砂砾(卵)石地段施工

在砂砾(卵)石地层中施工时,应充分研究砂砾(卵)石地层对盾构施工的影响,如对刀具的磨损、开挖面稳定等,采取有针对性的措施,确保施工安全,提高施工效率。在砂砾(卵)石地层中施工时,应该注意如下几点问题:

1)地质调查

对于砂砾(卵)石地层应进行有针对性的调查,如地层的卵砾石颗粒分布、最大尺寸、矿物组成等,对考虑盾构类型、盾构推力与扭矩、刀盘开口率与尺寸、刀具配置、渣土输送设备、砾石破损设备配置等有重要影响。

2)盾构选型

砂砾(卵)石地层施工,一般情况下,当具备降低地下水位的条件时,应优先选择开敞式盾构。密实砂砾(卵)石地层多采用泥水盾构,而松散砂砾(卵)石地层多采用土压平衡盾构,应适当增大盾构推力与装配扭矩。砂砾(卵)石地层对刀盘、刀具和其他设备磨耗大,应合理进行刀盘、刀具设计与配置,施工中应采取有针对性的减少磨损的措施,有计划地做好刀具更换工作。

3)渣土运输

对于管道排渣,应注意防止砾石引起堵塞和输送设备的损坏。土压平衡盾构,一般配备加泥系统和泡沫剂注入系统,应根据螺旋输送机出渣情况,做好渣土改良工作。

4)砾石处理

对于直径较大的砾石,应根据砾石直径、砾石含量等选择合适的砾石处理设备,通常是在刀盘上安装特种刀具(滚刀、超前撕裂刀)或配备破碎机。如果大直径砾石不能进入渣土舱,则对刀盘、刀具破坏很大。施工前需要通过钻孔、大直径探井的调查,掌握砾石的直径。施工中遇到不能进入刀盘的大直径砾石时,应根据掘进参数(速度、推力、扭矩)等变化及时判断,根据情况采取从地面或地下排除的措施。

5)开挖面稳定

对于土压平衡盾构施工,为了确保开挖面的稳定,需要适当地维持压力舱压力。内摩擦角大的砂层、砾层构成的土层,开挖土不但流动性不充分而且难以防止地下水的流出,还可能引起螺旋输送机喷发,难以建立土压平衡。对于这种围岩,需要把添加剂注入开挖土,进行强制性地搅拌,将其改良为具有流动性的开挖土,同时减小其透水性,在开挖面形成较均匀的土压力,以满足施工,同时可以减小对刀盘、刀具的磨损。

对于泥水盾构施工,砂砾(卵)石地层渗透性强,而且极易坍塌。为保持开挖面稳定,应采用高质量泥浆,同时泥水压力设定应合理,加强泥水压力控制,避免泥水压力波动过大。

10. 软硬不均地层施工

对于软硬不均地层,一般采用复合式盾构施工。盾构选型时应综合考虑所穿越地段的地质条件,合理选择和配置刀具,以适应各种地层的掘进,针对特殊地层制订有针对性的措施。根据开挖面地质条件,合理选择盾构掘进模式,优化掘进参数,提高施工效率。

1)施工技术措施

在软硬互层地中层施工时,盾构姿态控制困难,开挖易失稳,通常采用的施工技术措施有:

(1)事先探明上软下硬地层的软硬情况,合理设定土舱压力,控制排渣量,必要时注入泡沫或泥浆对渣土进行改良。

(2)采取必要措施,加强盾构姿态控制,根据测量数据及时修正蛇形,如合理利用超挖刀、推进油缸组合、铰接油缸调整盾构姿态;利用刀盘正反转或使用稳定翼等措施对盾构旋转进行控制。

(3)确定合理的掘进参数。一般采用适当的贯入度、低转速进行掘进,以减小盾构振动,避免盾构姿态突变与刀具破损。

2)含球状风化地层

球状风化岩体与周围岩体强度存在较大差异,易造成刀具损坏,甚至会导致刀盘变形,致使整个盾构瘫痪。通常采用的施工技术措施有:

(1)施工前通过地表钻探或物探等手段大致确定球状风化岩体的位置。

(2)应根据掘进参数(速度、推力、扭矩)等变化及时判断是否遇到球状风化岩体。如出现盾构推力、扭矩不正常增加等,而掘进速度很小时,应立即停机。

(3)应以低速掘进球状风化岩体,掘进过程中随时观测掘进参数变化,避免刀具、刀盘不正常磨损。如刀盘被卡,可少量回缩刀盘,然后重新掘进;如球状风化岩体在软弱地层中随刀盘移动,可利用地质超前钻机对周围软地层予以加固,然后再进行掘进。

(4)必要时根据情况采取从地面或地下排除的措施。采用人员进舱等地下处理措施时,如开挖面地层稳定性差,则应预先对其进行加固。

3)对于硬岩地层

(1)一般采用单刃滚刀破岩,以减少换刀次数与频率,提高施工进度。掘进过程中,随时监测刀具和刀盘受力状态,确保其不超载。

(2)适时合理更换刀具,以提高掘进效率,避免损伤刀盘。

(3)硬岩段掘进时,掘进速度不宜过快,遵循合适贯入度原则选取参数。启动盾构稳定装置,减小盾构的振动和防止盾构产生超限扭转,使管片的受力稳定,确保隧道的成型质量和保护管片,防止盾构的变形。

(4)合理选择适当时机和地点,及时更换刀具或改变其配置,以适应前方地层的掘进。

六、盾构特殊施工方法

(一)地下障碍物的排除

对于地下障碍物,原则上是在盾构施工前将其从地面排除。不得已从隧道内排除时,盾构需事先配置进行障碍物排除作业的特殊装备。进行作业时,应注意下述事项:

1)从地面排除

一般单独或并用辅助工法或深基础施工方法等,事先从地面排除障碍后要妥善进行回填,防止遗留残留物或钻孔回填不充分而妨碍盾构通过。

2)从隧道内排除

从隧道内排除时,需采用辅助施工方法,多单独使用化学加固法或化学加固与气压施工法并用。在盾构周围进行化学加固时,需考虑防止浆液进入盾构轴承密封、盾尾密封、盾构刀盘等引起凝固所产生的不良影响。从隔板进入盾构前方,在开挖面的狭窄空间内,进行障碍物的切除、破碎、拆除、运出等作业。为了使这些作业顺利进行,应尽量控制围岩的开挖量,以保障开挖面的稳定。在有气压条件下,施工中不能利用火时,可利用轻型设备。

3)排除障碍物需要的盾构装置

为了使用盾构从隧道内排除并运出地下障碍物,需装备人员进出闸、超前注浆管、面板出入口等。

(二)刀具检查与更换

目前,进行设备维修、刀具检查或更换通常采用的方法有两类:一是竖井内更换的方法;二是隧道内更换的方法。在隧道内进行更换时,为了保持开挖面的稳定,必须进行化学注浆加固、高压喷射、气压施工、冻结等辅助施工,或综合应用以上几种方法。

但对于特殊场合,地面很难或不能施工竖井或进行加固,必须考虑带压作业。如水下隧道或重要建筑物下等特殊的地理周边环境,综合考虑安全、经济、可行性等因素,采用地层加固的方法很难实施,有时带压作业方法几乎成为唯一选择。但目前世界上大多数国家的有关压缩空气的法规规定,最大压力超过0.36MPa时,不允许工人从事工作;压力超过0.4MPa时,需要对压气工作人员延长减压时间和减少工作时间,甚至不能进行带压作业。如果采用带压施工,必须事先对高压作业技术进行充分的准备,防止带压施工引起的灾害,特别是避免或减少由此引发的减压病。

考虑压气对地层的适用性,当渗透系数大于 1×10^{-4} m/s 时,很难采用压气施工法。对于透气性较强的砂层、砂砾石等,必须采取措施降低开挖透气性,保证开挖渗透系数小于 1×10^{-4} m/s。降低开挖面地层的渗透性,通常采用化学注浆加固、高压喷射法、高分子聚合物泥浆封闭开挖面等辅助措施。

对地表不能加固的地方，采用高分子聚合物泥浆，并应对泥浆性能进行优化，确保泥浆在开挖面形成良好的泥膜，防止开挖面在带压作业期间气体泄漏，确保开挖面稳定。高分子聚合物泥浆形成的泥膜耐久性好，稳定时间为 7d 左右，满足带压作业要求。

武汉长江隧道盾构过江前进行刀具检查，带压 0.45MPa。采用高分子聚合物泥浆，泥膜形成效果如图 7-103 所示。

图 7-103 高分子聚合物泥浆效果图

（三）盾构调头

由于盾构机调头会导致施工效率降低，所以目前施工企业普遍不愿意采用。地铁工程通常受施工场地限制，有时也会采用盾构调头。盾构调头方法可根据竖井尺寸、设备、盾构直径、重量及移动距离等决定。

由于盾构设备重量大、体积大，因此起吊、移动调头工作时间长，需预先编制调头方案，做到可靠、安全。盾构在竖井内调头时，要有调头设施。盾构在竖井内水平移动距离较大时，可采用移车台。小直径且重量轻的盾构，可用起重机直接起吊调头。盾构调头作业应注意做好以下工作：

（1）盾构调头前，应做好施工现场调查、技术方案以及现场准备工作，调头设备应满足盾构安全调头要求，并应做好设备、各种管线的标记工作。

（2）盾构调头时应有专人指挥，专人观察设备转向状态，避免方向偏离或与设备碰撞。

（3）调头后按照标记做好盾构管线的连接工作，连接后严格按照规则试运行。

（四）盾构过车站技术

在地铁施工中，由于车站设立较多且区间较短，一台盾构多数情况下要施工两个区间甚至更多，这样就要过站施工。国内外的盾构施工中，盾构过地铁站一般有三种形式：

（1）车站没有完成或车站结构不能满足盾构通过，采用吊出、转场、下井组装再掘进形式；

（2）车站结构已经完成，且站内结构及空间满足盾构通过条件，采用站内直接通过；

（3）盾构先掘进通过车站，在盾构隧道的基础上扩挖形成车站。

（五）盾构通过暗挖段施工技术

目前，虽然国内软硬不均地层广泛使用的复合式盾构可以适应硬岩地层，但是如果硬岩地层长度较大（大于 100m），岩石单轴抗压强度超过 100MPa，极有可能引起刀盘、刀具严重磨损或破坏。为减少施工风险，有施工实例在盾构到达前，采用钻爆法开挖，然后盾构在矿山法开挖的隧道内空载推进并拼装管片通过。采用这种方法时，应对其经济性、施工中易出现的问题进行充分的论证。

（六）盾构隧道扩挖

施工地铁车站或度线隧道等，由于经济原因很少采用特殊的盾构。扩大段常采用盾构与人工开挖相结合的方法进行施工。盾构隧道具有超前导洞的功能。盾构隧道扩挖施工车站的想法很早就出现了，早在 1969 年，K. Szechy 在著作 *Tunnel-bau* 中就提到几种不同的扩挖方法。盾构隧道地下扩挖施工通常用于以下几种情况：

（1）在平行设置的两个隧道之间建设地铁车站等建筑物。

（2）在地中建造组装盾构的空间和各种地下设施的空间等。

（3）在地中隧道分岔处或以某种角度对接处。

盾构隧道扩挖在施工技术方面有特殊的要求。地下扩挖的难点是，由于扩挖的施工法、扩挖部的结构及隧道接合部的接合方法，产生了部分结构与防水两个方面的问题，对此在设计施工中应进行周密的研究。盾构隧道地下扩挖施工需考虑地层条件，用适当的方法进行施工，防止由于结构偏压等引起的衬砌变形。

地下扩挖施工时，一般采用敞开开挖面的方法。这时，围岩因先行隧道的施工已经松动，应根据需要用辅助施工方法等确保围岩的稳定，然后分步开挖。用钢支撑或特殊的管片等一边支护，一边慎重地扩挖。地下扩挖时，应采取适当的措施以防止已建成隧道或地中结构物的变形。

但由于地质条件、周边环境条件限制，一般采用暗挖施工，如扩径盾构法（见特殊盾构）、拱形盾构法或传统的喷锚支护法等。

很长一段时间内，伦敦普遍采用如下施工方法：车站施工采用 4 台大直径盾构和 3 台小直径辅助盾构，车站中间部分采用拱形盾构的方法施工，拱顶盾构的盾壳仅仅包括圆形断面的上部。只是到了最近，车站才采用喷锚支护法施工。

日本 Nagatacho 车站周边环境条件不允许明挖施工，施工时采用 1 台拱形盾构，在拱形盾构的保护下进行两条盾构隧道之间的开挖。由于拱形盾构方向控制是通过在外侧管片上滑动来实现的，因此，扩大段内两条隧道的衬砌需要特殊类型的管片。

图 7-104　Essen 地铁 32 标段扩挖

在修建 Essen 地铁 32 标段时，采用了一种经常用于隧道扩挖施工的简单方法，如图 7-104 所示。盾构隧道施工结束之后，局部拆除混凝土衬砌，采用喷锚支护方法完成站台部分的扩挖施工。通过与运行隧道衬砌相切重叠完成向扩大段的变化和扩大段施工。

英吉利海峡隧道度线段宽 29m，高 21m。英国一侧地质条件较好，可以采用喷锚支护法施工两条辅助导洞，然后采用喷锚支护法开挖仰拱与拱顶部分，如图 7-105 所示。在法国一侧，由于地层为透水性的石灰岩，采用传统的施工方法，首先开挖许多平行相交的导洞（近似 3.5m×4.8m），并回填混凝土，然后进行度线段开挖，浇筑混凝土衬砌，如图 7-106 所示。

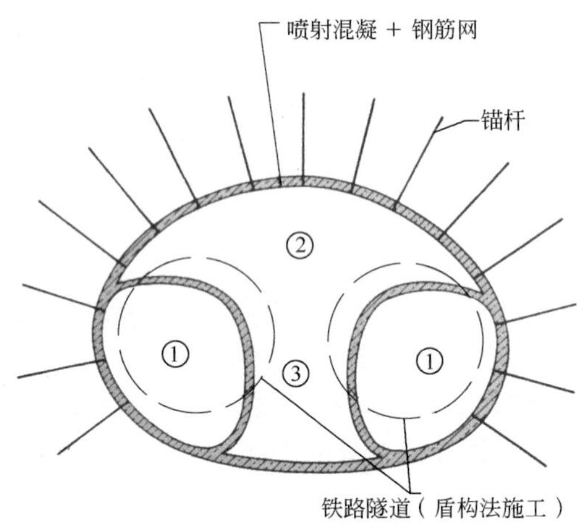

图 7-105　英吉利海峡隧道度线段英国一侧施工方法

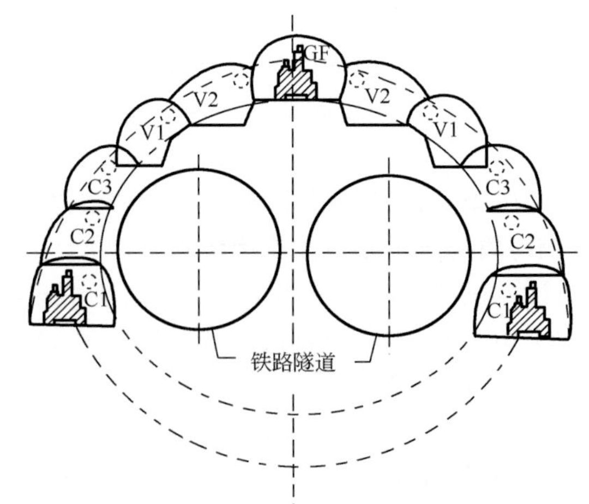

图 7-106　英吉利海峡隧道度线段法国一侧施工方法

（七）地中对接

长隧道施工可以采用两台盾构从两端开始掘进，然后在隧道中间适当的位置相遇对接。由于采用盾构对接技术可以缩短工期，因此，对于工期紧的长隧道采用对接方法施工，盾构施工互补协调，工期可靠性高。该方法具有经济性好的优点。

地中对接有两种情况：两台盾构正面对接和盾构从侧面与已修建的隧道连接。当盾构的施工长度较长、工期短，由于现场的条件在接合地点很难设置竖井，在海底施工及施工深度大，设置竖井不经济时，采用两台盾构正面对接；当隧道转弯（如路线分岔）时，采用盾构从侧面与已修建的隧道连接。连接时，应认真掌握盾构的相互位置关系，同时防止砂土、地下水涌出，以确保地层的稳定。

盾构进行正面对接时，应尽量选择条件好的对接地点。一般应对对接区域采用适当的方法进行加固。但是为了减小辅助施工法的使用、缩短工期，开发出了直接用机械进行对接的方法。机械对接有缩进切削刀盘、推出切削环、贯入环等方式。无论采用哪种施工方法，都要考虑现场的施工环境、围岩条件、工程成本及工期等来确定。

使盾构与既有隧道对接时，两者的间隙部分应用辅助施工法进行充分的加固，同时接合时还要考虑对已建隧道进行加固，以免破坏已建隧道。对接施工通常有两种方法：一种是采用传统的对接方法；另外一种是机械直接对接方法。采用传统对接方法最典型的例子是英吉利海峡隧道，采用多台盾构从英法两侧同时掘进。如图 7-107 所示为服务隧道对接的 4 个阶段：

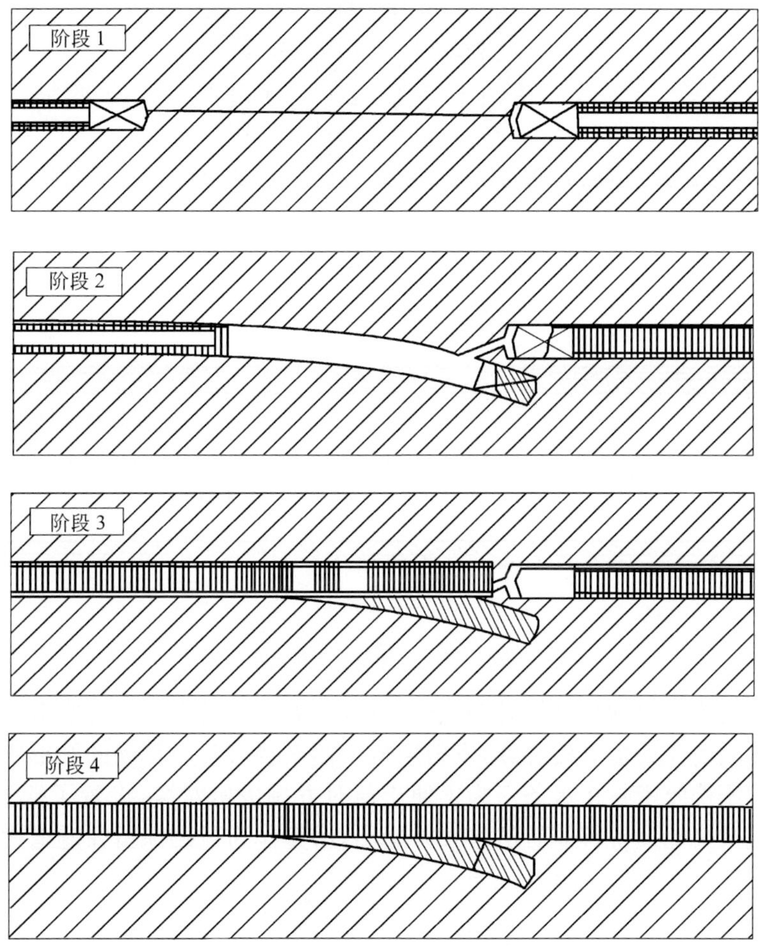

图 7-107 英吉利海峡服务隧道对接的 4 个阶段

（1）两台盾构停止掘进。从其中一台盾构的刀盘进行钻地质调查孔，然后另外一台盾构掘进到地质调查孔，到达其最终位置。第一台盾构在隧道内解体，从始发竖井运出，盾壳作为衬砌保留在隧道内。

（2）第二台盾构继续曲线掘进，到达第一台盾构解体的位置，然后在这台盾构及最后的衬砌内回填混凝土。

（3）采用矿山法进行两段隧道的连接。在不良地质或地下水比较丰富的情况下，对接过程非常复杂，通常需要采用注浆或冷冻等辅助措施。

机械直接对接方法可以使两台相反方向掘进的盾构顺利对接。采用机械对接技术，两台相向掘进的盾构之间间距很小，如图 7-108 所示。

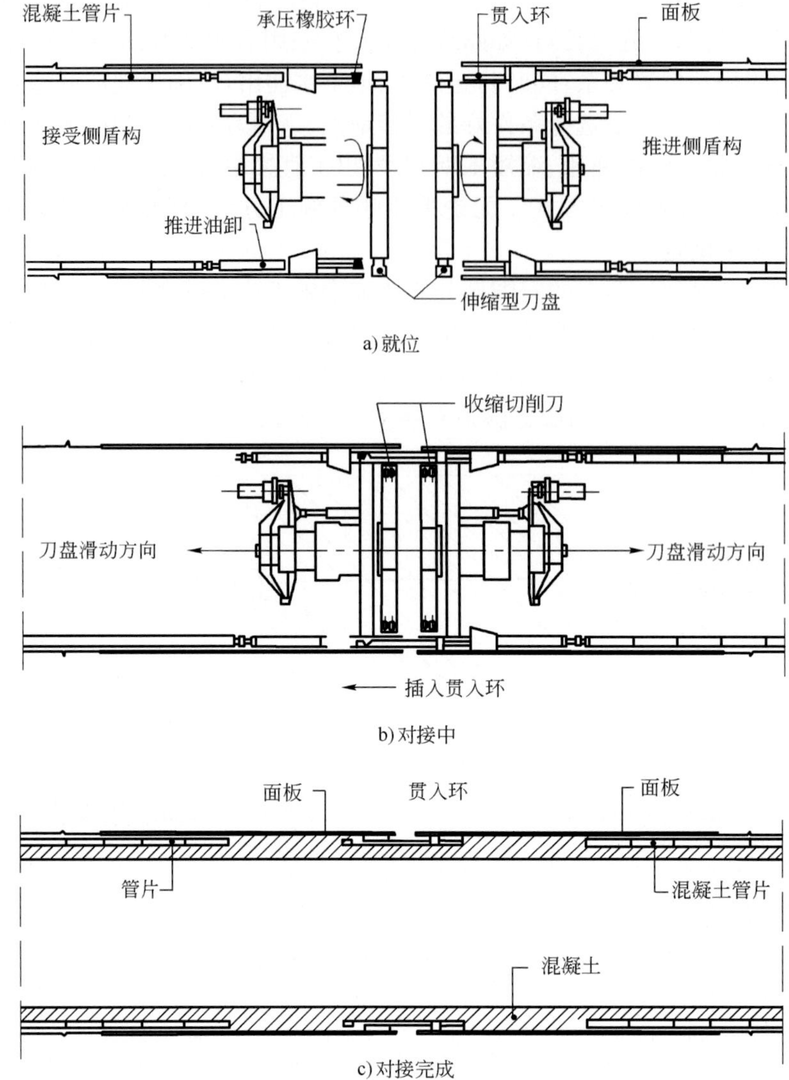

图 7-108 盾构机械对接过程

盾构机械直接对接施工时，两台盾构需安装有可伸缩刀盘。其中一台为发射盾构，另一台为接收盾构。通过在两台盾构的前缘设置对接装置，发射盾构一侧安装可前后移动的圆形钢套，而在接收盾构的一侧的插槽内设置抗压橡胶密封止水条。为了便于与对方掘进机对接，设置了探查钻孔装置和冻结管等装置。盾构的刀盘及其他设备解体后从始发井运出，盾壳作为衬砌保留在隧道内，最后进行对接区域混凝土浇注。

对接工程顺序：

(1)先期到达预定位置的盾构停止掘进，撤除盾构封隔墙后方部分设备，安装探测钻头。

(2)后期到达的盾构在相距 50m 处停住，先到盾构向后到盾构钻探，采用无线电放射性同位素(R1)技术测定两机相对错位量，即第一次钻探(探测传感器设置于钻杆前端)。

(3)后到盾构根据此错位量边修正盾构变位量边掘进。

(4)后到盾构掘进到 30m 处时，第二次钻探测定相对错位量。

(5)再次边修正边掘进，在对接前，其刀刃面非常缓慢地靠近对方刀刃面，其间隙为 0.3m。

(6)这时对后到盾构进行解体，并做冻土保护(地基改良)工程准备。

(7)插入放射式冻结管，对地中接合部实施冻结，使其形成冻土，同时继续进行第一次解体的工作。

(8)第一次解体工作完成后，剩下密封墙，在两盾构刀刃盘面之间焊接型钢制止水板(暂时留下密封墙是为了以防万一)。

(9)钢止水板焊接工作完成后,对刀刃面周边部位进行补强,然后拆除密封墙以及盾构其他机械部分(即第二次解体)。

(10)在地中对接部设置3环钢制管片,经铺设防水板后,浇筑二次衬砌;然后,对冻土进行强制解冻,并实施衬背注浆。

七、地表沉降与建筑物保护

(一)地表沉降原因与控制

由于盾构施工所导致的地基变形的大小,因线路、覆土厚度、盾尾间隙等设计条件、地基条件而异。但是通过选择适当的施工方法和加强施工管理,一般可以把地基变形控制在最小的限度内。因此应选择合适的盾构形式,进行认真的掘进管理,同时合理进行管片拼装、壁后注浆管理。

1.地基变形的原因与发生的机理

盾构掘进引起地基变形的原因如下,但是各自发生的机理是不同的。

1)开挖时的水土压力不平衡

土压平衡式盾构或泥水盾构,由于掘进量与排土量不等的原因,开挖面水压力、土压力与压力舱压力不平衡,致使开挖面失去平衡状态,从而产生地基变形。开挖面水压力、土压力小于压力舱压力时,产生地基下沉;大于压力舱压力时,产生地基隆起。这是由开挖时的应力释放、附加应力等引起的弹塑性变形造成的。

2)推进时围岩的扰动

盾构推进时,由于盾构的壳板与围岩摩擦和围岩的扰动从而引起地基下沉或隆起。特别是蛇形修正和曲线推进时进行的超挖,是产生围岩松动的主要原因。

3)盾尾建筑间隙和壁后注浆不充分

由于盾尾建筑间隙使受盾壳支撑的围岩朝着盾尾间隙变形而产生地基下沉。这是由于应力释放引起的弹塑性变形造成的。地基下沉的大小受壁后注浆材料的性质、注入时间、位置、压力、数量等影响。另外,黏性土地基中的壁后注浆压力过大是引起地基临时隆起的原因。

4)管片的变形与变位

接头螺栓紧固不足,管片环容易变形,盾尾建筑间隙的实际量增大,盾尾脱出后外压不均等使衬砌变形或变位,从而增大地基沉降。

5)地下水位下降

来自开挖面的涌水或管片产生漏水时,地下水位下降而使地基下沉,这一现象是由于开挖面的有效应力增加而引起的固结沉降造成的。

2.盾构掘进对周围地层的扰动及地表变形规律

盾构施工过程中,由于对土体的开挖和扰动破坏了土体的原始应力状态,使土体单元产生了应力增量,引起周围地层的位移,如图7-109所示。

1)纵向地表沉降

随着盾构掘进所产生的地基变形,由以上诸多因素引起的地基沉降或隆起发生叠加,地基变形经历五个阶段,如图7-110所示。如果选择合适的盾构形式,进行合理的施工管理,图7-110所示各个阶段的变形可以控制在最小限度以内。

(1)先期沉降。盾构尚未到达该点时的变位,表现为地表下沉。对于砂质土,其可能是由于地下水下降引起的;对于极软黏质土,则沉降可能是由于开挖面过量取土引起的。

(2)开挖面前方地基变位。盾构开挖面即将到达之前发生的变位,表现为地表隆起或下沉。其主要是由于盾构对开挖面土层施加的支护压力过大或过小,致使开挖面失去平衡状态,从而发生地基变位。

(3)盾构通过时地基变位。从盾构开挖面到达该地表点的正下方开始,直至盾尾即将脱离该点为止发生的地基变位,表现为地表隆起或下沉。产生这部分地基变位的原因,主要是盾壳对土体的摩擦力破坏了土体的结构强度;另外,超挖及盾构姿态的非水平向也加剧了地基变位。

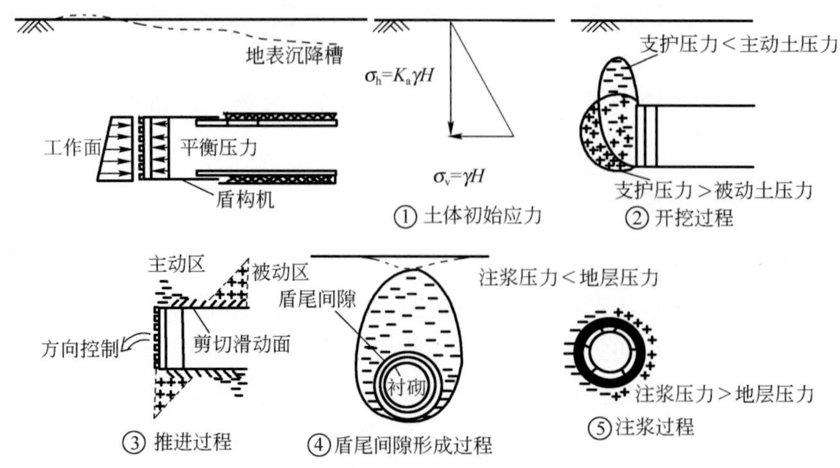

图 7-109　盾构掘进对地层应力状态的影响

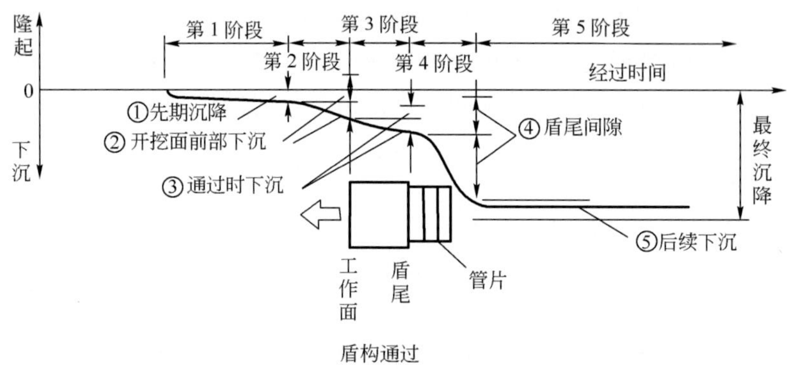

图 7-110　盾构施工引起的纵向地表沉降规律

(4)盾构尾部脱离时变位。盾尾间隙形成至注浆结束为止的那段时间内的下沉或隆起。管片从盾尾脱离之前,盾壳对土体有一约束力,方向指向土体,一旦盾尾脱离,盾构壳与土体之间产生空隙。如果在盾尾脱离后未能及时注浆或填充率不足,则空洞断面就会向内缩小,引起应力释放力,产生地表沉降;相反,如果注浆压力过大,则会导致地表隆起。

(5)后期沉降。从注浆结束开始,直到下沉停止的那部分下沉。引起这部分沉降的原因,主要是蠕变变形与固结变形,在软黏土地基中表现尤为明显。

刘建航(1975)在总结上海市延安东路盾构隧道地表沉降分布规律的基础上,提出了“欠地层损失”的概念,并提出了预测地表纵向沉降的计算公式,见式(7-42)。

$$S(y)=\frac{V_{l1}}{\sqrt{2\pi}i}\left[\varphi\left(\frac{y-y_i}{i}\right)-\varphi\left(\frac{y-y_f}{i}\right)\right]+\frac{V_{l2}}{\sqrt{2\pi}i}\left[\varphi\left(\frac{y-y'_i}{i}\right)-\varphi\left(\frac{y-y'_f}{i}\right)\right] \tag{7-42}$$

$$y'_i=y_i-L;y'_f=y_f-L$$

式中:V_{l1}、V_{l2}——分别为盾构开挖面和盾尾后部间隙引起的地层损失;

y_i、y_f——盾构推进起点和盾构开挖面到坐标原点的距离;

L——盾构长度;

i——纵向沉降曲线沉降槽宽度系数。

2)横向地表沉降

目前,关于盾构施工引起的地表沉降规律的研究,已取得了大量的研究成果。Peck(1969)通过对大量地表沉降数据及工程资料进行分析后,首先提出地表沉降槽近似呈正态分布曲线的概念,即 Peck 公式[式(7-43)]。他提出地层移动由地层损失引起,并认为施工引起的地表沉降是在不排水条件下发生的,所以沉降槽的体积等于地层损失的体积。隧道开挖引起的横向地表沉降槽曲线可以用图 7-111描述。

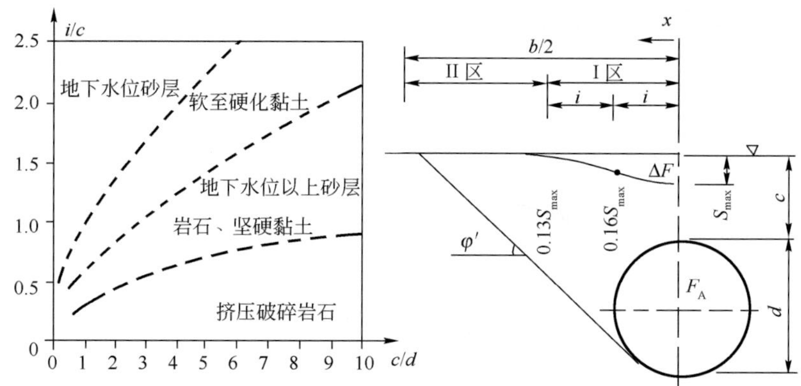

图 7-111 沉降槽宽度与隧道覆土厚度之间的关系

$$S(x) = S_{\max} e^{-\frac{x^2}{2i^2}} \tag{7-43}$$

式中：$S(x)$——距离隧道中线 x 处的地面沉降量；

$S_{\max}$——隧道中线的地表沉降量，由式(7-44)计算

$$S_{\max} = \frac{\Delta F}{i\sqrt{2\pi}} \tag{7-44}$$

ΔF——开挖单位长度隧道的地层损失体积，一般 $\Delta F=(0.01\sim0.03)F_A$；

F_A——隧道开挖面积，也可以参照表 7-44 进行计算；

x——距离隧道中线的距离；

i——沉降槽的宽度系数，即沉降曲线反弯点的横坐标；i 可由式(7-45)或查 Peck 图表得到

$$i = \frac{c}{\sqrt{2\pi}\cdot\tan\left(45^\circ - \frac{\varphi}{2}\right)} \tag{7-45}$$

φ——隧道周围地层内摩擦角；

c——隧道埋深。

地层损失计算中考虑的因素 表 7-44

地层损失因素	隧道单位长度内的最大地层损失值	地层损失率	地层损失参数 GAP 相应的取值
开挖面地层损失	$\pi R^2 h$	0～0.2%	Rh
切口超挖的地层损失	$2\pi Rt$	0.1%～0.5%	$2t$
沿盾壳的地层损失	$0.1\pi R^2$	0.1%	$0.1R$
盾尾后地层损失 地下水位以下 地下水位以上	 $2\pi R(R-R_1)$ $\pi R(R-R_1)$	 0～4% 0～2%	 $2(R-R_1)$ $R-R_1$
纠偏的地层损失	$\pi RL\times\alpha$	0.2%～2%	$L\times\alpha$
曲线推进的地层损失	$L^2R/[8(R+R_c)]$	0.3%～1%	$L^2/[8R(R+R_c)]$
正面障碍引起的地层损失	A	0～0.5%	$A/(\pi R)$

注：R-盾构外半径；R_1-衬砌外半径；t-超挖刀盘的厚度；L-盾构长度；α-仰角；R_c-开挖面土体在盾构推进单位长度时向后的水平位移；h-盾构推进蛇形曲线半径；A-盾构正面障碍物体积。

横向沉降槽宽度(施工影响范围)$b/2$ 由式(7-46)计算(或 $b/2\approx2.5i$)。

$$\frac{b}{2} = c\cdot\cot\varphi' + \frac{1}{2}d\cdot\cot\frac{\varphi'}{2} \tag{7-46}$$

地表沉降的大小及传递规律与地基条件和覆土比(覆土厚度与盾构直径比)等因素有关。洪积性地基和冲积砂性地层，地中下沉在传递到地表的过程中减小，而冲积性黏土层正相反，盾构通过后，沉降还长时间继续，即使覆土比大，最终地表沉降也与地中沉降一样。

英国 Clough 及 Schmidt(1974)在其关于软弱黏土隧道工程的著作中，提出饱和含水塑性黏土中的

地表沉降槽宽度系数 i，由式(7-47)得到。

$$\frac{i}{R}=\left(\frac{Z}{2R}\right)^{0.8} \tag{7-47}$$

式中：Z——隧道埋深；

R——隧道半径。

英国 Attwell 等(1981)也假定沉降槽曲线为正态分布，给出了地表沉降的估算公式，见式(7-48)和式(7-49)。

$$\frac{i}{R}=K\left(\frac{Z}{2R}\right)^{n} \tag{7-48}$$

$$V=\sqrt{2A i}\ \delta_{\max} \tag{7-49}$$

式中：$\delta_{\max}$——地表最大沉降值；

V——沉降槽体积；

A——隧道开挖面积；

K、n——与地层性质和施工因素有关的系数。

同济大学侯学渊等(1987)结合上海地区饱和土和盾构施工的特点，提出时效(即土体扰动后固结)沉降的修正 Peck 公式，见式(7-50)。

$$S(x,t)=\left(\frac{V_l \cdot t+H \cdot k \cdot t}{\sqrt{2\pi i}}\right)\mathrm{e}^{-\frac{x^2}{2i^2}} \tag{7-50}$$

$$0\leqslant t\leqslant T,T=\frac{\sqrt{2\pi}\cdot P}{E\cdot k}\cdot i$$

式中：P——隧道顶部空隙水压力的平均值；

T——完全固结时间；

t——固结时间；

V_l——单位时间的体积损失；

E——隧道顶部土层的平均压缩模量；

k——隧道顶部土层的渗透系数；

H——超空隙水压水头。

Attwell 和 Selly 用统计学的方法，对盾构施工引起的地层损失的扩散规律进行了分析研究，发现沿隧道轴线向内松弛的地层损失向轴线上方及四周扩散，并随着地层扰动范围的扩大而减小，最后在地表形成一个倒穹顶形的凹陷，同时地表的沉降槽随着施工向前移动。

关于地层移动的数值模拟，国内外多采用有限元、边界元、有限差分等方法进行计算。根据实际工程施工情况，考虑不同施工因素的影响，如盾构性能、盾尾间隙、施工工艺、地层性质等，研究盾构施工引起的地表沉降规律。

李桂花(1986)用弹塑性有限元法模拟施工间隙等参数，求出地表沉降的预估公式，见式(7-51)，利用不同间隙参数模拟不同的沉降因素的影响。

$$S(x)=\frac{0.627Dg}{H\times(0.956-H)/24+0.3g}\cdot \mathrm{e}^{\frac{-x^2}{30\times(6-5/H)\times(2-g)}} \tag{7-51}$$

式中：D——隧道直径；

H——隧道埋深；

g——施工间隙；

x——与隧道中线的距离。

该公式可以用于估算不同埋深、不同直径、不同施工间隙等参数下，距隧道轴线不同距离的地表沉降值。

Mair 等(1993)通过现场监测和离心模型试验，分析了黏土隧道施工引起的地表沉降槽宽度与最大沉降量随深度的关系，见式(7-52)～式(7-57)。

$$S_{\max}=0.313V_l\frac{D^2}{K\cdot z_0} \tag{7-52}$$

$$\frac{i}{z_0}=0.175+0.325\left(1-\frac{z}{z_0}\right) \tag{7-53}$$

$$k=\frac{0.175+0.325\left(1-\dfrac{z}{z_0}\right)}{1-\dfrac{z}{z_0}} \tag{7-54}$$

$$V_s=\sqrt{2\pi}iS_{\max} \tag{7-55}$$

$$V_l=\frac{4V_s}{\pi D^3} \tag{7-56}$$

$$S_{\max}=\frac{1.25V_lR^2}{\left[0.175+0.325\times\left(1-\dfrac{z}{z_0}\right)\right]z_0} \tag{7-57}$$

式中：V_s——地表沉降槽体积；

i——沉降槽宽度系数；

V_l——地层损失体积；

R——隧道直径；

z_0——隧道埋深；

z——估算点距地表的距离；

K——沉降槽宽度系数修正参数，与地层性质有关。

周文波(1993)用统计方法，得出横向最大沉降量的估计公式，见式(7-58)～式(7-60)。

对砂质土：

$$S_{\max}=1.032e^{\frac{7.8665}{z/2R}} \tag{7-58}$$

对黏质土：

$$S_{\max}=29.086-\frac{12.173}{\ln\left(\dfrac{z}{2R}\right)}+7.4233\cdot N^{1.1556} \tag{7-59}$$

沉降影响范围估算公式为：

$$w=1.5Rk\left(\frac{z}{2R}\right)^n \tag{7-60}$$

式中：k、n——参数，采用土压平衡盾构时，对黏质土，$k=1.3$，$n=0.70$；对于砂质土，$k=0.65$，$n=1.2$。

特别是近年来，采用数值模拟技术对盾构施工引起的地表沉降规律进行了更深入的研究，全面分析了盾构施工引起地表沉降的各种因素，如开挖面压力、注浆量、注浆压力、衬砌压力、地下水位变化等。

3)沉降历时规律

一般情况下，对于盾构施工引起的地表沉降的历时关系，大多通过施工阶段的隧道中线地表位移来反映。国内外的理论或经验公式的地表沉降计算一般不考虑固结与蠕变产生的沉降。

目前，一般采用双曲线模型模拟隧道中线地表沉降的历时关系，即土压平衡盾构隧道中线地表沉降历时曲线可以由式(7-61)表示。

$$S(t)=\frac{t}{a+bt} \tag{7-61}$$

式中：$S(t)$——t时刻隧道中线上最大地表沉降(mm)；

a、b——回归参数，随不同地层、不同隧道而不同；

t——历时时间(d)，一般取盾构开始引起地表沉降开始计算，取管片脱出盾尾一周的时间，所得回归方程的计算值与实测值较接近。

式中的参数a、b可以根据观测数据回归分析得到。

由式(7-61)可知，当$t=0$时，$S=0$。所以在建立地层沉降历时关系的双曲线模型方程时，数据统计值的起点在理论上应为地层隆起转为沉降的临界点。在盾构掘进过程中产生的沉降，由于注浆等施工对地层的扰动，地表初期沉降较为复杂，而且沉降变化波动较大，往往导致回归方程离散。

根据有关资料分析，如果统计值的起点取为管片脱出盾尾一周的时间，所得回归方程的计算值与实测值较接近；同时，通过计算分析发现，随着时间的推移，地层沉降趋于稳定，回归方程的计算值越来越接近实际观测值。说明地表沉降历时关系的双曲线模型，表示地表的后续沉降更合适，即固结与次固结沉降，与盾构施工阶段的地表沉降历时曲线相结合，即可以较全面反映盾构施工引起的地表沉降历时关系的全过程。

4)最大地表沉降

最大地表沉降除采用上面介绍的经验公式计算外，竹山乔根据日本盾构隧道施工中积累的实际资料，将地表进行回归分析，并提出估算最大地表沉降的公式，见式(7-62)。

$$\delta_{\max} = \frac{2.3\times 10^{2}}{E_{s}}(21 - H/D) \quad (\text{mm}) \tag{7-62}$$

式中：E_s——平均变形模量(MPa)；

H——隧道覆土厚度；

D——盾构外径。

3.防止变形的对策与地基变形的预测与测定

1)防止变形的对策

为了防止地基变形，要尽量排除各种因素的影响。施工对策如下：

(1)开挖过程中水土压力不均衡对策：土压平衡盾构可通过调整推进速度和螺旋式排土器的旋速，使压力舱压力与开挖面水土压力相对应；另外，根据需要注入适当的添加剂增加开挖土的塑性流动性，使压力舱内不产生空隙。泥水式盾构可根据围岩的透水性来调整泥水状态，并仔细进行泥水管理，使泥水舱压力始终对应于开挖面的泥水压力。实施这些开挖面稳定管理的同时，还应根据需要研究采用辅助施工方法，以保证围岩的稳定。

(2)推进过程中减小围岩扰动的对策：为了减小推进中盾构与围岩之间的摩擦，尽量不扰动围岩，减小盾构偏转及横向偏移等，以防止蛇形发生。

(3)防止盾尾间隙沉降与壁后注浆引起的地基隆起的对策：根据围岩状况来选择渗透性好、固结强度大的壁后注浆材料，并尽量与盾构推进的同时进行壁后注浆。另外，还需要进一步降低由二次注浆引起的沉降。但是，特别是对冲积黏质土层，应控制由二次应力引起的地基隆起或地基扰动。

(4)防止初期支护变形的对策：为防止管片变形，使用形状保持装置来确保管片的拼装精度，同时充分紧固接头螺栓。

(5)防止地下水位下降的对策：为了防止从管片接头、壁后注浆等处漏水，应仔细进行管片的组装以及防水作业。

2)地基变形预测与测定

为了减小地基变形，推进前事先应根据过去的实际情况和有限单元法等进行预测，以预测结果为依据，来设定管理基准值。同时，在推进时，要在隧道中心线上及两侧范围内设定测点，进行水准测量，把监测结果应用到后续区段的施工管理中。

(二)建筑保护措施

盾构工程靠近已有建筑物施工时，应进行事前调查，以预测盾构掘进对已有建筑物的影响。预测结果认为对已有建筑物结构安全或使用功能有影响时，应根据情况采取对策。施工时设定管理基准值，考虑一定安全储备，以它为指标进行掘进管理，同时把监测结果反馈到后续区段的施工管理中。

1.事前调查

掌握已有建筑物的结构、形状尺寸、基础类型、地基条件与使用现状等。根据原设计条件、设计方法、容许值，确定建筑保护标准，如最大沉降量、差异沉降量、倾斜率、裂缝宽度等。特别是对于古建筑

物，应充分考虑其安全性。

2. 临近施工影响度的判断与评价

由于盾构施工使周围地基的应力得到释放，或受到附加应力而发生下沉或隆起。这种地基变形使已有建筑物受到什么样的影响，与已有建筑物的设计条件(与盾构的间距、线路、靠近施工区段的长度)、地基条件、已有建筑物基础、结构、刚度(断面形状、强度变形特征、连接形式)等有关。研究临近施工的影响时，应充分考虑这些因素，充分考虑在现场条件下可能出现的问题非常重要。

要判断是否是临近施工，一般看盾构开挖引起的地基变形影响区域达到既有建筑物支承地基的什么位置来判断，并根据其程度来进行分级。分级时，对盾构与已有建筑物的位置关系、间隔距离、建筑物地基的性质、已有建筑物的结构、基础类型、重要度、有人或无人设施等也要加以考虑。

根据上述判断并肯定产生某种程度的影响时，应对其影响进行定量评价和施工对策的研究。但是，由于地基条件的不同，变形状态、变形机理会有很大不同，所以采用合理的方法进行计算很重要。根据计算结果，并结合经验来确定作为施工指标的管理基准值，确保建筑物使用功能与结构安全。

3. 施工对策

如果只采取前面“防止地基变形的对策”不能满足要求时，则应采取适当的保护措施。建筑物主要保护措施有以下 3 种：

(1)地基与基础加固；

(2)建筑物结构加固；

(3)对既有建筑物与隧道之间的地层加固。

通常采用上述三种方法的一种或并用这些方法。选择施工对策时，应综合评价施工性、安全性、经济性、工期及环境条件等，同时参考过去的施工实例，选择最适合现场状况的施工方法。

4. 监测管理

监测管理应分通过前、通过时、通过后 3 个阶段来实施。

特别是在接近施工区段的前方区段，通过对相似地基条件的地点进行通过前监测，对分析施工方法正确与否是非常重要的。通过前监测的目的：

(1)分析盾构的特征、操作人员的熟练程度、地基条件的不均匀等预先不能确定的因素对地基沉降的影响，以优化施工方案。

(2)定量掌握地基变形与变形规律，验证既有建筑物的安全性。

(3)找出各个监测项目的相关性，确定合适的监测项目。

通过时的监测是为确保既有建筑物的安全进行的，应合理设置监测点，准确反映建筑物变形情况。如断面变化位置和已有损伤的部位是最容易产生变形的部位，为确保建筑物安全，最好采用自动观测，并根据盾构推进过程合理确定不同阶段的监测频率，监测值超过管理值时，应停止施工，查明原因，同时修正施工方法，采取应急对策等。在确认可以保证既有建筑物安全后，再开始施工。

盾构通过后，即使建筑物变形变小，在确认变形逐渐稳定之前也应一直进行监测。通常，盾构通过后监测频率逐渐增大，在持续观测 3 个月左右后结束。

八、施工监测及施工记录

(一)施工监测及施工记录的意义

在盾构隧道工程施工过程中，应进行观测、量测工作，并尽力详细、正确地做好记录。做好上述工作的主要目的有：

(1)确保盾构施工的安全。

(2)出现施工事故和纠纷时，可作为查明原因和进行赔偿的资料。

(3)作为竣工后进行维护管理及修补的资料。

(4)作为今后盾构施工技术改进发展的资料等。

对上述资料应认真整理和妥善保管，以便今后使用。

(二)施工监测及施工记录的内容

1.观测与监测内容

(1)压力舱内的土压力,开挖面的泥水压力、泥水状态(闭胸式盾构),开挖面的状态、涌水量及水质等(开敞式盾构);

(2)盾构隧道附近地表与建筑物及地下结构物的变形;

(3)地基变形;

(4)地下水位的变化;

(5)千斤顶推力、刀盘扭矩;

(6)盾构隧道的变形和蛇行;

(7)盾构姿态与蛇行;

(8)壁后注浆量和注浆压力;

(9)排土量的管理;

(10)隧道内作业场所的风速及隧道内换气状况;

(11)隧道内工作状态下的空气压力、空气消耗量及漏气情况;

(12)作用于盾构或衬砌的水土压力;

(13)盾构或衬砌的应力和变形;

(14)刀具、刀盘磨损测量。

2.调查

(1)房屋调查:对隧道施工影响范围内的重要建筑物进行鉴定和评估,作为证据保全的证明;

(2)水井调查。

3.施工记录

(1)施工日志;

(2)竣工图(平面图、纵断面图等);

(3)地层资料;

(4)照片、录像资料。

第八章　沉埋管段隧道修建技术

沉埋管段隧道，常简称为沉管隧道。该工法是指将预制好的管节通过浮运沉放，并在水下对接成一整体的隧道修建方法。沉管隧道通常由两岸上段（或人工岛）和沉管段组成，一般用于建造道路、轨道交通水下隧道。该工法将在预制场（岸上干坞或半潜驳）中预制好的钢筋混凝土结构管节两端用临时的封板封闭，然后向坞内灌水使管节起浮出坞或半潜驳下潜管节起浮脱离半潜驳，分节把处于正浮力的管节浮运至隧道水中沉管段沉放位置，然后向管节内灌水至一定的负浮力，借助水面船舶组成的吊挂系统，将管节按定线要求准确沉放于预先挖好并经过处理的水下沟槽内或经过处理的河（海）床面上，管节之间、管节与岸上段之间的接头由特制的 GINA 橡胶止水带，通过水力压接原理形成初始密封，拆除临时封板，对各接头进行最终处理，使各管节连成一整体，形成沉管隧道。

沉管隧道纵断面根据规划航道通行限定的水深、水道排洪纳潮的要求，结合河（海）床高程可按全埋式、半埋式或直接放置经过处理的河（海）床的方式进行设计。相对其他工法修建的水下隧道，其埋深要求是最浅的。

第一节　概　　述

沉管法自问世以来，工程界一直在对其进行研究、实践与总结，取得了丰硕的成果，使得沉管隧道在设计、施工及其配套技术等方面都取得了长足的进步。从英国人最初的沉管试验、美国沉管隧道的大量修建，到荷兰人引入该项技术并不断创新、发展与完善，随后世界各国广泛引进该项技术，使之得以在世界范围内推广应用，其修建技术不断成熟，并日益显示出其优越性。这一世界范围内的技术交流与发展，使得沉管隧道修建技术不断获得重大突破与创新，无论是沉管隧道的断面形式、材料的选用、技术与工艺的应用，还是与之相关的配套工程，都随着现代科学技术的发展而日益更新，技术水平与质量不断提高，应用范围日益扩大。但由于工程的地域性与各个国家的具体实情不同，使得各国沉管隧道的修建技术各具特色，显示出了一定的地域与国别的特性。

一、沉管隧道发展历史

世界上最早的沉管法工程是 1893～1894 年在波士顿港内修建的横穿宽 96m、深 7.6m 的航道下面的虹吸下水管道，但严格意义上讲，最早的沉管隧道是 1910 年美国穿越底特律河修建的水下双线铁路隧道。其后沉管法以美国为中心逐步发展，在 1910 年以后的大约 30 年内，大多数沉管隧道都是在美国修建的。美国修建沉管隧道的历史最长，早期多采用圆形钢壳管节。美国所发展的钢壳管节技术，从受力角度考虑，用圆形或双体圆形钢壳比矩形有利，且钢壳可在岸边空地预制，钢壳下水后在浮态中浇筑钢筋混凝土内衬。该技术至今仍被广泛应用。但矩形断面形式的沉管隧道更有利于充分利用净空，并可以满足日益增加的车道的需求，加上各项相关技术的发展，后来钢筋混凝土矩形沉管隧道在美国也得到了大量的应用。

在欧洲，最早应用钢筋混凝土结构的沉管隧道是 1927 年建成的德国弗里德里希港隧道，荷兰于 1937～1942 年修建的玛斯(Mass)隧道是首座采用钢筋混凝土结构的双向四车道公路隧道，管节为宽 24.8m、高 8.4m 的矩形钢筋混凝土结构，基础采用喷砂法。该隧道的特点是采用了矩形断面，并成为所谓欧洲方式的原型。

以荷兰为首的欧洲国家进一步发展了该项技术，取得了相当显著的成就，大大推动了沉管隧道的发展。他们认为矩形断面的有效空间利用率优于圆形断面，矩形断面隧道的高度、覆盖层比圆形断面小，隧道的长度也相应减少，因此多采用矩形断面的沉管隧道。

荷兰人在管节制作技术上一直有独到之处，并对混凝土作业一贯坚持高标准，在混凝土原材料的组成、温度控制、收缩补强、模板选择等方面都采取了相应的措施。他们使用钢筋混凝土管节，甚至不用防水钢板和外防水层，完全靠钢筋混凝土结构自身防水，并研究开发出一套行之有效的管节制作过程控制裂缝的温度控制技术。为防止由于混凝土温度应力引起的开裂，他们在混凝土内部采用了冷却管系统，以消除温度裂缝的产生，使混凝土具备较高的防渗能力。此外，在接缝防水、抗渗等方面也取得了一定的成就，现已在全世界广泛应用。

日本早期偏于采用钢壳型结构，部分原因是其利用自身拥有的良好造船设备的能力，在一定程度上更为经济。近年来，日本也开始大量采用钢筋混凝土结构制作矩形管节。由于日本地处地震带，深受地震的影响，对地震的危害也格外重视，日本在沉管隧道的抗震设计方面进行了大量研究，取得了显著的成就。

我国修建沉管隧道起步较晚，且大多采用矩形断面。20 世纪 60 年代初，曾在上海开展过此工法的理论研究。1976 年，在我国杭州湾的上海金山石化工程中首次采用此工法建成了一座排污水下隧道。目前已建成的隧道有宁波甬江隧道、广州市珠江隧道、香港的地铁隧道、东港跨港隧道、台湾高雄港隧道、上海市外环线越江沉管隧道、宁波市东外环路常洪隧道。正在建设的有广州市生物岛—大学城沉管隧道、仑头—生物岛沉管隧道、广州洲头咀沉管隧道与青山湖沉管隧道，见表 8-1。另有一些处在规划阶段，如舟山沈家门海底隧道、黄浦江吴淞口隧道等。由于沉管隧道对施工现场具有广泛的适应性，随着我国交通运输业的发展和施工技术的提高，沉管隧道将会得到迅速发展。

我国部分已建、在建、拟建沉管隧道表 表 8-1

序　号	目前状态	隧道名称	所在地	建设年代
1	已建	Cross Harbor	香港	1972
2		Mass Transit	香港	1979
3		东区海底隧道	香港	1989
4		西区海底隧道	香港	1997
5		跨港隧道	香港	1972
6		香港地铁	香港	1979
7		高雄港	高雄	1984
8		东区跨港	香港	1990
9		珠江沉管隧道	广州	1993
10		机场路先行段	香港	1994
11		宁波甬江隧道	宁波	1996
12		机场隧道	香港	1997
13		西区跨港	香港	1997
14		宁波常洪隧道	宁波	2002
15		上海外环隧道	上海	2003
16	在建	仑头—生物岛隧道	广州	在建
17		生物岛—大学城	广州	在建
18		青山湖隧道	南昌	在建
19		洲头咀沉管隧道	广州	在建
20	拟建	沈家门海底隧道	舟山	拟建
21		黄浦江吴淞口隧道	上海	拟建
22		佛山市东乐河隧道	佛山	拟建

总的来看，目前国外沉管隧道修建技术已比较成熟，应用较广。我国在沉管隧道修建技术方面虽取得了一系列成果，但仍存在许多问题，如相关技术不成熟，尚没有形成系统的设计与施工的标准和规范。

根据国内外的工程实践与研究成果，沉管隧道发展趋势主要体现在以下几个方面：

(1)单节管节长度越来越长。1910 年，在美国底特律河下用沉管法施工的隧道全长只有 782m，由 10 节管节组成，每节长 78.2m 。而 1970 年，在旧金山建成的海湾地区快速交通运输系统(BART)海底隧道全长 5 825m，由 57 节管节组成，每节长 102.2m。目前世界上已建成的沉管隧道单节管节长一般在 100～130m ，最大质量一般在 30 000～50 000t。而荷兰阿姆斯特丹的 Hemspoor 隧道，单节长 268m，质量为 50 000t。随着柔性管节技术等一系列技术的发展，管节的长度不断增加，在建与拟建沉管隧道单节管节长经常可达到 180m。

(2)隧道向大型化发展，断面越来越大，隧道的车道数已由最初的双车道发展到目前城市隧道通用的 6 车道，甚至 8 车道。如美国采用钢壳结构形式的 Fort McHenry 隧道、荷兰采用矩形钢筋混凝土结构形式的 Drecht 隧道(图 8-1)，以及我国上海外环线钢筋混凝土沉管隧道(图 8-2)。图 8-1、图 8-2所示的两条结构形式截然不同的沉管隧道是迄今为止世界上车道数最多的水下道路隧道。而比利时亚泊尔隧道横断面宽度最大，达到 53.1m。

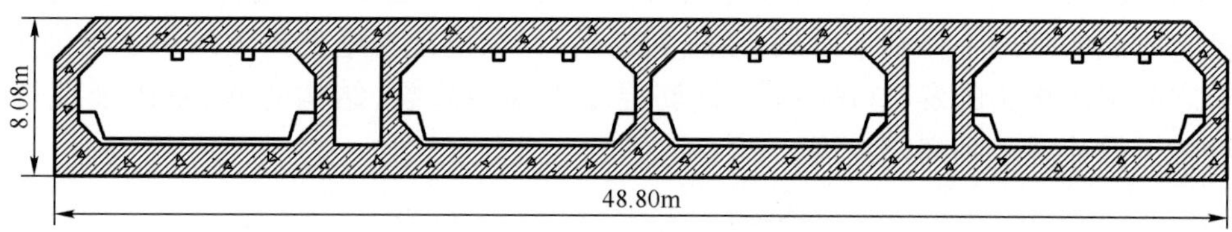

图 8-1　荷兰 Drecht 隧道结构横断面图

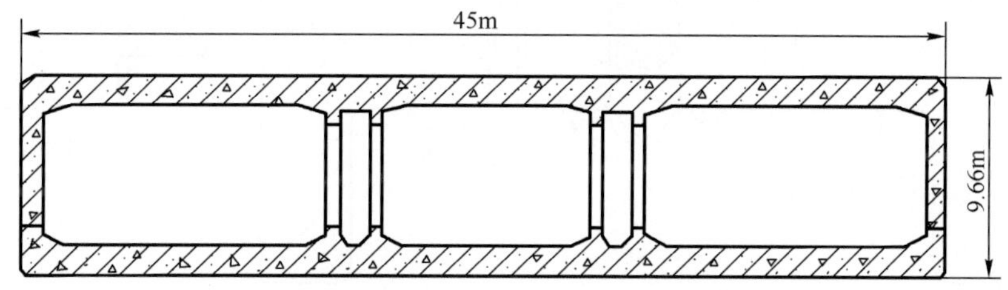

图 8-2　上海外环线沉管隧道结构横断面图

(3)从单一用途向多用途发展。最初的沉管隧道也像用矿山法或盾构法修建的隧道一样，用途较为单一，即为城市道路(公路)或为铁路(地铁)水下隧道。随着沉管技术的发展，特别是矩形钢筋混凝土结构形式沉管隧道的出现，其横断面宽度尺寸可以较大，这样就出现了城市道路与地铁、公路与铁路共管设置，甚至可同时设置公共管廊。通行轨道运输系统的沉管隧道最近也发展为能通行高速铁路的水下隧道，可通行速度达 200km/h 的列车。

(4)沉管隧道的地基适应性越来越广。沉管隧道可修建在软弱地基(河、海床)上，也可修建在较坚硬地基(河、海床)上。目前，国内对于沉管隧道的修建大多选择在软弱地基上。

(5)制造管节材料逐步由钢筋混凝土取代，从管节制作方式和材料来看，最初多采用圆钢壳混凝土结构，适用于断面较小，车道数不多的情况。随着交通日益发达，需要越来越多的车道来满足现代交通的要求，断面越来越大，又开始大量采用矩形混凝土结构。同时，在管段接头方式与材料方面也日益发展，为大断面沉管隧道的发展提供了经济合理的选择方案。

(6)管节的抗裂防渗能力越来越强。在钢筋混凝土管节预制过程中，需采取多种混凝土裂缝控制技术措施，以确保钢筋混凝土管节的质量，特别要防止贯穿裂缝的出现。一些新建的沉管隧道除采用传统的混凝土裂缝控制措施外，为了增加管段结构的抗拉强度，还采用了纵向预应力措施。此外，也有采用钢纤维或化学纤维混凝土来防止混凝土产生裂缝，如采用 Dura 纤维——美国 Hill 兄弟化工公司生产的高强聚丙烯单丝或网状纤维，可以极为有效地控制管节混凝土塑性收缩及离析裂缝，大大改善钢筋混凝土管节的抗渗能力。

(7)钢筋混凝土管节的预制由传统干坞预制发展到工厂化流水线生产。最初沉管隧道多采用岸上干坞方式制作管节，后来半潜驳也成为了制作干坞的又一个选择方案。目前，荷兰、丹麦等大量修建沉管隧道的国家也逐渐采用工厂化制作沉管管节，如丹麦的厄勒隧道。

(8)管节底板防水形式多样。在圆形钢壳沉管隧道中，采用钢壳作为整体防水，而在矩形钢筋混凝土沉管隧道中，底板常采用钢底板，但随着防水施工工艺与技术的进步，已经有其他替代方案。

(9)管节接头方式更为灵活。从最初的刚性接头发展为目前广泛采用的柔性接头，有利于提高沉管隧道的防震、防渗能力保证运营安全。

(10)埋深设计选择更为灵活。沉管隧道根据埋深可分为全埋、半埋和安放河床等形式。但无论采取哪种形式，均需要考虑所在水域的水文条件、规划线路需要、隧底地质条件等众多因素。

(11)预应力的采用。对于矩形钢筋混凝土管节，在单孔跨度大、沉管段所处水域回淤量大的情况下，管节采用横向应力结构，管节的结构由纯刚性弯矩设计到采用预应力的部分柔性结构。

二、沉管隧道修建技术的重大进步

自1910年在美国首次用沉管法建成穿越底特律河的铁路隧道以来，随着科技的进步，沉管隧道的修建技术在已有方法的基础上得到了发展、改进和提高，且在设计与施工方面采用了更为多样的工艺与新技术。管节之间水压接头的发明(图8-3)、钢筋混凝土温控防裂、结构防水、基础处理技术等的发展都促进了沉管隧道修建技术的高速发展。

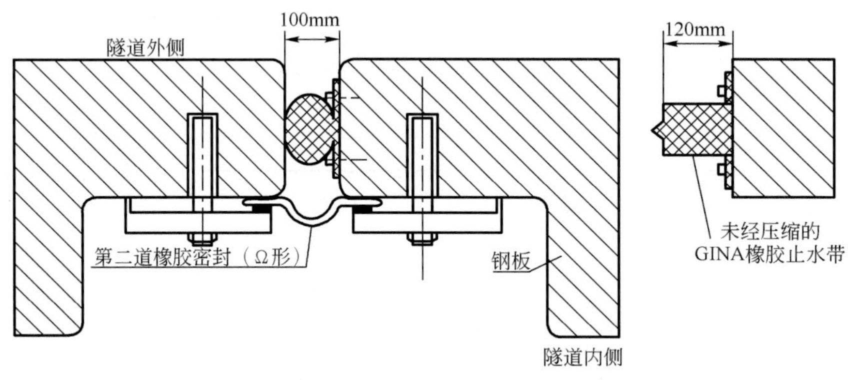

图8-3 管节之间水下水压接头典型结构横断面图

沉管法修建水下隧道，具有许多公认的优点，其表现在对地质条件的适应性强隧道的覆盖层薄，从而使隧道整个长度减小，隧道断面利用率高，防水可靠度高，施工周期短及工程造价合理等。大体积钢筋混凝土浇注时，裂缝的控制、混凝土抗渗性能的提高，加上水下接头(这种水下水压接头普遍采用GINA橡胶止水带作为初始密封，Ω形橡胶止水带作为永久性密封)与基础处理技术的日益成熟，使得沉管隧道的应用越来越广泛。沉管隧道修建技术的重大进步主要体现在以下几个方面：

1. 基础处理方法的新发展

沉管隧道的基础处理，早期采用先铺法，即在管节沉放之前用刮砂法或刮石法将基槽底整平。此法费工、费时，整平度也不高，难以适应隧道宽度不断增加的需求。于是，出现了名为后填法的基础处理方法(首先用于1941年建成的马斯隧道)，即先将管节沉放好，再设法将管节与基槽之间的空隙填实。

后填方式的系列方法主要包括灌囊法、喷砂法、压浆法和压砂法、灌砂法等方法，其突出的特点是：

(1)基础处理作业基本不干扰水面航运。

(2)不需设计、加工专门的基础处理设备。

(3)作业不受水深、流速、气候、风浪等影响。

(4)工艺简单，基本不需潜水作业，省工、省时、省费。

2. 水力压接法的发明

早期沉管管节之间的连接都是待管节沉放完毕后，再浇筑水下混凝土，这种方法不仅工艺复杂，施工难度大，而且当隧道发生变形后，易开裂与渗漏水，影响隧道功能的正常发挥，同时受温度变化影响，纵向伸缩变形量大，限制了隧道沉管段的长度。20 世纪 50 年代末，在加拿大的迪亚斯岛隧道工程的设计与施工中，丹麦工程师利用水的压力开发了一种巧妙的水力压接法。此法工艺简单，水下作业简化，防水效果好，基本上不用水下作业，而且又能适应较大的沉陷变形。对沉管隧道的大范围应用的贡献十分显著。管节与岸上段的接头也可用水力压接法进行处理。

3. 防水技术的革新

(1)钢筋混凝土结构管节自身防水与底板防水

混凝土结构管节的早期设计，采用了钢底板(多为 6～8mm 厚，具体工程的厚度主要由隧道所在区域的水环境与设计年限等决定)与端钢壳、侧墙和顶板外防水层组成完整的外防水体系，但往往不考虑钢底板对结构的影响(不承受结构荷载)。随着技术的发展，20 世纪 70 年代以来，部分欧洲国家的沉管隧道完全取消了外防水层，为保证管节不漏水，除严格控制混凝土级配、振捣密实、加强养护外，还采取了防裂措施，从而强化了钢筋混凝土结构自身防水能力。

虽然目前国内的沉管隧道多数采用防水钢板和防水卷材或其他外包材料做外防水层，但都以混凝土结构自身防水为主。目前，国内关于采用高抗渗能力的混凝土与防水膜代替外防水层的优劣问题尚存在争议。

(2)管节施工段之间的接缝防水

钢筋混凝土管节一般分若干施工段进行预制，各施工段的纵向钢筋连通的管节为刚性管节，其施工段之间的接缝为施工缝，可按传统的施工缝防水进行处理，而各施工段的纵向钢筋截断不连接的管节为柔性管节，其施工段之间的接缝为伸缩缝，伸缩缝的防水应采用多道设防，但应以压浆型钢止水橡胶带防水为主，其止水效果远优于普通哑铃型或多肋型止水橡胶带，防水可靠度更高。接缝防水技术的发展为柔性管节的应用打下了基础。柔性管节的应用，使单管节长度增加(可达 180m)，并可大大增加沉管段长度(可大于 3km)。目前我国港珠澳通道工程(大桥)的沉管隧道工程已超过 6km。

(3)管节与岸上段、管节之间的接头防水

最初大多采用刚性接头，隧道容易受沉降等不利因素影响而导致工程安全风险高，后来随着各种柔性接头与止水带(主要是 GINA 止水带与 Ω 形橡胶止水带；管节与岸上段之间、管节与管节之间如采用干接时，可采用其他形式的止水带)的出现，使得沉管隧道的修建技术取得了一项重大突破。

4. 抗震设计

在地震区修建沉管隧道，在考虑正常沉陷和温度变化引起的位移基础上，还必须考虑由地震力引起的作用于结构物上的附加荷载和由此引起的横向、垂向和纵向位移。在早期的设计中，如对地震的影响没有采取什么特别的预防措施，隧道的使用功能容易因地震的破坏作用而受到影响。目前，管节与岸上段、管节之间的接头设计多采用柔性结构，设计的接头允许有一定的挠度和纵向移动，使隧道具有一定的可延性，并在接头处设置限制横向、垂向和纵向位移的受力构件，而不使结构整体性或防水性能在设定的地震等级以下遭到严重的损坏。

近年来，国内外在沉管隧道基础处理方面，针对地震液化进行了大量的研究，提出预防隧道基础下伏地层和砂基因地震液化的各种措施，这对提高沉管隧道的安全性能有重要的意义，其研究成果已在国内外得到了广泛应用。

5. 温控及混凝土浇注技术的发展

随着混凝土技术的发展，在采用低热、低水化热胶凝材料的基础上，工程界通过控制混凝土的原材料初始温度、混凝土运输过程中的温度及入模温度等过程温度可以有效地降低混凝土的温峰值，同时根据环境温度和气候条件采用合理的养护措施，在一定程度上可以调整混凝土的温差和温度应力，从而进一步控制裂缝的发展。后来发展了在混凝土结构内部安装冷却系统来控制混凝土体内的温度、温度变化梯度与速率的技术，从而有效地控制混凝土的温差与温度应力，防止温度应力裂缝的产生。混凝土浇注由传统的底板—侧墙—顶板的分步浇注，发展到全断面浇注。

三、沉管隧道的优缺点及适用条件

(一)沉管隧道的优缺点

沉管法在世界各国得到广泛应用，技术日趋成熟，主要具有如下优点：

(1)隧道结构的主要部分(沉管管节)由于在干坞或半潜驳船上浇筑，施工条件好，场地开阔，质量容易保证，并可方便施作外防水层，不需像其他工法修建隧道那样在遭受到土压力或水压力荷载作用下的狭窄空间内进行施工，能保证隧道质量与安全，且防水性能较好。如采用平行作业(两岸上段、基槽开挖、干坞、管节预制同步施工)方案，则管节沉放对接、基础处理水上作业时间短，对航运与环境影响不大，同时可大大缩短工期。

(2)沉管隧道的单位体积密度小，有效质量小，再加上附加压重以及混凝土防护层，隧道总质量比基槽内挖掘出的土体要轻(除直接放置河床的情况外)，可有效控制隧道的沉降。对地质条件适应性强，要求低，广泛适用于各种地层(各种地层的承载力几乎都可满足)，甚至能在流沙与软弱地基中施工，而不需采用特殊设备或措施。

(3)可用于修建大断面水底隧道。迄今为止，盾构法一般只能用于修建 3 车道水底隧道，而沉管法则可用于修建双管 6 车道，甚至四管 8 车道的水底道路隧道。

(4)管节长度可达 100～185m，且可以整体浇制，水密性好。与盾构法隧道的拼装管片相比较，单位长度内沉管法接头缝数量仅为盾构法的 1/100 左右，渗漏减少，不足盾构法的 1%。

(5)沉管隧道可浅埋在最小限度的深度上，从而使隧道全长缩短至最小限度，水底道路隧道则易于与岸边道路衔接。而盾构法施工隧道需一定的覆盖层，埋深较大，隧道较长。

(6)防护条件虽较深埋隧道稍差，但比桥梁好，而且还可以在沉管隧道顶面做防护层以提高防护能力。

(7)因管节制作采用预制方式，且浮运与沉放施工机械装置已集成大型化，施工安全与质量可控，可大大缩短工期，满足快速交通建设的需要。

(8)隧道埋深较浅，与两岸道路距离较短，衔接容易，总工程量较小，并且沉管隧道能充分利用净空，可节省土建投资和通风运营费用，建筑单价和工程总价均可降低。

(9)综合工期短。沉管隧道的最大优点是现场施工工期短，两岸工程、基槽开挖、管节预制可同时施工，管节的浮运、沉放、水下对接和基础处理等工序相对总工期来讲比较短。

沉管隧道虽有施工先进方便、防水可靠、综合造价低等众多优点，但在实施时也要注意以下几个方面的问题：

(1)一般在河床演变较为稳定的水域才能采用沉管法修建水下隧道。

(2)在水流较急时，管节沉放困难，须用专业作业台施工。

(3)水深超过 60m 时，难以采用沉管法。

(4)目前国际上采用沉管法修建的水下隧道长度多小于 6km，当沉管隧道管段过长，尤其是单节管段过长时，设计和施工存在较大困难。

(5)水上施工时需与航道部门密切配合，采取临时措施，以保证航道畅通。

(6)在淤积严重的水域施作沉管隧道，必须及时充分清淤，避免管节沉放困难的情况发生。

(7)制作管节时，对混凝土工艺与质量的控制更为严格，在一定程度上可能导致造价的提高。

(二)适用条件

(1)沉管隧道多修建在江河的中下游河床演变较稳定和浅海(港)湾处。在下游，河床比较平坦，水流速度不会过大。但如水流速度大于 3.0m/s，或水流方向极不稳定，或河床有深沟、地形陡峭，都会造成管节浮运、沉放、对接困难。

若水深超过 60m，则矩形钢筋混凝土管节的沉放、对接困难，难以实现水下水压对接形成临时密封，也难以采用水中的最终接头。对于圆形钢壳与混凝土组合的管节，由于难以实施水下焊接及水下混凝

土的浇筑工艺，水下接头处理十分困难。

(2)沉管隧道广泛适用于各种软弱地基条件。沉管隧道对地基承载能力要求不高，广泛应用于地层承载力差的软弱地基上。地基的标准贯入度 N 不大于 30 的情况对修建沉管隧道极为有利。对于需在岩石地层河(海)床开槽沉放管节的情况，需要进行水下爆破开挖，使得工期延长，造价提高。

(3)需要合适的干坞条件。选用沉管工法修建水下隧道，必须具有合适的干坞条件，一般应具备合适的异地干坞条件，才能发挥沉管工法两岸上段、沉管段基槽、管节预制同步动工的优势。异地干坞必须有足够的土地面积、良好的工程地质和水文地质条件、合适的管节浮运航道。如没有合适的异地干坞条件，对于较短沉管隧道，预制管节数量少时，可采用轴线干坞或半潜驳船预制管节。

简单来说，该工法在软弱地层非常适用，而在硬岩地层，通过对工期、造价及安全等因素的分析，该工法是不可行的。与盾构法相比，在同等条件下，能采用沉管法时，尽量少用盾构法。

四、沉管隧道的分类、断面形式与选择

(一)沉管隧道的分类

目前来说，沉管隧道的分类主要从以下几个方面进行：

(1)依据功能分为公路、地铁、铁路与市政等。

(2)依据结构分为钢筋混凝土、钢与混凝土复合结构。

(3)依据断面形式分为矩形沉管隧道与圆形沉管隧道。

目前，通常按照沉管隧道的断面与结构形式将其分为两种基本类型：钢筋混凝土矩形沉管隧道和钢壳圆形沉管隧道。

其中，钢壳圆形隧道又分单层钢壳和双层钢壳两种。单层钢壳隧道的钢壳通常采用 10mm 厚的钢板焊制，其既作为管身的永久防水层，又作为受力构件；钢壳内侧布置加劲系统，施工时钢壳皆作浇捣内衬钢筋混凝土的外模。混凝土浇筑后形成钢筋混凝土的组合结构，管顶加混凝土或块石压重。钢壳圆形沉管隧道在美国的应用比较多，在其修建史上最初的 30 年内几乎都是采用钢壳圆形沉管隧道。混凝土沉管隧道始于荷兰，该类沉管隧道的主要特点是隧道的管节由钢筋混凝土制成，钢筋混凝土用于结构的构造和作为压载物。

(二)沉管隧道断面形式

1. 矩形断面

钢筋混凝土矩形管节一般在临时干坞中或半潜驳船上制作，管节预制好将之拖运至隧址沉放。一般来说，一个矩形断面可以同时容纳 4～8 个车道(图 8-4)，选用矩形管节比圆形管节经济，且适合于多车道隧道，故成为最常用的断面形式。

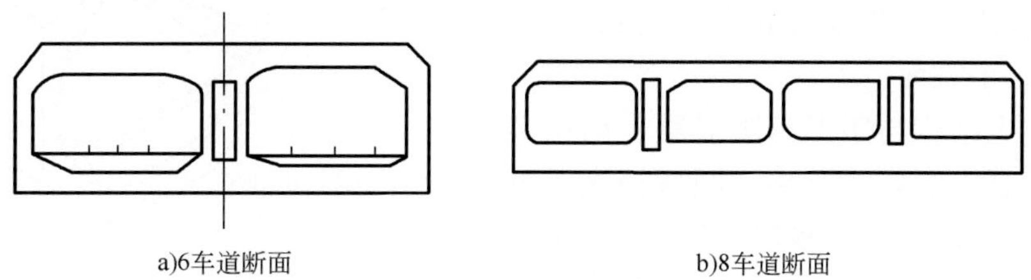

图 8-4 矩形管节沉管隧道横断面

2. 圆形断面

圆形管节横断面的内轮廓为圆形，外轮廓有圆形、八角形和花篮形(图 8-5)。通常，圆形沉管隧道是钢壳与混凝土的组合结构，钢壳既是防水层，又是结构，但混凝土结构承担主要的荷载压力。在造船厂船台上制造的管节一般为圆形管节，因而圆形管节又称船台型管节。这种管节制造时先在船台上预制钢壳，制成后沿船台滑道滑行下水成为浮体，在漂浮状态下浇筑钢筋混凝土管节。这种圆形管节内一般只能设两个车道，在建造 4 车道时就需制作两管并列的管节。这种制作方式在早期沉管隧道中应用较多。

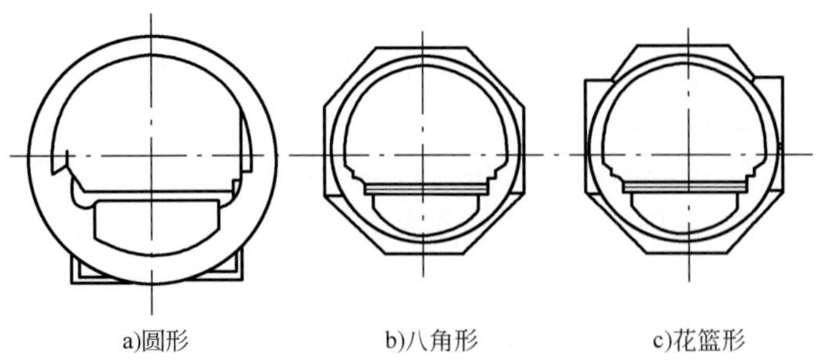
a)圆形　　b)八角形　　c)花篮形

图 8-5　圆形管节沉管隧道横断面

单层钢壳的管节，外层为钢壳，内层为钢筋混凝土环(图 8-6)。钢壳为防水层，其防水性能的好坏取决于钢壳大量焊缝的质量，外层的钢壳与内部钢筋混凝土环共同承受静水压力和覆土荷载。这种结构一般用于直径较小的单筒或双筒隧道，如城市快速轨道运输系统的隧道。这种管节的抗浮、压重层一般设置在管节的顶部，以尽量减少管节横断面尺寸，见图 8-7。

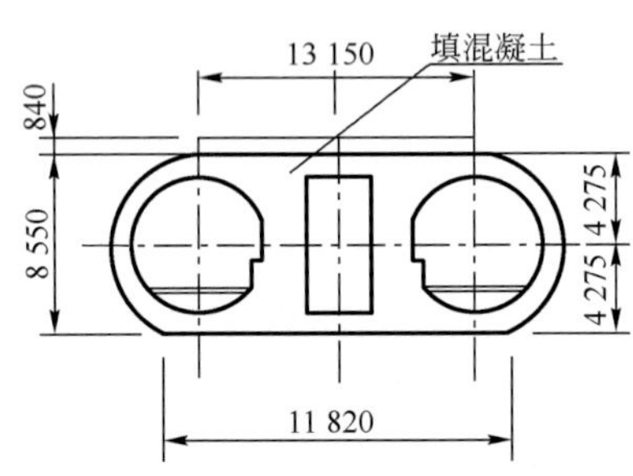

图 8-6　美国旧金山 1970 年修建的 BART 隧道的单层钢壳管节(尺寸单位:mm)

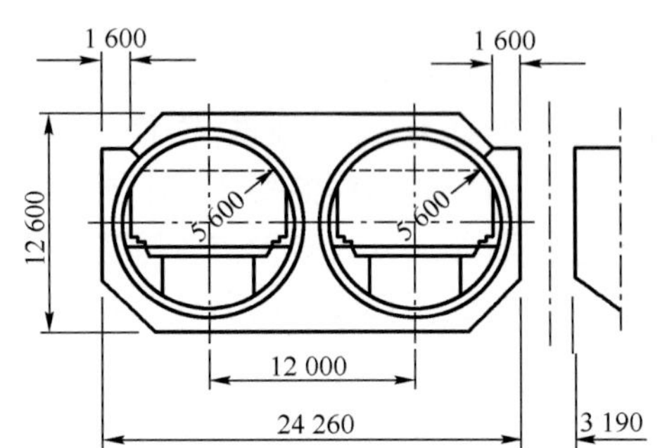

图 8-7　钢壳管节横断面结构形式(尺寸单位:mm)

双层钢壳的管节，内层为圆形钢壳，为了增加其刚度和强度，在钢壳内还需设置钢筋混凝土衬环，以形成主要承载结构。外层为多边形钢壳，并用钢横隔板与内层钢壳焊接为一整体结构，内、外层钢壳之间浇筑抗浮压重混凝土，见图 8-8。

(三)隧道断面形式的选择

就圆形沉管隧道来说，主要包括单筒、双筒等类型。对于单筒圆形断面的道路隧道，每个筒一般设两条车道，若需设 4 条车道，则可采用双筒双圆形断面。对于沉管隧道，是采用矩形混凝土结构，还是采用圆形钢壳结构，取决于工程本身和所在区域(国家或地区)的资源等多个方面。

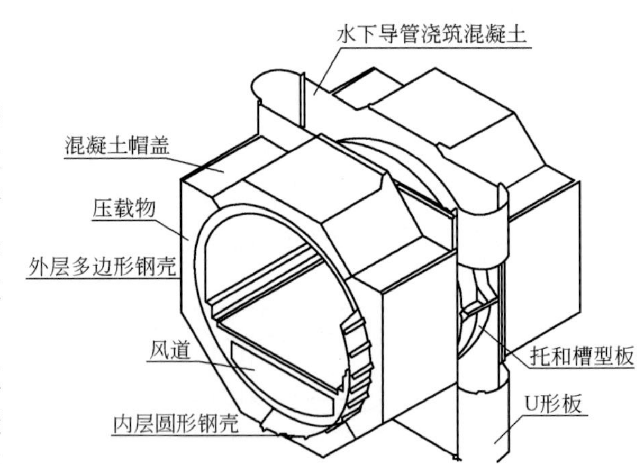

图 8-8　双层圆形钢壳管节和接头

圆形钢壳混凝土结构与矩形钢筋混凝土结构沉管隧道在抗浮层设置上有较大差异。圆形钢壳混凝土结构的管节，在浮态时干弦高度较大，因此压重层一般设在钢壳的外顶部；而矩形钢筋混凝土结构的管节，在浮态时干弦高度较小，因此压重层一般在管节内底部。

1. 圆形钢壳沉管隧道的局限性

圆形钢壳沉管隧道的不足之处主要表现在以下几个方面：

(1)隧道内衬混凝土浇筑

圆形钢壳沉管隧道内衬混凝土的浇筑困难，特别是管节接头顶部的混凝土浇筑，质量难以保证，影响混凝土的密实度和抗弯性能。钢壳是不漏水的，但要保证所有焊缝的水密性是十分困难的。机械焊接的焊缝可以保证焊缝质量，但手工焊接仍不可避免，故应对焊缝质量进行检查。一般可采用在焊缝一侧涂上肥皂膜，在另一边加气压的简单检漏方法。

(2)隧道钢壳焊接

在圆形钢壳沉管隧道只能采用刚性接头时,钢壳沉管隧道基本上为一条连续的钢和混凝土结构,因而只能在其本身弹性极限范围内变形,因温度变化、管节下沉和基础影响而引起的附加内力对隧道影响严重。近年来,美国修建的The Second Mobile和BART圆形钢壳沉管隧道已应用了橡胶止水带的柔性接头来代替上述传统刚性接头形式,并对接头的水密性和柔性提出了更高的要求。

(3)多车道空间的利用

随着交通的发展,需要越来越多的车道数。已有资料表明,多车道的隧道采用矩形横断面较为有利。

(4)断面、埋深、长度

对于道路隧道而言,圆形断面与车辆行驶时所要求的动态包络线并非一致,隧道内多出上下两部分空间,造成隧道横断面较大。为了保证隧道最小覆盖厚度要求,隧道需埋置较深,基槽开挖量较大,同时隧道长度增加,与两岸道路衔接困难,综合造价增加。

2.圆形钢壳沉管隧道的优势

对于圆形钢壳沉管隧道,其占大部分质量的混凝土是在管节处于浮态时浇注的,故在陆地上制作钢管时由于管节比较轻,容易搬运、下水,可利用岸边空地进行施工。如果可以利用船坞来进行管节预制,则更能进一步发挥这个特点,确保及时供应预制好的管节。圆形钢壳沉管隧道的优势在于:

(1)结构受力有利。从结构受力的角度来看,采用圆形横断面是十分有利的,因其在静水压力作用下主要是受压。

(2)占地时间短、造价低。圆形钢壳在岸上施工,而圆形钢壳管节中的混凝土则在浮态的进行施工,将圆形钢壳拖运到预制混凝土地点十分方便,而且可以节省占用场地的时间。同时,尽管圆形钢壳本身费用较高,但可避免建造一个大干坞的投资,其综合造价可能会有优势。

(3)车道少时上下多余空间可以作通风用。对于必须采取全横向通风的长隧道或双向行驶的双线较短隧道,圆形横断面内多余出来的上下两部分空间可作为全横向通风的送、排风道。因此,目前世界上有一种观点认为,双车道或4车道道路隧道可采用圆形横断面。

美国早期以双向两车道为主,所以多采用圆形钢壳管节,这是符合美国当时的实际需要的,但随着交通要求的提高,需要的车道数越来越多,目前也部分采用钢筋混凝土结构矩形管节,其在造价等方面更为经济。

我国已建成的和拟建的沉管隧道隧址多位于江河的下游,水流速度不算很大,而且大部分都是多车道的城市道路或城市道路与轨道运输系统共管的隧道,多采用矩形钢筋混凝土的结构形式。因此,本书重点论述矩形钢筋混凝土结构沉管隧道的设计和施工。对于圆形钢壳管节结构形式的沉管隧道只在本节作一般性介绍。

由于其他各种相关技术的发展,目前选择圆形沉管还是矩形沉管,除了工程本身、传统习惯和工期原因外,还需要根据各个国家的设施条件、设备能力和工程投资目的等具体情况进行分析。

五、存在的问题及展望

尽管沉管隧道具有众多的优越性,我国在沉管隧道修建技术方面也取得了一系列成果,但由于目前我国采用沉管法修建的隧道比较少,在许多方面仍不成熟,仍存在许多问题。

(1)沉管接头。沉管接头是沉管隧道区别于其他隧道的最大特点,目前已建沉管隧道的接头方式过于复杂,受力机制不明确,而且不利于防水,沉管接头的形式及其防水结构设计等都有待研究。

(2)水下边坡。其主要包括水下基槽成槽技术与精度控制、水下基槽边坡的合理经济性设计等方面,施工过程中应严格控制基槽开挖过程导致的泥沙流失。

(3)基础处理。沉管基础的处理方式较多,但是对其最终密实性与整体质量的控制效果都不是很理想,致使工后差异沉降严重,对工后管节结构安全不利。

(4)回淤与环境评价。对于水环境的影响研究不够,导致回淤严重、工控不良,甚至会严重影响施工过程中水下基槽边坡稳定及管节沉放与对接作业,影响施工质量与工期,工后泥沙淤积现象严重,进而造成严重环境问题。

(5)隧道防水问题。防水问题主要包括管节自身防水、钢底板与外防水板的类型选用、管节接头防水等。

(6)隧道耐久性与长期可靠性。对隧道整体和管节的抗渗透、耐久性、长期可靠性缺少合理评价措施与手段,主要存在以下几方面问题:

①管节长度及浇筑段长度的合理划分;

②温控技术与混凝土防裂问题;

③超长管节与超大断面情况下的设计与施工技术;

④管节浮运、沉放与对接控制技术;

⑤基槽开挖、管节浮运、沉放对水域生态及航运的影响;

⑥岸上段及护岸工程对水利防洪的影响;

⑦造价偏高。

在借鉴国内外已有经验的同时,应有针对性地对存在的问题进行重点研究,通过研究、总结分析,促使沉管隧道修建技术不断提高。

迄今为止,世界上已建成两百多条沉管隧道。其中,横断面宽度最大的为比利时的亚泊尔隧道,宽度为 53.1m;已建的沉管隧道长度最长的是美国海湾地区的交通隧道,长达 5 825m;我国目前在建的港珠澳大桥的沉管隧道部分已达 6km。

目前我国沉管隧道修建技术尚在不断发展中,只有加强国际技术交流,吸收消化已有的先进经验与研究成果,进行积极总结与创新,才能促使我国沉管隧道修建技术快速发展。从目前国内外的沉管隧道发展情况来看,以下几个方面的特点将日益明显:

(1)由于海底隧道的修建,未来的沉管段将越来越长。为了综合造价与施工需要,单节管节也将越来越长。

(2)随着交通的日益繁忙,隧道正向大型化发展,沉管隧道的断面将越来越大。随着技术的发展,未来的管节将以柔性为主,同时预应力技术将得到更为广泛的应用。

(3)管节的制造将由传统干坞预制发展到工厂化流水线生产。

(4)沉管隧道随着用途的日益广泛,埋深将更加灵活。

(5)沉管隧道的可通行速度将不断提高,能满足未来高速列车通行的需要。

(6)管节将逐渐采用全断面浇筑,管节防水与接头的防水形式更为多样,将实现整体防水。

沉管隧道修建技术是一项正在研究和发展的新技术,且沉管隧道具有诸多的优点。目前,国内修建的沉管隧道数量极为有限,但随着相关技术难题的攻克,沉管隧道的市场应用前景将越来越广阔。

第二节　干 坞 工 程

干坞是预制管节的场地,通常坞内设有混凝土拌和站,集料、水泥、钢材等各种原材料的堆放场地与仓库,各种机械加工车间以及完善的交通、供电、防火与防洪等设备与机械。干坞主要包括固定干坞和移动干坞两大类。干坞通常选择在陆地上合适的位置进行建造,此为固定干坞,又称岸上干坞。固定干坞根据与隧址的关系又分为轴线干坞和异地干坞。目前我国已建成的沉管隧道多采用固定干坞方案,少量采用移动干坞。在国外也有利用造船厂作为干坞进行工厂化制作沉管管节的,它适用于在一定区域存在大量沉管隧道需要修建的情况。

一、干坞的类型与设计

随着我国沉管隧道修建技术的发展,越来越多的水下隧道采用沉管法施工,而干坞是修建沉管隧道的关键工序之一。通过对各种干坞方案的综合比选,研究不同干坞方案在不同环境中的适用性及其优缺点,进一步确定经济、合理的干坞方案,对于沉管隧道的修建具有重要的意义。

干坞主要分为移动干坞和固定干坞两种类型。固定干坞又分为轴线干坞、异地干坞和工厂化干坞几类。

(一)干坞位置的选择原则

(1)干坞至隧址的航道应具备足够的水深和宽度,确保管节的良好起浮与拖运条件,便于管节浮运和缩短运距。

(2)干坞附近应具备浮、存、系泊若干节预制管节的水域。

(3)干坞所在场地的地质条件要好,即场地土应具有一定的承载力,不会产生过大或不均匀沉降,能满足巨型混凝土管节的制作要求,同时周边支护结构或边坡防渗体系技术措施简单,工程量小,造价低。

(4)交通运输及材料来源要方便,具有良好的外部施工条件。

(5)征地拆迁费用较低,具有可重复利用的开发价值。

(6)能尽量缩短工期和降低造价,确保其造价合理。

(7)干坞周边应有足够的场地,并可满足以下要求:堆放与储藏集料、水泥、钢材等各种原材料,具备停放各种机械设备和机械与材料加工的场地,干坞周边可设混凝土拌和站,在能就近获取商品混凝土时,可不考虑混凝土拌和站。

(8)干坞所在地的地理环境要好,应满足大范围开挖的需求。场地面积的大小应能满足预制所有管节的工期需要。

(9)如在该地区内已有适当规模的码头或船厂,需对其规模和使用条件作出调查,经过方案比选与论证后,可考虑采用移动干坞方案。

(二)干坞的设计原则

(1)干坞的设计和施工,必须确保基坑和其内管节制作的安全,并保证邻近结构的施工安全。

(2)干坞设计应与管节制作要求、施工工艺流程密切配合,保证管节制作质量,满足管节起浮、栖装、出坞要求;施工、运用期间满足防汛要求。

(3)干坞设计以安全可靠、确保质量、技术先进、经济合理为原则。

(4)坞底平整度、均匀性和承载力满足设计要求。

(5)干坞边坡稳定,坞内排水畅通,坞底干燥无水。

(6)施工方法的选择应在对工期、使用期限、环境保护、质量、经济等因素综合分析后作出。

(7)坞门的设计应在保证坞门结构安全的基础上,具有防洪、便于管节浮运且方便拆除(或爆破)的功能。

(三)干坞与坞址设计方案比选

干坞的规模及平面布置形式与场地条件、设备安装、施工方案有直接关系,并受制于管节的几何尺寸、管节的制作、交通运输、管节拖运时的走向等因素。在系统全面考虑施工步骤之后,再确定管节在坞内的布置形式,使坞内空间得以充分利用,从而尽可能地缩小施工场地。

在干坞的设计过程中,施工总工期和施工安全性起着决定性的作用。通过对工期、造价以及施工安全性等因素进行系统分析,比较各个方案的优缺点及可行性,综合各个方案的优点,进一步比选优化,确定相对最优的方案。干坞设计中,平面布置的优化是一个重要的设计过程。方案比选主要针对以下方面展开:

(1)移动干坞与固定干坞进行比选。

(2)将干坞建造在隧道轴线上与将干坞建造在隧道轴线外进行比选。

(3)制作一个干坞与制作多个子坞进行比选。

(4)干坞规模的比选:就一次制作全部管节、多批次预制、干坞需重复利用进行比选。

1.移动干坞方案

移动干坞方案就是修造或租用大型半潜驳船作为可移动式干坞,在移动干坞上完成管节的预制,然后利用拖轮将半潜驳船拖运到隧道附近已建好的港池内下潜,实现管节与半潜驳船的分离,再将管节浮运到隧道位置,完成沉放安装工作。

移动干坞和固定干坞相比,主要具有以下几方面的优点:

(1)省去了固定干坞本身的建造时间,有利于节省工程工期。

(2)在半潜驳船上进行管节的预制,相对于固定岸上干坞来说,可以大大节省岸上施工场地的占用,尤其当施工场地紧张时更具优势,可以避免或者减少土地拆迁。

(3)管节预制完成后,可以通过半潜驳船运载管节到隧道附近,由于半潜驳船的吃水深度比管节浅得多,可以大大节省航道的疏浚费用,有利于降低工程造价。

但是移动干坞也可能会遇到以下几方面问题:

(1)目前半潜驳船市场的数量有限,施工工期长。移动干坞方案所需的最基本设备——半潜驳船除了要满足管节预制所需的平面尺寸、船体刚度、载重能力等要求外,还要满足能够注水下潜使船面下潜到水面以下一般不小于10m的功能。

(2)造价太高。当管节几何尺寸小、长度较短、节数不多(一般不多于4节)时,移动干坞方案在造价上具有一定的优势;但当管节较长、几何尺寸大、节数较多时,其造价优势不复存在。

(3)移动干坞预制管节停泊处以及隧址移动干坞下潜分离管节处的疏浚工程可能会因水域深度而影响造价。

(4)可能会对航运产生不利影响。

(5)水上作业多,施工难度相对增大,施工组织管理与天气等对工期的影响更显著。

2.轴线干坞方案

轴线干坞就是将干坞布置在隧道轴线岸上段主体结构位置。国内已建成的广州珠江沉管隧道、宁波甬江沉管隧道、宁波常洪沉管隧道和正在建设的广州生物岛—大学城沉管隧道与洲头咀沉管隧道都采用轴线干坞方案。轴线干坞方案的主要优点是:

(1)将干坞与隧道岸上段相结合,减少了施工场地的占用,同时岸上段和干坞共用了一部分基坑开挖和支护,可以减少一部分工程费用。

(2)管节从坞内拖出后,直接沿隧道纵向浮运,减少了管节浮运航道疏浚费用。

但轴线干坞存在以下几方面的不足:

(1)由于干坞和岸上段主体结构相干扰,不能形成管节与岸上段平行施工作业。

(2)管节沉放只能从一端向另一端进行,与两端向中间对称沉放方案相比,将增加沉管段和轴线干坞岸上段的施工工期。

(3)在大多数情况下,干坞工程规模远大于岸上段结构工程规模,轴线干坞方案节省的工程费用也很有限。

(4)由于通常轴线干坞的施工工期相对其他形式的干坞来说施工期限要长,使得工程造价上的优势不明显。只有当干坞开挖量不大或综合效益比较好时,采用轴线干坞才是一个良好的选择。

(5)轴线干坞的岸上段预留出较大的地下空间难以利用。

3.异地干坞方案

异地干坞在隧道轴线以外选择合适的位置建造干坞,制作管节。异地选址修建干坞的最大优点是岸上段结构、管节制作以及基槽开挖等关键性的工序都可以实现并行作业,从而可以最大限度地节省工期。

在干坞的比选中,除了考虑以上因素外,还应结合前文所述的“干坞位置的选择原则”与“干坞的设计与施工原则”以及以下几个方面的因素进行:

(1)干坞规模的确定。在满足工期需要的同时,尽量缩减干坞规模,以节省工程投资。

(2)干坞深度及围堰高程的确定。干坞的坞底高程取决于浮运时的水位高程、管节的高度、管节浮起时的干舷高度、管节浮起时底部到坞底的最小安全距离、干坞底部基础厚度等因素。

(3)工程地质、水文地质条件与干坞结构形式。根据工程地质、水文地质条件,选择科学合理的干坞结构形式,可以在造价与工期(效益)之间取得最佳平衡。

(4)异地干坞所选场地及其交通条件等各个方面也对工期和工程造价产生严重的影响。

如果选择异地干坞,则需要优化支护、边坡防渗体系及坞口设计,以尽可能地减少工程,避免大量回填与拆迁,降低工程总造价。

综合来看,除了以上方面外,岸上干坞施工相对简单、风险小、质量更有保证;移动干坞适合于中小

型沉管隧道，水上作业多、风险大，需要更好地进行组织管理，并做好各种水上作业预案。

干坞方案比选是沉管隧道设计和施工的一个重要环节。选用何种形式的干坞、如何选择坞址以及干坞规模的确定，直接影响到该沉管隧道的造价可行性。因此，在方案设计阶段必须结合隧道的周边环境及隧道的规模进行干坞多方案比选、多方面论证，确定经济、合理的干坞方案。

4. 工厂化干坞方案

详见管节预制工厂相关内容。

5. 干坞坞址比选

选择何种干坞方案，需要进行多方面的综合比较，具体比较实例见表 8-2。针对两个干坞进行对比分析，从技术上看，两个干坞都可行，而且也都能满足业主规定的工期要求。尽管干坞方案一的工期比干坞方案二的工期长 1 个月，但造价相对较低，而且对航道、桥梁等的影响更小，且无须占用陆上土地。综合上述分析，凼仔围堰干坞方案相对更为经济和合理。

凼仔围堰干坞与湾仔尖角干坞方案对比表 表 8-2

项　　目	方案一（凼仔围堰干坞）	方案二（湾仔尖角干坞）
干坞规模	每次预制 5 节管节，分两次预制	每次预制 5 节管节，分两次预制
技术可行性	可行	可行
占地面积（$\times10^4m^2$）	不占用陆地	9.1
土方开挖及回填（$\times10^4m^2$）	开挖 82.64；格式钢板桩回填 32.68，基坑回填 1.32	开挖 94.22，回填 92.78
干坞支护形式	一边放坡开挖，三边采用格式钢板桩支护	四边放坡开挖
浮运航道疏浚（$\times10^4m^3$）	103.79	210.00
干坞坞门设置	不设置坞门，管节出坞前拔除钢板桩，二次预制管节前恢复	不设置坞门，出坞位置两侧采用带 H 型钢水泥土搅拌桩地基加固，管节出坞前开挖土体，二次预制管节前回填土体
工程难度	干坞本身的施工难度较大，而航道疏浚难度小	干坞本身的施工难度小，而航道疏浚难度较大
对航道的影响	占用航道 1 个月，影响小	占用航道 8 个月，影响很大
对桥梁的影响	无	航道疏浚和管节浮运时需对桥墩进行保护
工期（月）	32	31

二、固定干坞的修建

固定干坞包括轴线干坞和异地干坞，只是修建干坞的位置不同，它们的修建技术基本相同。干坞通常由坞基、车道、排水系统、坞口、围堰或坞门等组成，通常沿坡面设置两条施工便道以联络坞底到坡顶，见图 8-9。

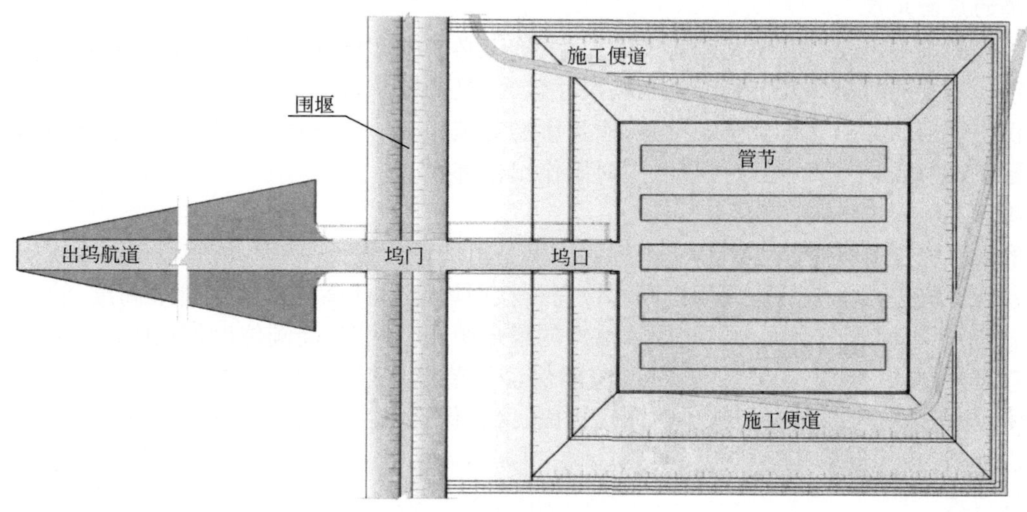

图 8-9 固定干坞平面图

(一)固定干坞的一般规定

1.设计要求

(1)干坞设计以安全可靠、确保质量、技术先进、经济合理为原则。

(2)干坞的设计和施工,必须确保基坑和在其内部管节制作的安全,并保证邻近结构的施工安全。

(3)干坞设计应与管节制作要求、施工工艺流程密切配合,保证管节制作质量,满足管节起浮、栖装、出坞要求;施工、运用期间满足防汛要求。

(4)干坞的选址应考虑距隧址较近,便于浮运和缩短运距,通常选择沉管隧道的引道或水域附近的地区。

(5)施工方法的选择应在对工期、使用期限、环境保护、质量、经济等因素综合分析后作出。

2.质量要求

(1)干坞边坡稳定,出、入坞道路满足设备、物料运输要求;施工不得危及边坡稳定。

(2)坞内排水畅通,坞底干燥无水。

(3)坞底平整度、均匀性和承载力满足设计要求。

(4)坞门起闭自如,拆卸方便。

3.质量检验

干坞质量检验内容见表 8-3。

干坞质量检验表 表 8-3

检验内容	检测方法
边坡的稳定性检测	采用位移检测装置进行
坞体渗透性检验	采用渗压计算等
坞底承载力及沉降特性测试	采用荷载试验进行
坞底平整度检测	采用水准仪及水准尺尺进行
坞底密实度检测	采用密度计算等方法
坞底均匀性检测	钢筋法、荷载抽样法等方法进行
坞体尺寸检测	采用水准仪、经纬仪等
其他设计要求的检查内容	满足相应工艺质检测量要求

(二)固定干坞设计

1.干坞规模的选择

干坞规模的选择,应进行详细有效的方案比选。从占地多少、干坞的重复利用率状况和投资情况,进行综合分析,并使干坞与其他工序相配套,以缩短工期。

2.干坞的底面尺度

临时干坞的坞底平面尺寸由预制管节的尺寸、施工必需的车道、配套设备所需空间及施工作业是否方便来决定。需要同时制作几节管节的干坞尺寸较大,反之较小,没有统一的规定。临时干坞的坞底平面尺寸不仅与隧道断面的大小及全长有关,而且影响着施工工期的长短。虽然没有统一规定,对于大断面的公路隧道,建造的干坞场地应尽量能同时制作出全部管节。

3.干坞深度

干坞的设计深度受多种条件影响。干坞的深度是由坞顶面设计高程和坞底设计高程确定的。坞门设计高程一般应高于其水域的重现期最高水位高程。而坞底设计高程应根据管节高度、管节浮态时的干舷高度、管节浮态时管节底面至坞底要求保持的最小距离、管节趁高潮位出坞在所需时间内需要的潮位高度等浮态条件加以确定。干坞的深度,应能保证管节制成后能顺利地进行安装工作并浮运出坞。因此,其深度应既能保证管节在低水位时露出顶面,又能保证在高水位时有足够的水深,在中水位时能使管节自由浮升。

4.干坞边坡

在确定干坞边坡度时,要进行抗滑稳定性的详细验算。为保证稳定安全,一般多设井点系统。在分批浇注管节的中、小型干坞中，要特别注意坞室抽水时的边坡稳定性问题。除井点之外，也有采用防渗墙的。防渗墙多由钢板桩构成，也有用1mm厚黑铁皮构成，安设时用水冲法送入地下，成本很低。

5. 干坞坞底

以往设计干坞坞底时，通常在砂层上铺设一层20～30cm厚的素混凝土或钢筋混凝土。目前管节位置的坞底设计多采用多层结构。一般来说，自下而上依次为厚岩渣层、PVC盲沟管、厚中粗砂倒滤层、混凝土垫层、厚中等级配碎石、厚胶木板。坞内道路自下而上依次为PVC盲沟管、厚中粗砂倒滤层、钢筋混凝土路面厚中等级配碎石层。生物岛—大学城沉管隧道坞底结构设计如图8-10所示。

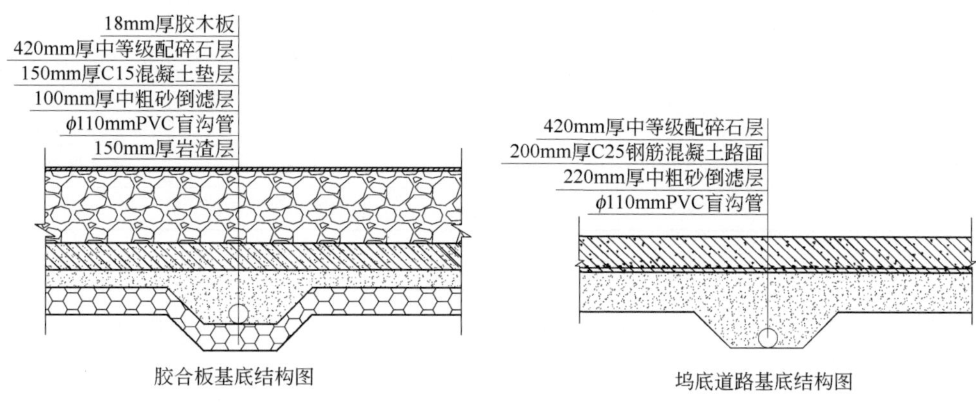

图8-10 生物岛—大学城沉管隧道坞底结构设计

一般来说，对干坞坞底基础的承载力要求必须密实、平整、均匀性好。基础垫层应分层填铺，每层压实遍数等宜通过试验确定，确保沉降很小，避免对管节浇注过程及其结构产生不良的影响。垫层施工的换填材料应满足设计强度与排水要求。垫层底面宜设在同一高程上。

6. 干坞坞门

在把全部管节一批浇筑完成的大型干坞中，都不采用闸门，仅用围堰或连续墙作坞门。此类干坞在管节出坞时，局部拆除坞门围堰便可将管节逐一拖运出坞。在分批浇制管节的中、小型干坞中，不用复合结构(如多排钢板桩)作坞门，而用一段单排钢板桩作坞门。每次拖运管节出坞时，将此段单排钢板桩干坞拔除，即可把管节拖出。采用浮箱式闸门的工程实例也有，但较少。总的来说，坞门设计应满足刚度、拆卸方便(起闭自如)等要求。

(三)固定干坞施工

一般情况下，管节在现场堤岸(干坞)内浇筑而成。在管节制作期间，干坞利用井点降水系统将水排出，管节制作完成后，将干坞充水。在为干坞充水期间，管节内的压载水箱要加满水以避免管节上浮。然后挖开堤岸(坞门)，并将管节一节一节地浮起来，装配好相关沉放设备后，将其浮运到整平的沟槽处进行沉放。施工干坞并不一定非得靠近现场，往往管节要用拖船顺水或逆水浮运到现场。当现场空间受限或地下水位降低造成破坏危险时，这是一种较好的备选方案。

1. 干坞施工的基本流程

干坞施工工艺流程见图8-11。

2. 干坞工程主要施工仪器与设备

干坞工程主要施工机具见表8-4。

干坞工程主要施工机具(参考) 表8-4

序号	名 称	规格型号	数 量	用 途	备 注
1	高压泵	LBC-75	2	抽水	压力0.7MPa 流量$50m^3/min$
2	泥浆泵	RB	2	排泥浆	扬程12m 流量$150m^3/min$

续上表

序号	名　称	规 格 型 号	数　量	用　　途	备　　注
3	水枪	口径 25mm	2	冲洗稀释土体	井点为钢管,排浆管为软管
4	输送管道	ϕ100mm,ϕ75mm,ϕ50mm	按需要定	浆水,抽排泥浆	7.5kW 电动泵
5	喷射泵	QDJ 60	4	一级井点只需两台	
6	经纬仪	蔡司 010	1	测中线	
7	水准仪	蔡司 007	1	测水平	
8	挖掘机	反铲 WY202-CW	1	修筑沉淀池	
9	碾压机	8～12t	按需要定	素填土	
10	振动夯实机	100kN,50kN	按需要定	砂石土	压实厚分别为 1.2～1.5m,0.5～0.7m
11	平板振捣器	<50kN	按需要定	砂石土	压实厚度为 0.3～0.5m
12	重锤夯实	15～30kN	按需要定	饱和度小于 0.6 时	

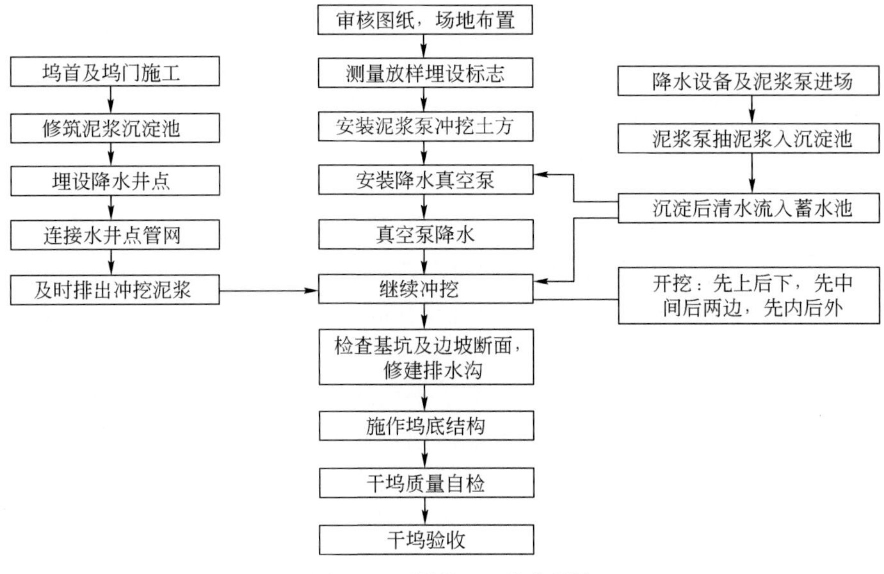

图 8-11　干坞施工工艺流程图

三、移动干坞

传统的沉管管节预制工艺大多采用固定干坞工艺,即在近水(江河、港湾、海)岸边建造一个干坞后,在其内进行沉管管节预制,待管节预制好后将水注入干坞内,达到内外水面平衡后,打开坞门,将浮起的沉管拖运到预定位置进行沉放。目前,国内建成的沉管隧道都是采用这一方法。但由于受各种施工工期和场地等条件的制约,在某些条件下选择移动干坞,从工期和经济效益来看,十分有利。

(一)移动干坞对预制用驳船的要求

由于沉管的质量和几何尺寸,预制用驳船必须满足以下要求:

(1)具有下潜功能,其深度可使沉管浮起。

(2)有效使用面积满足构件预制对场地大小的要求。

(3)载质量满足构件的质量要求。

(4)船体强度和刚度满足预制构件要求。

(5)在预制、拖航、下潜等全过程中,其稳定性都必须满足要求。

(二)移动干坞预制沉管管节精度的控制措施

1.建立精确的测量系统

在半潜驳船上预制管节,由于驳船在水面上的动态平衡,使得铅垂线无法使用,整个管节结构尺寸

由驳船上独立的测量体系进行控制。

(1)管节预制前,在管节所需场地四周布设多个固定观测点,将经纬仪对应的观测点用钢板和钢支架焊接固定在甲板上,浇注地台混凝土形成基准面。

(2)在结构施工过程中,通过上述基准点进行结构的横向和竖向控制。

2. 半潜驳船刚度控制

半潜驳船刚度的控制集中表现在驳船甲板上的承载力控制,可根据管节结构了解其承载力允许范围。

3. 管节预制过程的精度控制

在半潜驳船上预制管节必须采取以下措施:

(1)建立驳船受力变形分析系统,在预制前应进行船体加固改造。

(2)对建立的测量系统应经常检查,测量其闭合差,以保证测量精度。

(3)在钢端壳安装前,全面校验测量基准点,保证钢端壳安装的平整度,确保各钢端壳之间的相对位置准确。

移动干坞(半驳船)预制管节示意图如图 8-12 所示。

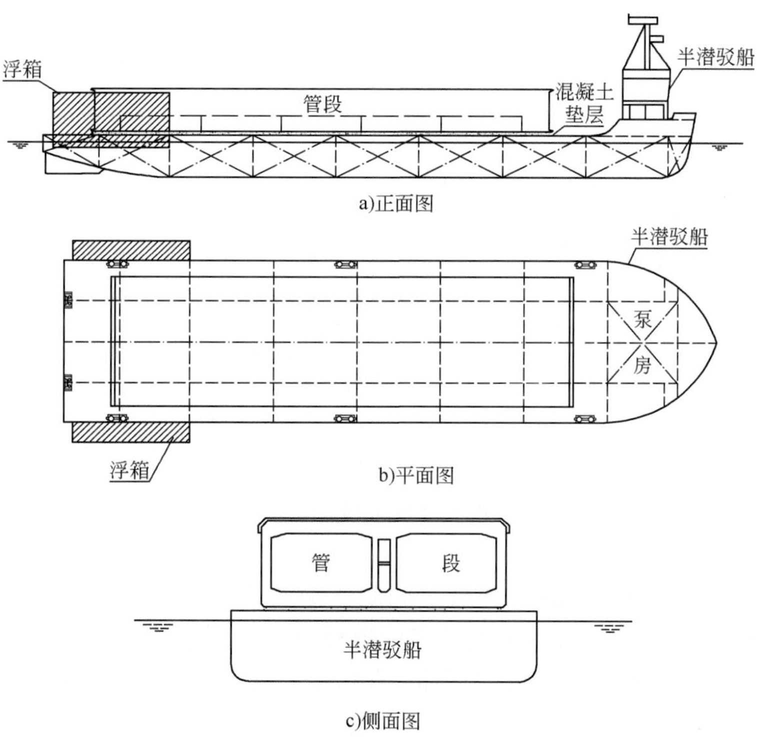

图 8-12 移动干坞预制管节示意图

(三)半潜驳船拖航及航道问题

在区域水深满足半潜驳在预制过程中的最大吃水要求与码头到隧址的航道满足拖航的条件下,相对岸上干坞来说,移动干坞在浮运与工期方面存在一定的优势。将半潜驳拖至隧址附近后,在事先设立的沉放坑下潜,使管节浮离半潜驳甲板后才可将管节拖出,并按照低潮时下潜,高潮时浮出,以高潮时水位设计沉放坑水深。半潜驳拖航及现场施行实景见图 8-13。

四、管节预制工厂

采用工厂化预制管节的工厂预制理念就是利用预应力连接,然后将完工的施工段移出浇注车间,即所谓的"预浇注、预应力和推进"的方式。丹麦和瑞典等国家都建有沉管管节的生产车间,这种预制工厂适合大规模超长沉管隧道(或可以获得长期稳定的管节订购的区域)的管节预制,对我国将要修建的一些海底隧道(如目前拟建的港珠澳大桥有长达 6km 的沉管隧道),具有一定的参考价值。

图 8-13　半潜驳拖航及现场拖行实景

(一)优点

采用工厂化预制管节具有如下几个方面的优点：

(1)可实现管节连续快速流水线预制，有利于提高生产效率。

(2)少占用土地。

(3)缩短管节浇注工期，降低综合造价。

(4)浇注施工不受天气与气候的干扰和影响。

(5)有利于控制温度环境，可降低管节浇注的初期裂缝风险。

(二)工厂场地选择

管节预制工厂的场地选择，通常主要考虑以下问题：

(1)预制工厂距离沉管隧道沉放现场的距离。

(2)管节生产规模。

(3)有较好的管节浮运条件。

(4)具有较好的预制工厂场地(便于高低水池与浇注车间的布置)。为了防止洪水等的影响，通常要求浇注车间高于海平面和洪水位，便于管节预制的连续流水线施工。

(5)所选工厂区域具备良好的交通条件(公路、铁路、海运)。

(6)综合造价。

(三)管节工厂化制作系统

管节工厂化制作系统主要包括：管节现场预制系统、顶推系统、预应力系统、导向与控制系统和支承系统。

(1)管节预制及预应力系统。首先在拼装车间制作钢筋笼，然后将沉管管节的内模板伸进钢筋笼内，内、外模板形成浇注床。在浇注床进行浇注段的混凝土浇注。待养护48h后，将浇注段推离浇注床，使浇注床为接收下一浇注段的钢筋笼就位做准备，直到多个浇注段的长度满足设定管节长度，通过预应力形成管节。

(2)支撑系统。通常支撑系统包括：桩(传递荷载到深层地基)、横向支撑、滑梁(为管节提供临时支撑，起到基础的作用；为管节滑行降低摩擦力；为液压顶推系统引起的纵向推力提供轨道和必要的反作用力)和液压支撑(调节沉降，降低管节产生裂缝的风险，并为管节沿滑梁推进提供平稳的支撑)。

(3)顶推与导向系统。在管节预制好后，需要将完工的管节推入到高蓄水位区/高水池。通常，顶推系统由多组液压系统(为了减少裂缝的产生，可以采用多组小型液压千斤顶)组成。在液压导向系统和移动滑梁配合下，将完工的管节送入高水位蓄水池。

(四)管节预制工厂的布置

有关管节预制工厂的场地选择方面在前文已作说明。在选择好场地，并修建好预制工厂后，就可以在浇注车间的生产线上进行沉管隧道管节连续制作。管节工厂化制作的布置简图见图 8-14、图8-15。

通常浇注车间位于工厂的一端，常采用海堤/河岸围成，干坞分为两个部分，即海平面以上的高蓄水区和与海/河平面齐平的低蓄水区。通过抬高水面，隧道管节可从高蓄水区浮运到低蓄水区，并最终运送到运输水道(河流或海湾)。在蓄水池的水位通过坞门进行控制。浇注车间与高蓄水区通常用滑行闸

门(坞门)隔开,而低蓄水区用浮运门(坞门)与海湾/河面隔开。从浇注车间到蓄水区,隧道管节的运输靠滑行轨道来完成。

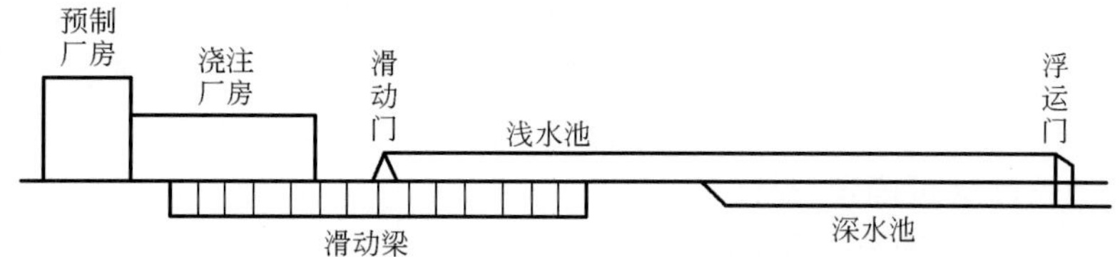

图 8-14　管节工厂化生产沿生产线方向的纵向剖面示意图

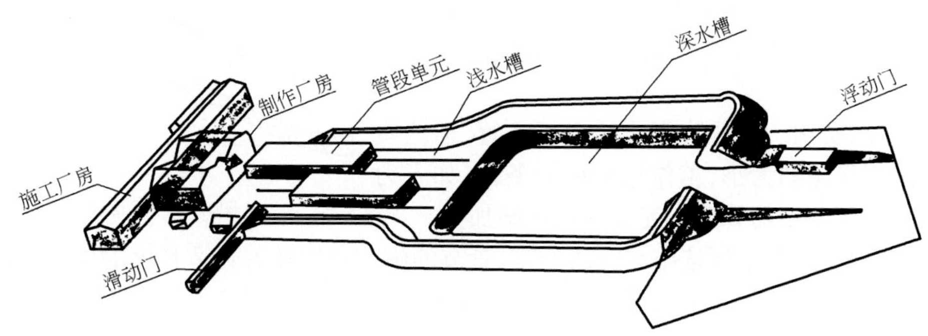

图 8-15　厄勒海峡沉管隧道管节预制工地总体布置

(五)管节出坞流程

在流水线上浇注管节的过程如下:在浇注好第一施工段后,拆模,使荷载从模板传递到承载支撑系统,然后采用千斤顶将管节向前推,给后一施工段的浇注让位,开始下一管节的浇注。当多个浇注段达到预定的管节长度时,形成一节管节,再将管节推移到高蓄水区(此时可以准备下一管节的相关施工与组合)。通常在高蓄水位区为管节拖运与沉放做好相关准备,包括浇注平衡与压重的混凝土,安装与检查相关预埋件与辅助件,安装临时预应力设备,进行预应力张拉,安装隔板、测量设备和通风管。

做好上述准备后,可将管节沿滑行轨道浮运到低蓄水位区(通常水比较深),打开浮运门/坞门,将管节托运出坞,再通过设定的水道浮运到已经施工好的隧道基槽进行沉放。管节预制出坞流程示意图见图8-16。

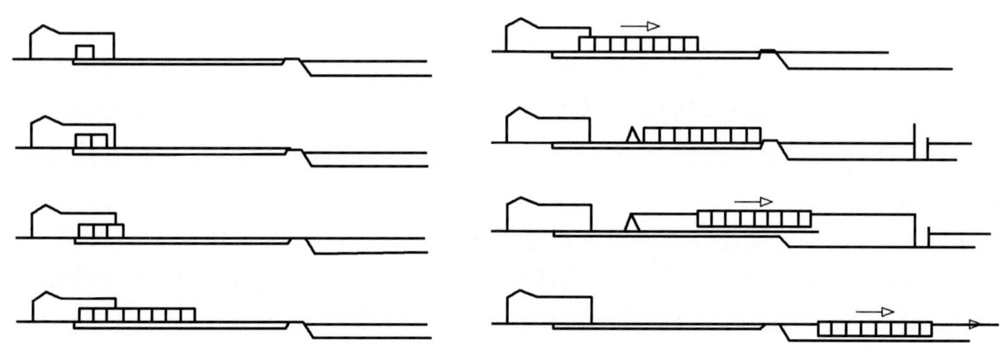
图 8-16　管节预制出坞流程示意图

第三节　沉管段设计

一、管节长度确定

沉管段一般由两岸上段或人工岛段、沉埋管段组成。而两岸上段或人工岛段通常由暗埋段与敞开段组成。

沉管隧道沉管段长度的确定必须综合考虑以下几个方面的因素：隧道穿越水域宽度，隧址轴线工程地质及水文地质、河床形态、水文、航道、岸线等条件，隧道几何设计纵断面线形，沉管隧道最终接头的形式，管节制作、拖运与沉放条件，接头费用，建设规划要求，工程的经济性及工期等。

一般来说，岸上（或人工岛）暗埋段伸出护岸较好，设置暗埋段的目的是便于与沉管管段连接，但连接的位置通常在对前述各项影响因素经过综合优化后方可确定。一旦沉管段与两岸上（人工岛）段的接头位置确定，沉管段的长度就可确定，见图 8-17。

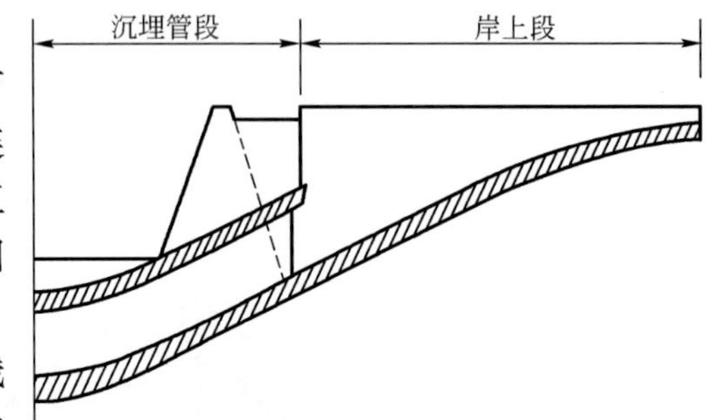

图 8-17　沉管隧道纵断面图

沉管段由许多管节组成，管节在预制好后被一节一节地运到现场并沉放。刚性管节（管节各施工段纵向钢筋连接在一起）长度多为 100～150m，而柔性管节（管节各施工段纵向钢筋断开）长度可达 180m。影响管节长度的关键因素有：

（1）运输和沉放费用。这取决于浇注现场位置、运输线路、波浪大小、海运设备的大小、工作量和后勤条件，如人力的利用。运输和沉放费用随管节长度增加而逐渐加大。

（2）管节施工费用。对于所选施工方法而言，管节的施工费用随着管节长度的增加而增加。

（3）管节接头费用。通常管节太短不经济。研究表明，管节接头的费用（端封门、端钢壳、止水带与暗埋件等）随着管节长度的增加而减少，接头数与之成反比。

（4）临时预应力。柔性管节在浮运、沉放阶段采用临时预应力拉索将管节各施工段连接在一起。对于临时预应力施工来说，管节沉放、对接，基础处理等工序完成，隧道贯通后，解除施加在预应力拉索中的预应力。一般在沉管段长大于 2km、基础较软、回淤严重的情况下采用柔性管节，管节长度可增加，管节之间的接头可减少，并可消除温度变化产生的温度应力和应变的影响，有利于不均匀沉降。但已有研究资料表明，临时预应力的费用一般随管节长度增大而增大，因为要求的预应力钢索面积几乎是与管节长度的平方成比例。

（5）混凝土浇注规模。根据施工顺序，以往常将底板、侧墙和顶板分两次（底板、侧墙、顶板分别施工）或三次（底板与下部约为 2.5m 的侧墙、上部侧墙与顶板）浇注。目前，每个施工段常分一次或两次浇注。因此，必须注意整个施工规模。

（6）温度应力。研究证明，当管节长度超过 25m 时，断面的初始温度应力因纵向弯曲的二次作用而增大，详见本章第四节“后浇带设计与施工”。

研究结果表明，长度在 100m 以下、200m 以上的管节都是不经济的。而在这个范围内，尽管各个项目的成本差异很大，但总成本却相对固定。因为管节的运输和沉放是沉管隧道的主要施工风险源，因此在工程机械与其他条件满足要求的情况下，优化方案的基本要求就是合理确定管节长度，从而减少风险，并降低工程造价。

除了上述因素外，管节长度还与实际具体的施工条件有关。沉管段长度与管节长度一般是根据规划要求，在设计阶段就已确定，但由于许多影响管节长度优化的变量与施工有关，不可能做到全面优化。例如，荷兰阿姆斯特丹的赫姆斯浦尔铁路隧道，初步设计为 11 节管节，每节管节长 130m，但后来改为 7 节管节，4 节直线管节，每节管节长 286m，3 节曲线管节，每节管节长 134m。

二、管段横断面形式的选择

沉管隧道的横断面形式的选择与其使用功能和结构形式有很大关系，对于多条车道（如双向 6 车道）的道路隧道或道路与轨道交通合建的隧道，多为钢筋混凝土矩形箱式结构形式，而双向 4 车道的道路隧道或两条轨道交通线路隧道，则可选用圆形的钢壳与钢筋混凝土复合结构的形式。因此，沉管隧道横断面形式的选择应考虑以下因素：

1. 通行限界

（1）对于道路隧道，矩形横断面的利用率较高，较适应道路通行（建筑）界限要求。

(2)对于轨道交通隧道,矩形与圆形横断面都能较好地满足车辆动态包络线、设备界限、建筑界限要求,因此对于轨道交通沉管隧道也可选择圆形断面形式。

2.抗浮处理

(1)对于矩形横断面,较容易控制沉管段管节最小干舷要求,因此压重层一般放置在管节内底部。

(2)对于圆形横断面,沉管段管节的干舷一般较高,因此压重层通常放在管节顶部。

3.通风方式

(1)对于道路隧道,矩形横断面有利于采用射流风机纵向通风+垂直排烟的方式。圆形横断面由于上下留出较大空间,则有利于采用全横向通风方式。

(2)对于轨道交通隧道,利用列车高速行驶产生的风可进行自然通风排烟,因此两种形式的结构都能满足通风的要求。

4.风道及管线廊

(1)矩形横断面的沉管隧道的风道及管线廊一般都在横向设隔墙的独立通道里。

(2)圆形横断面的风道及管线廊一般在横向断面的上下部留出的空间进行布置。

5.结构与防水

(1)钢筋混凝土矩形箱式结构横断面,在深水、回淤严重条件下,管节能自浮。跨距较大时,在要求的荷载与荷载组合作用下,结构安全,但设计难度大,以结构自防水为主,管节预制过程裂缝控制技术要求高。若采用双层钢壳与混凝土矩形箱式结构横断面,上述情况会有所改善。

(2)钢壳与钢筋混凝土复合结构的圆形横断面在大水深、回淤严重条件下,受力状态较好,防水性能高。

6.接头形式

(1)矩形横断面管节有利于采用水压接头处理,较易实现柔性接头。

(2)圆形横断面管节较容易实现水下接头临时封水处理,可在干环境下进行接头处理。

7.经济性

管节底板、顶板和边墙部分的结构混凝土厚度取决于结构物的垂直稳定性(抗浮力)。满足此要求所需的厚度一般大于仅考虑结构强度时的厚度,可通过减小内横截面来实现材料的经济性目标。但这受限于以下几个方面:

(1)设计要求中规定的结构净空断面、辅助工程的预留等因素。

(2)机电设备预留。特别是要仔细规定服务巷道的宽度,并确定通风风机的尺寸和位置。

(3)压重混凝土量。在管节浮运期间,采用压重混凝土是为了获得稳定的干舷。同时,要求有足够的深度,以容纳所有的排水设施或铁路隧道中轨道结构的深度。

(4)施工误差。为了使结构绝对尺寸误差、相对尺寸误差和表面平整度误差最小,应对所选施工方法的施工误差进行仔细分析,使隧道内横断面达到最小,从而降低完工结构物垂直稳定性所需的混凝土总量。

8.其他影响设计的因素

除考虑上述因素外,结构横断面设计时,还应考虑以下几方面因素:

(1)不管公路隧道和铁路隧道的高度要求有何不同,都要求保持一个平整的外部底板和顶板。

(2)使顶板、底板和外墙的厚度足以容纳各种暗埋件及相关设施,如沉放接头处的预应力锚具。

(3)为内墙中的主要凹槽和留洞(如用于铁路架空输电网设备)预留空间。

隧道横断面的外部尺寸受控于要有足够的结构混凝土和压重混凝土,以实现永久条件下抗浮所需要的安全系数。抗浮安全系数在不同的阶段而有所不同,我国目前尚无相应的规范与标准。

管节的制作费用一般占沉管隧道造价的比率最大,因此管节设计的重点是确定断面。断面的确定必须经过反复验算。

从力学角度看,圆形是由轴力控制的,矩形是由弯矩控制的,所以就混凝土作为主要结构材料而言,采用圆断面是较为有利的。但作为交通隧道来讲,要求矩形截面的空间利用率高。因此,非交通用的管道基本上是圆形的，而交通隧道则基本上是矩形的，可以满足日益繁忙的交通要求。

圆形截面在一般水深情况下，结构的厚度较薄，为将其下沉到槽内，必须加相当的固态压舱物，其较容易从水上抛扔砂砾进行基础的加固，对降低锚锭的危害也是有利的。

由于矩形断面是按弯矩来设计的，它与顶、底板的跨度有关。因此，将通风道和电缆通道等用隔墙与交通道分开，对减少顶、底板的弯矩是有利的。

沉管隧道的内部几何形状很大程度上应视当地或国家的市政道路与铁道设计标准而定。隧道结构横断面大致可分为圆形和矩形，也可采用变化了的椭圆形、八角形等，钢筋混凝土沉管隧道横断面典型实例见表 8-5。

钢筋混凝土沉管隧道横断面典型实例 表 8-5

截面形状	隧道举例	隧道用途
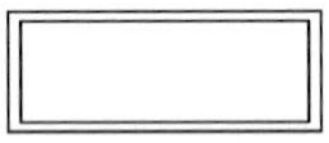	法国巴黎地铁隧道 荷兰库尔哈文隧道 瑞典斯德哥尔摩隧道	钢筋混凝土铁路隧道(128m) 钢筋混凝土地铁隧道(411m) 预应力混凝土铁路隧道(133m)
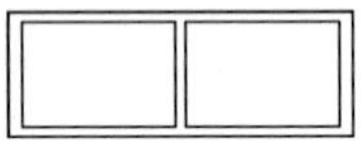	日本堂岛河隧道 德国美因河铁路隧道	钢筋混凝土铁路隧道(70.5m) 钢筋混凝土铁路隧道(123.5m)
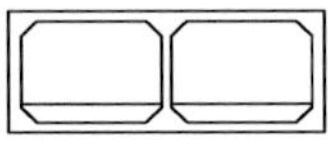	荷兰海嫩奥隧道 丹麦利姆隧道 荷兰马格丽特公主河隧道 英国康维隧道	钢筋混凝土公路隧道(574m) 钢筋混凝土公路隧道(510m) 钢筋混凝土公路隧道(77m) 钢筋混凝土公路隧道(710m)
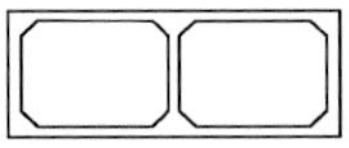	德国埃姆斯河隧道 荷兰鹿特丹地铁隧道	钢筋混凝土公路隧道(639.5m) 钢筋混凝土铁路隧道(1 040m+1 815m)
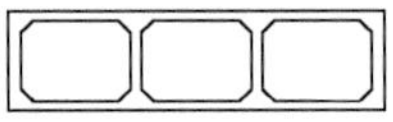	荷兰海姆斯普尔隧道	钢筋混凝土铁路隧道(1 475m)
	荷兰威廉斯普尔隧道	钢筋混凝土铁路隧道(1 014m)
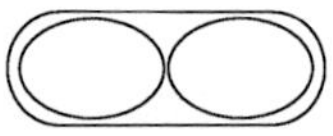	香港地铁隧道	钢筋混凝土双管孔纵向 预应力地铁隧道(1 400m)
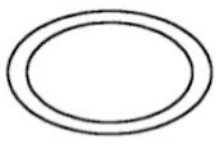	阿根廷巴拉那隧道 美国韦伯斯特街隧道 美国奥克兰—阿拉梅达隧道	钢筋混凝土公路隧道(2 367m) 钢筋混凝土公路隧道(732m) 钢筋混凝土公路隧道(742m)

三、结构荷载

沉管管节设计中必须考虑在施工中以及建成后所受到和可能受到的全部荷载，在使用阶段和施工阶段分别受到的全部荷载如表 8-6 所示。

结构荷载 表 8-6

阶段	荷载类型	荷载
使用阶段	静载	结构自重、水压力、土压力、浮力、地基反力、温度应力及不均匀沉降产生的摩擦力等
	活载	车辆荷载等
	特殊荷载	落锚或沉船的荷重，内部爆炸、内部进水等
施工阶段	静载	结构自重、水压力、土压力、浮力等
	活载	设备压重等
	特殊荷载	波浪冲击力等

确定荷载时应注意以下几点：

(1)作用在管节上的压力是主要荷载之一。在设计时必须在进行了洪水水位或普通正常的高、低潮水位等充分调查以后，再决定用于设计上的最高水位。

(2)土压力是作用在管节上的另一主要荷载，而且不是常量。作用在管节上的垂直土压力是由管节上全部的覆盖土所产生的，即河床底到管节顶面间的土体重力，由于顶面覆盖土厚度经常变化，故应取最大垂直土压力。在求沉管侧墙的内力时，应取最大水平土压力。

(3)沉降摩擦力是在回填土之后由于沟槽底部受荷不均匀、沉降不均匀所引起的。沉管底部土体受荷较小，沉降也小，但其两侧因受大面积回填土的影响，产生的沉降大于管底部。因此，在管节的两侧受到向下的摩擦力作用，对于管节的抗浮较为有利。

(4)沉船荷载是船只失事后恰好沉在隧道顶部时所产生的特殊荷载。在设计时只能对该项荷载作假设。这是由于该项荷载的大小应视具体的情况而定，如船只的类型、吨位、沉没方式等。由于其发生的几率很小，因此该项荷载考虑的必要性及计算应视区域而定。例如，处于国际水道上的丹麦大海峡沉管隧道，规范规定沉船荷载为 $100kN/m^2$，作用面积为 $250m^2$。

(5)对于落锚荷载，锚锭有可能在水中自由下落，撞击沉管顶板上的混凝土保护层，这时一般不必增加额外的钢筋；另一种可能的情况是，锚锭钩住沉管的顶板边缘或侧墙，而船还在拖动，此时对管节产生了一个侧向拉力，对于大船舶而言，该拉力可能在 300kN 的范围内。

(6)地基反力的分布规律，有各种不同的假定：①直线分布假定；②反力强度与各点地基沉降量成正比(文克勒假定)；③地基是半无限弹性体假定，按弹性理论计算反力。

(7)温度应力主要是由于沉管四壁的内外侧温差所引起的，而此温差又随外界温度的变化而变化。管节侧墙外表面的温度变化与周围土体温度变化基本一致，而对于内表面温度则有所不同(其对外界温度变化有一滞后时间)。因此，在沉管侧墙的内外表面之间经常存在温差。由于温度变化需经一段时间，所以设计时可按持续的 5～7d 高温或最低气温计算，也可采用日平均气温，而不必按昼夜最高或最低气温计算。在计算温度应力时，还需考虑徐变作用。各种荷载组合的材料容许应力提高值见表 8-7。

各种荷载组合的材料容许应力提高值 表 8-7

荷 载 因 素	国 内 情 况	钢壳交通隧道(美国)	有防水薄膜的混凝土隧道(日本)	钢筋混凝土交通隧道(荷兰)
1.基本荷载为下列荷载的最不利组合				
(1)静载 (2)回填 (3)超载 (4)土压力 (5)低水位水压力	0	0	0	0
2.使用荷载组合与下列荷载的组合				
(1)最高水位		25%		
(2)拉锚与拖锚		25%		50%
(3)沉船荷载		25%		
(4)不均匀沉陷			30%	
(5)温度约束	15%			
(6)内部爆炸				
(7)地震				
(8)台风(洪水)				
(9)安装条件			30%	
(4)+(5)			15%	
(4)+(7)			50%	
(4)+(5)+(7)			65%	
(3)+(4)+(7)	50%			

四、钢筋混凝土管节结构受力分析与配筋

管节的制作费用占沉管隧道造价的比率最大，因此确定横断面是管节设计的重点。横断面的最终确定，必须经过反复的荷载和结构的验算。

（一）横断面分析

横断面分析时，可把混凝土管节看成是平面框架。当作用在管节上的荷载和地基反力沿纵向不变或只是逐渐变化时，该框架可按均布荷载进行分析。然而，在有巨大的超载区域，尤其是不连续的超载时，作用在平面框架上的外部垂直荷载是不均衡的。在这种情况下，相邻框架就受到剪力作用，可用弹性地基梁分析法求得地基反力沿纵向的分布情况，然后把这些荷载当作框架上的垂直荷载进行横截面分析。此外，由于荷载组合的种类较多，且各截面所处位置与埋深的不同，其所受的水土压力也不同，因此不能只按一个横断面分析的结果来决定整节或整条隧道的横向配筋。

静水压力和超载的确定较为简单。而侧面上的压力和因回填可能产生的侧墙外墙面摩擦力则不容易确定，最好假定出较低和较高的范围值，以找出框架不同构件位置的最大弯矩。

在数学分析上，可以用一个基底有弹簧常数的弹性基础模型来计算。对于软土情况，横向弯矩分配的效果实际上是与均匀的地层压力分配一样。对于硬的天然地基情况，调查与研究弹簧系数的敏感性是可取的，因为弹簧系数往往不能精确地决定，可能随时间而变化。

必须区别由横向弯曲造成的纵向开裂和由纵向作用造成的横向开裂。横向开裂将造成漏水。

在工作状态下，横向弯矩是由跨过顶、底板和墙体厚度的温度梯度所造成的约束弯矩。温度梯度是不能按极限状态下的因素计的，它对调整钢筋应力的作用应予考虑。图 8-18 是德国埃姆斯河隧道的管节在最深点处横断面的弯矩及配筋。

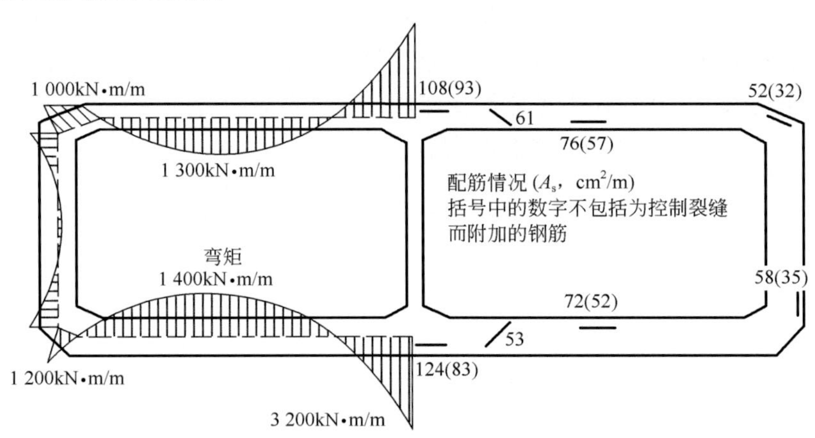

图 8-18 德国埃姆斯河隧道管节横断面弯矩与配筋

（二）纵断面分析

施工阶段的管节纵向受力分析主要是计算浮运、沉放时施工荷载所引起的弯矩，见图 8-19。图 8-19a）为浮运时，管节纵向所受的弯矩；图 8-19b）为管节沉放到位喷砂前，纵向所受的弯矩。在海河上浮运的管节，长度越大，所受的纵向弯矩也越大。在使用阶段，管节纵向受力分析一般按弹性地基梁理论进行计算。通常纵向钢筋的配筋率为 0.20%～0.30%。

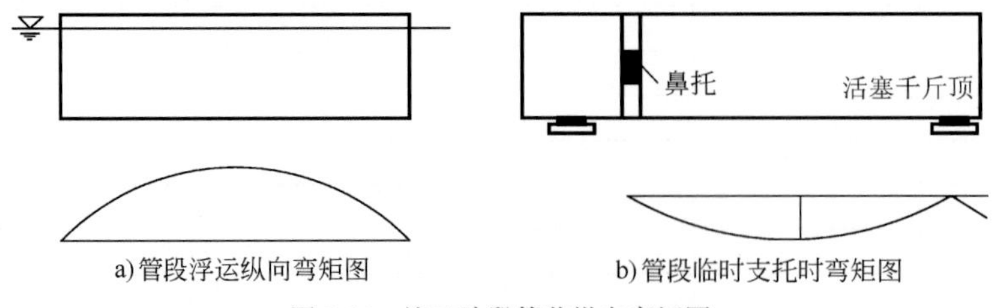

a) 管段浮运纵向弯矩图　　b) 管段临时支托时弯矩图

图 8-19 施工阶段管节纵向弯矩图

1. 纵向静水压缩

隧道任何垂直断面的纵向静水压缩等于作用在那个断面上的平均水深 D(m)的静水压力乘以该断面的毛面积。如果按断面毛面积和混凝土之比等于混凝土的密度和水的密度之比这个简单假设,则混凝土平均应力 f_c 的简单表达式为:

$$f_c = 0.024D \quad (\text{MPa}) \tag{8-1}$$

假设管节沉放的部分有自由端以及在自由端所考虑的断面之间的摩擦力可忽略不计时,纵向静水压缩将随水深而变化。

当管节与终端结构连接合拢时,静水压缩将立即固定。

当使用柔性中间压缩接缝时,则可假设压缩是作用在结构的中心。

静水压缩在混凝土上产生的压应力尽管很小,但是足以使接缝保持密封状态,对管节的纵向应变的约束实际上可以不计。

2. 由温度变形引起的混凝土应力

结构物温度从一端到另一端增加或减少,将导致纵向变形。对于在终端之间的具有整体中间接缝的管节,这种结构温度的增减能导致混凝土应力达到在抗拉强度范围内或使垂直接缝屈服。具有中间柔性压缩接缝的管节,其混凝土的纵向变形不受约束,但可以柔性接缝的压缩微小地增加或减少来反映。5～－5℃的线性温度变化将使混凝土墙或板的厚度上的弯曲应力在－1.0～1.0MPa 之间变化,这些应力尽管小,但均大于静水预压缩应力的数值。在混凝土墙或板的外侧,夏季将会是拉应力,冬季将会是压应力。

3. 纵向弯曲

超载的不连续性和沉陷的不连续性有相同的效果,两者均造成管节的纵向弯曲,可作为放在弹性基底的梁来处理。

管节具有大梁的刚度,导致产生与纵向弯曲相对应的高剪切力和弯矩,应事先防止这种可能出现的大的受力变形。用纵向钢筋来控制这种裂缝的宽度将不能保证管节的整体延性,而且也是不经济的,其变形可通过在施工缝上提供延性来避免。

4. 临时施工荷载

临时施工荷载的作用只是暂时性的,在浮运和沉放阶段,管节受的荷载是不均匀的。例如,一个长120m 的管节临时弯矩为 50～100kN·m,引起的混凝土应力为 0.15～0.30MPa,在海上浮运时随管节长度的增加以及受到长的波浪时,纵向弯曲也将增大。对于整体的管节,加固钢筋的应力必须能保持在弹性范围内。对于柔性管节通常是在混凝土未受拉应力的情况下施加临时纵向预应力。

5. 纵向加固

纵向混凝土应力一般较小,必要的延性应由中间接缝和伸缩缝或施工缝来提供。相反,如果均匀断面的纵向钢筋必须要对纵向延性发挥作用,则这些断面的混凝土就可能发生贯通裂缝。

纵向钢筋的设计起到对主要横向钢筋起次要加固的作用,当其作为双向板或墙的最小钢筋时,便于符合混凝土规范。结果纵向钢筋经常约为混凝土总面积的 0.20%,这种钢筋的屈服应力为 500MPa,以相同的百分比用于施工缝,限制这些接缝之间混凝土内的最大拉应力约为极限抗拉强度的 1/2。

(三)配筋

在管节结构中,任何贯穿性(管壁内外穿透的)裂缝的出现都是不允许的。非贯穿性裂缝的展开宽度应控制在 0.15～0.2mm。因此,不宜采用 HRB400 及 HRB500 以上的钢筋。

五、浮力设计

与一般的构筑物相比,沉管段管节设计的特点是管节不但要浮在水面上(浮运、拖运),而且还要沉入河底(沉放)。因此,在管节结构设计中,有一个与其他工程不同的特点,即必须进行浮力设计,处理好浮力与重力的关系。浮力设计的内容包括干舷的选定和抗浮安全系数的验算。通过浮力设计,可以确定管节结构的高度和外轮廓尺寸。

(一)干舷高度

管节浮运阶段,应依靠管节两端的封堵实现自浮。浮运过程中,管节露出水面以上的高度称为干舷。干舷值的大小主要与以下 6 种因素有关:混凝土重度、钢筋配筋率、断面上钢筋混凝土面积与空腔面积之比、干坞内的起浮水重度、管节上各种各样的施工附加重力、平衡水量。由于这些因素随施工情况的变化而有一定的变化范围,因此要将干舷值计算准确是困难的。

矩形断面的管节,干舷高度一般保持在 10～15cm。若干舷高度过小,对管节预制的精度要求过高,则难以施工;若干舷高度过大,则在沉没阶段,消除干舷所需的压载很大,运营阶段的配重也增大,也不经济。具有一定干舷高度的管节,在遇到风浪作用时会自动产生反倾覆力矩,使管节保持稳定。

在管节制作时,对于混凝土的重度和模壳尺寸,虽然都采取了特殊措施严格控制,但仍难免有一定程度的变动和误差。同时,在涨潮、落潮以及各施工阶段,水的重度也会有一定幅度的变化。所以,在进行干舷高度计算时,应按照混凝土体积和重度的误差上限、水重度的误差下限来计算干舷高度。

对于矩形截面的管节[图 8-20a)],根据浮力平衡的原则有:

$$F-G=wLf\gamma_{w} \tag{8-2}$$

即

$$f=\frac{F-G}{wL\gamma_{w}} \tag{8-3}$$

式中:F——管节总排水量,即全沉放后的总浮力;

G——管节重力;

w——管节全宽;

L——管节全长;

f——干舷高度;

γ_w——水的重度。

对于顶面带有倒角的断面管节[图 8-20b)],其浮力平衡方程为:

$$F-G=(w-2a+f)fL\gamma_{w} \tag{8-4}$$

即

$$f^{2}+(w-2a)f-\frac{F-G}{L\gamma_{w}}=0 \tag{8-5}$$

式中:a——管节顶面倒角宽度。

其余符号意义与式(8-3)相同。

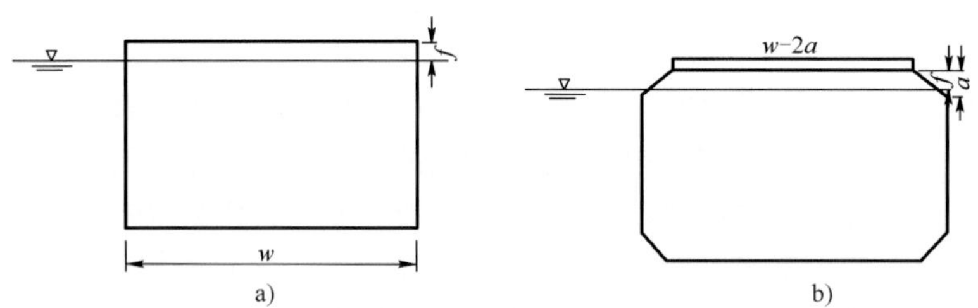

图 8-20　矩形断面和带倒角矩形断面的干舷高度 f

(二)抗浮安全系数

如果管节的浮力过大,使得以后的加载及沉放作业变得困难;如果浮力不足,则无法保证管节在浮运施工期间的稳定。

管节的沉放借助于压载,此时管节必须具有一定要求的负浮力,以保持位置。在不同的施工阶段,抗浮安全系数取值不同:

(1)管节在沉放施工期间,抗浮安全系数一般取值为 1.05～1.1。

(2)由于在管节沉放完毕进行覆土回填时,砂石相混,周围河水浑浊而密度增大,浮力也相应增加。因此,在施工期间的抗浮安全系数应确保在 1.05 以上,以免导致管节的"复浮"。

(3)在覆土完毕后的使用阶段,抗浮安全系数应大于1.2,应按最小的混凝土重度和体积,最大的河水密度来计算抗浮安全系数,其计算公式为:

$$\text{抗浮安全系数} = \frac{\text{管体重力}}{\text{管体所占空间} \times \gamma_{wmax}} \tag{8-6}$$

式中:管体重力——已包括内部压载的混凝土重力;

γ_{wmax}——最大河水密度。

在计算施工阶段的抗浮安全系数时,临时架设在管节上的施工设备(如定位塔,端封墙等)重力均可不计。

在实际情况中,如果考虑到覆土重力与管节侧面的负摩擦力,抗浮安全系数会增加。

(三)管节外轮廓尺寸的确定

对于钢筋混凝土矩形箱式结构的管节,首先按使用功能要求,确定箱体分孔数,然后根据各隧孔建筑限界的要求,确定各隧孔的内净宽度及初定净空高度后,根据作用箱体上的荷载及荷载组合,进行结构设计计算,确定箱体的顶/底板、侧墙、各中隔墙厚度,从而初定管节的外廓尺寸。按自浮原则来进行浮力设计,通过调节隧孔的内净高度来保证管节在自浮状态下有一定的干舷高度。因此,管节结构的外廓高度往往超过隧孔建筑限界及压重层所要求净高的总和。

(四)起浮与抗浮的关系

管节在干坞内制作完成后,自重可达万吨甚至数万吨。它能否顺利起浮是管节施工中的关键工序之一。管节沉放并加上压重后稳定,不再发生浮起事故是施工和日后运营中应注意的重要问题,必须慎重考虑。

在干坞内为使管节起浮,通常用钢质或钢筋混凝土端封门将其两端密封,以形成空腔(图8-21)。如果管节断面不对称(I-I剖面),那么还应该在左侧(或右侧)空腔(压载水箱)内灌注一定量的平衡水调整重心,使其落在中线Y-Y轴上,然后再往干坞内灌水使管节起浮。

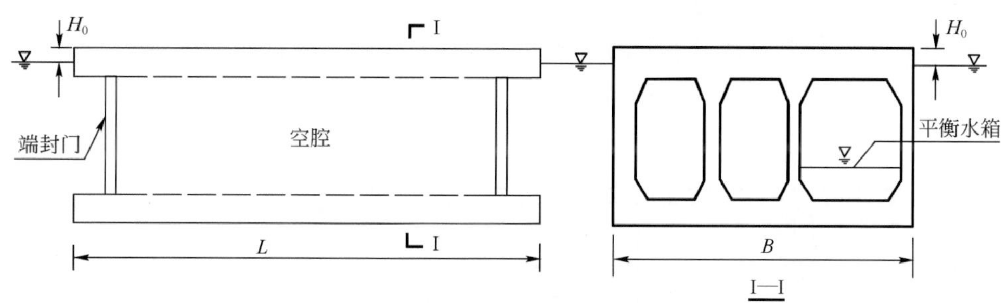

图8-21 钢封门结构图

干舷值过小会增加管节起浮的困难,甚至会因某些原因而发生意外。那种认为干舷值越小越有利于日后抗浮的观点是片面的。例如,埃姆斯河隧道某沉管管节由于抗浮系数过大,干坞内灌水后曾发生过起浮困难的情况。然而,干舷值过大也是不妥的,它会增加沉放的压重,而且沉放后由于要求达到一定的抗浮系数,会增加抗浮的困难(压载层受隧孔净空高度限制)。设计起浮时,常因担心管节浮不起来而有意或无意地放大干舷值,但起浮后又不得不增加压载来达到抗浮的要求。所以说,起浮与抗浮是管节施工中相互制约的一对矛盾,应予以妥善协调处理,在设计与施工阶段应引起高度重视,设计中应考虑隧道所在区域的各种条件,施工中应加强控制与管理。

(五)考虑起浮与抗浮的管节断面设计

设起浮时,管节的重力等于管节最大排水量的一个预定的百分数,那么起浮时浮力公式为:

$$\gamma S + X_0 = f_0(S + Q + D)\gamma_w \tag{8-7}$$

式中:S、Q、D——分别为管节横断面上的钢筋混凝土面积、压重混凝土面积、空穴面积(图8-22);

γ——S面积上的钢筋混凝土重度;

γ_w——起浮时干坞内水重度;

X_0——管节内部和外部的施工阶段附加重（以管节每延米上重力为准计）；

f_0——预定的百分数。

在取值上，有关资料表明，γ 取 24kN/m³（±0.2kN/m³），γ_0 取 10kN/m³，f_0 取值需要根据所在地的条件进行合理选取。凭经验，X_0 可暂取 30kN/m 左右。式中，$S+Q+D$ 所形成的总面积往往由总体设计决定。由于起浮时尚未加压重，故式中左边无 Q 项。通常 f_0 取值以 0.98 为宜。至于其他，如 γ、γ_0、X_0 等，在初步设计阶段采用上述各值进行计算是可行的。显然，干舷值 $H_0=(1-f_0)H$，有的资料也认为 f_0 应取0.98，于是当 $H=8$m 时，$H_0=16$cm。如果断面形状如图 8-22 所示，那么式(8-7)还应计入平衡水。

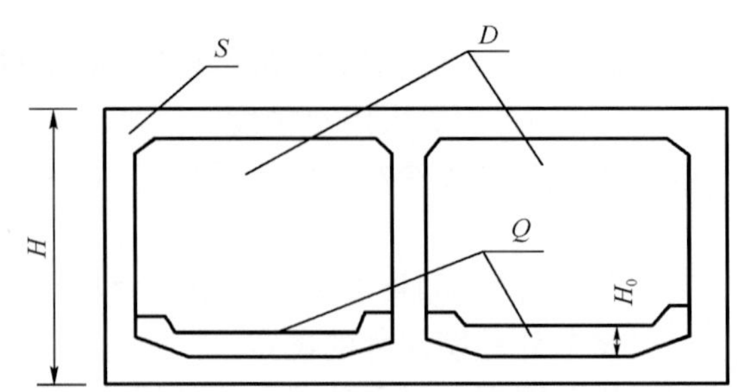

图 8-22　管节横断面示意图

管节沉放后，为使其稳定，应有足够的压重，应用以下公式进行抗浮计算：

$$\gamma_1 \times S + \gamma_2 \times Q = K(S+Q+D) \times \gamma_w \tag{8-8}$$

式中：Q——管节横断面上压载层面积(m²)；

γ_1——计算抗浮时 S 面积上的重度；

γ_2——压重混凝土的重度；

K——抗浮系数。

在取值上，γ_1 取 23.9kN/m³，γ_2 取 22.5kN/m³，K 取 1.075。在这里 γ_1 与 γ_2 取值不同是从起浮与抗浮两种不同工况下的安全角度考虑的。K 的取值应偏大些，以 1.1 为宜。荷兰要求隧道重力必须超出浮力后还应对基底形成 600kg/m² 的压力。按上述公式计算，可得到足够强度和较经济合理的断面。

（六）施工设计阶段的起浮与抗浮计算

在初设阶段计算干舷值处理起浮与抗浮之间的关系，但在施工设计阶段尚需进一步计算，并根据施工情况不断进行修正。在图 8-23 中，可得公式为：

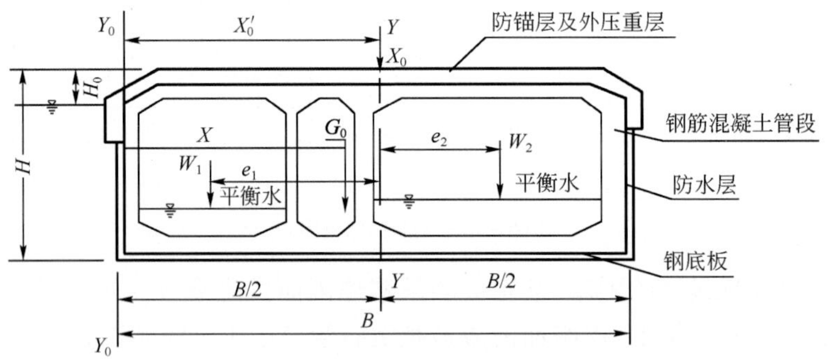

图 8-23　矩形混凝土沉管浮运稳定计算示意图

$$\left.\begin{aligned} G_0 &= \left(\sum_{i=1}^{n} S_i \gamma_i\right) + X_0 \\ X &= \left(\sum_{i=1}^{n} S_i \gamma_i X_i + X_0 X_0'\right) / G_0 \end{aligned}\right\} \tag{8-9}$$

式中：S_i——断面上各部件如防锚层及外压重层、钢底板、钢筋混凝土管节等效截面积；

γ_i——与 S_i 相应的重度；

G_0——起浮时每延米管节重力；

X_i——与 S_i 相应的重心离 Y_0 的距离；

X_0——管节内部和外部的施工阶段附加重（以管节每延米重力为准计）；

X_0'——Y 与 Y_0 之间距离，一般情况下，X_0 应设置在 Y 轴处，即 $X_0=B/2$，若不在 Y 处，应按实际情况取值。

以下分三种情况计算 H_0 值：

(1)若 $X=B/2$，则无需平衡水。设没入水下断面积为 S_0，S_0 可表示为 H_0 的函数，即 $S_0=f_1(H_0)$，于是浮力 $P_0=R_0gf_1(H_0)$。由下式可求得 H_0：

$$G_0 = R_0 f_1(H_0) \tag{8-10}$$

(2)若 $X>B/2$，则由图 8-23 知应加每延米平衡水重 W_2：

$$W_2 = (B/2-X)G_0/e_2 \tag{8-11}$$

此时 $S_0=f_2(H_0)$，则由下式求得 H_0：

$$G_0 + W_2 = R_0 f_2(H_0) \tag{8-12}$$

(3)同理若 $X<B/2$，则图 8-23 中的 W_1 为：

$$W_1 = (X-B/2)G/e_1 \tag{8-13}$$

此时 $S_0=f_3(H_0)$，则由下式求得 H_0：

$$G_0 + W_1 = R_0 f_3(H_0) \tag{8-14}$$

应该说明的是，首先，对于重度准确度相当高的部件，无论起浮还是抗浮均可用定值。但对于混凝土等重度应严格做试验，一般误差范围为±0.2kN/m^3，起浮取正，抗浮取负。其次，对于 X_0 的计算应细致地进行，设计时尽可能作用在 Y-Y 轴上，X_0 所包含的内容繁杂，有吊装、系缆、水箱、给排水、导向等设备近 20 种。同时，尚需考虑管节内各种预埋件及孔洞的影响。再次，对于 R_0，淡水起浮时用 0.995（或 1），抗浮时用 1.005。由于考虑到管节底与干坞底在起浮时存在黏着力，所以将 R_0 减小到略小于 1，以确保安全。对于海水，有的资料也表明起浮与抗浮不同数据，起浮用 1.01～1.02，浮运采用 1.02，沉放用 1.05。最后，对于 S_i，其中对钢筋混凝土管节本身应在实际施工误差测量范围内取值。

抗浮计算一般须分三种工况考虑。第一种工况是在下沉过程中，抗浮系数 K 一般为 1.01～1.02；第二种工况是水力压接后，抗浮系数为 1.04～1.05；第三种工况是在运营阶段时，抗浮系数不少于 1.1，一般应以大于 1.2 为宜。其公式均简略表示为：

$$K = G_1/(UR_0) \tag{8-15}$$

式中：U——管节实际施工后的横断面积；

G_1——上述三种工况中与各种工况相对应的每延米管节重，其公式形式与式(8-4)中的 G 相同。

但需说明的是，对第一种工况而言，X_0 既包括起浮时的值，又需计入下沉前加入的（如钢塔架等）附加重，还需计入平衡水，以及将实际干舷值没入水中在管节内压载水箱中的加水量，此外尚有为达到一定下沉速度而补加的水量（200～400t）。对第二种工况而言，它是在第一种工况的基础上为达到 1.04～1.05 抗浮系数，需在管节内腔再加一定量的水。在施工过程中，随着管节中撤除某些施工附加重，应随时补充相应的水量，以保持这种工况下的抗浮系数。对第三种工况而言，仅考虑永久性的压重。对第二、三种工况，在撤除和补加相应压重时，应按先压后撤的要求进行。压载水箱内的加水量是按四个阶段进行的：一是平衡；二是淹没实际干舷值的水；三是下沉过程中的补加水；四是沉底后的加水量。

(七)起浮与抗浮中的几个问题

1.关于干舷值

由于干舷值的大小与 6 个变量有关，所以干舷值的计算与实际值完全相符是困难的。例如，混凝土重度误差可达±0.2kN/m^3，要是管节长 100m，钢筋混凝土截面面积 100m^2，那么误差就达±2 000kN。再考虑其他变量误差的影响，干舷值计算的准确度就不会高。可是，人们往往要求干舷值计算必须相当准确，这就给设计和施工带来困难。从国外有关资料看，日本某沉管隧道计算干舷值是经假定办法进行的。比如，假定管节顶板（或底板、腹板）因施工误差少浇或多浇 1cm，其干舷值会增加或减少多少。显然，这样计算很难与实况相符。一般来说，干舷值计算结果比实际偏小，这是由于对 6 项变量的取值往往取对起浮有利的上限（或下限）作为计算依据的缘故，只有这样得出的干舷值才不会出现负干舷值而导致以后发生起浮困难，因为计算干舷值的目的主要是为了起浮的顺利。管节起浮后，实际干舷值即可量取，整节管节的实际重力即可求得。

2. 干坞底与管节底面之间黏着力问题

这个问题在设计与施工过程中往往是工程界存在争论的问题之一，应引起重视。工程实践表明，如果干坞底用碎石垫铺，而管节底用薄钢板防水并兼作底模板，那么向坞内灌水后，水压能够顺利进入管节底面，可以不考虑黏着力。但如果干坞与管节底之间的构造及其表面状态易粘成一体的话，那么黏着力的存在使起浮发生障碍是有可能的。这是因为管节底面在施工过程中将受到以下几个方面的作用：焊拼薄钢板时的高温作用，混凝土水化热的温升，混凝土浇注过程中局部漏浆，管节本体 8m 高左右浇筑层的压力，钢板下部漆层受热黏结。这些因素的共同作用就有可能导致局部范围内产生黏着力而使起浮发生障碍。这也是工程界在进行设计与检算干舷值时总是对干舷值的计算留有余地的原因所在。如果这个问题处理不好，上万吨的管节起浮受阻，后果将不堪设想。此外，还应注意钢底板在焊拼过程中，绝不能将其与固定在干坞中的任何钢件焊连成一体。

目前对于黏着力的认识，只是一个笼统的概念，至于它到底由哪些力组成，还存在争论，而定量化就更为困难。此外，两表面之间的黏结情况如何，会不会形成气囊以及会不会在两表面之间存在具有一定真空度的局部区域也存在争论。

3. 基础处理对抗浮系数的影响

管节基础一般为灌砂基础或灌浆基础，在其作业过程中会对管节底部产生一个上推力，会降低施工期间的抗浮系数，应予注意。

4. 压重混凝土的问题

为了运营阶段抗浮的需要，在管节内腔路面上设混凝土压重层 Q(图 8-22)。其相应的高度为 H_1。管节在干坞内起浮后，可实测干舷值 H_0，以此来求得管节的真实重力，这对于较准确地按式(8-15)进行运营阶段抗浮复核是必需的。但往往由于管节的真实重力比预计的存在误差，原设计的 Q 值可能不够用来压重，而 H_1 的高度又因车辆净高要求而不能抬高。

为解决上述矛盾，要求总体设计时，应留有增加 H_1 高度的余地。如果这种要求得不到满足，为了运营阶段抗浮的需要，只得待起浮后在防锚层上面再浇筑一层外压重层，将实际的 H_0 压低。浇筑外压重层虽可行，但有一些缺点。比如，在计算抗浮时，因外压重层需扣去浮力，比设置内压重层效果要差。

在实际施工中，要求在起浮前将防锚层连同外压重层一次浇完，以简化工序。但在起浮前决定外压重层的混凝土总量是有困难的，除非干舷值的计算能相当准确地反映起浮后的状况。外压重层浇多了，会导致起浮困难；浇少了，起浮后还得补浇，费时费事。解决办法是，防锚层可在起浮前浇，外压重层可在起浮后加预制块压重解决或起浮后浇筑，不能强求一次浇筑。

六、管节接头组成及防水设计

(一)节头组成

管节接头主要由 OMEGA 止水带、剪切键和 GINA 止水带组成。接头布置与构造见图8-24。

(二)接头防水设计

沉管隧道的防水，特别是管节接头处的防水是沉管隧道防水工程中的重要环节。目前，一般采用 GINA 橡胶止水带作为第一道止水防线，然后用 OMEGA 橡胶止水带靠紧作为第二道止水防线。它们环形布置于管节接头外周壁的钢端壳上，共同组成了严密的接头防水体系。

1. 接头的布置原则

接头是隧道的薄弱环节，且工序多，造价高，施工较复杂。因此，在确保工程质量的前提下，整条隧道的接头越少越好，对于给定的隧道长度，就要求管节长度增长。目前，各国一般采用的管节长度为 100～150m，也有长达 268m 的。

根据接头刚度，可将其分为柔性、刚性和半刚性接头，具体采用何种形式与接头所在隧道中的位置、地基情况以及是否为地震区有关。一般来说，隧道两端头以使用柔性接头或具有一定柔性的接头为宜。

地质软弱或沿隧道方向基床系数变化大的情况下，应选用柔性接头。而在地震区，其接头的构造应在柔性接头的基础上附加一些部件，使其具有一定的抗拉、抗压、抗剪和抗弯的能力。在整条隧道中决定接头类型配置后，应进行纵向受力分析，根据力学分析调整各接头及其相互之间的刚度配置。

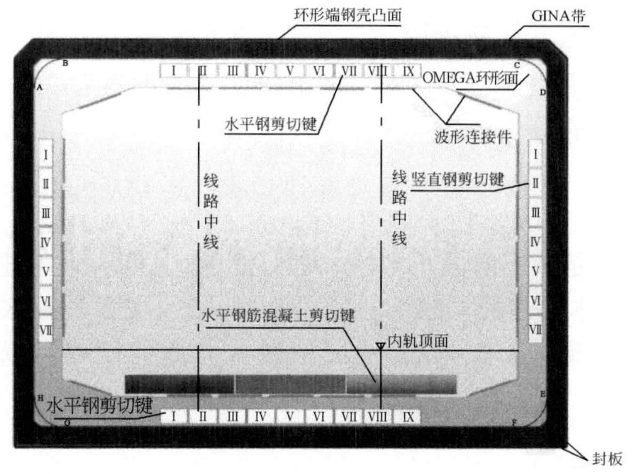

a)单孔双线断面接头布置

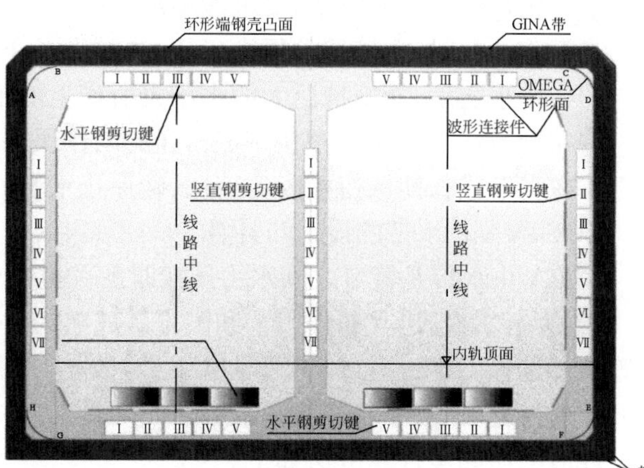

b)双孔单线断面接头布置

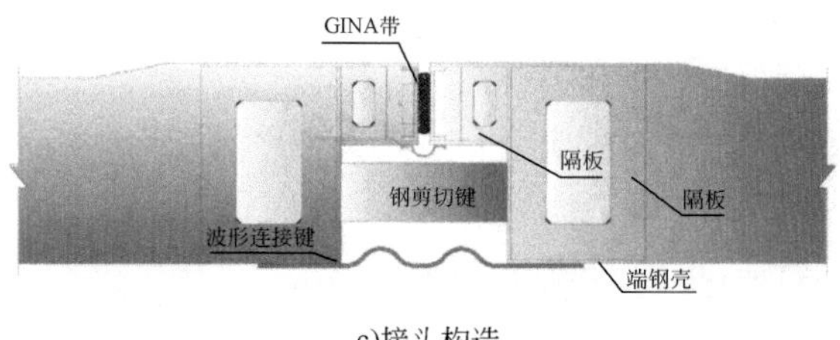

c)接头构造

图 8-24 接头布置与构造图

2. 接头设计所要考虑的因素

(1)沉管节地层下沉产生的变形和应力。

(2)混凝土干缩、温度变化产生的变形和应力。

(3)防水性。

(4)抗震性。

(5)可施工性。

3. 尖肋型 GINA 止水带的设计与计算

(1)GINA 止水带的组成

GINA 止水带根据工程的实际需要(尺寸、强度、耐久性)，在工厂里制成完整环状，然后运到管节制作场地整环安装。目前，世界上多数新建沉管隧道工程采用尖肋型断面的 GINA 止水带。

GINA 止水带断面示意图见图 8-25。

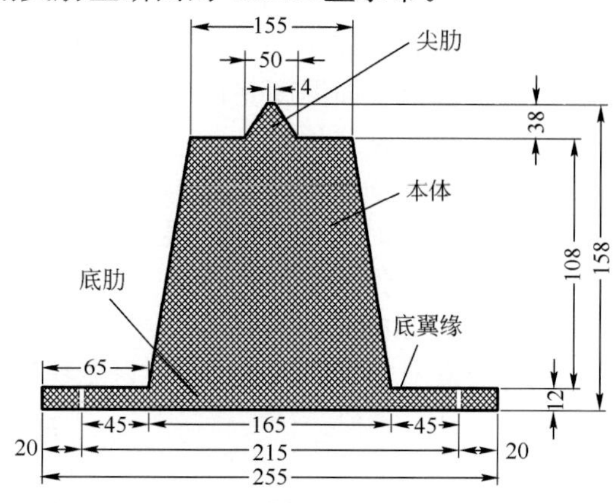

图 8-25 GINA 止水带断面示意图(尺寸单位：mm)

尖肋型 GINA 止水带由以下 4 个部分组成：

①尖肋。胶垫的前端，为一三角形的尖肋，作第一次初步止水用。其高度一般为 38～50mm，硬度一般为肖氏橡胶硬度 30～35 度。

②本体。胶垫的本体是承受水压力的主体，一般均为等腰梯形状。其硬度为肖氏橡胶硬度 50～70 度。其具体尺度与硬度应根据设计需要通过试验确定，同时满足设计要求。

③底翼缘。为安装方便，胶垫的底部多有两个凸出的翼，且多用纤维织物作局部加强。

④底肋。在胶垫底部的小肋,由肖氏橡胶硬度30～35度的软橡胶制成。其主要作用是解决管节端面不够平整时而可能产生的漏水问题。

(2)GINA止水带的技术要求

水力压接法所用的胶垫,要求能满足:

①管节拉合时,在较低的压力(10～30kN/m)下,能起初步止水作用。

②在排水之后,能抵抗巨大的水压力所产生的轴向压力以及与深度相应的横向压力。

③在管节钢端壳端面存在一定程度的制作误差时,能充分保证止水作用。

④在水下能长期保持橡胶的特性,确保止水性。

(3)GINA止水带的设计与计算

GINA止水带是管节之间水力压接时的关键部件,也是施工阶段止水的关键部件,我国多从荷兰进口,材料为天然橡胶,其制作工艺和配方是成熟的。对具体工程的GINA止水带选择来说,主要根据水位等条件选择GINA止水带的规格型号,校核计算压缩量。一般来说,沿隧道轴线方向的压缩量以80mm左右为宜,但日本某隧道达90mm。

近似的压缩量计算方法如下。

GINA止水带环形线长C和水力压接作用面积S为:

$$C = 2(L + H) + 2R(p - 4) \tag{8-16}$$

$$S = HL + (p - 4)R^2 \tag{8-17}$$

式中:p——作用在止水带尖肋部分的平均压应力;

R——尖肋底部半径。

其他符号含义见图8-26。于是,单位长度上与h_{min}、h_{max}相对应的平均压接力为:

$$\left.\begin{aligned} F_{min} &= S\gamma_w h_{min}/C \\ F_{max} &= S\gamma_w h_{max}/C \end{aligned}\right\} \tag{8-18}$$

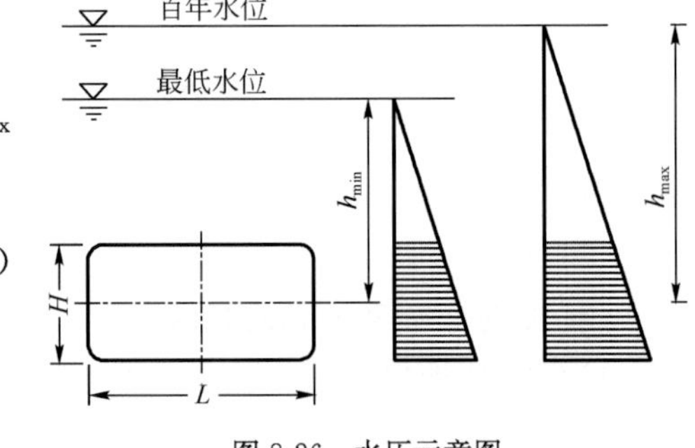

图8-26 水压示意图

式中:γ_w——水重度;

h_{min}——最低水位水面距管节断面中线的距离;

h_{max}——最高水位距管节断面中线的距离。

由式(8-18)求得压接力后,便可根据厂家提供的水压—压缩量曲线,求得各接头的压缩量值。

计算的压缩量是否足够应予以校核。校核压缩量是否足够以最低水位的压缩量为标准。校核GINA止水带的各项位移量为:

①松弛量D_1。

②水密性所需要的压缩量D_2,该值与水头高度有关。

③因温度作用产生的伸缩量D_3,其计算公式为:

$$D_3 = etx \tag{8-19}$$

式中:e——线胀系数;

t——管节表面温度差;

x——单节管节长。

④钢端壳端面平整度误差D_4。

⑤管节压接时接头"开度"误差D_5。

⑥管节收缩值D_6。

⑦地震引起的纵向位移D_7。

前述各式对水深浅的接头相对误差较大,以下列出较精确的算式,图8-27中总水压P及h_0为:

$$\left.\begin{aligned} P &= LH\gamma(h_1 + h_2)/2 \\ h_0 &= \frac{H(2h_1 + h_2)}{3(h_1 + h_2)} \end{aligned}\right\} \tag{8-20}$$

设 P_1、P_2 为上端与下端的单位长度压力，用两个平衡方程即可求得下式 P_1、P_2：

$$\left.\begin{aligned} P_1+P_2&=\frac{rLH(h_1+h_2)}{2(L+H)} \\ a_1P_1+a_2P_2&=0 \end{aligned}\right\} \tag{8-21}$$

$$\left.\begin{aligned} a_1&=(H-h_0)(3HL+H_0^2)+3H(H-h_0)^2-(H-h_0)^3-Hh_0^2 \\ a_2&=(H-h_0)^3-h_0^2(3H-h_0)-3HLh_0 \end{aligned}\right\} \tag{8-22}$$

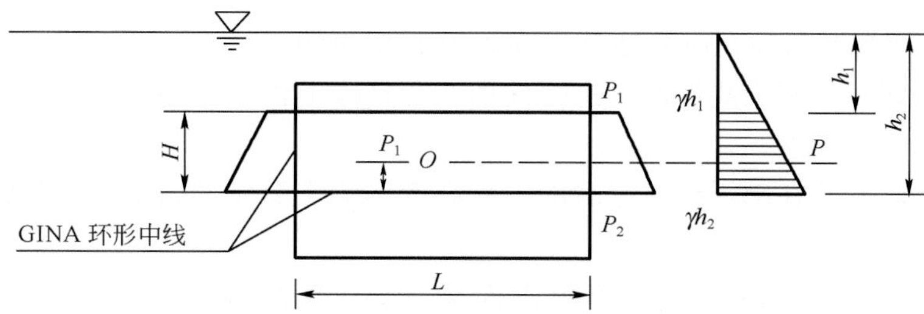

图 8-27 GINA 止水带水下受力示意图

解得 P_1、P_2 后，再结合厂家提供的 GINA 止水带水压—压缩曲线，求得上端与下端的不同压缩量，从而提高准确度。

GINA 止水带在环境温度为 20℃时，它的设计寿命可达 100 年，与结构的设计基准期相同，故应充分利用这一性能为隧道运营服务。

七、抗震设计

对于建造在地震带的沉管隧道，在设计中应考虑抗震。能影响地下构筑物的地震活动大致可分为断层运动和震动作用两种。断层运动能使基岩发生直接的剪切变形，其影响从基岩上的土体直到地表为止。对于由于地震而发生岩石和土壤剪断的地方，一般说只限于活动断层，这可以容易地从地质资料中查证，应尽量避开。因而，在讨论其抗震性时，应以土体在地震时不被崩坏为前提，对地震所采取的处理方法仅限于振动问题。在非常软弱的土体中建造构筑物，由于构筑物具有刚度，从而限制了土体的自由变形，即使构筑物变形变小。由于假定了土体不丧失其完整性，把土层当作没有构筑物那样可以自由变形的土体，从中来考虑构筑物的变形，这对构筑物来说是偏于安全的。对于处于普通土质中地下构筑物，地震时所产生的变形小，一般处于构筑物的弹性变形范围之内。因此，如果能确定地震时产生的最大变形不会使结构的骨架变形超过弹性范围的话，不需要特别的措施。其次，如果某一接头要发生塑性变形，那么则应采用柔性接头。这种地方一旦发生塑性变形，就会产生漏水和内部装饰材料的龟裂。如图 8-28 所示的是在日本多摩川沉管隧道中所采用的柔性接头。设计认为，以采用橡胶垫、接头连接钢索、抗剪键等构成的柔性接头为宜，且接头应设计成具有抵抗当地最大地震烈度的能力。

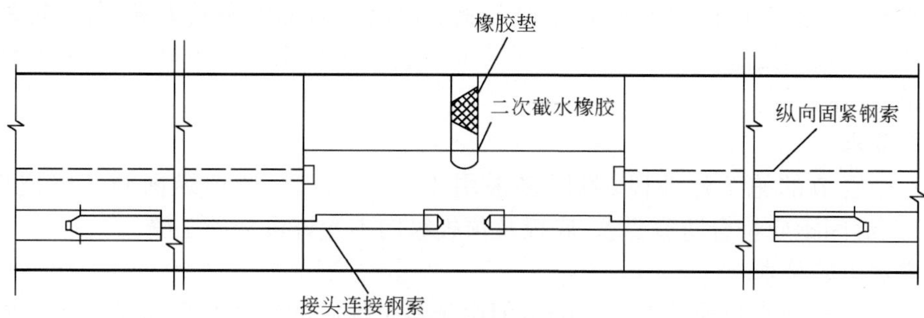

图 8-28 柔性接头构造图

第四节　管节制作

一、混凝土工程

(一)设计与施工要求

1. 混凝土性能要求

根据我国相关规范的要求,要求重大工程满足100年使用寿命,混凝土等级不应小于C30,抗渗强度等级不应小于P8,而我国目前在沉管隧道方面尚没有相应的设计与施工规范,在实际工程中多采用高性能混凝土标准或普通混凝土高性能化进行处理。在具体工程中,因采用的混凝土不同,混凝土重度及各个参数根据实际情况调整。

混凝土重度变化对管节在起浮和浮运时的干舷高度影响十分敏感,因此对混凝土重度控制要求十分严格。

混凝土不允许出现贯穿裂缝,尽量避免表面裂缝,如有表面裂缝,其宽度通常应小于或等于0.2mm。

浇注混凝土时的入仓温度小于28℃,内外温差小于25℃。

2. 混凝土管段几何尺寸精度要求

管节几何尺寸误差将直接引起管节混凝土体积变化,即引起管节重力变化,干舷也随之变化。同时,还会引起管节起浮和浮运时重心变化,影响其浮运时的稳定性。体形几何尺寸中的端面误差,将导致管节安装位置的误差而直接影响隧道线路平、纵剖面线形,同时也会影响管节的对接质量及接头的水密性。

管节预制时几何尺寸精度通常需符合以下规定:

(1)内孔净宽为0～+10mm。

(2)内孔静高为0～+10mm。

(3)壁厚为-10～0mm。

(4)管节宽度为-20～+5mm。

(5)管节高度为-20～+5mm。

(6)管节长度为-30～+30mm。

管节两端面的精度应满足:表面的平整度小于±3mm,每延米的平面度小于±1mm,横向垂直度(左、右两点之差)小于3mm;竖向倾斜度(上、下两点之差)小于3mm。

3. 管段防水要求

管节应以结构自防水为主,尽量做到无裂缝,但要彻底解决这样长、宽、大、多孔箱型混凝土结构产生的收缩裂缝,特别是表面收缩裂缝问题,尚有一定难度。因此,必须因地制宜地采取防水设计措施,同时符合我国《地下工程防水技术规范》(GB 50108—2001)的要求。

管节外防水材料应具有优良的抗渗性能,且与钢筋混凝土表面的黏结力强,有一定的抗压、抗拉强度和一定的延伸率。长期浸泡在水中,其性能不发生明显变化及无环境污染,耐摩擦性能好。同时,要求施工设备简单,操作方便。

4. 施工工艺要求

在浇注每一个管节的施工作业段(我国多采用15～20m)时,侧墙纵向施工缝离底肋应不小于200mm,横向施工缝间距应符合防裂要求,底板及顶板纵向不允许设计施工缝。

5. 混凝土灌注工艺要求

水灰比应小于0.5,坍落度常为10～14cm,但由于各个地区的气候与环境条件等不同,结合具体工程的情况,在实际操作中有所不同。例如,对于钢筋密集区域,坍落度可考虑放宽到16～17cm,混凝土需进行缓凝处理,且要适应泵送的要求,同时要求限制水泥用量。

6.模板工程要求

要有足够的刚度，能整体移动，保证混凝土几何尺寸精度，其套数应满足工期需要。

7.施工材料计量误差

材料计量应符合现行计量标准与相关混凝土规范要求，误差要求：水泥小于±1%，砂小于±2%，碎石小于±2%，外加剂小于±1%，几何尺寸误差按设计要求控制。

(二)管节混凝土配合比设计

沉管管节混凝土施工属于大体积混凝土范畴，对耐久性要求比较高。因此，要求用常规材料和常规工艺制造出的水泥基混凝土在保证耐久性的前提下，满足匀质性要求和其他特殊性能。这种混凝土在配比上的特点为：掺加合格的矿物掺和料和高效减水剂，采用较低的水胶比和较少的水泥用量，并在制作上通过严格的质量控制，使其达到良好的工作性、均匀性、密实性和体积稳定性。

1.管节混凝土配合比设计原则

沉管混凝土管节的混凝土配合比以普通混凝土高性能化的设计思路为指导。具体来说，沉管管节混凝土配合比设计必须遵循以下原则：

(1)满足管节混凝土设计重度、强度等级要求。

(2)满足混凝土可施工性要求(和易性)。

(3)满足混凝土耐久性要求(具有良好的体积稳定性、防渗抗裂性能)。

(4)经济合理。

2.普通混凝土配合比对原材料的要求

(1)水灰比：以0.4～0.8为宜。

(2)每立方米混凝土的水泥用量(m_{c0})可按下式计算：

$$m_{c0}=\frac{m_{w0}}{\frac{W}{C}} \tag{8-23}$$

(3)砂率：混凝土的砂率可参考表8-8。

混凝土的砂率　　表8-8

水灰比(W/C)	卵石最大粒径(mm)			碎石最大粒径(mm)		
	10	20	40	16	20	40
0.40	26～32	25～31	24～30	30～35	29～34	27～32
0.50	30～35	29～34	28～33	33～38	32～37	30～35
0.60	33～38	32～37	31～36	36～41	35～40	33～38
0.70	36～41	35～40	34～39	39～44	38～43	36～41

注：1.本表数值是中砂的选用砂率，对细砂或粗砂，可相应地减少或增大砂率。
2.只用一个单粒级集料配置混凝土时，砂率应适当增大。
3.对薄壁构件，砂率取偏大值。
4.本表中的砂率是指砂与集料总量的质量比。

(4)粗集料和细集料用量的确定，应符合下列规定：

①当采用质量法时，应按下列公式计算：

$$m_{c0}+m_{g0}+m_{s0}+m_{w0}=m_{cp} \tag{8-24}$$

$$\beta_s=\frac{m_{s0}}{m_{g0}+m_{s0}}\times 100\% \tag{8-25}$$

式中：m_{c0}——每立方米混凝土的水泥用量(kg)；

m_{g0}——每立方米混凝土的粗集料用量(kg)；

m_{s0}——每立方米混凝土的细集料用量(kg)；

m_{w0}——每立方米混凝土的用水量(kg)；

β_s——砂率(%);

m_{cp}——每立方米混凝土拌和物的假定质量(kg),其值可取 2 350~2 450kg。

②当采用体积法时,应按下列公式计算:

$$\frac{m_{c0}}{\rho_c}+\frac{m_{g0}}{\rho_g}+\frac{m_{s0}}{\rho_s}+\frac{m_{w0}}{\rho_w}+0.01\alpha=1 \tag{8-26}$$

$$\beta_s=\frac{m_{s0}}{m_{g0}+m_{s0}}\times 100\% \tag{8-27}$$

式中:ρ_c——水泥密度(kg/m³),可取 2 900~3 100kg/m³;

ρ_g——粗集料的表观密度(kg/m³);

ρ_s——细集料的表观密度(kg/m³);

ρ_w——水的密度(kg/m³),可取 1 000kg/m³;

α——混凝土的含气量百分数,在不使用引气型外加剂时,α 可取 1。

3.管节混凝土配合比确定的其他要求

为满足管节预制的特殊要求,应由试验室专门设计混凝土配合比,并经试块验证。其中,除常规试验项目外,还要专门进行水泥水化热、水泥干缩、混凝土收缩、混凝土温升、浮球试验、通电 Cl^{-1} 扩散系数等一系列项目的试验论证,从而得到符合强度、抗渗、耐久性要求的最优配合比。

4.管节高性能混凝土的技术要求

对耐久性与防水性能要求很高的管节混凝土的设计是以普通混凝土高性能化为指导,比一般普通混凝土配合比设计的要求更为严格。以生物岛—大学城沉管隧道管节混凝土的设计为例,它的具体要求如下:

(1)水胶比(混凝土的用水量与限定范围的胶凝材料总量之比)。水胶比小于或等于 0.42(掺膨胀剂和纤维水胶比小于或等于 0.45)。

(2)胶凝材料(水泥加矿物掺和料)用量。C35P10 高性能混凝土要求低用水量,取 $W\leqslant175$kg/m³,水胶比小于或等于 0.45,则胶凝材料用量约为 400kg/m³。

(3)集料。在保证混凝土不泌水、离析、可施工性的前提下,砂采用洁净的河砂,其细度模数为 2.5~3.1,且要求砂率尽可能减小,可减少混凝土收缩开裂;石子粒径满足钢筋间距的 2/3,粒径越大越可减少收缩开裂,采用连续级配 5~31.5mm。

(4)大掺量的矿物掺和料应用。充分利用混凝土的后期强度,在不降低混凝土的强度及抗渗性的情况下,最大限度地减少水泥用量。利用矿粉和粉煤灰(矿物掺和料)的五大效应(活性效应、二次反应效应、填充效应、延缓效应与减水效应)来改善混凝土的性能,以满足工程需要。

(5)高效减水剂。根据昼夜气温变化,采用调节两个外加剂的比例关系以满足施工要求。用后掺高效减水剂满足施工要求与凝结时间,同时不得影响结构的最终强度。掺入混凝土中的高效减水剂应能有效降低水泥水化时的放热峰值,延迟放热的速率。掺入高效减水剂应表现为早期强度稍低,7d 以后的强度逐渐上升,且有利于大体积混凝土结构的温峰、温度应力、温度梯度和裂缝控制。

(6)膨胀剂。其主要是起补偿收缩作用,大都用于后浇带。该种材料属于外加剂,而不属于矿物掺和料和水泥,必须在潮湿的环境或浸水养护 14d 以上才能起到补偿收缩作用。假如养护不及时、不到位,开裂的可能性更大。膨胀剂在水中养护通常只起膨胀作用,而没有表现强度能力。因此,不能取代水泥,只能作为外加剂。

(7)纤维。能够迅速而轻易地与混凝土材料混合,分布极其均匀、彻底,故能在混凝土内部构成一种均匀的乱向支撑体系,是控制混凝土塑性收缩、干缩等非结构性裂缝的有效手段,但对硬化后的混凝土起不到抗裂作用,对提高抗渗能力有一定效果。

但也存在以下问题:掺膨胀剂和纤维最大问题是坍落度损失大,不利于施工,相对基准配合比(不掺膨胀剂和纤维的配合比)而言,水胶比要适当提高些或提高减水剂掺量,才能保证可施工性,否则到现场还需要后掺减水剂调整施工坍落度。此外,及时到位的养护非常重要。

(三)模板工程

模板系统是混凝土管节能制作成功的关键和保证，其精度直接关系到管节浮运时干舷的高度与管节浮运安全。

1. 模板设计

混凝土管节在运营阶段将长期处于水中，对管节预制质量，特别是混凝土防渗性能有较高的要求。因此，模板设计、加工及安装等应加强质量监控和管理，保证管节预制质量完全满足设计及施工规范的要求。

(1)模板必须有足够的刚度、强度，以保证管节的外形几何尺寸误差不超过设计和施工规范的要求。

(2)模板安装不仅要便于机械化施工，而且要满足施工的要求。

(3)选择模板体系时，应充分考虑模板体系可能对管节混凝土防渗性能所带来的负面影响，并制订相应的应对措施。

2. 精确定位测量与控制

模板安装的测量控制极为重要，其重点是控制管节的几何尺寸。由于管节为大体积的立体结构，模板定位测量必须采取可靠的方法，并制订严格的复核检查措施，以保证对管节外形尺寸的有效控制。管节预制施工测量主要包括：管节台座找平放样，混凝土浇注高度控制，模板、钢筋和预埋件安装定位以及其安装精度控制等的测量。一般采用全站仪及水准仪进行常规操作，即可满足施工要求。

(1)外部测量体系。在完成干坞施工后，需要从控制网引出一个测量平台，要求与管节的施工平台有效地统一。这个测量平台是一个外部测量体系，主要控制管节外部的尺寸。

(2)内部测量体系。由于受到模板、脚手架、支撑等影响，外部测量体系难以对管节内部进行控制，因此需要在通视的地方把测量控制系统引入管节内部底板，建立内部测量体系，控制内部的测量定位精度。

3. 模板安装

管节制作的模板系统可分为钢模台车、调节与牵引系统、模板三部分。模板的安装以模板工程施工设计为依据，按照预定的施工程序，将模板、配件和支撑系统安装成模板体系，以供混凝土浇筑。模板安装应注意以下几方面：

(1)模板台车宜采用整体滑移的轨行式或滑移式结构，并设置对拉调节和行走动力系统。模板框架的刚度应使混凝土侧压力产生的框架变形小于5mm。为减少管节本身的渗漏环节，台车的设计应无穿过沉管管壁的联结杆。

(2)滑移式模板的板材除满足刚度及表面质量要求外，还应考虑混凝土养护时的保温性能。可选用胶合模板等保温材料模板，模板套数应满足施工要求。临时模板及其支架在安装过程中，必须设置足够的临时固定设施，防止倾覆。在顶板和侧墙立模时，当一次灌注跨度大于4m时，模板应起拱。当设计无具体要求时，起拱高度宜为全跨长度的1/1 000～3/1 000，或经试验后确定。

(3)模板安装的质量检查。模板安装完毕后，应进行全面的质量检查，检查合格后方可进入下一道工序施工。检查内容及标准见表8-9、表8-10。

管体混凝土模板安装质检内容及标准　表8-9

项　目		允许偏差(mm)
轴线位置		5
底模上表面设计高程		±5
截面内部尺寸		+4，-5
垂直	全高≤5m	4
	全高>5m	6
相邻两板表面高差		2
表面平整度(每米长度)		1

预埋件和预留孔洞质检内容及标准　表8-10

项　目		允许偏差(mm)
预埋钢板中心线位置		3
预埋管、预留孔中心线位置		3
预埋螺栓	中心线位置	2
	外漏长度	8
预留洞	中心线位置	8
	截面内部尺寸	8

(4)拆模时间应满足混凝土温控施工的要求。一般应采取保温措施，使混凝土内外温差降低到25℃以下时，方可拆模。

为了加快模板周转，需要提早拆模时，必须采取有效措施，使拆模与养护措施密切配合，边拆除，边用草袋覆盖，以防止外部混凝土温度降低过快，致使内外温差超过25℃而产生温度裂缝。

钢模板拆模的顺序和方法应按照模板设计的规定进行。无规定时，可采取先支的后拆，后支的先拆，先拆侧模板，后拆底板，自上而下的原则进行。

模板在起吊前应注意检查模板是否已经脱离墙体，起吊速度要慢，并保持垂直。可用拉绳导向，以防模板撞墙，造成墙体破损或撞坏模板。

4. 模板系统组成

根据管节断面的特点及管节常分段分层预制的总体方案，管节模板以一个施工分段作为设计单元，导致模板针对不同的部位需要不同的模板。一般来说，模板系统主要由以下几个部分组成：底模结构、底板边模、外侧模板、内侧模板（模板台车系统）、内隔墙模板、端封门模板等。管节模型板体系图见图8-29。外模板立面、侧面图见图8-30。管节内模板、外模板实物图见图8-31、图8-32。

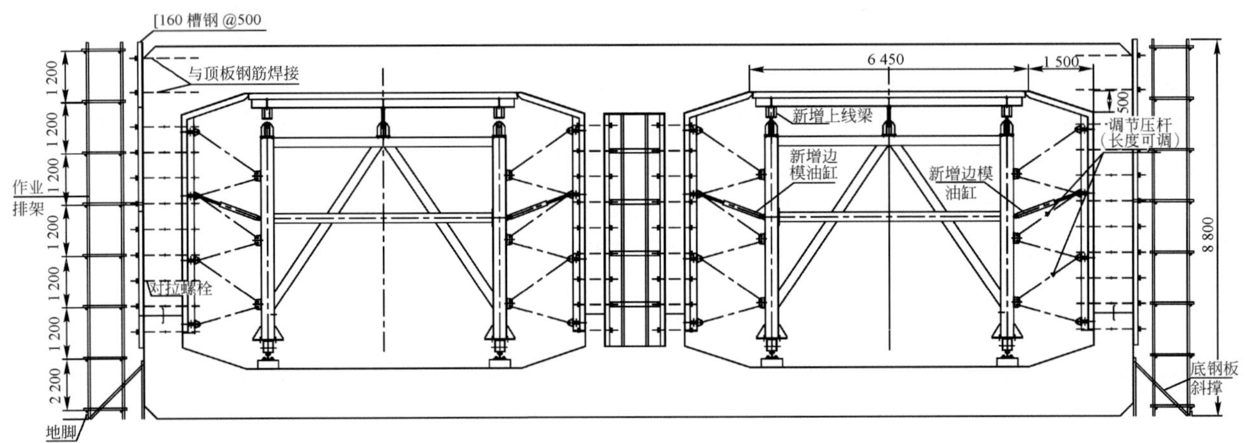

图8-29 管节模型板体系图（尺寸单位：mm）

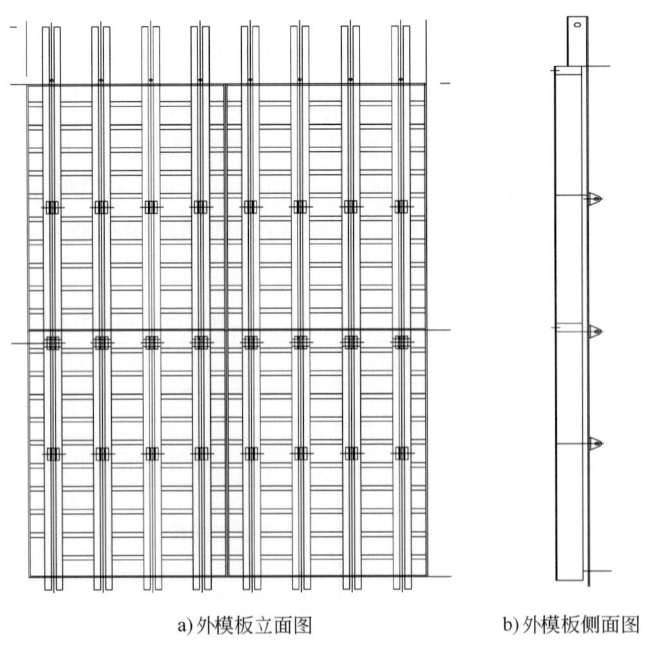

图8-30 外模板

图 8-31 管节内模板

图 8-32 管节外模板

5.模板施工质量控制要点

模板及其支撑体系安装必须符合下列规定：

(1)保证工程结构和构件各部分形状尺寸和相互位置符合设计要求。

(2)具有足够的刚度、强度和稳定性，能可靠地承受现浇混凝土的自重和侧压以及在施工过程中所产生的荷载。

(3)模板连接处必须采取有效措施，以保证接缝密实不漏浆。

(4)模板与混凝土的接触面必须涂抹脱模剂。

(5)模板验收的重点是控制模板刚度、垂直度、平整度，特别应注意外模板的精确度，因为外模板直接决定了管节的最终体积。

(6)模板的安装质量(安装成形的各项偏差)应满足设计和规范的规定。

(四)钢筋工程

(1)在钢筋的绑扎和预埋件安装前应先熟悉施工图纸，核对钢筋配料单与成品钢筋的钢号、直径、断面形状、尺寸和数量是否相符，是否符合相关规范与设计要求，如有错漏，应纠正增补。

(2)钢筋绑扎通常采用 20～22 号铁丝。其中，22 号铁丝只用于绑扎直径在 12mm 以下的钢筋。

(3)钢筋绑扎应符合下列规定：

①钢筋的交点应采用铁丝扎牢。

②板和墙的钢筋网，除靠近外围两行钢筋的交点扎牢外，中间部分的相交点可相隔交错扎牢，但必须保证受力钢筋位置不偏移。双向受力的钢筋，须全部扎牢。

③绑扎网和绑扎骨架外形允许偏差应符合表 8-11 规定。

绑扎网和绑扎骨架的允许偏差 表 8-11

项目		允许偏差(mm)
网的长、宽		±10
网眼尺寸		±20
骨架宽及高		±5
骨架长		±10
箍筋间距		±20
受力钢筋	间距	±10
	排距	±5

(4)钢筋绑扎的接头要求：

①钢筋搭接处应在中心和两端用铁丝扎牢。

②搭接长度的末端与钢筋弯曲处的距离不应小于钢筋直径的10倍。接头不宜位于构件最大弯矩处。

③受拉区域内I级钢筋绑扎接头的末端应做弯钩,II、III级钢筋可不做弯钩。

④直径小于或等于12mm的受压I级钢筋的末端以及轴心受压构件中任意直径的受力钢筋的末端,可不做弯钩,但搭接长度不应小于钢筋直径的35倍。

⑤受拉及受压钢筋绑扎接头的搭接长度应符合表8-12、表8-13的规定。

受拉钢筋绑扎接头的搭接长度 表8-12

钢筋类型		混凝土强度等级		
		C20	C25	>C25
I级钢筋		35d	30d	25d
月牙纹	II级钢筋	45d	40d	35d
	III级钢筋	55d	50d	45d
冷拔低碳钢筋		300mm		

受压钢筋绑扎接头的搭接长度 表8-13

钢筋类型		混凝土强度等级		
		C20	C25	>C25
I级钢筋		25d	21d	18d
月牙纹	II级钢筋	32d	28d	25d
	III级钢筋	39d	35d	32d
冷拔低碳钢筋		210mm		

(5)受力钢筋的绑扎接头位置应相互错开。从任意绑扎接头中心至1.3倍搭接长度的区段范围内,绑扎接头的受力钢筋截面面积占受力钢筋总截面面积的百分率为:受拉区不得超过25%,受压区不得超过50%。

(6)接头区的箍筋间距。在绑扎骨架中非焊接的搭接接头长度范围内,应加密箍筋,箍筋最大间距,即受拉区不应小于5d,且不应小于100mm;受压区不应小于10d,且不应大于200mm(d为受力钢筋的最小直径)。

(7)钢筋的混凝土保护层厚度应符合设计要求。当无设计要求时,应符合钢筋混凝土结构工程规范的有关规定。

(8)钢筋安装时的允许偏差。安装钢筋时,配置的钢筋级别、直径、数量和间距均应符合设计要求。绑扎或焊接的钢筋网和钢筋骨架,不得有变形、松脱和开焊。钢筋位置的允许偏差应符合表8-14的规定。

钢筋位置的允许偏差 表8-14

项目		允许偏差
受力钢筋的排距		±5
钢筋弯起点位置		20
箍筋、横向钢筋间距	绑扎骨架	±20
	焊接骨架	±10
焊接预埋件	中心线位置	5
	水平高差	±3或0
受力钢筋的保护层	基础	±10
	柱、梁	±5
	板、墙、壳	±3

管节侧墙下部钢筋实物图见图 8-33，管节底板钢筋实物图见图 8-34。

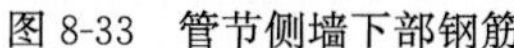
图 8-33　管节侧墙下部钢筋

图 8-34　管节底板钢筋

（五）混凝土管节制作重度与精度控制技术

混凝土沉管的重度与几何尺寸精度是确保混凝土沉管施工质量的关键技术之一，在管节制作过程中应当严格要求与控制。

1. 混凝土重度控制

主要应对混凝土配合比、计量误差、原材料及施工质量管理等工艺进行控制。

（1）混凝土配合比优化。首先应严格要求配合比的设计，对混凝土集料品种、级配、配比进行测试、控制与优选，并对其不断优化，保证混凝土重度符合要求。选用优良级配的粗集料，优选出最符合工程实际需要的最佳配合比。

（2）计量误差控制。应对计量器具严格要求，准确计量各种材料，并不断加强现场抽样检验，保证配合比中各种材料的误差在许可范围内，确保混凝土重度在控制范围内。每天出料必须进行 2～3 次重度测定，发现偏差及时调整配合比。

（3）原材料控制。针对各批砂、石粒级、细度、表观密度、堆积密度的不同，进行相应配合比调整，使之达到重度要求。

（4）加强施工质量。混凝土浇注时，严格按照操作规程的规定进行，侧墙和隔墙下料高度做到一致，保证混凝土振捣，切勿过振或漏振。

（5）施工质量管理。对混凝土配合比与管节浮运要求进行分析，对施工技术员进行培训，从人员与材料等多个角度进行严格管理。

2. 管节施工精度控制

对管节的精度控制主要是采用高精度仪器进行实时控制，应完善监控措施及高刚度模板与支模精确定位。模板必须有足够的刚度、强度，保证管节的外形几何尺寸误差不超过容许范围，并对模板设计、加工及安装等方面进行方案优化，选择最适合的模板体系，精心施工，严格管理。在施工中做好放样、校对、检查、复查与验收工作，确保对混凝土的重度、强度与沉管制作精度进行控制。

（六）混凝土工程施工流程及过程控制

1. 施工流程

管节混凝土施工流程见图 8-35。

2. 过程控制

1）配合比设计

管节混凝土兼备大体积混凝土及薄壁多孔箱形混凝土构件的特性，对混凝土的性能要求极高，因此要进行专项配合比设计，详见本节“管节混凝土配合比设计”部分。

2）浇注时间的选择

掌握好浇注混凝土的时间，尤其是在昼夜温度差较大的季节，选择合适的浇注时间对预防温度裂缝有一定帮助。对于南方夏季施工，早晨浇注的大体积混凝土比下午或晚上浇注的更易发生温度开裂。因为早晨8～9点进行浇注，水泥开始水化、凝结和硬化，内部温度升高，而中午强烈的阳光照在混凝土结构体上，也相当于对其进一步加热。当太阳下落时，混凝土内部温度基本达到温峰，且具备了一定强度，但是环境温度的急剧下降会导致温差过大，使得混凝土表面极易开裂。

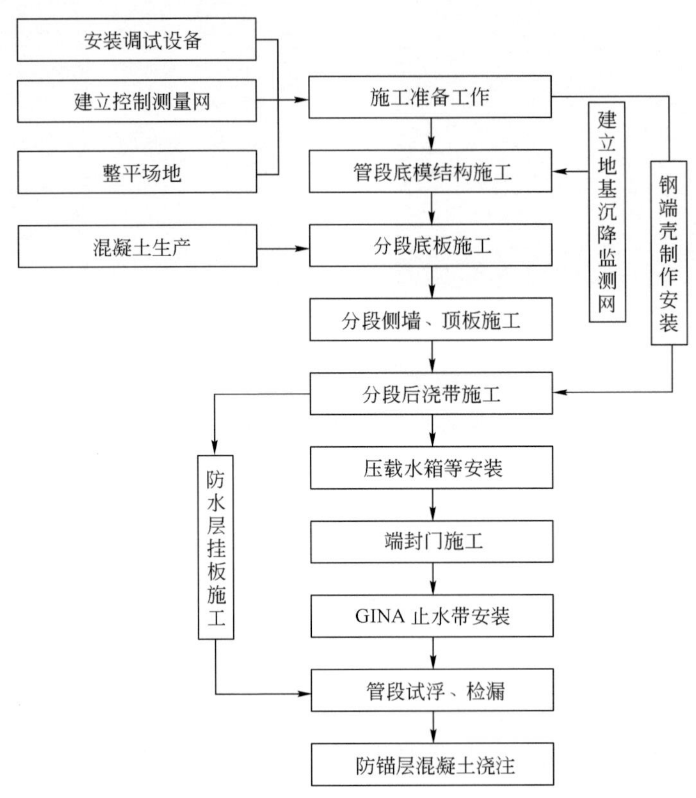

图8-35 管节混凝土施工流程图

3.运输与入模温度的控制

混凝土搅拌后，应尽快运至浇注地点，运输过程不宜时间过长。要求运输与天气不影响混凝土入模温度的恒定和不超温(要求入模温度不超过28℃，极端的情况下不超过30℃)，应控制(降低)混凝土料的入模温度。一般可采取防止集料经受日晒，冷水搅拌，搅拌时加一定量冰块和向混凝土搅拌机中喷液氮等措施。

4.管节施工

1)管节施工分段分层

为防止和尽量减少管节混凝土表面裂缝，管节预制时纵向分段施工，并设置后浇带，每段混凝土分两次浇注，根据理论计算和以往工程实践经验，结合管节长度和预埋件位置、模板台车长度及其他分段可能性进行分段分层。

2)混凝土浇注顺序

(1)预制管节混凝土一般分两层浇注，施工缝设在侧墙底部倒角上方约1m处。

(2)管节底层与顶层混凝土浇注时，两浇注部位的间隔时间以温差不超过20℃为限。在保证混凝土强度等质量要求的条件下，间隔时间一般不超过14d。

(3)后浇带混凝土与先浇混凝土之间的结合缝处，为避免先浇混凝土因收缩不充分而产生收缩裂缝，采用后浇带混凝土滞后浇注的方法来控制此类裂缝的产生，滞后时间不小于42d。同时，必须通过监测来观测坞底沉降是否稳定，控制标准为连续7d的沉降量少于2mm/d。

3)混凝土浇注工艺

(1)混凝土下料高度控制。混凝土下料倾落高度不能大于2m，否则混凝土会产生离析。管节混凝

土施工时一次浇注高度不超过 2m。由于管节的墙体宽度较大，因此下料管可直接插入墙体下料，防止产生离析。

(2)混凝土浇注分层。管节浇注混凝土时，自下而上分层均匀浇注，每层高度 35～50cm，上、下层混凝土浇注间隔时间不得超过初凝时间。对于管节底板，由于其平面尺寸较大、厚度大，浇注时采用台阶法推进，如图 8-36 所示。

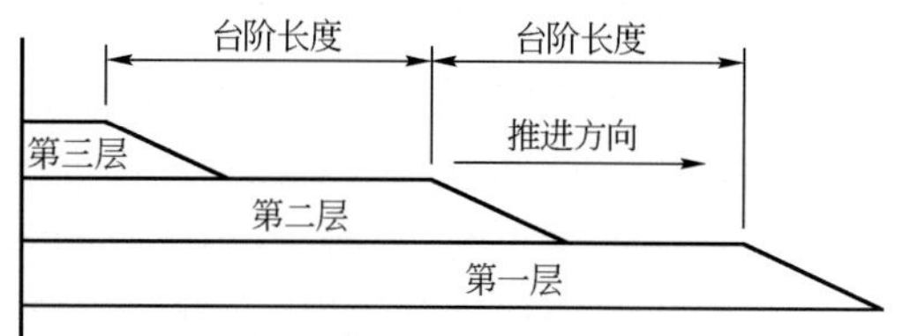

图 8-36 管节浇注台阶法分层示意图

(3)浇注顺序及方向。浇注底层混凝土时，应先浇中间，后浇左右两侧，从前往后推进。浇注顶层混凝土时，先浇注底部中间部分，后浇注两侧部分，逐层升高。浇注顺序及方向如图 8-37 所示。

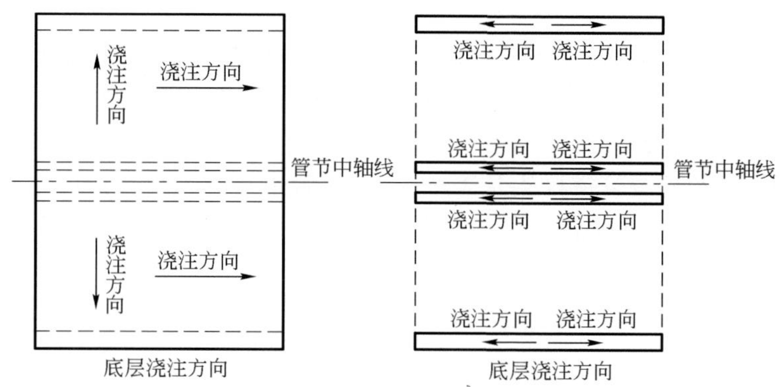

图 8-37 混凝土浇注顺序及方向示意图

在浇注顶板或施工缝时，采取二次表面凿除和抹面，清除表面浮浆，使混凝土表面密实。插入式振捣器作业时，要使振捣棒垂直插入混凝土中，并插到下层尚未初凝层中 50～100mm，以促使上下层相互结合，各插点间距不应超过其作用半径的 1.5 倍。使用时，要做到“快插慢抽”的振捣要点，各插点振捣时间宜为 40～50s，并以混凝土开始泛浆和不冒气泡为准。

4)拆模

模板拆除的时间应根据混凝土已达到的强度及混凝土的内外温差而定，避免在夜间或气温骤降期间拆模。在气温较低的季节，应适当延迟拆模时间，拆模后必须采取保湿、保温措施。

混凝土的内外温差应降低到 25℃以下方可拆模。采用整体式模板台车，并采取侧墙与顶板一次性浇注时，管节预制的拆模顺序为：温差测定与混凝土强度符合要求后，松开外墙边模和台车的侧墙边模；顶板强度达到要求后，松开台车顶模，移动台车进入下一循环施工。及时对拆下的模板进行清理及保养处理，以保持模板的良好工作状态及混凝土浇注的光洁性。

5)养护

对于大体积箱形混凝土结构的施工，其养护期间的保湿、保温工作非常重要，而后浇带混凝土由于掺加了微膨胀复合防水剂，其养护要求更加严格，因此必须采取有效的养护措施来保证混凝土质量。

(1)及时养护。管节混凝土浇注完毕后 12～18h 内进行养护。如果是在天气炎热或干燥的季节浇注，养护时间应提前到 8～14h 内进行，养护时间不小于 14d。

(2)蓄水措施。在混凝土硬化后，在顶板和底板四周砌砖墙蓄水养护；可以用带小孔的塑料软管将侧墙与顶板蓄水池连通，形成“水帘式”自动喷淋装置，并挂上麻袋保温保湿。管内及顶板的养护采用专门制作的养护台架进行，台架上安装 PVC 水管，在管靠管节侧打孔，下部安装水泵，保证管内水有一定的压力，使养护水喷淋在混凝土表面。

(3)管内外保温措施。在管节端头挂尼龙布挡风帘，防止因管节内面因风速过快造成温度急速下降，使内外温差过大及混凝土水分散发过快，导致裂缝产生。管节外侧挂上麻袋保温保湿。

6)管节混凝土浇注质量保证措施

(1)浇注前必须检查模板尺寸、净空及支撑强度是否符合设计及规范要求，检查管节预埋件数量、规格、位置是否符合设计图纸要求。

(2)混凝土浇注采用泵送工艺，为保证混凝土浇注的连续性，在浇注前还必须对供料、搅拌、运输系统的所有设备进行试运转，对设备的配备和状态进行检查。混凝土泵应有备用量，要配足维修人员。

(3)浇注混凝土时，混凝土搅拌后应尽快地浇注，使混凝土保持一定的坍落度，以免操作困难。

(4)由于侧墙比中间墙厚，在混凝土浇注时，必须先浇中间墙再浇侧墙，并始终使中间墙与侧墙保持相应的高度差，以使模板及支撑系统达到受力平衡，不会因偏压造成模板偏移。

(5)浇注混凝土过程中，要随时保证钢筋及预埋件位置的准确。

(6)对于钢筋密集处和模板四周各节点位置的混凝土必须捣实，原则上要慢浇、轻捣、多捣，并严格控制振捣时间与时间间隔。

(7)混凝土在浇注地点须检查混凝土坍落度，每工班至少检查两次，以保证混凝土的和易性(可施工性)。

(8)由于采用泵送混凝土，水平输送管长度与垂直输送管长度之比不宜大于 1∶3，否则会导致管道弯曲部分摩阻力过大，造成堵管。

(9)混凝土泵送时，必须检查管道接头是否严密，不得漏浆及进入空气造成堵管。

(10)输送混凝土前，应先压入水进行洗管，再压送水泥砂浆。压送第一车混凝土时，可适当增加水泥用量，为顺利泵送创造条件。

(11)混凝土浇注过程中，质检员、试验员和施工员必须现场值班，检查混凝土浇注情况及模板是否有漏浆发生。

(12)混凝土浇注必须保证连续进行，不得出现施工冷缝。

(13)若在混凝土浇注过程中出现跑模，在混凝土脱模后必须采用砂轮机进行平整处理。

(14)各类型模板在安装前必须涂抹脱模剂，以保证管节混凝土表面光洁。

(15)每次浇注前，召开由监理、施工单位、混凝土供应商及作业班组参加的浇注会议，详细说明浇注的时间、部位、数量、坍落度要求、混凝土运输路线、汽车泵摆放位置、现场指挥联系方式及特殊事件的处理措施等，保证现场人员对本次浇注情况了如指掌。

(16)将一个大的浇注段划分为若干个小的浇注区段，每个浇注区段的布料、振捣、养护等工作落实到人，确保振捣密实，养护及时。

(七)防锚层

管节防锚层混凝土由两部分组成，即管节侧面现浇混凝土护边块及顶板面现浇混凝土防锚层。其中，现浇混凝土护边块在管节一次舾装时施工，顶板面现浇混凝土在管节二次舾装时施工。

1.防锚层的作用

设置防锚层主要是为了防止船舶抛锚对管节结构和防水层造成破坏以及调整管节浮运时的干舷。

管节制作由于受管节尺寸误差、混凝土重度误差等因素的影响，管节的实际干舷可能与理论值不同。管节制作完成后，施工单位应该对管节进行详细的测量，并计算出实际干舷，以此作为调整防锚层厚度的依据。

防锚层在管节二次舾装时施作，防锚层的高度应根据施工单位计算的干舷和管节舾装设备安装后实测干舷高度确定，并在满足最小干舷控制值的情况下确定防锚层的高度小于或等于 150mm。二次舾装完成后，管节的干舷值应控制在 50～100mm，以利于远期管节的抗浮。

2.施工顺序与工艺

(1)施工顺序

管节防锚层混凝土浇注从中间开始，向两端对称施工。混凝土浇注采用间隔浇注，这样可以与钢筋安装形成流水作业，加快施工速度。防锚层施工工艺流程图见图 8-38。

(2)施工方法

①管顶面处理。在浇注前要对管顶面进行处理，消除表面杂物，特别是剪力杆的混凝土浮浆，一定

要清除干净。

②模板制作。防锚层只需要立侧模，模板采用组合钢模。

③钢筋绑扎。钢筋网在岸上加工场地进行制作，用塔吊运到现场安装绑扎。钢筋加工和绑扎质量要符合设计和规范要求。

④混凝土浇注与振捣。混凝土由搅拌站生产，用溜槽与搅拌机下料口连接，混凝土直接由溜槽输送到浇注部位，并人工配合整平。采用振动棒与平板振动器相结合，先用插入式振动棒振实后，再用平板振动器振捣。

⑤养护。混凝土凝固后，用麻袋覆盖表面，并洒水养护。

顶表面整平清理
↓
测量放线
↓
安装钢筋网
↓
浇注混凝土
↓
覆盖麻袋养护

图 8-38 防锚层施工工艺流程图

3. 防锚层施工注意事项

(1)防锚层浇注前应清除沉管顶面杂物。

(2)防锚层应分段浇注，从中间向两端对称间隔施工。

(3)振捣混凝土时，严格控制振捣深度，不得破坏管节外防水层。

(4)由于管节干舷很低，为防止在混凝土浇注后、未凝固之前，遭到波浪的冲刷，在混凝土浇注后，用水玻璃喷洒混凝土表面，以加速凝固。

(5)防锚层施工时，应注意对管节顶部的灌砂管的保护，防止混凝土堵塞管路。

(八)压载水箱施工

压载水箱是安装在管节内部底板上的施工用临时设施，其作用是：在管节系泊、浮运和沉放时，调整管节的平衡；在管节沉放时，提供足够的负浮力；管节沉放就位后，提供足够的抗浮安全系数。压载水箱的设计施工对于管节在沉放过程中的稳定至关重要。

1. 压载水箱设计

管节预制好后，根据计算向压载水箱内注入适度水量，使管节起浮时保持纵向、横向平衡，并调节干舷高度。管节浮运至沉放位置，注入足够水量，使其产生足够的负浮力，使管节顺利沉放、定位、对接。对接完成后，再注入适度水量，使管节保持不少于 1.1 的抗浮系数，以确保施工过程的安全。

2. 压载水箱的容量确定

河(海)水的密度是确定压载水箱容量的主要因素。压载水箱容量应满足以下几个条件：

(1)保持10～12cm 干舷高度所需水量。

(2)保持规定负浮力时所需水量。

(3)施工期间保证负浮力达到 1.05 安全系数时所需水量。

3. 压载水箱的结构与布置

压载水箱一般为钢结构，骨架由型钢组成，钢板为箱体，支撑采用型钢及钢管支撑。压载水箱对称设置在管节底板外侧，主要采用间隔模板成排安装布置于管节内。压载水箱的进、排水系统和管节间隔舱的排水泵结合使用。压载水箱结构见图 8-39。

a)压载水箱侧视图

b)压载水箱侧俯视图

图 8-39 压载水箱结构图

4.压载水箱的安装

压载水箱面积大，整块制作安装有许多困难，因此采取先制成片块，然后现场组装的办法。但管节内空间狭窄，要注意现场焊接组装时的施工质量和安全。压载水箱安装的主要步骤如下：

(1)管节预制时，将压载水箱的锚锭钢板、预埋螺栓、穿拉杆的塑料管分别预埋在混凝土底板及隔墙的指定位置，螺纹涂黄油包胶布保护。

(2)管节顶板完成后，即可按照设计要求进行压载水箱的组装，同时将其固定于两边对称的水箱锚固板上。

(3)整个压载水箱完成水密试验后，所有螺栓必须再紧固一遍。

安装完毕后，要进行整体试漏工作，试漏对象包括压载水箱本体、阀门及管道系统。

沉管隧道主体工程完工后，逐步拆除压载水箱，并用底部混凝土压重层代替，最后在混凝土压重层上进行路面工程作业。

(九)预应力的应用

在一般情况下，沉管隧道多采用普通钢筋混凝土结构，预应力应用不多，除非在管节跨度较大(3车道以上)，管节埋置较深，所受水、土压力较大，管节结构的顶、底板受到的剪力大等条件下才采用预应力设计方案。

预应力的应用不但可以提高管节的承载能力，而且还可以提高混凝土的抗渗性。世界上第一条采用纵向、横向预应力混凝土的沉管隧道是古巴的哈瓦那阿尔曼德斯(Almendares)隧道。该隧道在顶、底板的上下两侧对称地布置直钢索，见图8-40。但当荷载较大时，直索布置就不经济了，所以其后都改用了弯索。由于沉管所受水、土压力是在它沉放开始之后才作用在管节上的，因此必须随着管节的沉放、回填而逐渐增大预应力，而管节的预应力又必须在其浮运出干坞之前就施加完毕。为了解决这个问题，可采取如下措施：一是在预应力索对侧配置大量非预应力钢筋，作为浮运、沉放时临时抗衡之用(在管节沉放回填之后，这些钢筋不再起作用，造成了浪费)；二是在隧道中，在顶板、底板之间设置临时性对拉预应力索，以抗衡沉放、回填之后的水、土压力。在沉放施工时，随着水、土压力的增加，再逐步卸去临时拉索中的应力，加拿大的拉丰泰恩隧道就采取了此措施，见图8-41。

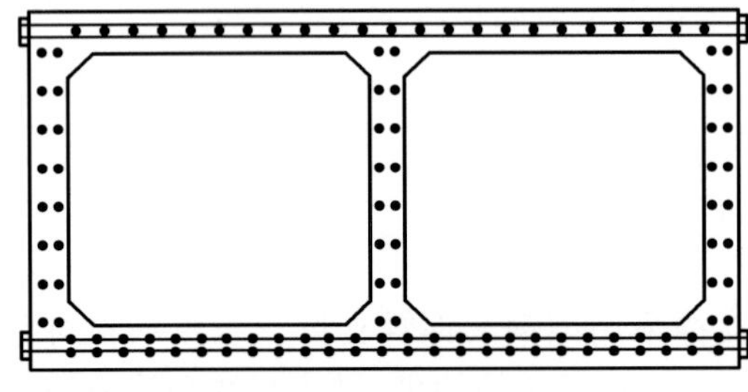

图8-40　古巴哈瓦那隧道断面

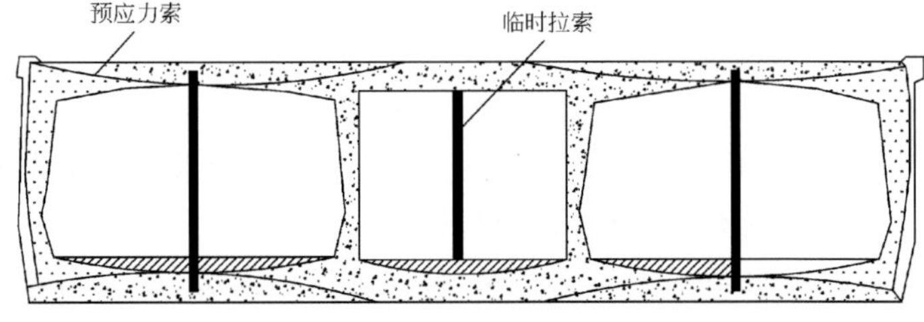

图8-41　加拿大拉丰泰恩隧道断面

荷兰鹿特丹市的培纳勒克斯(Benelux)水底隧道仅在河中最深、荷载最大的部分管节中采用了预应力混凝土结构，其余各节仍用普通钢筋混凝土的管节结构，可更经济地发挥预应力的优点。

二、管节防裂技术

(一)混凝土防裂设计要点

(1)选择低水化热及低收缩率水泥。管节预制用水泥优先选用中低水化热和收缩率较低的专用水泥。

(2)选用连续级配的粗集料。混凝土用集料采用5～25mm的连续级配，空隙率小，骨胶比合理。混凝土集料粒径小，对泵送工艺有利，但集料包裹的浆体较多，较易产生裂缝。因此，集料选用5～25mm的连续级配，既能保证降低出现裂缝的可能性，又能满足混凝土泵送工艺的要求。

(3)选用中砂。选用细度模量为2.4～2.8、含泥量小于1%的中砂。

(4)外加剂选择。采用缓凝高效减水剂，所选用的外加剂具有较大的减水率，不仅可以减少用水量，

还可以在保持 W/C 不变的情况下节约大量水泥，减少裂缝的产生，有效控制混凝土的水泥水化热、绝热温升及温峰出现时间，提高混凝土自身的抗裂性能。

(5)粉煤灰等掺和料的选择。对于大体积混凝土，掺入一定量的粉煤灰取代部分水泥，已普遍用于各种重大工程中。此方法可以有效减少混凝土的干燥收缩，因此选用优级粉煤灰或其他矿渣是一种不错的选择。

(6)严格控制水泥用量及水灰比。按照普通混凝土高性能化的设计原则配制高性能混凝土，采用双掺技术，保证水泥用量小于 300kg/m^3，水灰比小于 0.45。

(7)掺入优质矿渣粉。混凝土双掺(外加剂及粉煤灰)的基础上，掺入适量的优质矿渣粉，对提高混凝土的抗渗强度，降低水泥水化热，改善混凝土和易性等方面具有良好的效果。

(8)掺入阻裂剂。为减少混凝土的裂缝产生，可以掺入适量的聚丙烯单丝纤维或钢纤维，后浇带混凝土可掺入 UEA 微膨胀剂。

(二)混凝土管节防裂施工技术

1. 混凝土管节裂缝类型及影响因素

长期以来，预防和解决混凝土开裂问题一直是工程界关注的热点。混凝土材料研究人员一直在对裂缝成因、解决技术进行研究，取得了不少突破与成果，但往往由于种种原因(如认识程度不高，缺乏正确的施工组织，施工时养护不当)，对混凝土裂缝的预防成效不大，混凝土工程质量问题时有发生。一般来说，裂缝主要来源如下：

1)干缩裂缝

在混凝土凝结硬化的过程中，随着强度的增长，其体积也随着环境的不同而变化，呈现出“湿胀干缩”的规律。这种体积变化会随着时间而发展，经过很长时间才趋于稳定。在干燥的环境条件下，混凝土在硬化过程中水分逐渐蒸发散失，使水泥石中的凝胶体干燥收缩产生变形，而产生应力。当应力值超过混凝土的抗拉强度时，就会出现干缩裂缝。影响混凝土干缩裂缝的因素，主要有混凝土体积、养护条件(关键是湿度)、水泥品种和用量、水灰比、集料的大小和级配、外加剂品种和掺量等。

2)温度裂缝

水泥水化过程中产生大量的热量，在混凝土内部和表面之间形成温度梯度而产生应力。当温度应力超过混凝土内外的约束力时，就会产生温度裂缝。温度裂缝的产生与混凝土的厚度、水泥的品种和用量以及养护条件有关。

3)荷载变形裂缝

外荷载、过早脱模或脱模时混凝土受到较大的外力撞击等，都容易产生变形裂缝。另外，混凝土浇注后，基底产生不均匀沉降以及荷载严重分布不均，也会导致变形裂缝。

4)施工不连续面

由于混凝土浇注的不连续性，中断时间超过混凝土的初凝时间，继续浇注混凝土时，原有的混凝土基础表面没有进行相应的处理，在原混凝土表面浇注混凝土，致使新旧混凝土界面间出现裂缝，对防水性产生一定影响。在浇注新混凝土前，应在结合面上进行适当处理(如均匀喷涂一层界面剂、凿毛)，以加强新旧混凝土接触面的结合力，提高抗渗能力。

2. 混凝土管节防裂控制措施

1)设计控制

(1)混凝土的中心温度和表面温度之间的温差($T_{max}-T_b$)，以及表面温度与最低气温之间的差值(T_b-T_q)，均应小于 20℃。

(2)控制拆模时间。混凝土的拆模时间应考虑气温等因素，必须有利于混凝土强度的正常增长。拆模时混凝土的温差不能太大，即中心温度、表面温度和外界气温之间的温差一般应小于 20℃。

(3)保持混凝土表面湿润。为保证新浇混凝土有适宜的硬化条件，防止在早期混凝土由于干缩而产生裂缝，混凝土浇注完毕后，应及时洒水养护，以保持混凝土表面湿润。

(4)合理的养护时间。管节的养护时间应根据水泥的品种而定，在工期允许的条件下，应适当延长养护时间。

(5)水泥选择。预制管节用的水泥不仅水化热要低，而且应有适当的强度。因此，应选用保水、保温性好，收缩率小的水泥，水化热不得超过355kJ/kg，水化热温升峰值出现的时间要迟。

(6)集料。一般选用结构致密，并有足够强度的优良骨料，调整好混凝土的级配设计，施工时加强振捣作业。应严格控制砂、石料的含泥量，重视过筛环节。另外，要清除材料中会影响混凝土质量的有机杂质、硫化物等有害物质。

(7)配合比。在满足设计强度的前提下，力争把水泥的用量降低到最小限度以控制水泥总的发热量，从而降低混凝土内部的最高温度。

(8)外加剂。为保证混凝土有一定的坍落度，应加入适量的粉煤灰，这不仅可以改善混凝土的和易性，减小混凝土的干缩，而且对降低混凝土的水化热有良好的作用。

2)施工控制

(1)降低粗集料的入仓温度。粗集料的温度高低对混凝土的出机温度影响较大，是控制混凝土入模温度不超过28℃的关键步骤之一，但粗集料降温成本很高，一般应控制其入仓温度不超过28～30℃。为控制其入仓温度，采取如下措施：

①搭设防晒棚降温。混凝土搅拌站的砂石堆场、取料皮带运输机等搭设防晒棚，以防砂石暴晒。

②碎石洒冷水降温。当气温较高时，在使用前一天用冷却水淋洒碎石，进行预先降温处理。

③坑道取料。拌和混凝土取用粗骨料时，可采用坑道方式取用中间部分材料，避免取用较高温度的表层骨料。

(2)出机温度控制。首先要控制混凝土原材料的温度，最简易的办法是采用冷却拌和水或掺加冰屑。由于水在混凝土中所占的热容量的百分比不大，因此单凭冷却拌和水或掺加冰屑还不能完全有效地降低混凝土的浇筑温度，还需对粗、细骨料进行处理，如在夏天可对其进行遮阳覆盖以及在拌和前进行冷却降温。措施如下：

①使用冰水搅拌。用冰水作为搅拌用水是控制混凝土出机温度的常用措施之一，一般水温控制在5℃以下。在搅拌站应配置制冰机、设置冰库及冰水池。

②使用冷却装置降低内部温度。管节侧墙混凝土浇注时，埋设冷却循环水管，用循环水冷却新浇注的混凝土，降低混凝土内部温度，减少内外温差。同时，使温度相对较低的底板混凝土与侧墙混凝土之间获得一渐变的温度曲线。根据国外及珠江隧道管节预制的施工情况，采用冷却系统可大大减少由混凝土水化热产生的裂缝。

(3)浇注温度控制。除须首先控制出机温度外，施工中还必须采取措施来减少混凝土在运送以及浇注过程中的冷量损失。在施工过程中尽可能加大浇注速度，缩短浇注时间，并合理分层，另外，混凝土的施工应尽量在气温相对较低的时候进行。

(4)灌注工艺控制。合适的施工工艺不仅利于减小混凝土内外温差，也有利于减小因混凝土收缩约束产生的裂缝，因此制订合适的施工工艺，并严格遵守执行，也是防止混凝土产生裂缝的主要措施之一。主要措有：

①合理分段分层施工。分段分层浇注，设置后浇带，目的是减小基础块的尺寸，增加散热面，从而降低施工期间的温度应力，以减小产生裂缝的可能性。

②合理的浇注顺序。浇注底板时，应先浇中间，后浇左右两侧，从前往后推进；浇注侧墙时，应先浇中间底部后浇两侧底部，逐层升高。

③控制下料高度。严格控制混凝土下料高度控制在1.5～2.0m内，避免出现离析现象。

④混凝土振捣工艺。振捣时应快插慢拔，不能过振，使浆体集中表层，形成网状裂纹，不能漏振或欠振，使混凝土不密实，出现裂缝。同时，在混凝土浇注至顶面或施工缝时，采用二次振捣和抹面，清除表面浮浆，使混凝土表面密实。

⑤严格控制浇注间隔时间。后浇注部位的间隔时间以温差不超过20℃为限，侧墙与底板的间隔时间不超过10d。

⑥合理安排灌注时间。尽量避免在夏季高温季节或当天高温时期进行管节预制施工。否则应安排在夜间进行。

(5)混凝土养护控制。对于大体积箱型混凝土结构施工,其养护期间的保湿、保温工作是防止裂缝产生的关键措施之一。混凝土的养护对管节的防裂十分重要,混凝土的养护主要是使混凝土保持适宜的温度和湿度,保证混凝土的水化和硬化正常进行,提高混凝土的极限拉伸和抗拉强度,防止表面脱水而产生干缩裂缝。混凝土养护时的温度控制方法有降温法和保温法。降温法是在混凝土内部预埋冷却管,通入冷却水对内部混凝土进行冷却,必须严格控制水的温度,混凝土内部温度与冷却水的温差应控制在20℃以内。保温法是在混凝土升温结束开始降温时,必须在混凝土表面覆盖保温材料进行保温。保温能够减小混凝土表面的散热量,减小混凝土表面的温度梯度,防止表面产生裂缝。主要措施有:

①及时养护。管节混凝土硬化后应立即进行洒水养护,养护时间不小于14d。一般应在12~18h内进行养护,如果是在天气炎热或干燥的季节浇注,养护时间应提前到8~14h内进行。

②蓄水措施。对于顶板及底板可在混凝土结硬后,在四周砌砖墙蓄水养护;对于侧墙可用带来小孔的塑料软管,与顶板蓄水池连通,形成“水帘式”自动喷淋装置,并挂双层麻袋。

③管内外保温措施。在管节端部挂尼龙布挡风帘,防止内面风速快而使温度急速下降,使内外温度差过大及混凝土水分散发过快而产生裂缝。外模板拆除后,挂湿麻袋进行保温保湿。

3)约束条件控制

(1)地基处理。由于管节体积和质量较大,必须重视对干坞地基的处理,控制地基不均匀沉降,改善地基对底板的约束条件。另外,对地基与底板的接触面进行处理,以减小水平剪应力。

(2)合理分段。合理的分段能起到调节温度变化的作用,并能减小约束范围,以达到释放约束应力的目的。

3. 高温雨季混凝土施工措施

(1)夏季施工混凝土要考虑到由于温度升高及运输等因素蒸发掉的水分,以确保混凝土浇注时的坍落度在设计的范围内。

(2)夏季施工严格控制混凝土入模温度,采取有效措施将混凝土入模温度控制在28℃以内,尽量安排在夜间施工,保证混凝土供应,控制好砂石料温度,必要时加冰块搅拌。

(3)混凝土浇注前应详细了解气象情况,避开在大雨下浇注,并准备好一定数量的塑料薄膜,防止混凝土浇注中被突遇大雨冲袭。

(4)在雨天进行混凝土施工时,应搭设雨棚,以保证混凝土质量。

(5)若刚浇注好的混凝土遇雨,应用海绵或薄膜进行覆盖,以免冲走水泥浆,降低混凝土强度,影响混凝土面层色泽。

(6)雨季到来前,应对施工工地进行防洪检查,完善排水设施,保持排水系统畅通。

(7)加强与气象站之间的联系,时刻注意气候变化。

(三)温控施工的现场监测与试验

1. 温控测试的目的与意义

在混凝土沉管隧道管节制作过程中,温度与裂缝的控制是决定工程质量的关键因素之一。通过对管节混凝土各点温度变化的实时测试,可及时获取混凝土管节内各点的温度及其变化以及管节内外的温差,采取相应的控制措施,防止混凝土管节产生裂缝(尤其是贯穿性裂隙),为后序混凝土沉管管节的浇注施工提供借鉴与指导,实现对混凝土浇注方案与工艺的不断调整与优化,从而指导施工。

2. 温控测试原理

目前,测试混凝土温度的方法比较多,既有自动方式,也有人工测试方式。在采集量比较大的情况下,最好采用自动采集系统。它可以方便及时地了解预埋测试点的温度变化情况,并以此作为调整与改善施工措施的依据。以生物岛—大学城沉管隧道为例,在该专项测试中,采用JTM-2型温度巡回检测系统,在管节浇注过程中,及时埋设相应的铜——康铜热电偶温度计(WREX-10/WRKX-10),并用测量电缆引出管外，将其连接到温度采集器，再通过主线，连接到温控测试系统，以及时获取各个测试点的温度变化情况。该系统具有测试精度高的特点。依照测试系统的操作说明进行控制，可获取相应的测试数据，通过计算与研究可得到各点温度的变化，从而对施工提出合理的建议。热电偶温度计的工作原理是建立在热电效应的基础上，将两种不同的金属 A 和 B 焊接成闭合电路，且当 A 和 B 两接点处在不同温度状态存在温差时，两者之间便产生电动势，从而在回路中形成温差电流。该现象称为塞贝克效应，热电偶就是利用这一效应来工作的。热电偶的优点在于测量精度高，测量范围广，构造简单，使用方便。

3. 温控标准

为了避免或减少管节混凝土水化热产生的危害，一般采取以下温度控制措施：

(1)控制混凝土浇注温度小于 28℃，降低其初始温度。

(2)控制混凝土内部最高温度小于 70℃。混凝土内部最高温度是指混凝土施工期和养护期内的最高温度值。

(3)控制混凝土中心与混凝土表面(混凝土表面 5cm 处)温差 $\Delta T \leqslant 20$℃，防止混凝土内产生过大温差，导致管节内部因在温度应力作用下而产生裂缝。

(4)控制混凝土表面与环境温度之间的温差不超过 20℃，侧墙不超过 15℃，否则易形成表面裂缝。

(5)控制混凝土降温速率小于 3℃/d。

4. 测试对象

(1)管体测控测试。为满足工程需要，严格控制管节各类裂缝，确保管节制作安全，做到不裂、不渗、不漏，根据施工进度对管体各关键部位进行实时测控。

(2)冷却系统温度测试。当施工地区气候炎热时，对制作大体积沉管管节相当不利，因此需要采用相应的冷却系统确保管节的施工质量，对冷却水的温度与流速需进行及时测量。根据冷却系统的冷却效果，对施工方案与相应的冷却参数进行研究分析，从而反馈到施工单位，优化施工设计方案，提高工程质量。

(3)其他相关温度指标的测试。混凝土的水化热高峰值与混凝土入仓温度、混凝土配合比、原材料等相关，因此应对其进行严格控制。由于混凝土表面与环境温度的差值会影响到管节表面裂缝的形成与发展，过大的表面温差会造成各类表层或深层裂缝，因此需要在管节各点处进行温度测试，并记录对应位置的环境温度。

5. 测试方法

1)测试系统

以 JTM-2 型温度测控系统为例，该系统是由计算机、数据接口模块、数据采集管理分析软件与温度采集箱等部分组成。它可以进行即时温度采集与定时温度采集，把所采集到的温度信息保存在 ACCESS 数据库内，从而进行温度数据的图表分析和各采集点数据的比较。它可根据用户要求配接 1～256 只数据采集器。在测温前应当熟悉温度巡回检测系统及其相关仪器的性能与操作。温度测控系统见图8-42。

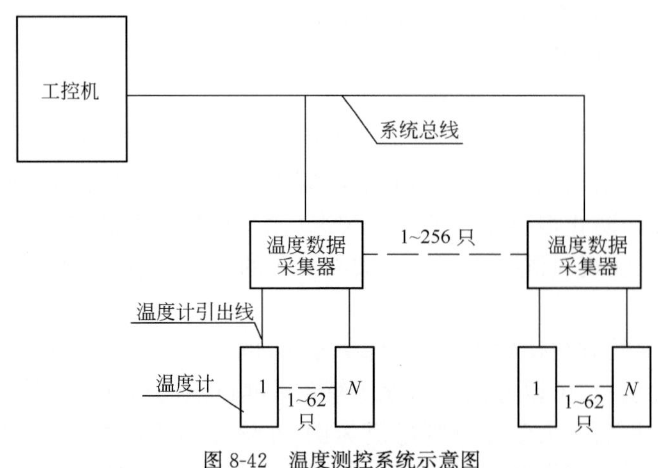

图 8-42 温度测控系统示意图

2)温度测控系统主要技术指标

(1)测量范围:－20～80℃。

(2)分辨率:0.1℃。

(3)测量误差:≤±0.5℃。

(4)测量有效长度:1 000m。

(5)测量通道:62/箱。

在沉管管节制作中,通常采用按管节分段制作的方法,单个浇注段可分两次浇注:底板与墙体下部先施工,而管顶与墙体上部为后一施工阶段。它们之间存在施工缝,先期硬化混凝土与后浇混凝土之间的施工缝对管体质量存在重大影响,因此对其进行全程跟踪测试是十分必要的。

3)仪器埋设与测点保护

仪器埋设参考《混凝土坝安全监测技术规范》(DL/T 5178—2003),尽量使监测电线线路牵引距离最短和干扰施工最小。

4)测温元件的安装

在安装前应将管式热电偶(WREX-10/WRKX-10)固定在特制的钢筋架上(捆绑在垂向钢筋的下侧面),需与结构钢筋和特制的钢筋架绝热,并将引出的电缆线采用空心软塑料管套装接到管节墙体外,且温控元件引线必须由管内侧引出,再接到温度采集器上。

冷却系统效果测试布点如图 8-43 所示。

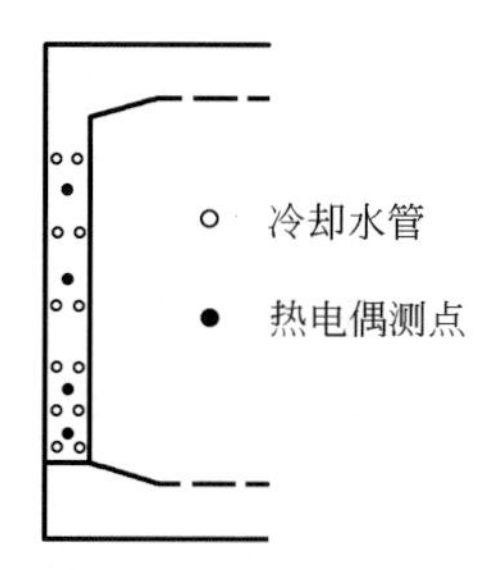

图 8-43 冷却系统效果测试的布点示意图

测温元件保护:元件的安装位置应准确、固定牢固,并与固定钢丝绝缘,测点应编号、绘图标明;测温元件的引出线应集中布置,并加以保护;混凝土浇注过程中,下料时不得直接冲击热电偶温度计及其引出线,振捣时,振捣器不得触及测温元件及其引出线,下料时应离测温点 3～5cm 处下料,振捣时不得碰撞引出线或测温点,测温结束后,应采用高强度等级水泥浆封堵遗留孔;温控测试人员应当事前提请施工人员注意协助保护,并应在测试点处设立编号和警示标志。

5)测试要求

为确保施工质量,应当对浇注后的混凝土进行连续监测,根据混凝土水化热发展趋势与前期测试分析的成果,对测试频率进行合理的调整。首先,对每次浇注的混凝土入仓温度进行测试,在混凝土水化热高峰期及混凝土温降梯度较大的阶段应加大监测密度。就目前已有的研究成果来看,混凝土热温峰值出现在浇注后的 24～40h。由于受配合比、施工及养护条件等的影响,温峰值变化波动比较大。通常要求降温速率在 1℃/d,同时内外温差满足设计要求(混凝土内外温差、混凝土表面温度与环境温度的温差在设计要求的允许范围内)后,方可停止监测,但监测时间不少于 14d 时。

6.数据处理及其分析

温控措施主要是用来监测混凝土的热场时空变化情况。混凝土本身是发热体,其温度场随位置与时间的变化而变化,属于典型的瞬态温度场。对于大体积混凝土结构的管节热分析主要涉及以下因素:混凝土的热学性质、内部热场、初始条件和边界条件。温度应力的产生主要来自混凝土内部与表面的温差,混凝土内部各点的温度随各点的位置不同与时间的改变而变化,温度场中各点的温度可用如下函数表示: $T = T(x,y,z,t)$ 。从热力学角度来说,影响混凝土的沉管结构主要因素为:环境温度、混凝土配合比、混凝土的热膨胀系数(通常采用线性关系)、混凝土的弹性模量。

1)底板测试数据处理与分析

底板中心因远离散热表面,其升温梯度大,而降温较慢。表面的降温曲线受气温变化影响有波动,而升温曲线曲率小,在升温阶段应做好板中心降温措施,在降温阶段要做好混凝土表面的保温养护。已有研究成果表明,除端面外,管节混凝土温度变化规律十分接近。通常对顶板、底板的分析中,分别取一个断面的数据进行分析即可。对其测试与研究的对象主要有:

(1)各测试点不同时刻的温度与温差,主要是指混凝土中心、混凝土表面与环境的温差变化。

(2)对底板混凝土各点的不同时刻的温度测试与分析时,首先应分析是否出现异常情况(温升或降温梯度太大),再进一步对测点的温度—时间之间的变化关系进行分析,并与其他位置的监测结果进行对比。

(3)通过对底板混凝土中心、表面及环境温度变化的对比分析,得出它们之间的变化关系曲线。

2)顶板测试数据处理与分析

(1)通过对顶板混凝土温度变化(中心与表面)测试,分别得出中心与表面温度随时间变化的曲线,并与底板测试数据对比,分析散热方式不同对混凝土温度变化的影响。

顶板混凝土温度变化情况与底板非常一致(两者的几何尺寸与冷却方式很接近),不同之处在于底板与地面接触,散热更为不利。

(2)通过对顶板中心与表面温差变化的分析,得出顶板中心与表面温差的变化关系对比曲线。原理部分同底板,应更加严格控制内外温差。

3)外墙测试数据处理与分析

(1)外墙中心温度随时间的变化曲线。

(2)外墙内外表面温度随时间的变化曲线。

(3)外墙内外温差变化历时对比曲线。

(4)受冷却系统对历时温差影响分析。

由于受冷却系统的影响,导致外墙上下温度会有所变化。如果冷却水从下面通入,使得下部混凝土冷却较充分,则混凝土温度从下往上逐渐升高,反之亦然。已有研究结果表明,冷却可有效控制混凝土的温升,而问题在于如何合理控制冷却时间、冷却水的温度与流速。

4)信息反馈与分析

为了防止管节出现不当裂缝,确保管节混凝土浇注质量,当温控测试中监测到不正常现象时,应及时反馈,并加强相关施工管理工作。应高度注意以下几个方面:

(1)如果混凝土浇注初始温度过高,首先应对入仓原材料温度进行分析,查看其是否符合标准。如果原材料的入仓温度满足要求,则应对混凝土的配合比进行分析,研究其水化热。

(2)当混凝土内部最高温度过高时,应当分析浇注速度是否合理,冷却系统是否满足要求。以上两个条件均满足要求时,则应对混凝土的配合比进行分析。

(3)如果前述两条都满足要求,测试过程中发现混凝土表面与环境温度间的温差过大,则应对养护条件进行分析。

(4)混凝土降温速率过高,则应对养护条件进行分析,并调整养护方案。

7. 温控实施流程图

温控实施基本流程框图如图 8-44 所示。

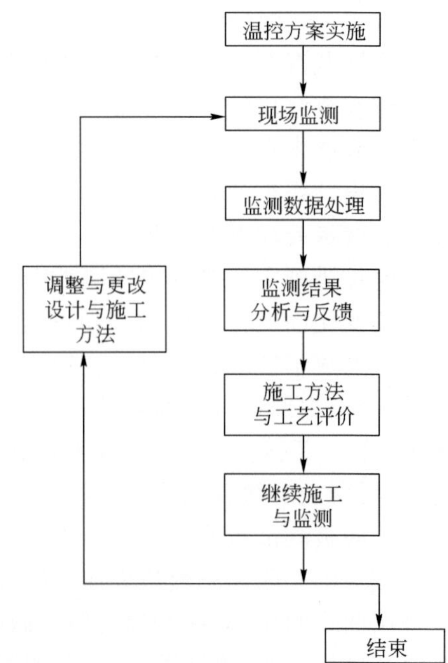

图 8-44 温控方案实施流程框图

8. 主要质量控制措施

(1)优化混凝土的配合比,尽量采用低水化热水泥,并合理降低混凝土中的水泥用量。

(2)施工前一天应对原材料进行冷却。

(3)严格控制混凝土入仓温度,应低于 30℃。

(4)加强混凝土的养护,并防止管节表面混凝土与环境的温差过大。

(5)加强监测,及时反馈。

(6)浇注阶段加强冷却措施,控制冷却水的温度与流速。

(7)应根据气候条件,对施工时间进行控制,合理安排浇注时间。

(四)冷却系统设计优化与施工

1.设置冷却系统的目的和必要性

根据现有的施工工艺,管节混凝土分两次浇注:先浇注底板,后浇注侧墙和顶板。侧墙外表面因温差产生较大的温度应力或混凝土固结后产生较大的收缩约束力,导致在底板与外侧墙接触部位以及侧墙外表面产生裂缝。根据国内外的施工实践经验,使用冷却系统大大减少了由水泥水化热引起的裂缝。因此,采用埋设冷却水管是控制侧墙混凝土内外温差的主要技术措施之一。

埋设冷却循环水管不仅可降低墙体混凝土内部的温度峰值,也能使侧墙与底板之间获得一条渐变的温度曲线,以减少墙体与底板的温差和温度应力的约束;同时,可以加大混凝土早期的温降幅度,利用龄期小的混凝土弹性模量小、温度应力小以及应力松弛等特点,使混凝土在各龄期的温度应力均小于相应龄期的抗拉强度,以减少裂缝产生的几率。

2.冷却系统的布置

管节侧墙混凝土自动冷却循环系统由预埋在侧墙混凝土内的冷却水管、闸阀、测温热电偶、制冷系统、冷水箱、暖水箱等组成。管节两侧侧墙各有一套冷却系统,其布置示意图如图8-45所示。

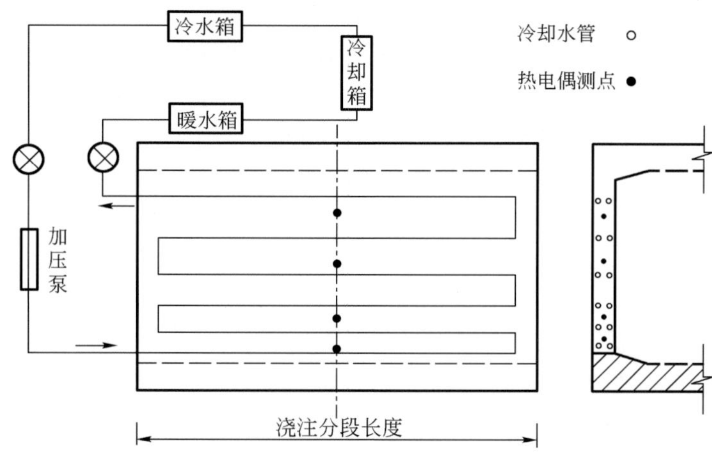

图8-45 管节冷却系统布置示意图

3.冷却循环水温控制

(1)水温。冷却水通过加冰或冷却机将水冷却到比混凝土入模温度低15～18℃范围内。

(2)通水时间。待侧墙顶部混凝土浇注完毕后5h(混凝土接近初凝时间),而侧墙底部温度开始上升时,开始开通冷却水。

(3)通水流量或流速。初始每分钟通水量需要根据墙体内埋设的水管数量决定,一般为墙体内水管容积的7倍左右。

(4)流量调整。当温度开始下降时,应适当减少水量;当温度上升时,适当加大通水流量。在改变流量的同时,应严格监控混凝土内外温差。

(5)记录。冷却过程中应记录温度计初始温度及不同时刻的温度,原则上每2h至少记录一次,升温与降温速率较快的时段应加密检测频率。同时,记录间隔时间也应考虑天气与气温等因素的影响,进行合理调节。

(6)停止冷却时间。待侧墙温度降至45℃或混凝土温度峰值与气候温差值为15℃的控制值时,在温度持续下降,温度不再回升时,方能停止通水;如果停止通水后,温度再次出现回升,则必须进行重新冷却降温。

(7)管内灌浆。停止通水后,通过现场监测确定达到设计要求后,应立即对冷却管进行灌浆处理,以防止因管内冷却过快而产生收缩裂缝。

(五)后浇带设计与施工

一般把现浇整体式钢筋混凝土结构中,只在施工过程中保留的临时性变形缝称为"后浇带"。后浇带只是一种比较宽的临时性特殊施工缝，可根据实际施工情况，保留一段时间(一般不少于42d，但由于考虑工期等的需要，在采取特殊处理措施的情况下，如在沉管施工中要求不得少于14d)后，再进行填充封闭，后浇成连续整体的无伸缩结构。

1.设计原则

一般的大体积混凝土结构承受的温差来源主要有气温、水化热与生产发热。在沉管隧道管节所采用的泵送混凝土施工后，一般在24～36h后达到最高温度，但最高温度的出现与维持时间受配合比与原材料的影响。一般在沉管管体的侧墙降温相对比较快，导致温峰出现较早，而且维持时间较短；而底板和顶板的降温相对比较慢，尤其是折角处，导致温峰出现较晚，而且持续时间长。沉管管节内的温度降低至与日平均环境温度相差不大，所需时间一般为10～30d，但受所在部位的不同而不同。一般来说，由于受温差、收缩与地基沉降等影响，管节施工期间是收缩变形发生最快、最大的一段时间。这也是许多工程裂缝出现在早期的一个重要原因。

由于结构各个部位的尺寸与形体等都相差较大，在实际施工中，应根据实际情况进行调整，在修改设计与施工中采取不同的管节设计长度方案。

2.后浇带间距的估算

后浇带间距的估算，首先应考虑后浇带间距能有效地削减温度收缩应力，其次考虑与施工缝结合。现有研究成果与施工实践表明，在正常的管节施工条件下，后浇带的间距一般为15～25m，不宜超过40m。在广州市生物岛—大学城沉管隧道的管节制作过程中，施工前期都采用18m间距，施工后期经过讨论与研究，部分取消了后浇带(但间距未超过40m)。后浇带间距可按下式计算：

$$[L]=1.5\sqrt{\frac{EH}{C_x}}\arccos\left(\frac{|\alpha T|}{|\alpha T|-\varepsilon_{pa}}\right) \tag{8-28}$$

式中：L——后浇带平均间距；

E——混凝土弹性模量；

C_x——地基或基础水平阻力系数；

α——混凝土线膨胀系数；

T——相互约束结构的综合温差，包括收缩当量温差；

ε_{pa}——钢筋混凝土的极限拉伸率，$(1\sim3)\times10^{-4}$，随养护条件、减温速率、混凝土配合比的不同而有不同值；

H——板厚或板墙高度。

3.后浇带的施工

目前在沉管管节施工时，根据沉管管节长度，对管节进行分节浇注，已有的工程实践表明，设置后浇带是一项较好的控制温度裂缝措施。因此，目前在超长或较长的现浇钢筋混凝土结构中，常应用后浇带。后浇带宽度一般为1～2m，后浇带通常按施工缝处理，后浇带混凝土可掺微膨胀剂UEA，利用其补偿收缩作用补偿后浇带混凝土的收缩。后浇带的钢筋绑扎和模板安装应在两侧管节混凝土浇注完后的养护期间进行，通常需要在两侧混凝土等强42d后才可进行后浇带施工，并且与前期混凝土浇注的时间间隔不得少于14d。在不影响工期的前提下，尽量延长时间间隔，使前期混凝土更稳定，充分发挥后浇带的作用，以减少相邻混凝土块的温差及相应的温度应力。

4.后浇带设置与否的探讨

后浇带的留设对工程施工质量与进度等都在一定程度上存在不利，而取消后浇带的有利之处主要表现在以下几个方面：

(1)施工工艺简化，减少了混凝土剔凿、后浇带支撑等大量工序，降低了工程施工成本，加快了施工进度，节省工期。

(2)取消后浇带，减少了防水施工难度，提高抗渗性。

(3)取消后浇带，增强了结构整体性、抗震性与耐久性，保证工程质量。

现有的混凝土结构理论表明，混凝土结构的温度收缩应力与变形是和结构的长度呈非线性关系。

这也表明，除了长度因素外，还存在其他一些影响因素。通过调节其他影响因素，即使取消后浇带，也可能不会出现有害裂缝。如目前在工程界广泛应用的“跳仓法”可释放早期混凝土温度收缩应力，并尽量利用混凝土的抗拉能力。

取消大体积混凝土的后浇带，就是混凝土结构“抗与放”设计原则中的改“放”为“抗”。由于混凝土自身具有抗拉能力，混凝土的“抗”来源于混凝土的抗拉能力，当混凝土的抗拉强度设计值大于由于混凝土收缩引起的最大温度拉应力时，混凝土就不会由于内外温差和混凝土收缩而形成收缩裂缝。施工中在保护层过大或梁窝处加设构造抗裂钢筋，可提高混凝土结构极限拉伸值。

在施工过程中，如果决定取消后浇带，就必须采取一系列相应措施来改进，并做好一系列准备工作与预防措施。

(1)进行理论计算。取消后浇带，必须对温度收缩应力与容许裂缝进行分析与计算，严格控制结构不产生有害的裂缝。

(2)优化混凝土配合比。在优选混凝土原材料的基础上，优化混凝土配合比，合理选用混凝土强度等级。

(3)协调方案变更。目前，我国各个规范规定对于超长或较长的钢筋混凝土结构需要设计后浇带，如果确定不采用后浇带，突破我国现行有关规范取消后浇带，必须征得设计、监理、甲方同意，并形成变更洽商记录。

(4)强化温控监测。沉管管节施工中，需要严格执行混凝土的现场养护制度，加强温控监测，并及时进行信息反馈。

(5)优化施工工艺与技术。

①采用“跳仓法”、“施工缝取代后浇带法”。施工中“跳仓法”和“施工缝取代后浇带法”是结合“放”的原理减少约束，释放大部分变形，使其不产生很大的应力。

②采用UEA补偿法或类似的办法。已有的工程实践表明，采用UEA补偿收缩混凝土加强带取代混凝土结构，可弥补由于取消后浇带而引起的混凝土收缩与温差裂缝所带来的不利影响。已有的施工实践表明，设置UEA补偿收缩混凝土加强带可简化施工工艺，并能确保工程质量，加快施工进度和模板周转，具有显著的技术经济效益和社会效益。

三、管节防水技术

(一)管体防水技术

1.一般规定

(1)防水设计时应考虑在各种水压作用下的最不利情况，使隧道结构有足够的安全保证，其最高水位应根据历年水文观察和统计分析得出。

(2)必须依靠混凝土本身的密实性达到防水目的，即以结构自防水为主，外防水为辅。

(3)施工缝、预埋件、施工使用贯穿结构的管道等特殊部位必须采取加强措施，一般不宜设置贯穿结构内外的永久性金属构件或管道。

(4)防水设计前，应根据工程特点搜集下列有关资料：地质构造，岩层走向、倾角、节理及裂隙，自然水体(河海、湖泊)的水质及侵蚀程度，历年水文观察和统计资料，可供选择的防水材料的类型及性能。

(5)合理对管节进行浇注分节，适当设置后浇带，并考虑混凝土浇注技术、水化热控制措施等因素，严格控制裂缝。

2.防水等级

围护结构的防水等级按《地下工程防水技术规范》(GB 50108—2001)执行。主体结构的防水等级为一级，不允许渗水。实际工程中，结构内表面存在水渗透和水蒸发两种现象。当渗透量小于蒸发量时，则结构表面不留有湿渍。混凝土散湿量通常为0.012～0.024L/(m^2·d)，该散湿量可通过正常通风系统蒸发掉。

3. 防水的具体要求

(1)高强度等级普通硅酸盐水泥用量尽可能少。

(2)防水混凝土的入仓温度应控制在28℃以内。

(3)施工缝的止水带应闭合。由于沉管隧道的壁厚较大,为保证足够的安全性,宜在施工缝处设置两道止水带,其中的一道止水带以金属止水带为宜。

(4)应考虑由于水化热引起的混凝土内部温升而产生的收缩裂缝,可采取以下防治措施:掺入外加剂,如减水剂、缓凝剂或粉煤灰等掺和料;采用低水化热水泥;混凝土内部预埋管道,进行水冷散热;混凝土中掺入冰块或冰水,控制入仓温度。

(5)若结构采用钢端壳时,可将其作为结构自防水体系的一部分。设计中必须将钢端壳与混凝土结构密贴连接,并焊接足够的锚固件。所用的金属板和焊条的规格和材料性能应符合设计要求,焊缝应符合有关水工行业规范的二级焊缝以上的要求。

若采用钢底板时,可将其作为底部防水层,在钢底板上焊接足够数量的锚固件,以便与混凝土连接牢固,钢底板在环向应与侧墙和顶板的外防水连接,在纵向应与钢端壳连接,从而形成一个完整的防水体系。

外防水材料应根据当地的气候情况,结合施工条件,选择易施工、易与混凝土黏结的品种,保证防水的质量。

4. 防水的细部技术措施

(1)后浇带的两侧作为施工缝处理,宽度应根据操作空间、施工技术水平等因素确定,一般宜为1.0~2.0m。后浇带的混凝土应掺入微膨胀外加剂。其他要求按《地下工程防水技术规范》(GB 50108—2001)执行。

(2)沉管节施工期间使用的贯穿结构内外的管道,通常不考虑拆除,埋设管道前,应加两道止水环止水,止水环与管道应满焊或粘贴密实。

(3)贯穿结构内外的千斤顶应采用套管式防水,套管应设两道止水环,顶杆与套管之间的止水措施按《地下工程防水技术规范》(GB 50108—2001)执行。施工完毕后,必须在管节的内侧用金属结构进行密封。

(4)施工用的对拉螺杆必须采取加止水环等技术措施。

(5)关于混凝土防裂的具体措施见本节“管节温控与防裂技术”。

5. GINA橡胶止水带安装

1)GINA橡胶止水带的固定方式

一般采用螺栓压板夹紧其两侧翼缘的方法,将GINA橡胶止水带安装到管节端面上,因此管节两端面为安装GINA橡胶止水带必须进行处理,见图8-46。图中一侧是安装GINA橡胶止水带的结构处理形式,另一侧是接受GINA橡胶止水带压紧的结构处理形式。

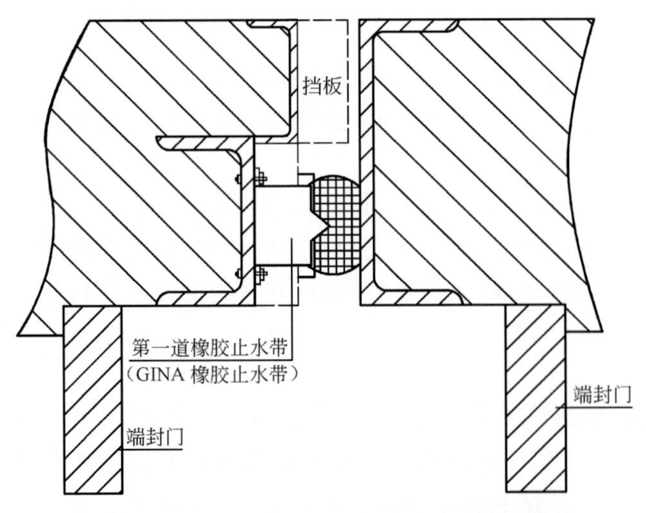

图8-46　管节之间GINA橡胶止水带压接两端面的处理

GINA 橡胶止水带在管节端面上夹紧安装方式，见图 8-47。

GINA 橡胶止水带在转角位置上的安装固定，见图 8-48。

对于横断面尺寸较大的管节，为了使 GINA 橡胶止水带运输方便，可分四块运输，运到现场后(干坞)进行加热硫化处理，接驳成一整体。

2)GINA 橡胶止水带的安装与保护

GINA 橡胶止水带在安装前要进行压缩试验和水密性试验，以检查其压缩性和水密性是否符合要求。GINA 橡胶止水带的安装过程如下：

(1)常使用两台吊机配合整体起吊 GINA 橡胶止水带。为使吊机在起吊过程中，可以方便地配合作业，应尽量将两台吊机并排布置在正对端封门的前方，吊具安排就位。起吊 GINA 橡胶止水带时，用人工配合适当挪动 GINA 橡胶止水带，避免出现摩擦 GINA 橡胶止水带的现象。具体吊装方式如图 8-49所示。

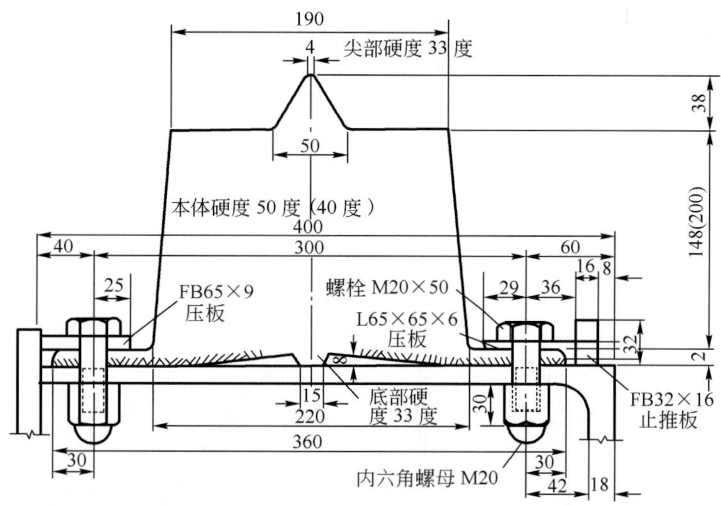

图 8-47　GINA 橡胶止水带在管节端面上夹紧安装(尺寸单位：mm)

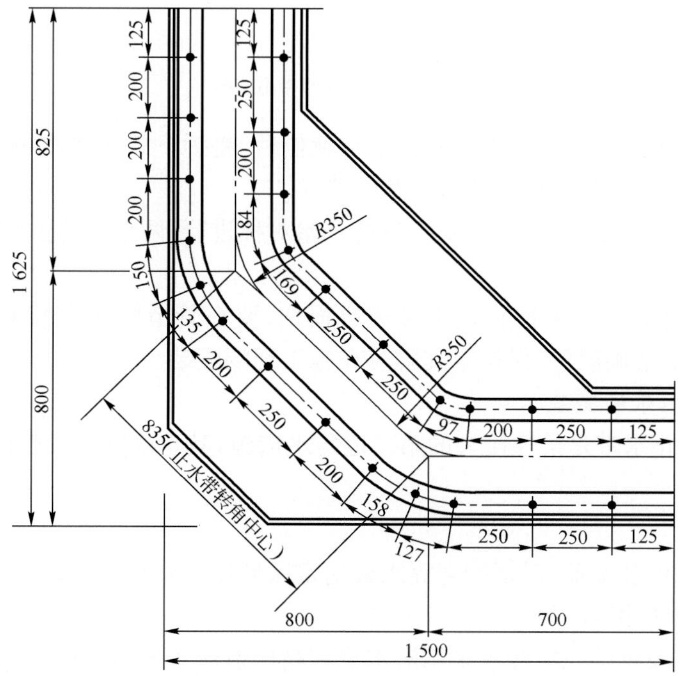

图 8-48　GINA 橡胶止水带在转角位置上的安装固定(尺寸单位：mm)

(2)GINA 止水带就位。首先在钢端壳端面板上，每隔 10 个螺栓孔设定一个临时定位销。然后起吊 GINA 橡胶止水带，逐步靠近管节端面，使其滑进定位销，检查准确无误后，拆除麻绳和保护木块，将 GINA 橡胶止水带放入下压块内。

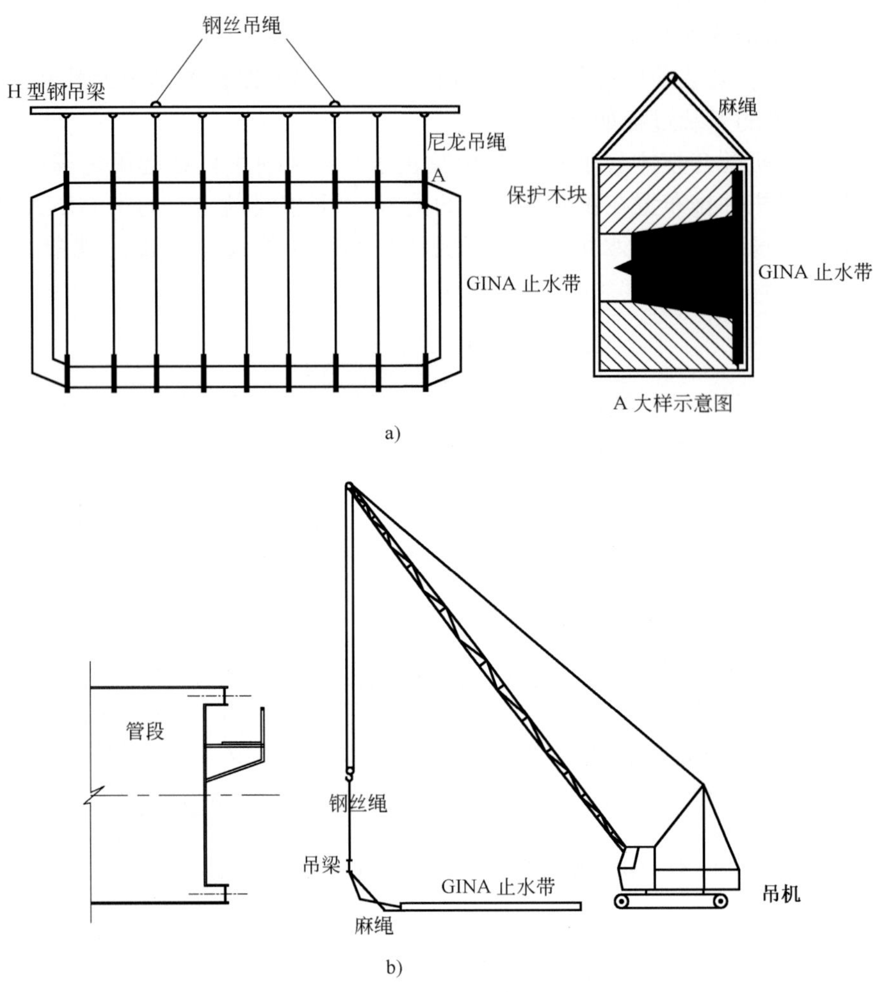

图 8-49　GINA 止水带吊装图

(3)固定 GINA 橡胶止水带。GINA 橡胶止水带就位后，将拆下的压块按照编号逐件装上。上紧螺栓时，应使用测扭矩套筒扳手，按照设计要求上紧压块。

上、下两边上紧螺栓的顺序是，以中点及折角处开始对称进行；两个竖边上紧螺栓的顺序是，由下而上逐个上紧螺栓。

为避免在管节浮运时对 GINA 橡胶止水带造成损伤，要在管节端头安装 GINA 橡胶止水带保护罩。为保证每段保护罩的准确就位，保护罩支脚应在施工现场配装。

6. OMEGA 橡胶止水带的安装

安装 OMEGA 橡胶止水带是柔性接头的第二道防水措施，其正确安装及确保不漏水是管节接头止水的重要保证。

1) 准备工作

(1)表面打磨。在压件装配前，对钢端壳翼缘板指定区域用砂轮打平、磨光，转角角度要求与 OMEGA 橡胶止水带转角的折角相同。

(2)清洁。接头内腔及钢端壳翼缘板采用潜水泵和高压射流水枪，将管节压载水箱的水抽出作为冲洗之用，冲洗后的污水及时用水泵排回压载水箱内。接头处的沉积淤泥、杂物清除后运出管节外。

(3)标记。在管节接头顶部及侧墙的安装区域找出中点并做标记，同时根据供应商提供的资料将

OMEGA 橡胶止水带的转角位置进行标记，以此作为安装 OMEGA 橡胶止水带的控制点。

(4)预装压块及编号。压块安装前，要先试安装，检查压块的对应情况，并进行成对的统一编号，然后再拆除压块，准备重新安装。

(5)热接成形。按照管节断面尺寸，将 OMEGA 橡胶止水带热接成框架，准备安装。

2)测量与检查

(1)测量数据：核实钢端壳内环平面及 OMEGA 橡胶止水带环形面之间的相对位移误差。

检测内容：两接头空隙距离；接头内环端面高低差。OMEGA 橡胶止水带实际安装面的各位置长度数据，应按照供应商要求的数据进行数据测取。

(2)检查 OMEGA 橡胶止水带的完整性。

(3)检查 OMEGA 橡胶止水带管节内安装面是否平整。

(4)安装 OMEGA 橡胶止水带时，止水带末端口搭接必须按设计要求进行施工，在收紧压块螺母时，要确保各螺母均匀受力。安装时先将 OMEGA 橡胶止水带两端头的 4 个螺栓孔初步固定，调整 4 个角的位置，待其他部位平整后进行全面安装。各螺栓预紧力应大体一致，且不小于设计规定的预紧力。

3)安装顺序

OMEGA 橡胶止水带安装顺序：OMEGA 橡胶止水带的热接→中孔顶中点→顶角位→侧墙中点→底角位→中孔底中点→控制点之间区域安装→OMEGA 橡胶止水带保护措施施工。

4)OMEGA 橡胶止水带试漏

OMEGA 橡胶止水带安装后应进行压水试验，在 OMEGA 橡胶止水带和 GINA 橡胶止水带间压入高压水。当水压达到设计压力时，关闭进水闸，并进行保压。如发现压力下降，则必须全面检查，处理好渗漏点后重新做压水试验，直至经 2～3h 保压时间压力不降低方为合格，此时可抽出压入的水。

OMEGA 橡胶止水带试漏选用适用的潜水泵配合压力表进行试压检漏。试压时应注意：在试压过程中，由专人观察压力表的额定压力及操作潜水泵的开关和出气孔。一旦出气孔有水流出，则马上用堵头把气孔封好。当压力表指针快达到设计压力时，压力将会上升很快，此时应将截止阀开关拧小。待压力表指针达到设计压力时，马上关紧截止阀开关，稳压直至压力表数值没有变化即可。反之，则应找出泄漏原因，并进行处理后，再重新试漏。试压检漏方式如图 8-50 所示。

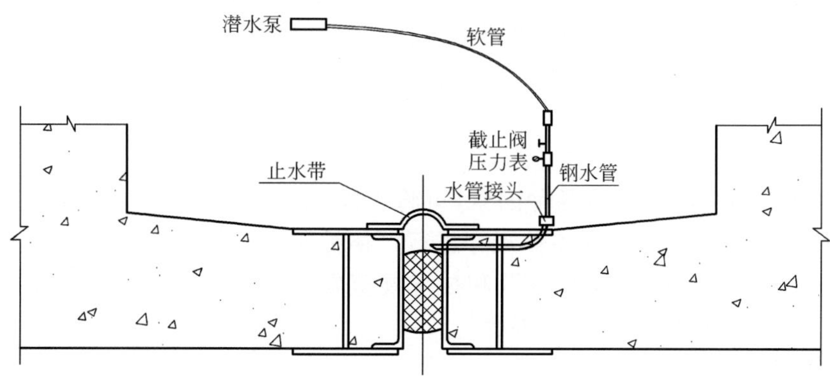

图 8-50 OMEGA 橡胶止水带试压检漏图

(二)管节施工缝处理

由于预制工艺的需要，管节预制时纵向分成若干小段及后浇带分期施工，因此设置了多条横向施工缝。此外，每一施工小段还分别在侧墙两侧设置了水平施工缝。因此，做好施工缝的处理也是保证管节防水性能的一个关键措施之一。为了提高施工缝的施工质量，应采取以下措施：

(1)严格按照设计安装止水带，浇注混凝土时注意保护。

(2)在水平施工缝混凝土结合面设置齿槽，增强新旧混凝土的结合力。

(3)二次振捣。先浇注的侧墙顶部和后浇带结合缝处,采用二次振捣,以防止和减少混凝土松顶和收缩裂缝。

(4)混凝土结合面处理。管节施工缝表面面积大,钢筋多,若采用常规方法处理,耗时费工,而且处理效果较差。为了保证新旧混凝土结合界面的质量,对于水平施工缝,可以在施工缝混凝土表面喷淋缓凝剂,待本体混凝土凝固后用水冲洗,从而有效清除施工缝表面及钢筋上的浮浆,得到较好结合界面。

对于垂直(横向)施工缝,可以在施工缝界面安装"鸡仔模",得到良好的结合界面。在浇注新混凝土前,应仔细检查并用人工修整凿毛,然后用高压水枪冲洗干净。

(5)在浇注新混凝土前,在结合面上均匀喷涂一层界面剂,以加强新旧混凝土接触面的结合力。

四、管节辅助设施

(一)钢端壳安装

1.管节钢端壳概述

钢端壳安装在每一节预制管节的两个端头,与管节混凝土连为一体,其主要作用是在连接各管节接头时,用来安装 GINA 橡胶止水带和 OMEGA 橡胶止水带,供管节沉放期间管节结合使用。在两节管节对接时,巨大的水压使 GINA 橡胶止水带压缩,其承压力均由钢端壳承受。

为使 GINA 橡胶止水带完全均匀压缩,以达到两节管节紧密结合、接头完全水密的目的,以及为适应各管节沉放后的坡度变化,对钢端壳的平整度、倾斜度等制作精度提出了较高要求。要求钢端壳的平面度不大于±3mm,每延米的平面度小于±1mm(对于宽 20～50m、高 8m 以上的钢结构加工及安装,要达到如此高的精度是相当困难的)。

钢端壳加工安装焊接时,容易变形,特别是在现场与管节钢筋连接时,由于管节钢筋多,作业条件差,再次焊接,极易造成钢端壳施工误差超标。因此,应采取相应的技术措施来保证钢端壳的加工及安装精度,同时在施工中采取精密测量仪器密切配合,随时检测修正,确保误差控制在规定范围内,使沉管对接顺利进行。

2.钢端壳的加工及安装方案

钢端壳主要由端面板及连接骨架组成,施工方案为:端面板及连接骨架分开加工及安装,连接骨架(包括锚固钢筋)及端面板由专业的钢结构加工厂进行整体加工,分段运输,现场拼装;管节两端浇注混凝土前,在胎架上安装连接骨架,初步调坡并与管节钢筋连接;在管节混凝土全部浇注后,观察管节的稳定情况,待管节稳定后,进行第二次精确调坡,安装端面板,最后在形成的空腔内使用高强水泥砂浆进行压力灌浆。

3.钢端壳施工

1)钢端壳分段

由于管节横断面尺寸较大,考虑各种因素,可将钢端壳划分为 6 个分段,在钢结构预制完成后,对主体尺寸进行严格检验,在施工现场进行自由状态下预拼装,符合设计和技术规范要求后,方能吊装。钢端壳分段示意图如图 8-51 所示。

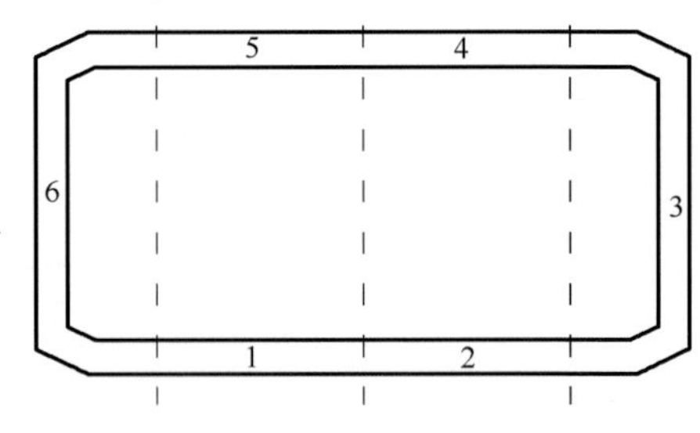

图 8-51　钢端壳分段示意图

2)钢端壳制作工艺

(1)配料。根据设计图纸的形状及尺寸,并考虑加工制作过程中的误差,装配需要的公差、间隙及反变形值,同时还要考虑焊接、火焰矫正等过程中的收缩量,经过计算得出下料精确尺寸后,进行放样。放样应做到合理使用钢材,最大限度地利用原材料。在放样时,精心安排工料图,先大后小并经过多次调整,使每张钢板达到最高利用程度。放样后进行核对,确认无误后开始分离切割。

(2)切割。首先要点燃割炬,随即调整火焰,在切割前先预热钢板的边缘线,同时打开切割氧气阀门。如果预热的红点在气流中被吹掉,则应加大切割的氧气阀门。当氧化铁随气流一起飞出,表明钢板已被割透,应移动割炬逐渐向前切割,割嘴与切割前进方向的反方向倾角呈 20°～30°,并距工件约 1cm。

(3)坡口加工。坡口加工是金属结构制造中重要的工序,直接关系到焊接质量。钢端壳制作中的坡口加工主要靠手工气割和半自动气割机来完成。坡口加工的操作要领是正确掌握好坡口的角度和平整度。

(4)半成品焊接。钢端壳平面尺寸很大,而本身刚度小,在工厂加工成品时,要控制其变形是相当困难的,且做成成品后的安装就位更加困难。因此,钢端壳只能在工厂分段焊接,制作成半成品后再运到施工现场进行组装。半成品的焊接在专门制作的平台上进行,平台又是制作的基准线。制作时,用角钢焊接成平台和工件的临时支撑,焊接均采用手工电弧焊。

(5)变形控制及校正。在工厂内加工制作时,变形控制主要靠增设平台与工件之间的临时支撑或加压板来固定工件以限制变形。改进焊接程序,如采用控制收缩量的焊缝现焊的技术,并用大功率火焰纠正。

梁板纠正合格后再点焊端面的钢筋,钢筋分布在一个平面上,焊接后钢板变形非常大,采用多把焊枪大功率火焰纠正,几乎可达到整体消除应力的目的。半成品制造的精度要求为:平整度不大于0.5mm/m。

3)钢端壳安装

(1)安装顺序。安装支撑胎架→分段安装连接骨架并初步调坡→管节混凝土浇注→安装端面板及精确调坡→检测安装误差→校正误差→拆除支撑胎架。

(2)支撑胎架安装。支撑胎架除了支撑钢端壳外,同时还提供安装钢端壳的操作平台,并能夹紧钢端壳半成品部件,使半成品准确地固定在对应的位置上。此外,支撑胎架还要抵抗浇注混凝土时产生的侧向推力。

(3)钢端壳安装。在半成品构件上划出中线、基准线等控制线,并在安装支撑架上标出相应的控制线。安装时应根据这些控制基准线确定各个半成品的位置。当半成品工件各自对号入座时,需要设置必要的临时支撑点,使其固定在支承架上,同时在支承架上设置楔块及调整螺栓来进行安装时的微调工作。复查其中心线、对角线及端面的各个控制参数,当误差符合有关规范规定及设计要求时,用设置在安装支撑架上的对顶螺栓进行夹紧,然后施焊连接。焊接时应采取间断跳焊的方法来防止变形。

(4)安装变形控制。防止变形的主要措施是设置临时支撑点来限制构件在空间的自由度,使构件不会产生任何方向的位移,还要增设夹具,加密夹点,并要保证测量控制线的准确性。在焊接工艺上采取间断焊缝,并控制每次焊缝的长度及间断的距离等。

尽管采取一系列防止变形的措施,但是变形是无法避免的,因此必须进行变形后的矫正。变形后的矫正的方法有手工矫正、火焰矫正和机械矫正。施工实践表明,随着防止变形措施的落实和变形后的矫正,钢端壳安装的合理误差是完全可以达到要求的。

(5)支撑胎架拆除。完成精确调坡,并安装端面板后,应拆除支承胎架。拆除支承胎架时,先拆除临时支撑点及夹具,使支承架与钢端壳分离。同时,要对钢端壳进行一次全面的量测,并记录好各种数据,以便提供沉管对接时所需的参数。

4)钢端壳安装后防渗处理

钢端壳安装后,应在腹板与面板之间灌注无收缩细石混凝土填料,并填充密实。其具体施工要求及施工措施如下:

(1)应采用无收缩、易流动的细石混凝土材料,细石粒径为2~5mm,材料的抗压强度标准值不低于C35。

(2)细石混凝土灌注压力应控制在0.3~0.5MPa。

(3)细石混凝土灌注宜从下至上,从中间至两边,分步对称缓慢均匀进行。

(4)每一隔腔在灌注时,其相应的排气孔持续出混凝土5s后,方可封闭排气孔,封孔后持续加压灌注10~20s后,方可封闭灌注孔。

(5)灌注过程应做好记录,对每隔腔实际灌注量和理论体积进行逐一比较。若发现出入,应找出原因,并采取措施,以保证灌注细石混凝土的密实度。

(二)端封门施工

1.端封门概述

端封门设置在管节的两端,是管节浮运沉放过程中的临时设施,其作用是使管节成为密封的箱体,从而满足管节浮运沉放的要求。端封门常用的结构形式主要有混凝土结构端封门和钢结构端封门两种。

2.施工顺序及步骤

管节预留端封门钢筋→在浇注管节混凝土之前预埋止水钢板→浇注枕梁混凝土→安装型钢端封门支撑→绑扎端封门钢筋且埋设预埋件→搭脚手架支组合钢模→浇注端封门混凝土→拆模及养护。

3.混凝土端封门施工

1)端封墙的制作工序

(1)预制管节端部两段混凝土结构时,施工上部钢牛腿及其预埋件,下部钢筋混凝土枕梁及其预埋件。

(2)架立H型钢,并与钢牛腿及枕梁连接牢固。

(3)绑扎端封墙钢筋,架立端封墙模板,浇注混凝土。

(4)端封墙混凝土拆模,并在外表面涂刷防水涂料。

2)端封墙施工注意事项

(1)端封墙与管节顶板接缝处浇注混凝土难度较大,施工时应采取一些必要的特殊措施来保证混凝土浇注质量,如可掺加微膨胀剂配制微膨胀混凝土等。

(2)混凝土端封墙施工时应保证H型钢与封墙内表面紧密贴合。

(3)只有沉放的后一管节沉放完毕后,才能破除前一管节的端封门;水下最终接头混凝土浇注完毕后,才能破除余下所有封门。封门破除时需采用机械切割方式,注意不得损伤管节永久构件。

(4)先拆除型钢支撑,再拆除混凝土封门。

3)质量保证措施

混凝土端封门属于后浇垂直薄壁墙体,混凝土浇注有一定困难,特别是保证墙顶接缝部位质量较困难,因此,在施工时应采取一些特殊措施来保证端封门混凝土浇注质量。

(1)配置特殊混凝土。可考虑掺加微膨胀剂配置微膨胀混凝土。

(2)埋置灌浆管。浇注混凝土时预埋灌浆管,压力灌浆填充连接界面。

(3)端封门模板选用大块模板,支撑体系尽量不采用对拉螺栓体系。

(4)在端封门支模时要预留混凝土浇注进料口及在顶端设置出料口,以保证混凝土浇注饱满。

(5)端封门混凝土浇注时,混凝土进料要慢而均匀,振捣必须做到频率高、振幅小,以保证端封门上预留孔洞的位置及尺寸精度。

(6)为保证H型钢与混凝土端封门密帖,端封门混凝土表面不平整度小于5mm。

(7)预埋人孔密封盖板螺栓,预留人孔、进气管及进、排水管。

(8)混凝土端封门施工后,架设墙后H型钢立柱,安装时应保证H型钢与端封门表面、支撑牛腿及枕梁表面紧密贴合。

4.钢端封门施工

1)施工工艺

(1)按设计安装钢端封墙后的H型钢,各H型钢与上下支座的相对位置应调整正确。应保证各H型钢靠管节外侧的翼缘板处于同一平面内,且与对接管节端面齐平。

(2)吊装端封墙钢面板,并将其与H型钢和管节端面四周的预埋钢板焊接。

(3)在钢面板和预埋钢板间焊接一圈Ω形止水钢板。

施工单位可根据施工工艺的安排,在每隔一定长度(5～10m)采用隔板将Ω形止水钢板包围的空隙分隔成独立隔腔,便于以后分段检漏。

(4)焊接钢面板表面的H型钢加劲肋与面板焊接。加劲肋与管节孔口搭接的长度不得小于设计

要求。

(5)在Ω形止水钢板的空隙内灌水，并加压至250kPa检漏，确保钢端封墙的水密性要求。施工单位可根据现场条件确定Ω形止水钢板上灌水检漏的开孔位置和数量，检漏结束后应立即按等强、水密的要求封孔。

(6)钢端封墙表面清除油渍、锈迹后，采用红丹防锈漆均匀涂刷两遍。

(7)钢面板之间、钢面板与预埋钢板之间、Ω形止水钢板与预埋钢板及钢面板之间的焊缝等级为一级，其他为二级。

2)施工注意事项

(1)钢面板吊装时，应采取措施防止钢面板发生不可恢复的翘曲变形。

(2)钢面板与端面预埋钢板焊接时，应采取有效措施减少由于焊接高温对端面混凝土结构的不利影响。

(3)钢面板可根据施工工艺分块吊装、焊接。分块位置宜设置在H型钢中心位置，不得设置在相邻两根H型钢之间的跨中位置，并尽可能离开管节孔口边缘1.2m以上。分块焊接要求采用对接焊，焊缝强度不得低于钢面板本体强度，且满足2.5kg/cm^{2}水头下水密性的要求。

(三)管节钢底板制作要点

管节的防水钢底板采用6～8mm厚钢板作为外防水层，不考虑其对结构的作用，并且钢底板与混凝土底板之间必须密闭，不能留下空隙。钢板的防锈性、焊缝的水密性及钢板与混凝土的连接(黏着)应给予重视。钢底板在管节横截面上形状为一开口向上的“U”形，曲线部分采用钢筋弯折机弯曲成形或采用平板下料在胎膜中拼焊成形。钢板防蚀采用涂漆和阳极保护法工艺。钢板与混凝土的连接(黏着)采用抗剪柱螺钉及焊于底板内侧的肋条黏着。所有焊缝均需进行防水试验。

根据工程经验，采用6mm大块钢板底模，焊接时由于温度影响，会使钢板产生较大变形，施工时应严格控制和减小底模的变形量。施工时，在满足运输的情况下，尽量采购幅宽、体长的钢板，减少底模的焊接工作量。在铺设底模时，由中间往四周进行铺设、焊接。必要时，进行压重以控制其翘曲变形。

1.施工要求

(1)管节钢底板质量要求。钢底板尺寸必须符合管节断面设计要求，成形后的钢板平整度达到1cm/m，且不漏水。

(2)测量放样。管节基础平整完毕后，按设计要求放出管节轴线、边线、各分段桩位及相应的保护桩。桩位必须用混凝土加以稳固保护。测量放样精度应视管节制作设计精度选择《精密工程测量规范》(GB/T 15314—94)中相应的测量精度等级。

(3)焊接作业。施工前必须编制焊接工艺指导书。施工过程必须严格按照工艺指导书要求施工，并应向施工者进行施工交底。

2.钢底板施工工艺要点

1)钢底板中的平板下料——焊缝拼接法

(1)按设计图中的钢底板各平直段尺寸裁剪非规格钢板，并编号。

(2)钢底板外侧(与水接触一面)刷防锈漆。

(3)钢底板折线段的拼接在梯形胎膜中完成。梯形胎膜运至管节位置后，将非规格钢板按编号置于胎膜相应位置进行间断焊接，不需开坡口，逐步连成整个管节长度。

(4)底部平直段规格钢板采用叠加法对称施焊的方法拼接。钢板叠加宽度不小于5cm。焊边进行坡口处理，可采用单边“V”形坡口。施焊时自管节中线处向两侧墙方向同时对称进行。先焊纵向焊缝，后焊横向焊缝。

2)钢底板施工——拼接贴封法

在先浇的0.1m(或按设计要求)厚混凝土上铺设钢板，接缝处采用拼接贴封法。钢板上焊有锚栓，每张钢板需弯曲。

(1)钢底板与钢端壳的连接。根据钢板规格，以边长连接，拼接成一行(断面与钢底板同)。

待大面积钢底板和钢端壳制作好后，将该行钢板嵌入其间。先焊钢端壳一端，再焊大面积钢底板一端。

焊缝采用"I"形对接焊缝。焊接方法采用电弧焊。在接缝处每间隔200m焊接20mm，然后跳格施焊。焊缝分两次填满。第一次焊完后打渣，然后进行第二次焊接。焊接从中间开始向四周对称施焊。

(2)钢底板与侧壁的连接。在钢底板上切割压浆孔，焊上压浆管和锚固筋、横肋。注浆管管口封堵，进行焊缝防水检验和断面尺寸检验。

(3)焊接变形的防止及矫正。

①防止。在两侧板距顶边200mm处，外侧贴焊12号角钢以增加刚度；内侧每500mm设5号角钢斜撑保证其垂直度；底板焊缝每隔200mm设一固定件固定钢板，施焊前在焊缝两侧用重物压紧(22号工字钢)，并在焊接方法上加以配合(跳焊、间断焊等)。此外，焊接作业时间宜选择在该作业时期的平均气温时段内。

②矫正。

手工矫正：用锤展法，从凸起中点开始锤击，向四周扩展。

火焰矫正：根据凸起的大小，采用不同的加热位置和加热量。底板多采用点状加热，点间距为150mm梅花形布设。少数采用条状加热，加热温度为600～800℃。

为防止局部电腐蚀，必须采取最低限度的措施，即采用轻度磨砂消除钢板上的轧制鳞片。与钢模板相比，焊接材料应是阳极。

(4)质量检验。钢底板施工完毕后应进行尺寸检验和焊缝闭水性检验。

第五节　基　槽　开　挖

一、沉管段基槽开挖设计

(一)基槽设计基础资料

1. 地质资料调查

(1)进行水上钻探，探查沿基槽方向的典型地质纵断面。

(2)浅震试验，获取必要的地震动参数。

(3)探坑试验。在基槽开挖前，一般都在探坑内进行试验性挖掘，进一步查明有关工程地质资料。

2. 水文及航道要求调查

(1)河(海)床冲刷情况。

(2)悬浮质及推移质调查。

(3)潮汐、水位、流速和流向调查。

(4)基槽开挖时通航要求，以及对通航影响调查。

3. 测量资料调查

(1)开挖过程纵向里程坐标、横向宽度坐标和挖深设计高程控制要求。

(2)基槽开挖竣工测量要求。

(二)基槽开挖横断面设计

(1)基槽底宽一般为管节最大外侧宽度 B 加两侧预留量 $2b$，见图8-52。一般 b 为1～2.5m，根据不同的具体基础处理方法，b 可适当加大。

(2)基槽开挖深度确定。

①根据沉管段的纵断面，可得出任一位置的沉管底面设计高程。

②基槽开挖的底部设计高程原则上等于沉管段的底面设计高程，将其加上基础处理所需高度以及基槽(疏浚)的精度[一般为±(300～500)mm]误差，即可得出任一位置基槽开挖横断面的开挖深度。如遇岩层，尚需确定爆破岩层厚度。

(3)根据河(海)床基槽的地质条件进行基槽边坡稳定性分析计算，最后根据沉管段所处位置的水力学因素(潮汐、淤积和冲刷等)进行修正，最终得出基槽开挖横断面。典型基槽开挖横断面见图 8-52。通常，上下层和断面上下游侧坡度会由于实际情况而有所不同(参见本节“水下基槽边坡稳定性分析”部分)，但目前国内多数沉管基槽边坡的上下游坡度设计值相同。

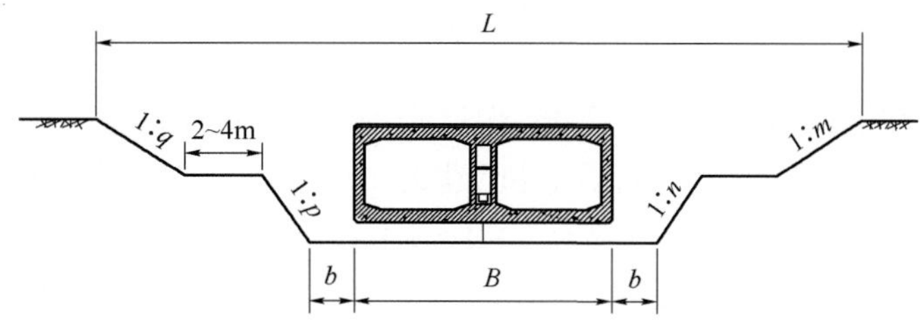

图 8-52 基槽开挖典型断面图

(三)基槽开挖纵断面设计

如上所述，基槽开挖纵断面形状基本上与沉管段的纵断面一致。在采用临时支座作为管节沉放的定位基准时，临时支座基底高程可作为纵断面设计的控制高程。无临时支座时，以上述开挖深度作为控制高程。基槽开挖长度即为管节沉放与两岸上段水下对接端面之间的纵向距。

(四)基槽开挖平面设计

(1)基槽开挖的平面轴线应与沉管段平面轴线相一致。

(2)基槽开挖的宽度应与沉管段平面轴线相对称，并随沉管段埋设深度以及地质条件对边坡稳定性要求不同而变化。

(3)若基础处理采用后填法时，基槽开挖平面设计要考虑管节沉放时的临时支座(钢筋混凝土垫块)设置，在放置临时支座的基槽两侧预留量 b 要适当加宽，以便顺利放置临时支座。采用鼻式托座对接定位时，每管节需要配置两块临时支座；若不采用鼻式托座，而采用定位梁搭接定位对接，每管节需要配置 4 块临时支座。

基槽开挖平面设计时，还要根据管节与岸上段对接要求以及拉合对接形式，处理好基槽开挖与岸上段对接区护岸基槽的接口。

(五)临时支座的结构形式

(1)临时支座一般为钢筋混凝土支承块，平面尺寸的边长多为 3～6m，高度为 1～1.5m。

(2)临时支座承受的垂直荷载一般为：

$$P_v = \frac{\text{管节总负浮力}}{n} \cdot K \tag{8-29}$$

式中：P_v——一个临时支座承受的垂直荷载(t)；

n——临时支座数量(块)；

K——安全系数。

(3)在管节水下对接时，对接行程一般为 600mm。临时支座面与管节的支承杆在对接拉合时会形成滑动摩擦。因此，在钢筋混凝土临时支座上要预埋一定尺寸的钢板，以减少摩擦力。

二、水下基槽边坡稳定性

(一)影响因素及研究现状

沉管隧道水下基槽边坡的稳定性与坡度直接影响隧道的安全、工期和造价，是沉管隧道设计中必须妥善解决的一个重点问题。

水下基槽边坡的稳定性主要设计对象是横向断面设计(包括坡度、埋深、底面与顶面宽度)。由于受动水环境影响，除需考虑水重度、流速、潮位、回淤、埋设高度(水深与基槽开挖深度)等因素的影响，还需要考虑上、下基槽边坡的合理坡度与工程的具体施工条件、基槽开挖后泥沙损失与回淤，以及边坡拟订的维持时间(基槽边坡属临时边坡)等各种因素的影响。因此,在确定水下基槽边坡的合理坡度时,除依据理论分析与试验研究成果外,目前在水下边坡设计中多利用工程类比进行设计。

沉管隧道水下基槽边坡合理坡度的确定,直接影响工程水下开挖的土方量和管节沉放之后的回填覆盖量,进一步影响到工期与造价。坡度设计过缓,基槽开挖量与回填量变大,工程不经济;坡度设计过陡,可能使施工不安全,甚至导致边坡坍塌。因此,基槽边坡的稳定性与合理坡度的确定在设计中必须慎重处理。

水下边坡与岸上边坡的稳定性有一定差异,但迄今为止,有关边坡稳定计算的文献大多是针对岸上边坡而言的,极少提及水下边坡问题。从国内外已建的100多座沉管隧道实例来看,水下基槽边坡坡度根据其所开挖土层的不同有较大差异,一般为1∶4～1∶1.5(极少数情况缓于1∶4)。

部分沉管隧道基槽边坡坡度情况见表8-15。

部分沉管隧道基槽边坡坡度 表8-15

序　号	隧 道 名 称	主要开挖地层	边 坡 坡 度
1	日本台场隧道	软弱的冲积黏土层	1∶3
2	日本多摩川隧道和川崎隧道	黏土及砂质土	黏土地层:下部1∶1.5,上部1∶3;砂质土:1∶3
3	美国麦克亨利隧道	表层为海积层,下部为砂、砾石土	最底部1∶1.5,中部1∶2.5,上部1∶4
4	香港西区公路沉管隧道	海相黏土	1∶2
5	宁波甬江沉管隧道	海相沉积淤泥质土	下部1∶3,中部1∶4,上部1∶7;平均坡度1∶4

目前,对于水下边坡稳定性的专项分析与研究不多,主要采用理论计算与模拟试验等手段进行研究。但由于水下边坡研究受众多因素的影响,难以像岸上边坡那样对其进行精确分析与计算。就目前已有的研究成果来看,主要存在以下问题:

①理论计算分析中未能将边坡渗流场与动水流场共同考虑,而是将各种因素的影响近似地简化为合力作用于滑动楔体上,因而难以考虑同一坡面上不同部位处的稳定性差别。

②在模拟试验方面,离心模拟试验受现有条件制约,只能进行静水场中水下边坡的试验,不能考虑动水等因素的影响;单元体模拟试验可以考虑动水流场、渗流场对局部边坡稳定性的影响,但用于整个边坡稳定性分析时,尚需补充整个流场和渗流场的大量计算分析,在设计与施工检算中极不方便,且不为广大工程技术人员所熟悉。由于研究与设计的手段尚不成熟,在设计与施工过程中,可在参考理论分析的基础上,结合工程类比法进行设计。

(二)水下基槽边坡稳定性分析

1.静水场中水下边坡稳定性分析

要研究动水场中水下基槽边坡的稳定性,首先应对静水场中水下边坡的稳定性进行分析。静水场中水下基槽边坡的稳定性分析一般有两种考虑方法:一种是采用土体有效重度(浮重度)、土体水中的力学指标,再按普通地面边坡进行计算;另一种是将静水压力作为荷载作用于边坡边界上,然后采用水下土体物理力学指标,按普通地面边坡进行计算。

2.动水场中水下边坡稳定性分析的计算模式及考虑因素和平衡条件

1)计算模式

相关文献资料及事故调查资料表明,由均质砂性土或成层的非均质砂性土构成的土坡,虽具有一定黏聚力,但其抗剪强度主要由摩擦力提供,滑坡时其滑面常近于平面或圆弧形,在横断面上则为一条直线或弧线。因此,可采用直线滑面法或弧形滑面法进行分析。同时,由于受水环境影响,与岸上边坡或静水场中水下边坡有所不同,动水场中水下边坡稳定性分析应考虑流动水压力、水流渗透力等因素的影响。基槽边坡稳定性分析力学模式见图8-53。水下边坡稳定分析计算模式见图8-54。

2)计算考虑因素和平衡条件

水下基槽边坡滑动土体上的有关作用力与平衡方程主要有如下几个方面:

(1)滑动土体的有效重力。

(2)动水流速引起的上升力(上举力)。

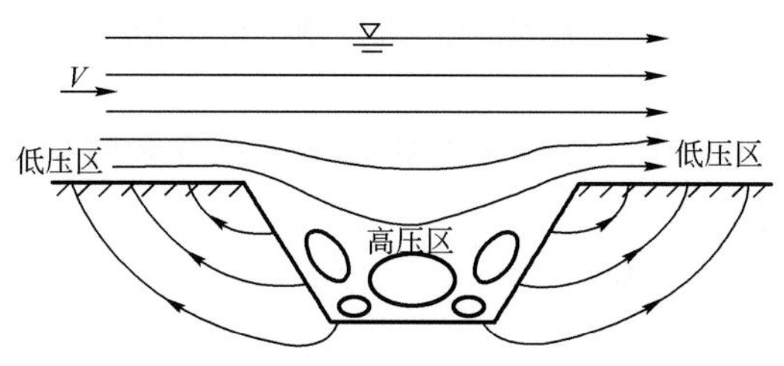

图 8-53 基槽边坡稳定性分析力学模式图

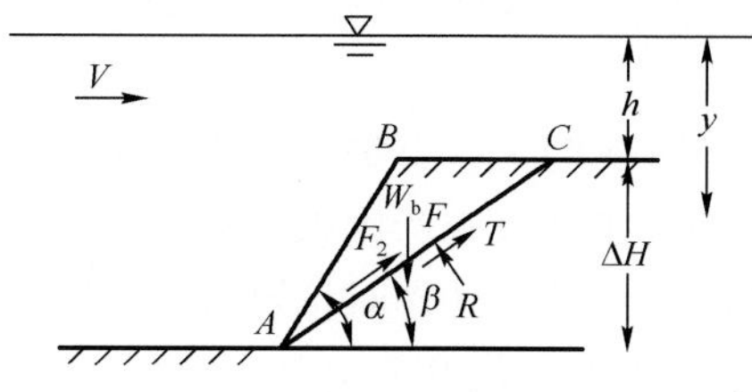

图 8-54 水下边坡稳定分析计算模式图

(3)滑动土体上的渗透压力。

(4)土体滑动面上抵抗下滑的摩阻力。

(5)滑动面 AC(可以为各种形状)上力的平衡方程。

基槽开挖后,滑动面上力的平衡方程为各投影力的合力为零。将上述各个影响因子所得到的平衡方程进行组合归零,可求得边坡稳定平衡的安全系数表达式,结合设计与施工验算中所采用相关参数与设定的安全系数,可得到合理的水下基槽边坡坡度。

安全系数 K 的大小可按工程的重要性和经济性进行选择。已有研究成果表明,基槽上游面边坡稳定坡度应略缓于基槽下游面坡度,稳定边坡坡率的总体平均坡度约为 1∶3～1∶2。当边坡受到动水作用影响时,考虑到动水作用更不利于基槽上游边坡的稳定等因素,可对基槽上游面边坡和下游面边坡取不同的安全系数。建议该类型基槽上游面边坡(背水流面边坡)的 K 取相对大值,基槽下游面边坡(迎水流面边坡)的 K 取小值。由于受水环境与地质条件影响(一般基槽上部的水流速度比基槽底部要快,地质参数要高),在同一个断面上,基槽上部比下部的坡度要缓。

三、水下基槽开挖与施工

(一)基槽回淤分析与控制

1. 基槽沉积的原因

大多数河流都存在着与沉积物、淤泥、沿河底输送的材料有关的问题,且情况各不相同,形成材料沉积有 4 个主要因素,这些因素单独或共同影响着沉积。

(1)河中由于开挖基槽,使得河流在基槽部位截面增大,引起水流速降低,造成较原快水流携带输送的材料及夹杂悬浮状泥沙沉积。

(2)当河水与海水混合时,悬浮在淡水中的沉积物将絮凝而沉到底部,形成薄薄的一层泥。以后的潮汐再在上面沉积更多泥层,结果不断增大的重力使泥层固结。此时,需要用清理系统频繁地清理基槽。这种情况的发生取决于沉积和固结速度及浚挖基槽暴露后潮汐的次数。

(3)在大流量和高流速水道中,可能存在沿河底携带输送的材料(如砂、卵石之类),这些材料很容易在已浚挖好的基槽中沉积。

(4)在某些条件下,工程活动或在工程附近的作业都可能增加沉积量。例如,打隧道下面的基础桩(振动)很可能影响基槽其余部分悬浮沉积物的浓度。

2. 淤泥沉积造成的问题

基槽沉积的原因是多方面的,沉积的物质也各种各样,如软泥、砂石、海藻及贝壳等。尽管影响程度不同,但对沉管隧道施工来说,淤泥沉积可造成以下问题:

(1)船坞内的淤泥沉积使管节陷入淤泥而影响管节起浮,此时需要仔细将其挖除。

(2)淤泥沉积使基槽深处水的相对密度增加,这会降低管节沉放位置上抗浮力的安全程度。在有些情况下,为了消除这一影响不得不增加压重,从而导致费用增加。

(3)在管节底板压砂以前,沉积在管节顶部的淤泥会给管节增加额外的荷载会危及临时支承结构,此时可通过减少压重和准确量测支承结构的受力来控制。

(4)底板下的空隙被浓度极大的淤泥迅速填满，以致在潜水员的协助下也难以进行喷砂、压砂之类的基础处理作业。

(5)在沉管段两侧的淤泥会妨碍管节下水压与潮汐变动水位间孔隙水的平衡，也会危及临时支承结构。

(6)若在构筑砂石垫层基础中夹有淤泥层，则在隧道运营后，会因淤泥的固结变形导致隧道管节不均匀沉降，在管节中产生较大弯矩，严重时导致管节开裂。

(7)进行基础处理时，若回淤过于严重，会影响砂基础的强度。

3. 防止淤泥沉积的对策

(1)防止淤泥沉积的最好办法是在管节沉放和基础处理作业时采取一些措施，避免淤泥沉积或一旦发生沉积立即清除。主要方法有：对隧道穿越的河流进行详细的水文勘测，如水的流速、潮汐的变化，水流中泥沙的含量等，并会同泥沙方面专家做好河流中泥流、泥沙数量及质量的预测工作，以便制订管节沉放及基础作业的详细计划。在江河入海口尽量避免在涨潮期进行管节沉设，因为海水与淡水的混合会使水中悬浮物絮凝。

(2)精心组织基槽开挖和管节沉放等工序的施工。如果基槽开挖后长期不放置管节，就会很快形成淤积。因此，基槽开挖和管节沉放间隔的时间越短越好。

(3)为避免浚挖好的基槽底沉积淤泥，浚挖施工时应分粗挖和精挖，靠近基底预留 1m 左右精挖层，在临近管节沉放前再开挖。

(4)在管节沉放期间有淤泥沉积时，要用专用设备清除，如利用喷砂设备的逆向作业，即让喷砂管喷射水或空气，把要清除的沉积物冲击成悬浮物，随后被水流带走或利用回水管吸走。

(5)在进行基础整平工作时，将槽底淤泥向前推移，待积至很厚时，用气压提升泵清走。

(6)在管节沉放过程中，回淤特别严重时，可对管节采取一些特殊措施，以防止淤泥侵入管底基础处理作业区，如在管节底部四周安装防淤泥进入的裙板。

(二)基槽开挖设备选择要点

根据施工地段的水文和地质情况的不同，沉管基槽对开挖方法和开挖设备的要求也不尽相同。对于水深较浅、开挖地层较为软弱的泥、沙、土地段，采用一般设备(如挖泥船)即可开挖；对于水深较深地段，则需较特殊的或专门制作的挖深较大的设备；对于通过地层为岩石的地段，还需结合水下爆破才能进行开挖。除了开挖设备外，定位测量仪器也是施工设备必不可少的一部分，准确的定位测量是保障顺利开挖和工程施工质量的重要手段。同时，在沉管隧道的基槽开挖必须考虑防淤和清淤问题。

在水下进行挖掘疏浚工程使用的挖泥船种类较多，有耙吸、铰吸、链斗、抓斗、铲斗、射流等多种形式的挖泥船，使用的定位、测量仪器有 DGPS 接收机、微波定位仪、自动追踪型全站仪、经纬仪、水准仪、测深仪、测深水铊、声速剖面仪、潮位遥报仪、六分仪(较老式，近些年仍有使用)等。

1. 挖泥船的选用

(1)在挖泥船的选择上应注意经济性，挖泥船的成本较高，一般中型船的价格就需几千万元甚至上亿元，所以对于较少开挖的沉管基槽工程，应尽可能使用现有的设备，避免单纯追求施工进度而使设备投资过大。基槽开挖所需挖泥船应充分利用各个单位的现有设备。这样既可以节约投资，又不致影响工程进度。

(2)不同种类的挖泥船技术性能各不相同，可以满足不同的需要。抓斗式挖泥船适应性强，不仅可以开挖泥、沙、土地层，还适宜于开挖碎石类(如鹅卵石、爆破后的岩层)地层，而且相对挖深较大，但效率较低。

铰吸式挖泥船开挖效率高，而且适用于较密实的泥、沙、土地层，但挖深一般不大。

自航耙吸式挖泥船开挖精度较高，特别是配备水深测量计算机自动成图系统之后，可以使施工过程的定位、测量基本处于全受控状态，能较精确地开挖沟槽。

链斗式挖泥船适用于实际开挖地层较深且成形的基槽，效率较高，但适用于较大水深(如 20m 以上)的很少。

目前,对大挖深的基槽开挖使用抓斗式挖泥船的较多。

2.定位、测量仪器

近些年,大多数施工部门引进了国外许多先进的定位、测量仪器。这些仪器在施工中发挥了极大的作用,保证了在水下开挖沟槽的精度和效率。

在水下开挖沟槽通常采用两套定位系统,以相互比较,保证定位的准确性。例如,可采用 DGPS 和微波定位系统或 DGPS 和自追式全站仪定位,也可使用双 DGPS 定位系统定位。

在定位仪器和测深仪等测量仪器的配合下,挖泥船在水中施工,超欠挖可以控制在 30cm 以内。已有资料表明,航道工程部门(单位)现有的定位测量仪器完全能够满足沉管基槽开挖的需要。

3.其他配套设备

其他配套设备有船舶拖轮、泥驳、锚艇、DGPS、全站仪、水准仪、测深仪等。

4.基槽开挖设备选用实例——生物岛—大学城沉管隧道

该基槽上层为残积砂质黏性土、全风化片麻状混合岩,浚挖起来比较容易,但当平均开挖深度进入全风化岩(−7.8～−4.0 m),抓斗抓齿难以进入岩层,只能抓上少量黏土和砂岩。根据《疏浚岩土分类标准》(JTJ/T 320—1996)5.1.1 条规定,并结合施工开挖情况,确定本段基槽的全风化混合岩地层的可挖性难易程度属于"困难—不适合"一级,只能采用水下爆破施工,全部都需采用炸礁预处理后再清挖的方法,进行浚挖。水下开挖造价呈立方函数上升,工期拖延严重,说明沉管在软弱地层中的优势更明显。

(三)基槽施工精确定位与测量

1.平面控制系统

基槽开挖水下挖泥采用 DGPS 定位,投入使用的挖泥船舶均配置该系统。挖泥船配备的 DGPS 定位系统与设置在岸上的 DGPS 差分参考台配套使用。

2.精度控制

(1)零基线检测。在 DGPS 差分参考台基准点上,安装参考台 GPS 接收天线及 DGPS 接收机、天线等,24h 接收并记录信号,与基准点的已知坐标进行比较,尽量控制误差。

(2)基线检测。在离差分参考台 50～80km 范围内的施工区中的已知点上安装 DGPS 接收天线,24h 接收并记录信号,与已知坐标进行比较,提高精度。

(3)为保证 DGPS 系统工作正常,随时了解卫星状态及差分信号质量,在隧址现场建立 DGPS 差分监控台,进行 24h 实时监控。

3.高程控制系统

基槽开挖深度基准面通常采用所在地的城建高程系统。通过现场观测潮位变化数据后,设立满足施工要求的临时验潮站,为挖泥船和测量提供实时潮位。

4.定位与深度控制

1)平面控制

采用 DGPS 进行导航定位。挖泥船安装有 DGPS 定位仪,并与安装有"疏浚工程电子图形控制系统"软件的计算机联合使用。挖泥船上的 DGPS 在接收卫星信号的同时,也接收安装在陆地平面控制点上的 DGPS 基准点的差分信号,从而测得准确的挖泥位置坐标,并通过计算机以图形的形式实时显示出挖泥船在设计疏浚区的相对位置。同时,还可在计算机的屏幕上显示挖泥区不同设计高程的泥面。

2)深度控制

(1)通过挖泥船的挖深显示仪,可实时观测相对挖泥深度。潮位变化通过人工验潮观测后报送到挖泥船上,挖泥船据此调整下斗深度。

(2)根据各施工段的浚深和边坡要求及施工环境,确定各分条浚深设计高程。

(3)在各施工段施工范围内,先进行首层开挖。在首层开挖完成后,按次层设计高程,控制进行次层的开挖。

(4)在开挖过程中,抓机手、大副、施工现场管理人员,充分利用各种检测手段,严格控制浚深设计高程,如控制缆绳长度等。

(5)每相邻两个施工段之间的衔接部分开挖时要密切注意各段的设计挖深,防止漏挖和错挖。在开挖过程中严格控制前移距离。

(6)在前移之前检测实挖部分水深,当深度达到设计要求,方可前移。

(7)在开挖最后一层时,必须严格控制下斗深度。

3)测量要求

(1)图比例。航道常采用比例尺 1∶1 000。

(2)技术要求。满足工程施工图纸和现行《水运工程测量规范》(JTJ 203—2001)的要求。

(3)施工前,对施工基线的测量控制点、水准点进行交接复核,依次测设施工基线和施工水准点。施工基线、施工水准点和定位标点的设置及其测量误差满足相关技术规范的要求。

(4)工程开工前,对施工区域进行水深测量,以后每周进行一次进度测量,用于指导施工。

(四)基槽开挖施工

1.土类地层基槽施工开挖

对于土类多采用挖泥机进行施工:

(1)对待挖表面的清理。主要是在测量好的待挖范围内清理石块、杂物等障碍物,用抓斗式挖泥船较适合。若两岸有妨碍定位测量的障碍物也应一并清理,清理后用测深仪测深,以求大致反映出基槽的开挖全貌。

(2)基槽切滩。这一阶段要借助定位测量仪器挖除高于水底自然轮廓的浅滩(水中高地)。

(3)基槽粗挖。根据所探明的地质情况,采用相适合的挖泥船进行粗挖。粗挖是指分层开挖基槽时,每层的开挖深度较大,效率高,但精度较低的开挖。由于铰吸式挖泥船的效率高,一般进行粗挖可采用铰吸式挖泥船。抓斗式、链斗式、耙吸式等其他种类的挖泥船的选用可根据实际条件选择。

(4)基槽精挖。基槽精挖阶段常进行分层开挖,每层的开挖深度较小,速度稍慢。根据开挖区地质条件,采用合适的设备,但通常需要借助定位测量仪器和电子计算机等的配合,以确保高精度要求。例如,目前广泛采用的自航耙吸式挖泥船电子图形控制系统,可高效率、高精度开挖基槽。

每一层开挖完成之后应准确测深,为下一层的开挖做好准备或确定基槽开挖是否已符合设计要求。将精挖放在临近管节沉放期间进行,还可减少成形后基槽中泥沙的淤积以及清淤的工作量。如果选用抓斗式挖泥船进行精挖,则应选用斗容稍小的挖泥船,因为斗容较小的挖泥船定位精度较高,可以使开挖的基槽成形更准确。

2.岩石类地层基槽施工开挖

水下基槽爆破施工的主要施工材料、机械设备包括:爆破作业所需的乳化炸药和水胶炸药、起爆装置、钻孔爆破船、风动旋转冲击式钻机、清渣作业所需的各种类型抓斗挖泥船、泥驳等辅助船只。

水下岩石根据其分布范围大小,可分为:

(1)水下孤石。水下孤石爆破多采用水下裸露爆破法。该方法适用于水下孤礁,特点是工程量小,工点零星分布。药包敷设采用潜水敷设法,按礁石体积计算所得的总药量,分成若干药包,放到礁石的不同部位同时施爆。周围有深槽时,作业面越多,效果越佳。

(2)大面积水下礁石。对于大面积水下礁石的开挖施工详见岩石类地层开挖施工部分。

1)岩石类地层开挖施工基本步骤

通过地层为岩石类的沉管基槽,其工序与通过地层为非岩石类的沉管基槽有所不同,大体上可分为以下 3 个步骤:

(1)借助定位测量仪器准确定出待开挖的范围,并设立标志。用挖泥船对待挖基岩表面进行清理,若清理表层泥沙可用耙吸船,同时用测深仪测深,以了解待挖基槽的表面状况。

(2)利用炸礁船按设计要求在基岩上钻孔,装填炸药,将基槽深度范围内的岩石炸开。然后,用抓斗式挖泥船将炸碎的砂石清除。如果岩石深度大,还应分层爆破。开挖结束后,可用钻船探摸法测深,若

发现探摸的断面设计高程未达到设计深度，可用钻进法来判断该断面的实际情况。较易钻进的可视为漏挖处理，较难钻进的可用局部爆破法作补炸处理。

(3)用探杆配合经纬仪、水准仪、测深仪进行平面和水深测量，以最后确认基槽开挖是否符合设计要求。

2)水下炸礁主要施工工序及方法

(1)施工船舶。炸礁施工船舶可根据工程的实际需要以及就近经济适用原则进行选择。

(2)施工顺序及方法。

①炸礁区域施工顺序。一般先在河道中间段进行炸礁，然后再对两端基槽部分进行水下炸礁施工。

②爆破物品运输路线。施工所需爆破物品必须由公安机关指定的单位运输到指定位置，再由炸礁施工爆破物品运输船接运至炸礁船储存使用。根据实际使用情况及潮水确定运送时间。

③对于大面积的水下炸礁作业通常采用水下钻孔爆破施工，对于孤礁多采用裸炸方式进行。

(3)水下炸礁作业流程，如图 8-55 所示。

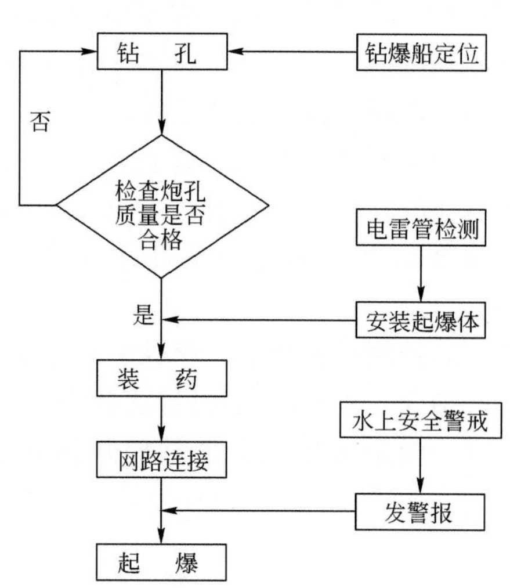

图 8-55　炸礁施工流程图

(4)爆破危害效应控制。根据现行《爆破安全规程》(GB 6722—2003)中的有关规定，爆破危害主要有爆破地震波、水中冲击波和飞石。在水下爆破中主要涉及前两方面。

①爆破震动安全距离。根据现行《爆破安全规程》(GB 6722—2003)规定，爆破地震波安全距离按以下公式计算：

$$R=\left(\frac{K}{v}\right)^{1/\alpha}Q^{1/3} \tag{8-30}$$

式中：R——爆破点与被保护建(构)筑物的距离(m)；

Q——单响起爆药量(kg)，微差起爆时取最大一段的装药量；

v——允许爆破安全振动速度，对于码头等钢筋混凝土和钢架建筑物可取 $v=4.0$cm/s，砖瓦房、土石岸、地铁隧道可取 $v=1.0$cm/s；

K、α——与爆破点地形、地质等条件有关的系数和衰减指数，K 与 α 需要根据实际施工作业区域的岩层性质进行确定。

②水中冲击波安全距离。钻孔爆破水中冲击波对水中人员和施工船舶的安全距离见表 8-16。

冲击波对人与施工船舶的安全距离　　表 8-16

人员或船舶状况 \ 安全距离(m) \ 炸药量(kg)		≤50	>50 ≤200	>200 ≤1 000
人员	游泳	500	700	1 100
	潜水	600	900	1 400
施工船	木船	100	150	250
	铁船	70	100	150

在施工过程中，为了减少水中冲击波对附近建筑物的影响，除了严格遵守《爆破安全规程》(GB 6722—2003)，采用合理的爆破方法、孔网参数外，还应对以下几方面加以考虑：及时通知爆破区附近停泊的船舶和其他水中作业(潜水作业、游泳等)人员，确认其已离开爆破危险警戒区后才能联线起爆；爆破前，派出警戒船舶在上下游进行警戒，爆破警戒信号发出后，禁止一切过往船舶通过，如有船只闯进警

戒区，必须禁止爆破，待其通过后方可起爆。

3)水下爆破控制措施

水下爆破主要采取以下控制措施：

(1)严把爆破器材质量关。为减小爆破地震效应，需采用了高质量的雷管，要求其延期时间精度较高，并在应用前进行抽样检测。同时，合理确定相邻孔雷管延期时间，以保证微差削波效果。

(2)调整孔网参数。通过减小炮孔直径，使相同质量的药柱长度增加，在孔内分布更加均匀；增加超钻深度，保证后期爆破能一次性达到设计高程；减小炮孔排距。

(3)控制单孔药量。爆破装药量需要根据国家相关规范，结合工程实际，通过计算确定。

(4)改进施工工艺。基槽开槽施工流程如图 8-56 所示。

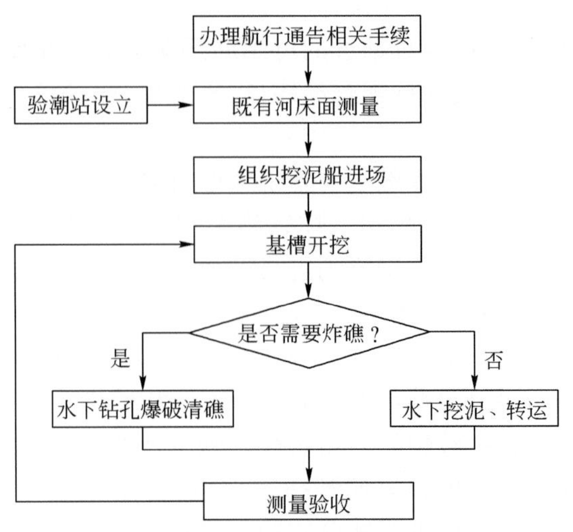

图 8-56　基槽开挖施工流程图

第六节　管节浮运、沉放与对接

一、浮运安全性分析与计算

(一)影响浮运安全的因素

1. 气象

(1)天气。关注管节拟沉放期间的天气预报(晴天、阴天或雨天)。

(2)降雨。雨季与旱季的历史分布、降雨强度。

(3)雾况。作为选择管节浮态系泊、沉放状态采取相应保护措施的依据。

(4)风。风向和风速作为管节浮态下的临时存放以及浮运、沉放作业过程中系泊系统设计的主要参数之一。

2. 水文

(1)潮位/水位。作为管节浮泊存放、浮运、沉放施工组织设计，确定附属设施的重要依据之一。其内容包括历史最高水位(m)、历史最低水位(m)、推算百年一遇洪水位(m)、推算 200 年一遇洪水位(m)、最高潮水位(m)、最低潮水位(m)。

(2)流速及流向。作为管节浮泊存放、浮运、沉放作业施工组织，系泊系统设计及设备配置的主要依据之一。其内容包括涨急最大断面流速(m/s)、涨急最小断面流速(m/s)、涨急平均断面流速(m/s)、涨潮时水流平均流向(°N)、落潮时水流平均流向(°N)。

(3)水重度。作为控制管节浮态的干舷高度的主要计算参数之一，影响管节的浮运工作。

3. 航运条件

由于管节浮运、沉放与对接施工等作业程序都需要占用河道，会在一定程度上影响所在水域的水上交通，因此需要了解航运相关资料，尽量少占用河道行洪纳潮过水断面，减小对航运交通的影响。

(二)安全控制及其计算

通常，在进行浮力设计之前确定干舷高度，它取决于下列因素：沉放施工设备的性能，根据水文条件确定沉放作业时间及计划的注水量和时间，管节浮运过程中的波浪影响等。尽可能减少管节内抗浮压载物的工程量要求。根据国内外的经验，一般的管节干舷高度在 5～25cm 的范围内。

1. 影响干舷高度的主要因素

(1)混凝土重度。混凝土重度变化对干舷高度的影响较大。已有研究成果表明，混凝土重度的标准

值上下各变化±1%，对干舷高度的影响可达到5cm。

(2)水重度。水重度变化对干舷高度的影响较大，水重度在标准值上下变化1%，对干舷高度的影响可达3cm以上。

(3)施工误差。管节预制施工误差造成管节壁的厚薄变化对干舷高度的影响明显。表8-17～表8-20为广州黄沙—芳村珠江水下沉管隧道管节壁厚变化与干舷值的关系。

内净宽高一定，管节壁厚薄变化时干舷值的变化 表8-17

项　　目	d_1(m)	d_2(m)	d(m)	t_1(m)	t(m)	干舷(cm)	与无施工误差时的差值(cm)
顶底板均增厚1cm	1.16	1.21	5.7	1.0	29.6	11.23	−2.98
顶板增厚1cm	1.16	1.20	5.7	1.0	29.6	12.72	−1.49
底板增厚1cm	1.15	1.21	5.7	1.0	29.6	12.72	−1.49
顶底板均减薄1cm	1.14	1.19	5.7	1.0	29.6	17.18	+2.97
顶板减薄1cm	1.14	1.2	5.7	1.0	29.6	15.70	+1.49
底板减薄1cm	1.15	1.19	5.7	1.0	29.6	15.70	+1.49

内净宽一定，管节壁厚薄变化时干舷值的变化 表8-18

项　　目	d_1(m)	d_2(m)	d(m)	t_1(m)	t(m)	干舷(cm)	与无施工误差时的差值(cm)
左、右侧壁均增厚1cm	1.15	1.20	5.7	1.01	29.6	13.49	−0.72
只有一边侧壁增厚1cm	1.15	1.20	5.7	1.005	29.6	13.85	−0.36
左、右侧壁均减薄1cm	1.15	1.20	5.7	0.99	29.6	14.93	+0.72
只有一边侧壁减薄1cm	1.15	1.20	5.7	0.995	29.6	14.57	+0.36

总宽度一定，管节侧壁壁厚薄变化时干舷值的变化 表8-19

项　　目	d_1(m)	d_2(m)	d(m)	t_1(m)	t(m)	干舷(cm)	与无施工误差时的差值(cm)
左、右侧壁均增厚1cm	1.15	1.20	5.7	1.01	29.58	13.36	−0.85
只有一边侧壁增厚1cm	1.15	1.20	5.7	1.005	29.59	13.79	−0.42
左、右侧壁均减薄1cm	1.15	1.20	5.7	0.99	29.62	15.06	+0.85
只有一边侧壁减薄1cm	1.15	1.20	5.7	0.995	29.61	14.63	+0.42

总宽度一定，管节顶底板壁厚薄变化时干舷值的变化 表8-20

项　　目	d_1(m)	d_2(m)	d(m)	t_1(m)	t(m)	干舷(cm)	与无施工误差时的差值(cm)
顶底板均增厚1cm	1.16	1.21	5.7	1.0	29.6	9.81	−4.4
顶板增厚1cm	1.16	1.20	5.7	1.0	29.6	12.01	−2.2
底板增厚1cm	1.15	1.21	5.7	1.0	29.6	12.01	−2.2
顶底板均减薄1cm	1.14	1.19	5.7	1.0	29.6	18.6	+4.39
顶板减薄1cm	1.14	1.2	5.7	1.0	29.6	16.41	+2.2
底板减薄1cm	1.15	1.19	5.7	1.0	29.6	16.41	+2.2

2. 干舷高度及管节抗浮计算

1)基本参数及取值

(1)抗浮系数。

①管节在沉放过程中抗浮系数为1.02；

②管节水力压接完成后的施工过程抗浮系数取1.05；

③沉管隧道在运营阶段抗浮系数不小于1.10，在条件允许的情况尽量大于1.2。

(2)干舷值。在运输过程中，能确保安全的情况下，干舷值越小，对于后续运营阶段沉管隧道的抗浮越有利。干舷值通常取50～250mm。

2)浮运控制计算参数及取值

(1)混凝土重度，取设计值(±0.2kN/m³)，管节配筋量与是否采用预应力有关。

(2)起浮水重度，取10kN/m³。

(3)防锚层重度，取设计值为标准值，浮动范围±(0.1～0.2)kN/m³。

(4)施工荷载，主要包括测量塔、缆桩、拉合座等。

(5)压重层重度，取设计值为标准值，浮动范围±0.2kN/m³。

(6)截面参数。相关参数的数值根据具体工程的实际情况选取，主要包括：管节底宽、高，两侧墙厚，两中隔墙厚，顶板厚，底板厚，结构截面面积，防锚层护边块截面面积，防锚层的宽度与高度，混凝土截面面积。

(7)混凝土压重，取值详见本章第四节"设计与施工要求"。

3)干舷高度计算

干舷高度计算分两种工况：工况一为二次舾装前管节最大干舷值(无管顶舾装件、防锚层)；工况二为二次舾装后管节最终干舷值(有管顶舾装件，防锚层按干舷控制在5～10cm时计算防锚层质量)。

干舷值的控制是管节浮运过程中安全控制的重要环节。在满足管节浮运施工情况下，尽量把干舷值压至最低，以提高远期运营时的管节抗浮系数。

干舷高度的计算原理可由式(8-31)导出：

$$G = BL(H-h)\gamma_w \tag{8-31}$$

$$h = H - \frac{G}{BL\gamma_w} \tag{8-32}$$

式中：h——干舷高度；

G——管节在各种工况下的总重力；

H——管节的高度；

B——管节的宽度；

L——管节的长度；

γ_w——水的重度。

4)管节抗浮计算

(1)计算原则

①管节自重的最终抗浮系数宜大于1.1；

②管节自重+抛石后的抗浮系数至少大于1.12，通常要求大于1.2；

③浮运过程中干舷值在一次运输中(单节或者多节管节)可以作为一个整体计算，而在抗浮计算中可以针对单节管节与多节管节整体进行计算。

(2)管节抗浮系数计算

管节抗浮系数可用式(8-33)计算：

$$K = \frac{G}{\gamma_w V} \tag{8-33}$$

式中：K——管节的抗浮系数；

G——管节在各工况下的总重力；

V——管节对接完成后排开水的体积；

γ_w——水的重度。

3.浮力设计计算参数

符合浮力设计要求的最佳管节横断面，应使干舷高度较为适度、沉放所需压重水较少和钢筋混凝用

量较为经济。

浮力设计所需的计算参数见表 8-21。

浮力设计计算参数表 表 8-21

计算参数	单位	一般取值
(1)管节横断面全高×全宽	m×m	
(2)管节横断面重心偏离中心垂线距离	cm	
(3)管节混凝土横断面积	m^2	
(4)干舷高度	mm	一般为 50～250
(5)管节沉放对接施工时每延米的质量	t	
(6)管节平衡加载水的质量	t	
(7)管节平衡加载水箱宽×高	m×m	
(8)管节沉放时加入的压载水	t/m	
(9)克服下舷的抗浮安全系数		1.0
(10)沉放施工时抗浮安全系数		1.05
(11)沉放对接时的抗浮安全系数		
(12)压载水箱计算高度×宽度	m×m	
(13)压载水箱设计高度×宽度	m×m	
(14)完工投入运营管节每延米的质量	t	
(15)管节运营阶段抗浮安全系数		

4. 浮运的稳定性检算

1)浮运稳定的基本条件

(1)竖向力平衡,根据阿基米德定律,一个漂浮于水中的物体排开水的体积 V 的重力等于它的自身重力 G:

$$F = V\gamma \tag{8-34}$$

式中:F——同排水量相当的浮力;

V——排除水的体积;

γ——液体的重度。

因此,浮力和重量之间处于平衡状态。

(2)力矩的平衡,必须使倾覆力矩 M 与复位力矩 M_{st}(或称稳定力矩)大小相等、方向相反,即:

$$M_k = M_{st} \tag{8-35}$$

式中:M_k——倾覆力矩;

M_{st}——复位力矩。

2)管节倾斜程度对浮运稳定性的影响

管节处于水平状态时,管节的重力重心 G 和浮力重心 F 都位于管节几何对称轴上。一般重力重心在下,浮力重心在上。当管节倾斜时,管节绕重力重心 G 旋转了很小的一个角度 φ,此时新的浮力重心 F' 偏离管节的对称轴,故浮力矢量与管节倾斜的对称轴相交,交点称为定倾中心 M,定倾中心与重力重心 G 之间的距离称为定倾高度 $\overline{MG}$,见图 8-57。

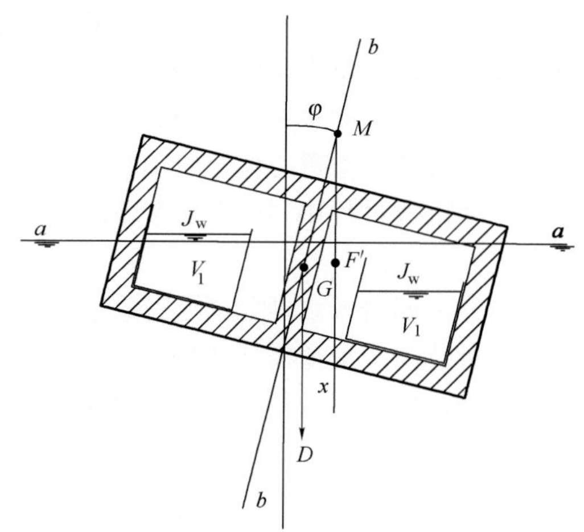

图 8-57 浮体的平衡状态

如果 M 位于 G 的上方,$\overline{MG}$ 为正,则平衡保持稳定;$\overline{MG}$ 为负,则不稳定;$\overline{MG}$ 为 0,则无倾斜。

就一个浮运体的稳定状态而言，倾斜时，没有其他外力作用（如拖轮的拖曳力等），并不一定要求重力重心 G 位于浮力重心 F 之下。例如，在干坞内注水进行管节起浮时（无其他外界干扰），定倾高度可按下式计算：

$$\overline{MG}=\frac{J-\sum J_{w}}{V}-\overline{GF} \tag{8-36}$$

式中：J——浮运管节本身对通过重力重心的铅垂线的惯性矩；

J_{w}——浮运管节内压载水舱中水体对通过重力重心的铅垂线的惯性矩；

V——排水体积；

G——重力重心；

$\overline{GF}$——倾斜前的浮力重心 F 与重力重心 G 之间的距离，G 位于 F 之上为正。

由公式(8-36)可以看出，压载水舱水体的 J_{w} 应尽可能地小，使 $(J-\sum J_{w})/V$ 始终大于 $\overline{GF}$，即使 G 位于 F 之上，也可使 $\overline{MG}$ 为正，而保持平衡稳定。为了保证合适的定倾高度，也可用固态的压载物（如砂石）来代替压载水，因为固态的压载物不会因管节倾斜而改变它的 J_{w} 值。

当浮运时，仅根据 $\overline{MG}$ 值尚不足以评价管节浮运的稳定性。在各种情况下，还必须检验是否会出现较大的倾角，以避免顶板或其他施工设施部分地浸沉在水下。由图 8-58 可知，管节倾斜时的复位力矩可由下式计算：

$$M_{st}=D\cdot\overline{MG}\cdot\sin\varphi \tag{8-37}$$

式中：D——排水量。

由于倾覆力矩 M_{k} 是由偏心的重力或水平力（如拖轮的侧向拉牵力、横向水流力、锚固力或横向风力）引起的，当上述作用力已知时，M_{k} 即可求得。为维持力矩平衡，必须使 $M_{k}=M_{st}$，将其代入式(8-31)，即可求得倾斜角 φ：

$$\varphi=\arcsin\frac{M_{k}}{D\cdot\overline{MG}} \tag{8-38}$$

如果出现较大的倾角（φ 大于 10°），必须根据造船工程常用的方法进行全面的稳定性验算。

实际上，适宜的定倾中心是通过倾斜试验求得的。试验过程如下：使压载物（水或砂）反复作水平推移，可出现一系列人为倾斜。量测每种倾斜状态时的倾角 φ，并根据浸没线位置计算新浮力重心 F' 的偏移量 x（图 8-58），从而计算定倾高度 $\overline{MG}$：

$$\overline{MG}=\frac{x}{\sin\varphi} \tag{8-39}$$

若稳定性不符合要求，即 $\overline{MG}$ 过小，可用低重心的压重予以平衡。如果由于吃水深度的限制，或是强度不足，空间容量太小，或是总重量难以掌握等，而使这种可能受到限制，那么采用附属起浮设备也可以改善稳定性。浮出水面的面积越小，纵向弯曲应力也越小。减少干弦高度虽然能使浮运过程稳定，但加大了浮运过程中的水平牵拉力，同时也需要加大压载水量，并增大了管节沉没的危险。

如果管节的重力重心位于管节的浮力重心之下或使用了附加设备，则管节在沉放时的入水状态是稳定的。在沉放过程中，还必须考虑海水压重时，在压水舱内所形成的自由水面会降低管节的稳定性能。

若管节从船台入水，则必须观察通过滑道时的稳定性，以避负出现侧向倾倒。若采用两条滑道，就会出现这种危险。滑道需要的倾角为 1：8～1：6，使在其滑行方向上有足够大的重力分力，尽可能做到不设辅助设施就可滑行入水。滑道宽度应按滑道和滑座（支承）的承载力进行设计，并使涂抹材料始终保持润滑性能。

二、浮运

管节浮运施工工艺流程如图 8-58 所示，浮运基本方法如图 8-59 所示。

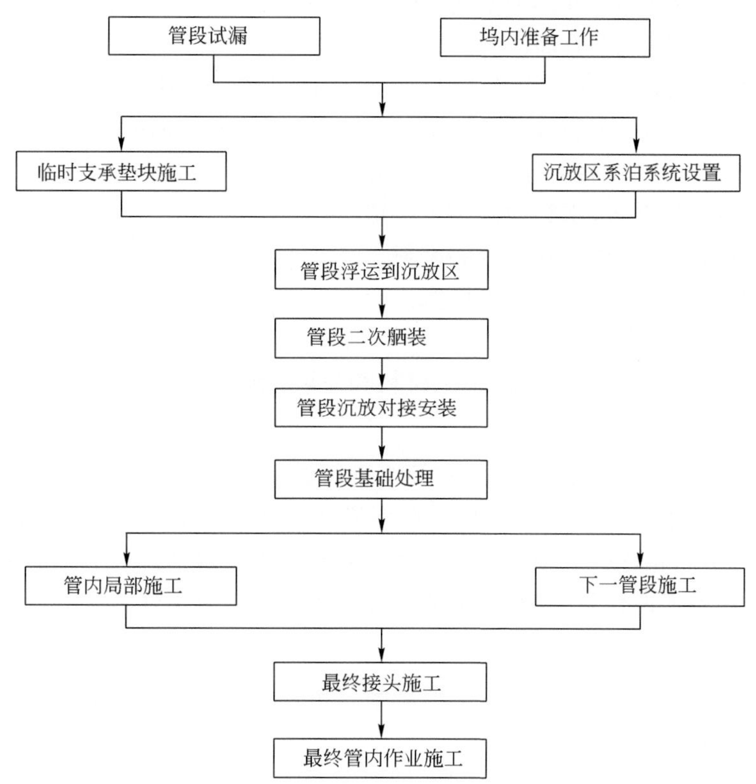

图 8-58 管节浮运施工工艺流程图

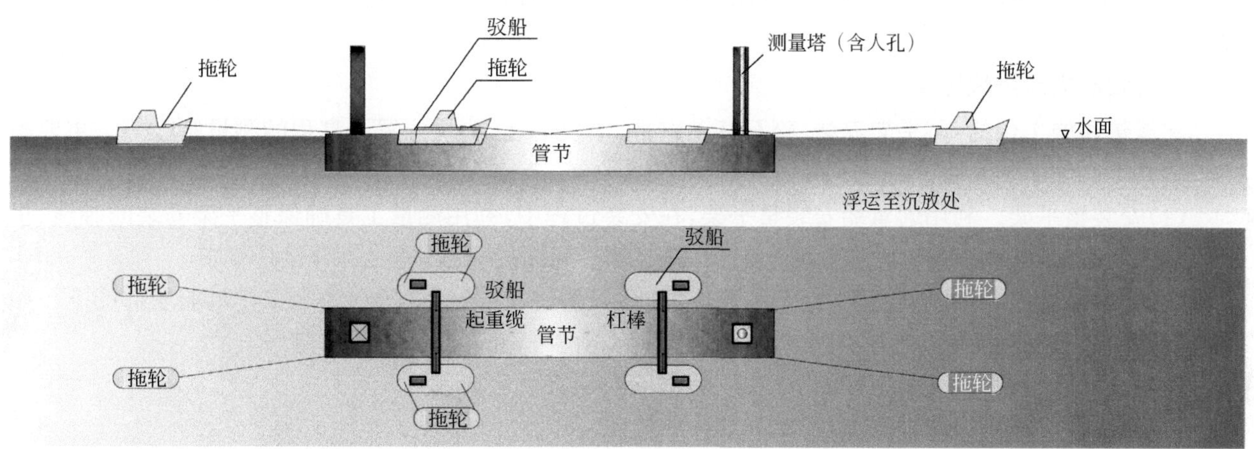

图 8-59 管节浮运方案

(一)坞内准备工作

坞内准备工作主要是指管节出坞准备工作，包括绞车、转向滑轮、管面缆桩的布置，管节出坞所用绞车上的钢丝绳与管面缆桩的连接，一次舾装件的连接安装等。具体施工操作如下：

(1)在管节预制干坞四周预定位置设置承力装置，供管节坞内移位及出坞使用，承力装置的个数与设计荷载根据实际情况计算确定。

(2)在坞顶四周预定位置配置电动绞车，绞车先布置出坞需要的合理位置(通常布置在坞中和坞门部位)，负责管节坞内移位及出坞。

(3)管节在干坞内预制完成后，在干坞注水之前，必须向管节压载水箱内注入适量的压载水，以防止坞内注水后管节自行起浮，同时防止在破堤后管节发生位移。在管节起浮之前，将绞车上的钢丝绳连接到管节的缆桩上，并收紧钢丝绳，以防止管节起浮时发生漂移。

(4)在低潮期管面露出水面时,利用抛锚艇将管面的一次舾装件吊放在预定位置,并连接安装。通常的“一次舾装”主要包括以下两个方面:

①管节外部。GINA橡胶止水带、吊点、拉合座、系缆柱、导缆钳、端封墙人孔封门、GINA橡胶止水带保护装置、灌砂管顶部保护盖、现浇管顶防锚层护边块、第一节人孔钢护筒。

②管节内部。垂直千斤顶、垂直千斤顶液压控制系统、压载水箱、进气管和进、排水管路系统、管内临时照明系统、管内临时通风系统、水箱顶部施工走道。

(5)检查端封墙人孔封门、管顶人孔井处的密封。

(6)检查进气管和进、排水管的口部有无堵塞。

(7)清理导向装置表面,确保无杂物。

(8)清理预制场地,不得留有施工机械、施工材料和垃圾杂物。

(二)管节试漏

管节在坞内施工完成准备出坞之前,必须对管节进行试漏检查。先往干坞注水至管节浸入一定深度的水(初步加水至管顶以下2~3m),停止时间不小于24h,并检查底板、封门底部、水密门渗漏情况,然后根据管节重力对管节水箱进行压载。继续注水至管顶0.5m以上,停止时间不小于24h,进行全面检漏。如有渗漏,则标出各渗漏位置,并对管节的渗漏位置进行修补工作。

(三)二次舾装

(1)根据先期测得管节干舷值,同时结合二次舾装件的质量和位置,制订管顶保护层混凝土浇注方案。该方案应经各方认可后方可执行。

(2)管顶保护层混凝土的浇注应遵循先调平、后均匀浇注的原则,严禁无次序、超量浇注混凝土。浇注保护层混凝土时应避免混凝土污染、堵塞导缆孔、灌砂管出口和其他舾装件底脚螺栓、螺母。

(3)完成二次舾装。二次舾装件包括:测量塔(司令台、绞车、测量标志)、其余人孔钢护筒、钢浮箱。

(四)临时支承垫块施工

支承垫块施工包括:整平架安装、碎石基础整平、垫块安装、垫块位置及高程的测量验收等。主要施工步骤及工艺如下:

(1)安装整平架。利用起重船安装整平架,在安装过程中,利用测量工具确保整平架安装的轴线、里程偏差控制在200~300mm;潜水员水下配合,调节整平架面的高程,使之符合设计要求。

(2)垫块基础抛石、整平。整平架安装完成后,运石船进场,通过设置在潜水工作母船艄部的下石漏斗,将碎石系统引到垫块基坑内,潜水员水下利用刮刀沿着整平架面进行碎石整平。

(3)安装垫块。在测量系统控制下,利用起重船安装支承垫块。

(4)验收。支承垫块的轴线、里程及高程检测验收。

(五)沉放区系泊系统设置

管节浮运至沉放区后,对管节进行系泊,系泊常采用钢芯钢丝绳。在进行浮运前,应进行系泊力计算,其计算原理如下:

按照现行《港口工程荷载规范》(JTJ 215—98),管节受到的水流力标准值F_w(kN)为:

$$F_w = C_w \frac{\rho}{2} v^2 A \tag{8-40}$$

式中:C_w——水阻力系数,对于管节可取2.0;

ρ——水的密度(t/m^3);

v——水流速度(m/s);

A——迎流面积(m^2)。

根据计算结果确定设计管节的定位系泊系统时,按最大横向水流力荷载,对锚块进行设计(包括类型、尺寸、材料、方式、荷载),进一步根据最大系泊力(荷载)确定锚缆。

(六)管节浮运到沉放区

管节在完成坞内工作后可浮运至沉放区进行存放,完成管节的二次舾装工作。

1.准备工作

(1)测量出坞航道、浮运航道及系泊位置的水深及回淤情况。若回淤严重造成水深不足,则应进行清淤。

(2)清除浮运线路上的障碍物。

(3)在坞口设置流速仪,以详细掌握水流速度变化情况。设置水位标尺,以获取潮位资料。

2.出坞时机的选择及要求

一般情况下,管节都是通过绞车系泊缆绳系统牵引出坞。出坞作业应选在高潮的平潮前半小时进行。管节出坞时应控制速度,避免由于出坞速度过快形成涡流,造成搁底的事故。管节在坞内移位时,应保证管节不触及临近的坡面结构。

3.管节出坞作业

(1)在管节起浮前,要将坞顶绞车及转向滑轮布置好,并用缆绳连接管面的缆桩,收紧钢丝绳,防止管节起浮时发生漂移。

(2)利用管内水泵,在高潮前将管内压载水箱内的水抽排出管外,使管节起浮。

(3)利用坞顶及工程驳船上的绞车将管节自起浮位缓慢地绞移出坞。

4.浮运示意图

管节沉放方式如图8-60所示,管节沉放系统如图8-61所示。

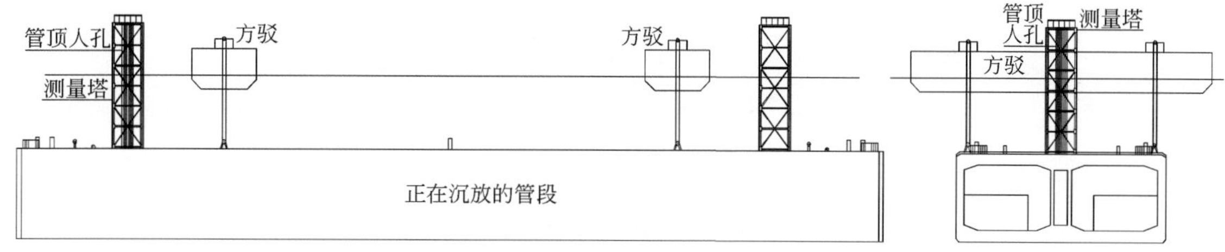

图8-60 管节沉放方式示意图

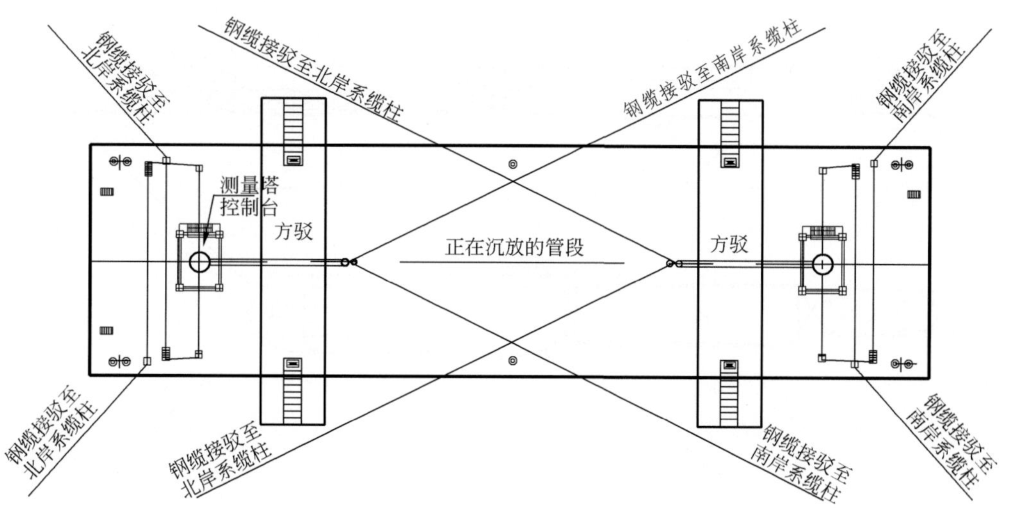

图8-61 管段沉放系统示意图

5.管节浮运图示步骤

步骤一:拖带半潜驳在预定下沉位置抛锚定位,管节的绞拉及定位的驳船就位,并系带好所有缆绳,见图8-62。

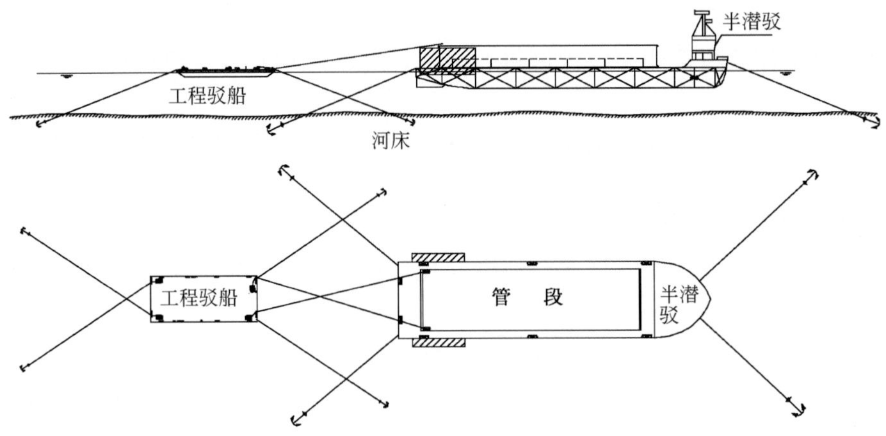

图 8-62 管节浮运步骤一

步骤二：选择在当日最低潮时，半潜驳压水下沉，坐落在河床面上，见图 8-63。

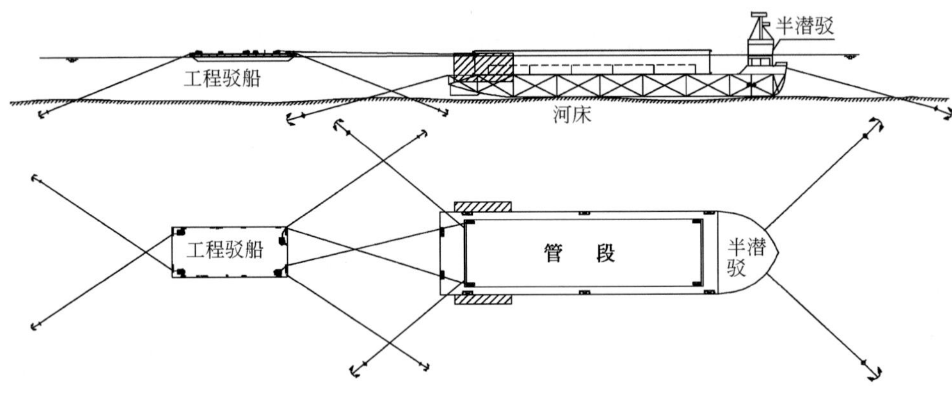

图 8-63 管节浮运步骤二

步骤三：待潮水涨至管节底部离半潜驳甲板面高约 400mm 时，起动工程驳船上绞拉管节的卷扬机，将管节缓慢地绞移出半潜驳，见图 8-64。

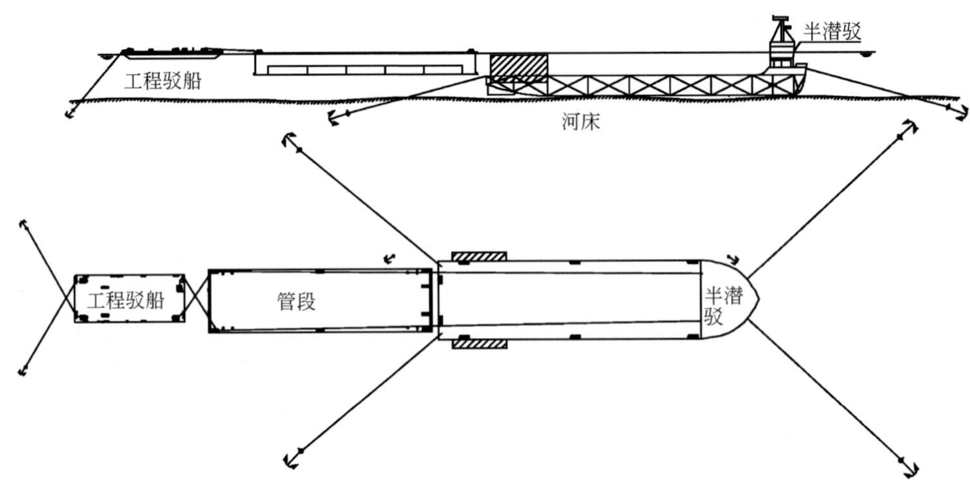

图 8-64 管节浮运步骤三

步骤四：利用工程驳船，将管节绞移至沉放区，带上管节的系泊缆绳使管节在沉放区系泊定位，见图 8-65。

管节浮运的主要船舶机械设备及配套设备见表 8-22。

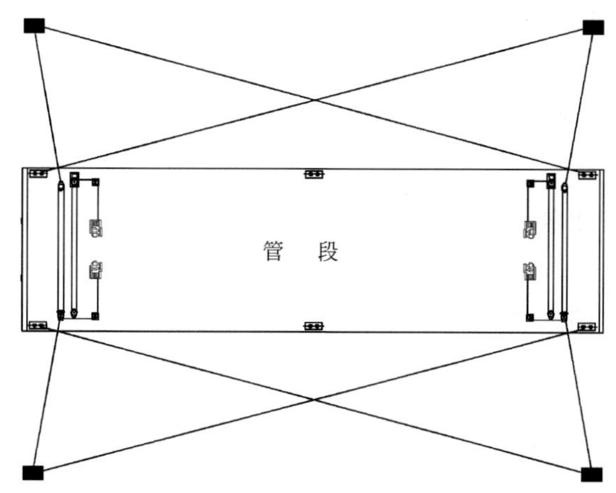

图 8-65 管节浮运步骤四

管节浮运的主要船舶机械设备及配套设备 表 8-22

序 号	设备名称	工作能力	现 状	数 量
1	塔式起重机	有效半径 60m	良好	2
2	拖轮	1 000t	良好	2
3	起重船	200t	良好	1
4	专用灌砂船		良好	1
5	吊驳	250t	良好	2
6	工程驳	1 000t	良好	1
7	电动绞车	10t	良好	4
8	挖泥船组	$8m^3$	良好	2
9	浚挖船组	$12m^3$	良好	1
10	运输船	$1\ 000m^3$	良好	3

三、沉放与对接

在管节浮运到沉放区域后，需要先对管节进行二次舾装，之后再进行沉放与对接。

(一)管节的二次舾装

管节在沉放区进行二次舾装，主要是准备管顶面沉放吊驳、测量控制塔与人孔的安装、管内垂直千斤顶的安装及测量引点等工作。

1. 沉放吊驳

沉放吊驳可根据施工实际情况选择合适安装方式，起重船吊装在坞内趁高潮时绞移出管节。

2. 测量控制塔

每节管节设两个测量控制塔。测量控制塔多采用桁架结构形式，塔顶主要布置管节纵横向调节绞车。每个测量控制塔上均配备多台液压绞车，其中两台用于管节横向调位，一台或两台用于管节纵向调位。管节首部的测量控制塔上还配置了以下设备：

(1)一套供拉合千斤顶使用的液压站。

(2)一套起重用的电动葫芦。

(3)一个供指挥管节沉放对接使用的控制室。控制室内主要设备：

①显示管节位置状况的电子设备及显示屏幕；

②操纵浮驳的控制台及负荷显示仪器；

③显示管节纵横向倾斜的显示屏幕；

④一套完善的指挥联络通信设施。

3. 拉合装置

拉合装置主要由拉合千斤顶及配套设施组成。

4. 纵、横调节系统

纵、横调节系统常由滑车组和滑轮组成。

5. 垂直千斤顶

每段管节设两个垂直千斤顶，工作有效行程为500mm。

(二)管节沉放对接安装

管节完成系泊工作后，进行沉放作业的准备工作。管节沉放对接安装主要包括：管节初步对接、安装拉合装置、管节拉合及检测、水力压接、管节检测验收、管节稳定压载等。

1. 初步对接

在测量系统的严格监控及潜水员水下检测配合下，操控两只浮驳及管节的纵、横调节系统，将管节逐级进行沉放，并适时地调整管节的纵坡。当管节底部离最后基槽面高度为1.2m、管端距已装管节1.2m时，进行管节的初步对接。在施工中应注意以下几点：

(1)操作浮驳，沉放管节至管底离最后基槽底面水平面0.6m。

(2)操作管节纵、横调节系统，将管节绞前距已装管节0.5m。

(3)潜水员详细检测两条管节钢端壳的相对位置。

(4)沉放管节使首部剪力键进入已装管节尾部剪力键承托座里，使尾部垂直千斤顶支承在临时支承混凝土桩上。

2. 安装拉合装置

拉合千斤顶上配套的拉杆及拉合挡块安装在已装管节尾部拉合座上，用于管节拉合。

3. 拉合及检测

操作拉合千斤顶的控制站，进行管节拉合作业。管节通过拉合千斤顶完成拉合作业后，要确保GINA止水带尖部紧贴住已装管节钢端壳上的接触面，从而确保水力压接顺利进行。

4. 水力压接

水力压接是两条管节钢端壳之间通过GINA止水带形成一个相对水密空间后，将两个端封门之间的水排出，利用管节尾部的水压力将管节向已装管节方向压接。

5. 检测验收

打开管节的水密门，将坐标从已装管节内引线到沉放管节，利用测量仪器检测沉放管节的轴线偏差及管节尾部高程。

6. 管节稳定压载

操作管内压载系统向压载水箱增加压载水，进行管节稳定压载。通常的设计要求，压载量约为管节总重力的5%。

7. 管面设施拆除

管节沉放对接完成后，要进行管面设施的拆除工作。在拆除人孔前，要先进行人孔盖板的焊接工作，并在人孔盖板上灌注无收缩浆料。

(三)管节沉放对接基本步骤

1. 管节沉放

管节沉放就是利用方驳提供足够的吊力，通过调节水箱压载水以提供负浮力进行下沉，同时通过方驳提供的吊力来控制下沉速度。沉放过程中通过GPS实时定位系统以保证精确定位。

管节沉放过程见图8-66，可分为以下三步进行：

(1)初步下沉。逐步调节压载水，管节初步下沉，并进行初步定位，管节缓慢浮近已沉管节或接口段结构，见图8-67。

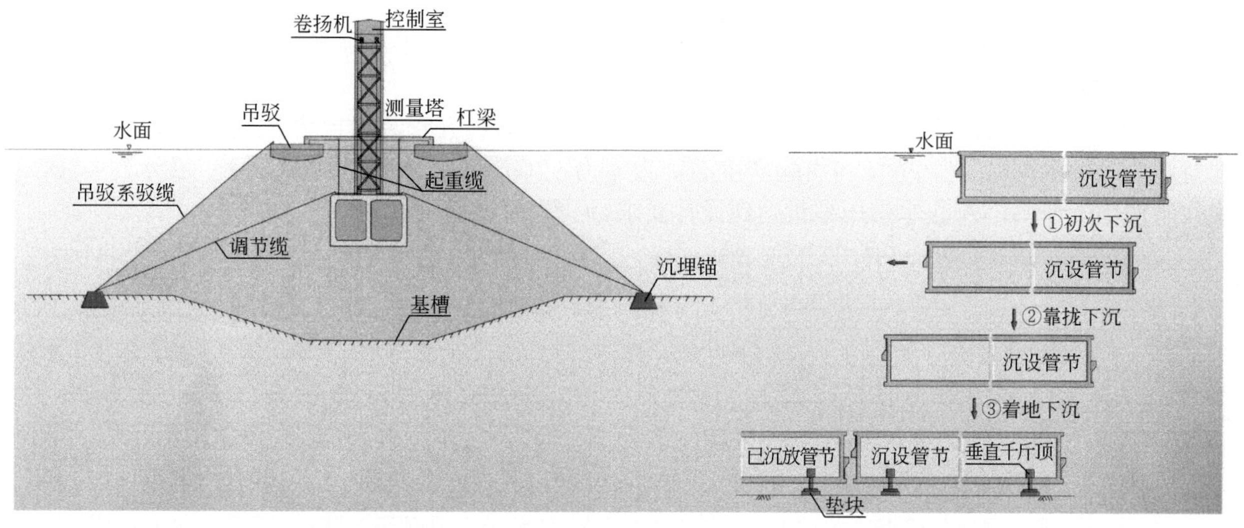

a)管节沉放横断面　　b)管节沉放步骤

图 8-66　管节沉放过程

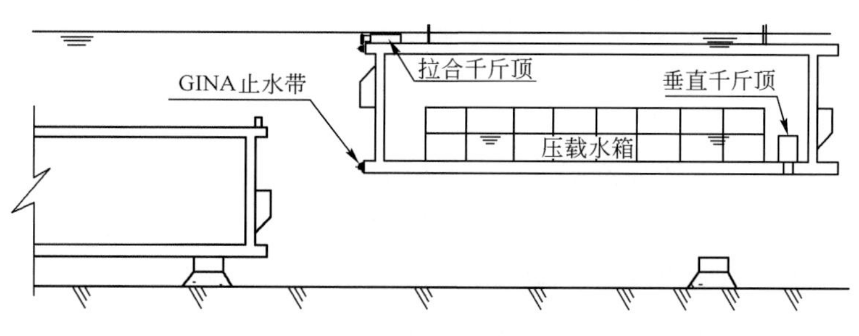

图 8-67　初步下沉

(2)靠拢下沉。稳定压载水，精确定位，管节靠拢已沉管节或接口段结构，再次校正管节位置，见图 8-68。

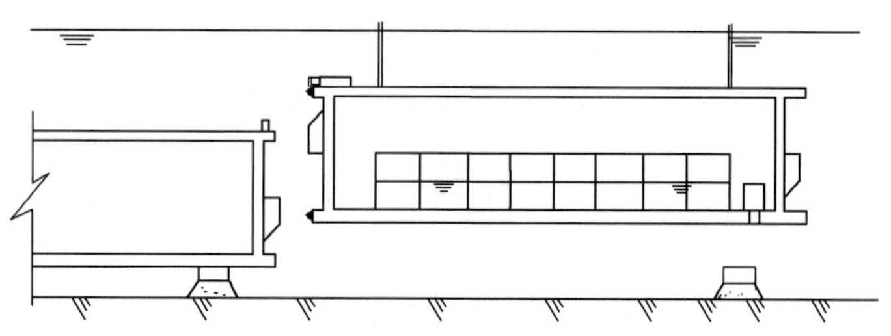

图 8-68　靠拢下沉

(3)着地下沉。当管节相互靠拢，并确认位置无误后，先将管节前端搁置在已沉管节的鼻托上，通过鼻托上的导向装置使管节自然对中，然后将管节后端搁置在临时支座上。待管节位置校正稳定后，即可卸去全部吊力，见图 8-69。

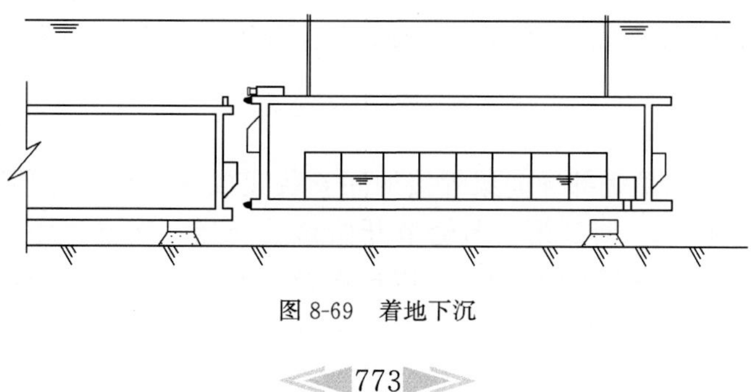

图 8-69　着地下沉

2. 管节对接

(1)初步对接。潜水员进一步检查对接区,清洁杂物。通过拉合千斤顶将刚沉放的管节拉向已沉放管节接头主体结构,实现端头的初步止水,见图 8-70。

(2)水压对接、机械拉合。初步止水结果检查并经认可后,打开管节端封墙上的进气阀和排水阀,将端封墙之间的水排除,利用管节自由端产生的巨大压力使 GINA 止水带进一步压缩。在水压与 PC 拉索共同作用下使 GINA 止水带压缩量达到设计要求,见图 8-71。

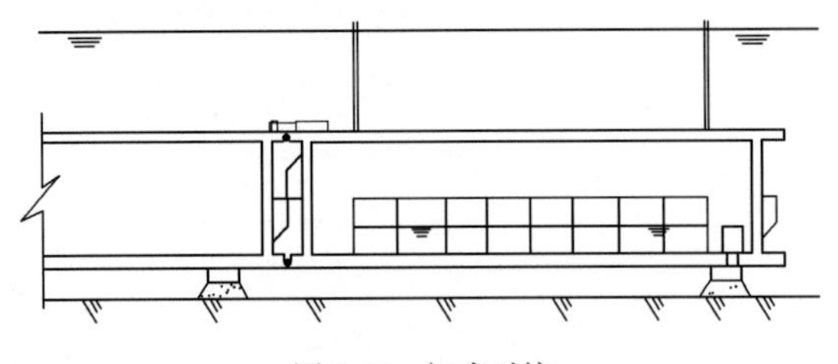

图 8-70　初步对接

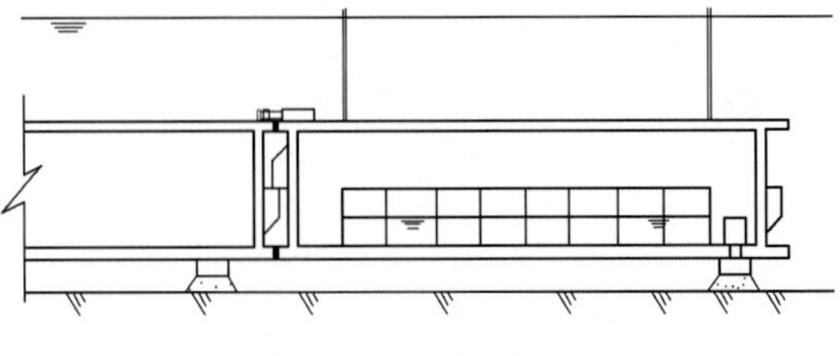

图 8-71　水压对接

(3)稳定压载。测量与检查压接结果,调节竖向千斤顶,使管节上升预留沉降量,锁死竖向千斤顶,拆除拉合千斤顶。此时便完成了管节沉放。管节内压载水箱内增加压载水量至满足 1.05 抗浮系数,见图 8-72。

(四)PC 拉索拉合对接施工技术要点

本小节以生物岛—大学城 PC 拉索拉合对接施工技术为例进行介绍。

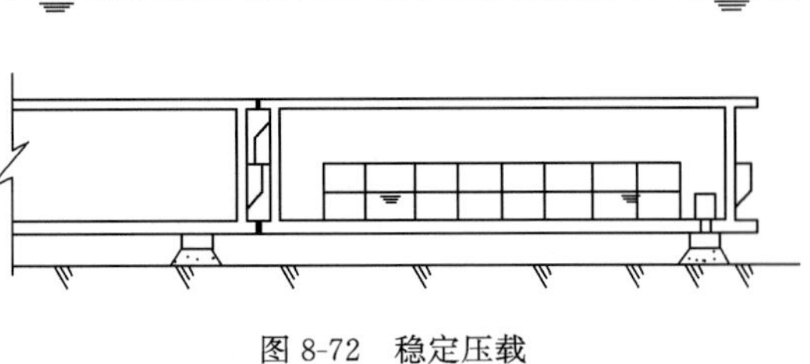

图 8-72　稳定压载

1. 工程简介

E_3、E_2 管节在预制完成并达到强度后,需在甲板面上进行拉合对接,两管节间距为 1.5m。E_3 管节的主要参数:$L \times B \times H = 4m \times 23.0m \times 8.7m$,质量约 720t;$E_2$ 管节的主要参数:$L \times B \times H = 116m \times 23.0m \times 8.7m$,质量为 21 000t。两管节在坞内进行推移、拉合后,接着进行接头处理,端封门安装等工作,再浮运寄放。

2. 施工流程

拉合对接施工主要包括以下步骤:

第一步推移:首先将 E_3 沉管推移到离 E_2 沉管端头,距离 GINA 带 10mm 位置处。

第二步安装连接:在安装座及拉合工艺孔位置安装拉合横梁,E_2 与 E_3 管节上、下两对拉合横梁各设置一组千斤顶,共计两组 8 只千斤顶。千斤顶有效张力不小于 2 000kN,有效行程不小于 500mm,每只千斤顶设一束高强度低松弛钢绞线,钢绞线规格为 $12\phi^j 15.24$。用 8 束预应力钢绞线通过两组拉合横梁将 E_3 与 E_2 连接起来。

第三步拉合:操作 8 台千斤顶使钢绞线逐级增加荷载,直到管节移动。

第四步:重复第三步动作,直至达到设计要求。

拉合对接施工流程见图 8-73,现场施工见图 8-74。

3. 施工工艺要点

1)推移

(1)首先清除管节底板上的杂物及障碍物,用砂轮磨机打磨底板,检查底板,不能有凸出点。在两侧底部安装导向梁,根据实际情况,安装多台千斤顶,然后将第一节管节推移到离另一管节端头,距离 GINA带 10mm 的位置处。

(2)施工步骤如下:

多台千斤顶布置完成→两侧底部导向梁焊接加固安装完成→多台千斤顶同时顶推→从初始 50kN 起以 10kN 为一级逐级施加顶力,直到第一节管节开始移动→当一次推移距离接近千斤顶的有效行程时,活塞回程,移位调整千斤顶→管节暂停移位,以再做新一轮的推移作业→第一节沉管移动正常→取消中间的一台千斤顶→千斤顶保持协调动作,将第一节沉管推移到距离 GINA 带 10mm 的位置处。

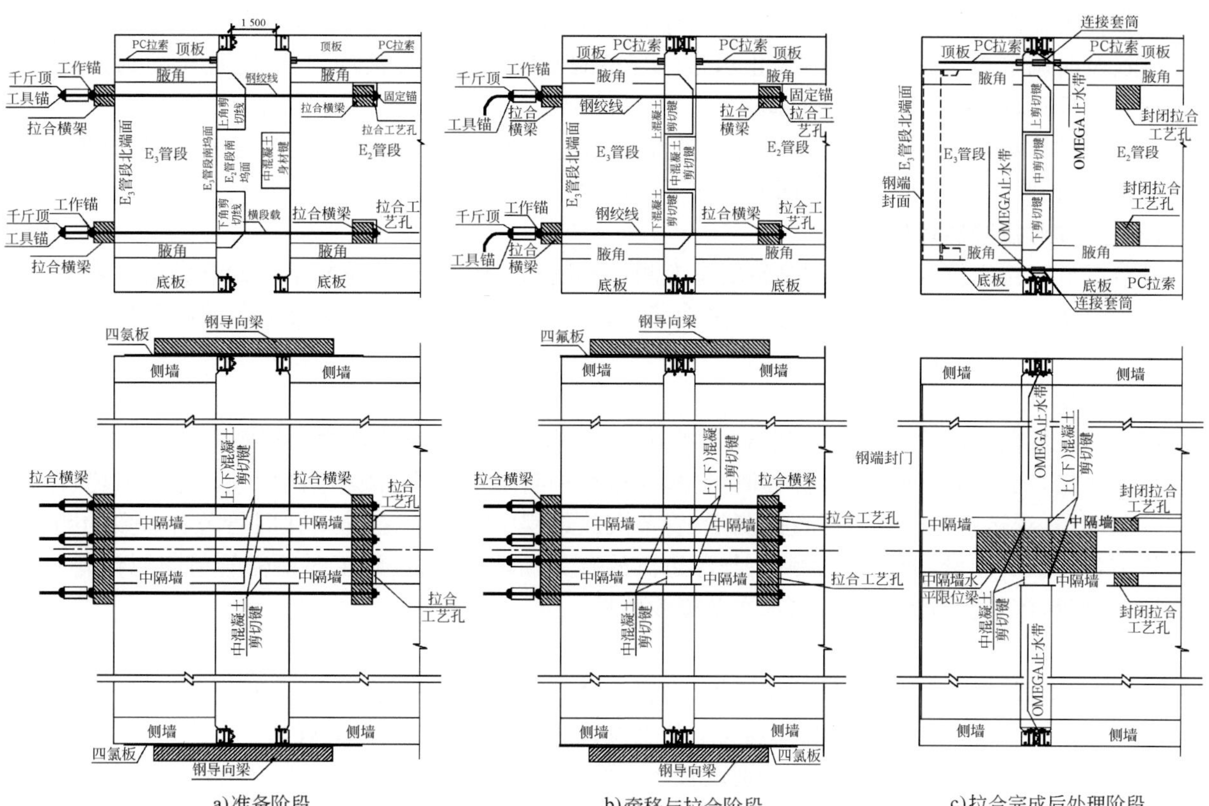

a)准备阶段　　b)牵移与拉合阶段　　c)拉合完成后处理阶段

图 8-73　拉合对接施工流程图

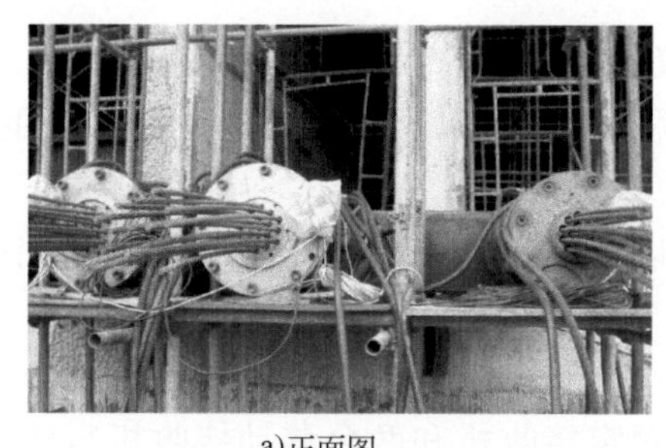

a)正面图　　b)侧面图

图 8-74　拉合对拉现场施工图

2)连接

在安装座上用多束预应力钢绞线将两管节连接起来。

3)拉合

(1)有关计算。两管节之间的拉合需根据施工图设计要求，即整圈 GINA 止水带被均匀、稳定地压缩一定距离。

①首先根据 GINA 带压缩曲线计算 GINA 止水带被压缩特定距离所需要的力。

②千斤顶。根据需要选择每个千斤顶的有效张力，根据施工图设计要求，设置千斤顶的组数，并进行合理布置与分配，以满足要求。

③钢绞线。对应于每个千斤顶设一束高强度低松弛钢绞线，钢绞线的类型与组数需要根据设置值进行合理选择。

(2)在各个管节上对称布设监测点，通常顶板 3 处，每侧侧墙 2 处，底板 3 处，布设点位置应根据施工实际情况确定，保证明显、易测、代表性强。

测量并记录各个管节接头 GINA 止水带的实际最终预压缩量。

(3)施工步骤。首先用多台千斤顶分别对对应数量的预应力钢绞线束将两管节连接起来，然后安装钢导向梁。当第一节管节推移到另一管节端头，管节局部与 GINA 止水带接触还未压缩时，调整各千斤顶的张拉力使两管节结合面基本平行。将千斤顶同时施加张拉力，以 10kN 为一级逐级施加，以平稳、分级、及时调整均匀地压缩 GINA 止水带。当整圈 GINA 止水带被均匀、稳定地压缩到预设值后，立即锁定千斤顶，确保接头不松动回弹。

千斤顶动作步骤：安装千斤顶→连接预应力钢绞线并锁紧→液压站工作，A 管进油，张拉预应力钢绞线→锁紧（锁紧预应力钢绞线）→回油→卸下千斤顶。

（五）沉放对接精确定位技术

管节沉放对接定位及验收采用全站仪岸上测量控制和 GPS 定位测量相结合的测量定位方案，同时采用潜水员水下度量的辅助手段，直接度量管节的相对位置，以保证管节安装符合设计和规范要求，做到万无一失。

1. 测量项目

在管节沉放前和沉放过程中，需要对下列项目进行测量：沉管管节基槽开挖断面测量，临时支座的安装精度测量，锚块的平面位置及高程测量，起浮过程中管节的水平、倾斜调整测量，管节出坞、浮运的方向控制测量，浮运就位时管节位置的测量，管节沉放过程中的测量，拉合对接时管节各参数的测量，压接后管节各参数的测量，隧道贯通测量，与浮运沉放有关预埋件测量，施工时所需管节附属设备及设施安装调试测量，沉管管节施工范围内水文及潮汐监控。

2. 测量方法

(1)在岸上段的隧道中孔中线的位置上，设置一个二等精度控制点（坐标，高程）。

(2)在每节管节的中孔底板、顶板表面上分别设置两个测量塔（坐标，高程）。

(3)在管节的测量塔、控制塔上，分别设置 3 个控制点（坐标，高程）。

(4)基槽开挖断面、临时支座的安装精度、锚块的平面位置及高程等测量项目，可以采用两侧岸上段设置的二等三角网控制点和二等水准点进行测量。

(5)管节起浮时的调平测量，可以利用精密水准仪进行测量。

(6)在出坞、浮运高程中的管节中线，就位后的里程测量，可以通过设置在测量塔上的激光测距仪，利用一岸上段设置的二等三角点形成直线加以控制。

(7)沉放过程的高程、倾斜度及对接时的高度，可以通过测量塔、控制塔上的测点进行控制。

3. 沉放过程定位与控制

1)GPS 定位系统

GPS 定位系统常采用 1+2 方案，即由一台岸基固定接收机和两台移动接收机组成。GPS 采用实时动态双频 RTK，岸上接收机安装在岸上适合操作的位置，移动接收机安装在管节测量控制塔的平台上。

2)实时定位软件

实时施工定位软件可以通过管节的水平面（2D 模式）监控管节的平面及高程，指挥锚泊系统移动管节，到达安装位置。该软件可实时显示管节与已安装管节结合面的距离和相对位置，便于管节沉放工程中随时了解管节的实际位置与安装位置的差距，及时正确指挥和调整管节的位置。

3)3D 实时监控系统

3D 实时监控系统通过建模，并赋予其几个固定点坐标，由 GPS 定位系统输出实时三维坐标，作为管节 3D 模型的运动轨迹变量，用 3D 图形实时模拟沉放的全过程。

4. 对接校核与验收

管节沉放到预定位置后，由设在岸上的全站仪及水准仪实测管节坐标及高程，并与 GPS 定位系统所测的三维坐标校核，确保管节沉放位置准确无误。同时，由潜水员直接度量管节相对距离，检查管节接头对接情况。

GPS 的检定、外业操作均按《水运工程测量规范》（JTJ 203—2001）的有关规定执行。

5. 测量精度

沉管沉放就位对接后，沉管管节的总体精度要求如下：

(1)管节中线水平误差为±1cm,顶面高程误差为±5cm,中线长度误差为±2cm。

(2)管节安装相对误差要求:管节横向容许误差为±2cm,管节纵向容许误差为±2cm,相邻管节对接端面水平转角开度为±1cm(弧长)。

6.管节沉放对接注意事项

(1)管节在沉放前应制订详尽的施工组织计划,并经设计方认可后,方可实施。

(2)管节应在高潮位时下沉就位,若一个潮期内不能沉放好,应要管节保持在基槽内,以减少水流的影响,等到下一个潮期再沉放,但应尽量在一个潮期内沉放完毕。

(3)管节的沉放宜选择在水文、气象条件良好的低平风浪时进行。

(4)沉管沉放过程中应控制好管节的姿态,管节绕其形心的横向摆角小于2°,纵向摆角相对管节沉放就位倾角小于1°。

(5)管节沉放过程中的抗浮安全系数应逐步增大,在初次下沉段宜控制在1.01以内;在靠拢下沉和着地下沉阶段可根据基槽底部水体的相对密度适当增大抗浮安全系数,但不得大于1.02。

(6)在纵坡调整前,管节内的压载水应均匀施加,相邻水箱内的加水量水位差不得超过10cm。在初步调整纵坡时,应避免只在个别水箱内加注压载水的现象,保证相邻水箱内的最大水位差在一定范围内(10～35cm)。

(7)管节纵坡的初步调整应缓慢进行,避免由于对姿态变化的滞后现象估计不足而造成姿态失控。管节纵坡的初调精度可控制在相对管节沉放就位倾角±0.2°以内,且应保证沉放管节鼻托端与已沉放管节鼻托先接触,再使自由端千斤顶与临时支撑垫块接触。

(8)当沉放管节与已沉管节间的端面距离接近1m时,应放慢移位和沉放速度,杜绝发生沉放管节端面触及已沉管节的事故。

(9)管节的沉放就位应从鼻托端开始,当测量数据表明上、下导向装置开始接触后,应严格控制管节在水平面内的摆动,防止由此造成的导向装置卡死。

(10)当确定上、下导向装置接触后,通过垂直千斤顶推杆将管节缓缓地搁置在临时支承垫块上。

(11)管节的拉合和水力压接应严格遵循先期制订的施工方案,方案应经设计认可。

(12)在调整好管节的平面位置后,逐级缓慢地释放吊力,直至吊缆内的吊力为原吊力的70%。同时,监测垂直千斤顶的顶力变化,调整推杆伸出长度,使两个垂直千斤顶受力均匀,并将管节纵坡准确调整至设计值。

(13)管节水力压接工艺完成后,向压载水箱对称、均匀加注压载水,直至管节的抗浮安全系数达到1.05,相邻压载水箱内的水位差不得超过第(6)条初调坡度时相邻水箱水位差的要求。

(14)从管节加注压载水的开始到基础施工结束,应实时监测垂直千斤顶的顶力变化,确保两个垂直千斤顶受力均匀。同时,若单个垂直千斤顶顶力达到警戒值时应采取应急措施,并立即向各方通报。

(15)只有当前一节管节基础处理完毕、管底两侧砂石回填锁脚后,才可沉放下一节管节。

(16)在沉放、对接过程中,应限制通航,以保证管节定位不受船行波的影响。

(六)最终接头施工

1.目前国内外主要的最终接头形式

当沉管隧道最后一节管节沉放后,在最后沉放管节与先前沉放管节或已建岸坡结构物间还留下1～2.5m的间隙需要封闭,这最后一小段结构就称为最终合拢接头。最终合拢接头的位置、结构和施工方法的确定必须考虑沉管隧道的整体连续性、可施工性和安全性等要素。通常最终合拢接头的位置有两种:一种是安排在与竖井连接处,另一种是安排在管节之间。

按刚度来划分,沉管隧道接头形式大体上有柔性接头、刚性接头、先柔后刚接头。接头的连接方法有施工现场浇注的混凝土和水力压接方式。

按照施工方法划分,最终接头有多种形式,如陆上施工方式、水下混凝土方式、止水板方式、接头箱体方式和V形箱体方式等。各种方式的简图如图8-75所示。就具体的工程来说,究竟采用何种形式需要根据实际情况确定。

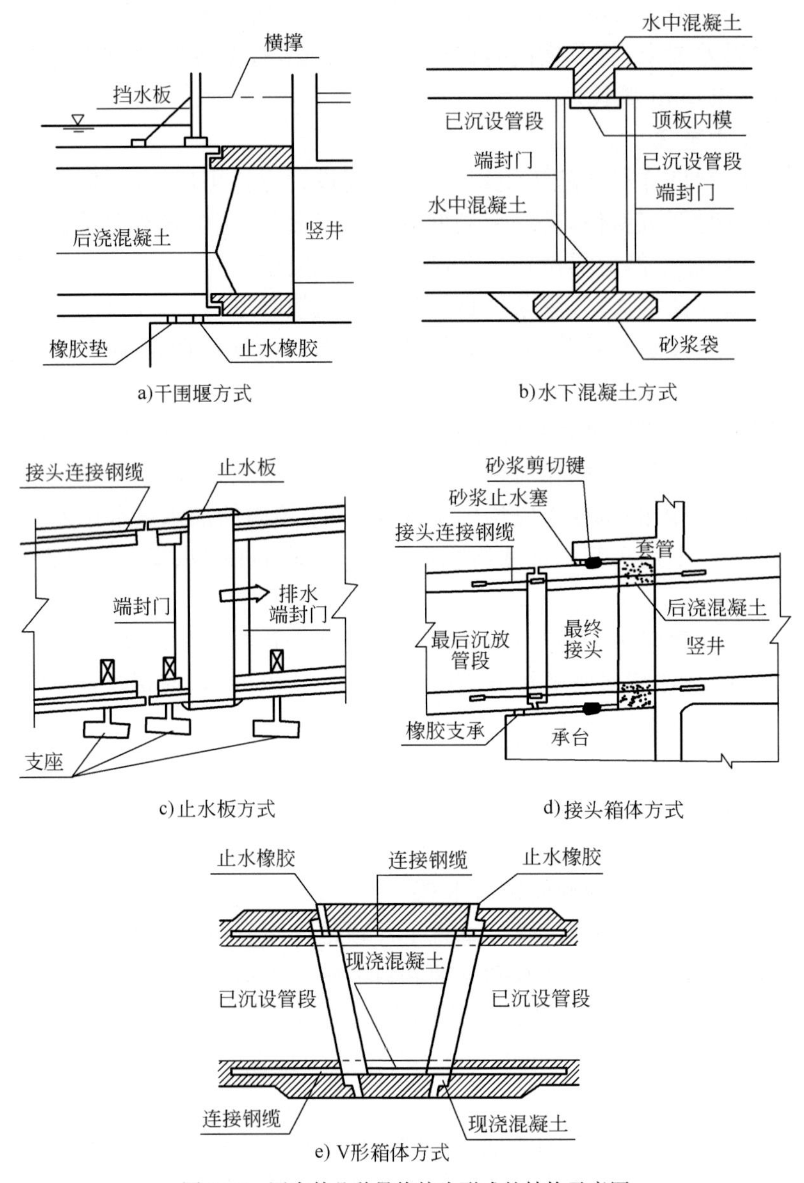

a)干围堰方式
b)水下混凝土方式
c)止水板方式
d)接头箱体方式
e) V形箱体方式

图 8-75　国内外几种最终接头形式的结构示意图

围堰施工方式是最早、也是最原始的最终接头处理方式，主要适用于最后沉放管节与岸上结构物之间，也可用于水深较浅的两管节之间。它是先将要处理的接头结构周围用钢板等做成的围堰围起来，再用泵抽干里面的水，然后在无水的条件下施工接头结构的方法。这种方法的优点是能保证接头的施工质量，接头结构施工无水中作业；缺点是围堰的支护、止水作业水下工程量大。

水中混凝土施工方式为美国开发并大量采用，这种方式将最后沉放管节与先前沉放管节间的间隙沿管节周围环向安装上模板，再向立好的模板内灌注混凝土，以形成封闭的钢模板与混凝土的混合结构，既可达到止水以连通两端沉管的目的，又可形成永久承载结构。图 8-76 为钢筋混凝土沉管采用水中混凝土方式施工最终接头的实例。水中混凝土施工方式的优点是水下混凝土初步止水与内部接头结构可在不同环境条件下分部进行，当对接头刚度要求不高时，止水和永久的承载结构还可一次做成；缺点是水下安装、焊接作业工程量大，水流流速大及水浑浊时给水下潜水作业施工带来了困难，水下焊接及混凝土的施工质量难以保证，接头刚度可能会因施工质量而达不到设计要求（对初步止水与接头结构分开施工的情况无此问题）。水中混凝土施工方式适用于两沉放管管节间的接头连接施工。

荷兰、日本常采用止水板施工方式，但各具特点：荷兰沉管隧道止水板施工方式的最终接头经历了一个从半刚性到全刚性（与管体等刚度）的发展过程。日本止水板施工方式的接头则为全刚性。图 8-77 为荷兰对最终接头采用止水板施工方式的 4 个典型方面。其中，图 8-77a) 为荷兰沉管隧道较早使用的方式，接头容易损坏，图 8-77b)为现代荷兰沉管隧道使用的接头方式。这种方式将带有橡胶止水垫的钢板环绕两沉管管节末端安装实现初步止水，再从排干水的隧道内完成余下接头结构部分的施工。其特点是初步止水及永久承载、止水结构在不同的环境下分步进行；初步止水钢板的安装需要水下潜水作业施工，而接头结构可以在完全干燥的环境下完成，接头结构可做成与管体等刚度。可以说，止水板施工方式集中了干围堰施工方式与水中混凝土施工方式的优点，既可以与干围堰施工方式一样在无水的条件下施作接头永久承载结构，而无围堰施工的难度，又可以与水中混凝土施工方式一样先做好外部初步止水结构，却无水中混凝土施工方式的复杂工序，工作量小，受水流、水质影响小。目前，这种接头技术已比较成熟，而且具有众多优越性，被广泛采用。

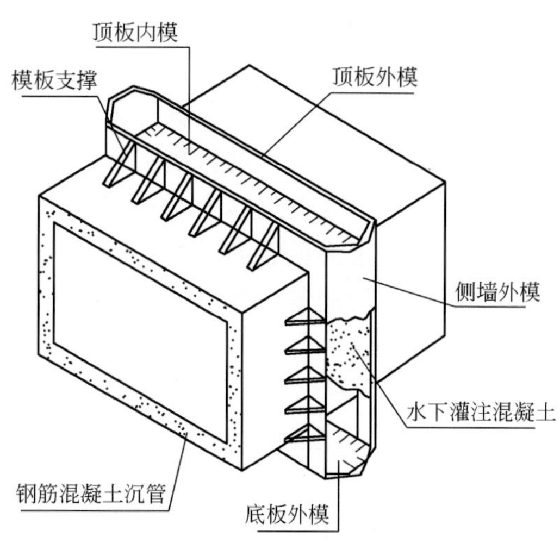

图 8-76 水下混凝土接头结构示意图

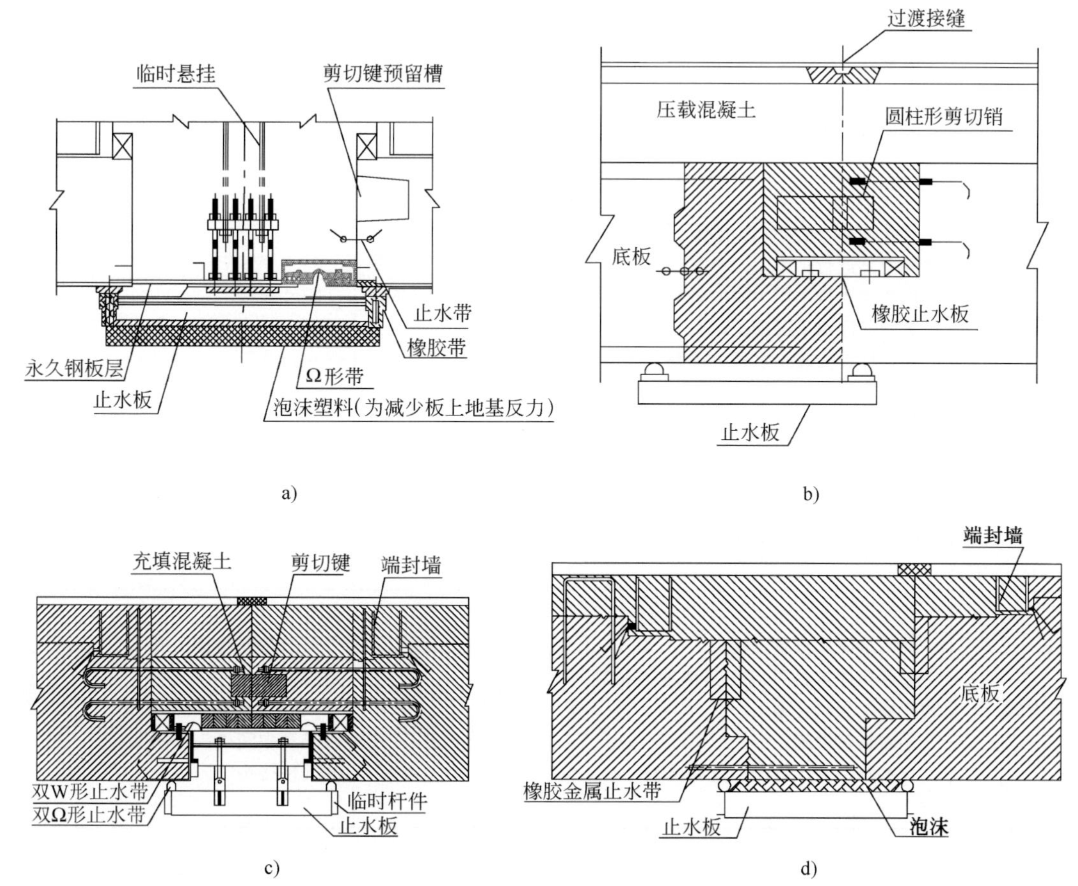

图 8-77 荷兰对最终接头采用止水板施工方式的 4 个典型方面

接头箱体方式及 V 形箱体方式为近年日本开发出来的具有极大创意性的全新最终接头方式，打破了最终接头只能做成刚性接头的传统观念。接头箱体方式于 1996 年在日本高速湾岸线多摩川隧道及川琦航道隧道中首次采用，并获得了成功。V 形箱体方式在日本已有了一定的应用。

接头箱体方式目前使用于最后沉放管节与岸坡竖井结构之间的连接。其大致施工工序为：作为接头的箱体必须先预制好并隐藏在竖井结构底部伸出的钢筋混凝土套管内，当需施工最终接头时，再将箱体从竖井套管内推出，实现与最后沉放管节之间的初步止水。待水力压接完成后，再从隧道内往囊状橡胶止水带内注压力水，完成接头箱体与套管的初步止水。然后向套管与接头箱体间的预留凹槽内注入水泥砂浆，当套管内的水排干后，即可连通整个隧道，并完成接头的余下工序。整个接头的施工基本上都是在无水的条件下进行的。

V形箱体方式适用于两沉管管节之间的接头。这种V形箱体两端头部装有GINA垫圈，箱体的尺寸根据实际测量而得。进行接头施工时，先将箱体沉放到隧址，并实现与两端管节的初步压接，再排干两隔舱里的水。在此过程中，箱体在水的巨大压力作用下逐渐到位，并完成水力压接。这一施工过程与一般中间接头水力压接的过程是极为相似的。V形箱体接头方式的设计与施工已得到了一定的应用，具有广泛的应用前景。各种最终接头方式的比较见表8-23。

各种最终接头方式的比较 表8-24

名　称	特征及问题	有无水中作业	接头刚柔性	最终接头位置
干围堰施工方式	陆地环境作业，能够实现可靠的施工； 难以适用于大水深的地方； 围堰必须有充分的可靠性结构、规模	部分围堰作业为水中作业	基本上是刚性连接	适用于水深较浅的场合
水下混凝土方式	围绕接头部位设模板，在其中灌注水下混凝土，在止水的基础上由隧道内作业； 必须灌注水密性高的混凝土	立模板灌注防水用的混凝土等都需水下作业	刚性连接	沉设管节和最后沉设管节的连接
止水板方式	绑扎钢筋、浇注结构混凝土在隧道内干环境下进行； 作为承受排水压力时的梁必须在水下安装或灌注水下混凝土； 必须注意安装止水板处的漏水	设置承受反力的梁，安装止水板是水中作业	刚性连接	适用于水深浅的场合
接头箱体方式	采用水力压接的过程与中间接头相同，一切均无需水中作业； 对止水胶带的性能需明确	无水中作业	与中间接头相同的柔性接头	目前用于竖井与最后沉设管节的连接
V形箱体方式	利用水压和自重连接； V形箱体本身可以在其他地方预制，和现场工程组合施工； 不需临时设施； 止水胶带的性能需检查和试验	由潜水员检查测量等，无需水下作业	可以是刚性接头或是柔性接头； 柔性接头时，也可以是和中间接头相同的柔性接头	与水的深浅无关，均适用

2.水下最终接头

1)水下最终接头施工原理

水下最终接头是在两端管节都就位的情况下，在两端管节端头的外周设置整环的钢封板，并在钢封板与管面之间设置橡胶止水带(底板部位的钢封板和橡胶止水带在水中沉管管节就位前放置好)，用螺栓拉力压紧橡胶止水带，起到初步密封止水效果。同时，在两管节端面之间设置可调节的临时支撑，在排放出两端封门之间的水体后，借助作用在钢封板上的水压力，使橡胶止水带被最终压紧，从而起到施工最终接头期间的密封止水作用。然后，破除两侧的端封门，在管节内部逐步分阶段拆除支撑，施作底板、两侧墙和顶板的钢筋混凝土，并按要求施工接头防水设施，完成最终接头钢筋混凝土后浇带的施工。

2)水下最终接头施工工艺

水下最终按头施工，是沉放水下作业的最后一道工序，图 8-78 为广州生物岛—大学城沉管隧道水下最终接头密封止水示意图。主要施工工艺如下：

(1)钢封板、支撑梁制作。

(2)最终接头段基础整平。

(3)底封板寄放。管节沉放前，采用工程船将底封板吊放在最终接头段的整平基础上，初步定位。

(4)底封板安装。

①管节沉放完成后，清除底封板处的淤泥及杂物，并派潜水员进行水下检查。

②在两管节接头凸台上安装吊梁，在两管节顶安装手拉葫芦，将底封板拉起，使板上的橡胶止水带贴到两管节底部。

③安装底封板与吊梁间的螺栓，并初步旋紧。

④检测底封板与两管节的位置关系，保证底封板与两侧管节搭接均为 800mm(含凸台宽度)。

⑤均匀旋紧底封板与吊梁间的螺栓，使底封板与管底四周接缝处达到初步止水要求，之后拆除手拉葫芦。

(5)安装支撑纵梁，并采用无收缩高强度锚固剂填充梁端与支撑座之间间隙。

(6)安装侧封板。采用工程船将侧封板吊装初步就位后，派潜水员水下安装侧封板与管节侧面的螺杆，检测侧封板与接头两管节侧面的搭接满足每侧为 400mm，并检测侧封板底端面板压紧底封板外伸部的橡胶止水带。最后，均匀旋紧侧封板与管节侧面的螺栓，使侧封板与侧墙四周接缝处达到初步止水要求。

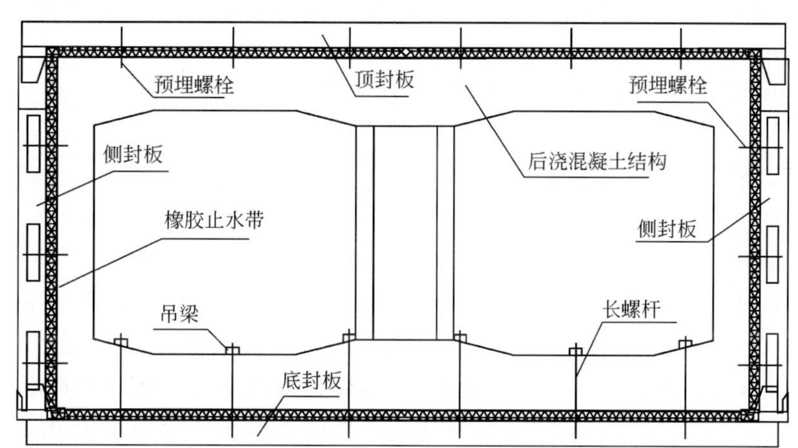

图 8-78 生物岛—大学城沉管隧道水下最终接头密封止水示意图

(7)安装顶封板。采用工程船将顶封板吊装初步就位后，派潜水员水下安装顶封板与管节顶面的螺杆，检测侧封板与接头两管节侧墙的搭接满足每侧为 400mm，并且检测顶封板外伸部的橡胶止水带压紧侧封板顶端面板。最后，均匀旋紧顶封板与管节顶面的螺栓，使顶封板与管节顶面四周接缝处达到初步止水要求。

(8)抽水压密。接头内抽水前潜水员应对以下内容做全面检查：顶、侧钢封板上橡胶止水带与两管节接触情况，确保接触面无杂物，橡胶带紧贴接触面；顶、侧钢封板螺杆的螺母是否均匀拧紧。检查完成，确保无遗漏后，打开设置在钢封门上的进气阀与排水阀，抽出接头间的水，潜水员再次检查橡胶止水带的压缩情况，并将顶、侧封板上的螺母拧紧。

(9)管内混凝土施工。最终接头段钢筋混凝土结构分三部分浇注，即底板、侧墙与中隔墙、顶板，利用外部钢封板为外模板，管内分段立内模板。由于此段顶板混凝土无法进行振捣，必须采用无振捣混凝土，即自密实混凝土，施工时应对混凝土配合比进行仔细研究，确保该段混凝土在无振捣情况下达到设计的混凝土强度要求。最终接头混凝土结构的施工顺序如下：拆除底板钢支撑→底板施工→拆除一侧侧墙钢支撑→该侧侧墙施工→拆除另一侧侧墙钢支撑→另一侧侧墙施工→拆除顶板钢支撑→顶板结构施工。合拢段浇注工艺如下：

①割除钢端封门和覆盖在最终接头两端面上的全部保护钢板，对接头两侧混凝土表面按照后浇带施工缝的要求进行处理，打开接驳器封盖，连接接头两侧钢筋。

②混凝土浇注。底板、侧墙与中隔墙几部分混凝土浇注可采用陆上一般浇注工艺。顶板混凝土浇注时，应预埋穿过底模板的布料管、排气管，自密实混凝土由输送泵压入顶板模板内。施工过程中，应采取有效措施，观察混凝土浇注高度，随时调整泵送压力，防止封板渗水，影响混凝土的浇注质量。

(10)最终接头段施工完成后，对下部基础进行灌砂处理。

3)水下最终接头施工主要技术措施和注意事项

(1)最终接头是沉管隧道施工中重点控制项目，水下最终接头施工也是水下作业最多的一道工序，所以，施工时要从多方面进行控制，保证最终接头的施工质量。

(2)必须按设计图正确埋设接头处水下连接处的各类预埋件。

(3)相接的两端面须对如下各项做全面检查，并确保达到设计要求：

①两管管节钢端封墙的焊接、检漏和防腐蚀处理。

②支撑座的焊接和防腐蚀处理。

③管节端面保护钢板的焊接和防腐蚀处理。

(4)在水下最终接头两端面间安装临时支撑，在支撑端板和支撑座之间水下灌注无收缩高强度锚固剂，以填充两者之间的空隙，保证支撑可靠传力。灌注要充分、均匀、密实，无侧限抗压强度标准值须大于设计值。在锚固剂达到该强度后，方可进行下一步施工。

(5)割除钢端封门和覆盖在最终接头两端面上的全部保护钢板时，应采取有效措施进行施工，避免对管节混凝土的损伤。

(6)最终接头两侧钢筋连接，钢筋与接驳器的连接及钢筋之间的焊接，应严格按照有关施工验收规范执行。

(7)最终接头后，浇段混凝土应添加微膨胀剂，以保证顶板混凝土的密实。

3. 岸上最终接头

1)岸上最终接头处理的前提条件

当一侧岸上段工程、基槽开挖、干坞内管节预制同时进行，然后管节沉放对接由拟订先施工完成一侧的岸上段开始，一节一节向另一侧岸延伸，最后再施工这一侧岸上段。这种施工组织设计，一般是在利用其中一侧岸上段基坑作为管节预制的干坞时采用，其最终接头处理就必须在岸上进行。

此时应考虑抽干岸上段基坑内的水后，已经连成一体的管节由于端头原有水压力的消失所引起的管节接头中的GINA橡胶止水带的反弹力。

2)岸上最终接头处理方法

干坞施工时，根据承受GINA橡胶止水带的反弹力要求，要考虑采取一定的结构措施来承受反弹力(止推力)。这些结构措施包括：在坞槛后浇注一块混凝土底板，在短管节底板上预留灌浆孔，当短管节沉放在这块底板上后，通过灌浆使短管节底面与灌浆基础形成黏结力；或在坞墩预筑竖向槽，短管节沉放、对接后，在槽内和短管节侧面之间灌注水下混凝土，从而产生黏结力；或在短管节两侧及两边坞墩内预埋钢筋，在灌注完水下混凝土后，可承受剪切力；或同时采用上述三种措施。

短管节与岸上段可作刚性连接，也可按日本东京港沉管隧道最终接头处理方式进行连接，见图8-79、图8-80。

最终接头处理时也可采用临时围堰的方法，抽干岸上段基坑内的水后，再进行最终接头处理。

3)止推力计算步骤

(1)计算最终接头所受的水平推力 $T=\rho_{水}\ H_{平均水深}S$ (S 为承受水压端面积)。

(2)计算受剪混凝土容许承载力。

(3)计算短管节两侧水下混凝土受剪面积。

(4)计算水下混凝土与基床的容许黏结力 T_1。

(5)计算短管节底与灌浆基础的容许黏结力 T_2。

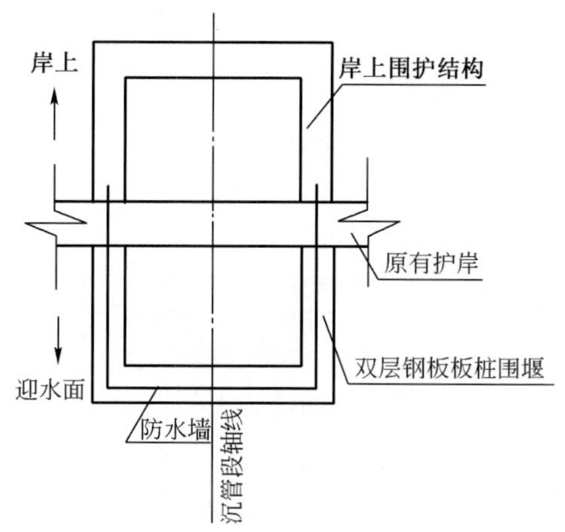

a)在原有的护岸前后做围堰及围护结构

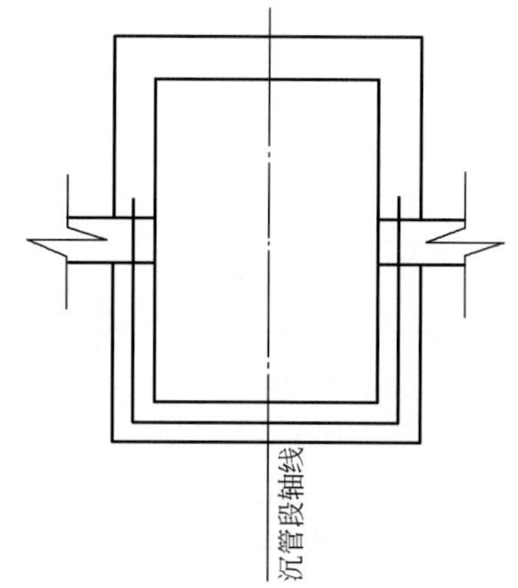

b)在土围堰及围护结构内开挖土石方

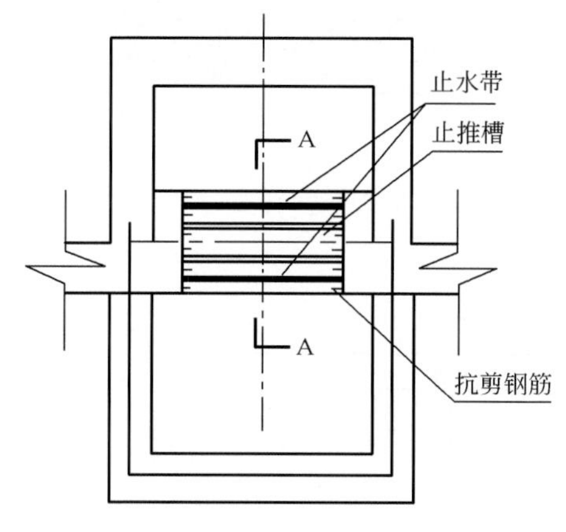

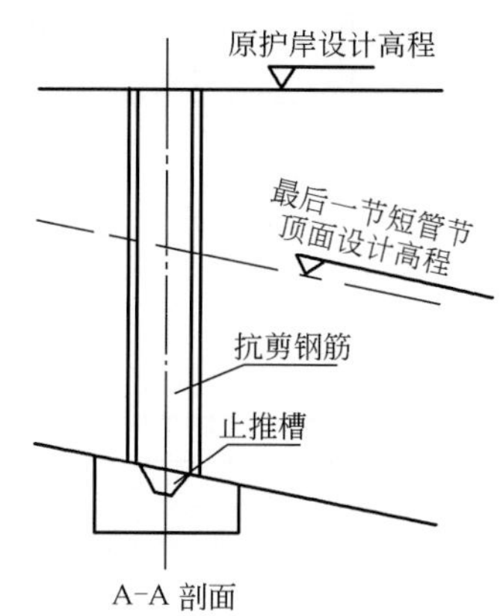

c)在基坑内施工止推墙

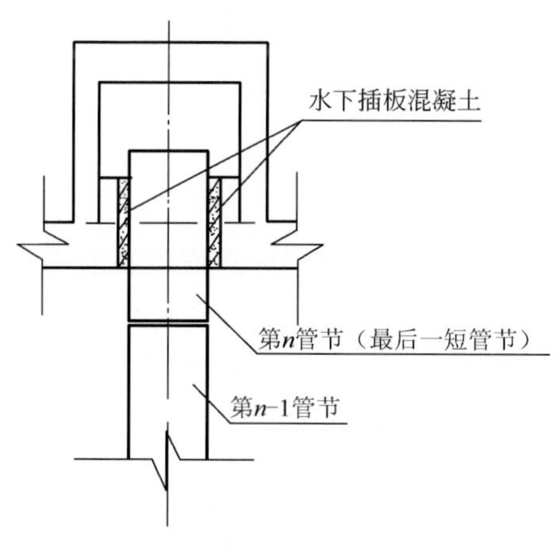

d)拆除围堰沉放最后一短管节

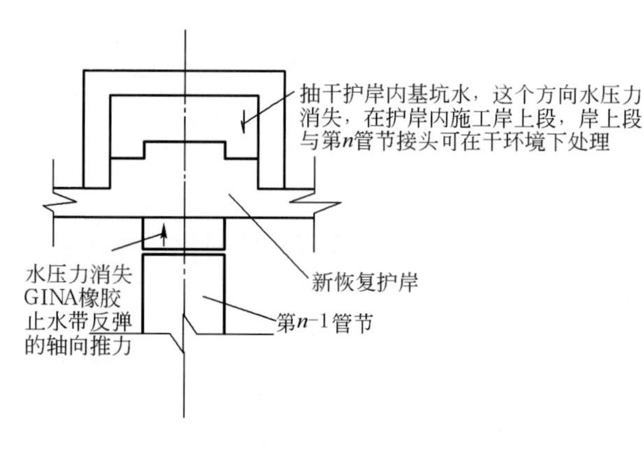

e)恢复护岸

图 8-79　岸上最终接头处理

(6)计算短管节两侧坞墩预埋钢筋容许剪力 T_3。

(7)计算止推力组合校核：$T_1+T_2>T$，$T_1+T_3>T$，$T_1+T_2+T_3>T$，$T_1+T_2+T_3+T_4>T$。

4. 最终接头施工工序实例

典型的沉管隧道水下最终接头施工工序如下：

(1)铺设底封板、橡胶止水带，沉放管节，准备与岸上暗埋段结构进行水下对接，见图8-81。

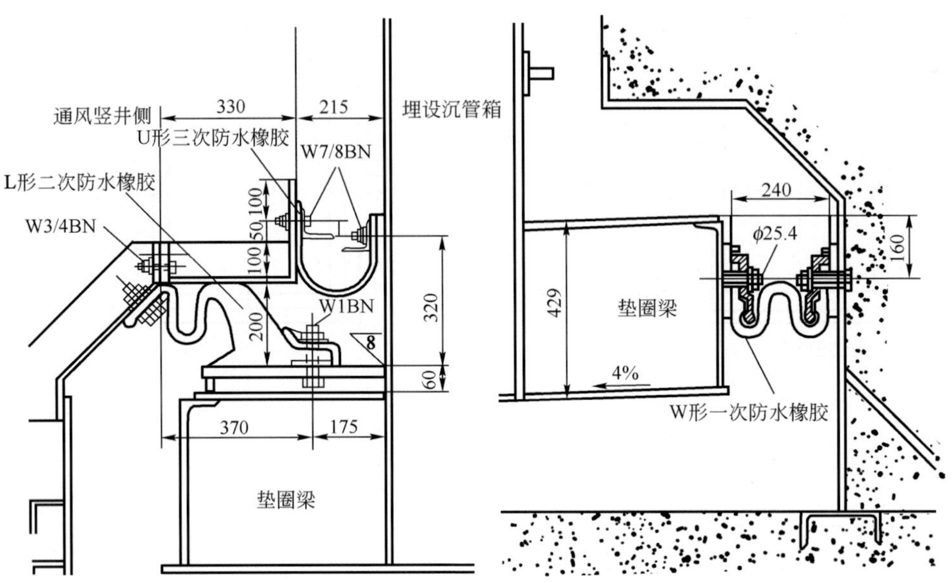

图 8-80　W 形一次、二次、三次防水橡胶安装图(尺寸单位:mm)

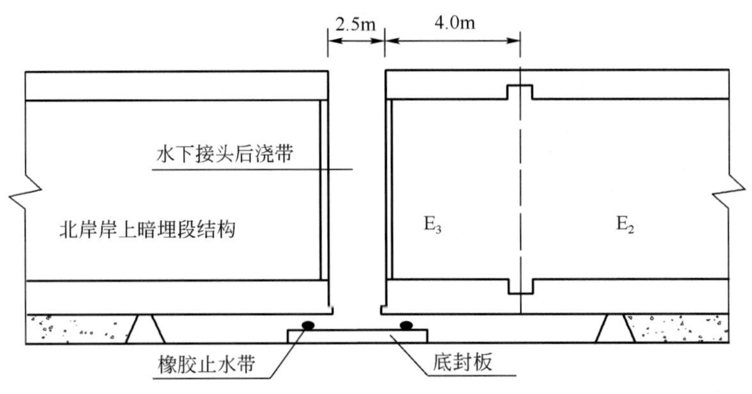

图 8-81　施工工序一

(2)安装接头间的临时钢支撑。临时钢支撑为柱状钢构件,其长度可调节,并安装在管节两端支座上,见图 8-82。

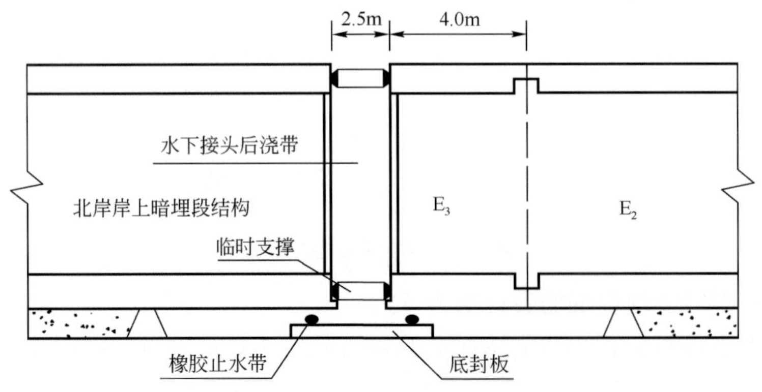

图 8-82　施工工序二

(3)安装侧封板、顶封板及橡胶止水带,并将固定螺栓拧紧,使封板上的橡胶止水带受压止水,见图8-83。

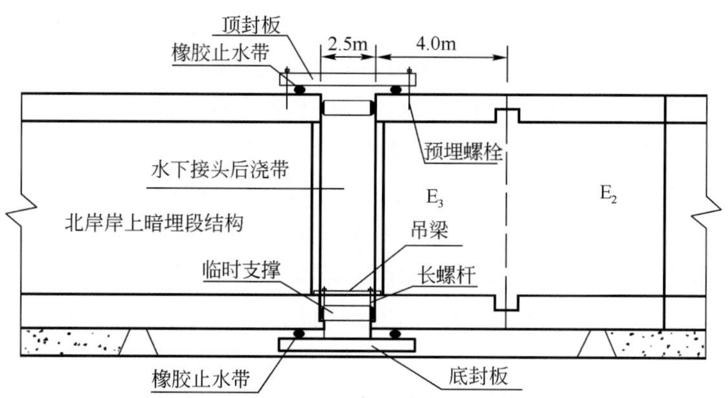

图 8-83 施工工序三

(4)排干接头间的水,检查橡胶止水带的水密性,见图 8-84。

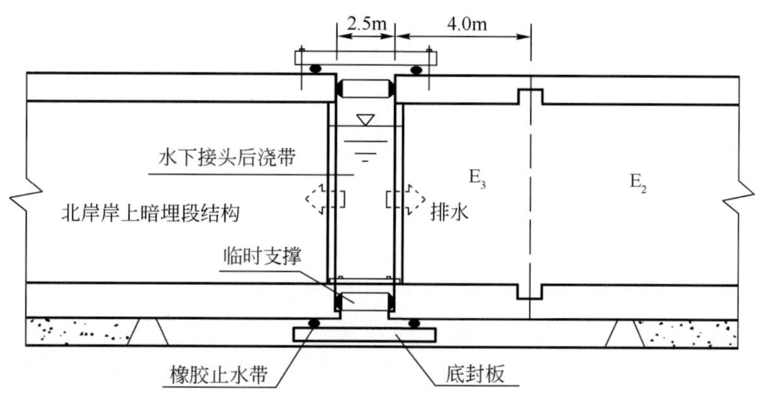

图 8-84 施工工序四

(5)破除端封门,分段去掉沉管底板的临时钢支撑,同时连接底板钢筋,并浇注底板混凝土,见图 8-85。

(6)逐步拆除接头余下的临时支撑,连接侧墙及顶板钢筋,并浇注混凝土,见图 8-86。

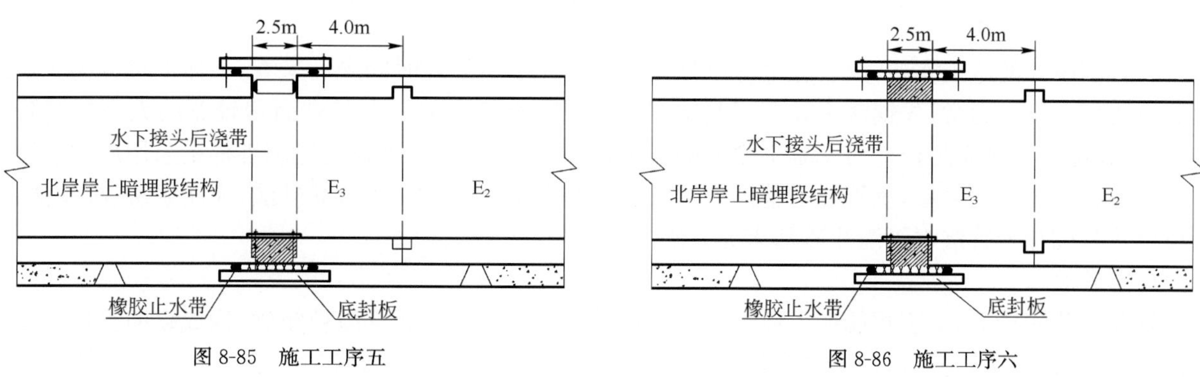

图 8-85 施工工序五

图 8-86 施工工序六

第七节 沉管段基础处理与基槽回填

沉管隧道沉管段基础处理是沉管隧道的关键技术之一。沉管隧道对各种地质条件的适应性强,一般不需构筑人工基础,且沉管隧道水中的沉管节对基础承载力的要求不高,在长期运营工况下其抗浮系数仅为 1.1~1.2。可以说,基础承载能力的要求不是考虑的重点,基础的整体性、平整度及沉降(包括过大沉降与不均匀沉降)相对来说更为工程界所关注。国内外已有的研究成果和施工实践都证明了这一点。

鉴于目前许多已建沉管隧道由于基础问题而导致严重的工程质量事故，有必要对沉管隧道的基础处理予以高度重视。结合国内外的施工实践来看，沉管隧道基础处理的必要性主要有以下几点：

(1)由于沉管隧道基槽水下开挖施工的特点，沉管隧道基槽开挖往往会产生底部凹凸不平的现象，致使管节底部受力不均，影响管节的稳定性，因此需进行基础处理。

(2)要求沉管基础整体均匀、稳定，因为无论使用何种挖泥船，浚挖后的基槽底表面，总留有15～50cm的平整度(铲斗挖泥船可达100cm)。这使基槽底表面与管节底面之间存在着众多不规律的空隙，导致地基土和管节结构受力不均而局部破坏，引起不均匀沉降，所以必须对沉管隧道的基础进行处理。

(3)为了保证沉管在车辆振动荷载作用下的安全使用，并防止在地震作用下发生基础液化，也需要进行基础处理。

(4)基础的平整度要求。由于沉管隧道管节所需的基槽面积一般较大，沉管隧道要求沉管基础平整度良好，不致影响沉管的功能发挥，须避免基础产生过大沉降和不均匀沉降，因此也需要对基础进行处理。

一、国内外基础处理常用施工方法

1.影响基础处理方法选择的因素

采用基础的类型应根据沉管沉放环境，水力条件(流速、流向、水深、波浪、潮汐等)，气候条件，沉积及地基情况，地震，隧道用途以及航运条件等来进行综合考虑。其中，主要的影响因素是淤积、地震、潮汐和航运。淤积和潮汐对基础处理的作业时间要求比较严格，时间上稍有耽误，便会形成新的沉积，需要重新清淤。同时，它们也对具体采用何种埋藏深度(是半埋、全埋，还是裸置于河床)有着重要的影响。如英国北威尔士康维隧道(1991年)，因在解决何时才能够开始喷砂等一些限制问题上耽误了时间，造成了隧道管节下面产生沉积物，后采用压气提升泵清除沉积物。对于地震要求，日本沉管隧道最为突出。它要求沉管基础必须满足抗震要求(一般按地震烈度10度设计)，否则后果难以预料。正因如此，即使在多震的日本，也未出现过因地震引起沉管隧道破坏的事故。至于航运条件，它直接影响着水上施工作业。因此，在确定沉管隧道基础前，必须详细调查影响施工作业的因素，从而选择合理的沉管基础。

选用何种基础处理方法的主要依据有：沉管节基槽底的工程地质条件、抗震设计要求、航道通航及封航要求、管节尺寸(主要是管节底宽尺寸)、沉管隧道所在地区充填料供应条件、沉管隧道所在地区现有可供施工选择的工程船舶配备条件、河(海)水深、工期及经济性要求等。

2.基础处理方法

综合国内外的施工实践，沉管隧道基础处理方法就充填与处理时间先后来看，大体上可分为先铺法和后填法两大类。通常，先铺法主要用于基础宽度较窄的沉管隧道。在基础面积较宽的大型沉管隧道中，由于先铺法很难满足设计对基础平整度的要求，因而较宽的大型沉管隧道基础都是采用后填法进行处理。而就施工工艺来看，沉管隧道基础处理方法主要有刮铺法、喷砂法、灌砂法、注压浆法、桩基法、沉箱桥台式基础和导管法水下灌注砂基床等方法。

1)灌砂法

管节沉放完毕后，从工程船舶上通过导管沿着管节侧面向管节底部灌填粗砂，构成纵向垫层。此法不需专用设备，施工方便，适用于底宽较小的钢壳圆形、八角形或花篮形管节。这是一种最早的后填法基础处理方式。美国早期的沉管隧道沉管节的基础处理常用此法，1969年建成的阿根廷Farana(Hernandias)隧道，亦用此法。

该工法是在管节底板中等距离预埋灌砂管，通过灌砂管向管节底下预留基础空间进行灌砂，生物岛—大学城沉管隧道工程、仑头—生物岛沉管隧道及珠江沉管隧道都是采用该方法进行基础处理。灌砂法基础处理见图8-87。

2)灌囊法

首先在开挖好的基槽底面先铺一层砂、石垫层，然后于管节沉放前，在管节底面下事先系扣空囊袋一并下沉，先铺垫层与管节底面之间留出15～20cm的空间。

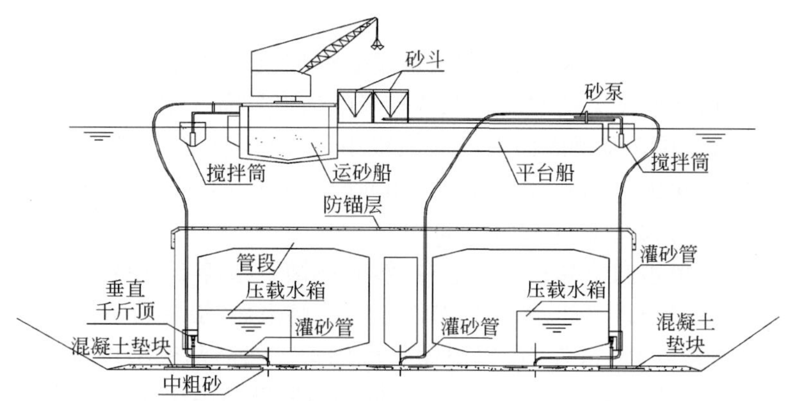

图 8-87 灌砂法基础处理

待管节沉放完毕后，从工程船舶上向囊袋内灌注由黏土、水泥和黄砂配成的混合砂浆，直至管节底面以下的空隙全部充填满为止，见图 8-88～图 8-90。

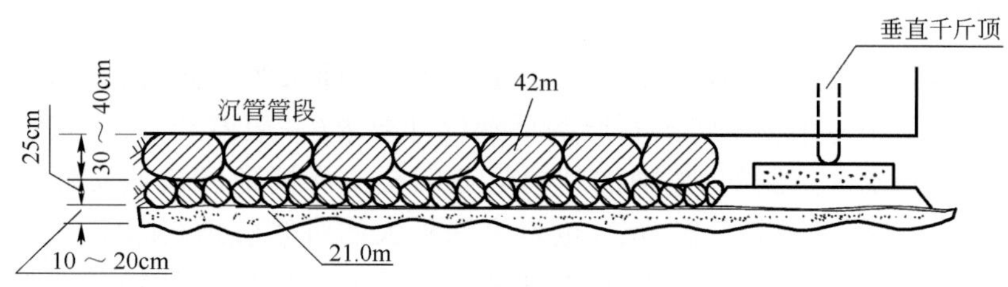

图 8-88 灌囊法纵断面图

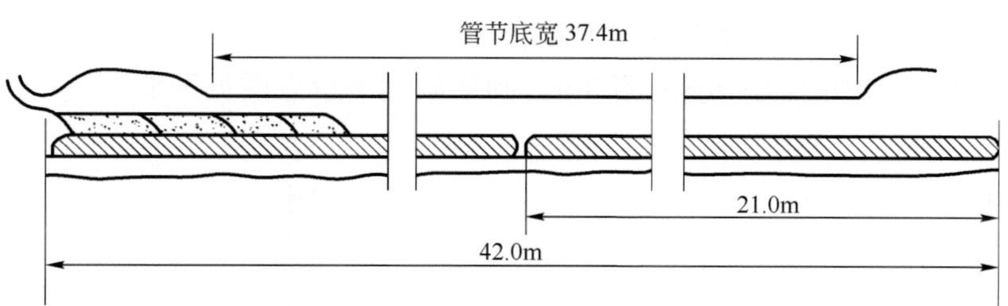

图 8-89 灌囊法横断面图

囊袋的尺度按一次灌注量而定，一般不宜过大，以能容纳 5～6m³ 为宜。制造囊袋的材料要有一定牢度，并有较好的透水性和透气性，以便灌注砂浆时顺利地排出囊袋中的水和空气。

混合砂浆的强度要求不高，只需略高于基槽原状土即可，但其流动度应较大。灌浆时，从水面通过 100mm 直径的消防软管，靠砂浆自重自行灌注，而不加压(故不称为“压浆”)。灌注时，必须密切观测管节是否被顶起，一般可采取间隔(跳挡)轮灌等措施来避免管节被顶起。

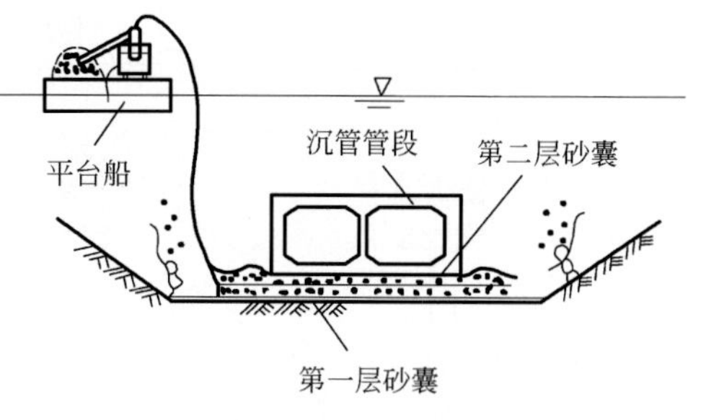

图 8-90 灌囊法基础施工

此法最初用于瑞典 Tingstad 隧道(1968 年)。之后，日本的衣浦港水底隧道也采用此法。

3)压浆法

压浆法是从隧道内部，经预埋在管节底板上的单向阀压浆孔向管底空隙压注混合砂浆。该法最早是在日本东京港第一航道水底道路隧道(1976 年)使用。具体做法是，向在管节下面超过 0.7m 厚的砂岩碎石层泵送 0.5m 厚的膨润土砂浆层，管节的边缘用砂碎石过滤层来密封，以防止砂浆漏失，对于终端的管节采用钢桩基础。我国甬江沉管隧道采用的就是压浆法基础。

压浆法是在灌囊法的基础上进一步改进和发展而来的，可省去较贵的囊袋、烦琐、复杂的安装工艺、水上作业和潜水作业。

压浆所用混合砂浆是由水泥、蒙脱土、砂和适量缓凝剂配成。蒙脱土也可用黏土代替,其掺用目的是为了增加砂浆的流动性,同时又节约水泥。混合砂浆的强度只需 5MPa 左右,只要不低于地基原状土体的强度即可。由于管节作用在基槽底面上的压力很小,一般只有 1～2MPa,最大仅为 3MPa,因此每立方米混合砂浆的配比为:水泥 150kg,蒙脱土 25～30kg,砂 600～1 000kg。压浆时所用压力不宜过高,以防顶起管节,一般比水压力大 0.1～0.2MPa 即可。

采用此法时,沉管段基槽须向下超挖 1m 左右,然后摊铺一层碎石(厚约 40～50cm),但不必刮平,再堆设一层作为临时支座的碎石(道砟)堆。管节沉放对接结束后,沿着管节两侧边及后端底边抛堆砂、石混合料至离管段底面高程以上 1m 左右,以封闭管段周边。然后从管节内部,用通常的压浆设备,经预埋在管节底板上带单向阀的压浆孔(直径 80mm),向管节底部空隙压注混合砂浆。

日本东京港第一航道沉管隧道(1976 年)首先成功试验此工法,同时解决了地震区砂垫层液化问题。1975 年底,日本在另一工程成功试验压混凝土法,其基本概念与压浆法相同,只是以低强度等级、高流动性细石混凝土代替砂浆。

4)刮铺法

刮铺法一般用于钢壳管段隧道,属于先铺法中的一种。刮铺法的工艺过程是,基槽浚挖后,在沉管沉放前,铺以碎石垫层,采用专用设备将碎石层刮平到设计要求(一般厚约 0.7m,刮平精度 3cm),然后将沉管沉放到碎石垫层基础上。例如,美国加利福尼亚旧金山海湾地区快速交通铁路沉管隧道(1970 年),是世界上最长的沉管隧道(总长 5 825m),也是水深最大的沉管隧道(底深 40.5m),其隧道结构为单层钢壳、双管孔,每孔单轨,地基岩性为泥沙层,采用铣刀式真空吸泥机和蛤斗式挖泥机清除软基,然后进行样板刮平基础处理。又如日本大马河(台场)铁路沉管隧道(1980 年),位于地震活跃地带,地基岩性主要为软黏土和粉砂层,采用的是样板刮平碎石基础,基础为 70cm 厚、12.4m 宽的碎石(粒径 30～40mm)层,能适应较大的沉陷,并能经受强烈地震。

基础处理及管节沉放专用工程船舶见图 8-91,刮平箱刮平示意图见图 8-92。

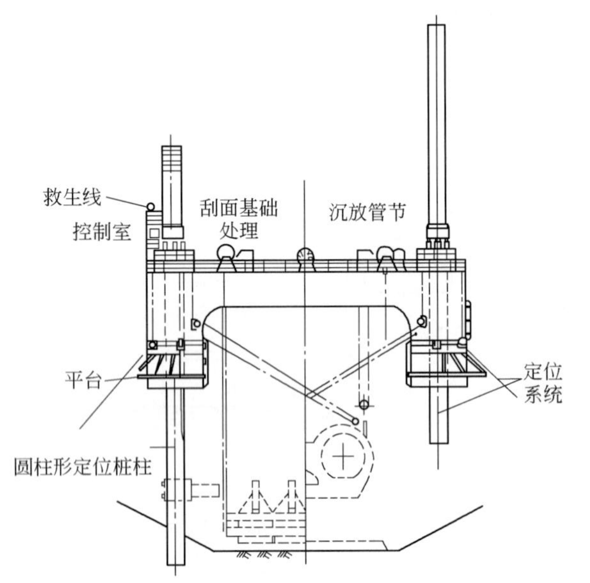

图 8-91 基础处理及管节沉放专用工程船舶

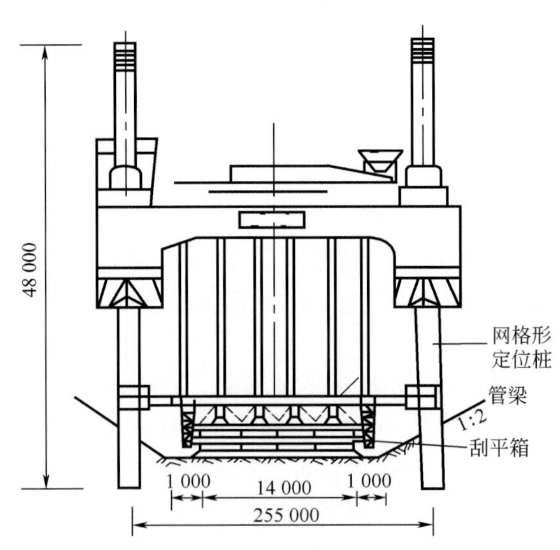

图 8-92 刮平箱刮平示意图(尺寸单位:mm)

5)喷砂法

喷砂法基础也称 C&N 法基础。它利用了与隧道管段上方滚动移动的钢门架相连的 3 根管子。其中,最大的管子在中间,将砂、水混合物(成分要控制良好)泵送到隧道管段下面,另外两根管子又将水吸回去,从而形成一种流动作用,使砂在隧道管段下面以一种良好限定和控制的型样沉淀下来。例如,荷兰斯派克尼瑟地铁隧道(1984 年)首先采用喷射空气搅动和借助河流水作用清除淤泥,在某一端头通过超挖清除不适用的泥土层,用砂取代,然后将其振动捣实。又如荷兰阿姆斯特丹的科恩隧道(1966 年),

在通过水力浚挖清除软基后，将沉管放置在 4 个样板刮平的砾石堆上，然后用千斤顶调整其高程，再在管段下面喷砂。

当管节宽度较大时，先铺法、灌砂法均不适用，此时可采用喷砂法。该工法主要是在水面上用砂泵将砂、水混合料通过伸入管段底面的喷管向管段底部喷注，以填满其空隙。喷砂所筑的垫层厚一般为 1m。

喷砂作业前，需在沉放完毕的管节顶面上安设一套专用台架。台架在水面以上的部分作为施工工作平台，台架可沿铺设在管节顶面上的轨道作纵向前后移动。在台架的外侧，吊着一组由三根钢管组成的管组。管组下端弯成 L 形，以便伸入管节底下的空隙中。管组中间的一根为喷管，直径为 10cm。其旁为两根吸管，直径为 8cm，在喷砂、水混合料的同时，经两根吸管抽汲回水。根据回水的含砂量判定喷填的密实程度，见图 8-93。

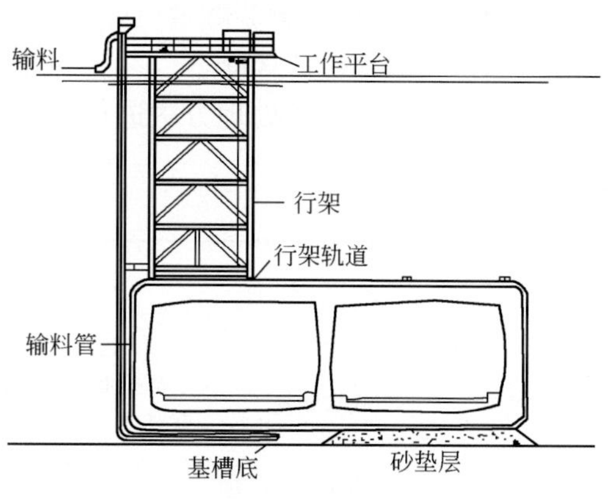

图 8-93 喷砂法

喷砂作业时，先从管节的前端开始，逐步喷填到管节后端，然后用浮吊将台架吊移到管节的另一侧，再从后端向前端喷填。喷砂作业的施工速度约为 $200m^3/h$。

在喷砂开始前，可利用吸砂设备将基槽底面上的回淤土或松散的土块清除干净。这也是喷砂法的另一特点。

喷砂完毕后，随即将支承在临时支座上的千斤顶卸荷，使管节全部（包括压重层）重力压到砂垫层上，使之压密。此时产生的沉降量一般在 5mm 以内。竣工、通车后的最终沉降量一般在 15mm 以内。

此法在欧洲用得较多。一些管节宽度较大的沉管隧道，如比利时安特卫普市的 ScheldtE3（J. F. K. Tunnel）隧道（管段底宽 47.85m），德国的 Elba 河隧道（管段底宽 41.5m）等，均用此法作基础处理。

到了 20 世纪 80 年代，该工法已发展到在管段底面下的空隙中设置一套能纵向（沿管节纵向）移动的导架，导架上放置横向往复移动的喷砂机械手，由水面工程船舶通过输砂管输砂，导架由水面工程船舶拖拽纵向移动，采用水下闭路电视监视喷砂充填空隙的效果。

6）压砂法

压砂法基础，也称砂流法基础。最早在荷兰弗拉克公路沉管隧道（1975 年）采用。它通过隧道管节底部的预留孔，将砂、水混合物泵出，填充隧道管节下的空间，直到“砂堆”接触到管节的底部为止。这样就在隧道管节下面形成一个扩大的砂饼，直到砂饼的内部水压超过了预先制定的最大值。然后打开下一个孔口，同时将前一个孔口关闭。例如，中国广州珠江沉管隧道（1994 年）即采用该种基础处理方法，该法主要用于受河流潮汐作用影响较大的公路、铁路隧道。地基主要分 4 个带：松散土层带、土状带、块状带和完整带。沉管主要放在块状带和完整带。两带主要为白垩纪红色砂岩，地质条件较好，属于 II～III 类围岩，通过清淤泥及爆破法基槽开挖，待管节沉放好后，从管底顶留的单向压注孔在隧道内向基底压砂，从而形成压砂法基础。至于基础密实度和砂盘半径，可依据模型试验结果，通过箱体两侧返砂 1m 高度来进行控制。

7）桩基法

桩基法在某些早期沉管隧道中有所应用。当地基土特别软弱，土层软硬不一时，为了防止不均匀沉降，有时采用桩基法。例如，瑞典廷斯泰德隧道（1968 年），由于河流底部淤泥影响较大，主要为后冰川期黏土，其基础采用了桩基法。当基槽底部用砾石铺平后，将长约 22m 的桩打进黏土中（黏土层位于 80～100m 深处），然后泵送灰浆填满管节下面的大尼龙袋。这些尼龙袋就分担桩基之间的管节部分受力。

8）导管法水下灌注砂基床

该法主要应用在美国早期沉管隧道中。在清基之后，管节就位到临时支座上，将导管伸到管节下浇注混凝土或砂，填满管节与地基之间的空间。

9)沉箱桥台式基础

该基础主要为两个气压沉箱，将管节两端沉放在沉箱之上，然后在管节下面与河床的孔隙间进行充填，如德国弗莱德里奇萨芬隧道(1927 年)。

3. 基础处理方法的选择

在对以上各种基础处理方法进行介绍的基础上，对各种基础处理方法的优劣进行对比、分类统计，具体见表 8-24、表 8-25。

沉管隧道基础处理方法对比表 表 8-24

基础处理方法	适用条件	优点	缺点及弥补措施	实例统计	
				个数	百分数(%)
刮铺法	软基硬基	造价低，强度高，能满足地震烈度要求	干扰航运，基槽底较宽，在流速大、回淤快的河流或管节底宽超过 15m 时，施工困难	26	28
桩基法	特软地基土，轴线不均匀沉降，砂性基础液化	设备简单	桩顶高程一致性问题弥补措施：水下混凝土传力法或砂浆囊袋传力法，可调桩顶板	5	5
喷砂法	适用于宽度较大的矩形管节	克服刮铺法在管底宽大方面的施工困难，可清除基槽底面回淤或松散扰动土	喷砂台架体积庞大，占航道，设备费用昂贵，对砂的粒径要求严格，解决办法：喷管喷水，喷砂管喷气；水泥溶渣和特殊黏合料	17	18
灌砂法	不同宽度的沉管隧道具有适用性，通常用于较窄的沉管隧道，同时不适合特软地基	在一般地层使用较广，但对砂要求较高，在一定程度上克服回淤，基础质量可控	需水上船舶设备，干扰航运交通，设备费用昂贵，对砂的粒径要求严格	15	16
压砂法	同喷砂法	克服喷砂法干扰航道通航及喷砂法台架费用贵的特点，对砂粒径要求比喷砂法低，克服回淤，控制基础质量	内部压砂，管节易漏水；外部压砂，需水上浮船设备，干扰航运交通	16	17
压浆法	同喷砂法	不干扰航道；不受水深、流速和潮汐等水文条件影响；施工设备易得，投资少；便于压力控制；含一部分水泥作注浆材料，河道中有少许淤泥也能固结；可防止管节沉降；浆液凝固后不液化	浆液凝固过程中有些收缩，会产生渗漏现象，须封堵	7	7
沉箱桥台式基础	特软地基管节少且短	设备简单	沉放时对河道有一定影响	8	9
导管法水下灌注砂基床	适于断面较小的钢壳圆形、八角形或花篮形管节	不需专用设备，施工简便	不适于宽度较大的矩形管段	8	8

沉管隧道基础处理分类统计表(单位：%) 表 8-25

分类 \ 基础		刮铺基础	喷砂基础	灌砂法	压砂基础	压浆基础	桩基	沉箱桥台式基础	导管法水下灌注砂基床
跨河	铁路	17	11	7	22	6	6	16	11
	公路	18	32	9	24	5	8	5	
跨港公铁		42	15	2	9	12			
国家	日本	22	6		6	33		22	
	美国	72	4	4					24
	荷兰		26	11	42		16		
	中国			5	1		1		

对以上两个表中数据的综合统计分析，可得出以下结论：

(1)目前世界沉管隧道中，用得较多的基础处理法是刮铺法、喷砂法、灌砂法和压砂法。

(2)从各种基础的优缺点来看，世界沉管隧道基础处理实际上有一个逐步发展过程：从导管法水下灌注砂基床、沉箱桥台式基础、桩基础到刮铺法基础、喷砂法基础，再到灌砂法与压砂法基础，以及后来的压浆法基础。这些方法的出现与社会生产力发展程度有密切关系。随着社会生产力的进步和各国经济的发展，沉管施工技术逐步提高。相比之下，后一种基础尽可能包含前一种基础的优点，且克服其缺点，尤其是压浆法几乎包括了其他几种基础处理法的优点。从统计数据来看，在过去的近百年时间里，压浆法的应用虽不是很多，但它是在其他方法的基础上发展起来的又一种新技术，在当今社会、经济条件下，是目前最理想的一种沉管隧道基础处理方法，特别是可以应用于抗地震防液化的地带。

(3)样板刮平的砾石基础普遍在美国使用，尤其是在跨港湾(海峡)隧道中。其优越条件是地基条件不算复杂，软基清除后即可铺设基础并刮平，又由于在宽阔的海面上施工，对航道的影响不太大，可以方便施工。

(4)欧洲(特别是荷兰)主要使用喷砂和压砂系统。其原因是沉管隧道多建在河流底下，淤泥影响较大，考虑到航道通航影响，所以通常在部分清基或完全清基后，进行喷砂、压砂，以砂代泥，加固地基，保证沉管的安全沉放。

(5)砾石铺平压浆法基础在日本采用得较多，主要是日本沉管隧道多修建在地震烈度要求严格的地带，因此基础处理必须满足抗震要求，防止砂土液化。

(6)灌砂法在地震震级不高的地区广泛适用。该方法在中国内地地区应用较多。

二、灌砂法基础施工要点

目前国内大多数沉管隧道都采用灌砂法进行基础处理，应用广泛，在此加以详细介绍。

基础灌砂是沉管隧道施工中的重要环节，砂基础的质量直接关系到整个沉管隧道的工程质量与安全。常采用加压灌砂，通过输砂管将灌砂混合材料灌入管段底部，填充管底与基槽底面之间的空隙，砂料沉淀形成砂盘，并逐渐对管底起到支承作用，在千斤顶放张后独立支撑整个沉管隧道，从而形成砂基础。

(一)管段基础处理施工要点

管段基础处理主要包括管段基础灌砂及灌浆封孔。灌砂基础施工主要包括灌砂试验、灌砂施工、砂盘监测及灌砂孔注浆封堵等环节，其施工工艺主要是利用一艘专用的灌砂工作船和一套隧道灌砂泵，通过布设在管节内的灌砂预留孔，由管外向预留孔进行压力灌砂。

灌砂法是在管节预制阶段预埋灌砂管，完成对接后，即利用灌砂船实施基础处理作业。回填料采用砂、水以及胶合材料进行拌和配制，通过砂泵将回填料经灌砂管压入沉管底部。灌砂完成后，通过注浆对冲击坑和灌砂管进行填充，如图 8-94 所示。

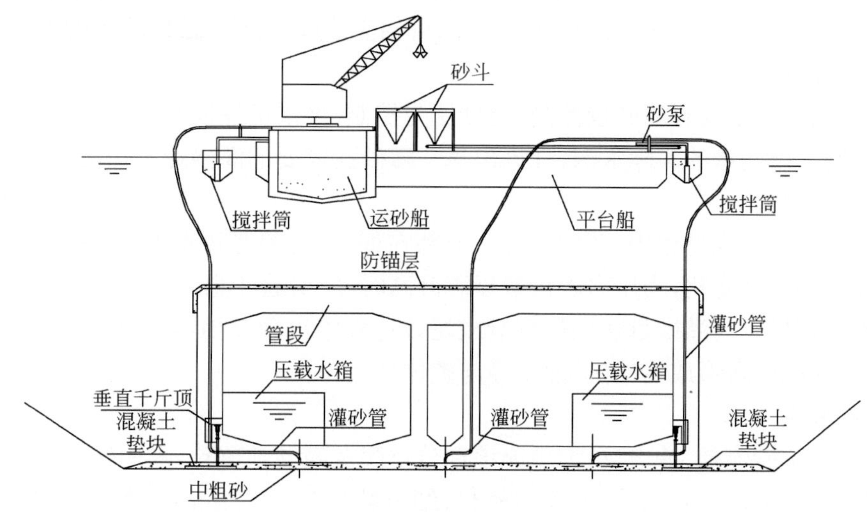

图 8-94 灌砂法基础施工

（二）灌砂试验要点

施工前，提前进行灌砂法施工的各种试验，以便掌握必要的施工参数，从而控制基础回填施工，使沉管隧道最终符合设计要求。进行灌砂试验时应注意以下几点：

(1)明确试验内容。

(2)合理进行灌砂试验设计。

(3)规划与确定试验方法。

(4)通过试验得出科学合理的试验结论，为施工提供参考与指导。

（三）灌砂施工要点

(1)灌砂施工工艺。管节沉放并进行两侧锁定回填后，由拖轮将灌砂工作船拖至现场抛锚定位，灌砂工作船横向布置于管节上。潜水员在水下将胶管与灌砂预留孔连接起来，砂漏斗的砂通过输送带送至搅拌器进行搅拌，由砂泵压送至管段基础，砂料逐步堆积形成密实的砂盘。

(2)灌砂工艺原理。砂泵采用高压水流作为砂水混合流动的动力，砂流通过孔道进入基槽，接近基槽底面后，砂流在管段下面的空隙中向四周水平散开，到达离灌砂孔中心线一定距离时，砂流的水平速度将大大减小，使砂沉积成环形砂盘，并且在砂积盘中间形成一个冲击坑，坑内砂流相当湍急，使得砂子不可能在其中沉积，沉积只能发生在环形砂积盘的外边缘上。随着砂子的不断注入，砂积盘的直径不断扩大，砂层越来越厚，冲击坑内压力不断升高，推动砂子向砂盘外边缘滑移，于是砂积盘直径越来越大。

(3)灌砂施工顺序。灌砂施工顺序为先中间后两侧，最后一排孔先不灌砂，等到后一节管节对接后，才能由该排孔进行灌砂施工，这样可避免砂料流至未沉放管段的基槽上。图 8-95 为生物岛—大学城沉管隧道灌砂布置示意图。

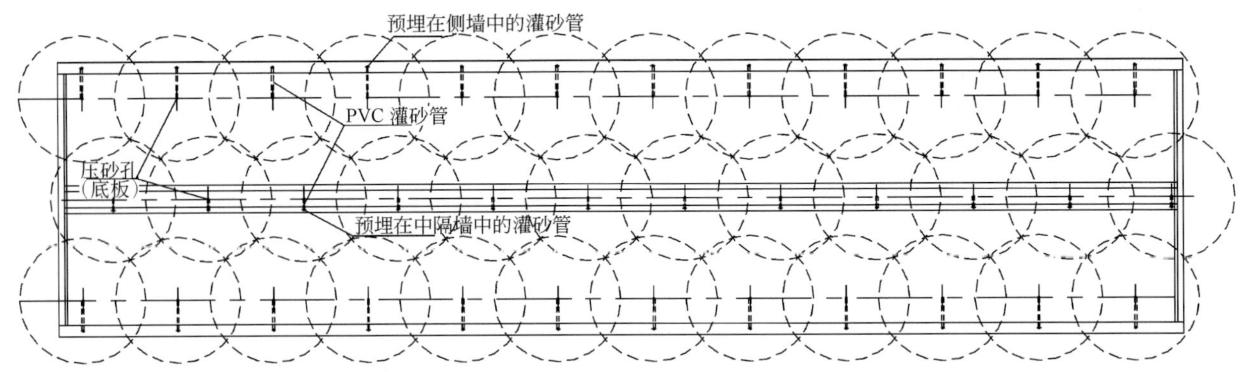

图 8-95　生物岛—大学城沉管隧道灌砂孔布置示意图

(4)灌砂施工管理。灌砂时，做好灌砂泵仪器读数、灌砂压力以及起止时间的记录，以便有效控制灌砂施工。同时，通过对每一段的基础施工的数据分析，取得相应参数，便于对后面施工的管节实施动态管理。

（四）砂盘监测要点

砂盘形成的监测手段主要有灌砂量控制、灌砂压力控制、潜水员探摸等。

(1)灌砂量控制。由测量的实际水深，计算出每一灌砂孔需要的灌砂量。当实际灌砂量达到该数值时，应注意其他灌砂参数。

(2)灌砂压力。砂盘形成过程中，灌砂压力一般都在变化，趋势是逐渐升高的。在砂泵出口处安装一个压力表，用以监测压力变化，当压力表读数显著升高时，应引起注意。

(3)潜水员水下探摸。当灌砂量达到计算量或灌砂过程中出现其他异动情况时，如压力显著升高，则应由潜水员下水探摸砂盘形成情况(扩散半径与整体性)。

（五）灌浆封孔要点

基础灌砂时会留下砂流槽、冲击坑，为填充该部分空隙及灌砂预留孔，采用压力灌浆方式，压注细石混凝土。细石混凝土应采用无收缩、易流动的材料，细石粒径为 2～5mm，材料的抗压强度标准值不低于 C35；细石混凝土灌注压力应控制在 0.3～0.5MPa。灌浆设备布置在灌砂工作船上，管段基础灌砂

工作完成后，即可进行灌浆。

灌浆过程中，派潜水员下水探摸预留孔注浆情况，若发现未填充满，则应进行补填。检验合格后，利用封板封住预留孔。

(六)施工技术措施和注意事项

(1)灌砂过程中，由于砂盘形成过程中压力会逐步增大，有可能将管节抬高。为了防止管节被抬高，在管段灌砂过程中，安排测量员不间断地对管段高程进行监测，并随时与灌砂工作点联系。

(2)随着灌砂工作的进行，管节内垂直千斤顶的压力表的显示值也会发生变化，需要随时加以监控。

(3)灌砂基础的材料为砂与水泥熟料的混合物。砂与水泥熟料的掺和比、粒径和灌砂施工后的密实度，应保证灌砂基础在规定抗震范围内不发生液化。同时，应注意以下几点：

①砂垫层应选用合理的级配；

②砂垫层相对密实度应满足设计要求；

③砂、水混合比应保证砂料在管道内的良好流动性。

(4)砂料在进入管道前应充分拌和，开始时应以水为主，然后逐步增加砂料，直至达到施工工艺指定的砂、水混合比。

三、回填施工

就施工顺序来说，沉管隧道的基槽回填施工是水下沉管段施工的最后一道工序。它是对已就位的管节两侧及顶部采用适当的回填材料进行分层回填。基槽回填的作用主要有：①保护沉管隧道沉管段，使其具有较好的防冲刷、防锚及防沉船等重物冲击等作用；②防止基础外侧形成抗震液化薄弱区域。回填施工期间的环境条件及回填工艺都会对回填质量及工作进展产生影响。

图 8-96 为基槽回填覆盖断面图。

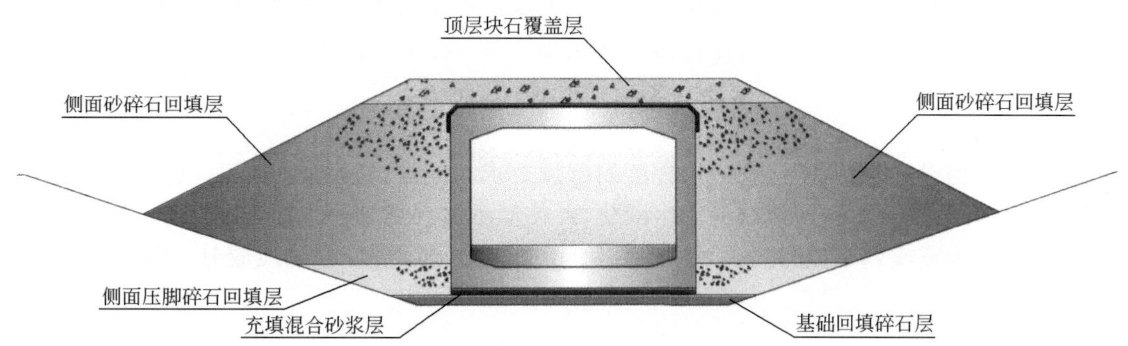

a)不设防护层

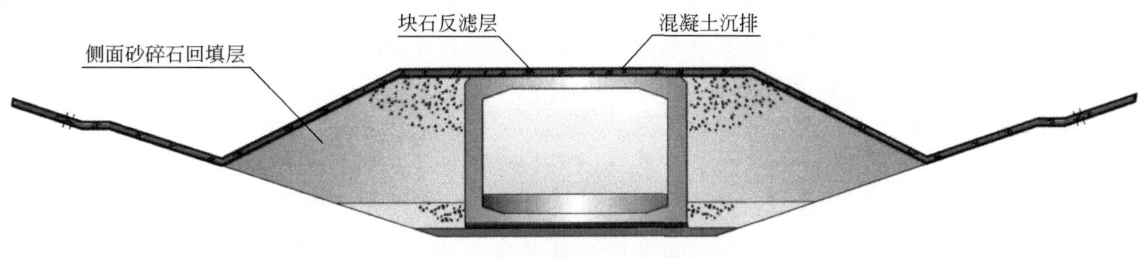

b)设防护层

图 8-96　基槽回填覆盖断面图

(一)影响回填施工的主要因素

1. 水流速度

水流速度的大小是影响沉管隧道回填的最重要的因素之一。它通过水力作用直接影响沉管基础、回填材料以及沉管本身的稳定性。一方面，水流速度大，水力作用将使沉管回填物被冲蚀、带走，因此它较大程度地影响着沉管回填材料的选择；另一方面，由于水流速度的影响，将回填材料送填到设计范围和达到设计厚度，因此需要研究解决回填方法和工艺问题，以确保沉管回填能真正起到保护沉管结构的作用。水流速度控制着回填覆盖厚度、回填材料粒径及回填工艺措施。水流速度大，要求回填覆盖层厚，回填块石较大，工艺措施复杂，反之亦然。

2. 水深

(1)水深与回填厚度有密切联系，但不呈线性关系。

(2)沉管顶面水深大多在10～40m范围内，而沉管回填厚度大多采用厚1.0～1.5m的覆盖层，并应考虑沉船和潮汐冲刷等因素的影响，以确保安全。

(3)水深在20m左右，回填覆盖厚度至少为1.0m，一般为1.0m。若考虑水流及潮汐等的影响，要求回填覆盖厚度大一些，最厚可达3.5m。

(4)水深超过25m，回填厚度可以不随水深增加而增大。回填厚度一般为1.5m。

3. 潮汐

潮汐作用可能产生以下几方面的影响：

(1)对水流速度产生影响。涨潮和落潮时，水流速度均较大，两者方向相反；平潮时，水流速度较小，甚至可以减小到零。这段时间称之为“潮汐窗口”，是沉管隧道沉放、回填的最佳时段。

(2)引起水位变动，不同程度地影响了水上作业。

(3)潮汐来回往复，水流携带泥沙，在平潮时发生淤泥沉积。通过调查发现，潮汐影响越大的水域，其底部淤泥沉积也越大，直接影响回填工艺。在回淤较快的水域，包括基槽开挖、管节沉放以及沉管回填的周期都很短，否则回淤将影响沉管的质量。

4. 航运要求

航运要求几乎影响着沉管隧道工程施工的各个环节。同样，它对沉管回填也有很大的影响。首先，它要求沉管顶部覆盖厚度足够大，回填及覆盖材料强度满足保护沉管顶部，防止船舶抛锚、拖锚或沉船等意外事故对沉管结构的破坏。通常，在管节顶部抛填1.0～1.5m厚的块石或碎石，以满足航运对沉管回填及覆盖的要求。

5. 地震

在沉管管节结构设计时，要求达到一定程度的抗震要求。同样，在发生地震时，也要求沉管材料能抵抗地震及列车振动影响，防止回填材料发生液化，并使回填材料达到一定程度的抗浮、抗震安全系数。为防止回填材料在地震或列车强烈振动时出现液化问题，关键要改变回填物质成分，即合理调节回填材料的级配。

6. 其他影响因素

其他影响沉管回填的因素有：严重的风暴、飓风等气候因素，严格的环境保护要求，河流地质及构造条件等，以及地下水或江河水对回填材料的浮抗力的影响，要求回填材料应与原河床结构一致，即回填材料的渗透系数应与原河床砂土层的渗透系数一致或近似。以上因素直接或间接地影响了回填材料的选择，回填范围及厚度的确定以及回填作业时间的安排。

(二)回填施工要点

基槽回填的主要工艺与注意事项如下：

1. 明确回填要求

根据沉管隧道所处的地理、水文(含河流冲刷)、航道等方面的要求与条件，明确回填覆盖层范围与厚度，从而对回填进行设计，明确回填的具体要求。

2. 回填分层及填料选择

(1)管节两侧底层。通常应采用掺粗砂的碎石，其配合比应使填料具有良好的排水性能，厚度多为3m。根据基槽及基础等方面不同，厚度有所变化。

(2)管节两侧中层。通常本层为一般回填，回填料可采用原开挖沙土或海沙。

(3)管侧保护层。本层多采用片石抛填，并有一定的级配，使保护层有较高的密实度，回填至与管顶

基本持平。

(4)管顶保护层。本层为一般回填,回填料可采用原开挖沙土或海沙。

3.回填方法

(1)纵向分段。根据沉管段长度,沿隧道两侧边线把管外回填施工分成几个作业区段。

(2)断面分层。管外回填断面分层清晰,施工程序较少,工期及质量容易保证,但为了便于加强回填工程施工组织,将整个断面内的回填分层进行施工。

(3)回填顺序。回填时,根据管节沉放进度,通常从沉管段一端开始分段回填。每段回填时,管节两侧对称依次从底层向上回填。

4.回填施工工艺选择

(1)第一层次。管节两侧的碎石砂层。用方驳装配碎石槽和导管,由皮带运砂船送级配碎石砂到方驳船上,装载机在方驳船上将碎石砂料倒运至石槽导管,也可利用砂石船的皮带机,直接将碎石砂卸入驳船上的石槽料斗中。

(2)第二层次和第四层次。管节两侧及管顶用一般回填料回填。自航式皮带运砂船在指定位置抛锚进行定点、定区域抛填,完成一个区域后,通过绞车移船,进行下个区域施工。

(3)第三层次。用片石保护层等分层回填。目前常采用"三自"(自装、自航、自卸)船舶进行施工。

采用压浆法进行基槽回填的断面示意图见图8-97。

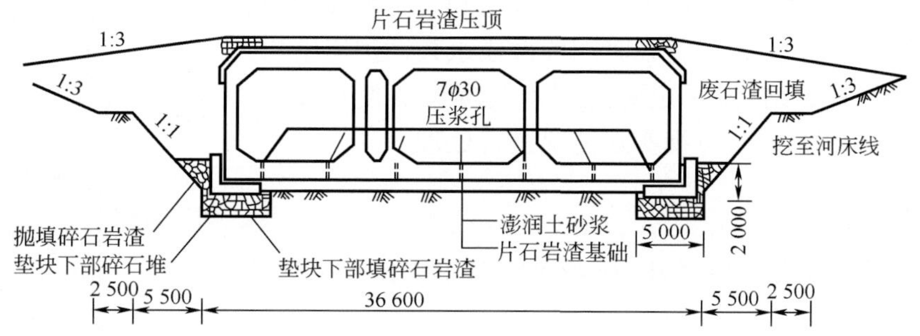

图8-97 采用压浆法进行基槽回填的断面示意图(尺寸单位:mm)

第八节 岸上工程

沉管隧道一般包括沉管段和两岸上段(或人工岛)。对于沉管隧道,从横断面看,常成V字形,一般从江河/海湾的一岸沿斜坡(岸上段)进入水下,再从水底沿斜坡至对岸(岸上段)。其中,水下段是沉管段。岸上段与沉管段由竖井连接,形成沉管段的两岸上段各有一竖井。隧道内安有通风系统,而两个竖井也被用作通风口。竖井具有通风、连接隧道、给排水等功能,有时通风竖井常被设计成标志性景观建筑。

岸上段常包括岸上暗埋段和敞开段,护岸工程和隧道的岸上段之间由于结构相互关联,受力相互影响,修建沉管隧道时常将岸上段和护岸工程一起考虑。

一、岸上段形式

从功能考虑,岸上段主要有如下两种形式:

(1)道路沉管隧道。道路沉管隧道由于要与两岸(或人工岛)道路相衔接,其岸上段一般由暗埋段和敞开段(含减光段建筑)组成。如果沉管段的最终接头采用水中接头,那么两岸上段则可采用明挖法施工。埋深大时,岸埋段也可采用盾构法和矿山法施工。如果最终接头设置在与岸上段连接处,通常将沉管段的最后一节做成短管节,并与明挖法施工段共同组成隧道的岸埋段。

(2)轨道运输系统沉管隧道。它主要包括铁路与城市地铁。如果沉管段与地铁线路相衔接,其岸上段一般由暗埋段和敞开段组成,形式与道路沉管隧道基本相同;如果沉管隧道与地下线相连接,其岸上段则为暗挖法隧道(盾构法或矿山法)或明挖法的隧道。

二、岸上段的护岸形式

岸上段的护岸形式可分为施工需要的临时护岸与永久护岸两种形式。在采用明挖法施工岸上暗埋段时，通常需要将原永久护岸拆除。为了不使河(海)水倒灌，一般需要做一段临时护岸，待暗埋段施工完成后，按规划或防洪要求恢复永久护岸，有时也可将临时护岸与永久护岸合二为一。

根据岸上暗埋段和原永久堤岸的实际情况，有以下三种做法：

(1)为了使沉放的管节能与岸上的暗埋段顺利对接，需要将岸上暗埋段延伸出岸线外一定长度。此时，可在原岸线外构筑临时围堰与岸上暗埋段基槽的两侧挡土结构及两侧永久护岸组成临时护岸。当岸上暗埋段施工完成后，在其上构筑护岸与两侧永久护岸连接，然后拆除岸线外的临时围堰，即可进行管节沉放对接作业。

(2)沉管段最后一节管节延伸到原岸线以内一定长度时，应首先做好岸上暗埋段，然后开挖基槽，并沉放管节。当管节的基础处理好后，在最后一节管节上面做临时围堰，也可作为临时护岸，在抽干水的围堰内进行最终接头处理，然后拆除临时围堰，并在最后一节管节上施作永久护岸。

(3)当岸上暗埋段作为干坞时，最后一节管节安装就位后，在该管节与坞墩之间设置能承受水平推力的止推结构，同时在该管节上做临时围堰，也可作为临时护岸。岸上暗埋段实施到一定程度时，可拆除临时围堰施作永久护岸，也可将临时围堰做成永久性护岸结构。

凡作为永久性护岸的结构，一定要达到永久堤岸的使用要求。若规划不需要恢复原永久护岸，可视实际情况进行处理。

三、通风竖井

在隧道口部一般都设有通风竖井，在通风竖井中大多设置有垂直式风机。

(1)通风竖井组成。通风竖井主要由进风口、进风口消音器、垂直风机、空气过滤器、送风道组成。典型通风竖井剖面示意图见图 8-98。

(2)通风竖井的建筑设计。通风竖井的建筑外形设计应与周围环境相协调。为满足环保要求，必须具有一定的高度。

沉管段与岸上段通风竖井布置透视图见图 8-99。

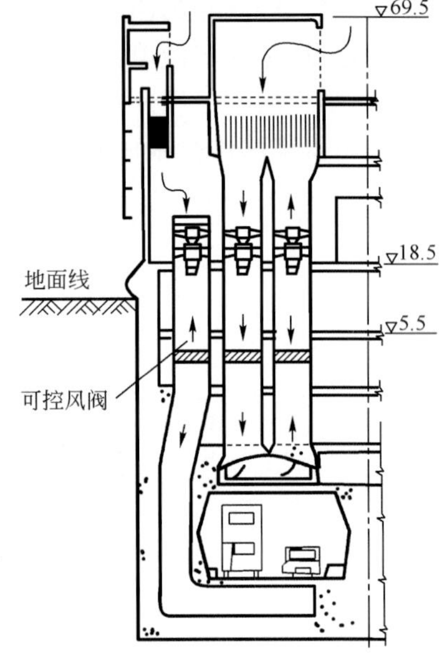

图 8-98　典型通风竖井剖面示意图

四、人工岛

人工岛的用途广泛，可建深水港、飞机场、大型电站、核电站、炼油厂、选矿厂、冶炼厂、水产加工厂、纸厂、废品处理厂、水文气象观测站以及毒品或危险品仓库等，是人类利用海洋空间的方式之一，也是一种新兴的海洋工程。作为进行海上作业或其他用途的场所的人工岛，大多有栈桥或海底隧道与岸相连。

现代工业发达的沿海国家，滨海一带人口密集、城市拥挤，使得进一步发展和建设新企业及公用设施受到很大限制，原有城市本身的居住环境、交通状况、噪声、水与空气污染等问题也很难解决。通过兴建人工岛，可有效地解决上述难题。

(一)人工岛历史

古代的人工岛，有为盐业工人在大潮或风暴潮时避难而建筑的潮墩，有为渔民等候潮水、储存淡水、整理渔具和躲避暴风雨的渔墩，也有为海防需要而建造的烟墩。中国明代嘉靖年间在江苏北部滨海淤积平原上已建造很多高数米至十多米的土墩台(人工岛)。这些数以百计的墩台是为满足渔业、盐业和军事的需要，在潮间带的海滩上修建的。

现代人工岛用途广泛，可用于兴建停泊大型船舶的开敞深水港，建造起飞着陆安全、不对城市产生噪声污染的机场，建造易于解决冷却和污染问题的大型电站或核电站，开采离岸不远的海上石油(气)田和建造石油、天然气加工厂，开采海底煤、铁矿或建造海上选矿厂和金属冶炼厂，建造水产加工厂、纸厂、废品处理厂、毒品与危险品仓库等，还可以建造海上公园，甚至新的海上城市。

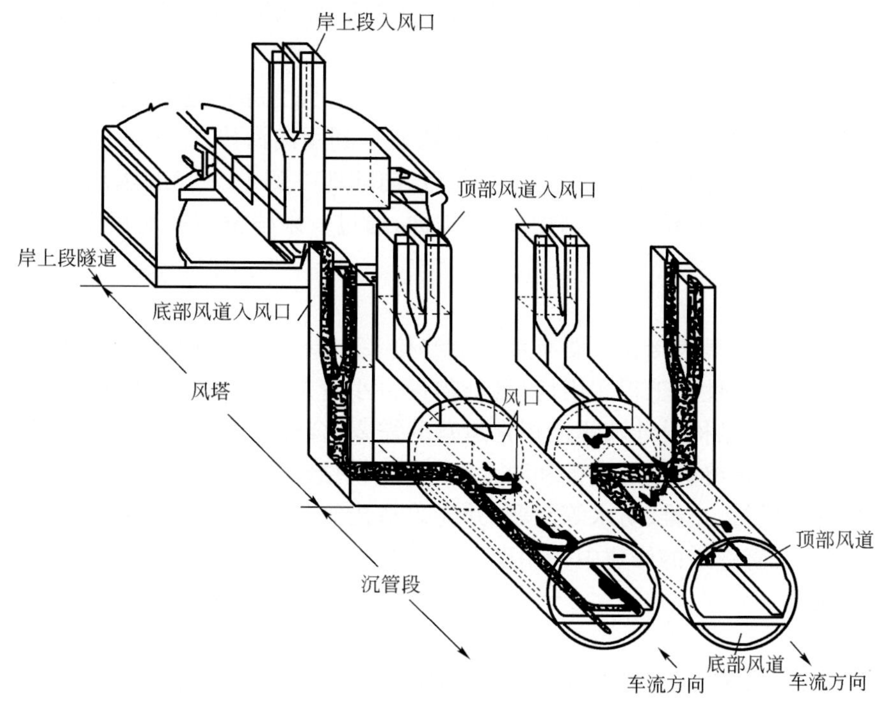

图 8-99　沉管段与岸上段通风竖井布置透视图

耗资 140 亿美元的阿联酋迪拜人工岛——棕榈岛(图 8-100)，为世界最大的人工岛。它由朱迈拉棕榈岛、阿里山棕榈岛、代拉棕榈岛和世界岛等 4 个岛屿群组成。日本建造的现代人工岛最多，如神户人工岛海港和长崎海上机场。美国、荷兰等国也很重视发展人工岛。

位于珠海拱北湾南侧我国在建的港珠澳大桥珠澳口岸人工岛(图 8-101)，是港珠澳大桥主体工程与珠澳两地的衔接中心，也是整个大桥与目前世界最长的在建沉管隧道工程的重要组成部分。

图 8-100　阿联酋迪拜棕榈岛
(本图引自“百科词条”)

图 8-101　珠澳口岸人工岛

(二)人工岛的修建

人工岛的位置一般选在靠近海岸，水深不超过 20m，掩蔽良好，附近有足够土石材料的海域。通常认为利用岩质小岛修建人工岛更为经济。建筑人工岛的施工方法，有先抛填石块或混凝土块等后护岸的，也有先围海后填砂土和构筑的。近岸的人工岛大多由栈桥或海底隧道与岸相连。

通常认为人工岛工程主要包括岛身填筑、护岸和岛陆之间交通联系三部分。

(1)岛身填筑，一般有先抛填、后护岸和先围海、后填筑两种施工方法；先抛填、后护岸适用于掩蔽较好的海域，用驳船运送土石料在海上直接抛填，最后修建护岸设施；先围海、后填筑适用于风浪较大的海域，先将人工岛所需水域用堤坝圈围起来，留必要的缺口，以便驳船运送土石料进行抛填或用挖泥船进行水力吹填。

(2)护岸的结构形式常采用斜坡式和直墙式。斜坡式护岸采用人工砂坡，并用块石、混凝土块或人工异形块体护坡。直墙式护岸采用钢板桩或钢筋混凝土板桩墙，钢板桩格形结构或沉箱、沉井等。

(3)人工岛与陆上的交通方式，一般采用海底隧道或海上栈桥，通过公路或铁路进行运输，也可以用皮带输送机、管道或缆车等设备运输。人工岛距离陆地较远，无大宗陆运物资时，常常采用船舶运输。例如，位于长崎、佐世保之间的大村湾内日本长崎机场就是利用离海岸 1.5km 的箕岛扩建而成的人工岛，修建过程中采用爆破方法削平箕岛的南、北两岛后，向陆地一侧 12～15m 水域中抛填土石。岛周围的护岸工程采用块石护坡、人工异型块体消浪结构护面，通过一条栈桥与陆地相连。

五、最终接头

目前国内外沉管隧道的最终接头主要有水下最终接头和岸上最终接头两种。在一定的条件下，两种接头都具有很高的可操作性与工程实用性，且都需设一小管节来改善管段的纵向受力。已有工程实践表明，两种接头都能满足结构设计和隧道正常运营的需要，合理施工可确保接头的施工质量。

采用岸上接头需解决最终管段的止推和防水问题。水中接头可利用水压对接，形成初始密封，但需解决水下接头段的施工质量、止推、防水等问题，并需采取措施规避水下施工带来的风险。对于施工经验不足的情况，建议在沉管隧道的修建中采用岸上最终接头方式。

(一)岸上最终接头

1.使用条件

当一侧岸上段工程、基槽开挖、管节在干坞预制同时进行，然后管节沉放对接由完工的一侧岸上段开始，一节一节向另外一侧岸延伸，最后再施工前一侧岸上段。一般在用轴线干坞时采用这种施工组织设计。这种情况应当考虑最后一段管节沉放、对接后将与护岸成为一体，并在抽干岸上段基坑内的水后，一起承受水压小时所引起其他接头中的 GINA 橡胶止水带的反弹力。

2.优劣分析

1)优点

(1)最终接头采用明挖干做法施工，施工难度小、速度快。

(2)施工过程中可见性高，施工风险低，施工的安全和工程质量的风险可控度高，施工风险和质量风险小，保证措施稳定。

(3)国内外采用岸上最终接头工程较多，技术成熟、经验多。

(4)在管段沉放完后，可立即进行二次围堰的施工和设置纵向止推梁，接头和岸上段其他结构可平行作业，工期方面与水中接头基本相当。

2)缺点

岸上接头需考虑二次围堰的需要，通常短管节需加长，可能会增加浮运、沉放工作量。

3.接头施工

接头施工具体的施工步骤为：所有管段在坞内制作完毕，浮运出坞，依次沉放→水下浇注防渗墙，施工二次围堰→抽干干坞内水→施工岸上接头及剩余岸上段主体结构。

(二)水下最终接头

1)使用条件

在进行沉管作业工期较紧，沉管隧道两岸上段工程、沉管段基槽开挖以及管节在干坞中预制可同时动工的条件下，当两岸上段同时完工后，可分别从两岸上段开始沉放对接管节。管节沉放对接完成后，可采用水下最终接头。这种接头可利用水力压接原理进行初始密封，再抽干隔舱水，然后在管节内进行最终接头处理。

2)优劣分析

(1)优点

①岸边止推结构干做，质量可靠，施工方便；

②可利用水力压接形成初始封闭。

(2)缺点

①在水下进行接头段的施工,需要专业的潜水人员进行接头纵向止推梁和钢封板的安装,钢封板的防水质量控制难度较大;

②施工过程中需要进行大量的水下作业,水下作业人员的人身安全风险加大;

③需要大量的水下作业,水下接头的处理费用较高;

④水下接头段混凝土浇注过程中,由于施工过程的不可见性,对混凝土密实度的控制难度加大,接头段防水质量和工程质量可靠性的风险相对较高。

3)接头施工

具体的施工步骤:在干坞内预制管段的同时施工接头段主体结构(含止推墙、底板防渗墙、顶板止推坎、端封墙及最终接头端部钢壳)→所有管段浮运出坞对接后,进行二次围堰施工→岸边的水下最终接头施工,同步抽干干坞内的水,施工剩余岸上段主体结构。

(三)工程实例

现以广州市生物岛—大学城沉管隧道为例,介绍水下最终接头综合比较,见表 8-26。

最终接头方式综合比较 表 8-26

序号	项 目	水下最终接头方案	岸上最终接头方案
1	施工难点	水下安装钢封板、水下安装纵向止推梁施工,二次围堰的施工	水下浇注管段两侧防渗墙,二次围堰的施工
2	施工难度	大	小
3	施工质量	较难控制	很好控制
4	最终接头费用(万元)	233.25	255.39
	其中:干坞增加 沉管段增加 岸上主体增加	— — —	20 483.31 −247.92
5	工程风险	大	小
6	工期	二次围堰与接头无法平行进行作业,优势不明显	防渗墙和二次围堰可平行作业,保留止推干做的设计思路,工期略有结余

第九节 沉管隧道修建工程实例

一、生物岛—大学城沉管隧道工程

1. 主要设计原则

(1)结构的净空尺寸除满足建筑限界及使用要求外,尚应考虑施工误差、结构变形及后期沉降的影响。

(2)结构设计应能够满足设计使用年限 100 年的要求,并满足施工、运营、城市规划、防火、防水的需要。

(3)结构设计包括强度、刚度和稳定性验算。结构变形量和沉降量应满足线路设计要求。结构允许出现裂缝,裂缝宽度小于或等于 0.2mm。隧道结构安全等级为一级。

(4)设计最高水位按 200 年一遇洪水位 7.61m(广州城建高程)计算。

(5)沉管的抗浮系数:在沉放、对接时为 1.02;管段沉放完毕、基础处理时为 1.05;运营阶段无覆土时为 1.1,有覆土时不小于 1.2。

(6)结构按 7 度抗震设防要求进行结构抗震承载力、变形验算,并按 8 度抗震设防要求采取相应构造措施。

(7)接头设计应充分考虑到接头因基础下沉、混凝土干缩、温度变化、地震等因素产生的变形和应力,以及接头的水密性、耐久性、抗震性和可施工性。

隧道设计纵断面和横断面分别见图 8-102、图 8-103。

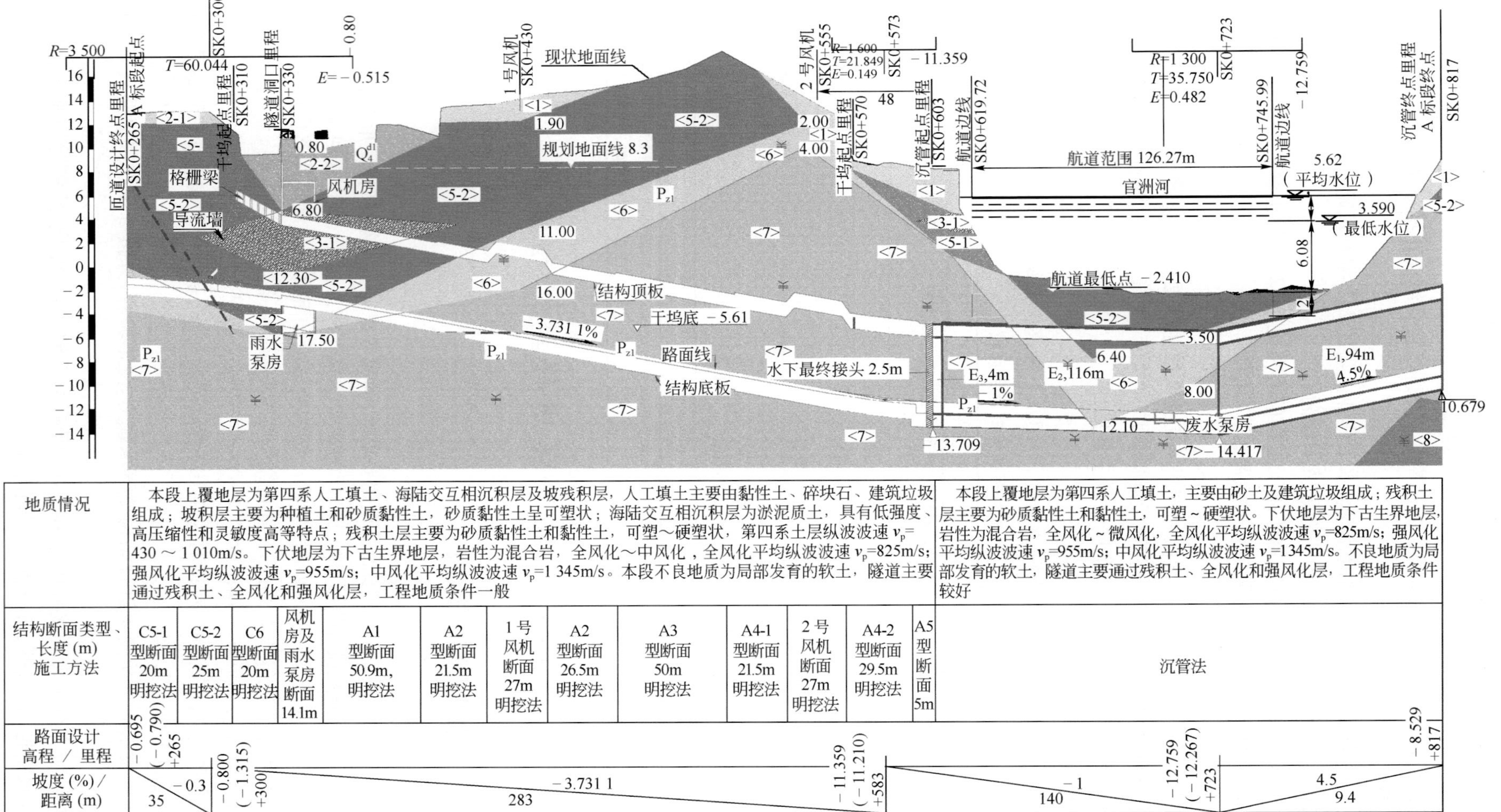

地质情况		
	本段上覆地层为第四系人工填土、海陆交互相沉积层及坡残积层，人工填土主要由黏性土、碎块石、建筑垃圾组成；坡积层主要为种植土和砂质黏性土，砂质黏性土呈可塑状；海陆交互相沉积层为淤泥质土，具有低强度、高压缩性和灵敏度高等特点；残积土层主要为砂质黏性土和黏性土，可塑～硬塑状，第四系土层纵波波速 v_p=430～1 010m/s。下伏地层为下古生界地层，岩性为混合岩，全风化～中风化，全风化平均纵波波速 v_p=825m/s；强风化平均纵波波速 v_p=955m/s；中风化平均纵波波速 v_p=1 345m/s。本段不良地质为局部发育的软土，隧道主要通过残积土、全风化和强风化层，工程地质条件一般	本段上覆地层为第四系人工填土，主要由砂土及建筑垃圾组成；残积土层主要为砂质黏性土和黏性土，可塑～硬塑状。下伏地层为下古生界地层，岩性为混合岩，全风化～微风化，全风化平均纵波波速 v_p=825m/s；强风化平均纵波波速 v_p=955m/s；中风化平均纵波波速 v_p=1345m/s。不良地质为局部发育的软土，隧道主要通过残积土、全风化和强风化层，工程地质条件较好

结构断面类型、长度 (m) 施工方法	C5-1 型断面 20m 明挖法	C5-2 型断面 25m 明挖法	C6 型断面 20m 明挖法	风机房及雨水泵房断面 14.1m	A1 型断面 50.9m, 明挖法	A2 型断面 21.5m 明挖法	1 号风机断面 27m 明挖法	A2 型断面 26.5m 明挖法	A3 型断面 50m 明挖法	A4-1 型断面 21.5m 明挖法	2 号风机断面 27m 明挖法	A4-2 型断面 29.5m 明挖法	A5 型断面 5m	沉管法

路面设计高程 / 里程	−0.695 (−0.790) +265	−0.800 (−1.315) +300	−11.359 (−11.210) +583	−12.759 (−12.267) +723	−8.529 +817
坡度 (%) / 距离 (m)	−0.3 / 35	−3.731 1 / 283	−1 / 140	4.5 / 9.4	

图 8-102　生物岛—大学城沉管隧道纵断面图

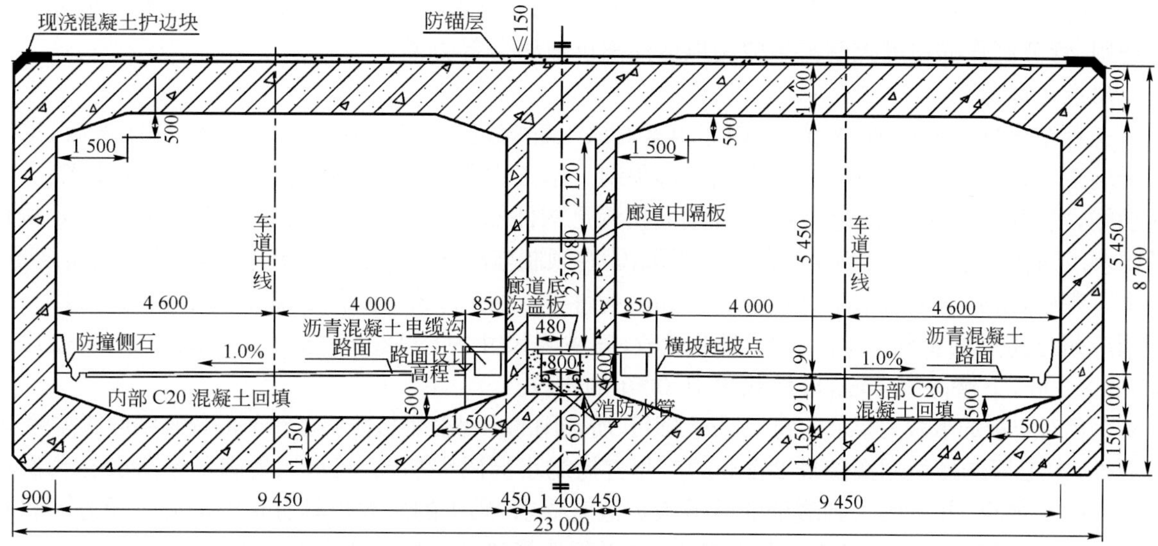

图 8-103　生物岛—大学城隧道典型横断面图(尺寸单位:mm)

本隧道采用轴线干坞预制管节，干坞设于北端岸上段靠河侧，岸边先做一段止推段与水中管段进行刚性连接，干坞呈纵向长条形布置，一次预制三节管节。所有预制管节在干坞内一次试漏，分节起浮并完成二次舾装，管节在干坞内完成二次舾装后依次绞移至隧址沉放、对接。管节对接采用水力压接法，从南端岸上段向北端依次沉放，采用水下最终接头，最终接头设在北端岸边，管节间均采用柔性接头，接头间采用 PC 钢索连接。管节对接后再采用灌砂法进行基础处理，在此基础上进行回填施工。

2. 几个值得注意的重点问题

由于沉管隧道施工的工序相对来说较多，涉及专业类别多，工程防水施工要求严格，对各项技术细节的处理极为重要。水上、水下施工时间长、跨度大，各工序协调工作量大，在施工中必须要保证每一步的施工质量。总的来看，本工程主要有以下几个方面应当引起高度注意：

(1)管节制作精度。

(2)管节接头。

(3)管节混凝土施工(重度、抗渗与防裂、钢筋密集的侧墙密实性与均匀性)。

(4)管节的浮运、沉放、对接。

(5)基础处理(均匀与密实性)。

(6)最终接头施工。

(7)循环灌排水条件下的干坞稳定性。

(8)钢底板制作的质量控制(平整度、焊接及与混凝土底板的密实接触处理)。

(9)二次围堰水下施工。

二、仑头—生物岛沉管隧道工程

仑头—生物岛沉管隧道工程采用移动干坞(半驳船移动干坞)进行管节预制施工，在国内尚属首次。

1. 主要设计原则

本工程设计原则与生物岛—大学城沉管隧道工程相似。

2. 设计概况

仑头—生物岛沉管隧道全长 1 109m，宽 23m。设计为双向 4 车道混凝土矩形公路隧道。该工程岸上段部分采用明挖法施工，而位于江中的部分采用沉管法施工。其中，沉管管段部分长 277m，所有管节的预制工作都在船台上进行。管节、隧道基槽、基础处理等的设计与生物岛—大学城工程实例相似，在此不再介绍。

本工程主要施工内容：船台的选用及精度控制、管节的制作、基槽的开挖、管节的沉放、基础处理与最终接头施工等。由于本工程与生物岛—大学城沉管隧道工程具有高度相似性，因此本节主要介绍船台的选用、管节制作的精度控制与半驳船拖运浮离沉放管节等方面。

3. 船台的选用

本工程结合现场的场地、造价、工期等因素对该工程固定干坞和移动干坞进行综合比选后，采用了移动干坞工艺，即最终确定管节在船台上进行预制。本工程所选船台必须满足以下几方面要求：①具有下潜功能，其深度可使沉管浮起；②有效使用面积满足构件预制对场地大小的要求；③载重量满足构件的质量要求；④船体强度和刚度满足预制构件要求；⑤在预制拖航下潜等全过程中，其稳定性必须满足要求。

本工程中，沉管 4 节管节中，最长的为 78m，构件宽 23m，高 8.7m，最长管节的质量约为14 750t，选择租用广州打捞局的重任 1601、1602 型半潜驳，其主要尺寸为长 122m、宽 30.48m、高7.7m，使用面积为 100m×30m，下潜深度 10m，可承载约 16 000t 的构件。

本工程对甲板的承载力要求达到 $15t/m^2$ 即可，所选用的半潜驳甲板能保证管节的预制精度所需的刚度。

另外，本工程选择租用离隧址 20km 的广州打捞局小洲码头基地，其水深要满足半潜驳在预制过程中的最大吃水要求，并且码头到隧址的航道满足拖航要求，码头的后方也具有足够的施工设施和材料堆放场地。综合工期与经济等各方面因素考虑，本工程选择移动干坞是科学合理的。

4. 管节制作的精度控制

本工程沉管管节总长 277m，分 4 节浇注，左右两侧孔为行车道孔，中间为电缆通道。管节的制作在临时租用的驳船上进行(图 8-104)。

图 8-104　半驳船上预制管节

在半潜驳上预制沉管，由于驳船在水面上的动态平衡，使得施工时无法像在干坞中那样使用铅垂线，整个沉管结构的尺寸必须由驳船上独立的测量体系进行控制。在测量体系的建立过程中，要根据驳船受力变形的分析结果，在沉管预制前即在管节所需场地的周围布设多个固定观测点，并在施工过程中经常查验，测量其闭合性，以确保测量精度。特别是在安装精度要求最高的钢端壳施工前，要全面校验各测量基准点，保证钢端壳安装的平整度，保证各钢端壳之间的相对位置准确。

除了生物岛—大学城沉管隧道管节精确制作的精度控制措施外，尚需根据本工程的实际情况，建立测量系统。

1)精确测量系统的建立

(1)在隧道沉管预制前，在沉管所需场地四周布设多个固定观测点，将经纬仪对应的观测点用钢板和钢支架焊接固定在甲板上，浇筑地台混凝土形成基准面。

(2)在结构施工过程中，通过上述基准点，进行结构的横向和竖向控制。

2)沉管预制过程中的精度控制

为了确保在半潜驳上预制管节的精度，采取如下措施：

(1)建立驳船受力变形分析系统，在预制前进行船体加固改造。

(2)对建立的测量系统应经常查验，测量其闭合性，以确保测量精度。

(3)在钢端壳安装前，全面校验测量基准点，以保证钢端壳安装的平整度，确保各钢端壳之间的相对位置准确。

船台基准点的布置如图 8-105 所示。

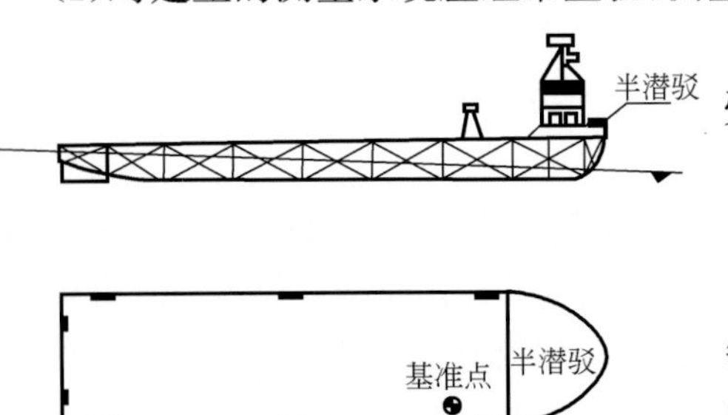

图 8-105　船台基准点的布置

5. 两个重点问题

采用移动干坞修建沉管隧道，需要综合考虑效益与工期等众多因素。在修建中需要注意以下两个问题：工期与效益的平衡，移动干坞制作管节的精度控制。其他需要注意的问题与生物岛—大学城沉管隧道类似。

第九章 辅助施工方法

第一节 概 述

近年来，随着城市和现代交通建设的飞速发展，城市地铁、交通运输、水利水电等地下空间开发规模越来越大，一些隧道及地下工程不得不在复杂地质条件下修建，当围岩稳定和结构变形控制不能满足隧道施工和环境安全时，需要对其进行处理。这种为了满足各种施工方法安全、快速施工，限制结构沉降，防止漏水所采用的各种方法统称为“辅助施工方法”。辅助工法已成为隧道及地下工程施工技术研究和应用的重要部分。

一、分类与应用范围

隧道及地下工程施工范围日益扩大，会遇到各种复杂地质及环境条件，仅仅采用主要的支护手段来确保掌子面的稳定，施工防排水和控制结构的沉降，在很多情况下是困难的。因此，就产生了用什么方法来使掌子面稳定，防止施工发生突涌水和控制结构的沉降，以及对未固结围岩、膨胀性围岩、高压涌水的岩溶和不良地质等的处理，并保证安全、经济地进行施工。这些几乎全部都需要采用辅助施工方法来解决。而辅助工法要突出低碳经济，要简化注浆方式、范围，实现低能耗、低污染，高效果，快速施工。

(一)分类

辅助工法的分类主要是根据使用目的和作用机理来进行分类。

1.按照辅助工法使用目的分类

一是加固第四系地层和软弱围岩、稳定工作面，包括注浆、水平旋喷等；二是治理地下水，包括释能降压、注浆—冷冻、注浆和降水等；三是防坍控沉，包括超前小导管、超前管棚、跟踪注浆和径向注浆等。

2.按照辅助工法作用机理分类

一是注浆法；二是降水法；三是富水岩溶地区释能降压法；四是稳定工作面法。上述辅助施工方法选择的合适与否，对工程的成败、造价、安全、工期等有极大的影响。

(二)应用范围

辅助工法的应用范围，应根据地质与水文条件、施工方法、进度要求、机械配套和工程所处环境等，优先选择较简单的方法或同时选择几种综合辅助方法来加固地层，稳定工作面，治理地下水或防坍控沉，确保不塌方、少沉降和不突水涌泥。其应用范围如下：

1.加固隧道软弱地层，稳定工作面

隧道开挖支护施工完成之前，保持一定时间的掌子面自稳是隧道施工方法的前提。自稳性与构成掌子面岩体的力学强度特性有关。未固结围岩，第四纪冲洪积的砂层、砾石层、软土层、火山喷出物、风化岩、岩堆等。上述围岩整体强度小，掌子面自稳性差；围岩刚性低，变形大，掌子面不稳定，需要采用注浆等加固围岩的辅助工法。隧道开挖到初期支护的时间间隔多在 3～6h，注浆的目的是在开挖之后未支护之前这段时间不会发生坍落和大的下沉。它是施工过程中的注浆加固,因此要突出快速和经济、方便。

无水砂层、砂砾石层围岩因缺少凝聚力,开挖支护作业中,都可能发生坍塌,造成施工困难。为此,在这种围岩中,要采用注浆加固等辅助施工方法,保持掌子面稳定。

有水砂层、砂砾石地层,孔隙水会降低围岩的内摩擦角,危及掌子面的自稳性,而由于渗透水流也会造成细粒径充分流失的流动现象。掌子面的崩塌会造成施工困难,也会危及隧道整体稳定。因此,确保掌子面稳定是至关重要的。在砂层、砂砾层中有孔隙水时,会造成颗粒流失,其主要原因是砂的粒径分布对有无流沙现象有很大的影响,如发生流沙,会造成工作面失稳等事故。对于掌子面不稳定的情况要及时采取注浆加固辅助工法。

2. 治理地下水,防止施工中涌水涌泥的发生

高压、富水岩土体,隧道施工发生涌水涌泥不仅对作业环境有影响,严重时会危及施工安全。特别是在深埋山岭隧道有大量高压涌水的情况下,常常会造成重大事故,从而导致工期拖后并使工程费用成倍增加。施工中要因地制宜,可采用注浆加固堵水、排水、降水、注浆—冷冻或释能降压、辅助导洞、泄水洞、迂回导洞等辅助工法的一种或几种组合来治理地下水,以杜绝涌水事故的发生。

隧道开挖中伴随涌水常见的问题见表 9-1。

隧道开挖中的涌水问题 表 9-1

原因或环境	直 接 作 用	预计的现象和影响
浸透水	软岩的软化 促进破碎带、裂隙剥离 黏土的膨胀 无凝聚力围岩的流动化	土压增加 侧壁崩塌的诱因 吸水膨胀,围岩流变 围岩崩塌,丧失稳定
接近涌水带	隔水墙的破坏	掌子面围岩崩塌、流失,坑道埋没
排水设备过小	排水不良	洞内环境不良,支护基础承载力降低
集中涌水	流速大、水深大	掩埋掌子面设备,作业危险,停止施工
竖井、斜井带来水量	斜井揭穿各地层,将水疏通流入正洞	洞内积水增多
地下水的继续流出	地下水位降低	水源枯竭,水位降低,海岸部海水浸入

在掌子面周边有涌水的情况下,掌子面强度会因渗透水压而降低,出现坍塌等事故。特别是在未固结的围岩中,因初始强度低,伴随涌水会造成土体流失。采用先注后排、后降,是处理水害造成土体流失的关键措施。

掌子面有涌水时,涌水易向支护底部集中,而妨碍作业。同时使底部围岩劣化,因局部压密而造成支护下沉,产生支护变异和断面异常等。

若侧壁有涌水,喷射混凝土时,应加大压力喷入流体状三角砂体,并可增加速凝剂的添加量,采用金属网等,提高其黏附性。因施工后的冲刷,会形成空洞等黏附不良的现象,施工时将涌水部分地集中,进行排水是十分必要的。

周边涌水是造成施工效率大幅降低的重要原因。水一般向隧道坡度低的一端流动,在逆坡施工时,需要强制排水。在易于泥化的地质条件下,需要配置足够的排水泵。对突发的大量涌水,要增加辅助的泄水阀等设备。竖井或斜井开挖时,要有独立的排水用电源,并准备好备用电源。

因涌水使地层劣化,在进行施工时会造成效率降低和洞内事故,必须对洞内排水给予足够的重视。

因涌水的冲刷会在喷射混凝土的背后造成空洞,并在水力作用下,空洞会逐渐扩大,造成隧道变异和二次衬砌质量降低。

3. 防塌控沉

软弱、破碎岩土体极易造成隧道开挖坍塌,地表过量沉降,危及施工和建筑物的安全。为此,在施工中要采用管棚、水平旋喷或其他辅助工法进行超前支护。

隧道工程的地表下沉与埋深密切相关,埋深大时,在隧道上方地层中可以形成承载拱,开挖引起的

下沉局限在隧道周边；而埋深小时，不能形成承载拱，开挖下沉会直接到达地表。为防止支护结构沉降，增强支撑力而采用必要的注浆辅助措施，这种注浆是对永久衬砌的加固，是防止沉降的关键，一般采用稳定性好的单泥浆。

山岭隧道也常常会伴有地形偏压、表层软弱、堆积物、风化带等对隧道开挖有很大影响的特殊问题，造成隧道开挖坍塌等事故。为此，要对下沉急剧增大、地表开裂变异等，采取结构防沉措施，进行处理。土砂围岩的坍塌判断基准如表 9-2 所示。

土砂围岩的坍塌判断基准 表 9-2

分　类	缺乏自稳性	自 稳 可 能	备　注
含水率 w(%)	＜15，＞30	15～30	＞30 是成田新干线的数据
细粒径含有率 f(%)	＜8	≥8	与 w 有相关性
10%粒径 d_{10}(mm)	＞0.1	≤0.1	与 C_u 的相关性高
不均匀系数 C_u	＜2	≥2	

在未固结围岩的黏性土层中，多含有强度低的物质。因此，在开挖时会因周围应力的增加，使地层塑性化而挤出，地层变形大，掌子面变得不稳定而造成坍塌。在这种围岩中，需要采取辅助工法。

二、施工原则

(一)注浆法施工原则

1.注浆设计方案

注浆的主要作用是扩散加固和堵水，基本为：

(1)化学胶结作用，浆液具有能发生胶结力的加固岩土能力。

(2)离子交换作用，发生化学作用，形成优良的新材料。

(3)惰性充填作用，充填孔隙、阻止水流是注浆的主要作用点。

(4)挤压密实作用，提高地层密实性和力学性能，也是注浆的主要目的。

注浆法的施工原则：首先，为施工阶段服务，满足施工要求即可，其辅助工法采用“以排为主，排堵结合”施工方案；其次，为加固地层服务，提高岩土体强度，保证安全开挖，控制变形，其辅助工法采用“以堵为主，堵排结合”施工方案。对于以堵为主，堵排结合的注浆方案，台阶法施工的隧道要采用上半断面周边超前注浆，下半断面引排，快速施工通过；对于全断面施工的隧道，周边 120°范围内布孔进行浅孔注浆，因为水是堵不死的，要给水留有一定的排放通道，满足安全施工即可。

2.注浆方法

注浆分为渗透注浆、压密注浆、劈裂注浆、充填注浆、电动化学注浆、高压喷射注浆 6 种类型。应根据需要，进行注浆方法的选择和注浆参数的确定。

3.注浆材料

用于加固地层，作为承载结构的一部分，要求结石体强度高且具有较好的耐久性，注浆材料只能采用单液水泥浆或单液超细水泥浆，不应采用双液浆，因为其强度低、耐久性差等。用于为施工阶段服务或堵水，一般选择双液浆，因为双液浆的主要作用能够控制浆液扩散范围，胶凝时间易调，堵水效果快速，但其注浆工艺复杂，结石体稳定性差，后期强度低，易崩解。

4.注浆方式

对于岩土体成孔容易，注浆段内裂隙率或孔隙率基本相同，浅孔或孔深不超过 15m 时，首选全孔一次性注浆方式，其工艺简单，操作方便，施工进度快。对于第四系软土地层、断层破碎带、高压富水地层、难以成孔的地层，选择前进式分段注浆方式。一般为了避免扰动地层，提前引出地下水，不宜采用后退式分段注浆方式。

5.注浆量

隧道区域所需要的注浆总量主要与注浆地层密实度、注浆压力、地层孔隙率、空隙充填系数和浆液损耗系数有关，通常在一定范围内土体加固所需的注浆量按下式计算：

$$Q = \alpha\beta\gamma V \tag{9-1}$$

式中：Q——浆液总量(m^3)；

α——地层孔隙率或裂隙度(%)；

β——孔隙或裂隙充填系数(堵水时一般取0.7～0.8，加固地层一般取0.6～0.7)；

γ——浆液的损耗系数，一般取1.1～1.2；

V——加固区土体总体积(m^3)。

6. 注浆循环长度

注浆循环长度取决于破裂面、注浆效果、注浆速度等主要因素。大量施工实例说明，注浆段长度在20m以内，其效率最高，注浆质量最好。对于软土隧道，注浆段长度的确定主要考虑破裂面的影响，为确保注浆后破裂面的稳定，一般注浆段的长度为台阶高度加2m，或隧道开挖高度加2m，即管棚要穿过破裂面伸入未扰动地层2m，如图9-1所示。

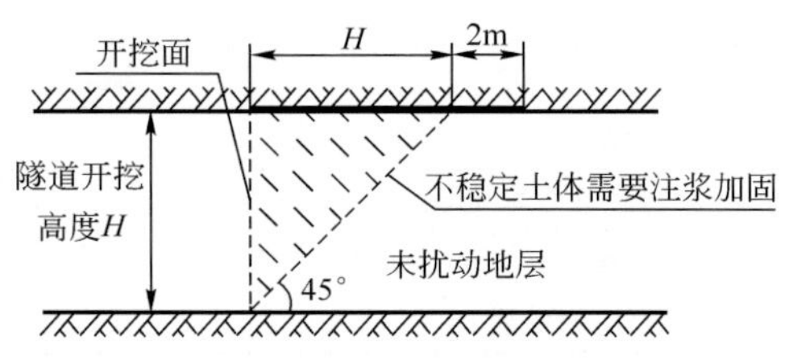

图9-1　软土层注浆循环长度设置图

7. 注浆压力

注浆压力是浆液在地层孔隙或裂隙中扩散、填充、压实脱水的动力。终压反映地层经注浆后的密实程度。充填注浆和渗透注浆应采用较低的注浆压力，劈裂注浆主要应用在断层破碎带及软弱破碎的围岩地层，岩溶充填物也可用。

(1)对于劈裂注浆，压应力较高，其注浆终压计算公式为：

$$p_{max} = \gamma h + \sigma_t \tag{9-2}$$

式中：p_{max}——劈裂注浆终压(kPa)；

γ——注浆地基的天然重度(kN/m^3)；

h——注浆处以上土柱高度(m)；

σ_t——围岩抗拉强度。

(2)对于加固注浆，浅埋隧道，其注浆终压计算公式为：

$$p_{max} = 0.1\gamma H + (1 \sim 2)\text{MPa} \tag{9-3}$$

式中：p_{max}——注浆终压(MPa)；

γ——注浆地基的天然重度(kN/cm^3)；

H——隧道埋深(m)。

(3)对于堵水注浆，其注浆终压计算公式为：

$$p_{max} = (2 \sim 3)p_0 \tag{9-4}$$

式中：p_0——地下静止水压力(MPa)。

8. 注浆材料要求

(1)黏度低，流动性好，可注性高，易进入细小隙缝；

(2)凝固时间可在充填范围调节；

(3)稳定性好，常温常压下存放时间不变；

(4)无毒、无污染；

(5)浆液对设备、管路、混凝土无腐蚀且易清洗；

(6)固化时具有黏结性，无收缩；

(7)结合率高，耐久、耐酸碱；

(8)浆液配制方便，操作简单，价格合理、便宜。

(二)降水法施工原则

1. 洞内轻型井点降水

对于同时需要降低潜水和承压水，渗透系数为$1\times10^{-7}\sim2\times10^{-4}$cm/s，地层为砂质或粉细砂土层的情况，采用洞内轻型井点降水，降水增加了垂直附加土压力，土层逐渐脱水固结，增大土体抗剪强度，提高围岩的稳定性。其原则是重点控制对周边环境、地下管线、地下构筑物和桥梁基础等的沉降影响，经济指标合理，设计可靠，施工工艺成熟，同时设计主要参数还要遵循以下原则：

1)单井涌水量

单井通水量以水井理论为基础进行计算。根据井底是否达到隔水层，分为完整井与非完整井；根据地下水有无压力，又分为承压井和无压井。表 9-3 列出了无压完整井、无压非完整井、承压完整井和承压非完整井四种涌水量的计算。

单井涌水量计算 表 9-3

地下水类型	水井类别	涌水量计算公式	剖面示意图	符号说明
无压水	完整井	$Q=\frac{1.366k(H^2-h^2)}{\lg\frac{R}{r}}$		H——含水层厚度； S——井中水位下降； h——井中水位深度； k——渗透系数； R——影响半径； r——井的半径
	非完整井	$Q=\frac{1.366k(H_0^2-h_0^2)}{\lg\frac{R}{r}\sqrt{\frac{h_0}{L}}\sqrt{\frac{h_0}{2h_0-L}}}$		H_0——有效带深度； h_0——井中水位到有效带的距离； 其余符号的含义同上
承压水	完整井	$Q=\frac{2.73kM(H-h)}{\lg\frac{R}{r}}$		H——承压水头高度，由含水层底板算起； M——含水层厚度； 其余符号的含义同上
	非完整井	$Q=\frac{2.73kSL}{\lg\frac{1.32L}{r}}$		L——过滤器工作部分的长度； $R=1.32L$ 其余符号的含义同上

2)土层的渗透系数

软土地区隧道开挖工程，在其工程地质勘察报告的土工试验资料部分，均应有渗透系数资料，在井点降水时可直接用于计算。也可利用现场抽水试验，取得单井的抽水量及水位下降值资料后，利用有关公式，计算求得渗透系数。

3)影响半径

确定井的影响半径最可靠的方法是抽水试验，一般可采用以下公式进行计算。

潜水含水层：

$$R=2S\sqrt{Hk} \tag{9-5}$$

承压含水层：

$$R=10S\sqrt{k} \tag{9-6}$$

式中：S——原地下水位到井内动水位的距离(m)；

H——含水层厚度(m)；

k——土层的渗透系数(m/d)。

4)井点系统涌水量计算

(1)无压完整井环形井点系统

无压完整井涌水量计算如图 9-2 所示。

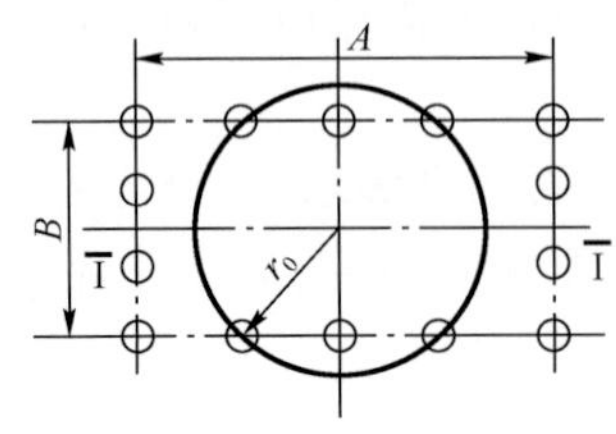

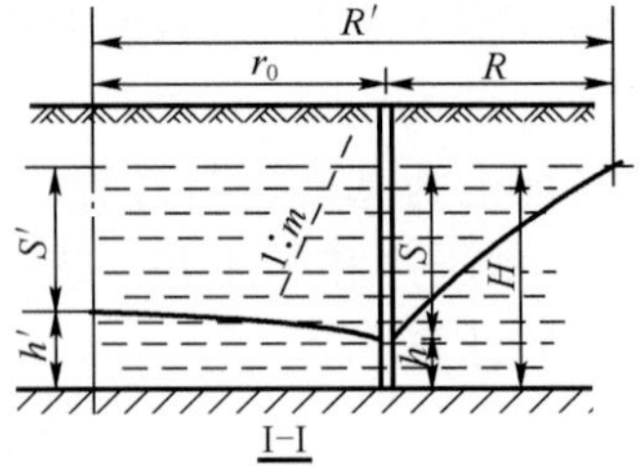

图 9-2　无压完整井涌水量计算图

基坑内总的涌水量计算公式：

$$Q=\frac{1.366k(2H-S')S'}{\lg R'-\lg r_0} \tag{9-7}$$

系统中任一单井的涌水量计算公式：

$$Q' = \frac{1.366k(2H-S)S}{n\lg R' - \lg(r_n r_0^{n-1})} \tag{9-8}$$

式中：r_n——井群的等效半径(m)；

R'——井群的等效影响半径(m)；

S'——基底的水位降深(m)；

Q'——井群系统中任意单井的涌水量(m^3/d)；

r_0——某一井的半径(m)；

n——井数(口)；

S——某一井中的水位降深(m)。

(2)无压非完整井井点系统

为了简化计算，仍可采用前两式计算，但式中的 H 应换成有效深度 H_0，H_0系经验数值，由表 9-4 可以查得，当算出的 H_0大于实际含水层 H 的厚度时，则仍取 H 值。

有 效 深 度 H_0 值　　表 9-4

$\frac{S}{S+L}$	0.2	0.3	0.5	0.8
H_0	$1.3(S+L)$	$1.5(S+L)$	$1.7(S+L)$	$1.85(S+L)$

(3)承压完整井井点系统

承压完整井涌水量计算图如图 9-3 所示。基坑内总涌水量计算公式如下：

$$Q = \frac{2.73kMS'}{\lg R' - \lg r_0} \tag{9-9}$$

承压完整井环形井点中任一单井涌水量计算公式为：

$$Q' = \frac{2.73kMS}{n\lg R' - \lg(r_n r_0^{n-1})} \tag{9-10}$$

5)井点管埋置深度计算

轻型井点降水计算图如图 9-4 所示。

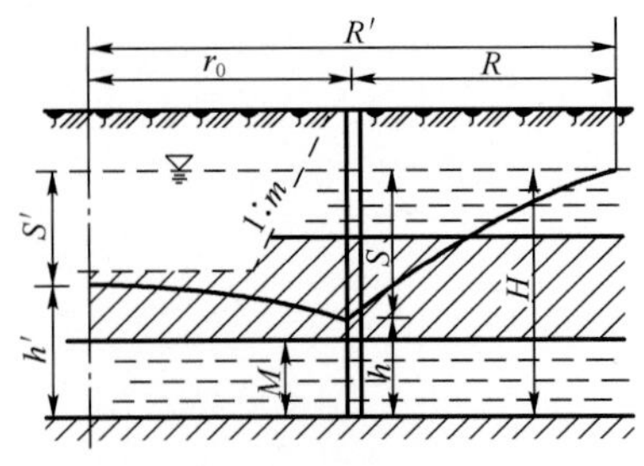

图 9-3　承压完整井涌水量计算图

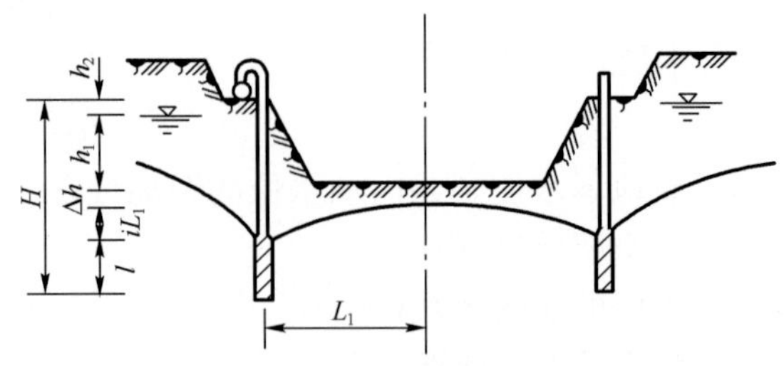

图 9-4　轻型井点降水计算图

井点管埋置深度计算公式如下：

$$H=h_1+h_2+\Delta h+iL_1+l \tag{9-11}$$

式中：H——井点管埋置深度(m)；

h_1——地下水位至基坑底面的距离(m)；

h_2——井点管埋设面至地下水位的距离(m)；

Δh——降水后地下水位至基坑底面的安全距离(m)；

i——降水曲线坡度，一般可取 1/10；

L_1——井点管中心距基坑中心的水平距离(m)；

l——过滤管进水部分长度(m)。

6)井点管数量与间距计算

单根井点管出水量由下式计算：

$$q=120\pi r_s l \sqrt[3]{k} \tag{9-12}$$

式中：q——单根井点管出水量(m^3/d)；

r_s——过滤器半径(m)；

l——过滤器进水部分长度(m)；

k——渗透系数(m/d)。

井点管最少数量由下式确定：

$$n=r\frac{Q}{q} \tag{9-13}$$

式中：n——井点管数(根)；

r——考虑堵塞等因素的井点管备用系数(取 1.1)。

井点管最大间距：

$$D=\frac{L}{n} \tag{9-14}$$

式中：D——井点管最大间距(m)；

L——总管长度(m)。

求出的管距应大于 $15d$(井管太密影响抽水效果)，并应符合总管接头的间距(0.8m、1.2m、1.6m 等)。

井点管数量与间距确定后，须校核是否满足降水要求。

坑道总涌水量确定后，验算单井极限涌水量，确定井的数量。

2. 洞内(基坑内)真空泵降水

采用如图 9-5 所示的布置方法，设备配套简单，设置在隧道的一侧。

主管
真空泵
吸水管
ϕ40
l=2~2.5m
1.5~2m

图 9-5　洞内(基坑内)真空泵降水布置图

3. 地表洞内深井降水

地表洞内深井降水的适用条件：

(1)同时需要降低地下潜水和承压水，且地层渗透系数大(100～250m/d)。

(2)土质为粉土、砂类土、砾石土或漂石地层。

(3)地下水丰富，降水面积大，降水时间长，降水深度大。

(4)井径小于 600mm。

(5)管井布置在土建主体结构两侧 2m 以外。

(三)释能降压法施工原则

释能降压法是指针对复杂的高压富水充填溶腔所采取的有计划、有目的的精确爆破揭穿，从而释放溶腔所存储的能量，减少施工及运营过程中水土压力对隧道的危害，之后，通过和泄水洞配套处治工程措施，将高压水、泥沙释放出来，做到安全施工。

1)通过超前探测，掌握溶腔的具体位置、形态和特征，并锁定溶腔位置。

(1)超前深孔钻孔长度原则上以30m中距离探测为主,探测范围为隧道开挖轮廓线外1倍洞径,两个探测循环间搭接长度为5m。同时,每循环开挖需进行5m浅孔探测,它是短距离探查隧道前方及周边地质情况的主要手段。

(2)对高压富水充填溶腔采取释能降压处理,首先应对溶腔的工程地质及水文地质特征进行分析,分析的内容主要包括:溶腔充填物特性、溶腔发育基本规模、溶腔水压力及探孔涌水量、溶腔发育地段地质构造、对应地表岩溶发育程度、周边环境影响等。分析研究岩溶地质特征,为相关邻近洞室分隔设计、洞外排水线路规划,以及定向控制爆破的实施提供依据。

(3)临界距离。锁定溶腔阶段是高压富水充填溶腔处理的关键阶段,它是释能降压专项爆破设计的主要依据。高压富水充填溶腔爆破前必须确保掌子面有一定的安全距离,因此,必须研究隧道掌子面开挖到高压富水充填溶腔的安全临界距离。

隧道遭遇溶腔时,若预留岩盘厚度大于或等于2.5m,施工是偏于安全的,但完全揭穿溶腔难度较大;反之,若预留岩盘厚度小于2.5m,对揭穿溶腔是有利的,但施工存在一定风险。因此,揭穿溶腔采用2.5m完整岩柱作为揭穿溶腔临界距离。

(4)界面锁定。准确锁定隧道前方溶腔的临近界面是保证施工安全和进行专项爆破设计的基础。隧道接近溶腔时,主要通过风钻钻探来锁定溶腔界面。钻探时根据钻进速度、排渣情况、水量大小,准确地锁定溶腔的临近界面。

2)运用精确爆破技术打开溶腔对其进行部分释能降压。专项精确爆破设计是根据工程的具体临界距离和断面大小进行专项设计,通过溶腔孔和泄水洞的联络方式,形成正式的泥水体系。要求爆破后揭开溶腔断面面积不小于2m×2m,以利于高压富水充填溶腔能量的快速、彻底释放。

3)对高压富水充填溶腔采取释能降压后,溶腔要基本处于0水压,确保溶腔的处理是安全的。

(四)其他方法施工原则

1.长管棚

要充分考虑地质、周边环境、隧道开挖断面、埋深及开挖方法等,来决定长管棚的配置、形状、施工范围、长管棚的间距及断面。长管棚的配置和形状一般沿隧道开挖轮廓上半断外周的一部分或全部,以一定的间隔排列而成。根据断面形式,长管棚常见的布置方式见图9-6。

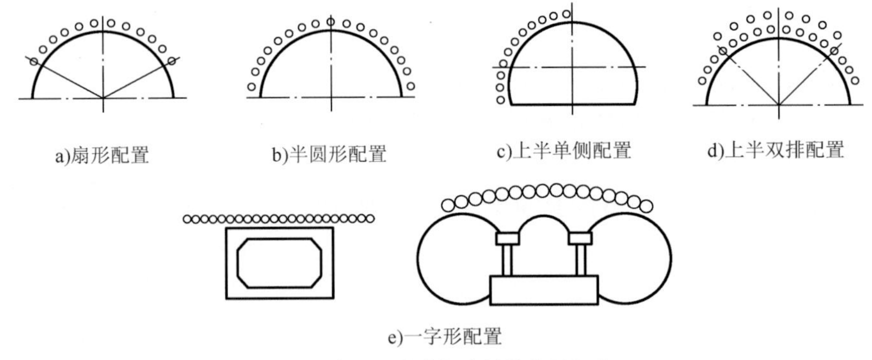

图9-6 长管棚常见的布置方式

长管棚设计原则如下:

(1)长度确定。隧道洞口段可不设长管棚,当隧道洞口段处于偏压或滑坡体时,可施作长管棚,同时,还应辅以小导管注浆超前支护。一般洞内段不建议使用长管棚。长管棚设置长度,要根据隧道周边的地形、地表结构物的状况等决定。长管棚的终点位置,应超过因开挖造成前方掌子面松弛范围的长度,一般长管棚的长度为20~40m,外插角3°~5°。注浆时,长管棚长度应小于20m。

(2)管节长度。长管棚管节长度一般为3~5m,管节通过丝扣联结,丝扣长10cm,同一断面管节头数量应小于50%。

(3)长管棚直径。长管棚直径一般为定70~150mm。设计应给直径定一个范围,不应定死,长管棚沿长度方向可以由大变小。

(4)环向和花孔间距。一般管棚间距为 30～50cm,也可以采用密排方式,布置在开挖轮廓线外 0.3m。管棚注浆花孔间距 0.5～1m。

(5)注浆材料。为增加钢管的弯矩,并对管周围岩的岩土体进行加固,使钢管与围岩一体化,减小围岩下沉,长管棚钢管内一般充填水泥浆或水泥砂浆。

2.水平旋喷

在粉土或砂土非常不稳定地层确定旋喷拱棚方案时,需要根据隧道围岩特征、水文地质条件以及隧道几何形态与尺寸,精心设计旋喷拱棚的纵横剖面、旋喷桩桩径、桩间距、拱棚最小厚度以及抗压强度。对于具有高渗流压力的地层,还需要考虑拱棚的抗渗性能和旋喷加固体凝固时间,做到技术先进、经济合理,确保工程质量。其主要施工参数如表 9-5 所示。

水平旋喷注浆工法的施工参数表 表 9-5

项目		单管法	二重管法
喷嘴直径(mm)		2～3	2～6
喷嘴个数(个)		2	2～4
钻杆旋转速度(r/min)		10～20	7～15
提升速度(cm/min)		10～20	7～15
桩长(m)		8～12	8～12
旋喷桩直径(mm)		600～800	800～1 000
桩间距(mm)		500～600	500～600
拱棚最小厚度(mm)		400	400
加固体抗压强度(MPa)		10～25	10～25
高压泵 1	压力(MPa)	30～40	30～40
	流量(L/min)	80～100(浆液)	80～100(浆液)
高压泵 2	压力(MPa)	—	2～6
	流量(L/min)	—	100

浆液材料以水泥为主,也可采用黏土和水泥配合,根据环境和工程需要加入不同外加剂。对于42.5 普通硅酸盐水泥来说,其 28d 固结强度可达 1～2MPa。在特殊地质条件下或有特殊要求时,通过现场注浆试验论证,可使用不同类型浆液,如水泥砂浆等。

高压喷射注浆方案确定后,应结合工程情况进行现场试验,并结合工程经验确定施工工艺。

水平旋喷的施工质量检验标准可参照《建筑地基基础工程施工质量验收规范》(GB 50202—2002)中的高压喷射注浆地基检验标准。

3.注浆—冷冻法

在地表环境沉降量控制要求很小的情况下,粉细砂、淤泥、流塑状不稳定地层,采用一般注浆不能满足施工要求时,可考虑采用注浆—冷冻法治理地下水,即先进行注浆加固地层,形成浆脉骨架,防止冻融过程中地表沉降,再根据工程实际确定采用水平冷冻或垂直冷冻。这种先注后冻的方法能大大降低冻结造价,加快施工速度,减少融冻时的大量沉降,是一种新方法。

1)注浆方案和注浆材料

选用合理的注浆方案(地表垂直注浆或洞内水平注浆)是注浆施工快速、经济、成功的关键。但不论采用何种注浆方案,注浆材料都要求具有良好的结石体强度、耐久性和经济性,为此,一般选用单液水泥浆。

2)冷冻方案

确定冷冻法施工方案,要在掌握详细的地质水文资料和总体设计资料的基础上,根据注浆效果和工程要求,进行技术和经济分析,选择合理布管冻结方案。

冷冻法可采取的方式有水平、垂直和倾斜。隧道施工中的典型冷冻方法如图 9-7 所示。

3)冷冻主要参数

冷冻主要参数包括:冻结体平均温度、冷冻壁厚度、布孔间距等。

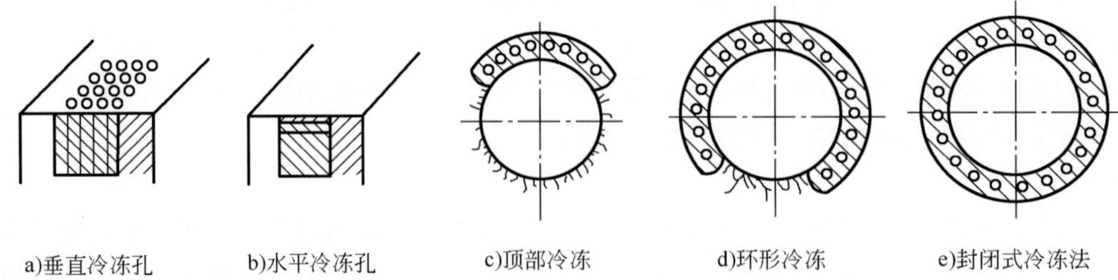

图 9-7 隧道施工中的典型冷冻方法

(1)冷冻平均温度

由于冷冻壁是一个不稳定的温度场,冻土介质边界可随时变化,冻土结构物的温度状况决定冷冻壁的强度性能。为从整体上评估冷冻壁的性能,在工程应用中常取沿冷冻壁截面上的平均温度作为标准,一般取－7～－4℃。由于是先注浆,所以冻结温度不需要太低。

(2)冷冻壁厚度

冷冻体作为临时支护,其厚度主要取决于地压大小和冻土强度。因其冷冻壁厚度与开挖方法有关,可借鉴矿山立井井筒冷冻壁厚度计算方法。由于冻结是为施工服务的,每次进尺很短,受力不大,因此冻结厚度不宜过大,一般在 1m 左右即可。

由于冷冻体内温度分布差异,冻土强度亦属非均质、流变体,立井井筒冷冻壁厚度计算采用弹塑性理论计算。例如,对于埋深较浅(＜100m)的立井,其冷冻厚度设计计算公式如下。

最大剪应力公式:

$$E_d = R_n \sqrt{\frac{[\sigma]}{[\sigma]-2p}-1} \tag{9-15}$$

能量公式:

$$E_d = R_n \sqrt{\frac{[\sigma]}{[\sigma]-\sqrt{3}p}-1} \tag{9-16}$$

式中:R_n——冷冻体半径(m);

$[\sigma]$——冻土的允许应力(MPa);

p——地层地压(MPa)。

初选冷冻壁厚度后,需根据地压和冷冻体强度要求,对冷冻厚度进行验算,若冷冻厚度达不到要求,则需要调整冷冻参数,直至达到技术可靠、经济节省、工期力争最短的优化目标。

对于非圆形水平冷冻体的厚度计算,则要把冷冻体作为拱、梁等受弯结构体进行强度计算,其厚度一般在 1～2m 之间。

(3)冷冻孔间距

确定冷冻孔间距需考虑如下因素:

①冷冻地层的地质水文情况;

②设计冷冻厚度和冷冻体形状;

③考虑钻孔偏斜度,控制终孔的孔间距。

隧道水平冷冻,冷冻孔开孔间距一般以 0.5～1.2m 为宜。

第二节 注 浆 法

注浆是一项工程活动,它是利用配套的机械设备,采取合理的注浆工艺,通过一定压力将适宜的注浆材料注入工程对象,以达到充填、加固、堵水、抬升以及纠偏等目的。

一、注浆法原理

(一)浆液扩散机理

浆液在地层中的运动规律和地下水的运动规律非常相似，不同之处在于浆液具有黏度。因此，浆液在地层中流变学特性取决于浆液的结构特性。浆液在地层孔隙或裂隙中的流变性可用层流条件下的流变参数来表示。由于浆液的类型不同，浆液流变性也不同，一般将浆液分为牛顿体和非牛顿体两大类。

流动性较好的化学浆液属于牛顿体，它的特点是在浆液凝胶前符合一般牛顿流体的流动特性，当达到凝胶时间后，瞬时凝胶。牛顿流体的切应力和应变速度呈线性关系，其流动曲线是通过坐标原点的直线，本构方程如下式：

$$\tau = \mu v \tag{9-17}$$

式中：τ——剪切应力(单位面积上的内摩擦力)；

μ——牛顿黏度或动力黏度系数；

v——剪切速率或流速梯度。

水泥浆等粒状材料，从结构上看，属于两相流体，应符合两相流动理论。一般将其看成具有均质准流体考察其流动性，应用非流动体力学的方法研究浆液的两相流动特性。非牛顿流体包括剪切稀化流体、剪切稠化流体、宾汉姆流体等多种类型，水泥浆等粒状注浆材料可当作宾汉姆流体考虑。由于多相流体中，作为分散相的颗粒分散在连续相中，分散的颗粒间强烈的相互作用形成了一定的网状结构，为破坏网状结构，使得对宾汉姆流体只有施加超过屈服值的切应力才能产生流动。宾汉姆流体切应力与变形速度呈线性关系。本构方程如下式：

$$\tau = \tau_0 + \mu v \tag{9-18}$$

式中：τ_0——剪切应力屈服值(Pa)。

注浆施工中，浆液在地层中的作用方式主要表现为劈裂扩散、挤压填充。浆液在地层中的两种扩散机理模式如图 9-8 所示。

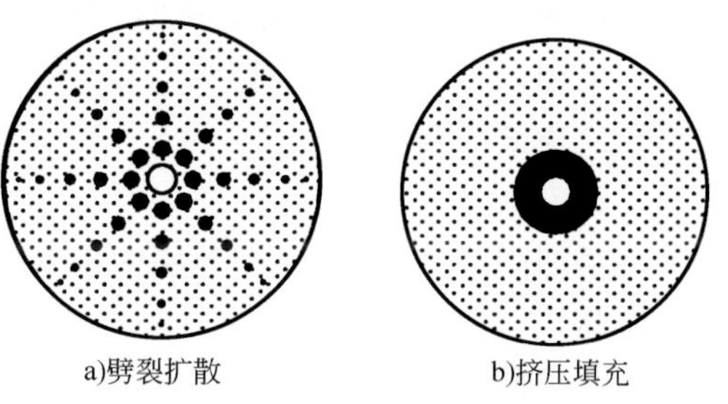

图 9-8　浆液在地层中扩散机理模式图

1. 劈裂扩散

劈裂扩散是指在对于弱透水性地层中，当注浆压力超过劈裂压力时土体产生水力劈裂，也就是在土体内突然出现裂隙，于是地层吸浆量突然增加，浆液呈脉状进行渗透。劈裂面发生在阻力最小主应力面，劈裂压力与土体中的最小主应力及抗拉强度成正比。

劈裂注浆时，浆液在注浆压力作用下先后克服地层的切应力和抗拉强度，使其在垂直于最小主应力的平面上发生劈裂，浆液便沿此劈裂面渗入和挤密土体，并在其中产生化学加固，形成作为骨架的浆脉。劈裂注浆通过形成网状劈裂脉，使土体的力学性质及透水性得以改善，从而达到注浆加固和堵水的目的。在均质软弱地层中，劈裂注浆首先主要产生竖向劈裂裂隙，而在层状软岩中则首先主要产生水平劈裂裂隙。

当地层埋深较浅时，应防止劈裂作用导致地表隆起而危及注浆周边构筑物的安全。因此，在注浆过程中应随时进行地表变形监测，以防止地表发生有害的变形。

(1)劈裂压力

纵向劈裂压力通过下式计算：

$$p > 3\sigma_3 - \sigma_2 + \sigma_t \tag{9-19}$$

式中：p——劈裂注浆压力(MPa)；

σ_3——水平小主应力(MPa)；

σ_2——水平大主应力(MPa)；

σ_t——岩体抗拉强度(MPa)。

水平劈裂压力通过下式计算：

$$p > \sigma_1 + \sigma_t \tag{9-20}$$

式中：σ_1——垂直主应力（MPa）。

（2）劈裂扩散能力

粒状注浆材料劈裂渗透扩散采用下式计算：

$$R = \frac{\rho_w g h r_e}{2S} + r \tag{9-21}$$

式中：R——浆液的渗透能力（cm）；

ρ_w——水的密度（g/cm^3）；

g——重力加速度（N/kg）；

h——注浆压力，即水头压力高度（cm）；

r_e——孔隙的等效半径（cm）；

S——注浆材料的凝胶强度（10^{-5}N/cm^2）；

r——注浆孔半径（cm）。

采用袖阀管注浆时，劈裂扩散采用下式计算：

$$R = 2\sqrt{\frac{t}{n}\sqrt{\frac{Kuhr_0}{d_e}}} \tag{9-22}$$

式中：u——浆液的运动黏滞系数；

d_e——孔隙的有效粒径（cm）。

2.挤压填充

挤压填充是指浆液在地层中难以扩散或劈裂地层进入孔隙中，而是在注浆压力作用下，地层被浆液挤密。挤压注浆只是在基础处理时，为提高地基承载力而采取的一种注浆方式，注浆效果较差，因此一般不宜采用。

（二）注浆作用机理

1.加固机理

注浆加固或堵水，浆液在地层中扩散，多以劈裂方式进行。为此，仅介绍劈裂注浆作用机理，供读者参考借鉴。

1）无黏性土地层加固

地层在注浆后，注浆材料通过劈裂、渗透等作用将地层孔隙或裂隙进行充填、胶结。同时，浆液在化学反应过程中，某些化学剂与地层中的元素进行离子交换形成了新的物质，增加地层的黏聚力。注浆加固机理可用地层强度增长的原理进行解释。

注浆前无黏性土地层的抗剪强度表达式如下式：

$$\tau_f = \sigma\tan\varphi \tag{9-23}$$

式中：τ_f——注浆前地层的抗剪强度（MPa）；

σ——地层内剪切面上法向有效应力（MPa）；

φ——注浆前地层的内摩擦角（°）。

注浆后无黏性土地层的抗剪强度表达式如下式：

$$\tau_{f1} = \sigma\tan\varphi' + c \tag{9-24}$$

式中：τ_{f1}——注浆后地层抗剪强度（MPa）；

φ'——注浆后地层内摩擦角（°）；

c——地层黏聚力（MPa）。

2）黏性固结土地层加固

对于黏性土地层，在注浆压力作用下，浆液克服了地层的初始应力和抗拉强度，使地层沿垂直于小主应力的平面上发生劈裂，浆液进入劈裂的地层形成脉状固结体。脉状浆液固结体、由于浆液与地层颗粒的化学作用以及因浆液脉状扩散的注浆压力而挤密的地层、未受注浆影响的原地层一起组成一种复合地基,共同承受外部荷载。

3)围岩劈裂加固注浆

注浆可以加固破碎围岩,提高围岩整体性和支承能力,从而达到安全开挖隧道的目的。围岩劈裂注浆其作用机理如下:

(1)隧道围岩应力分布规律

隧道围岩一经开挖扰动将出现破裂区、塑性区和弹性区,应力重新分布。在此围岩中钻注浆孔将再次引起应力重新分布。劈裂注浆将导致产生新的裂隙及原有的裂隙的扩展,并使其充满与围岩凝固胶结。围岩钻孔后将导致钻孔周围产生更高的应力集中,可能沿钻孔周围出现新的破裂区。

(2)压力变化规律

①钻孔的起裂压力 p_1。一般情况下,隧道围岩切向应力 σ_1 最大,径向应力 σ_2 次之,轴向应力 σ_3 最小。注浆时孔壁受压力 p_1 作用,根据弹性理论,在 $\sigma_1-\sigma_3$ 平面上,孔壁切线方向的最小应力 σ_t 为:

$$\sigma_t = 3\sigma_3 - \sigma_1 - p_1 \tag{9-25}$$

当钻孔周边拉应力克服围岩抗拉强度 R_t,即 $p_1 > 3\sigma_3 - \sigma_1 + R_t$ 时,钻孔注浆劈裂才会发生在最小主应力面上,由此可得出钻孔劈裂时起始压力为:

$$p_1 = \alpha\sigma_3 - \sigma_1 + R_t \tag{9-26}$$

式中:α——钻孔应力集中系数,可通过测试或经验类比估算,一般,α=2.5~4.0。

②裂隙扩展压力 p_2。钻孔起裂后成为带有裂隙的注浆钻孔(见图 9-9),根据断裂力学理论,裂隙扩展压力 p_2 为:

$$p_2 = \frac{G(L/a_0)}{F(L/a_0)}\sigma_3 + \left[1 - \frac{G(L/a_0)}{F(F/a_0)}\right]\sigma_1 + \frac{K_1}{F(L/a_0)\sqrt{\pi}} \tag{9-27}$$

式中: L——裂隙长度;

a_0——钻孔半径;

$G(L/a_0)$、$F(L/a_0)$——L/a_0 的函数;

K_1——裂隙扩展时的临界强度因子。

当 $L \geqslant 10a_0$ 时,$G(L/a_0)=F(L/a_0)=1$,此时,上式改写为:

$$p_2 = \sigma_3 + \frac{K_1}{\sqrt{\pi}} \tag{9-28}$$

随着注浆的继续进行,当 $L \to \infty$ 时,扩展压力 p_2 接近于围岩最小主应力 σ_3,即为裂隙扩展中止时的压力。由此可见,随着裂隙扩展,压力呈下降趋势,即宽长裂隙更易于扩展。

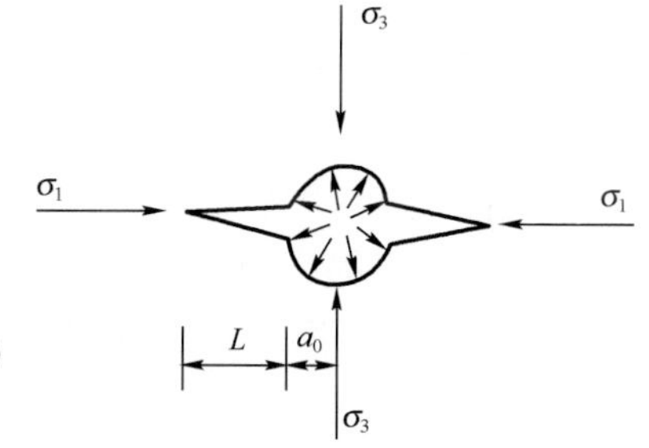

图 9-9 起裂后的钻孔

③注浆压力损失 p_3。注浆压力损失 p_3 由输浆管、注浆管和出浆孔三部分摩擦阻力组成,分别用 p_3'、p_3'' 和 p_3''' 表示。由黏性流体力学可知,输浆管的摩擦阻力 p_3' 为:

$$p_3' = 8\mu\frac{QL_0}{\pi r_0^4} = 8\mu\frac{L_0}{r_0^2}v \tag{9-29}$$

式中:μ——浆液黏度;

Q——浆液流量;

L_0——输浆管长度;

r_0——输浆管半径;

v——流速。

注浆管摩擦阻力:

$$p_3'' = \mu_0 h \tag{9-30}$$

式中:μ_0——注浆管摩擦阻力系数;

h——注浆管长度。

出浆孔阻力 p'''_3 因受注浆花管孔数及其规格、浆液流动形态的影响，比较复杂，无法计算，只有通过试验量测浆液通过出浆孔时的压力损失进行计算。注浆时压力损失总值 p_3 为：

$$p_3 = 8\mu \frac{L_0}{r_0^2} v + \mu_0 h + p'''_3 \tag{9-31}$$

④围岩劈裂注浆压力。隧道围岩产生注浆劈裂时的注浆压力如下：

起裂时：

$$p = p_1 + p_3 = \alpha\sigma_3 - \sigma_1 + R_t + 8\mu \frac{L_0}{r_0^2} v + \mu_0 h + p'''_3 \tag{9-32}$$

裂隙扩展时：

$$p = p_2 + p_3 = \frac{K_1}{\sqrt{\pi}} + \sigma_3 + 8\mu \frac{L_0}{r_0^2} v + \mu_0 h + p'''_3 \tag{9-33}$$

若围岩在地下水位以下，相关公式还应减去围岩孔隙水压力。

(3)围岩注浆劈裂过程及其注浆压力变化

由试验室和现场注浆试验可知，围岩劈裂过程中的注浆压力变化规律分为以下几个阶段。

第 I 阶段——浆液充填。注浆开始，浆液充填注浆管、注浆孔和围岩较大的孔、裂隙，这阶段实际是无压注浆阶段，持续时间短，甚至只有几十秒。

第 II 阶段——初次劈裂。当充填阶段结束后，注浆压力便很快上升，直至孔内浆液压力达到起裂压力时，初次劈裂将在最小主应力面发生，随后浆液压力迅速下降，而流量增大。

第 III 阶段——二次劈裂阶段。初次劈裂阶段结束后，注浆流量增加导致注浆压力继续上升，浆液流量又将逐渐减小，继而又产生二次劈裂，此时的注浆压力 P_{II} 大于初次劈裂的压力 P_{III}。

第 IV 阶段——三次劈裂阶段。过程与上相似，不过三次劈裂时注浆压力更高。

第 V 阶段——结束注浆阶段。注浆压力上升到规定压力 P_{max} 时结束注浆。劈裂注浆过程中可能发生一次或多次劈裂现象，各劈裂发生的间隔时间不等，但是后续劈裂时注浆压力总是大于前者，而且劈裂面总发生在当时最小主应力面上。

(4)劈裂注浆作用过程的能量变化

隧道掘进时，围岩受到爆破、空气、水、地温、地应力的作用和矿物的物理化学反应，围岩的变形、加固和支护，这些都是能量吸放的结果。

隧道围岩注浆加固是在掘进时进行，此时围岩大部分能量已转化为变形能，如下式：

$$W_j + W_e + W_s + W_g = 0 \tag{9-34}$$

式中：W_j——围岩内部潜能；

W_e——围岩释放的变形能；

W_s——支护体吸收的能量；

W_g——围岩加固时所消耗的能量。

从能量的角度看，劈裂注浆加固隧道围岩所耗能量包括：一部分消耗在用注浆改善围岩结构而被围岩所吸收的能量，它转化为围岩和浆体的变形能而储存，成为围岩内部潜能 W_j 的组成部分；另一部分是注浆劈裂过程中所消耗的能量。在 Δt 时间内，注浆所耗总能量为：

$$W_g = \int_0^{\Delta t} P(t) q(t) \mathrm{d}t = \overline{P}\,\overline{Q} \tag{9-35}$$

式中：$P(t)$、$q(t)$——分别为注浆压力和浆液流量；

$\overline{P}$、$\overline{Q}$——分别为 Δt 时间内的平均压力、平均注浆量。

由于劈裂过程的复杂性和浆液充填、扩散、分布的非均匀性，以及围岩本身结构的复杂性，构成劈裂注浆所耗能量的各部分相当复杂，因此要选择合理的注浆压力和流量。

2. 堵水机理

地层注浆后，孔隙或裂隙被浆液所填充，或者通过剪切劈裂使地层密实度提高，从而降低地层的渗透能力，起到注浆堵水作用。对于地层的防渗标准，可采用单位吸水率 w、透水率 q 和渗透系数 k 来判定。

单位吸水率 w 是指在 1m 水头压力下，钻孔中长度 1m 岩体内每分钟注入的水量，单位为 L/(min·m·m)。

透水率 q 是国际上常用的计量方法，常以吕荣(Lu)表示，起源于法国。1933 年法国地质学家吕荣(Lugeon)建议：在岩石中做压水试验，注水压力 1MPa、1m 段长、1min 内压入水量为 1L/min 时，称为 1Lu。因此，1Lu＝1L/(min·m·100m)＝0.01w。

渗透系数 k 常用单位为 m/d 或 cm/s。渗透系数与透水率可作近似换算：1Lu＝1.3×10^{-5}cm/s。

在水利水电工程中，对于岩体渗透系数分级见表 9-6。

岩体渗透系数分级　　表 9-6

渗透系数等级	标准		岩体特征
	渗透系数 k(cm/s)	透水率 q(Lu)	
极微透水	$k<10^{-6}$	$q<0.1$	完整岩石，含等价开度小于 0.025mm 裂隙的岩体
微透水	$10^{-6}\leqslant k<10^{-5}$	$0.1\leqslant q<1$	含等价开度 0.025～0.05mm 裂隙的岩体
弱透水	$10^{-5}\leqslant k<10^{-4}$	$1\leqslant q<10$	含等价开度 0.05～0.10mm 裂隙的岩体
中等透水	$10^{-4}\leqslant k<10^{-2}$	$10\leqslant q<100$	含等价开度 0.10～0.50mm 裂隙的岩体
强透水	$10^{-2}\leqslant k<10$	$q\geqslant100$	含等价开度 0.50～2.50mm 裂隙的岩体
极强透水	$k>10$		含连通孔洞或等价开度大于 2.50mm 裂隙的岩体

对于防渗标准，国内外岩石地基工程防渗标准一般为 1～5Lu，特殊情况高标准要求时可达 0.5Lu，低标准要求时为 10Lu。

当采用渗透系数时，对于重要的防渗工程，都要求注浆后地层的渗透系数应降低至 10^{-5}～10^{-4}cm/s 以下；而对于临时性工程或允许出现较大渗漏量，而又不致发生渗透破坏的地层，也有采用 10^{-3}cm/s 数量级的工程实例。

二、分类及应用范围

(一)按注浆与开挖的关系分类

按注浆与开挖的关系，可将注浆分为预注浆和后注浆。

1.预注浆

预注浆即开挖以前的注浆，其目的是堵水和加固。

1)工作面注浆

在开挖工作面进行的注浆，称为工作面注浆。

适用范围：几乎所有工程。

2)地面预注浆

在地面对需要注浆的部位进行钻孔注浆，称为地面预注浆。

适用范围：埋深较浅的隧道和隧道进出口浅埋地区。

3)平导(一条隧道)对正洞(另一条隧道)注浆

适用范围：有平导或平行的两条隧道，并且一条已超前。

2.后注浆

开挖以后的注浆，多采用径向注浆，目的是堵水、加固、充填和混凝土的补强。后注浆可分为：

(1)开挖后的堵水注浆；

(2)支护后的围岩加固注浆、堵水注浆；

(3)衬砌(支护)后的背后充填注浆；

(4)衬砌后裂隙及渗漏水治理注浆。

(二)按注浆加固范围来分类

按注浆的加固范围,可将注浆分为局部注浆(小导管注浆、周边浅孔注浆、径向注浆、跟踪注浆等)、全断面注浆和帷幕注浆等。

1.*局部注浆*

1)周边加固注浆

适用范围:围岩自稳时间短,一般在12h以内,开挖跨度大于6m的砂层、回填土、软土和砾石(粒径不大于60mm)的地层。

2)局部堵水注浆

注浆加固范围包括开挖面及开挖轮廓线以外一定范围,或断层带、岩溶地段。

适用范围:围岩具有一定的自稳能力,富水断层带或溶蚀、溶沟,超前探水孔出水量小于0.5m^3/h,超前探孔水压小于0.2MPa情况下的围岩注浆加固堵水。

2.*全断面注浆*

注浆加固范围包括开挖断面及开挖轮廓线以外一定范围。

适用范围:围岩级别很低(V~VI级),无自稳能力,静水压力较大(大于1.0MPa),水量大(顺坡大于100m^3/h,逆坡大于50m^3/h),大断面隧道(开挖宽度大于10m)。

3.*帷幕注浆*

1)全封闭帷幕注浆

定义:在开挖范围以外周边进行注浆,形成一个封闭的加固圈。不同于全断面帷幕注浆,该方式造价高,工期长,原理也有误,建议否定。

适用范围:围岩级别低(IV~V级),自稳能力差,水压、水量较大的大断面隧道(p_0>1.0MPa,水量:顺坡大于100m^3/h,逆坡大于50m^3/h)。

2)半封闭帷幕注浆

定义:在开挖范围以外部分周边进行注浆,形成部分加固圈(不封闭)。

适用范围:围岩级别低(IV~V级),自稳能力较差,水压不大(小于1MPa),水量较小(顺坡小于100m^3/h,逆坡小于50m^3/h),工作面有自稳能力。

3)截水帷幕注浆

定义:在地下水流上方或隧道与重要建筑物之间用注浆法形成堵水帷幕墙。

适用范围:有较明确的水流方向,地下水补给源主要是承压地下水,补给范围广。围岩级别较低(III~IV级),有一定的自稳能力,主要危害是地下水,建筑物对沉降要求较高的第四纪地层,失水固结沉降的地层。

注浆不能增加水的压力,堵排结合,堵是为了工作面开挖稳定,排是将水排到附近平导式迂回导洞,硬堵是错误的观念。

(三)按浆液种类分类

1.*水泥注浆*

1)单液水泥浆

(1)普通单液水泥浆[C];

(2)超细单液水泥浆[MC]。

2)双液水泥—水玻璃浆

(1)C-S浆;

(2)MC-S浆。

3)水泥黏土浆(膨润土)

4)特种水泥浆(硫铝酸盐水泥,磷铝酸盐水泥)

2.*化学注浆*

化学注浆的种类有以下几种:

(1)水玻璃浆:碱性或酸性、改性水玻璃浆。

(2)树脂类:糠醛、尿醛、环氧。

(3)聚氨酯类:水溶性、非水溶性。

(4)丙烯酰胺类。

(5)丙烯酸盐类。

(四)按浆液扩散形式分类

1.渗透注浆

在粗砂、砂卵石地层,浆液较均匀地填充在砂、卵石中间或岩石裂隙中,形成胶结体。化学浆可将范围扩大到细砂及砂质土注浆。

适用范围:均质的粗砂、砂卵石、砾石地层。

2.劈裂注浆

浆液在压力作用下,将地层劈开一条或数条裂隙,浆液沿缝隙扩散,凝胶成固结体,而将地层挤压密实,从而达到堵水或加固的效果。

适用范围:浆液难以均匀渗透的地层,一般用在对第四纪细砂及黏性土中、溶洞填充物、断层带断层泥中。

3.挤(压)密注浆

浆液将钻孔范围内的地层压密,基本不扩散。

(五)按钻孔、注浆作业顺序分类

1.全孔一次性注浆

将注浆孔一次钻到底,安上孔口管或注浆管,全孔一次注浆。

(1)孔口一次性注浆:在孔口管上安装止浆装置,浆液从孔口压入。

(2)孔底一次性注浆:在钻好的孔中,将注浆管下到孔底,在孔口密封,注浆管只在孔底有一个出浆口,使浆液从孔底返至孔口。

适用范围:裂隙岩体,成孔容易且注浆段内孔隙率基本相同;浅孔、孔深小于15m的孔。

2.分段前进式注浆

定义:从掌子面开始向前进方向进行分段,钻一段,注一段,扫孔再向前钻一段,再注一段,直至终孔的注浆。

适用范围:第四纪软弱土层、断层破碎带、富水地层难以成孔的地质围岩。

3.分段后退式注浆

定义:从孔底向外分段后退进行的注浆,直至孔口。

适用范围:地层稳定性好,能一次成孔,地层裂隙度不均匀的地层。

4.钻杆后退式注浆

定义:先用钻机钻孔到孔底,然后利用钻杆作为注浆管,从孔底开始,边注浆边将钻杆后退,直至孔口。

适用范围:所有地层,特别是较弱破碎地层,但在高压、富水的断层破碎带,因钻孔困难,不能采用。

三、施工流程

(1)小导管注浆施工工艺流程,见图9-10。

(2)周边浅孔注浆施工工艺流程,见图9-11。

(3)跟踪注浆施工工艺流程,见图9-12。

(4)径向注浆施工工艺流程,见图9-13。

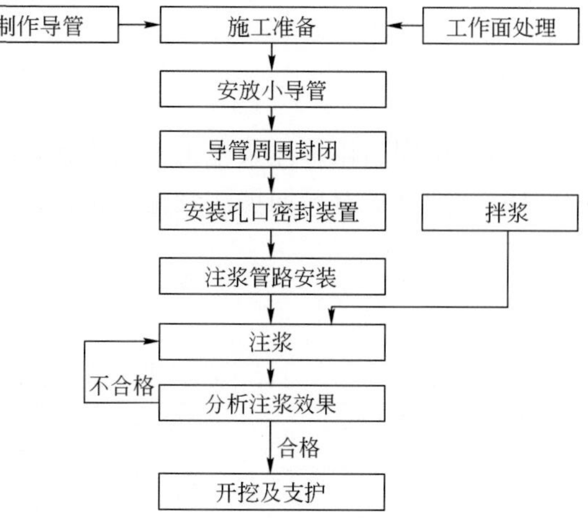

图9-10　小导管注浆施工工艺流程图

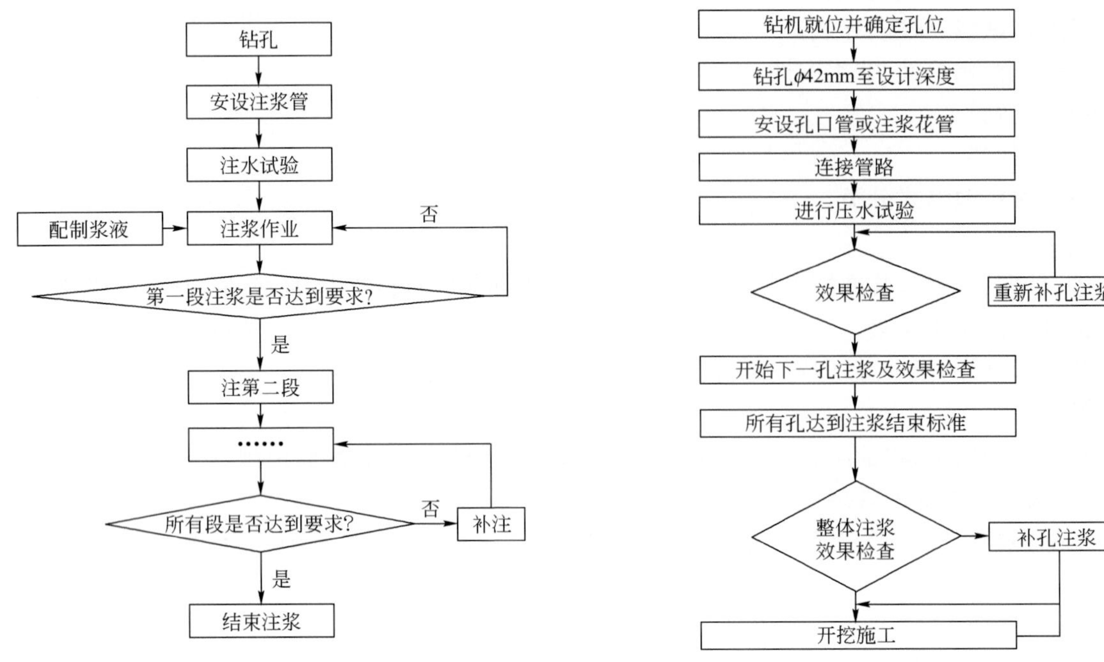

图 9-11　周边浅孔注浆施工工艺流程图

图 9-12　跟踪注浆施工工艺流程图

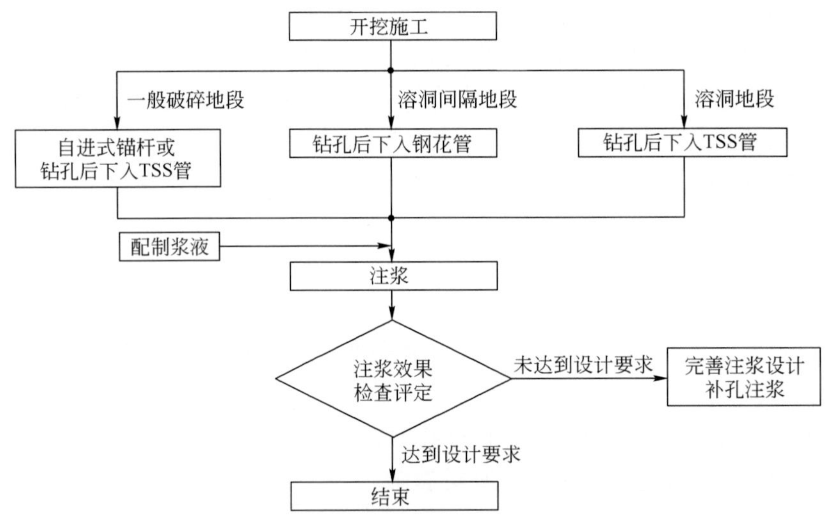

图 9-13　径向注浆施工工艺流程图

(5)基坑周边帷幕注浆施工工艺流程,见图 9-11。

(6)初期支护背后回填注浆施工工艺流程,见图 9-14。

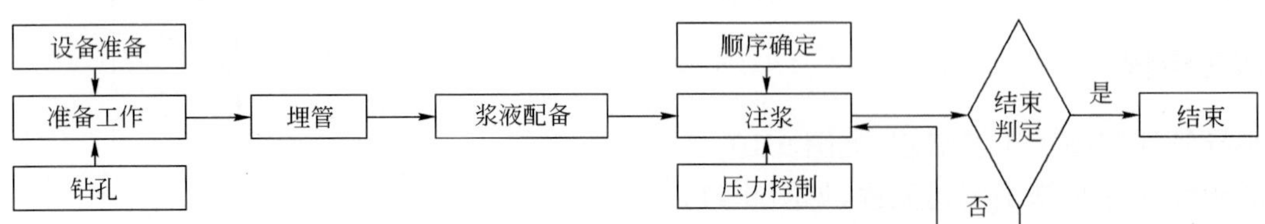

图 9-14　初期支护背后回填注浆施工工艺流程图

四、施工要点

(一)小导管注浆施工要点

1. 小导管的参数确定

小导管注浆设计应根据地质条件、隧道断面大小及支护结构形式选用不同的设计参数。根据地下工程特点,小导管注浆主要参数为:

(1)小导管长度(L):L=上台阶高度+1m;

(2)小导管直径:30~50mm;

(3)安设角度:10°~15°;

(4)注浆压力:0.5~1.5MPa;

(5)浆液扩散半径:0.15~0.25m;

(6)注浆速度:30~100L/min;

(7)浆液注入量Q:

$$Q = \pi R^2 L n \alpha \beta \tag{9-36}$$

式中:Q——单管注浆量(m^3);

R——浆液扩散半径(m);

L——注浆管长度(m),一般3~5m;

n——地层孔隙率或裂隙度;

α——地层填充系数(堵水时,一般取0.7~0.8;加固地层时,一般取0.6~0.7);

β——浆液消耗系数,一般取1.1~1.2。

(8)每循环小导管搭接长度为0.5~1.0m。

小导管沿隧道周边布设,一般为单层布置;大断面隧道、软弱围岩地层亦可双层布置。环向间距为30~40cm。小断面隧道钢拱架间距为75~100cm,每开挖2~3循环安设一次;大断面隧道钢拱架间距为0.5m,每开挖1~2循环安设一次。小导管超前预注浆示意图如图9-15所示。

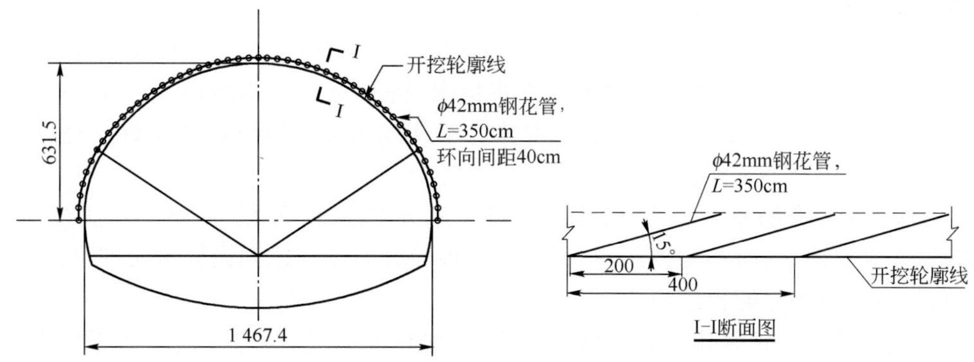

图9-15 小导管超前预注浆示意图(尺寸单位:cm)

2. 注浆材料

小导管注浆通常采用单液水泥浆、水泥水玻璃双液浆或改性水玻璃浆液3种材料。

根据凝胶时间的要求,水泥浆的水灰比通常为0.6:1~1:1(质量比),水玻璃浆浓度为25~35Be′,水泥、水玻璃体积比可为1:1、1:0.8、1:0.6。改性水玻璃的模数在2.8~3.3之间,浓度40Be′以上;硫酸浓度98%以上;浆液配合比,甲液水玻璃为10~20Be′,乙液为10%~20%的稀硫酸。

3. 小导管的制作

超前小导管宜采用直径为25~50mm的焊接钢管或无缝钢管制作。

先把钢管截成需要的长度,在钢管的前端切割、焊接成10~15cm长的尖锥状,在钢管后端10cm处焊接ϕ6mm钢筋箍,以利套管顶进,管尾10cm车丝,和球阀连接。距后端钢筋箍处90cm开始开孔,每隔 20cm 梅花形布设 ϕ8mm 的溢浆孔。小导管制作如图 9-16 所示。

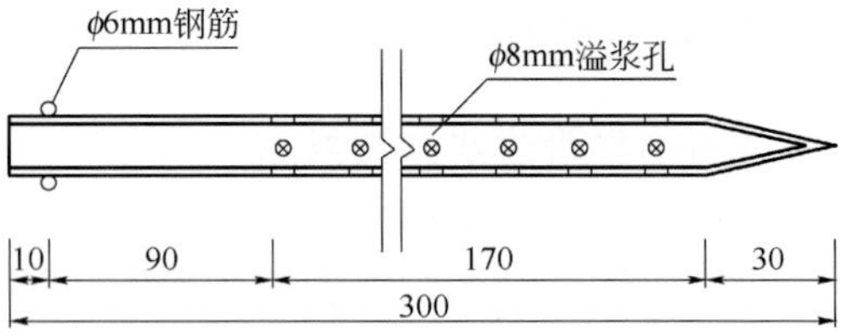

图 9-16　小导管加工示意图(尺寸单位:cm)

4. 小导管安设

小导管的安设可采用引孔或直接顶入方式。其安设步骤为:

(1)用 YT-28 风钻或煤电钻引孔,或用吹管将砂石吹出成孔,孔径大于小导管直径 10~20mm,孔深视导管长度而定。

(2)插入导管,如插入困难,可用带顶进管套的风钻顶入。

(3)用吹风管将管内砂石吹出或用掏钩将砂石掏出。

(4)小导管尾缠棉纱,使小导管与钻孔固定密贴,并用棉纱将孔口临时堵塞。

(5)为防止注浆过程中工作面漏浆,小导管安设后必须对其周围一定范围的工作面进行喷射混凝土封闭。喷射厚度视地质情况,以 5~8cm 为宜。

5. 机具设备

小导管注浆应配备与工艺相适应的成孔设备、注浆设备、搅拌设备和其他设备,以保证注浆质量。

成孔设备可根据地质情况,选用成孔深度 3m 以上的风钻、高压(0.6MPa)吹管。

根据注浆工艺,应配有单液注浆泵、双液注浆泵,其注浆压力应不小于 5MPa,排浆量应大于 50L/min,并可连续注浆。

搅拌设备应选用低速机械式搅拌机,其搅拌有效容积不小于 400L。

混合器:采用“T”形混合器,其为两个进浆口和一个出浆口,口径为 25mm。

小导管注浆时,应根据需要配有抗震压力表、高压胶管、高压球阀、水箱及储浆桶等辅助设备,还应配备必要的检验测试设备,如秒表、pH 计、波美计等。

6. 注浆施工

(1)注浆开始前,应进行压水或压稀浆试验,检验管路的密封性和地层的吸浆情况,压水试验的压力不小于设计终压,时间不小于 5min。

(2)注浆顺序。周边超前小导管自两侧向拱顶方向注第一序孔(单号),然后以同样顺序注第二序孔(双号)。注浆过程中要根据不同地层及掌子面含水情况,将胶凝时间调整在 30~180s,以防止浆液随地下水流失过远而造成止水效果不佳和浆液的浪费。单孔注浆结束后应迅速用棉纱将孔口封闭,并用水清洗泵及管路,然后移至下一孔进行施工。

(3)水泥浆注浆,浆液的水灰比为 0.6∶1~1∶1,水泥强度等级为 32.5。注浆压力为 0.5~1.5MPa,为防压裂工作面,同时还需控制注入量,当每根导管的注浆达到设计量时即可停止。当孔口压力达到规定值,但注入量不足时也应停止。

(4)注浆时,要经常观测注浆压力和流量的变化,发现异常情况,及时处理。如压力逐渐上升,流量逐渐减少属于正常现象;如压力长时间不上升(小导管注浆 5min),流量不减,可能出现跑浆或漏浆情况;如压力急剧上升,流量急剧减少,在排除地层因素外,可能是管路阻塞。

(5)注浆过程中,要经常观察工作面及管口情况,发现漏浆和串浆,要及时进行封堵。

(6)双液注浆,每隔 5min 或变更浆液配比时,要在孔口测量浆液凝胶时间,并根据情况进行调整。

(7)注浆过程中要做好注浆记录,每隔 5min 详细记录压力、流量、凝胶时间等,并记录注浆过程中的情况,作为注浆效果分析的基础。

(8)为防止串浆情况发生,应采取隔孔注浆的顺序进行注浆。

(9)注浆效果检查。注浆结束后,应采用分析法和钻孔取芯法,检查注浆效果,如未达到设计要求时应补孔注浆。

(10)注浆结束标准:

①单孔注浆结束标准。注浆过程中,压力逐渐上升,流量逐渐减少,当压力达到注浆终压,注浆量达

到设计注浆量的80%以上，可结束该孔注浆；注浆压力未能达到设计终压，注浆量已达到设计注浆量，并无漏浆现象，亦可结束该孔注浆。

②本循环注浆结束标准。所有注浆孔均达到单孔注浆结束标准，无漏注现象，即可结束本循环注浆。

（二）周边浅孔注浆施工要点

1. 注浆孔的布置

注浆孔布置要根据工程实际情况、地质、周边环境等因素进行综合选取，常用的孔位布置形式有梅花形布置、环形布置等。

2. 注浆孔间距

实际注浆施工中，若注浆孔布设间距大于设计间距，必定要有部分区域未被浆液填充，从而形成注浆盲区，给施工带来危害；若实际施工注浆孔布设间距小于设计间距，临近孔的注浆易出现串浆、注不进浆等情况，严重的会影响整体注浆效果。因此，注浆孔布设孔位误差应在±10cm以内。

3. 注浆段的长度

注浆段的长度取决于破裂面情况，注浆加固后要保证破裂面的稳定，注浆段的长度一般为隧道高度加2m。

4. 注浆施工

(1)注浆方案的设计参数应经过现场试验确定，并在施工中不断调整。

(2)严格控制注浆孔布设的间距和排距，采用罗盘定位等措施控制误差，钻孔水平误差小于或等于10cm。

(3)保证料源固定和材料供应，如需更换材料，应及时通知注浆技术人员作配比试验，以确定注浆参数，保证注浆质量。

(4)注浆过程中应做好详细的注浆记录，加强周边环境巡视，并对浆液进行凝胶时间的测定，确保注浆施工效果及安全。

(5)注浆谨防跑浆，如发生跑浆，应在注浆管周围喷混凝土或施作止浆墙，并调节浆液凝胶时间，或采用间歇注浆。

(6)注浆中谨防串浆的发生，如串浆，应加大跳孔距离，调整注浆参数，必要时，可同时对多个孔同时注浆。

(7)注浆中如发生地表隆起，应立即根据工程地质实际，调整注浆材料和注浆参数。

(8)注浆过程中，应加强监测，观察周围是否冒浆，是否产生隆起等现象。若发生隆起，则应采取调整浆液配比，缩短凝胶时间，瞬时封堵孔洞等措施。

（三）跟踪注浆施工要点

跟踪注浆技术适用于对高层建筑基坑、地铁车站、市政隧道、地下车库、地下商场等市政地下设施建设工程中的临近建筑物、道路桥梁、地下管线和其他地下构筑物等的沉降位移控制。其技术特点是在地下结构开挖的同时，在结构外一定范围内土体中注入有一定特殊要求的注浆材料，补充土体位移产生的空隙量，胶结泥沙，增加土体强度，减小土体的孔隙率，从而减少地面建筑物或地下构筑物的沉降和变形范围。

1. 注浆材料

跟踪注浆的主要材料是42.5普通硅酸盐水泥和水玻璃，沉降处理采用水泥单液注浆，防止近邻建筑物沉降的止浆帷幕采用双液浆或单双液浆混合注浆。

2. 注浆参数

(1)凝胶时间

双液浆凝胶时间一般控制在1min左右，单液浆凝胶时间尽可能调节到最短。

(2)注浆压力

注浆压力是表征双液浆劈裂土体能力及浆液影响范围的参数。从加固土体与扰动土体两方面考虑，注浆压力不宜过大，一般控制在0.3MPa左右。在相同的条件下，被动区注浆压力可适当增大，而主动区应尽量调小。

(3)流量、注浆管提升速度和注浆量

多个工程应用实践证明，流量控制不大于50L/min，注浆效果最佳。

注浆管的提升速度是另一个重要参数。首先，注浆量一般要求在一定范围内均匀分布，因此，注浆管应匀速提升。当然，对于某一深度，比如围护墙变形增量较大的地方，注浆量应适当加大，达到优化的目的。注浆量是由提升速度控制的，某一注浆孔的注浆量一般应为该处地层损失量的2倍，以便达到加固土体的作用。

3.设计参数

设计参数主要为注浆的空间和时间参数。

(1)空间参数

空间参数主要为注浆孔的平面布置和深度参数。

主动区注浆与所保护的建筑物的形式、相对位置有关，一般在基坑与所要保护的建筑物之间布置一排，也可布置两排，距离结构2～3m，注浆深度超过结构底板2m为宜。

被动区一般距围护结构1～2m，近则产生压力集中，远则压力扩散，孔间距一般为3～4m，深度一般达到而不宜超过结构底板。

应当注意孔距，近则容易蹿孔，扰动土体，远则不能协同作用。注浆管一般提升至距地面3m处停注，以免冒浆。

(2)时间参数

跟踪注浆重在跟踪，随时发现不良情况加以弥补，带有抢险的目的。所以要把握工况，严密注意监测资料，随时准备应付各种情况。一般而言，在主动区填充注浆的施工时间应是结构的影响刚好达到注浆位置的时间。将结构变形的影响通过注浆填充来截断或削弱。主动区注浆还会引起结构的附加变形，根据经验，应在对应位置处施加支撑轴力后4h左右开始。

被动区的注浆重在维护，尽量保证结构的变形增量不至于过大。因此，被动区的注浆应与土方的开挖密切配合。理想的施工应在开挖的同时保证注浆的延续性，以使土方开挖引起的应力释放能由注浆引起的应力增加加以补偿。

时间效应还体现在两次注浆的时间间隔，注浆的瞬时作用体现在引起超孔隙水压力上，但在自然条件下，孔隙水压力会逐渐消散，注浆作用也随之消散。因此，两次注浆时间应能保证所产生的孔隙水压力一直保持在较高的水平，一般保持在8h左右。

(四)径向注浆施工要点

1.径向注浆的参数确定

现场注浆施工中应根据地层特点，通过试验，不断地进行注浆参数的动态完善和调整，以适应地层注浆加固。径向注浆主要参数为：

(1)注浆速度：5～100L/min。

(2)注浆终压：2～3MPa。

(3)单孔注浆量Q：

$$Q = \eta \pi R^2 h \alpha (1 + \beta) \tag{9-37}$$

式中：Q——单孔注浆量(m^3)；

η——地层孔隙率；

R——浆液扩散半径(m)；

h——注浆孔长度(m)；

α——浆液有效填充率(取0.6～0.7)；

β——浆液消耗率(取10%～20%)。

2. 注浆材料

径向注浆作为工程结构的一部分，它能起到加固堵水的作用，因而在选择注浆材料时要综合考虑材料的耐久性、高强性，以及收缩性和无污染性。因此，选择普通水泥单液浆、超细水泥单液浆作为径向注浆材料，径向注浆材料配比见表 9-7。

径向注浆材料配比表 表 9-7

序 号	浆 液 名 称	原材料要求	宜选择配比（水灰比）
1	普通水泥单液浆（简称 C 浆）	P·O 32.5R 以上普通硅酸盐水泥	0.6∶1～0.8∶1
2	超细水泥单液浆（简称 MC 浆）	MC-20 细度以下超细水泥	0.6∶1～0.8∶1

综合对比以上两种注浆材料的性能，分析浆液的优缺点，界定其使用范围，见表 9-8。

径向注浆材料性能特点及使用范围界定表 表 9-8

材 料 名 称	优 点	缺 点	使 用 范 围
普通水泥单液浆	①凝胶时间长，具有较长的可注期。注浆时能够得到较大的注浆量和注浆加固范围。 ②具有极高的抗压、抗剪强度，能得到较好的径向注浆加固效果。 ③单价低	①初凝时间长，易被地下水稀释，影响其凝胶化性能和强度，因而不宜在水压高、水量大的条件下采用。 ②颗粒粗，在砂层微小裂隙条件下注浆困难。 ③收缩率较大，不宜在对防水等级要求很高的条件下采用	适用于水量小、低水压、宽裂隙的地质条件下径向注浆
超细水泥单液浆	①终凝时间较长，具有较好的可注期，能够得到很大的注浆量和注浆加固范围。 ②固结体抗压、抗剪强度极高，能得到最好的注浆加固效果。 ③颗粒细，在地层中，特别是砂层中能得到其他浆液不具有的挤压和劈裂效果，是径向注浆的最佳材料	①终凝时间较长，受地下水稀释影响，对其凝胶化性能产生影响，因而在水压高、水量大条件下会有一定的浆液损失。 ②单价高。 ③略有收缩性，不宜采用大水灰比进行注浆加固施工	适宜于各种地层的径向注浆加固，特别是砂层、淤泥、粉质黏性土层等填充性溶洞和破碎围岩地层的注浆加固

3. 注浆管材

(1)当地层裂隙不太发育时，径向注浆管采用钻孔后下入孔口管进行注浆施工，孔口管采用直径为 42mm、长度为 1m 的焊接钢管。

(2)当地层裂隙比较发育时，或在溶洞间隔地段及溶洞区段，径向注浆要求很高，因而宜采用 TSS 管（即单向袖阀式注浆管），以减少或防止注浆施工中串浆的发生，从而提高径向注浆加固质量。TSS 管直径 42mm，长度为钻孔深度。

4. 注浆方式

径向注浆采用全孔一次性注浆方式进行施工。

5. 注浆顺序

注浆顺序宜按两序孔进行，即先跳孔跳排注单序孔，然后注剩下的二序孔。这样，通过实施约束型注浆模式，实现挤压密实，提高围岩整体性和密实性的注浆目的。

6. 注浆结束标准控制

一序孔注浆结束标准以定量定压相结合的原则进行控制。注浆施工过程中，以定压为第一控制原则，如果长时间注浆压力不上升，应调整注浆材料配合比，如果注一段时间后压力仍不上升，可按定量标准进行注浆控制。二序孔注浆结束标准以必须达到设计注浆终压的原则进行控制。

7. 注浆效果检查评定

(1)径向注浆，所有注浆孔的注浆 $P\text{-}Q\text{-}t$ 曲线必须符合设计要求。

(2)径向注浆结束后，渗漏水量应达到设计规定的允许渗漏水量标准要求。

(五)基坑周边帷幕注浆施工要点

1. 注浆参数

基坑工程注浆参数见表 9-9。

基坑工程注浆参数表 表 9-9

参数名称	桩外止水帷幕	桩间止水		基底止水帷幕	工程抢险注浆
		基坑开挖前止水	基坑开挖后止水		
扩散半径(m)	0.6～0.8	0.6～0.8	0.4～0.6	0.6～1	根据涌水、涌沙规模,按桩外止水帷幕或基坑开挖前桩间止水设计
注浆终压(MPa)	1～2	1～2	2～3	1～2	
浆液凝胶时间(min)	0.5～3	0.5～3	0.5～1	0.5～3	
注浆速度(L/min)	20～40	20～40	20～40	20～40	
注浆分段长度(m)	0.4～0.6	0.4～0.6	0.4～0.6	0.4～0.6	
分段注浆量(m^3)	采用公式计算	采用公式计算	定压注浆	采用公式计算	

2. 注浆材料

基坑工程注浆一般要求浆液具有可注性、可靠性、可控性,无毒、无污染,因此,根据地质条件和工程要求,注浆材料采用普通水泥—水玻璃双液浆、超细水泥—水玻璃双液浆。

普通水泥—水玻璃双液浆采用普通型或早强型 32.5R 以上普通硅酸盐水泥。双液浆浆液配比:水泥浆水灰比为 0.6∶1～1.5∶1,水泥浆与水玻璃体积比为 1∶1～1∶0.3,水玻璃浓度为 25～35Be′,缓凝剂掺量为 0～3%。

超细水泥的粒度选择应根据注浆对象特征,采用 J. C. King 可注性判式 $N=\dfrac{d_{15}}{d_{85}}\geqslant 15$ 进行确定,其中,N 为注浆比,d_{15} 为地层的粒径累计曲线的 15%的颗粒直径(mm),d_{85} 为注浆材料粒径累计曲线的 85%的颗粒直径(mm)。

超细水泥—水玻璃双液浆配比:超细水泥浆水灰比为 1.5∶1～2∶1,超细水泥浆与水玻璃体积比为1∶1～1∶0.3,水玻璃浓度为 25～35Be′,缓凝剂掺量为 0～3%。

3. 注浆方式

为了提高注浆效果,桩外止水帷幕、基坑开挖前桩间止水、基底止水帷幕、工程抢险注浆,采取袖阀管后退式分段注浆,基坑开挖后止水采用花管一次性注浆。

4. 注浆控制

桩外止水帷幕、基坑开挖前桩间止水、基底止水帷幕、工程抢险注浆采取两序孔注浆控制,一序孔为单号孔,一般采取定量注浆;二序孔为双序孔,一般采取定压注浆。基坑开挖后止水采取定压注浆方法。

5. 注浆效果检查评定

注浆效果检查是评定注浆效果好坏,保证工程施工安全和施工质量的关键。根据以往工程施工经验,对于基坑工程注浆,拟定表 9-10 基坑注浆效果检查参考方法及标准。

基坑注浆效果检查必检项目标准 表 9-10

注浆效果检查方法	桩外止水帷幕	桩间止水		基底止水帷幕	工程抢险注浆
		基坑开挖前止水	基坑开挖后止水		
P-Q-t 曲线法	符合设计的定量、定压控制原则				
涌水量对比法			堵水率 90%以上	不坍孔	不坍孔
检查孔观察法	不坍孔	不坍孔		岩芯完整	岩芯完整
检查孔取芯法	岩芯完整	岩芯完整		$<10^{-5}$cm/s	$<10^{-5}$cm/s
渗透系数测试法	$<10^{-5}$cm/s	$<10^{-5}$cm/s		水位稳定	水位稳定
水位推测法	水位稳定	水位稳定		地表稳定	地表稳定

6. 影响帷幕质量的因素

1)注浆孔布设

注浆孔布设,如现场注浆孔布设间距、注浆孔布设垂直度、注浆孔的封孔质量。

2)注浆

在注浆施工过程中,当正常注浆的孔数越多,比率(指正常注浆孔数占总注浆孔数的百分比)越高,即发生串浆、下不进芯管等现象的注浆孔数越少,注浆施工的质量就会越好。

3)串浆

串浆是指在注浆过程中,浆液由正在注浆的注浆孔中经过溢浆孔溢出,再经过地层进入未注浆(或已注浆)的注浆孔中的一种现象。造成串浆这一现象的主要原因是注浆管丝扣脱节,浆液经丝扣脱节的部位进入注浆管内,堵塞注浆管,形成串浆。为避免串浆发生,应做到以下几点:

(1)注浆方案的设计者应具有丰富的专业技术,并应在现场进行试验,确定方案、参数,并在施工中不断调整。

(2)强化注浆孔的回填和封孔质量,应用豆石或粗砂回填密实。

(3)应尽量选用合理的注浆材料,提高帷幕质量。

(4)应分序进行钻孔、注浆作业。

4)下不进芯管

下不进芯管是轴阀管注浆过程中常发生的一种现象,它是指注浆芯管无法下入注浆管内部,或者无法下到指定的部位进行正常注浆作业。下不进芯管应采取适当措施进行处理。

(1)提高钻孔垂直度,必要时采取套管跟进钻孔。

(2)强化注浆孔的回填和封孔质量,应用豆石或粗砂回填密实。

(3)注浆参数应不断调整完善,以适应地层,减少地表的隆起。

(4)应尽量选用合理的注浆材料。

(5)应分序进行钻孔、注浆作业。

5)冒浆

冒浆是指注浆施工过程中,浆液由地表或管线冒出。冒浆的发生不但会使浆液流失,造成浪费,而且使注浆施工不能达到设计意图,更有甚者会造成施工区域的管线破坏。因此,施工中应采取以下措施,预防和处理冒浆现象:

(1)注浆区域应施作混凝土封闭层。

(2)加强注浆孔的封孔质量。

(3)据统计,冒浆一般发生在注浆周围 6m 范围内,因而注浆施工过程中,在距注浆施工 6m 范围内应严禁其他施工作业。

(4)冒浆一般产生在距地表下 6m 的注浆带,因而若距地表下 6m 注浆带注浆施工时,应采取有效的技术措施,例如加密注浆孔,采取减量减压,采用超细水泥等细颗粒注浆材料等措施。

(5)地表冒浆时,一般可采取间歇注浆措施;若无效,可采取换孔作业,以后再进行补注。

(6)注浆过程中,应加强监测,观察周围管线内是否冒浆,若发现,应采取调整浆液配比,缩短凝胶时间,瞬时封堵孔洞措施。

(7)挖孔桩冒浆问题的处理较为困难,仅能靠提高挖孔桩护壁混凝土浇筑质量加以解决,同时,帷幕的施作一般应在挖孔桩开挖前进行。

6)卡管

卡管是指注浆芯管掉入或卡入注浆管内无法提出的现象。产生卡管现象,会使注浆管及芯管、花管报废,无法继续正常注浆或重复注浆。解决卡管的措施:

(1)加强研究工作,提高工艺的可行性。

(2)采用国标加厚型镀锌管加工芯管。

(3)提高钻孔及下管质量。

(4)调整合适的注浆参数,减少串浆。

7)隆起效应

注浆施工中,难免会出现局部浆液不均,产生隆起等现象,为分析注浆时地表所产生的隆起效应,针对注浆施工,在注浆影响区域布设若干条监测主断面,并对其加强监测,分析隆起规律,并监测对周边环境的影响。

8)技术及质量保证措施

为确保注浆施工质量,在施工过程中应严格遵守并执行以下技术保证措施:

(1)严格控制注浆孔布设的间距和排距,采用罗盘定位等措施控制误差,钻孔水平误差不大于10cm,钻孔垂直度误差不大于1.5%。

(2)钻孔完成后安设注浆管时,注浆管应高出地面5cm,并旋紧上闷盖,防止泥浆及其他杂物进入管内,影响注浆施工效果。

(3)注浆材料配比对工程质量影响较大,应严格按材料配比进行浆液配制,严禁擅自改变浆液配比。

(4)注浆施工工艺采取分段后退式注浆,为确保注浆区域在垂直方向上的连续性,严禁超长提升芯管。

(5)注浆过程中,必须经常搅拌水泥及水玻璃浆液,以保证浆液的均匀混合。

(6)在地表布设监测点,对注浆过程中的地表隆起进行监测,及时反馈信息,完善注浆施工参数。

(六)初期支护背后回填注浆施工要点

1.孔点布置与钻孔

孔点布置与钻孔是回填注浆顺利实施的前提与基础。孔点布置应结合相似工程,在隧道拱部布置。

2.埋管

埋管是回填注浆的一个环节,对注浆效果也很重要。埋管采用直径25mm钢管,外缠绵纱,用钢纤嵌入固定,钢管长50cm,外露20cm。埋管时确保钢管没有被水泥等堵塞。

3.注浆材料

衬砌背后回填注浆的目的是填充空洞,使衬砌和围岩密贴,保证围岩和衬砌整体承载,所以注浆材料要耐久、强度高,一般选择单液水泥浆或水泥砂浆。

4.浆液配置

浆液应严格按照规定的配合比进行配制,否则将无法保证注浆效果。

5.注浆

注浆是整个回填注浆的关键所在。注浆的关键技术包括注浆方式、注浆压力与注浆顺序等。应遵循设计技术参数进行注浆。

6.注浆结束标准

回填注浆应注意注浆压力的控制,当注浆压力达到0.5MPa,且上部注浆孔出现冒浆,即可结束该孔注浆。

7.特殊情况的处理

(1)注浆过程如有外漏,可采取嵌缝封堵、降低压力、加浓浆液等方式处理,必要时可掺速凝剂,加速浆液凝固。

(2)注浆过程如发现洞壁混凝土开裂、起包、脱落等异常现象,应立即停止注浆,分析、查明原因,以及时采取应对措施。

第三节 降 水 法

井点降水法是指通过对地下水施加作用力,利用带有过滤器的井管埋入含水层中,从管中抽取地下水,降低地下水位。井点降水法主要包括洞内轻型井点降水和洞外深井降水等。洞内轻型井点降水的

类型主要有水平轻型井点降水和垂直轻型井点降水等。采用降水法施工，能避免因地下水的流动而出现流沙、管涌现象，能有效控制开挖土体，防止坍塌，保证施工安全。

一、降水法原理

（一）轻型井点降水原理

轻型井点降水是利用真空原理，使土中的水分和空气受真空吸力作用而产生水气混合液，经管路系统向上被吸入到水气分离器中。由于空气比水轻，经分离器上部由真空泵排出。在降水深度范围内，土体的重度由原来的浮重状态逐步改变为饱和重度，土体内部应力改变，增加了垂直附加土压力，土层在增加的自重应力作用下逐渐固结，增大土体抗剪强度，提高围岩的稳定性。由于抽水作用，所引起的地表沉降有3种方式：一是瞬间浅层沉降，一般发生在地表以下6～8m以上；二是地表排水引起的固结沉降，降水使土层中的孔隙水排出，使土颗粒承受的有效引力增大，地基土将产生固结，从而引起附加沉降；三是抽水带走地层细颗粒物质后，地层引起的压缩沉降。

（二）深井降水原理

深井降水的工作原理是利用深井进行重力集水，在井内用长轴深井或用潜水泵进行排水，以达到降水或降低承压水压力的目的。对于渗透系数较大、涌水量大、降水较深的砂土、砂质粉土，以及用其他井点降水不易解决的深层降水，可采用深井井点系统。深井降水深度不受吸程限制，由水泵扬程决定，在要求水位降低15m以上，或要求降低承压水压力时，排水效果好。井距大，对施工平面干扰小。

二、分类及应用范围

（一）洞内轻型井点降水

洞内轻型井点降水是一种真空降水，一般分为洞内水平轻型井点降水和洞内垂直轻型井点降水。

洞内轻型井点降水适用于繁华地区或地面施工降水不便的地方。降排水施工受地面场地的制约，只能在坑道内施工，渗透系数小于100m/d以下的土层、细砂层、砂黏土和粉砂层。该种降水能够降低潜水或承压水水位，特别是在降水深度小于6.5m的细颗粒含水地层降水效果较好。

（二）深井降水

深井降水是在结构周围布设超过基底以下一定深度的井点，通过井管内的潜水泵将地下水抽出，排放到地面排水系统，使地下水位低于基底。深井降水适用于潜水或承压水厚度均较大，降水深度在15～50m范围，渗透系数在100～250m/d的粉土、砂土、砾石等地层。

三、施工流程

洞内轻型井点降水施工工艺流程如图9-17所示，洞外深井降水施工工艺流程如图9-18所示。

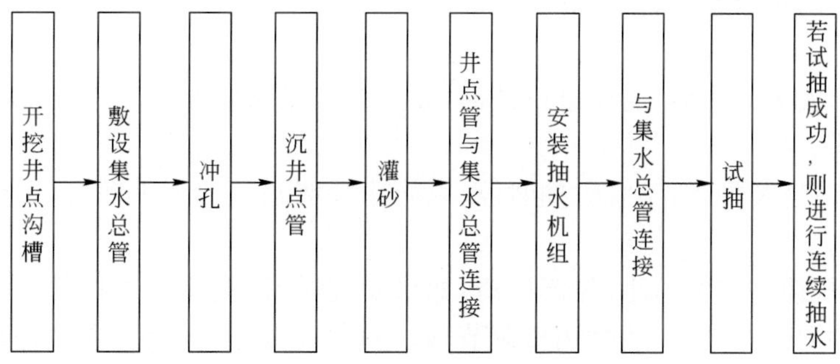

图9-17 洞内轻型井点降水施工工艺流程图

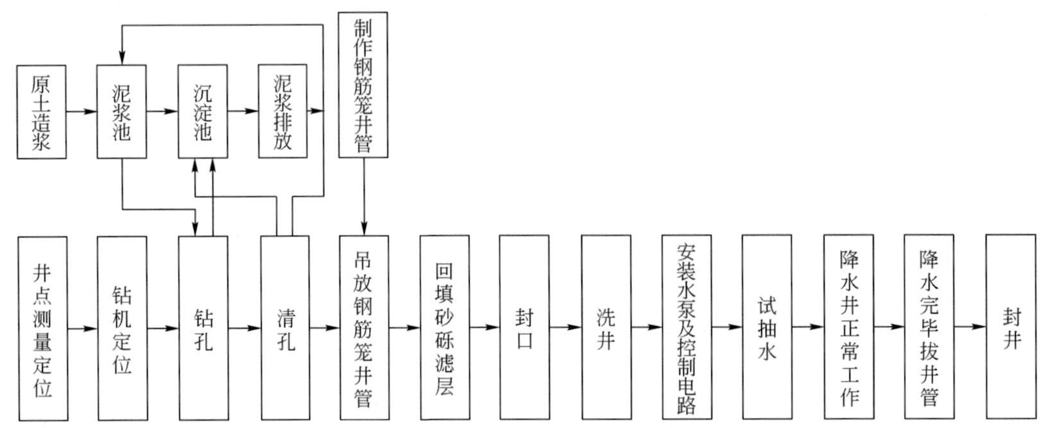

图 9-18　洞外深井降水施工工艺流程图

四、施工要点

(一)洞内轻型井点降水施工要点

1. 井点布置

井点布置应根据坑道平面形状和大小、地质和水文条件、降水深度等确定。当坑道宽度小于 6m，且降水深度不大于 6m 时，可采用单排井点，布置在地下水上游一侧；当坑道宽度大于 6m，或土质成层复杂，渗透系数较大时，可在坑道两侧各布置一排井点；特殊情况可采用二级井点降水。井点间距一般为 1.5～2.0m。

2. 井点管的布设

(1)井点管的入土深度应根据降水深度、含水层位置决定，但必须将滤水管埋入含水层内，并且比基底深 1.0～2.0m。

(2)井点管露出高度一般为 0.2～0.3m。

(3)埋设井点管的程序：先排放总管，再埋设井点管，用弯联管将井点管与总管连通，然后安装抽水设备。

井点管的埋设一般采用水冲法埋设，冲管采用无缝钢管，直径为 50～70mm，比井点管长 1.5m，端部装有圆锥形冲嘴，锥面上有喷水小孔，另一端用胶皮管与水泵连接，用起重机吊钩悬吊冲管。冲孔时，将冲管起吊在井点管的坑位上，开动高压水泵松动土层，边冲边沉。冲孔的水压因土质而异，一般为 0.4～0.8MPa。冲孔要保持垂直，直径为 300mm，以保证管壁有一定的砂滤层。冲孔的深度宜比滤水管底部深 0.5m 左右。井孔冲好后，立即拔出冲管，插入井点管，填灌砂滤层。砂滤层宜用粗砂，以免堵塞滤管网眼。井点管要位于冲孔中央，四周密实填砂，砂滤层厚为 60～100mm，充填高度至少超过滤管顶 1.0～1.5m。井点填砂后，用黏土封口捣密实，深度至少 1～2m，以防漏气。

(4)一套抽水设备的总管长度一般不大于 120m。如总管过长，可采用多套抽水设备，分段实施，但分段要设阀门，以免管内水流紊乱，影响降水效果。

3. 井点管的使用

(1)井点系统全部安装完毕后，需要进行试抽，以检查有无漏气现象。开始抽水后一般不要停抽，保持细水长流，出水澄清。

(2)使用井点时，应连续抽水，不宜时抽时停，以防滤管堵塞及地下水回升，引起隧道边坡塌方和附近构筑物的沉降开裂。

井点的正常出水规律是先大后小、先浑后清，如果发现异常，则要及时检修。真空度是判断井点使用效果的尺度，作业中要经常观测，适时调整调节阀。如发现真空度不足，要立即检查井点系统有无漏气，并采取相应的技术措施。

(3)井点试运行后的真空度一般不应低于 400～500mm 水银柱高，如果真空度不够，通常是管路漏气造成的，应及时修复。同时检查井点管是否堵塞，可通过手扶管壁感觉是否震动来判断，发现堵塞，并影响抽水效果时，要及时用高压水冲洗或重新布设。

(4)地下构筑物施工完成后，方可拆除井点系统。井点管拔出后，所留的孔洞用黏土或黏土球填塞，对地基有防渗要求的，地面以下 2m 应用黏土填实。

(二)洞内真空泵降水施工要点

1. 真空泵、集水总管、井点管的选用

降水选用 $60m^3/h$ 喷射一体真空泵，集水总管选用 ϕ50mm 钢管，井点管选用 ϕ25mm 钢管，井点管下部 60cm 打 ϕ5mm 孔，加工成花管，花管部分焊有垫筋，并用尼龙网包裹。

2. 成孔

成孔采用高压水枪完成，水枪用 ϕ40mm 钢管制成，并带有枪头，成孔口径为 80～100mm，局部有钙质层的地方用风钻或地质钻机引孔，成孔后插入井点管，并用粗砂充填，上部 50cm 用黏土封孔。

3. 井点安装

用 ϕ50mm 集水总管与真空泵连接，集水总管每隔 1.5～2.0m 焊接 ϕ25mm 支管，支管安装 ϕ25mm 阀门，阀门与井点管用内带钢丝塑料管相连，各接头用塑料膜包裹。

4. 试运行

将真空泵接电、充水后即可进行试运行，同时检查各个接口是否完全封闭，调节每个阀门，根据各井点地层及出水情况调节阀门大小。真空泵真空度大于 0.6 时，可转入运行。

5. 注意事项

(1)轻型井点根据施工场所的高度不同其降水幅度不同，通常海拔每增高 1 000m，降水幅度减小 1m，同时每台真空泵带动井点数量也相应减少。

(2)轻型井点每个井点应相应安装单独阀门，一方面便于井点安装、拆除；更重要的一个原因是，通过对阀门的调节，可以保证真空泵真空度，以使降水顺利进行。

(3)在遇到薄层中、粗砂含水层时，应适当减少真空泵带动井点数，以保证降水效果，确保工程正常进行。

(4)应经常检查真空泵的水位、温度、出水量、含砂量，并用手清出真空泵滤网上的石子。真空泵内的水位深度不得低于水泵的高度；否则，真空泵干转，造成损坏。

(三)地表深井降水施工要点

1. 井点布置

地表深井降水一般沿基坑结构或隧道两侧以外(不小于 2.0m)布置，井距一般 10～20m，且呈封闭状设置井点。

2. 井位放样、定位和钻孔。

井位放样、定位，施作井口，安放护筒。一般井管直径为 300～600mm，且应大于深井泵最大外径 50mm 以上。深井的成孔方法可采用冲击钻、回转钻、潜水电钻等，用泥浆护壁或清水护壁成孔。清孔后回填井底砂垫层。钻孔孔径应大于井管直径 300mm 以上。安放护筒以防孔口塌方，并为钻孔导向。

3. 下管与填滤料

井管下放前应清孔，一般用压缩空气洗井或用吊桶反复上下取出泥渣洗井，或用压缩空气(压强为 0.8MPa、排气量为 $12m^3/min$)与潜水泵联合洗井，然后将预先制作好的井管用吊车或卷扬机分段下设，直至下到井底。井点安放应力求垂直并位于井孔中间，过滤部分应放在含水层范围内，井管与壁间填充粒径大于滤网孔径的砂滤料。填料要一次连续完成，从井底填至井口下 1m 左右，上部采用黏土封口。井管顶部比自然地面高出 500mm 左右。当采用无砂混凝土管时，外壁绑长竹片用以导向，使接头对正。

4. 洗井

(1)洗井应在下完井管，填好滤料，封口后 8h 内进行，以免时间过长，护壁泥皮老化，影响渗水效果。

(2)安设水泵前应按照规定,先清洗滤井,冲出沉渣。一般采用压缩空气洗井,直至清洗干净。如果水较混浊,含有泥沙、杂物,会增加泵的磨损,减少泵的使用寿命或使泵堵塞,可用空压机或旧的深井泵来洗井,使抽出的井水清洁后,再安装新泵。

(3)当井管内泥沙过多时,可采用"憋气沸腾"法洗井。在洗井开始30min左右及以后每60min左右,关闭一次管上的阀门,憋气2～3min,使井中水沸腾来破坏泥皮和泥沙与滤管的黏结力,直至井管排出的水变清,达到正常出水量为止。

5.安装抽水设备及控制电路

安装前,应检查井管内径、垂直度是否符合要求。安放深井泵时用麻绳吊入滤水层部位,并安放平稳,接电机电缆及控制电路。

6.试抽水

深井泵在运转前,应用清水预润(清水通入泵座润滑水孔,以保证轴与轴承的预润)。检查电气装置及各种机械装置,测量深井的静、动水位。达到要求后,即可试抽,一切满足要求后,再转入正常抽水。施工中要严密观测水位,降水水位,在趋于稳定,已经达到设计降水水位和工程施工的要求后,要停抽,否则会出现超降现象,这是不经济的,而且会加大对周围建筑物的影响。

7.降水完毕,拆除水泵、拔井管、封井

降水完毕,即可拆除水泵,用起重设备拔除井管。拔出井管所留孔洞用砂砾填实。

8.其他要点

靠近建筑物的深井,应加强地面水位观测,使建筑物的水位与附近水位之差不大于1m,以免造成建筑物不均匀沉降而出现裂缝。当水位差过大,应及时采用回灌等技术措施加以控制。

当基底附近有不透水层时,为排除上层地下水,亦可采用砂井配合深井降水。砂井间距2m左右,深度至不透水层以下1～2m。

第四节　岩溶地区释能降压法

释能降压法是针对复杂高压富水充填溶腔,进行有计划、有目的的精确爆破,从而释放溶腔所存储的能量,降低施工及运营过程中水土压力对隧道形成的影响,之后,通过配套处治措施完成溶腔治理。

释能降压技术主要包括岩溶特征分析、临近界面锁定、相邻洞室分隔、洞外排水规划、专项精确爆破、预警预报监控、配套措施实施。

一、岩溶地区释能降压法原理

针对复杂高压富水充填溶腔,进行精确爆破,排出溶腔内的地下水或泥沙等物质,从而释放溶腔所存储的能量,使溶腔内的水土压力降低到"0"压力,降低施工及运营过程中水土压力对隧道结构安全形成的影响,释能降压后,通过配套处治措施完成溶腔治理。

二、应用范围

在做好相邻洞室安全分隔前提下,该法适用于深埋隧道的高压富水充填型溶腔施工。

三、施工工艺流程

溶腔释能降压施工工艺流程如图9-19所示。

四、施工要点

(一)查找溶腔阶段

查找溶腔阶段主要包括超前地质预测预报和岩溶特征分析两个方面的内容。超前地质预测预报是指经过采取物探和钻探方法,查找隧道前方是否发育溶腔。岩溶特征分析是指通过超前地质预测预报查找到隧道前方发育溶腔后,进一步确定溶腔处理必须具备的一些重要特征,以及工程地质及水文地质参数。

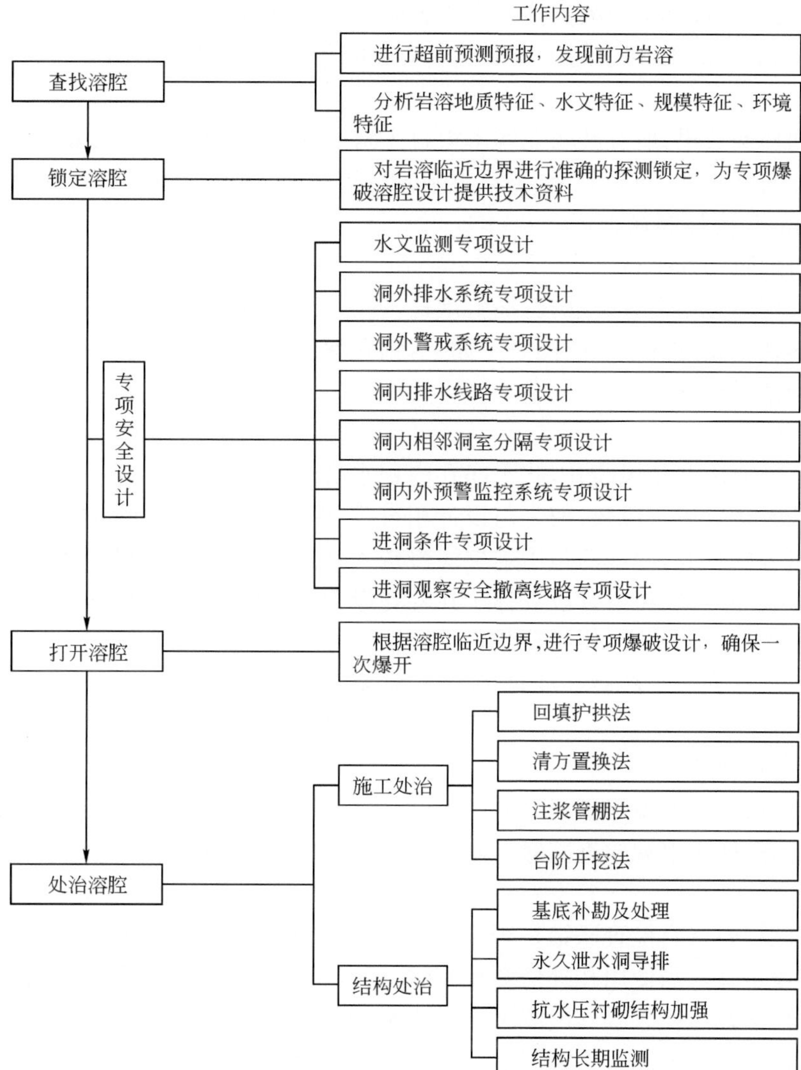

图 9-19　溶腔释能降压施工工艺流程图

(二)锁定溶腔阶段

锁定溶腔阶段是高压富水充填溶腔处理的关键阶段，它是释能降压专项爆破设计的主要依据。主要包括以下几项内容：

1. 安全临界距离的确定

高压富水充填溶腔爆破前必须确保掌子面有一定的安全距离，因此必须研究隧道掌子面开挖到高压富水充填溶腔的安全临界距离。

由隔离岩溶与隧道最大涌水量和最大位移量曲线分析可知，随着隧道接近岩溶，隧道涌水量与位移量逐渐增大，当隧道距离隔水岩柱约 2.5～3m 时，隧道涌水量和位移量急剧增大。因此，可以将 2.5～3m 完整岩柱作为隧道开挖接近溶腔的安全临界距离。

2. 界面锁定

准确锁定隧道前方溶腔的临近界面是保证施工安全和进行专项爆破设计的基础。隧道接近溶腔时，主要通过风钻钻探来锁定溶腔界面。钻探时根据钻进速度、排渣情况、水量大小，从而准确地锁定溶腔的临近界面。

(三)开挖溶腔阶段

开挖溶腔阶段是指隧道掌子面到达高压富水充填溶腔临界距离后，采取专项精确爆破设计进行高压富水充填溶腔的爆破，从而对溶腔内所聚积的水和充填物进行释放，消除能量。

专项精确爆破设计是根据工程的具体安全临界距离和断面大小进行专项设计，要求爆破后揭开溶腔断面面积不小于 2m×2m，以利于高压富水充填溶腔能量的快速、彻底释放。

1. 钻孔要求

(1)为保证达到预期效果，所有装药孔均不得打入溶腔内，需保留 30～40cm 的阻隔段。

(2)严格按设计角度施钻，当受节理、裂隙影响时可稍稍移动孔位，顶眼左右移动，帮眼上下移动，允许误差控制在±1cm，角度控制在±1°。

(3)应确保周边炮眼相互平行。

(4)边墙直线段炮眼先钻上方标准孔，插上炮杆，使边墙孔在同一条垂直线上。

(5)各炮眼底落在垂直隧洞轴线的同一平面上，钻孔深度要根据掌子面的起伏，而“凸”加、“凹”减。

(6)要确保掏槽钻眼精度。

2. 装药及炮孔封堵

(1)清孔。装药前要用高压风清孔，吹干净孔内积水及渣粒。

(2)装药。装药时核对雷管段数，使之与设计相符，同时按钻爆设计的装药结构及药卷规格药量装药。装药时，药尽量装到孔底，起爆药包用炮棍缓慢送入，防止拉动雷管或破损爆管。

(3)装药检查。装药时，应将雷管段数标于孔外导爆管上，由专人对雷管段数进行复核，确保绝对无误，同时核对药卷规格及装药长度，使每孔装药符合设计要求，检查后做好记录。

(4)炮孔封堵。所有炮眼装药后，应用炮泥进行堵塞，其长度以 30cm 左右为宜。炮泥用炮棍顶进，堵塞要做到封孔严密。

3. 网路联结及起爆顺序

(1)在所有的机具、设备撤离爆破面之后，才开始联结网路。联结时尽可能靠近眼孔，孔外网路也要尽量短，要求联结整齐，便于直观检查网路。联结系统应尽量短，但不要拉细、打结，避免导爆管、联结块受损坏等。

(2)网路联结好后，要认真检查联结是否正确，是否每个眼孔的起爆药卷都包括进去，是否每个簇联或联结块内都有引爆雷管。当使用孔外延期控制时，还应检查各联结点雷管的段数是否符合设计。

(3)起爆顺序：掏槽眼→扩大眼→内圈眼→周边眼→底板眼。

(4)启爆方式：采用导火索加火雷管起爆。网络联结检查合格后，撤离洞内所有设备和人员，待发出起爆信号后即点燃导火索，爆破人员快速乘车撤离隧道。

(四)处治溶腔阶段

对高压富水充填溶腔采取释能降压后，溶腔基本处于“0”水压状态，溶腔的处理是能确保安全的。溶腔处理包括施工处治和结构处治两方面内容。

1. 施工处治

溶腔释能降压后，由于受溶腔内充填介质特征、水压力高低、水量大小、释放季节等综合因素影响，一般会出现三种情况：第一种情况是溶腔内水和充填介质完全释放；第二种是溶腔内水释放，而充填介质未释放；第三种是溶腔内水释放，充填介质部分释放。根据释能降压后所处的状态，确定施工处治方案。释能降压后溶腔施工处治方案选择流程如图 9-20 所示。

1)完全释放状态

通过释能降压后，溶腔内水和充填介质完全释放出来称为完全释放状态。这主要是与溶腔内水压力大、水量充足、充填介质无黏结力等因素有关；同时，也与地表强降雨相关。这种状态下溶腔施工处理极为容易，主要采取回填，在隧道结构外形成护拱。

回填护拱法结构模式如图 9-21 所示。回填前对溶腔段架设钢架，通过预埋排水管将水引排。设置外模板，网喷混凝土形成初期支护。通过预留管道，进行回填形成护拱。回填护拱法工艺流程如图9-22所示。

初期支护(图 9-21 中的①)：钢架支护采用型钢钢架，架设间距 1 榀/0.5m。架设后采用 ϕ22mm 螺纹钢纵向边接，设置外模板，挂网喷射 C20 混凝土 30cm，形成初期支护。

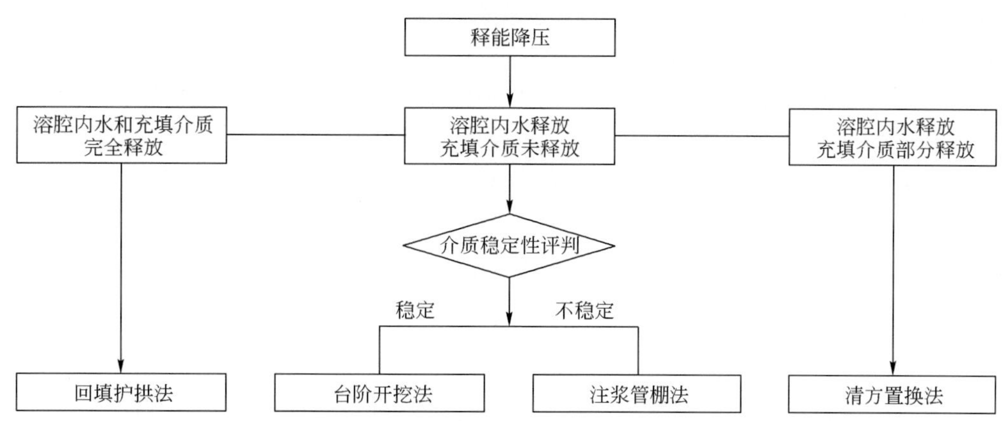

图 9-20 释能降压后溶腔施工处治方案选择流程图

引排岩溶水(图 9-21 中的②):架设 ϕ200mm 钢管引排岩溶水。钢管数量一般为 3～5 根,排水能力应能满足释能降压后动态补给水量的 2～3 倍。

回填混凝土形成护拱(图 9-21 中的③):采用 C20 混凝土进行溶腔拱墙回填,回填高度为隧道开挖轮廓线外 3～5m。

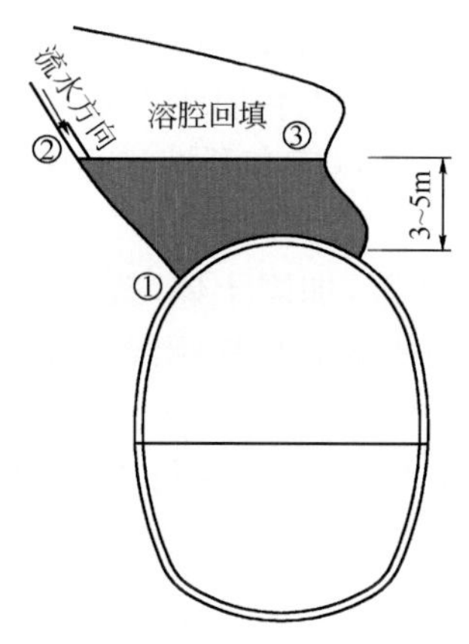

图 9-21 回填护拱法结构模式图

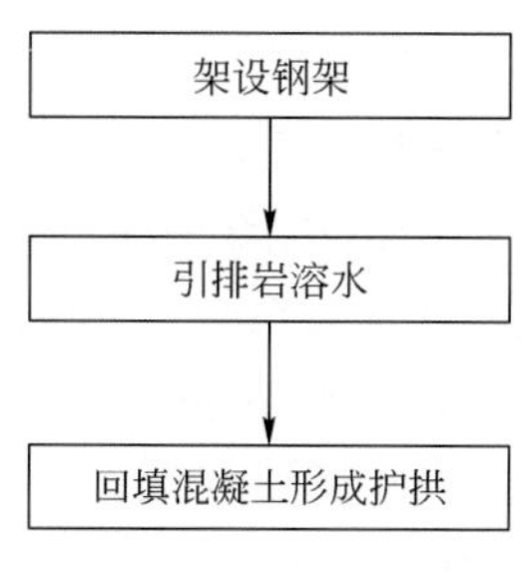

图 9-22 回填护拱法工艺流程图

2)水释放、介质未释放状态

采取释能降压后水被完全释放,而介质未被释放,这一状态称为水释放、介质未释放状态。这一状态的形成原因主要是,由于释能降压时溶腔处于相对枯水季节,溶腔内水压力高但水量不大,溶腔内充填介质为淤泥质或黏土等相对不透水层,溶腔水主要为岩溶发育层面高压裂隙水等。在这种情况下,应对充填介质稳定性进行评判,若充填介质含水率低(一般低于 30%),有一定的自稳能力时,可采取台阶法开挖处理岩溶;若充填介质含水率高(一般高于 30%),掌子面自稳能力差时,应对充填介质进行预注浆加固,同时施作超前长管棚进行超前预支护,以防止开挖过程中发生塌方。

(1)台阶法开挖

当岩溶内充填介质为粉质黏性土或砂层时,释能降压后地层失水,地层有一定的黏结力,有一定的自稳能力,因此可采取台阶法直接开挖。开挖时宜采用三台阶法,以降低每次开挖高度,上台阶开挖时采取预留核心土弧形导坑法开挖,以利于保证掌子面的稳定性。在溶腔内进行隧道施工的前提条件是水压为 0。

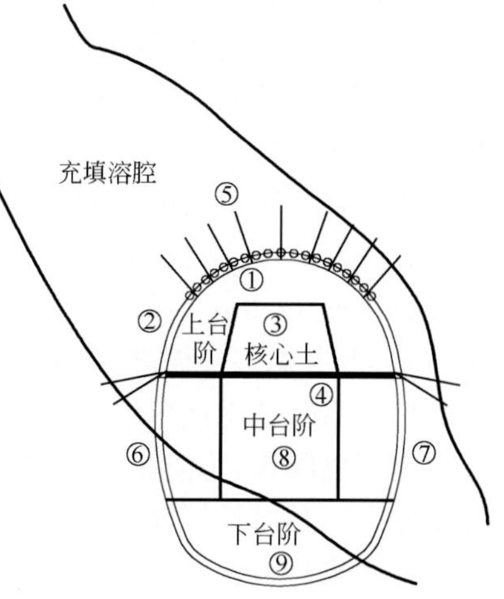

图 9-23 台阶法开挖结构模式图

台阶法开挖结构模式如图 9-23 所示,工艺流程如图 9-24 所示。

超前小导管支护(图 9-23 中的①)：超前小导管采用 ϕ42mm 焊接钢管加工，小导管长度为 3.5～4m，环向布设间距为 20cm，纵向每 2m 布置一次。

上台阶开挖、支护、锁脚(图 9-23 中的②)：为方便施工，上台阶高度控制在 3.5～4m。上台阶采取预留核心土环形开挖，每次开挖进尺 0.5～1m。开挖后及时施作 I 22 钢架支撑，钢架间距 1 榀/0.5m，挂网喷射 C25 混凝土 30cm。核心土面积不小于上台阶面积的 50%，上部高度宜为 1.5～2m，纵向长度为 1.5～2m。

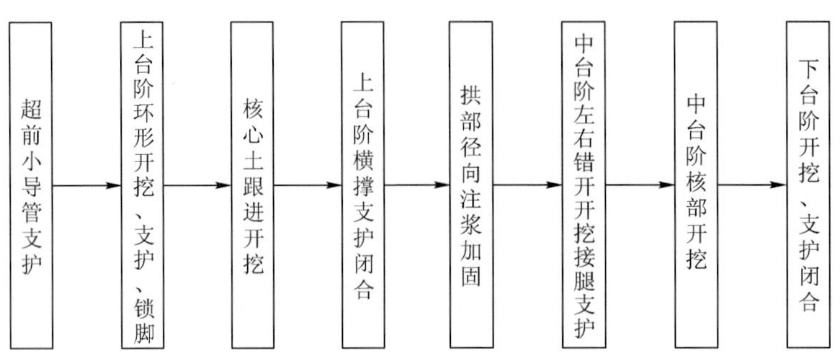

图 9-24　台阶法开挖工艺流程图

核心土跟进开挖(图 9-23 中的③)：及时开挖核心土跟进。

上台阶横撑支护闭合(图 9-23 中的④)：为方便施工，原则上溶腔段上台阶开挖完成后，及时施作上台阶横向支撑封闭成环。横向支撑每 0.5～1m 施作一榀，横向支撑应与上台阶钢架焊接牢固。现场施工过程中应加强监控量测，及时动态调整支护时机。若出现变形较大时，应在开挖过程中及时施作横向支撑，同时，对支撑喷射混凝土封闭成环。

拱部径向注浆加固(图 9-23 中的⑤)：对上台阶拱部进行径向注浆，加固土体，提高拱部稳定能力。径向注浆布置间距为 1.5m×1.5m，采用小导管一次性注浆，注浆范围为开挖轮廓线外 3～5m。注浆材料采用普通水泥单液浆，浆液水灰比为 0.6∶1～0.8∶1。

中台阶左右错开接腿开挖支护(图 9-23 中的⑥、⑦)：上台阶施工完成后，进行中台阶施工，中台阶高度一般为 3.5～4m。施工时，应采取左右错开接腿，错开距离 3～5m。每次接腿长度不得大于 1.5m(即 3 榀钢架)。

中台阶核部开挖(图 9-23 中的⑧)：中台阶接腿后，应及时跟进中台阶核部开挖。

下台阶开挖支护闭合(图 9-23 中的⑨)：中台阶开挖完成后，及时进行下台阶开挖支护，形成钢架闭合。下台阶每次开挖进尺为 1.5～2m。

(2)注浆管棚法

当岩溶内充填介质为淤泥质土时，释能降压后能使岩溶失水，但由于淤泥质地层中仍有较高的含水率，稳定性差，容易在开挖过程中发生塌方，因此，应对淤泥质地层进行超前预注浆加固，以降低地层含水率，提高地层的黏结力，从而确保开挖过程的稳定。注浆后施作超前长管棚应进行超前预支护，然后按三台阶法进行开挖施工。

注浆管棚法结构模式如图 9-25 所示，工艺流程如图 9-26 所示。

周边超前预注浆(图 9-25 中的①)：对隧道拱部周边进行超前预注浆，注浆加固范围一般为隧道开挖轮廓线外 3～5m。纵向长度根据溶腔纵向长度确定，原则上一循环不超过 30m，当溶腔纵向长度超过 30m 时，可考虑多个循环，或采取双向夹击进行处理。注浆设计时浆液扩散半径按 1.5～2m 考虑。注浆材料采用普通水泥单液浆，浆液水灰比为 0.6∶1～0.8∶1。若隧道周边存在泄水洞室时，应充分考虑周边环境因素，为防止大量跑浆造成浪费，同时避免堵塞泄水洞，应采取可控域注浆技术，控制浆液的流动范围。其可控域注浆主要技术措施为：

①注浆材料控制。采用硫铝酸盐水泥单液浆，浆液水灰比为 0.8∶1～1∶1。要求浆液具有早凝性、早强性，初凝时间不超过 1h，2h 抗压强度达到 0.2MPa，12h 抗压强度达到 1MPa。

②注浆量控制。采取单孔定量注浆措施。

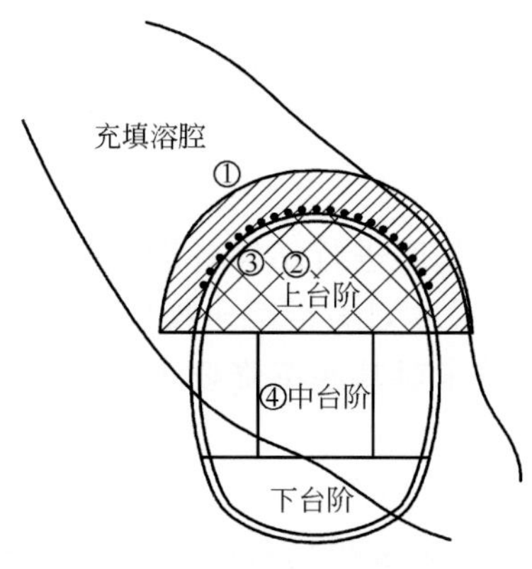

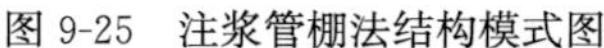
图 9-25 注浆管棚法结构模式图

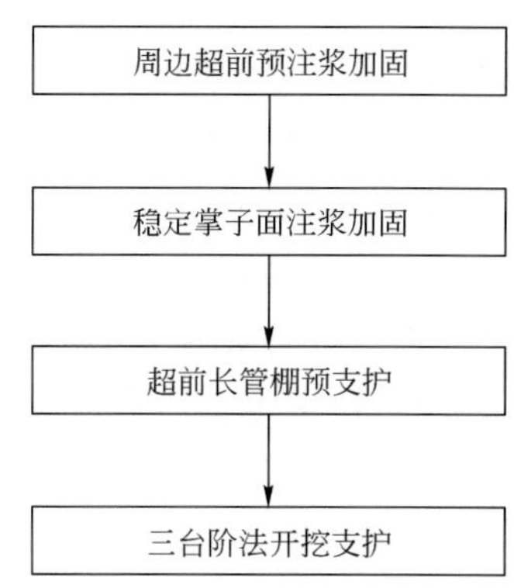

图 9-26 注浆管棚法工艺流程图

③注浆速度控制。要求现场注浆时采取低速慢注方式，注浆速度控制在 60～80L/min。

④注浆终压控制。注浆以加固地层，保证隧道安全开挖为目的，因此，注浆终压控制在 2MPa 以内。

⑤注浆顺序控制。为防止浆液流失，注浆顺序采取分序跳孔注浆和先外后内注浆两个原则，即先在外围形成注浆圈，然后注内侧，形成挤压密实作用，以防止浆液流失。

⑥复注措施控制。按超前周边加固注浆：补充检查注浆：开挖后径向补充注浆＝7：3：1 的比例进行注浆分配控制。

3)水释放、介质部分释放状态

采取释能降压后水被完全释放，而介质被部分释放，这一状态称为水释放、介质部分释放状态。溶腔内水释放、介质部分释放状态主要是由于释能降压时溶腔处于相对枯水季节、溶腔内水压力不高、水量不大、溶腔内充填介质为块石土等条件下。针对这种情况，虽然充填介质块石土有一定的自稳定能力，但由于为松散堆积结构，上部荷载大，若采取注浆管棚法，块石土钻孔时极易造成卡钻，严重影响注浆管棚施作进度。因此，可采取清方置换法进行处治。

清方置换法是采取机械对堆积体进行清方，使堆积体空隙率增大，局部形成空洞，然后采取回灌混凝土或水泥砂浆的方法进行空洞回填，对堆积体进行胶结固结，之后采取三台阶法进行开挖支护。

清方置换法结构模式如图 9-27 所示，工艺流程如图 9-28 所示。

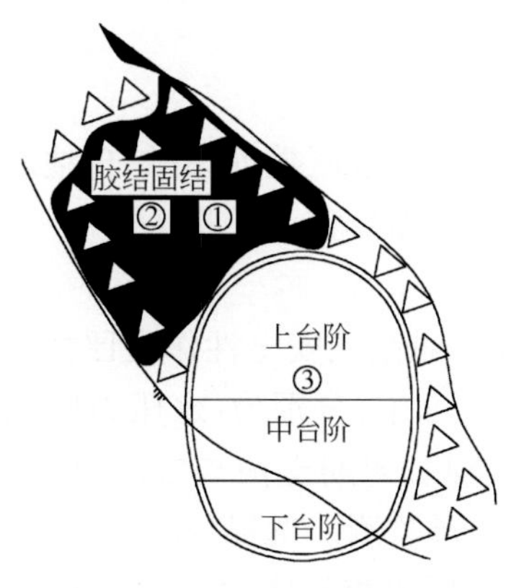

图 9-27 清方置换法结构模式图

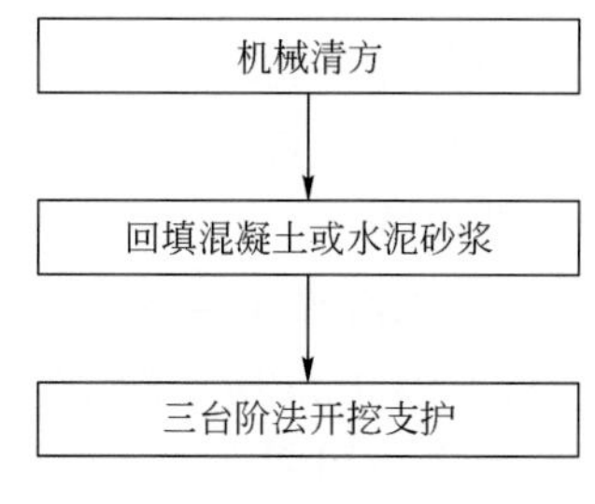

图 9-28 清方置换法工艺流程图

机械清方(图 9-27 中的①)：在安全监控下采用机械设备对溶腔堆积体进行清方，清方至可以观察到顶部出现空腔，可以灌进混凝土或水泥砂浆时为止。

回填混凝土或水泥砂浆(图 9-27 中的②)：封闭掌子面，对清方形成的拱部空腔采用混凝土或水泥砂浆回填，回填高度根据空腔体积估算，应超过隧道开挖轮廓线外 3～5m，从而形成对溶腔内块石土的置换。

三台阶法开挖支护(图 9-27 中的③)：按三台阶法进行开挖支护。

2.结构处治

岩溶段开挖完成后，主要进行岩溶段结构处理。结构处理包括基底补勘及处理、永久泄水洞导排、抗水压衬砌结构加强、结构永久性监测4个方面内容。

(1)基底补勘及处理

针对高压富水充填溶腔地段，在隧道初期支护完成后，对隧道基底进行钻探补勘，确定基底岩溶发育深度及基底承载力。原则上，当基底发育深度不超过2m时，宜采取C25混凝土换填处理。当基底发育深度超过2m时，换填施工风险大，同时考虑到长大隧道整体道床对基底沉降要求高，原则上应采用桩基承台方案。桩基承台设计根据补勘结果计算后确定。

(2)永久泄水洞导排

高压富水充填溶腔处治以安全和质量为主题，以“强本简末、服务运营”为目的。因此，为确保隧道投入后运营安全，设置永久泄水洞对高压岩溶水进行导排是十分必要的。

泄水洞根据溶腔点设计高程，并结合洞外地形条件设置，原则上泄水洞设置为上坡，设计高程以低于正洞1.5～2m以上为宜，坡度一般为1%～3%。泄水洞断面应能满足排水要求，最大排水量按水文地质条件进行估算，最小断面计算方法如下：

$$Q = AC\sqrt{Ri} \tag{9-38}$$

$$C = \frac{1}{n}\sqrt[6]{R}, R = \frac{A}{\chi} \tag{9-39}$$

式中：Q——泄水洞过水流量(m^3/s)；

A——泄水洞过水断面面积(m^2)；

C——泄水系数(谢才系数)；

R——水力半径(m)；

i——泄水洞坡度；

n——粗糙系数，取0.017；

χ——润湿周边长度(m)。

泄水洞断面尺寸除满足泄水要求外，为保证泄水洞快速投入使用，应按现场机械配置和施工通风要求进行开挖断面确定。根据现场施工情况，对于泄水洞内净空断面，采取无轨运输时，宜宽为4.5m、高为4.6m；采取有轨运输时，宜宽为3.5m、高为4.2m。

(3)抗水压衬砌结构加强

对高压富水充填溶腔段，衬砌结构应加强，抗水压等级按现场实测水压数据，并结合地表勘察、地质分析综合确定。原则上，有泄水洞时，按抗1.0MPa水压进行衬砌加强为宜。

(4)结构长期监测

为全面掌握高压富水充填溶腔在施工及运营过程的受力状况，对结构安全性作出评估，应对高压富水充填溶腔进行如图9-29所示的结构长期监测。监测项目主要有8个，分别为：水压力监测、注浆加固圈稳定性监测、围岩与初期支护间接触压力监测、初期支护内力监测、初期支护与二次衬砌间接触压力监测、二次衬砌内力监测、隧道基底沉降监测以及注浆加固圈渗水量监测。选择的项目根据工程情况确定，监测断面测点布置如图9-29所示。各监测断面所有监测传感器连接到洞内数据采集仪，再通过数据总线连接到洞口无线通信监测站，然后通过GPRS无线网络传输系统连接到远程监控中心工作站，定时进行数据采集和分析。

监测时间至少保证隧道投入运营后一年。施工期监测频率为1～2次/d，施工完成至运营前为2次/周，运营期间2次/月。

(五)八项专项安全设计

1.水文监测专项设计

水文监测内容包括降雨量、涌水量、水压力、地表水位4个方面。

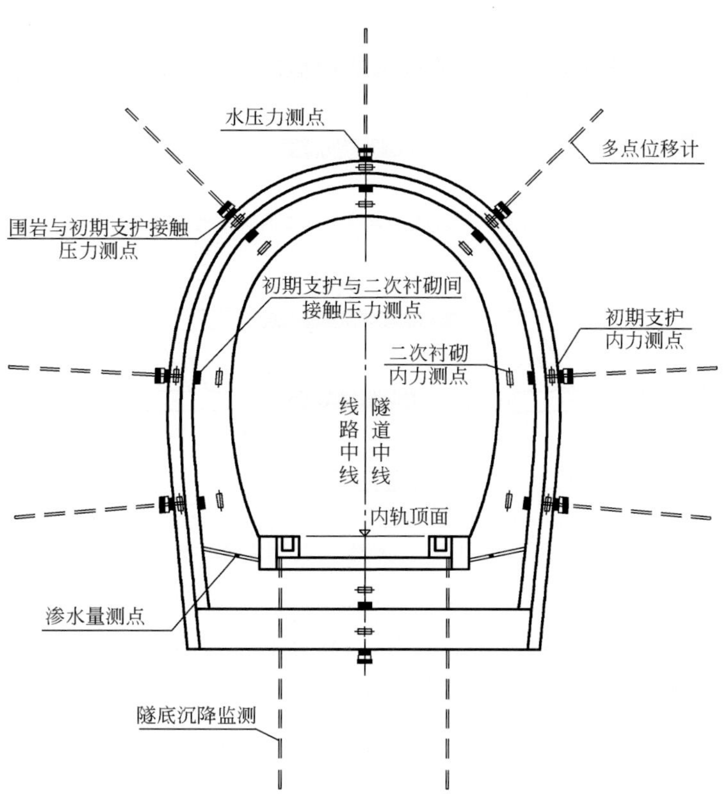

图 9-29 高压富水充填溶腔长期监测断面测点布置图

2.洞外排水系统专项设计

对高压富水充填溶腔实施释能降压前，必须对洞外环境进行调查，查找消水洞，明确排水线路，设置排水沟渠能力不得小于 10 000m^3/h，且保证排水通畅。对于洞口及排水下游存在安全隐患的民房，必须予以拆除。洞外排水系统应进行专项设计。

3.洞外警戒系统专项设计

实施释能降压前，对洞外警戒系统进行专项设计，设计内容包括警戒区域、警戒时段、警戒标志等。

4.洞内排水线路专项设计

实施释能降压前，应根据释能降压点所处的位置，以及工程进展情况作出合理的洞内排水线路专项设计。

如图 9-30 所示，当顺坡施工遭遇高压富水充填溶腔时，若后部已全部贯通，则可以直接通过封堵两隧道间横通道，从而使排水线路通畅。同时，溶腔处理期间也不会对临近隧道施工造成影响。

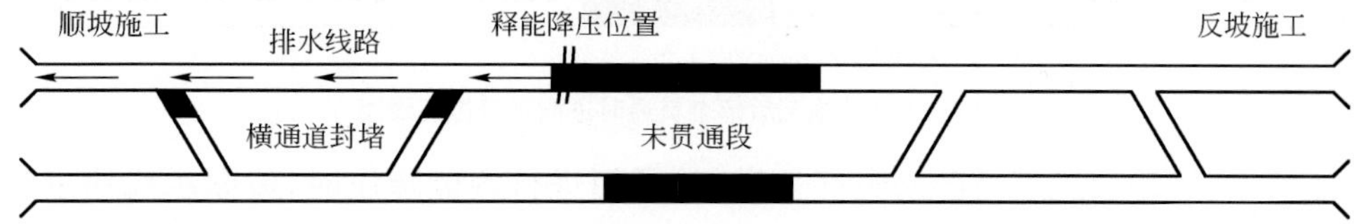

图 9-30 顺坡施工后部全贯通时排水线路

如图 9-31 所示，当顺坡施工遭遇高压富水充填溶腔时，若后部有部分地段未贯通，此时应进行方案比选，若后部剩余工程量不大，能在一个月内实现贯通，原则上应采取两端夹击对未贯通段进行开挖，按图 9-31 设计排水线路。

如图 9-32 所示，当反坡施工遭遇高压富水充填溶腔时，可通过采取迂回导坑，先实现进出口隧道迂回贯通，然后实施释能降压方案。

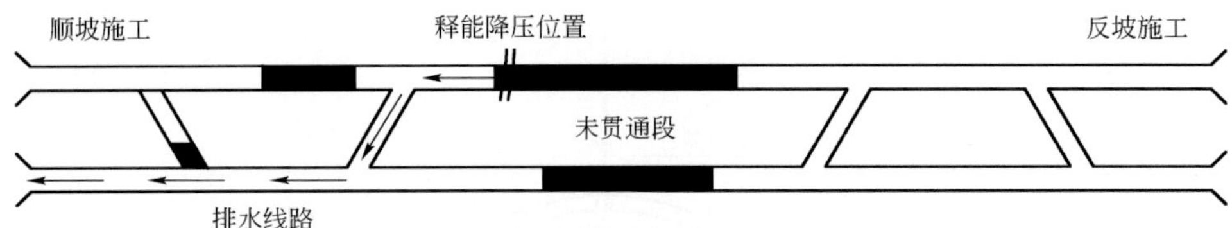

图 9-31　顺坡施工后部未全贯通时排水线路

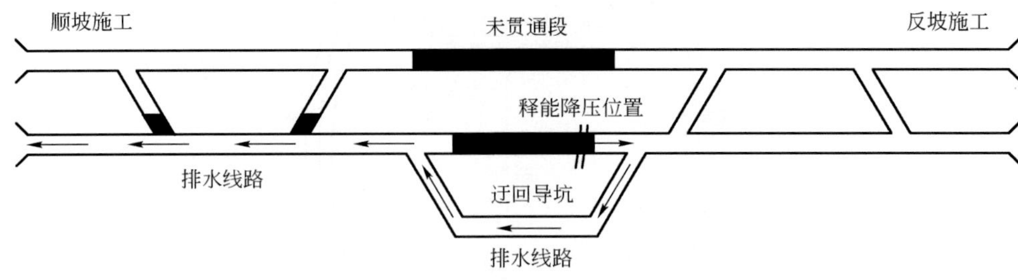

图 9-32　反坡施工时排水线路

5. 洞内相邻洞室分隔专项设计

为减少释能降压时水及充填物进入相邻洞室，对相邻洞室产生影响，同时保证溶腔处理期间相邻洞室的正常安全施工，应对相邻洞室横通道之间进行封堵分隔。

横通道封堵位置宜选择靠近排水线路侧。

6. 洞内外预警监控系统专项设计

为保证释能降压的安全进行，在洞外调度室设置监控中心，分别在洞内释能降压位置、释能降压点后退一个横通道道口位置、隧道洞口，以及洞外排水线路位置安设监控点，密切监控并记录释能降压全过程。

7. 进洞条件专项设计

根据水文监测数据分析，研究地表降雨与洞内排水关系，制定出相应的隧道安全进洞条件。

8. 进洞观察安全撤离线路专项设计

通过监控系统，掌握掌子面释能降压情况。释能降压后，一般在 24h 后确定无异常时，方可进洞观察。为避免进洞观察时出现掌子面不可预见突发性突水，应选择设计好的合理撤离线路进行逃生。

如图 9-33 所示，当顺坡施工后部全贯通的掌子面进行释能降压时，将最靠近释能降压掌子面的横通道按半封堵进行设计及实施，用来作为进洞观察的安全通道。进洞观察遇到险情时，应尽快由安全通道进入相邻洞室，并迅速撤到相邻隧道掌子面，待安全时再出洞。

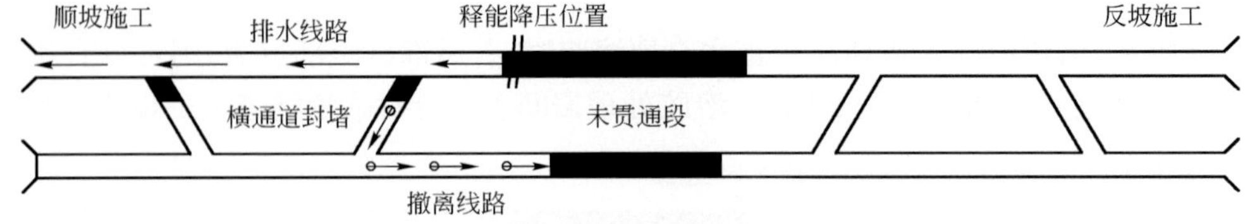

图 9-33　顺坡施工后部全贯通时进洞观察撤离线路

如图 9-34 所示，当顺坡施工后部未全部贯通，掌子面进行释能降压时，按图示线路进行排水设计。进洞观察遇到险情时，应尽快进入相邻洞室，并迅速撤到相邻隧道掌子面，待安全时再出洞。

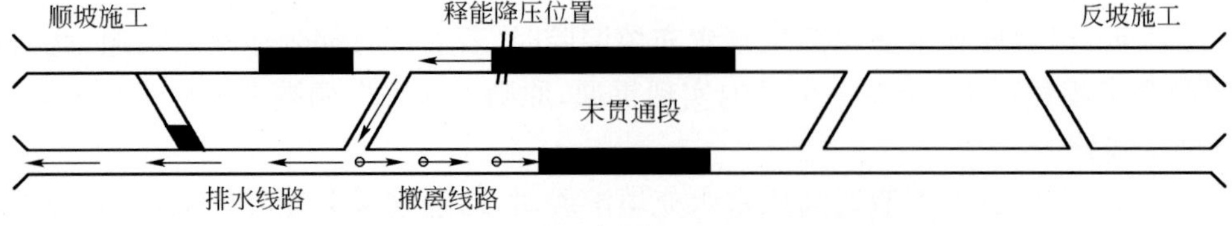

图 9-34　顺坡施工后部未全贯通时进洞观察撤离线路

综合顺坡施工隧道撤离线路，当进洞观察遇到险情时，下游总是不安全的，撤离原则是“进邻洞、向上走”。为了确保撤离安全，释能降压实施前，最后一个横通道的位置距离释能降压掌子面不得大于100m，否则，将会造成撤离困难和损失。

如图 9-35 所示，当反坡隧道施工时，掌子面进行释能降压后进洞观察，当遇到险情时，向上游撤离，直接出洞。

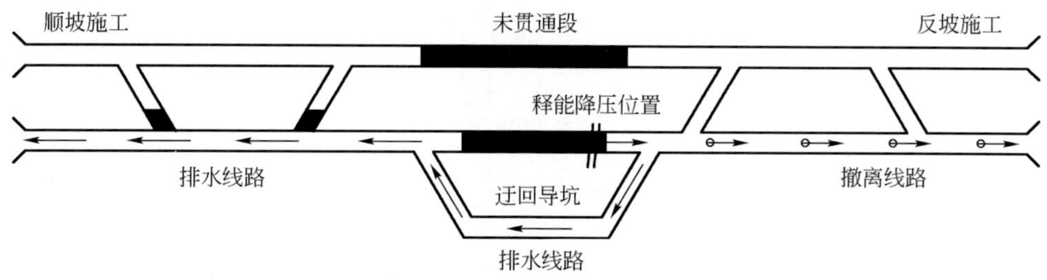

图 9-35 反坡施工时进洞观察撤离线路

第五节 其他辅助施工方法

一、长管棚

长管棚法是沿开挖轮廓周线 120°范围内，钻设与隧道轴线平行的钻孔，而后插入不同直径(70～150mm)的钢管，并向管内注浆，固结管周边的围岩，并在预定的范围内形成棚架，形成简支梁的支护体系。

(一)机理

长管棚施工法是在隧道开挖之前，沿隧道开挖断面外轮廓，以一定间隔与隧道轴线成 1°～3°夹角的钻孔，插入钢管，再从插入的钢管内压注充填水泥浆或水泥砂浆，来增加钢管的弯矩，并对管周围的岩土体进行加固，使钢管与围岩一体化，由管棚和围岩构成的棚架支撑承载体系减小围岩下沉。

长管棚在软弱围岩的隧道施工中起到简支梁的作用，而两端的支撑梁便是简支梁的弹性支撑。上覆地层的变形主要包括两部分：一是管棚的挠曲变形，二是端头支撑梁的变形。所以其变形控制主要是通过提高管棚和支撑梁的刚度来实现。其作用机理如下：

1. 长管棚的形成条件

台阶法施工的围岩施作长管棚，起到约束已开挖区管棚的变形作用，同时对开挖面前方围岩具有加固作用，这一作用使开挖释放应力随之减少。杭州市解放路隧道和上海市某过街通道工程的现场试验和模拟试验证明，适当间距和数量的长管棚，在软弱地层中，通过注浆能形成“微拱”，起到棚的作用。这种棚由许多“微拱”组成，一是起到控制围岩变形的作用，二是起到扩散围岩压力作用，三是适当减少开挖释放应力。

2. 棚架体系

尽管管棚具有“微拱”、扩散围岩压力和减少开挖释放应力的作用，当开挖进尺达到一定量之后，一旦导致掌子面坍塌，上述作用将大幅度减弱或丧失。事实上，长管棚施作后、隧道开挖时，必须施作小导管注浆预加固，并及时进行格栅钢拱架支护，使管棚和格栅拱架形成棚架支护体系。现场钢架受力监测证明：沿拱圈布置的钢架以受压为主，而接近水平方向的钢架既有受压的，也有受拉的，其对拱部和边墙的钢架受力起到调节作用。

(二)应用范围

在松散、软弱、砂砾地层或软岩、岩堆、破碎带，以及隧道进出口地段施作长管棚，能够保证隧道开挖施工的安全，并尽可能循环通过上述地段。为减少洞室扩挖，降低工程成本，一般长管棚施作应尽量避免在隧道进出口以外的其他地方使用。

(三)施工工艺及流程

长管棚施工的主要工序:长管棚工作台布置、钻机就位、安装导向管、定位、钻孔、下管、注浆等。其工艺流程如图9-36所示。

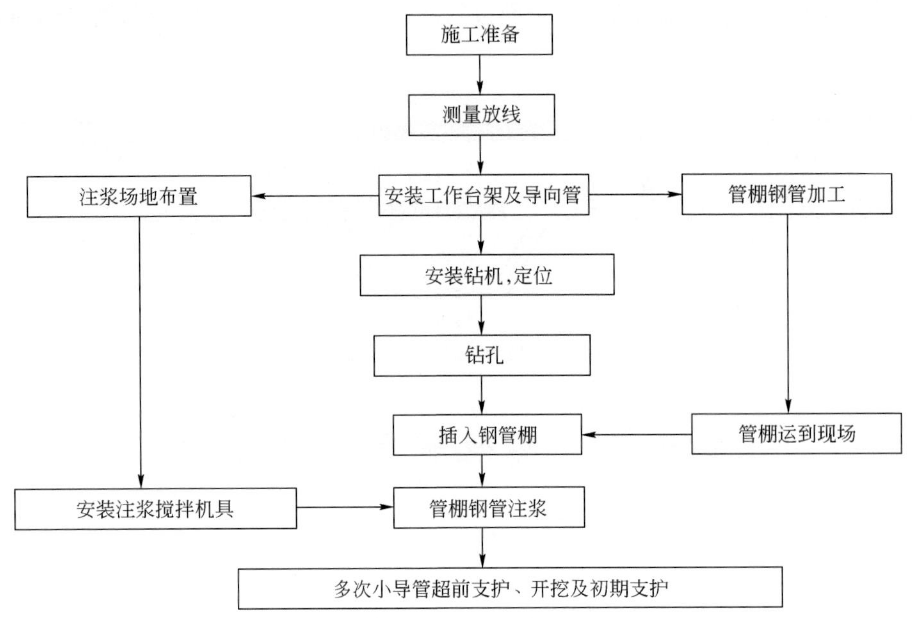

图9-36 长管棚施工工艺流程图

黏性土、砂土和粒径小于20mm的碎石类土地层的隧道长管棚施工,主要有单管钻进和螺旋套管钻进两种水平钻进工艺。

1. 单管钻进工艺

所谓单管钻进工艺,就是根据钢管管径配置相应型号的变径接头,将施工用长管棚钢管取代孔内钻杆和钻机主动钻杆连接的一种钻进方法。为节约成本,在松软地层中施工时,可将孔底第一节钢管前端加工呈锯齿状,以代替硬质合金钻头。该工艺操作简单,但适用范围较小,只适用于小孔径的浅孔。

2. 螺旋套管钻进工艺

除主动钻杆外,均使用螺旋钻杆。当钻机动力头带动钻具顺时针旋转钻进时,钻头切削掉的土体通过螺旋钻杆的翼片排出孔外。为防止塌孔,边钻进边跟进套管,套管由钻机动力头推进。在长管棚施工中,则用管棚钢管取代套管。钻具组合形式如图9-37所示。

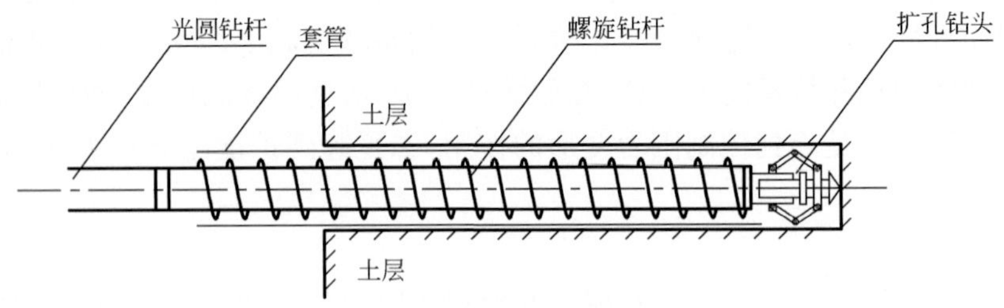

图9-37 钻具组合图

为使套管能顺利跟进,选择钻头直径应大于钢管直径5~8mm。为解决大直径钻头从小孔径套管通过的问题,需使用特殊加工工艺制造的连杆式扩孔钻头,该钻头在自由状态下为小直径,当加压钻进时,钻压通过导向轴传递到连杆和翼片,上盘通过导向轴向下滑动,翼片受压向外张开,导向套和导向轴均为方形,扭矩通过方轴传递给方套,带动矛式钻头一同转动。提钻时,翼片可以自由收缩,使钻头顺利通过套管。

(四)施工要点

在浅埋破碎带及富水地层中,采用长管棚预注浆超前支护,使开挖部位形成“微拱”和一层壳体,大

大增加了施工的安全性。长管棚施工先施作导向墙，其宽度为1m。导向管的定位是否准确是长管棚施工能否成功的关键，每一根导向管都要保证安装准确。为了避免软弱地层导向墙的下沉，可扩大导向墙基础，以增加抗下沉的能力。

1. 导向墙设计与施工

1）导向墙设计（图9-38）

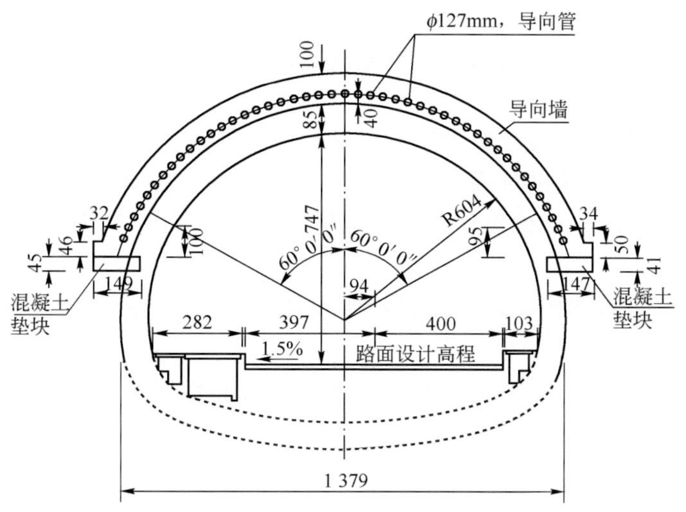

图9-38 长管棚导向墙横断面图（尺寸单位：cm）

（1）导向墙宽度为1m。

（2）导向墙采用两榀花拱架固定导向管，C20混凝土，厚度为100cm。

（3）导墙内精测定位后，焊接埋设内径70～150mm、长2.0m的导向管，环向间距40cm，径向外插角1°～3°。

（4）导向管中心位于开挖轮廓线外40cm。

2）导向墙施工

（1）洞口及施工平台开挖

在洞口处对洞顶上方土体进行开挖刷坡，施作施工平台用作长管棚的施工场地。

（2）模板及拱架安装

对平台处土体进行人工修整，符合导向墙尺寸要求，安装施作导向墙模板及支架。

（3）导向管安装

为保证导向管安装后不出现下沉现象，安装导向管前在导向墙两侧底部做混凝土基础垫块并预埋钢筋花拱架。

（4）导向墙施工

导向管全部安装好后，应对全部导向管进行水平左右位置和高程复核测量。经测量复核无误后立模浇筑导向墙，混凝土层厚度100cm。混凝土浇筑完毕后拱架不拆除留作支撑用，待混凝土达到设计强度的75%后方可进行管棚钻孔作业。其施工技术要求如下：

①保证导向管的方向及倾角。施工中必须加强测量，导向管安装前定位要准确，导向管安设后要复核。

②避免导向管、导向墙下沉。为增加导向墙两侧底部承载力，模板拱架在导向墙混凝土施作完毕后不拆除，以起到支撑导向墙作用。

③成孔较容易时，先钻孔后顶进管；成孔较难时，改装扩孔偏心钻头，套管跟进。

④若钻进过程阻力较大，可退回1m，多次反复，阻力减小后继续钻进。

⑤起始钻孔采用低压顶进，以保持方向，防止孔位偏斜。

2. 长管棚施工准备工作

按隧道中线控制测量高程，计算出每个管棚位置坐标，用红油漆在墙上标注，利用经纬仪测量方向，指导钻机摆放就位，对孔。

3. 长管棚布设

(1)钻机定位

移动钻机至钻孔部位，调整钻机高度，将钻头放入导向管中，使导向管和钻杆在一条直线上，满足上仰角度。

(2)钻孔

长棚管钻机移动、定位。在导向管内使用顶驱液压钻把套管与钻杆同时钻入岩土层内，避免钻杆在提出孔后产生塌孔，方便长棚管的安装。

经测试，钻杆方向和角度满足设计要求后方可开钻。钻孔开始时选用低档，待钻到一定深度后，接长度为5～6m的取芯管钻进。钻进过程中要始终注意钻杆角度的变化，并保证钻机不移位。每钻进5m要复核钻孔的角度是否正确，以确保钻孔方向准确。

(3)下管

钻孔完毕，高压水清洗后，取出钻杆。按设计要求使用30cm长的厚壁管箍将钢花管进行搭接，并插入孔内。

下管前要预先按设计要求对每个钻孔的管子进行配管和编号，以保证同一断面上接头数不超过50%。由于地质条件差，因此下管要及时、快速，以保证在钻孔稳定时，将管子送到孔底。前期靠人工送管，当阻力增大，人力无法送进时，借助钻机顶进。

钢管安装完毕后，取出套管，并用锚固剂将钢管锚固在孔口处。

4. 长管棚注浆施工

待长管棚施工完成后，开始注浆。其目的是填充管棚，增加管棚的刚度。同时通过管壁的溢浆孔使浆液渗入到长管棚周围地层中。注浆前需对管口外侧进行密封处理。

浆液采用水泥砂浆，注浆分两步完成，当第一次注浆的浆液充分收缩后，进行第二次注浆，以使管棚填充密实，第二次注浆采用水泥浆。

注浆时要控制如下要点：

1)注浆程序

注浆时先注无水孔，后注有水孔，在无水地段可从低处注浆开始，注浆结束时将闸阀关闭，卸下进浆管，进入下一循环。

2)注浆配合比

在施工过程中采用纯水泥浆或水泥砂浆，浆液配合比为水泥：砂：水=1：1：0.5(质量比)。

3)注浆压力

每个孔的注浆结束与否，不是以时间来判断，而是以注浆压力和注浆量来控制，当注浆压力持续升高，接近或达到注浆设计压力时，该管注浆才可结束。注浆初压0.5～1.0MPa，终压0.8～1.5MPa。

4)注浆注意事项

(1)时刻注意观察注浆管孔口周围封口砂浆变化情况，防止浆液压力增加时将其冲裂；管接器必须待浆液凝固后才能卸下，清洗后，循环使用。

(2)钻孔、注浆过程中应加强对地上建筑物的沉降或隆起观测，如发现异常及时采取措施，防止意外事故发生。

5. 管棚钻孔的测斜、防斜和纠斜

1)影响钻孔弯曲的主要因素

(1)地质因素

影响钻孔弯曲的地质因素主要是岩层的各向异性和软硬互层。某些具有层理、片理等构造特征的岩层，其可钻性具有明显的各向异性。当钻孔穿过软硬岩层界面时，软、硬岩层抗破碎阻力不同。因此，在各向异性的岩层中钻进时，钻孔弯曲强度与岩石各向异性强弱有关，钻孔轨迹总是向可钻性较强的方向弯曲。

(2)机具因素

开孔时，钻机基础不平，主轴安装不正确，都会导致钻孔轨迹偏离设计的空间位置。钻进过程中造成钻孔弯曲的机具因素主要是钻具的结构、尺寸和受力特点。由于地层松软，钻头在钻进过程中不可避免地还要产生一定程度的扩壁，使孔壁与钻具之间存在一定间隙。钻进过程中，由于存在孔壁间隙，在钻压作用下，钻杆将产生弯曲变形，轴向压力将沿弯曲钻杆产生水平分力。如图9-39所示，由于钻杆产生挠曲变形，轴向压力在钻头处分解成水平分力P_x和铅垂分力P_y，P_x保持钻头沿水平方向钻进，P_y、Q则使钻头向下切削土体，使钻头下垂。图9-39中，$Q=ql/2$，q为钻杆重力线密度，l为钻具长度。

钻头切削的土体岩渣，受自身重力和钻具顺时针旋转摩擦力的作用，堆积在钻孔左下方，迫使钻头向右上方偏斜，从而引起钻孔偏斜。图9-40中，F为岩渣对钻头的支撑力，G为钻头重力，v为钻头转速。

由于孔壁间隙的存在，钻具在孔内产生偏倒。偏倒角越大，则钻具弯曲强度越大。钻具在孔底的偏倒角ε决定于孔壁间隙和钻具长度，由下式计算：

$$\varepsilon = \arcsin(b/L) \tag{9-40}$$

式中：b——孔壁间隙(m)；

L——钻具长度(m)。

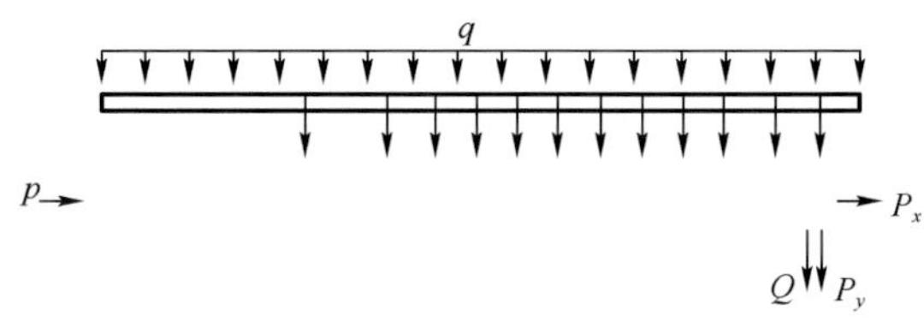

图9-39　钻具受力分析

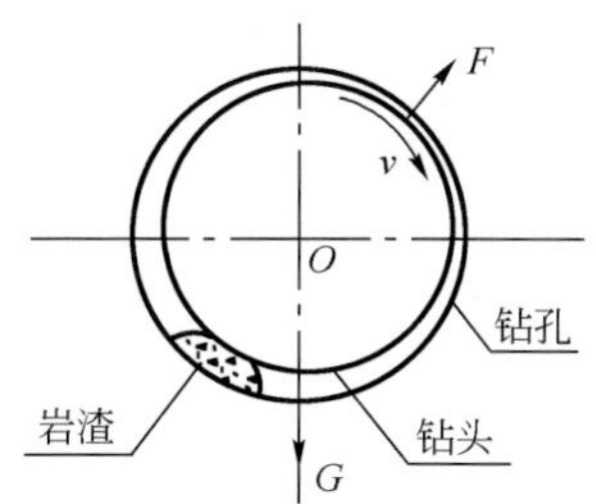

图9-40　钻头受力分析

钻具越长，偏倒角越小，但其直径小而长度过大时，会引起钻具刚度不足，在轴向压力作用下发生弯曲。钻具的临界长度可按下式计算：

$$I = K\pi\sqrt{\frac{EJ}{P}} \tag{9-41}$$

式中：K——动载系数，$K=0.6\sim0.8$；

J——钻具截面的轴向惯性矩(m^4)；

E——钢的弹性模量(N/m^2)；

P——轴向压力(N)。

(3)工艺因素

钻压、转速和循环冲洗液量称为钻进规程参数，是影响孔斜的重要因素。钻压过大，使钻具与孔壁的摩擦阻力增加，钻具围绕自身轴线自转而不做公转，此时钻具倾斜面有固定方向，从而导致钻孔弯曲。同时，钻具的偏倒角随钻压的增加而增大，使钻孔弯曲强度增加。转速过大，钻杆回转离心力增大，从而加剧钻具的横向振动和扩壁作用，造成孔壁间隙增加。但在低转速、小钻压作用下，由于钻具自身重力作用，使钻头长时间作用于钻孔下方土体，则钻孔有向下偏斜的趋势。

在允许使用循环冲洗液的地层，冲洗液量过大，会冲刷、破坏孔壁。冲洗液质量不好，某些易塌岩石会产生“大肚子”孔段，这些都会使孔壁间隙剧增，为钻具偏倒、钻孔弯曲提供了条件。

2)测斜方法

目前，采用长管棚支护工法单次开挖长度不大，采用经纬仪测斜方法能够满足工程要求，其基本原理如图9-41所示。图中A为经纬仪观测点，B为观测视线在管口坐标纸上的投影点，m为B、C两点距离，n为A、O两点距离。

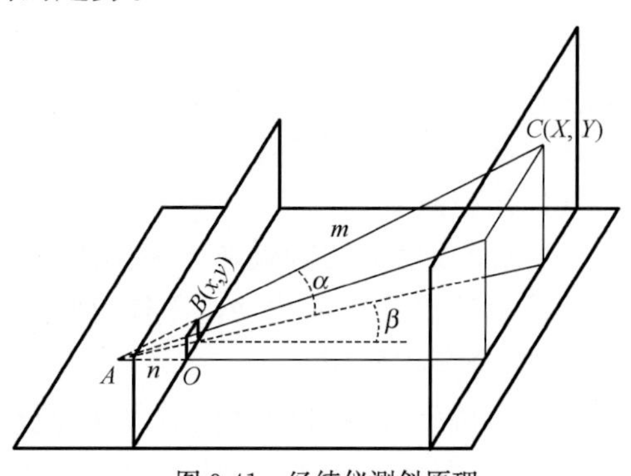

图9-41　经纬仪测斜原理

测点 C 相对孔中心点 O 的位移为：

$$\left.\begin{aligned}Y&=(\sqrt{n^2+x^2+y^2}+m)\sin\alpha\\X&=(\sqrt{n^2+x^2+y^2}+m)\cos\alpha\sin\beta\end{aligned}\right\}\tag{9-42}$$

3)纠斜方法

当发现钻孔偏斜时，要及时纠正方向。具体做法是将偏斜孔段注水泥浆填充，待水泥浆的凝固强度和地层强度接近时，重新钻进。为争取施工时间，注浆时水泥浆中可加入适量速凝剂。

4)防斜措施

(1)安装扶正器

所谓扶正器，就是粗径钻具。通过上述对机具因素的分析，根据增加钻具直径和长度可以减小偏倒角，从而减小钻孔弯曲的原理，在钻具上安装扶正器则可以保证钻孔的精度。扶正器的长度可由上述相关公式计算。要注意扶正器的安装位置，尽量减轻钻具前端的重量，以免钻头因重力过大而产生下垂。施工时，应经常检查扶正器的磨损情况，磨损严重则扶正器失去作用。

(2)加设孔口导向管

钻孔施工之前推算钻孔偏斜量，绘出与钻孔长度相应的钻孔轨迹，一般为抛物线，即 $Y=aX^2+bX+c$，钻进中可通过调整 a 值，按一定仰角和水平左向偏角设置孔口导向管。孔口管长度一般为 2m，管径大于设计孔径的 5～8mm 为宜。

(3)控制钻进参数

根据对影响钻孔弯曲的工艺因素分析知，可通过控制钻进参数来防止钻孔偏斜。表 9-11 是由施工经验所得的软弱地层钻进操作参数。

软土地层钻进操作参数 表 9-11

地 层 名 称	地层物理特性		钻压(kN)	转速(r/min)
	地层单轴抗压强度(MPa)	比压值(N/cm)		
砂层	3	100	30	180～200
砂土层	5	200	35	150～180
粉质黏土	8	300	40	120～150
黏土层	10	400	50	90～120

二、水平旋喷法

隧道水平旋喷支护技术是利用钻机把带有喷嘴的注浆管钻进至土层的预定位置后，以高压设备使浆液或水成为 20～70MPa 的高压射流从喷嘴中喷射出来，冲击破坏土体，同时钻杆以一定的速度向外退出，将浆液与土颗粒强制搅拌混合，并通过物理、化学变化形成不同形状的胶结体，以达到防渗和加固的目的。旋喷直径一般控制在 0.5～1.0mm，根据不同地层可进行调压确定。

1.机理

水平旋喷桩预加固机理是在洞内开挖面前方沿隧道开挖轮廓，利用水平旋喷机按设计间距钻孔，当钻至设计长度后，高压泵开始输送高压浆液，同时钻头一边旋转一边后退，并使浆液从钻头处的喷嘴中高速射出，射流切割下的砂、土体与喷出的浆液在射流的搅拌作用下混合，最后凝固成旋喷柱体，相邻柱体之间环向相互咬合，在开挖面前方形成整体性较好的旋喷拱。由于高压射流对固结体周围砂、土体具有挤压和渗透作用，固结体周围土层的物理力学性能得到显著改善。

其作用机理：

(1)高压喷射流切割破坏土体作用

喷流动压以脉冲形式冲击土体，使土体结构破坏而出现空洞。

(2)混合搅拌作用

钻杆在旋转和提升的过程中，在射流后面形成空隙，在喷射压力作用下，迫使土粒向与喷嘴移动相反的方向(即阻力小的方向)移动，与浆液搅拌混合后形成固结体。

(3)置换作用

高喷法又称置换法,高速水射流切割土体的同时,由于通入压缩空气而把一部分切割下的土粒排出灌浆孔,土粒排出后所空下的体积由灌入的浆液补入。

(4)充填、扩散固结作用

高压浆液充填冲开的和原有的土体空隙,析水固结,还可渗入一定厚度的砂层而形成固结体。

(5)压密作用

高压喷射流在切割破碎土体的过程中,在破碎带边缘还有剩余压力,这种压力对土层可产生一定的压密作用,使高喷桩体边缘部分的抗压强度高于中心部分。

(6)拱环承载作用

高压旋喷成桩后,隧道周围土体压力靠封闭的桩体拱环承担,桩体拱环具有很好的抗力和抗变形能力。

由于土的种类不同,旋喷桩组成结构也不完全相同,在砂土中,旋喷桩外圈有一浆液扩散层;在黏性土中,则旋喷桩外圈没有扩散层,如图 9-42 所示。

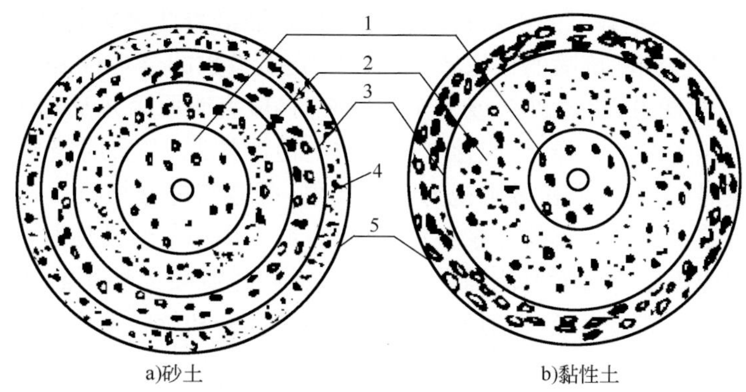

图 9-42 旋喷固结体横断面示意图

1-浆液主体部分;2-搅拌混合部分;3-压缩部分;4-渗透部分;5-硬壳

2. 应用范围

水平旋喷(桩)法适用于处理淤泥、淤泥质土、黏性土、粉土、黄土、砂土、人工填土和碎石土等地层。当土中含有较多的大粒径块石、坚硬黏性土、大量植物根茎或有过多的有机质时,应根据现场试验结果确定其适用性;对地下水流速过大和富水的工程,应慎重使用。水平旋喷注浆技术能够应用于地下铁道、隧道工程、地下停车库和其他暗挖等工程的软土加固领域。

3. 施工工艺流程

水平旋喷搅拌桩工艺流程见图 9-43。

4. 施工要点

1)施工参数

(1)钻杆钻进速度:0.125~0.135m/min。

(2)水泥浆配合比:$C:W=0.75:1$。

(3)每延米水泥用量:75kg。

(4)钻杆每节长 3m,外径 50mm;旋喷钻头外径 90mm,单孔,孔径 2mm。

(5)旋喷压力:20~25MPa。

2)施工准备

封闭上台阶和下台阶掌子面,喷混凝土厚度不小于 20cm。精确测量中线、水平,搭设工作平台,平台上铺设竹夹板和枕木,将钻机、高压泵及其他机具一字排列就位。同时要设置临时边沟及废浆池。

3)浆液配制

浆液严格按设计配合比配制,充分拌和均匀,拌和时间不小于

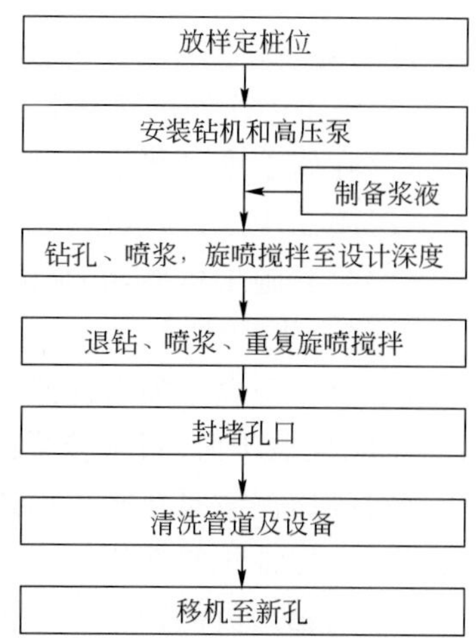

图 9-43 水平旋喷搅拌桩工艺流程图

3min，水泥浆从搅拌机倒入储浆桶前要经筛过滤，以防出浆口堵塞。

4)钻孔及旋喷

按照“先周边、后掌子面”的顺序进行旋喷施工，周边按照每次间隔一孔，孔位从下到上，左、右交替进行。跳跃式成桩，两边强度平衡，可以减少因钻杆偏移造成桩间咬合率低的问题。

(1)按设计外插角，分孔计算每根桩的偏角和仰角，利用三维坐标，使钻机精确定位。

(2)开孔时慢进，钻至1m后按正常速度钻至设计深度，当浆液从喷嘴喷出并达设计压力后开始旋喷，桩前端原地旋喷不小于30s。

(3)为保证桩径和桩间咬合，弥补目前国内水平钻旋喷作业钻进速度快的不足，采用复喷工艺(即退一次、进一次、再退一次，共计三次旋喷作业)，以提高固结体的增径效果及咬合率。

(4)在桩前端受外插角的影响，为确保加固效果，前端旋喷时加大压力或降低喷嘴的旋转提升速度。当旋喷至孔口3m时停止，并立即退出钻杆，用棉纱塞堵孔口，以防浆液外泄。

5)冒浆处理

在旋喷过程中，往往有一定数量的土颗粒随着一部分浆液沿着注浆管管壁冒出。通过对冒浆的观察，可以及时了解地层状况，判断旋喷的大致效果和评定旋喷参数的合理性等。根据经验，冒浆量小于注浆量20%～30%为正常现象，超过30%或完全不冒浆时，应查明原因并及时采取措施。

当旋喷流量不变而压力突然下降时，应检查各部位的泄漏情况，必要时拔出注浆管检查密封性能。出现不冒浆或断续冒浆时，若系土质松散则视为正常现象，可适当进行复喷。若系附近有空洞，则可继续注浆或拔出注浆管待浆液凝固后重新注浆至冒浆为止，或采用速凝浆液使浆液在注浆管附近凝固。

冒浆量过大的主要原因是有效喷射范围内注浆量大大超过旋喷固结所需浆量，可采用提高喷射压力(喷浆量不变)或适当缩小喷嘴直径(喷射压力不变)，加快提升和旋转速度等措施。

6)施工质量控制

(1)选料配浆。为确保顺利进行旋喷施工，所选用水泥浆应在第二级或第三级搅拌过程中进行过筛，其细度应在标准筛(孔径0.08mm)的筛余量不大于15%，浆液搅拌后不得超过4h，当超过时应经专门试验，证明其性能符合要求方可使用。在配浆过程中应考虑到施工过程中纯浆液易于沉淀，易造成泵体和管道堵塞，影响加固质量，故采用以水泥为主剂再加入适量的防沉淀的外加剂，以保持浆液在施工期间处于悬浮状态。

(2)钻机就位后应进行水平、垂直校正，钻杆应与桩位吻合，偏差控制在±10mm内。

(3)施工中应严格控制高压泥浆泵的压力和排量，以及水泥浆的水灰比与搅拌时间。

(4)水箱存水。在进行高压喷射注浆施工前必须将水箱蓄满，在施工过程中也必须保证水箱内有足够存水。

(5)高压喷射注浆施工时，先用清水代替浆液进行高压射水，在确保设备各管路畅通后，方可进行水泥浆液注浆施工。高压喷射注浆开始后，应先喷浆，后旋转和提升，防止注浆管扭断。施工中高压喷射注浆钻杆的旋喷和提升必须连续不中断。高压喷射注浆桩的起始和终止坐标严格按照设计图纸要求执行。

(6)施工中途如机械发生故障，应停止提升、钻杆和旋喷，以防止桩体中断，并应立即检查，排除故障。

(7)在施工中要严格按照设计和施工参数要求进行施工。

(8)施工中，必须依据相关要求，指定专人做好施工记录并签字、归档。

(9)全套施工机械，必须由专人负责使用和维护保养，尤其是高压浆泵应由专人操作。

7)安全生产要求

(1)全方位高压喷射注浆工法使用高压泥浆进行施工，施工中必须采取充分的安全措施，特别要注意高压泥浆泵压力、高压胶管连接处和高压喷嘴出口处。

(2)高压泥浆泵在施工后须全面检查和清洗干净，防止泵体内的残渣和铁屑存在，密封圈、压力表定期检查，以保证正常使用。一旦发生故障，要停泵停机排除故障。

(3)司钻人员需知施工工艺过程和熟练操作技能，并了解施工设备的基本要求性能和保养知识。

(4)保证使用水泥不受潮，不使用结块或过期水泥，对外加剂要分别存放。浆液材料及外加剂均应

使用无毒材料。

(5)高压胶管不得超过压力范围使用,使用时屈弯不小于规定的弯曲半径,防止高压胶管破裂。

(6)施工现场的一切电气线路、设备,必须由持有上岗证的专职电工安装、维修。

(7)电气线路、设备的安装和维修要严格执行国家《施工现场临时用电安全技术规范》(JGJ 46—2005),严禁非专业电气操作人员乱动电器设备。配电系统分级配电,设总、分配电箱及动力、照明配电箱,不同用途的电箱加注相应的文字标志,箱体外观必须完整、牢固,防雨、防尘。所有电器设备及金属构架均应按规定设置可靠的接零及接地保护,施工现场所有用电设备,必须按规定设置漏电保护装置,要定期检查,发现问题,及时处理。

8)施工质量检测

施工质量检测内容包括以下几项:

(1)检验高压喷射注浆桩的深度、直径、完整性、搭接效果。

(2)桩体物理力学性能检验。检验方法为钻孔取样法。现场回浆取样、加工成标准试块立方体(70mm×70mm×70m),做单轴抗压强度试验(7d 和 28d 强度)。

(3)加筋桩体拉拔试验。对插筋桩体进行拉拔试验,以确定加劲桩体的抗拔力。

(4)在相应桩位地表处,布设地表沉降观测点以有效地确定旋喷过程中对地表的影响。

三、注浆—冷冻法

注浆—冷冻法是指在隧道周边环境沉降控制要求严格的条件下,采取冷冻法进行施工前,为防止融沉引起地层颗粒的改变,造成地表和结构的过量沉降和变形,往往要先进行劈裂或挤密注浆,在地层中形成浆脉骨架,然后再进行冷冻的方法进行施工和控沉。

冷冻区域地层注浆形成浆脉骨架后,利用人工制冷技术在地下开挖体周围已加固的含水软弱地层中钻孔铺管,安装冷冻器,然后利用制冷压缩机提供冷量,通过低温盐水在冷冻器中循环,带走地层热量,使地层中的水结冰,将天然岩土变成冻土,形成完整性好、强度高、不透水的临时加固体,达到加固地层的目的,从而在冷冻体的保护下进行竖井或隧道等地下工程的开挖施工,待衬砌支护完成后,冷冻地层逐步解冻,最终恢复到原始状态。人工制冷除以盐水为介质外,还可采用液氨和干冰直接在冷冻器内汽化降温冷冻。

1.机理

注浆冷冻法施工,是利用注浆后冻土固结体具有强度高、可隔水和控沉降的性质进行土层加固,然后在冻土壁的围护下进行结构施工,其原理是在注浆形成浆脉后,将低温冷媒送入地层,通过热质交换冻结地层,提高土体强度,形成连续、封闭的冻土壁增大支护强度和隔水,确保地下结构的施工安全。

土体是一个多相和多成分混合体系,由水、各种矿物和化合物颗粒、气体等组成,而土中的水又可有自由水、结合水、结晶水三种形态。劈裂注浆后进行冷冻,当降到负温时,加固后的土体中的自由水结冰并将土体颗粒胶结在一起形成整体。冻土的形成是一个物理力学过程,土中水结冰的过程可划分为五个阶段,见图 9-44。

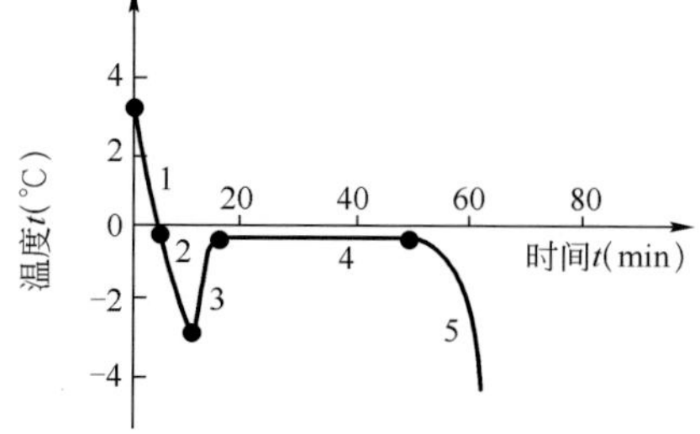

图 9-44 土中水结冰过程曲线图

(1)冷却阶段,向注浆加固后的土体供冷初期,土体逐渐降温到冰点。

(2)过冷阶段,注浆加固后的土体降温到 0℃以下时,自由水尚不结冰,呈现过冷现象。

(3)突变阶段,水过冷后,一旦结晶就立即放出结冰潜热,出现升温过程。

(4)冷冻阶段,温度上升到接近 0℃度时稳定下来,加固后的土体中的水便产生结冰过程,矿物颗粒胶结在一体形成冻土。

(5)冻土继续冷却阶段,冻土的强度逐渐增大。

2.应用范围

在粉细砂、淤泥、流塑状不稳定地层可进行注浆—冷冻法施工。

3. 施工工艺流程

注浆冷冻法施工技术的主要施工工序及流程：施工准备→冷冻土体范围内劈裂注浆施工→冻结孔施工→安装冻结制冷系统→安装冻结盐水系统和检测系统→积极冻结→试挖→隧道开挖与初衬施工，围护冻结→停止冻结。

4. 施工要点

(1)冻结壁的厚度

一定温度下冻结壁的厚度代表冻土强度，而冻土强度的确定取决于承载能力和保证施工安全。因此，冻结壁的厚度要严格进行受力分析，遵守设计参数指标要求。

(2)冻结孔施工顺序

先施工穿透孔，根据穿透孔的偏差，进一步调整有关的钻进参数。然后根据设计的孔位，由上向下的顺序进行施工，可防止因下层冻结孔的施工引起上部地层扰动，减小钻孔施工时的事故发生率。

(3)冻结孔的定位

依据基准点，按冻结孔施工图进行孔位放线，孔位布置首先要依据设计的位置。

(4)冻结孔开孔及孔口密封装置

开孔选用合适钻机，配金刚石取芯钻头进行钻孔。用钢楔楔断岩芯，取出后，打入加工好的孔口管，然后安装孔口密封装置。

(5)冻结孔钻进与冻结管设置

钻孔设备，配用泥浆泵进行钻进，冻结管之间采用套管丝扣连接，接头螺纹紧固后再用手工电弧焊焊接，确保其同心度和焊接强度。

正常情况下，钻进时安装简易钻头，直接无水钻进。如果钻进困难时，在钻头部位安装一个特制单向阀门，采用带水钻进。冻结管到达设计深度后冲洗单向阀，并密封冻结管端部。

钻进过程中严格监测孔斜情况，发现偏斜要及时纠偏，下好冻结管后，进行冻结管长度的复测，然后再用灯光测斜仪进行测斜并绘制钻孔偏斜图。在冻结管内下供液管，然后焊接冻结管端盖和去、回路羊角。

(6)钻孔质量技术要求

钻孔的偏斜应控制在150mm以内(冻结孔成孔轨迹与设计轨迹之间的距离)，否则应补孔。冻结孔钻进深度应不小于设计深度。冻结管长度和偏斜合格后再进行打压试漏，压力控制在0.8MPa，稳定15min压力无变化者为试压合格。钻孔质量控制程序见图9-45。

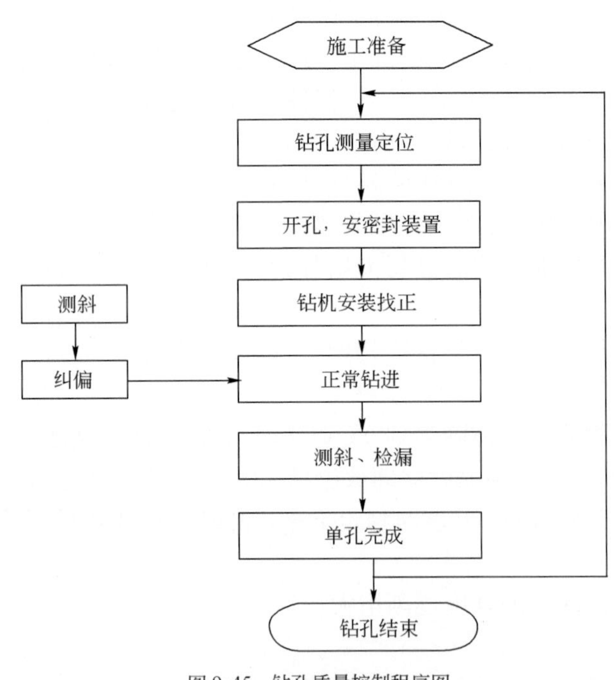

图9-45 钻孔质量控制程序图

(7)冻胀处理措施

施工前冻胀会对附近结构物产生冻胀力作用，轻则引起结构物变形，重则导致结构物开裂破坏，此外还会引起地表隆起。出现上述情况，要采取施作卸压孔来减少冻胀力。

(8)施工后期冻融处理措施

通过注浆加固后，如施工后冻土融化仍然有冻融发生，造成地表超限沉降，要及时采取跟踪注浆进行处理。

(9)加强监测，严防地表沉降或隆起

在冷冻范围和开挖工作面内布设测点，跟踪监测地面及冻结壁井旁的位移情况，及时分析、及时处理，视情况可采取液氮冻结补强、泄压或注浆等措施，控制位移、冻胀和融沉。

第六节 隧道溶腔释能降压施工实例

一、溶腔突水概况

宜万铁路云雾山为高风险岩溶隧道，2008 年 7 月 21 日隧道出口 DK245＋645 掌子面超前探孔时发生突水涌沙，造成 I、II 线发生淹井。8 月 26 日完成抽水及清沙，并在掌子面设置混凝土封堵墙。9 月 6 日，出口 10 号横通道(DK245＋680)进行超前探孔时又发生突水涌沙，造成 I、II 线淹井，工程施工严重受挫。

二、溶腔探测

2008 年 9 月 15 日完成抽水后，在 I 线掌子面进行前方岩溶大里程边界的探测，确定溶腔大里程边界为 DK245＋624，在超前炮孔探测下，掌子面向前推进至 DK245＋632。10 月 8 日，由隧道进口 DK245＋519 掌子面进行超前探测，探测到溶腔小里程边界为 DK245＋579，从而确定溶腔纵向规模为 DK245＋579～624，长 45m。2008 年 10 月 5 日，针对“526 溶腔”，经进一步深孔探测，隧道前方溶腔纵向发育范围为 II 线 DK245＋526～547，长 21m，发育高度超过隧道开挖轮廓线外 5m。根据超前探测结果，绘制溶腔发育形态如图 9-46 所示。

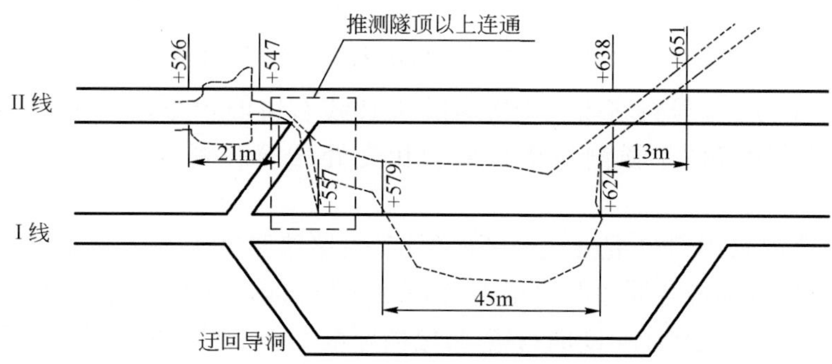

图 9-46 云雾山隧道“526 溶腔”、“617 溶腔”发育形态图

三、溶腔释能降压施工

云雾山隧道遭遇“526 溶腔”、“617 溶腔”后，进行了钻孔注浆试验。溶腔充填介质饱和砂层成孔极其困难，必须采取前进式注浆才能成孔，同时，采用普通水泥单液浆进行注浆，溶腔内吸浆能力差，说明地层极其致密、饱和。

针对云雾山隧道“526 溶腔”、“617 溶腔”，通过专家论证，铁道部宜万铁路建设指挥部取消封堵注浆方案，提出采取降压揭穿方法对溶腔进行释能降压，以减少工程灾害发生，着手对“526 溶腔”进行释能降压实施方案。

(一)洞内相邻洞室分隔

为避免“526 溶腔”释能降压过程中水和充填介质进入相邻洞室,对释能降压后相邻洞室施工形成影响,因此,对洞内相邻洞室进行封堵分隔,如图 9-47 所示。

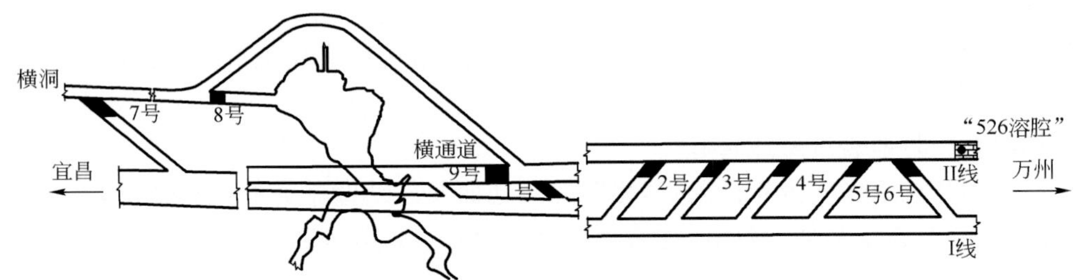

图 9-47 洞内相邻洞室分隔专项设计

横通道封堵墙设计如图 9-48 所示。

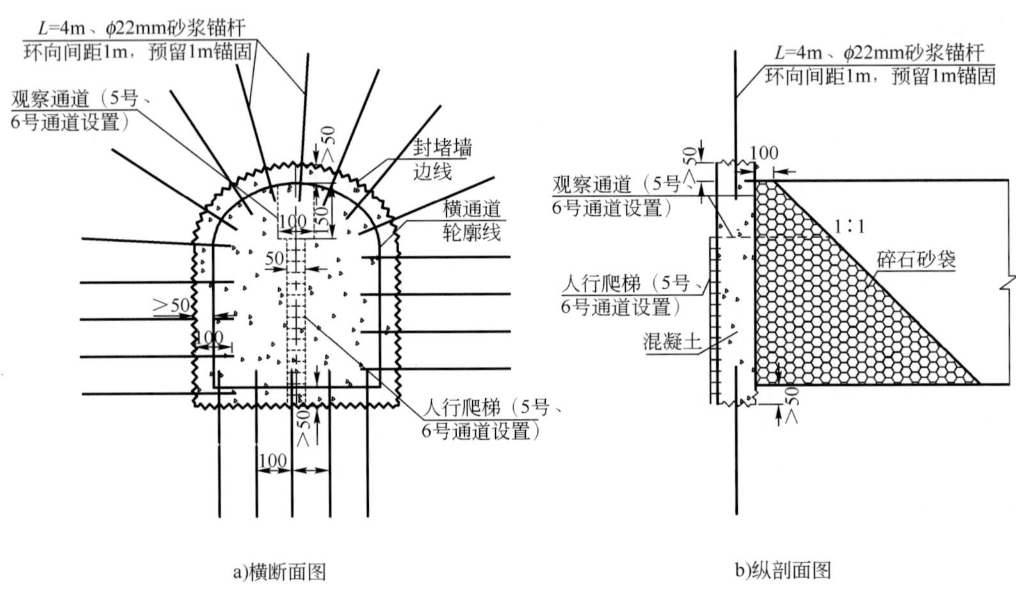

图 9-48 “526 溶腔”释能降压横通道封堵墙设计(尺寸单位:cm)

(1)封堵墙位置。1 号～6 号封堵墙位于横通道与 II 线右边墙相交处;7 号封堵墙位于横通道与横洞右边墙相交处;8 号封堵墙位于横洞与绕行横洞相交处靠横洞侧,9 号封堵墙位于 II 线 DK242+921～923 处。

(2)1 号～8 号封堵墙采用 C20 混凝土全断面封堵,封堵墙厚度 1.0m,封堵墙周边扩挖深度不小于 0.5m,并采用 ϕ22mm 砂浆锚杆与周边围岩锚接,锚杆长度 4.0m,预留 1m 锚固端,环向间距 1.0m。

(3)9 号封堵墙采用 C20 混凝土全断面封堵,封堵墙厚度 2.0m,封堵墙周边嵌岩深度不小于 0.5m,并采用两环 ϕ22mm 砂浆锚杆与周边围岩锚接,锚杆长度 4.0m,预留 1m 锚固端,间距 1.0m(环)×1.0m(纵)。

(4)所有封堵墙内侧采用砂袋码砌,确保排水期间封堵墙稳定。

(5)所有封堵墙施作前应将周边基岩凿毛、冲洗,以保证封堵墙与基岩有足够的摩擦。

(6)5 号、6 号封堵墙顶部设置宽 1.0m、高 1.5m 的人行通道;5 号、6 号封堵墙外各设人行爬梯一处,人行爬梯采用 ϕ22mm 钢筋焊接而成,并应与封堵墙连接牢固。

(7)2 号、3 号、4 号封堵墙顶部各设置 1 处观测孔,施工期间应严密监测,如有异常,应停止施工,及时撤出洞内人员。

(二)洞内排水线路规划

“526 溶腔”实施释能降压,洞内相邻洞室封堵分隔后,“526 溶腔”水及充填介质沿 II 线顺坡向下游排泄,经横通道口排出洞外。洞内排水线路专项设计如图 9-49 所示。

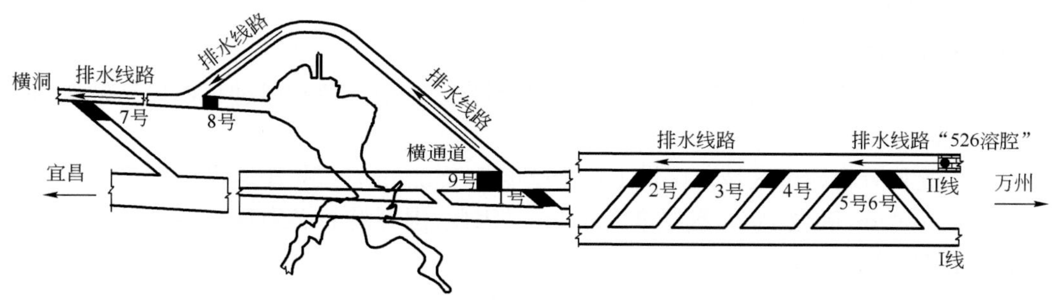

图 9-49 “526 溶腔”释能降压洞内排水线路图

(三)洞外排水系统

洞外排水线路系统设计如图 9-50 所示。

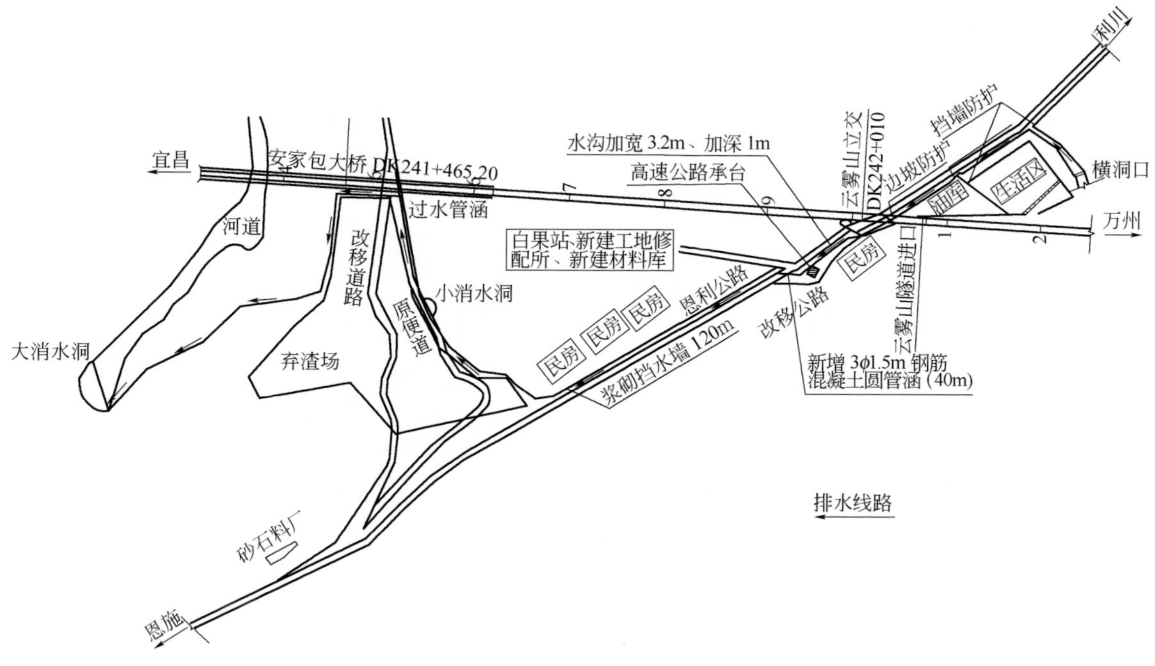

图 9-50 洞外排水线路系统设计图

(四)安全监控系统

在洞口调度室设置监控站,各主要观测点设观测探头,采取视频监控洞内外各主要风险点的动态,迅速作出反应。

(五)洞外警戒系统

本次放水的警戒范围设定为:放水路线全线及放水路线与恩利公路、白果坝至瓦场坝公路交叉段。

泄水前在恩利公路泄水区域两端(K0+050 和 K0+800)设置牢固的洞外泄水线路图、云雾山隧道泄水公告和安全警示牌,泄水时设置 24h 派人执守的路挡并悬挂安全告示牌,并每 100m 设置反光安全警示牌。在横洞口至正洞间恩利公路泄水区域施工生产临时建筑物全部搬迁或拆除。在隧道洞口设置风险告知牌。

泄水期间,对洞外排水线路与恩利路交叉段、白果至瓦场坝公路交叉段实行交通管制,设专人 24h 轮流值班,值班人员与洞口值班人员随时进行联系,并根据具体情况进行应急处理。

(六)水文监控系统

(1)在 5 号横通道 II 线 DK245+205 位置衬砌混凝土上每 10cm、50cm 设置水位观测标线,通过安装在此的视频监控器进行观察、测量水位,以此计算泄水、泄泥流量。

(2)在 DK246+000 山顶台地设置降雨量观测仪,观测泄水期间地表降雨量。

(3)在洞湾暗河设置涌水量矩形观测堰,观察泄水期间暗河流量,分析溶腔与洞湾暗河的水力联系。

(4)在横洞口墙上设置水位观测标线,观察泄水时涌水量。

(七)锁定溶腔边界

为确保溶腔的一次爆开,爆破前应进行溶腔边界锁定。“526 溶腔”通过超前风钻钻探,锁定溶腔边界如图 9-51 所示。

将掌子面溶腔划分为四个区域。区域 I 岩盘厚度小于 2.5m,区域 II 岩盘厚度为 2.5～4.5m,区域Ⅲ岩盘厚度为 4.5～9m,区域 IV 岩盘厚度大于 9m。因此,爆开溶腔必须打开溶腔区域 I 和区域 II。

(八)专项爆破设计

为确保爆破一次成功,对下部岩盘厚度较厚位置施工导洞以形成临空面。根据掌子面岩盘厚度的锁定,分区设计爆破眼深度,如图 9-52、表 9-12 所示。

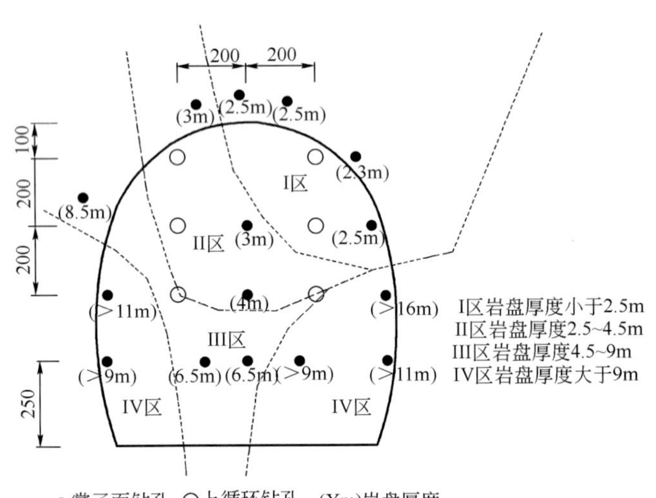

图 9-51 “526 溶腔”边界锁定图(尺寸单位:cm)

图 9-52 “526 溶腔”精确爆破炮眼深度布置图

“526 溶腔”精确爆破炮眼深度数量表 表 9-12

部　位	钻 孔 数 (个)	深 度 (m)	炮 眼 数 (个)	炮眼深度(m)
A 区(左)	3	2.5/3.0/8.5(遇溶腔)	16	2.2～3.2
A 区(右)	2	2.5/2.3(遇溶腔)	13	2.0～2.1
B 区	1	11.0(全为岩石)	25	3.2～3.5
C 区	2	2.5/16.0(遇溶腔)	25	2.2～3.5
D 区	1	9.0(全为岩石)	12	3.2～3.5
E 区	1	11.0(全为岩石)	12	3.2～3.5
F 区	3	9.0(全为岩石)/6.5/6.5(遇溶腔)	19	3.2
中上部	2	3.0/4.0(遇溶腔)	5	2.6～3.6
合计	13		127	

注:掏槽眼未遇溶腔,钻孔 3.5m。

专项精确爆破设计如图 9-53 所示,爆破装药参数如表 9-13 所示。

“526 溶腔”专项精确爆破装药参数表 表 9-13

序号	炮眼名称	炮眼深度(m)	炮眼数量(个)	装 药 量			起爆雷管段别
				药卷(mm)	每孔药量(kg)	小计(kg)	
1	掏槽眼	3.5	36	ϕ32×200×18	3.60	129.60	1、3、5
2	二圈眼	3.2	25	ϕ32×200×15	3.00	75.00	9
3	周边眼	3.2	41	ϕ32×200×15	3.00	123.00	11

续上表

序号	炮眼名称	炮眼深度(m)	炮眼数量(个)	装药量			起爆雷管段别
				药卷(mm)	每孔药量(kg)	小计(kg)	
4	掘进眼	3.2	22	$\phi32\times200\times15$	4.40	96.80	5、7、9、11
5	底板眼	3.2	3	$\phi32\times200\times15$	0.60	1.80	13
合计			127			426.20	
开挖面积		62.4m²					
炮眼密度		2个/m²					
单位用药量		2.28kg/m³					

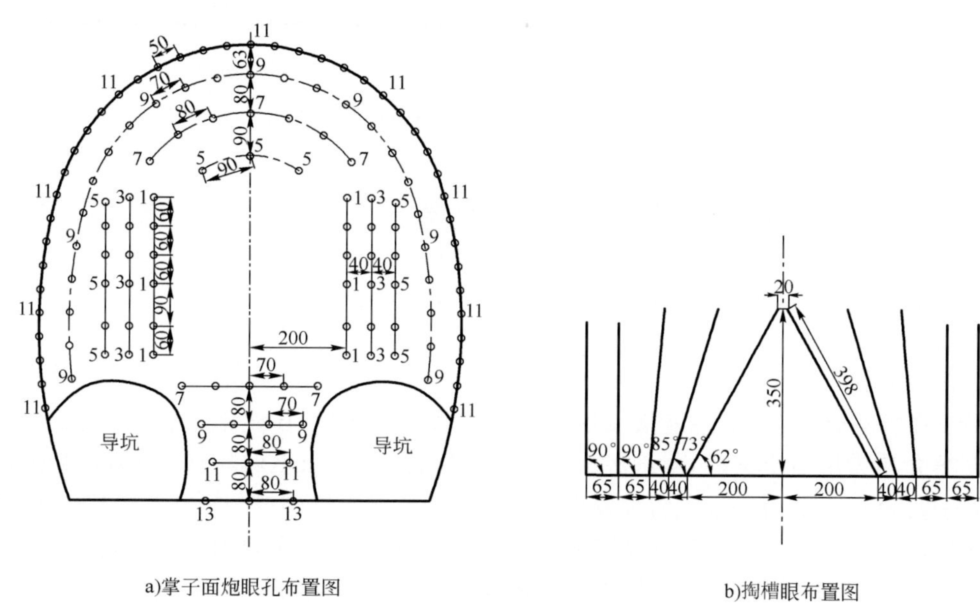

a)掌子面炮眼孔布置图

b)掏槽眼布置图

图 9-53 “526 溶腔”专项精确爆破设计(尺寸单位:cm)

(九)爆破泄水

2008 年 11 月 25 日 10 时准时实施爆破,爆破后水沿设定的排水线路由横通道流出。

(十)释能降压成果

1.“526 溶腔”释能降压成果

“526 溶腔”实施释能降压后,进洞进行观察,溶腔内充填的中砂及黏土完全释放,水由岩溶管道流水,掌子面位置为“岩溶大厅”。

2.“617 溶腔”释能降压成果

“526 溶腔”实施释能降压过程,对“617 溶腔”进行水压监控,随着“526 溶腔”的释能降压,“617 溶腔”水压力也降低为 0,因此,“526 溶腔”与“617 溶腔”存在水力联系,“526 溶腔”的成功释能降压也彻底解决了“617 高压富水充填溶腔”的处理难题。

3.洞外洞湾暗河水文观测成果

释能降压前后对洞外洞湾暗河进行水文观测,经观测对比,洞湾暗河流水量无任何变化。因此,洞内释能降压主要是以释放长久所形成的“岩溶大厅”静储量为主,“岩溶大厅”仅受管道水补给形成动水,由此来看,洞内高压富水充填溶腔释能降压不会对地表产生任何影响。

(十一)实施释能降压后溶腔的处治

1.“526 溶腔”处理

“526 溶腔”经释能降压后,溶腔内水和充填介质全部释放,因此,采取回填混凝土形成护拱方案进行处理。其处治方案设计如图 9-54 所示。

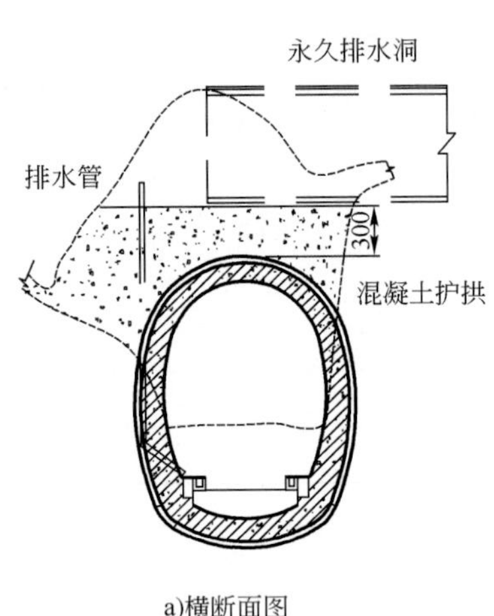

a)横断面图

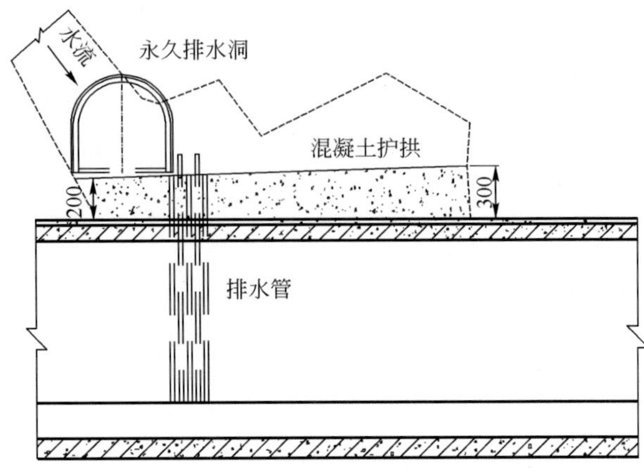

b)纵剖面图

图 9-54 “526 溶腔”处治方案设计图(尺寸单位:cm)

(1)护拱高度为隧道开挖轮廓线外 3m。

(2)溶腔未发育到隧道底部,因而隧道基底不予以处理。

(3)隧道采用不小于 1.0MPa 抗水压加强型衬砌结构。

(4)采用永久泄水洞进行水压释放,以确保隧道运营安全。

2.“617 溶腔”处理

(1)“617 II 线溶腔”

“617 溶腔”在“526 溶腔”采取释能降压后处于无水状态。随后,II 线施工到“617 溶腔”位置,根据“617 溶腔”充填介质为块石土夹砂,对溶腔采取清方,清方后 II 线 DK245+617 溶腔拱顶以上已为空腔,向上发育高度 30～40m,隧底以上溶腔发育里程为 II 线 DK245+637～+653,隧底以下溶腔发育里程为 II 线 DK245+643.8～+657.7,隧底溶腔在隧底发育左小右大,主要为空腔与充填型溶腔,溶腔竖向规模 1.8～4.4m,充填物主要为软塑状黏土、块石土。根据“617 溶腔”性质,对溶腔顶部采用 C25 混凝土回填,形成 3m 护拱,底部采用 C25 混凝土换填 3m。

(2)“617 I 线溶腔”

“617 I 线溶腔”在“526 溶腔”采取释能降压后处于无水状态。随后,施工到 617 I 线溶腔位置,根据“617 I 线溶腔”充填介质为块石土夹砂,对溶腔采取清方置换法,按三台阶法进行开挖施工。目前,溶腔已贯通,待基底补勘后确定处理方案。

第十章 水下隧道

第一节 概 述

目前，世界各国修建的水下交通隧道已有数百座，而水下隧道的发展史是从1802年在英吉利海峡的两岸开始的。遗憾的是，1803年爆发的英法战争造成该计划未能付诸实施，而后英国开展了下穿泰晤士河水下隧道的修建。20世纪40年代，日本在关门海峡修建的海峡隧道，是世界上最早的海峡隧道，之后其又在关门海峡修建了两条海底隧道。日本于1988年在津轻海峡建成了迄今为止世界上最长的海峡隧道——青函隧道(全长53.85km，最大水深为60m，海底埋深为100m，海底段长23.3km，采用钻爆法修建)，该隧道建设的成功，无疑对促进英吉利海峡隧道工程的第三次实施起了决定性的作用。日本青函隧道及英吉利海峡隧道是20世纪最宏伟的隧道建设。英吉利海峡隧道全长49.2km，海底段长37.5km，最大水深为60m，海底最小埋深为21m，于1987年9月破土动工，1993年竣工运行。该隧道由英法两国采用双护盾全断面掘进机联合施工，施工进度创世界之最。与英法海峡隧道几乎同时规划的，还有丹麦大海峡隧道，它长7.9km，采用4台外径8.75m的土压平衡盾构掘进机开挖，于1995年贯通。它有两个被称为“世界第一”的特点：一是大规模的排水系统，用来降低大海峡下面隧道线路周围孔隙水的压力，使主隧道和横通道施工更容易和方便；二是多阶段保护战略，以保证工程结构有100年的寿命。日本跨越东京湾的渡海公路隧道，也是近期完工的一项令人瞩目的工程。该隧道长9.5km，最大水深为28m，海底最小埋深为15m，采用4台开挖直径14.14m的大型泥水盾构施工，施工中遇到许多前所未有的技术问题。挪威也修建了18座海底隧道，采用钻爆法修建隧道的总长度已超过45km，最长的一条隧道为4.7km，最大水深达180m。

至今，我国也修建了十几座水下隧道，如宁波、广州、上海等数座沉埋管段隧道及长江上的输气和排污隧道，但主要还是集中在上海穿越黄浦江的水下隧道和广州穿越珠江水系的水下隧道。近期已经建成的武汉长江隧道、南京长江隧道和正在修建的厦门翔安海底公路隧道、青黄海底公路隧道、广深港客运专线狮子洋隧道、上海长江隧道、南水北调穿黄隧道等水下隧道，以及长沙的浏阳河、湘江铁路、公路隧道，标志着我国水下隧道建设高峰期的来临。6km长的港珠澳沉埋管段隧道正在规划，琼州海峡隧道已进入可行性研究阶段。

水下隧道包括浅埋水底隧道和深埋水底隧道。而从水环境的角度来划分，其又可以分为下穿江湖的水下隧道和跨越海峡的海底隧道两类。目前，全世界规划的水下隧道主要有：

(1)通过一条隧道(长5km)和桥梁的组合(铁路和公路)来跨越丹麦和瑞典之间的厄勒海峡。

(2)通过海面下深约50m的一条长19km的铁路隧道，或许也是一条桥隧组合来跨越丹麦和德国之间的费马恩海峡。

(3)通过海面下深30m、长13km的隧道来跨越加拿大西部纽布伦瑞克和爱德华王子岛之间的诺森伯兰海峡。

(4)海平面下深412m、长39km的直布罗陀海峡隧道。

(5)中国跨越山东和辽东半岛的渤海海峡、长57km(世界最长)的海峡工程。

(6)跨越墨西拿海峡,既可通过主跨距为3 300m的悬浮桥,又可通过长为17km和23km的铁路、公路分开的隧道(其中6km是悬浮隧道,位于150m深水域的海面下50m处)。

(7)通过许多较短但很深的隧道来跨越挪威的众多峡湾,如通过海面下深300m、长14km的隧道跨越外奥斯陆峡湾。

(8)跨越爪哇和苏门答腊之间宽40km、深200m的巽他海峡。

(9)跨越科西嘉和撒丁岛之间的博尼法西奥海峡。

(10)跨越阿拉斯加和楚科奇西伯利亚之间相隔90km的白令海峡(其水深约为30m),在它们之间有两座代奥米德群岛。

(11)日韩隧道,经过约10年的勘察及方案设计,如今日本侧佐贺县的呼子,长400m左右的试验斜井正在开挖,但其对地质地形状况的了解,与韩国测的资料在精度上有差别,出现了一个界面。该通道曾被构想作为亚洲高速公路的一部分,现有多个方案正在比选之中。

以上简要概括了世界海底隧道的现状及规划,如果这些隧道都得以贯通,世界除了大洋洲以外,都可以陆路相通了。据不完全统计,国外近百年来已建的跨海和海峡交通隧道已逾百座,其中挪威所建跨海隧道占大多数。这些已建的跨海和海峡交通隧道对我国类似工程的建设具有很好的参考价值。

一、国内外水下隧道工程建设现状和发展趋势

(一)国外水下隧道工程建设概况

由于海峡的存在,陆地被分割,在不同条件下形成两个区域,并造成交通障碍及文化差异。连接海峡两岸主要有3种方式:轮渡、修建桥梁和修建隧道。轮渡受气象条件的影响较大,并且不能直接连通,造成人员、物资转运十分麻烦。修建桥梁往往受跨度、水深的影响,且建成运营后也同样受气象条件的影响。而修建海峡隧道既可以穿越较大跨度,直接连通海峡两岸,又可以在运营后很少受气象条件的影响,能保持连续通行。

日本关门海峡在20世纪40年代即采用隧道连接,以后又建了桥梁,是世界上最早的海峡隧道。经过艰苦努力,日本于1988年建成了青函隧道,使本州—北海道之间实现了铁路运输。英法海峡隧道从拿破仑时代(1800年)以来就曾两次开挖,但中间都停了下来。1993年该隧道全部贯通,并投入运营。1996年,丹麦大海峡隧道竣工,它把丹麦和欧洲本土连接起来,实现了把瑞典和德国连成一体的计划,从而使欧洲范围内几乎都能陆路相通。

直布罗陀海峡通道从20世纪70年代开始调查,西班牙和摩洛哥交换了协议,分别设立勘察机构,依靠自身力量和日本、英国、法国等协作进行勘察设计。最初有桥梁及隧道两个方案,原定于1990年内确立其中一个,但由于种种原因而未能如愿。该海峡水深300m,从摩洛哥的丹吉尔向北的海上距离约28km,桥梁方案在技术上十分困难,还有政治因素。现在方案初步确定为桥梁和隧道的组合方案,即在航道下用隧道,其余部分架浮桥通过。这条海峡通道不仅像英法海峡通道那样连通了两个国家,而且它将连接欧亚及非洲两片大陆,从而具有划时代的意义。

在亚洲,计划修建的隧道有日韩对马海峡隧道、马六甲海峡隧道、爪哇岛与苏门答腊岛之间的巽他海峡隧道、宗谷海峡与间宫海峡通道。关于马六甲海峡,从该地区发展需要来看,是备受瞩目的通道。

巽他海峡隧道原为火山岩屑堆积体,海底深部状况不明,水深100m左右,中间有岛屿,施工比较方便(将由地质状况来决定合适的施工方法)。

关于宗谷海峡与间宫海峡通道,因眼下考虑的仅是输送西伯利亚、萨哈林的石油与天然气资源的需要,故至今未进行勘察。

至于白令海峡,曾有筑坝发电之说,由于其水深不太大,如果选用合适的方案,将其作为运输通道也是可能的,它的实现将把亚欧大陆和美洲连接起来。

国外水下隧道概况一览表详见表10-1。

国外部分水下隧道一览表 表 10-1

序号	隧道名称	国家	全长（km）	其中海面下长(km)	开工时间	通车时间	施工方法	交通类型
1	关门铁路隧道	日本	3.6	1.14			盾构法	铁路隧道
2	关门公路隧道	日本	3.46	0.78			盾构法	
3	新关门铁路隧道	日本	18.7	0.9			矿山法	铁路隧道
4	青函海底隧道	日本	54	23.3	第二次世界大战前		矿山法	铁路隧道
5	日韩海底隧道	日本、韩国	230～250		20世纪80年代		沉埋法	铁路隧道
6	日俄海底隧道	日本、俄罗斯	51.4	42	1994			
7	釜山—济州连线隧道	韩国	4	3.38			沉埋法	
8	马六甲海峡海底隧道	马来西亚、印度尼西亚	91					
9	巽他海峡海底隧道	印度尼西亚	39					
10	马尔马拉海底隧道	土耳其	13.3	1.8	1985		沉埋法	
11	英法海峡海底隧道	英国、法国	50.5	37	1987	1994	盾构法	铁路隧道
12	苏格兰—赫布里底群岛海底隧道	英国	约24					
13	苏格兰—奥克尼群岛海底隧道	英国	约10					
14	安斯特岛—耶尔岛海底隧道	英国	2.6					
15	耶尔岛—设得兰岛海底隧道	英国	4.5					
16	Vardϕ 隧道	挪威				1982	矿山法	公路隧道
17	Ellingsϕy 隧道	挪威	3.5			1987	矿山法	公路隧道
18	Valderϕy 隧道	挪威	4.2			1987	矿山法	公路隧道
19	Kvalsund 隧道	挪威	1.6			1988	矿山法	公路隧道
20	Gvodafoneϕy 隧道	挪威	3.8			1989	矿山法	公路隧道
21	Hvaler 隧道	挪威				1989	矿山法	公路隧道
22	Nappstrtaume 隧道	挪威	1.8			1990	矿山法	公路隧道
23	Fannefjord 隧道	挪威	2.7			1990	矿山法	公路隧道
24	Maursunder 隧道	挪威	2.3			1990	矿山法	公路隧道
25	Freifjord 隧道	挪威	5.2			1992	矿山法	公路隧道
26	次峡湾(Byfjord)隧道	挪威	5.86			1992	矿山法	公路隧道
27	主峡湾(Mastrafjord)隧道	挪威	4.5			1992	矿山法	公路隧道
28	来尔多(Laerda)隧道	挪威	24.5		1995	2000.11	矿山法	公路隧道
29	马格尔岛隧道	挪威	6.98				矿山法	公路隧道
30	奥斯陆湾海底隧道	挪威	7.23				矿山法	公路隧道
31	Trontsoysand 公路隧道	挪威	3.4				矿山法	公路隧道
32	Hitra 公路隧道	挪威	5.6				矿山法	公路隧道
33	斯塔万格(Stavanger)峡湾隧道	挪威	1.4					公路隧道

续上表

序号	隧道名称	国家	全长(km)	其中海面下长(km)	开工时间	通车时间	施工方法	交通类型
34	赫尔辛基过港隧道——PORVARINLAHTI 双管隧道	芬兰	1.6		2004	2008	矿山法	铁路隧道
35	赫尔辛基过港隧道——LABBACKA 单管隧道	芬兰	0.62		2004	2008	矿山法	铁路隧道
36	赫尔辛基过港隧道——SAVIO 单孔铁路隧道	芬兰	13.5		2004	2008	矿山法	铁路隧道
37	Hvalfjordur Fjord 隧道	冰岛	5.48			1998	矿山法	
38	费马思海峡隧道	丹麦、德国	19					铁路隧道
39	VAGAR 隧道	丹麦(法罗群岛)	4.9			2003	矿山法	
40	EYSTUROY-BORDOY 隧道	丹麦(法罗群岛)	6.2		2004	2006	矿山法	
41	直布罗陀海峡隧道	西班牙、摩洛哥	39～50					铁路隧道
42	意大利—突尼斯海峡隧道	意大利、突尼斯	136					
43	白令峡海底隧道	俄罗斯、美国	60～113					
44	刻赤海峡隧道(克里米亚隧道)	乌克兰、俄罗斯	约 4					铁路隧道
45	旧金山海湾隧道	美国	5.825	5.79	1970	1972	沉埋法	铁路隧道
46	诺森伯兰海峡隧道	加拿大	13					
47	墨西哥海峡隧道	墨西哥	23					
48	悉尼海港海底隧道	澳大利亚	2.3	0.96	1979	1992	沉埋法	铁路隧道
49	东京湾桥隧道路	日本	15.1(其中海底隧道 9.1)		1989	1996	盾构法	公路隧道
50	大贝尔特桥隧	丹麦	17.5(其中海底隧道 8.02)		1988	1998	盾构法	铁路隧道
51	厄勒海峡桥隧	丹麦、瑞典	16(其中海底隧道 4.06)		1993	2000	沉埋法	公铁两用隧道
52	切萨皮克湾桥隧系统	美国	28(其中海底隧道 3.2)		1960	1964	沉埋法	公路隧道

(二)我国水下隧道的建设概况

随着我国经济的发展和水下施工技术的进步,许多水下隧道相继建成并成功运行,人们也改变了观念,使“遇水架桥”不再是唯一的选择。在许多情况下,以水下隧道沟通两岸比建桥更为方便。到目前为止,我国已建成的水(海)底隧道已超过 10 座。在上海的黄浦江,先后修建了打浦路、延安东路和延安东路复线 3 座城市道路隧道;1999 年初,上海又建成了两条地铁二号线黄浦江区间隧道。自 20 世纪 90 年代以来,我国除建成了众所周知的多条黄浦江隧道外,还建成了广州珠江多条沉埋管段隧道和宁波甬江沉埋管段隧道。值得注意的是,这些水底隧道都是由国内的技术力量设计和施工的,其运营情况和防水效果都非常良好。武汉长江隧道于 2006 年开工建设,该隧道为双洞双向 4 车道隧道,全长 3 600km,其中盾构隧道2 559m,采用直径 11.38m 的泥水盾构施工,目前已经通车运营。我国目前最长的水下隧道——广深港狮子洋隧道正在施工中,该隧道全长 10.8km,采用 4 台直径 11.18m 的泥水盾构“相向掘进、地中对接、洞内解体”技术施工。上海长江隧道、南京长江隧道、厦门翔安公路隧道也已全部顺利贯通。

此外,香港已建成 5 座越海隧道,它们全部采用沉埋管段隧道的形式,台湾也修建了高雄港跨港隧

道和新店溪河隧道。

在最近的二三十年内，我国将考虑建造5条跨海隧道。这5条跨海隧道分别是大连到烟台的渤海湾跨海隧道，上海到宁波的杭州海湾工程，连接香港、澳门与广州、深圳和珠海的伶仃洋跨海工程，连接广东和海南两省的琼州海峡的跨海工程，连接福建和台湾的台湾海峡跨海工程。

我国水下隧道的建设刚刚起步，随着我国经济发展的需要，潜在的修建海底隧道的地方还有青岛—黄岛湾口海底隧道、长江口沪崇苏"浦东外高桥—长兴岛"南港越江隧道等。

海底隧道建设事业的飞速发展，将促使海底隧道建设技术的不断更新和完善。

国内部分水下隧道详见表10-2。

国内部分水下隧道一览表 表10-2

序号	隧道名称	隧道断面形式及大小	隧道长度(m)	水底/海底长度(m)	施工方法	施工时间
1	香港 Cross Harbor 隧道				沉埋管段	～1972
2	香港 Mass Transit 隧道				沉埋管段	～1979
3	上海金山石化工程排污隧道				沉埋管段	～1976
4	宁波常洪公路隧道	矩形	3 541	1 053.5(沉管 395)	桩基法＋沉埋管段	1999.6～2002.3
5	宁波甬江公路隧道	单孔双车道，矩形 11.9m×7.5m，5节85m	1 020	江底 420	沉埋管段	～1995.11
6	广州黄沙公路、地铁珠江隧道	矩形 8.15m×33m；3孔 6车道(1地铁＋2公路)	1 238.5	河中段 475	沉埋管段	1988～1994
7	上海外环泰和路公路隧道	三管 8车道，43m×9.55m	2 882	江底 736	沉埋管段	2000.11～2001.7
8	香港东区海底公路、地铁隧道	5条管道：两条双线行车、两条地铁、1条环控通道	2 200		沉埋管段	～1989.9
9	香港地铁				沉埋管段	～1979
10	香港东区跨港				沉埋管段	～1990
11	香港红磡海底公路	4车道，11m×22.16m	1 860	1 210(15节×114)	沉埋管段	～1972
12	香港西区海底公路隧道	双程三线分隔沉埋管段式	2 000		沉埋管段	～1997.4
13	台湾高雄港公路隧道		2 250	海底 1 060	沉埋管段	～1984
14	上海外环吴淞口公路隧道	双向 8车道(其中有 4节沉埋管段呈曲线形，管段宽度达 43m，高为 9.55m)	2 880	736m，7节管段	沉埋管段	2000～2003
15	广州珠江隧道	3个孔，西侧两孔为双车道汽车管道，东侧一孔为双股道地铁管道	1 238.5	475	沉埋管段	1988～1994
16	香港机场路先行段				沉埋管段	～1994
17	香港启德机场隧道		1 260		沉埋管段	1976～1982
18	香港西区跨港隧道				沉埋管段	～1997
19	南京长江隧道(上元门)(在建)	20管节×125m，由嘉陵江隧道、长江隧道、望龙门隧道组成	5 765	1 930	沉埋管段	～2009
20	广州生物岛—大学城隧道(在建)	双向 4车道，96m＋114m＋4m，23m×8.7m	552	沉管段 214	沉埋管段	2007～
21	广州仑头至生物岛隧道(拟建)	双向往返 4车道，宽 22.6m	1 109.98(地下段长 655m)	江底 277	沉埋管段	2007～

续上表

序号	隧 道 名 称	隧道断面形式及大小	隧道长度(m)	水底/海底长度(m)	施工方法	施工时间
22	广州洲头咀沉管隧道(在建)			3 252	沉埋管段	2008～
23	江西青山湖隧道(在建)			516	沉埋管段	2008～
24	舟山沈家门海底隧道(在建)	单孔断面,主隧道结构净宽 10m,净高 3.65m	267.8	210	沉埋管段	2008.10～2009.12
25	上海黄浦江吴淞口隧道(拟建)				沉埋管段	
26	佛山市东乐河隧道(拟建)				沉埋管段	
27	南京玄武湖公路隧道	双向 6 车道,宽 32m	2 660	2 230	明挖	2000.12～2003
28	武汉东湖隧道	双向 4 车道	1 530	湖底 625	明挖	
29	杭州西湖公路隧道	双孔箱涵 4 车道;20m × 5m(内高3.6m)	西线 1 280;东线 1 250	湖底 900	明挖	2002.12～2003
30	上海延安东路公路隧道	ϕ11.3m,圆 1 746m+矩 785m	2 531	江底 2 261	盾构+明挖	1983～1988
31	宝鸡渭河人防隧道	双向 4 车道,20m 宽	1 569	河底 738	明挖	～2003.4
32	重庆长江排污隧道		925	江底 70	盾构	2003.5～2004.8
33	上海打浦路公路隧道	单管双车道,ϕ10m(7.07m×4.4m)	2736	江底 1300	盾构	1965～1971.6
34	上海复兴东路公路隧道	双层双管 6 车道(上高 6m、下高 4m)	2 785	江底 1 214	盾构	～2003
35	上海延安东路复线公路隧道				盾构	～1996
36	上海地铁二号线区间 2 条				盾构	～1999
37	上海明珠线轨道交通 4 条		1 987		盾构	～2002
38	岳阳城陵矶过长江输气隧道	ϕ3.246m 泥水加压平衡式盾构机,忠武天然气输气管道工程	4 756	江底 2 012	盾构	～2005
39	湖北忠县、宜昌长江输气隧道	忠武天然气输气管道工程			盾构	
40	湖北红花套长江输气隧道				盾构	
41	湖北黄石长江输油隧道				盾构	
42	江苏三江口输气隧道				盾构	
43	海底/南海输气隧道				盾构	
44	广州轨道交通珠江隧道多条				盾构	
45	武汉长江隧道	ϕ11.37m 双圆 4 车道,两个汽车孔道、1 个地铁孔道、1 个附属管廊	3 630	江底 2 500	盾构	2005～2009
46	广深港狮子洋隧道(在建)	双洞单线	10 800	过江段 9 340	4 台 11.2m 盾构	2006.5～
47	郑州南水北调中线穿黄工程(在建)	ϕ7m 双洞;中线一期工程全长 19.3km,工程建设期 51 个月	3 500		盾构	2005～
48	杭州庆春路过江隧道(在建)	双向双管 4 车道	3 550	江底 1 720	盾构	2006～
49	上海翔殷路市政过黄浦江隧道	双向 4 车道、圆形	2 600	1 530	2 台 11.58m 盾构	～2005
50	上海上中路市政过黄浦江隧道	双管双层双向 8 车道	南线 1 270、北线 1 274		14.87m 盾构	2003～2007

续上表

序号	隧道名称	隧道断面形式及大小	隧道长度(m)	水底/海底长度(m)	施工方法	施工时间
51	上海西藏南路过黄浦江隧道	双向4车道	2 670、东西两线	1 170	11.36m盾构	
52	深圳孖洲岛综合管线海底隧道	始发竖井深36.149m，接收竖井深36.873m		929.49	盾构施工678m	2005～2006
53	湖北城陵矶长江管道隧道	忠武天然气输气管道工程，埋深28～60m		江南段1 711.379	盾构	
54	上海长江隧桥(崇明越江)	双向6车道；两条圆隧道外径15m，内径13.7m	南隧北桥，总长25 500	隧道部分8 900	盾构15.3m	2005～2009
55	湖北军山过长江输气隧道	忠武天然气输气管道工程			钻爆法	
56	厦门翔安(东通道)公路隧道(在建)	双向双洞6车道(中间设服务通道)，单洞宽13.5m、高5m	8 695	5 950(海域4 200)	钻爆法	2005～2009
57	青岛—黄岛胶州湾(在建)	双洞6车道(中间设服务通道)	5 550	海底3 300	钻爆法	2007～2009
58	长沙浏阳河隧道	南岸明挖580m、暗挖290m	870		钻爆法	2007～2009
59	上海军工路、长江西路、新建路、人民路、龙耀路过黄浦江隧道(拟建)					
60	重庆朝天门两江隧道(拟建)	三个隧道呈"Y"字形	4 600			
61	大连—烟台渤海湾(拟建)		约5 700	海底2 000		
62	上海—宁波杭州海湾(拟建)		约5 200			
63	港深澳珠伶仃洋跨海(拟建)					
64	广东—海南琼州海峡(拟建)					
65	福建—台湾台湾海峡(拟建)	平潭到台北市新竹	约150 000			

注：另有国内施工穿越其他河流的军用隧道多条尚未列入。

(三)琼州海峡隧道和台湾海峡通道构想方案初探

专家们设想中的台湾海峡桥梁、隧道工程建设方案有北线、中线和南线3种方案，起点在福建和厦门。其中最短的是北线隧道，起于福建的平潭，止于台湾的桃园海滨，长125km；最长的是南线，即厦门—金门—澎湖—嘉义海滨，跨海总长约207km；中线从福建莆田到台湾中部，因为此线的海底地质情况复杂，故已很少被提及。

1. 琼州海峡隧道通道的形式和方案

海南岛是我国仅次于台湾岛的第二大岛屿，其资源十分丰富，素有祖国宝岛之称。海南岛独特的风土人情，山光水色，是天然的旅游胜地。

目前，海峡通道主要有轮渡、桥梁、隧道、桥隧组合4种形式。轮渡受气象条件的影响最大，不能直接连通，效率较低，人员与物资的转运十分困难和麻烦。修建桥梁是一种常见的方式，但从战备效益来看，跨海大桥的安全性不如越海隧道。科索沃战争中，多瑙河南联盟段的所有桥梁都受到轰炸攻击。另外，跨海大桥的技术难度也很高，同样受到跨度、水深和地质等条件的影响，建成运营后受气候变化的影响也始终存在。因此，海峡通道选择修建海峡铁路隧道是一种较好的方式，其既可以穿越大跨度的海域，直接连通海峡两岸，又可以在运营后避免受气候条件的影响，保持连续通行。

就海峡隧道来讲，目前主要有深埋海底隧道、盾构方案、沉埋管段隧道、悬浮隧道等几种方案。深埋隧道的特点是埋深大、隧道长，从而投资较大、工期较长。为了缩短工期，长距离深埋海底隧道通常采用掘进速度较快的TBM施工，但该设备需要从国外引进，因此将增加许多额外的投资。对于悬浮隧道来说，至今为止，世界上尚无建成实例，有关方案的研究成果则有不少，但因无实际工程经验，因此有待于进一步摸索和工程验证。

2. 台湾海峡通道的构想

台湾海峡最窄的地段是从福建福州市附近的平潭到台湾台北市附近的新竹(称之为北线),直线距离约为 120km,海峡深度普遍在 80m 以内,计及隧道在两岸的延伸,总长可能达 150km。这条线路的两端均靠近台湾和福建的政治、经济、文化中心。此外,从福建的厦门经金门、澎湖到台湾的台南以北,也是一个可供选择的方案,其好处是中间有几个岛屿,不过线路要长得多。

台湾海峡较宽,即使最窄处的直线距离也有 120km 左右,因此宜采用以隧道为主、桥隧结合的形式,在两端利用岛屿修建大桥,以尽量缩短隧道的长度。中间段则需利用岛屿或修筑人工岛或短桥的方式,将海底隧道分成数段,以解决隧道过长施工和运营无法克服的问题。由于这一方案中隧道占主要地位,有时称其为台湾海峡隧道。

台湾海峡长约 330km,宽约 140～250km,峡中平均水深仅约 50m,可以利用沿海的岛屿修建跨海工程。台湾海峡在福建端的公路可与正在建设中的国家沿海公路主干线和将要建设的“北京—福州”公路主干线相接,铁路可与外辐线相接,并由此与全国公路网和铁路网相速。

另一条线路是由福建的厦门经金门、澎湖到台湾的台南以北(称之为南线)。在台澎之间,台湾已在兴建跨海工程,则余下的跨海线路距离约为 145km ,水深约为 50m。这条线路的两端均有较大的城市,经济发达,尤其厦门是经济特区,又是闽南金三角的龙头,对内延伸交通也较方便。除此之外,在南北线之间的其他线路,有的中间虽有些岛屿可资利用,但由于两端的城市规模较小,向内延伸交通不甚便捷,且线路较长,暂可不作考虑。

台湾海峡通道,国际上称之为“超级工程”。其特点是所需投资巨大,技术复杂,对环保的影响深远,研究工作具有长期性,且对社会、政治、经济等方面有重大影响。

台湾海峡地层处于较新的地质活动年代,而且地震比较频繁,这需要对其工程地质做充分的勘测和论证。台湾海峡隧道很长,约为欧洲隧道的 3 倍,在通风设计、施工掘进设备方面也会提出一些需要专门研究的工程技术问题。建造台湾海峡隧道,按目前价格可能就需要 2 000 亿元人民币。建设如此宏大而又复杂的工程,应进行前期研究,以满足科学决策的需要。

二、修建水下隧道的优越性

是选择修建桥梁还是选择修建水下隧道,应依据航运、水文、地质、生态环境以及工程成本等具体建设条件进行全面的比较、论证而定。经过论证,得出水下隧道与桥梁相比有以下几项显而易见的优势。

1. 具有很强的抵抗战争破坏的能力

从战争防御的角度来讲,桥为线目标,十分明显,难于伪装和设防,而隧道仅洞口暴露,易于伪装和防护。

因此,从战备意义上讲,隧道明显优于桥梁。

2. 具有很强的抵抗自然灾害的能力

地震是一种自然灾害,它给人类带来的损失是惨重的。尽管结构抗震设计理论及抗震措施均在不断完善,但桥梁等高出地面的结构物其抗震性能仍然逊于地下结构物。

当然,无论是桥梁还是水下隧道都要进行抗震设计,但就其抗震性能来讲,水下隧道结构耐久性好,具有较好的承载能力,因此明显优于桥梁。

3. 不侵占航道净空,不影响航运

随着经济的发展,江河两岸必须通过更多途径实现通航。架桥不仅破坏了自然景观,更为严重的是影响了通航。

由于已修建的桥梁净高不足,载质量 4 000t 以上的船舶,尤其是万吨巨轮在进港之后,必须采用“化整为零”的方式,即用小吨位船只运往上游;至于出港的货物,则采取“化零为整”的方式,即将小吨位船只运到下游码头集中,换装大船后再出港。如此低效率的交通运输作业,必然制约经济的发展。

改造大桥及上游桥梁可提高通航净高,满足万吨级海轮进江,但付出的代价将是难以估量的。而修

建水下隧道，则不受通航净高的限制，不干扰岸上码头航务设施。因此，水下隧道方案将成为未来江河通航的主流方案。

4. 能全天候越江通车，不受气象变化的影响

众所周知，大风及雾是高桥等结构物两个突出的气象影响因素。对于高速铁路，要考虑强风时的行车安全。由于对强风风速的准确预测尚存在一定的困难，因而常常导致行车事故。跨越江河的桥梁属于细长且刚度较小的结构物，设计时还要考虑风振的影响，因为风振对此类结构物危害非常大。同时，多雾的天气也是安全运输所必须注意的。

如采用隧道越江，则不受气象条件的影响，有稳定的畅通无阻的通行能力，可全天候运行。同时，水下隧道具有很强的过载能力，不像桥梁通行车辆载重受设计荷载的限制。

5. 结构耐久性好，维护保养费用低

水下隧道建设时用钢量比桥梁少，且只需普通建筑钢，比桥梁造价更低；水下隧道结构抗腐蚀性强、耐久性好，使用年限长；隧道结构维护保养费用比桥梁低很多。

6. 能做到不拆迁或少拆迁

水下隧道建设时，能做到不拆迁或少拆迁，少占用土地。水下隧道施工期间，施工时的占地、拆迁以及运输阶段的全天候程度优于桥梁，从而降低了建设成本。此外，在沉埋管段施工期间，对航运的干扰程度可通过精心组织施工而使之降至最小；一旦水下隧道建成，将对航道毫无干扰。

水下隧道的建设与施工有利于船桥安全，是其显著的优点之一。而修建桥梁时，无论采用何种施工方案，施工期间都必然会影响航运的正常进行，而且桥梁建成后，在航运繁忙的河段，船桥相撞的事故屡见不鲜，犹以长江河段为重，特别是在大风大雾的天气情况下，事故发生的可能性更大，造成的损失更是显而易见。因此，从避免安全事故的角度讲，建水下隧道更为优越。

7. 对生态环境影响小

采用水下隧道施工，不会引起河床的变化，还能避免噪声、尘土对周围环境的影响。所以，以此方法来减少对自然景观的破坏也是必然的。

8. 设计上可以做到一洞多用

通过水下隧道可以把城市供水、供电、供气和通信等设施安排在比较安全稳定的环境中通过。近一二十年来，国外有优先考虑采用水下隧道作为跨越江河湖海方式的趋势。随着我国经济的高速发展，隧道修建技术的日臻完善，以及人们环保意识的不断增强，水下隧道也逐渐被国人所接受，并付诸建设。

三、水下隧道工程建设原则

1. 水下隧道是越江跨海的主要方式

进入 21 世纪，“遇水架桥”的理念受到严重挑战，改为了“桥隧同精度方案对比”。审核一个工程的好坏时，应遵循环境效益第一、社会效益第二、工程本身效益第三的次序进行评定，以确保建一个工程就给人民和后代留下精品和宝贵的遗产，不要留下遗憾和灾难。因此，修建水下隧道应遵循少拆迁、少占地、少扰民、少破坏周边环境的原则。

2. 水下隧道埋深的选择

水下隧道埋深有深埋、浅埋之分，要合理选择。城市之间水压小、水量大，从对环境的影响来说，应尽量采用浅埋，接线短；遇海时则要深埋，因其水压大、水量小，展线长，从而可使施工安全，运营安全。

3. 水下隧道最小覆盖层厚度的确定

水下隧道处于水的包围之中，由于孔隙水压力降低了隧道围岩的有效应力，从而使得地层的成拱效应降低。如果覆盖层厚度过薄，隧道在施工时就会发生塌方、泥石流和涌水事故。这不仅影响隧道的稳定性，还会严重影响隧道的施工工期。因此，对水下隧道最小覆盖厚度的确定有着重大工程意义。

确定水下隧道最小覆盖层厚度时，应考虑以下因素：

(1) 海床地质与水文条件(含断层破碎带及其充填物胶结状况、岩体渗透性、张性节理/渗水节理发育程度、节理连通性及与海水的水力联系等)。

(2)隧道轮廓外形与主体尺寸。

(3)能选用的最大/最小纵坡坡度。

(4)海水长期浸泡、腐蚀条件下,围岩物理力学属性的软化与恶化。

(5)施工开挖方法(TBM、钻爆、台阶法、CD和CRD法等)。

(6)围岩注浆加固与预支护、各种辅助作业的实施等。

用盾构法修建水下隧道时,一方面,覆盖层越薄,隧道越短,静水压力越低,作用在衬砌上的势能荷载就越薄。另一方面,覆盖层越厚,在水底和隧道之间的渗流通道就越长,从而就会降低流向隧道的渗水量。在一定厚度下面,流入水量的增大会逐渐增加到一个极限,因此可以确定一个最佳的厚度。在河床冲刷线以下,应考虑地层抗剪强度,目前仅考虑抗浮要求确定的最小覆土厚度为(0.75～1.0)D(D为盾构直径)是不够的,具体应根据现场情况做试验确定。

4.合理选择水下隧道施工方法

应根据地质情况和周边环境,合理选择水下隧道施工方法:

(1)对于岩石地层,宜优选钻爆法,其次选用开敞式掘进机加复合衬砌。当断面较大时,选用小掘进机(直径小于5m)超前开挖,后部采用钻爆法扩大。

(2)对于不良地层,宜选用盾构法施工,但从安全性和经济性的角度考虑,盾构直径不宜大于12m。

(3)对于严重不良地层,隧道空间要求很大时,宜选用沉埋管段法,尤其是当隧道直径大于12m时,应优先选用沉埋管段法或浅埋暗挖法。

5.过江车道的选择

公路隧道,尤其是城市内的公路隧道,用盾构法过江时,应选用双向4车道,采用多条分修的办法,方便乘客多地点过江,且会更加安全可靠,并符合交通易疏不易集的原则;又因双向4车道的隧道断面小,造价低,施工风险小。采用钻爆法施工时,应考虑双向6车道过江,其对工程费用的影响不大。

修建铁路隧道时,应采用单洞单线,有利于通风,而不宜采用单洞双线。

6.不在水下软弱地层设水下横通道

采用盾构法施工时,不宜采用横通道。若设置,施工难度大,易产生不均匀沉降和拉裂主体结构,应改为在车道板下设逃生通道的方式。

7.运营通风宜采用纵向式射流通风

运营通风宜采用纵向式射流通风,不宜采用半横向式通风。因为半横向式通风,不仅影响通风效果,效率低,造价高,发生火灾时横隔板还可能掉下砸人,且对救援疏散不利。

8.不宜用单一管片衬砌,应采用复合衬砌

由于受长期较大水压力作用,衬砌结构设计应遵循初期支护承受全部水压力、二次支护只承受土压力的设计原则进行。在软弱地层,管片衬砌不稳定时较危险。

采用管片衬砌的水下隧道,其寿命最多为30～40年,故应该做二次衬砌,一可保证安全,二可延长其寿命,确保百年大计。管片是多铰不稳定结构,属于半永久结构。防水板不能全包,只能半包到边墙基础,通过盲管排水,这样就不可免去二次衬砌承受水压。

9.大于20km的水域隧道,必须修铁路隧道

从节能环保、运营防灾、通风等角度考虑,铁路隧道优于公路隧道,应采用"汽车坐火车"(背拖式)的方式,用铁路过江。

第二节　水下隧道基本施工方法及选择原则

鉴于水下隧道的特点,目前修建水下隧道常用的基本方法有钻爆法、沉埋管段法、盾构法、掘进机法。除了这几种施工方法外,还有一种正在试验中的跨越深水海域的较为经济的隧道修建方法——水中悬浮隧道。

一、水下隧道基本施工方法

(一)钻爆法

钻爆法是国内外修建隧道和其他地下工程应用最普遍的一种施工方法,在国内外均属成熟的技术,具有很成熟的设计和施工经验。

1.水下隧道钻爆法的特点

(1)适用范围广。采用钻爆法施工海底隧道,一般要求隧道大部分地段应位于岩石地层之中。

(2)灵活性强,适合各种地形条件。

(3)断面变化大,利用率高。

(4)具有较成熟的施工经验。

(5)施工成本低。与TBM比,造价低,准备工期短。

(6)可应用地质超前预报手段。

(7)施工时对自然环境影响最小。在地震及战争时期,采用钻爆法施工的隧道具备较强的生命力。

2.采用钻爆法修建水下隧道的风险

(1)通过深水进行海底地质勘测比在地面进行地质勘测难度大、造价高,而且准确性相对较低。因此,在隧道施工时必须重视超前地质预报。

(2)水下隧道施工的主要危险是突发涌水。因此,必须加强施工期间对不良地质的超前预注浆,以防涌水,特别是断层破碎带的涌水。

(3)水下隧道不能自然排水,因此堵水技术是关键。施工时,先注浆加固围岩,初期支护背后充填注浆堵住出水点。在堵水的同时,也应做好排水系统,为今后运营服务。

(4)复合衬砌初期支护受长期较大的水压作用,初期支护设计应考虑水压力、土压力作用。二次衬砌只需考虑土压力,做安全储备。

(5)由于单口连续掘进所配设备不足而导致工期较长,工序之间干扰较多,若处理不当,易发生事故。

(二)沉埋管段法

沉埋管段隧道对于江河海峡底部的软土地基具有广泛的适应性。沉埋管段隧道具有良好的抗震性,适宜在地震烈度高的地方采用。

沉埋管段隧道适宜作多车道越水通道,但其综合造价比其他方案要高。该方案由于是工厂化制作,管段可以平行作业,长隧道也能在较短的时间内完工。

1.沉埋管段法的特点

(1)隧道顶部覆土浅,甚至可以为零或露出地面,故而隧道长度相对较短,总工程量较小。

(2)沉埋管段自重的90%浮于水中,只有10%的重力压在地基上,所以对不同基底地质条件的适应性强。

(3)沉埋管段管节在干坞中采用工厂化方法预制,可使结构本身具有良好的自防水性,且管节长度大,接头数少,所以沉埋管段隧道可以做到滴水不漏。

(4)沉埋管段施工水上工期短,大部分作业可平行交叉进行,有利于缩短工期。

(5)沉埋管段断面形状选择自由度大,断面利用率高,可以做到一管多用。一个断面可容纳较多车道。

(6)操作条件好。基本上没有地下作业,水下作业也极少,因此施工较为安全,且能保证施工精度和质量。

(7)适用水深范围大。最深记录达水下61m。但适宜水深最好在30m以内,以利下沉和管片对接。

(8)隧道的施工质量容易保证。沉埋管段结构和防水层的施工质量标准均比其他施工方法高,实际施工质量易达到“滴水不漏”。

2. 采用沉埋管段法的一些局限

采用沉埋管段法修建隧道也有许多不足，如：

(1)缓平潮必须有足够持续时间借以沉放管段，最好是水流速小于 1m/s，持续时间超过 2h。

(2)底部开挖基槽难度较大。地基过软、不稳定地层的水下处理非常困难。

(3)工地必须合理地避免被流动的淤泥迅速地淤积，回淤对基槽开挖和沉放管段影响较大。

(4)沉埋隧道对水下接头对接精度极其严格，对接不好漏水严重是沉埋管段隧道施工的难题之一。

(5)在水流较急时，管段沉设困难，需用专用作业台施工。

(6)施工时需与航道部门密切配合，采取措施(如开挖临时辅助等)以保证航道畅通。

(7)淤积严重的水域，在管段沟槽疏浚的过程中，要密切注意表层淤泥的回淤造成的沉设困难。

(三)盾构法

盾构法一般适用于有地下水的不稳定地层，对于复杂的地质条件或特殊地质条件，应进行认真充分的论证，在盾构选型、制造、施工时应考虑采用相应的措施。

1. 盾构法的特点

盾构法作为地下工程重要的施工方法之一，与其他施工方法相比，其特点如下：

(1)机械化程度高，施工速度快；

(2)进行水下隧道施工时，不影响航道通航；

(3)盾构推进、出土、拼装衬砌等主要工序循环进行，施工易于管理，施工人员也较少；

(4)施工不受风雨等气候条件影响；

(5)对环境影响时间较短、程度小，对水域地质及周围环境的影响很小；

(6)防水工程施工方便，质量较好，隧道衬砌质量好；

(7)施工人员安全程度高，可在盾构设备的掩护下安全地进行土层开挖与衬砌的支护工作；

(8)隧道断面准确。

盾构法也有以下不足：

(1)盾构设计、制造、安装等准备期长，前期投资大；

(2)操作要求高，对施工精度的要求高；

(3)施工场地大，只适合较长的隧道(施工长度大于 6 000m，比较经济)，对隧道埋深有一定的要求；

(4)当地层条件多变时，施工风险大；

(5)一般只适合圆形断面，缺少变化，且通常只适合事先确定的断面，改变断面代价大；

(6)作为交通隧道时，圆形断面利用率较低，随着隧道断面的增大，利用率越来越低，隧道直径大于 12m 时，非常不经济；

(7)盾构施工是不可后退的，施工一旦开始，盾构机就无法后退。

(8)盾构竖井必须放在线路上，严重影响交通。

2. 气垫式泥水盾构的特点

为了确保安全，水下隧道盾构法施工，首选气垫式泥水盾构。气垫式泥水盾构最重要的优点是可通过气垫调节泥浆支护压力。

这种复合式泥水盾构的结构要比传统的泥水盾构多一个密闭的压力气锁室。该气垫在压缩空气设备的控制下可以准确地调整开挖仓的支撑压力。所以，与泥水掘进模式相比，它可以更好地控制工作面的稳定性和开挖仓支撑力的精度。气锁室的压力可以通过 PLC 系统和模/数转换及数/模转换进行动态的控制，基本实现了自动化。

气垫式泥水盾构有如下特点：

(1)无喷气冒顶现象，尤其是在海底隧道施工时更为安全可靠。

(2)工人在常压下施工，消除了气压施工的弊端，提高了工作效率。

(3)用气压施工，隧道断面上部往往没有泥浆。没有泥浆压力，上部工作面易失稳，必须用气垫压力补充，使泥浆盾构可在全断面上取得稳定的平衡，能更好地稳定开挖面，防止地面沉陷。

(4)开挖下来的泥土,搅成泥浆后,起到了泥浆护壁的作用,当泥浆压力过大浆覆盖土冲裂,浆液流到水中时,气垫式泥水盾构可起到稳定工作面的作用。

(四)掘进机法

掘进机施工技术已逐渐成为一种成熟并具强竞争力的隧道施工技术。实践证明,当隧道长度与直径之比大于600时,采用掘进机进行隧道施工比较经济。尤其是当水工隧洞直径为3~10m时,铁路隧道直径为6~10m时。公路隧道一般断面较大,采用的施工方法有两种:一种是采用直径8~12m掘进机一次成洞;另一种是采用小直径的掘进机进行导洞施工,然后进行钻爆法扩挖成形。水下隧道在条件许可时,也可采用掘进机法一次性施工成形。

1.水下隧道掘进机法快速施工的特点和要素

掘进机具有快速性、优质性、安全性、经济性的特点,其最核心的特点是快速。由于采用掘进机可获得较快的开挖速度,所以它成为长、大水下隧道建设中一种有吸引力的选择对象。

1)掘进机快速施工的特点

(1)断面的超挖要小得多,不扰动地层;

(2)可精确地切割地层,因而可提高作业面的稳定性。

2)快速施工的要素:

(1)明确的地质及其必要的预处理。

(2)合适的掘进机型及其配套系统。施工时,应优选开敞式TBM,而不宜采用双护盾、单护盾,因其经常被卡死,当$L/D \geqslant 2 \sim 3$时,调整方向困难,不能及时支护,应用管片衬砌的费用远大于复合式衬砌,尤其在山岭隧道更不适用。

(3)有经验的施工队伍及适合掘进机施工的科学管理。

2. TBM工法的优缺点

1)TBM工法的优点

(1)快速。掘进施工的核心优点是掘进速度快,其开挖速度一般是钻爆法的2~3倍。目前,掘进速度一般可达:中硬岩层2~3m/h,硬岩层0.5~1m/h。按一般的中硬岩石计算,掘进机每月可掘进600m以上(英法海峡隧道采用此法)。

(2)安全。掘进机开挖隧道对洞壁外的围岩扰动少,影响范围一般小于50cm,容易保持围岩的稳定性,得到安全的边界环境。掘进机配置有一系列的支护设备,在不良地质处可及时支护,以保安全。

(3)经济。由于采用开敞式掘进机施工,使单头掘进20km隧道成为可能。掘进机施工洞径尺寸精确,对洞壁影响小,可以不衬砌或减少衬砌,从而降低衬砌成本。掘进机的作业面小、作业人员少,故人员的费用少。掘进机的掘进速度快,提早成洞,可提早得益。这些理由,促使掘进机施工的综合成本经济性只有在开挖长隧道,尤其是长度超过6km以上的长隧道时才能体现。

(4)环保。由于采用开敞式TBM,衬砌将采用复合式衬砌形式,国内对采用开敞式TBM已有较丰富的施工经验,衬砌的防水性能可以满足要求。TBM施工在海底以下,对航运基本没有影响,也不会因施工造成海水污染,总体上对环境影响较小。

2)TBM工法的缺点

(1)全断面岩石隧道掘进机设备的一次性投资成本较高。因此,全断面岩石隧道掘进机的施工承包人一定要具有足够的经济实力。

(2)全断面岩石隧道掘进机的设计制造需要一定的周期,一般需要一年,这还不包括运输和洞口安装调试时间。因此,从确定选用掘进机到实际能使用上掘进机需预留12~15个月的时间。

(3)全断面岩石隧道掘进机一次施工只适用于同一个直径的隧道。TBM的直径最大不得超过12m。

(4)全断面岩石隧道掘进机对地质比较敏感,应变能力差,对于不同地质应采用不同种类的掘进机并配置相应的刀盘和刀具。

(五)一种新型的水下隧道——水中悬浮法

水下悬浮隧道(简称 SFT)也叫阿基米德桥。阿基米德桥技术近年来在日本、意大利和挪威等国广受关注。北欧的挪威用悬浮法施工的水下隧道达 6 座,其技术水平居于世界领先地位。

我国在 1999 年,浙江舟山大陆连岛工程中曾提出过"SFT"方案的设想,以连接连岛工程中难度最大、长度最长、海水最深的金塘海峡(最窄处水道宽约 3 500m、深为 60～70m)。2000 年,经中国外交部与意大利政府和有关机构的努力,双方合作签署了有关协议,并以舟山大陆连岛工程的金塘海峡为背景,展开了金塘海峡阿基米德桥的可行性研究。分别就金塘海峡悬浮隧道及水下基础、锚缆索(杆)与两岸的衔接、施工工艺及经济分析评价等问题展开研讨。这些研究,在一定程度上推动了悬浮隧道在我国的研究进程。

1. 水中悬浮隧道的概念

水中悬浮隧道,是一种管段隧道,它不是被埋置的结构,而是被悬浮着的结构,它代表着一种跨越深水域的新概念。从使用的角度看,这种结构具有通常隧道的所有特点,因为它是密封的,所以被认为是"隧道"而不是"桥梁"。

这种隧道和传统的沉埋或掘进隧道的区别是,悬浮的隧道结构被水围着,隧道既不位于地层中也不过地层,而是主要靠它自身的结构浮力来保持其位置,同时也可以靠支持系统来帮助它固定其位置。这种支持系统可采取几种形式,例如:①由水面上的浮筒悬吊;②用拉索锚系到河床上;③用承压墩柱锚固到河床上;④水平锚固;⑤上述方法的组合;⑥只在桥台处锚固。

水中悬浮隧道就是位于水面之下,船只只可从其上面有条件地通过且不准抛锚。与修建悬浮桥或海底隧道相比,修建悬浮隧道是跨越深水域的更经济的一种方法。

2. 适于建造水中悬浮隧道的条件

能否建造水中悬浮隧道,取决于当地的海洋条件和水文条件。选择建造水中悬浮隧道的主要条件有以下 3 项:①水深超过 50m;②通道长度大于 1km;③将风景或自然环境的保护置于非常重要的地位。

二、水下隧道施工方法的选择原则

水下隧道的主要施工方法有钻爆法、沉埋管段法、盾构法、掘进机法等。因此在隧道工程勘测、规划与设计阶段,必须在选择施工方法时将各种施工方法对地质条件及环境条件的适用性、经济性、安全性、质量、工期等进行充分的论证和比较分析,从而选择合适的隧道施工方法。这对于安全、经济地建设隧道极其重要。

(一)水下隧道沉埋管段法与钻爆法的比较

1. 地质条件

沉埋管段隧道的基槽开挖较浅,基槽开挖与基础处理的施工技术相对比较简单;而且沉埋管段由于受到水浮力的作用,作用于地基的荷载较小,因而对基础承载力的要求较低,对各种地质条件的适应能力较强。钻爆法则对地质条件的要求相对较高,而在一些地区,由于特定的地质因素影响,根本不允许使用钻爆法进行施工。

2. 隧道埋深

沉埋管段隧道的埋深只要 0.5～1.0m 即可,也可为零覆盖,甚至可凸出河床面;而盾构隧道的埋深至少在 1 倍隧道洞径以上;钻爆法隧道的埋深则要求更大。因此三者相比,沉埋管段隧道的坡降损失最小,同一隧址处,隧道的长度最短,运营条件也相对较好,造价也会相对较低。

3. 防水性能

沉埋管段的管段每节长一般在 100m 以上,这样沉埋管段隧道的接缝很少;并且管段是在工作条件较好的露天干坞内进行预制的,混凝土浇筑质量易于控制,因此管段的防水性能是完全有保证的;同时管段接头处采用 GINA 和 OMEGA 两道橡胶止水带,经过工程实践的验证,管段之间的连接完全可以做到“滴水不漏”。采用钻爆法施工的隧道，由于施工工艺本身的限制，无论是混凝土结构还是外敷防水层，在施工过程中都可能存在一些质量缺陷，隧道漏水是不可避免的，许多山岭隧道的实例有漏水也有不漏水的，说明认真做好工艺的重要性。

4. 断面利用率

钻爆法隧道的断面越大，单位造价越高，尤其是在围岩较差时，需要特别采用强支护与超前支护手段，进一步增大工程造价，而且施工难度与风险极大，尤其是在水底条件下。而沉埋管段隧道可根据使用功能需要确定断面大小，基本无大小限制，沉埋管段隧道断面的增大对工程的单位工程量造价影响不太大，因此沉埋管段隧道的断面适应性最好，断面越大，沉埋管段的优势越明显。此外，沉埋管段隧道可根据需要改变断面，且断面利用率较高；而钻爆法隧道根据施工工艺以及结构稳定的需要，一般为似马蹄形或拱形。

5. 作业环境

钻爆法隧道施工时，作业人员大部分作业时间在河床下面进行，其安全性和作业条件较差，不确定因素较多；而沉埋管段隧道的主要作业是在陆上露天进行的，水面作业和水下作业周期均较短，安全可控性较好。

6. 工序衔接

沉埋管段隧道施工时，平行作业点比盾构隧道和钻爆法隧道多，如管段预制可以和基槽开挖以及岸上主体结构等工序平行作业，这样，沉埋管段隧道在施工组织上，在时间、空间、人员的安排及工期上均有较大的优越性和灵活性。

7. 工程量与施工投入量

沉埋管段隧道与钻爆法隧道形式相比，其主要缺点是基槽（呈倒梯形状）开挖的土方量大，相应的回填量也较大；另一个缺点是主体结构的圬工量较大。此外，水上作业的大型设备、船、驳造价均很多，必须由专业队伍承建。

8. 航运干扰

沉埋管段隧道在浮运、沉放、对接阶段将对航道产生一定影响，某些地区需要采取封航措施才能保证施工的顺利进行，而钻爆法隧道则对航道没有任何干扰。

(二)水下隧道沉埋管段法与盾构法的比较

1. 施工条件

沉埋管段隧道结构的主要部分由于在干坞或驳船上浇筑，施工条件好，而不需像其他工法修建隧道那样在遭受土压力或水压力荷载作用下的狭窄空间内进行施工，能保证隧道质量与安全，缩短工期，且防水性能较好，并可大大减少施工对航运与城市环境的影响。盾构法与沉埋管段法的比较见表 10-3。

盾构法与沉埋管段法的比较 表 10-3

施工方法	盾构法	沉埋管段法
地质条件	遇到沙质土层时，须采用气压或泥水加压施工	不怕流沙，基本上不受地质条件限制
水流速度	无关	水流很急时，需用水上作业台施工
水上交通	无关	需在短时间内采用一些局部的航道管理措施
隧道埋深	最深可达水下 30m 左右	最深达水下 61m
容纳车道数	在一个隧道断面内只能容纳两个车道，遇到 4～6 个车道时，须建多条隧道	在一个隧道断面内可同时容纳 4～6 个车道，最多达 8～10 条车道，尤其适用于城市道路水下隧道
漏水情况	接缝太多，难以做到不漏水	易实现滴水不漏
工程总量	覆盖较厚，隧道较长，工程总量相应较大	覆盖厚度仅为 0～1.5m，隧道较短，工程总量相应较小
现场工期	大部分工程量在隧址上完成，现场工期较长	因一半以上工程量在隧址以外的临时干坞中完成，现场工期较短

续上表

施工方法	盾构法	沉埋管段法
工程单价	单位面积造价较高，单位效益造价更高	单位面积造价较低，单位效益造价尤低
运营费用	不利于采用通风技术，常年电耗较大	利于采用通风等技术（如诱导通风方式），大幅度地降低了运营费用
安全性	无水上作业，隧道整体安全性一般	水上作业风险较大，隧道整体维修不容易，但隧道整体安全性好

2.质量控制

沉埋管段法隧道的单位体积密度小，有效重力小，再加上附加压重以及混凝土防护层重，隧道总重比基槽内挖掘出的土体要轻（除直接放置河床的情况外），可有效控制隧道的沉降。沉埋管段隧道对地质条件的适应性强，要求低，广泛用于各种较弱地层（岩石地层除外），甚至能在流沙与软弱地基中施工，而不需采用特殊设备或措施。

3.断面变化

沉埋管段法可用于修建大断面水下隧道。迄今为止，盾构法一般只适用于修建双向4车道水下隧道，而沉埋管段法则可用于修建双管4车道、双管6车道，甚至4管8车道的水下交通隧道。

4.防水性能

沉埋管段法隧道的管节长度可达100～185m，且可以整体浇制，水密性好。与盾构法隧道的拼装管片相比较，单位长度内沉埋管段法接头缝仅为盾构法的1/100左右，渗漏很少，不足盾构法的1%。

5.工程经济

沉埋管段法隧道位于水底，对船舶的航行和将来航道的疏浚影响小，所以沉埋管段法隧道可浅埋在最小限度的深度上，从而使隧道全长缩短至最小限度。而采用盾构法施工的隧道需深埋，隧道过长。并且，沉埋管段法隧道能充分利用净空，使总工程量减小，可节省土建投资和通风运营费用。

（三）水下隧道盾构法与钻爆法的比较

盾构法广泛适用于各种软弱地层，特别是浅小覆土、不稳定地层和有地下水的地层，施工对周围环境及建（构）筑物的影响小。水下隧道，对于地质条件差，长距离施工，要求施工速度快，或严格限制地表沉降时，与其他施工方法相比，盾构法是较为合理的一种选择。例如直径不大于3m，隧道长度大于2 000m时，直径大于6m，施工长度大于6 000m时，盾构法比明挖法或浅埋暗挖法更合理。盾构法与钻爆法的比较见表10-4。

盾构法与钻爆法的比较 表10-4

施工方法	钻爆法	盾构法
方法概要	利用隧道周围围岩自有的稳定性，开挖后通过喷射混凝土、挂钢筋网、采用钢支护等方法确保围岩的稳定性，围岩中形成自然拱效应，开挖面可以自立作为前提，不能满足这一前提时需要采用辅助措施	用盾构防止地层的坍塌，同时进行开挖、推进，并在盾尾进行衬砌施工修建隧道。闭胸式盾构是用泥土加压或泥水加压来抵抗开挖面的土压力和水压力，以维持开挖面的稳定性。开敞式盾构是以开挖面自立为前提，否则需要采用辅助措施
适用地质（过去经验中的标准条件，对地质条件变化的适应性）	一般适用于硬质岩石、第三纪软岩，也可以适用于第四纪洪积层（对于未胶结强度 q_u 大于或等于0.1MPa，变形模量 E_s 大于或等于10MPa的围岩），也有用于更加软弱围岩的个别案例对于地质条件的变化，通过支护的结构刚度、开挖方法、变化辅助措施来适应	一般适用于从岩层到土层的所有地层，但对于复杂的地质条件或特殊地质条件，区间内存在如整体性较好的硬岩地层、岩溶、膨胀岩、含坚硬大块石的土层、卵砾石层、高黏性土层或可能存在不明地下障碍物的地层等，应进行论证并选开敞式、网格式无刀具盾构
地下水措施（开挖面及围岩的稳定性）	开挖时产生影响开挖面及围岩稳定性的涌水问题时，需要采用注浆进行止水，采用井点降水、排水隧道等辅助措施进行排水	闭胸式盾构一般不需要采用辅助措施，开敞式盾构则需要采用辅助措施

续上表

施工方法	钻 爆 法	盾 构 法
隧道埋深(最小、最大覆盖深度)	对于未胶结的围岩,覆盖深度/隧道直径小于2时,需要采取有效控制顶部沉降的辅助措施	最小覆盖深度一般大于1倍隧道直径,压气施工、泥水加压施工要注意地表的喷涌,最大覆盖深度多取决于地下水压的大小
断面形状	以隧道顶部取拱形断面为原则,其他部分可以允许相当自由的断面形状;施工中间可以进行断面的变化	以圆形为标准,使用特殊盾构可以采用半圆形、复圆形、椭圆形等形状;施工中间一般难以改变断面
断面大小(最大面积,断面变化)	一般在150m² 以内,也有达到200m² 的实例,通过变化支护和开挖方法可以在施工中变化断面积	在施工实例中,最大直径达到15.38m。随着断面的增大,断面利用率降低,且盾构设备制造费用与直径增大呈平方关系增加,应根据使用目的进行详细的论证
平面布置(急转弯施工)	没有施工上的限制	目前,对于直径6.3m的地铁盾构,最小转弯半径250m。特殊条件时,有曲线半径/盾构外径=3的急转弯隧道的施工实例
对周围的影响	接近既有建筑物(或结构物)施工时需要采用辅助措施,但在市区内降水会引起其他问题,很难满足施工所要求的降水要求,除竖井部外不影响交通,噪声、振动只发生在竖井口,可用防音墙等处理措施	接近既有建筑物(或结构物)施工时,必要时采用辅助措施,除竖井部外极少影响交通,噪声、振动只发生在竖井口,可用防音墙等措施处理

(四)水下隧道掘进机法与钻爆法的比较

目前,在隧道施工技术中,广泛应用钻爆法和掘进机法。在钻爆法施工中,由于采用网喷支护技术、控制爆破技术、监控量测技术,钻爆开挖方法得到迅速发展,从而促使钻爆法施工机械向大型化、高效率的方向发展。钻爆法开挖虽然有网喷支护作安全保证,但由于工序多,造成支护作业条件差,衬砌工序与装运作业干扰较大。但钻爆法适应性强,机动灵活,造价低,可解决人员就业问题,因此在隧道施工中,90%以上的隧道仍采用钻爆法。

与钻爆法相比,掘进机施工具有以下优缺点。

1.掘进机施工的优点

掘进机是山岭隧道高度机械化的开挖设备。与钻爆法相比,掘进机法虽然投资大,但具有施工快速、优质、安全、环保等突出优点。

(1)掘进效率高。掘进机掘进速度为常规钻爆法的2～3倍。掘进机开挖时,可以实现连续作业,从而可以保证破岩、出渣、支护流水化作业。而在钻爆法施工中,钻眼、放炮、通风、出渣等作业是间断性的,因而开挖速度慢、效率低。

(2)掘进机开挖质量好。掘进机开挖的隧道内壁光滑,从而可以减少支护工程量,降低工程费用。而钻爆法开挖的隧道内壁粗糙、凹凸不平,且超欠挖量大,支护费用较高。掘进机开挖隧道的洞壁粗糙率一般为0.019,比钻爆法光面爆破的粗糙率还小17%。掘进机开挖洞径尺寸精确,误差小,可控制在±2cm范围内。

(3)对岩石的扰动小。其影响范围一般小于50cm,可大大改善开挖面的施工条件,周围岩层稳定性较好,从而具有安全的边界环境。掘进机后配套设备上配置有一系列的支护设备,在不良地质处可及时支护,确保施工安全。

(4)环保健康。掘进机开挖时采用机械能进行破岩,没有钻爆法的炸药等化学物质爆炸及污染,人员劳动强度低,作业环境好,有利于保证作业人员的健康。

另外,掘进机采用了计算机控制、传感器、激光导向、测量、超前地质探测、通信技术,是集机、光、电、气、液、传感、信息技术于一体的隧道施工成套设备,具有自动化程度高的优点。掘进机具有施工数据采集功能、姿态管理功能、施工数据管理功能、施工数据实时远传功能,实现了信息化施工。

2.掘进机施工的不足

掘进机法与钻爆法相比，尚存在如下局限性。

(1)一次性投资高。由于掘进机结构复杂，对材料的要求较高，因而制造的成本很高，前期一次性投资成本费用高，施工过程的费用也高，运输费、电能耗费大，造成工程投资很大。

(2)设计制造周期长。根据目前市场情况，采购周期一般需要12～15个月，主要是关键部件，如主轴承、大排量液压泵，目前只有少数生产厂商生产。

(3)适应性差。掘进机针对性强，对多变的地质条件(断层、破碎带、溶洞、挤压带、涌水及坚硬岩石等)的适应性很差，不同地质条件需要不同种类的掘进机及相应的配置，其适应性没有钻爆法灵活。

(4)断面单一。开挖断面只限于圆形，每台掘进机只能用于一种断面开挖。

(5)适宜长大隧道。要求施工人员的技术水平和管理水平高，对短隧道不能发挥其优越性。

(6)运输困难。掘进机属大型专用设备，全套设备重达几千吨，最大部件重达百吨以上，拼装长度最长达200多米。同时，洞外配套设施多，主要有混凝土搅拌系统、仰拱块预制厂，修理车间、配件库、材料库，供水、供电、供风系统，装卸调运系统，进场场区道路，掘进机组装场地等。这些对隧道的施工场地和运输方案等都提出了更高的要求。

(五)修建水下隧道施工方法的选择原则

(1)水文地质条件是确定施工方法的重要因素。当水下地层为较好岩石时，应对钻爆法和TBM法进行对比，当断面较小，如铁路单线隧道，应首选钻爆法，再选直径10m左右的TBM；当为双线4车道或6车道的公路隧道时，可采用钻爆法或小TBM+钻爆法比较合理。在硬岩地层，不应考虑采用盾构法和沉管法。当水下隧道所穿地层为软弱、不稳定、流沙地层时，应首选沉管法，其次为盾构法，钻爆法和TBM法则不予考虑。

(2)从防水的角度看，钢筋混凝土沉埋管段隧道为最优，其理由如下：①沉埋管段的管段每节长100m以上，并在工作条件较好的露天干坞内预制。②完全能控制好混凝土的浇筑质量，如再涂一层外防水材料，管段周边(底部为钢板)大面积范围内的防水是完全有保证的。再加上接头(两接头相距100m以上)处采用成熟的GINA和OMEGA双保险止水带，沉埋管段隧道可以切实地做到"滴水不漏"。然而，盾构隧道则不然，其纵向施工通缝很密，一般是每1.2m一道通缝，而相邻两通缝间纵向又有6～7条缝，尽管这些1.2m的缝是错开的，并且这些横向的环形通缝和纵向的错缝都采取紧固、密封、防水等措施，但在整个盾构隧道内几乎到处是缝。可以想象，如此众多的交叉缝在日后隧道的不均匀沉降下，处于江河底部要保证不发生渗漏或滴水不漏是相当困难的。虽然人们想出多种办法和措施来预防和治理渗漏，也取得了一些成果，但这是以付出大量的精力和费用作为代价的。总之，对防水而言，盾构隧道的结构构造与沉埋管段隧道相比处于劣势，这是毋庸置疑的。至于钻爆法施工的隧道，其混凝土是在洞内浇筑的，施工条件比沉埋管段隧道差，施工缝的防水和混凝土质量都不及沉埋管段隧道，也不能像沉埋管段隧道那样利用有效的涂料进行外防水。

(3)钻爆法修建的隧道一般为双向6车道(如厦门、青岛)，如欲建双向8车道，则需多修几条平行的隧道；而盾构隧道一般也是双车道(圆形内径10m)，欲建多车道，也得多修建平行隧道。对于沉埋管段隧道，无论几车道，均可浇筑成一个矩形的钢筋混凝土管段，内部浇筑隔板，可一次沉放成功，其施工方法简单，也可节省施工时间、经费和精力。

(4)沉埋管段隧道相对其他两种类型的隧道来说，受力明确，因此其荷载的作用效应也相对准确，既可以较好地横向按平面应变进行计算，也可将整个越江隧道作为一个大系统进行纵向计算。也就是说，由于其"作用"和"抗力"都相对明确，不仅荷载的作用效应可以计算得较准，而且可以较快地向可靠度设计方法靠拢和应用。

(5)盾构隧道和钻爆隧道大部分作业在河床下面进行，人们戏称之为"地下工作者"，其安全性和作业条件较差；而沉埋管段隧道作业大部分是地上作业和水下作业，相对而言，安全性较好。

(6)任何一种工程结构物都有它的缺点，沉埋管段隧道与另外两种隧道形式相比，其主要缺点是基槽(呈倒梯形状)开挖的土方量大，相应的回填量也大；其另一个问题是本体结构的圬工量也大，这是因为矩形断面沉埋管段隧道各板以受弯曲为主,轴力为次,所以不得不以增加各板板厚加配筋的方法来适应水土压引起的弯矩。同时,沉埋管段隧道是以抗浮和起浮都合适作为设计断面尺寸的依据也是其不足之一。然而,本体结构圬工量大及配筋对抗震都是有利的。

(7)有人认为沉埋管段隧道在施工阶段对航运的影响相当严重,对水流也有要求,且对周边环境影响较大,对生态水中的惜有动物都有影响。因此,经常否决采用该方案。另外,采用该方案工程本身造价不高,但施工造价、环境造价很高,综合造价高出钻爆法很多。尽管沉埋管段隧道优点较多,在河流上游地段流速大、冲刷大,但仍以采用钻爆法或盾构法为宜。

钻爆法、盾构法、沉埋管段法、掘进机法被世界各国广泛采用。表10-5为这几种水下隧道施工方法的比较情况。

水下隧道施工方法比较　　表10-5

项目＼方法	钻爆法	盾构法	沉埋管段法	开敞式掘进机法
场地要求及前期工作	无		干坞建造场地不易满足,前期费用高、周期长	TBM制造技术未突破,订购与研制费用高,周期长,风险大
截面形状	大断面容易	圆形为主,大断面困难	大断面容易,形状制约少	圆形为主,大断面困难
隧道埋深	2倍洞径	可达水下1倍洞径以下	埋深浅	
航道影响	无关	无关	有一定影响	无关
气候影响及施工风险	不受气候影响,局部破碎带施工风险较大	施工风险大	受气候影响较大,但正常施工风险小	不受气候影响,局部破碎带施工风险较大
水流速度	无关	无关	有关	
地质适应性	结合超前地质预报技术,地质适应性灵活	必须预报准确	较好	一般
地质条件	坚岩,不适合软土层	遇到沙质土层须采用气压或泥水加压	适宜软土、流沙,不适应岩石	怕软不怕硬
接头水密	较易	困难	滴水不漏	较易
施工速度	快	快	快	快
施工难度	一般	较难	地层不适合基槽开挖,施工难度较大	总体施工难度一般
总体造价	低	高	很高	较高
其他	埋深较深,隧道总长较长	埋深较浅,隧道总长较长	埋深最浅,总长最短	埋深较深,隧道总长较长

第三节　水下隧道修建方法及关键技术

水下隧道修建的关键技术如下:

(1)海床基岩工程地质与综合地质勘察。修建水下隧道时,在深水和厚覆盖层下有计划地钻探到隧道深度很困难,甚至是不可能的。而其他的地质勘探方法(如物探、地面抽样勘探和深海测量法等),目前都不可能给出计划隧道线路上详细的地质剖面。

(2)水下隧道合理覆盖层厚度——隧道最小埋置深度的确定。在城市之间过江,两岸建筑物多时,为少拆迁、少征地，应选最小埋置深度。当跨越大海，两岸可以自由展线时，应考虑深埋，以规避地质和道床深浅的风险。

在进行隧道纵剖面设计时，对隧道上方岩体最小覆盖层厚度，即隧道最小埋深的拟选，密切关系到隧道建设的经济和安全问题。覆盖层厚度过薄，隧道施工作业面局部或整体性失稳与涌、突水患的险情则会加大，在辅助工法(如注浆封堵、各种预支护及预加固等)上的投入将急剧增加。覆盖层过厚，水下隧道长度加大，但风险减少，衬砌水量少，压力大，可按排水设计减压。

(3)隧道掘进方法与掘进设备。一般来讲，修建较长隧道的最佳方式趋向于采用隧道掘进机和钻爆法分段施工，它有较高的掘进速度，可缩短工期。在软岩地层，可用钻爆法、浅埋暗挖法开挖。TBM 则可用于开挖硬岩，而开敞式 TBM 具有软硬均可施工的特点。气垫式泥水盾构是不稳定软土施工的首选形式。

(4)衬砌荷载的确定。水下隧道设计的另一个重要问题是衬砌设计时要考虑静水荷载。与陆地隧道相比，水下隧道除了承受实际覆盖层的压力以外还有很高的静水荷载。隧道盾构实际上只能采取预制的管片衬砌，对很深的水下隧道，尽管荷载均匀，并且不会引起弯矩，但会产生很高的静水压，衬砌上的荷载会很大，要求采用的混凝土管片厚度大于 600mm。在很长的水下隧道中，庞大而笨重的管片运输与装卸非常麻烦。另外，衬砌是由多块管片拼装而成，每一块管片接头处就是一个铰，形成多铰衬砌，属不稳定结构，当衬砌水平部位没有地层抗力时，盾构若产生偏心荷载会失稳塌散，因此，应施作二次整体式混凝土衬砌。因此，应尽可能降低管片上的静水压力。

(5)施工探水与治水技术。施工探水与治水是水下隧道施工的重要环节，是关系到工程建设成败的主要因素之一。

(6)地质超前预报技术。由于地勘资料的缺失和不足，水下隧道施工需通过以超前钻孔为主的各种地质超前预报技术预报前方的地质情况，以便指导设计和施工，并及时调整隧道设计施工方案。通常应设服务导洞先行，提前预报。

(7)耐腐蚀高性能海工混凝土。海洋大气和水环境使隧道衬砌钢筋混凝土长期受到含盐水质、生物、矿物质、高水压等的持续作用，锚杆、喷层、防水薄膜和高碱性混凝土与钢筋等材料因物化损伤的积累与演化(腐蚀)而影响其耐久性。

(8)超大型盾构机长距离掘进设计与施工的若干关键问题。超大型盾构机长距离掘进设计与施工存在的问题有：①饱水松散砂性地层、高水压条件下，大断面隧道浅层掘进，泥水加压超大型盾构开挖作业面的稳定与安全性问题；②长距离掘进，盾构机行进姿态的控制与自动化纠偏，以及行进中的刀盘检修、刀具更换、故障处理与排险；③隧道纵向不均匀沉降和整体侧移，超大型管片接头刚度不足导致环向弯曲变形过大，防范管片纵缝、环缝渗漏接头防水密封材料、工艺及其构造，以及管片自防水工艺等。

(9)对桥隧结合方案，模筑人工岛的设计和施工方案、工法等的研究。

一、钻爆法关键技术

钻爆法施工对山岭隧道来说，是一项非常成熟的施工方法，在各种复杂的条件下，有许多成功的先例。此法应用于水下隧道工程，也成功地修建了多条越江(河)隧道，例如：目前我国正在建设的海底隧道——厦门翔安公路隧道、青岛的青黄海底公路隧道、浏阳河公路铁路隧道等均采用钻爆法施工。水下隧道地质情况复杂，施工难度较大，需要在施工前广泛调查国内外水底铁路隧道的施工状况，并结合工程特点，研究分析施工中遇到的一系列关键性技术问题。限于篇幅，本小节仅对水下隧道的突涌水防治对策、断层破碎带的穿越技术、水下长大隧道快速掘进技术进行简述。

(一)突涌水防治对策

水下隧道一般选择工程地质条件较好，海域部分基本位于微风化花岗岩地段，不良地质段所占比例较少，但难免会穿越风化深槽，在施工中有发生坍塌和突涌水的可能。依据隧道水文地质和工程的特点，主要工程风险在于施工期间坍塌、高压突涌水发生在海域段深槽的情况。隧道通过潮间带、断层破碎带及海底风化槽时，上覆土层较浅，岩层软弱破碎，一旦施工扰动过大，隧道顶部高水压容易将隧道覆盖层击穿，从而发生坍塌、突水、涌泥。而水下隧道与一般山岭隧道最显著的差异就是涌水源是无限的海水，所以必须止水。因此，应对软弱地层进行预加固等防治技术研究。从类似条件隧道的施工经验看，应重点研究全断面注浆、帷幕注浆、径向注浆等注浆方案的实施条件、材料、参数、工艺、机具设备及效果检验和评价标准。此外，还应研究控制爆破技术、爆破震动控制标准，结构受力和变形规律、安全基准及控制措施。

1.基岩裂隙水防治技术

水下隧道因裂隙多为陡倾角裂隙，且张开性、连通性各地段存在不尽相同的情况，有些裂隙虽然较发育，但若为闭合裂隙，岩层的渗透性极差，有的裂隙虽然发育段不长，但裂隙多为张开性，岩层的渗透性相对较好，涌水量亦较大。并且，由于水底隧道设计为中间低的纵坡，较大的基岩裂隙水对施工期间和运营的排水均极为不利。施工期间地层渗漏水和施工用水需要抽排出洞外。施工期间渗水量过大，将会影响到施工进度，并对工作有干扰。在隧道修建后，运营排水将是一笔不小的费用。因此，为了保证隧道施工安全，降低运营时的排水费用，应对基岩裂隙水进行封堵，应深入研究水底隧道施工过程中的基岩裂隙水的封堵方法、封堵材料及施工工艺。

2.地下水治理的原则和对策

1)治理的原则

对富含水、地下水处理有特殊要求的，在施工阶段应遵循以下原则：综合预报、先探后掘的原则；大堵小排的原则；不同类型涌水采用不同处理方法的原则；预案在先、规避风险的原则。

2)地下水治理的基本对策

(1)重点防范易发生透水的地层；

(2)超前地质预报；

(3)注浆加固；

(4)选择适当的辅助工法；

(5)防水等级；

(6)防腐蚀对策。

3.地下水风险的规避对策

运用科技手段、成熟技术、先进设备或可靠经验，对水下隧道施工中地下水的风险进行规避，以尽可能地控制和避免安全事故的发生，有效降低隧道施工的工程成本，具体措施如下：

(1)通过强风化槽囊，防止围岩失稳尤为重要。施工中，应坚持“管超前、严注浆、短开挖、弱爆破、强支护、快封闭、勤量测、紧衬砌”的施工原则防止围岩失稳与防止突水同等重要，二者是相辅相成，密不可分。

(2)施工排水。水下隧道施工期间，地下水和施工用水无法自排，特别是出现突水、突泥险情时，为防止淹没隧道内的设备、危及人员安全以及为抢险创造条件，应准备足够的抽水、排水设备。

(3)增加探孔数量。通过物探判断可能有涌水、风化槽、断层等的部位，应增加超前探孔数量。适当增加探孔数量有利于准确判断复杂多变的涌水，特别是中长距离探孔的数量，并与台车加长探孔相互配合，以提高对不良地质预报的准确率。

(4)提前设置孔口止水阀。在探孔孔口管上提前安装止水阀，一旦探孔出水量超过控制基准，可以立即对超前探孔及时注浆封堵。因为，如果钻孔时遇到大量的高压水，钻杆一旦控制不好，就会从孔中射出造成损坏和人员伤亡。同时，高压力的地下水喷出后，若没有孔口封堵装置，很难控制。

(5)防水闸门与防水围堰。在隧道掘进过程中，在地质较好地段设置稳定的防水闸门，防水闸门设置2～3道。防水闸门采用钢板结构，循环使用，随掌子面推进。一旦掌子面突水、突泥无法控制时，应组织人员、设备撤退，关闭防水闸门，限制灾害范围扩大。同时，在掌子面设置草袋围堰，用于应急。

(6)逃生路线。在施工过程中，根据施工的不同位置和情况，制订出切实可行的逃生路线规划，以应付不测。紧急情况下，人员、设备有序后撤，逐次关闭防水闸门。在施工过程中，除加强宣传以外，还应经常进行演练，防止出现无序状态。

(7)异常报警。在洞内设置异常状态下的报警装置，以方便各工作面人员得到信号后迅速撤离。

(二)断层破碎带的穿越技术

在海底岩层中穿越的隧道工程，勘测、定位和选线受到的限制很大，故其穿越断层破碎带的几率大，数量也多。海底隧道都是处于地面水系之下，地下水富存，断层破碎带若与其上或其附近的水系相通，随时都有可能给工程带来淹没、塌通、涌水，或形成泥石流的危险。危险一旦发生，轻则给工程进展造成影响，重则将使工程的安全和施工人员的生命受损。如日本丹那隧道，在 1925 年 12 月施工时遇到高压涌水，水压达 21kg/cm^2，并夹带泥石流，花费了 42 个月之久才突破险关。日本青函隧道发生过 4 次较大塌方涌水事故，最严重的一次于 1976 年 5 月 6 日发生在北海道侧平行导坑内，由凝灰岩断层破碎带内的高压水引起，涌水量高达 70m^3/min，经修挡水墙、压浆堵水封断水源，而后又开挖迂回坑道，用了 5 个月的时间才绕过了涌水段。因此，断层破碎带的穿越，是钻爆法在海底隧道工程施工的关键。

钻爆法在其他地层的施工和在山岭、地铁等领域的施工技术大同小异，而由于水下隧道的特殊风险，在穿越水下断层破碎带时，其安全通过的技术显得尤为关键。

穿越水下断层破碎带，主要就是断层破碎的支撑、加固堵水的问题。目前，国内外经常采用的方法是强行穿越法、注浆法、冻结法和其他辅助方法。另外，还应增设辅助导洞、迂回导洞将水排出，边注浆、边排水，给正洞创造施工条件。

(三)水下长大隧道快速掘进技术

水下隧道中水域、海域占大部分，如果仅从水下隧道出入口两端向中间施工，作业时间长，总体进度慢；有条件的话，则可在两岸陆域和海域结合部增设工作竖井或斜井，以增加施工工作面，从而缩短整个工程施工时间。

目前，单线铁路隧道在围岩条件较好时，采用钻爆法施工时速度能达到单工作面150～250m/月；围岩地质条件较差时，每月只能掘进到 100m 左右。因此，在水底、海底复杂地质情况下，长大隧道施工时应考虑快速施工。

常规的隧道快速掘进施工方法是：一般利用平行导坑小断面快速掘进，在超前正洞一定距离后，以横通道的方式拐入正洞开创新的工作面，新的工作面可以全断面的方式进行正洞掘进，亦可以小断面的下导坑快速掘进，然后进行全断面扩挖。由于扩挖与下导坑属于平行作业，小导坑掘进不占用循环时间，扩挖时钻眼量少，使得循环时间短；另外，更重要的是小导坑为扩挖部分创造了良好的临空面，不需要掏槽，可以说，爆眼有多深，进尺就有多深，爆破利用率可达到 100%，爆破震动速度可降低 30%。故使用扩挖法时，隧道掘进速度比全断面法掘进要快 2～2.5 倍以上。

快速掘进还需要在施工中运用光面爆破技术控制超挖量、配备大型凿岩机械、高效率的装运机械、大容量喷射机及装、运、衬设备，同时应加强围岩与支护结构受力变形监测，并建立反馈体系，可以实现信息化快速施工。

水下隧道在钻爆作业中要谨慎小心，以防因爆破震动破坏围岩而出水，同时还应设法组织快速施工，以挽回注浆加固围岩或治理突水造成的工期损失。

二、盾构法关键技术

(一)盾构机的选型

水下隧道施工，盾构机选型应根据工程的围岩条件、隧道断面大小、隧道长度、隧道线路、隧道埋深等条件来定，但盾构在其施工区间可能会遇到各种复杂多变的条件，因此必须事先对这些条件进行详细的调查，选用耐久性好、施工方便、安全性和经济性优异的盾构机。

盾构机的选择及其施工的可靠性，包括保持开挖面的稳定、切削刀盘的种类、出土方式、主轴的扭矩、推进能力以及最为关键的盾构机的密封性能等方面，均应认真对待。可以说，盾构机选用正确与否是工程成败的关键。气垫式泥水盾构是水下隧道施工常用的盾构类型。

选型中应注意以下几点：

(1)认真研究工程地质和水文地质条件，针对工程特点，明确工程施工对盾构机性能和功能的要求，盾构机设备配置必须考虑突发事故的处理。

(2)通过补充地质勘探，进一步查明盾构隧道特别是过水段的地层特性、水底覆土厚度等地质条件，为盾构机选型提供尽可能详实的地质资料。

(3)针对过水下地段软硬不均地层，并借鉴以往盾构隧道软硬不均匀地层掘进时刀具磨损的经验，重点做好盾构刀盘和刀具的设计，争取在过水下段不换刀。若换刀，设计应有一半以上刀具可以在后部抽换，不需要高压下换刀。

(4)盾构机必须具有可靠的舱压选择、控制、调节性能，通过与泥浆系统的配合，很好地实现泥水平衡，确保开挖面稳定下的顺利掘进。

(5)盾构机必须配备、超前地质钻机等设备，最可靠的办法是增设服务通道进行超前地质预报，防患于未然。

(6)加强对国内外有大断面(11m 以上)泥水平衡和复合式盾构机制造厂商的调研和比选，选择最优的厂家制造。

(7)为满足长距离及穿越水下掘进要求，盾构机各系统、各部件必须有较高的可靠性，且故障少，维修方便，使用寿命长。

(二)高水压下泥水盾构掘进技术

盾构隧道在穿越江河或海底时，隧道的静水压力通常很大，盾构机在高水压下施工，给施工增添了许多难度。因此，盾构机自身的密封系统性能良好是隧道安全施工的重要保证。此外，还应选择合适的泥水压力和掘进参数，制订可行的隧道防水方案，选择合适的注浆方案和浆液配比，防止盾构在掘进过程中出现顶部及周围土体坍塌、隧道上浮等，保证盾构隧道的安全施工。当盾构机穿越的土体为砂层时，更应该根据具体的土层性质及地下水压力的大小选择合适的掘进参数，并制订有针对性的措施，防止掌子面前方土体在高水压作用下发生土体坍塌甚至流沙等一系列工程事故。

1. 高水压下盾构法施工难点

(1)掌子面的稳定。盾构在掘进过程中，掌子面一直处于平衡状态，但由于盾构处于高水压下，地下水的涌出及泥沙等被带出，会造成掌子面坍塌、地表陷降或下沉。因此，盾构在超高水压下掘进，必须采取措施来维持掌子面稳定，它是泥水盾构在超高水压下砂层中掘进的一个难点。

(2)防止隧道周围土体坍塌。盾构在超高水压下掘进，当穿过的岩层为砂性土层时，由于盾构机施工的扰动、纠偏力度过大或者盾构隧道背填注浆的不密实，同时受到高水头压力作用，隧道周围土体易发生土体坍塌，造成地表沉降。通过对地层情况的勘察分析，制订可行的方案，可防止盾构穿越地段隧道时周围土体发生坍塌。

2. 高水压下盾构掘进防坍控制措施

(1)稳定掌子面控制措施。为保证盾构机能顺利地穿过高水压地段，在通过对该地段进行详细探测后，拟采取以下处理措施：选择合适的推进速度和泥水压力，加强泥水质量控制等。

推进过程中，当干沙量过大时，可提高地层探测装置的使用频率，以便及时掌握切口正面土体坍塌情况，并及时根据具体施工情况及时调整参数，使干沙量的数据接近理论值，减少正面土体塌方的可能。

(2)防止隧道周围土体发生坍塌控制措施。加强超高水压地段泥浆质量控制，适当提高泥浆的相对密度并控制其黏度，保证泥膜质量；加强送排泥监控，提前计算掘进速度与进排泥的关系，发现排泥异常，应及时调整参数，防止因超挖造成塌陷事故的发生。

(三)盾构隧道防浮技术

盾构在超高水压区掘进时，由于隧道受地下高压水及泥浆的包裹，隧道将在较长时间内处于悬浮状态。同时，由于同步注浆浆液的初凝时间较长，注浆压力控制不当，浆液随地下水窜入建筑物外围地层中，从而造成隧道上浮。

(1)施工期间严格控制隧道轴线，使盾构正确沿着设计轴线推进，每环均匀纠偏，减少对土体的扰动。

(2)提高同步注浆质量,要求浆液有较短的初凝时间,使其遇泥水后不产生劣化,并要求浆液具有一定的流动性,能均匀地布满隧道一周,及时充填建筑空隙。

(3)在同步注浆的基础上,结合聚氨酯注浆在隧道周围形成环箍,每隔 10～20m 打一道环箍,使隧道纵向形成间断的止水隔离带,以减缓、制约隧道上浮,从而防止隧道变形。

(4)加强隧道纵向变形的监测,并根据监测的结果进行有针对性的注浆纠正。如调整注浆部位及注浆量,配制快凝及提高早期强度的浆液。

(5)当发现隧道上浮量较大且波及范围较远时,应立即采取对已建隧道进行径向 1m 范围内的注浆措施,以割断泥水继续流失路径。补压浆要求均匀,压浆后浆液成环状。一般补压浆可采用单液水泥浆与聚氨酯相结合的注浆方法,注浆范围为 5～10 环。径向注浆要及时,对稳定管气,提高管片强度很有效果。

(6)为了正确观测隧道纵向变形,正确地判断隧道是否稳定,可采用连通管进行纵向变形监测。

(四)大型盾构长距离掘进技术

一般盾构掘进距离超过 1.5km 左右时,需要作为长距离施工来进行考虑。另外,在提高施工设备效率的同时,为了确保施工的安全,有必要加强施工,提高管理效率。

盾构进行长距离施工时,必须注意以下几点:

(1)进行长距离施工时,必须根据地层、盾构形式、施工条件等,尤其是针对刀盘、刀具、轴承密封、盾尾密封、送排泥输送管等,充分研究盾构的耐久性。

(2)为了确保盾构的耐久性,防患于未然,必须进行适当的维护保养。对刀具磨耗进行管理,一般是通过预测刀具或探测磨耗量来进行保养。刀具的磨耗探测方式有油压式、电气式、超声波式等。轴承密封和盾尾密封能够进行检测填充润滑油脂的压力及轴承密封温度的管理系统。

(3)在长距离施工中,经常会遇到必须更换刀具或盾尾密封的情况。刀具的更换必须在预先计划路线上的地点或中间竖井进行检查、更换,并采用易于更换的结构。对于盾尾密封,要考虑意外事件,除了最外侧的密封外,其他几层应采用在施工中易于更换的结构。

(4)长距离施工时,由于渣土的运出往往制约推进的进度,因此对运出能力等必须进行充分的考虑。

(5)长距离施工时,必须增加实际作业时间,必须确保有洗手间、休息场所等安全卫生设施。

(6)在饱水松散砂性地层、高水压条件下,大断面隧道浅层掘进,要考虑泥水加压超大型盾构开挖作业面的稳定与安全性问题。

(7)长距离掘进,盾构机行进姿态的控制与自动化纠偏,以及行进中的刀盘检修,刀具更换,故障处理与排险。

(8)隧道纵向不均匀沉降和整体侧移、超大型管片接头刚度不足导致环向弯曲变形过大,防范管片纵缝、环缝渗漏水/泥的接头防水密封材料、工艺及其构造,以及管片自防水工艺等。

三、沉埋管段法关键技术

沉管隧道作为一种 19 世纪末到 20 世纪初逐步发展起来的一种修建水下隧道的新工法,常用于跨越江、河、港湾与海峡等类型水域。国外已修建了大量的沉管隧道,我国初涉该领域,市场前景广阔。沉管隧道的关键修建技术主要包括以下几个方面:管节制作重度与精度控制技术、管节温度应力与裂缝控制、水下基槽稳定性及施工、管节接头防水施工、管节浮运沉放及精确对接、基础处理和最终接头施工等。

1.管节制作重度与精度控制技术

混凝土沉管的重度是确保混凝土沉管施工质量的技术关键之一,只有严格控制混凝土管节的重度,才能确保混凝土管节浮运沉放安全,因此在管节制作过程中,应当对施工过程进行严格要求与控制。主要应当从混凝土配合比、计量误差、原材料质量、施工过程与施工质量管理等方面对混凝土管节的重度进行控制。

管节施工精度控制与混凝土管节制作重度控制对混凝土管节浮运沉放安全具有同等重要的地位。对管节的精度控制主要是采用高精度仪器实时控制，完善监控措施，高模板刚度与支模精确定位，因此模板必须有足够的刚度、强度，以保证管节的外形几何尺寸误差不超过容许范围，并对模板设计、加工及安装等方面进行方案优化，选择最适合的模板体系，精心施工，严格管理，在施工中应做好放样、校对、检查、复查与验收工作，确保对混凝土管节的制作精度进行控制。

管节制作精度控制主要体现在对模板进行精确测量与控制上，重点是控制管节的几何尺寸，建立外部与内部精确测量体系。管节预制施工测量主要包括管节台座找平放样、混凝土浇注高度控制，模板、钢筋和预埋件安装定位以及其安装精度控制等测量，一般采用全站仪及水准仪，进行常规操作，就可以满足施工要求。

对于采用驳船预制管节的工程，除了控制以上指标外，尚须确保选择的驳船有效使用面积满足构件预制对场地大小的要求，载重量满足构件的重量要求，船体强度和刚度满足预制构件要求。

2. 管节温度应力与裂缝控制

沉管管节的浇筑属大体积混凝土施工，混凝土管节本身由于混凝土水化作用而发热，加上混凝土的导热能力低，浇筑后水泥产生的水化热不易散发，引起混凝土内部温度升高，如果中心与表面温差达到一定的极限后，可能产生温度应力，从而导致裂缝，因此，在混凝土养护期间对其温度及应力等进行监测，根据监测结果，指导施工，实现施工信息化与控制裂缝目标。

温度监测包括混凝土的浇筑温度、中心温度、表面温度、环境温度等几个方面。通过对管节混凝土各点的温度变化的实时测试，及时获取混凝土管节内各点的温度及其变化，以及管节内外的温差，防止混凝土管节产生裂缝，尤其是贯穿性裂隙，以采取相应的应对控制措施，并为后续混凝土沉管管节的浇筑施工提供可靠的原始数据，通过信息反馈，以达到指导施工的目的。

采取多种混凝土裂缝控制的技术措施，以确保钢筋混凝土管节的质量，特别要防止贯穿裂缝的出现。混凝土不允许出现贯穿裂缝，尽量避免表面裂缝，为了实现以上目标，通常对管节施工进行精心施工，在设计阶段，应合理确定拟选用的原材料、混凝土配合比设计优化，合理设置冷却系统与后浇带。施工过程中采取管节施工分段分层，分段分层浇注顺序，合理控制混凝土下料高度，并合理养护和注意控制拆模时机。

3. 水下基槽稳定性及施工

沉管隧道水下基槽边坡的稳定性与坡度直接影响到隧道的安全、工期和造价，是沉管隧道设计中必须妥善解决的一个问题。

目前，对于水下基槽边坡的稳定性分析主要采用理论计算分析、模拟试验等方法，但由于水下边坡影响因素较多，难以如同对岸上边坡那样进行精确分析与计算，目前研究与设计的手段尚不完全成熟，在设计与施工过程中，可在参考理论分析的基础上采用工程类比法。

水下基槽边坡的设计主要是横向断面、平面设计及纵向设计。由于受动水环境影响，水下基槽边坡稳定性分析需要考虑水重度、流速、潮位、回淤、埋设高度（水深与基槽开挖深度）等因素影响，除了考虑上述因素外，上、下基槽边坡的合理坡度还与工程的具体施工条件、基槽开挖后泥沙回淤以及基槽边坡需维持的时间等各种因素有关。

沉管隧道水下基槽边坡合理坡度的确定，直接影响工程水下开挖的土方量和管节沉放之后的回填覆盖量，也必然直接影响工期与造价。坡度采用过缓，基槽开挖量与回坡量均较大，工程不经济；坡度采用过陡，则施工中可能引起边坡坍塌，对施工不安全。因此，基槽边坡的稳定性与合理坡度的确定是设计中必须慎重研究解决的一个问题。

水下基槽施工过程中重点在于施工精确定位与测量，主要包括以下几个方面：①平面控制；②精度控制；③高程控制系统；④定位与深度控制。

4. 管节接头防水施工

沉管的接缝有管节间接缝与管节间的伸缩缝。前者的防水主要依靠橡胶止水垫环和 OMEGA 止水带。伸缩缝的防水主要用钢边止水胶带。钢边止水胶带的止水效果远优于普浦哑铃型或多肋型止水胶带。在钢边止水胶带的基础上又发展了一种压注型钢边止水胶带，其防水的可靠度更高，该止水带在欧洲的水底沉管隧道中，已被普遍采用。

最初大多采用刚性接头，隧道容易受沉降等不利因素影响而导致工程安全风险高，后来随着各种柔性接头与止水带形式（主要是GINA止水带与OMEGA止水带）的出现，使得沉管隧道的修建技术取得了一大突破。

管节接头设计与施工所要考虑的主要因素包括以下几个方面：

(1)沉管节地层下沉产生的变形和应力；

(2)混凝土干缩、温度变化产生的变形和应力；

(3)防水性；

(4)耐震性；

(5)可施工性。

沉管隧道的防水，特别是管节接头处的防水是沉管隧道防水工程中的重要环节。目前，一般采用GINA橡胶止水带作为第一道止水防线，然后用OMEGA橡胶止水带紧靠着作为第二道止水防线。它们环形布置于管节接头外周壁的钢端壳上，共同组成了严密的接头防水体系。

接头是隧道的薄弱环节，且工序多、造价高，施工较复杂，因此在确保工程质量的前提下，整条隧道的接头越少越好，目前世界上一般为每100～150m左右设一接头，也有长达268m的。

根据接头刚度，目前分为柔性、刚性和半刚性接头，具体采用何种形式与接头所在隧道中的位置、地基情况以及是否是地震区有关。一般来说，隧道两端头用柔性接头或具有一定柔性的接头为宜。在地质软弱或沿隧道方向基床系数变化大的情况下，应选用柔性接头为宜。而在地震区，其接头的构造应在柔性接头的基础上附加一些部件，使其具有一定的抗拉、抗压、抗剪和抗弯的能力。在整条隧道中决定接头类型配置后，应进行纵向受力分析，根据力学分析再来调整各接头及相互之间的刚度配置。

接头施工主要包括以下几个方面：

(1)GINA止水带的安装。GINA橡胶止水带在安装前要进行压缩试验和水密性试验，以检查其压缩性和水密性是否符合要求。为避免在管节浮运时对GINA橡胶止水带造成损伤，要在管节端头安装GINA橡胶止水带保护罩。为保证每段保护罩的准确就位，保护罩支脚应在施工现场配装。

(2)OMEGA橡胶止水带安装。OMEGA橡胶止水带是柔性接头的第二道防水措施，其正确安装及确保不漏水是管节接头止水的重要保证。通常需要进行表面打磨、清洁、标记、热接成形等过程，将OMEGA橡胶止水带热接成框架以备安装。

还需对OMEGA橡胶止水带试漏，OMEGA橡胶止水带安装后进行压水试验。

5.管节浮运沉放及精确对接

管节浮运、沉放与精确对接是沉管隧道的关键技术之一，其核心是在对混凝土进行管节进行精确预制的基础上，仔细研究所在区域的水文条件，恰当选择管节出浮时机，科学控制浮运设备与合理设计干舷高度，管节浮运施工主要包括以下几个方面：

(1)坞内准备工作。坞内准备工作主要是指管节出坞准备工作，包括绞车、转向滑轮、管面缆桩的布置，管节出坞所用绞车上的钢丝绳与管面缆桩的连接，一次舾装件的连接安装等。

(2)管节试漏。

(3)二次舾装。二次舾装主要包括沉放吊驳安装、测量控制塔安装、拉合装置安装、纵、横调节系统安装、垂直千斤顶安装等方面。

(4)临时支承垫块施工。

(5)管节沉放对接。对于沉放对接精确定位，目前常采用全站仪岸上测量控制和GPS定位测量相结合的测量定位方案，同时采用潜水员水下度量的辅助手段，直接度量管节的相对位置，以保证管节安装符合设计和规范要求。管节沉放对接主要包括以下几个方面：

①初步对接；

②安装拉合装置；

③拉合及检测；

④水力压接；

⑤检测验收；

⑥管节稳定压载；

⑦管面设施拆除。

6.基础处理

沉管隧道对各种地质条件的适应性强，对基础的承载能力不高，基础的整体性、平整度及沉降(包括过大沉降与不均匀沉降)是施工中应考虑的重点。鉴于目前许多已建沉管隧道因为基础问题而导致严重的工程质量事故，因此工程界对沉管隧道的基础处理给予了高度重视。沉管隧道基础处理重点需要注意以下几个方面：

(1)严格控制基槽底部施工的平整度控制。沉管隧道基槽水下开挖施工，常导致基槽底部凸凹不平，加上所需的基槽的面积一般比较大，要求沉管基础平整度良好，以免管节底部受力不均，影响管节的稳定性。

(2)严格控制沉管基础整体均匀稳定性，防止在沉管管节就位与覆土与运营荷载作用下引起不均匀沉降。

(3)合理确定基础材料。为确保沉管隧道在运营期在受到车辆振动荷载作用下的安全，以及防止在地震作用下发生基础液化，需要对基础材料进行合理配比设计与选择。

(4)控制基础的密实度。为确保沉管隧道在运营期荷载作用下，避免基础产生过大沉降和不均匀沉降，不致影响沉管功能的发挥，因此必须严格控制基础的整体密实度与均匀性。

7.最终接头施工

目前，国内外主要的最终接头形式根据所处位置常分为岸上最终接头和水下最终接头。最终接头的位置、结构和施工方法的确定必须考虑沉管隧道的整体连续性、可施工性和安全性等要素。沉管隧道接头形式按照其刚度来划分大体上有以下几种：柔性接头、刚性接头、先柔后刚接头。接头的连接方法有施工现场浇筑的混凝土和水力压接的方式。

最终接头按照施工方法有多种，如陆上施工方式、水下混凝土方式、止水板方式、接头箱体方式和V形箱体方式等，就具体的工程来说，究竟采用何种形式需要根据实际情况决定。

1)水下最终接头

水下最终接头施工工艺主要包括以下几个方面：

(1)钢封板、支撑梁制作；

(2)最终接头段基础整平；

(3)底封板安装；

(4)安装支撑纵梁；

(5)安装侧封板与顶封板；

(6)抽水压密；

(7)管内混凝土施工。

最终接头段钢筋混凝土结构常分三部分浇筑，即底板、侧墙与中隔墙、顶板。

水下最终接头施工主要应注意以下几个方面：

(1)正确埋设接头处水下连接处的各类预埋件。

(2)相接的两端面应做全面检查，并确保达到设计要求：

①两管节钢端封墙的焊接、检漏和防腐蚀处理。

②支撑座的焊接和防腐蚀处理。

③管节端面保护钢板的焊接和防腐蚀处理。

(3)在水下最终接头两端面间安装临时支撑，在支撑端板和支撑座之间水下灌注无收缩高强度锚固剂，以填充两者之间的空隙，保证支撑可靠传力。

(4)割除钢端封门和覆盖在最终接头两端面上的全部保护钢板时，应采取有效措施施工，避免对管节混凝土的损伤。

(5)连接最终接头两侧钢筋，钢筋与接驳器的连接及钢筋之间的焊接应严格按照有关施工验收规范执行。

(6)最终接头后浇段混凝土应添加微膨胀剂，以保证顶板混凝土的密实。

2)岸上最终接头

当采用先由一侧岸上段工程、基槽开挖、干坞内管节预制同时进行的施工顺序进行施工时，管节沉放对接由拟先施工完成一侧的岸上段开始，一节一节地向另一侧岸延伸，最后再施工对侧岸上段。这种施工组织设计，一般是在利用其中一侧岸上段基坑作为管节预制的干坞时采用。其最终接头处理就必须在岸上进行。

岸上最终接头需注意以下几个方面：GINA 橡胶止水带的反弹力计算与控制，止推结构的精确施工与止推力设计，岸上一侧预埋(设)件的精确施工，管节沉放、对接后在槽内和管节(此时的管节有可能采用短管节，以进行调节变形与应力)侧面之间灌注水下混凝土的时间控制。

四、掘进机法关键技术

一般来讲，采用隧道掘进机修建海底隧道可以获得快速、安全的效果，采用掘进机法施工的关键技术有如下几个方面：

1. 掘进机的定制

应根据海底的地质条件、掘进机的配套设备以及掘进机机械结构特征等因素来定制掘进机。地质条件主要是隧道轴线附近和掘进机掘进工作面前方的不良地质情况，以及涌水、岩石稳定性、瓦斯等。掘进机施工的机械化程度越高，要求各工序间相互匹配的作业要求越高，掘进作业的施工效率就越高。

例如，英法海峡隧道对掘进机有如下特殊要求：具有硬岩掘进机与软岩盾构功能，以及闭胸与开胸的双功能特性；管片拼装与开挖作业并进；管片储运机构和双拼装机的双功能作业；配有 ZED 激光导向系统；具有有效的水淹浸防护技术；压力舱出渣装置；利用计算机对掘进机的运转状况进行监测及诊断，明确机电维修保养目标；机械可靠性及使用寿命均应满足长距离推进的要求。

2. 超前地质钻探

由于海上深水钻探困难，在隧道施工时必须进行超前水平钻，以便更详细地了解掘进工作面前方的地质及涌水点情况。如英法海峡隧道，超前钻孔深达 100m。钻探时，应控制好钻孔的位置和方向，并且钻孔应有足够的覆盖层。应经常保持掘进工作面前方有 20m 的已探查地层，留有 20m 的覆盖层。

3. 局部降水

当地下水压过大时，必须进行局部降水，如丹麦大海峡隧道。降水的首要目的是在施工过程中降低隧道轴线上的孔隙水压力到 0.3MPa 或更低，以便进入隔板前方的工作室内去作业；其次，在横通道施工期间提高土体稳定性。降水方法是在隧道内布置一系列钻孔，并用水泵抽水。执行该计划后，可达到预期目的，施工完成后水压将恢复。

4. 测量定向

海底隧道从两岸向海底方向掘进，掘进距离长，而且一般无中间站。因此，掘进机掘进过程中的测量定向的准确性十分重要，必须在允许的误差范围以内。掘进机一般要求配置有 ZED 激光导向系统进行定位，并且在隧道即将贯通的最后 100m 打水平导向钻孔，以便最后调直隧道走向。

5. 隧道衬砌

衬砌必须能抵抗地层和水的荷载以及隧道掘进机推力，但不能选用难以接受的笨重管片，应利用机械手(自动安装机)来装配衬砌，要求在侵蚀性环境下具有耐久性。由于少量含盐水的渗透造成衬砌钢筋锈蚀，有以下解决办法：采用具有较低离子扩散系数的高质量且充分养护的混凝土，采用较高质量的环氧涂层对钢筋进行预先保护。

限于篇幅，本小节仅就水下隧道掘进机法中应引起注意的硬岩隧道的掘进技术、软岩隧道的掘进技

术、地层改良技术作一简介。

(一)硬岩隧道的掘进技术

全断面隧道掘进机已经用于很多海底隧道。开敞式 TBM 具有很多优点,它能适应各种不同地层。尽管这样,仍然还有许多困难和挑战需要隧道工程师们去克服。

有关钻爆法与隧道掘进机的优缺点的对比,现在仍在继续。虽然,对在硬岩中的长隧道来说,采用全断面隧道掘进机也许更为有利,但其成本可能会增加。硬岩中的长大隧道,对掘进机大轴承及它们的密封系统要求很高,在掘进中途,可能需要为掘进机的重大拆换修理做特殊准备。

在有较多裂隙的岩石中,水也许会成为问题。在有多孔隧道的工程中(例如跨诺桑伯兰海峡隧道),修建另外一条导洞可能会有很大的好处,这在英法海峡隧道的服务隧道中实施灌浆取得成功的实例中得到了充分证明,从而使运行隧道中的掘进机能够快速穿过一些曾被认为是有困难的掘进地段。

(二)软岩隧道的掘进技术

在这种情况下,对掘进机最重要的要求是:

(1)切削头及其刀具的设计要有能对付多变的地层条件(如砂和卵石地层、冰碛层以及大漂石等,这些地层还可能在一个混合掌子面上出现或与整体硬岩结合的情况)的能力;

(2)密封件的设计,要具有防止渗染和耐磨的材料进入关键位置内(如掘进机的一些轴承)的能力。

(三)掘进机施工中的地层改良技术

地层改良技术,如局部降水、渗透或压密灌浆,是对诸如工作面前方和横通道之类的附属工程施工的主要辅助手段。地层改良技术作为改善隧道掘进条件的一种手段,是一种强有力的手段,而且也得到了合理的使用,它解决了技术上的问题,并保证了施工安全。因此,采用开敞式 TBM+超前管棚的预支护+喷混凝土、钢拱架、环向锚杆(管)模式的后配套措施是保证掘进机施工安全的主要措施。

第四节　国内水下隧道工程实例

一、青岛胶州湾隧道工程

青岛市地处山东半岛西南部,环抱胶州湾,南临黄海,是我国对外开放的主要港口城市。青岛与黄岛被海湾相隔,黄岛急待开发,隧道修建前靠环胶州湾近 70km 联结,非常不便,桥、隧方案对比 10 年有余,最后确定采用隧道方案,这样不会影响大自然海域,隧址地理位置见图 10-1。

青岛胶州湾湾口海底隧道南接黄岛区的薛家岛,北连青岛老市区团岛,下穿胶州湾湾口海域。项目总投资 31.86 亿元(不含城区接线工程),其中土建工程投资 23.49 亿元,拆迁及征地等其他费用 5.1 亿元。隧道工程全长 6 170m,其中隧道长 5 550m,穿越海域段为 3 300m,两端敞口段长 620m。隧道采用双向双洞 6 车道,中间设服务隧道,采用钻爆法施工。隧道按 80km/h 的行车速度设计,使用年限为 100 年,工期为 3 年。隧道断面为椭圆形,主隧道开挖断面高 11.2～12.0m、宽约 15.23～16.03m,隧道纵断面呈 V 形,最大纵坡为 3.5%,右线路面最低点高程为－74.14m、左线为－73.69m,至海底面 44.5m,隧道的最小埋深为 25m,海域段主隧道埋深一般为 20～30m。

青岛胶州湾湾口海底隧道处无覆盖层,基岩为中风化和微风化花岗岩,而且强风化层很薄,岩石完整性好,是建设隧道的最理想位置。

胶州湾隧道行车隧道为左右线设置,左右线隧道中线间距为 55m,在左右线隧道间平行设置服务隧道(接线隧道不设置服务隧道)。行车隧道毛洞洞高 12.2m,洞跨 16.125m;服务隧道毛洞洞高 7.35m,洞跨 7.1m。毛洞开挖后行车隧道与服务隧道之间的最小净距为 15.884m,小于行车隧道的洞跨 16.125m,根据相关规范规定为小净距隧道。较之标准分离式隧道,小净距隧道开挖支护的相互影响作用剧烈,应力重分布更加复杂;再则,海底隧道的地质荷载条件比山岭隧道复杂得多。

(一)工程主要特点

1. 规模宏大,社会影响深远

青岛胶州湾隧道是连接青岛市主城与辅城的重要通道,为城市快速路隧道,该隧道的建设从根本上解决了"青黄不接"的问题,大大改善了西部投资环境,有利于加速发展新区经济,实现新、老港区的优势互补和整体效益的提高,是实现青岛市发展成为现代化国际大城市的基础。其工程建设规模宏大,社会影响深远。

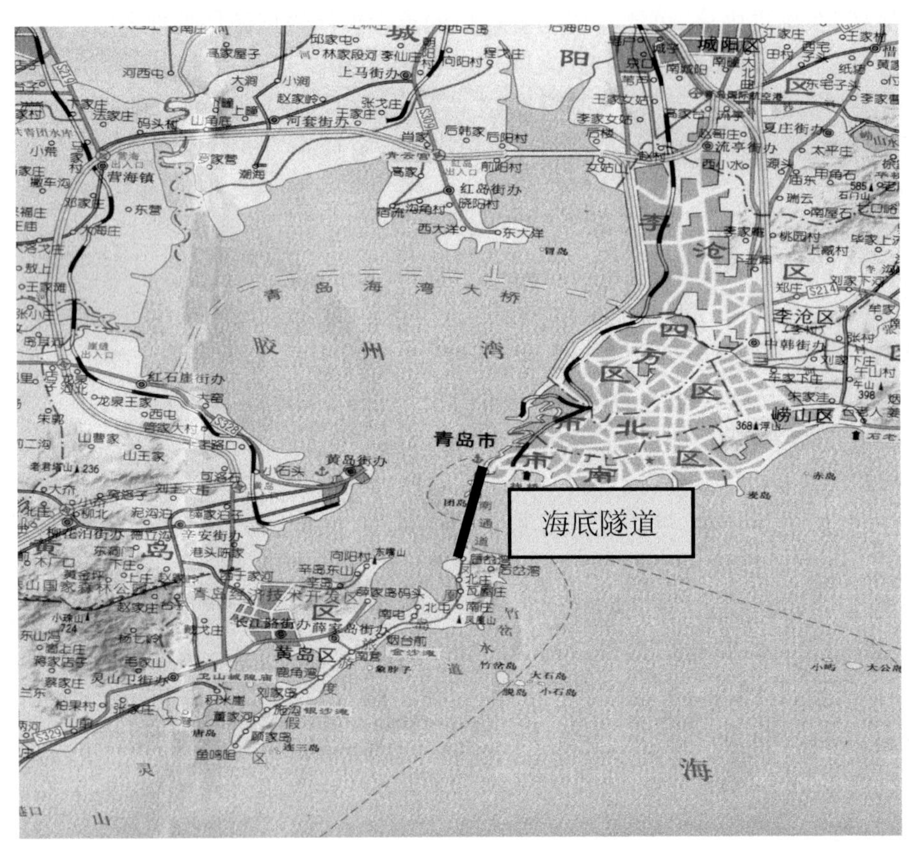

图 10-1 青岛胶州湾海底隧道地理位置图

2. 地质条件复杂

本工程段围岩级别变化频繁,Ⅳ、Ⅴ级围岩比例较大,围岩情况变化频繁。并且隧道多次穿越断层(裂)破碎带,其中大多数出现在海域段。因其多数沿张裂隙侵入,故其接触面附近存在岩石软化带,隧道通过沿岩脉裂隙贯通性很易引发突泥、涌水等地质灾害。

3. 工期紧、施工组织难度大

隧道施工存在长距离穿越地表建筑物、洞口小净距施工、海域段过断层(裂)破碎带预注浆等问题,施工中采用双侧壁导坑法、CD法、导洞超前大断面开挖方法、台阶法等多种施工方法,且工法转换次数较多,这些都将会制约施工进度。施工探水、治水、防坍等各种辅助施工会经常中断正常工序循环,影响了综合进度指标的提高,加大了组织和协调难度。青岛段由于拆迁、占地困难、拖延近一年时间影响开工,对黄岛开发、国家发展滞后很大,历史将予记载。采用复合式衬砌,初期支护由喷混凝土钢筋网,钢拱架锁脚锚杆组成,取消了顶部锚杆,两层衬砌之间设防水层和系统盲管组成的排水系统。

4. 隧道结构耐久性施工、防水等级要求高

本工程隧道结构设计使用年限为100年,设计防水等级为一级防水,即不允许渗漏水,结构表面无湿渍。隧道二次衬砌结构设计采用C50耐久性混凝土,初期支护喷射混凝土设计采用C35高强度等级防渗喷射混凝土,高防水等级设计反衬出多重防水结构施工的高要求。

5. 工法、辅助措施应用广泛

本工程隧道围岩级别变化频繁,施工采用双侧壁导坑法、CD法、下导洞超前大断面法、台阶法等多

种施工方法，以及超前小导管、超前自进式管棚、全断面帷幕注浆、局部注浆、径向注浆等多种辅助施工措施。为降低地质风险，施工中还将采取施工地质调查、TSP探测、高分辨直流电法、红外探水、地质雷达、负视速度法、超前探孔等综合地质预测预报技术，多种工法、辅助措施应用广泛。

6. 海域段施工风险大

海域段有多处断层(裂)破碎带，断层(裂)带内岩体强度低，自稳能力差。在这些不良地质地段，存在渗透破坏、发生突涌水或隧道坍塌的可能，施工风险巨大。隧道埋深在国内外用钻爆法施工覆跨比等于2是最小埋深的风险工程，这是技术水平要求最严、最难、最高的工程。

7. 独头掘进距离长，通风、排水任务重

本工程主隧道和服务隧道独头掘进距离比较长，存在高扬程反坡排水和长距离施工通风问题。反坡排水任务非常重，需要间隔设置抽排设施，以满足施工排水和突发情况之下的应急排水需要。

8. 应用新型支护材料多，机械化施工要求高

本工程设计采用大量多重防腐锚杆、T76s迈式自进式管棚、聚丙烯纤维喷射混凝土等新型材料，需要配备相适应的配套设备。相对于本工程较高的质量、安全、进度目标，隧道开挖、支护、预注浆、出渣运输等施工作业均需采用大型机械化配套设备进行施工，以满足要求。

9. 地处环保旅游城市，环境保护要求高

本工程地处国家优秀海滨旅游城市青岛，风景优美，地域特色明显，施工海域内生活着文昌鱼等多种海洋物种，工地紧靠薛家岛风景区，对施工环保要求高，是不破坏原貌的最美丽的工程。

(二)工程重点与难点

本工程重、难点主要集中于工程及水文地质分析判定、隧道下穿地表建筑物保护、隧道穿越海底断层(裂)破碎带的施工、隧道突泥涌水防治、隧道结构耐久性施工、施工通风、结构防排水施工、小净距隧道施工、施工工期、环境保护10个方面。

二、厦门东通道翔安海底隧道工程

我国第一条海底隧道——厦门东通道工程起自厦门岛五通，止于厦门市翔安区西滨，隧道最深在海平面下约70m，工程总投资约36亿元人民币，是目前厦门基础建设投资金额最大的项目。它是一座兼有公路和城市道路功能的隧道。厦门东通道(翔安隧道)是我国第一座大断面海底隧道。由于所穿海底地层为花岗岩地层，故采用钻爆法施工。东通道按双向6车道设计，行车速度为80km/h，是合理而经济的方案。

该隧道主洞隧道建筑限界净宽13.5m，净高5m。翔安隧道不仅是我国内地第一条海底隧道，也是第一条由国内专家自行设计的海底隧道，其主线设计时速为80km/h。它作为厦门的第三条进出岛通道，上承国道、省道，下接城市区域路网，与厦门岛北面的厦门大桥、西面的海沧大桥一起构成三条连接大陆的路网格局。

该工程于2005年8月9日正式动工建设，2010年建成通车。建成后，翔安区到岛内间将缩短50km的路程，厦门岛到翔安只需15min。厦门海底隧道工程建成交付使用后，对于提升厦门的城市功能，拓展城市发展空间，促进区域社会经济协调发展，优化产业布局，改善厦门市的投资环境，加快厦门国际化港口建设步伐，都将有着非常重大的现实意义。而作为我国内地第一座海底隧道，对于探索出适合我国国情的海底隧道建造技术，为类似工程的动工兴建，缩小与世界先进水平的差距，都将起到里程碑式的作用。

厦门东通道(翔安隧道)工程是一项规模宏大的跨海工程，是连接厦门市岛和翔安区陆地的重要通道，是厦门市的第三条进出口通道，兼具公路和城市道路双重功能。工程主要包括跨五通互通、跨海翔安隧道和西滨互通3部分工程。线路总长8.695km，翔安隧道全长5.9km，其中海域段长4.2km，为双向6车道双洞海底隧道，采用三孔隧道形式穿越海域，两侧为行车主洞，中间一孔为服务隧道。隧道沿线设通风竖井两道，车行横洞5处，人行横洞12处，翔安西滨侧设收费、服务、管理区。隧道采用钻爆法施工，工程地理位置及实景见图10-2。

a)地理位置

b)实景图

图 10-2 厦门翔安隧道工程地理位置及实景图

(一)工程概况

厦门东通道(翔安隧道)项目隧道主体工程位于厦门岛东北端的湖里区五通码头与翔安区西滨下店村之间,浔江港南东出海口最窄处,西北为封闭的海湾,东南为海湾通向大海的出口。隧道规模宏大,隧道全长 5.951km,跨越海域总长 4.459km,其中海域暗挖约 2.925km,潮间带暗挖约 1.534km,陆域暗挖约 1.392km。按照高等级公路的设计标准,其计算行车速度为 80km/h,暗挖隧道最大断面尺寸为 17.04m×12.56m(宽×高),建筑限界为 13.5m×5.0m(净宽×净高)。隧道连接厦门市本岛和翔安区陆地,具有公路和城市道路双重功能。

本隧道采用钻爆暗挖法修建,它对我国隧道建设技术的进步和发展,缩小与世界先进水平的差距,将起到里程碑式的作用。隧道采用一次修建双向 6 车道,并在两隧道中间修建一服务隧道,隧道中心线间距约 64~66m,见图 10-3。

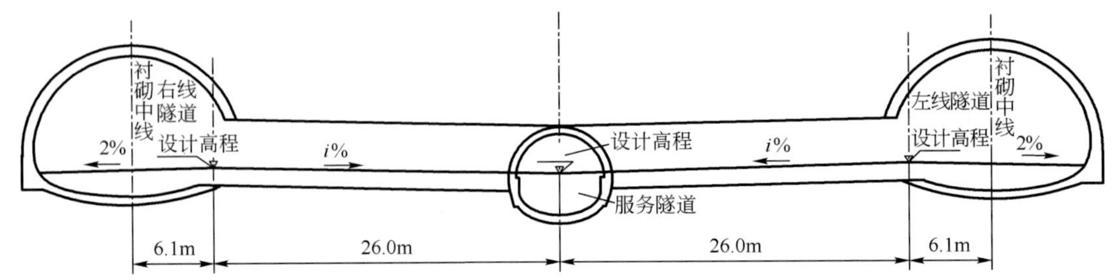

图 10-3 翔安隧道横断面示意图

(二)工程特点及重点与难点

1.工程特点

1)V 形纵剖面,下坡施工,施工排水量大

海底隧道洞口高,中间低,纵剖面呈 V 形,下坡施工,水(围岩渗水和施工用水)不能自流排出,施工中必须制订完善的排水方案,采用足够的排水设备不间断地排水,施工供电也必须安全、可靠、不间断。

2)国内“第一”,技术含量、标准要求高

厦门东通道(翔安隧道)全长约 5.9km,采用钻爆暗挖法修建,是我国内地第一座海底隧道。隧道穿越海底施工中将会遇到各种技术难题,项目技术含量高,因而在施工中需进行必要的科研试验,以解决施工中的关键技术问题,这充分体现其海底隧道科研先导的施工理念。

3)地质条件复杂,水量大,水压高,施工难度大

该隧道经过陆域、浅滩带及海域三种地貌。在陆域和浅滩地带,基岩全~强风化带厚度较大;在海域,隧底穿越 F1 强风化基岩深槽和 F4 风化囊。此类全~强风化岩体强度低、自稳能力差。另外,隧道轴线上海水最深为 27m,而且受岩石风化节理、裂隙、风化槽的影响,分段最大涌水量为 $6.2m^3/(d \cdot m)$,在 0.7MPa 高水头压力下,开挖扰动后,极易发生涌水和塌方,给隧道正常施工带来很大的安全隐患。

4)断面大,工法多

主隧道按3车道设计,最大开挖断面尺寸为17.04m×12.56m(宽×高,170.7m^2),根据隧道区域地质条件,主要采用CRD法、双侧壁导坑法、上下台阶法施工。

5)隧道结构防腐、抗渗要求高

本工程使用年限按100年设计,采用复合式衬砌结构,陆域隧道二次衬砌为C30防腐混凝土,抗渗等级为P8,海域隧道二次衬砌为C45高性能防腐混凝土,抗渗等级为P12,同时采用具有抗海水侵蚀的喷射混凝土,纲筋网为V级,风化槽采用钢拱架组成初期支护,取消系统锚杆,钢拱架接头处设锁脚钢管,在初期支护和二次衬砌之间,选择PVC防水板材和系统盲管,做排水系统,确保满足隧道设计使用年限的要求。

6)施工风险大

地下水是海底隧道施工中的最大风险。海底隧道与一般山岭隧道最明显的差异,就是其水源是无限的海水。由于本工程大部分区域是在水下,地质条件具有较强的多变性和不可确定性,稍有不慎,很有可能在施工中发生涌水、突水,造成隧道持续坍塌或严重进水,如采取措施不当,将对施工人员及机械设备造成极大威胁,甚至导致工程报废,造成无可挽回的损失。

7)标段划分

整个隧道分为4个标段,其中A1标和A2标均位于隧道进口,A4标和A3标均位于隧道出口,将两个竖井和服务通道按工作量大小和施工方便分配。

8)环保、水保、文明施工要求高

厦门岛为国内著名的海滨旅游城市,风景优美,地域特色明显,翔安隧道设计施工理念新颖,隧道建设的社会意义重大,对环保、水保、文明施工要求高。

2.工程重点

1)超前预测预报

厦门东通道(翔安隧道)地质复杂,最关键性的技术问题就是做好施工期的综合超前地质预测预报、信息化指导设计与施工。通过TSP红外探水、地质雷达、超前水平钻孔等各种方法的运用,相互对照、相互补充、相互配合,提高物探成果解译水平和地质预报精度。将此作为勘察地质资料的补充,在基本掌握前方施工地质的情况后,确定合理的施工方案和施工对策,确保工期、施工安全和质量。

2)隧道结构防水施工

在陆域地段,隧道二次衬砌混凝土抗渗等级为P8,在浅滩和海域地段,隧道二次衬砌混凝土抗渗等级为P12。施工中,隧道上受海水威胁,下受地下水的影响,地下水以基岩裂隙水为主,大气降水和海水为补给来源,地下水沿裂隙渗入隧道而出现滴水或溢流,甚至会出现涌水现象。如何保证本工程的防水质量及达到防水效果是海底隧道施工的一个重点工作。主要采取如下措施:

(1)采取"以堵为主"的施工原则,通过超前地质预报系统准确分析前方地质破碎带情况。

(2)采用超前帷幕注浆、超前小导管和中空锚杆注浆、后注浆等防水措施,将隧道开挖面周围的涌水或渗水封堵于结构以外;重视初期支护背后注浆防水,基本实现初期支护无渗漏。

(3)重视衬砌背面排水层的施作,保证隧道第二道防线。重视在初期支护背后充填注浆的施工,确保初期支护不渗、不漏。

(4)加强结构的自防水能力,封闭渗漏水在初期支护之外,二次衬砌结构在无水条件下施工,确保二次衬砌施工质量。

(5)采取分区防水形式,充分保证防水板的防水效果。

3)耐久性混凝土施工

海底隧道对混凝土结构耐久性提出更高的要求。由于海底隧道大部分处于水域以下,地下水水质与海水十分接近,均属于Cl—Na·Mg型,为了防止钢筋和混凝土的腐蚀,采取措施如下:

(1)严格按照业主给出的高性能防腐蚀混凝土配合比进行灌筑施工。

(2)在隧道结构混凝土(包括喷射混凝土和二次衬砌混凝土)施工过程中,采用先进的施工工艺和检测手段，进行严格的过程控制，确保混凝土结构的耐久性。

(3)根据工程施工条件进行温控设计，防止温度裂缝出现。

4)隧道监控量测

海底隧道工程对施工安全性的要求远高于陆地隧道工程。施工中必须进行监控量测与信息化施工，它是保证隧道安全的有效手段。为了掌握围岩在开挖过程中的动态和支护结构的稳定状态，采取措施如下：

(1)在施工的全过程中，实施全面、系统的监测工作，并将其作为一道重要工序纳入日常隧道施工中，留足时间、配齐人员。

(2)根据隧道围岩条件、支护类型和参数、施工方法编制量测计划，按照设计要求的监测频率和方法进行监测，通过对量测数据的分析和判断，对围岩—支护体系的稳定状态进行预测，判断隧道和围岩是否稳定和安全，从而指导施工，反馈设计，据此确定相应的施工措施，以确保围岩及结构稳定、安全。然后进行二次横筑前的防水系统和二次衬砌抑拱施工，边墙基础超前施工，最后是边顶拱模板台车施工。

5)隧道施工安全风险管理

由于海底隧道施工条件的复杂性，决定了其施工必须以安全为前提。施工中应遵循“预案在先，规避风险”的原则。

海底隧道施工中的最大威胁是掘进中的突水、突泥及坍塌，一旦出现突水、涌泥事故，将对人员、设备及工程造成极大的损失。因此，除应采用各种有效的工程措施以保证施工安全和结构安全外，还应对可能出现的意外制订应急措施，尽可能将损失减小到最小。主要应急措施包括报警装置、排水设备和逃生路线规划等。同时配置洞内安全监控体系，通过高度自动化的连续、跟踪、系统监测，以及时发现安全隐患，制订应急对策并快速组织实施，从而确保施工安全。

3. 工程难点

1)隧道穿越浅滩全风化层段施工

浅滩段处于全风化地段，岩体强度低，围岩自稳能力差，同时又处于地下水位以下，在浅滩区施工，其不良地质问题之一就是渗水，如果施工措施不当，可能因发生围岩过度松弛变形，导致隧道淹没和坍塌。施工中采取措施如下：

(1)按照“先探水，再注浆，后开挖”的施工程序，遵循“管超前、严注浆、短进尺、弱爆破、强支护、早封闭、勤量测”的施工原则。

(2)采用超前小管棚支护，双侧壁导坑法开挖，减弱震动控制爆破，喷、网、钢拱架联合支护。

(3)开挖后再进行径向注浆，确保施工安全。

2)隧道穿越海底风化槽(囊)施工

隧道通过海底风化槽(囊)时，上覆土层较浅，岩层软弱破碎，一旦施工扰动过大，隧道顶部高水压(0.7MPa)容易将隧道覆盖层击穿，从而发生坍塌、突水、涌泥。一般主要采取如下措施：

(1)施工中按照“先探水，再注浆，后开挖”的施工程序，以探水、周边浅孔预注浆为主的全断面注浆与开挖交替进行，即探水注浆一段，开挖一段，段段推进，稳扎稳打。遵循“管超前、严注浆、短进尺、弱爆破、强支护、早封闭、勤量测”的原则。

(2)采用综合超前地质预报技术，采取全断面帷幕注浆，注浆的加固范围应为开挖断面直径的2.0～3.0倍，注浆后采用双层超前小管棚支护，CRD法开挖，减弱震动，控制爆破，喷、网、钢拱架联合支护。

(3)开挖后再进行径向注浆，确保施工安全。

3)隧道砂砾层段施工

浅滩YK11＋930～YK12＋580段150m隧道拱顶覆盖砂层，拱部局部穿越砂层，由于砂层透水性很强，对隧道施工安全极为不利。采用地面垂直注浆和洞内超前小导管注浆，形成闭合的帷幕，阻止地下水和治理流沙。

三、长沙市浏阳河公路隧道工程

长沙市湘江大道浏阳河隧道位于长沙市主城区北部新河三角洲浏阳河与湘江交汇处，南起319国

道，西临湘江，下穿浏阳河，北接规划路——湘江北路，东接长沙市芙蓉路。

（一）工程概况

浏阳河为该地区主要河流，属湘江支流，常年性河流，河宽为 300～400m，河两岸主要为土质河堤，目前正在采取钢筋混凝土作为防洪堤加固河堤。浏阳河属冲刷—沉积基本平衡型，河道平直，洪水期间受湘江水位顶托，施工场地及临建设施有可能会受地下水上涨影响。河槽中第四系覆盖层主要为砂卵石，河势基本稳定。本工程为湘江下游一级阶地，原多为工厂、道路、居住区等，现在已拆迁，场地地坪设计高程为 31～33m。场地地貌类型为河流冲洪积堆积地貌，主要为河漫滩和 1～2 级阶地，沿浏阳河呈带状分布，地形宽阔平坦。图 10-4 为浏阳河公路隧道纵断面图。

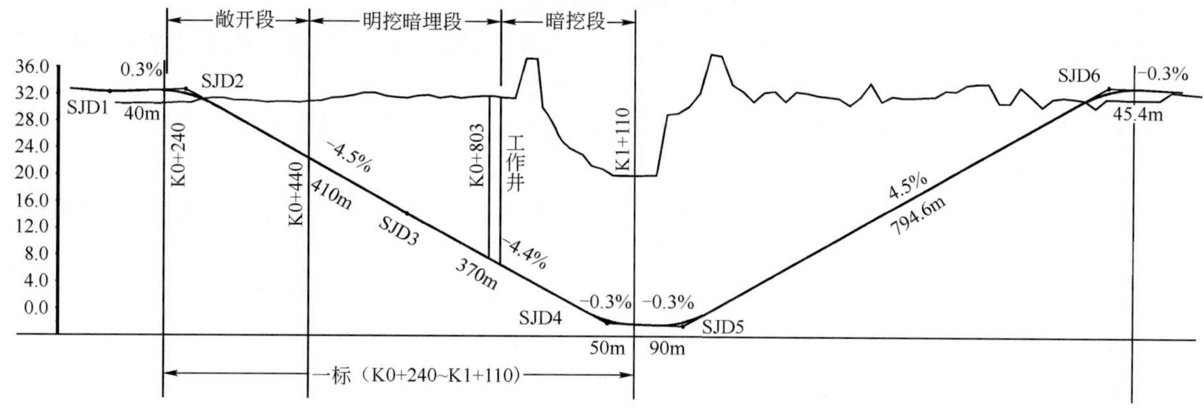

图 10-4 浏阳河公路隧道纵断面图

本工程为双向 4 车道隧道，穿越浏阳河段采用矿山法施工，两岸结构采用明挖法施工，隧道长度为 1 400m，建筑长度为 1 760m，暗挖隧道在河床下最小覆土厚度为 14m。本工程分为两个施工标段，一标段起讫里程为 K0＋240～K1＋110，全长 870m；二标段起讫里程为 K1＋110～K2＋000，全长 890m。两个标段均主要包括浏阳河南岸、北岸的 580m 明挖隧道和 290m 水下暗挖段隧道工程。两边段设计施工类型基本对称。

（二）工程特点及重点难点

1. 工程特点

（1）本工程位处两江交汇处，近堤施工，防洪抗汛工作对保证安全和工程顺利建成至关重要。浏阳河历史最高洪水位为 39.18m，浏阳河大堤堤顶设计高程为 37.32m，施工场区地面设计高程为 31～33m，因此防洪形势十分严峻。

（2）雨季较长，明挖暗埋段施工组织较为困难，明挖暗埋段计划工期安排有可能受到影响。

（3）施工场区内遍布第四系粉细砂层，且地下水颇为丰富，基坑开挖时需要高度重视，严防管涌发生。

（4）暗挖隧道下穿即将加固浏阳河河堤的钢筋混凝土防洪堤，控制防洪堤基础及目前的土质堤地表沉降，保证大堤安全需特别重视。暗挖隧道在 K0＋886～930 处下穿浏阳河大堤，大堤基础至隧道顶覆土厚约 20m，其中存在较厚的富水粉细砂层和圆砾地层，不利于地表沉降变形的控制。

（5）水下暗挖隧道防突泥、涌水是本项目的关键。水下暗挖隧道 K1＋020～110 段（最低水位时），覆土厚度最薄处仅 14m，地层从上至下依次为卵石层、强风化砾岩地层。施工中，工作面及隧道初支结构需承受较高的水头压力，若遇到未探明的裂隙发育处或者岩石破碎带，将极有可能发生突泥涌水。

（6）本隧道采用封闭式防水设计，施工时做好每个工序的防水工作，保证主体结构永久防水效果达到二级防水标准，是工程防水施工的核心。

（7）施工场区内管线较多，地下原厂房地板多为混凝土地板，对施工进度影响较大。

（8）业主期望及要求相当高，必须创省安全文明施工工地。

（9）施工工期压力极大。

2. 工程重点、难点及应对措施

1)结构防水施工

地下工程结构采用复合式衬砌防水施工，是一个复杂的系统工程，牵涉面广，它的质量是通过围护结构的墙身混凝土质量、接头防水、主体混凝土自防水、主体结构外防水及施工缝、变形缝等各个环节的防水质量的综合体现，任何一个环节做得不好，都有可能对整体防水效果产生很大的影响。因此，在这个施工过程中，必须加强过程控制，一步一步地做好每一道工序的防水质量。具体措施是：

(1)施工中严格按设计要求做围护桩接缝处理及混凝土浇筑，做好防水第一道防线。

(2)对主体结构外防水设计，按设计要求精心组织，认真施工，同时做好主体结构变形缝、施工缝、接口处的防水工作，确保防水构造质量，做好防水第二道防线。

(3)在结构混凝土施工时，首先从混凝土的配合比、运输、入模振捣、综合控温和及时养护方面入手，防止混凝土开裂，确保混凝土自防水，做好防水第三道防线。

(4)暗挖隧道防水层采用自黏性防水板，拱、墙、底全包，并在初期支护结构趋于基本稳定后，经检验合格后方可进行铺设。

(5)暗挖隧道二次衬砌采用防水混凝土，抗渗等级不小于P12，拱墙混凝土掺加防水剂，仰拱混凝土掺加高效抗裂膨胀剂。二次衬砌完成后，进行衬砌背后回填注浆。

(6)明挖暗埋段回填时，与防水层接触的第一层采用5cm厚M10砂浆保护层，然后采用透水材料进行分层回填，最外层设不透水的黏土进行回填，回填时注意不得损伤防水材料。

2)水下隧道的安全施工

(1)做好超前地质预报工作。

(2)选择合理的工法。

(3)采取相应的施工辅助措施。

(4)隧道开挖后，应及时提供局部刚度和初期支护，以控制围岩变形，而不是最大限度地选择围岩的自身承载能力。

(5)尽早施工仰拱，并封闭成环，仰拱施工的距离越近越好，最大不宜大于1倍洞径。应尽早施工二次衬砌，确保工程安全。

(6)加强监控量测，及时反馈信息，及时调整支护参数。

3)施工竖井进入主体暗挖隧道施工是本工程的施工难点

工作竖井进入隧道主线施工，施工工序转化较多，隧道施工前先要进行超前帷幕注浆和40m超前大管棚注浆施工，施工场地狭小，施工难度较大。另外，尽快完成工作竖井是完成暗挖隧道的前提，施工中可采取以下措施：

(1)增加与明挖段的钻孔桩支护和旋喷桩帷幕，使各种竖井成为一单独支护的施工竖井。

(2)开挖时，采用顺做法，依次施工导向墙、大管棚、止浆墙、围幕注浆。

(3)先行隧道先以小导洞、小断面进入正洞，然后向两端扩挖，形成正洞三台阶法开挖布序后实现正洞正常施工，后进洞按照CD法顺序进行施工。

(4)特别要重视工作井的4个布置和施工机械安排。

四、广深港狮子洋盾构铁路隧道工程

狮子洋隧道工程全长10.8km，是广州—深圳—香港铁路客运专线的控制性工程。该工程于2006年5月开工建设。

该隧道工程拥有许多“头衔”：其既是目前国内最长、标准最高的水下隧道，也是隧道施工从“穿江”到“越洋”的转折性工程；既是国内第一条水下铁路隧道，也是全世界速度目标值最高的水下铁路隧道。

狮子洋水道水深流急，航运繁忙，主航道宽约700m，最大水深26.6m。中铁隧道承担的SDIII标段位于东莞侧，左线正线长5 250m，右线正线长5 550m。

狮子洋地质条件复杂多变，地层主要为泥质粉砂岩、砂岩，多处为断裂带和风化深槽，因此对管路、刀盘的耐磨性提出了更高要求。为此，应对两台直径 11.2m 的盾构机刀盘进行耐磨处理，以减少掘进中换刀次数。为了对较大的石块进行破碎，将在盾构泥水平衡仓底部配置破碎机，以避免大石块进入排泥系统。

过江段长近 1 500m，盾构在弱风化基岩中要掘进近 3 000m，施工中需要带压进仓检查和更换刀具，而江底带压进仓作业是盾构施工面临的世界性难题。

(一)工程概况

广深港客运专线北起广州铁路枢纽的新广州站，南至香港的西九龙车站，全长 167km，其基础设施按 350km/h 设计；狮子洋隧道处于广深港客运专线东涌站—虎门站区间内，位于珠江三角洲平原区，沿线地形平坦开阔，隧道要下穿小虎沥、沙仔沥、狮子洋水道，狮子洋水道为珠江航运的主航道。隧道起止里程为 DK33＋000～DK43＋800，全长 10.8km，其中过江段采用双洞单线盾构隧道，长度为 9 340m，采用 4 台气垫式泥水盾构施工，并在狮子洋下部地层中进行两两对接。盾构隧道内径为 9.8m，外径为 10.8m，管片厚度为 500mm，管片宽度为 2.0m，管片采用"7＋1"分块模式的通用楔形环错缝拼装，盾构隧道以管片自防水为主，接缝采用两道弹性密封止水条防水。为确保百年大计，管片衬砌内增设二次混凝土衬砌，隧道内铺设无砟轨道，轨道结构类型采用框架板式轨道。

隧道最大纵坡为 2%，最小纵坡为 0.3%。盾构隧道最大覆土为 52.3m，最小覆土为 7.8m；河道内的隧道最小覆土为 8.7m，水深最大处的隧道覆土为 26.0m。隧道轨面最低点设计高程为－60.988m，与百年一遇高潮位的高差约为 64.2m。

盾构隧道大部分处于微风化砂岩、砂砾岩中，局部位于淤泥质与粉质黏土中，部分地段穿越软硬不均地层；盾构隧道穿越基岩的最大单轴抗压强度为 82.8MPa，基岩的渗透系数达 6.4×10^{-4}m/s，基岩的石英含量最高达 55.2%，岩石地层的黏粉粒(≤75μm)含量为 26.1%～55.3%。

狮子洋隧道分别下穿宽 460m 的小虎沥水道、宽约 540m 的沙仔沥水道、宽 3 300m 的狮子洋水道，其中狮子洋水道的水深 26.6m，隧道的设计水压达 0.67MPa。隧道范围内地下水位处于地表下 0.5～1.2m，地下水主要为第四系地层的孔隙水和白垩系岩层的裂隙水，且具承压性。地下水对混凝土结构具有盐类结晶的弱～中等侵蚀性，永久结构要求采用碳化环境、氯盐环境、化学侵蚀环境下的耐久性混凝土。隧道平面图见图 10-5，纵断面图见图 10-6。

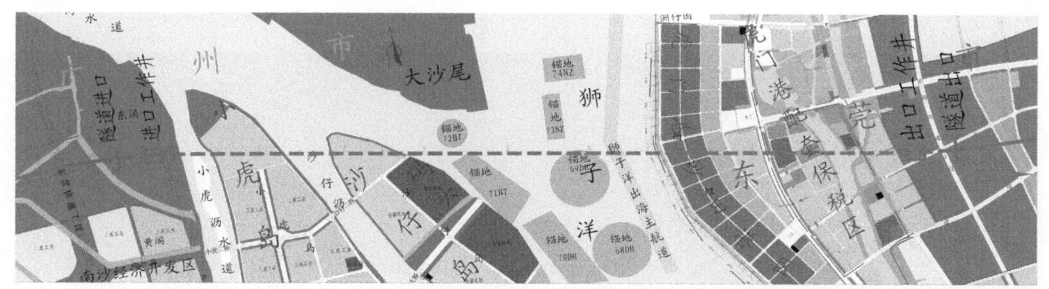

图 10-5 狮子洋隧道平面图

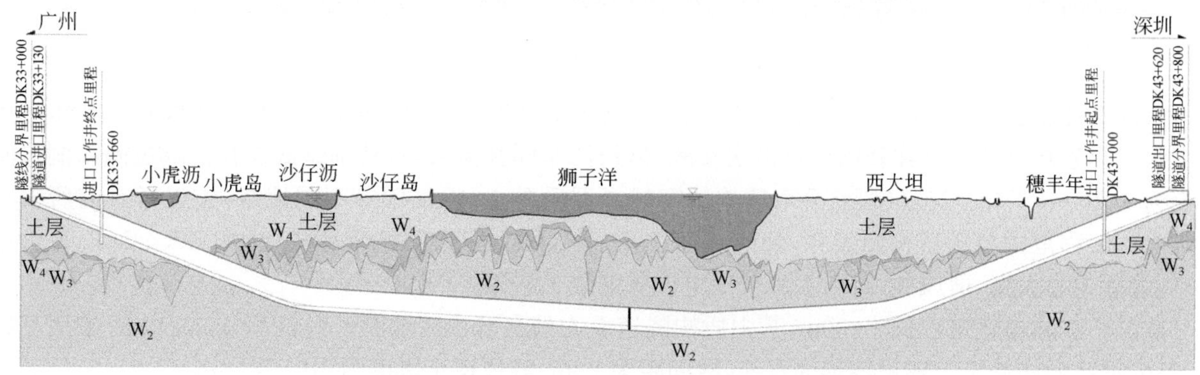

图 10-6 狮子洋隧道纵断面图

(二)工程特点及技术难点

1. 主要特点

(1)狮子洋隧道是我国第一条铁路水下隧道,也是我国第一条特长水下盾构隧道,为我国水下第一长隧,速度目标值达350km/h,被誉为中国铁路世纪隧道。

(2)狮子洋隧道三次穿江越洋,其中狮子洋水面宽达 3 300m,水深达 26.6m,且为珠江航运的主航道,设计水压达 0.67MPa,为超高水压的水下隧道。

(3)盾构隧道为国内首次在软硬不均地层和岩层中采用,该隧道采用大直径的气压调节式泥水盾构施工,是国内第一次采用盾构"相向掘进、地中对接、洞内解体"的施工技术。

2. 主要技术难点

(1)大直径、长距离、高水压、软硬不均地层水下隧道的盾构选型,如何确保破岩与切土协调、有效稳定工作面、高效密封防止涌水、环流畅通,是本工程施工的最大难点。

(2)本工程盾构施工,极易形成"泥饼",且刀具易磨损,如何降低刀具磨耗、减少换刀量是保证快速施工的关键;在高水压下更换刀具,其风险和难度极大,必须进行技术创新。

(3)盾构长距离"相向掘进、地中对接、洞内解体",对接精度要求高、安全难度大、技术复杂、拆机空间狭小、大重件拆运困难,且对接技术关系到整个工程的成败。

(4)富水软土地层如何确保软土地基、软硬不均地层隧道工后沉降满足运营安全的要求,是本工程施工的关键技术之一。水下软土地层、超浅埋的联络通道施工风险极大,如何确保安全至关重要。

(5)黏粉粒含量高达55%以上的高黏性地层,长距离输送泥水,如何防止管道堵塞,并进行有效的泥水分离处理以达到环保目标,也是本工程施工的关键技术之一。

(6)特长水下隧道的防水技术、风险管理、防灾救灾、运营管理,对每一个建设者都是一次挑战。

五、长江第一隧——武汉长江水下隧道工程

(一)工程概况

武汉长江隧道为武汉市重点工程,是武汉市重要的过江交通通道,它位于武汉长江一、二桥之间。起点为汉口大智路与铭新街的交叉口,终点为武昌友谊大道南侧规划中的沙湖路,线路总平面图见图10-7。

图 10-7 武汉长江隧道总平面图

武汉长江隧道总长 3 630m,内设双向 4 车道,设计使用年限为 100 年,可抗 6 级地震和 300 年一遇的洪水。尽管水下建隧道在我国已有多次实践,但长江非同其他水域,特别是武汉长江隧道两岸洞口间距离为 3 295m,江底 2 500m 段将采取盾构法穿越淤泥质黏土、粉细砂等不同地层,施工具有前所未有的难度。工程范围包括盾构始发井,到达井,盾构隧道,联络通道,明挖暗埋隧道,A、B、C、D、E、F 六条匝道,管理中心大楼,通风井,路面工程及机电设备安装工程等。

武汉长江隧道建筑总长 3 630m,其中盾构隧道左右线各长 2 538.6m,过江段长 1 310m,采用直径 11.38m 泥水盾构施工。隧道线形为直线,线间距为 22m,隧道覆土厚度为 10~38.5m。

该工程在总体规划上,采用双向 4 车道过江是很正确的,尤其应用盾构法施工,盾构直径小于 12m,

可大大降低盾构造价，当时为2.5亿人民币/2台，相对应的南京过江隧道采用双向6车道盾构，直径达14.98m，而造价为7亿元人民币，增加了埋深，增大了施工风险，是不合理的。武汉在过江理念上，提出多点过江的规划，是方便人民的好办法，但在两端引线上不畅，又采用落后、效果不好的半横面通风，造成车辆堵塞在洞内，通风效果极差，应引以为戒。由此可见，未听专家意见，本应是给后代留下的遗产，却变成了灾难。

(二)工程重点、难点分析

武汉长江隧道工程是个高风险、高难度、规模大、技术复杂、涉及多领域的系统工程，其技术特点和难点主要体现在长约2.5km，外径为11m的两条圆隧道的设计、施工和施工组织等方面，可以用“多变、长、大、深、难”几个字来概况。

1.地质条件复杂多变

盾构隧道穿越的地层，进出洞段以粉质黏土、黏土、淤泥质黏土为主，江边及江中段以粉细砂及中粗砂为主，江中段局部穿过上软下硬的复合地层，地质条件复杂且多变，且隧道穿越的地层透水性强，最大水压达0.6MPa。这对盾构机性能(适应性、可靠性、耐久性)要求高。刀具第一次采用复合刀具，由滚刀两边安装两组不同高度的括刀，以适应不同的地质，出现不同的时间相对应。

2.高水压

在最大水压0.6MPa下，盾构推进的施工安全和工程防水是重点。关键是保证主轴承密封、盾尾密封在高承压状态下的正常工作、耐久性和管片的拼装防水质量。为确保百年的使用期限，采用双层衬砌，由管片和钢筋混凝土衬砌组成。

3.长距离掘进

盾构长距离掘进中穿越淤泥质黏土、粉细砂，并在江北段掘进穿越上软下硬地层，切削中等风化基岩，对刀具特别是边刀的磨损很大。盾构正面刀盘刀具的耐久性和可靠性是过江成败的关键。

4.周边环境复杂，保护难度大

进出洞段埋深浅，且下穿众多重要的建筑物，如电教楼、长江防洪大堤、武大铁路、鲁兹故居等。

5.施工难度大

施工中存在以下技术难题：①高承压水砂层联络通道施工风险大；②特殊地段(浅覆土、上软下硬复合地层、小半径曲线段)盾构掘进质量控制难度大；③大体积、深手孔管片预制裂纹防治难度大。

(三)施工管理保障

武汉长江隧道过江段施工风险之大为国内之最，因此，要对开挖面的稳定、泥浆、添加材料的泄漏或喷涌问题，隧道上浮问题和管片变形及软硬不均地层盾构姿态控制等技术问题进行分析，为确保安全施工提供技术保障。对难度大、风险高的复杂项目，项目系统管理极其重要，全面系统的项目管理是技术得以实施的保障。

1.技术管理

加强技术管理工作的系统性，针对作业项目制订作业技术指导书，如管片安装作业指导书、同步注浆作业指导书等；针对工程难点制订单项施工方案，如端头加固方案、盾构始发方案、过长江大堤方案等；针对具体施工方法等进行技术交底。对关键技术进行认真研究分析，制订具体的解决办法。同时加强技术交底和人员培训工作，保证技术方案能被切实地执行。加强和提高操作员工的业务水平和应急应变能力也是确保安全施工的关键环节。

2.机械设备管理

盾构过江前，对盾构机进行系统评估，发现问题及时进行整改，保证盾构机各系统性能良好，在施工过程中，应加强设备的养、用、管、修工作。

重视和加强盾构的设计联络、监造与工厂组装调试工作，确保盾构在工厂组装调试合格后再拆卸到工地组装，避免因质量缺陷在现场进行修改。因受现场条件限制，修改难度大且质量无法保证，以致将为后期掘进带来隐患。

3. 安全管理

施工前，应对盾构过江施工进行风险识别、评估，制订风险预案，同时加强设备安全及各种作业安全管理。

加强系统管理，严肃施工纪律，杜绝违章作业。泥水盾构施工要做到管理系统化，实施包括泥水压、出渣量、同步注浆和径向注浆相结合的加固地层及地层变形等施工管理数据在内的综合系统管理。武汉长江隧道坚持实施了方案专家评审、地质素描和反馈制度以及管片拼装掘进通知单等制度，有效地提高了员工的责任心和工作质量。

4. 质量管理

成立 QC 质量管理小组，发现质量问题，及时分析原因，采取措施，不断提高工程质量。

5. 盾构掘进过程中做到“三有序、三平衡、三平稳”

施工组织管理有序、机械保养有序、信息管理有序；泥水压力平衡、注浆压力平衡、注浆量与进尺平衡；盾构掘进姿态平稳、管片拼装姿势平稳、推进速度平稳。

六、宁波甬江沉埋管段隧道工程

甬江水下隧道是我国第一条用“沉埋管段法”在软土地基上修建的大型水底交通隧道。该隧道于 1995 年 11 月 8 日建成通车。它的建成，填补了“沉埋管段法”新工艺在我国软土地基上建造水下隧道应用的空白，开创了我国沉埋管段隧道的新纪元。

沉管式施工法是在预制场地把若干个隧道管段制作好，两端用临时钢封门密封，舾装好拖运、定位等设备，让其漂浮在水上，用船机拖运到指定位置。然后向管段内灌水压载，使之下沉至已开挖好的水底基槽，然后把这些沉设完毕的管段依次在水下逐一连接起来，接口采用吉娜型橡胶止水带密封，回填后，便构筑成了隧道。这种方法无需在江(海)底深层大量挖掘，故工期短、造价低、安全可靠。沉管式隧道除具有水下隧道对生态环境干扰小、不侵占航道、全天候通行、抗灾能力和超载能力强、经久耐用等优点外，其本身还具有可浅埋、两岸引道较短、工程量小、岸上水中工程可同时进行，工期短，防渗漏性能好，可设计成大截面多车道，总造价较造桥和传统的盾构式隧道低廉，可适应不同的土质结构等优点。

甬江水下隧道位于浙江省宁波镇海的甬江入海口，为单孔双车道汽车隧道，全长 1 019m，其产水下段长 420m，是采用 5 节 85m×11.9m 的钢筋混凝土大型沉管水底对接而成。其修建在海相沉积、饱和流塑状的黄色淤泥质黏土的软弱地基上，采用抛石回填基础和专用的清淤设备，顺利完成了工程，为我国在软弱地基上修建沉管隧道积累了经验。甬江隧道的建成，打破了江河通道桥梁一统天下的局面，被专家誉为我国交通事业发展的一个里程碑，它代表着当今我国沉管式水下隧道施工技术的最新水平，为我国今后在长江、珠江及黄河下游广大软土地区建造水下隧道闯出一条成功之路。

(一)工程概况

甬江隧道是 329 国道宁波市镇海区与北仑区的沟通工程，其北端在镇海张监研出口与杭宁公路相接，南端与北仑区江南公路相接，直通北仑港区和宁波小港经济开发区。甬江隧道工程，除去两端公路连接线，隧道全长 3 821.98m，其中江中段长 420m，由 5 节钢筋混凝土管段对接而成(其中 4 节长 85m、宽 11.9m、高 7.5m、质量为 7 600t，另一节长 80m)。隧道为单孔双车道结构，内净空 4.5m，净宽 10.2m，车道宽 7.5m，设计日平均交通流量为 5 500 辆次。

甬江江面宽 330m，主航道宽 80m，隧道位置距甬江出海口处约 2km。隧道轴线位于甬江河段转弯处，北岸为凹岸，主航道距北岸边约 50m。南岸为淤积区，退潮时河滩宽约 90m。隧道全长 3 821.98m，为单管双车道结构。其中，两端公路连接线长 2 802.4m，北岸竖井 15m×18m，南岸引道 224.53m，5 节沉管段全长 420m，由 5 节沉管段(85m+80m+85m×3)相连接而成，管段内壁净宽 10.20m，路面宽 7.5m，净高4.5m。其工程技术标准为：按国家平原微丘二级公路标准设计，最大纵坡为 3.5%，桥汽—20，挂—100，设计车速为 60km/h，照明车速为 30km/h，日交通流量为 5 500 辆次。主航道宽 80m，河底规划疏浚设计高程－7.00m(吴淞高程)，可满足 5 000t 级船舶通行。隧道采用两排高压钠灯照明，6 台射流风机通风，设有消防、监控、通信等设备，中央控制室由计算机控制，设施较为先进。

(二)工程重点、难点及工艺

甬江隧道施工最大的难点就在于如何攻克软土地基和江中淤泥给工程带来的重重障碍，又由于隧址位于甬江出海口弯道处，水流急(平均最大流速为103cm/s，历史最大流速曾达到215.8m/s)，且有漩涡，离隧址轴线60m的江底还铺设有两组过江输油管，这大大增加了管段江中浮运和水下对接的难度。因此，在这种复杂的水文地质结构环境下，其施工难度在我国水下隧道施工史上是前所未有的。软土地基的“橡皮土”和不均匀沉降，极大地影响了土坞的开挖和管段预制。江中大量淤积更是沉管水下安装的“拦路虎”。据镇海地方志记载，甬江年淤积量曾达$1.24\times10^6m^3$。1978年10月镇海新港区煤码头竣工后，4个月内因港池回淤少而不能使用，后经多年的疏浚治理，于1983年5月才开始投产使用。鉴于此，人们一直将在此开展水工工程视为畏途。

为了确保工期和工程质量，施工中采用了国内外先进工艺，特别是成熟的海上救捞工艺。施工单位结合甬江复杂的水文地质特点，精心研制施工机具，首创出管段四点吊装钢浮箱、大抓力沉埋锚和清淤机等施工设备，成功地进行了江中清淤、抛石整平、管段出坞浮运就位。

本工程在软土地基上开挖成功国内最大的预制大型钢筋混凝土沉管土坞，预制下沉成功国内最深的竖井，同时还针对河床回淤量大的不利施工环境，采用分段开挖及管段分段浇筑，然后再合拢进行压水灌浆的方法，摸索出一套适合在软土地基上建造沉管式隧道的施工方法。1994年1月，第一节管段在江底与北岸竖井准确对接成功，1994年年底，5节沉管全部在水下准确对接安装完毕，高质量地完成了南端最后封口接头处理施工，确保了隧管稳卧江底，圆满地完成了甬江隧道主体工程施工。

第五节 水下隧道修建需进一步研究的课题

采用水下隧道越江，既可以保护自然景观，又不受通航净高限制，对通航安全影响最小，不受气象条件影响，可全天候运行，具有比桥梁可靠的抗震性能，而且设计和施工已成为可行。因此，随着我国经济的发展，交通航运量日益增大，修建更多水下隧道来满足交通的发展是必然的趋势。水下隧道的修建，既有其特点和优势，同时也伴随着一些复杂的问题，值得探索和研究。

修建水下隧道比陆地隧道更复杂，通过深水进行地层勘测更困难，而且准确性较低，再加上遇到突发事件后处理困难。

水下隧道与陆地隧道相比，有以下技术特点：

(1)深水和海洋地质勘察的难度高、投入大，从而使漏勘与情况失真的风险程度增大。通过深水进行地层勘测比在地面的地层勘测更困难、造价更高，而且准确性较低。所以，遇到未预测到的地质情况(如断层或扰动区)的风险更大。

(2)高渗透性岩体施工开挖所引发涌/突水(泥)的可能性大，且多数与海水有直接水力联系，达到较高精度的施工探水和治水十分困难。很高的渗水压力可能导致水在有高渗透性或有扰动区域，与开阔水面有渠道相连的地层中大量流入。很高的孔隙水压力会降低隧道围岩的有效应力，造成较低的成拱作用和较低的地层稳定性。

(3)海上施工竖井布设难度高，致使连续单口掘进的长度加大，施工技术难度增加。很长的连续单口掘进长度导致工期很长，财政投资很高，因此，必须采用能快速掘进的设备。

(4)饱水岩体强度软化，其有效应力降低，使围岩稳定条件恶化。

(5)全水压衬砌与限压/限裂衬砌结构的设计要求高。

(6)受海水长期浸泡、腐蚀，对高性能、高抗渗衬砌混凝土配制工艺与结构的安全性、可靠性和耐久性，以及洞内装修与机电设施的防潮去湿要求严格。

(7)水下隧道的施工具有环境复杂、工程动态性和时效性的特点，是一项高风险的地下工程，存在较高的风险源，而同时缺乏系统的风险评估方法，这给水下隧道施工风险管理带来很大的困难。

(8)长(大)跨海隧道的运营通风、防灾救援和交通监控，需有周密设计与技术保障措施。

做好工程地质、水文勘察与超前预报，着力提高遇险应变能力，制订出与工程实际结合的、合理可行的技术措施和应对险情的工程预案，特别是能否解决好施工“探水”、“治水”和“防塌”三大技术难点，是跨江、河、海隧道施工成败的关键。

一、安全技术

水下隧道是一个封闭在水下的建筑物，一旦发生车辆碰撞交通事故或意外火灾，就不像在地上道路与桥梁那样易于疏散人员和车辆，以便抢险救灾，所以首先必须注意安全。在设计时应采用双洞单向车辆行驶，洞内外尤其要有多种充分的消防、救急设施和组织保证，在运营期间要实行 24h 全天候监视和通信广播联系设施，便于及时发现问题和处理问题。

近年来，欧洲的勃朗峰和圣哥达两座特长隧道先后在洞内发生火灾，人员伤亡和车辆损毁严重，损失巨大，在封闭了较长时间后才重新开放，其交通和经济均受到了影响，这样的教训应引以为戒。

另外，水下隧道应具备一定的抵御常规武器和核武器破坏的能力。根据在常规武器攻击中非直接命中、减少损失和早期核辐射的防护要求，覆盖层应有适当的厚度。

二、通风技术

长隧道在运营中，通风应有保证，以保证有害气体(一氧化碳、碳氢化合物等)在允许浓度范围之内。良好的通风还可净化空气，以确保驾乘和维修人员的健康。

隧道的通风方式有横向、半横向和纵向等，但各种通风方式证明：只有纵向通风的效果好，所耗功率才小。目前，长隧道采用纵向通风方式居多，由于这种方式可使隧道断面减小，因而能节省土建投资费用，且使用风机设备价格低，安装方便灵活，运营和维修成本相应低些，具有高效、经济、灵活等特点。但在发生火灾时，对下风侧不利，火灾段也难保证风机自身安全，因此增加了救灾难度。然而，火灾毕竟是特殊情况，因此这种通风方式仍为国内外隧道通风方式之主流和建设者之首选。日本东京湾长近 10km 的海底隧道，采用纵向通风机加竖井，解决了长隧道通风问题。

隧道通风随着隧道长度的增加，难度相应地会增加，其设备维修和运营费用也会相应增大，尤其水下隧道更是如此。如台湾海峡隧道在风险评估中认为该隧道投资虽多，但融资无问题，而且回收也快，技术上主要问题是地质条件复杂和长距离铁路运营通风问题。

三、监控技术

隧道长度大于 15km 时，应设闭路电视和紧急电话，一般在洞口附近建立监控中心，设专人管理。

国外先进国家的长隧道设置的监控项目和功能虽与我国类似，但监控系统趋向高度自动化，瑞士除个别特长隧道如圣哥达隧道长 16.918km，设有中心控制室外，其余隧道的控制室则无人值班，是通过自动化仪表做好记录，由管理人员定期巡视，实行远程集中控制与管理，可减少管理人员，准确性高，又可节约开支。

此外，法国最近研制出来一种名为“电脑图像分析监视仪”，又称“隧道智能监视仪”，其特点是汽车在隧道中正常运行时不作任何图像显示，只有出现汽车突然停止或有其他异常情况时，监视仪才会立刻将图像显示在控制室屏幕上，提醒值班员注意，从而能做到万无一失。比之目前经常不间断地显示，容易使值班人员产生疲劳，思想容易麻痹的现象，该方法要优越得多。他们准备将此仪器安装在隧道中，可避免公路隧道中发生的诸如火灾、车辆追尾等事故。

四、防水技术

隧道防水问题非常重要，尤其是水下隧道几乎是在水的包围中，如防水工作不好，会使洞内潮湿，对空气质量、客货车运行安全和洞内机电设施耐久性、灵活性均不利，北方地区冬天会结冰打滑更容易造成交通事故。

防水问题在设计、施工时就要做到层层设防，滴水不漏。从目前国内地下铁道的建设来看，采用优质防水材料、先进施工工艺及工地检测及时是可以做到的，隧道运营时应当随时检查，一旦出现疑点，应及时弥补，力求周密考虑，做到万无一失。

水下隧道的主要部分处于河、海床下的岩土层中，常年在地下水位以下，承受着自水面开始至隧道埋深的全水头压力。因此，水下隧道自施工到运营均要面对防水问题。防水的主要措施有：

1. 采用防水混凝土

防水混凝土的制作，主要靠调整级配、增加水泥量和提高砂率，以便在粗骨料周围形成一定厚度的包裹层、切断毛细渗水沿粗骨料表面的通道，达到防水抗水的效果。

2. 壁后回填

壁后回填是对隧道与围岩之间的空隙进行充填灌浆，以使衬砌与围岩紧密结合，减少围岩变形，使衬砌均匀受压，提高衬砌的防水能力。

3. 围岩注浆

为使水下隧道围岩提高承载力、减少透水性，可以在围岩中进行预注浆。特别是采用钻眼爆破作业的隧道，通过注浆可以固结隧道周边的块状岩石，以形成一定厚度的止水带，并且填塞块状岩石的裂缝和裂隙，进而消除和减少水压力对衬砌的作用。

4. 双层复合式衬砌

水下隧道采用双层衬砌可以达到两个目的。其一是防护上的需要，在爆炸载荷作用下，围岩可能开裂破坏，只要衬砌防水层完好，隧道内就不致大量涌水，影响交通。其二是防范高水压力，有时虽采用了防水混凝土回填注浆，在高水压下仍难免发生衬砌渗水。在此情况下，双层衬砌可作为水下隧道过河段的防水措施。

五、海工混凝土技术

海洋大气和水环境是隧道衬砌钢筋混凝土所处最严峻的水文地质环境条件之一。长期受到含盐水质、生物、水中矿物质、高水压和围压等天然因素的持续作用，使锚杆、喷层、防水薄膜和高碱性混凝土与钢筋等材料因物化损伤的积累与演化(腐蚀)而影响其耐久年限。第二次世界大战后的许多海工混凝土结构工程，有相当一些历时仅约30年，即已出现严重腐蚀而裂损破坏，这种现象值得深思。混凝土碳化和氯离子渗透引起钢筋锈蚀，是海工钢筋混凝土的主要破坏因素。对大跨偏压隧道衬砌属大偏压构件的情况，且在已有初始裂纹并长期受围压作用和海水持续浸泡、腐蚀作用下，高性能海工混凝土材料的优化配置，是增强其耐久性的研究热点。

对采用常规材料配制的高性能海工混凝土而言，要求实现混凝土自身的低渗透性、低宏观缺陷和高密实度，以限制海洋环境侵蚀介质的入渗，其基本途径可归结为：

(1)采用高性能优质水泥和级配良好的优质骨料。

(2)优质掺和料(磨细矿渣粉、粉煤灰和微硅粉等)，使工业废渣资源得到充分利用。

(3)高效减水剂的使用，并尽量降低混凝土水胶比，提高混凝土的抗渗能力。

(4)采用硅粉等胶凝性矿物掺和料，提高混凝土的密实度。

(5)扩大水泥颗粒的解聚和粒径范围，以获得较理想的微观结构等。

六、简化通风、照明、防灾、监控设备技术

西方一些国家和日本，其在隧道防灾方面的设计理念需结合我国国情合理吸纳，不能用得太复杂，用电量太大，必须简化。

(1)中央主控室的设置。只有在百公里路线累计隧道长度在50km以上时才考虑设置。1～3km长隧道只设简单洞口照明，洞内只设LED指引照明。

(2)采用纵向射流通风进行运营通风和消防排烟，当有竖井时，在井底设置向上方射流风机，只排风，不设输入风机。工程实践证明，抽排污气，其他洞口新鲜空气会自动进来，吐旧纳新。

(3)取消报警设备、喷淋设备，采用手机及墙上电话报警，采用消防喷头及自救灭火器就可。

(4)双洞间设置横向联络(逃生)通道的间距，国外规定为300～350m，我国初设为250～500m，从上述条件看是合理的。

(5)对盾构施工的隧道可纵向设置逃生滑梯到路面以下用于逃生。

第十一章　隧道及地下工程建设风险管理

近年来，城市铁路入地工程与地下铁道修建发展迅速。城市地铁修建与地下空间利用，使各类既有建筑、地下管网及运营线路等的保护与施工安全面临新的挑战。由于地下工程规模大、发展快，技术和管理力量难以充分保证等客观原因，加之管理者对地下工程安全风险的认识不客观，风险管理不科学，风险管理的投入不到位等主观原因，所以在地下工程建设中，事故频发，形势严峻。

地下工程建设具有高风险的特点，风险涉及工程建设的各个阶段，包括规划与可行性研究阶段、勘察与初步设计阶段、招投标阶段、施工阶段及运营阶段。因此，地下工程建设风险可概括为建设项目从始至终的整个生命周期中发生人员伤亡、环境破坏、财产与经济损失、工期延误等潜在的不利事件和后果的集合。风险目标的确定、风险评估与风险控制是风险管理的重要内容。

第一节　概　　述

风险是客观存在的，是不以人的意志为转移的。隧道及地下工程风险可定义为：在建设过程中可能发生的不利后果或负面影响的集合。换言之，工程风险是与预期利益相悖的可能损失、不利影响，或由各种不确定性所引发的涉及建设各方及源于建设影响的第三方的不利后果及影响。风险需要具备两个条件：一是不确定性，二是产生损失后果。不具备以上两个条件就不能称其为风险。

风险形成过程为风险因素导致风险事件，风险事件导致风险后果（风险损失）。风险因素是内因，是源头，是促使风险事件发生概率增加或损失幅度增加的因素。从风险因素的存在到导致风险后果的过程中，对风险损失加以人为预防及控制的过程即为风险管理。

美国麻省理工学院的 H. H. Einstein 教授是较早从事地下工程风险分析的代表人物，他的主要贡献是提出了地下工程风险分析的特点和应遵循的理念。在 Einstein 研究的基础上，剑桥大学的 Salazar G. F.（1983 年）在其博士论文《隧道设计和建设中的不确定性以及经济评估的实用性研究》中，将不确定性的影响和工程造价联系起来。C. L. Leihton 和 C. R. Denis（1993 年）对一种新的高速铁路风险评估方法进行了研究，即对地下工程风险链进行定量风险评估的研究。Dr. B. V. Shastri 和 Dr. L. G. Gwalani（2003 年）采用 GIS（地理信息系统）技术在地下工程建设的设计阶段进行地质风险评估研究，评价中使用的参数来源于高速铁路项目的统计数据，通过创造风险方程参数的数据库软件，来分析各种不同管片的风险水平。M. Ceccucci，M. Ferrari，B. Magri 和 M. Molag 都在工程的风险评估与管理中作出过贡献。现阶段，已开发的风险管理系统有 MIT（麻省理工学院）和 EPFL（洛桑联邦理工学院）共同合作研发的隧道工期成本风险管理决策支持系统（DAT），还有意大利 GEODATA 公司开发的地理信息管理系统（GDMS）。但是，到目前为止，国外还没有一套具体应用于城市隧道施工期风险动态评估的系统。

当今世界各国都在加强风险管理研究和运用，并为风险管理制订了指导性的法规，如国际隧道工程和地下空间协会 2004 年发布的《隧道工程风险管理指南》、英国隧道协会和保险业协会 2003 年

9 月联合发布的《英国隧道工程建设风险管理》等。目前，风险管理咨询已成为一项专门的技术，在美国企业界得到应用。此外，《隧道工程风险管理指南》在英国、法国、德国、日本等发达国家也得到了广泛应用。

我国的地下工程风险管理研究和实践时间都比较短，还处于起步阶段。因此，风险分析在地下工程中的应用才刚刚开始。但是，随着我国地下工程建设的进一步发展，这一领域受到了前所未有的关注，各大设计院、工程局、保险公司以及高校都在近几年开始了相关研究，主要研究如何整合地铁风险管理的各种资源，如何减少风险源以及风险因素各权值的确定；实现全寿命周期风险损失最小化；利用模糊函数曲线描述深基坑施工期的风险；分析个人、社会及环境等风险接受准则的计算方法和确定标准；对风险的类型、性质、大小，进行量化分析等。

国内现阶段风险评估方法相对简单、明了，大部分采用的都是定性或定性与定量相结合的评估方法，如以专家调查法、头脑风暴法为基础的层次分析法和模糊综合评估法，以风险概率和风险后果综合作用的风险矩阵法等定性和半定量的评估方法，以作业环境危险程度为评价依据的 LEC 法以及基于专家调查的信心指数法等。

一、风险管理相关概念

隧道及地下工程是高风险工程，它具有一次性不可逆修建、投资大、建设周期长、风险管理不确定影响因素多、风险损失后果严重、风险关系复杂、风险管理难度大、建设各方均有风险，但各方风险不尽相同等特点。在对建设工程风险作具体分析时，分析的角度不同，结果也不同；方案决策的人品、水平不同，分析的结果也不同。因此，风险管理是一个复杂的系统工程，必须采用与其相适应的约束手段、方法，进行实事求是的管理，并将其贯穿于工程建设全过程的各个阶段与环节之中。

为便于隧道及地下工程风险管理的学习、研究与实践，这里尝试对隧道与地下工程风险管理中几个重要概念作出定义。

(1)风险因素特征。随机性、累积性、传递性、显性后果滞后性等特点。

(2)风险管理目标。在合理与可行的前提下，把工程中可能存在的各类风险降到可接受的水平，以获得最大程度的安全、质量、环境、工期、投资、社会效益。应使建设各方了解风险现状，保证建设各方共同利益，合理分担风险，避免重大损失。目标的确定具有层次性与明确性特点。

(3)风险管理范围。规划与可研阶段、勘测设计阶段、招投标阶段、施工阶段、运营阶段。

(4)风险管理内容。安全风险、质量风险、环境风险、工期风险、造价风险、社会影响。

(5)风险管理组成。风险界定、风险辨识、风险估计、风险评价、风险控制。风险检查是风险管理流程的主要环节。风险管理组成如图 11-1 所示。

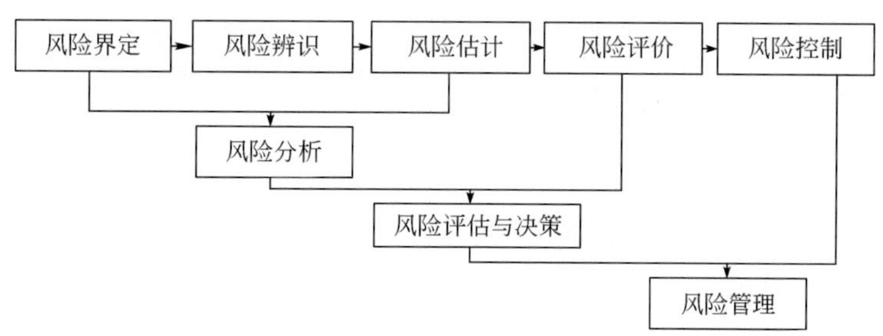

图 11-1　隧道及地下工程风险管理组成

(6)风险管理主体。业主、设计、施工、监理等相关单位作为风险管理的参与方，并承担相应风险责任。

(7)风险管理原则。风险管理应在合理可行的前提下进行，这个前提对业主方及业主的领导方非常重要，如将工程方案人为地搞复杂，不结合实际的工程项目的风险责任应加以区分，今后工程学费的风险是要记录在案的；风险管理是动态的过程，应在全过程中对残留风险进行新一轮的管理，对措施进行动态调整。

(8)风险接受标准。风险接受标准是进行风险评估的前提,不同的工程类型、不同建设时期、不同技术水平、不同地质与环境条件,风险接受标准不同,需进行深入细致的研究,进行综合评价后加以制订与调整。

(9)风险管理分级。为便于操作,风险管理应划分风险等级,进行分级管理。

(10)建设工程风险管理由人文科学管理和项目管理两部分组成,两者有着共同的管理目标。从某种意义上说,风险管理是为目标控制服务的。

二、风险分类

与风险有关的概念有风险因素、风险事件、损失、损失机会。风险因素是指能产生或增加风险概率或损失程度的条件或因素,是风险事件发生的潜在原因,是造成损失的内在的直接原因。通常风险因素可分为自然风险因素、道德风险因素、心理风险因素。风险事件是指造成损失的偶然事件,是造成损失的外在原因或直接原因。损失是指非故意、非计划、非预期的经济价值的减少,通常以货币单位来衡量。损失机会是指损失出现的概率,分为主观概率与客观概率。风险因素、风险事件、损失与风险之间的关系如图 11-2 所示。

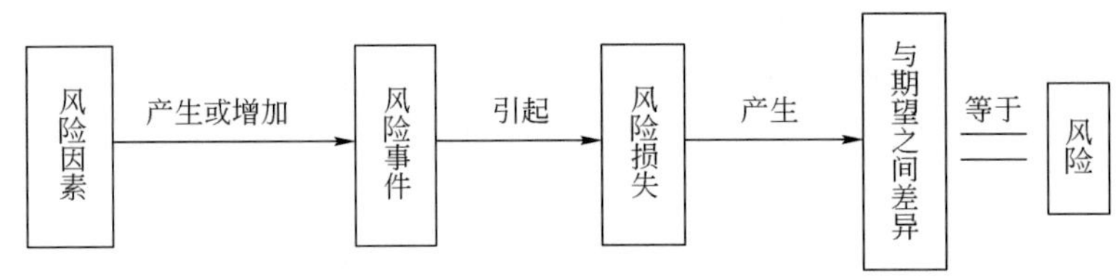

图 11-2 风险因素、风险事件、损失与风险之间的关系

根据不同视角,风险有如下几种分类:

(1)根据风险后果,可将风险分为纯风险和投机风险。纯风险是指只会造成损失而不会带来收益的风险,如自然灾害、政治、社会方面的风险。投机风险则是指既可能造成损失,也可能创造额外收益的风险,如投资活动的决策风险等。纯风险表现出某种规律性,而投机风险则表现出小概率特征。

(2)根据风险原因,可将风险分为政治风险、社会风险、经济风险、自然风险、技术风险等。

(3)根据风险影响范围,可将风险分为基本风险和特殊风险。基本风险是指作用于整个经济或大多数人群的风险,具有普遍性,如战争、自然灾害、高通胀率等,它具有影响范围大、后果严重的特点。特殊风险是指仅作用于某一特定个体(个人或企业)的风险,其影响范围小,不具普遍性,如偷车、抢劫、房屋失火等。

(4)根据风险分析依据,可将风险分为客观风险和主观风险。

(5)根据风险分布范围,可将风险分为国别(地区)风险、行业风险等。

(6)根据风险损失形态,可将风险分为财产风险、人身风险、责任风险等。

三、风险管理方法及一般程序

风险管理是一个针对风险进行识别、确定、度量,并制订、选择和实施风险处理方案的过程。它是一个系统、完整、有序的过程,也是一个不断循环上升的过程,包括风险识别、风险评价、风险决策、实施决策、检查反馈这 5 方面的内容。

(一)风险管理方法

1. 风险识别

风险识别是指通过一定的方法,系统而全面地识别出影响建设工程目标实现的风险事件,并加以适当归类的过程,必要时,还需对风险事件的后果作出定性估计。

风险识别又可划分为风险分解与风险识别两部分。风险分解是根据特定工程风险的相互关系,将其分解为若干个子系统,其分解程度需能较容易地进行风险识别,使识别具有较好的准确性、完整性和系统性。

1)风险分解

风险分解的方法需与风险识别的方法相适应,需要综合考虑。根据分解角度的不同,通常采用以下几种方法:

(1)目标维。按工程目标进行分解,综合考虑工程安全、环境、质量、工期、投资、社会效益的各种风险。

(2)时间维。按工程实施的各个阶段进行分解,综合考虑建设工程各个实施阶段,在工程安全、环境、质量、工期、投资、社会效益方面的不同风险。

(3)结构维。按工程组成内容进行分解,综合考虑不同单项工程、单位工程,在工程安全、环境、质量、工期、投资、社会效益方面的不同风险。

(4)因素维。按工程风险因素的分类分解,综合考虑不同类型风险因素在工程安全、环境、质量、工期、投资、社会效益方面的不同风险。

2)风险识别

风险识别要根据工程自身特点,采用相应的方法。风险识别应遵循以下原则:

(1)由粗到细,由细到粗。由粗到细是指对风险因素进行全面分析,并通过多种途径对风险进行分解,逐渐细化,以获得对风险的广泛认识,得到工程初始风险清单。由细到粗是指从初始风险清单中的众多风险因素中确定出对工程目标(工程安全、环境、质量、工期、投资、社会效益 6 个方面)实现有较大影响的风险作为主要风险,成为风险对策决策的主要对象。

(2)严格界定风险内涵,考虑各风险因素间的相关性。对各种风险的内涵要严格界定,不能出现重复与交叉现象,保持独立性。考虑各风险因素间的相关性特征,这是提高风险识别效率,正确进行风险识别的重要环节。

(3)先怀疑、后排除。对各分析因素都要考虑是否存在不确定性风险特征,不轻易作出否定或排除结论。

(4)排除与确认并重。对确定可以排除和确认的风险及时得出结论,对不能排除的风险因素作确认处理。

(5)必要时可做试验论证。对需要通过试验才能确认的风险因素(如技术方面的风险),必要时应做试验论证,以取得科学、可靠的结论,但需进行必要的投入。

风险识别通常有以下几种方法:

(1)专家调查法。采用专家调查法时,所提出的问题应具有代表性和指导性,并具有一定的深度,力求具体。这种方法还需有一个科学选择与形成成果意见的方法加以配合。

(2)财务报表法。财务报表有助于确定工程可能受到的损失及在何种情况下受到损失。通过分析资产负债表、现金流量表、营业报表及有关补充资料,可以较容易地识别工程项目当前的所有资产、责任及人身损失风险。将这些报表与财务预测、预算结合起来,即可以识别未来的风险。采用财务报表法进行风险识别,要对财务报表中所列各项会计科目进行深入的分析研究,提出分析研究报告,以确定可能的损失,还应通过一些实地调查及其他信息资料来补充财务记录。

(3)流程图法。将一项特定的生产或经营活动按步骤或阶段顺序,以若干个模块形式组成一个流程图系列,在每个模块中标出各种潜在的风险因素或风险事件,从而给决策者一个清晰的总体印象。

(4)初始风险清单法。初始风险清单法是通过适当的风险分解方法或其他途径得出的风险列表进行风险识别的方法。表 11-1 为某工程施工阶段初始风险清单示例。

某工程施工阶段初始风险清单 表 11-1

风险因素		典型风险事件
技术风险	设计	设计内容不全,设计缺陷、错误和遗漏,应用规范不恰当,未考虑地质条件,未考虑施工可能性等
	施工	施工工艺落后,施工技术和方案不合理,施工安全措施不当,应用新技术、新方案失败,未考虑场地情况等
	其他	工艺设计未达到先进性指标,工艺流程不合理,未考虑操作安全性等

续上表

风险因素		典型风险事件
非技术风险	自然与环境	洪水、地震、火灾、台风、雷电等不可抗拒自然力，不明的水文气象条件，复杂的工程地质条件，恶劣的气候，施工对环境的影响等
	政治法律	法律及规章的变化，战争和骚乱，罢工，经济制裁或禁运等
非技术风险	经济	通货膨胀或紧缩，汇率变动，市场动荡，社会各种摊派和征费的变化，资金不到位，资金短缺等
	组织协调	业主和上级主管部门的协调，业主和设计方、施工方以及监理方的协调，业主内部的组织协调等
	合同	合同条款遗漏、表达有误，合同类型选择不当，承发包模式选择不当，索赔管理不力，合同纠纷等
	人员	业主人员、设计人员、监理人员、一般工人、技术员、管理人员的素质(能力、效率、责任心、品德)不高
	材料设备	原材料、半成品、成品或设备供货不足或拖延，数量差错或质量规格问题，特殊材料和新材料的使用问题，过度损耗和浪费，施工设备供应不足、类型不配套、故障、安装失误、选型不当等

(5)经验数据法。该法也称为统计资料法，是根据已建各类工程与风险有关的统计资料，来识别拟建工程风险的方法。不同的风险管理主体都应拥有各自关于建设工程风险的经验数据或统计资料，如咨询公司、设计院、施工单位、长期专门从事工程项目建设的业主。这些数据由于视角的不同，风险清单会有差异，但风险是客观事实，有客观的规律性，当统计资料足够多时，这种差异就会大大减少。

(6)风险调查法。它是风险识别中不可缺少的方法。由于隧道与地下工程建设具有不可复制性特点，每个工程都有其特定的风险因素。因此，在风险识别的过程中，花费人力、物力、财力进行风险调查是必不可少的。从具体工程特点入手，通过对其他方法识别出的风险进行鉴定和确认，发现此前尚未识别出的重要工程风险。

在风险识别的过程中，仅仅采用一种方法是远远不够的，而采用综合方法进行识别时，综合方法的选择与配套是关键，这也是一个需要深入研究的问题。风险识别工作不是一次性完成的，需随着风险管理的循环而分层次进行。

2. 风险评价

风险评价是将建设工程风险事件发生的可能性与损失后果进行定性、定量分析的过程。这个过程在风险识别与风险对策决策之间起着重要的桥梁作用。风险评价的结果主要在于确定各种风险事件发生的概率及其对建设工程目标影响的严重程度，如投资增加的数额、工期延误的天数等。风险评价的作用主要表现在：

(1)更准确地认识风险。

(2)保证目标规划与计划的合理性与可行性。

(3)合理选择风险对策。

风险评价的方法可分为定性评价与定量评价两种方法。

1)定性评价方法

定性评价方法有专家打分法、层次分析法等。其作用在于区分出不同风险的相对严重程度，以及根据预先确定的可接受的风险水平(也称风险度)，作出相应的决策。这是一种具有广泛适应性的方法，也是一种粗略的宏观评价方法。

2)定量评价方法

定量评价法是指以数学分析理论方法为手段，具体给出风险水平的一类方法，是一个将各种风险的发生概率及潜在损失定量化的过程。

其中较为典型的方法是基于风险量函数理论的方法，其基本原理是通过适当的方式，建立风险量与风险概率间的连续性函数[见式(11-1)]或离散性函数[见式(11-2)]。

$$R=f(p,q) \tag{11-1}$$

$$R=\sum p_i q_i \tag{11-2}$$

式中：R——风险量；

q——潜在损失；

p——风险概率；

i——风险事件的数量。

风险评价是对工程安全、环境、质量、工期、投资、社会效益这6个方面进行科学考量的过程。但需要指出的是，在建设工程实施的过程中，某一风险事件的发生往往会同时导致一系列损失，即产生连锁反应，如基坑坍塌导致人员伤亡、工期延误、投资增加、产生社会负面影响等。因此，在风险评价的过程中，风险评价因素的选择、评价模型（函数）的构建、评价标准的建立是3个关键问题，也是目前需要重点研究并加以解决的问题。由于它们具有一定的复杂性，需要采用与其相适应的方法进行研究，并在实践中加以完善。

3. 风险对策决策

风险对策决策是确定建设工程风险事件最佳对策组合的过程，主要有风险规避、损失控制、风险自留、风险转移4种。这些风险对策的适用对象各不相同，需要根据风险评价的结果，对不同的风险事件选择最适宜的风险对策。同时，在风险管理实践过程中，研究开发出新的风险对策。

（1）风险规避。采用一定的方式中断风险源，使其不发生或不再发展，从而避免可能产生的潜在损失的方法。采用这一对策时，有时需要作出一些牺牲，但较之承担风险，这些牺牲比风险真正发生时可能产生的损失要小得多。采用风险规避对策时需注意两个问题：①规避一种风险可能产生另一种风险；②规避风险的同时也失去了从风险中获取利益的可能性。因此，需要全面、综合考虑后作出决策。

（2）损失控制。损失控制是一种主动、积极的风险对策。可分为预防损失和减少损失两种情况。预防损失的措施，其目的在于降低或消除损失发生的概率；减少损失的措施，其目的在于降低损失的严重性或遏制损失的进一步发展，使损失最小化。损失控制措施的选择，应采用多方案的技术经济分析与比较后作出，同时建立损失控制计划系统。损失控制计划系统主要由预防计划、灾难计划、应急计划组成。

（3）风险自留。将风险留给自己承担的方法，它不改变工程风险的客观性质，即不改变风险的发生概率与潜在损失的严重性。可分为计划性风险自留与非计划性风险自留。从风险控制的角度考虑，应杜绝或减少非计划性风险自留现象的发生。产生非计划性风险自留的主要原因有：①管理者缺乏风险意识；②风险识别失误；③风险评价失误；④风险决策失误；⑤风险决策实施失误。

（4）风险转移。采用某种方式，将风险损失移送至风险管理主体其他方或保险公司的一种管理对策，是风险管理中应用最为广泛的一种方法，分为保险转移和非保险转移。

根据风险管理的基本理论，建设工程风险应由有关各方分担。风险分担的原则：任何风险都应由最适宜承担该风险或最有能力进行损失控制的一方承担。符合这一原则的风险转移是合理的，可以取得多赢的结果。非保险转移的方法又称合同转移，主要有：①业主将合同责任和风险转移给对方当事人；②承包方进行合同转让或工程分包；③第三方担保。

4. 实施风险决策

实施风险决策是将风险对策决策落实到具体的计划与措施中的过程。

5. 检查与反馈

检查与反馈则是在建设工程实施过程中，不断检查各项风险对策的执行情况，并评价各项风险对策的执行效果，在实施条件发生变化时，确定是否需要提出不同的风险处理方案，对风险管理过程进行反馈修正，进入新一轮风险管理的过程。

（二）风险管理一般程序

风险管理的一般程序如图11-3所示。

四、风险管理中的风险

风险管理中的风险是指在风险识别与风险评价过程中，因方法、路径、技术水平等差异，导致风险管理结果中产生的风险。它来自于风险管理的各个环节，其中主要来自于风险识别与风险评价两个环节，风险管理的风险与风险管理相关法律法规、工程技术与管理水平的成熟程度有关，随着水平的提高而降低。风险管理的风险还来自于风险管理的波动性。因此，在风险管理中应对以下几方面的问题有清醒的认识：

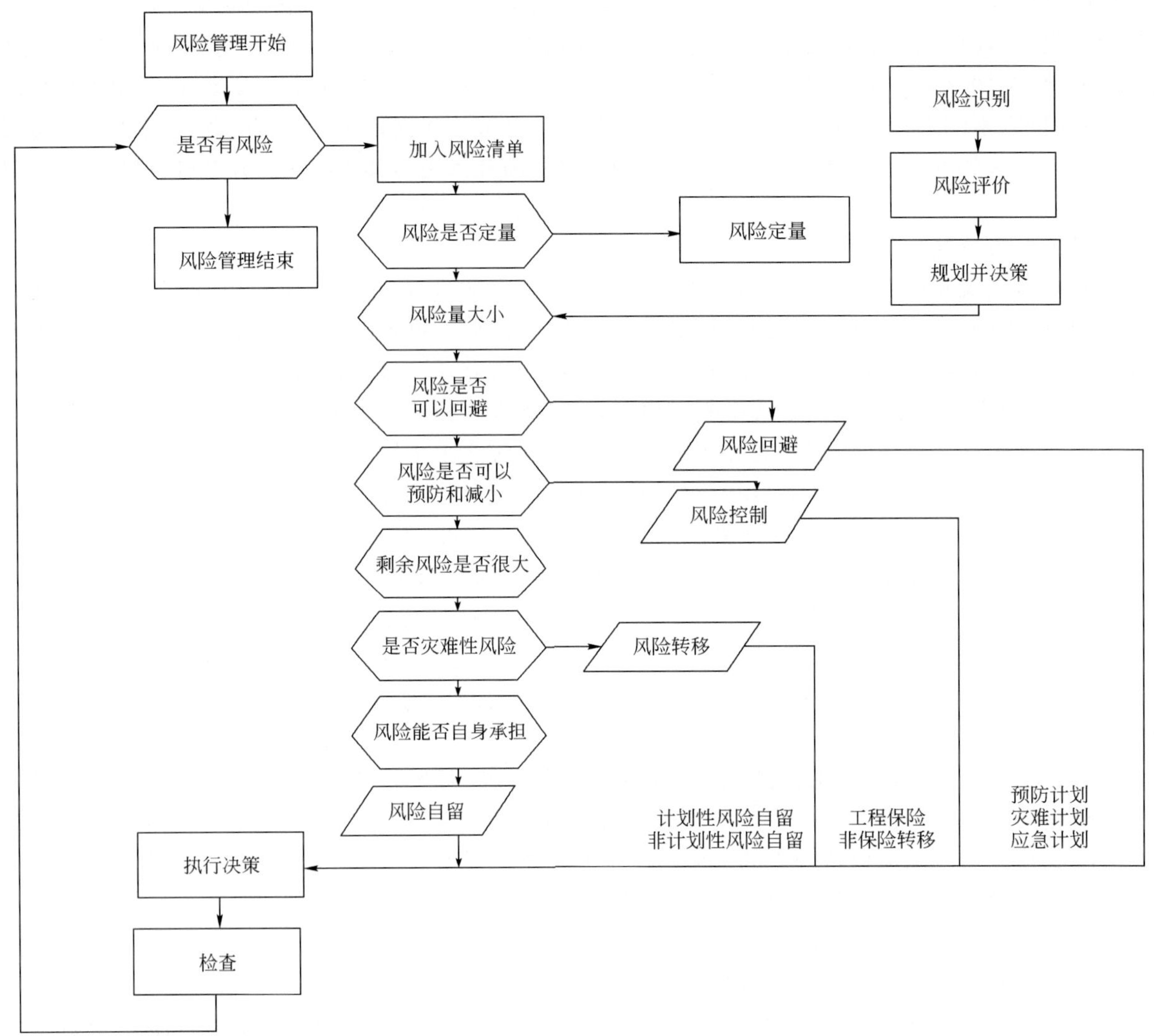

图 11-3　风险管理的一般程序

(1)风险的特定性带来的风险管理新问题。每个工程都有其特殊的风险，需要施以恰当的方法进行风险识别、评价与决策，对新问题的处理思路、方法与技术不同，必然带来风险识别与评价结果的差异，从而有可能带来新的管理风险。

(2)不同的风险管理主体从不同的角度考虑问题，就会产生不同的风险识别与评价结果，也可能带来新的管理风险。

(3)不同的工程，即便是同一风险管理主体，由于对风险认识的水平差异以及风险识别、评价与决策的主观性特点，所作出的风险识别、评价与决策结果也可能不同，从而带来新的管理风险。

(4)种类多、数量大、关系复杂的风险因素，大大增加了风险识别、评价与决策的复杂性与难度。而不同的风险因素组合、不同的分析方法，甚至不同的数据量，都有可能影响风险识别与评价的结果，从而带来新的管理风险。

(5)风险管理的缺陷带来的管理风险。隧道及地下工程的风险管理是一个系统工程，不论是规划与可研阶段、勘测与设计阶段、招投标阶段，还是施工阶段，都应设置各自的风险管理流程与管理循环周期，开展风险管理，缺一不可。整个各阶段的风险管理又形成了更高层次的循环周期，是一种层层嵌套、环环相扣、贯穿建设工程始末的宏大系统工程。其中的任何一个环节出了问题，都将使这个风险管理系

统产生缺陷，而这种缺陷又会积累，传递到其他的环节之中，如经常转移到施工阶段暴发，像瘟疫一样扩散到其他的环节中去，从而在某一特定的时间(施工阶段)爆发，造成损失，带来新的管理风险。

需要说明的是，对于跨越多个建设阶段的风险管理，由于管理跨度大、管理周期长，管理难度很大，要形成多维立体的风险管理体系，尚有许多问题有待研究解决，需要广大工程技术与管理人员的共同努力。

五、建设阶段风险管理内容

根据建设阶段的不同，将风险管理分为 5 个阶段：规划与可行性研究阶段、勘测设计阶段、招投标阶段、施工阶段、运营阶段。

(一)规划与可行性研究阶段

该阶段的风险管理由建设单位主持，建设单位应对工程的安全、质量、环境、工期、投资、社会效益有重大影响的控制性隧道工程，进行风险评估与风险管理。本阶段主要的风险因素有自然灾害风险、地质条件风险、环境影响风险、工期风险、投资风险。风险管理的内容为：

(1)制订落实本阶段风险管理组织结构、人员、责任、程序、方法。

(2)建立风险管理制度，确定风险管理总目标。

(3)进行风险评估单元的划分。

(4)对各评估单元进行安全、质量、环境、工期、造价、社会影响 6 个方面的风险分析，制订风险接受标准。

(5)进行科学、详细的整体风险评估(目前，评估方法与技术尚需深入研究)。

(6)对重要、特殊的工程结构设计与施工方案进行详细的专门评估，提出需重点试验研究的关键技术内容及研究投资计划。

(7)进行风险管理设计，制订风险控制与管理措施，作出风险管理投资计划，将风险管理纳入工程建设全过程之中。

(二)勘测设计阶段

勘测设计阶段按时间先后次序分为勘测阶段、初步设计阶段与施工图设计阶段。本阶段是决定建设工程风险管理效果的关键阶段，也是风险管理的重点阶段。同时，本阶段与“规划与可行性研究阶段”在时间上和内容上有交叉、重叠的部分，难以截然分开。鉴于风险因素具有传递、转移、积累的特点，应进行责任认定等相关办法研究，补充完善相应的建设法规。勘测设计阶段的管理内容为：

(1)制订并落实本阶段风险管理组织结构、人员、责任、程序、方法。

(2)分解总目标，制订本阶段风险管理分项目标。

(3)划分勘测阶段、初步设计阶段、施工图设计阶段的风险管理内容，并处理好重叠与交叉部分的衔接问题。

勘测阶段风险管理应以规划与可行性研究阶段风险管理成果为基础，以确定的风险管理总目标、风险政策、风险评估成果、风险投资计划为基础，对选定的工程线路规划方案进行具体分析，采用修改线路方案、重新拟订线路技术方案、地质勘探、技术方案论证、重大技术问题科研攻关等方法，提出适合工程建设总目标的线路规划方案及勘测成果。

初步设计阶段风险管理应以勘测阶段风险管理成果及选定的线路规划与建设技术方案为基础，重点针对工程结构的具体设计方案、设计参数、施工工艺技术，对安全、质量、环境、工期、造价、社会影响 6 个方面的风险进行专项分析，针对不同的风险等级，采用方案调整、补充地质勘察、对新技术进行试验研究等措施，提出降低风险的施工控制方案。由于地下工程所处围岩复杂，在设计过程中要进行动态信息反馈，处理好与相邻风险管理阶段的交叉、重叠部分的风险管理的衔接问题。

施工图设计阶段风险管理应以初步设计阶段风险管理成果为基础，重点针对选定的工程结构的具体设计方案、设计参数、施工工艺技术、施工风险控制方案，对安全、质量、环境、工期、造价、社会影响 6 个方面的风险进行详细分析，采用特定问题特殊设计，具体问题具体分析的方法，充分发挥设计人员的创新思维与技术水平，进一步提出降低工程各类风险的施工图设计。在设计过程中要结合施工方的特点，进行动态信息反馈，处理好与相邻风险管理阶段的交叉、重叠部分的风险责任。

(4)分析本阶段风险传递、积累与转移的环节与特点，制订交叉与重叠部分的风险控制措施，明确风险责任。

(5)进行各子阶段针对安全、质量、环境、工期、造价、社会影响6个方面的风险分析，制订风险接受标准。接受标准要在各方充分分析、公平、公正地认可，不允许不合理合同的产生。对于人为制造风险的行为必须加以监督、制止，并给出处置办法。

(6)通过技术方案优化，进行各子阶段横向与纵向的风险管理。

(7)进行施工阶段风险管理技术方法与投资设计。

(8)向建设单位反馈经风险管理后的建设工程管理安全、质量、环境、工期、造价、社会影响6个方面的总目标及完善的技术方案，并进行动态管理。

(三)招投标阶段

招投标阶段的风险管理是地下工程建设风险管理体系中一个非常重要的管理阶段，根据时间先后顺序，招投标阶段风险管理分为招标、投标、合同签订3个管理环节。各环节需处理好相互交叉与重叠部分的衔接管理。招投标阶段风险管理要点如下：

1.招标阶段

招标是业主选择承包方的重要环节，需依法做好招标前的准备工作，并严格按照法定的招标程序进行招标，杜绝“不良”招标活动。编制的招标文件中应包含以下内容：

(1)明确工程建设参与各方的风险管理责任，对风险管理内容进行较详细的描述。

(2)明确业主的风险管理目标及风险接受准则，指出工程重、难点问题及可能产生的风险种类、风险概率、风险程度，提供前一阶段风险管理评估内容与评估结论文件。

(3)明确合同执行期间对承包方风险管理的实施要求。

(4)要求承包方提供在类似工程中进行风险管理的相关信息及业绩。

(5)要求承包方提供风险管理人员及专家信息。

(6)要求承包方提供风险管理方案及风险管理措施。

2.投标阶段

承包方的风险管理目标应与业主合理的管理目标保持一致，并向业主提供其所需的风险管理方面的资料。编制的投标文件中应包含以下内容：

(1)进行风险管理的人员、责任与资格。

(2)风险管理方案及措施，明确风险管理的原则，风险识别、风险评估的方法，风险等级划分，风险处理的措施等内容。

(3)分包方的风险管理人员、责任与资格。

(4)分包方的风险管理方案及措施，明确风险管理的原则，风险识别、风险评估的方法，风险等级划分，风险处理的措施，风险管理进度计划等内容。

(5)提出与其他建设各方进行风险管理协同工作的方案与措施。

(6)对业主风险管理识别与评估成果进行分析，根据自身风险管理水平与技术成果，提出对本工程的风险评估结果与优化意见，业主应予支持、分析，而不应否定标书。

3.合同签订阶段

合同的签订是风险管理中具有很强约束力的环节，也是风险控制的一种手段。合同文件中应加入风险管理的相关条款。主要有以下几点：

(1)甲乙双方的风险责任及责任认定方式与程序。

(2)工程涉及风险识别、评估的方法。

(3)投入的风险管理措施费用。

(四)施工阶段

施工阶段风险管理是建设工程风险管理中风险因素最多、风险关系最复杂、安全风险最突出、进行风险转移可能性最小的风险管理阶段。因此,施工阶段的风险管理需要引起高度的重视。根据施工阶段风险管理主体的不同,风险管理的侧重点也有所不同。

(1)业主应成为风险管理的引领主体,组织建设各方形成施工过程的风险管理系统。

(2)业主应承担组织开展风险管理培训、风险管理效果检查的工作。

(3)业主应负责布置、组织、协调建设各方开展风险管理工作。

(4)业主应负责对承包方风险管理方案与控制措施进行快速审定,按合同及超越合同内容的规定及时支付风险施工费用。

(5)业主应及时向政府主管部门报告工程风险资金变化管理情况,政府主管部门应积极配合业主对工程重要风险管理活动实施同步监督及资金支持。风险会因资金短缺而加剧。

(6)承包方应履行合同规定的风险管理责任,对实施效果负责,同时承担国家相关法律法规赋予的责任。

(7)开工前,承包方应结合自身条件,根据合同中业主风险管理目标,制订详细的风险管理方案、风险管理计划、风险事故应急预案、风险控制措施,并上报业主审批。

(8)承包方应将风险管理纳入项目管理中,建立与合同责任配套的风险管理信息系统,确定风险预警标准,并认真实施风险管理,管理细度达到每道工序,积极推行标准化作业和各级责任制的落实。

(9)承包方应制订内部风险管理实施细则、风险管理办法及风险控制措施,以此作为约束内部施工过程中风险因素的依据。

(10)承包方应将分包方风险管理纳入自己的风险管理系统,并负责指导、检查、管理工作。

(11)承包方应做好与建设各方风险管理的沟通与协调工作,及时动态调整自身的风险管理系统。

(五)运营阶段

安全风险管理已成为交通运输的一个不可缺少的重要因素,对于投资巨大、系统复杂、影响深远的长大铁路隧道及城市地铁来说,引入系统的风险管理机制非常必要。运营阶段的安全风险主要来自新线或资产更新工程的剩余危害以及在正常运营中存在的潜在风险。运营阶段的风险管理应重视以下几方面:

(1)认识安全风险管理的重要性。安全风险管理必须通盘规划,并整合到长远企业发展战略中去。局部、零散的管理,当问题出现时,往往难以形成有效的控制,只能做事后补救工作,反应较为被动,经常是当意外发生和吸取教训后再寻求改善及控制方法。虽然铁路意外事故率相对较低,但当发生严重事故时,往往造成重大人员伤亡。

(2)建立全面、清晰的安全风险管理架构,确保风险管理有效落实,减少权责不清、缺乏沟通、监督不力等问题。

(3)做好风险辨识的基础工作。应从行车事故、非行车事故、职业伤害、火灾、恐怖事件、治安事件、自然灾害、交通事故等方面入手,详细找出运营阶段存在的全部显性及隐性的风险,限定具体的风险事件,明确存在的区域、涉及的活动范围、设备设施等内容,为风险分析提供依据。

(4)加强隧道防火、防灾设计与技术研究,以及结构隐患无损检测与维修技术研究,从技术层面为防灾做好储备。

(5)加强运营安全风险控制研究。随着运营成本的不断上升,风险控制既要保持系统的可靠性,提高生产效率,同时还要保证可靠的安全风险控制效果。

(6)每项工程在运营阶段都应节约能源,简化管理费用,解决运营成本风险,尤其是在地铁、公路隧道及地下开发等工程中,这类风险应予以回避。

第二节　现阶段风险管理中存在的问题

国外地下工程安全风险管理的研究稍早于我国,欧共体行政院于 1992 年发布了“欧共体就在临时或移动施工现场实施最低安全和健康要求的指令”;意大利政府于 1996 年由总统签字发布了相应的指令；国际隧道及地下空间协会于2004年发布了风险管理的指导方法，国际隧道工程保险集团（ITIG）在此基础上于2006年1月，发布了《隧道工程风险管理实践规程》。在工程应用上，出现了意大利GeoDATA公司GDMS信息化管理平台，中国台湾亚新工程顾问股份有限公司的监测资料处理系统等。

我国风险管理刚起步，但涉及相关学科的研究已持续了近10年，研究较多的是隧道和基坑开挖对环境影响的力学分析、基于可靠度理论的风险设计概念、监测信息系统等。我国对地下工程的风险管理非常重视，2003年原建设部等九部委联合印发了《关于进一步加强地铁安全管理工作的意见》，对做好地铁规划、设计、施工、运营的安全工作提出了具体要求。2008年其又编发了《地铁与地下工程建设技术风险控制导则》、《地铁及地下工程建设风险管理指南》，对指导中国地铁及地下工程安全风险管理的标准化、程序化和规范化具有促进作用。2005年中国土木工程学会召开了中国第一次全国范围的地下工程安全风险分析研讨会，推动了地下工程安全风险研究的全面开展。

在工程应用上，我国大部分地铁建设进行了风险分析与评估，综合了施工、监理、监测、管理以及多媒体等多种信息；集成了网络与无线通信技术等实现实时监控的技术也出现在实际工程建设施工过程中。

综上所述，风险管理正成为大型项目发展中的一个例行程序，其与项目管理的结合日趋紧密，二者具有同等重要的地位。各国为风险管理都制定了指导性的法规。

审视目前地下工程风险管理领域的研究成果与应用效果，主要存在以下几方面的问题：

一、不合理的建设指标

1.工期

(1)工期确定不科学，造成勘测粗放，带来设计不细，为施工埋下了安全、质量隐患。

(2)水文地质变化很大时，设计不及时改变，工期和造价不作调整，形成风险之源。

(3)施工中随意停工或缩短工期，无休息日，不人性化管理。

(4)三通一平、拆迁、征地应由建设方负责，但多推给施工方，造成不能及时开工，埋下风险隐患。

2.造价

限价设计，总价包干，变更设计困难；定额陈旧，不符合时代发展，尤其是人工费、各机械台班费仍按20世纪的标准，给工程埋下了安全、质量隐患。

3.标段划分

(1)标段划分过小，施工单位多，施工干扰大，施工单位投入不合理。

(2)防止操纵投标的做法，杜绝“条子”竞标、“关系”竞标、“地方保护”竞标等现象的发生。

4.合同

不公平合同，如不合理地提高建设标准，标准改变而合同不变的做法；指定采购，先干后谈，后签合同的做法等。

5.规划与方案

(1)方案选择不能科学确定，一些专家受业主意志的影响，助长建设方说了算的不良倾向，使败笔工程不断增多。现阶段应多听取不同专家的意见，进行专题方案论证，综合分析后再确定。

(2)重大工程的设计与施工分离，不利于对复杂问题的动态设计与信息化施工，应推行设计施工总承包建设模式。

(3)短期规模偏大，缺乏长期稳定的规划方案。企业承担工程规模过大，远远超过了企业本身的生产能力，造成管理粗放，管理盲点增多，风险增大。美国通用公司的破产教训值得我们思考。

二、缺乏规范的安全风险管理体系

(1)安全风险管理的内容和流程不完善、不规范。虽然国内已经发布了一些指导性文件，如《地铁与地下工程建设技术风险控制导则》、《地铁及地下工程建设风险管理指南》、《铁路隧道风险评估暂行规定》，但是目前国家对地下工程项目建设安全风险管理还没有合适的操作性较强且具有一定强制意义的法规体系，因而风险管理在项目建设中的地位没有明确。项目建设预算中没有明确必须列入风险管理费用，从而造成了风险管理投入不够，风险管理得不到应有重视，空讲者多；项目建设各阶段风险管理责任主体不明，管理程序不清。这些因素使得国内地下工程安全风险管理尚处于无序状态，表现为实施安全风险管理的内容和流程不完善、不规范。

随着世界各国对安全风险管理研究的深入，尤其是通过意大利、荷兰和澳大利亚等国工程技术人员不懈研究，当前基本完善了风险管理的流程，即风险定义、风险辨识、风险估计、风险分析、风险评估、风险处置和风险监控。该风险管理流程在2004年国际隧道工程和地下空间协会(ITA)起草颁布的《隧道风险管理指南》中得到了应用。总之，对一个工程项目，应当实施全程的风险管理和完善的流程。

(2)风险评估方法本身风险较大，尚没有统一的共识。目前，国内各单位所从事的隧道及地下工程风险管理项目，主要侧重于风险的分析与评估，而且大多数是应用一种或几种评估方法对工程或工程中的某一部分或某一阶段进行估计，得出风险值，按风险值大小排序，对于其他方面则研究较少。对风险的评价及如何降低风险，只是凭个人的主观意识或现有资料来确定使用何种评估方法，各评估方法得出的结果有时也缺少可比性，在评估方法的选取上，尚没有达成共识。另外，对风险评估的认可也存在很大程度的差异，风险评估的结果本身有多大的风险和可信度，还存在疑问。另外，风险评估要讲究实用，文章、文件是解决不了减少风险事故的办法，实实在在的工程需要实实在在的管理和研究。

从目前所完成或正进行的一些风险评估项目和有关的成果和论文上可以看出，目前中国的风险分析和评估仅对建设施工中可能发生的事故予以罗列，对其进行简单的分析，得出其定性或半定量的可能性大小，然后予以排序，最后根据风险大小给出建议。事实上，这是片面的，甚至有可能会产生误导。

(3)安全风险管理是一个动态的过程。地下工程的安全风险管理是一个动态的过程，国外先进的思想提倡地下工程进行"迭代"式设计、施工和管理，旨在适应地下工程中地质条件、环境条件等因素与地下工程施工直接的相互影响和变化带来的复杂性，以期最大可能地规避风险。风险管理的很多理论源于金融(保险)风险管理领域，但地下工程的施工安全风险具有独特性，从宏观上说，施工安全事故的发生具有偶然性，而从细观层次上说，大量的工程事故教训已经证明，地下施工的安全事故在发生前往往是有征兆的，有些是完全可以监控的。因此，仅仅利用普通的风险评估分析方法对地下工程风险进行评估、分级是不够的。从技术上说，所有的风险都是可监控的，而这往往是现阶段工程实践中被管理所忽视的。

(4)风险控制认识不够。随着保险业的发展和管理行业的规范，在隧道及地下工程建设中实行了强制性保险。有些业主、承包人和施工方片面地认为买了保险就安全了，而事实上，购买保险只是一种转嫁风险的方式，但并不是风险处理的唯一方式。风险管理在风险评估后需要对风险进行处理，可以选择的方式主要包括风险自留、转移和减缓。工程项目的风险事故完全采用保险公司进行风险转移并不一定是最佳选择，而应该通过科学的决策，作出处理对策。目前，保险公司无法从根本上起到抑制风险事故发生的作用，只是经济上的压保，毫无价值。

三、安全风险管理责任主体不够合理，经费投入不够

(1)责任主体不够合理。在目前中国的工程合同管理模式中，工程安全风险管理的责任主体主要由施工方承担，监理只负责按图纸监督，设计方修改图纸滞后，甚至不随地质条件的改变而改变。业主大部分不懂风险管理，管理也抓不住要害。然而，地下工程的风险实际上不完全是由施工引起的，国际隧道工程保险集团对施工现场发生安全事故原因的调查结果表明，地下工程发生事故的原因是多方面的，施工方作为工程安全唯一责任主体无法从根本上避免事故的发生。目前国内勘察设计对由于失误导致的风险责任界定不清，而这些风险往往到施工时才反映出来。显然，由施工方完全承担这些风险是不合理的。

(2)经费投入不足。在工程预算中，关于安全风险管理的费用没有单列，如施工监测费用等都没有明确收费标准。在低价中标的管理模式下，安全风险管理有关费用往往被首先挤压，导致一些施工单位

在利益驱使下，冒险施工，“赌”不会发生事故的概率。对国内一些重大事故原因分析时发现，在事故发生前往往已有明显征兆，而业主、施工单位没有予以足够重视，采取抢救方案或措施由于资金不能落实，最终导致事故发生，这背后深层次原因就是施工方安全经费不足，不愿加大成本，规避风险所致。可见，施工中监测费用偏低、施工单位不重视监测、“三严”做得不够，也是问题之一。

四、工程监测缺乏规范与管理，风险管理水平不高

(1)工程监测缺乏规范的管理。在工程中加强工程监测，进行必要的安全风险评估咨询工作是规避工程风险的重要手段。实践表明，如果在工程中加强工程监测及安全风险评估咨询工作，可以最大限度地保证施工安全。工程监测在地下工程风险控制管理中起着举足轻重的作用，是预防风险产生的重要手段。但目前，各城市地下开发速度、规模日益加大，专业规范的监测队伍紧缺，使得国内工程监测市场鱼龙混杂，直接影响到监测数据的准确性以及信息化指导施工的有效性。目前，国内对于监测单位监测人员技术素质没有相应的管理和评价体系，使得监测队伍不够规范，这对项目风险管理十分不利。当前，国内许多地方对实行“第三方监测”进行了探索和实践。实践表明，实施城市地下工程施工“第三方监测”是监督施工安全和工程质量的重要举措，但该举措不能有效地避免施工过程中可能发生的事故。目前，针对“第三方监测”没有国家性的法规进行明确规定和管理，各地“第三方监测”处于无序状态，对“第三方监测”的内容、责任主体、监测指标及管理信息系统数据标准等都没有统一的管理和规定。试图通过“第三方监测”进行施工安全风险管理的设想是不符合地下工程及时、实时要求的。

(2)风险管理水平不高。国内工程安全风险管理咨询评估的从业单位和人员没有施工实践经验，许多工程安全风险评估工作还停留在由院校、科研单位以科研项目的形式承担的层面上，对于工程安全风险咨询评估工作的内容、质量评价标准、咨询工作的责任认定、从业人员资格认定等都没有统一的管理，使得工程安全风险管理水平参差不齐。如进行风险评估的专家队伍反馈到现场的信息不及时、水平不够，可以想象，再好的风险监控体系也不能保证全线工程的安全。

五、技术指南、标准不能满足管理要求

国家和地方施工规范和标准是进行地下工程各种工法风险识别和风险评估的基本依据。但是，目前风险管理相关技术控制规范不够全面，已有的规范有的落后于时代发展，对实际工程已失去或部分失去指导意义。例如，按现有规范要求，地下工程施工地面沉降控制标准不大于 30 mm，这是在北京地铁复兴门折返线施工中针对当时的地质、覆跨比大小、所处环境而定的范围值，结果被广为传抄，应用于全国。这种直接照搬照抄的做法是不负责任的表现。实际工程表明，在某些风险等级较高的工程中，这个取值偏松，而对有些工程施工，这个取值又偏严。因此，编制地下工程施工不同工法的施工技术指南而非规范以及研制不同城市、不同工法适应不同工程地质、水文地质、环境条件的风险阈值数据库系统已成为当务之急。

六、缺乏适合的信息化管理平台

利用信息化系统可以加快信息传输速度，提高管理的效率和科学水平，明确项目各方的责任。但是，在信息化飞速发展的今天，国内安全风险管理的信息化水平还很低，尚缺乏符合安全风险管理体系和适合地下工程建设实际的信息化风险管理平台。

第三节　风险管理需研究的问题

由于地下工程具有投资大、施工周期长、施工项目多、施工技术复杂、不可预见风险因素多和对社会环境影响大等特点，地下工程建设是一项高风险、高复杂性的建设工程。有许多问题需要分析与研究。

一、避免风险传递与累加的研究

合理工期、合理造价、合理合同、合理方案是风险控制的重点，其次才是地质因素、环境因素等方面。

根据建设阶段和目标的不同,风险防范重点与防治技术也各不相同。这里强调在规划与可研、勘察与初步设计两个阶段导致的方案论证与决策方面的风险。这类风险具有显著的滞后显现特点,往往会在施工阶段才集中显露出来,从而产生巨大的损害后果。从这个意义上来说,规划与可研阶段是风险控制的第一道防线,是在整个建设项目生命周期中风险控制权重最大的环节。因此,这两个阶段的方案论证与决策是风险控制的重点,应做好避免风险传递与累加的各项论证与研究工作。

二、风险评估体系研究

风险评估体系是一个庞大的系统工程,涉及多专业多学科知识。从住房和城乡建设部批准签发的《地铁及地下工程建设风险管理指南》、铁道部发布的《铁路隧道风险评估暂行规定》中可以看出,在仅考虑技术原因情况下,两部委发布的有关风险评估与评价的方法的文件,归纳为以下两点:一是风险因素概率和权重的取值;二是由决策者或专家对风险因素的概率和权重给出一个经验估计值。其风险评价的理论基础即为高概率高风险理论,这也是风险评价准则的基础;而风险评价工作即是依据风险评价准则对工程风险进行对比分析、等级评定和风险排序的过程。由此可见,风险概率模型的建立与风险阈值的确定是关键。

目前,风险概率模型的建立与风险阀值的确定还处于研究阶段,远没有达成共识,也没有达到实践验证、形成标准与规范的程度。在这些研究中,岩土变形破坏机制基础理论的缺失是正确选择风险因素及监控量、建立相应风险概率模型的主要障碍。此外,缺乏坚实的地质地理信息系统和符合实际工程地质、水文地质和环境条件的风险阀值数据库系统,使得靠专家经验赋权值的风险评价方法缺乏数据信息支持。

在目前的隧道及地下工程风险管理实践中,主要侧重于对风险的分析与评估,但对于评估方法的研究较少。在评估方法的选取与评估可靠性上,尚没有形成共识。

因此,当前风险评价的结果带有很强的经验性,其可靠性带有与生俱来的先天不足,其局限性是显而易见的。因此,加强基础理论研究,加强对岩土与地下结构相互作用力学机制的认识,加强施工过程超前探测与施工控制技术研究,是从根本上解决风险评估科学性的重要途径。

三、动态设计和施工模式中技术层面的风险管理研究

为了适应地下工程中地质条件、环境条件等因素与地下工程施工直接的相互影响和变化带来的复杂性,以期最大可能的规避风险,必须施行动态设计和施工的建设模式。地下工程的施工安全风险具有独特性,从宏观上说,施工安全事故的发生具有偶然性,但从细观层次上说,大量的工程事故教训已经证明,地下施工的安全事故在发生前往往是有征兆的,大部分是完全可以监控的。因此,仅仅利用普通的风险评估分析方法对地下工程风险进行评估、分级是不够的。

随着我国基建规模的增长,用于交通目的的隧道里程正以每年平均约 1 000km 的速度增长。我国是世界上拥有隧道运营里程最长的国家,也是隧道建设增长速度最快的国家,随着我国经济增长速度的加快,隧道工程修建队伍的技术实力将面临严峻考验。对于具有高风险特性的隧道与地下工程来说,加快技术层面的风险管理研究,推行(BT)(建设移交)建设模式,缓解政府对于隧道及地下工程建设的巨额投资压力,分散建设风险,无疑是全面做好隧道与地下工程风险管理的基础。

四、工期与造价的合理性研究

必须以合理工期与合理造价,实事求是地建设工程。合理工期是建设项目在正常的建设条件、合理的施工工艺和管理、建设过程中,对人力、财务、物资资源加以合理有效地利用,使项目的投资方和各参建单位均获得满意的经济效益的工期。“合理性”是一个相对概念,随着市场与技术水平的变化而发生着量的变化,但是在一定时期内其量值区间是相对稳定的,而超出这个范围的要求则应视为不合理。工期与造价的合理性受多种因素制约,主要来自规划与可行性研究阶段、勘察与设计阶段、招投标阶段。

比如，在预可行性研究阶段，确定计划造价评估的典型方法是相似工程类比的方法，勘察设计阶段也主要采用工程类比的方法，同时采用相关“定额”。这是一个很粗略的比较，因为它既没有考虑到发展因素，也没有将地区条件计算在内。在招投标阶段，常采用低标价中标的策略，在土建投资不充裕的情况下，这种做法将加大建设风险，因为低标使得中标后施工措施不到位，最终导致风险事故的发生。同时，施工人员工资水平得不到合理保障，靠克扣劳动者工资获取利益的做法需警惕并加以杜绝。低价中标单位必须实事求是，为劳动者考虑。只有保护好劳动者的利益，工程才能干好，风险才能减少。因此，对各建设阶段合理工期与合理造价进行实事求是地计算研究，加强国家及行业各类工程建设定额的更新与完善，加强投标市场规范管理，是地下工程施工风险控制的一个重要环节和前提条件。

五、风险责任主体与风险转化问题研究

必须正确处理风险责任主体与风险转化问题。据国际隧道工程保险集团对施工现场发生安全事故的原因调查结果表明(图 11-4)，地下工程发生事故的原因是多方面的，施工方作为工程安全唯一责任主体，无法从根本上避免事故的发生。目前国内勘察设计失误导致的风险责任占 41%，而这些风险往往到施工时才反映出来，显然，由施工方完全承担这些风险是不合理的。实际上，施工方的责任仅占到 21%。

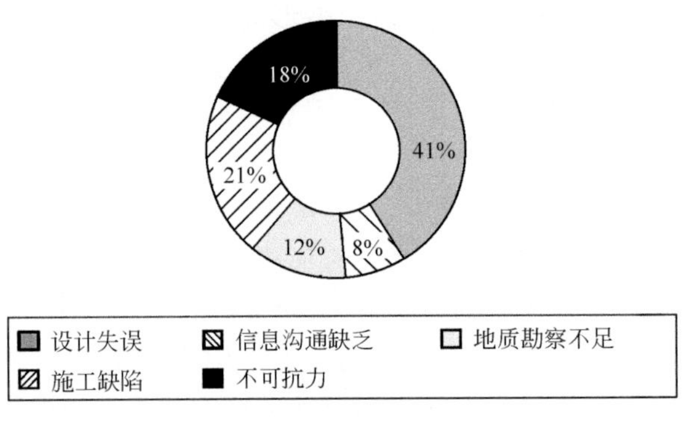

11-4　隧道施工安全事故原因所占比例图(国际隧道工程保险集团实地调查结果)

其次，地下工程的风险管理是一个多因素的风险量随时间与空间不断变化的、涉及时间周期很长的多层次的复杂系统管理。从规划与可行性研究阶段、勘察与初步设计阶段、招投标阶段，到施工阶段和运营阶段，无不存在风险管理问题，需要系统地进行多层次的动态管理。同时，各阶段的风险因素之间具有转化、积累和传递等特性。比如，投资不足会导致监测、检测、探测等的投入不够；信息不足导致施工方法错误，引起坍塌、涌突水事故及人员伤亡；事故的处理又会导致工期延误，造成工期风险事件。因此，地下工程风险管理需要通过科学技术研究，法律法规与管理制度的建设加以控制。

六、超前地质预报技术与风险评估理论研究

目前，施工超前地质预报技术满足不了复杂地质的需要，隧道灾害不断产生。隧道施工超前地质预报工作在我国实际应用的历史不长，虽然也取得了许多研究成果，但距离施工措施决策的要求尚有不小的距离。施工超前地质预报技术满足不了复杂地质的需要，尤其是高水压岩溶隧道的预测预报的世界难题尚未得到有效解决。因此，需要反省以往的研究思路，从理论、方法、探测设备与评价技术等方面，对隧道施工超前地质预报进行全面深入研究。

岩溶隧道突水事故，高地应力隧道的大变形、岩爆事故，断层破碎带与岩堆地质隧道的坍方事故，是高风险隧道施工地质风险的三大灾害。

地质灾害造成的损失在施工总风险中约占 18%(图 11-4)。风险管理的技术难点主要源于对不良地质体空间分布及其水文地质、工程地质方面力学性状的认识不清、了解不足，导致目前对地质灾害风险从辨识到预警的研究成果与工程需求有较大差距。超前探测技术研究、超前预测与风险评估理论研究，是解决施工地质风险预警的重要研究内容。

七、设计理论及勘察施工技术研究

围岩变形与破坏理论研究，围岩与支护结构相互作用机制研究，新型支护理论与支护技术的研究，是施工风险控制研究的重要内容。在隧道施工风险管理中初期支护参数的确定偏弱，甚至很弱，是产生塌方、伤亡人员的主要风险之一。风险管理需要地质学科、地球物理学科、信息技术、测试技术、施工力学等多学科的联合攻关，真正解决人为、理念差异的风险教训。

随着深埋长大隧道增多，对高地应力下隧道围岩的工程特性问题的研究变得迫切起来。其中，高地应力下软岩隧道应采用什么样的施工方法、支护结构以及合理的支护时间等，是一个争论未果的问题。其根本原因在于对高地应力下隧道围岩的工程特性研究不够，没有形成符合工程地质环境特点的隧道设计理论与方法。因此，加强设计理论与施工技术研究，加强对高地应力隧道勘察技术的研究非常必要。图 11-5 所示为某高地应力隧道支护结构变形情况。

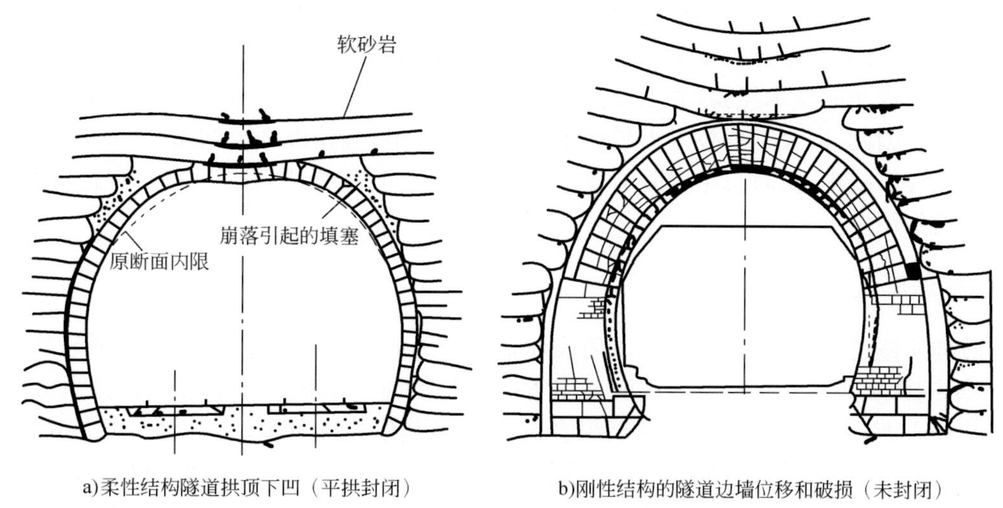

a)柔性结构隧道拱顶下凹（平拱封闭）　b)刚性结构的隧道边墙位移和破损（未封闭）

图 11-5　某高地应力隧道支护结构变形情况

八、城市地下工程防灾体系研究

城市基础设施的抗灾能力差，一些城市的防灾系统达不到现代城市的标准。由于现代城市高密度化和生活水平高标准的需要，各种供给设施的建设将会急剧增加，需要改造和增设的管线会越来越多。由于历史的原因，我国城市公用事业地下管线比较混乱，每年管线被破坏事故有上万起，直接经济损失达 7 亿多元。例如，1995 年济南市发生特大煤气爆炸事故，事故的原因是煤气管道泄漏，使电缆沟内充满煤气而引起爆炸，爆炸长度达 2.2km。另外，在城市规划设计中缺少对防灾空间的规划，城市防灾系统达不到现代城市的标准，如每万人中消防队员和消防车辆数，北京与上海仅分别为东京和纽约的1/6，城市总体抗灾防损能力还相当脆弱。如何在保持现有自然条件不继续恶化和尽可能减少灾害损失的前提下寻求发展途径，已成为我国城市安全发展的当务之急。

加强地下空间综合利用的研究，加强城市共同沟的建设与城市管网入地改造的规划，加强城市地下工程防灾体系的设计与开发，加强城市地下工程灾害实时监测、预警与相关管理平台的建设，是城市地下工程风险管理的重要内容。

九、浅埋暗挖施工风险管理

埋深较浅的隧道设计具有灵活方便的经济优势，可适应任何地层。城市地铁、地下过街道、地下停车场等多修建在较浅的地层中。浅埋隧道最大的特点是埋深浅，施工过程中由于地层损失而引起地面移动明显，对周边环境的影响较大。因此，对开挖、支护、衬砌、排水、注浆等方法提出更高要求，施工难度增加。随着地下空间利用进程的加速，城市同区域地下工程数量逐渐增多，新、老地下工程结构相邻的情况也变得多起来，于是针对地下工程相邻结构的相互影响及其控制问题日渐突出，施工风险加大。

浅埋暗挖工程的主要风险，一是地层沉降的控制，二是临近影响的控制。由于地下工程对开挖的敏感性较强，易受扰动，当新、老结构物比较接近时，如不采取特殊措施，则可能导致超过允许量值，产生破损，甚至破坏。对于近距离地下工程的风险管理研究，在技术层面上需要对不同地层、不同荷载特点及不同环境条件下，施工过程中对地层变形破坏机制及时空特性进行研究，建立相应的标准。此外，监测技术与信息反馈管理平台的研究、变形控制施工技术研究是浅埋暗挖隧道施工风险防治技术的重要内容。

十、明挖法施工风险管理

支护体系的设计、施工工法选择、监测与反馈控制技术是明挖法施工风险管理技术的重要内容。结构体系的稳定与环境影响的控制是管理的目标。

结构体系稳定的关键点：一是支护结构的入土深度的确定；二是解决开挖系统的时空效应问题。在工程实践中，在研究开发新型支护技术的同时，需要对围岩与支护结构受力变形机理进行深入研究，及时总结工程实践中成功的技术经验，并上升为理论，最终使支护技术建立在可靠的理论基础上，并得以更好地推广应用。因此，广大工程技术人员在工程建设过程中，应积极开动脑筋，开展创新性活动，将所学知识运用到工程实践中，及时总结经验与教训，训练自身的研究素质，从实践中学习、提高，在工程实践中发挥更大的作用。

十一、盾构法施工风险分析

国内的盾构法隧道施工成为热门，应该用浅埋暗挖施工的用盾构法施工，该用简易盾构施工的而不用，导致施工出现许多风险。工程实践证明采用盾构(TBM)施工的风险主要表现在技术方案失败和成本费用失控两个方面，由它所带来的风险后果会远远大于其他的施工方法。因此，在使用盾构(TBM)技术时，风险管理不但是十分必要的，而且应是全方位、全过程的。从工程规划、可行性研究、勘测设计、合同采购、施工组织到现场操作的各个阶段，以及与工程有关的人员、设备、物料和环境等各个方面，都存在着风险管理的具体内容。要尽可能地利用一切风险控制手段，规避风险，化解风险，转移风险，将使用盾构(TBM)技术的较大风险降低到可以接受的程度。

1.盾构施工发生安全风险的主要原因

(1)地质条件与水文地质条件的复杂性导致的自然风险和环境风险。工程水文地质条件是隧道设计和施工最重要的基础资料，由于地质性质、工程水文地质条件复杂，勘察设计资料有限，设计计算理论不完善和在隧道施工中会不可避免地遇到一些突发偶然事件等原因，使隧道施工的风险具有发生的偶然性和大量发生的必然性。由于地质与水文地质试验数据离散性大，勘察报告提供的场地性质资料有限，地下情况的不可预知性，施工风险的可变性就更加明显。

在我国，地质条件地区差异大，部分地区地质情况异常，如广东地区软硬不均地层、花岗岩球状风化地层、泥岩及泥质粉砂岩地层、石灰岩地区的溶洞及成都冲积平原地区卵砾地层等，对于盾构法隧道来说，可以称为“不良地质”。盾构机对这些地层的适应性较差，在盾构机设计时必须采取针对性措施。

在水文地质方面，特别是对水下盾构法隧道，由于地下水位高，使之成为盾构隧道施工与防水的主要风险原因之一。

地层中的其他障碍物，主要包括建筑或其他构筑物基础、各种管线设施、废弃构筑物、其他孤立物，如孤石或江底沉船等，会直接影响盾构施工安全。

(2)施工中的盾构机及其他配套设备性能指标和质量状况、技术人员的素质水平和技术方案的复杂性引起的施工风险。施工技术风险因素：新技术、新方法的应用困难或失败，施工工艺的落后，施工技术与方案的不合理，施工进度不合理，现场工作的不均衡系数大，施工技术问题的不确定性，盾构始发与到达施工方法选择不当引起的地表坍塌与隧道涌水、涌沙等事故，盾构姿态控制与管片拼装技术不当引起的隧道轴线超过偏差与管片破损等安全风险事故。

盾构机设备风险因素包括盾构机与地层的适应性、盾构机设备可靠性等。

(3)工程建设周边环境(建筑物、道路和地下管线等)的复杂性。所建工程周围的地面构筑物和周围环境设施一般都很复杂,尤其是城市繁华地带,临近既有重要建(构)筑物等。

(4)工程建设的决策、管理和组织方案的复杂性。在规划、设计、施工和运营期的全期内,最主要的问题就是建设的决策、管理和组织。盾构法隧道与其他工程项目相比,由于具有隐蔽性、复杂性和不确定性等突出特点,工程投资风险很大,无论是哪个阶段,都会遇到很多决策、管理和组织问题。从工程立项规划开始,如何选择合理的工程建设地址、技术方案,如何减少工程对周围环境的影响,如何评估工程建设的经济效益和社会效益,如何保持整个工程建设的"绿色"和可持续性,以上每一个问题的决策与执行都需要综合各种风险和效益。工程长度过短,盾构频频起吊、拆装使施工效益风险太大,盾构的剩余产值发挥不出,浪费国家资源。

2.水下隧道盾构施工

水下隧道盾构法施工时,在不影响河流或周围结构物的前提下,制订出相应的对策,确保施工安全可靠。在穿越水下施工时,应注意如下几点:

(1)地质、地下水调查。一般河流部分,地质情况急剧变化,同时地质勘测难度较大,而且地下水的流动较快,所以要进行详细的调查。

(2)开挖面的稳定。由于地层和地下水状况往往很复杂,特别是水底部分,水压力比土压力更大。因此,根据围岩的水土压力而设定适当的开挖面压力,确保开挖面的稳定,防止泥浆泄漏或喷涌。此外,还需特别考虑隧道上浮和管片的变形问题,同步注浆应采用具有一定早期强度的壁后注浆材料,确保管片的早期稳定性。

(3)水下隧道盾构一次掘进长度较长,对盾构机耐久性提出了更高的要求。考虑盾构机的耐久性时,应主要对切削刀盘、刀具、主轴承止水密封及盾尾密封等进行研究。同时,对盾构机设计进行全面考虑,如超前注浆设备、方便更换盾尾刷设计等。

目前,作为降低刀具的磨耗系数的措施,大致有以下几种:

①选用硬度大的、抗剪强度高的超硬钢材制作刀刃,以提高刀具的耐磨性。

②增加刀具的数量,即增加刀具的行数及每一行的刀具布置数量。

③采用长短刀具并用法,增加刀刃厚度,即长刀具磨损后,短刀具开始接替长刀具开挖。长刀具与短刀具的高低差一般选定在20～30mm。例如,武汉长江隧道工程盾构刮刀有两排碳化镶嵌物,形成两层截割层。在掘进第一段沙和黏土中,第一排碳化物开挖土壤,此排碳化物保护盘刀不磨损,在下部是岩石的隧道段,岩石磨掉了刮刀上部的40mm,直至盘刀可以正常作业,此时刮刀只是刮削岩石。当盾构到达第二段软土时,盘刀会很快磨损,第二排刮刀可以正常开挖沙和黏土,直至掘进结束。

④采用超硬重型刀具,刀具背面实施硬化堆焊。

对于长距离施工,则要考虑密封和滑动面的磨损性能,采用耐磨性能好的盾尾密封材料,同时加强施工管理,控制好盾构姿态,避免盾构后退,保证盾尾油脂压力与注入量,防止注浆材料渗入盾尾刷。

(4)水下隧道一般水压较大,在高水压条件下施工时,应认真考虑,各部位的强度与各系统的密封性能,必须采用气垫式泥水盾构才能确保安全,并要考虑螺旋输送机耐水压大小的限制,过高地下水压时应考虑相应的措施。高水压条件下施工,应认真考虑各部位的强度及各系统的密封性能,根据地下水压力确定合适的盾尾密封形式与密封刷层数,特别要考虑到密封的面压上升引起的发热问题,为了降低密封的负担,施加背压等问题。在这些严酷条件下施工时,为了确保耐久性,需要进行良好的管理,可采用润滑油脂注入压、注入量管理、渗出物取样、温度传感器等方法,对轴承密封进行管理。

(5)对穿越河流的隧道,为减小对河堤、周围结构物的影响,需要预测盾构施工对河堤、周围结构的影响,根据需要考虑使用辅助施工方法。另外,根据地质条件,按需要采取辅助施工法或采用在河床上填筑黏土等方法。

(6)用盾构的合理直径应在12m以内,因此,用盾构法施工的公路隧道宜选双向四车道过江,风险小、造价低,不宜集中过江,增加两边的引线、拆迁;不推荐双向六车道过江,更不推荐双层运营,风险太大。交通宜疏不宜集，从市民出行方便考虑，应多点过江。

(7)在穿越水下时，因为有时受施工工期的制约，或需要一些特别的设备，如防水设备，所以需要事先与河道管理单位协商。

(8)应考虑刀具检查、更换事宜，必须对带压作业等辅助施工安全措施进行充分的安全风险技术准备。

十二、水下隧道钻爆法施工风险管理研究

防突涌、排水与处理不良地质的施工技术措施是钻爆法水下隧道施工风险管理的三个重要内容，也是需要重点加以研究的问题。

(1)覆盖层厚度问题。在海底隧道的设计过程中，在市区过江河时，当线路方案选定后，合理地确定海底隧道拱顶的岩石覆盖层厚度十分重要。如果岩石覆盖层过于薄弱，海底隧道施工过程中就可能发生严重的失稳问题和海水涌入的危险，即使不发生，也会导致辅助工法的投入增大；如果覆盖层厚度太厚，不仅会使作用在衬砌结构上的水压力增大，而且也会使海底隧道的长度增加。由此可见，海底隧道覆盖层厚度的选定不仅是一个安全问题，而且更是一个经济问题。

需要明确的一点是，覆盖层厚度并没有技术上的限制，也就是说，不会因为最小岩石覆盖层厚度的问题，使海底隧道在技术上无法修建。但需要采用较高的开挖支护技术和投入较高的费用，这样做工程风险之大是显而易见的。在远离城市的过江隧道，如琼州海峡、台湾海峡，隧道可以深埋，出入口可以远离海岸，施工风险会明显减少，可类似于山岭隧道的施工。

(2)水压力设计值的确定。对于海底隧道而言，支护结构除了承受围岩压力，还会承受很高的水压力。作用于支护结构上的围岩压力可以被地层拱作用降低，而静水压力荷载并不受此影响，不能用任何成拱作用来降低。可以说，海底隧道水压力设计值的大小是决定衬砌结构强度的关键，水压力设计值大小不仅与水头有关，还与地下水处理方式(全封堵方式和排导方式)有关。对于具有稳定高水头的海底隧道，如何确定作用在衬砌结构上的水压力是一个复杂的问题，一般采用限排降压是最经济的做法。

(3)海底隧道穿越不良地质段的施工方法研究。海底隧道穿越断层破碎带的施工技术是海底隧道施工的关键。断层破碎带若与其上或附近的水系相沟通，随时都有可能给工程带来淹没、塌通、涌水事故或形成泥石流。穿越断层破碎带的主要技术问题在于对断层破碎带的支撑、加固和堵水。目前，国内外常用的方法有强行穿越法、注浆法和其他辅助方法。以上方法配合浅埋暗挖法的施工要点进行施工。海底隧道不能自然排水，因此堵水技术是关键技术，也是穿越不良地质段的主要辅助施工措施，应重点加以研究。

主要参考文献

[1] 王梦恕.大瑶山隧道——二十世纪隧道修建新技术[M].广州:广东科技出版社,1994.

[2] 王梦恕.隧道与地下工程技术及其发展[M].北京:北京交通大学出版社,2004.

[3] 王梦恕.岩石隧道掘进机(TBM)施工及工程实例[M].北京:人民交通出版社,2004.

[4] 王梦恕.地下工程浅埋暗挖技术通论[M].合肥:安徽教育出版社,2005.

[5] 王梦恕.不同地层条件下的盾构与 TBM 选型[J].隧道建设,2006(2):1-3,8.

[6] 王梦恕.隧道工程浅埋暗挖法施工要点[J].隧道建设,2006(5):1-4.

[7] 王梦恕.二十一世纪是城市地下空间开发利用的年代[J].民防苑,2006(增刊 1):6-7.

[8] 王梦恕.客运专线隧道设计的基本原则[J].隧道建设,2006(1):1.

[9] 王梦恕.盾构机国产化迫在眉睫[N]. 中国工业报,2006-11-28.

[10] 王梦恕.水下交通隧道发展现状与技术难题——兼论"台湾海峡海底铁路隧道建设方案"[J]. 岩石力学与工程学报,2008(11):2161-2172.

[11] 王梦恕.台湾海峡海底铁路隧道建设方案[J].隧道建设,2008(5):517-526.

[12] 王梦恕,何华武.青藏铁路建设情况[J]. 隧道建设,2007(5):1-4.

[13] 王梦恕,杨会军.地下水封岩洞油库设计、施工的基本原则[J].中国工程科学,2008(4):11-16,28.

[14] 王梦恕,张成平.城市地下工程建设的事故分析及控制对策[J].建筑科学与工程学报,2008(2):1-6.

[15] 王梦恕,孙谋,谭忠盛.长江第一隧——武汉长江隧道修建技术[J].中国工程科学,2009(7):11-17.

[16] 王梦恕.水下交通隧道的设计与施工[J].中国工程科学,2009(7):4-10.

[17] 王梦恕,张梅.铁路隧道建设理念和设计原则[J].中国工程科学,2009(12):4-8.

[18] 王梦恕.二十一世纪是隧道及地下空间大发展的年代[C]// 河南省第五届学术年会铁道分会场专集.中国学术期刊电子杂志社,2009.

[19] 洪开荣. 我国盾构隧道发展中的几个问题[C]//城市地下空间开发与地下工程施工技术高层论坛论文集,2004.

[20] 洪开荣,杜闯东,王坤. 广深港高速铁路狮子洋水下盾构隧道修建技术[J]. 中国工程科学,2009(7):53-58.

[21] 洪开荣. 广深港大断面特长水下盾构隧道的技术难点分析[C]// 中国中铁隧道集团 2007 年水底隧道专题技术交流大会论文集.中国学术期刊电子杂志社,2007.

[22] 洪开荣,王玉卿. 盾构隧道施工应重视的工程环境灾害问题——从土仓内不明气体爆燃事故引发的思考[J]. 土木工程学报,2010(1):131-135.

[23] 杨会军. 深埋长大隧道涌水突水预报技术[J]. 铁道工程学报,2005(3):75-78.

[24] 杨会军,王梦恕. 隧道围岩变形影响因素分析[J]. 铁道学报,2006(3):92-96.

[25] 肖广智.软弱地层中采用浅埋暗挖法修建地铁车站几个问题的探讨[J].岩石力学与工程学报,

2001(4):567-572.

[26] 李治国. 隧道岩溶处理技术[J]. 铁道标准设计,2003(增刊 1):36-40.

[27] 干昆蓉,杨毅,李建设. 数码摄影(CCD)技术在隧道施工地质调查中的应用[C]// 第六届海峡两岸隧道与地下工程学术及技术研讨会论文集. 隧道建设,2007.

[28] 蒋肃,干昆蓉. 岩石损伤强度理论与隧道设计施工应用探索[J]. 铁道工程学报,2009(3):38-42.

[29] 孙谋,谭忠盛. 盾构法修建水下隧道的关键技术问题[J]. 中国工程科学,2009(7):18-23.

[30] 卓越,王梦恕. 胶州湾海底隧道断层带注浆方案探讨[C]//地下工程施工与风险防范技术——2007第三届上海国际隧道工程研讨会文集. 中国学术期刊电子杂志社,2007.

[31] 赵运臣. 关于当前我国盾构施工技术发展中存在问题探讨[J]. 西部探矿工程,2004(8):91-92.

[32] 施仲衡,张弥,王新杰,等. 地下铁道设计与施工[M]. 西安:陕西科学技术出版社,1997.

[33] 李明祥. 我国隧道及地下工程的新进展[J]. 探矿工程,1998(2):41-44.

[34] 王建宇,对我国隧道工程技术进步问题的一点讨论[J],世界隧道,1999(1):1-9.

[35] 铁道部工程设计鉴定中心. 高速铁路隧道[M]. 北京:中国铁道出版社,2006.

[36] 周红波,蔡来炳,高文杰. 城市轨道交通车站基坑事故统计分析. 水文地质工程地质,2009 .

[37] 蒋爵光. 隧道工程地质[M]. 北京:中国铁道出版社,1991.

[38] 王玉宝. 大轴力桩基托换工程结构技术的应用研究 [D]. 铁道部科学研究院,2001.

[39] 姚海波. 大断面隧道浅埋暗挖法下穿既有地铁构筑物施工技术研究[D]. 北京:北京交通大学土木建筑工程学院,2005.

[40] 刘树年. 我国双连拱隧道建设概况及日本某隧道无中墙施工技术介绍[C]//中铁隧道集团 2005年学术论文交流集. 隧道建设,2005.

[41] 姚宣德,王梦恕. 地铁浅埋暗挖法施工引起的地表沉降控制标准的统计分析[J]. 岩石力学与工程学报,2006,25(10):2030-2035.

[42] 王世君. 桩基托换技术在广州地铁三号线工程中的应用[J]. 施工技术,2006,35(6):49-52 .

[43] 杨治东,杜建华,骆宪龙. 洞内桩基托换施工有限元模拟[J]. 石家庄铁路职业技术学院学报,2007,6(2):38-41 .

[44] 王巨创,城市渐变小间距隧道施工关键技术探讨[J]. 隧道建设, 2007,27 (5) : 54-56.

[45] 吕剑英,薛煌. 利用地下导洞实现桩基托换的设计方法[J]. 现代隧道技术,2007,44(1):27-31.

[46] 郑承培. 以深层搅拌桩作大型基坑围护的质量事故防治[J]. 建筑施工,1994(5):4-6.

[47] 魏建民. 密排人工挖孔灌注桩作大型地下室挡土墙及土方工程开挖的技术措施[J]. 建筑施工,1995(1):7-9.

[48] 余志成,施文华. 深基坑支护设计与施工[M]. 北京. 中国建筑工业出版社,1996.

[49] 夏旭标. 支撑体坑外置式支护结构设计与施工的研究[D]. 上海:同济大学土木工程学院,1996.

[50] 贾定祎. 钢筋混凝土地下连续墙结构与内支撑组合深基坑支护技术[J]. 建筑技术开发,1996(5):12-14.

[51] 于志军,孙钧. 深大基坑内放坡挖土对坑底工程桩的影响及其定量分析[J]. 建筑施工,1996(3):12-15.

[52] 徐伟,吕凤梧,胡晓依. 大型深基坑施工方案的设计优化[J]. 建筑技术,1996(8):522-524.

[53] 李文岳,陶若文. 基坑围护桩工程中有关施工难题的防治措施[J]. 建筑施工,1997(3):43-45.

[54] 崔玮镇. 乌海大厦深基坑护坡桩倾覆事故原因及处理[J]. 建筑技术,1997(9):608-609.

[55] 陈肇元,崔京浩. 土钉支护在深基坑工程中的应用[M]. 北京:中国建筑工业出版社,1997.

[56] 余志成,施文华. 深基坑支护设计与施工[M]. 北京:中国建筑工业出版社,1997.

[57] 黄强,惠永宁. 深基坑支护工程实例集[M]. 北京:中国建筑工业出版社,1997.

[58] 刘波. 深基坑降水和对相邻建筑物的影响及相应措施的探讨[J]. 建筑科技发展,1995(6):14-17.

[59] 黄正述,邱式忠,倪道明. 超长超厚地下连续墙的设计与施工[J]. 建筑施工,1997(2):1-5.

[60] 刘华,郑连平.中银大厦地下连续墙及锚杆的施工[J].施工技术,1998(10):3-5.
[61] 陈肇元,崔京浩,宋二祥,等.深基坑开挖的土钉支护技术(一)构造方法[J].地下空间,1995(4):241-249,315.
[62] 夏明耀,曾进伦.地下工程设计施工手册[M].北京:中国建筑工业出版社,1999.
[63] 唐业清,李启民,崔江余.基坑工程事故分析与处理[M].北京:中国建筑工业出版社,1999.
[64] 左名麒,刘永超,孟庆文.基础工程设计与地基处理[M].北京:中国铁道出版社,2000.
[65] 丛蔼森.地下连续墙的设计施工与应用[M].北京:中国水利水电出版社,2001.
[66] 黄书秩,程丽萍.深基坑工程[M].北京:机械工业出版社,2002.
[67] 杨光华.深基坑支护结构的实用计算方法及其应用[M].北京:地质出版社,2004.
[68] 鲍立楠.超大深基坑工程中间桩柱施工技术探讨[J].隧道建设,2008(3):368-372.
[69] 李文峰.对地铁基坑混凝土支撑轴力监测精确性的探讨[J].隧道建设,2009(4):424-426.
[70] 李永盛.上海兰生大厦深基坑围护与施工栈桥相结合的设计与施工[J].建筑施工,1996(4):6-8,4.
[71] 刘玉琦,焦莹,李竹,等.天津站交通枢纽规划设计方案综述[J].现代城市轨道交通,2006(6):24-27,1.
[72] 林鸣,徐伟.深基坑工程信息化施工技术[M].北京:中国建筑工业出版社,2006.
[73] 唐经世,隧道与地下工程机械——掘进机[M].北京:中国铁道出版社,1999.
[74] 徐永福.盾构推进引起地表变形分析[J].地下工程与隧道,2000(1):21-25,47.
[75] 侯学渊,廖少明.盾构隧道沉降预估[J].地下工程与隧道,1993(4):24-32.
[76] 董哲仁.日本盾构施工技术新进展[J].水利水电技术,2001(9):29-32.
[77] 廖少明.圆形隧道纵向剪切传递效应研究[D].上海:同济大学地下建筑与工程系,2002.
[78] 黄俊.海底隧道盾构方案可行性研究[J].公路,2006 (6):190-194.
[79] 周文波,盾构法隧道施工技术及应用[M].北京:中国建筑工业出版社,2004.
[80] 沈征难.盾构掘进过程中隧道管片上浮原因分析及控制[J].现代隧道技术.2004,41(6):51-56.
[81] 张凤祥,傅德明,廖绍明.盾构隧道[M].北京:人民交通出版社,2004.
[82] 顾莹辉,李凌航.浅论上海地铁盾构法施工的隧道后期变形[J].上海隧道,2005(3):24-26.
[83] 徐凌,黄宏伟,罗富荣.软土地层盾构隧道纵向沉降研究进展[J].城市轨道交通研究,2007(6):53-56.
[84] 陈俊生,莫海鸿.盾构隧道管片施工阶段力学行为的三维有限元分析[J].岩石力学与工程学报,2006(增刊 2):3482-3489.
[85] 刘金祥,赵运臣.武汉长江隧道工程盾构机选型[J].隧道建设,2007(4):91-94.
[86] GB 50446—2008 盾构法隧道施工与验收规范[S].中国建筑工业出版社,2008.
[87] 贺维国,胡慧.利用移动干坞制作沉管管段[J].现代隧道技术,2005,42(2):72-75.
[88] 杨世东,贺伟国,宋承诚.仑头—生物岛沉管隧道岸上最终接头设计[J].隧道建设,2005,25(5):31-34.
[89] 王铁梦.工程结构裂缝控制——“抗与放”的设计原则及其在“跳仓法”施工中的应用[M].北京:中国建筑工业出版社,2007.
[90] 唐英,管敏鑫,万晓燕.铁路沉管隧道箱形钢筋混凝土沉管结构配筋[J].世界隧道,1999(2):14-19.
[91] 管敏鑫,万晓燕,唐英.沉管隧道的作用、作用组合与工况[J].世界隧道,1999(1):4-9.
[92] 朱馥林.建筑防水新材料及防水施工新技术[M].北京:中国建筑工业出版社.1997.
[93] 于书翰.沉管隧道管段预制方式的选择[J].北方交通大学学报,1998(增刊 2):70-72.
[94] 贺少辉,张弥,王磊,等.长江沉管隧道基槽开挖过程泥砂冲淤对环境的影响[J].北方交通大学学报,1999,23 (4):62-66.

[95] 管敏鑫,唐英,万晓燕.沉管隧道接头的研究与设计[J].世界隧道,1999 (6):9-16.
[96] 范文田.国内外公路沉埋隧道简介[J].国外公路,2000,20(4):22-25.
[97] 詹德新,王兴权,刘祖源,等.沉管隧道及其相关模型试验[J].武汉交通科技大学学报,2000,24(5):488-492.
[98] 刘千伟,杨国祥.宁波市常虹沉管隧道工程[J],世界隧道,2000 (6):6-13,23.
[99] 俞国青,傅宗甫.欧美的沉管法隧道[J].水利水电科技进展,2000,20(6):11-14.
[100] 许琛,王解先.沉管沉放的实时监测[J].工程勘察,2001(4):58-61.
[101] 徐维钧.沉埋管隧道的施工技术及发展趋势[J].中国港湾建设,2001(4):1-5.
[102] 唐英,管敏鑫,万晓燕.沉管隧道接头的理论分析及研究[J].中国铁道科学,2002(2):69-74.
[103] 陈韶章.沉管隧道设计与施工[M].北京:科学出版社,2002.
[104] 田敬学,张庆贺,姜福兴.沉管隧道温度与干缩应力计算[J].山东科技大学学报:自然科学版,2002,21 (2):100-102,106.
[105] 曲莹,陈昌祺.大型沉管隧道干坞的设计与研究[J].现代隧道技术,2002,39(5):12-19.
[106] 陆明,朱祖熹,张勇.大型沉管隧道管段接头防水试验研究[J].中国建筑防水,2003(10):9-12.
[107] 吴维.关于沉管法修建长江水下隧道若干问题的研究[J].现代隧道技术,2003(2):1-4,31.
[108] 张庆贺,高卫平.水域沉管隧道基础处理方法的对比分析[J].岩土力学,2003(增刊 2):349-352.
[109] 薛勇.沉管隧道接头研究[J].特种结构,2003,20(3):4-8.
[110] 潘永仁.上海外环沉管隧道大型管段浮运方法[J].施工技术,2004 ,33(5):52-54.
[111] 傅琼阁,沉管隧道的发展与展望[J].中国港湾建设,2004 (5):53-58.
[112] 潘永仁,丁美.大型沉管隧道管段沉放施工技术[J].现代隧道技术,2004(5):1-5,11.
[113] 吴小羊.上海市外环沉管隧道管段沉放施工技术[J].建筑施工,2005(2):29-31.
[114] 雷升祥.浅谈海底隧道的地下水[J].现代隧道技术,2004(5):6-11.
[115] 宋建,陈百玲,范鹤.水下隧道穿越江河海湾的综合优势[J].隧道建设,2006(3):9-10,16.
[116] 余暄平,王吉云.宁波常洪隧道桩基础施工技术[J].上海建设科技,2006(4):53-55.
[117] 刘丰军,叶飞,李鹏.世界海底隧道工程概况及对我国的启示[C]//中国土木工程学会第十二届年会暨隧道及地下工程分会第十四届年会论文集,2006.
[118] 孙钧.海底隧道工程设计施工若干关键技术的商榷[J].岩石力学与工程学报,2006 (8):1513-1521.
[119] 董满生,葛斐,惠磊,等.水中悬浮隧道研究进展[J].中国公路学报,2007(4):101-107.
[120] 王景春,侯卫红,莫勋涛.海底隧道施工安全评价的初步研究[J].岩石力学与工程学报,2007(增刊 2):3756-3762.
[121] 郭陕云.关于我国海底隧道建设若干工程技术问题的思考[J].隧道建设,2007(3):1-5.
[122] 钱七虎.中国地下工程安全风险管理的现状、问题及相关建议[J].岩石力学与工程动态,2009(1):18-25.

中国隧道及地下工程修建技术

跋

地下工程建设应树立什么样的理念？解决复杂建设问题的有效方法与途径是什么？不同施工方法应遵循怎样的原则，技术要点是什么？哪些观点与做法值得我们去重视，去研究？……

王梦恕院士的《中国隧道及地下工程修建技术》一书，引发了我对这些问题更深层次的思考。中国隧道和地下工程的修建技术已跻身国际先进水平行列，正在成为一支引领世界隧道修建技术发展方向的重要力量。在倍感自豪和鼓舞的同时，我们也应当清醒地认识到，中国是隧道和地下工程建设的大国，但却不是建设理论的强国，我国至今仍未在该领域建立起一套成熟、完备、能指导施工的基础理论体系。对此，我们似乎应该做点什么，今将读后杂想略呈一二，以期与业内同仁共同思考。

长期以来，我国在隧道和地下工程领域的实践成就已远远超前于理论建设，我们往往被诱导去研究表面上精确但不能反映工程实践的东西，工程实践者又不善于总结、分析而丢弃了那些还不十分明确但很重要的东西。以这样理论与实践不相结合的理念去解决复杂性很大的工程建设中的设计、施工问题是十分危险的，专著在通篇的论述中批评了这种危险的脱离，以及那种随心所欲地确定设计施工方法的不严肃的做法。

建设理念的偏差、传统固执的思路会导致建设方法的失当，使我们在实践中会做出错误的决策，使我们的工作步入歧途。我们的研究方法往往把复杂的地质对工程的影响输入不准，又过于追求精确的和高级复杂的数学计算，并往往以不恰当的假定把更为重要的基本原理、概念以及复杂的边界条件和计算的输入值搁置一旁。实践经验一次次告诫我们，离开了对工程施工过程基本规律描述的理论支点，任何精确的计算就极有可能成为无用。

我们的设计始终摆脱不了复制经典作品的轨道，而现实中没有两个完全相同的工程，我们为什么失去了对不同工程创新的灵感！至今，许多现代设计理论的依据，如支护所承受的压力等问题，还很不明确，随之出现的各种问题，诸如怎样确定深浅埋的地应力场，不同围岩变形、破坏的机理如何，支护参数如何确定，失稳判据怎样规定；怎样安全、优质、快速地修建地下工程，解析中怎样考虑岩土数据的离散性；怎样建立符合地下工程动态设计的计算模式及分析方法等问题也就显得更加棘手。

在设计理念中把地下工程本身的复杂性简单化，在实践中把握施工原则与技术要点，走出一条研究、设计、施工的动态信息化建设的道路，将宏观理念与具体技术活动恰当地结合起来，是解决以上问题的根本途径。而王梦恕院士的《中国隧道及地下工程修建技术》一书，也正是以此为突破口展开了详细阐述，从经验、理论、方法、原则与要点等方面，站在中国隧道和地下工程修建技术长远发展的高度，对广大技术研究人员、施工操作人员和工程管理者进行积极的引导、启发，也为各种不同观点提供了商讨、交流的平台，其意义深远。

科学始于实践。勇于实践，善于实践，在实践中领悟目前尚未揭示的内在规律并将其提升到理论的高度，在实践中理清思路、把握原则，进行理论创新、技术创新、施工方法创新、动态信息化管理创新，将隧道及地下工程修建技术提高到一个更高的层面上。

我相信在地下空间作为资源开发的今天，年轻一代会站在老一辈人的肩上，站在大量工程实践的基石上，产生新的修建理念和理论，引领隧道及地下工程的建设走向世界，迎接隧道修建的新高潮。

铁道部副部长 卢春房

2010 年 5 月